Liste der Phonetikzeichen

Vokale / Voyelles

Laut	Beispiel	
[a]	bac	[bak]
[ɑ]	classe	[klɑs]
[e]	école	[ekɔl]
[ɛ]	caisse	[kɛs]
[ə]	regard	[RəgaR]
[i]	diplôme	[diplom]
[o]	aubergine	[obɛRʒin]
[ɔ]	obtenir	[ɔbtəniR]
[ø]	européen	[øRɔpeɛ̃]
[œ]	profondeur	[pRɔfõdœR]
[u]	ouvert	[uvɛR]
[y]	maturité	[matyRite]

Halbvokale / Semi-voyelles

Laut	Beispiel	
[j]	pièce	[pjɛs]
[w]	boîte	[bwat]
[ɥ]	produit	[pRɔdɥi]

Nasale / Nasales

Laut	Beispiel	
[ã]	grand	[gRã]
[ɛ̃]	point	[pwɛ̃]
	parfum	[paRfɛ̃]
[õ]	monde	[mõd]

Konsonanten / Consonnes

Laut	Beispiel	
[b]	bébé	[bebe]
[d]	vide	[vid]
[dʒ]	adjectif	[adʒɛktif]
[f]	fana	[fana]
	photo	[fɔto]
[g]	gaga	[gaga]
[ʒ]	jeune	[ʒœn]
	génial	[ʒenjal]
[k]	cours	[kuR]
[l]	la	[la]
[m]	mamie	[mami]
[n]	nana	[nana]
[ɲ]	digne	[diɲ]
[ŋ]	jogging	[(d)ʒɔgiŋ]
[p]	papa	[papa]
[R]	règle	[Rɛgl]
[s]	soleil	[sɔlɛj]
[ʃ]	chat	[ʃa]
[t]	toi	[twa]
[v]	visite	[vizit]
[z]	zèbre	[zɛbR]
	rose	[Roz]
[´]	la °haie	[la´ɛ]
behauchtes H		
h aspiré		

Steht ein Laut in runden Klammern, so bedeutet das, dass er fast nicht zu hören ist.
Das Zeichen [:] hinter einem Vokal zeigt an, dass er lang gesprochen wird.

Das französische Alphabet

a	b	c	d	e	f	g	h		
[ɑ]	[be]	[se]	[de]	[ø]	[ɛf]	[ʒe]	[aʃ]	[ɛm]	[ɛn]

o	p	q	r	s	t	u	v	w	x	y	z
[o]	[pe]	[ky]	[ɛR]	[ɛs]	[te]	[y]	[ve]	[dublǝve]	[iks]	[igRɛk]	[zɛd]

**Wörterbuch
für
Tous ensemble**

**Französisch - Deutsch
Deutsch - Französisch**

Neubearbeitung 2008

Ernst Klett Sprachen
Stuttgart

PONS Wörterbuch für Tous ensemble
Französisch – Deutsch/Deutsch – Französisch

Illustrationen: Sepp Buchegger

Bildtafeln: Ulrike Eisenbraun, Zeynep Kathmann

Landkarten: Klett-Perthes, Justus Perthes Verlag, Gotha

Bearbeitet auf der Basis des Express Wörterbuches Französisch, ISBN 978-3-12-517825-0

Warenzeichen, Marken und gewerbliche Schutzrechte
Wörter, die unseres Wissens eingetragene Warenzeichen oder Marken oder sonstige gewerbliche Schutzrechte darstellen, sind als solche – soweit bekannt – gekennzeichnet. Die jeweiligen Berechtigten sind und bleiben Eigentümer dieser Rechte.
Es ist jedoch zu beachten, dass weder das Vorhandensein noch das Fehlen derartiger Kennzeichnungen die Rechtslage hinsichtlich dieser gewerblichen Schutzrechte berührt.

1. Auflage 2008   (1,01 – 2008)

© Ernst Klett Sprachen GmbH, Stuttgart 2008
Alle Rechte vorbehalten

Internet: www.pons.de
E-Mail: info@pons.de

Projektleitung: Helen Blocksidge

Sprachdatenverarbeitung: Andreas Lang, conTEXT AG
für Informatik und Kommunikation, Zürich
Einbandentwurf: Schmidt & Dupont, Stuttgart
Logoentwurf: Erwin Poell, Heidelberg
Logoüberarbeitung: Sabine Redlin, Ludwigsburg
Satz: Dörr + Schiller, Stuttgart
Druck: Druckerei C.H. Beck, Nördlingen
Printed in Germany

ISBN: 978-3-12-517674-4

Inhaltsverzeichnis

5	Wie wird das Wörterbuch benutzt?
18–512	**Wörterbuchteil Französisch-Deutsch**
	Mittelteil
513	Französische Minigrammatik
552	Präpositionen
560	Konjunktionen
563	Zahlwörter
567	Maße und Gewichte
569	Häufige französische Vornamen für Mädchen und Jungen
570	„Falsche Freunde"

Bildseiten

Communication moderne	Moderne Kommunikation
Sur le bureau	Auf dem Schreibtisch
Appareils ménagers et ustensiles de cuisine	Küchengeräte
Vaisselle, couverts et ustensiles de cuisine	Geschirr, Besteck und Küchenzubehör
Fruits	Obst
Légumes	Gemüse
Vêtements	Kleidung
Accessoires	Accessoires
Instruments d'optique	Optische Hilfsmittel und Geräte
Articles de sport	Sportartikel
Instruments de musique I	Musikinstrumente I
Instruments de musique II	Musikinstrumente II
Animaux domestiques	Haustiere

577–1054	**Wörterbuchteil Deutsch-Französisch**
1055	Verbtabelle
1135	Bildquellen

Zweisprachig beschriftete Landkarten

France	Frankreich
Allemagne	Deutschland
Belgique et Luxembourg	Belgien und Luxemburg
Canada	Kanada
La Francophonie dans le monde	Die französischsprachigen Länder der Erde
Autriche	Österreich
Suisse	Schweiz

Wie wird das Wörterbuch benutzt?

▶ Stichwörter

Dieses Wörterbuch *führt* nicht nur „normale" Wörter als Stichwörter auf, sondern auch
- Abkürzungen, von denen die kürzesten nur aus einem Buchstaben bestehen;
- Eigennamen (Personennamen, geografische Eigennamen);
- Mehrwortausdrücke, also aus mehreren Wörtern bestehende Begriffe:

> **g** *Abkürzung von* **gramme** g
> **GO** [ʒeo] *Abkürzung von* **grandes ondes** LW
> **Hercule** [ɛʀkyl(ə)] Herkules, Herakles
> **il y a** [ilija, ilja, *umgs.:* ja] ❶ (*Ausdruck des Existierens*) es gibt; **il y a des éléphants d'Afrique et d'Asie** es gibt Afrikanische und Indische Elefanten; …

> das **c** (*Musiknote*) le do; **das hohe C** le contre-ut [kɔ̃tʀyt]
> **ca.** *Abkürzung von* **circa, zirka** env.
> **Mainz** Mayence [majɑ̃s]
> die **Pommes frites** [pɔmˈfʀits, pɔmˈfʀit] les pommes frites (*weiblich*), les frites (*weiblich*)

Alle Stichwörter sind blau gedruckt.

▶ Eine besondere Art von Stichwörtern

Im französisch-deutschen Teil gibt es in den Einträgen von Substantiven die so genannten *mots composés*, die durch das Zeichen ◆ kenntlich gemacht sind. Bei ihnen handelt es sich um Zusammensetzungen aus mehreren Substantiven oder um Verbindungen aus einem Substantiv und einem Verb. Das Besondere an ihnen ist, dass sie im Französischen als eine feste begriffliche Einheit empfunden werden. Da sie gewissermaßen Fast-Stichwörter sind, stehen auch sie in fetter blauer Schrift im Wörterbuch, haben aber – im Gegensatz zu den „echten" Stichwörtern – keine phonetische Umschrift. Sie stehen im Eintrag desjenigen Substantivs, das ihren ersten Bestandteil ausmacht. Werden mehrere *mots composés* am Ende des Eintrags aufgeführt, so sind sie nach ihrem zweiten Bestandteil alphabetisch geordnet (im folgenden Beispiel: *atterrissage – décollage – ski*):

> la **piste** [pist] ❶ die Spur; *eines Tiers* die Fährte; **être sur la piste d'un malfaiteur/d'un animal** einem Täter/einem Tier auf der Spur sein ❷ die Tanzfläche ❸ (*im Zirkus*) die Manege ❹ (*bei Radrennen*) die Rennbahn, die Bahn ❺ (*beim Skifahren, in der Wüste*) die Piste ❻ **la piste cyclable** der Radweg; **la piste cavalière** der Reitweg ▶ **entrer en piste** in Aktion treten
> ◆ la **piste d'atterrissage** die Landebahn
> ◆ la **piste de décollage** die Startbahn
> ◆ la **piste de ski de fond** die Loipe, die Langlaufloipe

Wie wird das Wörterbuch benutzt?

▶ **Besondere Markierungen an den Stichwörtern**

Blaue Unterlegung

Im französisch-deutschen Teil des Wörterbuchs sind zahlreiche Stichwörter blau unterlegt, um dich dabei zu unterstützen, dir den französischen Grundwortschatz besonders gut einzuprägen. Diese blaue Kennzeichnung markiert diejenigen französischen Wörter, die besonders wichtig und gebräuchlich sind.

> l' **écart** *(männlich)* [ekaʀ] ❶ der Unterschied; **l'écart de prix** der Preisunterschied; **l'écart de température** der Temperaturunterschied ❷ (*Bewegung*) **faire un écart** zur Seite ausweichen ❸ (*im Sport*) **le grand écart** der Spagat; **faire le grand écart** einen Spagat machen ❹ **à l'écart de la route** abseits der Straße ▸ **mettre quelqu'un à l'écart** jemanden ausschließen; **rester à l'écart** sich abseitshalten
>
> **écarté, écartée** [ekaʀte] ❶ *Ort* abgelegen ❷ *Arme* ausgebreitet; *Beine* gespreizt; *Zähne* weit auseinanderstehend
>
> **écarter** [ekaʀte] ❶ ausbreiten *Arme;* spreizen *Beine;* auseinanderziehen *Vorhänge* ❷ verwerfen *Idee;* abwenden *Gefahr* ❸ **s'écarter** sich entfernen; *Menschenmenge:* auseinandergehen

Hochgestellte Ziffern

Hochgestellte arabische Ziffern machen gleich geschriebene Wörter kenntlich, die unterschiedliche Bedeutungen haben oder verschiedenen Wortarten angehören. Sie weisen dich darauf hin, dass es mindestens zwei Wörter mit dieser Schreibung gibt.

Im französisch-deutschen Teil gibt es zum Beispiel zahlreiche Substantive, die Personen bezeichnen, welche Tätigkeiten ausüben oder – im weitesten Sinn – ein bestimmtes Verhalten praktizieren oder über eine bestimmte Eigenschaft verfügen. Diese Substantive haben oft zwei Formen, eine **männliche** und eine **weibliche**:

> l' **architecte**[1] *(männlich)* [aʀʃitɛkt] der Architekt
> l' **architecte**[2] *(weiblich)* [aʀʃitɛkt] die Architektin
> l' **optimiste**[1] *(männlich)* [ɔptimist] der Optimist
> l' **optimiste**[2] *(weiblich)* [ɔptimist] die Optimistin

Wenn bei diesen Substantiven der unbestimmte Artikel **un** oder **une** steht, ist der Unterschied zwischen den beiden Formen deutlich zu erkennen:

    un architecte – une architecte;
    un optimiste – une optimiste.

Da in diesem Wörterbuch aber grundsätzlich der bestimmte Artikel vor dem Stichwort steht, sehen die männliche und die weibliche Form gleich aus, wenn das Substantiv mit einem Vokal oder stummem h anfängt. Die hochgestellten Zahlen helfen dir, diese beiden Formen auseinanderzuhalten.

Die maskuline Form steht immer vor der femininen Form:

> le **fidèle** [fidɛl] ❶ der Anhänger ❷ *eines Geschäfts* der Stammkunde; *eines Theaters, Konzerts* der Stammbesucher ❸ (*religiös*) der Gläubige
>
> la **fidèle** [fidɛl] ❶ die Anhängerin ❷ *eines Geschäfts* die Stammkundin; *eines Theaters, Konzerts* die Stammbesucherin ❸ (*religiös*) die Gläubige

Im deutsch-französischen Teil triffst du diese Kennzeichnung ebenfalls an:

> **verhalten¹** ❶ *Fahrweise* modéré(e) ❷ *Ärger* retenu(e)
>
> **verhalten²** **sich fair verhalten** être fair-play; **sie haben sich unmöglich verhalten** ils/elles ont été impossibles

▶ **Alphabetische Ordnung**

Man spricht immer ganz selbstverständlich von **der** alphabetischen Reihenfolge, aber Tatsache ist, dass es sie nicht gibt. Es existiert kein einheitliches Alphabetisierungsprinzip, weder für die französischen Besonderheiten – Vokale mit Akzent (z. B. *à* oder *é*) oder mit Trema (z. B. *ë* oder *ï*) und nicht zuletzt das *ç* – noch für die deutschen Umlaute und das *ß*. Telefonbücher, Bibliothekskataloge und Wörterbücher sind in dieser Hinsicht alphabetisch unterschiedlich geordnet. Es ist daher notwendig, das in diesem Wörterbuch gültige Alphabetisierungsprinzip zu erläutern:

- Die französischen **Akzentvokale**, z. B. *à* oder *é*, die **Vokale mit Trema** *ë* und *ï* sowie das **ç** werden als Varianten der einfachen Buchstaben *a, e, i* oder *c* angesehen und stehen bei diesen. Der einfache Buchstabe steht jeweils vor demjenigen mit dem Akzent, dem Trema oder der Cedille:

> la **cote** [kɔt] ❶ (*an der Börse*) die Kursnotierung, der Kurs ❷ (*Popularität*) die Beliebtheit
> la **côte** [kot] ❶ die Küste; **la côte atlantique** die Atlantikküste ❷ (*ansteigend*) die Steigung; (*abfallend*) der Abhang, der Hang ❸ (*im Körper*) die Rippe ❹ (*Fleisch*) das Kotelett
> ▸ **côte à côte** Seite an Seite
> ◆ **la côte de bœuf** das T-Bone-Steak
> **coté, cotée** [kɔte] beliebt
>
> **mais** [mɛ] ❶ aber ❷ sondern ❸ **mais oui, bien sûr!** ja klar!; **mais si!** ja doch!; **mais encore** aber davon abgesehen; **non mais, tu me prends pour un idiot?** (*umgs.*) also hör mal, hältst du mich für einen Idioten?
> le **maïs** [⚠ mais] der Mais

Wie wird das Wörterbuch benutzt?

- Die deutschen **Umlaute** *ä, ö* und *ü* werden als Varianten der einfachen Vokale *a, o* und *u* angesehen und stehen bei diesen. Der einfache Vokal steht jeweils vor dem Umlaut:

> die **Bar** ① (*Nachtlokal*) la boîte de nuit ② (*Theke*) le bar; **an der Bar sitzen** être au bar
> der **Bär** l'ours *(männlich)* [uRs] ▸ **jemandem einen Bären aufbinden** mener quelqu'un en bateau

- Das **ß** wird als Variante von *ss* angesehen und steht nach diesem:

> der **Ruß** la suie [sɥi]
> der **Russe** le Russe
> der **Rüssel** *eines Elefanten* la trompe; *eines Schweins* le groin
> **rußen** *Kerze:* fumer; *Ofen:* faire de la suie
> **rußig** couvert(e) de suie
> die **Russin** la Russe
> **russisch** *Sprache, Bevölkerung* russe

- **Bindestriche** in zusammengesetzten Wörtern gelten nicht als Buchstaben:

> la **demi-heure** [d(ə)mijœR] <*Plural:* demi-heures> die halbe Stunde
> **démilitariser** [demilitaRize] entmilitarisieren
> le **demi-litre** [d(ə)militR] <*Plural:* demi-litres> der halbe Liter

> **baden** ① prendre un bain ② (*waschen*) donner un bain à *Kind* ▸ **baden gehen** (*schwimmen gehen*) aller se baigner; (*umgs.: scheitern*) se planter
> **Baden-Württemberg** le Bade-Wurtemberg [badvyRtɑ̃bɛRg]
> die **Badewanne** la baignoire
> das **Badezimmer** la salle de bains

- **Punkte in Abkürzungswörtern** haben ebenfalls keinen Buchstabenwert:

> **bazarder** [bazaRde] (*umgs.*) wegschmeißen
> **B.C.B.G.** [besebeʒe] *Abkürzung von* **bon chic bon genre** chic und gestylt
> la **BCE** [beseø] *Abkürzung von* **Banque centrale européenne** die EZB

> der **User** ['juːzɐ] (*in der Informatik*) l'utilisateur *(männlich)*
> die **Userin** ['juːzɛrɪn] (*in der Informatik*) l'utilisatrice *(weiblich)*
> **usw.** *Abkürzung von* **und so weiter** etc.
> das **Utensil** l'ustensile *(männlich)*

- **Wortzwischenräume** in Stichwörtern, die aus mehreren Wörtern bestehen, werden bei der alphabetischen Einordnung ebenfalls ignoriert:

> le **chemin** [ʃ(ə)mɛ̃] ① (*auch übertragen*) der Weg; **demander son chemin à quelqu'un** jemanden nach dem Weg fragen; **prendre le chemin de la gare** in Richtung Bahnhof gehen/fahren; **rebrousser chemin** umkehren; **en chemin** unterwegs; **se tromper de chemin** sich verlaufen/verfahren ② (*Entfernung*) die Strecke ▶ **le droit chemin** der rechte Weg
> le **chemin de fer** [ʃ(ə)mɛ̃ də fɛʀ] <*Plural:* chemins de fer> die Eisenbahn, die Bahn
> la **cheminée** [ʃ(ə)mine] ① (*auf dem Dach*) der Schornstein, der Kamin ② (*im Zimmer*) der [offene] Kamin

> die **Pomade** la gomina®
> die **Pommes frites** [pɔm 'fʀits, pɔm 'fʀit] les pommes frites *(weiblich)*, les frites *(weiblich)*
> **pompös** *Fest* somptueux/somptueuse; *Ausstattung* fastueux/fastueuse

- Unterscheiden sich zwei Stichwörter nur durch **Groß- und Kleinschreibung**, so steht das kleingeschriebene Wort vor dem großgeschriebenen:

> la **bourse** [buʀs] ① der Geldbeutel ② **la bourse [d'études]** das Stipendium; **la bourse de mérite** das leistungsabhängige Stipendium
> la **Bourse** [buʀs] die Börse; **jouer à la Bourse** an der Börse spekulieren

- Französische Wörter gleicher Schreibung, die unterschiedlichen Wortarten angehören, sind so geordnet, dass zuerst das Wort ohne Artikel kommt (also z. B. ein Adjektiv oder ein Verb) und dann das Substantiv mit Artikel:

> **vers** [vɛʀ] ① (*Richtungsangabe*) nach; **vers le °haut** nach oben; **vers la gauche** nach links; **vers le sud** nach Süden; **tourner son regard vers la porte** seinen Blick zur Tür wenden; **se tourner vers quelqu'un** sich jemandem zuwenden; **il est venu vers elle** [vɛʀ ɛl] er ist auf sie zugekommen ② **vers sept heures** gegen sieben [Uhr]; **vers Brest** bei Brest
> le **vers** [vɛʀ] der Vers; **en vers** in Versen

Wie wird das Wörterbuch benutzt?

Auch die deutschen Substantive stehen nach den kleingeschrieben Adjektiven und Verben, von denen sie sich durch Großschreibung und den Artikel unterscheiden:

> grün ❶ vert(e) ❷ *Politik* écologiste
> das **Grün** ❶ le vert; **die Ampel steht auf Grün** le feu est vert ❷ (*Grünfläche*) l'espace *(männlich)* vert ❸ (*Grünpflanzen*) la verdure ▶ **das ist dasselbe in Grün** (*umgs.*) c'est kif-kif

Französische Adjektive, die zwei Formen haben, werden so eingeordnet, als bestünden sie aus der maskulinen Form plus ... In diesen Fällen steht zuerst das männliche Substantiv mit Artikel, dann das Adjektiv mit seinen zwei Formen und zum Schluss das weibliche Substantiv:

> le **fainéant** [fɛneɑ̃] der Faulenzer
> **fainéant, fainéante** [fɛneɑ̃, fɛneɑ̃t] faul
> la **fainéante** [fɛneɑ̃t] die Faulenzerin

- **Eingeklammerte Buchstaben** werden bei der alphabetischen Einordnung berücksichtigt. Die Klammern zeigen an, dass von dem Wort auch eine Variante ohne den oder die eingeklammerten Buchstaben existiert:

> le **shampo[o]ing** [ʃɑ̃pwɛ̃] ❶ das Shampoo ❷ **faire un shampooing à quelqu'un** jemandem die Haare waschen

> die **Essen[s]marke** le ticket [de] repas

▶ **Aufbau der Einträge**

Angabe des Geschlechts

Dieses Wörterbuch ist besonders leicht verständlich und sehr gut lesbar, weil vor den Substantiv-Stichwörtern und ihren direkten Übersetzungen immer der bestimmte Artikel steht. Er zeigt dir das Geschlecht des Substantivs ganz eindeutig an. Du brauchst also keine Angaben wie *m, f* oder *nt* (für *maskulin, feminin* und *neutrum*) zu entschlüsseln, wie sie sonst in Wörterbüchern üblich sind.

> le **câble** [kɑbl] ❶ das Kabel ❷ **le câble métallique** das Drahtseil
> la **couleur** [kulœʀ] ❶ die Farbe; **d'une seule couleur** einfarbig; **changer de couleur** die Farbe ändern [*oder* wechseln] ❷ (*beim Waschen*) die Buntwäsche ❸ (*politisch*) die Couleur

> der **Band** le volume
> die **Band** [bɛnt] le groupe
> das **Band** ❶ le ruban ❷ (*Tonband*) la bande [magnétique] ❸ (*Fließband*) la chaîne ❹ (*Teil eines Gelenks*) le ligament ▶ **am laufenden Band** (*umgs.*) sans arrêt; *produzieren* en série

Wie wird das Wörterbuch benutzt?

Bei den französischen Substantiven, die mit einem Vokal oder stummem h beginnen und den apostrophierten Artikel *l'* haben, wird das Geschlecht durch den kleinen Zusatz *(männlich)* oder *(weiblich)* angegeben. Die beiden Wörter werden absichtlich ausgeschrieben, damit du keine Kürzel zu entschlüsseln brauchst, sondern alles bequem lesen kannst:

> l' **éclairage** *(männlich)* [eklɛraʒ] die Beleuchtung
> l' **éclaircie** *(weiblich)* [eklɛrsi] die [kurze] Aufheiterung
>
> der **Schüler** ❶ (*Schulanfänger, Grundschüler*) l'écolier *(männlich)*; (*Sekundarstufenschüler*) l'élève *(männlich)* ❷ *eines Philosophen* le disciple
> der **Schüleraustausch** l'échange *(männlich)* scolaire
> die **Schülerin** ❶ (*Schulanfängerin, Grundschülerin*) l'écolière *(weiblich)*; (*Sekundarstufenschülerin*) l'élève *(weiblich)* ❷ *eines Philosophen* la disciple

Bei den französischen Substantiven, die nur im Plural vorkommen und deren Artikel immer *les* lautet, steht dieser kleine Zusatz ebenfalls:

> les **épinards** *(männlich)* [epinaʀ] der Spinat
> les **vacances** *(weiblich)* [vakɑ̃s] ❶ die Ferien; **être en vacances** Ferien haben; **bonnes vacances!** schöne Ferien! ❷ (*in der Arbeitswelt*) der Urlaub; **elle prend ses vacances en juillet** sie nimmt ihren Urlaub im Juli
>
> die **Eltern** les parents *(männlich)*
> die **Niederlande** les Pays-Bas *(männlich)*; **in den Niederlanden** aux Pays-Bas

Angabe der Aussprache

Im französisch-deutschen Teil des Wörterbuchs wird bei allen Stichwörtern die Aussprache in eckigen Klammern angegeben. Wenn das Stichwort aus einer männlichen und einer weiblichen Form besteht, wird die Aussprache für beide Formen in voller Länge angegeben:

> **canadien, canadienne** [kanadjɛ̃, kanadjɛn] kanadisch

Das Warnsignal in der phonetischen Umschrift bedeutet, dass die Aussprache eine Besonderheit oder eine gewisse Schwierigkeit aufweist:

> **emmener** [⚠ ɑ̃m(ə)ne] <*wie peser; siehe Verbtabelle ab S. 1053*> ❶ **emmener quelqu'un au cinéma** jemanden zum Kino bringen ❷ (*mitkommen lassen*) mitnehmen

Wie wird das Wörterbuch benutzt?

In der deutsch-französischen Hälfte steht nur dann eine phonetische Umschrift beim Stichwort, wenn es aus einer fremden Sprache stammt und nach anderen Regeln ausgesprochen wird als nach denen, die im Deutschen allgemein gelten:

> **boomen** ['buːmən] (*umgs.*) connaître un boom

Ganz vorn und ganz hinten im Wörterbuch befinden sich ausklappbare Seiten mit einer Übersicht über die phonetischen Zeichen. Dank dieses praktischen Papierformats kannst du die Phonetikzeichen beim Nachschlagen ständig vor Augen haben, wenn du das Wörterbuch auf deinem Schreibtisch liegen hast.

Arabische Ziffern

Viele Wörter haben mehr als nur eine Bedeutung oder Verwendungsart – und folglich auch verschiedene Übersetzungen. Die arabischen Ziffern ❶, ❷, ❸, ❹ etc. kennzeichnen die unterschiedlichen Bedeutungen und Verwendungsarten des Stichworts. Wenn die Ziffern allein nicht aussagekräftig genug sind, stehen bei ihnen, kursiv und in Klammern, so genannte Bedeutungshinweise:

> le **canapé** [kanape] ❶ die Couch, der Couch ⓒⓗ ❷ (*Vorspeise*) das belegte Weißbrothäppchen

> der **Flicken** ❶ (*Stück Stoff*) la pièce ❷ (*für Fahrradschläuche*) la rustine

Der mit dem Zeichen ▶ eingeleitete Wendungsblock

Bei den Wendungen handelt es sich um stark idiomatische oder auch bildhafte Redewendungen, die sich nur schwer oder gar nicht auf die Grundbedeutung (oder -bedeutungen) des Stichworts zurückführen lassen. Deswegen werden sie in einem speziellen Absatz zusammengefasst, der folglich keine arabische Ziffer, sondern ein eigenes Zeichen hat:

> le **chat** [ʃa] die Katze; (*männliches Tier*) der Kater ▶ **avoir un chat dans la gorge** einen Frosch im Hals haben; **il n'y a pas un chat dans la rue** es ist keine Menschenseele auf der Straße; **appeler un chat un chat** die Dinge beim Namen nennen

> die **Kirsche** ❶ la cerise ❷ (*Baum, Holz*) le cerisier ▶ **mit ihm ist nicht gut Kirschen essen** (*umgs.*) il n'est pas à prendre avec des pincettes

Wenn in diesem separaten Absatz mehr als eine Wendung steht, kannst du dich mithilfe der unterstrichenen Orientierungswörter rasch zurechtfinden, besonders, wenn es sich um umfangreiche Wendungsblöcke wie z. B. bei *pied* oder *Kopf* handelt.

Mehrere gleichbedeutende Übersetzungen

Viele Wörter haben mehrere *gleichbedeutende* Übersetzungen. Diese erkennst du daran, dass sie, nur durch ein Komma getrennt, hintereinander aufgeführt werden:

> l' **emplacement** *(männlich)* [ãplasmã] ❶ die Stelle, der Standort ❷ (*auf einem Parkplatz, Campingplatz*) der Stellplatz, der Platz

> **zusammenklappen** ❶ refermer, fermer *Taschenmesser;* replier, plier *Klappstuhl* ❷ (*umgs.: einen Schwächeanfall haben*) tomber <u>dans</u> les pommes

Kontextabhängige Übersetzungen

Diese Übersetzungen gelten nicht generell, sondern nur, wenn sie gleichzeitig mit bestimmten Wörtern – den so genannten Kontextpartnern – verwendet werden. Diese Kontextpartner stehen in kleiner kursiver Schrift, ohne Klammern, entweder vor oder hinter der Übersetzung:

> **employer** [ãplwaje] <*wie* appuyer; *siehe Verbtabelle ab S. 1053*> ❶ beschäftigen *Menschen* ❷ verwenden *Produkt;* anwenden *Gewalt* ❸ gebrauchen *Wort;* **s'employer** *Wort:* gebraucht werden

> **flimmern** *Bild* trembler; *Luft:* vibrer

Übersetzungen mit einem Entsprechungszeichen

Manchmal ist es nicht möglich, für ein Stichwort oder eine Wendung eine echte Entsprechung in der anderen Sprache anzugeben (weil es keine gibt). Wenn in diesen Fällen jedoch eine Übersetzung existiert, die annähernd zutrifft, wird sie mit dem Zeichen ≈ als nicht hundertprozentige Entsprechung kenntlich gemacht:

> **embrasser** [ãbʀase] küssen; **s'embrasser** sich küssen ▶ **je t'embrasse/je vous embrasse** ≈ viele liebe Grüße

> der **Pudding** ≈ le flan

Wo es notwendig ist, steht hinter diesen annähernden Übersetzungen noch ein verdeutlichender Zusatz in Klammern:

> la **canadienne** [kanadjɛn] ❶ die lammfellgefütterte Jacke (*aus Stoff oder Leder*) ❷ das Zweimannzelt

> das **Poesiealbum** ≈ l'album *(männlich)* souvenir (*petit album d'enfant rempli par les parents et amis*)

Umschreibungen an Stelle von Übersetzungen

Wenn gar keine Übersetzung möglich ist, wird die Bedeutung des Stichworts oder der Wendung in kursiver Schrift erläutert und umschrieben:

> le **clafoutis** [klafuti] *Süßspeise, die aus einem Eierkuchenteig und Obst hergestellt wird*

> der **Sperrmüll** ❶ (*Müll*) *les vieux objets encombrants dont on veut se débarrasser* ❷ (*Sperrmüllabfuhr*) ≈ *le ramassage des monstres*

▶ Grammatische Hinweise

Das *Express-Wörterbuch Französisch* von PONS verzichtet bewusst auf die herkömmlichen grammatischen Angaben wie z. B. *adj* bei Stichwörtern, die Adjektive sind, oder *vi* bei Stichwörtern, die intransitive Verben sind. Welche Wortart beim Stichwort vorliegt oder welcher Gebrauch in einem arabisch nummerierten Unterpunkt gemeint ist – z. B. der adverbiale Gebrauch eines deutschen Adjektivs –, geht aus einem Bedeutungshinweis, einem Kontextpartner, einem Beispielsatz oder direkt aus der Übersetzung hervor:

> **catholique** [katɔlik] katholisch ▶ **pas très catholique** nicht ganz koscher, nicht ganz hasenrein
> le **catholique** [katɔlik] der Katholik
> la **catholique** [katɔlik] die Katholikin

> **verlegen¹** embarrassé(e); **verlegen werden** être gagné(e) par l'embarras
> **verlegen²** ❶ (*verschieben*) reporter; **den Termin auf Mittwoch verlegen** reporter le rendez-vous à mercredi ❷ déplacer *Haltestelle* ❸ égarer *Schlüssel* ❹ poser *Teppichboden;* installer *Rohre* ❺ éditer *Buch*

Stattdessen gibt es in den Einträgen zahlreiche Hinweise unterschiedlicher Intensität, die auf wichtige Besonderheiten aufmerksam machen.

Relativ unauffällig, aber trotzdem sehr wichtig und sehr lernerfreundlich sind die Unterstreichungen im Text. Sie weisen auf wichtige Unterschiede zwischen dem Französischen und dem Deutschen hin. Bis auf wenige Ausnahmen kommen diese Unterstreichungen nur in französischen Textstellen vor.

(Um ein Missverständnis auszuschließen: Die Unterstreichungen im Wendungsblock dienen einem anderen Zweck; siehe auf S. 12 die Erläuterungen zum Wendungsblock.)

> **cliquer** [klike] (*am Computer*) klicken; **cliquer sur un symbole avec la souris** ein Symbol mit der Maus anklicken

> **klingeln** ❶ *Wecker:* sonner; *Radfahrer:* tirer la sonnette; **an der Tür klingeln** sonner à la porte ❷ **es klingelt** (*an der Tür*) on sonne; (*in der Schule*) ça sonne ❸ **nach der Krankenschwester klingeln** sonner l'infirmière

Etwas nachdrücklicher sind die Warnhinweise mit dem Symbol ⚠, die auf wichtige Besonderheiten aufmerksam machen. Sie sind weitgehend ausgeschrieben und dadurch leicht verständlich. Mit ihrer Hilfe soll die Fremdsprache besser verstanden und leichter gelernt werden, sodass du die häufigsten Fehler vermeiden kannst und deine Sicherheit im Gebrauch der Fremdsprache zunimmt. Diese Hinweise finden sich zum Beispiel in den Einträgen von Substantiven, die im Französischen und Deutschen ähnlich klingen, aber in den beiden Sprachen nicht dasselbe Geschlecht haben:

> la **comète** [kɔmɛt] ⚠ *weiblich* der Komet

> der **Anker** l'ancre *(weiblich* ⚠*)*; **vor Anker gehen** jeter l'ancre

Die auffälligsten und hilfreichsten Hinweise findest du in den bunten Infokästen. Sie enthalten Hilfestellungen, Warnungen und Erläuterungen und haben jeweils einen eigenen Kennbuchstaben:

F bedeutet **falscher Freund** beziehungsweise **faux ami**. Die „falschen Freunde" kommen immer paarweise vor, und man ist in Gefahr, sie miteinander zu verwechseln, weil sie ähnlich klingen; leider haben sie ganz verschiedene Bedeutungen, wie du am Wortpaar „la blouse – die Bluse" sehen kannst: „la blouse" ist der Kittel, der bei der Arbeit getragen wird, während „die Bluse" zur Damenbekleidung gehört.
Eine Auswahl von „falschen Freunden" ist in diesem Wörterbuch anschaulich bebildert worden, damit die Verwechslungsgefahr kleiner wird.

> le **châle** [ʃal] das Schultertuch, das Tuch
>
> **F** Nicht verwechseln mit *ein Schal – une écharpe!*

G bedeutet **Grammatik**. Diese Infokästen weisen dich z. B. auf Besonderheiten hin, die die Konjugation, den Gebrauch des Artikels, die Unveränderlichkeit von Adjektiven oder das Fehlen der Femininform betreffen.

> **choisir** [ʃwaziʀ] *<wie* agir; *siehe Verbtabelle ab S. 1053>* ❶ wählen, auswählen ❷ (*aussuchen*) wählen; bestimmen *Bewerber* ❸ **choisir entre deux candidats** sich zwischen zwei Bewerbern entscheiden; **choisir de faire quelque chose** sich entscheiden etwas zu tun
>
> **G** Bei einigen Formen des Verbs ist der Stamm um -*iss*- erweitert, etwa bei *nous choisissons, il choisissait* oder *en choisissant*.

bedeutet **Land und Leute** oder auch **Landeskunde**. Hier erfährst du allerlei Wissenswertes über Frankreich, aber auch über interessante Unterschiede zwischen den deutschsprachigen Ländern einerseits und Frankreich andererseits.

> la **maternelle** [matɛrnɛl] ≈ der Kindergarten
>
> In Frankreich können Kinder ab dem Alter von zwei Jahren eine *maternelle* besuchen: einen Ganztagskindergarten mit Vorschulcharakter. Sie essen dort zu Mittag und haben Betten zur Verfügung, um einen Mittagsschlaf zu machen. In Vorbereitung auf die Grundschule werden sie spielerisch und ganz allmählich mit dem Lesen, Schreiben und Rechnen vertraut gemacht.

 bedeutet **Übrigens**, aber du darfst diesen Buchstaben auch gerne als Aufforderung zum **Üben** verstehen. In diesen Infokästen stehen Hinweise zur Schreibung der französischen Verben.

> **manger** [mɑ̃ʒe] <*wie* changer; *siehe Verbtabelle ab S. 1053*> ❶ *Mensch:* essen; **donner à manger au bébé** das Baby füttern; **ce dessert se mange chaud** dieser Nachtisch wird warm gegessen, diesen Nachtisch muss man warm essen ❷ *Tier:* fressen; **donner à manger aux vaches** die Kühe füttern ❸ vergeuden *Kapital, Erbe* ❹ **manger ses mots** (*umgs.*) die Wörter verschlucken
>
> Vor *a* und *o* bleibt das *e* erhalten, z.B. in *nous mangeons, il mangeait* und *en mangeant*.

V bedeutet **Vorsicht**. Es weist dich auf besondere Schwierigkeiten hin. Diese können mit der Schreibung des Stichworts zu tun haben, aber auch damit, dass ein Singular-Wort mit einem Plural-Wort übersetzt wird.

> les **lasagnes** *(weiblich)* [lazaɲ] die Lasagne
>
> Der Plural *les lasagnes* wird mit einem Singular übersetzt: *ces lasagnes <u>sont</u> délicieuses – diese Lasagne <u>schmeckt</u> ausgezeichnet.*

> der **Ausverkauf** les soldes *(männlich)*
>
> Der Singular *der Ausverkauf* wird mit einem Plural übersetzt: *der Ausverkauf <u>hat</u> gerade angefangen – les soldes <u>viennent</u> de commencer.*

Manchmal häufen sich diese Infokästen auf einer Seite, aber da sie eigentlich alle gleich wichtig sind, wäre es schwer, einige davon aus optischen Gründen wegzulassen. So haben wir uns entschlossen, im Zweifelsfall lieber zu viele als zu wenige in das Wörterbuch zu tun.

_ Révisions

Überall im Wörterbuch stehen Révisions-Kästen mit nützlichen Satzbausteinen und Wortfeldern mit Wortschätzen, die du aus deinem Französischunterricht kennst. Du findest sie bei den folgenden Stichwörtern:

Französisch – Deutsch		Deutsch – Französisch
l'activité	parler	begrüßen
l'avis	proposer	beklagen
combien	la semaine	Gewässer
être	soir	indirekt
faire	le sondage	mögen
l'histoire	sortir	der Weg
l'interview	les vacances	
la naissance	le vêtement	

Qu'est-ce que c'est en français?
D'une langue à l'autre

Diese Kästen enthalten Floskeln und interessante Dialoge, die dir helfen in bestimmten Alltagssituationen die richtige Formulierung zu finden. Sie sind bei diesen Stichwörtern zu finden:

Französisch – Deutsch	Deutsch – Französisch
l'amie	einkaufen
déménager	gehen
la dispute	heißen
ne	die Reise
prendre	vorschlagen
le stage	vorstellen

le **a**, le **A** [ɑ] das a, das A
a [a] →**avoir**
à [a] ❶ (*bei Ortsangaben*) **être à la poste/à la piscine** auf der Post/im Schwimmbad sein; **habiter à Paris** in Paris leben; **être assis(e) à son bureau** an seinem Schreibtisch sitzen; **à trois kilomètres d'ici** drei Kilometer von hier [entfernt]; **à la page 30** auf Seite 30; **à la télévision** im Fernsehen; **avoir mal à la tête** Kopfschmerzen haben ❷ (*bei Richtungsangaben*) **aller à l'école/à la poste** in die Schule/zur Post gehen; **s'asseoir à son bureau** sich an seinen Schreibtisch setzen; **aller à la mer/à la montagne** ans Meer/ins Gebirge fahren; **aller à Paris** nach Paris fahren/fliegen ❸ (*bei Angaben des Zeitpunkts*) **à °huit heures** um acht [Uhr]; **à l'arrivée** bei der Ankunft; **à Noël** an Weihnachten; **à mon retour** bei meiner Rückkehr; **à cette nouvelle** bei dieser Nachricht ❹ (*bei Angaben der Dauer*) bis; **de deux à cinq heures** von zwei bis fünf Uhr; **à demain!** bis morgen! ❺ (*bei Zahlen- oder Mengenangaben*) **deux à l'heure** zwei in der Stunde [*oder* pro Stunde]; **cinq à la journée** fünf am Tag [*oder* pro Tag] ❻ (*bei Besitz- oder Zugehörigkeitsangaben*) **c'est à moi/lui** das gehört mir/ihm; **un ami à eux** ein Freund von ihnen; **avoir une maison à soi** ein eigenes Haus haben ❼ (*bei Angaben des Mittels, der Art und Weise*) **laver quelque chose à la machine** etwas mit der Maschine waschen; **sortir à deux/à trois** zu zweit/zu dritt ausgehen; **s'ennuyer à mourir** sich zu Tode langweilen; **c'est à mourir de rire** das ist zum Totlachen; *siehe auch* **au, aux**

l' **abaissement** (*männlich*) [abɛsmã] *des Rentenalters* die Herabsetzung

abaisser [abese] ❶ herabsetzen *Rentenalter* ❷ (*demütigen*) erniedrigen; **s'abaisser** sich erniedrigen

l' **abandon** (*männlich*) [abãdõ] ❶ das Verlassen; *eines Säuglings, Tieres* das Aussetzen; **laisser un jardin à l'abandon** einen Garten verwahrlosen lassen ❷ *der Ausbildung, des Studiums* die Aufgabe, der Abbruch

abandonné, abandonnée [abãdɔne] *Haus* verlassen; *Baby, Tier* ausgesetzt; **se sentir abandonné(e)** sich allein gelassen fühlen

abandonner [abãdɔne] ❶ verlassen, im Stich lassen *Ehepartner, Familie;* aussetzen *Baby, Tier;* stehen lassen *Fahrzeug* ❷ aufgeben, abbrechen *Ausbildung, Studium;* aufgeben *Kampf, Hypothese;* verzichten auf *Macht, Amt*

abasourdi, abasourdie [abazuʀdi] sprachlos

l' **abat-jour** (*männlich*) [abaʒuʀ] <*Plural:* abat-jour> der Lampenschirm

les **abats** (*männlich*) [aba] die Innereien

l' **abattant** (*männlich*) [abatã] ❶ *eines WCs* der Deckel ❷ *eines Sekretärs* die [herunterklappbare] Schreibplatte

l' **abattement** (*männlich*) [abatmã] (*in körperlicher Hinsicht*) die Mattigkeit, die Abgeschlagenheit; (*in seelischer Hinsicht*) die Niedergeschlagenheit

l' **abattoir** (*männlich*) [abatwaʀ] der Schlachthof

abattre [abatʀ] <*wie* battre; *siehe Verbtabelle ab S. 1055*> ❶ abreißen *Mauer;* einreißen *Wand;* fällen *Baum;* abholzen *Wald;* abschießen *Flugzeug* ❷ (*zum Verzehr töten*) schlachten; (*auf der Jagd*) erlegen ❸ erschießen *Menschen* ❹ **s'abattre** *Mast:* umstürzen ❺ **s'abattre sur quelque chose** *Regen:* auf etwas prasseln [*oder* niederprasseln]; *Raubvogel, Mensch:* sich auf etwas stürzen; **l'avion s'est abattu sur une ferme** das Flugzeug ist auf einen Bauernhof gestürzt

abattu, abattue [abaty] (*in körperlicher Hinsicht*) matt, abgeschlagen; (*in seelischer Hinsicht*) niedergeschlagen

l' **abbaye** (*weiblich*) [⚠ abei] die Abtei

l' **abbé** (*männlich*) [abe] ❶ der Priester ❷ (*Klostervorsteher*) der Abt

l' **abbesse** (*weiblich*) [abɛs] die Äbtissin

l' **abc** (*männlich*) [abese] (*Grundkenntnisse*) das [kleine] Einmaleins

> **F** Nicht verwechseln mit *das Abc aufsagen – réciter l'alphabet!*

l' **abcès** (*männlich*) [apsɛ] der/das Abszess

abdiquer [abdike] *König:* abdanken

l' **abdomen** (*männlich*) [⚠ abdɔmɛn] der Bauch

abdominal, abdominale [abdɔminal] <*Plural der männl. Form:* abdominaux> Bauch-; **les muscles abdominaux** die Bauchmuskeln

les **abdominaux** (*männlich*) [abdɔmino] die Bauchmuskeln

l' **abeille** (*weiblich*) [abɛj] die Biene

aberrant, aberrante [abeʀã, abeʀãt] widersinnig; *Preis, Idee* irrsinnig

l' **aberration** (*weiblich*) [abeʀasjõ] die Widersinnigkeit; **quelle aberration!** wie absurd!

l' **abîme** *(männlich)* [abim] *(gehoben)* der Abgrund

abîmer [abime] ❶ beschädigen; *(völlig ramponieren)* kaputtmachen ❷ **s'abîmer** *Gegenstand:* sich abnutzen; *(völlig ramponiert werden)* kaputtgehen; *Obst, Gemüse:* verderben ❸ **s'abîmer les yeux** sich die Augen verderben

aboie, aboies [abwa] →**aboyer**

l' **aboiement** *(männlich)* [abwamã] das Bellen

abolir [abɔliʀ] <*wie* agir; *siehe Verbtabelle ab S. 1055*> abschaffen *Sklaverei, Gesetz;* aufheben *Grenzen*

G Bei einigen Formen des Verbs ist der Stamm um -*iss*- erweitert, etwa bei *nous abolissons, il abolissait* oder *en abolissant*.

l' **abolition** *(weiblich)* [abɔlisjõ] die Abschaffung; *von Grenzen* die Aufhebung

abominable [abɔminabl] *Tat* abscheulich; *Wetter* scheußlich

l' **abomination** *(weiblich)* [abɔminasjõ] die abscheuliche Tat

abondamment [abõdamã] reichlich

l' **abondance** *(weiblich)* [abõdãs] die Fülle ▶ **en abondance** in Hülle und Fülle

abondant, abondante [abõdã, abõdãt] *Nahrung* reichlich; **des pluies abondantes** ergiebige Regenfälle

abonder [abõde] *Früchte, Waren:* reichlich vorhanden sein; **la Bourgogne abonde en vigne** in Burgund gibt es unzählige Weinberge

l' **abonné** *(männlich)* [abɔne] der Abonnent ◆ l'**abonné au téléphone** der Fernsprechteilnehmer

abonné, abonnée [abɔne] **être abonné(e) à un journal** eine Zeitung abonniert haben, auf eine Zeitung abonniert haben (CH)

l' **abonnée** *(weiblich)* [abɔne] die Abonnentin ◆ l'**abonnée au téléphone** die Fernsprechteilnehmerin

l' **abonnement** *(männlich)* [abɔnmã] ❶ das Abonnement ❷ *(Dauerkarte)* **l'abonnement hebdomadaire** die Wochenkarte; **l'abonnement mensuel** die Monatskarte ◆ l'**abonnement au téléphone** der Telefonanschluss

abonner [abɔne] ❶ **s'abonner à quelque chose** etwas abonnieren, auf etwas abonnieren (CH) ❷ **abonner quelqu'un à un journal** für jemanden eine Zeitung abonnieren

l' **abord** *(männlich)* [abɔʀ] **au premier abord** auf den ersten Blick; *siehe auch* **d'abord**

abordable [abɔʀdabl] *Preis* erschwinglich

aborder [abɔʀde] ❶ ansprechen *Person* ❷ *(im Gespräch)* **aborder un sujet** ein Thema ansprechen, auf ein Thema zu sprechen kommen ❸ *(zu bearbeiten beginnen)* herangehen an *Text* ❹ *Schiff:* anlegen; **aborder à Marseille** in Marseille anlegen

les **abords** *(männlich)* [abɔʀ] *einer Stadt* die unmittelbare Umgebung

V Der Plural *les abords* wird mit einem Singular übersetzt: *les abords du volcan sont dangereux – die unmittelbare Umgebung des Vulkans ist gefährlich*.

aboutir [abutiʀ] <*wie* agir; *siehe Verbtabelle ab S. 1055*> ❶ *Projekt:* erfolgreich abgeschlossen werden; **ne pas aboutir** erfolglos bleiben ❷ **aboutir sur la plage** *Straße:* zum Strand führen

G Bei einigen Formen des Verbs ist der Stamm um -*iss*- erweitert, etwa bei *ils aboutissent, il aboutissait* oder *en aboutissant*.

aboyer [abwaje] <*wie* appuyer; *siehe Verbtabelle ab S. 1055*> bellen

Ü Einige Formen des Verbs schreiben sich mit *y*, andere mit *i*.
Direkt vor einer betonten Endungssilbe steht immer ein *y*, z. B. *ils aboyaient*.
Das *i* steht immer vor einem unbetonten *e*, z. B. *il aboie* oder *ils n'aboieront pas*.

l' **abrégé** *(männlich)* [abʀeʒe] ❶ *(gekürzter Text)* die gekürzte Fassung ❷ *(Buch, Werk)* der Abriss ❸ **un mot en abrégé** ein abgekürztes Wort

abréger [abʀeʒe] <*wie* assiéger; *siehe Verbtabelle ab S. 1055*> kürzen *Text;* abkürzen *Wort, Treffen*

Ü Nur die stammbetonten Formen schreiben sich mit *è*, z. B. *j'abrège*.
Außerdem bleibt vor Endungen, die mit *a* und *o* beginnen, das *e* erhalten, z. B. *en abrégeant, il abrégeait* und *nous abrégeons*.

abreuver [abʀœve] ❶ **abreuver quelqu'un de compliments** jemanden mit Komplimenten überhäufen ❷ **s'abreuver** trinken

l' **abreuvoir** *(männlich)* [abʀœvwaʀ] die Tränke

l' **abréviation** *(weiblich)* [abʀevjasjõ] die Abkürzung

l' **abri** *(männlich)* [abʀi] ❶ der Schutz; **mettre quelque chose à l'abri** etwas in Sicherheit bringen; **mettre un vélo à l'abri** ein Fahrrad unterstellen; **être à l'abri** in Sicherheit sein; *Fahrrad:* untergestellt sein; **être à l'abri des gelées/des intempéries** vor Frost/vor schlechtem Wetter geschützt sein ❷ die Hütte; (*in den Bergen*) die Schutzhütte ❸ (*beim Militär*) der Unterstand ▶ **il/elle est à l'abri du besoin** er/sie hat ausgesorgt

l' **abribus**® *(männlich)* [abribys] das Wartehäuschen

abricot [abriko] aprikosenfarben

> **G** Das Farbadjektiv *abricot* ist unveränderlich: *une robe abricot* – ein aprikosenfarbenes Kleid; *deux serviettes abricot* – zwei aprikosenfarbene Handtücher.

l' **abricot** *(männlich)* [abriko] die Aprikose, die Marille Ⓐ

l' **abricotier** *(männlich)* [abrikɔtje] der Aprikosenbaum

abriter [abrite] ❶ schützen; **abriter le bébé du soleil** das Baby vor der Sonne schützen ❷ (*aufnehmen*) beherbergen ❸ **s'abriter** (*bei Unwetter*) sich unterstellen; (*bei Gefahr*) in Deckung gehen ❹ (*übertragen*) **s'abriter derrière quelqu'un/derrière quelque chose** sich hinter jemandem/hinter etwas verstecken

abrupt, abrupte [⚠ abrypt] *Abhang* steil

l' **abruti** *(männlich)* [abryti] (*umgs.*) der Idiot

abruti, abrutie [abryti] (*umgs.*) blöd

l' **abrutie** *(weiblich)* [abryti] (*umgs.*) die Idiotin, die dumme Kuh

abrutissant, abrutissante [abrytisɑ̃, abrytisɑ̃t] *Arbeit* stumpfsinnig; **cette musique est abrutissante** diese Musik macht mich/macht einen völlig benommen

l' **A.B.S.** *(männlich)* [abeɛs] *Abkürzung von* **Antiblockiersystem** das ABS

l' **absence** *(weiblich)* [absɑ̃s] *eines Menschen* die Abwesenheit, das Fehlen; *einer Sache* das Fehlen; **en l'absence des parents** in Abwesenheit der Eltern

l' **absent** *(männlich)* [apsɑ̃] der Abwesende

absent, absente [apsɑ̃, apsɑ̃t] ❶ abwesend; *Schüler* fehlend; **être absent à une réunion** bei einer Besprechung fehlen; **être absent du bureau** nicht im Büro sein ❷ *Blick, Gesichtsausdruck* geistesabwesend, abwesend

l' **absente** *(weiblich)* [apsɑ̃t] die Abwesende

absenter [apsɑ̃te] **s'absenter** weggehen

l' **absolu** *(männlich)* [apsɔly] das Absolute

absolu, absolue [apsɔly] absolut; *Vertrauen* uneingeschränkt

absolument [apsɔlymɑ̃] ❶ unbedingt; **absolument pas** überhaupt nicht, keinesfalls; **absolument rien** absolut nichts; **absolument!** genau!; **mais absolument!** aber

sicher! ❷ (*ganz und gar*) **absolument remarquable** wirklich bemerkenswert; **absolument faux** völlig falsch

l' **absolutisme** *(männlich)* [apsɔlytism] der Absolutismus

absorbant, absorbante [apsɔrbɑ̃, apsɔrbɑ̃t] *Stoff* saugfähig

absorber [apsɔrbe] ❶ aufsaugen *Wasser*; absorbieren *Geruch* ❷ zu sich nehmen *Nahrung*; einnehmen *Medikament* ❸ **absorber quelqu'un** jemanden völlig in Anspruch nehmen; **être absorbé(e) par la lecture** völlig ins Lesen vertieft sein

l' **absorption** *(weiblich)* [apsɔrpsjɔ̃] *eines Medikaments* die Einnahme

abstenir [apstənir] <*wie* devenir; *siehe Verbtabelle ab S. 1055*> **s'abstenir** nichts tun; (*bei einer Wahl, Abstimmung*) sich [der Stimme] enthalten; **s'abstenir de répondre** nichts erwidern

l' **abstention** *(weiblich)* [apstɑ̃sjɔ̃] die Stimmenthaltung, die Enthaltung

l' **abstentionniste**[1] *(männlich)* [apstɑ̃sjɔnist] der Nichtwähler

l' **abstentionniste**[2] *(weiblich)* [apstɑ̃sjɔnist] die Nichtwählerin

abstenu, abstenue [apstəny] →**abstenir**

abstiens, abstient [apstjɛ̃] →**abstenir**

l' **abstinence** *(weiblich)* [apstinɑ̃s] ❶ die [sexuelle] Enthaltsamkeit ❷ (*Fasten*) die Abstinenz

l' **abstraction** *(weiblich)* [apstraksjɔ̃] **faire abstraction de quelque chose** etwas außer Acht lassen

l' **abstrait** *(männlich)* [apstrɛ] das Abstrakte

abstrait, abstraite [apstrɛ, apstrɛt] abstrakt

absurde [apsyrd] absurd

l' **absurdité** *(weiblich)* [apsyrdite] ❶ die Absurdität ❷ (*Unfug*) der Unsinn

l' **abus** *(männlich)* [aby] der Missbrauch; **l'abus sexuel sur des enfants** der sexuelle Missbrauch von Kindern

  ◆ l'**abus d'alcool** der Alkoholmissbrauch
  ◆ l'**abus de biens sociaux** die Unterschlagung
  ◆ l'**abus de pouvoir** der Amtsmissbrauch

abuser [abyze] ❶ übertreiben ❷ **abuser de l'alcool** zu viel trinken; **abuser de son pouvoir** seine Macht missbrauchen; **abuser de la confiance de quelqu'un** jemandes Vertrauen ausnutzen ❸ (*sexuell ausnutzen*) **abuser de quelqu'un** jemanden missbrauchen ❹ **s'abuser** sich irren; **si je ne m'abuse** wenn ich mich nicht irre

abusif, abusive [abyzif, abyziv] übermäßig;

Entlassung ungerechtfertigt

l' **académicien** *(männlich)* [akademisjɛ̃] das Mitglied der Académie française

F Nicht verwechseln mit *der Akademiker – le diplômé de l'enseignement supérieur!*

l' **académicienne** *(weiblich)* [akademisjɛn] das Mitglied der Académie française

F Nicht verwechseln mit *die Akademikerin – la diplômée de l'enseignement supérieur!*

l' **académie** *(weiblich)* [akademi] ❶ die Akademie ❷ (*Schulverwaltungsbezirk*) ≈ der Schulaufsichtsbezirk ❸ (*Schulverwaltungsorgan*) ≈ das Oberschulamt

accablant, accablante [akablɑ̃, akablɑ̃t] ❶ *Hitze* drückend; *Neuigkeit* deprimierend ❷ *Aussage, Beweis* belastend

accabler [akable] ❶ **accabler quelqu'un** *Schulden:* auf jemandem lasten; *Neuigkeit:* jemanden deprimieren; **être accablé(e) de travail** mit Arbeit überhäuft sein ❷ **accabler quelqu'un de reproches** jemanden mit Vorwürfen überhäufen; **accabler le peuple d'impôts** dem Volk zu hohe Steuern aufbürden ❸ **accabler quelqu'un** *Aussage, Beweis:* jemanden belasten

accaparer [akapaʀe] ❶ auf sich ziehen *Aufmerksamkeit* ❷ **accaparer quelqu'un** jemanden in Beschlag nehmen

accéder [aksede] <*wie* préférer; *siehe Verbtabelle ab S. 1055*> ❶ **accéder à la sortie par l'escalier** über die Treppe zum Ausgang gelangen ❷ **accéder à un poste** eine Stelle erlangen

l' **accélérateur** *(männlich)* [akseleratœʀ] das Gaspedal; **donner un coup d'accélérateur** aufs Gaspedal treten

Ü Nur die stammbetonten Formen schreiben sich mit è, z. B. *tu accèdes.*

l' **accélération** *(weiblich)* [akseleʀasjɔ̃] die Beschleunigung

accélérer [akseleʀe] <*wie* préférer; *siehe Verbtabelle ab S. 1055*> ❶ *Fahrer:* Gas geben; *Fahrzeug:* beschleunigen ❷ beschleunigen *Tempo, Schritt* ❸ **s'accélérer** *Puls:* sich beschleunigen; *Arbeit:* schneller gehen

Ü Nur die stammbetonten Formen schreiben sich mit è, z. B. *tu accèlères.*

l' **accent** *(männlich)* [aksɑ̃] ❶ (*Zeichen*) der Akzent; **e accent circonflexe** e mit Zirkumflex ❷ (*Aussprache*) der Akzent ❸ *eines Wortes* die Betonung ▶ **mettre l'accent sur quel-**

que chose etwas [besonders] hervorheben

l' **accentuation** *(weiblich)* [aksɑ̃tɥasjɔ̃] *der Symptome* die Verschlimmerung

accentué, accentuée [aksɑ̃tɥe] betont

accentuer [aksɑ̃tɥe] ❶ betonen *Wort, Aspekt;* verstärken *Anstrengungen* ❷ **s'accentuer** sich verstärken; *Kälte:* sich verschärfen

acceptable [aksɛptabl] akzeptabel

l' **acceptation** *(weiblich)* [aksɛptasjɔ̃] die Zustimmung

accepter [aksɛpte] ❶ annehmen; akzeptieren *Niederlage;* übernehmen *Verantwortung;* **accepter une théorie** einer Theorie zustimmen ❷ einverstanden sein; **accepter de travailler le samedi** damit einverstanden sein, samstags zu arbeiten ❸ dulden; **je n'accepte pas qu'on dise du mal de lui!** ich dulde es nicht, dass man schlecht über ihn spricht! ❹ zulassen; **être accepté(e) à un examen** zu einer Prüfung zugelassen werden

l' **accès** *(männlich)* [aksɛ] ❶ (*Weg*) der Zugang; (*für Fahrzeuge*) die Zufahrt; "**Accès interdit**" „Kein Zutritt!" ❷ **l'accès au poste de directrice** der Zugang zur Stelle [*oder* zum Posten] der Direktorin ❸ (*körperliches oder seelisches Geschehen*) der Anfall; **l'accès d'humeur** der Launenhaftigkeit; (*in der Informatik*) der Zugriff; **l'accès à Internet** [*oder* **à l'internet**] der Zugang zum Internet, der Internetanschluss

accessible [aksesibl] ❶ *Stelle, Ort* zugänglich; **être accessible à quelqu'un** für jemanden erreichbar sein ❷ *Buch* verständlich ❸ *Preis* erschwinglich

accessoire [akseswaʀ] nebensächlich

l' **accessoire** *(männlich)* [akseswaʀ] ❶ das Zubehörteil; **les accessoires** das Zubehör ❷ (*in der Mode*) das Accessoire ❸ (*im Theater, beim Film*) das Requisit

V In ❶ wird der Plural *les accessoires* mit einem Singular übersetzt: *ces accessoires coûtent cher – dieses Zubehör ist teuer.*

l' **accessoiriste**[1] *(männlich)* [akseswaʀist] der Requisiteur

l' **accessoiriste**[2] *(weiblich)* [akseswaʀist] die Requisiteurin

l' **accident** *(männlich)* [aksidɑ̃] der Unfall; **avoir un accident** einen Unfall haben, verunglücken

l' **accidenté** *(männlich)* [aksidɑ̃te] der Verunglückte

accidenté, accidentée [aksidɑ̃te] ❶ *Ge-*

lände uneben ❷ *Person* verunglückt; **la voiture accidentée** der Unfallwagen
⊦ **accidentée** *(weiblich)* [aksidãte] die Verunglückte
accidentel, accidentelle [aksidãtɛl] ❶ zufällig ❷ *(aufgrund eines Unfalls)* **la mort accidentelle** der Unfalltod
accidentellement [aksidãtɛlmã] ❶ zufällig ❷ *(durch einen Unfall)* **mourir accidentellement** tödlich verunglücken
⊦ **acclamation** *(weiblich)* [aklamasjõ] der Jubel; **les acclamations de l'auditoire** die Beifall[s]rufe des Publikums
acclamer [aklame] **acclamer quelqu'un** jemandem zujubeln
⊦ **acclimatation** *(weiblich)* [aklimatasjõ] die Akklimatisierung
acclimater [aklimate] **s'acclimater** sich akklimatisieren
accommoder [akɔmɔde] ❶ zubereiten *Gericht;* verwerten *Reste* ❷ **s'accommoder de quelque chose** sich mit etwas zufriedengeben
⊦ **accompagnateur** *(männlich)* [akõpaɲatœʀ] der Begleiter
⊦ **accompagnatrice** *(weiblich)* [akõpaɲatʀis] die Begleiterin
⊦ **accompagnement** *(männlich)* [akõpaɲmã] ❶ *(in der Musik)* die Begleitung ❷ *(Teil eines Gerichts)* die Beilage
accompagner [akõpaɲe] begleiten
accompli, accomplie [akõpli] perfekt
accomplir [akõpliʀ] <*wie* agir; *siehe Verbtabelle ab S. 1055*> ❶ erledigen *Arbeit;* erfüllen *Aufgabe;* tun *Pflicht* ❷ erfüllen *Wunsch* ❸ **s'accomplir** sich erfüllen

G Bei einigen Formen des Verbs ist der Stamm um -iss- erweitert, etwa bei *nous accomplissons, il accompli**ss**ait* oder *en accompli**ss**ant.*

⊦ **accord** *(männlich)* [akɔʀ] ❶ das Einverständnis; **donner son accord à quelqu'un** jemandem seine Zustimmung geben; **d'un commun accord** einmütig ❷ *(Übereinkunft)* die Vereinbarung ❸ das [gute] Einvernehmen; **faire quelque chose en accord avec quelqu'un** etwas in Übereinstimmung mit jemandem tun ❹ *(in der Musik)* der Akkord; *siehe auch* **d'accord**
⊦ **accordéon** *(männlich)* [akɔʀdeõ] das Akkordeon
⊦ **accordéoniste**[1] *(männlich)* [akɔʀdeɔnist] der Akkordeonspieler
⊦ **accordéoniste**[2] *(weiblich)* [akɔʀdeɔnist] die Akkordeonspielerin
accorder [akɔʀde] ❶ gewähren *Kredit, Aufschub;* erteilen *Erlaubnis;* erweisen *Gefallen;* schenken *Vertrauen* ❷ **accorder de l'importance à quelque chose** einer Sache Gewicht beimessen ❸ stimmen *Musikinstrument* ❹ angleichen *Adjektiv, Verb* ❺ **s'accorder une pause** sich eine Pause gönnen
accoster [akɔste] ❶ *Schiff:* anlegen ❷ **accoster quelqu'un** jemanden ansprechen
⊦ **accouchement** *(männlich)* [akuʃmã] die Geburt
accoucher [akuʃe] entbinden; **accoucher d'une fille** ein Mädchen zur Welt bringen
▸ **allez, accouche!** los, raus damit!
accouder [akude] **s'accouder à quelque chose** sich mit den Ellbogen auf etwas stützen
⊦ **accoudoir** *(männlich)* [akudwaʀ] die Armlehne
⊦ **accouplement** *(männlich)* [akupləmã] *von Tieren* die Paarung
accourir [akuʀiʀ] <*wie* courir; *siehe Verbtabelle ab S. 1055*> *Person:* herbeieilen; *Tier:* angelaufen kommen
⊦ **accoutrement** *(männlich)* [akutʀəmã] die Aufmachung
⊦ **accoutumance** *(weiblich)* [akutymãs] die Gewöhnung
accoutumé, accoutumée [akutyme] gewohnt
accro [akʀo] *(umgs.)* Abkürzung von **accroché** ❶ süchtig ❷ **être accro de jazz** [ganz] verrückt auf Jazz sein
⊦ **accro**[1] *(männlich)* [akʀo] *(umgs.)* Abkürzung von **accroché** ❶ der Junkie ❷ *(begeisterter Anhänger)* der Fan
⊦ **accro**[2] *(weiblich)* [akʀo] *(umgs.)* Abkürzung von **accrochée** ❶ der Junkie ❷ *(begeisterte Anhängerin)* der Fan
⊦ **accroc** *(männlich)* [⚠ akʀo] der Riss; **faire un accroc à sa chemise** sich ein Loch ins Hemd reißen
⊦ **accrochage** *(männlich)* [akʀɔʃaʒ] ❶ der [leichte] Zusammenstoß ❷ *(Streit)* die Auseinandersetzung
accrocher [akʀɔʃe] ❶ aufhängen; **accrocher sa veste au portemanteau** seine Jacke an die Garderobe hängen ❷ *(beschädigen)* streifen *Fahrzeug;* **il a accroché son pull dans les épines** er ist mit seinem Pulli an den Dornen hängen geblieben ❸ **s'accrocher à une corde** sich an einem Seil festklammern ❹ *(nicht aufgeben)* **s'accrocher** durchhalten ❺ **s'accrocher avec quelqu'un** *(umgs.)* sich mit jemandem in die Haare kriegen

l' **accroissement** *(männlich)* [akʀwasmɑ̃] die Zunahme; *des Umsatzes* die Steigerung
accroître [akʀwatʀ] <*siehe Verbtabelle ab S. 1055*> ❶ vergrößern *Vermögen, Chancen, Einfluss;* verstärken *Unzufriedenheit* ❷ **s'accroître** zunehmen

> Ⓤ Das *î* steht immer nur vor *t*.
> Die Verbformen ohne *t* schreiben sich mit *i*, z. B. *ils s'accroissent – sie nehmen zu.*

accroupir [akʀupiʀ] <*wie* agir; *siehe Verbtabelle ab S. 1055*> **s'accroupir** in die Hocke gehen; **être accroupi(e)** kauern

> Ⓖ Bei einigen Formen des Verbs ist der Stamm um *-iss-* erweitert, etwa bei *nous nous accroupissons, il s'accroupissait* oder *en s'accroupissant.*

accru, accrue [akʀy] →**accroître**
l' **accueil** *(männlich)* [akœj] der Empfang; **faire bon/mauvais accueil à quelqu'un** jemanden freundlich/unfreundlich empfangen
accueillant, accueillante [akœjɑ̃, akœjɑ̃t] *Person* freundlich; *Zimmer* gastlich
accueillir [akœjiʀ] <*wie* cueillir; *siehe Verbtabelle ab S. 1055*> empfangen, begrüßen *Gast;* aufnehmen *Neuigkeit;* begrüßen *Vorschlag*
l' **accumulateur** *(männlich)* [akymylatœʀ] der Akku
l' **accumulation** *(weiblich)* [akymylasjɔ̃] die Anhäufung
accumuler [akymyle] ❶ anhäufen; **accumuler les erreurs** einen Fehler nach dem anderen begehen ❷ **s'accumuler** sich sammeln; *Schwierigkeiten:* sich häufen
l' **accusateur** *(männlich)* [akyzatœʀ] der Ankläger
accusateur, accusatrice [akyzatœʀ, akyzatʀis] anklagend
l' **accusatif** *(männlich)* [akyzatif] (*in der Grammatik*) der Akkusativ
l' **accusation** *(weiblich)* [akyzasjɔ̃] ❶ die Anschuldigung ❷ (*in der Rechtsprechung*) die Anklage
l' **accusatrice** *(weiblich)* [akyzatʀis] die Anklägerin
l' **accusé** *(männlich)* [akyze] der Angeklagte
l' **accusée** *(weiblich)* [akyze] die Angeklagte
accuser [akyze] beschuldigen; (*in der Rechtsprechung*) anklagen, beschuldigen; **accuser quelqu'un de vol** jemanden des Diebstahls beschuldigen
acharné, acharnée [aʃaʀne] *Arbeiter* verbissen; *Spieler* leidenschaftlich; *Kampf* erbittert
l' **acharnement** *(männlich)* [aʃaʀnəmɑ̃] die Hartnäckigkeit; *eines Kämpfers* die Verbissenheit

acharner [aʃaʀne] **s'acharner sur quelqu'un** von jemandem nicht ablassen; **s'acharner sur quelque chose** sich an etwas festbeißen; (*kaputtmachen*) etwas blindwütig zerstören; **s'acharner à faire quelque chose** sich darauf versteifen, etwas zu tun
l' **achat** *(männlich)* [aʃa] der Kauf; **faire des achats** einkaufen
acheminer [aʃ(ə)mine] befördern *Passagiere, Waren*
acheter [aʃ(ə)te] <*wie* peser; *siehe Verbtabelle ab S. 1055*> ❶ kaufen; **s'acheter des chaussures** sich Schuhe kaufen ❷ **ils ont acheté son silence** sie haben sich sein/ihr Schweigen erkauft

> Ⓤ Mit *è* schreiben sich
> – die stammbetonten Formen wie *j'achète* oder *tu achètes* sowie
> – die auf der Basis der Grundform *acheter* gebildeten Formen, z. B. *ils achèteront* und *j'achèterais.*

l' **acheteur** *(männlich)* [aʃtœʀ] der Käufer
l' **acheteuse** *(weiblich)* [aʃtøz] die Käuferin
l' **achèvement** *(männlich)* [aʃɛvmɑ̃] *der Arbeiten* der Abschluss
achever [aʃ(ə)ve] <*wie* peser; *siehe Verbtabelle ab S. 1055*> ❶ vollenden *Werk* ❷ töten *Tier* ❸ **il m'a achevé!** er hat mir den Rest gegeben!

> Ⓤ Mit *è* schreiben sich
> – die stammbetonten Formen wie *j'achève* oder *tu achèves* sowie
> – die auf der Basis der Grundform *achever* gebildeten Formen, z. B. *ils achèveront* und *j'achèverais.*

acide [asid] sauer
l' **acide** *(männlich)* [asid] die Säure
l' **acidité** *(weiblich)* [asidite] *einer Frucht* der saure Geschmack
l' **acier** *(männlich)* [asje] ❶ der Stahl ❷ (*Branche*) die Stahlindustrie
l' **acné** *(weiblich)* [akne] die Akne
l' **acompte** *(männlich)* [⚠ akɔ̃t] die Anzahlung
les **Açores** *(weiblich)* [asɔʀ] die Azoren
à côté [a kote] ❶ nebenan; **la chambre à côté** das Zimmer nebenan; **les gens [d']à côté** die Leute von nebenan ❷ **à côté de la poste** neben der Post; **juste à côté de l'école** direkt neben der Schule; **mets-toi à côté de lui!** setz dich neben ihn!; **tirer à côté de la cible** neben die Zielscheibe schießen ❸ (*im Vergleich*) daneben, dagegen; (*außerdem*) nebenher; **à côté de lui** gemessen an ihm; **à côté de ce malheur** gemes-

sen an diesem Unglück
l' **à-côté** *(männlich)* [akote] <*Plural:* à-côtés> ❶ (*Detail*) die Nebensächlichkeit ❷ (*Zubrot*) der Nebenverdienst
l' **à-coup** *(männlich)* [aku] <*Plural:* à-coups> der Ruck; **par à-coups** stoßweise
l' **acoustique** *(weiblich)* [akustik] die Akustik
l' **acquéreur** *(männlich)* [akeʀœʀ] der Käufer
acquérir [akeʀiʀ] <*siehe Verbtabelle ab S. 1055*> ❶ erwerben ❷ sich aneignen *Fähigkeiten;* sammeln *Erfahrung*
acquiescer [akjese] <*wie* commencer; *siehe Verbtabelle ab S. 1055*> zustimmen

Ü Vor *a* und *o* steht statt *c* ein *ç*, z. B. in *nous acquiesçons, il acquiesçait* und *en acquiesçant.*

les **acquis** *(männlich)* [aki] die Errungenschaften
acquis¹, **acquise** [aki, akiz] →**acquérir**
acquis², **acquise** [aki, akiz] ❶ *Vermögen, Erfahrung* erworben; *Recht* wohlerworben; *Vorteil* erkämpft ❷ feststehend; **considérer quelque chose comme acquis(e)** etwas als gesichert betrachten
l' **acquisition** *(weiblich)* [akizisjɔ̃] ❶ der Erwerb; **faire l'acquisition de quelque chose** [sich] etwas anschaffen ❷ (*das Gekaufte*) die Anschaffung
l' **acquittement** *(männlich)* [akitmɑ̃] *eines Angeklagten* der Freispruch
acquitter [akite] ❶ freisprechen *Person* ❷ **s'acquitter d'une dette** eine Schuld begleichen
âcre [ɑkʀ] herb; *Rauch* beißend
l' **acrobate**¹ *(männlich)* [akʀɔbat] der Akrobat
l' **acrobate**² *(weiblich)* [akʀɔbat] die Akrobatin
l' **acrobatie** *(weiblich)* [⚠ akʀɔbasi] das akrobatische Kunststück
acrobatique [akʀɔbatik] akrobatisch
l' **acrylique** *(männlich)* [akʀilik] das Acryl
l' **acte** *(männlich)* [akt] ❶ die Tat, die Handlung; **l'acte d'agression** der aggressive Akt; **l'acte de vandalisme** der Akt blinder Zerstörungswut; **l'acte désespéré** die Verzweiflungstat; **passer à l'acte** zur Tat schreiten ❷ (*Dokument*) die Urkunde *eines Theaterstücks* der Akt ❹ **l'acte sexuel** der Geschlechtsakt ▶ **faire** acte **de présence** sich kurz blicken lassen; **prendre** acte **de quelque chose** (*notieren*) etwas zu Protokoll nehmen; (*bemerken*) etwas zur Kenntnis nehmen
  ◆ **l'acte d'origine** CH der Heimatschein CH
  ◆ **l'acte de vente** der Kaufvertrag
l' **acteur** *(männlich)* [aktœʀ] der Schauspieler

l' **actif** *(männlich)* [aktif] der Erwerbstätige
actif, active [aktif, aktiv] ❶ aktiv ❷ **la population active** die erwerbstätige Bevölkerung ❸ (*in der Grammatik*) **la voix active** das Aktiv
l' **action** *(weiblich)* [aksjɔ̃] ❶ (*das Getane*) die Tat ❷ (*die Art des Tuns*) das Handeln, die Handlung; (*Schritte*) die Aktion; *einer Regierung* das Vorgehen; **l'action syndicale** der Kampf der Gewerkschaften; **passer à l'action** etwas unternehmen ❸ *eines Films* die Handlung; **manquer d'action** zu wenig Action haben ❹ (*Wertpapier*) die Aktie
l' **actionnaire**¹ *(männlich)* [aksjɔnɛʀ] der Aktionär
l' **actionnaire**² *(weiblich)* [aksjɔnɛʀ] die Aktionärin
actionner [aksjɔne] betätigen *Hebel*
active [aktiv] →**actif**
l' **active** *(weiblich)* [aktiv] die Erwerbstätige
activement [aktivmɑ̃] aktiv
activer [aktive] ❶ anfachen *Feuer* ❷ beschleunigen *Prozess;* vorantreiben *Arbeiten* ❸ aktivieren *Computerprogramm* ❹ **activez un peu!** mach ein bisschen schneller! ❺ **s'activer** sich beeilen; (*eifrig arbeiten*) geschäftig hin und her sausen
l' **activité** *(weiblich)* [aktivite] ❶ die Aktivität; (*Betriebsamkeit*) das geschäftige Treiben; **entrer en activité** *Vulkan:* aktiv werden ❷ **l'activité professionnelle** die Tätigkeit; **avoir plusieurs activités** verschiedenen Beschäftigungen nachgehen ❸ (*politisch*) die Aktivität ❹ **l'activité économique** die Wirtschaft; **l'activité industrielle** das produzierende Gewerbe; **l'activité commerciale** der Handel
l' **actrice** *(weiblich)* [aktʀis] die Schauspielerin
actualiser [aktɥalize] aktualisieren
l' **actualité** *(weiblich)* [aktɥalite] ❶ die Aktualität; **être d'actualité** aktuell sein ❷ (*Ereignisse*) das Zeitgeschehen; **l'actualité économique** das Neueste aus der Wirtschaft ❸ (*im Radio, Fernsehen*) **les actualités** die Nachrichten
actuel, actuelle [aktɥɛl] aktuell; *Direktor* jetzig; *Regime* herrschend; *Zustand, Umstände* gegenwärtig; **le monde actuel** die Welt von heute
actuellement [aktɥɛlmɑ̃] zurzeit
l' **acuponcteur** *(männlich)* [akypɔ̃ktœʀ] der Akupunkteur
l' **acuponctrice** *(weiblich)* [akypɔ̃ktʀis] die Akupunkteurin
l' **acuponcture** *(weiblich)* [akypɔ̃ktyʀ] die Akupunktur

Révisions

Mes activités		
faire de	Je fais du théâtre.	*Ich spiele Theater.*
	Je fais de l'escalade.	*Ich klettere.*
	Je fais de la guitare.	*Ich spiele Gitarre.*
être dans	Je suis dans une association sportive.	*Ich bin in einem Sportverein.*
jouer à	Je joue au foot.	*Ich spiele Fußball.*
jouer de	Je joue de la guitare.	*Ich spiele Gitarre.*

l' **adaptateur** *(männlich)* [adaptatœʀ] der Adapter

l' **adaptation** *(weiblich)* [adaptasjɔ̃] ❶ die Anpassung ❷ *eines Romans, Theaterstücks, Musikstücks* die Bearbeitung

adapter [adapte] ❶ anbringen; anschließen *Wasserschlauch* ❷ anpassen *Verhalten* ❸ bearbeiten *Roman, Theaterstück* ❹ **s'adapter au climat** sich an das Klima gewöhnen

addictif, addictive [adiktif, adiktiv] Sucht-; **la substance addictive** das Suchtmittel

l' **addition** *(weiblich)* [adisjɔ̃] ❶ die Addition ❷ (*in einem Lokal*) die Rechnung ❸ (*Zusatz*) das Hinzufügen

additionner [adisjɔne] ❶ addieren, zusammenzählen ❷ **s'additionner** sich summieren

l' **adepte¹** *(männlich)* [adɛpt] der Anhänger

l' **adepte²** *(weiblich)* [adɛpt] die Anhängerin

adéquat, adéquate [adekwa, adekwat] passend; *Kleidung, Verhalten* angemessen

l' **adhérence** *(weiblich)* [aderɑ̃s] die Haftung

l' **adhérent** *(männlich)* [aderɑ̃] das Mitglied

adhérent, adhérente [aderɑ̃, aderɑ̃t] **être adhérent à quelque chose** auf etwas haften

l' **adhérente** *(weiblich)* [aderɑ̃t] das Mitglied

adhérer [adere] <*wie* préférer; *siehe Verbtabelle ab S. 1055*> ❶ **adhérer à quelque chose** an etwas festkleben; *Reifen:* auf etwas haften ❷ **adhérer à une théorie** Anhänger/Anhängerin einer Theorie sein ❸ **adhérer à un parti** einer Partei beitreten

Ü Nur die stammbetonten Formen schreiben sich mit **è**, z. B. *tu adhères*.

l' **adhésif** *(männlich)* [adezif] ❶ (*für Wunden*) das Heftpflaster ❷ (*für Reparaturen*) das Klebeband

adhésif, adhésive [adezif, adeziv] selbstklebend; **le ruban adhésif** das Klebeband

l' **adhésion** *(weiblich)* [adezjɔ̃] ❶ (*Einwilligung*) **l'adhésion à quelque chose** die Zustimmung zu etwas ❷ (*das Beitreten*) **l'adhésion à l'Union européenne** der Beitritt zur Europäischen Union

adieu [adjø] **adieu!** leb wohl!/leben Sie wohl!; **adieu, les beaux jours!** ade, du schöne Zeit!

l' **adieu** *(männlich)* [adjø] <*Plural:* adieux> der Abschied; **faire ses adieux [à quelqu'un]** [von jemandem] Abschied nehmen

l' **adjectif** *(männlich)* [adʒɛktif] das Eigenschaftswort, das Adjektiv

l' **adjoint** *(männlich)* [adʒwɛ̃] der Assistent; (*Ersatzperson*) der Stellvertreter

adjoint, adjointe [adʒwɛ̃, adʒwɛ̃t] stellvertretend

l' **adjointe** *(weiblich)* [adʒwɛ̃t] die Assistentin; (*Ersatzperson*) die Stellvertreterin

adjuger [adʒyʒe] <*wie* changer; *siehe Verbtabelle ab S. 1053*> **être adjugé(e) à quelqu'un** *Auszeichnung:* jemandem zuerkannt werden ▸ **une fois, deux fois, trois fois, adjugé!** zum Ersten, zum Zweiten, zum Dritten!

Ü Vor *a* und *o* bleibt das *e* erhalten, z. B. in *nous adjugeons, il adjugeait* und *en adjugeant*.

admettre [admɛtʀ] <*wie* mettre; *siehe Verbtabelle ab S. 1055*> ❶ dulden ❷ hineinlassen/hereinlassen *Person, Tier;* erlauben *Besuche;* gelten lassen *Entschuldigung;* "Ici, les chiens ne sont pas admis" „Hunde müssen draußen bleiben" ❸ zulassen *Bewerber;* **être admis(e) à un examen** zu einer Prüfung zugelassen sein ❹ zugeben; **je [l']admets** ich gebe es zu ❺ annehmen; **admettons qu'elle ait raison** angenommen, sie hat Recht; **en admettant que ...** vorausgesetzt, dass ... ❻ zulassen *Interpretation*

l' **administrateur** *(männlich)* [administratœʀ] ❶ der Verwalter ❷ das Mitglied des/eines Verwaltungsrats

administratif, administrative [administratif, administrativ] administrativ; **la démarche administrative** der Behördengang;

les services administratifs die Verwaltung
l' **administration** *(weiblich)* [administʀasjɔ̃] ❶ die Verwaltung; *eines Unternehmens* die Leitung ❷ *(staatliche Einrichtung)* die Verwaltungsbehörde, die Behörde ❸ **l'Administration** die öffentliche Verwaltung
administrative [administʀativ] →**administratif**
l' **administratrice** *(weiblich)* [administʀatʀis] ❶ die Verwalterin ❷ das Mitglied des/eines Verwaltungsrats
administrer [administʀe] ❶ verwalten; regieren *Land* ❷ *(geben)* verabreichen
admirable [admiʀabl] bewundernswert
admirablement [admiʀabləmɑ̃] sehr gut; **admirablement bien** *singen, tanzen* ganz wunderbar
l' **admirateur** *(männlich)* [admiʀatœʀ] der Bewund[e]rer; *eines Stars* der Verehrer
admiratif, admirative [admiʀatif, admiʀativ] *Blick* bewundernd; **être/rester admiratif devant quelqu'un** jemanden bewundern
l' **admiration** *(weiblich)* [admiʀasjɔ̃] die Bewunderung; **avec admiration** voller Bewunderung; **être/tomber en admiration devant quelqu'un** jemanden sehr bewundern; **être/tomber en admiration devant quelque chose** etwas voller Bewunderung betrachten
admirative →**admiratif**
l' **admiratrice** *(weiblich)* [admiʀatʀis] die Bewund[r]erin; *eines Stars* die Verehrerin
admirer [admiʀe] bewundern
admissible [admisibl] ❶ akzeptabel ❷ *Prüfling* zugelassen
l' **admission** *(weiblich)* [admisjɔ̃] ❶ **l'admission dans une discothèque** der Zutritt zu einer Diskothek; **l'admission à l'Union européenne** die Aufnahme in die Europäische Union ❷ *eines Prüflings* die Zulassung
l' **ADN** *(männlich)* [adeɛn] *Abkürzung von* **acide désoxyribonucléique** die DNA
l' **ado¹** *(männlich)* [ado] *(umgs.)* *Abkürzung von* **adolescent** der Jugendliche
l' **ado²** *(weiblich)* [ado] *(umgs.)* *Abkürzung von* **adolescente** die Jugendliche
l' **adolescence** *(weiblich)* [adɔlesɑ̃s] die Jugend
l' **adolescent** *(männlich)* [adɔlesɑ̃] der Jugendliche, der Heranwachsende
adolescent, adolescente [adɔlesɑ̃, adɔlesɑ̃t] jugendlich, heranwachsend; **être adolescent** jung sein
l' **adolescente** *(weiblich)* [adɔlesɑ̃t] die Jugendliche, die Heranwachsende
adopter [adɔpte] ❶ adoptieren ❷ übernehmen *Bräuche, Standpunkt*; einführen *Verfahren*; sich entscheiden für *Projekt* ❸ annehmen *Gesetz*

adoptif, adoptive [adɔptif, adɔptiv] **le fils adoptif** der Adoptivsohn; **la fille adoptive** die Adoptivtochter
l' **adoption** *(weiblich)* [adɔpsjɔ̃] ❶ *eines Kindes* die Adoption ❷ *eines Standpunkts* die Übernahme; *eines Verfahrens* die Einführung ❸ *eines Gesetzes* die Annahme ❹ **le pays d'adoption** die Wahlheimat
adorable [adɔʀabl] ❶ *(entzückend)* süß ❷ *(nett)* sehr lieb
l' **adoration** *(weiblich)* [adɔʀasjɔ̃] die Verehrung; **être en adoration devant quelqu'un** jemanden anbeten
adorer [adɔʀe] ❶ sehr mögen; schwärmen für *Musik, Sänger*; sehr gern essen *Gericht*; **adorer faire quelque chose** etwas sehr gern tun ❷ *(religiös)* anbeten
adosser [adose] **s'adosser à quelque chose** sich [mit dem Rücken] an etwas lehnen
adoucir [adusiʀ] <*wie* agir; *siehe Verbtabelle ab S. 1055*> ❶ weich machen *Haut, Wäsche*; dämpfen *Stimme*; versüßen *Leben*; besänftigen *Person* ❷ **s'adoucir** *Person, Temperaturen:* milder werden; *Stimme:* sanfter werden

> ⓖ Bei einigen Formen des Verbs ist der Stamm um *-iss-* erweitert, etwa bei *nous adoucissons, il adoucissait* oder *en s'adoucissant*.

l' **adoucissant** *(männlich)* [adusisɑ̃] der Weichspüler
l' **adresse¹** *(weiblich)* [adʀɛs] die Adresse; **changer d'adresse** umziehen; **l'adresse de messagerie** die E-Mail-Adresse
l' **adresse²** *(weiblich)* [adʀɛs] die Geschicklichkeit
adresser [adʀese] ❶ adressieren *Brief* ❷ **adresser la parole à quelqu'un** jemanden ansprechen ❸ **s'adresser à quelqu'un** *Person:* sich an jemanden wenden; *Bemerkung:* jemandem gelten; *Werbung:* sich an jemanden richten
l' **Adriatique** *(weiblich)* [adʀijatik] die Adria
adroit, adroite [adʀwa, adʀwat] geschickt
adulte [adylt] erwachsen; *Tier* ausgewachsen; **l'âge adulte** das Erwachsenenalter
l' **adulte¹** *(männlich)* [adylt] der Erwachsene; **réservé(e) aux adultes** nur für Erwachsene
l' **adulte²** *(weiblich)* [adylt] die Erwachsene
l' **adultère** *(männlich)* [adyltɛʀ] der Ehebruch
advenir [advəniʀ] <*wie* venir; *siehe Verbtabelle ab S. 1055*> ❶ geschehen; **les inci-**

dents advenus ces derniers jours die Ereignisse der letzten Tage ❷ quoi qu'il advienne was auch geschehen mag; que va-t-il advenir de moi? was wird aus mir?

ⓖ Das Verb wird nur in der Grundform *advenir* und in der 3. Person verwendet.

ⓛ **adverbe** (*männlich*) [advɛʀb] das Adverb
adverbial, adverbiale [advɛʀbjal] <*Plural der männl. Form:* adverbiaux> adverbial; **la phrase adverbiale** der Adverbialsatz
ⓛ **adversaire**[1] (*männlich*) [advɛʀsɛʀ] der Gegner
ⓛ **adversaire**[2] (*weiblich*) [advɛʀsɛʀ] die Gegnerin
adverse [advɛʀs] *Lager, Truppen* feindlich; *Mannschaft* gegnerisch
ⓛ **adversité** (*weiblich*) [advɛʀsite] (*gehoben*) das Unglück
adviens, advient [advjɛ̃] →**advenir**
ⓛ **aération** (*weiblich*) [aeʀasjɔ̃] die Lüftung; *eines Raumes* das Lüften
aéré, aérée [aeʀe] gelüftet
aérer [aeʀe] <*wie* préférer; *siehe Verbtabelle ab S. 1055*> ❶ lüften, durchlüften *Raum* ❷ s'aérer frische Luft schnappen

ⓤ Nur die stammbetonten Formen schreiben sich mit è, z. B. *j'aère*.

aérien, aérienne [aeʀjɛ̃, aeʀjɛn] **la ligne aérienne** die Fluglinie; **la compagnie aérienne** die Fluggesellschaft; **le transport aérien** der Lufttransport
ⓛ **aérobic** (*weiblich*) [aeʀɔbik] das/die Aerobic
ⓛ **aérodrome** (*männlich*) [aeʀɔdʀom] der Flugplatz
aérodynamique [aeʀɔdinamik] aerodynamisch
ⓛ **aérogare** (*weiblich*) [aeʀɔgaʀ] das Flughafengebäude, der Flughafen; (*Abfertigungsbereich*) der/das Terminal
ⓛ **aéronautique** (*weiblich*) [aeʀɔnotik] die Luftfahrt
aéronaval, aéronavale [aeʀɔnaval] zur Luft- und Seefahrt gehörig
ⓛ **aéroport** (*männlich*) [aeʀɔpɔʀ] der Flughafen
ⓛ **aérosol** (*männlich*) [aeʀɔsɔl] das/der Spray
aérospatial, aérospatiale [aeʀɔspasjal] <*Plural der männl. Form:* aérospatiaux> Weltraum-, Raum-; **la recherche aérospatiale** die Weltraumforschung
ⓛ **aérospatiale** (*weiblich*) [aeʀɔspasjal] die Luft- und Raumfahrtindustrie
affaiblir [afebliʀ] <*wie* agir; *siehe Verbtabelle ab S. 1055*> ❶ schwächen ❷ s'affaiblir nachlassen; *Mensch:* schwächer werden
ⓛ **affaire** (*weiblich*) [afɛʀ] ❶ die Sache, die Ange-

ⓖ Bei einigen Formen des Verbs ist der Stamm um -iss- erweitert, etwa bei *nous nous affaiblissons, il s'affaiblissait* oder *en s'affaiblissant*.

legenheit; **c'est mon affaire** das ist meine Sache; **ce n'est pas ton affaire** das geht dich nichts an ❷ (*Skandal*) die Affäre; **l'affaire de pots-de-vin** die Bestechungsaffäre ❸ (*persönliche Dinge*) **où sont mes affaires?** wo sind meine Sachen?; **prendre toutes ses affaires** alle seine Sachen mitnehmen ❹ (*in der Rechtsprechung*) der Fall ❺ (*Unternehmen*) das Geschäft, der Betrieb ❻ (*im Geschäftsleben*) **les affaires** die Geschäfte; **faire des affaires** Geschäfte machen; **être dans les affaires** Geschäftsmann/Geschäftsfrau sein; **parler affaires** über das Geschäftliche reden ❼ (*in der Politik*) **les affaires** die Staatsgeschäfte; **les Affaires étrangères** die auswärtigen Angelegenheiten; (*Ministerium*) das Außenministerium ▶ **la belle affaire!** was soll's!; **c'est une affaire classée!** die Sache ist erledigt!; **avoir affaire à quelqu'un** mit jemandem zu tun haben
♦ **l'affaire d'État** die Staatsangelegenheit; (*übertragen, ironisch*) die Staatsaffäre
affaler [afale] **s'affaler dans un fauteuil** sich in einen Sessel fallen lassen; **être affalé(e) dans un fauteuil** zusammengesunken in einem Sessel sitzen
affamé, affamée [afame] hungrig; *Bevölkerung* hungernd
ⓛ **affectation** (*weiblich*) [afɛktasjɔ̃] ❶ *einer Summe* die Bereitstellung ❷ (*Arbeitsstellenwechsel*) die Versetzung ❸ (*Unnatürlichkeit*) die Affektiertheit
affecté, affectée [afɛkte] geheuchelt; *Person* affektiert
affecter [afɛkte] ❶ vortäuschen *Gefühl* ❷ **affecter quelqu'un à un poste** jemandem einen Posten zuteilen ❸ **affecter quelqu'un** *Ereignis:* jemandem nahegehen
affectif, affective [afɛktif, afɛktiv] *Problem* emotional; **la vie affective** das Gefühlsleben
ⓛ **affection** (*weiblich*) [afɛksjɔ̃] die Zuneigung; **prendre quelqu'un en affection** jemanden liebgewinnen
affectueusement [afɛktɥøzmɑ̃] liebevoll; **je vous embrasse affectueusement** ≈ liebe Grüße [und Küsse]
affectueux, affectueuse [afɛktɥø, afɛktɥøz] liebevoll
ⓛ **affichage** (*männlich*) [afiʃaʒ] ❶ (*das Anbringen*) das Plakatieren; **l'affichage publici-**

taire die Plakatwerbung; **l'affichage électoral** die Wahl[kampf]werbung ❷ (*das Informieren*) die Bekanntmachung ❸ (*Informationsmittel*) der Aushang; (*für Abfahrts- und Ankunftszeiten*) die Anzeigetafel ❹ (*technisch*) die Anzeige; **l'affichage électronique** die elektronische Anzeigetafel; **l'affichage à cristaux liquides** die LCD-Anzeige

l' **affiche** (*weiblich*) [afiʃ] ❶ das Plakat; **l'affiche électorale** das Wahlplakat ❷ (*Bekanntmachung*) der Aushang ❸ **l'affiche [de théâtre]** der Spielplan, das Theaterprogramm; **être à l'affiche** auf dem Spielplan stehen, gespielt werden

afficher [afiʃe] ❶ aufhängen; anschlagen *Plakat;* aushängen *Stundenplan, Liste;* **"Défense d'afficher!"** „Plakate ankleben verboten!" ❷ (*in der Technik*) anzeigen; **être affiché(e) sur l'écran** auf dem Bildschirm zu sehen sein [*oder* angezeigt werden] ❸ (*öffentlich äußern*) bekannt geben *Ansichten* ❹ **s'afficher** *Person:* sich zur Schau stellen; **s'afficher avec quelqu'un** sich in der Öffentlichkeit mit jemandem zeigen

l' **affilié** (*männlich*) [afilje] das Mitglied

affilié, affiliée [afilje] **être affilié à un parti** einer Partei angehören; **être affilié à la Sécurité sociale** ≈ in der gesetzlichen Kranken- und Rentenversicherung sein

l' **affiliée** (*weiblich*) [afilje] das Mitglied

affiner [afine] verfeinern *Stil*

l' **affinité** (*weiblich*) [afinite] die Gemeinsamkeit

affirmatif [afiʀmatif] (*umgs.*) jawohl, ja; (*im Funkverkehr*) positiv

affirmatif, affirmative [afiʀmatif, afiʀmativ] *Antwort* positiv; *Geste, Lächeln* zustimmend; *Ton* bestimmt; **être affirmatif** sich sicher sein

l' **affirmation** (*weiblich*) [afiʀmasjɔ̃] die Behauptung

l' **affirmative** (*weiblich*) [afiʀmativ] **répondre par l'affirmative** ja [*oder* Ja] sagen, mit ja [*oder* Ja] antworten

affirmer [afiʀme] ❶ behaupten; **affirmer sur l'honneur que ...** bei seiner Ehre schwören, dass ... ❷ beweisen *Originalität, Autorität;* festigen *Position*

l' **affluence** (*weiblich*) [aflyɑ̃s] der Andrang; *von Besuchern* der Strom

l' **affluent** (*männlich*) [aflyɑ̃] der Zufluss

affluer [aflye] ❶ *Blut:* strömen; *Geld:* fließen ❷ *Demonstranten:* zusammenströmen, strömen

l' **afflux** (*männlich*) [afly] *von Kunden* der Ansturm; *von Besuchern* der Strom

affolé, affolée [afɔle] *Mensch, Menge* von panischer Angst ergriffen; *Tiere* zu Tode erschrocken; **être complètement affolé** völlig in Panik sein

affoler [afɔle] ❶ in Schrecken versetzen ❷ **s'affoler** in Panik geraten

affranchir [afʀɑ̃ʃiʀ] <*wie* agir; *siehe Verbtabelle ab S. 1055*> ❶ frankieren *Brief, Paket* ❷ freilassen *Sklaven*

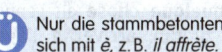 Bei einigen Formen des Verbs ist der Stamm um -iss- erweitert, etwa bei *nous affranchissons, il affranchissait* oder *en affranchissant*.

l' **affranchissement** (*männlich*) [afʀɑ̃ʃismɑ̃] *eines Briefes, Pakets* das Frankieren

affréter [afʀete] <*wie* préférer; *siehe Verbtabelle ab S. 1055*> ❶ (*gegen Bezahlung überlassen*) vermieten ❷ (*gegen Bezahlung nutzen*) mieten

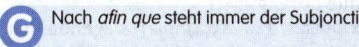 Nur die stammbetonten Formen schreiben sich mit è, z. B. *il affrète*.

affreusement [afʀøzmɑ̃] furchtbar

affreux, affreuse [afʀø, afʀøz] ❶ furchtbar hässlich ❷ (*entsetzlich*) schrecklich; *Wetter* scheußlich

l' **affront** (*männlich*) [afʀɔ̃] die Beleidigung

l' **affrontement** (*männlich*) [afʀɔ̃tmɑ̃] die Konfrontation

affronter [afʀɔ̃te] ❶ **affronter quelqu'un** jemandem gegenübertreten ❷ **affronter une situation difficile** sich einer schwierigen Situation stellen; **pouvoir affronter l'hiver** für den Winter gerüstet sein ❸ **s'affronter** aufeinandertreffen

affûter [afyte] wetzen *Messer*

l' **afghan** (*männlich*) [afgɑ̃] Afghanisch; *siehe auch* **allemand**

l' **Afghan** (*männlich*) [afgɑ̃] der Afghane

afghan, afghane [afgɑ̃, afgan] afghanisch

l' **Afghane** (*weiblich*) [afgan] die Afghanin

l' **Afghanistan** (*männlich*) [afganistɑ̃] Afghanistan

afin [afɛ̃] ❶ **afin de maigrir** um abzunehmen ❷ **afin que tu le saches** damit du es weißt

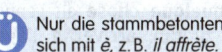 Nach *afin que* steht immer der Subjonctif.

l' **Africain** (*männlich*) [afʀikɛ̃] der Afrikaner

africain, africaine [afʀikɛ̃, afʀikɛn] afrikanisch

l' **Africaine** (*weiblich*) [afʀikɛn] die Afrikanerin

l' **Afrique** (*weiblich*) [afʀik] Afrika; **l'Afrique du**

Nord Nordafrika; **l'Afrique du Sud** Südafrika; **l'Afrique noire** Schwarzafrika

l' **Afro-Américain** *(männlich)* [afʀoameʀikɛ̃] <*Plural:* Afro-Américains> der Afroamerikaner

afro-américain, afro-américaine [afʀoameʀikɛ̃, afʀoameʀikɛn] <*Plural der männl. Form:* afro-américains> afroamerikanisch

l' **Afro-Américaine** *(weiblich)* [afʀoameʀikɛn] <*Plural:* Afro-Américaines> die Afroamerikanerin

agaçant, agaçante [agasɑ̃, agasɑ̃t] äußerst ärgerlich

agacer [agase] <*wie* commencer; *siehe Verbtabelle ab S. 1055*> ärgern

Ü Vor *a* und *o* steht statt *c* ein *ç*, z. B. in *nous agaçons*, *il agaçait* und *en agaçant*.

l' **âge** *(männlich)* [ɑʒ] ❶ das Alter; **à l'âge de °huit ans** im Alter von acht Jahren; **avoir l'âge de faire quelque chose** alt genug sein, um etwas zu tun; **arriver à l'âge adulte** erwachsen werden; **prendre de l'âge** älter werden; **il fait plus vieux que son âge** er sieht älter aus, als er ist; **elle a passé l'âge de voyager** sie ist zu alt zum Reisen; **quel âge as-tu?** wie alt bist du?; **l'âge de la retraite** das Pensionsalter ❷ das Zeitalter ▸ **le troisième âge** das Seniorenalter; (*die älteren Menschen*) die Senioren
♦ l'**âge de la pierre** die Steinzeit

âgé, âgée [ɑʒe] alt; **être âgé(e) de dix ans** zehn Jahre alt sein; **un enfant âgé de neuf ans** ein neunjähriges [*oder* neun Jahre altes] Kind

l' **agence** *(weiblich)* [aʒɑ̃s] ❶ die Geschäftsstelle; *einer Bank* die Zweigstelle ❷ (*Büro*) die Agentur
♦ l'**Agence nationale pour l'emploi** staatliche Anstalt für Arbeitsvermittlung, die der Bundesagentur für Arbeit vergleichbar ist und deren örtliche Geschäftsstellen ungefähr den Jobcentern (*frühere Bezeichnung: Arbeitsämtern*) entsprechen
♦ l'**agence de voyages** das Reisebüro

l' **agenda** *(männlich)* [⚠ aʒɛ̃da] ❶ der Terminkalender, der Kalender ❷ **l'agenda électronique** der Organizer

agenouiller [⚠ aʒ(ə)nuje] **s'agenouiller** sich hinknien; (*zum Gebet*) niederknien; **être agenouillé(e) sur le sol** auf dem Boden knien

l' **agent** *(männlich)* [aʒɑ̃] ❶ der Vertreter/die Vertreterin; *eines Künstlers* der Agent/die Agentin ❷ **l'agent [de police]** der Polizist/die Polizistin; **l'agent secret** der Geheimagent/die Geheimagentin ❸ **l'agent immobilier** der Makler/die Maklerin
♦ l'**agent de la force publique** der Polizeibeamte/die Polizeibeamtin

l' **agente** *(weiblich)* [aʒɑ̃t] die Geheimagentin, die Agentin

l' **agglomération** *(weiblich)* [aglɔmeʀasjɔ̃] ❶ die Ortschaft ❷ (*Stadt samt Umland*) der Großraum

agglutiner [aglytine] **s'agglutiner** sich sammeln

l' **aggravation** *(weiblich)* [agʀavasjɔ̃] die Verschlimmerung; *einer Krise* die Verschärfung

aggraver [agʀave] ❶ verschlimmern; verschärfen *Krise*; vergrößern *Schwierigkeiten* ❷ **s'aggraver** schlimmer werden; *Konflikt:* sich zuspitzen; *Schwierigkeiten:* größer werden

agile [aʒil] geschickt

l' **agilité** *(weiblich)* [aʒilite] die Beweglichkeit

agir [aʒiʀ] <*siehe Verbtabelle ab S. 1055*> ❶ *Person:* handeln; **réfléchis avant d'agir!** denk nach, bevor du handelst! ❷ *Medikament:* wirken ❸ **il s'agit d'un enfant/d'une erreur** es handelt sich um ein Kind/einen Fehler; **de quoi s'agit-il?** worum geht es? ❹ **il s'agit de travailler** es kommt jetzt darauf an, dass gearbeitet wird

G Bei einigen Formen des Verbs ist der Stamm um *-iss-* erweitert, etwa bei *nous agissons*, *ils agissaient* oder *en agissant*.

les **agissements** *(männlich)* [aʒismɑ̃] die Machenschaften

l' **agitateur** *(männlich)* [aʒitatœʀ] der Agitator

l' **agitation** *(weiblich)* [aʒitasjɔ̃] ❶ das geschäftige Treiben ❷ (*Nervosität*) die Aufregung ❸ (*Durcheinander*) die Unruhe

l' **agitatrice** *(weiblich)* [aʒitatʀis] die Agitatorin

agité, agitée [aʒite] *Person, Meer* unruhig

agiter [aʒite] ❶ schwenken *Fahne*; schütteln *Flasche*; **agiter son mouchoir** mit dem Taschentuch winken; **"Agiter avant d'ouvrir!"** „Vor Gebrauch gut schütteln!" ❷ **s'agiter** (*nervös werden*) unruhig werden; **arrête de t'agiter comme ça!** hör auf, so herumzurennen!

l' **agneau** *(männlich)* [aɲo] <*Plural:* agneaux> ❶ (*Tier*) das [männliche] Lamm ❷ (*Fleisch*) das Lammfleisch, das Lamm

l' **agnelle** *(weiblich)* [aɲɛl] das [weibliche] Lamm

l' **agonie** *(weiblich)* [agɔni] der Todeskampf

agoniser [agɔnize] im Sterben liegen

l' **agrafe** *(weiblich)* [agʀaf] ❶ (*an Kleidungs-*

stücken) der Haken ❷ (*für Papier*) die Heftklammer
agrafer [agʀafe] zusammenheften *Blätter*
l' **agrafeuse** (*weiblich*) [agʀaføz] ❶ (*Bürogerät*) das Heftgerät ❷ (*Werkzeug*) der Tacker
agraire [agʀɛʀ] Agrar-; **la réforme agraire** die Agrarreform
agrandir [agʀɑ̃diʀ] <*wie agir; siehe Verbtabelle ab S. 1055*> ❶ größer machen, vergrößern ❷ **s'agrandir** größer werden; *Betrieb:* sich vergrößern; *Stadt:* sich ausdehnen; *Familie:* Zuwachs bekommen

G Bei einigen Formen des Verbs ist der Stamm um -*iss*- erweitert, etwa bei *nous agrandissons, il agrandissait* oder *en agrandissant*.

l' **agrandissement** (*männlich*) [agʀɑ̃dismɑ̃] die Vergrößerung
agréable [agʀeabl] angenehm
agréablement [agʀeabləmɑ̃] angenehm
agréé, agréée [agʀee] *Gutachter* zugelassen
agréer [agʀee] <*wie créer; siehe Verbtabelle ab S. 1055*> (*gehoben*) ❶ annehmen *Dank* ❷ **veuillez agréer, Madame/Monsieur, mes salutations distinguées** ≈ mit freundlichen Grüßen
l' **agrément** [agʀemɑ̃] verschönern *Zimmer*
agresser [agʀese] ❶ (*beleidigen, heftig kritisieren*) angreifen ❷ (*attackieren, verletzen*) überfallen; **se faire agresser** überfallen werden

V Das französische Wort schreibt sich nur mit einem *g*. Dies gilt auch für die folgenden fünf Stichwörter, die dieselbe Wortwurzel haben.

l' **agresseur** (*männlich*) [agʀesœʀ] ❶ der Angreifer/die Angreiferin ❷ (*bei einem Überfall*) der Täter/die Täterin
agressif, agressive [agʀesif, agʀesiv] aggressiv; *Farbe* grell
l' **agression** (*weiblich*) [agʀesjɔ̃] der Überfall; **être victime d'une agression** überfallen werden

F Nicht verwechseln mit *die Aggression – l'impulsion agressive!*

l' **agressivité** (*weiblich*) [agʀesivite] die Aggressivität
agricole [agʀikɔl] landwirtschaftlich
l' **agriculteur** (*männlich*) [agʀikyltœʀ] der Landwirt
l' **agricultrice** (*weiblich*) [agʀikyltʀis] die Landwirtin

l' **agriculture** (*weiblich*) [agʀikyltyʀ] die Landwirtschaft
agripper [agʀipe] ❶ packen; **agripper quelqu'un par le bras** jemanden am Arm packen ❷ **s'agripper à quelqu'un/à quelque chose** sich an jemanden/an etwas klammern
l' **agroalimentaire** (*männlich*) [agʀoalimɑ̃tɛʀ] die Nahrungsmittelindustrie
l' **agronomie** (*weiblich*) [agʀɔnɔmi] die Agrarwissenschaft
l' **agrume** (*männlich*) [agʀym] die Zitrusfrucht
ah [´a] ❶ (*Ausdruck der Freude, der Bewunderung*) ah!, oh! ❷ (*Ausdruck der Enttäuschung*) ah! ach! ❸ (*fragend oder ironisch gemeint*) **ah ah!** ach ja? ❹ (*Ausdruck der Erheiterung*) **ah! ah!** haha! ▸ **ah bon** (*Ausdruck der Resignation*) na ja; (*polemisch gemeint*) soso; (*Ausdruck des Erstaunens*) ach ja; **ah non**, **ah non alors!** o nein!; **ah oui** (*Ausdruck der Bekräftigung*) doch, doch; (*polemisch gemeint*) soso; (*Ausdruck des Begreifens*) ach ja!; **ah oui, je vois...** ach ja, ich verstehe
l' **ahuri** (*männlich*) [ayʀi] der Blödmann
ahuri, ahurie [ayʀi] verblüfft
l' **ahurie** (*weiblich*) [ayʀi] die blöde Kuh
ahurissant, ahurissante [ayʀisɑ̃, ayʀisɑ̃t] verblüffend
ai [e] →**avoir**
l' **aide**[1] (*männlich*) [ɛd] (*Person*) die Aushilfe, die Hilfe
l' **aide**[2] (*weiblich*) [ɛd] ❶ die Hilfe; **appeler à l'aide** um Hilfe rufen; **à l'aide!** [zu] Hilfe! ❷ **l'aide financière** die finanzielle Unterstützung ❸ (*Person*) die Aushilfe; **l'aide familiale** die Haushaltshilfe ❹ **à l'aide d'un cric** mit Hilfe eines Wagenhebers
l' **aide-mémoire** (*männlich*) [ɛdmemwaʀ] <*Plural: aide-mémoire*> (*Zusammenfassung*) der kurze Überblick
l' **aide-ménagère** (*weiblich*) [ɛdmenaʒɛʀ] <*Plural: aides-ménagères*> die Haushaltshilfe
aider [ede] ❶ **aider quelqu'un** jemandem helfen; (*in finanzieller Hinsicht*) jemanden [finanziell] unterstützen ❷ **s'aider d'un marteau** einen Hammer zu Hilfe nehmen
l' **aide-soignante** (*weiblich*) [ɛdswaɲɑ̃t] <*Plural: aides-soignantes*> die Hilfsschwester
aie, aies [ɛ] →**avoir**
aïe [aj] (*Ausruf bei Schmerzen*) aua, au; (*Ausruf angesichts eines Problems*) oje ▸ **aïe aïe aïe!** (*umgs.*) auwei[a]!
l' **aigle**[1] (*männlich*) [ɛgl] der Adler

l' **aigle**² *(weiblich)* [ɛgl] das Adlerweibchen
aigre [ɛgʀ] ❶ sauer; *Geruch* säuerlich ❷ *Kritik* scharf
aigri, **aigrie** [egʀi] verbittert
aigrir [egʀiʀ] <*wie* agir; *siehe Verbtabelle ab S. 1055*> **s'aigrir** *Milch:* sauer werden; *Person:* verbittern

> Ⓖ Bei einigen Formen des Verbs ist der Stamm um -iss- erweitert, etwa bei *nous nous aigrissons, il s'aigrissait* oder *en s'aigrissant*.

aigu, **aiguë** [egy] *Winkel* spitz; *Stimme* schrill; *Note* hoch; *Verstand* scharf; *Schmerz* stechend; *Krise* akut
l' **aiguillage** *(männlich)* [eguijaʒ] die Weiche
l' **aiguille** *(weiblich)* [⚠ eguij] die Nadel; *einer Uhr* der Zeiger
aiguiller [eguije] umleiten, auf ein anderes Gleis leiten *Zug*
aiguiser [egize] ❶ schärfen *Werkzeug, Messer* ❷ anregen *Appetit;* schärfen *Sinne*
l' **ail** *(männlich)* [⚠ aj] der Knoblauch
l' **aile** *(weiblich)* [ɛl] ❶ der Flügel ❷ *eines Fahrzeugs* der Kotflügel; *eines Flugzeugs* die Tragfläche ▶ **voler de ses propres ailes** auf eigenen Füßen stehen
l' **aileron** *(männlich)* [ɛlʀɔ̃] *eines Hais* die Flosse
l' **ailier** *(männlich)* [elje] der Flügelstürmer/die Flügelstürmerin; **l'ailier droit** der Rechtsaußen/die Rechtsaußen; **l'ailier gauche** der Linksaußen/die Linksaußen
aille [aj] →**aller**
ailleurs [ajœʀ] ❶ *(bei Ortsangaben)* woanders; **nulle part ailleurs** nirgendwo anders, nirgendwo sonst; **partout ailleurs** überall sonst ❷ *(bei Richtungsangaben)* woandershin; **regarder ailleurs** woandershin schauen; **par ailleurs** außerdem; *siehe auch* **d'ailleurs**
aimable [ɛmabl] freundlich ▶ **trop aimable!** *(ironisch)* tausend Dank!
aimablement [ɛmabləmɑ̃] ❶ höflich ❷ *(herzlich)* freundlich
l' **aimant** *(männlich)* [ɛmɑ̃] der Magnet
aimanté, **aimantée** [ɛmɑ̃te] magnetisiert; **l'aiguille aimantée** die Magnetnadel
aimer [eme] ❶ lieben; **je t'aime** ich liebe dich; **je l'aime** ich liebe ihn/sie ❷ *(gut leiden können)* mögen, gernhaben; **je l'aime bien** ich mag ihn/sie, ich habe ihn/sie gern ❸ *(Geschmack oder Gefallen finden an)* mögen; **j'aime le chocolat** ich mag [*oder* esse gern] Schokolade; **j'aime le coca** ich mag [*oder* trinke gern] Cola; **tu aimes? gefällt es dir?** ❹ *(eine höfliche Bitte einleitend)* **j'aimerais savoir qui/quand ...** ich wüsste gern, wer/wann ... ❺ *(bevorzugen)* **aimer autant** [*oder* **mieux**] **quelque chose** etwas lieber mögen; **j'aime mieux le football que le tennis** ich mag Fußball lieber als Tennis; **j'aimerais mieux du fromage** ich hätte lieber [etwas] Käse; **j'aime autant m'en aller** ich gehe jetzt lieber; **j'aimerais mieux que tu viennes en voiture** mir wäre es lieber, wenn du mit dem Auto kämst ❻ **s'aimer** sich lieben; *(freundschaftlich verbunden sein)* sich mögen
l' **aîné** *(männlich)* [ene] ❶ *(von zweien)* der Ältere ❷ *(von mehreren)* der Älteste; **il est mon aîné de trois ans** er ist drei Jahre älter als ich ❸ 🆎 **les aînés** die Senioren
aîné, **aînée** [ene] ❶ *(von zweien)* ältere(r, s) ❷ *(von mehreren)* älteste(r, s)
l' **aînée** *(weiblich)* [ene] ❶ *(von zweien)* die Ältere; **elle est mon aînée de deux ans** sie ist zwei Jahre älter als ich ❷ *(von mehreren)* die Älteste
ainsi [ɛ̃si] ❶ so; **et ainsi de suite** und so weiter ❷ **ainsi soit-il!** amen! ▶ **pour ainsi dire** sozusagen; **ainsi que** *(bei einem Vergleich)* [so] wie; *(bei einer Aufzählung)* und [auch]
l' **air**¹ *(männlich)* [ɛʀ] die Luft; **en plein air** im Freien; **l'air conditionné** die Klimaanlage ▶ **avoir besoin de changer d'air** eine Luftveränderung brauchen
l' **air**² *(männlich)* [ɛʀ] ❶ das Aussehen; **avoir l'air distingué** vornehm aussehen; **avoir l'air d'une reine** wie eine Königin aussehen ❷ **un faux air de quelqu'un** eine entfernte Ähnlichkeit mit jemandem ❸ der Gesichtsausdruck, die Miene; **avoir l'air triste** traurig aussehen; **ça a l'air délicieux** es sieht appetitlich aus; **cette proposition m'a l'air idiote** dieser Vorschlag kommt mir dumm vor; **ça m'en a tout l'air** es sieht mir ganz danach aus ▶ **sans en avoir l'air** ohne dass man es vermuten würde/vermutet hätte
l' **air**³ *(männlich)* [ɛʀ] die Melodie; **l'air populaire** die Volksweise
l' **airbag**® *(männlich)* [ɛʀbag] der Airbag
l' **airbus**® *(männlich)* [⚠ ɛʀbys] der Airbus
l' **aire** *(weiblich)* [ɛʀ] der Platz
  ◆ **l'aire de jeux** der Spielplatz (*an Autobahnrastplätzen*)
  ◆ **l'aire de repos** der Rastplatz
l' **aisance** *(weiblich)* [ɛzɑ̃s] ❶ der Wohlstand ❷ *(Mühelosigkeit)* die Leichtigkeit
l' **aise** *(weiblich)* [ɛz] **se sentir à l'aise** sich wohl fühlen; **se mettre à l'aise** es sich bequem machen; *(den Mantel oder die Jacke auszie-*

hen) ablegen
aisé, aisée [eze] (*reich*) wohlhabend
l' **aisselle** (*weiblich*) [ɛsɛl] die Achselhöhle
Aix-la-Chapelle [ɛkslaʃapɛl] Aachen
ajouter [aʒute] ❶ hinzufügen; **ajoute deux assiettes!** stell noch zwei Teller dazu!; **sans ajouter un mot** ohne ein weiteres Wort ❷ **s'ajouter à quelque chose** zu etwas [noch] hinzukommen
ajuster [aʒyste] ❶ anpassen; richtig einstellen *Sicherheitsgurt* ❷ **s'ajuster à quelque chose** auf etwas passen
alarmant, alarmante [alaʀmɑ̃, alaʀmɑ̃t] alarmierend
l' **alarme** (*weiblich*) ⚠ [alaʀm] ❶ der Alarm; **donner l'alarme** Alarm schlagen ❷ (*Vorrichtung*) die Alarmanlage
alarmer [alaʀme] ❶ alarmieren ❷ **s'alarmer de quelque chose** wegen etwas beunruhigt sein
alarmiste [alaʀmist] dramatisierend
l' **Alaska** (*männlich*) [alaska] Alaska
l' **albanais** (*männlich*) [albanɛ] Albanisch; *siehe auch* **allemand**

G In Verbindung mit dem Verb *parler* kann der Artikel entfallen: *elle parle albanais – sie spricht Albanisch.*

l' **Albanais** (*männlich*) [albanɛ] der Albaner
albanais, albanaise [albanɛ, albanɛz] albanisch
l' **Albanaise** (*weiblich*) [albanɛz] die Albanerin
l' **Albanie** (*weiblich*) [albani] Albanien
l' **album** (*männlich*) [⚠ albɔm] ❶ das Album ❷ (*bebildertes Buch*) der Bildband; (*für Kinder*) das Bilderbuch
l' **alcool** (*männlich*) [⚠ alkɔl] ❶ der Alkohol; **sans alcool** alkoholfrei ❷ (*Schnaps*) die Spirituose
  ♦ **l'alcool à brûler** der Brennspiritus, der Spiritus
  ♦ **l'alcool de poire** der Birnengeist
l' **alcoolémie** (*weiblich*) [⚠ alkɔlemi] der Blutalkoholspiegel, der Blutalkohol
alcoolique [⚠ alkɔlik] alkoholabhängig
l' **alcoolique**[1] (*männlich*) [⚠ alkɔlik] der Alkoholiker
l' **alcoolique**[2] (*weiblich*) [⚠ alkɔlik] die Alkoholikerin
alcoolisé, alcoolisée [⚠ alkɔlize] *Getränk* alkoholhaltig; **non alcoolisé** alkoholfrei
l' **alcootest**® (*männlich*) [⚠ alkɔtɛst] der Alkoholtest
aléatoire [aleatwaʀ] [*rein*] zufällig
alémanique [alemanik] alemannisch; **la Suisse alémanique** die deutschsprachige Schweiz
l' **alémanique** (*männlich*) [alemanik] Alemannisch; *siehe auch* **allemand**
les **alentours** (*männlich*) [alɑ̃tuʀ] ❶ die Umgebung ❷ **aux alentours de midi** gegen Mittag

V In ❶ wird der Plural *les alentours* mit einem Singular übersetzt: *dans les alentours – in der Umgebung.*

alerte [alɛʀt] schwungvoll
l' **alerte** (*weiblich*) [alɛʀt] der Alarm; **donner l'alerte** Alarm geben; **être en [état d']alerte** in Alarmbereitschaft sein
  ♦ **l'alerte à la bombe** der Bombenalarm
alerter [alɛʀte] ❶ alarmieren ❷ (*informieren*) in Kenntnis setzen
l' **algèbre** (*weiblich*) [alʒɛbʀ] die Algebra
Alger [alʒe] Algier
l' **Algérie** (*weiblich*) [alʒeʀi] Algerien
l' **Algérien** (*männlich*) [alʒeʀjɛ̃] der Algerier
algérien, algérienne [alʒeʀjɛ̃, alʒeʀjɛn] algerisch
l' **Algérienne** (*weiblich*) [alʒeʀjɛn] die Algerierin
l' **algue** (*weiblich*) [alg] die Alge
l' **alibi** (*männlich*) [alibi] das Alibi
l' **aliéné** (*männlich*) [aljene] der Geisteskranke
l' **aliénée** (*weiblich*) [aljene] die Geisteskranke
aligner [aliɲe] ❶ in einer Reihe aufstellen ❷ **aligner des chiffres** Kolonnen von Zahlen schreiben ❸ **aligner une monnaie sur une autre** eine Währung an eine andere angleichen ❹ **s'aligner** *Menschen:* sich in einer Reihe aufstellen
l' **aliment** (*männlich*) [alimɑ̃] das Lebensmittel
alimentaire [alimɑ̃tɛʀ] **le produit alimentaire** das Nahrungsmittel; **l'industrie alimentaire** die Nahrungsmittelindustrie, die Lebensmittelindustrie
l' **alimentation** (*weiblich*) [alimɑ̃tasjɔ̃] ❶ (*das Ernähren*) die Ernährung ❷ (*die Produkte*) die Nahrung; **le magasin d'alimentation** das Lebensmittelgeschäft ❸ **l'alimentation en eau** die Wasserversorgung
alimenter [alimɑ̃te] ❶ ernähren ❷ **alimenter une ville en eau** eine Stadt mit Wasser versorgen ❸ **alimenter la conversation** für Gesprächsstoff sorgen ❹ **s'alimenter** sich ernähren; **il ne s'est pas alimenté depuis trois jours** er hat seit drei Tagen keine Nahrung zu sich genommen
l' **alinéa** (*männlich*) [alinea] (*Textabschnitt*) der Absatz
aliter [alite] ❶ **être alité(e)** das Bett hüten

müssen ❷ **s'aliter** sich ins Bett legen
Allah [a(l)la] Allah
allaitement *(männlich)* [alɛtmɑ̃] *eines Babys* das Stillen; *eines Tieres* das Säugen
allaiter [alete] stillen *Baby;* säugen *Tier*
allécher [aleʃe] *<wie* préférer; *siehe Verbtabelle ab S. 1055>* anlocken

 Nur die stammbetonten Formen schreiben sich mit è, z. B. *il allèche.*

allée *(weiblich)* [ale] ❶ *(Straße)* die Allee ❷ *(Durchgang)* **l'allée centrale** der Mittelgang, der Gang ❸ **je ne supporte plus tes allées et venues** ich ertrage dein ständiges Kommen und Gehen nicht mehr
allégé, allégée [aleʒe] *Käse* fettarm; *Marmelade* kalorienarm; **manger du yaourt allégé** fettarmen Joghurt [*oder* Joghurt light] essen
allégement *(männlich),* **allègement** *(männlich)* [alɛʒmɑ̃] ❶ *des Gewichts* die Verringerung ❷ **l'allégement fiscal** die steuerliche Entlastung
alléger [aleʒe] *<wie* assiéger; *siehe Verbtabelle ab S. 1055>* ❶ leichter machen ❷ senken *Steuern;* entlasten *Lehrpläne*

 Nur die stammbetonten Formen schreiben sich mit è, z. B. *j'allège.*
Außerdem bleibt vor Endungen, die mit *a* und *o* beginnen, das *e* erhalten, z. B. *en allégeant, il allégeait* und *nous allégeons.*

Allemagne *(weiblich)* [almaɲ] Deutschland; **l'Allemagne de l'Est** Ostdeutschland; **l'Allemagne de l'Ouest** Westdeutschland; **l'Allemagne fédérale** die Bundesrepublik Deutschland; **la réunification des deux Allemagnes** die Wiedervereinigung Deutschlands; **aller en Allemagne** nach Deutschland fahren
allemand *(männlich)* [almɑ̃] Deutsch, das Deutsche; **écrire en allemand** auf Deutsch schreiben; **traduire en allemand** ins Deutsche übersetzen

 In Verbindung mit dem Verb *parler* kann der Artikel entfallen: *elle parle allemand – sie spricht Deutsch; parlez-vous allemand? – sprechen Sie Deutsch?*

Allemand *(männlich)* [almɑ̃] der Deutsche
allemand, allemande [almɑ̃, almɑ̃d] deutsch
Allemande *(weiblich)* [almɑ̃d] die Deutsche
aller [ale] *<siehe Verbtabelle ab S. 1055>* ❶ *(zu Fuß)* gehen; **on a sonné, peux-tu y aller?** es hat geklingelt, kannst du mal hingehen?; **aller et venir** hin und her laufen; **pour aller à l'hôtel de ville, s'il vous plaît?** wie komme ich zum Rathaus?; **aller à la boulangerie** zum Bäcker gehen; **aller se coucher** schlafen gehen; **aller voir quelqu'un** jemanden besuchen; **je vais voir ce qui se passe** ich gehe [mal] nachsehen, was los ist; **aller chercher les enfants à l'école** die Kinder von der Schule abholen gehen ❷ **aller en voiture** fahren; **aller en avion** fliegen ❸ *(bestimmt sein für)* **cette bouteille va à la cave** diese Flasche kommt in den Keller; **ce plat ne va pas au micro-ondes** diese Schüssel ist nicht mikrowellenfest ❹ **aller jusqu'à faire quelque chose** so weit gehen, etwas zu tun ❺ *(voranschreiten)* **aller vite** *Person:* schnell vorankommen; *Sache:* schnell vorangehen; *Neuigkeit:* sich schnell herumsprechen ❻ *(funktionieren, ablaufen)* **tout va bien/mal** alles geht gut/schief; **quelque chose ne va pas** da stimmt etwas nicht ❼ *(Ausdruck des Befindens)* **il va bien** es geht ihm gut; **je vais mal** es geht mir schlecht; **elle va mieux** es geht ihr besser; **comment allez-vous?** wie geht es euch/Ihnen?; **comment ça va?** wie geht's? ❽ *(Ausdruck der Zustimmung)* **ça va** das ist gut; **ça ira** das passt schon; **ça peut aller** es geht schon; **ça [te] va?** [bist du damit] einverstanden? ❾ *(kleidsam sein)* **aller bien à quelqu'un** jemandem [gut] stehen; **aller mal à quelqu'un** jemandem nicht stehen ❿ *(dazugehören, dazupassen)* **aller avec quelque chose** zu etwas gehören; **aller ensemble** zusammengehören; **aller bien avec quelque chose** gut zu etwas passen ⓫ **on y va?** gehen wir?; *(als Aufforderung, anzufangen)* packen wir's an? ⓬ **se laisser aller** *(in körperlicher Hinsicht)* sich entspannen; *(nachlässig werden, nachlässig sein)* sich gehen lassen ⓭ **s'en aller** *Mensch:* weggehen/wegfahren/wegfliegen; *Fleck:* herausgehen; *Narbe:* weggehen; **s'en aller en vacances** in Urlaub fahren ⓮ *(Ausdruck der Aufforderung)* **vas-y/allez-y!** los geht's!; *(Ausdruck der Ermutigung)* los!; **allez, presse-toi un peu!** komm, beeil dich ein bisschen!; **allez, allez, circulez!** los, weitergehen/weiterfahren!; **allons!** nur Mut!; **allons debout!** auf geht's! ⓯ *(Ausdruck der Resignation)* **je le sais bien, va!** schon gut, ich weiß es ja! ⓰ *(Ausdruck des Zweifels, der Ungläubigkeit)* **allez!** [ach] komm! ⓱ *(die nahe Zukunft ausdrückend)* **je vais faire la vaisselle** ich wasche gleich

ab; **le train va partir** der Zug fährt gleich ab; **il allait se coucher** er wollte gerade ins Bett gehen; **ne va pas croire que ...** glaub bloß nicht, dass ... ▸**ça va** [**comme ça**]! (*umgs.*) das reicht!; **cela va de soi** [das ist doch] selbstverständlich; **il y va de notre vie** es geht um unser Leben; **il en va de même pour toi** dasselbe gilt auch für dich; **où allons-nous?** wo soll/wo wird das [noch] enden?

l' **aller** (*männlich*) [ale] ❶ (*zu Fuß zurückgelegte Strecke*) der Hinweg; (*mit einem Fahrzeug zurückgelegte Strecke*) die Hinfahrt ❷ (*Reise*) die Hinreise; **à l'aller** auf der Hinreise ❸ (*Fahrkarte*) **un aller simple** eine einfache Fahrt; **un aller pour Montpellier, s'il vous plaît!** bitte einmal Montpellier einfach!

l' **allergie** (*weiblich*) [alɛʀʒi] die Allergie
allergique [alɛʀʒik] allergisch

l' **alliance** (*weiblich*) [aljɑ̃s] ❶ das Bündnis ❷ (*Ring*) der Ehering

l' **allié** (*männlich*) [alje] ❶ (*in politischer Hinsicht*) der Bündnispartner; **les Alliés** die Alliierten ❷ (*in privater Hinsicht*) der Verbündete

allié, alliée [alje] (*in politischer Hinsicht*) verbündet

l' **alliée** (*weiblich*) [alje] ❶ (*in politischer Hinsicht*) die Bündnispartnerin ❷ (*in privater Hinsicht*) die Verbündete

allier [alje] <*wie* apprécier; *siehe Verbtabelle ab S. 1055*> **s'allier avec quelqu'un** sich mit jemandem verbünden

allô [alo] hallo

l' **allocation** (*weiblich*) [alɔkasjɔ̃] die Beihilfe; **l'allocation chômage** das Arbeitslosengeld; **l'allocation logement** das Wohngeld; **les allocations familiales** das Kindergeld, die Familienbeihilfe Ⓐ

l' **allocution** (*weiblich*) [alɔkysjɔ̃] die Ansprache
allonger [alɔ̃ʒe] <*wie* changer; *siehe Verbtabelle ab S. 1055*> ❶ *Tage:* länger werden ❷ (*länger machen*) verlängern ❸ recken *Hals;* ausstrecken, strecken *Arm* ❹ [ausgestreckt] hinlegen *Verletzten;* **être allongé(e)** [ausgestreckt] liegen ❺ **s'allonger** *Person:* sich hinlegen; *Schatten:* länger werden

Ü Vor *a* und *o* bleibt das *e* erhalten, z.B. in *nous nous allongeons, il s'allongeait* und *en s'allongeant.*

l' **allumage** (*männlich*) [alymaʒ] die Zündung
l' **allume-cigare** (*männlich*) [alymsigaʀ] <*Plural:* allume-cigares> der Zigarettenanzünder
allumer [alyme] ❶ anzünden *Feuer, Kerze, Zigarette;* **la bougie est allumée** die Kerze brennt ❷ anmachen *Feuerzeug, Lampe;* einschalten *Projektor, Backofen;* **allumer le couloir** das Licht im Flur anmachen; **la cuisine est allumée** in der Küche brennt [das] Licht; **allumes!** mach das Licht an! ❸ **s'allumer** *Licht:* angehen; *Augen:* aufleuchten; *Blick:* sich aufhellen; *Gerät:* sich einschalten

l' **allumette** (*weiblich*) [alymɛt] das Streichholz
l' **allumeuse** (*weiblich*) [alymøz] (*umgs.*) der Vamp

l' **allure** (*weiblich*) [alyʀ] ❶ die Geschwindigkeit; **à toute allure** mit voller Geschwindigkeit ❷ das Aussehen; **avoir de l'allure** *Person:* Stil haben; *Sache:* elegant wirken

l' **allusion** (*weiblich*) [a(l)lyzjɔ̃] die Anspielung; **faire allusion à quelqu'un/à quelque chose** eine Anspielung auf jemanden/auf etwas machen

alors [alɔʀ] ❶ damals; **jusqu'alors** bis dahin ❷ (*folglich*) da ❸ (*in diesem Fall*) **alors, je comprends!** ja dann verstehe ich das!; **alors, qu'est-ce qu'on fait?** ja, was machen wir denn da? ❹ **alors, tu viens?** (*umgs.*) was ist, kommst du jetzt [endlich]? ▸ **ça alors!** na, so was!; **et alors?** na und?; (*Spannung ausdrückend*) und dann?; **alors là!** ja, dann!; **non, mais alors!** nein, also wirklich!

alors que [alɔʀkə] ❶ (*mit zeitlicher oder gegensätzlicher Bedeutung*) während ❷ (*mit einräumender Bedeutung*) obwohl

G Nach *alors que* steht immer der Indikativ.

l' **alouette** (*weiblich*) [alwɛt] die Lerche
alourdir [aluʀdiʀ] <*wie* agir; *siehe Verbtabelle ab S. 1055*> ❶ schwer/schwerer machen ❷ erhöhen *Steuern*

G Bei einigen Formen des Verbs ist der Stamm um *-iss-* erweitert, etwa bei *nous alourdissons, il alourdissait* oder *en alourdissant.*

les **Alpes** (*weiblich*) [alp] die Alpen
l' **alphabet** (*männlich*) [alfabɛ] das Alphabet
alphabétique [alfabetik] alphabetisch; **par ordre alphabétique** in alphabetischer Reihenfolge

l' **alphabétisation** (*weiblich*) [alfabetizasjɔ̃] die Alphabetisierung
alphabétiser [alfabetize] alphabetisieren

l' **alpinisme** (*männlich*) [alpinism] das Bergsteigen
l' **alpiniste**[1] (*männlich*) [alpinist] der Bergsteiger
l' **alpiniste**[2] (*weiblich*) [alpinist] die Bergsteigerin
l' **Alsace** (*weiblich*) [alzas] das Elsass

l' **alsacien** *(männlich)* [alzasjɛ̃] Elsässisch; *siehe auch* **allemand**

> **G** In Verbindung mit dem Verb *parler* kann der Artikel entfallen: *elle parle alsacien – sie spricht Elsässisch.*

l' **Alsacien** *(männlich)* [alzasjɛ̃] der Elsässer
alsacien, alsacienne [alzasjɛ̃, alzasjɛn] elsässisch

l' **Alsacienne** *(weiblich)* [alzasjɛn] die Elsässerin
l' **altercation** *(weiblich)* [altɛrkasjɔ̃] der [heftige] Wortwechsel
l' **alternance** *(weiblich)* [altɛrnɑ̃s] der Wechsel
alternatif, alternative [altɛrnatif, altɛrnativ] **le courant alternatif** der Wechselstrom; **le mouvement alternatif** das Hin und Her
l' **alternative** *(weiblich)* [altɛrnativ] die Alternative
alterner [altɛrne] *Jahreszeiten:* sich abwechseln
l' **altesse** *(weiblich)* [altɛs] die Hoheit; **son Altesse royale** Seine/Ihre Königliche Hoheit
l' **altitude** *(weiblich)* [altityd] *(auch in der Geografie)* die Höhe; **prendre de l'altitude** an Höhe gewinnen; **être à mille mètres d'altitude** sich in tausend Metern Höhe befinden
l' **alu** *(männlich)* [aly] *(umgs.)* Abkürzung von **aluminium** das Alu
l' **aluminium** *(männlich)* [⚠ alyminjɔm] das Aluminium
l' **amabilité** *(weiblich)* [amabilite] ❶ die Liebenswürdigkeit; **auriez-vous l'amabilité de m'apporter un café?** wären Sie so freundlich, mir einen Kaffee zu bringen? ❷ **se dire des amabilités** Höflichkeiten austauschen
amaigrir [amegrir] <*wie* agir; *siehe Verbtabelle ab S. 1055*> abmagern; **être amaigri(e) par la maladie** durch die Krankheit abgemagert sein

> **G** Bei einigen Formen des Verbs ist der Stamm um *-iss-* erweitert, etwa bei *nous amaigrissons, il amaigrissait* oder *en amaigrissant.*

l' **amalgame** *(männlich)* [amalgam] das Amalgam
l' **amande** *(weiblich)* [amɑ̃d] die Mandel
l' **amandier** *(männlich)* [amɑ̃dje] der Mandelbaum
l' **amant** *(männlich)* [amɑ̃] ❶ der Liebhaber ❷ **les amants** die Liebenden
l' **amarre** *(weiblich)* [amar] die Halteleine; **larguez les amarres!** Leinen los!
l' **amas** *(männlich)* [amɑ] der Haufen
amasser [amɑse] ❶ anhäufen *Gegenstände, Vermögen* ❷ **s'amasser** *Personen:* sich drängen

l' **amateur** *(männlich)* [amatœr] ❶ (*Laie*) der Amateur/die Amateurin ❷ (*Fan*) **être amateur d'art** ein Kunstliebhaber/eine Kunstliebhaberin sein; **être amateur de films** gerne Filme sehen; **être amateur de bons vins** gerne gute Weine trinken ❸ (*Dilettant*) der Stümper/die Stümperin ❹ **l'équipe amateur** die Amateurmannschaft; **le peintre amateur** der Hobbymaler; **la photographe amateur** die Hobbyfotografin
l' **amazone** *(weiblich)* [amazon] ❶ die Reiterin ❷ **monter en amazone** im Damensitz reiten
l' **ambassade** *(weiblich)* [ɑ̃basad] die Botschaft
l' **ambassadeur** *(männlich)* [ɑ̃basadœr] der Botschafter
l' **ambassadrice** *(weiblich)* [ɑ̃basadris] die Botschafterin
l' **ambiance** *(weiblich)* [ɑ̃bjɑ̃s] die Atmosphäre, die Stimmung
l' **ambianceur** *(männlich)* [ɑ̃bjɑ̃sœr] die Stimmungskanone
ambiant, ambiante [ɑ̃bjɑ̃, ɑ̃bjɑ̃t] **à [la] température ambiante** bei Zimmertemperatur
ambigu, ambiguë [ɑ̃bigy] mehrdeutig
l' **ambiguïté** *(weiblich)* [ɑ̃biɡyite] die Mehrdeutigkeit; **sans ambiguïté** unmissverständlich
l' **ambitieuse** *(weiblich)* [ɑ̃bisjøz] der ehrgeizige Mensch
l' **ambitieux** *(männlich)* [ɑ̃bisjø] der ehrgeizige Mensch
ambitieux, ambitieuse [ɑ̃bisjø, ɑ̃bisjøz] ehrgeizig
l' **ambition** *(weiblich)* [ɑ̃bisjɔ̃] der Ehrgeiz
l' **ambulance** *(weiblich)* [ɑ̃bylɑ̃s] der Krankenwagen
l' **ambulancier** *(männlich)* [ɑ̃bylɑ̃sje] der Krankenwagenfahrer
l' **ambulancière** *(weiblich)* [ɑ̃bylɑ̃sjɛr] die Krankenwagenfahrerin
l' **âme** *(weiblich)* [am] die Seele ▶ **en mon/son âme et conscience** nach bestem Wissen und Gewissen; **rendre l'âme** *Gerät:* den Geist aufgeben; **elle est violoniste dans l'âme** sie ist mit Leib und Seele Geigerin
l' **amélioration** *(weiblich)* [ameljɔrasjɔ̃] die Verbesserung; *des Wetters, der Gesundheit* die Besserung
améliorer [ameljɔre] ❶ verbessern; steigern *Produktion, Qualität;* aufbessern *Finanzen* ❷ **s'améliorer** besser werden; *Gesundheit, Lage, Wetter:* sich bessern
amen [amɛn] amen

D'une langue à l'autre

Mon amie

Cécile et moi, on se connaît depuis l'école maternelle.
Cécile und ich, wir kennen uns seit dem Kindergarten.

Je peux compter sur elle dans toutes les situations.
Ich kann mich in allen Situationen auf sie verlassen.

Elle ne me laissera jamais tomber.
Sie wird mich nie im Stich lassen.

On partage plein de choses.
Wir haben [= teilen] viele Dinge gemeinsam.

Si je vais à Paris, j'irai chez elle.
Wenn ich nach Paris fahre, dann werde ich zu ihr gehen.

---

l' **aménagement** *(männlich)* [amenaʒmã] ❶ *eines Zimmers* die Einrichtung; *einer Fabrik* die Errichtung ❷ *(Änderung)* die Umstellung ◆ l'**aménagement du temps de travail** die Arbeitszeitregelung
aménager [amenaʒe] <*wie* changer; *siehe Verbtabelle ab S. 1055*> ❶ einrichten *Zimmer* ❷ **aménager le grenier en chambre** den Dachboden zu einem Schlafzimmer umbauen [*oder* ausbauen]

> Ü Vor *a* und *o* bleibt das *e* erhalten, z. B. in *nous aménageons, il aménageait* und *en aménageant*.

l' **amende** *(weiblich)* [amãd] die Geldstrafe
amener [am(ə)ne] <*wie* peser; *siehe Verbtabelle ab S. 1055*> ❶ (*umgs.: mit sich nehmen*) mitbringen ❷ (*führen*) bringen; **qu'est-ce qui t'amène ici?** was führt dich hierher?; **amène-toi!** (*umgs.*) komm [schon] her! ❸ verursachen *Unannehmlichkeiten* ❹ **amener quelqu'un à prendre une décision** jemanden dazu bringen, eine Entscheidung zu treffen

> Ü Mit *è* schreiben sich
> – die stammbetonten Formen wie *j'amène* oder *tu amènes* sowie
> – die auf der Basis der Grundform *amener* gebildeten Formen, z. B. *ils amèneront* und *j'amènerais*.

amenuiser [amənɥize] **s'amenuiser** sich verringern; *Hoffnung:* schwinden
amer, amère [amɛʀ] bitter; *Erinnerung* schmerzlich
amèrement [amɛʀmã] bitter; *kritisieren* scharf
l' **américain** *(männlich)* [ameʀikɛ̃] das amerikanische Englisch; *siehe auch* **allemand**
l' **Américain** *(männlich)* [ameʀikɛ̃] der Amerikaner

américain, américaine [ameʀikɛ̃, ameʀikɛn] amerikanisch
l' **Américaine** *(weiblich)* [ameʀikɛn] die Amerikanerin
l' **Amérique** *(weiblich)* [ameʀik] Amerika; **l'Amérique du Nord** Nordamerika; **l'Amérique du Sud** Südamerika; **l'Amérique centrale** Mittelamerika; **l'Amérique latine** Lateinamerika
amerrir [ameʀiʀ] <*wie* agir; *siehe Verbtabelle ab S. 1055*> wassern

> G Bei einigen Formen des Verbs ist der Stamm um -*iss*- erweitert, etwa bei *nous amerrissons, il amerrissait* oder *en amerrissant*.

l' **amertume** *(weiblich)* [amɛʀtym] die Bitterkeit
l' **ameublement** *(männlich)* [amœbləmã] die Einrichtung
l' **ami** *(männlich)* [ami] der Freund; **se faire des amis** Freunde finden
ami, amie [ami] *Land* befreundet; **être très ami avec quelqu'un** mit jemandem eng befreundet sein
amiable [amjabl] gütlich; **s'arranger à l'amiable** sich gütlich einigen
amical, amicale [amikal] <*Plural der männl. Form:* amicaux> ❶ freundschaftlich; *Verhalten* freundlich ❷ **le match amical** das Freundschaftsspiel
l' **amicale** *(weiblich)* [amikal] die Vereinigung, der Freundeskreis
amicalement [amikalmã] (*Grußformel am Briefende*) ≈ herzliche Grüße
amicaux [amiko] →**amical**
l' **amie** *(weiblich)* [ami] die Freundin
amincir [amɛ̃siʀ] <*wie* agir; *siehe Verbtabelle ab S. 1055*> ❶ schlank/schlanker machen ❷ **s'amincir** *Mensch:* schlanker werden
l' **amiral** *(männlich)* [amiʀal] <*Plural:* amiraux> der Admiral
l' **amitié** *(weiblich)* [amitje] ❶ die Freundschaft;

G Bei einigen Formen des Verbs ist der Stamm um -iss- erweitert, etwa bei *nous nous amincissons, il s'amincissait* und *en s'amincissant*.

se lier d'amitié avec quelqu'un sich mit jemandem anfreunden; **avoir de l'amitié pour quelqu'un** jemanden mögen ❷ (*Grußformel am Briefende*) **amitiés, Martine** alles Liebe, [deine/eure] Martine, liebe Grüße von Martine; **faire toutes ses amitiés à quelqu'un** jemanden herzlich grüßen lassen

l' **amnésie** *(weiblich)* [amnezi] der Gedächtnisverlust, die Amnesie

amnésique [amnezik] an Gedächtnisverlust leidend

l' **amnésique**[1] *(männlich)* [amnezik] der an Gedächtnisverlust Leidende

l' **amnésique**[2] *(weiblich)* [amnezik] die an Gedächtnisverlust Leidende

l' **amnistie** *(weiblich)* [amnisti] die Amnestie

amnistier [amnistje] <*wie* apprécier; *siehe Verbtabelle ab S. 1055*> amnestieren

amocher [amɔʃe] (*umgs.*) ramponieren *Auto:* übel zurichten *Menschen*

amoindrir [amwɛ̃dʀiʀ] <*wie* agir; *siehe Verbtabelle ab S. 1055*> ❶ schwächen *Autorität, Vertrauen* ❷ **s'amoindrir** *Kräfte:* abnehmen; *Vermögen:* sich verringern

G Bei einigen Formen des Verbs ist der Stamm um -iss- erweitert, etwa bei *nous amoindrissons, il s'amoindrissait* und *en s'amoindrissant*.

l' **amont** *(männlich)* [amõ] *eines Flusses* der Oberlauf; **vers l'amont** flussaufwärts; **être en amont de Rouen** *Stadt:* weiter flussaufwärts liegen als Rouen

amorcer [amɔʀse] <*wie* commencer; *siehe Verbtabelle ab S. 1055*> ❶ scharf machen *Sprengkörper* ❷ ködern *Angel* ❸ **amorcer un virage** in eine Kurve fahren ❹ **s'amorcer** *Gespräch:* in Gang kommen

Ü Vor *a* und *o* steht statt *c* ein *ç*, z.B. in *nous amorçons, il amorçait* und *en amorçant*.

amortir [amɔʀtiʀ] <*wie* agir; *siehe Verbtabelle ab S. 1055*> ❶ dämpfen *Lärm, Stoß;* bremsen *Fall* ❷ tilgen *Schulden* ❸ amortisieren *Auto, Ausstattung*

G Bei einigen Formen des Verbs ist der Stamm um -iss- erweitert, etwa bei *nous amortissons, il amortissait* und *en amortissant*.

l' **amortisseur** *(männlich)* [amɔʀtisœʀ] der Stoßdämpfer

l' **amour** *(männlich* ⚠*)* [amuʀ] ❶ die Liebe; **l'amour maternel** die Mutterliebe; **l'amour du prochain** die Nächstenliebe; **l'amour de la nature** die Liebe zur Natur ❷ (*Kosewort*) der Schatz, der Liebling; **être un amour** (*umgs.*) ein [richtiger] Schatz sein ❸ **faire l'amour** miteinander schlafen ❹ (*Liebesbeziehung*) **les amours** die Liebschaften; **comment vont tes amours?** was macht die Liebe? ▸ **pour l'amour de Dieu** um Gottes willen; **vivre d'amour et d'eau fraîche** von Luft und Liebe leben; **à tes/vos amours!** (*ironisch*) Gesundheit!

amoureuse →**amoureux**

l' **amoureuse** *(weiblich)* [amuʀøz] ❶ die Verehrerin ❷ (*Fan*) **l'amoureuse de la musique** die Musikliebhaberin, die Musikfreundin

amoureusement [amuʀøzmã] liebevoll

l' **amoureux** *(männlich)* [amuʀø] ❶ der Verehrer ❷ **les amoureux** die Verliebten; (*stärker*) die Liebenden ❸ (*Fan*) **l'amoureux de la musique** der Musikliebhaber, der Musikfreund ▸ **en amoureux** in trauter Zweisamkeit

amoureux, amoureuse [amuʀø, amuʀøz] verliebt; **être amoureux de quelqu'un** in jemanden verliebt sein; **tomber amoureux de quelqu'un** sich in jemanden verlieben

amovible [amɔvibl] abnehmbar

l' **ampère** *(männlich)* [ãpɛʀ] das Ampere

l' **amphithéâtre** *(männlich)* [ãfiteatʀ] ❶ das Amphitheater ❷ *einer Universität* der Hörsaal

l' **amphore** *(weiblich)* [ãfɔʀ] die Amphore

ample [ãpl] ❶ weit ❷ *Thema* umfangreich; *Informationen* ausführlich

amplement [ãpləmã] ausführlich; **être amplement suffisant** völlig ausreichen

l' **ampleur** *(weiblich)* [ãplœʀ] ❶ *eines Kleidungsstücks* die Weite ❷ *einer Katastrophe* das Ausmaß; **prendre de l'ampleur** *Ereignis:* an Bedeutung gewinnen

l' **ampli** *(männlich)* [ãpli] (*umgs.*) der Verstärker

l' **amplificateur** *(männlich)* [ãplifikatœʀ] der Verstärker

amplifier [ãplifje] <*wie* apprécier; *siehe Verbtabelle ab S. 1055*> ❶ verstärken *Ton* ❷ (*übertreiben*) aufblähen ❸ **s'amplifier** *Lärm:* anschwellen; *Bewegung, Skandal:* sich ausweiten

l' **ampoule** *(weiblich)* [ãpul] ❶ die Glühbirne, die Birne ❷ (*Behälter*) die Ampulle ❸ (*Verletzung*) die Blase

l' **amputation** *(weiblich)* [ãpytasjõ] die Amputation

amputer [ãpyte] amputieren

amusant, amusante [amyzã, amyzãt]

① *Spiel* unterhaltsam; *Arbeit, Ferien* abwechslungsreich ② (*amüsant*) lustig ③ (*seltsam*) witzig

l' **amusement** (*männlich*) [amyzmã] ① der Zeitvertreib ② (*Spaß*) das Vergnügen

amuser [amyze] ① **amuser quelqu'un** *Person:* jemanden unterhalten; (*zum Lachen bringen*) jemanden amüsieren; *Tätigkeit:* jemandem Spaß machen ② **s'amuser** spielen, sich vergnügen; **je m'amuse à faire un collier** ich bastele mir zum Zeitvertreib eine Kette; **bien s'amuser** sich gut amüsieren; **amuse-toi/amusez-vous bien!** viel Spaß!

l' **amygdale** (*weiblich*) [⚠ amidal] die Mandel

l' **an** (*männlich*) [ã] ① das Jahr; **depuis un an** seit einem Jahr; **deux fois par an** zwei Mal im Jahr, zwei Mal jährlich; **tous les ans** jedes Jahr; **elle a vécu à Rome pendant deux ans** sie hat zwei Jahre in Rom gelebt ② (*bei Altersangaben*) das Jahr, das Lebensjahr; **avoir cinq ans** fünf [Jahre alt] sein; **à quarante ans** mit vierzig [Jahren]; **un homme de cinquante ans** ein fünfzigjähriger Mann ▸ **le premier de l'an, le nouvel an** Neujahr, der Neujahrstag; (*bei Zeitangaben*) an Neujahr, am Neujahrstag

anal, anale [anal] <*Plural der männl. Form:* anaux> anal

l' **analogie** (*weiblich*) [analɔʒi] die Analogie; **par analogie** analog

l' **analphabète**[1] (*männlich*) [analfabɛt] der Analphabet

l' **analphabète**[2] (*weiblich*) [analfabɛt] die Analphabetin

l' **analyse** (*weiblich*) [analiz] ① die Analyse ② (*ärztliche Überprüfung*) die Untersuchung

analyser [analize] ① analysieren ② (*in der Medizin, der Mathematik*) untersuchen

l' **analyste**[1] (*männlich*) [analist] der Analytiker

l' **analyste**[2] (*weiblich*) [analist] die Analytikerin

l' **ananas** (*männlich*) [⚠ anana(s)] die Ananas

l' **anarchie** (*weiblich*) [anaʁʃi] ① das Chaos ② (*in politischer Hinsicht*) die Anarchie

anarchique [anaʁʃik] anarchisch

anarchiste [anaʁʃist] anarchistisch

l' **anarchiste**[1] (*männlich*) [anaʁʃist] der Anarchist

l' **anarchiste**[2] (*weiblich*) [anaʁʃist] die Anarchistin

l' **anatomie** (*weiblich*) [anatɔmi] die Anatomie

anaux [ano] →**anal**

l' **ancêtre**[1] (*männlich*) [ãsɛtʁ] ① der Vorfahr; **nos ancêtres les Gaulois** unsere Vorfahren, die Gallier ② (*bei einer Entwicklung*) der Vorläufer

l' **ancêtre**[2] (*weiblich*) [ãsɛtʁ] ① die Vorfahrin ② (*bei einer Entwicklung*) die Vorläuferin

l' **anchois** (*männlich*) [ãʃwa] die Sardelle

ancien, ancienne [ãsjɛ̃, ãsjɛn] ① *Gebäude, Brauch, Buch* alt; *Kunstgegenstand, Kultur* antik ② (*frühere[r, s]*) **l'ancien président** der ehemalige Präsident ③ **être ancien dans le métier** schon lange im Beruf sein

G Steht *ancien* vor dem Substantiv, kann es zum einen etwas Überholtes ausdrücken: *un ancien ami – ein früherer Freund, ein ehemaliger Freund.* (Im Gegensatz zu: *un ami ancien – ein alter, langjähriger Freund.*) Zum anderen kann es das wertsteigernde Alter ausdrücken: *un ancien tapis – ein alter, wertvoller Teppich.* (Der Gegensatz hierzu ist: *un vieux tapis – ein alter, abgenutzter Teppich.*)

l' **ancienneté** (*weiblich*) [ãsjɛnte] die Betriebszugehörigkeit; *eines Beamten* das Dienstalter

l' **ancre** (*weiblich*) [⚠ ãkʁ] der Anker

l' **Andorre** (*weiblich*) [ãdɔʁ] Andorra

l' **androgyne**[1] (*männlich*) [ãdʁɔʒin] der Zwitter

l' **androgyne**[2] (*weiblich*) [ãdʁɔʒin] der Zwitter

l' **âne** (*männlich*) [ɑn] ① der Esel ② (*Dummkopf*) **quel âne!** so ein Esel! ▸ **être têtu(e) comme un âne** störrisch wie ein Esel sein

anéantir [aneɑ̃tiʁ] <*wie agir; siehe Verbtabelle ab S. 1055*> ① vernichten *Feind;* völlig zerstören *Stadt;* zunichtemachen *Bemühungen, Hoffnung* ② **anéantir quelqu'un** *Nachricht:* jemanden tief erschüttern

G Bei einigen Formen des Verbs ist der Stamm um *-iss-* erweitert, etwa bei *nous anéantissons, il anéantissait* und *en anéantissant.*

l' **anéantissement** (*männlich*) [aneɑ̃tismɑ̃] die Zerstörung

l' **anecdote** (*weiblich*) [anɛkdɔt] die Anekdote

l' **anémie** (*weiblich*) [anemi] die Blutarmut

l' **ânerie** (*weiblich*) [ɑnʁi] die Dummheit

l' **ânesse** (*weiblich*) [ɑnɛs] die Eselin

l' **anesthésie** (*weiblich*) [anɛstezi] die Narkose

anesthésier [anɛstezje] <*wie apprécier; siehe Verbtabelle ab S. 1055*> betäuben

l' **anesthésiste**[1] (*männlich*) [anɛstezist] der Narkosearzt, der Anästhesist

l' **anesthésiste**[2] (*weiblich*) [anɛstezist] die Narkoseärztin, die Anästhesistin

l' **ange** (*männlich*) [ɑ̃ʒ] der Engel; **l'ange gardien** der Schutzengel

l' **angine** (*weiblich*) [ɑ̃ʒin] die Angina

l' **anglais** (*männlich*) [ɑ̃glɛ] Englisch; *siehe auch* **allemand**

G In Verbindung mit dem Verb *parler* kann der Artikel entfallen: *elle parle anglais – sie spricht Englisch.*

l' **Anglais** (männlich) [ɑ̃glɛ] der Engländer
anglais, anglaise [ɑ̃glɛ, ɑ̃glɛz] englisch ▸ **filer à l'anglaise** sich [auf] französisch verabschieden, grußlos weggehen
l' **Anglaise** (weiblich) [ɑ̃glɛz] die Engländerin
l' **angle** (männlich) [ɑ̃gl] ❶ die Ecke ❷ (in der Geometrie) der Winkel ▸ **sous cet angle** unter diesem Blickwinkel
l' **Angleterre** (weiblich) [ɑ̃glətɛʀ] England
l' **anglicisme** (männlich) [ɑ̃glisism] der Anglizismus
anglophone [ɑ̃glɔfɔn] ❶ (mit Englisch als Muttersprache oder Landessprache) englischsprachig ❷ (mit Englischkenntnissen) Englisch sprechend
l' **anglophone**[1] (männlich) [ɑ̃glɔfɔn] ❶ (englischer Muttersprachler) der Englischsprachige ❷ (über Englischkenntnisse Verfügender) der Englisch Sprechende
l' **anglophone**[2] (weiblich) [ɑ̃glɔfɔn] ❶ (englische Muttersprachlerin) die Englischsprachige ❷ (über Englischkenntnisse Verfügende) die Englisch Sprechende
l' **Anglo-Saxon** (männlich) [ɑ̃glosaksɔ̃] <Plural: Anglo-Saxons> der Angelsachse
anglo-saxon, anglo-saxonne [ɑ̃glosaksɔ̃, ɑ̃glosaksɔn] <Plural der männl. Form: anglo-saxons> angelsächsisch
l' **Anglo-Saxonne** (weiblich) [ɑ̃glosaksɔn] <Plural: Anglo-Saxonnes> die Angelsächsin
l' **angoisse** (weiblich) [ɑ̃gwas] die Angst
l' **angoissé** (männlich) [ɑ̃gwase] der ängstliche Mensch
angoissé, angoissée [ɑ̃gwase] Person verängstigt; Blick, Stimme angsterfüllt
l' **angoissée** (weiblich) [ɑ̃gwase] der ängstliche Mensch
angoisser [ɑ̃gwase] ängstigen
angora [ɑ̃gɔʀa] Angora-; **la laine angora** die Angorawolle; **le chat angora** die Angorakatze
l' **angora** (männlich ⚠) [ɑ̃gɔʀa] die Angorawolle
l' **anguille** (weiblich) [⚠ ɑ̃gij] der Aal
l' **animal** (männlich) [animal] <Plural: animaux> das Tier; **l'animal domestique** das Haustier
animal, animale [animal] <Plural der männl. Form: animaux> Substanz tierisch
l' **animateur** (männlich) [animatœʀ] ❶ der Betreuer; eines Ferienklubs der Animateur; einer Diskussion der Leiter ❷ (beim Rundfunk, Fernsehen) der Moderator
l' **animation** (weiblich) [animasjɔ̃] ❶ eines Büros die [rege] Betriebsamkeit; eines Stadtviertels das lebhafte Treiben ❷ (Führung) die Leitung
l' **animatrice** (weiblich) [animatʀis] ❶ die Betreuerin; eines Ferienklubs die Animateurin; einer Diskussion die Leiterin ❷ (beim Rundfunk, Fernsehen) die Moderatorin
les **animaux** (männlich) [animo] Plural von **animal**
animé, animée [anime] Diskussion lebhaft; Straße belebt
animer [anime] ❶ leiten Diskussion; moderieren Sendung ❷ beleben Gespräch ❸ s'animer Straße, Augen: sich beleben; Gespräch: lebhaft werden
l' **animosité** (weiblich) [animozite] die Feindseligkeit
l' **anis** (männlich) [⚠ anis] der Anis
les **annales** (weiblich) [anal] die Annalen
l' **anneau** (männlich) [ano] <Plural: anneaux> ❶ der Ring ❷ (Bestandteil) das Glied
l' **année** (weiblich) [ane] ❶ das Jahr; **l'année scolaire** das Schuljahr; **tout au long de l'année** das ganze Jahr [über]; **bien des années après** Jahre später; **l'année prochaine** das nächste Jahr; (bei Zeitangaben) nächstes Jahr; **les années trente** die dreißiger Jahre ❷ **bonne année!** ein gutes neues Jahr!
♦ l'**année de naissance** das Geburtsjahr
l' **année-lumière** (weiblich) [anelymjɛʀ] <Plural: années-lumière> das Lichtjahr
l' **annexion** (weiblich) [anɛksjɔ̃] die Annexion
l' **anniversaire** [anivɛʀsɛʀ] **le jour anniversaire** der Jahrestag; **la cérémonie anniversaire** die Gedenkfeier
l' **anniversaire** (männlich) [anivɛʀsɛʀ] ❶ der Geburtstag; **joyeux** [oder **bon**] **anniversaire!** alles Gute zum Geburtstag! ❷ eines Ereignisses der Jahrestag
l' **annonce** (weiblich) [anɔ̃s] ❶ die Ankündigung ❷ (offizielle Mitteilung) die Bekanntgabe ❸ (Nachricht in den Medien) die Meldung ❹ (Zeitungsannonce) die Anzeige; **les petites annonces** die Kleinanzeigen; **passer une annonce** eine Anzeige aufgeben
annoncer [anɔ̃se] <wie commencer; siehe Verbtabelle ab S. 1055> ❶ ankündigen Ankunft, Wetterumschwung ❷ mitteilen Tatsache, Entscheidung; **annoncer quelqu'un** jemanden melden ❸ (im Radio, Fernsehen) melden ❹ **s'annoncer** sich ankündigen; Sommer: vor der Tür stehen ▸ **bien/mal s'annoncer** gut/schlecht anfangen; **ça s'annonce bien** es sieht gut aus

 Vor *a* und *o* steht statt *c* ein *ç*, z. B. in **nous annonçons, il annonçait** und **en annonçant**.

l' **annotation** (weiblich) [anɔtasjɔ̃] die Anmer-

kung
annoter [anɔte] mit Anmerkungen versehen *Text*

l' **annuaire** *(männlich)* [anɥɛʀ] das Jahrbuch; **l'annuaire téléphonique** [*oder* **des téléphones**] das Telefonbuch

annuel, annuelle [anɥɛl] jährlich; **les congés annuels** der Jahresurlaub; **le salaire annuel** das Jahresgehalt

l' **annulaire** *(männlich)* [anylɛʀ] der Ringfinger

l' **annulation** *(weiblich)* [anylasjɔ̃] *eines Termins* die Absage; *einer Bestellung* die Stornierung; *einer Prüfung, eines Vertrags* die Annullierung

annuler [anyle] ❶ absagen *Termin*; stornieren *Bestellung, Reise* ❷ aufheben *Urteil*; annullieren *Ehe* ❸ *(in der Informatik)* abbrechen

l' **anomalie** *(weiblich)* [anɔmali] die Anomalie

l' **anonymat** *(männlich)* [anɔnima] die Anonymität; **rester dans l'anonymat, garder l'anonymat** anonym bleiben

anonyme [anɔnim] anonym

l' **anorak** *(männlich)* [anɔʀak] der Anorak

l' **anorexie** *(weiblich)* [anɔʀɛksi] die Magersucht

anormal, anormale [anɔʀmal] <*Plural der männl. Form:* anormaux> ungewöhnlich

anormalement [anɔʀmalmɑ̃] ungewöhnlich

anormaux [anɔʀmo] →**anormal**

l' **anse** *(weiblich)* [ɑ̃s] der Henkel

l' **antarctique** [ɑ̃taʀktik] antarktisch

l' **Antarctique** *(männlich)* ⚠ [ɑ̃taʀktik] die Antarktis

l' **antécédent** *(männlich)* [ɑ̃tesedɑ̃] ❶ *(in der Grammatik)* das Bezugswort ❷ **les antécédents** *(auch in der Medizin)* die Vorgeschichte

V In ❷ wird der Plural *les antécédents* mit einem Singular übersetzt: *les antécédents de l'accusé ont été étudiés* – *die Vorgeschichte des Angeklagten ist untersucht worden.*

l' **antenne** *(weiblich)* [ɑ̃tɛn] ❶ die Antenne; **l'antenne parabolique** die Satellitenschüssel ❷ *(beim Rundfunk, Fernsehen)* **une heure d'antenne** eine Stunde Sendezeit ❸ *eines Tieres* der Fühler

antérieur, antérieure [ɑ̃teʀjœʀ] ❶ *(mit räumlicher Bedeutung)* vordere(r, s); **la patte antérieure** die Vorderpfote ❷ *(mit zeitlicher Bedeutung)* frühere(r, s); **être antérieur à quelque chose** vor etwas liegen

l' **antériorité** *(weiblich)* [ɑ̃teʀjɔʀite] ❶ das frühere Vorkommen, das frühere Auftreten; **l'antériorité de cette découverte est prouvée** es ist bewiesen, dass diese Entdeckung älter ist ❷ *(in der Grammatik)* die Vorzeitigkeit

antialcoolique [⚠ ɑ̃tialkɔlik] Antialkohol-; **la campagne antialcoolique** die Antialkoholkampagne

l' **antibiotique** *(männlich)* [ɑ̃tibjɔtik] *(in der Medizin)* das Antibiotikum

l' **anticipation** *(weiblich)* [ɑ̃tisipasjɔ̃] der Vorgriff; **par anticipation** im Voraus

anticiper [ɑ̃tisipe] vorgreifen

anticlérical, anticléricale [ɑ̃tikleʀikal] <*Plural der männl. Form:* anticléricaux> antiklerikal

anticonstitutionnel, anticonstitutionnelle [ɑ̃tikɔ̃stitysjɔnɛl] verfassungswidrig

l' **anticorps** *(männlich)* [ɑ̃tikɔʀ] *(in der Medizin)* der Antikörper

l' **anticyclone** *(männlich)* [ɑ̃tisiklon] das Hochdruckgebiet, das Hoch

l' **antidote** *(männlich)* [ɑ̃tidɔt] *(in der Medizin)* das Gegenmittel

antifasciste [ɑ̃tifaʃist] antifaschistisch

l' **antigel** *(männlich)* [ɑ̃tiʒɛl] das Frostschutzmittel

l' **Antillais** *(männlich)* [ɑ̃tijɛ] der Bewohner der Antillen

antillais, antillaise [ɑ̃tijɛ, ɑ̃tijɛz] *Gewürz, Rum* von den Antillen

l' **Antillaise** *(weiblich)* [ɑ̃tijɛz] die Bewohnerin der Antillen

les **Antilles** *(weiblich)* [ɑ̃tij] die Antillen

l' **antilope** *(weiblich)* [ɑ̃tilɔp] die Antilope

l' **antimite** *(männlich)* [ɑ̃timit] das Mottenschutzmittel

l' **antimondialiste**[1] *(männlich)* [ɑ̃timɔ̃djalist] der Globalisierungsgegner

l' **antimondialiste**[2] *(weiblich)* [ɑ̃timɔ̃djalist] die Globalisierungsgegnerin

l' **antipathie** *(weiblich)* [ɑ̃tipati] die Antipathie; **avoir de l'antipathie pour quelqu'un** eine Antipathie gegen jemanden haben

antipathique [ɑ̃tipatik] unsympathisch

l' **antipelliculaire** [ɑ̃tipelikylɛʀ] *Shampoo* gegen Schuppen

l' **antipiratage** [ɑ̃tipiʀataʒ] *(in der Informatik)* kopiergeschützt

l' **antiquaire**[1] *(männlich)* [ɑ̃tikɛʀ] der Antiquitätenhändler

l' **antiquaire**[2] *(weiblich)* [ɑ̃tikɛʀ] die Antiquitätenhändlerin

antique [ɑ̃tik] antik

l' **antiquité** *(weiblich)* [ɑ̃tikite] ❶ die Antiquität ❷ *(Epoche)* **l'Antiquité** die Antike

antiride[s] [ɑ̃tiʀid] gegen Falten

antirouille [ɑ̃tiʀuj] **la peinture antirouille** die Rostschutzfarbe
antiseptique [ɑ̃tisɛptik] antiseptisch
antitabac [ɑ̃titaba] Nichtraucher-, Antitabak-; **la campagne antitabac** die Nichtraucherkampagne, die Antitabakkampagne
anti-virus [ɑ̃tiviʀys] Antiviren-; **le programme anti-virus** das Antivirenprogramm
l' **antivol** *(männlich)* [ɑ̃tivɔl] (*Diebstahlsicherung für Fahrräder*) das Ringschloss, das Schloss
l' **anus** *(männlich)* [⚠ anys] der After
Anvers [ɑ̃vɛʀ] Antwerpen
l' **anxiété** *(weiblich)* [ɑ̃ksjete] die Angst
l' **anxieuse** *(weiblich)* [ɑ̃ksjøz] der ängstliche Mensch
l' **anxieux** *(männlich)* [ɑ̃ksjø] der ängstliche Mensch
anxieux, anxieuse [ɑ̃ksjø, ɑ̃ksjøz] ängstlich
AOC [aose] *Abkürzung von* **appellation d'origine contrôlée** *kontrollierte oder geschützte Herkunftsbezeichnung, die als Qualitätsmerkmal für Käse aus einem bestimmten Herkunftsgebiet und für Wein aus einer bestimmten Anbauregion verwendet wird*
août [⚠ u(t)] ❶ der August; **en août** im August; **début août** Anfang August; **fin août** Ende August; **pendant tout le mois d'août** den ganzen August über ❷ (*bei Datumsangaben*) **le 15 août, c'est l'Assomption** der 15. August ist Mariä Himmelfahrt

Ⓖ Der französische Monatsname ist männlich; er wird ohne den bestimmten Artikel gebraucht.
Bei einer präzisen Datumsangabe, wie sie in ❷ aufgeführt ist, steht der Artikel jedoch, und zwar wegen der Zahl:
elle est née le vingt – sie ist am Zwanzigsten geboren;
elle est née le vingt août – sie ist am zwanzigsten August geboren.
Die Aussprache lautet in der Regel [ut]; vereinzelt kann man aber auch [u] hören.

l' **aoûtien** *(männlich)* [⚠ ausjɛ̃] der Augusturlauber
l' **aoûtienne** *(weiblich)* [⚠ ausjɛn] die Augusturlauberin
apaiser [apeze] ❶ beruhigen; lindern *Schmerz* ❷ **s'apaiser** *Schmerz:* nachlassen; *Wut, Sturm:* sich legen
l' **apatride**¹ *(männlich)* [apatʀid] der Staatenlose
l' **apatride**² *(weiblich)* [apatʀid] die Staatenlose
apercevoir [apɛʀsəvwaʀ] <*siehe Verbtabelle ab S. 1055*> ❶ flüchtig wahrnehmen ❷ (*registrieren*) bemerken ❸ **s'apercevoir** *Personen:* sich sehen ❹ **s'apercevoir de la présence de quelqu'un** jemanden bemerken; **s'apercevoir des manigances de quelqu'un** jemandes Machenschaften durchschauen; **elle s'aperçoit d'une erreur** sie bemerkt einen Fehler
l' **aperçu** *(männlich)* [apɛʀsy] ❶ der kurze Überblick ❷ (*Darstellung auf dem Monitor*) die Seitenansicht
aperçu, aperçue [apɛʀsy] →**apercevoir**
l' **apéritif** *(männlich)* [apeʀitif] der Aperitif
l' **apéro** *(männlich)* [apeʀo] (*umgs.*) der Aperitif
l' **apesanteur** *(weiblich)* [apəzɑ̃tœʀ] die Schwerelosigkeit
apeuré, apeurée [apœʀe] verängstigt
aphone [afɔn] ohne Stimme
l' **à-pic** *(männlich)* [apik] <*Plural:* à-pics> der Steilhang; (*am Meer*) das Kliff
l' **apiculteur** *(männlich)* [apikyltœʀ] der Imker
l' **apicultrice** *(weiblich)* [apikyltʀis] die Imkerin
apitoyer [apitwaje] <*wie appuyer; siehe Verbtabelle ab S. 1055*> **s'apitoyer sur quelqu'un** mit jemandem Mitleid haben; **elle s'apitoie sur ton sort** sie hat Mitleid mit dir

Ü Einige Formen dieses Verbs schreiben sich mit *y*, andere mit *i*.
Direkt vor einer betonten Endungssilbe steht immer ein *y*, z. B. *nous nous apitoyons* und *ils s'apitoyaient*.
Das *i* steht immer vor einem unbetonten *e*, z. B. *je m'apitoie* oder *ils s'apitoieront*.

aplati, aplatie [aplati] platt [gedrückt]
aplatir [aplatiʀ] <*wie agir; siehe Verbtabelle ab S. 1055*> ❶ platt drücken ❷ **s'aplatir contre le mur** sich gegen die Wand drücken; (*mit voller Wucht*) gegen die Wand prallen

Ⓖ Bei einigen Formen des Verbs ist der Stamm um -*iss*- erweitert, etwa bei *nous aplatissons, il aplatissait* und *en s'aplatissant*.

l' **apnée** *(weiblich)* [apne] **plonger en apnée** ohne Sauerstoffgerät tauchen
l' **apocalypse** *(weiblich)* [apɔkalips] die Apokalypse
l' **apogée** *(männlich)* [apɔʒe] der Höhepunkt
l' **apostrophe** *(weiblich* ⚠) [apɔstʀɔf] ❶ der Apostroph ❷ (*Kommentar*) der barsche Zuruf
l' **apothéose** *(weiblich)* [apɔteoz] der Höhepunkt
l' **apôtre** *(männlich)* [apotʀ] ❶ der Apostel ❷ (*Befürworter*) der Verfechter/die Verfechterin
apparaître [apaʀɛtʀ] <*wie paraître; siehe Verbtabelle ab S. 1055*> ❶ (*zu sehen sein*)

erscheinen ② *Schwierigkeit, Fieber*: auftreten ③ **apparaître compliqué(e) à quelqu'un** jemandem kompliziert erscheinen

> Ü Das *ī* steht immer nur vor *t*.
> Die Verbformen ohne *t* schreiben sich mit *i*, z. B. *ils apparaissent*.

l' **appareil** *(männlich)* [apaʀɛj] ① das Gerät, der Apparat; **l'appareil photo[graphique]** der Fotoapparat; **les appareils ménagers** die Haushaltsgeräte ② *(Hilfsmittel)* die Prothese; *(zur Zahnkorrektur)* die Zahnspange; *(Zahnersatz)* das Gebiss; **l'appareil auditif** das Hörgerät ③ *(Flugzeug)* die Maschine
appareiller [apaʀeje] *Schiff*: ablegen
apparemment [⚠ apaʀamɑ̃] anscheinend; *(offenbar)* offensichtlich
l' **apparence** *(weiblich)* [apaʀɑ̃s] ① *(Anblick)* das Aussehen; **l'apparence physique** das Äußere ② der Anschein, der Schein ▸ **sauver les apparences** den Schein wahren
apparent, apparente [apaʀɑ̃, apaʀɑ̃t] ① sichtbar ② offensichtlich
apparenté, apparentée [apaʀɑ̃te] verwandt; **apparenté à quelqu'un/à quelque chose** mit jemandem/mit etwas verwandt
l' **apparition** *(weiblich)* [apaʀisjɔ̃] ① das Erscheinen; *eines Schauspielers* der Auftritt; *eines Phänomens* das Auftreten; *eines Engels, Geistes* die Erscheinung ② *(Geist)* das Gespenst
l' **appart** *(männlich)* [⚠ apaʀt] *(umgs.)* Abkürzung von **appartement** die Wohnung
l' **appartement** *(männlich)* [apaʀtəmɑ̃] die Wohnung

> F Nicht verwechseln mit *das Appartement – le studio!*

l' **appartenance** *(weiblich)* [apaʀtənɑ̃s] die Zugehörigkeit; **l'appartenance à un club** die Mitgliedschaft in einem Klub
appartenir [apaʀtəniʀ] *<wie tenir; siehe Verbtabelle ab S. 1055>* ① **appartenir à quelqu'un** jemandem gehören ② **appartenir à un groupe** einer Gruppe angehören ③ **il t'appartient de prendre cette décision** es liegt bei dir, diese Entscheidung zu treffen
l' **appât** *(männlich)* [apɑ] der Köder
appâter [apɑte] anlocken *Kunden*
appauvrir [apovʀiʀ] *<wie agir; siehe Verbtabelle ab S. 1055>* arm machen *Menschen*; verarmen lassen *Land*
l' **appauvrissement** *(männlich)* [apovʀismɑ̃] die Verarmung
l' **appel** *(männlich)* [apɛl] ① der Ruf ② der Anruf,

> G Bei einigen Formen des Verbs ist der Stamm um *-iss-* erweitert, etwa bei *nous appauvrissons, il appauvrissait* und *en appauvrissant*.

l'appel téléphonique der Telefonanruf ③ *(Signal)* das Zeichen ④ *(auch beim Militär)* der Appell; **faire appel à quelqu'un/à quelque chose** an jemanden/an etwas appellieren; **lancer un appel à quelqu'un** einen Appell an jemanden richten; **faire l'appel** die Namen aufrufen ⑤ *(öffentliche Aufforderung)* der Aufruf; **l'appel à la grève** der Streikaufruf ⑥ *eines Computerprogramms* der Aufruf ⑦ *(in der Rechtsprechung)* **faire appel** Berufung einlegen
  ◆ **l'appel d'offres** die Ausschreibung
l' **appelé** *(männlich)* [aple] *(beim Militär)* der Einberufene
l' **appelée** *(weiblich)* [aple] *(beim Militär)* die Einberufene
appeler [aple] *<wie rejeter; siehe Verbtabelle ab S. 1055>* ① rufen ② *(kommen lassen)* rufen, herbeirufen ③ *(per Telefon)* anrufen ④ *(mit einem Namen versehen)* nennen; **appeler quelqu'un par son prénom** jemanden mit seinem Vornamen anreden ⑤ **appeler quelqu'un à une charge** jemandem einen Auftrag erteilen; **appeler quelqu'un à un poste/à une fonction** jemandem eine Stelle/ein Amt zuteilen ⑥ **j'en appelle à votre bon sens** ich appelliere an euren/Ihren gesunden Menschenverstand ⑦ aufrufen *Computerprogramm* ⑧ **s'appeler** heißen; **comment t'appelles-tu? – Je m'appelle Anne** wie heißt du? – Ich heiße Anne; **cet arbre, comment il s'appelle?** wie heißt dieser Baum?

> Ü Mit *ll* schreiben sich
> – die stammbetonten Formen wie *j'appelle* oder *tu appelles* sowie
> – die auf der Basis der Grundform *appeler* gebildeten Formen, z. B. *ils appelleront* und *j'appellerais*.

l' **appellation** *(weiblich)* [apelasjɔ̃] die Bezeichnung
  ◆ **l'appellation d'origine** die Herkunftsbezeichnung
l' **appendicite** *(weiblich)* [apɛ̃disit] die Blinddarmentzündung
appétissant, appétissante [apetisɑ̃, apetisɑ̃t] appetitanregend
l' **appétit** *(männlich)* [apeti] der Appetit; **couper l'appétit à quelqu'un** jemandem den Appetit verderben
applaudir [aplodiʀ] *<wie agir; siehe Verbta-*

belle ab S. 1055> klatschen, Beifall klatschen, applaudieren; **applaudir quelqu'un** jemandem applaudieren; **je les ai applaudis** ich habe ihnen applaudiert

G Bei einigen Formen des Verbs ist der Stamm um *-iss-* erweitert, etwa bei *nous applaudissons, il applaudissait* und *en applaudissant*.

les **applaudissements** *(männlich)* [aplodismɑ̃] der Applaus

V Der Plural *les applaudissements* wird mit einem Singular übersetzt: *les applaudissements étaient chaleureux – der Beifall war herzlich.*

l' **application** *(weiblich)* [aplikasjɔ̃] ❶ (*auch in der Informatik*) die Anwendung ❷ *einer Creme, Farbe* das Auftragen ❸ *einer Idee* die Umsetzung; **mettre quelque chose en application** etwas praktisch anwenden ❹ (*Eifer*) der Fleiß
appliqué, appliquée [aplike] *Schüler* fleißig
appliquer [aplike] ❶ auftragen *Creme, Farbe* ❷ [praktisch] anwenden; befolgen *Gebrauchsanweisung, Regeln;* ausführen *Entscheidung* ❸ **s'appliquer** *Schüler:* eifrig sein
l' **apport** *(männlich)* [apɔʀ] der Beitrag; **mon apport à ce projet** mein Beitrag zu diesem Projekt
apporter [apɔʀte] ❶ bringen ❷ mitbringen *Blumen, Geschenk* ❸ leisten *Hilfe, Beitrag* ❹ liefern *Beweis* ❺ **apporter beaucoup à la science** *Entdeckung:* für die Wissenschaft von großem Nutzen sein; **ça m'apporte beaucoup** das hilft mir ein ganzes Stück weiter
apposer [apoze] **apposer sa signature** unterschreiben, signieren
l' **apposition** *(weiblich)* [apozisjɔ̃] (*in der Grammatik*) der Beisatz, die Apposition
appréciable [apresjabl] beachtlich
l' **appréciation** *(weiblich)* [apresjasjɔ̃] die Beurteilung
apprécier [apresje] *<siehe Verbtabelle ab S. 1055>* ❶ abschätzen *Entfernung, Geschwindigkeit* ❷ (*mögen*) schätzen; **il n'a pas apprécié!** (*umgs.*) das hat ihm gar nicht gefallen!
appréhender [apʀeɑ̃de] ❶ **j'appréhende de la revoir** ich habe Angst davor, sie wieder zu sehen ❷ fassen *Verbrecher*
l' **appréhension** *(weiblich)* [apʀeɑ̃sjɔ̃] die Befürchtung; **avec appréhension** ängstlich
apprendre [apʀɑ̃dʀ] *<wie comprendre; siehe Verbtabelle ab S. 1055>* ❶ lernen;

apprendre à marcher laufen lernen ❷ erlernen *Beruf, Kunst, Technik* ❸ erfahren; **apprendre un événement par les informations** von einem Ereignis durch die Nachrichten erfahren ❹ mitteilen *Neuigkeit* ❺ beibringen; **apprendre le subjonctif français à quelqu'un** jemandem den französischen Subjonctif beibringen ❻ **s'apprendre** sich erlernen lassen; **cela s'apprend** das kann man lernen
l' **apprenti** *(männlich)* [apʀɑ̃ti] der Auszubildende, der Azubi
l' **apprentie** *(weiblich)* [apʀɑ̃ti] die Auszubildende, die Azubi
l' **apprentissage** *(männlich)* [apʀɑ̃tisaʒ] die Lehre, die Ausbildung; **être en apprentissage** in der Lehre [*oder* Ausbildung] sein
apprêter [apʀete] ❶ **s'apprêter** sich zurechtmachen ❷ **s'apprêter à partir** im Begriff sein zu gehen
apprivoiser [apʀivwaze] zähmen
l' **approbation** *(weiblich)* [apʀɔbasjɔ̃] die Zustimmung
l' **approche** *(weiblich)* [apʀɔʃ] ❶ das Näherkommen; *eines Ereignisses, einer Gefahr* das Herannahen, das Nahen ❷ die Vorgehensweise; **l'approche de ce problème** das Angehen dieses Problems
approcher [apʀɔʃe] ❶ näher kommen; *Zeitpunkt, Datum:* näher rücken; *Jahreszeit:* nahen; *Nacht:* hereinbrechen; *Gewitter:* aufziehen, heraufziehen ❷ **approcher le malade de la fenêtre** den Kranken an das Fenster schieben; **approcher la chaise de la table** den Stuhl an den Tisch schieben; **elle approche son visage du sien** sie nähert ihr Gesicht dem seinen/ihren ❸ **approcher quelqu'un** sich jemandem nähern; **ne m'approche pas!** komm mir nicht zu nahe! ❹ **s'approcher** sich nähern; **s'approcher de quelqu'un** sich jemandem nähern
approfondir [apʀɔfɔ̃diʀ] *<wie agir; siehe Verbtabelle ab S. 1055>* vertiefen *Loch;* erweitern *Kenntnisse;* sich näher beschäftigen mit *Thema*

G Bei einigen Formen des Verbs ist der Stamm um *-iss-* erweitert, etwa bei *nous approfondissons, il approfondissait* und *en approfondissant.*

approprié, appropriée [apʀɔpʀije] geeignet
approprier [apʀɔpʀije] *<wie* apprécier; *siehe Verbtabelle ab S. 1055>* **s'approprier quelque chose** sich etwas aneignen
approuver [apʀuve] ❶ **approuver quel-**

qu'un jemandem zustimmen; **approuver quelque chose** etwas gutheißen; **j'approuve que tu le fasses** ich begrüße es, dass du es tust ❷ annehmen *Gesetzesentwurf*

l' **approvisionnement** *(männlich)* [apʀɔvizjɔnmɑ̃] die Versorgung; **l'approvisionnement en essence** die Versorgung mit Benzin

approvisionner [apʀɔvizjɔne] ❶ versorgen *Stadt;* beliefern *Geschäft;* **approvisionner une ville en eau** eine Stadt mit Wasser versorgen; **approvisionner un magasin en viande** ein Geschäft mit Fleisch beliefern; **s'approvisionner en quelque chose** sich mit etwas versorgen ❷ **mon compte est approvisionné** mein Konto ist gedeckt

l' **approximation** *(weiblich)* [apʀɔksimasjɔ̃] die [ungefähre] Schätzung

approximativement [apʀɔksimativmɑ̃] annähernd, ungefähr

l' **appui** *(männlich)* [apɥi] ❶ *(Vorrichtung)* die Stütze ❷ *(Hilfe)* die Unterstützung

l' **appuie-tête** *(männlich)* [apɥitɛt] <*Plural:* appuie-tête[s]> die Kopfstütze

appuyer [apɥije] <*siehe Verbtabelle ab S. 1055*> ❶ **appuyer sur quelque chose** *(mit der Hand)* auf etwas drücken; *(mit dem Fuß)* auf etwas treten; **appuyer son pied sur l'accélérateur** mit dem Fuß auf das Gaspedal treten ❷ **appuyer l'échelle contre le mur** die Leiter gegen die Wand lehnen; **appuyer sa tête sur un coussin** seinen Kopf auf ein Kissen stützen ❸ unterstützen *Menschen, Kandidatur* ❹ *(hervorheben)* **appuyer sur quelque chose** etwas betonen ❺ **s'appuyer contre quelqu'un/contre le mur** sich an jemanden/an eine Wand lehnen; **s'appuyer sur quelqu'un/sur une théorie** sich auf jemanden/auf eine Theorie stützen

> **G** Einige Formen dieses Verbs schreiben sich mit *y,* andere mit *i.* Direkt vor einer betonten Endungssilbe steht immer ein *y,* z. B. *nous appuyons* und *ils appuyaient.* Das *i* steht immer vor einem unbetonten *e,* z. B. in *j'appuie* oder *ils appuieront.*

après[1] [apʀɛ] *allein verwendet* ❶ *(mit zeitlicher Bedeutung)* danach, später; *(im Folgenden)* nachher; **peu après** bald darauf; **longtemps après** viel später ❷ *(mit räumlicher Bedeutung)* dahinter ❸ *(abgesehen davon)* ansonsten ❹ *(umgs.: in der Folge)* hinterher ▶ **et après?** *(umgs.)* [na] und?; **après tout**

schließlich; *siehe auch* **d'après**

après[2] [apʀɛ] ❶ *(mit zeitlicher Bedeutung)* nach; **peu/bien après mon départ** kurz/lange nach meiner Abreise; **après avoir fait la vaisselle, il a bu un café** nachdem er abgewaschen hatte, hat er einen Kaffee getrunken ❷ *(mit räumlicher Bedeutung)* nach, hinter; **courir après l'autobus** hinter dem Bus herrennen, dem Bus hinterherrennen; **la librairie est après l'église** die Buchhandlung kommt nach der Kirche; **après vous!** [bitte] nach euch/nach Ihnen! ❸ **page après page** Seite für Seite; *siehe auch* **d'après**

après-demain [apʀɛdmɛ̃] übermorgen

l' **après-guerre** *(männlich)* [apʀɛɡɛʀ] <*Plural:* après-guerres> die Nachkriegszeit

l' **après-midi** *(männlich/weiblich)* [apʀɛmidi] <*Plural:* après-midi> ❶ der Nachmittag; **cet** [*oder* **cette**] **après-midi** heute Nachmittag; [**dans**] **l'après-midi** am Nachmittag; **à trois heures de l'après-midi** um drei Uhr nachmittags ❷ **demain après-midi** morgen Nachmittag; **mardi après-midi** [am] Dienstagnachmittag; **tous les lundis après-midi** montagnachmittags

après que [apʀɛkə] nachdem; **après qu'il est arrivé nous avons pris un apéritif** nach seiner Ankunft haben wir einen Aperitif zu uns genommen; **tu sortiras après que nous aurons mangé** du kannst rausgehen, nachdem wir gegessen haben

> **G** Nach *après que* steht immer der Indikativ.

l' **après-rasage** *(männlich)* [apʀɛʀazaʒ] <*Plural:* après-rasage> das Rasierwasser

l' **après-ski** *(männlich)* [apʀɛski] <*Plural:* après-ski[s]> der Schneestiefel

> **F** Nicht verwechseln mit dem nach dem Skilaufen stattfindenden *Après-Ski!*

apte [apt] fähig

l' **aptitude** *(weiblich)* [aptityd] die Fähigkeit

l' **aquarelle** *(weiblich)* ⚠ [akwaʀɛl] das Aquarell

l' **aquarium** *(männlich)* [⚠ akwaʀjɔm] das Aquarium

aquatique [akwatik] Wasser-; **la plante aquatique** die Wasserpflanze

l' **Aquitaine** *(weiblich)* [akitɛn] Aquitanien

arabe [aʀab] arabisch

l' **arabe** *(männlich)* [aʀab] Arabisch; *siehe auch* **allemand**

l' **Arabe**[1] *(männlich)* [aʀab] der Araber

l' **Arabe**[2] *(weiblich)* [aʀab] die Araberin

G In Verbindung mit dem Verb *parler* kann der Artikel entfallen: *elle parle arabe – sie spricht Arabisch.*

l' **Arabie** *(weiblich)* [aʀabi] Arabien; **l'Arabie Saoudite** Saudi-Arabien
l' **arachide** *(weiblich)* [aʀaʃid] die Erdnuss
l' **araignée** *(weiblich)* [aʀeɲe] die Spinne
arbitraire [aʀbitʀɛʀ] willkürlich
l' **arbitraire** *(männlich)* [aʀbitʀɛʀ] die Willkür
arbitrairement [aʀbitʀɛʀmɑ̃] willkürlich
l' **arbitre**[1] *(männlich)* [aʀbitʀ] ❶ der Schiedsrichter ❷ *(bei Streitigkeiten)* der Vermittler
l' **arbitre**[2] *(weiblich)* [aʀbitʀ] ❶ die Schiedsrichterin ❷ *(bei Streitigkeiten)* die Vermittlerin
arbitrer [aʀbitʀe] ❶ **arbitrer un match** *Schiedsrichter:* ein Spiel leiten [*oder* pfeifen]; *Ringrichter:* einen Kampf leiten ❷ schlichten *Konflikt, Streit*
l' **arbre** *(männlich)* [aʀbʀ] der Baum ▸ **arbre généalogique** der Stammbaum
l' **arbuste** *(männlich)* [aʀbyst] der Strauch
l' **arc** *(männlich)* [aʀk] der Bogen
 ♦ l'**arc de triomphe** der Triumphbogen

L Der *Arc de triomphe de l'Étoile* wurde 1806–1836 auf Veranlassung Napoleons I. erbaut. Er steht auf der „Place Charles de Gaulle", die früher „Place de l'Étoile" hieß, und gehört zu den größten Sehenswürdigkeiten von Paris. Unter dem Bogen befindet sich das Grabmal des Unbekannten Soldaten, an dem ein ewiges Feuer brennt.

l' **arcade** *(weiblich)* [aʀkad] ❶ die Arkade ❷ **l'arcade sourcilière** die Augenbraue, der Augenbrauenbogen
l' **arc-en-ciel** *(männlich)* [aʀkɑ̃sjɛl] <*Plural:* arcs-en-ciel> der Regenbogen
archaïque [⚠ aʀkaik] archaisch; *Wort, Redewendung* veraltet
l' **arche** *(weiblich)* [aʀʃ] der Bogen
 ♦ l'**Arche de Noé** die Arche Noah
l' **archéologie** *(weiblich)* [⚠ aʀkeɔlɔʒi] die Archäologie
archéologique [⚠ aʀkeɔlɔʒik] archäologisch
l' **archéologue**[1] *(männlich)* [⚠ aʀkeɔlɔg] der Archäologe
l' **archéologue**[2] *(weiblich)* [⚠ aʀkeɔlɔg] die Archäologin
l' **archevêque** *(männlich)* [aʀʃəvɛk] der Erzbischof
l' **architecte**[1] *(männlich)* [aʀʃitɛkt] der Architekt
l' **architecte**[2] *(weiblich)* [aʀʃitɛkt] die Architektin
l' **architecture** *(weiblich)* [aʀʃitɛktyʀ] die Architektur
archiver [aʀʃive] archivieren

les **archives** *(weiblich)* [aʀʃiv] das Archiv

 Der Plural *les archives* wird mit einem Singular übersetzt: *ces archives sont très riches – dieses Archiv ist sehr umfangreich.*

arctique [aʀktik] arktisch
l' **Arctique** *(männlich* ⚠*)* [aʀktik] die Arktis
ardent, ardente [aʀdɑ̃, aʀdɑ̃t] ❶ glühend ❷ *Wunsch, Leidenschaft* brennend; *Liebe* heiß
l' **ardeur** *(weiblich)* [aʀdœʀ] ❶ *der Sonne* die glühende Hitze ❷ *von Gefühlen* die Heftigkeit ❸ die Begeisterung; **l'ardeur au travail** der Arbeitseifer
l' **ardoise** *(weiblich)* [aʀdwaz] der Schiefer
l' **are** *(männlich)* [aʀ] das/der Ar
l' **arène** *(weiblich)* [aʀɛn] die Arena
l' **arête** *(weiblich)* [aʀɛt] ❶ *von Fischen* die Gräte ❷ *(hervortretender Rand)* die Kante
l' **argent** *(männlich)* [aʀʒɑ̃] ❶ das Geld; **avoir peu d'argent** wenig Geld haben ❷ *(Metall)* das Silber; **une bague d'argent** ein silberner Ring ▸ **jeter l'argent par les fenêtres** das Geld zum Fenster hinauswerfen
 ♦ l'**argent de poche** das Taschengeld
argenté, argentée [aʀʒɑ̃te] ❶ *Farbe, Glanz* silbern ❷ *Metall* versilbert
l' **argenterie** *(weiblich)* [aʀʒɑ̃tʀi] das Silber, das Silbergeschirr
l' **Argentin** *(männlich)* [aʀʒɑ̃tɛ̃] der Argentinier
argentin, argentine [aʀʒɑ̃tɛ̃, aʀʒɑ̃tin] argentinisch
l' **Argentine**[1] *(weiblich)* [aʀʒɑ̃tin] *(Land)* Argentinien
l' **Argentine**[2] *(weiblich)* [aʀʒɑ̃tin] *(Einwohnerin Argentiniens)* die Argentinierin
l' **argile** *(weiblich)* [aʀʒil] der Ton
argileux, argileuse [aʀʒilø, aʀʒiløz] lehmig
l' **argot** *(männlich)* [aʀgo] ❶ *(Umgangssprache)* der/das Argot ❷ **l'argot des étudiants** der Schülerjargon/Studentenjargon

L Der *argot* ist einerseits eine Art französische Umgangssprache. Wer ihn benutzt, drückt sich salopper aus, als es mit einem Ausdruck aus der gemäßigten Umgangssprache, dem *français familier*, der Fall wäre. Andererseits versteht man unter *argot* auch die leicht saloppe Ausdrucksweise einer bestimmten Personengruppe, also einen Jargon, der nur den Angehörigen dieser Gruppe geläufig ist; denen, die nicht zur Gruppe gehören, ist er unverständlich. Tatsächlich geht der *argot* auf einen sehr speziellen Jargon zurück: Er war ursprünglich die Geheimsprache der Gauner.

l' **argument** *(männlich)* [aʀgymɑ̃] das Argument

l' **argumentation** *(weiblich)* [aʀgymɑ̃tasjɔ̃] die Argumentation
argumenter [aʀgymɑ̃te] argumentieren
aride [aʀid] trocken
l' **aridité** *(weiblich)* [aʀidite] die Trockenheit
l' **aristocrate**[1] *(männlich)* [aʀistɔkʀat] der Aristokrat
l' **aristocrate**[2] *(weiblich)* [aʀistɔkʀat] die Aristokratin
l' **aristocratie** *(weiblich)* [⚠ aʀistɔkʀasi] die Aristokratie
aristocratique [aʀistɔkʀatik] aristokratisch
arithmétique [aʀitmetik] arithmetisch
l' **arithmétique** *(weiblich)* [aʀitmetik] ❶ das Rechnen ❷ *(Wissenschaft)* die Arithmetik
l' **armateur** *(männlich)* [aʀmatœʀ] der Reeder/die Reederin
l' **arme** *(weiblich)* [aʀm] die Waffe
♦ l'**arme à feu** die Schusswaffe
armé, armée [aʀme] bewaffnet
l' **armée** *(weiblich)* [aʀme] ❶ die Armee ❷ **être à l'armée** den Wehrdienst [ab]leisten
♦ l'**Armée du Salut** die Heilsarmee
l' **armement** *(männlich)* [aʀməmɑ̃] *eines Soldaten, Landes* die Waffen

V Der Singular *l'armement* wird mit einem Plural übersetzt: *l'armement de ce pays est supérieur à celui de la France – die Waffen dieses Landes sind denen Frankreichs überlegen.*

l' **Arménie** *(weiblich)* [aʀmeni] Armenien
l' **arménien** *(männlich)* [aʀmenjɛ̃] Armenisch; *siehe auch* **allemand**

G In Verbindung mit dem Verb *parler* kann der Artikel entfallen: *elle parle arménien – sie spricht Armenisch.*

l' **Arménien** *(männlich)* [aʀmenjɛ̃] der Armenier
arménien, arménienne [aʀmenjɛ̃, aʀmenjɛn] armenisch
l' **Arménienne** *(weiblich)* [aʀmenjɛn] die Armenierin
armer [aʀme] ❶ bewaffnen *Soldaten, Land* ❷ *(ausstatten)* ausrüsten *Soldaten* ❸ laden *Waffe;* **armer l'appareil photo** den Verschluss des Fotoapparats spannen ❹ **s'armer** sich bewaffnen
l' **armistice** *(männlich)* [aʀmistis] der Waffenstillstand
l' **armoire** *(weiblich)* [aʀmwaʀ] der Schrank
l' **armure** *(weiblich)* [aʀmyʀ] die Rüstung
l' **armurerie** *(weiblich)* [aʀmyʀʀi] *(Geschäft)* die Waffenhandlung
l' **armurier** *(männlich)* [aʀmyʀje] der Waffenhändler/die Waffenhändlerin

l' **arnaque** *(weiblich)* [aʀnak] *(umgs.)* der Schwindel, der Nepp
arnaquer [aʀnake] *(umgs.)* übers Ohr hauen
l' **arobas** *(männlich)* [⚠ aʀɔba], l'**arobase** *(weiblich)* [aʀɔbaz] *(in der Informatik)* das at, der Klammeraffe
l' **aromate** *(männlich)* [aʀɔmat] das Gewürzkraut
aromatisé, aromatisée [aʀɔmatize] **aromatisé(e) à l'orange** *Getränk, Joghurt* mit Orangengeschmack
l' **arôme** *(männlich)*, l'**arome** *(männlich)* [aʀom] das Aroma
arpenter [aʀpɑ̃te] **arpenter une pièce** einen Raum [mit großen Schritten] durchmessen
arqué, arquée [aʀke] **avoir les jambes arquées** O-Beine haben
arracher [aʀaʃe] ❶ herausreißen *Seite, Unkraut;* ausreißen *Haar, Baum;* herausziehen *Nagel;* ziehen *Zahn;* abreißen *Plakat* ❷ **arracher un enfant des mains de sa mère** einer Mutter ihr Kind entreißen; **il m'a arraché la feuille des mains** er hat mir das Blatt aus den Händen gerissen ❸ **s'arracher quelqu'un/quelque chose** sich um jemanden/um etwas reißen
l' **arrangement** *(männlich)* [aʀɑ̃ʒmɑ̃] ❶ die Zusammenstellung ❷ *(Übereinkunft)* die Einigung ❸ *(in der Musik)* das Arrangement
arranger [aʀɑ̃ʒe] <*wie* changer; *siehe Verbtabelle ab S. 1055*> ❶ ordnen; einrichten *Wohnung;* zurechtmachen *Frisur* ❷ organisieren *Reise, Veranstaltung;* arrangieren *Zusammentreffen* ❸ regeln *Angelegenheit* ❹ **arranger une serrure** ein Schloss wieder in Ordnung bringen ❺ **arranger quelqu'un** jemandem gelegen kommen; **ça m'arrange qu'il ne vienne pas** es passt mir gut, dass er nicht kommt ❻ **arranger quelqu'un/quelque chose** *(umgs.)* jemanden/etwas in der Luft zerreißen ❼ **s'arranger** *Nachbarn, Gegner:* sich einigen; *Problem:* sich regeln; *Lage:* sich bessern ❽ **je vais m'arranger pour que tu puisses venir** ich werde es mir so einrichten, dass du kommen kannst

Ü Vor *a* und *o* bleibt das *e* erhalten, z. B.: *nous arrangeons, il arrangeait* und *en arrangeant.*

l' **arrestation** *(weiblich)* [aʀɛstasjɔ̃] die Verhaftung
l' **arrêt** *(männlich)* [aʀɛ] ❶ *(das Zum-Stillstand-Bringen)* *eines Zuges* das Anhalten; *einer Maschine, eines Motors* das Abstellen; *eines Reaktors* das Abschalten; *der Produktion, von Verhandlungen* das Einstellen ❷ *(das Stillste-*

hen) *eines Busses, Zuges* das Anhalten, der Halt; *eines Reaktors, der Produktion, von Verhandlungen* der Stillstand; **dix minutes d'arrêt** zehn Minuten Aufenthalt ③ **l'arrêt cardiaque** der Herzstillstand ④ (*Station*) die Haltestelle ▶ **rester** [*oder* **tomber**] **en arrêt** stehen bleiben; **sans arrêt** unaufhörlich
◆**l'arrêt maladie** die Krankschreibung; **être en arrêt maladie** krankgeschrieben sein
◆**l'arrêt d'autobus** die Bushaltestelle
l' **arrêté** (*männlich*) [aʀete] der Erlass
arrêter [aʀete] ① anhalten; **au voleur, arrêtez-le!** haltet den Dieb! ② ausschalten *Fernsehgerät, Maschine* ③ **arrêter de travailler** aufhören zu arbeiten; **arrête ces conneries!** (*umgs.*) hör mit diesem Quatsch auf!; **arrête!** hör auf! ④ (*nicht fortsetzen*) unterbrechen ⑤ (*blockieren*) aufhalten ⑥ (*festnehmen*) verhaften ⑦ festlegen *Termin* ⑧ **s'arrêter** stehen bleiben; *Auto, Fahrer:* [an]halten; *Lärm:* aufhören; *Produktion, Seuche:* zum Stillstand kommen
arrière [aʀjɛʀ] ① **le siège arrière** der Rücksitz; **les roues arrière** die Hinterräder ② **aller en arrière** rückwärtsgehen; **se pencher en arrière** sich zurückbeugen; **rester en arrière** hinten bleiben ▶ **regarder en arrière** nach hinten sehen; (*sich erinnern*) zurückblicken
l' **arrière** (*männlich*) [aʀjɛʀ] ① *eines Fahrzeugs, Flugzeugs, Schiffs* das Heck; *eines Zugs* das hintere Ende; **à l'arrière de la voiture** hinten im Wagen ② (*im Sport*) der Verteidiger/die Verteidigerin
l' **arrière-cour** (*weiblich*) [aʀjɛʀkuʀ] <*Plural:* arrière-cours> der Hinterhof
l' **arrière-goût** (*männlich*) [aʀjɛʀgu] <*Plural:* arrière-goûts> der Nachgeschmack
l' **arrière-grand-mère** (*weiblich*) [aʀjɛʀgʀɑ̃mɛʀ] <*Plural:* arrière-grands-mères> die Urgroßmutter
l' **arrière-grand-père** (*männlich*) [aʀjɛʀgʀɑ̃pɛʀ] <*Plural:* arrière-grands-pères> der Urgroßvater
les **arrière-grands-parents** (*männlich*) [aʀjɛʀgʀɑ̃paʀɑ̃] die Urgroßeltern
l' **arrière-pays** (*männlich*) [aʀjɛʀpei] <*Plural:* arrière-pays> das Hinterland
l' **arrière-petite-fille** (*weiblich*) [aʀjɛʀpətitfij] <*Plural:* arrière-petites-filles> die Urenkelin
l' **arrière-petit-fils** (*männlich*) [aʀjɛʀpətifis] <*Plural:* arrière-petits-fils> der Urenkel
les **arrière-petits-enfants** (*männlich*) [aʀjɛʀpətizɑ̃fɑ̃] die Urenkel
l' **arrière-saison** (*weiblich*) [aʀjɛʀsezɔ̃] <*Plural:*

arrière-saisons> die Nachsaison
l' **arrière-train** (*männlich*) [aʀjɛʀtʀɛ̃] <*Plural:* arrière-trains> *von Tieren* das Hinterteil
l' **arrivant** (*männlich*) [aʀivɑ̃] der [Neu]ankömmling
l' **arrivante** (*weiblich*) [aʀivɑ̃t] der [Neu]ankömmling
l' **arrivée** (*weiblich*) [aʀive] ① die Ankunft ② (*Ankunftsort*) das Ziel ③ (*bei Gas- oder Wasserleitungen*) der Anschluss
arriver [aʀive] ① ankommen; **arriver** [**le**] **premier** als Erster ankommen; **elle est arrivée en courant** sie ist angerannt gekommen ② *Frühling:* kommen ③ **l'eau arrive par ce tuyau** das Wasser wird durch dieses Rohr zugeleitet ④ **elle m'arrive à l'épaule** sie geht mir bis zur Schulter ⑤ **arriver à son but** sein Ziel erreichen ⑥ **elle arrive à se concentrer** es gelingt ihr, sich zu konzentrieren ⑦ passieren; **qu'est-ce qui est arrivé?** was ist passiert?; **qu'est-ce qui t'arrive?** was ist mit dir [los]?; **qu'est-ce qui t'est arrivé?**, **qu'est-ce qu'il t'est arrivé?** was ist denn mit dir passiert? ⑧ **elle en est arrivée à se demander si ...** schließlich hat sie sich gefragt, ob ... ⑨ **il m'arrive de sortir seul(e) le soir** es kommt vor, dass ich abends allein weggehe
l' **arriviste**[1] (*männlich*) [aʀivist] der Karrierist
l' **arriviste**[2] (*weiblich*) [aʀivist] die Karrieristin
l' **arrobase** (*weiblich*) [aʀɔbaz] (*in der Informatik*) das at, der Klammeraffe
l' **arrogance** (*weiblich*) [aʀɔgɑ̃s] die Arroganz
arrogant, arrogante [aʀɔgɑ̃, aʀɔgɑ̃t] arrogant
arrondir [aʀɔ̃diʀ] <*wie* agir; *siehe Verbtabelle ab S. 1055*> ① rund machen ② aufrunden/abrunden *Summe* ③ **s'arrondir** [immer] runder werden

> **G** Bei einigen Formen des Verbs ist der Stamm um *-iss-* erweitert, etwa bei *nous arrondissons, il arrondissait* oder *en arrondissant*.

l' **arrondissement** (*männlich*) [aʀɔ̃dismɑ̃] das Arrondissement

> **L** In Paris, Lyon und Marseille heißen die Stadtbezirke *arrondissements*. Aber auch die Verwaltungsbezirke eines Departements werden so genannt.
> Paris ist in zwanzig durchnummerierte Arrondissements unterteilt. Diejenigen mit den niedrigen Nummern befinden sich im Zentrum. An der Postleitzahl kann man das Arrondissement ablesen: 75020 Paris steht für „Paris vingtième", also für das zwanzigste Arrondissement.

l' **arrosage** *(männlich)* [aʀozaʒ] ❶ *(mit einem Schlauch)* das Sprengen ❷ *(mit einer Gießkanne)* das Gießen
arroser [aʀoze] ❶ gießen *Blumen* ❷ *(beim Kochen, Backen)* begießen ❸ **se faire arroser** nass werden ▸ **ça s'arrose!** *(umgs.)* darauf trinken wir einen!
l' **arrosoir** *(männlich)* [aʀozwaʀ] die Gießkanne
l' **arsenal** *(männlich)* [aʀsənal] <*Plural:* arsenaux> *(auch übertragen)* das Arsenal
l' **arsenic** *(männlich)* [aʀsənik] das Arsen
l' **art** *(männlich ⚠)* [aʀ] ❶ die Kunst ❷ **il a l'art du compromis** er versteht es meisterhaft, Kompromisse zu schließen
l' **artère** *(weiblich)* [aʀtɛʀ] ❶ die Arterie ❷ *(Verkehrsverbindung)* die [Haupt]verkehrsader
artériel, **artérielle** [aʀteʀjɛl] arteriell
l' **arthrose** *(weiblich)* [aʀtʀoz] die Arthrose
l' **artichaut** *(männlich ⚠)* [aʀtiʃo] die Artischocke
l' **article** *(männlich)* [aʀtikl] ❶ der Artikel ❷ *(in Gesetzen)* der Paragraf
   ◆ l'**article de fond** der Leitartikel
l' **articulation** *(weiblich)* [aʀtikylasjɔ̃] ❶ das Gelenk ❷ *(Aussprache)* die Artikulation
articulé, **articulée** [aʀtikyle] **la poupée articulée** die Gliederpuppe
articuler [aʀtikyle] artikulieren *Laut*
l' **artifice** *(männlich)* [aʀtifis] ❶ der Trick ❷ **utiliser un artifice** eine List anwenden
artificiel, **artificielle** [aʀtifisjɛl] künstlich
l' **artillerie** *(weiblich)* [⚠ aʀtijʀi] die Artillerie
l' **artisan** *(männlich)* [aʀtizɑ̃] der Handwerker
artisanal, **artisanale** [aʀtizanal] <*Plural der männl. Form:* artisanaux> handwerklich; *Produkt* handwerklich gefertigt
l' **artisanat** *(männlich)* [aʀtizana] das Handwerk
artisanaux [aʀtizano] →**artisanal**
l' **artisane** *(weiblich)* [aʀtizan] die Handwerkerin
l' **artiste**[1] *(männlich)* [aʀtist] der Künstler

l'artiste

Nicht verwechseln mit *der Artist, der Zirkusartist – l'acrobate!*

l' **artiste**[2] *(weiblich)* [aʀtist] die Künstlerin
artistique [aʀtistik] künstlerisch

Nicht verwechseln mit *artistisch – acrobatique!*

as [a] →**avoir**
l' **as** *(männlich)* [⚠ ɑs] das Ass
l' **ascendance** *(weiblich)* [⚠ asɑ̃dɑ̃s] die Abstammung
l' **ascenseur** *(männlich)* [⚠ asɑ̃sœʀ] der Aufzug
l' **ascension** *(weiblich)* [⚠ asɑ̃sjɔ̃] ❶ *eines Ballons, eines Menschen* der Aufstieg ❷ *eines Berges* die Besteigung; **faire l'ascension d'une montagne** einen Berg besteigen ❸ *(im Christentum)* **l'Ascension** [Christi] Himmelfahrt
aseptiser [asɛptize] sterilisieren *Instrumente;* desinfizieren *Raum, Wunde*
asiatique [azjatik] asiatisch
l' **Asiatique**[1] *(männlich)* [azjatik] der Asiat
l' **Asiatique**[2] *(weiblich)* [azjatik] die Asiatin
l' **Asie** *(weiblich)* [azi] Asien; **l'Asie centrale** Zentralasien; **l'Asie Mineure** Kleinasien
l' **asile** *(männlich)* [azil] ❶ *(in der Politik)* das Asyl ❷ *(Schutz)* die Zuflucht; **offrir l'asile à quelqu'un** jemandem Unterschlupf gewähren
asocial, **asociale** [asɔsjal] <*Plural der männl. Form:* asociaux> asozial
l' **aspect** *(männlich)* [⚠ aspɛ] ❶ das Aussehen ❷ *(Gesichtspunkt)* der Aspekt
l' **asperge** *(weiblich)* [aspɛʀʒ] der Spargel
asperger [aspɛʀʒe] <*wie* changer; *siehe Verbtabelle ab S. 1055*> ❶ **asperger une plante d'eau** eine Pflanze mit Wasser besprühen ❷ **s'asperger d'eau/de parfum** sich mit Wasser voll spritzen/mit Parfüm besprühen; **s'asperger le visage d'eau froide** sich kaltes Wasser ins Gesicht spritzen

Vor *a* und *o* bleibt das *e* erhalten, z. B. *nous aspergeons, il aspergeait* und *en aspergeant*.

l' **asphalte** *(männlich)* [⚠ asfalt] der Asphalt
l' **asphyxie** *(weiblich)* [⚠ asfiksi] das Ersticken; **mourir par asphyxie** ersticken
asphyxier [⚠ asfiksje] <*wie* apprécier; *siehe Verbtabelle ab S. 1055*> **(s')asphyxier** ersticken
l' **aspirateur** *(männlich)* [aspiʀatœʀ] der Staubsauger; **passer l'aspirateur** Staub saugen
l' **aspiration** *(weiblich)* [aspiʀasjɔ̃] ❶ das Einatmen ❷ **l'aspiration à la liberté** das Streben nach Freiheit; **les aspirations** die Sehnsüchte

aspiré, aspirée [aspiʀe] *Konsonant* behaucht
aspirer [aspiʀe] ❶ einatmen; inhalieren *Rauch;* **aspirer à pleins poumons** tief durchatmen ❷ **aspirer le coca avec une paille** die Cola mit einem Strohhalm trinken ❸ **aspirer à quelque chose** sich nach etwas sehnen ❹ behauchen *Konsonanten*
l' **aspirine** *(weiblich)* ⚠ [aspiʀin] das Aspirin®
assagir [asaʒiʀ] <*wie* agir; *siehe Verbtabelle ab S. 1055*> **s'assagir** ruhiger werden

G Bei einigen Formen des Verbs ist der Stamm um -iss- erweitert, etwa bei *nous assagissons, il s'assagissait* oder *en s'assagissant.*

l' **assaillant** *(männlich)* [asajɑ̃] der Angreifer
l' **assaillante** *(weiblich)* [asajɑ̃t] die Angreiferin
assainir [aseniʀ] <*wie* agir; *siehe Verbtabelle ab S. 1055*> sanieren

G Bei einigen Formen des Verbs ist der Stamm um -iss- erweitert, etwa bei *nous assainissons, il assainissait* oder *en assainissant.*

l' **assaisonnement** *(männlich)* [asɛzɔnmɑ̃] (*Zutat*) die Würze; **l'assaisonnement de la salade** die Salatsoße
assaisonner [asɛzɔne] würzen *Gericht;* anmachen *Salat*
l' **assassin** *(männlich)* [asasɛ̃] der Mörder/die Mörderin
l' **assassinat** *(männlich)* [asasina] der Mord; **l'assassinat du président** der Mord am Präsidenten; **commettre un assassinat** einen Mord begehen
assassiner [asasine] ermorden
l' **assaut** *(männlich)* [aso] ❶ der Ansturm ❷ (*militärisch*) **l'assaut d'une ville** der Sturm auf eine Stadt; **à l'assaut!** Attacke!
assécher [aseʃe] <*wie* préférer; *siehe Verbtabelle ab S. 1055*> trockenlegen

Ü Nur die stammbetonten Formen schreiben sich mit ê, z. B. *j'assèche.*

l' **assemblage** *(männlich)* [asɑ̃blaʒ] ❶ *von Bauteilen* das Zusammenbauen ❷ *von Farben* die Zusammenstellung
l' **assemblée** *(weiblich)* [asɑ̃ble] die Versammlung
l' **Assemblée** *(weiblich)* [asɑ̃ble] ❶ **l'Assemblée nationale** die Nationalversammlung ❷ 🇨🇭 **l'Assemblée fédérale** der Rat 🇨🇭
assembler [asɑ̃ble] ❶ zusammensetzen *Maschinenteile, Puzzleteile* ❷ zusammenbauen *Möbelstück, Motor* ❸ **s'assembler** sich versammeln

L Die *Assemblée nationale* ist die erste Kammer des französischen Parlaments. Sie setzt sich aus 490 Abgeordneten zusammen – 473 für das Mutterland Frankreich, 17 für die Überseegebiete –, die nach dem Mehrheitswahlrecht für fünf Jahre gewählt werden.

asseoir [aswaʀ] <*siehe Verbtabelle ab S. 1055*> ❶ **asseoir un enfant sur une chaise** ein Kind auf einen Stuhl setzen; **faire asseoir quelqu'un** jemanden bitten, sich zu setzen; **être assis(e)** sitzen; **rester assis(e)** sitzen bleiben; **assis!** (*an Personen gerichtet*) hingesetzt!; (*an einen Hund gerichtet*) sitz! ❷ **s'asseoir** sich [hin]setzen; **asseyez-vous!** setzt euch!/setzen Sie sich!
asservir [asɛʀviʀ] <*wie* agir; *siehe Verbtabelle ab S. 1055*> unterwerfen

G Das Verb *asservir* wird nicht wie *servir* konjugiert, denn bei einigen Formen ist sein Stamm um -iss- erweitert, etwa bei *nous asservissons, il asservissait* oder *en asservissant.* Diese Stammerweiterung kommt bei *servir* nicht vor.

assez [ase] ❶ genug; **assez de verres/de pain** genug Gläser/Brot; **c'est assez** das reicht; **ce n'est pas assez** das reicht nicht; **assez parlé!** genug geredet! ❷ (*fast völlig*) ziemlich; **être assez content(e) de soi** eigentlich ganz zufrieden mit sich sein; **j'aime assez les films de ce genre** Filme dieser Art sehe ich ganz gerne ❸ (*Schulnote*) **assez bien** ≈ befriedigend ❹ (*Ausdruck der Ungeduld*) **en voilà assez!** jetzt ist es aber [wirklich] genug!; **j'en ai assez de tes bêtises!** jetzt habe ich aber genug von deinen Dummheiten!
assidu, assidue [asidy] *Schüler* gewissenhaft; *Arbeit* beharrlich
l' **assiduité** *(weiblich)* [asidɥite] die Gewissenhaftigkeit; **l'assiduité au travail** die Beharrlichkeit bei der Arbeit
assied [asje] → **asseoir**
assiéger [asjeʒe] <*siehe Verbtabelle ab S. 1055*> belagern
assiérai [asjeʀe] → **asseoir**
l' **assiette** *(weiblich)* [asjɛt] der Teller; **l'assiette plate** der flache Teller; **l'assiette creuse** der tiefe Teller
  ◆ l'**assiette à dessert** der Dessertteller
  ◆ l'**assiette à soupe** der Suppenteller
l' **assignation** *(weiblich)* [⚠ asiɲasjɔ̃] die Vorladung
assigner [asiɲe] ❶ (*zuteilen*) zuweisen ❷ (*juristisch*) **assigner quelqu'un à com-**

paraître jemanden vorladen

l' **assimilation** *(weiblich)* [asimilasjõ] ❶ *von Kenntnissen* die Aneignung ❷ *von Ausländern* die Eingliederung

assimiler [asimile] ❶ gleichsetzen; **assimiler l'homme à la femme** Mann und Frau gleichsetzen ❷ sich aneignen *Kenntnisse* ❸ eingliedern *Ausländer* ❹ aufnehmen; **très bien assimiler** *Person:* sehr aufnahmefähig sein

assis[1], **assise** [asi, asiz] →**asseoir**

assis[2], **assise** [asi, asiz] être assis sitzen; **la place assise** der Sitzplatz

l' **assise** *(weiblich)* [asiz] ❶ die Schicht ❷ **servir d'assise[s] à une théorie** als Grundlage für eine Theorie dienen

l' **assistance** *(weiblich)* [asistãs] ❶ das Publikum ❷ die Hilfe; **demander assistance à quelqu'un** jemanden um Hilfe bitten; **prêter assistance à quelqu'un** jemandem Hilfe leisten; **l'assistance médicale** die ärztliche Betreuung

l' **assistant** *(männlich)* [asistã] ❶ der Assistent ❷ **l'assistant social** der Sozialarbeiter ❸ *(Kleincomputer)* **l'assistant personnel** der Organizer

l' **assistante** *(weiblich)* [asistãt] ❶ die Assistentin; *(in einer Arztpraxis)* die [Arzt]helferin ❷ **l'assistante sociale** die Sozialarbeiterin

assisté, assistée [asiste] ❶ **la personne assistée** der Sozialhilfeempfänger/die Sozialhilfeempfängerin ❷ *(in der Informatik)* **assisté par ordinateur** computergestützt

assister [asiste] ❶ **assister à une représentation/un concert** sich eine Aufführung ansehen/ein Konzert anhören ❷ **assister à une réunion** an einer Versammlung teilnehmen; *(Zeuge sein)* eine Versammlung miterleben ❸ **assister quelqu'un** jemandem helfen; *(bei einer Operation)* jemandem assistieren

l' **association** *(weiblich)* [asɔsjasjõ] ❶ die Vereinigung ❷ der Verein; **l'association sportive** der Sportverein ❸ *(Zusammenschluss)* die Organisation; **l'association économique** der Wirtschaftsverband

l' **associé** *(männlich)* [asɔsje] der Teilhaber

associé, associée [asɔsje] *Geschäftsführer* teilhabend

l' **associée** *(weiblich)* [asɔsje] die Teilhaberin

associer [asɔsje] <*wie* apprécier; *siehe Verbtabelle ab S. 1055*> ❶ [miteinander] verbinden *Personen, Dinge*; miteinander kombinieren *Farben* ❷ **s'associer** sich zusammen-

schließen ❸ **s'associer à quelque chose** sich an etwas beteiligen

assoiffé, assoiffée [aswafe] ❶ [sehr] durstig ❷ *(übertragen)* **assoiffé de vengeance** rachsüchtig

assombrir [asɔ̃bRiR] <*wie* agir; *siehe Verbtabelle ab S. 1055*> ❶ *(dunkel machen)* verdunkeln *Himmel* ❷ **assombrir quelqu'un** jemanden trübsinnig machen ❸ **s'assombrir** sich verdunkeln; *Horizont, Gesicht, Miene, Blick:* sich verfinstern; *Stirn:* sich umwölken

> **G** Bei einigen Formen des Verbs ist der Stamm um *-iss-* erweitert, etwa bei *nous assombrissons, il assombrissait* oder *en assombrissant*.

assommer [asɔme] ❶ bewusstlos schlagen ❷ **assommer quelqu'un** *(umgs.)* jemanden schrecklich langweilen

l' **Assomption** *(weiblich)* [asɔ̃psjõ] Mariä Himmelfahrt

> **L** Der 15. August, *l'Assomption*, ist ein Feiertag, an dem für viele die Ferien zu Ende gehen. Oft kommt es auf den Straßen zu Verkehrsbehinderungen. Dieses Datum steht in einigen Gegenden Frankreichs auch klimatisch für das Ende des Sommers.

assorti, assortie [asɔRti] *Farben, Kleidung* [dazu] passend; **être assorti à quelque chose** auf etwas abgestimmt sein; **être bien/mal assortis** gut/schlecht zusammenpassen

l' **assortiment** *(männlich)* [asɔRtimã] das Sortiment

◆ l'**assortiment de charcuterie** die Wurstplatte

◆ l'**assortiment de gâteaux** die Gebäckmischung

assortir [asɔRtiR] <*wie* agir; *siehe Verbtabelle ab S. 1055*> ❶ zusammenstellen *Farben, Blumen* ❷ **assortir les rideaux au tapis** die Vorhänge und den Teppich aufeinander abstimmen

> **G** Bei einigen Formen des Verbs ist der Stamm um *-iss-* erweitert, etwa bei *nous assortissons, il assortissait* oder *en assortissant*.

assoupir [asupiR] <*wie* agir; *siehe Verbtabelle ab S. 1055*> **s'assoupir** eindämmern

> **G** Bei einigen Formen des Verbs ist der Stamm um *-iss-* erweitert, etwa bei *nous nous assoupissons, il s'assoupissait* oder *en s'assoupissant*.

assouplir [asupliR] <*wie* agir; *siehe Verbta-*

assouplissant – atlantique

belle ab S. 1055> ① geschmeidig machen *Haare, Leder;* weich machen *Wäsche* ② lockern *Vorschrift* ③ **s'assouplir** *Person:* umgänglich[er] werden; *(körperlich)* gelenkig[er] werden; *Charakter:* nachgiebig[er] werden; *Leder:* geschmeidig[er] werden

> **G** Bei einigen Formen des Verbs ist der Stamm um *-iss-* erweitert, etwa bei *nous assouplissons, il assouplissait* oder *en assouplissant*.

l' **assouplissant** *(männlich)* [asuplisɑ̃] der Weichspüler

l' **assujetti** *(männlich)* [asyʒeti] **l'assujetti à l'impôt** der Steuerpflichtige; **l'assujetti à la Sécurité sociale** der Beitragspflichtige (*bei der gesetzlichen Sozial- und Krankenversicherung*)

assujetti, assujettie [asyʒeti] ① unterworfen ② **assujetti à l'impôt** steuerpflichtig

l' **assujettie** *(weiblich)* [asyʒeti] **l'assujettie à l'impôt** die Steuerpflichtige; **l'assujettie à la Sécurité sociale** die Beitragspflichtige (*bei der gesetzlichen Sozial- und Krankenversicherung*)

assumer [asyme] ① auf sich nehmen *Risiko;* übernehmen *Aufgabe, Verantwortung;* akzeptieren *Lage* ② **elle assume** sie steht dazu

l' **assurance** *(weiblich)* [asyʁɑ̃s] ① das Selbstbewusstsein; **avec assurance** selbstsicher ② (*Versprechen*) die Zusicherung ③ (*Unternehmen*) die Versicherungsgesellschaft, die Versicherung ④ (*Vertrag, Police*) die Versicherung

l' **assuré** *(männlich)* [asyʁe] der Versicherte

assuré, assurée [asyʁe] sicher

l' **assurée** *(weiblich)* [asyʁe] die Versicherte

assurer [asyʁe] ① (*garantieren*) versichern ② gewährleisten *Schutz* ③ sichern *Zukunft* ④ (*beim Klettern*) sichern ⑤ **s'assurer** sich versichern ⑥ **s'assurer du sérieux d'un artisan** sich vergewissern, dass ein Handwerker zuverlässig ist ⑦ **elle assure!** (*umgs.*) sie hat wirklich was drauf!

l' **assureur** *(männlich)* [asyʁœʁ] der Versicherer

l' **astérisque** *(männlich)* [asteʁisk] das Sternchen

asthmatique [⚠ asmatik] asthmatisch

l' **asthmatique¹** *(männlich)* [⚠ asmatik] der Asthmatiker

l' **asthmatique²** *(weiblich)* [⚠ asmatik] die Asthmatikerin

l' **asthme** *(männlich)* [⚠ asm] das Asthma

l' **asticot** *(männlich)* [astiko] die Made

astiquer [astike] polieren

astral, astrale [astʁal] <*Plural der männl. Form:* astraux> Stern-; **le signe astral** das Sternzeichen

l' **astre** *(männlich)* [astʁ] das Gestirn

astreignant, astreignante [astʁɛɲɑ̃, astʁɛɲɑ̃t] anstrengend

astreindre [astʁɛ̃dʁ] <*wie* peindre; *siehe Verbtabelle ab S. 1055>* zwingen

l' **astreinte** *(weiblich)* [astʁɛ̃t] ① der Zwang ② (*juristisch*) das Zwangsgeld

l' **astrologie** *(weiblich)* [astʁɔlɔʒi] die Astrologie

astrologique [astʁɔlɔʒik] astrologisch

l' **astrologue¹** *(männlich)* [astʁɔlɔg] der Astrologe

l' **astrologue²** *(weiblich)* [astʁɔlɔg] die Astrologin

l' **astronaute¹** *(männlich)* [astʁɔnot] der Astronaut

l' **astronaute²** *(weiblich)* [astʁɔnot] die Astronautin

l' **astronautique** *(weiblich)* [astʁɔnotik] die Raumfahrt

l' **astronome¹** *(männlich)* [astʁɔnɔm] der Astronom

l' **astronome²** *(weiblich)* [astʁɔnɔm] die Astronomin

l' **astronomie** *(weiblich)* [astʁɔnɔmi] die Astronomie

astronomique [astʁɔnɔmik] (*auch übertragen*) astronomisch

l' **astuce** *(weiblich)* [astys] ① (*Eigenschaft*) die Pfiffigkeit ② (*Kunststück*) der Trick; **avoir plein d'astuces** *Zauberkünstler:* jede Menge Tricks **beherrschen**

astucieux, astucieuse [astysjø, astysjøz] raffiniert

asymétrique [asimetʁik] asymmetrisch

> Das französische Wort schreibt sich nur mit einem *m*.

atchoum [atʃum] hatschi

l' **atelier** *(männlich)* [atəlje] ① *eines Handwerkers* die Werkstatt; *eines Künstlers* das Atelier ② (*Veranstaltung*) der Workshop

athée [ate] atheistisch

l' **athée¹** *(männlich)* [ate] der Atheist

l' **athée²** *(weiblich)* [ate] die Atheistin

Athènes [atɛn] Athen

l' **athlète¹** *(männlich)* [atlɛt] der Leichtathlet, der Athlet

l' **athlète²** *(weiblich)* [atlɛt] die Leichtathletin, die Athletin

athlétique [atletik] leichtathletisch, athletisch

l' **athlétisme** *(männlich)* [atletism] die Leichtathletik

atlantique [atlɑ̃tik] **la côte atlantique** die Atlantikküste; **l'océan atlantique** der Atlantische Ozean

l' **Atlantique** *(männlich)* [atlɑ̃tik] der Atlantik
l' **atlas** *(männlich)* [atlɑs] der Atlas
l' **atmosphère** *(weiblich)* [atmɔsfɛʀ] die Atmosphäre
atmosphérique [atmɔsferik] ① atmosphärisch ② **la pression atmosphérique** der Luftdruck
l' **atome** *(männlich)* [atom] das Atom
atomique [atɔmik] atomar; **l'énergie atomique** die Atomenergie
l' **atomiseur** *(männlich)* [atɔmizœʀ] der Zerstäuber
l' **atout** *(männlich)* [atu] *(Spielkarte, Vorteil)* der Trumpf
atroce [atʀɔs] grässlich, grauenhaft
atrocement [atʀɔsmɑ̃] grässlich, grauenhaft
l' **atrocité** *(weiblich)* [atʀɔsite] ① *einer Tat* die Abscheulichkeit ② **les atrocités** die Gräueltaten, die Gräuel; *(Verleumdungen)* die Gräuelmärchen
l' **attache** *(weiblich)* [ataʃ] *(zum Festmachen)* die Befestigung
l' **attaché** *(männlich)* [ataʃe] der Attaché
◆ **l'attaché de presse** der Pressesprecher
l' **attaché-case** *(männlich)* [ataʃekɛz] *<Plural: attachés-cases>* der Aktenkoffer
l' **attachée** *(weiblich)* [ataʃe] die Attachée
◆ **l'attachée de presse** die Pressesprecherin
l' **attachement** *(männlich)* [ataʃmɑ̃] die Verbundenheit, das Gefühl der Verbundenheit; **avoir beaucoup d'attachement pour ses amis** sich seinen Freunden sehr verbunden fühlen
attacher [ataʃe] ① **attacher un chien à une chaise** einen Hund an einem Stuhl anbinden; **attacher quelqu'un sur une chaise** jemanden an einen Stuhl fesseln ② zumachen *Armbanduhr, Kette*; zubinden *Schnürsenkel, Schürze*, **s'attacher sa ceinture de sécurité, s'attacher** sich anschnallen ③ zusammenbinden *Haare* ④ **attacher de l'importance à quelque chose** einer Sache Bedeutung beimessen ⑤ **s'attacher à quelqu'un** jemanden lieb gewinnen; **être attaché(e) à un chat** an einer Katze hängen
l' **attaquant** *(männlich)* [atakɑ̃] der Angreifer
l' **attaquante** *(weiblich)* [atakɑ̃t] die Angreiferin
l' **attaque** *(weiblich)* [atak] ① der Angriff ② *(bei Krankheiten)* der Anfall
attaquer [atake] ① angreifen ② anfechten *Urteil, Testament;* **attaquer quelqu'un en justice** jemanden verklagen ③ **attaquer quelque chose, s'attaquer à quelque chose** etwas in Angriff nehmen
attarder [ataʀde] **s'attarder** sich verspäten
atteindre [atɛ̃dʀ] *<wie peindre; siehe Verbta-*

belle ab S. 1055> ① erreichen *Ziel* ② *(auch übertragen: verletzen)* treffen *Person, Ziel*
atteint, atteinte [atɛ̃, atɛ̃t] ① **un malade atteint du cancer** ein Krebspatient ② *(umgs.: verrückt)* übergeschnappt
l' **atteinte** *(weiblich)* [atɛ̃t] ① *(Schaden)* die Beeinträchtigung ② °**hors d'atteinte** *Ruf* unantastbar; **se mettre °hors d'atteinte** sich in Sicherheit bringen ▶ **porter atteinte à quelque chose** einer Sache Schaden zufügen
atteler [at(ə)le] *<wie rejeter; siehe Verbtabelle ab S. 1055>* ① anspannen *Pferde* ② **s'atteler à un travail** sich an eine Arbeit machen

Ü Mit *ll* schreiben sich
– die stammbetonten Formen wie *j'attelle* oder *tu attelles* sowie
– die auf der Basis der Grundform *atteler* gebildeten Formen, z. B. *ils attelleront* und *j'attellerais*.

l' **attelle** *(weiblich)* [atɛl] die Schiene
attendre [atɑ̃dʀ] *<wie vendre; siehe Verbtabelle ab S. 1055>* ① warten; **j'attends depuis deux heures** ich warte seit zwei Stunden ② **attendre quelqu'un/quelque chose** auf jemanden/etwas warten; *(mit jemandem/etwas rechnen)* jemanden/etwas erwarten ③ **attendre un enfant** ein Kind erwarten ④ abwarten *Moment* ⑤ **s'attendre à quelque chose** etwas erwarten; *(bei unangenehmen Sachen)* auf etwas gefasst sein
attendri, attendrie [atɑ̃dʀi] gerührt
attendrir [atɑ̃dʀiʀ] *<wie agir; siehe Verbtabelle ab S. 1055>* ① rühren; **se laisser attendrir** sich rühren lassen ② **s'attendrir** von Rührung ergriffen werden

G Bei einigen Formen des Verbs ist der Stamm um *-iss-* erweitert, etwa bei *nous nous attendrissons, il s'attendrissait* oder *en s'attendrissant.*

attendu, attendue [atɑ̃dy] erwartet
l' **attentat** *(männlich)* [atɑ̃ta] das Attentat, der Anschlag; **l'attentat contre le dictateur** das Attentat auf den Diktator
l' **attente** *(weiblich)* [atɑ̃t] ① das Warten; **l'attente de quelqu'un/quelque chose** das Warten auf jemanden/etwas ② **contre toute attente** wider Erwarten
attenter [atɑ̃te] **attenter à sa vie** sich das Leben nehmen; **attenter à la vie de quelqu'un** jemandem nach dem Leben trachten

attentif, attentive [atãtif, atãtiv] ❶ aufmerksam ❷ **être attentif à quelque chose** auf etwas achten

l' **attention** *(weiblich)* [atãsjõ] ❶ die Aufmerksamkeit; **avec attention** aufmerksam ❷ **faire attention à quelqu'un/quelque chose** auf jemanden/etwas aufpassen; **fais attention à ne pas glisser!** pass auf, dass du nicht ausrutschst!; **attention!** Vorsicht! ▶ **à l'attention de Mme Florin** zu Händen Mme Florin

attentionné, attentionnée [atãsjɔne] *Gastgeber* aufmerksam

attentive [atãtiv] →**attentif**

attentivement [atãtivmã] aufmerksam

atténuer [atenɥe] ❶ lindern *Schmerzen;* dämpfen *Geräusch* ❷ **s'atténuer** *Schmerzen:* nachlassen

atterrir [ateʁiʁ] <*wie* agir; *siehe Verbtabelle ab S. 1055*> landen

G Bei einigen Formen des Verbs ist der Stamm um *-iss-* erweitert, etwa bei *nous atterrissons, il atterrissait* oder *en atterrissant*.

l' **atterrissage** *(männlich)* [ateʁisaʒ] die Landung ♦ l'**atterrissage en catastrophe** die Notlandung; (*mit Beschädigung der Maschine*) die Bruchlandung

l' **attestation** *(weiblich)* [atɛstasjõ] die Bescheinigung

attester [atɛste] **attester quelque chose** *Person:* etwas bestätigen; (*schriftlich*) etwas bescheinigen; *Dokument:* ein Beweis für etwas sein

l' **attirail** *(männlich)* [atiʁaj] (*Ausrüstung*) das Zubehör

l' **attirance** *(weiblich)* [atiʁãs] die Anziehungskraft, die Anziehung; **éprouver de l'attirance pour quelqu'un** sich zu jemandem hingezogen fühlen

attirant, attirante [atiʁã, atiʁãt] *Mensch* anziehend; *Vorschlag* verlockend

attirer [atiʁe] ❶ anziehen *Touristen, Neugierige, Eisen* ❷ anlocken *Tiere, Kunden* ❸ **attirer le regard** die Blicke auf sich ziehen; **permettez-moi d'attirer votre attention sur ...** gestatten Sie mir, Ihre Aufmerksamkeit auf ... zu lenken ❹ **attirer des ennuis à quelqu'un** jemandem Schwierigkeiten bringen; **s'attirer des ennuis** in Schwierigkeiten geraten ❺ **s'attirer** sich [gegenseitig] anziehen

attitré, attitrée [atitʁe] *Parkplatz* ständig; **son fiancé attitré** ihr ständiger Begleiter; **mon boulanger attitré** der Bäcker, bei dem ich üblicherweise einkaufe

l' **attitude** *(weiblich)* [atityd] die Haltung

l' **attouchement** *(männlich)* [atuʃmã] die Berührung

attractif, attractive [atʁaktif, atʁaktiv] *Preis* attraktiv, verlockend; *Bedingungen* reizvoll, interessant

l' **attraction** *(weiblich)* [atʁaksjõ] ❶ (*in der Physik*) die Anziehungskraft ❷ (*auf dem Jahrmarkt*) die Attraktion

attractive [atʁaktiv] →**attractif**

l' **attrait** *(männlich)* [atʁɛ] der Reiz

l' **attrape** *(weiblich)* [atʁap] der Scherzartikel

F Nicht verwechseln mit *die Attrappe – l'imitation*.

attraper [atʁape] ❶ fangen ❷ [gerade noch] bekommen *Bus, Zug* ❸ (*umgs.:* täuschen) reinlegen ❹ bekommen *Krankheit, [Geld]strafe* ❺ **s'attraper** *Krankheit:* ansteckend sein

attrayant, attrayante [atʁɛjã, atʁɛjãt] interessant

attribuer [atʁibɥe] ❶ geben *Zensur;* vergeben *Stipendium;* verleihen *Preis* ❷ **attribuer de l'importance à quelque chose** einer Sache Bedeutung beimessen

l' **attribut** *(männlich)* [atʁiby] ❶ das wesentliche Merkmal ❷ (*in der Grammatik*) die prädikative Ergänzung, das Prädikatsnomen

F Nicht verwechseln mit *das Attribut – l'épithète*.

l' **attribution** *(weiblich)* [atʁibysjõ] die Zuweisung; *einer Entschädigung* die Gewährung; *eines Preises* die Zuerkennung

attristant, attristante [atʁistã, atʁistãt] betrüblich

attrister [atʁiste] traurig machen

l' **attroupement** *(männlich)* [atʁupmã] die Menschenansammlung

attrouper [atʁupe] **s'attrouper** *Passanten:* zusammenströmen

au [o] <*zusammengezogen aus* à *und* le> ❶ (*bei Ortsangaben*) **se trouver au salon/ au grenier** sich im Wohnzimmer/auf dem Dachboden befinden; **se garer au coin de la rue** an der Straßenecke parken; **être au pôle Nord** am Nordpol sein; **avoir mal au ventre** Bauchweh haben ❷ (*bei Richtungsangaben*) **aller au travail** zur Arbeit gehen/ fahren; **aller au centre[-]ville** ins Stadtzentrum gehen/fahren; **aller au Japon** nach Japan fliegen ❸ (*bei Angaben des Zeitpunkts*) **au printemps** im Frühling; **le cinq juin au matin** am fünften Juni morgens;

reporter quelque chose au lendemain etwas auf den folgenden Tag verlegen; **au premier coup de sifflet/de sonnette** beim ersten Pfiff/Klingeln ❹ (*bei Angaben der Dauer*) **du matin au soir** von morgens bis abends; **du 1ᵉʳ janvier au 31 décembre** vom 1. Januar bis 31. Dezember ❺ (*bei Angaben des Mittels, der Art und Weise*) **se chauffer au gaz/au charbon** mit Gas/Kohle heizen; **boire au verre/au biberon** aus dem Glas/der Flasche trinken; **acheter au poids** nach Gewicht kaufen ❻ (*als Superlativ*) **venir au plus tôt** möglichst bald kommen; **elle est au plus mal** ihr geht es sehr schlecht

ľ **aube** (*weiblich*) [ob] die Morgendämmerung

ľ **auberge** (*weiblich*) [obɛʀʒ] das Gasthaus, das Landgasthaus
◆ **ľauberge de jeunesse** die Jugendherberge

aubergine [obɛʀʒin] auberginefarben

Ⓖ Das Farbadjektiv *aubergine* ist unveränderlich: *des chaussettes aubergine – auberginefarbene Socken.*

ľ **aubergine** (*weiblich*) [obɛʀʒin] die Aubergine, die Melanzani Ⓐ

ľ **aubergiste¹** (*männlich*) [obɛʀʒist] der Gastwirt, der Wirt

ľ **aubergiste²** (*weiblich*) [obɛʀʒist] die Gastwirtin, die Wirtin

aucun, aucune [okɛ̃, okyn] ❶ **aucun client n'est venu** es ist kein Kunde gekommen; **sans aucun bruit** ohne Lärm ❷ **aucun ne me plaît** mir gefällt keiner/keine/keins; **je ne veux aucune de ces robes** ich möchte keins dieser Kleider

Ⓖ *aucun* wird immer mit *ne* verwendet.

aucunement [okynmɑ̃] keineswegs

ľ **audace** (*weiblich*) [odas] ❶ die Kühnheit ❷ (*Frechheit*) die Dreistigkeit

audacieux, audacieuse [odasjø, odasjøz] kühn; *Mode, Projekt* gewagt

au-dedans, au dedans [odədɑ̃] ❶ drinnen ❷ **au dedans de moi** (*gehoben*) in meinem Inner[e]n

au-dehors, au dehors [odəɔʀ] ❶ draußen ❷ (*bei Richtungsangaben*) nach außen/draußen ❸ (*die äußere Erscheinung betreffend*) äußerlich ❹ **au dehors de la maison** (*gehoben*) außerhalb des Hauses

au-delà, au delà [od(ə)la] ❶ weiter ❷ **au-delà du mur** jenseits der Mauer; **au-delà de l'horizon** hinter dem Horizont; **réussir au-delà de toute espérance** mit seinem Erfolg alle Erwartungen übertreffen

ľ **au-delà** (*männlich*) [od(ə)la] das Jenseits

au-dessous [od(ə)su] ❶ darunter ❷ **au-dessous de ...** unterhalb von ..., unter ...; **Mamie habite au-dessous de chez nous** Oma wohnt unter uns ▶ **être au-dessous de tout** *Person:* zu nichts zu gebrauchen sein; *Vorstellung:* vollkommen niveaulos sein

au-dessus [od(ə)sy] ❶ darüber ❷ **au-dessus de ...** oberhalb von ..., über ...; **Mamie habite au-dessus de chez nous** Oma wohnt über uns ❸ **être au-dessus de quelqu'un/quelque chose** jemandem/einer Sache überlegen sein

au-devant de [od(ə)vɑ̃də] **se précipiter au-devant de quelqu'un** jemandem entgegenrennen

audible [odibl] hörbar

ľ **audience** (*weiblich*) [odjɑ̃s] ❶ die Audienz ❷ (*vor Gericht*) die Verhandlung ❸ *eines Films* das Publikum; *eines Fernsehsenders* die Einschaltquote

ľ **audiovisuel** (*männlich*) [odjovisɥɛl] (*Gesamtheit der Fernsehsender*) die Fernsehlandschaft

audiovisuel, audivisuelle [odjovisɥɛl] audiovisuell

ľ **auditeur** (*männlich*) [oditœʀ] der Zuhörer; *eines Radiosenders* der Hörer

auditif, auditive [oditif, oditiv] *Gedächtnis* akustisch; **l'appareil auditif** das Hörgerät

ľ **audition** (*weiblich*) [odisjɔ̃] ❶ das Hören ❷ (*vor Gericht*) die Anhörung ❸ *eines Schauspielers* das Vorsprechen; *eines Sängers* das Vorsingen; *eines Musikers* das Vorspielen

auditionner [odisjɔne] ❶ vorsprechen lassen *Schauspieler;* vorspielen lassen *Musiker;* vorsingen lassen *Sänger* ❷ (*sein Können zeigen*) *Schauspieler:* vorsprechen; *Musiker:* vorspielen; *Sänger:* vorsingen

ľ **auditoire** (*männlich*) [oditwaʀ] die Zuhörerschaft

ľ **auditrice** (*weiblich*) [oditʀis] die Zuhörerin; *eines Radiosenders* die Hörerin

ľ **augmentation** (*weiblich*) [ɔgmɑ̃tasjɔ̃] ❶ (*das Erhöhen*) die Erhöhung; *der Produktion* die Steigerung ❷ (*das Ansteigen*) *der Arbeitslosigkeit, Inflation* die Zunahme

augmenter [ɔgmɑ̃te] ❶ erhöhen; vergrößern *Elend;* **on a augmenté son salaire** [*oder* **on l'a augmentée**] **de trois pour cent** man hat ihr Gehalt um drei Prozent erhöht ❷ steigen; *Steuern:* erhöht werden; *Waren, Leben[sunterhalt]:* teurer werden;

Schmerzen: stärker werden

aujourd'hui [oʒuʀdɥi] heute; **il y a aujourd'hui °huit jours** heute vor acht Tagen ▶ **c'est pour aujourd'hui ou pour demain?** (*umgs.*) wird's bald?

l' **aumône** (*weiblich*) [omon] das Almosen

l' **aumônier** (*männlich*) [omonje] der Geistliche; **l'aumônier de l'hôpital** der Krankenhausseelsorger

auparavant [opaʀavɑ̃] vorher

auprès de [opʀɛdə] (*gehoben*) bei; **passer sa vie auprès des démunis** sein Leben mit den Armen verbringen

auquel [okɛl] <*zusammengezogen aus* à *und* lequel> ❶ **c'est un détail auquel je n'avais pas pensé** das ist ein Detail, an das ich nicht gedacht hatte ❷ **ce livre appartient auquel de ces écoliers?** welchem Schüler gehört dieses Buch?; **tu en as parlé à ton prof? – Auquel?** hast du mit deinem Lehrer darüber gesprochen? – Mit welchem?

aura [ɔʀa], **aurai** [ɔʀe], **aurait** [ɔʀɛ] →**avoir**

l' **auréole** (*weiblich*) [ɔʀeɔl] ❶ (*Fleckrückstand*) der Rand; **laisser une auréole** einen Rand machen ❷ *eines Heiligen* der Heiligenschein

au revoir [o ʀ(ə)vwaʀ] auf Wiedersehen

l' **auriculaire** (*männlich*) [ɔʀikylɛʀ] der kleine Finger

l' **aurore** (*weiblich*) [ɔʀɔʀ] ❶ das Morgenrot ❷ (*Tageszeit*) das Morgengrauen

ausculter [ɔskylte] abhorchen *Kranken*

aussi [osi] ❶ auch; **dors bien! – Toi aussi!** schlaf gut! – Du auch!; **bon appétit! – Merci, vous aussi!** guten Appetit! – Danke, gleichfalls! ❷ (*außerdem*) auch [noch]; **elle parle l'anglais et aussi l'espagnol** sie spricht Englisch und auch [noch] Spanisch ❸ (*in Vergleichen*) **aussi petit(e) que ...** [genau]so klein wie ...; **elle est aussi grande que moi** sie ist [genau]so groß wie ich; **viens aussi vite que tu pourras** komm so schnell wie möglich; **Paul aussi bien que son frère** Paul [eben]so wie sein Bruder ❹ deswegen; **aussi a-t-elle raison** deswegen hat sie Recht

aussitôt [osito] sofort; **aussitôt après** gleich danach ▶ **aussitôt dit, aussitôt fait** gesagt, getan

aussitôt que [ositokə] sobald; **aussitôt que le téléphone sonne** sobald das Telefon läutet

austère [ostɛʀ] streng; *Leben* enthaltsam

l' **austérité** (*weiblich*) [osteʀite] die Strenge; *des Lebens* die Enthaltsamkeit

l' **Australie** (*weiblich*) [ɔstʀali] Australien

l' **Australien** (*männlich*) [ɔstʀaljɛ̃] der Australier

australien, australienne [ɔstʀaljɛ̃, ɔstʀaljɛn] australisch

l' **Australienne** (*weiblich*) [ɔstʀaljɛn] die Australierin

autant [otɑ̃] ❶ **je ne veux pas boire autant de café** ich möchte nicht so viel Kaffee trinken; **je n'ai jamais vu autant de tableaux dans une maison** ich habe noch nie so viele Bilder in einem Haus gesehen ❷ (*in Mengenvergleichen*) **autant de farine que de beurre** genauso viel Mehl wie Butter; **autant de tasses que de soucoupes** genauso viele Tassen wie Untertassen; **il n'y avait pas autant d'hommes que de femmes** es waren nicht so viele Männer wie Frauen da ❸ (*in Intensitätsvergleichen*) **j'aime autant le cinéma que le théâtre** ich mag Kino ebenso gern wie Theater ❹ **il est d'autant plus aimable que ...** er ist noch [*oder* umso] liebenswürdiger, weil ... ▶ [**pour**] **autant que je sache** soviel ich weiß; **autant pour moi!** (*umgs.*) ich habe mich geirrt!

l' **auteur** (*männlich*) [otœʀ] ❶ der Autor ❷ *eines Kunstwerks* der Schöpfer ❸ **l'auteur du/d'un crime** der Täter; **l'auteur de la/d'une découverte** der Erfinder

l' **authenticité** (*weiblich*) [otɑ̃tisite] die Echtheit

authentifier [otɑ̃tifje] <*wie* apprécier; *siehe Verbtabelle ab S. 1055*> beglaubigen *Urkunde, Unterschrift;* für echt befinden *Kunstwerk*

authentique [otɑ̃tik] echt

l' **auto** (*weiblich* ⚠) [oto] *Abkürzung von* **automobile** das Auto

l' **autobiographie** (*weiblich*) [otobjɔgʀafi] die Autobiografie

autobiographique [otobjɔgʀafik] autobiografisch

l' **autobus** (*männlich*) [otobys] der Bus, der Autobus

l' **autocar** (*männlich*) [otokaʀ] der Bus, der Reisebus

l' **autochtone¹** (*männlich*) [⚠ otokton] der Einheimische

l' **autochtone²** (*weiblich*) [⚠ otokton] die Einheimische

l' **autocollant** (*männlich*) [otokɔlɑ̃] der Aufkleber

autocollant, autocollante [otokɔlɑ̃, otokɔlɑ̃t] selbstklebend

l' **autodéfense** (*weiblich*) [otodefɑ̃s] die Selbstverteidigung

l' **autodiscipline** (*weiblich*) [otodisiplin] die Selbstdisziplin

l' **autoécole** (*weiblich*), l' **auto-école** (*weiblich*) [otoekɔl] <*Plural:* autoécoles, auto-écoles> die Fahrschule

l' **autofocus** *(männlich)* [otofɔkys] die Autofokuskamera

l' **autogestion** *(weiblich)* [otoʒɛstjõ] die Selbstverwaltung

l' **autographe** *(männlich)* [otogʀaf] das Autogramm

l' **automate** *(männlich)* [otomat] der Automat; **l'automate bancaire** der Bankomat, der Geldautomat

automatique [otomatik] automatisch

automatiquement [otomatikmã] automatisch

l' **automne** *(männlich)* [⚠ otɔn] der Herbst; **en automne** im Herbst

automobile [otomɔbil] Auto-, Automobil-; **la course automobile** das Autorennen; **l'industrie automobile** die Autoindustrie, die Automobilindustrie

l' **automobile** *(weiblich* ⚠*)* [otomɔbil] (*Fahrzeug*) das Auto

l' **automobiliste**[1] *(männlich)* [otomɔbilist] der Autofahrer

l' **automobiliste**[2] *(weiblich)* [otomɔbilist] die Autofahrerin

autonome [otonom] ❶ *Person* unabhängig; (*eigenverantwortlich*) selbstständig; *Staat, Provinz* autonom ❷ 🆑 **le travailleur autonome** der Freiberufler ❸ (*in der Informatik*) offline

l' **autonomie** *(weiblich)* [otonomi] ❶ die Autonomie ❷ *einer Person, eines Unternehmens* die Unabhängigkeit ❸ *eines Flugzeugs* die Reichweite, die maximale Flugdauer

l' **autoportrait** *(männlich)* [otopɔʀtʀɛ] das Selbstporträt

l' **autoradio** *(männlich)* [otoʀadjo] das Autoradio

> **V** Das zusammengesetzte Wort *autoradio* ist männlich, aber *radio* ist weiblich: <u>un nouvel autoradio – une nouvelle radio.</u>

l' **autorisation** *(weiblich)* [otoʀizasjõ] ❶ die Erlaubnis ❷ (*offiziell*) die schriftliche Genehmigung
 ◆ l'**autorisation de sortie du territoire** die amtliche Ausreisegenehmigung (*für Minderjährige*)

autorisé, autorisée [otoʀize] erlaubt

autoriser [otoʀize] **autoriser** <u>quelqu'un</u> à **faire quelque chose** *Person:* jemandem erlauben, etwas zu tun; (*offiziell*) jemanden ermächtigen, etwas zu tun; *Bescheinigung:* jemanden berechtigen, etwas zu tun

autoritaire [otoʀitɛʀ] autoritär

l' **autorité** *(weiblich)* [otoʀite] ❶ die Autorität; **avoir de l'autorité sur quelqu'un** Macht über jemanden haben; **être sous l'autorité de quelqu'un** unter jemandes Aufsicht stehen; *Angestellter:* jemandem unterstehen ❷ das Ansehen; **jouir d'une grande autorité** großes Ansehen genießen ❸ **dire quelque chose avec autorité** etwas mit Nachdruck sagen ❹ (*Institution*) **les autorités** die Behörden ▸ **faire autorité** *Person:* eine Autorität sein; *Werk:* maßgeblich sein

l' **autoroute** *(weiblich)* [otoʀut] die Autobahn

> **L** Die französischen Autobahnen sind gebührenpflichtig. Wer sie nur gelegentlich benutzt, kann die Gebühr – *le péage* – in bar an den Zahlstellen entrichten; wer sie häufig benutzt, kann eine Abonnementkarte kaufen. Die Höhe der Gebühr hängt davon ab, wie lang die befahrene Strecke ist und wie oft man sie benutzt.
> Auf den französischen Autobahnen gilt das Tempolimit von 130 km/h.

l' **autostop** *(männlich)*, l'**auto-stop** *(männlich)* [otostɔp] das Trampen; **faire de l'autostop** trampen

l' **autostoppeur** *(männlich)*, l'**auto-stoppeur** *(männlich)* [otostɔpœʀ] der Tramper

l' **autostoppeuse** *(weiblich)*, l'**auto-stoppeuse** *(weiblich)* [otostɔpøz] die Tramperin

autour [otuʀ] ❶ darum herum; **tout autour** rundherum ❷ **autour du château** rings um das Schloss [herum] ❸ (*ungefähr*) **autour** <u>des</u> **cent euros** [so] um die hundert Euro; **autour** <u>des</u> **15 heures** [so] gegen 15 Uhr

autre [otʀ] ❶ andere(r, s); **l'autre vélo** das andere Fahrrad; **autre chose** etwas anderes; **d'une autre manière** anders ❷ (*weiterer, s*) **je voudrais un autre café** ich hätte gern noch einen Kaffee ❸ **un/une autre** [**que toi**] ein anderer/eine andere [als du] ❹ **d'autres** andere; **quelqu'un d'autre** jemand anders; **qui d'autre?** wer sonst?; **quelque chose d'autre** etwas anderes; **personne d'autre** niemand anders; **rien d'autre** nichts anderes; **quoi d'autre** was sonst? ❺ **l'un l'autre/l'une l'autre** sich [gegenseitig]; **s'aider les uns les autres** sich [gegenseitig] helfen ❻ **tu es une menteuse! – J'en connais une autre!** du lügst! – Du doch auch! ❼ **nous autres Français** wir Franzosen [dagegen] ▸ **entre autres** unter anderem; **une autre!** Zugabe!

autrefois [otʀəfwa] früher

autrement [otʀəmã] ❶ anders; **on ne peut pas faire autrement** es geht nicht anders

② (*andernfalls*) sonst ▸ **autrement dit** mit anderen Worten
l' **autrice** *(weiblich)* [otʀis] die Autorin
l' **Autriche** *(weiblich)* [otʀiʃ] Österreich
l' **Autrichien** *(männlich)* [otʀiʃjɛ̃] der Österreicher
autrichien, **autrichienne** [otʀiʃjɛ̃, otʀiʃjɛn] österreichisch
l' **Autrichienne** *(weiblich)* [otʀiʃjɛn] die Österreicherin
l' **autruche** *(weiblich)* [otʀyʃ] der Strauß, der Vogel Strauß
autrui [otʀɥi] ein anderer/eine andere; **les défauts d'autrui** die Fehler der anderen; **l'amour d'autrui** die Nächstenliebe
auvergnat, **auvergnate** [ovɛʀɲa, ovɛʀɲat] aus der Auvergne
aux [o] <*zusammengezogen aus* à *und* les> ① (*bei Ortsangaben*) **habiter aux États-Unis** in den Vereinigten Staaten wohnen; **avoir froid aux mains** an den Händen frieren; **avoir mal aux pieds** Schmerzen an den Füßen haben; **les larmes aux yeux** mit Tränen in den Augen ② (*bei Richtungsangaben*) **aller aux États-Unis** in die Vereinigten Staaten gehen/fahren ③ (*bei Angaben des Zeitpunkts*) **aux premiers beaux jours** an den ersten schönen Tagen; **aux prochaines vacances** in den nächsten Ferien ④ (*pro, je*) **sept litres aux 100 [kilomètres]** sieben Liter auf hundert Kilometer ⑤ (*mit*) **la tarte aux pommes** der Apfelkuchen ⑥ (*in Verbindung mit bestimmten Verben*) **jouer aux cartes** Karten spielen
auxiliaire [ɔksiljɛʀ] Hilfs-; **le personnel auxiliaire** die Hilfskräfte
l' **auxiliaire**¹ *(männlich)* [ɔksiljɛʀ] ① die [männliche] Hilfskraft ② (*in der Grammatik*) das Hilfsverb
◆ l'**auxiliaire de mode** das Modalverb
l' **auxiliaire**² *(weiblich)* [ɔksiljɛʀ] die [weibliche] Hilfskraft
auxquelles [okɛl] <*zusammengezogen aus* à *und* lesquelles> ① **les personnes auxquelles je fais confiance** die Personen, denen ich vertraue ② **tu en as parlé à tes copines? – Auxquelles?** hast du mit deinen Freundinnen darüber gesprochen? – Mit welchen?
auxquels [okɛl] <*zusammengezogen aus* à *und* lesquels> ① **ce sont des détails auxquels je n'avais pas pensé** das sind Details, an die ich nicht gedacht hatte ② **tu en as parlé à tes copains? – Auxquels?** hast du mit deinen Freunden darüber gesprochen? – Mit welchen?

avachi, **avachie** [avaʃi] ① *Person* schlapp ② *Schuhe* ausgetreten
avachir [avaʃiʀ] <*wie* agir; *siehe Verbtabelle ab S. 1055*> **s'avachir** Muskeln, Gesichtszüge: erschlaffen; Schuhe: aus der Form gehen

Ⓖ Bei einigen Formen des Verbs ist der Stamm um -*iss*- erweitert, etwa bei *il s'avach*iss*ait* oder *en s'avach*iss*ant*.

avais, **avait** [avɛ] →**avoir**
l' **aval** *(männlich)* [aval] eines Flusses der Unterlauf; **vers l'aval** flussabwärts; **être en aval de Rouen** Stadt: weiter flussabwärts liegen als Rouen
l' **avalanche** *(weiblich)* [avalɑ̃ʃ] die Lawine
avaler [avale] ① schlucken, hinunterschlucken; (*unabsichtlich*) verschlucken ② **avaler de travers** sich verschlucken ③ verschlingen Roman, Buch ④ (*umgs.: glauben*) schlucken Geschichte
avançais, **avançait** [avɑ̃sɛ] →**avancer**
l' **avance** *(weiblich)* [avɑ̃s] ① der Vormarsch ② **en avance** [**de cinq minutes**] [fünf Minuten] zu früh; **être en avance dans un travail** bei einer Arbeit weiter sein als vorgesehen ③ **être en avance pour son âge** seinem Alter voraus sein; **être en avance sur quelqu'un** jemandem voraus sein ④ **avoir de l'avance sur quelqu'un/quelque chose** einen Vorsprung vor jemandem/etwas haben ⑤ (*Geldbetrag*) der Vorschuss ⑥ **faire des avances à quelqu'un** bei jemandem Annäherungsversuche machen
avancé, **avancée** [avɑ̃se] Nacht, Alter fortgeschritten; Zivilisation, Technik hoch entwickelt; **c'est un enfant avancé** dieses Kind ist sehr weit [entwickelt] für sein Alter ▸ **ne pas être plus avancé(e)** nicht viel weiter sein [als vorher]
l' **avancement** *(männlich)* [avɑ̃smɑ̃] ① der Arbeit das Vorankommen ② die Beförderung; **avoir de l'avancement** befördert werden
avancer [avɑ̃se] <*wie* commencer; *siehe Verbtabelle ab S. 1055*> ① vorstellen Uhr; vorverlegen Treffen, Abfahrt ② vorrücken Stuhl, Tisch; vorfahren Auto ③ vorbringen Idee, These ④ vorstrecken Geld ⑤ (*sich vorwärtsbewegen*) Fahrer, Fahrzeug: [weiter] vorfahren; Person: vorwärtskommen; Feind, Armee: vorrücken ⑥ (*bei Brettspielen*) **avancer de °huit cases** acht Felder vorrücken ⑦ (*nicht richtig gehen*) Uhr: vorgehen ⑧ (*Fortschritte machen*) Person: vorankommen; Arbeit: vorangehen ⑨ **s'avancer** (*aus einer Reihe*) vortreten; (*sich nähern*) näher

kommen; **s'avancer** vers quelqu'un/quelque chose auf jemanden/etwas zugehen ❿ **s'avancer dans son travail** mit der Arbeit vorankommen ⓫ *(vorgreifen)* **s'avancer** [**trop**] sich [zu weit] vorwagen ▸ **ça t'avance à quoi?** [und] was hast du davon?; **ça ne nous avance à rien!** das bringt uns gar nichts ein!

Ü Vor *a* und *o* steht statt *c* ein *ç*, z. B. in *nous avançons, il avançait* und *en avançant*.

avant¹ [avã] ❶ *(zeitlich)* vorher; **avant son départ** vor seiner/ihrer Abreise; **le jour d'avant** am Tag[e] davor; **elle lit son courrier avant d'allumer son ordinateur** sie liest ihre Post, bevor sie ihren Computer einschaltet ❷ *(räumlich)* davor; **avant le carrefour** vor der Kreuzung; **en avant** nach vorne; **plus avant** weiter vor; **passer avant** vorgehen ▸ **avant tout** vor allem; *siehe auch* **avant que**

avant² [avã] vordere(r, s), Vorder-; **les pattes avant** die Vorderpfoten; **le clignotant avant droit** der Blinker vorne rechts

G Das Adjektiv *avant* ist unveränderlich: *la roue avant* – das Vorderrad; *les roues avant* – die Vorderräder.

l' **avant** *(männlich)* [avã] ❶ das Vorderteil ❷ *(im Sport)* der Stürmer/die Stürmerin ❸ **à l'avant** vorn[e]; **vers l'avant** nach vorn

l' **avantage** *(männlich)* [avãtaʒ] ❶ der Vorteil; **à son avantage** zu seinem/ihrem Vorteil; **être à son avantage** vorteilhaft aussehen; **avoir l'avantage** führen ❷ *(in Leistung oder Qualität)* die Überlegenheit; **prendre l'avantage** überlegen sein

avantager [avãtaʒe] <*wie* changer; *siehe Verbtabelle ab S. 1055*> ❶ begünstigen ❷ **avantager quelqu'un** *Kleidung, Frisur:* vorteilhaft für jemanden sein

Ü Vor *a* und *o* bleibt das *e* erhalten, z. B. in *nous avantageons, il avantageait* und *en avantageant*.

avantageusement [avãtaʒøzmã] günstig

avantageux, avantageuse [avãtaʒø, avãtaʒøz] *Preis* günstig

l' **avant-bras** *(männlich)* [avãbʀɑ] <*Plural:* avant-bras> der Unterarm

l' **avant-centre** *(männlich)* [avãsãtʀ] <*Plural:* avants-centres> der Mittelstürmer/die Mittelstürmerin

l' **avant-dernier** *(männlich)* [avãdɛʀnje] <*Plural:* avant-derniers> der Vorletzte

avant-dernier, avant-dernière [avãdɛʀnje, avãdɛʀnjɛʀ] <*Plural der männl. Form:* avant-derniers> vorletzte(r, s)

l' **avant-dernière** *(weiblich)* [avãdɛʀnjɛʀ] <*Plural:* avant-dernières> die Vorletzte

l' **avant-garde** *(weiblich)* [avãgaʀd] <*Plural:* avant-gardes> *(in der Kunst)* die Avantgarde

l' **avant-goût** *(männlich)* [avãgu] <*Plural:* avant-goûts> der Vorgeschmack

avant-hier [⚠ avãtjɛʀ] vorgestern

l' **avant-midi** *(männlich/weiblich)* [avãmidi] <*Plural:* avant-midi> CAN der Vormittag

l' **avant-première** *(weiblich)* [avãpʀəmjɛʀ] <*Plural:* avant-premières> die Voraufführung

l' **avant-propos** *(männlich)* [avãpʀɔpo] <*Plural:* avant-propos> das Vorwort

avant que [avãkə] bevor

G Nach *avant que* steht immer der Subjonctif: *avant que tu partes/viennes* – bevor du gehst/kommst.

avare [avaʀ] geizig

l' **avare**¹ *(männlich)* [avaʀ] der Geizige, der Geizhals

l' **avare**² *(weiblich)* [avaʀ] die Geizige, der Geizhals

l' **avarie** *(weiblich)* [avaʀi] der Schaden

avarié, avariée [avaʀje] *Fleisch* verdorben

avec [avɛk] ❶ mit; **être gentil avec quelqu'un** nett zu jemandem sein; **agir avec précaution** vorsichtig handeln; **avec toutes ces histoires, j'ai oublié...** wegen all dieser Geschichten habe ich vergessen... ❷ Ⓑ **tu viens avec?** kommst du mit? ▸ **il faut faire avec** da muss man [eben] zusehen, wie man zurechtkommt

l' **avenir** *(männlich)* [av(ə)niʀ] die Zukunft; **à l'avenir** in Zukunft

l' **aventure** *(weiblich)* [avãtyʀ] das Abenteuer; **avoir le goût de l'aventure** abenteuerlustig sein ▸ **dire la bonne aventure à quelqu'un** jemandem die Zukunft voraussagen; **à l'aventure** aufs Geratewohl

aventurer [avãtyʀe] **s'aventurer sur un terrain glissant** sich auf unsicheres Terrain wagen

aventureux, aventureuse [avãtyʀø, avãtyʀøz] abenteuerlich; *Vorhaben* waghalsig

l' **aventurier** *(männlich)* [avãtyʀje] der Abenteurer

l' **aventurière** *(weiblich)* [avãtyʀjɛʀ] die Abenteurerin

l' **avenue** *(weiblich)* [av(ə)ny] die Avenue

avérer [aveʀe] <*wie* préférer; *siehe Verbtabelle ab S. 1055*> **s'avérer exact** sich als

Révisions

Donner son avis – *seine Meinung äußern*	
Je suis d'avis que …	*Ich bin der Meinung, dass …*
A mon avis …	*Meiner Meinung nach …*
Je trouve que …	*Ich finde, dass*
Je crois que …	*Ich glaube, dass*
Je pense que …	*Ich denke, dass*
Je (ne) suis (pas) d'accord.	*Ich bin (nicht) einverstanden.*
Je (ne) suis (pas) pour.	*Ich bin (nicht) dafür.*
Je (ne) suis (pas) contre.	*Ich bin (nicht) dagegen.*
Je (ne) suis (pas) de ton avis.	*Ich bin (nicht) deiner Meinung.*

richtig erweisen

Ü Nur die stammbetonten Formen schreiben sich mit ê, z. B. *il s'avère que …* – *es stellt sich heraus, dass …*

l' **averse** *(weiblich)* [avɛʀs] ❶ der Schauer, der Regenschauer ❷ *von Beleidigungen* die Flut
à verse [a vɛʀs] **il pleut à verse** es gießt in Strömen
l' **aversion** *(weiblich)* [avɛʀsjɔ̃] die Abneigung
averti, **avertie** [avɛʀti] kompetent
avertir [avɛʀtiʀ] <*wie agir; siehe Verbtabelle ab S. 1055*> ❶ warnen ❷ benachrichtigen

G Bei einigen Formen des Verbs ist der Stamm um -*iss*- erweitert, etwa bei *nous avertissons, il avertissait* oder *en avertissant*.

l' **avertissement** *(männlich)* [avɛʀtismɑ̃] ❶ die Warnung ❷ *(im Sport)* die Verwarnung
l' **avertisseur** *(männlich)* [avɛʀtisœʀ] die Hupe; *(an einem Polizeiwagen)* das Martinshorn
l' **aveu** *(männlich)* [avø] <*Plural:* aveux> das Geständnis; **passer aux aveux** ein Geständnis ablegen
aveuglant, **aveuglante** [avœglɑ̃, avœglɑ̃t] *Licht, Sonne* grell
aveugle [avœgl] blind; **être aveugle de naissance** von Geburt an blind sein
l' **aveugle** *(männlich)* [avœgl] der Blinde
l' **aveugle** *(weiblich)* [avœgl] die Blinde
l' **aveuglement** *(männlich)* [avœgləmɑ̃] die Verblendung, die Blindheit
aveuglément [avœglemɑ̃] blind, blindlings
aveugler [avœgle] ❶ blenden ❷ *(übertragen)* verblenden, blind machen
les **aveux** *(männlich)* [avø] →**aveu**
avez [ave] →**avoir**
l' **aviateur** *(männlich)* [avjatœʀ] der Flieger
l' **aviation** *(weiblich)* [avjasjɔ̃] ❶ die Luftfahrt ❷ *(militärisch)* die Luftwaffe
l' **aviatrice** *(weiblich)* [avjatʀis] die Fliegerin
avide [avid] **avide d'argent** geldgierig; **avide de pouvoir** machthungrig
l' **avion** *(männlich)* [avjɔ̃] ❶ das Flugzeug; **aller en avion** fliegen ❷ *(bei Postsendungen)* **par avion** mit Luftpost
l' **aviron** *(männlich)* [aviʀɔ̃] ❶ das Ruder ❷ *(Sportart)* das Rudern
l' **avis** *(männlich)* [avi] ❶ die Meinung; **donner son avis sur quelque chose** seine Meinung über etwas äußern; **changer d'avis** seine Meinung ändern; *(sich anders entscheiden)* es sich anders überlegen; **je suis de ton avis** ich bin deiner Meinung; **si tu veux mon avis** wenn du mich fragst ❷ die Mitteilung; **l'avis au lecteur** der Hinweis für den Leser; **sauf avis contraire** sofern nichts anderes mitgeteilt wird ❸ *(offiziell)* die Bekanntmachung ▶ **avis aux amateurs** falls es jemanden interessiert
  ♦ l'**avis de décès** die Todesanzeige
  ♦ l'**avis de recherche** die Suchanzeige
l' **avocat** *(männlich)* [avɔka] ❶ der Rechtsanwalt, der Anwalt, der Advokat Ⓐ, ⒸⒽ ❷ *(Frucht)* die Avocado
l' **avocate** *(weiblich)* [avɔkat] die Rechtsanwältin, die Anwältin, die Advokatin Ⓐ, ⒸⒽ
l' **avoine** *(weiblich)* [avwan] der Hafer
avoir [avwaʀ] <*siehe Verbtabelle ab S. 1055*> ❶ haben **avoir les yeux verts/les cheveux courts** grüne Augen/kurze Haare haben; **avoir douze ans** zwölf Jahre alt sein; **avoir de la visite** Besuch haben; **avoir deux mètres de °haut/de large** zwei Meter hoch/breit sein ❷ anhaben *Mantel*; aufhaben *Hut*; bei sich haben *Stock, Pfeife* ❹ *(erhalten)* bekommen; bestehen *Prüfung*; **elle n'a pas encore eu de réponse** sie hat noch

keine Antwort bekommen ⑤ (*Ausdruck einer Verpflichtung*) **il a des comprimés à prendre** er muss Tabletten nehmen; **elle n'a rien à faire** sie hat nichts zu tun; **tu n'as pas à faire ce travail** du brauchst die Arbeit nicht zu machen; (*als Verbot*) du sollst die Arbeit nicht machen ⑥ (*umgs.: hereinlegen*) **avoir quelqu'un** jemanden leimen ⑦ (*als Hilfsverb*) **j'ai vu une buse** ich habe einen Bussard gesehen; **il n'a rien dit** er hat nichts gesagt; **elle a couru/marché deux heures** sie ist zwei Stunden gelaufen/gegangen; **l'Italie a été battue par le Brésil** Italien ist von Brasilien geschlagen worden ▸ **en avoir après quelqu'un** (*umgs.*) etwas gegen jemanden haben; **en avoir jusque-là de quelque chose** (*umgs.*) von etwas die Nase voll haben; **en avoir pour deux minutes** zwei Minuten brauchen; *siehe auch* **il y a**

l' **avoir** (*männlich*) [avwaʀ] ① das Guthaben ② (*Wertbon*) der Gutschein

avoisinant, avoisinante [avwazinɑ̃, avwazinɑ̃t] benachbart; **la chambre avoisinante** das Nachbarzimmer; **la rue avoisinante** die nahe gelegene Straße

avoisiner [avwazine] (*auch übertragen*) **avoisiner quelque chose** an etwas grenzen

avons [avɔ̃] →**avoir**

l' **avortement** (*männlich*) [avɔʀtəmɑ̃] die Abtreibung

avorter [avɔʀte] ① *Frau:* abtreiben ② **le projet a avorté** das Projekt ist fehlgeschlagen

avouer [avwe] ① gestehen ② eingestehen *Fehler, Irrtum*

avril [avʀil] ① der April; **en avril** im April; **début avril** Anfang April; **fin avril** Ende April; **pendant tout le mois d'avril** den ganzen April über ② (*bei Datumsangaben*) **le 10 avril, c'est mon anniversaire** am 10. April habe ich Geburtstag

Ⓖ Der französische Monatsname ist männlich; er wird ohne den bestimmten Artikel gebraucht.
Bei einer präzisen Datumsangabe, wie sie in ② aufgeführt ist, steht der Artikel jedoch, und zwar wegen der Zahl:
*elle est née le dix – sie ist am Zehnten geboren;
elle est née le dix avril – sie ist am zehnten April geboren.*

l' **axe** (*männlich* ⚠) [aks] die Achse
axer [akse] ausrichten
ayant [ɛjɑ̃] →**avoir**
l' **azote** (*männlich*) [azɔt] der Stickstoff
l' **azur** (*männlich*) [azyʀ] (*gehoben*) ① das Azur-

blau, der Azur ② **un ciel d'azur** ein azurblauer Himmel

B

le **b**, le **B** [be] das b, das B
babiller [babije] plappern
les **babines** (*weiblich*) [babin] die Lefzen; **se lécher les babines** *Tier:* sich das Maul lecken
la **babiole** [babjɔl] die Kleinigkeit
le **bâbord** [babɔʀ] ① das Backbord ② **à bâbord** backbord[s]
le **babouin** [babwɛ̃] der Pavian
le **baby-foot**® [babifut] <*Plural:* baby-foot> das Tischfußballspiel, der Tischfußball
le **bac¹** [bak] ① der Behälter ② *einer Spüle* das Becken, das Spülbecken
le **bac²** [bak] (*umgs.*) Abkürzung von **baccalauréat** ≈ das Abi
le **bac³** [bak] (*Schiff*) die Fähre
le **baccalauréat** [bakalɔʀea] ≈ das Abitur

Ⓛ Das *baccalauréat* ist die Abschlussprüfung des *lycée* und berechtigt zum Hochschulstudium. Termin und Inhalt der Abiturprüfung werden in Frankreich vom Staat einheitlich für das ganze Land festgelegt.

la **bâche** [baʃ] die Abdeckplane, die Plane
le **bachelier** [baʃəlje] der Abiturient
la **bachelière** [baʃəljɛʀ] die Abiturientin
le **bacille** [⚠ basil] der Bazillus
bâcler [bakle] (*umgs.*) hinschludern
la **bactérie** [bakteʀi] die Bakterie
bactériologique [bakteʀjɔlɔʒik] bakteriologisch
le **badaud** [bado] der Schaulustige
le **Bade-Wurtemberg** [badvyʀtɑ̃bɛʀg] Baden-Württemberg
le **badge** [badʒ] (*für Kongressbesucher*) der Tagungsausweis; (*für Firmenbesucher, Messebesucher*) der Besucherausweis
le **badigeon** [⚠ badiʒɔ̃] die Tünche
badigeonner [⚠ badiʒɔne] ① tünchen *Wand* ② einpinseln *Haut, Hals*
badiner [badine] Scherze machen
bafouer [bafwe] verhöhnen
bafouiller [bafuje] (*umgs.*) stammeln
le **bagage** [bagaʒ] ① **les bagages** das Gepäck; **les bagages à main** das Handgepäck

❷ (*Wissen*) **le bagage en informatique** die Informatikkenntnisse

V In ❶ wird der Plural *les bagages* mit einem Singular übersetzt: *où sont tes bagages?* – wo *ist* dein Gepäck?

la **bagarre** [bagaʀ] die Schlägerei
 bagarrer [bagaʀe] **se bagarrer** sich prügeln
la **bagatelle** [bagatɛl] ❶ die Kleinigkeit ❷ (*unwichtige Sache*) die Bagatelle
le **bagnard** [baɲaʀ] der Sträfling
le **bagne** [baɲ] **quel bagne!** [das ist] die reinste Sklavenarbeit!
la **bagnole** [baɲɔl] (*umgs.*) die Karre
la **bague** [bag] der Ring
 ◆ la **bague de fiançailles** der Verlobungsring
la **baguette** [bagɛt] ❶ (*Brot*) das/die Baguette ❷ (*Stöckchen*) der Stab; *eines Trommlers:* der Schlegel, der Stock; *eines Dirigenten:* der Taktstock ❸ (*in der asiatischen Küche*) **les baguettes** die Stäbchen

L Das (*oder* die) *baguette* ist das bekannteste französische Stangenweißbrot. Die Bäckereien bieten Weißbrot mehrmals am Tag ofenfrisch an. Selbst sonntagvormittags wird es frisch gebacken. Es gehört zu jeder Mahlzeit.

le **bahut**¹ [bay] (*Möbelstück*) die Anrichte
le **bahut**² [bay] (*umgs.: Oberstufe in der Schule*) die Penne
la **baie**¹ [bɛ] die Bucht
la **baie**² [bɛ] die Öffnung; **la baie vitrée** das große Glasfenster
la **baie**³ [bɛ] (*Frucht*) die Beere
la **baignade** [bɛɲad] das Baden
 baigner [beɲe] ❶ baden *Kind* ❷ **baigner dans une sauce grasse** *Fleisch:* in einer fetten Soße schwimmen ❸ **se baigner** baden; (*in einem Becken*) schwimmen
la **baignoire** [⚠ bɛɲwaʀ] die Badewanne
le **bail** [baj] <Plural: baux> der Mietvertrag; (*für einen Laden*) der Pachtvertrag
le **bâillement** [bajmã] das Gähnen
 bâiller [baje] ❶ *Person:* gähnen ❷ *Hemdkragen:* weit offen stehen
le **bâillon** [bajɔ̃] der Knebel
 bâillonner [bajɔne] knebeln
le **bain** [bɛ̃] ❶ das Bad ❷ (*im Schwimmbad*) **le grand bain** das Schwimmbecken; **le petit bain** das Nichtschwimmerbecken
le **baisemain** [bɛzmɛ̃] der Handkuss
 baiser [beze] (*umgs.*) ❶ bumsen ❷ (*täuschen*) übers Ohr hauen
le **baiser** [beze] der Kuss ▶ **bons baisers[, à bientôt]** liebe Grüße [und bis bald]

la **baisse** [bɛs] ❶ der Rückgang; *der Macht* das Schwinden ❷ (*an der Börse*) die Baisse
 ◆ la **baisse de tension** (*in der Medizin*) das Abfallen des Blutdrucks
 baisser [bese] ❶ herunterlassen *Rollo, Vorhang* ❷ (*mit einer Kurbel*) herunterkurbeln *Wagenfenster* ❸ umschlagen *Kragen* ❹ senken *Kopf, Preise, Stimme;* niederschlagen *Augen[lider];* leiser stellen *Ton* ❺ (*weniger werden*) *Gedächtnis, Sehkraft:* nachlassen; *Niveau, Preise, Wasserstand, Temperatur:* sinken ❻ **se baisser** sich bücken
le **bal** [bal] (*Tanzveranstaltung*) der Ball

F Nicht verwechseln mit dem Spiel- und Sportgerät *der Ball,* der mit *le ballon* übersetzt wird, wenn er so groß wie ein Fußball ist, und mit *la balle,* wenn er so klein wie ein Tischtennis- oder Tennisball ist!

la **balade** [balad] (*umgs.*) der Bummel; (*mit dem Fahrzeug*) die Tour

F Nicht verwechseln mit *die Ballade – la ballade!*

 balader [balade] **se balader** (*umgs.*) einen Bummel machen; (*mit dem Fahrzeug*) eine Tour machen
le **baladeur** [baladœʀ] der Walkman; **le baladeur numérique** der MP3-Player
la **baladodiffusion** [baladɔdifyzjɔ̃] das Podcasting
la **balafre** [balafʀ] die Schnittwunde, der Schnitt; (*wulstige Narbe*) der Schmiss
le **balai** [balɛ] der Besen
la **balance** [balɑ̃s] ❶ die Waage ❷ (*in der Wirtschaft*) **la balance commerciale** die Handelsbilanz
la **Balance** [balɑ̃s] (*in der Astrologie*) die Waage; **être Balance** [eine] Waage sein

F Nicht verwechseln mit *die Balance – l'équilibre!*

balancé, balancée [balɑ̃se] (*umgs.*) **bien balancé** gut gebaut
 balancer [balɑ̃se] <wie commencer; *siehe Verbtabelle ab S. 1055*> ❶ wiegen *Baby* ❷ **balancer ses bras/jambes** mit den Armen schlenkern/den Beinen baumeln ❸ (*umgs.: werfen*) schmeißen; (*in den Müll*) wegschmeißen; **balancer quelque chose par la fenêtre** etwas zum Fenster rausschmeißen ❹ **balancer une gifle à quelqu'un** (*umgs.*) jemandem eine Ohrfeige verpassen ❺ **se balancer** *Person:* schaukeln; *Schiff:* [hin und her] schaukeln; *Äste:* sich hin

und her bewegen

 Vor *a* und *o* steht statt *c* ein *ç*, z.B.: *nous balançons, il balançait* und *en balançant*.

le **balancier** [balɑ̃sje] *einer Uhr* das Pendel
la **balançoire** [balɑ̃swaʀ] die Schaukel
le **balayage** [balɛjaʒ] ❶ das Fegen ❷ (*in der Informatik*) das Scannen
balayer [baleje] <*wie* essayer; *siehe Verbtabelle ab S. 1055*> ❶ zusammenfegen *Laub, Schmutz* ❷ fegen *Zimmer, Hof* ❸ **le vent balaie les feuilles mortes** der Wind treibt das trockene Laub vor sich hin ❹ (*in der Informatik*) scannen

 Einige Formen dieses Verbs schreiben sich mit *y*, andere mit *i*.
Direkt vor einer betonten Endungssilbe steht immer ein *y*, z.B. in *nous balayons* und *ils balayaient*.
Vor einem unbetonten *e* können *i* oder *y* stehen, z.B. in *je balaie* oder *je balaye*.

la **balayette** [balɛjɛt] der Handfeger, der Bartwisch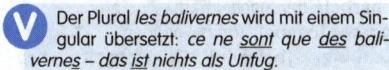
la **balayeuse** [balɛjøz] die Kehrmaschine, die Straßenreinigungsmaschine
le **balbutiement** [⚠ balbysimɑ̃] das Stammeln; *eines Babys* das Brabbeln
balbutier [⚠ balbysje] <*wie* apprécier; *siehe Verbtabelle ab S. 1055*> stammeln; *Baby:* brabbeln
le **balcon** [balkɔ̃] der Balkon
Bâle [bal] Basel
les **Baléares** (*weiblich*) [baleaʀ] die Balearen
la **baleine** [balɛn] der Wal
le **balisage** [balizaʒ] die Markierung
la **balise** [baliz] ❶ (*für Flugzeuge, Schiffe*) die Bake; (*beleuchtet*) das Leuchtfeuer ❷ (*an der Straße*) der Leitpfosten ❸ (*in der Informatik*) der Tag
baliser [balize] markieren
les **balivernes** (*weiblich*) [balivɛʀn] der Unfug

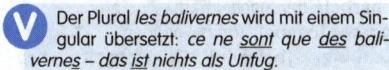 Der Plural *les balivernes* wird mit einem Singular übersetzt: *ce ne <u>sont</u> que <u>des</u> balivernes – das <u>ist</u> nichts als Unfug.*

le **Balkan** [balkɑ̃] ❶ (*Gebirge*) der Balkan ❷ (*Region*) **les Balkans** der Balkan

 In ❷ wird der Plural *les Balkans* mit einem Singular übersetzt: *dans les Balkans – auf <u>dem</u> Balkan.*

balkanique [balkanik] Balkan-; **la péninsule balkanique** die Balkanhalbinsel; **les guerres balkaniques** die Balkankriege

la **ballade** [balad] die Ballade
ballant, ballante [balɑ̃, balɑ̃t] *Beine* baumelnd; *Arme* schlenkernd
le **ballast** [balast] das Schotterbett, der Schotter

 Nicht verwechseln mit *der Ballast – le lest!*

la **balle** [bal] ❶ der [kleinere] Ball; **jouer à la balle** Ball spielen ❷ (*Geschoss*) die Kugel
la **ballerine** [balʀin] die Ballerina
le **ballet** [balɛ] das Ballett
le **ballon** [balɔ̃] ❶ der [größere] Ball; **jouer au ballon** Ball spielen ❷ **le ballon** [**de baudruche**] der Luftballon ❸ (*Luftfahrzeug*) der Ballon
le **ballonnement** [balɔnmɑ̃] *des Bauches* das Aufgeblähtsein; **avoir des ballonnements** Blähungen haben
le **ballottage** [balɔtaʒ] *Wahlergebnis, bei dem keiner der Kandidaten die erforderliche Stimmenmehrheit erhält;* **être en ballottage** in die Stichwahl kommen
ballotter [balɔte] ❶ durchschütteln; **être ballotté(e) dans tous les sens** *Paket:* hin- und hergerüttelt werden ❷ *Brüste, Säcke:* hin- und herbaumeln
le **balluchon** [balyʃɔ̃] das Bündel
balnéaire [balneɛʀ] **la station balnéaire** das Seebad
balourd, balourde [baluʀ, baluʀd] unbeholfen
le **Balte** [balt] der Balte
la **Balte** [balt] die Baltin
la **Baltique** [baltik] die Ostsee
le **baluchon** [balyʃɔ̃] das Bündel
la **balustrade** [balystʀad] *einer Terrasse, eines Balkons* die Brüstung; *einer Treppe* das Geländer
le **bambin** [bɑ̃bɛ̃] der kleine Junge, der kleine Bub ; **regarde ces bambins!** sieh mal, die Kleinen!
le **bambou** [⚠ bɑ̃bu] der Bambus
le **ban** [bɑ̃] ❶ **publier les bans** [**de mariage**] das Aufgebot bestellen ❷ **le ban** [**d'applaudissements**] (*umgs.*) der rhythmische Beifall
banal, banale [banal] banal; *Person* durchschnittlich
la **banalité** [banalite] die Banalität
la **banane** [banan] ❶ die Banane ❷ (*Tasche*) die Gürteltasche
le **bananier** [bananje] die Bananenstaude
le **banc** [bɑ̃] ❶ (*Sitzmöbel*) die Bank ❷ **un banc de poissons** ein Schwarm Fische
 ♦ **le banc des accusés** die Anklagebank

bancaire [bɑ̃kɛʀ] Bank-; **le chèque bancaire** der Scheck, der Bankscheck; **le compte bancaire** das Bankkonto
bancal, bancale [bɑ̃kal] *Möbelstück* wack(e)lig
la **bande**¹ [bɑ̃d] ❶ das Band, der Streifen ❷ (*zum Verbinden*) die Binde ❸ (*für Tonaufnahmen*) das Tonband, das Band; **la bande sonore** die Tonspur ❹ **la bande dessinée** der Comic, der Comicstrip
la **bande**² [bɑ̃d] die Bande; **la bande de copains** die Clique
le **bandeau** [bɑ̃do] <*Plural:* bandeaux> ❶ das Stirnband ❷ (*für die Augen*) die Binde
bander [bɑ̃de] ❶ verbinden *Verwundeten, Arm, Kopf* ❷ [an]spannen *Muskel* ❸ (*umgs.: eine Erektion haben*) einen Ständer haben
la **banderole** [bɑ̃dʀɔl] das Spruchband
la **bande-son** [bɑ̃dsõ] <*Plural:* bandes-son> die Tonspur
la **bande-vidéo** [bɑ̃dvideo] <*Plural:* bandes- -vidéo> das Videoband
le **bandit** [bɑ̃di] ❶ der Bandit ❷ (*Betrüger*) der Gauner
la **bandoulière** [bɑ̃duljɛʀ] der Schulterriemen
bang [bɑ̃g] peng
la **banlieue** [bɑ̃ljø] die Vororte

> **V** Der Singular *la banlieue* wird mit einem Plural übersetzt: *dans la banlieue – in den Vororten.*

le **banlieusard** [bɑ̃ljøzaʀ] der Vorortbewohner
la **banlieusarde** [bɑ̃ljøzaʀd] die Vorortbewohnerin
la **bannière** [banjɛʀ] das Banner
bannir [baniʀ] <*wie agir; siehe Verbtabelle ab S. 1055*> verbannen

> **G** Bei einigen Formen des Verbs ist der Stamm um *-iss-* erweitert, etwa bei *nous bannissons, il bannissait* oder *en bannissant.*

la **banque** [bɑ̃k] ❶ die Bank; **avoir un compte en banque** ein Bankkonto haben ❷ **la Banque centrale** die Zentralbank; **la Banque centrale européenne** die Europäische Zentralbank
  ◆ la **banque de données** die Datenbank
  ◆ la **banque d'organes** die Organbank
la **banqueroute** [bɑ̃kʀut] der Bankrott
le **banquet** [bɑ̃kɛ] das Bankett
la **banquette** [bɑ̃kɛt] die Sitzbank, die Bank; **la banquette arrière** die Rückbank
le **banquier** [bɑ̃kje] der Bankier
la **banquière** [bɑ̃kjɛʀ] der Bankier
la **banquise** [bɑ̃kiz] das Packeis

le **baobab** [baɔbab] der Affenbrotbaum
le **baptême** [batɛm] die Taufe
  baptiser [batize] ❶ taufen *Kind* ❷ **baptiser son chien Momo** seinen Hund Momo nennen
le **bar**¹ [baʀ] ❶ (*Lokal*) ≈ das Café; (*in einem Hotel*) die Bar ❷ (*Theke*) der Tresen, die Bar

> **L** Die französischen *bars* sind kleine, einfache Lokale, in denen man am Tresen oder am Tisch einen Kaffee oder Aperitif trinkt. Es gibt dort nur kleine Imbisse wie Sandwich oder überbackenen Toast, denn die *bars* sind keine Speiselokale.

le **bar**² [baʀ] (*Fisch*) der Seebarsch
baragouiner [baʀagwine] (*umgs.*) radebrechen
la **baraque** [baʀak] ❶ die Baracke, die Holzbaracke ❷ (*umgs.: Haus*) die Bruchbude, die Baracke ▶ **casser la baraque** (*umgs.*) *Film:* einen Bombenerfolg haben
baraqué, baraquée [baʀake] (*umgs.*) breitschultrig
le **baraquement** [baʀakmɑ̃] das Barackenlager
le **baratin** [baʀatɛ̃] (*umgs.*) das Geschwafel
baratiner [baʀatine] (*umgs.*) ❶ schwafeln ❷ **baratiner quelqu'un** jemanden beschwatzen
barbant, barbante [baʀbɑ̃, baʀbɑ̃t] (*umgs.*) stinklangweilig
barbare [baʀbaʀ] ❶ barbarisch ❷ (*unhöflich*) unkultiviert
le **barbare** [baʀbaʀ] ❶ der Barbar ❷ (*ungebildeter Mensch*) der Kulturbanause, der Banause
la **barbarie** [baʀbaʀi] die Barbarei
la **barbe** [baʀb] der Bart
  ◆ la **barbe à papa** die Zuckerwatte
le **barbecue** [baʀbəkju] ❶ der Grill ❷ **faire un barbecue** grillen
le **barbelé** [baʀbəle] der Stacheldraht
barbelé, barbelée [baʀbəle] **le fil de fer barbelé** der Stacheldraht
barber [baʀbe] (*umgs.*) anöden
barboter [baʀbɔte] ❶ [herum]plantschen ❷ (*umgs.: stehlen*) klauen
barbouiller [baʀbuje] ❶ beschmieren; voll schmieren *Gesicht;* voll kritzeln *Papier, Seite* ❷ **il/elle a l'estomac barbouillé** (*umgs.*) er/sie hat sich den Magen verkorkst
barbu, barbue [baʀby] bärtig
barder [baʀde] (*umgs.*) **ça barde** es ist dicke Luft
le **barème** [baʀɛm] ❶ die Tabelle ❷ (*für schulische Leistungen*) der Bewertungsmaßstab

le **baril** [⚠ baʀil] das Fass
bariolé, **bariolée** [baʀjɔle] grellbunt
le **barman** [baʀman] <Plural: barmans> der Barkeeper
le **baromètre** [baʀɔmɛtʀ] das/der Barometer
le **baron** [baʀɔ̃] der Baron
la **baronne** [baʀɔn] die Baronin
baroque [baʀɔk] barock
le **baroque** [baʀɔk] das/der Barock
la **barque** [baʀk] der Kahn
le **barrage** [baʀaʒ] ❶ die Sperre ❷ (*an Gewässern*) der Staudamm
la **barre** [baʀ] ❶ die Stange ❷ (*beim Hochsprung*) die Latte ❸ (*Linie*) der Strich ❹ (*bei Schiffen*) das Ruder; (*bei Seegelbooten*) die Pinne ❺ **la barre [des témoins]** der Zeugenstand
◆ la **barre de chocolat** der Schokoladenriegel
◆ la **barre de défilement** (*in der Informatik*) die Bildlaufleiste
◆ la **barre d'espacement** die Leertaste
barré, **barrée** [baʀe] *Straße* gesperrt
le **barreau** [baʀo] <Plural: barreaux> ❶ *einer Leiter* die Sprosse; *eines Gitters* der Stab ❷ (*in der Justiz*) die Anwaltschaft
barrer [baʀe] ❶ **barrer la route** *Polizei:* die Straße sperren; *Hindernis:* die Straße versperren ❷ durchstreichen *Wort, Ziffer* ❸ steuern *Boot, Schiff* ❹ 🚗 abschließen *Tür* ❺ (*mit dem Ruder*) *Kapitän:* steuern ❻ **se barrer** (*umgs.*) abhauen
la **barrette** [baʀɛt] die Haarspange, die Spange
la **barricade** [baʀikad] die Barrikade
barricader [baʀikade] ❶ verbarrikadieren *Tür;* versperren *Straße* ❷ **se barricader** sich verbarrikadieren
la **barrière** [baʀjɛʀ] ❶ die Absperrung ❷ *eines Gartens* der Zaun ❸ (*an Bahngleisen:*) die Schranke
la **barrique** [baʀik] das Fass
barrir [baʀiʀ] <*wie* agir; *siehe Verbtabelle ab S. 1055*> *Elefant:* trompeten

> **G** Bei einigen Formen des Verbs ist der Stamm um *-iss-* erweitert, etwa bei *il barrissait* oder *en barrissant*.

le **bar-tabac** [⚠ baʀtaba] <Plural: bars-tabac> ≈ das Café mit Tabakwarenverkauf

> **L** Die *bars-tabac* sind Cafés, in denen auch Tabakwaren verkauft werden. Sie sind – ebenso wie die *bureaux de tabac* – an einem großen roten Zeichen zu erkennen, das im Volksmund *carotte* genannt wird.

le **baryton** [baʀitɔ̃] der Bariton

bas [bɑ] ❶ tief; **tomber très bas** *Thermometer:* stark fallen ❷ **parler bas** leise sprechen ❸ **mettre bas** *Hündin, Katze:* werfen ❹ **en bas** unten; **en bas de la colline** am Fuße des Hügels; **voir plus bas** siehe unten ❺ **à bas le racisme!** nieder mit dem Rassismus!
le **bas**¹ [bɑ] der Strumpf
le **bas**² [bɑ] der untere Teil; *eines Hauses* das Erdgeschoss
◆ le **bas de gamme** die untere Preisklasse; **un téléviseur bas de gamme** ein Fernseher der unteren Preisklasse
bas, **basse** [bɑ, bɑs] ❶ niedrig; *Statur* klein; *Ast, Wolken* tief hängend ❷ **à voix basse** leise ❸ **le bas peuple** das einfache Volk
le **basalte** [bazalt] der Basalt
basané, **basanée** [bazane] *Teint* dunkel
le **bas-côté** [bakote] <Plural: bas-côtés> der Straßenrand, der Rand
la **bascule** [baskyl] ❶ (*zum Wiegen*) die Waage ❷ **le jeu de bascule** die Wippe
basculer [baskyle] ❶ kippen *Schalthebel, Kippermulde* ❷ **il a basculé dans le fossé** er ist in den Graben gestürzt ❸ **basculer dans la délinquance** in die Kriminalität abgleiten
la **base** [bɑz] ❶ die Basis; (*militärische Einrichtung*) der Stützpunkt, die Basis; **la base aérienne/navale** der Luftwaffen-/Flottenstützpunkt ❷ (*Grundlegendes*) die Grundlage
◆ la **base de données** die Datenbank
baser [bɑze] ❶ stützen *Theorie* ❷ **être basé(e) à Strasbourg** *Soldat:* in Straßburg stationiert sein ❸ **se baser sur quelque chose** sich auf etwas stützen
le **bas-fond** [bɑfɔ̃] <Plural: bas-fonds> (*in Gewässern*) die Untiefe
le **basilic** [bazilik] das Basilikum
la **basilique** [bazilik] die Basilika
basique [bazik] basisch
le **basket** [baskɛt] (*Sportart*) der Basketball
la **basket** [baskɛt] der Turnschuh; (*bis über den Knöchel reichend*) der Basketballschuh
▶ **lâche-moi les baskets!** (*fam*) lass mich in Frieden!
le **basket-ball** [basketbol] (*Sportart*) der Basketball
le **basketteur** [basketœʀ] der Basketballspieler
la **basketteuse** [basketøz] die Basketballspielerin
basque [bask] baskisch; **le Pays basque** das Baskenland
le **basque** [bask] Baskisch; *siehe auch* **allemand**
la **basque** [bask] der Rockschoß, der Schoß

> **G** In Verbindung mit dem Verb *parler* kann der Artikel entfallen: *elle parle basque – sie spricht Baskisch.*

le **Basque** [bask] der Baske
la **Basque** [bask] die Baskin
la **basse** [bɑs] der Bass
la **basse-cour** [baskuʀ] <*Plural:* basses-cours> der Hühnerhof
la **Basse-Saxe** [bassaks] Niedersachsen
la **bassesse** [basɛs] die Niederträchtigkeit
le **bassin** [basɛ̃] das Becken
la **bassine** [basin] die Wanne
le **bassiste** [basist] der Bassist
la **bassiste** [basist] die Bassistin
le **basson** [basɔ̃] das Fagott
la **Bastille** [bastij] die Bastille

> **L** Die im 14. Jahrhundert erbaute *Bastille* war ein berüchtigtes Staatsgefängnis in Paris. Bei dem berühmten „Sturm auf die Bastille" am 14. Juli 1789 wurden die Gefangenen befreit und das Gebäude zerstört. Dieser Tag markierte den Beginn der Französischen Revolution. Er ist bis heute Nationalfeiertag in Frankreich.

le **bastion** [bastjɔ̃] die Bastei
le **bas-ventre** [bavɑ̃tʀ] <*Plural:* bas-ventres> der Unterleib
la **bataille** [bataj] ❶ die Schlacht ❷ *einfaches Kartenspiel* ▸ **avoir les cheveux en bataille** zerzauste Haare haben
batailler [bataje] kämpfen
le **batailleur** [batajœʀ] der Kämpfer
batailleur, batailleuse [batajœʀ, batajøz] streitlustig; **un garçon batailleur** ein Raufbold
la **batailleuse** [batajøz] die Kämpferin
le **bataillon** [batajɔ̃] ❶ das Bataillon ❷ (*große Menge*) das Heer
le **bâtard** [bataʀ] ❶ (*Kind*) das uneheliche Kind ❷ (*Hund*) der Mischling
bâtard, bâtarde [bataʀ, bataʀd] ❶ *Kind* unehelich ❷ *Hund* nicht reinrassig
la **bâtarde** [bataʀd] ❶ (*Kind*) das uneheliche Kind ❷ (*Hund*) der Mischling
le **bateau** [bato] <*Plural:* bateaux> das Schiff
 ◆ le **bateau pirate** das Piratenschiff
le **bateau-citerne** [batositɛʀn] <*Plural:* bateaux-citernes> der Tanker, das Tankschiff
le **bateau-mouche** [batomuʃ] <*Plural:* bateaux-mouches> *kleines Vergnügungsschiff auf der Seine*
le **batelier** [batəlje] der Binnenschiffer
la **batelière** [batəljɛʀ] die Binnenschifferin
bâti, bâtie [bati] ❶ *Gelände* bebaut ❷ **être bien/mal bâti** *Person:* eine/keine gute Figur haben
le **bâtiment** [batimɑ̃] ❶ das Gebäude ❷ (*Wirtschaftszweig*) das Baugewerbe, der Bau ❸ (*Wasserfahrzeug*) das [große] Schiff
bâtir [batiʀ] <*wie* agir; *siehe Verbtabelle ab S. 1055*> bauen

> **G** Bei einigen Formen des Verbs ist der Stamm um *-iss-* erweitert, etwa bei *nous bâtissons, il bâtissait* oder *en bâtissant.*

la **bâtisse** [batis] der [riesige] Kasten
le **bâton** [batɔ̃] ❶ der Stock ❷ **le bâton de rouge à lèvres** der Lippenstift; **un bâton de craie** ein Stück Kreide ❸ (*Linie*) der senkrechte Strich
 ◆ le **bâton de ski** der Skistock
le **bâtonnet** [batɔnɛ] ❶ das Stäbchen ❷ der kleine Stift
le **batracien** [batʀasjɛ̃] der Lurch
le **battage** [bataʒ] (*Werbung*) der Reklamerummel, der Rummel
le **battant** [batɑ̃] ❶ (*Person*) die Kämpfernatur, der Kämpfertyp ❷ (*beweglicher Teil*) *eines Fensters, einer Tür* der Flügel; *einer Glocke* der Klöppel
battant, battante [batɑ̃, batɑ̃t] ❶ *Regen* prasselnd ❷ *Person* einsatzfreudig
la **battante** [batɑ̃t] die Kämpfernatur, der Kämpfertyp
le **battement** [batmɑ̃] ❶ (*Geräusch*) das Schlagen; *des Regens* das Prasseln ❷ **une heure de battement** eine Stunde [freie] Zeit
la **batterie** [batʀi] ❶ die Batterie ❷ (*in der Musik*) das Schlagzeug
 ◆ la **batterie de cuisine** das Topf- und Pfannenset
le **batteur** [batœʀ] ❶ der Schlagzeuger ❷ (*Küchengerät*) das Rührgerät, das Handrührgerät
la **batteuse** [batøz] die Schlagzeugerin
battre [batʀ] <*siehe Verbtabelle ab S. 1055*> ❶ (*auch in der Musik*) schlagen ❷ dreschen *Getreide;* schmieden *Eisen;* [aus]klopfen *Teppich, Matratze* ❸ schlagen *Eiweiß, Creme;* verquirlen *Ei* ❹ **battre la campagne** die Gegend durchkämmen ❺ (*ein Geräusch machen*) schlagen; *Fensterladen:* klappern; **battre contre les volets** *Regen:* gegen die Fensterläden trommeln ❻ **battre des ailes** mit den Flügeln schlagen; **battre des mains** in die Hände klatschen ❼ **se battre [contre quelqu'un]** [mit jemandem] kämpfen ❽ **se battre avec quelqu'un** sich mit jemandem streiten ❾ **se battre pour quelque chose** für etwas kämpfen [*oder* streiten]
battu, battue [baty] (*besiegt*) geschlagen

la **battue** [baty] ❶ die Suchaktion ❷ (*Jagd*) die Treibjagd
le **baume** [bom] der Balsam
les **baux** *(männlich)* [bo] →**bail**
la **bauxite** [boksit] das Bauxit
le **bavard** [bavaʀ] der Schwätzer
bavard, bavarde [bavaʀ, bavaʀd] ❶ redselig ❷ (*indiskret*) geschwätzig
le **bavardage** [bavaʀdaʒ] ❶ das Schwatzen ❷ (*sinnlos*) das Gerede
la **bavarde** [bavaʀd] die Schwätzerin
bavarder [bavaʀde] schwatzen
le **bavarois** [bavaʀwa] (*Mundart*) Bairisch
le **Bavarois** [bavaʀwa] der Bayer
bavarois, bavaroise [bavaʀwa, bavaʀwaz] bay[e]risch; *Mundart* bairisch
la **Bavaroise** [bavaʀwaz] die Bayerin
la **bave** [bav] ❶ *eines Säugetiers* der Geifer; *einer Schnecke* der Schleim ❷ *eines Babys* der Speichel, der Sabbel
baver [bave] ❶ geifern ❷ *Schnecke:* Schleim absondern ❸ *Füller:* auslaufen
la **bavette** [bavɛt] (*für Babys*) das Lätzchen
baveux, baveuse [bavø, bavøz] ❶ *Baby, Tier* sabbernd ❷ *Schnecke* schleimig ❸ *Omelett* glibberig, nicht ganz gar
la **Bavière** [bavjɛʀ] Bayern
le **bavoir** [bavwaʀ] der Latz
la **bavure** [bavyʀ] (*Fehler*) der Irrtum, der Schnitzer
le **bazar** [bazaʀ] ❶ (*im Orient*) der Basar ❷ (*Geschäft*) der Billigladen ❸ (*umgs.: Unordnung*) der/das Kuddelmuddel
bazarder [bazaʀde] (*umgs.*) wegschmeißen
B.C.B.G. [besebeʒe] *Abkürzung von* **bon chic bon genre** chic und gestylt
la **BCE** [beseø] *Abkürzung von* **Banque centrale européenne** die EZB
béant, béante [beã, beãt] *Abgrund* gähnend; *Wunde* klaffend
béat, béate [bea, beat] *Aussehen, Lächeln* glückselig
la **béatitude** [beatityd] die Glückseligkeit
le **beau** [bo] das Schöne ▸ **faire le beau** Männchen machen; **se mettre au beau** *Wetter:* schön werden
beau, belle [bo, bɛl] <*Plural der männl. Form:* beaux> schön; **un beau garçon** ein schöner Junge; **un bel acteur** ein schöner Schauspieler; **une belle fille** ein schönes Mädchen; **il fait beau** es ist schön [*oder* schönes Wetter], das Wetter ist schön ▸ **bel et bien** tatsächlich; **elle a beau dire, ce n'est pas si mal que ça** sie kann sagen, was sie will, aber so schlecht ist es nicht; **se faire**

beau sich fein machen; **de plus belle** umso schlimmer; **en apprendre de belles** schöne Sachen über jemanden/etwas hören

G Die männliche Singularform **bel** steht an Stelle von *beau* vor Vokalen oder stummem h: *un beau costume – ein schöner Anzug; un bel oiseau – ein schöner Vogel; ce bel homme – dieser schöne Mann.*

beaucoup [boku] ❶ (*große Menge*) viel; **manger/lire beaucoup** viel essen/lesen; **beaucoup d'argent/de sucre** viel Geld/Zucker; **avoir beaucoup à faire** viel zu tun haben; **beaucoup trop** viel zu viel ❷ (*große Anzahl*) **beaucoup d'enfants/de touristes** viele Kinder/Touristen; **beaucoup d'arbres** viele Bäume ❸ (*in großem Maße*) **ça m'a beaucoup plu** das hat mir sehr gut gefallen ❹ (*zahlreiche Leute*) viele; **beaucoup pensent comme vous** viele denken wie ihr ❺ (*bei Vergleichen*) **beaucoup plus rapide que ...** viel schneller als ...
le **beau-fils** [bofis] <*Plural:* beaux-fils> ❶ der Schwiegersohn ❷ (*Sohn des Ehepartners*) der Stiefsohn
le **beau-frère** [bofʀɛʀ] <*Plural:* beaux-frères> der Schwager
le **beau-père** [bopɛʀ] <*Plural:* beaux-pères> ❶ der Schwiegervater ❷ (*Ehepartner der Mutter*) der Stiefvater
la **beauté** [bote] die Schönheit
les **beaux-arts** *(männlich)* [bozaʀ] die schönen Künste
les **beaux-enfants** *(männlich)* [bozãfã] die Stiefkinder
les **beaux-parents** *(männlich)* [bopaʀã] die Schwiegereltern
le **bébé** [bebe] das Baby
le **bec** [bɛk] ❶ der Schnabel ❷ **le bec verseur** die Tülle ▸ **clouer le bec à quelqu'un** *Person:* jemandem den Mund stopfen; *Sache:* jemandem die Sprache verschlagen
la **bécasse** [bekas] ❶ die Schnepfe, die Waldschnepfe ❷ (*umgs.: Schimpfwort*) die [blöde] Schnepfe
la **bêche** [bɛʃ] der Spaten
bêcher [beʃe] umgraben
bécoter [bekɔte] (*umgs.*) ❶ [ab]knutschen ❷ **se bécoter** knutschen
becqueter [bɛkte] <*wie rejeter; siehe Verbtabelle ab S. 1055*> ❶ *Vogel:* picken ❷ aufpicken *Körner*
becter [bɛkte] (*umgs.*) *Person:* futtern
la **bédé** [bede] (*umgs.*) der Comic; **lire des bédés** Comics lesen

> Mit *tt* schreiben sich
> – die stammbetonten Formen wie *ils becquettent* sowie
> – die auf der Basis der Grundform *becqueter* gebildeten Formen, z. B. *ils becquetteront* und *il becquetterait*.

le **beefsteak** [⚠ biftɛk] das Beefsteak
le **beffroi** [befʀwa] der Wach[t]turm; *einer Kirche* der Turm
le **bégaiement** [⚠ begɛmɑ̃] das Stottern
bégayer [begeje] <*wie* essayer; *siehe Verbtabelle ab S. 1055*> ❶ stottern ❷ stammeln *Entschuldigung*

> Einige Formen dieses Verbs schreiben sich mit *y*, andere mit *i*.
> Direkt vor einer betonten Endungssilbe steht immer ein *y*, z. B. in *nous bégayons* und *ils bégayaient*.
> Vor einem unbetonten *e* können *i* oder *y* stehen, z. B. in *je bégaie* oder *je bégaye*.

le **bégonia** [begɔnja] die Begonie
bègue [bɛg] stotternd; **être bègue** stottern
le **bègue** [bɛg] der Stotterer
la **bègue** [bɛg] die Stotterin
beige [bɛʒ] beige, beigefarben
le **beige** [bɛʒ] das Beige
le **beignet** [bɛɲɛ] der Krapfen, die Buchtel Ⓐ
bel [bɛl] →**beau**
bêler [bele] *Schaf:* blöken; *Ziege:* meckern
la **belette** [bəlɛt] das Wiesel
belge [bɛlʒ] belgisch
le **Belge** [bɛlʒ] der Belgier
la **Belge** [bɛlʒ] die Belgierin
le **belgicisme** [bɛlʒisism] in Belgien gebräuchlicher Ausdruck
la **Belgique** [bɛlʒik] Belgien; **vivre en Belgique** in Belgien leben; **aller en Belgique** nach Belgien fahren
Belgrade [bɛlgʀad] Belgrad
le **bélier** [belje] der Widder
le **Bélier** [belje] (*in der Astrologie*) der Widder; **être Bélier** [ein] Widder sein
belle [bɛl] →**beau**
la **belle** [bɛl] ❶ (*Person*) die Schöne ❷ (*im Sport*) das Entscheidungsspiel
la **belle-fille** [bɛlfij] <*Plural:* belles-filles> ❶ die Schwiegertochter ❷ (*Tochter des Ehepartners*) die Stieftochter
la **belle-mère** [bɛlmɛʀ] <*Plural:* belles-mères> ❶ die Schwiegermutter ❷ (*Ehepartnerin des Vaters*) die Stiefmutter
la **belle-sœur** [bɛlsœʀ] <*Plural:* belles-sœurs> die Schwägerin
belligérant, belligérante [beliʒeʀɑ̃, beliʒeʀɑ̃t] Krieg führend
les **belligérants** *(männlich)* [beliʒeʀɑ̃] die Krieg führenden Mächte
belliqueux, belliqueuse [belikø, belikøz] ❶ *Volk, Stamm* kriegerisch ❷ *Person* streitsüchtig
la **belote** [bəlɔt] *französisches Kartenspiel, das dem Schafkopf ähnelt*
le **belvédère** [bɛlvedɛʀ] (*Gebäude*) der Aussichtsturm
le **bémol** [bemɔl] (*in der Musik*) das b, das Erniedrigungszeichen; **le si bémol** das b; **en si bémol majeur** in B-Dur
la **bénédiction** [benediksjɔ̃] der Segen
le **bénéfice** [benefis] ❶ der Profit ❷ (*Nutzen*) der Vorteil
le **bénéficiaire** [benefisjɛʀ] ❶ der Empfänger ❷ Ⓒ*einer Altersrente* der Bezieher, der Bezüger Ⓒ
la **bénéficiaire** [benefisjɛʀ] ❶ die Empfängerin ❷ Ⓒ*einer Altersrente* die Bezieherin, die Bezügerin Ⓒ
bénéficier [benefisje] <*wie* apprécier; *siehe Verbtabelle ab S. 1055*> **bénéficier d'une réduction** in den Genuss einer Ermäßigung kommen
bénéfique [benefik] günstig
le **bénévolat** [benevɔla] die freiwillige unentgeltliche Tätigkeit
bénévole [benevɔl] *Arbeit* freiwillig und unentgeltlich
le **bénévole** [benevɔl] der [unentgeltlich arbeitende] Freiwillige
la **bénévole** [benevɔl] die [unentgeltlich arbeitende] Freiwillige
bénévolement [benevɔlmɑ̃] freiwillig und unentgeltlich
bénin, bénigne [benɛ̃, ⚠ beniɲ] harmlos; *Tumor* gutartig
le **Bénin** [benɛ̃] Benin
bénir [beniʀ] <*wie* agir; *siehe Verbtabelle ab S. 1055*> segnen

> Bei einigen Formen des Verbs ist der Stamm um *-iss-* erweitert, etwa bei *nous bénissons, il bénissait* oder *en bénissant*.

bénit, bénite [beni, benit] geweiht
le **bénitier** [benitje] das Weihwasserbecken
le **benjamin** [⚠ bɛ̃ʒamɛ̃] der Jüngste, der Benjamin
la **benjamine** [⚠ bɛ̃ʒamin] die Jüngste
la **benne** [bɛn] ❶ der Kübel ❷ *eines LKW* die Kippermulde, die Mulde
la **benzine** [bɛ̃zin] das Waschbenzin
le **BEPC** [beøpese] *Abkürzung von* **brevet**

> **F** Nicht verwechseln mit dem Kraftstoff *das Benzin – l'essence!*

d'études du premier cycle ≈ die mittlere Reife
béqueter [bekte] →**becqueter**
la **béquille** [bekij] ❶ die Krücke ❷ (*an Motorrädern, Fahrrädern*) der Ständer
berbère [bɛʀbɛʀ] berberisch, Berber-
le **berbère** [bɛʀbɛʀ] Berberisch; *siehe auch* **allemand**
le **Berbère** [bɛʀbɛʀ] der Berber
la **Berbère** [bɛʀbɛʀ] die Berberin
le **berceau** [bɛʀso] <*Plural:* berceaux> die Wiege
bercer [bɛʀse] <*wie* commencer; *siehe Verbtabelle ab S. 1055*> wiegen, hin und her wiegen

> **Ü** Vor *a* und *o* steht statt *c* ein *ç*, z. B. in *nous berçons, il berçait* und *en berçant*.

la **berceuse** [bɛʀsøz] das Wiegenlied
berçons [bɛʀsõ] →**bercer**
le **béret** [beʀɛ] das Barett; **le béret [basque]** die Baskenmütze
la **berge** [bɛʀʒ] das Ufer ▸ **avoir quarante berges** (*umgs.*) vierzig Lenze alt sein
le **berger** [bɛʀʒe] ❶ der Schäfer ❷ (*Hund*) der Schäferhund; **le berger allemand** der Deutsche Schäferhund
la **bergère** [bɛʀʒɛʀ] die Schäferin
la **bergerie** [bɛʀʒəʀi] der Schafstall
Berlin [bɛʀlɛ̃] Berlin
la **berline** [bɛʀlin] die Limousine
le **berlingot** [bɛʀlɛ̃go] ❶ tetraederförmiges, buntes Frucht- oder Gewürzbonbon ❷ (*Verpackung*) der Tetrapak
le **Berlinois** [bɛʀlinwa] der Berliner
berlinois, berlinoise [bɛʀlinwa, bɛʀlinwaz] *Künstler, Zeitung, Sehenswürdigkeit, Viertel* Berliner; *Waren, Produkte aus Berlin*
la **Berlinoise** [bɛʀlinwaz] die Berlinerin
Berne [bɛʀn] Bern
berner [bɛʀne] zum Narren halten
la **besogne** [bəzɔɲ] die Arbeit ▸ **aller vite en besogne** voreilig sein
le **besoin** [bəzwɛ̃] das Bedürfnis; **les besoins financiers** die finanziellen Bedürfnisse; **le besoin de sommeil** das Bedürfnis nach Schlaf; **avoir besoin de lumière** Licht brauchen; **avoir besoin de parler à quelqu'un** mit jemandem reden müssen ▸ **être dans le besoin** Not leiden; **au besoin** bei Bedarf; **dans le besoin** Not leidend
bestial, bestiale [bɛstjal] <*Plural der männl. Form:* bestiaux> bestialisch; *Instinkt* tierisch
la **bestialité** [bɛstjalite] die Bestialität
bestiaux [bɛstjo] →**bestial**
les **bestiaux** (*männlich*) [bɛstjo] das Vieh

> **V** Der Plural *les bestiaux* wird mit einem Singular übersetzt: *les bestiaux sont en parfaite santé – das Vieh ist kerngesund*.

la **bestiole** [bɛstjɔl] (*umgs.*) das Tierchen
le **best-seller** [bɛstsɛlœʀ] <*Plural:* best-sellers> der Bestseller
le **bétail** [betaj] das Vieh
bête [bɛt] dumm ▸ **c'est tout bête** das ist ganz einfach
la **bête** [bɛt] ❶ das Tier ❷ **les bêtes** (*Nutztiere*) das Vieh; (*Schädlinge*) das Ungeziefer ❸ (*Schrecken erregender Mensch*) die Bestie ❹ (*umgs.: Dummkopf*) **grande/grosse bête!** du Dussel!; **faire la bête** sich dumm stellen ▸ **chercher la petite bête** immer ein Haar in der Suppe finden
bêtement [bɛtmã] dummerweise
la **bêtise** [betiz] ❶ die Dummheit ❷ **dire une bêtise/des bêtises** Unsinn reden ❸ **se disputer pour une bêtise** sich wegen einer Lappalie streiten
béton [betõ] (*verlan*) **laisse béton!** vergiss es!
le **béton** [betõ] der Beton
bétonner [betɔne] betonieren
la **bétonnière** [betɔnjɛʀ] der Betonmischer
la **bette** [bɛt] der Mangold
la **betterave** [bɛtʀav] die Rübe; **la betterave rouge** die Rote Bete
◆ la **betterave à sucre** die Zuckerrübe
le **beuglement** [bøgləmã] *einer Kuh* das Muhen; *eines Kalbes* das Blöken; *eines Bullen* das Brüllen
beugler [bøgle] *Kuh:* muhen; *Bulle:* brüllen
le **beur** [bœʀ] (*umgs.*) in Frankreich geborener Sohn maghrebinischer Einwanderer
la **beur** [bœʀ], la **beure** [bœʀ], la **beurette** [bœʀɛt] (*umgs.*) in Frankreich geborene Tochter maghrebinischer Einwanderer
le **beurre** [bœʀ] ❶ die Butter ❷ **le petit beurre** der Butterkeks
beurré, beurrée [bœʀe] **la tartine beurrée** das Butterbrot ▸ **être complètement beurré(e)** (*umgs.*) völlig blau sein
beurrer [bœʀe] ❶ mit Butter bestreichen *Schnitte* ❷ buttern *Backform*
le **beurrier** [bœʀje] die Butterdose
la **beuverie** [bøvʀi] das Trinkgelage
la **bévue** [bevy] der [grobe] Fehler

L Mit *beur* und den weiblichen Formen *beur, beure* oder *beurette* werden die Kinder der Einwanderer aus den ehemaligen französischen Kolonien Tunesien, Algerien und Marokko bezeichnet. Die Betroffenen selbst verwenden diese Bezeichnungen auch und empfinden sie nicht als abwertend. Die Jugendkultur – besonders Musik, Film und Theater – wird von diesen französischen Staatsbürgerinnen und -bürgern arabischer Herkunft stark beeinflusst. Das kann man zum Beispiel am *raï* sehen, der sehr populären Musikrichtung nordafrikanischen Ursprungs.

le **biais** [bjɛ] ❶ (*Aspekt*) die Seite ❷ (*Kunstgriff*) der Umweg ▸ **de biais** schräg; **par le biais de quelqu'un** (*durch jemanden*) auf dem Umweg über jemanden
biaiser [bjeze] ausweichen
le **bibelot** [biblo] die Nippfigur; **les bibelots** die Nippes, die Nippsachen
le **biberon** [bibʀõ] das Fläschchen, das Babyfläschchen
la **Bible** [bibl] die Bibel
la **bibliographie** [biblijɔgʀafi] die Bibliografie
le **bibliothécaire** [biblijɔtekɛʀ] der Bibliothekar
la **bibliothécaire** [biblijɔtekɛʀ] die Bibliothekarin
la **bibliothèque** [biblijɔtɛk] ❶ die Bibliothek; (*öffentlich*) die Bücherei ❷ (*Möbelstück*) das Bücherregal
 ◆ la **bibliothèque en ligne** die Onlinebibliothek
biblique [biblik] biblisch
le **biceps** [bisɛps] der Bizeps
la **biche** [biʃ] die Hirschkuh
bichonner [biʃɔne] ❶ verhätscheln, hätscheln ❷ auf Hochglanz bringen *Auto* ❸ **se bichonner** sich herausputzen
bicolore [bikɔlɔʀ] zweifarbig
le **bicross**® [bikʀɔs] <*Plural:* bicross> ❶ das BMX-Rad, das BMX; (*geländegängiges Rad*) das Mountainbike ❷ **faire du bicross** Mountainbike fahren
la **bicyclette** [bisiklɛt] das Fahrrad, das Rad; **faire de la bicyclette** Rad fahren
le **bidet** [bidɛ] das Bidet
le **bidon** [bidõ] ❶ der Kanister; (*für Milch*) die Kanne ❷ (*umgs.: Bauch*) die Wampe ▸ **c'est du bidon** das ist Schwindel; **c'est pas du bidon** das ist nicht geschwindelt
bidonner [bidɔne] (*umgs.*) **se bidonner** sich schieflachen
le **bidonville** [bidõvil] das Elendsviertel, der Slum
le **bidule** [bidyl] (*umgs.*) das Dings, das Dings-bums
la **bielle** [bjɛl] *eines Autos* die Pleuelstange, der Pleuel
bien¹ [bjɛ̃] ❶ gut; **conduire bien** gut Auto fahren; **on mange bien ici** hier isst man gut; **je vais bien** es geht mir gut; **j'en suis bien content(e)** ich freue mich sehr darüber; **il a bien du mal à faire cela** es fällt ihm sehr schwer, das zu tun; **on a bien ri** wir haben viel [*oder* sehr] gelacht; **c'est bien mieux** das ist viel besser; **bien assez** mehr als genug; **je veux bien, merci!** gern, danke! ❸ (*nicht falsch*) **elle a bien agi** sie hat richtig gehandelt; **tu ferais bien de me le dire** du sagst es mir wohl besser ❹ **bien des gens** viele Leute ❺ **cet homme a bien cinquante ans** dieser Mann ist gut [und gerne] fünfzig Jahre alt ❻ (*tatsächlich*) wirklich ❼ (*letztlich*) schon ❽ (*freundlicherweise*) **il a bien voulu nous recevoir** er war so nett, uns zu empfangen; **je vous prie de bien vouloir vérifier cela** ich bitte Sie, das zu [über]prüfen ❾ (*unzweifelhaft*) [sehr] wohl; (*ganz sicher*) bestimmt ❿ (*bezeichnend*) **c'est bien toi** das ist typisch für dich ▸ **ou bien** oder [lieber]; **bien plus** schlimmer noch; **tant bien que mal** mehr schlecht als recht
bien² [bjɛ̃] ❶ (*nicht schlecht*) **être bien** gut sein; **ces gants sont bien** diese Handschuhe sind gut ❷ (*angenehm*) **se sentir bien** sich wohl fühlen; **être bien** es bequem haben; **être bien avec quelqu'un** sich gut mit jemandem verstehen ❸ (*hübsch*) **elle est bien** sie sieht gut aus ❹ (*sympathisch*) nett ❺ (*wie es sich gehört*) anständig
le **bien** [bjɛ̃] ❶ das Gut ❷ (*materieller Besitz*) das Eigentum ❸ **le bien général** das [All]gemeinwohl ❹ (*ethisch*) **le bien et le mal** das Gute und das Böse, Gut und Böse
la **bienfaisance** [bjɛ̃fəzɑ̃s] die Wohltätigkeit
bienfaisant, bienfaisante [bjɛ̃fəzɑ̃, bjɛ̃fəzɑ̃t] ❶ wohltätig ❷ *Klima, Regen* wohltuend
le **bienfait** [bjɛ̃fɛ] ❶ die Wohltat ❷ **les bienfaits** *einer Behandlung* die wohltuende Wirkung

V In ❷ wird der Plural *les bienfaits* mit einem Singular übersetzt: *les bienfaits de ce traitement* **sont** *sensationnels* – die wohltuende Wirkung dieser Behandlung **ist** sensationell.

le **bienfaiteur** [bjɛ̃fɛtœʀ] der Wohltäter
la **bienfaitrice** [bjɛ̃fɛtʀis] die Wohltäterin

bienheureux, bienheureuse [bjɛ̃nœRø, bjɛ̃nœRøz] *Person* selig
bien que [bijɛkə] obwohl; **bien qu'il soit malade** obwohl er krank ist

> **G** Nach *bien que* steht immer der Subjonctif.

la **bienséance** [bjɛ̃seɑ̃s] der Anstand
bientôt [bjɛ̃to] bald; **à bientôt!** bis bald!
la **bienveillance** [bjɛ̃vɛjɑ̃s] das Wohlwollen
bienvenu, bienvenue [bjɛ̃v(ə)ny] willkommen
le **bienvenu** [bjɛ̃v(ə)ny] **être le bienvenu** willkommen sein
la **bienvenue¹** [bjɛ̃v(ə)ny] **être la bienvenue** willkommen sein
la **bienvenue²** [bjɛ̃v(ə)ny] ❶ **souhaiter la bienvenue à quelqu'un** jemanden [herzlich] willkommen heißen ❷ ⓒⒶⓃ **bienvenue!** (*umgs.*) [ist] schon gut!
la **bière** [bjɛR] das Bier; **la bière blonde/brune** das helle/dunkle Bier; **la bière [à la] pression** das Bier vom Fass
biffer [bife] wegstreichen, streichen
le **bifteck** [biftɛk] das Beefsteak, das Steak
la **bifurcation** [bifyRkasjɔ̃] die Gabelung
bifurquer [bifyRke] ❶ *Straße:* sich gabeln ❷ **le camion a bifurqué à droite** der LKW ist nach rechts abgebogen
bigarré, bigarrée [bigaRe] *Gewebe* grellbunt gemustert, grellbunt
bigot, bigote [bigo, bigɔt] bigott
le **bigot** [bigo] der Frömmler
la **bigote** [bigɔt] die Frömmlerin
le **bigoudi** [bigudi] der Lockenwickler
le **bijou** [biʒu] <*Plural:* bijoux> ❶ das Schmuckstück; **les bijoux** der Schmuck ❷ (*Meisterwerk*) das Kleinod

> **V** In ❶ wird der Plural *les bijoux* mit einem Singular übersetzt: *ces bijoux sont très précieux – dieser Schmuck ist sehr wertvoll.*

la **bijouterie** [biʒutRi] das Juweliergeschäft
le **bijoutier** [biʒutje] der Juwelier
la **bijoutière** [biʒutjɛR] die Juwelierin
le **bilan** [bilɑ̃] ⚠ *männlich* ❶ die Bilanz ❷ **déposer le bilan** Konkurs anmelden
  ◆ le **bilan de santé** die allgemeine Vorsorgeuntersuchung
la **bile** [bil] die Galle
bilingue [bilɛ̃g] zweisprachig
le **billard** [bijaR] das Billard
la **bille** [bij] die Murmel
le **billet** [bijɛ] ❶ die Eintrittskarte ❷ der Fahrschein; **le billet aller** die einfache Fahrkarte; **le billet aller-retour** die Rückfahrkarte ❸ (*Banknote*) der Schein; **le billet de banque** der Geldschein; **le billet de cent euros** der Hunderteuroschein ❹ (*Lottoschein*) das Los
  ◆ le **billet d'autobus** der Busfahrschein
  ◆ le **billet d'avion** das Flugticket
  ◆ le **billet de train** die Zugfahrkarte
la **billetterie** [bijɛtRi] ❶ der Geldautomat ❷ la **billetterie automatique** der Fahrkartenautomat
bimensuel, bimensuelle [bimɑ̃sɥɛl] **être bimensuel** *Zeitschrift:* zweimal im Monat erscheinen
bimestriel, bimestrielle [bimɛstRijɛl] **être bimestriel** *Zeitschrift:* alle zwei Monate erscheinen
bimoteur [bimɔtœR] *Flugzeug, Schiff* zweimotorig
binaire [binɛR] binär
bio ❶ **les produits bio** die Bioprodukte ❷ **manger bio** Bioprodukte essen
le **biocarburant** [bjokaRbyRɑ̃] der Biokraftstoff
la **biochimie** [bjoʃimi] die Biochemie
le **biocombustible** [bjokɔ̃bystibl] der Biotreibstoff
biodégradable [bjodegRadabl] biologisch abbaubar
la **biographie** [bjɔgRafi] die Biografie
biographique [bjɔgRafik] biografisch
la **bioindustrie** [bjoɛ̃dystRi] *Zweig der chemischen und pharmazeutischen Industrie, der Mikroorganismen zur Umwandlung von organischen Substanzen erforscht und benutzt*
la **biologie** [bjɔlɔʒi] die Biologie
biologique [bjɔlɔʒik] biologisch; **les aliments biologiques** die Naturkost
le **biologiste** [bjɔlɔʒist] der Biologe
la **biologiste** [bjɔlɔʒist] die Biologin
le **biorythme** [bjɔRitm] der Biorhythmus
la **biosphère** [bjɔsfɛR] die Biosphäre
la **biotechnique** [bjotɛknik] die Biotechnik
la **biotechnologie** [bjotɛknɔlɔʒi] die Biotechnologie
le **bip** [bip] **le bip sonore** der Pfeifton
bis [bis] ❶ **bis!** Zugabe! ❷ (*bei Hausnummern*) **n° 12 bis** Nr. 12a
bis, bise [⚠ bi, biz] graubraun
biscornu, biscornue [biskɔRny] bizarr
la **biscotte** [biskɔt] der Zwieback
le **biscuit** [biskɥi] ❶ der Keks ❷ (*Kuchen*) das/der Biskuit, der Biskuitkuchen
la **bise¹** [biz] der kalte Nordwind

la **bise**[2] [biz] (*umgs.*) das Küsschen; **se faire la bise** sich Küsschen geben; **grosses bises!** viele Grüße und Küsse!

> **L** Das Küsschen auf die Wange gehört in Frankreich zur Begrüßung und Verabschiedung dazu – vorausgesetzt, man kennt sich und ist miteinander vertraut. Unter Verwandten ist es selbstverständlich. Auch Männer begrüßen sich mitunter mit einer *bise*, verbunden mit einer Umarmung; in der Regel geben sie sich aber die Hand.

le **biseau** [bizo] <*Plural:* biseaux> die [abgeschrägte] Kante
le **bison** [bizõ] der Bison
bisser [bise] **bisser un musicien** von einem Musiker eine Zugabe fordern
bissextile [bisɛkstil] **l'année bissextile** das Schaltjahr
le **bistouri** [bisturi] das Skalpell
le **bistro**, le **bistrot** [bistʀo] (*umgs.*) die Kneipe

> **L** Ein *bistro* ist ein kleines Lokal, dessen typische Einrichtung aus dem Zinktresen, kleinen Marmortischen und leichten Bistrostühlen besteht. Die Auswahl an Speisen ist begrenzt, und die Gerichte sind recht einfach.

le **bit** [bit] (*in der Informatik*) das Bit
le **bitume** [bitym] der Asphalt
bizarre [bizaʀ] seltsam
bizarrement [bizaʀmã] seltsam
la **bizarrerie** [⚠ bizaʀʀi] *eines Menschen* die seltsame Art; *einer Idee* die Eigenartigkeit
blafard, blafarde [blafaʀ, blafaʀd] *Teint* bleich; *Licht* fahl
la **blague** [blag] (*umgs.*) ❶ der Witz ❷ (*Schabernack*) der Streich ▶ **sans blague!** im Ernst!
blaguer [blage] Witze machen
le **blagueur** [blagœʀ] der Spaßvogel
la **blagueuse** [blagøz] der Spaßvogel
le **blaireau** [blɛʀo] <*Plural:* blaireaux> ❶ der Dachs ❷ (*zum Rasieren*) der Rasierpinsel
blâmable [blamabl] tadelnswert
le **blâme** [blam] der Tadel, die Rüge; (*offiziell*) der Verweis
blâmer [blame] ❶ **blâmer quelqu'un** jemanden tadeln; (*offiziell*) jemandem einen Verweis erteilen ❷ tadeln *Verhalten, Benehmen*

> **F** Nicht verwechseln mit *jemanden blamieren* – **faire** °**honte à quelqu'un!**

le **blanc** [blã] ❶ das Weiß; **en blanc** in Weiß ❷ (*in Texten*) der Leerschritt, der Wortzwischenraum ❸ die weiße Wäsche, das Weiße ❹ (*Wein*) der Weiße ❺ **le blanc de l'œil** das Weiße im Auge
◆ le **blanc d'œuf** das Eiweiß
◆ le **blanc de poulet** die Hähnchenbrust
blanc, blanche [blã, blãʃ] ❶ weiß ❷ *Stimmzettel* leer; *Blatt* unbeschrieben ❸ **l'examen blanc** die Probeklausur
le **Blanc** [blã] der Weiße
blanchâtre [blãʃatʀ] weißlich
blanche [blãʃ] → **blanc**
la **blanche** [blãʃ] (*in der Musik*) die halbe Note
la **Blanche** [blãʃ] die Weiße
le **blancheur** [blãʃœʀ] das Weiß
le **blanchiment** [blãʃimã] ❶ *einer Mauer* das Weißen ❷ (*übertragen*) **le blanchiment d'argent** die Geldwäsche
blanchir [blãʃiʀ] <*wie* agir; *siehe Verbtabelle ab S. 1055*> ❶ weiß machen; weißen *Mauer* ❷ waschen *Geld* ❸ blanchieren *Gemüse*

> **G** Bei einigen Formen des Verbs ist der Stamm um -*iss*- erweitert, etwa bei *nous blanchissons, il blanchissait* oder *en blanchissant*.

la **blanchisserie** [blãʃisʀi] die Wäscherei
blasé, blasée [blaze] gelangweilt, übersättigt

> **F** Nicht verwechseln mit *blasiert* – °*hautain(e)*!

le **blasé** [blaze] der gelangweilte [*oder* übersättigte] Mensch
la **blasée** [blaze] der gelangweilte [*oder* übersättigte] Mensch
le **blason** [blazõ] das Wappen
blasphémer [blasfeme] <*wie* préférer; *siehe Verbtabelle ab S. 1055*> Gott lästern

> **Ü** Nur die stammbetonten Formen schreiben sich mit ê, z. B. *je blasphème* oder *ne blasphème pas!*

le **blé** [ble] ❶ der Weizen ❷ (*umgs.: Geld*) die Knete
le **bled** [⚠ blɛd] (*abwertend umgs.*) das Kaff
blême [blɛm] *Gesicht* bleich
blêmir [blemiʀ] <*wie* agir; *siehe Verbtabelle ab S. 1055*> bleich werden; **elle a blêmi de rage** sie ist vor Wut bleich geworden

> **G** Bei einigen Formen des Verbs ist der Stamm um -*iss*- erweitert, etwa bei *nous blêmissons, il blêmissait* oder *en blêmissant*.

le **blessé** [blese] der Verletzte
blessé, blessée [blese] verletzt
la **blessée** [blese] die Verletzte

blesser [blese] ❶ (*verwunden, kränken*) verletzen ❷ **ses chaussures le blessent** seine Schuhe drücken [ihn] ❸ **se blesser** sich verletzen

la **blessure** [blesyʀ] (*Wunde, Kränkung*) die Verletzung

le **bleu** [blø] ❶ das Blau; **le bleu ciel** das Himmelblau; **le bleu foncé** das Dunkelblau ❷ (*Verletzung*) der blaue Fleck ❸ (*Käse*) der Blauschimmelkäse ❹ (*im Sport*) **les bleus** die französische Nationalmannschaft ❺ (*Arbeitskleidung*) der Blaumann; **le bleu de travail** der blaue Arbeitsanzug

bleu, bleue [blø] ❶ blau ❷ *Steak* englisch

bleuâtre [bløatʀ] bläulich

le **bleuet** [bløɛ] die Kornblume

bleuir [⚠ bløiʀ] <*wie* agir; *siehe Verbtabelle ab S. 1055*> ❶ **avoir les mains toutes bleuies par le froid** von der Kälte ganz blaue Hände haben ❷ *Gesicht:* blau anlaufen

> ⓖ Bei einigen Formen des Verbs ist der Stamm um *-iss-* erweitert, etwa bei *nous bleuissons, il bleuissait* oder *en bleuissant*.

le **blindé** [blɛ̃de] der Panzer

blindé, blindée [blɛ̃de] gepanzert

blinder [blɛ̃de] panzern *Fahrzeug, Tür*

le **bloc** [blɔk] der Block ▸ **en bloc** im Ganzen
 ◆ **le bloc de l'Est** der Ostblock

le **blocage** [blɔkaʒ] ❶ *von Bremsen, Reifen* das Blockieren; *einer Tür* das Versperren ❷ **le blocage des prix** der Preisstopp; **le blocage des salaires** der Gehaltsstopp; **le blocage du crédit** die Kreditsperre ❸ (*seelisch*) die Blockierung

le **bloc-cuisine** [blɔkkɥizin] <*Plural:* blocs-cuisines> die Küchenzeile

le **bloc-notes** [blɔknɔt] <*Plural:* blocs-notes> der Notizblock

le **blocus** [⚠ blɔkys] die Blockade

le **blog** [blɔg] (*in der Informatik*) das Blog

le **blogueur** [blɔgœʀ] (*in der Informatik*) der Blogger

la **blogueuse** [blɔgøz] (*in der Informatik*) die Bloggerin

le **blond** [blɔ̃] ❶ (*Farbe*) das Blond; **le blond cendré** das Aschblond ❷ (*Person*) der Blonde

blond, blonde [blɔ̃, blɔ̃d] ❶ blond ❷ *Bier, Tabak* hell

la **blonde** [blɔ̃d] ❶ die Blonde, die Blondine ❷ das helle Bier ❸ die Zigarette aus hellem Tabak

blondir [blɔ̃diʀ] <*wie* agir; *siehe Verbtabelle ab S. 1055*> Haare: blond werden

bloquer [blɔke] ❶ blockieren *Durchgang,* Straße, Tür; **être bloqué(e) dans l'ascenseur** im Fahrstuhl festsitzen ❷ sperren *Konto* ❸ zum Stocken bringen *Verhandlungen* ❹ zusammenlegen *Urlaubstage* ❺ stoppen *Ball* ❻ **se bloquer** *Mechanismus:* klemmen; *Räder, Bremsen:* blockieren; *Computerprogramm:* abstürzen

> ⓖ Bei einigen Formen des Verbs ist der Stamm um *-iss-* erweitert, etwa bei *ils blondissaient* oder *en blondissant*.

blottir [blɔtiʀ] <*wie* agir; *siehe Verbtabelle ab S. 1055*> **se blottir contre quelqu'un** (*zärtlich*) sich an jemanden kuscheln; (*verängstigt*) sich an jemanden drücken; **se blottir dans un coin** sich in eine Ecke kuscheln

> ⓖ Bei einigen Formen des Verbs ist der Stamm um *-iss-* erweitert, etwa bei *nous nous blottissons, il se blottissait* oder *en se blottissant*.

la **blouse** [bluz] der Kittel, der Arbeitskittel

la blouse

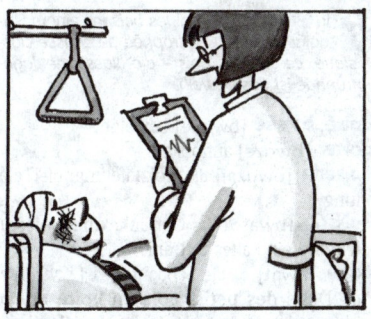

> ⓕ Nicht verwechseln mit *die Bluse – le chemisier!*

le **blouson** [bluzɔ̃] der Blouson ▸ **le blouson noir** der Rocker

le **blue-jean** [bludʒin] die Bluejeans

le **blues** [blus] (*Musik*) der Blues ▸ **avoir le blues** schwermütig sein

le **bob** [bɔb] (*im Sport*) der Bob

le **bobard** [bɔbaʀ] (*umgs.*) das Lügenmärchen; (*sensationell*) die Räuberpistole

la **bobine** [bɔbin] ❶ die Rolle, die Spule ❷ (*in der Elektrik*) die Spule
 ◆ **la bobine de fil** die Garnrolle

le **bobsleigh** [⚠ bɔbslɛg] der Bob

le **bocal** [bɔkal] <*Plural:* bocaux> das Glas

le **Boche** [bɔʃ] (*umgs. oder abwertend*) aus dem 2. Weltkrieg stammende Bezeichnung für einen Deutschen

la **Boche** [bɔʃ] (*umgs. oder abwertend*) aus dem 2. Weltkrieg stammende Bezeichnung *für eine Deutsche*

le **bœuf** [bœf, *Plural:* ⚠ bø] ❶ der Ochse ❷ (*Fleisch*) das Rindfleisch

bof [bɔf] ach, na ja, pah

le **bogue** [bɔg] (*in der Informatik*) der Programmfehler

bohème [bɔɛm] unkonventionell

la **Bohème** [bɔɛm] Böhmen

le **Bohémien** [bɔemjɛ̃] der Zigeuner

le **Bohémien** [bɔemjɛ̃] der Böhme

la **Bohémienne** [bɔemjɛn] die Zigeunerin

la **Bohémienne** [bɔemjɛn] die Böhmin

boire [bwaʀ] <*siehe Verbtabelle ab S. 1055*> trinken; **boire de l'eau/du jus** Wasser/Saft trinken

le **bois** [bwa] <*Plural:* bois> ❶ das Holz ❷ (*Forst*) der [kleine] Wald ▸ **toucher du bois** auf Holz klopfen

les **bois** (*männlich*) [bwa] ❶ (*in der Musik*) die Holzblasinstrumente ❷ von Tieren das Geweih

> **V** In ❷ wird der Plural *les bois* mit einem Singular übersetzt: *le trophée de chasse classique, ce sont les bois* – die klassische Jagdtrophäe *ist das Geweih*.

boisé, boisée [bwaze] bewaldet

boiser [bwaze] aufforsten

la **boiserie** [bwazʀi] die Holztäfelung, die Täfelung

la **boisson** [bwasõ] das Getränk; **une boisson fraîche** ein kaltes Getränk

la **boîte** [bwat] ❶ die Schachtel ❷ (*Konserve*) die Dose; **des petits pois en boîte** Erbsen in/aus der Dose ❸ **la boîte en plastique** die Plastikdose ❹ (*umgs.: Lokal*) die Disko ❺ (*umgs.: Unternehmen*) der Laden ❻ **la boîte postale** das Postfach ❼ **la boîte noire** der Flugschreiber

◆ la **boîte à gants** das Handschuhfach

◆ la **boîte aux lettres** der Briefkasten

◆ la **boîte aux lettres [électronique]** die Mailbox

◆ la **boîte à outils** der Werkzeugkasten

◆ la **boîte de dialogue** (*in der Informatik*) das Dialogfeld

◆ la **boîte de nuit** der Nachtklub

◆ la **boîte de vitesses** das Schaltgetriebe, das Getriebe

boiter [bwate] *Mensch:* hinken; *Pferd:* lahmen

boiteux, boiteuse [bwatø, bwatøz] *Person* hinkend; *Pferd* lahmend

le **boîtier** [bwatje] das Gehäuse

boitiller [bwatije] leicht hinken

boive [bwav] →**boire**

le **bol** [bɔl] (*groß*) die Schale; (*klein*) das Schälchen ▸ **en avoir ras le bol** (*umgs.*) die Nase voll haben; **avoir du bol** (*umgs.*) Schwein haben

> **L** Eine *bol* ist eine Trinkschale. Dieses typisch französische Geschirr wird vor allem zum Frühstück benutzt.

le **bolide** [bɔlid] der Rennwagen

le **bombardement** [bɔ̃baʀdəmɑ̃] die Bombardierung; **le bombardement aérien** der Luftangriff

bombarder [bɔ̃baʀde] ❶ bombardieren ❷ (*übertragen*) **bombarder quelqu'un de questions** jemanden mit Fragen bombardieren

la **bombe** [bɔ̃b] ❶ die Bombe; **la bombe lacrymogène** die Tränengasgranate; **la bombe atomique** die Atombombe ❷ (*zum Sprühen*) die Spraydose ❸ (*Kopfbedeckung*) die Reitkappe

bombé, bombée [bɔ̃be] gewölbt

bomber [bɔ̃be] ❶ herausstrecken *Brust, Oberkörper* ❷ (*umgs.: malen*) sprayen

bon [bɔ̃] **sentir bon** duften, gut riechen ▸ **il fait bon** es ist schönes Wetter; **il fait bon vivre ici** hier lässt es sich gut leben

le **bon** [bɔ̃] ❶ der Gutschein ❷ (*ethisch*) **le bon** das Gute; **les bons** die Guten ▸ **avoir du bon** seine Vorzüge haben

bon, bonne [bɔ̃, bɔn] <*Komparativ:* meilleur> ❶ gut; **un bon lit** ein gutes Bett; **une bonne soupe** eine gute Suppe; **être très bon** sehr gut schmecken ❷ **être bon en maths** gut in Mathe sein ❸ **ne pas avoir de bonnes fréquentations** keinen guten Umgang haben; **ne pas avoir de bonnes lectures** nichts Anständiges lesen ❹ (*passend, erforderlich*) richtig; **la bonne réponse** die richtige Antwort; **la bonne clé** der richtige Schlüssel; **tous les moyens sont bons** alle Mittel sind recht ❺ **passer de bonnes vacances** einen schönen Urlaub verbringen ❻ (*reichlich*) **une bonne cuillère de sucre** ein gehäufter Löffel Zucker; **une bonne raclée** eine ordentliche Tracht Prügel ❼ **c'est bon à savoir** das ist gut zu wissen ❽ **être bon pour quelque chose** reif für etwas sein ▸ **c'est bon** das tut gut; (*das genügt*) das reicht; **n'être bon à rien** zu nichts zu gebrauchen sein; **à quoi bon?** wozu?

le **bonbon** [bɔ̃bɔ̃] das Bonbon

la **bonbonne** [bɔ̃bɔn] die große bauchige Flasche; (*umflochten*) die Korbflasche

◆ la **bonbonne de gaz** die Gasflasche

le **bond** [bõ] der Sprung, der Satz; **un bond en avant** ein Sprung nach vorn

la **bonde** [bõd] *einer Spüle, Badewanne* der Stöpsel

bondé, bondée [bõde] überfüllt

bondir [bõdiʀ] <*wie* agir; *siehe Verbtabelle ab S. 1055*> springen, hochspringen; **bondir de joie** Freudensprünge machen

Ⓖ Bei einigen Formen des Verbs ist der Stamm um *-iss-* erweitert, etwa bei *nous bondissons, il bondissait* oder *en bondissant*.

le **bonheur** [bɔnœʀ] das Glück ▸ **au petit bonheur [la chance]** auf gut Glück; **porter bonheur à quelqu'un** jemandem Glück bringen; **par bonheur** zum Glück

le **bonhomme** [bɔnɔm] <*Plural:* bonshommes> (*umgs.*) ❶ der [kleine] Mann ❷ (*eher negativ*) der Kerl ❸ (*Zeichnung*) das Männchen, das Strichmännchen
◆ le **bonhomme de neige** der Schneemann

le **boniment** [bɔnimɑ̃] (*umgs.*) *eines Verkäufers* die marktschreierische Reklame

le **bonjour** [bõʒuʀ] ❶ **bonjour!** guten Morgen/guten Tag!; ⒸⒶⓃ einen schönen Tag [noch]! ❷ **donne bien le bonjour à tes parents de ma part!** bestell deinen Eltern einen schönen Gruß von mir!

bonne [bɔn] →**bon**

la **bonne** [bɔn] das Dienstmädchen

bonnement [bɔnmɑ̃] **tout bonnement** ganz einfach

le **bonnet** [bɔnɛ] ❶ die Mütze ❷ *eines BHs* das Körbchen ▸ **un gros bonnet** (*umgs.*) ein hohes Tier
◆ le **bonnet de bain** die Badekappe

les **bonshommes** (*männlich*) [bõzɔm] *Plural von* **bonhomme**

le **bonsoir** [bõswaʀ] **bonsoir!** guten Abend!; (*zum Abschied*) auf Wiedersehen!

la **bonté** [bõte] die Güte

le **bonus** [⚠ bɔnys] der Schadenfreiheitsrabatt

le **boom** [⚠ bum] der Boom

le **bord** [bɔʀ] ❶ der Rand; *eines Tisches, Bürgersteigs* die Kante ❷ *eines Sees, Flusses* das Ufer; **au bord de [la] mer** am Meer ❸ (*bei Schiffen*) **à bord** an Bord; **passer par-dessus bord** über Bord gehen ▸ **plein(e) à ras bord** bis zum Rand gefüllt, randvoll; **virer de bord** *Schiff:* wenden; *Person:* umschwenken

bordeaux [bɔʀdo] <*Plural:* bordeaux> weinrot, bordeauxrot

le **bordeaux** [bɔʀdo] <*Plural:* bordeaux> der

Ⓖ Das Farbadjektiv *bordeaux* ist unveränderlich: *la robe bordeaux – das weinrote Kleid*.

Bordeaux, der Bordeauxwein

le **bordel** [bɔʀdɛl] (*salopp*) ❶ der Puff ❷ (*Unordnung*) der Saustall

border [bɔʀde] ❶ säumen *Fluss, Straße* ❷ **border quelque chose de dentelle** etwas mit Spitze besetzen ❸ zudecken *Kind, Kranken;* **border le lit** ≈ die Bettdecke unter der Matratze feststecken

le **bordereau** [bɔʀdəʀo] <*Plural:* bordereaux> der Schein
◆ le **bordereau d'achat** der Kaufbeleg, der Beleg
◆ le **bordereau de livraison** der Lieferschein

le **bordier** [bɔʀdje] Ⓒⓗ (*Anlieger*) der Anstößer Ⓒⓗ

la **bordure** [bɔʀdyʀ] ❶ die Einfassung, der Rand ❷ (*an einer Kapuze*) der Besatz ❸ **en bordure de mer** am Meer

boréal, boréale [bɔʀeal] <*Plural:* boréaux> nördlich

borgne [bɔʀɲ] einäugig

la **borne** [bɔʀn] ❶ der Grenzstein; **la borne kilométrique** der Kilometerstein ❷ (*übertragen*) **les bornes** die Grenzen; **dépasser les bornes** zu weit gehen; **sans bornes** grenzenlos ❸ (*umgs.: Entfernung*) der Kilometer

borné, bornée [bɔʀne] *Mensch* engstirnig; (*dumm*) beschränkt

borner [bɔʀne] **se borner à quelque chose** sich auf etwas beschränken

le **bosquet** [bɔskɛ] die Baumgruppe

la **bosse** [bɔs] ❶ (*Verletzung*) die Beule ❷ (*Missbildung*) der Buckel ❸ *eines Kamels* der Höcker ❹ (*im Gelände*) der Buckel ▸ **avoir la bosse des maths/de la musique** (*umgs.*) mathematisch/musikalisch begabt sein; **elle a roulé sa bosse** (*umgs.*) sie ist viel herumgekommen

bosser [bɔse] (*umgs.*) arbeiten; (*sehr schwer*) schuften

le **bosseur** [bɔsœʀ] (*umgs.*) das Arbeitstier

la **bosseuse** [bɔsøz] (*umgs.*) das Arbeitstier

le **bossu** [bɔsy] der Bucklige

bossu, bossue [bɔsy] bucklig, buckelig

la **bossue** [bɔsy] die Bucklige

botanique [bɔtanik] botanisch; **le jardin botanique** der botanische Garten

la **botanique** [bɔtanik] die Botanik

le **botaniste** [bɔtanist] der Botaniker

la **botaniste** [bɔtanist] die Botanikerin

la **botte**[1] [bɔt] der Stiefel ▸ **en avoir plein les**

bottes (*umgs.*) die Schnauze voll haben; **lécher les bottes à quelqu'un** vor jemandem kriechen
la **botte**² [bɔt] das Bund; **une botte d'asperges** ein Bund Spargel; **une botte de paille** ein Bund Stroh
botter [bɔte] (*umgs.*) **botter le derrière** [*oder* **les fesses**] **à quelqu'un** jemandem einen Tritt in den Hintern geben
le **bottin**® [bɔtɛ̃] das Telefonbuch
la **bottine** [bɔtin] die Stiefelette
le **bouc** [buk] ❶ der Ziegenbock ❷ (*Bart*) der Spitzbart ▶ **le bouc émissaire** der Sündenbock
le **boucan** [bukɑ̃] (*umgs.*) der Radau
la **bouche** [buʃ] der Mund; **parler la bouche pleine** mit vollem Mund sprechen ▶ **le bouche à oreille** die Mundpropaganda; **bouche bée** bass erstaunt; **être une fine bouche** ein Feinschmecker sein; **faire la fine bouche** wählerisch sein
 ◆ la **bouche d'égout** der/das Gully
 ◆ la **bouche de métro** der Metroeingang
bouché, bouchée [buʃe] ❶ *Waschbecken, Rohr, Nase* verstopft ❷ **être bouché** *Branche, Karriere:* ohne Zukunft sein ❸ (*umgs.: dumm*) schwer von Begriff sein
le **bouche-à-bouche** [buʃabuʃ] die Mund-zu-Mund-Beatmung
la **bouchée** [buʃe] ❶ der Bissen ❷ **la bouchée au chocolat** die Praline ▶ **pour une bouchée de pain** (*umgs.*) für 'n Apfel und 'n Ei; **mettre les bouchées doubles** sich ranhalten
boucher [buʃe] ❶ verkorken *Flasche;* zumachen *Loch;* verstopfen *Toilette, Ausguss* ❷ **se boucher** *Ausguss:* verstopfen; **se boucher le nez**/**les oreilles** sich die Nase/die Ohren zuhalten
le **boucher** [buʃe] der Fleischer
la **bouchère** [buʃɛʀ] die Fleischerin
la **boucherie** [buʃʀi] ⚠ ❶ die Fleischerei, die Metzgerei ❷ (*Kampf*) das Gemetzel
la **boucherie-charcuterie** [buʃʀiʃaʀkytʀi] ⚠ <*Plural:* boucheries-charcuteries> das Fleisch- und Wurstwarengeschäft
le **bouche-trou** [buʃtʀu] <*Plural:* bouche-trous> der Lückenbüßer
le **bouchon** [buʃɔ̃] ❶ *einer Flasche* der Korken; *eines Kanisters, einer Tube* der Verschluss; *eines Tanks* der Deckel ❷ (*im Verkehr*) der Stau; **il y a plusieurs bouchons sur l'autoroute** auf der Autobahn sind mehrere Staus ❸ (*beim Angeln*) der Schwimmer
la **boucle** [bukl] ❶ *eines Schuhs, Gürtels* die Schnalle ❷ (*Haare*) die Locke; **la boucle de cheveux** die Haarlocke ❸ (*in der Informatik*) die Schleife
 ◆ la **boucle d'oreille** der Ohrring, das Flinserl Ⓐ
bouclé, bouclée [bukle] *Haare* lockig
boucler [bukle] ❶ schließen, zumachen *Gürtel, Koffer, Geschäft* ❷ schließen *Akte* ❸ abriegeln *Stadtteil* ❹ **ses cheveux bouclent naturellement** er/sie hat Naturlocken ❺ (*in der Informatik*) eine Schleife machen
le **bouclier** [buklije] (*Schutzwaffe*) der Schild
bouddhiste [budist] buddhistisch
le **bouddhiste** [budist] der Buddhist
la **bouddhiste** [budist] die Buddhistin
bouder [bude] schmollen
boudeur, boudeuse [budœʀ, budøz] beleidigt
le **boudin** [budɛ̃] ❶ **le boudin noir** ≈ die Blutwurst, ≈ die Blunze[n] Ⓐ; **le boudin blanc** die aus *Geflügelfleisch, Milch, Ei und Brot* hergestellte Wurst ❷ (*umgs.: dickliches Mädchen*) das Pummelchen
boudiné, boudinée [budine] ❶ **des doigts boudinés** Wurstfinger ❷ **il est boudiné dans son jean** er ist in seine Jeans eingezwängt
la **boue** [bu] der Schlamm, der Gatsch Ⓐ
la **bouée** [bwe] ❶ die Boje ❷ (*Schwimmhilfe*) der Schwimmring
 ◆ la **bouée de sauvetage** der Rettungsring
boueux, boueuse [bwø, bwøz] schlammig
la **bouffe** [buf] (*umgs.*) das Essen
la **bouffée** [bufe] ❶ **respirer une bonne bouffée d'air pur** die saubere Luft tief [*oder* in vollen Zügen] einatmen ❷ (*beim Rauchen*) der Zug ❸ **la bouffée de chaleur** die Hitzewallung
bouffer [bufe] (*umgs.*) ❶ essen, futtern; **bouffer du chocolat** Schokolade futtern ❷ **bouffer de l'essence** viel Benzin schlucken
bouffi, bouffie [bufi] *Gesicht* aufgedunsen; *Augen* verquollen
le **bouffon** [bufɔ̃] der Narr
la **bouffonne** [bufɔn] die Närrin
le **bougeoir** [buʒwaʀ] der Kerzenständer
la **bougeotte** [buʒɔt] **avoir la bougeotte** (*umgs.*) Hummeln im Hintern haben
bouger [buʒe] <*wie* changer; *siehe Verbtabelle ab S. 1055*> ❶ sich bewegen; **je ne bouge pas [d'ici]**! ich rühre mich nicht vom Fleck! ❷ bewegen *Arm, Bein* ❸ umstellen *Möbel, Gegenstände* ❹ (*umgs.: sich ändern*) **ne pas bouger** *Preis, Kurs:* unverändert blei-

ben; **faire bouger quelque chose** etwas ins Rollen bringen ⑤ **se bouger** sich bewegen; *(übertragen)* sich anstrengen

Ü Vor *a* und *o* bleibt das *e* erhalten, z. B. in *nous bougeons, il bougeait* und *en bougeant*.

la **bougie** [buʒi] ① die Kerze ② *(bei Verbrennungsmotoren)* die Zündkerze
bougon, bougonne [bugõ, bugɔn] mürrisch
bougonner [bugɔne] murren
le **bougre** [bugʀ] *(umgs.)* der Kerl
la **bougresse** [bugʀɛs] *(umgs.)* das Weib
bouillant, bouillante [bujã, bujãt] ① kochend ② *Getränk* kochend heiß
bouille [buj] →**bouillir**
la **bouille** [buj] *(umgs.)* das Gesicht
la **bouillie** [buji] der Brei
bouillir [bujiʀ] <siehe Verbtabelle ab S. 1055> ① *(erhitzt werden) Wasser:* kochen; **faire bouillir** zum Kochen bringen ② auskochen *Wäsche, Windeln*
la **bouilloire** [bujwaʀ] der Wasserkessel, der Kessel
le **bouillon** [bujõ] △ *männlich* die Brühe, die Bouillon
le **bouillonnement** [bujɔnmã] *einer Flüssigkeit* das Brodeln
bouillonner [bujɔne] ① brodeln ② *(übertragen)* **bouillonner d'idées** vor Ideen übersprudeln
la **bouillotte** [bujɔt] die Wärmflasche
le **boulanger** [bulãʒe] der Bäcker
la **boulangère** [bulãʒɛʀ] die Bäckerin
la **boulangerie** [bulãʒʀi] die Bäckerei
la **boulangerie-pâtisserie** [△ bulãʒʀipatisʀi] <*Plural:* boulangeries-pâtisseries> die Bäckerei-Konditorei
la **boule** [bul] ① die Kugel ② **le jeu de boules** das Boulespiel; **jouer aux boules** Boule spielen ▶ **avoir la boule à zéro** *(umgs.)* eine Glatze haben; **se mettre en boule** in die Luft gehen; **perdre la boule** durchdrehen
  ◆ la **boule de naphtaline** die Mottenkugel
  ◆ la **boule de neige** der Schneeball
le **bouleau** [bulo] <*Plural:* bouleaux> die Birke
le **boulet** [bulɛ] ① die Kugel ② *(am Fuß eines Gefangenen)* die Eisenkugel
  ◆ le **boulet de canon** die Kanonenkugel
la **boulette** [bulɛt] ① das Kügelchen ② *(Gericht)* die Frikadelle
le **boulevard** [bulvaʀ] der Boulevard; **le boulevard périphérique** *(in Paris)* die ringförmig um die Innenstadt führende Stadtautobahn

le **bouleversement** [bulvɛʀsəmã] ① die grundlegende Veränderung ② *(seelisch)* die Erschütterung
bouleverser [bulvɛʀse] ① [zutiefst] erschüttern *Person* ② völlig verändern *Karriere, Leben;* umstoßen *Zeitplan, Programm*
la **boulimie** [bulimi] die Bulimie
le **bouliste** [bulist] der Boulespieler
la **bouliste** [bulist] die Boulespielerin
le **boulon** [bulõ] der Schraubenbolzen [mit Mutter]
boulonner [bulɔne] *(umgs.)* schuften
le **boulot** [bulo] *(umgs.)* ① die Arbeit ② *(Arbeitsplatz)* der Job
boum [bum] bums, bum
le **boum** [bum] der Bums
la **boum** [bum] *(umgs.)* die Party, die Fete
le **bouquet** [bukɛ] ① der Strauß, das Bund; **le bouquet de fleurs** der Blumenstrauß; **un bouquet de persil** ein Bund Petersilie ② *eines Weins* das Bukett
le **bouquetin** [buktɛ̃] der Steinbock
le **bouquin** [bukɛ̃] *(umgs.)* das Buch
bouquiner [bukine] *(umgs.)* schmökern
le **bouquiniste** [bukinist] der Bouquinist
la **bouquiniste** [bukinist] die Bouquinistin
le **bourbier** [buʀbje] das Schlammloch
la **bourde** [buʀd] *(umgs.)* der Schnitzer
le **bourdon** [buʀdõ] die Hummel ▶ **avoir le bourdon** deprimiert sein
le **bourdonnement** [buʀdɔnmã] ① *von Insekten* das Summen ② *von Personen* das Gemurmel
bourdonner [buʀdɔne] *Insekt:* summen
le **bourg** [buʀ] der Marktflecken
le **bourgeois** [buʀʒwa] ① der Besitzbürger, der Bürger ② *(abwertend)* der Spießbürger ③ *(historisch)* der Bürger
bourgeois, bourgeoise [buʀʒwa, buʀʒwaz] ① bürgerlich ② *(abwertend)* spießbürgerlich
la **bourgeoise** [buʀʒwaz] ① die Besitzbürgerin, die Bürgerin ② *(abwertend)* die Spießbürgerin ③ *(historisch)* die Bürgerin
la **bourgeoisie** [buʀʒwazi] das Bürgertum
le **bourgeon** [buʀʒõ] die Knospe
bourgeonner [buʀʒɔne] *Baum:* Knospen treiben
le **bourgmestre** [△ buʀgmɛstʀ] (B) der Bürgermeister/die Bürgermeisterin
le **bourgogne** [buʀgɔɲ] der Burgunder, der Burgunderwein
la **Bourgogne** [buʀgɔɲ] Burgund
le **Bourguignon** [buʀgiɲõ] der Burgunder
bourguignon, bourguignonne [buʀgiɲõ,

burgiɲɔn] burgundisch
la **Bourguignonne** [buʁgiɲɔn] die Burgunderin
bourlinguer [buʁlɛge] (*umgs.*) herumreisen, viel herumreisen
la **bourrade** [buʁad] der Stoß
le **bourrage** [buʁaʒ] *eines Kissens* das Füllen
 ◆ le **bourrage de crâne** (*umgs.*) die Indoktrination; (*in der Schule*) das sture Pauken
 ◆ le **bourrage de papier** der Papierstau
la **bourrasque** [buʁask] die Bö
bourratif, bourrative [buʁatif, buʁativ] sättigend, sehr sättigend
la **bourre** [buʁ] ❶ (*in Kissen*) die Füllung ❷ (*auf Knospen*) der Flaum
bourré, bourrée [buʁe] ❶ randvoll; *Brieftasche* prall gefüllt, prall; *Koffer* voll gestopft ❷ être bourré de fautes/de complexes voller Fehler/voller Komplexe sein ❸ (*umgs.: betrunken*) besoffen
le **bourreau** [buʁo] <*Plural:* bourreaux> ❶ der Henker ❷ (*übertragen*) der Peiniger
 ◆ le **bourreau des cœurs** (*ironisch*) der Herzensbrecher
 ◆ le **bourreau d'enfants** Mensch, der Kinder misshandelt
le **bourrelet** [buʁlɛ] ❶ die Abdichtung ❷ (*Fettpolster*) die Wulst
bourrer [buʁe] ❶ stopfen *Pfeife;* füllen *Krapfen* ❷ bourrer un enfant de chocolat ein Kind mit Schokolade voll stopfen; se bourrer de gâteaux sich mit Kuchen voll stopfen ❸ (*nahrhaft sein*) sättigen
la **bourrique** [buʁik] (*umgs.*) der Esel/die Eselin
 ▶ faire tourner quelqu'un en bourrique jemanden wahnsinnig machen
bourru, bourrue [buʁy] mürrisch
la **bourse** [buʁs] ❶ der Geldbeutel ❷ la bourse [d'études] das Stipendium; la bourse de mérite das leistungsabhängige Stipendium
la **Bourse** [buʁs] die Börse; jouer à la Bourse an der Börse spekulieren
le **boursier** [buʁsje] ❶ der Stipendiat ❷ (*Beruf*) der Börsenmakler
la **boursière** [buʁsjɛʁ] ❶ die Stipendiatin ❷ (*Beruf*) die Börsenmaklerin
boursouflé, boursouflée [buʁsufle] geschwollen, angeschwollen; *Gesicht* aufgedunsen
la **boursouflure** [buʁsuflyʁ] der Haut, des Gesichts die Schwellung
la **bousculade** [buskylad] ❶ das Gedränge ❷ (*Eile*) die Hektik
bousculer [buskyle] ❶ anstoßen *Person;* umwerfen *Bücher, Stühle* ❷ über den Haufen werfen *Gewohnheiten, Traditionen* ❸ (*het-*

zen) drängen *Person* ❹ **se bousculer** sich drängeln
la **bouse** [buz] der Kuhfladen
la **boussole** [busɔl] der Kompass, der Magnetkompass ▶ **perdre la boussole** (*umgs.*) durchdrehen
bout [bu] →**bouillir**
le **bout** [bu] ❶ das Ende; **le bout du doigt** die Fingerspitze; **le bout du nez** die Nasenspitze; **bout à bout** aneinander; **tout au bout** ganz hinten; **jusqu'au bout** bis zum Schluss; **tenir jusqu'au bout** durchhalten ❷ (*Teil*) das Stück, das Stückchen ❸ **au bout d'un moment/d'un mois** nach einer Weile/einem Monat ▶ **à tout bout de champ** alle naselang; **au bout du compte** letzten Endes; **savoir quelque chose sur le bout des doigts** etwas im Schlaf können; **être à bout de forces** mit seinen Kräften am Ende sein; **j'ai le mot sur le bout de la langue** das Wort liegt mir auf der Zunge; **à bout de souffle** außer Atem; **elle tient le bon bout** sie hat es bald geschafft; **joindre les deux bouts** über die Runden kommen; **venir à bout de quelqu'un** mit jemandem fertig werden; **venir à bout de quelque chose** mit etwas fertig werden, etwas gebacken [*oder* auf die Reihe] kriegen
la **boutade** [butad] das Bonmot
le **boute-en-train** [butãtʁɛ̃] <*Plural:* boute-en-train> die Stimmungskanone
la **bouteille** [butɛj] ❶ die Flasche; **la bouteille consignée** die Pfandflasche; **la bouteille non consignée** die Einwegflasche; **une bouteille de lait** eine Flasche Milch; **boire à la bouteille** aus der Flasche trinken ❷ (*Wein*) **une bonne bouteille** ein guter Tropfen ❸ **la bouteille de gaz** die Gasflasche; **la bouteille d'oxygène** die Sauerstoffflasche
la **boutique** [butik] der Laden
le **bouton** [butõ] ❶ der Knopf ❷ *eines Unterbrechers* der Schalter ❸ (*Hautunreinheit*) der Pickel ❹ *einer Pflanze* die Knospe
 ◆ le **bouton de fièvre** das Fieberbläschen
le **bouton-d'or** [butõdɔʁ] <*Plural:* boutons-d'or> die Butterblume
boutonner [butɔne] ❶ zuknöpfen *Mantel* ❷ **se boutonner** *Person:* seine [*oder* die] Knöpfe zumachen; **cette robe se boutonne devant** dieses Kleid wird vorne geknöpft
boutonneux, boutonneuse [butɔnø, butɔnøz] picklig, pickelig
la **boutonnière** [butɔnjɛʁ] das Knopfloch
bovin, bovine [bɔvɛ̃, bɔvin] Rinder-; **la race**

bovine die Rinderrasse
les **bovins** *(männlich)* [bɔvɛ̃] die Rinder
le **box** [bɔks] <*Plural:* box> ⚠ männlich (*in einem Pferdestall*) die Box
 ◆ le **box des accusés** die Anklagebank
la **boxe** [bɔks] das Boxen
le **boxeur** [bɔksœʀ] der Boxer
le **boxeur-short** [bɔksœʀʃɔʀt] die Boxershorts

V Der Singular *le boxeur-short* wird mit einem Plural übersetzt: *ce boxeur-short te va bien* – diese Boxershorts stehen dir gut.

la **boxeuse** [bɔksøz] die Boxerin
le **boyau** [bwajo] <*Plural:* boyaux> ❶ der Darm ❷ *eines Rennrads* der schlauchlose Reifen
le **boycott** [bɔjkɔt], le **boycottage** [bɔjkɔtaʒ] der Boykott
boycotter [bɔjkɔte] boykottieren
BP [bepe] *Abkürzung von* **boîte postale** PF
le **bracelet** [bʀaslɛ] das Armband
le **bracelet-montre** [bʀaslɛmɔ̃tʀ] <*Plural:* bracelets-montres> die Armbanduhr
braconner [bʀakɔne] ❶ *Jäger:* wildern ❷ *Angler:* ohne Angelschein angeln
le **braconnier** [bʀakɔnje] ❶ der Wilderer ❷ der Angler ohne Angelschein
la **braconnière** [bʀakɔnjɛʀ] ❶ die Wilddiebin ❷ die Anglerin ohne Angelschein
brader [bʀade] verschleudern
la **braderie** [bʀadʀi] der Trödelmarkt
la **braguette** [bʀagɛt] der Hosenschlitz
le **braillard** [bʀajaʀ] (*umgs.*) der Schreihals
braillard, braillarde [bʀajaʀ, bʀajaʀd] (*umgs.*) plärrend; *Betrunkener, Menschenmenge* grölend
la **braillarde** [bʀajaʀd] (*umgs.*) der Schreihals
le **braille** [bʀaj] die Blindenschrift, die Brailleschrift
brailler [bʀaje] brüllen; *Betrunkener, Menschenmenge:* grölen
la **braise** [bʀɛz] die Glut
braiser [bʀeze] schmoren
bramer [bʀame] *Hirsch:* röhren
le **brancard** [bʀɑ̃kaʀ] die Tragbahre
la **branche** [bʀɑ̃ʃ] ❶ der Ast ❷ *einer Brille* der Bügel ❸ *einer Familie* die Linie ❹ *einer Ausbildung, Wissenschaft* der Zweig; *der Wirtschaft* die Branche
branché, branchée [bʀɑ̃ʃe] (*umgs.*) in; **être branché cinéma** ein Kinofreak sein
le **branchement** [bʀɑ̃ʃmɑ̃] der Anschluss; **faire le branchement du téléphone** das Telefon anschließen
brancher [bʀɑ̃ʃe] ❶ anschließen *Telefon*

❷ **brancher la conversation sur quelqu'un/sur quelque chose** die Unterhaltung auf jemanden/auf etwas lenken ❸ **se brancher sur quelque chose** *Gerät:* sich an etwas anschließen lassen
les **branchies** *(weiblich)* [bʀɑ̃ʃi] die Kiemen; **respirer avec les branchies** mit den Kiemen atmen
brandir [bʀɑ̃diʀ] <*wie* agir; *siehe Verbtabelle ab S. 1055*> schwenken *Fahne;* drohend schwingen *Waffe*

G Bei einigen Formen des Verbs ist der Stamm um -iss- erweitert, etwa bei *nous brandissons, il brandissait* oder *en brandissant*.

branlant, branlante [bʀɑ̃lɑ̃, bʀɑ̃lɑ̃t] wacklig, wackelig
le **branle-bas** [bʀɑ̃lba] <*Plural:* branle-bas> der Trubel
branler [bʀɑ̃le] ❶ wackeln ❷ **se branler** (*vulgär*) sich einen runterholen
braquer [bʀake] ❶ **braquer le volant à droite** das Lenkrad nach rechts einschlagen ❷ **braquer une arme sur quelqu'un** eine Waffe auf jemanden richten ❸ (*umgs.: ausrauben*) überfallen *Bank, Geschäft*
le **bras** [bʀa] ❶ der Arm; **marcher bras dessus bras dessous** untergehakt gehen ❷ (*Person*) die Arbeitskraft ▶ **rester les bras ballants** untätig herumsitzen/herumstehen; **baisser les bras** das Handtuch werfen
le **brasier** [bʀazje] ❶ das Flammenmeer ❷ (*übertragen*) das Inferno
bras-le-corps [bʀaləkɔʀ] **prendre quelqu'un à bras-le-corps** jemanden in die Arme schließen
le **brassard** [bʀasaʀ] die Armbinde
la **brasse** [bʀas] das Brustschwimmen
 ◆ la **brasse papillon** das Delphinschwimmen
la **brassée** [bʀase] der Arm voll
brasser [bʀase] ❶ brauen *Bier* ❷ (*übertragen*) **brasser de l'argent** mit großen Summen umgehen
la **brasserie** [bʀasʀi] ❶ das [einfache] Speiselokal ❷ (*Fabrik*) die Brauerei

L Eine *brasserie* ist ein Speiselokal, in dem eher einfache und deftige Gerichte angeboten werden. Die Räumlichkeiten sind meistens großzügig, und die Einrichtung der älteren, traditionsreichen Häuser ist sehenswert sein. Unter den *brasseries* gibt es echte Feinschmeckerlokale.

le **brasseur** [bʀasœʀ] der Bierbrauer/die Bierbrauerin, der Brauer/die Brauerin
la **brassière** [bʀasjɛʀ] ❶ *eines Babys* das Jäck-

chen ② (CAN) (*umgs.: Büstenhalter*) der BH
la **bravade** [bʀavad] *eines Angebers* das Imponiergehabe
brave [bʀav] ❶ *Soldat* tapfer ❷ **un brave garçon** ein anständiger Junge ❸ (*naiv*) gut, lieb und gut
braver [bʀave] ❶ **braver l'adversaire** dem Gegner die Stirn bieten; **braver le danger/la mort** der Gefahr/dem Tod ins Auge sehen ❷ sich hinwegsetzen über *Gesetz*
bravo [bʀavo] bravo
le **bravo** [bʀavo] das Bravo, der Bravoruf
la **bravoure** [bʀavuʀ] der Mut
le **break** [⚠ bʀɛk] der Kombi, der Kombiwagen
la **brebis** [bʀəbi] das Schaf, das Mutterschaf ▶ **la brebis galeuse** das schwarze Schaf
la **brèche** [bʀɛʃ] die Öffnung, das Loch
bredouille [bʀəduj] **revenir bredouille** unverrichteter Dinge zurückkehren; *Angler:* ohne Fang zurückkehren
bredouiller [bʀəduje] nuscheln
bref [bʀɛf] [en] **bref** kurz ▶ **enfin bref** kurz und gut
bref, brève [bʀɛf, bʀɛv] kurz; **soyez bref!** fassen Sie sich kurz!
la **breloque** [bʀəlɔk] der Armbandanhänger
Brême [bʀɛm] Bremen
le **Brésil** [bʀezil] Brasilien
le **Brésilien** [bʀeziljɛ̃] der Brasilianer
brésilien, brésilienne [bʀeziljɛ̃, bʀeziljɛn] brasilianisch
la **Brésilienne** [bʀeziljɛn] die Brasilianerin
la **Bretagne** [bʀətaɲ] die Bretagne
la **bretelle** [bʀətɛl] ❶ *eines BHs* der Träger ❷ **les bretelles** die Hosenträger ❸ *einer Autobahn* der Zubringer
le **breton** [bʀətɔ̃] Bretonisch; *siehe auch* **allemand**

Ⓖ In Verbindung mit dem Verb *parler* kann der Artikel entfallen: *elle parle breton – sie spricht Bretonisch.*

le **Breton** [bʀətɔ̃] der Bretone
breton, bretonne [bʀətɔ̃, bʀətɔn] bretonisch
la **Bretonne** [bʀətɔn] die Bretonin
le **breuvage** [bʀœvaʒ] ❶ der Trank ❷ (*abwertend*) das Gebräu
brève [bʀɛv] →**bref**
le **brevet** [bʀəve] ❶ (*an einer Hochschule erworben*) das Diplom ❷ (*an einer Schule erworben*) das Abschlusszeugnis, das Zeugnis
◆ le **brevet des collèges** ≈ die mittlere Reife
◆ le **brevet d'invention** das Patent
◆ le **brevet de pilote** der Flugschein

breveter [bʀəv(ə)te] <*wie* rejeter; *siehe Verbtabelle ab S. 1055*> patentieren

Ü Mit *tt* schreiben sich
– die stammbetonten Formen wie *je brevette* und
– die auf der Basis der Grundform *breveter* gebildeten Formen, z.B. *ils brevetteront* und *je brevetterais*.

le **bréviaire** [bʀevjɛʀ] das Brevier
les **bribes** (*weiblich*) [bʀib] **quelques bribes de conversation** ein paar Gesprächsfetzen
le **bric-à-brac** [bʀikabʀak] <*Plural:* bric-à-brac> das Durcheinander
le **bricolage** [bʀikɔlaʒ] ❶ das Basteln ❷ (*schlechte Arbeit*) der Pfusch
la **bricole** [bʀikɔl] ❶ (*Gegenstand*) der Plunder ❷ (*Vorkommnis*) die Lappalie
bricoler [bʀikɔle] ❶ basteln; **savoir bricoler** handwerklich geschickt sein ❷ zusammenbauen, bauen, zusammenbasteln, basteln *Regal;* herumbasteln an *Auto*
le **bricoleur** [bʀikɔlœʀ] der Heimwerker, der Bastler
bricoleur, bricoleuse [bʀikɔlœʀ, bʀikɔløz] handwerklich geschickt
la **bricoleuse** [bʀikɔløz] die Heimwerkerin, die Bastlerin
la **bride** [bʀid] der Zügel
bridé, bridée [bʀide] **des yeux bridés** Schlitzaugen
brider [bʀide] ❶ [auf]zäumen *Pferd* ❷ (*zurückhalten*) zügeln
le **bridge** [bʀidʒ] (*Kartenspiel*) das Bridge
le **brie** [bʀifɲ] der Brie
le **briefing** [bʀifiɲ] die Instruktion
brièvement [bʀijɛvmɑ̃] kurz
la **brièveté** [bʀijɛvte] die Kürze
la **brigade** [bʀigad] die Brigade; **la brigade antidrogue** die Abteilung zur Drogenbekämpfung; **la brigade des stupéfiants** das Rauschgiftdezernat
le **brigadier** [bʀigadje] ❶ *der Gendarmerie* der Brigadeführer ❷ (*beim Militär*) der Gefreite/die Gefreite
briguer [bʀige] **briguer un emploi** sich sehr um eine Arbeitsstelle bemühen
brillamment [⚠ bʀijamɑ̃] glänzend
le **brillant** [bʀijɑ̃] ❶ der Brillant ❷ (*leuchtender Schimmer*) der Glanz
brillant, brillante [bʀijɑ̃, bʀijɑ̃t] ❶ glänzend; *Farbe* leuchtend ❷ **un brillant discours** eine brillante Rede; **une brillante victoire** ein glorreicher Sieg
briller [bʀije] ❶ *Sonne, Sterne:* scheinen; *Dia-*

mant: funkeln; *Schuhe, Haare:* glänzen ❷ *Person:* glänzen; **briller par quelque chose** durch etwas glänzen
la **brimade** [bʀimad] die Schikane
brimer [bʀime] schikanieren
le **brin** [bʀɛ̃] ❶ der Halm; **le brin d'herbe** der Grashalm; **le brin de paille** der Strohhalm ❷ **le brin de laine** der [kurze] Wollfaden ▶ **un beau brin de fille** ein hübsches Ding; **un brin de bon sens** ein Funke Verstand ◆ le **brin de muguet** das Maiglöckchen
la **brindille** [bʀɛ̃dij] der Reis, der dünne Zweig
la **bringue**¹ [bʀɛ̃g] (*umgs.:* Feier) die Fete
la **bringue**² [bʀɛ̃g] (*abwertend umgs.*) **la grande bringue** die Bohnenstange
le **brio** [bʀijo] die Bravour
la **brioche** [bʀijɔʃ] das Hefegebäck
brique [bʀik] ziegelrot

ⓖ Das Farbadjektiv *brique* ist unveränderlich: *des chaussettes brique – ziegelrote Socken.*

la **brique**¹ [bʀik] der Ziegelstein, der Backstein; **la maison de briques** das Backsteinhaus
la **brique**®² [bʀik] der Tetrapak
le **briquet** [bʀikɛ] das Feuerzeug

Ⓕ Nicht verwechseln mit *das Brikett – la briquette.*

la **brise** [bʀiz] die Brise
le **brise-glace** [bʀizglas] <*Plural:* brise-glace> der Eisbrecher
le **brise-lames** [bʀizlam] <*Plural:* brise-lames> der Wellenbrecher
briser [bʀize] ❶ zerbrechen *Geschirr, Vase;* einschlagen *Fenster[scheibe]* ❷ brechen *Streik, Aufstand;* zerstören *Karriere* ❸ **se briser** zerbrechen ▶ **être brisé(e)** 🅒🅐🅝 (*kaputt sein*) defekt sein
le **briseur** [bʀizœʀ] **le briseur de grève** der Streikbrecher
la **briseuse** [bʀizøz] **la briseuse de grève** die Streikbrecherin
britannique [bʀitanik] britisch
le **Britannique** [bʀitanik] der Brite
la **Britannique** [bʀitanik] die Britin
le **broc** [⚠ bʀo] der Krug
la **brocante** [bʀɔkɑ̃t] ❶ der Trödelmarkt ❷ (*Geschäft*) der Trödelladen
le **brocanteur** [bʀɔkɑ̃tœʀ] der Trödler
la **brocanteuse** [bʀɔkɑ̃tøz] die Trödlerin
la **broche** [bʀɔʃ] ❶ die Brosche ❷ (*beim Kochen*) der Bratspieß, der Spieß
le **brochet** [bʀɔʃɛ] der Hecht
la **brochette** [bʀɔʃɛt] ❶ der Spieß ❷ (*Gericht*) der Spießbraten

la **brochure** [bʀɔʃyʀ] die Broschüre
le **brocoli** [bʀɔkɔli] der Brokkoli
broder [bʀɔde] ❶ besticken *Stoff;* sticken *Motiv* ❷ (*beim Erzählen*) **aimer broder** gern etwas hinzudichten
la **broderie** [bʀɔdʀi] die Stickerei
la **bronche** [bʀɔ̃ʃ] die Bronchie
broncher [bʀɔ̃ʃe] aufmucken; **manger sans broncher** essen, ohne zu murren
la **bronchite** [bʀɔ̃ʃit] die Bronchitis
le **bronze** [bʀɔ̃z] ⚠ *männlich* die Bronze
bronzé, bronzée [bʀɔ̃ze] braun gebrannt
bronzer [bʀɔ̃ze] braun werden; **se [faire] bronzer** sich bräunen
la **brosse** [bʀɔs] ❶ die Bürste ❷ (*zum Anstreichen*) der Quast ❸ (*Frisur*) der Bürstenschnitt
◆ la **brosse à cheveux** die Haarbürste
◆ la **brosse à dents** die Zahnbürste
brosser [bʀɔse] ❶ abbürsten *Teppich, Kleidung* ❷ schildern *Situation;* zeichnen *Portrait* ❸ **se brosser** sich abbürsten; **se brosser les cheveux** sich die Haare bürsten; **se brosser les dents** sich die Zähne putzen
la **brouette** [bʀuɛt] die Schubkarre
le **brouhaha** [⚠ bʀuaa] der Lärm
le **brouillard** [bʀujaʀ] der Nebel
la **brouille** [bʀuj] der Streit
brouillé, brouillée [bʀuje] ❶ zerstritten ❷ **être brouillé avec les chiffres** (*umgs.*) mit den Zahlen auf Kriegsfuß stehen
brouiller [bʀuje] ❶ trüben *Blick* ❷ verwischen *Spuren* ❸ **se brouiller** sich zerstreiten ❹ **ma vue se brouille** ich sehe alles ganz verschwommen; **mes idées se brouillent** ich kann keinen klaren Gedanken fassen
le **brouillon** [bʀujɔ̃] das Konzept
brouillon, brouillonne [bʀujɔ̃, bʀujɔn] *Mensch* schlampig
la **broussaille** [bʀusaj] das Gestrüpp; **marcher dans la broussaille** [*oder* **les broussailles**] durch das Gestrüpp laufen
brouter [bʀute] abweiden *Gras*
la **broutille** [bʀutij] die Lappalie; **se disputer pour des broutilles** sich wegen Lappalien streiten
broyer [bʀwaje] <*wie* appuyer; *siehe Verbtabelle ab S. 1055*> zerkleinern *Nahrung*

Ü Einige Formen des Verbs schreiben sich mit *y*, andere mit *i*.
Direkt vor einer betonten Endungssilbe steht immer ein *y*, z.B. *nous broyons* und *ils broyaient.*
Das *i* steht immer vor einem unbetonten *e*, z.B. *il broie* oder *ils broieront.*

Bruges [bʀyʒ] Brügge
le **brugnon** [bʀyɲõ] die Nektarine
la **bruine** [bʀɥin] der Nieselregen
bruiner [bʀɥine] nieseln; **il bruine** es nieselt
le **bruissement** [bʀɥismã] das Rascheln
le **bruit** [bʀɥi] ❶ das Geräusch; (*laut*) der Lärm; **le bruit de vaisselle** das Klappern von Geschirr ❷ das Gerücht; **le bruit court que ...** es geht das Gerücht um, dass ... ▶**faire du bruit** Lärm [*oder* Krach] machen; (*übertragen*) Aufsehen erregen
le **bruitage** [bʀɥitaʒ] die Geräuschkulisse
brûlant, brûlante [bʀylã, bʀylãt] ❶ glühend heiß; *Essen, Flüssigkeit* kochend heiß ❷ *Thema* heiß
le **brûlé**[1] [bʀyle] das Verbrannte; (*beim Kochen*) das Angebrannte; **ça sent le brûlé** es riecht verbrannt/angebrannt
le **brûlé**[2] [bʀyle] (*Person*) der Verletzte mit Verbrennungen; **le grand brûlé** der Verletzte mit schweren Verbrennungen
brûlé, brûlée [bʀyle] *Mensch* verbrannt; *Essen* angebrannt
la **brûlée** [bʀyle] die Verletzte mit Verbrennungen
brûle-pourpoint [bʀylpuʀpwɛ̃] **à brûle-pourpoint** ohne Umschweife
brûler [bʀyle] ❶ *Haus, Papier:* brennen ❷ *Fleisch:* anbrennen; **le gâteau a brûlé** der Kuchen ist angebrannt ❸ (*zerstören*) verbrennen *Holz, Papier;* niederbrennen *Haus, Wald* ❹ überfahren *Schild, Signal;* überspringen *Abschnitt;* **brûler un feu rouge** bei Rot über die Ampel fahren ❺ verbrennen *Kalorien;* verbrauchen *Strom* ❻ **se brûler** sich verbrennen ▶**tu brûles!** (*bei einem Ratespiel*) heiß!
le **brûleur** [bʀylœʀ] der Brenner
la **brûlure** [bʀylyʀ] ❶ die Verbrennung ❷ die Brandwunde ❸ (*im Stoff*) das Brandloch ❹ **les brûlures d'estomac** das Sodbrennen

Ⓥ Der Plural *les brûlures d'estomac* wird mit einem Singular übersetzt: *les brûlures d'estomac font mal – Sodbrennen ist schmerzhaft.*

la **brume** [bʀym] der Nebel
brumeux, brumeuse [bʀymø, bʀymøz] *Wetter* diesig
le **brun** [bʀɛ̃] ❶ der Dunkelhaarige, der Brünette ❷ (*Farbe*) das Braun
brun, brune [bʀɛ̃, bʀyn] braun; *Haare, Tabak* dunkel; **être brun** *Mensch:* dunkelhaarig sein
brunâtre [bʀynɑtʀ] bräunlich
la **brune** [bʀyn] ❶ die Dunkelhaarige, die Brünette ❷ das dunkle Bier
brunir [bʀyniʀ] <*wie* agir; *siehe Verbtabelle ab S. 1055*> ❶ braun werden ❷ bräunen

Ⓖ Bei einigen Formen des Verbs ist der Stamm um *-iss-* erweitert, etwa bei *nous brunissons, il brunissait* oder *en brunissant.*

Brunswick [⚠ bʀɛ̃svik] Braunschweig
le **brushing**® [⚠ bʀœʃiŋ] die Föhnfrisur
brusque [bʀysk] ❶ plötzlich ❷ *Mensch, Ton* barsch; *Geste* heftig
brusquement [bʀyskəmã] plötzlich
brusquer [bʀyske] ❶ überstürzen *Entscheidung* ❷ (*anherrschen*) [barsch] anfahren
la **brusquerie** [bʀyskəʀi] die Barschheit
brut [⚠ bʀyt] brutto
brut, brute [⚠ bʀyt] ❶ *Diamant* roh; **le pétrole brut** das Rohöl ❷ **du champagne brut** sehr trockener Champagner ❸ **le salaire brut** das Bruttogehalt; **le bénéfice brut** der Bruttogewinn
brutal, brutale [bʀytal] <*Plural der männl. Form:* brutaux> *Mensch* brutal; *Sprache, Antwort* unverblümt
brutalement [bʀytalmã] ❶ heftig ❷ (*schlagartig*) urplötzlich, plötzlich
brutaliser [bʀytalize] grob behandeln
la **brutalité** [bʀytalite] ❶ die Brutalität ❷ **les brutalités** die Gewalttaten
brutaux [bʀyto] →**brutal**
brute [bʀyt] →**brut**
la **brute** [bʀyt] der brutale Mensch
Bruxelles [⚠ bʀy(k)sɛl] Brüssel
bruyamment [⚠ bʀyjamã, bʀɥijamã] laut
bruyant, bruyante [⚠ bʀyjã, bʀɥijã, bʀyjãt] laut
la **bruyère** [⚠ bʀyjɛʀ] das Heidekraut
le **BTS** [betɛɛs] *Abkürzung von* **brevet de technicien supérieur** das Ingenieurdiplom
bu [by] →**boire**
la **buanderie** [bɥãdʀi] die Waschküche
Bucarest [bykaʀɛst] Bukarest
buccal, buccale [bykal] <*Plural der männl. Form:* buccaux> Mund-; **la cavité buccale** die Mundhöhle
la **bûche** [byʃ] der Holzscheit, der Scheit ▶**la bûche de Noël** *Buttercremetorte in Form eines großen Holzscheits, die traditionell an Weihnachten gegessen wird*
bûcher [byʃe] (*umgs.*) büffeln
le **bûcheron** [byʃʀõ] der Holzfäller
la **bûcheronne** [byʃʀɔn] die Holzfällerin
le **bûcheur** [byʃœʀ] (*umgs.*) das Arbeitstier
la **bûcheuse** [byʃøz] (*umgs.*) das Arbeitstier
Budapest [bydapɛst] Budapest

le **budget** [bydʒɛ] das Budget; **le budget de l'État** der Staatshaushalt
budgétaire [bydʒetɛʀ] Haushalts-; **la réforme budgétaire** die Haushaltsreform
la **buée** [bүe] der Beschlag
le **buffet** [byfɛ] das Büfett
  ◆ le **buffet de la gare** die Bahnhofsgaststätte
le **buffle** [byfl] der Büffel
le **bug** [⚠ bœg] (*in der Informatik*) der Programmfehler
le **building** [⚠ b(y)ildiŋ] das Hochhaus
le **buis** [bүi] der Buchsbaum, der Buchs
le **buisson** [bүisõ] der Busch
le **bulbe** [bylb] die Zwiebel
bulgare [bylgaʀ] bulgarisch
le **bulgare** [bylgaʀ] Bulgarisch; *siehe auch* **allemand**

G In Verbindung mit dem Verb *parler* kann der Artikel entfallen: *il parle bulgare – er spricht Bulgarisch.*

le **Bulgare** [bylgaʀ] der Bulgare
la **Bulgare** [bylgaʀ] die Bulgarin
la **Bulgarie** [bylgaʀi] Bulgarien
le **bulldozer** [⚠ byldɔzɛʀ] der Bulldozer
la **bulle** [byl] ❶ die Blase ❷ (*in Comics*) die Sprechblase ❸ **avoir une bulle en maths** (*umgs.*) ≈ eine große Sechs in Mathe haben, ≈ eine Eins in Mathe haben 🇨🇭
le **bulletin** [byltɛ̃] ❶ der Bericht ❷ (*in der Presse*) das Bulletin ❸ (*in der Schule*) das Zeugnis; **le bulletin scolaire** das Schulzeugnis
  ◆ le **bulletin d'information** die Nachrichten
  ◆ le **bulletin de paye** (*für Arbeiter*) die Lohnabrechnung; (*für Angestellte*) die Gehaltsabrechnung
  ◆ le **bulletin de vote** der Stimmzettel
le **buraliste** [byʀalist] der Tabakwarenhändler, der Tabakhändler
la **buraliste** [byʀalist] die Tabakwarenhändlerin, die Tabakhändlerin
le **bureau** [byʀo] <*Plural:* bureaux> ❶ der Schreibtisch ❷ das Arbeitszimmer; (*am Arbeitsplatz*) das Büro
  ◆ le **bureau de change** die Wechselstube
  ◆ le **bureau des objets trouvés** das Fundbüro
  ◆ le **bureau de poste** das Postamt
  ◆ le **bureau de tabac** der Tabakwarenladen, der Tabakladen
  ◆ le **bureau de vote** das Wahllokal
le **bureaucrate** [byʀokʀat] der Bürokrat
la **bureaucrate** [byʀokʀat] die Bürokratin
la **bureaucratie** [⚠ byʀokʀasi] die Bürokratie

L Zigaretten und andere Tabakwaren werden in Frankreich ausschließlich in den *bureaux de tabac* verkauft. Diese Verkaufsstellen sind an einem großen roten Zeichen zu erkennen, der so genannten *carotte*. Sie stellt ein gerolltes Tabakblatt dar.

bureaucratique [byʀokʀatik] bürokratisch
la **bureautique**® [byʀotik] die Bürokommunikation
la **burette** [byʀɛt] die Ölkanne
le **burin** [byʀɛ̃] ❶ der Meißel ❷ (*für die Gravur*) die Graviernadel, die Nadel
burlesque [byʀlɛsk] burlesk
le **bus**¹ [⚠ bys] *Abkürzung von* **autobus** der Bus
le **bus**² [⚠ bys] (*in der Informatik*) der Bus; **le bus de données** der Datenbus
la **buse** [byz] der Bussard
busqué, busquée [byske] **le nez busqué** die Hakennase
le **buste** [byst] ❶ der Oberkörper; *einer Frau* die Brust, die Büste ❷ (*Skulptur*) die Büste
le **bustier** [bystje] das Bustier
le **but** [⚠ by(t)] ❶ das Ziel; **avoir pour but d'informer le public** das Ziel haben, die Öffentlichkeit zu unterrichten ❷ (*Treffer*) das Tor; **marquer un but** ein Tor schießen ❸ (*Torgehäuse*) **les buts** das Tor ▶ **de but en blanc** völlig unvermittelt; **aller droit au but** direkt zur Sache kommen

V In ❸ wird der Plural *les buts* mit einem Singular übersetzt: *être dans les buts – im Tor stehen.*

le **butane** [bytan] das Butangas, das Butan
buté, butée [byte] trotzig
buter [byte] ❶ **buter contre une pierre** gegen einen Stein stoßen ❷ **buter sur un mot** an einem Wort hängen bleiben ❸ (*umgs.: töten*) umlegen ❹ **se buter** bockig werden
le **buteur** [bytœʀ] der Torjäger
la **buteuse** [bytøz] die Torjägerin
le **butin** [bytɛ̃] die Beute
butiner [bytine] *Biene:* Nektar sammeln
le **butoir** [bytwaʀ] ❶ (*bei der Eisenbahn*) der Prellbock ❷ (*in der Technik*) der Anschlag
la **butte** [byt] der Hügel, der Erdhügel; **la butte Montmartre** der Hügel, auf dem Montmartre liegt
buvable [byvabl] trinkbar
buvais, buvait [byvɛ], **buvant** [byvã] →**boire**
le **buvard** [byvaʀ] das Löschblatt
la **buvette** [byvɛt] die Bar, der Ausschank
le **buveur** [byvœʀ] der Trinker

la **buveuse** [byvøz] die Trinkerin
buvez [byve], **buvons** [byvõ] →**boire**
le **byte** [⚠ bajt] (*in der Informatik*) das Byte
byzantin, byzantine [bizɑ̃tɛ̃, bizɑ̃tin] byzantinisch

C

le **c**, le **C** [se] das c, das C
c' [s] <*steht an Stelle von* ce¹ *vor* est, était *und* en> ① das; **c'est une belle maison** das ist ein schönes Haus; **c'est bien** das ist gut; **c'est qui?** (*umgs.*) wer ist das?; (*am Telefon*) wer ist da?; **c'est quoi?** (*umgs.*) was ist das?; **c'est/c'était interdit de fumer** es ist/es war verboten zu rauchen ② (*hervorhebend*) **c'est moi qui suis responsable** ich bin dafür verantwortlich; **c'est toi qui l'a voulu!** du hast das doch gewollt!; **c'est à elle, ce vélo** dieses Fahrrad gehört ihr
c' [s] <*steht an Stelle von* ce¹ *vor* a> **ç'a été bien** das ist gut gewesen; **ç'allait être dur** das schien schwierig zu werden
ça [sa] (*umgs.*) ① das; **le fer, ça rouille** Eisen rostet nun mal eben ② (*bei Angaben der Dauer*) **ça fait trois jours qu'il est là** er ist seit drei Tagen da ③ (*hervorhebend*) **comment ça?** wie das?; **pourquoi ça?** weshalb denn?; **où ça?** wo [denn]?; ④ **ah ça non!** auf gar keinen Fall!; ⑤ **et avec ça?** was darf's sonst noch sein? ⑥ (*abwertende Bezeichnung für Personen*) **et ça vote!** und so etwas wählt!; ▶ **c'est ça** [ganz] genau; **ça va?** wie geht's?; **ça alors!** na so was!
çà [sa] **çà et là** hier und da
le **caban** [kabɑ̃] der Caban (*modischer kurzer Herrenmantel*)
la **cabane** [kaban] die Hütte
le **cabaret** [kabaʀɛ] ① das Nachtlokal ② 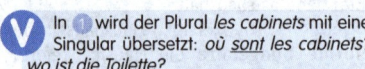 das Tablett
le **cabas** [kaba] die Einkaufstasche
le **cabillaud** [kabijo] der Kabeljau
la **cabine** [kabin] ① die Kabine; **la cabine d'essayage** die Umkleidekabine ② **la cabine téléphonique** die Telefonzelle
le **cabinet** [kabinɛ] ① **les cabinets** die Toilette ② *eines Arztes* die Praxis; *eines Anwalts* die Kanzlei ③ (*in der Politik*) das Kabinett
◆ le **cabinet de toilette** der [kleine] Waschraum

Ⓥ In ① wird der Plural *les cabinets* mit einem Singular übersetzt: *où sont les cabinets?* – *wo* <u>*ist*</u> *die Toilette?*

le **câble** [kabl] ① das Kabel ② **le câble métallique** das Drahtseil
câbler [kable] verkabeln
cabosser [kabɔse] verbeulen *Auto*
le **cabri** [kabʀi] das Zicklein
la **cabriole** [kabʀijɔl] der Luftsprung
le **cabriolet** [kabʀijɔlɛ] das Kabrio, das Kabriolett
le **caca** [kaka] (*Kindersprache*) **faire caca** Aa machen
la **cacahuète, cacahouète** [kakawɛt] die Erdnuss
le **cacao** [kakao] das Kakaopulver, der Kakao
le **cachalot** [kaʃalo] der Pottwal
le **cache-cache** [kaʃkaʃ] das Versteckspiel; **jouer à cache-cache** Verstecken spielen
le **cache-col** [kaʃkɔl] <*Plural:* cache-col> das Halstuch
le **cachemire** [kaʃmiʀ] der Kaschmir
le **cache-nez** [kaʃne] <*Plural:* cache-nez> der Schal
le **cache-pot** [kaʃpo] <*Plural:* cache-pots> der Übertopf
cacher¹ [kaʃe] ① verstecken *Spielzeug, Brief, Geld* ② (*nicht herzeigen*) verbergen ③ (*sich nicht anmerken lassen*) verheimlichen ④ **les nuages cachent le soleil/les étoiles** die Wolken verdecken die Sonne/die Sterne ⑤ **se cacher** sich verstecken; *Sache:* sich verbergen ⑥ **ne pas se cacher de quelque chose** kein[en] Hehl aus etwas machen
cacher² [⚠ kaʃɛʀ] →**casher**
le **cachet** [kaʃɛ] ① die Tablette ② der Stempel; **le cachet officiel** das Amtssiegel ③ (*Entlohnung*) das Honorar; *eines Künstlers* die Gage
la **cachette** [kaʃɛt] das Versteck ▶ **en cachette** heimlich
le **cachot** [kaʃo] der Kerker
la **cachotterie** [kaʃɔtʀi] die Geheimniskrämerei; **faire une cachotterie** [*oder* **des cachotteries**] geheimnisvoll tun
le **cachottier** [kaʃɔtje] der Geheimniskrämer
la **cachottière** [kaʃɔtjɛʀ] die Geheimniskrämerin
la **cacophonie** [kakɔfɔni] der Missklang
le **cactus** [kaktys] der Kaktus
c.-à-d. Abkürzung von **c'est-à-dire** d.h.
le **cadastre** [kadastʀ] der/das Kataster
le **cadavre** [kadavʀ] *eines Menschen* die Leiche; *eines Tiers* der Kadaver
le **cadeau** [kado] <*Plural:* cadeaux> das Ge-

schenk; **garde ce pull, je t'en fais cadeau** behalte diesen Pulli, ich schenke ihn dir

le **cadenas** [⚠ kadnɑ] das Vorhängeschloss

la **cadence** [kadɑ̃s] ❶ der Rhythmus ❷ (*Geschwindigkeit*) das Tempo

le **cadet** [kadɛ] (*später Geborener*) der Jüngere; (*Letztgeborener*) der Jüngste; **il est mon cadet de trois ans** er ist drei Jahre jünger als ich

cadet, cadette [kadɛ, kadɛt] (*später geboren*) jünger, kleiner; (*zuletzt geboren*) jüngste(r, s), kleinste(r, s); **ma sœur cadette** meine jüngere/jüngste Schwester; **elle a deux frères cadets** sie hat zwei jüngere [*oder* kleinere] Brüder

la **cadette** [kadɛt] (*später Geborene*) die Jüngere; (*Letztgeborene*) die Jüngste; **elle est ma cadette de deux ans** sie ist zwei Jahre jünger als ich

le **cadran** [kadrɑ̃] ❶ das Zifferblatt ❷ **le cadran solaire** die Sonnenuhr ❸ (CAN) (*umgs.*) der Wecker

le **cadre** [kadʀ] ❶ der Rahmen ❷ (*Umland*) die Umgebung ❸ (*Person*) der leitende Angestellte/die leitende Angestellte; **le cadre moyen/supérieur** die mittlere/obere Führungskraft

le **cadreur** [kadʀœʀ] der Kameramann

la **cadreuse** [kadʀøz] die Kamerafrau

le **cafard** [kafaʀ] ❶ (*Insekt*) die Küchenschabe, die Schabe ❷ (*Schwermut*) die depressive Stimmung; **avoir le cafard** deprimiert sein

le **café** [kafe] ❶ der Kaffee; **le café crème** der Kaffee mit Milch; **le café au lait** der Milchkaffee, ≈ die Melange (A); **le café liégeois** der Eiskaffee (*aus Mokkaeis, Mokkasoße und Schlagsahne*) ❷ (*Lokal*) die Kneipe ❸ (CH) (*Abendessen*) **un café complet** ein leichtes Nachtessen (CH)

> **L** Der französische *café* ist ähnlich stark wie ein Espresso und wird in kleinen Tassen serviert. Ein *café crème* ist ein Milchkaffee. Er wird mit aufgeschäumter Milch in einer größeren Tasse serviert. Ein *café au lait* ist die einfache Variante eines Milchkaffees, wie man ihn sich privat zubereitet: mit Milch, die nicht unbedingt aufgeschäumt oder erwärmt ist, und in dem Mischungsverhältnis zwischen Kaffee und Milch, wie man es bevorzugt. (In der Gastronomie wird der Begriff *café au lait* kaum verwendet.)

la **caféine** [kafein] ⚠ *weiblich* das Koffein

le **café-restaurant** [kafeʀɛstɔʀɑ̃] <*Plural:* cafés-restaurants> die Bar mit Restaurant

la **cafétéria** [kafeteʀja] die Cafeteria

le **café-théâtre** [kafeteɑtʀ] <*Plural:* cafés-théâtres> die Kleinkunstbühne

la **cafetière** [kaftjɛʀ] ❶ die Kaffeekanne ❷ **la cafetière électrique** die Kaffeemaschine

la **cage** [kaʒ] der Käfig; **la cage à lapin** der Kaninchenstall
♦ **la cage d'ascenseur** der Aufzug[s]schacht
♦ **la cage d'escalier** das Treppenhaus

le **cageot** [kaʒo], la **cagette** [kaʒɛt] die Obstkiste, die Kiste

la **cagnotte** [kaɲɔt] die gemeinsame Kasse

la **cagoule** [kagul] die Kapuzenmütze

le **cahier** [kaje] das Schreibheft, das Heft
♦ **le cahier de textes** das Aufgabenheft

le **caïd** [⚠ kaid] der Gangsterboss, der Boss

la **caille** [kaj] die Wachtel

cailler [kaje] ❶ *Milch:* gerinnen ❷ **ça caille!** (*umgs.*) es ist lausig kalt!

le **caillot** [kajo] das Gerinnsel

le **caillou** [kaju] <*Plural:* cailloux> der Kieselstein, der Kiesel

caillouteux, caillouteuse [kajutø, kajutøz] steinig

les **cailloux** (*männlich*) [kaju] *Plural von* **caillou**

le **Caire** [kɛʀ] Kairo

la **caisse** [kɛs] ❶ die Kiste; **la caisse à outils** der Werkzeugkasten ❷ (*für Geld*) die Kasse; **la caisse noire** der Geheimfonds, die schwarze Kasse ❸ (*umgs.: Auto*) die Kiste; **tourner en caisse** cruisen
♦ **la caisse d'assurance maladie** die Krankenkasse
♦ **la caisse d'épargne** die Sparkasse

le **caissier** [kesje] der Kassierer, der Kassier (A), (CH)

la **caissière** [kesjɛʀ] die Kassiererin, der Kassierin (A), (CH)

cajoler [kaʒɔle] liebkosen *Kind*

le **cake** [⚠ kɛk] der englische Teekuchen

le **calamar** [kalamaʀ] der Tintenfisch

la **calamité** [kalamite] die Katastrophe

la **calanque** [kalɑ̃k] die [kleine] Felsbucht

calcaire [kalkɛʀ] kalkhaltig

le **calcaire** [kalkɛʀ] der Kalk, der Kalkstein

calciné, calcinée [kalsine] verkohlt

le **calcium** [⚠ kalsjɔm] das Kalzium

le **calcul** [kalkyl] ❶ die Berechnung; **faire le calcul des dépenses** die Ausgaben berechnen; **faire une erreur de calcul** sich verrechnen; **tes calculs sont faux** deine Berechnungen sind falsch ❷ **le calcul algébrique** das algebraische Rechnen

la **calculatrice** [kalkylatʀis] die Rechenmaschine

calculer [kalkyle] ❶ rechnen; **calculer de**

tête kopfrechnen ❷ ausrechnen *Summe, Maße;* einkalkulieren *Risiko*
la **calculette** [kalkylɛt] der Taschenrechner
calé, calée [kale] (*umgs.*) **être calé en maths** in Mathe was draufhaben
la **calèche** [kalɛʃ] die Kalesche
le **caleçon** [kalsõ] die Unterhose
le **calembour** [kalɑ̃buʀ] das Wortspiel
le **calendrier** [kalɑ̃dʀije] ❶ der Kalender ❷ (*Programm*) der Zeitplan
le **cale-pied** [kalpje] <Plural: cale-pieds> der Rennbügel
le **calepin** [kalpɛ̃] das Notizbuch
caler [kale] ❶ *Motor:* ausgehen ❷ **caler le moteur** den Motor abwürgen ❸ **les invités ont calé** (*umgs.*) die Gäste waren voll bis oben hin ❹ **caler une table** einen Keil unter einen Tisch schieben
calfeutrer [kalføtʀe] ❶ abdichten ❷ **se calfeutrer chez soi** *Person:* sich in seiner Wohnung verkriechen
le **calibre** [kalibʀ] der Durchmesser; *von Obst, Eiern* die Größe; *eines Geschosses* das Kaliber
califourchon [kalifuʀʃõ] **à califourchon** rittlings
le **câlin** [kalɛ̃] (*umgs.*) **faire un câlin à quelqu'un** mit jemandem schmusen; **faire un câlin au chat** die Katze streicheln
câlin, câline [kalɛ̃, kalin] verschmust
câliner [kaline] **câliner quelqu'un** zu jemandem zärtlich sein
la **calligraphie** [ka(l)ligrafi] ❶ die Kalligraphie ❷ (*elegante Schrift*) die Schönschrift
le **calmant** [kalmɑ̃] das Beruhigungsmittel
calmant, calmante [kalmɑ̃, kalmɑ̃t] beruhigend
le **calmar** [kalmaʀ] der Tintenfisch
calme [kalm] ruhig; *Ort* still
le **calme** [kalm] die Ruhe; **du calme!** Ruhe!
calmement [kalməmɑ̃] ruhig
calmer [kalme] ❶ beruhigen; **calmer les esprits** die Gemüter beruhigen [*oder* besänftigen] ❷ lindern *Schmerz;* beruhigen *Nerven;* stillen *Hunger* ❸ **se calmer** sich beruhigen; *Sturm:* sich legen
la **calorie** [kalɔʀi] die Kalorie
la **calotte** [kalɔt] (*umgs.: Schlag*) die Ohrfeige
le **calque** [kalk] (*Kopie*) die Pauszeichnung; **le papier calque** das Pauspapier
le **calvados** [kalvados] der Calvados
le **calvaire** [kalvɛʀ] (*Leidenszeit*) das Martyrium
la **calvitie** [kalvisi] ⚠ kalvisi] die Kahlköpfigkeit; **avoir une calvitie** kahlköpfig sein
le **camarade** [kamaʀad] ❶ der Kamerad ❷ (*in der Politik*) der Genosse

◆le **camarade de classe** der Klassenkamerad
la **camarade** [kamaʀad] ❶ die Kameradin ❷ (*in der Politik*) die Genossin
◆la **camarade de classe** die Klassenkameradin
la **Camargue** [kamaʀg] die Camargue
le **cambouis** [kɑ̃bwi] das [gebrauchte] Schmieröl
cambré, cambrée [kɑ̃bʀe] **être très cambré** ein starkes Hohlkreuz haben
le **cambriolage** [kɑ̃bʀijɔlaʒ] der Einbruch, der Einbruch[s]diebstahl
cambrioler [kɑ̃bʀijɔle] einbrechen in *Geschäft*
le **cambrioleur** [kɑ̃bʀijɔlœʀ] der Einbrecher
la **cambrioleuse** [kɑ̃bʀijɔløz] die Einbrecherin
la **cambrousse** [kɑ̃bʀus] (*umgs.*) die ländliche Gegend; **en pleine cambrousse** mitten in der Pampa
la **came** [kam] (*umgs.: Rauschgift*) der Stoff
le **camé** [kame] (*umgs.*) der Fixer
la **camée** [kame] (*umgs.*) die Fixerin
la **camelote** [kamlɔt] (*umgs.*) der Ramsch
le **camembert** [kamɑ̃bɛʀ] der Camembert
la **caméra** [kameʀa] die Kamera; **la caméra de télévision** die Fernsehkamera
le **caméraman** [kameʀaman] ⚠ kameʀaman] <Plural: caméramans> der Kameramann/die Kamerafrau
le **Cameroun** [kamʀun] ⚠ kamʀun] Kamerun
le **caméscope** [kameskɔp] der Camcorder
le **camion** [kamjõ] der Lastwagen, der LKW
le **camion-citerne** [kamjõsitɛʀn] <Plural: camions-citernes> der Tankwagen
la **camionnette** [kamjɔnɛt] der Lieferwagen
le **camionneur** [kamjɔnœʀ] der Lastwagenfahrer
la **camionneuse** [kamjɔnøz] die Lastwagenfahrerin
la **camomille** [kamɔmij] ❶ die Kamille ❷ (*Getränk*) der Kamillentee
le **camouflage** [kamuflaʒ] (*beim Militär*) die Tarnung
camoufler [kamufle] (*beim Militär*) tarnen
le **camp** [kɑ̃] ❶ (*auch militärisch und politisch*) das Lager ❷ (*im Sport*) die Seite ▸ **ficher le camp** (*umgs.*) abhauen
◆le **camp de concentration** das Konzentrationslager
le **campagnard** [kɑ̃paɲaʀ] der Landbewohner
campagnard, campagnarde [kɑ̃paɲaʀ, kɑ̃paɲaʀd] ländlich
la **campagnarde** [kɑ̃paɲaʀd] die Landbewohnerin

la **campagne** [kɑ̃paɲ] ❶ das Land; **à la campagne** auf dem Land[e] ❷ (*Landschaft*) die ländliche Gegend; **dans nos campagnes** in unserer Gegend ❸ (*beim Militär*) der Feldzug, der Kampf ❹ (*Aktion*) **la campagne publicitaire** die Werbekampagne; **la campagne électorale** die Wahlkampagne

le **campement** [kɑ̃pmɑ̃] das Lager

camper [kɑ̃pe] ❶ zelten, campen ❷ (*beim Militär*) kampieren

le **campeur** [kɑ̃pœʀ] der Camper

la **campeuse** [kɑ̃pøz] die Camperin

le **camping** [⚠ kɑ̃piŋ] ❶ das Zelten, das Camping; **faire du camping** zelten ❷ **le [terrain de] camping** der Campingplatz

le **camping-car** [⚠ kɑ̃piŋkaʀ] <*Plural:* camping-cars> das Wohnmobil

le **camping-gaz**® [⚠ kɑ̃piŋɡaz] <*Plural:* camping-gaz> der Gaskocher

le **campus** [⚠ kɑ̃pys] das Universitätsgelände

le **Canada** [kanada] Kanada; **il est originaire du Canada** er stammt aus Kanada

le **canadair**® [kanadɛʀ] das Löschflugzeug

le **Canadien** [kanadjɛ̃] der Kanadier

canadien, canadienne [kanadjɛ̃, kanadjɛn] kanadisch

la **canadienne** [kanadjɛn] ❶ die lammfellgefütterte Jacke (*aus Stoff oder Leder*) ❷ das Zweimannzelt

la **Canadienne** [kanadjɛn] die Kanadierin

la **canaille** [kanaj] der Schuft

le **canal** [kanal] <*Plural:* canaux> der Kanal

la **canalisation** [kanalizasjɔ̃] (*Leitungsnetz*) die Rohrleitungen; **la canalisation d'eau** die Wasserleitungen; **la canalisation de gaz** die Gasleitungen

canaliser [kanalize] kanalisieren

le **canapé** [kanape] ❶ die Couch, der Couch Ⓒⓗ ❷ (*Vorspeise*) das belegte Weißbrothäppchen

le **canapé-lit** [kanapeli] <*Plural:* canapés-lits> die Schlafcouch, der Schlafcouch Ⓒⓗ

le **canard** [kanaʀ] ❶ die Ente ❷ (*Gericht*) **le canard laqué** die Pekingente ❸ (*umgs.: Zeitung*) das Blatt

le **canari** [kanaʀi] der Kanarienvogel

les **canaux** (*männlich*) [kano] *Plural von* **canal**

le **cancan** [kɑ̃kɑ̃] ❶ **les cancans** der Klatsch, der Tratsch ❷ **le french cancan** der Cancan

V In ❶ wird der Plural *les cancans* mit einem Singular übersetzt: *ce ne sont que des cancans – das ist nur Klatsch.*

le **cancer** [kɑ̃sɛʀ] der Krebs; **mourir d'un cancer** an Krebs sterben

le **Cancer** [kɑ̃sɛʀ] (*in der Astrologie*) der Krebs; **elle est Cancer** sie ist [ein] Krebs

la **cancéreuse** [kɑ̃seʀøz] die Krebskranke

cancéreux, cancéreuse [kɑ̃seʀø, kɑ̃seʀøz] Krebs-; **une tumeur cancéreuse** eine Krebsgeschwulst; **le malade cancéreux** der Krebspatient

le **cancéreux** [kɑ̃seʀø] der Krebskranke

cancérigène [kɑ̃seʀiʒɛn], **cancérogène** [kɑ̃seʀɔʒɛn] Krebs erregend

le **cancérologue** [kɑ̃seʀɔlɔɡ] der Krebsforscher

la **cancérologue** [kɑ̃seʀɔlɔɡ] die Krebsforscherin

le **cancre** [kɑ̃kʀ] (*umgs.*) der faule Schüler/die faule Schülerin

le **candidat** [kɑ̃dida] ❶ der Kandidat ❷ (*Stellenanwärter*) der Bewerber

la **candidate** [kɑ̃didat] ❶ die Kandidatin ❷ (*Stellenanwärterin*) die Bewerberin

la **candidature** [kɑ̃didatyʀ] ❶ die Kandidatur ❷ (*bei einer Stellenbesetzung, einem Spiel*) die Bewerbung; **poser sa candidature à un poste** sich um eine Stelle bewerben; **retenir une candidature** eine Bewerbung berücksichtigen

candide [kɑ̃did] unverdorben

la **cane** [kan] das Entenweibchen

le **caneton** [kantɔ̃] das Entenküken

la **canette** [kanɛt] die Bierdose, die Dose

le **canevas** [kanva] der Kanevas

le **caniche** [kaniʃ] der Pudel

le **canif** [kanif] das Taschenmesser, der Feitel Ⓐ

le **caniveau** [kanivo] <*Plural:* caniveaux> der Rinnstein

la **canne** [kan] der Spazierstock, der Stock
  ◆ la **canne à pêche** die Angelrute
  ◆ la **canne à sucre** das Zuckerrohr

la **cannelle** [kanɛl] der Zimt

cannibale [kanibal] kannibalisch

le **cannibale** [kanibal] der Kannibale

la **cannibale** [kanibal] die Kannibalin

le **canoë** [kanɔe] ❶ das Kanu ❷ (*Sportart*) das Kanufahren; **faire du canoë** Kanu fahren

le **canoë-kayak** [kanɔekajak] <*Plural:* canoës-kayaks> ❶ der/das Kajak ❷ (*Sportart*) das Kajakfahren; **faire du canoë-kayak** Kajak fahren

canon [kanɔ̃] (*umgs.*) super, toll; **super canon** supertoll

G Das Adjektiv *canon* ist unveränderlich: *des filles super canon – supertolle Mädchen.*

le **canon** [kanɔ̃] ❶ die Kanone ❷ *eines Gewehrs* der Lauf
  ◆ le **canon à neige** die Schneekanone

le **canot** [kano] das Boot
la **cantatrice** [kɑ̃tatʀis] die Sängerin, die Opernsängerin
la **cantine** [kɑ̃tin] die Kantine
le **cantique** [kɑ̃tik] das Kirchenlied, das Lied
le **canton** [kɑ̃tõ] ❶ (*in Frankreich*) ≈ der Landkreis ❷ (*in der Schweiz*) der Kanton
cantonal, cantonale [kɑ̃tɔnal] <Plural: cantonaux> ❶ (*in Frankreich*) ≈ Kreis-; **les élections cantonales** ≈ die Kreiswahlen ❷ (*in der Schweiz*) kantonal; **les autorités cantonales** die Kantonsbehörden
le **cantonnier** [kɑ̃tɔnje] der Straßenarbeiter
le **caoutchouc** [⚠ kautʃu] ❶ der Kautschuk ❷ (*Band*) das Gummi, der Gummiring ❸ (*Pflanze*) der Gummibaum
le **cap** [kap] ❶ das Kap ❷ (*Richtung*) der Kurs
le **CAP** [seape] *Abkürzung von* **certificat d'aptitude professionnelle** *Zeugnis über eine abgeschlossene Berufsausbildung; bei Handwerksberufen dem Gesellenbrief vergleichbar*
capable [kapabl] fähig; **être capable de réussir** fähig [*oder* in der Lage] sein, es zu schaffen
la **capacité** [kapasite] ❶ die Fähigkeit; **les capacités intellectuelles** die geistigen Fähigkeiten ❷ *eines Gefäßes* das Fassungsvermögen
 ◆ la **capacité de mémoire** die Speicherkapazität
 ◆ la **capacité de production** die Produktionskapazität
la **cape** [kap] ⚠ *weiblich* der Umhang, das Cape
le **CAPES** [kapɛs] *Abkürzung von* **certificat d'aptitude au professorat de l'enseignement secondaire** *Staatsexamen für das Lehramt an höheren Schulen*
capillaire [kapilɛʀ] Haar-; **la lotion capillaire** das Haarwasser
le **capitaine** [kapitɛn] ❶ der Kapitän ❷ (*beim Militär*) der Hauptmann
le **capital** [kapital] <Plural: capitaux> ❶ das Kapital ❷ (*in der Wirtschaft*) **les capitaux** die Gelder
capital, capitale [kapital] <Plural: capitaux> wesentlich
la **capitale** [kapital] ❶ die Hauptstadt ❷ (*Schriftzeichen*) der Großbuchstabe
capitaux [kapito] →**capital**
la **capitulation** [kapitylasjõ] die Kapitulation
capituler [kapityle] kapitulieren
le **caporal** [kapɔʀal] <Plural: caporaux> der Gefreite/die Gefreite
le **capot** [kapo] die Motorhaube
la **capote** [kapɔt] ❶ das Verdeck ❷ **la capote [anglaise]** (*umgs.*) der Pariser
la **câpre** [kɑpʀ] die Kaper
le **caprice** [kapʀis] die Laune; **faire des caprices** *Kind:* launisch sein; (*um seinen Willen durchzusetzen*) quengeln
capricieux, capricieuse [kapʀisjø, kapʀisjøz] *Mensch* launisch
le **Capricorne** [kapʀikɔʀn] (*in der Astrologie*) der Steinbock; **il est Capricorne** er ist [ein] Steinbock
la **capsule** [kapsyl] ❶ (*auf Flaschen*) der Kronkorken, der Kronenkorken ❷ (*Medikament*) die Kapsel
capter [kapte] ❶ fassen *Quelle;* einfangen *Energie* ❷ empfangen *Sendung;* mitbekommen *Nachricht* ❸ **capter l'attention des spectateurs** die Aufmerksamkeit der Zuschauer auf sich ziehen
captiver [kaptive] fesseln
la **captivité** [kaptivite] die Gefangenschaft
capturer [kaptyʀe] fassen *Menschen;* einfangen *Tier*
la **capuche** [kapyʃ] die Kapuze
le **capuchon** [kapyʃõ] *eines Füllers* die Verschlusskappe, die Kappe
car [kaʀ] denn
le **car** [kaʀ] der Bus
la **carabine** [kaʀabin] ⚠ *weiblich* der Karabiner
le **caractère** [kaʀaktɛʀ] ❶ der Charakter; **avoir bon caractère** umgänglich sein; **avoir mauvais caractère** schwierig sein ❷ die Charakterstärke, die Willensstärke; **avoir beaucoup de caractère** willensstark sein ❸ das Schriftzeichen, das Zeichen; **en caractères gras** fett gedruckt ❹ **les caractères** *einer Krankheit* die [typischen] Merkmale
 ◆ les **caractères d'imprimerie** die Druckschrift
le **caractériel** [kaʀakteʀjɛl] der Verhaltensgestörte
caractériel, caractérielle [kaʀakteʀjɛl] *Kind* verhaltensgestört
la **caractérielle** [kaʀakteʀjɛl] die Verhaltensgestörte
caractériser [kaʀakteʀize] ❶ kennzeichnen ❷ (*definieren*) charakterisieren ❸ **se caractériser par quelque chose** sich durch etwas auszeichnen
caractéristique [kaʀakteʀistik] charakteristisch; **être caractéristique de quelqu'un/de quelque chose** charakteristisch für jemanden/für etwas sein
la **caractéristique** [kaʀakteʀistik] das typische Merkmal
la **carafe** [kaʀaf] die Karaffe

les **Caraïbes** *(weiblich)* [⚠ kaʀaib] die Karibischen Inseln
le **carambolage** [kaʀɑ̃bɔlaʒ] ⚠ *männlich* (*Unfall*) die Karambolage, die Massenkarambolage
le **caramel** [kaʀamɛl] ❶ der/das Karamellbonbon ❷ (*Substanz*) das Karamell
caraméliser [kaʀamelize] karamellisieren
la **caravane** [kaʀavan] ❶ die Karawane ❷ (*Fahrzeug*) der Wohnwagen
le **carburant** [kaʀbyʀɑ̃] der Kraftstoff, der Treibstoff
la **carcasse** [kaʀkas] *eines Tiers* das Gerippe, das Skelett ▶ **ma vieille carcasse** (*umgs.*) meine alten Knochen
carcéral, carcérale [kaʀseʀal] <*Plural:* carcéraux> Gefängnis-; **la réforme carcérale** die Gefängnisreform; **le milieu carcéral** das Leben im Gefängnis
cardiaque [kaʀdjak] Herz-; **le malaise cardiaque** der Herzanfall
le **cardiaque** [kaʀdjak] der Herzkranke
la **cardiaque** [kaʀdjak] die Herzkranke
le **cardinal** [kaʀdinal] <*Plural:* cardinaux> der Kardinal
cardinal, cardinale [kaʀdinal] <*Plural der männl. Form:* cardinaux> Kardinal-; **le nombre cardinal** die Kardinalzahl; *siehe auch* **point**
cardinaux [kaʀdino] →**cardinal**
la **cardiologie** [kaʀdjɔlɔʒi] die Kardiologie
le **cardiologue** [kaʀdjɔlɔg] der Herzspezialist
la **cardiologue** [kaʀdjɔlɔg] die Herzspezialistin
le **carême** [kaʀɛm] ❶ das Fasten ❷ (*Zeitraum*) die Fastenzeit
la **caresse** [kaʀɛs] das Streicheln
caresser [kaʀese] ❶ streicheln ❷ hegen *Hoffnung*
la **cargaison** [kaʀgɛzɔ̃] die Ladung
le **cargo** [kaʀgo] das Frachtschiff
la **caricature** [kaʀikatyʀ] die Karikatur
caricaturer [kaʀikatyʀe] karikieren
le **caricaturiste** [kaʀikatyʀist] der Karikaturist
la **caricaturiste** [kaʀikatyʀist] die Karikaturistin
la **carie** [kaʀi] die Karies
carmin [kaʀmɛ̃] karminrot, karmesinrot

> **G** Das Farbadjektiv *carmin* ist unveränderlich: *des fauteuils carmin* – karmesinrote Sessel.

le **carmin** [kaʀmɛ̃] das Karminrot, das Karmesinrot
le **carnage** [kaʀnaʒ] das Gemetzel, das Blutbad
le **carnassier** [kaʀnasje] der Fleischfresser
carnassier, carnassière [kaʀnasje, kaʀnasjɛʀ] Fleisch fressend

le **carnaval** [kaʀnaval] <*Plural:* carnavals> der Karneval, der Fasching
le **carnet** [kaʀnɛ] das Heft
• le **carnet d'adresses** das Adressbuch
• le **carnet de chèques** das Scheckheft
• le **carnet d'épargne** ⓒⒽ das Sparbuch, das Sparheft ⓒⒽ
• le **carnet de notes** das Zeugnisheft
• le **carnet de santé** der Gesundheitspass
• le **carnet de tickets** das Fahrscheinheft
• le **carnet de timbres** das Briefmarkenheftchen
carnivore [kaʀnivɔʀ] Fleisch fressend
le **carnivore** [kaʀnivɔʀ] der Fleischfresser
la **carotide** [kaʀɔtid] die Halsschlagader
la **carotte** [kaʀɔt] ❶ die Karotte, die Möhre ❷ ⓒⒽ (*rote Bete*) **la carotte rouge** die rote Rübe ⓒⒽ
la **carpe** [kaʀp] der Karpfen
le **carré** [kaʀe] ❶ das Quadrat ❷ **quatre/six au carré** vier/sechs im Quadrat ❸ (*beim Kartenspiel*) **un carré d'as** vier Asse ❹ **le carré de terre** das Stück Land; **le carré de chocolat** das Stückchen Schokolade
carré, carrée [kaʀe] ❶ quadratisch ❷ *Schultern* breit ❸ (*bei Flächenmaßen*) Quadrat-; **le mètre carré** der Quadratmeter; **le kilomètre carré** der Quadratkilometer
le **carreau** [kaʀo] <*Plural:* carreaux> ❶ die Fensterscheibe, die Scheibe; **faire les carreaux** die Fenster putzen ❷ (*Bodenbelag*) die Fliese ❸ (*Muster auf Stoff*) das Karo; (*auf Papier*) das Kästchen; **à grands carreaux** groß kariert; **à petits carreaux** klein kariert ❹ (*beim Kartenspiel*) das Karo
le **carrefour** [kaʀfuʀ] ❶ die Kreuzung ❷ (*übertragen*) der Treffpunkt
le **carrelage** [kaʀlaʒ] (*an den Wänden*) die Kacheln; (*auf dem Boden*) die Fliesen
carreler [kaʀle] <*wie* rejeter; *siehe Verbtabelle ab S. 1055*> kacheln *Wand*; fliesen *Boden*

> **Ü** Mit *ll* schreiben sich
> – die stammbetonten Formen wie *je carrelle* und
> – die auf der Basis der Grundform *carreler* gebildeten Formen, z. B. *ils carrelleront* und *je carrellerais*.

le **carreleur** [kaʀlœʀ] der Fliesenleger
la **carreleuse** [kaʀløz] die Fliesenlegerin
carrément [kaʀemɑ̃] (*umgs.*) geradeheraus
la **carrière**[1] [kaʀjɛʀ] die Laufbahn; **faire carrière** Karriere machen
la **carrière**[2] [kaʀjɛʀ] der Steinbruch; **la carrière de marbre** der Marmorsteinbruch

la **carrosserie** [kaʀɔsʀi] die Karosserie
la **carrure** [kaʀyʀ] ❶ die Schulterbreite ❷ (*übertragen*) das Format
le **cartable** [kaʀtabl] ❶ die Schultasche ❷ ⒸⒶⓃ (*Mappe*) der Ringordner
la **carte** [kaʀt] ❶ die Landkarte, die Karte; **la carte en relief** die Reliefkarte ❷ **la carte** [**à jouer**] die Spielkarte; **jouer aux cartes** Karten spielen ❸ **la carte postale** die Ansichtskarte, die Karte ❹ (*im Lokal*) die Speisekarte, die Karte ❺ (*Dokument*) die Karte; **la carte de visite** die Visitenkarte; **la carte grise** der Kraftfahrzeugschein ▶ **jouer cartes sur table** mit offenen Karten spielen; **avoir carte blanche** unbeschränkte Vollmacht haben
  ◆ la **carte à mémoire** die Magnetkarte
  ◆ la **carte à puce** die Chipkarte
  ◆ la **carte de crédit** die Kreditkarte
  ◆ la **carte d'électeur** der Wahlschein
  ◆ la **carte d'étudiant** der Studentenausweis
  ◆ la **carte [nationale] d'identité** der Personalausweis
  ◆ la **carte de séjour** die Aufenthaltserlaubnis
  ◆ la **carte de téléphone** die Telefonkarte
le **cartomancien** [kaʀtɔmãsjɛ̃] der Kartenleger
la **cartomancienne** [kaʀtɔmãsjɛn] die Kartenlegerin
le **carton** [kaʀtɔ̃] ❶ die Pappe ❷ (*Verpackung*) der Karton ❸ (*beim Fußball*) die Karte; **le carton jaune/rouge** die gelbe/rote Karte
le **carton-pâte** [kaʀtɔ̃pɑt] das Pappmaschee
la **cartouche** [kaʀtuʃ] ❶ eines Gewehrs die Patrone ❷ **la cartouche d'encre** die Tintenpatrone ❸ **une cartouche de cigarettes** eine Stange Zigaretten
le **cas** [kɑ] (*auch in Grammatik, Medizin und Jura*) der Fall; **le cas difficile** die schwierige Angelegenheit; **dans ce cas** in diesem Fall; **dans le cas contraire** andernfalls; **en tout cas** auf jeden Fall, jedenfalls; **en cas de problème** falls es ein Problem gibt ▶ **en cas de besoin** wenn nötig; **au cas où** für den Fall, dass
  ◆ le **cas d'urgence** der Notfall
la **cascade** [kaskad] ❶ der Wasserfall ❷ (*im Film*) der Stunt
le **cascadeur** [kaskadœʀ] (*im Film*) der Stuntman
la **cascadeuse** [kaskadøz] (*im Film*) die Stuntfrau, das Stuntgirl
la **case** [kɑz] ❶ (*auf einem Spielbrett*) das Feld; **avancer de trois cases** drei Felder vorrücken ❷ (*Unterkunft*) die Hütte
caser [kɑze] ❶ unterbringen ❷ (*verheiraten*) unter die Haube bringen ❸ **se caser** unterkommen; (*sich vermählen*) heiraten
la **caserne** [kazɛʀn] die Kaserne
casher [⚠ kaʃɛʀ] koscher

Ⓖ Das Adjektiv *casher* ist unveränderlich: *de la viande casher* – koscheres Fleisch.

le **casier** [kazje] ❶ das [abschließbare] Fach ❷ **le casier judiciaire** das Strafregister
le **casino** [kazino] das Kasino, das Spielkasino
le **casque** [kask] ❶ der Helm; *eines Motorradfahrers* der Sturzhelm ❷ (*zum Musikhören*) der Kopfhörer ▶ **le casque bleu** der Blauhelm
la **casquette** [kaskɛt] die Schirmmütze
la **casse** [kɑs] (*umgs.: Einbruch*) der Bruch
la **casse** [kɑs] ❶ (*Schaden*) der Bruchschaden ❷ **il va y avoir de la casse** (*umgs.*) gleich gibt es eine Schlägerei ❸ (*Betrieb*) der Schrottplatz
cassé, cassée [kɑse] ❶ kaputt ❷ *Arm, Bein* gebrochen ❸ *Stimme* rau
le **casse-cou** [kɑsku] <*Plural:* casse-cou> (*umgs.*) der Draufgänger/die Draufgängerin
le **casse-croûte** [kɑskʀut] <*Plural:* casse-croûte> (*umgs.*) der Imbiss, die Zwischenmahlzeit
le **casse-noix** [kɑsnwa] <*Plural:* casse-noix> der Nussknacker
casse-pieds [kɑspje] <*Plural:* casse-pieds> (*umgs.*) ❶ (*unangenehm*) nervig ❷ stinklangweilig
le **casse-pieds** [kɑspje] <*Plural:* casse-pieds> (*umgs.*) die Nervensäge
la **casse-pieds** [kɑspje] <*Plural:* casse-pieds> (*umgs.*) die Nervensäge
casser [kɑse] ❶ zerbrechen *Gegenstand;* abbrechen *Zweig;* knacken *Nuss;* kaputtmachen *Uhr;* **se casser le bras** sich den Arm brechen; **casser quelque chose en deux** etwas in zwei Teile brechen ❷ stören *Atmosphäre* ❸ (*bei Gericht*) aufheben *Urteil* ❹ (*kaputt gehen*) *Gegenstand:* zerbrechen; *Ast:* abbrechen; *Faden:* reißen, abreißen; **le verre a cassé** das Glas ist zerbrochen ❺ **se casser** zerbrechlich sein; **ne pas se casser** unzerbrechlich sein; **se casser en mille morceaux** in tausend Stücke zerspringen ❻ **se casser** (*umgs.*) abhauen, sich vom Acker machen
la **casserole** [kasʀɔl] die Kasserolle, die Stielkasserolle
le **casse-tête** [kɑstɛt] <*Plural:* casse-tête> das knifflige Problem ▶ **le casse-tête chinois** das Geduld[s]spiel
la **cassette** [kasɛt] die Kassette; **la cassette**

vidéo die Videokassette
le **cassis** [⚠ kasis] die schwarze Johannisbeere
le **cassoulet** [kasulɛ] *Eintopf aus weißen Bohnen mit Würstchen und Fleisch, eine Spezialität aus Südwestfrankreich*
la **cassure** [kasyʀ] der Bruch
le **castor** [kastɔʀ] der Biber
castrer [kastʀe] kastrieren
le **cataclysme** [kataklism] die Naturkatastrophe, die Katastrophe
les **catacombes** *(weiblich)* [katakɔ̃b] die Katakomben
le **catalogue** [katalɔg] der Katalog
cataloguer [katalɔge] katalogisieren
le **catamaran** [katamaʀɑ̃] der Katamaran
la **catastrophe** [katastʀɔf] die Katastrophe ▸ **partir en catastrophe** überstürzt abreisen; **atterrir en catastrophe** notlanden
le **catéchisme** [kateʃism] der Religionsunterricht
la **catégorie** [kategɔʀi] ❶ die Kategorie; **la catégorie d'âge** die Altersklasse; **la catégorie grammaticale** die Wortart ❷ (*im Sport*) die Klasse ❸ **de la viande de première catégorie** Fleisch der Güteklasse 1; **un hôtel de première catégorie** ein Hotel erster Klasse
catégorique [kategɔʀik] kategorisch
la **cathédrale** [katedʀal] die Kathedrale; **la cathédrale de Cologne** der Kölner Dom; **la cathédrale de Strasbourg** das Straßburger Münster
catholique [katɔlik] katholisch ▸ **pas très catholique** nicht ganz koscher, nicht ganz hasenrein
le **catholique** [katɔlik] der Katholik
la **catholique** [katɔlik] die Katholikin
catimini [katimini] **en catimini** heimlich, klammheimlich
le **cauchemar** [koʃmaʀ] der Alptraum; **faire un cauchemar** einen Alptraum haben
causant, causante [kozɑ̃, kozɑ̃t] gesprächig
la **cause** [koz] ❶ die Ursache, der Grund; **à cause de** wegen; **pour cause de maladie** wegen Krankheit ❷ (*vor Gericht*) der Fall ❸ (*Interesse, Ziel*) die Sache; **pour la bonne cause** für einen guten Zweck ▸ **mettre quelqu'un en cause** jemanden beschuldigen
causer[1] [koze] verursachen
causer[2] [koze] ❶ plaudern ❷ **cause toujours!** (*umgs.*) red' du nur!
la **caution** [kosjɔ̃] ❶ die Bürgschaft ❷ **se porter caution** bürgen ❸ (*Betrag*) die Kaution
cavaler [kavale] (*umgs.: schnell laufen*) pesen
la **cavalerie** [kavalʀi] die Kavallerie
le **cavalier** [kavalje] ❶ der Reiter ❷ (*Soldat*) der Kavallerist ❸ (*auf einem Ball*) der Tanzpartner ❹ (*Begleiter*) der Kavalier ❺ (*Schachfigur*) der Springer, das Pferd
cavalier, cavalière [kavalje, kavaljɛʀ] (*abwertend*) unverschämt
la **cavalière** [kavaljɛʀ] ❶ die Reiterin ❷ (*auf einem Ball*) die Tanzpartnerin
la **cave** [kav] ❶ der Keller ❷ (*Weinvorräte*) der Weinkeller ❸ (*Lokal*) die Kellerbar
le **caveau** [kavo] <*Plural:* caveaux> (*Grab*) die Gruft
la **caverne** [kavɛʀn] die Höhle
le **caviar** [kavjaʀ] der Kaviar
le **CB** [⚠ sibi] *Abkürzung von* **Citizen's band** der CB-Funk
le **C.C.P.** [sesepe] *Abkürzung von* **compte chèque postal** das Postgirokonto
le **CD** [sede] *Abkürzung von* **Compact Disc** die CD
le **CDI**[1] [sedei] *Abkürzung von* **centre de documentation et d'information** *Dokumentations- und Informationsstelle einer Schule*
le **CDI**[2] [sedei] *Abkürzung von* **Compact Disc Interactive** (*in der Informatik*) die CD-I
le **CD-ROM** [sedeʀɔm] *Abkürzung von* **Compact Disc Read Only Memory** (*in der Informatik*) die CD-ROM
ce[1] [sə] *allein verwendet* ❶ das; **ce sont de bons souvenirs** das sind schöne Erinnerungen ❷ (*hervorhebend*) **ce sont eux/elles qui sont responsables** sie sind dafür verantwortlich ❸ **ce qui s'est passé est grave** [das,] was sich da ereignet hat, ist schlimm; **ce qui m'intéresse le plus, c'est l'histoire** am meisten interessiere ich mich für Geschichte; **ce sur quoi il faut discuter** das, worüber gesprochen werden muss ❹ **ce que tu dis est juste** was du sagst, stimmt; **dis-moi ce que tu penses** sag mir, was du denkst; **voilà tout ce que je sais** das ist alles, was ich weiß; **il ne comprend pas ce à quoi on fait allusion** er versteht nicht, worauf angespielt wird ❺ (*Beendigung eines Satzes*) ..., **ce à quoi il ne s'attendait pas** ..., womit er nicht rechnete ▸ **et ce** und zwar; **sur ce** daraufhin
ce[2] [sə] <*Plural:* ces> *in Verbindung mit einem Substantiv* ❶ diese(r, s); **ce chien** dieser Hund; **ce vase** diese Vase; **ce tableau** dieses Bild; **ce poster-ci ..., ce poster-là ...** das Poster hier ..., das Poster dort ... ❷ (*auf eine Person bezogen*) dieser; **ce vendeur**

dieser Verkäufer; **ce garçon-là** der Junge da ❸ (*zeitlich*) **ce matin** heute Morgen; **ce soir** heute Abend; **ce mois-ci** diesen [*oder* in diesem] Monat; **ce jour-là** an jenem Tag
ceci [sasi] dieses [hier]; **ceci ou cela** dies [hier] oder das [da]; **à ceci près qu'il ment** außer, dass er lügt; **ceci dit, il n'a pas tout à fait tort** abgesehen davon hat er nicht ganz Unrecht
la **cécité** [sesite] die Blindheit
céder [sede] <*wie* préférer; *siehe Verbtabelle ab S. 1055*> ❶ **céder sa voiture à quelqu'un** jemandem sein Auto überlassen; **céder sa place à quelqu'un** jemandem seinen Platz anbieten ❷ (*verkaufen*) veräußern *Wohnung* ❸ (*nicht widerstehen*) nachgeben; (*kapitulieren*) aufgeben ❹ *Ast:* nachgeben; *Stuhl:* zusammenbrechen

Ü Nur die stammbetonten Formen schreiben sich mit **è**, z. B. *ils cèdent.*

le **CEDEX** [sedɛks] *Abkürzung von* **courrier d'entreprise à distribution exceptionnelle** *Sammelpostamt für gesondert zugestellte Firmen- und Behördenpost*
la **cédille** [sedij] die Cedille (*kommaähnliches Zeichen unter einem Buchstaben*); **le c cédille** *geschrieben:* **le ç** das c mit Cedille
le **cèdre** [sɛdʀ] ⚠ *männlich* die Zeder
la **ceinture** [sɛ̃tyʀ] ❶ der Gürtel ❷ (*Teil einer Hose, eines Rocks*) der Bund ❸ (*am Sitz*) der Gurt; **la ceinture de sécurité** der Sicherheitsgurt; **attacher sa ceinture** [**de sécurité**] sich anschnallen
cela [s(ə)la] ❶ das; **après cela** danach ❷ (*zur Hervorhebung*) **quand cela?** wann denn?; **où cela?** wo denn/wohin denn?; **cela fait dix jours que j'attends** ich warte jetzt schon seit zehn Tagen ▸ **et avec cela?** was darf es sonst noch sein?; **pour cela** deshalb; **sans cela** ansonsten
la **célébration** [selebʀasjɔ̃] die Feier, die Feierlichkeiten
célèbre [selɛbʀ] berühmt
célébrer [selebʀe] <*wie* préférer; *siehe Verbtabelle ab S. 1055*> ❶ feiern ❷ **célébrer un office** einen Gottesdienst abhalten

Ü Nur die stammbetonten Formen schreiben sich mit **è**, z. B. *je célèbre.*

la **célébrité** [selebʀite] die Berühmtheit
le **céleri** [⚠ sɛlʀi] der/die Sellerie
le **céleri-rave** [⚠ sɛlʀiʀav] <*Plural:* céleris--raves> der/die Knollensellerie, der/die Sellerie
céleste [selɛst] Himmels-; **la voûte céleste** das Himmelsgewölbe; **le corps céleste** der Himmelskörper
le **célibat** [seliba] die Ehelosigkeit; *eines Priesters* das/der Zölibat
célibataire [selibatɛʀ] ledig
le **célibataire** [selibatɛʀ] der Junggeselle
la **célibataire** [selibatɛʀ] die Junggesellin
celle [sɛl] <*Plural:* celles> ❶ der/die/das, derjenige/diejenige/dasjenige; **mets donc ta robe rouge, c'est celle qui te va le mieux** zieh doch dein rotes Kleid an, das steht dir am besten; **regarde ma nouvelle ceinture, c'est celle que j'ai achetée hier** sieh mal, das ist mein neuer Gürtel, den ich gestern gekauft habe; **ma voiture est plus rapide que celle d'Anne** mein Auto ist schneller als Annes [*oder* das von Anne]; **c'est la clé de l'entrée et pas celle de la chambre** das ist der Schlüssel für die Eingangstür, nicht der für das Zimmer ❷ (*auf eine Person bezogen*) die, diejenige; **ma sœur s'appelle Annick et celle de mon copain s'appelle Josiane** meine Schwester heißt Annick, und die Schwester meines Freundes heißt Josiane; **parmi toutes ces actrices, Juliette Binoche est celle que je préfère** von all diesen Schauspielerinnen mag ich Juliette Binoche am liebsten
celle-ci [sɛlsi] <*Plural:* celles-ci> ❶ dieser/diese/dieses [hier]; **vous désirez une montre élégante? J'ai celle-ci qui est très jolie** Sie möchten eine elegante Uhr? Ich habe diese [hier], die sehr schön ist; **parmi ces jupes, c'est celle-ci que je préfère** von diesen Röcken gefällt mir dieser [hier] am besten ❷ (*auf eine Person bezogen*) diese [hier]
celle-là [sɛlla] <*Plural:* celles-là> ❶ dieser/diese/dieses [da]; **parmi ces photos, c'est celle-là que je préfère** von diesen Fotos gefällt mir dieses [da] am besten; **je préfère cette sorte d'oranges, c'est celle-là qui n'a pas de pépins** ich mag diese Sorte Orangen lieber, die hat keine Kerne ❷ (*auf eine Person bezogen*) diese [da]
celles [sɛl] <*Plural von* celle> ❶ die, diejenigen; **goûte ces clémentines, ce sont celles qui sont si sucrées** probier mal diese Klementinen, die sind so süß ❷ (*hervorhebend*) **mes lunettes sont plus légères que celles de ma mère** meine Brille ist leichter als die meiner Mutter; **ce sont les affaires d'Annick et pas celles de Josiane** das sind Annicks Sachen und nicht Josianes [*oder* die von Josiane] ❸ **celles d'entre** vous qui ...

diejenigen unter euch/Ihnen, die ...
celles-ci [sɛlsi] <*Plural von* celle-ci> diese [hier]; **celles-ci sont moins chères que celles-là** diese [hier] sind billiger als diese da
celles-là [sɛlla] <*Plural von* celle-là> diese [da]; **celles-ci sont plus chères que celles-là** diese [hier] sind teurer als die da
le **cellier** [selje] der Vorratsraum
la **cellophane®** [selɔfan] ① das Cellophan® ② (*Verpackung*) die Frischhaltefolie
cellulaire [selylɛʀ] (*in der Biologie*) Zell-; **la division cellulaire** die Zellteilung
le **cellulaire** [selylɛʀ] CAN (*Funktelefon*) das Handy, das Natel CH
la **cellule** [selyl] die Zelle
la **cellulite** [selylit] die Zellulitis
la **cellulose** [selyloz] die Zellulose
celte [sɛlt] keltisch
les **Celtes** (*männlich*) [sɛlt] die Kelten
celtique [sɛltik] keltisch
le **celtique** [sɛltik] Keltisch; *siehe auch* **allemand**
celui [səlɥi] <*Plural:* ceux> ① der/die/das, derjenige/diejenige/dasjenige; **mets ton pull noir, c'est celui qui te va le mieux** zieh deinen schwarzen Pulli an, der steht dir am besten; **regarde mon nouveau jean! C'est celui que j'ai acheté hier** sieh mal, meine neue Jeans! Die habe ich gestern gekauft; **mon vélo est moins lourd que celui de ma mère** mein Fahrrad ist leichter als das meiner Mutter; **il a pris le train de 9 heures et pas celui de 10 heures** er hat den Zug um 9 Uhr genommen und nicht den um 10 Uhr ② (*auf eine Person bezogen*) der, derjenige; **mon frère s'appelle Paul et celui de ma copine s'appelle Robert** mein Bruder heißt Paul, und der Bruder meiner Freundin heißt Robert; **parmi ces acteurs, qui est celui que tu préfères?** welchen dieser Schauspieler magst du am liebsten?
celui-ci [səlɥisi] <*Plural:* ceux-ci> ① dieser/diese/dieses [hier]; **parmi tes pulls, c'est celui-ci qui te va le mieux** von deinen Pullis steht dir dieser [hier] am besten; **parmi ces pantalons, c'est celui-ci que je préfère** von diesen Hosen gefällt mir diese [hier] am besten ② (*auf eine Person bezogen*) dieser [hier]
celui-là [səlɥila] <*Plural:* ceux-là> ① dieser/diese/dieses [da]; **parmi ces livres, c'est celui-là que je préfère** von diesen Büchern gefällt mir dieses [da] am besten; **parmi ces compacts, c'est celui-là qui a été le plus vendu** von diesen CDs ist diese [da] die meistverkaufte ② (*auf eine Person bezogen*) dieser [da]
la **cendre** [sɑ̃dʀ] die Asche
cendré, cendrée [sɑ̃dʀe] *Haare* aschblond
le **cendrier** [sɑ̃dʀije] der Aschenbecher
censé, censée [sɑ̃se] **je suis censé travailler** eigentlich sollte ich arbeiten; **tu n'es pas censé le savoir** eigentlich darfst du es nicht wissen
le **censeur** [sɑ̃sœʀ] ① (*in der Politik*) der Zensor/die Zensorin ② (*in der Schule*) der Beamte, der/die Beamtin, die in einem „lycée" für die Schulordnung zuständig ist und die Stundenpläne erstellt
la **censure** [sɑ̃syʀ] die Zensur
censurer [sɑ̃syʀe] zensieren
cent [sɑ̃] ① hundert, einhundert; **un Français sur cent** jeder hundertste Franzose, ein Franzose von hundert; **cinq cents mètres** fünfhundert Meter ② (*bei Angaben des Alters, des Zeitraums*) **il/elle a cent ans** er/sie ist hundert Jahre alt, er/sie ist hundert; **à cent ans** mit hundert Jahren, mit hundert; **un vieillard de cent ans** ein hundertjähriger Greis; **une période de cent jours** ein Zeitraum von hundert Tagen ③ **trois pour cent** drei Prozent ▶ **[à] cent pour cent** hundertprozentig

> Das Zahlwort **cent** wird fast immer [sɑ̃] ausgesprochen.
> Nur wenn das nachfolgende Substantiv, auf das sich *cent* bezieht, mit einem Vokal oder einem stummen h beginnt, wird die Liaison gemacht:
> *elle a cent ans* [sɑ̃t ɑ̃] – sie ist hundert Jahre alt;
> *deux cents hommes* [dø sɑ̃z ɔm] – zweihundert Männer.

le **cent¹** [sɑ̃] ⚠ männlich (*Zahl, Buslinie*) die Hundert; **écrire un grand cent au tableau** eine große Hundert an die Tafel schreiben
le **cent²** [sɑ̃] der Cent, der Euro-Cent
la **centaine** [sɑ̃tɛn] ① **une centaine de ...** etwa hundert ..., ungefähr hundert ...; **une centaine de visiteurs** etwa hundert Besucher; **des centaines de personnes** Hunderte von Personen; **plusieurs centaines** mehrere Hundert; **par centaines** zu Hunderten ② (*Recheneinheit*) der Hunderter
centenaire [sɑ̃tnɛʀ] hundertjährig
le **centenaire** [sɑ̃tnɛʀ] ① der Hundertjährige ② (*Jubiläum*) der hundertste Geburtstag; *eines Ereignisses* der hundertste Jahrestag
la **centenaire** [sɑ̃tnɛʀ] die Hundertjährige

centième [sɑ̃tjɛm] hundertste(r, s); **la centième représentation** die hundertste Aufführung
le **centigramme** [sɑ̃tigʀam] das Zentigramm
le **centilitre** [sɑ̃tilitʀ] der Zentiliter
le **centime** [sɑ̃tim] ❶ (*früher*) der Centime ❷ (*Untereinheit des Euro*) der Cent; **une pièce de vingt centimes** eine Zwanzig-Cent-Münze
le **centimètre** [sɑ̃timɛtʀ] der Zentimeter
le **central** [sɑ̃tʀal] <*Plural:* centraux> (*Schaltzentrale*) die Telefonzentrale
central, centrale [sɑ̃tʀal] <*Plural der männl. Form:* centraux> zentral; **le personnage central** die Hauptfigur; **la question centrale** die Hauptfrage
la **centrale** [sɑ̃tʀal] **la centrale [électrique]** das Kraftwerk, das Elektrizitätswerk; **la centrale atomique** [*oder* **nucléaire**] das Atomkraftwerk, das Kernkraftwerk
la **Centrale** [sɑ̃tʀal] angesehene technische Hochschule für Ingenieure und Führungskräfte in Paris
centraliser [sɑ̃tʀalize] zentralisieren
centraux [sɑ̃tʀo] →**central**
le **centre** [sɑ̃tʀ] ❶ *eines Kreises* der Mittelpunkt; *einer Stadt* das Zentrum ❷ (*in der Politik*) die Mitte; **le centre gauche/droit** die gemäßigte Linke/Rechte ❸ das Zentrum; **le centre aéré** das Ferien- und Freizeitzentrum; **le centre commercial** das Einkaufszentrum; **le centre culturel** das Kulturzentrum; **le centre sportif** das Sportzentrum ❹ (*Spieler*) der Mittelstürmer ❺ *einer Diskussion, des Interesses* der Mittelpunkt
♦ le **centre d'achats** ⒸⒶⓃ das Einkaufszentrum
♦ le **centre de détention pour jeunes** die Jugendstrafanstalt
♦ le **centre d'intérêt** der Themenschwerpunkt, der Schwerpunkt
♦ le **centre de retraitement** die Wiederaufbereitungsanlage
le **centre-ville** [sɑ̃tʀəvil] <*Plural:* centres-villes> das Stadtzentrum, die Innenstadt
centrifuge [sɑ̃tʀifyʒ] Zentrifugal-; **la force centrifuge** die Zentrifugalkraft
le **centuple** [sɑ̃typl] das Hundertfache
le **cep** [sɛp] der Rebstock
le **cépage** [sepaʒ] die Rebsorte
le **cèpe** [sɛp] der Steinpilz, der Herrenpilz Ⓐ
cependant [s(ə)pɑ̃dɑ̃] jedoch
la **céramique** [seʀamik] die Keramik
le **cerceau** [sɛʀso] <*Plural:* cerceaux> der Reifen
le **cercle** [sɛʀkl] ❶ (*auch übertragen*) der Kreis ❷ (*Sportverein*) der Klub ▶ **le cercle vicieux** der Teufelskreis
le **cercueil** [⚠ sɛʀkœj] der Sarg
la **céréale** [seʀeal] ❶ die Getreideart ❷ **les céréales** das Getreide; (*für das Frühstück*) die Getreideflocken
cérébral, cérébrale [seʀebʀal] <*Plural der männl. Form:* cérébraux> Gehirn-, Hirn-; **l'hémorragie cérébrale** die Hirnblutung
la **cérémonie** [seʀemɔni] die Zeremonie
le **cerf** [⚠ sɛʀ] der Hirsch
le **cerfeuil** [sɛʀfœj] der Kerbel
le **cerf-volant** [⚠ sɛʀvɔlɑ̃] <*Plural:* cerfs-volants> der Drachen
cerise [s(ə)ʀiz] kirschrot

Ⓖ Das Farbadjektiv *cerise* ist unveränderlich: *des lèvres cerise* – kirschrote Lippen.

la **cerise** [s(ə)ʀiz] die Kirsche
le **cerisier** [s(ə)ʀizje] der Kirschbaum
cerner [sɛʀne] ❶ umreißen; klar erfassen *Problem* ❷ umstellen *Feind*
les **cernes** (*männlich*) [sɛʀn] die Ringe unter den Augen
certain, certaine [sɛʀtɛ̃, sɛʀtɛn] ❶ sicher; **elle est certaine qu'elle réussira** sie ist sicher, dass sie es schaffen wird ❷ gewiss; **attendre un certain temps** eine Zeit lang warten

Ⓖ Steht *certain* <u>nach</u> dem Substantiv, drückt es etwas Unbestreitbares aus: *une preuve certaine* – *ein sicherer Beweis*.
Steht es <u>vor</u> dem Substantiv, drückt es etwas Ungenaues aus: *un certain nombre de gens* – *eine gewisse Anzahl von Leuten*; *certaines choses* – *gewisse Dinge*. In dieser zweiten Bedeutung wird es auch allein, ohne Substantiv, verwendet: *certains sont partis tôt* – *einige sind früh gegangen*.

certainement [sɛʀtɛnmɑ̃] ❶ (*allem Anschein nach*) sicher[lich] ❷ (*ohne jeden Zweifel*) bestimmt
certes [sɛʀt] (*gehoben*) ❶ gewiss; **certes non!** gewiss nicht! ❷ (*in der Mitte des Satzes*) **je l'ai dit, certes, mais ...** ich habe das zwar gesagt, aber ...
le **certificat** [sɛʀtifika] ❶ die Bescheinigung; (*von einem Arzt ausgestellt*) das Attest ❷ das Zeugnis; (*von einer Hochschule ausgestellt*) das Diplom
♦ le **certificat de scolarité** die Schulbescheinigung
certifier [sɛʀtifje] <*wie* apprécier; *siehe Verbtabelle ab S. 1055*> ❶ versichern ❷ (*amtlich bestätigen*) beglaubigen

la **certitude** [sɛʀtityd] die Gewissheit
le **cerveau** [sɛʀvo] <*Plural:* cerveaux> ❶ das Gehirn ❷ (*intelligenter Mensch*) der kluge Kopf ❸ *einer Bande* der Kopf ▸ **se torturer le cerveau** sich das Gehirn zermartern
la **cervelle** [sɛʀvɛl] das Hirn ▸ **il/elle n'a rien dans la cervelle** (*umgs.*) er/sie hat nichts im Kopf
cervical, cervicale [sɛʀvikal] <*Plural der männl. Form:* cervicaux> **les vertèbres cervicales** die Halswirbel
ces [se] <*Plural von* ce, cet *und* cette> ❶ diese; **ces tableaux** diese Bilder; **ces arbres** diese Bäume; **ces filles** diese Mädchen ❷ **ces livres-ci ..., ces livres-là ...** die Bücher hier ..., die Bücher dort ...; **ces voitures-ci ..., ces voitures-là ...** die Autos hier ..., die Autos dort ... ❸ (*zeitlich*) **dans ces années-là** in jenen Jahren; **ces jours-ci** zur Zeit ▸ **il a un de ces rhumes!** (*umgs.*) er hat vielleicht eine Erkältung!; **elle a de ces idées!** (*umgs.*) sie hat vielleicht Ideen!
le **CES**[1] [seøɛs] *Abkürzung von* **collège d'enseignement secondaire** ≈ die Realschule
le **CES**[2] [seøɛs] *Abkürzung von* **contrat emploi-solidarité** ≈ die ABM-Stelle
la **césarienne** [sezaʀjɛn] der Kaiserschnitt
cesser [sese] ❶ aufhören; **cesser de parler** aufhören zu reden ❷ **cesser le travail** die Arbeit einstellen
le **cessez-le-feu** [sesel(e)fø] <*Plural:* cessez-le-feu> die Waffenpause; (*länger andauernd*) die Waffenruhe
c'est-à-dire [sɛtadiʀ] ❶ das heißt, das bedeutet [also] ❷ (*rechtfertigend*) eigentlich ❸ (*berichtigend*) besser gesagt
c'est que [sekə] **c'est que j'ignore tout** ich weiß nämlich gar nichts; **tu viens ce soir à la réunion? – C'est que j'ai du travail** kommst du heute Abend zu der Versammlung? – Ich habe leider zu tun
cet [sɛt] <*steht statt* ce *vor Vokal und stummem* h; *Plural:* ces> ❶ diese(r, s); **cet hypermarché** dieser große Supermarkt; **cet abricot** diese Aprikose; **cet exemple** dieses Beispiel; **cet arbre-ci ..., cet arbre-là ...** der Baum hier ..., der Baum dort ... ❷ (*auf eine Person bezogen*) dieser; **cet homme** dieser Mann ❸ (*zeitlich*) **cet après-midi** heute Nachmittag; **cet après-midi là** an jenem Nachmittag
le **cétacé** [setase] der Wal
cette [sɛt] <*Plural:* ces> ❶ diese(r, s); **cette chaise** dieser Stuhl; **cette revue** diese Zeitschrift; **cette maison** dieses Haus; **cette table-ci ..., cette table-là ...** der Tisch hier ..., der Tisch dort ... ❷ (*auf eine Person bezogen*) diese; **cette femme** diese Frau ❸ (*zeitlich*) **cette nuit** heute Nacht; **cette semaine** diese Woche; **cette année-là** in jenem Jahr ▸ **cette idée!** was für eine [verrückte] Idee!
ceux [sø] <*Plural von* celui> ❶ die[jenigen]; **goûte ces raisins, ce sont ceux que je viens d'acheter** probier mal diese Trauben, die habe ich gerade gekauft ❷ (*hervorhebend*) **mes cheveux sont plus courts que ceux de mon frère** meine Haare sind kürzer als die meines Bruders; **ce sont les crayons de Josiane et pas ceux de Paul** das sind Josianes Stifte und nicht Pauls ❸ **ceux d'entre vous qui ...** die[jenigen] von euch, die ...
ceux-ci [søsi] <*Plural von* celui-ci> diese [hier]; **ceux-ci sont moins chers que ceux-là** diese hier sind billiger als die dort
ceux-là [søla] <*Plural von* celui-là> diese da; **ceux-là sont beaucoup plus jolis que ceux-ci** die da sind viel schöner als diese hier
les **Cévennes** (*weiblich*) [sevɛn] die Cevennen
cf., Cf. [kɔfeʀ] *Abkürzung von* **confer** vgl.
le **chacal** [ʃakal] <*Plural:* chacals> der Schakal
chacun, chacune [ʃakɛ̃, ʃakyn] ❶ jede(r, s) [Einzelne]; (*von zwei Personen*) jede(r) von beiden; **chacun/chacune de nous** jede(r) [Einzelne] von uns; **chacun son tour** einer nach dem anderen ❷ (*jedermann*) jede(r)
le **chagrin** [ʃagʀɛ̃] der Kummer
chagriner [ʃagʀine] **chagriner quelqu'un** jemandem Kummer machen
le **chahut** [ʃay] der Krach
chahuter [ʃayte] *Kinder:* herumtoben; (*laut sein*) Krach machen
la **chaîne** [ʃɛn] ❶ die Kette ❷ (*in einer Fabrik*) das [Fließ]band ❸ (*beim Radio, Fernsehen*) der Sender; **la chaîne câblée** der Kabelkanal; **le film passe sur la troisième chaîne** ≈ der Film läuft im dritten Programm ❹ (*für Musik*) die Anlage; **la chaîne °haute-fidélité** [*oder* °**hi-fi**] die Hi-Fi-Anlage
chair [ʃɛʀ] hautfarben, fleischfarben

> **G** Das Farbadjektiv *chair* ist unveränderlich: *une culotte [couleur] chair* – *ein hautfarbenes Höschen.*

la **chair** [ʃɛʀ] das Fleisch
la **chaire** [ʃɛʀ] (*in der Kirche*) die Kanzel
la **chaise** [ʃɛz] der Stuhl
le **châle** [ʃɑl] das Schultertuch, das Tuch
le **chalet** [ʃalɛ] das Ferienhaus in den Bergen, das

 Nicht verwechseln mit *ein Schal – une écharpe!*

Chalet ⒞⒣
la **chaleur** [ʃalœʀ] (*auch übertragen*) die Wärme; (*stärker*) die Hitze
chaleureux, chaleureuse [ʃalœʀø, ʃalœʀøz] Empfang herzlich
le **chalumeau** [ʃalymo] <*Plural:* chalumeaux> der Schweißbrenner
le **chalutier** [ʃalytje] der Fischkutter
chamailler [ʃamaje] **se chamailler** *Kinder:* sich zanken
la **chambre** [ʃɑ̃bʀ] ❶ das Zimmer; **la chambre [à coucher]** das Schlafzimmer; **la chambre d'amis** das Gästezimmer; **la chambre individuelle** das Einzelzimmer; **la chambre double** das Doppelzimmer ❷ *eines Parlaments, Gerichts* die Kammer
◆ la **chambre à air** der Schlauch

Ⓖ Ein Raum, der mit *chambre* bezeichnet wird, ist immer ein Zimmer mit einer Schlafgelegenheit.

la **Chambre de commerce** [ʃɑ̃bʀ də kɔmɛʀs] die Handelskammer; **la Chambre de commerce et d'industrie** die Industrie- und Handelskammer
chambrer [ʃɑ̃bʀe] ❶ auf Zimmertemperatur bringen *Wein* ❷ (*umgs.: verspotten*) aufziehen
le **chameau** [ʃamo] <*Plural:* chameaux> das Kamel ▶ **il/elle est un chameau** (*umgs.*) er/sie ist ein [richtiges] Ekel
le **chamois** [ʃamwa] die Gämse
le **champ** [ʃɑ̃] (*auch übertragen*) das Feld, der Acker; **le champ de céréales** das Getreidefeld; **le champ de pommes de terre** der Kartoffelacker; **le champ de betteraves** der Rübenacker ▶ **à travers champ** querfeldein
◆ le **champ d'action** der Wirkungsbereich
◆ le **champ de bataille** das Schlachtfeld
◆ le **champ de Mars** *Park in Paris am Fuß des Eiffelturms; die Anlage diente früher als Exerzier- und Paradeplatz*
le **champagne** [ʃɑ̃paɲ] der Champagner
la **Champagne** [ʃɑ̃paɲ] die Champagne
champêtre [ʃɑ̃pɛtʀ] ländlich
le **champignon** [ʃɑ̃piɲɔ̃] der Pilz, das Schwammerl Ⓐ; **aller ramasser des champignons** Pilze [*oder* Schwammerl Ⓐ] sammeln gehen

Ⓕ Nicht verwechseln mit *der Champignon – le champignon de Paris!*

le **champion** [ʃɑ̃pjɔ̃] ❶ der Meister ❷ être champion (*umgs.*) [einsame] Spitze sein
le **championnat** [ʃɑ̃pjɔna] die Meisterschaft
la **championne** [ʃɑ̃pjɔn] ❶ die Meisterin ❷ être championne (*umgs.*) [einsame] Spitze sein
la **chance** [ʃɑ̃s] ❶ das Glück ❷ (*Möglichkeit*) die Chance; **rater une chance** eine Gelegenheit verpassen; **j'ai la chance d'aller en vacances** ich habe die Chance [*oder* die Aussicht], Ferien zu machen ▶ **bonne chance!** viel Glück!; **avoir de la chance** Glück haben; (*immer*) ein Glückspilz sein; **la chance a tourné** das Blatt hat sich gewendet; **pas de chance!** Pech gehabt!
le **chancelier** [ʃɑ̃səlje] (*Regierungschef*) der [Bundes]kanzler
la **chancelière** [ʃɑ̃səljɛʀ] (*Regierungschefin*) die [Bundes]kanzlerin
chanceux, chanceuse [ʃɑ̃sø, ʃɑ̃søz] **être chanceux** Glück haben
la **Chandeleur** [ʃɑ̃d(ə)lœʀ] [Mariä] Lichtmess
le **chandelier** [ʃɑ̃dəlje] der Kerzenständer
la **chandelle** [ʃɑ̃dɛl] die [Talg]kerze; **aimer dîner aux chandelles** gern bei Kerzenlicht zu Abend essen ▶ **tu lui dois une fière chandelle** du bist ihm/ihr zu großem Dank verpflichtet; **voir trente-six chandelles** [nur noch] Sterne sehen
le **change** [ʃɑ̃ʒ] der [Geld]wechsel ▶ **perdre au change** einen schlechten Tausch machen
changeant, changeante [ʃɑ̃ʒɑ̃, ʃɑ̃ʒɑ̃t] *Wetter* wechselhaft; **être d'humeur changeante** launisch sein
le **changement** [ʃɑ̃ʒmɑ̃] ❶ die Veränderung; **avoir besoin de changement** [eine] Abwechslung brauchen ❷ (*beim Fahren, Reisen*) das Umsteigen; **il n'y a aucun changement** man muss kein einziges Mal umsteigen
◆ le **changement d'adresse** die Adressenänderung
◆ le **changement de gouvernement** der Regierungswechsel
◆ le **changement d'heure** die Zeitumstellung
changer [ʃɑ̃ʒe] <*siehe Verbtabelle ab S. 1055*> ❶ verändern *Menschen, Gesellschaft;* ändern *Datum* ❷ **changer quelqu'un de poste** jemanden versetzen; **changer le canapé de place** das Sofa umstellen ❸ **changer les draps** das Bett/die Betten frisch beziehen ❹ **changer son vélo pour** [*oder* contre] **une mobylette** sein Fahrrad gegen ein Mofa tauschen ❺ **changer des euros en dollars** Euro in Dollar umtauschen ❻ sich verändern; *Mensch, Wetter:*

sich ändern ❼ (*sich wandeln*) **changer de forme/de couleur** seine Form/Farbe [ver]ändern ❽ (*ersetzen*) wechseln ❾ **changer d'adresse** umziehen; **changer de file** die [Fahr]spur wechseln; **changer de vitesse** schalten, einen anderen Gang einlegen; **changer de place avec quelqu'un** [den Platz] mit jemandem tauschen ❿ (*als Passagier*) **changer à Paris** in Paris umsteigen; **changer de train/d'avion à Berlin** in Berlin umsteigen ⓫ **se changer** *Mensch:* sich umziehen

Ü Vor *a* und *o* bleibt das *e* erhalten, z. B. bei: nous chang<u>e</u>ons, il chang<u>e</u>ait und en chang<u>e</u>ant.

la **chanson** [ʃɑ̃sõ] ⚠ *weiblich* ❶ das Lied ❷ **la chanson française** das französische Chanson
le **chant** [ʃɑ̃] ❶ der Gesang ❷ **le chant de Noël** das Weihnachtslied; **le chant populaire** das Volkslied ❸ *eines Vogels* der Gesang, das Zwitschern; *eines Hahns* das Krähen
le **chantage** [ʃɑ̃taʒ] die Erpressung
chanter [ʃɑ̃te] <*siehe Verbtabelle ab S. 1055*> ❶ *Mensch, Vogel:* singen ❷ *Hahn:* krähen ❸ (*übertragen*) **faire chanter quelqu'un** jemanden erpressen
le **chanteur** [ʃɑ̃tœʀ] der Sänger
la **chanteuse** [ʃɑ̃tøz] die Sängerin
le **chantier** [ʃɑ̃tje] ❶ die Baustelle; **être en chantier** im Bau sein ❷ **le chantier naval** die [Schiffs]werft ❸ (*umgs.: Unordnung*) das Chaos
la **chantilly** [ʃɑ̃tiji] die geschlagene süße Sahne, das Schlagobers Ⓐ; **des fraises à la chantilly** Erdbeeren mit Schlagsahne [*oder* Schlagobers Ⓐ]
le **chaos** [⚠ kao] das Chaos
chaotique [⚠ kaɔtik] chaotisch
le **chapeau** [ʃapo] <*Plural:* chapeaux> der Hut ▶ **chapeau!** (*umgs.*) Hut ab!
la **chapelle** [ʃapɛl] die Kapelle
la **chapelure** [ʃaplyʀ] das Paniermehl
le **chapiteau** [ʃapito] <*Plural:* chapiteaux> das [Zirkus]zelt; (*für Veranstaltungen*) das [Fest]zelt
le **chapitre** [ʃapitʀ] das Kapitel
chaque [ʃak] ❶ jede(r, s); **chaque écolier** jeder Schüler; **chaque porte** jede Tür; **chaque enfant** jedes Kind; **à chaque fois que ...** jedes Mal wenn ... ❷ **un peu de chaque** (*umgs.*) ein bisschen von allem; (*bei nur zwei Möglichkeiten*) ein bisschen von beidem/beiden

le **char** [ʃaʀ] ❶ (*beim Militär*) der Panzer ❷ (*bei Umzügen, Paraden*) der Wagen
le **charbon** [ʃaʀbõ] die Kohle
charcuter [ʃaʀkyte] (*umgs.*) schlimm zurichten
la **charcuterie** [ʃaʀkytʀi] ❶ die Fleischerei, die Metzgerei ❷ (*Lebensmittel*) die Wurst, die Wurstwaren

L In einer *charcuterie* gibt es Schweinefleisch und aus Schweinefleisch hergestellte Wurstspezialitäten oder Pasteten.

le **charcutier** [ʃaʀkytje] der Fleischer, der Metzger, der Schlachter
la **charcutière** [ʃaʀkytjɛʀ] die Fleischerin, die Metzgerin, die Schlachterin
le **chardon** [ʃaʀdõ] die Distel
la **charge** [ʃaʀʒ] ❶ die Last; *eines Lkws* die Ladung ❷ (*finanziell*) **les charges** einer Wohnung die Nebenkosten; **les personnes à charge** die unterhaltsberechtigten Angehörigen; **avoir deux enfants à charge** für den Unterhalt von zwei Kindern aufkommen müssen; **être à [la] charge de quelqu'un** *Person:* jemandem gegenüber unterhaltsberechtigt sein ❸ (*Posten*) das Amt ❹ (*Arbeit*) die Aufgabe; **prendre en charge l'organisation du congrès** die Organisation des Kongresses übernehmen ❺ (*vor Gericht*) der Anklagepunkt ❻ (*beim Militär*) der Angriff
chargé, chargée [ʃaʀʒe] ❶ **chargé de quelque chose** mit etwas beladen; **un voyageur très chargé** ein Reisender mit schwerem Gepäck ❷ *Programm* voll; *Tag* [gut] ausgefüllt; *Schulklasse* überfüllt ❸ *Gewehr* geladen; *Batterie* [auf]geladen
le **chargement** [ʃaʀʒəmɑ̃] ❶ (*das Laden*) *eines Lkws* das Beladen; *von Waren* das Einladen; *einer Software, Waffe* das Laden ❷ (*Fracht, Waren*) die Ladung
charger [ʃaʀʒe] <*wie* changer; *siehe Verbtabelle ab S. 1055*> ❶ verladen *Ware* ❷ **charger les valises dans le coffre** die Koffer in den Kofferraum [ein]laden; **charger les skis sur le toit de la voiture** die Skier auf das Dach laden; **charger le coffre de caisses** den Kofferraum mit Kisten voll laden ❸ **charger quelqu'un d'une tâche** jemanden mit etwas beauftragen; **être chargé(e) de quelque chose** für etwas verantwortlich sein ❹ (*attackieren*) angreifen ❺ laden *Batterie, Software;* **charger l'appareil photo** einen Film einlegen ❻ **se charger du témoin/du dossier** sich um den Zeugen/die Akte kümmern; **se charger de faire quelque chose**

es übernehmen etwas zu tun

> **Ü** Vor *a* und *o* bleibt das *e* erhalten, z.B. in *nous chargeons, il chargeait* und *en chargeant.*

le **chariot** [ʃaʀjo] ❶ der Wagen ❷ (*im Geschäft*) der Einkaufswagen
charitable [ʃaʀitabl] wohltätig
la **charité** [ʃaʀite] ❶ die Nächstenliebe ❷ (*Großzügigkeit*) die Wohltätigkeit; **faire la charité** Almosen geben
le **charlatan** [ʃaʀlatɑ̃] ❶ der Scharlatan ❷ (*Heiler*) der Quacksalber
Charlemagne [ʃaʀləmaɲ] Karl der Große
la **charlotte** [ʃaʀlɔt] ❶ Süßspeise aus Biskuits und Früchten ❷ (*Kopfbedeckung*) die Duschhaube
charmant, charmante [ʃaʀmɑ̃, ʃaʀmɑ̃t] ❶ (*angenehm*) reizend ❷ (*entzückend, bezaubernd*) charmant ❸ **quel charmant garçon!** (*ironisch*) was für ein reizender Junge!
le **charme** [ʃaʀm] ❶ eines Menschen der Charme ❷ einer Sache der Reiz ❸ (*Bann*) der Zauber; **faire du charme à quelqu'un** jemanden zu bezirzen versuchen; **être sous le charme** [wie] verzaubert sein ▶**il/elle se porte comme un charme** es geht ihm/ihr blendend
charmer [ʃaʀme] bezaubern *Mann, Frau*; verzaubern *Publikum*
le **charmeur** [ʃaʀmœʀ] der Charmeur
charmeur, charmeuse [ʃaʀmœʀ, ʃaʀmøz] *Lächeln* bezaubernd; *Melodie* einschmeichelnd
la **charmeuse** [ʃaʀmøz] die Circe
charnel, charnelle [ʃaʀnɛl] *Verlangen* körperlich
la **charnière** [ʃaʀnjɛʀ] ❶ das Scharnier ❷ (*übertragen*) der Angelpunkt ❸ **une année charnière** ein Jahr, das einen Übergang markiert
charnu, charnue [ʃaʀny] *Lippen* wulstig; *Frucht* fleischig
le **charognard** [ʃaʀɔɲaʀ] ❶ (*Tier*) der Aasfresser ❷ (*abwertend: skrupelloser Mensch*) der Aasgeier
la **charogne** [ʃaʀɔɲ] das Aas
la **charpente** [ʃaʀpɑ̃t] das Gerüst
le **charpentier** [ʃaʀpɑ̃tje] der Zimmermann
la **charrette** [ʃaʀɛt] der Karren
charrier [ʃaʀje] <*wie* apprécier; siehe Verbtabelle ab S. 1055> ❶ **charrier quelque chose** etwas fahren; *Fluss*: etwas mit sich führen ❷ **charrier quelqu'un** (*umgs.*) jemanden auf den Arm nehmen ❸ (*umgs.:*

übertreiben) dick auftragen
la **charrue** [ʃaʀy] der Pflug
la **charte** [ʃaʀt] die Charta
le **charter** [⚠ ʃaʀtɛʀ] ❶ der Charterflug ❷ (*Flugzeug*) die Chartermaschine
la **chasse¹** [ʃas] ❶ die Jagd; **la chasse au sanglier** die Wildschweinjagd ❷ **prendre un fugitif/une voiture en chasse** die Verfolgung eines Häftlings/eines Fahrzeugs aufnehmen ❸ (*Gebiet*) das Jagdrevier
la **chasse²** [ʃas] (*umgs.*) die Spülung; **la chasse d'eau** die Wasserspülung; **tirer la chasse** spülen
le **chasse-neige** [ʃasnɛʒ] <Plural: chasse-neige> der Schneepflug
chasser [ʃase] ❶ jagen, auf die Jagd gehen ❷ **chasser le lièvre** Hasen jagen ❸ **chasser quelqu'un/les mouches de la maison** jemanden/die Fliegen aus dem Haus vertreiben ❹ **chasser les idées noires** die düstere Stimmung vertreiben
le **chasseur** [ʃasœʀ] (*Person, Flugzeug*) der Jäger
  ◆ le **chasseur de têtes** der Headhunter
la **chasseuse** [ʃasøz] die Jägerin
le **châssis** [ʃasi] *eines Autos* das Fahrgestell, das Chassis
la **chasteté** [ʃastəte] die Keuschheit
le **chat** [ʃa] die Katze; (*männliches Tier*) der Kater ▶ **avoir un chat dans la gorge** einen Frosch im Hals haben; **il n'y a pas un chat dans la rue** es ist keine Menschenseele auf der Straße; **appeler un chat un chat** die Dinge beim Namen nennen
la **châtaigne** [ʃatɛɲ] die [Ess]kastanie
le **châtaignier** [ʃatɛɲe] der Kastanienbaum
châtain [ʃatɛ̃] kastanienbraun, braun

> **G** Dieses Farbadjektiv hat keine Femininform: *une femme châtain* – eine Frau mit kastanienbraunen Haaren; *des mèches châtains* – kastanienbraune Strähnen.

le **château** [ʃato] <Plural: châteaux> ❶ das Schloss; **le château fort** die Burg ❷ (*Anwesen*) der Herrensitz
  ◆ le **château de cartes** das Kartenhaus
  ◆ le **château d'eau** der Wasserturm
le **châtiment** [ʃatimɑ̃] die Strafe
le **chaton** [ʃatɔ̃] (*Tier, Pflanze*) das Kätzchen
chatouiller [⚠ ʃatuje] kitzeln
chatouilleux, chatouilleuse [ʃatujø, ʃatujøz] **être chatouilleux des pieds** an den Füßen kitz[e]lig sein
châtrer [ʃatʀe] kastrieren
la **chatte** [ʃat] die Katze

chatter [tʃate] (*in der Informatik*) chatten

le **chaud** die Wärme; (*stärker*) die Hitze; **il fait chaud** es ist warm/heiß; **j'ai chaud** mir ist [es] warm/heiß; **garder les plats au chaud** das Essen warm halten

chaud, chaude [ʃo, ʃod] ① warm; (*stärker*) heiß; **le chocolat chaud** die heiße Schokolade ② **une chaude discussion** eine hitzige Diskussion

chaudement [ʃodmã] ① *sich anziehen* warm ② *empfehlen* wärmstens

la **chaudière** [ʃodjɛʀ] der Kessel

le **chauffage** [ʃofaʒ] die Heizung

le **chauffard** [ʃofaʀ] (*gefährlicher Fahrer*) der Verkehrsrowdy

chauffer [ʃofe] ① warm werden; (*stärker*) heiß werden; *Motor:* warm/heiß laufen ② (*die Heizung anstellen*) heizen ③ heizen *Zimmer, Haus;* heiß machen *Wasser* ④ **faire chauffer** [auf]wärmen; vorheizen *Backofen* ⑤ erhitzen *Metall* ⑥ aufheizen *Publikum* ⑦ **se chauffer au gaz/charbon** mit Gas/Kohle heizen

le **chauffeur** [ʃofœʀ] der Fahrer/die Fahrerin; **le chauffeur de taxi** der Taxifahrer/die Taxifahrerin

le **chaume** [ʃom] ① das Stroh ② **les chaumes** (*auf dem Feld*) die Stoppeln

la **chaumière** [ʃomjɛʀ] das strohgedeckte Häuschen

la **chaussée** [ʃose] ① die Fahrbahn ② (*Warnhinweis auf Schildern*) "Chaussée déformée" "Fahrbahnschäden"; "Chaussée glissante" "Straßenglätte"

chausser [ʃose] ① anziehen *Schuhe;* anschnallen *Skier* ② **chausser un enfant** einem Kind [die] Schuhe anziehen ③ **chausser du 38/42** Schuhgröße 38/42 haben

la **chaussette** [ʃosɛt] die Socke; (*länger*) der Strumpf; **en chaussettes** auf Socken/Strümpfen

le **chausson** [ʃosõ] der Hausschuh
  ◆ le **chausson aux pommes** die Apfeltasche
  ◆ le **chausson de danse** der Ballettschuh

la **chaussure** [ʃosyʀ] der Schuh
  ◆ la **chaussure de ski** der Skistiefel

chauve [ʃov] *Mensch* kahl[köpfig]; *Schädel* kahl; **mon père est chauve** mein Vater hat eine Glatze

le **chauve** [ʃov] der Glatzkopf, der Mann mit [einer] Glatze

la **chauve-souris** [ʃovsuʀi] <*Plural:* chauves-souris> die Fledermaus

chauvin, chauvine [ʃovɛ̃, ʃovin] chauvinistisch

la **chaux** [ʃo] der Kalk

chavirer [ʃaviʀe] kentern; **le voilier a chaviré** das Segelboot ist gekentert

le **chef** [ʃɛf] ① der Chef/die Chefin, der Vorgesetzte/die Vorgesetzte; **le rédacteur en chef** der Chefredakteur/die Chefredakteurin ② *eines Stammes* der Häuptling ③ *einer Gruppe* der Anführer/die Anführerin ④ (*umgs.: einer oder eine der Besten*) das Ass ⑤ (*beim Militär*) der Feldwebel ⑥ (*im Restaurant*) der Chefkoch/die Chefköchin
  ◆ le **chef d'entreprise** der Firmenchef/die Firmenchefin
  ◆ le **chef d'État** das Staatsoberhaupt
  ◆ le **chef d'orchestre** der Dirigent/die Dirigentin

le **chef-d'œuvre** [⚠ ʃɛdœvʀ] <*Plural:* chefs-d'œuvre> das Meisterwerk

le **chef-lieu** [ʃɛfljø] <*Plural:* chefs-lieux> ≈ der Hauptort, ≈ die Hauptstadt (*eines Departements oder Kantons*)

le **chemin** [ʃ(ə)mɛ̃] ① (*auch übertragen*) der Weg; **demander son chemin à quelqu'un** jemanden nach dem Weg fragen; **prendre le chemin de la gare** in Richtung Bahnhof gehen/fahren; **rebrousser chemin** umkehren; **en chemin** unterwegs; **se tromper de chemin** sich verlaufen/verfahren ② (*Entfernung*) die Strecke ▶ **le droit chemin** der rechte Weg

le **chemin de fer** [ʃ(ə)mɛ̃ də fɛʀ] <*Plural:* chemins de fer> die Eisenbahn, die Bahn

la **cheminée** [ʃ(ə)mine] ① (*auf dem Dach*) der Schornstein, der Kamin ② (*im Zimmer*) der [offene] Kamin

la **chemise** [ʃ(ə)miz] ① das Hemd ② (*für Unterlagen*) die [Akten]mappe

le **chemisier** [ʃ(ə)mizje] die Bluse

le **chêne** [ʃɛn] ① die Eiche ② (*Holz*) das Eichenholz, die Eiche

le **chêne-liège** [ʃɛnljɛʒ] <*Plural:* chênes-lièges> die Korkeiche

le **chenil** [⚠ ʃ(ə)nil] das Hundeheim

la **chenille** [ʃ(ə)nij] ① die Raupe ② (*am Fahrzeug*) die Raupenkette, die Raupe

le **chèque** [ʃɛk] der Scheck; **le chèque bancaire** der Bankscheck; **le chèque postal** der Postscheck; **faire un chèque de cent euros à quelqu'un** jemandem einen Scheck über hundert Euro ausstellen

le **chèque-restaurant** [ʃɛkʀɛstɔʀɑ̃] <*Plural:* chèques-restaurant> der Essensgutschein

le **chéquier** [ʃekje] das Scheckheft

cher [ʃɛʀ] ① **coûter cher** teuer sein; **revenir cher à quelqu'un** jemanden viel kosten;

acheter quelque chose trop **cher** für etwas zu viel bezahlen ❷ (*übertragen*) **coûter cher à quelqu'un** jemanden teuer zu stehen kommen; **payer cher quelque chose** sich etwas teuer erkaufen

le **cher** [ʃɛʀ] der Liebe; **mon cher** mein Lieber

cher, chère [ʃɛʀ] ❶ teuer; **un livre très cher** ein sehr teures Buch; **des chaussures moins chères** billigere Schuhe ❷ *Freund* lieb ❸ (*als Anrede*) lieb; **cher Monsieur** lieber Herr ...; **chère Madame** liebe Frau ...; **chers tous** Ihr Lieben

> Ⓛ Bei der höflichen Anrede mit *cher*, z. B. am Briefanfang, wird der Nachname der angesprochenen Person nicht erwähnt: *Cher Monsieur – Lieber Herr Dupont/Frérot/...; Chère Madame – Liebe Frau Dupont/Frérot/...* Im Deutschen dagegen muss der Nachname immer genannt werden (weshalb in den beiden Übersetzungen beispielhaft die Namen Dupont und Frérot stehen).

chercher [ʃɛʀʃe] ❶ suchen ❷ **chercher dans les tiroirs** in den Schubladen herumstöbern ❸ **aller chercher quelqu'un/quelque chose** jemanden abholen/etwas holen gehen; **envoyer un enfant chercher quelqu'un/quelque chose** ein Kind jemanden/etwas holen schicken ❹ **chercher à faire quelque chose** versuchen etwas zu tun ▶ **tu me cherches?** suchst du Ärger?

le **chercheur** [ʃɛʀʃœʀ] der Forscher
la **chercheuse** [ʃɛʀʃøz] die Forscherin
la **chère** [ʃɛʀ] die Liebe; **ma chère** meine Liebe
le **chéri** [ʃeʀi] der Liebling, der Schatz
chéri, chérie [ʃeʀi] geliebt
la **chérie** [ʃeʀi] der Liebling, der Schatz
chétif, chétive [ʃetif, ʃetiv] *Mensch* schmächtig; *Baum* kümmerlich

le **cheval** [ʃ(ə)val] <*Plural:* chevaux> ❶ das Pferd; **faire du cheval** reiten ❷ (*Pferdestärke*) **elle fait combien de chevaux, votre voiture?** wie viel PS hat Ihr Wagen?; **le cheval fiscal** die – vom Hubraum des Fahrzeugs abhängige – Recheneinheit für die Bemessung der Kfz-Steuer
 ◆ le **cheval à bascule** das Schaukelpferd
 ◆ le **cheval d'arçons** das Pferd
la **chevalerie** [ʃ(ə)valʀi] das Rittertum
le **chevalet** [ʃ(ə)valɛ] ❶ *eines Malers* die Staffelei ❷ *einer Geige* der Steg
le **chevalier** [ʃ(ə)valje] der Ritter
la **chevalière** [ʃ(ə)valjɛʀ] der Siegelring
chevalin, chevaline [ʃ(ə)valɛ̃, ʃ(ə)valin] Pferde-; **la race chevaline** die Pferderasse

le **cheval-vapeur** [ʃ(ə)valvapœʀ] <*Plural:* chevaux-vapeur> die Pferdestärke, das PS
la **chevauchée** [ʃ(ə)voʃe] der [Aus]ritt
chevaucher [ʃ(ə)voʃe] ❶ reiten ❷ **chevaucher un balai** *Hexe:* auf einem Besen reiten
les **chevaux** (*männlich*) [ʃ(ə)vo] *Plural von* **cheval**
chevelu, chevelue [ʃəvly] mit dichter/langer Mähne
la **chevelure** [ʃəvlyʀ] das Haar; **une longue chevelure rousse** langes rotes Haar
le **chevet** [ʃ(ə)vɛ] ❶ *eines Bettes* das Kopfende ❷ **être au chevet de son enfant** am Bett seines Kindes sitzen
le **cheveu** [ʃ(ə)vø] <*Plural:* cheveux> das Haar; **avoir les cheveux courts/longs** kurze/lange Haare haben ▶ **avoir un cheveu sur la langue** lispeln; **s'arracher les cheveux** sich die Haare raufen; **c'est tiré par les cheveux** das ist an den Haaren herbeigezogen
la **cheville** [ʃ(ə)vij] ❶ (*Fußgelenk*) der Knöchel ❷ (*für Schrauben*) der Dübel
le **chèvre** [ʃɛvʀ] der Ziegenkäse
la **chèvre** [ʃɛvʀ] die Ziege
le **chevreau** [ʃəvʀo] <*Plural:* chevreaux> (*Ziegenjunges*) das Zicklein
le **chèvrefeuille** [ʃɛvʀəfœj] △ *männlich* das Geißblatt, das Jelängerjelieber
le **chevreuil** [ʃəvʀœj] ❶ das Reh ❷ (*männliches Tier*) der Rehbock
chevronné, chevronnée [ʃəvʀɔne] routiniert, erfahren
le **chewing-gum** [△ ʃwiŋɡɔm] <*Plural:* chewing-gums> der/das Kaugummi
chez [ʃe] ❶ **chez mon oncle** bei meinem Onkel [zu Hause]; **chez nous** bei uns; **passer chez quelqu'un** bei jemandem vorbeigehen; **je vais** [*oder* **rentre**] **chez moi** ich gehe nach Hause; **tu es/restes chez toi** du bist/bleibst zu Hause; **aller chez le coiffeur** zum Frisör gehen; **je viens chez toi** ich komme zu dir ❷ **ils rentrent chez eux, en Italie** sie kehren [in ihre Heimat] nach Italien zurück ❸ **chez Corneille** (*in Corneilles Werken*) bei Corneille ❹ **... de chez ...** ... ohne Ende, so was von ...; **il est laid de chez laid** er ist hässlich ohne Ende, er ist so von hässlich
le **chez-soi** [ʃeswa] das Zuhause; **mon chez-moi** mein Zuhause
chialer [ʃjale] (*umgs.*) heulen, flennen
chiant, chiante [ʃjɑ̃, ʃjɑ̃t] (*umgs.*) ❶ stinklangweilig ❷ beschissen ❸ **tu es chiant!** du nervst [voll]!
chic[1] [ʃik] ❶ schick, elegant; *Aussehen, Abendgesellschaft* vornehm ❷ **c'est une**

chic fille (*umgs.*) sie ist ein feiner Kerl

> **G** Das Adjektiv *chic* ist unveränderlich: *une robe chic* – ein schickes Kleid; *des femmes très chic* – sehr elegante Frauen.

chic² [ʃik] (*umgs.*) **chic** [alors]! toll!, klasse!
le **chic** [ʃik] ❶ (*in der Mode*) der Schick ❷ **il a le chic pour m'énerver** er hat das besondere Talent, mich zu nerven ▶ **bon chic bon genre** (*ironisch*) gestylt, aber gediegen
la **chicane** [ʃikan] (*Auseinandersetzung*) die Streiterei
chicaner [ʃikane] **se chicaner** [sich] streiten
chiche¹ [ʃiʃ] (*umgs.*) **t'es pas chiche de le lui dire!** du traust dich doch nie, es ihm/ihr zu sagen!
chiche² [ʃiʃ] (*umgs.*) wetten?, wetten, dass?
la **chicorée** [ʃikɔʀe] ⚠ *weiblich* ❶ (*Salatpflanze*) die Endivie ❷ (*Getränk*) der Zichorien-Kaffee

la chicorée

> **F** Nicht verwechseln mit *eine/ein Chicorée – une endive!*

le **chien** [ʃjɛ̃] der Hund; **le chien de race** der Rassehund
la **chienne** [ʃjɛn] die Hündin
chier [ʃje] <*wie* apprécier; *siehe Verbtabelle ab S. 1055*> (*salopp*) scheißen ▶ **il/elle me fait chier** (*umgs.*) er/sie geht mir auf den Wecker; **ça me fait chier** (*umgs.*) das kotzt mich an
le **chiffon** [ʃifɔ̃] der Lappen, der Lumpen

> **F** Nicht verwechseln mit *der Chiffon – le voile de soie!*

chiffonné, chiffonnée [ʃifɔne] zerknittert; *Papier* zerknüllt
chiffonner [ʃifɔne] zerknittern; zerknüllen *Papier* ▶ **cela me chiffonne** das geht mir gegen den Strich
le **chiffonnier** [ʃifɔnje] der Lumpensammler ▶ **se battre comme des chiffonniers** sich heftig schlagen
la **chiffonnière** [ʃifɔnjɛʀ] die Lumpensammlerin
le **chiffre** [ʃifʀ] ⚠ *männlich* ❶ die Ziffer ❷ **un nombre de trois chiffres** eine dreistellige Zahl ❸ **les chiffres** (*Statistiken*) die Zahlen; **les chiffres du chômage** die Arbeitslosenzahlen ❹ *eines Safes* die Zahlenkombination, die Kombination; *einer Nachricht* der Kode
◆ le **chiffre d'affaires** der Umsatz
chiffrer [ʃifʀe] ❶ beziffern *Summe* ❷ **se chiffrer à ...** *Schaden, Summe:* sich auf ... belaufen
le **chignon** [ʃiɲɔ̃] der Haarknoten, der Knoten ▶ **se crêper le chignon** sich in die Haare kriegen/in den Haaren liegen
chiite [ʃiit] schiitisch
le **Chiite** [ʃiit] der Schiite
la **Chiite** [ʃiit] die Schiitin
le **Chili** [ʃili] Chile
le **Chilien** [ʃiljɛ̃] der Chilene
chilien, chilienne [ʃiljɛ̃, ʃiljɛn] chilenisch
la **Chilienne** [ʃiljɛn] die Chilenin
la **chimère** [ʃimɛʀ] das Hirngespinst
la **chimie** [⚠ ʃimi] die Chemie
la **chimio** [ʃimjo] (*umgs.*) die Chemo
la **chimiothérapie** [ʃimjoteʀapi] die Chemotherapie
chimique [ʃimik] chemisch
le **chimiste** [ʃimist] der Chemiker
la **chimiste** [ʃimist] die Chemikerin
le **chimpanzé** [ʃɛ̃pɑ̃ze] der Schimpanse
la **Chine** [ʃin] China
le **chinois** [ʃinwa] ❶ (*Sprache*) Chinesisch; *siehe auch* **allemand** ❷ (*Küchenutensil*) das trichterförmige Sieb ❸ (*Lokal*) das Chinarestaurant, der Chinese
le **Chinois** [ʃinwa] der Chinese
chinois, chinoise [ʃinwa, ʃinwaz] chinesisch
la **Chinoise** [ʃinwaz] die Chinesin
chinoiser [ʃinwaze] pingelig sein
le **chiot** [ʃjo] der Welpe
les **chiottes** (*weiblich*) [ʃɔt] (*umgs.*) das Klo

> **V** Der Plural *les chiottes* wird mit einem Singular übersetzt: *les chiottes sont bouchées – das Klo ist verstopft.*

chiper [ʃipe] (*umgs.*) klauen
la **chipie** [ʃipi] ❶ (*Furie*) das zänkische Weib; **la vieille chipie** der alte Drachen ❷ (*freches Mädchen*) der Racker
chipoter [ʃipɔte] **chipoter sur quelque chose** an etwas herumnörgeln
les **chips** (*weiblich*) [⚠ ʃips] die Chips, die Kartoffelchips

la **chique** [ʃik] der Kautabak
le **chiqué** [ʃike] (*umgs.*) die Schau; **c'est du chiqué** das ist [alles] nur Schau
chiquer [ʃike] Tabak kauen
chirurgical, chirurgicale [ʃiRyRʒikal] <*Plural der männl. Form:* chirurgicaux> chirurgisch
la **chirurgie** [ʃiRyRʒi] die Chirurgie
le **chirurgien** [ʃiRyRʒjɛ̃] der Chirurg; **le chirurgien dentiste** der Zahnarzt
la **chirurgienne** [ʃiRyRʒjɛn] die Chirurgin; **la chirurgienne dentiste** die Zahnärztin
le **chlore** [klɔR] das Chlor
le **chloroforme** [klɔRɔfɔRm] das Chloroform
la **chlorophylle** [klɔRɔfil] ⚠ *weiblich* das Chlorophyll
le **choc** [ʃɔk] ❶ der Schock; **le choc émotif** der seelische Schock ❷ (*Schlag*) der Stoß ❸ (*das Aufschlagen*) der Aufprall ❹ (*das Aufeinanderprallen*) der Zusammenstoß ❺ **la mode choc** die Supermode; **le prix choc** der Preisknüller
chochotte [ʃɔʃɔt] (*umgs.*) geziert
la **chochotte** [ʃɔʃɔt] (*umgs.*) **elle fait sa chochotte** sie tut affektiert
chocolat [ʃɔkɔla] schokolade[n]braun

ⓖ Das Farbadjektiv *chocolat* ist unveränderlich: *des chaussures chocolat – schokolade[n]braune Schuhe.*

le **chocolat** [ʃɔkɔla] ❶ die Schokolade; **le chocolat noir** die Zartbitterschokolade; **le chocolat au lait** die Vollmilchschokolade; **en chocolat** aus Schokolade ❷ (*Getränk*) **le chocolat chaud** der Kakao, die heiße Schokolade ❸ (*Konfekt*) die Praline ❹ **le chocolat liégeois** die Eisschokolade (*mit Schokoladeneis*)
le **chœur** [⚠ kœR] der Chor
choie [ʃwa] →**choyer**
choisi, choisie [ʃwazi] ❶ [*Musik*]*stück* ausgewählt ❷ *Sprache* gewählt
choisir [ʃwaziR] <*wie agir; siehe Verbtabelle ab S. 1055*> ❶ wählen, auswählen ❷ (*aussuchen*) wählen; bestimmen *Bewerber* ❸ **choisir entre deux candidats** sich zwischen zwei Bewerbern entscheiden; **choisir de faire quelque chose** sich entscheiden etwas zu tun

ⓖ Bei einigen Formen des Verbs ist der Stamm um *-iss-* erweitert, etwa bei *nous choisissons, il choisissait* oder *en choisissant.*

le **choix** [ʃwa] ❶ die Wahl; **faire un bon/mauvais choix** eine gute/schlechte Wahl treffen; **un dessert au choix** ein Nachtisch nach Wahl ❷ **arrêter son choix sur quelque chose** sich für etwas entscheiden ❸ (*Vielfalt*) die Auswahl ❹ **de choix** von bester Qualität
le **choléra** [⚠ kɔleRa] ⚠ *männlich* die Cholera
le **cholestérol** [⚠ kɔlɛsteRɔl] das Cholesterin
le **chômage** [ʃomaʒ] ❶ die Arbeitslosigkeit; **être au chômage** arbeitslos sein ❷ (*Beihilfe*) ≈ das Arbeitslosengeld; **toucher le chômage** ≈ Arbeitslosengeld bekommen
chômer [ʃome] (*umgs.*) **ne pas chômer** nicht faul [*oder* untätig] sein
le **chômeur** [ʃomœR] der Arbeitslose; **le chômeur de longue durée** der Langzeitarbeitslose
la **chômeuse** [ʃomøz] die Arbeitslose; **la chômeuse de longue durée** die Langzeitarbeitslose
la **chope** [ʃɔp] der Humpen
choper [ʃɔpe] (*umgs.*) ❶ schnappen; **se faire choper** geschnappt werden ❷ **choper une grippe** sich eine Grippe holen
choquer [ʃɔke] schockieren; **cela ne me choque pas** das finde ich nicht schlimm
la **chorale** [⚠ kɔRal] der Chor
la **chorégraphie** [⚠ kɔRegRafi] die Choreografie
le **choriste** [⚠ kɔRist] das Chormitglied
la **choriste** [⚠ kɔRist] das Chormitglied
la **chose** [ʃoz] ❶ die Sache ❷ (*Gegenstand*) das Ding ❸ **j'ai plusieurs choses à vous dire** ich habe Ihnen Verschiedenes zu sagen ❹ **c'est la moindre des choses** das ist das wenigste ▶ **mettre les choses au point** die Dinge auf den Punkt bringen; **chaque chose en son temps** alles zu seiner Zeit; **parler de choses et d'autres** von diesem und jenem reden
le **chose** [ʃoz] (*umgs.*) ❶ das Dingsda ❷ **monsieur Chose** Herr Dings[da]
le **chou** [ʃu] <*Plural:* choux> ❶ (*Gemüse*) der Kohl ❷ (*Gebäck*) der Windbeutel
◆ **le chou à la crème** der [mit Sahne] gefüllte Windbeutel
◆ **le chou de Bruxelles** der Rosenkohl, die Kohlsprosse Ⓐ
le **chouchou** [ʃuʃu] (*umgs.*) das Schätzchen; **il est le chouchou du professeur** er ist der Liebling des Lehrers
la **chouchoute** [ʃuʃut] (*umgs.*) das Schätzchen; **elle est la chouchoute du professeur** sie ist der Liebling des Lehrers
la **choucroute** [ʃukRut] ⚠ *weiblich* das Sauerkraut
chouette [ʃwɛt] (*umgs.*) klasse

la **chouette** [ʃwɛt] die Eule
le **chou-fleur** [ʃuflœʀ] <*Plural:* choux-fleurs> der Blumenkohl, der Karfiol Ⓐ
le **chouïa** [ʃuja] das kleine bisschen; **un chouïa de moutarde** ein kleiner Klacks [*oder* Klecks] Senf
le **chou-rave** [ʃuʀav] <*Plural:* choux-raves> der Kohlrabi
le **chouya** [ʃuja] →**chouïa**
choyer [ʃwaje] <*wie* appuyer; *siehe Verbtabelle ab S. 1055*> liebevoll umsorgen

> Ü Einige Formen des Verbs schreiben sich mit *y*, andere mit *i*.
> Direkt vor einer betonten Endungssilbe steht immer ein *y*, z. B. *nous choyons* oder *ils choyaient*.
> Das *i* steht immer vor einem unbetonten *e*, z. B. *il choie* oder *ils choieront*.

le **chrétien** [⚠ kʀetjɛ̃] der Christ
chrétien, chrétienne [⚠ kʀetjɛ̃, kʀetjɛn] christlich
la **chrétienne** [⚠ kʀetjɛn] die Christin
la **chrétienté** [⚠ kʀetjɛ̃te] die Christenheit
le **christ** [⚠ kʀist] der Christus, die Christusfigur
le **christianisme** [kʀistjanism] das Christentum
le **chrome** [kʀom] das Chrom
le **chromosome** [kʀomozom] das Chromosom
chronique [kʀɔnik] *Krankheit* chronisch
la **chronique** [kʀɔnik] ❶ (*in der Literatur*) die Chronik ❷ (*in der Presse*) die Kolumne ❸ (*im Radio*) der Kommentar
le **chroniqueur** [kʀɔnikœʀ] ❶ der Chronist ❷ (*in den Medien*) **le chroniqueur financier/sportif** der Wirtschafts-/Sportkolumnist
la **chroniqueuse** [kʀɔnikøz] ❶ die Chronistin ❷ (*in den Medien*) **la chroniqueuse financière/sportive** die Wirtschafts-/Sportkolumnistin
la **chronologie** [kʀɔnɔlɔʒi] die Chronologie
chronologique [kʀɔnɔlɔʒik] chronologisch
le **chronomètre** [kʀɔnɔmɛtʀ] die Stoppuhr
chronométrer [kʀɔnɔmetʀe] <*wie* préférer; *siehe Verbtabelle ab S. 1055*> stoppen *Rennen;* **chronométrer les coureurs** die Zeit der Läufer stoppen [*oder* nehmen]

> Ü Nur die stammbetonten Formen schreiben sich mit *è*, z. B. *je chronomètre*.

le **chrysanthème** [⚠ kʀizɑ̃tɛm] ⚠ *männlich* die Chrysantheme
le **CHU** [seaʃy] *Abkürzung von* **centre hospitalier universitaire** die Universitätsklinik
chuchoter [ʃyʃɔte] flüstern

chut [⚠ ʃyt] pst
la **chute** [ʃyt] ❶ der Sturz; **faire une chute de trois mètres** drei Meter tief [*oder* in die Tiefe] stürzen ❷ *eines Reichs* der Untergang, der Fall ❸ *einer Geschichte* die Pointe
◆ la **chute des cheveux** der Haarausfall
◆ la **chute d'eau** der Wasserfall
◆ la **chute de neige** der Schneefall
◆ la **chute des prix** der Preissturz
◆ la **chute des températures** der Temperatursturz
chuter [ʃyte] ❶ *Preis:* fallen ❷ **il a chuté** (*umgs.*) er ist hingeflogen ❸ **elle a chuté sur cette question** (*umgs.*) bei dieser Frage ist sie ins Schleudern gekommen
Chypre [ʃipʀ] Zypern
ci [si] **à cette heure-ci** zu dieser Zeit
ci-après [siapʀɛ] nachstehend
le **cibiste** [sibist] der CB-Funker
la **cibiste** [sibist] die CB-Funkerin
la **cible** [sibl] ❶ die Zielscheibe; **atteindre la cible** das Ziel treffen ❷ (*Kunden, Wähler*) die Zielgruppe
la **ciboulette** [sibulɛt] der Schnittlauch
la **cicatrice** [sikatʀis] die Narbe
cicatriser [sikatʀize] ❶ [**se**] **cicatriser** verheilen; (*mit Narbe*) vernarben ❷ **cicatriser une plaie** das Verheilen einer Wunde fördern
ci-contre [sikõtʀ] nebenstehend
ci-dessous [sid(ə)su] [weiter] unten
ci-dessus [sid(ə)sy] [weiter] oben
le **cidre** [sidʀ] der Cidre
Cⁱᵉ *Abkürzung von* **compagnie** Co.
le **ciel** [sjɛl] der Himmel ▶ **remuer ciel et terre** Himmel und Hölle in Bewegung setzen

> G Das Wort *ciel* hat zwei verschiedene Pluralformen: *ciels* für den sichtbaren Himmel (im Gegensatz zur Erde) und *cieux* für den Himmel im religiösen oder dichterischen Sinn (als Gegenteil der Hölle oder des irdischen Daseins): *de beaux ciels étoilés* – schöne Sternenhimmel; *Notre Père qui êtes au cieux* – Vater unser im Himmel.

le **cierge** [sjɛʀʒ] die Kerze
les **cieux** (*männlich*) [sjø] *Plural von* **ciel**
la **cigale** [sigal] die Zikade
le **cigare** [sigaʀ] ⚠ *männlich* die Zigarre
la **cigarette** [sigaʀɛt] die Zigarette
ci-gît [siʒi] hier ruht
la **cigogne** [sigɔɲ] der Storch
ci-inclus, ci-incluse [siɛ̃kly, siɛ̃klyz] in der Anlage; **la copie ci-incluse** die beiliegende Kopie

ci-joint, ci-jointe [siʒwɛ̃, siʒwɛt] anbei; **les documents ci-joints** die beiliegenden Dokumente

le **cil** [sil] die Wimper

la **cime** [sim] *eines Baumes* der Wipfel; *eines Bergs* der Gipfel

le **ciment** [simɑ̃] der Zement

cimenter [simɑ̃te] ❶ zementieren *Mauer* ❷ festigen *Freundschaft*

le **cimetière** [simtjɛʀ] der Friedhof

le **ciné** [sine] (*umgs.*) *Abkürzung von* **cinéma** das Kino

le **cinéaste** [sineast] der Filmemacher

la **cinéaste** [sineast] die Filmemacherin

le **ciné-club** [⚠ sineklœb] <*Plural:* ciné-clubs> der Filmclub

le **cinéma** [sinema] das Kino; **faire du cinéma** in der Filmbranche arbeiten ▶ **arrête ton cinéma!** (*umgs.*) hör auf mit dem Theater!

cinématographique [sinematɔɡʀafik] Film-; **l'industrie cinématographique** die Filmindustrie

le **cinglé** [sɛ̃ɡle] (*umgs.*) der Verrückte; **quel cinglé!** so ein Spinner!

cinglé, cinglée [sɛ̃ɡle] (*umgs.*) gestört; **être cinglé** bescheuert sein

la **cinglée** [sɛ̃ɡle] (*umgs.*) die Verrückte; **quelle cinglée!** die spinnt ja!

cingler [sɛ̃ɡle] peitschen; **le vent me cingle le visage** der Wind peitscht mir ins Gesicht

cinq[1] [sɛ̃k] ❶ fünf; **un jour sur cinq** alle fünf Tage; **un Français sur cinq** jeder fünfte Franzose; **en cinq exemplaires** in fünffacher Ausfertigung; **rentrer cinq par cinq** [jeweils] zu fünft hineingehen; **à cinq** zu fünft ❷ (*bei Angaben des Alters, des Zeitraums*) **il/elle a cinq ans** er/sie ist fünf Jahre alt, er/sie ist fünf; **à cinq ans** mit fünf Jahren, mit fünf; **un enfant de cinq ans** ein fünfjähriges Kind, ein Fünfjähriger; **une période de cinq ans** ein Zeitraum von fünf Jahren; **toutes les cinq heures** alle fünf Stunden ❸ (*bei Uhrzeitangaben*) **il est cinq heures** es ist fünf Uhr, es ist fünf; **il est cinq heures dix** es ist zehn nach fünf, es ist zehn Minuten nach fünf; **il est dix heures moins cinq** es ist fünf vor zehn, es ist fünf Minuten vor zehn ❹ (*bei Datumsangaben*) **le cinq mars** *geschrieben:* **le 5 mars** der fünfte März *geschrieben:* der 5. März; **arriver le cinq mai** am fünften Mai kommen; **le vendredi cinq avril** am Freitag, den fünften April; **Aix, le cinq juin** Aix, den fünften Juni ❺ (*als Namenszusatz*) **Louis cinq** *geschrieben:* **Louis V** [lwi sɛ̃k] Ludwig der Fünfte *geschrieben:* Ludwig V. ▶ **cinq sur cinq** [sɛ̃ syʀ sɛ̃k] einwandfrei

> **V** *cinq* wird [sɛ̃k] ausgesprochen, wenn es vor einem Wort steht, das mit einem Vokal oder stummen h anfängt, oder wenn es allein verwendet wird:
> *il a cinq ans* [sɛ̃k ɑ̃] – er ist fünf Jahre alt;
> *il est cinq heures* [sɛ̃k œʀ] – es ist fünf Uhr;
> *arriver le cinq* [sɛ̃k] – am Fünften [an]kommen.
> Steht *cinq* jedoch vor einem Wort, das mit einem Konsonanten beginnt, wird das [k] am Ende nicht ausgesprochen:
> *dans cinq jours* [sɛ̃ ʒuʀ] – heute in fünf Tagen.

cinq[2] [sɛ̃k] (*in einer Aufzählung*) fünftens

le **cinq** [sɛ̃k] ⚠ *männlich* ❶ die Fünf; **écrire un grand cinq au tableau** eine große Fünf an die Tafel schreiben ❷ **compter de cinq en cinq** [də sɛ̃k ɑ̃ sɛ̃k] in Fünferschritten zählen ❸ (*in der Schule*) **avoir cinq sur dix/sur vingt** ≈ eine Vier/eine Sechs haben, ≈ eine Zwei/eine Eins haben ⒸⒽ

la **cinquantaine** [sɛ̃kɑ̃tɛn] ❶ **une cinquantaine de...** etwa fünfzig ...; **une cinquantaine de personnes/de pages** etwa fünfzig Personen/Seiten ❷ (*bei Altersangaben*) **approcher de la cinquantaine** auf die Fünfzig zugehen; **avoir la cinquantaine** [*oder* **une cinquantaine d'années**] ungefähr fünfzig [Jahre alt] sein

cinquante [sɛ̃kɑ̃t] ❶ fünfzig ❷ (*bei Geschwindigkeitsangaben*) **à cinquante à l'heure** mit fünfzig [Stundenkilometern] ❸ (*Jahrzehnt*) **les années cinquante** die fünfziger Jahre

le **cinquante** [sɛ̃kɑ̃t] ⚠ *männlich* ❶ die Fünfzig ❷ (*Konfektionsgröße*) 50, Größe 50; (*im deutschen System*) ≈ 48, ≈ Größe 48; **faire du cinquante** [Größe] 50 tragen; (*im deutschen System*) ≈ [Größe] 48 tragen

le **cinquantenaire** [sɛ̃kɑ̃tnɛʀ] das fünfzigjährige Jubiläum

cinquantième [sɛ̃kɑ̃tjɛm] fünfzigste(r, s); **le cinquantième anniversaire** der fünfzigste Geburtstag

le **cinquantième** [sɛ̃kɑ̃tjɛm] ❶ der/die/das Fünfzigste ❷ (*Bruchzahl*) das Fünfzigstel

la **cinquantième** [sɛ̃kɑ̃tjɛm] der/die/das Fünfzigste

cinquième [sɛ̃kjɛm] ❶ fünfte(r, s) ❷ **obtenir la cinquième place** Fünfter/Fünfte werden ❸ **la cinquième page avant la fin** die fünftletzte Seite

le **cinquième** [sɛ̃kjɛm] ❶ (*in Bezug auf die Rei-*

henfolge, die Leistung) der/die/das Fünfte; **être le cinquième de la classe** der Fünftbeste der Klasse [oder in der Klasse] sein ❷ (fünfter Stock) der Fünfte; **j'habite au cinquième** ich wohne im Fünften ❸ (fünftes Arrondissement) das Fünfte; **habiter dans le cinquième** im fünften Arrondissement wohnen ❹ (in einem Rätsel) die fünfte Silbe ❺ (Bruchzahl) das Fünftel

la **cinquième** [sɛ̃kjɛm] ❶ (in Bezug auf die Reihenfolge, die Leistung) der/die/das Fünfte; **être la cinquième de la classe** der Fünftbeste der Klasse [oder in der Klasse] sein ❷ (fünfter Gang) der Fünfte; **passer en cinquième** in den Fünften schalten ❸ (Klassenstufe) die zweite Klasse des „Collège"; (im deutschen Schulsystem) ≈ die siebte Klasse; **les élèves de cinquième** ≈ die Siebtklässler

cinquièmement [⚠ sɛ̃kjɛmmɑ̃] fünftens

le **cintre** [sɛ̃tʀ] der Kleiderbügel, der Bügel

le **cirage** [siʀaʒ] die Schuhcreme

circoncis, circoncise [siʀkɔ̃si, siʀkɔ̃siz] beschnitten

la **circoncision** [siʀkɔ̃sizjɔ̃] die Beschneidung

la **circonférence** [siʀkɔ̃feʀɑ̃s] der [Kreis]umfang

la **circonscription** [siʀkɔ̃skʀipsjɔ̃] ❶ (in der Verwaltung) der [Verwaltungs]bezirk ❷ (in der Politik) der Wahlkreis

circonscrire [siʀkɔ̃skʀiʀ] <wie écrire; siehe Verbtabelle ab S. 1055> eingrenzen Thema

la **circonstance** [siʀkɔ̃stɑ̃s] ❶ der Umstand; **les circonstances de l'accident** die Umstände, unter denen der Unfall passiert ist; **dans ces circonstances** unter diesen Umständen ❷ **pour la circonstance** aus diesem Anlass; **en quelle circonstance ...?** bei welcher Gelegenheit ...?

le **circuit** [siʀkɥi] ❶ (für Touristen) die Rundfahrt ❷ (im Sport) die Rennstrecke ❸ (Spielzeug) die Autorennbahn ❹ (elektrisch) der Stromkreis

circulaire [siʀkylɛʀ] Kreis-; Bewegung kreisförmig, Kreis-; **la scie circulaire** die Kreissäge

la **circulaire** [siʀkylɛʀ] das Rundschreiben

la **circulation** [siʀkylasjɔ̃] ❶ der Verkehr; **"Circulation interdite"** (für Fußgänger) „Kein Durchgang!"; (für Autos) „Keine Durchfahrt!" ❷ (in der Medizin) der Blutkreislauf; **la bonne/mauvaise circulation** die gute/schlechte Durchblutung ❸ (in der Wirtschaft) der Umlauf

circuler [siʀkyle] ❶ Fußgänger: gehen; Autos: fahren; Flugzeuge: fliegen; **circulez!** bitte weitergehen/weiterfahren! ❷ Geldscheine, Münzen: in Umlauf sein ❸ Blut, Wasser: zirkulieren ❹ Gerücht, Neuigkeit: kursieren

la **cire** [siʀ] das Wachs

le **ciré** [siʀe] das Ölzeug, die wasserdichte Jacke

cirer [siʀe] polieren Schuhe, Möbel; [wachsen und] bohnern Parkett ▸ **j'en ai rien à cirer, moi, de toutes tes histoires!** (umgs.) deine Geschichten sind mir schnurzpiepegal!, deine Geschichten gehen mir am Arsch vorbei! salopp

le **cirque** [siʀk] der Zirkus

la **cirrhose** [siʀoz] die Zirrhose

les **cisailles** (weiblich) [sizaj] die Baumschere, die Blechschere

> **V** Der Plural *les cisailles* wird mit einem Singular übersetzt: *où sont les cisailles?* – *wo ist die Baumschere/die Blechschere?*

le **ciseau** [sizo] <Plural: ciseaux> ❶ (Werkzeug) der Meißel ❷ **les ciseaux** die Schere; **une paire de ciseaux** eine Schere

> **V** In ❷ wird der Plural *les ciseaux* mit einem Singular übersetzt: *où sont mes ciseaux?* – *wo ist meine Schere?*; *deux paires de ciseaux* – *zwei Scheren.*

ciseler [sizle] <wie peser; siehe Verbtabelle ab S. 1055> ziselieren

> **Ü** Mit *è* schreiben sich
> – die stammbetonten Formen wie *je cisèle* oder *tu cisèles* sowie
> – die auf der Basis der Grundform *ciseler* gebildeten Formen, z. B. *ils cisèleront* und *je cisèlerais*.

la **citadelle** [sitadɛl] die Festung

le **citadin** [sitadɛ̃] der Städter

citadin, citadine [sitadɛ̃, sitadin] städtisch

la **citadine** [sitadin] die Städterin

la **citation** [sitasjɔ̃] (Textauszug, Ausspruch) das Zitat

la **cité** [site] ❶ die Stadt ❷ (Stadtkern) die Altstadt ❸ (Wohnhäuser) die [große] Siedlung; **la cité universitaire** ≈ der Stadtteil mit den Studentenwohnheimen

la **cité-dortoir** [sitedɔʀtwaʀ] <Plural: cités-dortoirs> die Schlafstadt

citer [site] ❶ zitieren Vers, Autor ❷ (angeben) nennen; **citer quelqu'un/quelque chose en exemple** jemanden/etwas als Beispiel anführen ❸ (gerichtlich) vorladen

la **citerne** [sitɛʀn] ❶ (Behälter) der Tank ❷ (Regentonne) die Zisterne

le **citoyen** [sitwajɛ̃] der Bürger, der Staatsbürger

la **citoyenne** [sitwajɛn] die Bürgerin, die Staatsbürgerin
citron [sitʀõ] zitronengelb

G Das Farbadjektiv *citron* ist unveränderlich: *une cravate [jaune] citron* – *eine zitronengelbe Krawatte.*

le **citron** [sitʀõ] ❶ die Zitrone ❷ **le citron pressé** der frisch gepresste, mit Wasser verdünnte Zitronensaft
la **citronnelle** [sitʀɔnɛl] die Zitronenmelisse
le **citronnier** [sitʀɔnje] der Zitronenbaum
la **citrouille** [sitʀuj] der Kürbis
le **civet** [sivɛ] *in Wein geschmortes Wildragout* ◆ **le civet de lièvre** der Hasenpfeffer
la **civière** [sivjɛʀ] die Tragbahre, die Trage
le **civil** [sivil] ❶ der Zivilist ❷ **dans le civil** im Zivilleben ❸ (*Kleidung*) **en civil** in Zivil
civil, civile [sivil] ❶ *Trauung* standesamtlich ❷ **les vêtements civils** die Zivilkleidung ❸ **la guerre civile** der Bürgerkrieg ❹ (*rechtlich*) bürgerlich; **le droit civil** das Zivilrecht
la **civilisation** [sivilizasjõ] ❶ die Kultur; **la civilisation chinoise** die chinesische Kultur ❷ (*Zivilisiertheit*) die Zivilisation
civiliser [sivilize] zivilisieren
civique [sivik] [staats]bürgerlich
le **civisme** [sivism] das staatsbürgerliche Bewusstsein, das staatsbürgerliche Verantwortungsbewusstsein
le **clafoutis** [klafuti] *Süßspeise, die aus einem Eierkuchenteig und Obst hergestellt wird*
clair [klɛʀ] klar, deutlich
clair, claire [klɛʀ] ❶ klar ❷ hell; **bleu clair** hellblau ❸ *Erklärung* einleuchtend ❹ (*ersichtlich*) deutlich
le **clair de lune** [klɛʀdəlyn] der Mondschein
la **clairière** [klɛʀjɛʀ] die Lichtung
le **clairon** [klɛʀõ] das Signalhorn
claironner [klɛʀɔne] (*ironisch*) herumposaunen
clairsemé, clairsemée [klɛʀsəme] *Bevölkerung* spärlich; *Haar* schütter; *Wald* licht, schütter; **quelques arbres clairsemés** einige spärliche Bäume
la **clairvoyance** [klɛʀvwajãs] die Scharfsichtigkeit; (*vorausschauendes Denken*) der Weitblick
le **clan** [klã] ❶ (*Gruppe*) die Clique ❷ (*Familienverbund*) der Klan
clandestin, clandestine [klãdɛstɛ̃, klãdɛstin] geheim; **le passager clandestin** der blinde Passagier
le **clandestin** [klãdɛstɛ̃] der illegale Einwanderer

la **clandestine** [klãdɛstin] die illegale Einwanderin
la **clandestinité** [klãdɛstinite] die Heimlichkeit
le **clapet** [klapɛ] ❶ das [Klappen]ventil ❷ (*umgs.: Mund*) die Klappe
le **clapier** [klapje] der Kaninchenstall
clapoter [klapɔte] plätschern
le **claquage** [klakaʒ] der Muskelfaserriss, der Muskelriss
la **claque** [klak] (*ins Gesicht*) die Ohrfeige; (*auf die Schulter*) der Klaps ▸ **j'en ai ma claque** (*umgs.*) mir reicht's
claqué, claquée [klake] (*umgs.*) fix und fertig
claquer [klake] ❶ knallen mit, zuschlagen *Tür* ❷ (*umgs.: ausgeben*) verpulvern ❸ (*ein Geräusch machen*) *Tür, Fensterläden:* schlagen; *Peitsche:* knallen; *Fahne:* knattern; **claquer des dents** mit den Zähnen klappern ❹ (*umgs.: kaputtgehen*) *Gummi:* reißen ❺ **se claquer un muscle** (*umgs.*) sich einen Muskel[faser]riss holen
les **claquettes** (*weiblich*) [klakɛt] der Stepptanz; **faire des claquettes** steppen

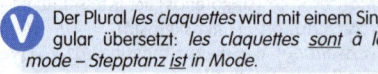 Der Plural *les claquettes* wird mit einem Singular übersetzt: *les claquettes sont à la mode* – *Stepptanz ist in Mode.*

clarifier [klaʀifje] <*wie* apprécier; *siehe Verbtabelle ab S. 1055*> klären; **se clarifier** sich klären
la **clarinette** [klaʀinɛt] die Klarinette
la **clarté** [klaʀte] ❶ die Helligkeit; *einer Kerze, eines Sterns* das helle Licht ❷ (*Durchsichtigkeit, Deutlichkeit*) die Klarheit
la **classe** [klɑs] ❶ (*in der Gesellschaft*) die Klasse; **la classe ouvrière** die Arbeiterklasse; **la classe dirigeante** die herrschende Klasse ❷ (*in der Schule*) die [Schul]klasse; (*Raum*) das Klassenzimmer; **en classe** in der Klasse, im Unterricht; **être en classe**, **avoir classe** Unterricht haben; **la classe de cinquième/de seconde** ≈ die siebte/zehnte Klasse; **la classe de terminale** ≈ die Abiturklasse; **la classe préparatoire** *die Vorbereitungsklasse [auf eine der „grandes écoles"]*; **passer dans la classe supérieure** versetzt werden; **la classe verte** ≈ das Sommerschullandheim; **la classe de neige** ≈ das Winterschullandheim ❸ (*Preiskategorie*) **la première classe** die erste Klasse ❹ (*beim Militär*) **les classes** die Grundausbildung ▸ **être classe** (*umgs.*) toll sein

V In ④ wird der Plural *les classes* mit einem Singular übersetzt: *faire ses classes* – die Grundausbildung machen.

classé, classée [klase] ① *Gebäude* unter Denkmalschutz stehend; *Landschaft* unter Naturschutz stehend ② *Akte, Vorgang* abgeschlossen

le **classement** [klasmã] ① (*Reihenfolge, Systematik*) *von Büchern* die Anordnung ② *eines Schülers* die Benotung, die Noten; *eines Hotels* die Bewertung; *eines Sportlers* der Platz im Klassement

classer [klase] ① ordnen; sortieren *Briefmarken* ② abschließen *Angelegenheit* ③ klassifizieren *Tiere, Pflanzen*; **on classe la souris parmi les rongeurs** die Maus wird zu den Nagetieren gerechnet ④ unter Denkmalschutz stellen *Gebäude, Bauwerk*; unter Naturschutz stellen *Gebiet*

le **classeur** [klasœʀ] der [Akten]ordner

le **classicisme** [klasisism] die Klassik; (*in Kunst und Architektur*) der Klassizismus

la **classification** [klasifikasjõ] die Klassifizierung

classifier [klasifje] <*wie* apprécier; *siehe* Verbtabelle ab S. 1055*>* klassifizieren

classique [klasik] ① klassisch ② (*üblich*) typisch; *Mittel* herkömmlich ③ **les langues classiques** die Sprachen des Altertums

le **classique** [klasik] ① (*Autor, Werk*) der Klassiker ② ⚠ männlich (*Musik*) die Klassik

la **clause** [kloz] die Klausel

claustrophobe [klostʀɔfɔb] **être claustrophobe** an Klaustrophobie leiden

la **clavicule** [klavikyl] das Schlüsselbein

le **clavier** [klavje] *eines Computers* die Tastatur; *eines Instruments* die Tasten

le clavier

F Nicht verwechseln mit *das Klavier* – *le piano!*

la **clé** [kle] ① der Schlüssel; **fermer la porte à clé** die Tür abschließen ② (*Werkzeug*) der Schraubenschlüssel ③ (*in der Musik*) der Notenschlüssel
◆ la **clé de contact** der Zündschlüssel
◆ la **clé USB** (*in der Informatik*) der USB-Stick

G Die beiden Varianten *la clé* und *la clef* unterscheiden sich nur in der Schreibung, nicht in der Aussprache. Allerdings ist die Schreibweise *la clé* viel gebräuchlicher als die *la clef*.

clean [⚠ klin] (*umgs.*) ① (*sauber*) proper ② (*zuverlässig*) schwer in Ordnung ③ (*nicht abhängig*) clean

la **clef** [⚠ kle] der Schlüssel; *siehe auch* **clé**

la **clémence** [klemãs] die Milde

clément, clémente [klemã, klemãt] mild

la **clémentine** [klemãtin] die Klementine

le **cleptomane** [klɛptɔman] der Kleptomane

la **cleptomane** [klɛptɔman] die Kleptomanin

le **clergé** [klɛʀʒe] der Klerus

clic [klik] klick

le **clic** [klik] der Klick; **le clic sur la souris** der Mausklick

le **cliché** [kliʃe] ① das Klischee ② (*Foto*) der Abzug

le **client** [klijã] der Kunde; *eines Restaurants, Hotels* der Gast; *eines Arztes* der Patient; *eines Anwalts* der Klient

la **cliente** [klijãt] die Kundin; *eines Restaurants, Hotels* der Gast; *eines Arztes* die Patientin; *eines Anwalts* die Klientin

la **clientèle** [klijãtɛl] die Kundschaft, die Klientel; *eines Restaurants* die Gäste; *eines Arztes* die Patienten; *eines Anwalts* die Klienten

cligner [kliɲe] **cligner des yeux** blinzeln

le **clignotant** [kliɲɔtã] der Blinker; **mettre le** [*oder* **son**] **clignotant** blinken

clignotant, clignotante [kliɲɔtã, kliɲɔtãt] blinkend; **le feu clignotant** die blinkende Ampel; **la lumière clignotante** das Blinklicht

clignoter [kliɲɔte] blinken; *Lampe:* flackern

la **clim** [klim] (*umgs.*) die Klimaanlage

le **climat** [klima] ① das Klima ② (*Stimmung*) die Atmosphäre

la **climatisation** [klimatizasjõ] die Klimaanlage

climatiser [klimatize] klimatisieren

le **clin d'œil** [klɛ̃dœj] <*Plural:* clins d'œil> das Augenzwinkern; **faire un clin d'œil à quelqu'un** jemandem zuzwinkern ▶ **en un clin d'œil** im Nu

clinique [klinik] klinisch

la **clinique** [klinik] die [Privat]klinik

le **clip** [klip] ① (*im Fernsehen*) der Clip ② (*Schmuckstück*) der [Ohr]klipp

la **clique** [klik] (*umgs.*) die Clique
cliquer [klike] (*am Computer*) klicken; **cliquer sur un symbole avec la souris** ein Symbol mit der Maus anklicken
cliqueter [klik(ə)te] <*wie* rejeter; *siehe Verbtabelle ab S. 1055*> Geld, Schlüssel: klimpern; *Gläser:* klirren

> Mit *tt* schreiben sich
> – die stammbetonten Formen wie *ils cliquettent* oder *il cliquette* sowie
> – die auf der Basis der Grundform *cliqueter* gebildeten Formen, z. B. *ils cliquetteront* und *il cliquetterait*.

le **cliquetis** [klik(ə)ti] *von Münzen, Schlüsseln* das Klimpern; *von Gläsern* das Klirren
le **clochard** [klɔʃaʀ] der Stadtstreicher
la **clocharde** [klɔʃaʀd] die Stadtstreicherin
cloche [klɔʃ] (*umgs.*) dämlich
la **cloche** [klɔʃ] ❶ die Glocke ❷ (*umgs.: unfähiger Mensch*) der Dussel
cloche-pied [klɔʃpje] **à cloche-pied** auf einem Bein
clocher [klɔʃe] (*umgs.*) nicht stimmen; **il y a quelque chose qui cloche** da ist was faul
le **clocher** [klɔʃe] der Kirchturm
le **clodo** [klodo] (*umgs.*) *Abkürzung von* **clochard** der Stadtstreicher
la **cloison** [klwazɔ̃] die Wand, die Zwischenwand
cloisonner [klwazɔne] **cloisonner une pièce** in einem Zimmer eine Zwischenwand einziehen
le **cloître** [klwatʀ] das Kloster
cloîtrer [klwatʀe] **se cloîtrer dans sa maison** sich [von der Welt] in sein Haus zurückziehen
le **clone** [klon] der Klon
la **clope** [klɔp] (*umgs.*) der Glimmstängel, die Kippe
clopin-clopant [klɔpɛ̃klɔpɑ̃] (*umgs.*) humpelnd
la **cloque** [klɔk] die Blase; (*durch Verbrennung*) die Brandblase
cloquer [klɔke] *Farbe:* Blasen bilden
clos, close [klo, kloz] ❶ geschlossen ❷ (*abgeschlossen*) erledigt
la **clôture** [klotyʀ] ❶ der Zaun; (*aus Sträuchern*) die Hecke ❷ (*Beendigung*) der Abschluss
clôturer [klotyʀe] ❶ einzäunen ❷ (*beenden*) abschließen
le **clou** [klu] ❶ der Nagel ❷ (*Attraktion*) der Höhepunkt ❸ **les clous** (*umgs.*) der Zebrastreifen ▸ **ne pas valoir un clou** (*umgs.*) keinen Pfifferling wert sein; **des clous!** (*umgs.*) von wegen!

◆ le **clou de girofle** die Gewürznelke

> In ❸ wird der Plural *les clous* mit einem Singular übersetzt: *les clous ne <u>sont</u> pas faits pour rien! –* der Zebrastreifen <u>ist</u> nicht umsonst da!

clouer [klue] ❶ zusammennageln *Kiste* ❷ (*befestigen*) zunageln *Deckel;* festnageln *Bretter, Teppich*
clouté, clouée [klute] mit Nägeln beschlagen; **les pneus cloutés** die Spikesreifen
le **clown** [⚠ klun] der Clown
le **club** [⚠ klœb] ❶ der Klub, der Verein ❷ (*Sportgerät*) der Golfschläger

◆ le **club de théâtre** die Theater-AG
◆ le **club de volley** der Volleyballverein

le **CNRS** [seɛnɛʀɛs] *Abkürzung von* **Centre national de la recherche scientifique** nationales Forschungszentrum für Wissenschaft und Technik
coaguler [kɔagyle] gerinnen
la **coalition** [kɔalisjɔ̃] das Bündnis, die Koalition
le **cobaye** [⚠ kɔbaj] ❶ das Meerschweinchen ❷ (*übertragen*) das Versuchskaninchen
Coblence [kɔblɑ̃s] Koblenz
le **cobra** [kɔbʀa] ⚠ *männlich* die Kobra
le **coca**® [kɔka] <*Plural:* coca> die Cola®
le **coca-cola**® [kɔkakɔla] <*Plural:* coca-cola> ⚠ *männlich* die Coca-Cola®
la **cocaïne** [kɔkain] ⚠ *weiblich* das Kokain
la **cocarde** [kɔkaʀd] die Kokarde
cocasse [kɔkas] (*umgs.*) drollig
la **coccinelle** [⚠ kɔksinɛl] ❶ der Marienkäfer ❷ (*Auto*) der [VW-]Käfer
le **coccyx** [⚠ kɔksis] das Steißbein
le **coche** [kɔʃ] **rater le coche** (*umgs.*) die Gelegenheit verpassen
cocher [kɔʃe] ankreuzen
le **cocher** [kɔʃe] der Kutscher
le **cochon** [kɔʃɔ̃] ❶ das Schwein ❷ (*umgs.: unreinlicher Mensch*) das Ferkel; (*vulgärer Mensch*) das Schwein; **le vieux cochon** der alte Lustmolch

◆ le **cochon d'Inde** das Meerschweinchen

cochon, cochonne [kɔʃɔ̃, kɔʃɔn] (*umgs.*) ❶ schmuddelig ❷ (*obszön*) schweinisch; **les histoires cochonnes** die Zoten
la **cochonne** [kɔʃɔ̃, kɔʃɔn] (*umgs.*) die [Dreck]sau; **la vieille cochonne** die alte Wutz
cochonner [kɔʃɔne] (*umgs.*) ❶ hinschludern *Arbeit* ❷ (*schmutzig machen*) verdrecken
la **cochonnerie** [kɔʃɔnʀi] (*umgs.*) ❶ (*wertloses Zeug*) der Schund; (*schlechtes Essen*) der

Fraß ❷ **dire des cochonneries** Schweinereien erzählen ❸ (*Schmutz*) die Sauerei
le **cochonnet** [kɔʃɔnɛ] ❶ das Ferkel ❷ (*beim Boulespiel*) die Zielkugel, das Schweinchen
le **cocker** [⚠ kɔkɛʀ] der Cockerspaniel
le **cockpit** [⚠ kɔkpit] das Cockpit
le **cocktail** [⚠ kɔktɛl] ❶ der Cocktail; **le cocktail de bienvenue** der Begrüßungscocktail ❷ (*Veranstaltung*) die Cocktailparty
le **coco** [koko] (*umgs.: zwielichtige Person*) das Früchtchen
le **cocon** [kɔkõ] der Kokon
cocorico [kɔkɔʀiko] kikeriki
le **cocotier** [kɔkɔtje] die Kokospalme
la **cocotte** [kɔkɔt] (*Kessel*) der [Schmor]topf
la **cocotte-minute**® [kɔkɔtminyt] <*Plural*: cocottes-minute> der Schnellkochtopf
cocu [kɔky] (*umgs.*) betrogen, gehörnt
le **cocu** [kɔky] (*umgs.*) der betrogene [*oder* gehörnte] Ehemann
le **code** [kɔd] ❶ der Code, der Kode; **le code postal** die Postleitzahl ❷ (*Führerscheinprüfung*) die theoretische Prüfung ❸ (*Fahrzeugbeleuchtung*) **les codes** das Abblendlicht; **allumer ses codes** das Abblendlicht einschalten ❹ (*Regelwerk, Gesetzestext*) das Gesetzbuch
  ◆ le **code de la route** die Straßenverkehrsordnung

> **V** In ❸ wird der Plural *les codes* mit einem Singular übersetzt: *les codes ne sont pas allumés* – *das Abblendlicht ist nicht an*.

le **code-barres** [kɔdbaʀ] <*Plural*: codes-barres> der Strichcode
coder [kɔde] verschlüsseln
codifier [kɔdifje] <*wie* apprécier; *siehe Verbtabelle ab S. 1055*> kodifizieren
le **coefficient** [kɔefisjã] ❶ (*in der Mathematik, Physik*) der Koeffizient ❷ ⓒⒽ **le coefficient annuel** der Steuersatz, der Steuerfuß ⓒⒽ
le **coéquipier** [koekipje] der Mannschaftskamerad
la **coéquipière** [koekipjɛʀ] die Mannschaftskameradin
le **cœur** [⚠ kœʀ] ❶ das Herz; **mon cœur bat** mein Herz klopft ❷ *einer Debatte* der Kernpunkt ▸ **faire quelque chose de bon cœur** etwas von Herzen gern tun; **quelqu'un a mal au cœur** jemandem ist schlecht; **apprendre/connaître par cœur** auswendig lernen/kennen; **sans cœur** herzlos
coexister [kɔɛgziste] nebeneinander bestehen

le **coffre** [kɔfʀ] ❶ die Truhe ❷ *eines Autos* der Kofferraum
  ◆ le **coffre à jouets** die Spielzeugkiste

le coffre

🇫 Nicht verwechseln mit *der Koffer – la valise*!

le **coffre-fort** [kɔfʀəfɔʀ] <*Plural*: coffres-forts> der Safe
coffrer [kɔfʀe] (*umgs.*) einbuchten
le **coffret** [kɔfʀɛ] (*für Schmuck*) die Schatulle
le **cognac** [kɔɲak] der Cognac
cogner [kɔɲe] ❶ (*Schläge austeilen*) zuschlagen ❷ **cogner quelqu'un** jemanden [an]stoßen; **cogner quelque chose** an etwas stoßen ❸ **se cogner la tête** contre **la table** sich den Kopf am Tisch anstoßen, mit dem Kopf gegen den Tisch stoßen
la **cohabitation** [kɔabitasjõ] (*in der Politik*) die Kohabitation

> **L** Als *cohabitation* wird ein besonderes politisches Kräfteverhältnis in der französischen Regierung bezeichnet: Wenn der direkt vom Volk gewählte Präsident aus einem anderen politischen Lager stammt als die Partei, die die Parlamentswahlen gewinnt und daraufhin die Regierung bildet, spricht man von einer *cohabitation*. Sowohl der Präsident als auch der Premierminister müssen dann versuchen, die Regierungsgeschäfte kooperativ und effektiv zu führen, ohne sich ständig gegenseitig zu blockieren.

cohabiter [kɔabite] ❶ [unter einem Dach] zusammenleben ❷ (*in der Politik*) kohabitieren
la **cohérence** [kɔeʀãs] *einer Aussage, Argumentation* der [logische] Zusammenhang
cohérent, cohérente [kɔeʀã, kɔeʀãt] kohärent; *Text* [logisch] zusammenhängend
la **cohésion** [kɔezjõ] der Zusammenhalt
la **cohue** [kɔy] ❶ (*Ansammlung*) die [Menschen]menge ❷ (*Getümmel*) das Gedränge
la **coiffe** [kwaf] die [Trachten]haube

coiffé, **coiffée** [kwafe] frisiert
coiffer [kwafe] frisieren; **se coiffer** sich frisieren
le **coiffeur** [kwafœʀ] der Friseur; **le coiffeur pour dames** der Damenfriseur
la **coiffeuse** [kwaføz] ① die Friseurin, die Friseuse; **la coiffeuse pour dames** die Damenfriseurin, die Damenfriseuse ② (*Möbelstück*) die Frisierkommode
la **coiffure** [kwafyʀ] (*Haarschnitt*) die Frisur
le **coin** [kwɛ̃] ① die Ecke; **au coin de la rue** an der [Straßen]ecke ② **le petit coin** (*umgs.*) das [stille] Örtchen ▸ **ça t'en/vous en bouche un coin!** (*umgs.*) da staunst du/ staunt ihr, was?
  ♦ le **coin cuisine** die Kochecke
  ♦ le **coin repas** die Essecke
coinçais, **coinçait** [kwɛ̃sɛ] →**coincer**
coincé, **coincée** [kwɛ̃se] (*umgs.*) verklemmt
coincer [kwɛ̃se] <*wie commencer; siehe Verbtabelle ab S. 1055*> ① **coincer un sac entre deux valises** eine Tasche zwischen zwei Koffer klemmen; **se coincer le doigt** sich den Finger einklemmen ② (*umgs.: fangen*) schnappen ③ (*umgs.: bedrängen*) in die Klemme bringen ④ **être coincé(e)** *Schublade:* klemmen; *Mensch:* eingeklemmt sein; **rester coincé dans l'ascenseur** mit dem Aufzug stecken bleiben; *siehe auch* **coincé**

Ü Vor *a* und *o* steht statt *c* ein *ç*, z. B. bei: *nous coinçons, il coinçait* und *en coinçant*.

la **coïncidence** [kɔɛ̃sidɑ̃s] der Zufall
coïncider [kɔɛ̃side] ① [zeitlich] zusammenfallen ② (*sich gleichen*) übereinstimmen
coinçons [kwɛ̃sɔ̃] →**coincer**
le **coing** [⚠ kwɛ̃] ⚠ *männlich* die Quitte
le **col** [kɔl] ① der Kragen; **le col roulé** der Rollkragen ② (*in den Bergen*) der [Gebirgs]pass ③ *einer Flasche* der Hals
le **coléoptère** [kɔleɔptɛʀ] der Käfer
la **colère** [kɔlɛʀ] die Wut; **mettre quelqu'un en colère** jemanden wütend machen; **se mettre en colère contre quelqu'un** auf jemanden wütend werden; **être en colère** aufgebracht sein
coléreux, **coléreuse** [kɔleʀø, kɔleʀøz], **colérique** [kɔleʀik] jähzornig
le **colimaçon** [kɔlimasɔ̃] die Schnecke
le **colin** [kɔlɛ̃] der Seehecht
le **colin-maillard** [kɔlɛ̃majaʀ] **jouer à colin- -maillard** Blindekuh spielen
la **colique** [kɔlik] ① der Durchfall ② (*Schmerzen*) die Kolik; **avoir des coliques** Koliken haben

le **colis** [kɔli] das Paket
le **collaborateur** [kɔ(l)labɔʀatœʀ] ① der Mitarbeiter ② (*während des 2. Weltkriegs*) der Kollaborateur
la **collaboration** [kɔ(l)labɔʀasjɔ̃] ① die Zusammenarbeit ② (*während des 2. Weltkriegs*) die Kollaboration
la **collaboratrice** [kɔ(l)labɔʀatʀis] ① die Mitarbeiterin ② (*während des 2. Weltkriegs*) die Kollaborateurin
collaborer [kɔ(l)labɔʀe] ① zusammenarbeiten ② **collaborer à quelque chose** an etwas mitarbeiten ③ (*während des 2. Weltkriegs*) kollaborieren
le **collant** [kɔlɑ̃] die Strumpfhose
collant, **collante** [kɔlɑ̃, kɔlɑ̃t] ① *Hose:* hauteng ② *Hände* klebrig ③ (*lästig*) aufdringlich
la **collation** [kɔlasjɔ̃] der Imbiss
la **colle** [kɔl] ① der Klebstoff ② (*umgs.: Bestrafung*) das Nachsitzen
la **collecte** [kɔlɛkt] die Sammlung
collecter [kɔlɛkte] sammeln
collectif, **collective** [kɔlɛktif, kɔlɛktiv] gemeinsam; **le travail collectif** die Gemeinschaftsarbeit; **la propriété collective** das Gemeinschaftseigentum
la **collection** [kɔlɛksjɔ̃] ① die Sammlung; **faire [la] collection de quelque chose** etwas sammeln ② (*in der Mode*) die Kollektion ③ (*bei Buchverlagen*) die Reihe
collectionner [kɔlɛksjɔne] sammeln
le **collectionneur** [kɔlɛksjɔnœʀ] der Sammler
la **collectionneuse** [kɔlɛksjɔnøz] die Sammlerin
la **collectivité** [kɔlɛktivite] (*Gruppe*) die Gemeinschaft
le **collège** [kɔlɛʒ] das Collège; (*im deutschen Schulsystem*) ≈ die Realschule; **le collège d'enseignement secondaire** ≈ die Realschule; **aller au collège** auf das Collège gehen; (*im deutschen Schulsystem*) ≈ auf die Realschule gehen

L Im Anschluss an die Grundschule, im Alter von elf Jahren, beginnt für alle französischen Schulkinder das *collège*. Hierbei handelt es sich um eine vierklassige Gesamtschule, in der ganztägig unterrichtet wird. Die Klassen, die die Schülerinnen und Schüler durchlaufen, heißen *sixième, cinquième, quatrième* und *troisième*. Das Abschlusszeugnis, mit dem man danach abgehen kann, ist das *brevet des collèges*.

le **Collège de France** [kɔlɛʒdəfʀɑ̃s] renommierte Hochschule in Paris, deren Vorlesungen jedermann besuchen kann, an der man jedoch keinen Abschluss erwerben kann

le **collégien** [kɔleʒjɛ̃] der Schüler an einem „Collège"; (*im deutschen Schulsystem*) ≈ der Realschüler
la **collégienne** [kɔleʒjɛn] die Schülerin an einem „Collège"; (*im deutschen Schulsystem*) ≈ die Realschülerin
le **collègue** [kɔ(l)lɛg] der Kollege
la **collègue** [kɔ(l)lɛg] die Kollegin
coller [kɔle] ❶ kleben; **quelque chose qui colle** etwas Klebriges; **cette poêle ne colle pas** in dieser Pfanne brät nichts an ❷ kleben; zukleben *Umschlag;* **coller quelque chose sur l'enveloppe/au mur** etwas auf den Umschlag/an die Wand kleben ❸ (*eng anliegen*) hauteng sein ❹ **coller une baffe à quelqu'un** (*umgs.*) jemandem eine kleben ❺ **coller quelqu'un** (*umgs.*) jemandem eine knifflige Frage stellen ❻ **se coller à quelqu'un** sich an jemanden hängen
le **collier** [kɔlje] ❶ die Halskette ❷ das Halsband
le **collimateur** [kɔlimatœʀ] **avoir quelqu'un dans le collimateur** jemanden im Visier haben
la **colline** [kɔlin] der Hügel
la **collision** [kɔlizjɔ̃] der Zusammenstoß
colmater [kɔlmate] zuspachteln *Riss, Spalt;* abdichten *undichte Stelle;* schließen *Öffnung*
la **colo** [kɔlo] (*umgs.*) Abkürzung von **colonie de vacances** das Ferienlager
le **colocataire** [kɔlɔkatɛʀ] der Mitbewohner
la **colocataire** [kɔlɔkatɛʀ] die Mitbewohnerin
Cologne [kɔlɔɲ] Köln
le **colombage** [kɔlɔ̃baʒ] das Fachwerk; **la maison à colombage** das Fachwerkhaus
la **colombe** [kɔlɔ̃b] die weiße Taube
la **Colombie** [kɔlɔ̃bi] Kolumbien
le **colon** [kɔlɔ̃] der Siedler
le **colonel** [kɔlɔnɛl] der Oberst
la **colonie** [kɔlɔni] die Kolonie
  ♦ la **colonie de vacances** das Ferienlager
coloniser [kɔlɔnize] kolonisieren
la **colonne** [kɔlɔn] ❶ die Säule ❷ (*in einem Text*) die Spalte ❸ *von Zahlen* die Kolonne ❹ *von Menschen* die Reihe; (*beim Militär*) die Kolonne ❺ **la colonne vertébrale** die Wirbelsäule
  ♦ la **colonne Morris** die Litfaßsäule
le **colorant** [kɔlɔʀɑ̃] der Farbstoff
colorant, colorante [kɔlɔʀɑ̃, kɔlɔʀɑ̃t] Farb-; **la matière colorante** der Farbstoff; **le shampoing colorant** die [Haar]tönung
la **coloration** [kɔlɔʀasjɔ̃] ❶ die Farbe ❷ (*das Färben*) die Färbung; **elle s'est fait faire une coloration** sie hat sich die Haare färben lassen

coloré, colorée [kɔlɔʀe] gefärbt
colorer [kɔlɔʀe] färben; **se colorer** sich färben
colorier [kɔlɔʀje] <*wie* apprécier; *siehe Verbtabelle ab S. 1055*> ausmalen
le **coloris** [kɔlɔʀi] (*Farbton*) die Farbe
colossal, colossale [kɔlɔsal] <*Plural der männl. Form:* colossaux> kolossal
le **colosse** [kɔlɔs] der Koloss
colporter [kɔlpɔʀte] [überall] herumerzählen *Neuigkeiten*
le **colporteur** [kɔlpɔʀtœʀ] der Hausierer
la **colporteuse** [kɔlpɔʀtøz] die Hausiererin
le **colza** [kɔlza] der Raps
le **coma** [kɔma] das Koma
le **combat** [kɔ̃ba] der Kampf
combatif, combative [kɔ̃batif, kɔ̃bativ] kämpferisch
le **combattant** [kɔ̃batɑ̃] der Kämpfer; **l'ancien combattant** der Veteran
la **combattante** [kɔ̃batɑ̃t] die Kämpferin; **l'ancienne combattante** die Veteranin
combattre [kɔ̃batʀ] <*wie* battre; *siehe Verbtabelle ab S. 1055*> ❶ kämpfen ❷ kämpfen gegen *Feind;* bekämpfen *Brand, Krankheit* ❸ **se combattre** sich bekämpfen
combien [kɔ̃bjɛ̃] wie viel; **combien de sucre/de farine** wie viel Zucker/Mehl; **combien de personnes/maisons** wie viele Leute/Häuser; **combien de temps** wie lange; **depuis combien de temps** seit wann; **combien de fois** wie oft; **combien coûte cela?** wie viel kostet das?; **je vous dois combien?, ça fait combien?** (*umgs.*) was [*oder* wie viel] macht das?
le **combien** [kɔ̃bjɛ̃] (*umgs.*) der Wievielte; **nous sommes le combien?** den Wievielten haben wir heute?
la **combinaison** [kɔ̃binɛzɔ̃] ❶ (*Zusammenstellung*) die Kombination ❷ (*Kleidungsstück für Damen*) das Unterkleid
  ♦ la **combinaison de plongée** der Tauchanzug
  ♦ la **combinaison de ski** der Skianzug
la **combine** [kɔ̃bin] (*umgs.*) die Masche
le **combiné** [kɔ̃bine] *eines Telefons* der Hörer
combiner [kɔ̃bine] ❶ kombinieren *Zahlen* ❷ (*planen*) arrangieren
comble [kɔ̃bl] [brechend] voll
le **comble** [kɔ̃bl] ❶ der Gipfel ❷ **les combles** der Speicher, der Dachboden

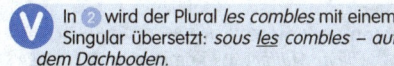 In ❷ wird der Plural *les combles* mit einem Singular übersetzt: *sous les combles – auf dem Dachboden*.

Révisions

Combien de …?

Je voudrais	**un paquet de** sucre.	Ich hätte gerne	*ein Päckchen Zucker.*
	une bouteille de coca.		*eine Flasche Cola.*
	un kilo de pommes.		*ein Kilo Äpfel.*
	250 grammes de nouilles.		*250 Gramm Nudeln.*
Nous avons	**trop de** nouilles.	Wir haben	*zu viele Nudeln.*
	beaucoup de fromage.		*viel Käse.*
	assez de café.		*genug Kaffee.*
	peu de fruits.		*wenig Obst.*
Nous n'avons	**pas de** farine.		*kein Mehl.*

combler [kɔ̃ble] ❶ zuschütten *Brunnen* ❷ aufholen *Rückstand;* ausgleichen *Defizit;* schließen *Lücke* ❸ **combler quelqu'un** jemanden wunschlos glücklich machen ❹ **combler un enfant de cadeaux** ein Kind mit Geschenken überhäufen
combustible [kɔ̃bystibl] brennbar
le **combustible** [kɔ̃bystibl] der Brennstoff
la **combustion** [kɔ̃bystjɔ̃] die Verbrennung
la **comédie** [kɔmedi] ❶ die Komödie; **la comédie musicale** das Musical ❷ (*übertragen*) das Theater; **pas de comédie!** Schluss mit diesem Theater!
le **comédien** [kɔmedjɛ̃] ❶ der Schauspieler ❷ (*übertragen*) der Heuchler
la **comédienne** [kɔmedjɛn] ❶ die Schauspielerin ❷ (*übertragen*) die Heuchlerin
comestible [kɔmɛstibl] essbar
la **comète** [kɔmɛt] ⚠ *weiblich* der Komet
comique [kɔmik] ❶ komisch ❷ *Oper* komisch; **l'auteur comique** der Komödienschreiber
le **comique** [kɔmik] der Komiker
la **comique** [kɔmik] die Komikerin
le **comité** [kɔmite] das Komitee
 ◆ le **comité d'entreprise** ≈ der Betriebsrat
le **commandant** [kɔmɑ̃dɑ̃] ❶ der Major ❷ *eines Schiffs* der Kommandant
la **commandante** [kɔmɑ̃dɑ̃t] ❶ die Majorin ❷ *eines Schiffs* die Kommandantin
la **commande** [kɔmɑ̃d] ❶ die Bestellung; **passer une commande** eine Bestellung aufgeben ❷ (*in der Informatik*) der Befehl ▶ **sur commande** verkaufen auf Bestellung; weinen auf Kommando
 ◆ la **commande à distance** die Fernbedienung
le **commandement** [kɔmɑ̃dmɑ̃] ❶ der Befehl ❷ (*beim Militär*) das Kommando ❸ (*in der Bibel*) das Gebot; **les dix commandements** die Zehn Gebote
commander [kɔmɑ̃de] ❶ bestellen *Getränk, Taxi, Ware* ❷ **aimer commander** gerne [herum]kommandieren ❸ (*anordnen*) befehlen; **commander quelqu'un** jemandem befehlen ❹ leiten *Mannschaft* ❺ **cette pédale commande les freins** mit diesem Pedal betätigt man die Bremsen
le **commando** [kɔmɑ̃do] das Kommando
comme[1] [kɔm] ❶ **comme j'arrivais** [gerade] als ich ankam ❷ (*weil*) da ❸ (*ebenso wie*) wie auch ❹ (*bei Vergleichen*) wie; **une pomme grande/petite comme ça** ein Apfel, der so groß/so klein ist; **comme si** als ob ❺ **comme plat principal** als Hauptgericht ❻ **qu'est-ce que tu fais comme sport?** was für Sport treibst du?
comme[2] [kɔm] wie; **comme c'est gentil!** wie nett!; **tu sais comme c'est cher** du weißt, wie teuer das ist; **c'est comme ça** so ist es nun mal; **il n'est pas comme ça** so ist er nicht ▶ **comme ci comme ça** (*umgs.*) so lala
la **commémoration** [kɔmemɔʀasjɔ̃] ❶ die Gedenkfeier ❷ **en commémoration de quelque chose** zum Gedenken an etwas
commémorer [kɔmemɔʀe] **commémorer quelque chose** einer Sache gedenken
commençais, commençait [kɔmɑ̃sɛ] →**commencer**
le **commencement** [kɔmɑ̃smɑ̃] der Anfang
commencer [kɔmɑ̃se] <*siehe Verbtabelle ab S. 1055*> ❶ anfangen; **le mot commence par un l** das Wort fängt mit l an ❷ **commencer le déjeuner par une salade** das Mittagessen mit einem Salat beginnen ❸ **il commence par ranger ses affaires** zuerst räumt er seine Sachen auf ❹ **commencer**

ses devoirs seine Hausaufgaben [*oder* mit seinen Hausaufgaben] anfangen ⑤ **commencer à lire** anfangen zu lesen ⑥ **je commence à comprendre** allmählich verstehe ich ▶ **pour commencer** zunächst

Ü Vor *a* und *o* steht statt *c* ein *c* in *ç*, z. B. bei: *nous commençons, il commençait* und *en commençant.*

comment [kɔmɑ̃] ❶ wie; **comment ça va?** wie geht's dir?; **et toi, comment tu t'appelles?** und du, wie heißt du?; **comment est-ce que ça s'appelle en français?** wie heißt das auf Französisch? ❷ (*als Nachfrage*) **comment?** wie bitte?

le **commentaire** [kɔmɑ̃tɛʀ] der Kommentar
le **commentateur** [kɔmɑ̃tatœʀ] der Kommentator
la **commentatrice** [kɔmɑ̃tatʀis] die Kommentatorin
commenter [kɔmɑ̃te] kommentieren
commerçant, commerçante [kɔmɛʀsɑ̃, kɔmɛʀsɑ̃t] ❶ Geschäfts-; **le quartier commerçant** das Geschäftsviertel; **la rue commerçante** die Geschäftsstraße ❷ *Händler* geschäftstüchtig
le **commerçant** [kɔmɛʀsɑ̃] der Händler, der Geschäftsmann
la **commerçante** [kɔmɛʀsɑ̃t] die Händlerin, die Geschäftsfrau
le **commerce** [kɔmɛʀs] ❶ der Handel ❷ (*Laden*) das Geschäft
 ◆ le **commerce de détail** der Einzelhandel
 ◆ le **commerce en gros** der Großhandel
le **commercial** [kɔmɛʀsjal] <Plural: commerciaux> der kaufmännische Angestellte
commercial, commerciale [kɔmɛʀsjal] <Plural der männl. Form: commerciaux> ❶ Geschäfts-, Handels-; **l'activité commerciale** die Geschäftstätigkeit, das Geschäftsleben; **les relations commerciales** die Handelsbeziehungen ❷ *Film* kommerziell
la **commerciale** [kɔmɛʀsjal] die kaufmännische Angestellte
commercialiser [kɔmɛʀsjalize] vermarkten
commerciaux [kɔmɛʀsjo] →**commercial**
commettre [kɔmɛtʀ] <*wie* mettre; *siehe Verbtabelle ab S. 1055*> begehen *Fehler, Verbrechen;* verüben *Attentat*
le **commissaire** [kɔmisɛʀ] der Kommissar/die Kommissarin; **madame le commissaire** Frau Kommissarin; **monsieur le commissaire** Herr Kommissar
le **commissariat** [kɔmisaʀja] das Revier, die Wache; **le commissariat de police** das Polizeirevier, die Polizeiwache

la **commission** [kɔmisjɔ̃] ❶ die Kommission; **la Commission européenne** die Europäische Kommission ❷ (*Mitteilung*) die Nachricht; **faire une commission à quelqu'un** jemandem etwas ausrichten ❸ (*Besorgung*) **les commissions** die Einkäufe; **faire les commissions** einkaufen [gehen]
commode [kɔmɔd] ❶ praktisch ❷ (*leicht*) einfach ❸ *Mensch, Charakter* unkompliziert
la **commode** [kɔmɔd] die Kommode
la **commodité** [kɔmɔdite] der Komfort
la **commotion** [kɔmosjɔ̃] ❶ die Erschütterung ❷ (*Trauma*) der Schock
le **commun** [kɔmœ̃] **en commun** zusammen; **faire quelque chose en commun** etwas gemeinsam tun; °**hors du commun** außergewöhnlich
commun, commune [kɔmœ̃, kɔmyn] ❶ (*vergleichbar*) gemeinsam ❷ **la cuisine commune** die Gemeinschaftsküche; **la salle commune** das Gemeinschaftszimmer ❸ (*alltäglich, üblich*) [weit] verbreitet; (*niveaulos*) gewöhnlich
communal, communale [kɔmynal] <Plural der männl. Form: communaux> *Gelder* kommunal; **la forêt communale** der Gemeindewald
communautaire [kɔmynotɛʀ] ❶ gemeinschaftlich ❷ (*in Bezug auf die Europäische Union*) **la politique communautaire** die EU-Politik
la **communauté** [kɔmynote] ❶ die Gemeinschaft; **la Communauté européenne** die Europäische Gemeinschaft ❷ (*Gemeinschaft der Gläubigen*) die Kirchengemeinde, die Gemeinde
la **commune** [kɔmyn] die Gemeinde
le **communiant** [kɔmynjɑ̃] der Kommunikant
la **communiante** [kɔmynjɑ̃t] die Kommunikantin
communicatif, communicative [kɔmynikatif, kɔmynikativ] ❶ *Lachen* ansteckend ❷ (*mitteilsam*) kommunikativ
la **communication** [kɔmynikasjɔ̃] ❶ die Mitteilung ❷ (*am Telefon*) die Verbindung; (*Unterhaltung*) das Gespräch; **être en communication avec quelqu'un** mit jemandem sprechen ❸ (*Austausch von Informationen*) die Verständigung
communier [kɔmynje] <*wie* apprécier; *siehe Verbtabelle ab S. 1055*> (*in der Kirche*) kommunizieren
la **communion** [kɔmynjɔ̃] die Kommunion
le **communiqué** [kɔmynike] das Kommuniqué

◆ le **communiqué de presse** die Pressemitteilung
communiquer [kɔmynike] ❶ **communiquer avec quelqu'un** mit jemandem kommunizieren; **communiquer par gestes** sich durch Zeichen verständigen ❷ **communiquer ses projets à quelqu'un** jemandem seine Pläne mitteilen ❸ **communiquer un dossier à quelqu'un** jemandem eine Akte aushändigen ❹ **communiquer avec la cuisine** *Esszimmer:* mit der Küche verbunden sein
le **communisme** [kɔmynism] der Kommunismus
communiste [kɔmynist] kommunistisch
le **communiste** [kɔmynist] der Kommunist
la **communiste** [kɔmynist] die Kommunistin
le **compact** [kõpakt] ⚠ *männlich* die CD
compact, **compacte** [kõpakt] kompakt
la **compagne** [kõpaɲ] die Lebensgefährtin
la **compagnie** [kõpaɲi] ❶ die Gesellschaft ❷ **en compagnie de ma sœur** in Begleitung meiner Schwester ❸ (*beim Militär*) die Kompanie
le **compagnon** [kõpaɲõ] ❶ der Lebensgefährte ❷ (*Kamerad*) der Kumpan ❸ (*Handwerker*) der [Handwerks]geselle
comparable [kõpaʀabl] vergleichbar
la **comparaison** [kõpaʀɛzõ] der Vergleich; **en comparaison de lui**, **par comparaison à** [*oder* **avec**] **lui** im Vergleich zu ihm
comparaître [kõpaʀɛtʀ] <*wie* paraître; *siehe Verbtabelle ab S. 1055*> [vor Gericht] erscheinen

> Das *î* steht immer nur vor *t*.
> Die Verbformen ohne *t* schreiben sich mit *i*, z. B. *je comparais* – ich erscheine [vor Gericht].

le **comparatif** [kõpaʀatif] (*in der Grammatik*) der Komparativ
comparatif, **comparative** [kõpaʀatif, kõpaʀativ] Vergleichs-; **l'étude comparative** die Vergleichsstudie
comparer [kõpaʀe] [miteinander] vergleichen; **on le compare souvent à** [*oder* **avec**] **son frère** er wird oft mit seinem Bruder verglichen
le **compartiment** [kõpaʀtimã] ❶ (*im Schrank*) das Fach ❷ (*im Zug*) das Abteil
◆ le **compartiment fumeurs** das Raucherabteil
le **compas** [kõpa] ⚠ ❶ der Zirkel ❷ (*Navigationsinstrument in Flugzeugen und auf Schiffen*) der Kompass
la **compassion** [kõpasjõ] (*gehoben*) das Mitge-

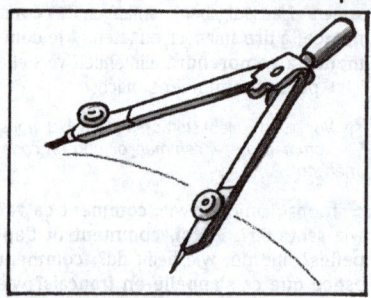

le compas

> Nicht verwechseln mit *der [Wander-]Kompass* – *la boussole*!

fühl
la **compatibilité** [kõpatibilite] (*in der Informatik*) die Kompatibilität
compatible [kõpatibl] ❶ [miteinander] vereinbar ❷ (*in der Informatik*) kompatibel
compatir [kõpatiʀ] <*wie* agir; *siehe Verbtabelle ab S. 1055*> (*gehoben*) **compatir à quelque chose** an etwas Anteil nehmen

> Bei einigen Formen des Verbs ist der Stamm um *-iss-* erweitert, etwa bei *nous compatissons*, *il compatissait* oder *en compatissant*.

le **compatriote** [kõpatʀijɔt] der Landsmann
la **compatriote** [kõpatʀijɔt] die Landsmännin
la **compensation** [kõpãsasjõ] ❶ die Gegenleistung; **la compensation financière** die [finanzielle] Entschädigung ❷ (*Ersatz*) der Ausgleich ▸ **en compensation** dafür
compenser [kõpãse] kompensieren, ausgleichen
la **compétence** [kõpetãs] ❶ (*Fachwissen*) die Kompetenz ❷ (*Verantwortungsbereich*) die Zuständigkeit
compétent, **compétente** [kõpetã, kõpetãt] ❶ **être compétent en quelque chose** kompetent in etwas sein ❷ *Behörde* zuständig
compétitif, **compétitive** [kõpetitif, kõpetitiv] wettbewerbsfähig
la **compétition** [kõpetisjõ] ❶ der Wettkampf ❷ (*in der Wirtschaft*) die Konkurrenz
compétitive [kõpetitiv] →**compétitif**
la **compilation** [kõpilasjõ] ❶ (*in der Musik*) der Sampler ❷ (*in der Informatik*) das Kompilieren; (*Programme*) das Programmpaket
compiler [kõpile] (*in der Informatik*) kompilieren
la **complaisance** [kõplɛzãs] ❶ die Liebenswürdigkeit; **par complaisance** aus Gefälligkeit

②(*Überheblichkeit*) die Selbstgefälligkeit
le **complément** [kɔ̃plemã] die Ergänzung
 ♦ le **complément d'objet direct** das direkte Objekt
 ♦ le **complément du verbe** die Verbergänzung
complémentaire [kɔ̃plemɑ̃tɛʀ] ergänzend; *Information* zusätzlich
complet, complète [kɔ̃plɛ, kɔ̃plɛt] ❶ vollständig, komplett ❷ **le pain complet** das Vollkornbrot; **les œuvres complètes** die gesammelten Werke ❸ (*total*) völlig; *Erfolg* voll; *Misserfolg* total ❹ (*fertig*) vollendet ❺ *Hotel* belegt, ausgebucht; *Parkplatz* belegt
complètement [kɔ̃plɛtmɑ̃] vollständig, völlig
compléter [kɔ̃plete] <*wie* préférer; *siehe Verbtabelle ab S. 1055*> ❶ vervollständigen *Satz, Sammlung* ❷ **se compléter** sich [gegenseitig] ergänzen

Ⓤ Nur die stammbetonten Formen schreiben sich mit *è*, z. B. *je complète*.

complexe [kɔ̃plɛks] komplex
le **complexe** [kɔ̃plɛks] der Komplex
complexé, complexée [kɔ̃plɛkse] (*umgs.*) voller Komplexe
complexer [kɔ̃plɛkse] **complexer quelqu'un** jemandem Komplexe machen
la **complexité** [kɔ̃plɛksite] die Komplexität
la **complication** [kɔ̃plikasjɔ̃] ❶ die Schwierigkeit ❷ (*bei einer Krankheit*) die Komplikation
complice [kɔ̃plis] *Blick* verständnisinnig
le **complice** [kɔ̃plis] der Komplize
la **complice** [kɔ̃plis] die Komplizin
la **complicité** [kɔ̃plisite] ❶ (*Beihilfe*) die Mittäterschaft ❷ (*Mitwisserschaft*) das [geheime] Einverständnis
le **compliment** [kɔ̃plimɑ̃] ❶ (*Gratulation*) der Glückwunsch ❷ (*Lob*) das Kompliment
complimenter [kɔ̃plimɑ̃te] **complimenter quelqu'un** jemandem beglückwünschen; (*schmeicheln*) jemandem Komplimente machen
compliqué, compliquée [kɔ̃plike] kompliziert; *Problem* schwierig
compliquer [kɔ̃plike] ❶ erschweren *Situation* ❷ **se compliquer** komplizierter werden; *Situation:* sich zuspitzen ❸ **se compliquer la vie** sich das Leben [unnötig] schwer machen
le **complot** [kɔ̃plo] das Komplott
comploter [kɔ̃plɔte] ❶ aushecken *Plan, Aktion* ❷ **comploter contre quelqu'un** gegen jemanden ein Komplott schmieden

le **comportement** [kɔ̃pɔʀtəmɑ̃] das Verhalten
comporter [kɔ̃pɔʀte] ❶ bestehen aus ❷ enthalten *Fehler, Ausnahme* ❸ **se comporter** sich verhalten; *Kind:* sich benehmen
le **composant** [kɔ̃pozɑ̃] der Bestandteil
composer [kɔ̃poze] ❶ zusammenstellen *Strauß* ❷ wählen *Telefonnummer* ❸ komponieren *Musik;* verfassen *Text;* kreieren *Gericht* ❹ **se composer de quelque chose** aus etwas bestehen
le **compositeur** [kɔ̃pozitœʀ] der Komponist
la **composition** [kɔ̃pozisjɔ̃] ❶ *eines Medikaments* die Zusammensetzung ❷ *einer Mannschaft* die Zusammenstellung ❸ (*Schaffung, Gestaltung*) *eines Musikstücks* das Komponieren; *eines Textes* das Schreiben ❹ (*fertiges Werk*) die Komposition
la **compositrice** [kɔ̃pozitʀis] die Komponistin
composter [kɔ̃pɔste] entwerten
la **compote** [kɔ̃pɔt] ⚠ *weiblich* das Kompott
compréhensible [kɔ̃pʀeɑ̃sibl] verständlich
compréhensif, compréhensive [kɔ̃pʀeɑ̃sif, kɔ̃pʀeɑ̃siv] verständnisvoll
la **compréhension** [kɔ̃pʀeɑ̃sjɔ̃] ❶ die Verständlichkeit ❷ (*Toleranz*) das Verständnis
compréhensive [kɔ̃pʀeɑ̃siv] →**compréhensif**
comprendre [kɔ̃pʀɑ̃dʀ] <*siehe Verbtabelle ab S. 1055*> ❶ verstehen ❷ sich im Klaren sein über *Problem* ❸ **faire comprendre quelque chose à ses enfants** seinen Kindern etwas klarmachen; (*auf indirekte Weise*) seinen Kindern etwas zu verstehen geben ❹ **comprendre plusieurs chambres** aus mehreren Zimmern bestehen ❺ (*nicht ausschließen*) **comprendre quelqu'un/quelque chose** jemanden/etwas mit einschließen ❻ **se comprendre** *Erklärung:* verständlich sein ❼ **elles se comprennent bien** sie verstehen sich gut
la **compresse** [kɔ̃pʀɛs] die Kompresse
la **compression** [kɔ̃pʀesjɔ̃] ❶ die Reduzierung ❷ *von Daten* die Komprimierung
le **comprimé** [kɔ̃pʀime] die Tablette
comprimer [kɔ̃pʀime] ❶ komprimieren ❷ (*verringern*) reduzieren
compris[1], **comprise** [kɔ̃pʀi, kɔ̃pʀiz] →**comprendre**
compris[2], **comprise** [kɔ̃pʀi, kɔ̃pʀiz] ❶ inklusive; **être compris dans le prix** im Preis inbegriffen sein ❷ **être compris entre cinq et sept pour cent** zwischen fünf und sieben Prozent liegen
compromettre [kɔ̃pʀɔmɛtʀ] <*wie* mettre; *siehe Verbtabelle ab S. 1055*> ❶ kompro-

mittieren *Person;* gefährden *Ruf, Gesundheit* ❷ **notre excursion est compromise** aus unserem Ausflug wird wohl nichts ❸ **se compromettre** [**avec un ami**] [wegen eines Freundes] ins Gerede kommen
le **compromis** [kɔ̃pʀɔmi] der Kompromiss
compromis, compromise [kɔ̃pʀɔmi, kɔ̃pʀɔmiz] → **compromettre**
comptabiliser [⚠ kɔ̃tabilize] [ver]buchen *Betrag*
la **comptabilité** [⚠ kɔ̃tabilite] die Buchhaltung
le **comptable** [⚠ kɔ̃tabl] der Buchhalter
la **comptable** [⚠ kɔ̃tabl] die Buchhalterin
comptant [⚠ kɔ̃tɑ̃] **payer comptant** bar zahlen
le **compte** [⚠ kɔ̃t] ❶ die Rechnung; **faire le compte des suffrages** die [abgegebenen] Stimmen zählen; **le compte y est** (*umgs.*) das haut hin ❷ (*bei einer Bank*) das Konto; **ouvrir/fermer un compte** ein Konto eröffnen/auflösen; **le compte courant** das Girokonto ▸ **tout compte fait** alles in allem; **se rendre compte de quelque chose** sich über etwas im Klaren sein; **tenir compte de quelque chose** etwas berücksichtigen; **à son compte** selbstständig; **pour le compte de ...** im Auftrag von ...
  ◆ le **compte en banque** das Konto
  ◆ le **compte chèque** das Scheckkonto
  ◆ le **compte chèque postal** ≈ das Postgirokonto
  ◆ le **compte** [**d'**]**épargne** das Sparkonto
  ◆ le **compte à rebours** der Countdown
le **compte-gouttes** [⚠ kɔ̃tgut] <*Plural:* compte-gouttes> die Pipette ▸ **au compte-gouttes** tröpfchenweise, nach und nach
compter [⚠ kɔ̃te] ❶ zählen; (*addieren*) zusammenzählen; (*ausrechnen*) rechnen ❷ berechnen *Essen, Getränk;* anrechnen *Fehler;* **nous sommes douze, sans compter les enfants** wir sind zwölf, die Kinder nicht mitgerechnet ❸ **compter cent grammes/dix euros par personne** mit hundert Gramm/zehn Euro pro Person rechnen ❹ (*nicht verschwenden*) **compter son argent** mit seinem Geld geizen ❺ **je le compte parmi mes amis** ich zähle ihn zu meinen Freunden ❻ **compter faire quelque chose** beabsichtigen, etwas zu tun; (*erwarten*) damit rechnen, etwas zu tun ❼ **compter sur quelqu'un/quelque chose** auf jemanden/etwas zählen ❽ (*wichtig sein*) zählen; **cela compte pour elle** das bedeutet ihr etwas ❾ **se compter** *Person:* sich [selbst] mitzählen

le **compte rendu** [⚠ kɔ̃t ʀɑ̃dy] <*Plural:* comptes rendus> der Bericht
le **compteur** [⚠ kɔ̃tœʀ] ❶ der/das Tachometer ❷ (*für Wasser, Gas, Strom*) der Zähler
le **comptoir** [⚠ kɔ̃twaʀ] die Theke
le **comte** [kɔ̃t] der Graf
le **comté** [kɔ̃te] die Grafschaft
la **comtesse** [kɔ̃tɛs] die Gräfin
le **con** [kɔ̃] (*umgs.*) der Blödmann
con, conne [kɔ̃, kɔn] (*umgs.*) bescheuert
le **conard** [kɔnaʀ] (*umgs.*) der Vollidiot
la **conasse** [kɔnas] (*umgs.*) die blöde Kuh
concasser [kɔ̃kase] zerstoßen *Gewürze;* schroten *Körner*
la **concentration** [kɔ̃sɑ̃tʀasjɔ̃] die Konzentration
concentré, concentrée [kɔ̃sɑ̃tʀe] ❶ konzentriert; **le lait concentré** die Kondensmilch ❷ (*aufmerksam*) konzentriert
concentrer [kɔ̃sɑ̃tʀe] konzentrieren; **se concentrer** sich konzentrieren
le **concept** [⚠ kɔ̃sɛpt] das Konzept
la **conception** [⚠ kɔ̃sɛpsjɔ̃] ❶ die Empfängnis ❷ *eines Produkts* die Konzeption ❸ (*Idee*) die Auffassung
concernant [kɔ̃sɛʀnɑ̃] bezüglich
concerner [kɔ̃sɛʀne] betreffen; **en ce qui concerne ...** was ... betrifft[, so] ...
le **concert** [kɔ̃sɛʀ] der Konzert
la **concertation** [kɔ̃sɛʀtasjɔ̃] die Abstimmung
concerter [kɔ̃sɛʀte] **se concerter** sich abstimmen, sich absprechen
le **concerto** [kɔ̃sɛʀto] das Konzert
la **concession** [kɔ̃sesjɔ̃] ❶ (*Kompromiss*) das Zugeständnis ❷ (*behördliche Genehmigung*) die Konzession
le **concessionnaire** [kɔ̃sesjɔnɛʀ] der Vertragshändler
la **concessionnaire** [kɔ̃sesjɔnɛʀ] die Vertragshändlerin
concevable [kɔ̃s(ə)vabl] denkbar
concevoir [kɔ̃s(ə)vwaʀ] <*wie* apercevoir; *siehe Verbtabelle ab S. 1055*> ❶ begreifen ❷ (*sich ausdenken*) sich vorstellen ❸ (*entwerfen*) konzipieren ❹ (*gehoben*) empfangen *Kind*
le **concierge** [kɔ̃sjɛʀʒ] der Hausmeister, der Abwart ⒸⒽ
la **concierge** [kɔ̃sjɛʀʒ] die Hausmeisterin, die Abwärtin ⒸⒽ
concilier [kɔ̃silje] <*wie* apprécier; *siehe Verbtabelle ab S. 1055*> [miteinander] versöhnen *Menschen;* [miteinander] in Einklang bringen *Meinungen*
concis, concise [kɔ̃si, kɔ̃siz] kurz und bündig

le **concitoyen** [kɔ̃sitwajɛ̃] der Mitbürger
la **concitoyenne** [kɔ̃sitwajɛn] die Mitbürgerin
conclure [kɔ̃klyʀ] <wie exclure; siehe Verbtabelle ab S. 1055> ❶ [ab]schließen Vertrag ❷ beenden Vortrag, Rede ❸ zum Schluss kommen; **pour conclure** um abzuschließen; **conclure par quelque chose** mit etwas schließen ❹ (folgern) **conclure quelque chose d'un récit** etwas aus einem Bericht schließen
la **conclusion** [kɔ̃klyzjɔ̃] ❶ einer Vereinbarung der Abschluss, einer Ehe das Schließen ❷ (Ende) der Schluss; **en conclusion** letzten Endes; **conclusion, ...** Fazit: ... ❸ (Erkenntnis) einer These die [Schluss]folgerung
conçois, conçoit [kɔ̃swa] →**concevoir**
le **concombre** [kɔ̃kɔ̃bʀ] die Gurke
la **concordance** [kɔ̃kɔʀdɑ̃s] die Übereinstimmung
◆ la **concordance des temps** die Zeitenfolge
concorder [kɔ̃kɔʀde] übereinstimmen
concourir [kɔ̃kuʀiʀ] <wie courir; siehe Verbtabelle ab S. 1055> ❶ **concourir à quelque chose** bei [oder an] etwas mitwirken, zu etwas beitragen ❷ **concourir pour quelque chose** am Wettbewerb um etwas teilnehmen
le **concours** [kɔ̃kuʀ] ❶ der Wettbewerb ❷ (im Sport) der Wettkampf ❸ (Preisrätsel) das Preisausschreiben ❹ (in der Schule, Universität) die Aufnahmeprüfung ❺ (Mitarbeit) die Mitwirkung ▶ **un heureux concours de circonstances** ein Zusammentreffen günstiger Umstände
concret, concrète [kɔ̃kʀɛ, kɔ̃kʀɛt] konkret
concrétiser [kɔ̃kʀetize] ❶ verwirklichen Traum, Plan ❷ **se concrétiser** Projekt: konkrete Formen annehmen; Traum: wahr werden
conçu, conçue [kɔ̃sy] →**concevoir**
le **concubin** [kɔ̃kybɛ̃] der Lebensgefährte
le **concubinage** [kɔ̃kybinaʒ] die wilde Ehe
la **concubine** [kɔ̃kybin] die Lebensgefährtin
concurrençais, concurrençait [kɔ̃kyʀɑ̃sɛ] →**concurrencer**
la **concurrence** [kɔ̃kyʀɑ̃s] die Konkurrenz
concurrencer [kɔ̃kyʀɑ̃se] <wie commencer; siehe Verbtabelle ab S. 1055> **concurrencer quelqu'un/quelque chose** mit jemandem/etwas konkurrieren

Ü Vor a und o steht statt c ein ç, z. B. bei nous concurrençons, il concurrençait und en concurrençant.

le **concurrent** [kɔ̃kyʀɑ̃] der Konkurrent

concurrent, concurrente [kɔ̃kyʀɑ̃, kɔ̃kyʀɑ̃t] konkurrierend
la **concurrente** [kɔ̃kyʀɑ̃t] die Konkurrentin
la **condamnation** [kɔ̃danasjɔ̃] ❶ die Verurteilung ❷ (Bestrafung) die Strafe ❸ (beim Auto) **la condamnation automatique** die Zentralverriegelung
le **condamné** [⚠ kɔ̃dane] der Strafgefangene; **le condamné à mort** der zum Tode Verurteilte
la **condamnée** [⚠ kɔ̃dane] die Strafgefangene; **la condamnée à mort** die zum Tode Verurteilte
condamner [⚠ kɔ̃dane] ❶ verurteilen; **condamner quelqu'un à deux ans de prison** jemanden zu zwei Jahren Haft verurteilen ❷ **il est condamné à rester allongé** er ist gezwungen zu liegen, er muss unbedingt liegen ❸ versperren Fenster, Türe
le **condiment** [kɔ̃dimɑ̃] ❶ das Gewürz, die Würze ❷ (übertragen) die Würze
la **condition** [kɔ̃disjɔ̃] ❶ die Bedingung; **à condition qu'il soit sage** unter der Bedingung, dass er brav ist ❷ (gesellschaftlich gesehen) die Situation ❸ (Fitness) die Kondition ❹ **les conditions** (Gegebenheiten) die Umstände; **dans ces conditions** unter diesen Bedingungen
◆ les **conditions de livraison** die Lieferbedingungen
◆ les **conditions de travail** die Arbeitsbedingungen
◆ les **conditions de vie** die Lebensbedingungen
le **conditionnel** [kɔ̃disjɔnɛl] (in der Grammatik) der Konditional; **le conditionnel présent** der Konditional Präsens
les **condoléances** (weiblich) [kɔ̃dɔleɑ̃s] das Beileid

V Der Plural les condoléances wird mit einem Singular übersetzt: toutes mes condoléances! – mein aufrichtiges Beileid!

le **conducteur** [kɔ̃dyktœʀ] der Fahrer; **le conducteur de TGV** der TGV-Lokführer
conducteur, conductrice [kɔ̃dyktœʀ, kɔ̃dyktʀis] (in der Physik) leitend
la **conductrice** [kɔ̃dyktʀis] die Fahrerin; **la conductrice de TGV** die TGV-Lokführerin
conduire [kɔ̃dɥiʀ] <siehe Verbtabelle ab S. 1055> ❶ fahren; steuern Fahrzeug ❷ (leiten, lenken) führen ❸ (hinführen) bringen ❹ (verantwortlich sein für) leiten; führen Land ❺ **se conduire** sich benehmen
le **conduit** [kɔ̃dɥi] die [Rohr]leitung

la **conduite** [kɔ̃dɥit] ❶ das Benehmen ❷ das Autofahren; **la conduite accompagnée** das für Jugendliche ab 16 erlaubte Fahren im Beisein eines Führerscheinbesitzers ❸ (Rohr, Verbindung) die Leitung
le **cône** [kon] ❶ der Kegel ❷ **en** [**forme de**] **cône** kegelförmig
la **confection** [kɔ̃fɛksjɔ̃] ❶ eines Essens die Zubereitung ❷ (Branche) die Bekleidungsindustrie
confectionner [kɔ̃fɛksjɔne] [selbst] zubereiten Essen
la **confédération** [kɔ̃federasjɔ̃] die Konföderation, der [Staaten]bund; **la Confédération helvétique** die Schweizer Eidgenossenschaft
la **conférence** [kɔ̃ferɑ̃s] ❶ (Rede) der Vortrag ❷ die Konferenz, die Sitzung; **être en conférence** in einer Sitzung sein
◆ la **conférence de presse** die Pressekonferenz
le **conférencier** [kɔ̃ferɑ̃sje] der Vortragende
la **conférencière** [kɔ̃ferɑ̃sjɛʀ] die Vortragende
confesser [kɔ̃fese] ❶ beichten Sünde ❷ **se confesser à quelqu'un** bei jemandem beichten
la **confession** [kɔ̃fesjɔ̃] ❶ (religiös) die Konfession ❷ (Schuldbekenntnis) das Geständnis
le **confessionnal** [kɔ̃fesjɔnal] <Plural: confessionnaux> der Beichtstuhl
les **confettis** (männlich) [kɔ̃feti] das Konfetti

> **V** Der Plural les confettis wird mit einem Singular übersetzt: les confettis sont multicolores – das Konfetti ist bunt.

la **confiance** [kɔ̃fjɑ̃s] das Vertrauen
confiant, confiante [kɔ̃fjɑ̃, kɔ̃fjɑ̃t] ❶ vertrauensselig ❷ (selbstsicher) selbstbewusst
la **confidence** [kɔ̃fidɑ̃s] (Geheimnis) die vertrauliche Mitteilung
confidentiel, confidentielle [kɔ̃fidɑ̃sjɛl] vertraulich
confier [kɔ̃fje] <wie apprécier; siehe Verbtabelle ab S. 1055> ❶ **confier son enfant à quelqu'un** jemandem sein Kind anvertrauen ❷ **confier une mission à quelqu'un** jemanden mit einem Auftrag betrauen ❸ **se confier** sich anvertrauen
la **confirmation** [kɔ̃firmasjɔ̃] ❶ (Beweis, Dokument) die Bestätigung ❷ (in der katholischen Kirche) die Firmung; (in der evangelischen Kirche) die Konfirmation
confirmer [kɔ̃firme] ❶ bestätigen ❷ **se confirmer** sich bewahrheiten
la **confiserie** [kɔ̃fizʀi] ❶ die Süßigkeit ❷ (Laden) das Süßwarengeschäft
confisquer [kɔ̃fiske] ❶ beschlagnahmen ❷ **je te confisque ton baladeur** ich nehme dir deinen Walkman weg
confit, confite [kɔ̃fi, kɔ̃fit] Früchte kandiert
le **confit d'oie** [kɔ̃fidwa] das Gänse-Confit (im eigenen Fett gebratenes Gänsefleisch)
la **confiture** [kɔ̃fityʀ] die Marmelade; **la confiture de fraises** die Erdbeermarmelade
le **conflit** [kɔ̃fli] der Konflikt; **les conflits sociaux** die sozialen Spannungen
le **confluent** [kɔ̃flyɑ̃] der Zusammenfluss
confondre [kɔ̃fɔ̃dʀ] <wie vendre; siehe Verbtabelle ab S. 1055> durcheinanderbringen
conforme [kɔ̃fɔrm] **certifié conforme** [amtlich] beglaubigt; **être conforme à quelque chose** mit etwas übereinstimmen
conformément [kɔ̃fɔrmemɑ̃] **conformément aux termes de votre courrier du ...** mit Bezug auf Ihr Schreiben vom ...
la **conformité** [kɔ̃fɔrmite] die Übereinstimmung
le **confort** [kɔ̃fɔʀ] der Komfort
confortable [kɔ̃fɔrtabl] bequem
confortablement [kɔ̃fɔrtabləmɑ̃] bequem
le **confrère** [kɔ̃fʀɛʀ] der Kollege
la **confrontation** [kɔ̃fʀɔ̃tasjɔ̃] die Konfrontation
confronter [kɔ̃fʀɔ̃te] konfrontieren
confus, confuse [kɔ̃fy, kɔ̃fyz] ❶ undeutlich ❷ (verworren) konfus ❸ (durcheinander) verwirrt
la **confusion** [kɔ̃fyzjɔ̃] ❶ die Verlegenheit ❷ (Irrtum) die Verwechslung ❸ (Verwirrung) die Unruhe
le **congé** [kɔ̃ʒe] ❶ der Urlaub; **les congés payés** ⚠ Plural der bezahlte Urlaub ❷ **être en congé de maladie** krankgeschrieben sein ▶ **prendre congé de quelqu'un/quelque chose** sich von jemandem/etwas verabschieden
◆ le **congé de maternité** der Mutterschaftsurlaub
congédier [kɔ̃ʒedje] <wie apprécier; siehe Verbtabelle ab S. 1055> entlassen Angestellte
le **congélateur** [kɔ̃ʒelatœʀ] die [Tief]kühltruhe
congeler [kɔ̃ʒ(ə)le] <wie peser; siehe Verbtabelle ab S. 1055> einfrieren; **être congelé(e)** tiefgefroren sein

> **Ü** Mit è schreiben sich
> – die stammbetonten Formen wie je congèle oder tu congèles sowie
> – die auf der Basis der Grundform congeler gebildeten Formen, z. B. ils congèleront und je congèlerais.

la **congestion** [kɔ̃ʒɛstjɔ̃] der Blutandrang

le **Congo** [kõgɔ] der Kongo
le **congrès** [kõgʀɛ] der Kongress
le **conifère** [kɔnifɛʀ] der Nadelbaum
le **conjoint** [kõʒwɛ̃] (*formell*) der [Ehe]gatte
la **conjointe** [kõʒwɛ̃t] (*formell*) die [Ehe]gattin
la **conjonction** [kõʒõksjõ] (*in der Grammatik*) die Konjunktion, das Bindewort
la **conjoncture** [kõʒõktyʀ] ❶ (*Situation*) die Bedingungen ❷ (*in der Wirtschaft*) die Konjunktur

> **V** In ❶ wird der Singular *la conjoncture* mit einem Plural übersetzt: *dans la conjoncture actuelle* – unter den jetzigen Bedingungen.

la **conjugaison** [kõʒygɛzõ] (*in der Grammatik*) die Konjugation
conjugal, conjugale [kõʒygal] <Plural der männl. Form: conjugaux> ehelich; **la vie conjugale** das Eheleben
conjuguer [kõʒyge] (*in der Grammatik*) konjugieren
la **connaissance** [kɔnɛsãs] ❶ die Kenntnis; **prendre connaissance de quelque chose** etwas zur Kenntnis nehmen ❷ (*Gelerntes*) **les connaissances** die Kenntnisse ❸ das Bewusstsein; **sans connaissance** bewusstlos ❹ (*Person*) der Bekannte/die Bekannte ❺ **j'ai fait la connaissance d'une actrice** ich habe die Bekanntschaft einer Schauspielerin gemacht ▶ **pas à ma connaissance** nicht, dass ich wüsste
le **connaisseur** [kɔnɛsœʀ] der Kenner
connaisseur, connaisseuse [kɔnɛsœʀ, kɔnɛsøz] kennerhaft, Kenner-; **l'air connaisseur** die Kennermiene
la **connaisseuse** [kɔnɛsøz] die Kennerin
connaître [kɔnɛtʀ] <*wie* paraître; *siehe Verbtabelle ab S. 1055*> ❶ kennen *Menschen, Land;* **comme je te connais, ...** wie ich dich kenne, ...; **se connaître** sich kennen ❷ wissen *Namen, Adresse* ❸ kennen lernen; **quand on s'est connu** als wir uns kennen lernten ❹ erleben; **connaître un succès fou** *Mensch:* einen Riesenerfolg haben; *Film:* ein Riesenerfolg sein ▶ **s'y connaître** etwas davon verstehen; **s'y connaître en ordinateurs** sich [gut] mit Computern auskennen
le **connard** [kɔnaʀ] (*umgs.*) der Vollidiot
la **connasse** [kɔnas] (*umgs.*) die blöde Kuh
conne [kɔn] →**con**
la **conne** [kɔn] (*umgs.*) die dumme Kuh
connecter [kɔnɛkte] ❶ anschließen; **connecter un périphérique à un ordinateur** ein Peripheriegerät an einen Computer

> **G** Das Verb *connaître* wird nicht wie *naître* konjugiert. Die beiden Verben haben zum Beispiel völlig unterschiedliche Partizipien: *j'ai connu – je suis né(e)*.
> In Bezug auf die Schreibung gilt folgende Regel: *Das î steht immer nur vor t.*
> Die Verbformen ohne *t* schreiben sich mit *i*, z. B. *je connais*.

anschließen; **connecter des ordinateurs en réseau** Computer vernetzen ❷ **se connecter** sich einloggen, sich einwählen; **se connecter au réseau/sur Internet** sich ins Netz/ins Internet einloggen [*oder* einwählen]
la **connerie** [kɔnʀi] (*umgs.*) ❶ die Blödheit ❷ (*dummes Verhalten*) der Blödsinn; **faire une connerie** Blödsinn machen
la **connexion** [kɔnɛksjõ] (*auch in der Informatik*) die Verbindung
connu¹, connue [kɔny] →**connaître**
connu², connue [kɔny] bekannt
le **conquérant** [kõkeʀã] der Eroberer
la **conquérante** [kõkeʀãt] die Eroberin
conquérir [kõkeʀiʀ] <*wie* aquérir; *siehe Verbtabelle ab S. 1055*> erobern
la **conquête** [kõkɛt] die Eroberung; **partir à la conquête de quelque chose** ausziehen, um etwas zu erobern
conquis, conquise [kõki, kõkiz] →**conquérir**
consacré, consacrée [kõsakʀe] ❶ *Kirche* geweiht ❷ *Ausdruck* üblich
consacrer [kõsakʀe] ❶ widmen *Leben, Buch* ❷ weihen *Kirche* ❸ **se consacrer à quelqu'un/à quelque chose** sich jemandem/einer Sache widmen
consciemment [⚠ kõsjamã] bewusst
la **conscience** [kõsjãs] ❶ (*geistig*) das Bewusstsein; **prendre conscience/avoir conscience de quelque chose** sich einer Sache bewusst werden/bewusst sein ❷ (*moralisch*) das Gewissen; **la bonne/mauvaise conscience** das gute/schlechte Gewissen
consciencieusement [kõsjãsjøzmã] gewissenhaft
consciencieux, consciencieuse [kõsjãsjø, kõsjãsjøz] gewissenhaft
conscient, consciente [kõsjã, kõsjãt] ❶ **être conscient(e) de quelque chose** sich einer Sache bewusst sein ❷ **être conscient** bei Bewusstsein sein; **rester conscient** bei Bewusstsein bleiben
la **consécration** [kõsekʀasjõ] *einer Karriere* die Krönung
consécutif, consécutive [kõsekytif, kõseky-

tiv] aufeinander folgend; **il a neigé pendant deux jours consécutifs** es hat zwei Tage nacheinander geschneit

le **conseil** [kõsɛj] ❶ der Rat, der Ratschlag; **demander conseil à quelqu'un** jemanden um Rat fragen ❷ (*Gremium, Versammlung*) der Rat ❸ (*Person*) der Berater/die Beraterin
◆ le **conseil d'administration** *einer Gesellschaft* der Vorstand
◆ le **conseil de classe** die Schulkonferenz

le **Conseil** [kõsɛj] ❶ der Rat; **le Conseil général** ≈ die Ratsversammlung (*oberstes Exekutivorgan eines Departements*); **le Conseil municipal** der Gemeinderat; **le Conseil régional** der Regionalrat ❷ ⒸⒽ **le Conseil exécutif** der Regierungsrat ⒸⒽ; **le Conseil national** der Nationalrat ⒸⒽ
◆ le **Conseil de l'Europe** der Europarat

conseiller [kõseje] ❶ raten ❷ empfehlen *Geschäft, Wein* ❸ **conseiller quelqu'un dans** quelque chose jemanden bei etwas beraten

le **conseiller** [kõseje] der Berater
la **conseillère** [kõsejɛʀ] die Beraterin
le **consensus** [kõsɛ̃sys] <*Plural:* consensus> der Konsens
consentant, consentante [kõsãtã, kõsãtãt] einverstanden
le **consentement** [kõsãtmã] die Zustimmung
consentir [kõsãtiʀ] <*wie* sentir; *siehe Verbtabelle ab S. 1055*> ❶ zustimmen; **consentir à quelque chose** einer Sache zustimmen; **consentir à faire quelque chose** damit einverstanden sein, etwas zu tun; **nous consentons à ce qu'elle soit présente** wir sind damit einverstanden, dass sie dabei ist ❷ (*zugestehen*) gewähren
la **conséquence** [kõsekɑ̃s] die Folge; **en conséquence** dementsprechend, entsprechend; (*folglich*) infolgedessen
conséquent, conséquente [kõsekã, kõsekãt] konsequent ▸ **par conséquent** folglich
le **conservateur** [kõsɛʀvatœʀ] ❶ (*in einem Museum*) der Konservator ❷ (*in der Politik*) der Konservative ❸ (*Substanz*) der Konservierungsstoff
conservateur, conservatrice [kõsɛʀvatœʀ, kõsɛʀvatʀis] (*in der Politik*) konservativ
la **conservation** [kõsɛʀvasjõ] ❶ *eines Denkmals* die Erhaltung ❷ *von Lebensmitteln* die Haltbarmachung, die Konservierung
le **conservatoire** [kõsɛʀvatwaʀ] ❶ (*Musikhochschule*) das Konservatorium ❷ die Schauspielschule
conservatrice [kõsɛʀvatʀis] →**conservateur**

la **conservatrice** [kõsɛʀvatʀis] ❶ (*in einem Museum*) die Konservatorin ❷ (*in der Politik*) die Konservative

la **conserve** [kõsɛʀv] die Konserve; **des petits-pois en conserve** Erbsen aus der Dose
conserver [kõsɛʀve] ❶ aufbewahren *Papiere*; konservieren, aufbewahren *Lebensmittel* ❷ behalten; bewahren *Ruhe, Erinnerung, Tradition* ❸ **se conserver** *Lebensmittel:* sich halten
considérable [kõsideʀabl] beachtlich
considérablement [kõsideʀabləmã] beachtlich
la **considération** [kõsideʀasjõ] ❶ (*Wertschätzung*) das Ansehen ❷ **ses considérations sur ce sujet** seine/ihre Überlegungen zu diesem Thema ▸ **prendre quelqu'un/quelque chose en considération** jemanden/etwas berücksichtigen
considérer [kõsideʀe] <*wie* préférer; *siehe Verbtabelle ab S. 1055*> ❶ überdenken; bedenken *Detail*; **tout bien considéré** nach reiflicher Erwägung ❷ **considérer que ...** finden, dass ...

Ⓤ Nur die stammbetonten Formen schreiben sich mit è, z. B. *je considère*.

la **consigne** [kõsiɲ] ❶ die Gepäckaufbewahrung; **la consigne automatique** das Schließfach ❷ (*bei Flaschen*) das Pfand ❸ die Vorschrift; **c'est la consigne** das ist Vorschrift
consigner [kõsiɲe] ❶ zur Aufbewahrung geben *Gepäck* ❷ **cette bouteille est consignée** auf dieser Flasche ist Pfand
la **consistance** [kõsistɑ̃s] die Konsistenz
consistant, consistante [kõsistɑ̃, kõsistɑ̃t] ❶ dickflüssig ❷ (*umgs.: üppig*) *Mittagessen* recht gehaltvoll ❸ *Argument* stichhaltig
consister [kõsiste] ❶ **consister en quelque chose** aus etwas bestehen; *Projekt:* in etwas bestehen ❷ **son travail consiste à tester des logiciels** seine/ihre Arbeit besteht darin, Software zu testen
la **consœur** [kõsœʀ] die Kollegin
la **consolation** [kõsɔlasjõ] der Trost
la **console** [kõsɔl] die Konsole
consoler [kõsɔle] trösten; **se consoler** sich trösten
consolider [kõsɔlide] sichern; befestigen *Wand*
le **consommateur** [kõsɔmatœʀ] ❶ der Verbraucher ❷ (*in einem Lokal*) der Gast
la **consommation** [kõsɔmasjõ] ❶ der Ver-

brauch; **la consommation d'énergie** der Energieverbrauch ❷ (*in einem Lokal*) das Getränk, der Verzehr
la **consommatrice** [kɔ̃sɔmatʀis] ❶ die Verbraucherin ❷ (*in einem Lokal*) der Gast
le **consommé** [kɔ̃sɔme] ⚠ *männlich* die Kraftbrühe, die Brühe
consommer [kɔ̃sɔme] konsumieren, verbrauchen; (*in einem Lokal*) verzehren, zu sich nehmen; **ce plat se consomme chaud** dieses Gericht isst man warm, dieses Gericht wird warm gegessen; **"À consommer avant le …"** „Mindestens haltbar bis …"
la **consonne** [kɔ̃sɔn] ⚠ *weiblich* der Konsonant
le **conspirateur** [kɔ̃spiʀatœʀ] der Verschwörer
la **conspiration** [kɔ̃spiʀasjɔ̃] die Verschwörung
la **conspiratrice** [kɔ̃spiʀatʀis] die Verschwörerin
conspirer [kɔ̃spiʀe] konspirieren
constamment [kɔ̃stamɑ̃] ununterbrochen
la **constance** [kɔ̃stɑ̃s] die Beständigkeit
Constance [kɔ̃stɑ̃s] Konstanz
constant, constante [kɔ̃stɑ̃, kɔ̃stɑ̃t] ❶ konstant ❷ (*ununterbrochen*) ständig
le **constat** [kɔ̃sta] ❶ das Protokoll ❷ **le constat à l'amiable** die Unfallaufnahme (*ohne Hinzuziehung der Polizei*)
la **constatation** [kɔ̃statasjɔ̃] die Feststellung
constater [kɔ̃state] feststellen
la **constellation** [kɔ̃stelasjɔ̃] das Sternbild
la **consternation** [kɔ̃stɛʀnasjɔ̃] die Bestürzung
consterné, consternée [kɔ̃stɛʀne] bestürzt
consterner [kɔ̃stɛʀne] bestürzen
la **constipation** [kɔ̃stipasjɔ̃] die Verstopfung; **souffrir de constipation** an Verstopfung leiden
constipé, constipée [kɔ̃stipe] ❶ **être constipé** Verstopfung haben ❷ (*umgs.: gehemmt*) *Person:* verklemmt
constitué, constituée [kɔ̃stitɥe] **un bébé bien constitué** ein gesundes Baby; **un enfant mal constitué** ein Kind mit [körperlichen] Entwicklungsschäden
constituer [kɔ̃stitɥe] ❶ bilden ❷ anlegen, erstellen *Akte* ❸ (*sein, bedeuten*) darstellen ❹ **se constituer témoin** als Zeuge auftreten
la **constitution** [kɔ̃stitysjɔ̃] ❶ *einer Gruppe* die Bildung; *einer Akte* die Anlage, die Erstellung ❷ *der Luft, des Wassers* die Zusammensetzung
la **Constitution** [kɔ̃stitysjɔ̃] die Verfassung
constitutionnel, constitutionnelle [kɔ̃stitysjɔnɛl] *Gesetz* verfassungskonform
le **constructeur** [kɔ̃stʀyktœʀ] ❶ (*Person, Firma*) der Konstrukteur/die Konstrukteurin

❷ (*Architekt*) der Baumeister/die Baumeisterin
constructif, constructive [kɔ̃stʀyktif, kɔ̃stʀyktiv] konstruktiv
la **construction** [kɔ̃stʀyksjɔ̃] ❶ (*das Bauen*) der Bau ❷ **la construction de l'Europe** die Schaffung des vereinten Europas ❸ das Bauwerk, die Konstruktion
constructive [kɔ̃stʀyktiv] → **constructif**
construire [kɔ̃stʀɥiʀ] <*wie* conduire; *siehe Verbtabelle ab S. 1055*> ❶ bauen *Gebäude, Flugzeuge* ❷ aufbauen *Satz, Roman*
le **consul** [kɔ̃syl] der Konsul/die Konsulin
le **consulat** [kɔ̃syla] das Konsulat
la **consultation** [kɔ̃syltasjɔ̃] ❶ **la consultation de l'agenda** das Nachsehen im Kalender; **la consultation d'un dictionnaire** das Nachschlagen in einem Wörterbuch ❷ *eines Arztes* die Sprechstunde; **après consultation d'un expert** nach der Beratung durch einen Fachmann ❸ Ⓒⓗ die Stellungnahme, die Vernehmlassung Ⓒⓗ
consulter [kɔ̃sylte] ❶ *Arzt:* Sprechstunde haben ❷ (*fragen*) zu Rate ziehen; aufsuchen *Arzt* ❸ nachsehen in *Terminkalender;* nachschlagen in *Lexikon*
consumer [kɔ̃syme] verbrennen; **se consumer** sich verbrennen
le **contact** [kɔ̃takt] ❶ der Kontakt, die Berührung ❷ (*Beziehung*) der Kontakt; **entrer en contact** Kontakt aufnehmen; **rester en contact** in Verbindung bleiben ❸ (*in der Technik*) der Kontakt; **mettre le contact** den Motor anlassen; **couper le contact** den Motor abstellen ▸ **nouer des contacts** *Austauschschüler, Fremder:* Anschluss finden
contacter [kɔ̃takte] Kontakt aufnehmen mit, sich in Verbindung setzen mit, kontaktieren
contagieux, contagieuse [kɔ̃taʒjø, kɔ̃taʒjøz] ansteckend
la **contagion** [kɔ̃taʒjɔ̃] die Ansteckung
le **container** [⚠ kɔ̃tɛnɛʀ] der Behälter
contaminer [kɔ̃tamine] ❶ **contaminer quelqu'un** *Mensch:* jemanden anstecken; *Virus:* jemanden infizieren ❷ verseuchen *Fluss*
le **conte** [kɔ̃t] die Erzählung
◆ le **conte de fées** das Märchen
la **contemplation** [kɔ̃tɑ̃plasjɔ̃] die Betrachtung
contempler [kɔ̃tɑ̃ple] betrachten; **se contempler** sich betrachten
le **contemporain** [kɔ̃tɑ̃pɔʀɛ̃] der Zeitgenosse
contemporain, contemporaine [kɔ̃tɑ̃pɔʀɛ̃, kɔ̃tɑ̃pɔʀɛn] zeitgenössisch; **le français contemporain** das heutige Französisch

la **contemporaine** [kɔ̃tɑ̃pɔʀɛn] die Zeitgenossin
la **contenance** [kɔ̃t(ə)nɑ̃s] ❶ *eines Behälters* der Inhalt; *eines Tanks* das Fassungsvermögen ❷ *eines Menschen* die Haltung
le **conteneur** [kɔ̃t(ə)nœʀ] der Container
contenir [kɔ̃t(ə)niʀ] <*wie* tenir; *siehe Verbtabelle ab S. 1055*> ❶ enthalten ❷ unterdrücken *Lachen;* in Schach halten *Menschenmenge* ❸ **se contenir** sich beherrschen
content, contente [kɔ̃tɑ̃, kɔ̃tɑ̃t] ❶ erfreut; **très content** glücklich; **être content de quelque chose** über etwas erfreut sein; **être content de voir quelqu'un** sich freuen, jemanden zu sehen; **je suis contente que tu sois venu(e)** ich freue mich, dass du gekommen bist ❷ (*befriedigt*) zufrieden; **être content de quelqu'un/de quelque chose** mit jemandem/mit etwas zufrieden sein
le **contentement** [kɔ̃tɑ̃tmɑ̃] die Zufriedenheit
contenter [kɔ̃tɑ̃te] ❶ zufrieden stellen ❷ **se contenter de quelque chose** sich mit etwas zufrieden geben
le **contenu** [kɔ̃t(ə)ny] der Inhalt
contenu, contenue [kɔ̃t(ə)ny] *Gefühl* unterdrückt
contestable [kɔ̃tɛstabl] zweifelhaft; *Argument* fraglich
contestataire [kɔ̃tɛstatɛʀ] oppositionell, Protest-; **le mouvement contestataire** die Protestbewegung
le **contestataire** [kɔ̃tɛstatɛʀ] der Protestler; (*in der Politik*) der Systemgegner
la **contestataire** [kɔ̃tɛstatɛʀ] die Protestlerin; (*in der Politik*) die Systemgegnerin
la **contestation** [kɔ̃tɛstasjɔ̃] der Einwand
contester [kɔ̃tɛste] ❶ widersprechen; *Streikende:* protestieren ❷ in Frage stellen *Ansicht, Theorie*
le **contexte** [kɔ̃tɛkst] der Zusammenhang, der Kontext
le **continent** [kɔ̃tinɑ̃] ❶ das Festland ❷ (*Erdteil*) der Kontinent
le **continu** [kɔ̃tiny] **en continu** ohne Pause
continu, continue [kɔ̃tiny] *Linie* durchgehend; *Geräusch* anhaltend; *Anstrengung* kontinuierlich
la **continuation** [kɔ̃tinyasjɔ̃] die Weiterführung
continuel, continuelle [kɔ̃tinyɛl] ständig, permanent
continuellement [kɔ̃tinyɛlmɑ̃] ununterbrochen
continuer [kɔ̃tinye] ❶ *Straße, Lärm, Sitzung:* weitergehen ❷ weitermachen, fortfahren ❸ (*nicht stehen bleiben*) weitergehen/weiterfahren ❹ weitermachen; **je continue à** [*oder* **de**] **croire que c'est elle qui a raison** ich glaube weiterhin, dass sie Recht hat ❺ fortsetzen *Reise, Arbeiten;* fortfahren mit *Referat* ❻ verlängern *Mauer, Straße*
le **contour** [kɔ̃tuʀ] der Umriss
contourner [kɔ̃tuʀne] ❶ **contourner quelque chose** *Straße:* um etwas herumführen; *Person:* um etwas herumgehen/herumfahren ❷ (*ausweichen*) umgehen
le **contraceptif** [kɔ̃tʀasɛptif] das Verhütungsmittel
contraceptif, contraceptive [kɔ̃tʀasɛptif, kɔ̃tʀasɛptiv] empfängnisverhütend
la **contraception** [kɔ̃tʀasɛpsjɔ̃] die Empfängnisverhütung, die Verhütung
contracté, contractée [kɔ̃tʀakte] (*nicht locker*) angespannt
contracter [kɔ̃tʀakte] ❶ anspannen *Muskel* ❷ **se contracter** sich zusammenziehen; *Gesicht:* sich verzerren
le **contractuel** [kɔ̃tʀaktyɛl] der Hilfspolizist
la **contractuelle** [kɔ̃tʀaktyɛl] die Politesse
la **contradiction** [kɔ̃tʀadiksjɔ̃] der Widerspruch
contradictoire [kɔ̃tʀadiktwaʀ] widersprüchlich
contraignant, contraignante [kɔ̃tʀɛɲɑ̃, kɔ̃tʀɛɲɑ̃t] zwingend; *Zeitplan* streng festgelegt, streng
contraindre [kɔ̃tʀɛ̃dʀ] <*wie* craindre; *siehe Verbtabelle ab S. 1055*> zwingen; **contraindre quelqu'un au silence** jemanden zum Schweigen zwingen, jemanden zwingen zu schweigen
contraint, contrainte [kɔ̃tʀɛ̃, kɔ̃tʀɛ̃t] gezwungen
la **contrainte** [kɔ̃tʀɛ̃t] der Zwang
contraire [kɔ̃tʀɛʀ] ❶ entgegengesetzt; **le sens contraire** die Gegenrichtung ❷ **contraire à l'usage** gegen die Gewohnheit ❸ *Wind, Schicksal* widrig
le **contraire** [kɔ̃tʀɛʀ] das Gegenteil; **bien au contraire** ganz im Gegenteil
contrairement [kɔ̃tʀɛʀmɑ̃] **contrairement à ...** im Gegensatz zu ...
contrariant, contrariante [kɔ̃tʀaʀjɑ̃, kɔ̃tʀaʀjɑ̃t] ärgerlich
contrarier [kɔ̃tʀaʀje] <*wie* apprécier; *siehe Verbtabelle ab S. 1055*> ❶ ärgern ❷ durchkreuzen *Pläne*
la **contrariété** [kɔ̃tʀaʀjete] die Verärgerung
le **contraste** [kɔ̃tʀast] der Kontrast
contraster [kɔ̃tʀaste] **contraster avec quelque chose** im Kontrast zu etwas stehen

le **contrat** [kõtʀa] der Vertrag; **passer un contrat avec quelqu'un** mit jemandem einen Vertrag abschließen [*oder* schließen]
◆ le **contrat de travail** der Arbeitsvertrag
la **contravention** [kõtʀavãsjõ] ❶ das Bußgeld ❷ (*Strafmandat*) der Strafzettel
contre [kõtʀ] ❶ gegen; **nager contre le courant** gegen die Strömung schwimmen ❷ **ils se battaient à dix contre un** sie waren zehn gegen einen ❸ dagegen; **je n'ai rien contre** ich habe nichts dagegen ❹ an; **venir tout contre quelqu'un** sich [eng] an jemanden schmiegen; *siehe auch* **par contre**
contrebalancer [kõtʀəbalãse] <*wie* commencer; *siehe Verbtabelle ab S. 1055*> ausgleichen, wettmachen *Nachteil*

> Ü Vor *a* und *o* steht statt *c* ein *ç*, z.B.: *nous contrebalançons, il contrebalançait* und *en contrebalançant*.

la **contrebande** [kõtʀəbãd] ❶ der Schmuggel, das Schmuggeln ❷ die Schmuggelware
le **contrebandier** [kõtʀəbãdje] der Schmuggler
la **contrebandière** [kõtʀəbãdjɛʀ] die Schmugglerin
contrebas [kõtʀəba] **en contrebas** unterhalb; **en contrebas du château** unterhalb des Schlosses
la **contrebasse** [kõtʀəbas] ⚠ *weiblich* der Kontrabass
contrecœur [kõtʀəkœʀ] **à contrecœur** widerwillig
le **contrecoup** [kõtʀəku] die Folge
le **contre-courant** [kõtʀəkuʀã] **à contre-courant** gegen den Strom
contredire [kõtʀədiʀ] <*weitgehend wie* dire; *siehe Verbtabelle ab S. 1055*> **contredire quelqu'un** jemandem widersprechen; **se contredire** sich widersprechen

> G Die 2. Person Plural von *contredire* lautet *vous contredisez* (im Gegensatz zu *vous dites*).

la **contrefaçon** [kõtʀəfasõ] die Fälschung
contrefaire [kõtʀəfɛʀ] <*wie* faire; *siehe Verbtabelle ab S. 1055*> fälschen
le **contrefort** [kõtʀəfɔʀ] der Strebepfeiler
contre-indiqué, contre-indiquée [kõtʀɛ̃dike] ❶ **être contre-indiqué** *Medikament:* nicht geeignet sein, kontraindiziert sein ❷ (*nicht empfehlenswert*) nicht ratsam
le **contre-jour** [kõtʀəʒuʀ] das Gegenlicht
le **contremaître** [kõtʀəmɛtʀ] der Vorarbeiter
la **contremaîtresse** [kõtʀəmɛtʀɛs] die Vorarbeiterin

la **contrepartie** [kõtʀəpaʀti] **en contrepartie** als Gegenleistung, als Entschädigung; (*demgegenüber*) andererseits
le **contre-pied** [kõtʀəpje] das [genaue] Gegenteil
le **contre-plaqué** [kõtʀəplake] das Sperrholz
contrer [kõtʀe] durchkreuzen *Pläne;* **contrer quelqu'un** jemandem Kontra geben
le **contresens** [kõtʀəsãs] <*Plural:* contresens> ❶ die Fehlinterpretation ❷ (*in einer Übersetzung*) der Übersetzungsfehler ❸ **rouler à contresens sur l'autoroute** als Geisterfahrer auf der Autobahn unterwegs sein
le **contretemps** [kõtʀətã] **j'ai eu un contretemps** mir ist etwas dazwischengekommen
le **contre-ut** [kõtʀyt] (*in der Musik*) das hohe C
le **contribuable** [kõtʀibɥabl] der Steuerzahler
la **contribuable** [kõtʀibɥabl] die Steuerzahlerin
contribuer [kõtʀibɥe] beitragen
la **contribution** [kõtʀibysjõ] ❶ der Beitrag; **mettre quelqu'un à contribution** jemandes Dienste [*oder* Hilfe] in Anspruch nehmen ❷ **les contributions** die Steuern
le **contrôle** [kõtʀol] ⚠ *männlich* ❶ die Kontrolle; *der Kasse* die Prüfung; **passer un contrôle** durch eine Kontrolle durchkommen ❷ (*in der Schule*) die Arbeit, der Test; **le contrôle d'anglais** der Englischtest ❸ **garder le contrôle de quelque chose** die Kontrolle über etwas behalten; **perdre le contrôle de quelque chose** die Kontrolle über etwas verlieren ❹ **le contrôle technique** ≈ der TÜV
◆ le **contrôle d'identité** die Ausweiskontrolle
contrôler [kõtʀole] ❶ kontrollieren; überprüfen *Liste, Behauptung;* prüfen *Rechnungen* ❷ überwachen *Preise* ❸ unter Kontrolle haben *Reaktionen;* **se contrôler** sich beherrschen
le **contrôleur** [kõtʀolœʀ] der Kontrolleur
la **contrôleuse** [kõtʀoløz] die Kontrolleurin
la **contusion** [kõtyzjõ] die Prellung
convaincre [kõvɛ̃kʀ] <*wie* vaincre; *siehe Verbtabelle ab S. 1055*> ❶ überzeugen ❷ (*juristisch*) überführen
la **convalescence** [kõvalesãs] die Genesung
le **convalescent** [kõvalesã] der Genesende
convalescent, convalescente [kõvalesã, kõvalesãt] **être convalescent** auf dem Wege der Genesung sein
la **convalescente** [kõvalesãt] die Genesende
convenable [kõvnabl] ❶ passend; *Abstand* gebührend ❷ anständig; **rester convenable** sich anständig verhalten ❸ *Gehalt* angemessen; *Wein* ordentlich, ganz ordentlich

convenablement [kõvnabləmã] ❶ *gekleidet* passend; *ausgerüstet* entsprechend ❷ *sich verhalten, sich kleiden* anständig ❸ *bezahlen* angemessen

la **convenance** [kõvnãs] ❶ **j'ai trouvé un pull à ma convenance** ich habe einen Pulli gefunden, der mir zusagt ❷ **les convenances** der Anstand

> **V** In ❷ wird der Plural *les convenances* mit einem Singular übersetzt: respecter <u>les</u> convenances – <u>den</u> Anstand wahren.

convenir[1] [kõvniʀ] <*wie* tenir; *siehe Verbtabelle ab S. 1055*> ❶ **convenir à quelqu'un** jemandem passen; *Klima, Essen:* jemandem bekommen ❷ **convenir à quelque chose** *Kleidung:* zu etwas passen ❸ **il convient d'être prudents!** wir sollten/ihr solltet vorsichtig sein!; **comme il convient** wie es sich gehört

convenir[2] [kõvniʀ] <*wie* tenir; *siehe Verbtabelle ab S. 1055*> ❶ **convenir de quelque chose** etwas zugeben ❷ **il est convenu que tu <u>viennes</u> avec nous demain** es ist abgemacht, dass du morgen mit uns mitkommst ❸ **comme convenu** wie vereinbart

la **convention** [kõvãsjõ] ❶ das Abkommen ❷ (*Norm*) die Konvention

conventionné, conventionnée [kõvãsjɔne] durch Vertragspartnerschaft an die Sécurité sociale gebunden; **le médecin conventionné** ≈ der Kassenarzt/die Kassenärztin

conventionnel, conventionnelle [kõvãsjɔnɛl] konventionell

convenu[1]**, convenue** [kõvny] →**convenir**

convenu[2]**, convenue** vereinbart

la **convergence** [kõvɛʀʒɑ̃s] *von Linien* das Zusammenlaufen; *von Interessen* die Übereinstimmung

converger [kõvɛʀʒe] <*wie* changer; *siehe Verbtabelle ab S. 1055*> *Interessen:* übereinstimmen; **converger sur quelqu'un** *Blicke:* sich auf jemanden richten

> **Ü** Vor *a* und *o* bleibt das *e* erhalten, z. B.: nous converg<u>e</u>ons, il converg<u>e</u>ait und en converg<u>e</u>ant.

la **conversation** [kõvɛʀsasjõ] die Unterhaltung, das Gespräch; **la conversation téléphonique** das Telefongespräch; **changer <u>de</u> conversation** das Thema wechseln

la **conversion** [kõvɛʀsjõ] ❶ (*religiös*) der Übertritt ❷ (*finanziell*) der Umtausch

convertir [kõvɛʀtiʀ] <*wie* agir; *siehe Verbtabelle ab S. 1055*> ❶ **convertir quelqu'un à une religion** jemanden zu einer Religion bekehren; **se convertir à l'islam** zum Islam übertreten ❷ **convertir des euros en dollars** Euro in Dollar umrechnen ❸ konvertieren *Datei*

> **G** Bei einigen Formen des Verbs ist der Stamm um -*iss*- erweitert, etwa bei *nous convert<u>iss</u>ons, il convert<u>iss</u>ait* oder *en convert<u>iss</u>ant*.

la **conviction** [kõviksjõ] die Überzeugung

convier [kõvje] <*wie* apprécier; *siehe Verbtabelle ab S. 1055*> (*gehoben*) laden; **convier quelqu'un à un repas** jemanden zu einem Essen laden

le **convive** [kõviv] der Gast, der Tischgenosse

la **convive** [kõviv] der Gast, die Tischgenossin

convivial, conviviale [kõvivjal] <*Plural der männl. Form:* conviviaux> ❶ gesellig ❷ *Software* benutzerfreundlich

la **convocation** [kõvɔkasjõ] ❶ die [schriftliche] Aufforderung ❷ *einer Versammlung* die Einberufung ❸ (*juristisch*) die Vorladung

le **convoi** [kõvwa] ❶ der Konvoi ❷ (*bei der Bahn*) der Zug

convoiter [kõvwate] begehren

la **convoitise** [kõvwatiz] die Begierde

convoquer [kõvɔke] ❶ bestellen; einberufen *Versammlung* ❷ (*juristisch*) vorladen

la **convulsion** [kõvylsjõ] die Zuckung; **avoir des convulsions** zucken

cool [⚠ kul] (*umgs.*) cool; **super cool** total cool; **c'est cool!** das sieht cool aus!

> **G** Das Adjektiv *cool* ist unveränderlich: <u>des</u> chauss<u>ures</u> cool – cool<u>e</u> Schuhe.

le **coopérant** [⚠ kɔɔpeʀɑ̃] der Entwicklungshelfer

la **coopérante** [kɔɔpeʀɑ̃t] die Entwicklungshelferin

coopératif, coopérative [⚠ kɔ(ɔ)peʀatif, kɔ(ɔ)peʀativ] kooperativ

la **coopération** [kɔɔpeʀasjõ] ❶ die Zusammenarbeit, die Kooperation ❷ (*in Entwicklungsländern*) die Entwicklungshilfe

coopérative [⚠ kɔ(ɔ)peʀativ] →**coopératif**

la **coopérative** [⚠ kɔ(ɔ)peʀativ] die Genossenschaft

coopérer [⚠ kɔɔpeʀe] <*wie* préférer; *siehe Verbtabelle ab S. 1055*> ❶ zusammenarbeiten ❷ **coopérer à quelque chose** bei etwas mitwirken

> **Ü** Nur die stammbetonten Formen schreiben sich mit *è*, z. B. *je coop<u>è</u>re*.

la **coordination** [⚠ kɔɔʀdinasjɔ̃] die Koordinierung
coordonné, coordonnée [⚠ kɔɔʀdɔne] aufeinander abgestimmt
les **coordonnées** *(weiblich)* [kɔɔʀdɔne] ❶ **les coordonnées de mon frère** die Adresse und die Telefonnummer meines Bruders ❷ *(in der Mathematik)* die Koordinaten
coordonner [⚠ kɔɔʀdɔne] koordinieren
le **copain** [kɔpɛ̃] *(umgs.)* ❶ der Freund, der Kamerad; **il a invité ses vieux copains** er hat seine alten Kumpel eingeladen ❷ **le [petit] copain** der [feste] Freund; **voici Anne et son copain** da sind Anne und ihr Freund
le **copeau** [kɔpo] <*Plural:* copeaux> der Span
Copenhague [⚠ kɔpɛnag] Kopenhagen
la **copie** [kɔpi] ❶ die Kopie ❷ *(für Klassenarbeiten)* das gefaltete und gelochte Doppelblatt; **corriger des copies** Klassenarbeiten korrigieren
 ♦ la **copie de sauvegarde** *(in der Informatik)* die Sicherheitskopie
copier [kɔpje] <*wie* apprécier; *siehe Verbtabelle ab S. 1055>* ❶ abschreiben; **copier sur quelqu'un** bei jemandem abschreiben ❷ *(ablichten)* kopieren, fotokopieren ❸ *(imitieren)* nachmachen
le **copieur** [kɔpjœʀ] ❶ der Abschreiber ❷ *(Gerät)* der Kopierer
la **copieuse** [kɔpjøz] die Abschreiberin
copieux, copieuse [kɔpjø, kɔpjøz] reichlich
le **copilote** [kɔpilɔt] der Kopilot
la **copilote** [kɔpilɔt] die Kopilotin
la **copine** [kɔpin] *(umgs.)* ❶ die Freundin, die Kameradin ❷ **la [petite] copine** die [feste] Freundin; **il y avait également Paul et sa copine** Paul und seine Freundin waren auch da ❸ **elle est très copine avec Anne** sie ist eng mit Anne befreundet
la **coproduction** [kɔpʀɔdyksjɔ̃] die Koproduktion
le **copropriétaire** [kɔpʀɔpʀijetɛʀ] der Miteigentümer
la **copropriétaire** [kɔpʀɔpʀijetɛʀ] die Miteigentümerin
le **copyright** [⚠ kɔpiʀajt] <*Plural:* copyright> das Urheberrecht
le **coq** [kɔk] der Hahn ▶ **passer du coq à l'âne** von einem Thema zum anderen springen; **le coq gaulois** der gallische Hahn *(Sinnbild Frankreichs)*
 ♦ le **coq au vin** das Hähnchen in Weinsauce
la **coque** [kɔk] ❶ *einer Nuss* die Schale ❷ *eines Schiffes* der Rumpf ❸ *(Meerestier)* die Herzmuschel

le **coquelicot** [kɔkliko] der Mohn, der Klatschmohn
la **coqueluche** [kɔklyʃ] ❶ der Keuchhusten ❷ *(übertragen)* der Schwarm
coquet, coquette [kɔkɛ, kɔkɛt] ❶ *Person* eitel ❷ *Wohnung* nett ❸ **une coquette somme** *(umgs.)* ein hübsches Sümmchen
le **coquetier** [kɔktje] der Eierbecher
coquette [kɔkɛt] →**coquet**
la **coquetterie** [kɔkɛtʀi] ❶ die Eitelkeit ❷ *(Gefallsucht)* die Kokketterie
le **coquillage** [kɔkijaʒ] die Muschel
la **coquille** [kɔkij] ❶ die Schale; *einer Schnecke* das Haus, das Schneckenhaus ❷ *(in einem Text)* der Druckfehler
 ♦ la **coquille Saint-Jacques** die Jakobsmuschel
le **coquin** [kɔkɛ̃] der Frechdachs
coquin, coquine [kɔkɛ̃, kɔkin] ❶ schelmisch ❷ *Geschichte* anzüglich
la **coquine** [kɔkin] der Frechdachs
le **cor** [kɔʀ] das Horn
corail [kɔʀaj] korallenrot

G Das Farbadjektiv *corail* ist unveränderlich: *des* lèvres corail – korallenrote Lippen.

le **corail** [kɔʀaj] <*Plural:* coraux> die Koralle
le **Coran** [kɔʀɑ̃] der Koran
coranique [kɔʀanik] Koran-; **une école coranique** eine Koranschule; **les lois coraniques** die Gesetze des Korans
les **coraux** *(männlich)* [kɔʀo] *Plural von* **corail**
le **corbeau** [kɔʀbo] <*Plural:* corbeaux> der Rabe
la **corbeille** [kɔʀbɛj] der Korb
 ♦ la **corbeille à pain** der Brotkorb
 ♦ la **corbeille à papier** der Papierkorb
le **corbillard** [kɔʀbijaʀ] der Leichenwagen
le **cordage** [kɔʀdaʒ] ❶ das Tau ❷ **les cordages** *eines Schiffes* die Takelage
la **corde** [kɔʀd] ❶ die Schnur; *(dicker)* der Strick; *eines Bootes* die Leine; *(an einer Schaukel, beim Bergsteigen)* das Seil ❷ *eines Bogens* die Sehne ❸ *(in der Musik)* die Saite; **les cordes** die Saiten; *(Instrumentengruppe)* die Streichinstrumente ❹ **les cordes vocales** die Stimmbänder
 ♦ la **corde à sauter** das Springseil
cordial, cordiale [kɔʀdjal] <*Plural der männl. Form:* cordiaux> herzlich
cordialement [kɔʀdjalmɑ̃] herzlich
la **cordialité** [kɔʀdjalite] die Herzlichkeit
cordiaux [kɔʀdjo] →**cordial**
le **cordon** [kɔʀdɔ̃] die Schnur
le **cordon-bleu** [kɔʀdɔ̃blø] <*Plural:* cordons-

-bleus> (*umgs.*) der fabelhafte Koch/die fabelhafte Köchin
le **cordonnier** [kɔʁdɔnje] der Schuster
la **cordonnière** [kɔʁdɔnjɛʁ] die Schusterin
la **Corée** [kɔʁe] Korea; **la Corée du Nord** Nordkorea; **la Corée du Sud** Südkorea
le **coréen** [⚠ kɔʁeɛ̃] Koreanisch; *siehe auch* **allemand**

G In Verbindung mit dem Verb *parler* kann der Artikel entfallen: *il parle coréen – er spricht Koreanisch*.

coréen, coréenne [⚠ kɔʁeɛ̃, kɔʁeɛn] koreanisch
le **Coréen** [⚠ kɔʁeɛ̃] der Koreaner
la **Coréenne** [⚠ kɔʁeɛn] die Koreanerin
coriace [kɔʁjas] zäh
la **corne** [kɔʁn] das Horn
la **cornée** [kɔʁne] (*am Auge*) die Hornhaut
la **cornemuse** [kɔʁnəmyz] der Dudelsack
corner [kɔʁne] **corner une page** ein Eselsohr in eine Seite machen
le **corner** [⚠ kɔʁnɛʁ] der Eckball
le **cornet** [kɔʁnɛ] ❶ (*für Obst, Pommes frites*) die Tüte, die Papiertüte ❷ (*für Eis*) die Tüte, die Waffeltüte ❸ (CH) (*Tragetasche*) die Tüte
la **corniche** [kɔʁniʃ] ❶ der/das Sims ❷ *an einer Steilküste verlaufende Straße*
le **cornichon** [kɔʁniʃõ] das Gürkchen
le **coron** [kɔʁõ] die Bergarbeitersiedlung
coronaire [kɔʁɔnɛʁ] Herzkranz-; **l'artère coronaire** das Herzkranzgefäß
la **corporation** [kɔʁpɔʁasjõ] ❶ die Körperschaft; *von Handwerkern, Händlern* die Innung ❷ (*historisch*) *von Handwerkern* die Zunft; *von Händlern* die Gilde
corporel, corporelle [kɔʁpɔʁɛl] körperlich
le **corps** [kɔʁ] ❶ der Körper ❷ (*Verstorbene[r]*) die Leiche, der Leichnam ❸ (*in der Chemie*) die Substanz ❹ (*Zusammenschluss*) die Körperschaft; **le corps enseignant** die Lehrerschaft, der Lehrkörper; **le corps médical** die Ärzteschaft
la **corpulence** [kɔʁpylɑ̃s] die Beleibtheit, die Korpulenz; **être de forte corpulence** sehr korpulent sein, sehr beleibt sein
corpulent, corpulente [kɔʁpylɑ̃, kɔʁpylɑ̃t] korpulent
correct, correcte [kɔʁɛkt] ❶ korrekt ❷ (*umgs.: akzeptabel*) annehmbar ❸ (CAN) **c'est correct** [das] ist in Ordnung, [das] geht in Ordnung
correctement [kɔʁɛktəmɑ̃] richtig; *sich verhalten, sich kleiden* korrekt, richtig
le **correcteur** [kɔʁɛktœʁ] der Korrektor

la **correction** [kɔʁɛksjõ] ❶ die Korrektur, die Verbesserung ❷ **recevoir une bonne correction** eine ordentliche Tracht Prügel bekommen ❸ (*Wohlerzogenheit*) die Korrektheit
correctionnel, correctionnelle [kɔʁɛksjɔnɛl] Straf-; **le tribunal correctionnel** das Strafgericht
la **correctrice** [kɔʁɛktʁis] die Korrektorin
le **corres** [⚠ kɔʁɛs] (*umgs.*) *Abkürzung von* **correspondant** der Brieffreund
la **corres** [⚠ kɔʁɛs] (*umgs.*) *Abkürzung von* **correspondante** die Brieffreundin
la **correspondance** [kɔʁɛspõdɑ̃s] ❶ der Briefwechsel; (*im Geschäftsleben*) der Schriftverkehr ❷ (*beim Reisen*) der Anschluss; **nous avons une correspondance à Stuttgart** in Stuttgart haben wir Anschluss
le **correspondant** [kɔʁɛspõdɑ̃] ❶ der Briefpartner; *eines Jugendlichen* der Brieffreund ❷ (*Geschäftskollege*) der Partner, der Geschäftspartner ❸ (*am Telefon*) der Gesprächspartner ❹ (*Journalist*) der Korrespondent
correspondant, correspondante [kɔʁɛspõdɑ̃, kɔʁɛspõdɑ̃t] entsprechend
la **correspondante** [kɔʁɛspõdɑ̃t] ❶ die Briefpartnerin; *eines Jugendlichen* die Brieffreundin ❷ (*Geschäftskollegin*) die Partnerin, die Geschäftspartnerin ❸ (*am Telefon*) die Gesprächspartnerin ❹ (*Journalistin*) die Korrespondentin
correspondre [kɔʁɛspõdʁ] <*wie* vendre; *siehe Verbtabelle ab S. 1055*> ❶ **correspondre avec quelqu'un** mit jemandem in Briefwechsel stehen; **correspondre par courrier électronique/par fax** per E-Mail/per Fax korrespondieren ❷ (*beim Reisen*) **correspondre avec quelque chose** *Zug, Bus:* Anschluss an etwas haben ❸ (*verbunden sein mit*) **correspondre à quelque chose** zu etwas gehören ❹ **ce mot correspond mieux au terme anglais** dieses Wort entspricht dem englischen Begriff besser ❺ **se correspondre** sich entsprechen
la **corrida** [kɔʁida] der Stierkampf
le **corridor** [kɔʁidɔʁ] der Korridor
le **corrigé** [kɔʁiʒe] die Lösung
corriger [kɔʁiʒe] <*wie* changer; *siehe Verbtabelle ab S. 1055*> ❶ korrigieren; revidieren *Theorie, Vorhersage* ❷ verbessern *Text, Sehvermögen* ❸ (*bestrafen*) schlagen, züchtigen ❹ **se corriger** sich bessern

 Vor *a* und *o* bleibt das *e* erhalten, z. B.: *nous corrigeons, il corrigeait* und *en corrigeant*.

corrompre [kɔʀõpʀ] <*wie* rompre; *siehe Verbtabelle ab S. 1055*> bestechen
corrompu¹, **corrompue** [kɔʀõpy] →**corrompre**
corrompu², **corrompue** [kɔʀõpy] ❶ (*unredlich*) korrupt ❷ (*unanständig*) verdorben
corrosif, **corrosive** [kɔʀozif, kɔʀoziv] ❶ *Säure* korrosiv ❷ *Ironie* bissig
la **corrosion** [kɔʀozjõ] die Korrosion
corrosive [kɔʀoziv] →**corrosif**
corruptible [kɔʀyptibl] bestechlich
la **corruption** [kɔʀypsjõ] die Korruption
le **corsage** [kɔʀsaʒ] die [miederartige] Bluse
le **corsaire** [kɔʀsɛʀ] der Freibeuter
corse [kɔʀs] korsisch
le **corse** [kɔʀs] (*Sprache*) Korsisch, das Korsische; *siehe auch* **allemand**
le **Corse** [kɔʀs] der Korse
la **Corse¹** [kɔʀs] (*Insel*) Korsika
la **Corse²** [kɔʀs] (*Bewohnerin Korsikas*) die Korsin
corsé, **corsée** [kɔʀse] *Sauce* scharf gewürzt, scharf; *Kaffee, Wein* kräftig
corser [kɔʀse] ❶ würzen *Speise* ❷ komplizieren *Situation* ❸ **se corser** spannend werden
le **corset** [kɔʀsɛ] das Korsett
le **cortège** [kɔʀtɛʒ] ❶ der Zug ❷ (*religiös*) die Prozession
la **cortisone** [kɔʀtizɔn] ⚠ *weiblich* das Kortison, das Cortison
la **corvée** [kɔʀve] ❶ die lästige Pflicht, die lästige Arbeit ❷ (CH) (*unbezahlte Arbeit*) die Fronarbeit (CH)
cosmétique [kɔsmetik] kosmetisch
cosmique [kɔsmik] kosmisch
le **cosmonaute** [kɔsmɔnot] der Kosmonaut
la **cosmonaute** [kɔsmɔnot] die Kosmonautin
cosmopolite [kɔsmɔpɔlit] kosmopolitisch
le **cosmos** [kɔsmos] der Kosmos
costaud, **costaude** [kɔsto, kɔstod] (*umgs.*) ❶ kräftig ❷ *Auto, Einrichtung* robust
le **costume** [kɔstym] ❶ der Anzug ❷ (*historisch, im Theater*) das Kostüm ❸ *eines Landes, einer Region* die Tracht
la **cote** [kɔt] ❶ (*an der Börse*) die Kursnotierung, der Kurs ❷ (*Popularität*) die Beliebtheit
la **côte** [kot] ❶ die Küste; **la côte atlantique** die Atlantikküste ❷ (*ansteigend*) die Steigung; (*abfallend*) der Abhang, der Hang ❸ (*im Körper*) die Rippe ❹ (*Fleisch*) das Kotelett ▶ **côte à côte** Seite an Seite
 ♦ la **côte de bœuf** das T-Bone-Steak
coté, **cotée** [kɔte] beliebt
le **côté** [kote] ❶ die Seite; **des deux côtés de**

le costume

F Nicht verwechseln mit *das [Damen]kostüm – le tailleur!*

la cheminée zu beiden Seiten des Kamins; **assieds-toi à mes côtés!** setz dich an meine Seite!, setz dich zu mir! ❷ **du côté de ...** im Bereich von ... ❸ (*Aspekt*) die Seite; **par certains côtés** in mancher Hinsicht ❹ die Richtung; **de quel côté allez-vous?** in welche Richtung gehen Sie? ❺ (*bei einem Streit*) die Seite; **du côté de quelqu'un** auf jemandes Seite; **de mon côté** ich meinerseits ▶ **d'un côté ..., de l'**autre [côté] ... einerseits ..., andererseits ...; **laisser quelqu'un de côté** jemanden links liegenlassen; **laisser quelque chose de côté** etwas beiseitelassen
le **coteau** [kɔto] <*Plural:* coteaux> ❶ der Hang ❷ (*für den Weinbau*) der Weinberg
la **Côte d'Azur** [kotdazyʀ] die Côte d'Azur
la **Côte d'Ivoire** [kotdivwaʀ] die Elfenbeinküste
la **côtelette** [kotlɛt] ⚠ *weiblich* das Kotelett
les **cotillons** (*männlich*) [kɔtijõ] die Partyartikel (*Konfetti, Papierschlangen, Papierhütchen etc.*)
la **cotisation** [kɔtizasjõ] der Beitrag
cotiser [kɔtize] ❶ [seine] Beiträge entrichten; **cotiser au syndicat** seinen Mitgliedsbeitrag an die Gewerkschaft entrichten ❷ **se cotiser** zusammenlegen
le **coton** [kɔtõ] ❶ die Baumwolle ❷ (*Faden*) das Baumwollgarn ❸ die Watte; (*einzelner Bausch*) der Wattebausch
le **coton-tige®** [kɔtõtiʒ] <*Plural:* cotons-tiges> das Wattestäbchen
côtoyer [kotwaje] <*wie* appuyer; *siehe Verbtabelle ab S. 1055*> (*gehoben*) **côtoyer quelqu'un** mit jemandem verkehren; **se côtoyer** miteinander verkehren
le **cou** [ku] ❶ der Hals ❷ **je fais quarante centimètres de tour de cou** ich habe Kragengröße vierzig

> Einige Formen des Verbs schreiben sich mit *y*, andere mit *i*.
> Direkt vor einer betonten Endungssilbe steht immer ein *y*, z. B. *nous côtoyons* oder *ils se côtoyaient.*
> Das *i* steht immer vor einem unbetonten *e*, z. B. *il côtoie* oder *ils se côtoieront.*

le **couchant** [kuʃɑ̃] der Westen
 couchant, couchante [kuʃɑ̃, kuʃɑ̃t] untergehend; **au soleil couchant** bei Sonnenuntergang
la **couche** [kuʃ] ❶ die Schicht ❷ *(für Säuglinge)* die Windel ❸ *(in der Medizin)* **la fausse couche** die Fehlgeburt
 couché, couchée [kuʃe] ❶ liegend; **être couché** liegen ❷ **rester couché** im Bett bleiben
la **couche-culotte** [kuʃkylɔt] <*Plural:* couches--culottes> das Windelhöschen
 coucher [kuʃe] ❶ schlafen; **coucher à l'hôtel** im Hotel übernachten ❷ **coucher avec quelqu'un** *(umgs.)* mit jemandem schlafen ❸ ins Bett bringen *Kind* ❹ hinlegen, legen *Gegenstand* ❺ **se coucher** ins Bett gehen; *(zum Ausruhen)* sich hinlegen; *Sonne:* untergehen
le **coucher** [kuʃe] **le coucher du soleil** der Sonnenuntergang; **au coucher du soleil** bei Sonnenuntergang
la **couchette** [kuʃɛt] *(im Zug)* der Liegeplatz, der Liegewagenplatz
 couci-couça [kusikusa] *(umgs.)* so lala
 coucou [kuku] kuckuck
le **coucou** [kuku] ❶ der Kuckuck ❷ *(Uhr)* die Kuckucksuhr ❸ *(umgs.: altes Flugzeug)* die alte Mühle
le **coude** [kud] ❶ der Ellenbogen, der Ellbogen ❷ *(Krümmung)* die Biegung ▸ **coude à coude** Seite an Seite
 coudre [kudʀ] *siehe Verbtabelle ab S. 1055* ❶ nähen; annähen *Knopf*; zusammennähen *Stoffteile* ❷ **coudre un bouton à la chemise** einen Knopf an das Hemd [an]nähen; **coudre une pièce sur quelque chose** ein Teil auf etwas aufnähen
la **couenne** [⚠ kwan] die Schwarte
la **couette** [kwɛt] ❶ das Federbett ❷ *(Frisur)* der Rattenschwanz
le **couffin** [kufɛ̃] der Tragekorb, der Babytragekorb
le **couillon** [kujɔ̃] *(umgs.)* der Blödmann
la **couillonne** [kujɔn] *(umgs.)* die blöde Kuh
 couillonner [kujɔne] *(umgs.)* reinlegen
 couiner [kwine] *Ratte, Ferkel:* quieken; *Tür:* quietschen

 coulant, coulante [kulɑ̃, kulɑ̃t] ❶ *(umgs.: nicht streng) Eltern* nachgiebig ❷ *Teig* flüssig; *Käse* sehr weich, zerlaufen
la **coulée** [kule] **la coulée de lave** der Lavastrom
 couler [kule] ❶ *Wasser:* fließen; *(stark)* strömen ❷ **faire couler un bain à quelqu'un** jemandem ein Bad einlassen ❸ *Gefäß:* lecken; *Stift:* auslaufen ❹ *(tropfen)* laufen; *Auge:* tränen ❺ untergehen; **le navire a coulé** das Schiff ist untergegangen ❻ **couler du plomb dans un moule** Blei in eine Form gießen ❼ *(zerstören)* versenken *Schiff*
la **couleur** [kulœʀ] ❶ die Farbe; **d'une seule couleur** einfarbig; **changer de couleur** die Farbe ändern [*oder* wechseln] ❷ *(beim Waschen)* die Buntwäsche ❸ *(politisch)* die Couleur
la **couleuvre** [kulœvʀ] die Natter
le **coulis** [kuli] das Obstmark; **le coulis de framboises** das Himbeermark
 coulissant, coulissante [kulisɑ̃, kulisɑ̃t] Schiebe-; **la porte coulissante** die Schiebetür
la **coulisse** [kulis] *(im Theater)* die Kulisse; **attendre en coulisse** [*oder* **dans les coulisses**] hinter den Kulissen warten
 coulisser [kulise] in einer Schiene laufen
le **couloir** [kulwaʀ] ❶ der Flur, der Korridor; *(im Zug, Flugzeug)* der Gang ❷ **le couloir aérien** der Luftkorridor ❸ *(geografisch)* die Schlucht
le **coup** [ku] ❶ der Schlag; **donner un coup à quelqu'un** jemanden schlagen ❷ *(kräftiger Schubs)* der Stoß ❸ *(Geräusch)* das Klopfen ❹ **le coup [de feu]** der Schuss ❺ **d'un coup de crayon** mit wenigen schnellen [Bleistift]strichen ❻ *(im Sport)* **le coup franc** der Freistoß; **le coup droit** die Vorhand ❼ *(bei Brettspielen)* der Zug ❽ *(nicht ganz legale Aktion)* der Coup; **être sur un coup** gerade etwas aushecken ❾ *(beim Trinken)* der Schluck ▸ **avoir un coup de blues** schwermütig sein; **le coup de foudre** die Liebe auf den ersten Blick; **prendre un coup de froid** sich erkälten; **donner un coup de main à quelqu'un** jemandem helfen, jemandem behilflich sein; **jeter un coup d'œil sur quelque chose** *(überwachen)* etwas im Auge haben, ein Auge auf etwas haben; **avoir un coup de pompe** *(umgs.)* einen Durchhänger haben; **boire un coup** *(umgs.)* einen trinken; **être sur un coup** gerade etwas aushecken; **ça vaut le coup d'y aller** es lohnt sich hinzugehen; **du même coup** gleichzeitig; **du premier coup**

auf Anhieb; **d'un seul coup** auf ein Mal; **tout à coup** plötzlich; **tout d'un coup** auf einmal; **après coup** im Nachhinein; **du coup** (*umgs.*) darum
• le **coup de couteau** der Messerstich
• le **coup d'État** der Staatsstreich
• le **coup de fil** (*umgs.*) der Anruf; **coup du lapin** das Schleudertrauma
• le **coup de maître** die Meisterleistung
• le **coup de pied** der Fußtritt
• le **coup de poing** der Faustschlag
• le **coup de sifflet** der Pfiff
• le **coup de soleil** der Sonnenbrand
• le **coup de téléphone** der Anruf
• le **coup de tonnerre** der Donnerschlag
coupable [kupabl] ❶ schuldig; **déclarer quelqu'un coupable** jemanden schuldigsprechen ❷ *Gedanke* verwerflich
le **coupable** [kupabl] ❶ der Schuldige ❷ (*Krimineller*) der Täter
la **coupable** [kupabl] ❶ die Schuldige ❷ (*Kriminelle*) die Täterin
coupant, coupante [kupɑ̃, kupɑ̃t] scharf
la **coupe** [kup] ❶ die Schale; **une coupe de champagne** eine Schale Champagner ❷ (*Trophäe, Wettkampf*) der Pokal, der Cup; **la coupe du monde de football** die Fußballweltmeisterschaft
le **coupe-faim** [kupfɛ̃] <*Plural:* coupe-faim[s]> der Appetitzügler
coupe-feu [kupfø] Brandschutz-; **la porte coupe-feu** die Brandschutztür

Ⓖ Das Adjektiv *coupe-feu* ist unveränderlich: *plusieurs portes coupe-feu – mehrere Brandschutztüren.*

le **coupe-feu** [kupfø] <*Plural:* coupe-feu[x]> die Brandschneise, die Schneise
le **coupe-ongle** [kupɔ̃gl] <*Plural:* coupe-ongles> der Nagelknipser
le **coupe-papier** [kuppapje] <*Plural:* coupe-papier> der Brieföffner
couper [kupe] ❶ schneiden; abschneiden *Zweig;* zerschneiden *Geflügel;* zerlegen *Fisch;* durchschneiden *Kehle;* fällen *Baum;* **couper les cheveux à quelqu'un** jemandem die Haare schneiden ❷ *Messer:* scharf sein, scharf schneiden; **attention, ça coupe!** Vorsicht, das ist scharf! ❸ kürzen *Text;* herausnehmen *Passage* ❹ schneiden *Film;* **coupez! Schnitt!** ❺ unterbrechen; abbrechen *Verbindung, Kontakt;* [ab]sperren *Straße;* **couper l'eau à quelqu'un** jemandem das Wasser abstellen; **couper la respiration à quelqu'un** jemandem den Atem nehmen;

ça m'a coupé l'appétit das hat mir den Appetit genommen; **ne coupez pas!** bleiben Sie am Apparat! ❻ **être coupé(e) de toute civilisation** von jeglicher Zivilisation abgeschnitten sein ❼ **couper par un sentier** eine Abkürzung nehmen ❽ (*beim Kartenspiel*) abheben ❾ **se couper** sich schneiden; **se couper la main** sich in die Hand schneiden; **se couper les ongles** sich die Nägel schneiden; **se couper du pain** sich Brot abschneiden
le **coupe-vent** [kupvɑ̃] <*Plural:* coupe-vent[s]> die Windjacke
le **couple** [kupl] das Paar, das Liebespaar
la **couple** [kupl] ⓒⒶⓃ (*umgs.*) das Paar; **une couple de couvertures** zwei Decken
le **couplet** [kuplɛ] die Strophe
la **coupole** [kupɔl] die Kuppel
le **coupon** [kupɔ̃] ❶ der Stoffrest ❷ (*Bon*) der Abschnitt
le **coupon-réponse** [kupɔ̃repɔ̃s] <*Plural:* coupons-réponse> die Antwortkarte
la **coupure** [kupyʀ] ❶ die Schnittwunde ❷ (*Veränderung*) der Einschnitt ❸ (*Geldschein*) **les petites coupures** die kleinen Scheine
• la **coupure d'électricité** das Abstellen des Stroms
• la **coupure de presse** der Zeitungsausschnitt
la **cour** [kuʀ] der Hof; **la cour de l'école** der Schulhof ▶ **faire la cour à quelqu'un** jemandem den Hof machen
la **Cour** [kuʀ] der Gerichtshof; **la Cour suprême** der Oberste Gerichtshof
le **courage** [kuʀaʒ] ❶ der Mut ❷ der Antrieb, der Schwung; **avec courage** eifrig ▶ **bon courage!** nur Mut!; **s'armer de courage** sich mit Mut wappnen
courageuse [kuʀaʒøz] → **courageux**
courageusement [kuʀaʒøzmɑ̃] tapfer
courageux, courageuse [kuʀaʒø, kuʀaʒøz] ❶ mutig; *Soldat, Verhalten* tapfer ❷ (*nicht faul*) tüchtig
couramment [kuʀamɑ̃] ❶ *sprechen* fließend ❷ (*oft*) häufig
le **courant** [kuʀɑ̃] ❶ der Strom ❷ *eines Flusses* die Strömung ❸ der Luftstrom ❹ (*Tendenz*) die Bewegung ❺ **dans le courant de la journée** im Laufe des Tages ▶ **être au courant de quelque chose** über etwas auf dem Laufenden sein
• le **courant d'air** der Luftzug; (*unangenehm*) der Durchzug; **il y a un courant d'air!** es zieht!, hier zieht's!
courant, courante [kuʀɑ̃, kuʀɑ̃t] ❶ üblich;

Ausgaben laufend; *Begriff* geläufig ② (*aktuell*) *Jahr, Geschäfte* laufend

la **courbature** [kuʀbatyʀ] der Muskelkater; **j'ai une courbature** [*oder* **des courbatures**] **aux cuisses** ich habe Muskelkater in den Oberschenkeln

courbe [kuʀb] gebogen; *Linie, Flugbahn* gekrümmt

la **courbe** [kuʀb] ① (*auch in der Geometrie*) die Kurve ② *einer Straße, eines Flusses* die Biegung

courbé, **courbée** [kuʀbe] krumm

courber [kuʀbe] ① biegen *Ast*; krümmen *Rücken*; senken *Kopf* ② **courber sous quelque chose** *Mensch:* sich unter etwas krümmen; *Ast, Holz:* sich unter etwas biegen ③ **se courber** sich biegen

le **coureur** [kuʀœʀ] ① der Läufer; (*bei Rennfahrten*) der Fahrer ② der Schürzenjäger

la **coureuse** [kuʀøz] die Läuferin; (*bei Rennfahrten*) die Fahrerin

la **courgette** [kuʀʒɛt] die Zucchini

courir [kuʀiʀ] <*siehe Verbtabelle ab S. 1055*> ① laufen; (*schnell*) rennen; **courir acheter du pain** schnell Brot kaufen gehen; **courir partout** überall herumrennen ② *Gerücht:* umgehen; **faire courir le bruit que ...** das Gerücht in die Welt setzen, dass ... ③ **courir à la faillite** kurz vor dem Bankrott stehen ④ **courir les filles** hinter den Mädchen her sein

la **couronne** [kuʀɔn] ① die Krone ② (*aus Blumen*) der Kranz

couronné, **couronnée** [kuʀɔne] preisgekrönt

le **couronnement** [kuʀɔnmɑ̃] die Krönung

couronner [kuʀɔne] ① krönen ② **couronner quelqu'un roi** jemanden zum König krönen ② preiskrönen *Buch, Autor*

le **courrier** [kuʀje] ① die Post ② **le courrier électronique** die [*oder* das] E-Mail

la **courroie** [kuʀwa] der Riemen

le **cours** [kuʀ] ① der Verlauf; *der Zeit* der Lauf; *der Jahreszeiten* der Ablauf; **au cours de la conversation** im Laufe der Unterhaltung ② *der Unterricht;* **le cours d'anglais** die Englischstunde; **donner un cours/des cours de chimie à quelqu'un** jemanden in Chemie unterrichten; **le cours particulier** der Privatunterricht; (*um Lernstoff nachzuholen*) der Nachhilfeunterricht ③ (*Kursus*) der Kurs; **suivre un cours** einen Kurs besuchen ④ *einer Währung* der Kurs
◆ **le cours d'eau** der Wasserlauf

la **course** [kuʀs] ① das Rennen; (*zu Fuß*) der Lauf; **faire la course avec quelqu'un** mit jemandem um die Wette laufen ② **la course en taxi** die Taxifahrt ③ **les courses** die Besorgungen, die Einkäufe; **faire les** [*oder* **ses**] **courses** einkaufen gehen
◆ **la course à pied** der Laufsport
◆ **la course de fond** der Langstreckenlauf
◆ **la course de vitesse** der Sprint

court [kuʀ] kurz; **les cheveux coupés court** die kurzen [*oder* kurz geschnittenen] Haare ▶ **couper court à quelque chose** einer Sache ganz schnell ein Ende machen; **il/elle est à court** [**d'argent**] ihm/ihr ist das Geld ausgegangen; **il/elle est à court de café** ihm/ihr ist der Kaffee ausgegangen; **pour faire court** um es kurz zu machen; **tourner court** *Projekt:* fehlschlagen, scheitern; **tout court** einfach, ganz einfach

le **court** [kuʀ] der Tennisplatz

court, courte [kuʀ, kuʀt] ① (*räumlich und zeitlich*) kurz; **la jupe courte** der kurze Rock; **à manches courtes** kurzärm[e]lig, mit kurzen Ärmeln; **pendant un court moment** für einen kurzen Augenblick ② (*nicht ausführlich*) *Bericht* kurz, knapp; *Satz, Roman* kurz; *Buch* schmal

> **G** Das Adjektiv *court, courte* steht meistens nach dem Substantiv, auf das es sich bezieht: *une phrase courte – ein kurzer Satz.* Manchmal steht es aber auch vor dem Substantiv: *un court récit – ein kurzer Bericht.* Die Bedeutung des Adjektivs ändert sich hierdurch nicht.

le **court-bouillon** [kuʀbujɔ̃] <*Plural:* courts-bouillons> die Brühe

le **court-circuit** [kuʀsiʀkɥi] <*Plural:* courts-circuits> der Kurzschluss

le **courtier** [kuʀtje] der Makler

la **courtière** [kuʀtjɛʀ] die Maklerin

le **courtisan** [kuʀtizɑ̃] der Höfling

la **courtisane** [kuʀtizan] die Kurtisane

courtiser [kuʀtize] **courtiser quelqu'un** jemandem den Hof machen

le **court-métrage** [kuʀmetʀaʒ] <*Plural:* courts-métrages> der Kurzfilm

courtois, courtoise [kuʀtwa, kuʀtwaz] höflich

la **courtoisie** [kuʀtwazi] die Höflichkeit

couru, courue [kuʀy] →**courir**

le **couscous** [kuskus] das/der Couscous, das/der Kuskus

le **cousin** [kuzɛ̃] der Cousin, der Vetter

la **cousine** [kuzin] die Cousine, die Kusine

le **coussin** [kusɛ̃] ① das Kissen ② **Ⓑ** das Kopf-

kissen
* le **coussin d'air** das Luftkissen
cousu, cousue [kuzy] →**coudre**
le **coût** [ku] ❶ die Kosten; **le coût de la vie** die Lebenshaltungskosten ❷ *einer Ware* der Preis

> **V** In ❶ wird der Singular *le coût* mit einem Plural übersetzt: *le coût de la vie augmente* – die Lebenshaltungskosten steigen.

le **couteau** [kuto] <*Plural:* couteaux> das Messer; **le couteau de cuisine** das Küchenmesser; **le couteau de poche** das Taschenmesser
coûter [kute] kosten; **ça coûte cher** das ist teuer
coûteux, coûteuse [kutø, kutøz] kostspielig
la **coutume** [kutym] der Brauch; **c'est la coutume** das ist so üblich
la **couture** [kutyʀ] ❶ das Nähen ❷ (*Genähtes*) die Näharbeit ❸ (*im Stoff*) die Naht ❹ (*Branche*) die Konfektionsindustrie, die Konfektion; **la °haute couture** die Haute Couture
le **couturier** [kutyʀje] der Modeschöpfer
la **couturière** [kutyʀjɛʀ] die Schneidermeisterin, die Schneiderin
la **couvée** [kuve] ❶ das Gelege ❷ (*Jungtiere*) die Brut
le **couvent** [kuvɑ̃] das Kloster
couver [kuve] ❶ brüten ❷ ausbrüten *Eier* ❸ umhegen, umsorgen *Kind* ❹ (*umgs.: bekommen*) ausbrüten *Grippe*
le **couvercle** [kuvɛʀkl] der Deckel
le **couvert** [kuvɛʀ] ❶ das Besteck; **mettre le couvert** den Tisch decken ❷ (*für eine Person*) das Gedeck
couvert¹, couverte [kuvɛʀ, kuvɛʀt] →**couvrir**
couvert², couverte [kuvɛʀ, kuvɛʀt] ❶ bedeckt; **être trop couvert** zu warm angezogen sein ❷ **être couvert par quelqu'un** jemanden hinter sich haben ❸ **être couvert par une assurance** versichert sein ❹ *Schwimmbad* überdacht ❺ *Himmel* bedeckt; *Wetter* trüb ❻ **couvert de poussière** staubbedeckt; **couvert de sang** voller Blut, blutüberströmt
la **couverture** [kuvɛʀtyʀ] ❶ *eines Betts* die Bettdecke, die Decke ❷ *eines Hefts* der Umschlag; *einer Zeitschrift* das Titelblatt; *eines Buches* der Einband
la **couveuse** [kuvøz] ❶ (*für Frühgeborene*) der Brutkasten ❷ (*für Eier*) der Brutapparat
le **couvre-feu** [kuvʀəfø] <*Plural:* couvre-feux> ❶ (*Signal*) ≈ der Zapfenstreich ❷ (*Zeitraum*) die Sperrstunde
le **couvre-lit** [kuvʀəli] <*Plural:* couvre-lits> die Tagesdecke
le **couvreur** [kuvʀœʀ] der Dachdecker/die Dachdeckerin

> **G** Es gibt im Französischen keine Femininform: *elle est couvreur – sie ist Dachdeckerin.*

couvrir [kuvʀiʀ] <*wie* ouvrir; *siehe Verbtabelle ab S. 1055*> ❶ abdecken; zudecken *Gefäß, Kind;* decken *Dach;* einbinden *Buch* ❷ **couvrir les murs de toiles** die Wände mit Gemälden bedecken ❸ **couvrir quelque chose** *Tuch:* etwas bedecken, etwas zudecken; **une couverture chaude couvre le bébé** das Baby ist mit einer warmen Decke zugedeckt ❹ warm anziehen *Kind* ❺ verdecken *Gesicht;* übertönen *Klang, Ton* ❻ (*beschützen*) **couvrir quelqu'un** hinter jemandem stehen ❼ ausschalten *Risiko;* **couvrir les frais** *Person:* die Kosten übernehmen; *Summe:* die Kosten decken ❽ **couvrir quelqu'un de cadeaux** jemanden mit Geschenken überhäufen; **couvrir quelqu'un de baisers** jemanden mit Küssen bedecken ❾ **se couvrir** sich anziehen; (*Risiken ausschalten*) sich absichern; *Himmel:* sich bewölken
le **cow-boy** [⚠ kobɔj] <*Plural:* cow-boys> der Cowboy
le **crabe** [kʀab] ⚠ *männlich* die Krabbe
crac [kʀak] knack
le **crachat** [kʀaʃa] ❶ (*Speichel*) die Spucke ❷ (*Absonderung der Atemwege*) der Auswurf
craché, crachée [kʀaʃe] **c'est lui tout craché** (*umgs.*) er/sie ist ihm wie aus dem Gesicht geschnitten; (*das ist typisch*) das sieht ihm ähnlich
cracher [kʀaʃe] ❶ spucken, ausspucken; **"Défense de cracher"** „Es ist verboten, auf den Boden zu spucken" ❷ spucken *Blut;* verspritzen *Gift* ❸ ausstoßen *Rauch;* speien *Lava*
la **craie** [kʀɛ] die Kreide
craindre [kʀɛ̃dʀ] <*siehe Verbtabelle ab S. 1055*> ❶ fürchten; **craindre pour quelqu'un/pour quelque chose** Angst um jemanden/um etwas haben ❷ fürchten, befürchten; **je crains qu'il ne soit trop tard** ich fürchte, es ist [schon] zu spät ❸ **craindre la chaleur** hitzeempfindlich sein
la **crainte** [kʀɛ̃t] ❶ die Furcht; **la crainte de quelqu'un/de quelque chose** die Furcht vor jemandem/vor etwas; **de crainte** aus Furcht ❷ (*Ahnung*) die Befürchtung
craintif, craintive [kʀɛ̃tif, kʀɛ̃tiv] ängstlich
la **crampe** [kʀɑ̃p] ⚠ *weiblich* der Muskelkrampf, der Krampf

le **crampon** [kʀɑ̃põ] (*beim Bergsteigen*) das Steigeisen; (*am Fußballschuh*) der Stollen
cramponner [kʀɑ̃pɔne] **se cramponner** sich festklammern; **se cramponner à quelqu'un/à quelque chose** sich an jemandem/an etwas festklammern
le **cran¹** [kʀɑ̃] ❶ (*in einem Gürtel*) das Loch ❷ °**hausser l'étagère d'un cran** den Einlegeboden um eins höher hängen
le **cran²** [kʀɑ̃] (*umgs.*) der Mumm; **avoir du cran** Mumm haben
le **crâne** [kʀɑn] der Schädel
crâner [kʀɑne] (*umgs.*) eine Schau abziehen
le **crâneur** [kʀɑnœʀ] der Angeber
crâneur, crâneuse [kʀɑnœʀ, kʀɑnøz] angeberisch
la **crâneuse** [kʀɑnøz] die Angeberin
le **crapaud** [kʀapo] die Kröte
la **crapule** [kʀapyl] der Schuft
craquant, craquante [kʀakɑ̃, kʀakɑ̃t] (*umgs.*) toll
craquelé, craquelée [kʀakle] *Erde* rissig
craquer [kʀake] ❶ *Parkett:* knarren; *Laub:* rascheln; *Schnee:* knirschen; *Holz:* knacken; *Bonbon:* krachen ❷ (*kaputtgehen*) *Ast, Eis:* brechen; *Kleidung:* reißen; *Naht:* aufplatzen, platzen ❸ *Nerven:* versagen ❹ *Mensch:* zusammenbrechen; (*nachgeben*) schwachwerden ▸ **plein à craquer** brechend voll
le **crash** [kʀaʃ] <*Plural:* crash[e]s> ❶ der Flugzeugabsturz, der Absturz ❷ (*in der Informatik*) der Absturz; **le crash de disque dur** der Festplattenabsturz
la **crasse** [kʀas] der Dreck
crasseux, crasseuse [kʀasø, kʀasøz] schmutzig
le **cratère** [kʀatɛʀ] der Krater
la **cravache** [kʀavaʃ] die Reitgerte, die Gerte
la **cravate** [kʀavat] die Krawatte
le **crawl** [⚠ kʀol] das Kraulen
le **crayon** [kʀɛjõ] ❶ der Bleistift; **le crayon de couleur** der Buntstift ❷ **le crayon pour les yeux** der Eyeliner
le **créancier** [kʀeɑ̃sje] der Gläubiger
la **créancière** [kʀeɑ̃sjɛʀ] die Gläubigerin
le **créateur** [kʀeatœʀ] der Schöpfer
le **Créateur** [kʀeatœʀ] (*in der Religion*) der Schöpfer
créateur, créatrice [kʀeatœʀ, kʀeatʀis] schöpferisch
créatif, créative [kʀeatif, kʀeativ] schöpferisch
la **création** [kʀeasjõ] das Werk; *eines Modeschöpfers* die Kreation
◆ la **création d'emploi** die Schaffung von Arbeitsplätzen
◆ la **création d'entreprise** die Firmengründung
◆ la **création du monde** die Erschaffung der Welt
la **Création** [kʀeasjõ] (*in der Religion*) die Schöpfung
créative [kʀeativ] →**créatif**
la **créativité** [kʀeativite] die Kreativität
la **créatrice** [kʀeatʀis] die Schöpferin
la **créature** [kʀeatyʀ] das Lebewesen
la **crèche** [kʀɛʃ] ❶ die Krippe ❷ (*Tagesstätte*) der Hort, der Kinderhort
la **crédibilité** [kʀedibilite] die Glaubwürdigkeit
crédible [kʀedibl] glaubwürdig
le **crédit** [kʀedi] ❶ (*Darlehen*) der Kredit ❷ (*Haben*) das Guthaben ❸ **acheter quelque chose à crédit** etwas auf Raten kaufen
créditer [kʀedite] **créditer un compte de cent euros** einem Konto hundert Euro gutschreiben
crédule [kʀedyl] gutgläubig
la **crédulité** [kʀedylite] die Gutgläubigkeit
créer [kʀee] <*siehe Verbtabelle ab S. 1055*> ❶ schaffen *Bedürfnisse, Arbeitsplätze, Kunstwerk;* gründen *Firma;* kreieren *Produkt;* bereiten *Probleme* ❷ (*religiös*) erschaffen *Welt*
la **crémaillère** [kʀemajɛʀ] **pendre la crémaillère** eine Einweihungsparty geben
le **crématorium** [kʀematɔʀjɔm] das Krematorium
crème [kʀɛm] cremefarben

> **G** Das Farbadjektiv *crème* ist unveränderlich: *des chaussures crème* – cremefarbene Schuhe.

le **crème** [kʀɛm] der Milchkaffee
la **crème** [kʀɛm] ❶ die Creme ❷ (*Milchprodukt*) der Rahm, die Sahne, das Obers Ⓐ; **la crème glacée** die Eiscreme ❸ (*übertragen*) die gesellschaftliche Elite
◆ la **crème de cassis** der Johannisbeerlikör
◆ la **crème chantilly** die Schlagsahne, das Schlagobers Ⓐ
la **crémerie** [⚠ kʀɛmʀi] das Milch- und Eiergeschäft; (*in einem Supermarkt*) die Abteilung mit Milchprodukten und Eiern ▸ **changer de crémerie** woanders hingehen
crémeux, crémeuse [kʀemø, kʀemøz] cremig
le **créneau** [kʀeno] <*Plural:* créneaux> ❶ die Zinne ❷ **faire un créneau** [parallel zum Straßenrand] einparken ❸ (*in der Wirtschaft*) die Marktlücke
créole [kʀeɔl] kreolisch

le **créole** [kʀeɔl] (*Sprache*) das Kreol
le **Créole** [kʀeɔl] der Kreole
la **Créole** [kʀeɔl] die Kreolin
la **crêpe** [kʀɛp] der/die Crêpe, der [hauchdünne] Pfannkuchen
la **crêperie** [kʀɛpʀi] (*Lokal*) das Crêpe-Restaurant, die Crêperie
le **crépi** [kʀepi] der Rauputz, der Putz
crépiter [kʀepite] *Feuer:* knistern
crépu, crépue [kʀepy] gekräuselt
le **crépuscule** [kʀepyskyl] die Dämmerung
le **cresson** [kʀesɔ̃] die Kresse
la **crête** [kʀɛt] *eines Hahns, Berges* der Kamm
la **Crète** [kʀɛt] Kreta
le **crétin** [kʀetɛ̃] (*umgs.*) der Idiot, der Hornochse
crétin, crétine [kʀetɛ̃, kʀetin] (*umgs.*) blöde, blöd
la **crétine** [kʀetin] (*umgs.*) die dumme Kuh
creuser [kʀøze] ❶ graben; bohren *Tunnel;* ziehen *Graben* ❷ graben in *Erde, Sand* ❸ hungrig machen ❹ **se creuser** einfallen; *Fels:* ausgehöhlt werden
le **creux** [kʀø] ❶ die Höhle, das Loch ❷ **le creux de la main** die hohle Hand ▸ **avoir un creux** (*umgs.*) Kohldampf haben
creux, creuse [kʀø, kʀøz] ❶ hohl; *Bauch, Kopf* leer ❷ *Worte* nichts sagend ❸ (*konkav*) nach innen gewölbt ❹ *Gesicht* eingefallen ❺ ruhig; **les heures creuses** die Zeiten außerhalb des Stoßbetriebs
la **crevaison** [kʀəvɛzɔ̃] die Reifenpanne
crevant, crevante [kʀəvɑ̃, kʀəvɑ̃t] (*umgs.*) ❶ mörderisch ❷ (*komisch*) zum Totlachen
la **crevasse** [kʀəvas] der Riss; (*im Eis*) die Gletscherspalte, die Spalte
la **crève** [kʀɛv] (*umgs.*) die böse Erkältung
crevé, crevée [kʀəve] (*umgs.*) kaputt
crever [kʀəve] <*wie peser; siehe Verbtabelle ab S. 1055*> ❶ *Ballon, Reifen:* platzen; *Tüte:* aufplatzen; **le pneu a crevé** der Reifen ist geplatzt ❷ **crever de jalousie** vor Eifersucht platzen ❸ **crever de froid** (*umgs.*) vor Kälte umkommen; **une chaleur à crever** (*umgs.*) eine mörderische Hitze ❹ (*beschädigen*) kaputtstechen *Ballon, Reifen* ❺ **se crever** (*umgs.*) sich kaputtmachen

> Mit *è* schreiben sich
> – die stammbetonten Formen wie *je crève* oder *tu crèves* sowie
> – die auf der Basis der Grundform *crever* gebildeten Formen, z. B. *ils crèveront* und *je crèverais*.

la **crevette** [kʀəvɛt] die Garnele

le **cri** [kʀi] der Schrei; **pousser un cri** einen Schrei ausstoßen
criant, criante [kʀijɑ̃, kʀijɑ̃t] ❶ *Ungerechtigkeit* himmelschreiend ❷ *Beweis* offenkundig
criard, criarde [kʀijaʀ, kʀijaʀd] ❶ *Stimme* keifend ❷ *Farbe* grell
le **crible** [kʀibl] das [grobe] Sieb ▸ **passer quelque chose au crible** etwas genau unter die Lupe nehmen
criblé, criblée [kʀible] ❶ **criblé de balles** von Kugeln durchsiebt ❷ **criblé de dettes** hoch [*oder* total] verschuldet
le **cric** [△ kʀik] die Winde
le **cricket** [△ kʀikɛt] das Kricket
crier [kʀije] <*wie apprécier; siehe Verbtabelle ab S. 1055*> ❶ schreien ❷ rufen; (*mit sehr lauter Stimme*) brüllen; **crier un ordre** einen Befehl brüllen; **crier la vérité** die Wahrheit herausschreien ❸ **crier contre** [*oder* **après**] **quelqu'un** (*umgs.*) jemanden anschnauzen
le **crime** [kʀim] ❶ das Verbrechen ❷ der Mord
la **criminalité** [kʀiminalite] die Kriminalität
le **criminel** [kʀiminɛl] der Verbrecher
criminel, criminelle [kʀiminɛl] kriminell
la **criminelle** [kʀiminɛl] die Verbrecherin
le **crin** [kʀɛ̃] das Rosshaar
la **crinière** [kʀinjɛʀ] die Mähne
la **crique** [kʀik] die kleine Bucht
le **criquet** [kʀikɛ] die Heuschrecke
la **crise** [kʀiz] ❶ die Krise ❷ (*Erkrankung*) **la crise cardiaque** der Herzanfall; **la crise d'appendicite** die Blinddarmentzündung; **la crise de nerfs** der Nervenzusammenbruch; **faire une crise de nerfs** einen Nervenzusammenbruch bekommen
crispé, crispée [kʀispe] verkrampft
crisper [kʀispe] verzerren *Gesicht;* **se crisper** sich verkrampfen
crisser [kʀise] *Reifen, Bremsen:* quietschen
le **cristal** [kʀistal] <*Plural: cristaux*> ❶ der Kristall ❷ (*Mineral*) der Kristall, der Quarzkristall ❸ (*Glassorte*) das Kristallglas, das Kristall
cristallisé, cristallisée [kʀistalize] kristallisiert
les **cristaux** (*männlich*) [kʀisto] *Plural von* **cristal**
le **critère** [kʀitɛʀ] das Kriterium
critique [kʀitik] kritisch
le **critique** [kʀitik] der Kritiker
la **critique** [kʀitik] ❶ die Kritik ❷ (*Person*) die Kritikerin
critiquer [kʀitike] ❶ kritisieren ❷ rezensieren *Buch, Film*
croasser [kʀɔase] krächzen
le **croc** [△ kʀo] der Fangzahn

le **croche-pied** [kʀɔʃpje] <*Plural:* croche-pieds> **faire** un croche-pied à quelqu'un jemandem ein Bein stellen

le **crochet** [kʀɔʃɛ] ❶ der Haken, der Wandhaken ❷ (*zum Häkeln*) die Häkelnadel; **faire du crochet** häkeln ❸ (*Satzzeichen*) die eckige Klammer ❹ (*Umweg*) der Abstecher

crochu, **crochue** [kʀɔʃy] *Schnabel* gekrümmt; *Finger* krumm

le **croco** [kʀɔko] (*umgs.*) *Abkürzung von* **crocodile** das Krokodil

le **crocodile** [kʀɔkɔdil] das Krokodil

le **crocus** [⚠ kʀɔkys] der Krokus

croire [kʀwaʀ] <*siehe Verbtabelle ab S. 1055*> ❶ glauben; **croire à quelque chose** an etwas glauben; **croire en quelque chose** in etwas vertrauen ❷ **croire quelqu'un** jemandem glauben; **je la crois** ich glaube ihr ❸ **il faut croire que ...** es ist anzunehmen, dass ...; **crois-tu que nous réussirons?** glaubst du, dass wir es schaffen werden? ❹ **croire quelqu'un honnête** jemanden für ehrlich halten; **se croire intelligent(e)** sich für intelligent halten ❺ (*religiös*) glauben; **croire en Dieu** an Gott glauben

la **croisade** [kʀwazad] der Kreuzzug

croisé, **croisée** [kʀwaze] **il était là, les jambes croisées** er saß mit übereinandergeschlagenen Beinen da

le **croisement** [kʀwazmɑ̃] die Kreuzung

croiser [kʀwaze] ❶ verschränken *Arme*; übereinanderschlagen *Beine* ❷ kreuzen *Straße, Blick* ❸ [zufällig] treffen *Menschen*; **la voiture qui nous a croisés** das Auto, das uns entgegengekommen ist ❹ (*beim Züchten*) kreuzen ❺ **se croiser** sich [zufällig] treffen

la **croisière** [kʀwazjɛʀ] die Kreuzfahrt

la **croissance** [kʀwasɑ̃s] das Wachstum; *eines Kindes* die Entwicklung

le **croissant** [kʀwasɑ̃] das Croissant
 ◆ le **croissant de lune** die Mondsichel

croissant, **croissante** [kʀwasɑ̃, kʀwasɑ̃t] wachsend; *Anzahl, Zahl* steigend

croître [kʀwatʀ] <*siehe Verbtabelle ab S. 1055*> ❶ wachsen ❷ *Ehrgeiz, Wut:* zunehmen

la **croix** [kʀwa] ❶ das Kreuz ❷ **mettre une croix** ein Kreuzchen machen; **mettre une croix dans une case** ein Kästchen ankreuzen

la **Croix-Rouge** [kʀwaʀuʒ] das Rote Kreuz

croquant, **croquante** [kʀɔkɑ̃, kʀɔkɑ̃t] knusprig

le **croque-madame** [kʀɔkmadam] <*Plural:* croque-madame> *getoastetes Weißbrot mit Käse, Schinken und Spiegelei*

le **croque-monsieur** [kʀɔkməsjø] <*Plural:* croque-monsieur> *getoastetes Weißbrot mit Käse und Schinken*

le **croquemort**, le **croque-mort** [kʀɔkmɔʀ] <*Plural:* croquemorts, croque-morts> (*umgs.*) der Leichenbestatter

croquer [kʀɔke] ❶ knabbern *Keks*; zerbeißen *Bonbons*; **croquer une pomme** [*oder* **dans une pomme**] in einen Apfel beißen ❷ (*zeichnen*) skizzieren

le **croquet** [kʀɔkɛ] das Krocket

la **croquette** [kʀɔkɛt] die Krokette

le **croquis** [kʀɔki] die Skizze

le **cross** [⚠ kʀɔs] <*Plural:* cross> ❶ der Querfeldeinlauf ❷ (*mit dem Motorrad*) das Motocross

la **crosse** [kʀɔs] ❶ *eines Gewehrs* der Kolben; *eines Revolvers* der Griff ❷ (*in der katholischen Kirche*) der Bischofsstab ❸ (*beim Eishockey, Golf*) der Schläger

la **crotte** [kʀɔt] der Kot; *eines Hundes* der Haufen
 ◆ la **crotte de cheval** der Pferdeapfel
 ◆ la **crotte de chien** der Hundehaufen
 ◆ la **crotte de nez** der Popel

crotté, **crottée** [kʀɔte] schmutzig

le **crottin** [kʀɔtɛ̃] ❶ (*bei Eseln*) der Mist; (*bei Pferden*) der Pferdeapfel ❷ *kleiner runder Ziegenkäse*

crouler [kʀule] ❶ *Wand, Haus:* einstürzen ❷ *Reich:* zugrunde gehen ❸ **crouler sous le travail** in Arbeit ertrinken

le **croupier** [kʀupje] der Croupier

la **croupière** [kʀupjɛʀ] die Croupière

croupir [kʀupiʀ] <*wie* agir; *siehe Verbtabelle ab S. 1055*> **croupir en prison** einsitzen

ⓖ Bei einigen Formen des Verbs ist der Stamm um -*iss*- erweitert, etwa bei *nous croupissons, il croupissait* oder *en croupissant*.

croustillant, **croustillante** [kʀustijɑ̃, kʀustijɑ̃t] knusprig, resch Ⓐ

la **croustille** [kʀustij] ⒸⒶⓃ der Kartoffelchip, der Chip

croustiller [kʀustije] knusprig sein, resch sein Ⓐ

la **croûte** [kʀut] ❶ (*bei Brot und Käse*) die Rinde ❷ (*auf einer Wunde*) der Schorf ❸ (*Ablagerung*) die Schicht, der Belag ❹ **la croûte terrestre** die Erdkruste ▸ **casser la croûte** (*umgs.*) eine Kleinigkeit essen

le **croûton** [kʀutɔ̃] der Croûton

croyable [kʀwajabl] **c'est à peine croyable** das ist kaum zu glauben

croyais, croyait [kʀwajɛ] →**croire**

la **croyance** [kʀwajɑ̃s] der Glaube, der Glauben; **la croyance religieuse** der Glaube, die religiöse Überzeugung; **la croyance en Dieu** der Glaube an Gott; **la croyance dans un monde meilleur** der Glaube an eine bessere Welt

croyant [kʀwajɑ̃] →**croire**

le **croyant** [kʀwajɑ̃] der Gläubige

croyant, croyante [kʀwajɑ̃, kʀwajɑ̃t] gläubig, religiös

la **croyante** [kʀwajɑ̃t] die Gläubige

croyons, croyez →**croire**

le **CRS** [seeʀɛs] Abkürzung von **compagnie républicaine de sécurité** der Bereitschaftspolizist / die Bereitschaftspolizistin; **les CRS** ≈ die Bereitschaftspolizei

le **cru** [kʀy] ❶ das Weinanbaugebiet ❷ **un grand cru** ein großer [oder hervorragender] Wein

cru¹, crue [kʀy] →**croire**

cru², crue [kʀy] ❶ Nahrungsmittel roh; **le lait cru** die Rohmilch ❷ Licht grell ❸ Schilderung ungeschminkt

crû, crûe [kʀy] →**croître**

la **cruauté** [kʀyote] die Grausamkeit

la **cruche** [kʀyʃ] der Krug

crucial, cruciale [kʀysjal] <Plural der männl. Form: cruciaux> entscheidend

crucifier [kʀysifje] <wie **apprécier**; siehe Verbtabelle ab S. 1055> kreuzigen

le **crucifix** [⚠ kʀysifi] das Kruzifix

les **crudités** (weiblich) [kʀydite] die Rohkost; (Salat) der Rohkostsalat; **une assiette de crudités** ≈ eine bunte Salatplatte

> **V** Der Plural *les crudités* wird mit einem Singular übersetzt: *ces crudités sont bonnes – dieser Rohkostsalat schmeckt gut.*

la **crue** [kʀy] das Hochwasser

cruel, cruelle [kʀyɛl] grausam

cruellement [kʀyɛlmɑ̃] grausam

le **crustacé** [kʀystase] das Krustentier

le **cube** [kyb] ❶ der Würfel ❷ (zum Spielen) das Holzklötzchen ❸ (in der Mathematik) die Kubikzahl; **quatre au cube** vier hoch drei

cubique [kybik] würfelförmig

le **cubisme** [kybism] der Kubismus

cucu [kyky] (umgs.), **cucul** [kyky] (umgs.) Mensch, Film dämlich, ziemlich dämlich

> **G** Das Adjektiv *cucu* (oder *cucul*) ist unveränderlich: *des photos vraiment cucu – total dämliche Fotos.*

la **cueillette** [kœjɛt] ❶ (Tätigkeit) das Sammeln; von Baumobst das Pflücken; **la cueillette des pommes** die Apfelernte; **la cueillette des champignons** das Pilzesammeln; **la cueillette des fleurs** das Blumenpflücken ❷ (Gesamtheit der gewonnenen Früchte) die Ernte

cueillir [⚠ kœjiʀ] <siehe Verbtabelle ab S. 1055> ernten Obst, Gemüse; sammeln Pilze; pflücken Blumen; lesen Trauben

la **cuiller** [⚠ kɥijɛʀ], la **cuillère** [⚠ kɥijɛʀ] der Löffel

◆ la **cuillère à café**, ◆ la **cuillère à thé** (CAN) der Teelöffel

◆ la **cuillère à soupe**, ◆ la **cuillère à table** (CAN) der Suppenlöffel, der Esslöffel

la **cuillerée** [⚠ kɥijʀe, kɥijeʀe], la **cuillérée** [⚠ kɥijeʀe] **une cuillerée à café de sel** ein Teelöffel Salz; **une cuillerée à soupe de sucre** ein Esslöffel Zucker

le **cuir** [kɥiʀ] ❶ das Leder ❷ **le cuir chevelu** die Kopfhaut

la **cuirasse** [kɥiʀas] ❶ die Panzerung, der Panzer ❷ (Teil einer Rüstung) der Harnisch, der Brustharnisch

cuire [kɥiʀ] <wie **conduire**; siehe Verbtabelle ab S. 1055> ❶ kochen; (mit wenig Flüssigkeit) garen; (in der Pfanne) braten ❷ (im Ofen) backen Brot, Kuchen; garen Fleisch

cuisant, cuisante [kɥizɑ̃, kɥizɑ̃t] Enttäuschung, Niederlage bitter

la **cuisine** [kɥizin] ❶ die Küche ❷ (Essenszubereitung) das Kochen; **faire la cuisine** kochen

cuisiner [kɥizine] ❶ kochen ❷ **cuisiner quelqu'un** (umgs.) jemanden in die Mangel nehmen

le **cuisinier** [kɥizinje] der Koch

la **cuisinière** [kɥizinjɛʀ] ❶ die Köchin ❷ der Herd, der Küchenherd

la **cuissarde** [kɥisaʀd] der kniehohe Stiefel

la **cuisse** [kɥis] ❶ der Schenkel ❷ (bei Geflügel, Wild) die Keule

la **cuisson** [kɥisɔ̃] ❶ das Garen, das Kochen; eines Bratens die Zubereitung; von Brot, Kuchen das Backen ❷ (Dauer) die Garzeit; von Gekochtem, Gedünstetem die Kochzeit; von Gebratenem die Bratzeit; von Gebackenem die Backzeit

le **cuistot** [kɥisto] (umgs.) der Küchenmeister

cuit¹, cuite [kɥi, kɥit] →**cuire**

cuit², cuite [kɥi, kɥit] gar; Gemüse, Schinken gekocht; Steak gebraten; Brot, Kuchen gebacken ▸ **c'est du tout cuit** da kann überhaupt nichts mehr schiefgehen

la **cuite** [kɥit] (umgs.) **prendre une cuite** sich

einen antrinken, sich die Kante geben
le **cuivre** [kɥivʀ] **①** das Kupfer **②** (*in der Musik*) **les cuivres** die Blechblasinstrumente
cuivré, cuivrée [kɥivʀe] kupferfarben
le **cul** [⚠ ky] (*salopp*) der Hintern ▸ **être comme cul et chemise avec quelqu'un** ein Herz und eine Seele mit jemandem sein; **faire cul sec** ex trinken; **ne pas avoir de cul** (*salopp*) die Arschkarte ziehen
la **culbute** [kylbyt] **①** der Purzelbaum; **faire une culbute** einen Purzelbaum schlagen **②** **faire une culbute/des culbutes dans l'escalier** kopfüber die Treppe hinunterfallen
culbuter [kylbyte] **①** stürzen; **le pêcheur a culbuté dans l'étang** der Angler ist in den Teich gestürzt **②** umrennen *Fußgänger*; umwerfen *Tisch*
le **cul-de-jatte** [kydʒat] <*Plural:* culs-de-jatte> der beinlose Krüppel
la **cul-de-jatte** [kydʒat] <*Plural:* culs-de-jatte> der beinlose Krüppel
le **cul-de-sac** [kydsak] <*Plural:* culs-de-sac> die Sackgasse
culinaire [kylinɛʀ] Koch-; **l'art culinaire** die Kochkunst
le **culot** [kylo] **①** *einer Glühlampe* der Sockel **②** **avoir du culot** (*umgs.*) ganz schön unverschämt sein
la **culotte** [kylɔt] die Unterhose
culotté, culottée [kylɔte] dreist
culpabiliser [kylpabilize] **①** sich schuldig fühlen **②** **culpabiliser quelqu'un** jemandem Schuldgefühle machen
la **culpabilité** [kylpabilite] die Schuld
le **culte** [kylt] **①** der Kult **②** die Religion **③** (*in der protestantischen Kirche*) der Gottesdienst
cultivable [kyltivabl] bebaubar
le **cultivateur** [kyltivatœʀ] der Landwirt
la **cultivatrice** [kyltivatʀis] die Landwirtin
cultivé, cultivée [kyltive] **①** *Person* gebildet **②** *Land* bebaut
cultiver [kyltive] **①** anbauen **②** schulen, üben *Gedächtnis, Talent* **③** pflegen *Beziehungen* **④** **se cultiver** sich bilden
la **culture** [kyltyʀ] **①** die Kultur **②** *eines Feldes* das Bebauen **③** der Anbau; **la culture de la vigne** der Weinbau **④** **les cultures** die bestellten Felder **⑤** (*Erlerntes*) die Bildung; (*Fachkenntnisse*) das Wissen; **la culture générale** die Allgemeinbildung
culturel, culturelle [kyltyʀɛl] kulturell, Kultur-; **le centre culturel** das Kulturzentrum; **l'échange culturel** der Kulturaustausch; **le**

voyage culturel die Bildungsreise
le **culturisme** [kyltyʀism] das Bodybuilding
le **cumin** [kymɛ̃] der Kümmel
le **cumul** [kymyl] die Häufung
cumuler [kymyle] **①** häufen **②** **cumuler des erreurs** Fehler über Fehler machen
la **cure** [kyʀ] die Kur; **la cure de désintoxication** die Entziehungskur
le **curé** [kyʀe] der Pfarrer
le **cure-dent** [kyʀdɑ̃] <*Plural:* cure-dents> der Zahnstocher
curer [kyʀe] **①** reinigen **②** **se curer les ongles** sich die Nägel sauber machen
la **curieuse** [kyʀjøz] **①** der neugierige Mensch, die Neugierige **②** (*neugieriges Kind*) der Naseweis; **petite curieuse!** du kleiner Naseweis!
le **curieux** [kyʀjø] **①** der neugierige Mensch, der Neugierige; **les curieux** (*bei einem Unfall, einem Unglück*) die Schaulustigen **②** (*neugieriges Kind*) der Naseweis; **petit curieux!** du kleiner Naseweis!
curieux, curieuse [kyʀjø, kyʀjøz] **①** neugierig **②** **être curieux d'apprendre les dernières nouvelles** gespannt auf die neuesten Nachrichten warten; **elle est curieuse de savoir si ...** sie möchte [gern] wissen, ob ... **③** seltsam; **un curieux personnage** ein komischer Kauz *oder* Vogel; **une curieuse façon de s'y prendre** eine seltsame Methode; **ce qui est curieux, c'est que ...** das Seltsame [daran] ist, dass ...
la **curiosité** [kyʀjozite] **①** die Neugier, die Neugierde **②** *einer Stadt, Gegend* die Sehenswürdigkeit **③** (*Seltenheit*) die Rarität
le **curiste** [kyʀist] der Kurgast
la **curiste** [kyʀist] der Kurgast
le **curriculum** [kyʀikylɔm] <*Plural:* curriculums> der Lebenslauf
le **curriculum vitæ** [kyʀikylɔm vite] <*Plural:* curriculum vitæ> der Lebenslauf
le **curry** [kyʀi] (*Gewürz*) der/das Curry
le **curseur** [kyʀsœʀ] (*in der Informatik*) der Cursor
la **cuve** [kyv] der Tank; (*offener Behälter*) der Bottich
▸ la **cuve à vin** die Bütte
la **cuvée** [kyve] der Jahrgang
la **cuvette** [kyvɛt] **①** die Waschschüssel **②** *einer Spüle* das Becken; *eines WCs* die Schüssel **③** (*geografisch*) der Kessel
le **CV¹** [seve] *Abkürzung von* **curriculum vitæ** der Lebenslauf
le **CV²** [seve] *Abkürzung von* **cheval fiscal** *vom Hubraum des Fahrzeugs abhängige Rechen-*

einheit für die Bemessung der Kfz-Steuer
le **cyanure** [sjanyʀ] das Zyanid
la **cyberboutique** [sibɛʀbutik] (*im Internet*) die Shopping-Mall
le **cybercafé** [sibɛʀkafe] das Internetcafé
le **cyberespace** [sibɛʀɛspas] der Cyberspace
le **cybernaute** [sibɛʀnot] der Internetsurfer, der Surfer
la **cybernaute** [sibɛʀnot] die Internetsurferin, die Surferin
le **cycle** [sikl] ❶ der Zyklus ❷ (*in der Astronomie und Ökonomie*) der Kreislauf ❸ **le cycle menstruel** der Zyklus ❹ (*in der Schule*) **le premier cycle** ≈ die Unter- und Mittelstufe; **le deuxième cycle** ≈ die Oberstufe; **le cycle d'orientation** die Orientierungsstufe (*Orientierungsphase im 8. und 9. Schuljahr, die zur Wahl der Schwerpunktfächer im Abitur dient*)
cyclique [siklik] zyklisch
le **cyclisme** [siklism] der Radsport
cycliste [siklist] Rad-; **le coureur cycliste** der Radrennfahrer; **la course cycliste** das Radrennen
le **cycliste** [siklist] der Radfahrer
la **cycliste** [siklist] die Radfahrerin
le **cyclomoteur** [siklomɔtœʀ] das Fahrrad mit Hilfsmotor
le **cyclone** [siklon] der Zyklon
le **cygne** [siɲ] der Schwan
le **cylindre** [silɛ̃dʀ] ❶ der Zylinder ❷ (*Rolle*) die Walze
la **cylindrée** [silɛ̃dʀe] ❶ der Hubraum ❷ **la grosse cylindrée** das Auto/das Motorrad mit viel Hubraum
cylindrique [silɛ̃dʀik] zylindrisch
la **cymbale** [sɛ̃bal] (*in der Musik*) das Becken
cynique [sinik] zynisch
le **cynique** [sinik] der Zyniker
la **cynique** [sinik] die Zynikerin
le **cynisme** [sinism] der Zynismus
le **cyprès** [⚠ sipʀɛ] ⚠ männlich die Zypresse
cypriote [sipʀijɔt] zypriotisch
le **Cypriote** [sipʀijɔt] der Zypriot
la **Cypriote** [sipʀijɔt] die Zypriotin

D

le **d**, le **D** [de] das d, das D
d'[1] [d] <*steht an Stelle von* **de** *vor Vokal und stummem h*> ❶ (*räumlich*) **d'Épinal** von Épinal [aus]; **d'ici à là** von hier bis dort; **le train d'Aix-la-Chapelle** (*von dort kommend*) der Zug aus Aachen; (*dorthin fahrend*) der Zug nach Aachen ❷ (*bei Angaben des Besitzes, der Zugehörigkeit*) **les chaussures d'Anne** Annes Schuhe; **les enfants d'Antoine** Antoines Kinder; **le Nord d'Ibiza** der Norden Ibizas ❸ (*bei Angaben der Abstammung oder Herkunft*) **venir d'Angleterre** aus England stammen; **la mode d'Italie** die italienische Mode; **tu es d'où?** woher bist du? ❹ (*bei Angaben des Materials*) aus; **d'acier** aus Stahl ❺ (*bei Angaben der Bestimmung, des Zwecks*) **la porte d'entrée** die Eingangstür ❻ (*bei Angaben des Inhalts*) **une bouteille d'eau** eine Flasche Wasser ❼ (*bei Angaben des Alters*) **une fille d'environ douze ans** ein etwa zwölfjähriges Mädchen ❽ (*bei Angaben der Ursache*) **mourir d'un cancer** an Krebs sterben ❾ (*in Verbindung mit Eigennamen*) **la principauté d'Andorra** das Fürstentum Andorra; **cet idiot d'Antoine!** dieser blöde Antoine! ❿ (*bei Angaben der Art und Weise, des Mittels*) mit; **d'un geste lent** mit einer langsamen Bewegung; **nettoyer ses chaussures d'un vieux chiffon** seine Schuhe mit einem alten Lappen putzen; **vider son verre d'un seul trait** seinen Glas in einem Zug leeren
d'[2] [d] <*steht an Stelle von* **de** *vor Vokal und stummem h*> *verneinter Teilungsartikel* **il n'y a plus d'eau** es ist kein Wasser mehr da; **il ne boit pas d'alcool** er trinkt keinen Alkohol
d'abord [dabɔʀ] ❶ zuerst; **tout d'abord** zuallererst ❷ **d'abord, tu n'avais qu'à téléphoner** (*umgs.*) also, du hättest einfach nur anzurufen brauchen; **et d'abord, ...** und überhaupt, ...
d'accord [dakɔʀ] einverstanden; **être d'accord** sich einig sein; **se mettre d'accord** sich einigen; **se mettre d'accord avec quelqu'un** sich mit jemandem einigen
le **dactylo** [daktilo] *Abkürzung von* **dactylographe** die Schreibkraft
la **dactylo** [daktilo] ❶ *Abkürzung von* **dactylographe** die Schreibkraft ❷ *Abkürzung von*

dactylographie das Maschine[n]schreiben
le **dahlia** [dalja] ⚠ *männlich* die Dahlie
d'ailleurs [dajœʀ] übrigens
le **daim** [dɛ̃] ① das Damwild ② (*männliches Tier*) der Damhirsch ③ (*Leder*) das Wildleder
la **dalle** [dal] die Steinplatte, die Platte ▸ **avoir la dalle** (*umgs.*) Kohldampf haben; **comprendre que dalle** nur Bahnhof verstehen
la **dame** [dam] ① die Dame, die Frau ② (*Spielkarte, Spielstein*) die Dame; **la dame de trèfle** die Kreuzdame; **jouer aux dames** Dame spielen
le **damier** [damje] das Damebrett
le **damné** [⚠ dane] der Verdammte
damné, damnée [⚠ dane] (*umgs.*) verdammt; **ce damné brouillard** dieser verdammte Nebel
la **damnée** [⚠ dane] die Verdammte
le **Danemark** [danmaʀk] Dänemark
le **danger** [dɑ̃ʒe] die Gefahr; **courir un danger** sich in Gefahr begeben; **mettre quelqu'un en danger** jemanden in Gefahr bringen; **"Attention danger!"** „Vorsicht!"; **"Danger de mort!"** „Lebensgefahr!"
dangereusement [dɑ̃ʒʀøzmɑ̃] gefährlich
dangereux, dangereuse [dɑ̃ʒʀø, dɑ̃ʒʀøz] gefährlich
le **danois** [danwa] Dänisch; *siehe auch* **allemand**

G In Verbindung mit dem Verb *parler* kann der Artikel entfallen: *elle parle danois – sie spricht Dänisch.*

danois, danoise [danwa, danwaz] dänisch
le **Danois** [danwa] der Däne
la **Danoise** [danwaz] die Dänin
dans [dɑ̃] ① (*räumlich*) in; **dans sa chambre** in seinem/ihrem Zimmer; **jouer dans la cour** im [*oder* auf dem] Hof spielen; **dans le grenier** auf dem Dachboden; **se promener dans les rues** durch die Straßen spazieren; **rentrer dans un arbre** gegen einen Baum fahren; **porter un bébé dans ses bras** ein Baby auf dem Arm tragen ② (*zeitlich*) **dans sa jeunesse** in seiner/ihrer Kindheit; **dans la semaine** unter der Woche, im Laufe der Woche; **dans une heure** in einer Stunde ③ **boire dans un verre** aus einem Glas trinken ④ **dans ces conditions** unter diesen Bedingungen; **travailler dans les ordinateurs** in der Computerbranche arbeiten
dansant, dansante [dɑ̃sɑ̃, dɑ̃sɑ̃t] Tanz-; **la soirée dansante** der Tanzabend
la **danse** [dɑ̃s] ① (*Tätigkeit*) das Tanzen; **la danse classique** das Ballett ② (*festgelegte Schritt- und Figurenfolge*) der Tanz
danser [dɑ̃se] ① tanzen ② *Flammen:* flackern
le **danseur** [dɑ̃sœʀ] der Tänzer
la **danseuse** [dɑ̃søz] die Tänzerin
le **Danube** [danyb] ⚠ *männlich* die Donau
d'après [dapʀɛ] **d'après les journalistes** nach dem, was die Journalisten sagen/sagten; **d'après la météo** nach der Wettervorhersage
la **DASS** [das] *Abkürzung von* **Direction d'action sanitaire et sociale** Leitung des Sozial- und Gesundheitswesens
la **date** [dat] das Datum; **à quelle date?** wann?
◆ la **date de mariage** der Hochzeitstag
◆ la **date de naissance** der Geburtstag
dater [date] ① datieren ② **cette décision date de quelques jours** diese Entscheidung ist vor einigen Tagen getroffen worden
le **datif** [datif] der Dativ
le **dauphin** [dofɛ̃] der Delphin
davantage [davɑ̃taʒ] ① (*mengenmäßig*) mehr, noch mehr ② (*zeitlich*) länger, noch länger
de¹ [də] ① (*räumlich*) **de Paris** von Paris [aus]; **de la rue à l'immeuble** von der Straße bis zum Gebäude; **le train de Paris** (*von dort kommend*) der Zug aus Paris; (*dorthin fahrend*) der Zug nach Paris ② (*zeitlich*) **de lundi à vendredi** von Montag bis Freitag ③ (*bei Angaben des Besitzes, der Zugehörigkeit*) **les chaussures de mon frère** die Schuhe meines Bruders; **les enfants de Paul** Pauls Kinder; **le Sud de Paris** der Süden von Paris ④ (*bei Angaben der Abstammung oder Herkunft*) **venir de l'Allemagne** aus Deutschland stammen; **la mode de Paris** die Pariser Mode; **tu viens de quelle ville?** aus welcher Stadt kommst du? ⑤ (*bei Angaben des Materials*) aus; **de fer** aus Eisen ⑥ (*bei Angaben der Bestimmung, des Zwecks*) **la roue de secours** das Ersatzrad ⑦ (*bei Angaben des Inhalts*) **un verre de limonade** ein Glas Limonade ⑧ (*bei Altersangaben*) **un garçon de dix ans** ein zehnjähriger Junge ⑨ (*in Verbindung mit Eigennamen*) **la ville de Paris** die Stadt Paris; **cet idiot de Robert!** dieser blöde Robert! ⑩ (*bei Angaben der Ursache*) **mourir de la grippe** an Grippe sterben ⑪ (*bei Angaben der Art und Weise, des Mittels*) mit; **faire signe de la main** [mit der Hand] winken; **taper de toutes ses forces** mit aller Kraft zuschlagen; *siehe auch* **d'¹, des¹, du¹**
de² [də] *Teilungsartikel* **boire de l'eau** Was-

ser trinken; **manger de la soupe** Suppe essen; **il y a encore de la farine** es ist noch Mehl da; **il ne boit pas de café** er trinkt keinen Kaffee; *écouter de la musique* Musik hören; *siehe auch* **d'**[1], **des**[2], **du**[2]

le **dé**[1] [de] der Würfel; **jouer aux dés** würfeln; **jeter les dés** würfeln

le **dé**[2] [de] **le dé [à coudre]** der Fingerhut

dealer [dile] (*umgs.*) verticken

le **dealer** [⚠ dilœʀ] (*umgs.*) der Dealer/die Dealerin, der Drogenhändler/die Drogenhändlerin

ⓖ Es gibt im Französischen keine Femininform: *Lise, c'est un dealer – Lise ist eine Dealerin.*

le **déballage** [debalaʒ] ❶ *eines Pakets* das Auspacken ❷ (*umgs.: Durcheinander*) das Chaos ❸ (*umgs.: Geständnis*) der Herzenserguss, der Erguss

déballer [debale] auspacken

débander [debɑ̃de] ❶ **débander le poignet** den Verband vom Handgelenk abnehmen ❷ (*sexuell*) **il débande** (*umgs.*) er wird schlaff

débarbouiller [debaʀbuje] **débarbouiller quelqu'un** jemandem das Gesicht waschen

le **débarquement** [debaʀkəmɑ̃] ❶ *von Fahrgästen* das Aussteigen ❷ *von Waren* das Ausladen ❸ *von Truppen* die Landung

débarquer [debaʀke] ❶ *von Bord gehen; Fluggast:* aussteigen ❷ *Truppen:* landen ❸ (*an Land befördern*) von Bord gehen lassen *Passagier;* löschen *Schiffsfracht* ❹ **débarquer chez quelqu'un** (*umgs.*) bei jemandem aufkreuzen

le **débarras** [debaʀɑ] der Abstellraum ▶ **bon débarras!** den/die/das sind wir los!

débarrasser [debaʀɑse] ❶ ausräumen *Zimmer;* entrümpeln *Speicher;* abdecken *Tisch* ❷ **débarrasser quelqu'un de son manteau** jemandem aus dem Mantel helfen; **se débarrasser de son manteau** seinen Mantel ablegen ❸ **se débarrasser de vieux livres** alte Bücher weggeben; **se débarrasser d'une affaire** sich einer Sache entledigen ❹ **se débarrasser de quelqu'un** sich jemanden vom Hals schaffen

le **débat** [deba] die Diskussion; **le débat télévisé** die Diskussionssendung im Fernsehen

débattre [debatʀ] <*wie* battre; *siehe Verbtabelle ab S. 1055*> ❶ **débattre quelque chose** über etwas diskutieren ❷ aushandeln *Preis;* **"Prix à débattre"** „Preis [ist] Verhandlungssache" ❸ **se débattre** um sich schlagen

la **débauche** [deboʃ] die Ausschweifung

débaucher [deboʃe] ❶ entlassen ❷ **se débaucher** ein ausschweifendes Leben führen

débile [debil] ❶ blöd, schwachsinnig ❷ (*in der Medizin*) geistig behindert

la **débilité** [debilite] (*umgs.*) der Schwachsinn

le **débit** [debi] ❶ *einer Leitung* die Durchflussmenge; *eines Flusses* die Wasserführung ❷ (*beim Sprechen*) der Redefluss ❸ (*finanziell*) das Soll

débiter [debite] ❶ **débiter un compte de cent euros** ein Konto mit hundert Euro belasten ❷ verkaufen, absetzen ❸ **débiter des sottises** Dummheiten verzapfen ❹ (*erzeugen*) ausstoßen ❺ zerteilen *Baumstamm, Schlachttier;* zerschneiden *Stoff*

le **débiteur** [debitœʀ] der Schuldner

la **débitrice** [debitʀis] die Schuldnerin

le **déblocage** [deblɔkaʒ] *einer Situation* die Verbesserung; *einer Krise* die Überwindung

débloquer [deblɔke] ❶ lösen *Bremse, Schraube;* lockern *Mutter;* entriegeln *Schloss;* wieder aufbekommen *Tür* ❷ (*umgs.*) rumspinnen, dummes Zeug reden

débordant, débordante [debɔʀdɑ̃, debɔʀdɑ̃t] *Geschäftigkeit* rastlos; *Fantasie* blühend

débordé, débordée [debɔʀde] überlastet

le **débordement** [debɔʀdəmɑ̃] ❶ *einer Flüssigkeit* das Überlaufen ❷ **le débordement de paroles** der Wortschwall ❸ **les débordements** die Ausschreitungen

déborder [debɔʀde] ❶ *Wasser:* überlaufen; *Fluss:* über die Ufer treten ❷ **déborder de joie** vor Freude außer sich sein ❸ **être débordé(e) par quelque chose** von etwas überfordert werden/sein

le **débouché** [debuʃe] ❶ der Absatzmarkt ❷ (*Perspektive*) **les débouchés** die Berufsaussichten ❸ *einer Straße* die Einmündung

déboucher [debuʃe] ❶ frei bekommen *Nase;* frei machen *Abfluss;* **se déboucher** *Nase, Abfluss:* wieder frei werden ❷ entkorken *Flasche* ❸ *Fußgänger:* hervorkommen; *Fahrzeug:* herausgefahren kommen ❹ **déboucher dans** (*oder* **sur**) **une rue** *Person:* auf eine Straße stoßen; *Weg:* in eine Straße einmünden ❺ **déboucher sur quelque chose** *Diskussion:* zu etwas führen

déboucler [debukle] aufmachen *Gürtel;* lösen *Sicherheitsgurt, Gurt*

débouler [debule] (*umgs.*) **débouler chez quelqu'un** bei jemandem hereingeschneit kommen

débourser [debuʀse] ausgeben; **débourser de l'argent** Geld ausgeben

debout [d(ə)bu] ❶ **se mettre debout** aufstehen; **être debout** stehen; **rester debout** stehen bleiben; **manger debout** im Stehen essen ❷ **ranger quelque chose debout sur l'étagère** etwas [aufrecht] ins Regal stellen ❸ (*wach*) **être debout** auf sein; **rester debout** aufbleiben ❹ **ne plus tenir debout** sich nicht mehr auf den Beinen halten können

déboutonner [debutɔne] aufknöpfen

débrancher [debʀɑ̃ʃe] **débrancher la lampe** den Stecker der Lampe herausziehen

débrayer [debʀeje] <*wie essayer; siehe Verbtabelle ab S. 1055*> auskuppeln, die Kupplung treten

> Ü Einige Formen dieses Verbs schreiben sich mit *y*, andere mit *i*.
> Direkt vor einer betonten Endungssilbe steht immer ein *y*, z. B. in *nous débrayons* und *ils débrayaient*.
> Vor einem unbetonten *e* können *i* oder *y* stehen, z. B. in *je débraie* oder *je débraye*.

les **débris** (*männlich*) [debʀi] die Überreste; **les débris de verre** die Glasscherben

le **débrouillard** [debʀujaʀ] (*umgs.*) der Pfiffikus, der Schlaumeier

débrouillard, débrouillarde [debʀujaʀ, debʀujaʀd] (*umgs.*) pfiffig

la **débrouillarde** [debʀujaʀd] (*umgs.*) der Pfiffikus, der Schlaumeier

débrouiller [debʀuje] ❶ aufklären *Verbrechen;* **débrouiller une affaire** in eine Sache Klarheit bringen ❷ **se débrouiller** (*umgs.*) zurechtkommen

débroussailler [debʀusaje] vom Gestrüpp befreien

le **début** [deby] ❶ der Anfang, der Beginn; **au début du film** zu Beginn des Films ❷ **les débuts** eines Sängers, einer Schauspielerin das Debüt

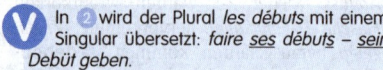

> V In ❷ wird der Plural *les débuts* mit einem Singular übersetzt: *faire ses débuts – sein Debüt geben*.

le **débutant** [debytɑ̃] der Anfänger

débutant, débutante [debytɑ̃, debytɑ̃t] unerfahren

la **débutante** [debytɑ̃t] die Anfängerin

débuter [debyte] anfangen, beginnen; **débuter au théâtre** beim Theater debütieren

le **déca** [deka] (*umgs.*) der koffeinfreie Kaffee

la **décadence** [dekadɑ̃s] *einer Zivilisation* der Niedergang; *der Sitten* der Verfall

le **décaféiné** [dekafeine] der koffeinfreie Kaffee

le **décalage** [dekalaʒ] ❶ *einer Sendung* die Verschiebung; **un léger décalage d'horaire** eine leichte Verschiebung ❷ (*Unterschied*) der Widerspruch ❸ **le décalage horaire** (*zwischen zwei Zeitzonen*) der Zeitunterschied

décalé, décalée [dekale] versetzt

décaler [dekale] ❶ verschieben *Abreise;* **décaler le rendez-vous d'un jour** den Termin um einen Tag verschieben ❷ verrücken *Möbel, Gerät;* versetzen *Titel, Absatz* ❸ **se décaler** weiter rücken

décalquer [dekalke] abpausen; **décalquer un dessin sur un livre** eine Zeichnung aus einem Buch abpausen

décamper [dekɑ̃pe] (*umgs.*) sich aus dem Staub machen

décapant, décapante [dekapɑ̃, dekapɑ̃t] ❶ Beiz-, Abbeiz-; **le produit décapant** das Beizmittel ❷ *Artikel, Humor* bissig

décaper [dekape] beizen *Metall, Holz;* abbeizen *Möbel*

décapiter [dekapite] köpfen

décapotable [dekapɔtabl] *Auto* mit aufklappbarem Verdeck

la **décapotable** [dekapɔtabl] das Kabrio, das Cabrio

décapsuler [dekapsyle] aufmachen, öffnen *Flasche, Dose*

le **décapsuleur** [dekapsylœʀ] der Flaschenöffner

le **décathlon** [dekatlɔ̃] der Zehnkampf

décéder [desede] <*wie préférer; siehe Verbtabelle ab S. 1055*> (*formell*) versterben; **décéder de quelque chose** an etwas sterben

> Ü Nur die stammbetonten Formen schreiben sich mit *è*, z. B. *il décède*.

déceler [des(ə)le] <*wie peser; siehe Verbtabelle ab S. 1055*> entdecken; herausfinden *Grund, Ursache*

> Ü Mit *è* schreiben sich
> – die stammbetonten Formen wie *je décèle* oder *tu décèles* sowie
> – die auf der Basis der Grundform *déceler* gebildeten Formen, z. B. *ils décèleront* und *je décèlerais*.

décembre [desɑ̃bʀ] ❶ der Dezember; **en décembre** im Dezember; **début décembre** Anfang Dezember; **fin décembre** Ende Dezember; **pendant tout le mois de décembre** den ganzen Dezember über ❷ **le 20**

décembre, c'est mon anniversaire am 20. Dezember habe ich Geburtstag

G Der französische Monatsname ist männlich; er wird ohne den bestimmten Artikel gebraucht.
Bei einer präzisen Datumsangabe, wie sie in ❷ aufgeführt ist, steht der Artikel jedoch, und zwar wegen der Zahl:
elle est née le vingt – sie ist am Zwanzigsten geboren;
elle est née le vingt décembre – sie ist am zwanzigsten Dezember geboren.

la **décence** [desɑ̃s] der Anstand
la **décennie** [deseni] das Jahrzehnt
décent, décente [desɑ̃, desɑ̃t] anständig
la **décentralisation** [desɑ̃tralizasjɔ̃] die Dezentralisierung
décentraliser [desɑ̃tralize] dezentralisieren
la **déception** [desɛpsjɔ̃] die Enttäuschung
décerner [desɛrne] verleihen *Preis*
le **décès** [desɛ] (*formell*) das Ableben
décevant, décevante [des(ə)vɑ̃, des(ə)vɑ̃t] enttäuschend
décevoir [des(ə)vwar] <wie apercevoir; siehe Verbtabelle ab S. 1055> enttäuschen; **cette ville m'a déçu(e)** ich bin von dieser Stadt enttäuscht
déchaîné, déchaînée [deʃene] *Wind, Meer, Leidenschaft* stürmisch; **être déchaîné** *Kind, Menge:* außer Rand und Band sein
le **déchaînement** [deʃɛnmɑ̃] ❶ *eines Unwetters* das Losbrechen; **avant le déchaînement de la tempête** bevor das Unwetter losbrach ❷ *von Hass, Gewalt* der Ausbruch
déchaîner [deʃene] ❶ entfesseln *Leidenschaft* ❷ **se déchaîner** toben
déchanter [deʃɑ̃te] (*umgs.*) seine Illusionen aufgeben
la **décharge** [deʃarʒ] ❶ die Mülldeponie, die Müllkippe ❷ der Schuss; **une décharge de plombs** eine Ladung Schrot ❸ **la décharge [électrique]** der [elektrische] Schlag
le **déchargement** [deʃarʒəmɑ̃] *eines Lastwagens* das Ausladen; *eines Schiffs* das Löschen
décharger [deʃarʒe] <wie changer; siehe Verbtabelle ab S. 1055> ❶ ausladen *Auto;* löschen *Schiff* ❷ **décharger quelqu'un de ses bagages** jemandem sein Gepäck abnehmen ❸ (*juristisch*) entlasten ❹ **se décharger** *Batterie:* sich entladen ❺ **se décharger d'un travail sur quelqu'un** eine Arbeit auf jemanden abwälzen
déchausser [deʃose] ❶ abschnallen *Skier* ❷ **se déchausser** *Mensch:* sich die Schuhe ausziehen; *Zahn:* locker werden

Ü Vor *a* und *o* bleibt das *e* erhalten, z.B.: *nous déchargeons, il déchargeait* und *en déchargeant*.

la **déchéance** [deʃeɑ̃s] der Verfall; *einer Zivilisation* der Untergang
les **déchets** (*männlich*) [deʃɛ] der Müll, der Abfall; **les déchets biodégradables** der Biomüll; **les déchets nucléaires** der Atommüll

V Der Plural *les déchets* wird mit einem Singular übersetzt: *ces déchets sont toxiques – dieser Müll ist giftig.*

déchiffrer [deʃifre] ❶ entschlüsseln *Code, Nachricht* ❷ entziffern *Text, Hieroglyphen*
déchiqueté, déchiquetée [deʃikte] *Blatt* gezackt
déchiré, déchirée [deʃire] zerrissen
le **déchirement** [deʃirmɑ̃] (*Betrübnis*) der große Kummer
déchirer [deʃire] ❶ zerreißen *Papier, Stoff;* aufreißen *Hose;* **déchirer quelque chose en morceaux** etwas in Stücke reißen ❷ **déchirer quelqu'un** jemandem das Herz zerreißen ❸ spalten *Partei, Land* ❹ **se déchirer** *Tüte:* reißen, aufreißen; *Kleidung:* einen Riss bekommen ❺ **se déchirer** *Menschen:* sich gegenseitig zerfleischen
la **déchirure** [deʃiryr] der Riss
décidé, décidée [deside] *Miene, Mensch* entschlossen; *Ton* bestimmt
décidément [desidemɑ̃] also wirklich
décider [deside] ❶ beschließen; **décider de quelque chose** über etwas entscheiden [*oder* bestimmen]; **décider de faire quelque chose** beschließen etwas zu tun ❷ **décider quelqu'un à faire quelque chose** jemanden dazu bewegen, etwas zu tun ❸ **se décider** sich entscheiden; **se décider à abandonner** sich dazu entschließen aufzugeben
décisif, décisive [desizif, desiziv] *Augenblick, Schlacht* entscheidend; *Argument* ausschlaggebend
la **décision** [desizjɔ̃] ❶ die Entscheidung, der Entschluss, der Entscheid (CH); **prendre une décision** einen Entschluss fassen, einen Entscheid fassen (CH) ❷ *einer Versammlung* der Beschluss; *eines Gerichts* der Entscheid
la **déclaration** [deklarasjɔ̃] ❶ die [öffentliche] Erklärung; **faire une déclaration** eine Erklärung abgeben ❷ die Aussage ❸ *einer Geburt, eines Todesfalls* die Meldung, die Anzeige ❹ (*Formular*) die Meldung
◆ la **déclaration d'amour** die Liebeserklärung

◆ la **déclaration des droits de l'homme et du citoyen** die Erklärung der Menschen- und Bürgerrechte
déclarer [deklaʀe] ❶ erklären; **déclarer son amour à quelqu'un** jemandem eine Liebeserklärung machen ❷ anmelden *Mitarbeiter, Ware;* melden *Geburt, Todesfall;* **vous avez quelque chose à déclarer?** haben Sie etwas zu verzollen? ❸ **se déclarer** *Feuer, Gewitter, Krankheit:* ausbrechen ❹ **se déclarer pour/contre quelque chose** sich für/gegen etwas aussprechen
le **déclenchement** [deklɑ̃ʃmɑ̃] das Auslösen
déclencher [deklɑ̃ʃe] ❶ auslösen ❷ **se déclencher** *Mechanismus:* ausgelöst werden
la **déclinaison** [deklinɛzɔ̃] (*in der Grammatik*) die Deklination
décliner [dekline] ❶ ablehnen *Einladung* ❷ (*in der Grammatik*) deklinieren ❸ *Tag:* sich neigen; *Kräfte:* schwinden
décoder [dekɔde] dekodieren
le **décodeur** [dekɔdœʀ] (*in der Elektronik*) der Decoder
décoiffer [dekwafe] zerzausen
déçois, déçoit [deswa] →**décevoir**
le **décollage** [dekɔlaʒ] der Start
décoller [dekɔle] ❶ ablösen *Briefmarke;* **se décoller** sich lösen ❷ *Flugzeug:* abheben ❸ *Wirtschaft:* einen Aufschwung erleben ▶ **ne pas décoller de chez quelqu'un** (*umgs.*) bei jemandem hängen bleiben, bei jemandem Wurzeln schlagen
le **décolleté** [dekɔlte] das Dekolletee
décolleté, décolletée [dekɔlte] ausgeschnitten
la **décolonisation** [dekɔlɔnizasjɔ̃] die Entkolonisierung
le **décolorant** [dekɔlɔʀɑ̃] das Bleichmittel
décolorant, décolorante [dekɔlɔʀɑ̃, dekɔlɔʀɑ̃t] Bleich-; **le produit décolorant** das Bleichmittel
la **décoloration** [dekɔlɔʀasjɔ̃] das Bleichen; *der Haare* das Aufhellen
décoloré, décolorée [dekɔlɔʀe] ausgebleicht; *Haare* aufgehellt
décolorer [dekɔlɔʀe] ❶ ausbleichen *Stoff;* aufhellen *Haare* ❷ **se décolorer** ausbleichen
décommander [dekɔmɑ̃de] ❶ absagen *Termin;* abbestellen *Ware* ❷ **décommander quelqu'un** jemandem absagen; **ils se sont décommandés** sie haben abgesagt
décomposé, décomposée [dekɔ̃poze] ❶ *Fleisch* verwest ❷ *Gesicht* verzerrt
décomposer [dekɔ̃poze] ❶ zerlegen ❷ analysieren *Problem* ❸ **se décomposer** *Fleisch:* verwesen; *Gesicht:* sich verzerren
la **décomposition** [dekɔ̃pozisjɔ̃] *von Fleisch* die Verwesung
décompresser [dekɔ̃pʀese] (*umgs.*) abschalten
le **décompte** [△ dekɔ̃t] die Abrechnung
déconcentré, déconcentrée [dekɔ̃sɑ̃tʀe] unkonzentriert
déconcentrer [dekɔ̃sɑ̃tʀe] ablenken; **se déconcentrer** sich ablenken lassen
décongeler [dekɔ̃ʒ(ə)le] <*wie peser; siehe Verbtabelle ab S. 1055*> auftauen

> Ⓤ Mit *è* schreiben sich
> – die stammbetonten Formen wie *je décongèle* oder *tu décongèles* sowie
> – die auf der Basis der Grundform *décongeler* gebildeten Formen, z. B. *ils décongèleront* und *je décongèlerais*.

déconnecter [dekɔnɛkte] ❶ unterbrechen; abklemmen *Draht, Lampe* ❷ sich abmelden von *Server, Netz* ❸ (*umgs.: sich ausruhen*) abschalten
déconner [dekɔne] (*umgs.*) ❶ Mist reden ❷ Mist machen ❸ **déconner complètement** [total] durchdrehen
déconseiller [dekɔ̃seje] **déconseiller un film à quelqu'un** jemandem von einem Film abraten; **je lui ai déconseillé de partir** ich habe ihm/ihr davon abgeraten, zu gehen; **il est déconseillé de faire cela** es ist nicht ratsam, dies zu tun
décontaminer [dekɔ̃tamine] dekontaminieren *Menschen, Gebiet;* von Viren befreien *Diskette*
décontracté, décontractée [dekɔ̃tʀakte] entspannt; *Ton, Miene, Stil* locker
décontracter [dekɔ̃tʀakte] ❶ entspannen ❷ **se décontracter** entspannen, sich entspannen
la **décontraction** [dekɔ̃tʀaksjɔ̃] *der Muskeln* die Entspannung
le **décor** [dekɔʀ] ❶ *einer Wohnung* die Ausstattung ❷ *von Geschirr* der/das Dekor ❸ **les décors** (*im Fernseh- oder Filmstudio*) die Kulisse; (*im Theater*) das Bühnenbild

> Ⓥ In ❸ wird der Plural *les décors* mit einem Singular übersetzt: *les décors sont impressionnants – die Kulisse/das Bühnenbild ist beeindruckend.*

le **décorateur** [dekɔʀatœʀ] (*beim Fernsehen, Film*) der Ausstatter; (*beim Theater*) der Bühnenbildner

◆ le **décorateur d'intérieurs** der Innenarchitekt

décoratif, décorative [dekɔratif, dekɔrativ] dekorativ

la **décoration** [dekɔrasjõ] ❶ die Dekoration ❷ *einer Wohnung* die Ausstattung ❸ (*Orden*) die Auszeichnung

décorative [dekɔrativ] →**décoratif**

la **décoratrice** [dekɔratris] (*beim Fernsehen, Film*) die Ausstatterin; (*beim Theater*) die Bühnenbildnerin
◆ la **décoratrice d'intérieurs** die Innenarchitektin

décorer [dekɔre] ❶ schmücken; ausstatten *Wohnung*; dekorieren *Schaufenster*; garnieren *Gericht* ❷ **décorer quelqu'un** jemandem eine Auszeichnung verleihen

décortiquer [dekɔrtike] ❶ schälen ❷ analysieren *Text*

le **découpage** [dekupaʒ] ❶ *eines Kuchens* das Aufschneiden; *von Geflügel* das Tranchieren ❷ **faire un découpage** ein Bild ausschneiden; **faire des découpages** Bilder ausschneiden

découpé, découpée [dekupe] *Küste* zerklüftet; *Gipfel, Blatt* gezackt

découper [dekupe] ❶ aufschneiden, zerschneiden *Kuchen*; tranchieren *Geflügel* ❷ zuschneiden *Stoff, Teppichboden* ❸ **découper une photo dans une revue** ein Foto aus einer Zeitschrift ausschneiden

découragé, découragée [dekuraʒe] entmutigt

décourageant, décourageante [dekuraʒã, dekuraʒãt] entmutigend

le **découragement** [dekuraʒmã] die Mutlosigkeit

décourager [dekuraʒe] <*wie* changer; *siehe Verbtabelle ab S. 1055*> ❶ entmutigen ❷ **décourager quelqu'un de créer une entreprise** jemanden davon abbringen, eine Firma zu gründen ❸ **se décourager** den Mut verlieren

> Ü Vor *a* und *o* bleibt das *e* erhalten, z.B.: *nous décourageons, il décourageait* und *en décourageant.*

décousu, décousue [dekuzy] ❶ *Saum* aufgetrennt; **ta robe est décousue par derrière** an deinem Kleid ist hinten die Naht aufgegangen ❷ *Gespräch, Bericht* unzusammenhängend; *Ideen* wirr

le **découvert** [dekuvɛr] das Defizit; *eines Kontos* die Überziehung; **être à découvert** im Soll sein

découvert, découverte [dekuvɛr, dekuvɛrt] ❶ *Schultern* bloß ❷ *Gelände* offen

la **découverte** [dekuvɛrt] die Entdeckung; (*Erforschung*) die Erkundung

découvrir [dekuvrir] <*wie* ouvrir; *siehe Verbtabelle ab S. 1055*> ❶ entdecken ❷ aufdecken *Kind, Kranken* ❸ enthüllen *Statue* ❹ ausgraben *Ruine* ❺ **se découvrir** sich aufdecken; (*die Kopfbedeckung absetzen*) den Hut abnehmen

le **décret** [dekrɛ] die Verordnung, die Rechtsverordnung

décréter [dekrete] <*wie* préférer; *siehe Verbtabelle ab S. 1055*> ❶ anordnen *Maßnahmen;* ausrufen *Notstand* ❷ **décréter que ...** beschließen, dass ...

> Ü Nur die stammbetonten Formen schreiben sich mit è, z.B. *je décrète.*

décrire [dekrir] <*wie* écrire; *siehe Verbtabelle ab S. 1055*> beschreiben; schildern *Ereignis*

décrocher [dekrɔʃe] ❶ (*am Telefon*) abheben; **décrocher le téléphone** den Hörer abheben [*oder* abnehmen] ❷ abnehmen *Wäsche, Vorhang* ❸ (*umgs.: bekommen*) kriegen

décroissant, décroissante [dekrwasã, dekrwasãt] abnehmend

décroître [dekrwatr] <*weitgehend wie* accroître; *siehe Verbtabelle ab S. 1055*> abnehmen; **les eaux ont décru/sont décrues** die Wasserstände sind zurückgegangen

> Ü Das *î* steht immer nur vor *t.*
> Die Verbformen ohne *t* schreiben sich mit *i*, z.B. *ils décroissent.*

la **décrue** [dekry] der Rückgang des Hochwassers; **la décrue du Rhin** der Rückgang des Hochwassers im Rhein

déçu¹, déçue [desy] →**décevoir**

déçu², déçue [desy] enttäuscht

dedans [d(ə)dã] ❶ (*bei Ortsangaben*) drinnen; **en dedans** innen ❷ (*bei Richtungsangaben*) hinein; **entrer dedans** hineingehen

le **dedans** [d(ə)dã] *eines Koffers* die Innenseite

la **dédicace** [dedikas] die Widmung

dédicacer [dedikase] <*wie* commencer; *siehe Verbtabelle ab S. 1055*> widmen

> Ü Vor *a* und *o* steht statt *c* ein *ç*, z.B.: *nous dédicaçons, il dédicaçait* und *en dédicaçant.*

dédier [dedje] <*wie* apprécier; *siehe Verbtabelle ab S. 1055*> widmen

le **dédommagement** [dedɔmaʒmã] die Ent-

schädigung
dédommager [dedɔmaʒe] <*wie* changer; *siehe Verbtabelle ab S. 1055*> **dédommager quelqu'un de quelque chose** jemanden für etwas entschädigen

> Ü Vor *a* und *o* bleibt das *e* erhalten, z. B.: *nous dédommageons, il dédommageait* und *en dédommageant.*

dédramatiser [dedʀamatize] entdramatisieren
déductible [dedyktibl] absetzbar
la **déduction** [dedyksjõ] ❶ *einer Summe* der Abzug; **moins la déduction de dix pour cent** abzüglich zehn Prozent; **la déduction d'impôt** der Steuerabzug ❷ (*Fazit*) die Schlussfolgerung
déduire [dedɥiʀ] <*wie* conduire; *siehe Verbtabelle ab S. 1055*> ❶ abziehen *Kosten, Zahlung* ❷ (*folgern*) schließen; **déduire de quelque chose que ...** aus etwas schließen, dass ...
la **déesse** [deɛs] die Göttin
la **défaillance** [defajɑ̃s] ❶ *eines Menschen* die Schwäche ❷ *eines Motors* das Versagen; *eines Geräts* der Defekt
défaillant, défaillante [defajɑ̃, defajɑ̃t] ❶ *Gedächtnis* nachlassend ❷ *Mensch* geschwächt ❸ *Stimme* zitternd
défaire [defɛʀ] <*wie* faire; *siehe Verbtabelle ab S. 1055*> ❶ aufmachen *Paket, Knoten;* abmachen *Skier;* auftrennen *Saum;* **défaire le lit** die Bettdecke aufschlagen ❷ **se défaire** aufgehen; *Frisur:* in Unordnung geraten; *Knopf:* abgehen ❸ **se défaire de quelqu'un/de quelque chose** jemanden/etwas loswerden
défait, défaite [defɛ, defɛt] *Gesicht, Miene* abgespannt
la **défaite** [defɛt] die Niederlage
le **défaut** [defo] der Fehler ▶ **faire défaut** fehlen; **faire défaut à quelqu'un** jemandem fehlen
◆ le **défaut de fabrication** der Fabrikationsfehler
défavorable [defavɔʀabl] ❶ *Wetter, Bedingungen* ungünstig ❷ **être défavorable à une proposition** einem Vorschlag ablehnend gegenüberstehen
défavorisé, défavorisée [defavɔʀize] benachteiligt; **un milieu défavorisé** ein sozial schwaches Milieu
défavoriser [defavɔʀize] benachteiligen; **ils défavorisent Robert par rapport à Paul** sie benachteiligen Robert gegenüber Paul

défectueux, défectueuse [defɛktɥø, defɛktɥøz] defekt
défendre[1] [defɑ̃dʀ] <*wie* vendre; *siehe Verbtabelle ab S. 1055*> ❶ verteidigen; **défendre une cause** sich für eine Sache einsetzen ❷ **se défendre** sich wehren ❸ **se défendre en maths** in Mathe zurechtkommen
défendre[2] [defɑ̃dʀ] <*wie* vendre; *siehe Verbtabelle ab S. 1055*> verbieten, untersagen; **il est défendu de fumer ici** es ist hier verboten zu rauchen; **je défends que tu dises des mensonges, compris?** ich verbiete dir zu lügen, verstanden?
la **défense**[1] [defɑ̃s] ❶ die Verteidigung; **prendre la défense de quelqu'un** jemanden verteidigen ❷ **la légitime défense** die Notwehr ❸ **un enfant sans défense** ein wehrloses Kind
la **défense**[2] [defɑ̃s] das Verbot; **"Défense de fumer"** „Rauchen verboten"
la **défense**[3] [defɑ̃s] *eines Elefanten* der Stoßzahn
le **défenseur** [defɑ̃sœʀ] ❶ der Verteidiger/die Verteidigerin ❷ der Anhänger/die Anhängerin; *eines Projekts* der Befürworter/die Befürworterin

> G Es gibt im Französischen keine Femininform: *elle est défenseur des droits de la femme – sie setzt sich für die Rechte der Frauen ein.*

défensif, défensive [defɑ̃sif, defɑ̃siv] *Verhalten* defensiv; **l'arme défensive** die Verteidigungswaffe
la **défensive** [defɑ̃siv] die Defensive
le **déferlement** [defɛʀləmɑ̃] ❶ *des Meeres* die Brandung; *der Wellen* das Brechen ❷ (*übertragen*) **le déferlement des touristes** der Touristenstrom
déferler [defɛʀle] ❶ *Wellen:* sich brechen ❷ (*übertragen*) *Menschenmenge:* strömen
le **défi** [defi] die Herausforderung
la **déficience** [defisjɑ̃s] die Schwäche
déficient, déficiente [defisjɑ̃, defisjɑ̃t] *Mensch* schwach; *Kräfte, Intelligenz* gering; *Denkvermögen* unterdurchschnittlich
le **déficit** [△ defisit] ❶ der Fehlbetrag; (*Verlust*) das Defizit ❷ (*gesundheitlich*) der Mangel
déficitaire [defisitɛʀ] *Haushalt, Betrieb* defizitär
défier [defje] <*wie* apprécier; *siehe Verbtabelle ab S. 1055*> ❶ herausfordern ❷ **je te défie de faire ça** ich wette, dass du das nicht tun kannst ❸ **défier l'autorité** sich der Autorität widersetzen
défigurer [defigyʀe] ❶ entstellen *Menschen*

② verunstalten *Bauwerk, Landschaft*
le **défilé** [defile] ① der Umzug ② die Militärparade, die Parade
◆ le **défilé de mode** die Modenschau
défiler [defile] ① vorbeimarschieren; *Demonstranten:* vorbeiziehen; *Autos:* vorbeifahren ② *Erinnerungen, Bilder:* vorüberziehen; *Tage:* dahinziehen ③ *(am PC)* **faire défiler quelque chose vers le °haut/vers le bas** etwas [auf dem Bildschirm] nach oben/nach unten bewegen ④ **se défiler** *(umgs.)* sich drücken
défini, définie [defini] ① bestimmt; **bien défini** *Begriff* genau definiert; *Schmerz* deutlich wahrnehmbar, deutlich; **mal défini** *Begriff* nicht eindeutig; *Schmerz* undefinierbar ② *(in der Grammatik)* **l'article défini** der bestimmte Artikel
définir [definir] <*wie* agir; *siehe Verbtabelle ab S. 1055*> ① definieren *Begriff* ② genau beschreiben *Wahrnehmung;* erläutern *Standpunkt* ③ festlegen *Ziele;* bestimmen *Politik* ④ **se définir comme un pacifiste** sich selbst als Pazifisten bezeichnen

> **G** Bei einigen Formen des Verbs ist der Stamm um -*iss*- erweitert, etwa bei *nous défini**ss**ons, il défini**ss**ait* oder *en défini**ss**ant.*

définitif, définitive [definitif, definitiv] endgültig ▸ **en définitive** letzten Endes
la **définition** [definisjɔ̃] ① die Definition ② *(bei Bildschirmen)* die Auflösung; **la définition de l'image** die Bildauflösung
définitive [definitiv] →**définitif**
définitivement [definitivmɑ̃] endgültig
défoncé, défoncée [defɔ̃se] ① *Sofa* durchgesessen; *Matratze, Bett* durchgelegen ② *Straße* voller Schlaglöcher ③ **être défoncé** *(umgs.)* auf dem Trip sein
défoncer [defɔ̃se] <*wie* commencer; *siehe Verbtabelle ab S. 1055*> ① eindrücken, einschlagen *Tür, Scheibe* ② **se défoncer** *(umgs.)* sich einen Trip reinziehen; *(sich abmühen)* sich einen abbrechen

> **Ü** Vor *a* und *o* steht statt *c* ein *ç,* z. B.: *nous défonçons, il défonçait* und *en défonçant.*

déformant, déformante [defɔʀmɑ̃, defɔʀmɑ̃t] **le miroir déformant** der Zerrspiegel
la **déformation** [defɔʀmasjɔ̃] die Verformung; *von Gedanken, Tatsachen* die Verzerrung
déformer [defɔʀme] ① verformen; austreten *Schuhe;* **se déformer** *Schuhe, Kleidung:* aus der Form gehen ② falsch darstellen *Tatsachen;* falsch wiedergeben *Gedanken;* verzerren *Stimme*
défouler [defule] **se défouler** sich abreagieren; *Kind:* sich austoben
défriser [defʀize] ① *(umgs.: missfallen)* fuchsen ② **se faire défriser** sich die Haare entkrausen lassen
dégagé, dégagée [degaʒe] ① *Himmel* wolkenlos; *Straße, Stirn* frei ② *Auftreten, Aussehen* lässig
le **dégagement** [degaʒmɑ̃] ① die Bergung ② *einer Straße* die Räumung ③ *von Gas* das Ausströmen; *von Wärme* das Abstrahlen
dégager [degaʒe] <*wie* changer; *siehe Verbtabelle ab S. 1055*> ① bergen ② frei machen *Bronchien, Nase;* räumen *Straße* ③ verströmen *Duft;* freisetzen *Gas* ④ **se dégager** *Durchgang, Zufahrt:* wieder frei werden; *Himmel:* sich aufhellen; *Rauch:* entweichen; **se dégager de la cheminée** aus dem Schornstein entweichen

> **Ü** Vor *a* und *o* bleibt das *e* erhalten, z. B.: *nous dégage**o**ns, il dégage**a**it* und *en dégage**a**nt.*

le **dégât** [dega] der Schaden; **faire des dégâts** Schäden verursachen; **les dégâts matériels** der Sachschaden

> **V** Der Plural *les dégâts matériels* wird mit einem Singular übersetzt: *les dégâts matériels s'élèvent à mille euros* – *der Sachschaden beträgt tausend Euro.*

le **dégel** [deʒɛl] das Tauwetter
dégeler [deʒ(ə)le] <*wie* peser; *siehe Verbtabelle ab S. 1055*> ① auftauen ② freigeben *Kredit, Akte*

> **Ü** Mit *è* schreiben sich
> – die stammbetonten Formen wie *je dég**è**le* oder *tu dég**è**les* sowie
> – die auf der Basis der Grundform *dégeler* gebildeten Formen, z. B. *ils dég**è**leront* und *je dég**è**lerais.*

dégénéré, dégénérée [deʒeneʀe] *(in der Medizin)* geistesgestört
dégénérer [deʒeneʀe] <*wie* préférer; *siehe Verbtabelle ab S. 1055*> ① *Rasse, Spezies:* degenerieren ② **dégénérer en bagarre** *Streit:* in eine Schlägerei ausarten

> **Ü** Nur die stammbetonten Formen schreiben sich mit *è*, z. B. *il dégén**è**re.*

dégivrer [deʒivʀe] abtauen *Kühlschrank;* enteisen *Fensterscheiben*

dégonfler [degõfle] ① *Lid, Gelenk:* abschwellen; **l'enflure a dégonflé** die Schwellung ist abgeklungen ② **dégonfler un ballon/un pneu** die Luft aus einem Ball/einem Reifen lassen ③ **se dégonfler** *Reifen, Luftmatratze:* Luft verlieren ④ **se dégonfler.** (*umgs.*) Bammel kriegen; (*sich nicht trauen*) kneifen

dégouliner [deguline] ① tropfen, herabtropfen ② (*in feinem Strahl*) rieseln, hinabrieseln

dégourdir [deguʀdiʀ] <*wie* agir; *siehe Verbtabelle ab S. 1055*> ① **se dégourdir** sich auflockern ② **se dégourdir les jambes** sich die Beine vertreten

Ⓖ Bei einigen Formen des Verbs ist der Stamm um *-iss-* erweitert, etwa bei *nous nous dégourdissons, il se dégourdissait* oder *en se dégourdissant.*

le **dégoût** [degu] ① der Ekel; **éprouver du dégoût pour la viande** sich vor Fleisch ekeln; **avec dégoût** angeekelt ② der Widerwillen; **éprouver du dégoût pour quelqu'un** Widerwillen gegen jemanden empfinden ③ (*Übersättigung*) der Überdruss

le **dégoûtant** [degutã] (*umgs.*) das Ferkel

dégoûtant, dégoûtante [degutã, degutãt] ① widerlich, ekelhaft ② (*schmutzig*) dreckig, ekelhaft dreckig

la **dégoûtante** [degutãt] (*umgs.*) das Ferkel

dégoûté, dégoûtée [degute] angewidert

dégoûter [degute] ① **dégoûter quelqu'un** *Essen, Geruch:* jemanden anekeln; *Verhalten:* jemanden anwidern ② **dégoûter quelqu'un des vacances** jemandem die Ferien verleiden

la **dégradation** [degradasjõ] ① *eines Gebäudes* die Beschädigung; *der Umwelt* die Zerstörung ② *einer Person* die Erniedrigung ③ (*Herabsetzung, Rückstufung beim Militär*) die Degradierung

le **dégradé** [degrade] ① *von Farben* die Abstufung ② (*Frisur*) der Stufenschnitt

dégrader [degrade] ① beschädigen *Gebäude* ② abstufen *Farben, Haare* ③ (*militärisch*) degradieren ④ **se dégrader** *Mensch:* sich erniedrigen; *Gebäude:* verfallen; *Lage, Wetter:* sich verschlechtern

dégrafer [degrafe] ① **dégrafer les pages du cahier** die Seiten des Hefts aus der Klammer lösen ② **dégrafer une robe** die Häkchen an einem Kleid aufmachen; **sa robe s'est dégrafée** die Häkchen an ihrem Kleid sind aufgegangen

dégraisser [degrese] entfetten

le **degré** [dəgre] ① (*auch in der Mathematik*) der Grad ② (*Einheit für Temperatursung*) das/der Grad ③ (*in einer Hierarchie*) die Stufe ④ **l'enseignement du premier degré** der Unterricht in der Primarstufe ⑤ *von Alkohol* das Prozent, das Volumenprozent; **le degré en alcool** der Alkoholgehalt

dégriffé, dégriffée [degrife] ohne Markenzeichen

dégringoler [degrɛ̃gɔle] ① *Aktien, Währung:* [stark] fallen ② **il a dégringolé du toit** er ist vom Dach gestürzt ③ **elle a dégringolé l'escalier** sie ist die Treppe runtergesaust

dégueulasse [degœlas] (*umgs.*) ① (*schmutzig*) verdreckt, total verdreckt ② *Mensch, Essen* widerlich, ekelhaft

le **déguisement** [degizmã] ① die Verkleidung ② (*beim Karneval, bei der Fastnacht*) das Karnevalskostüm

déguiser [degize] ① verkleiden; **se déguiser en loup** sich als Wolf verkleiden ② verstellen *Stimme, Handschrift*

la **dégustation** [degystasjõ] das Kosten, die Verkostung

◆ la **dégustation de vin** die Weinprobe

déguster [degyste] genießen

dehors [dəɔʀ] ① (*bei Ortsangaben*) draußen; **en dehors du terrain** außerhalb des Grundstücks; **de dehors** von draußen ② (*bei Richtungsangaben*) nach draußen, hinaus; **mettre quelqu'un dehors** jemanden hinauswerfen; **dehors!** hinaus!, raus! ③ **être dehors** (*abwesend sein*) außer Haus sein ▶ **au dehors** äußerlich; **rester en dehors** sich heraushalten; **en dehors de cela** davon abgesehen

le **dehors** [dəɔʀ] ① **les bruits du dehors** die Geräusche von draußen ② (*Anmutung, Wirkung*) **avoir un dehors aimable** liebenswürdig wirken

déjà [deʒa] ① schon, bereits; **à cette époque déjà** schon damals; **déjà?** schon? ② **j'ai déjà pris l'avion plusieurs fois** ich bin schon ein paarmal geflogen ③ **il est déjà assez paresseux!** der ist so schon faul genug! ④ **c'était où déjà?** wo war das noch [gleich]?

déjeuner [deʒœne] ① zu Mittag essen ② Ⓑ, Ⓒ frühstücken

le **déjeuner** [deʒœne] ① das Mittagessen; **au déjeuner** zum Mittagessen ② Ⓑ, Ⓒ das Frühstück

délabré, délabrée [delabʀe] *Haus, Mauer* verfallen

délabrer [delabʀe] **se délabrer** *Haus, Mauer:* verfallen

délacer [delase] <*wie* commencer; *siehe Verbtabelle ab S. 1055*> **délacer ses chaussures** (*ein wenig*) die Schnürsenkel etwas lockern; (*vollständig*) sich die Schuhe aufschnüren

Ü Vor *a* und *o* steht statt *c* ein *ç*, z.B.: *nous délaçons, il délaçait* und *en délaçant*.

le **délai** [delɛ] ❶ die Frist; **dans un délai de °huit jours** innerhalb von acht Tagen; **dans les délais** termingerecht ❷ (*Fristverlängerung*) der Aufschub ▸ **sans délai** unverzüglich

délaie, délaies [delɛ] → **délayer**

délaisser [delese] ❶ vernachlässigen *Arbeit* ❷ im Stich lassen *Kind, Freund;* aufgeben *Tätigkeit*

délasser [delase] entspannen; **se délasser** sich entspannen

délavé, délavée [delave] verwaschen

délayer [Δ deleje] <*wie* essayer; *siehe Verbtabelle ab S. 1055*> anrühren, verrühren; **délayer la farine dans de l'eau** das Mehl mit Wasser anrühren [*oder* verrühren]

Ü Einige Formen dieses Verbs schreiben sich mit *y*, andere mit *i*.
Direkt vor einer betonten Endungssilbe steht immer ein *y*, z.B. in *nous délayons* und *ils délayaient*.
Vor einem unbetonten *e* können *i* oder *y* stehen, z.B. in *je délaie* oder *je délaye*.

la **délégation** [delegasjɔ̃] die Delegation; **la délégation syndicale** die Gewerkschaftsdelegation

le **délégué** [delege] *einer Vereinigung, Partei* der Delegierte, der Vertreter

la **déléguée** [delege] *einer Vereinigung, Partei* die Delegierte, die Vertreterin

la **délibération** [deliberasjɔ̃] ❶ *einer Versammlung* die Beratung ❷ (*das Nachdenken*) die Überlegung

délibérer [delibeʀe] <*wie* préférer; *siehe Verbtabelle ab S. 1055*> beraten

Ü Nur die stammbetonten Formen schreiben sich mit *è*, z.B. *ils délibèrent*.

délicat, délicate [delika, delikat] ❶ *Haut, Duft, Gesichtszüge* zart; *Speise* delikat ❷ *Geste* behutsam ❸ (*schnell irritierbar*) *Haut, Geruchssinn, Gehör* empfindlich; *Kind* zart, empfindlich; *Gesundheit* zart; *Gaumen* fein ❹ *Frage, Situation* heikel; *Operation* schwierig ❺ (*sensibel*) *Person* feinfühlig; (*rücksichtsvoll*) taktvoll; *Geste* aufmerksam

la **délicatesse** [delikatɛs] ❶ die Behutsamkeit ❷ *einer Operation, Situation* die Schwierigkeit ❸ (*Feinheit*) die Finesse ❹ (*Takt*) das Feingefühl; **avec délicatesse** taktvoll; **sans délicatesse** taktlos

le **délice** [delis] der Genuss, die Wonne

G Im Plural kann *délice* weiblich sein: *des délices merveilleuses* – wunderbare Genüsse.

délicieux, délicieuse [delisjø, delisjøz] köstlich

la **délimitation** [delimitasjɔ̃] die Abgrenzung

délimiter [delimite] (*auch übertragen*) abgrenzen

la **délinquance** [delɛ̃kɑ̃s] die Kriminalität; **la délinquance juvénile** die Jugendkriminalität

le **délinquant** [delɛ̃kɑ̃] der Straffällige

la **délinquante** [delɛ̃kɑ̃t] die Straffällige

délirant, délirante [deliʀɑ̃, deliʀɑ̃t] *Idee, Geschichte* verrückt, völlig verrückt; *Freude, Enthusiasmus* wahnsinnig

le **délire** [deliʀ] ❶ das Delirium; (*durch Fieber*) der Fieberwahn ❷ **une foule en délire** eine tobende Menge ▸ **c'est du délire** (*umgs.*) das ist genial, das ist heftig

délirer [deliʀe] ❶ *Kranker:* fantasieren ❷ (*umgs.: Unsinn treiben*) spinnen

le **délit** [deli] die Straftat; **le délit informatique** der Datenmissbrauch

la **délivrance** [delivʀɑ̃s] ❶ die Erleichterung ❷ (*Rettung*) die Befreiung ❸ *eines Dokuments* die Ausstellung

délivrer [delivʀe] ❶ befreien *Geisel;* **se délivrer de ses liens** sich von seinen Fesseln befreien ❷ ausstellen *Dokument*

déloger [delɔʒe] <*wie* changer; *siehe Verbtabelle ab S. 1055*> ausquartieren *Bewohner, Mieter*

Ü Vor *a* und *o* bleibt das *e* erhalten, z.B.: *nous délogeons, il délogeait* und *en délogeant*.

déloyal, déloyale [delwajal] <*Plural der männl. Form:* déloyaux> *Gegner, Verhalten* unfair; *Vorgehen* unlauter

le **delta** [dɛlta] das Delta

le **deltaplane®** [dɛltaplan] ❶ (*Sportgerät*) der Drachenflieger, der Drachen ❷ (*Sportart*) das Drachenfliegen; **faire du deltaplane** Drachen fliegen

le **déluge** [delyʒ] der Sturzregen

demain [dəmɛ̃] morgen; **demain soir** morgen Abend; **à demain!** bis morgen!

la **demande** [d(ə)mɑ̃d] ❶ die Bitte ❷ (*formell*) der Antrag ❸ (*wirtschaftlich*) die Nach-

frage ❹ (*in der Rechtsprechung*) der Antrag, der Klageantrag; **la demande en divorce** die Scheidungsklage ❺ (*Blatt*) das Antragsformular, der Antrag ▸ **à la demande** nach Bedarf; **sur** [**simple**] **demande** auf Anfrage
◆ la **demande d'emploi** das Stellengesuch
◆ la **demande en mariage** der Heiratsantrag
demandé, demandée [d(ə)mɑ̃de] **être demandé** gefragt sein
demander [d(ə)mɑ̃de] ❶ fragen; **demander à quelqu'un si ...** jemanden fragen, ob ...; **demander le chemin/l'heure à quelqu'un** jemanden nach dem Weg/nach der Uhrzeit fragen; **demandez à la dame, là-bas** fragen Sie die Dame dort drüben; **on se demande comment ...** man fragt sich, wie ... ❷ bitten; **demander pardon à quelqu'un** jemanden um Verzeihung bitten; **demander à quelqu'un de sortir** jemanden bitten hinauszugehen ❸ **demander quelqu'un** jemanden sprechen wollen; (*am Telefon*) jemanden verlangen ❹ verlangen *Preis*; fordern *Freiheit*; erfordern *Arbeit*; brauchen *Pflege, Wasser*; **demander du courage à quelqu'un** *Person:* von jemandem Mut verlangen; *Aufgabe:* von jemandem Mut erfordern ▸ **il n'y a qu'à demander** man braucht doch nur zu fragen; **je ne demande qu'à vous croire** ich möchte Ihnen [ja] gerne glauben
le **demandeur** [d(ə)mɑ̃dœʀ] der Antragsteller
◆ le **demandeur d'emploi** der Arbeit[s]suchende
la **demandeuse** [d(ə)mɑ̃døz] die Antragstellerin
◆ la **demandeuse d'emploi** die Arbeit[s]suchende
la **démangeaison** [demɑ̃ʒɛzɔ̃] der Juckreiz, das Jucken; **j'ai des démangeaisons** es juckt mich
démanger [demɑ̃ʒe] <*wie* changer; *siehe Verbtabelle ab S. 1055*> (*auch übertragen*) jucken

> Ü Vor *a* und *o* bleibt das *e* erhalten, z. B. in *il démangeait*.

démanteler [demɑ̃t(ə)le] <*wie* peser; *siehe Verbtabelle ab S. 1055*> zerschlagen *Organisation*

> Ü Mit *è* schreiben sich
> – die stammbetonten Formen wie *je démantèle* oder *tu démantèles* sowie
> – die auf der Basis der Grundform *démanteler* gebildeten Formen, z. B. *ils démantèleront* und *je démantèlerais*.

le **démaquillant** [demakijɑ̃] der Make-up-Entferner; **le démaquillant pour les yeux** der Augen-Make-up-Entferner
démaquillant, démaquillante [demakijɑ̃, demakijɑ̃t] **le lait démaquillant** die Reinigungsmilch
démaquiller [demakije] abschminken; **se démaquiller** sich abschminken
la **démarcation** [demaʀkasjɔ̃] (*auch übertragen*) die Abgrenzung
la **démarche** [demaʀʃ] ❶ der Gang ❷ die Methode, das Vorgehen ❸ **faire des démarches** etwas unternehmen, Schritte unternehmen
le **démarrage** [demaʀaʒ] ❶ *eines Motors, Autos* das Anlassen ❷ das Anfahren ❸ *einer Kampagne* der Start ❹ (*in der Informatik*) das Starten; **le démarrage à chaud** der Warmstart; **le démarrage à froid** der Kaltstart
démarrer [demaʀe] ❶ *Motor, Auto:* anspringen; *Maschine:* anlaufen; **faire démarrer une moto** ein Motorrad anlassen ❷ anfahren ❸ *Industrie, Wirtschaft:* in Schwung kommen ❹ (*umgs.: auslösen*) ins Leben rufen *Bewegung;* in Gang setzen *Prozess*
démasquer [demaske] entlarven *Verräter*
d'emblée [dɑ̃ble] auf Anhieb
le **démêlé** [demele] die Auseinandersetzung
démêler [demele] ❶ entwirren *Faden;* auskämmen *Haare* ❷ aufklären *Angelegenheit*
le **déménagement** [demenaʒmɑ̃] ❶ der Umzug, die Zügelung 🇨🇭, die Züglung 🇨🇭 ❷ der Auszug
déménager [demenaʒe] <*wie* changer; *siehe Verbtabelle ab S. 1055*> ❶ umziehen, zügeln 🇨🇭; **déménager à Paris** nach Paris [um]ziehen, nach Paris zügeln 🇨🇭 ❷ ausziehen ❸ umräumen *Möbel, Bücher*

> Ü Vor *a* und *o* bleibt das *e* erhalten, z. B.: *nous déménageons, il déménageait* und *en déménageant*.

le **déménageur** [demenaʒœʀ] (*Arbeiter*) der Möbelpacker
démener [dem(ə)ne] <*wie* peser; *siehe Verbtabelle ab S. 1055*> **se démener** ❶ um sich schlagen ❷ sich große Mühe geben

> Ü Mit *è* schreiben sich
> – die stammbetonten Formen wie *je me démène* oder *tu te démènes* sowie
> – die auf der Basis der Grundform *démener* gebildeten Formen, z. B. *ils se démèneront* und *je me démènerais*.

démentir [demɑ̃tiʀ] <*wie* sentir; *siehe Verb-*

D'une langue à l'autre

Je suis arrivé ici il y a moins d'un an.	Vor knapp einem Jahr bin ich hierher gekommen.
J'ai **déménagé** parce que j'ai trouvé un meilleur poste en Provence qu'à Paris.	Ich bin **umgezogen,** weil ich in der Provence einen besseren Job als [den] in Paris gefunden habe.
J'ai enfin obtenu le travail dont je rêvais.	Endlich habe ich die Arbeit gefunden, von der ich geträumt habe.
Et ici, on vit mieux qu'à Paris, n'est-ce pas?	Und hier lebt es sich [doch] besser als in Paris, oder?
Mais je rentre à Paris le plus souvent possible pour revoir mes amis.	Aber ich fahre sooft wie möglich nach Paris, um meine Freunde wiederzusehen.

tabelle ab S. 1055> ❶ dementieren *Nachricht* ❷ **démentir une accusation** einer Anschuldigung entgegengetreten

démerder [demɛrde] (*umgs.*) **se démerder** klarkommen; **démerdez-vous tous seuls!** seht zu, wie ihr allein klarkommt!

démesuré, démesurée [deməzyre] maßlos

démettre [demɛtR] <*wie* mettre; *siehe Verbtabelle ab S. 1055*> ❶ **démettre quelqu'un de ses fonctions** jemanden seines Amtes entheben ❷ **se démettre l'épaule** sich die Schulter auskugeln

la **demeure** [d(ə)mœR] ❶ der Wohnsitz ❷ **mettre quelqu'un en demeure de rembourser ses dettes** jemanden ultimativ auffordern, seine Schulden zu bezahlen

le **demeuré** [dəmœRe] der Schwachkopf

demeuré, demeurée [dəmœRe] zurückgeblieben, geistig zurückgeblieben

la **demeurée** [dəmœRe] der Schwachkopf

demeurer [dəmœRe] ❶ wohnen ❷ (*weiterhin sein*) bleiben; **je suis demeurée silencieuse** ich habe [weiter] geschwiegen

le **demi** [d(ə)mi] ❶ die Hälfte, das Halbe ❷ das kleine Bier

demi, demie [d(ə)mi] **un an et demi** eineinhalb Jahre; **une heure et demie** eineinhalb Stunden; **il est midi et demi** es ist halb eins

la **demi-douzaine** [d(ə)miduzɛn] <*Plural:* demi-douzaines> das halbe Dutzend; **trois demi-douzaines d'œufs** [tRwadəmiduzɛndø] achtzehn Eier

la **demie** [d(ə)mi] ❶ die Hälfte ❷ (*bei Zeitangaben*) **partir à la demie** um halb gehen

la **demi-finale** [d(ə)mifinal] <*Plural:* demi-finales> das Halbfinale

le **demi-frère** [d(ə)mifRɛR] <*Plural:* demi-frères> der Halbbruder

la **demi-heure** [d(ə)mijœR] <*Plural:* demi-heures> die halbe Stunde

démilitariser [demilitaRize] entmilitarisieren

le **demi-litre** [d(ə)militR] <*Plural:* demi-litres> der halbe Liter

la **demi-pension** [d(ə)mipɑ̃sjɔ̃] <*Plural:* demi-pensions> ❶ die Halbpension; **en demi-pension** mit Halbpension ❷ (*in der Schule*) **être en demi-pension** mittags in der Schulkantine essen

le **demi-pensionnaire** [d(ə)mipɑ̃sjɔnɛR] <*Plural:* demi-pensionnaires> der Schüler, der mittags in der Schulkantine isst

Ü Dieses französische Wort und das folgende schreiben sich mit *nn.*

la **demi-pensionnaire** [d(ə)mipɑ̃sjɔnɛR] <*Plural:* demi-pensionnaires> die Schülerin, die mittags in der Schulkantine isst

démis, démise [demi, demiz] → **démettre**

la **demi-sœur** [d(ə)misœR] <*Plural:* demi-sœurs> die Halbschwester

la **démission** [demisjɔ̃] der Rücktritt; *eines Angestellten* die Kündigung

démissionner [demisjɔne] **démissionner d'une fonction** von einem Amt zurücktreten; **démissionner de son poste** seine Stelle kündigen

demi-tarif [d(ə)mitaRif] <*Plural:* demi-tarifs> *Fahrkarte* zum halben Preis; **deux billets demi-tarifs** zwei Fahrkarten zum halben Preis

le **demi-tarif** [d(ə)mitaRif] <*Plural:* demi-tarifs> **payer demi-tarif** den halben Preis bezahlen; **à demi-tarif** zum halben Preis

le **demi-tour** [d(ə)mituR] <*Plural:* demi-tours> die Kehrtwendung; **faire demi-tour** umkehren

démocrate [demɔkRat] demokratisch

le **démocrate** [demɔkʀat] der Demokrat
la **démocrate** [demɔkʀat] die Demokratin
la **démocratie** [⚠ demɔkʀasi] die Demokratie
démocratique [demɔkʀatik] demokratisch
démodé, démodée [demɔde] altmodisch; *Verfahren* überholt
la **démographie** [demɔgʀafi] die Demografie
démographique [demɔgʀafik] demografisch; **la croissance démographique** das Bevölkerungswachstum
démolir [demɔliʀ] <*wie* agir; *siehe Verbtabelle ab S. 1055*> ❶ abreißen *Haus, Mauer* ❷ kaputtmachen *Spielzeug*

> Bei einigen Formen des Verbs ist der Stamm um *-iss-* erweitert, etwa bei *nous démolissons, il démolissait* oder *en démolissant.*

la **démolition** [demɔlisjɔ̃] *eines Hauses, einer Mauer* der Abriss
le **démon** [demɔ̃] der Teufel
la **démonstration** [demɔ̃stʀasjɔ̃] ❶ die Beweisführung ❷ *eines Produkts* die Vorführung
▸ la **démonstration d'amitié** das Zeichen der Freundschaft
▸ la **démonstration de joie** die Freudenbekundung

la démonstration

 Nicht verwechseln mit *die Demonstration – la manifestation!*

démontable [demɔ̃tabl] zerlegbar
démonter [demɔ̃te] ❶ zerlegen; abbauen *Zelt;* **se démonter** *Gerät, Möbel:* sich zerlegen lassen; *(unbeabsichtigt)* auseinanderfallen ❷ aus der Fassung bringen; **sans se démonter** ohne sich aus der Fassung bringen zu lassen
démontrer [demɔ̃tʀe] beweisen
démoraliser [demɔʀalize] entmutigen
démotiver [demɔtive] demotivieren
démuni, démunie [demyni] arm, mittellos; **être démuni de tout** überhaupt nichts haben [*oder* besitzen]
dénicher [deniʃe] ❶ aus dem Nest nehmen *Eier* ❷ ausfindig machen; aufstöbern *Antiquität*
dénombrer [denɔ̃bʀe] zählen
la **dénomination** [denɔminasjɔ̃] die Bezeichnung
dénommé, dénommée [denɔme] **un dénommé Durand** ein gewisser Durand [*oder* Herr Durand], ein Herr namens Durand
dénommer [denɔme] bezeichnen
dénoncer [denɔ̃se] <*wie* commencer; *siehe Verbtabelle ab S. 1055*> ❶ denunzieren; **dénoncer quelqu'un à la police** jemanden anzeigen; *(Verrat üben)* jemanden an die Polizei verraten; **se dénoncer [à la police]** sich [der Polizei] stellen ❷ anprangern *Missstände* ❸ kündigen *Vertrag*

> Vor *a* und *o* steht statt *c* ein *ç*, z. B.: *nous dénonçons, il dénonçait* und *en dénonçant.*

le **dénonciateur** [denɔ̃sjatœʀ] *(Verräter)* der Denunziant
la **dénonciation** [denɔ̃sjasjɔ̃] ❶ die Anzeige; *(Verrat)* die Denunzierung ❷ *eines Vertrags* die Kündigung
la **dénonciatrice** [denɔ̃sjatʀis] *(Verräterin)* die Denunziantin
dénonçons [denɔ̃sɔ̃] → **dénoncer**
le **dénouement** [denumɑ̃] der Ausgang
dénouer [denwe] aufknoten; lösen *Knoten, Angelegenheit;* **se dénouer** sich lösen
dense [dɑ̃s] dicht
la **densité** [dɑ̃site] die Dichte
la **dent** [dɑ̃] ❶ der Zahn; **se laver les dents** sich die Zähne putzen; **faire ses dents** *Baby:* Zähne bekommen ❷ *einer Gabel* die Zinke; *eines Kamms, Zahnrads* der Zahn ▸ **avoir une dent contre quelqu'un** etwas gegen jemanden haben
▸ la **dent de devant** der Vorderzahn
▸ la **dent de lait** der Milchzahn
▸ la **dent de sagesse** der Weisheitszahn
dentaire [dɑ̃tɛʀ] Zahn-; **la prothèse dentaire** die Zahnprothese; **la plaque dentaire** der Zahnbelag
la **dentelle** [dɑ̃tɛl] die Spitze ▸ **il/elle ne fait pas dans la dentelle** *(umgs.)* da kennt er/kennt sie nichts
le **dentier** [dɑ̃tje] das [künstliche] Gebiss
le **dentifrice** [dɑ̃tifʀis] die Zahnpasta
le **dentiste** [dɑ̃tist] der Zahnarzt
la **dentiste** [dɑ̃tist] die Zahnärztin
d'entre [dɑ̃tʀ] von; **la plupart d'entre eux**

die meisten von ihnen; **lequel/laquelle d'entre vous …?** wer von euch …?
dénudé, **dénudée** [denyde] *Rücken* bloß, nackt; *Baum* kahl; *Kabel* abisoliert
dénuder [denyde] entblößen *Rücken*
dénué, **dénuée** [denɥe] **dénué de sens** sinnlos; **dénué d'intérêt** uninteressant
le **déodorant** [deɔdɔʀɑ̃] das Deodorant
le **dépannage** [depanaʒ] die Pannenhilfe; **le service de dépannage** der Pannendienst
dépanner [depane] ❶ reparieren *Gerät* ❷ **dépanner quelqu'un** *Mechaniker:* jemandem Pannenhilfe leisten; (*wegbringen*) jemanden abschleppen ❸ **dépanner quelqu'un** (*umgs.*) jemandem aus der Klemme helfen
le **dépanneur** [depanœʀ] der Mechaniker
la **dépanneuse** [depanøz] ❶ die Mechanikerin ❷ (*Fahrzeug*) der Abschleppwagen
dépaqueter [depakte] <*wie rejeter; siehe Verbtabelle ab S. 1055*> auspacken

> **Ü** Mit *tt* schreiben sich
> – die stammbetonten Formen wie *je dépaquette* und
> – die auf der Basis der Grundform *dépaqueter* gebildeten Formen, z.B. *ils dépaquetteront* und *je dépaquetterais*.

le **départ** [depaʀ] ❶ der Aufbruch; (*zu Fuß*) das Weggehen; (*mit dem Auto, Schiff*) die Abfahrt; (*mit dem Flugzeug*) der Abflug; **être sur le départ** im Aufbruch sein ❷ *eines Zuges, Schiffes* die Abfahrt ❸ (*im Sport*) der Start; **le faux départ** der Fehlstart ❹ der Rücktritt; (*Kündigung*) die Entlassung; **le départ à la retraite** die Pensionierung ❺ (*Auftakt*) der Beginn, der Anfang; **le point de départ** der Ausgangspunkt; **au départ** zu Beginn
départager [depaʀtaʒe] <*wie changer; siehe Verbtabelle ab S. 1055*> **départager les candidats** einen Stichentscheid zwischen den Kandidaten herbeiführen

> **Ü** Vor *a* und *o* bleibt das *e* erhalten, z.B.: *nous départageons, il départageait* und *en départageant*.

le **département** [depaʀtəmɑ̃] ❶ das Departement ❷ *eines Unternehmens* die Abteilung; *einer Universität* der Fachbereich ❸ ⒸⒽ ≈ das Ministerium, die Direktion ⒸⒽ
  • le **département d'outre-mer** das Überseedepartement
départemental, **départementale** [depaʀtəmɑtal] <*Plural der männl. Form:* départementaux> Departement-; **la route départementale** ≈ die Landstraße
dépassé, **dépassée** [depase] *Ansichten* überholt
dépasser [depase] ❶ **dépasser une voiture** ein Auto überholen ❷ überqueren *Ziellinie* ❸ **dépasser une heure** länger als eine Stunde dauern ❹ überragen *Menschen, Gebäude;* **elle dépasse son frère de dix centimètres** sie überragt ihren Bruder um zehn Zentimeter ❺ *Turm:* hervorragen; *Kleidungsstück:* hervorschauen; **sa robe dépasse de son manteau** ihr Kleid schaut unter ihrem Mantel hervor ❻ (*besser sein*) übertreffen; **se dépasser** sich selbst übertreffen ▸ **je suis dépassé(e) par la situation** mir wächst alles über den Kopf; **ça me dépasse!** das ist mir zu hoch!
dépaysé, **dépaysée** [depeize] fremd
le **dépaysement** [depeizmɑ̃] ❶ die Fremdheit, das Gefühl der Fremdheit ❷ (*angenehme Abwechslung*) der Tapetenwechsel
dépayser [depeize] (*verwirren*) **dépayser quelqu'un** jemandem das Gefühl der Fremdheit vermitteln; **ce voyage l'a dépaysé** auf dieser Reise hat er sich fremd gefühlt
la **dépêche** [depɛʃ] die [eilige] Nachricht
dépêcher [depeʃe] **se dépêcher** sich beeilen; **se dépêcher de manger** sich mit dem Essen beeilen
dépeindre [depɛ̃dʀ] <*wie peindre; siehe Verbtabelle ab S. 1055*> schildern
la **dépendance** [depɑ̃dɑ̃s] die Abhängigkeit
dépendant, **dépendante** [depɑ̃dɑ̃, depɑ̃dɑ̃t] abhängig
dépendre [depɑ̃dʀ] <*wie vendre; siehe Verbtabelle ab S. 1055*> ❶ **dépendre de quelqu'un** von jemandem abhängig sein; (*schwächer*) auf jemanden angewiesen sein ❷ **ça dépend de la date/du temps** das hängt vom Datum/vom Wetter ab ❸ **dépendre d'une propriété** *Park:* zu einem Anwesen gehören ▸ **ça dépend!** (*umgs.*) [das] kommt drauf an!
la **dépense** [depɑ̃s] ❶ (*aufgewendetes Geld*) die Ausgabe; **les recettes et les dépenses** die Einnahmen und die Ausgaben ❷ **la dépense de temps** der Zeitaufwand

dépenser [depɑ̃se] ❶ ausgeben ❷ verbrauchen *Strom, Energie* ❸ **dépenser son temps à faire quelque chose** kostbare Zeit aufwenden, um etwas zu tun ❹ **se dépenser** sich verausgaben; *Kind:* sich austoben ▸ **dépenser sans compter** das Geld mit vollen Händen ausgeben

dépensier, dépensière [depɑ̃sje, depɑ̃sjɛʀ] verschwenderisch

dépeupler [depœple] entvölkern *Gebiet, Land;* **la ville se dépeuple** die Bevölkerung der Stadt schrumpft

le **dépistage** [depistaʒ] *einer Krankheit* die Früherkennung; **le dépistage du cancer** die Krebsvorsorge; **le test de dépistage du sida** der Aidstest

déplacé, déplacée [deplase] unpassend

le **déplacement** [deplasmɑ̃] ❶ *eines Möbelstücks* das Umstellen ❷ *eines Beamten* die Versetzung ❸ *(Reise)* die Geschäftsreise ❹ **les déplacements me sont pénibles** das Gehen/Fahren/Reisen macht mir Mühe

déplacer [deplase] <wie commencer; siehe Verbtabelle ab S. 1055> ❶ woandershin legen *Zeitschrift;* woandershin stellen *Vase;* umstellen *Möbelstück* ❷ versetzen *Beamten* ❸ umsiedeln *Bevölkerung* ❹ **se déplacer** *Person, Tier:* sich [fort]bewegen; *Flugzeug, Sturm:* sich bewegen ❺ *(reisen)* **se déplacer en voiture** mit dem Auto fahren; **se déplacer en avion** fliegen

ⓤ Vor *a* und *o* steht statt *c* ein *ç*, z.B. *nous déplaçons, il déplaçait* und *en déplaçant.*

déplaire [deplɛʀ] <wie plaire; siehe Verbtabelle ab S. 1055> missfallen

déplier [deplije] <wie apprécier; siehe Verbtabelle ab S. 1055> ❶ auseinanderfalten *Laken, Plan, Zeitung* ❷ **se déplier** *Fallschirm:* sich öffnen

déploie, déploies [deplwa] → **déployer**

le **déploiement** [deplwamɑ̃] ❶ das Ausbreiten ❷ *von Reichtum* das Zurschaustellen ❸ *einer Armee* der Aufmarsch

déployer [deplwaje] <wie appuyer; siehe Verbtabelle ab S. 1055> ❶ ausbreiten ❷ einsetzen *Energie;* zur Schau stellen *Reichtum* ❸ **se déployer** *Soldaten:* ausschwärmen; *Festzug:* sich auseinanderziehen

dépolluer [depɔlɥe] säubern; reinigen *Abwasser;* sanieren *Fluss*

la **dépopulation** [depɔpylasjɔ̃] der Bevölkerungsrückgang

la **déportation** [depɔʀtasjɔ̃] die Deportation

le **déporté** [depɔʀte] der Deportierte

ⓤ Einige Formen des Verbs schreiben sich mit *y,* andere mit *i.*
Direkt vor einer betonten Endungssilbe steht immer *i,* z.B. *nous déployons* oder *ils déployaient.*
Das *i* steht immer vor einem unbetonten *e,* z.B. *il déploie* oder *ils déploieront.*

la **déportée** [depɔʀte] die Deportierte

déporter [depɔʀte] ❶ deportieren ❷ **déporter la voiture** *Wind:* das Auto zur Seite drücken

déposer [depoze] ❶ abstellen *Last;* niederlegen *Kranz, Waffen;* **déposer quelque chose sur la table** *(senkrecht platzieren)* etwas auf den Tisch stellen; *(waagerecht platzieren)* etwas auf den Tisch legen ❷ abladen *Müll* ❸ **j'ai déposé Paul au bureau** ich habe Paul bei seinem Büro abgesetzt ❹ abgeben *Koffer, Paket;* hinterlegen *Brief, Unterlagen* ❺ einzahlen *Geld;* einreichen *Scheck* ❻ anmelden *Patent* ❼ *(als Zeuge)* aussagen ❽ **se déposer** *Staub:* sich absetzen

déposséder [depɔsede] <wie préférer; siehe Verbtabelle ab S. 1055> enteignen

ⓤ Nur die stammbetonten Formen schreiben sich mit *è,* z.B. *je dépossède.*

le **dépôt** [depo] ❶ *eines Patents* die Anmeldung ❷ *von Geld* die Einzahlung; *eines Schecks* das Einreichen ❸ *eines Testaments* die Hinterlegung ❹ *(Bodensatz)* die Ablagerung ❺ *(Fahrzeughalle)* das Depot
◆ le **dépôt d'ordures** die Mülldeponie, die Kehrichtdeponie ⓒⒽ

le **dépotoir** [depɔtwaʀ] die Mülldeponie, die Kehrichtdeponie ⓒⒽ

dépouillé, dépouillée [depuje] *Stil, Text* nüchtern

le **dépouillement** [depujmɑ̃] *von Stimmen* das Auszählen; *der Post* die Durchsicht

dépouiller [depuje] ❶ auszählen *Stimmen;* durchsehen *Post* ❷ *(bestehlen)* berauben

dépourvu, dépourvue [depuʀvy] **dépourvu de ...** ohne ...; **être dépourvu d'humour** humorlos sein

dépoussiérer [depusjeʀe] <wie préférer; siehe Verbtabelle ab S. 1055> abstauben

ⓤ Nur die stammbetonten Formen schreiben sich mit *è,* z.B. *je dépoussière.*

dépressif, dépressive [depʀesif, depʀesiv] depressiv

le **dépressif** [depʀesif] der Depressive

la **dépression** [depʀesjɔ̃] ❶ *(psychisch)* die Depression ❷ *(beim Wetter, in der Wirtschaft)* das Tief

la **dépressive** [depʀesiv] die Depressive
la **déprime** [depʀim] (*umgs.*) der Katzenjammer; **être en pleine déprime** total am Ende sein
déprimé, déprimée [depʀime] deprimiert
déprimer [depʀime] ❶ deprimieren ❷ (*umgs.: deprimiert sein*) durchhängen
déprogrammer [depʀɔgʀame] ❶ absetzen *Sendung* ❷ umprogrammieren *Roboter*
depuis [dəpɥi] ❶ (*zeitlich*) seit; **depuis dix minutes** seit zehn Minuten; **depuis peu** seit kurzem; **depuis longtemps** seit langem; **depuis cela** seitdem; **depuis quelle date?** seit wann?; **rien n'a changé depuis** seitdem hat sich nichts geändert ❷ (*räumlich*) von ... aus; **depuis ma fenêtre** von meinem Fenster aus
depuis que [dəpɥikə] seit, seitdem
le **député** [depyte] der Abgeordnete, der Mandatar Ⓐ
la **députée** [depyte] die Abgeordnete, die Mandatarin Ⓐ
déraciner [deʀasine] entwurzeln
le **déraillement** [deʀajmɑ̃] die Entgleisung
dérailler [deʀaje] ❶ *Zug:* entgleisen ❷ (*umgs.: verrückt sein*) spinnen
déraisonner [deʀɛzɔne] Unsinn reden
dérangé, dérangée [deʀɑ̃ʒe] leicht gestört; **avoir l'esprit dérangé** leicht gestört sein; **avoir l'intestin dérangé** leichte Darmbeschwerden haben
le **dérangement** [deʀɑ̃ʒmɑ̃] ❶ die Störung ❷ **être en dérangement** *Leitung:* gestört sein
déranger [deʀɑ̃ʒe] <*wie* changer; *siehe Verbtabelle ab S. 1055*> ❶ stören ❷ in Unordnung bringen *Sachen* ❸ **se déranger pour quelqu'un** sich wegen jemandem Umstände machen; **je me suis dérangé(e) pour rien** mein Gang war umsonst

Ⓤ Vor *a* und *o* bleibt das *e* erhalten, z. B. *nous dérangeons, il dérangeait* und *en dérangeant*.

déraper [deʀape] ❶ ausrutschen; *Auto:* ins Schleudern geraten ❷ *Gespräch:* außer Kontrolle geraten
déréglé, déréglée [deʀegle] ❶ *Gerät* gestört ❷ *Leben* ausschweifend
dérégler [deʀegle] <*wie* préférer; *siehe Verbtabelle ab S. 1055*> ❶ verstellen *Gerät* ❷ durcheinanderbringen *Wetter* ❸ **se dérégler** *Uhr:* falsch gehen
la **dérive** [deʀiv] ❶ *eines Schiffs* das Abdriften ❷ **partir à la dérive** *Schiff:* dahintreiben

Ⓤ Nur die stammbetonten Formen schreiben sich mit *ê*, z. B. *je dérègle*.

dériver [deʀive] ❶ umleiten ❷ *Boot:* abtreiben ❸ (*in der Grammatik*) ableiten; **ce mot est dérivé d'un verbe** dieses Wort ist von einem Verb abgeleitet
le **dermatologue** [dɛʀmatɔlɔg] der Hautarzt
la **dermatologue** [dɛʀmatɔlɔg] die Hautärztin
le **dernier** [dɛʀnje] ❶ (*Person in einer Reihenfolge*) der Letzte; (*in Bezug auf die Leistung*) der Schlechteste ❷ (*Angelegenheit oder Sachverhalt, in Bezug auf die Reihenfolge*) der/die/das Letzte; **je m'en occuperai en dernier** darum kümmere ich mich als Letztes ❸ (*Etage*) das letzte [*oder* oberste] Stockwerk; **habiter au dernier** ganz oben wohnen
dernier, dernière [dɛʀnje, dɛʀnjɛʀ] ❶ letzte(r, s); **le dernier étage** [⚠ lə dɛʀnjer etaʒ] das oberste Stockwerk; **la dernière marche** die letzte Stufe; **arriver dernier** Letzter sein; **être dernier en classe** der Schlechteste in der Klasse sein; **c'est le dernier de mes soucis** das ist meine geringste Sorge ❷ (*vorig*) **l'an dernier** letztes Jahr; **au siècle dernier** im letzten Jahrhundert ❸ (*aktuell*) **la dernière mode** die neueste Mode; **aux dernières nouvelles** nach [den] neuesten Nachrichten; **ces derniers temps** in letzter Zeit
la **dernière** [dɛʀnjɛʀ] ❶ (*Person in einer Reihenfolge*) die Letzte; (*in Bezug auf die Leistung*) die Schlechteste ❷ (*Ereignis, Neuigkeit*) das Neueste; **tu ne connais pas la dernière?** weißt du schon das Neueste?
dernièrement [dɛʀnjɛʀmɑ̃] neulich
la **dernière-née** [dɛʀnjɛʀne] <dernières-nées> die Letztgeborene
le **dernier-né** [dɛʀnjene] <derniers-nés> der Letztgeborene
dérober [deʀɔbe] stehlen; entlocken *Geheimnis;* rauben *Kuss*
dérouiller [deʀuje] entrosten *Metall*
le **déroulement** [deʀulmɑ̃] ❶ *einer Feier* der Verlauf; *eines Verbrechens* der Ablauf ❷ (*das Abwickeln*) das Abrollen; *einer Spule, Kassette* das Abspulen
dérouler [deʀule] ❶ abrollen; abspulen *Spule, Kassette* ❷ **se dérouler** verlaufen; *Ereignis, Verbrechen:* sich abspielen; *Handlung, Film:* spielen; *Spule, Kassette:* sich abwickeln
la **déroute** [deʀut] die Flucht
dérouter [deʀute] ❶ umleiten ❷ verwirren;

aus dem Konzept bringen *Redner*
derrière¹ [dɛʀjɛʀ] hinter; **derrière le fauteuil** hinter den/dem Sessel; **être derrière quelqu'un** hinter jemandem sein; (*in einem Wettkampf, einer Bewertung*) hinter jemandem liegen; (*unterstützen*) hinter jemandem stehen; (*folgen*) hinter jemandem her sein; **avoir quelqu'un derrière soi** jemanden hinter sich haben; **laisser quelqu'un/quelque chose derrière soi** jemanden/etwas zurücklassen; **par derrière** von hinten
derrière² [dɛʀjɛʀ] hinten; **là derrière** da hinten; **de derrière** von hinten; **marcher derrière** am Ende gehen; **rester loin derrière** weit zurückbleiben; **courir derrière** hinterherlaufen
le **derrière** [dɛʀjɛʀ] ❶ *eines Hauses* die Rückseite; **la porte de derrière** die Hintertür ❷ (*umgs.: Gesäß*) der Hintern
des¹ [de] <*zusammengezogen aus* de *und* les> **la fin des vacances** das Ende der Ferien; **le chant des oiseaux** das Zwitschern der Vögel
des² [de] *unbestimmter Artikel* **on voit des enfants** man sieht Kinder; **je mange des pâtes** ich esse Nudeln; **tu as des bougies? – Oui, j'en ai des rouges!** hast du Kerzen? – Ja, ich habe rote!

> **G** Der unbestimmte Artikel *des* hat die Nebenform *de*. Sie wird verwendet, wenn vor dem Substantiv ein Adjektiv steht: *j'ai acheté du raisin et de belles pommes* – ich habe Trauben und schöne Äpfel gekauft.

dès [dɛ] seit; **dès maintenant** ab jetzt; **dès lors** seitdem; (*folglich*) infolgedessen; **dès lors que** sobald; **dès le matin** schon morgens; **dès mon retour je t'appellerai** gleich nach meiner Rückkehr werde ich dich anrufen
le **désaccord** [dezakɔʀ] ❶ (*Verstimmung*) die Unstimmigkeit; ❷ die Uneinigkeit; **être en désaccord avec un ami sur une question** mit einem Freund in einer Frage uneinig sein ❸ (*Widerspruch*) die Diskrepanz
désagréable [dezagʀeabl] unangenehm
désagréger [dezagʀeʒe] <*wie* assiéger; siehe Verbtabelle ab S. 1055> ❶ zersetzen ❷ **se désagréger** zerfallen; *Fels:* verwittern

> **Ü** Nur die stammbetonten Formen schreiben sich mit *è*, z. B. *il se désagrège*.
> Außerdem bleibt vor Endungen, die mit *a* und *o* beginnen, das *e* erhalten, z. B. *ils se désagréaient* und *en se désagrégeant*.

désaltérer [dezalteʀe] <*wie* préférer; siehe Verbtabelle ab S. 1055> ❶ den Durst stillen ❷ **se désaltérer** seinen Durst stillen

> **Ü** Nur die stammbetonten Formen schreiben sich mit *è*, z. B. *je me désaltère*.

désapprouver [dezapʀuve] ❶ nicht einverstanden sein ❷ missbilligen *Verhalten, Plan*
le **désarmement** [dezaʀməmɑ̃] die Abrüstung
le **désastre** [dezastʀ] ❶ die Katastrophe ❷ (*Beschädigung*) der Schaden
désastreux, désastreuse [dezastʀø, dezastʀøz] ❶ verheerend ❷ (*schlecht*) miserabel
le **désavantage** [dezavɑ̃taʒ] ❶ der Nachteil ❷ (*körperlich*) das Handicap, das Handikap
désavantageux, désavantageuse [dezavɑ̃taʒø, dezavɑ̃taʒøz] nachteilig
la **descendance** [desɑ̃dɑ̃s] die Nachkommenschaft
le **descendant** [desɑ̃dɑ̃] der Nachkomme, der Nachfahre, der Nachfahr
descendant, descendante [desɑ̃dɑ̃, desɑ̃dɑ̃t] **la marée descendante** die Ebbe
la **descendante** [desɑ̃dɑ̃t] der Nachkomme, die Nachfahrin
descendre [desɑ̃dʀ] <*wie* vendre; siehe Verbtabelle ab S. 1055> ❶ herunterkommen/hinuntergehen; (*kletternd*) heruntersteigen/hinuntersteigen; **il a descendu l'escalier** er ist die Treppe heruntergekommen/hinuntergegangen; **descendre en voiture** mit dem Auto heruntergefahren kommen/hinunterfahren; **descendre par l'ascenseur** mit dem Aufzug herunterkommen/hinunterfahren ❷ herunterklettern/hinunterklettern ❸ aussteigen; **descendre de la voiture** aus dem Auto steigen [*oder* aussteigen]; **descendre du train** aus dem Zug aussteigen [*oder* aussteigen] ❹ *Vogel:* tiefer fliegen; *Flugzeug:* herunterkommen/heruntergehen ❺ **descendre en ville** in die Stadt gehen/fahren ❻ **la police est descendue dans ce bar** die Polizei hat in dieser Bar eine Razzia gemacht ❼ **descendre à l'hôtel** im Hotel absteigen ❽ **descendre d'une famille pauvre** aus einer armen Familie stammen ❾ **le chemin est descendu en pente douce** der Weg hat leicht abwärts geführt ❿ (*sich abwärts bewegen*) *Ball, Auto:* hinunterrollen; **descendre dans la plaine** *Fluss:* in die Ebene [hinunter]fließen; *Straße:* in die Ebene [hinunter]führen ⓫ (*abnehmen*) *Flut:* zurückgehen; *Wasserpegel, Preis:* sinken; *Thermometer:* fallen ⓬ **descendre aux** [*oder* jusqu'aux] **genoux** *Kleid, Haare:* bis zu den

Knien gehen ⑬(*tragen*) hinunterbringen; **descendre une bouteille à la cave** eine Flasche in den Keller bringen ⑭ herunterlassen *Jalousie*

la **descente** [desɑ̃t] ❶(*zu Fuß, beim Bergsteigen*) der Abstieg; (*in einen Schacht*) das Hinabsteigen; (*mit dem Auto, auf Skiern*) die Abfahrt; **la descente du fleuve** die Fahrt stromabwärts ❷ *eines Flugzeugs* der Sinkflug ❸ (*Neigung*) *einer Straße* das Gefälle; **dans la descente/les descentes** auf abfallender Strecke ❹ (*Eintreffen*) die Ankunft; **à la descente d'avion/de bateau** bei der Ankunft im Flughafen/im Hafen ❺ **faire une descente dans un bar** (*umgs.*) eine Razzia in einer Bar machen

le **descriptif** [dɛskʀiptif] die Beschreibung

la **description** [dɛskʀipsjɔ̃] die Beschreibung

désenfler [dezɑ̃fle] ❶ *Knöchel, Wange:* abschwellen ❷ zum Abschwellen bringen *Gelenk*

le **déséquilibre** [dezekilibʀ] ❶ das mangelnde Gleichgewicht; *der Kräfte* das Ungleichgewicht; **être en déséquilibre** *Person, Sache:* wackelig sein ❷ **le déséquilibre mental** die seelische Unausgeglichenheit [*oder* Instabilität]

déséquilibré, déséquilibrée [dezekilibʀe] unausgeglichen; (*seelisch krank*) psychisch gestört

déséquilibrer [dezekilibʀe] aus dem Gleichgewicht bringen

le **désert** [dezɛʀ] ❶ die Wüste ❷ (*übertragen*) die Einöde, die Einschicht Ⓐ

désert, déserte [dezɛʀ, dezɛʀt] ❶ *Land, Gebiet* unbewohnt; *Insel, Haus* verlassen ❷ *Strand, Straße* menschenleer

déserter [dezɛʀte] ❶ verlassen ❷ *Soldat:* desertieren

le **déserteur** [dezɛʀtœʀ] (*Soldat*) der Deserteur

désertique [dezɛʀtik] ❶ Wüsten-; **la plante désertique** die Wüstenpflanze ❷ *Gebiet* öde

désespérant, désespérante [dezɛspeʀɑ̃, dezɛspeʀɑ̃t] **il fait un temps désespérant** das Wetter macht einen/mich/uns/... ganz trübsinnig; **c'est désespérant!** es ist zum Verzweifeln!

désespéré, désespérée [dezɛspeʀe] verzweifelt; *Fall, Lage* hoffnungslos

désespérer [dezɛspeʀe] <*wie* préférer; *siehe Verbtabelle ab S. 1055*> ❶ verzweifeln; **il désespère de la revoir un jour** er hat die Hoffnung aufgegeben, sie eines Tages wiederzusehen ❷ **désespérer quelqu'un** jemanden verzweifeln lassen; (*entmutigen*) jemanden zur Verzweiflung bringen

Ⓤ Nur die stammbetonten Formen schreiben sich mit ê, z. B. *je désespère*.

le **désespoir** [dezɛspwaʀ] ❶ die Hoffnungslosigkeit ❷ (*Mutlosigkeit*) die Verzweiflung

le **déshabillé** [dezabije] das Negligé

déshabiller [dezabije] ausziehen; **se déshabiller** sich ausziehen

déshabituer [dezabitɥe] **se déshabituer de l'alcool/de fumer** sich den Alkohol/das Rauchen abgewöhnen

déshériter [dezeʀite] enterben

les **déshérités** (*männlich*) [dezeʀite] die Bedürftigen

déshonorant, déshonorante [dezɔnɔʀɑ̃, dezɔnɔʀɑ̃t] *Verhalten* unehrenhaft; *Anschuldigung* entehrend

déshonorer [dezɔnɔʀe] entehren; Schande bringen über *Familie, Berufsstand*; **se déshonorer** seine Ehre verlieren

le **designer** [△ dizajnœʀ] der Designer

la **designer** [△ dizajnœʀ] die Designerin

désigner [dezine] ❶ **désigner quelque chose du doigt** mit dem Finger auf etwas zeigen [*oder* deuten] ❷ ernennen *Person*; **désigner quelqu'un comme délégué** jemanden zum Delegierten ernennen ❸ **désigner quelqu'un par son nom** jemanden beim Namen nennen

la **désillusion** [△ dezi(l)lyzjɔ̃] die Enttäuschung

le **désinfectant** [dezɛ̃fɛktɑ̃] das Desinfektionsmittel

désinfectant, désinfectante [dezɛ̃fɛktɑ̃, dezɛ̃fɛktɑ̃t] desinfizierend

désinfecter [dezɛ̃fɛkte] desinfizieren

la **désintégration** [dezɛ̃tegʀasjɔ̃] (*in der Physik*) der Zerfall

désintégrer [dezɛ̃tegʀe] <*wie* préférer; *siehe Verbtabelle ab S. 1055*> (*in der Physik*) spalten; **se désintégrer** sich spalten

Ⓤ Nur die stammbetonten Formen schreiben sich mit ê, z. B. *il désintègre*.

désintéressé, désintéressée [dezɛ̃teʀese] ❶ uneigennützig ❷ *Urteil* unvoreingenommen

désintéresser [dezɛ̃teʀese] **se désintéresser** das Interesse verlieren; **se désintéresser de quelqu'un** das Interesse an jemandem verlieren

Ⓕ Nicht verwechseln mit *desinteressiert – peu intéressé(e)!*

le **désintérêt** [dezɛ̃teʀɛ] das Desinteresse
la **désintoxication** [dezɛ̃tɔksikasjɔ̃] die Entgiftung
désintoxiquer [dezɛ̃tɔksike] entwöhnen *Suchtkranken;* **se faire désintoxiquer** eine Entziehungskur machen
le **désir** [deziʀ] ❶ der Wunsch; **avoir le désir de plaire** den Wunsch haben zu gefallen ❷ (*sexuell*) das Verlangen ▸ **prendre ses désirs pour des réalités** Wunsch und Wirklichkeit [*oder* Wunsch und Realität] nicht auseinanderhalten können
désirable [deziʀabl] ❶ wünschenswert ❷ *Person* begehrenswert
désirer [deziʀe] ❶ wünschen; **que désires-tu pour ton anniversaire?** was wünschst du dir zum Geburtstag? ❷ wollen, haben wollen; **je désirerais un café** ich hätte gern einen Kaffee ❸ (*sexuell*) begehren
désobéir [dezɔbeiʀ] <*wie* agir; *siehe Verbtabelle ab S. 1055*> nicht gehorchen; **désobéir à quelqu'un** jemandem nicht gehorchen; *Soldat:* jemandem den Gehorsam verweigern; **désobéir à un ordre** sich einem Befehl widersetzen

Ⓖ Bei einigen Formen des Verbs ist der Stamm um -*iss*- erweitert, etwa bei *nous désobéissons, il désobéissait* oder *en désobéissant.*

la **désobéissance** [dezɔbeisɑ̃s] der Ungehorsam; **la désobéissance à quelqu'un** der Ungehorsam gegenüber jemandem; **la désobéissance à un ordre** die Verweigerung eines Befehls
désobéissant, désobéissante [dezɔbeisɑ̃, dezɔbeisɑ̃t] ungehorsam
le **désodorisant** [dezɔdɔʀizɑ̃] das Deodorant, das Desodorant
désodorisant, désodorisante [dezɔdɔʀizɑ̃, dezɔdɔʀizɑ̃t] desodorierend
la **désolation** [dezɔlasjɔ̃] die Trostlosigkeit
désolé, désolée [dezɔle] ❶ untröstlich; **je suis vraiment désolé** es tut mir wirklich leid ❷ *Ort, Landschaft* trostlos
désordonné, désordonnée [dezɔʀdɔne] ❶ unordentlich ❷ *Mensch, Ideen* chaotisch ❸ *Gesten, Bewegungen* unkontrolliert
le **désordre** [dezɔʀdʀ] ❶ die Unordnung ❷ (*politisch*) **les désordres** die Unruhen
désorienté, désorientée [dezɔʀjɑ̃te] verwirrt
désorienter [dezɔʀjɑ̃te] ❶ verwirren *Person;* **être désorienté** die Orientierung verlieren ❷ (*unsicher machen*) verunsichern
désormais [dezɔʀmɛ] von nun an

dès que [dɛkə] sobald
desquelles [dekɛl] <*zusammengezogen aus de und* lesquelles> ❶ **nous discutons de nos copines. – Desquelles?** wir sprechen von unseren Freundinnen. – Von welchen? ❷ **les personnes à côté desquelles j'habite** die Leute, neben denen ich wohne
desquels [dekɛl] <*zusammengezogen aus de und* lesquels> ❶ **nous discutons de nos copains. – Desquels?** wir sprechen von unseren Freunden. – Von welchen?; **c'est la voiture des voisins. – Desquels?** das Auto gehört den Nachbarn. – Welchen? ❷ **les verres au-dessous desquels j'ai mis des napperons** die Gläser, unter die ich Deckchen gelegt habe
le **dessèchement** [desɛʃmɑ̃] *der Haut, des Bodens* die Austrocknung
dessécher [deseʃe] <*wie* préférer; *siehe Verbtabelle ab S. 1055*> ❶ austrocknen *Haut, Boden, Pflanzen;* dörren *Obst* ❷ **se dessécher** *Lippen, Haut, Boden:* austrocknen; *Pflanzen:* verdorren

Ü Nur die stammbetonten Formen schreiben sich mit è, z. B. *la terre se dessèche.*

desserrer [deseʀe] ❶ lockern; weiter machen *Gürtel;* lösen *Handbremse;* öffnen *Faust* ❷ **se desserrer** sich lockern; *Handbremse:* sich lösen; *Personen:* auseinanderrücken; *Reihen:* sich lichten
le **dessert** [desɛʀ] der Nachtisch, das Dessert
desservir [desɛʀviʀ] <*wie* servir; *siehe Verbtabelle ab S. 1055*> ❶ abräumen *Tisch* ❷ **desservir quelqu'un/quelque chose** jemandem/einer Sache schaden ❸ **desservir Berlin** *Bus, Zug:* im Linienverkehr nach Berlin fahren; *Fluglinie:* Berlin anfliegen
le **dessin** [desɛ̃] ❶ die Zeichnung; **le dessin animé, les dessins animés** der Zeichentrickfilm ❷ (*Tätigkeit*) das Zeichnen ❸ (*Motiv*) das Muster ❹ (*in der Informatik*) **le dessin assisté par ordinateur** das Computer Aided Design
le **dessinateur** [desinatœʀ] ❶ der Zeichner ❷ (*in der Industrie*) der Designer
la **dessinatrice** [desinatʀis] ❶ die Zeichnerin ❷ (*in der Industrie*) die Designerin
dessiner [desine] ❶ zeichnen, malen ❷ (*im technischen Bereich*) zeichnen *Plan;* entwerfen *Möbel, Autos* ❸ betonen *Umrisse, Formen*
dessous[1] [⚠ d(ə)su] allein verwendet darunter, drunter
dessous[2] [⚠ d(ə)su] ❶ **en dessous du pont** unter der Brücke; **l'appartement d'en**

dessous (*umgs.*) die Wohnung darunter; **habiter en dessous de chez quelqu'un** unter jemandem wohnen ❷ (*niedriger als*) **en dessous de la moyenne** unter dem Durchschnitt

le **dessous** [⚠ d(ə)su] ❶ die Unterseite; *der Füße, Schuhe* die Sohle ❷ **le voisin du dessous** der Nachbar von unten ❸ (*Unterwäsche*) **les dessous** die Dessous ❹ **les dessous d'une affaire** die Hintergründe einer Affäre

dessus¹ [⚠ d(ə)sy] *allein verwendet* darauf, drauf; **elle lui a tapé dessus** sie hat auf ihn/sie eingeschlagen; **on lui a tiré dessus** man hat auf ihn/sie geschossen

dessus² [⚠ d(ə)sy] **enlever ses pieds de dessus la table** die Füße vom Tisch nehmen [*oder* herunternehmen]

le **dessus** [⚠ d(ə)sy] ❶ die Oberseite ❷ **le voisin du dessus** der Nachbar von oben ▸ **avoir le dessus** überlegen sein

déstabiliser [destabilize] destabilisieren; verunsichern *Menschen*

le **destin** [dɛstɛ̃] das Schicksal

le **destinataire** [dɛstinatɛʀ] der Empfänger

la **destinataire** [dɛstinatɛʀ] die Empfängerin

la **destination** [dɛstinasjɔ̃] das Ziel; *eines Briefes* der Bestimmungsort; **arriver à destination** am Ziel ankommen; **le train à destination de Lyon** der Zug nach Lyon

destiner [dɛstine] ❶ **destiner un poste à quelqu'un** eine Stelle für jemanden vorsehen; **être destiné(e) à quelqu'un** *Geld, Buch:* für jemanden bestimmt sein; *Bemerkung:* jemandem gelten ❷ **se destiner à la politique** sich der Politik verschreiben

destituer [dɛstitɥe] absetzen

destructeur, destructrice [dɛstʀyktœʀ, dɛstʀyktʀis] destruktiv; *Krieg, Feuer, Plage* verheerend

destructif, destructive [dɛstʀyktif, dɛstʀyktiv] destruktiv

la **destruction** [dɛstʀyksjɔ̃] die Zerstörung; *von Akten, Beweisen* die Vernichtung

destructive [dɛstʀyktiv] → **destructif**

destructrice [dɛstʀyktʀis] → **destructeur**

la **désunion** [dezynjɔ̃] die Uneinigkeit

désunir [dezyniʀ] <*wie* agir; *siehe Verbtabelle ab S. 1055*> entzweien

ⓖ Bei einigen Formen des Verbs ist der Stamm um *-iss-* erweitert, etwa bei *nous désunissons, il désunissait* oder *en désunissant*.

détachable [detaʃabl] abtrennbar; *Blätter* abreißbar

le **détachant** [detaʃɑ̃] der Fleckentferner

détacher¹ [detaʃe] ❶ losmachen, losbinden ❷ lösen *Haare, Knoten* ❸ abreißen *Blatt* ❹ (*beruflich*) **détacher quelqu'un à Paris** jemanden einstweilen nach Paris versetzen ❺ **se détacher** *Mensch:* sich befreien; *Kette, Schuhband:* aufgehen ❻ **se détacher de quelqu'un** sich [innerlich] von jemandem lösen ❼ **se détacher de quelque chose** *Satellit:* sich von etwas trennen

détacher² [detaʃe] **détacher une chemise** die Flecken aus einem Hemd entfernen

le **détail** [detaj] <*Plural:: détails*> ❶ die Einzelheit, das Detail; **dans les moindres détails** bis ins kleinste Detail ❷ *der Ausgaben* die detaillierte Aufstellung

le **détaillant** [detajɑ̃] der Einzelhändler

la **détaillante** [detajɑ̃t] die Einzelhändlerin

détailler [detaje] ❶ einzeln verkaufen *Artikel* ❷ ausführlich erörtern *Plan, Gründe*

détecter [detɛkte] aufspüren *Menschen, Verstecktes;* ausfindig machen *Leck, Lagerstätte*

le **détective** [detɛktiv] der Detektiv

la **détective** [detɛktiv] die Detektivin

détendre [detɑ̃dʀ] <*wie* vendre; *siehe Verbtabelle ab S. 1055*> ❶ lockern; entspannen *Muskel, Lage;* auflockern *Atmosphäre* ❷ **se détendre** sich lockern; *Person, Muskel, Lage:* sich entspannen

détendu, détendue [detɑ̃dy] entspannt

détenir [det(ə)niʀ] <*wie* tenir; *siehe Verbtabelle ab S. 1055*> ❶ besitzen; haben *Macht, Beweis, Mehrheit;* halten *Rekord;* tragen *Titel;* **détenir un document** im Besitz eines Dokuments sein ❷ **détenir quelqu'un** jemanden gefangen halten

la **détente** [detɑ̃t] die Entspannung

le **détenteur** [detɑ̃tœʀ] der Besitzer; *eines Kontos* der Inhaber; **le détenteur du record** der Rekordhalter

la **détention** [detɑ̃sjɔ̃] ❶ der Besitz ❷ (*Gefangenschaft*) die Haft

la **détentrice** [detɑ̃tʀis] die Besitzerin; *eines Kontos* die Inhaberin; **la détentrice du record** die Rekordhalterin

le **détenu** [det(ə)ny] der Häftling

la **détenue** [det(ə)ny] der Häftling

la **détérioration** [deterjɔʀasjɔ̃] die Beschädigung; *der Beziehungen, Gesundheit* die Verschlechterung

détériorer [deterjɔʀe] ❶ beschädigen ❷ verschlechtern *Beziehungen, Gesundheit, Klima* ❸ **se détériorer** Schaden nehmen; *Beziehungen, Gesundheit, Klima:* sich verschlechtern

déterminant, déterminante [detɛʀminɑ̃,

detɛʀminɑ̃t] entscheidend; *Argument, Grund* ausschlaggebend

la **détermination** [detɛʀminasjɔ̃] ❶ die Bestimmung; *eines Termins* die Festlegung; *einer Ursache* die Ermittlung ❷ (*Entscheidung*) der Entschluss ❸ (*Entschiedenheit*) die Entschlossenheit

déterminé, déterminée [detɛʀmine] ❶ bestimmt ❷ *Mensch, Miene* entschlossen

déterminer [detɛʀmine] ❶ bestimmen; ermitteln *Ursache, Herkunft* ❷ festlegen *Ort, Termin*

déterrer [detɛʀe] ausgraben; freilegen *Mine, Granate*

détester [detɛste] hassen, verabscheuen; überhaupt nicht mögen *Essen*

le **détour** [detuʀ] ❶ die Biegung ❷ (*längerer Weg*) der Umweg ❸ (*Umschweife*) die Ausflucht

détourné, détournée [detuʀne] ❶ **le sentier détourné** der gewundene Weg; (*zu langer Weg*) der Umweg ❷ *Vorwurf, Anspielung* versteckt

le **détournement** [detuʀnəmɑ̃] *eines Flusses* die Umleitung
 ◆ le **détournement d'avion** die Flugzeugentführung
 ◆ le **détournement de fonds** die Unterschlagung
 ◆ le **détournement de mineur(e)** die Verführung Minderjähriger

détourner [detuʀne] ❶ umleiten *Fluss* ❷ abwenden *Kopf, Blick*; **se détourner** sich abwenden ❸ entführen *Flugzeug* ❹ unterschlagen *Geld* ❺ ablenken; **détourner quelqu'un de sa route** jemanden von seinem Weg abbringen

le **détraqué** [detʀake] (*umgs.*) der Verrückte

détraqué, détraquée [detʀake] ❶ *Gerät* gestört ❷ *Gesundheit* angegriffen; *Magen* verdorben

la **détraquée** [detʀake] (*umgs.*) die Verrückte

détraquer [detʀake] ❶ kaputtmachen ❷ **se détraquer l'estomac** (*umgs.*) sich den Magen verkorksen

la **détresse** [detʀɛs] ❶ die Verzweiflung ❷ (*schwierige Lage*) die Not

le **détroit** [detʀwa] die Meerenge

détromper [detʀɔ̃pe] **détromper quelqu'un** jemanden über seinen Irrtum aufklären

détrôner [detʀone] entthronen

détruire [detʀɥiʀ] <*wie* conduire; *siehe Verbtabelle ab S. 1055*> zerstören; vernichten *Waffen, Bevölkerung*; zunichtemachen *Pläne, Hoffnungen*

la **dette** [dɛt] ❶ die Schuld, die Geldschuld; **payer ses dettes** seine Schulden bezahlen ❷ (*Verpflichtung*) die Schuld; **avoir une dette envers quelqu'un** in jemandes Schuld stehen

le **deuil** [⚠ dœj] ❶ die Trauer ❷ (*Todesfall*) der Trauerfall

deux [dø] ❶ zwei; **deux pommes et une pêche** zwei Äpfel und ein Pfirsich; **le score est de deux à zéro** *geschrieben:* **2 à 0** es steht zwei zu null *geschrieben:* 2:0; **un Français sur deux** jeder zweite Franzose; **tous/toutes les deux** alle beide; **partir en voyage à deux** zu zweit verreisen ❷ (*bei Altersangaben*) **il/elle a deux ans** er/sie ist zwei Jahre alt, er/sie ist zwei; **à l'âge de deux ans** mit zwei Jahren, mit zwei; **un enfant de deux ans** ein zweijähriges Kind, ein Zweijähriger ❸ (*bei Uhrzeit- und Zeitangaben*) **il est deux heures** es ist zwei Uhr, es ist zwei; **il est dix heures moins deux** es ist zwei Minuten vor zehn, es ist zwei vor zehn; **toutes les deux heures** alle zwei Stunden; **tous les deux jours** alle zwei Tage, jeden zweiten Tag; **une période de deux ans** ein Zeitraum von zwei Jahren ❹ (*bei Datumsangaben*) **le deux mars** *geschrieben:* **le 2 mars** der zweite März *geschrieben:* der 2. März/am zweiten März *geschrieben:* am 2. März; **aujourd'hui nous sommes le deux** *geschrieben:* **le 2** heute haben wir den Zweiten *geschrieben:* den 2. ❺ (*bei den Schulnoten*) **deux sur vingt** ≈ [die] Sechs, ≈ [die] Eins (CH); **avoir deux sur vingt** ≈ eine Sechs haben, ≈ eine Eins haben (CH) ❻ (*als Namenszusatz*) **Élisabeth deux** *geschrieben:* **Élisabeth II** Elisabeth die Zweite *geschrieben:* Elisabeth II.

> ⓥ Wenn das Wort, auf das sich *deux* bezieht und vor dem es steht, mit einem Vokal oder stummen h anfängt, wird die Liaison gemacht: *elle a deux ans* [døz ɑ̃] – sie ist zwei Jahre alt;
> *il est deux heures* [døz œʀ] – es ist zwei Uhr. In allen anderen Fällen lautet die Aussprache [dø]:
> *deux et trois* [dø e tʀwa] *font cinq* – zwei und drei fünf.

le **deux** [dø] ⚠ männlich (*Zahl, Spielkarte, Buslinie*) die Zwei; **écrire un grand deux au tableau** eine große Zwei an die Tafel schreiben

deuxième [døzjɛm] zweite(r, s); **la deuxième question** die zweite Frage; **au**

deuxième étage im zweiten Stock

G Nach Ansicht französischer Sprachpfleger wird *deuxième* verwendet, wenn es von den gezählten Dingen (oder Phänomenen) mehr als zwei gibt: *habiter au deuxième étage – im zweiten Stock wohnen*; *passer la deuxième vitesse – in den zweiten Gang schalten.*

le **deuxième** [døzjɛm] ❶ (*in Bezug auf die Reihenfolge, die Leistung*) der/die/das Zweite; **Patrick est arrivé le deuxième** Patrick ist Zweiter geworden ❷ (*umgs.: zweiter Stock*) der Zweite; **j'habite au deuxième** ich wohne im Zweiten ❸ (*bei einem Rätsel*) die zweite Silbe

la **deuxième** [døzjɛm] ❶ (*in Bezug auf die Reihenfolge, die Leistung*) der/die/das Zweite; **Annick est arrivé la deuxième** Annick ist Zweite geworden ❷ (*zweiter Gang*) der Zweite

deuxièmement [døzjɛmmã] zweitens

le **deux-pièces** [døpjɛs] <*Plural:* deux-pièces> ❶ die Zweizimmerwohnung, die Zweiraumwohnung ❷ (*Badeanzug*) der Bikini, der Zweiteiler

les **deux-points** (*männlich*) [døpwɛ̃] der Doppelpunkt

V Der Plural *les deux-points* wird mit einem Singular übersetzt: *je préfère effacer ces deux-points ici – ich lösche lieber diesen Doppelpunkt hier.*

le **deux-roues** [døʀu] <*Plural:* deux-roues> das Zweirad

dévaliser [devalize] ausrauben

dévaloriser [devalɔʀize] ❶ abwerten ❷ herabsetzen, abwerten *Menschen*; **être dévalorisé(e)** *Beruf:* an Ansehen verloren haben ❸ **se dévaloriser** *Geld, Ware:* an Wert verlieren; *Person:* sich selbst herabsetzen

dévaluer [devalɥe] abwerten

devancer [d(ə)vãse] <*wie* commencer; *siehe Verbtabelle ab S. 1055*> ❶ (*durch Leistung*) übertreffen, hinter sich lassen ❷ **devancer une question/un désir** einer Frage/einem Wunsch zuvorkommen

Ü Vor *a* und *o* steht statt *c* ein *ç*, z. B.: *nous devançons, il devançait* und *en devançant.*

devant¹ [d(ə)vã] *allein verwendet* ❶ davor; **vous cherchez la mairie? Vous êtes juste devant!** Sie suchen das Rathaus? Sie stehen direkt davor! ❷ vorn, vorne; **aller devant** nach vorn [*oder* vorne] gehen; **nous partons** devant wir gehen [schon mal] vor

devant² [d(ə)vã] ❶ (*räumlich*) vor; **mets-toi devant moi!** stell dich vor mich!; **passer devant quelqu'un/devant quelque chose** an jemandem/an etwas vorbeigehen; **je passe devant toi** ich gehe vor [*oder* zuerst] ❷ (*in Gegenwart von*) vor; **devant mes amis** vor meinen Freunden ▸ **avoir du temps devant soi** [noch] genug Zeit haben

le **devant** [d(ə)vã] die Vorderseite; *eines Kleidungsstücks* das Vorderteil

dévaster [devaste] verwüsten *Land;* vernichten *Ernte*

développé, développée [dev(ə)lɔpe] entwickelt

le **développement** [devlɔpmã] ❶ die Entwicklung; *der Produktion* die Steigerung; *der Kenntnisse* die Erweiterung ❷ *einer Krankheit* das Fortschreiten; *einer Zivilisation* die Weiterentwicklung, die Entwicklung ❸ *eines Problems* die Erläuterung; *eines Aufsatzes* der Hauptteil ❹ *eines Films* das Entwickeln

développer [dev(ə)lɔpe] ❶ entwickeln; fördern *Kreativität;* wecken *Aufmerksamkeit;* erweitern *Kenntnisse* ❷ ausbauen *Fabrik, Bereich* ❸ erläutern *Problem;* darlegen *Gedanken, Plan* ❹ **faire développer une pellicule** einen Film entwickeln lassen ❺ **se développer** sich entwickeln; *Handel:* zunehmen

devenir [dəv(ə)niʀ] <*siehe Verbtabelle ab S. 1055*> werden; **devenir célèbre** berühmt werden; **elle est devenue ingénieur** sie ist Ingenieurin geworden

déverser [devɛʀse] ❶ ausschütten ❷ (*von einem Fahrzeug*) abladen ❸ **se déverser dans la mer** sich ins Meer ergießen

dévêtir [devetiʀ] <*wie* vêtir; *siehe Verbtabelle ab S. 1055*> **se dévêtir** sich ausziehen

la **déviation** [devjasjõ] die Umleitung

dévier [devje] <*wie* apprécier; *siehe Verbtabelle ab S. 1055*> ❶ abweichen ❷ umleiten *Verkehr;* ablenken *Ball, Schlag;* in eine andere Richtung lenken *Gespräch*

deviner [d(ə)vine] ❶ erraten *Antwort, Geheimnis* ❷ erahnen *Gedanken, Bedeutung;* durchschauen *Absicht*

la **devinette** [d(ə)vinɛt] das Rätsel

dévisager [devizaʒe] <*wie* changer; *siehe Verbtabelle ab S. 1055*> anstarren

Ü Vor *a* und *o* bleibt das *e* erhalten, z. B.: *nous dévisageons, il dévisageait* und *en dévisageant.*

la **devise** [d(ə)viz] ❶ das Motto, die Devise

② (*Geld*) die Währung; **une devise faible** eine weiche Währung; **acheter des devises** Devisen kaufen

dévisser [devise] ① abschrauben *Deckel, Mutter* ② **deux alpinistes ont dévissé** zwei Bergsteiger sind abgestürzt

dévoiler [devwale] ① enthüllen; entblößen *Körper* ② **se dévoiler** *Geheimnis, List:* offenkundig werden

devoir¹ [d(ə)vwaʀ] <*siehe Verbtabelle ab S. 1055*> ① schulden; **devoir de l'argent à quelqu'un** jemandem Geld schulden ② verdanken; **il doit sa vie à ce médecin** er verdankt dieser Ärztin sein Leben

devoir² [d(ə)vwaʀ] <*siehe Verbtabelle ab S. 1055*> *in Verbindung mit einem Verb* ① müssen; **je dois faire la vaisselle** ich muss abwaschen ② **comme il est malade il ne doit pas travailler** weil er krank ist, darf er nicht arbeiten ③ **tu devrais faire du sport** du solltest Sport machen ④ **ça devait arriver un jour** das musste ja so kommen ⑤ **il doit se faire tard, non?** es wird wohl spät werden, oder?

le **devoir** [d(ə)vwaʀ] ① die Pflicht ② (*in der Schule*) **le devoir** [**sur table**] die Klassenbeit; **les devoirs** die Hausaufgaben

dévorer [devɔʀe] ① das Essen in sich hineinschlingen ② verschlingen *Essen, Beute, Buch* ③ **dévorer quelqu'un** *Gewissensbisse, Angst:* jemanden quälen

dévoué, dévouée [devwe] *Freund* ergeben

le **dévouement** [devumã] ① die Ergebenheit ② **le dévouement à quelqu'un/à quelque chose** die Aufopferung für jemanden/für etwas

dévouer [devwe] **se dévouer** sich aufopfern

la **dextérité** [⚠ dɛksteʀite] ① die Geschicklichkeit, die Fingerfertigkeit ② (*geistig*) die Gewandtheit

le **diabète** [djabɛt] die Zuckerkrankheit

diabétique [djabetik] zuckerkrank

le **diabétique** [djabetik] der Diabetiker

la **diabétique** [djabetik] die Diabetikerin

le **diable** [djabl] der Teufel

le **diagnostic** [djagnɔstik] die Diagnose

diagnostiquer [djagnɔstike] diagnostizieren

la **diagonale** [djagɔnal] die Diagonale

le **dialecte** [djalɛkt] der Dialekt

le **dialogue** [djalɔg] das Gespräch

dialoguer [djalɔge] ① **dialoguer avec quelqu'un** ein Gespräch mit jemandem führen ② **dialoguer avec son ordinateur** mit seinem Computer einen Dialog führen

le **diamant** [djamã] der Diamant

le **diamètre** [djamɛtʀ] der Durchmesser

la **diapositive** [djapozitiv] ⚠ *weiblich* das Dia

la **diarrhée** [djaʀe] der Durchfall

le **dictateur** [diktatœʀ] der Diktator

la **dictatrice** [diktatʀis] die Diktatorin

la **dictature** [diktatyʀ] die Diktatur

la **dictée** [dikte] ⚠ *weiblich* das Diktat

dicter [dikte] diktieren

le **dictionnaire** [diksjɔnɛʀ] das Wörterbuch

le **dicton** [diktõ] die sprichwörtliche Redensart

le **dièse** [djɛz] (*in der Musik*) das Kreuz

la **diète** [djɛt] die Schonkost, die Diät

diététique [djetetik] Diät-; **la cure diététique** die Diätkur

la **diététique** [djetetik] die Ernährungswissenschaft

le **dieu** [djø] <*Plural:* dieux> der Gott
Dieu [djø] ① (*im Christentum, Judentum, Islam*) Gott; **croire en Dieu** an Gott glauben ② **le bon Dieu** (*umgs.*) der liebe Gott ▶ **Dieu merci!** Gott sei Dank!; **oh, mon Dieu!** ach Gott!

la **différence** [difeʀãs] ① der Unterschied; **à la différence de ton frère** im Unterschied zu deinem Bruder ② (*bei Zahlen, Summen*) die Differenz

différencier [difeʀãsje] <*wie* apprécier; *siehe Verbtabelle ab S. 1055*> ① auseinanderhalten ② **il se différencie de son frère par ses vêtements** er unterscheidet sich von seinem Bruder durch die Kleidung

le **différend** [difeʀã] die Meinungsverschiedenheit

différent, différente [difeʀã, difeʀãt] ① andere(r, s); **être différent** anders sein ② **différentes sortes de fromages** verschiedene Käsesorten

différer [difeʀe] <*wie* préférer; *siehe Verbtabelle ab S. 1055*> ① unterschiedlich sein; **nous différons par notre goût** wir haben nicht denselben Geschmack; **leurs opinions diffèrent sur ce point** ihre Meinungen gehen in diesem Punkt auseinander ② verschieben *Treffen*

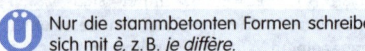
Nur die stammbetonten Formen schreiben sich mit è, z. B. *je diffère*.

difficile [difisil] schwierig

difficilement [difisilmã] schwer

la **difficulté** [difikylte] die Schwierigkeit

difforme [difɔʀm] missgestaltet

diffus, diffuse [dify, difyz] diffus

diffuser [difyze] ① verbreiten *Licht, Lärm, Idee*; **se diffuser** sich verbreiten ② (*im Radio, Fernsehen*) senden, übertragen

la **diffusion** [difyzjɔ̃] ❶ *von Licht, Wärme* die Verbreitung ❷ *(im Radio, Fernsehen)* die Ausstrahlung, die Sendung
digérer [diʒeʀe] <*wie* préférer; *siehe Verbtabelle ab S. 1055*> ❶ verdauen ❷ **bien digérer** eine gute Verdauung haben; **mal digérer** eine schlechte Verdauung haben ❸ (*umgs.:* hinnehmen) schlucken

Ü Nur die stammbetonten Formen schreiben sich mit è, z. B. *je digère*.

le **digestif** [diʒestif] (*Branntwein*) der Verdauungsschnaps; (*Likör*) der Verdauungslikör
la **digestion** [diʒestjɔ̃] die Verdauung
digne [diɲ] ❶ *Person, Aussehen* würdevoll ❷ *(Eigenliebe)* **ces propos ne sont pas dignes de toi** diese Äußerung passt nicht zu dir ❸ **digne d'admiration** bewundernswert; **digne de confiance** vertrauenswürdig
la **dignité** [diɲite] ❶ die Würde ❷ *(Eigenliebe)* die Selbstachtung
dilapider [dilapide] vergeuden; verschleudern *Vermögen*
dilater [dilate] **se dilater** sich ausdehnen; *Pupille, Herz:* sich weiten
diluer [dilɥe] ❶ verdünnen ❷ auflösen; **se diluer** sich auflösen ❸ (*abschwächen*) verwässern
dimanche [dimɑ̃ʃ] ❶ der Sonntag; **aujourd'hui nous sommes dimanche** heute ist Sonntag ❷ (*bei gezielten Zeitangaben*) am Sonntag; **dimanche [prochain]** [kommenden] [am] Sonntag; **dimanche, on part en vacances** am Sonntag fahren wir in Urlaub; **dimanche dernier** letzten Sonntag; **dimanche matin** [am] Sonntagmorgen ❸ (*bei Zeitangaben, die eine Gewohnheit oder Wiederholung ausdrücken*) **tous les dimanches** jeden Sonntag; **le dimanche** sonntags; "**Fermé le dimanche**" „Sonntags geschlossen"
◆ le **dimanche de Pâques** der Ostersonntag

G Das Wort *dimanche* ist männlich; es wird ohne den bestimmten Artikel und ohne Präposition gebraucht, wenn eine gezielte Angabe gemacht wird und ein ganz bestimmter Sonntag gemeint ist.
Geht es jedoch um mehrere Sonntage, weil eine Wiederholung oder etwas Gewohnheitsmäßiges ausgedrückt wird, steht der bestimmte Artikel.

la **dimension** [dimɑ̃sjɔ̃] ❶ die Größe ❷ **les dimensions** *eines Schranks* die Maße, die Abmessungen; **prendre les dimensions de la table** den Tisch ausmessen ❸ **en trois dimensions** dreidimensional ❹ *einer Entscheidung* die Dimension, die Tragweite
diminuer [diminɥe] ❶ nachlassen; *Kräfte:* schwinden; *Zahl:* zurückgehen; *Tage:* kürzer werden; **diminuer de longueur** kürzer werden; **faire diminuer quelque chose** etwas reduzieren ❷ verringern; kürzen *Vorhang, Gehalt;* senken *Steuern, Preise;* verkürzen *Dauer* ❸ mindern *Autorität;* schwächen *Kräfte*
le **diminutif** [diminytif] die Verkleinerungsform
la **diminution** [diminysjɔ̃] ❶ (*das Geringerwerden*) das Schwinden; *der Zahl* die Abnahme; *der Steuern, Preise* das Sinken; *der Temperatur* der Rückgang ❷ (*das Verringern*) *der Steuern, Preise* die Senkung; *der Gehälter* die Kürzung
la **dinde** [dɛ̃d] die Truthenne; (*als Gericht*) die Pute
dîner [dine] ❶ zu Abend essen ❷ Ⓑ, Ⓒᴀɴ zu Mittag essen
le **dîner** [dine] ❶ das Abendessen, das Nachtessen Ⓒʜ; **au dîner** zum Abendessen, zum Nachtessen Ⓒʜ ❷ Ⓑ, Ⓒᴀɴ das Mittagessen
dingue [dɛ̃g] (*umgs.*) übergeschnappt; **il est dingue de Nathalie** er ist verrückt nach Nathalie
le **dingue** [dɛ̃g] (*umgs.*) ❶ der Bekloppte ❷ **un dingue de foot** ein Fußballfreak
la **dingue** [dɛ̃g] (*umgs.*) ❶ die Bekloppte ❷ **une dingue de télé** ein Fernsehfreak
le **dinosaure** [dinɔzɔʀ] der Dinosaurier
diplomate [diplɔmat] diplomatisch
le **diplomate** [diplɔmat] der Diplomat
la **diplomate** [diplɔmat] die Diplomatin
la **diplomatie** [⚠ diplɔmasi] die Diplomatie
le **diplôme** [diplom] ❶ das Diplom; **le diplôme de fin d'études** das Abschlusszeugnis; **le diplôme d'ingénieur** das Ingenieursdiplom ❷ (*Preis, Titel*) die Auszeichnung
diplômé, diplômée [diplome] *Krankenschwester* examiniert
dire [diʀ] <*siehe Verbtabelle ab S. 1055*> ❶ sagen; **dire du bien de quelqu'un** über jemanden Gutes sagen; **dis, comment tu t'appelles, toi?** sag mal, wie heißt du denn?; **dis donc, ...** sag mal, ...; **dites-leur de venir immédiatement** sagt ihnen, dass sie sofort kommen sollen ❷ **dire des bêtises** Unsinn reden ❸ lesen *Messe;* sprechen *Gebet* ❹ weitersagen *Geheimnis* ❺ (*denken*) **je veux dire que tu as agi trop vite** ich meine, du hast zu schnell gehandelt; **qu'est-ce que tu dis de ça?** was sagst du dazu?; **se dire que ...** sich sagen, dass ... ❻ **dire quel-**

dire – discutable

que chose *Zeitung:* etwas schreiben; *Test, Umfrage:* etwas aussagen; *Gesetz:* etwas besagen ❼ **ça te dit d'aller voir ce film?** hast du Lust, diesen Film zu sehen? ❽ (*zugeben*) **il faut dire que …** man muss sagen, dass … ❾ **qu'est-ce que cela veut dire?** was bedeutet das? ❿ **comment dit-on** [*oder* **comment se dit**] **"main" en italien?** was heißt „Hand" auf Italienisch? ⓫ **quelque chose me dit que …** ich habe [irgendwie] das Gefühl, dass … ⓬ **il se dit malade** er behauptet, er sei krank ⓭ **cela ne se dit pas** so etwas sagt man nicht ▸ **à vrai dire** ehrlich gesagt; **je ne te/vous le fais pas dire!** allerdings!; **cela va sans dire** das versteht sich von selbst; **dis voir** sag mal; **on dirait que …** es ist, als ob …; **disons** sagen wir [mal]
le **dire** [diʀ] *eines Zeugen, Gutachters* die Aussage; **au dire du témoin** nach Aussage des Zeugen; **selon les dires des collègues** den Kollegen zufolge
le **direct** [⚠ diʀɛkt] ❶ (*im Rundfunk, Fernsehen*) die Livesendung; **en direct** live; **être en direct** direkt [*oder* live] übertragen werden ❷ (*bei Zügen*) die Direktverbindung
direct, directe [⚠ diʀɛkt] direkt; *Äußerung* unmissverständlich; *Erbe* in direkter Linie; **l'accès direct** der direkte Zugang
directement [diʀɛktəmɑ̃] direkt
le **directeur** [diʀɛktœʀ] der Direktor, der Leiter; *einer Grundschule* der Rektor
directeur, directrice [diʀɛktœʀ, diʀɛktʀis] *Rad* lenkbar
la **direction** [diʀɛksjɔ̃] ❶ die Richtung; **prendre la direction de Nancy** in Richtung Nancy gehen/fahren ❷ (*das Leiten*) die Leitung; *einer Gruppe, eines Landes* die Führung ❸ (*Amt*) die Direktion, die Leitung ❹ *eines Autos* die Lenkung; **la direction assistée** die Servolenkung
les **directives** (*weiblich*) [diʀɛktiv] die Anweisungen
la **directrice** [diʀɛktʀis] die Direktorin, die Leiterin; *einer Grundschule* die Rektorin
le **dirigeable** [diʀiʒabl] das Luftschiff
le **dirigeant** [diʀiʒɑ̃] die führende Persönlichkeit
dirigeant, dirigeante [diʀiʒɑ̃, diʀiʒɑ̃t] führend
la **dirigeante** [diʀiʒɑ̃t] die führende Persönlichkeit
diriger [diʀiʒe] <*wie changer; siehe Verbtabelle ab S. 1055*> ❶ die Leitung haben ❷ führen *Menschen;* leiten *Unternehmen;* dirigieren *Orchester* ❸ lenken *Auto;* steuern

Flugzeug, Schiff ❹ **diriger son regard vers quelque chose** seinen Blick auf etwas richten ❺ **se diriger vers quelqu'un** auf jemanden zugehen/zufahren; **se diriger vers Marseille** *Flugzeug, Schiff:* Kurs auf Marseille nehmen ❻ (*beruflich*) **se diriger vers la médecine** die medizinische Laufbahn einschlagen

> Ü Vor *a* und *o* bleibt das *e* erhalten, z. B.: *nous dirigeons, il dirigeait* und *en dirigeant*.

dis [di], **disant** [dizɑ̃] → **dire**
discerner [disɛʀne] ❶ wahrnehmen ❷ (*begreifen*) erkennen
le **disciple** [disipl] der Schüler, der Anhänger; **les disciples de Jésus-Christ** [ʒezy kʀi] die Jünger Jesu
la **disciple** [disipl] die Schülerin, die Anhängerin
disciplinaire [disiplinɛʀ] disziplinarisch
la **discipline** [disiplin] ❶ (*Ordnung, Sportart*) die Disziplin ❷ (*in der Schule*) das Fach
discipliné, disciplinée [disipline] diszipliniert
disco [disko] Disco-, Disko-; **la musique disco** die Discomusik, die Diskomusik

> G Das Adjektiv *disco* ist unveränderlich: *les boîtes disco – die Discos.*

discontinu, discontinue [diskɔ̃tiny] *Linie* gestrichelt; *Anstrengung* nicht kontinuierlich
discordant, discordante [diskɔʀdɑ̃, diskɔʀdɑ̃t] widersprüchlich; *Charaktere* gegensätzlich; *Farben, Töne* disharmonisch
la **discothèque** [diskɔtɛk] ❶ die Diskothek ❷ (*Sammlung*) die Schallplattensammlung
le **discours** [diskuʀ] ❶ die Rede; **faire un discours** eine Rede halten ❷ (*abwertend*) das Gerede ❸ (*in der Grammatik*) **le discours direct** die direkte Rede; **le discours indirect** die indirekte Rede
discret, discrète [diskʀɛ, diskʀɛt] ❶ diskret ❷ *Kleidung, Farbe* dezent ❸ *Ort* ruhig
discrètement [diskʀɛtmɑ̃] diskret
la **discrétion** [diskʀesjɔ̃] ❶ die Diskretion ❷ (*Unauffälligkeit*) die Dezenz
la **discrimination** [diskʀiminasjɔ̃] die Diskriminierung
discriminatoire [diskʀiminatwaʀ] diskriminierend
disculper [diskylpe] entlasten; **se disculper** sich entlasten
la **discussion** [diskysjɔ̃] ❶ das Gespräch ❷ die Diskussion
discutable [diskytabl] *Theorie* anfechtbar; *Geschmack* zweifelhaft

D'une langue à l'autre

Une *dispute* entre frère et sœur

Arrête. Laisse-moi tranquille!	Hör auf! Lass mich in Ruhe!
Mais, je ne t'ai rien fait. Ne dis pas n'importe quoi!	Aber ich habe dir doch nichts getan. Red keinen Blödsinn.
Si, tu m'énerves avec tes ordres.	Oh doch, du nervst mich total mit deinen Befehlen.
Oh là là, ce n'est pas une raison pour s'énerver comme ça!	Ach, aber das ist doch kein Grund sich so aufzuregen!

discuté, discutée [diskyte] umstritten
discuter [diskyte] ❶ diskutieren ❷ in Frage stellen *Autorität, Befehl* ❸ **discuter de politique** sich über Politik unterhalten ❹ verhandeln; **discuter les conditions** über die Bedingungen verhandeln ▸ **ça se discute** darüber lässt sich streiten
disent [diz] →**dire**
disjoncter [disʒɔ̃kte] (*umgs.*) ❶ *Mensch:* ausrasten ❷ **ça a disjoncté** die Sicherung ist rausgesprungen
disloquer [dislɔke] ❶ auseinandernehmen ❷ **se disloquer** *Möbel, Gerät, Familie:* in die Brüche gehen; *Demonstration, Partei:* sich auflösen
disons [dizɔ̃] →**dire**
disparaître [dispaʀɛtʀ] <*wie* paraître; *siehe Verbtabelle ab S. 1055*> ❶ verschwinden; *Spur:* sich verlieren; *Hoffnung:* schwinden; **il a disparu** er ist verschwunden ❷ versterben

> Ü Das *i* steht immer nur vor *t*.
> Die Verbformen ohne *t* schreiben sich mit *i*, z. B. **ils disparaissent**.

la disparition [dispaʀisjɔ̃] ❶ das Verschwinden; *der Sonne, einer Kultur* der Untergang ❷ der Tod
le disparu [dispaʀy] ❶ der Vermisste ❷ (*Toter*) der Verstorbene
disparu[1], disparue [dispaʀy] →**disparaître**
disparu[2], disparue [dispaʀy] **être porté disparu** als vermisst gelten; *Soldat, Agent:* verschollen sein
la disparue [dispaʀy] ❶ die Vermisste ❷ (*Tote*) die Verstorbene
dispenser [dispɑ̃se] ❶ befreien; **dispenser un élève de sport** einen Schüler vom Sportunterricht befreien ❷ **se dispenser de s'excuser** es unterlassen, sich zu entschuldigen
disperser [dispɛʀse] ❶ (*verteilen*) zerstreuen; **se disperser** sich zerstreuen ❷ **disperser son attention, se disperser** sich verzetteln

la dispersion [dispɛʀsjɔ̃] ❶ das Zerstreuen ❷ (*geistig*) das Zerstreuung
la disponibilité [disponibilite] die Verfügbarkeit
disponible [dispɔnibl] verfügbar; *Ware* vorrätig; *Platz, Wohnung* frei
disposé, disposée [dispoze] **être disposé à aider quelqu'un** bereit sein, jemandem zu helfen
disposer [dispoze] ❶ anordnen; aufstellen *Spieler, Soldaten* ❷ **disposer d'un ordinateur** über einen Computer verfügen
le dispositif [dispozitif] ❶ die Vorrichtung ❷ (*Mittel, Maßnahmen*) **le dispositif policier** das Polizeiaufgebot
la disposition [dispozisjɔ̃] ❶ die Anordnung; *eines Textes* die Gliederung ❷ *eines Vertrags* die Bestimmung; *eines Testaments* die Verfügung ▸ **mettre quelque chose à la disposition de quelqu'un** jemandem etwas zur Verfügung stellen; **prendre ses dispositions** Vorkehrungen treffen
la disproportion [dispʀɔpɔʀsjɔ̃] das Missverhältnis
disproportionné, disproportionnée [dispʀɔpɔʀsjɔne] *Körper* unproportioniert; *Reaktion* unangemessen
la dispute [dispyt] der Streit
disputer [dispyte] ❶ ausschimpfen; **se faire disputer** ausgeschimpft werden ❷ **disputer la victoire à quelqu'un** jemandem den Sieg streitig machen ❸ (*im Sport*) austragen *Spiel* ❹ **se disputer** sich streiten; **se disputer l'héritage** sich um das Erbe streiten
la disqualification [diskalifikasjɔ̃] die Disqualifikation
disqualifier [diskalifje] <*wie* apprécier; *siehe Verbtabelle ab S. 1055*> disqualifizieren; **se disqualifier** sich disqualifizieren
le disque [disk] ⚠ *männlich* ❶ die Scheibe ❷ **le disque compact** die CD; **le disque compact vidéo** die DVD ❸ (*im Sport*) der

Diskus ❹ (*in der Informatik*) **le disque dur** die Festplatte; **le disque optique compact** die CD-ROM

la **disquette** [diskɛt] die Diskette

disséminer [disemine] verstreuen; **se disséminer** sich verteilen

la **dissertation** [disɛʀtasjɔ̃] der Aufsatz

le **dissident** [disidɑ̃] der Dissident

la **dissidente** [disidɑ̃t] die Dissidentin

la **dissimulation** [disimylasjɔ̃] ❶ die Heuchelei ❷ (*das Verstecken*) das Verbergen; *von Geld* die Unterschlagung

dissimuler [disimyle] ❶ verstecken; verbergen *Gesicht, Schwierigkeiten*; **se dissimuler** sich verbergen ❷ unterschlagen *Geld* ❸ **dissimuler ses sentiments à quelqu'un** seine Gefühle vor jemandem verbergen

la **dissipation** [disipasjɔ̃] ❶ *des Erbes* die Verschwendung ❷ *des Nebels* die Auflösung ❸ die Disziplinlosigkeit

dissipé, **dissipée** [disipe] undiszipliniert

dissiper [disipe] ❶ vertreiben ❷ zerstreuen; ausräumen *Zweifel, Verdacht;* aufklären *Missverständnis;* zerstören *Illusionen* ❸ ablenken *Menschen* ❹ **se dissiper** unkonzentriert werden/sein; *Nebel:* sich auflösen; *Zweifel, Verdacht:* sich zerstreuen

dissocier [disɔsje] <*wie* apprécier; *siehe Verbtabelle ab S. 1055*> getrennt betrachten *Aspekte*

la **dissolution** [disɔlysjɔ̃] ❶ die Auflösung ❷ (*Flüssigkeit*) die Lösung

le **dissolvant** [disɔlvɑ̃] das Lösungsmittel

dissoudre [disudʀ] <*weitgehend wie* résoudre; *siehe Verbtabelle ab S. 1055*> auflösen; **se dissoudre** sich auflösen

ⓖ Das Partizip Perfekt von *dissoudre* lautet *dissous, dissoute* (im Gegensatz zu *résolu, résolue*).

dissuader [disɥade] **dissuader quelqu'un de s'enfuir** (*durch Argumente*) jemandem ausreden zu fliehen

dissuasif, **dissuasive** [disɥazif, disɥaziv] abschreckend

la **dissuasion** [disɥazjɔ̃] die Abschreckung

distançait [distɑ̃sɛ], **distançant** [distɑ̃sɑ̃] →**distancer**

la **distance** [distɑ̃s] ❶ die Entfernung; **à une distance de cent mètres** hundert Meter entfernt; **c'est à quelle distance, Cologne?** wie weit ist es nach Köln?; **commandé(e) à distance** ferngesteuert ❷ (*in der Mathematik*) der Abstand ❸ (*im Sport*) die Distanz ▸ **prendre ses distances** auf Distanz gehen

distancer [distɑ̃se] <*wie* commencer; *siehe Verbtabelle ab S. 1055*> (*im Sport*) abhängen

ⓤ Vor *a* und *o* steht statt *c* ein *ç*, z. B.: *nous distançons, il distançait* und *en distançant*.

distant, **distante** [distɑ̃, distɑ̃t] ❶ entfernt ❷ *Person, Haltung* distanziert

la **distillation** [distilasjɔ̃] die Destillation

distiller [distile] destillieren

distinct, **distincte** [⚠ distɛ̃, distɛ̃kt] ❶ verschieden ❷ (*klar*) deutlich

distinctif, **distinctive** [distɛ̃ktif, distɛ̃ktiv] charakteristisch; **le signe distinctif** das Kennzeichen

la **distinction** [distɛ̃ksjɔ̃] ❶ die Unterscheidung ❷ (*Ehrung*) die Auszeichnung ❸ (*Eleganz*) die Vornehmheit

distingué, **distinguée** [distɛ̃ge] ❶ vornehm ❷ (*bekannt*) berühmt

distinguer [distɛ̃ge] ❶ erkennen ❷ unterscheiden ❸ (*ehren*) auszeichnen ❹ **se distinguer de quelqu'un par quelque chose** sich von jemandem durch etwas unterscheiden ❺ **se distinguer par son amabilité** sich durch seine Freundlichkeit auszeichnen

la **distraction** [distraksjɔ̃] ❶ die Unachtsamkeit ❷ (*Ablenkung*) die Abwechslung ❸ (*Beschäftigung*) der Zeitvertreib

distraire [distʀɛʀ] <*wie* extraire; *siehe Verbtabelle ab S. 1055*> ❶ unterhalten; **se distraire** sich amüsieren ❷ **distraire quelqu'un de son travail** jemanden von seiner Arbeit ablenken

distrait, **distraite** [distʀɛ, distʀɛt] zerstreut

distrayant, **distrayante** [distʀɛjɑ̃, distʀɛjɑ̃t] unterhaltsam

le **distribanque** [distʀibɑ̃k] der Bankomat, der Geldautomat

distribuer [distʀibɥe] ❶ verteilen *Kekse, Arbeit* ❷ austeilen *Karten, Ohrfeigen* ❸ (*im Handel*) vertreiben

le **distributeur** [distʀibytœʀ] ❶ der Automat; **le distributeur de billets** der Geldautomat ❷ (*Händler*) der Vertreiber; *von Filmen* der Verleiher

la **distribution** [distʀibysjɔ̃] ❶ die Verteilung; *der Post* die Zustellung; *der Karten* das Ausgeben; **la distribution des prix** die Preisverleihung ❷ (*Handel*) der Vertrieb; **la distribution d'eau** die Wasserversorgung ❸ (*in einem Film, Theaterstück*) die Besetzung

la **distributrice** [distʀibytʀis] die Vertreiberin; *von Filmen* die Verleiherin

le **district** [distʀikt] der Bezirk

dit [di], **dites** [dit] →**dire**
divaguer [divage] fantasieren
le **divan** [divã] der Diwan
divergent, divergente [divɛRʒɑ̃, divɛRʒɑ̃t] voneinander abweichend
diverger [divɛRʒe] <*wie* changer; *siehe Verbtabelle ab S. 1055*> ❶ auseinandergehen ❷ **diverger sur un point** *Personen:* in einem Punkt unterschiedlicher Meinung sein; *Meinungen:* in einem Punkt voneinander abweichen

> Ü Vor *a* und *o* bleibt das *e* erhalten, z. B.: *nous divergeons, il divergeait* und *en divergeant*.

divers, diverse [divɛR, divɛRs] ❶ verschieden; *Landschaft* abwechslungsreich; *Bräuche* verschiedenartig ❷ *Bewegungen, Interessen* unterschiedlich ❸ **diverses personnes** mehrere Leute
la **diversité** [divɛRsite] die Verschiedenartigkeit; (*Auswahl*) die Vielfalt
divertir [divɛRtiR] <*wie* agir; *siehe Verbtabelle ab S. 1055*> unterhalten; **se divertir** sich amüsieren

> G Bei einigen Formen des Verbs ist der Stamm um *-iss-* erweitert, etwa bei *nous nous divertissons, il se divertissait* oder *en se divertissant*.

divertissant, divertissante [divɛRtisɑ̃, divɛRtisɑ̃t] unterhaltsam
le **divertissement** [divɛRtismɑ̃] die Unterhaltung; (*Beschäftigung*) der Zeitvertreib
diviser [divize] ❶ einteilen, teilen; aufteilen *Erbe;* **diviser un terrain en trois parts** ein Grundstück in drei Teile aufteilen ❷ teilen, dividieren *Zahl;* **divisé(e) par quatre** geteilt durch vier ❸ entzweien, spalten *Gruppe, Bevölkerung* ❹ **se diviser** sich teilen; *Partei:* sich spalten
la **division** [divizjɔ̃] ❶ (*Gebiet*) eines Landes der Teil ❷ *einer Zahl* die Division; **faire une division** teilen, dividieren ❸ (*beim Militär*) die Division ❹ (*im Sport*) die Liga
♦ la **division du travail** die Arbeitsteilung
divorçait [divɔRsɛ], **divorçant** [divɔRsɑ̃] →**divorcer**
le **divorce** [divɔRs] die Scheidung, die Ehescheidung; **le divorce avec quelqu'un** die Scheidung von jemandem; **demander le divorce** die Scheidung einreichen
divorcer [divɔRse] <*wie* commencer; *siehe Verbtabelle ab S. 1055*> **divorcer de quelqu'un** sich von jemandem scheiden lassen; **ils ont divorcé** sie haben sich scheiden lassen

> Ü Vor *a* und *o* steht statt *c* ein *ç*, z. B.: *nous divorçons, il divorçait* und *en divorçant*.

divulguer [divylge] verraten
dix [dis] ❶ zehn; **les dix doigts** die zehn Finger; **le score est de dix à sept** *geschrieben:* **10 à 7** es steht zehn zu sieben *geschrieben:* 10:7; **un Français sur dix** jeder zehnte Franzose; **partir en voyage à dix** zu zehnt verreisen ❷ (*bei Altersangaben*) **il/elle a dix ans** er/sie ist zehn Jahre alt, er/sie ist zehn; **à l'âge de dix ans** mit zehn Jahren, mit zehn; **un enfant de dix ans** ein zehnjähriges Kind, ein Zehnjähriger ❸ (*bei Uhrzeit- und Zeitangaben*) **il est dix heures** es ist zehn Uhr, es ist zehn; **il est dix heures moins cinq** es ist fünf Minuten vor zehn, es ist fünf vor zehn; **tous les dix jours** alle zehn Tage, jeden zehnten Tag; **une période de dix ans** ein Zeitraum von zehn Jahren ❹ (*bei Datumsangaben*) **le dix mars** *geschrieben:* **le 10 mars** der zehnte März *geschrieben:* der 10. März/am zehnten März *geschrieben:* am 10. März; **aujourd'hui nous sommes le dix** *geschrieben:* **le 10** heute haben wir den Zehnten *geschrieben:* den 10. ❺ (*bei den Schulnoten*) **dix sur vingt** ≈ [die] Drei; **avoir dix sur vingt** ≈ eine Drei haben ❻ (*als Namenszusatz*) **Louis dix** *geschrieben:* **Louis X** Ludwig der Zehnte *geschrieben:* Ludwig X.

 Wenn das Wort, auf das sich *dix* bezieht und vor dem es steht, mit einem Vokal oder stummen h anfängt, wird die Liaison gemacht:
il a dix ans [diz ɑ̃] – er ist zehn Jahre alt;
il est dix heures [diz œR] – es ist zehn Uhr.
Beginnt das Bezugswort jedoch mit einem Konsonanten, lautet die Aussprache [di]:
dans dix jours [di ʒuR] – heute in zehn Tagen.
Wird *dix* allein verwendet, endet es mit einem stimmlosen [s]:
elle arrivera le dix [lə dis] – sie wird am Zehnten kommen.

le **dix** [dis] ⚠ männlich (*Zahl, Spielkarte, Buslinie*) die Zehn; **écrire un grand dix au tableau** eine große Zehn an die Tafel schreiben
dix-huit [dizɥit] ❶ achtzehn; **le score est de dix-huit à douze** *geschrieben:* **18 à 12** es steht achtzehn zu zwölf *geschrieben:* 18:12; **un foyer sur dix-huit** jeder achtzehnte Haushalt ❷ (*bei Altersangaben*) **il/**

elle a dix-huit ans er/sie ist achtzehn Jahre alt, er/sie ist achtzehn; à l'âge de dix-huit ans mit achtzehn Jahren, mit achtzehn; une jeune fille de dix-huit ans ein achtzehnjähriges junges Mädchen, eine Achtzehnjährige ❸ (bei Uhrzeit- und Zeitangaben) il est dix-huit heures es ist achtzehn Uhr; une période de dix-huit mois ein Zeitraum von achtzehn Monaten ❹ (bei Datumsangaben) le dix-huit mars geschrieben: le 18 mars der achtzehnte März geschrieben: der 18. März/am achtzehnten März geschrieben: am 18. März; aujourd'hui nous sommes le dix-huit geschrieben: le 18 heute haben wir den Achtzehnten geschrieben: den 18. ❺ (bei den Schulnoten) dix-huit sur vingt ≈ [die] Eins, ≈ [die] Sechs (CH); avoir dix-huit sur vingt ≈ eine Eins haben, ≈ eine Sechs haben (CH) ❻ (als Namenszusatz) Jean dix-huit geschrieben: Jean XVIII Johannes der Achtzehnte geschrieben: Johannes XVIII.

> Wenn das Wort, auf das sich *dix-huit* bezieht und vor dem es steht, mit einem Vokal oder stummen h anfängt, lautet die Aussprache [dizɥit]:
> *il a dix-huit ans* [dizɥit ɑ̃] – er ist achtzehn [Jahre alt];
> *il est dix-huit heures* [dizɥit œʀ] – es ist achtzehn Uhr.
> Steht *dix-huit* allein, wird es ebenfalls [dizɥit] ausgesprochen:
> *elle arrivera le dix-huit* [lə dizɥit] – sie wird am Achtzehnten kommen.
> Steht *dix-huit* jedoch vor einem Wort, das mit einem Konsonanten beginnt, wird das [t] nicht ausgesprochen:
> *dans dix-huit jours* [dizɥi ʒuʀ] – heute in achtzehn Tagen.

le **dix-huit** [dizɥit] ⚠ *männlich* (*Zahl, Buslinie*) die Achtzehn; **écrire un grand dix-huit au tableau** eine große Achtzehn an die Tafel schreiben
dix-huitième [dizɥitjɛm] achtzehnte(r, s)
le **dix-huitième** [dizɥitjɛm] ❶ (*in Bezug auf die Reihenfolge, die Leistung*) der/die/das Achtzehnte ❷ (*umgs.: achtzehnter Stock*) der Achtzehnte; **j'habite au dix-huitième** ich wohne im Achtzehnten ❸ (*Bruchzahl*) das Achtzehntel
la **dix-huitième** [dizɥitjɛm] der/die/das Achtzehnte
dixième [dizjɛm] zehnte(r, s); **la dixième question** die zehnte Frage; **au dixième étage** im zehnten Stock
le **dixième** [dizjɛm] ❶ (*in Bezug auf die Reihen-*

folge, *die Leistung*) der/die/das Zehnte; **Bruno est arrivé le deuxième** Bruno ist Zehnter geworden ❷ (*umgs.: zehnter Stock*) der Zehnte; **ils habitent au dixième** sie wohnen im Zehnten ❸ (*Bruchzahl*) das Zehntel
la **dixième** [dizjɛm] der/die/das Zehnte
dix-neuf [diznœf] ❶ neunzehn ❷ (*bei Altersangaben*) **il/elle a dix-neuf ans** er/sie ist neunzehn Jahre alt, er/sie ist neunzehn; **à l'âge de dix-neuf ans** mit neunzehn Jahren, mit neunzehn; **une jeune fille de dix-neuf ans** ein neunzehnjähriges junges Mädchen, eine Neunzehnjährige ❸ (*bei Uhrzeit- und Zeitangaben*) **il est dix-neuf heures** es ist neunzehn Uhr; **une période de dix-neuf mois** ein Zeitraum von neunzehn Monaten ❹ (*bei Datumsangaben*) **le dix-neuf mars** geschrieben: **le 19 mars** der neunzehnte März geschrieben: der 19. März/am neunzehnten März geschrieben: am 19. März; **aujourd'hui nous sommes le dix-neuf** geschrieben: **le 19** heute haben wir den Neunzehnten geschrieben: den 19. ❺ (*bei den Schulnoten*) **dix-neuf sur vingt** ≈ [die] Eins, ≈ [die] Sechs (CH); **avoir dix-neuf sur vingt** ≈ eine Eins haben, ≈ eine Sechs haben (CH) ❻ (*als Namenszusatz*) **Jean dix-neuf** geschrieben: **Jean XIX** Johannes der Neunzehnte geschrieben: Johannes XIX.

> Das Zahlwort *dix-neuf* wird in der Regel [diznœf] ausgesprochen.
> Nur in den Verbindungen *dix-neuf ans* und *dix-neuf heures* wird statt des stimmlosen [f] am Ende ein stimmhaftes [v] gesprochen:
> *il a dix-neuf ans* [diznœv ɑ̃] – er ist neunzehn [Jahre alt];
> *il est dix-neuf heures* [diznœv œʀ] – es ist neunzehn Uhr.

le **dix-neuf** [diznœf] ⚠ *männlich* (*Zahl, Buslinie*) die Neunzehn; **écrire un grand dix-neuf au tableau** eine große Neunzehn an die Tafel schreiben
dix-neuvième [diznœvjɛm] neunzehnte(r, s)
le **dix-neuvième** [diznœvjɛm] ❶ (*in Bezug auf die Reihenfolge, die Leistung*) der/die/das Neunzehnte ❷ (*umgs.: neunzehnter Stock*) der Neunzehnte ❸ (*Bruchzahl*) das Neunzehntel
la **dix-neuvième** [diznœvjɛm] der/die/das Neunzehnte
dix-sept [⚠ dissɛt] ❶ siebzehn; **le score est de dix-sept à onze** geschrieben: **17 à 11** es steht siebzehn zu elf geschrieben: 17:11; **un foyer sur dix-sept** jeder siebzehnte Haus-

halt ②(*bei Altersangaben*) **il/elle a dix-sept ans** er/sie ist siebzehn Jahre alt, er/sie ist siebzehn; **à l'âge de dix-sept ans** mit siebzehn Jahren, mit siebzehn; **une jeune fille de dix-sept ans** ein siebzehnjähriges junges Mädchen, eine Siebzehnjährige ③(*bei Uhrzeit- und Zeitangaben*) **il est dix-sept heures** es ist siebzehn Uhr; **une période de dix-sept jours** ein Zeitraum von siebzehn Tagen ④(*bei Datumsangaben*) **le dix-sept mars** *geschrieben:* **le 17 mars** der siebzehnte März *geschrieben:* der 17. März/ am siebzehnten März *geschrieben:* am 17. März; **aujourd'hui nous sommes le dix-sept** *geschrieben:* **le 17** heute haben wir den Siebzehnten *geschrieben:* den 17. ⑤(*bei den Schulnoten*) **dix-sept sur vingt** ≈ [die] Eins, ≈ [die] Sechs CH; **avoir dix-sept sur vingt** ≈ eine Eins haben, ≈ eine Sechs haben CH ⑥(*als Namenszusatz*) **Jean dix-sept** *geschrieben:* **Jean XVII** Johannes der Siebzehnte *geschrieben:* Johannes XVII.
le **dix-sept** [⚠ dissɛt] ⚠ männlich (*Zahl, Buslinie*) die Siebzehn; **écrire un grand dix-sept au tableau** eine große Siebzehn an die Tafel schreiben
dix-septième [⚠ dissɛtjɛm] siebzehnte(r, s)
le **dix-septième** [⚠ dissɛtjɛm] ①(*in Bezug auf die Reihenfolge, die Leistung*) der/die/das Siebzehnte ②(*umgs.: siebzehnter Stock*) der Siebzehnte; **ils habitent au dix-septième** sie wohnen im Siebzehnten ③(*Bruchzahl*) das Siebzehntel
la **dix-septième** [⚠ dissɛtjɛm] (*in einer Reihenfolge*) der/die/das Siebzehnte
la **dizaine** [dizɛn] **une dizaine de ...** etwa zehn ..., ungefähr zehn ...; **une dizaine de personnes/de pages** etwa zehn Personen/ Seiten; **plusieurs dizaines de personnes** mehrere Dutzend Personen; **avoir une dizaine d'années** ungefähr zehn Jahre alt sein
le **D.J.** [didʒɛ, didʒi] *Abkürzung von disque-jockey* der DJ ['diːdʒeɪ]
la **DJette** [didʒɛt] *Abkürzung von disque-jockey* die DJane ['diːdʒeɪn]
le **do** [do] (*Musiknote*) das c
docile [dɔsil] folgsam
le **docteur** [dɔktœʀ] der Doktor; **est-ce grave, docteur?** ist es was Schlimmes, Herr Doktor/Frau Doktor?
le **doctorat** [dɔktɔʀa] ①der Doktortitel ②**le doctorat en droit** die Doktorwürde in Jura
la **doctrine** [dɔktʀin] die Doktrin
le **document** [dɔkymã] ①das Dokument ②**les**

> **G** Es gibt im Französischen keine Femininform: *j'ai rendez-vous chez le docteur Durand* – ich habe einen Termin bei [der] Frau Doktor Durand.

documents (*Schriftstücke*) die Unterlagen
documentaire [dɔkymãtɛʀ] dokumentarisch
le **documentaire** [dɔkymãtɛʀ] der Dokumentarfilm
la **documentation** [dɔkymãtasjõ] die Dokumentation, die Materialsammlung
documenter [dɔkymãte] ①informieren ②**se documenter** sich Informationsmaterial beschaffen
le **dodo** [dodo] (*Kindersprache*) **faire dodo** heia machen
dodu, dodue [dɔdy] (*umgs.*) gut genährt; *Arm* fleischig
le **doigt** [dwa] ①der Finger; **compter sur ses doigts** mit den Fingern zählen; **lever le doigt** sich melden ②(*Maßangabe*) der Fingerbreit ▸**faire quelque chose les doigts dans le nez** (*umgs.*) etwas mit links machen; **se mettre le doigt dans l'œil** auf dem Holzweg sein; **obéir au doigt et à l'œil** aufs Wort gehorchen; **ne pas lever le petit doigt** keinen Finger rühren; **être à deux doigts de faire quelque chose** nah dran [*oder* kurz davor] sein, etwas zu tun
♦ le **doigt de pied** der Zeh
le **doigté** [dwate] das Fingerspitzengefühl
dois, doit [dwa], **doive, doivent** [dwav] →devoir
le **dollar** [dɔlaʀ] der Dollar; **cent dollars** hundert Dollar
le **D.O.M.** [dɔm] *Abkürzung von* **département d'outre-mer** das überseeische Departement

> **L** Die *D.O.M.* sind frühere französische Kolonialgebiete in Übersee, die heute den Status von Departements haben. Sie werden – unter Berücksichtigung landesspezifischer Besonderheiten – wie alle anderen Departements verwaltet. Es gibt fünf *D.O.M.*: Französisch-Guyana, die Antilleninseln Guadeloupe und Martinique, die im Indischen Ozean gelegene Insel La Réunion sowie die Inselgruppe Saint-Pierre-et-Miquelon vor der Ostküste Kanadas.

le **domaine** [dɔmɛn] ①der Landbesitz, der Besitz; **le domaine familial** der Familienbesitz; **les domaines** die Ländereien ②(*Gebiet*) der Bereich ③(*Wissensgebiet*) die Domäne ④(*in der Informatik*) die Domain
domestique [dɔmɛstik] Haus-; **un animal domestique** ein Haustier

domestiquer [dɔmɛstike] nutzbar machen *Energie*
le **domicile** [dɔmisil] ❶ die Wohnung; **à domicile** *liefern* ins Haus; *empfangen* zu Hause ❷ *(Verwaltungssprache)* der Wohnsitz
dominant, dominante [dɔminɑ̃, dɔminɑ̃t] dominierend; *Meinung, Wind* vorherrschend; *Position, Nation* führend
dominateur, dominatrice [dɔminatœʀ, dɔminatʀis] herrisch
la **domination** [dɔminasjɔ̃] die Vormacht
dominatrice [dɔminatʀis] →**dominateur**
dominer [dɔmine] ❶ dominieren ❷ *(durch Leistung)* übertreffen ❸ *(durch Höhe)* überragen ❹ *(durch Lautstärke)* übertönen ❺ im Zaum halten *Wut;* **dominer son sujet** sich in der Materie auskennen
dominical, dominicale [dɔminikal] <*Plural der männl. Form:* dominicaux> Sonntags-, sonntäglich; **le repos dominical** die Sonntagsruhe
le **dommage** [dɔmaʒ] ❶ der Schaden; **les dommages matériels** der Sachschaden ❷ **causer des dommages** Schäden anrichten ▸ **quel dommage!** wie schade!
◆ **les dommages et intérêts** der Schaden[s]ersatz

> **V** Der Plural *dommages et intérêts* wird mit einem Singular übersetzt: *les dommages et intérêts s'élèvent à…* – *der Schaden[s]ersatz beläuft sich auf…*

dompter [⚠ dõ(p)te] bändigen
le **dompteur** [⚠ dõ(p)tœʀ] der Dompteur
la **dompteuse** [⚠ dõ(p)tøz] die Dompteuse
les **D.O.M.-T.O.M.** *(männlich)* [dɔmtɔm] Abkürzung von **départements et territoires d'outre-mer** die überseeischen Departements und Gebiete

> **L** Mit dieser Abkürzung werden die überseeischen Departements Frankreichs – *(D.O.M.)* – und die überseeischen Gebiete – *(T.O.M.)* – bezeichnet. Näheres steht bei den Stichwörtern *D.O.M.* und *T.O.M.*

le **don** [dɔ̃] ❶ die Schenkung ❷ *(Gabe)* das Geschenk ❸ *(milde Gabe)* die Spende; **faire un don à quelqu'un** jemandem eine Spende zukommen lassen ❹ die Begabung; **avoir un don pour la musique** eine musikalische Begabung haben
le **donateur** [dɔnatœʀ] der Spender
la **donation** [dɔnasjɔ̃] die Schenkung
la **donatrice** [dɔnatʀis] die Spenderin
donc [dɔ̃k] ❶ also, folglich ❷ *(verstärkend)* **qui donc?** wer denn?; **mange donc!** iss doch!
donné, donnée [dɔne] *Moment* bestimmt ▸ **étant donné la situation** in Anbetracht der Situation; **étant donné que tu es malade** da du krank bist
la **donnée** [dɔne] ❶ die Angabe ❷ *(in der Mathematik)* die gegebene [*oder* bekannte] Größe; **les données du problème** die gegebenen [*oder* bekannten] Größen ❸ *(in der Informatik, Statistik)* **les données** die Daten
donner [dɔne] ❶ geben ❷ *(zum Geschenk machen)* schenken ❸ **donner le bonjour à quelqu'un** jemandem Grüße ausrichten, jemanden grüßen ❹ **donner des devoirs aux élèves** den Schülern Hausaufgaben aufgeben ❺ **donner soif** durstig machen; **donner faim** hungrig machen; **l'odeur lui donne envie de manger** der Geruch macht ihm/ihr Appetit ❻ **donner des fruits** *Baum:* Früchte tragen; **donner du raisin** *Weinstock:* Trauben tragen ❼ **donner quelque chose pour certain** etwas als sicher darstellen ❽ **donner sur la cour** *Zimmer, Fenster:* auf den Hof gehen ❾ **se donner à son enfant/à une cause** sich seinem Kind/einer Sache widmen
le **donneur** [dɔnœʀ] der Organspender
◆ **le donneur de sang** der Blutspender
la **donneuse** [dɔnøz] die Organspenderin
◆ **la donneuse de sang** die Blutspenderin
dont [dɔ̃] ❶ *(bezogen auf Personen)* dessen/deren; **un client dont je ne connais pas le nom** ein Kunde, dessen Namen ich nicht kenne; **une voisine dont le chien est adorable** eine Nachbarin, deren Hund niedlich ist; **il y a cinq lauréats dont deux Japonais** es gibt fünf Preisträger, darunter zwei Japaner ❷ *(in Verbindung mit Verben oder Adjektiven, die mit „de" verwendet werden)* **la maladie dont il souffre** die Krankheit, an der er leidet; **c'est tout ce dont je me souviens** das ist alles, woran ich mich erinnere; **ce tableau dont elle est si fière** das Bild, auf das sie so stolz ist
le **dopage** [dɔpaʒ] das Doping
doper [dɔpe] **se doper** *Sportler:* sich dopen
doré, dorée [dɔʀe] ❶ vergoldet ❷ *Brot, Kuchen* goldbraun; *Weizen, Licht* golden; *Haut* gebräunt
dorénavant [dɔʀenavɑ̃] von jetzt an
dorer [dɔʀe] ❶ vergolden ❷ *(braun machen)* bräunen *Haut* ❸ *Hähnchen:* goldbraun werden ❹ **se [faire] dorer au soleil** sich von der Sonne bräunen lassen

le **dormeur** [dɔʀmœʀ] ❶ der Schläfer ❷ der Langschläfer
la **dormeuse** [dɔʀmøz] ❶ die Schläferin ❷ die Langschläferin
dormir [dɔʀmiʀ] <siehe Verbtabelle ab S. 1055> schlafen
le **dortoir** [dɔʀtwaʀ] der Schlafsaal
le **dos** [do] ❶ der Rücken ❷ eines Stuhls die Rückenlehne, die Lehne; eines Schriftstücks die Rückseite; **le dos de la main** der Handrücken ▸ **j'en ai froid dans le dos** mir läuft es kalt den Rücken herunter; **faire le grand dos** einen Buckel machen; **en avoir plein le dos** (umgs.) die Nase voll haben; **faire quelque chose dans le dos de ses parents** etwas hinter dem Rücken seiner Eltern tun
la **dose** [doz] eines Medikaments die Dosis
doser [doze] dosieren
le **dossier** [dosje] ❶ eines Sessels die Rückenlehne, die Lehne ❷ (für Dokumente) der Aktenordner, der Ordner ❸ (Dokumente) die Akten, die Akte Ⓐ
◆ le **dossier de candidature** die Bewerbungsunterlagen

V Der Singular *le dossier de candidature* wird mit einem Plural übersetzt: *ce dossier de candidature est très intéressant* – diese Bewerbungsunterlagen sind sehr interessant.

la **douane** [dwan] der Zoll
le **douanier** [dwanje] der Zollbeamte
douanier, douanière [dwanje, dwanjɛʀ] Zoll-; **le contrôle douanier** die Zollkontrolle
la **douanière** [dwanjɛʀ] die Zollbeamtin
le **doublage** [dublaʒ] eines Films die Synchronisation
double [dubl] doppelt
le **double** [dubl] ❶ das Doppelte; **elle gagne le double** sie verdient das Doppelte, sie verdient doppelt so viel ❷ (Zweitausfertigung) das Duplikat; **un double de clé** ein Zweitschlüssel; **avoir quelque chose en double** etwas doppelt haben ❸ (im Tennis) das Doppel
doublé, doublée [duble] ❶ Mantel gefüttert ❷ Film synchronisiert; Schauspieler gedoubelt
doubler [duble] ❶ verdoppeln Anzahl, Dosis ❷ füttern Mantel ❸ synchronisieren Film; doubeln Schauspieler ❹ überholen Fahrzeug ❺ (anwachsen) sich verdoppeln
la **doublure** [dublyʀ] ❶ eines Mantels das Futter ❷ eines Schauspielers das Double
douce [dus] → **doux**
doucement [dusmɑ̃] ❶ vorsichtig, sacht[e] ❷ (nicht laut) sacht[e], leise ❸ (nicht schnell) fahren langsam; fallen, ansteigen allmählich
la **douceur** [dusœʀ] ❶ eines Stoffes die Geschmeidigkeit ❷ (Charaktermerkmal) die Sanftmut ▸ **en douceur** sachte
la **douche** [duʃ] die Dusche
doucher [duʃe] ❶ abduschen, duschen ❷ **se doucher** duschen, sich duschen
la **doudoune** [dudun] die Daunenjacke
doué, douée [dwe] begabt
douillet, douillette [dujɛ, dujɛt] ❶ (empfindlich) zimperlich ❷ (weinerlich) wehleidig ❸ Heim, Nest behaglich
la **douleur** [dulœʀ] der Schmerz
douloureux, douloureuse [duluʀø, duluʀøz] ❶ schmerzhaft; Arm, Knie schmerzend ❷ Erinnerung, Ereignis schmerzlich
le **doute** [dut] der Zweifel ▸ **sans doute** sicherlich, wahrscheinlich; **sans doute qu'elle est déjà partie** wahrscheinlich ist sie schon weg
douter [dute] ❶ (Zweifel hegen) **douter de quelque chose** an etwas zweifeln; **je doute qu'il fasse beau demain** ich bezweifle, dass es morgen schön sein wird ❷ (Argwohn hegen) **douter de quelqu'un/quelque chose** jemandem/einer Sache misstrauen ❸ **se douter de quelque chose** etwas vermuten; **il ne s'est douté de rien** er hat nichts geahnt
douteux, douteuse [dutø, dutøz] ❶ Ausgang, Ursprung ungewiss ❷ (abwertend) Geschmack, Lebenswandel zweifelhaft
doux, douce [du, dus] ❶ weich ❷ Frucht, Geschmack süß; Paprikagewürz edelsüß ❸ Geruch, Wein lieblich ❹ Klima, Wetter mild ❺ Mensch freundlich ❻ Gestik ruhig; Stimme, Neigung sanft; **à feu doux** auf kleiner Flamme ❼ Leben, Erinnerung angenehm
la **douzaine** [duzɛn] ❶ das Dutzend; **à la douzaine** im Dutzend ❷ (ungefähre Mengenangabe) **une douzaine de ...** etwa zwölf ..., ungefähr zwölf ...; **une douzaine de personnes/de pages** etwa zwölf Personen/Seiten
douze [duz] ❶ zwölf; **les douze mois** die zwölf Monate; **le score est de douze à sept** geschrieben: 12 à 7 es steht zwölf zu sieben geschrieben: 12:7; **un Français sur douze** jeder zwölfte Franzose; **partir en voyage à douze** zu zwölft verreisen ❷ (bei Altersangaben) **il/elle a douze ans** er/sie ist zwölf Jahre alt, er/sie ist zwölf; **à l'âge de douze ans** mit zwölf Jahren, mit zwölf; **un**

enfant de douze ans ein zwölfjähriges Kind, ein Zwölfjähriger ❸ (*bei Uhrzeit- und Zeitangaben*) **il est douze heures** es ist zwölf Uhr [mittags], es ist zwölf; **il est douze heures moins cinq** es ist fünf Minuten vor zwölf, es ist fünf vor zwölf; **tous les douze jours** alle zwölf Tage; **une période de douze ans** ein Zeitraum von zwölf Jahren ❹ (*bei Datumsangaben*) **le douze mars** *geschrieben:* **le douze mars** der zwölfte März *geschrieben:* der 12. März/am zwölften März *geschrieben:* am 12. März; **aujourd'hui nous sommes le douze** *geschrieben:* **le 12** heute haben wir den Zwölften *geschrieben:* den 12. ❺ (*bei den Schulnoten*) **douze sur vingt** ≈ [die] Drei; **avoir douze sur vingt** ≈ eine Drei haben ❻ (*als Namenszusatz*) **Louis douze** *geschrieben:* **Louis XII** Ludwig der Zwölfte *geschrieben:* Ludwig XII.

le **douze** [duz] ⚠ *männlich* die Zwölf
douzième [duzjɛm] zwölfte(r, s); **la douzième question** die zwölfte Frage; **au douzième étage** im zwölften Stock
le **douzième** [duzjɛm] ❶ (*in Bezug auf die Reihenfolge, die Leistung*) der/die/das Zwölfte ❷ (*umgs.: zwölfter Stock*) der Zwölfte; **elle habite au douzième** sie wohnt im Zwölften ❸ (*Bruchzahl*) das Zwölftel
la **douzième** [duzjɛm] der/die/das Zwölfte
le **doyen** [dwajɛ̃] ❶ der Älteste ❷ (*an einer Universität*) der Dekan
la **doyenne** [doyjɛn] ❶ die Älteste ❷ (*an einer Universität*) die Dekanin
la **dragée** [dʀaʒe] ⚠ *weiblich* das Dragee
le **dragon** [dʀagɔ̃] der Drache
draguer [dʀage] ❶ (*fischen*) mit dem Schleppnetz fangen ❷ ausbaggern *Hafenbecken* ❸ **draguer quelqu'un** (*umgs.*) jemanden anmachen
dramatique [dʀamatik] ❶ dramatisch ❷ **l'art dramatique** die Schauspielkunst; **le genre dramatique** das Drama
dramatiser [dʀamatize] dramatisieren
le **drame** [dʀam] das Drama
le **drap** [dʀa] das Betttuch; (*auf der Matratze*) das Bettlaken, das Laken ▸ **nous voilà dans de beaux draps!** das kann ja heiter werden! ◆ **le drap de bain** das Badetuch
le **drapeau** [dʀapo] <*Plural:* drapeaux> die Fahne
draper [dʀape] **se draper dans une cape** sich in einen Umhang hüllen
Dresde [dʀɛsd] Dresden
le **dressage** [dʀesaʒ] die Dressur

dresser [dʀese] ❶ aufstellen *Liste, Bilanz;* zeichnen *Karte, Plan;* erteilen *Strafmandat* ❷ errichten *Barriere, Denkmal, Altar;* aufschlagen *Zelt;* aufstellen *Falle* ❸ dressieren *Tier* ❹ **se dresser** sich aufrichten; *Gebäude, Statue:* sich erheben ❺ **se dresser contre quelqu'un/contre quelque chose** sich gegen jemanden/gegen etwas auflehnen
le **dresseur** [dʀesœʀ] der Dresseur
la **dresseuse** [dʀesøz] die Dresseurin
la **drogue** [dʀɔg] ❶ die Droge, das Rauschgift; **les drogues douces/dures** die weichen/harten Drogen ❷ (*übertragen*) die Droge
le **drogué** [dʀɔge] der Drogensüchtige
la **droguée** [dʀɔge] die Drogensüchtige
droguer [dʀɔge] **se droguer** Drogen nehmen
droit [dʀwa] ❶ stellen, legen, halten, sich halten gerade ❷ [**tout**] **droit** fahren, gehen geradeaus
le **droit**[1] [dʀwa] ❶ das Recht, der Rechtsanspruch; **avoir droit à quelque chose** Recht auf etwas haben; **avoir le droit de faire quelque chose** das Recht haben, etwas zu tun; **les droits civiques** die Bürgerrechte; **de quel droit ...?** mit welchem Recht ...? ❷ (*Gesamtheit der Gesetze*) das Recht; **le droit civil** das Zivilrecht; **le droit public** das öffentliche Recht ❸ (*Studienfach*) Jura ❹ (*Abgabe*) die Gebühr
le **droit**[2] [dʀwa] ⚠ *männlich* (*beim Boxen*) die Rechte, die rechte Faust
droit, droite [dʀwa, dʀwat] ❶ rechte(r, s); **le côté droit** die rechte Seite ❷ *Weg, Mauer* gerade ❸ **un angle droit** ein rechter Winkel ❹ *Mensch* ehrlich
la **droite** [dʀwat] ❶ (*Linie*) die Gerade ❷ die rechte Seite, die Rechte; **à droite** rechts, nach rechts; **à la droite de son père** zur Rechten seines/ihres Vaters; **de gauche à droite** von links nach rechts ❸ (*in der Politik*) die Rechte; **un parti de droite** eine rechte Partei
le **droitier** [dʀwatje] der Rechtshänder
la **droitière** [dʀwatjɛʀ] die Rechtshänderin
drôle [dʀol] ❶ lustig ❷ (*umgs.: merkwürdig*) komisch
drôlement [dʀolmɑ̃] ❶ (*merkwürdig*) komisch ❷ **c'était drôlement dur** (*umgs.*) das war verdammt schwer
le **dromadaire** [dʀɔmadɛʀ] das Dromedar
dru, drue [dʀy] dicht
du[1] [dy] <*zusammengezogen aus* **de** *und* **le**> ❶ (*räumlich*) **du Caire** von Kairo [aus]; **du carrefour à l'église** von der Kreuzung bis

zur Kirche; **du bord au large** vom Ufer ins offene Meer; **le train du °Havre** (*von dort kommend*) der Zug aus Le Havre; (*dorthin fahrend*) der Zug nach Le Havre ❷ (*zeitlich*) **du soir au matin** vom Abend bis zum Morgen ❸ (*bei Angaben des Besitzes, der Zugehörigkeit*) **le chien du voisin** der Hund des Nachbarn; **le titre du journal** die Schlagzeile der Zeitung; **le plus sympa du groupe s'appelle Marc** der Netteste in der Gruppe heißt Marc ❹ (*bei Angaben der Abstammung oder Herkunft*) **venir du Gabon** aus Gabun stammen; **les olives du Midi** die Oliven aus Südfrankreich ❺ (*in Verbindung mit Eigennamen*) **la ville du Caire** die Stadt Kairo ❻ (*bei Angaben der Ursache*) **mourir du sida** an Aids sterben ❼ (*bei Angabe dessen, worauf sich ein Gefühl richtet*) **la crainte du soleil** die Furcht vor der Sonne; **la peur du changement** die Angst vor Veränderungen ❽ (*bei Angaben der Art und Weise, des Mittels*) **donner un signe du pied** mit dem Fuß ein Zeichen geben

du² [dy] *Teilungsartikel* **boire du thé** Tee trinken; **manger du pain** Brot essen; **écouter du jazz** Jazz hören; **y a-t-il encore du fromage?** ist noch Käse da?

le **dû** [dy] <*Plural:* dus> die Schuld

dû¹, due [dy] →**devoir**

dû², due [dy] ❶ *Summe* geschuldet ❷ **être dû à la chaleur** von der Hitze herrühren ❸ **être dû à quelqu'un** jemandem zustehen

le **duc** [dyk] der Herzog

la **duchesse** [dyʃɛs] die Herzogin

due [dy] →**dû**

le **duel** [dyɛl] das Duell

la **dune** [dyn] die Düne

le **duo** [dyo, dyo] (*in der Musik*) das Duett

la **dupe** [dyp] **être la dupe** der Dumme/die Dumme sein, für dumm verkauft werden; **être la dupe de quelqu'un** von jemandem für dumm verkauft werden

> **G** Das Stichwort ist weiblich, wird aber auch auf männliche Personen angewendet: *c'était lui la dupe – er wurde für dumm verkauft.*

duquel [dykɛl] <*zusammengezogen aus* de *und* lequel> ❶ **nous parlons d'un garçon de la classe. – Duquel?** wir reden über einen Jungen aus der Klasse. – Über welchen? ❷ **j'ai acheté du fromage. – Duquel?** ich habe Käse gekauft. – Was für einen? ❸ **le vase au-dessous duquel j'ai mis un napperon** die Vase, unter die ich ein Deckchen gelegt habe; **le garage à propos duquel nous avons discuté hier** die Werkstatt, über die wir gestern gesprochen haben

dur [dyʀ] *arbeiten* hart

le **dur** [dyʀ] (*unerschrockener Mensch*) der Draufgänger ▶ **c'est un dur à cuire** ihm kann man nichts vormachen; **jouer les durs** (*umgs.*) den starken Mann markieren

dur, dure [dyʀ] ❶ hart ❷ *Mensch* schwierig; *Zeiten, Leben* hart; *Arbeit* schwer ❸ *Klima* extrem; *Licht* grell ❹ *Blick* ernst ▶ **dur, dur!** das ist hart!

la **durabilité** [dyʀabilite] *einer Maßnahme* die Nachhaltigkeit

durable [dyʀabl] *Sache* dauerhaft; *Erinnerung* bleibend; *Effekt, Einfluss* nachhaltig

durant [dyʀɑ̃] **durant l'hiver** den Winter über

durcir [dyʀsiʀ] <*wie* agir; *siehe Verbtabelle ab S. 1055*> ❶ (*auch übertragen*) hart machen ❷ *Lebensmittel, Paste, Klebstoff:* hart werden ❸ **ils ont durci leurs positions** sie beharren noch hartnäckiger auf ihren Standpunkten ❹ **se durcir** *Mensch:* sich verhärten

> **G** Bei einigen Formen des Verbs ist der Stamm um *-iss-* erweitert, etwa bei *nous durcissons, il durcissait* oder *en durcissant.*

le **durcissement** [dyʀsismɑ̃] ❶ das Hartwerden; *von Zement* das Abbinden ❷ (*übertragen*) die Verhärtung; *eines Konflikts* die Verschärfung

la **dure** [dyʀ] (*unerschrockener Mensch*) die Draufgängerin ▶ **c'est une dure à cuire** ihr kann man nichts vormachen

la **durée** [dyʀe] die Dauer

durer [dyʀe] ❶ dauern; **durer une heure** eine Stunde dauern ❷ *Wetter:* anhalten ❸ *Material, Kleidung:* halten ▶ **ça ne peut plus durer** so kann das nicht weitergehen

la **dureté** [dyʀte] (*auch übertragen*) die Härte

dus [dy] →**devoir**

le **duvet** [dyvɛ] ❶ (*Federn*) die Daunen ❷ (*feine Härchen*) der Flaum ❸ der Daunenschlafsack

> **V** In ❶ wird der Singular *le duvet* mit einem Plural übersetzt: *le duvet coûte cher – Daunen sind teuer.*

dynamique [dinamik] dynamisch

la **dynamique** [dinamik] die Dynamik

le **dynamisme** [dinamism] die Dynamik; (*Kraft, Schwung*) die Energie

la **dynamite** [dinamit] ⚠ *weiblich* das Dynamit

dynamiter [dinamite] sprengen
la **dynastie** [dinasti] die Dynastie

E

le **e**, le **E** [ø] das e, das E
l' **eau** *(weiblich)* [o] <*Plural:* eaux> ① das Wasser; **l'eau minérale** das Mineralwasser; **l'eau gazeuse** das Mineralwasser mit Kohlensäure; **l'eau non gazeuse** [*oder* **plate**] das Mineralwasser ohne Kohlensäure, das stille Wasser; **un verre d'eau** ein Glas Wasser ② (*in der Natur*) das Gewässer ▸ **se jeter à l'eau** ins Wasser springen; (*ein Wagnis unternehmen*) es wagen
◆ l'**eau du robinet** das Leitungswasser
◆ l'**eau de source** das Quellwasser
l' **eau-de-vie** *(weiblich)* [od(ə)vi] <*Plural:* eaux-de-vie> der Schnaps
l' **ébauche** *(weiblich)* [eboʃ] ① *eines Werks* der Entwurf; *eines Bildes* die Skizze ② *eines Lächelns* die Andeutung
éblouir [ebluiʀ] <*wie* agir; *siehe Verbtabelle ab S. 1055*> blenden

G Bei einigen Formen des Verbs ist der Stamm um -*iss*- erweitert, etwa bei *nous éblouissons, il éblouissait* oder *en éblouissant*.

éblouissant, éblouissante [ebluisɑ̃, ebluisɑ̃t] *Licht* grell
éborgner [ebɔʀɲe] **éborgner quelqu'un** jemandem ein Auge ausstechen
l' **éboueur** *(männlich)* [ebuœʀ] der Müllmann
ébouillanter [ebujɑ̃te] **s'ébouillanter la main** sich die Hand verbrühen
ébouriffé, ébouriffée [eburife] zerzaust
ébranler [ebʀɑ̃le] ① (*auch übertragen*) erschüttern ② **s'ébranler** *Zug:* sich in Bewegung setzen
ébréché, ébréchée [ebʀeʃe] angeschlagen
l' **ébriété** *(weiblich)* [ebʀijete] (*formell*) die Trunkenheit
ébruiter [ebʀɥite] ausplaudern
l' **ébullition** *(weiblich)* [ebylisjɔ̃] *einer Flüssigkeit* das Aufkochen, das Kochen; **porter le lait à ébullition** die Milch zum Kochen bringen ▸ **en ébullition** in heller Aufregung
écarquiller [⚠ ekaʀkije] aufreißen *Augen*
l' **écart** *(männlich)* [ekaʀ] ① der Unterschied; **l'écart de prix** der Preisunterschied; **l'écart de température** der Temperaturunterschied ② (*Bewegung*) **faire un écart** zur Seite ausweichen ③ (*im Sport*) **le grand écart** der Spagat; **faire le grand écart** einen Spagat machen ④ **à l'écart de la route** abseits der Straße ▸ **mettre quelqu'un à l'écart** jemanden ausschließen; **rester à l'écart** sich abseitshalten
écarté, écartée [ekaʀte] ① *Ort* abgelegen ② *Arme* ausgebreitet; *Beine* gespreizt; *Zähne* weit auseinanderstehend
écarter [ekaʀte] ① ausbreiten *Arme;* spreizen *Beine;* auseinanderziehen *Vorhänge* ② verwerfen *Idee;* abwenden *Gefahr* ③ **s'écarter** sich entfernen; *Menschenmenge:* auseinandergehen
ecclésiastique [eklezjastik] kirchlich; *Leben* geistlich
l' **ecclésiastique** *(männlich)* [eklezjastik] der Geistliche
l' **échafaudage** *(männlich)* [eʃafodaʒ] ① das Gerüst ② der [unordentliche] Stapel
l' **échalote** *(weiblich)* [eʃalɔt] die Schalotte
échancré, échancrée [eʃɑ̃kʀe] ausgeschnitten
l' **échancrure** *(weiblich)* [eʃɑ̃kʀyʀ] der Ausschnitt
l' **échange** *(männlich)* [eʃɑ̃ʒ] ① der Austausch; **faire un échange avec quelqu'un** mit jemandem tauschen ② (*in der Wirtschaft*) der Warenaustausch; **les échanges internationaux** der internationale Warenverkehr ③ **l'échange scolaire** der Schüleraustausch
◆ l'**échange de balles** der Ballwechsel

V In ② wird der Plural *les échanges internationaux* mit einem Singular übersetzt: *les échanges internationaux* **ont** *augmenté* – *der internationale Warenverkehr* **hat** *zugenommen.*

échanger [eʃɑ̃ʒe] <*wie* changer; *siehe Verbtabelle ab S. 1055*> ① austauschen *Adressen, Ideen;* wechseln *Blicke, Ringe;* tauschen *Briefmarken* ② (*nach dem Kauf*) umtauschen

Ü Vor *a* und *o* bleibt das *e* erhalten, z. B.: *nous échang**e**ons, il échang**e**ait* und *en échang**e**ant.*

l' **échantillon** *(männlich)* [eʃɑ̃tijɔ̃] die Warenprobe, die Probe, das Muster
l' **échappatoire** *(weiblich)* [eʃapatwaʀ] ① (*Ausrede*) die Ausflucht ② (*Lösung*) der Ausweg
échapper [eʃape] ① entkommen; **échapper à un danger** einer Gefahr entkommen; **échapper à une corvée** einer lästigen Pflicht entkommen; **échapper à la mort** dem Tod entrinnen ② **échapper à quel-**

qu'un *Name:* jemandem entfallen; *Detail, Problem:* jemandem [völlig] entgehen; *Glas:* jemandem aus der Hand fallen ❸ **un gros mot m'a échappé** mir ist ein Schimpfwort herausgerutscht ❹ **s'échapper** ausbrechen; *Maus:* entwischen; *Rauch, Gas:* entweichen

l' **écharde** (weiblich) [eʃaʀd] der Splitter, der Holzsplitter

l' **écharpe** (weiblich) [eʃaʀp] ❶ der Schal ❷ (*Verband*) die Schlinge

l' **échauffement** (männlich) [eʃofmã] (*im Sport*) das Aufwärmen

échauffer [eʃofe] **s'échauffer** (*im Sport*) sich aufwärmen

l' **échéance** (weiblich) [eʃeãs] ❶ (*Termin*) das Fälligkeitsdatum ❷ **à brève échéance** kurzfristig; **à longue échéance** langfristig

l' **échec** (männlich) [eʃɛk] *von Verhandlungen* das Scheitern; *einer Aufführung* der Misserfolg

les **échecs** (männlich) [eʃɛk] das Schach; **jouer aux échecs** Schach spielen

V Der Plural *les échecs* wird mit einem Singular übersetzt: *les échecs sont un jeu de stratégie – Schach ist ein strategisches Spiel.*

l' **échelle** (weiblich) [eʃɛl] ❶ die Leiter ❷ (*bei Landkarten*) der Maßstab; **à l'échelle de 1:100 000** im Maßstab 1:100 000 ❸ (*Gradeinteilung*) die Skala ❹ **à l'échelle nationale** auf nationaler Ebene ▸ **faire la courte échelle à quelqu'un** jemandem eine Räuberleiter machen

l' **échelon** (männlich) [eʃlõ] ❶ *einer Leiter* die Sprosse ❷ (*in der Verwaltung*) die Stufe

échelonner [eʃ(ə)lɔne] ❶ [gleichmäßig] verteilen *Zahlungen* ❷ staffeln *Löhne, Gehälter*

l' **échiquier** (männlich) [eʃikje] das Schachbrett

l' **écho** (männlich) [⚠ eko] ❶ das Echo ❷ (*in einer Zeitung*) **les échos** die Klatschspalte

V In ❷ wird der Plural *les échos* mit einem Singular übersetzt: *les échos ne m'intéressent pas – die Klatschspalte interessiert mich nicht.*

échouer [eʃwe] ❶ scheitern; **échouer à l'examen** die Prüfung nicht bestehen ❷ **faire échouer un plan** einen Plan vereiteln

éclabousser [eklabuse] bespritzen

l' **éclair** (männlich) [eklɛʀ] ❶ der Blitz ❷ (*Gebäck*) das Eclair ▸ **en un éclair** blitzschnell

l' **éclairage** (männlich) [eklɛʀaʒ] die Beleuchtung

l' **éclaircie** (weiblich) [eklɛʀsi] die [kurze] Aufheiterung

éclaircir [eklɛʀsiʀ] <*wie* agir; siehe Verbtabelle ab S. 1055> ❶ aufhellen ❷ **éclaircir une affaire** Licht in eine Sache bringen ❸ **s'éclaircir** *Wetter:* aufklaren; *Idee:* klarer werden; *Geheimnis:* sich aufklären ❹ **s'éclaircir la gorge** sich räuspern

G Bei einigen Formen des Verbs ist der Stamm um *-iss-* erweitert, etwa bei *nous éclaircissons, il éclaircissait* oder *en éclaircissant.*

éclairer [eklɛʀe] ❶ beleuchten, erleuchten *Zimmer, Schaufenster;* **éclairer quelqu'un** jemandem leuchten ❷ aufklären *Menschen;* klären *Situation* ❸ *Lampe:* leuchten; **éclairer peu** wenig Licht geben; **éclairer bien** viel Licht geben ❹ **s'éclairer à l'électricité** elektrisches Licht haben

l' **éclat** (männlich) [ekla] ❶ der Splitter ❷ (*Skandal*) der Eklat ❸ *eines Metalls* der Glanz; *eines Diamanten* das Feuer ▸ **rire aux éclats** schallend lachen

éclatant, éclatante [eklatã, eklatãt] ❶ *Schönheit* strahlend; *Gesundheit* blühend ❷ *Beispiel* eklatant; *Erfolg* durchschlagend; *Sieg* glänzend

éclater [eklate] ❶ *Glas:* zerspringen; *Reifen:* platzen; *Bombe:* explodieren ❷ *Struktur:* auseinanderbrechen ❸ *Gewitter:* losbrechen; *Schrei, Gelächter:* erschallen; *Schuss:* krachen; *Skandal:* ausgelöst werden ❹ **éclater de rire** in lautes Gelächter ausbrechen ❺ **faire éclater un scandale** einen Skandal auslösen ❻ **laisser éclater sa colère** seiner Wut freien Lauf lassen ❼ **s'éclater** (*umgs.*) sich prima amüsieren

l' **écluse** (weiblich) [eklyz] die Schleuse

écœurant, écœurante [ekœʀã, ekœʀãt] widerlich ▸ **en écœurant** (CAN) sehr

l' **écœurement** (männlich) [ekœʀmã] ❶ die Übelkeit ❷ (*Widerwillen*) der Ekel

écœurer [ekœʀe] anekeln

l' **école** (weiblich) [ekɔl] die Schule; **l'école maternelle** der Kindergarten; **l'école primaire** die Grundschule; **l'école secondaire** die höhere Schule; (*in der Schweiz*) die Sekundarschule (CH); **l'école publique** die öffentliche Schule; **l'école cantonale** (CH) die Kantonsschule (CH); **entrer à l'école** in die Schule kommen; **aller à l'école** zur Schule gehen ▸ **faire l'école buissonnière** *Schüler:* schwänzen; *Arbeiter:* blau machen

l' **écolier** (männlich) [ekɔlje] der Schüler

l' **écolière** (weiblich) [ekɔljɛʀ] die Schülerin

écolo [ekɔlo] (*umgs.*) Abkürzung von **écologiste** Öko-; **la vague écolo** die Ökowelle

l' **écolo**[1] (männlich) [ekɔlo] (*umgs.*) Abkürzung

> **L** Die französischen Kinder kommen mit sechs Jahren in die *école primaire*, die fünf Klassen hat *(cours préparatoire, cours élémentaire 1* und *2* sowie *cours moyen 1* und *2)*. Mit elf Jahren wechseln die Kinder aufs *collège* über, das vier Jahre dauert. Erst danach gabelt sich der Weg der gemeinsamen Bildungsweg. Die Jugendlichen können nach dem *collège* entweder die Schule verlassen oder die drei Klassen des *lycée* durchlaufen, um das *baccalauréat* abzulegen.

von **écologiste** der Ökofreak

l' **écolo²** *(weiblich)* [ekɔlo] *(umgs.)* Abkürzung *von* **écologiste** der Ökofreak

l' **écologie** *(weiblich)* [ekɔlɔʒi] die Ökologie

écologique [ekɔlɔʒik] *Lösung* umweltfreundlich; *Gesellschaft* umweltbewusst; **la catastrophe écologique** die Umweltkatastrophe

écologiste [ekɔlɔʒist] *Praktik* umweltbewusst; *Partei* ökologisch orientiert, grün; **le mouvement écologiste** die Umweltschutzbewegung

l' **écologiste¹** *(männlich)* [ekɔlɔʒist] ❶ der Umweltschützer ❷ *(Wissenschaftler)* der Ökologe

l' **écologiste²** *(weiblich)* [ekɔlɔʒist] ❶ die Umweltschützerin ❷ *(Wissenschaftlerin)* die Ökologin

l' **écomusée** *(männlich)* [ekɔmyze] *volkskundliches Museum, das über die geografischen, sozialen und kulturellen Besonderheiten einer Region informiert*

économe [ekɔnɔm] sparsam

l' **économie** *(weiblich)* [ekɔnɔmi] ❶ die Wirtschaft; **l'économie nationale** die Volkswirtschaft ❷ *(Wissenschaft)* die Ökonomie ❸ *von Zeit, Energie* die Einsparung ❹ *(Geld)* **les économies** die Ersparnisse; **faire des économies** sparen ❺ *(Eigenschaft)* die Sparsamkeit

économique [ekɔnɔmik] ❶ *Heizung* sparsam [im Verbrauch] ❷ wirtschaftlich; **la crise économique** die Wirtschaftskrise

économiser [ekɔnɔmize] ❶ sparen *Summe*; **économiser sur quelque chose** an etwas sparen ❷ [ein]sparen *Energie*

l' **économiseur d'écran** *(männlich)* [ekɔnɔmizœrdekrɑ̃] der Bildschirmschoner

écorcher [ekɔrʃe] ❶ **s'écorcher** sich aufschürfen ❷ falsch aussprechen *Name*; entstellen *Wahrheit*

l' **écorchure** *(weiblich)* [ekɔrʃyr] die Hautabschürfung

l' **écossais** *(männlich)* [ekɔsɛ] Schottisch; *siehe auch* **allemand**

> **G** In Verbindung mit dem Verb *parler* kann der Artikel entfallen: *elle parle écossais – sie spricht Schottisch*.

l' **Écossais** *(männlich)* [ekɔsɛ] der Schotte

écossais, écossaise [ekɔsɛ, ekɔsɛz] schottisch

l' **Écossaise** *(weiblich)* [ekɔsɛz] die Schottin

l' **Écosse** *(weiblich)* [ekɔs] Schottland

l' **écotaxe** *(weiblich)* [ekotaks] die Ökosteuer

l' **écoulement** *(männlich)* [ekulmɑ̃] ❶ *einer Flüssigkeit* das Ablaufen ❷ *der Zeit* das Verrinnen ❸ *von Waren* der Absatz

écouler [ekule] ❶ absetzen *Waren* ❷ **s'écouler** *Flüssigkeit:* ablaufen; *Zeit:* vergehen; **s'écouler dans quelque chose** *Flüssigkeit:* in etwas fließen

écourter [ekurte] ❶ kürzen ❷ abkürzen *Aufenthalt*

l' **écoute** *(weiblich)* [ekut] ❶ *(beim Radio)* **être à l'écoute de ...** [den Sender] ... hören; **rester à l'écoute** dranbleiben; **avoir une grande écoute** eine hohe Einschaltquote haben ❷ **les écoutes téléphoniques** das Abhören von Telefongesprächen ▶ **être à l'écoute de quelqu'un** für jemanden da sein

écouter [ekute] ❶ zuhören ❷ écouter **les informations** die Nachrichten hören; **écouter de la musique** Musik hören ❸ *(gehorchen)* **écouter quelqu'un/quelque chose** auf jemanden/auf etwas hören ❹ **aimer s'écouter parler** sich [selbst] gern reden hören

l' **écouteur** *(männlich)* [ekutœr] ❶ *eines Telefons* der Hörer ❷ *(für Musik)* **les écouteurs** die Kopfhörer

l' **écran** *(männlich)* [ekrɑ̃] ❶ der Schutz ❷ *eines Fernsehers, Computers* der Bildschirm ❸ *(im Kino)* die Leinwand; **à l'écran** im Kino ▶ **le petit écran** das Fernsehen

écrasant, écrasante [ekrazɑ̃, ekrazɑ̃t] *Last* erdrückend; *Zahl* überwältigend; *Niederlage* vernichtend

écraser [ekraze] ❶ zerdrücken; pürieren *Gemüse*; ausdrücken *Zigarette* ❷ *(töten)* überfahren *Kind, Tier* ❸ vernichten *Feind*; haushoch schlagen *Gegner, Mannschaft* ❹ **être écrasé(e) de** [*oder* **par le**] **travail** in Arbeit ertrinken ❺ **s'écraser** *Flugzeug:* abstürzen ❻ **s'écraser contre un arbre** frontal gegen einen Baum prallen

écrier [ekrije] <*wie* **apprécier**; *siehe Verbtabelle ab S. 1055*> **s'écrier** schreien

écrire [ekrir] <*siehe Verbtabelle ab S. 1055*>

① schreiben; **écrire à la main** mit der Hand schreiben; **écrire à la machine** mit der Maschine schreiben ② **s'écrire** *Wort:* geschrieben werden

l' **écrit** *(männlich)* [ekʀi] ① das Schriftstück ② die schriftliche Prüfung ③ *(Werk)* die Schrift ▶ **par écrit** schriftlich

l' **écriteau** *(männlich)* [ekʀito] <*Plural:* écriteaux> das Schild, das Hinweisschild

l' **écriture** *(weiblich)* [ekʀityʀ] ① die Schrift ② eines Menschen die Handschrift, die Schrift ③ *(Stil)* die Schreibweise

l' **écrivain** *(männlich)* [ekʀivɛ̃] der Schriftsteller/die Schriftstellerin

Ⓖ Es gibt im Französischen keine Femininform: *elle est écrivain* – *sie ist Schriftstellerin.*

écrouer [ekʀue] inhaftieren

écrouler [ekʀule] **s'écrouler** ① *Gebäude:* einstürzen; *Stapel:* umstürzen ② *Börsenkurs:* einbrechen; *Imperium:* zusammenbrechen ③ *Projekt:* sich zerschlagen

l' **écureuil** *(männlich)* [ekyʀœj] das Eichhörnchen, das Eichkätzchen Ⓐ

l' **écurie** *(weiblich)* [ekyʀi] der Pferdestall, der Stall

édenté, édentée [edɑ̃te] zahnlos

l' **EDF** *(weiblich)* [ødeɛf] *Abkürzung von* **Électricité de France** staatliche französische Elektrizitätsgesellschaft

l' **édifice** *(männlich)* [edifis] das Gebäude

édifier [edifje] <*wie* apprécier; *siehe Verbtabelle ab S. 1055*> erbauen *Kathedrale*

l' **édit** *(männlich)* [edi] das Edikt

éditer [edite] herausgeben

l' **éditeur** *(männlich)* [editœʀ] ① der Herausgeber ② *(Verlagschef)* der Verleger ③ *(in der Informatik)* der Editor; **l'éditeur de textes** der Texteditor

éditeur, éditrice [editœʀ, editʀis] **la maison éditrice** der Verlag

l' **édition** *(weiblich)* [edisjɔ̃] ① *(das Herausbringen)* eines Buchs, einer CD die Veröffentlichung ② *(Buch)* die Auflage; **l'édition complète** die Gesamtausgabe ③ *(Firma)* **les éditions Leblanc** der Verlag Leblanc ④ *(in der Informatik)* das Editieren

Ⓥ In ③ wird der Plural *les éditions* mit einem Singular übersetzt: *les éditions Leblanc ont été fondées en 1960* – *der Verlag Leblanc ist 1960 gegründet worden.*

l' **éditique** *(männlich)* [editik] *(in der Informatik)* das Desktoppublishing

l' **éditrice** *(weiblich)* [editʀis] ① die Herausgeberin ② *(Verlagschefin)* die Verlegerin

l' **édredon** *(männlich)* [edʀədɔ̃] das Daunenbett

l' **éducateur** *(männlich)* [edykatœʀ] der Erzieher

éducatif, éducative [edykatif, edykativ] **le système éducatif** das Bildungssystem; **le jeu éducatif** das Lernspiel

l' **éducation** *(weiblich)* [edykasjɔ̃] ① die Erziehung ② *(Allgemeinwissen)* die Bildung ③ **l'éducation physique** der Sportunterricht, der Sport ④ **l'Éducation nationale** das Schul- und Hochschulwesen

éducative [edykativ] → **éducatif**

l' **éducatrice** *(weiblich)* [edykatʀis] die Erzieherin

éduquer [edyke] erziehen

effaçais, effaçait [efasɛ] → **effacer**

l' **efface** *(weiblich)* [efas] ⒸⒶⓃ der Radiergummi

effacé, effacée [efase] ① *Farbe* verblasst ② *Mensch, Art* zurückhaltend

effacer [efase] <*wie* commencer; *siehe Verbtabelle ab S. 1055*> ① auslöschen, löschen; verwischen *Spur;* entfernen *Fleck;* **effacer quelque chose avec une gomme** etwas ausradieren ② abwischen *Tafel* ③ *(in der Informatik)* löschen *Datei, Daten* ④ auslöschen *Erinnerung* ⑤ **s'effacer** verblassen; *Fleck:* sich entfernen lassen

Ⓤ Vor *a* und *o* steht statt *c* ein *ç,* z.B.: *nous effaçons, il effaçait* und *en effaçant.*

l' **effaceur** *(männlich)* [efasœʀ] der Tintenkiller

effaçons [efasɔ̃] → **effacer**

l' **effectif** *(männlich)* [efɛktif] ① *einer Armee, Partei* die Stärke ② *einer Firma* die Belegschaft

effectif, effective [efɛktif, efɛktiv] *Macht* tatsächlich; *Arbeit* effektiv

effectivement [efɛktivmɑ̃] tatsächlich

effectuer [efɛktɥe] ① ausführen; zurücklegen *Strecke;* durchführen *Reform* ② **s'effectuer** *Bewegung:* ausgeführt werden; *Zahlung:* erfolgen

l' **effervescence** *(weiblich)* [efɛʀvesɑ̃s] ① *einer Flüssigkeit* das Sprudeln, das Wallen ② die Aufregung

l' **effet** *(männlich)* [efɛ] ① die Wirkung; **être l'effet de quelque chose** die Folge von etwas sein ② **les effets secondaires** *eines Medikaments* die Nebenwirkungen ③ *(geistige Einwirkung)* der Eindruck ④ der Effekt; **les effets spéciaux** die Spezialeffekte ▶ **faire l'effet d'une bombe** *Neuigkeit:* wie eine Bombe einschlagen; **en effet** *(wirklich)* tatsächlich; *(stimmt!)* in der Tat

◆ **l'effet de serre** der Treibhauseffekt

efficace [efikas] wirksam; *Mensch* effizient, tüchtig

efficacement [efikasmã] effizient

l' **efficacité** *(weiblich)* [efikasite] die Wirksamkeit; *einer Maschine* die Leistungsfähigkeit; *eines Menschen* die Tüchtigkeit

effleurer [eflœʀe] ❶ *(auch übertragen)* streifen ❷ **effleurer quelqu'un** *Idee:* jemandem in den Sinn kommen

effondré, effondrée [efõdʀe] *Mensch* völlig gebrochen

l' **effondrement** *(männlich)* [efõdʀəmã] ❶ der Einsturz ❷ *eines Menschen* der Zusammenbruch ❸ *der Preise* der Sturz

effondrer [efõdʀe] **s'effondrer** ❶ einstürzen ❷ *Mensch:* zusammenbrechen ❸ *Börsenkurs:* fallen ❹ *Computer:* abstürzen

efforcer [efɔʀse] <wie commencer; siehe Verbtabelle ab S. 1055> **s'efforcer de faire quelque chose** sich bemühen etwas zu tun

Ü Vor *a* und *o* steht statt *c* ein *ç*, z. B.: *nous nous efforçons, il s'efforçait* und *en s'efforçant*.

l' **effort** *(männlich)* [efɔʀ] ❶ die Anstrengung ❷ *(geistig)* die Bemühung

l' **effraction** *(weiblich)* [efʀaksjõ] der Einbruch

effrayant, effrayante [efʀɛjã, efʀɛjãt] beängstigend

effrayer [efʀeje] <wie essayer; siehe Verbtabelle ab S. 1055> ❶ erschrecken; abschrecken *Vögel* ❷ **s'effrayer de quelque chose** über etwas erschrecken

Ü Einige Formen dieses Verbs schreiben sich mit *y*, andere mit *i*.
Direkt vor einer betonten Endungssilbe steht immer ein *y*, z. B. in *nous effrayons* und *ils effrayaient*.
Vor einem unbetonten *e* können *i* oder *y* stehen, z. B. in *j'effraie* oder *j'effraye*.

effréné, effrénée [efʀene] wild

l' **effronté** *(männlich)* [efʀõte] der unverschämte Mensch

effronté, effrontée [efʀõte] dreist, unverschämt

l' **effrontée** *(weiblich)* [efʀõte] die unverschämte Person

l' **effronterie** *(weiblich)* [efʀõtʀi] die Dreistigkeit, die Unverschämtheit; **avec effronterie** dreist, unverschämt

effroyable [⚠ efʀwajabl] entsetzlich

l' **égal** *(männlich)* [egal] <Plural der männl. Form: égaux> **l'homme est l'égal de la femme** der Mann ist der Frau ebenbürtig ▶ **d'égal à égal** gleichberechtigt; **sans égal** unvergleichlich, ohnegleichen

égal, égale [egal] <Plural der männl. Form: égaux> ❶ gleich ❷ **être d'humeur égale** ausgeglichen sein ❸ *(gleichgültig)* **ça m'est égal** das ist mir egal

l' **égale** *(weiblich)* [egal] **la femme est l'égale de l'homme** die Frau ist dem Mann ebenbürtig ▶ **sans égale** unvergleichlich, ohnegleichen

également [egalmã] ❶ auch, ebenfalls ❷ *(in gleicher Weise)* gleichermaßen, gleich

égaler [egale] ❶ **deux plus trois égale** [*oder* **égalent**] **cinq** zwei plus drei ist fünf, zwei plus drei gleich fünf ❷ *(entsprechen)* **rien n'égale la beauté de cette cathédrale** nichts kommt der Schönheit dieser Kathedrale gleich ❸ einstellen *Rekord*

l' **égalisation** *(weiblich)* [egalizasjõ] *(im Sport)* der Ausgleich

égaliser [egalize] ❶ ausgleichen *Gelände* ❷ gleich lang schneiden *Haare;* [einander] angleichen *Gehälter* ❸ *(im Sport)* den Ausgleich erzielen

l' **égalité** *(weiblich)* [egalite] ❶ die Gleichheit ❷ *(in der Geometrie)* die Kongruenz
◆ **l'égalité des chances** die Chancengleichheit
◆ **l'égalité des droits** die Gleichberechtigung
◆ **l'égalité des forces** das Gleichgewicht der Kräfte

l' **égard** *(männlich)* [egaʀ] **les égards** die Achtung, der Respekt ▶ **à l'égard de quelqu'un** jemandem gegenüber; **par égard pour quelqu'un/pour quelque chose** mit Rücksicht auf jemanden/auf etwas

V Der Plural *les égards* wird mit einem Singular übersetzt: *avec les égards dus à son rang* – mit *der* ihm gebührenden Achtung.

égaré, égarée [egaʀe] verirrt

égarer [egaʀe] ❶ in die Irre führen ❷ verlegen *Schlüssel* ❸ **s'égarer** sich verirren

égaux [ego] →**égal**

l' **église** *(weiblich)* [egliz] die Kirche

l' **égoïsme** *(männlich)* [egɔism] der Egoismus

égoïste [egɔist] egoistisch

l' **égoïste**[1] *(männlich)* [egɔist] der Egoist

l' **égoïste**[2] *(weiblich)* [egɔist] die Egoistin

égorger [egɔʀʒe] <wie changer; siehe Verbtabelle ab S. 1055> **égorger quelqu'un** jemandem die Kehle durchschneiden; **égorger un animal** einem Tier die Gurgel durchschneiden

 Vor *a* und *o* bleibt das *e* erhalten, z. B.: *nous égorgeons, il égorgeait* und *en égorgeant*.

égosiller [egozije] **s'égosiller** sich heiser schreien
l' **égout** (männlich) [egu] ❶ der Abwasserkanal ❷ **les égouts** die Kanalisation

> **V** In ❷ wird der Plural *les égouts* mit einem Singular übersetzt: *on peut visiter les égouts de Paris* – man kann *die* Pariser Kanalisation besichtigen.

égoutter [egute] ❶ abtropfen lassen ❷ **s'égoutter** abtropfen
l' **égouttoir** (männlich) [egutwaʀ] **l'égouttoir à vaisselle** das Abtropfgestell
égratigner [egʀatiɲe] ❶ zerkratzen ❷ **s'égratigner le coude** sich den Ellenbogen aufschürfen
l' **égratignure** (weiblich) [egʀatiɲyʀ] der Kratzer
l' **Égypte** (weiblich) [eʒipt] Ägypten
l' **Égyptien** (männlich) [eʒipsjɛ̃] der Ägypter
égyptien, égyptienne [eʒipsjɛ̃, eʒipsjɛn] ägyptisch
l' **Égyptienne** (weiblich) [eʒipsjɛn] die Ägypterin
eh [e, ɛ] eh!; **eh oui!** tja!, in der Tat!; **eh bien, ...** nun, ...; **eh bien!** (*umgs.*) nun gut!
éjecter [eʒɛkte] ❶ **éjecter quelque chose** *Maschine:* etwas auswerfen ❷ **être éjecté(e) de quelque chose** aus etwas herausgeschleudert [*oder* geschleudert] werden
l' **élaboration** (weiblich) [elabɔʀasjɔ̃] die Ausarbeitung
élaborer [elabɔʀe] ausarbeiten
l' **élan** (männlich) [elɑ̃] ❶ **prendre son élan** Schwung holen; (*vor einem Sprung*) Anlauf nehmen ❷ **un élan de tendresse** eine Anwandlung von Zärtlichkeit
élancé, élancée [elɑ̃se] schlank
l' **élancement** (männlich) [elɑ̃smɑ̃] der stechende Schmerz
élancer [elɑ̃se] <*wie commencer;* siehe Verbtabelle ab S. 1055> **s'élancer vers quelqu'un/vers quelque chose** sich auf jemanden/auf etwas stürzen

> **Ü** Vor *a* und *o* steht statt *c* ein *ç*, z. B.: *nous nous élançons, il s'élançait* und *en s'élançant.*

élargir [elaʀʒiʀ] <*wie agir;* siehe Verbtabelle ab S. 1055> ❶ verbreitern ❷ weiter machen *Rock* ❸ erweitern *Horizont;* ausdehnen *Diskussion* ❹ **s'élargir** *Fluss:* breiter werden; *Horizont:* sich erweitern

> **G** Bei einigen Formen des Verbs ist der Stamm um -*iss*- erweitert, etwa bei *nous élargissons, il élargissait* oder *en élargissant.*

l' **élasticité** (weiblich) [elasisite] die Elastizität; *der Haut* die Geschmeidigkeit
élastique [elastik] elastisch
l' **élastique** (männlich) [elastik] das Gummiband, das Gummi
l' **électeur** (männlich) [elɛktœʀ] der Wähler
l' **élection** (weiblich) [elɛksjɔ̃] die Wahl; **les élections européennes** die Europawahlen, die Wahlen zum Europaparlament
électoral, électorale [elɛktɔʀal] <*Plural der männl. Form:* électoraux> Wahl-; **la campagne électorale** der Wahlkampf; **la liste électorale** die Wählerliste
l' **électorat** (männlich) [elɛktɔʀa] die Wählerschaft
l' **électrice** (weiblich) [elɛktʀis] die Wählerin
l' **électricien** (männlich) [elɛktʀisjɛ̃] der Elektriker
l' **électricienne** (weiblich) [elɛktʀisjɛn] die Elektrikerin
l' **électricité** (weiblich) [elɛktʀisite] ❶ der Strom ❷ die Elektrizität
électrique [elɛktʀik] elektrisch
électrocuter [elɛktʀɔkyte] **s'électrocuter avec** quelque chose von etwas einen tödlichen elektrischen Schlag bekommen
l' **électrocution** (weiblich) [elɛktʀɔkysjɔ̃] der [tödliche] elektrische Schlag
électroménager [elɛktʀomenaʒe] **l'appareil électroménager** das elektrische Haushaltsgerät
l' **électronicien** (männlich) [elɛktʀɔnisjɛ̃] der Elektroniker
l' **électronicienne** (weiblich) [elɛktʀɔnisjɛn] die Elektronikerin
électronique [elɛktʀɔnik] elektronisch
l' **électronique** (weiblich) [elɛktʀɔnik] die Elektronik
élégamment [elegamɑ̃] *sich kleiden* elegant
l' **élégance** (weiblich) [elegɑ̃s] die Eleganz
élégant, élégante [elegɑ̃, elegɑ̃t] elegant
l' **élément** (männlich) [elemɑ̃] ❶ (*auch in der Chemie*) das Element ❷ (*Mensch*) **il y a quelques bons éléments dans cette classe** es gibt einzelne gute Schüler in dieser Klasse ❸ **les éléments** die Grundkenntnisse; (*Kräfte der Natur*) die Naturgewalten
élémentaire [elemɑ̃tɛʀ] elementar
l' **éléphant** (männlich) [elefɑ̃] der Elefant
l' **élevage** (männlich) [el(ə)vaʒ] die Zucht
l' **élève**[1] (männlich) [elɛv] der Schüler
l' **élève**[2] (weiblich) [elɛv] die Schülerin
élevé[1]**, élevée** [el(ə)ve] ❶ hoch ❷ *Konversation* gepflegt
élevé[2]**, élevée** [el(ə)ve] **bien élevé** gut erzogen; **mal élevé** schlecht erzogen

élever¹ [el(ə)ve] <wie peser; siehe Verbtabelle ab S. 1055> ❶ errichten *Denkmal* ❷ (*tragen, befördern*) hochheben ❸ heben *Niveau;* erheben *Stimme* ❹ **élever quelqu'un à un rang** jemanden in einen Rang erheben ❺ **s'élever à cent euros** sich auf hundert Euro belaufen ❻ **s'élever contre quelque chose** sich gegen etwas wenden
élever² [el(ə)ve] <wie peser; siehe Verbtabelle ab S. 1055> ❶ (*großziehen*) aufziehen; (*charakterlich formen*) erziehen ❷ züchten *Tiere*

> Ü Mit *è* schreiben sich
> – die stammbetonten Formen wie *j'élève* oder *tu élèves* sowie
> – die auf der Basis der Grundform *élever* gebildeten Formen, z. B. *ils élèveront* und *j'élèverais.*

l' **éleveur** (*männlich*) [el(ə)vœʀ] der Züchter; **il est éleveur de porcs** er ist Schweinezüchter
l' **éleveuse** (*weiblich*) [el(ə)vøz] die Züchterin; **elle est éleveuse de chevaux** sie ist Pferdezüchterin
éliminatoire [eliminatwaʀ] ❶ *Note, Fehler* zum Ausschluss führend ❷ **le match éliminatoire** das Ausscheidungsspiel
l' **éliminatoire** (*weiblich*) [eliminatwaʀ] der Ausscheidungskampf; **passer les éliminatoires** die Ausscheidungskämpfe bestehen
éliminer [elimine] ❶ beseitigen *Fehler* ❷ (*töten*) eliminieren ❸ (*bei Prüfungen*) **elle a été éliminée à l'oral** sie ist im Mündlichen durchgefallen ❹ (*im Sport*) **éliminer quelqu'un de la course** jemanden aus dem Rennen werfen; **être éliminé(e)** ausscheiden ❺ ausschließen *Möglichkeit* ❻ entsorgen *Müll* ❼ **s'éliminer facilement** *Fleck:* leicht zu entfernen sein
élire [eliʀ] <wie lire; siehe Verbtabelle ab S. 1055> wählen
elle [ɛl] <Plural: elles> ❶ (*auf eine Person bezogen*) sie; **avec elle** mit ihr; **sans elle** ohne sie; **il a le même âge qu'elle** er ist so alt wie sie; **il ne parle que d'elle** sie redet nur von sich; **tu veux l'aider, elle?** der möchtest du helfen?; **Sophie a-t-elle ses clés?** hat Sophie ihre Schlüssel?; **nous habitons un autre quartier qu'elles** wir wohnen in einem anderen Viertel als sie ❷ (*auf eine Sache oder ein Tier bezogen*) er/sie/es; **je cherche ma clé – où est-elle?** ich suche meinen Schlüssel – wo ist er?; **la mer, elle aussi, est polluée** auch das Meer ist verschmutzt; **comment s'appelle-t-elle déjà, ta perruche?** wie heißt er doch gleich, dein Wellensittich?; **regarde les fleurs comme elles sont belles** sieh mal, wie schön die Blumen sind
elle-même [ɛlmɛm] <Plural: elles-mêmes> ❶ (*auf eine Person bezogen*) sie selbst; **c'est elle-même qui l'a dit** sie selbst hat es gesagt; **c'est vous, Annick? – Elle-même!** sind Sie es, Annick? – Am Apparat!; **j'ai vu les actrices elles-mêmes** ich habe die Schauspielerinnen höchstpersönlich gesehen ❷ **l'idée en elle-même n'est pas bête** die Idee an sich ist nicht dumm
l' **éloge** (*männlich*) [elɔʒ] das Lob
élogieux, élogieuse [elɔʒjø, elɔʒjøz] lobend
éloigné, éloignée [elwaɲe] ❶ fern; *Vergangenheit* weit zurückliegend ❷ *Verwandte[r]* entfernt
l' **éloignement** (*männlich*) [elwaɲmã] ❶ die Entfernung ❷ der [zeitliche] Abstand
éloigner [elwaɲe] ❶ fernhalten ❷ **éloigner quelqu'un du sujet** jemanden vom Thema abbringen ❸ **s'éloigner** sich entfernen; **s'éloigner du sujet** vom Thema abkommen
l' **élu** (*männlich*) [ely] der gewählte Vertreter ▶ **l'heureux élu** der Glückliche
élu¹, élue [ely] →**élire**
élu², élue [ely] gewählt
élucider [elyside] aufklären
l' **élue** (*weiblich*) [ely] die gewählte Vertreterin ▶ **l'heureuse élue** die Glückliche
l' **Élysée** (*männlich*) [elize] der Élyséepalast (*Amtssitz des französischen Staatspräsidenten*)
l' **email** (*männlich*) [emaj] das Email, die Emaille
l' **e-mail** (*männlich* ⚠) [imel] die/das E-Mail
l' **émancipation** (*weiblich*) [emãsipasjõ] die Emanzipation
émancipé, émancipée [emãsipe] emanzipiert
émanciper [emãsipe] **s'émanciper** sich emanzipieren
l' **emballage** (*männlich*) [ãbalaʒ] ❶ (*das Einpacken*) das Verpacken ❷ die Verpackung
emballant, emballante [ãbalã, ãbalãt] (*umgs.*) toll
emballer [ãbale] ❶ einpacken ❷ **s'emballer** *Tier:* durchgehen; *Motor:* durchdrehen ❸ **s'emballer** (*umgs.*) *Mensch:* sich nicht mehr einkriegen; **ne t'emballe pas comme ça!** jetzt krieg dich mal wieder ein!
l' **embarcation** (*weiblich*) [ãbaʀkasjõ] das Boot
l' **embarquement** (*männlich*) [ãbaʀkəmã] ❶ *von Waren* das Verladen ❷ *von Schiffspassagieren* das Einschiffen ❸ (*Durchsage*

in Flughäfen) "**Embarquement immédiat porte numéro 8!**" „Bitte begeben Sie sich gleich zum Flugsteig 8!"
embarquer [ãbaʀke] ❶ *Passagiere:* an Bord gehen ❷ einsteigen lassen *Passagiere;* verladen *Waren* ❸ Ⓒ **embarquer dans l'autobus** in den Bus einsteigen [*oder* steigen]; **embarquer dans la voiture** in das Auto einsteigen [*oder* steigen] ❹ (*umgs.:* stehlen) mitgehen lassen ❺ **s'embarquer dans quelque chose** sich auf etwas einlassen
l' **embarras** (*männlich*) [ãbaʀa] ❶ (*Unbehagen*) die Verlegenheit ❷ (*Sorgen*) die Unannehmlichkeit ▸ **avoir l'embarras du choix** die Qual der Wahl haben; **être dans l'embarras** in Schwierigkeiten stecken; **elle n'est pas encore sortie d'embarras** sie ist noch nicht aus dem Schneider
embarrassant, embarrassante [ãbaʀasã, ãbaʀasãt] (*heikel*) unangenehm
embarrassé, embarrassée [ãbaʀase] verlegen
embarrasser [ãbaʀase] ❶ stören, behindern ❷ (*verlegen machen*) in Verlegenheit bringen ❸ **s'embarrasser de quelqu'un/de quelque chose** sich mit jemandem/mit etwas belasten
l' **embauche** (*weiblich*) [ãboʃ] ❶ von Arbeitskräften die Einstellung ❷ (*Arbeit*) die Beschäftigung
embaucher [ãboʃe] einstellen
embellir [ãbeliʀ] <*wie* agir; *siehe Verbtabelle ab S. 1055*> ❶ schöner werden; **elle a embelli** sie ist schöner geworden ❷ verschönern *Haus, Stadt* ❸ beschönigen *Wahrheit*

Ⓖ Bei einigen Formen des Verbs ist der Stamm um -*iss*- erweitert, etwa bei *nous embellissons, elle embellissait* oder *en embellissant*.

embêtant, embêtante [ãbɛtã, ãbɛtãt] (*umgs.*) ❶ *Geschichte* blöd ❷ (*lästig*) *Mensch* nervig
embêter [ãbete] (*umgs.*) ❶ **embêter quelqu'un** *Mensch:* jemanden nerven; *Verspätung, Zwischenfall:* jemandem stinken; **tu m'embêtes!** du nervst! ❷ (*langweilen*) anöden ❸ **s'embêter** sich schrecklich langweilen
emblée [ãble] →**d'emblée**
embobiner [ãbɔbine] (*umgs.*) beschwatzen
emboîter [ãbwate] ❶ zusammensetzen; **emboîter deux tuyaux l'un dans l'autre** zwei Rohre ineinanderstecken ❷ **s'emboîter** ineinanderpassen
l' **embonpoint** (*männlich*) [ãbõpwɛ̃] die Leibesfülle; **prendre de l'embonpoint** recht beleibt werden
embourber [ãbuʀbe] **s'embourber** [im Schlamm] stecken bleiben
embourgeoiser [ãbuʀʒwaze] **s'embourgeoiser** bürgerlich werden
l' **embouteillage** (*männlich*) [ãbutɛjaʒ] der Verkehrsstau, der Stau
embraie, embraies [ãbʀɛ] →**embrayer**
l' **embranchement** (*männlich*) [ãbʀãʃmã] die Abzweigung
les **embrassades** (*weiblich*) [ãbʀasad] die Küsse [und Umarmungen]
embrasser [ãbʀase] küssen; **s'embrasser** sich küssen ▸ **je t'embrasse/je vous embrasse** ≈ viele liebe Grüße
l' **embrayage** (*männlich*) [ãbʀɛjaʒ] die Kupplung
embrayer [ãbʀeje] <*wie* essayer; *siehe Verbtabelle ab S. 1055*> ❶ einkuppeln, die Kupplung kommen lassen ❷ **embrayer sur quelqu'un/sur quelque chose** auf jemanden/auf etwas zu sprechen kommen

Ⓤ Einige Formen dieses Verbs schreiben sich mit *y*, andere mit *i*.
Direkt vor einer betonten Endungssilbe steht immer ein *y*, z. B. in *nous embrayons* und *ils embrayaient*.
Vor einem unbetonten *e* können *i* oder *y* stehen, z. B. in *j'embraie* oder *j'embraye*.

embrouillé, embrouillée [ãbʀuje] verworren
embrouiller [ãbʀuje] ❶ kompliziert machen *Situation* ❷ verwirren *Menschen* ❸ **s'embrouiller** durcheinandergeraten ❹ **s'embrouiller dans des explications** sich in Erklärungen verstricken
les **embûches** (*weiblich*) [ãbyʃ] die Fallstricke
éméché, éméchée [emeʃe] (*umgs.*) angeheitert
émeraude [emʀod] smaragdgrün

Ⓖ Das Farbadjektiv *émeraude* ist unveränderlich: *des nappes émeraude* – *smaragdgrüne Tischtücher.*

l' **émeraude** (*weiblich* ⚠) [⚠ emʀod] der Smaragd
émerger [emɛʀʒe] <*wie* changer; *siehe Verbtabelle ab S. 1055*> ❶ *Taucher, U-Boot, Felsen:* auftauchen; **émerger du brouillard** aus dem Nebel auftauchen ❷ (*umgs.: aufwachen*) munter werden

Ⓤ Vor *a* und *o* bleibt das *e* erhalten, z. B.: *nous émergeons, il émergeait* und *en émergeant*.

émerveiller [emɛʀveje] ❶ entzücken ❷ **s'émerveiller de quelque chose** über etwas in Entzückung geraten

l' **émetteur** *(männlich)* [emetœʀ] der Sender

émetteur, émettrice [emetœʀ, emetʀis] **le poste émetteur** der Sender; **la station émettrice** der Sender, die Sendestation

émettre [emɛtʀ] <*wie* mettre; *siehe Verbtabelle ab S. 1055*> ❶ ausstrahlen *Sendung* ❷ von sich geben *Laut* ❸ äußern *Meinung, Zweifel* ❹ aufstellen *Hypothese* ❺ in Umlauf bringen *Münzen*

émettrice [emetʀis] →**émetteur**

l' **émeute** *(weiblich)* [emøt] der Aufruhr

émietter [emjete] ❶ zerkrümeln ❷ **s'émietter** zerbröckeln

l' **émigrant** *(männlich)* [emiɡʀɑ̃] der Auswanderer, der Emigrant

l' **émigrante** *(weiblich)* [emiɡʀɑ̃t] die Auswanderin, die Emigrantin

l' **émigration** *(weiblich)* [emiɡʀasjɔ̃] die Auswanderung

l' **émigré** *(männlich)* [emiɡʀe] der Auswanderer, der Emigrant

l' **émigrée** *(weiblich)* [emiɡʀe] die Auswanderin, die Emigrantin

émigrer [emiɡʀe] auswandern

émincer [emɛ̃se] <*wie* commencer; *siehe Verbtabelle ab S. 1055*> in dünne Scheiben schneiden

> Ⓤ Vor *a* und *o* steht statt *c* ein *ç*, z.B.: *nous éminçons, il éminçait* und *en éminçant*.

émis, émise [emi, emiz] →**émettre**

l' **émission** *(weiblich)* [emisjɔ̃] ❶ die Sendung ❷ (*in der Physik*) die Emission ❸ (*im Bankwesen*) die Ausgabe

emmêler [⚠ ɑ̃mele] ❶ durcheinanderbringen ❷ **s'emmêler** sich verwickeln

l' **emménagement** *(männlich)* [⚠ ɑ̃menaʒmɑ̃] der Einzug

emménager [⚠ ɑ̃menaʒe] <*wie* changer; *siehe Verbtabelle ab S. 1055*> einziehen

> Ⓤ Vor *a* und *o* bleibt das *e* erhalten, z.B.: *nous emménageons, il emménageait* und *en emménageant*.

emmener [⚠ ɑ̃m(ə)ne] <*wie* peser; *siehe Verbtabelle ab S. 1055*> ❶ bringen; **emmener quelqu'un au cinéma** jemanden zum Kino bringen ❷ (*mitkommen lassen*) mitnehmen

emmerdant, emmerdante [⚠ ɑ̃mɛʀdɑ̃, ɑ̃mɛʀdɑ̃t] (*umgs.*) ❶ *Kind* nervig ❷ (*eintönig*) stinklangweilig

> Ⓤ Mit *ê* schreiben sich
> – die stammbetonten Formen wie *j'emmène* oder *tu emmènes* sowie
> – die auf der Basis der Grundform *emmener* gebildeten Formen, z.B. *ils emmèneront* und *j'emmènerais*.

l' **emmerde** *(weiblich)* [⚠ ɑ̃mɛʀd] (*umgs.*) der Riesenärger

> Ⓥ Der Plural *les emmerdes* wird ebenfalls mit einem Singular übersetzt: *avoir des emmerdes* – *einen Riesenärger haben*.

emmerder [⚠ ɑ̃mɛʀde] (*umgs.*) ❶ (*ärgern*) nerven ❷ (*langweilen*) anöden ❸ **être emmerdé(e)** in der Klemme sitzen ❹ **je les emmerde!** die können mich mal! ❺ **s'emmerder** sich tödlich langweilen ❻ **s'emmerder à faire quelque chose** sich abrackern, um etwas zu tun

l' **emmerdeur** *(männlich)* [⚠ ɑ̃mɛʀdœʀ] (*umgs.*) ❶ der Langweiler ❷ die Nervensäge

l' **emmerdeuse** *(weiblich)* [⚠ ɑ̃mɛʀdøz] (*umgs.*) ❶ die Langweilerin ❷ die Nervensäge

emmitoufler [⚠ ɑ̃mitufle] **s'emmitoufler dans un châle** sich in ein Schultertuch einmummen [*oder* einmummeln]

émotif, émotive [emɔtif, emɔtiv] *Mensch* feinfühlig

l' **émotion** *(weiblich)* [emosjɔ̃] ❶ die Aufregung; **donner des émotions à quelqu'un** jemandem einen Schrecken einjagen ❷ (*Ergriffenheit*) die Rührung ❸ **les émotions fortes** der Nervenkitzel

> Ⓥ In ❸ wird der Plural *les émotions fortes* mit einem Singular übersetzt: *elle aime ces émotions fortes* – *sie mag diesen Nervenkitzel*.

émotionnel, émotionnelle [emosjɔnɛl] *Schock* emotional; *Reaktion* gefühlsmäßig

émotive [emotiv] →**émotif**

l' **émotivité** *(weiblich)* [emotivite] die [starke] Erregbarkeit

émoustiller [emustije] (*umgs.*) aufheitern

émouvant, émouvante [emuvɑ̃, emuvɑ̃t] ergreifend

émouvoir [emuvwaʀ] <*weitgehend wie* mouvoir; *siehe Verbtabelle ab S. 1055*> ❶ bewegen ❷ **s'émouvoir** ergriffen sein; (*erregt sein*) sich aufregen; **s'émouvoir de quelque chose** sich über etwas aufregen

empaillé, empaillée [ɑ̃paje] ausgestopft

empaqueter [ɑ̃pak(ə)te] <*wie* rejeter; *siehe Verbtabelle ab S. 1055*> einpacken

emparer [ɑ̃paʀe] **s'emparer de quelqu'un**

> Mit *tt* schreiben sich
> – die stammbetonten Formen wie *j'empaquette* und
> – die auf der Basis der Grundform *empaqueter* gebildeten Formen, z. B. *ils empaquetteront* und *j'empaquetterais*.

jemanden in seine Gewalt bringen; **s'emparer du pouvoir** die Macht an sich reißen; **s'emparer du ballon** sich in Ballbesitz bringen

l' **empêchement** *(männlich)* [ɑ̃pɛʃmɑ̃] **avoir un empêchement** verhindert sein; **il a eu un empêchement de dernière minute** ihm ist im letzten Moment etwas dazwischengekommen

empêcher [ɑ̃peʃe] ❶ **empêcher quelque chose** *Mensch:* etwas verhindern; *Unwetter, Zwischenfall:* etwas unmöglich machen ❷ **empêcher quelqu'un de se concentrer** jemanden daran hindern, sich zu konzentrieren; **empêcher que quelqu'un soit malade** verhindern, dass jemand krank wird ❸ **ne [pas] pouvoir s'empêcher de rire** nicht umhin können zu lachen ▶ **[il] n'empêche que ...** trotzdem ...

l' **empereur** *(männlich)* [ɑ̃pʀœʀ] der Kaiser

empester [ɑ̃pɛste] stinken; **empester le chlore** nach Chlor stinken

empêtrer [ɑ̃petʀe] **s'empêtrer dans quelque chose** sich in etwas verfangen

empiffrer [ɑ̃pifʀe] *(umgs.)* **s'empiffrer de quelque chose** sich mit etwas den Bauch vollschlagen

empiler [ɑ̃pile] ❶ aufstapeln, stapeln ❷ **s'empiler** sich stapeln

l' **empire** *(männlich)* [ɑ̃piʀ] das Kaiserreich

empirer [ɑ̃piʀe] sich verschlimmern

l' **emplacement** *(männlich)* [ɑ̃plasmɑ̃] ❶ die Stelle, der Standort ❷ *(auf einem Parkplatz, Campingplatz)* der Stellplatz, der Platz

les **emplettes** *(weiblich)* [ɑ̃plɛt] **faire des emplettes** Einkäufe machen

l' **emploi** *(männlich)* [ɑ̃plwa] ❶ die Arbeitsstelle, die Stelle; **un emploi d'informaticienne** eine Arbeitsstelle als Informatikerin; **être sans emploi** arbeitslos sein ❷ *(gesamtwirtschaftlich)* die Beschäftigung; **la situation de l'emploi** die Beschäftigungslage; **la politique de l'emploi** die Beschäftigungspolitik ❸ *eines Produkts, Namens* der Gebrauch; *einer Summe* die Verwendung

♦ l'**emploi à mi-temps** die Halbtagsstelle
♦ l'**emploi à plein temps** die Ganztagsstelle
♦ l'**emploi du temps** der Terminkalender; *(in der Schule)* der Stundenplan

l' **employé** *(männlich)* [ɑ̃plwaje] der Angestellte

l' **employée** *(weiblich)* [ɑ̃plwaje] die Angestellte

employer [ɑ̃plwaje] <wie appuyer; siehe Verbtabelle ab S. 1055> ❶ beschäftigen *Menschen* ❷ verwenden *Produkt;* anwenden *Gewalt* ❸ gebrauchen *Wort;* **s'employer** *Wort:* gebraucht werden

> Einige Formen des Verbs schreiben sich mit *y*, andere mit *i*.
> Direkt vor einer betonten Endungssilbe steht immer ein *y*, z. B. *nous employons* oder *ils employaient*.
> Das *i* steht immer vor einem unbetonten *e*, z. B. *il emploie* oder *ils emploieront*.

l' **employeur** *(männlich)* [ɑ̃plwajœʀ] der Arbeitgeber

l' **employeuse** *(weiblich)* [ɑ̃plwajøz] die Arbeitgeberin

empocher [ɑ̃pɔʃe] einstecken *Geld, Feuerzeug*

empoigner [ɑ̃pwaɲe] ❶ packen *Menschen, Gegenstand* ❷ **s'empoigner** sich verprügeln, sich prügeln

empoisonnant, empoisonnante [ɑ̃pwazɔnɑ̃, ɑ̃pwazɔnɑ̃t] *(umgs.)* stinklangweilig

empoisonner [ɑ̃pwazɔne] ❶ vergiften; **s'empoisonner** sich vergiften ❷ verpesten *Luft* ❸ schwer machen *Leben* ❹ **empoisonner quelqu'un avec ses questions** *(umgs.)* jemanden mit seinen Fragen auf den Wecker gehen

emporter [ɑ̃pɔʀte] ❶ mitnehmen *Regenschirm* ❷ wegbringen; wegtragen *Verletzten* ❸ **emporter quelque chose** *Wind:* etwas fortwehen ❹ **emporter quelqu'un** *Begeisterung:* jemanden mitreißen; *Krankheit:* jemanden dahinraffen ❺ **s'emporter contre quelqu'un/contre quelque chose** sich über jemanden/über etwas aufregen

l' **empreinte** *(weiblich)* [ɑ̃pʀɛ̃t] ❶ der Abdruck; **les empreintes digitales** die Fingerabdrücke; **l'empreinte génétique** der genetische Fingerabdruck ❷ *(dauerhafte Folge)* die Prägung

empressé, empressée [ɑ̃pʀese] beflissen

l' **empressement** *(männlich)* [ɑ̃pʀɛsmɑ̃] der Übereifer; *(gegenüber Kunden)* die große Beflissenheit

empresser [ɑ̃pʀese] **elle s'empresse d'ajouter que ...** sie beeilt sich hinzuzufügen, dass ...

l' **emprise** *(weiblich)* [ɑ̃pʀiz] *eines Menschen* der [beherrschende] Einfluss; *einer Droge* die Macht; **sous l'emprise de la colère** im Zorn; **sous l'emprise de la jalousie** aus Ei-

fersucht
emprisonner [ɑ̃pʀizɔne] inhaftieren
l' **emprunt** *(männlich)* [ɑ̃pʀɛ̃] ①das Darlehen; *(bei einer Bank)* der Kredit ②**l'emprunt public** die öffentliche Anleihe
emprunter [ɑ̃pʀɛ̃te] ①**emprunter de l'argent à quelqu'un** sich von jemandem Geld borgen; **emprunter un livre à quelqu'un** sich von jemandem ein Buch borgen; **je peux t'emprunter cent euros/ta voiture?** kann ich mir von dir hundert Euro/dein Auto borgen? ②benutzen, nehmen *Unterführung, Autobahn* ③*(sich verschulden)* ein Darlehen aufnehmen
ému¹, **émue** [emy] → **émouvoir**
ému², **émue** [emy] bewegt
l' **émulation** *(weiblich)* [emylasjɔ̃] ①der Wetteifer ②*(in der Informatik)* die Emulation
émuler [emyle] *(in der Informatik)* emulieren
en¹ [ɑ̃] ①*(bei Ortsangaben)* **en ville** in der Stadt; **en Allemagne** in Deutschland; **en Corse** auf Korsika; **en pleine mer** auf hoher See; **être en bateau** auf dem Schiff sein; **être en mer** auf See sein ②*(bei Richtungsangaben)* **aller en ville/en Normandie** in die Stadt/in die Normandie fahren; **aller en France/en Corse** nach Frankreich/nach Korsika fahren; **en arrière** nach hinten, rückwärts ③*(bei Angaben des Zeitpunkts)* **en été** im Sommer; **en automne** im Herbst; **en hiver** im Winter; **en [l'an] 2000** im Jahre 2000; **en mai 2002** im Mai 2002 ④*(bei Angaben des Zeitraums)* **en dix minutes** innerhalb von zehn Minuten; **en semaine** die Woche über; **de jour en jour** von Tag zu Tag ⑤*(bei Angaben des Materials)* **être en laine** aus Wolle sein; **être en bois** aus Holz sein ⑥*(bei Angaben des Zustands, der Art und Weise)* **les cerisiers en fleurs** die blühenden Kirschbäume; **une voiture en panne** ein Wagen mit einer Panne; **être en bonne/en mauvaise santé** bei guter/bei schlechter Gesundheit sein; **se mettre en colère** wütend werden; **être en colère** wütend sein; **en train** mit dem Zug; **en voiture** mit dem Auto; **être en réunion** in einer Sitzung sein; **être en déplacement** geschäftlich unterwegs sein; **écouter en silence** schweigend zuhören; **elle se disait en elle-même que ...** sie dachte bei sich, dass ...; **peindre quelque chose en blanc** etwas weiß [an]streichen; **se déguiser en princesse** sich als Prinzessin verkleiden ⑦*(bei Angaben der Klassenstufe)* **être en cinquième** ≈ in der siebten Klasse sein; **passer en seconde** ≈ in die zehnte Klasse versetzt werden ⑧*(bei Angaben des Zustands, der Form)* **en morceaux** in Stücken; **du café en grains** ungemahlener Kaffee; **couper un gâteau en six** einen Kuchen in sechs Stücke schneiden; **en trois actes** in drei Akten ⑨*(bei Angaben des Bereichs)* in; **bon en maths/en allemand** gut in Mathe/in Deutsch; **en économie** im Bereich der Wirtschaft ⑩*(in fester Verbindung mit einem Verb oder Substantiv)* **croire en quelqu'un** an jemanden glauben; **avoir confiance en quelqu'un** Vertrauen zu jemandem haben ⑪*(beim Gérondif)* **en chantant** singend; **en courant** im Laufschritt; **en travaillant beaucoup, tu réussiras** wenn du viel arbeitest, wirst du Erfolg haben; **tu peux fermer la porte en sortant?** kannst du die Tür zumachen, wenn du hinausgehst?
en² [ɑ̃] ①*(bei Mengenangaben)* davon; **j'en voudrais une tasse** ich hätte gerne eine Tasse [voll]; **j'en voudrais un kilo** ich hätte gerne ein Kilo; **as-tu un stylo? – Oui, j'en ai un** hast du einen Kuli? – Ja, ich habe einen ②**j'en connais qui feraient mieux de se taire** ich kenne welche, die besser still sein sollten ③*(bei räumlichen Angaben)* **s'en aller** *(zu Fuß)* weggehen; *(mit einem Fahrzeug)* wegfahren; **j'en viens** ich komme von dort ④*(in Verbindung mit Verben oder Adjektiven, die mit „de" verwendet werden)* **on en parle** man spricht darüber; **je m'en souviens** ich erinnere mich daran; **j'en suis fier** ich bin stolz darauf; **j'en suis content** ich bin froh darüber; **j'en conclus que ...** ich schließe daraus, dass ... ⑤*(aufgrund dessen)* **elle en estmalade** sie ist deshalb ganz krank; **j'en suis malheureux** ich bin unglücklich darüber ⑥*(bekräftigend)* **j'en vends, des livres** doch, ich verkaufe Bücher; **vous en avez, de la chance!** Sie haben ja wirklich Glück!
l' **encadré** *(männlich)* [ɑ̃kadʀe] der Kasten
l' **encadrement** *(männlich)* [ɑ̃kadʀəmɑ̃] ①der Rahmen ②*eines Schülers, Rekruten* die Betreuung
encadrer [ɑ̃kadʀe] ①einrahmen, rahmen ②*(umgeben)* umranden ③*(sich kümmern um)* betreuen
encaisser [ɑ̃kese] ①einkassieren, kassieren; einlösen *Scheck* ②einstecken *Schläge, Vorwürfe* ③**un boxeur qui encaisse bien** *(umgs.)* ein Boxer, der einiges wegsteckt
l' **en-cas** *(männlich)* [ɑ̃ka] <*Plural:* en-cas> der

Imbiss

encastrer [ɑ̃kastʀe] ❶ einbauen ❷ **s'encastrer dans quelque chose** genau in etwas passen; **s'encastrer sous quelque chose** genau unter etwas passen

enceinte [ɑ̃sɛ̃t] schwanger; **être enceinte de trois mois** im dritten Monat schwanger sein

l' **enceinte**[1] *(weiblich)* [ɑ̃sɛ̃t] ❶ die Ringmauer ❷ der abgeschlossene Bereich; *eines Gerichts* der Innenraum; *einer Messe, eines Naturschutzgebiets* das Gelände

l' **enceinte**[2] *(weiblich)* [ɑ̃sɛ̃t] die Lautsprecherbox

l' **encens** *(männlich)* [ɑ̃sɑ̃] der Weihrauch

encercler [ɑ̃sɛʀkle] einkreisen; **encercler une maison** ein Haus abriegeln

l' **enchaînement** *(männlich)* [ɑ̃ʃɛnmɑ̃] ❶ die Folge; *von Umständen* die Verkettung ❷ *(Übergang)* die Überleitung

enchaîner [ɑ̃ʃene] ❶ **enchaîner des personnes l'une à l'autre** Menschen aneinanderketten ❷ aneinanderreihen *Gedanken* ❸ **enchaîner sur quelque chose** mit etwas fortfahren ❹ **les événements s'enchaînent** ein Ereignis zieht das nächste nach sich

enchanté, enchantée [ɑ̃ʃɑ̃te] ❶ hocherfreut ❷ *(magisch)* verzaubert ▸ **enchanté(e) de faire votre connaissance** es freut mich, Ihre Bekanntschaft zu machen; **enchanté(e)! sehr erfreut!**

enchanter [ɑ̃ʃɑ̃te] ❶ *(begeistern)* bezaubern ❷ *(verhexen)* verzaubern

l' **enchère** *(weiblich)* [ɑ̃ʃɛʀ] ❶ *(bei Versteigerungen)* das Gebot ❷ **acheter quelque chose aux enchères** etwas ersteigern; **vendre quelque chose aux enchères** etwas versteigern

enchérir [ɑ̃ʃeʀiʀ] <*wie* agir; *siehe Verbtabelle ab S. 1055*> **enchérir sur quelqu'un/sur quelque chose** jemanden/etwas überbieten

Ⓖ Bei einigen Formen des Verbs ist der Stamm um -iss- erweitert, etwa bei *nous enchérissons, il enchérissait* oder *en enchérissant*.

enchevêtré, enchevêtrée [ɑ̃ʃ(ə)vetʀe] verschlungen; *Fäden* [ineinander] verwickelt

l' **enchevêtrement** *(männlich)* [ɑ̃ʃ(ə)vetʀəmɑ̃] das Durcheinander; *von Büschen* das dichte Gestrüpp

enchevêtrer [ɑ̃ʃ(ə)vetʀe] **s'enchevêtrer** *Äste:* sich [ineinander] verschlingen; *Fäden:* sich verwickeln

enclencher [ɑ̃klɑ̃ʃe] ❶ einrasten lassen; einlegen *Gang* ❷ **s'enclencher** *Hebel:* einrasten; *Mechanismus:* sich einschalten

l' **enclos** *(männlich)* [ɑ̃klo] das eingefriedete Grundstück

l' **encolure** *(weiblich)* [ɑ̃kɔlyʀ] ❶ der Hals ❷ *eines Kleides* der Ausschnitt ❸ *(Umfang)* die Kragenweite

encombrant, encombrante [ɑ̃kɔ̃bʀɑ̃, ɑ̃kɔ̃bʀɑ̃t] ❶ sperrig ❷ *(aufdringlich)* lästig ❸ *(ironisch) Vergangenheit* belastend

encombre [ɑ̃kɔ̃bʀ] **sans encombre** [ganz] problemlos

encombré, encombrée [ɑ̃kɔ̃bʀe] ❶ versperrt; *Straße* verstopft ❷ *Zimmer* voll gestopft; *Tisch* voll gestellt ❸ *Telefonleitungen* überlastet

l' **encombrement** *(männlich)* [ɑ̃kɔ̃bʀəmɑ̃] ❶ *der Telefonleitungen* die Überlastung ❷ *(im Verkehr)* der Stau

encombrer [ɑ̃kɔ̃bʀe] ❶ verstopfen; versperren *Durchfahrt;* **ces cartons encombrent la pièce** das Zimmer ist mit diesen Kartons voll gestellt ❷ *(zu stark belasten)* überladen ❸ **ne pas s'encombrer de quelqu'un/de quelque chose** sich nicht mit jemandem/mit etwas belasten

encontre [ɑ̃kɔ̃tʀ] **aller à l'encontre de quelque chose** im Gegensatz zu etwas stehen

encore [ɑ̃kɔʀ] ❶ noch; **hier encore** noch gestern; **voulez-vous encore une tasse de thé?** wollen Sie noch eine Tasse Tee?; **pas encore, encore pas** noch nicht; **elle n'est encore jamais partie** sie ist noch nie weg gewesen ❷ *(erneut)* noch einmal, noch mal; **c'est encore de ma faute** und ich bin wieder schuld; **c'est encore moi!** ich bin's noch mal!; **encore et toujours** immer wieder ❸ *(verstärkend)* **encore mieux** noch besser; **encore moins** noch weniger; **encore plus** noch mehr; **non seulement ..., mais encore ...** nicht nur ..., sondern auch [noch] ... ❹ *(einschränkend)* **encore faut-il le savoir!** das muss man allerdings wissen!; **..., et encore!** ..., und [selbst] das noch nicht einmal! ❺ **si encore on avait son adresse!** wenn wir wenigstens seine/ihre Adresse hätten! ▸ **et puis quoi encore!** sonst noch was?

l' **encouragement** *(männlich)* [ɑ̃kuʀaʒmɑ̃] die Ermutigung

encourager [ɑ̃kuʀaʒe] <*wie* changer; *siehe Verbtabelle ab S. 1055*> ❶ ermuntern *Schüler;* anfeuern *Sportler* ❷ **encourager un ami à continuer** einen Freund ermutigen, weiterzumachen ❸ (*fördern*) unterstützen

Ü Vor *a* und *o* bleibt das *e* erhalten, z. B.: *nous encourageons, il encourageait* und *en encourageant.*

encourir [ɑ̃kuʀiʀ] <*wie* courir; *siehe Verbtabelle ab S. 1055*> **encourir une peine** mit einer Strafe rechnen müssen, eine Strafe zu gewärtigen haben
encouru, encourue [ɑ̃kuʀy] →**encourir**
encrasser [ɑ̃kʀase] verschmutzen; **s'encrasser** verschmutzen, schmutzig werden
l' **encre** (*weiblich*) [ɑ̃kʀ] die Tinte
l' **encrier** (*männlich*) [ɑ̃kʀije] das Tintenfass
l' **enculé** (*männlich*) [ɑ̃kyle] (*vulgär*) das Arschloch
l' **enculée** (*weiblich*) [ɑ̃kyle] (*vulgär*) das Arschloch
l' **encyclopédie** (*weiblich*) [ɑ̃siklɔpedi] die Enzyklopädie
encyclopédique [ɑ̃siklɔpedik] enzyklopädisch; *Bildung* universal
endetté, endettée [ɑ̃dete] verschuldet
l' **endettement** (*männlich*) [ɑ̃dɛtmɑ̃] die Verschuldung
endetter [ɑ̃dete] **s'endetter** sich verschulden
endiablé, endiablée [ɑ̃djable] *Tanz* wild; *Rhythmus* rasend
endimanché, endimanchée [ɑ̃dimɑ̃ʃe] im Sonntagsstaat
endimancher [ɑ̃dimɑ̃ʃe] **s'endimancher** den Sonntagsstaat anziehen
l' **endive** (*weiblich* ⚠) [ɑ̃div] der/die Chicorée, der/die Schikoree

l'endive

F Nicht verwechseln mit *die Endivie – la chicorée!*

endolori, endolorie [ɑ̃dɔlɔʀi] schmerzend
endommager [ɑ̃dɔmaʒe] <*wie* changer; *siehe Verbtabelle ab S. 1055*> **endomma-**

ger les récoltes der Ernte schaden

Ü Vor *a* und *o* bleibt das *e* erhalten, z. B.: *nous endommageons, il endommageait* und *en endommageant.*

l' **endormi** (*männlich*) [ɑ̃dɔʀmi] (*umgs.*) die Schlafmütze
endormi, endormie [ɑ̃dɔʀmi] ❶ **être encore tout endormi** *Kind:* noch ganz verschlafen sein ❷ *Arm, Bein* eingeschlafen ❸ (*umgs.: energielos*) *Mensch* lahm; *Verstand, Blick* träge
l' **endormie** (*weiblich*) [ɑ̃dɔʀmi] (*umgs.*) die Schlafmütze
endormir [ɑ̃dɔʀmiʀ] <*wie* dormir; *siehe Verbtabelle ab S. 1055*> ❶ **endormir quelqu'un** jemanden zum Einschlafen bringen; *Hitze, Schaukeln:* jemanden schläfrig machen; (*langweilen*) einschläfernd auf jemanden wirken ❷ betäuben *Zahn, Schmerz* ❸ zerstreuen *Verdacht* ❹ **s'endormir** einschlafen
endosser [ɑ̃dose] übernehmen *Verantwortung;* **faire endosser quelque chose à quelqu'un** jemandem etwas zuschieben
l' **endroit**[1] (*männlich*) [ɑ̃dʀwa] die Stelle, der Ort; (*am Körper*) die Stelle; **par endroits** stellenweise
l' **endroit**[2] (*männlich*) [ɑ̃dʀwa] die Oberseite; *eines Kleidungsstücks* die rechte Seite; *eines Blatts* die Vorderseite; **mets ton pull à l'endroit!** zieh deinen Pulli richtig herum an!
enduire [ɑ̃dɥiʀ] <*wie* conduire; *siehe Verbtabelle ab S. 1055*> ❶ bestreichen *Tapete, Holz;* einreiben *Haut;* **enduire le papier peint de colle** die Tapete mit Kleister bestreichen ❷ **s'enduire de crème** sich mit Creme einreiben
l' **enduit** (*männlich*) [ɑ̃dɥi] der Spachtelkitt
l' **endurance** (*weiblich*) [ɑ̃dyʀɑ̃s] die Ausdauer
endurant, endurante [ɑ̃dyʀɑ̃, ɑ̃dyʀɑ̃t] ausdauernd
endurci, endurcie [ɑ̃dyʀsi] ❶ *Mensch* hartherzig ❷ *Junggeselle* eingefleischt
endurcir [ɑ̃dyʀsiʀ] <*wie* agir; *siehe Verbtabelle ab S. 1055*> ❶ abhärten ❷ verhärten; **s'endurcir** sich verhärten

G Bei einigen Formen des Verbs ist der Stamm um *-iss-* erweitert, etwa bei *nous endurcissons, il endurcissait* oder *en endurcissant.*

endurer [ɑ̃dyʀe] ertragen
l' **énergie** (*weiblich*) [enɛʀʒi] ❶ die Energie ❷ **l'énergie atomique** [*oder* **nucléaire**] die Atomenergie; **l'énergie solaire** die Sonnen-

energie
énergique [enɛʀʒik] energisch
énergiquement [enɛʀʒikmɑ̃] energisch; *reiben, schütteln* kräftig
l' **énergumène** *(männlich)* [enɛʀgymɛn] *(umgs.)* der Verrückte
énervant, énervante [enɛʀvɑ̃, enɛʀvɑ̃t] nervtötend
énervé, énervée [enɛʀve] ❶ gereizt ❷ aufgeregt ❸ nervös
l' **énervement** *(männlich)* [enɛʀvəmɑ̃] ❶ die Gereiztheit ❷ die Unruhe ❸ die Nervosität
énerver [enɛʀve] ❶ **énerver quelqu'un** jemanden unruhig machen; (*ärgern*) jemandem auf die Nerven gehen ❷ **s'énerver après quelqu'un/après quelque chose** sich über jemanden/über etwas aufregen
en face [ɑ̃ fas] gegenüber; **en face de l'église** gegenüber der Kirche; **être en face de quelqu'un** jemandem gegenüberstehen/gegenübersitzen; **le voisin d'en face** der Nachbar von gegenüber
l' **enfance** *(weiblich)* [ɑ̃fɑ̃s] die Kindheit ▶ **dès la petite enfance** von klein auf; **retomber en enfance** wieder kindisch werden
l' **enfant¹** *(männlich)* [ɑ̃fɑ̃] das Kind; **un enfant unique** ein Einzelkind; **l'enfant légitime** das eheliche Kind; **l'enfant naturel** das uneheliche Kind ▶ **l'enfant prodige** das Wunderkind
l' **enfant²** *(weiblich)* [ɑ̃fɑ̃] das Kind; **une enfant unique** ein Einzelkind
enfantin, enfantine [ɑ̃fɑ̃tɛ̃, ɑ̃fɑ̃tin] ❶ *Lachen* kindlich ❷ (*einfach*) kinderleicht
l' **enfer** *(männlich)* [ɑ̃fɛʀ] ❶ die Hölle ❷ **c'est l'enfer** das ist die Hölle ▶ **avoir un look d'enfer** (*umgs.*) super aussehen; **le bruit d'enfer** der Höllenlärm
enfermer [ɑ̃fɛʀme] ❶ einschließen ❷ (*inhaftieren*) einsperren ▶ **être enfermé(e) dehors** (*umgs.*) ausgesperrt sein
enfiler [ɑ̃file] ❶ auffädeln *Perlen;* **enfiler une aiguille** einen Faden in eine Nadel einfädeln ❷ überziehen *Pullover*
enfin [ɑ̃fɛ̃] ❶ endlich; **te voilà enfin!** da bist du ja endlich! ❷ schließlich ❸ **il est sympa, enfin, à mon sens** er ist nett, jedenfalls meiner Meinung nach ❹ **enfin, on verra bien** na, wir werden ja sehen ❺ also wirklich!; **enfin, c'est quelque chose, quand même!** das ist doch wirklich allerhand! ▶ **enfin bref** kurz und gut; **enfin quoi** (*umgs.*) also wirklich
enflammé, enflammée [ɑ̃flame] ❶ leidenschaftlich; *Wesen* feurig ❷ (*in der Medizin*)

entzündet
enflammer [ɑ̃flame] ❶ entzünden ❷ begeistern; anregen *Fantasie* ❸ **s'enflammer** sich entzünden; *Mensch:* sich begeistern
enflé, enflée [ɑ̃fle] geschwollen, angeschwollen
enfler [ɑ̃fle] ❶ anschwellen; **mon poignet a enflé** mein Handgelenk ist angeschwollen ❷ anschwellen lassen *Finger, Fluss*
l' **enfoiré** *(männlich)* [ɑ̃fwaʀe] (*vulgär*) das Arschloch
l' **enfoirée** *(weiblich)* [ɑ̃fwaʀe] (*vulgär*) das Arschloch
enfoncer [ɑ̃fɔ̃se] <*wie* commencer; *siehe Verbtabelle ab S. 1055*> ❶ hineinschlagen *Nagel;* hineindrücken *Reißnagel;* hineinstechen *Messer;* **enfoncer un clou dans le mur** einen Nagel in die Wand schlagen ❷ **enfoncer ses mains dans ses poches** seine Hände tief in die Taschen stecken ❸ eindrücken *Tür* ❹ **enfoncer dans le sable** *Räder:* sich in den Sand graben ❺ **s'enfoncer une aiguille dans le bras** sich eine Nadel in den Arm stechen ❻ **s'enfoncer dans un fauteuil** sich in einen Sessel sinken lassen; **s'enfoncer dans la neige** im Schnee einsinken; **s'enfoncer dans la forêt** immer weiter in den Wald hineingehen

Ü Vor *a* und *o* steht statt *c* ein ç, z.B.: *nous enfonçons, il enfonçait* und *en enfonçant*.

enfoui¹, enfouie [ɑ̃fwi] → **enfouir**
enfoui², enfouie [ɑ̃fwi] vergraben
enfouir [ɑ̃fwiʀ] <*wie* agir; *siehe Verbtabelle ab S. 1055*> ❶ vergraben ❷ verstecken ❸ **s'enfouir dans son terrier** sich in seinem Bau verkriechen

G Bei einigen Formen des Verbs ist der Stamm um *-iss-* erweitert, etwa bei *nous enfouissons, il enfouissait* oder *en enfouissant*.

enfourcher [ɑ̃fuʀʃe] besteigen *Pferd;* **enfourcher son vélo** aufs Fahrrad steigen
enfourner [ɑ̃fuʀne] in den Backofen [*oder* Ofen] schieben
enfreindre [ɑ̃fʀɛ̃dʀ] <*wie* peindre; *siehe Verbtabelle ab S. 1055*> verstoßen gegen *Gesetz*
enfuir [ɑ̃fɥiʀ] <*wie* fuir; *siehe Verbtabelle ab S. 1055*> **s'enfuir** fliehen, flüchten
enfumer [ɑ̃fyme] ❶ verräuchern *Zimmer* ❷ einräuchern *Menschen*
l' **engagé** *(männlich)* [ɑ̃gaʒe] (*beim Militär*) der Freiwillige
engagé, engagée [ɑ̃gaʒe] engagiert

engageant, engageante [ɑ̃ɡaʒɑ̃, ɑ̃ɡaʒɑ̃t] *Zukunft, Worte* verlockend; *Gesichtsausdruck* verführerisch

l' **engagée** *(weiblich)* [ɑ̃ɡaʒe] (*beim Militär*) die Freiwillige

l' **engagement** *(männlich)* [ɑ̃ɡaʒmɑ̃] ❶ (*auch beim Militär*) die Verpflichtung ❷ (*in einer Firma*) die Anstellung ❸ (*beim Theater, Film*) das Engagement ❹ (*im Sport*) das Anspiel ❺ (*Eintragung*) die Anmeldung ❻ (*Zahlungsverpflichtung*) die Verbindlichkeit ▶ **sans engagement** unverbindlich

engager [ɑ̃ɡaʒe] <*wie* changer; *siehe Verbtabelle ab S. 1055*> ❶ verpflichten ❷ (*beschäftigen*) anstellen, einstellen; engagieren *Schauspieler*; **s'engager** *Soldat:* sich [freiwillig] verpflichten ❸ eröffnen *Diskussion, Schlacht;* **s'engager** *Prozess, Verhandlung:* in Gang kommen ❹ **s'engager à faire quelque chose** sich [dazu] verpflichten, etwas zu tun ❺ **s'engager dans une rue** in eine Straße einbiegen

Ü Vor *a* und *o* bleibt das *e* erhalten, z. B.: *nous engageons, il engageait* und *en engageant.*

l' **engin** *(männlich)* [ɑ̃ʒɛ̃] ❶ (*umgs.*) das Ding ❷ (*in der Technik*) die Maschine

englober [ɑ̃ɡlɔbe] [mit] einbeziehen

engloutir [ɑ̃ɡlutiʀ] <*wie* agir; *siehe Verbtabelle ab S. 1055*> verschlingen

G Bei einigen Formen des Verbs ist der Stamm um *-iss-* erweitert, etwa bei *nous engloutissons, il engloutissait* oder *en engloutissant.*

engouffrer [ɑ̃ɡufʀe] ❶ (*umgs.: essen*) runterschlingen ❷ **s'engouffrer dans le métro** in die Metro stürzen

engourdi, engourdie [ɑ̃ɡuʀdi] *Finger* klamm, steif

engourdir [ɑ̃ɡuʀdiʀ] <*wie* agir; *siehe Verbtabelle ab S. 1055*> ❶ klamm machen *Finger, Hände* ❷ **s'engourdir** *Bein:* einschlafen

G Bei einigen Formen des Verbs ist der Stamm um *-iss-* erweitert, etwa bei *il engourdissait* oder *en s'engourdissant.*

l' **engrais** *(männlich)* [ɑ̃ɡʀɛ] der Dünger

l' **engrenage** *(männlich)* [ɑ̃ɡʀənaʒ] ❶ (*technisch*) das Zahnradgetriebe ❷ (*übertragen*) das Räderwerk

l' **engueulade** *(weiblich)* [ɑ̃ɡœlad] (*umgs.*) der Krach

engueuler [ɑ̃ɡœle] (*umgs.*) ❶ anschnauzen ❷ **s'engueuler** sich anbrüllen

énième [ɛnjɛm] **pour la énième fois** zum x-ten Mal

énigmatique [enigmatik] rätselhaft

l' **énigme** *(weiblich)* [enigm] das Rätsel

enivrant, enivrante [⚠ ɑ̃nivʀɑ̃, ɑ̃nivʀɑ̃t] berauschend; *Parfüm* betäubend

enivrer [⚠ ɑ̃nivʀe] **s'enivrer** sich betrinken

l' **enjambée** *(weiblich)* [ɑ̃ʒɑ̃be] der große Schritt

enjamber [ɑ̃ʒɑ̃be] **enjamber un fossé** mit einem großen Schritt über einen Graben setzen

l' **enjeu** *(männlich)* [ɑ̃ʒø] <*Plural*: enjeux> ❶ der Einsatz ❷ (*übertragen*) **être l'enjeu de quelque chose** bei etwas auf dem Spiel stehen

enlacer [ɑ̃lase] <*wie* commencer; *siehe Verbtabelle ab S. 1055*> ❶ umschlingen ❷ **s'enlacer** sich umarmen

Ü Vor *a* und *o* steht statt *c* ein *ç*, z. B.: *nous enlaçons, il enlaçait* und *en enlaçant.*

enlaidir [ɑ̃ledir] <*wie* agir; *siehe Verbtabelle ab S. 1055*> ❶ hässlich werden ❷ entstellen *Menschen;* verunstalten *Landschaft*

G Bei einigen Formen des Verbs ist der Stamm um *-iss-* erweitert, etwa bei *nous enlaidissons, il enlaidissait* oder *en enlaidissant.*

l' **enlèvement** *(männlich)* [ɑ̃lɛvmɑ̃] die Entführung

enlever [ɑ̃lve] <*wie* peser; *siehe Verbtabelle ab S. 1055*> ❶ herunternehmen; wegräumen *Bücher;* **enlever les draps du lit** das Bett abziehen ❷ entfernen *Fleck;* streichen *Wort* ❸ abnehmen *Hut, Brille;* ausziehen *Mantel, Schuhe* ❹ (*kidnappen*) entführen ❺ **s'enlever** *Etikett:* abgehen; *Fleck:* herausgehen

Ü Mit *è* schreiben sich
– die stammbetonten Formen wie *j'enlève* oder *tu enlèves* sowie
– die auf der Basis der Grundform *enlever* gebildeten Formen, z. B. *ils enlèveront* und *j'enlèverais.*

enliser [ɑ̃lize] **s'enliser** ❶ *Fahrzeug:* stecken bleiben ❷ (*stagnieren*) ins Stocken geraten

enneigé, enneigée [ɑ̃neʒe] verschneit

l' **ennemi** *(männlich)* [⚠ en(ə)mi] der Feind

ennemi, ennemie [⚠ en(ə)mi] feindlich; *Brüder* verfeindet

l' **ennemie** *(weiblich)* [⚠ en(ə)mi] die Feindin

l' **ennui** *(männlich)* [ɑ̃nɥi] ❶ die Langeweile ❷ das Problem; **tu as un ennui/des ennuis?** hast du Ärger? ▶ **l'ennui, c'est que …** das Dumme ist [nur], dass …

ennuyé, ennuyée [ɑ̃nɥije] verärgert

ennuyer [ɑ̃nɥije] <wie appuyer; siehe Verbtabelle ab S. 1055> ❶ langweilen, fadisieren Ⓐ ❷ (nerven) **ennuyer quelqu'un** jemandem lästig sein ❸ (missfallen) stören ❹ **ça l'ennuie de le revoir** es ist ihr/ihm unangenehm, ihn wiederzusehen ❺ **s'ennuyer** sich langweilen, sich fadisieren Ⓐ

> Ü Einige Formen des Verbs schreiben sich mit y, andere mit i.
> Direkt vor einer betonten Endungssilbe steht immer ein y, z. B. nous nous ennuyons oder ils s'ennuyaient.
> Das i steht immer vor einem unbetonten e, z. B. il s'ennuie oder ils s'ennuieront.

ennuyeux, ennuyeuse [ɑ̃nɥijø, ɑ̃nɥijøz] ❶ langweilig ❷ (störend) ärgerlich
énoncer [enɔ̃se] <wie commencer; siehe Verbtabelle ab S. 1055> klar darlegen

> Ü Vor a und o steht statt c ein ç, z. B. in il énonçait.

énorme [enɔʁm] riesig
énormément [enɔʁmemɑ̃] sehr, unheimlich
l' **énormité** (weiblich) [enɔʁmite] der [ausgemachte] Unsinn
l' **enquête** (weiblich) [ɑ̃kɛt] ❶ die Untersuchung; **ouvrir une enquête** eine Untersuchung einleiten ❷ (Meinungsforschung) die Umfrage, die Meinungsumfrage
enquêter [ɑ̃kete] ermitteln; **enquêter sur quelqu'un** gegen jemanden ermitteln; **enquêter sur un meurtre** in einem Mordfall ermitteln
l' **enquêteur** (männlich) [ɑ̃kɛtœʁ] der Untersuchungsbeamte
l' **enquêteuse** (weiblich) [ɑ̃kɛtøz] die Untersuchungsbeamtin
enquiquinant, enquiquinante [ɑ̃kikinɑ̃, ɑ̃kikinɑ̃t] (umgs.) nervig
enquiquiner [ɑ̃kikine] (umgs.) ❶ nerven ❷ **s'enquiquiner avec quelque chose** sich mit etwas herumschlagen
l' **enquiquineur** (männlich) [ɑ̃kikinœʁ] (umgs.) der Quälgeist
l' **enquiquineuse** (weiblich) [ɑ̃kikinøz] (umgs.) der Quälgeist
enrager [ɑ̃ʁaʒe] <wie changer; siehe Verbtabelle ab S. 1055> [vor Wut] rasend werden

> Ü Vor a und o bleibt das e erhalten, z. B.: nous enrageons, il enrageait und en enrageant.

l' **enregistrement** (männlich) [ɑ̃ʁ(ə)ʒistʁəmɑ̃] ❶ die Aufnahme; einer Sendung die Aufzeichnung ❷ (in der Informatik) die Speicherung; (Dokument) der Datensatz
  ◆ l'**enregistrement pirate** die Raubkopie
enregistrer [ɑ̃ʁ(ə)ʒistʁe] ❶ aufnehmen; **enregistrer quelque chose sur cassette** etwas auf Kassette aufnehmen ❷ (in der Informatik) speichern ❸ (sich merken) registrieren ❹ aufnehmen Bestellung; zu Protokoll nehmen Aussage ❺ **faire enregistrer** aufgeben Gepäck
enrhumer [ɑ̃ʁyme] **s'enrhumer** einen Schnupfen bekommen
enrichir [ɑ̃ʁiʃiʁ] <wie agir; siehe Verbtabelle ab S. 1055> ❶ reich/reicher machen ❷ bereichern Sammlung ❸ **s'enrichir de quelque chose** Person: sich an etwas bereichern; Sammlung: durch etwas bereichert werden

> G Bei einigen Formen des Verbs ist der Stamm um -iss- erweitert, etwa bei nous nous enrichissons, il s'enrichissait oder en s'enrichissant.

enrôler [ɑ̃ʁole] anwerben Soldaten
enroué, enrouée [ɑ̃ʁwe] heiser
enrouler [ɑ̃ʁule] ❶ zusammenrollen Teppich; aufrollen Kabel ❷ **s'enrouler autour de quelque chose** sich um etwas wickeln
ensabler [ɑ̃sable] **s'ensabler** Schiff: auf Sand laufen; Fahrzeug: im Sand stecken bleiben
l' **enseignant** (männlich) [ɑ̃sɛɲɑ̃] der Lehrer
l' **enseignante** (weiblich) [ɑ̃sɛɲɑ̃t] die Lehrerin
l' **enseigne** (weiblich) [ɑ̃sɛɲ] das Aushängeschild, das Schild; **l'enseigne lumineuse** das Leuchtschild
l' **enseignement** (männlich) [ɑ̃sɛɲ(ə)mɑ̃] ❶ der Unterricht; **l'enseignement élémentaire** der Grundschulunterricht; **l'enseignement secondaire** der weiterführende Unterricht ❷ der Lehrberuf ❸ das Unterrichtswesen; **l'enseignement obligatoire** die Schulpflicht; **l'enseignement public** das staatliche Schulwesen; **l'enseignement secondaire** der Sekundarbereich ❹ (Belehrung) die Lehre
enseigner [ɑ̃seɲe] lehren; **enseigner l'anglais à quelqu'un** jemanden in Englisch unterrichten
ensemble [ɑ̃sɑ̃bl] ❶ zusammen, miteinander; **travailler ensemble** zusammenarbeiten; **tous/toutes ensemble** alle zusammen ❷ (als Gesamtheit) gemeinsam ❸ (gleichzeitig) zugleich ▸ **aller bien/mal ensemble** gut/schlecht zusammenpassen; **aller ensemble** zusammengehören
l' **ensemble** (männlich) [ɑ̃sɑ̃bl] ❶ die Gesamtheit; **l'ensemble des questions** sämtliche

Fragen; **l'ensemble du personnel** die gesamte Belegschaft ❷ die [harmonische] Einheit; **former un ensemble harmonieux** ein harmonisches Ganzes bilden ❸ (*in der Mathematik*) die Menge ❹ (*in der Musik, Bekleidungsindustrie*) das Ensemble ❺ **l'ensemble de lois** das Gesetzespaket ▸ **dans l'ensemble** im Großen und Ganzen

ensevelir [ãsəvliʀ] <*wie* agir; *siehe Verbtabelle ab S. 1055*> begraben

> ⓖ Bei einigen Formen des Verbs ist der Stamm um *-iss-* erweitert, etwa bei *nous ensevelissons, il ensevelissait* oder *en ensevelissant.*

ensoleillé, ensoleillée [ãsɔleje] sonnig
ensommeillé, ensommeillée [ãsɔmeje] schläfrig
ensuite [ãsɥit] ❶ (*zeitlich*) danach; **d'accord, mais ensuite?** einverstanden, aber was dann? ❷ (*räumlich*) dahinter ❸ (*darüber hinaus*) außerdem
ensuivre [ãsɥivʀ] <*wie* suivre; *siehe Verbtabelle ab S. 1055*> **s'ensuivre** sich ergeben; **et tout ce qui s'ensuit** und alles, was darauf folgt

> ⓖ Das Verb kommt nur im Infinitiv und in der 3. Person Singular vor.

l' **entaille** (*weiblich*) [ãtaj] ❶ die Kerbe ❷ (*Verletzung*) die [tiefe] Schnittwunde
entailler [ãtaje] einkerben
entamer [ãtame] ❶ anschneiden *Brot, Käse;* anbrechen *Flasche* ❷ einleiten; aufnehmen *Verhandlungen;* anstellen *Verfolgung*
l' **entassement** (*männlich*) [ãtɑsmã] *von Papieren* der unordentliche Stapel
entasser [ãtɑse] ❶ anhäufen; horten *Geld* ❷ zusammenpferchen ❸ **s'entasser** sich zusammendrängen; *Dinge:* sich türmen
entendre [ãtãdʀ] <*wie* vendre; *siehe Verbtabelle ab S. 1055*> ❶ hören; **entendre la pluie tomber** den Regen fallen hören; **se faire entendre** sich Gehör verschaffen ❷ **j'ai entendu dire que ...** ich habe gehört, dass ...; **je l'ai entendu dire** ich habe es gehört ❸ verstehen; **laisser entendre que ...** zu verstehen geben, dass ...; **s'entendre avec quelqu'un** sich mit jemandem verstehen ❹ **j'entends acheter ce piano** ich gedenke dieses Klavier zu kaufen ❺ **s'entendre pour faire quelque chose** sich darauf einigen, etwas zu tun; **ils se sont entendus sur le prix** sie haben sich über den Preis geeinigt

entendu, entendue [ãtãdy] ❶ abgemacht ❷ **il est [bien] entendu que ...** es versteht sich von selbst, dass ... ▸ **bien entendu** selbstverständlich
l' **entente** (*weiblich*) [ãtãt] ❶ das Einvernehmen ❷ (*das Einigwerden*) die Verständigung ❸ (*Abmachung*) die Übereinkunft
l' **enterrement** (*männlich*) [ãtɛʀmã] die Beerdigung
enterrer [ãteʀe] ❶ beerdigen ❷ vergraben ❸ begraben *Angelegenheit*
l' **en-tête** (*weiblich*) [ãtɛt] <*Plural:* en-têtes> der [gedruckte] Briefkopf
entêté (*männlich*) [ãtete] der eigensinnige Mensch
entêté, entêtée [ãtete] *Mensch* eigensinnig
l' **entêtée** (*weiblich*) [ãtete] der eigensinnige Mensch
l' **entêtement** (*männlich*) [ãtɛtmã] der Eigensinn, die Eigensinnigkeit
entêter [ãtete] **s'entêter dans quelque chose** sich auf etwas versteifen; **s'entêter à faire quelque chose** sich darauf versteifen, etwas zu tun
l' **enthousiasme** (*männlich*) [ãtuzjasm] die Begeisterung
enthousiasmer [ãtuzjasme] ❶ begeistern, in Begeisterung versetzen ❷ **s'enthousiasmer** sich begeistern
enthousiast [ãtuzjast] begeistert
l' **enthousiaste**[1] (*männlich*) [ãtuzjast] der Enthusiast
l' **enthousiaste**[2] (*weiblich*) [ãtuzjast] die Enthusiastin
l' **entier** (*männlich*) [ãtje] das Ganze
entier, entière [ãtje, ãtjɛʀ] ❶ ganz; **dans le monde entier** auf der ganzen Welt ❷ (*absolut*) völlig ❸ *Gegenstand* ganz; *Sammlung* vollständig
entièrement [ãtjɛʀmã] völlig
l' **entorse** (*weiblich*) [ãtɔʀs] die Verstauchung
entortiller [ãtɔʀtije] ❶ [herum]wickeln *Faden* ❷ (*umgarnen*) einwickeln ❸ **s'entortiller** *Pflanze:* sich ranken ❹ **s'entortiller dans une couverture** sich in eine Decke einwickeln
l' **entourage** (*männlich*) [ãtuʀaʒ] die Umgebung
entourer [ãtuʀe] ❶ umgeben; umringen *Star;* **être entouré(e) d'arbres** von Bäumen umgeben sein; **s'entourer de bons amis** sich mit guten Freunden umgeben ❷ umzingeln *Feind* ❸ **entourer quelque chose de mystère** etwas mit einem Geheimnis umgeben ❹ (*unterstützen*) **entourer quelqu'un** jemandem zur Seite stehen, sich um jeman-

den kümmern

l' **entracte** *(männlich)* [ɑ̃tʀakt] die Pause

l' **entraide** *(weiblich)* [ɑ̃tʀɛd] die gegenseitige Hilfe

entraider [ɑ̃tʀede] **s'entraider** sich gegenseitig helfen

l' **entrain** *(männlich)* [ɑ̃tʀɛ̃] der Schwung

l' **entraînement** *(männlich)* [ɑ̃tʀɛnmɑ̃] ❶ die Übung ❷ *(im Sport)* das Training

entraîner [ɑ̃tʀene] ❶ mit sich fortreißen ❷ *(mitnehmen)* ziehen ❸ **entraîner quelqu'un à boire** jemanden zum Trinken verleiten ❹ *(verursachen)* zur Folge haben ❺ *(im Sport)* trainieren ❻ **s'entraîner à quelque chose** sich in etwas üben; **s'entraîner à faire quelque chose** sich darin üben etwas zu tun

l' **entraîneur** *(männlich)* [ɑ̃tʀenœʀ] der Trainer

l' **entraîneuse** *(weiblich)* [ɑ̃tʀenøz] die Trainerin

entre [ɑ̃tʀ] ❶ zwischen ❷ unter; **entre hommes** unter Männern; **c'est celui que je préfère entre tous** ihn mag ich von allen am liebsten ❸ *(hindurch)* durch ❹ in; **entre mes mains** in meine Hände/meinen Händen ▸ **entre autres** unter anderem; **entre nous** unter uns [gesagt]; *siehe auch* **d'entre**

entrecroiser [ɑ̃tʀəkʀwaze] ❶ [miteinander] verflechten *Bänder* ❷ **s'entrecroiser** *Straßen:* sich kreuzen

l' **entrée** *(weiblich)* [ɑ̃tʀe] ❶ der Eingang; **l'entrée principale** der Haupteingang ❷ *einer Wohnung* die Diele; *eines Hotels* die Eingangshalle; *eines Hauses* der Hausflur ❸ das Eintreten; *eines Schauspielers* der Auftritt; *eines Zuges* die Einfahrt; **faire une entrée triomphale** einen triumphalen Einzug halten ❹ *(Zugangsrecht)* der Zutritt; **"Entrée interdite!"** „Kein Zutritt!"; **"Entrée interdite à tout véhicule!"** „Einfahrt verboten!" ❺ *(Karte)* die Eintrittskarte; **l'entrée non payante** die Freikarte ❻ *(Geldbetrag)* der Eintrittspreis ❼ *(Aufnahme)* der Beitritt ❽ *(beim Essen)* der erste Gang ❾ *eines Wörterbuchs* der Eintrag ❿ *(in der Informatik)* die Eingabe
  ♦ l'**entrée de service** der Dienstboteneingang
  ♦ l'**entrée en matière** die Einleitung

entrelacer [ɑ̃tʀəlase] <*wie* commencer; *siehe Verbtabelle ab S. 1055*> **s'entrelacer** sich [ineinander] verschlingen

Ü Vor *a* und *o* steht statt *c* ein *ç*, z. B. in *ils s'entrelaçaient.*

entremêler [ɑ̃tʀəmele] [bunt] mischen *Blumen*; **des paroles entremêlées de sanglots** durch Schluchzen unterbrochene Worte

l' **entremets** *(männlich)* [ɑ̃tʀəmɛ] die Süßspeise

entreposer [ɑ̃tʀəpoze] lagern, einlagern; unterstellen *Möbel;* **entreposer quelque chose en douane** etwas unter Zollverschluss lagern

l' **entrepôt** *(männlich)* [ɑ̃tʀəpo] die Lagerhalle

entreprenant, entreprenante [ɑ̃tʀəpʀənɑ̃, ɑ̃tʀəpʀənɑ̃t] ❶ unternehmungslustig ❷ *(höflich)* galant

entreprendre [ɑ̃tʀəpʀɑ̃dʀ] <*wie* comprendre; *siehe Verbtabelle ab S. 1055*> unternehmen; in Angriff nehmen *Studium, Arbeit*

l' **entrepreneur** *(männlich)* [ɑ̃tʀəpʀənœʀ] ❶ der Unternehmer ❷ *(im Baugewerbe)* der Bauunternehmer

l' **entrepreneuse** *(weiblich)* [ɑ̃tʀəpʀənøz] ❶ die Unternehmerin ❷ *(im Baugewerbe)* die Bauunternehmerin

entrepris, entreprise [ɑ̃tʀəpʀi, ɑ̃tʀəpʀiz] → **entreprendre**

l' **entreprise** *(weiblich)* [ɑ̃tʀəpʀiz] ❶ das Unternehmen, die Unternehmung Ⓐ, 🇨🇭 ❷ *(Tat)* die Unternehmung
  ♦ l'**entreprise de construction** die Baufirma, die Bauunternehmung Ⓐ, 🇨🇭
  ♦ l'**entreprise de transports** die Speditionsfirma, die Speditionsunternehmung Ⓐ, 🇨🇭

entrer [ɑ̃tʀe] ❶ eintreten, hereinkommen/hineingehen; **"Défense d'entrer!"** „Zutritt verboten!" ❷ **faire entrer** hereinbitten/hineinbitten; hereinholen/hineinholen *Tier;* **laisser entrer** hereinlassen/hineinlassen ❸ **entrer dans une pièce** ein Zimmer betreten; *Hund:* in ein Zimmer [hinein]laufen; **entrer en gare** *Zug:* in den Bahnhof einfahren; **entrer en scène** auftreten ❹ **entrer dans les détails** ins Detail gehen; **entrer dans le vif du sujet** sofort zum Kern der Sache kommen ❺ **entrer dans un club** in einen Klub eintreten; **entrer dans l'armée** zur Armee gehen; **entrer dans la vie active** ins Erwerbsleben eintreten ❻ **entrer en sixième** ≈ in die sechste Klasse kommen, ≈ in die erste Klasse des „Collège" kommen, *(im deutschen Schulsystem)* ≈ in die fünfte Klasse kommen; **faire entrer quelqu'un dans une entreprise** jemandem eine Stelle in einem Unternehmen verschaffen ❼ **la clé n'entre pas dans le trou de la serrure** der Schlüssel passt nicht ins Schlüsselloch ❽ **entrer dans la discussion** sich an der Diskussion beteiligen ❾ **entrer dans la composition d'un produit** Bestandteil eines Produkts sein ❿ **entrer en contact avec quelqu'un** mit jemandem Kontakt aufnehmen; **entrer en guerre** in den Krieg eintreten; **entrer en application** in Kraft treten ⓫ (*in der Informatik*) eingeben; **elle a entré toutes les données** sie hat alle Daten eingegeben

entre-temps [ɑ̃tʀətɑ̃] inzwischen

entretenir [ɑ̃tʀət(ə)niʀ] <*wie tenir; siehe Verbtabelle ab S. 1055*> ❶ in Stand halten ❷ pflegen *Schönheit, Auto* ❸ unterhalten *Briefwechsel, Beziehungen;* hegen *Zweifel, Hoffnung* ❹ (*versorgen*) **entretenir quelqu'un** für jemandes Unterhalt aufkommen ❺ **s'entretenir de choses et d'autres** sich über dieses und jenes unterhalten

entretenu, **entretenue** [ɑ̃tʀət(ə)ny] ❶ **bien entretenu** *Garten* gepflegt ❷ **c'est un homme entretenu/une femme entretenue** er/sie lässt sich aushalten

l' **entretien** (*männlich*) [ɑ̃tʀətjɛ̃] ❶ *der Haut, eines Kleidungsstücks* die Pflege; *eines Hauses* die Instandhaltung; *einer Maschine* die Wartung ❷ das Gespräch

entretuer [ɑ̃tʀətɥe] **s'entretuer** sich gegenseitig umbringen

entrevoir [ɑ̃tʀəvwaʀ] <*wie voir; siehe Verbtabelle ab S. 1055*> ❶ undeutlich sehen ❷ (*kurz wahrnehmen*) [nur] flüchtig sehen ❸ vorhersehen; **entrevoir une amélioration** Anzeichen einer Besserung sehen

l' **entrevue** (*weiblich*) [ɑ̃tʀəvy] die Unterredung

entrouvert, **entrouverte** [ɑ̃tʀuvɛʀ, ɑ̃tʀuvɛʀt] halb geöffnet

entrouvrir [ɑ̃tʀuvʀiʀ] <*wie ouvrir; siehe Verbtabelle ab S. 1055*> ein wenig öffnen; **s'entrouvrir** sich ein wenig öffnen

l' **énumération** (*weiblich*) [enymeʀasjɔ̃] die Aufzählung

énumérer [enymeʀe] <*wie préférer; siehe Verbtabelle ab S. 1055*> aufzählen

Ⓤ Nur die stammbetonten Formen schreiben sich mit *è*, z. B. *j'énumère*.

envahir [ɑ̃vaiʀ] <*wie agir; siehe Verbtabelle ab S. 1055*> ❶ **envahir un pays** *Truppen:* in ein Land einfallen ❷ **envahir les rues** auf die Straßen strömen ❸ **envahir un terrain** *Unkraut:* ein Grundstück überwuchern ❹ **envahir quelqu'un** *Zweifel, Furcht:* jemanden überkommen

Ⓖ Bei einigen Formen des Verbs ist der Stamm um -*iss*- erweitert, etwa bei *nous envahissons, il envahissait* oder *en envahissant*.

envahissant, **envahissante** [ɑ̃vaisɑ̃, ɑ̃vaisɑ̃t] *Mensch* aufdringlich

l' **envahisseur** (*männlich*) [ɑ̃vaisœʀ] der Eindringling

l' **enveloppe** (*weiblich*) [ɑ̃vlɔp] ❶ der Briefumschlag, der Umschlag; **être sous enveloppe** sich in einem [verschlossenen] Umschlag befinden ❷ (*Ummantelung*) die Schutzhülle, die Hülle ❸ (*öffentliche Mittel*) **recevoir une enveloppe de deux millions d'euros** zwei Millionen Euro erhalten

envelopper [ɑ̃vlɔpe] ❶ einpacken *Glas;* **envelopper un bébé dans une couverture** ein Baby in eine Decke einwickeln ❷ **s'envelopper dans son manteau** sich in seinen Mantel hüllen

envenimé, **envenimée** [ɑ̃v(ə)nime] *Bemerkung* böswillig

envenimer [ɑ̃v(ə)nime] ❶ verschlimmern ❷ **s'envenimer** *Lage, Konflikt:* sich zuspitzen

envers [ɑ̃vɛʀ] **envers quelqu'un/quelque chose** jemandem/einer Sache gegenüber ▶ **envers et contre tous** allen zum Trotz; **envers et contre tout** allen Widrigkeiten zum Trotz

l' **envers** (*männlich*) [ɑ̃vɛʀ] die Rückseite; *eines Kleidungsstücks* die linke Seite ▶ **à l'envers** verkehrt herum; (*von hinten nach vorn, vom Ende her*) umgekehrt, rückwärts

enviable [ɑ̃vjabl] beneidenswert

l' **envie** (*weiblich*) [ɑ̃vi] ❶ die Lust; **avoir envie de cacahuètes** Lust auf Erdnüsse haben; **avoir envie de jouer aux échecs** Lust haben, Schach zu spielen ❷ (*Drang*) **avoir envie de faire pipi/d'aller au W.-C.** (*umgs.*) mal aufs Klo müssen; **avoir envie de vomir** einen Brechreiz haben ❸ (*Begehren*) die Begierde ❹ (*Missgunst*) der Neid ▶ **brûler** [*oder* **mourir**] **d'envie de faire quelque chose** darauf brennen etwas zu tun

envier [ɑ̃vje] <*wie apprécier; siehe Verbtabelle ab S. 1055*> beneiden; **envier quelqu'un pour sa réussite** jemanden um seinen Erfolg beneiden; **envier quelqu'un d'être riche** jemanden darum beneiden, dass er reich ist

l' **envieuse** (*weiblich*) [ɑ̃vjøz] die Neiderin

l' **envieux** (*männlich*) [ɑ̃vjø] der Neider; **faire des envieux** Neider schaffen

envieux, **envieuse** [ɑ̃vjø, ɑ̃vjøz] neidisch

environ [ɑ̃viʀɔ̃] ungefähr

l' **environnement** (*männlich*) [ɑ̃viʀɔnmɑ̃] ❶ die Umgebung ❷ (*ökologisch*) die Umwelt

③ (*soziales Milieu*) das Umfeld
les **environs** (*männlich*) [ãviRõ] *einer Stadt* die Umgebung ▸ **aux environs de cent euros** an die hundert Euro

V Der Plural *les environs* wird mit einem Singular übersetzt: *les environs de la ville sont magnifiques* – die Umgebung der Stadt *ist* wunderschön.

envisager [ãvizaʒe] <*wie* changer; *siehe Verbtabelle ab S. 1055*> ① in Betracht ziehen *Frage, Situation*; **envisager l'avenir** der Zukunft entgegensehen ② planen ③ **nous envisageons qu'elle fasse des études plus tard** wir gehen davon aus, dass sie später studieren wird

Ü Vor *a* und *o* bleibt das *e* erhalten, z. B.: *nous envisageons, il envisageait* und *en envisageant*.

l' **envoi** (*männlich*) [ãvwa] ① (*das Verschicken*) das Abschicken; *einer Ware* der Versand ② (*Paket*) die Sendung ③ **l'envoi recommandé** das Einschreiben

l' **envol** (*männlich*) [ãvɔl] das Auffliegen
envoler [ãvɔle] **s'envoler** ① wegfliegen; *Flugzeug*: abfliegen ② *Währung, Preis*: in die Höhe schnellen ③ (*verschwinden*) sich in Luft auflösen

l' **envoyé** (*männlich*) [ãvwaje] ① der Abgesandte, der Gesandte ② (*Journalist*) der Korrespondent; **l'envoyé spécial** der Sonderkorrespondent

l' **envoyée** (*weiblich*) [ãvwaje] ① die Abgesandte, die Gesandte ② (*Journalistin*) die Korrespondentin; **l'envoyée spéciale** die Sonderkorrespondentin

envoyer [ãvwaje] <*siehe Verbtabelle ab S. 1055*> ① schicken ② **envoyer ses félicitations à quelqu'un** jemandem eine Glückwunschkarte schicken ③ **envoyer le ballon dans le but** den Ball ins Tor schießen/werfen; **envoyer le ballon à quelqu'un** jemandem den Ball zuspielen ▸ **envoyer tout promener** (*umgs.*) alles hinschmeißen

épais, épaisse [epɛ, epɛs] ① dick ② *Wald, Nebel*: dicht ③ *Flüssigkeit*: dickflüssig

l' **épaisseur** (*weiblich*) [epɛsœR] ① die Stärke; *einer Schicht, Decke* die Dicke; *des Schnees* die Höhe; **avoir une épaisseur de trois centimètres** drei Zentimeter dick sein ② die Dickflüssigkeit

épaissir [epesiR] <*wie* agir; *siehe Verbtabelle ab S. 1055*> ① *Flüssigkeit*: eindicken ② **s'épaissir** *Flüssigkeit*: dicker werden;

Wald, Nebel: dichter werden

G Bei einigen Formen des Verbs ist der Stamm um *-iss-* erweitert, etwa bei *il épaississait* oder *en s'épaississant*.

épanoui, epanouie [epanwi] ① *Blume* aufgeblüht; *Lächeln, Gesicht* strahlend ② *Charakter, Mensch* ausgeglichen

épanouir [epanwiR] <*wie* agir; *siehe Verbtabelle ab S. 1055*> **s'épanouir** ① (*auch übertragen*) aufblühen ② *Gesicht*: sich erhellen ③ *Schönheit*: sich entfalten

G Bei einigen Formen des Verbs ist der Stamm um *-iss-* erweitert, etwa bei *nous nous épanouissons, il s'épanouissait* oder *en s'épanouissant*.

l' **épanouissement** (*männlich*) [epanwismã] das Aufblühen, das Erblühen; *eines Kindes* die freie [*oder* volle] Entfaltung

l' **épargnant** (*männlich*) [epaRɲã] der Sparer
l' **épargnante** (*weiblich*) [epaRɲãt] die Sparerin
l' **épargne** (*weiblich*) [epaRɲ] das Sparen
l' **épargne-logement** (*weiblich*) [epaRɲlɔʒmã] das Bausparen; **le plan d'épargne-logement** der Bausparvertrag

épargner [epaRɲe] ① schonen *Kräfte* ② **épargne-moi tes commentaires!** verschon mich mit deinen Kommentaren! ③ (*leben lassen*) verschonen ④ **s'épargner quelque chose** sich etwas ersparen

éparpiller [epaRpije] ① [überall] verteilen ② [überall] verstreuen *Krümel* ③ **s'éparpiller** *Menge*: sich zerstreuen

épatant, épatante [epatã, epatãt] (*umgs.*) toll

épaté, épatée [epate] (*umgs.*) platt
épater [epate] (*umgs.*) verblüffen, umhauen
l' **épaule** (*weiblich*) [epol] die Schulter; °**hausser les épaules** mit den Schultern zucken
épauler ① anlegen *Waffe* ② (*helfen*) unterstützen

l' **épave** (*weiblich*) [epav] das Wrack
l' **épée** (*weiblich*) [epe] das Schwert
épeler [ep(ə)le] <*wie* rejeter; *siehe Verbtabelle ab S. 1055*> buchstabieren

Ü Mit *ll* schreiben sich
– die stammbetonten Formen wie *j'épelle* und
– die auf der Basis der Grundform *épeler* gebildeten Formen, z. B. *ils épelleront* und *j'épellerais*.

éphémère [efemɛR] vergänglich
épiçais, épiçait [episɛ] → **épicer**

l' **épice** *(weiblich)* [epis] das Gewürz
épicé, **épicée** [epise] ❶ [kräftig] gewürzt ❷ *Geschichte* pikant
épicer [epise] *<wie* commencer; *siehe Verbtabelle ab S. 1055>* würzen

> Ü Vor *a* und *o* steht statt *c* ein *ç*, z.B.: *nous épiçons, il épiçait* und *en épiçant.*

l' **épicerie** *(weiblich)* [episʀi] das Lebensmittelgeschäft; **l'épicerie fine** das Feinkostgeschäft
l' **épicier** *(männlich)* [episje] der Lebensmittelhändler
l' **épicière** *(weiblich)* [episjɛʀ] die Lebensmittelhändlerin
l' **épidémie** *(weiblich)* [epidemi] die Epidemie
épier [epje] *<wie* apprécier; *siehe Verbtabelle ab S. 1055>* [heimlich] beobachten; **épier quelqu'un** jemandem nachspionieren
les **épinards** *(männlich)* [epinaʀ] der Spinat

> V Der Plural *les épinards* wird mit einem Singular übersetzt: *ces épinards sont bons* – dieser Spinat schmeckt gut.

l' **épine** *(weiblich)* [epin] der Stachel; *eines Buschs* der Dorn
l' **épingle** *(weiblich)* [epɛ̃gl] die Stecknadel
   ♦ **l'épingle à cheveux** die Haarnadel
   ♦ **l'épingle à nourrice** die Sicherheitsnadel
épingler [epɛ̃gle] ❶ feststecken *Saum* ❷ **épingler des photos au mur** Fotos an die Wand pinnen ❸ *(umgs.: fangen)* schnappen
l' **épisode** *(männlich* ⚠*)* [epizɔd] ❶ die Episode ❷ *eines Films, einer Serie* die Folge ▸ **par épisodes** zeitweise
épisodique [epizɔdik] gelegentlich
épisodiquement [epizɔdikmɑ̃] gelegentlich
éploré, **éplorée** [eplɔʀe] ❶ in Tränen aufgelöst ❷ *(traurig)* untröstlich
éplucher [eplyʃe] ❶ schälen *Obst, Gemüse* ❷ [genau] unter die Lupe nehmen *Rechnungen, Bilanz*
l' **épluchure** *(weiblich)* [eplyʃyʀ] die Schale; **les épluchures de pomme de terre** die Kartoffelschalen
l' **éponge** *(weiblich)* [epɔ̃ʒ] der Schwamm ▸ **jeter l'éponge** das Handtuch werfen
éponger [epɔ̃ʒe] *<wie* changer; *siehe Verbtabelle ab S. 1055>* wischen *Boden;* aufwischen *Flüssigkeit*

> Ü Vor *a* und *o* bleibt das *e* erhalten, z.B. in *nous épongeons, il épongeait* und *en épongeant.*

l' **époque** *(weiblich)* [epɔk] die Zeit, die Epoche; **à l'époque** damals; **à l'époque de Napoléon** zur Zeit Napoleons; **à cette époque de l'année** um diese Jahreszeit ▸ **d'époque** stilecht
l' **épouse** *(weiblich)* [epuz] *(formell)* ❶ die Gattin ❷ **Mme Dumas, épouse Meier** Frau Dumas, verheiratete Meier
épouser [epuze] ❶ heiraten ❷ teilen *Gedanken, Ansicht;* **épouser une cause** für eine Sache eintreten
épousseter [epuste] *<wie* rejeter; *siehe Verbtabelle ab S. 1055>* abstauben

> Ü Mit *tt* schreiben sich
> – die stammbetonten Formen wie *j'époussette* und
> – die auf der Basis der Grundform *épousseter* gebildeten Formen, z.B. *ils époussetteront* und *j'époussetterais.*

époustouflant, **époustouflante** [epustuflɑ̃, epustuflɑ̃t] *(umgs.)* unglaublich, atemberaubend
épouvantable [epuvɑ̃tabl] schrecklich; *Wetter* scheußlich
l' **épouvantail** *(männlich)* [epuvɑ̃taj] <*Plural:* épouvantails> *(auch übertragen)* die Vogelscheuche
l' **épouvante** *(weiblich)* [epuvɑ̃t] ❶ das Grauen ❷ **le film d'épouvante** der Horrorfilm
épouvanter [epuvɑ̃te] ❶ in Angst und Schrecken versetzen ❷ *(beunruhigen)* **épouvanter quelqu'un** jemandem Angst machen
l' **époux** *(männlich)* [epu] *(formell)* ❶ der Gatte ❷ **les époux** die Eheleute
l' **épreuve** *(weiblich)* [epʀœv] ❶ die Prüfung ❷ *(Test)* die Probe; **mettre quelqu'un/quelque chose à l'épreuve** jemanden/etwas auf die Probe stellen; **mettre quelqu'un à rude épreuve** jemanden auf eine harte Probe stellen ❸ *(im Sport)* der Wettkampf ❹ *(Unglück)* die harte Zeit ❺ **être à l'épreuve de l'eau/du feu** wasserfest/feuerfest sein ▸ **à toute épreuve** Gesundheit unverwüstlich
   ♦ **l'épreuve de force** die Kraftprobe
éprouvant, **éprouvante** [epʀuvɑ̃, epʀuvɑ̃t] anstrengend; *Hitze* drückend
éprouver [epʀuve] ❶ verspüren *Bedürfnis, Lust;* haben *Gefühl;* empfinden *Zärtlichkeit, Schmerz, Widerwillen* ❷ **éprouver quelqu'un** jemanden sehr mitnehmen; *(materiell)* jemanden schwer treffen
épuisé, **épuisée** [epɥize] ❶ [völlig] erschöpft ❷ *Boden* ausgelaugt; *Reserven* aufgebraucht; *Vorrat, Ressourcen* erschöpft ❸ ausverkauft;

Ausgabe, Buch vergriffen

épuisement *(männlich)* [epɥizmɑ̃] ❶ die Erschöpfung ❷ *von Waren* der Ausverkauf

épuiser [epɥize] ❶ strapazieren ❷ aufbrauchen *Ersparnisse, Vorräte;* erschöpfend behandeln *Thema;* ausschöpfen *Möglichkeiten* ❸ ausverkaufen *Lager, Artikel* ❹ **s'épuiser** *Vorräte:* zu Ende gehen; *Quelle:* versiegen; **s'épuiser à faire quelque chose** sich abmühen etwas zu tun

équateur *(männlich)* [ekwatœʀ] der Äquator

équation *(weiblich)* [ekwasjɔ̃] die Gleichung

équatorial, équatoriale [ekwatɔʀjal] <*Plural der männl. Form:* équatoriaux> *Klima* äquatorial

équerre *(weiblich)* [ekɛʀ] das Zeichendreieck, das Geodreieck

équilibre *(männlich)* [ekilibʀ] ❶ das Gleichgewicht; **en équilibre** im Gleichgewicht; **mettre quelque chose en équilibre** etwas ausbalancieren ❷ *(Ausgeglichenheit)* das seelische Gleichgewicht

équilibré, équilibrée [ekilibʀe] *Waage* austariert; *Last* gleichmäßig verteilt; *Mahlzeit* ausgewogen; *Budget, Mensch* ausgeglichen

équilibrer [ekilibʀe] ❶ austarieren *Waage;* gleichmäßig verteilen *Last, Befugnisse;* ausgleichen *Budget;* gut einteilen *Stundenplan;* **bien équilibrer ses repas** sich sehr ausgewogen ernähren ❷ **équilibrer quelqu'un/quelque chose** jemandem/einer Sache Halt geben ❸ *(aufwiegen)* ausgleichen ❹ **s'équilibrer** sich die Waage halten

équipage *(männlich)* [ekipaʒ] *eines Flugzeugs, Schiffs* die Besatzung

équipe *(weiblich)* [ekip] ❶ die Mannschaft; **faire équipe avec quelqu'un** mit jemandem in einer Mannschaft spielen ❷ *(Gruppe)* das Team; **en équipe** im Team; *(in der Schule)* in Gruppen ❸ **l'équipe de nuit** die Nachtschicht; **l'équipe du matin** die Frühschicht

équipement *(männlich)* [ekipmɑ̃] ❶ die Ausrüstung ❷ *eines Hotels, Krankenhauses, Autos* die Ausstattung ❸ **les équipements sportifs** die Sportanlagen ❹ *(im Verwaltungswesen)* **l'Équipement [du territoire]** ≈ die Landesplanungsbehörde

équiper [ekipe] **s'équiper en quelque chose** sich mit etwas ausrüsten

équitable [ekitabl] gerecht

équitablement [ekitabləmɑ̃] gerecht

équitation *(weiblich)* [ekitasjɔ̃] das Reiten; **faire de l'équitation** reiten

équivalence *(weiblich)* [ekivalɑ̃s] die Gleichwertigkeit

équivalent *(männlich)* [ekivalɑ̃] *eines Worts* die Entsprechung; **sans équivalent** ohnegleichen

équivalent, équivalente [ekivalɑ̃, ekivalɑ̃t] *Teil, Form* gleich; *Diplom* gleichwertig; *Ausdruck* gleichbedeutend

équivaloir [ekivalwaʀ] <*wie* valoir; *siehe Verbtabelle ab S. 1055*> **équivaloir à quelque chose** einer Sache entsprechen

érafler [eʀɑfle] ❶ **érafler quelqu'un/quelque chose** jemanden/etwas zerkratzen; *Kugel:* jemanden/etwas streifen ❷ **s'érafler le genou** sich das Knie aufschürfen; **être éraflé(e)** aufgeschürft sein

éraflure *(weiblich)* [eʀɑflyʀ] die Schramme

ère *(weiblich)* [ɛʀ] das Zeitalter, die Ära; **l'ère industrielle** das Industriezeitalter

érémiste[1] *(männlich)* [eʀemist] der Sozialhilfeempfänger

érémiste[2] *(weiblich)* [eʀemist] die Sozialhilfeempfängerin

ériger [eʀiʒe] <*wie* changer; *siehe Verbtabelle ab S. 1055*> *(formell)* errichten *Denkmal*

Ü Vor *a* und *o* bleibt das *e* erhalten, z. B.: *nous érigeons, il érigeait* und *en érigeant.*

errant, errante [eʀɑ̃, eʀɑ̃t] umherirrend; **la vie errante** das Nomadenleben

errer [eʀe] umherirren; *Haustier:* streunen

erreur *(weiblich)* [eʀœʀ] ❶ der Fehler; **j'ai commis une erreur** mir ist ein Fehler unterlaufen ❷ *(falsche Annahme)* der Irrtum; **faire erreur** sich irren; **l'erreur judiciaire** der Justizirrtum; **l'erreur médicale** der Kunstfehler; **il y a erreur** hier liegt ein Irrtum vor; **induire quelqu'un en erreur** jemanden irreführen ▸ **sauf erreur de ma part** wenn ich mich nicht täusche; **l'erreur est humaine** Irren ist menschlich; **par erreur** aus Versehen

♦ **l'erreur d'appréciation** die Fehleinschätzung

♦ **l'erreur de calcul** der Rechenfehler

♦ **l'erreur de jugement** das Fehlurteil

♦ **l'erreur de système** der Systemfehler

es [ɛ] →**être**

ESB *(weiblich)* [øɛsbe] →**encéphalopathie spongiforme bovine** BSE

escalade *(weiblich)* [ɛskalad] ❶ *eines Gipfels* das Besteigen; **faire l'escalade d'une montagne** einen Berg besteigen ❷ *(als Sportart)* das Klettern; **faire de l'escalade** klettern ❸ *(Zunahme)* der [schnelle] Anstieg; **là-bas, c'est l'escalade de la violence** dort eskaliert die Gewalt

escalader [ɛskalade] ❶ steigen auf *Berg* ❷ klettern über *Mauer*

l' **escalator** (*männlich*) [ɛskalatɔʀ] die Rolltreppe

l' **escale** (*weiblich*) [ɛskal] ❶ *eines Schiffes* der Zwischenstopp ❷ *eines Flugzeugs* die Zwischenlandung

l' **escalier** (*männlich*) [ɛskalje] ❶ die Treppe; **dans l'escalier** auf der Treppe; **tomber dans les escaliers** die Treppe hinunterfallen/herunterfallen; **monter par l'escalier/les escaliers** die Treppe hochgehen ❷ **l'escalier roulant** die Rolltreppe
  ◆ l'**escalier de service** der Dienstbotenaufgang

l' **escalope** (*weiblich*) [ɛskalɔp] das Schnitzel

l' **escargot** (*männlich*) [ɛskaʀgo] die Schnecke
  ▶ **rouler comme un escargot** im Schneckentempo fahren

l' **esclave**¹ (*männlich*) [ɛsklav] der Sklave

l' **esclave**² (*weiblich*) [ɛsklav] die Sklavin

l' **escorte** (*weiblich*) [ɛskɔʀt] die Eskorte; *eines Gefangenen* die Wache

escorter [ɛskɔʀte] ❶ geleiten *Menschen* ❷ (*schützen*) eskortieren

l' **escroc** (*männlich*) [⚠ ɛskʀo] der Betrüger/die Betrügerin

> **G** Es gibt im Französischen keine Femininform: *cette femme est un escroc* – diese Frau ist eine Betrügerin.

l' **escroquerie** (*weiblich*) [ɛskʀɔkʀi] der Betrug

l' **espace** (*männlich*) [ɛspas] ❶ der Platz ❷ **l'espace vide** der Zwischenraum; **l'espace publicitaire** die Werbefläche ❸ (*Zone*) das Gebiet; **l'espace aérien** der Luftraum; **l'espace vert** die Grünfläche ❹ (*Kosmos*) der Weltraum ❺ (*in der Mathematik*) der Raum ❻ (*räumlicher Abstand*) der Zwischenraum ❼ (*beim Eintippen*) das Leerzeichen

espacer [ɛspase] <*wie* commencer; *siehe Verbtabelle ab S. 1055*> ❶ auseinandersetzen *Schüler*; **espacer un peu plus** [ɛ̃ pø plys] **les lignes** etwas mehr Abstand zwischen den Zeilen lassen ❷ **s'espacer** seltener werden

> **Ü** Vor *a* und *o* steht statt *c* ein *ç*, z. B.: *nous espaçons, il espaçait* und *en espaçant*.

l' **espadrille** (*weiblich*) [ɛspadʀij] ❶ die Espadrille ❷ der Turnschuh

l' **Espagne** (*weiblich*) [ɛspaɲ] Spanien

l' **espagnol** (*männlich*) [ɛspaɲɔl] Spanisch; *siehe auch* allemand

l' **Espagnol** (*männlich*) [ɛspaɲɔl] der Spanier

> **G** In Verbindung mit dem Verb *parler* kann der Artikel entfallen: *elle parle espagnol – sie spricht Spanisch.*

espagnol, espagnole [ɛspaɲɔl] spanisch

l' **Espagnole** (*weiblich*) [ɛspaɲɔl] die Spanierin

l' **espèce** (*weiblich*) [ɛspɛs] ❶ die Art; **l'espèce animale** die Tierart; **l'espèce humaine** das Menschengeschlecht; **c'est une espèce de casserole** das ist so eine Art Kochtopf; **des gens de la pire espèce** (*umgs.*) Leute der schlimmsten Sorte ❷ (*Geld*) **les espèces** das Bargeld; **régler en espèces** bar bezahlen ❸ (*Schimpfwort*) **espèce d'imbécile!** (*umgs.*) du Blödmann/du blöde Kuh!

l' **espérance** (*weiblich*) [ɛspeʀɑ̃s] ❶ die Hoffnung; **dans l'espérance qu'elle soit là demain** in der Hoffnung, dass sie morgen da ist ❷ (*Vertrauen*) die Zuversicht
  ◆ l'**espérance de vie** die Lebenserwartung

espérer [ɛspeʀe] <*wie* préférer; *siehe Verbtabelle ab S. 1055*> ❶ hoffen; **nous espérons vous revoir bientôt** wir hoffen, Sie/euch bald wieder zu sehen; **espères-tu qu'il te vienne en aide?** erwartest du [wirklich], dass er dir helfen wird?; **je l'espère bien!** das will ich doch hoffen!; **espérons!** hoffentlich! ❷ **espérer une récompense** auf eine Belohnung hoffen

> **Ü** Nur die stammbetonten Formen schreiben sich mit è, z. B. *tu espères*.

l' **espiègle** [ɛspjɛgl] schelmisch

l' **espièglerie** (*weiblich*) [ɛspjɛgləʀi] der Schabernack

l' **espion** (*männlich*) [ɛspjɔ̃] der Spion

l' **espionnage** (*männlich* ⚠) [ɛspjɔnaʒ] die Spionage; **le film d'espionnage** der Spionagefilm; **le roman d'espionnage** der Spionageroman; **les services d'espionnage** der Spionagedienst

> **V** Der Plural *les services d'espionnage* wird mit einem Singular übersetzt: *les services d'espionnage le savaient – der Spionagedienst wusste es.*

l' **espionne** (*weiblich*) [ɛspjɔn] die Spionin

espionner [ɛspjɔne] ❶ **espionner quelqu'un** jemandem nachspionieren ❷ [heimlich] belauschen *Gespräch*; ausspionieren *Land*

l' **espoir** (*männlich*) [ɛspwaʀ] ❶ die Hoffnung; **ne pas perdre espoir** die Hoffnung nicht aufgeben; **je garde l'espoir qu'elle viendra** ich gebe die Hoffnung nicht auf, dass sie

[noch] kommt; **tu as encore l'espoir qu'il réussisse?** glaubst du wirklich noch, dass er es schafft? ❷ (*talentierter Mensch*) die Hoffnung ❸ **sans espoir** hoffnungslos; *Liebe* unglücklich

l' **esprit** (*männlich*) [ɛspʀi] ❶ der Geist, der Verstand; **avoir l'esprit clair** einen klaren Verstand haben; **avoir l'esprit pratique** ein praktischer Mensch sein ❷ (*Gedanken*) **avoir quelque chose à l'esprit** etwas im Sinn haben; **une idée me vient à l'esprit** mir fällt etwas ein; **une idée me traverse l'esprit** eine Idee geht mir durch den Kopf ❸ der Witz; **plein(e) d'esprit** äußerst geistreich; **il/elle fait de l'esprit** er/sie will witzig sein ❹ (*Person*) **l'esprit libre** der Freidenker/die Freidenkerin ❺ **calmer les esprits** die Gemüter beruhigen ❻ (*Einstellung, Lebensweise*) der Geist; **avoir l'esprit étroit** engstirnig sein; **l'esprit français** die französische Wesensart; **dans cet esprit** in diesem Sinne; **avoir bon esprit** wohlwollend sein; **avoir mauvais esprit** böswillig sein; **avoir l'esprit de contradiction** Widerspruchsgeist haben; **avoir l'esprit d'entreprise** unternehmungslustig sein ▶ **reprendre ses esprits** sich wieder fassen
  ◆ **l'esprit de compétition** der Kampfgeist
  ◆ **l'esprit d'équipe** der Mannschaftsgeist, der Teamgeist
  ◆ **l'esprit de famille** der Familiensinn
  ◆ **l'esprit de sacrifice** die Opferbereitschaft
  ◆ **l'esprit de vengeance** die Rachsucht

l' **esquimau**® (*männlich*) [ɛskimo] <*Plural: esquimaux*> *mit Schokolade überzogenes Eis am Stiel*

l' **Esquimau** (*männlich*) [ɛskimo] der Eskimo

esquimau, esquimaude [ɛskimo, ɛskimod] <*Plural der männl. Form:* esquimaux> Eskimo-; **le chien esquimau** der Eskimohund; **le peuple esquimau** das Volk der Eskimos

l' **Esquimaude** (*weiblich*) [ɛskimod] die Eskimofrau

esquinter [ɛskɛ̃te] (*umgs.*) ❶ kaputtmachen *Puppe, Maschine, Fahrrad, Gesundheit;* ramponieren *Auto;* **s'esquinter les yeux** sich die Augen kaputtmachen ❷ **s'esquinter au travail** sich kaputtarbeiten

l' **esquisse** (*weiblich*) [ɛskis] ❶ die Skizze, der Entwurf ❷ (*übertragen*) *eines Lächelns, Kopfnickens* die Andeutung

esquisser [ɛskise] ❶ skizzieren *Portrait, Landschaft* ❷ andeuten *Lächeln, Kopfnicken, Kopfschütteln* ❸ **s'esquisser** *Gestalt, Lösung:* sich abzeichnen; **un sourire s'est esquissé sur son visage** ein Lächeln ist über sein/ihr Gesicht gehuscht

esquiver [ɛskive] ❶ **esquiver quelque chose** einer Sache [geschickt] ausweichen ❷ **s'esquiver** sich wegstehlen

l' **essai** (*männlich*) [esɛ] ❶ der Versuch; *eines Geräts, Medikaments* der Test; **les essais nucléaires** die Atom[waffen]tests; **embaucher quelqu'un à l'essai** jemanden auf Probe einstellen; **mettre quelqu'un à l'essai** jemanden auf die Probe stellen; **faire l'essai de quelque chose** es mit etwas versuchen; **elle n'en est pas à son premier essai** sie macht das nicht zum ersten Mal ❷ (*im Sport*) der Versuch; (*im Autorennsport*) die Trainingsrunde ❸ (*in der Literatur*) der/das Essay

essayer [eseje] <*siehe Verbtabelle ab S. 1055*> ❶ versuchen; **ça ne coûte rien d'essayer** Probieren kostet nichts ❷ [an]probieren *Schuhe, Kleidung;* probieren *Speise, Medikament;* ausprobieren *Methode, Friseur;* **essayer un médicament sur une souris** ein Medikament an einer Maus testen ❸ **essayer la patience/la fermeté** es mit Geduld/Unnachgiebigkeit versuchen ❹ **s'essayer à la peinture** sich in der Malerei versuchen

> Wenn die Endung nicht betont ist, kann sich das Verb mit *ay* oder *ai schreiben, z. B.: j'essaye* oder *j'essaie.*

l' **essence** (*weiblich*) [esɑ̃s] ❶ das Benzin; **prendre de l'essence** tanken ❷ (*philosophisch*) das Wesen ▶ **par essence** seinem/ihrem/... Wesen nach

l' **essentiel** (*männlich*) [esɑ̃sjɛl] ❶ das Wesentliche; **aller à l'essentiel** zur Sache kommen; **pour l'essentiel** im Wesentlichen; **l'essentiel est que vous me répondiez** das Wichtigste ist, dass Sie mir antworten; **c'est l'essentiel!** das ist die Hauptsache! ❷ **l'essentiel de son temps** der wesentliche Teil seiner/ihrer Zeit

essentiel, essentielle [esɑ̃sjɛl] ❶ wesentlich; *Veränderung* grundlegend ❷ unentbehrlich; *Vorsichtsmaßnahme, Schritt* unverzichtbar; **essentiel à la vie** lebensnotwendig ❸ (*philosophisch*) essenziell

essentiellement [esɑ̃sjɛlmɑ̃] hauptsächlich

essorer [esɔʀe] schleudern

essouffler [esufle] ❶ außer Atem bringen *Menschen, Tier* ❷ **s'essouffler** außer Atem kommen; **être complètement essoufflé(e)** völlig außer Atem sein

l' **essuie-glace** *(männlich)* [esɥiglas] <*Plural:* essuie-glaces> der Scheibenwischer

l' **essuie-mains** *(männlich)* [esɥimɛ̃] <*Plural:* essuie-mains> das Handtuch

l' **essuie-tout** *(männlich)* [esɥitu] <*Plural:* essuie-tout> das Küchentuch

essuyer [esɥije] <*wie* appuyer; *siehe Verbtabelle ab S. 1055*> ❶ (*trockenwischen*) abtrocknen; trocknen *Tränen*; abwischen *Möbel*; **essuyer du jus renversé** verschütteten Saft aufwischen ❷ (*säubern*) abstauben *Möbel*; abputzen *Schuhe*; **s'essuyer les pieds** sich die Schuhe abputzen ❸ erleiden *Niederlage, Verlust;* bekommen *Vorwürfe, Schläge, Absage* ❹ **s'essuyer** sich abtrocknen

Ü Einige Formen des Verbs schreiben sich mit *y*, andere mit *i*.
Direkt vor einer betonten Endungssilbe steht immer ein *y*, z. B. *nous essuyons* und *ils essuyaient*.
Das *i* steht immer vor einem unbetonten *e*, z. B. *j'essuie* oder *ils essuieront*.

est¹ [ɛ] →**être**
est² [ɛst] östlich, Ost-

G Das Adjektiv *est* ist unveränderlich: *la côte est – die Ostküste.*

l' **est** *(männlich)* [ɛst] ❶ der Osten; **à l'est** nach/im Osten; **vers l'est** nach Osten; **à l'est de Paris** östlich von Paris; **dans l'est des États-Unis** im Osten der Vereinigten Staaten; **être exposé(e) à l'est** *Zimmer, Fenster:* nach Osten gehen; **de l'est** aus dem Osten; **le vent d'est** der Ostwind; **d'est en ouest** von Ost[en] nach West[en] ❷ (*Gegend, Teil eines Landes*) der Osten; **les pays de l'Est** die osteuropäischen Staaten

est-allemand, est-allemande [ɛstalmɑ̃, ɛstalmɑ̃d] ostdeutsch

est-ce que [ɛskə] **est-ce que tu l'as vue?** hast du sie gesehen?; **où est-ce que tu vas?** wohin gehst du?

G Fragesätze, die mit *est-ce que* oder *est-ce qu'* beginnen, haben dieselbe Wortstellung wie Aussagesätze: *est-ce que tu rentres à la maison? – gehst du nach Hause?; tu rentres à la maison – du gehst nach Hause.*

estimable [ɛstimabl] ❶ *Person* respektabel ❷ *Ergebnis, Arbeit* anständig

l' **estimation** *(weiblich)* [ɛstimasjɔ̃] ❶ *des Schadens* die Schätzung; **faire l'estimation des travaux à exécuter** den Kostenvoranschlag für die auszuführenden Arbeiten machen; **elle est chargée de l'estimation de ce tableau** sie ist beauftragt, dieses Gemälde [*oder* den Wert dieses Gemäldes] zu schätzen ❷ (*bei Wahlen*) die Hochrechnung

l' **estime** *(weiblich)* [ɛstim] die Achtung, die Hochachtung; **avoir de l'estime pour quelqu'un** jemanden sehr schätzen; **l'estime de soi-même** die Selbstachtung

estimer [ɛstime] ❶ schätzen *Schaden, Verlust, Kosten, Summe;* beurteilen *Ergebnis;* **être estimé(e) à cent euros** auf hundert Euro geschätzt werden ❷ **estimer quelque chose inutile** etwas für unnötig halten; **je n'estime pas que ce soit nécessaire** ich denke nicht, dass das nötig ist ❸ **estimer quelqu'un pour ses qualités humaines** jemanden wegen seiner menschlichen Qualitäten [sehr] schätzen; **être estimé(e) de tous** von allen hoch geschätzt werden ❹ **elle s'estime heureuse qu'on l'ait sélectionnée** sie schätzt sich glücklich, dass sie ausgewählt worden ist

estival, estivale [ɛstival] <*Plural der männl. Form:* estivaux> Sommer-; **la saison estivale** die Sommersaison

l' **estomac** *(männlich)* [⚠ ɛstɔma] der Magen; **avoir mal à l'estomac** Magenschmerzen haben ▶ **cela me pèse sur l'estomac** das liegt mir schwer im Magen

l' **Estonie** *(weiblich)* [ɛstɔni] Estland

l' **estonien** *(männlich)* [ɛstɔnjɛ̃] Estnisch; *siehe auch* **allemand**

G In Verbindung mit dem Verb *parler* kann der Artikel entfallen: *il parle estonien – er spricht Estnisch.*

l' **Estonien** *(männlich)* [ɛstɔnjɛ̃] der Estländer, der Este

estonien, estonienne [ɛstɔnjɛ̃, ɛstɔnjɛn] estnisch

l' **Estonienne** *(weiblich)* [ɛstɔnjɛn] die Estländerin, die Estin

l' **estrade** *(weiblich)* [ɛstʀad] ❶ das Podium; *eines Orchesters* die Bühne ❷ (*in einem Unterrichtsraum*) das Katheder

et [e] ❶ und; **toi et moi** du und ich ❷ **et ... et ...** sowohl ... als auch ..; **et son mari et son amant** sowohl ihr Mann als auch ihr Freund ❸ (*bei Uhrzeitangaben*) nach; **à quatre heures et dix** um zehn nach vier; **à trois heures et quart** um Viertel nach drei ▶ **et alors?** na und?

l' **étable** *(weiblich)* [etabl] der Kuhstall, der Stall

établi, établie [etabli] ❶ *Anordnung* allgemein gültig ❷ *Tatsache* allgemein bekannt

établir [etabliʀ] <*wie agir; siehe Verbtabelle ab S. 1055*> ❶ aufbauen *Fabrik;* einrichten *Ferienlager;* aufschlagen *Hauptquartier* ❷ zusammenstellen *Liste, Stundenplan;* festsetzen *Preise;* anstellen *Vergleich* ❸ ausstellen *Rechnung, Scheck;* aufnehmen *Protokoll;* herstellen *Beziehung* ❹ aufstellen *Rekord* ❺ **s'établir** *Mensch:* sich niederlassen; *Unternehmen:* sich ansiedeln ❻ *Gebrauch:* sich einbürgern; *Beziehungen:* sich entwickeln; **le silence s'établit [de nouveau]** es kehrt [wieder] Ruhe ein ❼ **s'établir à son compte** sich selbstständig machen

> **G** Bei einigen Formen des Verbs ist der Stamm um *-iss-* erweitert, etwa bei *nous établissons, il établissait* oder *en établissant*.

l' **établissement** *(männlich)* [etablismɑ̃] ❶ die Einrichtung; *einer Bank, eines Unternehmens* die Niederlassung ❷ **l'établissement scolaire** die schulische Einrichtung; **l'établissement d'enseignement secondaire** ≈ die weiterführende Schule ❸ **les établissements Dupond** das Unternehmen Dupond, die Firma Dupond ❹ (*Hotel*) das Haus

> **V** In ❸ wird der Plural *les établissements* mit einem Singular übersetzt: *les établissements Legrand ont été fondés en 1960* – das Unternehmen Legrand *ist* 1960 gegründet worden.

établit [etabli] →**établir**
l' **étage** *(männlich)* ⚠) [etaʒ] das Stockwerk, die Etage, der Stock; **un immeuble à quatre étages** ein vierstöckiges Haus; **sa chambre est à l'étage** sein/ihr Zimmer ist oben
l' **étagère** *(weiblich)* [etaʒɛʀ] ❶ das Regalbrett, das Brett, der Fachboden ❷ (*Möbelstück*) das Regal
étais [etɛ] →**être**
étaler [etale] ❶ ausbreiten ❷ auslegen *Ware* ❸ zur Schau stellen *Reichtum;* **étaler ses connaissances** mit seinen Kenntnissen prahlen ❹ auftragen *Farbe;* verteilen *Kies* ❺ **étaler les vacances** die Ferien [über einen größeren Zeitraum] verteilen; **étaler une réforme sur trois ans** eine Reform über drei Jahre strecken ❻ **s'étaler** *Stadt:* sich ausbreiten; *Inschrift, Name:* prangen ❼ **bien/mal s'étaler** *Butter, Farbe:* sich gut/schlecht verstreichen lassen ❽ **s'étaler sur deux ans** *Reform:* sich über zwei Jahre erstrecken ❾ **s'étaler sur le sofa** sich auf dem Sofa ausstrecken ❿ **s'étaler [de tout son long]** (*umgs.*) der Länge nach hinschlagen

l' **étalon** *(männlich)* [etalɔ̃] der Zuchthengst
étanche [etɑ̃ʃ] wasserdicht
l' **étanchéité** *(weiblich)* [ɑ̃ etɑ̃ʃeite] **vérifier l'étanchéité d'une montre** überprüfen, ob eine Armbanduhr wasserdicht ist
l' **étang** *(männlich)* [etɑ̃] der Teich
étant [etɑ̃] →**être**
l' **étape** *(weiblich)* [etap] ❶ (*Teilstrecke*) die Etappe ❷ (*Ort*) das Etappenziel ❸ (*Zeitraum*) der Abschnitt; (*bei der Arbeit*) der Arbeitsschritt, der Schritt; (*in einer Entwicklung*) die Phase; **l'étape de la vie** der Lebensabschnitt; **faire quelque chose par étapes** etwas schrittweise machen
l' **état** *(männlich)* [eta] ❶ der Zustand; *der Nachforschungen* der Stand; **dans l'état actuel des choses** beim gegenwärtigen Stand der Dinge; **être en état de marche** *Fahrzeug:* fahrbereit sein; *Maschine:* funktionstüchtig sein; **être en état de faire quelque chose** in der Lage sein, etwas zu tun ❷ **l'état physique** die körperliche Verfassung ❸ **l'état civil** der Personenstand; **le bureau de l'état civil** das Standesamt ❹ *der Einnahmen, Ausgaben* die Aufstellung
 ♦ **l'état d'esprit** die seelische Verfassung
 ♦ **l'état de santé** der Gesundheitszustand
 ♦ **l'état d'urgence** der Notstand

> Nicht verwechseln mit *der Etat – le budget!*

l' **État** *(männlich)* [eta] der Staat
 ♦ **l'État membre** der Mitgliedsstaat; **les États membres de l'UE** die EU-Mitgliedsstaaten
 ♦ **l'État de droit** der Rechtsstaat

> **F** Nicht verwechseln mit *der Etat – le budget!*

les **États-Unis** *(männlich)* [etazyni] die Vereinigten Staaten; **les États-Unis d'Amérique** die Vereinigten Staaten von Amerika
etc. [ɛtsetera] Abkürzung von **et cætera, et cetera** etc.
été [ete] →**être**
l' **été** *(männlich)* [ete] der Sommer; **en été** im Sommer
éteindre [etɛ̃dʀ] <*wie peindre; siehe Verbtabelle ab S. 1055*> ❶ ausschalten *Gerät, Licht, Heizung;* ausmachen *Kerze;* ausdrücken, ausmachen *Zigarette;* löschen *Brand* ❷ **éteindre le couloir** das Licht im Korridor ausmachen ❸ **éteins!** mach das Licht aus! ❹ **s'éteindre** erlöschen
éteint, éteinte [etɛ̃, etɛ̃t] ❶ *Vulkan* erloschen ❷ **les bougies sont éteintes** die Kerzen

sind aus

étendre [etɑ̃dʀ] <*wie* vendre; *siehe Verbtabelle ab S. 1055*> ❶ [hin]legen *Kranker* ❷ ausstrecken *Arme, Beine*; ausbreiten *Flügel* ❸ ausbreiten; ausrollen *Teppich*; **étendre une couverture sur quelqu'un** eine Decke über jemanden breiten ❹ **s'étendre** *Mensch:* sich hinlegen; *Seuche, Brand:* um sich greifen; *Fleck:* sich vergrößern; *Stadt, Macht:* wachsen; *Wissen, Kreis:* sich erweitern ❺ **s'étendre sur un sujet/une question** sich über ein Thema/eine Frage auslassen

étendu, étendue [etɑ̃dy] ❶ *Person, Beine* ausgestreckt; *Flügel* ausgebreitet ❷ ausgedehnt; *Ebene, Sicht* weit; *Stadt* groß ❸ *Kenntnisse* umfangreich; *Macht* weit reichend

l' **étendue** (*weiblich*) [etɑ̃dy] ❶ die Weite, die Fläche; **les vastes étendues de forêts** die ausgedehnten Waldgebiete ❷ *eines Landes* die Ausdehnung; *einer Katastrophe* das Ausmaß; **l'étendue de ses connaissances est impressionnante** es ist beeindruckend, wie umfassend seine/ihre Kenntnisse sind

éternel, éternelle [etɛʀnɛl] ❶ ewig; *Bedauern* tief; *Neubeginn* ständig ❷ (*abwertend*) **encore tes éternels reproches!** du mit deinen ewigen Vorwürfen!

éterniser [etɛʀnize] **s'éterniser** *Sitzung:* sich endlos hinziehen; (*umgs.*) *Person:* ewig bleiben; **s'éterniser sur un sujet** (*umgs.*) sich endlos über ein Thema auslassen

l' **éternité** (*weiblich*) [etɛʀnite] die Ewigkeit

l' **éternuement** (*männlich*) [etɛʀnymɑ̃] das Niesen

éternuer [etɛʀnɥe] niesen

êtes [ɛt] →**être**

l' **Éthiopie** (*weiblich*) [etjɔpi] Äthiopien

étincelant, étincelante [etɛ̃s(ə)lɑ̃, etɛ̃s(ə)lɑ̃t] ❶ glitzernd ❷ *Farbe* leuchtend ❸ *Blick* strahlend

étinceler [etɛ̃s(ə)le] <*wie* rejeter; *siehe Verbtabelle ab S. 1055*> *Gold, Diamant, Stern:* funkeln; *Messer, Klinge:* blitzen

> Ü Mit *ll* schreiben sich
> – die stammbetonten Formen wie *il étincelle* sowie
> – die auf der Basis der Grundform *étinceler* gebildeten Formen, z. B. *ils* <u>étincelleront</u> und *elle* <u>étincellerait</u>.

l' **étincelle** (*weiblich*) [etɛ̃sɛl] der Funke, der Funken ▶ **faire des étincelles** *Feuer:* Funken sprühen; *Schüler, Sportler:* [mit seinen Leistungen] glänzen

étiqueter [etikte] <*wie* rejeter; *siehe Verbtabelle ab S. 1055*> etikettieren

> Ü Mit *tt* schreiben sich
> – die stammbetonten Formen wie *il étiquette* sowie
> – die auf der Basis der Grundform *étiqueter* gebildeten Formen, z. B. *ils* <u>étiquetteront</u> und *j'*<u>étiquetterais</u>.

l' **étiquette** (*weiblich* ⚠) [etikɛt] ❶ das Etikett; (*auf Waren*) das Preisschild; (*auf einem Paket*) der Adressaufkleber, der Aufkleber ❷ (*offizielle Umgangsform*) die Etikette

étirer [etiʀe] ❶ ziehen; strecken *Bein* ❷ **s'étirer** *Stoff:* sich dehnen; *Person:* sich strecken

l' **étoffe** (*weiblich* ⚠) [etɔf] der Stoff

l' **étoile** (*weiblich*) [etwal] ❶ der Stern; **une étoile filante** eine Sternschnuppe ❷ **un restaurant trois étoiles** ein Drei-Sterne-Restaurant ▶ **coucher à la belle étoile** unter freiem Himmel schlafen

◆ **l'étoile du berger** der Morgenstern, der Abendstern

◆ **l'étoile de mer** der Seestern

étoilé, étoilée [etwale] *Nacht* sternenklar

étonnant, étonnante [etɔnɑ̃, etɔnɑ̃t] erstaunlich; **il est étonnant qu'il fasse si froid à cette saison** es ist ungewöhnlich kalt für diese Jahreszeit; **ce n'est pas étonnant** das ist kein Wunder

étonné, étonnée [etɔne] erstaunt

l' **étonnement** (*männlich*) [etɔnmɑ̃] das Erstaunen

étonner [etɔne] ❶ erstaunen, in Erstaunen versetzen ❷ **s'étonner de quelque chose** sich über etwas wundern; **elle s'étonne que tout se soit compliqué** sie wundert sich [darüber], dass alles kompliziert geworden ist

étouffant, étouffante [etufɑ̃, etufɑ̃t] *Hitze* drückend; *Luft* stickig

étouffé, étouffée [etufe] ❶ *Geräusch, Ton* gedämpft; *Lachen* unterdrückt ❷ **elle est morte étouffée** sie ist erstickt

étouffer [etufe] ❶ **étouffer quelqu'un** jemanden ersticken; **la chaleur m'étouffe** die Hitze bringt mich um ❷ dämpfen *Geräusch* ❸ ersticken *Feuer, Schluchzen, Widerstand;* vertuschen *Skandal;* aus der Welt schaffen *Gerücht;* niederschlagen *Aufstand* ❹ **on étouffe ici!** hier erstickt man ja! ❺ **s'étouffer** ersticken

l' **étourderie** (*weiblich*) [etuʀdəʀi] die Unaufmerksamkeit, die Gedankenlosigkeit; **la**

faute d'étourderie der Flüchtigkeitsfehler
l' **étourdi** *(männlich)* [etuʀdi] der zerstreute Mensch
étourdi, étourdie [etuʀdi] unaufmerksam
l' **étourdie** *(weiblich)* [etuʀdi] der zerstreute Mensch
étourdir [etuʀdiʀ] <*wie* agir; *siehe Verbtabelle ab S. 1055*> ❶ **étourdir quelqu'un** *Worte, Schlag, Duft:* jemanden benommen machen; **cette valse m'a étourdi** von diesem Walzer ist mir [ganz] schwindlig; **le vin l'étourdit** der Wein steigt ihm/ihr zu Kopf ❷ **s'étourdir** sich betäuben

> **G** Bei einigen Formen des Verbs ist der Stamm um *-iss-* erweitert, etwa bei *nous nous étourdissons, il s'étourdissait* oder *en s'étourdissant*.

étourdissant, étourdissante [etuʀdisɑ̃, etuʀdisɑ̃t] *Lärm* ohrenbetäubend; *Erfolg* überwältigend; *Rhythmus* atemberaubend
l' **étourdissement** *(männlich)* [etuʀdismɑ̃] der Schwindel, das Schwindelgefühl
étrange [etʀɑ̃ʒ] seltsam
l' **étranger** *(männlich)* [etʀɑ̃ʒe] ❶ (*Unbekannter*) der Fremde ❷ der Ausländer ❸ das Ausland; **un séjour à l'étranger** ein Auslandsaufenthalt
étranger, étrangère [etʀɑ̃ʒe, etʀɑ̃ʒɛʀ] ❶ fremd; *Brauch, Bedeutung* unbekannt; **le corps étranger** der Fremdkörper; **être étranger à la famille** nicht zur Familie gehören; **il est étranger à cette affaire** er hat mit dieser Sache nichts zu tun ❷ ausländisch; **la langue étrangère** die Fremdsprache; **la politique étrangère** die Außenpolitik
l' **étrangère** *(weiblich)* [etʀɑ̃ʒɛʀ] ❶ (*Unbekannte*) die Fremde ❷ die Ausländerin
l' **étrangeté** *(weiblich)* [etʀɑ̃ʒte] die Fremdartigkeit
étrangler [etʀɑ̃gle] ❶ erwürgen; **étrangler un animal** einem Tier den Hals umdrehen ❷ **étrangler quelqu'un** *Krawatte:* jemandem den Hals abschnüren; *Gefühl, Wut:* jemandem die Kehle zuschnüren ❸ **s'étrangler avec quelque chose** sich mit etwas strangulieren; (*beim Essen*) an etwas ersticken
être[1] [ɛtʀ] <*siehe Verbtabelle ab S. 1055*> ❶ sein; **être grand(e)/petit(e)** groß/klein sein; **elle est un médecin respecté** sie ist eine geachtete Ärztin ❷ **Paul est à la maison** Paul ist zu Hause; **le stylo est là, sur le bureau** der Stift liegt da auf dem Schreibtisch; **les clés sont là, au crochet** die Schlüssel hängen dort am Haken ❸ **il est dix heures** es ist zehn [Uhr]; **il est midi** es ist zwölf [Uhr mittags] ❹ **quel jour sommes-nous?** welchen Tag haben wir heute?, was ist heute für ein Tag?; **on est le 2 mai** heute haben wir den 2. Mai ❺ (*Eigentum sein*) **ce vélo est à moi** dieses Fahrrad gehört mir ❻ **elle n'est pas à ce qu'elle fait** sie ist nicht [ganz] bei der Sache ❼ **ce livre est à lire absolument** dieses Buch muss man unbedingt gelesen haben ❽ (*tätig sein*) **être dans le textile** in der Textilindustrie beschäftigt sein ❾ **j'en suis à me demander si ...** ich frage mich inzwischen, ob ... ❿ (*bei Herkunftsangaben*) **elle est Bretonne** sie ist Bretonin, sie stammt aus der Bretagne ⓫ (*bekleidet sein*) **être en jupe/en costume** einen Rock/einen Anzug tragen ⓬ **hier, elle a été accompagner Paul à l'aéroport** (*umgs.*) sie hat Paul gestern zum Flughafen gebracht; **j'ai été acheter des chaussures en ville** (*umgs.*) ich war in der Stadt und habe mir Schuhe gekauft ⓭ (*vorkommen, existieren*) **c'est la voiture la plus économique qui soit** das ist das sparsamste Auto, das es gibt; **cela ne doit pas être** das darf nicht sein ⓮ **il est impossible de continuer ainsi** wir können/ihr könnt/... unmöglich so weitermachen; **il serait étonnant qu'il parte** eswäre erstaunlich, wenn er wegginge ▶ **n'y être pour rien** nichts damit zu tun haben; **ça y est!** so [, das war's]!; (*ich verstehe*) ach so!; (*ich habe es dir gesagt*) siehst du!; **ça y est, voilà qu'il pleut!** jetzt haben wir's, es regnet!; **ça y est?** was ist [jetzt]?

> **G** In den zusammengesetzten Zeiten wird *être* mit *avoir* konjugiert: *elle a été satisfaite – sie ist zufrieden gewesen*.

être[2] [ɛtʀ] <*siehe Verbtabelle ab S. 1055*> Hilfsverb ❶ (*bei den zusammengesetzten Zeiten*) **elle est arrivée** sie ist angekommen; **ils se sont rencontrés** sie haben sich getroffen ❷ (*beim Passiv*) **le sol est lavé chaque jour** der Boden wird jeden Tag gewischt; **la porte a été ouverte par la concierge** die Tür ist von der Concierge geöffnet worden
l' **être** *(männlich)* [ɛtʀ] das Wesen; **un être vivant** ein Lebewesen; **un être humain** ein Mensch
étroit, étroite [etʀwa, etʀwat] ❶ schmal; *Schuhe* eng; **ils sont à l'étroit dans leur studio** sie wohnen beengt in ihrem Appar-

Révisions

Moi, je suis …/Toi, tu es …		Théo est …	
Moi, je suis Emma.	Ich *(betont)* bin Emma.	Qui **est**-ce, Théo?	Wer ist das, Theo?
Et **toi, tu es** Christian?	Und du *(betont)*, du bist Christian?	Théo **est** un chien.	Theo ist ein Hund.

tement ❷ (*nicht locker*) Verbindung eng ❸ (*Überwachung*) streng

étude *(weiblich)* [etyd] ❶ das Lernen; (*an einer Hochschule*) das Studieren; **l'étude des mathématiques** das Studium der Mathematik ❷ (*eingehende Analyse*) der Natur, von Akten das Studium; *eines Projekts* die Prüfung; **l'étude de cette question** die Beschäftigung mit dieser Frage ❸ (*Untersuchung*) die Studie ❹ *eines Notars* die Kanzlei ❺ (*in der Schule*) ≈ das stille Arbeiten ❻ **les études** die Schulbildung; (*an einer Hochschule*) das Studium; **les études primaires** die Grundschulausbildung; **les études secondaires** die Ausbildung an weiterführenden Schulen; **faire des études** eine Schule besuchen; (*an einer Hochschule*) studieren

V In ❻ wird der Plural *les études* mit einem Singular übersetzt: *ces études durent quatre ans* – *diese Schulausbildung/dieses Studium dauert vier Jahre*.

étudiant *(männlich)* [etydjɑ̃] der Student
étudiant, **étudiante** [etydjɑ̃, etydjɑ̃t] studentisch; **la vie étudiante** das Studentenleben
étudiante *(weiblich)* [etydjɑ̃t] die Studentin
étudier [etydje] <*wie* apprécier; *siehe Verbtabelle ab S. 1055*> ❶ lernen; [er]lernen *Sprache;* **étudier le piano** Klavierspielen lernen ❷ studieren, **étudier le droit** Jura studieren ❸ (*erforschen,*) studieren *Natur, Plan, Akten;* erkunden *Region;* sich befassen mit *Frage;* sich beschäftigen mit *Text, Autor;* **étudier quelque chose à la loupe** etwas mit der Lupe untersuchen
eu, eue [y] →**avoir**
euh [ø] ❶ hm ❷ (*Zeichen der Verlegenheit*) äh ❸ (*Zeichen der Betroffenheit*) ach
euro *(männlich)* [øʀo] der Euro; **je l'ai payé(e) dix euros** ich habe zehn Euro dafür gezahlt
euro-centime *(männlich)* [øʀosɑ̃tim] der Cent
eurochèque *(männlich)* [øʀoʃɛk] der Eurocheque
Europe *(weiblich)* ⚠ [øʀɔp] Europa; **l'Europe de l'Ouest** Westeuropa; **l'Europe centrale** Mitteleuropa; **l'Europe de l'Est** Osteuropa; **faire l'Europe** ein vereintes Europa schaffen
Européen *(männlich)* [øʀɔpeɛ̃] der Europäer
européen, européenne [øʀɔpeɛ̃, øʀɔpeɛn] europäisch
Européenne *(weiblich)* [øʀɔpeɛn] die Europäerin
eus [y] →**avoir**
eux [ø] ❶ sie; **qui est-ce qui a fait cela? – Pas eux!** wer hat das getan? – Sie nicht! ❷ **nous sommes comme eux** wir sind wie sie; **aussi fort(s) qu'eux** genauso stark wie sie; **plus fort(s) qu'eux** stärker als sie ❸ **avec eux** mit ihnen; **sans eux** ohne sie; **la maison est à eux** das Haus gehört ihnen; **ils sont fiers d'eux** sie sind stolz auf sich; **ils ne pensent qu'à eux** sie denken nur an sich; **c'est à eux [seuls] de décider** sie [allein] müssen das entscheiden; **c'est à eux!** (*in einer Reihenfolge*) sie sind dran! ❹ (*hervorhebend*) **Sophie et Paul, eux aussi, sont venus** Sophie und Paul, die sind auch gekommen; **c'est eux qui l'ont dit** die haben das gesagt; **il veut les aider, eux?** denen möchte er helfen?

G Das unverbundene – oder betonte – männliche Personalpronomen *eux* wird verwendet: ❶ in Sätzen ohne Verb; ❷ in Vergleichssätzen; ❸ nach Präpositionen; ❹ zur Hervorhebung und Betonung (wobei *eux* nur in der Umgangssprache gleichzeitig mit *ils* oder *les* gebraucht wird).

eux-mêmes [ømɛm] ❶ sie selbst; **eux-mêmes n'en savaient rien** sie selbst wussten nichts davon ❷ (*auch*) ebenfalls ❸ **ces procédés en eux-mêmes** diese Verfahren an sich
évacuation *(weiblich)* [evakɥasjɔ̃] ❶ die Evakuierung; *von Gebäuden, Räumen* die Räumung; *von Verletzten* der Abtransport ❷ *von Abwasser* die Ableitung
◆**l'évacuation des ordures** Ⓒ die Kehrrichtabfuhr Ⓒ
évacuer [evakɥe] ❶ evakuieren; abtransportieren *Verletzte* ❷ verlassen *Schiff;* räumen *Saal* ❸ ableiten *Abwasser*
évadé *(männlich)* [evade] der entflohene Häft-

ling

l' **évadée** *(weiblich)* [evade] der entflohene Häftling

évader [evade] **s'évader** ausbrechen; **s'évader de prison** aus dem Gefängnis ausbrechen

l' **évaluation** *(weiblich)* [evaluasjõ] die Schätzung; *der Risiken* die Abschätzung; *der Erfolgsaussichten* die Einschätzung; **l'évaluation du coût des travaux** der Kostenvoranschlag

évaluer [evalɥe] schätzen; einschätzen *Erfolgsaussichten*

évanoui, évanouie [evanwi] ❶ ohnmächtig ❷ *Glück* vergangen; *Traum* geplatzt

évanouir [evanwiʀ] <wie agir; siehe Verbtabelle ab S. 1055> **s'évanouir** ohnmächtig werden; *Bild, Geist:* verschwinden; *Hoffnungen, Illusionen:* schwinden

G Bei einigen Formen des Verbs ist der Stamm um -iss- erweitert, etwa bei *nous nous évanouissons, il s'évanouissait* oder *en s'évanouissant*.

évaporer [evapɔʀe] **s'évaporer** *Wasser, Flüssigkeit:* verdunsten

évasif, évasive [evazif, evaziv] *Antwort* ausweichend; *Geste* unbestimmt

l' **évasion** *(weiblich)* [evazjõ] der Ausbruch; **son évasion de prison** sein/ihr Ausbruch aus dem Gefängnis

l' **éveil** *(männlich)* [evɛj] ❶ *eines Gefühls* das Erwachen ❷ **tenir quelqu'un en éveil** jemanden wach halten

éveillé, éveillée [eveje] ❶ wach ❷ *(geistig rege)* aufgeweckt; **un esprit éveillé** ein heller Kopf

éveiller [eveje] ❶ erregen *Aufmerksamkeit, Verdacht;* wachrufen *Wunsch* ❷ fördern *Intelligenz* ❸ **s'éveiller** wach werden, aufwachen

l' **événement** *(männlich)*, l' **évènement** *(männlich)* [⚠ evɛnmã] das Ereignis ▶ **il est dépassé par les événements** ihm wächst alles über den Kopf

l' **éventail** *(männlich)* [evãtaj] ❶ der Fächer ❷ **en éventail** fächerförmig ❸ **un éventail d'articles** eine große Auswahl an Artikeln ◆ **éventail des prix** die Preisspanne

éventrer [evãtʀe] ❶ aufschlitzen; **éventrer quelqu'un/un animal** jemandem/einem Tier den Bauch aufschlitzen ❷ aufreißen *Tüte;* aufschlitzen *Matratze*

l' **éventualité** *(weiblich)* [evãtɥalite] ❶ die Möglichkeit ❷ **dans l'éventualité d'une guerre** im Falle eines Krieges

éventuel, éventuelle [evãtɥɛl] möglich

éventuellement [evãtɥɛlmã] eventuell

l' **évêque** *(männlich)* [evɛk] der Bischof

évidemment [⚠ evidamã] ❶ natürlich, selbstverständlich ❷ *(klar erkennbar)* offenkundig

l' **évidence** *(weiblich)* [evidãs] ❶ die Offensichtlichkeit; **de toute évidence, à l'évidence** ganz offensichtlich ❷ die klare Tatsache; **se rendre à l'évidence** sich den Tatsachen beugen ❸ **mettre un livre en évidence sur la table** ein Buch gut sichtbar auf den Tisch legen

évident, évidente [evidã, evidãt] ❶ offensichtlich; *Fortschritt, Gutwilligkeit* unverkennbar; *Zeichen* deutlich ❷ *(einleuchtend)* **il est évident que ...** es versteht sich von selbst, dass ...; **c'est évident** das ist klar; **c'est évident pour moi** das ist mir klar ▶ **c'est pas évident!** *(umgs.)* das ist gar nicht so einfach!

l' **évier** *(männlich)* [evje] die Spüle

éviter [evite] ❶ vermeiden; **éviter de courir vite** [es] vermeiden, schnell zu rennen; **éviter une corvée** sich einer lästigen Aufgabe entziehen ❷ meiden *Ort;* **éviter quelqu'un** jemandem aus dem Weg gehen; **éviter un regard/un obstacle** einem Blick/einem Hindernis ausweichen ❸ **éviter que quelqu'un [ne] fasse quelque chose** verhindern, dass jemand etwas tut ❹ **éviter le café** Kaffee meiden, keinen Kaffee trinken ❺ **éviter quelque chose à quelqu'un** jemandem etwas ersparen; **s'éviter des soucis** sich Sorgen ersparen ❻ **s'éviter** sich aus dem Weg gehen

évolué, évoluée [evɔlɥe] *Land, Gesellschaft* [hoch] entwickelt; *Ideen, Mensch* offen

évoluer [evɔlɥe] ❶ sich entwickeln, sich weiterentwickeln ❷ *Vorlieben:* sich ändern; *Situation:* sich verändern, sich ändern ❸ *Krankheit:* fortschreiten

l' **évolution** *(weiblich)* [evɔlysjõ] ❶ die Entwicklung, die Weiterentwicklung; *der Neigungen, des Verhaltens* die Veränderung; **l'évolution des techniques** der technische Fortschritt ❷ *einer Krankheit* das Fortschreiten; *eines Tumors* das Wachstum ❸ *(in der Biologie)* die Evolution

évoquer [evɔke] ❶ erinnern an *Personen;* in Erinnerung rufen *Tatsache, Kindheit;* wachrufen *Erinnerungen* ❷ schildern ❸ erwähnen *Problem, Frage, Thema*

l' **ex**[1] *(männlich)* [ɛks] *(umgs.)* der Ex; **elle a croisé son ex dans la rue** sie hat ihren Ex auf der Straße getroffen

l' **ex²** (weiblich) [εks] (umgs.) die Ex; **il a croisé son ex dans la rue** er hat seine Ex auf der Straße getroffen

exact, exacte [εgzakt] ❶ exakt; (präzise) genau; Wort treffend; **c'est [**oder **il est] exact que ...** es ist richtig, dass ... ❷ Person pünktlich

exactement [εgzaktəmɑ̃] genau; **c'est exactement ce qu'elle m'a dit** genau das hat sie mir gesagt

l' **exactitude** (weiblich) [εgzaktityd] ❶ die Exaktheit; der Messungen die Genauigkeit ❷ die Pünktlichkeit; **arriver avec exactitude** pünktlich ankommen

ex æquo [⚠ εgzeko] <Plural: ex æquo> ❶ **être ex æquo** Mannschaften: die gleiche Punktzahl haben ❷ **arriver ex æquo** gleichzeitig ankommen

les **ex æquo** (männlich) [⚠ εgzeko] (bei einem Quiz) die Kandidaten mit gleicher Punktzahl; (im Sport) die Sportler mit gleicher Punktzahl

l' **exagération** (weiblich) [εgzaʒerasjɔ̃] die Übertreibung

exagéré, exagérée [εgzaʒere] übertrieben; Preise überhöht; **cette plaisanterie est un peu exagérée** dieser Spaß geht ein bisschen zu weit

exagérer [εgzaʒere] ❶ übertreiben; **faire du sport sans exagérer** sich sportlich betätigen, ohne [es] zu übertreiben; **ce n'est rien, tu exagères!** das ist [doch] nichts weiter, du übertreibst! ❷ zu weit gehen ❸ überschätzen Anzahl, Detail, Bedeutung ▶ **il ne faut rien exagérer, n'exagérons rien** man soll nichts übertreiben

Ü Nur die stammbetonten Formen schreiben sich mit è̂, z. B. j'exagère.

exalter [εgzalte] begeistern Menge

l' **examen** (männlich) [εgzamɛ̃] ❶ die Überprüfung, die Prüfung ❷ eines Patienten, des Blutes die Untersuchung ❸ (in der Schule) die Prüfung; (in der Universität) die Prüfung, das Examen; **elles ont été reçues à l'examen** sie haben die Prüfung/das Examen bestanden ◆ l'**examen d'entrée** die Aufnahmeprüfung

l' **examinateur** (männlich) [εgzaminatœʀ] der Prüfer

l' **examinatrice** (weiblich) [εgzaminatʀis] die Prüferin

examiner [εgzamine] ❶ prüfen, überprüfen; studieren Text, Werk, Akte; untersuchen Objekt ❷ (betrachten) mustern Person

❸ untersuchen Patienten ❹ (in der Schule, Universität) prüfen

exaucer [εgzose] <wie commencer; siehe Verbtabelle ab S. 1055> ❶ erfüllen Wunsch ❷ **Dieu l'a exaucée** Gott hat sie erhört

Ü Vor a und o steht statt c ein ç, z. B. in nous exauçons, il exauçait und en exauçant.

l' **excédent** (männlich) [εksedɑ̃] der Überschuss; **l'excédent de bagages** das Übergepäck

excéder [εksede] <wie céder; siehe Verbtabelle ab S. 1055> ❶ (ermüden, ärgern) reizen ❷ (über ... hinausgehen) übersteigen; **excéder une semaine** länger als eine Woche dauern

Ü Nur die stammbetonten Formen schreiben sich mit è̂, z. B. j'excède.

l' **excellence** (weiblich) [εkselɑ̃s] ❶ die Vorzüglichkeit ❷ (Titel) **Son Excellence** Seine/ Ihre Exzellenz ▶ **par excellence** schlechthin

excellent, excellente [εkselɑ̃, εkselɑ̃t] ❶ hervorragend, [ganz] ausgezeichnet ❷ **une excellente soirée** ein sehr schöner Abend

l' **excentricité** (weiblich) [εksɑ̃tʀisite] die Überspanntheit; der Kleidung die Extravaganz

excentrique [εksɑ̃tʀik] überspannt; Kleidung extravagant

l' **excentrique¹** (männlich) [εksɑ̃tʀik] der überspannte Mensch, der Exzentriker

l' **excentrique²** (weiblich) [εksɑ̃tʀik] der überspannte Mensch, die Exzentrikerin

excepté [εksεpte] excepté **le lundi** außer montags; **j'ai tout prévu, excepté ce cas** ich habe mit allem gerechnet, nur nicht damit; **excepté si je suis malade** es sei denn, ich bin krank

l' **exception** (weiblich) [εksεpsjɔ̃] die Ausnahme; **faire exception à la règle** eine Ausnahme von der Regel darstellen; **faire une exception pour quelqu'un** bei jemandem eine Ausnahme machen; **à l'exception de mon frère** mit Ausnahme meines Bruders ▶ **sauf exception** von wenigen Ausnahmen abgesehen

exceptionnel, exceptionnelle [εksεpsjɔnεl] ❶ außergewöhnlich; Gelegenheit einmalig ❷ **le congé exceptionnel** der Sonderurlaub; **les mesures exceptionnelles** die Sondermaßnahmen

exceptionnellement [εksεpsjɔnεlmɑ̃] ❶ ausnahmsweise ❷ (sehr) außergewöhnlich

l' **excès** (männlich) [εksε] ❶ **l'excès de poids** das Übergewicht; **l'excès de sucre dans le**

sang der zu hohe Blutzuckergehalt ❷ **les excès de la police** die Übergriffe der Polizei ♦ **l'excès de vitesse** die Geschwindigkeitsüberschreitung

excessif, excessive [ɛksesif, ɛksesiv] übertrieben; *Preise* überhöht

excessivement [ɛksesivmɑ̃] ❶ äußerst ❷ **c'est excessivement cher** das ist überteuert

l' **excitant** *(männlich)* [ɛksitɑ̃] das Aufputschmittel

excitant, excitante [ɛksitɑ̃, ɛksitɑ̃t] ❶ aufregend; *Buch, Vorhaben* spannend ❷ *Kaffee, Medikament* anregend

l' **excitation** *(weiblich)* [ɛksitɑsjɔ̃] die Aufregung

l' **excité** *(männlich)* [ɛksite] der Hitzkopf

excité, excitée [ɛksite] aufgeregt

l' **excitée** *(weiblich)* [ɛksite] der Hitzkopf

exciter [ɛksite] ❶ erregen *Verlangen, Neugier;* anregen *Fantasie* ❷ *(sexuell)* erregen ❸ *(wütend machen)* verärgern ❹ **s'exciter** sich aufregen; **s'exciter sur un projet** *(umgs.)* sich für ein Vorhaben begeistern, sich für ein Projekt erwärmen

l' **exclamation** *(weiblich)* [ɛksklamɑsjɔ̃] der Ausruf

exclu, exclue [ɛkskly] ❶ ausgeschlossen ❷ **il n'est pas exclu que je le fasse** es ist nicht ausgeschlossen, dass ich es tue

exclure [ɛksklyʀ] <siehe *Verbtabelle* ab S. 1055> ❶ ausschließen ❷ **exclure quelqu'un d'un groupe** jemanden aus einer Gruppe ausschließen; **exclure quelqu'un de l'école** jemanden von der Schule verweisen

les **exclus** *(männlich)* [ɛkskly] die aus der Gesellschaft Ausgeschlossenen [*oder* Ausgegrenzten], die an den Rand der Gesellschaft Gedrängten

exclusif, exclusive [ɛksklyzif, ɛksklyziv] ausschließlich; *Recht, Vorrecht* alleinig; **le reportage exclusif** der Exklusivbericht

l' **exclusion** *(weiblich)* [ɛksklyzjɔ̃] ❶ der Ausschluss; **l'exclusion du parti** der Ausschluss aus der Partei; **l'exclusion d'un élève du lycée** der Verweis eines Schülers vom Lycée ❷ die Ausgrenzung; **l'exclusion sociale** die soziale Ausgrenzung

exclusivement [ɛksklyzivmɑ̃] ausschließlich, nur

l' **exclusivité** *(weiblich)* [ɛksklyzivite] ❶ das geschützte Produkt ❷ *(Nachricht)* die Exklusivmeldung ❸ **l'exclusivité de la vente** das Alleinvertriebsrecht ▶ **en exclusivité** ausschließlich

l' **excursion** *(weiblich)* [ɛkskyʀsjɔ̃] der Ausflug

l' **excuse** *(weiblich)* [ɛkskyz] ❶ die Entschuldigung ❷ *(Vorwand)* die Ausrede

excuser [ɛkskyze] ❶ entschuldigen; **excuse-moi!** entschuldige [bitte]!; **excusez-moi!** entschuldigen Sie/entschuldigt [bitte]! ❷ in Schutz nehmen *Person;* entschuldigen *Verhalten* ❸ **s'excuser de quelque chose** sich für etwas entschuldigen; **je m'excuse de vous déranger** entschuldigen Sie bitte die Störung

exécuter [ɛgzekyte] ❶ *(auch in der Informatik)* ausführen ❷ durchführen *Projekt;* erledigen *Arbeit;* vollziehen *Strafe* ❸ hinrichten *Verurteilten* ❹ umbringen *Opfer*

l' **exécution** *(weiblich)* [ɛgzekysjɔ̃] ❶ *(auch in der Informatik)* die Ausführung ❷ *einer Arbeit* die Durchführung; *eines Befehls* die Ausführung; *einer Strafe* der Vollzug ❸ *eines Verurteilten* die Hinrichtung

exemplaire [ɛgzɑ̃plɛʀ] ❶ *Verhalten, Person* beispielhaft, vorbildlich ❷ *Strafe* exemplarisch

l' **exemplaire** *(männlich)* [ɛgzɑ̃plɛʀ] ❶ das Exemplar ❷ **en deux exemplaires** in zweifacher Ausfertigung

l' **exemple** *(männlich)* [ɛgzɑ̃pl] das Beispiel ▶ **donner l'exemple** mit gutem Beispiel vorangehen; **prendre exemple sur quelqu'un** sich an jemandem ein Beispiel nehmen; **par exemple** zum Beispiel

exercer [ɛgzɛʀse] <wie commencer; siehe *Verbtabelle* ab S. 1055> ❶ schulen, trainieren *Gehör, Gedächtnis* ❷ entfalten *Talent;* ausüben *Beruf, Macht;* bekleiden *Funktion* ❸ *(arbeiten)* tätig sein; *Arzt:* praktizieren ❹ **s'exercer** üben; **s'exercer au piano** Klavier [*oder* Klavierspielen] üben

Ü Vor *a* und *o* steht statt *c* ein *ç,* z.B. in *nous exerçons, il exerçait* und *en exerçant.*

l' **exercice** *(männlich)* [ɛgzɛʀsis] ❶ *(in Schule, Sport und Musik)* die Übung ❷ *(körperliche Aktivität)* die Bewegung; **faire de l'exercice** sich Bewegung verschaffen ❸ *eines Berufs* die Ausübung; **dans l'exercice de ses fonctions** in Ausübung seines/ihres Amtes ▶ **en exercice** im Dienst; *Politiker* amtierend

exerçons [ɛgzɛʀsɔ̃] →**exercer**

l' **ex-femme** *(weiblich)* [ɛksfam] <Plural: ex-femmes> die Ex-Frau

exigeant, exigeante [ɛgziʒɑ̃, ɛgziʒɑ̃t] anspruchsvoll

l' **exigence** *(weiblich)* [ɛgziʒɑ̃s] ❶ die anspruchsvolle Art ❷ **avoir des exigences** Ansprüche haben

exiger [ɛgziʒe] <*wie* changer; *siehe Verbtabelle ab S. 1055*> ① verlangen; **exiger trop de quelqu'un** jemanden überfordern; **exiger que quelqu'un fasse quelque chose** verlangen, dass jemand etwas tut ② **exiger beaucoup d'attention** *Arbeit:* viel Aufmerksamkeit erfordern

Ü Vor *a* und *o* bleibt das *e* erhalten, z.B. in *nous exigeons, il exigeait* und *en exigeant*.

l' **exil** (*männlich*) [ɛgzil] das Exil; **condamner quelqu'un à l'exil** jemanden verbannen

l' **exilé** (*männlich*) [ɛgzile] ① der Emigrant ② der Verbannte; **l'exilé politique** der politische Flüchtling

exilé, exilée [ɛgzile] ① emigriert ② (*des Landes verwiesen*) verbannt, ausgewiesen

l' **exilée** (*weiblich*) [ɛgzile] ① die Emigrantin ② die Verbannte; **l'exilée politique** der politische Flüchtling

exiler [ɛgzile] ① verbannen ② **s'exiler** ins Exil gehen

l' **existence** (*weiblich*) [ɛgzistɑ̃s] ① das Dasein ② die Lebensweise ③ *einer Einrichtung* das Bestehen; *von Gespenstern* die Existenz

exister [ɛgziste] ① existieren; **continuer d'exister** fortbestehen; **ce mot existe** dieses Wort gibt es ② **il existe deux espèces d'éléphants** es gibt zwei Arten von Elefanten

l' **ex-mari** (*männlich*) [ɛksmaʀi] <*Plural:* ex--maris> der Ex-Mann

l' **exode** (*männlich*) [ɛgzɔd] die Massenabwanderung; (*Emigration*) die Massenauswanderung; **l'exode rural** die Landflucht

l' **expansion** (*weiblich*) [ɛkspɑ̃sjɔ̃] (*in der Wirtschaft*) die Expansion; **l'expansion économique** das Wirtschaftswachstum; **le secteur en pleine expansion** die Wachstumsbranche

expatrier [ɛkspatʀije] <*wie* apprécier; *siehe Verbtabelle ab S. 1055*> ① ausbürgern ② **s'expatrier** auswandern

expédier [ɛkspedje] <*wie* apprécier; *siehe Verbtabelle ab S. 1055*> schicken; (*absenden*) abschicken; **expédier quelque chose par bateau** etwas verschiffen

l' **expéditeur** (*männlich*) [ɛkspeditœʀ] der Absender

expéditif, expéditive [ɛkspeditif, ɛkspeditiv] schnell

l' **expédition** (*weiblich*) [ɛkspedisjɔ̃] ① der Versand ② (*Reise*) die Expedition

l' **expéditrice** (*weiblich*) [ɛkspeditʀis] die Absenderin

l' **expérience** (*weiblich*) [ɛkspeʀjɑ̃s] ① die Erfahrung; **avoir de l'expérience** Erfahrung haben; **par expérience** aus Erfahrung ② das Experiment; **les expériences sur les animaux** die Tierversuche

expérimenté, expérimentée [ɛkspeʀimɑ̃te] erfahren

l' **expert** (*männlich*) [ɛkspɛʀ] ① der Experte ② (*bei Gericht*) der Gutachter

expert, experte [ɛkspɛʀ, ɛkspɛʀt] erfahren; *Techniker* fachkundig; **être expert en quelque chose** sich in etwas/sich bei etwas auskennen

l' **experte** (*weiblich*) [ɛkspɛʀt] ① die Expertin ② (*bei Gericht*) die Gutachterin

l' **expertise** (*weiblich*) [ɛkspɛʀtiz] ① (*Beurteilung*) die [sachverständige] Begutachtung ② **l'expertise judiciaire** das gerichtliche Gutachten

expertiser [ɛkspɛʀtize] ① begutachten ② in einer Expertise begutachten *Schmuck, Gemälde*

l' **expiration** (*weiblich*) [ɛkspiʀasjɔ̃] ① das Ausatmen ② *einer Frist, eines Mandats* der Ablauf

expirer [ɛkspiʀe] ① ausatmen ② *Pass, Frist, Mandat:* ablaufen ③ (*gehoben: sterben*) sein Leben aushauchen

explicatif, explicative [ɛksplikatif, ɛksplikativ] erläuternd; **la note explicative** die Erläuterung; **la notice explicative** die Gebrauchsanweisung

l' **explication** (*weiblich*) [ɛksplikasjɔ̃] ① die Erklärung ② die Begründung ③ (*Anmerkung*) die Erläuterung ④ (*Streitgespräch*) die Aussprache

◆ **l'explication de texte** die Textinterpretation

expliquer [ɛksplike] ① erklären; **tu lui as bien expliqué qu'il faut faire quelque chose?** du hast ihm doch gesagt, dass man etwas tun muss? ② **s'expliquer** sich ausdrücken ③ **s'expliquer sur son choix** seine Wahl rechtfertigen; **s'expliquer sur son retard** sich für sein Zuspätkommen entschuldigen ④ **il ne s'explique pas qu'elle n'écrive plus** er kann sich nicht erklären, warum sie nicht mehr schreibt; **cela ne peut s'expliquer que par la fatigue** das ist nur mit Müdigkeit zu erklären

l' **exploit** (*männlich*) [ɛksplwa] (*auch ironisch*) die Glanzleistung

l' **exploitant** (*männlich*) [ɛksplwatɑ̃] **l'exploitant agricole** der Landwirt

l' **exploitante** (*weiblich*) [ɛksplwatɑ̃t] **l'exploitante agricole** die Landwirtin l' **exploitation** *(weiblich)* [εksplwatasjõ] ❶ die Bewirtschaftung; *von Ressourcen* die Nutzung; *von Lagerstätten* die Ausbeutung; *von Daten* die Auswertung; *einer Idee* die Verwertung ❷ *(Unternehmen)* der Betrieb ❸ *(rücksichtslose Nutzung)* die Ausbeutung

exploiter [εksplwate] ❶ bewirtschaften *Boden;* nutzen *Mittel;* ausbeuten *Lagerstätte;* nutzen *Situation;* verwerten *Idee* ❷ ausbeuten *Person;* ausnutzen *Sache*

l' **explorateur** *(männlich)* [εksplɔratœʀ] der Forscher
 ◆ l'**explorateur de réseau** *(in der Informatik)* der Internetbrowser

l' **exploratrice** *(weiblich)* [εksplɔratʀis] die Forscherin

explorer [εksplɔʀe] erforschen *Land*

exploser [εksploze] *(auch übertragen)* explodieren

l' **explosion** *(weiblich)* [εksplozjõ] ❶ die Explosion ❷ *(übertragen)* **l'explosion démographique** die Bevölkerungsexplosion; **l'explosion de joie** der Freudenausbruch; **l'explosion de colère** der Wutausbruch

l' **exportateur** *(männlich)* [εkspɔʀtatœʀ] ❶ der Exporteur ❷ *(Land)* das Exportland

exportateur, exportatrice [εkspɔʀtatœʀ, εkspɔʀtatʀis] Export-; **le pays exportateur** das Exportland

l' **exportation** *(weiblich)* [εkspɔʀtasjõ] der Export

l' **exportatrice** *(weiblich)* [εkspɔʀtatʀis] die Exporteurin

exporter [εkspɔʀte] exportieren

l' **exposé** *(männlich)* [εkspoze] ❶ das Referat; **faire un exposé sur quelque chose** ein Referat über etwas halten ❷ *(Beschreibung)* die Darstellung

exposer [εkspoze] ❶ ausstellen *Gemälde;* auslegen *Waren* ❷ darlegen *Gedanken, Details* ❸ aufs Spiel setzen *Leben, Ehre* ❹ **exposer quelque chose au soleil** etwas der Sonne aussetzen; **une pièce bien exposée** ein helles Zimmer ❺ **s'exposer à un danger** sich einer Gefahr aussetzen

l' **exposition** *(weiblich)* [εkspozisjõ] ❶ die Ausstellung ❷ *von Waren* das Ausstellen ❸ **l'exposition de la maison au sud** die Ausrichtung des Hauses nach Süden; **l'exposition de ce vêtement au soleil est déconseillée** es wird davon abgeraten, dieses Kleidungsstück der Sonne auszusetzen ❹ **l'exposition constante à la critique est stressante** es ist aufreibend, ständig der Kritik ausgesetzt zu sein ❺ *eines Films* die Belichtung

exprès [εkspʀɛ] ❶ absichtlich ❷ *(vorzugsweise)* [**tout**] **exprès** eigens

expressif, expressive [εkspʀesif, εkspʀesiv] ausdrucksvoll

l' **expression** *(weiblich)* [εkspʀesjõ] der Ausdruck; **le mode d'expression** die Ausdrucksweise; **une expression familière** ein umgangssprachlicher Ausdruck ▶ **veuillez agréer l'expression de mes sentiments distingués** ≈ mit freundlichen Grüßen

exprimer [εkspʀime] ❶ ausdrücken *Gedanken, Gefühl;* äußern *Meinung, Wunsch* ❷ **s'exprimer en français** sich auf Französisch ausdrücken; **s'exprimer par gestes** sich mit Gesten verständlich machen

expulser [εkspylse] ❶ abschieben, ausschaffen ⓒⱧ ❷ vom Platz stellen *Spieler* ❸ **expulser un locataire de son appartement** eine Wohnung zwangsräumen

l' **expulsion** *(weiblich)* [εkspylsjõ] ❶ die Abschiebung, die Ausschaffung ⓒⱧ ❷ *eines Spielers* der Platzverweis ❸ **l'expulsion de ce locataire** die Zwangsräumung dieser Wohnung

extensible [εkstãsibl] dehnbar

l' **extension** *(weiblich)* [εkstãsjõ] ❶ *der Arme* das Strecken; *einer Feder* das Dehnen ❷ *einer Stadt* die Ausdehnung; *eines Brandes, einer Seuche* die Ausbreitung
 ◆ l'**extension de mémoire** *(in der Informatik)* die Speichererweiterung

l' **extérieur** *(männlich)* [εksteʀjœʀ] ❶ die Außenwelt ❷ *eines Hauses, einer Frucht* die Außenseite; **à l'extérieur** draußen; **de l'extérieur** von außen; **à l'extérieur de la ville** außerhalb der Stadt

extérieur, extérieure [εksteʀjœʀ] ❶ äußere(r, s); **l'escalier extérieur** die Außentreppe ❷ **la politique extérieure** die Außenpolitik ❸ *(sichtbar)* äußerlich; **l'aspect extérieur** die äußere Erscheinung

extérieurement [εksteʀjœʀmã] äußerlich

extérioriser [εksteʀjɔʀize] s'**extérioriser** *Person:* aus sich herausgehen; *Wut, Freude:* zum Ausdruck kommen

l' **extermination** *(weiblich)* [εkstεʀminasjõ] die Ausrottung

exterminer [εkstεʀmine] ausrotten; vernichten *Personen*

externe [εkstεʀn] ❶ äußere(r, s) ❷ "**À usage externe**" *(Hinweis bei Körperpflegemitteln)* „Zur äußerlichen Anwendung"; *(Hinweis bei Medikamenten)* ≈ „Nicht zum Einnehmen"

l' **externe**[1] *(männlich)* [εkstεʀn] ≈ der Externe

l' **externe**[2] *(weiblich)* [εkstεʀn] ≈ die Externe

L In Frankreich sind Ganztagsschulen die Regel. Die meisten Schülerinnen und Schüler essen in der Schulkantine zu Mittag, und ein großer Teil von ihnen wohnt die Woche über im *internat*, über das viele Schulen verfügen. Als *externes* werden die Schülerinnen und Schüler bezeichnet, die diese beiden (kostenpflichtigen) Angebote – Verpflegung und Unterbringung – nicht in Anspruch nehmen, weil sie zu Hause wohnen und dort auch zu Mittag essen.

l' **extincteur** *(männlich)* [ɛkstɛ̃ktœʀ] der Feuerlöscher
l' **extinction** *(weiblich)* [ɛkstɛ̃ksjɔ̃] ❶ *eines Brandes* das Löschen ❷ *von Tierarten, Pflanzenarten* das Aussterben
◆ l'**extinction de voix** die völlige Heiserkeit
extorquer [ɛkstɔʀke] erpressen; **extorquer de l'argent à quelqu'un** von jemandem Geld erpressen
extra [ɛkstʀa] ❶ *Wein, Frucht* erstklassig ❷ (*umgs.: sehr gut*) super

G Das Adjektiv *extra* ist unveränderlich: *ce sont des bonbons extra – das sind erstklassige Bonbons.*

l' **extra** *(männlich)* [ɛkstʀa] das Extra; **un petit extra** ein kleines Extra, etwas Besonderes
extraire [ɛkstʀɛʀ] <*siehe Verbtabelle ab S. 1055*> ❶ herausholen; ziehen *Zahn* ❷ **extraire du charbon** Kohle fördern ❸ **extraire de l'huile du tournesol** aus Sonnenblumen Öl gewinnen ❹ **s'extraire de la voiture** *Unfallopfer:* sich aus dem Auto retten
l' **extrait** *(männlich)* [ɛkstʀɛ] ❶ der Auszug ❷ (*Konzentrat*) der Extrakt
◆ l'**extrait de compte** der Kontoauszug
◆ l'**extrait de naissance** die Geburtsurkunde
extraordinaire [ɛkstʀaɔʀdinɛʀ] ❶ *Fähigkeiten, Schönheit* außergewöhnlich ❷ *Abenteuer, Geschichte* [sehr] ungewöhnlich ❸ **la réunion extraordinaire** die Sondersitzung
l' **extravagance** *(weiblich)* [ɛkstʀavagɑ̃s] die Extravaganz
extravagant, extravagante [ɛkstʀavagɑ̃, ɛkstʀavagɑ̃t] extravagant; *Preise* überhöht
extrême [ɛkstʀɛm] ❶ (*räumlich und zeitlich*) äußerste(r, s) ❷ (*auch in der Politik*) extrem
l' **extrême** *(männlich)* [ɛkstʀɛm] das Extrem
extrêmement [ɛkstʀɛmmɑ̃] äußerst
l' **Extrême-Orient** *(männlich)* [ɛkstʀɛmɔʀjɑ̃] der Ferne Osten
extrémiste [ɛkstʀemist] extremistisch
l' **extrémiste**[1] *(männlich)* [ɛkstʀemist] der Extremist, der Radikale
l' **extrémiste**[2] *(weiblich)* [ɛkstʀemist] die Extremistin, die Radikale
l' **extrémité** *(weiblich)* [ɛkstʀemite] ❶ das äußerste Ende ❷ (*Körperteil*) **les extrémités** die Extremitäten

#

le **f**, le **F** [ɛf] das f, das F
le **fa** [fa] <*Plural:* fa> ❶ (*Musiknote*) das f ❷ (*Tonart*) **fa majeur** F-Dur; **fa mineur** f-Moll
la **fable** [fabl] die Fabel
le **fabricant** [fabʀikɑ̃] ❶ der Hersteller ❷ (*Fabrikbesitzer*) der Fabrikant
la **fabricante** [fabʀikɑ̃t] ❶ die Herstellerin ❷ (*Fabrikbesitzerin*) die Fabrikantin
la **fabrication** [fabʀikasjɔ̃] die Herstellung; **la fabrication artisanale** die [handwerkliche] Fertigung ▶ **de ma/sa/... fabrication** selbst gemacht
la **fabrique** [fabʀik] die Fabrik
fabriquer [fabʀike] ❶ herstellen ❷ **se fabriquer une table avec des planches** sich aus Brettern einen Tisch bauen ❸ **mais qu'est-ce que tu fabriques?** (*umgs.*) was treibst du denn so lange?
fabuleusement [fabyløzmɑ̃] sagenhaft
fabuleux, fabuleuse [fabylø, fabyløz] ❶ sagenhaft, märchenhaft; **le personnage fabuleux** die Sagengestalt ❷ (*unglaublich*) fantastisch
la **fac** [fak] (*umgs.*) *Abkürzung von* **faculté** die Uni
la **façade** [fasad] (*auch übertragen*) die Fassade
la **face** [fas] ❶ das Gesicht ❷ die Seite; *einer Münze* die Vorderseite ❸ (*Aspekt*) die Seite ▶ **de face** von vorne; *siehe auch* **en face**
le **face-à-face** [fasafas] <*Plural:* face-à-face> das Streitgespräch
la **facétie** [⚠ fasesi] der Scherz
facétieux, facétieuse [⚠ fasesjø, fasesjøz] spaßig
la **facette** [fasɛt] (*auch übertragen*) die Facette
fâché, fâchée [faʃe] verärgert; **être fâché avec quelqu'un** mit jemandem zerstritten sein
fâcher [faʃe] ❶ verärgern ❷ **se fâcher** sich ärgern; **se fâcher avec quelqu'un** sich mit

jemandem überwerfen; **se fâcher contre quelqu'un** mit jemandem schimpfen
fâcheux, fâcheuse [faʃø, faʃøz] *Nachricht* unerfreulich; **un contretemps fâcheux** ein widriger Umstand
facial, faciale [fasjal] <*Plural der männl. Form:* faciaux> Gesichts-; **la paralysie faciale** die Gesichtslähmung
facile[1] [fasil] *Arbeit* leicht, einfach ▶ **c'est plus facile à dire qu'à faire** das ist leichter gesagt als getan
facile[2] [fasil] (*umgs.*) ① locker; **faire quelque chose facile** etwas mit links machen ② **il faut trois heures facile** man braucht gut und gerne drei Stunden
facilement [fasilmɑ̃] ① leicht ② (*wenigstens*) mindestens
la **facilité** [fasilite] ① die Leichtigkeit ② (*Fähigkeiten*) **avoir des facilités** begabt sein ③ die Bequemlichkeit; **céder à la facilité** den bequemen Weg gehen ④ die [besondere] Möglichkeit ⑤ **les facilités de paiement** die Zahlungserleichterungen
faciliter [fasilite] erleichtern; **ça me facilite la tâche** das macht mir die Sache leichter
la **façon** [fasɔ̃] ① die Art, die Weise; **sa façon de travailler** seine/ihre Arbeitsweise; **à ma façon** auf meine Art; **de quelle façon** wie, auf welche Art und Weise; **marcher à la façon des danseuses** wie eine Tänzerin gehen ② das Benehmen; **il agit de façon à être remarqué** er benimmt sich so, dass man ihn bemerkt ③ *eines Materials* die Verarbeitung ▶ **d'une façon générale** im Allgemeinen; **de toute façon** auf jeden Fall, wie dem auch sei; **faire des façons** sich zieren; **en voilà des façons!** was ist denn das für eine Art?
façonner [fasɔne] bearbeiten
le **fac-similé** [faksimile] <*Plural:* fac-similés> das Faksimile
le **facteur** [faktœʀ] ① der Briefträger ② (*auch in der Mathematik*) der Faktor
factice [faktis] nachgemacht; *Geldscheine, Edelstein* nicht echt; *Lächeln* aufgesetzt; **le livre factice** die Buchattrappe
la **factrice** [faktʀis] die Briefträgerin
la **facture** [faktyʀ] die Rechnung
facturer [faktyʀe] in Rechnung stellen *Reparatur*; **facturer un article cent euros** einen Artikel mit hundert Euro in Rechnung stellen
facultatif, facultative [fakyltatif, fakyltativ] Wahl-, fakultativ; **la matière facultative** das Wahlfach
la **faculté** [fakylte] ① die Fähigkeit ② **les facultés intellectuelles** die geistigen Kräfte ③ *einer Universität* die Fakultät; **la faculté de droit** die juristische Fakultät
fada [fada] (*umgs.*) verrückt
le **fada** [fada] (*umgs.*) der Spinner
la **fada** [fada] (*umgs.*) die Spinnerin
fade [fad] **être fade** fade schmecken
le **fagot** [fago] das Reisigbündel

le fagot

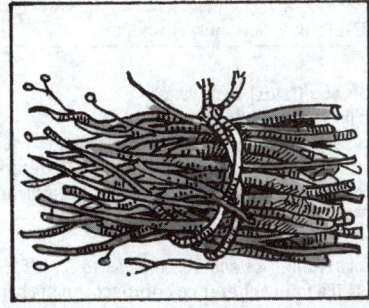

F Nicht verwechseln mit *das Fagott – le basson!*

fagoté, fagotée [fagɔte] (*umgs.*) **mal fagoté** unmöglich angezogen
faiblard, faiblarde [fɛblaʀ, fɛblaʀd] (*umgs.*) ziemlich schwach
faible [fɛbl] ① schwach ② gering; **à une faible majorité** mit knapper Mehrheit
le **faible** [fɛbl] ① der Schwache ② (*willenlose Person*) der Schwächling ③ die Schwäche, das Faible; **avoir un faible pour quelque chose** eine Schwäche [*oder* ein Faible] für etwas haben
  ◆ **le faible d'esprit** der geistig Zurückgebliebene
la **faible** [fɛbl] ① die Schwache ② (*willenlose Person*) der Schwächling
faiblement [fɛbləmɑ̃] schwach
la **faiblesse** [fɛblɛs] ① die Schwäche; *der Konstitution* die Schwächlichkeit ② (*mangelnder Wille*) die Willensschwäche ③ **avoir une faiblesse** einen Schwächeanfall bekommen/haben
faiblir [feblir] <*wie* agir;> siehe Verbtabelle ab S. 1055 *Person:* schwach werden; *Puls, Licht, Widerstand, Wind:* schwächer werden; *Hoffnung, Kraft:* schwinden; *Einkommen:* sinken; *Chancen, Abstand:* sich verringern

G Bei einigen Formen des Verbs ist der Stamm um *-iss-* erweitert, etwa bei *nous faiblissons, il faiblissait* oder *en faiblissant*.

Révisions

Qu'est-ce que tu fais? Qu'est-ce que tu vas faire?

Maintenant, je fais mes devoirs.	*Jetzt mache ich meine Hausaufgaben.*
Puis, je regarde un film.	*Dann schaue ich einen Film an.*
Demain, je vais visiter un studio.	*Morgen werde ich ein Studio besichtigen.*
Mercredi, je vais jouer au foot avec les copains.	*Am Mittwoch werde ich mit den Freunden Fußball spielen.*
Dans trois mois, je vais aller à Paris.	*In drei Monaten werde ich nach Paris gehen.*
Un jour, je vais tourner un film.	*Eines Tages werde ich einen Film drehen.*

la **faïence** [fajɑ̃s] die Fayence
faille [faj] →**faillir**
la **faille** [faj] (*in der Geografie*) die Spalte; (*mit Verschiebungen*) die Verwerfung ▶ **la détermination sans faille** die unerschütterliche Entschlossenheit
faillible [fajibl] fehlbar
faillir [fajiʀ] <*siehe Verbtabelle ab S. 1055*> ❶ **il a failli acheter ce compact** er hätte beinahe diese CD gekauft ❷ **faillir à son devoir** (*gehoben*) seiner Pflicht nicht nachkommen
la **faillite** [fajit] der Konkurs; **faire faillite** bankrottgehen
la **faim** [fɛ̃] ❶ der Hunger; **donner faim à quelqu'un** jemanden hungrig machen; **ne pas manger à sa faim** sich nicht satt essen ❷ (*übertragen*) **avoir faim de tendresse** nach Zuwendung hungern ▶ **la faim de loup** der Bärenhunger, der Riesenhunger
le **fainéant** [fɛneɑ̃] der Faulenzer
fainéant, fainéante [fɛneɑ̃, fɛneɑ̃t] faul
la **fainéante** [fɛneɑ̃t] die Faulenzerin
faire[1] [fɛʀ] <*siehe Verbtabelle ab S. 1055*> ❶ machen; herstellen *Produkt;* bauen *Nest;* anlegen *Verband;* **il a fait de lui une star** er hat aus ihm einen Star gemacht ❷ (*zubereiten*) **faire du café** Kaffee machen ❸ (*zuwege bringen*) halten *Rede;* abhalten *Konferenz;* schreiben *Buch;* ausstellen *Scheck;* wählen *Telefonnummer;* erzielen *Ergebnis;* geben *Versprechen;* erlassen *Gesetz;* **faire la paix** Frieden schließen; **faire le portrait de quelqu'un** jemanden beschreiben; **faire la guerre contre quelqu'un** gegen jemanden Krieg führen ❹ (*ausführen*) erledigen *Aufgabe;* ausüben *Beruf;* ableisten *Wehrdienst* ❺ zurücklegen *Entfernung, Weg;* bereisen *Land;* abklappern *Geschäfte;* **faire une rue à pied** eine Straße entlanglaufen ❻ (*in Ordnung bringen*) aufräumen *Zimmer* ❼ (*schenken, bereiten*) **faire la bise à quelqu'un** jemandem ein Küsschen [auf die Wange] geben; **faire plaisir à quelqu'un** jemandem Freude machen; **faire l'amour à quelqu'un** mit jemandem schlafen ❽ (*verrichten*) **faire sa toilette** sich waschen; **faire ses besoins** seine Notdurft verrichten ❾ (*sich beschäftigen mit*) **faire du sport** Sport treiben; **faire de la couture** nähen; **faire du théâtre** Theater spielen; **faire un petit jogging** etwas joggen; **faire de la recherche** Forschung betreiben, forschen; **faire du français** Französisch lernen ❿ (*in sich ausformen*) **elle a fait un enfant** sie hat ein Kind bekommen; **le bébé fait ses dents** das Baby zahnt ⓫ (*kosten*) **ça fait combien? – Dix euros!** wie viel kostet [*oder* macht] das? – Zehn Euro! ⓬ (*ergeben*) **deux et deux font quatre** zwei und zwei macht vier ⓭ tun; **ne faire que bavarder** nur schwatzen; **je n'ai rien à faire** ich habe nichts zu tun; **tu peux mieux faire** du kannst das doch besser; **que faites-vous dans la vie?** was machen Sie beruflich?; **qu'ai-je bien pu faire de mes lunettes?** wo habe ich nur meine Brille gelassen [*oder* hingetan]?; **faites comme chez vous!** fühlen Sie sich [ganz] wie zu Hause! ⓮ (*vorgeben*) **faire comme si de rien n'était** tun, als ob nichts gewesen wäre; **il fait comme s'il ne me voit pas** er tut so, als sähe er mich nicht ⓯ (*betreffen*) **qu'est-ce que ça peut bien te faire?** was geht dich das an? ⓰ (*dienen als*) **la cuisine fait salle à manger** die Küche dient als Esszimmer ⓱ sagen; "**je m'en souviendrai**", fit-elle „das werde ich mir merken", sagte sie ⓲ (*veranlassen*) **faire venir/payer quelqu'un** jemanden kommen/zahlen lassen; **faire manger quelqu'un** jemanden füttern; **faire comprendre quelque chose à quelqu'un** jemandem etwas begreiflich machen; **faire voir quelque chose à quelqu'un** jemandem etwas zeigen; **faire ouvrir quelque chose** etwas öffnen lassen; **faire réparer la**

serrure das Schloss reparieren lassen; **faire chanter une chanson aux élèves** die Schüler ein Lied singen lassen; **faire chavirer un bateau** ein Boot zum Kentern bringen; **la pluie fait pousser l'herbe** der Regen lässt das Gras wachsen ⑲ (*messen, umfassen*) **faire un mètre de long/de large/de °haut** einen Meter lang/breit/hoch sein; **faire trois kilos** drei Kilo wiegen; **faire cent litres** hundert Liter fassen ⑳ (*bei Zeitangaben*) **cela fait bien °huit ans** das ist gut acht Jahre her ㉑ (*wirken wie*) **faire vieux** alt aussehen; **faire paysan** wie ein Bauer aussehen ㉒ **ce manteau me fera encore un hiver** (*umgs.*) der Mantel tut's [für mich] noch einen Winter ㉓ **il fait chaud** es ist warm; **il fait beau** es ist schön [*oder* schönes Wetter]; **il fait mauvais** es ist schlechtes Wetter; **il fait dix degrés** es sind zehn Grad

faire² [fɛʀ] <*siehe Verbtabelle ab S. 1055*> ① **se faire** gemacht werden; *Versammlung:* stattfinden; *Käse, Wein:* reifen; *Aufmachung, Kleidung:* Mode sein; **quelque chose va se faire** etwas wird passieren; **comment ça se fait?** wie kommt das?; **ça ne se fait pas** das gehört sich nicht ② (*als Passiv*) **se faire opérer** operiert werden; **quelqu'un se fait voler quelque chose** jemandem wird etwas gestohlen ③ **se faire vieux** alt werden ④ **il se fait tard** es wird spät ⑤ **se faire mille euros par mois** (*umgs.*) tausend Euro im Monat kassieren ⑥ **je vais me le faire celui-là!** (*umgs.*) den werde ich mir vorknöpfen! ⑦ **je me le suis fait** (*umgs.*) mit dem habe ich was gehabt ⑧ **se faire à quelque chose** sich an etwas gewöhnen ▶ **t'en fais pas!** (*umgs.*) mach dir nichts draus!

le **faire-part** [fɛʀpaʀ] <*Plural:* faire-part> die Anzeige

le **fair-play** [⚠ fɛʀplɛ] die Fairness

fais [fɛ] →**faire**

faisable [⚠ fəzabl] machbar

le **faisan** [⚠ fəzɑ̃] der Fasan

faisant [⚠ fəzɑ̃] **ce faisant** dabei; *siehe auch* **faire**

le **faisceau** [fɛso] <*Plural:* faisceaux> das Bündel; **le faisceau lumineux** das Lichtbündel; (*in der Schifffahrt*) das Leuchtfeuer

faisons [⚠ fəzɔ̃] →**faire**

le **fait** [fɛ] ① die Tatsache ② das Ereignis ③ das Phänomen ④ (*in der Rechtsprechung*) die Tat, die Straftat; (*Gesamtheit der Fakten*) der Tatbestand, der Sachverhalt ⑤ (*in den Nachrichten*) **les faits divers** das Vermischte ▶ **tout à fait** ganz, völlig; **au fait** übrigens;

du fait que da; **en fait** in Wirklichkeit; (*Floskel am Satzbeginn*) also, eigentlich

fait, faite [fɛ, fɛt] ① geeignet; **elle est faite pour ça** (*umgs.*) sie hat das Zeug dazu ② **être bien fait** gut gebaut sein ③ *Nägel* lackiert; *Augen* geschminkt ④ *Käse* reif ⑤ **être fait** (*umgs.*) geliefert sein ▶ **c'est bien fait pour toi/lui** das geschieht dir/ihm recht; **tout fait** fertig [vorbereitet]; *Kleidung* von der Stange; **vite fait** [, **bien fait**] schlagartig; *siehe auch* **faire**

le **faîte** [fɛt] *eines Baums* der Wipfel; *eines Dachs* der First

faites [fɛt] →**faire**

le **faitout**, le **fait-tout** [fɛtu] <*Plural:* faitout, fait-tout> der Kochtopf, der Topf

la **falaise** [falɛz] die steile Felswand; (*an der Küste*) der steile Felsen

les **falbalas** (*männlich*) [falbala] (*abwertend*) der Firlefanz

falloir [falwaʀ] <*siehe Verbtabelle ab S. 1055*> ① **il faut du courage pour faire cela** man braucht Mut, um das zu tun; **il me faudra du temps** ich werde Zeit brauchen ② **il faut patienter** man muss Geduld haben; **il faut qu'il m'obéisse** er muss mir gehorchen; **j'ai fait ce qu'il fallait** ich habe getan, was sein musste; **que faut-il faire?** was sollen wir tun?; **il a bien fallu!** es musste sein! ③ **il faut être fou pour parler ainsi** man muss schon verrückt sein, um so zu reden ④ **il fallait me le dire** du hättest es mir sagen sollen ⑤ **il faut te dire que c'est l'usage** allerdings muss ich dir sagen, dass es so üblich ist ▶ **comme il faut** wie es sich gehört; **il le faut** es muss sein

ⓖ Das Verb kommt nur im Infinitiv und in der 3. Person Singular vor.

la **falsification** [falsifikasjɔ̃] ① das Fälschen ② die Fälschung

falsifier [falsifje] <*wie* apprécier; *siehe Verbtabelle ab S. 1055*> fälschen

famé, famée [fame] **mal famé** verrufen

famélique [famelik] abgemagert

fameux, fameuse [famø, famøz] ① *Gericht, Wein* köstlich; *Idee* glänzend ② (*namhaft*) berühmt ▶ **ne pas être fameux** nicht besonders gut sein

familial, familiale [familjal] <*Plural der männl. Form:* familiaux> *Atmosphäre* familiär; **la vie familiale** das Familienleben

familiariser [familjaʀize] **se familiariser avec quelqu'un/quelque chose** mit jemandem/einer Sache vertraut werden, sich mit jemandem/einer Sache vertraut machen

la **familiarité** [familjaʀite] ❶ die Vertrautheit ❷ die Ungezwungenheit ❸ *(abwertend: zudringliches Verhalten, zudringliche Äußerung)* **les familiarités** die Vertraulichkeiten

familiaux [familjo] →**familial**

le **familier** [familje] der Vertraute

familier, familière [familje, familjɛʀ] ❶ vertraut; *Problem, Anblick* bekannt ❷ *Verhalten, Aufgabe* üblich ❸ *Person, Umgang, Unterhaltung* ungezwungen ❹ *Ausdruck, Stil* umgangssprachlich ❺ **avoir un ton familier avec quelqu'un** jemandem gegenüber einen vertraulichen Ton anschlagen ❻ **les animaux familiers** die Haustiere

familièrement [familjɛʀmɑ̃] reden ungezwungen

la **famille** [famij] ❶ *(auch in der Biologie)* die Familie ❷ *(Verwandte)* die Verwandtschaft; **en famille** im [engsten] Familienkreis; **avoir de la famille** Familie haben, Angehörige haben

 ♦ la **famille d'accueil** die Gastfamilie

la **famine** [famin] die Hungersnot

le **fan** [fan] der Fan, der Anhänger

la **fan** [fan] der Fan, die Anhängerin

fana [fana] *(umgs.)* Abkürzung von **fanatique**: **être fana de quelqu'un/de quelque chose** ein absoluter Fan von jemandem/von etwas sein

le **fana** [fana] *(umgs.)* Abkürzung von **fanatique** der absolute Fan; **le fana d'ordinateur** der Computerfreak

la **fana** [fana] *(umgs.)* Abkürzung von **fanatique** der absolute Fan; **la fana d'ordinateur** der Computerfreak

fanatique [fanatik] fanatisch

le **fanatique** [fanatik] ❶ der begeisterte Anhänger; **le fanatique de football** der Fußballfan ❷ der Fanatiker

la **fanatique** [fanatik] ❶ die begeisterte Anhängerin; **la fanatique de football** der Fußballfan ❷ die Fanatikerin

fanatiser [fanatize] fanatisch machen

fané, fanée [fane] *Blume* verwelkt; *Farbe* verblasst; *Schönheit* verblüht

faner [fane] **se faner** *Blume:* verwelken; *Farbe:* verblassen

la **fanfare** [fɑ̃faʀ] die Blaskapelle

le **fanfaron** [fɑ̃faʀɔ̃] der Angeber; **faire le fanfaron** sich aufspielen

fanfaron, fanfaronne [fɑ̃faʀɔ̃, fɑ̃faʀɔn] wichtigtuerisch

la **fanfaronnade** [fɑ̃faʀɔnad] die Wichtigtuerei

la fanfare

F Nicht verwechseln mit *die Fanfare – le clairon*!

la **fanfaronne** [fɑ̃faʀɔn] die Angeberin

le **fanion** [fanjɔ̃] ❶ *eines Vereins* der Wimpel ❷ *(zur Markierung)* das Fähnchen ❸ *(an Staatskarossen)* der Stander

la **fantaisie** [fɑ̃tezi] ❶ *(Anwandlung)* die Laune ❷ der Einfallsreichtum; **manquer de fantaisie** *Leben:* eintönig sein ❸ **les bijoux fantaisie** der Modeschmuck

F Nicht verwechseln mit *die Fantasie – l'imagination*!

fantaisiste [fɑ̃tezist] ❶ *Nachricht, Version* frei erfunden ❷ *Mensch* unzuverlässig

le **fantasme** [fɑ̃tasm] die Wunschvorstellung; **vivre dans ses fantasmes** in einer Traumwelt leben

fantasmer [fɑ̃tasme] fantasieren

fantasque [fɑ̃task] ❶ launisch ❷ *(merkwürdig)* seltsam

le **fantassin** [fɑ̃tasɛ̃] der Infanterist

fantastique [fɑ̃tastik] ❶ fantastisch; *Atmosphäre, Ereignis, Traum* unwirklich; **le personnage fantastique** das Fabelwesen ❷ *(umgs.: sehr gut, sehr groß)* fantastisch, toll; *Reichtum* ungeheuer

le **fantastique** [fɑ̃tastik] das Übernatürliche

le **fantôme** [fɑ̃tom] ❶ das Gespenst ❷ *(Einbildung)* das Phantom

le **faon** [⚠ fɑ̃] *von Rehen* das Kitz; *von Hirschen, Damhirschen* das Hirschkalb

faramineux, faramineuse [faʀaminø, faʀaminøz] *(umgs.) Miete, Menge* wahnsinnig

la **farandole** [faʀɑ̃dɔl] die Farandole *(provenzalischer Volkstanz)*

la **farce**[1] [faʀs] ❶ der Streich; **faire une farce à quelqu'un** jemandem einen Streich spielen ❷ **les farces et attrapes** die Scherzartikel

la **farce**[2] [faʀs] *(bei Speisen)* die Füllung

le **farceur** [faʁsœʁ] der Spaßvogel
la **farceuse** [faʁsøz] der Spaßvogel
farci, farcie [faʁsi] *Tomate, Pute* gefüllt
farcir [faʁsiʁ] <*wie* agir; *siehe Verbtabelle ab S. 1055*> ❶ füllen *Tomaten, Pute* ❷ **se farcir quelqu'un/une corvée** (*umgs.*) jemanden/eine Last am Hals haben

G Bei einigen Formen des Verbs ist der Stamm um *-iss-* erweitert, etwa bei *nous farcissons, il farcissait* oder *en farcissant*.

le **fard** [faʁ] die Schminke ▸ **piquer un fard** (*umgs.*) einen roten Kopf kriegen
  ◆ le **fard à joues** das Rouge
  ◆ le **fard à paupières** der Lidschatten
le **fardeau** [faʁdo] <*Plural:* fardeaux> die Last
farder [faʁde] schminken; **se farder** sich schminken
le **farfelu** [faʁfəly] (*umgs.*) der Spinner
farfelu, farfelue [faʁfəly] (*umgs.*) ein bisschen verdreht
la **farfelue** [faʁfəly] (*umgs.*) die Spinnerin
farfouiller [faʁfuje] (*umgs.*) herumstöbern
la **farine** [faʁin] das Mehl
fariner [faʁine] mit Mehl bestäuben
le **farineux** [faʁinø] das stärkehaltige Nahrungsmittel
farineux, farineuse [faʁinø, faʁinøz] mehlig
farouche [faʁuʃ] ❶ scheu ❷ *Widerstand* heftig; *Hass* wild
le **fart** [faʁt] das Skiwachs, das Wachs
farter [faʁte] wachsen
le **Far West** [faʁwɛst] der Wilde Westen
la **fascination** [fasinasjɔ̃] die Faszination
fasciner [fasine] faszinieren
le **fascisme** [faʃism] der Faschismus
fasciste [faʃist] faschistisch
le **fasciste** [faʃist] der Faschist
la **fasciste** [faʃist] die Faschistin
fasse [fas] →**faire**
faste [fast] **le jour faste** der Glückstag
le **faste** [fast] der Prunk
le **fast-food** [fastfud] <*Plural:* fast-foods> das Fastfood-Restaurant, der Schnellimbiss
fastidieux, fastidieuse [fastidjø, fastidjøz] langweilig, dröge
fastueux, fastueuse [fastɥø, fastɥøz] *Fest* prunkvoll; *Leben* luxuriös
fatal, fatale [fatal] ❶ verhängnisvoll; **être fatal à quelqu'un** jemandem zum Verhängnis werden ❷ *Schlag* tödlich ❸ *Folge* unabwendbar ❹ *Augenblick* schicksalhaft
fatalement [fatalmɑ̃] zwangsläufig
fataliste [fatalist] fatalistisch
le **fataliste** [fatalist] der Fatalist

la **fataliste** [fatalist] die Fatalistin
la **fatalité** [fatalite] ❶ das Schicksal ❷ *des Todes* die Unabwendbarkeit
fatidique [fatidik] schicksalhaft
fatigant, fatigante [fatigɑ̃, fatigɑ̃t] ermüdend, anstrengend
la **fatigue** [fatig] ❶ die Müdigkeit; (*Kraftlosigkeit*) die Mattigkeit ❷ *der Augen* die Ermüdung ▸ **tomber de fatigue** sich kaum noch auf den Beinen halten können
fatigué, fatiguée [fatige] müde; (*kraftlos*) matt
fatiguer [fatige] ❶ **fatiguer quelqu'un** *Arbeit, Laufen:* jemanden ermüden; *Person:* jemanden langweilen ❷ **se fatiguer** sich überanstrengen; *Herz:* ermüden ❸ **je me fatigue à lui expliquer cela** ich bin es leid, ihm/ihr das zu erklären
le **fatras** [fatʁa] das wüste Durcheinander
le **faubourg** [fobuʁ] der Vorort
la **fauche** [foʃ] (*umgs.*) die Klauerei; **là-bas, il y a de la fauche** dort wird geklaut
fauché, fauchée [foʃe] (*umgs.*) pleite
faucher [foʃe] ❶ mähen ❷ **faucher quelqu'un** *Fahrzeug:* jemanden anfahren; (*tödlich verletzen*) jemanden überfahren ❸ (*umgs.: stehlen*) klauen
la **faucheuse** [foʃøz] die Mähmaschine
la **faucille** [fosij] die Sichel
le **faucon** [fokɔ̃] der Falke
faudra [fodʁa] →**falloir**
faufiler [fofile] **se faufiler dans un passage étroit** durch einen engen Durchgang schlüpfen; **se faufiler parmi la foule** sich durch die Menge schlängeln
la **faune** [fon] die Fauna
le **faussaire** [fosɛʁ] der Fälscher
la **faussaire** [fosɛʁ] die Fälscherin
fausser [fose] fälschen *Ergebnis, Zahlen;* verfälschen *Realität*
faut [fo] →**falloir**
la **faute** [fot] ❶ (*auch im Sport*) der Fehler ❷ (*Zuwiderhandlung*) das Vergehen ❸ die Schuld; **c'est [de] ma faute** das ist meine Schuld; **c'est la faute à lui** (*umgs.*) das ist seine Schuld ▸ **faute de preuves** aus Mangel an Beweisen; **faute de temps** aus Zeitmangel; **faire un sans faute** einen Volltreffer landen; **faute de mieux** in Ermangelung eines Besseren; **faute de quoi** andernfalls, sonst; **sans faute** ganz sicher
  ◆ la **faute de frappe** der Tippfehler
  ◆ la **faute d'inattention** der Flüchtigkeitsfehler
le **fauteuil** [fotœj] ❶ der Sessel ❷ (*im Kino,*

Theater, Zug) der Sitz ❸ **le fauteuil à bascule** der Schaukelstuhl; **le fauteuil roulant** der Rollstuhl
le **fautif** [fotif] der Schuldige
fautif, fautive [fotif, fotiv] schuldig; **être fautif** schuld sein
la **fautive** [fotiv] die Schuldige
fauve [fov] ❶ *Farbe* rötlichgelb ❷ **la bête fauve** die Raubkatze
le **fauve** [fov] ❶ (*Farbe*) das Rötlichgelb ❷ (*Tier*) die Raubkatze
faux [fo] falsch
le **faux** [fo] ❶ das Falsche ❷ (*Gefälschtes*) die Fälschung
la **faux** [fo] die Sense
faux, fausse [fo, fos] ❶ falsch; *Unterschrift, Gemälde* gefälscht; *Perle* unecht; **c'est de la fausse monnaie** das ist Falschgeld ❷ *Person* falsch; *Blick* heuchlerisch
le **faux-filet** [fofilɛ] <*Plural:* faux-filets> die Lende, das Lendenstück
le **faux-monnayeur** [fomɔnɛjœʀ] <*Plural:* faux-monnayeurs> der Geldfälscher/die Geldfälscherin, der Falschmünzer/die Falschmünzerin
la **faveur** [favœʀ] ❶ der Gefallen; **le traitement de faveur** die Vorzugsbehandlung ❷ (*Wohlwollen*) die Gunst ▸ **à la faveur de quelque chose** dank einer Sache; **en ma/ta/... faveur** zu meinen/deinen/... Gunsten
favorable [favɔʀabl] günstig; **donner un avis favorable** sich positiv äußern; **être favorable à quelqu'un** jemanden unterstützen; **être favorable à quelque chose** etwas befürworten
le **favori** [favɔʀi] ❶ der Liebling ❷ (*im Sport*) der Favorit
favori, favorite [favɔʀi, favɔʀit] Lieblings-; **le plat favori** das Lieblingsessen; **le film favori** der Lieblingsfilm
les **favoris** (*männlich*) [favɔʀi] die Koteletten
favoriser [favɔʀize] ❶ begünstigen, bevorzugen *Menschen* ❷ begünstigen *Aktion, Flucht* ❸ unterstützen *Neuling, Handel, Projekt*
la **favorite** [favɔʀit] ❶ der Liebling ❷ (*im Sport*) die Favoritin
le **fax** [faks] *Abkürzung von* **téléfax** das Fax
faxer [fakse] faxen
le **FB** *Abkürzung von* **franc belge** bfr
fébrile [febʀil] ❶ *Kranker* fiebrig ❷ *Aktivität* fieberhaft
la **fébrilité** [febʀilite] die Hektik
fécal, fécale [fekal] <*Plural der männl. Form:* fécaux> **les matières fécales** die Fäkalien

fécond, féconde [fekɔ̃, fekɔ̃d] (*auch übertragen*) fruchtbar; *Schriftsteller, Jahrhundert* produktiv
la **fécondation** [fekɔ̃dasjɔ̃] die Befruchtung; **la fécondation in vitro** die In-vitro-Fertilisation
féconder [fekɔ̃de] befruchten
la **fécondité** [fekɔ̃dite] ❶ die Fruchtbarkeit; **le taux de fécondité** die Geburtenrate ❷ *eines Künstlers* die Produktivität
le **féculent** [fekylɑ̃] das stärkehaltige Nahrungsmittel
fédéral, fédérale [federal] <*Plural der männl. Form:* fédéraux> *Regierungssystem* bundesstaatlich, föderal; **l'État fédéral** der Bundesstaat; **le gouvernement fédéral** die Bundesregierung; **l'union fédérale** der Zentralverband
le **fédéralisme** [federalism] der Föderalismus
la **fédération** [federasjɔ̃] *von Staaten* das Bündnis, die Föderation; **la fédération européenne** der europäische Staatenbund; **la fédération syndicale** der Gewerkschaftsbund
fédéraux [federo] →**fédéral**
la **fée** [fe] die Fee
féerique [fe(e)ʀik] märchenhaft
feignant, feignante [fɛɲɑ̃, fɛɲɑ̃t] →**fainéant**
feint, feinte [fɛ̃, fɛ̃t] gespielt
la **feinte** [fɛ̃t] das Täuschungsmanöver
feinter [fɛ̃te] (*auch im Sport*) täuschen
fêlé, fêlée [fele] *Teller* gesprungen; *Arm* angebrochen ▸ **tu es complètement fêlé!** (*umgs.*) du bist ja nicht ganz dicht!
fêler [fele] ❶ **se fêler un orteil** sich einen Zeh anbrechen ❷ **se fêler** *Teller:* einen Sprung bekommen
les **félicitations** (*weiblich*) [felisitasjɔ̃] die Glückwünsche
féliciter [felisite] ❶ **féliciter quelqu'un** jemandem gratulieren, jemanden beglückwünschen; **je te félicite d'avoir gagné ce match** ich gratuliere dir zum Sieg in diesem Spiel ❷ **se féliciter de quelque chose** über etwas froh sein
le **félin** [felɛ̃] die Raubkatze
félin, féline [felɛ̃, felin] ❶ **la race féline** die Familie der Katzen ❷ *Gang, Anmut* katzenartig
la **fêlure** [felyʀ] der Sprung
femelle [fəmɛl] weiblich; **un canari femelle** ein Kanarienvogelweibchen
la **femelle** [fəmɛl] das Weibchen
le **féminin** [feminɛ̃] (*in der Grammatik*) das Fe-

mininum

féminin, féminine [feminɛ̃, feminin]
① weiblich ② **la voix féminine** die Frauenstimme; **les vêtements féminins** die Damenbekleidung; **la condition féminine** das Leben als Frau

féminiser [feminize] ① **féminiser une profession** Frauen Zugang zu einem Beruf verschaffen ② **se féminiser** fraulicher werden; *Partei:* den Frauenanteil vergrößern

le **féminisme** [feminism] der Feminismus
féministe [feminist] feministisch; **le mouvement féministe** die Frauenbewegung
le **féministe** [feminist] der Feminist
la **féministe** [feminist] die Feministin
la **féminité** [feminite] die Weiblichkeit

la **femme** [⚠ fam] ① die Frau; **les vêtements de femmes** die Damenbekleidung ② die Frau, die Ehefrau; **lui et sa femme** er und seine Frau ③ **t'as vu la bonne femme là-bas?** (*umgs.*) hast du die Tante dort hinten gesehen?
  ◆ la **femme au foyer** die Hausfrau
  ◆ la **femme d'intérieur** die tüchtige Hausfrau
  ◆ la **femme de lettres** die Schriftstellerin
  ◆ la **femme de ménage** die Putzfrau, die Bedienerin Ⓐ

la **fenaison** [fənɛzɔ̃] die Heuernte
fendiller [fɑ̃dije] **se fendiller** rissig werden
fendre [fɑ̃dʀ] <*wie* vendre; *siehe Verbtabelle ab S. 1055*> ① spalten *Holz;* aufbrechen *Eis* ② **se fendre la lèvre** sich die Lippe aufschlagen ③ **se fendre** *Wand, Boden, Eis:* Risse bekommen; *Glas:* springen, einen Sprung bekommen

fendu, fendue [fɑ̃dy] ① *Schädel* gespalten; *Lippe* aufgeplatzt ② *Schüssel, Glas* gesprungen ③ *Rock* geschlitzt

la **fenêtre** [f(ə)nɛtʀ] das Fenster
le **fenouil** [fənuj] der Fenchel
la **fente** [fɑ̃t] ① der Spalt, die Spalte ② (*Einwurf*öffnung) der Schlitz
féodal, féodale [feɔdal] <*Plural der männl. Form:* féodaux> feudal
la **féodalité** [feɔdalite] ⚠ *weiblich* der Feudalismus
féodaux [feɔdo] →**féodal**

le **fer** [fɛʀ] das Eisen; **en** [*oder* **de**] **fer** aus Eisen; **le fer rouille** Eisen rostet ▸ **de fer** *Hand, Gesundheit, Willen* eisern
  ◆ le **fer à cheval** das Hufeisen
  ◆ le **fer à onduler** der Lockenstab
  ◆ le **fer à repasser** das Bügeleisen
fera, ferai [f(ə)ʀa, f(ə)ʀɛ] →**faire**
le **fer-blanc** [fɛʀblɑ̃] <*Plural:* fers-blancs> das Blech, das Weißblech

férié, fériée [feʀje] **le jour férié** der Feiertag
ferme[1] [fɛʀm] ① *arbeiten, diskutieren* hart ② *sich langweilen* sehr
ferme[2] [fɛʀm] fest; *Haut* straff; *Ton* bestimmt; *Hand* ruhig; *Willen* unerschütterlich; **être ferme avec quelqu'un** jemandem gegenüber bestimmt auftreten

la **ferme** [fɛʀm] der Bauernhof
fermé, fermée [fɛʀme] ① geschlossen; *Tür, Schublade* verschlossen, abgeschlossen; **fermé à clé** verschlossen, abgeschlossen ② *Straße, Gebirgspass* gesperrt ③ *Person* verschlossen

fermement [fɛʀməmɑ̃] fest
le **ferment** [fɛʀmɑ̃] der Gärstoff
la **fermentation** [fɛʀmɑ̃tasjɔ̃] die Gärung
fermenter [fɛʀmɑ̃te] *Saft:* gären
fermer [fɛʀme] ① schließen; zumachen *Knopf, Mantel, Tür, Schublade;* zukleben *Umschlag;* zudrehen *Wasserhahn* ② versperren *Durchgang, Zugang* ③ **fermez la parenthèse!** Klammer zu! ④ **fermer la maison à clé** das Haus abschließen ⑤ **le magasin ferme à sept heures** das Geschäft schließt um sieben Uhr ⑥ **la porte ferme bien/mal** die Tür schließt gut/schlecht ⑦ **se fermer** *Tür, Augen:* zufallen; *Wunde:* sich schließen ⑧ (*sich zumachen lassen*) **cette boîte se ferme** diese Schachtel lässt sich schließen
▸ **la ferme!** (*umgs.*) halt den Mund!

la **fermeté** [fɛʀməte] ① die Festigkeit ② die Bestimmtheit; **leur père manque de fermeté** ihrem Vater fehlt es an Strenge

la **fermeture** [fɛʀmətyʀ] ① (*an Taschen*) der Verschluss ② **la fermeture automatique** der automatische Türschließer ③ (*das Zumachen*) das Schließen, die Schließung; **la fermeture annuelle** die Betriebsferien
  ◆ la **fermeture éclair**® der Reißverschluss
le **fermier** [fɛʀmje] ① der Bauer ② (*auf gepachtetem Grund*) der Pächter
fermier, fermière [fɛʀmje, fɛʀmjɛʀ] Land-, Bauern-; **le poulet fermier** das Hähnchen vom Bauernhof
la **fermière** [fɛʀmjɛʀ] ① die Bäuerin ② (*auf gepachtetem Grund*) die Pächterin
le **fermoir** [fɛʀmwaʀ] der Verschluss
féroce [feʀɔs] ① *Tier* wild ② *Person, Kritik* unbarmherzig; *Blick* vernichtend; *Miene* bitterböse ③ *Appetit, Lust* riesig
la **férocité** [feʀɔsite] ① *eines Tiers* die Grausamkeit ② *einer Kritik, eines Kampfes* die Unerbittlichkeit

la **ferraille** [fɛʀaj] der Schrott; **mettre quelque**

ferrailleur – feuillet

chose à la ferraille etwas verschrotten lassen
le **ferrailleur** [fɛʀajœʀ] der Schrotthändler
la **ferrailleuse** [fɛʀajøz] die Schrotthändlerin
ferré, ferrée [feʀe] *Pferd* beschlagen; *Schuh* mit Eisen beschlagen
les **ferries** *(männlich)* [⚠ feʀi] *Plural von* **ferry**
ferroviaire [fɛʀɔvjɛʀ] Eisenbahn-; **le réseau ferroviaire** das Eisenbahnnetz
le **ferry** [feʀi] <*Plural:* ferries *oder* ferrys> Abkürzung von **ferry-boat** ⚠ *männlich* die Fähre
fertile [fɛʀtil] (*auch übertragen*) fruchtbar
la **fertilisation** [fɛʀtilizasjɔ̃] die Fruchtbarmachung
fertiliser [fɛʀtilize] fruchtbar machen
la **fertilité** [fɛʀtilite] die Fruchtbarkeit
fervent, fervente [fɛʀvɑ̃, fɛʀvɑ̃t] ❶ *Christ* fromm; *Gebet* inbrünstig ❷ *Liebe, Anhänger* glühend, leidenschaftlich
la **ferveur** [fɛʀvœʀ] ❶ *eines Gebets, Glaubens* die Inbrunst ❷ *einer Person* das Feuer, die Leidenschaft
la **fesse** [fɛs] die Gesäßbacke; **les fesses** das Gesäß, der Po ▸ **avoir quelqu'un aux fesses** (*umgs.*) jemanden im Nacken haben
la **fessée** [fese] die Tracht Prügel
le **fessier** [fesje] (*umgs.*) der Hintern
fessier, fessière [fesje, fesjɛʀ] Gesäß-; **le muscle fessier** der Gesäßmuskel
le **festin** [fɛstɛ̃] das Festessen
le **festival** [fɛstival] <*Plural:* festivals> das Festival, die Festspiele; **le festival de Cannes** die Festspiele von Cannes

> **V** Der Singular *le festival* wird mit einem Plural übersetzt: *ce festival a lieu tous les deux ans – diese Festspiele finden alle zwei Jahre statt.*

les **festivités** *(weiblich)* [fɛstivite] die Festveranstaltungen, die Feierlichkeiten
festoyer [fɛstwaje] <*wie* appuyer; *siehe Verbtabelle ab S. 1055*> schlemmen

> **Ü** Einige Formen des Verbs schreiben sich mit *y*, andere mit *i*.
> Direkt vor einer betonten Endungssilbe steht immer ein *y*, z.B. *nous festoyons* und *ils festoyaient*.
> Das *i* steht immer vor einem unbetonten *e*, z.B. *je festoie* oder *ils festoieront*.

la **fête** [fɛt] ❶ das Fest; **le jour de fête** der Feiertag, der Festtag; **les fêtes de Pâques** die Osterfeiertage ❷ der Namenstag ❸ **la fête foraine** der Jahrmarkt ❹ (*Empfang*) das Fest; (*unter Freunden*) die Party

◆ la **fête des Mères** der Muttertag
◆ la **fête des Pères** der Vatertag

> **L** Als *fêtes* bezeichnet man im weiteren Sinn die Zeit zwischen Weihnachten und Neujahr, im engeren Sinn aber den 25. Dezember, den Weihnachtsfeiertag, und den 1. Januar, den Neujahrstag.
> Der 14. Juli ist die *fête nationale* zum Gedenken an die Französische Revolution im Jahr 1789. An diesem Feiertag sind die Städte mit Fahnen geschmückt, und in Paris findet auf den Champs-Elysées eine große Militärparade statt. Abends gibt es in vielen Städten Feuerwerke.

la **Fête-Dieu** [fɛtdjø] <*Plural:* Fêtes-Dieu> der Fronleichnam
fêter [fete] ❶ feiern ❷ feierlich empfangen *Menschen*
le **fétiche** [fetiʃ] ❶ der Fetisch ❷ **le numéro fétiche** die Glückszahl; **la couleur fétiche** die Glücksfarbe
le **fétichisme** [fetiʃism] der Fetischismus
le **fétichiste** [fetiʃist] der Fetischist
la **fétichiste** [fetiʃist] die Fetischistin
fétide [fetid] übel riechend; *Geruch* widerlich
le **feu** [fø] <*Plural:* feux> ❶ das Feuer ❷ (*Schadensfall*) der Brand, das Feuer; **mettre le feu à quelque chose** etwas anzünden [*oder* in Brand stecken] ❸ (*Fahrzeugscheinwerfer*) **les feux** die Beleuchtung ❹ die Ampel; **le feu est [au] rouge** die Ampel ist rot; **passer au feu rouge** bei Rot durchfahren ❺ **être sur le feu** *Essen:* auf dem Herd stehen; **à feu doux/vif** auf kleiner/starker Flamme; (*bei einem Elektroherd*) bei schwacher/starker Hitze ▸ **le feu vert** das grüne Licht; **y'a pas le feu** (*umgs.*) immer mit der Ruhe; **péter le feu** (*umgs.*) vor Energie sprühen; (*gut in Form sein*) fit wie ein Turnschuh sein; **n'y voir que du feu** nichts mitbekommen

◆ le **feu d'artifice** das Feuerwerk
◆ le **feu de camp** das Lagerfeuer
◆ le **feu de signalisation** die Verkehrsampel

> **V** In ❸ wird der Plural *les feux* mit einem Singular übersetzt: *les feux ont été contrôlés – die Beleuchtung ist überprüft worden.*

le **feuillage** [fœjaʒ] das Laub
la **feuille** [fœj] ❶ das Blatt; **la feuille de papier** das Blatt Papier ❷ (*aus Metall*) die Folie; **la feuille d'aluminium** die Alufolie

◆ la **feuille d'or** das Blattgold
◆ la **feuille de soins** der [ärztliche] Behandlungsschein

le **feuillet** [fœjɛ] das Blatt; (*in einem Buch*) die Seite

le **feuilleté** [fœjte] die Blätterteigtasche; **le feuilleté aux framboises** die mit Himbeeren gefüllte Blätterteigtasche
feuilleté, feuilletée [fœjte] **la pâte feuilletée** der Blätterteig
feuilleter [fœjte] <wie rejeter; siehe Verbtabelle ab S. 1055> blättern in

> **Ü** Mit *tt* schreiben sich
> – die stammbetonten Formen wie *il feuille<u>tt</u>e* sowie
> – die auf der Basis der Grundform *feuilleter* gebildeten Formen, z.B. *ils feuille<u>tt</u>eront* und *je feuille<u>tt</u>erais*.

le **feuilleton** [fœjtõ] die mehrteilige Sendung; **le feuilleton télévisé** die Fernsehserie
feuillu, feuillue [fœjy] ❶ [dicht] belaubt ❷ **l'arbre feuillu** der Laubbaum
les **feuillus** *(männlich)* [fœjy] die Laubbäume
le **feutre** [føtʀ] ❶ der Filzstift ❷ *(Stoff)* der Filz
feutré, feutrée [føtʀe] ❶ *Wolle, Pullover* verfilzt ❷ **marcher à pas feutrés** auf leisen Sohlen gehen
feutrer [føtʀe] verfilzen; **se feutrer** verfilzen
les **feux** *(männlich)* [fø] *Plural von* **feu**
la **fève** [fɛv] die dicke Bohne, die Saubohne
février [fevʀije] ❶ der Februar, der Feber Ⓐ; **en février** im Februar, im Feber Ⓐ; **début février** Anfang Februar, Anfang Feber Ⓐ; **fin février** Ende Februar, Ende Feber Ⓐ; **pendant tout le mois de février** den ganzen Februar über, den ganzen Feber über Ⓐ ❷ **le 20 février, c'est mon anniversaire** am 20. Februar habe ich Geburtstag, am 20. Feber habe ich Geburtstag Ⓐ

> **G** Der französische Monatsname ist männlich; er wird ohne den bestimmten Artikel gebraucht.
> Bei einer präzisen Datumsangabe, wie sie in ❷ aufgeführt ist, steht der Artikel jedoch, und zwar wegen der Zahl:
> *elle est née <u>le</u> onze – sie ist am Elften geboren;*
> *elle est née <u>le</u> onze février – sie ist am elften Februar/Feber geboren.*

le **FF** Abkürzung von **franc français** fr, F
la **fiabilité** [fjabilite] die Zuverlässigkeit; *einer Anlage* die Betriebssicherheit
fiable [fjabl] zuverlässig; *Maschine* betriebssicher
le **fiacre** [fjakʀ] die Pferdedroschke, die Droschke, der Fiaker Ⓐ
les **fiançailles** *(weiblich)* [fjãsaj] die Verlobung; *(Zeitspanne)* die Verlobungszeit
le **fiancé** [fjãse] der Verlobte
fiancé, fiancée [fjãse] verlobt

> **V** Der Plural *les fiançailles* wird mit einem Singular übersetzt: *leurs fiançailles officielles <u>auront</u> lieu le mois prochain – ihre offizielle Verlobung <u>findet</u> nächsten Monat statt.*

la **fiancée** [fjãse] die Verlobte
fiancer [fjãse] <wie commencer; siehe Verbtabelle ab S. 1055> **se fiancer** sich verloben

> **Ü** Vor *a* und *o* steht statt *c* ein *ç*, z.B. in *nous nous fiançons* und *en se fiançant*.

le **fiasco** [fjasko] der Reinfall; *(bei Filmen, Theaterstücken)* der Flop
la **fibre** [fibʀ] die Faser
fibreux, fibreuse [fibʀø, fibʀøz] faserig
ficelé, ficelée [fis(ə)le] *(umgs.)* **bien/mal ficelé** *Arbeit* gut/schlecht gemacht
ficeler [fis(ə)le] <wie rejeter; siehe Verbtabelle ab S. 1055> verschnüren, schnüren *Paket*; umwickeln, mit einem Faden umwickeln *Braten*

> **Ü** Mit *ll* schreiben sich
> – die stammbetonten Formen wie *il fice<u>ll</u>e* sowie
> – die auf der Basis der Grundform *ficeler* gebildeten Formen, z.B. *ils fice<u>ll</u>eront* und *je fice<u>ll</u>erais*.

la **ficelle** [fisɛl] ❶ die Schnur, der Bindfaden, der Faden ❷ *(Brot)* sehr dünnes Stangenweißbrot
la **fiche** [fiʃ] ❶ die Karteikarte, die Karte ❷ *(Formular)* das Blatt ❸ Ⓒ *(Dokumente)* die Akte, die Fiche Ⓒ
◆ la **fiche d'état civil** der Auszug aus dem Personenstandsregister
◆ la **fiche de paie** die Gehaltsabrechnung
ficher[1] [fiʃe] *(umgs.)* ❶ machen, treiben; **ne rien ficher** keinen Finger krummmachen ❷ **elle nous a fichus dehors** sie hat uns rausgeschmissen; **où est-ce que j'ai fichu mes lunettes?** wo habe ich bloß meine Brille gelassen? ❸ **ficher une claque à quelqu'un** jemandem eine runterhauen ❹ **je me fiche de lui/de ça** er/das ist mir völlig schnuppe ▸ **je t'en fiche!** denkste!
ficher[2] [fiʃe] *(bei Behörden)* registrieren
le **fichier** [fiʃje] ❶ die Kartei ❷ *(in der Informatik)* die Datei
le **fichu** [fiʃy] der Schal
fichu, fichue [fiʃy] *(umgs.)* ❶ **un fichu caractère** ein mieser Charakter; **un fichu problème** ein verflixtes Problem; **une fichue idée** eine [sau]blöde Idee; **quel fichu temps!** so ein Sauwetter! ❷ **être fichu** *Schuhe, Gerät, Ferien:* im Eimer sein; **se sen-**

fictif – file

tir mal fichu *Mensch:* nicht ganz auf dem Posten sein ❸ **être toujours bien fichu** immer tipptopp angezogen sein ❹ **n'être pas fichu de faire quelque chose** es nicht fertig kriegen, etwas zu tun
fictif, fictive [fiktif, fiktiv] frei erfunden
la **fiction** [fiksjɔ̃] ❶ die Fantasie ❷ die [freie] Erfindung, die Fiktion; **un roman de fiction** ein fiktionaler Roman
fidèle [fidɛl] ❶ treu ❷ *Bericht* wirklichkeitsgetreu; *Wiedergabe* originalgetreu; *Übersetzung* wortgetreu
le **fidèle** [fidɛl] ❶ der Anhänger ❷ *eines Geschäfts* der Stammkunde; *eines Theaters, Konzerts* der Stammbesucher ❸ (*religiös*) der Gläubige
la **fidèle** [fidɛl] ❶ die Anhängerin ❷ *eines Geschäfts* die Stammkundin; *eines Theaters, Konzerts* die Stammbesucherin ❸ (*religiös*) die Gläubige
fidèlement [fidɛlmɑ̃] ❶ dienen, gehorchen treu ❷ *wiedergeben, beschreiben* genau; *übersetzen* wortgetreu
fidéliser [fidelize] als Stammkunden gewinnen
la **fidélité** [fidelite] ❶ die Treue; **la fidélité à quelqu'un** die Treue zu jemandem ❷ *eines Porträts* die Wirklichkeitstreue
le **fief** [fjɛf] *einer Partei* die Hochburg
le **fiel** [fjɛl] die Boshaftigkeit
la **fiente** [fjɑ̃t] der Vogelkot, der Kot
fier [fje] <*wie* apprécier; *siehe Verbtabelle ab S. 1055*> **se fier à quelqu'un** jemandem vertrauen; **ne pas se fier aux apparences** dem Schein nicht trauen
fier, fière [fjɛʁ] stolz; **être fier de quelqu'un/de quelque chose** auf jemanden/auf etwas stolz sein
la **fierté** [fjɛʁte] der Stolz
la **fièvre** [fjɛvʁ] ⚠ *weiblich* ❶ das Fieber ❷ (*Unruhe*) die Hektik
fiévreux, fiévreuse [fjevʁø, fjevʁøz] ❶ fiebrig ❷ *Aktivität, Aufregung* fieberhaft
figé, figée [fiʒe] ❶ starr ❷ **une expression figée** eine feste [*oder* feststehende] Wendung
figer [fiʒe] <*wie* changer; *siehe Verbtabelle ab S. 1055*> ❶ **la peur l'a figé sur place** vor Angst war er wie erstarrt ❷ **se figer** *Gesicht:* erstarren; *Lächeln:* gefrieren

Ü Vor *a* und *o* bleibt das *e* erhalten, z. B. in *il se figeait* und *en se figeant.*

fignoler [fiɲɔle] (*umgs.*) genauestens ausfeilen *Arbeit, Zeichnung*
la **figue** [fig] die Feige

le **figuier** [figje] der Feigenbaum
le **figurant** [figyʁɑ̃] der Statist
la **figurante** [figyʁɑ̃t] die Statistin
figuratif, figurative [figyʁatif, figyʁativ] *Malerei* gegenständlich
la **figuration** [figyʁasjɔ̃] **faire de la figuration** Statist/Statistin sein
la **figure** [figyʁ] ❶ das Gesicht ❷ (*Mensch*) die [große] Persönlichkeit ❸ (*grafische Darstellung*) die Figur ❹ (*Sportübung*) die Figur; **les figures imposées** die Pflicht; **les figures libres** die Kür ▶ **casser la figure à quelqu'un** (*umgs.*) jemanden vermöbeln; **se casser la figure** (*umgs.*) auf die Schnauze fallen; (*von weit oben*) runterfliegen

la figure

F Nicht verwechseln mit *die Figur – le personnage/la silhouette!*

figuré, figurée [figyʁe] *Sinn, Bedeutung* übertragen
figurer [figyʁe] ❶ **figurer sur une liste** *Name, Nummer:* auf einer Liste stehen ❷ (*im Film, Theater*) als Statist auftreten ❸ **se figurer quelque chose** sich etwas vorstellen ❹ **j'ai pas six bras, figure-toi!** ob du's glaubst oder nicht, ich habe wirklich nur zwei Hände!
la **figurine** [figyʁin] die kleine Figur
le **fil** [fil] ❶ der Faden; (*stärker*) die Schnur ❷ **le fil [électrique]** der Draht; *eines Telefons* die Leitung, die Schnur ❸ (*bei Bohnen*) die Faser ▶ **au fil des ans** im Laufe der Jahre; **mince comme un fil** gertenschlank ◆ **le fil de fer** der Eisendraht
filandreux, filandreuse [filɑ̃dʁø, filɑ̃dʁøz] *Fleisch* sehnig, flachsig Ⓐ
la **filature** [filatyʁ] ❶ (*Fabrik*) die Spinnerei ❷ die Beschattung; **prendre quelqu'un en filature** jemanden beschatten
la **file** [fil] ❶ die Reihe ❷ *von Wartenden* die Schlange, die Reihe; **la file d'attente** die

Warteschlange; **se mettre à la file** sich [hinten] anstellen ❸ die Fahrspur, die Spur; **prendre la file de droite** sich rechts einordnen ▶ **en file indienne** im Gänsemarsch
filer [file] ❶ *Masche:* laufen; **tes collants ont filé** deine Strumpfhosen haben eine Laufmasche ❷ *Sternschnuppe:* vorüberfliegen; *Zeit:* verfliegen ❸ **filer à toute allure** *Fahrer, Auto:* rasen ❹ (*umgs.: schnell losgehen*) *Person:* lossausen; **bon, je file** also, ich mach mich jetzt auf die Socken; **file!** mach, dass du wegkommst! ❺ spinnen *Wolle* ❻ beschatten *Person* ❼ (*umgs.: geben*) **filer de l'argent à quelqu'un** jemandem Geld geben; **filer une baffe à quelqu'un** jemandem eine Ohrfeige verpassen
le **filet** [filɛ] ❶ das Netz ❷ (*bei Fleisch, Fisch*) das Filet ❸ **un filet d'eau** ein dünner Wasserstrahl; **un filet d'huile** ein Schuss Öl
filial, filiale [filjal] <*Plural der männl. Form:* filiaux> *Liebe* kindlich
la **filiale** [filjal] die Tochtergesellschaft

F Nicht verwechseln mit *die Filiale – la succursale!*

la **filiation** [filjasjɔ̃] die Abstammung
filiaux [filjo] →**filial**
la **filière** [filjɛʀ] ❶ der Dienstweg ❷ (*an der Universität*) der Studiengang ❸ **la filière de la drogue** der Rauschgiftring
filiforme [filifɔʀm] *Beine, Person* spindeldürr; *Fühler* haarfein
le **filigrane** [filigʀan] (*auf Geldscheinen*) das Wasserzeichen
la **fille** [fij] ❶ das Mädchen, die Gitsche Ⓐ, die Gitsch Ⓐ; **la jeune fille** das junge Mädchen ❷ die Tochter; *siehe auch* **pair**
la **fillette** [fijɛt] das kleine Mädchen
le **filleul** [fijœl] das Patenkind
la **filleule** [fijœl] das Patenkind
le **film** [film] ❶ der Film; **le film vidéo** der Videofilm; **le film d'action** der Actionfilm ❷ (*Verpackung*) die Folie; **le film plastique** die Plastikfolie; **les livres sont vendus sous film** die Bücher werden eingeschweißt [*oder* in Folie] verkauft
filmer [filme] filmen
le **filon** [filɔ̃] ❶ (*im Bergbau*) die Ader ❷ (*umgs.: Arbeit*) der lukrative Job
le **filou** [filu] (*umgs.*) der Gauner
filouter [filute] (*umgs.*) übers Ohr hauen
le **fils** [⚠ fis] der Sohn; **Dupont fils** Dupont junior; **Alexandre Dumas fils** Alexandre Dumas der Jüngere ▶ **être bien le fils de son père** ganz der Vater sein

le **filtre** [filtʀ] der Filter
filtrer [filtʀe] filtern
fin [fɛ̃] ganz, völlig; **fin soûl** völlig betrunken
la **fin** [fɛ̃] ❶ das Ende; **mettre fin à quelque chose** einer Sache ein Ende bereiten; **une demeure fin de siècle** ein Wohnhaus aus der Zeit der Jahrhundertwende; **à la fin** am Ende, schließlich; **sans fin** endlos ❷ **parvenir à ses fins** sein Ziel erreichen ▶ **en fin de compte** letztlich; **être en fin de droits** keinen Anspruch auf Arbeitslosengeld mehr haben; **arrondir ses fins de mois** sein Gehalt aufbessern
  ◆ la **fin du monde** der Weltuntergang
  ◆ la **fin de série** der Restposten
  ◆ la **fin de siècle** die Jahrhundertwende
fin, fine [fɛ̃, fin] ❶ fein; *Schicht, Stoff, Scheibe* dünn; *Beine, Taille* schlank; **la lingerie fine** die Feinwäsche ❷ *Speisen* erlesen; *Wein* erstklassig ❸ *Person, Geist* klug; (*im Handeln*) geschickt; *Humor, Nuance, Beobachtung* fein; *Bemerkung* geistreich ❹ *Koch, Schütze* ausgezeichnet; **un fin connaisseur** ein ausgezeichneter Kenner
final, finale [final] <*Plural der männl. Form:* finals> endgültig, Schluss-; **l'accord final** der Schlussakkord; **le résultat final** das Endresultat
la **finale** [final] ⚠ *weiblich* das Finale
finalement [finalmɑ̃] schließlich
le **finaliste** [finalist] der Finalist
la **finaliste** [finalist] die Finalistin
la **finance** [finɑ̃s] ❶ (*Wirtschaftsbereich*) die Finanzwelt; **être dans la finance** Geldgeschäfte machen ❷ **les finances** die Finanzen, die finanziellen Mittel ❸ **les Finances** die Staatsfinanzen
le **financement** [finɑ̃smɑ̃] die Finanzierung
financer [finɑ̃se] <*wie* **commencer**; *siehe Verbtabelle ab S. 1055*> finanzieren

Ü Vor *a* und *o* steht statt *c* ein *ç*, z. B. in *nous finançons, il finançait* und *en finançant*.

le **financier** [finɑ̃sje] der Finanzier
financier, financière [finɑ̃sje, finɑ̃sjɛʀ] Geld-, finanziell; **la crise financière** die Finanzkrise; **les soucis financiers** die Geldsorgen
finançons [finɑ̃sɔ̃] →**financer**
le **finaud** [fino] der Pfiffikus
finaud, finaude [fino, finod] pfiffig
la **finaude** [finod] der Pfiffikus, der pfiffige Mensch
finement [finmɑ̃] ❶ *bestickt* [sehr] fein ❷ *handeln, vorgehen* geschickt
la **finesse** [finɛs] ❶ die Feinheit; *der Hände,*

Taille die Zierlichkeit ❷ der Scharfsinn; *einer Anspielung* die Spitzfindigkeit

le **fini** [fini] *eines Produkts* die sorgfältige Verarbeitung

fini, finie [fini] ❶ **être fini** zu Ende sein; *Arbeit, Studium:* beendet sein ❷ *Person* erledigt ❸ *Zahl* endlich ❹ (*abwertend: echt, abgefeimt*) **un menteur fini** ein ausgemachter Lügner; **un joueur fini** ein ausgemachter Spieler ❺ **bien fini** gut gearbeitet [*oder* verarbeitet]; **mal fini** schlecht gearbeitet [*oder* verarbeitet]

finir [finiʀ] <*wie agir; siehe Verbtabelle ab S. 1055*> ❶ *Straße, Grundstück:* enden; *Ferien, Vorstellung:* zu Ende sein; *Vertrag:* auslaufen; **bien/mal finir** ein gutes/schlechtes Ende nehmen; **quelque chose n'en finit pas** etwas nimmt kein Ende ❷ *Person:* aufhören; **j'ai fini** ich bin fertig; **je finirai par le plus important ...** zum Abschluss nun das Wichtigste ...; **en finir avec quelque chose** eine Lösung für etwas finden ❸ (*bei Sportwettkämpfen*) **finir à la quatrième place** auf Platz vier kommen ❹ **finir de manger** fertig essen; **finir de s'habiller** sich fertig anziehen; **c'est fini de vous disputer!** ihr hört jetzt auf, euch zu streiten!; **c'est pas bientôt fini de te plaindre?** (*umgs.*) jetzt hör aber mal auf, dich zu beklagen! ❺ **finir en prison** im Gefängnis enden ❻ **elle a fini par consentir** schließlich [*oder* zu guter Letzt] hat sie zugestimmt ❼ beenden *Essen, Dienst, Rede;* fertig machen *Aufgaben* ❽ aufessen *Gericht;* leer essen *Teller;* leer trinken *Flasche, Glas* ❾ **finir ses jours à la campagne** seinen Lebensabend auf dem Land verbringen

Ⓖ Bei einigen Formen des Verbs ist der Stamm um *-iss-* erweitert, etwa bei *nous fin*iss*ons*, *il fin*iss*ait* oder *en fin*iss*ant*.

la **finition** [finisjɔ̃] ❶ die Fertigstellung ❷ (*Ergebnis*) die Verarbeitung ❸ (*letzter Arbeitsschritt*) **les finitions** die Feinarbeiten

le **Finlandais** [fɛ̃lɑ̃dɛ] der Finne
finlandais, finlandaise [fɛ̃lɑ̃dɛ, fɛ̃lɑ̃dɛz] finnisch

la **Finlandaise** [fɛ̃lɑ̃dɛz] die Finnin
la **Finlande** [fɛ̃lɑ̃d] Finnland
le **finnois** [finwa] Finnisch; *siehe auch* **allemand**

Ⓖ In Verbindung mit dem Verb *parler* kann der Artikel entfallen: *il parle finnois – er spricht Finnisch.*

le **Finnois** [finwa] der Finne
finnois, finnoise [finwa, finwaz] finnisch
la **Finnoise** [finwaz] die Finnin
le **fiord** [fjɔʀd] der Fjord
la **fioriture** [fjɔʀityʀ] der Schnörkel
firent [fiʀ] →**faire**
le **firmament** [fiʀmamɑ̃] das Firmament
la **firme** [fiʀm] die Firma
fis [fi] →**faire**
le **fisc** [fisk] der Fiskus
fiscal, fiscale [fiskal] <*Plural der männl. Form:* fiscaux> Steuer-; **la réforme fiscale** die Steuerreform
la **fission** [fisjɔ̃] die Spaltung
la **fissure** [fisyʀ] der Riss; (*in einem Gefäß*) der Sprung
fissurer [fisyʀe] ❶ **fissurer un mur** Risse in einer Wand/einer Mauer verursachen ❷ **se fissurer** rissig werden
le **fiston** [fistɔ̃] (*umgs.*) der Sohnemann
fit [fi], **fîtes** [fit] →**faire**
le **fitness** [fitnɛs] ⚠ *männlich* die Fitness
le **fixateur** [fiksatœʀ] (*für Fotos*) das Fixiermittel
la **fixation** [fiksasjɔ̃] ❶ die Fixierung; **faire une fixation** fixiert sein; **faire une fixation sur quelqu'un/sur quelque chose** auf jemanden/auf etwas fixiert sein ❷ (*Vorrichtung*) die Befestigung; (*an Skiern*) die Bindung
fixe[1] [fiks] fest; *Blick* starr; **l'idée fixe** die fixe Idee; **le point fixe** der Fixpunkt
fixe[2] [fiks] (*Befehl*) stillgestanden
le **fixe** [fiks] das feste Gehalt, das Fixum
fixé, fixée [fikse] **il n'est pas encore fixé** er weiß noch nicht so recht
fixement [fiksəmɑ̃] **regarder fixement quelqu'un/quelque chose** jemanden/etwas anstarren
fixer [fikse] ❶ befestigen *Regal;* **se fixer au mur** an der Wand befestigt werden ❷ (*ansehen*) anstarren ❸ **son regard me fixait** sein/ihr Blick war starr auf mich gerichtet ❹ **fixer son attention sur quelque chose** seine Aufmerksamkeit auf etwas richten ❺ festlegen *Regeln, Termin* ❻ **se fixer à Paris** sich in Paris niederlassen ❼ **se fixer sur quelqu'un/sur quelque chose** *Aufmerksamkeit:* sich auf jemanden/auf etwas richten; *Wahl:* auf jemanden/auf etwas fallen ❽ **se fixer un but** sich ein Ziel setzen
le **fjord** [⚠ fjɔʀd] der Fjord
flac [flak] platsch
le **flacon** [flakɔ̃] das Fläschchen; **un flacon de parfum** ein Fläschchen Parfüm
flagada [flagada] (*umgs.*) **être flagada** fix und fertig sein

> **G** Das Adjektiv *flagada* ist unveränderlich: *elles sont flagada – sie sind fix und fertig.*

flageller [flaʒele] geißeln; **se flageller** sich geißeln
flageoler [flaʒɔle] *Beine:* zittern
flagrant, flagrante [flagrɑ̃, flagrɑ̃t] offenkundig
le **flair** [flɛʀ] *eines Hundes* der Geruchssinn ▸ **avoir du flair** eine feine Nase haben
flairer [flere] wittern *Spur, Wild, Gefahr*
le **flamand** [flamɑ̃] Flämisch; *siehe auch* **allemand**

> **G** In Verbindung mit dem Verb *parler* kann der Artikel entfallen: *elle parle flamand – sie spricht Flämisch.*

le **Flamand** [flamɑ̃] der Flame
flamand, flamande [flamɑ̃, flamɑ̃d] flämisch
la **Flamande** [flamɑ̃d] die Flämin
le **flamant** [flamɑ̃] der Flamingo
flambant [flɑ̃bɑ̃] **flambant neuf** nagelneu; **une bicyclette flambant neuf** [*oder* **neuve**] ein nagelneues Fahrrad
flambé, flambée [flɑ̃be] flambiert
le **flambeau** [flɑ̃bo] <*Plural:* flambeaux> die Fackel
la **flambée** [flɑ̃be] ❶ das [hell] lodernde Feuer ❷ (*übertragen*) *der Preise* der plötzliche Anstieg
flamber [flɑ̃be] ❶ brennen; *Haus:* lichterloh brennen ❷ flambieren *Speisen*
flamboyant, flamboyante [flɑ̃bwajɑ̃, flɑ̃bwajɑ̃t] ❶ *Feuer* lodernd; *Farben* leuchtend; *Sonne* glühend ❷ (*in der Kunst*) spätgotisch
flamboyer [flɑ̃bwaje] <*wie* appuyer; *siehe Verbtabelle ab S. 1055*> auflodern, lodern; *Sonne:* glühen; *Farben:* leuchten

> **Ü** Einige Formen des Verbs schreiben sich mit *y*, andere mit *i*.
> Direkt vor einer betonten Endungssilbe steht immer ein *y*, z. B. *ils flamboyaient.*
> Das *i* steht immer vor einem unbetonten *e*, z. B. *il flamboie* oder *ils flamboieront.*

le **flamenco** [flamɛnko] der Flamenco
la **flamme** [flam] ❶ die Flamme ❷ **les flammes** das Feuer, die Flammen; **être en flammes** in Flammen stehen ❸ *der Augen* die Glut
la **flammèche** [flamɛʃ] die kleine Flamme; (*fliegend*) der [große] Funke
le **flan** [flɑ̃] ≈ überbackene Puddingcreme
le **flanc** [flɑ̃] ⚠ *männlich* die Seite; *eines Tiers, Bergs, einer Truppe* die Flanke
flancher [flɑ̃ʃe] (*umgs.*) *Mensch:* kneifen;

Herz, Gedächtnis: streiken
la **Flandre**, les **Flandres** *(weiblich)* [flɑ̃dʀ] Flandern
la **flanelle** [flanɛl] ⚠ *weiblich* der Flanell
flâner [flane] ❶ schlendern ❷ (*sich Zeit lassen*) bummeln
la **flânerie** [flanʀi] ❶ das Umherschlendern ❷ (*bei der Arbeit*) die Bummelei
le **flâneur** [flanœʀ] ❶ der Spaziergänger ❷ (*Müßiggänger*) der Bummler
la **flâneuse** [flanøz] ❶ die Spaziergängerin ❷ (*Müßiggänger*) die Bummlerin
flanquer [flɑ̃ke] (*umgs.*) ❶ schmeißen; **flanquer quelqu'un dehors** jemanden rausschmeißen ❷ **flanquer une gifle à quelqu'un** jemandem eine runterhauen
flapi, flapie [flapi] (*umgs.*) total geschafft
la **flaque** [flak] die Pfütze, die Lache; **la flaque d'eau** die Pfütze, die Wasserlache
le **flash** [⚠ flaʃ] <*Plural:* flashes> ❶ (*beim Fotografieren*) der Blitz ❷ (*in einem Film*) der Flash
▸ le **flash d'information** die Kurznachrichten

> **V** Der Singular *flash d'information* wird mit einem Plural übersetzt: *écouter le flash d'information – die Kurznachrichten hören.*

le **flash-back** [⚠ flaʃbak] <*Plural:* flash-back> die Rückblende
flasque [flask] schlaff
flatter [flate] **flatter quelqu'un** jemandem schmeicheln; **il les a flatté(e)s** er hat ihnen geschmeichelt
la **flatterie** [flatʀi] die Schmeichelei
flatteur, flatteuse [flatœʀ, flatøz] schmeichelhaft
le **flatteur** [flatœʀ] der Schmeichler
la **flatteuse** [flatøz] die Schmeichlerin
le **fléau** [fleo] <*Plural:* fléaux> die Plage
la **flèche** [flɛʃ] ❶ der Pfeil ❷ (*spitzes Dach*) die Turmspitze, die Spitze ❸ (*umgs.: Tätowierung*) das Arschgeweih ▸ **en flèche** blitzschnell
flécher [fleʃe] <*wie* préférer; *siehe Verbtabelle ab S. 1055*> mit Pfeilen markieren

> **Ü** Nur die stammbetonten Formen schreiben sich mit *è*, z. B. *je flèche.*

la **fléchette** [fleʃɛt] ❶ der kleine Pfeil ❷ (*Spiel*) **les fléchettes** das Darts; **jouer aux fléchettes** Darts spielen
fléchir [fleʃiʀ] <*wie* agir; *siehe Verbtabelle ab S. 1055*> ❶ beugen *Arme, Beine* ❷ *Ast, Balken:* sich biegen ❸ *Mensch:* nachgeben; *Wille:* nachlassen
le **fléchissement** [fleʃismɑ̃] ❶ *der Arme, Beine*

> **G** Bei einigen Formen des Verbs ist der Stamm um -iss- erweitert, etwa bei *nous fléchissons, il fléchissait* oder *en fléchissant*.

das Beugen ❷ *eines Astes, Balkens* das Biegen; (*starkes Krümmen*) das Durchbiegen
flegmatique [flɛgmatik] phlegmatisch
le **flegme** [flɛgm] ❶ die Gelassenheit ❷ (*Schwerfälligkeit*) das Phlegma
flemmard, flemmarde [flemaʀ, flemaʀd] (*umgs.*) faul
le **flemmard** [flemaʀ] (*umgs.*) der Faulpelz
la **flemmarde** [flemaʀd] (*umgs.*) der Faulpelz
la **flemme** [flɛm] (*umgs.*) **avoir la flemme de faire quelque chose** [viel] zu faul sein, um etwas zu tun
flétri, flétrie [fletri] *Pflanze, Blume, Haut* welk
flétrir [fletriʀ] <wie *agir; siehe Verbtabelle ab S. 1055*> **se flétrir** ❶ *Pflanze, Blume:* verwelken, welken ❷ (*gehoben: altern*) *Gesicht:* welken

> **G** Bei einigen Formen des Verbs ist der Stamm um -iss- erweitert, etwa bei *il se flétrissait* oder *en se flétrissant*.

la **fleur** [flœʀ] ❶ die Blume; **à fleurs** *Hut* blumengeschmückt; *Stoff, Papier* geblümt ❷ (*Teil einer Pflanze*) die Blüte; **en fleur[s]** blühend ▶ **être fleur bleue** sentimental sein; **faire une fleur à quelqu'un** (*umgs.*) jemandem einen Gefallen tun
fleurette [flœʀɛt] **conter fleurette [à une femme]** (*ironisch*) Süßholz raspeln
fleuri, fleurie [flœʀi] ❶ blühend ❷ *Balkon* blumengeschmückt ❸ *Stoff, Kleid* geblümt ❹ *Stil* blumig
fleurir [flœʀiʀ] <wie *agir; siehe Verbtabelle ab S. 1055*> ❶ *Baum:* blühen ❷ mit Blumen schmücken *Grab*

> **G** Bei einigen Formen des Verbs ist der Stamm um -iss- erweitert, etwa bei *nous fleurissons, il fleurissait* oder *en fleurissant*.

le **fleuriste** [flœʀist] der Blumenhändler
la **fleuriste** [flœʀist] die Blumenhändlerin
le **fleuve** [flœv] der Fluss; (*sehr groß*) der Strom

> **G** Das Wort *fleuve* bezeichnet immer einen Fluss, der Nebenflüsse aufnimmt und ins Meer mündet.

la **flexibilité** [flɛksibilite] ❶ die Biegsamkeit ❷ (*Anpassungsfähigkeit*) die Flexibilität
flexible [flɛksibl] ❶ biegsam ❷ (*anpassungsfähig*) flexibel
la **flexion** [flɛksjõ] die Beugung
le **flic** [flik] (*umgs.*) der Polizist, der Bulle

flic flac [floc] [flikflak(flɔk)] pitsch, patsch
le **flingue** [flɛ̃g] (*umgs.*) die Knarre
flinguer [flɛ̃ge] (*umgs.*) ❶ abknallen ❷ **se flinguer** sich eine Kugel in den Kopf jagen
flipper [flipe] (*umgs.*) eine Heidenangst haben
le **flipper** [⚠ flipœʀ] der Flipper
le **flirt** [⚠ flœʀt] der Flirt
flirter [⚠ flœʀte] flirten
le **flocon** [flɔkõ] ⚠ *männlich* die Flocke; **le flocon de neige** die Schneeflocke
  ♦ **les flocons de maïs** die Cornflakes
les **flonflons** (*männlich*) [flõflõ] die Klänge [der Tanzmusik]
la **flopée** [flɔpe] (*umgs.*) der Haufen; **une flopée de gamins** ein Haufen Jungs; **une flopée de touristes** ein Haufen Touristen
la **floraison** [flɔʀɛzõ] die Blütezeit, die Blüte
floral, florale [flɔʀal] <*Plural der männl. Form:* floraux> Blumen-; **la composition florale** das Blumengebinde; **l'exposition florale** die Blumenschau
la **flore** [flɔʀ] die Flora
le **florin** [flɔʀɛ̃] der Gulden
florissant, florissante [flɔʀisɑ̃, flɔʀisɑ̃t] blühend
le **flot** [flo] ❶ die Flut ❷ **un flot de questions** eine Flut von Fragen; **des flots de touristes** Scharen von Touristen ▶ **être à flot** *Schiff:* flott sein
flottant, flottante [flɔtɑ̃, flɔtɑ̃t] ❶ schwimmend, [im Wasser] treibend; **le bois flottant** das Treibholz; **la glace flottante** das Treibeis ❷ *Fahne, Mähne* wehend; *Haare* offen ❸ *Anzahl* schwankend
la **flotte**¹ [flɔt] die Flotte; **la flotte aérienne** die Luftflotte
la **flotte**² [flɔt] (*umgs.*) ❶ das Wasser ❷ (*Niederschlag*) der Regen
le **flottement** [flɔtmɑ̃] (*Unentschlossenheit*) das Schwanken
flotter [flɔte] ❶ schwimmen; *Nebel, Duft:* schweben ❷ *Fahne:* flattern ❸ **il flotte** (*umgs.*) es gießt [in Strömen]
le **flotteur** [flɔtœʀ] (*in der Technik*) der Schwimmer
flou [flu] **voir flou** alles verschwommen sehen
le **flou** [flu] ❶ die Verschwommenheit; *eines Gedankens* die Unbestimmtheit ❷ **le flou artistique** (*im Film, bei Fotografien*) die Weichzeichnung
flou, floue [flu] ❶ verschwommen; *Foto* unscharf ❷ *Gedanke* vage
les **fluctuations** (*weiblich*) [flyktɥasjõ] (*in der*

Wirtschaft, an der Börse) die Schwankungen
fluctuer [flyktɥe] *Meinungen:* schwanken
fluet, fluette [flyɛ, flyɛt] zart
fluide [flɥid] flüssig
le **fluide** [flɥid] ① (*in der Chemie und Physik*) das Fluid ② (*magische Kraft*) das Fluidum
la **fluidité** [flɥidite] ① *des Blutes* die Dünnflüssigkeit ② (*übertragen*) *des Stils* die Flüssigkeit ③ **la fluidité du trafic** der Verkehrsfluss
fluo [flyɔ] (*umgs.*) Abkürzung von **fluorescent** leuchtend; **les stylos fluo** die Leuchtstifte
le **fluor** [flyɔʀ] das Fluor
la **fluorescence** [flyɔʀesɑ̃s] die Fluoreszenz
fluorescent, fluorescente [flyɔʀesɑ̃, flyɔʀesɑ̃t] leuchtend
flûte [flyt] (*umgs.*) verflixt
la **flûte** [flyt] ① die Flöte ② *Stangenweißbrot, das etwas dünner ist als ein(e) Baguette*
le **flûtiste** [flytist] der Flötist
la **flûtiste** [flytist] die Flötistin
fluvial, fluviale [flyvjal] <*Plural der männl. Form:* fluviaux> Fluss-; **le port fluvial** der Binnenhafen; **le transport fluvial** die Flussschifffahrt, die Binnenschifffahrt
le **flux** [⚠ fly] (*auch in der Physik*) der Fluss ▶ **le flux et le reflux** Ebbe und Flut; (*ständiger Wechsel*) das Auf und Ab
FM [ɛfɛm] Abkürzung von **Frequency modulation** UKW
le **FN** [ɛfɛn] Abkürzung von **Front national** *rechtsextreme französische Partei*
focal, focale [fɔkal] <*Plural der männl. Form:* focaux> (*in der Optik*) **la distance focale** die Brennweite
la **focale** [fɔkal] (*in der Optik*) die Brennweite
focaliser [fɔkalize] konzentrieren *Aufmerksamkeit*
focaux [fɔko] →**focal**
fœtal, fœtale [⚠ fetal] <*Plural der männl. Form:* fœtaux> (*in der Medizin*) fötal-, fetal-; **la médecine fœtale** die vorgeburtliche Medizin
le **fœtus** [⚠ fetys] (*in der Medizin*) der Fötus, der Fetus
la **foi** [fwa] ① der Glaube, der Glauben; **avoir la foi** gläubig sein ② (*Vertrauen*) **avoir foi en quelqu'un** zu jemandem Vertrauen haben; **avoir foi en l'avenir** zuversichtlich sein ▶ **être de bonne foi** aufrichtig sein; **être de mauvaise foi** unaufrichtig sein; **ma foi** na ja; **ma foi oui** aber ja, ja doch; **ma foi non** aber nein, nicht doch
le **foie** [fwa] ① die Leber ② **avoir mal au foie** eine Magenverstimmung haben

le **foin** [fwɛ̃] das Heu; **faire les foins** Heu machen
la **foire** [fwaʀ] ① der Markt ② (*Ausstellung*) die Messe ③ der Jahrmarkt; **la foire du Trône** *traditioneller Pariser Jahrmarkt* ▶ **faire la foire** (*umgs.*) durchmachen, durchfeiern; **faire la foire pendant toute la nuit** (*umgs.*) die ganze Nacht durchmachen [*oder* durchfeiern]
foirer [fwaʀe] (*umgs.*) schief gehen
foireux, foireuse [fwaʀø, fwaʀøz] (*umgs.*) *Plan, Projekt* windig
la **fois** [fwa] ① das Mal; **une fois** einmal, ein Mal; **une fois par an** einmal im Jahr; [à] **chaque fois** jedes Mal; **à chaque fois que ...** jedes Mal, wenn ...; **pour la première fois** zum ersten Mal; **c'est la dernière fois** das ist das letzte Mal; **une dernière fois** ein letztes Mal; **les autres fois** sonst; **en plusieurs fois** in mehreren Etappen; **à la fois** gleichzeitig; **pour une fois** ausnahmsweise; **un [seul] patient à la fois** [immer] ein Patient nach dem anderen; **une fois parti, il a pris le bus** als er schließlich aufgebrochen ist, hat er den Bus genommen; **une fois que sa décision a été prise, ...** sobald er seine/sobald sie ihre Entscheidung getroffen hatte, ... ② (*bei Vergleichen*) **deux fois plus vieux que ...** doppelt so alt wie ...; **deux fois moins vieux que ...** halb so alt wie ...; **cinq fois plus d'argent** fünfmal so viel Geld; **cinq fois plus de personnes** fünfmal so viel Leute ③ (*bei Multiplikationen*) **9 fois 3** [font] **27** 9 mal 3 ist 27 ▶ **plutôt deux fois qu'une** herzlich gern[e]; **c'est trois fois rien** das ist nicht der Rede wert; **il était une fois ...** es war einmal ...; **répéter dix fois la même chose** hundertmal dasselbe sagen; **des fois** (*umgs.*) ab und zu
foison [fwazɔ̃] **à foison** in Hülle und Fülle
foisonner [fwazɔne] im Überfluss vorhanden sein
fol [fɔl] →**fou**
folichon, folichonne [fɔliʃɔ̃, fɔliʃɔn] (*umgs.*) **ne pas être folichon** nicht gerade umwerfend sein
la **folie** [fɔli] ① (*auch in der Medizin*) der Wahnsinn ② die Verrücktheit; **c'est de la folie!** das ist doch verrückt [*oder* Wahnsinn]! ▶ **aimer quelqu'un/quelque chose à la folie** jemanden/etwas wahnsinnig lieben; **avoir la folie de quelque chose** verrückt nach etwas sein
folklo [fɔlklo] (*umgs.*) Abkürzung von **folklorique** (*ungewöhnlich*) schräg

le **folklore** [fɔlklɔʀ] ⚠ *männlich* die Folklore
folklorique [fɔlklɔʀik] folkloristisch; **la danse folklorique** der Volkstanz
la **folle** [fɔl] ❶ die Wahnsinnige; (*Kranke*) die Geistesgestörte ❷ (*abwertend umgs.: Homosexueller*) die Tunte ▸ **faire la folle** Blödsinn machen/reden; (*unbeherrscht/wild sein*) sich austoben; **travailler comme une folle** wie eine Irre arbeiten
follement [fɔlmã] wahnsinnig; **follement comique** irrsinnig komisch
fonçais, fonçait [fõsɛ] →**foncer**
foncé, foncée [fõse] dunkel; **bleu foncé** dunkelblau; **rouge foncé** dunkelrot
foncer [fõse] <*wie* commencer*; siehe Verbtabelle ab S. 1055*> ❶ dunkler machen ❷ **mes cheveux ont foncé** meine Haare sind dunkler geworden ❸ **foncer sur quelqu'un** auf jemanden losgehen; *Fahrer, Fahrzeug:* direkt auf jemanden zufahren; **foncer sur sa proie** *Tier:* sich auf seine Beute stürzen ❹ (*umgs.: schnell laufen oder fahren*) rasen; **elle a foncé comme une folle** sie ist wie eine Verrückte gerast

 Vor *a* und *o* steht statt *c* ein *ç*, z. B.: *nous fonçons, il fonçait* und *en fonçant*.

le **fonceur** [fõsœʀ] der Draufgänger
la **fonceuse** [fõsøz] die Draufgängerin
foncier, foncière [fõsje, fõsjɛʀ] Grund-, Boden-; **la propriété foncière** der Grundbesitz
foncièrement [fõsjɛʀmã] von Grund auf
la **fonction** [fõksjõ] ❶ die Funktion ❷ (*Tätigkeit*) die Aufgabe; **il a pour fonction de guider les visiteurs** es ist seine Aufgabe, die Besucher zu führen; **faire fonction de jardinier** als Gärtner arbeiten; (*vorübergehend*) als Gärtner fungieren ❸ **faire fonction de lit** *Sofa:* als Bett dienen ❹ (*Posten*) das Amt ❺ **la fonction publique** der öffentliche Dienst ▸ **être fonction de quelque chose** von etwas abhängen; **en fonction de mes intérêts** meinen Interessen entsprechend
le **fonctionnaire** [fõksjɔnɛʀ] der Beamte

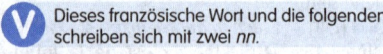 Dieses französische Wort und die folgenden schreiben sich mit zwei *nn*.

la **fonctionnaire** [fõksjɔnɛʀ] die Beamtin
la **fonctionnalité** [fõksjɔnalite] ❶ die Funktionalität ❷ (*in der Informatik*) **les fonctionnalités** die Funktionen
fonctionnel, fonctionnelle [fõksjɔnɛl] ❶ funktionell ❷ (*in der Medizin*) **trouble fonctionnel** Funktionsstörung

le **fonctionnement** [fõksjɔnmã] Funktionieren
fonctionner [fõksjɔne] funktionieren; *Körperorgan, Verwaltung:* arbeiten
le **fond** [fõ] ❶ der Boden; *des Meeres* der Grund ❷ *eines Raumes* das Ende; **au fond du jardin** [ganz] am Ende des Gartens; **au fond de la cour** hinten im Hof; **au fond de la pièce** hinten im Zimmer ❸ **au fond de mon sac** ganz unten in meiner Tasche ❹ *des Herzens, der Seele* das Innere; *eines Problems* der Kern; *einer Sache* das Wesentliche ❺ (*Aussage, Gehalt*) der Inhalt ❻ *eines Bildes* der Hintergrund; *eines Musters* der Grund ❼ **le fond sonore** die Geräuschkulisse ▸ **être au fond de l'abîme** am Boden zerstört sein; **à fond la caisse** (*umgs.*) mit einem Affenzahn; **du fond du cœur** von ganzem Herzen; **connaître quelque chose comme le fond de sa poche** etwas wie seine Westentasche kennen; **avoir un bon fond** einen guten Kern haben; **à fond** voll und ganz; *überarbeiten* gründlich; *atmen* tief; *kennen* in- und auswendig; **au fond, ...** (*umgs.*) im Grunde genommen ...
◆ le **fond de bouteille** der [kümmerliche] Rest
◆ le **fond de teint** die Teintgrundierung, die Grundierung
◆ le **fond de verre** der Rest
fondamental, fondamentale [fõdamãtal] <*Plural der männl. Form:* fondamentaux> ❶ grundlegend; **l'élément fondamental** das Grundelement; **la loi fondamentale** das Grundgesetz ❷ wesentlich
fondamentalement [fõdamãtalmã] von Grund auf; *verändern* grundlegend
le **fondamentaliste** [fõdamãtalist] der Fundamentalist
la **fondamentaliste** [fõdamãtalist] die Fundamentalistin
fondamentaux [fõdamãto] →**fondamental**
fondant, fondante [fõdã, fõdãt] ❶ *Eis, Schnee* schmelzend ❷ *Birne* weich und saftig
le **fondateur** [fõdatœʀ] *einer Stadt, Firma* der Gründer
la **fondation** [fõdasjõ] ❶ (*das Gründen*) die Gründung ❷ (*Einrichtung*) die Stiftung ❸ **les fondations** das Fundament

 In ❸ wird der Plural *les fondations* mit einem Singular übersetzt: *les fondations sont très solides – das Fundament ist sehr stabil.*

la **fondatrice** [fõdatʀis] *einer Stadt, Firma* die Gründerin

fondé, fondée [fõde] **bien fondé** Furcht begründet; Meinung, Kritik fundiert
le **fondement** [fõdmã] die Grundlage; **ne reposer sur aucun fondement** völlig unbegründet sein
fonder [fõde] ❶ gründen ❷ **fonder une décision sur quelque chose** eine Entscheidung auf etwas stützen ❸ **se fonder sur quelque chose** Person: sich auf etwas berufen; Überlegung: sich auf etwas stützen
la **fonderie** [fõdʀi] die Metallgießerei, die Gießerei
le **fondeur** [fõdœʀ] ❶ der Metallgießer/die Metallgießerin, der Gießer/die Gießerin ❷ (Sportler) der Langläufer
la **fondeuse** [fõdøz] die Langläuferin
fondre [fõdʀ] <wie vendre; siehe Verbtabelle ab S. 1055> ❶ Schnee, Eis: schmelzen; **la neige a fondu** der Schnee ist geschmolzen ❷ Butter: zerlaufen; Zucker, Bonbon: sich auflösen; **faire fondre le beurre** die Butter zerlassen ❸ Mensch: dünn werden, Muskeln: schrumpfen ❹ (flüssig machen) schmelzen Metall; einschmelzen Schmuck ❺ gießen Statue ❻ **fondre sur quelqu'un/sur quelque chose** sich auf jemanden/auf etwas stürzen ❼ **se fondre dans quelque chose** in etwas aufgehen
le **fonds** [fõ] ❶ **le fonds [de commerce]** das Geschäft ❷ (Kapital) **les fonds** das Geld, die Gelder; **les fonds publics** [oder **d'État**] die öffentlichen Gelder
fondu¹, **fondue** [fõdy] →**fondre**
fondu², **fondue** [fõdy] Butter zerlassen; **le fromage fondu** der Schmelzkäse; **la neige fondue** der Schneematsch, der Matsch
la **fondue** [fõdy] das/die Fondue; **la fondue savoyarde** das/die Käsefondue
font [fõ] →**faire**
la **fontaine** [fõtɛn] ❶ der Brunnen ❷ der Springbrunnen ▶ **pleurer comme une fontaine** (ironisch) wie ein Schlosshund heulen
la **fonte** [fõt] das Gusseisen
◆ **la fonte des neiges** die Schneeschmelze
les **fonts** (männlich) [fõ] **les fonts baptismaux** der Taufstein

> Der Plural *les fonts baptismaux* wird mit einem Singular übersetzt: *ces fonts baptismaux sont anciens* – dieser Taufstein *ist alt*.

le **foot** [fut] (umgs.), le **football** [futbol] der Fußball
le **footballeur** [futbolœʀ] der Fußballspieler
la **footballeuse** [futboløz] die Fußballspielerin
le **footing** [⚠ futiŋ] das Joggen; **faire du/son footing** joggen
for [fɔʀ] **en** [oder **dans**] **son for intérieur** in seinem/in ihrem tiefsten Inneren
le **forage** [fɔʀaʒ] die Bohrung
le **forain** [fɔʀɛ̃] der Schausteller
forain, foraine [fɔʀɛ̃, fɔʀɛn] Jahrmarkts-; **la baraque foraine** die Jahrmarktsbude; **l'attraction foraine** die Attraktion auf dem Jahrmarkt
la **foraine** [fɔʀɛn] die Schaustellerin
forçais, forçait [fɔʀsɛ] →**forcer**
le **forçat** [fɔʀsa] der [zur Zwangsarbeit verurteilte] Sträfling
la **force** [fɔʀs] ❶ die Kraft ❷ (charakterlich) die Stärke; (intellektuell) die geistigen Fähigkeiten ❸ **employer la force** Gewalt anwenden ❹ **les forces armées** die Streitkräfte ❺ (auch in der Physik) die Kraft; des Windes die Stärke; eines Motors die Leistungskraft, die Leistung; eines Medikaments die Wirksamkeit; eines Aufpralls, Schlages die Wucht; eines Wunsches, Gefühls die Heftigkeit; **avec un vent de force 7** bei Windstärke 7 ▶ **la force de frappe** die französische Atomstreitmacht ▶ **la force de l'habitude** die Macht der Gewohnheit; **crier de toutes ses forces** aus Leibeskräften schreien; **à force** (umgs.) [so]nach und nach; **à force de pleurer** durch das viele Weinen; **faire quelque chose de force** etwas gezwungenermaßen tun
◆ **les forces du mal** die Kräfte des Bösen
◆ **les forces de la nature** die Naturkräfte
◆ **les forces de l'ordre** die Ordnungskräfte
forcé, forcée [fɔʀse] ❶ Bad, Heirat unfreiwillig; **l'alimentation forcée** die Zwangsernährung; **l'atterrissage forcé** die Notlandung; **les travaux forcés** die Zwangsarbeit ❷ La-

la fontaine

Nicht verwechseln mit *die Fontäne* – *le jet d'eau!*

chen, Lächeln gezwungen; *Freundlichkeit, Fröhlichkeit* aufgesetzt

forcément [fɔʀsemɑ̃] zwangsläufig; **pas forcément** nicht unbedingt ▸ **forcément!** na klar!

le **forcené** [fɔʀsəne] der Verrückte

la **forcenée** [fɔʀsəne] die Verrückte

forcer [fɔʀse] <*wie* commencer; *siehe Verbtabelle ab S. 1055*> ❶ zwingen ❷ verbiegen *Schlüssel* ❸ aufbrechen *Koffer, Schloss;* durchbrechen *Sperre* ❹ hervorrufen *Anerkennung, Bewunderung;* einflößen *Respekt* ❺ heben *Stimme;* beschleunigen *Schritte* ❻ *(sich mühen)* sich anstrengen; *(sich zu sehr mühen)* sich überanstrengen ❼ **forcer sur le poivre** mit dem Pfeffer sehr großzügig sein, es mit dem Pfeffer sehr gut meinen ❽ **se forcer à écouter** sich Mühe geben zuzuhören

Ü Vor *a* und *o* steht statt *c* ein *ç,* z. B.: *nous forçons, il forçait* und *en forçant.*

le **forcing** [⚠ fɔʀsiŋ] ❶ *(im Sport)* der schnelle Vorstoß ❷ *(umgs.: Anstrengung)* der Kraftakt; **faire du forcing** seine ganze Kraft aufbieten

forcir [fɔʀsiʀ] <*wie* agir; *siehe Verbtabelle ab S. 1055*> zunehmen

G Bei einigen Formen des Verbs ist der Stamm um -*iss*- erweitert, etwa bei *nous forcissons, il forcissait* oder *en forcissant.*

forçons [fɔʀsɔ̃] →**forcer**

forer [fɔʀe] bohren

le **forestier** [fɔʀɛstje] der Förster

forestier, forestière [fɔʀɛstje, fɔʀɛstjɛʀ] Wald-; **la zone forestière** das Waldgebiet

la **forestière** [fɔʀɛstjɛʀ] die Försterin

le **foret** [fɔʀɛ] der Bohrer

la **forêt** [fɔʀɛ] ❶ der Wald ❷ **la forêt vierge** der Urwald

la **forêt-noire** [fɔʀɛnwaʀ] <*Plural:* forêts-noires> die Schwarzwälder Kirschtorte

la **Forêt-noire** [fɔʀɛnwaʀ] der Schwarzwald

le **forfait** [fɔʀfɛ] ❶ die Pauschale ❷ *(für ein Mobiltelefon)* der Prepaid-Vertrag ▸ **déclarer forfait** *Sportler:* aufgeben

forfaitaire [fɔʀfɛtɛʀ] pauschal; **le prix forfaitaire** der Pauschalpreis

la **forge** [fɔʀʒ] *(Werkstatt)* die Schmiede

forger [fɔʀʒe] <*wie* changer; *siehe Verbtabelle ab S. 1055*> ❶ schmieden ❷ erfinden *Entschuldigung, Vorwand*

le **forgeron** [fɔʀʒəʀɔ̃] der Schmied

formaliser [fɔʀmalize] **se formaliser de quelque chose** an etwas Anstoß nehmen

le **formalisme** [fɔʀmalism] der Formalismus

la **formalité** [fɔʀmalite] ❶ die Formalität; **la formalité administrative** die Verwaltungsformalität ❷ **ce n'est qu'une simple formalité** das ist eine [reine] Formsache

le **format** [fɔʀma] das Format

le **formatage** [fɔʀmataʒ] *(in der Informatik)* die Formatierung

formater [fɔʀmate] *(in der Informatik)* formatieren

le **formateur** [fɔʀmatœʀ] der Ausbilder

la **formation** [fɔʀmasjɔ̃] ❶ die Bildung ❷ *einer Mannschaft* die Aufstellung ❸ *(Entwicklung)* die Entstehung ❹ die Ausbildung; **la formation professionnelle** die Berufsausbildung; **la formation continue** die Weiterbildung ❺ die Gruppe; *(in der Politik)* die Gruppierung

la **formatrice** [fɔʀmatʀis] die Ausbilderin

la **forme** [fɔʀm] ❶ die Form; **en forme de croix** kreuzförmig; **en forme de cœur** herzförmig; **sous toutes ses formes** in all seinen Erscheinungsformen; **ce médicament existe également sous forme de gouttes** dieses Medikament gibt es auch als Tropfen ❷ die Gestalt ❸ **les formes** *einer Frau* die Rundungen ❹ *(Leistungsfähigkeit)* die Form, die Kondition ❺ *(Höflichkeit)* **mettre les formes** taktvoll sein ❻ *(in Kunst, Musik und Literatur)* die Form, die Ausdrucksform ▸ **prendre forme** *Projekt:* Gestalt annehmen

formel, formelle [fɔʀmɛl] ❶ ausdrücklich; *Ablehnung* entschieden; *Beweis* eindeutig; **être formel sur quelque chose** sich in Bezug auf etwas klar ausdrücken ❷ [rein] formell

formellement [fɔʀmɛlmɑ̃] ausdrücklich

former [fɔʀme] ❶ formen ❷ bilden; gründen *Verein, Partei;* aufbauen *Armee;* schmieden *Komplott;* entwerfen *Projekt* ❸ aussprechen *Wunsch;* hegen *Absicht* ❹ ausbilden *Menschen* ❺ formen *Charakter* ❻ **la fleur forme un fruit** aus der Blüte entsteht eine Frucht ❼ bilden *Kreis;* machen *Schleife* ❽ **se former** sich bilden

formidable [fɔʀmidabl] ❶ *(umgs.: bewundernswert)* toll; **c'est formidable!** das ist ja toll! ❷ *Willenskraft, Ausgaben* enorm

formidablement [fɔʀmidabləmɑ̃] unglaublich

le **formulaire** [fɔʀmylɛʀ] das Formular, die Drucksorte Ⓐ

la **formulation** [fɔʀmylasjɔ̃] die Formulierung

la **formule** [fɔʀmyl] ❶ die Formel ❷ *eines Shampoos* die Rezeptur ❸ das Angebot; **une formule à vingt euros** ein Fertigmenü für zwanzig Euro ❹ die Methode ❺ **la formule un** die Formel Eins
▸ la **formule de politesse** die Höflichkeitsfloskel

formuler [fɔʀmyle] formulieren; abfassen *Gesuch*

forniquer [fɔʀnike] **forniquer avec quelqu'un** sich mit jemandem vergnügen

le **forsythia** [⚠ fɔʀsisja] ⚠ *männlich* die Forsythie

fort [fɔʀ] ❶ anklopfen kräftig; *sprechen, schreien* laut; **sentir fort** streng riechen; **le vent souffle fort** es weht ein starker Wind ❷ **j'en doute fort** das möchte ich bezweifeln ❸ **il ne va pas très fort** (*umgs.*) es geht ihm nicht so gut ▸ **y aller fort** (*umgs.*) [da] ziemlich übertreiben

le **fort**¹ [fɔʀ] (*Person*) der Starke
le **fort**² [fɔʀ] (*Bauwerk*) das Fort
le **fort**³ [fɔʀ] (*hervorragende Eigenschaft*) die Stärke

fort, forte [fɔʀ, fɔʀt] ❶ stark, kräftig; *Konstitution, Beine, Schlag* kräftig; *Pappe* dick ❷ *Währung* hart ❸ *Licht* hell; **une forte averse** ein heftiger Regenguss; **une forte chaleur** eine Bullenhitze ❹ *Senf, Gewürz* scharf ❺ *Fieber, Sterblichkeit* hoch ❻ **être fort en anglais** in Englisch gut sein ❼ *Wort, Ausdruck* hart ❽ *Unterschied* groß; **il y a de fortes chances pour qu'il ne perde pas** es bestehen gute Chancen, dass er nicht verliert
▸ **c'est un peu fort!** (*umgs.*) das ist ein starkes Stück!

la **forte** [fɔʀt] die Starke

fortement [fɔʀtəmɑ̃] ❶ fest; *schütteln* kräftig ❷ **insister fortement sur quelque chose** nachdrücklich auf einer Sache bestehen

la **forteresse** [fɔʀtəʀɛs] die Festung

le **fortifiant** [fɔʀtifjɑ̃] das Stärkungsmittel

fortifiant, fortifiante [fɔʀtifjɑ̃, fɔʀtifjɑ̃t] Kraft-, Stärkungs-; **la nourriture fortifiante** die Kraftnahrung; **le remède fortifiant** das Stärkungsmittel

la **fortification** [fɔʀtifikasjɔ̃] die Befestigungsanlage

fortifier [fɔʀtifje] <*wie* apprécier; *siehe Verbtabelle ab S. 1055*> ❶ kräftigen ❷ (*militärisch*) befestigen

fortuit, fortuite [fɔʀtɥi, fɔʀtɥit] zufällig

la **fortune** [fɔʀtyn] ❶ das Vermögen; **faire fortune** reich werden ❷ das Glück ▸ **de fortune** behelfsmäßig

fortuné, fortunée [fɔʀtyne] wohlhabend

forwarder [fɔʀwaʀde] weiterleiten *E-Mail*

la **fosse** [fos] ❶ die Grube; **la fosse septique** die Klärgrube ❷ (*in der Geografie*) der Graben ❸ (*für Tote*) das Grab; (*für viele Tote*) das Gemeinschaftsgrab

le **fossé** [fose] ❶ der Graben ❷ (*Gegensatz*) die Kluft

la **fossette** [fosɛt] das Grübchen

fossile [fosil] fossil

le **fossile** [fosil] das Fossil

fossiliser [fosilize] **se fossiliser** versteinern

le **fossoyeur** [foswajœʀ] der Totengräber

le **fou** [fu] ❶ der Wahnsinnige; (*medizinisch*) der Geistesgestörte ❷ (*Schachfigur*) der Läufer ❸ (*früher, an Königshöfen*) der Narr
▸ **faire le fou** Blödsinn machen/reden; (*unbeherrscht sein*) sich austoben; **travailler comme un fou** wie besessen arbeiten

fou, folle [fu, fɔl] <*Plural der männl. Form:* fous> ❶ verrückt, wahnsinnig; **elle est devenue folle furieuse** sie hat einen Tobsuchtsanfall bekommen ❷ **devenir fou** außer sich geraten, verrückt werden; **être fou à lier** völlig übergeschnappt sein ❸ **tu serais fou de faire cela** du wärst verrückt, wenn du das tätest; **il faut être fou pour faire cela** man muss schon verrückt sein, um das zu tun ❹ *Idee* verrückt; *Verlangen* unbändig; *Liebe* wahnsinnig; **avoir le fou rire** einen Lachkrampf bekommen ❺ **être fou de quelqu'un/de quelque chose** nach jemandem/nach etwas verrückt sein ❻ *Mut, Energie, Mühe* wahnsinnig; **un monde fou** wahnsinnig viele Leute ❼ **elle est toute folle** sie ist außer Rand und Band

Ⓖ Die männliche Singularform **fol** steht an Stelle von *fou* vor Vokalen oder stummem h: *un fou rire* – ein Lachanfall; *un fol été* – ein verrückter Sommer; *un fol héroïsme* – ein verrückter Heldenmut.

la **foudre** [fudʀ] der Blitz

foudroyant, foudroyante [fudʀwajɑ̃, fudʀwajɑ̃t] *Erfolg* durchschlagend; *Tempo* rasant; *Neuigkeit* umwerfend

foudroyer [fudʀwaje] <*wie* appuyer; *siehe Verbtabelle ab S. 1055*> ❶ **être foudroyé(e)** vom Blitz getroffen werden; (*getötet werden*) vom Blitz erschlagen werden; (*durch elektrischen Strom getötet werden*) einen tödlichen [elektrischen] Schlag bekommen ❷ (*töten*) plötzlich dahinraffen ❸ **foudroyer quelqu'un du regard** jemandem feindselige/wütende Blicke zuwerfen

> Ü Einige Formen des Verbs schreiben sich mit *y*, andere mit *i*.
> Direkt vor einer betonten Endungssilbe steht immer ein *y*, z. B. *nous foudroyons* oder *ils foudroyaient*.
> Das *i* steht immer vor einem unbetonten *e*, z. B. *il foudroie* oder *ils foudroieront*.

le **fouet** [fwɛ] ❶ die Peitsche; **donner le fouet à quelqu'un** jemanden mit der Peitsche schlagen ❷ (*Küchengerät*) der Schneebesen ▶ **de plein fouet** mit voller Wucht
fouetter [fwete] ❶ mit der Peitsche schlagen ❷ (*beim Kochen*) mit dem Schneebesen schlagen
la **fougère** [fuʒɛʀ] der Farn
la **fougue** [fug] der Schwung
fougueux, fougueuse [fugø, fugøz] *Mensch, Temperament* aufbrausend; *Pferd* feurig
la **fouille** [fuj] ❶ die Durchsuchung ❷ (*in der Archäologie*) **les fouilles** die Ausgrabungen, die Grabungen
le **fouille-merde** [fujmɛʀd] <*Plural:* fouille-merdes> (*umgs.*) der Schmierfink
la **fouille-merde** [fujmɛʀd] <*Plural:* fouille-merdes> (*umgs.*) der Schmierfink
fouiller [fuje] ❶ durchsuchen *Wohnung, Taschen* ❷ **fouiller dans quelque chose** in etwas herumwühlen ❸ *Archäologe:* Ausgrabungen machen; **fouiller le terrain** auf einem Gelände Ausgrabungen machen ❹ **fouiller la terre** *Tier:* in der Erde wühlen
le **fouillis** [fuji] die Unordnung
la **fouine** [⚠ fwin] der Steinmarder
fouiner [⚠ fwine] (*umgs.*) herumschnüffeln
le **foulard** [fulaʀ] ❶ das Kopftuch ❷ (*Schal*) das Halstuch
la **foule** [ful] die Menge, die Menschenmenge; **une foule de visiteurs** eine große Besuchermenge; **il y a foule** es sind viele Leute da; **il n'y a pas foule** es sind wenige Leute da
la **foulée** [fule] der Schritt; *eines Läufers* der Laufstil; **à grandes/petites foulées** mit großen/kleinen Schritten
fouler [fule] ❶ **se fouler la cheville** sich den Knöchel verstauchen ❷ **se fouler** (*umgs.*) sich mächtig ins Zeug legen
la **foulure** [fulyʀ] die Verstauchung
le **four** [fuʀ] ❶ der Backofen, der Ofen, das Backrohr Ⓐ; **le four [à] micro-ondes** der Mikrowellenherd ❷ (*in der Industrie*) der Ofen

fourbe [fuʀb] heuchlerisch, scheinheilig
la **fourberie** [fuʀbəʀi] die Hinterhältigkeit
le **fourbi** [fuʀbi] (*umgs.*) der Krempel
fourbu, fourbue [fuʀby] erschöpft
la **fourche** [fuʀʃ] die Gabel
◆ la **fourche de bicyclette** die Radgabel
fourcher [fuʀʃe] *Haare:* sich [an den Spitzen] spalten
la **fourchette** [fuʀʃɛt] ❶ die Gabel ❷ (*zwischen Werten, Zahlen*) die Spanne
fourchu, fourchue [fuʀʃy] *Zunge* gespalten; **avoir les cheveux fourchus** Spliss haben, gespaltene Haarspitzen haben
le **fourgon** [fuʀgɔ̃] ❶ der Güterwagen ❷ (*Auto*) der Kastenwagen; **le fourgon funéraire** der Leichenwagen
la **fourgonnette** [fuʀgɔnɛt] der Lieferwagen
fourguer [fuʀge] (*umgs.*) **fourguer quelque chose à quelqu'un** etwas an jemanden verkloppen [*oder* verticken]; (*betrügerisch*) jemandem etwas andrehen
la **fourmi** [fuʀmi] die Ameise ▶ **avoir des fourmis dans les jambes** ein Kribbeln in den Beinen haben
le **fourmilier** [fuʀmilje] der Ameisenbär
la **fourmilière** [fuʀmiljɛʀ] ❶ der Ameisenhaufen ❷ (*übertragen*) **ce quartier est une fourmilière** in diesem Viertel wimmelt es wie in einem Bienenstock
le **fourmillement** [⚠ fuʀmijmɑ̃] ❶ das Gewimmel ❷ (*Empfindung, Gefühl*) das Kribbeln; **j'ai des fourmillements dans les bras** es kribbelt mir in den Armen
fourmiller [⚠ fuʀmije] **les moustiques fourmillent** es wimmelt [nur so] von Stechmücken; **les fautes fourmillent** es wimmelt [nur so] von Fehlern
la **fournaise** [fuʀnɛz] **cette chambre est une fournaise** dieses Zimmer ist der reinste Backofen
le **fourneau** [fuʀno] <*Plural:* fourneaux> ❶ der Herd, der Küchenherd ❷ (*in Hüttenwerken*) der Schmelzofen
la **fournée** [fuʀne] (*Menge*) der Ofen voll; **deux fournées de pains** zwei Ofen voll Brote
fourni, fournie [fuʀni] *Bart* dicht; *Augenbrauen* buschig
le **fournil** [⚠ fuʀni] die Backstube
fournir [fuʀniʀ] <*wie agir; siehe Verbtabelle ab S. 1055*> ❶ **fournir quelqu'un en légumes** jemanden mit Gemüse beliefern; **se fournir en vin chez ...** seinen Wein [immer] von ... beziehen ❷ liefern *Vorwand, Alibi, Beweis*; erteilen *Auskunft*; **fournir des couvertures aux réfugiés** die Flüchtlinge mit

Wolldecken versorgen ❸ vorzeigen *Pass, Ausweis* ❹ hervorbringen; **fournir un gros effort** eine große Anstrengung vollbringen

Ⓖ Bei einigen Formen des Verbs ist der Stamm um *-iss-* erweitert, etwa bei *nous fournissons, il fournissait* oder *en fournissant*.

le **fournisseur** [fuʀnisœʀ] ❶ der Händler ❷ der Lieferant ❸ der Anbieter
la **fournisseuse** [fuʀnisøz] ❶ die Händlerin ❷ die Lieferantin ❸ die Anbieterin
la **fourniture** [fuʀnityʀ] ❶ die Lieferung ❷ **les fournitures** die Ausstattung; **les fournitures scolaires** der Schulbedarf; **les fournitures de bureau** der Bürobedarf, das Büromaterial

Ⓥ In ❷ wird der Plural *les fournitures* mit einem Singular übersetzt: *les fournitures de bureau coûtent cher – das Büromaterial ist teuer.*

le **fourrage** [fuʀaʒ] das Viehfutter, das Futter
fourrager, fourragère [fuʀaʒe, fuʀaɛʀ] Futter-; **la plante fourragère** die Futterpflanze
le **fourré** [fuʀe] das Gestrüpp
fourré, fourrée [fuʀe] ❶ *Stiefel* gefüttert ❷ *Bonbon* gefüllt
le **fourreau** [fuʀo] <*Plural:* fourreaux> die Hülle; *eines Schwerts* die Scheide
fourrer [fuʀe] ❶ **fourrer un mouchoir dans sa poche** (*umgs.*) sich ein Taschentuch in die Tasche stopfen ❷ **fourrer des bonbons au chocolat** Bonbons mit Schokolade füllen ❸ (*umgs.:* herumsitzen) **être fourré(e) devant la télé** vorm Fernseher abhängen; **être tout le temps fourré(e) au café** pausenlos im Café hängen ▸ **s'en fourrer jusque-là** (*umgs.*) sich den Bauch vollschlagen
le **fourre-tout** [fuʀtu] <*Plural:* fourre-tout> die Reisetasche
la **fourrière** [fuʀjɛʀ] ❶ (*für polizeilich abgeschleppte Fahrzeuge*) die Kfz-Verwahrstelle ❷ (*für Tiere*) das Tierheim
la **fourrure** [fuʀyʀ] der Pelz
fous, fout [fu] →**foutre**
la **foutaise** [futɛz] (*abwertend umgs.*) der Mist, der Quatsch; **quelle foutaise!** was für 'n Quatsch!
le **foutoir** [futwaʀ] (*abwertend umgs.*) der Schweinestall
foutre [futʀ] <*ähnlich wie* rompre; *siehe Verbtabelle ab S. 1055*> (*umgs.*) ❶ tun, treiben; **ne rien foutre** stinkfaul sein; **qu'est-ce que tu fous?** (*abwertend*) was treibst du [eigentlich]? ❷ (*werfen*) schmeißen ❸ **foutre une baffe à quelqu'un** jemandem eine runterhauen ❹ **fous-moi la paix!** lass mich gefälligst in Ruhe! ❺ **se foutre un coup de marteau sur les doigts** sich mit dem Hammer auf die Finger hauen ❻ **se foutre de quelqu'un** jemanden auf die Schippe nehmen; (*kein Interesse haben*) auf jemanden pfeifen, **je me fous qu'il fasse beau ou non** es ist mir völlig schnuppe, ob schönes Wetter wird oder nicht ▸ **je n'en ai rien à foutre!** das ist mir scheißegal!; **qu'est-ce que ça peut te foutre?** was geht [denn] dich das an?; **va te faire foutre!** mach, dass du wegkommst!; **se foutre dedans** sich total verhauen; **je t'en fous!** von wegen!, du kannst mich mal!

foutu, foutue [futy] (*umgs.*) ❶ *Gerät, Sachen* kaputt; **être foutu** völlig fertig sein; *Kranker:* es nicht mehr lange machen; *Uhr, Auto:* im Eimer sein ❷ (*als Schimpfwort*) **foutue voiture!** Scheißkarre! ❸ **il n'est pas foutu d'arriver à l'heure** er packt es nicht [*oder* kriegt es nicht auf die Reihe], pünktlich zu sein ▸ **être mal foutu** nicht auf dem Damm sein

le **foyer** [fwaje] ❶ das Heim ❷ der [eigene] Haushalt; **fonder un foyer** eine Familie gründen; **la femme au foyer** die Hausfrau ❸ der Saal; *einer Schule* die Aula; *eines Theaters, Kinos* das Foyer ❹ *eines Kamins, Ofens* die Feuerstelle ❺ *einer Linse* der Brennpunkt ❻ (*übertragen*) *eines Aufruhrs* der Herd
◆ le **foyer d'étudiants** das Studentenwohnheim
◆ le **foyer d'incendie** der Brandherd
le **frac** [fʀak] der Frack
le **fracas** [fʀaka] der Krach
fracasser [fʀakase] ❶ zertrümmern ❷ **se fracasser** zerspringen; *Schiff:* zerschellen
la **fraction** [fʀaksjɔ̃] ❶ der Bruch, die Bruchzahl ❷ *einer Gruppe, eines Betrages* der Teil; **une fraction de seconde** ein Bruchteil einer Sekunde
le **fractionnement** [fʀaksjɔnmɑ̃] die Zersplitterung
fractionner [fʀaksjɔne] ❶ zerlegen; aufteilen *Erbe* ❷ **se fractionner en plusieurs groupes** sich in mehrere Gruppen aufspalten
la **fracture** [fʀaktyʀ] ❶ der Knochenbruch, der Bruch; **se faire une fracture du poignet** sich das Handgelenk brechen ❷ **la fracture sociale** die Spaltung der Gesellschaft
fracturer [fʀaktyʀe] ❶ aufbrechen *Tür, Fahrzeug* ❷ brechen; **se fracturer le bras** sich

den Arm brechen

fragile [fʀaʒil] ❶ zerbrechlich; *Gebäude* baufällig ❷ *Mensch* zart; *Körper, Gesundheit, Magen* anfällig; *Herz* schwach ❸ (*seelisch*) labil ❹ *Argument, Beweis* nicht stichhaltig; *Gleichgewicht, Frieden* labil

fragilisé, fragilisée [fʀaʒilize] *Gesundheit* angegriffen

fragiliser [fʀaʒilize] schwächen

la **fragilité** [fʀaʒilite] ❶ die Zerbrechlichkeit ❷ *eines Menschen, der Gesundheit* die Anfälligkeit

le **fragment** [fʀagmɑ̃] ❶ *eines Gegenstandes, Knochens* das Bruchstück ❷ *eines Textes* der Teil

fragmentaire [fʀagmɑ̃tɛʀ] *Wissen, Darstellung* bruchstückhaft

la **fragmentation** [fʀagmɑ̃tasjɔ̃] ❶ (*auch in der Biologie*) die Teilung ❷ *eines Problems* die Gliederung

fragmenter [fʀagmɑ̃te] [auf]teilen *Film, Gesamtwerk*

fraîche [fʀɛʃ] →**frais**

la **fraîche** [fʀɛʃ] **à la fraîche** (*morgens*) in der morgendlichen Frische; (*abends*) in der abendlichen Kühle

fraîchement [fʀɛʃmɑ̃] frisch

la **fraîcheur** [fʀɛʃœʀ] ❶ die Kühle; **chercher la fraîcheur** Abkühlung suchen ❷ die Frische

fraîchir [fʀeʃiʀ] <*wie agir; siehe Verbtabelle ab S. 1055*> ❶ *Luft, Wetter:* sich abkühlen ❷ *Wind:* auffrischen

Ⓖ Bei einigen Formen des Verbs ist der Stamm um -iss- erweitert, etwa bei *il fraîchissait* oder *en fraîchissant*.

frais [fʀɛ] **il fait frais** es ist kühl; **servir quelque chose très frais** etwas kalt servieren

le **frais** [fʀɛ] ❶ die frische Luft ❷ **être au frais** *Person:* im Kühlen sein/sitzen; *Sache:* gut gekühlt sein; **mettre quelque chose au frais** etwas kalt stellen; "**À conserver au frais**" „Kühl lagern"

les **frais** (*männlich*) [fʀɛ] ❶ die Kosten; **les faux frais** die Nebenkosten; **tous frais compris** einschließlich aller Unkosten ❷ (*in der Wirtschaft*) **les frais généraux** die allgemeinen Unkosten

frais, fraîche [fʀɛ, fʀɛʃ] ❶ kühl; (*stärker*) kalt; **les boissons fraîches** die kalten/kühlen Getränke ❷ (*nicht alt*) *Brot, Früchte, Farbe* frisch; **les nouvelles fraîches** die neuesten Nachrichten ❸ *Teint, Atem* frisch ❹ (*nicht herzlich*) kühl ❺ (*ausgeruht*) frisch

la **fraise**¹ [fʀɛz] ❶ (*Frucht*) die Erdbeere; **la confiture de fraise[s]** die Erdbeermarmelade; **la glace à la fraise** das Erdbeereis ❷ (*umgs.: Gesicht*) die Visage
 ◆ **la fraise des bois** die Walderdbeere

la **fraise**² [fʀɛz] ❶ (*Werkzeug*) die Fräse ❷ (*zahnärztliches Instrument*) der Bohrer

le **fraisier** [fʀɛzje] die Erdbeerpflanze

la **framboise** [fʀɑ̃bwaz] (*Frucht*) die Himbeere

le **framboisier** [fʀɑ̃bwazje] der Himbeerstrauch

le **franc** [fʀɑ̃] ❶ der Franc; **le franc français** der französische Franc ❷ der Franken; **le franc suisse** der Schweizer Franken

franc, franche [fʀɑ̃, fʀɑ̃ʃ] ❶ *Person* aufrichtig; *Lachen, Fröhlichkeit* ungezwungen; **pour être franc** ehrlich gesagt; **être franc avec quelqu'un** [ganz] offen mit jemandem reden ❷ *Farbe* rein; *Feindschaft* offen ❸ **un franc succès** ein wirklicher Erfolg ❹ (*ohne Gebühren*) frei; **le port franc** der Freihafen; **franc de port** portofrei

franc, franque [fʀɑ̃, fʀɑ̃k] fränkisch; **la langue franque** das Fränkische

le **Franc** [fʀɑ̃] der Franke

le **français** [fʀɑ̃sɛ] Französisch; **le français familier** das umgangssprachliche Französisch; **le français standard** das Standardfranzösisch ▶ **vous ne comprenez pas le français?** (*umgs.*) ≈ verstehen Sie kein Deutsch?

Ⓖ In Verbindung mit dem Verb *parler* kann der Artikel entfallen: *il parle français – er spricht Französisch.*

français, française [fʀɑ̃sɛ, fʀɑ̃sɛz] ❶ französisch ❷ **à la française** auf französische Art und Weise

le **Français** [fʀɑ̃sɛ] der Franzose

la **Française** [fʀɑ̃sɛz] die Französin

la **France** [fʀɑ̃s] Frankreich

Francfort [fʀɑ̃kfɔʀ] Frankfurt

franche [fʀɑ̃ʃ] →**franc**

franchement [fʀɑ̃ʃmɑ̃] ❶ offen ❷ **entrer franchement dans le sujet** gleich zur Sache kommen ❸ (*eindeutig*) klar ❹ (*tatsächlich*) wirklich ▶ **franchement!** mal [ganz] ehrlich!; (*empört*) also wirklich!

franchir [fʀɑ̃ʃiʀ] <*wie agir; siehe Verbtabelle ab S. 1055*> ❶ **franchir un obstacle** über ein Hindernis springen/klettern ❷ passieren *Grenze*; durchbrechen *Sperre*; überschreiten *Schwelle*; überqueren *Ziellinie*

Ⓖ Bei einigen Formen des Verbs ist der Stamm um -iss- erweitert, etwa bei *nous franchissons, il franchissait* oder *en franchissant*.

la **franchise** [fʀɑ̃ʃiz] ❶ *eines Menschen* die Offenheit ❷ (*bei Versicherungen*) die Selbstbeteiligung ❸ (*bei der Verwaltung*) die Gebührenfreiheit
le **franciscain** [fʀɑ̃siskɛ̃] der Franziskaner
franciscain, franciscaine [fʀɑ̃siskɛ̃, fʀɑ̃siskɛn] franziskanisch
la **franciscaine** [fʀɑ̃siskɛn] die Franziskanerin
franciser [fʀɑ̃size] franzö[si]sieren
le **franc-maçon** [fʀɑ̃masɔ̃] <*Plural:* francs-maçons*> der Freimaurer
la **franc-maçonnerie** [fʀɑ̃masɔnʀi] <*Plural:* franc-maçonneries*> die Freimaurerei
franco [fʀɑ̃ko] ❶ [fracht]frei ❷ (*umgs.: direkt*) unverblümt
franco-allemand, franco-allemande [fʀɑ̃koalmɑ̃, fʀɑ̃koalmɑ̃d] <*Plural der männl. Form:* franco-allemands*> deutsch-französisch
francophile [fʀɑ̃kɔfil] frankreichfreundlich, frankophil
francophobe [fʀɑ̃kɔfɔb] frankreichfeindlich
francophone [fʀɑ̃kɔfɔn] ❶ (*mit Französisch als Muttersprache, als Landessprache*) französischsprachig ❷ (*mit Französischkenntnissen*) Französisch sprechend
le **francophone** [fʀɑ̃kɔfɔn] ❶ (*Muttersprachler*) der Französischsprachige ❷ (*über Französischkenntnisse verfügende Person*) der Französischsprechende
la **francophone** [fʀɑ̃kɔfɔn] ❶ (*Muttersprachlerin*) die Französischsprachige ❷ (*über Französischkenntnisse verfügende Person*) die Französischsprechende
la **francophonie** [fʀɑ̃kɔfɔni] die Frankophonie, die Französisch sprechende Welt

Als *francophonie* bezeichnet man die Gesamtheit aller französischsprachigen Länder. Diese Staaten befinden sich in Afrika, Amerika, Asien und Europa. Sie veranstalten regelmäßig Gipfeltreffen, um Fragen zu erörtern, die mit der Pflege und der Verbreitung der französischen Sprache zu tun haben.

le **franc-parler** [fʀɑ̃paʀle] <*Plural:* francs-parlers*> **avoir son franc-parler** mit seiner Meinung nicht hinter dem Berg halten
la **frange** [fʀɑ̃ʒ] ❶ der Rand ❷ (*Haarschnitt*) der Pony
le **frangin** [fʀɑ̃ʒɛ̃] (*umgs.*) der Bruder, das Bruderherz
la **frangine** [fʀɑ̃ʒin] (*umgs.*) die Schwester, das Schwesterherz
la **frangipane** [fʀɑ̃ʒipan] (*in Gebäck*) die Mandelcreme

le **franglais** [fʀɑ̃glɛ] das Franglais

Als *franglais* bezeichnet man ein Französisch, das stark mit Wörtern englischer Herkunft durchsetzt ist.

franque [fʀɑ̃k] →**franc**
la **Franque** [fʀɑ̃k] die Fränkin
franquette [fʀɑ̃kɛt] **à la bonne franquette** ohne große Umstände
frappant, frappante [fʀapɑ̃, fʀapɑ̃t] *Gegensatz* auffallend; *Ähnlichkeit* verblüffend
la **frappe** [fʀap] *einer Münze* die Prägung
frappé, frappée [fʀape] *Getränk* eisgekühlt
frapper [fʀape] ❶ schlagen; **frapper quelqu'un au visage** jemanden ins Gesicht schlagen ❷ **frapper quelqu'un à la tête** *Stein:* jemanden am Kopf treffen; **frapper les vitres** *Regen:* an die Fenster trommeln ❸ **frapper quelqu'un** *Krankheit:* jemanden befallen; *Maßnahme, Steuer:* jemanden [be]treffen; *Strafe, Unglück:* jemanden treffen ❹ **frapper quelqu'un d'horreur** jemanden in Schrecken versetzen; **frapper quelqu'un de stupeur** jemanden bestürzen; **être frappé(e) de stupeur** wie vor den Kopf geschlagen sein; **je suis frappé(e) d'entendre cette nouvelle** diese Neuigkeit verblüfft mich ❺ prägen *Medaille, Münze* ❻ kühlen *Getränk* ❼ (*vor dem Eintreten*) anklopfen; **frapper à la porte** an die Tür klopfen ❽ **frapper dans ses mains** in die Hände klatschen
fraternel, fraternelle [fʀatɛʀnɛl] ❶ (*zwischen Brüdern*) brüderlich; (*zwischen Geschwistern*) geschwisterlich; **l'amour fraternel** (*zwischen Brüdern*) die Bruderliebe; (*zwischen Geschwistern*) die Geschwisterliebe ❷ freundschaftlich; *Freundschaft* innig
fraternellement [fʀatɛʀnɛlmɑ̃] brüderlich
fraterniser [fʀatɛʀnize] Freundschaft schließen
la **fraternité** [fʀatɛʀnite] die Brüderlichkeit
le **fratricide** [fʀatʀisid] ❶ der Brudermord ❷ der Mord an der [eigenen] Schwester
la **fraude** [fʀod] der Betrug; **la fraude fiscale** die Steuerhinterziehung ▶ **en fraude** auf betrügerische Weise; **passer quelque chose en fraude** etwas schmuggeln
frauder [fʀode] betrügen; **frauder le fisc** Steuern hinterziehen
le **fraudeur** [fʀodœʀ] der Betrüger; (*beim Grenzübertritt*) der Schmuggler
la **fraudeuse** [fʀodøz] die Betrügerin; (*beim Grenzübertritt*) die Schmugglerin
frauduleux, frauduleuse [fʀodylø, fʀodyløz] betrügerisch; *Wettbewerb, Mittel* unlau-

ter; **le trafic frauduleux** der Schmuggel
frayer [fʀeje] <*wie* essayer; *siehe Verbtabelle ab S. 1055*> **frayer à quelqu'un un passage dans la foule** jemandem einen Weg durch die Menge bahnen; **se frayer un chemin** sich einen Weg bahnen

> **Ü** Einige Formen dieses Verbs schreiben sich mit *y*, andere mit *i*.
> Direkt vor einer betonten Endungssilbe steht immer ein *y*, z. B. in *nous frayons* und *ils frayaient*.
> Vor einem unbetonten *e* können *i* oder *y* stehen, z. B. in *je fraie* oder *je fraye*.

la **frayeur** [fʀejœʀ] der Schreck, der Schrecken
fredonner [fʀədɔne] summen
le **free-lance** [⚠ fʀilɑ̃s] <*Plural:* free-lances> der Freiberufler
la **free-lance** [⚠ fʀilɑ̃s] <*Plural:* free-lances> die Freiberuflerin
le **freezer** [⚠ fʀizœʀ] das Gefrierfach
la **frégate** [fʀegat] (*Schiff*) die Fregatte
le **frein** [fʀɛ̃] die Bremse ▶ **mettre un frein à quelque chose** etwas bremsen
le **freinage** [fʀenaʒ] (*Vorgang*) das Bremsen
freiner [fʀene] ❶ (*auch übertragen*) bremsen ❷ drosseln *Produktion, Preisanstieg*
frelater [fʀəlate] panschen
frêle [fʀɛl] schwach; **la silhouette frêle** die zierliche Gestalt
le **frelon** [fʀəlɔ̃] die Hornisse
frémir [fʀemiʀ] <*wie* agir; *siehe Verbtabelle ab S. 1055*> ❶ erschauern; **frémir d'horreur** vor Entsetzen erschauern; **faire frémir quelqu'un** *Geschichte, Ereignis:* jemanden schaudern lassen ❷ *Blätter:* zittern; *Wasser:* sieden

> **G** Bei einigen Formen des Verbs ist der Stamm um -*iss*- erweitert, etwa bei *nous frémissons, il frémissait* oder *en frémissant*.

frémissant, frémissante [fʀemisɑ̃, fʀemisɑ̃t] *Stimme* zitternd; *Wasser* siedend
le **frémissement** [fʀemismɑ̃] das leichte Zittern
le **french cancan** [⚠ fʀɛnʃkɑ̃kɑ̃] <*Plural:* french cancans> der Cancan
le **frêne** [fʀɛn] die Esche
la **frénésie** [fʀenezi] die Leidenschaft
frénétique [fʀenetik] *Leidenschaft, Bewegung* wild; *Beifall* stürmisch; **un enthousiasme frénétique** ein wahrer Begeisterungssturm
frénétiquement [fʀenetikmɑ̃] stürmisch
fréquemment [⚠ fʀekamɑ̃] oft
la **fréquence** [fʀekɑ̃s] ❶ die Häufigkeit ❷ (*in der Physik*) die Frequenz
fréquent, fréquente [fʀekɑ̃, fʀekɑ̃t] häufig

fréquentable [fʀekɑ̃tabl] akzeptabel; **un type peu fréquentable** (*umgs.*) ein Kerl, dem man [lieber] aus dem Weg gehen sollte
la **fréquentation** [fʀekɑ̃tasjɔ̃] ❶ *von Museen, Theatern* der häufige Besuch ❷ **les fréquentations** der Umgang

> **V** In ❷ wird der Plural *les fréquentations* mit einem Singular übersetzt: *il surveille les fréquentations de ses enfants* – er achtet auf den Umgang seiner Kinder.

fréquenté, fréquentée [fʀekɑ̃te] viel besucht; *Straße* belebt; **ce lieu est bien fréquenté** dieser Ort ist gut besucht; (*die Art der Besucher betreffend*) an diesem Ort verkehren anständige Leute
fréquenter [fʀekɑ̃te] ❶ häufig besuchen *Bars, Theater* ❷ **fréquenter quelqu'un** mit jemandem verkehren; **se fréquenter** (*unter Freunden*) sich häufig sehen; (*als Liebespaar*) zusammen sein, miteinander gehen
le **frère** [fʀɛʀ] der Bruder
le **frérot** [fʀeʀo] (*umgs.*) das Brüderchen
la **fresque** [fʀɛsk] ⚠ *weiblich* das Fresko
le **fret** [⚠ fʀɛ(t)] ❶ (*Last*) die Fracht, die Ladung ❷ (*Preis*) die Frachtkosten

> **V** In ❷ wird der Singular *le fret* mit einem Plural übersetzt: *le fret coûte cher* – die Frachtkosten sind teuer.

frétiller [fʀetije] *Fisch, Person:* zappeln; **le chien frétille de la queue** der Hund wedelt mit dem Schwanz
friable [fʀijabl] *Teig* mürbe; *Gestein, Boden* bröckelig
le **friand** [fʀijɑ̃] ❶ kleine pikante Blätterteigpastete ❷ kleiner Kuchen mit Mandelpaste
friand, friande [fʀijɑ̃, fʀijɑ̃d] **être friand de chocolat** sehr gerne Schokolade essen
la **friandise** [fʀijɑ̃diz] die Süßigkeit
Fribourg [fʀibuʀ] Freiburg
le **fric** [fʀik] (*umgs.*) die Knete
la **fricassée** [fʀikase] ⚠ *weiblich* das Frikassee
la **friche** [fʀiʃ] das Brachland; **être en friche** brachliegen
fricoter [fʀikɔte] (*ironisch umgs.*) **fricoter avec quelqu'un** etwas [*oder* was] mit jemandem haben
la **friction** [fʀiksjɔ̃] ❶ das Abreiben ❷ die Kopfhautmassage ❸ **être une cause de friction[s]** zu Reibereien führen
frictionner [fʀiksjɔne] abreiben; **se frictionner** sich abreiben
le **frigidaire**® [fʀiʒidɛʀ] der Kühlschrank
frigide [fʀiʒid] frigide, frigid

le **frigo** [fʀigo] (*umgs.*) *Abkürzung von* **frigidaire** der Kühlschrank
frigorifier [fʀigɔʀifje] <*wie apprécier; siehe Verbtabelle ab S. 1055*> (*umgs.*) **être frigorifié(e)** total durchgefroren sein
frigorifique [fʀigɔʀifik] Kühl-; **le camion frigorifique** der Kühlwagen; **la chambre frigorifique** der Kühlraum
frileux, frileuse [fʀilø, fʀiløz] kälteempfindlich, verfroren
la **frime** [fʀim] (*umgs.*) ❶ (*Bluff*) das Theater ❷ die Angeberei ▶ **pour la frime** zum Schein
frimer [fʀime] (*umgs.*) ❶ eine Show abziehen ❷ angeben
le **frimeur** [fʀimœʀ] (*umgs.*) der Angeber
la **frimeuse** [fʀimøz] (*umgs.*) die Angeberin
la **frimousse** [fʀimus] (*umgs.*) das niedliche Gesicht
la **fringale** [fʀɛ̃gal] (*umgs.*) der Kohldampf, der Bärenhunger
fringant, fringante [fʀɛ̃gɑ̃, fʀɛ̃gɑ̃t] munter; *Greis* rüstig; *Pferd* lebhaft
fringuer [fʀɛ̃ge] (*umgs.*) **se fringuer** sich anziehen; **il s'est bien fringué** er hat sich in Schale geworfen
les **fringues** (*weiblich*) [fʀɛ̃g] (*umgs.*) die Klamotten
la **fripe** [fʀip] ❶ der Secondhand-Handel [mit Kleidern] ❷ **les fripes** die Secondhand-Kleider
fripé, fripée [fʀipe] zerknittert
friper [fʀipe] zerknittern
la **friperie** [fʀipʀi] der Secondhand-Laden
le **fripier** [fʀipje] der Inhaber eines Secondhand-Ladens
la **fripière** [fʀipjɛʀ] die Inhaberin eines Secondhand-Ladens
fripon, friponne [fʀipɔ̃, fʀipɔn] (*umgs.*) *Gesicht, Miene* spitzbübisch
le **fripon** [fʀipɔ̃] (*umgs.*) der Frechdachs
la **friponne** [fʀipɔn] (*umgs.*) der Frechdachs
la **fripouille** [fʀipuj] (*umgs.*) der Gauner
frire [fʀiʀ] <*siehe Verbtabelle ab S. 1055*> ❶ (*zubereiten*) [in heißem Fett] braten; **faire frire du poisson** (*in der Pfanne*) Fisch braten; (*in der Fritteuse*) Fisch frittieren ❷ (*gegart werden*) [in Fett schwimmend] braten; **les aubergines sont en train de frire** die Auberginen braten in der Pfanne/sind in der Fritteuse
la **frise** [fʀiz] ⚠ *weiblich* der Fries
le **Frisé** [fʀize] (*umgs.*) *aus dem 2. Weltkrieg stammende, abwertende Bezeichnung für einen Deutschen*

G Von dem Verb *frire* sind nur der Infinitiv und das Partizip Perfekt *frit, frite* gebräuchlich. Das Partizip ist auch in dem Begriff *les pommes de terre frites* (oder kurz: *les frites*) enthalten – auf Deutsch: *die Pommes frites*.

frisé, frisée [fʀize] *Haare* kraus; **il est tout frisé** er hat ganz krause Haare, er ist ein Krauskopf
la **frisée** [fʀize] ⚠ *weiblich* der Friseesalat
friser [fʀize] ❶ *Haare:* sich kräuseln ❷ *Mensch:* krause Haare bekommen/haben ❸ **friser ses cheveux** seine Haare in kleine Locken legen; **se faire friser** sich kleine Locken machen lassen ❹ **friser le ridicule** *Situation, Bemerkung:* ans Lächerliche grenzen; **il frise la soixantaine** er ist knapp sechzig
la **frisette** [fʀizɛt] das Löckchen
frisquet, frisquette [fʀiskɛ, fʀiskɛt] (*umgs.*) frisch, kühl
le **frisson** [fʀisɔ̃] ❶ das Beben ❷ (*vor Schreck, aus Abscheu*) der Schauder; (*vor Kälte*) das Zittern; **cela lui donne le frisson** ihm/ihr läuft es eiskalt den Rücken hinunter ▶ **le grand frisson** der Nervenkitzel, der Kitzel
frissonner [fʀisɔne] **frissonner de froid** vor Kälte zittern
frit, frite [fʀi, fʀit] → **frire**
friter [fʀite] (*umgs.*) **se friter** sich prügeln
la **friterie** [fʀitʀi] der Pommesstand, die Pommesbude
les **frites** (*weiblich*) [fʀit] die Pommes [frites]
la **friteuse** [fʀitøz] die Fritteuse
la **friture** [fʀityʀ] ❶ das Frittierfett ❷ (*Gericht*) *kleine frittierte oder gegrillte Fische* ❸ (*übertragen*) **il y a de la friture sur la ligne** es knistert [*oder* knackt] in der Leitung
frivole [fʀivɔl] *Mensch* oberflächlich; *Lektüre* seicht
la **frivolité** [fʀivɔlite] *eines Menschen* die Oberflächlichkeit
le **froc** [fʀɔk] (*umgs.*) die Hose, die Buxe ▶ **faire dans son froc** sich in die Hose [*oder* in die Hosen] machen
froid [fʀwa] ❶ **elle a froid** ihr ist kalt, sie friert; **attraper froid** sich erkälten ❷ **il fait froid** es ist kalt ▶ **à froid** schmieden, starten kalt; **être en froid avec quelqu'un** ein unterkühltes Verhältnis zu jemandem haben
le **froid** [fʀwa] ❶ die Kälte ❷ (*Streitigkeit*) die Verstimmung ▶ **le froid de canard** (*umgs.*) die Saukälte
froid, froide [fʀwa, fʀwad] ❶ kalt ❷ *Emp-*

fang, *Mensch* kühl
froidement [fʀwadmɑ̃] ❶ kühl ❷ *überdenken, reagieren* kühl, nüchtern ❸ *(ohne Bedenken)* kaltblütig
la **froideur** [fʀwadœʀ] *eines Empfangs* die Frostigkeit; **avec froideur** kühl
le **froissement** [fʀwasmɑ̃] das Rascheln
froisser [fʀwase] ❶ zerknüllen *Papier;* zerknittern *Stoff;* **se froisser** knittern ❷ kränken *Person* ❸ **se froisser un muscle** sich einen Muskel zerren
le **frôlement** [fʀolmɑ̃] die leichte Berührung
frôler [fʀole] ❶ streifen; *(ohne Berührung)* fast berühren; **se frôler** *Personen:* sich leicht berühren; *(ohne Berührung)* dicht aneinander vorbeigehen ❷ **frôler le ridicule** sich beinahe lächerlich machen; *Situation:* ans Lächerliche grenzen ❸ **frôler la mort** dem Tod nur knapp entgehen
le **fromage** [fʀɔmaʒ] der Käse; **le fromage blanc** ≈ der Quark, ≈ der Topfen Ⓐ
fromager, fromagère [fʀɔmaʒe, fʀɔmaʒɛʀ] Käse-; **la production fromagère** die Käseherstellung; **l'industrie fromagère** die Käseindustrie
le **fromager** [fʀɔmaʒe] der Käsehersteller, der Käser, der Kaser Ⓐ
la **fromagère** [fʀɔmaʒɛʀ] die Käseherstellerin, die Käserin, die Kaserin Ⓐ
la **fromagerie** [fʀɔmaʒʀi] ❶ die Käserei ❷ *(Wirtschaftszweig)* die Käseindustrie
le **froment** [fʀɔmɑ̃] der Weizen
français, françait [fʀɔ̃se] →**froncer**
la **fronce** [fʀɔ̃s] die Falte
le **froncement** [fʀɔ̃smɑ̃] *der Augenbrauen* das Runzeln, das Zusammenziehen
froncer [fʀɔ̃se] <*wie* commencer; *siehe Verbtabelle ab S. 1055*> ❶ raffen ❷ runzeln, zusammenziehen *Augenbrauen;* rümpfen *Nase*

> Ü Vor *a* und *o* steht statt *c* ein *ç*, z. B.: *nous fronçons, il fronçait* und *en fronçant.*

la **fronde** [fʀɔ̃d] *(Waffe)* die Schleuder
frondeur, frondeuse [fʀɔ̃dœʀ, fʀɔ̃døz] widerspenstig; **avoir une mentalité frondeuse** [oft und] gerne widersprechen
le **front** [fʀɔ̃] ⚠ männlich ❶ die Stirn ❷ Vorderseite; *eines Gebäudes* die Fassade ❸ *(militärisch, meteorologisch)* die Front
◆ le **front de mer** die Strandpromenade
frontal, frontale [fʀɔ̃tal] <*Plural der männl. Form:* frontaux> Frontal-; **le choc frontal** der Frontalzusammenstoß; **l'attaque frontale** der Frontalangriff
frontalier, frontalière [fʀɔ̃talje, fʀɔ̃taljɛʀ]

Grenz-; **le pays frontalier** das Grenzland; **la région frontalière** die Grenzregion
le **frontalier** [fʀɔ̃talje] der Grenzbewohner
la **frontalière** [fʀɔ̃taljɛʀ] die Grenzbewohnerin
frontaux [fʀɔ̃to] →**frontal**
la **frontière** [fʀɔ̃tjɛʀ] die Grenze
le **fronton** [fʀɔ̃tɔ̃] der Frontgiebel, der Giebel
le **frottement** [fʀɔtmɑ̃] ❶ das Reiben ❷ *(Streit)* **les frottements** die Reibereien
frotter [fʀɔte] ❶ reiben ❷ anzünden *Streichholz* ❸ rubbeln *Wäsche* ❹ putzen *Fliesen, Fenster;* bohnern *Parkett;* **je me frotte les pieds** ich mache mir die Schuhe sauber ❺ *(nach dem Waschen)* trocken reiben ❻ **frotter contre quelque chose** an etwas reiben; *Tür:* auf/an etwas scheuern ❼ **se frotter** sich abrubbeln ❽ **se frotter les yeux** sich die Augen reiben ❾ **se frotter à quelqu'un** sich mit jemandem anlegen
le **frottis** [fʀɔti] der Abstrich
les **froufrous** (männlich) [fʀufʀu] die Rüschen
le **froussard** [fʀusaʀ] *(umgs.)* der Angsthase
froussard, froussarde [fʀusaʀ, fʀusaʀd] *(umgs.)* ängstlich
la **froussarde** [fʀusaʀd] *(umgs.)* der Angsthase
la **frousse** [fʀus] *(umgs.)* der Schiss; **avoir la frousse** Schiss haben
fructifier [fʀyktifje] <*wie* apprécier; *siehe Verbtabelle ab S. 1055*> Kapital: Gewinn bringen; **faire fructifier quelque chose** etwas Gewinn bringend anlegen
fructueux, fructueuse [fʀyktɥø, fʀyktɥøz] *Zusammenarbeit* fruchtbar; *Forschungen, Arbeit, Lektüre* lohnend; *Handel* Gewinn bringend
frugal, frugale [fʀygal] <*Plural der männl. Form:* frugaux> karg
le **fruit** [fʀɥi] ⚠ männlich ❶ die Frucht; **les fruits rouges** die roten Früchte; **les fruits confits** die kandierten Früchte ❷ **les fruits** das Obst ❸ *(übertragen)* die Frucht; *eines Experiments* das Ergebnis ▸ **le fruit défendu** die verbotene Frucht
◆ les **fruits de mer** die Meeresfrüchte

> V In ❷ wird der Plural *les fruits* mit einem Singular übersetzt: *les fruits sont bons pour la santé – Obst ist gesund.*

fruité, fruitée [fʀɥite] fruchtig
fruitier, fruitière [fʀɥitje, fʀɥitjɛʀ] Obst-; **l'arbre fruitier** der Obstbaum; **la culture fruitière** der Obstanbau, der Obstbau
le **fruitier** [fʀɥitje] der Obst- und Gemüsehändler
la **fruitière** [fʀɥitjɛʀ] die Obst- und Gemüsehändlerin

les **frusques** *(weiblich)* [fʀysk] *(umgs.)* die Klamotten
fruste [fʀyst] *Mensch* ungebildet; *Manieren* ungehobelt
la **frustration** [fʀystʀasjɔ̃] die Frustration
frustré, frustrée [fʀystʀe] frustriert
frustrer [fʀystʀe] frustrieren
le **FS** *Abkürzung von* **franc suisse** sfr, sFr
fuchsia [⚠ fyʃja] fuchsienrot

G Das Farbadjektiv *fuchsia* ist unveränderlich: *des serviettes fuchsia – fuchsienrote Servietten.*

le **fuchsia** [⚠ fyʃja] ⚠ *männlich* die Fuchsie
le **fuel** [⚠ fjul] das Heizöl; **se chauffer au fuel** mit Öl heizen
fugace [fygas] flüchtig
le **fugitif** [fyʒitif] der Flüchtige
fugitif, fugitive [fyʒitif, fugitiv] ❶ entflohen ❷ *(vorübergehend)* flüchtig
la **fugitive** [fugitiv] die Flüchtige
la **fugue** [fyg] ❶ *eines Minderjährigen* das Ausreißen; **faire une fugue** ausreißen ❷ *(in der Musik)* die Fuge
fuguer [fyge] *(umgs.)* abhauen; **elle a fugué** sie ist abgehauen
le **fugueur** [fygœʀ] der Ausreißer
fugueur, fugueuse [fygœʀ, fygøz] **l'enfant fugueur** der Ausreißer
la **fugueuse** [fygøz] die Ausreißerin
fuir [fyiʀ] <siehe Verbtabelle ab S. 1055> ❶ fliehen, flüchten; **fuir un pays** aus einem Land fliehen; **fuir devant quelqu'un/devant un danger** vor jemandem/vor einer Gefahr flüchten; **faire fuir quelqu'un** jemanden in die Flucht schlagen; **le chat a fui sous le lit** die Katze ist unter das Bett geflüchtet ❷ scheuen *Verantwortung;* meiden *Person* ❸ *Gefäß:* undicht sein; *Wasserhahn:* tropfen ❹ *Flüssigkeit:* auslaufen; *Gas:* ausströmen
la **fuite** [fyit] ❶ die Flucht; **prendre la fuite** die Flucht ergreifen; **être en fuite** *Verdächtiger:* flüchtig sein ❷ das Leck, das Loch; **avoir une fuite** undicht sein, lecken ❸ **il y a une fuite d'eau** es tritt Wasser aus; **il y a une fuite de gaz** es strömt Gas aus
fulgurant, fulgurante [fylgyʀɑ̃, fylgyʀɑ̃t] ❶ *Geschwindigkeit* rasend; *Fortschritt* rasant ❷ *Schmerz* stechend
fulminer [fylmine] [vor Wut] toben
fumant, fumante [fymɑ̃, fymɑ̃t] ❶ qualmend ❷ dampfend
fumé, fumée [fyme] ❶ geräuchert; **le saumon fumé** der Räucherlachs ❷ *Brillengläser* getönt
le **fume-cigarette** [fymsigaʀɛt] <*Plural:* fume-cigarettes> die Zigarettenspitze
la **fumée** [fyme] ❶ der Rauch; *(dicht)* der Qualm; **les fumées industrielles** die Industrieabgase; **la fumée ne vous gêne pas?** stört Sie der Rauch? ❷ der Dunst; *(dicht)* der Dampf
fumer [fyme] ❶ rauchen ❷ dampfen ❸ räuchern *Fisch*
le **fumet** [fymɛ] der Duft
le **fumeur** [fymœʀ] der Raucher
la **fumeuse** [fymøz] die Raucherin
fumeux, fumeuse [fymø, fymøz] verworren
le **fumier** [fymje] ❶ der Mist, der Stallmist ❷ *(umgs.: Schimpfwort)* der Mistkerl
fumigène [fymiʒɛn] Rauch-; **la bombe fumigène** die Rauchbombe
le **fumiste** [fymist] *(abwertend umgs.)* der Windbeutel
la **fumiste** [fymist] *(abwertend umgs.)* **elle, c'est une fumiste!** auf sie ist kein Verlass!
la **fumisterie** [fymistəʀi] *(umgs.)* **ce projet est une vaste fumisterie** dieses Projekt ist nur heiße Luft
le **fumoir** [fymwaʀ] der Rauchsalon
le **funambule** [fynɑ̃byl] der Seiltänzer
la **funambule** [fynɑ̃byl] die Seiltänzerin
funèbre [fynɛbʀ] ❶ **la marche funèbre** der Trauermarsch; **une oraison funèbre** eine Grabrede ❷ *(trübsinnig)* finster
les **funérailles** *(weiblich)* [fyneʀaj] *(gehoben)* das Begräbnis, die Beisetzung; **les funérailles nationales** das Staatsbegräbnis

V Der Plural *les funérailles* wird mit einem Singular übersetzt: *les funérailles auront lieu vendredi – die Beisetzung wird am Freitag stattfinden.*

funéraire [fyneʀɛʀ] **le monument funéraire** das Grabmal
funeste [fynɛst] *Tag, Folgen* verhängnisvoll; **être funeste à quelqu'un** jemandem zum Verhängnis werden
le **funiculaire** [fynikylɛʀ] die Seilbahn
funk [⚠ fœnk] Funk-; **la musique funk** der Funk
fur [fyʀ] **au fur et à mesure** nach und nach; **au fur et à mesure que ...** in dem Maße, wie ...
furax [fyʀaks] *(umgs.)* stinksauer

G Das Adjektiv *furax* ist unveränderlich: *elles sont furax – sie sind stinksauer.*

fureter [fyʀ(ə)te] <*wie peser; siehe Verbta-

belle ab S. 1055> schnüffeln, herumschnüffeln

> Mit *ê* schreiben sich
> – die stammbetonten Formen wie *je furète* oder *tu furètes* sowie
> – die auf der Basis der Grundform *fureter* gebildeten Formen, z. B. *ils furèteront* und *je furèterais.*

le **fureteur** [fyr(ə)tœr] 🇨🇦 (*in der Informatik*) der Browser
la **fureur** [fyrœr] die Wut, der Zorn ▶ **faire fureur** Furore machen
furibond, furibonde [fyribõ, fyribõd] wütend
la **furie** [fyri] ❶ die Heftigkeit ❷ **être en furie** *Mensch, Tier* rasen; *Meer* toben ❸ (*Schimpfwort*) die Furie
furieux, furieuse [fyrjø, fyrjøz] ❶ wütend ❷ **j'ai une furieuse envie de le gronder** (*ironisch*) ich habe unheimliche Lust, ihn auszuschimpfen
le **furoncle** [fyrõkl] das/der Furunkel
furtif, furtive [fyrtif, fyrtiv] flüchtig; *Blick* verstohlen
furtivement [fyrtivmã] heimlich
fus, fut [fy] →**être**
le **fusain** [fyzɛ̃] ❶ (*Zeichnung*) die Kohlezeichnung ❷ (*Zeichenstift*) die Zeichenkohle, die Kohle
le **fuseau** [fyzo] <*Plural: fuseaux*> ❶ die Spindel ❷ die Steghose ❸ (*in der Geografie*) **le fuseau horaire** die Zeitzone
la **fusée** [fyze] die Rakete
fuselé, fuselée [fyz(ə)le] *Beine* wohlgeformt
fuser [fyze] ❶ *Funken:* sprühen ❷ **des questions fusent** es hagelt Fragen
le **fusible** [fyzibl] die Sicherung
le **fusil** [⚠ fyzi] das Gewehr
la **fusillade** [fyzijad] die Schießerei
fusiller [fyzije] erschießen
la **fusion** [fyzjõ] ❶ *von Metall* das Schmelzen ❷ *von Unternehmen* die Fusion; *von Parteien* die Vereinigung
fusionner [fyzjɔne] *Unternehmen:* fusionieren; *Parteien, Organisationen:* sich vereinigen
le **fût** [⚠ fy] (*Behälter*) das Fass
la **futaie** [fytɛ] **la °haute futaie** der Hochwald
le **futal** [fytal] (*umgs.*) die Hose, die Buxe
futé, futée [fyte] schlau, clever
le **futé** [fyte] **le petit futé** der Schlaumeier
la **futée** [fyte] **la petite futée** der Schlaumeierin
futile [fytil] ❶ *Dinge, Gespräch* belanglos; *Bemerkung* nichts sagend; **pour une raison futile** wegen einer Lappalie ❷ *Mensch* oberflächlich
la **futilité** [fytilite] die Belanglosigkeit; **dire des futilités** Belanglosigkeiten erzählen
le **futur** [fytyr] ❶ (*kommende Zeit*) die Zukunft ❷ (*in der Grammatik*) das Futur, die Zukunft; **le futur proche** das nahe Futur; **le futur simple** das einfache Futur ❸ (*umgs.: Ehemann in spe*) der Zukünftige
futur, future [fytyr] ❶ *Präsident* zukünftig, künftig; *Jahrhundert* kommend ❷ **son futur époux** ihr zukünftiger Ehemann; **la future maman** die werdende Mutter
la **future** [fytyr] (*umgs.*) die Zukünftige
futuriste [fytyrist] futuristisch
fuyais, fuyait [fɥijɛ], **fuyant** [fɥijã] →**fuir**
fuyant, fuyante [fɥijã, fɥijãt] *Blick* unstet; *Stirn* fliehend
le **fuyard** [fɥijar] der Flüchtige
la **fuyarde** [fɥijard] die Flüchtige
fuyez [fɥije], **fuyons** [fɥijõ] →**fuir**

G

le **g**, le **G** [ʒe] das g, das G
g *Abkürzung von* **gramme** g
le **gabarit** [gabari] ❶ die Größe; *eines Fahrzeugs* die Maße ❷ (*umgs.: Körpergröße*) die Statur
gâcher [gɑʃe] verderben *Urlaub, Spaß;* verpfuschen *Leben;* vergeuden *Zeit, Geld*
la **gâchette** [gɑʃɛt] der Abzug; **appuyer sur la gâchette** abdrücken
le **gâchis** [gɑʃi] die Vergeudung
le **gadget** [⚠ gadʒɛt] die [neumodische] Spielerei
le **gadoue** [gadu] der Matsch
la **gaffe** [gaf] (*umgs.*) **faire gaffe** aufpassen
la **gaffe** [gaf] (*umgs.*) der Schnitzer; **faire une gaffe** sich einen Schnitzer leisten
gaffer [gafe] (*umgs.*) sich einen Schnitzer leisten
gaffeur, gaffeuse [gafœr, gaføz] (*umgs.*) tollpatschig
le **gaffeur** [gafœr] der Tollpatsch
la **gaffeuse** [gaføz] der Tollpatsch
le **gag** [⚠ gag] der Gag
gaga [gaga] (*umgs.: versessen*) verrückt
le **gage** [gaʒ] ❶ das Pfand; **mettre quelque chose en gage** etwas verpfänden; **sur gage** gegen Pfand ❷ (*beim Pfänderspiel*) das

> **G** Dieses Adjektiv hat keine Femininform: *elle est complètement gaga – sie ist völlig verrückt; ils/elles sont complètement gagas – sie sind total verrückt.*

Pfand; (*Strafe*) die Auflage ❸ (*Beleg*) **le gage de quelque chose** die Garantie/der Beweis für etwas

> **F** Nicht verwechseln mit *die Gage – le cachet!*

la **gageure** [⚠ gaʒyʀ] (*gehoben*) das äußerst gewagte Unterfangen
gagnant, gagnante [gaɲɑ̃, gaɲɑ̃t] *Karte, Zug* spielentscheidend; **le billet gagnant** das Gewinnlos
le **gagnant** [gaɲɑ̃] der Sieger; (*bei einem Spiel*) der Gewinner
la **gagnante** [gaɲɑ̃t] die Siegerin; (*bei einem Spiel*) die Gewinnerin
le **gagne-pain** [gaɲpɛ̃] <*Plural:* gagne-pain> der Broterwerb
gagner [gaɲe] ❶ gewinnen *Spiel, Wettkampf;* **gagner au loto** beim Lotto gewinnen; **gagner aux courses** beim Pferderennen gewinnen; **on a gagné!** [wir haben] gewonnen! ❷ verdienen *Geld* ❸ **gagner du temps** Zeit sparen ❹ erreichen *Ort* ❺ **gagner toutes les couches de la population** *Epidemie:* auf alle Schichten der Bevölkerung übergreifen ▸ **c'est gagné!** (*ironisch*) Volltreffer!; **est-ce que j'y gagne?** bringt mir das etwas?
le **gagneur** [gaɲœʀ] der Gewinner
la **gagneuse** [gaɲøz] die Gewinnerin
gai, gaie [ge *oder* gɛ] fröhlich, heiter; *Ereignis* lustig
gaiement, gaîment [⚠ gemɑ̃, gɛmɑ̃] fröhlich ▸ **allons-y gaiement!** (*ironisch*) na, dann wollen wir mal!
gaieté, la **gaîté** [gete] die Fröhlichkeit
le **gaillard** [gajaʀ] der Kerl
gaillard, gaillarde [gajaʀ, gajaʀd] rüstig
le **gain** [gɛ̃] ❶ der Gewinn ❷ (*geringerer Verbrauch*) die Einsparung
♦ **le gain de place** der Platzgewinn
la **gaine** [gɛn] ❶ der Hüfthalter ❷ (*Behältnis*) die Hülle
le **gala** [gala] ⚠ *männlich* der Galaempfang, die Galaveranstaltung, die Gala; **le gala de bienfaisance** die Wohltätigkeitsgala
galant, galante [galɑ̃, galɑ̃t] ❶ zuvorkommend ❷ **le rendez-vous galant** das Rendezvous
la **galanterie** [galɑ̃tʀi] die Höflichkeit
la **galaxie** [galaksi] ❶ die Galaxie, das Milchstraßensystem ❷ **la Galaxie** die Milchstraße, die Galaxis
le **galbe** [galb] die harmonische Rundung
galbé, galbée [galbe] **les jambes bien galbées** die wohlgeformten Beine
la **gale** [gal] die Krätze; (*bei Tieren*) die Räude
▸ **je n'ai pas la gale** ich beiße [doch] nicht
la **galère** [galɛʀ] (*Schiff*) die Galeere ▸ **c'est [la] galère!** (*umgs.*) [das ist] echt ätzend!; **quelle galère!** so ein Stress!
galérer [galeʀe] <*wie* préférer; *siehe Verbtabelle ab S. 1055*> (*umgs.*) ❶ **j'ai galéré pour te trouver** ich habe mich abgestresst, um dich zu finden ❷ sich [sinnlos] abstrampeln; **galérer dans la vie** sich mit schlechten Jobs durchschlagen [*oder* durchhangeln]

> **Ü** Nur die stammbetonten Formen schreiben sich mit è, z. B. *je galère.*

la **galerie** [galʀi] ❶ der Gang; *eines Bergwerks* der Stollen ❷ **la galerie marchande** die Einkaufspassage ❸ (*für Kunst*) die Galerie ❹ *eines Autos* der Dachgepäckträger
le **galet** [galɛ] der Kieselstein, der Stein
la **galette** [galɛt] ❶ *Buchweizenpfannkuchen* ❷ bretonische Keksspezialität
galeux, galeuse [galø, galøz] räudig
la **galipette** [galipɛt] (*umgs.*) der Purzelbaum
le **gallicisme** [ga(l)lisism] ❶ der französische idiomatische Ausdruck ❷ das aus dem Französischen stammende Wort
le **gallois** [galwa] Walisisch; *siehe auch* **allemand**

> **G** In Verbindung mit dem Verb *parler* kann der Artikel entfallen: *elle parle gallois – sie spricht Walisisch.*

le **Gallois** [galwa] der Waliser
gallois, galloise [galwa, galwaz] walisisch
la **Galloise** [galwaz] die Waliserin
gallo-romain, gallo-romaine [ga(l)loʀɔmɛ̃, ga(l)loʀɔmɛn] <*Plural der männl. Form:* gallo-romains> galloromanisch
le **galon** [galɔ̃] (*bei Uniformen*) die Tresse
le **galop** [galo] der Galopp; **au galop** im Galopp
galoper [galɔpe] galoppieren
le **galopin** [galɔpɛ̃] (*umgs.*) der Lausbub
gambader [gɑ̃bade] herumspringen
gamberger [gɑ̃bɛʀʒe] <*wie* changer; *siehe Verbtabelle ab S. 1055*> (*umgs.*) sich den Kopf zerbrechen

> **Ü** Vor *a* und *o* bleibt das *e* erhalten, z. B.: *nous gambergeons, il gambergeait* und *en gambergeant.*

la **gambette** [gɑ̃bɛt] (*umgs.*) das Bein, die Haxe Ⓐ

la **gamelle** [gamɛl] das Blechgeschirr ▸ **prendre une gamelle** (*umgs.*) hinfliegen

le **gamepad** [⚠ gɛmpad] das Gamepad

le **gamin** [gamɛ̃] (*umgs.*) der [kleine] Junge

la **gamine** [gamin] (*umgs.*) das [kleine] Mädel

la **gaminerie** [gaminʀi] die Kinderei

la **gamme** [gam] ❶ die Tonleiter ❷ (*übertragen*) **une gamme de produits** eine Palette von Produkten ▸ **bas de gamme** minderwertig, billig; °**haut de gamme** hochwertig, teuer

Gand [gɑ̃] Gent

le **gang** [⚠ gɑ̃g] ⚠ *männlich* die Gang

le **ganglion** [gɑ̃glijɔ̃] der Lymphknoten

la **gangrène** [gɑ̃gʀɛn] der Wundbrand

le **gangster** [⚠ gɑ̃gstɛʀ] der Gangster

le **gant** [gɑ̃] der Handschuh ▸ **aller à quelqu'un comme un gant** Kleidung: jemandem wie angegossen passen
◆ le **gant de toilette** der Waschhandschuh

le **garage** [gaʀaʒ] ⚠ *männlich* ❶ die Garage ❷ (*Betrieb*) die Kfz-Werkstatt

le **garagiste** [gaʀaʒist] der Kfz-Mechaniker; **chez le garagiste** in der Werkstatt [*oder* Kfz-Werkstatt]

la **garagiste** [gaʀaʒist] die Kfz-Mechanikerin

le **garant** [gaʀɑ̃] der Bürge; **se porter garant de quelque chose** für etwas bürgen, sich für etwas verbürgen

la **garante** [gaʀɑ̃t] die Bürgin

la **garantie** [gaʀɑ̃ti] ❶ die Garantie; **mon réveil est [encore] sous garantie** auf meinem Wecker ist [noch] Garantie ❷ (*Absicherung*) die Sicherheit, die Garantie

garantir [gaʀɑ̃tiʀ] <*wie agir*; *siehe Verbtabelle ab S. 1055*> ❶ garantieren; **je te garantis que ...** ich versichere dir, dass ... ❷ **garantir un réveil** eine Garantie auf einen Wecker geben; **cette imprimante est garantie un an** auf diesem Drucker ist ein Jahr Garantie ❸ (*rechtlich*) **garantir quelque chose** Person: für etwas bürgen; Gesetz: etwas gewährleisten ❹ **garantir du froid** Kleidung: vor Kälte schützen

Ⓖ Bei einigen Formen des Verbs ist der Stamm um -*iss*- erweitert, etwa bei *nous garantissons, il garantissait* oder *en garantissant*.

la **garce** [gaʀs] (*abwertend umgs.*) Biest

le **garçon** [gaʀsɔ̃] ❶ der Junge ❷ **il est beau garçon** er ist ein hübscher junger Mann ❸ der Kellner; **garçon!** Herr Ober! ❹ **le garçon boucher** der Fleischergehilfe, der Metzgergehilfe ▸ **le vieux garçon** der alte Junggeselle

le **garde** [gaʀd] ❶ der Wächter; **le garde forestier** der Förster/die Försterin ❷ (*Soldat*) der Wachposten
◆ le **garde du corps** der Leibwächter
◆ le **garde des Sceaux** Titel des französischen Justizministers

la **garde** [gaʀd] ❶ die Bewachung; (*für ein Kind*) die Betreuung; **le droit de garde des enfants** das Sorgerecht für die Kinder; **confier son enfant à la garde des grands-parents** sein Kind in die Obhut der Großeltern geben ❷ (*Nachteinsatz*) der Nachtdienst; (*Wochenendeinsatz*) der Wochenenddienst; **être de garde** Arzt: Bereitschaftsdienst haben; Apotheker: Notdienst haben ❸ **la garde républicaine** das Gendarmeriekorps in Paris, das für die Bewachung der Regierungsgebäude und für den Ehrendienst zuständig ist ▸ **être sur ses gardes** auf der Hut sein; **monter la garde** Wache halten
◆ la **garde à vue** der Polizeigewahrsam

garde-à-vous [gaʀdavu] stillgestanden

le **garde-barrière** [gaʀd(ə)baʀjɛʀ] <*Plural:* gardes-barrières> der Bahnwärter

la **garde-barrière** [gaʀd(ə)baʀjɛʀ] <*Plural:* gardes-barrières> die Bahnwärterin

le **garde-boue** [gaʀdəbu] <*Plural:* garde-boue> das Schutzblech

le **garde-chasse** [gaʀdəʃas] <*Plural:* gardes-chasse[s]> der Jagdaufseher

la **garde-chasse** [gaʀdəʃas] <*Plural:* gardes-chasse[s]> die Jagdaufseherin

le **garde-côte** [gaʀdəkot] <*Plural:* garde-côtes> das Küstenschutzpolizeiboot, das Küstenschutzboot

le **garde-fou** [gaʀdəfu] <*Plural:* garde-fous> das Geländer

le **garde-malade** [gaʀd(ə)malad] <*Plural:* gardes-malades> der Krankenpfleger

la **garde-malade** [gaʀd(ə)malad] <*Plural:* gardes-malades> die Krankenpflegerin

le **garde-manger** [gaʀd(ə)mɑ̃ʒe] <*Plural:* garde-manger> der Vorratsschrank

le **garde-meuble** [gaʀdəmœbl] <*Plural:* garde-meubles> das Möbellager

garder [gaʀde] ❶ hüten Kinder, Bett; betreuen Patienten, Tier; aufpassen auf Gepäck; bewachen Haus, Bank, Herde ❷ lagern Waren ❸ behalten; nicht aufgeben Hoffnung; zurückbehalten Folgeschäden ❹ (*nicht weggeben*) aufheben; freihalten Platz ❺ anbehalten Mantel, Schuhe; aufbehalten Hut, Brille ❻ für sich behalten Geheimnis ❼ wahren

Distanz ❽ **se garder** *Lebensmittel:* sich halten ❾ **se garder de faire quelque chose** sich hüten etwas zu tun

la **garderie** [gaʀdəʀi] die Kindertagesstätte, die Tagesstätte, die Kita

la **garde-robe** [gaʀdəʀɔb] <*Plural:* garde-robes> die Garderobe

le **gardien** [gaʀdjɛ̃] ❶ der Wächter; (*in Gebäuden*) der Hausmeister; (*im Zoo*) der Wärter ❷ (*Beschützer*) der Hüter
◆ le **gardien de but** der Torwart
◆ le **gardien de musée** der Museumswärter
◆ le **gardien de nuit** der Nachtwächter
◆ le **gardien de la paix** der Polizist
◆ le **gardien de prison** der Gefängniswärter

le **gardiennage** [gaʀdjenaʒ] der Wachdienst

la **gardienne** [gaʀdjɛn] ❶ die Wächterin; (*in Gebäuden*) die Hausmeisterin; (*im Zoo*) die Wärterin ❷ (*Beschützerin*) die Hüterin
◆ la **gardienne de but** die Torfrau
◆ la **gardienne de musée** die Museumswärterin
◆ la **gardienne de la paix** die Polizistin
◆ la **gardienne de prison** die Gefängniswärterin

gare [gaʀ] **sans crier gare** ohne Vorwarnung

la **gare** [gaʀ] der Bahnhof; **la gare centrale** der Hauptbahnhof; **la gare routière** der Busbahnhof

garer [gaʀe] ❶ parken; **il est garé à cent mètres** er hat hundert Meter entfernt geparkt ❷ **se garer** parken; (*um Platz zu machen*) an den Straßenrand fahren

gargariser [gaʀgaʀize] **se gargariser** gurgeln

la **gargote** [gaʀgɔt] (*abwertend umgs.*) die Kaschemme

la **gargouille** [gaʀguj] der Wasserspeier

le **gargouillement** [gaʀgujmɑ̃] das Gluckern

gargouiller [gaʀguje] gluckern; *Magen:* knurren

le **garnement** [gaʀnəmɑ̃] der Bengel

garni, garnie [gaʀni] Gericht mit Beilage

garnir [gaʀniʀ] <*wie agir; siehe Verbtabelle ab S. 1055*> ❶ schmücken ❷ **garnir la table d'une nappe** eine Tischdecke auf den Tisch legen ❸ **garnir la bibliothèque de livres** das Regal mit Büchern füllen

G Bei einigen Formen des Verbs ist der Stamm um -*iss*- erweitert, etwa bei *nous garnissons, il garnissait* oder *en garnissant*.

la **garnison** [gaʀnizõ] die Garnison

la **garniture** [gaʀnityʀ] ❶ *eines Gerichts* die Beilage ❷ (*Schmuck*) die Verzierung
◆ la **garniture de frein** der Bremsbelag

F Nicht verwechseln mit *die [Wäsche]garnitur – la parure [de linge]!*

le **garrot** [gaʀo] ❶ (*in der Medizin*) die Kompression; **poser un garrot sur le bras de quelqu'un** jemandem den Arm abbinden ❷ *eines Pferdes* der Widerrist

le **gars** [⚠ ga] (*umgs.*) ❶ der Kerl ❷ **salut les gars!** hallo, Jungs!

le **gas-oil**, le **gasoil** [⚠ gazwal] der Diesel

le **gaspillage** [gaspijaʒ] die Verschwendung

gaspiller [gaspije] verschwenden

gastrique [gastʀik] Magen-; **les troubles gastriques** die Magenbeschwerden

la **gastroentérite** [gastʀoɑ̃teʀit] die Magen-Darm-Entzündung

le **gastronome** [gastʀɔnɔm] der Feinschmecker

F Nicht verwechseln mit *der Gastronom – le restaurateur!*

la **gastronome** [gastʀɔnɔm] die Feinschmeckerin

la **gastronomie** [gastʀɔnɔmi] die Kochkunst

F Nicht verwechseln mit *die Gastronomie – la restauration!*

gastronomique [gastʀɔnɔmik] Feinschmecker-; **le restaurant gastronomique** das Feinschmeckerrestaurant; **le guide gastronomique** der Restaurantführer

gâté, gâtée [gate] ❶ *Frucht* faul ❷ *Kind* verwöhnt

le **gâteau** [gato] <*Plural:* gâteaux> ❶ der Kuchen ❷ (*mit Cremeschichten*) die Torte; **faire un gâteau au chocolat** eine Schokoladentorte backen ❸ **le gâteau sec** der Keks; **les petits gâteaux** das Gebäck ▶ **c'est pas du gâteau!** (*umgs.*) das ist kein Zuckerschlecken!
◆ le **gâteau de riz** ≈ der Reispudding

gâter [gate] ❶ verwöhnen *Person* ❷ verderben *Freude, Zähne* ❸ **se gâter** *Früchte, Fleisch:* verderben; *Lage, Dinge, Wetter:* sich verschlechtern ▶ **être gâté(e)** Glück haben

gâteux, gâteuse [gatø, gatøz] ❶ (*abwertend*) verkalkt ❷ (*unvernünftig*) närrisch

gauche [goʃ] ❶ linke(r, s) ❷ ungeschickt

le **gauche** [goʃ] ⚠ *männlich* (*beim Boxen*) die Linke, die linke Faust

la **gauche** [goʃ] ❶ die linke Seite, die Linke; **à gauche** links, nach links; **à la gauche de sa mère** zur Linken seiner/ihrer Mutter; **de gauche à droite** von links nach rechts ❷ (*in der Politik*) die Linke; **les idées de gauche** die linken Ansichten; **les partis de gauche** die Linksparteien

le **gaucher** [goʃe] der Linkshänder

gaucher, gauchère [goʃe, goʃɛʀ] linkshändig

la **gauchère** [goʃɛʀ] die Linkshänderin

la **gaucherie** [goʃʀi] die Unbeholfenheit

le **gauchiste** [goʃist] der Linksextreme

la **gauchiste** [goʃist] die Linksextreme

la **gaufre** [gofʀ] die [frische] Waffel

la **gaufrette** [gofʀɛt] die Eiswaffel, die Waffel

le **gaufrier** [gofʀije] das Waffeleisen

la **Gaule** [gol] Gallien

le **gaullisme** [golism] der Gaullismus

le **gaulliste** [golist] der Gaullist

la **gaulliste** [golist] die Gaullistin

le **Gaulois** [golwa] der Gallier

gaulois, gauloise [golwa, golwaz] ❶ gallisch ❷ *Humor* derb

la **Gauloise** [golwaz] die Gallierin

gaver [gave] ❶ stopfen *Gans* ❷ **se gaver de gâteaux secs** sich mit Keksen voll stopfen

le **gavroche** [gavʀɔʃ] der [Pariser] Straßenjunge

gay [gɛ] schwul; **la population gay** die Schwulen in der Bevölkerung

le **gay** [gɛ] <*Plural:* gays> der Schwule

le **gaz** [gaz] <*Plural:* gaz> das Gas; **le gaz naturel** das Erdgas; **le gaz toxique** das Giftgas; **le gaz lacrymogène** das Tränengas; **les gaz d'échappement** die Abgase ▶ **avoir des gaz** Blähungen haben

la **gaze** [gaz] ❶ die Gaze ❷ (*zum Verbinden*) der Mull

la **gazelle** [gazɛl] die Gazelle

gazer [gaze] vergasen

gazeux, gazeuse [gazø, gazøz] ❶ gasförmig ❷ **l'eau gazeuse** das Mineralwasser mit Kohlensäure

la **gazinière** [gazinjɛʀ] der Gasherd

le **gazoduc** [gazodyk] die Gasleitung

le **gazole** [gazɔl] der Diesel

le **gazon** [gazɔ̃] der Rasen

gazouiller [gazuje] *Baby:* lallen; *Vogel:* zwitschern

le **géant** [ʒeɑ̃] der Riese

géant, géante [ʒeɑ̃, ʒeɑ̃t] riesig

la **géante** [ʒeɑ̃t] die Riesin

geignard, geignarde [ʒɛɲaʀ, ʒɛɲaʀd] (*abwertend umgs.*) wehleidig; **l'enfant geignard** der Heulpeter; **l'enfant geignarde** die Heulsuse

le **gel** [ʒɛl] ❶ der Frost ❷ (*übertragen*) das Einfrieren; **le gel des salaires** der Lohnstopp ❸ (*zum Einreiben*) das Gel

la **gélatine** [ʒelatin] die Gelatine

gélatineux, gélatineuse [ʒelatinø, ʒelatinøz] gallertartig

la **gelée** [ʒ(ə)le] ⚠ *weiblich* ❶ das/der Aspik; (*aus Früchten*) das Gelee ❷ der Frost; **la gelée blanche** der Raureif, der Reif

geler [ʒ(ə)le] <*wie* peser; *siehe Verbtabelle ab S. 1055*> ❶ *Wasser:* gefrieren; *Fluss:* zufrieren; *Blumen:* erfrieren ❷ **on gèle ici!** hier erfriert man ja! ❸ **il gèle** es friert ❹ **le froid extrême gèle la rivière** wegen der extremen Kälte friert der Fluss zu ❺ einfrieren *Löhne* ❻ **gelé(e)** eiskalt; *Person* durchgefroren

> **Ü** Mit **ê** schreiben sich
> – die stammbetonten Formen wie *il gèle*
> sowie
> – die auf der Basis der Grundform geler gebildeten Formen, z. B. *ils gèleront* und *je gèlerais*.

la **gélule** [ʒelyl] die Gelatinekapsel

les **Gémeaux** (*männlich*) [ʒemo] (*in der Astrologie*) die Zwillinge; **être Gémeaux** [ein] Zwilling sein

gémir [ʒemiʀ] <*wie* agir; *siehe Verbtabelle ab S. 1055*> stöhnen

> **G** Bei einigen Formen des Verbs ist der Stamm um *-iss-* erweitert, etwa bei *nous gémissons, il gémissait* oder *en gémissant*.

le **gémissement** [ʒemismɑ̃] das Stöhnen

gênant, gênante [ʒɛnɑ̃, ʒɛnɑ̃t] störend; *Frage, Situation* unangenehm

la **gencive** [ʒɑ̃siv] das Zahnfleisch

> **V** Das Wort wird oft im Plural verwendet und dann mit einem Singular übersetzt: *mes gencives saignent* – mein Zahnfleisch blutet.

le **gendarme** [ʒɑ̃daʀm] der Gendarm, der Polizist/die Polizistin (*in ländlichen Gebieten und kleinen Ortschaften*)

la **gendarmerie** [ʒɑ̃daʀməʀi] die Gendarmerie

> **L** Die *gendarmerie* gehört zu den französischen Streitkräften, erfüllt aber zum größten Teil polizeiliche Funktionen. Wenn man die Polizei braucht, wendet man sich in den größeren Städten an ein *commissariat de police*, in kleineren Orten oder auf dem Land dagegen an die *gendarmerie*. Sie ist in fast jedem Dorf vertreten.

le **gendre** [ʒɑ̃dʀ] der Schwiegersohn

le **gène** [ʒɛn] das Gen

la **gêne** [ʒɛn] ❶ die Beschwerden ❷ (*Verlegenheit*) die Befangenheit ▶ **être sans gêne** keine Hemmungen kennen

gêné, gênée [ʒene] verlegen; *Stille* betreten;

> **V** In ❶ wird der Singular *la gêne* mit einem Plural übersetzt: *avoir de la gêne à respirer* – Atembeschwerden haben.

être gêné sich genieren
la **généalogie** [ʒenealɔʒi] ❶ die Ahnenreihe ❷ (*Wissenschaft*) die Ahnenforschung
gêner [ʒene] ❶ stören ❷ behindern *Fußgänger, Verkehr* ❸ verlegen machen; **ça me gêne de lui téléphoner** es ist mir peinlich, ihn/sie anzurufen; **ça nous gêne qu'ils soient** là es ist uns peinlich, dass sie da sind ❹ **ne pas se gêner pour dire quelque chose** sich nicht scheuen, etwas [offen] zu sagen
le **général** [ʒeneral] <*Plural:* généraux> der General
général, générale [ʒeneral] <*Plural der männl. Form:* généraux> ❶ allgemein, generell ❷ **la grève générale** der Generalstreik; **le directeur général** der Generaldirektor ❸ **le quartier général** das Hauptquartier; **l'assemblée générale** die Hauptversammlung ▶ **en général** im Allgemeinen
la **générale** [ʒeneral] (*im Theater*) die Generalprobe
généralement [ʒeneralmɑ̃] ❶ allgemein ❷ (*meistens*) im Allgemeinen
la **généralisation** [ʒeneralizasjɔ̃] ❶ die Verallgemeinerung ❷ *eines Konfliktes* die Ausweitung
généraliser [ʒeneralize] ❶ verallgemeinern ❷ allgemein einführen *Methode* ❸ **se généraliser** allgemein eingeführt werden; *Krankheit:* sich ausbreiten; **un cancer généralisé** ein Krebs, der Metastasen gebildet hat
généraliste [ʒeneralist] **le médecin généraliste** der Arzt/die Ärztin für Allgemeinmedizin
la **généralité** [ʒeneralite] ❶ die Allgemeinheit ❷ **les généralités** die allgemeinen Dinge; (*abwertend: Unwichtiges*) die Banalitäten

> **F** Nicht verwechseln mit *die Generalität* – *les généraux*!

le **générateur** [ʒeneratœr] der Generator
la **génération** [ʒenerasjɔ̃] die Generation
la **génératrice** [ʒeneratris] der Stromgenerator, der Generator
généraux [ʒenero] →**général**
générer [ʒenere] <*wie* préférer; *siehe Verbtabelle ab S. 1055*> ❶ erzeugen *Kälte* ❷ schaffen *Arbeitsplätze* ❸ (*in der Informatik*) generieren

> **Ü** Nur die stammbetonten Formen schreiben sich mit è, z. B. *je génère*.

généreusement [ʒenerøzmɑ̃] ❶ großzügig ❷ (*in großen Mengen*) reichlich
généreux, généreuse [ʒenerø, ʒenerøz] großzügig
générique [ʒenerik] **le terme générique** der Oberbegriff
le **générique** [ʒenerik] der Vorspann; (*am Schluss*) der Nachspann
la **générosité** [ʒenerozite] die Großzügigkeit, die Großmut
la **genèse** [ʒənɛz] ❶ die Entstehung ❷ (*in der Bibel*) **la Genèse** die Schöpfungsgeschichte
le **genêt** [ʒənɛ] der Ginster
le **généticien** [ʒenetisjɛ̃] der Genetiker
la **généticienne** [ʒenetisjɛn] die Genetikerin
génétique [ʒenetik] genetisch; **la manipulation génétique** die Genmanipulation; **la recherche génétique** die Genforschung; **le patrimoine génétique** das Erbgut
la **génétique** [ʒenetik] die Genetik
le **gêneur** [ʒɛnœr] der Störenfried
la **gêneuse** [ʒɛnøz] der Störenfried
Genève [ʒ(ə)nɛv] Genf
génial, géniale [ʒenjal] <*Plural der männl. Form:* géniaux> ❶ genial ❷ (*umgs.: großartig*) toll
le **génie** [ʒeni] ❶ das Genie ❷ (*auch im Märchen*) der Geist
le **genièvre** [ʒənjɛvr] der Wacholder
la **génisse** [ʒenis] die Färse
génital, génitale [ʒenital] <*Plural der männl. Form:* génitaux> Geschlechts-, Genital-; **les organes génitaux** die Geschlechtsorgane
le **génocide** [ʒenɔsid] der Völkermord
la **génoise** [ʒenwaz] das/der Biskuit
le **genou** [ʒ(ə)nu] <*Plural:* genoux> das Knie; **à genoux** auf Knien; **tenir un enfant sur ses genoux** ein Kind auf dem Schoß haben ▶ **être sur les genoux** (*umgs.*) ziemlich erledigt sein
la **genouillère** [ʒənujɛr] der Knieschützer
le **genre** [ʒɑ̃r] ❶ die Art ❷ (*in der Kunst*) die Gattung, das Genre ❸ **le genre humain** das Menschengeschlecht ❹ (*in der Grammatik*) das Genus ❺ **il n'est pas mon genre** er ist nicht mein Geschmack [*oder* Fall] ▶ **ce n'est pas son genre** das ist doch gar nicht seine Art!
les **gens** (*männlich*) [ʒɑ̃] ❶ die Leute; **beaucoup de gens** viele Leute; **peu de gens** wenig[e] Leute; **tous les gens** alle Leute; **les jeunes**

gens (*Mädchen und Jungen*) die jungen Leute; (*nur Jungen*) die jungen Männer ❷ **les vieilles gens** alte Leute; **de bonnes gens** gute Leute; **de mauvaises gens** schlechte Leute; **certaines gens** einige Leute

> **G** Das Wort *gens* weist mehrere Besonderheiten auf:
> – Es kommt nur im Plural vor.
> – Es ist männlich (*tous les gens*), aber wenn es mit einem Adjektiv verwendet wird, das vorangestellt wird, steht dieses in der weiblichen Form (*les vieilles gens*).
> – Ferner bezeichnet *gens* – wie auch das deutsche Wort *Leute* – Menschen beiderlei Geschlechts, aber im Sonderfall von *jeunes gens* ist es auch der Plural von *jeune homme* und bezeichnet ausschließlich Männer.

la **gentiane** [ʒɑ̃sjan] ⚠ *weiblich* der Enzian
gentil, gentille [ʒɑ̃ti, ʒɑ̃ij] ❶ nett; *Mensch* nett, freundlich; **être gentil avec quelqu'un** nett [*oder* freundlich] zu jemandem sein ❷ (*folgsam*) artig ▶ **c'est [bien] gentil, mais ...** (*umgs.*) schön und gut, aber ...
le **gentilhomme** [ʒɑ̃tijɔm] <*Plural:* gentilshommes> der Edelmann
la **gentillesse** [ʒɑ̃tijɛs] die Freundlichkeit; **s'il vous plaît, ayez la gentillesse de m'aider** bitte seien Sie so nett und helfen Sie mir
les **gentilshommes** (*männlich*) [ʒɑ̃tizɔm] *Plural von* **gentilhomme**
gentiment [ʒɑ̃timɑ̃] ❶ freundlich ❷ artig
le **gentleman** [dʒɛntləman] <*Plural:* gentlemans> der Gentleman
la **géo** [ʒeo] (*umgs.*) *Abkürzung von* **géographie** die Geografie, die Erdkunde
le **géographe** [ʒeɔgʀaf] der Geograf
la **géographe** [ʒeɔgʀaf] die Geografin
la **géographie** [ʒeɔgʀafi] die Geografie, die Erdkunde
géographique [ʒeɔgʀafik] geografisch; **la carte géographique** die Landkarte
la **géologie** [ʒeɔlɔʒi] die Geologie
géologique [ʒeɔlɔʒik] geologisch
le **géologue** [ʒeɔlɔg] der Geologe
la **géologue** [ʒeɔlɔg] die Geologin
la **géométrie** [ʒeɔmetʀi] die Geometrie
géométrique [ʒeɔmetʀik] geometrisch
la **gérance** [ʒeʀɑ̃s] ❶ *einer Firma* die Geschäftsführung; *einer Filiale* die Leitung ❷ *eines Geschäfts* die Pacht; **mettre quelque chose en gérance** etwas verpachten; **prendre un magasin en gérance** ein Geschäft pachten
le **géranium** [ʒeʀanjɔm] ⚠ *männlich* die Geranie
le **gérant** [ʒeʀɑ̃] *eines Unternehmens* der Geschäftsführer; *einer Immobilie, eines Kapitals* der Verwalter; *eines Geschäfts* der Pächter
la **gérante** [ʒeʀɑ̃t] *eines Unternehmens* die Geschäftsführerin; *einer Immobilie, eines Kapitals* die Verwalterin; *eines Geschäfts* die Pächterin
la **gerbe** [ʒɛʀb] ❶ die Garbe; **la gerbe de blé** die Weizengarbe ❷ das Gebinde; **la gerbe de fleurs** das Blumengebinde
gercer [ʒɛʀse] <*wie* commencer; *siehe Verbtabelle ab S. 1055*> rissig werden

> **Ü** Vor *a* und *o* steht statt *c* ein *ç*, z. B.: *nous gerçons, il gerçait* und *en gerçant*.

la **gerçure** [ʒɛʀsyʀ] der Riss [in der Haut]; **avoir des gerçures aux mains** rissige Hände haben
gérer [ʒeʀe] <*wie* préférer; *siehe Verbtabelle ab S. 1055*> ❶ leiten *Betrieb, Filiale*; führen *Geschäft*; verwalten *Immobilie, Kapital* ❷ (*in der Informatik*) verwalten ❸ bewältigen *Krise*; sinnvoll gestalten *Freizeit*

> **Ü** Nur die stammbetonten Formen schreiben sich mit è, z. B. *je gère*.

le **Germain** [ʒɛʀmɛ̃] der Germane
la **Germaine** [ʒɛʀmɛn] die Germanin
germanique [ʒɛʀmanik] ❶ germanisch ❷ deutsch; *Land* deutschsprachig
le **germanisme** [ʒɛʀmanism] ❶ der deutsche idiomatische Ausdruck ❷ das aus dem Deutschen stammende Wort
le **germaniste** [ʒɛʀmanist] der Germanist
la **germaniste** [ʒɛʀmanist] die Germanistin
germanophile [ʒɛʀmanɔfil] deutschfreundlich
germanophobe [ʒɛʀmanɔfɔb] deutschfeindlich
germanophone [ʒɛʀmanɔfɔn] ❶ (*mit Deutsch als Muttersprache, als Landessprache*) deutschsprachig ❷ (*mit Deutschkenntnissen*) Deutsch sprechend
le **germanophone** [ʒɛʀmanɔfɔn] ❶ (*Muttersprachler*) der Deutschsprachige ❷ (*über Deutschkenntnisse verfügender Mensch*) der Deutschsprechende
la **germanophone** [ʒɛʀmanɔfɔn] ❶ (*Muttersprachlerin*) die Deutschsprachige ❷ (*über Deutschkenntnisse verfügender Mensch*) die Deutschsprechende
le **germe** [ʒɛʀm] (*auch in der Medizin*) der Keim
germer [ʒɛʀme] keimen

le **gérondif** [ʒeRõdif] (*in der Grammatik*) das Gerundium
le **gésier** [ʒezje] *von Geflügel* der Muskelmagen, der Magen
la **gestation** [ʒɛstasjõ] ❶ die Trächtigkeit ❷ (*Dauer*) die Tragezeit
le **geste** [ʒɛst] ⚠ *männlich* ❶ die Geste; **le geste de la main** die Handbewegung ❷ **le geste d'amour** das Zeichen der Liebe
gesticuler [ʒɛstikyle] gestikulieren
la **gestion** [ʒɛstjõ] ❶ die Verwaltung; *eines Unternehmens* die Führung ❷ (*Studienfach*) **la gestion** [**des entreprises**] die Betriebswirtschaftslehre, die BWL
le **gestionnaire** [ʒɛstjɔnɛR] der Geschäftsführer
◆ le **gestionnaire de fichiers** (*in der Informatik*) der Dateimanager
la **gestionnaire** [ʒɛstjɔnɛR] die Geschäftsführerin
gestuel, gestuelle [ʒɛstɥɛl] Gebärden-; **le langage gestuel** die Gebärdensprache
le **ghetto** [geto] das Getto
le **gibet** [ʒibɛ] der Galgen
le **gibier** [ʒibje] das Wild
la **giboulée** [ʒibule] der Schauer
gicler [ʒikle] spritzen
la **gifle** [ʒifl] die Ohrfeige
gifler [ʒifle] ohrfeigen
gigantesque [ʒigɑ̃tɛsk] riesig
le **gigaoctet** [ʒigaɔktɛ] das Gigabyte
le **GIGN** [ʒeiʒeɛn] *Abkürzung von* **Groupe d'intervention de la gendarmerie nationale** *Spezialeinheit der Gendarmerie zur Bekämpfung des Terrorismus*
le **gigot** [ʒigo] die Keule, der Schlegel Ⓐ
gigoter [ʒigɔte] (*umgs.*) herumzappeln; *Baby:* strampeln
le **gilet** [ʒilɛ] ❶ die Weste ❷ **le gilet** [**de laine**] die Strickjacke
◆ le **gilet de sauvetage** die Schwimmweste
le **gin** [⚠ dʒin] der Gin
le **gingembre** [ʒɛ̃ʒɑ̃bR] der Ingwer
la **girafe** [ʒiRaf] die Giraffe
giratoire [ʒiRatwaR] Kreis-; **suivre le sens giratoire** *Fahrer:* im Kreis fahren
la **giroflée** [ʒiRɔfle] der Goldlack
la **girolle** [ʒiRɔl] der Pfifferling, der Eierschwamm Ⓐ, das Eierschwammerl Ⓐ
la **girouette** [ʒiRwɛt] ❶ der Wetterhahn ❷ (*umgs.: Mensch*) der Wendehals
le **gisement** [ʒizmɑ̃] das Vorkommen
le **gitan** [ʒitɑ̃] der Angehörige des Volkes der Sinti und Roma, der Zigeuner
la **gitane** [ʒitan] die Angehörige des Volkes der Sinti und Roma, die Zigeunerin

le **gîte** [ʒit] die Unterkunft; **le gîte rural** die Touristenunterkunft auf dem Land
le **givre** [ʒivR] der Raureif, der Reif
givré, givrée [ʒivRe] ❶ bereift; *Fenster* vereist ❷ **être givré** (*umgs.*) einen Knall haben
glaçais, glaçait [glase] →**glacer**
glaçant, glaçante [glasɑ̃, glasɑ̃t] *Kälte, Wind* eisig
la **glace** [glas] ❶ das Eis ❷ (*Lebensmittel*) das Eis, das Speiseeis; **la glace au chocolat** das Schokolade[n]eis ❸ der Spiegel ❹ *eines Fensters, Autos* die Glasscheibe, die Scheibe
glacé, glacée [glase] ❶ (*auch übertragen*) eiskalt; **servir glacé** eisgekühlt servieren ❷ *See* gefroren ❸ *Früchte, Maronen* kandiert ❹ **le papier glacé** das Kunstdruckpapier; **le tissu glacé** der glänzende Stoff
glacer [glase] <*wie* commencer; *siehe Verbtabelle ab S. 1055*> ❶ zu Eis erstarren lassen ❷ **glacer quelqu'un d'effroi** jemanden vor Schreck erstarren lassen

Ü *Vor a und o steht statt c ein ç, z. B.: nous glaçons, il glaçait und en glaçant.*

glaciaire [glasjɛR] Eis-; **la période glaciaire** die Eiszeit
glacial, glaciale [glasjal] <*Plural der männl. Form:* glacials *oder* glaciaux> (*auch übertragen*) eiskalt
le **glacier** [glasje] ❶ der Gletscher ❷ (*Beruf*) der Eiskonditor
la **glacière** [glasjɛR] die Kühlbox
le **glaçon** [glasõ] der Eiswürfel
glaçons [glasõ] →**glacer**
le **glaïeul** [glajœl] ⚠ *männlich* die Gladiole
la **glaise** [glɛz] der Lehm
le **glaive** [glɛv] das Schwert
le **gland** [glɑ̃] die Eichel
la **glande** [glɑ̃d] die Drüse
glander [glɑ̃de] (*umgs.*) herumgammeln
le **glandeur** [glɑ̃dœR] (*umgs.*) der Nichtstuer
la **glandeuse** [glɑ̃døz] (*umgs.*) die Nichtstuerin
glapir [glapiR] <*wie* agir; *siehe Verbtabelle ab S. 1055*> *Hund:* kläffen

G *Bei einigen Formen des Verbs ist der Stamm um -iss- erweitert, etwa bei il glapissait oder en glapissant.*

le **glas** [⚠ glɑ] die Totenglocke; **sonner le glas** die Totenglocke läuten
glauque [glok] ❶ graugrün ❷ (*bedrückend*) düster
glissant, glissante [glisɑ̃, glisɑ̃t] glatt
le **glissement** [glismɑ̃] *eines Schlittens* das Glei-

ten
- ◆ **le glissement de terrain** der Erdrutsch
- **glisser** [glise] ❶ *Schlittschuhläufer, Kahn:* gleiten ❷ *Auto:* rutschen ❸ **glisser sur une peau de banane** auf einer Bananenschale ausrutschen ❹ **l'assiette m'a glissé des mains** der Teller ist mir aus den Händen gerutscht ❺ **glisser quelque chose à quelqu'un** jemandem etwas zustecken; (*sagen*) jemandem etwas zuflüstern ❻ **se glisser sous les draps** unter die Bettdecke schlüpfen; **se glisser dans la maison** sich ins Haus schleichen
- la **glissière** [glisjɛʀ] **la glissière de sécurité** die Leitplanke
- **global, globale** [glɔbal] <*Plural der männl. Form:* globaux> gesamt, global; **la somme globale** die Gesamtsumme; **le tirage global** die Gesamtauflage
- **globalement** [glɔbalmɑ̃] alles in allem, insgesamt
- la **globalité** [glɔbalite] die Gesamtheit
- **globaux** [globo] →**global**
- le **globe** [glɔb] ❶ die Kugel; **le globe de verre** die Glaskugel ❷ **le globe [terrestre]** der Globus ❸ **le globe oculaire** der Augapfel
- le **globule** [glɔbyl] das Blutkörperchen
- **globuleux, globuleuse** [glɔbylø, glɔbyløz] kugelförmig; *Augen:* hervortretend
- la **gloire** [glwaʀ] der Ruhm; **à la gloire du °héros** zum Ruhm [*oder* zur Ehre] des Helden; **à la gloire de la patrie** zum Ruhm [*oder* zur Ehre] des Vaterlands
- **glorieux, glorieuse** [glɔʀjø, glɔʀjøz] ruhmreich
- la **glorification** [glɔʀifikasjɔ̃] die Verherrlichung, die Glorifizierung
- **glorifier** [glɔʀifje] <*wie* apprécier; *siehe Verbtabelle ab S. 1055*> **se glorifier de quelque chose** sich einer Sache rühmen
- le **glossaire** [glɔsɛʀ] das Glossar
- le **glouglou** [gluglu] (*umgs.*) das Gluckern
- le **gloussement** [glusmɑ̃] das Glucken
- **glousser** [gluse] ❶ *Huhn:* glucken ❷ (*lachen*) *Person:* glucksen
- le **glouton** [glutɔ̃] der Vielfraß
- **glouton, gloutonne** [glutɔ̃, glutɔn] gefräßig
- la **gloutonne** [glutɔn] der Vielfraß
- la **glu** [gly] ❶ der Leim ❷ (*umgs.: lästige Person*) die Klette
- **gluant, gluante** [glyɑ̃, glyɑ̃t] klebrig
- les **glucides** (*männlich*) [glysid] die Kohle[n]hydrate
- le **glucose** [glykoz] der Traubenzucker
- la **glycine** [glisin] die Glyzinie

- la **gnôle** [ɲol] (*umgs.*) der Schnaps
- le **gnon** [⚠ ɲɔ̃] (*umgs.*) der Schlag
- **GO** [ʒeo] *Abkürzung von* **grandes ondes** LW
- **go** [go] **tout de go** (*umgs.*) mir nichts, dir nichts
- le **gobelet** [gɔblɛ] der Becher
- **gober** [gɔbe] ❶ ausschlürfen *Ei* ❷ (*umgs.: glauben*) fressen
- la **godasse** [gɔdas] (*umgs.*) der Latschen
- la **godille** [gɔdij] (*beim Skifahren*) das Wedeln
- le **goéland** [gɔelɑ̃] die Möwe
- la **goélette** [gɔelɛt] der Schoner
- **gogo** [gogo] **à gogo** (*umgs.*) in rauen Mengen
- **goguenard, goguenarde** [gɔg(ə)naʀ, gɔg(ə)naʀd] spöttisch
- **goinfre** [gwɛ̃fʀ] gefräßig
- le **goinfre** [gwɛ̃fʀ] der Vielfraß
- la **goinfre** [gwɛ̃fʀ] der Vielfraß
- **goinfrer** [gwɛ̃fʀe] (*umgs.*) **se goinfrer de gâteaux secs** sich den Bauch mit Keksen vollschlagen
- la **goinfrerie** [gwɛ̃fʀəʀi] die Gefräßigkeit
- le **goitre** [gwatʀ] der Kropf
- le **golf** [gɔlf] (*Sportart*) das Golf
- le **golfe** [gɔlf] der Golf; **le golfe de Gascogne** der Golf von Biskaya
- le **golfeur** [gɔlfœʀ] der Golfspieler, der Golfer
- la **golfeuse** [gɔlføz] die Golfspielerin, die Golferin
- la **gomme** [gɔm] ⚠ *weiblich* der Radiergummi
- **gommer** [gɔme] ausradieren
- le **gond** [gɔ̃] die Türangel, die Angel ▶ **sortir de ses gonds** außer sich geraten
- la **gondole** [gɔ̃dɔl] die Gondel
- **gondoler** [gɔ̃dɔle] sich wellen; *Brett:* sich verziehen
- le **gondolier** [gɔ̃dɔlje] der Gondoliere
- **gonflable** [gɔ̃flabl] aufblasbar
- **gonflé, gonflée** [gɔ̃fle] ❶ aufgeblasen ❷ *Gesicht:* aufgedunsen; *Augen* verquollen ❸ (*umgs.: unverschämt*) dreist
- **gonfler** [gɔ̃fle] ❶ aufpumpen *Reifen;* aufblasen *Ball* ❷ *Knöchel:* anschwellen; *Teig:* aufgehen ❸ **se gonfler** *Brust:* schwellen; *Ball:* sich füllen
- la **gonzesse** [gɔ̃zɛs] (*umgs.*) das Mädel; (*abwertend*) die Tussi
- **googler** [gugle] (*umgs.*) googeln
- la **gorge** [gɔʀʒ] ❶ der Hals, die Kehle; **avoir mal à la gorge** Halsschmerzen haben ❷ (*Tal*) die Schlucht
- **gorgé, gorgée** [gɔʀʒe] **gorgé de soleil** *Früchte* von der Sonne verwöhnt
- la **gorgée** [gɔʀʒe] der Schluck

le **gorille** [gɔRij] der Gorilla
le **gosier** [gozje] die Kehle; *eines Vogels* der Schlund ▸ **à plein gosier** aus vollem Hals
le **gosse** [gɔs] (*umgs.*) ❶ das Kind ❷ der Kleine, der Bengel; **un sale gosse** ein Rotzbengel
la **gosse** [gɔs] (*umgs.*) ❶ das Kind ❷ die Kleine, die Göre; **une sale gosse** eine freche Göre
gothique [gɔtik] gotisch
le **gothique** [gɔtik] ⚠ *männlich* die Gotik
gouailleur, gouailleuse [gwajœR, gwajøz] (*umgs.*) spöttisch
le **gouda** [⚠ guda] der Gouda
le **goudron** [gudRõ] der Teer
goudronné, goudronnée [gudRɔne] geteert
le **gouffre** [gufR] der Abgrund
le **goujat** [guʒa] der Rüpel
le **goujon** [guʒõ] der Gründling ▸ **taquiner le goujon** (*umgs.*) angeln
le/la **goulache** [gulaʃ] das/der Gulasch
le **goulet** [gulɛ] **le goulet d'étranglement** der Engpass
le **goulot** [gulo] der Flaschenhals, der Hals; **boire au goulot** aus der Flasche trinken
goulu, goulue [guly] gierig
goulûment [gulymã] gierig
goupiller [gupije] (*umgs.*) deichseln; **bien goupiller son coup** die Sache geschickt einfädeln
gourd, gourde [guR, guRd] steif gefroren
la **gourde** [guRd] die Trinkflasche
gourer [guRe] (*umgs.*) **se gourer** sich vertun; **se gourer dans ses calculs** sich verhauen
le **gourmand** [guRmã] der Schlemmer; (*in Bezug auf Süßigkeiten*) die Naschkatze
gourmand, gourmande [guRmã, guRmãd] **être gourmand** gerne schlemmen; (*in Bezug auf Süßigkeiten*) gerne naschen; **il est très gourmand** er isst/nascht sehr gerne
la **gourmande** [guRmãd] die Schlemmerin; (*in Bezug auf Süßigkeiten*) die Naschkatze
la **gourmandise** [guRmãdiz] ❶ die Lust am Essen; (*in Bezug auf Süßigkeiten*) die Naschhaftigkeit; **manger par gourmandise** aus purer Lust essen ❷ (*starkes Verlangen*) die Gier ❸ **les gourmandises** die Leckereien
le **gourmet** [guRmɛ] ❶ der Feinschmecker/die Feinschmeckerin ❷ der Gourmet

G Es gibt im Französischen keine Femininform: *ma copine, c'est* un fin gourmet – *meine Freundin ist eine echte Feinschmeckerin.*

la **gourmette** [guRmɛt] das Gliederarmband
la **gousse** [gus] die Schote
  ◆ la **gousse d'ail** die Knoblauchzehe

le **goût** [gu] ❶ der Geschmack; **être sans goût** nach nichts schmecken, geschmacklos sein; **avoir un goût de brûlé** angebrannt schmecken ❷ (*Schönheitsempfinden*) der Geschmack; **avec goût** geschmackvoll; **être de mauvais goût** geschmacklos sein; **trouver quelqu'un/quelque chose à son goût** jemanden/etwas nach seinem Geschmack finden ❸ **prendre goût à quelque chose** Gefallen an etwas finden
  ◆ le **goût du jour** der Zeitgeist
goûter [gute] ❶ (*nachmittags*) Kind: eine Kleinigkeit essen ❷ **goûter [à] quelque chose** etwas probieren
le **goûter** [gute] kleine Zwischenmahlzeit für Kinder am Nachmittag
la **goutte**¹ [gut] der Tropfen ▸ **courir entre les gouttes** rennen, um nicht nass zu werden; **goutte à goutte** tröpfchenweise
la **goutte**² [gut] die Gicht
le **goutte-à-goutte** [gutagut] <*Plural:* goutte--à-goutte> der Tropf
goutter [gute] tropfen
la **gouttière** [gutjɛR] die Dachrinne
le **gouvernail** [guvɛRnaj] das Ruder
la **gouvernante** [guvɛRnãt] ❶ die Haushälterin ❷ (*Kindermädchen*) die Gouvernante
le **gouvernement** [guvɛRnəmã] die Regierung
gouvernemental, gouvernementale [guvɛRnəmãtal] <*Plural der männl. Form:* gouvernementaux> Regierungs-; **le parti gouvernemental** die Regierungspartei; **la politique gouvernementale** die Regierungspolitik
gouverner [guvɛRne] regieren
le **gouverneur** [guvɛRnœR] der Gouverneur/die Gouverneurin

G Es gibt im Französischen keine Femininform: *elle est gouverneur – sie ist Gouverneurin.*

la **goyave** [gɔjav] die Guajave, die Guave
le **GPL** [ʒepeɛl] *Abkürzung von* **gaz de pétrole liquéfié** das Flüssiggas [für Autos]
le **GR** [ʒeɛR] *Abkürzung von* [**sentier de**] **grande randonnée** markierter Wanderweg
le **grabuge** [gRabyʒ] (*umgs.*) der Stunk; **faire du grabuge** Stunk anfangen [*oder* machen]
la **grâce** [gRɑs] ❶ die Anmut; **avec grâce** anmutig ❷ (*in der Rechtsprechung*) die Begnadigung ▸ **grâce à lui/à elle** dank seiner/ihrer, dank ihm/ihr; **grâce à nos efforts** dank unserer Bemühungen
gracier [gRasje] <*wie* apprécier; *siehe Verbtabelle ab S. 1055*> begnadigen
gracieuse [gRasjøz] →**gracieux**

gracieusement [gʀasjøzmɑ̃] (*gratis*) unentgeltlich

gracieux, gracieuse [gʀasjø, gʀsjøz] anmutig

la **gradation** [gʀadasjɔ̃] *von Tönen* das schrittweise Ansteigen; *von Farben* die Abstufung

le **grade** [gʀad] der Dienstgrad; (*an der Universität*) der Grad; (*beim Militär*) der Rang; **monter en grade** befördert werden

le **gradé** [gʀade] der untere Dienstgrad

la **gradée** [gʀade] der untere Dienstgrad

les **gradins** (*männlich*) [gʀadɛ̃] die ansteigenden Sitzreihen, die Zuschauerränge

les **graduations** (*weiblich*) [gʀadyasjɔ̃] die Teilstriche

gradué, graduée [gʀadye] *Thermometer* mit einer Skala [versehen]; *Lineal* mit einer Zentimeter- und Millimetereinteilung [versehen], mit einer metrischen Skala [versehen]

graduel, graduelle [gʀadyɛl] allmählich

graduer [gʀadye] mit Gradstrichen versehen *Thermometer;* mit Teilstrichen versehen *Lineal*

le **graffiti** [gʀafiti] <Plural: graffiti *oder* graffitis> der/das Graffito

le **grain** [gʀɛ̃] ❶ das Korn ❷ **du café en grains** ungemahlener Kaffee ❸ (*Futter*) die Körner ▶ **il n'a pas un grain de bon sens** er hat keinen Funken Verstand; **avoir un grain** (*umgs.*) eine Meise haben
 ♦ le **grain de beauté** der Leberfleck
 ♦ le **grain de café** die Kaffeebohne
 ♦ le **grain de raisin** die Weintraube, die Traube
 ♦ le **grain de sable** das Sandkorn

V In ❸ wird der Singular *le grain* mit einem Plural übersetzt: *le grain que je donne aux poules – die Körner, mit denen ich die Hühner füttere.*

la **graine** [gʀɛn] das Samenkorn, der Samen

la **graisse** [gʀɛs] ❶ das Fett ❷ (*in der Technik*) das Schmierfett

graisser [gʀese] (*in der Technik*) schmieren

graisseux, graisseuse [gʀesø, gʀesøz] fettig

la **grammaire** [gʀa(m)mɛʀ] die Grammatik

grammatical, grammaticale [gʀamatikal] <Plural der männl. Form: grammaticaux> grammatisch

le **gramme** [gʀam] das Gramm; **cent grammes de farine** hundert Gramm Mehl

grand [gʀɑ̃] **grand ouvert** weit offen; **voir grand** Großes vorhaben

le **grand** [gʀɑ̃] ❶ der Große ❷ **un grand du football** ein bedeutender Fußballer

grand, grande [gʀɑ̃, gʀɑ̃d] ❶ groß; *Baum* hoch; *Bein, Straße* lang; **le grand magasin** das Kaufhaus; **le grand format** das Großformat ❷ **un grand buveur/fumeur** ein starker Trinker/Raucher; **une grande collectionneuse** eine große [*oder* eifrige] Sammlerin ❸ *Lärm, Schrei* laut; *Schlag* gewaltig ❹ (*bemerkenswert*) **un grand homme** [ɛ̃ gʀɑ̃t ɔm] ein bedeutender Mann; **un grand vin** ein besonderer Wein ❺ **employer de grands mots** große Worte machen; **prendre de grands airs** vornehm tun ❻ **les grandes écoles** die Elite-Hochschulen

L Die *grandes écoles* sind Hochschulen unterschiedlicher Fachrichtungen. Wer an ihnen studieren darf, hat bereits ein zweijähriges Universitätsstudium oder einen ebenso langen Vorbereitungskurs *(les classes préparatoires)* vorzuweisen und konnte sich außerdem in einem strengen Auswahlverfahren behaupten. Die Absolventinnen und Absolventen dieser Hochschulen sind bei der Besetzung von Führungspositionen in Politik und Wirtschaft sehr gefragt.

le **grand-angle** [gʀɑ̃tɑ̃gl] <Plural: grands-angles> das Weitwinkelobjektiv

grand-chose [gʀɑ̃ʃoz] **pas grand-chose** nicht viel

la **grande** [gʀɑ̃d] die Große

la **Grande-Bretagne** [gʀɑ̃dbʀətaɲ] Großbritannien

la **grandeur** [gʀɑ̃dœʀ] die Größe; **être de même grandeur** gleich groß sein; **de quelle grandeur est …?** wie groß ist …?

la **grandiloquence** [gʀɑ̃dilɔkɑ̃s] die hochtrabende Ausdrucksweise

grandiloquent, grandiloquente [gʀɑ̃dilɔkɑ̃, gʀɑ̃dilɔkɑ̃t] *Rede* hochtrabend

grandiose [gʀɑ̃djoz] großartig

grandir [gʀɑ̃diʀ] <wie *agir;* siehe Verbtabelle ab S. 1055> ❶ wachsen, groß werden ❷ **grandir de dix centimètres** zehn Zentimeter wachsen ❸ größer machen; **se grandir** sich größer machen

G Bei einigen Formen des Verbs ist der Stamm um -*iss*- erweitert, etwa bei *nous grandissons, il grandissait* oder *en grandissant.*

la **grand-mère** [gʀɑ̃mɛʀ] <Plural: grand[s]-mères> die Großmutter

le **grand-oncle** [gʀɑ̃tɔ̃kl] <Plural: grands-oncles> der Großonkel

grand-peine [gʀɑ̃pɛn] **avoir grand-peine à faire quelque chose** Mühe haben, etwas zu tun; **à grand-peine** mit Mühe und Not

le **grand-père** [gʀɑ̃pɛʀ] <*Plural:* grands--pères> der Großvater
la **grand-rue** [gʀɑ̃ʀy] <*Plural:* grand-rues> die Hauptstraße
les **grands-parents** *(männlich)* [gʀɑ̃paʀɑ̃] die Großeltern
la **grand-tante** [gʀɑ̃tɑ̃t] <*Plural:* grands--tantes> die Großtante
la **grange** [gʀɑ̃ʒ] die Scheune
le **granit**, le **granite** [gʀanit] der Granit
granitique [gʀanitik] Granit-; **la roche granitique** der Granitfelsen; **le sol granitique** der Granitboden
le **granulé** [gʀanyle] das Granulat
granuleux, granuleuse [gʀanylø, gʀanyløz] körnig
graphique [gʀafik] grafisch
le **graphique** [gʀafik] ⚠ *männlich* das Schaubild, die Grafik
le **graphisme** [gʀafism] *(in der Kunst)* der Zeichenstil
le **graphiste** [gʀafist] der Grafiker
la **graphiste** [gʀafist] die Grafikerin
le **graphite** [gʀafit] der Grafit
le **graphologue** [gʀafɔlɔg] der Grafologe
la **graphologue** [gʀafɔlɔg] die Grafologin
la **grappe** [gʀap] die Traube
 ◆ la **grappe de raisin** die Weintraube
grappiller [gʀapije] aufschnappen *Neuigkeiten*
le **grappin** [gʀapɛ̃] **mettre le grappin sur quelqu'un** *(umgs.)* jemanden voll in Beschlag nehmen
gras [gʀa] **manger gras** fett essen
le **gras** [gʀa] das Fett
gras, grasse [gʀɑ, gʀɑs] ❶ fett ❷ *(Haare, Haut)* fettig; *Erde, Schlamm* lehmig ❸ *Husten* schleimig ❹ *(bei Schriften)* **en [caractère] gras** fett gedruckt ❺ **la plante grasse** die Fettpflanze
grassement [gʀasmɑ̃] *bezahlen* reichlich
grassouillet, grassouillette [gʀasujɛ, gʀasujɛt] *(umgs.)* pummelig
la **gratification** [gʀatifikasjɔ̃] die Gratifikation
gratifier [gʀatifje] <*wie* apprécier; *siehe Verbtabelle ab S. 1055*> **gratifier quelqu'un d'une récompense** jemandem eine Belohnung zuteilwerden lassen
le **gratin** [gʀatɛ̃] ❶ der Auflauf, das/der Gratin ❷ *(umgs.: Gesellschaftsschicht)* die Crème de la crème
gratiné, gratinée [gʀatine] überbacken
gratis [gʀatis] *(umgs.)* gratis
la **gratitude** [gʀatityd] die Dankbarkeit
le **gratte-ciel** [gʀatsjɛl] <*Plural:* gratte-ciel> der Wolkenkratzer
le **grattement** [gʀatmɑ̃] das Kratzen
gratter [gʀate] ❶ kratzen; **se gratter le coude** sich am Ellenbogen kratzen; **se gratter jusqu'au sang** sich blutig kratzen ❷ scheuern *Topf* ❸ abkratzen *Wand, Tisch* ❹ jucken; **la cicatrice me gratte** die Narbe juckt mich; **ça me gratte à la jambe** mein Bein juckt
gratuit, gratuite [gʀatɥi, gʀatɥit] ❶ *Eintritt* frei; *Beratung* kostenlos; **l'échantillon gratuit** die Gratisprobe ❷ *Beschuldigung* grundlos; *Handlung* unmotiviert
la **gratuité** [gʀatɥite] ❶ **la gratuité de l'enseignement public** der kostenlose Besuch staatlicher Schulen ❷ *einer Handlung* die Unmotiviertheit
gratuitement [gʀatɥitmɑ̃] kostenlos
les **gravats** *(männlich)* [gʀava] der Bauschutt, der Schutt

> **V** Der Plural *les gravats* wird mit einem Singular übersetzt: *les gravats devant la maison sont gênants* – der Bauschutt vor dem Haus stört.

grave [gʀav] ❶ ernst; *Unfall* schwer; *Ärger* ernsthaft; *Fehler* schwerwiegend; *Neuigkeit* schlimm; **le blessé grave** der Schwerverletzte; **ce n'est pas grave** das ist nicht schlimm ❷ *Ton, Stimme* tief ❸ *(in der Grammatik)* **l'accent grave** der Accent grave ❹ *(umgs.: verrückt)* **être grave** krass drauf sein
gravement [gʀavmɑ̃] schwer
graver [gʀave] ❶ gravieren, eingravieren; **graver son nom sur/dans quelque chose** seinen Namen in etwas [ein]ritzen ❷ **graver quelque chose dans sa mémoire** sich etwas fest einprägen
le **graveur** [gʀavœʀ] *(Beruf)* der Graveur
 ◆ le **graveur de CD** der CD-Brenner
la **graveuse** [gʀavøz] die Graveurin
le **gravier** [gʀavje] der Kies
le **gravillon** [gʀavijɔ̃] ❶ der Splitt ❷ *(auf der Straße)* der Rollsplitt
gravir [gʀaviʀ] <*wie* agir; *siehe Verbtabelle ab S. 1055*> erklimmen *Berg*

> **G** Bei einigen Formen des Verbs ist der Stamm um *-iss-* erweitert, etwa bei *nous gravissons, il gravissait* oder *en gravissant*.

la **gravitation** [gʀavitasjɔ̃] die Gravitation
la **gravité** [gʀavite] ❶ *einer Situation* der Ernst; *eines Fehlers* die Schwere ❷ *(in der Physik)* die Schwerkraft
graviter [gʀavite] **graviter autour de quel-**

que chose um etwas kreisen

la **gravure** [gʀavyʀ] ❶ (*künstlerische Technik*) das Gravieren; (*Ätzdruck*) das Radieren ❷ (*Werk*) die Gravur; (*auf Kupfer*) der Kupferstich; (*auf Holz*) der Holzschnitt; (*mit Säure*) die Radierung ❸ (*Reproduktion*) das Bild, die Abbildung

gré [gʀe] **de mon/son plein gré** aus freien Stücken; **au gré du vent** je nach Windrichtung/Windstärke

le **grec** [gʀɛk] Griechisch; **le grec ancien** Altgriechisch; **le grec moderne** Neugriechisch; *siehe auch* allemand

> **G** In Verbindung mit dem Verb *parler* kann der Artikel entfallen: *elle parle grec – sie spricht Griechisch.*

grec, grecque [gʀɛk] griechisch
le **Grec** [gʀɛk] der Grieche
la **Grèce** [gʀɛs] Griechenland
gréco-romain, gréco-romaine [gʀekoʀɔmɛ̃, gʀekoʀɔmɛn] <*Plural der männl. Form:* gréco-romains> griechisch-römisch
la **Grecque** [gʀɛk] die Griechin
le **greffe** [gʀɛf] die Gerichtskanzlei
la **greffe** [gʀɛf] die Transplantation
greffer [gʀefe] transplantieren
le **greffier** [gʀefje] der Urkundsbeamte
la **greffière** [gʀefjɛʀ] die Urkundsbeamtin
grégorien, grégorienne [gʀegɔʀjɛ̃, gʀegɔʀjɛn] gregorianisch
la **grêle** [gʀɛl] der Hagel
grêler [gʀele] hageln; **il grêle** es hagelt
le **grêlon** [gʀelɔ̃] das Hagelkorn
le **grelot** [gʀəlo] das Glöckchen
grelotter [gʀəlɔte] zittern; **grelotter de froid** vor Kälte zittern
la **grenade** [gʀənad] ❶ die Granate ❷ (*Frucht*) der Granatapfel
la **grenadine** [gʀənadin] ❶ der Granatapfelsirup ❷ *mit Wasser gemischter Granatapfelsirup*
grenat [gʀəna] granatrot

> **G** Das Adjektiv *grenat* ist unveränderlich: *des chaussures grenat – granatrote Schuhe.*

le **grenat** [gʀəna] der Granat
le **grenier** [gʀənje] der Dachboden, der Boden, der Speicher
la **grenouille** [gʀənuj] der Frosch
le **grès** [gʀɛ] (*Gestein*) der Sandstein
le **grésil** [gʀezil] die Graupeln
le **grésillement** [gʀezijmɑ̃] ❶ das Brutzeln ❷ (*im Radio*) das Rauschen
grésiller [gʀezije] ❶ brutzeln ❷ *Radio:* rau-

> **V** Der Singular *le grésil* wird mit einem Plural übersetzt: *le grésil qui tombe – die Graupeln, die fallen.*

schen
la **grève** [gʀɛv] der Streik; **être en grève, faire grève** streiken; **se mettre en grève** in den Streik treten
◆ la **grève de la faim** der Hungerstreik
grever [gʀəve] <*wie* peser; *siehe Verbtabelle ab S. 1055>* belasten

> **Ü** Mit è schreiben sich
> – die stammbetonten Formen wie *je grève* oder *tu grèves* sowie
> – die auf der Basis der Grundform *grever* gebildeten Formen, z.B. *ils grèveront* und *je grèverais.*

le **gréviste** [gʀevist] der Streikende
la **gréviste** [gʀevist] die Streikende
gribouiller [gʀibuje] kritzeln
le **grief** [gʀijɛf] ❶ der Anlass zur Klage ❷ **faire grief de quelque chose à quelqu'un** jemandem etwas vorhalten, jemandem wegen etwas Vorhaltungen machen
grièvement [gʀijɛvmɑ̃] schwer
la **griffe** [gʀif] ❶ die Kralle ❷ (*an der Kleidung*) das Markenzeichen ❸ (*auf einem Schriftstück*) die Unterschrift
griffé, griffée [gʀife] **les vêtements griffés** die Markenkleidung
griffer [gʀife] kratzen *Menschen;* zerkratzen *Gesicht, Auto*
griffonner [gʀifɔne] kritzeln
la **griffure** [gʀifyʀ] der Kratzer
grignoter [gʀiɲɔte] ❶ eine Kleinigkeit essen ❷ *Tier:* knabbern ❸ **grignoter un biscuit** *Kind:* einen Keks knabbern; **grignoter du fromage** *Maus:* Käse anknabbern ❹ aufzehren *Kapital*
le **gril** [gʀil] der Grill
la **grillade** [gʀijad] das Gegrillte; **faire des grillades** grillen
le **grillage** [gʀijaʒ] ❶ das Gitter ❷ (*Absperrung*) der Drahtzaun
la **grille** [gʀij] ❶ der Drahtzaun ❷ (*Tür*) die Gittertür ❸ *eines Ofens* der Rost ❹ (*Übersichtsplan*) die Tabelle; **la grille d'horaires** der Stundenplan
le **grille-pain** [gʀijpɛ̃] <*Plural:* grille-pain> der Toaster
griller [gʀije] ❶ grillen; toasten *Brot;* rösten *Kaffee, Kastanien* ❷ **le soleil me grille le dos** die Sonne verbrennt mir fast den Rücken ❸ **l'ampoule est grillée** die Glühbirne ist durchgebrannt ❹ **griller un feu rouge** bei

Rot über eine Ampel fahren
le **grillon** [gʀijõ] ⚠ *männlich* die Grille
la **grimace** [gʀimas] die Grimasse; **faire la grimace** das Gesicht verziehen; **faire des grimaces** Grimassen schneiden
grimacer [gʀimase] <*wie* commencer; *siehe Verbtabelle ab S. 1055*> Grimassen schneiden; **grimacer de douleur** das Gesicht vor Schmerz verziehen

> **Ü** Vor *a* und *o* steht statt *c* ein *ç*, z. B.: *nous grimaçons, il grimaçait* und *en grimaçant*.

grimpant, grimpante [gʀɛ̃pɑ̃, gʀɛ̃pɑ̃t] Kletter-; **le rosier grimpant** die Kletterrose
grimper [gʀɛ̃pe] ❶ klettern; **grimper à l'échelle/sur le toit** auf die Leiter/auf das Dach klettern ❷ **grimper le long de quelque chose** *Pflanze:* sich an etwas emporranken ❸ **grimper dans la montagne** *Straße:* bergauf führen ❹ **grimper l'escalier** die Treppe hinaufsteigen; **grimper la côte** den Hang hinaufklettern/hinauffahren
le **grimpeur** [gʀɛ̃pœʀ] (*auch im Radsport*) der Kletterer
la **grimpeuse** [gʀɛ̃pøz] (*auch im Radsport*) die Kletterin
grinçais, grinçait [gʀɛ̃se] →**grincer**
grinçant, grinçante [gʀɛ̃sɑ̃, gʀɛ̃sɑ̃t] *Ton* schrill; *Humor* beißend
le **grincement** [gʀɛ̃smɑ̃] *der Reifen, einer Tür* das Quietschen
grincer [gʀɛ̃se] <*wie* commencer; *siehe Verbtabelle ab S. 1055*> quietschen; *Parkett:* knarren; **grincer des dents** mit den Zähnen knirschen

> **Ü** Vor *a* und *o* steht statt *c* ein *ç*, z. B.: *nous grinçons, il grinçait* und *en grinçant*.

la **grincheuse** [gʀɛ̃ʃøz] der Griesgram
le **grincheux** [gʀɛ̃ʃø] der Griesgram
grincheux, grincheuse [gʀɛ̃ʃø, gʀɛ̃ʃøz] griesgrämig; *Kind* quengelig
grinçons [gʀɛ̃sõ] →**grincer**
le **gringalet** [gʀɛ̃galɛ] (*abwertend*) das mickrige Kerlchen
la **griotte** [gʀijɔt] die Sauerkirsche, die Weichsel Ⓐ
la **grippe** [gʀip] die Grippe; **la grippe intestinale** die Darmgrippe
gripper [gʀipe] **se gripper** *Schloss:* klemmen; *Motor:* sich festfressen
le **grippe-sou** [gʀipsu] <*Plural:* grippe-sous> (*umgs.*) der Pfennigfuchser/die Pfennigfuchserin
gris, grise [gʀi, gʀiz] ❶ grau; *Wetter* trüb ❷ (*alkoholisiert*) betrunken
la **grisaille** [gʀizaj] ❶ die Eintönigkeit ❷ *einer Landschaft* das Grau
grisant, grisante [gʀizɑ̃, gʀizɑ̃t] berauschend
grisâtre [gʀizatʀ] gräulich
gris-bleu [gʀiblø] <*Plural:* gris-bleu> graublau

> **G** Das Farbadjektiv *gris-bleu* ist unveränderlich: *des chaussettes gris-bleu – graublaue Socken.*

grise [gʀiz] →**gris**
griser [gʀize] ❶ *Wein:* betrunken machen ❷ **griser quelqu'un** *Schmeicheleien, Erfolg:* jemandem zu Kopf steigen
grisonnant, grisonnante [gʀizɔnɑ̃, gʀizɔnɑ̃t] *Mann, Haare, Schläfen* leicht ergraut
les **Grisons** (*männlich*) [gʀizõ] Graubünden

> **V** Der Plural *les Grisons* wird mit einem Singular übersetzt: *les Grisons sont situés à l'est de la Suisse – Graubünden liegt im Osten der Schweiz.*

le **grisou** [gʀizu] das Grubengas; **un coup de grisou** eine Schlagwetterexplosion
gris-vert [gʀivɛʀ] <*Plural:* gris-vert> graugrün

> **G** Das Farbadjektiv *gris-vert* ist unveränderlich: *des chaussettes gris-vert – graugrüne Socken.*

la **grive** [gʀiv] die Drossel
grivois, grivoise [gʀivwa, gʀivwaz] schlüpfrig
le **grog** [gʀɔg] der Grog
groggy [⚠ gʀɔgi] (*umgs.*) groggy

> **G** Das Adjektiv *groggy* ist unveränderlich: *elles sont complètement groggy – sie sind völlig groggy.*

le **grognement** [gʀɔɲmɑ̃] ❶ *eines Hundes* das Knurren; *eines Schweins* das Grunzen; *eines Bären* das Brummen ❷ *eines Menschen* das Murren
grogner [gʀɔɲe] ❶ *Hund:* knurren; *Schwein:* grunzen; *Bär:* brummen ❷ *Mensch:* murren
grognon [gʀɔɲõ] mürrisch; *Kind* quengelig

> **G** Die Femininform *grognonne* existiert zwar, ist aber ungebräuchlich: *elle est grognon – sie ist mürrisch.*

le **groin** [gʀwɛ̃] die Schnauze
grommeler [gʀɔmle] <*wie* rejeter; *siehe Verbtabelle ab S. 1055*> murren

> Mit *ll* schreiben sich
> – die stammbetonten Formen wie *je grommelle* sowie
> – die auf der Basis der Grundform *grommeler* gebildeten Formen, z. B. *ils grommelleront* und *je grommellerais*.

le **grondement** [gʀɔ̃dmɑ̃] *eines Hundes* das Knurren; *des Donners* das Grollen; *eines Motors* das Dröhnen
gronder [gʀɔ̃de] ❶ *Hund:* knurren; *Donner:* grollen ❷ *Aufstand:* gären ❸ **gronder quelqu'un** jemanden ausschimpfen
le **groom** [△ gʀum] der Page
gros [gʀo] ❶ schreiben groß ❷ spielen, wetten mit hohem Einsatz; riskieren viel
le **gros**¹ [gʀo] (*Person*) der Dicke
le **gros**² [gʀo] ❶ der Großhandel ❷ (*größter Teil*) **le gros du travail** der Großteil der Arbeit; **le gros de la troupe** das Gros der Truppe ▸ **en gros** (*im Handel, in der Wirtschaft*) en gros; (*annähernd*) ungefähr; (*insgesamt*) im Großen und Ganzen; (*nicht detailliert*) in groben Zügen
gros, grosse [gʀo, gʀos] ❶ *Mensch, Tasche* dick; *Mantel, Decke* schwer; *Brust, Lippen* voll ❷ (*nicht klein*) groß; **en gros caractères** in Großbuchstaben; **gros comme le poing** faustgroß ❸ *Regenschauer, Fieber* stark; *Appetit, Fehler, Ausgaben* groß; *Stimme* laut; *Schaden, Arbeiten* schwer ❹ *Trinker, Esser* stark; *Faulpelz* groß; **le gros client** der Großkunde; **le gros malin** der Schlaumeier; **grosses bises** viele Grüße!; (*herzlicher*) viele Küsse! ❺ (*nicht fein*) grob; *Scherz* derb; **le gros rouge** der billige Rotwein
la **groseille** [gʀozɛj] die [rote] Johannisbeere, die Ribisel Ⓐ
la **grosse** [gʀos] die Dicke
la **grossesse** [gʀosɛs] die Schwangerschaft
la **grosseur** [gʀosœʀ] die Dicke; *eines Steins* die Größe
grossier, grossière [gʀosje, gʀosjɛʀ] ❶ grob; *Reparatur* notdürftig; *Imitation, Scherz* plump; *Manieren* ungehobelt ❷ *Mensch* unkultiviert; (*ohne Manieren*) flegelhaft; **quel grossier personnage!** was für ein Flegel! ❸ (*vulgär*) **c'est un homme grossier** er ist ein ordinärer Mann
grossièrement [gʀosjɛʀmɑ̃] ❶ grob; *einpacken, reparieren* notdürftig; *ausführen* oberflächlich; *imitieren* plump ❷ (*unhöflich*) flegelhaft; *antworten* grob; *beleidigen* wüst
la **grossièreté** [gʀosjɛʀte] die Grobheit
grossir [gʀosiʀ] <*wie agir; siehe Verbtabelle ab S. 1055*> ❶ *Mensch, Anzahl:* zunehmen; *Wolke:* größer werden; *Frucht, Tumor:* wachsen; *Lärm:* lauter werden; **le sucre fait grossir** Zucker macht dick ❷ dick machen ❸ **grossir quelque chose** *Lupe:* etwas vergrößern ❹ anwachsen lassen *Menge, Arbeitslosenzahl;* verstärken *Mannschaft* ❺ übertreiben *Ereignis, Begebenheit*

> Ⓖ Bei einigen Formen des Verbs ist der Stamm um *-iss-* erweitert, etwa bei *nous grossissons, il grossissait* oder *en grossissant*.

le **grossiste** [gʀosist] der Großhändler
la **grossiste** [gʀosist] die Großhändlerin
grosso modo [gʀosomɔdo] im Großen und Ganzen; *berechnen, schätzen* grob; *erklären, beschreiben* in groben Zügen
grotesque [gʀotɛsk] grotesk
la **grotte** [gʀɔt] die Höhle; (*künstlich, nicht tief*) die Grotte
grouiller [gʀuje] ❶ *Menschenmenge:* lebhaft durcheinanderlaufen ❷ **se grouiller** (*umgs.*) sich ranhalten
le **groupe** [gʀup] △ männlich ❶ die Gruppe; **par groupes de quatre** in Vierergruppen ❷ die Band, die Gruppe; **le groupe de rock** die Rockgruppe ❸ **le groupe sanguin** die Blutgruppe ❹ **le groupe parlementaire** ≈ die Fraktion ❺ (*in der Wirtschaft*) der Konzern
le **groupement** [gʀupmɑ̃] *von Unternehmen* der Zusammenschluss; **le groupement syndical** der Gewerkschaftsverband
grouper [gʀupe] ❶ zusammenstellen *Bücher;* gruppieren *Personen* ❷ **se grouper autour de quelqu'un** sich um jemanden gruppieren
la **grue** [gʀy] der Kran
gruger [gʀyʒe] <*wie changer; siehe Verbtabelle ab S. 1055*> betrügen

> Vor *a* und *o* bleibt das *e* erhalten, z. B.: *nous grugeons, il grugeait* und *en grugeant*.

le **grumeau** [gʀymo] <*Plural: grumeaux*> das Klümpchen
le **gruyère** [△ gʀyjɛʀ] der Greyerzer
la **Guadeloupe** [gwadlup] Guadeloupe
le **gué** [ge] die Furt; **traverser une rivière à gué** eine Furt durchqueren
les **guenilles** (*weiblich*) [gənij] die Lumpen
la **guenon** [gənɔ̃] (*Affenweibchen*) die Äffin
le **guépard** [gepaʀ] der Gepard
la **guêpe** [gɛp] die Wespe
le **guêpier** [gepje] das Wespennest ▸ **se fourrer dans un guêpier** in Schwierigkeiten geraten, sich in die Nesseln setzen

guère [gɛʀ] ne ... guère kaum; **ne guère manger** kaum essen; **n'être guère poli(e)** nicht besonders höflich sein; **ne guère se soucier de quelque chose** sich keine großen Sorgen um etwas machen; **il ne lit plus guère** er liest kaum noch

le **guéridon** [geʀidõ] das runde, einbeinige Tischchen

la **guérilla** [⚠ geʀija] der Guerillakrieg

guérir [geʀiʀ] <*wie agir; siehe Verbtabelle ab S. 1055*> ❶ *Kranker:* genesen; *Wunde, Verletzung:* heilen; *Erkältung:* weggehen; **il a guéri de sa bronchite** er ist von seiner Bronchitis genesen ❷ heilen *Kranken;* **se guérir** sich erfolgreich behandeln lassen; (*aus eigener Kraft*) sich kurieren

ⓖ Bei einigen Formen des Verbs ist der Stamm um *-iss-* erweitert, etwa bei *nous guérissons, il guérissait* oder *en guérissant.*

la **guérison** [geʀizõ] die Genesung; *einer Verletzung* die Heilung

le **guérisseur** [geʀisœʀ] der Heilpraktiker

la **guérisseuse** [geʀisøz] die Heilpraktikerin

la **guerre** [gɛʀ] ❶ der Krieg; **la guerre civile** der Bürgerkrieg; **la Première/Seconde Guerre mondiale** der Erste/Zweite Weltkrieg; **faire la guerre à un pays** gegen ein Land Krieg führen ❷ (*übertragen*) **faire la guerre à quelque chose** etwas bekämpfen ▶ **à la guerre comme à la guerre** es gibt Schlimmeres

le **guerrier** [gɛʀje] der Krieger

guerrier, guerrière [gɛʀje, gɛʀjɛʀ] kriegerisch

la **guerrière** [gɛʀjɛʀ] die Kriegerin

le **guet** [gɛ] **faire le guet** aufpassen; *Komplize:* Schmiere stehen

le **guet-apens** [gɛtapɑ̃] <*Plural:* guet-apens> der Hinterhalt

guetter [gete] ❶ **guetter une proie** einer Beute auflauern ❷ abwarten *Gelegenheit, Signal;* **guetter quelqu'un/quelque chose** nach jemandem/nach etwas Ausschau halten

la **gueulante** [gœlɑ̃t] (*umgs.*) **pousser une gueulante** losschimpfen, eine Schimpfkanonade loslassen

la **gueule** [gœl] ❶ *eines Tieres* das Maul ❷ (*umgs.: Gesicht*) die Visage; **avoir une bonne gueule** nett aussehen; **avoir une sale gueule** fies aussehen ❸ (*umgs.: Mund*) die Klappe; **être une grande gueule** ein Großmaul sein; [**ferme**] **ta gueule!** halt die Klappe! ▶ **avoir la gueule de bois** (*umgs.*) einen Kater haben; **casser la gueule à quelqu'un** (*umgs.*) jemandem die Fresse polieren; **se casser la gueule** (*umgs.*) *Person:* auf die Nase fallen; **faire la gueule [à quelqu'un]** (*umgs.*) [auf jemanden] sauer sein; **se fendre la gueule** (*umgs.*) sich kaputtlachen

la **gueule-de-loup** [gœldəlu] <*Plural:* gueules-de-loup> das Löwenmäulchen

gueuler [gœle] (*umgs.*) brüllen

le **gueuleton** [gœltõ] (*umgs.*) der Festschmaus

le **gui** [gi] die Mistel

le **guichet** [giʃɛ] der Schalter; **le guichet d'information** der Informationsschalter

le **guide** [gid] (*Person, Buch*) der Führer; **le guide touristique** der Reiseführer; **le guide d'achat** der Einkaufsführer

la **guide** [gid] ❶ die Führerin ❷ die Pfadfinderin

guider [gide] ❶ führen *Besucher, Touristen* ❷ lenken *Pferd* ❸ (*übertragen*) **guider quelqu'un** jemandem den Weg weisen

le **guidon** [gidõ] die Lenkstange, der Lenker

le **guignol** [giɲɔl] der Kasper

les **guillemets** (*männlich*) [gijmɛ] die Anführungszeichen; **entre guillemets** in Anführungszeichen

guilleret, guillerette [gijʀɛ, gijʀɛt] munter

la **guillotine** [gijɔtin] die Guillotine, das Fallbeil

guillotiner [gijɔtine] guillotinieren

guindé, guindée [gɛ̃de] steif

guingois [gɛ̃gwa] **de guingois** schief

la **guirlande** [giʀlɑ̃d] die Girlande

Ⓥ Das französische Wort schreibt sich mit *ui.*

la **guise** [giz] **à ma guise** wie es mir gefällt; **à sa guise** wie es ihm/ihr gefällt; **en guise de** als

la **guitare** [gitaʀ] die Gitarre

Ⓥ Dieses französische Wort und die beiden folgenden schreiben sich mit *ui* und einem *r.*

le **guitariste** [gitaʀist] der Gitarrist

la **guitariste** [gitaʀist] die Gitarristin

gustatif, gustative [gystatif, gystativ] Geschmacks-; **les organes gustatifs** die Geschmacksorgane

guttural, gutturale [gytyʀal] <*Plural der männl. Form:* gutturaux> kehlig

la **Guyane** [gɥijan] Französisch-Guyana

le **gym** [ʒim] (*umgs.*) Abkürzung von **gymnastique** ❶ das Turnen ❷ (*Übungen*) die Gymnastik ❸ (*Sportart*) das Kunstturnen

le **gymnase** [ʒimnɑz] die Turnhalle

le **gymnaste** [ʒimnast] der Turner

la **gymnaste** [ʒimnast] die Turnerin

la **gymnastique** [ʒimnastik] ❶ das Turnen ❷ (*Übungen*) die Gymnastik ❸ (*Sportart*)

das Kunstturnen
le **gynéco** [ʒineko] (*umgs.*) *Abkürzung von* **gynécologue** der Frauenarzt
la **gynéco** [ʒineko] (*umgs.*) *Abkürzung von* **gynécologue** die Frauenärztin
la **gynécologie** [ʒinekɔlɔʒi] die Frauenheilkunde
le **gynécologue** [ʒinekɔlɔg] der Frauenarzt
la **gynécologue** [ʒinekɔlɔg] die Frauenärztin
le **gyrophare** [ʒiʁɔfaʁ] das Blaulicht

H

le **h**, le **H** [aʃ] das h, das H

> Es gibt im Französischen keinen Laut, der dem Buchstaben *h* entspricht. Der Buchstabe wird also nur geschrieben, aber nicht gesprochen.
> Zwischen den Wörtern, die mit einem *h aspiré* beginnen, und solchen, die mit einem Konsonanten anfangen, besteht kein Unterschied:
> – Bei beiden ist die verbundene Aussprache *(liaison)* mit dem vorangehenden Wort nicht möglich. Zum Beispiel bleibt das *s* von *les* stumm:
> *les maisons* [le mɛzõ] – die Häuser;
> *les °haies* [la ´ɛ] – die Hecken.
> – Bei beiden wird die volle Form des Artikels verwendet, also *le* oder *la*:
> *la maison* [la mɛzõ] – das Haus;
> *la °haie* [la ´ɛ] – die Hecke.
> Wörter, die mit einem stummen *h* (einem *h muet*) beginnen, verhalten sich wie Wörter, die mit einem Vokal anfangen:
> – Beide werden in der Aussprache mit dem vorangehenden Wort verbunden. So wird zum Beispiel das *s* des Artikels *les* ausgesprochen:
> *les amies* [lez ami] – die Freundinnen;
> *les habitudes* [lez abityd] – die Gewohnheiten.
> – Bei beiden steht im Singular der apostrophierte Artikel *l'*:
> *l'amie* [lami] – die Freundin;
> *l'habitude* [labityd] – die Gewohnheit.
> In diesem Wörterbuch kennzeichnet ein Kringel das *h aspiré*. In der phonetischen Umschrift wird es durch einen kleinen Strich [´] angezeigt.

h *Abkürzung von* **heure**
ha *Abkürzung von* **hectare** ha
habile [abil] geschickt
l' **habileté** (*weiblich*) [abilte] ❶ die Geschicklichkeit ❷ (*beim Basteln*) die Fingerfertigkeit
habiliter [abilite] ermächtigen

habillé, habillée [⚠ abije] ❶ fein, elegant ❷ **bien/mal habillé** gut/schlecht gekleidet
l' **habillement** (*männlich*) [⚠ abijmã] die Kleidung
habiller [⚠ abije] ❶ anziehen; **s'habiller** sich anziehen ❷ **s'habiller en Indien** sich als Indianer verkleiden
l' **habit** (*männlich*) [abi] ❶ der Frack ❷ (*Kleidung*) **les habits** die Kleider
habitable [abitabl] bewohnbar
l' **habitacle** (*männlich*) [abitakl] ❶ die Fahrgastzelle ❷ (*im Flugzeug*) das Cockpit
l' **habitant** (*männlich*) [abitã] der Einwohner; *eines Hauses, einer Insel* der Bewohner
l' **habitante** (*weiblich*) [abitãt] die Einwohnerin; *eines Hauses, einer Insel* die Bewohnerin
l' **habitat** (*männlich*) [abita] ❶ *einer Pflanze* der Standort ❷ *eines Tieres* der Lebensraum ❸ *von Menschen* die Siedlungsform
l' **habitation** (*weiblich*) [abitasjõ] ❶ die Wohnung ❷ **l'habitation à loyer modéré** die Sozialwohnung; (*Gebäude*) der Wohnblock mit Sozialwohnungen
habiter [abite] wohnen; **habiter [à] la campagne** auf dem Land wohnen; **habiter en ville** in der Stadt wohnen; **habiter à Rennes** in Rennes wohnen; **habiter [dans] une maison** in einem Haus wohnen; **habiter [le] 17, rue Leblanc** in der Rue Leblanc [Nummer] 17 wohnen
l' **habitude** (*weiblich*) [abityd] ❶ die Gewohnheit; (*Eigentümlichkeit*) die Angewohnheit; **avoir l'habitude de quelque chose** an etwas gewöhnt sein ❷ (*Gepflogenheit*) der Brauch; *siehe auch* **d'habitude**
l' **habitué** (*männlich*) [abitɥe] *eines Geschäfts* der Stammkunde; *eines Lokals* der Stammgast
l' **habituée** (*weiblich*) [abitɥe] *eines Geschäfts* die Stammkundin; *eines Lokals* der Stammgast
habituel, habituelle [abitɥɛl] üblich
habituer [abitɥe] gewöhnen; **s'habituer à quelqu'un/à quelque chose** sich an jemanden/an etwas gewöhnen; **être habitué(e) à quelque chose** an etwas gewöhnt sein
le **°hâbleur** [´ablœʁ] der Aufschneider
la **°hâbleuse** [´abløz] die Aufschneiderin
la **°hache** [´aʃ] die Axt
°haché, °hachée [´aʃe] gehackt; **le bifteck °haché** das Hacksteak; **la viande °hachée** das Hackfleisch, das Faschierte Ⓐ
°hacher [´aʃe] zerkleinern *Kräuter, Gemüse*; durchdrehen, durch den Wolf drehen *Fleisch*
le **°hachich** [´aʃiʃ] das Haschisch
le **°hachis** [´aʃi] (*angemachtes Fleisch*) ≈ das

Hackfleisch
le °**hachoir** [´aʃwaʀ] ❶ das Hackbeil ❷ (*für Kräuter*) das Wiegemesser
◆ le °**hachoir à viande** der Fleischwolf
°**hachurer** [´aʃyʀe] schraffieren
les °**hachures** (*weiblich*) [´aʃyʀ] die Schraffierung

V Der Plural *les* °*hachures* wird mit einem Singular übersetzt: *sur cette carte, les* °*hachures indiquent les forêts* – auf dieser Karte kennzeichnet die Schraffierung die Wälder.

°**hagard**, °**hagarde** [´agaʀ, ´agaʀd] verstört
°**haï**, °**haïe** [⚠ ´ai] → °**haïr**
la °**haie** [´ɛ] ❶ die Hecke ❷ (*im Sport*) die Hürde
les °**haillons** (*männlich*) [´ajõ] die Lumpen
le °**Hainaut** [⚠ ´ɛno] der Hennegau
la °**haine** [´ɛn] der Hass; **la** °**haine de quelque chose** der Hass auf etwas
°**haineux**, °**haineuse** [´ɛnø, ´ɛnøz] hasserfüllt
°**haïr** [´aiʀ] <siehe Verbtabelle ab S. 1055> hassen

V Das Verb °*haïr* wird im Präsens Singular mit *i* geschrieben: *je* °*hais* [ʒə ´ɛ], *tu* °*hais* [ty ´ɛ], *il* °*hait* [il ´ɛ].

°**haïssable** [´aisabl] *Mensch* hassenswert; *Krieg* verabscheuungswürdig; *Wetter* scheußlich
°**haïssais** [´aisɛ], °**haïssons** [´aisõ], °**hait** [´ɛ] → °**haïr**
°**hâlé**, °**hâlée** [´ɑle] sonnengebräunt, gebräunt
l' °**haleine** (*weiblich*) [alɛn] der Atem; **la mauvaise haleine** der Mundgeruch; **il a couru à perdre haleine** er ist so schnell gelaufen, dass er ganz außer Atem kam ▶ **de longue haleine** *Arbeit* langwierig
°**hâler** [´ɑle] bräunen
°**haleter** [´al(ə)te] <wie *peser*; siehe Verbtabelle ab S. 1055> keuchen; *Hund*: hecheln

Ü Mit *è* schreiben sich
– die stammbetonten Formen wie *il* °*halète* oder *tu* °*halètes* sowie
– die auf der Basis der Grundform °*haleter* gebildeten Formen, z. B. *ils* °*halèteront* und *je* °*halèterais*.

le °**hall** [⚠ ´ol] [⚠ männlich] ❶ die Halle ❷ (*Eingang*) die Eingangshalle
la °**halle** [´al] die Markthalle
hallucinant, **hallucinante** [a(l)lysinɑ̃, a(l)lysinɑ̃t] *Ähnlichkeit* verblüffend; *Schauspiel* atemberaubend

l' **hallucination** (*weiblich*) [a(l)lysinasjõ] die Sinnestäuschung; (*in der Medizin*) die Halluzination
halluciné, **hallucinée** [a(l)lysine] ❶ *Person* an Halluzinationen leidend ❷ *Aussehen* irr
le °**halo** [´alo] (*in der Astronomie*) der Hof
l' **halogène** (*männlich*) [alɔʒɛn] ❶ (*in der Chemie*) das Halogen ❷ (*Lampe*) die Halogenleuchte
°**halte** [´alt] halt
la °**halte** [´alt] ⚠ weiblich ❶ der Halt ❷ (*Spaziergang*) die Pause
l' **haltère** (*männlich*) [altɛʀ] die Hantel
l' **haltérophile**¹ (*männlich*) [alteʀɔfil] der Gewichtheber
l' **haltérophile**² (*weiblich*) [alteʀɔfil] die Gewichtheberin
le °**hamac** [´amak] die Hängematte
°**Hambourg** [´ɑ̃buʀ] Hamburg
le °**Hambourgeois** [´ɑ̃buʀʒwa] der Hamburger
°**hambourgeois**, °**hambourgeoise** [´ɑ̃buʀʒwa, ´ɑ̃buʀʒwaz] hamburgisch, Hamburger
la °**Hambourgeoise** [´ɑ̃buʀʒwaz] die Hamburgerin
le °**hamburger** [´ɑ̃buʀɡœʀ] der Hamburger
le °**hameau** [´amo] <Plural: °hameaux> der Weiler
l' **hameçon** (*männlich*) [amsõ] der Angelhaken
l' **hameçonnage** (*männlich*) [amsɔnaʒ] (*in der Informatik*) das Phishing
le °**hamster** [⚠ ´amstɛʀ] der Hamster
°**han** [´ɑ̃] ah
la °**hanche** [´ɑ̃ʃ] die Hüfte
le °**handball**, le °**hand-ball** [⚠ ´ɑ̃dbal] der Handball
le °**handicap** [(´)ɑ̃dikap] ❶ die Behinderung ❷ (*im Sport*) das Handikap
°**handicapé**, °**handicapée** [´ɑ̃dikape] behindert
le °**handicapé** [´ɑ̃dikape] der Behinderte; **le** °**handicapé physique** der Körperbehinderte
la °**handicapée** [´ɑ̃dikape] die Behinderte; **la** °**handicapée mentale** die geistig Behinderte
°**handicaper** [´ɑ̃dikape] behindern; °**handicaper quelqu'un dans son travail** jemanden bei seiner Arbeit behindern
le °**hangar** [´ɑ̃ɡaʀ] ❶ der Schuppen ❷ (*für Waren*) der Lagerschuppen, der Schuppen ❸ (*für Flugzeuge*) der Hangar ❹ (*für Boote*) der Bootsschuppen, der Schuppen
le °**hanneton** [´an(ə)tõ] der Maikäfer
°**Hanovre** [´anɔvʀ] Hannover
°**hanséatique** [´ɑ̃seatik] hanseatisch
°**hanter** [ɑ̃te] ❶ °**hanter un château** Ge-

spenst: in einem Schloss spuken ❷ °**hanter quelqu'un** jemandem keine Ruhe lassen

la °**hantise** [´ɑ̃tiz] die [ständige] Angst; **avoir la °hantise de quelque chose** [ständig] Angst vor etwas haben

°**happer** [´ape] ❶ °**happer quelqu'un/quelque chose** *Zug, Auto:* jemanden/etwas erfassen ❷ °**happer quelque chose** *Tier:* etwas schnappen

le/la °**happy end** [´api ɛnd] <*Plural:* °happy ends> das Happyend

la °**harangue** [´aʀɑ̃g] die [feierliche] Rede
°**haranguer** [´aʀɑ̃ge] °**haranguer quelqu'un** eine [feierliche] Ansprache an jemanden richten

le °**haras** [⚠ ´aʀa] das Gestüt

°**harassant,** °**harassante** [aʀasɑ̃, aʀasɑ̃t] ermüdend; *Tag* [sehr] anstrengend

°**harassé,** °**harassée** [´aʀase] erschöpft

le °**harcèlement** [´aʀsɛlmɑ̃] die Belästigung

°**harceler** [´aʀsəle] <*wie* peser; *siehe Verbtabelle ab S. 1055*> belästigen

Ü Mit **è** schreiben sich
– die stammbetonten Formen wie *il °harcèle* oder *tu °harcèles* sowie
– die auf der Basis der Grundform °*harceler* gebildeten Formen, z. B. *ils °harcèleront* und *je °harcèlerais*.

les °**hardes** (weiblich) [´aʀd] (*abwertend*) die Klamotten

°**hardi,** °**hardie** [´aʀdi] *Mensch, Antwort* mutig; *Unternehmung* kühn

la °**hardiesse** [´aʀdjɛs] die Unerschrockenheit

le °**hardware** [´aʀdwɛʀ] (*in der Informatik*) die Hardware

le °**harem** [⚠ ´aʀɛm] der Harem

le °**hareng** [⚠ ´aʀɑ̃] der Hering

la °**hargne** [´aʀɲ] die Gereiztheit

°**hargneux,** °**hargneuse** [´aʀɲø, ´aʀɲøz] gereizt; *Hund* bissig

le °**haricot** [´aʀiko] die Bohne

l' **harmonica** (männlich ⚠) [aʀmɔnika] die Mundharmonika

l' **harmonie** (weiblich) [aʀmɔni] ❶ die Harmonie ❷ **être en harmonie avec quelque chose** gut zu etwas passen; *Gedanke, Meinung:* mit etwas in Einklang stehen

harmonieux, harmonieuse [aʀmɔnjø, aʀmɔnjøz] harmonisch; *Instrument, Stimme* wohlklingend

harmonique [aʀmɔnik] harmonisch

harmoniser [aʀmɔnize] ❶ miteinander in Einklang bringen *Interessen, Gedanken;* aufeinander abstimmen *Handlungen, Farben;*

s'harmoniser [miteinander] harmonieren ❷ (*in der Musik*) harmonisieren

l' **harmonium** (männlich) [⚠ aʀmɔnjɔm] das Harmonium

le °**harnachement** [´aʀnaʃmɑ̃] ❶ *eines Pferds* das Geschirr ❷ (*umgs.: Kleidung*) die [schwere] Montur

°**harnacher** [´aʀnaʃe] ❶ anschirren *Pferd* ❷ **être °harnaché(e) de quelque chose** (*abwertend*) mit etwas ausstaffiert sein

le °**harnais** [´aʀnɛ] ❶ *eines Pferdes* das Geschirr ❷ *eines Alpinisten* das Gurtzeug

la °**harpe** [´aʀp] die Harfe; **jouer de la °harpe** Harfe spielen

la °**harpie** [´aʀpi] **la vieille °harpie** (*abwertend*) der alte Drachen

le °**harpiste** [´aʀpist] der Harfenspieler

la °**harpiste** [´aʀpist] die Harfenspielerin

le °**harpon** [´aʀpɔ̃] ⚠ *männlich* die Harpune

°**harponner** [´aʀpɔne] harpunieren

le °**hasard** [´azaʀ] der Zufall ▶ **à tout °hasard** für alle Fälle; **essayer quelque chose à tout °hasard** etwas auf gut Glück versuchen; **au °hasard** aufs Geratewohl; **comme par °hasard** (*ironisch*) [ganz] zufällig; **par °hasard** zufällig

°**hasarder** [´azaʀde] ❶ wagen *Bemerkungen, Frage;* **se °hasarder à faire quelque chose** sich trauen, etwas zu tun ❷ **se °hasarder dans un quartier** sich in ein Viertel wagen

°**hasardeux,** °**hasardeuse** [´azaʀdø, ´azaʀdøz] gewagt

le °**hasch** [´aʃ] (*umgs.*) *Abkürzung von* °**haschisch** das Hasch, das Gras

le °**haschich,** le °**haschisch** [´aʃiʃ] das Haschisch

la °**hâte** [´ɑt] die Eile ▶ **avoir °hâte de faire quelque chose** es kaum erwarten können, etwas zu tun

°**hâter** [´ɑte] **se °hâter** sich beeilen

°**hâtif,** °**hâtive** [´ɑtif, ´ɑtiv] *Antwort* übereilt; *Folgerung* voreilig

la °**hausse** [´os] ❶ (*das Erhöhen*) *von Preisen, Gehältern* die Anhebung ❷ (*das Ansteigen*) der Anstieg; **être en °hausse** steigen, ansteigen

le °**haussement d'épaules** [´osmɑ̃ depol] das Achselzucken

°**hausser** [´ose] ❶ heben *Stimme;* °**hausser le ton** lauter sprechen ❷ hochziehen *Augenbrauen;* °**hausser les épaules** mit den Schultern zucken

haut [´o] ❶ springen, singen hoch ❷ **voir plus °haut** siehe oben ❸ *sagen* laut ❹ une fonctionnaire °haut placée eine hohe Beamtin ▸ dire quelque chose °haut et fort etwas laut und deutlich sagen; d'en °haut von oben; en °haut (bewegungslos) oben; (in Bewegung) nach oben; en °haut de ... oben in/auf ...

le °haut [´o] ❶ die Höhe; avoir un mètre de °haut einen Meter hoch sein; être à un mètre de °haut sich in einem Meter Höhe befinden; du °haut du balcon vom Balkon herunter; du °haut de ... von ... herunter ❷ eines Bikinis, Schlafanzugs das Oberteil ❸ l'étagère du °haut das oberste Regalbrett; les voisins du °haut die Nachbarn von oben ▸ des °hauts et des bas Höhen und Tiefen

°haut, °haute [´o, ´ot] ❶ (räumlich, in der Intensität) hoch; la °haute montagne das Hochgebirge; l'étage le plus °haut das oberste Stockwerk; la °haute tension die Hochspannung; à voix °haute laut ❷ (rangmäßig) obere(r, s); le °haut commandement das Oberkommando; la °haute société die Oberschicht ❸ le °haut allemand Hochdeutsch, das Hochdeutsche

°hautain, °hautaine [´otɛ̃, ´otɛn] herablassend, hochmütig

le °hautbois [⚠ ´obwa] ⚠ männlich die Oboe
le °haut-de-forme [´od(ə)fɔʀm] <Plural: °haut-de-forme> der Zylinder
la °haute-fidélité [´otfidelite] die High Fidelity
°hautement [´otmɑ̃] äußerst
la °haute-technologie [´ottɛknɔlɔʒi] das/die Hightech, die Hochtechnologie
la °hauteur [´otœʀ] ❶ die Höhe; quelle est la °hauteur de ce mur? wie hoch ist diese Mauer?; la °hauteur est de deux mètres die Höhe beträgt zwei Meter ❷ à la °hauteur du carrefour auf der Höhe der Kreuzung ❸ (Erderhebung) die Anhöhe, der Hügel ▸ être à la °hauteur de quelqu'un/de quelque chose jemandem/einer Sache gewachsen sein
le °haut-le-cœur [´ol(ə)kœʀ] <Plural: °haut-le-cœur> die Übelkeit; cela me donne des °haut-le-cœur davon wird mir übel
le °haut-le-corps [´ol(ə)kɔʀ] <Plural: °haut-le-corps> das Hochfahren; avoir un °haut-le-corps hochfahren
le °haut-lieu [´oljø] <Plural: °hauts-lieux> die Hochburg
le °haut-parleur [´opaʀlœʀ] <Plural: °haut-parleurs> der Lautsprecher
la °Havane [´avan] Havanna
le °Havre [´avʀ] Le Havre

la °Haye [´ɛ] Den Haag
°hé [´e] he
l' hebdo (männlich) [ɛbdo] (umgs.) Abkürzung von hebdomadaire die Wochenzeitung, die Wochenzeitschrift
hebdomadaire [ɛbdomadɛʀ] wöchentlich, Wochen-; le journal hebdomadaire die Wochenzeitung; la revue hebdomadaire die Wochenzeitschrift
l' hebdomadaire (männlich) [ɛbdomadɛʀ] die Wochenzeitung, die Wochenzeitschrift
l' hébergement (männlich) [ebɛʀʒəmɑ̃] die Unterkunft
héberger [ebɛʀʒe] <wie changer; siehe Verbtabelle ab S. 1055> unterbringen

Ü Vor a und o bleibt das e erhalten, z. B.: nous hébergeons, il hébergeait und en hébergeant.

hébété, hébétée [ebete] stumpfsinnig
hébraïque [⚠ ebʀaik] hebräisch
hébreu [ebʀø] <Plural: hébreux> hebräisch

G Die weibliche Form lautet israélite oder juive.

l' hébreu (männlich) [ebʀø] <Plural: hébreux> Hebräisch; siehe auch allemand
les Hébreux (männlich) [ebʀø] die Hebräer
l' hécatombe (weiblich) [ekatɔ̃b] ❶ das Blutbad, das Gemetzel ❷ (übertragen) quelle hécatombe! das ist ja grauenvoll [oder verheerend]!
l' hectare (männlich) [ɛktaʀ] der Hektar
l' hectolitre (männlich) [ɛktɔlitʀ] der Hektoliter
l' hégémonie (weiblich) [eʒemɔni] die Hegemonie
°hein [´ɛ̃] (umgs.) ❶ (Ausdruck des Nichtverstehens) hä ❷ (Ausdruck des Erstaunens) nanu ❸ (Verstärkung einer Frage) tu veux bien, °hein? du willst doch, oder?
°hélas [´elɑs] (gehoben) leider
°héler [´ele] <wie préférer; siehe Verbtabelle ab S. 1055> rufen, herbeirufen Träger; heranwinken Taxi

Ü Nur die stammbetonten Formen schreiben sich mit ê, z. B. je °hèle.

l' hélice (weiblich) [elis] eines Flugzeugs der Propeller; eines Schiffs die Schraube
l' hélicoptère (männlich) [elikɔptɛʀ] der Hubschrauber
héliporté, héliportée [elipɔʀte] per Hubschrauber befördert
helvétique [ɛlvetik] schweizerisch
°hem [´ɛm, ´ɛm] he [da]

l' **hématome** *(männlich)* [ematom] der Bluterguss
l' **hémicycle** *(männlich)* [emisikl] das Halbrund
l' **hémiplégie** *(weiblich)* [emipleʒi] die halbseitige Lähmung
l' **hémisphère** *(männlich)* [emisfɛʀ] ❶ die Halbkugel ❷ *(in der Geografie)* die Erdhalbkugel, die Halbkugel, die Hemisphäre ❸ *(in der Medizin)* die Gehirnhälfte
hémisphérique [emisfeʀik] halbkugelförmig
l' **hémoglobine** *(weiblich)* ⚠ [emɔglɔbin] das Hämoglobin
l' **hémophile** *(männlich)* [emɔfil] der Bluter
l' **hémophilie** *(weiblich)* [emɔfili] die Bluterkrankheit
l' **hémorragie** *(weiblich)* [emɔʀaʒi] die Blutung
l' **hémorroïde** *(weiblich)* [emɔʀɔid] die Hämorrhoide
le °**henné** [´ene] ⚠ *männlich* das Henna
°**hennir** [´eniʀ] <*wie* agir; *siehe Verbtabelle ab S. 1055*> wiehern

> **G** Bei einigen Formen des Verbs ist der Stamm um -*iss*- erweitert, etwa bei *il* °*henn**iss**ait* oder *en* °*henn**iss**ant*.

°**hep** [´ɛp] he, hallo
hépatique [epatik] Leber-; **les fonctions hépatiques** die Leberfunktionen
l' **hépatique**¹ *(männlich)* [epatik] der Leberkranke
l' **hépatique**² *(weiblich)* [epatik] die Leberkranke
l' **hépatite** *(weiblich)* [epatit] die Leberentzündung, die Hepatitis
héraldique [eʀaldik] Wappen-; **la figure héraldique** die Wappenfigur; **un ornement héraldique** ein Wappenmuster
l' **herbage** *(männlich)* [ɛʀbaʒ] die Weide
l' **herbe** *(weiblich)* [ɛʀb] ❶ das Gras; **la mauvaise herbe** das Unkraut ❷ *(in der Medizin)* das Heilkraut, das Kraut, die Heilpflanze ❸ *(für Speisen)* das Küchenkraut, das Gewürzkraut; **les herbes de Provence** die Kräuter der Provence
herbeux, herbeuse [ɛʀbø, ɛʀbøz] grasbewachsen
l' **herbicide** *(männlich)* [ɛʀbisid] das Unkrautbekämpfungsmittel
l' **herbier** *(männlich)* [ɛʀbje] das Herbarium
herbivore [ɛʀbivɔʀ] Pflanzen fressend
l' **herbivore** *(männlich)* [ɛʀbivɔʀ] der Pflanzenfresser
herboriser [ɛʀbɔʀize] Pflanzen sammeln
l' **herboriste**¹ *(männlich)* [ɛʀbɔʀist] der Kräuterhändler
l' **herboriste**² *(weiblich)* [ɛʀbɔʀist] die Kräuterhändlerin
Hercule [ɛʀkyl(ə)] Herkules, Herakles
héréditaire [eʀediteʀ] erblich, Erb-; **la maladie héréditaire** die Erbkrankheit
l' **hérédité** *(weiblich)* [eʀedite] ❶ die Vererbung ❷ *(genetische Merkmale)* das Erbgut, die Erbanlagen
l' **hérésie** *(weiblich)* [eʀezi] *(auch übertragen)* die Ketzerei
hérétique [eʀetik] ketzerisch
l' **hérétique**¹ *(männlich)* [eʀetik] *(auch übertragen)* der Ketzer
l' **hérétique**² *(weiblich)* [eʀetik] *(auch übertragen)* die Ketzerin
°**hérissé**, °**hérissée** [´eʀise] gesträubt
°**hérisser** [´eʀise] ❶ sträuben *Haare, Federn;* aufrichten *Stachel* ❷ **ses poils se °hérissent** ihm/ihr sträuben sich die Haare ❸ **se °hérisser** *Katze:* das Fell sträuben; *Vogel:* sich aufplustern
le °**hérisson** [´eʀisɔ̃] der Igel
l' **héritage** *(männlich)* [eʀitaʒ] *(auch übertragen)* das Erbe; **laisser une maison en héritage à quelqu'un** jemandem ein Haus vererben
hériter [eʀite] ❶ **hériter d'une maison** ein Haus erben ❷ **hériter de quelqu'un** jemanden beerben
l' **héritier** *(männlich)* [eʀitje] der Erbe
l' **héritière** *(weiblich)* [eʀitjɛʀ] die Erbin
l' **hermaphrodite** *(männlich)* [ɛʀmafʀɔdit] der Zwitter
hermétique [ɛʀmetik] ❶ hermetisch ❷ *Verschluss* dicht; *Dose* dicht verschlossen
l' **hermine** *(weiblich)* ⚠ [ɛʀmin] der Hermelin
l' **héroïne**¹ *(weiblich)* [eʀɔin] die Heldin
l' **héroïne**² *(weiblich)* ⚠ [eʀɔin] das Heroin
l' **héroïnomane**¹ *(männlich)* [eʀɔinɔman] der Heroinsüchtige
l' **héroïnomane**² *(weiblich)* [eʀɔinɔman] die Heroinsüchtige
héroïque [eʀɔik] heldenhaft
l' **héroïsme** *(männlich)* [eʀɔism] der Heldenmut
le °**héron** [´eʀɔ̃] der Reiher
le °**héros** [´eʀo] ⚠ [´eʀo] der Held
l' **herpès** *(männlich)* [ɛʀpɛs] der Herpes
la °**herse** [´ɛʀs] die Egge
hésitant, hésitante [ezitɑ̃, ezitɑ̃t] zögernd
l' **hésitation** *(weiblich)* [ezitasjɔ̃] das Zögern; **après bien des hésitations** nach langem Zögern
hésiter [ezite] ❶ zögern; **hésiter à faire quelque chose** zögern, etwas zu tun ❷ *(beim Sprechen)* stocken
la °**Hesse** [´ɛs] Hessen
hétéro [eteʀo] *(umgs.)* Abkürzung von **hété-**

rosexuel(le) hetero
l' **hétéro**[1] *(männlich)* [etero] *(umgs.)* Abkürzung von **hétérosexuel** der Hetero
l' **hétéro**[2] *(weiblich)* [etero] *(umgs.)* Abkürzung von **hétérosexuelle** die Heterosexuelle
hétéroclite [eteroklit] zusammengewürfelt
hétérogène [eterɔʒɛn] heterogen
hétérosexuel, hétérosexuelle [eterosɛksyɛl] heterosexuell
l' **hétérosexuel** *(männlich)* [eterosɛksyɛl] der Heterosexuelle
l' **hétérosexuelle** *(weiblich)* [eterosɛksyɛl] die Heterosexuelle
le °**hêtre** [´ɛtʀ] die Buche
°**heu** [´ø] äh, hm
l' **heure** *(weiblich)* [œʀ] ❶ die Stunde; **une heure et demie** anderthalb Stunden; **une heure de cours** eine Stunde Unterricht; **une heure de retard** eine Stunde Verspätung; **en première heure** in der ersten Stunde; **vingt-quatre heures sur vingt-quatre** rund um die Uhr ❷ *(bei Uhrzeitangaben)* **à dix heures du matin/du soir** um zehn Uhr morgens/abends; **à trois heures** um drei [Uhr]; **il est trois heures** es ist drei [Uhr]; **il est deux heures et demie** es ist halb drei; **il est six heures moins vingt** es ist zwanzig vor sechs; **il est quelle heure?** wie spät ist es?, wie viel Uhr ist es?; **vous avez l'heure, s'il vous plaît?** können Sie mir bitte sagen, wie spät es ist?; **regarder l'heure** auf die Uhr schauen; **à quelle heure?** um wie viel Uhr?; **à la même heure** zur selben Zeit ❸ *(bei Angaben des Zeitpunkts)* **à heure fixe** zu einer bestimmten Zeit; **à toute heure** jederzeit; **à cette heure-ci** zu dieser Zeit; **à l'heure où ...** gerade als ..., zu der Zeit als ...; **c'est l'heure de partir** es ist Zeit zu gehen; **jusqu'à une heure avancée** bis spät in die Nacht; **avant l'heure** vorzeitig ❹ **des heures mémorables** denkwürdige Stunden ▸ **l'heure °H** die Stunde X; **les heures de pointe** die Hauptverkehrszeit; **de bonne heure** früh [am Morgen]; *(Herbst, Senilität)* frühzeitig; **l'heure est grave** die Lage ist ernst; **être à l'heure** *Person:* pünktlich sein; *Uhr:* richtig gehen; **ne pas être à l'heure** *Person:* unpünktlich sein; *Uhr:* falsch gehen; **tout à l'heure** *(vor wenigen Augenblicken)* [so]eben, vorhin; *(in kurzer Zeit)* gleich; **à tout à l'heure!** bis gleich!
◆ l'**heure d'affluence** die Hauptverkehrszeit
◆ l'**heure de fermeture** der Ladenschluss
heureuse [øʀøz] →**heureux**

l' **heureuse** *(weiblich)* [øʀøz] **faire une heureuse** *(umgs.)* jemandem eine Freude machen
heureusement [øʀøzmã] zum Glück, glücklicherweise
l' **heureux** *(männlich)* [øʀø] **faire un heureux** *(umgs.)* jemandem eine Freude machen
heureux, heureuse [øʀø, øʀøz] ❶ glücklich; **être heureux de quelque chose** sich über etwas freuen; **être heureux de faire quelque chose** sich freuen, etwas zu tun ❷ **être heureux au jeu** Glück im Spiel haben ▸ **encore heureux!** zum Glück!
le °**heurt** [⚠ ´œʀ] der Zusammenstoß
°**heurter** [´œʀte] ❶ °**heurter quelqu'un** mit jemandem zusammenstoßen; *Autofahrer, Fahrzeug:* jemanden anfahren ❷ °**heurter quelque chose** *Person:* gegen etwas stoßen; *(nach einem Sturz)* auf etwas aufschlagen; *Gegenstand:* auf etwas [auf]prallen; *Fahrzeug:* gegen etwas fahren ❸ **se °heurter à des difficultés** auf Schwierigkeiten stoßen
le °**heurtoir** [´œʀtwaʀ] der Türklopfer
l' **hévéa** *(männlich)* [evea] der Kautschukbaum
l' **hexagone** *(männlich)* [ɛgzagɔn] das Sechseck

> **L** Die Umrisse Frankreichs ähneln einem Sechseck, weshalb der Begriff *l'Hexagone* häufig an Stelle von *la France* verwendet wird.

l' **hibernation** *(weiblich)* [ibɛʀnasjɔ̃] der Winterschlaf
hiberner [ibɛʀne] Winterschlaf halten
le °**hibou** [´ibu] <*Plural:* °hiboux> die Eule
le °**hic** [´ik] *(umgs.)* der Haken
°**hideux,** °**hideuse** [´idø, ´idøz] hässlich; *Monster, Wesen* abscheulich
hier [⚠ jɛʀ] gestern; **hier soir, hier au soir** gestern Abend
la °**hiérarchie** [´jeʀaʀʃi] die Hierarchie
°**hiérarchique** [´jeʀaʀʃik] hierarchisch
le °**hiéroglyphe** [´jeʀɔglif] *(auch übertragen)* ⚠ *männlich* die Hieroglyphe
°**hi-fi** [⚠ ´ifi] Hi-Fi-; **la chaîne °hi-fi** die Hi-Fi-Anlage

> **G** Das Adjektiv °hi-fi ist unveränderlich: *plusieurs chaînes* °hi-fi – mehrere Hi-Fi-Anlagen.

la °**high tech** [⚠ ´ajtɛk] das/die Hightech
hilarant, hilarante [ilaʀɑ̃, ilaʀɑ̃t] sehr komisch
hilare [ilaʀ] *Kind* fröhlich, ausgelassen; *Gesicht* lachend
l' **hilarité** *(weiblich)* [ilaʀite] die Heiterkeit
l' **hindouisme** *(männlich)* [ɛ̃duism] der Hinduis-

Révisions

Des petits mots pour raconter une histoire			
quand	als *(zeitlich)*	à la fin	schließlich, am Ende
souvent	oft	avant de faire qc	bevor man etwas tut
un jour	eines Tages	après avoir fait qc	nachdem man etw. getan hat
alors	nun, jetzt, dann	pour faire qc	um etw. zu tun
d'abord	zuerst	sans avoir fait qc	ohne etw. getan zu haben
puis	dann	comme *(Satzanfang)*	da, weil
encore	noch, schon wieder	parce que	weil
tout à coup	plötzlich	car	denn
ensuite	dann, danach	mais	aber
pendant ce temps	währenddessen	pourtant	dennoch, trotzdem
pendant que	während	donc	also
enfin	schließlich/endlich	c'est pourquoi	deshalb

mus
°**hip** [´ip] °**hip** °**hip** °**hip!** °**hourra!** hipp, hipp, hurra!
hippique [ipik] Pferde-; **le sport hippique** der Pferdesport; **la course hippique** das Pferderennen
l' **hippisme** *(männlich)* [ipism] der Reitsport
l' **hippocampe** *(männlich)* [ipɔkɑ̃p] das Seepferdchen
l' **hippodrome** *(männlich)* [ipodʀom] die Pferderennbahn, die Rennbahn
l' **hippopotame** *(männlich)* [ipɔpɔtam] das Nilpferd
l' **hirondelle** *(weiblich)* [iʀɔ̃dɛl] die Schwalbe
hirsute [iʀsyt] zerzaust; *Bart* struppig
hispanique [ispanik] spanisch
hispano-américain, hispano-américaine [ispanoameʀikɛ̃, ispanoameʀikɛn] <*Plural der männl. Form:* hispano-américains> hispanoamerikanisch
°**hisser** [´ise] ❶ hissen *Fahne, Segel;* hochheben *Last* ❷ **se** °**hisser** sich hochziehen
l' **histoire** *(weiblich)* [istwaʀ] ❶ die Geschichte ❷ **l'histoire drôle** der Witz ❸ (*Schwindelei*) die Lügengeschichte, das Märchen ❹ **faire toujours des histoires** (*umgs.*) ständig Schwierigkeiten machen ▶ **histoire de rire** (*umgs.*) einfach nur, um zu lachen, einfach nur zum Spaß
l' **historien** *(männlich)* [istɔʀjɛ̃] der Historiker
l' **historienne** *(weiblich)* [istɔʀjɛn] die Historikerin
historique [istɔʀik] geschichtlich, historisch

l' **historique** *(männlich)* [istɔʀik] die Vorgeschichte, die Geschichte
hitlérien, hitlérienne [itleʀjɛ̃, itleʀjɛn] Hitler-; **les jeunesses hitlériennes** die Hitlerjugend
le °**hit-parade** [´itpaʀad] <*Plural:* °hit-parades> die Hitparade
le °**HIV** [´aʃive] *Abkürzung von* **Human Immunodeficiency Virus** das HIV
l' **hiver** *(männlich)* [ivɛʀ] der Winter; **en hiver** im Winter
hivernal, hivernale [ivɛʀnal] <*Plural der männl. Form:* hivernaux> winterlich
le/la °**HLM** [´aʃɛlɛm] *Abkürzung von* **habitation à loyer modéré** ❶ die Sozialwohnung ❷ (*Gebäude*) der Wohnblock mit Sozialwohnungen
le °**hobby** [´ɔbi] <*Plural:* °hobbies> das Hobby
le °**hochement de tête** [´ɔʃmɑ̃ də tɛt] das Kopfnicken; (*Zeichen der Ablehnung*) das Kopfschütteln
°**hocher** [´ɔʃe] °**hocher la tête** [mit dem Kopf] nicken; (*ablehnend*) den Kopf schütteln
le °**hochet** [´ɔʃɛ] die Rassel
le °**hockey** [´ɔkɛ] das Hockey
°**holà** [´ɔla] halt
le/la °**holding** [△ ´ɔldiŋ] die Holding
le °**hold-up** [△ ´ɔldœp] <*Plural:* °hold-up> der Raubüberfall
le °**hollandais** [´ɔlɑ̃dɛ] Holländisch; *siehe auch* **allemand**
°**hollandais,** °**hollandaise** [´ɔlɑ̃dɛ, ´ɔlɑ̃dɛz]

holländisch
le °**Hollandais** [´ɔlãdɛ] der Holländer
la °**Hollandaise** [´ɔlãdɛz] die Holländerin
la °**Hollande** [´ɔlãd] Holland
l' **holocauste** (männlich) [olokost] der Holocaust
l' **homard** [´ɔmaʀ] der Hummer
l' **homéopathie** (weiblich) [ɔmeɔpati] die Homöopathie
l' **homicide** (männlich) [ɔmisid] die Tötung; **l'homicide involontaire/volontaire** die fahrlässige/vorsätzliche Tötung
l' **hommage** (männlich ⚠) [ɔmaʒ] die Hommage
l' **homme** (männlich) [ɔm] ❶ der Mensch ❷ der Mann; **le jeune homme** der junge Mann; **un homme politique** ein Politiker; **entre hommes** unter Männern; **les vêtements pour hommes** die Herrenbekleidung
◆ l'**homme d'État** der Staatsmann
l' **homme-grenouille** (männlich) [ɔmgʀənuj] <Plural: hommes-grenouilles> der Froschmann
l' **homme-sandwich** (männlich) [⚠ ɔmsãdwitʃ] <Plural: hommes-sandwichs> der Sandwichmann
l' **homo**[1] (männlich) [omo] (umgs.) Abkürzung von **homosexuel** der Homo
l' **homo**[2] (weiblich) [omo] (umgs.) Abkürzung von **homosexuelle** die Lesbe
homogène [ɔmɔʒɛn] homogen
homogénéiser [ɔmɔʒeneize] homogenisieren
l' **homogénéité** (weiblich) [ɔmɔʒeneite] die Homogenität
homologue [ɔmɔlɔg] entsprechend
homologuer [ɔmɔlɔge] genehmigen Preis; anerkennen Rekord
l' **homonyme** (männlich) [ɔmɔnim] (in der Grammatik) das Homonym
l' **homosexualité** (weiblich) [ɔmɔsɛksɥalite] die Homosexualität
l' **homosexuel** (männlich) der Homosexuelle
homosexuel, homosexuelle [ɔmɔsɛksɥɛl] homosexuell
l' **homosexuelle** (weiblich) die Homosexuelle
la °**Hongrie** [´õgʀi] Ungarn
le °**hongrois** [´õgʀwa] Ungarisch; siehe auch **allemand**

G In Verbindung mit dem Verb *parler* kann der Artikel entfallen: *elle parle* °*hongrois – sie spricht Ungarisch.*

°**hongrois**, °**hongroise** [´õgʀwa, ´õgʀwaz] ungarisch
le °**Hongrois** [´õgʀwa] der Ungar
la °**Hongroise** [´õgʀwaz] die Ungarin

honnête [ɔnɛt] ❶ Mensch ehrlich, aufrichtig; Unternehmen, Händler ehrlich ❷ Note, Leistung recht ordentlich; Preis angemessen
honnêtement [ɔnɛtmã] auf anständige Weise; **gérer une affaire honnêtement** ein Geschäft auf ehrliche Weise betreiben
l' **honnêteté** (weiblich) [ɔnɛtte] die Ehrlichkeit
l' **honneur** (männlich) [ɔnœʀ] ❶ die Ehre; **être tout à l'honneur de quelqu'un** jemandem zur Ehre gereichen ❷ (in Briefen) **j'ai l'honneur de solliciter un poste de ...** (gehoben) [hiermit] bewerbe ich mich als ...; **j'ai l'honneur de vous informer que ...** ich freue mich, Ihnen mitteilen zu können, dass ... ▶ **en quel honneur?** (ironisch) wozu?
l' **honorabilité** (weiblich) [ɔnɔʀabilite] einer Person die Ehrbarkeit
honorable [ɔnɔʀabl] ❶ ehrenhaft; Mensch ehrenwert; Beruf ehrbar ❷ Note, Leistung ganz gut; Vermögen ansehnlich
les **honoraires** (männlich) [ɔnɔʀɛʀ] das Honorar

V Der Plural *les honoraires* wird mit einem Singular übersetzt: *quels sont vos honoraires? – wie hoch ist Ihr Honorar?*

honorer [ɔnɔʀe] ehren Menschen
honorifique [ɔnɔʀifik] ehrenamtlich
la °**honte** [´õt] ❶ die Schande; **c'est une** °**honte!, quelle** °**honte!** so eine Schande!; [**c'est**] **la** °**honte!** (umgs.) wie peinlich! ❷ die Scham; **avoir** °**honte de quelqu'un/de quelque chose** sich für jemanden/für eine Sache schämen; **faire** °**honte à quelqu'un** jemanden blamieren
°**honteux,** °**honteuse** [´õtø, ´õtøz] ❶ schändlich ❷ **être** °**honteux de quelque chose** sich für etwas schämen
°**hop** [´ɔp] hopp; °**hop** [là]! hopp[, hopp]!
l' **hôpital** (männlich) [ɔpital] <Plural: hôpitaux> das Krankenhaus, das Spital Ⓐ, ⒞ⓗ
le **hoquet** [´ɔkɛ] der Schluckauf
horaire [ɔʀɛʀ] ❶ Stunden-; **le salaire horaire** der Stundenlohn ❷ Zeit-; **le décalage horaire** die Zeitverschiebung
l' **horaire** (männlich) [ɔʀɛʀ] ❶ der Zeitplan; **un horaire chargé** ein voller Terminkalender ❷ von Zügen, Bussen der Fahrplan; von Flügen der Flugplan ❸ **l'horaire des cours** der Stundenplan ❹ **l'horaire mobile** [oder **flexible**] die gleitende Arbeitszeit, die Gleitzeit
la °**horde** [´ɔʀd] die Horde
l' **horizon** (männlich) [ɔʀizõ] der Horizont
horizontal, horizontale [ɔʀizõtal] <Plural der männl. Form: horizontaux> waagerecht,

horizontal
l' **horizontale** *(weiblich)* [ɔʀizɔtal] ❶ die Waagerechte ❷ **être à l'horizontale** waagerecht sein/liegen
horizontaux [ɔʀizoto] →**horizontal**
l' **horloge** *(weiblich)* [ɔʀlɔʒ] die Uhr
l' **horloger** *(männlich)* [ɔʀlɔʒe] der Uhrmacher
l' **horlogère** *(weiblich)* [ɔʀlɔʒɛʀ] die Uhrmacherin
l' **horlogerie** *(weiblich)* [ɔʀlɔʒʀi] ❶ das Uhrengeschäft; **l'horlogerie bijouterie** das Uhren- und Schmuckgeschäft ❷ *(Industriezweig)* die Uhrenindustrie ❸ *(Handelsbranche)* der Uhrenhandel
hormonal, hormonale [ɔʀmɔnal] <*Plural der männl. Form:* hormonaux> hormonal
l' **hormone** *(weiblich* ⚠*)* [ɔʀmɔn] das Hormon
l' **horodateur** *(männlich)* [ɔʀɔdatœʀ] der Parkscheinautomat
l' **horoscope** *(männlich)* [ɔʀɔskɔp] das Horoskop
l' **horreur** *(weiblich* ⚠*)* [ɔʀœʀ] ❶ das Entsetzen, der Horror; **le film d'horreur** der Horrorfilm ❷ **avoir horreur de quelqu'un/de quelque chose** jemanden/etwas verabscheuen; *(unerträglich finden)* jemanden/etwas nicht ausstehen können ❸ *(umgs.: schlimme Sache)* die Scheußlichkeit; *(schlimme Tat)* die Gräueltat; **dire des horreurs** Abscheulichkeiten erzählen; **quelle horreur!, l'horreur!** wie entsetzlich!; **c'est l'horreur!** das ist ja entsetzlich!
horrible [ɔʀibl] ❶ *Tat* abscheulich ❷ *Anblick, Unfall, Schrei* schrecklich, grauenhaft ❸ *Essen* scheußlich
horrifier [ɔʀifje] <*wie* apprécier; *siehe Verbtabelle ab S. 1055*> entsetzen
horripiler [ɔʀipile] *(umgs.)* fürchterlich nerven
°**hors** [´ɔʀ] ❶ °**hors service** außer Betrieb ❷ **habiter** °**hors de la ville** außerhalb der Stadt wohnen ❸ *(übertragen)* °**hors de danger** außer Gefahr; °**hors de portée** außer Reichweite; °**hors de prix** unerschwinglich; °**hors de soi** außer sich
le °**hors-bord** [´ɔʀbɔʀ] <*Plural:* °hors-bord> der Außenborder
le °**hors-d'œuvre** [´ɔʀdœvʀ] <*Plural:* °hors-d'œuvre> die Vorspeise
le °**hors-jeu** [´ɔʀʒø] <*Plural:* °hors-jeu> das Abseits
le °**hors-la-loi** [´ɔʀlalwa] <*Plural:* °hors-la-loi> der Gesetzlose
l' **hortensia** *(männlich* ⚠*)* [ɔʀtɑ̃sja] die Hortensie
horticole [ɔʀtikɔl] Garten-; **une exposition horticole** eine Gartenschau
l' **horticulteur** *(männlich)* [ɔʀtikyltœʀ] der Gärtner
l' **horticultrice** *(weiblich)* [ɔʀtikyltʀis] die Gärtnerin
l' **horticulture** *(weiblich)* [ɔʀtikyltyʀ] der Gartenbau
l' **hospice** *(männlich)* [ɔspis] das Pflegeheim
hospitalier, hospitalière [ɔspitalje, ɔspitaljɛʀ] ❶ gastfreundlich ❷ *(in der Medizin)* **l'établissement hospitalier** das Krankenhaus, das Spital Ⓐ, ⒽⒽ; **le personnel hospitalier** das Krankenhauspersonal, das Pflegepersonal
l' **hospitalisation** *(weiblich)* [ɔspitalizasjɔ̃] ❶ die Einweisung ins Krankenhaus, die Einweisung ins Spital Ⓐ, ⒽⒽ ❷ der Krankenhausaufenthalt, der Spitalaufenthalt Ⓐ, ⒽⒽ
hospitaliser [ɔspitalize] in ein/in das Krankenhaus einweisen, in ein/in das Spital einweisen Ⓐ, ⒽⒽ
l' **hospitalité** *(weiblich)* [ɔspitalite] die Gastfreundschaft
l' **hostie** *(weiblich)* [ɔsti] die Hostie
hostile [ɔstil] feindlich; *Haltung* feindselig
l' **hostilité** *(weiblich)* [ɔstilite] ❶ die Feindseligkeit ❷ *(beim Militär)* **les hostilités** die Kampfhandlungen
l' **hosto** *(männlich)* [ɔsto] *(umgs.)* das Krankenhaus, das Spital Ⓐ, ⒽⒽ
le °**hot-dog** [´ɔtdɔg] <*Plural:* °hot-dogs> der Hot Dog
l' **hôte**[1] *(männlich)* [ot] ❶ *(gehoben)* der Gastgeber ❷ der Gast ❸ *(in der Informatik)* der Host
l' **hôte**[2] *(weiblich)* [ot] der Gast
l' **hôtel** *(männlich)* [ɔtɛl, otɛl] ❶ das Hotel ❷ das [herrschaftliche] Stadthaus
  ♦ **l'hôtel Matignon** Amtssitz des französischen Premierministers
  ♦ **l'hôtel de ville** das Rathaus
l' **hôtelier** *(männlich)* [otəlje] der Hotelier
hôtelier, hôtelière [otəlje, ɔtəlje, otəljɛʀ] Hotel-; **l'école hôtelière** die Hotelfachschule
l' **hôtelière** *(weiblich)* [otəljɛʀ] der Hotelier
l' **hôtellerie** *(weiblich)* [otɛlʀi, ɔtɛlʀi] das Hotelgewerbe, die Hotellerie
l' **hôtesse** *(weiblich)* [otɛs] ❶ *(gehoben)* die Gastgeberin ❷ **l'hôtesse [d'accueil]** die Hostess; *(bei einer Zeremonie)* die Empfangsdame
  ♦ **l'hôtesse de l'air** die Stewardess
la °**hotte** [´ɔt] ❶ **la** °**hotte aspirante** die Abzugshaube, die Dunstabzugshaube ❷ *(Korb)* die Kiepe
°**hou** [´u] ❶ *(lächerlich machend, beschä-*

mend) pfui ❷ (*ablehnend*) buh ❸ (*Angst machend*) hu ❹ **°hou, °hou!** hallo!
le **°houblon** [´ublõ] der Hopfen
la **°houe** [´u] die Hacke
la **°houille** [´uj] die Steinkohle
°houiller, °houillère [´uje, ´ujɛʀ] Steinkohlen-; **l'industrie °houillère** die Steinkohlenindustrie; **le bassin °houiller** das Steinkohlenbecken
la **°houle** [´ul] der Seegang
la **°houlette** [´ulɛt] **sous la °houlette de ...** unter der Führung von ...
°houleux, °houleuse [´ulø, ´uløz] *Meer* bewegt; *Sitzung* turbulent
la **°houppe** [´up] das Haarbüschel; **j'ai une °houppe sur la tête** meine Haare stehen ab
°hourra [´uʀa] hurra
le **°hourra** [´uʀa] das Hurra
°houspiller [´uspije] ausschimpfen
la **°housse** [´us] die Hülle; **la °housse de couette** der Bettbezug
le **°houx** [´u] die Stechpalme
H.S. [aɛs] (*umgs.*) Abkürzung *von* **°hors service**: **être H.S.** *Automat, Auto:* streiken; *Person:* total geschlaucht sein
le **°hublot** [´yblo] *eines Schiffes* das Bullauge; *eines Flugzeugs* das Fenster
°hue [´y] hü
les **°huées** (*weiblich*) [´ɥe] die Buhrufe
°huer [´ɥe] ausbuhen
le **°huguenot** [´ygno] der Hugenotte
la **°huguenote** [´ygnɔt] die Hugenottin
l' **huile** (*weiblich*) [ɥil] ❶ das Öl; **l'huile d'olive** das Olivenöl; **l'huile de tournesol** das Sonnenblumenöl ❷ (*für Fahrzeuge*) das Öl, das Motor[en]öl
huiler [ɥile] ❶ mit Öl ausstreichen *Backform* ❷ ölen *Mechanismus*
huis [⚠ ɥi] **à huis clos** hinter verschlossenen Türen
l' **huissier** (*männlich*) [ɥisje] der Gerichtsvollzieher/die Gerichtsvollzieherin, der Exekutor/die Exekutorin Ⓐ

Ⓖ Es gibt im Französischen keine Femininform: *elle est huissier – sie ist Gerichtsvollzieherin.*

°huit [⚠ ´ɥi(t)] ❶ acht; **un Français sur °huit** jeder achte Franzose; **en °huit exemplaires** in achtfacher Ausfertigung; **à °huit** zu acht ❷ (*bei Angaben des Alters, des Zeitraums*) **il/elle a °huit ans** er/sie ist acht Jahre alt, er/sie ist acht; **à °huit ans** mit acht Jahren, mit acht; **un enfant de °huit ans** ein achtjähriges Kind, ein Achtjähriger; **une période de °huit ans** ein Zeitraum von acht Jahren; **toutes les °huit heures** alle acht Stunden ❸ (*bei Uhrzeitangaben*) **il est °huit heures** es ist acht Uhr, es ist acht; **il est °huit heures moins cinq** es ist fünf vor acht, es ist fünf Minuten vor acht ❹ (*bei Datumsangaben*) **le °huit mars** geschrieben: **le 8 mars** der achte März *geschrieben:* der 8. März; **arriver le °huit mai** am achten Mai kommen; **le vendredi °huit avril** am Freitag, den achten April; **Aix, le °huit juin** Aix, den achten Juni ❺ (*als Namenszusatz*) **Louis °huit** geschrieben: **Louis VIII** [lwi ´ɥit] Ludwig der Achte *geschrieben:* Ludwig VIII.

Ⓥ Das Zahlwort °huit wird [´ɥit] ausgesprochen, wenn es vor einem Wort steht, das mit einem Vokal oder stummen h anfängt, oder wenn es allein verwendet wird:
il a °huit ans [´ɥit ã] – er ist acht [Jahre alt];
il est °huit heures [´ɥit œʀ] – es ist acht Uhr;
arriver le °huit [´ɥit] – am Achten [an]kommen.
Steht °huit jedoch vor einem Wort, das mit einem Konsonanten oder h aspiré beginnt, wird das [t] nicht ausgesprochen:
dans °huit jours [´ɥi ʒuʀ] – heute in acht Tagen.

le **°huit** [⚠ ´ɥit] ⚠ *männlich* die Acht ▸ **le grand °huit** die Achterbahn
la **°huitaine** [´ɥitɛn] ❶ **une °huitaine de ...** etwa acht ..., ungefähr acht ...; **une °huitaine de personnes** etwa acht Personen [*oder* Leute]; **une °huitaine de pages** etwa acht Seiten ❷ **dans une °huitaine** in etwa acht Tagen
°huitante [´ɥitãt] CH achtzig
°huitième [´ɥitjɛm] achte(r, s); **la °huitième question** die achte Frage
le **°huitième** [´ɥitjɛm] ❶ der/die/das Achte ❷ (*umgs.: achter Stock*) der Achte; **j'habite au °huitième** ich wohne im Achten ❸ (*im Sport*) **le °huitième de finale** das Achtelfinale ❹ (*Bruchzahl*) das Achtel
la **°huitième** [´ɥitjɛm] der/die/das Achte
°huitièmement [´ɥitjɛmmã] achtens
l' **huître** (*weiblich*) [⚠ ɥitʀ] die Auster
°hum [´œm] hm
humain, humaine [ymɛ̃, ymɛn] ❶ menschlich; **les êtres humains** die Menschen ❷ Menschen-; **la dignité humaine** die Menschenwürde; **la vie humaine** das Menschenleben
humainement [ymɛnmã] menschenwürdig
humaniser [ymanize] menschenwürdig/menschenwürdiger gestalten
humanitaire [ymanitɛʀ] humanitär

l' **humanitaire** [ymanitɛʀ] *(männlich)* **travailler dans l'humanitaire** humanitär tätig sein

l' **humanité** *(weiblich)* [ymanite] ❶ die Menschheit ❷ (*Güte*) die Menschlichkeit

humanoïde [⚠ ymanɔid] menschenähnlich

l' **humanoïde** *(männlich)* [⚠ ymanɔid] das menschenähnliche Wesen

humble [⚠ ɛ̃bl] ❶ **une personne humble** eine unscheinbare Person ❷ (*arm*) **une humble femme** eine einfache Frau

humecter [ymɛkte] anfeuchten; **s'humecter les lèvres** sich die Lippen befeuchten

°**humer** [´yme] [tief] einatmen *Luft, Duft;* °**humer un plat** an einem Gericht riechen

l' **humérus** *(männlich)* [ymeʀys] der Oberarmknochen

l' **humeur** *(weiblich)* [ymœʀ] die Laune; **être de bonne humeur** gut gelaunt sein; **être de mauvaise humeur** schlecht gelaunt sein

humide [ymid] feucht; *Wetter* nass

humidifier [ymidifje] <*wie* apprécier; *siehe Verbtabelle ab S. 1055*> befeuchten

l' **humidité** *(weiblich)* [ymidite] die Feuchtigkeit

humiliant, humiliante [ymiljɑ̃, ymiljɑ̃t] demütigend; *Niederlage* schimpflich

l' **humiliation** *(weiblich)* [ymiljasjɔ̃] die Demütigung

humilier [ymilje] <*wie* apprécier; *siehe Verbtabelle ab S. 1055*> ❶ demütigen ❷ **s'humilier devant quelqu'un** sich vor jemandem erniedrigen

l' **humilité** *(weiblich)* [ymilite] die Demut

l' **humoriste**[1] *(männlich)* [ymɔʀist] der Humorist

l' **humoriste**[2] *(weiblich)* [ymɔʀist] die Humoristin

humoristique [ymɔʀistik] humoristisch

l' **humour** *(männlich)* [ymuʀ] der Humor

l' **humus** *(männlich)* [ymys] der Humus

la °**huppe** [´yp] die Haube

°**huppé**, °**huppée** [´ype] (*umgs.*) piekfein

le °**hurlement** [´yʀləmɑ̃] der Schrei; *einer Menschenmenge* das Geschrei; *des Winds, eines Wolfs* das Heulen

°**hurler** [´yʀle] schreien; *Wind, Tier:* heulen

l' **hurluberlu** *(männlich)* [yʀlybɛʀly] (*umgs.*) der Spinner

l' **hurluberlue** *(weiblich)* [yʀlybɛʀly] (*umgs.*) die Spinnerin

°**hurrah** [´uʀa] hurra

le °**hussard** [´ysaʀ] der Husar

la °**hutte** [´yt] die Hütte

l' **hybride** *(männlich)* [ibʀid] die Kreuzung

hydratant, hydratante [idʀatɑ̃, idʀatɑ̃t] Feuchtigkeit spendend; **la crème hydratante** die Feuchtigkeitscreme

l' **hydrate** *(männlich)* [idʀat] das Hydrat; **l'hydrate de calcium** der Löschkalk

l' **hydrater** [idʀate] **hydrater la peau** *Creme:* der Haut Feuchtigkeit spenden

hydraulique [idʀolik] *Bremse, Maschine* hydraulisch

l' **hydraulique** *(weiblich)* [idʀolik] die Hydraulik

l' **hydravion** *(männlich)* [idʀavjɔ̃] das Wasserflugzeug

l' **hydrocarbure** *(männlich)* [idʀokaʀbyʀ] der Kohlenwasserstoff

hydroélectrique, hydro-électrique [idʀoelɛktʀik] hydroelektrisch; **la centrale hydroélectrique** das Wasserkraftwerk

l' **hydrogène** *(männlich)* [idʀɔʒɛn] der Wasserstoff

l' **hydroglisseur** *(männlich)* [idʀoglisœʀ] das Gleitboot

hydrophile [idʀɔfil] Feuchtigkeit aufnehmend; **le coton hydrophile** die Verbandwatte, die saugfähige Watte

l' **hyène** *(weiblich)* [⚠ jɛn] die Hyäne

l' **hygiène** *(weiblich)* [iʒjɛn] die Hygiene; *eines Babys, der Haare* die Pflege; **avoir une excellente hygiène** sehr gepflegt sein

hygiénique [iʒjenik] ❶ hygienisch ❷ **le papier hygiénique** das Toilettenpapier

l' **hymne** *(männlich* ⚠*)* [⚠ imn] die Hymne

l' **hyper** *(männlich)* [ipɛʀ] Abkürzung von **hypermarché** der große Supermarkt

l' **hyperlien** *(männlich)* [ipɛʀljɛ̃] (*in der Informatik*) der Hyperlink

l' **hypermarché** *(männlich)* [ipɛʀmaʀʃe] der große Supermarkt

hypermétrope [ipɛʀmetʀɔp] weitsichtig

hypertendu, hypertendue [ipɛʀtɑ̃dy] (*in der Medizin*) an Bluthochdruck leidend

l' **hypertension** *(weiblich)* [ipɛʀtɑ̃sjɔ̃] der Bluthochdruck

l' **hypertexte** *(männlich)* [ipɛʀtɛkst] (*in der Informatik*) der Hypertext

l' **hypertrophie** *(weiblich)* [ipɛʀtʀɔfi] übermäßige Vergrößerung

l' **hypnose** *(weiblich)* [ipnoz] die Hypnose

hypnotiser [ipnɔtize] (*auch übertragen*) hypnotisieren

hypocalorique [ipokalɔʀik] kalorienarm

hypocondriaque [ipokɔ̃dʀijak] hypochondrisch

l' **hypocrisie** *(weiblich)* [ipɔkʀizi] die Scheinheiligkeit, die Heuchelei

hypocrite [ipɔkʀit] scheinheilig, heuchlerisch

l' **hypocrite**[1] *(männlich)* [ipɔkʀit] der Scheinheilige, der Heuchler

l' **hypocrite**[2] *(weiblich)* [ipɔkʀit] die Scheinheilige, die Heuchlerin

l' **hypotension** *(weiblich)* [ipotɑ̃sjɔ̃] der [zu] niedrige Blutdruck
l' **hypothèse** *(weiblich)* [ipɔtɛz] die Hypothese ▶ **dans l'hypothèse où il aurait eu un accident ...** falls er einen Unfall gehabt hat, ...
hypothétique [ipɔtetik] hypothetisch
l' **hystérie** *(weiblich)* [isteʀi] die Hysterie
hystérique [isteʀik] hysterisch
l' **hystérique¹** *(männlich)* [isteʀik] der Hysteriker
l' **hystérique²** *(weiblich)* [isteʀik] die Hysterikerin

I

le **i**, le **I** [i] das i, das I
ibidem [ibidɛm] ibidem
l' **iceberg** *(männlich)* [⚠ ajsbɛʀg] der Eisberg
ici [isi] ❶ *(Ortsangabe)* hier; **d'ici** von hier; **d'ici à Paris** von hier bis Paris; **d'ici au musée** von hier [bis] zum Museum; **par ici** hier [in der Gegend]; **près d'ici** hier in der Nähe; **loin d'ici** weit von hier; **les gens d'ici** die Einheimischen ❷ *(Richtungsangabe)* hierher; **viens ici!** komm her!; **par ici, s'il vous plaît!** bitte hier entlang! ❸ *(zeitlich)* **jusqu'ici** bis jetzt; **d'ici peu** bald; **d'ici là** bis dahin; **d'ici demain** bis morgen; **d'ici qu'il fasse jour** bis es hell wird
l' **icône** *(weiblich)* [ikon] ❶ die Ikone ❷ *(in der Informatik)* das Icon
l' **idéal** *(männlich)* [ideal] <*Plural:* idéaux> ❶ das Ideal ❷ **l'idéal serait qu'il le lui dise** das Beste wäre, wenn er es ihm/ihr sagen würde
idéal, idéale [ideal] <*Plural der männl. Form:* idéaux> ideal; *Schönheit* vollkommen; **l'homme idéal** der Traummann; **les vacances idéales** der Traumurlaub
idéaliser [idealize] idealisieren
l' **idéaliste¹** *(männlich)* [idealist] der Idealist
l' **idéaliste²** *(weiblich)* [idealist] die Idealistin
idéaux [ideo] →**idéal**
l' **idée** *(weiblich)* [ide] ❶ die Idee ❷ die Meinung; **mes idées politiques** meine politischen Ansichten ❸ der Gedanke; **les idées noires** die trübsinnigen Gedanken; **à l'idée de cette lettre** bei dem Gedanken an diesen Brief; **l'idée qu'elle ait pu faire ça** der Gedanke, dass sie das hätte tun können; **se faire à l'idée que ...** sich an den Gedanken gewöhnen, dass ... ❹ **die Vorstellung; se faire une idée de quelque chose** sich eine Vorstellung von etwas machen; **tu n'as pas idée de ce que ...** du kannst dir nicht vorstellen, was ...; **l'idée reçue** die überkommene Vorstellung ▶ **ça ne m'est même pas venu à l'idée** das ist mir überhaupt nicht in den Sinn gekommen; **aucune idée!** keine Ahnung!

identifier [idɑ̃tifje] <*wie* apprécier; *siehe Verbtabelle ab S. 1055*> identifizieren; **s'identifier à quelqu'un/à quelque chose** sich mit jemandem/mit etwas identifizieren
identique [idɑ̃tik] identisch, gleich
l' **identité** *(weiblich)* [idɑ̃tite] die Identität; **vérifier l'identité de quelqu'un** jemandes Personalien überprüfen
l' **idéologie** *(weiblich)* [ideɔlɔʒi] die Ideologie
idiomatique [idjɔmatik] idiomatisch
l' **idiot** *(männlich)* [idjo] der Idiot; **tu me prends pour un idiot?** hältst du mich für blöd? ▶ **faire l'idiot** Blödsinn machen
idiot, idiote [idjo, idjɔt] dumm, blöd; *Frage* idiotisch, blöd; **il est complètement idiot** er ist ein Vollidiot
l' **idiote** *(weiblich)* [idjɔt] die Idiotin; **tu me prends pour une idiote?** hältst du mich für blöd? ▶ **faire l'idiote** Blödsinn machen
l' **idole** *(weiblich)* ⚠) [idɔl] das Idol

Ⓖ Das Stichwort ist weiblich und wird sowohl für Männer als auch für Frauen verwendet: *ce chanteur est la nouvelle idole des jeunes* – dieser Sänger ist das neue Jugendidol.

ignoble [iɲɔbl] gemein
l' **ignorance** *(weiblich)* [iɲɔʀɑ̃s] die Unkenntnis, die Unwissenheit
l' **ignorant** *(männlich)* [iɲɔʀɑ̃] der Ignorant
ignorant, ignorante [iɲɔʀɑ̃, iɲɔʀɑ̃t] unwissend
l' **ignorante** *(weiblich)* [iɲɔʀɑ̃t] die Ignorantin
ignorer [iɲɔʀe] ❶ nicht wissen, nicht kennen; **ne pas ignorer quelque chose** etwas sehr wohl kennen; **j'ignore tout de cette affaire** ich weiß von dieser Sache rein gar nichts ❷ *(vernachlässigen)* ignorieren, nicht beachten
il [il] <*Plural:* ils> ❶ er/sie/es; **il est beau, ce costume** er ist schön, der Anzug; **il est mignon, ce chat** sie ist niedlich, die Katze; **je cherche mon sac/mon livre – où est-il?** ich suche meine Tasche/mein Buch – wo ist sie/es?; **le courrier est-il arrivé?** ist die Post schon da? ❷ *(auf eine Person bezogen)* er ❸ *(in unpersönlichen Ausdrücken)* es; **il**

pleut es regnet; **il est possible qu'elle ne soit pas là** es ist möglich, dass sie nicht da ist; **il faut que je parte** ich muss gehen; *siehe auch* **il y a**

île *(weiblich)* [il] die Insel

Île-de-France *(weiblich)* [ildəfʀɑ̃s] die Île-de-France

illégal, illégale [i(l)legal] <*Plural der männl. Form:* illégaux> illegal, ungesetzlich

illégalement [i(l)legalmɑ̃] illegal

illégalité *(weiblich)* [i(l)legalite] die Illegalität

illégaux [ilego] →**illégal**

illégitime [i(l)leʒitim] ❶ unrechtmäßig ❷ *Kind* unehelich

illico [i(l)liko] (*umgs.*) auf der Stelle, unverzüglich

illimité, illimitée [i(l)limite] *Dauer* unbegrenzt; *Macht* uneingeschränkt

illisible [i(l)lizibl] *Schrift* unleserlich

illumination *(weiblich)* [i(l)lyminasjɔ̃] die Beleuchtung

illuminé, illuminée [i(l)lymine] *Straße, Denkmal* beleuchtet

illuminer [i(l)lymine] ❶ beleuchten *Straße, Denkmal;* **illuminer le ciel** *Blitze:* den Himmel erleuchten ❷ **son visage s'est illuminé** er/sie strahlte über das ganze Gesicht

illusion *(weiblich)* [i(l)lyzjɔ̃] die Täuschung

illusionniste[1] *(männlich)* [i(l)lyzjɔnist] der Zauberkünstler

illusionniste[2] *(weiblich)* [i(l)lyzjɔnist] die Zauberkünstlerin

illusoire [i(l)lyzwaʀ] illusorisch

illustrateur *(männlich)* [i(l)lystratœʀ] der Illustrator

illustration *(weiblich)* [i(l)lystʀasjɔ̃] die Illustration

illustratrice *(weiblich)* [i(l)lystʀatʀis] die Illustratorin

illustre [i(l)lystʀ] berühmt

illustré *(männlich* ⚠ *)* [i(l)lystʀe] die Illustrierte

illustrer [i(l)lystʀe] ❶ illustrieren *Buch* ❷ veranschaulichen *Theorie*

îlot *(männlich)* [ilo] ❶ die kleine Insel ❷ (*Anlage*) **un îlot de verdure** eine kleine grüne Insel

ils [il] sie; **ils attendent** sie warten

il y a [ilija, ilja, *umgs.:* ja] ❶ (*Ausdruck des Existierens*) es gibt; **il y a des éléphants d'Afrique et d'Asie** es gibt Afrikanische und Indische Elefanten; **il y a champagne et champagne** es gibt solchen Champagner und solchen, Champagner ist nicht gleich Champagner; **il n'y a pas que l'argent dans la vie** Geld ist nicht alles im Le-

ⓖ Das männliche Personalpronomen *ils* steht für ein männliches Substantiv im Plural: *je cherche mon feutre, où est-il? – ich suche meinen Filzstift, wo ist er?; je cherche mes feutres, où sont-ils? – ich suche meine Filzstifte, wo sind sie?*
Es steht aber auch für mehrere Substantive beiderlei Geschlechts, also für einen „gemischten" Plural: *Paul et Anne sont déjà là, ils t'attendent – Paul und Anne sind schon da, sie warten auf dich.*

ben ❷ (*Ausdruck des Vorhandenseins oder Gegebenseins*) **il y a du fromage dans le frigo** im Kühlschrank ist Käse; **il y a du café dans la tasse** in der Tasse ist Kaffee; **il n'y a plus de lait** es ist keine Milch mehr da; **y a-t-il du pain?** ist Brot da?; **il y a des asperges au marché** auf dem Markt gibt es Spargel; **il y a de l'eau dans la rivière** der Fluss führt Wasser; **il y a 300 km de Nancy à Paris** von Nancy nach Paris sind es 300 km ❸ (*Ausdruck der Anwesenheit*) **il y a quelqu'un dans le jardin** da ist jemand im Garten; **il y a beaucoup de monde sur la plage** es sind viele Leute am Strand; **à la fête, il y avait ton frère** dein Bruder war [auch] auf dem Fest ❹ (*bei Angaben des Zeitpunkts*) **il y a deux jours** vor zwei Tagen; **il y a quatre ans** vor vier Jahren ❺ (*bei Angaben der Dauer*) **il y a trois jours** [schon] seit drei Tagen; **il y a deux ans** [schon] seit zwei Jahren ▸ **il n'y a pas de quoi!** keine Ursache!; **il n'y en a que pour lui/pour elle** alles dreht sich nur [noch] um ihn/um sie

image *(weiblich* ⚠ *)* [imaʒ] ❶ das Bild ❷ (*im Spiegel*) das Spiegelbild ❸ (*übertragen: Idee*) die Vorstellung

◆ **l'image de marque** das Image

imaginable [imaʒinabl] vorstellbar

imaginaire [imaʒinɛʀ] imaginär; *Furcht, Krankheit* eingebildet; **l'animal imaginaire** das Fabeltier; **un être imaginaire** ein Fabelwesen

imaginatif, imaginative [imaʒinatif, imaʒinativ] fantasievoll

imagination *(weiblich)* [imaʒinasjɔ̃] die Fantasie, die Vorstellungskraft

imaginer [imaʒine] ❶ **imaginer quelque chose** sich etwas vorstellen ❷ erfinden; sich ausdenken *Geschichte* ❸ annehmen, vermuten; **j'imagine que tu es au courant de la nouvelle** ich vermute, dass du die Neuigkeit kennst ❹ **s'imaginer quelque chose** sich etwas einbilden; **si tu t'imagines que …** wenn du dir einbildest, dass … ❺ **je m'ima-**

gine dans vingt ans ich stelle mir vor, wie ich in zwanzig Jahren aussehen werde
imbattable [ɛ̃batabl] unschlagbar; **être imbattable** *Rekord:* nicht zu überbieten sein; *Preis:* nicht zu unterbieten sein
imbécile [ɛ̃besil] dumm
l' **imbécile**[1] *(männlich)* [ɛ̃besil] der Dummkopf
l' **imbécile**[2] *(weiblich)* [ɛ̃besil] der Dummkopf
imbuvable [ɛ̃byvabl] *Wein* nicht trinkbar
l' **imitateur** *(männlich)* [imitatœʀ] ❶ der Nachahmer ❷ *(Komiker)* der Imitator
l' **imitation** *(weiblich)* [imitasjɔ̃] ❶ *(das Nachmachen)* die Nachahmung, die Imitation ❷ *(nachgemachter Gegenstand)* die Imitation
l' **imitatrice** *(weiblich)* [imitatʀis] ❶ die Nachahmerin ❷ *(Komiker)* die Imitatorin
imiter [imite] ❶ nachahmen; imitieren *Person, Stimme;* nachmachen *Unterschrift* ❷ **imiter quelqu'un** jemandem nacheifern; *(nicht originell sein)* jemanden imitieren; *(sich anschließen)* es ebenso tun
immangeable [ɛ̃mɑ̃ʒabl] ungenießbar
l' **immatriculation** *(weiblich)* [imatʀikylasjɔ̃] *eines Autos* die Zulassung; *eines Händlers* die Eintragung; *eines Studenten* die Immatrikulation
immatriculer [imatʀikyle] eintragen; **faire immatriculer une voiture** ein Auto anmelden
l' **immédiat** *(männlich)* [imedja] **dans l'immédiat** im Augenblick
immédiat, immédiate [imedja, imedjat] unmittelbar; *Kontakt, Nachbar* direkt; *Wirkung* sofortig; **les mesures immédiates** die Sofortmaßnahmen
immédiatement [imedjatmɑ̃] sofort
immense [i(m)mɑ̃s] ❶ *(räumlich)* *Meer* unendlich weit; *Raum, Welt* riesig ❷ riesig; *Verdienst, Trauer, Ruhm* ungeheuer
immensément [i(m)mɑ̃semɑ̃] *reich* ungeheuer
l' **immensité** *(weiblich)* [i(m)mɑ̃site] *des Himmels, Weltraums* die unendliche Weite
immergé, immergée [imɛʀʒe] unter Wasser befindlich
l' **immeuble** *(männlich)* [imœbl] das Gebäude; *(mit Wohnungen)* das Wohnhaus, das Haus
l' **immigrant** *(männlich)* [imigʀɑ̃] der Einwanderer
l' **immigrante** *(weiblich)* [imigʀɑ̃t] die Einwanderin
l' **immigration** *(weiblich)* [imigʀasjɔ̃] die Einwanderung
l' **immigré** *(männlich)* [imigʀe] der Immigrant
immigré, immigrée [imigʀe] **le travailleur immigré** der ausländische Arbeitnehmer, der Gastarbeiter
l' **immigrée** *(weiblich)* [imigʀe] die Einwanderin, die Immigrantin
immigrer [imigʀe] einwandern
imminent, imminente [iminɑ̃, iminɑ̃t] **être imminent** unmittelbar bevorstehen; *Konflikt, Gefahr:* drohen
immobile [i(m)mɔbil] unbeweglich; *Mensch, Tier* regungslos, reglos
l' **immobilier** *(männlich)* [imɔbilje] das Immobiliengeschäft, das Geschäft mit Immobilien
immobilier, immobilière [imɔbilje, imɔbiljɛʀ] Immobilien-; **les biens immobiliers** die Immobilien
l' **immobilisation** *(weiblich)* [imɔbilizasjɔ̃] *(in der Medizin)* die Ruhigstellung
immobiliser [imɔbilize] ❶ zum Stillstand bringen *Fahrzeug;* zum Erliegen bringen *Verkehr* ❷ *(in der Medizin)* ruhig stellen *Bein* ❸ **s'immobiliser** *Fahrzeug:* zum Stehen kommen
l' **immobilité** *(weiblich)* [imɔbilite] die Regungslosigkeit, die Reglosigkeit
immonde [i(m)mɔ̃d] ❶ dreckig ❷ *Mensch, Verbrechen* gemein
les **immondices** *(weiblich)* [i(m)mɔ̃dis] *(gehoben)* der Unrat

> **V** Der Plural *les immondices* wird mit einem Singular übersetzt: *toutes ces immondices sont gênantes – dieser ganze Unrat stört.*

immoral, immorale [i(m)mɔʀal] <*Plural der männl. Form:* immoraux> unmoralisch; *Verhalten* unsittlich; *Person* sittenlos
l' **immoralité** *(weiblich)* [i(m)mɔʀalite] *einer Politik, Gesellschaft* die Unmoral; *eines Menschen* das unsittliche Verhalten
immortaliser [imɔʀtalize] unsterblich machen
l' **immortalité** *(weiblich)* [imɔʀtalite] die Unsterblichkeit
immortel, immortelle [imɔʀtɛl] unsterblich
l' **impact** *(männlich)* [ɛ̃pakt] ❶ *einer Kugel* der Einschuss ❷ *(Wirkung)* der Einfluss
impair, impaire [ɛ̃pɛʀ] ungerade
impardonnable [ɛ̃paʀdɔnabl] unverzeihlich
l' **imparfait** *(männlich)* [ɛ̃paʀfɛ] *(in der Grammatik)* das Imperfekt; **à l'imparfait** im Imperfekt
imparfait, imparfaite [ɛ̃paʀfɛ, ɛ̃paʀfɛt] unvollkommen, nicht perfekt
l' **impasse** *(weiblich)* [ɛ̃pas] *(auch übertragen)*

die Sackgasse; **être dans l'impasse** in einer Sackgasse stecken
impassible [ɛ̃pasibl] *Mensch* gefasst; *Gesicht* unbewegt; **rester impassible** die Fassung bewahren
impatiemment [⚠ ɛ̃pasjamɑ̃] ungeduldig
l' **impatience** *(weiblich)* [ɛ̃pasjɑ̃s] die Ungeduld; **avec impatience** ungeduldig
impatient, impatiente [ɛ̃pasjɑ̃, ɛ̃pasjɑ̃t] ungeduldig; **être impatient de faire quelque chose** voller Ungeduld darauf warten, etwas zu tun
impatienter [ɛ̃pasjɑ̃te] ❶ ungeduldig machen ❷ **s'impatienter de quelque chose** wegen etwas ungeduldig werden
impec [ɛ̃pɛk] (*umgs.*) *Abkürzung von* **impeccable** ❶ tadellos ❷ **impec!** [das] geht klar!
impeccable [ɛ̃pekabl] ❶ tadellos ❷ **impeccable!** [das] geht klar!
impensable [ɛ̃pɑ̃sabl] undenkbar
l' **imper** *(männlich)* [ɛ̃pɛʀ] (*umgs.*) *Abkürzung von* **imperméable** der Regenmantel
l' **impératrice** *(weiblich)* [ɛ̃peʀatʀis] die Kaiserin
imperceptible [ɛ̃pɛʀsɛptibl] nicht wahrnehmbar; *Geräusch* nicht hörbar
l' **imperfection** *(weiblich)* [ɛ̃pɛʀfɛksjɔ̃] die Unvollkommenheit
impérial, impériale [ɛ̃peʀjal] <*Plural der männl. Form:* impériaux> kaiserlich
impérialiste [ɛ̃peʀjalist] imperialistisch
imperméabiliser [ɛ̃pɛʀmeabilize] imprägnieren
imperméable [ɛ̃pɛʀmeabl] *Stoff, Gewebe* wasserdicht; *Erde, Schicht* wasserundurchlässig, undurchlässig
l' **imperméable** *(männlich)* [ɛ̃pɛʀmeabl] der Regenmantel
impersonnel, impersonnelle [ɛ̃pɛʀsɔnɛl] unpersönlich
l' **impertinence** *(weiblich)* [ɛ̃pɛʀtinɑ̃s] die Unverschämtheit; **avec impertinence** unverschämt
impertinent, impertinente [ɛ̃pɛʀtinɑ̃, ɛ̃pɛʀtinɑ̃t] unverschämt
imperturbable [ɛ̃pɛʀtyʀbabl] unerschütterlich
impétueux, impétueuse [ɛ̃petɥø, ɛ̃petɥøz] stürmisch
impitoyable [ɛ̃pitwajabl] unerbittlich; *Mensch, Urteil* unbarmherzig; *Kritik* schonungslos
implanter [ɛ̃plɑ̃te] ❶ ansiedeln *Industrie;* **s'implanter** sich ansiedeln ❷ (*in der Medizin*) einsetzen, implantieren

implémenter [ɛ̃plemɑ̃te] (*in der Informatik*) implementieren
l' **implication** *(weiblich)* [ɛ̃plikasjɔ̃] (*Beteiligung*) die Verwicklung
implicite [ɛ̃plisit] implizit
implicitement [ɛ̃plisitmɑ̃] implizit
impliquer [ɛ̃plike] ❶ bedeuten; **cela implique que ...** dies bedeutet, dass ❷ (*hineinziehen*) verwickeln
implorer [ɛ̃plɔʀe] **implorer quelque chose** um etwas flehen
impoli, impolie [ɛ̃pɔli] unhöflich
l' **impolitesse** *(weiblich)* [ɛ̃pɔlitɛs] die Unhöflichkeit
impopulaire [ɛ̃pɔpylɛʀ] unpopulär; *Person* unbeliebt
l' **impopularité** *(weiblich)* [ɛ̃pɔpylaʀite] die Unbeliebtheit
l' **import** *(männlich)* [ɛ̃pɔʀ] *Abkürzung von* **importation** der Import
l' **importance** *(weiblich)* [ɛ̃pɔʀtɑ̃s] die Bedeutung; *einer Person* der Einfluss; **se donner de l'importance** sich wichtigmachen; **sans importance** unwichtig
l' **important** *(männlich)* [ɛ̃pɔʀtɑ̃] das Wichtige
important, importante [ɛ̃pɔʀtɑ̃, ɛ̃pɔʀtɑ̃t] ❶ (*bedeutend*) wichtig; **quelque chose d'important** etwas Wichtiges ❷ groß; **une quantité importante** eine größere Menge
l' **importateur** *(männlich)* [ɛ̃pɔʀtatœʀ] ❶ der Importeur ❷ (*Land*) das Importland
importateur, importatrice [ɛ̃pɔʀtatœʀ, ɛ̃pɔʀtatʀis] Einfuhr-, Import-; **le pays importateur** das Einfuhrland, das Importland
l' **importation** *(weiblich)* [ɛ̃pɔʀtasjɔ̃] der Import
l' **importatrice** *(weiblich)* [ɛ̃pɔʀtatʀis] die Importeurin
importer[1] [ɛ̃pɔʀte] einführen, importieren *Ware*
importer[2] [ɛ̃pɔʀte] ❶ wichtig sein, von Bedeutung sein; **importer peu** von geringer Bedeutung sein; **importer beaucoup** von großer Bedeutung sein; **ce qui [m']importe, c'est ...** was [für mich] zählt, ist ... ❷ **peu importe qu'il soit là ou non** es spielt keine Rolle, ob er da ist oder nicht; *siehe auch* **n'importe**
l' **import-export** *(männlich)* [ɛ̃pɔʀɛkspɔʀ] <*Plural:* imports-exports> der Import-Export
imposant, imposante [ɛ̃pozɑ̃, ɛ̃pozɑ̃t] ❶ imposant; *Statur* stattlich ❷ (*bemerkenswert*) beachtlich
imposé, imposée [ɛ̃poze] vorgeschrieben
imposer [ɛ̃poze] ❶ erfordern *Entscheidung;*

verlangen *Erholung;* **imposer quelque chose à quelqu'un** etwas von jemandem erfordern ❷ durchsetzen; festsetzen *Datum;* **imposer quelque chose à quelqu'un** jemandem etwas auferlegen ❸ (*in der Wirtschaft*) steuerlich veranlagen *Person;* besteuern *Einkünfte, Waren* ❹ **s'imposer** *Mensch:* sich durchsetzen; *Vorsicht, Erholung:* geboten sein; *Lösung:* sich aufdrängen; **ça s'impose** das ist ein Muss

l' **impossibilité** *(weiblich)* [ɛ̃pɔsibilite] die Unmöglichkeit

impossible [ɛ̃pɔsibl] unmöglich; **rendre la vie impossible à quelqu'un** jemandem das Leben erträglich machen

l' **impossible** *(männlich)* [ɛ̃pɔsibl] das Unmögliche; **tenter l'impossible** alles Menschenmögliche versuchen; **faire l'impossible** alles Menschenmögliche tun

l' **imposteur** *(männlich)* [ɛ̃pɔstœr] der Schwindler/die Schwindlerin

l' **impôt** *(männlich)* [ɛ̃po] die Steuer; **l'impôt sur le revenu** die Einkommen[s]steuer; **l'impôt sur les salaires** die Lohnsteuer

impotent, impotente [ɛ̃pɔtɑ̃, ɛ̃pɔtɑ̃t] *Mensch* bewegungsunfähig; *Arm* unbeweglich

 Nicht verwechseln mit *impotent – impuissant!*

imprécis, imprécise [ɛ̃presi, ɛ̃presiz] ungenau; *Erinnerung, Umrisse* undeutlich

l' **imprécision** *(weiblich)* [ɛ̃presizjɔ̃] die Ungenauigkeit

imprégner [ɛ̃preɲe] <*wie* préférer; *siehe Verbtabelle ab S. 1055*> ❶ imprägnieren *Holz, Stoff;* tränken *Wattebausch;* **imprégner une pièce** *Duft:* ein Zimmer erfüllen ❷ **s'imprégner d'eau** sich mit Wasser voll saugen; **s'imprégner d'une odeur** einen Geruch annehmen

Ü Nur die stammbetonten Formen schreiben sich mit è, z. B. *j'imprègne.*

l' **impression** *(weiblich)* [ɛ̃presjɔ̃] der Eindruck; **j'ai l'impression qu'elle va bien** ich habe den Eindruck, dass es ihr gut geht, ich glaube, es geht ihr gut; **il a l'impression de se ridiculiser** er hat den Eindruck, sich lächerlich zu machen ▶ **l'impression de déjà-vu** das Déjà-vu-Erlebnis

impressionnable [ɛ̃presjɔnabl] empfindsam
impressionnant, impressionnante [ɛ̃presjɔnɑ̃, ɛ̃presjɔnɑ̃t] beeindruckend
impressionner [ɛ̃presjɔne] beeindrucken

l' **impressionnisme** *(männlich)* [ɛ̃presjɔnism] der Impressionismus
impressionniste [ɛ̃presjɔnist] impressionistisch

l' **impressionniste**[1] *(männlich)* [ɛ̃presjɔnist] der Impressionist

l' **impressionniste**[2] *(weiblich)* [ɛ̃presjɔnist] die Impressionistin

imprévisible [ɛ̃previzibl] unvorhersehbar; *Mensch* unberechenbar

l' **imprévu** *(männlich)* [ɛ̃prevy] das Unerwartete; **j'aime l'imprévu** ich liebe Überraschungen; **en cas d'imprévu** falls etwas dazwischenkommt

imprévu, imprévue [ɛ̃prevy] unvorhergesehen

l' **imprimante** *(weiblich)* [ɛ̃primɑ̃t] der Drucker
l' **imprimé** *(männlich)* [ɛ̃prime] der Vordruck
imprimer [ɛ̃prime] ❶ drucken ❷ bedrucken *Stoff*

l' **imprimerie** *(weiblich)* [ɛ̃primri] ❶ die Druckerei ❷ (*Technik, Verfahren*) der Buchdruck

l' **imprimeur** *(männlich)* [ɛ̃primœr] der Drucker
l' **imprimeuse** *(weiblich)* [ɛ̃primøz] die Druckerin

improbable [ɛ̃prɔbabl] unwahrscheinlich
imprononçable [ɛ̃prɔnɔ̃sabl] unaussprechlich

improviser [ɛ̃prɔvize] improvisieren; **improviser un discours** eine Rede aus dem Stegreif halten

improviste [ɛ̃prɔvist] **à l'improviste** überraschend; **arriver à l'improviste** überraschend vorbeikommen

l' **imprudence** *(weiblich)* [ɛ̃prydɑ̃s] die Unvorsichtigkeit; *einer Person, Handlung* der Leichtsinn; **par imprudence** fahrlässig

imprudent, imprudente [ɛ̃prydɑ̃, ɛ̃prydɑ̃t] unvorsichtig

l' **impuissance** *(weiblich)* [ɛ̃pɥisɑ̃s] ❶ die Machtlosigkeit ❷ (*sexuell*) die Impotenz

l' **impuissant** *(männlich)* [ɛ̃pɥisɑ̃] der Impotente
impuissant, impuissante [ɛ̃pɥisɑ̃, ɛ̃pɥisɑ̃t] ❶ machtlos ❷ (*sexuell*) impotent

impulsif, impulsive [ɛ̃pylsif, ɛ̃pylsiv] impulsiv

in [in] (*umgs.*) in, angesagt; **une boîte de nuit très in** eine total angesagte Disko

inabordable [inabɔrdabl] unbezahlbar; *Miete* unerschwinglich

inacceptable [inaksɛptabl] unannehmbar, nicht akzeptabel

inaccessible [inaksesibl] ❶ unerreichbar; *Gipfel* unbezwingbar ❷ *Mensch* unnahbar ❸ (*zu teuer*) unerschwinglich

inachevé, inachevée [inaʃ(ə)ve] unfertig
l' **inactif** *(männlich)* [inaktif] der Nichterwerbstätige
inactif, inactive [inaktif, inaktiv] ❶ *Mensch* untätig; *Bevölkerung* nicht erwerbstätig ❷ *(Medizin)* unwirksam
l' **inactive** *(weiblich)* [inaktiv] die Nichterwerbstätige
inadmissible [inadmisibl] *Verhalten* untragbar; **il est inadmissible que tu ne <u>viennes pas demain</u>** es ist nicht hinnehmbar, dass du morgen nicht kommst
l' **inadvertance** *(weiblich)* [inadvɛʀtɑ̃s] *(gehoben)* **par inadvertance** versehentlich
inaperçu, inaperçue [inapɛʀsy] **passer inaperçu** unbemerkt bleiben
inapplicable [inaplikabl] nicht anwendbar; *Maßnahme* nicht durchführbar
inattaquable [inatakabl] *Mensch, Standpunkt* unangreifbar; *Argument* unwiderlegbar; *Urteil, These* unanfechtbar
l' **inattendu** *(männlich)* [inatɑ̃dy] das Unerwartete
inattendu, inattendue [inatɑ̃dy] unerwartet
inattentif, inattentive [inatɑ̃tif, inatɑ̃tiv] unaufmerksam
l' **inattention** *(weiblich)* [inatɑ̃sjɔ̃] die Unaufmerksamkeit
inaudible [inodibl] nicht hörbar
inaugural, inaugurale [inogyʀal] <*Plural der männl. Form:* inauguraux> Einweihungs-, Enthüllungs-, Eröffnungs-; **la cérémonie inaugurale** die Eröffnungszeremonie; **le discours inaugural** die Eröffnungsrede
l' **inauguration** *(weiblich)* [inogyʀasjɔ̃] *einer Straße, Schule* die [feierliche] Einweihung; *einer Statue, eines Denkmals* die [feierliche] Enthüllung; *einer Ausstellung* die [feierliche] Eröffnung
inaugurer [inogyʀe] [feierlich] einweihen *Schule*; [feierlich] enthüllen *Denkmal, Gedenktafel*; [feierlich] eröffnen *Ausstellung*; [feierlich] für den Verkehr freigeben *Straße*
inavouable [inavwabl] *Geheimnis* unaussprechbar; *Absichten* unmoralisch
inavoué, inavouée [inavwe] *Gefühl, Liebe* uneingestanden; *Verbrechen* nicht gestanden
incalculable [ɛ̃kalkylabl] beträchtlich; *Anzahl* unermesslich groß
incapable [ɛ̃kapabl] unfähig; **être incapable de faire quelque chose** nicht fähig sein, etwas zu tun
l' **incapable**[1] *(männlich)* [ɛ̃kapabl] der unfähige Mensch
l' **incapable**[2] *(weiblich)* [ɛ̃kapabl] der unfähige Mensch
l' **incapacité** *(weiblich)* [ɛ̃kapasite] die Unfähigkeit; **être dans l'incapacité de réagir** nicht in der Lage sein, zu reagieren
  ◆ l'**incapacité de travail** die Arbeitsunfähigkeit
incassable [ɛ̃kasabl] unzerbrechlich
l' **incendie** *(männlich)* [ɛ̃sɑ̃di] der Brand; **l'incendie criminel** der vorsätzlich gelegte Brand; *(Straftat)* die Brandstiftung
incendier [ɛ̃sɑ̃dje] <*wie* apprécier; *siehe Verbtabelle ab S. 1055*> ❶ in Brand setzen *Haus* ❷ *(umgs.: anschreien)* anschnauzen
incertain, incertaine [ɛ̃sɛʀtɛ̃, ɛ̃sɛʀtɛn] ❶ *Mensch* unsicher; *(unentschlossen)* unschlüssig ❷ ungewiss; *Wetter* unbeständig; *Herkunft* unbestimmt
l' **incertitude** *(weiblich)* [ɛ̃sɛʀtityd] ❶ *eines Menschen* die Unsicherheit ❷ die Ungewissheit
incessant, incessante [ɛ̃sesɑ̃, ɛ̃sesɑ̃t] unaufhörlich; *Beschwerden, Anrufe* ständig; *Lärm, Regen* anhaltend
l' **incident** *(männlich)* [ɛ̃sidɑ̃] der Zwischenfall; **l'incident technique** die Betriebsstörung; **sans incident** reibungslos ▸ **l'incident est clos** der Fall ist erledigt
inciter [ɛ̃site] ermuntern; **inciter quelqu'un à l'achat** jemanden zum Kauf verführen
l' **inclinaison** *(weiblich)* [ɛ̃klinɛzɔ̃] *eines Abhangs, einer Straße* das Gefälle; *eines Daches, einer Wand* die Neigung
incliné, inclinée [ɛ̃kline] ❶ *Hang, Gelände* abschüssig; *Dach* geneigt ❷ *Baum, Kopf* geneigt; *Ebene* schief
incliner [ɛ̃kline] ❶ neigen *Kopf*; beugen *Oberkörper*; schräg halten *Flasche* ❷ **s'incliner** sich verneigen ❸ *(übertragen)* **s'incliner devant** quelqu'un/**devant** quelque chose sich jemandem/einer Sache beugen
inclus, incluse [ɛ̃kly, ɛ̃klyz] einschließlich; **jusqu'au 10 mars inclus** bis einschließlich 10. März
incognito [ɛ̃kɔnito] inkognito; **rester incognito** sein Inkognito wahren
incohérent, incohérente [ɛ̃kɔeʀɑ̃, ɛ̃kɔeʀɑ̃t] *Geschichte* ungereimt; *Worte, Text* unzusammenhängend
incollable [ɛ̃kɔlabl] *(umgs.)* unschlagbar
incolore [ɛ̃kɔlɔʀ] farblos
incomparable [ɛ̃kɔ̃paʀabl] unvergleichlich
incompatible [ɛ̃kɔ̃patibl] unvereinbar; *Blutgruppen* unverträglich
l' **incompétence** *(weiblich)* [ɛ̃kɔ̃petɑ̃s] die Inkompetenz

incompétent, incompétente [ɛ̃kɔ̃petɑ̃, ɛ̃kɔ̃petɑ̃t] inkompetent

incomplet, incomplète [ɛ̃kɔ̃plɛ, ɛ̃kɔ̃plɛt] unvollständig; *Werk* unvollendet

incompréhensible [ɛ̃kɔ̃pʀeɑ̃sibl] ❶ unverständlich; *Mensch* undurchschaubar ❷ unbegreiflich; *Geheimnis* rätselhaft

incompréhensif, incompréhensive [ɛ̃kɔ̃pʀeɑ̃sif, ɛ̃kɔ̃pʀeɑ̃siv] verständnislos

l' **incompréhension** *(weiblich)* [ɛ̃kɔ̃pʀeɑ̃sjɔ̃] das Unverständnis

incompréhensive [ɛ̃kɔ̃pʀeɑ̃siv] →**incompréhensif**

incompris, incomprise [ɛ̃kɔ̃pʀi, ɛ̃kɔ̃pʀiz] unverstanden; *Künstler, Genie* verkannt

inconcevable [ɛ̃kɔ̃svabl] ❶ unvorstellbar ❷ *Geschichte* unglaublich ❸ *Verhalten* unbegreiflich

inconfortable [ɛ̃kɔ̃fɔʀtabl] *Bett, Sitz* unbequem

l' **inconnu** *(männlich)* [ɛ̃kɔny] ❶ (*Person*) der Unbekannte; **devant des inconnus** vor Fremden ❷ (*Sache*) das Unbekannte

inconnu, inconnue [ɛ̃kɔny] unbekannt

l' **inconnue** *(weiblich)* [ɛ̃kɔny] die Unbekannte

inconsciemment [⚠ ɛ̃kɔ̃sjamɑ̃] unbewusst

l' **inconscience** *(weiblich)* [ɛ̃kɔ̃sjɑ̃s] ❶ der Leichtsinn ❷ (*in der Medizin*) die Bewusstlosigkeit

l' **inconscient** *(männlich)* [ɛ̃kɔ̃sjɑ̃] ❶ (*Person*) der Leichtsinnige ❷ (*in der Psychologie*) das Unbewusste

inconscient, inconsciente [ɛ̃kɔ̃sjɑ̃, ɛ̃kɔ̃sjɑ̃t] ❶ bewusstlos ❷ leichtsinnig ❸ (*unabsichtlich*) unbewusst

l' **inconsciente** *(weiblich)* [ɛ̃kɔ̃sjɑ̃t] die Leichtsinnige

inconsolable [ɛ̃kɔ̃sɔlabl] untröstlich; **être inconsolable de quelque chose** untröstlich über etwas sein

incontestable [ɛ̃kɔ̃tɛstabl] unbestreitbar; *Beweis* unwiderlegbar; *Grundsatz, Recht* unbestritten; **il est incontestable que ...** es ist nicht zu leugnen, dass ...

incontesté, incontestée [ɛ̃kɔ̃tɛste] *Champion* unangefochten; *Recht* unbestritten

incontournable [ɛ̃kɔ̃tuʀnabl] unvermeidlich

incontrôlable [ɛ̃kɔ̃tʀolabl] ❶ *Zahlen* nicht nachprüfbar ❷ unkontrollierbar; *Lust, Leidenschaft* unbezwingbar; *Anziehung* unwiderstehlich; *Bewegung* unwillkürlich

l' **inconvénient** *(männlich)* [ɛ̃kɔ̃venjɑ̃] ❶ der Nachteil ❷ die unangenehme Folge ❸ **l'inconvénient, c'est que ...** das Problem ist, dass ...

incorrect, incorrecte [ɛ̃kɔʀɛkt] ❶ nicht richtig; *Montage* fehlerhaft ❷ unpassend; *Sprache, Ton* unangemessen ❸ (*unfreundlich*) ungehörig

incorrigible [ɛ̃kɔʀiʒibl] unverbesserlich

increvable [ɛ̃kʀəvabl] ❶ *Reifen* pannensicher ❷ (*umgs.: robust*) *Gerät, Auto* unverwüstlich

incroyable [ɛ̃kʀwajabl] unglaublich

incruster [ɛ̃kʀyste] ❶ **être incrusté(e) d'ivoire** mit Elfenbein eingelegt sein ❷ **s'incruster** *Person, Geruch:* sich festsetzen

incurable [ɛ̃kyʀabl] unheilbar

l' **Inde** *(weiblich)* [ɛ̃d] Indien

indéchiffrable [ɛ̃deʃifʀabl] *Schrift* [total] unleserlich

indécis, indécise [ɛ̃desi, ɛ̃desiz] ❶ *Mensch* unentschlossen, unentschieden ❷ *Sieg* ungewiss

l' **indécision** *(weiblich)* [ɛ̃desizjɔ̃] die Unentschlossenheit

indéfini, indéfinie [ɛ̃defini] ❶ unbestimmt ❷ *Raum, Platz, Anzahl* unbegrenzt

> **G** Die unbestimmten Artikel *un* und *une* im Singular sowie *des* im Plural drücken, wie ihr Name sagt, eine gewisse Unbestimmtheit aus. Man verwendet die *articles indéfinis*, wenn man keine genaue Aussage machen will oder kann:
> *un* chien – *ein* Hund;
> *une* femme – *eine* Frau;
> *des* arbres – Bäume.

indéfiniment [ɛ̃definimɑ̃] auf unbegrenzte Zeit

indéfinissable [ɛ̃definisabl] undefinierbar; *Gefühl, Unbehagen* unerklärlich

indélébile [ɛ̃delebil] ❶ *Farbe* waschecht; **une tache indélébile** ein Fleck, der sich nicht entfernen lässt ❷ *Erinnerung* unauslöschlich

indemne [⚠ ɛ̃dɛmn] unversehrt

l' **indemnisation** *(weiblich)* [ɛ̃dɛmnizasjɔ̃] ❶ der Schadensersatz, der Schadenersatz ❷ (*durch den Staat*) die Entschädigung

indemniser [ɛ̃dɛmnize] ❶ **indemniser quelqu'un de quelque chose** jemandem etwas erstatten ❷ **indemniser quelqu'un** jemandem Schaden[s]ersatz leisten; *Versicherung:* jemandem die Kosten erstatten; *Staat:* jemanden entschädigen

l' **indemnité** *(weiblich)* [ɛ̃dɛmnite] ❶ der Schadensersatz, der Schadenersatz; (*durch den Staat*) die Entschädigung ❷ (*bei einer Entlassung*) die Abfindung ❸ die Zulage; **l'indem-**

nité journalière das Krankengeld ◆les **indemnités de chômage** das Arbeitslosengeld

indépendamment [⚠ ɛ̃depădamã] unabhängig; **indépendamment de son titre, elle est très respectée** ganz unabhängig von ihrem Titel genießt sie großen Respekt

l' **indépendance** (weiblich) [ɛ̃depãdãs] die Unabhängigkeit

indépendant, indépendante [ɛ̃depãdã, ɛ̃depãdãt] ❶ unabhängig ❷ selbstständig ❸ *Künstler, Architekt* freischaffend; *Mitarbeiter, Journalist* frei

indescriptible [ɛ̃dɛskʀiptibl] unbeschreiblich

indésirable [ɛ̃deziʀabl] unerwünscht

indestructible [ɛ̃dɛstʀyktibl] ❶ unzerstörbar ❷ *Liebe* unverbrüchlich

l' **indétermination** (weiblich) [ɛ̃detɛʀminasjɔ̃] die Unentschlossenheit

indéterminé, indéterminée [ɛ̃detɛʀmine] unbestimmt

indétrônable [ɛ̃detʀonabl] *Spitzenreiter, Meister* unangefochten, unbesiegbar

l' **index** (männlich) [ɛ̃dɛks] ❶ der Zeigefinger ❷ das Verzeichnis

indicateur, indicatrice [ɛ̃dikatœʀ, ɛ̃dikatʀis] Hinweis-; **le panneau indicateur** das Hinweisschild

l' **indicatif** (männlich) [ɛ̃dikatif] ❶ l'indicatif [téléphonique] die Vorwahl, die Vorwahlnummer; **l'indicatif de la France** die Vorwahl von Frankreich ❷ (*im Radio, Fernsehen*) die Erkennungsmelodie ❸ (*in der Grammatik*) der Indikativ

indicatif, indicative [ɛ̃dikatif, ɛ̃dikativ] ❶ **à titre indicatif** zur Information ❷ (*in der Grammatik*) **le mode indicatif** der Indikativ

l' **indication** (weiblich) [ɛ̃dikasjɔ̃] ❶ die Angabe, der Hinweis ❷ (*bei Medikamenten*) die Anzeige

indicative [ɛ̃dikativ] →**indicatif**

indicatrice [ɛ̃dikatʀis] →**indicateur**

l' **indice** (männlich) [ɛ̃dis] ❶ das Anzeichen ❷ der Anhaltspunkt, das Indiz ❸ (*in der Wirtschaft*) der Index, die Indexzahl ◆l'**indice des prix** der Preisindex

l' **Indien** (männlich) [ɛ̃djɛ̃] ❶ der Inder ❷ (*Amerikaner*) der Indianer; (*Südamerikaner*) der Indio

indien, indienne [ɛ̃djɛ̃, ɛ̃djɛn] ❶ indisch ❷ (*auf Amerika bezogen*) indianisch

l' **Indienne** (weiblich) [ɛ̃djɛn] ❶ die Inderin ❷ (*Amerikanerin*) die Indianerin; (*Südamerikanerin*) die Indiofrau

l' **indifférence** (weiblich) [ɛ̃difeʀɑ̃s] ❶ die Gleichgültigkeit ❷ (*mangelndes Interesse*) das Desinteresse

indifférent, indifférente [ɛ̃difeʀɑ̃, ɛ̃difeʀɑ̃t] *Person, Verhalten* gleichgültig; **être indifférent à quelqu'un** jemandem gleichgültig sein; **laisser quelqu'un indifférent** jemanden kaltlassen

indigeste [ɛ̃diʒɛst] schwer verdaulich

l' **indigestion** (weiblich) [ɛ̃diʒɛstjɔ̃] die Magenverstimmung

l' **indignation** (weiblich) [⚠ ɛ̃diɲasjɔ̃] die Empörung

indigne [⚠ ɛ̃diɲ] ❶ **c'est indigne de lui** das ist unter seiner Würde ❷ (*ehrlos*) schändlich; **une mère indigne** eine Rabenmutter

indigné, indignée [ɛ̃diɲe] entrüstet

indigner [ɛ̃diɲe] empören; **s'indigner contre quelqu'un** sich über jemanden empören; **s'indigner contre** [*oder* **de**] **quelque chose** sich über etwas empören; **elle s'indigne [de ce] qu'il soit parti** sie entrüstet sich darüber, dass er gegangen ist

indiqué, indiquée [ɛ̃dike] ❶ ratsam ❷ *Termin* angegeben

indiquer [ɛ̃dike] ❶ zeigen; **indiquer quelqu'un/quelque chose de la main** mit dem Finger auf jemanden/auf etwas deuten ❷ sagen; (*erläutern*) erklären ❸ **l'horloge indique l'heure** die Uhr zeigt die Zeit an ❹ (*erkennen lassen*) **indiquer quelque chose** auf etwas hinweisen

indirect, indirecte [ɛ̃diʀɛkt] indirekt

indirectement [ɛ̃diʀɛktəmã] indirekt

indiscipliné, indisciplinée [ɛ̃disipline] undiszipliniert

l' **indiscret** (männlich) [ɛ̃diskʀɛ] der Neugierige

indiscret, indiscrète [ɛ̃diskʀɛ, ɛ̃diskʀɛt] ❶ *Mensch, Blick* neugierig ❷ (*schwatzhaft*) indiskret

l' **indiscrète** (weiblich) [ɛ̃diskʀɛt] die Neugierige

l' **indiscrétion** (weiblich) [ɛ̃diskʀesjɔ̃] die Indiskretion

indiscutable [ɛ̃diskytabl] *Erfolg, Tatsache* unbestreitbar; **il est indiscutable qu'il soit coupable** es besteht kein Zweifel darüber, dass er schuldig ist

> **F** Nicht verwechseln mit *indiskutabel – inacceptable!*

indispensable [ɛ̃dispɑ̃sabl] unbedingt notwendig; *Vorkehrungen* unerlässlich; *Mensch, Sache* unentbehrlich; **ce collaborateur m'est indispensable** dieser Mitarbeiter ist

für mich unentbehrlich; **il est indispensable de faire quelque chose** man muss unbedingt etwas tun; **il est indispensable qu'il le fasse** er muss das unbedingt tun
l' **indispensable** *(männlich)* [ɛ̃dispɑ̃sabl] das Nötigste
indissociable [ɛ̃disɔsjabl] untrennbar
indistinct, indistincte [ɛ̃distɛ̃, ɛ̃distɛ̃kt] undeutlich; *Gegenstand* nicht deutlich erkennbar
l' **individu** *(männlich)* [ɛ̃dividy] die Person, das Individuum
l' **individualisation** *(weiblich)* [ɛ̃dividɥalizasjɔ̃] die Individualisierung
l' **individualisme** *(männlich)* [ɛ̃dividɥalism] der Individualismus
l' **individualiste**[1] *(männlich)* [ɛ̃dividɥalist] der Individualist
l' **individualiste**[2] *(weiblich)* [ɛ̃dividɥalist] die Individualistin
l' **individualité** *(weiblich)* [ɛ̃dividɥalite] ❶ die Persönlichkeit ❷ die Individualität
individuel, individuelle [ɛ̃dividɥɛl] individuell; *Freiheit, Verantwortung* persönlich; **le cas individuel** der Einzelfall; **la maison individuelle** das Einfamilienhaus; **l'initiative individuelle** die Eigeninitiative; **la propriété individuelle** das Privateigentum
individuellement [ɛ̃dividɥɛlmɑ̃] einzeln
indivisible [ɛ̃divizibl] unteilbar
l' **Indochine** *(weiblich)* [ɛ̃dɔʃin] Indochina
indo-européen, indo-européenne [ɛ̃doœRɔpeɛ̃, ɛ̃doœRɔpeɛn] <*Plural der männl. Form:* indo-européens> indoeuropäisch
indolore [ɛ̃dɔlɔR] schmerzlos
indomptable [ɛ̃dɔ̃tabl] unzähmbar
l' **Indonésie** *(weiblich)* [ɛ̃dɔnezi] Indonesien
indulgent, indulgente [ɛ̃dylʒɑ̃, ɛ̃dylʒɑ̃t] nachsichtig
l' **industrialisation** *(weiblich)* [ɛ̃dystRijalizasjɔ̃] die Industrialisierung
industrialiser [ɛ̃dystRijalize] industrialisieren
l' **industrie** *(weiblich)* [ɛ̃dystRi] die Industrie; **l'industrie lourde** die Schwerindustrie; **la grande industrie** die Großindustrie
l' **industriel** *(männlich)* [ɛ̃dystRijɛl] der Industrielle
industriel, industrielle [ɛ̃dystRijɛl] industriell, Industrie-; *Brot* industriell hergestellt; **le véhicule industriel** das Nutzfahrzeug; **le secteur industriel** der Industriezweig; **l'activité industrielle** das produzierende Gewerbe
l' **industrielle** *(weiblich)* [ɛ̃dystRijɛl] die Industrielle

industriellement [ɛ̃dystRijɛlmɑ̃] industriell
inébranlable [inebRɑ̃labl] unerschütterlich; *Entschluss* fest
l' **inédit** *(männlich)* [⚠ inedi] ❶ das unveröffentlichte Werk ❷ die Neuheit
inédit, inédite [inedi, inedit] ❶ unveröffentlicht ❷ ganz neu
ineffaçable [inefasabl] *Erinnerung* unauslöschlich
inefficace [inefikas] unwirksam; *Vorgehen* erfolglos; *Angestellter* ineffizient; *Maschine* nicht leistungsfähig
inégal, inégale [inegal] <*Plural der männl. Form:* inégaux> ungleich
inégalable [inegalabl] *Qualität* unerreichbar
inégale [inegal] →**inégal**
inégalé, inégalée [inegale] unerreicht
l' **inégalité** *(weiblich)* [inegalite] (*Unterschied*) die Ungleichheit
inégaux [inego] →**inégal**
inépuisable [inepɥizabl] unerschöpflich; *Quelle* nie versiegend
inespéré, inespérée [inɛspeRe] ❶ *Hilfe, Erfolg* unverhofft ❷ *Ergebnis* überraschend gut
inestimable [inɛstimabl] unschätzbar; *Gegenstand* von unschätzbarem Wert
inévitable [inevitabl] ❶ unvermeidlich ❷ unvermeidbar; *Operation* unumgänglich; **il est inévitable que tu fasses cela** es ist unumgänglich, dass du das tust
l' **inévitable** *(männlich)* [inevitabl] das Unvermeidliche
inexact, inexacte [⚠ inɛgza(kt), inɛgzakt] ❶ *Berechnung, Ergebnis, Theorie* falsch ❷ *Übersetzung, Bericht* unzutreffend; **non, c'est inexact** nein, das stimmt nicht ❸ *Person* unpünktlich
inexcusable [inɛkskyzabl] ❶ *Fehler* unverzeihlich ❷ **elle est inexcusable d'avoir dit cela** es ist unverzeihlich, dass sie das gesagt hat
inexistant, inexistante [inɛgzistɑ̃, inɛgzistɑ̃t] ❶ nicht vorhanden ❷ unbedeutend
inexpérimenté, inexpérimentée [⚠ inɛksperimɑ̃te] unerfahren
inexplicable [inɛksplikabl] unerklärlich
inexpliqué, inexpliquée [inɛksplike] ungeklärt
inexploité, inexploitée [inɛksplwate] *Talent* ungenutzt; *Bodenschätze* nicht ausgebeutet
inexploré, inexplorée [inɛksplɔRe] unerforscht
inexpressif, inexpressive [inɛkspRɛsif, inɛkspRɛsiv] ausdruckslos

inexprimable [inɛkspʀimabl] unaussprechlich; *Gefühl* unbeschreiblich
in extremis [⚠ in ɛkstʀemis] ❶ *Rettung, Erfolg* in letzter Minute ❷ **faire quelque chose in extremis** etwas im letzten Augenblick tun
l' **infaillibilité** *(weiblich)* [⚠ ɛ̃fajibilite] die Unfehlbarkeit
infaillible [⚠ ɛ̃fajibl] unfehlbar; *Medikament* absolut zuverlässig; *Zeichen* untrüglich
infaisable [⚠ ɛ̃fəzabl] nicht machbar
infatigable [ɛ̃fatigabl] unermüdlich
infect, infecte [⚠ ɛ̃fɛkt] ❶ widerlich, ekelhaft ❷ (*umgs.: gemein*) fies
infecter [ɛ̃fɛkte] **s'infecter** sich entzünden
l' **infection** *(weiblich)* [ɛ̃fɛksjɔ̃] die Entzündung
inférieur, inférieure [ɛ̃feʀjœʀ] ❶ (*räumlich*) untere(r, s); **la lèvre inférieure** die Unterlippe ❷ (*mengenmäßig*) geringer; *Preis, Geschwindigkeit* niedriger; °**huit est inférieur à dix** acht ist kleiner als zehn ❸ (*in Bezug auf die Qualität*) niedriger; **être inférieur à quelqu'un** jemandem unterlegen sein; **se sentir inférieur** sich minderwertig fühlen
l' **infériorité** *(weiblich)* [ɛ̃feʀjɔʀite] ❶ die Unterlegenheit ❷ die Minderwertigkeit
infidèle [ɛ̃fidɛl] ❶ treulos; **être infidèle à quelqu'un** jemandem untreu sein ❷ *Gedächtnis* unzuverlässig; *Erzähler, Übersetzung* ungenau ❸ (*nicht religiös*) ungläubig
l' **infidélité** *(weiblich)* [ɛ̃fidelite] ❶ die Untreue; *eines Freundes* die Treulosigkeit ❷ *eines Ehepartners* der Seitensprung ❸ (*in religiösen Dingen*) der Unglaube
l' **infini** *(männlich)* [ɛ̃fini] die Unendlichkeit ▶ **à l'infini** endlos
infini, infinie [ɛ̃fini] unendlich; *Dauer* endlos; *Dankbarkeit* grenzenlos; *Reichtum* unermesslich
infiniment [ɛ̃finimɑ̃] ❶ unendlich; **infiniment plus grand(e)** unendlich viel größer; **infiniment plus petit(e)** unendlich viel kleiner ❷ außerordentlich
l' **infinité** *(weiblich)* [ɛ̃finite] ❶ die Unendlichkeit ❷ **une infinité de choses** eine Unmenge von Dingen
l' **infinitif** *(männlich)* [⚠ ɛ̃finitif] (*in der Grammatik*) der Infinitiv
infinitif, infinitive [ɛ̃finitif, ɛ̃finitiv] (*in der Grammatik*) **le mode infinitif** der Infinitiv
infirme [ɛ̃fiʀm] behindert
l' **infirme¹** *(männlich)* [ɛ̃fiʀm] der Behinderte
l' **infirme²** *(weiblich)* [ɛ̃fiʀm] die Behinderte
l' **infirmerie** *(weiblich)* [ɛ̃fiʀməʀi] die Krankenstation; *einer Schule* das Krankenzimmer
l' **infirmier** *(männlich)* [ɛ̃fiʀmje] der Krankenpfleger
l' **infirmière** *(weiblich)* [ɛ̃fiʀmjɛʀ] die Krankenschwester, die Spitalsschwester Ⓐ, Ⓒⓗ; **l'école d'infirmières** die Krankenpflegeschule
l' **inflation** *(weiblich)* [⚠ ɛ̃flasjɔ̃] die Inflation
infliger [ɛ̃fliʒe] <*wie* changer; *siehe Verbtabelle ab S. 1055*> ❶ **infliger une amende à quelqu'un pour excès de vitesse** gegen jemanden wegen Geschwindigkeitsüberschreitung eine Geldbuße verhängen; **infliger un châtiment à quelqu'un** jemanden züchtigen ❷ zufügen; versetzen *Schläge*

Ⓤ Vor *a* und *o* bleibt das *e* erhalten, z. B. in *nous infligeons, il infligeait* und *en infligeant*.

influençable [ɛ̃flyɑ̃sabl] beeinflussbar
influençais, influençait [ɛ̃flyɑ̃sɛ] →**influencer**
l' **influence** *(weiblich)* [ɛ̃flyɑ̃s] ❶ der Einfluss; *von Maßnahmen* die Auswirkung; *eines Medikaments* die Wirkung; **avoir de l'influence** einflussreich sein ❷ **sous l'influence de la colère** im Zorn
influencer [ɛ̃flyɑ̃se] <*wie* commencer; *siehe Verbtabelle ab S. 1055*> beeinflussen

Ⓤ Vor *a* und *o* steht statt *c* ein *ç*, z. B. in *nous influençons, il influençait* und *en influençant*.

influent, influente [ɛ̃flyɑ̃, ɛ̃flyɑ̃t] einflussreich
l' **info** *(weiblich)* [ɛ̃fo] (*umgs.*) *Abkürzung von* **information** ❶ die Info; (*im Radio, Fernsehen*) die Meldung ❷ **les infos** die Nachrichten
l' **infogroupe** *(männlich* ⚠) [ɛ̃fogʀup] (*im Internet*) die Newsgroup
l' **informateur** *(männlich)* [ɛ̃fɔʀmatœʀ] der Informant
l' **informaticien** *(männlich)* [ɛ̃fɔʀmatisjɛ̃] der Informatiker
l' **informaticienne** *(weiblich)* [ɛ̃fɔʀmatisjɛn] die Informatikerin
informatif, informative [ɛ̃fɔʀmatif, ɛ̃fɔʀmativ] informativ
l' **information** *(weiblich)* [ɛ̃fɔʀmasjɔ̃] ❶ die Information, die Auskunft; **la réunion d'information** die Informationsveranstaltung ❷ (*im Radio, Fernsehen*) die Nachricht; **les informations routières** die Hinweise für Autofahrer ❸ (*die Medien*) das Nachrichten-

wesen ❹ (*in der Informatik*) **les informations** die Daten
informatique [ɛ̃fɔʀmatik] Computer-, Informatik-; **l'industrie informatique** die Computerindustrie; **la saisie informatique** die Datenerfassung
l' **informatique** *(weiblich)* [ɛ̃fɔʀmatik] die Informatik, die EDV
l' **informatisation** *(weiblich)* [ɛ̃fɔʀmatizasjɔ̃] die Computerisierung; **l'informatisation d'une entreprise** die Umstellung eines Unternehmens auf EDV
informatisé, **informatisée** [ɛ̃fɔʀmatize] Computer-, EDV-; **le fichier informatisé** die Computerdatei, die Datei; **le système informatisé** das EDV-System
informatiser [ɛ̃fɔʀmatize] auf Computer [*oder* auf EDV] umstellen
informative [ɛ̃fɔʀmativ] →**informatif**
l' **informatrice** *(weiblich)* [ɛ̃fɔʀmatʀis] die Informantin
informer [ɛ̃fɔʀme] ❶ informieren ❷ **nous vous informons que votre demande a été transmise** wir teilen Ihnen mit, dass Ihr Antrag weitergeleitet worden ist ❸ **s'informer** sich informieren, sich erkundigen; **s'informer sur quelqu'un/de quelque chose** sich über jemanden/über etwas erkundigen, sich über jemanden/über etwas informieren; **s'informer si tout va bien** sich erkundigen, ob alles in Ordnung ist
l' **inforoute** *(weiblich)* [ɛ̃fɔʀut] (*in der Informatik*) die Datenautobahn
l' **infraction** *(weiblich)* [ɛ̃fʀaksjɔ̃] das Vergehen
infranchissable [ɛ̃fʀɑ̃ʃisabl] unüberwindlich
l' **infrastructure** *(weiblich)* [ɛ̃fʀastʀyktyʀ] die Infrastruktur
infructueux, **infructueuse** [ɛ̃fʀyktyø, ɛ̃fʀyktyøz] *Vorstoß* erfolglos; *Nachforschungen* ergebnislos
l' **infusion** *(weiblich)* [ɛ̃fyzjɔ̃] der Kräutertee
l' **ingénieur¹** *(männlich)* [ɛ̃ʒenjœʀ] der Ingenieur
l' **ingénieur²** *(weiblich)* [ɛ̃ʒenjœʀ] die Ingenieurin
l' **ingrat** *(männlich)* [ɛ̃gʀa] der undankbare Mensch
ingrat, ingrate [ɛ̃gʀa, ɛ̃gʀat] *Mensch, Aufgabe* undankbar; *Leben* mühevoll; **être ingrat envers quelqu'un** jemandem gegenüber undankbar sein
l' **ingrate** *(weiblich)* [ɛ̃gʀat] der undankbare Mensch
l' **ingratitude** *(weiblich)* [ɛ̃gʀatityd] die Undankbarkeit; **faire preuve d'ingratitude** sich undankbar verhalten, undankbar sein

l'infusion

Nicht verwechseln mit *die Infusion – la perfusion!*

l' **ingrédient** *(männlich)* [ɛ̃gʀedjɑ̃] *einer Mischung* der Bestandteil; *eines Rezepts* die Zutat
inguérissable [ɛ̃geʀisabl] unheilbar
ingurgiter [ɛ̃gyʀʒite] hinunterschlingen *Essen;* hinunterstürzen *Getränk*
inhabitable [inabitabl] unbewohnbar
inhabité, **inhabitée** [inabite] unbewohnt
inhabituel, **inhabituelle** [inabityɛl] ungewöhnlich
inhospitalier, **inhospitalière** [inɔspitalje, inɔspitaljɛʀ] *Ort* ungastlich, unwirtlich
inhumain, **inhumaine** [inymɛ̃, inymɛn] unmenschlich
inimaginable [inimaʒinabl] unvorstellbar
inimitable [inimitabl] unnachahmlich
ininterrompu, **ininterrompue** [inɛ̃teʀɔ̃py] ununterbrochen; *Schlaf* ungestört
initial, **initiale** [inisjal] <*Plural der männl. Form:* initiaux> anfänglich; *Grund, Zustand* ursprünglich; **la lettre initiale** der Anfangsbuchstabe; **la position initiale** die Ausgangsposition
l' **initiale** *(weiblich)* [inisjal] ❶ *eines Worts* der Anfangsbuchstabe ❷ (*bei Namen*) **les initiales** die Initialen
l' **initiation** *(weiblich)* [inisjasjɔ̃] die Einführung; **une initiation à l'informatique** eine Einführung in die Informatik
l' **initiative** *(weiblich)* [inisjativ] ❶ die Initiative; **prendre l'initiative d'une rencontre** die Initiative zu einem Treffen ergreifen ❷ der Unternehmungsgeist, die Initiative ❸ **de ma/sa/... propre initiative** aus eigenem Antrieb
initiaux [inisjo] →**initial**
l' **injure** *(weiblich)* [ɛ̃ʒyʀ] die Beleidigung
injurier [ɛ̃ʒyʀje] <*wie* apprécier; *siehe Verb-*

tabelle ab S. 1055> ❶ beleidigen ❷ **s'injurier** sich beschimpfen

injuste [ɛ̃ʒyst] ungerecht

l' **injustice** *(weiblich)* [ɛ̃ʒystis] die Ungerechtigkeit

inné, **innée** [i(n)ne] angeboren

innocemment [⚠ inɔsamɑ̃] [ganz] unschuldig, in aller Unschuld

l' **innocence** *(weiblich)* [inɔsɑ̃s] ❶ die Unschuld ❷ *(Naivität)* die Arglosigkeit

l' **innocent** *(männlich)* [inɔsɑ̃] der Unschuldige

innocent, **innocente** [inɔsɑ̃, inɔsɑ̃t] ❶ unschuldig ❷ *Spiel, Scherz* harmlos ❸ *(naiv)* arglos

l' **innocente** *(weiblich)* [inɔsɑ̃t] die Unschuldige

innocenter [inɔsɑ̃te] **innocenter quelqu'un** *Gericht:* jemanden für unschuldig erklären

innombrable [i(n)nɔ̃bʀabl] unzählig

l' **innovateur** *(männlich)* [inɔvatœʀ] der Neuerer

innovateur, **innovatrice** [inɔvatœʀ, inɔvatʀis] innovativ

l' **innovation** *(weiblich)* [inɔvasjɔ̃] die Neuerung, die Innovation

l' **innovatrice** *(weiblich)* [inɔvatʀis] die Neuerin

innover [inɔve] ❶ neu einführen *Mode* ❷ **innover en quelque chose** Neuerungen in etwas einführen

inoccupé, **inoccupée** [inɔkype] *Platz* frei; *Haus, Wohnung* leer stehend

inodore [inɔdɔʀ] geruchlos

inoffensif, **inoffensive** [inɔfɑ̃sif, inɔfɑ̃siv] harmlos; *Mittel* unbedenklich

l' **inondation** *(weiblich)* [inɔ̃dasjɔ̃] die Überschwemmung; *eines Flusses* das Hochwasser

inonder [inɔ̃de] ❶ überschwemmen; **être inondé(e)** *Stadtteil:* überschwemmt werden/sein; *Person:* hochwassergeschädigt sein ❷ **inonder quelqu'un d'informations** jemanden mit Informationen überschütten

inoubliable [inublijabl] unvergesslich

inouï, **inouïe** [⚠ inwi] unerhört

inoxydable [inɔksidabl] rostfrei

inqualifiable [ɛ̃kalifjabl] unbeschreiblich

inquiet, **inquiète** [ɛ̃kjɛ, ɛ̃kjɛt] ❶ *Mensch* beunruhigt; **être inquiet au sujet de quelqu'un/de quelque chose** wegen jemandem/wegen etwas besorgt sein; **ne sois pas inquiet!** mach dir keine Sorgen! ❷ *Blick, Warten* bang

inquiétant, **inquiétante** [ɛ̃kjetɑ̃, ɛ̃kjetɑ̃t] beunruhigend

inquiéter [ɛ̃kjete] *<wie préférer; siehe Verbtabelle ab S. 1055>* ❶ beunruhigen ❷ *(bedrohen)* verfolgen ❸ **s'inquiéter** sich Sorgen machen ❹ **s'inquiéter de savoir si .../qui....** sich Gedanken darüber machen, ob .../wer ...

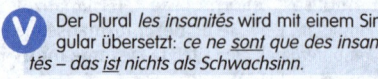
Nur die stammbetonten Formen schreiben sich mit *è*, z.B. *je m'inquiète* oder *ne t'inquiète pas!*

l' **inquiétude** *(weiblich)* [ɛ̃kjetyd] die Beunruhigung

insalubre [ɛ̃salybʀ] *Klima* ungesund; *Stadtteil* heruntergekommen

les **insanités** *(weiblich)* [ɛ̃sanite] der Schwachsinn

Der Plural *les insanités* wird mit einem Singular übersetzt: *ce ne sont que des insanités – das ist nichts als Schwachsinn.*

insatiable [⚠ ɛ̃sasjabl] unersättlich; **il est d'une curiosité insatiable** seine Neugier ist durch nichts zu befriedigen

l' **insatisfaction** *(weiblich)* [ɛ̃satisfaksjɔ̃] die Unzufriedenheit

l' **insatisfait** *(männlich)* [ɛ̃satisfɛ] der unzufriedene Mensch; **c'est un éternel insatisfait** er ist ewig unzufrieden

insatisfait, **insatisfaite** [ɛ̃satisfɛ, ɛ̃satisfɛt] ❶ unzufrieden; **être insatisfait de quelqu'un/de quelque chose** mit jemandem/mit etwas unzufrieden sein ❷ *Wunsch* unbefriedigt

l' **insatisfaite** *(weiblich)* [ɛ̃satisfɛt] der unzufriedene Mensch; **c'est une éternelle insatisfaite** sie ist ewig unzufrieden

l' **inscription** *(weiblich)* [ɛ̃skʀipsjɔ̃] ❶ die Inschrift; *eines Schildes* die Aufschrift ❷ die Anmeldung; **l'inscription d'un enfant à une école** die Anmeldung eines Kindes in einer Schule; **l'inscription de mon père à ce club** der Eintritt meines Vaters in diesen Club

inscrire [ɛ̃skʀiʀ] *<wie écrire; siehe Verbtabelle ab S. 1055>* ❶ schreiben, eintragen; **inscrire un nom sur une enveloppe** einen Namen auf einen Briefumschlag schreiben; **s'inscrire sur une liste** sich in eine Liste eintragen; **être inscrit(e) dans/sur quelque chose** in/auf etwas stehen ❷ **inscrire quelqu'un à une école** jemanden an einer Schule anmelden ❸ **s'inscrire dans le cadre de quelque chose** *Entscheidung, Projekt:* im Rahmen von etwas geschehen ❹ **s'inscrire sur l'écran** auf dem Bildschirm erscheinen

l' **inscrit** *(männlich)* [ɛ̃skʀi] *(bei Wählerlisten)* der Wahlberechtigte

inscrit, **inscrite** [ɛ̃skʀi, ɛ̃skʀit] *Kandidat* gemeldet; *Wähler* in die Wählerliste eingetra-

gen
l' **inscrite** *(weiblich)* [ɛ̃skʀit] (*bei Wählerlisten*) die Wahlberechtigte
inscrivais, **inscrivait** [ɛ̃skʀivɛ], **inscrivons** [ɛ̃skʀivɔ̃], **inscrivez** [ɛ̃skʀive] →**inscrire**
l' **insecte** *(männlich)* [ɛ̃sɛkt] das Insekt
l' **insécurité** *(weiblich)* [ɛ̃sekyʀite] die Unsicherheit
insensé, **insensée** [ɛ̃sɑ̃se] absurd ▸ **c'est insensé!** das ist Unsinn!
insensible [ɛ̃sɑ̃sibl] ❶ **être insensible** *Mensch:* nichts spüren; *Körperteil:* gefühllos sein ❷ (*seelisch*) gefühllos
inséparable [ɛ̃sepaʀabl] *Freunde* unzertrennlich
insérer [ɛ̃seʀe] <*wie* préférer; *siehe Verbtabelle ab S. 1055*> ❶ einfügen ❷ **s'insérer dans quelque chose** *Mensch:* sich in etwas integrieren

> Nur die stammbetonten Formen schreiben sich mit ê, z. B. *j'insère*.

l' **insertion** *(weiblich)* [ɛ̃sɛʀsjɔ̃] die Eingliederung
l' **insignifiance** *(weiblich)* [ɛ̃siɲifjɑ̃s] die Bedeutungslosigkeit
l' **insinuation** *(weiblich)* [ɛ̃sinɥasjɔ̃] ❶ die Andeutung ❷ (*indirekter Vorwurf*) die Unterstellung
insinuer [ɛ̃sinɥe] ❶ andeuten ❷ (*indirekt vorwerfen*) unterstellen ❸ **s'insinuer dans quelque chose** sich in etwas einschleichen
l' **insistance** *(weiblich)* [ɛ̃sistɑ̃s] die Beharrlichkeit
insistant, **insistante** [ɛ̃sistɑ̃, ɛ̃sistɑ̃t] beharrlich; *Blick* eindringlich
insister [ɛ̃siste] ❶ nicht nachgeben; **insister sur quelque chose** auf etwas bestehen; **insister pour faire quelque chose** darauf bestehen, etwas zu tun ❷ **n'insistez pas!** hören Sie auf! ❸ durchhalten ❹ **insister sur un point** einen Punkt besonders betonen
l' **insolation** *(weiblich)* [ɛ̃sɔlasjɔ̃] der Sonnenstich
l' **insolence** *(weiblich)* [ɛ̃sɔlɑ̃s] ❶ die Frechheit; **avec insolence** frech ❷ (*Anmaßung*) die Unverschämtheit
l' **insolent** *(männlich)* [ɛ̃sɔlɑ̃] der freche Mensch
insolent, **insolente** [ɛ̃sɔlɑ̃, ɛ̃sɔlɑ̃t] ❶ frech ❷ (*anmaßend*) unverschämt
l' **insolente** *(weiblich)* [ɛ̃sɔlɑ̃t] die freche Person
insoluble [ɛ̃sɔlybl] ❶ *Substanz* unlöslich; **être insoluble dans l'eau** wasserunlöslich sein ❷ *Problem* unlösbar
insomniaque [ɛ̃sɔmnjak] **être insomniaque** Schlafstörungen haben

l' **insomnie** *(weiblich)* [⚠ ɛ̃sɔmni] die Schlaflosigkeit
l' **insouciance** *(weiblich)* [ɛ̃susjɑ̃s] die Unbekümmertheit
insouciant, **insouciante** [ɛ̃susjɑ̃, ɛ̃susjɑ̃t] unbekümmert
insoutenable [ɛ̃sutnabl] *Gewalt* unerträglich
inspecter [ɛ̃spɛkte] inspizieren; kontrollieren *Gepäck*; **inspecter un professeur** den Unterricht eines Lehrers begutachten
l' **inspecteur** *(männlich)* [ɛ̃spɛktœʀ] der Inspektor
  ◆ l'**inspecteur d'académie** ≈ der Schulamtsdirektor (*für den Vorschulbereich*)
  ◆ l'**inspecteur de police** der Polizeiinspektor
  ◆ l'**inspecteur du Travail** der Gewerbeaufsichtsbeamte
l' **inspection** *(weiblich)* [ɛ̃spɛksjɔ̃] ❶ die Inspektion; *des Gepäcks* die Kontrolle ❷ **l'inspection d'un professeur** der Unterrichtsbesuch bei einem Lehrer
  ◆ l'**inspection des Finances** die Finanzaufsichtsbehörde
  ◆ l'**inspection du Travail** das Gewerbeaufsichtsamt
l' **inspectrice** *(weiblich)* [ɛ̃spɛktʀis] die Inspektorin
  ◆ l'**inspectrice d'académie** ≈ der Schulamtsdirektorin (*für den Vorschulbereich*)
  ◆ l'**inspectrice de police** die Polizeiinspektorin
l' **inspiration** *(weiblich)* [ɛ̃spiʀasjɔ̃] ❶ *eines Künstlers* die Inspiration; **avoir de l'inspiration** Ideen haben; **manquer d'inspiration** keine Ideen haben ❷ das Einatmen; **prendre une grande inspiration** tief einatmen
inspirer [ɛ̃spiʀe] ❶ einatmen ❷ **inspirer confiance** [*oder* **de la confiance**] *Person:* Vertrauen einflößen ❸ **inspirer une idée à quelqu'un** jemanden auf eine Idee bringen ❹ veranlassen; inspirieren *Werk;* als Vorbild dienen für *Romanfigur;* **s'inspirer de quelqu'un**/**de quelque chose** sich von jemandem/von etwas inspirieren lassen ❺ inspirieren *Künstler*
l' **instabilité** *(weiblich)* [ɛ̃stabilite] ❶ die Unbeständigkeit, die Instabilität; *einer Lage* die Unsicherheit ❷ *eines Menschen* die Unbeständigkeit; (*Erschütterbarkeit*) die Labilität
instable [ɛ̃stabl] ❶ *Gegenstand* nicht stabil ❷ *Mensch* unbeständig; (*erschütterbar*) labil ❸ instabil; *Frieden, Lage* unsicher; *Gefühl, Wetter* unbeständig
l' **installation** *(weiblich)* [ɛ̃stalasjɔ̃] ❶ die Installation; *einer Maschine* die Montage; *von*

Möbeln das Aufstellen; *eines Lagers* das Errichten ❷ **les installations** die Anlagen
installé, installée [ɛ̃stale] ❶ *Küche, Wohnung* eingerichtet; **tu t'es très bien installée** du hast es dir sehr schön eingerichtet ❷ **être installé** sich etabliert haben
installer [ɛ̃stale] ❶ installieren *Kabel, Leitungen;* anschließen *Telefon;* aufstellen *Möbel* ❷ unterbringen *Menschen, Möbel* ❸ **s'installer** sich setzen; *(gemütlich)* es sich bequem machen; *(um zu wohnen)* sich einrichten; *(sich eine Existenz aufbauen)* sich niederlassen; **s'installer à la campagne** aufs Land ziehen
l' **instant** *(männlich)* [ɛ̃stɑ̃] der Augenblick, der Moment; **dans un instant** gleich; **en un instant** im Nu; **dès l'instant où …** sobald …; *(kausal)* da … ▸ **à l'instant** [**même**] *(kurz zuvor)* [gerade] eben; *(kurz darauf)* sofort; **à tout instant** ständig; **pour l'instant** im Moment; **un instant!** einen Augenblick!
instantané, instantanée [ɛ̃stɑ̃tane] ❶ unmittelbar; *Antwort* prompt; **être instantané** *Antwort:* prompt kommen; *Tod:* sofort eintreten ❷ **la soupe instantanée** die Instantsuppe
l' **instauration** *(weiblich)* [ɛ̃stɔʀasjɔ̃] die Einführung; *einer Regierung* die Bildung; *eines Prozesses* die Einleitung
instaurer [ɛ̃stɔʀe] ❶ bilden *Regierung;* kreieren *Mode;* knüpfen *Beziehungen;* einleiten *Prozess* ❷ **s'instaurer** *Einstellung:* sich breitmachen; *Zweifel:* sich einnisten
l' **instigateur** *(männlich)* [ɛ̃stigatœʀ] der Initiator; *eines Komplotts* der Anstifter
l' **instigatrice** *(weiblich)* [ɛ̃stigatʀis] die Initiatorin; *eines Komplotts* die Anstifterin
l' **instinct** *(männlich)* [⚠ ɛ̃stɛ̃] ❶ der Instinkt; **l'instinct maternel** der Mutterinstinkt; **d'instinct, j'ai pressenti le danger** ich habe die Gefahr instinktiv geahnt ❷ **l'instinct sexuel** der Sexualtrieb
instinctif, instinctive [ɛ̃stɛ̃ktif, ɛ̃stɛ̃ktiv] spontan
instinctivement [ɛ̃stɛ̃ktivmɑ̃] instinktiv
l' **institut** *(männlich)* [⚠ ɛ̃stity] das Institut
◆ **l'institut de beauté** der Kosmetiksalon
l' **instituteur** *(männlich)* [ɛ̃stitytœʀ] der Grundschullehrer; **l'instituteur spécialisé** der Sonderschullehrer
l' **institution** *(weiblich)* [ɛ̃stitysjɔ̃] ❶ *(das Gründen)* die Einrichtung ❷ *(auch in der Politik)* die Institution
l' **institutrice** *(weiblich)* [ɛ̃stitytʀis] die Grundschullehrerin; **l'institutrice spécialisée** die Sonderschullehrerin

instructif, instructive [ɛ̃stʀyktif, ɛ̃stʀyktiv] lehrreich
l' **instruction** *(weiblich)* [ɛ̃stʀyksjɔ̃] ❶ *(auch beim Militär)* die Instruktion ❷ *(in der Verwaltung)* die Verordnung ❸ **les instructions** die Anleitung ❹ **l'instruction civique** ≈ die Gemeinschaftskunde

> In ❸ wird der Plural *les instructions* mit einem Singular übersetzt: *c'est dans les instructions – das steht in der Anleitung.*

instructive [ɛ̃stʀyktiv] → **instructif**
instruit, instruite [ɛ̃stʀɥi, ɛ̃stʀɥit] gebildet
l' **instrument** *(männlich)* [ɛ̃stʀymɑ̃] ❶ das Instrument; **l'instrument de musique** das Musikinstrument; **jouer d'un instrument** ein Instrument spielen ❷ *(Utensil, Gerät)* das Werkzeug; *(in der Medizin)* das Instrument ❸ *(Mittel)* das Instrument
insuffisant, insuffisante [ɛ̃syfizɑ̃, ɛ̃syfizɑ̃t] ❶ *(quantitativ)* nicht ausreichend; **être insuffisant** nicht ausreichen ❷ *(qualitativ)* unzureichend; *Arbeit* ungenügend; *Schüler* zu schwach
insultant, insultante [ɛ̃syltɑ̃, ɛ̃syltɑ̃t] *Worte, Verdacht* beleidigend; *Ton* unverschämt
l' **insulte** *(weiblich)* [ɛ̃sylt] die Beleidigung
insulter [ɛ̃sylte] beleidigen
insupportable [ɛ̃sypɔʀtabl] ❶ unerträglich ❷ *Kind* unausstehlich
insurmontable [ɛ̃syʀmɔ̃tabl] unüberwindbar
l' **insurrection** *(weiblich)* [ɛ̃syʀɛksjɔ̃] der Aufstand
intact, intacte [⚠ ɛ̃takt] ❶ *Gegenstand* unversehrt; *Produkt* einwandfrei ❷ *Ruf* makellos; *Ehre* unbefleckt
l' **intégration** *(weiblich)* [ɛ̃tegʀasjɔ̃] die Integration, die Eingliederung
intégrer [ɛ̃tegʀe] <*wie préférer;* siehe Verbtabelle ab S. 1055> **s'intégrer à quelque chose** sich in etwas integrieren

> Nur die stammbetonten Formen schreiben sich mit è, z. B. *je m'intègre.*

l' **intellectuel** *(männlich)* [ɛ̃telɛktɥɛl] der Intellektuelle
intellectuel, intellectuelle [ɛ̃telɛktɥɛl] intellektuell; *Arbeit, Erschöpfung* geistig; **la vie intellectuelle** das Geistesleben
l' **intellectuelle** *(weiblich)* [ɛ̃telɛktɥɛl] die Intellektuelle
intelligemment [⚠ ɛ̃teliʒamɑ̃] intelligent
l' **intelligence** *(weiblich)* [ɛ̃teliʒɑ̃s] die Intelli-

genz, die Klugheit
intelligent, inntelligente [ɛ̃teliʒɑ̃, ɛ̃teliʒɑ̃t] intelligent
l' **intempéries** *(weiblich)* [ɛ̃tɑ̃peʀi] das schlechte Wetter

V Der Plural *les intempéries* wird mit einem Singular übersetzt: *les intempéries reviennent sur le Nord de la France – das schlechte Wetter kehrt nach Nordfrankreich zurück.*

intenable [ɛ̃t(ə)nabl] ❶ *Lage* unhaltbar ❷ *Hitze* unerträglich ❸ **être intenable** *Kind:* nicht zu bändigen sein
intense [ɛ̃tɑ̃s] intensiv; *Freude, Hitze* groß; *Schmerz* heftig; *Verkehr* dicht
intensif, intensive [ɛ̃tɑ̃sif, ɛ̃tɑ̃siv] intensiv
l' **intensification** *(weiblich)* [ɛ̃tɑ̃sifikasjɔ̃] die Intensivierung, die Verstärkung; *der Produktion* die Steigerung
intensifier [ɛ̃tɑ̃sifje] <*wie* apprécier; *siehe Verbtabelle ab S. 1055*> ❶ intensivieren; verstärken *Bemühungen, Kampf;* steigern *Produktion* ❷ **s'intensifier** an Intensität zunehmen; *Geräusch, Geflüster:* lauter werden; **le froid s'intensifie** es wird immer kälter
l' **intensité** *(weiblich)* [ɛ̃tɑ̃site] ❶ die Intensität ❷ **une lumière de faible intensité** ein schwaches Licht; **une lumière d'une grande intensité** ein starkes Licht ❸ **l'intensité du courant** die Stromstärke
intensive [ɛ̃tɑ̃siv] →**intensif**
l' **intention** *(weiblich)* [ɛ̃tɑ̃sjɔ̃] die Absicht, die Intention; **avoir l'intention de faire quelque chose** vorhaben [*oder* beabsichtigen] etwas zu tun
intentionné, intentionnée [ɛ̃tɑ̃sjɔne] **être bien intentionné à l'égard de quelqu'un** es mit jemandem gut meinen, jemandem wohlgesinnt sein; **être mal intentionné à l'égard de quelqu'un** es mit jemandem nicht gut meinen, jemandem nicht wohlgesinnt sein
l' **interaction** *(weiblich)* [ɛ̃tɛʀaksjɔ̃] ❶ die Interaktion ❷ (*Beeinflussung*) die Wechselwirkung
intercepter [ɛ̃tɛʀsɛpte] abfangen; stellen *Verdächtigen;* anhalten *Fahrzeug;* abhören *Funkspruch*
l' **interclasse** *(männlich)* [ɛ̃tɛʀklas] die kleine Pause
l' **interdiction** *(weiblich)* [ɛ̃tɛʀdiksjɔ̃] ❶ das Verbot ❷ **"Interdiction de stationner"** „Parken verboten"; **"Interdiction de fumer"** „Rauchen verboten"

interdire [ɛ̃tɛʀdiʀ] <*weitgehend wie* dire; *siehe Verbtabelle ab S. 1055*> verbieten; **interdire à quelqu'un de fumer** jemandem verbieten zu rauchen

G Das Verb *interdire* wird nicht genau wie *dire* konjugiert. Die 2. Person Plural von *interdire* lautet *vous interdisez* (im Gegensatz zu *vous dites*).

l' **interdit** *(männlich)* [ɛ̃tɛʀdi] das Verbot
interdit, interdite [ɛ̃tɛʀdi, ɛ̃tɛʀdit] ❶ verboten; **il est interdit de fumer dans cette salle** es ist verboten, in diesem Raum zu rauchen ❷ (*bei Filmen*) **"Interdit aux moins de 16 ans"** „Frei ab 16" ❸ (*Inschrift auf Schildern*) **"Chantier interdit"** „Betreten der Baustelle verboten"; **"Interdit au public"** „Kein Zutritt"
l' **intéressant** *(männlich)* [ɛ̃teʀesɑ̃] **faire l'intéressant** sich interessant machen
intéressant, intéressante [ɛ̃teʀesɑ̃, ɛ̃teʀesɑ̃t] interessant
l' **intéressante** *(weiblich)* [ɛ̃teʀesɑ̃t] **faire l'intéressante** sich interessant machen
l' **intéressé** *(männlich)* [ɛ̃teʀese] ❶ der Interessierte ❷ der Betroffene
intéressé, intéressée [ɛ̃teʀese] ❶ interessiert ❷ betroffen ❸ (*egoistisch*) eigennützig
l' **intéressée** *(weiblich)* [ɛ̃teʀese] ❶ die Interessierte ❷ die Betroffene
intéresser [ɛ̃teʀese] ❶ interessieren; **rien ne l'intéresse** er/sie interessiert sich für nichts ❷ **s'intéresser à quelqu'un/à quelque chose** sich für jemanden/für etwas interessieren; **être intéressé(e) à faire quelque chose** daran interessiert sein, etwas zu tun ❸ **intéresser quelqu'un** *Maßnahme, Gesetz:* jemanden betreffen
l' **intérêt** *(männlich)* [ɛ̃teʀɛ] ❶ (*innere Teilnahme*) die Interesse; **regarder avec intérêt** interessiert zusehen; **écouter sans intérêt** ohne besonderes Interesse zuhören ❷ *eines Films, Buchs* der Reiz; **sans intérêt** *Film, Geschichte* uninteressant; *Detail, Überlegungen* belanglos; **sans aucun intérêt** *Film, Geschichte* völlig uninteressant; *Detail, Überlegungen* völlig belanglos ❸ (*Wichtigkeit*) die Bedeutung ❹ der Eigennutz; **par intérêt** eigennützig; **dans l'intérêt général** im Sinne des Allgemeinwohls; **elle a [tout] intérêt à refuser** sie sollte [wirklich] ablehnen; **défendre les intérêts de quelqu'un** jemandes Interessen vertreten ❺ der Zins; **six pour cent [sipuʀsɑ̃] d'intérêts** sechs Prozent Zinsen; **avec intérêt[s]** verzinslich; **sans inté-**

rêt[s] zinslos

l' **interface** *(weiblich* ⚠*)* [ɛ̃tɛʀfas] *eines Computers* die Schnittstelle

l' **intérieur** *(männlich)* [ɛ̃teʀjœʀ] ❶ das Innere; **à l'intérieur** innen; *(nicht im Freien)* drinnen; **à l'intérieur de …** im Innern von …, in …; **à l'intérieur d'une noix** im Inneren einer Walnuss ❷ *eines Hauses* die Inneneinrichtung; ❸ *(in der Politik)* **l'Intérieur** das Innenministerium

intérieur, intérieure [ɛ̃teʀjœʀ] innere(r, s); **l'éclairage intérieur** die Innenbeleuchtung; **la vie intérieure** das Innenleben; **la politique intérieure** die Innenpolitik; **le marché intérieur** der Binnenmarkt

intérieurement [ɛ̃teʀjœʀmɑ̃] ❶ innen ❷ *(im Geiste)* innerlich

intermédiaire [ɛ̃tɛʀmedjɛʀ] ❶ Zwischen-; **le résultat intermédiaire** das Zwischenergebnis; **le stade intermédiaire** das Zwischenstadium ❷ Übergangs-; **une époque intermédiaire** eine Übergangsepoche; **la solution intermédiaire** die Übergangslösung

l' **intermédiaire¹** *(männlich)* [ɛ̃tɛʀmedjɛʀ] der Vermittler ▶ **par l'intermédiaire de …** über …

l' **intermédiaire²** *(weiblich)* [ɛ̃tɛʀmedjɛʀ] die Vermittlerin

interminable [ɛ̃tɛʀminabl] endlos

l' **intermittence** *(weiblich)* [ɛ̃tɛʀmitɑ̃s] **par intermittence** ab und zu

l' **internat** *(männlich)* [ɛ̃tɛʀna] *(Schule)* das Internat

international, internationale [ɛ̃tɛʀnasjɔnal] <*Plural der männl. Form:* internationaux> international; **la langue internationale** die Weltsprache; **la politique internationale** die Weltpolitik

l' **internaute¹** *(männlich)* [ɛ̃tɛʀnot] der Internetsurfer, der Surfer

l' **internaute²** *(weiblich)* [ɛ̃tɛʀnot] die Internetsurferin, die Surferin

interne [ɛ̃tɛʀn] innere(r, s); *Problem* intern

l' **interne¹** *(männlich)* [ɛ̃tɛʀn] der Internatsschüler

l' **interne²** *(weiblich)* [ɛ̃tɛʀn] die Internatsschülerin

L In Frankreich sind Ganztagsschulen die Regel. Sie verfügen alle über eine Schulkantine, und viele der *collèges* und *lycées* bieten den Schülerinnen und Schülern außerdem die Möglichkeit, im *internat* zu wohnen. Als *internes* werden die Schülerinnen und Schüler bezeichnet, die in der Schule verpflegt werden und wohnen.

l' **internet** *(männlich)* [ɛ̃tɛʀnɛt] das Internet

V Es gibt im Französischen zwei Varianten: Die gebräuchlichere ist *Internet* – mit großem *I* und ohne Artikel –, die seltenere ist *l'internet* mit kleinem *i* und mit Artikel: *chercher quelque chose dans Internet* – etwas im Internet suchen; *avoir accès à l'internet* – Zugang zum Internet haben.

l' **interpellation** *(weiblich)* [ɛ̃tɛʀpelasjɔ̃] die vorläufige Festnahme (*zur Überprüfung der Personalien*)

interpeller [⚠ ɛ̃tɛʀpəle] ❶ vorläufig festnehmen *(zur Überprüfung der Personalien)* ❷ *(ansprechen)* **interpeller quelqu'un** jemandem etwas zurufen

l' **interphone®** *(männlich)* [ɛ̃tɛʀfɔn] die Sprechanlage

l' **interprétation** *(weiblich)* [ɛ̃tɛʀpʀetasjɔ̃] ❶ die Interpretation; **l'interprétation des rêves** die Traumdeutung ❷ *(mündliches Übersetzen)* das Dolmetschen

l' **interprète¹** *(männlich)* [ɛ̃tɛʀpʀɛt] ❶ *(in der Musik)* der Interpret ❷ *(im Kino, Theater)* der Darsteller ❸ der Dolmetscher; **faire l'interprète** dolmetschen ❹ *(übertragen)* der Fürsprecher

l' **interprète²** *(weiblich)* [ɛ̃tɛʀpʀɛt] ❶ *(in der Musik)* die Interpretin ❷ *(im Kino, Theater)* die Darstellerin ❸ die Dolmetscherin; **faire l'interprète** dolmetschen ❹ *(übertragen)* die Fürsprecherin

interpréter [ɛ̃tɛʀpʀete] <*wie* préférer; *siehe Verbtabelle ab S. 1055*> ❶ interpretieren *Musikstück*; darstellen *Person*; spielen *Rolle* ❷ interpretieren *Text*; deuten *Traum*

Ü Nur die stammbetonten Formen schreiben sich mit *è*, z. B. *j'interprète*.

l' **interro** *(weiblich)* [ɛ̃tɛʀɔ] *(umgs.)* der Test

l' **interrogation** *(weiblich)* [ɛ̃tɛʀɔgasjɔ̃] ❶ die Frage ❷ *(in der Schule)* der Test, die Kontrollarbeit ❸ *eines Zeugen* die Befragung

l' **interrogatoire** *(männlich)* [ɛ̃tɛʀɔgatwaʀ] die Vernehmung

interroger [ɛ̃tɛʀɔʒe] <*wie* changer; *siehe Verbtabelle ab S. 1055*> ❶ **interroger quelqu'un** jemandem Fragen stellen; *(bei einer Umfrage)* jemanden befragen; *Polizei:* jemanden vernehmen ❷ abfragen *Schüler*, *Datenbank* ❸ **s'interroger** sich fragen; **s'interroger sur quelqu'un/sur quelque chose** sich Fragen über jemanden/über etwas stellen

Ü Vor *a* und *o* bleibt das *e* erhalten, z. B. in *nous interrogeons*, *il interrogeait* und *en interrogeant*.

Révisions

Des questions pour faire une interview

Qu'est-ce que vous pensez de …?	*Was denken Sie über …?*
Quand est-ce que vous avez commencé à …?	*Wann haben Sie angefangen zu …?*
Depuis quand est-ce que vous faites …?	*Seit wann machen Sie …?*
Où est-ce que vous jouez la prochaine fois?	*Wo spielen Sie das nächste Mal?*
Comment est-ce que vous trouvez …?	*Wie finden Sie …?*
Combien de lettres est-ce que …?	*Wie viele Briefe …?*
Pourquoi est-ce que les gens pensent que …?	*Warum denken die Leute, dass …?*
Quel sport est-ce que vous préférez?	*Welchen Sport mögen Sie lieber?*
Quels sont vos projets pour l'avenir?	*Welche Pläne haben Sie für die Zukunft?*
Dans **quelle** ville est-ce que vous habitez?	*In welcher Stadt wohnen Sie?*
Quelles langues est-ce que vous parlez?	*Welche Sprachen sprechen Sie?*

interrompre [ɛ̃teʀɔ̃pʀ] <*wie* rompre; *siehe Verbtabelle ab S. 1055*> ❶ unterbrechen; **ils l'ont interrompu dans son discours** sie haben ihn bei seiner Rede unterbrochen ❷ abbrechen *Schwangerschaft;* **interrompre ses études** die Schule/das Studium abbrechen ❸ **s'interrompre** *Person:* innehalten

l' **interrupteur** *(männlich)* [ɛ̃teʀyptœʀ] der Schalter

l' **interruption** *(weiblich)* [ɛ̃teʀypsjɔ̃] ❶ die Unterbrechung ❷ der Abbruch; **l'interruption [volontaire] de grossesse** der Schwangerschaftsabbruch ▸ **sans interruption** ununterbrochen

l' **intervalle** *(männlich)* [ɛ̃teʀval] ❶ der Abstand ❷ die Zeitspanne; **à °huit jours d'intervalle** innerhalb von acht Tagen ❸ (*in der Musik*) das Intervall

intervenir [ɛ̃teʀvənir] <*wie* devenir; *siehe Verbtabelle ab S. 1055*> ❶ eingreifen; **intervenir dans une affaire** sich in eine Angelegenheit einmischen ❷ (*das Wort ergreifen*) sich einschalten

l' **intervention** *(weiblich)* [ɛ̃teʀvɑ̃sjɔ̃] ❶ das Eingreifen; **l'intervention armée** die bewaffnete Intervention ❷ (*bei einer Diskussion*) der Beitrag ❸ (*in der Medizin*) der Eingriff

intervenu, intervenue [ɛ̃teʀvəny] →**intervenir**

interviens, intervient [ɛ̃tevjɛ̃] →**intervenir**

l' **interview** *(weiblich* ⚠) [⚠ ɛ̃teʀvju] das Interview

interviewer [⚠ ɛ̃teʀvjuve] interviewen

l' **intestin** *(männlich)* [ɛ̃testɛ̃] der Darm

intime [ɛ̃tim] intim; *Freund* eng, intim; *Feier* intim, im engen Kreis; **la vie intime** das Privatleben; **la toilette intime** die Intimpflege

intimider [ɛ̃timide] einschüchtern

l' **intimité** *(weiblich)* [ɛ̃timite] ❶ das Privatleben ❷ die Vertrautheit ❸ **se marier dans l'intimité** im engsten Familien- und Freundeskreis heiraten

intituler [ɛ̃tityle] **intituler un livre "Demain"** einem Buch den Titel „Morgen" geben; **s'intituler "Demain"** den Titel „Morgen" tragen

intolérable [ɛ̃tɔleʀabl] unerträglich

l' **intolérance** *(weiblich)* [ɛ̃tɔleʀɑ̃s] die Intoleranz

intolérant, intolérante [ɛ̃tɔleʀɑ̃, ɛ̃tɔleʀɑ̃t] intolerant

l' **intonation** *(weiblich)* [ɛ̃tɔnasjɔ̃] der Tonfall

l' **intox** *(weiblich)* [ɛ̃tɔks] (*umgs.: Falschmeldung*) der/das Fake

l' **intoxication** *(weiblich)* [ɛ̃tɔksikasjɔ̃] die Vergiftung

intoxiquer [ɛ̃tɔksike] vergiften; **s'intoxiquer** sich vergiften; **il a été intoxiqué par des champignons** er hat sich eine Pilzvergiftung zugezogen

intraduisible [ɛ̃tʀadɥizibl] unübersetzbar

intransigeant, intransigeante [ɛ̃tʀɑ̃ziʒɑ̃, ɛ̃tʀɑ̃ziʒɑ̃t] unnachgiebig; *Gegner* unerbittlich; *Moral* starr

intransportable [ɛ̃tʀɑ̃spɔʀtabl] *Mensch* nicht transportfähig; *Sache* nicht transportabel

intrépide [ɛ̃tʀepid] waghalsig

l' **intrigant** *(männlich)* [ɛ̃tʀigɑ̃] der Intrigant

l' **intrigante** *(weiblich)* [ɛ̃tʀigɑ̃t] die Intrigantin

l' **intrigue** *(weiblich)* [ɛ̃tʀig] ❶ die Intrige ❷ *eines Buchs, Films* die Handlung

intriguer [ɛ̃tʀige] ❶ **intriguer quelqu'un** jemanden stutzig machen; (*nachhaltig*) jemanden beschäftigen ❷ intrigieren l' **introduction** *(weiblich)* [ɛ̃tʁɔdyksjɔ̃] ❶ die Einleitung; **en introduction** einleitend ❷ *einer Reform, Neuerung* die Einführung ❸ *eines Gegenstands* das Einführen

introduire [ɛ̃tʁɔdyiʁ] <*wie conduire; siehe Verbtabelle ab S. 1055*> ❶ führen *Besucher, Kunden;* **introduire quelqu'un dans une famille** jemanden in eine Familie einführen ❷ einführen *Mode, Reform, Neuerung* ❸ einwerfen *Münze;* **introduire une clé dans une serrure** einen Schlüssel in ein Schloss stecken ❹ **s'introduire** *Einbrecher, Wasser, Rauch:* eindringen

introuvable [ɛ̃tʁuvabl] unauffindbar

l' **intrus** *(männlich)* [⚠ ɛ̃tʁy] der Eindringling ▶ **cherchez l'intrus!** finde heraus/findet heraus, was nicht dazugehört!

l' **intruse** *(weiblich)* [⚠ ɛ̃tʁyz] der Eindringling
intuitif, intuitive [ɛ̃tɥitif, ɛ̃tɥitiv] intuitiv
l' **intuition** *(weiblich)* [⚠ ɛ̃tɥisjɔ̃] die Intuition
intuitive [⚠ ɛ̃tɥitiv] →**intuitif**
intuitivement [⚠ ɛ̃tɥitivmɑ̃] intuitiv
inusable [inyzabl] unverwüstlich
inutile [inytil] nutzlos, unnütz; *Vorsicht, Worte* überflüssig; **se sentir inutile** sich überflüssig vorkommen; **il est inutile que vous veniez maintenant** es ist nicht nötig, dass ihr jetzt [noch] kommt; **il n'est pas inutile qu'il soit là** es ist durchaus angebracht, dass er da ist; **inutile de vous dire que ...** ich brauche euch/Ihnen sicher nicht zu sagen, dass ...

inutilement [inytilmɑ̃] unnötig; *(erfolglos)* vergeblich

inutilisable [inytilizabl] unbrauchbar
l' **inutilité** *(weiblich)* [inytilite] die Nutzlosigkeit
invalide [ɛ̃valid] invalide; **la personne invalide** der Invalide/die Invalidin
l' **invalide¹** *(männlich)* [ɛ̃valid] der Invalide
l' **invalide²** *(weiblich)* [ɛ̃valid] die Invalidin
invariable [ɛ̃vaʁjabl] ❶ unverändert ❷ *Wort* unveränderlich
l' **invasion** *(weiblich)* [ɛ̃vazjɔ̃] *(auch übertragen)* die Invasion
invendable [ɛ̃vɑ̃dabl] unverkäuflich
l' **inventaire** *(männlich)* [ɛ̃vɑ̃tɛʁ] ❶ das Inventar ❷ *(Bestandsaufnahme)* die Inventur
inventer [ɛ̃vɑ̃te] erfinden
l' **inventeur** *(männlich)* [ɛ̃vɑ̃tœʁ] der Erfinder
inventif, inventive [ɛ̃vɑ̃tif, ɛ̃vɑ̃tiv] erfinderisch
l' **invention** *(weiblich)* [ɛ̃vɑ̃sjɔ̃] ❶ die Erfindung ❷ **c'est un cocktail de mon invention** diesen Cocktail habe ich selbst kreiert
inventive [ɛ̃vɑ̃tiv] →**inventif**

l' **inventrice** *(weiblich)* [ɛ̃vɑ̃tʁis] die Erfinderin
invérifiable [ɛ̃veʁifjabl] nicht überprüfbar
inverse [ɛ̃vɛʁs] entgegengesetzt; *Reihenfolge* umgekehrt
l' **inverse** *(männlich)* [ɛ̃vɛʁs] das Gegenteil; **c'est l'inverse qui est vrai** das Gegenteil [davon] ist wahr, in Wahrheit ist es genau umgekehrt ▶ **à l'inverse** hingegen; **à l'inverse de ...** [ganz] im Gegensatz zu ...

inversement [ɛ̃vɛʁsəmɑ̃] ❶ hingegen ❷ **et inversement** und umgekehrt; **ou inversement** oder umgekehrt

inverser [ɛ̃vɛʁse] umstellen *Wörter, Sätze;* tauschen *Rollen;* umkehren *Entwicklung, Tendenz;* **s'inverser** sich umkehren

investir [ɛ̃vɛstiʁ] <*wie agir; siehe Verbtabelle ab S. 1055*> ❶ *(auch übertragen)* investieren ❷ **s'investir dans quelque chose** sich bei etwas engagieren

Ⓖ Bei einigen Formen des Verbs ist der Stamm um -*iss*- erweitert, etwa bei *nous investissons, il investissait* oder *en investissant.*

l' **investissement** *(männlich)* [ɛ̃vɛstismɑ̃] die Investition
l' **investisseur** *(männlich)* [ɛ̃vɛstisœʁ] der Investor
invincible [ɛ̃vɛ̃sibl] unbesiegbar
invisible [ɛ̃vizibl] unsichtbar
l' **invitation** *(weiblich)* [ɛ̃vitasjɔ̃] die Einladung; **l'invitation au restaurant** die Einladung ins Restaurant [*oder* zum Essen]; **une invitation à déjeuner** eine Einladung zum Mittagessen
l' **invité** *(männlich)* [ɛ̃vite] der Gast
l' **invitée** *(weiblich)* [ɛ̃vite] der Gast
inviter [ɛ̃vite] ❶ einladen; **inviter quelqu'un à dîner** jemanden zum Abendessen einladen; **inviter quelqu'un à danser** jemanden zum Tanz auffordern ❷ *(nachdrücklich bitten)* auffordern
invivable [ɛ̃vivabl] unerträglich
involontaire [ɛ̃vɔlɔ̃tɛʁ] unfreiwillig; *Fehler* unbeabsichtigt; *Bewegung* unwillkürlich
involontairement [ɛ̃vɔlɔ̃tɛʁmɑ̃] unabsichtlich
invraisemblable [ɛ̃vʁɛsɑ̃blabl] ❶ *Geschichte* unglaubwürdig ❷ *Unordnung* unglaublich
invulnérable [ɛ̃vylneʁabl] unverwundbar
l' **iode** *(männlich)* [⚠ jɔd] das Jod
irai [iʁe] →**aller**
l' **Irak** *(männlich)* [iʁak] der Irak
l' **Irakien** *(männlich)* [iʁakjɛ̃] der Iraker
irakien, irakienne [iʁakjɛ̃, iʁakjɛn] irakisch
l' **Irakienne** *(weiblich)* [iʁakjɛn] die Irakerin
l' **Iran** *(männlich)* [iʁɑ̃] der Iran

l' **Iranien** *(männlich)* [iʀanjɛ̃] der Iraner
iranien, iranienne [iʀanjɛ̃, iʀanjɛn] iranisch
l' **Iranienne** *(weiblich)* [iʀanjɛn] die Iranerin
l' **Iraq** *(männlich)* [iʀak] der Irak
iras, ira [iʀa] →**aller**
l' **Irlandais** *(männlich)* [iʀlɑ̃dɛ] der Ire
irlandais, irlandaise [iʀlɑ̃dɛ, iʀlɑ̃dɛz] irisch
l' **Irlandaise** *(weiblich)* [iʀlɑ̃dɛz] die Irin
l' **Irlande** *(weiblich)* [iʀlɑ̃d] Irland; **l'Irlande du Nord** Nordirland
l' **ironie** *(weiblich)* [iʀɔni] die Ironie
ironique [iʀɔnik] ironisch
ironiser [iʀɔnize] spötteln
l' **irrationnel** *(männlich)* [iʀasjɔnɛl] das Irrationale
irrationnel, irrationnelle [iʀasjɔnɛl] irrational
irrattrapable [iʀatʀapabl] nicht wieder gutzumachen
irréalisable [iʀealizabl] nicht realisierbar
irréaliste [iʀealist] unrealistisch
irréconciliable [iʀekɔ̃siljabl] unversöhnlich
irrécupérable [iʀekypeʀabl] **être irrécupérable** nicht mehr zu reparieren sein
irrécusable [iʀekyzabl] unanfechtbar; *Beweis* unwiderlegbar
irréductible [iʀedyktibl] *Feind* unversöhnlich
irréel, irréelle [iʀeɛl] irreal
irréfléchi, irréfléchie [iʀefleʃi] unüberlegt; *Mensch* unbesonnen
irréfutable [iʀefytabl] unwiderlegbar
l' **irrégularité** *(weiblich)* [iʀegylaʀite] ❶ die Ungleichmäßigkeit; *der Gesichtszüge* die Unregelmäßigkeit; *einer Oberfläche* die Unebenheit ❷ *eines Vorgehens* die Regelwidrigkeit
irrégulier, irrégulière [iʀegylje, iʀegyljɛʀ] ❶ unregelmäßig; *Schrift, Geschwindigkeit* ungleichmäßig; *Gelände* uneben; *Bemühung, Arbeit* nicht regelmäßig; *Ergebnisse* schwankend ❷ regelwidrig
irrémédiable [iʀemedjabl] *Lage* hoffnungslos; **une erreur irrémédiable** ein nicht wieder gutzumachender Fehler
irremplaçable [iʀɑ̃plasabl] unersetzbar
irréparable [iʀepaʀabl] *Verlust* unersetzbar; **une machine irréparable** eine nicht mehr zu reparierende Maschine; **une erreur irréparable** ein nicht wieder gutzumachender Fehler
irréprochable [iʀepʀɔʃabl] einwandfrei
irrésistible [iʀezistibl] ❶ unwiderstehlich ❷ *Geschichte, Schauspieler* urkomisch; **être irrésistible** zum Totlachen sein
irrésolu, irrésolue [iʀezɔly] unentschlossen; *Problem* ungelöst
irrespirable [iʀɛspiʀabl] unerträglich

irresponsable [iʀɛspɔ̃sabl] verantwortungslos; *Verhalten* unverantwortlich
l' **irresponsable**¹ *(männlich)* [iʀɛspɔ̃sabl] der Verantwortungslose
l' **irresponsable**² *(weiblich)* [iʀɛspɔ̃sabl] die Verantwortungslose
irréversible [iʀevɛʀsibl] *Prozess* unumkehrbar, nicht umkehrbar
irrévocable [iʀevɔkabl] *Urteil* unwiderruflich; *Entscheidung* endgültig
l' **irrigation** *(weiblich)* [iʀigasjɔ̃] die Bewässerung
irriguer [iʀige] bewässern
irritable [iʀitabl] reizbar
l' **irritation** *(weiblich)* [iʀitasjɔ̃] ❶ die Gereiztheit ❷ *(Entzündung)* die Reizung
irrité, irritée [iʀite] gereizt
irriter [iʀite] ❶ **irriter quelqu'un** jemandem auf die Nerven gehen ❷ reizen *Haut, Augen*
l' **irruption** *(weiblich)* [iʀypsjɔ̃] das Hereinplatzen; **faire irruption** *Person:* hereinplatzen
l' **islam** *(männlich)* [⚠ islam] der Islam
islamique [islamik] islamisch
l' **islamité** *(weiblich)* [islamite] die Zugehörigkeit zur islamischen Glaubensgemeinschaft
l' **islandais** *(männlich)* [islɑ̃dɛ] Isländisch

G In Verbindung mit dem Verb *parler* kann der Artikel entfallen: *il parle islandais – er spricht Isländisch.*

l' **Islandais** *(männlich)* [islɑ̃dɛ] der Isländer
islandais, islandaise [islɑ̃dɛ, islɑ̃dɛz] isländisch
l' **Islandaise** *(weiblich)* [islɑ̃dɛz] die Isländerin
l' **Islande** *(weiblich)* [islɑ̃d] Island
isolé, isolée [izɔle] ❶ *Ort* abgelegen; *Haus* einsam gelegen ❷ *Mensch* isoliert; **la mère isolée** die allein erziehende Mutter ❸ **le cas isolé** der Einzelfall
l' **isolement** *(männlich)* [izɔlmɑ̃] die Einsamkeit; *eines Ortes, Hauses* die Abgeschiedenheit; *eines Häftlings, Kranken* die Isolation
isoler [izɔle] ❶ isolieren; **être isolé(e) du reste du monde** von der restlichen Welt abgeschieden sein ❷ *(in der Technik)* isolieren; **isoler quelque chose de l'humidité** etwas gegen Feuchtigkeit isolieren ❸ **s'isoler** sich absondern
Israël [⚠ isʀaɛl] Israel
l' **Israélien** *(männlich)* [isʀaeljɛ̃] der Israeli
israélien, israélienne [isʀaeljɛ̃, isʀaeljɛn] israelisch
l' **Israélienne** *(weiblich)* [isʀaeljɛn] die Israeli
l' **israélite**¹ *(männlich)* [isʀaelit] der Israelit
l' **israélite**² *(weiblich)* [isʀaelit] die Israelitin
issu, issue [isy] **être issu d'une famille mo-**

l' **issue** *(weiblich)* [isy] ❶ der Ausgang ❷ (*Lösung*) der Ausweg; **une situation sans issue** eine ausweglose Lage
◆ **l'issue de secours** der Notausgang
l' **Italie** *(weiblich)* [itali] Italien
l' **italien** *(männlich)* [italjɛ̃] Italienisch

G In Verbindung mit dem Verb *parler* kann der Artikel entfallen: *il parle italien – er spricht Italienisch.*

l' **Italien** *(männlich)* [italjɛ̃] der Italiener
italien, italienne [italjɛ̃, italjɛn] italienisch
l' **Italienne** *(weiblich)* [italjɛn] die Italienerin
l' **italique** *(männlich)* [italik] die Kursivschrift; **en italique** kursiv
l' **itinéraire** *(männlich)* [itineʀɛʀ] ❶ die Route ❷ (*übertragen*) der Werdegang
itinérant, itinérante [itineʀɑ̃, itineʀɑ̃t] Wander-; **l'exposition itinérante** die Wanderausstellung
l' **IUFM** *(männlich)* [iyɛfɛm] *Abkürzung von* **institut universitaire de formation des maîtres** ≈ die PH
l' **IUT** *(männlich)* [iyte] *Abkürzung von* **institut universitaire de technologie** ≈ die TH
l' **ivoire** *(männlich)* [ivwaʀ] das Elfenbein
l' **Ivoirien** *(männlich)* [ivwaʀjɛ̃] der Einwohner der Republik Elfenbeinküste
ivoirien, ivoirienne [ivwaʀjɛ̃, ivwaʀjɛn] *Früchte, Waren* von der Elfenbeinküste
l' **Ivoirienne** *(weiblich)* [ivwaʀjɛn] die Einwohnerin der Republik Elfenbeinküste
ivre [ivʀ] betrunken
l' **ivresse** *(weiblich)* [ivʀɛs] ❶ die Trunkenheit; **en état d'ivresse** betrunken, in betrunkenem Zustand ❷ (*übertragen*) der Rausch
l' **ivrogne**¹ *(männlich)* [ivʀɔɲ] der Säufer, der Trunkenbold
l' **ivrogne**² *(weiblich)* [ivʀɔɲ] die Säuferin

J

le **j**, le **J** [ʒi] das j, das J
j' [ʒ] <*steht an Stelle von* **je** *vor Vokal und stummem h*> ich; **j'ai faim** ich habe Hunger; **j'habite à Nancy** ich wohne in Nancy
jacasser [ʒakase] ❶ *Elster:* schreien ❷ (*umgs.: reden*) schnattern
la **jachère** [ʒaʃɛʀ] **être en jachère** brachliegen; **la terre en jachère** das Brachland
la **jacinthe** [⚠ ʒasɛ̃t] die Hyazinthe
le **jade** [ʒad] die/der Jade
jadis [⚠ ʒadis] früher
le **jaguar** [ʒagwaʀ] der Jaguar
jaillir [ʒajiʀ] <*wie* agir; *siehe Verbtabelle ab S. 1055*> ❶ *Wasser:* emporschießen; *Blut:* spritzen; *Flammen:* emporschlagen ❷ *Person:* plötzlich auftauchen

G Bei einigen Formen des Verbs ist der Stamm um *-iss-* erweitert, etwa bei *ils jaillissent*, *il jaillissait* oder *en jaillissant*.

le **jalon** [ʒalɔ̃] der Pflock; (*groß*) der Pfahl
jalonner [ʒalɔne] ❶ abstecken *Gelände* ❷ **jalonner quelque chose** *Pflöcke:* etwas markieren; *Sträucher:* etwas säumen
jalouse [ʒaluz] →**jaloux**
la **jalouse** [ʒaluz] ❶ die Eifersüchtige ❷ die Neiderin
jalousement [ʒaluzmɑ̃] ❶ eifersüchtig ❷ neidisch
jalouser [ʒaluze] beneiden, neidisch sein auf *Person;* neidisch sein auf *Erfolg*
la **jalousie** [ʒaluzi] ❶ die Eifersucht ❷ (*Missgunst*) der Neid
le **jaloux** [ʒalu] ❶ der Eifersüchtige ❷ der Neider
jaloux, jalouse [ʒalu, ʒaluz] ❶ (*in Liebesdingen*) eifersüchtig; **être jaloux de quelqu'un** auf jemanden eifersüchtig sein ❷ (*missgünstig*) neidisch; **être jaloux de quelqu'un/de quelque chose** auf jemanden/auf etwas neidisch sein
jamaïcain, jamaïcaine, jamaïquain, jamaïquaine [ʒamaikɛ̃, ʒamaikɛn] jamaikanisch
le **Jamaïquain** [ʒamaikɛ̃] der Jamaikaner
la **Jamaïquaine** [ʒamaikɛn] die Jamaikanerin
la **Jamaïque** [ʒamaik] Jamaika
jamais [ʒamɛ] ❶ **ne ... jamais** nie, niemals; **je ne l'ai jamais vue** ich habe sie noch nie gesehen; **changerez-vous d'idée? – Jamais!** werden Sie Ihre Ansicht ändern? – Niemals! ❷ **ne ... jamais plus ...**, **plus jamais ... ne ...**, **jamais plus ... ne ...** nie wieder; **plus jamais** [*oder* **jamais plus**] **je ne lui adresserai la parole** ich werde nie wieder mit ihm/ihr reden ❸ (*lediglich*) [doch] nur; (*zeitlich*) [doch] erst; **ça n'est jamais qu'un petit bobo** das ist [doch] nur ein kleines Wehwehchen; **ça ne fait jamais que commencer** das fängt [doch] gerade erst an ❹ (*überhaupt einmal*) je, jemals; **crois-tu que je partirai jamais en Amé-**

rique? glaubst du, dass ich jemals nach Amerika fahren werde? ❺ **pire que jamais** schlimmer als je zuvor ▸ **on ne sait jamais!** man kann nie wissen!

la **jambe** [ʒɑ̃b] das Bein

le **jambon** [ʒɑ̃bõ] ❶ der Schinken; **le jambon cru** der rohe Schinken; **le jambon cuit** der gekochte Schinken ❷ **un jambon beurre** ≈ ein Sandwich [aus Stangenweißbrot] mit Butter und gekochtem Schinken

◆ le **jambon de Paris** der gekochte Schinken

la **jante** [ʒɑ̃t] die Felge

janvier [ʒɑ̃vje] ❶ der Januar, der Jänner Ⓐ; **en janvier** im Januar, im Jänner Ⓐ; **début janvier** Anfang Januar, Anfang Jänner Ⓐ; **fin janvier** Ende Januar, Ende Jänner Ⓐ; **pendant tout le mois de janvier** den ganzen Januar über, den ganzen Jänner über Ⓐ ❷ (*bei Datumsangaben*) **elle partira le 3 janvier** sie wird am 3. Januar abreisen, sie wird am 3. Jänner abreisen Ⓐ; **le 1ᵉʳ janvier, c'est le jour de l'an** der 1. Januar ist Neujahr, der 1. Jänner ist Neujahr Ⓐ

> ⓖ Der französische Monatsname ist männlich; er wird ohne den bestimmten Artikel gebraucht.
> Bei präzisen Datumsangaben, wie sie unter ❷ aufgeführt werden, steht der Artikel jedoch, und zwar wegen der Zahl:
> *il est né le dix* – er ist am Zehnten geboren;
> *il est né le dix janvier* – er ist am zehnten Januar (oder: Jänner) geboren.

le **Japon** [ʒapõ] Japan

le **japonais** [ʒapɔnɛ] Japanisch, das Japanische

> ⓖ In Verbindung mit dem Verb *parler* kann der Artikel entfallen: *il parle japonais* – er spricht Japanisch.

le **Japonais** [ʒapɔnɛ] der Japaner

japonais, japonaise [ʒapɔnɛ, ʒapɔnɛz] japanisch

la **Japonaise** [ʒapɔnɛz] die Japanerin

japper [ʒape] kläffen

la **jaquette** [ʒakɛt] *eines Buches* der Schutzumschlag

le **jardin** [ʒaʀdɛ̃] ❶ der Garten ❷ **le jardin public** der Park ▸ **le jardin secret** das tiefste Innere

le **jardinage** [ʒaʀdinaʒ] die Gartenarbeit

jardiner [ʒaʀdine] gärtnern, im Garten arbeiten

le **jardinier** [ʒaʀdinje] der Gärtner

la **jardinière** [ʒaʀdinjɛʀ] ❶ die Gärtnerin ❷ (*Be-*

la jaquette

> Ⓕ Nicht verwechseln mit *das Jackett – la veste!*

hälter) der Blumenkasten

le **jargon** [ʒaʀgõ] (*abwertend*) ❶ das Kauderwelsch ❷ (*Fachsprache*) der Jargon

jaser [ʒaze] (*reden*) klatschen

la **jauge d'essence** [⚠ ʒoʒ desɑ̃s] die Benzinuhr

la **jauge de niveau d'huile** [⚠ ʒoʒ də nivo dɥil] der Ölstandanzeiger; (*Stab*) der Ölmessstab

jauger [ʒoʒe] <*wie* changer; *siehe Verbtabelle ab S. 1055*> ❶ messen ❷ (*beurteilen*) einschätzen

> Ⓤ Vor *a* und *o* bleibt das *e* erhalten, z. B.: in *nous jaugeons, il jaugeait* und *en jaugeant.*

jaunâtre [ʒonatʀ] gelblich

jaune [ʒon] gelb ▸ **rire jaune** gezwungen lachen

le **jaune** [ʒon] ❶ das Gelb; **le jaune pâle** das Blassgelb; **le jaune citron** das Zitronengelb ❷ das/der Dotter, das Eigelb

jaunir [ʒoniʀ] <*wie* agir; *siehe Verbtabelle ab S. 1055*> ❶ gelb werden; *Papier:* vergilben ❷ **jaunir quelque chose** *Licht:* etwas vergilben; *Nikotin:* etwas gelb färben

> Ⓖ Bei einigen Formen des Verbs ist der Stamm um *-iss-* erweitert, etwa bei *ils jaun*__iss__*ent, il jaun*__iss__*ait* oder *en jaun*__iss__*ant.*

la **jaunisse** [ʒonis] die Gelbsucht

la **java** [ʒava] *für den „bal musette" typischer Tanz* ▸ **faire la java** (*umgs.*) einen draufmachen

le **javelot** [ʒavlo] der Speer

je [ʒə] ich; **je m'appelle Paul** ich heiße Paul

le **jean** [⚠ dʒin] ❶ die Jeans; **s'acheter un jean** [*oder* **des jeans**] sich eine Jeans kaufen ❷ (*Material*) der Jeansstoff

je-m'en-foutiste [ʒ(ə)mɑ̃futist] (*umgs.*) **il est plutôt je-m'en-foutiste** ihm ist alles wurst

> **G** Das Adjektiv ist unveränderlich: *elles sont plutôt je-m'en-foutiste – ihnen ist alles wurst.*

le **je-m'en-foutiste** [ʒ(ə)mɑ̃futist] <Plural: je-m'en-foutiste> (*umgs.*) ≈ der Mensch, dem alles wurst ist

la **je-m'en-foutiste** [ʒ(ə)mɑ̃futist] <Plural: je-m'en-foutiste> (*umgs.*) ≈ der Mensch, dem alles wurst ist

les **jérémiades** (weiblich) [ʒeRemjad] (*umgs.*) das Gejammer

> **V** Der Plural *les jérémiades* wird mit einem Singular übersetzt: *arrête tes jérémiades! – hör mit deinem Gejammer auf!*

le **jerrican**, le **jerrycane** [⚠ (d)ʒeRikan] der Benzinkanister

Jersey [ʒɛRzɛ] Jersey; **l'île de Jersey** die Insel Jersey

le **jersey** [ʒɛRzɛ] (*Stoffart*) der Jersey

le **jésuite** [ʒezɥit] der Jesuit

le **jet¹** [⚠ ʒɛ] ❶ *eines Schlauchs* die Düse ❷ *das Werfen; eines Fischernetzes* das Auswerfen; *einer Bombe* der Abwurf ❸ der Strahl; **un jet de vapeur** ein Dampfstrahl; **le jet de gaz** der Gasstrahl ▶ **écrire quelque chose d'un seul jet** etwas in einem Zug [*oder* Rutsch] schreiben
  ◆ le **jet d'eau** die Fontäne

le **jet²** [⚠ dʒɛt] (*Flugzeug*) der Jet

jetable [ʒ(ə)tabl] Wegwerf-, Einweg-; **la couche jetable** die Wegwerfwindel

la **jetée** [ʒ(ə)te] die Hafenmole, die Mole

jeter [ʒ(ə)te] <siehe Verbtabelle ab S. 1055> ❶ werfen; (*mit Wucht*) schleudern; **jeter une balle à quelqu'un** jemandem einen Ball zuwerfen; **jeter un os au chien** dem Hund einen Knochen vorwerfen ❷ **jeter les dés** würfeln ❸ auslegen *Boje* ❹ wegwerfen; wegschütten *Flüssigkeit;* abwerfen *Ballast* ❺ **jeter le discrédit sur quelqu'un** jemanden in Verruf bringen ❻ **se jeter sur quelqu'un/sur quelque chose** sich auf jemanden/auf etwas stürzen ❼ **se jeter sur le lit** sich aufs Bett werfen; **se jeter en arrière** zurückspringen; **se jeter à plat ventre** sich flach hinwerfen; **se jeter au cou de quelqu'un** jemandem um den Hals fallen ❽ **la Moselle se jette dans le Rhin** die Mosel mündet in den Rhein

le **jeton** [ʒ(ə)tɔ̃] (*beim Glücksspiel*) der Jeton

> **Ü** Mit *tt* schreiben sich
> – die stammbetonten Formen wie *je jette* oder *tu jettes* sowie
> – die auf der Basis der Grundform *jeter* gebildeten Formen, z. B. *ils jetteront* und *je jetterais*.

▶ **un faux jeton** (*umgs.*) ein falscher Fuffziger

jette, jettes [ʒɛt] →**jeter**

le **jeu** [ʒø] <Plural: jeux> ❶ das Spiel; **vous jouez à quel jeu?** was für ein Spiel spielt ihr? ❷ **les Jeux olympiques** die Olympischen Spiele ▶ **c'est un jeu d'enfant** das ist [doch] kinderleicht; **jouer franc jeu** mit offenen Karten spielen; **être vieux jeu** von gestern sein; **mettre quelque chose en jeu** etwas aufs Spiel setzen; **être [mis(e)] en jeu** auf dem Spiel stehen
  ◆ le **jeu de clés** der Satz Schlüssel
  ◆ le **jeu de °hasard** das Glücksspiel
  ◆ le **jeu de paume** das Paumespiel

jeudi [ʒødi] ❶ der Donnerstag ❷ (*bei gezielten Zeitangaben*) **jeudi prochain** am Donnerstag, kommenden Donnerstag; **jeudi dernier** letzten Donnerstag; **aujourd'hui on est jeudi** heute ist Donnerstag; **tu as le temps jeudi?** hast du diesen Donnerstag Zeit? ❸ (*bei Zeitangaben, die eine Wiederholung ausdrücken*) **le jeudi** donnerstags, jeden Donnerstag; **le jeudi matin** Donnerstag vormittags; **le jeudi soir** Donnerstag abends; **"Fermé le jeudi"** „Donnerstags geschlossen" ▶ **Jeudi saint** Gründonnerstag

> **G** Das Substantiv *jeudi* ist männlich. Es wird ohne den bestimmten Artikel und ohne Präposition gebraucht, wenn es um eine präzise Angabe geht und ein ganz bestimmter Donnerstag gemeint ist.
> Wenn eine Wiederholung oder etwas Gewohnheitsmäßiges ausgedrückt wird, steht der bestimmte Artikel bei dem Substantiv. In diesem Fall bezieht sich die Angabe auf mehrere Donnerstage. In ❸ stehen entsprechende Beispiele.

jeun [⚠ ʒɛ̃] **à jeun** nüchtern

jeune [ʒœn] ❶ jung; *Kind* klein; **ma jeune sœur** meine kleine Schwester ❷ jugendlich; **faire jeune** jung aussehen ❸ (*ungeübt*) unerfahren

le **jeune** [ʒœn] ❶ der junge Mann ❷ **les jeunes** die jungen Leute

la **jeune** [ʒœn] die junge Frau

le **jeûne** [ʒøn] das Fasten

jeûner [ʒøne] fasten

la **jeunesse** [ʒœnɛs] die Jugend

les **JO** (*männlich*) [ʒio] Abkürzung von **Jeux olympiques** die Olympischen Spiele

la **joaillerie** [⚠ ʒɔajʀi] ❶ das Juweliergeschäft ❷ (*Kunst, Beruf*) das Juwelierhandwerk
le **joaillier** [⚠ ʒɔaje] der Juwelier
la **joaillière** [⚠ ʒɔajɛʀ] die Juwelierin
le **jockey** [ʒɔkɛ] der Jockei, der Jockey
la **Joconde** [ʒɔkɔ̃d(ə)] die Mona Lisa
le **jogging** [⚠ (d)ʒɔgiŋ] ❶ das Jogging; **faire du jogging** joggen ❷ der Jogginganzug
la **joie** [ʒwa] die Freude; **pleurer de joie** vor Freude weinen ▸ **être fou/folle de joie** vor Freude außer sich sein
joindre [ʒwɛ̃dʀ] <*siehe Verbtabelle ab S. 1055*> ❶ zusammenfügen *Bretter, Stoffteile;* falten *Hände* ❷ [miteinander] verbinden *Flüsse, Kontinente;* **un tunnel joint l'île au continent** ein Tunnel verbindet die Insel mit dem Kontinent ❸ **joindre quelque chose à un dossier** etwas einer Akte beifügen; **joindre le geste à la parole** seinen Worten Taten folgen lassen ❹ erreichen *Person* ❺ **se joindre à quelqu'un/à un parti** sich jemandem/einer Partei anschließen; **se joindre à la conversation** sich an der Unterhaltung beteiligen
joins, joint [ʒwɛ̃] →**joindre**
le **joint** [ʒwɛ̃] ❶ die Fuge ❷ die Dichtung ❸ (*umgs.: Zigarette*) der Joint
joint[1], **jointe** [ʒwɛ̃, ʒwɛ̃t] →**joindre**
joint[2], **jointe** [ʒwɛ̃, ʒwɛ̃t] ❶ *Hände* gefaltet; *Füße* geschlossen ❷ Anstrengung, *Konto* gemeinsam ❸ beigefügt; **la pièce jointe** die Anlage; (*an einer Mail*) das Attachment
le **joli** [ʒɔli] **c'est du joli!** (*ironisch*) das ist ja reizend!
joli, jolie [ʒɔli] ❶ hübsch; *Gegenstand* schön; *Stimme* angenehm ❷ (*bedeutend*) beachtlich
joliment [ʒɔlimã] ❶ nett ❷ (*sehr*) ganz schön
le **jonc** [⚠ ʒɔ̃] die Binse
joncher [ʒɔ̃ʃe] bedecken
la **jonction** [ʒɔ̃ksjɔ̃] *von Straßen* die Einmündung; *von Flüssen* der Zusammenfluss; *von Gleisen* die Weiche
jongler [⚠ ʒɔ̃gle] jonglieren
la **jonquille** [ʒɔ̃kij] die Osterglocke
la **Jordanie** [ʒɔʀdani] Jordanien
le **Jordanien** [ʒɔʀdanjɛ̃] der Jordanier
jordanien, jordanienne [ʒɔʀdanjɛ̃, ʒɔʀdanjɛn] jordanisch
la **Jordanienne** [ʒɔʀdanjɛn] die Jordanierin
jouable [ʒwabl] spielbar
le **joual** [ʒwal] die frankokanadische Umgangssprache
joual, jouale [ʒwal] <*Plural der männl.* *Form:* jouals> frankokanadisch
la **joue** [ʒu] die Wange, die Backe
jouer [ʒwe] ❶ spielen ❷ **à toi/à vous de jouer!** du bist/ihr seid dran!; ❸ **jouer au foot** Fußball spielen ❹ **jouer du piano** Klavier spielen ❺ spielen *Film, Theaterstück* ❻ (*Geld setzen*) **jouer sur quelque chose** auf etwas setzen; **jouer à la Bourse** an der Börse spekulieren ❼ **jouer avec sa santé** mit seiner Gesundheit spielen ❽ ausspielen, spielen *Karte;* **je joue atout cœur** Herz ist Trumpf ❾ **jouer sa tête/sa réputation** seinen Kopf/seinen guten Ruf riskieren ❿ **se jouer** *Zukunft:* sich entscheiden ▸ **bien joué!** gut so!; **c'est pour jouer** das sollte ein Scherz sein; **rien n'est encore joué** noch ist nichts entschieden; **se la jouer** (*umgs.*) sich dicktun, sich aufspielen
le **jouet** [ʒwɛ] das Spielzeug; **les jouets** die Spielsachen, das Spielzeug
le **joueur** [ʒwœʀ] der Spieler ▸ **être mauvais joueur** ein schlechter Verlierer sein
joueur, joueuse [ʒwœʀ, ʒwøz] *Kind, Tier* verspielt
la **joueuse** [ʒwøz] die Spielerin ▸ **être mauvaise joueuse** eine schlechte Verliererin sein
joufflu, joufflue [ʒufly] pausbäckig
le **joug** [⚠ ʒu] das Joch
jouir [ʒwiʀ] ❶ **jouir de la vie** das Leben genießen ❷ **jouir de privilèges** Privilegien genießen; **jouir d'une fortune** vermögend sein; **jouir d'un bien** Inhaber eines Guts sein ❸ (*sexuell*) einen Orgasmus haben
la **jouissance** [ʒwisãs] ❶ das Vergnügen ❷ (*Gebrauch*) die Nutzung ❸ (*sexuell*) der Orgasmus
le **joujou** [ʒuʒu] <*Plural:* joujoux> (*Kindersprache*) das Spielzeug; **les joujoux** die Spielsachen, das Spielzeug
le **jour** [ʒuʀ] ❶ der Tag; **tous les jours** jeden Tag; **trois fois par jour** dreimal täglich; **les jours de marché** die Markttage; (*als zeitliche Angabe*) an Markttagen; **le plat du jour** das Tagesessen ❷ **être de jour** Tagdienst haben ❸ das Tageslicht; **il fait jour** es ist hell; **au petit jour** bei Tagesanbruch ❹ **mettre fin à ses jours** (*gehoben*) sich das Leben nehmen ▸ **le jour J** der Tag X; **du jour au lendemain** von heute auf morgen; **l'autre jour** (*umgs.*) neulich; **un jour ou l'autre** früher oder später; **au grand jour** in aller Öffentlichkeit; **mettre quelque chose à jour** etwas auf den neuesten Stand bringen; **voir le jour** das Licht der Welt erblicken; **à ce**

jour bis heute; **un de** <u>**ces**</u> **jours** demnächst; **de** <u>**nos**</u> **jours** heutzutage

le **journal** [ʒuʀnal] <*Plural:* journaux> ❶ die Zeitung ❷ die Zeitschrift ❸ **le journal intime** das Tagebuch ❹ **le journal télévisé** die Fernsehnachrichten, die Nachrichten

ⓥ In ❹ wird der Singular *le journal télévisé* mit einem Plural übersetzt: *le journal télévisé* <u>*vient de commencer*</u> *– die Nachrichten* <u>*haben*</u> *gerade angefangen.*

journalier, journalière [ʒuʀnalje, ʒuʀnaljɛʀ] täglich; **le gain journalier** der Tagesverdienst

le **journalisme** [ʒuʀnalism] der Journalismus
le **journaliste** [ʒuʀnalist] der Journalist
la **journaliste** [ʒuʀnalist] die Journalistin
les **journaux** *(männlich)* [ʒuʀno] *Plural von* **journal**

la **journée** [ʒuʀne] ❶ der Tag; **pendant la journée** tagsüber ❷ der Arbeitstag; **la journée de °huit heures** [də ˈɥit œʀ] der Achtstundentag

jovial, joviale [ʒɔvjal] <*Plural der männl. Form:* joviaux *oder* jovials> heiter

Ⓕ Nicht verwechseln mit *jovial – affable*!

la **jovialité** [ʒɔvjalite] die Heiterkeit

Ⓕ Nicht verwechseln mit *die Jovialität – l'affabilité*!

le **joyau** [ʒwajo] <*Plural:* joyaux> ❶ das Juwel ❷ (*übertragen*) das Juwel, das Kleinod
joyeuse [ʒwajøz] →**joyeux**
joyeusement [ʒwajøzmɑ̃] fröhlich
joyeux, joyeuse [ʒwajø, ʒwajøz] ❶ *Person* vergnügt; *Lied* fröhlich ❷ **joyeuse fête!** frohes Fest!; **joyeux anniversaire!** herzlichen Glückwunsch zum Geburtstag!
le **JT** [ʒite] (*umgs.*) *Abkürzung von* **journal télévisé** die Fernsehnachrichten

ⓥ Der Singular *JT* wird mit einem Plural übersetzt: *le JT* <u>*vient de commencer*</u> *– die Nachrichten* <u>*haben*</u> *gerade angefangen.*

la **jubilation** [ʒybilasjɔ̃] der Jubel
jubiler [ʒybile] jubeln
judaïque [ʒydaik] jüdisch
le **judaïsme** [⚠ ʒydaism] der Judaismus
le **judas** [ʒyda] der Spion, das Guckloch
judiciaire [ʒydisjɛʀ] Justiz-; **une erreur judiciaire** ein Justizirrtum; **la police judiciaire** die Kriminalpolizei
judicieuse [ʒydisjøz] →**judicieux**

judicieusement [ʒydisjøzmɑ̃] klug; **employer son temps judicieusement** seine Zeit sinnvoll verbringen
judicieux, judicieuse [ʒydisjø, ʒydisjøz] klug; *Folgerung* stichhaltig
le **judo** [ʒydo] das Judo
le **judoka** [ʒydoka] der Judoka
la **judoka** [ʒydoka] die Judoka
le **juge** [ʒyʒ] ❶ der Richter ❷ (*in der Anrede*) **Monsieur le juge** Herr Richter ▸ **je vous laisse juge** ich überlasse Ihnen die Entscheidung
  ◆ le **juge des enfants** der Jugendrichter
la **juge** [ʒyʒ] ❶ die Richterin ❷ (*in der Anrede*) **Madame la juge** Frau Richterin
  ◆ la **juge des enfants** die Jugendrichterin
le **juge-arbitre**[1] [ʒyʒaʀbitʀ] <*Plural:* juges-arbitres> der Schiedsrichter
la **juge-arbitre**[2] [ʒyʒaʀbitʀ] <*Plural:* juges-arbitres> die Schiedsrichterin
le **jugement** [ʒyʒmɑ̃] ❶ das Urteil ❷ (*Fähigkeit*) das Urteilsvermögen
juger [ʒyʒe] <*wie* changer; *siehe Verbtabelle ab S. 1055*> ❶ **juger un procès** in einem Prozess ein Urteil sprechen; **juger quelqu'un** das Urteil über jemanden sprechen; **juger quelqu'un coupable** jemanden für schuldig befinden ❷ verurteilen *Angeklagten*; **juger quelqu'un pour vol** jemanden wegen Diebstahls verurteilen ❸ beurteilen *Buch, Situation* ❹ **se juger incapable** sich für unfähig halten ▸ **à en juger par ses notes** nach seinen/ihren Noten zu urteilen

 Vor *a* und *o* bleibt das *e* erhalten, z.B. in *nous jug*<u>*e*</u>*ons*, *il jug*<u>*e*</u>*ait* und *en jug*<u>*e*</u>*ant*.

le **Juif** [ʒɥif] der Jude
juif, juive [ʒɥif, ʒɥiv] jüdisch
juillet [⚠ ʒɥijɛ] ❶ der Juli; **en juillet** im Juli; **début juillet** Anfang Juli; **fin juillet** Ende Juli; **pendant tout le mois de juillet** den ganzen Juli über ❷ (*bei Datumsangaben*) **elle partira le 3 juillet** sie wird am 3. Juli abreisen; **le 14 Juillet, c'est la fête nationale française** der 14. Juli ist der französische Nationalfeiertag
juin [⚠ ʒɥɛ̃] ❶ der Juni; **en juin** im Juni; **début juin** Anfang Juni; **fin juin** Ende Juni; **pendant tout le mois de juin** den ganzen Juni über ❷ (*bei Datumsangaben*) **elle partira le 20 juin** sie wird am 20. Juni abreisen
juive [ʒɥiv] →**juif**
la **Juive** [ʒɥiv] die Jüdin
le **jules** [ʒyl] (*umgs.*) der Macker, der Typ

> **G** Die französischen Monatsnamen sind männlich; sie werden ohne den bestimmten Artikel gebraucht.
> Bei präzisen Datumsangaben, wie sie in den Einträgen *juillet* und *juin* jeweils unter ❷ aufgeführt werden, steht der Artikel jedoch, und zwar wegen der Zahl:
> *il est né le dix* – er ist am Zehnten geboren;
> *il est né le dix juillet* – er ist am zehnten Juli geboren;
> *elle est née le quatre juin* – sie ist am vierten Juni geboren.

le **jumeau** [ʒymo] <*Plural:* jumeaux> der Zwilling, der Zwillingsbruder; **ils sont des vrais jumeaux** sie sind eineiige Zwillinge; **ils sont des faux jumeaux** sie sind zweieiige Zwillinge

jumeau, jumelle [ʒymo, ʒymɛl] <*Plural der männl. Form:* jumeaux> Zwillings-; **les frères jumeaux** die Zwillingsbrüder; **les sœurs jumelles** die Zwillingsschwestern; **des lits jumeaux** zwei gleiche Einzelbetten

le **jumelage** [ʒymlaʒ] **le jumelage de villes** die Städtepartnerschaft

jumelé, jumelée [ʒymle] **ces deux villes sont jumelées** diese beiden Städte sind Partnerstädte

jumelle →**jumeau**

la **jumelle** [ʒymɛl] die Zwillingsschwester, der Zwilling; **les jumelles** die Zwillinge, die Zwillingsschwestern

les **jumelles** *(weiblich)* [ʒymɛl] das Fernglas

> **V** Der Plural *les jumelles* wird mit einem Singular übersetzt: *où sont mes jumelles?* – wo ist mein Fernglas?; *deux paires de jumelles* – zwei Ferngläser.

la **jument** [ʒymɑ̃] die Stute
le **jumping** [⚠ dʒœmpiŋ] das Springreiten
la **jungle** [⚠ ʒɛ̃gl] ⚠ *weiblich* der Dschungel
junior [ʒynjɔʀ] Junioren-; **une équipe junior** eine Juniorenmannschaft
le **junior** [ʒynjɔʀ] der Junior
la **junior** [ʒynjɔʀ] die Juniorin
la **jupe** [ʒyp] der Rock
la **jupe-culotte** [ʒypkylɔt] <*Plural:* jupes-culottes> der Hosenrock
la **jupe-portefeuille** [ʒyppɔʀtəfœj] <*Plural:* jupes-portefeuilles> der Wickelrock
Jupiter [ʒypitɛʀ] (*Planet*) Jupiter
le **jupon** [ʒypɔ̃] der Unterrock
le **Jura** [ʒyʀa] der Jura
jurassien, jurassienne [ʒyʀasjɛ̃, ʒyʀasjɛn] Jura-; *Klima, Wald, Relief* des Jura
le **juré** [ʒyʀe] (*bei Gericht*) der Geschworene
juré, jurée [ʒyʀe] *Feind* erklärt

la **jurée** [ʒyʀe] (*bei Gericht*) die Geschworene
jurer [ʒyʀe] ❶ schwören ❷ **elle a juré de se venger** sie hat Rache geschworen; **il m'a juré qu'il ne recommencerait plus** er hat mir geschworen, dass er es nie wieder tun wird ❸ **jurer de son innocence** seine Unschuld beteuern ❹ **j'aurais juré que c'était toi dans la voiture** ich hätte schwören können, dass du in dem Auto warst ❺ fluchen; **jurer contre** quelque chose über etwas fluchen ❻ **jurer avec** quelque chose *Farbe:* sich mit etwas beißen ❼ **se jurer de faire quelque chose** sich fest vornehmen etwas zu tun; **je me suis juré que je ne recommencerais plus** ich habe mir fest vorgenommen, das nie wieder zu tun ▸ **je te/vous jure!** (*umgs.*) also ehrlich!
juridique [ʒyʀidik] ❶ gerichtlich ❷ juristisch
la **jurisprudence** [ʒyʀispʀydɑ̃s] die Rechtsprechung
le **juriste** [ʒyʀist] der Jurist
la **juriste** [ʒyʀist] die Juristin
le **juron** [ʒyʀɔ̃] der Fluch
le **jury** [ʒyʀi] ❶ (*in der Rechtsprechung*) die Geschworenen ❷ (*Preisgericht*) die Jury

> **V** In ❶ wird der Singular *le jury* mit einem Plural übersetzt: *le jury a délibéré* – die Geschworenen haben beraten.

le **jus** [⚠ ʒy] der Saft
 ▸ le **jus de fruit[s]** der Fruchtsaft
 ▸ le **jus d'orange** der Orangensaft
 ▸ le **jus de pomme** der Apfelsaft
jusqu'à ce que [ʒyskaskə] <*vor Vokal oder stummem h:* jusqu'à ce qu'> **attends-moi jusqu'à ce que je revienne!** warte, bis ich wiederkomme!; **ne pars pas jusqu'à ce que je revienne!** geh nicht fort, bevor ich wieder da bin!

> **G** Nach *jusqu'à ce que* steht immer der Subjonctif.

jusque [ʒysk] <*vor Vokal oder stummem h:* jusqu'> ❶ (*räumlich*) bis; **jusqu'ici** bis hierher; **jusqu'aux genoux** bis zu den Knien; **jusqu'à mille mètres d'altitude** bis auf tausend Meter; **jusqu'où** bis wohin; (*übertragen*) wie weit ❷ (*zeitlich*) bis; **jusqu'à midi** bis Mittag; **jusqu'au soir** bis zum Abend; **jusqu'à maintenant** bis jetzt; **jusqu'à quand** bis wann; **jusqu'alors** bis zu jenem Tag; **jusqu'au moment où** solange bis; **jusqu'en mai** bis Mai; **jusqu'ici** bis heute ❸ sogar; **tous jusqu'au dernier** alle ohne Ausnahme; **elle a cherché ses clés par-**

tout, jusque dans le pot de fleurs sie hat ihre Schlüssel überall gesucht, sogar im Blumentopf; **il va jusqu'à prétendre que ...** er behauptet sogar, dass ...; **jusqu'à dix personnes** bis zu zehn Personen ④ **jusqu'à quel point** wie sehr

jusque-là [ʒyskəla] ❶ (*räumlich*) bis dorthin ❷ (*zeitlich*) bis dahin ▸ **il/elle en a jusque-là!** (*umgs.*) ihm/ihr steht's bis hier!

juste¹ [ʒyst] ❶ gerecht; *Bedingungen* fair; **ce n'est pas juste** das ist ungerecht ❷ berechtigt; **une juste cause** eine gerechte Sache ❸ *Kleidung* zu knapp ❹ (*kaum ausreichend*) knapp ❺ richtig; *Uhrzeit* genau; **c'est juste!** das stimmt! ❻ (*passend*) treffend

juste² [ʒyst] ❶ richtig; *zielen, messen* genau; **dire juste** Recht haben ❷ (*exakt*) [ganz] genau; **juste à côté** direkt daneben; **il a plu juste quand nous rentrions** gerade als wir heimgingen, hat es geregnet ❸ (*nur*) bloß ❹ knapp; **cela entre juste** das passt gerade noch hinein; **tout juste** gerade noch ▸ **au juste** eigentlich

justement [ʒystəmã] ❶ zu Recht ❷ genau ❸ (*in diesem Moment*) gerade

la **justesse** [ʒystɛs] die Genauigkeit; *eines Ausdrucks* die Korrektheit; *einer Überlegung* die Stichhaltigkeit ▸ **de justesse** ganz knapp

la **justice** [ʒystis] ❶ die Gerechtigkeit ❷ die Justiz; **en justice** vor Gericht ❸ **obtenir justice** zu seinem Recht kommen ▸ **se faire justice** sich selbst Recht verschaffen

justifiable [ʒystifjabl] vertretbar

le **justificatif** [ʒystifikatif] das Beweisstück, der Beweis; **le justificatif d'identité** der Ausweis

la **justification** [ʒystifikasjõ] ❶ die Rechtfertigung ❷ der Beweis; *einer Zahlung* der Beleg

justifier [ʒystifje] <*wie* apprécier; *siehe Verbtabelle ab S. 1055*> ❶ rechtfertigen ❷ bestätigen *Standpunkt*; beweisen *Behauptung* ❸ **se justifier** *Person:* sich rechtfertigen; *Preis:* berechtigt sein

le **jute** [ʒyt] ⚠ männlich die Jute

juteux, juteuse [ʒytø, ʒytøz] *Frucht* saftig

juvénile [ʒyvenil] jugendlich

juxtaposé, juxtaposée [ʒykstapoze] *Gebäude, Betten* nebeneinander stehend

K

le **k**, le **K** [kɑ] das k, das K

kaki [kaki] kakifarben, khakifarben

Ⓖ Das Farbadjektiv *kaki* ist unveränderlich: *des chemises kaki – kakifarbene Hemden.*

le **kaki** [kaki] (*Farbe, Farbton*) das Kaki, das Khaki

le **kangourou** [kɑ̃guʀu] das Känguru

le **karaoké** [kaʀaɔke] das Karaoke

le **karting** [⚠ kaʀtiŋ] das Gokartfahren

le **Kenya** [kenja] Kenia

le **Kényan** [kenjɑ̃] der Kenianer

kényan, kényane [kenjɑ̃, kenjan] kenianisch

la **Kényane** [kenjan] die Kenianerin

le **képi** [kepi] (*Uniformmütze*) das Käppi

la **kermesse** [kɛʀmɛs] ❶ der Wohltätigkeitsbasar ❷ Ⓑ die Kirmes

kidnapper [kidnape] entführen

le **kidnappeur** [kidnapœʀ] der Entführer, der Kidnapper

la **kidnappeuse** [kidnapøz] die Entführerin, die Kidnapperin

kifer [kife], **kiffer** [kife] (*umgs.*) **kifer** [*oder* **kiffer**] **quelque chose** auf etwas stehen; **il kiffe sa bagnole** seine Karre ist sein Ein und Alles

le **kilo** [kilo] *Abkürzung von* **kilogramme** das Kilo; **deux kilos de cerises** zwei Kilo Kirschen

le **kilogramme** [kilɔgʀam] das Kilogramm

le **kilohertz** [kiloɛʀts] das Kilohertz

le **kilométrage** [kilɔmetʀaʒ] der Kilometerstand

le **kilomètre** [kilɔmɛtʀ] ❶ der Kilometer ❷ **le kilomètre carré** der Quadratkilometer ❸ **rouler à cent kilomètres à l'heure** mit hundert Stundenkilometern fahren

le **kilomètre-heure** [kilɔmɛtʀœʀ] <*Plural:* kilomètres-heure> der Stundenkilometer

le **kilo-octet** [kilɔɔktɛ] <*Plural:* kilo-octets> das Kilobyte

le **kilowatt** [⚠ kilowat] das Kilowatt

la **kilowattheure** [⚠ kilowatœʀ] die Kilowattstunde

le **kiné** [kine] (*umgs.*), le **kinési** [kinezi] (*umgs.*) *Abkürzung von* **kinésithérapeute** der Krankengymnast, der Physiotherapeut

la **kiné** [kine] (*umgs.*), la **kinési** [kinezi] (*umgs.*) *Abkürzung von* **kinésithérapeute** die Krankengymnastin, die Physiotherapeutin

le **kinésithérapeute** [kineziteʀapøt] der Kran-

kengymnast, der Physiotherapeut
la **kinésithérapeute** [kineziterapøt] die Krankengymnastin, die Physiotherapeutin
le **kiosque** [kjɔsk] ① der Pavillon ② (*Verkaufsstand*) der Kiosk; **le kiosque à journaux** der Zeitungskiosk
• le **kiosque à musique** der Konzertpavillon
le **kir**® [kiʀ] der Kir (*Aperitif aus Weißwein und Johannisbeerlikör*); **le kir royal** der Kir royal (*Aperitif aus Champagner und Johannisbeerlikör*)
le **kit** [kit] ① der Bausatz ② **le kit piéton** [*oder* **mains-libres**] die Freisprechanlage (*für ein Mobiltelefon*)
la **kitchenette** [⚠ kitʃənɛt] die Kochnische
kitsch [kitʃ] kitschig

> G Das Adjektiv *kitsch* ist unveränderlich: <u>ces</u> photos kitsch – diese kitschigen Fotos.

le **kiwi** [kiwi] ⚠ *männlich* die Kiwi
le **klaxon**® [⚠ klaksɔn] die Hupe
klaxonner [klaksɔne] hupen
le **kleenex**® [⚠ klinɛks] das Tempo®
km *Abkürzung von* **kilomètre** km
le **Ko** [kao] *Abkürzung von* **kilo-octet** das KB
K.-O. [kao] (*umgs.*) *Abkürzung von* **knock-out** ① **mettre quelqu'un K.-O.** *Boxer:* jemanden k.o. schlagen ② (*erschöpft*) **être K.-O.** [völlig] k.o. sein
le **koala** [kɔala] der Koala
le **Koweït** [⚠ kɔwɛt] Kuwait
le **Koweïtien** [kɔwɛtjɛ̃] der Kuwaiter
koweïtien, koweïtienne [kɔwɛtjɛ̃, kɔwɛtjɛn] kuwaitisch
la **Koweïtienne** [kɔwɛtjɛn] die Kuwaiterin
le **krach** [⚠ kʀak] der Börsenkrach
kurde [kyʀd] kurdisch
le **Kurde** [kyʀd] der Kurde
la **Kurde** [kyʀd] die Kurdin
le **Kurdistan** [kyʀdistɑ̃] Kurdistan

L

le **l**, le **L** [ɛl] das l, das L
l *Abkürzung von* **litre** l
l'¹ [l] <*steht an Stelle von* le *vor Vokal oder stummem h*> der/die/das
l'² [l] <*steht an Stelle von* la *vor Vokal oder stummem h*> der/die/das

> G Der männliche Artikel *l'* steht vor Vokal oder stummem h:
> *l'ami* – der Freund;
> *l'escargot* – die Schnecke;
> *l'hôtel* – das Hotel.

> G Der weibliche Artikel *l'* steht vor Vokal oder stummem h:
> *l'amie* – die Freundin;
> *l'étoile* – der Stern;
> *l'herbe* – das Gras; das Kraut.

l'³ [l] <*steht an Stelle von* le *vor Vokal oder stummem h*> ihn/ihm/sie/es

> G Das männliche Pronomen *l'* steht vor Vokal oder stummem h. Die Übersetzung kann *ihn, ihm, sie* oder auch *es* lauten, je nachdem, welches Wort durch das Pronomen vertreten wird.
> Steht es für eine Person oder für ein Tier männlichen Geschlechts, wird es in der Regel mit *ihn* oder *ihm* übersetzt:
> *elle l'aime* – sie liebt <u>ihn</u>;
> *nous l'avons aidé* – wir haben <u>ihm</u> geholfen.
> Steht es für eine Sache, sind unterschiedlichste Übersetzungen möglich:
> *elle a pris le bonbon et l'a aussitôt mangé* – sie hat das Bonbon genommen und <u>es</u> sofort gegessen.

l'⁴ [l] <*steht an Stelle von* la *vor Vokal oder stummem h*>

> G Das weibliche Pronomen *l'* steht vor Vokal oder stummem h. Die Übersetzung kann *sie, ihr, ihn* oder auch *es* lauten, je nachdem, welches Wort durch das Pronomen vertreten wird.
> Steht es für eine Person oder für ein Tier weiblichen Geschlechts, wird es in der Regel mit *sie* oder *ihr* übersetzt:
> *il l'aime* – er liebt <u>sie</u>;
> *nous l'avons aidée* – wir haben <u>ihr</u> geholfen.
> Steht es für eine Sache, sind unterschiedlichste Übersetzungen möglich:
> *il a pris la photo et l'a déchirée* – er hat das Foto genommen und <u>es</u> zerrissen.

la¹ [la] der/die/das; *siehe auch* **l'**²

> G Der weibliche Artikel *la* steht vor Konsonant oder h aspiré:
> *la femme* – die Frau;
> *la °haine* – der Hass;
> *la radio* – das Radio.

la² [la] sie/ihr/ihn/es; *siehe auch* **l'**⁴
le **la** [la] <*Plural:* **la**> ① (*Musiknote*) das a ② (*Tonart*) **la majeur** A-Dur; **la mineur** a-Moll
là¹ [la] ① (*Ortsangabe*) dort; (*näher*) hier; (*daheim*) da; [**quelque part**] **par là** hier ir-

G Das weibliche Pronomen *la* steht vor Konsonant oder *h aspiré*. Die Übersetzung kann *sie, ihr, ihn* oder auch *es* lauten, je nachdem, welches Wort durch das Pronomen vertreten wird.
Steht es für eine Person oder für ein Tier weiblichen Geschlechts, wird es in der Regel mit *sie* oder *ihr* übersetzt: *je la °hais – ich hasse sie; il la suit – er folgt ihr.*
Steht es für eine Sache, sind unterschiedlichste Übersetzungen möglich: *où est ma ceinture/ ma chemise? Je ne la trouve pas! – wo ist mein Gürtel/mein Hemd? Ich finde ihn/es nicht!*

gendwo ❷ (*Richtungsangabe*) dorthin; **passer par là** (*zu Fuß*) da entlang gehen; (*mit einem Fahrzeug*) da entlang fahren; **de là** von dort [aus] ❸ (*zeitlich*) da; **à partir de là** von da an; **à ce moment-là** in diesem Augenblick ❹ (*in diesem Fall*) [also] da ❺ **cette histoire-là** diese Geschichte [da] ▶ **les choses en sont là** so stehen die Dinge
là² [la] na
là-bas [lɑbɑ] ❶ (*Ortsangabe*) dort ❷ (*Richtungsangabe*) dorthin
le **label** [labɛl] das Gütesiegel
le **labo** [labo] (*umgs.*) Abkürzung von **laboratoire** das Labor
le **laboratoire** [labɔʀatwaʀ] das Labor
laborieux, laborieuse [labɔʀjø, labɔʀjøz] ❶ mühsam; *Forschungen* langwierig ❷ *Stil* schwerfällig ❸ *Massen* arbeitend
labourer [labuʀe] pflügen, umpflügen
le **labyrinthe** [⚠ labiʀɛ̃t] das Labyrinth
le **lac** [lak] der See
 ◆ le **lac Baïkal** der Baikalsee
 ◆ le **lac de Constance** der Bodensee
 ◆ le **lac Léman** der Genfer See
lacer [lase] <*wie* commencer; *siehe Verbtabelle ab S. 1055*> binden, schnüren *Schuhe*

Ü Vor *a* und *o* steht statt *c* ein *ç*, z.B. in *nous laçons, il laçait* und *en laçant*.

le **lacet** [lasɛ] ❶ der Schnürsenkel ❷ (*Kurve*) die Serpentine; *eines Flusses* die Schleife
lâche [lɑʃ] ❶ feige ❷ *Seil* locker
le **lâche** [lɑʃ] der Feigling
la **lâche** [lɑʃ] der Feigling
lâcher [lɑʃe] ❶ loslassen ❷ fliegen lassen *Ballon* ❸ (*umgs.: im Stich lassen*) fallen lassen ❹ (*umgs.: geben*) rausrücken ❺ *Bremsen:* versagen; *Seil:* nachgeben
la **lâcheté** [lɑʃte] die Feigheit
laconique [lakɔnik] kurz und bündig
laçons [lasɔ̃] →**lacer**
lacrymogène [lakʀimɔʒɛn] ❶ Tränen-; **le gaz lacrymogène** das Tränengas ❷ Tränengas-; **la bombe lacrymogène** die Tränengasgranate
la **lacune** [lakyn] die Lücke
là-dedans [lad(ə)dɑ̃] ❶ (*Ortsangabe*) da drin; **je ne reste pas là-dedans** ich bleibe nicht hier drin ❷ (*Richtungsangabe*) da hinein ❸ **je n'ai rien à voir là-dedans** ich habe damit nichts zu tun
là-dessous [lad(ə)su] ❶ darunter ❷ (*übertragen*) dahinter
là-dessus [lad(ə)sy] ❶ darauf ❷ (*diesbezüglich*) darüber; **compte là-dessus** verlass dich d[a]rauf ❸ (*anschließend*) daraufhin
la **lagune** [lagyn] die Lagune
là-°haut [lao] ❶ (*Ortsangabe*) dort oben ❷ (*Richtungsangabe*) dorthinauf
La °Havane [la ´avan] Havanna
La °Haye [la ´ɛ] Den Haag
la **laïcité** [laisite] [⚠ laisite] die Trennung von Kirche und Staat
laid, laide [lɛ, lɛd] hässlich
la **laideur** [lɛdœʀ] die Hässlichkeit
le **lainage** [lɛnaʒ] ❶ der Wollstoff ❷ (*Kleidungsstück*) das Wollene; **un lainage** etwas Wollenes
la **laine** [lɛn] die Wolle; **la laine vierge** die Schurwolle
 ◆ **laine de verre** die Glaswolle
laïque [⚠ laik] ❶ laizistisch ❷ **le mouvement laïque** die Laienbewegung
la **laisse** [lɛs] die Leine
la **laissée-pour-compte** [lesepuʀkɔ̃t] <*Plural*: laissées-pour-compte> die Abgeschobene
le **laissé-pour-compte** [lesepuʀkɔ̃t] <*Plural*: laissés-pour-compte> der Abgeschobene
laisser [lese] ❶ lassen ❷ (*zugestehen*) überlassen *Wort*; lassen *Wahl* ❸ stehen lassen *Teller, Glas, Tasse, Essen;* liegen lassen *Serviette, Zeitung, Buch, Handtuch* ❹ (*aufheben, überlassen*) **laisser une part de tarte à quelqu'un** jemandem ein Stück Kuchen übrig lassen ❺ **laisser quelqu'un tranquille** jemanden in Ruhe lassen ❻ **je te/vous laisse!** ich gehe jetzt! ❼ (*aussteigen lassen*) absetzen ❽ (*hervorrufen*) hinterlassen ❾ (*übergeben*) hinterlassen *Nachricht;* dalassen *Auto;* überlassen *Haus* ❿ (*vererben*) hinterlassen ⓫ (*in Verbindung mit einem Verb*) lassen; **tu ne devrais pas laisser pleurer le bébé** du solltest das Baby nicht schreien lassen; **elle s'est laissée tomber sur le canapé** sie hat sich auf das Sofa fallen lassen
▶ **se laisser faire** sich alles gefallen lassen; **laisse tomber!** lass es!

le **laisser-aller** [leseale] <*Plural:* laisser-aller> die Nachlässigkeit
le **laisser-faire** [lesefɛʀ] das Laisser-faire
le **lait** [lɛ] die Milch; **le lait entier** die Vollmilch; **le lait en poudre** das Milchpulver; **le lait U.H.T.** [⚠ yaʃte] die H-Milch; **le lait concentré** die Kondensmilch
le **laitage** [lɛtaʒ] das Milchprodukt
le **laitier** [letje] der Milchmann
la **laitière** [letjɛʀ] ❶ die Milchfrau ❷ (*Tier*) die Milchkuh
le **laiton** [lɛtõ] das Messing
la **laitue** [lety] der Kopfsalat
le **lambeau** [lãbo] <*Plural:* lambeaux> der Fetzen
la **lame** [lam] die Klinge
la **lamelle** [lamɛl] der schmale Streifen
lamentable [lamãtabl] *Miene, Zustand* jämmerlich; *Ton, Stimme* kläglich; *Ergebnis, Arbeit* dürftig; *Gehalt* kümmerlich
lamenter [lamãte] **se lamenter sur quelque chose** über etwas jammern
le **lampadaire** [lãpadɛʀ] ❶ die Stehlampe ❷ die Laterne, die Straßenlaterne; (*auf der Autobahn*) die Straßenbeleuchtung
la **lampe** [lãp] die Lampe
 ◆ la **lampe de chevet** die Nachttischlampe
 ◆ la **lampe de poche** die Taschenlampe
le **lampion** [lãpjõ] der Lampion
lançais, lançait [lãse] →**lancer**
la **lance** [lãs] die Lanze
 ◆ la **lance d'incendie** die Feuerspritze
la **lancée** [lãse] der Elan
le **lancement** [lãsmã] ❶ *eines Satelliten, einer Rakete* der Start ❷ *eines Schiffs* der Stapellauf ❸ *eines Produkts* das Herausbringen ❹ (*in der Informatik*) der Programmstart, der Start
le **lance-pierre** [lãspjɛʀ] <*Plural:* lance-pierres> die Steinschleuder
lancer [lãse] <*wie* commencer; *siehe Verbtabelle ab S. 1055*> ❶ werfen ❷ **lancer quelque chose à quelqu'un** jemandem etwas zuwerfen ❸ **lancer quelque chose** *Flugzeug:* etwas abwerfen; *Vulkan:* etwas ausstoßen ❹ starten *Rakete, Satellit* ❺ herausbringen; bekannt machen *Schauspieler, Sänger;* aufbringen *Mode* ❻ in Schwung bringen; anlassen *Motor, Auto;* auf den Markt bringen *Produkt;* ins Leben rufen *Unternehmen* ❼ einführen *Programm;* einleiten *Kampagne;* anlaufen lassen *Projekt* ❽ verbreiten *Neuigkeit;* stellen *Ultimatum* ❾ aussprechen *Vorwurf, Drohung;* erlassen *Appell;* **lancer un appel à quelqu'un** einen Appell an jemanden richten ❿ starten *Computerprogramm* ⓫ **se lancer à la poursuite du voleur** die Verfolgung des Diebs aufnehmen ⓬ **se lancer dans le cinéma** sein Glück im Filmgeschäft versuchen

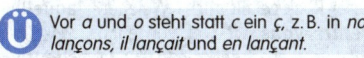 Vor *a* und *o* steht statt *c* ein *ç*, z. B. in *nous lançons, il lançait* und *en lançant*.

le **lancer** [lãse] der Wurf
 ◆ le **lancer du javelot** das Speerwerfen
 ◆ le **lancer du marteau** das Hammerwerfen
 ◆ le **lancer du poids** das Kugelstoßen
lançons [lãsõ] →**lancer**
le **land** [lãd] <*Plural:* Länder> das Land, das Bundesland
le **landau** [lãdo] <*Plural:* landaus> der Kinderwagen
la **lande** [lãd] die Heide
le **langage** [lãgaʒ] die Sprache; **le langage gestuel** die Gebärdensprache; **le langage parlé** die gesprochene Sprache
langer [lãʒe] <*wie* changer; *siehe Verbtabelle ab S. 1055*> wickeln

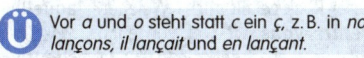 Vor *a* und *o* bleibt das *e* erhalten, z. B. in *nous langeons, il langeait* und *en langeant*.

la **langouste** [lãgust] die Languste
la **langue** [lãg] ❶ die Zunge ❷ die Sprache; **la langue étrangère** die Fremdsprache; **la langue maternelle** die Muttersprache; **la langue officielle** die Amtssprache ▶ **être mauvaise langue** ein Lästermaul sein; **ma langue a fourché** ich habe mich versprochen; **tirer la langue à quelqu'un** jemandem die Zunge herausstrecken
le **Languedoc** [lãg(ə)dɔk] das Languedoc
la **languette** [lãgɛt] *eines Schuhs* die Zunge; *einer Schachtel* die Lasche
languir [lãgiʀ] <*wie* agir; *siehe Verbtabelle ab S. 1055*> **faire languir quelqu'un** jemanden zappeln lassen; **ne nous fais pas languir!** lass uns nicht so lange zappeln!
la **lanière** [lanjɛʀ] der Riemen
la **lanterne** [lãtɛʀn] die Laterne
laper [lape] schlabbern
lapidaire [lapidɛʀ] lapidar
le **lapin** [lapɛ̃] das Kaninchen ▶ **poser un lapin à quelqu'un** (*umgs.*) jemanden versetzen
la **lapine** [lapin] das [weibliche] Kaninchen, das Kaninchenweibchen
le **laps** [laps] **le laps de temps** der Zeitraum, die Zeit
le **lapsus** [lapsys] der Lapsus
la **laque** [lak] ⚠ *weiblich* ❶ das/der Haarspray ❷ (*Farbe*) der Lack
laqué, laquée [lake] *Metall* lackiert
laquelle [lakɛl] <*Plural:* lesquelles> ❶ (*in*

Fragesätzen) welche(r, s); **regarde cette dame! – Laquelle?** sieh nur diese Frau! – Welche?; **cette jupe me plaît! – Laquelle?** dieser Rock gefällt mir! – Welcher?; **laquelle d'entre vous ...?** wer von euch ...? ❷ (*in Relativsätzen*) der/die/das; **la cliente, laquelle a pris la robe rouge, ...** die Kundin, die das rote Kleid genommen hat, ...; **la photo à laquelle je pense ...** das Foto, an das ich denke ...

le **lard** [laʀ] der Speck; **le lard gras** der Bauchspeck

le **lardon** [laʀdõ] der Speckwürfel

large [laʀʒ] ❶ breit; *Kreis* groß; *Kleidung* weit; **large de dix mètres** zehn Meter breit; **il est large d'épaules** er ist breitschultrig, er hat breite Schultern ❷ (*beachtlich*) groß; *Tätigkeitsfeld, Verbreitung* weit ❸ *Bedeutung, Sinn* weit; *Ansichten* liberal ❹ **au sens large du terme** im weitesten Sinne des Wortes ❺ **voir large** es [*oder* die Sache] großzügig sehen

le **large** [laʀʒ] ❶ **avoir trois mètres de large** drei Meter breit sein; **un terrain de cent mètres de large** ein Grundstück von hundert Meter Breite ❷ das offene Meer; **gagner le large** aufs offene Meer [hinaus]fahren ▶ **prendre le large** (*umgs.*) sich aus dem Staub machen; **au large de la côte** vor der Küste

largement [laʀʒəmã] ❶ weit ❷ (*mehr als nötig*) bei weitem; **avoir largement le temps** reichlich Zeit haben

la **largeur** [laʀʒœʀ] die Breite; **faire un mètre de largeur** einen Meter breit sein

larguer [laʀge] ❶ losmachen *Leinen* ❷ abspringen lassen *Fallschirmspringer, Truppen*; abwerfen *Bombe* ❸ **larguer quelqu'un** (*umgs.*) mit jemandem Schluss machen

la **larme** [laʀm] ❶ die Träne; **être en larmes** weinen ❷ (*umgs.: kleine Menge*) der Tropfen ▶ **fondre en larmes** in Tränen ausbrechen

la **larve** [laʀv] (*Tier*) die Larve

la **laryngite** [⚠ laʀɛ̃ʒit] die Kehlkopfentzündung

le **larynx** [⚠ laʀɛ̃ks] der Kehlkopf

las, lasse [lɑ, lɑs] ❶ *Mensch* müde, abgespannt ❷ **nous sommes las d'attendre** wir sind das Warten leid

les **lasagnes** (*weiblich*) [lazaɲ] die Lasagne

V Der Plural *les lasagnes* wird mit einem Singular übersetzt: *ces lasagnes sont délicieuses – diese Lasagne schmeckt ausgezeichnet.*

le **laser** [⚠ lazɛʀ] der Laser

lasse [las] →**las**

lasser [lɑse] ❶ ermüden ❷ **se lasser de quelque chose** einer Sache überdrüssig werden; **se lasser de faire quelque chose** es müde werden, etwas zu tun

la **lassitude** [lɑsityd] ❶ die Mattigkeit ❷ (*Widerwille*) der Überdruss

latent, latente [latã, latãt] latent; *Konflikt* unterschwellig

latéral, latérale [lateʀal] <*Plural der männl. Form:* latéraux> seitlich, Seiten-; **l'entrée latérale** der Seiteneingang

le **latex** [latɛks] der Latex

le **latin** [latɛ̃] Latein, das Lateinische

latin, latine [latɛ̃, latin] ❶ lateinisch ❷ *Kultur, Geschichte* römisch; *Sprachen* romanisch ❸ *Temperament* südländisch ❹ *Konfession* römisch-katholisch

le **Latino-américain** [latinoameʀikɛ̃] <*Plural:* Latino-américains> der Lateinamerikaner

latino-américain, latino-américaine [latinoameʀikɛ̃, latinoameʀikɛn] <*Plural der männl. Form:* latino-américains> lateinamerikanisch

la **Latino-américaine** [latinoameʀikɛn] <*Plural:* Latino-américaines> die Lateinamerikanerin

la **latitude** [latityd] (*in der Geografie*) ❶ die Breite ❷ (*Einteilung*) der Breitengrad

la **latte** [lat] die Latte

latter [late] (*umgs.*) **se faire latter** Dresche kriegen; **se faire latter la tronche** eine aufs Maul kriegen

le **lauréat** [lɔʀea] der Preisträger

la **lauréate** [lɔʀeat] die Preisträgerin

le **laurier** [lɔʀje] (*Pflanze, Gewürz*) der Lorbeer

le **laurier-rose** [lɔʀjeʀoz] <*Plural:* lauriers-roses> der Oleander

lavable [lavabl] abwaschbar; *Stoff* waschbar; **lavable en machine** waschmaschinenfest

le **lavabo** [lavabo] ❶ das Waschbecken ❷ **les lavabos** die Toilette

V In ❷ wird der Plural *les lavabos* mit einem Singular übersetzt: *où sont les lavabos? – wo ist die Toilette?*

le **lavage** [lavaʒ] die Wäsche

la **lavande** [lavãd] ⚠ *weiblich* der Lavendel

la **lave** [lav] die Lava

le **lave-glace** [lavglas] <*Plural:* lave-glaces> die Scheibenwaschanlage

le **lave-linge** [lavlɛ̃ʒ] <*Plural:* lave-linge> die Waschmaschine

laver [lave] ❶ waschen; abwaschen, spülen

Geschirr; wischen *Kacheln* ❷ **se laver** sich waschen; **se laver les dents** sich die Zähne putzen ❸ **ces draps se lavent à 90°** diese Betttücher kann man bei 90° waschen

la **laverie** [lavʀi] **la laverie automatique** der Waschsalon

la **lavette** [lavɛt] ❶ das Spültuch ❷ (*umgs.: Schwächling*) der Waschlappen

le **laveur de carreaux** [lavœʀ də kaʀo] der Fensterputzer

la **laveuse** [lavøz] ⒸⒶⓃ die Waschmaschine
- la **laveuse de carreaux** die Fensterputzerin
- la **laveuse de vaisselle** ⒸⒶⓃ die Geschirrspülmaschine

le **lave-vaisselle** [lavvɛsɛl] <*Plural:* lave-vaisselle> die Geschirrspülmaschine

le **laxatif** [laksatif] das Abführmittel

laxatif, laxative [laksatif, laksativ] abführend

laxiste [laksist] lax

la **layette** [lɛjɛt] die Babywäsche

le¹ [lə] der/die/das

> Ⓖ Der männliche Artikel *le* steht vor Konsonant oder *h aspiré*:
> *le chat – die Katze;*
> *le °hérisson – der Igel;*
> *le pain – das Brot.*

le² [lə] ihn/ihm/sie/es

> Ⓖ Das männliche Pronomen *le* steht vor Konsonant oder *h aspiré*. Die Übersetzung kann *ihn, ihm, sie* oder auch *es* lauten, je nachdem, welches Wort durch das Pronomen vertreten wird.
> Steht es für eine Person oder für ein Tier männlichen Geschlechts, wird es in der Regel mit *ihn* oder *ihm* übersetzt: *je le vois – ich sehe ihn; je le suis – ich folge ihm.*
> Steht es für eine Sache, sind unterschiedlichste Übersetzungen möglich: *où est mon sac/mon livre? Je ne le trouve pas! – wo ist meine Tasche/mein Buch? Ich finde sie/es nicht!*; *je comprends – das versehe ich.*

le **leader** [lidœʀ] ❶ der Führer/die Führerin; (*im Sport*) der Spitzenreiter/die Spitzenreiterin ❷ (*in der Wirtschaft*) der Marktführer

Le Caire [lə kɛʀ] Kairo; **le centre du Caire** das Zentrum von Kairo

lécher [leʃe] <*wie* préférer; *siehe Verbtabelle ab S. 1055*> ❶ ablecken *Teller, Löffel;* auslecken *Schale, Teller;* auflecken *Milch;* lecken, schlecken *Eis* ❷ **se lécher les doigts** sich die Finger ablecken

> Ü Nur die stammbetonten Formen schreiben sich mit *è*, z. B. *je lèche.*

le **lèche-vitrine** [lɛʃvitʀin] **faire du lèche-vitrine** einen Schaufensterbummel machen

la **leçon** [l(ə)sõ] ❶ die Lektion ❷ (*Unterricht*) die Stunde; **la leçon de conduite** die Fahrstunde ▸ **que cela te serve de leçon!** das soll dir eine Lehre sein!

le **lecteur** [lɛktœʀ] ❶ der Leser; (*vor Zuhörern*) der Vorleser ❷ (*an einer Hochschule*) der Lektor ❸ das Lesegerät; (*in der Informatik*) das Laufwerk
- le **lecteur de cassettes** der Kassettenrecorder
- le **lecteur de CD** der CD-Player
- le **lecteur MP3** der MP3-Player

la **lectrice** [lɛktʀis] ❶ die Leserin; (*vor Zuhörern*) die Vorleserin; (*an einer Hochschule*) die Lektorin

la **lecture** [lɛktyʀ] ❶ (*auch in der Informatik*) das Lesen; (*vor Zuhörern*) das Vorlesen; **aimer la lecture** gern lesen/vorlesen ❷ die Lektüre

légal, légale [legal] <*Plural der männl. Form:* légaux> gesetzlich

légaliser [legalize] legalisieren

la **légalité** [legalite] die Legalität

légaux [lego] →**légal**

légendaire [leʒɑ̃dɛʀ] **l'animal légendaire** das Fabeltier; **le personnage légendaire** die Sagengestalt

la **légende** [leʒɑ̃d] ❶ die Sage ❷ *eines Plans, einer Grafik* die Legende; *eines Fotos, Bildes* die Unterschrift

léger, légère [leʒe, leʒɛʀ] ❶ leicht ❷ *Kleidung, Schneedecke* dünn ❸ *Strafe* mild; *Zweifel, Verdacht* leise; **les blessés légers** die Leichtverletzten

légèrement [leʒɛʀmɑ̃] ❶ leicht ❷ (*ein wenig*) etwas

la **légèreté** [leʒɛʀte] ❶ die Leichtigkeit ❷ (*Gedankenlosigkeit*) die Leichtfertigkeit ❸ *eines Arguments* die Oberflächlichkeit

légiférer [leʒifeʀe] <*wie* préférer; *siehe Verbtabelle ab S. 1055*> Gesetze erlassen

> Ü Nur die stammbetonten Formen schreiben sich mit *è*, z. B. *je légifère.*

la **Légion** [leʒjõ] **la Légion étrangère** die Fremdenlegion; **la Légion d'honneur** die Ehrenlegion

législatif, législative [leʒislatif, leʒislativ] gesetzgebend

la **législation** [leʒislasjõ] die Gesetzgebung

les **législatives** (*weiblich*) [leʒislativ] die Parlamentswahlen

légitime [leʒitim] ❶ rechtsgültig ❷ *Kind* ehe-

lich ③ (*Vorwurf, Sorgen*) berechtigt
légitimer [leʒitime] rechtfertigen; (*juristisch*) legitimieren
la **légitimité** [leʒitimite] die Rechtmäßigkeit
léguer [lege] <*wie* préférer; *siehe Verbtabelle ab S. 1055*> vermachen

Ü Nur die stammbetonten Formen schreiben sich mit è, z. B. *je lègue*.

les **légumes** (*männlich*) [legym] ① das Gemüse ② **les légumes secs** die Hülsenfrüchte

V In ① wird der Plural *les légumes* mit einem Singular übersetzt: *les légumes sont bons pour la santé – Gemüse ist gesund.*

Le °Havre [lə ´avʀ] Le Havre; **le centre du °Havre** das Zentrum von Le Havre
le **lendemain** [lɑ̃dmɛ̃] ① (*Tag*) der nächste Tag, der darauf folgende Tag; **remettre quelque chose au lendemain** etwas auf den nächsten Tag verschieben ② (*bei Zeitangaben*) am nächsten Tag, am darauf folgenden Tag, tags darauf; **le lendemain soir** am darauf folgenden Abend ③ (*übertragen*) **au lendemain du mariage** kurz nach der Hochzeit
lent, lente [lɑ̃, lɑ̃t] langsam
lentement [lɑ̃tmɑ̃] langsam ▶**lentement, mais sûrement** langsam, aber sicher
la **lenteur** [lɑ̃tœʀ] die Langsamkeit
la **lentille** [lɑ̃tij] (*auch in der Optik*) die Linse; **les lentilles [de contact]** die [Kontakt]linsen
le **léopard** [leɔpaʀ] ① der Leopard ② (*Pelz*) das Leopardenfell
la **lèpre** [lɛpʀ] die Lepra
la **lépreuse** [lepʀøz] die Leprakranke
le **lépreux** [lepʀø] der Leprakranke
lequel [ləkɛl] <*Plural:* lesquels> ① (*in Fragesätzen*) welche(r, s); **regarde ce garçon! – Lequel?** sieh nur diesen Jungen! – Welchen?; **ce jean me plaît! – Lequel?** diese Jeans gefällt mir! – Welche?; **lequel d'entre vous ...?** wer von euch ...? ② (*in Relativsätzen*) der/die/das; **le client, lequel a pris le costume gris, ...** der Kunde, der den grauen Anzug genommen hat, ...; **l'état dans lequel il se trouve, ...** der Zustand, in dem er sich befindet, ...
les¹ [le] <*Plural der Artikel* le, la *und* l'> die; **les arbres** die Bäume
les² [le] <*Plural der Pronomen* le, la *und* l'> sie
léser [leze] <*wie* préférer; *siehe Verbtabelle ab S. 1055*> benachteiligen
lésiner [lezine] **lésiner sur quelque chose** mit etwas geizen

G Die Übersetzung des Pronomens *les* kann *sie* oder auch *ihnen* lauten, je nachdem, welcher Fall (Kasus) nach dem deutschen Verb stehen muss:
il les voit – er sieht sie;
nous les aidons – wir helfen ihnen.

Ü Nur die stammbetonten Formen schreiben sich mit è, z. B. *je lèse*.

la **lésion** [lezjɔ̃] die Verletzung
lesquelles [lekɛl] <*Plural von* laquelle> ① (*in Fragesätzen*) welche; **regarde ces filles! – Lesquelles?** sieh nur diese Mädchen! – Welche?; **lesquelles d'entre vous ...?** wer von euch ...? ② (*in Relativsätzen*) die, welche; **les vendeuses, lesquelles sont au rayon vidéo, ...** die Verkäuferinnen, die in der Video-Abteilung sind, ...; **les pièces dans lesquelles on fume, ...** die Zimmer, in denen geraucht wird, ...
lesquels [lekɛl] <*Plural von* lequel> ① (*in Fragesätzen*) welche; **regarde ces garçons! – Lesquels?** sieh nur diese Jungen! – Welche?; **lesquels d'entre vous ...?** wer von euch ...? ② (*in Relativsätzen*) die, welche; **les professeurs, lesquels sont dans la cour de récréation, ...** die Lehrer, die auf dem Schulhof sind, ...
la **lessive** [lesiv] ① das Waschmittel; **la lessive en poudre** das Waschpulver ② die Wäsche; **faire la lessive** waschen
lessiver [lesive] schrubben *Zimmer, Boden*
le **lest** [lɛst] der Ballast
leste [lɛst] ① behänd(e) ② *Scherz* anzüglich
le **letton** [lɛtɔ̃] Lettisch, das Lettische

G In Verbindung mit dem Verb *parler* kann der Artikel entfallen: *elle parle letton – sie spricht Lettisch.*

le **Letton** [lɛtɔ̃] der Lette
letton, lettone [lɛtɔ̃, lɛtɔn] lettisch
la **Lettone** [lɛtɔn] die Lettin
la **Lettonie** [lɛtɔni] Lettland
la **lettre** [lɛtʀ] ① der Brief; **la lettre de candidature** das Bewerbungsschreiben ② der Buchstabe; **en lettres capitales** in Großbuchstaben ③ (*Wissenschaft, Fach*) **les lettres** die Geisteswissenschaften; **le professeur de lettres** der Professor/Lehrer für französische Literatur ▶**en toutes lettres** ausgeschrieben; (*übertragen*) schwarz auf weiß; **à la lettre** aufs Wort [genau]
la **leucémie** [△ løsemi] die Leukämie
leur¹ [lœʀ] <*Plural:* leurs> ① ihr(e); **les enfants et leur père/leur mère** die Kinder und ihr Vater/ihre Mutter ② **les arbres perdent leurs feuilles** die Bäume verlieren

ihre Blätter ❸ **est-ce votre sac ou le leur?** ist das eure Tasche oder ihre?; **ce n'est pas notre valise, c'est la leur** das ist nicht unser Koffer, sondern ihrer; **ce ne sont pas nos affaires, ce sont les leurs** das sind nicht unsere Sachen, sondern ihre ❹ (*Familienmitglieder*) **les leurs** die Ihren

leur² [lœʀ] ❶ **je leur ai demandé si tu venais** ich habe sie gefragt, ob du kommst; **tu leur as donné à manger?** hast du ihnen [schon] etwas zu essen gegeben? ❷ **il leur laisse/fait conduire la voiture** er lässt sie das Auto fahren ❸ **le cœur leur battait fort** ihre Herzen schlugen heftig

le **levain** [ləvɛ̃] ❶ (*für Brot*) der Sauerteig ❷ (*für Kuchen*) der Vorteig

le **levant** [ləvɑ̃] das Morgenland

la **levée** [l(ə)ve] die Leerung

lever [l(ə)ve] <*wie* peser; *siehe Verbtabelle ab S. 1055*> ❶ *Teig:* gehen ❷ *Samenkorn:* aufkeimen ❸ heben; in die Höhe strecken *Arm;* hochziehen *Rollo, Theatervorhang;* **lever les yeux vers quelqu'un** zu jemandem aufblicken ❹ aus dem Bett holen *Kind* ❺ **se lever** *Person:* sich erheben; (*nach dem Schlafen*) aufstehen; *Mond, Sonne, Vorhang:* aufgehen; *Tag:* anbrechen; *Wind:* aufkommen; *Meer:* unruhig werden; *Nebel:* sich lichten; *Wetter:* aufklaren ❻ **être levé(e)** *Sitzung:* geschlossen sein

> Ü Mit **è** schreiben sich
> – die stammbetonten Formen wie *je lève* oder *tu lèves* sowie
> – die auf der Basis der Grundform *lever* gebildeten Formen, z. B. *ils lèveront* und *je lèverais*.

le **lever** [l(ə)ve] ❶ das Aufstehen ❷ **le lever du jour** der Tagesanbruch; **au lever du soleil** bei Sonnenaufgang ❸ (*im absolutistischen Frankreich*) **le lever du roi** die Aufsteh- und Ankleidezeremonie am Königshof

le **lève-tard** [lɛvtaʀ] <*Plural:* lève-tard> (*umgs.*) der Langschläfer

la **lève-tard** [lɛvtaʀ] <*Plural:* lève-tard> (*umgs.*) die Langschläferin

le **lève-tôt** [lɛvto] <*Plural:* lève-tôt> (*umgs.*) der Frühaufsteher

la **lève-tôt** [lɛvto] <*Plural:* lève-tôt> (*umgs.*) die Frühaufsteherin

le **levier** [ləvje] der Hebel
  • le **levier de commande** der Schalthebel
  • le **levier de vitesse** der Schalthebel, der Schaltknüppel

la **lèvre** [lɛvʀ] ❶ die Lippe ❷ **les lèvres [de la vulve]** die Schamlippen ▸ **il est pendu à ses lèvres** er hängt an seinen/ihren Lippen

le **lévrier** [levʀije] der Windhund

la **levure** [l(ə)vyʀ] die Hefe, der Germ Ⓐ; **la levure chimique** das Backpulver

le **lexique** [lɛksik] ❶ das Vokabelverzeichnis, das Glossar ❷ (*in der Sprachwissenschaft*) der Wortschatz, die Lexik

le **lézard** [lezaʀ] die Eidechse

la **lézarde** [lezaʀd] der Riss

lézardé, lézardée [lezaʀde] *Mauer* rissig; *Decke* von Rissen durchzogen

lézarder [lezaʀde] (*umgs.*) faul in der Sonne liegen

la **liaison** [ljɛzɔ̃] ❶ (*technisch*) die Verbindung; **être en liaison** verbunden sein ❷ (*gedanklich*) der Zusammenhang ❸ (*bei der Aussprache*) die Liaison ❹ (*Liebesbeziehung*) das Verhältnis

la **liasse** [ljas] der Stoß, das Bündel; **une liasse de documents** ein Stoß Unterlagen; **une liasse de billets** ein Bündel Geldscheine

le **Liban** [libɑ̃] der Libanon

le **Libanais** [libanɛ] der Libanese

libanais, libanaise [libanɛ, libanɛz] libanesisch

la **Libanaise** [libanɛz] die Libanesin

libeller [libele] aufsetzen; ausstellen *Scheck*

la **libellule** [libelyl] die Libelle

libéral, libérale [liberal] <*Plural der männl. Form:* libéraux> ❶ liberal; **l'économie libérale** die freie Marktwirtschaft ❷ *Tätigkeit* freiberuflich; *Beruf* selbstständig

le **libérateur** [liberatœʀ] der Befreier

la **libération** [liberasjɔ̃] ❶ *eines Gefangenen* die Freilassung, die Entlassung ❷ (*auch übertragen*) die Befreiung ❸ **la Libération** die Befreiung Frankreichs von der deutschen Besatzung im 2. Weltkrieg

la **libératrice** [liberatʀis] die Befreierin

libéraux [libero] → **libéral**

libéré, libérée [libere] emanzipiert

libérer [libere] <*wie* préférer; *siehe Verbtabelle ab S. 1055*> ❶ freilassen; entlassen *Verurteilten* ❷ befreien ❸ räumen *Zimmer;* frei machen *Weg* ❹ **se libérer** sich frei machen

> Nur die stammbetonten Formen schreiben sich mit **è**, z. B. *je libère*.

la **liberté** [libɛʀte] ❶ die Freiheit; **en liberté** in Freiheit, auf freiem Fuß; **il est en liberté provisoire** er ist vorläufig entlassen; **elle est en liberté surveillée** sie ist auf Bewährung entlassen ❷ **les heures de liberté** die Freizeit ❸ die Ungezwungenheit; **parler en**

toute liberté ganz offen sprechen ▶ **Liberté, Égalité, Fraternité** Freiheit, Gleichheit, Brüderlichkeit

> **V** In ❷ wird der Plural *les heures de liberté* mit einem Singular übersetzt: *pendant mes heures de liberté – in meiner Freizeit.*

le **libraire** [libʀɛʀ] der Buchhändler
la **libraire** [libʀɛʀ] die Buchhändlerin
la **librairie** [libʀɛʀi] die Buchhandlung; **en librairie** im Buchhandel
la **librairie-papeterie** [libʀɛʀipapɛtʀi] <Plural: librairies-papeteries> die Buch- und Schreibwarenhandlung
libre [libʀ] ❶ frei ❷ *Äußerung, Lebenswandel* locker ❸ *Geist, Kopf* klar
librement [libʀəmã] frei; *sprechen* offen
le **libre-service** [libʀəsɛʀvis] <Plural: libres-services> (*Geschäft*) der Selbstbedienungsladen
la **Libye** [libi] Libyen
la **licence** [lisãs] ❶ (*an der Universität*) die Licence, das Lizentiat (CH) ❷ (*im Sport*) die Lizenz
licencié, licenciée [lisãsje] **être licencié** die Licence haben
le **licenciement** [lisãsimã] die Entlassung
licencier [lisãsje] <*wie* apprécier; *siehe Verbtabelle ab S. 1055*> entlassen
la **licorne** [likɔʀn] ⚠ *weiblich* das Einhorn
la **lie** [li] der Bodensatz, der Satz
  ◆ la **lie de vin** die Weinhefe
lié, liée [lje] **être lié(e) avec quelqu'un** jemandem nahestehen
le **liège** [ljɛʒ] der Kork; **le bouchon de liège** der Korken
Liège [ljɛʒ] Lüttich
le **lien** [ljɛ̃] ❶ das Band ❷ die Fessel ❸ (*Beziehung*) die Verbindung ❹ (*in der Informatik*) der Link
  ◆ le **lien de parenté** das Verwandtschaftsverhältnis
lier [lje] <*wie* apprécier; *siehe Verbtabelle ab S. 1055*> ❶ zusammenbinden *Sachen*; **lier quelqu'un à quelque chose** jemanden an etwas fesseln ❷ **être lié(e) à quelque chose** mit etwas zusammenhängen ❸ **se lier avec quelqu'un** sich mit jemandem anfreunden
le **lierre** [ljɛʀ] der Efeu
le **lieu** [ljø] <Plural: lieux> der Ort; **le lieu de naissance** der Geburtsort; **sur les lieux de l'accident** am Unfallort; **en lieu sûr** in Sicherheit; **en °haut lieu** an höherer Stelle ▶ **le lieu commun** der Gemeinplatz; **en dernier lieu** schließlich; **en °haut lieu** an höherer Stelle; **en premier lieu** zuerst; **en second lieu** anschließend; **avoir lieu** stattfinden; *Ereignis, Unfall:* sich ereignen; **il n'y a pas lieu de s'inquiéter** es besteht kein Anlass zur Beunruhigung; **tenir lieu de …** *Dose, Tasche:* als … dienen; **au lieu de quelque chose** anstatt [*oder* statt] einer Sache; **au lieu de cela** stattdessen

le **lieutenant** [ljøt(ə)nã] der Oberleutnant
les **lieux** (männlich) [ljø] Plural von *lieu*
le **lièvre** [ljɛvʀ] der Feldhase, der Hase
le **lifting** [liftiŋ] das Lifting
le **ligament** [ligamã] das Band
la **ligne** [liɲ] ❶ die Linie; **la ligne droite** die Gerade ❷ *eines Textes* die Zeile; **une lettre de °huit lignes** ein achtzeiliger Brief; **à la ligne!** neue Zeile! ❸ die Figur; **garder la ligne** schlank bleiben ❹ (*bei Bussen*) die Linie; (*bei Zügen*) die Strecke; **la ligne maritime** die Schifffahrtslinie; **la ligne aérienne** die Fluglinie ❺ die Angelschnur ❻ (*beim Telefon*) die Leitung; **il/elle est en ligne** er/sie telefoniert gerade; **gardez la ligne!** (CAN) legen Sie nicht auf! ❼ (*Aufreihung*) die Reihe ❽ (*in der Informatik*) **en ligne** online; **°hors ligne** offline ▶ **entrer en ligne de compte** eine Rolle spielen
  ◆ la **ligne de commande** die Befehlszeile
  ◆ la **ligne de conduite** die Grundsätze
  ◆ la **ligne de métro** die Metrolinie
la **lignée** [liɲe] die Nachkommenschaft
ligoter [ligɔte] fesseln
la **ligue** [lig] die Liga
liguer [lige] **se liguer** sich verbünden
lilas [lila] lila, lilafarben

> **G** Das Farbadjektiv *lilas* ist unveränderlich: *une* cravate lilas *– eine lila[farbene] Krawatte.*

le **lilas** [lila] (*Pflanze*) der Flieder
le **lilliputien** [li(l)lipysjɛ̃] der Liliputaner
la **lilliputienne** [li(l)lipysjɛn] die Liliputanerin
la **limace** [limas] die Nacktschnecke, die Schnecke
la **lime** [lim] die Feile
  ◆ la **lime à ongles** die Nagelfeile
limer [lime] feilen
la **limitation** [limitasjõ] die Einschränkung, die Begrenzung
  ◆ la **limitation de vitesse** die Geschwindigkeitsbegrenzung
la **limite** [limit] ❶ *einer Ausdehnung* die Grenze; *eines Geländes* die Begrenzungslinie, die Begrenzung; *eines Waldes, einer Wiese* der Rand ❷ die Frist ❸ **un cas limite** ein Grenzfall; **la**

vitesse limite die Höchstgeschwindigkeit ④ **c'est limite** (*umgs.*) das haut mich/haut einen nicht gerade vom Hocker ▸ **dépasser les limites** zu weit gehen; **à la limite** na ja; **à la limite, je peux ...** im äußersten Fall kann ich ...
◆ **la limite d'âge** die Altersgrenze

limité, limitée [limite] ① begrenzt ② *Sinn* eng ③ **être un peu limité** (*umgs.*) minderbemittelt sein

limiter [limite] ① begrenzen ② einschränken; begrenzen *Schäden* ③ **se limiter à quelque chose** sich auf etwas beschränken

la **limonade** [limɔnad] die Limonade, das Kracherl Ⓐ

limpide [lɛ̃pid] klar; *Blick* offen

la **limpidité** [lɛ̃pidite] die Klarheit; *der Luft* die Reinheit

le **lin** [lɛ̃] ① der Flachs ② (*Stoff*) das Leinen

le **linge** [lɛ̃ʒ] ① die Wäsche ② (*Stoffstück*) das Tuch ▸ **blanc/blanche comme un linge** kreidebleich

la **lingerie** [lɛ̃ʒʀi] ① die Damenwäsche ② (*Raum*) die Wäschekammer

le **lingot** [lɛ̃go] der Barren; **le lingot d'or** der Goldbarren

linguistique [lɛ̃gɥistik] ① sprach-; **le séjour linguistique** der Sprachkurs ② *Theorie* sprachwissenschaftlich

la **linguistique** [lɛ̃gɥistik] die Sprachwissenschaft, die Linguistik

le **lion** [ljɔ̃] der Löwe

le **Lion** (*in der Astrologie*) der Löwe; **être Lion** [ein] Löwe sein

la **lionne** [ljɔn] die Löwin

liquéfier [likefje] <*wie* apprécier; *siehe Verbtabelle ab S. 1055*> ① verflüssigen *Gas* ② **se liquéfier** *Gas:* flüssig werden; *Festkörper:* schmelzen

la **liqueur** [likœʀ] ⚠ *weiblich* der Likör

la **liquidation** [likidasjɔ̃] ① der Ausverkauf ② (*juristisch*) die Liquidation

liquide [likid] ① flüssig ② **trop liquide** *Sauce* zu dünn ③ **l'argent liquide** das Bargeld

le **liquide** [likid] ① die Flüssigkeit ② das Bargeld; **en liquide** in bar

liquider [likide] ① ausverkaufen *Waren*; räumen *Lager* ② auflösen *Konto, Firma* ③ **liquider un dossier urgent** (*umgs.*) eilige Unterlagen wegarbeiten ④ (*umgs.: töten*) erledigen

lire [liʀ] <*siehe Verbtabelle ab S. 1055*> ① lesen; **lire à °haute voix** laut lesen; **lire une histoire à un enfant** einem Kind eine Geschichte vorlesen ② **l'hébreu se lit de droite à gauche** das Hebräische wird von rechts nach links gelesen ③ verlesen *Urteil* ④ **je lis dans ses pensées** ich lese seine/ihre Gedanken; **la surprise se lisait sur son visage** man konnte ihm/ihr die Überraschung vom Gesicht ablesen

la **lire** [liʀ] die Lira

le **lis** [⚠ lis] ⚠ *männlich* die Lilie

lis [li], **lisais** [lizɛ], **lisant** [lizɑ̃] →**lire**

Lisbonne [lisbɔn] Lissabon

lisent [liz], **lisez** [lize] →**lire**

le **liseron** [lizʀɔ̃] die Winde

lisible [lizibl] lesbar

lisiblement [lizibləmɑ̃] *schreiben* leserlich

la **lisière** [lizjɛʀ] ① der Rand; *eines Feldes* der Rain ② *eines Stoffs* die Webkante

lisons [lizɔ̃] →**lire**

lisse [lis] glatt

lisser [lise] glatt streichen; glätten *Papier*

la **liste** [list] ① die Liste ② **la liste électorale** die Wählerliste ▸ **être sur [la] liste rouge** eine geheime Telefonnummer haben
◆ **la liste de mariage** die Hochzeitsliste

lister [liste] (*in der Informatik*) ausdrucken

lit [li] →**lire**

le **lit** [li] ① das Bett; **aller au lit** ins Bett gehen; **mettre un enfant au lit** ein Kind ins Bett bringen; **le lit pour deux personnes** das Doppelbett; **au lit!** [ab] ins Bett! ② *eines Flusses* das Bett; **sortir de son lit** über die Ufer treten ▸ **la maladie le/la cloue au lit** (*umgs.*) er/sie ist [durch die Krankheit] ans Bett gefesselt

la **literie** [litʀi] das Bettzeug

la **litière** [litjɛʀ] die Streu

le **litige** [litiʒ] der Streit

le **litre** [litʀ] ① der/das Liter; **un litre d'eau/de lait** ein Liter Wasser/Milch ② die Literflasche

littéraire [liteʀɛʀ] ① literarisch; **le genre littéraire** die literarische Gattung ② geisteswissenschaftlich

le **littéraire** [liteʀɛʀ] ① der schöngeistige Mensch ② der Geisteswissenschaftler

la **littéraire** [liteʀɛʀ] ① der schöngeistige Mensch ② der Geisteswissenschaftlerin

littéral, littérale [literal] <*Plural der männl. Form:* littéraux> *Übersetzung, Bedeutung* wörtlich

littéralement [literalmɑ̃] wortwörtlich, wörtlich

la **littérature** [literatyʀ] die Literatur

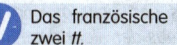 Das französische Wort schreibt sich mit zwei *tt*.

le **littoral** [litɔral] <*Plural:* littoraux> das Küstengebiet
littoral, littorale [litɔral] <*Plural der männl. Form:* littoraux> Küsten-; **le flore littorale** die Küstenflora
la **Lituanie** [lityani] Litauen
le **lituanien** [lityanjɛ̃] Litauisch, das Lituaische

> **G** In Verbindung mit dem Verb *parler* kann der Artikel entfallen: elle parle lituanien – sie spricht Litauisch.

le **Lituanien** [lityanjɛ̃] der Litauer
lituanien, lituanienne [lityanjɛ̃, lityanjɛn] litauisch
la **Lituanienne** [lityanjɛn] die Litauerin
livide [livid] bleich
le **living** [⚠ liviŋ] <*Plural:* livings> das Wohnzimmer
la **livraison** [livʀɛzõ] die Lieferung
le **livre** [livʀ] das Buch
  ◆ **le livre de cuisine** das Kochbuch
  ◆ **le livre de poche** das Taschenbuch
la **livre** [livʀ] ❶ (*Gewicht*) das Pfund ❷ **la** [*oder* **le**] **livre sterling** das Pfund Sterling

> **L** In Kanada bezeichnet man mit *livre* ein Gewicht von 453 Gramm.

livrer [livʀe] ❶ liefern *Bestellung;* beliefern *Kunden* ❷ verraten *Komplizen* ❸ **livrer quelqu'un à la police** jemanden der Polizei ausliefern ❹ **se livrer à la police** sich [der Polizei] stellen
le **livret** [livʀɛ] das Heft; **le livret scolaire** das Zeugnisheft, das Zeugnis
  ◆ **le livret d'épargne** das Sparbuch
  ◆ **le livret de famille** das Familienbuch
le **livreur** [livʀœʀ] der Lieferant
la **livreuse** [livʀøz] die Lieferantin
le **lobe** [lɔb] der Lappen
  ◆ **le lobe de l'oreille** das Ohrläppchen
le **local** [lɔkal] <*Plural:* locaux> der Raum; **les locaux** die Räumlichkeiten; (*Arbeitsräume*) die Büroräume, die Räume
local, locale [lɔkal] <*Plural der männl. Form:* locaux> örtlich; *Industrie* ortsansässig; **le journal local** die Lokalzeitung; **l'heure locale** die Ortszeit
localiser [lɔkalize] lokalisieren; orten *Flugzeug, Schiff*
la **localité** [lɔkalite] der Ort
le **locataire** [lɔkatɛʀ] der Mieter; **être locataire** zur Miete wohnen
la **locataire** [lɔkatɛʀ] die Mieterin
la **location** [lɔkasjõ] (*aus der Sicht des Besitzers*) das Vermieten; (*aus der Sicht des Nutzers oder Kunden*) das Mieten; **la voiture de location** der Mietwagen, der Leihwagen
la **location-vente** [lɔkasjõvãt] <*Plural:* locations-ventes> das Leasing
locaux [lɔko] →**local**
la **locomotion** [lɔkɔmosjõ] die Fortbewegung
la **locomotive** [lɔkɔmɔtiv] die Lokomotive
le **locuteur** [lɔkytœʀ] der Sprecher
la **locution** [lɔkysjõ] die Redewendung, die Wendung
la **locutrice** [lɔkytʀis] die Sprecherin
la **loge** [lɔʒ] die Loge; *eines Schauspielers* die Garderobe; *einer Concierge* das Kabäuschen, die Loge
le **logement** [lɔʒmã] ❶ die Wohnung; (*beim Militär*) die Unterkunft ❷ (*Wirtschaftsbereich*) der Wohnungsmarkt
loger [lɔʒe] <*wie* changer; *siehe Verbtabelle ab S. 1055*> ❶ wohnen; **loger à l'hôtel** im Hotel wohnen ❷ (*beherbergen*) unterbringen

> **Ü** Vor *a* und *o* bleibt das *e* erhalten, z. B. in *nous logeons, il logeait* und *en logeant*.

la **loggia** [⚠ lɔdʒja] die Loggia
le **logiciel** [lɔʒisjɛl] die Software
  ◆ **le logiciel anti-virus** das Antivirenprogramm
  ◆ **le logiciel de traitement de texte** das Textverarbeitungsprogramm
logique [lɔʒik] logisch
la **logique** [lɔʒik] die Logik
logiquement [lɔʒikmã] ❶ logischerweise ❷ *argumentieren* logisch
le **logo** [lɔgo] *Abkürzung von* **logotype** *eines Unternehmens* das Logo
le **logotype** [lɔgɔtip] *eines Unternehmens* das Logo; *eines Produkts* das Warenzeichen
la **loi** [lwa] (*auch in den Naturwissenschaften*) das Gesetz ▶ **faire la loi** befehlen
loin [lwɛ̃] ❶ weit; **plus loin** weiter; **c'est encore assez loin** das ist noch ziemlich weit ❷ **loin de Paris** weit weg von Paris ❸ **au loin** in der Ferne ❹ **de loin** von weitem ❺ (*fern in der Vergangenheit*) lange her; (*fern in der Zukunft*) weit weg ▶ **elle ira loin** sie wird es weit bringen; **revenir de loin** gerade noch einmal davonkommen; **de loin** bei weitem; **loin de là** [ganz] im Gegenteil; **pas loin de ...** fast ...
lointain, lointaine [lwɛ̃tɛ̃, lwɛ̃tɛn] ❶ *Land, Zukunft, Erinnerung* fern; *Epoche* weit zurückliegend ❷ (*indirekt*) entfernt; *Zusammenhang* lose
le **loir** [lwaʀ] der Siebenschläfer

la **Loire** [lwaʀ] die Loire
le **loisir** [lwaziʀ] ❶ die Freizeit ❷ **les loisirs** die Muße, die [freie] Zeit ❸ (*Hobby*) die Freizeitbeschäftigung
la **lombaire** [lɔ̃bɛʀ] der Lendenwirbel
le **Londonien** [lɔ̃dɔnjɛ̃] der Londoner
londonien, londonienne [lɔ̃dɔnjɛ̃, lɔ̃dɔnjɛn] Londoner
la **Londonienne** [lɔ̃dɔnjɛn] die Londonerin
Londres [lɔ̃dʀ] London
long [lɔ̃] **en dire long sur quelque chose** viel über etwas aussagen; **en savoir long sur quelque chose** gut über etwas Bescheid wissen
le **long** [lɔ̃] **avoir deux kilomètres de long** zwei Kilometer lang sein; **en long** in der Länge ❷ **tout au long de sa vie** sein/ihr ganzes Leben lang; **de long en large** auf und ab
long, longue [lɔ̃, lɔ̃g] lang; *Umweg* groß; **long de cent mètres** hundert Meter lang; **ce sera long** das wird lange dauern
longer [lɔ̃ʒe] <*wie* changer; *siehe Verbtabelle ab S. 1055*> **longer quelque chose** *Schiff, Fahrzeug, Chauffeur:* an etwas entlangfahren; *Fußgänger:* an etwas entlanggehen; *Mauer:* an etwas entlang verlaufen; *Pfad:* an etwas entlangführen; *Fluss:* an etwas entlangfließen

Ü Vor *a* und *o* bleibt das *e* erhalten, z. B. in *nous longeons, il longeait* und *en longeant*.

la **longévité** [lɔ̃ʒevite] ❶ die Langlebigkeit ❷ *eines Produkts* die Lebensdauer
la **longitude** [lɔ̃ʒityd] (*in der Geografie*) ❶ die Länge ❷ (*Einteilung*) der Breitengrad
longtemps [lɔ̃tɑ̃] lange, lange Zeit; **il y a longtemps** das ist schon lange her; **il y a très longtemps, ...** vor langer Zeit ...; **il y a longtemps que j'ai fini** ich bin schon lange fertig; **en avoir pour longtemps** lange brauchen
longue [lɔ̃g] →**long**
la **longue** [lɔ̃g] **à la longue** auf [die] Dauer
longuement [lɔ̃gmɑ̃] lang[e]; *erklären* lang und breit
la **longueur** [lɔ̃gœʀ] (*auch im Sport*) die Länge; **avoir un mètre et demi de longueur** eineinhalb Meter lang sein; **avoir une longueur d'avance sur quelqu'un** eine Länge Vorsprung vor jemandem haben ▸ **à longueur de journée** den ganzen Tag, den lieben langen Tag
◆ la **longueur d'onde** die Wellenlänge
la **longue-vue** [lɔ̃gvy] <*Plural:* longues-vues> das Fernrohr
le **look** [⚠ luk] der Look ▸ **avoir un look d'enfer** (*umgs.*) irre toll aussehen
le **lopin de terre** [lɔpɛ̃d(ə)tɛʀ] <*Plural:* lopins de terre> das Stück Land
loquace [lɔkas] gesprächig
la **loque** [lɔk] ❶ der Lumpen ❷ (*abwertend: heruntergekommener Mensch*) das Wrack
le **loquet** [lɔkɛ] der Riegel
lorgner [lɔʀɲe] ❶ anstarren ❷ **lorgner quelque chose** nach etwas schielen
la **lorgnette** [lɔʀɲɛt] das Opernglas
le **Lorrain** [lɔʀɛ̃] der Lothringer
lorrain, lorraine [lɔʀɛ̃, lɔʀɛn] lothringisch
la **Lorraine**[1] [lɔʀɛn] Lothringen
la **Lorraine**[2] [lɔʀɛn] (*Einwohnerin Lothringens*) die Lothringerin
lors de [lɔʀ də] bei, anlässlich; **lors de notre arrivée** bei unserer Ankunft; **lors du congrès** auf dem Kongress
lorsque [lɔʀsk(ə)] <*vor Vokal oder stummem h:* lorsqu'> **lorsque Paul cuisine, c'est un régal** wenn Paul kocht, ist das ein Genuss; **lorsque je suis parti, il neigeait** als ich ging, schneite es; **lorsqu'il fera beau, nous sortirons** wenn das Wetter schön ist, werden wir hinausgehen
le **losange** [lɔzɑ̃ʒ] die Raute
le **lot** [lo] ❶ der Preis; **le lot de consolation** der Trostpreis; **gagner le gros lot** das große Los ziehen ❷ (*bei Waren*) der Stapel
la **loterie** [lɔtʀi] ❶ die Lotterie ❷ (*übertragen*) das Lotteriespiel

V Das französische Wort schreibt sich mit einem *t*.

loti, lotie [lɔti] **être bien/mal loti(e)** es gut/es schlecht getroffen haben
la **lotion** [losjɔ̃] die Lotion
le **lotissement** [lɔtismɑ̃] die Siedlung
le **loto** [lɔto] ❶ (*Lotterie*) das Lotto; **le loto sportif** das Toto; **jouer au loto** Lotto spielen; **gagner au loto** im Lotto gewinnen; **le tirage du loto** die Ziehung der Lottozahlen ❷ (*Gesellschaftsspiel*) das Lotto
louche [luʃ] zwielichtig; *Vergangenheit* zweifelhaft; *Angelegenheit, Geschichte* dubios
la **louche** [luʃ] der Schöpflöffel
loucher [luʃe] ❶ schielen ❷ **loucher sur quelqu'un/sur quelque chose** (*umgs.*) nach jemandem/nach etwas schielen
louer[1] [lwe] loben; **elle loue ses enfants d'avoir bien agi** sie lobt ihre Kinder dafür, dass sie sich gut verhalten haben
louer[2] [lwe] ❶ (*gegen Bezahlung nutzen*) mieten ❷ (*gegen Bezahlung überlassen*) vermieten

le **loup** [lu] ❶ der Wolf ❷ (*Fisch*) der Wolfsbarsch ❸ (*Maske*) schwarze Halbmaske ▶ **quand on parle du loup on en voit la queue** wenn man vom Teufel spricht, dann kommt er; **être connu(e) comme le loup blanc** bekannt sein wie ein bunter Hund ◆ le **loup de mer** (*fig*) der alte Seebär

la **loupe** [lup] die Lupe ▶ **examiner quelque chose à la loupe** etwas unter die Lupe nehmen

louper [lupe] (*umgs.*) ❶ verpassen; verfehlen *Ziel* ❷ verpatzen *Prüfung* ❸ *Projekt, Versuch:* danebengehen ❹ **le rôti est loupé** der Braten ist nichts geworden; **la soirée est loupée** der Abend ist in die Hose gegangen ▶ **ça n'a pas loupé** das musste ja so kommen

lourd [luʀ] ❶ **peser lourd** schwer sein ❷ **il fait lourd** (*umgs.*) es ist schwül

lourd, lourde [luʀ, luʀd] ❶ schwer ❷ *Hitze* drückend ❸ *Nahrung* schwer verdaulich ❹ *Mensch* schwerfällig ❺ *Scherz* plump ❻ *Steuern, Schulden* hoch

lourdement [luʀdəmã] schwer; *bestehen* hartnäckig; *sich irren* gewaltig

la **lourdeur** [luʀdœʀ] die Plumpheit ◆ les **lourdeurs d'estomac** das Magendrücken

⚠ Der Plural *les lourdeurs d'estomac* wird mit einem Singular übersetzt: *ces lourdeurs d'estomac sont douloureuses – dieses Magendrücken ist schmerzhaft.*

la **loutre** [lutʀ] ⚠ *weiblich* der Otter

Louvain [luvɛ̃] Löwen

la **louve** [luv] die Wölfin

le **louveteau** [luvto] <*Plural:* louveteaux> ❶ der junge Wolf ❷ (*Pfadfinder*) der Wölfling

lover [lɔve] **se lover** sich einrollen

loyal, loyale [lwajal] <*Plural der männl. Form:* loyaux> loyal; *Freund, Dienst* treu; *Gegner, Verfahren* fair

la **loyauté** [lwajote] die Loyalität; *eines Gegners* die Fairness

loyaux [lwajo] →**loyal**

le **loyer** [lwaje] die Miete

lu, lue [ly] →**lire**

la **lubie** [lybi] die Marotte

le **lubrifiant** [lybʀifjã] ❶ das Schmiermittel ❷ (*beim Sex*) das Gleitmittel

la **lucarne** [lykaʀn] das Dachfenster

lucide [lysid] ❶ *Urteil* scharfsinnig ❷ (*in der Medizin*) **être lucide** bei Bewusstsein sein

la **lucidité** [lysidite] ❶ der Scharfsinn ❷ (*in der Medizin*) das Bewusstsein

la **luciole** [lysjɔl] das Glühwürmchen

lucratif, lucrative [lykʀatif, lykʀativ] lukrativ, einträglich

le **ludiciel** [⚠ lydisjɛl] die Spielsoftware

la **ludothèque** [lydɔtɛk] die Spielothek

la **lueur** [lɥœʀ] ❶ der Schein; *einer Glut* das Glühen ❷ **une lueur de joie** eine Andeutung von Freude; **une lueur d'espoir** ein Hoffnungsschimmer

la **luge** [lyʒ] der Schlitten

lugubre [lygybʀ] düster; *Landschaft* trist; *Gedanken* trübsinnig

lui[1] [lɥi] ❶ **qui est-ce qui a fait cela? – Pas lui!** wer hat das getan? – Er nicht! ❷ **tu es comme lui** du bist wie er; **aussi fort(e) que lui** genauso stark wie er; **plus fort(e) que lui** stärker als er ❸ **avec lui** mit ihm; **sans lui** ohne ihn; **ce vélo est à lui** dieses Rad gehört ihm; **il est fier de lui** er ist stolz auf sich ❹ **lui, n'a pas bu** der hat nichts getrunken; **tu veux l'aider, lui?** dem möchtest du helfen?; **c'est lui!** er ist es!; **c'est lui qui l'a dit** das hat der gesagt; **c'est à lui de décider** er muss entscheiden

ⓖ Das unverbundene – oder betonte – männliche Personalpronomen *lui* wird verwendet: ❶ in Sätzen ohne Verb; ❷ in Vergleichssätzen; ❸ nach Präpositionen; ❹ zur Hervorhebung und Betonung (wobei *lui* nur in der Umgangssprache gleichzeitig mit *il* oder *le* verwendet wird).

lui[2] [lɥi] **je lui enverrai un texto** ich werde ihm/ihr eine SMS schicken; **je lui ai demandé si Anne venait** ich habe ihn/sie gefragt, ob Anne kommt; **tu lui as donné à boire?** hast du ihm/ihr [schon] etwas zu trinken gegeben?; **cela lui semble bon** das erscheint ihm/ihr gut; **dis-le-lui!** sag es ihm/ihr!

ⓖ Das verbundene – oder unbetonte – Personalpronomen *lui* ist immer das Objekt eines Verbs. Es kann sowohl für eine männliche als auch für eine weibliche Person stehen. Deswegen gibt es immer zwei Übersetzungsmöglichkeiten.

lui-même [lɥimɛm] ❶ er selbst; **lui-même n'en savait rien** er [selbst] wusste nichts davon; **il l'a dit lui-même, c'est lui-même qui l'a dit** er [selbst] hat das gesagt; **c'est vous, monsieur Lombard? – Lui-même!** sind Sie es, Herr Lombard? – Ja, ich bin's! ❷ (*auch*) ebenfalls ❸ **le procédé en lui-même** das Verfahren an sich

luire [lɥiʀ] <*wie* nuire; *siehe Verbtabelle ab*

S. 1055> *Sonne:* scheinen; *Stern, Mond:* leuchten

luisant, luisante [lɥizɑ̃, lɥizɑ̃t] glänzend

luisez [lɥize], **luisons** [lɥizõ] →**luire**

le **lumbago** [⚠ lɛ̃bago] der Hexenschuss

la **lumière** [lymjɛʀ] ❶ das Licht ❷ (*historisch*) **les lumières** die Aufklärung; **le Siècle des lumières** das Zeitalter der Aufklärung ▸ **être une lumière** (*umgs.*) ein heller Kopf sein; **ne pas être une lumière** (*umgs.*) keine Leuchte sein

le **luminaire** [lyminɛʀ] die Leuchte

lumineux, lumineuse [lyminø, lyminøz] ❶ leuchtend; **le rayon lumineux** der Lichtstrahl; **l'enseigne lumineuse** das Leuchtschild ❷ *Zimmer, Wohnung* hell

la **luminosité** [lyminozite] ❶ *des Himmels, einer Farbe* das Leuchten ❷ *eines Zimmers* die Helligkeit

lunatique [lynatik] launisch

le **lunch** [⚠ lœntʃ] <*Plural:* lunchs *oder* lunches> der Lunch

lundi [lœ̃di] ❶ der Montag ❷ (*bei gezielten Zeitangaben*) **lundi prochain** am Montag, kommenden Montag; **lundi dernier** letzten Montag; **aujourd'hui on est lundi** heute ist Montag; **tu as le temps lundi?** hast du diesen Montag Zeit? ❸ (*bei Zeitangaben, die eine Wiederholung ausdrücken*) **le lundi** montags, jeden Montag; **le lundi matin** Montag vormittags; **le lundi soir** Montag abends; "**Fermé le lundi**" "Montags geschlossen" ❹ **lundi de Pâques** Ostermontag; **lundi de Pentecôte** Pfingstmontag

> Ⓖ Das Substantiv *lundi* ist männlich. Es wird ohne den bestimmten Artikel und ohne Präposition gebraucht, wenn es um eine präzise Angabe geht und ein ganz bestimmter Montag gemeint ist.
> Wenn eine Wiederholung oder etwas Gewohnheitsmäßiges ausgedrückt wird, steht der bestimmte Artikel bei dem Substantiv. In diesem Fall bezieht sich die Angabe auf mehrere Montage. In ❸ stehen entsprechende Beispiele.

la **lune** [lyn] der Mond ▸ **demander la lune** Unmögliches verlangen

> Ⓥ In Fachtexten über Astronomie, Kosmologie und Raumfahrt wird das französische Wort großgeschrieben: *la Lune n'émet pas de lumière propre* – der Mond sendet kein eigenes Licht.

luné, lunée [lyne] (*umgs.*) **bien/mal luné** gut/schlecht gelaunt

la **lunette** [lynɛt] ❶ das Fernrohr ❷ **la lunette arrière** *eines Autos* die Heckscheibe ❸ **la lunette des WC** die Klosettbrille

les **lunettes** (*weiblich*) [lynɛt] die Brille, die Augengläser Ⓐ; **mettre ses lunettes** die Brille aufsetzen, die Augengläser aufsetzen Ⓐ

> Ⓥ Der Plural *les lunettes* wird mit einem Singular übersetzt: *où sont mes lunettes?* – *wo ist meine Brille?; deux paires de lunettes* – *zwei Brillen.*

la **lurette** [lyʀɛt] (*umgs.*) **il y a belle lurette que ...** es ist schon ewig her, dass ...

lus [ly] →**lire**

le **lustre** [lystʀ] der Kronleuchter

lustrer [lystʀe] polieren *Auto;* **le chat lustre son poil** die Katze putzt ihr Fell

le **luth** [⚠ lyt] ⚠ *männlich* die Laute; **jouer du luth** Laute spielen

le **luthier** [lytje] der Geigenbauer

la **luthière** [lytjɛʀ] die Geigenbauerin

le **lutin** [lytɛ̃] der Kobold

la **lutte** [lyt] ❶ der Kampf; **la lutte antidrogue** die Rauschgiftbekämpfung ❷ (*Sportart*) der Ringkampf; **faire de la lutte** ringen

lutter [lyte] ❶ kämpfen ❷ **lutter contre la criminalité** die Kriminalität bekämpfen; **lutter contre le sommeil** gegen die Müdigkeit ankämpfen; **lutter contre la mort** mit dem Tod ringen

le **lutteur** [lytœʀ] ❶ der Kämpfer ❷ (*Kraft- oder Kampfsportler*) der Ringkämpfer

la **lutteuse** [lytøz] ❶ die Kämpferin ❷ (*Kraft- oder Kampfsportlerin*) die Ringkämpferin

la **luxation** [lyksasjõ] die Auskugelung

le **luxe** [lyks] ❶ der Luxus; **s'offrir** [*oder* **se payer**] **le luxe de faire quelque chose** es sich leisten, etwas zu tun ❷ **un hôtel de luxe** ein Luxushotel

Luxembourg [lyksɑ̃buʀ] (*Stadt*) Luxemburg

le Luxembourg [lyksɑ̃buʀ] (*Staat*) Luxemburg

le **Luxembourgeois** [lyksɑ̃buʀʒwa] der Luxemburger

luxembourgeois, luxembourgeoise [lyksɑ̃buʀʒwa, lyksɑ̃buʀʒwaz] luxemburgisch

la **Luxembourgeoise** [lyksɑ̃buʀʒwaz] die Luxemburgerin

luxer [lykse] **se luxer l'épaule** sich die Schulter auskugeln

luxueux, luxueuse [lyksɥø, lyksɥøz] luxuriös

luxuriant, luxuriante [lyksyʀjɑ̃, lyksyʀjɑ̃t] *Vegetation* üppig

le **lycée** [lise] ❶ *Schule für die letzten drei Jahre vor dem Abitur;* **aller au lycée** ein „lycée" besuchen ❷ **le lycée profession-**

nel ≈ die Fachoberschule; **le lycée technique** ≈ die technische Fachoberschule

L Im Anschluss an das *collège* – mit 15 oder 16 Jahren – können die französischen Schülerinnen und Schüler das *lycée* besuchen. Es umfasst die drei Klassen *seconde*, *première* und *terminale* und endet mit dem *baccalauréat*, dem Abitur.

le **lycéen** [liseɛ̃] der Schüler eines „lycée"
la **lycéenne** [liseɛn] die Schülerin eines „lycée"
lyncher [lɛ̃ʃe] lynchen
le **lynx** [⚠ lɛ̃ks] der Luchs
le **lys** [⚠ lis] ⚠ *männlich* die Lilie

M

le **m**, le **M** [ɛm] das m, das M
m *Abkürzung von* **mètre** m
M. <*Plural:* MM.> *Abkürzung von* **Monsieur**
m' [m] <*steht an Stelle von* me *vor Vokal oder stummem h*> mich/mir

 Das Pronomen *m'* steht vor Vokal oder stummem h. Die Übersetzung kann *mich* oder *mir* lauten, je nachdem, welchen Fall (Kasus) das deutsche Verb erfordert:
il m'entend – er hört mich;
elle m'aide – sie hilft mir;
je m'habille – ich ziehe mich an;
je m'inquiète – ich mache mir Sorgen.

ma [ma] <*Plural:* mes> mein(e); **ma mère** meine Mutter; **ma sœur** meine Schwester; **ma maison** mein Haus ▶ **ma pauvre!** du/Sie Arme!
macabre [makabʀ] makaber
le **macaron** [makaʀɔ̃] ⚠ *männlich* (*Süßigkeit*) die Makrone
macérer [maseʀe] <*wie* préférer; *siehe Verbtabelle ab S. 1055*> ❶ **macérer dans un liquide** in eine Flüssigkeit eingelegt sein, in einer Flüssigkeit ziehen ❷ **faire macérer** einlegen

Ü Nur die stammbetonten Formen schreiben sich mit **è**, z. B. *il macère*.

mâcher [maʃe] kauen
le **machin** [maʃɛ̃] (*umgs.*) das Dings
la **machination** [maʃinasjɔ̃] die Intrige
la **machine** [maʃin] die Maschine
• la **machine à coudre** die Nähmaschine
• la **machine à écrire** die Schreibmaschine
• la **machine à laver** die Waschmaschine
• la **machine à sous** der Spielautomat
• la **machine à vapeur** die Dampfmaschine
la **machinerie** [maʃinʀi] *einer Fabrik* der Maschinenpark
machiste [matʃist] chauvinistisch
le **macho** [⚠ matʃo] (*umgs.*) der Macho
la **mâchoire** [maʃwaʀ] der Kiefer; **la mâchoire inférieure** der Unterkiefer
mâchouiller [maʃuje] (*umgs.*) herumkauen auf
le **maçon** [masɔ̃] der Maurer
la **maçonne** [masɔn] die Maurerin
Madagascar [madagaskaʀ] Madagaskar
madame [madam] <*Plural:* mesdames> ❶ (*mündliche Anrede*) **bonjour madame Laroque!** guten Tag, Frau Laroque! ❷ (*schriftliche Anrede*) **Madame, Monsieur, ...** Sehr geehrte Damen und Herren, ... ❸ (*in Verbindung mit einem Titel*) **madame la Présidente vous prie de patienter** die Frau Präsidentin bittet Sie, sich noch ein wenig zu gedulden

L Wird das Wort *madame* in der mündlichen Anrede allein verwendet oder zusammen mit einer Grußfloskel wie *bonjour* oder *bonsoir*, bleibt es unübersetzt:
bonjour madame! – guten Tag!;
et avec cela, madame? – was darf es sonst noch sein?
Auch in der schriftlichen Anrede wird es allein verwendet, während in deutschen Schreiben immer der Nachname der angesprochenen Person genannt werden muss:
Madame, ... – Sehr geehrte Frau Dupont/Frérot, ... (Die Namen Dupont und Frérot stehen hier beispielhaft.)

mademoiselle [mad(ə)mwazɛl] <*Plural:* mesdemoiselles> ❶ (*mündliche Anrede*) **bonjour mademoiselle Labiche!** guten Tag, Frau/Fräulein Labiche!; **mesdames, mesdemoiselles, messieurs!** meine Damen und Herren! ❷ (*schriftliche Anrede*) **Madame, Mademoiselle, Monsieur, ...** Sehr geehrte Damen und Herren, ...
Madrid [madʀid] Madrid
le **mag** [mag] (*umgs.*) *Abkürzung von* **magazine** die Nachrichtensendung; **le mag de 20 heures** die 20-Uhr-Nachrichten
le **magasin** [magazɛ̃] das Geschäft, der Laden; **le grand magasin** das Kaufhaus; **tenir un magasin** ein Geschäft haben, einen Laden haben; **faire les magasins** einkaufen gehen, durch die Läden ziehen

> **L** Wird das Wort *mademoiselle* in der mündlichen Anrede allein verwendet oder zusammen mit einer Grußfloskel wie *bonjour* oder *bonsoir*, bleibt es unübersetzt:
> *bonjour mademoiselle! – guten Tag!*;
> *et avec cela, mademoiselle? – was darf es sonst noch sein?*
> Auch in der schriftlichen Anrede wird es allein verwendet, während in deutschen Schreiben immer der Nachname der angesprochenen Person genannt werden muss. (Allerdings ist „Fräulein" als Anrede für junge Frauen nicht mehr gebräuchlich.)
> *Mademoiselle, ... – Sehr geehrte Frau Dupont/ Frérot, ...* (Die Namen Dupont und Frérot stehen hier beispielhaft.)

le **magazine** [magazin] ❶ die Zeitschrift, das Magazin ❷ (*Sendung*) das Magazin
le **mage** [maʒ] ❶ der Magier ❷ **les Rois mages** die Heiligen Drei Könige
le **Maghreb** [magʀɛb] der Maghreb

> **L** Als *le Maghreb* werden die drei nordafrikanischen Länder Algerien, Marokko und Tunesien bezeichnet, die früher französische Kolonien waren und heute noch stark von der französischen Kultur durchdrungen sind. Aufgrund dieser Kolonialvergangenheit leben heute zahlreiche *maghrébins* in Frankreich.

le **Maghrébin** [magʀebɛ̃] der Maghrebiner
maghrébin, maghrébine [magʀebɛ̃, magʀebin] maghrebinisch
la **Maghrébine** [magʀebin] die Maghrebinerin
le **magicien** [maʒisjɛ̃] der Zauberer, der Zauberkünstler
la **magicienne** [maʒisjɛn] die Zauberin, die Zauberkünstlerin
la **magie** [maʒi] die Magie
magique [maʒik] ❶ Zauber-; *Können* magisch; **la baguette magique** der Zauberstab ❷ zauberhaft
magner [maɲe] (*umgs.*) **se magner** sich ranhalten
magnétique [maɲetik] magnetisch; **la bande magnétique** das Tonband
le **magnétisme** [maɲetism] der Magnetismus
le **magnéto** [maɲeto] (*umgs.*) Abkürzung von **magnétophone** ❶ der Kassettenrekorder ❷ (*für Tonbänder*) das Tonbandgerät
le **magnétophone** [maɲetɔfɔn] ❶ der Kassettenrekorder ❷ (*für Tonbänder*) das Tonbandgerät
le **magnétoscope** [maɲetɔskɔp] der Videorekorder
magnifique [maɲifik] wunderschön; *Wetter* herrlich; *Schauspiel* großartig
le **magnolia** [maɲɔlja] ⚠ männlich die Magnolie
le **Magrébin** [magʀebɛ̃] →**Maghrébin**
la **Magrébine** [magʀebin] →**Maghrébine**
mai [mɛ] ❶ der Mai; **en mai** im Mai; **début mai** Anfang Mai; **fin mai** Ende Mai; **pendant tout le mois de mai** den ganzen Mai über ❷ (*bei Datumsangaben*) **elle partira le 20 mai** sie wird am 20. Mai abreisen; **le 1ᵉʳ Mai est le jour de la fête du Travail** der Erste Mai ist [der] Tag der Arbeit

> **G** Der französische Monatsname ist männlich; er wird ohne den bestimmten Artikel gebraucht.
> Bei präzisen Datumsangaben, wie sie unter ❷ aufgeführt werden, steht der Artikel jedoch, und zwar wegen der Zahl:
> *il est né le quinze – er ist am Fünfzehnten geboren;*
> *il est né le quinze mai – er ist am fünfzehnten Mai geboren.*

maigre [mɛgʀ] ❶ mager; *Bein* dünn; *Gesicht* schmal ❷ (*fettarm*) mager; *Speck* durchwachsen ❸ dürftig; *Gewinn* bescheiden; *Aussichten* gering; *Ernte* mager; *Mahlzeit, Gehalt, Lohn* karg
la **maigreur** [mɛgʀœʀ] die Magerkeit
maigrir [mɛgʀiʀ] <*wie agir; siehe Verbtabelle ab S. 1055*> abnehmen; **maigrir de cinq kilos** fünf Kilo abnehmen

> **G** Bei einigen Formen des Verbs ist der Stamm um *-iss-* erweitert, etwa bei *nous maigrissons, il maigrissait* und *en maigrissant*.

la **maille** [maj] die Masche
le **maillon** [majɔ̃] das Glied
le **maillot** [majo] ❶ das Unterhemd ❷ (*im Sport*) das Trikot ❸ **le maillot [de bain] une pièce** der einteilige Badeanzug, der Einteiler; **le maillot [de bain] deux pièces** der Bikini, der zweiteilige Badeanzug
 ◆ **le maillot de bain** (*für Frauen*) der Badeanzug; (*für Männer*) die Badehose
la **main** [mɛ̃] ❶ die Hand; **serrer la main à quelqu'un** jemandem die Hand schütteln; **prendre quelqu'un par la main** jemanden bei der Hand nehmen; **battre des mains** in die Hände klatschen; **se donner la main** Händchen halten; **à deux mains** mit beiden Händen; °**haut les mains!** Hände hoch!; **fait(e) main** handgearbeitet ❷ (*Kartenspiel*) das Blatt; **avoir la main** ausspielen ❸ (*im Sport*) das Handspiel, die Hand ▸ **faire quelque chose °haut la main** etwas mit links machen; **à mains nues** mit bloßen Händen; **à pleines mains** mit vollen Händen; **se**

faire la main üben; **passer** la main die Verantwortung aus der Hand geben

la **main-d'œuvre** [mɛ̃dœvʀ] <*Plural:* mains-d'œuvre> ① die Arbeit ② die Arbeitskräfte

> **V** In ② wird der Singular *la main-d'œuvre* mit einem Plural übersetzt: *cette usine emploie une nombreuse main-d'œuvre étrangère* – *diese Fabrik beschäftigt zahlreiche ausländische Arbeitskräfte.*

la **maintenance** [mɛ̃tnɑ̃s] die Wartung

maintenant [mɛ̃t(ə)nɑ̃] ① jetzt; **dès maintenant** ab sofort ② (*gegenwärtig*) heute ③ von jetzt an

maintenir [mɛ̃t(ə)niʀ] <*wie* tenir; *siehe Verbtabelle ab S. 1055*> ① halten, stützen ② aufrechterhalten *Angebot;* beibehalten *Tradition;* fortsetzen *Politik* ③ (*nicht widerrufen*) **maintenir que** ... dabei bleiben, dass ... ④ **se maintenir** sich halten; *Gesundheit, Preis:* stabil bleiben

le **maintien** [mɛ̃tjɛ̃] ① der Halt ② die Aufrechterhaltung; *einer Entscheidung* die Beibehaltung; *von Freiheiten* die Wahrung; *von Traditionen* das Fortbestehen

le **maire** [mɛʀ] der Bürgermeister/die Bürgermeisterin, der Ammann Ⓒ︎Ⓗ︎

> **G** Es gibt im Französischen keine Femininform: *elle est un maire réputé* – *sie ist eine namhafte Bürgermeisterin.*

la **mairie** [meʀi] das Rathaus

mais [mɛ] ① aber ② sondern ③ **mais oui, bien sûr!** ja klar!; **mais si!** ja doch!; **mais encore** aber davon abgesehen; **non mais, tu me prends pour un idiot?** (*umgs.*) also hör mal, hältst du mich für einen Idioten?

le **maïs** [⚠ mais] der Mais

maison [mɛzɔ̃] hausgemacht, aus eigener Herstellung

> **G** Das Adjektiv *maison* ist unveränderlich: *des pâtés maison* – *hausgemachte Pasteten.*

la **maison** [mɛzɔ̃] ① das Haus ② (*Unternehmen*) die Firma ▶ **c'est gros comme une maison** das ist sonnenklar
 ◆ la **maison d'arrêt** das Gefängnis
 ◆ la **maison de couture** der Modesalon, das Modehaus
 ◆ la **maison d'édition** der Verlag
 ◆ la **maison des jeunes et de la culture** ≈ das Jugend- und Kulturzentrum
 ◆ la **maison mère** die Mutterfirma
 ◆ la **maison de repos** das Sanatorium
 ◆ la **maison de retraite** das Altersheim

la **Maison-Blanche** [mɛzɔ̃blɑ̃ʃ] das Weiße Haus

la **maisonnette** [mɛzɔnɛt] das Häuschen

le **maître** [mɛtʀ] ① der Meister ② der Herr; *eines Hundes* das Herrchen ③ der Chef ④ der Lehrer ⑤ **régner en maître** autoritär regieren; **être maître de quelque chose** über etwas bestimmen
 ◆ le **maître chanteur** der Erpresser/die Erpresserin
 ◆ le **maître d'hôtel** der Oberkellner
 ◆ le **maître nageur** der Bademeister/die Bademeisterin

maître, maîtresse [mɛtʀ, mɛtʀɛs] Haupt-; **l'œuvre maîtresse** das Hauptwerk

la **maîtresse** [mɛtʀɛs] ① die Herrin; *eines Hundes* das Frauchen ② die Chefin ③ die Lehrerin ④ die Geliebte

la **maîtrise** [metʀiz] ① die Beherrschung; **la maîtrise de soi** die Selbstbeherrschung ② das Können ③ (*Universitätsabschluss*) ≈ die Magisterprüfung

maîtriser [metʀize] ① meistern *Situation;* unter Kontrolle bringen *Brand;* beherrschen *Sprache, Thema* ② überwältigen *Rasenden;* bändigen *Tier* ③ zügeln *Emotion, Leidenschaft* ④ **se maîtriser** sich beherrschen

la **Majesté** [maʒɛste] die Majestät; **Votre Majesté** Eure Majestät

le **majeur** [maʒœʀ] ① der Volljährige ② (*Finger*) der Mittelfinger

majeur, majeure [maʒœʀ] ① *Schwierigkeit, Interesse* sehr groß; *Ereignis* wichtig; **la majeure partie du temps** die meiste Zeit ② wichtigste(r, s); **le défaut majeur** der Hauptfehler ③ (*juristisch*) volljährig ④ (*in der Musik*) **do majeur** C-Dur; **fa majeur** F-Dur ▶ **être majeur(e) et vacciné(e)** (*umgs.*) kein kleines Kind mehr sein

la **majeure** [maʒœʀ] die Volljährige

la **majorité** [maʒɔʀite] ① die Mehrheit; **en majorité** überwiegend ② (*juristisch*) die Volljährigkeit ▶ **la majorité silencieuse** die schweigende Mehrheit

majuscule [maʒyskyl] groß; **la lettre majuscule** der Großbuchstabe

la **majuscule** [maʒyskyl] der Großbuchstabe; **en majuscules** in Blockschrift

mal[1] [mal] *in Verbindung mit einem Verb* ① schlecht; **ça tombe mal** das trifft sich schlecht; **le moment est mal choisi** der Zeitpunkt ist ungünstig; **il parle mal le français** er spricht schlecht Französisch ② *verstehen, urteilen* falsch; **elle a mal pris ma remarque** sie hat meine Bemerkung falsch verstanden ③ **s'y prendre mal** sich ungeschickt anstellen ❹ **être mal vu(e)** nicht gern gesehen sein ❺ **ça va mal finir!** das wird böse enden! ▸ **je m'en fiche pas mal** das ist mir total egal

mal² [mal] ❶ schlecht; **cette jupe n'est pas mal** dieser Rock ist nicht schlecht ❷ **faire quelque chose de mal** etwas Böses tun; **ne rien faire de mal** nichts Böses tun

le **mal** [mal] <Plural: maux> ❶ das Schlechte; (religiös) das Böse ❷ **faire du mal à quelqu'un** jemandem schaden; **dire du mal de quelqu'un** schlecht über jemanden sprechen; **il n'y a pas de mal à cela** daran ist doch nichts Schlimmes ❸ (Krankheit) das Übel ❹ (körperliches oder moralisches Leiden) die Schmerzen; **faire mal à quelqu'un** jemandem wehtun; **se faire mal** sich wehtun; **avoir mal à la tête, avoir des maux de tête** Kopfschmerzen haben; **avoir mal à la jambe** Schmerzen im Bein haben; **il a mal à la main** ihm tut die Hand weh ❺ die Mühe; **il a du mal à avaler** er kann nur mit Mühe schlucken ❻ **le travail ne te fait pas de mal** Arbeit kann dir nichts schaden ▸ **elle/cela me fait mal au cœur** sie/es tut mir Leid; **attaquer le mal à la racine** das Übel an der Wurzel packen; **le mal est fait** das Unglück ist geschehen
◆ **le mal de mer** die Seekrankheit
◆ **le mal du pays** das Heimweh

malade [malad] ❶ krank; **tomber malade** krank werden; **être malade du cœur** herzkrank sein; **être malade du sida** aidskrank sein ❷ (übertragen) **malade de jalousie** krank vor Eifersucht ▸ **être malade** (umgs.) spinnen

le **malade** [malad] ❶ der Kranke; **le grand malade** der Schwerkranke; **un malade mental** ein Geisteskranker ❷ der Patient

la **malade** [malad] ❶ die Kranke; **la grande malade** die Schwerkranke; **une malade mentale** eine Geisteskranke ❷ die Patientin

la **maladie** [maladi] ❶ die Krankheit; **être en maladie** krankgeschrieben sein ❷ die Manie ▸ **faire une maladie de quelque chose** (umgs.) ein Drama aus etwas machen

maladif, maladive [maladif, maladiv] ❶ Mensch kränkelnd; Aussehen, Blässe kränklich ❷ Bedürfnis, Angst krankhaft

la **maladresse** [maladʀɛs] ❶ die Ungeschicklichkeit; eines Stils die Unbeholfenheit ❷ (Taktlosigkeit) der Fauxpas

le **maladroit** [maladʀwa] ❶ der Tollpatsch ❷ (taktloser Mensch) der Tölpel

maladroit, maladroite [maladʀwa, mala-

dʀwat] Mensch, Geste ungeschickt; Stil unbeholfen

la **maladroite** [maladʀwat] ❶ der Tollpatsch ❷ (taktloser Mensch) der Tölpel

le **malaise** [malɛz] ⚠ **männlich** ❶ das Unwohlsein; **avoir un malaise** ohnmächtig werden ❷ das Unbehagen; **le malaise social** die Unzufriedenheit über die sozialen Missstände

la **malbouffe** [malbuf] (umgs.) das Junkfood

la **malchance** [malʃɑ̃s] das Pech

malchanceux, malchanceuse [malʃɑ̃sø, malʃɑ̃søz] vom Pech verfolgt

mâle [mal] männlich

le **mâle** [mal] ❶ der Mann ❷ (bei den Tieren) das Männchen

la **malédiction** [malediksjɔ̃] ❶ der Fluch ❷ das Unheil

le **malentendant** [malɑ̃tɑ̃dɑ̃] der Schwerhörige

la **malentendante** [malɑ̃tɑ̃dɑ̃t] die Schwerhörige

le **malentendu** [malɑ̃tɑ̃dy] das Missverständnis

le **malfaiteur** [malfɛtœʀ] der Übeltäter

la **malfaitrice** [malfɛtʀis] die Übeltäterin

la **malformation** [malfɔʀmasjɔ̃] die Missbildung; **la malformation du cœur** der Herzfehler

malgré [malgʀe] ❶ trotz; **malgré tout** trotz allem ❷ **malgré moi** gegen meinen Willen; **malgré lui/elle** gegen seinen/ihren Willen

le **malheur** [malœʀ] ❶ das Unglück; **par malheur** unglücklicherweise ❷ (Ereignis) das Unglück, das Leid ❸ **j'ai eu le malheur d'arriver en retard** ich bin dummerweise zu spät gekommen ▸ **[ne] parle pas de malheur!** (umgs.) mal nicht den Teufel an die Wand!

la **malheureuse** [malœʀøz] ❶ die Notleidende ❷ die Unglückselige

malheureusement [malœʀøzmɑ̃] leider

le **malheureux** [malœʀø] ❶ der Notleidende ❷ der Unglückselige

malheureux, malheureuse [malœʀø, malœʀøz] ❶ Mensch, Gesichtsausdruck unglücklich ❷ **un malheureux incident** ein bedauerlicher Zwischenfall

malhonnête [malɔnɛt] ❶ unehrlich ❷ (ironisch) unanständig

la **malhonnêteté** [malɔnɛtte] die Unehrlichkeit

la **malice** [malis] ❶ die Schalkhaftigkeit ❷ **sans malice** ohne böse Absicht

malicieux, malicieuse [malisjø, malisjøz] spitzbübisch; Antwort schelmisch; Blick, Lachen verschmitzt

la **maligne** [maliɲ] der Schlaukopf; **faire la maligne** sich aufspielen

le malin [malɛ̃] der Schlaukopf; **faire le malin** sich aufspielen

malin, maligne [malɛ̃, maliɲ] ❶ *Mensch* schlau; *Lachen* verschmitzt; *Aussehen* pfiffig ❷ *Tumor* bösartig

la malle [mal] der Überseekoffer ▸ **se faire la malle** (*umgs.*) abhauen

malléable [maleabl] *Metall, Ton* formbar

la mallette [malɛt] der Aktenkoffer

le mal-logement [mallɔʒmɑ̃] die Wohnungsmisere

malmener [malməne] <wie peser; siehe Verbtabelle ab S. 1055> nicht gut behandeln

Ü Mit è schreiben sich
– die stammbetonten Formen wie *je malmène* oder *tu malmènes* sowie
– die auf der Basis der Grundform *malmener* gebildeten Formen, z. B. *ils malmèneront* und *je malmènerais*.

la malnutrition [malnytʀisjɔ̃] die Unterernährung

malpoli, malpolie [malpɔli] (*umgs.*) unhöflich; *Kind* ungezogen

malsain, malsaine [malsɛ̃, malsɛn] krankhaft

le malt [malt] das Malz

maltraiter [maltʀete] misshandeln

la maman [mamɑ̃] ❶ (*Anrede*) die Mama ❷ die Mutter

la mamie [mami] (*umgs.*) die Oma

la mamie

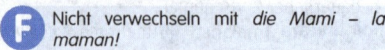

F Nicht verwechseln mit *die Mami – la maman*!

le mammifère [mamifɛʀ] das Säugetier

le mammouth [mamut] das Mammut

la mammy [mami] (*umgs.*) die Oma

la manche [mɑ̃ʃ] der Griff; (*an einem Besen*) der Stiel; (*an einer Gitarre, Geige*) der Hals

la manche [mɑ̃ʃ] ❶ Ärmel ❷ (*in einem Rennen*) die Runde; (*beim Skilaufen*) der Durchlauf ❸ (*in einem Spiel*) die Partie, die Runde

▸ **faire la manche** betteln

la Manche [mɑ̃ʃ] der Ärmelkanal

la manchette [mɑ̃ʃɛt] die Manschette

le manchot [mɑ̃ʃo] ❶ (*Person*) der Einarmige ❷ (*Tier*) der Pinguin

manchot, manchote [mɑ̃ʃo, mɑ̃ʃɔt] einarmig

la manchote [mɑ̃ʃɔt] die Einarmige

le mandat [mɑ̃da] ❶ der Auftrag ❷ (*in der Politik, der Rechtsprechung*) das Mandat ❸ (*Überweisung*) die Postanweisung
◆ **le mandat d'arrêt** der Haftbefehl

le manège [manɛʒ] ⚠ männlich ❶ das Karussell ❷ (*Bewegungen*) das Hin und Her

le manège

F Nicht verwechseln mit *die Manege – la piste*!

la manette [manɛt] ❶ der Hebel ❷ (*für Computerspiele*) der Joystick

mangeable [mɑ̃ʒabl] essbar; **ce rôti est à peine mangeable** dieser Braten ist nahezu ungenießbar

manger [mɑ̃ʒe] <wie changer; siehe Verbtabelle ab S. 1055> ❶ *Mensch:* essen; **donner à manger au bébé** das Baby füttern; **ce dessert se mange chaud** dieser Nachtisch wird warm gegessen, diesen Nachtisch muss man warm essen ❷ *Tier:* fressen; **donner à manger aux vaches** die Kühe füttern ❸ vergeuden *Kapital, Erbe* ❹ **manger ses mots** (*umgs.*) die Wörter verschlucken

Ü Vor *a* und *o* bleibt das *e* erhalten, z. B. in *nous mangeons, il mangeait* und *en mangeant*.

le mangeur [mɑ̃ʒœʀ] der Esser; **le gros mangeur** der starke Esser

la mangeuse [mɑ̃ʒøz] die Esserin; **une grosse mangeuse** eine starke Esserin

la mangue [mɑ̃g] die Mango

la maniabilité [manjabilite] die leichte Bedienung; *eines Autos* die Wendigkeit; *eines Werk-*

zeugs die Handlichkeit

maniaque [manjak] pingelig, pedantisch

le **maniaque** [manjak] ① der Pedant; **un maniaque de l'ordre** ein Ordnungsfanatiker ② (*Kranker*) der Irre; **le maniaque sexuel** der Triebtäter

la **maniaque** [manjak] ① die Pedantin; **une maniaque de l'ordre** eine Ordnungsfanatikerin ② (*Kranke*) die Irre; **la maniaque sexuelle** die Triebtäterin

la **manie** [mani] der Tick; **la manie de la propreté** der Sauberkeitsfimmel

le **maniement** [manimɑ̃] die Handhabung; *eines Apparats* die Bedienung; *eines Autos* das Fahren

manier [manje] <*wie* apprécier; *siehe Verbtabelle ab S. 1055*> ① handhaben *Gegenstand, Werkzeug*; bedienen *Apparat* ② beherrschen *Sprache*

la **manière** [manjɛʀ] ① die Art; **à la manière française** nach französischer Art; **à ma manière** auf meine Weise; **de manière rapide/brutale** auf schnelle/brutale Art; **la manière d'agir** die Handlungsweise; **la manière de s'exprimer** die Ausdrucksweise; **aide-le de manière [à ce] qu'il réussisse** hilf ihm, damit er es schafft ② **les bonnes/mauvaises manières** die guten/schlechten Manieren ▶ **d'une manière ou d'une autre** so oder so; **employer la manière forte** hart durchgreifen; **d'une manière générale** im Allgemeinen; **de quelle manière?** wie denn?; **de toute manière** auf jeden Fall; **faire des manières** sich zieren

maniéré, maniérée [manjeʀe] gekünstelt; *Ton, Person* affektiert

le **manifestant** [manifɛstɑ̃] der Demonstrant

la **manifestante** [manifɛstɑ̃t] die Demonstrantin

la **manifestation** [manifɛstasjɔ̃] ① die Demonstration; **une manifestation en faveur de la paix** eine Friedensdemonstration ② (*Ereignis*) die Veranstaltung ③ *eines Gefühls* die Äußerung; *von Freundschaft* die Bekundung

manifeste [manifɛst] offensichtlich

le **manifeste** [manifɛst] das Manifest

manifestement [manifɛstəmɑ̃] ganz offensichtlich

manifester [manifɛste] ① demonstrieren ② zum Ausdruck bringen *Freude* ③ **se manifester** sich melden; *Kandidat:* sich vorstellen; *Krankheit, Gefühl:* sich äußern; *Krise:* auftreten

manigancer [manigɑ̃se] <*wie* commencer; *siehe Verbtabelle ab S. 1055*> aushecken

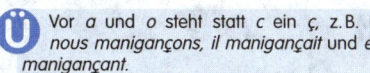 Vor *a* und *o* steht statt *c* ein *ç*, z. B. in *nous manigançons, il manigançait* und *en manigançant*.

les **manigances** (*weiblich*) [manigɑ̃s] die Machenschaften

la **manipulation** [manipylasjɔ̃] ① *einer Maschine* die Bedienung; **la manipulation de ce produit chimique** der Umgang mit diesem chemischen Produkt ② (*in der Wissenschaft*) **les manipulations génétiques** die Genmanipulationen ③ (*abwertend: Beeinflussung*) die Manipulation

manipuler [manipyle] ① handhaben *Werkzeug* ② (*abwertend*) manipulieren; fälschen *Ergebnisse*

la **manivelle** [manivɛl] die Kurbel

le **mannequin** [mankɛ̃] ① das Mannequin ② die Schaufensterpuppe

le **manœuvre** [manœvʀ] (*Person*) der Hilfsarbeiter

la **manœuvre** [manœvʀ] ⚠ weiblich (*Vorgehen, militärische Übung*) das Manöver; **la fausse manœuvre** der Bedienungsfehler

manœuvrer [manœvʀe] ① geschickt vorgehen ② bedienen *Maschine;* handhaben *Werkzeug;* steuern *Fahrzeug*

manquant, manquante [mɑ̃kɑ̃, mɑ̃kɑ̃t] ① *Stück, Summe* fehlend ② *Ware* nicht vorrätig

le **manque** [mɑ̃k] ① der Mangel; **un manque de sérieux** ein Mangel an Ernsthaftigkeit; **le manque d'imagination** die Fantasielosigkeit ② (*in der Medizin*) **être en manque** Entzugserscheinungen haben

manquer [mɑ̃ke] ① verpassen; verfehlen *Ziel, Tor, Stufe;* versäumen *Film, Treffen, Schule;* **se manquer de cinq minutes** sich um fünf Minuten verpassen ② **il a manqué à l'appel** er hat beim Appell gefehlt ③ **l'attentat a manqué** das Attentat ist gescheitert ④ **manquer à sa parole** sein Wort nicht halten ⑤ **le patron manque d'ouvriers** dem Chef fehlen Arbeiter; **la soupe manque de sel** in der Suppe ist nicht genug Salz ⑥ **mes enfants me manquent** meine Kinder fehlen mir ▶ **ne pas manquer quelqu'un** jemandem kein Pardon geben; **ne pas manquer de faire quelque chose** etwas auf jeden Fall tun; **il ne manquait plus que ça!** das hat [mir/uns] gerade noch gefehlt!

le **manteau** [mɑ̃to] <*Plural:* manteaux> der Mantel

le/la **manucure**[1] [manykyʀ] (*Pflege*) die Maniküre

Das französische Wort schreibt sich *manucure*.

la **manucure**[2] [manykyʀ] (*Person*) die Maniküre

Das französische Wort schreibt sich *manucure*.

le **manuel** [manɥɛl] ❶ das Lehrbuch ❷ das Handbuch
manuel, manuelle [manɥɛl] *Beruf* handwerklich; **le travail manuel** die Handarbeit, die manuelle Arbeit
manuscrit, manuscrite [manyskʀi, manyskʀit] handschriftlich
le **manuscrit** [manyskʀi] das Manuskript
la **maquette** [makɛt] das Modell
le **maquillage** [makijaʒ] ❶ das Schminken ❷ (*Ergebnis*) das Make-up; (*im Theater, beim Film*) die Maske ❸ *eines Autos* das Umspritzen
maquiller [makije] ❶ schminken; **se maquiller** sich schminken ❷ umspritzen *Auto*
le **maquilleur** [makijœʀ] der Maskenbildner
la **maquilleuse** [makijøz] die Maskenbildnerin
le **marais** [maʀɛ] der Sumpf
le **marbre** [maʀbʀ] der Marmor
marbrer [maʀbʀe] marmorieren; **le gâteau marbré** der Marmorkuchen
le **marchand** [maʀʃɑ̃] der Händler
marchand, marchande [maʀʃɑ̃, maʀʃɑ̃d] ❶ Handels-; **le navire marchand** das Handelsschiff ❷ Geschäfts-; **la galerie marchande** die Einkaufspassage
le **marchandage** [maʀʃɑ̃daʒ] das Handeln
la **marchande** [maʀʃɑ̃d] die Händlerin
marchander [maʀʃɑ̃de] ❶ handeln, feilschen ❷ **marchander le prix** um den Preis feilschen
la **marchandise** [maʀʃɑ̃diz] die Ware
la **marche**[1] [maʀʃ] ❶ (*Fortbewegung, Sportart*) das Gehen; **se mettre en marche** sich auf den Weg machen ❷ das Laufen, das Wandern ❸ (*in der Musik*) der Marsch ❹ *eines Unternehmens* der Gang; **un moteur en marche** ein laufender Motor; **mettre quelque chose en marche** etwas einschalten ❺ **en marche arrière** rückwärts; **faire** [une] **marche arrière** *Fahrer:* rückwärtsfahren ▸ **faire marche arrière** einen Rückzieher machen, zurückrudern
la **marche**[2] [maʀʃ] *einer Treppe* die Stufe
le **marché** [maʀʃe] ❶ der Markt ❷ **le marché unique** der Europäische Binnenmarkt ❸ der Vertrag ❹ **être bon marché** billig sein; **cette voiture est meilleur marché** dieses Auto ist billiger ▸ **marché conclu!** abgemacht!; **le marché couvert** die Markthalle; **le marché noir** der Schwarzmarkt
◆ **le marché aux puces** der Flohmarkt
marcher [maʀʃe] ❶ gehen; **elle a marché rapidement** sie ist schnell gegangen ❷ **marcher sur/dans quelque chose** auf/in etwas treten ❸ **marcher sur la ville** *Soldaten:* auf die Stadt zumarschieren ❹ laufen; *Uhr:* gehen; *Fernseher, Maschine:* an sein; **marcher à l'électricité** mit Strom betrieben werden ❺ *Geschäft:* laufen; *Studien:* vorangehen; *Verfahren:* funktionieren ❻ **ça marche!** (*umgs.*) o.k.! ▸ **faire marcher quelqu'un** (*umgs.*) jemanden auf den Arm nehmen
mardi [maʀdi] ❶ der Dienstag ❷ (*bei gezielten Zeitangaben*) **mardi prochain** am Dienstag, kommenden Dienstag; **mardi dernier** letzten Dienstag; **aujourd'hui on est mardi** heute ist Dienstag; **tu as le temps mardi?** hast du diesen Dienstag Zeit? ❸ (*bei Zeitangaben, die eine Wiederholung ausdrücken*) **le mardi** dienstags, jeden Dienstag; **le mardi matin** Dienstag vormittags; **le mardi soir** Dienstag abends; "**Fermé le mardi**" „Dienstags geschlossen" ❹ **mardi gras** Karnevalsdienstag, Faschingsdienstag

> Das Substantiv *mardi* ist männlich. Es wird ohne den bestimmten Artikel und ohne Präposition gebraucht, wenn es um eine präzise Angabe geht und ein ganz bestimmter Dienstag gemeint ist.
> Wenn eine Wiederholung oder etwas Gewohnheitsmäßiges ausgedrückt wird, steht der bestimmte Artikel bei dem Substantiv. In diesem Fall bezieht sich die Angabe auf mehrere Dienstage. In ❸ stehen entsprechende Beispiele.

la **mare** [maʀ] der Tümpel
◆ **la mare de sang** die Blutlache
la **marée** [maʀe] Ebbe und Flut; **à marée basse** bei Ebbe; **à marée haute** bei Flut ▸ **la marée humaine** die Menschenflut; **la marée noire** die Ölpest
la **marge** [maʀʒ] ❶ *einer Seite* der Rand ❷ der Spielraum; **la marge d'erreur** die Fehlertoleranz
le **marginal** [maʀʒinal] <Plural: marginaux> der Außenseiter
marginal, marginale [maʀʒinal] <Plural der männl. Form: marginaux> (*zweitrangig*) Neben-; **le rôle marginal** die [kleine] Ne-

benrolle

la **marginale** [maʁʒinal] die Außenseiterin
la **marguerite** [maʁgəʁit] die Margerite
le **mari** [maʁi] der Ehemann, der Mann
le **mariage** [maʁjaʒ] ❶ die Hochzeit, die Heirat; **le mariage religieux** die kirchliche Trauung; **le mariage civil** die standesamtliche Trauung; **fêter les dix ans de mariage** den zehnten Hochzeitstag feiern ❷ die Ehe ▶ **le mariage blanc** die Scheinehe
le **marié** [maʁje] der Bräutigam; **les mariés** das Brautpaar
marié, mariée [maʁje] verheiratet
la **mariée** [maʁje] die Braut
marier [maʁje] <wie apprécier; siehe Verbatabelle ab S. 1055> ❶ trauen ❷ verheiraten Kind ❸ ⒷⒸ heiraten ❹ **se marier avec quelqu'un** jemanden heiraten
le **marin** [maʁɛ̃] ❶ der Seefahrer ❷ der Seemann
marin, marine [maʁɛ̃, maʁin] Meer-, See-; **le sel marin** das Meersalz; **l'air marin** die Seeluft; **le fond marin** der Meeresgrund
marine [maʁin] marineblau

> ⓖ Das Farbadjektiv *marine* ist unveränderlich: *des chaussettes [bleu] marine* – *marineblaue Socken*.

la **marine** [maʁin] die Marine
mariner [maʁine] ❶ in [der] Marinade ziehen ❷ (*einlegen*) marinieren *Fleisch*
la **marionnette** [maʁjɔnɛt] die Marionette

> ⓥ Das französische Wort schreibt sich mit zwei *nn*.

maritime [maʁitim] *Transport* auf dem Seeweg; **le port maritime** der Seehafen; **la région maritime** das Küstengebiet; **la compagnie maritime** die Schifffahrtsgesellschaft
le **mark** [maʁk] ⚠ männlich (*früher*) die Mark; **le deutsche Mark** die deutsche Mark
la **marmelade** [maʁməlad] das Kompott
marmonner [maʁmɔne] ❶ vor sich hin murmeln ❷ murmeln *Entschuldigung*
la **marmotte** [maʁmɔt] das Murmeltier
le **Maroc** [maʁɔk] Marokko
le **Marocain** [maʁɔkɛ̃] der Marokkaner
marocain, marocaine [maʁɔkɛ̃, maʁɔkɛn] marokkanisch
la **Marocaine** [maʁɔkɛn] die Marokkanerin
marquant, marquante [maʁkɑ̃, maʁkɑ̃t] *Ereignis* herausragend; *Erinnerung* prägend
la **marque** [maʁk] ❶ die Spur ❷ der Fleck ❸ (*Markierung*) das Zeichen ❹ das Kennzeichen ❺ (*bei Produkten*) die Marke; **la marque déposée** das Warenzeichen ❻ (*im Sport*) **à vos marques! prêts? partez!** auf die Plätze! Fertig! Los! ❼ **la marque de confiance** der Vertrauensbeweis; **la marque de respect** die Ehrenbezeugung
marqué, marquée [maʁke] ❶ ausgeprägt; *Unterschied* deutlich ❷ (*traumatisiert*) vorbelastet
marquer [maʁke] ❶ markieren, kennzeichnen; **marquer quelque chose d'une croix** etwas ankreuzen ❷ anzeigen *Uhrzeit, Temperatur* ❸ Spuren hinterlassen auf *Glas* ❹ (*aufschreiben*) notieren ❺ (*im Sport*) erzielen
le **marqueur** [maʁkœʁ] der Textmarker, der Leuchtstift
la **marraine** [maʁɛn] die Patin
marrant, marrante [maʁɑ̃, maʁɑ̃t] (*umgs.*) komisch
marre [maʁ] (*umgs.*) **j'en ai marre** ich habe es satt; **en avoir marre de quelqu'un/quelque chose** von jemandem/einer Sache die Nase voll haben
marrer [maʁe] **se marrer** (*umgs.*) sich totlachen
marron [maʁɔ̃] braun, kastanienbraun

> ⓖ Das Farbadjektiv *marron* ist unveränderlich: *des chaussettes marron* – *[kastanien]braune Socken*.

le **marron** [maʁɔ̃] ⚠ männlich die Marone
mars [maʁs] ❶ der März; **en mars** im März; **début mars** Anfang März; **fin mars** Ende März; **pendant tout le mois de mars** den ganzen März über ❷ (*bei Datumsangaben*) **elle partira le 10 mars** sie wird am 10. März abreisen

> ⓖ Der französische Monatsname *mars* ist männlich; er wird ohne den bestimmten Artikel gebraucht.
> Bei präzisen Datumsangaben, wie sie unter ❷ aufgeführt wird, steht der Artikel jedoch, und zwar wegen der Zahl:
> *il est né le quinze* – *er ist am Fünfzehnten geboren;*
> *il est né le quinze mars* – *er ist am fünfzehnten März geboren.*

Mars [maʁs] (*Planet*) Mars
la **Marseillaise** [maʁsɛjɛz] die Marseillaise
le **marteau** [maʁto] <*Plural:* marteaux> der Hammer
marteler [maʁtəle] <*wie* peler; *siehe Verbatabelle ab S. 1055*> ❶ hämmern ❷ (*rufen*) skandieren

> Die *Marseillaise* ist seit 1795 die französische Nationalhymne. Sie wurde 1792 von C. J. Rouget de Lisle als Kriegslied der Rheinarmee komponiert. Während der Revolution wurde sie von einem Freiwilligenbataillon aus Marseille gesungen, als es in Paris einmarschierte, um an einer Volkserhebung teilzunehmen. So erhielt sie ihren Namen.

> Mit *è* schreiben sich
> – die stammbetonten Formen wie *je martèle* oder *tu martèles* sowie
> – die auf der Basis der Grundform *marteler* gebildeten Formen, z. B. *ils martèleront* und *je martèlerais*.

le **Martien** [maʀsjɛ̃] der Marsbewohner

la **Martienne** [maʀsjɛn] die Marsbewohnerin

le **Martiniquais** [maʀtinikɛ] der Einwohner von Martinique

la **Martiniquaise** [maʀtinikɛz] die Einwohnerin von Martinique

la **Martinique** [maʀtinik] Martinique

le **martyr** [maʀtiʀ] ❶ der Märtyrer ❷ (*Leiden*) das Martyrium

martyr, martyre [maʀtiʀ] **un enfant martyr** ein misshandeltes Kind

la **martyre** [maʀtiʀ] die Märtyrerin

martyriser [maʀtiʀize] quälen

la **mascotte** [maskɔt] ⚠ *weiblich* das Maskottchen

le **masculin** [maskylɛ̃] (*in der Grammatik*) das Maskulinum

masculin, masculine [maskylɛ̃, maskylin] männlich

maso [mazo] (*umgs.*) Abkürzung von **masochiste** masochistisch

masochiste [mazɔʃist] masochistisch

le **masochiste** [mazɔʃist] der Masochist

la **masochiste** [mazɔʃist] die Masochistin

le **masque** [mask] ⚠ *männlich* die Maske

masqué, masquée [maske] ❶ maskiert ❷ **le bal masqué** der Maskenball

masquer [maske] ❶ verdecken; verheimlichen *Wahrheit* ❷ **se masquer le visage** sich eine Maske aufsetzen

le **massacre** [masakʀ] ❶ das Massaker ❷ (*übertragen*) der Murks

massacrer [masakʀe] ❶ niedermetzeln ❷ abschlachten *Tiere* ❸ (*übertragen*) **massacrer quelqu'un** (*umgs.*) jemanden niedermachen ❹ **se faire massacrer** sich abschlachten lassen

le **massage** [masaʒ] ⚠ *männlich* die Massage; **se faire faire un massage du dos** sich den Rücken massieren lassen

la **masse** [mas] ❶ die Masse ❷ **les masses populaires** die Masse[n], die Volksmassen ▶ **pas des masses** (*umgs.*) nicht besonders viel, nicht besonders

masser [mase] massieren *Patienten, Rücken*

le **masseur** [masœʀ] der Masseur

la **masseuse** [masøz] die Masseurin

le **massif** [masif] ❶ das Beet ❷ (*geografisch*) das Bergmassiv

massif, massive [masif, masiv] ❶ *Wuchs* massig; *Gebäude, Möbel* wuchtig ❷ *Silber, Holz* massiv ❸ (*groß*) massiv; **la manifestation massive** die Massendemonstration

les **mass media** (*männlich*) [masmedja] die Massenmedien

masturber [mastyʀbe] ❶ masturbieren ❷ **se masturber** masturbieren, onanieren

mat [⚠ mat] (*beim Schach*) matt

le **mât** [ma] der Mast

mat, mate [⚠ mat] matt; *Haut, Teint* dunkel

le **match** [matʃ] <*Plural:* matchs *oder* matches> ❶ das Spiel ❷ **le match nul** das Unentschieden
◆ le **match de boxe** der Boxkampf
◆ le **match retour** das Rückspiel

le **matelas** [matla] ⚠ *männlich* die Matratze; **le matelas pneumatique** die Luftmatratze

le **matelot** [matlo] der Matrose

mater [mate] ❶ zur Vernunft bringen ❷ (*überwinden*) bezwingen

matérialiser [mateʀjalize] ❶ realisieren; in die Tat umsetzen *Idee* ❷ **se matérialiser** Gestalt annehmen

matérialiste [mateʀjalist] materialistisch

le **matérialiste** [mateʀjalist] der Materialist

la **matérialiste** [mateʀjalist] die Materialistin

le **matériau** [mateʀjo] <*Plural:* matériaux> das Material

le **matériel** [mateʀjɛl] ❶ das Material; **le matériel de camping** die Campingausrüstung; **le matériel de bureau** das Büromaterial ❷ (*in der Informatik*) die Hardware

matériel, matérielle [mateʀjɛl] materiell; *Spur, Beweis* konkret; *Problem* technisch; *Ärger, Bedingungen* finanziell; **les dégâts matériels** die Sachschäden

maternel, maternelle [matɛʀnɛl] ❶ *Zärtlichkeit* mütterlich ❷ *Großvater* mütterlicherseits

la **maternelle** [matɛʀnɛl] ≈ der Kindergarten

materner [matɛʀne] bemuttern

la **maternité** [matɛʀnite] ❶ die Mutterschaft ❷ (*in einem Krankenhaus*) die Entbindungsstation

le **mathématicien** [matematisjɛ̃] der Mathematiker

la **mathématicienne** [matematisjɛn] die Mathematikerin
mathématique [matematik] mathematisch
les **mathématiques** (weiblich) [matematik] die Mathematik

> **V** Der Plural *les mathématiques* wird mit einem Singular übersetzt: *ma matière préférée, ce sont les mathématiques – mein Lieblingsfach ist Mathematik*. Die umgangssprachliche Variante „les maths" ist ebenfalls ein Plural: *les maths sont sa matière préférée – Mathe ist sein/ihr Lieblingsfach.*

les **maths** (weiblich) [mat] (*umgs.*) Abkürzung von **mathématiques** die Mathe
la **matière** [matjɛʀ] ❶ das Material; **la matière première** der Rohstoff; **la matière synthétique** der Kunststoff ❷ (*auch in der Physik*) die Materie ❸ (*in der Schule*) das Fach ❹ (*Thema*) einer Diskussion der Gegenstand; **en matière d'art** was die Kunst betrifft ❺ (*bei Käse*) **quarante pour cent de matières grasses** vierzig Prozent Fett
le **matin** [matɛ̃] ❶ der Morgen ❷ der Vormittag ❸ (*Zeitangabe*) morgens; **ce matin** heute Morgen; °**hier matin** gestern früh; **demain matin** morgen früh; **mardi matin** [am] Dienstagmorgen; **tous les matins** jeden Morgen; **tous les lundis matin[s]** jeden Montagmorgen; **matin et soir** morgens und abends; **du matin au soir** von morgens bis abends; **à six heures du matin** [⚠asizœʀ] um sechs Uhr morgens; **à onze heures du matin** um elf Uhr vormittags ▶ **un de ces quatre matins** eines Tages
matinal, matinale [matinal] <*Plural der männl. Form:* matinaux> ❶ morgendlich; **la rosée matinale** der Morgentau ❷ **être matinal** ein Frühaufsteher sein
la **matinée** [matine] ❶ (*Morgen*) der Vormittag ❷ (*Veranstaltung*) die Nachmittagsvorstellung ▶ **faire la grasse matinée** [richtig] ausschlafen
mature [matyʀ] reif; (*sexuell*) geschlechtsreif
la **maturité** [matyʀite] ❶ die Reife ❷ (CH) das Abitur, die Maturität (CH), die Matura (A)
maudit, maudite [modi, modit] ❶ verdammt; **ce maudit téléphone** dieses verdammte Telefon ❷ *Schriftsteller* verfemt ❸ verflucht; *Ort* unheilvoll
la **Mauritanie** [mɔʀitani] Mauretanien

> **V** Das Stichwort schreibt sich *la Mauritanie*.

maussade [mosad] *Stimmung* griesgrämig; *Himmel* grau; *Laune* schlecht; *Wetter, Landschaft* trist
mauvais [movɛ] **sentir mauvais** schlecht riechen; **il fait mauvais** das Wetter ist schlecht
mauvais, mauvaise [movɛ, movɛz] ❶ schlecht; **faire un mauvais rêve** schlecht träumen; **être mauvais pour la santé** ungesund sein ❷ *Intention, Blick* böse ❸ **la mer est mauvaise** die See ist stürmisch
mauve [mov] blasslila
le **mauve** [mov] das Blasslila
maux [mo] →**mal**
le **max** [maks] (*umgs.*) Abkürzung von **maximum** das Maximum
maximal, maximale [maksimal] <*Plural der männl. Form:* maximaux> maximal; **la vitesse maximale** die Höchstgeschwindigkeit
le **maximum** [⚠ maksimɔm] <*Plural:* maximums> ❶ das Höchstmaß ❷ (*in der Rechtsprechung*) die Höchststrafe ❸ **le maximum de la vitesse** die Höchstgeschwindigkeit ❹ **le rendement maximum** der Höchstertrag ❺ **faire le maximum** sein Möglichstes tun
Mayence [majɑ̃s] Mainz
la **mayonnaise** [majɔnɛz] die Majonäse
le **mazout** [mazut] das Heizöl, das Öl
me [mə] mich/mir; *siehe auch* **m'**

> **G** Das Pronomen *me* steht vor Konsonant oder *h aspiré*. Die Übersetzung kann *mich* oder *mir* lauten, je nachdem, welchen Fall (Kasus) das deutsche Verb erfordert:
> *il me voit – er sieht mich*; *elle me suit – sie folgt mir*; *je me dépêche – ich beeile mich*; *je me fais couper les cheveux – ich lasse mir die Haare schneiden.*

le **mec** [mɛk] (*umgs.*) der Kerl
le **mécanicien** [mekanisjɛ̃] der Mechaniker
la **mécanicienne** [mekanisjɛn] die Mechanikerin
mécanique [mekanik] mechanisch
la **mécanique** [mekanik] die Mechanik
mécaniser [mekanize] **se mécaniser** auf mechanischen Betrieb umstellen
le **mécanisme** [mekanism] der Mechanismus
méchamment [⚠ meʃamɑ̃] ❶ böse ❷ (*umgs.: sehr*) unheimlich
la **méchanceté** [meʃɑ̃ste] ❶ die Boshaftigkeit; **avec méchanceté** böse ❷ (*Handlung, Aussage*) die Bosheit; **faire des méchancetés à quelqu'un** gemein zu jemandem sein
le **méchant** [meʃɑ̃] der Böse

méchant, méchante [meʃɑ̃, meʃɑ̃t] ❶ böse; *Tier* böse, bösartig; **rendre un chien méchant** einen Hund scharfmachen; **être méchant avec quelqu'un** *Person:* gemein zu jemandem sein ❷ **une méchante grippe** eine gefährliche [*oder* üble] Grippe
la **méchante** [meʃɑ̃t] die Böse
la **mèche** [mɛʃ] ❶ *einer Kerze* der Docht ❷ **la mèche de cheveux** die Haarsträhne, die Strähne ▸ **vendre la mèche** das Geheimnis verraten
méconnaissable [mekɔnɛsabl] être **méconnaissable** nicht wiederzuerkennen sein
méconnu, méconnue [mekɔny] verkannt
le **mécontent** [mekɔ̃tɑ̃] der Nörgler
mécontent, mécontente [mekɔ̃tɑ̃, mekɔ̃tɑ̃t] unzufrieden; **être mécontent de quelqu'un/de quelque chose** mit jemandem/mit etwas unzufrieden sein
la **mécontente** [mekɔ̃tɑ̃t] die Nörglerin
la **médaille** [medaj] ❶ die Medaille ❷ der Orden
le **médecin** [medsɛ̃] der Arzt/die Ärztin
◆ le **médecin de famille** der Hausarzt/die Hausärztin

G Es gibt im Französischen keine Femininform: *elle est un bon médecin* – sie ist eine gute Ärztin.

la **médecine** [medsin] die Medizin
le **média** [medja] ⚠ *männlich* das Medium
le **médiateur** [medjatœʀ] der Vermittler
médiateur, médiatrice [medjatœʀ, medjatʀis] vermittelnd
la **médiathèque** [medjatɛk] die Mediothek
la **médiation** [medjasjɔ̃] die Vermittlung
médiatique [medjatik] medienwirksam; *Person* telegen; *Image* durch die Medien bestimmt
médiatiser [medjatize] ❶ in den Medien vermarkten ❷ (*übermäßig*) in den Medien aufbauschen
la **médiatrice** [medjatʀis] die Vermittlerin
médical, médicale [medikal] <*Plural der männl. Form:* médicaux> ärztlich
le **médicament** [medikamɑ̃] das Medikament
médicaux [mediko] →**médical**
médiocre [medjɔkʀ] ❶ *Gehalt* dürftig ❷ *Schüler* schwach ❸ mittelmäßig; *Film* zweitklassig
la **médiocrité** [medjɔkʀite] die Mittelmäßigkeit
la **médiologie** [medjɔlɔʒi] ⚠ die Medien- und Kommunikationswissenschaften
la **méditation** [meditasjɔ̃] ❶ das Nachsinnen ❷ (*spirituell*) die Meditation
méditer [medite] ❶ nachsinnen ❷ (*spirituell*) meditieren
la **Méditerranée** [mediteʀane] das Mittelmeer
le **Méditerranéen** [mediteʀaneɛ̃] der Südländer
méditerranéen, méditerranéenne [mediteʀaneɛ̃, mediteʀaneɛn] *Klima, Charakter* südländisch, mediterran; **la côte méditerranéenne** die Mittelmeerküste
la **Méditerranéenne** [mediteʀaneɛn] die Südländerin
le **médium** [⚠ medjɔm] das Medium
la **méduse** [medyz] die Qualle
le **meeting** [⚠ mitiŋ] ❶ die Versammlung; (*im Freien*) die Kundgebung ❷ (*im Sport*) die Veranstaltung
le **méfait** [mefɛ] ❶ die Missetat ❷ **les méfaits de l'alcool** die verheerenden Folgen des Alkohols
la **méfiance** [mefjɑ̃s] das Misstrauen
méfiant, méfiante [mefjɑ̃, mefjɑ̃t] misstrauisch
méfier [mefje] <*wie* apprécier; *siehe Verbtabelle ab S. 1055*> ❶ **se méfier** sich in Acht nehmen ❷ **se méfier de quelqu'un/de quelque chose** sich vor jemandem/vor etwas in Acht nehmen
le **mégaoctet** [megaɔktɛ] <*Plural:* mégaoctets> das Megabyte
meilleur [mɛjœʀ] besser; **sentir meilleur** besser riechen; **il fait meilleur** es ist wärmer, das Wetter ist besser
le **meilleur** [mɛjœʀ] ❶ (*Person*) der Beste; **le meilleur de la classe** der Beste in der Klasse ❷ (*Sache, Angelegenheit*) das Beste ▸ **pour le meilleur et pour le pire** auf Gedeih und Verderb
meilleur, meilleure [mɛjœʀ] ❶ **le meilleur .../la meilleure ...** der beste .../die beste .../das beste ...; **le meilleur élève** der beste Schüler; **la meilleure politique** die beste Politik ❷ **c'est meilleur avec de la crème** mit Sahne schmeckt es besser
la **meilleure** [mɛjœʀ] die Beste; **la meilleure de la classe** die Beste in der Klasse
la **mélancolie** [melɑ̃kɔli] die Melancholie
mélancolique [melɑ̃kɔlik] melancholisch
le **mélange** [melɑ̃ʒ] die Mischung
mélangé, mélangée [melɑ̃ʒe] gemischt
mélanger [melɑ̃ʒe] <*wie* changer; *siehe Verbtabelle ab S. 1055*> ❶ mischen, vermischen ❷ durcheinanderbringen ❸ **se mélanger** sich mischen, sich vermischen
mêlé, mêlée [mele] ❶ *Gefühle* gemischt

Ü Vor *a* und *o* bleibt das *e* erhalten, z. B. in *nous mélangeons, il mélangeait* und *en mélangeant*.

❷ être mêlé à une affaire in einen Skandal verwickelt sein
la **mêlée** [mele] (*beim Rugby*) das Gedränge
mêler [mele] **❶** mischen, vermischen **❷ mêler des détails pittoresques à un récit** in einen Bericht malerische Einzelheiten einflechten **❸ mêler quelqu'un à quelque chose** jemanden in etwas verwickeln **❹ se mêler à la foule** sich unter die Menge mischen **❺ se mêler de quelque chose** sich in etwas einmischen
la **mélodie** [melɔdi] die Melodie
mélodieux, mélodieuse [melɔdjø, melɔdjøz] melodisch
le **melon** [m(ə)lõ] ⚠ männlich die Melone ▶ **attraper le melon** (*umgs.*) sich ganz schön was einbilden
le **membre** [mɑ̃bʀ] **❶** das Glied; **les membres** die Gliedmaßen, die Glieder **❷** *eines Vereins* das Mitglied
même¹ [mɛm] **❶ le même .../la même ...** derselbe .../dieselbe .../dasselbe ...; **il porte la même chemise qu'hier** er trägt dasselbe Hemd wie gestern **❷** gleich; **la même chose** das Gleiche **❸ en même temps** zur gleichen Zeit **❹ c'est le/la même** das ist derselbe/dieselbe/dasselbe; (*ähnliche Sache*) das ist der/die/das Gleiche **❺ c'est cela même** genau so ist es
même² [mɛm] **❶** [ja] sogar; **même pas** nicht einmal; **même si** selbst wenn **❷ ici même** genau an dieser Stelle; **je le ferai aujourd'hui même** ich mache das heute noch ▶ **à même le sol** direkt auf der Erde; **vous de même!** (*gehoben*) [danke,] ebenso!; **de même que** [eben]so wie; **tout de même** dennoch, trotzdem
la **mémé** [meme] (*umgs.*) die Oma
le **mémoire** [memwaʀ] **❶** die [wissenschaftliche] Arbeit **❷ écrire ses mémoires** seine Memoiren schreiben
la **mémoire** [memwaʀ] **❶** das Gedächtnis **❷ à la mémoire de quelqu'un** zum Andenken an jemanden **❸** *eines Computers* der Speicher; **la mémoire vive** der Arbeitsspeicher; **mettre quelque chose en mémoire** etwas speichern [*oder* abspeichern]
mémorable [memɔʀabl] denkwürdig
mémoriser [memɔʀize] (*in der Informatik*) speichern, abspeichern
menaçant, menaçante [mənasɑ̃, mənasɑ̃t] **❶** drohend; **le geste menaçant** die Drohgebärde **❷** *Himmel, Wolke* bedrohlich
la **menace** [mənas] **❶** die Drohung **❷** (*Gefahr*) die Bedrohung
menacé, menacée [mənase] bedroht
menacer [mənase] <*wie* commencer; *siehe Verbtabelle ab S. 1055*> **❶** *Gewitter:* drohen **❷** bedrohen *Menschen, Land* **❸ menacer quelqu'un d'une arme/de mort** jemandem mit einer Waffe/mit dem Tod drohen **❹ on l'a menacé de le punir** man hat ihm angedroht, ihn zu bestrafen

Ü Vor *a* und *o* steht statt *c* ein *ç*, z. B. in *nous menaçons, il menaçait* und *en menaçant*.

le **ménage** [menaʒ] **❶** der Haushalt **❷ faire le ménage** sauber machen; (*umgs. oder übertragen*) [wieder] Ordnung schaffen **❸** das Paar, das Ehepaar; **se mettre en ménage avec quelqu'un** mit jemandem zusammenziehen; **être en ménage avec quelqu'un** mit jemandem zusammenleben
ménager [menaʒe] <*wie* changer; *siehe Verbtabelle ab S. 1055*> **❶** schonen **❷** rücksichtsvoll behandeln *Person* **❸** mäßigen *Worte*

Ü Vor *a* und *o* bleibt das *e* erhalten, z. B. in *nous ménageons, il ménageait* und *en ménageant*.

ménager, ménagère [menaʒe, menaʒɛʀ] Haushalts-, Haus-; **les appareils ménagers** die Haushaltsgeräte; **les ordures ménagères** der Hausmüll
la **ménagère** [menaʒɛʀ] **❶** die Hausfrau **❷** das Besteck
le **mendiant** [mɑ̃djɑ̃] der Bettler
la **mendiante** [mɑ̃djɑ̃t] die Bettlerin
mendier [mɑ̃dje] <*wie* apprécier; *siehe Verbtabelle ab S. 1055*> betteln; **mendier du pain/de l'argent** um Brot/um Geld betteln
mener [məne] <*wie* peser; *siehe Verbtabelle ab S. 1055*> **❶** bringen; **mener un enfant chez quelqu'un/à l'école** ein Kind zu jemandem/zur Schule bringen **❷** leiten; führen *Verhandlungen, Projekt* **❸ mener à quelque chose** zu etwas führen **❹** (*im Sport*) führen; **mener [par] deux à zéro** [mit] zwei zu null führen
la **méninge** [menɛ̃ʒ] die Hirnhaut ▶ **se creuser les méninges** (*umgs.*) sich das Hirn zermartern
les **menottes** (*weiblich*) [mənɔt] die Handschellen; **passer les menottes à quelqu'un** jeman-

> **Ü** Mit *è* schreiben sich
> – die stammbetonten Formen wie *je mène* oder *tu mènes* sowie
> – die auf der Basis der Grundform *mener* gebildeten Formen, z. B. *ils mèneront* und *je mènerais*.

dem Handschellen anlegen
mens, **ment** [mɑ̃s] →**mentir**
le **mensonge** [mɑ̃sɔ̃ʒ] die Lüge
mensonger, **mensongère** [mɑ̃sɔ̃ʒe, mɑ̃sɔ̃ʒɛʀ] *Bericht* unwahr
le **mensuel** [mɑ̃sɥɛl] die Monatszeitschrift, die Monatsschrift
mensuel, **mensuelle** [mɑ̃sɥɛl] monatlich
les **mensurations** *(weiblich)* [mɑ̃syʀasjɔ̃] *eines Menschen* die Maße
le **mental** [mɑ̃tal] die psychische Verfassung
mental, **mentale** [mɑ̃tal] <*Plural der männl. Form:* mentaux> geistig; **le calcul mental** das Kopfrechnen
mentalement [mɑ̃talmɑ̃] *rechnen* im Kopf
la **mentalité** [mɑ̃talite] die Mentalität
mentaux [mɑ̃to] →**mental**
le **menteur** [mɑ̃tœʀ] der Lügner
la **menteuse** [mɑ̃tøz] die Lügnerin
la **menthe** [mɑ̃t] die Minze
la **mention** [mɑ̃sjɔ̃] ❶ die Erwähnung; **faire mention de quelque chose** etwas erwähnen ❷ (*im Pass*) der Vermerk ❸ die Auszeichnung; **avec mention bien** mit „gut"
mentionner [mɑ̃sjɔne] erwähnen
mentir [mɑ̃tiʀ] <*wie* sentir; *siehe Verbtabelle ab S. 1055*> lügen; **mentir à quelqu'un** jemanden belügen ▶ **il ment comme il respire** er lügt wie gedruckt
le **menton** [mɑ̃tɔ̃] das Kinn; **le double menton** das Doppelkinn, der/die Goder Ⓐ
menu [məny] °**haché(e) menu** fein gehackt; **coupé(e) menu** klein geschnitten
le **menu** [məny] ❶ (*auch in der Informatik*) das Menü ❷ die Speisekarte; (*in einer Kantine oder Mensa*) der Speiseplan
menu, **menue** [məny] ❶ *Mensch* zierlich ❷ **quelques menus détails** einige unwichtige Einzelheiten
la **menuiserie** [mənɥizʀi] ❶ die Tischlerei ❷ (*Tätigkeit*) das Tischlern
le **menuisier** [mənɥizje] der Tischler/die Tischlerin
le **mépris** [mepʀi] die Verachtung
la **méprise** [mepʀiz] der Irrtum
mépriser [mepʀize] ❶ verachten ❷ (*nicht berücksichtigen*) missachten
la **mer** [mɛʀ] ⚠ *weiblich* das Meer; **passer ses vacances au bord de la mer** seine Ferien am Meer verbringen; **en pleine mer** auf hoher See
◆ la **mer Égée** die Ägäis
◆ la **mer Méditerranée** das Mittelmeer
◆ la **mer du Nord** die Nordsee
le **mercenaire** [mɛʀsənɛʀ] der Söldner
la **mercenaire** [mɛʀsənɛʀ] die Söldnerin
la **mercerie** [mɛʀsəʀi] (*Geschäft*) die Kurzwarenhandlung
merci [mɛʀsi] ❶ danke; **merci bien!** danke schön!; **non merci!** nein, danke!; **merci à vous pour tout** ich danke euch/Ihnen für alles ❷ (*ironisch*) na danke
le **merci** [mɛʀsi] der Dank
la **merci** [mɛʀsi] **être à la merci de quelqu'un/de quelque chose** jemandem/einer Sache ausgeliefert sein
mercredi [mɛʀkʀədi] ❶ der Mittwoch ❷ (*bei gezielten Zeitangaben*) **mercredi prochain** am Mittwoch, kommenden Mittwoch; **mercredi dernier** letzten Mittwoch; **aujourd'hui on est mercredi** heute ist Mittwoch; **tu as le temps mercredi?** hast du diesen Mittwoch Zeit? ❸ (*bei Zeitangaben, die eine Wiederholung ausdrücken*) **le mercredi** mittwochs, jeden Mittwoch; **le mercredi matin** Mittwoch vormittags; **le mercredi soir** Mittwoch abends; **"Fermé le mercredi"** „Mittwochs geschlossen" ❹ **mercredi des Cendres** Aschermittwoch

> **G** Das Substantiv *mercredi* ist männlich. Es wird ohne den bestimmten Artikel und ohne Präposition gebraucht, wenn es um eine präzise Angabe geht und ein ganz bestimmter Mittwoch gemeint ist.
> Wenn eine Wiederholung oder etwas Gewohnheitsmäßiges ausgedrückt wird, steht der bestimmte Artikel bei dem Substantiv. In diesem Fall bezieht sich die Angabe auf mehrere Mittwoche. In ❸ stehen entsprechende Beispiele.

Mercure [mɛʀkyʀ] (*Planet*) Merkur
le **mercure** [mɛʀkyʀ] das Quecksilber
merde [mɛʀd] (*salopp: Ausruf*) verdammt, verflixt; **merde alors!** [verdammter] Mist!
la **merde** [mɛʀd] (*salopp*) ❶ die Scheiße ❷ (*wertloses Zeug*) der Dreck; **c'est de la merde, ce stylo** dieser Füller ist doch Scheiße ❸ **le temps de merde** das Scheißwetter; **le boulot de merde** die Scheißarbeit ▶ **foutre la merde** (*umgs.*) ein Chaos veranstalten; **oui ou merde?** (*umgs.*) oder was ist?
merder [mɛʀde] (*umgs.*) *Mensch*: Mist bauen; *Sache*: schiefgehen
la **mère** [mɛʀ] ❶ die Mutter; **une mère célibataire** eine allein erziehende Mutter ❷ (*bei*

Tieren) das Muttertier, die Mutter ❸ (*in einem Kloster*) **la mère supérieure** die Mutter Oberin

le **méridien** [meʀidjɛ̃] der Meridian

la **meringue** [məʀɛ̃g] das Baiser

méritant, méritante [meʀitɑ̃, meʀitɑ̃t] verdienstvoll

le **mérite** [meʀit] ❶ das Verdienst ❷ der Vorzug

mériter [meʀite] ❶ verdienen ❷ wert sein; **cela mérite réflexion** darüber sollte man nachdenken

la **merveille** [mɛʀvɛj] das Wunder

merveilleusement [mɛʀvɛjøzmɑ̃] wunderbar

le **merveilleux** [mɛʀvɛjø] das Wunderbare

merveilleux, merveilleuse [mɛʀvɛjø, mɛʀvɛjøz] ❶ wunderbar ❷ wunderschön ❸ **le monde merveilleux** das Wunderland

mes [me] <*Plural von* mon *und* ma> ❶ meine; **mes parents** meine Eltern; **mes livres** meine Bücher ❷ (*in einer Anrede*) **mes chers amis!** liebe Freunde!

la **mésaventure** [mezavɑ̃tyʀ] das Missgeschick

mesdames (weiblich) [medam] <*Plural von* madame> (*mündliche Anrede*) **mesdames et messieurs, bonsoir!** guten Abend, meine sehr verehrten Damen und Herren!

> Ⓛ Wird das Wort *mesdames* in der mündlichen Anrede allein verwendet oder zusammen mit einer Grußfloskel wie *bonjour* oder *bonsoir*, bleibt es unübersetzt:
> *bonjour mesdames! – guten Tag!;*
> *vous désirez, mesdames? – was darf es sein?*

mesdemoiselles (weiblich) [medmwazɛl] <*Plural von* mademoiselle> (*mündliche Anrede*) **bonsoir, mesdames, mesdemoiselles et messieurs!** guten Abend, meine sehr verehrten Damen und Herren!

> Ⓛ Wird das Wort *mesdemoiselles* in der mündlichen Anrede allein verwendet oder zusammen mit einer Grußfloskel wie *bonjour* oder *bonsoir*, bleibt es unübersetzt:
> *bonjour mesdemoiselles! – guten Tag!;*
> *vous désirez, mesdemoiselles? – was darf es sein?*

le **message** [mesaʒ] ❶ die Nachricht ❷ der Zettel ❸ **le message publicitaire** der Werbespot ❹ (*in der Informatik*) die Meldung; **le message d'erreur** die Fehlermeldung; **le message électronique** die/das E-Mail

le **messager** [mesaʒe] der Bote

la **messagère** [mesaʒɛʀ] die Botin

la **messagerie** [mesaʒʀi] **la messagerie électronique** das E-Mail-System

la **messe** [mɛs] die Messe
◆ **la messe de minuit** die Christmette

le **messie** [mesi] der Messias

le **Messie** [mesi] (*im Christentum*) der Messias

les **messieurs** (männlich) [⚠ mesjø] <*Plural von* monsieur> ❶ **nous avons vu deux messieurs dans le taxi** wir haben zwei Herren in dem Taxi gesehen ❷ (*mündliche Anrede*) **messieurs dames** meine Damen und Herren; **mesdames et messieurs, bonsoir!** guten Abend, meine sehr verehrten Damen und Herren!

> Ⓛ Wird das Wort *messieurs* in der mündlichen Anrede allein verwendet oder zusammen mit einer Grußfloskel wie *bonjour* oder *bonsoir*, bleibt es unübersetzt:
> *bonjour messieurs! – guten Tag!;*
> *vous désirez, messieurs? – was darf es sein?*

la **mesure** [m(ə)zyʀ] ❶ das Messen ❷ **les mesures** die Maße; **prendre les mesures de quelqu'un** bei jemandem Maß nehmen; **prendre les mesures d'une pièce** einen Raum ausmessen; **sur mesure[s]** *Mantel* maßgeschneidert ❸ die Maßnahme; **la mesure disciplinaire** die disziplinarische Maßnahme; **par mesure de sécurité** aus Sicherheitsgründen ❹ (*in der Musik*) der Takt; **battre la mesure** den Takt angeben ▸ **au fur et à mesure** nach und nach; **outre mesure** übermäßig; **être en mesure de faire quelque chose** jemand ist imstande, etwas zu tun; **à mesure que nous avancions, la forêt devenait plus épaisse** je weiter wir vordrangen, desto dichter wurde der Wald

mesuré, mesurée [məzyʀe] *Mensch* besonnen

mesurer [məzyʀe] ❶ messen; ausmessen *Zimmer* ❷ ermessen; abschätzen *Konsequenzen, Risiken* ❸ mäßigen *Worte* ❹ messen; **mesurer trois mètres de °haut** drei Meter hoch sein; **combien mesures-tu?** wie groß bist du? ❺ **se mesurer à quelqu'un** sich mit jemandem messen

met [mɛ] → **mettre**

le **métal** [metal] <*Plural:* métaux> das Metall; **le métal précieux** das Edelmetall; **le métal lourd** das Schwermetall

métallique [metalik] Metall-; **la barre métallique** der Metallbarren; **le fil métallique** der Draht

métallisé, métallisée [metalize] Metallic-; **la peinture métallisée** die Metalliclackierung

la **métallurgie** [metalyʀʒi] die Metallindustrie

la **métamorphose** [metamɔʀfoz] die Metamor-

phose, die Verwandlung
les **métaux** *(männlich)* [meto] *Plural von* **métal**
la **météo** [meteo] (*umgs.*) *Abkürzung von* **météorologie** (*in den Nachrichten*) der Wetterbericht, die Wettervorhersage
le/la **météorite** [meteɔrit] der Meteorit
la **météorologie** [meteɔrɔlɔʒi] ❶ die Meteorologie ❷ (*Einrichtung*) das meteorologische Institut
la **méthode** [metɔd] ❶ die Methode ❷ (*Buch*) das Lehrbuch; **la méthode de piano** das Lehrbuch für Klavier
méticuleux, méticuleuse [metikylø, metikyløz] sorgfältig
le **métier** [metje] ❶ der Beruf; **qu'est-ce que vous faites comme métier?** was machen Sie beruflich? ❷ das Handwerk ❸ **le métier [à tisser]** der Webstuhl ▸ **connaître son métier** sein Handwerk verstehen
le **métis** [⚠ metis] der Mischling
métis, métisse [⚠ metis] Mischlings-; **un enfant métis** ein Mischlingskind
la **métisse** [⚠ metis] der Mischling
le **métrage** [metraʒ] **le court métrage** der Kurzfilm; **le long métrage** der Spielfilm
le **mètre** [mɛtʀ] ❶ der/das Meter ❷ **le mètre carré** der Quadratmeter; **le mètre cube** der Kubikmeter ❸ (*Werkzeug*) das Metermaß
le **métro** [metʀo] ⚠ männlich ❶ die U-Bahn; (*in Paris*) die Metro; **en métro** mit der U-Bahn/der Metro ❷ die U-Bahn-Station; (*in Paris*) die Metrostation

L Die Pariser *métro* ist eine der ältesten U-Bahnen Europas: sie besteht seit 1900. Einige Linien verkehren von etwa 5 Uhr 30 morgens bis 0 Uhr 30 nachts. Neuerdings gibt es eine fahrerlose U-Bahn-Linie namens „Météore", bei der alles vollautomatisch gesteuert wird, vom Öffnen und Schließen der Türen bis zur Regelung der Geschwindigkeit.

mets [mɛ] →**mettre**
le **metteur en scène** [metœʀ ɑ̃ sɛn] <*Plural:* metteurs en scène> der Regisseur/die Regisseurin

G Es gibt im Französischen keine Femininform: *elle est metteur en scène – sie ist Regisseurin.*

mettre [mɛtʀ] <*siehe Verbtabelle ab S. 1055*> ❶ **mettre le bébé dans son siège** das Baby auf seinen Stuhl setzen; **mettre l'enfant dans son lit** das Kind in sein Bett legen ❷ (*senkrecht, aufrecht platzieren*) stellen; (*waagerecht platzieren*) legen; **mettre les livres dans la bibliothèque** die Bücher in das Regal stellen; **mettre un vase sur la table** eine Vase auf den Tisch stellen; **mettre le journal sur la table** die Zeitung auf den Tisch legen ❸ **mettre quelque chose à la poubelle** etwas in den Mülleimer tun ❹ **se mettre debout** aufstehen; **se mettre à genoux** sich hinknien ❺ anziehen *Kleidung, Schuhe;* aufsetzen *Hut, Brille;* einsetzen *Kontaktlinsen;* auftragen *Schminke;* anlegen *Schmuck;* anstecken *Ring, Brosche;* **il faut que je mette mes lunettes** ich muss mir die Brille aufsetzen; **se mettre en pantalon** eine Hose anziehen ❻ aufhängen *Vorhänge;* verlegen *Teppich, Elektrik* ❼ einschalten *Radio, Fernseher* ❽ **je mets ma montre à l'heure** ich stelle meine Uhr ❾ **mettre le vélo à l'abri** das Fahrrad unterstellen; **mettre le vélo au garage** das Fahrrad in die Garage stellen ❿ **mettre la clé dans la serrure** den Schlüssel ins Schloss stecken ⓫ **mettre le lait en bouteilles** die Milch in Flaschen füllen ⓬ **mettre le ballon dans les buts** den Ball ins Tor schießen ⓭ **se mettre les doigts dans le nez** in der Nase bohren ⓮ **mettre du beurre sur une tartine** Butter auf eine Scheibe Brot streichen; **se mettre de la crème sur la figure** sich das Gesicht eincremen ⓯ schreiben; **le prof m'a mis six** ≈ der Lehrer hat mir eine Fünf gegeben, ≈ der Lehrer hat mir eine Zwei gegeben (CH) ⓰ **mettre un mot au pluriel** ein Wort in den Plural setzen ⓱ **mettre quelqu'un au régime** jemanden auf Diät setzen; **mettre quelqu'un à l'aise** dafür sorgen, dass jemand sich wohl fühlt ⓲ **se mettre au travail** sich an die Arbeit machen; **se mettre en route** sich auf den Weg machen; **se mettre en colère** wütend werden ⓳ brauchen *Stunden, Tage;* **tu as mis le temps!** du hast dir aber Zeit gelassen! ⓴ **mettons/mettez que ce soit vrai** angenommen, dass das wahr wäre

le **meuble** [mœbl] das Möbelstück, das Möbel; **les meubles** die Möbel
le **meublé** [mœble] die möblierte Wohnung
meubler [mœble] ❶ einrichten ❷ (*übertragen*) in Gang halten *Unterhaltung*
meure, meurent, meurs, meurt [mœʀ] →**mourir**
le **meurtre** [mœʀtʀ] der Mord
le **meurtrier** [mœʀtʀije] der Mörder
meurtrier, meurtrière [mœʀtʀije, mœʀtʀijɛʀ] ❶ *Krieg, Waffe* mörderisch ❷ *Kreuzung, Straße, Verkehr* lebensgefährlich ❸ *Unfall,*

Schlag tödlich

la **meurtrière** [mœʀtʀijɛʀ] die Mörderin
meus, meut [mø], **meuve, meuvent** [mœv] →**mouvoir**

la **Meuse** [møz] die Maas

le **Mexicain** [mɛksikɛ̃] der Mexikaner
mexicain, mexicaine [mɛksikɛ̃, mɛksikɛn] mexikanisch

la **Mexicaine** [mɛksikɛn] die Mexikanerin

le **Mexique** [mɛksik] Mexiko

le **mi** [mi] <*Plural:* mi> ❶ (*Musiknote*) das e ❷ (*Tonart*) **mi majeur** E-Dur; **mi mineur** e-Moll

la **mi-août** [miut] **à la mi-août** Mitte August

miauler [mjole] miauen

la **mi-avril** [miavʀil] **à la mi-avril** Mitte April

le **mi-bas** [miba] <*Plural:* mi-bas> der Kniestrumpf

mi-chemin [miʃmɛ̃] **à mi-chemin** auf halbem Weg

mi-clos, mi-close [miklo, mikloz] halb geschlossen

le **micro** [mikʀo] *Abkürzung von* **microphone** das Mikro

le **microbe** [mikʀɔb] ⚠ *männlich* die Mikrobe

le **micro-onde** [mikʀoõd] <*Plural:* micro-ondes> ❶ (*in der Physik*) die Mikrowelle ❷ **le** [**four à**] **micro-ondes** der Mikrowellenherd, die Mikrowelle

le **microphone** [mikʀɔfɔn] das Mikrofon

le **microprocesseur** [mikʀopʀɔsesœʀ] (*in der Informatik*) der Mikroprozessor

le **microscope** [mikʀɔskɔp] das Mikroskop

la **mi-décembre** [midesɑ̃bʀ] **à la mi-décembre** Mitte Dezember

le **midi** [midi] ❶ **il est midi** es ist zwölf [Uhr]; **à midi** (*Zeitpunkt*) um zwölf; (*Zeitspanne*) über Mittag; **demain midi** morgen Mittag; **mardi midi** Dienstagmittag ❷ *eines Landes* der Süden; **le Midi** Südfrankreich ▸ **chercher midi à quatorze heures** einfache Sachen kompliziert machen

la **mie** [mi] das weiche Innere

le **miel** [mjɛl] der Honig

mien, mienne [mjɛ̃, mjɛn] ❶ **le mien/la mienne** meiner/meine/meins; **leur fille a trois ans, la mienne en a cinq** ihre Tochter ist drei Jahre alt, meine fünf; **ce n'est pas ton vélo, c'est le mien** das ist nicht dein Fahrrad, sondern meins; **cette maison est la mienne** dies ist mein Haus ❷ **les miens/les miennes** meine; **ce ne sont pas tes photos, ce sont les miennes** das sind nicht deine Fotos, sondern meine ❸ **les miens** (*meine Angehörigen, meine Anhänger*) die Meinen

la **miette** [mjɛt] der Krümel ▸ **ne pas perdre une miette de la conversation** sich keine Silbe vom Gespräch entgehen lassen

mieux [mjø] <*Steigerung von* bien> ❶ besser; **c'est mieux que rien** [das ist] besser als nichts; **elle va mieux** es geht ihr besser; **de mieux en mieux** immer besser; **j'aime mieux aller danser** ich gehe lieber tanzen; **il vaut mieux que tu t'en ailles** es ist besser, wenn du gehst; **vous serez mieux dans le fauteuil** in dem Sessel sitzen Sie bequemer; **elle est mieux les cheveux courts** mit kurzen Haaren sieht sie hübscher aus ❷ am besten; **c'est elle qui travaille le mieux** sie arbeitet am besten; **le mieux serait de ne rien dire** es wäre das Beste, nichts zu sagen; **il est le mieux disposé à nous écouter** er ist am ehesten bereit uns anhören ❸ **elle est au mieux de sa forme** sie ist in Bestform ❹ **un exemple des mieux choisis** ein besonders gut gewähltes Beispiel ▸ **tant mieux** [**pour lui**]! umso besser [für ihn]!

le **mieux** [mjø] ❶ **trouver mieux** etwas Besseres finden ❷ **un léger mieux** eine leichte Besserung ▸ **je fais de mon mieux** ich tue mein Bestes

la **mi-février** [mifevʀije] **à la mi-février** Mitte Februar

mignon, mignonne [miɲõ, miɲɔn] ❶ niedlich ❷ lieb

la **migraine** [migʀɛn] die Migräne; **avoir la migraine** Migräne haben

migrateur, migratrice [migʀatœʀ, migʀatʀis] Zug-; **l'oiseau migrateur** der Zugvogel

la **migration** [migʀasjõ] die Wanderungsbewegung; (*bei Tieren*) die Wanderung; **la migration des oiseaux** der Vogelzug

migratrice [migʀatʀis] →**migrateur**

mi-°hauteur [mi´otœʀ] **à mi-°hauteur** auf halber Höhe

la **mi-janvier** [miʒɑ̃vje] **à la mi-janvier** Mitte Januar

mijoter [miʒɔte] *Suppe:* köcheln; **faire mijoter quelque chose** etwas köcheln lassen ▸ **faire mijoter quelqu'un** jemanden schmoren lassen

la **mi-juillet** [⚠ miʒɥijɛ] **à la mi-juillet** Mitte Juli

la **mi-juin** [⚠ miʒɥɛ̃] **à la mi-juin** Mitte Juni

mil [mil] tausend; **en** [**l'an**] **mil neuf cent soixante-trois** [im Jahr] neunzehnhundertdreiundsechzig

Milan [milɑ̃] Mailand
la **milice** [milis] die Miliz
le **milieu** [miljø] <*Plural:* milieux> ❶ die Mitte; **le milieu de la rue** die Mitte der Straße; **en plein milieu de la pièce** mitten im Zimmer; **le bouton du milieu** der mittlere Knopf; **au milieu de l'après-midi** mitten am Nachmittag; **au beau milieu de la nuit** mitten in der Nacht ❷ der Mittelweg ❸ die Umwelt; (*gesellschaftlich, biologisch*) das Milieu
▸ le **milieu de terrain** der Mittelfeldspieler/ die Mittelfeldspielerin
militaire [militɛʁ] militärisch, Militär-; **le tribunal militaire** das Militärgericht
le **militaire** [militɛʁ] der Soldat
▸ le **militaire de carrière** der Berufssoldat
la **militaire** [militɛʁ] die Soldatin
▸ la **militaire de carrière** die Berufssoldatin
le **militant** [militɑ̃] das aktive Mitglied
la **militante** [militɑ̃t] das aktive Mitglied
militer [milite] ❶ kämpfen ❷ (*in einer Partei*) aktiv sein
mille [mil] ❶ tausend, eintausend; **deux mille** zweitausend; **mille un** tausend[und]eins; **le billet de mille euros** der Tausendeuroschein; **il y avait mille personnes** es waren tausend Leute da; **la page mille** die Seite tausend ❷ (*sehr viel*) **je t'ai dit mille fois de faire attention** ich habe dir tausend Mal gesagt, dass du aufpassen sollst ▸ **mille mercis!** tausend Dank!

 Das Zahlwort *mille* ist unveränderlich: *j'ai gagné trois mille euros* – ich habe dreitausend Euro gewonnen.

le **mille**[1] [mil] ❶ (*Zahl*) die Tausend; **écrire un grand mille au tableau** eine große Tausend an die Tafel schreiben ❷ (*Menge*) das Tausend ▸ **des mille et des cents** (*umgs.*) ein Vermögen
le **mille**[2] [mil] ⚠ *männlich* die Meile; **un mille marin** [*oder* **nautique**] eine Seemeile
millénaire [milenɛʁ] tausendjährig
le **millénaire** [milenɛʁ] ❶ das Jahrtausend ❷ die Tausendjahrfeier
le **millénium** [⚠ miljɔm] das Millennium
le **milliard** [miljaʁ] ⚠ *männlich* die Milliarde; **des milliards d'étoiles** Milliarden von Sternen
le **milliardaire** [miljaʁdɛʁ] der Milliardär
la **milliardaire** [miljaʁdɛʁ] die Milliardärin
le **millième** [miljɛm] tausendste(r, s)
le **millième** [miljɛm] ❶ (*in einer Reihenfolge*) der/die/das Tausendste ❷ (*Bruchzahl*) das Tausendstel
la **millième** [miljɛm] der/die/das Tausendste
le **millier** [milje] **un millier de visiteurs** um die tausend Besucher; **des milliers de papillons** Tausende von Schmetterlingen; **par milliers** zu Tausenden
le **millimètre** [milimɛtʁ] der Millimeter
le **million** [miljɔ̃] ⚠ *männlich* die Million; **un million d'habitants** eine Million Einwohner; **des millions d'enfants** Millionen von Kindern
le **millionnaire** [miljɔnɛʁ] der Millionär

 Dieses französische Wort und das folgende schreiben sich mit *nn*.

la **millionnaire** [miljɔnɛʁ] die Millionärin
mi-long, mi-longue [milɔ̃, milɔ̃g] <*Plural der männl. Form:* mi-longs> *Haare, Rock* halblang
la **mi-mai** [mime] **à la mi-mai** Mitte Mai
la **mi-mars** [mimaʁs] **à la mi-mars** Mitte März
le **mime** [mim] ❶ (*Künstler*) der Pantomime ❷ (*Kunstform*) die Pantomime
la **mime** [mim] die Pantomimin
mimer [mime] pantomimisch darstellen
le **mimosa** [mimoza] ⚠ *männlich* die Mimose
minable [minabl] erbärmlich
le **minable** [minabl] die Niete
la **minable** [minabl] die Niete
mince [mɛ̃s] ❶ *Scheibe, Wand* dünn ❷ *Mann, Frau* schlank ❸ *Hoffnung* gering; *Resultat* dürftig ▸ **mince** [**alors**]! (*umgs.*) verflixt [noch mal]!; (*Ausdruck der Überraschung*) Donnerwetter!
la **minceur** [mɛ̃sœʁ] die Dünnheit; *eines Menschen* die Schlankheit
mincir [mɛ̃siʁ] <*wie agir; siehe Verbtabelle ab S. 1055*> dünner werden

 Bei einigen Formen des Verbs ist der Stamm um -*iss*- erweitert, etwa bei *nous mincissons, il mincissait* oder *en mincissant*.

la **mine**[1] [min] ❶ das Aussehen; **avoir bonne/mauvaise mine** gut/schlecht aussehen ❷ (*Gesichtsausdruck*) die Miene ▸ **mine de rien** (*umgs.*) ganz unauffällig
la **mine**[2] [min] ❶ das Bergwerk; **la mine de charbon** das Kohlenbergwerk, die Zeche; **la mine de diamants** die Diamantenmine ❷ (*Sprengkörper, Schreibstift*) die Mine
miner [mine] ❶ (*beim Militär*) verminen ❷ aushöhlen *Felsen* ❸ (*belasten*) zermürben
le **minerai** [minʁɛ] das Erz
le **minéral** [mineʁal] <*Plural der männl. Form:* minéraux> das Mineral

minéral, minérale [mineʀal] <*Plural der männl. Form:* minéraux> mineralisch; **les sels minéraux** die Mineralstoffe

le **mineur** [minœʀ] ❶ der Minderjährige ❷ (*Arbeiter*) der Bergmann

mineur, mineure [minœʀ] ❶ minderjährig ❷ unwichtig; *Werk, Künstler* unbedeutend ❸ (*in der Musik*) **do mineur** c-Moll; **fa mineur** f-Moll

la **mineure** [minœʀ] die Minderjährige

mini [mini] (*umgs.*) Mini-; **la mode mini** die Minimode

ⓖ Das Adjektiv *mini* ist unveränderlich: *les jupes mini – die Miniröcke.*

la **miniature** [minjatyʀ] ❶ die Miniatur; **en miniature** im Kleinformat ❷ **une voiture miniature** ein Modellauto

le **minigolf** [minigɔlf] ❶ das Minigolf ❷ die Minigolfanlage

la **minijupe** [miniʒyp] der Minirock

minimal, minimale [minimal] <*Plural der männl. Form:* minimaux> minimal; **les températures** die Tiefsttemperaturen

minime [minim] unbedeutend; *Schäden, Ausgaben* gering

minimiser [minimize] herunterspielen

le **minimum** [⚠ minimɔm] <*Plural:* minimums> ❶ das Minimum; **le minimum vital** das Existenzminimum ❷ **la température minimum** die Tiefsttemperatur; **les salaires minimums** die Mindestlöhne

le **ministère** [ministɛʀ] das Ministerium
  ◆ le **ministère des Affaires étrangères** das Außenministerium
  ◆ le **ministère de l'Intérieur** das Innenministerium

le **ministre** [ministʀ] der Minister
  ◆ le **ministre d'État** der Staatsminister

la **ministre** [ministʀ] die Ministerin
  ◆ la **ministre d'État** die Staatsministerin

minoritaire [minɔʀitɛʀ] Minderheits-, Minderheiten-; **le gouvernement minoritaire** die Minderheitsregierung; **un groupe minoritaire** eine Minderheitengruppe; **être minoritaire** in der Minderheit sein

la **minorité** [minɔʀite] ❶ die Minderheit; **être en minorité** in der Minderheit sein ❷ die Minderjährigkeit

la **mi-novembre** [minɔvɑ̃bʀ] **à la mi-novembre** Mitte November

le **minuit** [⚠ minɥi] die Mitternacht; **à minuit** um Mitternacht, nachts um zwölf; **à minuit et demi** nachts um halb eins; **vers [**oder **autour de] minuit** gegen Mitternacht

minuscule [minyskyl] ❶ winzig klein, winzig ❷ **le b minuscule** das kleine b; **les lettres minuscules** die Kleinbuchstaben

la **minuscule** [minyskyl] der Kleinbuchstabe; **écrire un mot en minuscules** ein Wort kleinschreiben

la **minute** [minyt] ❶ (*auch in der Geometrie*) die Minute ❷ der Augenblick; **je vous demande une minute d'attention** ich bitte Sie einen Augenblick um Ihre Aufmerksamkeit ▸ **d'une minute à l'autre** jeden Moment; **faire quelque chose à la dernière minute** etwas bis zur letzten Minute aufschieben; **de dernière minute** *Information* allerneuste(r,s); *Änderung* kurzfristig; **attends deux minutes!** warte [gerade] mal!
  ◆ la **minute de silence** die Schweigeminute

minuter [minyte] [zeitlich] genau festlegen *Feier, Arbeit;* **un emploi du temps minuté** ein genau festgelegter Zeitplan

la **minutie** [⚠ minysi] die Sorgfalt; (*Präzision*) die Genauigkeit

minutieux, minutieuse [⚠ minysjø, minysjøz] genau; *Prüfung* gründlich, genau

la **mi-octobre** [miɔktɔbʀ] **à la mi-octobre** Mitte Oktober

miracle [miʀakl] Wunder-; **un remède miracle** ein Wundermittel

ⓖ Das Adjektiv *miracle* ist unveränderlich: *les solutions miracle – die Patentlösungen.*

le **miracle** [miʀakl] das Wunder ▸ **[comme] par miracle** [wie] durch ein Wunder

le **miraculé** [miʀakyle] **c'est un miraculé** (*Genesener*) er ist durch ein Wunder geheilt worden; (*Überlebender*) er hat wie durch ein Wunder überlebt

la **miraculée** [miʀakyle] **c'est une miraculée** (*Genesene*) sie ist durch ein Wunder geheilt worden; (*Überlebende*) sie hat wie durch ein Wunder überlebt

miraculeux, miraculeuse [miʀakylø, miʀakyløz] wunderbar

le **mirage** [miʀaʒ] ⚠ *männlich* die Fata Morgana

le **miroir** [miʀwaʀ] der Spiegel

mis, mise [mi, miz] →**mettre**

la **mise** [miz] (*beim Spiel*) der Einsatz
  ◆ la **mise à jour** die Aktualisierung; (*in der Informatik*) das Update
  ◆ la **mise en attente** (*beim Telefonieren*) die Wartefunktion
  ◆ la **mise en garde** die Warnung
  ◆ la **mise en marche** die Inbetriebnahme
  ◆ la **mise en scène** die Regie; (*beim Theater*) die Inszenierung

la **mi-septembre** [misɛptɑ̃bʀ] **à la mi-septembre** Mitte September
miser [mize] setzen
misérable [mizeʀabl] ❶ *Mensch, Familie* sehr arm; *Wohnung, Aussehen* armselig ❷ *(jämmerlich)* erbärmlich; **un misérable menteur** ein armseliger Lügner
la **misère** [mizɛʀ] das Elend, die Not ▸ **faire des misères à quelqu'un** *(umgs.)* jemanden piesacken
miséreux, miséreuse [mizeʀø] *Bettler* armselig, erbärmlich; **le quartier miséreux** das Armenviertel
le **missile** [misil] die Rakete
la **mission** [misjɔ̃] ❶ die Aufgabe; *(offiziell)* der Auftrag; *(beim Militär, bei der Luftfahrt)* der Einsatz; **une mission dangereuse** eine gefährliche Mission ❷ die Gruppe ❸ *(kirchlich)* die Mission
le **missionnaire** [misjɔnɛʀ] der Missionar

V Dieses französische Wort und das folgende schreiben sich mit *nn*.

la **missionnaire** [misjɔnɛʀ] die Missionarin
mit [mi] →**mettre**
la **mite** [mit] die Motte
le **mi-temps** [mitɑ̃] ❶ die Halbtagsstelle ❷ **travailler à mi-temps** halbtags arbeiten
la **mi-temps** [mitɑ̃] *(im Sport)* die Halbzeit
mites [mit] →**mettre**
miteux, miteuse [mitø, mitøz] *Mensch* armselig; *Gebäude, Kleidung, Möbelstück* schäbig
mitigé, mitigée [mitiʒe] *Gefühle, Reaktion* zwiespältig; *Eindrücke* unterschiedlich
mitrailler [mitʀɑje] beschießen
la **mitraillette** [mitʀɑjɛt] die Maschinenpistole
mi-voix [mivwa] **à mi-voix** leise
le **mixage** [miksaʒ] die Tonmischung
mixer [mikse] ❶ mixen ❷ *(im Tonstudio)* mischen
le **mixeur** [miksœʀ] der Mixer
mixte [mikst] ❶ gemischt ❷ **un mariage mixte** eine Mischehe
la **mixture** [mikstyʀ] die Mixtur; *(Getränk)* das Gebräu
la **MJC** [ɛmʒize] *Abkürzung von* **maison des jeunes et de la culture** ≈ das Jugend- und Kulturzentrum
Mlle [madmwazɛl] <*Plural:* Mlles> *Abkürzung von* **Mademoiselle** Frl.; **Mlle Lambert** Frl. Lambert
MM. *(männlich)* [mesjø] *Abkürzung von* **Messieurs**: **MM. Leblanc et Drivaud** die Herren Leblanc und Drivaud
Mme [madam] <*Plural:* Mmes> *Abkürzung von* **Madame** Fr.; **Mme Duchemin** Fr. Duchemin
le **Mo** [ɛmo] *Abkürzung von* **mégaoctet** das MB
la **mob** [mɔb] *(umgs.)* *Abkürzung von* **mobylette®** das Mofa
mobile [mɔbil] beweglich; *Bevölkerung, Einsatzkräfte* mobil; **le téléphone mobile** das Handy, das Natel ⒞ₕ
le **mobile** [mɔbil] ❶ *eines Verbrechens* das Motiv ❷ *(Kunstgegenstand)* das Mobile ❸ *(Telefon)* das Handy, das Natel ⒞ₕ
le **mobilier** [mɔbilje] die Einrichtung
la **mobilisation** [mɔbilizasjɔ̃] die Mobilisierung; *(beim Militär)* die Mobilmachung
mobiliser [mɔbilize] ❶ mobilisieren; einziehen *Reservisten* ❷ **se mobiliser** aktiv werden
la **mobilité** [mɔbilite] die Beweglichkeit; *der Bevölkerung* die Mobilität
la **mobylette®** [mɔbilɛt] das Mofa
moche [mɔʃ] *(umgs.)* ❶ hässlich ❷ fies; **ce qu'il a fait est vraiment moche** was er getan hat, ist wirklich fies
les **modalités** *(weiblich)* [mɔdalite] die Modalitäten
le **mode** [mɔd] ❶ die Art, die Weise; **le mode de paiement** die Zahlungsart ❷ *(in der Grammatik)* der Modus
◆ le **mode d'emploi** die Gebrauchsanweisung
la **mode** [mɔd] die Mode; **être à la mode** [in] Mode sein
modèle [mɔdɛl] vorbildlich; **une élève modèle** eine Musterschülerin; **les usines modèles** die Musterfabriken
le **modèle** [mɔdɛl] ❶ das Modell ❷ **le modèle réduit** das Miniaturmodell ❸ das Vorbild; **j'ai pris modèle sur ma sœur** ich habe mir an meiner Schwester ein Beispiel genommen
modeler [mɔd(ə)le] <*wie* peser; *siehe Verbtabelle ab S.* 1055> modellieren, formen

Ü Mit *è* schreiben sich
– die stammbetonten Formen wie *je modèle* oder *tu modèles* sowie
– die auf der Basis der Grundform *modeler* gebildeten Formen, z.B. *ils modèleront* und *je modèlerais*.

le **modélisme** [mɔdelism] der Modellbau
la **modération** [mɔdeʀasjɔ̃] die Mäßigung; **avec modération** in Maßen

F Nicht verwechseln mit *die Moderation – la présentation*!

modéré, modérée [mɔdeʀe] *Mensch, Ansicht, Preis* gemäßigt; *Wind, Begeisterung*

mäßig
modérément [mɔdeRemã] maßvoll
modérer [mɔdeRe] <*wie* préférer; *siehe Verbtabelle ab S. 1055*> bremsen *Ausgaben;* dämpfen *Wut*

> **Ü** Nur die stammbetonten Formen schreiben sich mit è, z. B. *je modère*.

moderne [mɔdɛRn] ❶ modern ❷ **les temps modernes** die Neuzeit
la **modernisation** [mɔdɛRnizasjɔ̃] die Modernisierung
moderniser [mɔdɛRnize] ❶ modernisieren ❷ **se moderniser** modernisiert werden
la **modernité** [mɔdɛRnite] die Modernität
modeste [mɔdɛst] bescheiden
la **modestie** [mɔdɛsti] die Bescheidenheit
la **modification** [mɔdifikasjɔ̃] die Änderung
modifier [mɔdifje] <*wie* apprécier; *siehe Verbtabelle ab S. 1055*> ändern
modique [mɔdik] niedrig
la **modulation** [mɔdylasjɔ̃] die Modulation
  ◆ la **modulation de fréquence** UKW
la **moelle** [⚠ mwal] das Mark; **la moelle épinière** das Rückenmark
moelleux, moelleuse [⚠ mwɛlø, mwɛløz] weich
les **mœurs** (weiblich) [⚠ mœR(s)] ❶ die Sitten und Bräuche ❷ **des mœurs austères** strenge Sitten
moi [mwa] ❶ **qui est-ce qui a fait cela? – Pas moi!** wer hat das getan? – Ich nicht! ❷ **tu es comme moi** du bist wie ich; **aussi fort(e) que moi** genauso stark wie ich; **plus fort(e) que moi** stärker als ich ❸ **avec moi** mit mir; **sans moi** ohne mich; **la maison est à moi** das Haus gehört mir; **je suis fière de moi** ich bin stolz auf mich ❹ **regarde-moi!** sieh mich an!; **donne-moi ça!** gib es mir! ❺ **moi, je n'ai pas bu** ich habe nichts getrunken; **il veut m'aider, moi?** mir möchte er helfen?; **c'est moi!** ich bin es!; **c'est moi qui l'ai dit** ich habe das gesagt; **c'est à moi de décider** ich muss entscheiden ▶ **à moi!** Hilfe!

> **G** Das unverbundene – oder betonte – Personalpronomen *moi* wird verwendet: ❶ in Sätzen ohne Verb; ❷ in Vergleichssätzen; ❸ nach Präpositionen; ❹ in Verbindung mit der Befehlsform; ❺ zur Hervorhebung und Betonung (wobei *moi* nur in der Umgangssprache gleichzeitig mit *je* oder *me* verwendet wird).

moi-même [mwamɛm] ❶ ich selbst; **moi-même je n'en savais rien** ich [selbst]

wusste nichts davon ❷ (*auch*) ebenfalls
moindre [mwɛ̃dR] ❶ *Nachteil* kleiner, geringer ❷ **le moindre .../la moindre ...** der geringste .../die geringste .../das geringste ..., der kleinste .../die kleinste .../das kleinste ...; **le moindre bruit** das geringste Geräusch ❸ **ce serait la moindre des choses** das wäre doch das Mindeste
le **moine** [mwan] der Mönch
le **moineau** [mwano] <*Plural:* moineaux> der Spatz
moins [mwɛ̃] ❶ weniger ❷ **moins cher** günstiger; **rouler moins vite** langsamer fahren; **moins beau** nicht so schön; **moins beau que ...** nicht so schön wie ...; **les enfants de moins de douze ans** Kinder unter zwölf Jahren; **il a un an de moins que moi** er ist ein Jahr jünger als ich ❸ **moins ... moins ...** je weniger ..., desto weniger ... ❹ **moins ..., plus ...** je weniger ..., desto mehr ... ❺ **le moins** am wenigsten ❻ **le moins doué de tous** der Unbegabteste von allen ❼ (*Angabe der Uhrzeit*) **midi moins le quart** Viertel vor zwölf; **à trois heures moins cinq** um fünf vor drei ❽ (*Angabe der Temperatur*) **il fait moins douze** es sind minus zwölf Grad ❾ (*beim Rechnen*) minus ❿ **il fait moins 3** es sind [*oder* es hat] 3 Grad minus ▶ **en moins de deux** (*umgs.*) in null Komma nichts; **à moins que tu viennes** es sei denn, du kommst; **à moins d'y aller demain** es sei denn, wir gehen morgen hin; **au moins** mindestens; (*ich wette*) wetten, dass; (*ich hoffe*) hoffentlich; [tout] **au/du moins** wenigstens; **de moins, en moins** weniger; **de moins en moins** immer weniger; **moins que rien** weniger als nichts
le **moins** [mwɛ̃] ❶ das Minuszeichen ❷ das Mindeste
le **mois** [mwa] ❶ der Monat; **au mois** monatlich; **au mois de janvier** im Januar; **au mois d'août** im August; **le cinq du/de ce mois** der Fünfte des/dieses Monats ❷ **elle est dans son deuxième mois** sie ist im zweiten Monat [schwanger]
le **moisi** [mwazi] der Schimmel
moisi, moisie [mwazi] verschimmelt
moisir [mwaziR] <*wie* agir; *siehe Verbtabelle ab S. 1055*> ❶ schimmeln ❷ (*umgs.:* warten) herumhängen

> **G** Bei einigen Formen des Verbs ist der Stamm um *-iss-* erweitert, etwa bei *ils moisissent, il moisissait* oder *en moisissant*.

la **moisissure** [mwazisyR] der Schimmel

la **moisson** [mwasõ] die Ernte
le **moissonneur** [mwasɔnœʀ] der Erntearbeiter
la **moissonneuse** [mwasɔnøz] ❶ die Erntearbeiterin ❷ die Mähmaschine
moite [mwat] feucht
la **moiteur** [mwatœʀ] die Feuchtigkeit
la **moitié** [mwatje] die Hälfte; **la moitié du temps** die halbe Zeit; **la moitié de l'année** das halbe Jahr; **moitié moins** halb so viel; **moitié plus** [mwatjeplys] um die Hälfte mehr; **à moitié** halb; **à moitié prix** zum halben Preis; **de moitié** um die Hälfte; **moitié ... moitié ...** halb ... halb ...
mol [mɔl] →**mou**
la **molaire** [mɔlɛʀ] der Backenzahn
la **molécule** [mɔlekyl] ⚠ *weiblich* das Molekül
mollasson, mollassonne [mɔlasõ, mɔlasɔn] (*umgs.*) tranig
molle [mɔl] →**mou**
le **mollet** [mɔlɛ] die Wade
le **mollusque** [mɔlysk] das Weichtier
le **môme** [mom] (*umgs.*) das Gör
la **môme** [mom] (*umgs.*) die Göre
le **moment** [mɔmã] ❶ der Moment, der Augenblick; **à ce moment-là** in dem Moment ❷ [kurze] Zeit; **un long moment** eine ganze Weile; **vivre des moments heureux** glückliche Zeiten erleben ❸ der Zeitpunkt; **le bon moment** der richtige Zeitpunkt; **le mauvais moment** der ungünstige Zeitpunkt; **au bon moment** zum richtigen Zeitpunkt; **ce n'est pas le moment** es ist nicht der richtige Zeitpunkt ❹ **dans un moment** gleich; **à partir du moment où ...** sobald ...; **d'un moment à l'autre** jeden Moment; **à quel moment?** wann?; **un moment!** [einen] Moment! ▶ **à un moment donné** plötzlich; **c'est le moment ou jamais** jetzt oder nie; **à tout moment** jederzeit; **du moment que ...** da ja ...; **en ce moment, pour le moment** momentan, im Moment; **par moments** ab und zu
momentané, momentanée [mɔmãtane] *Halt* kurz, von kurzer Dauer
momentanément [mɔmãtanemã] zur Zeit
la **momie** [mɔmi] die Mumie
mon[1] [mõ] <*Plural:* mes> ❶ mein(e); **mon frère** mein Bruder; **mon père** mein Vater ❷ (*in der Anrede*) **mon amour** Schatz, mein Schatz; **mon chéri** Liebling, mein Liebling ▶ **mon œil!** Holzauge sei wachsam!; **mon pauvre!** du/Sie Armer!
mon[2] [mõ] <*steht an Stelle von* ma *vor Vokal oder stummem h; Plural:* mes> mein(e)
Monaco [mɔnako] Monaco

> Ⓖ Das männliche besitzanzeigende Fürwort (Possessivpronomen) *mon* steht vor männlichen Substantiven. Die Übersetzung kann *mein* oder *meine* lauten, je nachdem, ob das betreffende deutsche Substantiv männlich, weiblich oder sächlich ist: *mon ami – mein Freund; mon vase – meine Vase; mon tableau – mein Bild.*

> Ⓖ Das weibliche besitzanzeigende Fürwort (Possessivpronomen) *mon* steht vor weiblichen Substantiven, die mit Vokal oder stummem h anfangen. Die Übersetzung kann *mein* oder *meine* lauten, je nachdem, ob das betreffende deutsche Substantiv männlich, weiblich oder sächlich ist: *mon amie – meine Freundin; mon haleine – mein Atem; mon oreille – mein Ohr.*

la **monarchie** [mɔnaʀʃi] die Monarchie
le **monarque** [mɔnaʀk] der Monarch/die Monarchin
le **monastère** [mɔnastɛʀ] das Kloster
mondain, mondaine [mõdɛ̃, mõdɛn] *Leben* mondän; *Verpflichtungen, Treffen* gesellschaftlich
le **monde** [mõd] ❶ die Welt ❷ **le monde du travail** die Arbeitswelt ❸ (*Menschen*) **beaucoup de monde** viele Leute; **un monde fou** eine riesige Menge Leute ❹ **tout le monde en parle** jeder [*oder* alle Welt] spricht davon ▶ **mettre un enfant au monde** ein Kind zur Welt bringen; **se moquer du monde** (*umgs.*) die Leute für dumm verkaufen wollen; **pour rien au monde** um nichts auf der Welt
mondial, mondiale [mõdjal] <*Plural der männl. Form:* mondiaux> weltweit; **l'économie mondiale** die Weltwirtschaft; **la politique mondiale** die Weltpolitik
mondialement [mõdjalmã] weltweit
la **mondialisation** [mõdjalizasjõ] die Globalisierung
mondiaux [mõdjo] →**mondial**
monégasque [mɔnegask] monegassisch
le **Monégasque** [mɔnegask] der Monegasse
la **Monégasque** [mɔnegask] die Monegassin
monétaire [mɔnetɛʀ] *Geld*-; **l'union monétaire** die Währungsunion
mongol, mongole [mõgɔl] mongolisch
le **Mongol** [mõgɔl] der Mongole
la **Mongole** [mõgɔl] die Mongolin
la **Mongolie** [mõgɔli] die Mongolei
mongolien, mongolienne [mõgɔljɛ̃, mõgɔljɛn] mongoloid
le **mongolien** [mõgɔljɛ̃] der Mongoloide
la **mongolienne** [mõgɔljɛn] die Mongoloide
le **moniteur** [mɔnitœʀ] ❶ (*Person*) der Betreuer

②(*Bildschirm*) der Monitor
◆ le **moniteur de ski** der Skilehrer
la **monitrice** [mɔnitʀis] die Betreuerin
◆ la **monitrice de ski** die Skilehrerin
la **monnaie** [mɔnɛ] ① das Geld ② das Kleingeld; **de la monnaie de cent euros** hundert Euro [in] klein ③ das Wechselgeld ④ die Münze ⑤ die Währung; **la monnaie unique** die einheitliche Währung
le **mono** [mɔnɔ] (*umgs.*) *Abkürzung von* **moniteur** der Betreuer
la **mono** [mɔnɔ] (*umgs.*) *Abkürzung von* **monitrice** die Betreuerin
le **monologue** [mɔnɔlɔg] der Monolog
monoparental, monoparentale [mɔnɔpaʀɑ̃tal] <*Plural der männl. Form:* monoparentaux> Ein-Eltern-; **la famille monoparentale** die Ein-Eltern-Familie
le **monopole** [mɔnɔpɔl] (*auch übertragen*) das Monopol
monopoliser [mɔnɔpɔlize] in Beschlag nehmen *Telefon*
monotone [mɔnɔtɔn] monoton; *Stil, Leben* eintönig
la **monotonie** [mɔnɔtɔni] die Monotonie; *des Lebens, eines Stils* die Eintönigkeit
Mons [mɔ̃:s] Bergen
le **monsieur** [məsjø] <*Plural:* messieurs> ① der Herr; **dans le taxi il y avait un monsieur** in dem Taxi saß ein Herr ②(*mündliche Anrede*) **bonjour monsieur Pujol!** guten Tag, Herr Pujol! ③(*schriftliche Anrede*) **Madame, Monsieur, ...** Sehr geehrte Damen und Herren, ... ④(*in Verbindung mit einem Titel*) **monsieur le Président vous prie de patienter** der Herr Präsident bittet Sie, sich zu gedulden

> **L** Wird das Wort *monsieur* in der mündlichen Anrede allein verwendet oder zusammen mit einer Grußfloskel wie *bonjour* oder *bonjour monsieur!*, bleibt es unübersetzt: *bonjour monsieur! – guten Tag!*; *vous désirez, monsieur? – was darf es sein?* Auch in der schriftlichen Anrede wird es allein verwendet, während in deutschen Schreiben immer der Nachname der angesprochenen Person genannt werden muss: *Monsieur, ... – Sehr geehrter Herr Dupont/Frérot, ...* (Die Namen Dupont und Frérot stehen hier beispielhaft.)

monstre [mɔ̃stʀ] (*umgs.*) wahnsinnig; **elle a un travail monstre** sie hat wahnsinnig viel Arbeit
le **monstre** [mɔ̃stʀ] ① das Ungeheuer ②(*hässlicher Mensch*) das Monster ③(*niederträchtiger Mensch*) der Ekel

monstrueux, monstrueuse [mɔ̃stʀyø, mɔ̃stʀyøz] ① missgestaltet ②(*groß*) riesig ③ ungeheuerlich, ungeheuer; *Verbrechen, Gemeinheit* abscheulich
la **monstruosité** [mɔ̃stʀyozite] ① die Ungeheuerlichkeit; *eines Verbrechens* die Abscheulichkeit ② *eines Krieges* der Gräuel
le **mont** [mɔ̃] ① der Berg ② **le Mont Blanc** der Montblanc
le **montage** [mɔ̃taʒ] △ männlich ① die Montage ② *eines Films* der Schnitt
le **montagnard** [mɔ̃taɲaʀ] der Bergbewohner
la **montagnarde** [mɔ̃taɲaʀd] die Bergbewohnerin
la **montagne** [mɔ̃taɲ] ① der Berg ② das Gebirge; **habiter la montagne** im Gebirge [*oder* in den Bergen] wohnen ③(*übertragen*) **une montagne de travail** ein Berg von Arbeit; **des montagnes de lettres** Berge von Briefen ▸ **gros comme une montagne** (*umgs.*) klar wie Kloßbrühe; **les montagnes russes** die Achterbahn
montagneux, montagneuse [mɔ̃taɲø, mɔ̃taɲøz] *Insel* bergig; **la région montagneuse** die Bergregion
le **montant** [mɔ̃tɑ̃] ① der Betrag ② *eines Betts, einer Tür* der Pfosten
montant, montante [mɔ̃tɑ̃, mɔ̃tɑ̃t] ① *Kleid, Kragen* hochgeschlossen ② **la marée montante** die Flut
la **montée** [mɔ̃te] ① *des Wassers* das Ansteigen; **la montée des prix** der Preisanstieg ② der Aufstieg ③ *eines Fahrstuhls* das Hinauffahren; *einer Seilbahn* die Bergfahrt ④(*Abhang*) die Steigung
monter [mɔ̃te] ① hinaufsteigen/heraufsteigen; **monter sur une échelle** auf eine Leiter steigen; **elle est montée dans sa chambre** sie ist in ihr Zimmer hinaufgegangen ② **monter jusqu'à dix mètres** *Wasser:* auf zehn Meter ansteigen ③ *Fahrstuhl, Rolltreppe:* hinaufführen/herauffahren ④ *Flugzeug, Flammen:* aufsteigen; *Straße:* ansteigen ⑤ *Ton, Stimme:* höher werden ⑥ *Barometer, Meer, Aktien, Druck:* steigen; *Milch:* aufkochen; *Ungeduld:* wachsen ⑦ einsteigen; **monter dans le train** in den Zug steigen [*oder* einsteigen]; **monter dans la voiture** in das Auto steigen [*oder* einsteigen] ⑧ **monter à cheval** reiten ⑨(*beruflich, gesellschaftlich*) aufsteigen ⑩ **monter l'escalier** die Treppe hinaufsteigen/heraufgestiegen kommen; **elle a monté la rue** sie ist die Straße hinaufgegangen/heraufgekommen ⑪(*nach oben befördern*) hinaufbringen/he-

raufbringen *Post;* hochtragen/herauftragen *Koffer* ⑫ anheben *Preis;* **monter le son** lauter drehen ⑬ schlagen *Eischnee, Majonäse* ⑭ aufstellen *Gerüst, Zelt;* hochziehen *Mauer;* montieren *Reifen* ⑮ in die Wege leiten *Sache;* gründen *Verein;* inszenieren *Theatervorstellung;* schmieden *Komplott* ⑯ **se monter à mille euros** sich auf tausend Euro belaufen
le **monteur** [mɔ̃tœʀ] *(beim Film)* der Cutter
la **monteuse** [mɔ̃tøz] *(beim Film)* die Cutterin
la **montgolfière** [mɔ̃gɔlfjɛʀ] der Heißluftballon
la **montre** [mɔ̃tʀ] die Uhr, die Armbanduhr
Montréal [△ mõʀeal] Montreal
montréalais, montréalaise [△ mõʀealɛ, mõʀealɛz] *Einwohner von Montreal*
le **Montréalais** [△ mõʀealɛ] der Einwohner von Montreal
la **Montréalaise** [△ mõʀealɛz] die Einwohnerin von Montreal
la **montre-bracelet** [mɔ̃tʀəbʀaslɛ] <*Plural:* montres-bracelets> die Armbanduhr
montrer [mɔ̃tʀe] ❶ zeigen ❷ anzeigen *Richtung* ❸ zeigen auf *Ausgang* ❹ **se montrer** sich zeigen
la **monture** [mɔ̃tyʀ] ❶ das Reittier ❷ *einer Brille* das Gestell
le **monument** [mɔnymã] ❶ das Denkmal ❷ das Monument; **être classé(e) monument historique** unter Denkmalschutz stehen
monumental, monumentale [mɔnymãtal] <*Plural der männl. Form* monumentaux> gewaltig
moquer [mɔke] ❶ **se moquer de quelqu'un/de quelque chose** sich über jemanden/über etwas lustig machen ❷ **il se moque de faire cela** es macht ihm nichts aus, das zu tun; **je m'en moque [pas mal]** das ist mir [völlig] egal ❸ *(täuschen)* **se moquer de quelqu'un** jemanden zum Narren halten
la **moquerie** [mɔkʀi] ❶ der Spott ❷ **les moqueries** die Spötteleien
la **moquette** [mɔkɛt] der Teppichboden
moqueur, moqueuse [mɔkœʀ, mɔkøz] *Miene* spöttisch
le **moral** [mɔʀal] <*Plural:* moraux> △ männlich ❶ die seelische Verfassung ❷ die Stimmung, die Moral ▶ **avoir le moral** zuversichtlich sein; **ne pas avoir le moral** niedergeschlagen sein; **remonter le moral à quelqu'un** jemandem wieder Mut machen
moral, morale [mɔʀal] <*Plural der männl. Form:* moraux> ❶ moralisch ❷ seelisch, psychisch; *Stärke* innere(r, s)
la **morale** [mɔʀal] ❶ die Moral ❷ die Moral-lehre ▶ **faire la morale à quelqu'un** jemandem eine Moralpredigt halten
moralisateur, moralisatrice [mɔʀalizatœʀ, mɔʀalizatʀis] ❶ moralisch ❷ *Geschichte* erbaulich ❸ *Mensch, Ton* moralisierend
moraliser [mɔʀalize] moralisieren
la **moralité** [mɔʀalite] die Moral
moraux [mɔʀo] →**moral**
morbide [mɔʀbid] morbid
le **morceau** [mɔʀso] <*Plural:* morceaux> das Stück; **un morceau de pain** ein Stück Brot; **du sucre en morceaux** der Würfelzucker ▶ **manger un morceau** einen Happen essen
morceler [mɔʀsəle] <*wie rejeter; siehe Verbtabelle ab S. 1055*> zerstückeln *Grundstück;* aufteilen *Erbe*

> Mit *ll* schreiben sich
> – die stammbetonten Formen wie *je morcelle* oder *tu morcelles* sowie
> – die auf der Basis der Grundform *morceler* gebildeten Formen, z. B. *ils morcelleront* und *je morcellerais.*

mordant, mordante [mɔʀdã, mɔʀdãt] *Mensch, Bemerkung* bissig; *Ton, Stimme* schneidend
mordre [mɔʀdʀ] <*wie vendre; siehe Verbtabelle ab S. 1055*> ❶ beißen ❷ **le chien a mordu l'enfant à la jambe** der Hund hat dem Kind ins Bein gebissen ❸ **mordre à l'appât** *Fisch:* anbeißen; *Mensch:* sich ködern lassen ❹ **se mordre la langue** sich auf die Zunge beißen
le **mordu** [mɔʀdy] *(umgs.)* der Freak; **un mordu de musique** ein Musikfreak
la **mordue** [mɔʀdy] *(umgs.)* der Fan, der Freak; **Anne, c'est une mordue de cinéma** Anne ist ein Kinofreak
morfondre [mɔʀfɔ̃dʀ] <*wie vendre; siehe Verbtabelle ab S. 1055*> **se morfondre** vor Langeweile vergehen
la **morgue** [mɔʀg] das Leichenschauhaus
morne [mɔʀn] trübselig
morose [mɔʀoz] verdrießlich
la **morosité** [mɔʀozite] die Verdrossenheit
morse [mɔʀs] Morse-; **l'alphabet morse** das Morsealphabet
le **morse** [mɔʀs] das Walross
la **morsure** [mɔʀsyʀ] ❶ der Biss ❷ die Bisswunde
le **mort** [mɔʀ] ❶ der Tote ❷ *(lebloser Körper)* die Leiche ▶ **faire le mort** sich tot stellen; *(seine Ruhe suchen)* sich völlig abschotten, auf Tauchstation gehen
la **mort** [mɔʀ] ❶ der Tod ❷ der Untergang ▶ **se**

donner la mort sich umbringen; **frapper quelqu'un à mort** jemanden totschlagen
mort, morte [mɔʀ, mɔʀt] ❶ tot ❷ *Blätter* welk; *Feuer* erloschen ❸ (*übertragen*) **mort** [**de fatigue**] (*umgs.*) todmüde; **être mort de peur** (*umgs.*) schreckliche Angst haben ❹ *Batterie* leer; **être mort** *Motor:* ausgedient haben
la **mortalité** [mɔʀtalite] die Sterblichkeit
la **mort-aux-rats** [⚠ mɔʀɔʀa] das Rattengift
la **morte** [mɔʀt] ❶ (*Person*) die Tote ❷ (*lebloser Körper*) die Leiche
le **mortel** [mɔʀtɛl] der Sterbliche
mortel, mortelle [mɔʀtɛl] ❶ sterblich ❷ *Unfall, Schuss* tödlich ❸ *Kälte, Hitze* mörderisch; **l'ennemi mortel** der Todfeind ❹ (*umgs.: ermüdend*) *Versammlung, Besprechung* todlangweilig ❺ (*umgs.: sehr gut*) *Lied, Film* genial
la **mortelle** [mɔʀtɛl] die Sterbliche
mort-né, mort-née [mɔʀne] <*Plural der männl. Form:* mort-nés> *Kind* tot geboren
la **morue** [mɔʀy] der Kabeljau
la **morve** [mɔʀv] der Nasenschleim, der Schleim
la **morveuse** [mɔʀvøz] (*umgs.*) die Rotznase
le **morveux** [mɔʀvø] (*umgs.*) die Rotznase
la **mosaïque** [mɔzaik] ⚠ *weiblich* das Mosaik
Moscou [mɔsku] Moskau
moscovite [mɔskɔvit] Moskauer
le **Moscovite** [mɔskɔvit] der Moskauer
la **Moscovite** [mɔskɔvit] die Moskauerin
la **Moselle** [mɔzɛl] die Mosel
la **mosquée** [mɔske] die Moschee
le **mot** [mo] ❶ das Wort; **le mot composé** das zusammengesetzte Wort ❷ (*Notiz*) die [kurze] Nachricht; **laisser un mot à quelqu'un** jemandem eine Nachricht hinterlassen ❸ **les mots croisés** [*oder* **fléchés**] das Kreuzworträtsel ▶ **se donner le mot** sich absprechen; **en deux mots** mit wenigen Worten; **j'ai deux mots à vous dire** ich muss ein Wörtchen mit euch/Ihnen reden; **avoir son mot à dire** ein Wörtchen mitzureden haben; **mot à mot** wortwörtlich
◆ le **mot d'ordre** die Parole
◆ le **mot de passe** das Passwort
le **motard** [mɔtaʀ] (*umgs.*) ❶ der Motorradfahrer ❷ der motorisierte Polizist
la **motarde** [mɔtaʀd] (*umgs.*) ❶ die Motorradfahrerin ❷ die motorisierte Polizistin
le **mot-clé** [mokle] <*Plural:* mots-clés> ❶ das Schlüsselwort ❷ (*in einem Wörterbuch oder Lexikon*) das Stichwort
le **moteur** [mɔtœʀ] ❶ der Motor ❷ **le frein moteur** die Motorbremse ❸ (*übertragen*)

être le moteur de quelque chose die treibende Kraft bei etwas sein
◆ le **moteur de recherche** (*in der Informatik*) die Suchmaschine
moteur, motrice [mɔtœʀ, mɔtʀis] Antriebs-; **la roue motrice** das Antriebsrad; **la force motrice** die Antriebskraft
le **motif** [mɔtif] ❶ der Grund, der Beweggrund ❷ (*Muster*) das Motiv
la **motivation** [mɔtivasjɔ̃] die Motivation
motivé, motivée [mɔtive] *Mensch, Team* motiviert
motiver [mɔtive] ❶ begründen ❷ motivieren; **être motivé(e) par quelque chose** durch etwas motiviert sein
la **moto** [moto] (*umgs.*) *Abkürzung von* **motocyclette** die Maschine
le **motocross**, le **moto-cross** [mɔtokʀɔs] das Moto-Cross
la **motocyclette** [motosiklɛt] das Motorrad
le **motocycliste** [motosiklist] der Motorradfahrer
la **motocycliste** [motosiklist] die Motorradfahrerin
motoriser [mɔtɔʀize] motorisieren
motrice [mɔtʀis] → **moteur**
le **mou** [mu] (*umgs.*) der Weichling
mou, molle [mu, mɔl] <*Plural der männl. Form:* mous> ❶ weich ❷ (*schwach*) schlaff

> **G** Die männliche Singularform **mol** steht an Stelle von *mou* vor Vokalen oder stummem h: *un mol matelas* – *eine weiche Matratze*; *un mol oreiller* – *ein weiches Kopfkissen*. (Diese Voranstellung des Adjektivs gehört allerdings zu einer gewählten Ausdrucksweise und kommt selten vor.)

le **mouchard** [muʃaʀ] ❶ der Petzer ❷ der Spitzel
la **moucharde** [muʃaʀd] ❶ die Petze ❷ der Spitzel
moucharder [muʃaʀde] (*umgs.*) ❶ petzen ❷ **moucharder quelqu'un** jemanden verpetzen
la **mouche** [muʃ] die Fliege
moucher [muʃe] **se moucher** sich die Nase putzen
le **mouchoir** [muʃwaʀ] das Taschentuch
moudre [mudʀ] <*siehe Verbtabelle ab S. 1055*> mahlen
la **moue** [mu] **faire la moue** schmollen, einen Flunsch machen
la **mouette** [mwɛt] die Möwe
mouillé, mouillée [muje] nass
mouiller [muje] ❶ nass machen ❷ durchnäs-

sen ❸ auswerfen *Anker* ❹ **se mouiller** nass werden; (*aktiv*) sich nass machen ❺ **se mouiller dans une affaire** (*umgs.*) sich in eine Sache hineinziehen lassen

le **moulage** [mulaʒ] ❶ (*Technik, Verfahren*) das Gießen ❷ (*Gegenstand*) der Abguss

le **moule** [mul] die Form

la **moule** [mul] die Miesmuschel, die Muschel

mouler [mule] ❶ formen ❷ **des vêtements qui moulent le corps** eng anliegende Kleidungsstücke

moulez [mule] →**moudre**

le **moulin** [mulɛ̃] die Mühle ▸ **être un moulin à paroles** (*umgs.*) reden wie ein Wasserfall

mouliner [muline] (*beim Kochen*) passieren

moulons [mulõ] →**moudre**

moulu, moulue [muly] *Kaffee* gemahlen

le **mourant** [muʀɑ̃] der Sterbende

mourant, mourante [muʀɑ̃, muʀɑ̃t] **être mourant** im Sterben liegen

la **mourante** [muʀɑ̃t] die Sterbende

mourir [muʀiʀ] <*siehe Verbtabelle ab S. 1055*> ❶ sterben; **mourir d'une maladie** an einer Krankheit sterben; **mourir de faim** verhungern; **mourir de soif** verdursten; **mourir de froid** erfrieren; **mourir dans un accident de voiture** bei einem Autounfall ums Leben kommen ❷ **être mort** tot sein ❸ **faire mourir** töten ❹ *Feuer:* erlöschen ▸ **c'est à mourir de rire** das ist zum Totlachen; **s'ennuyer à mourir** sich tödlich langweilen

le **mousquetaire** [muskətɛʀ] der Musketier

le **mousse** [mus] der Schiffsjunge

la **mousse** [mus] ❶ der Schaum ❷ das Moos ❸ der Schaumstoff ❹ (*in der Kochkunst*) die Mousse

mousser [muse] ❶ schäumen ❷ **se faire mousser auprès de quelqu'un** (*umgs.*) sich bei jemandem in ein günstiges Licht setzen

le **mousseux** [musø] der Schaumwein

la **mousson** [musõ] ⚠ *weiblich* der Monsun

la **moustache** [mustaʃ] ❶ der Schnurrbart ❷ **les moustaches** *einer Katze* die Schnurrhaare

le **moustachu** [mustaʃy] der Mann mit Schnurrbart

moustachu, moustachue [mustaʃy] schnurrbärtig

la **moustiquaire** [mustikɛʀ] das Moskitonetz

le **moustique** [mustik] die Stechmücke; (*in den Tropen*) der Moskito

la **moutarde** [mutaʀd] der Senf

le **mouton** [mutõ] ❶ das Schaf ❷ das Hammelfleisch, der Hammel ❸ die Staubflocke ▸ **revenons à nos moutons** kommen wir wieder zur Sache

le **mouvement** [muvmɑ̃] ❶ die Bewegung ❷ die Regung; **le mouvement de colère** der Wutausbruch ❸ (*reges Geschehen*) das Treiben ❹ (*in der Musik*) das Tempo; (*Teil eines Werks*) der Satz

mouvementé, mouvementée [muvmɑ̃te] stürmisch; *Leben* bewegt

mouvoir [muvwaʀ] <*siehe Verbtabelle ab S. 1055*> bewegen

le **moyen** [mwajɛ̃] ❶ das Mittel; **au moyen d'un tournevis** mit Hilfe eines Schraubenziehers, mittels eines Schraubenziehers; **par tous les moyens** mit allen Mitteln; **les moyens de communication technologiques** die Kommunikationstechniken, die Kommunikationstechnologie ❷ (*Methode*) der Weg ❸ **avoir les moyens pour réussir** alle Fähigkeiten haben, um es schaffen zu können ❹ (*Geld*) **les moyens financiers** die finanziellen Mittel; **avoir les moyens** (*umgs.*) es sich leisten können ▸ **pas moyen!** nichts zu machen!

◆ le **moyen de communication** das Verkehrsmittel

◆ le **moyen de transport** das Transportmittel

moyen, moyenne [mwajɛ̃, mwajɛn] ❶ mittlere(r, s) ❷ mittelmäßig ❸ durchschnittlich; **le Français moyen** der Durchschnittsfranzose

le **Moyen Âge**, le **Moyen-Âge** [⚠ mwajɛnaʒ] das Mittelalter

moyenâgeux, moyenâgeuse [⚠ mwajɛnaʒø, mwajɛnajøz] (*auch abwertend*) mittelalterlich

moyennant [mwajɛnɑ̃] **moyennant mille euros** für tausend Euro

la **moyenne** [mwajɛn] ❶ der Durchschnitt; **en moyenne** durchschnittlich ❷ die Durchschnittsnote; **avoir la moyenne en histoire** in Geschichte eine durchschnittliche Note haben ❸ **la moyenne d'âge** das Durchschnittsalter ❹ (*in der Mathematik*) das Mittel; **en moyenne** im Mittel

le **Moyen-Orient** [⚠ mwajɛnɔʀjɑ̃] der Mittlere Osten

la **mue** [my] ❶ *eines Vogels* die Mauser; *einer Schlange* die Häutung; *eines Wirbeltiers* das Haaren ❷ der Stimmbruch

muer [mɥe] ❶ *Vogel:* sich mausern; *Schlange:* sich häuten; *Wirbeltier:* haaren, sich haaren ❷ *Junge:* im Stimmbruch sein

le **muesli** [⚠ mysli] das Müsli

muet, muette [mɥɛ, mɥɛt] ❶ stumm ❷ **muet de surprise** sprachlos vor Überraschung
le **muet** [mɥɛ] der Stumme
la **muette** [mɥɛt] die Stumme
le **muguet** [mygɛ] das Maiglöckchen

> **L** Am 1. Mai werden überall in Frankreich auf den Straßen Maiglöckchensträuße verkauft. Man verschenkt sie als Zeichen der Zuneigung und als Glücksbringer.

le **mulâtre** [mylatʀ] der Mulatte
la **mulâtresse** [mylatʀɛs] die Mulattin
la **mule**[1] [myl] (*Tier*) die Mauleselin ▸ **être têtu(e) comme une mule** störrisch wie ein Esel sein
la **mule**[2] [myl] (*Hausschuh*) der Schlappen
le **mulet** [mylɛ] der Maulesel
multicolore [myltikɔlɔʀ] bunt
multiconfessionnel, multiconfessionnelle [myltikõfɛsjɔnɛl] *Staat, Friedhof* multikonfessionell
multiculturel, multiculturelle [myltikyltyʀɛl] multikulturell
multimédia [myltimedja] (*in der Informatik*) multimedial
la **multinationale** [myltinasjɔnal] ⚠ weiblich der multinationale Konzern, der Multi
multiple [myltipl] ❶ vielfach; **la prise multiple** die Mehrfachsteckdose ❷ vielfältig; *Fälle* verschiedenartig
la **multiplication** [myltiplikasjõ] die Multiplikation
la **multiplicité** [myltiplisite] die Vielfalt
multiplier [myltiplije] <*wie* apprécier; *siehe Verbtabelle ab S. 1055*> ❶ **multiplier sept par trois** sieben mit drei multiplizieren ❷ vervielfachen; steigern *Anstrengungen;* wiederholen *Attacken* ❸ **se multiplier** sich vermehren
multiracial, multiraciale [myltiʀasjal] <*Plural der männl. Form:* multiraciaux> gemischtrassig
la **multitude** [myltityd] die Vielzahl
Munich [⚠ mynik] München
munichois, munichoise [⚠ mynikwa, mynikwaz] *Bevölkerung, Spezialität* Münchner
le **Munichois** [⚠ mynikwa] der Münchner
la **Munichoise** [⚠ mynikwaz] die Münchnerin
municipal, municipale [mynisipal] <*Plural der männl. Form:* municipaux> ❶ Gemeinde-; **le conseil municipal** der Gemeinderat, der Stadtrat; **les élections municipales** die Kommunalwahlen ❷ städtisch; **la piscine municipale** das städtische Schwimmbad, das Stadtbad
la **municipalité** [mynisipalite] ❶ die Gemeinde ❷ die Stadtverwaltung
municipaux [mynisipo] →**municipal**
munir [myniʀ] <*wie* agir; *siehe Verbtabelle ab S. 1055*> **se munir de quelque chose** etwas mitnehmen

> **G** Bei einigen Formen des Verbs ist der Stamm um -*iss*- erweitert, etwa bei *nous nous munissons, il se munissait* oder *en se munissant.*

les **munitions** (*weiblich*) [mynisjõ] die Munition

> **V** Der Plural *les munitions* wird mit einem Singular übersetzt: *où sont les munitions? – wo ist die Munition?*

le **mur** [myʀ] ❶ die Mauer ❷ *eines Zimmers* die Wand
◆ le **mur du son** die Schallmauer ▸ **franchir le mur du son** die Schallmauer durchbrechen
mûr, mûre [myʀ] reif; *Projekt* ausgereift
la **muraille** [myʀaj] die [dicke] Mauer
mural, murale [myʀal, myʀo] <*Plural der männl. Form:* muraux> Wand-; **le miroir mural** der Wandspiegel
la **mûre** [myʀ] die Brombeere
mûrement [myʀmã] reiflich
murer [myʀe] ❶ zumauern *Tür, Fenster* ❷ **se murer chez soi** sich von der Außenwelt abschließen; **se murer dans le silence** sich in Schweigen hüllen
le **muret** [myʀɛ] das Mäuerchen
mûrir [myʀiʀ] <*wie* agir; *siehe Verbtabelle ab S. 1055*> reif werden; *Projekt:* heranreifen

> **G** Bei einigen Formen des Verbs ist der Stamm um -*iss*- erweitert, etwa bei *ils mûrissent, il mûrissait* oder *en mûrissant.*

le **murmure** [myʀmyʀ] ❶ das Murmeln; *der Blätter* das leise Rauschen ❷ **le murmure de protestations** das Murren
murmurer [myʀmyʀe] murmeln; **murmurer un secret à quelqu'un** jemandem ein Geheimnis zuflüstern
le **muscle** [myskl] der Muskel
musclé, musclée [myskle] ❶ muskulös ❷ (*umgs.: kraftvoll*) *Regierung, Rede* stark; *Politik* energisch
muscler [myskle] **muscler les jambes** die Beinmuskeln stärken
musculaire [myskylɛʀ] Muskel-; **la déchi-**

rure musculaire der Muskelriss
la **musculation** [myskylasjɔ̃] das Bodybuilding
la **musculature** [myskylatyʀ] die Muskulatur
la **muse** [myz] die Muse
le **museau** [myzo] <*Plural:* museaux> ❶ das Maul ❷ *eines Hundes* die Schnauze
le **musée** [myze] das Museum
museler [myzle] <*wie rejeter; siehe Verbtabelle ab S. 1055*> ❶ **museler un animal** einem Tier einen Maulkorb umbinden ❷ (*übertragen*) mundtot machen

Ü Mit *ll* schreiben sich
– die stammbetonten Formen wie *je muselle* oder *tu muselles* sowie
– die auf der Basis der Grundform *museler* gebildeten Formen, z. B. *ils muselleront* und *je musellerais.*

la **muselière** [myzəljɛʀ] der Maulkorb
musical, musicale [myzikal] <*Plural der männl. Form:* musicaux> musikalisch; **les études musicales** das Musikstudium
le **music-°hall** [⚠ myzikol] <*Plural:* music-°halls> das Varieté
le **musicien** [myzisjɛ̃] der Musikant; (*professioneller Künstler*) der Musiker
musicien, musicienne [myzisjɛ̃, jɛn] musikalisch
la **musicienne** [myzisjɛn] die Musikantin; (*professionelle Künstlerin*) die Musikerin
la **musique** [myzik] die Musik ▸ **on connaît la musique** (*umgs.*) es ist immer dasselbe
musulman, musulmane [myzylmɑ̃, myzylman] *Welt* moslemisch
le **Musulman** [myzylmɑ̃] der Moslem, der Mohammedaner
la **Musulmane** [myzylman] die Moslime, die Mohammedanerin
muter [myte] versetzen *Beamten, Soldaten*
la **mutilation** [mytilasjɔ̃] (*auch übertragen*) die Verstümmelung
le **mutilé** [mytile] **le mutilé de guerre** der Kriegsversehrte
la **mutilée** [mytile] die Versehrte
mutiler [mytile] (*auch übertragen*) verstümmeln
le **mutin** [mytɛ̃] der Meuterer
la **mutine** [mytin] die Meuterin
la **mutinerie** [mytinʀi] die Meuterei
le **mutisme** [mytism] das Schweigen
mutuel, mutuelle [mytɥɛl] gegenseitig
mutuellement [mytɥɛlmɑ̃] gegenseitig
myope [mjɔp] kurzsichtig
le **myosotis** [mjɔzɔtis] das Vergissmeinnicht
la **myrtille** [miʀtij] die Heidelbeere, die Blaubee-
re
le **mystère** [mistɛʀ] ❶ das Geheimnis ❷ das Rätsel
mystérieusement [misteʀjøzmɑ̃] unerklärlicherweise
mystérieux, mystérieuse [misteʀjø, misteʀjøz] geheimnisvoll
mystifier [mistifje] <*wie* apprécier; *siehe Verbtabelle ab S. 1055*> täuschen

F Nicht verwechseln mit *etwas mystifizieren* – *fabriquer un mythe de quelque chose.*

mystique [mistik] ❶ mystisch ❷ (*begeistert*) schwärmerisch
le **mythe** [mit] der Mythos
mythique [mitik] mythisch; (*erfunden*) erdichtet
la **mythologie** [mitɔlɔʒi] die Mythologie
mythomane [mitɔman] **être mythomane** krankhaft lügen
le **mythomane** [mitɔman] der krankhafte Lügner
la **mythomane** [mitɔman] die krankhafte Lügnerin

N

le **n**, le **N** [ɛn] das n, das N
la **N** [ɛn] *Abkürzung von* **route nationale: la N 7** die Nationalstraße 7
n' [n] <*steht an Stelle von* ne *vor Vokal oder stummem h*> ❶ (*gehoben: allein verwendet*) nicht; **je n'ose le dire** ich wage nicht, es zu sagen ❷ **tu n'as aucune chance** du hast keine Chance ❸ **elle n'a guère d'argent** sie hat kaum Geld ❹ **il n'en a jamais parlé** er hat nie davon gesprochen ❺ **il n'a ni frère ni sœur** er hat weder Bruder noch Schwester ❻ **n'y allez pas!** geht nicht dorthin!; **ils n'ont même pas de chaussures** sie haben nicht einmal Schuhe ❼ **je n'ai que cela** ich habe nur das [hier]; **elle n'arrivera que demain** sie wird erst morgen ankommen; **il n'y a pas que vous qui le dites** Sie sind nicht der Einzige, der das sagt ❽ **je n'ai vu personne** ich habe niemand[en] gesehen; **personne n'a rien dit** niemand hat etwas gesagt ❾ **il n'habite plus à Paris** er wohnt nicht mehr in Paris ❿ **je n'ai rien oublié** ich habe nichts vergessen; **tu n'auras**

Révisions

> **La date de naissance** – *das Geburtsdatum*
>
> Quand est-ce que tu es né(e)? | *Wann bist/wurdest du geboren?*
> Je suis né(e) le 4 mai 1997. | *Ich bin/wurde am 4. Mai 1997 geboren.*
> Je suis né(e) en 1997. | *Ich bin/wurde 1997 geboren.*

rien du tout du bekommst überhaupt nichts [ab]

> In der französischen Umgangssprache entfällt das *n': j'ai vu personne* – ich habe niemand gesehen; *j'ai rien dit* – ich hab nichts gesagt.

na [na] (*Kindersprache*) ätsch
le **nabot** [nabo] der Zwerg
la **nabote** [nabɔt] die Zwergin
les **NAC** (*männlich*) [nak] Abkürzung von **nouveaux animaux de compagnie** die neuartigen Haustiere
la **nacre** [nakʀ] das Perlmutt, die/das Perlmutter
nacré, nacrée [nakʀe] perlmuttfarben
la **nage** [naʒ] das Schwimmen ▶**à la nage** schwimmend; **en nage** schweißgebadet
 ◆la **nage papillon** das Delfinschwimmen
la **nageoire** [naʒwaʀ] die Flosse
nager [naʒe] <*wie* changer; *siehe Verbtabelle ab S. 1055*> ❶ (*auch übertragen*) schwimmen ❷**nager la brasse** Brust schwimmen; **nager le crawl** kraulen ❸**mais je nage dans ce pantalon!** (*umgs.*) in dieser Hose ertrinke ich ja!

> Vor *a* und *o* bleibt das *e* erhalten, z. B. in *nous nageons, il nageait* und *en nageant*.

le **nageur** [naʒœʀ] der Schwimmer
la **nageuse** [naʒøz] die Schwimmerin
naïf, naïve [⚠ naif, naiv] naiv
le **nain** [nɛ̃] der Zwerg
la **naine** [nɛn] die Zwergin
la **naissance** [nɛsɑ̃s] ❶ die Geburt; **à la naissance** bei der Geburt; **donner naissance à des jumeaux** Zwillingen das Leben schenken ❷ (*übertragen*) die Entstehung ❸ **un Français de naissance** ein gebürtiger Franzose; **il est aveugle/muet de naissance** er ist blind/stumm geboren
naître [nɛtʀ] <*siehe Verbtabelle ab S. 1055*> ❶ geboren werden, auf die Welt kommen ❷ *Idee:* geboren werden; *Befürchtung, Wunsch:* entstehen; *Schwierigkeiten:* auftreten
naïve [⚠ naiv] →**naïf**
naïvement [⚠ naivmɑ̃] naiv

la **naïveté** [⚠ naivte] die Naivität
la **nana** [nana] (*umgs.*) die Tussi
la **nanotechnologie**, la **nano-technologie** [nanɔtɛknɔlɔʒi] die Nanotechnologie
nanti, nantie [nɑ̃ti] vermögend
le **nanti** [nɑ̃ti] der Reiche
la **nantie** [nɑ̃ti] die Reiche
la **nappe** [nap] das Tischtuch
 ◆la **nappe de brouillard** die Nebelbank
 ◆la **nappe de pétrole** der Ölteppich
napper [nape] mit einer Glasur bestreichen; **napper le gâteau de chocolat** die Torte mit einer Schokoladenglasur bestreichen
naquis [naki] →**naître**
le **narcisse** [naʀsis] ⚠ *männlich* die Narzisse
le **narcissisme** [naʀsisism] der Narzissmus
la **narcose** [naʀkoz] die Narkose
narguer [naʀge] ❶ verspotten ❷ ärgern
la **narine** [naʀin] das Nasenloch
narquois, narquoise [naʀkwa, naʀkwaz] spöttisch
le **narrateur** [naʀatœʀ] der Erzähler
la **narration** [naʀasjɔ̃] die Erzählung
la **narratrice** [naʀatʀis] die Erzählerin
nasal, nasale [nazal] <*Plural der männl. Form:* nasaux> nasal
la **nasale** [nazal] ⚠ *weiblich* der Nasallaut, der Nasal
nasaux [nazo] →**nasal**
nase [nɑz] (*umgs.*) kaputt
le **naseau** [nazo] <*Plural:* naseaux> die Nüster
natal, natale [natal] <*Plural der männl. Form:* natals> Geburts-; **la ville natale** die Geburtsstadt; **le pays natal** die Heimat
la **natalité** [natalite] die Geburtenziffer
la **natation** [natasjɔ̃] das Schwimmen
le **natel** [natɛl] ⓒⒽ ❶ das Handy, das Natel ⓒⒽ ❷ (*Netz*) das Mobilfunknetz, das Natel ⓒⒽ
natif, native [natif, nativ] gebürtig; **il est natif de Toulouse** er ist aus Toulouse gebürtig, er ist gebürtiger Toulouser
le **natif** [natif] der Einheimische
la **nation** [nasjɔ̃] ❶ die Nation ❷ **les Nations unies** die Vereinten Nationen
national, nationale [nasjɔnal, nasjɔno] <*Plural der männl. Form:* nationaux> national; *Unternehmen* staatlich

la **Nationale** [nasjɔnal] die Nationalstraße

> Die französischen Nationalstraßen bilden ein dichtes Netz von Verkehrswegen, die den deutschen Bundesstraßen vergleichbar sind. Da die Autobahnen gebührenpflichtig sind, weichen viele Fahrer auf diese gut ausgebauten Fernstraßen aus.

la **nationalisation** [nasjɔnalizasjõ] die Verstaatlichung
nationaliser [nasjɔnalize] verstaatlichen
le **nationalisme** [nasjɔnalism] der Nationalismus
nationaliste [nasjɔnalist] nationalistisch
le **nationaliste** [nasjɔnalist] der Nationalist
la **nationaliste** [nasjɔnalist] die Nationalistin
la **nationalité** [nasjɔnalite] die Staatsangehörigkeit
le **national-socialisme** [nasjɔnalsɔsjalism] der Nationalsozialismus
national-socialiste [nasjɔnalsɔsjalist] <*Plural:* national-socialistes> nationalsozialistisch
le **national-socialiste** [nasjɔnalsɔsjalist] <*Plural:* nationaux-socialistes> der Nationalsozialist
la **national-socialiste** [nasjɔnalsɔsjalist] <*Plural:* nationales-socialistes> die Nationalsozialistin
nationaux [nasjɔno] →**national**
la **native** [nativ] die Einheimische
la **natte** [nat] der Zopf; **se faire une natte** sich einen Zopf flechten
la **naturalisation** [natyRalizasjõ] die Einbürgerung
naturalisé, naturalisée [natyRalize] eingebürgert
naturaliser [natyRalize] einbürgern; **se faire naturaliser Français** sich in Frankreich einbürgern lassen
le **naturaliste** [natyRalist] der Naturforscher
la **naturaliste** [natyRalist] die Naturforscherin
nature [natyR] ❶ Natur-; **le yaourt nature** der Naturjogurt ❷ **un café nature** ein schwarzer Kaffee ohne Zucker ❸ (*umgs.:* ungezwungen) natürlich

> Ⓖ Das Adjektiv *nature* ist unveränderlich: *deux yaourts nature – zwei Naturjogurt[s]*.

la **nature** [natyR] ❶ die Natur ❷ das Wesen; **la nature humaine** die menschliche Natur ❸ (*in der Kunst*) **la nature morte** das Stillleben ▸ **de nature, par nature** von Natur [aus]; **en nature** in Naturalien
le **naturel** [natyRɛl] ❶ das Wesen; **être d'un naturel timide** ein schüchternes Wesen haben ❷ die Natürlichkeit
naturel, naturelle [natyRɛl] ❶ natürlich; **le gaz naturel** das Erdgas; **le produit naturel** das Naturprodukt ❷ *Vater* leiblich
naturellement [natyRɛlmã] ❶ natürlich ❷ *sich kräuseln* von Natur aus ❸ (*ungekünstelt*) ganz natürlich
le **naturisme** [natyRism] FKK
naturiste [natyRist] FKK-; **la plage naturiste** der FKK-Strand
le **naturiste** [natyRist] der FKK-Anhänger, der FKKler
la **naturiste** [natyRist] die FKK-Anhängerin, die FKKlerin
le **naufrage** [nofRaʒ] der Schiffsunglück ▸ **faire naufrage** Schiffbruch erleiden
le **naufragé** [nofRaʒe] der Schiffbrüchige
la **naufragée** [nofRaʒe] die Schiffbrüchige
la **nausée** [noze] die Übelkeit; (*Widerwillen*) der Ekel; **j'ai la nausée** [*oder* **des nausées**] mir ist schlecht ▸ **cela me donne la nausée** davon wird mir [ganz] schlecht
nautique [notik] Wasser-; **le sport nautique** der Wassersport; **faire du ski nautique** Wasserski fahren
naval, navale [naval] <*Plural der männl. Form:* navals> ❶ Schiffs-; **le chantier naval** die Schiffswerft, die Werft ❷ See-; **le forces navales** die Seestreitkräfte
le **navet** [navɛ] ❶ die weiße Rübe ❷ (*umgs.: schlechter Film*) der Schundfilm
la **navette** [navɛt] ❶ der Pendelbus ❷ **la navette spatiale** die Raumfähre ❸ *eines Webstuhls* das Schiffchen ▸ **faire la navette** pendeln
le **navetteur** [navɛtœR] Ⓑ der Pendler
la **navetteuse** [navɛtøz] Ⓑ die Pendlerin
navigant, navigante [navigã, navigãt] Flug-; **le personnel navigant** das Flugpersonal
le **navigateur** [navigatœR] ❶ der Seefahrer ❷ (*in der Informatik*) **le navigateur Web** der Browser
la **navigation** [navigasjõ] ❶ die Schifffahrt ❷ **contrôler la navigation aérienne** den Flugverkehr kontrollieren
la **navigatrice** [navigatRis] die Seefahrerin
naviguer [navige] ❶ (*in der Luftfahrt*) fliegen ❷ (*in der Schifffahrt*) fahren ❸ (*im Internet*) surfen
le **navire** [naviR] das Schiff
navrant, navrante [navRã, navRãt] **c'est navrant!** es ist zum Verzweifeln!
navré, navrée [navRe] **il est navré** es tut ihm Leid; **je suis navré de ce retard** [*oder*

Qu'est-ce que c'est en français?

Louis discute avec Naïma:	Louis unterhält sich mit Naïma:
Je **n'**ai toujours **pas de** scooter!	Ich habe immer [noch] **keinen** Roller!
On **ne** peut **rien** faire sans scooter dans notre village!	Ohne Roller kann man in unserem Dorf **nichts** machen!
Et tes parents? Ils te comprennent?	Und deine Eltern? Verstehen sie dich?
Non, ils **ne** comprennent **rien**. Et ils **ne** veulent **plus** parler du scooter avec moi.	Nein, sie verstehen **nichts**. Und sie wollen **nicht mehr** mit mir über den Roller sprechen.
Et toi, Naïma, est-ce que tu as déjà parlé du problème avec tes parents?	Und du, Naïma, hast du schon mit deinen Eltern über das Problem gesprochen?
Non, nous **n'**avons **pas** encore parlé du scooter.	Nein, wir haben noch **nicht** über den Roller gesprochen.
Je **n'**ai **pas** non plus de scooter, et je **n'**aime **pas** du tout mon vélo...	Ich habe auch **keinen** Roller, ich mag mein Fahrrad überhaupt **nicht**...

d'être en retard] es tut mir Leid, dass ich mich verspätet habe; **je suis vraiment navré de vous déranger** ich bedaure, dass ich euch/Sie stören muss

nazi, nazie [nazi] Abkürzung von **national-socialiste** Nazi-; **le régime nazi** das Naziregime

le **nazi** [nazi] Abkürzung von **national-socialiste** der Nazi

la **nazie** [nazi] Abkürzung von **national-socialiste** der Nazi

le **nazisme** [nazism] der Nazismus

NB [ɛnbe] Abkürzung von **nota bene** N.B.

NDLR [ɛndeɛlɛʁ] Abkürzung von **note de la rédaction** Anm. d. Red.

ne [nə] ❶ (gehoben) **si je ne me trompe** wenn ich [mich] nicht irre ❷ **aucun collègue ne le sait** kein Kollege weiß es ❸ **ce mot ne se dit guère** dieses Wort wird kaum verwendet ❹ **je ne me promène jamais là-bas** ich gehe dort nie spazieren ❺ **il ne sait ni lire ni écrire** er kann weder lesen noch schreiben ❻ **je ne fume pas** ich rauche nicht; **il ne mange pas le midi** er isst nicht zu Mittag ❼ **je ne vois que cette solution** ich sehe nur diese Lösung; **elle ne me le donnera que demain** sie wird es mir erst morgen geben ❽ **personne ne vient** niemand kommt; **je ne vois personne** ich sehe niemand[en] ❾ **elle ne fume plus** sie raucht nicht mehr ❿ **je ne vois rien** ich sehe nichts; **rien ne marche dans cette maison** in diesem Haus klappt nichts; siehe auch **n'**

G In der französischen Umgangssprache entfällt das ne: elle fume plus – sie raucht nicht mehr; je vois rien – ich sehe nichts.

né[1], **née** [ne] → **naître**

né[2], **née** [ne] **elle est une artiste née** sie ist die geborene Künstlerin

néant [neɑ̃] **signes particuliers: néant** besondere Kennzeichen: keine

le **néant** [neɑ̃] das Nichts

nécessaire [neseseʁ] nötig, notwendig; Bedingung notwendig; **si nécessaire** falls nötig

le **nécessaire** [neseseʁ] das Nötige
◆ le **nécessaire à ongles** das Nagelnecessaire

nécessairement [neseseʁmɑ̃] unbedingt

la **nécessité** [nesesite] die Notwendigkeit ▶ **de première nécessité** unentbehrlich

nécessiter [nesesite] erfordern

le **nec plus ultra** [nɛkplysyltʁa] das Nonplusultra

la **nécrologie** [nekʁɔlɔʒi] ❶ die Todesanzeigen ❷ (Gedenkrede) der Nachruf

V In ❶ wird der Singular la nécrologie mit einem Plural übersetzt: tu as lu la nécrologie? – hast du die Todesanzeigen gelesen?

le **nectar** [nɛktaʁ] der Nektar

la **nectarine** [nɛktaʁin] die Nektarine

le **néerlandais** [neɛʁlɑ̃dɛ] Niederländisch

G In Verbindung mit dem Verb parler kann der Artikel entfallen: elle parle néerlandais – sie spricht Niederländisch.

néerlandais, néerlandaise [neɛʁlɑ̃dɛ, neɛʁlɑ̃dɛz] niederländisch

le **Néerlandais** [neɛʁlɑ̃dɛ] der Niederländer

la **Néerlandaise** [neɛʁlɑ̃dɛz] die Niederländerin

la **nef** [nɛf] das Kirchenschiff, das Schiff

néfaste [nefast] unheilvoll; **le jour néfaste**

der Unglückstag; **être néfaste pour la santé** der Gesundheit schaden
le **négatif** [negatif] das Negativ
négatif, négative [negatif, negativ] negativ; *Satz* verneint
la **négation** [negasjɔ̃] die Verneinung
négative [negativ] →**négatif**
la **négative** [negativ] **répondre par la négative à une demande** ablehnen, die Bitte abweisen
négligé, négligée [negliʒe] nachlässig; *Kleidung* ungepflegt
négligeable [⚠ negliʒabl] unbedeutend; *Element, Faktor* unwesentlich; *Detail* belanglos
négligeant [⚠ negliʒɑ̃] →**négliger**
négligemment [⚠ negliʒamɑ̃] ❶ lässig ❷ (*ohne Sorgfalt*) nachlässig
la **négligence** [negliʒɑ̃s] die Nachlässigkeit
négligent, négligente [negliʒɑ̃, negliʒɑ̃t] nachlässig
négliger [negliʒe] <*wie* changer; *siehe Verbtabelle ab S. 1055*> ❶ vernachlässigen *Gesundheit, Kleidung, Freund* ❷ außer Acht lassen *Kleinigkeit, Tatsache* ❸ **se négliger** sich vernachlässigen

Ü Vor *a* und *o* bleibt das *e* erhalten, z. B. in *nous négligeons, il négligeait* und *en négligeant*.

le **négoce** [negɔs] (*gehoben*) der Handel
le **négociant** [negɔsjɑ̃] der Händler
la **négociante** [negɔsjɑ̃t] die Händlerin
la **négociation** [negɔsjasjɔ̃] ❶ das Verhandeln; *eines Vertrags* das Aushandeln ❷ **les négociations salariales** die Gehaltsverhandlungen; **les négociations sur la paix** die Friedensverhandlungen
négocier [negɔsje] <*wie* apprécier; *siehe Verbtabelle ab S. 1055*> ❶ verhandeln ❷ **négocier quelque chose** über etwas verhandeln, etwas verhandeln ❸ (*erzielen*) aushandeln ❹ nehmen *Kurve*
le **nègre** [nɛɡʁ] (*abwertend*) der Neger
la **négresse** [negʁɛs] (*abwertend*) die Negerin
la **neige** [nɛʒ] ❶ der Schnee ❷ **battre les blancs en neige** das Eiweiß zu Schnee schlagen
neiger [neʒe] schneien; **il neige** es schneit
le **nénuphar** [nenyfaʁ] die Seerose
le **néon** [neɔ̃] ❶ das Neon ❷ die Neonröhre
néonazi, néonazie [neonazi] neonazistisch
le **néonazi** [neonazi] der Neonazi
la **néonazie** [neonazi] der Neonazi
néphrétique [nefʁetik] Nieren-; **les coliques néphrétiques** die Nierenkoliken
Neptune [nɛptyn] (*Planet*) Neptun
le **nerf** [⚠ nɛʁ] der Nerv ▶**être sur les nerfs** (*umgs.*) total nervös sein; **taper sur les nerfs à quelqu'un** (*umgs.*) jemandem auf die Nerven gehen
la **nerveuse** [nɛʁvøz] der nervöse Mensch, die nervöse Person
nerveux, nerveuse [nɛʁvø, nɛʁvøz] ❶ *Mensch, Tier* unruhig, nervös ❷ (*in der Medizin*) *Beschwerden* nervös ❸ (*feinfühlig*) empfindlich ❹ *Stil* ausdrucksvoll; *Motor, Auto* spritzig
le **nerveux** [nɛʁvø] der nervöse Mensch
la **nervosité** [nɛʁvozite] die Nervosität
n'est-ce pas [nɛspa] ❶ **c'est marrant, n'est-ce pas?** das ist lustig, nicht [wahr]? ❷ **tu viendras, n'est-ce pas?** du wirst doch kommen, oder?
net [⚠ nɛt] ❶ *stoppen* abrupt ❷ *sagen, ablehnen* rundheraus ❸ **rapporter mille euros net** tausend Euro netto [ein]bringen
le **Net** [nɛt] das Internet
net, nette [nɛt] ❶ *Küche* sauber ❷ *Antwort* klar ❸ klar; *Umriss, Bild* scharf; *Verbesserung, Tendenz* deutlich; **une amélioration très nette** eine ganz eindeutige Verbesserung ❹ (*umgs.*) sauber [im Kopf] ❺ **le salaire net** das Nettogehalt; **net d'impôt** steuerfrei
nettement [nɛtmɑ̃] ❶ unmissverständlich ❷ *sich abheben* deutlich; *sich erinnern* genau ❸ eindeutig; **nettement moins/plus** deutlich weniger/mehr
la **netteté** [nɛtte] die Klarheit; *eines Bildes, der Konturen* die Schärfe
nettoie [netwa], **nettoies** [netwa] →**nettoyer**
le **nettoyage** [netwajaʒ] ❶ das Reinigen, die Reinigung; *eines Zimmers* das Putzen ❷ (*beim Militär, in der Politik*) die Säuberung
◆ le **nettoyage à sec** die chemische Reinigung
nettoyer [netwaje] <*wie* appuyer; *siehe Verbtabelle ab S. 1055*> ❶ putzen ❷ reinigen *Wunde, Teppich*

Ü Einige Formen des Verbs schreiben sich mit *y*, andere mit *i*.
Direkt vor einer betonten Endungssilbe steht immer ein *y*, z. B. *nous nettoyons* oder *ils nettoyaient*.
Das *i* steht immer vor einem unbetonten *e*, z. B. *je nettoie* oder *ils nettoieront*.

neuf [nœf] ❶ neun; **le score est de neuf à**

trois *geschrieben:* **9 à 3** es steht neun zu drei *geschrieben:* 9:3; **un Français sur neuf** jeder neunte Franzose; **partir en voyage à neuf** zu neunt verreisen ❷ (*bei Altersangaben*) **il/elle a neuf ans** er/sie ist neun Jahre alt, er/sie ist neun; **à l'âge de neuf ans** mit neun Jahren, mit neun; **un enfant de neuf ans** ein neunjähriges Kind, ein Neunjähriger ❸ (*bei Uhrzeit- und Zeitangaben*) **il est neuf heures** es ist neun Uhr, es ist neun; **il est neuf heures moins deux** es ist zwei Minuten vor neun, es ist zwei vor neun; **toutes les neuf heures** alle neun Stunden; **tous les neuf jours** alle neun Tage, jeden neunten Tag; **une période de neuf ans** ein Zeitraum von neun Jahren ❹ (*bei Datumsangaben*) **le neuf mars** *geschrieben:* **le 9 mars** der neunte März *geschrieben:* der 9. März/am neunten März *geschrieben:* am 9. März; **aujourd'hui nous sommes le neuf** *geschrieben:* **le 9** heute haben wir den Neunten *geschrieben:* den 9. ❺ (*bei den Schulnoten*) **neuf sur vingt** ≈ [die] Drei; **avoir neuf sur vingt** ≈ eine Drei haben ❻ (*als Namenszusatz*) **Louis neuf** *geschrieben:* **Louis IX** Ludwig der Neunte *geschrieben:* Ludwig IX.

V *neuf* wird fast immer [nœf] ausgesprochen. Die beiden einzigen Ausnahmen kommen in Verbindung mit den Wörtern *ans* und *heures* vor. Hier wird das Wortende stimmhaft, also [v], ausgesprochen:
elle a neuf ans [nœv ã] – sie ist neun [Jahre alt];
il est neuf heures [nœv œʀ] – es ist neun Uhr.

le **neuf**[1] [nœf] ⚠ *männlich* die Neun; **écrire un grand neuf au tableau** eine große Neun an die Tafel schreiben
le **neuf**[2] [nœf] *das Neue* ▸ **il y a du neuf** es gibt etwas Neues
neuf, neuve [nœf, nœv] neu ▸ **quelque chose de neuf** etwas Neues; **rien de neuf** nichts Neues
neurasthénique [nøʀastenik] depressiv
la **neurologie** [nøʀɔlɔʒi] die Nervenheilkunde
le **neurologue** [nøʀɔlɔg] der Neurologe
la **neurologue** [nøʀɔlɔg] die Neurologin
le **neurone** [nøʀɔn] (*auch in der Informatik*) das Neuron
neutraliser [nøtʀalize] unschädlich machen *Feind, Gang*
la **neutralité** [nøtʀalite] die Neutralität
neutre [nøtʀ] ❶ neutral ❷ *Mensch, Farbe* unauffällig; *Stil* farblos ❸ (*in der Grammatik*)

sächlich; **être du genre neutre** ein Neutrum sein
le **neutre** [nøtʀ] (*in der Grammatik*) das Neutrum
neuve [nœv] →**neuf**
neuvième [nœvjɛm] neunte(r, s)
le **neuvième** [nœvjɛm] ❶ (*in Bezug auf die Reihenfolge, die Leistung*) der/die/das Neunte ❷ (*Bruchzahl*) das Neuntel ❸ (*neunter Stock*) der Neunte
la **neuvième** [nœvjɛm] ❶ (*in Bezug auf die Reihenfolge, die Leistung*) der/die/das Neunte ❷ (*in der Musik*) die None, die Non
le **neveu** [n(ə)vø] <*Plural:* neveux> der Neffe
la **névralgie** [nevʀalʒi] die Neuralgie
névralgique [nevʀalʒik] (*in der Medizin*) neuralgisch; **le centre névralgique** das Nervenzentrum
la **névrite** [nevʀit] die Nervenentzündung
la **névrose** [nevʀoz] die Neurose
le **névrosé** [nevʀoze] der Neurotiker
la **névrosée** [nevʀoze] die Neurotikerin
le **nez** [ne] ❶ die Nase ❷ **saigner du nez** Nasenbluten haben; **il a le nez qui coule** ihm läuft die Nase ▸ **fourrer son nez dans quelque chose** (*umgs.*) seine Nase in etwas stecken; **nez à nez** Auge in Auge; **raccrocher au nez de quelqu'un** einfach auflegen; **sous mon nez** (*umgs.*) vor meiner Nase
◆ le **nez en trompette** die Stupsnase; (*ausgeprägter*) die Himmelfahrtsnase
la **NF** [ɛnɛf] *Abkürzung von* **norme française** die französische Norm
ni [ni] ❶ ni ... ni ... weder ... noch ...; **ni l'un ni l'autre** keiner von beiden; **ni plus ni moins** nicht mehr und nicht weniger ❷ **ne ... pas ... ni ...** weder ... noch ...; **il ne sait pas dessiner ni peindre** er kann weder zeichnen noch malen ❸ **ne ... rien ... ni ...** weder ... noch ...; **rien de beau ni de fin** weder etwas Schönes noch etwas Feines; **il n'a rien vu ni personne** er hat nichts und niemand[en] gesehen
niais, niaise [njɛ, njɛz] albern
la **niaiserie** [njɛzʀi] der Unsinn
Nice [nis] Nizza
la **niche** [niʃ] ❶ die Hundehütte, die Hütte ❷ die Nische
nicher [niʃe] ❶ nisten ❷ **se nicher** sich einnisten
le **nichon** [niʃɔ̃] (*umgs.*) die Titte
nickel [nikɛl] (*umgs.*) blitzblank geputzt, blitzblank
le **nickel** [nikɛl] das Nickel

G Das Adjektiv *nickel* ist unveränderlich: *des pièces nickel* – blitzblank geputzte Zimmer.

la **nicotine** [nikɔtin] ⚠ *weiblich* das Nikotin
le **nid** [ni] das Nest; **faire son nid** ein Nest bauen
la **nièce** [njɛs] die Nichte
nième [ɛnjɛm] x-te(r, s)
nier [nje] <*wie* apprécier; siehe Verbtabelle ab S. 1055> leugnen
le **Niger** [niʒɛʀ] ❶ (*Fluss*) der Niger ❷ (*Staat*) Niger, der Niger
le/la **Nigeria** [niʒeʀja] Nigeria
nigérian, nigériane [niʒeʀjɑ̃, niʒeʀjan] nigerianisch
le **Nigérian** [niʒeʀjɑ̃] der Nigerianer
la **Nigériane** [niʒeʀjan] die Nigerianerin
nigérien, nigérienne [niʒeʀjɛ̃, niʒeʀjɛn] nigrisch
le **Nigérien** [niʒeʀjɛ̃] der Nigrer
la **Nigérienne** [niʒeʀjɛn] die Nigrerin
le **Nil** [nil] der Nil
n'importe [nɛ̃pɔʀt] ❶ **n'importe comment** irgendwie ❷ **n'importe lequel/laquelle** irgendeine(r, s); **demande à un collègue, n'importe lequel** frage einen Kollegen, egal, welchen ❸ **n'importe où** (*Ortsangabe*) irgendwo; (*Richtungsangabe*) irgendwohin; **suivre quelqu'un n'importe où** jemandem überallhin folgen ❹ **n'importe quand** irgendwann; **vous pouvez venir n'importe quand** Sie können kommen, wann Sie wollen ❺ **n'importe qui** irgendwer; **n'importe qui pourrait faire cela** jeder x-beliebige könnte das tun ❻ **n'importe quoi** irgendwas; **dire n'importe quoi** Unsinn reden
niquer [nike] (*vulgär*) ❶ ficken ❷ bescheißen; **se faire niquer** beschissen werden
la **nitouche** [nituʃ] **la sainte nitouche** der Unschuldsengel
le **nitrate** [nitʀat] das Nitrat
le **niveau** [nivo] <*Plural:* niveaux> ❶ die Höhe ❷ **le niveau d'essence** der Benzinstand; **le niveau d'huile** der Ölstand ❸ *der Produktion* der Entwicklungsstand, der Stand ❹ *einer Klasse* der Kenntnisstand, der Stand, das Niveau ▸ **au plus °haut niveau** auf höchster Ebene
 ◆ le **niveau de vie** der Lebensstandard
niveler [nivle] <*wie* rejeter; siehe Verbtabelle ab S. 1055> nivellieren
noble [nɔbl] adlig
le **noble** [nɔbl] der Adlige
la **noble** [nɔbl] die Adlige

Ü Mit *ll* schreiben sich
– die stammbetonten Formen wie *je nivelle* oder *tu nivelles* sowie
– die auf der Basis der Grundform *niveler* gebildeten Formen, z. B. *ils nivelleront* und *je nivellerais*.

la **noblesse** [nɔblɛs] ❶ der Adel ❷ (*charakterlich*) die Würde
la **noce** [nɔs] ❶ die Hochzeitsfeier ❷ **les noces** die Hochzeit
 ◆ les **noces d'argent** die silberne Hochzeit
 ◆ les **noces d'or** die goldene Hochzeit

V In ❷ wird der Plural *les noces* mit einem Singular übersetzt: *elle m'a invité(e) à ses noces* – sie hat mich zu *ihrer* Hochzeit eingeladen.

le **noceur** [nɔsœʀ] der Mann, der gerne einen drauf macht
la **noceuse** [nɔsøz] die Frau, die gerne einen drauf macht
nocif, nocive [nɔsif, nɔsiv] schädlich
nocturne [nɔktyʀn] ❶ nächtlich ❷ ⓒⓗ **la vente nocturne** der Abendverkauf ⓒⓗ
la **nocturne** [nɔktyʀn] **en nocturne** am Abend
le **Noël** [nɔɛl] ❶ das Weihnachten ❷ **joyeux Noël!** fröhliche Weihnachten!

L Für die französischen Kinder ist *Noël* am 25. Dezember. An diesem Tag findet gleich nach dem Frühstück die Bescherung statt. Die Erwachsenen beschenken sich im Anschluss daran beim Aperitif vor dem Mittagessen. Am Vorabend, dem 24., gehen viele Familien um Mitternacht in die Christmette. Einen zweiten Weihnachtsfeiertag gibt es in Frankreich nicht.

le **nœud** [nø] ❶ der Knoten ❷ (*schmückend*) die Schleife
 ◆ le **nœud papillon** die Fliege
noie, noies [nwa] →**noyer**
le **noir** [nwaʀ] ❶ das Schwarz; **les photos en noir et blanc** die Schwarzweißfotos ❷ **dans le noir** im Dunkeln ▸ **noir sur blanc** schwarz auf weiß; **broyer du noir** Trübsal blasen; **au noir** schwarz
noir, noire [nwaʀ] ❶ schwarz ❷ **la musique noire** die Musik der Schwarzen ❸ (*dunkel*) finster ❹ *Gedanken* düster; *Humor, Film* schwarz
le **Noir** [nwaʀ] der Schwarze
la **noirceur** [nwaʀsœʀ] die Niedertracht; *eines Verbrechens* die Ruchlosigkeit
noircir [nwaʀsiʀ] <*wie* agir; siehe Verbtabelle ab S. 1055> ❶ schwarz machen ❷ voll schreiben *Heft, Blatt* ❸ **se noircir** *Fassade:* schwarz werden

la **noire** [nwaʀ] (*in der Musik*) die Viertelnote
la **Noire** [nwaʀ] die Schwarze
le **noisetier** [nwaztje] der Haselnussstrauch
noisette [nwazɛt] haselnussbraun

> **G** Das Farbadjektiv *noisette* ist unveränderlich: des chaussettes noisette – haselnussbraune Socken.

la **noisette** [nwazɛt] ❶ die Haselnuss ❷ (*Mengenangabe*) das haselnussgroße Stück
la **noix** [nwa] ❶ die Walnuss ❷ (*Mengenangabe*) das walnussgroße Stück ▸ **à la noix** (*umgs.*) wertlos
le **nom** [nõ] ❶ der Name; **le nom patronymique** der Familienname; **quel est le nom de ...?** wie heißt ...? ❷ (*in der Grammatik*) das Substantiv ❸ **le nom propre** der Eigenname ▸ **au nom du ciel!** um Himmels willen!; **nom de Dieu** [de nom de Dieu]! ach du lieber Gott!; (*Ausdruck der Wut*) verdammt noch mal!
le **nomade** [nɔmad] der Nomade
la **nomade** [nɔmad] die Nomadin
le **nombre** [nõbʀ] ❶ die Zahl, die Anzahl; **en grand nombre** zahlreich ❷ (*in der Grammatik*) der Numerus
nombreux, nombreuse [nõbʀø, nõbʀøz] zahlreich; *Menge, Familie* groß
le **nombril** [⚠ nõbʀil] der Nabel
nominal, nominale [nɔminal] <*Plural der männl. Form:* nominaux> *Gebrauch* substantivisch
le **nominatif** [nɔminatif] (*in der Grammatik*) der Nominativ
la **nomination** [nɔminasjõ] die Ernennung
nominaux [nɔmino] →**nominal**
nommer [nɔme] ❶ nennen *Menschen;* benennen *Sache* ❷ (*zitieren*) nennen ❸ ernennen; **nommer quelqu'un à un poste** jemanden auf einen Posten berufen
non [nõ] ❶ nein; **faire non** nein sagen; **je pense que non** ich glaube nicht; **moi non, mais...** ich nicht, aber...; **ah non!** oh nein!; **ça non!** das kommt nicht in Frage! ❷ **non plus** [nõ ply] auch nicht; **moi non plus** ich auch nicht; **il n'en est pas question non plus** das kommt ebenso wenig in Frage ❸ **vous venez, non?** (*umgs.*) ihr kommt doch, oder? ❹ **non, pas possible!** ehrlich? ❺ **non, mais dis donc!** (*umgs.*) was fällt dir denn ein! ❻ **non négligeable** beträchtlich;

non polluant umweltfreundlich
le **non** [nõ] ❶ das Nein ❷ die Neinstimme
nonante [nɔnãt] (B), (CH) neunzig
le **non-fumeur** [nõfymœʀ] <*Plural:* non-fumeurs> der Nichtraucher
la **non-fumeuse** [nõfymøz] <*Plural:* non-fumeuses> die Nichtraucherin
la **nonne** [nɔn] die Nonne
le **non-sens** [nõsãs] der Unsinn
non-stop [⚠ nɔnstɔp] Nonstop-; **le vol nonstop** der Nonstop-Flug

> **G** Das Adjektiv *non-stop* ist unveränderlich: les informations non-stop – die Nonstop-Nachrichten.

la **non-violence** [nõvjɔlãs] die Gewaltfreiheit
le **non-violent** [nõvjɔlã] <*Plural:* non-violents> der Gewaltgegner
non-violent, non-violente [nõvjɔlã, nõvjɔlãt] <*Plural der männl. Form:* non-violents> gewaltfrei
la **non-violente** [nõvjɔlãt] <*Plural:* non-violentes> die Gewaltgegnerin
le **non-voyant** [nõvwajã] <*Plural:* non-voyants> der Blinde
la **non-voyante** [nõvwajãt] <*Plural:* non-voyantes> die Blinde
nord [nɔʀ] *Vorort, Teil* nördlich

> **G** Das Adjektiv *nord* ist unveränderlich: les versants nord – die Nordhänge.
> In geografischen oder politischen Eigennamen wird es großgeschrieben: le pôle Nord – der Nordpol.

le **nord** [nɔʀ] (*Himmelsrichtung*) der Norden, Nord ▸ **perdre le nord** den Kopf verlieren
le **Nord** [nɔʀ] (*nördliche Gegend, nördlicher Teil eines Landes*) der Norden
nord-africain, nord-africaine [nɔʀafʀikɛ̃, nɔʀafʀikɛn] <*Plural der männl. Form:* nord-africains> nordafrikanisch
le **Nord-Africain** [nɔʀafʀikɛ̃] <*Plural:* Nord-Africains> der Nordafrikaner
la **Nord-Africaine** [nɔʀafʀikɛn] <*Plural:* Nord-Africaines> die Nordafrikanerin
nord-coréen, nord-coréenne [nɔʀkɔʀeɛ̃, nɔʀkɔʀeɛn] <*Plural der männl. Form:* nord-coréens> nordkoreanisch
le **nord-est** [nɔʀɛst] (*Himmelsrichtung*) der Nordosten, Nordost
le **Nord-Est** [nɔʀɛst] (*Gegend, Teil eines Landes*) der Nordosten
nordique [nɔʀdik] nordisch
le **Nordique** [nɔʀdik] der Nordländer
la **Nordique** [nɔʀdik] die Nordländerin

le **nord-ouest** [nɔʀwɛst] (*Himmelsrichtung*) der Nordwesten, Nordwest
le **Nord-Ouest** [nɔʀwɛst] (*Gegend, Teil eines Landes*) der Nordwesten
Nord-Sud [nɔʀsyd] Nord-Süd-; **les disparités Nord-Sud** das Nord-Süd-Gefälle
normal, normale [nɔʀmal] <*Plural der männl. Form:* normaux> normal
la **normale** [nɔʀmal] ❶ der Normalfall ❷ **au-dessus de la normale** überdurchschnittlich
normalement [nɔʀmalmɑ̃] normalerweise
normaliser [nɔʀmalize] **se normaliser** sich normalisieren
normand, normande [nɔʀmɑ̃, nɔʀmɑ̃d] *Küste* der Normandie; *Käse* aus der Normandie
le **Normand** [nɔʀmɑ̃] (*geografisch*) der Bewohner der Normandie
la **Normande** [nɔʀmɑ̃d] (*geografisch*) die Bewohnerin der Normandie
la **Normandie** [nɔʀmɑ̃di] die Normandie
normaux [nɔʀmo] →**normal**
la **norme** [nɔʀm] die Norm
la **Norvège** [nɔʀvɛʒ] Norwegen
le **norvégien** [nɔʀveʒjɛ̃] Norwegisch

G In Verbindung mit dem Verb *parler* kann der Artikel entfallen: *elle parle norvégien – sie spricht Norwegisch.*

norvégien, norvégienne [nɔʀveʒjɛ̃, nɔʀveʒjɛn] norwegisch
le **Norvégien** [nɔʀveʒjɛ̃] der Norweger
la **Norvégienne** [nɔʀveʒjɛn] die Norwegerin
nos [no] <*Plural von* notre> uns[e]re; **nos amis** uns[e]re Freunde
la **nostalgie** [nɔstalʒi] die [traurige] Sehnsucht; **avoir la nostalgie de quelque chose** sich nach etwas sehnen
nostalgique [nɔstalʒik] nostalgisch
le **nota** [nɔta], le **nota bene** [nɔtabene] die Anmerkung
notable [nɔtabl] erheblich; *Fortschritt* beachtlich
le **notable** [nɔtabl] die angesehene Persönlichkeit; **les notables** die Honoratioren
la **notable** [nɔtabl] die angesehene Persönlichkeit
le **notaire** [nɔtɛʀ] der Notar
la **notaire** [nɔtɛʀ] die Notarin
notamment [nɔtamɑ̃] vor allem
la **note** [nɔt] ❶ die Note ❷ (*Mitteilung*) die Notiz ❸ die Anmerkung; (*am unteren Rand*) die Fußnote ❹ **prendre des notes** [sich] Notizen machen ❺ (*im Hotel, Lokal*) die Rechnung
noter [nɔte] ❶ aufschreiben, notieren; **j'ai noté son adresse** ich habe mir seine/ihre Adresse aufgeschrieben ❷ (*bemerken*) feststellen ❸ (*beurteilen*) benoten
la **notice** [nɔtis] die Gebrauchsanweisung

la notice

F Nicht verwechseln mit *die Notiz – la note!*

la **notion** [nosjɔ̃] ❶ der Begriff ❷ **avoir des notions de quelque chose** Grundkenntnisse in etwas haben
♦ la **notion du temps** das Zeitgefühl
la **notoriété** [nɔtɔʀjete] die Bekanntheit; **avoir une grande notoriété** sehr bekannt sein; **il est de notoriété publique que ...** es ist allgemein bekannt, dass ...
notre [nɔtʀ] <*Plural:* nos> unser/uns[e]re; **notre maison** unser Haus; **notre chat** uns[e]re Katze; **notre famille** uns[e]re Familie; **comment va notre petit malade?** wie geht es uns[e]rem kleinen Patienten?
nôtre [notʀ] ❶ **le/la nôtre** uns[e]rer/uns[e]re/uns[e]res; **votre chien a mordu le nôtre** Ihr/euer Hund hat uns[e]ren gebissen; **ce ne sont pas mes affaires mais les nôtres** das sind nicht meine Sachen, sondern unsere ❷ **les nôtres** (*unsere Angehörigen, unsere Anhänger*) die Unsren, die Unsrigen ▶ **à la** [**bonne**] **nôtre!** (*umgs.*) auf unser Wohl!
Notre-Dame [nɔtʀədam] (*im Christentum*) Unsere Liebe Frau
nouer [nwe] ❶ knoten; binden *Schnürsenkel, Krawatte, Strauß* ❷ schließen *Freundschaft, Bündnis;* knüpfen *Kontakt, Beziehungen*
le **nougat** [nuga] der türkische Honig
la **nougatine** [nugatin] der Krokant
la **nouille** [nuj] ❶ die Nudel; **des nouilles à la sauce tomate** Nudeln mit Tomatensoße ❷ (*umgs.: Schimpfwort*) die trübe Tasse

le **nougat**

F Nicht verwechseln mit *der* (oder: *das*) *Nugat* – *le praliné*!

la **nounou** [nunu] (*Kindersprache*) die Tagesmutter

le **nounours** [nunuʀs] (*Kindersprache*) der Teddybär, der Teddy

la **nourrice** [nuʀis] die Tagesmutter; **ils ont mis leur enfant en nourrice** sie haben ihr Kind zu einer Tagesmutter gegeben

nourrir [nuʀiʀ] <*wie agir; siehe Verbtabelle ab S. 1055*> ❶ ernähren *Menschen;* füttern *Tier;* **bien/mal nourri** gut/schlecht genährt ❷ **nourrir un bébé [au sein]** ein Baby stillen; **nourrir un bébé au biberon** einem Baby die Flasche geben ❸ (*versorgen*) ernähren ❹ *Lebensmittel:* nahrhaft sein ❺ **se nourrir** sich ernähren ▸ **être nourri et logé** freie Kost und Logis haben

G Bei einigen Formen des Verbs ist der Stamm um *-iss-* erweitert, etwa bei *nous nourrissons, il nourrissait* oder *en nourrissant.*

nourrissant, nourrissante [nuʀisɑ̃, nuʀisɑ̃t] nahrhaft

le **nourrisson** [nuʀisɔ̃] der Säugling

la **nourriture** [nuʀityʀ] die Nahrung; (*für Tiere*) das Futter

nous [nu] ❶ (*Subjekt*) wir; **nous sommes d'accord** wir sind einverstanden; **nous voici!** da [*oder* hier] sind wir!; **nous autres** wir; **ils sont plus jeunes que nous** sie sind jünger als wir ❷ (*Ergänzung oder Objekt*) uns; **il nous aime** er liebt uns; **elle nous suit** sie folgt uns; **il nous demande le chemin** er fragt uns nach dem Weg; **avec nous** mit uns; **sans nous** ohne uns ❸ (*Reflexivpronomen*) **nous nous dépêchons** wir beeilen uns ❹ (*umgs.: bekräftigend*) **nous, nous n'avons pas bu, nous, on n'a pas bu** (*umgs.*) wir haben nichts getrunken; **c'est nous qui l'avons dit** wir haben das gesagt;

il veut nous aider, nous? uns möchte er helfen?

nous-mêmes [numɛm] ❶ wir selbst; **nous-mêmes nous n'en savions rien** wir [selbst] wussten nichts davon ❷ (*auch*) ebenfalls, gleichfalls

nouveau [nuvo] **à** [*oder* **de**] **nouveau** erneut, noch einmal, nochmals ⒸⒽ

le **nouveau** [nuvo] <*Plural:* nouveaux> ❶ (*Person*) der Neue; **le nouveau dans la classe** der Neue in der Klasse ❷ (*Sache, Ereignis*) das Neue; **il faut faire du nouveau** man muss etwas Neues machen; **est-ce qu'il y a du nouveau?** gibt es etwas Neues?

nouveau, nouvelle [nuvo, nuvɛl] <*Plural der männl. Form:* nouveaux> ❶ *Buch, Film, Idee* neu ❷ **un nouvel essai** ein neuer Versuch; **écrivez-le une nouvelle fois** schreibt/schreiben Sie das ein weiteres Mal ❸ [ne] ... **rien de nouveau** nichts Neues ❹ **les nouveaux venus** die Neuankömmlinge

G Das Adjektiv steht nach dem Substantiv, wenn es entweder Neuartigkeit oder Aktualität ausdrückt:
une idée nouvelle – eine neue Idee (im Gegensatz zu einer bereits bekannten Idee);
un film nouveau – ein neuer Film (im Gegensatz zu einem nicht mehr aktuellen Film).
Es steht vor dem Substantiv, wenn es eine Wiederholung oder die Fortsetzung einer Reihe ausdrückt:
elle a tourné un nouveau film – sie hat einen neuen (oder: einen weiteren) Film gedreht.
Nur in dieser zweiten Bedeutung wird die Variante *nouvel* des männlichen Adjektivs verwendet. Sie steht an Stelle von *nouveau* vor Vokalen oder stummem h:
un nouveau costume – ein neuer Anzug;
un nouvel appartement – eine neue Wohnung;
ce nouvel hôtel – dieses neue Hotel.

le **nouveau-né** [nuvone] <*Plural:* nouveau-nés> das Neugeborene

la **nouveau-née** [nuvone] <*Plural:* nouveau-nées> das Neugeborene

la **nouveauté** [nuvote] ❶ die Neuheit ❷ (*neues Buch*) die Neuerscheinung ❸ **le charme de la nouveauté** der Reiz des Neuen

nouveaux [nuvo] →**nouveau**

nouvel, nouvelle [nuvɛl] →**nouveau**

la **nouvelle**[1] [nuvɛl] ❶ (*Person*) die Neue; **la nouvelle dans la classe** die Neue in der Klasse ❷ die Neuigkeit, die Nachricht; **la nouvelle d'une grève** die Nachricht von einem Streik; **connaissez-vous la nou-**

la **velle?** wisst ihr/wissen Sie schon das Neueste? ❸ (*Information*) **les nouvelles** die Nachrichten; **ne plus donner de ses nouvelles** nichts mehr von sich hören lassen, sich nicht mehr melden ❹ (*in der Literatur*) die Novelle

la **nouvelle²** [nuvɛl] ❶ die Neuigkeit ❷ die Nachricht; **donner de ses nouvelles** [etwas] von sich hören lassen ❸ (*Meldung*) **les nouvelles** die Nachrichten ▸ **il va avoir de mes nouvelles!** er bekommt es mit mir zu tun!; **tu m'en diras des nouvelles** du wirst begeistert sein

la **Nouvelle-Calédonie** [nuvɛlkaledoni] Neukaledonien

la **Nouvelle-Zélande** [nuvɛlzelɑ̃d] Neuseeland

novembre [nɔvɑ̃bʀ] ❶ der November; **en novembre** im November; **début novembre** Anfang November; **fin novembre** Ende November; **pendant tout le mois de novembre** den ganzen November über ❷ (*bei Datumsangaben*) **on se retrouvera le 10 novembre** wir treffen uns am 10. November wieder

Ⓖ Der französische Monatsname ist männlich; er wird ohne den bestimmten Artikel gebraucht.
Bei einer präzisen Datumsangabe, wie sie in ❷ aufgeführt ist, steht der Artikel jedoch, und zwar wegen der Zahl:
elle est née le vingt – sie ist am Zwanzigsten geboren;
elle est née le vingt novembre – sie ist am zwanzigsten November geboren.

novice [nɔvis] unerfahren, neu
le **novice** [nɔvis] der Neuling
la **novice** [nɔvis] der Neuling
le **noyau** [nwajo] <*Plural:* noyaux> der Kern
noyer [nwaje] <*wie* appuyer; *siehe Verbtabelle ab S. 1055*> ❶ ertränken ❷ (*überfluten*) überschwemmen ❸ **noyer le carburateur** den Motor absaufen lassen ❹ **se noyer** ertrinken

Ü Einige Formen des Verbs schreiben sich mit *y*, andere mit *i*.
Direkt vor einer betonten Endungssilbe steht immer ein *y*, z.B. *nous noyons* oder *ils noyaient*.
Das *i* steht immer vor einem unbetonten *e*, z.B. *je noie* oder *ils noieront*.

le **noyer** [nwaje] der Walnussbaum, der Nussbaum
le **nu** [ny] (*in der Kunst*) der Akt
nu, nue [ny] nackt

le **nuage** [nɥaʒ] ❶ die Wolke; **le nuage de fumée** die Rauchwolke ❷ **un nuage de lait** ein paar Tropfen Milch ▸ **être dans les nuages** über den Wolken schweben
nuageux, nuageuse [nɥaʒø, nɥaʒøz] *Himmel* bewölkt
la **nuance** [nɥɑ̃s] ❶ die Farbnuance, die Nuance ❷ die Farbabstufung ❸ der kleine Unterschied
nucléaire [nykleɛʀ] Atom-; **l'énergie nucléaire** die Atomkraft
le **nucléaire** [nykleɛʀ] die Atomenergie
le **nudisme** [nydism] FKK
le **nudiste** [nydist] der Nudist
la **nudiste** [nydist] die Nudistin
la **nue** [ny] **tomber des nues** aus allen Wolken fallen
la **nuée** [nɥe] der Schwarm
nuire [nɥiʀ] <*siehe Verbtabelle ab S. 1055*> schaden; **nuire à quelqu'un/à quelque chose** jemandem/einer Sache schaden
la **nuisance** [nɥizɑ̃s] die Umweltbelastung
nuisant, nuisante [nɥizɑ̃, nɥizɑ̃t] *Lärm, Gerüche* gesundheitsschädlich, gesundheitsschädigend
nuisible [nɥizibl] ❶ schädlich; **les animaux/les insectes nuisibles** die Schädlinge ❷ **nuisible à la santé** gesundheitsschädlich
nuisons [nɥizɔ̃] →**nuire**
la **nuit** [nɥi] ❶ die Nacht; **il commence à faire nuit** es wird dunkel; **il fait nuit** es ist dunkel; **la nuit tombe** die Nacht bricht herein; [**dans**] **la nuit** nachts; **bonne nuit!** gute Nacht! ❷ (*Aufenthalt im Hotel*) die Übernachtung ❸ **l'équipe de nuit** die Nachtschicht; **être de nuit** Nachtdienst haben ▸ **nuit et jour** Tag und Nacht; **la nuit blanche** die schlaflose Nacht; **la nuit porte conseil** guter Rat kommt über Nacht
nul [nyl] (*gehoben*) ❶ **nul ne ... niemand ...; nul n'a le droit de dire cela** niemand hat das Recht, das zu sagen ❷ **ne ... nul ... kein ...; je n'en ai nul besoin** ich brauche es [wirklich] nicht
nul, nulle [nyl] ❶ *Rede, Film* miserabel; **être nul en maths** in Mathe eine Niete sein ❷ **c'est nul d'avoir dit ça** (*umgs.*) es war idiotisch, das zu sagen ❸ **les risques sont nuls** die Risiken sind gleich null
nullement [nylmɑ̃] keinesfalls
la **nullité** [nylite] ❶ die Nichtigkeit ❷ die Unfähigkeit
numérique [nymeʀik] ❶ zahlenmäßig; **en données numériques** in Zahlen ausge-

drückt ②(*in der Informatik*) digital
numériser [nymeʀize] (*in der Informatik*) digitalisieren
le **numéro** [nymeʀo] ⚠ männlich ① die Nummer; **le numéro de la page** die Seitenzahl; **le numéro de la rue** die Hausnummer; **le numéro gagnant** die Gewinnzahl ② **le numéro de téléphone** die Telefonnummer; **faire un numéro** eine Nummer wählen ▸ **le numéro vert** die kostenlose Service-Rufnummer
la **numérotation** [nymeʀɔtasjɔ̃] das Nummernsystem
numéroter [nymeʀɔte] nummerieren
nu-pieds [nypje] barfuß; **elle est nu-pieds** sie läuft barfuß
la **nuque** [nyk] der Nacken
Nuremberg [nyʀɑ̃bɛʀ] Nürnberg
la **nurse** [nœʀs] das Kindermädchen
nutritif, nutritive [nytʀitif, nytʀitiv] *Lebensmittel* nahrhaft
la **nutrition** [nytʀisjɔ̃] die Ernährung
nutritive [nytʀitiv] →**nutritif**
le **nylon**® [nilɔ̃] das Nylon®
nymphomane [nɛ̃fɔman] nymphoman
la **nymphomane** [nɛ̃fɔman] die Nymphomanin

O

l' **o** (*männlich*), l'**O** (*männlich*) [o] das o, das O
ô [o] oh
l' **oasis** (*weiblich*) [ɔazis] die Oase
obéir [ɔbeiʀ] <*wie* agir; *siehe Verbtabelle ab S. 1055*> ① **obéir à quelqu'un** jemandem gehorchen ② **obéir à un ordre** einen Befehl befolgen

 Bei einigen Formen des Verbs ist der Stamm um -*iss*- erweitert, etwa bei *nous obéissons, il obéissait* oder *en obéissant*.

l' **obéissance** (*weiblich*) [ɔbeisɑ̃s] der Gehorsam; **l'obéissance aux parents** der Gehorsam gegenüber den Eltern
obèse [ɔbɛz] fettleibig
l' **obèse** (*männlich*) [ɔbɛz] der Fettleibige
l' **obèse** (*weiblich*) [ɔbɛz] die Fettleibige
l' **obésité** (*weiblich*) [ɔbezite] die Fettleibigkeit
objecter [ɔbʒɛkte] ① einwenden; **je n'ai rien à objecter à cela** ich habe nichts dagegen einzuwenden ② **objecter quelque chose à quelqu'un** jemandem etwas entgegenhalten
l' **objecteur** (*männlich*) [ɔbʒɛktœʀ] **l'objecteur de conscience** der Wehrdienstverweigerer
l' **objectif** (*männlich*) [ɔbʒɛktif] ① das Ziel ②(*Linse*) das Objektiv
objectif, objective [ɔbʒɛktif, ɔbʒɛktiv] objektiv
l' **objection** (*weiblich*) [ɔbʒɛksjɔ̃] der Einwand
objective [ɔbʒɛktiv] →**objectif**
l' **objectivité** (*weiblich*) [ɔbʒɛktivite] die Objektivität
l' **objet** (*männlich*) [ɔbʒɛ] ① der Gegenstand, die Sache ② **les objets trouvés** die Fundsachen ③(*Ziel*) der Zweck ④(*in der Grammatik*) das Objekt
▸ **l'objet d'art** das Kunstobjekt
l' **obligation** (*weiblich*) [ɔbligasjɔ̃] ① die Verpflichtung; **avoir des obligations** Verpflichtungen haben ② **être dans l'obligation de partir** gezwungen sein zu gehen
obligatoire [ɔbligatwaʀ] obligatorisch; **la présence obligatoire** die Anwesenheitspflicht
obligatoirement [ɔbligatwaʀmɑ̃] unbedingt
obligé, obligée [ɔbliʒe] ①(*nicht wahlfrei*) *Prüfung* Pflicht-, obligatorisch ②(*fam: unumgänglich*) unvermeidlich
l' **obligeance** (*weiblich*) [ɔbliʒɑ̃s] das Entgegenkommen; **avoir l'obligeance de ne pas fumer** so freundlich sein, nicht zu rauchen
obliger [ɔbliʒe] <*wie* changer; *siehe Verbtabelle ab S. 1055*> ① zwingen ② **obliger son enfant à ranger ses affaires** von seinem Kind verlangen, dass es seine Sachen aufräumt ③ verpflichten ④ **nous étions obligés de rester** wir mussten bleiben

Ü Vor *a* und *o* bleibt das *e* erhalten, z. B. in *nous obligeons, il obligeait* und *en obligeant*.

oblique [ɔblik] schräg
obliquer [ɔblike] abbiegen
oblitérer [ɔblitere] <*wie* préférer; *siehe Verbtabelle ab S. 1055*> abstempeln *Briefmarke*

Ü Nur die stammbetonten Formen schreiben sich mit *è*, z. B. *j'oblitère*.

obnubiler [ɔbnybile] verfolgen; **être obnubilé(e) par une idée** von einem Gedanken besessen sein
l' **obole** (*weiblich* ⚠) [ɔbɔl] der Obolus
obscène [ɔpsɛn] obszön

l' **obscénité** *(weiblich)* [ɔpsenite] die Obszönität
obscur, **obscure** [ɔpskyʀ] ❶ dunkel ❷ *Grund, Angelegenheit* undurchsichtig
obscurcir [ɔpskyʀsiʀ] *<wie agir; siehe Verbtabelle ab S. 1055>* ❶ verdunkeln ❷ **s'obscurcir** *Himmel:* sich verdunkeln

> **G** Bei einigen Formen des Verbs ist der Stamm um *-iss-* erweitert, etwa bei *nous obscurcissons, il obscurcissait* oder *en obscurcissant*.

obscurément [ɔpskyʀemã] undeutlich; *erahnen, spüren* dunkel
l' **obscurité** *(weiblich)* [ɔpskyʀite] die Dunkelheit, das Dunkel
l' **obsédé** *(männlich)* [ɔpsede] der Sexbesessene
l' **obsédée** *(weiblich)* [ɔpsede] die Sexbesessene
obséder [ɔpsede] *<wie préférer; siehe Verbtabelle ab S. 1055>* ❶ **obséder quelqu'un** *Angst:* jemanden verfolgen; *Sorgen, Schuldgefühle:* jemandem keine Ruhe lassen ❷ **être obsédé(e) par quelque chose** von etwas besessen sein

> **Ü** Nur die stammbetonten Formen schreiben sich mit *è*, z. B. *cela m'obsède*.

les **obsèques** *(weiblich)* [ɔpsɛk] die Trauerfeier; *(Beerdigung)* die Beisetzung, die Abdankung ⒞ℍ; **les obsèques nationales** das Staatsbegräbnis

> **V** Der Plural *les obsèques* wird mit einem Singular übersetzt: *les obsèques auront lieu vendredi* – die Trauerfeier/die Beisetzung wird am Freitag stattfinden.

obséquieux, **obséquieuse** [ɔpsekjø, ɔpsekjøz] unterwürfig
l' **observateur** *(männlich)* [ɔpsɛʀvatœʀ] der Beobachter
observateur, **observatrice** [ɔpsɛʀvatœʀ, ɔpsɛʀvatʀis] **être très observateur/observatrice** ein sehr guter Beobachter/eine sehr gute Beobachterin sein
l' **observation** *(weiblich)* [ɔpsɛʀvasjɔ̃] ❶ die Beobachtung ❷ *(Äußerung)* die Bemerkung
l' **observatoire** *(männlich)* [ɔpsɛʀvatwaʀ] das Observatorium
l' **observatrice** [ɔpsɛʀvatʀis] →**observateur**
l' **observatrice** *(weiblich)* [ɔpsɛʀvatʀis] die Beobachterin
observer [ɔpsɛʀve] ❶ beobachten; **j'ai observé le cuisinier faire la sauce** ich habe beobachtet, wie der Koch die Soße gemacht hat ❷ bemerken; **faire observer à quelqu'un que …** jemanden darauf hinweisen, dass … ❸ beachten, einhalten *Regeln*

❹ **s'observer** sich beobachten
l' **obsession** *(weiblich)* [ɔpsesjɔ̃] die Besessenheit; *(fixe Idee)* die Zwangsvorstellung
l' **obstacle** *(männlich)* [ɔpstakl] ❶ das Hindernis ❷ **faire obstacle aux négociations** die Verhandlungen behindern
l' **obstination** *(weiblich)* [ɔpstinasjɔ̃] der Eigensinn
obstiné, **obstinée** [ɔpstine] eigensinnig
obstiner [ɔpstine] **s'obstiner** stur bleiben; **s'obstiner dans son erreur** in seinem Irrtum befangen bleiben
obtenir [ɔptəniʀ] *<wie tenir; siehe Verbtabelle ab S. 1055>* erhalten *Mehrheit, Gesamtbetrag;* erzielen *Vorteil*
l' **obtention** *(weiblich)* [ɔptɑ̃sjɔ̃] das Erhalten
obtus, **obtuse** [ɔpty, ɔptyz] ❶ beschränkt ❷ *Winkel* stumpf
l' **obus** *(männlich)* [⚠ ɔby] die Granate
l' **occasion** *(weiblich)* [ɔkazjɔ̃] ❶ die Gelegenheit; **c'est l'occasion de visiter la ville** das ist die Gelegenheit, die Stadt zu besichtigen; **à l'occasion d'un concert** anlässlich eines Konzerts ❷ die günstige Gelegenheit ❸ **une voiture d'occasion** ein Gebrauchtwagen ▶ **c'est l'occasion ou jamais** jetzt oder nie; **sauter sur l'occasion** die Gelegenheit beim Schopf packen; **à l'occasion** bei Gelegenheit
occasionnel, **occasionnelle** [ɔkazjɔnɛl] gelegentlich; *Ausgabe* unvorhergesehen; **le travail occasionnel** die Gelegenheitsarbeit
occasionner [ɔkazjɔne] verursachen
l' **occident** *(männlich)* [⚠ ɔksidɑ̃] *(gehoben: geografisch)* der Westen
l' **Occident** *(männlich)* [⚠ ɔksidɑ̃] der Westen, das Abendland
occidental, **occidentale** [⚠ ɔksidɑ̃tal] *<Plural der männl. Form:* occidentaux*>* westlich, West-; **la côte occidentale** die Westküste; **les puissances occidentales** die Westmächte
l' **Occidental** *(männlich)* [⚠ ɔksidɑ̃tal] *<Plural:* Occidentaux*>* der Westeuropäer
l' **Occidentale** *(weiblich)* [⚠ ɔksidɑ̃tal] die Westeuropäerin
occulte [ɔkylt] okkult; *(geheim)* verborgen
l' **occupant** *(männlich)* [ɔkypɑ̃] ❶ *eines Zimmers* der Bewohner ❷ *eines Autos* der Insasse ❸ *(militärisch) eines Landes* der Besatzer
l' **occupante** *(weiblich)* [ɔkypɑ̃t] ❶ *eines Zimmers* die Bewohnerin ❷ *eines Autos* die Insassin
l' **occupation** *(weiblich)* [ɔkypasjɔ̃] ❶ die Beschäftigung ❷ *(militärisch)* die Besetzung
l' **Occupation** *(weiblich)* [ɔkypasjɔ̃] *die Besetzung Frankreichs durch die Deutschen wäh-*

rend des 2. Weltkriegs
occupé, occupée [ɔkype] ❶ *Mensch* beschäftigt ❷ (*auch militärisch*) besetzt
occuper [ɔkype] ❶ einnehmen *Platz*; in Anspruch nehmen *Zeit, Freizeit* ❷ wohnen in *Wohnung* ❸ **occuper les enfants à dessiner** die Kinder mit Malen beschäftigen ❹ besetzen *Land, Fabrik* ❺ **s'occuper de politique** sich mit Politik beschäftigen
l' **océan** (*männlich*) [ɔseã] der Ozean, das Weltmeer; **l'océan Atlantique** der Atlantische Ozean
océanique [ɔseanik] ozeanisch
l' **océanologie** (*weiblich*) [ɔseanɔlɔʒi] die Meeresforschung
ocre [ɔkʀ] ockerfarben

G Das Farbadjektiv *ocre* ist unveränderlich: *des chaussettes ocre* – ockerfarbene Socken.

l' **ocre** (*weiblich* ⚠) [ɔkʀ] der/das Ocker
octante [ɔktãt] Ⓑ, ⒸⒽ achtzig
l' **octave** (*weiblich*) [ɔktav] (*in der Musik*) die Oktave
l' **octet** (*männlich*) [ɔktɛ] (*in der Informatik*) das Byte
octobre [ɔktɔbʀ] ❶ der Oktober; **en octobre** im Oktober; **début octobre** Anfang Oktober; **fin octobre** Ende Oktober; **pendant tout le mois d'octobre** den ganzen Oktober über ❷ (*bei Datumsangaben*) **on se retrouvera le 20 octobre** wir treffen uns am 20. Oktober wieder

G Der französische Monatsname ist männlich; er wird ohne den bestimmten Artikel gebraucht.
Bei einer präzisen Datumsangabe, wie sie in ❷ aufgeführt ist, steht der Artikel jedoch, und zwar wegen der Zahl:
elle est née le trois – sie ist am Dritten geboren;
elle est née le trois octobre – sie ist am dritten Oktober geboren.

octogénaire [ɔktɔʒenɛʀ] achtzigjährig
octroyer [ɔktʀwaje] <*wie* appuyer; *siehe Verbtabelle ab S. 1055*> ❶ bewilligen ❷ **s'octroyer une pause** sich eine Pause gönnen

Ü Einige Formen des Verbs schreiben sich mit *y*, andere mit *i*.
Direkt vor einer betonten Endungssilbe steht immer ein *y*, z.B. *nous octroyons* oder *ils octroyaient*.
Das *i* steht immer vor einem unbetonten *e*, z.B. *j'octroie* oder *ils octroieront*.

oculaire [ɔkylɛʀ] ❶ Seh-; **les troubles oculaires** die Sehstörungen ❷ Augen-; **un témoin oculaire** ein Augenzeuge
l' **oculiste** (*männlich*) [ɔkylist] der Augenarzt
l' **oculiste** (*weiblich*) [ɔkylist] die Augenärztin
l' **odeur** (*weiblich*) [ɔdœʀ] der Geruch; **il y a une odeur de brûlé** es riecht verbrannt
odieux, odieuse [ɔdjø, ɔdjøz] schändlich; *Charakter* widerlich; *Mensch* unausstehlich
l' **odorat** (*männlich*) [ɔdɔʀa] der Geruchssinn, der Geruch
l' **œil** (*männlich*) [⚠ œj] <*Plural:* yeux> ❶ das Auge; **avoir les yeux verts** grüne Augen haben; **une femme aux yeux marron** eine Frau mit braunen Augen ❷ **lever/baisser les yeux** den Blick heben/senken ❸ **jeter un coup d'œil au journal/à l'heure** einen kurzen Blick in die Zeitung/auf die Uhr werfen ❹ **d'un œil critique** mit kritischem Blick ❺ (*in einer Tür*) der Spion ▶ **avoir un œil au beurre noir** ein blaues Auge haben; **coûter les yeux de la tête** ein Vermögen kosten; **à l'œil nu** mit bloßem Auge; **ouvrir l'œil** aufpassen; **cela saute aux yeux** das sieht man auf den ersten Blick; **tourner de l'œil** (*umgs.*) umkippen; **à l'œil** (*umgs.*) umsonst; **à mes yeux** in meinen Augen; **aux yeux de ses parents** in den Augen seiner/ihrer Eltern; **mon œil!** (*umgs.*) wer's glaubt, wird selig!
l' **œillade** (*weiblich*) [⚠ œjad] **jeter des œillades à quelqu'un** jemandem schöne Augen machen
l' **œillère** (*weiblich*) [⚠ œjɛʀ] die Scheuklappe
l' **œillet**¹ (*männlich*) [⚠ œjɛ] (*Blume*) die Nelke
l' **œillet**² (*männlich*) [⚠ œjɛ] (*an Verschlüssen*) die Öse
l' **œsophage** (*männlich*) [ezɔfaʒ] die Speiseröhre
l' **œuf** (*männlich*) [œf, Plural: ⚠ ø] ❶ das Ei; **l'œuf au** [*oder* **sur le**] **plat** das Spiegelei ❷ **les œufs de poisson** der Rogen ▶ **va te faire cuire un œuf!** (*umgs.*) rutsch mir doch den Buckel runter!
◆ **l'œuf de Pâques** das Osterei

V In ❷ wird der Plural *les œufs de poisson* mit einem Singular übersetzt: *ces œufs de poisson sont salés* – dieser Rogen ist salzig.

l' **œuvre**¹ (*männlich*) [œvʀ] **le gros œuvre** der Rohbau
l' **œuvre**² (*weiblich* ⚠) [œvʀ] das Werk; **les œuvres complètes de Balzac** Balzacs gesamte Werke ▶ **mettre quelque chose en œuvre** etwas in Bewegung setzen
◆ **l'œuvre de bienfaisance** der Wohltätig-

l' **offense** *(weiblich)* [ɔfɑ̃s] die Beleidigung
offenser [ɔfɑ̃se] beleidigen
l' **offenseur** *(männlich)* [ɔfɑ̃sœʀ] der Beleidiger
offensif, offensive [ɔfɑ̃sif, ɔfɑ̃siv] offensiv; **la guerre offensive** der Angriffskrieg
l' **offensive** *(weiblich)* [ɔfɑ̃siv] die Offensive; **passer à l'offensive** zum Angriff übergehen
offert [ɔfɛʀ] →**offrir**
l' **office** *(männlich)* [ɔfis] ❶ das Amt ❷ der Gottesdienst ▶ **d'office** von Amts wegen; *(ohne zu fragen)* einfach so
  ◆ l'**Office franco-allemand pour la jeunesse** das Deutsch-Französische Jugendwerk
  ◆ l'**Office de la prévoyance** ⓒⒽ das Fürsorgeamt ⓒⒽ
  ◆ l'**office du tourisme** das Fremdenverkehrsamt
l' **officiel** *(männlich)* [ɔfisjɛl] die Person des öffentlichen Lebens
officiel, officielle [ɔfisjɛl] offiziell; **la visite officielle** der Staatsbesuch; **la voiture officielle** die Staatskarosse; **la langue officielle** die Amtssprache
l' **officielle** *(weiblich)* [ɔfisjɛl] die Person des öffentlichen Lebens
l' **officier** *(männlich)* [ɔfisje] der Offizier
l' **officière** *(weiblich)* [ɔfisjɛʀ] die Offizierin
officieux, officieuse [ɔfisjø, ɔfisjøz] halbamtlich
l' **offrant** *(männlich)* [ɔfʀɑ̃] **le plus offrant** der Meistbietende
l' **offre** *(weiblich)* [ɔfʀ] das Angebot; **l'offre d'embauche** [*oder* **d'emploi**] das Stellenangebot
offrir [ɔfʀiʀ] <*wie* ouvrir; *siehe Verbtabelle ab S. 1055*> ❶ schenken ❷ bieten; **je vous offre cent euros pour le vase** ich biete Ihnen hundert Euro für die Vase ❸ **s'offrir des vacances** sich Ferien gönnen
offusquer [ɔfyske] ❶ **offusquer quelqu'un** bei jemandem Anstoß erregen ❷ **s'offusquer de quelque chose** an etwas Anstoß nehmen
OGM [oʒeɛm] *Abkürzung von* **organisme génétiquement modifié** der GMO
l' **ogre** *(männlich)* [ɔgʀ] der Menschen fressende Riese
l' **ogresse** *(weiblich)* [ɔgʀɛs] die Menschen fressende Riesin
oh [o] oh
ohé [oe] he[da]
l' **oie** *(weiblich)* [wa] die Gans
l' **oignon** *(männlich)* [⚠ ɔɲɔ̃] die Zwiebel ▶ **occupe-toi de tes oignons!** *(umgs.)* kümmere dich um deinen eigenen Kram!

l' **oiseau** *(männlich)* [wazo] <*Plural:* oiseaux>
❶ der Vogel; **l'oiseau de proie** der Raubvogel ❷ *(abwertend umgs.: merkwürdiger Mensch)* der komische Vogel ▶ **l'oiseau de malheur** der Schwarzmaler
l' **oisif** *(männlich)* [wazif] der Müßiggänger
oisif, oisive [wazif, waziv] müßig
l' **oisive** *(weiblich)* [waziv] die Müßiggängerin
l' **oisiveté** *(weiblich)* [wazivte] der Müßiggang
olive [ɔliv] olivgrün

Ⓖ Das Farbadjektiv *olive* ist unveränderlich: *des chaussettes olive* – olivgrüne Socken.

l' **olive** *(weiblich)* [ɔliv] die Olive
l' **olivier** *(männlich)* [ɔlivje] ❶ der Ölbaum ❷ das Olivenholz
olympique [ɔlɛ̃pik] olympisch; **le stade olympique** das Olympiastadion
ombilical, ombilicale [õbilikal] <*Plural der männl. Form:* ombilicaux> Nabel-; **le cordon ombilical** die Nabelschnur
l' **ombrage** *(männlich)* [õbʀaʒ] der Schatten
ombragé, ombragée [õbʀaʒe] schattig
ombrageux, ombrageuse [õbʀaʒø, õbʀaʒøz] *Person* empfindlich
l' **ombre** *(weiblich)* [õbʀ] ❶ der Schatten; **à l'ombre** im Schatten ❷ **il n'y a pas l'ombre d'un doute** es gibt nicht den leisesten Zweifel ▶ **faire de l'ombre à quelqu'un** jemandem im Licht stehen; *(übertragen)* jemanden in den Schatten stellen
  ◆ l'**ombre à paupières** der Lidschatten
l' **ombrelle** *(weiblich)* [õbʀɛl] der Sonnenschirm
l' **omelette** *(weiblich* ⚠) [ɔmlɛt] das Omelett, die Omelette Ⓐ, ⒸⒽ
l' **omission** *(weiblich)* [ɔmisjõ] ❶ *eines Worts* das Auslassen ❷ *einer Tat, Arbeit* das Unterlassen ❸ *(Lücke)* die Auslassung
l' **omnibus** *(männlich)* [ɔmnibys] der Nahverkehrszug
omnipotent, omnipotente [ɔmnipɔtɑ̃, ɔmnipɔtɑ̃t] allmächtig
omnivore [ɔmnivɔʀ] **être omnivore** [ein] Allesfresser sein
l' **omoplate** *(weiblich)* [ɔmɔplat] das Schulterblatt
OMS *(weiblich)* [ɔɛmɛs] *Abkürzung von* **Organisation mondiale de la Santé** die WHO
on [õ] ❶ man ❷ man; **on vous demande au téléphone** Sie werden am Telefon verlangt ❸ *(umgs.: wir)* **on s'en va!** [los,] wir gehen!; **on s'est amusé(s) comme des fous** wir haben einen Riesenspaß gehabt
l' **oncle** *(männlich)* [õkl] der Onkel
onctueux, onctueuse [õktɥø, õktɥøz] *Suppe*

l'omnibus

Nicht verwechseln mit *der Omnibus* – *l'autobus!*

sämig

l' **onde** *(weiblich)* [ɔ̃d] die Welle; **les ondes sonores** die Schallwellen ▸ **passer sur les ondes** im Radio kommen

l' **ondée** *(weiblich)* [ɔ̃de] der Regenschauer, der Schauer

l' **on-dit** *(männlich)* [ɔ̃di] <*Plural:* on-dit> das Gerücht

l' **ondulation** *(weiblich)* [ɔ̃dylasjɔ̃] ❶ *eines Getreidefelds* das Wogen ❷ **les ondulations** *der Haare, des Geländes* die Wellen

ondulé, ondulée [ɔ̃dyle] *Haare, Oberfläche* gewellt; **le carton ondulé** die Wellpappe; **la tôle ondulée** das Wellblech

onduler [ɔ̃dyle] ❶ *Welle, Getreidefeld:* wogen ❷ *Haare:* sich wellen; *Straße:* sich schlängeln

onéreux, onéreuse [ɔneʁø, ɔneʁøz] *Miete, Ware* kostspielig

l' **ongle** *(männlich)* [ɔ̃gl] ❶ (*an der Hand*) der Fingernagel, der Nagel ❷ (*am Fuß*) der Zehennagel, der Nagel

l' **onglée** *(weiblich)* [ɔ̃gle] **avoir l'onglée** klamme Finger haben

ont [ɔ̃] →**avoir**

l' **ONU** *(weiblich)* [ony] *Abkürzung von* **Organisation des Nations unies** die UNO

onze [ɔ̃z] ❶ elf; **le score est de onze à neuf** *geschrieben:* **11 à 9** es steht elf zu neun *geschrieben:* 11:9; **un Français sur onze** jeder elfte Franzose ❷ (*bei Altersangaben*) **il/elle a onze ans** er/sie ist elf Jahre alt, er/sie ist elf; **à l'âge de onze ans** mit elf Jahren, mit elf; **un enfant de onze ans** ein elfjähriges Kind, ein Elfjähriger ❸ (*bei Uhrzeit- und Zeitangaben*) **il est onze heures** es ist elf Uhr, es ist elf; **il est onze heures moins deux** es ist zwei Minuten vor elf, es ist zwei vor elf; **tous les onze jours** alle elf Tage, jeden elften Tag; **une période de onze ans** ein Zeitraum von elf Jahren ❹ (*bei Datumsangaben*) **le onze mars** *geschrieben:* **le 11 mars** der elfte März *geschrieben:* der 11. März/am elften März *geschrieben:* am 11. März; **aujourd'hui nous sommes le onze** *geschrieben:* **le 11** heute haben wir den Elften *geschrieben:* den 11. ❺ (*bei den Schulnoten*) **onze sur vingt** ≈ [die] Drei; **avoir onze sur vingt** ≈ eine Drei haben ❻ (*als Namenszusatz*) **Louis onze** *geschrieben:* **Louis XI** Ludwig der Neunte *geschrieben:* Ludwig XI.

le **onze** [ɔ̃z] ⚠ *männlich* die Elf; **écrire un grand onze au tableau** eine große Elf an die Tafel schreiben

onzième [ɔ̃zjɛm] elfte(r, s); **la onzième question** die elfte Frage

le **onzième** [ɔ̃zjɛm] ❶ (*in Bezug auf die Reihenfolge, die Leistung*) der/die/das Elfte ❷ (*Bruchzahl*) das Elftel

la **onzième** [ɔ̃zjɛm] der/die/das Elfte

l' **opale** *(weiblich)* ⚠ [ɔpal] der Opal

opaque [ɔpak] undurchsichtig; **le verre opaque** das Milchglas

l' **opéra** *(männlich)* ⚠ [ɔpeʁa] die Oper

l' **opérateur** *(männlich)* [ɔpeʁatœʁ] ❶ der Techniker ❷ (*in einer Telefonzentrale*) der Telefonist ❸ der Kameramann ❹ (*in der Mathematik*) der Operator

◆ l' **opérateur de téléphonie numérique mobile** der Mobilfunkanbieter

l' **opération** *(weiblich)* [ɔpeʁasjɔ̃] ❶ (*auch in der Medizin und beim Militär*) die Operation ❷ (*in der Mathematik*) die Rechenoperation; **les quatre opérations** die vier Grundrechenarten ❸ der Arbeitsschritt ❹ (*im Handel*) das Geschäft

opérationnel, opérationnelle [ɔpeʁasjɔnɛl] *Person, Flugzeug* einsatzfähig; *Maschine* betriebsbereit

l' **opératrice** *(weiblich)* [ɔpeʁatʁis] ❶ die Technikerin ❷ (*in einer Telefonzentrale*) die Telefonistin ❸ die Kamerafrau

opérer [ɔpeʁe] <*wie* préférer; *siehe Verbtabelle ab S. 1055*> ❶ vorgehen ❷ *Methode, Medikament:* wirken ❸ **opérer quelqu'un de l'appendicite** jemanden am Blinddarm operieren ❹ bewirken *Veränderung, Normalisierung*

Nur die stammbetonten Formen schreiben sich mit *è*, z. B. *j'opère*.

l' **opérette** *(weiblich)* [ɔpeʁɛt] die Operette

l' **ophtalmo**[1] *(männlich)* [ɔftalmo] (*umgs.*)

Abkürzung von **ophtalmologiste, ophtalmologue** der Augenarzt
ŀ **ophtalmo**² *(weiblich)* [ɔftalmo] *(umgs.)* *Abkürzung von* **ophtalmologiste, ophtalmologue** die Augenärztin
ŀ **ophtalmologiste**¹ *(männlich)* [ɔftalmɔlɔʒist] der Augenarzt
ŀ **ophtalmologiste**² *(weiblich)* [ɔftalmɔlɔʒist] die Augenärztin
ŀ **ophtalmologue**¹ *(männlich)* [ɔftalmɔlɔg] der Augenarzt
ŀ **ophtalmologue**² *(weiblich)* [ɔftalmɔlɔg] die Augenärztin
opiniâtre [ɔpinjɑtʀ] *Mensch* hartnäckig; *Arbeit* beharrlich
ŀ **opiniâtreté** *(weiblich)* [ɔpinjɑtʀəte] die Hartnäckigkeit
ŀ **opinion** *(weiblich)* [ɔpinjɔ̃] ❶ die Meinung; **se faire une opinion** sich eine Meinung bilden; **changer d'opinion** seine Meinung ändern ❷ die vorherrschende Meinung; **l'opinion publique** die öffentliche Meinung
ŀ **opium** *(männlich)* [⚠ ɔpjɔm] das Opium
opportun, opportune [ɔpɔʀtœ̃, ɔpɔʀtyn] *Moment* richtig
ŀ **opportuniste**¹ *(männlich)* [ɔpɔʀtynist] der Opportunist
ŀ **opportuniste**² *(weiblich)* [ɔpɔʀtynist] die Opportunistin
ŀ **opportunité** *(weiblich)* [ɔpɔʀtynite] ❶ die Zweckmäßigkeit ❷ die günstige Gelegenheit
ŀ **opposant** *(männlich)* [ɔpozɑ̃] der Gegner
ŀ **opposante** *(weiblich)* [ɔpozɑ̃t] die Gegnerin
ŀ **opposé** *(männlich)* [ɔpoze] ❶ das Gegenteil ❷ **à l'opposé de quelqu'un/de quelque chose** im Gegensatz zu jemandem/zu etwas ❸ **à l'opposé** auf der anderen Seite; *(Richtungsangabe)* in der verkehrten/in die verkehrte Richtung
opposé, opposée [ɔpoze] ❶ *Seite* gegenüberliegend; *Richtung* entgegengesetzt ❷ *Ansicht, Interessen* entgegengesetzt; *Charakter, Geschmack* grundverschieden; **le parti opposé** die Gegenpartei ❸ **être opposé à quelque chose** gegen etwas sein
opposer [ɔpoze] ❶ **opposer deux choses différentes** zwei Dinge einander gegenüberstellen ❷ **ce match oppose l'équipe A à** [*oder* **et**] **l'équipe B** in diesem Spiel trifft die Mannschaft A auf die Mannschaft B ❸ erteilen *Absage* ❹ **s'opposer** *Charaktere:* grundverschieden sein ❺ **s'opposer à quelqu'un/à quelque chose** gegen jemanden/gegen etwas sein
ŀ **opposition** *(weiblich)* [ɔpozisjɔ̃] ❶ *von Farben* der Gegensatz; *von Meinungen* der Gegensatz, der Widerspruch ❷ (*in der Politik*) die Opposition ❸ **faire de l'opposition** sich widersetzen ▸ **être en opposition avec quelque chose** im Widerspruch zu etwas stehen
oppresser [ɔpʀese] **oppresser quelqu'un** *Hitze:* jemandem den Atem nehmen
ŀ **oppresseur** *(männlich)* [ɔpʀesœʀ] der Unterdrücker
ŀ **oppresseuse** *(weiblich)* [ɔpʀesøz] die Unterdrückerin
ŀ **oppression** *(weiblich)* [ɔpʀesjɔ̃] ❶ die Unterdrückung ❷ (*Beklemmung*) die Atemnot
opprimer [ɔpʀime] unterdrücken
opter [ɔpte] **opter pour quelque chose** sich für etwas entscheiden
ŀ **opticien** *(männlich)* [ɔptisjɛ̃] der Optiker
ŀ **opticienne** *(weiblich)* [ɔptisjɛn] die Optikerin
optimal, optimale [ɔptimal] <*Plural der männl. Form:* optimaux> optimal
optimiste [ɔptimist] optimistisch
ŀ **optimiste**¹ *(männlich)* [ɔptimist] der Optimist
ŀ **optimiste**² *(weiblich)* [ɔptimist] die Optimistin
ŀ **option** *(weiblich)* [ɔpsjɔ̃] ❶ die Wahl ❷ das Wahlfach ❸ (*bei Autos*) die Sonderausstattung
optique [ɔptik] **le nerf optique** [nɛʀɔptik] der Sehnerv
ŀ **optique** *(weiblich)* [ɔptik] ❶ die Optik ❷ die Sichtweise; **vu(e) sous cette optique** so gesehen
ŀ **opulence** *(weiblich)* [ɔpylɑ̃s] der Überfluss
opulent, opulente [ɔpylɑ̃, ɔpylɑ̃t] ❶ *Mensch, Land* sehr reich ❷ *Brüste* üppig
or [ɔʀ] [*aber*] nun
ŀ **or** *(männlich)* [ɔʀ] das Gold; **l'or est inoxydable** Gold rostet nicht ▸ **rouler sur l'or** im Geld schwimmen; **en or** *Zahn, Ring* golden; *Handel, Geschäft* glänzend; *Vertrag* sehr vorteilhaft
ŀ **orage** *(männlich)* [ɔʀaʒ] das Gewitter ▸ **il y a de l'orage dans l'air** (*umgs.*) es herrscht dicke Luft
orageux, orageuse [ɔʀaʒø, ɔʀaʒøz] ❶ gewittrig; **un nuage orageux** eine Gewitterwolke ❷ *Diskussion* hitzig
ŀ **oral** *(männlich)* [ɔʀal] <*Plural:* oraux> die mündliche Prüfung
oral, orale [ɔʀal] <*Plural der männl. Form:* oraux> ❶ mündlich ❷ **ce médicament est à prendre par voie orale** dieses Medikament ist zum Einnehmen
oralement [ɔʀalmɑ̃] mündlich
orange [ɔʀɑ̃ʒ] orange, orangefarben

> **G** Das Farbadjektiv *orange* ist unveränderlich: <u>des serviettes</u> orange – orangefarbene Handtücher.

l' **orange** *(weiblich)* [ɔʀɑ̃ʒ] die Orange, die Apfelsine; **l'orange sanguine** die Blutorange

l' **orangeade** *(weiblich)* [ɔʀɑ̃ʒad] die Orangenlimonade

l' **oranger** *(männlich)* [ɔʀɑ̃ʒe] der Orangenbaum

l' **orang-outan** *(männlich)* [⚠ ɔʀɑ̃utɑ̃] <*Plural*: orangs-outans> der Orang-Utan

l' **orateur** *(männlich)* [ɔʀatœʀ] der Redner

l' **oratrice** *(weiblich)* [ɔʀatʀis] die Rednerin

oraux [ɔʀo] →*oral*

l' **orbite** *(weiblich* ⚠*)* [ɔʀbit] ❶ die Augenhöhle ❷ (*in der Astronomie*) die Umlaufbahn

orchestral, orchestrale [ɔʀkɛstʀal] <*Plural der männl. Form:* orchestraux> Orchester-; **la musique orchestrale** die Orchestermusik

l' **orchestre** *(männlich)* [ɔʀkɛstʀ] ❶ das Orchester ❷ (*im Theater, Kino*) **deux fauteuils d'<u>o</u>rchestre** zwei Plätze im Parkett

orchestrer [ɔʀkɛstʀe] ❶ orchestrieren ❷ aufziehen *Pressekampagne, Werbekampagne*

l' **orchidée** *(weiblich)* [⚠ ɔʀkide] die Orchidee

ordinaire [ɔʀdinɛʀ] ❶ *Tatsache* alltäglich; *Reaktion* üblich ❷ *Produkt, Wein* einfach ❸ (*durchschnittlich*) [ganz] gewöhnlich

> **F** Nicht verwechseln mit *ordinär – vulgaire!*

l' **ordinaire** *(männlich)* [ɔʀdinɛʀ] das Alltägliche ▶ **ça change de l'ordinaire** das ist mal etwas anderes; **d'ordinaire** normalerweise

ordinairement [ɔʀdinɛʀmɑ̃] gewöhnlich

ordinal, ordinale [ɔʀdinal] <*Plural der männl. Form:* ordinaux> **le nombre ordinal** die Ordnungszahl

l' **ordinateur** *(männlich)* [ɔʀdinatœʀ] der Computer; **travailler <u>sur</u> ordinateur** am Computer arbeiten

l' **ordonnance** *(weiblich)* [ɔʀdɔnɑ̃s] ❶ das Rezept; **faire une ordonnance** ein Rezept ausstellen ❷ (*in der Rechtsprechung*) die Verfügung

ordonné, ordonnée [ɔʀdɔne] ordentlich

ordonner [ɔʀdɔne] ❶ ordnen ❷ **ordonner à quelqu'un de se taire** jemandem befehlen zu schweigen; **j'ai ordonné qu'on ne me dérange pas** ich habe angeordnet, dass man mich nicht stören soll ❸ verordnen *Tabletten*

l' **ordre**[1] *(männlich)* [ɔʀdʀ] der Befehl; **donner un ordre à quelqu'un** jemandem einen Befehl erteilen; **être sous <u>les</u> ordres de quelqu'un** jemandem unterstellt sein

l' **ordre**[2] *(männlich)* [ɔʀdʀ] ❶ die Ordnung; **mettre quelque chose <u>en</u> ordre** etwas in Ordnung bringen; **mettre de l'ordre dans l'appartement** die Wohnung aufräumen ❷ *eines Menschen* der Ordnungssinn; **avoir <u>de</u> l'ordre** ordentlich sein ❸ die Reihenfolge; **par ordre alphabétique** in alphabetischer Reihenfolge ❹ **faire régner l'ordre** für Ordnung sorgen ❺ **l'ordre des médecins** die Ärztekammer; **l'ordre des avocats** die Anwaltskammer ❻ (*religiöse Gemeinschaft*) der Orden ❼ (*Art*) **une tâche d'ordre pédagogique** eine pädagogische Aufgabe ▶ **de l'ordre de ...** in der Größenordnung von ...
◆ **l'ordre du jour** die Tagesordnung, die Agenda (CH); **être à l'ordre du jour** auf der Tagesordnung stehen

l' **ordure** *(weiblich)* [ɔʀdyʀ] ❶ (*Abfall*) **les ordures** der Müll ❷ (*umgs.: Schimpfwort*) das Miststück

> **V** In ❶ wird der Plural *les ordures* mit einem Singular übersetzt: *où <u>sont</u> déposées ces ordures?* – wo <u>wird</u> dieser Müll abgeladen?

ordurier, ordurière [ɔʀdyʀje, ɔʀdyʀjɛʀ] vulgär; *Äußerung, Lied* obszön

l' **oreille** *(weiblich)* [ɔʀɛj] ❶ das Ohr ❷ das Gehör; **avoir l'oreille fine** gute Ohren haben ▶ **être d<u>ur</u>(e) d'oreille** schwerhörig sein; **prêter l'oreille** gut zuhören; **se faire tirer l'oreille** sich lange bitten lassen

l' **oreiller** *(männlich)* [ɔʀeje] das Kopfkissen, das Kissen

les **oreillons** *(männlich)* [ɔʀɛjɔ̃] der Mumps

> **V** Der Plural *les oreillons* wird mit einem Singular übersetzt: *les oreillons <u>sont</u> contagieux* – Mumps <u>ist</u> ansteckend.

l' **orfèvre**[1] *(männlich)* [ɔʀfɛvʀ] der Goldschmied

l' **orfèvre**[2] *(weiblich)* [ɔʀfɛvʀ] die Goldschmiedin

l' **orfèvrerie** *(weiblich)* [ɔʀfɛvʀəʀi] ❶ die Goldschmiedekunst, das Goldschmiedehandwerk ❷ (*Gegenstand*) die Goldschmiedearbeit

l' **organe** *(männlich)* [ɔʀgan] (*auch in der Presse*) das Organ

organique [ɔʀganik] organisch

l' **organisateur** *(männlich)* [ɔʀganizatœʀ] ❶ der Organisator ❷ (*Elektronikgerät*) der Organizer

l' **organisation** *(weiblich)* [ɔʀganizasjɔ̃] ❶ die Organisation ❷ *der Zeit* die Einteilung

l' **organisatrice** *(weiblich)* [ɔʀganizatʀis] die

Organisatorin
organisé, organisée [ɔʀganize] ❶ *Reise, Aktion* organisiert ❷ *Mensch* systematisch arbeitend

organiser [ɔʀganize] ❶ organisieren; veranstalten *Versammlung, Reise, Fest* ❷ einteilen *Zeit, Arbeit;* planen *Freizeit, Leben* ❸ **s'organiser** sich seine Zeit/seine Arbeit einteilen

l' **organisme** *(männlich)* [ɔʀganism] ❶ der Organismus ❷ *(Institution)* die Einrichtung

l' **organiste¹** *(männlich)* [ɔʀganist] der Organist

l' **organiste²** *(weiblich)* [ɔʀganist] die Organistin

l' **orgasme** *(männlich)* [ɔʀgasm] der Orgasmus

l' **orge** *(weiblich)* [ɔʀʒ] die Gerste

l' **orgie** *(weiblich)* [ɔʀʒi] die Orgie

l' **orgue** *(männlich)* [ɔʀg] die Orgel; **les grandes orgues** die große [Kirchen]orgel
▸ l'**orgue de Barbarie** die Drehorgel

l' **orgueil** *(männlich)* [⚠ ɔʀgœj] ❶ der Stolz ❷ die Überheblichkeit

orgueilleux, orgueilleuse [ɔʀgøjø, ɔʀgøjøz] ❶ stolz ❷ überheblich

> ⓥ Der Plural *les orgues* wird mit einem Singular übersetzt: *ces [grandes] orgues sont magnifiques – diese große Orgel ist herrlich.* Im Singular ist *orgue* männlich, aber im Plural weiblich!

l' **Orient** *(männlich)* [ɔʀjɑ̃] der Orient
orientable [ɔʀjɑ̃tabl] verstellbar

l' **Oriental** *(männlich)* [ɔʀjɑ̃tal] <*Plural:* Orientaux> der Orientale

oriental, orientale [ɔʀjɑ̃tal] <*Plural der männl. Form:* orientaux> ❶ östlich; **la côte orientale** die Ostküste ❷ orientalisch

l' **Orientale** *(weiblich)* [ɔʀjɑ̃tal] die Orientalin

l' **orientation** *(weiblich)* [ɔʀjɑ̃tasjɔ̃] ❶ die Orientierung; **avoir le sens de l'orientation** einen guten Orientierungssinn haben ❷ *eines Hauses* die Ausrichtung; *der Sonne* der Stand ❸ *einer Partei* der Kurs

orientaux [ɔʀjɑ̃to] →**oriental**

les **Orientaux** *(männlich)* [ɔʀjɑ̃to] Plural von **Oriental**

orienté, orientée [ɔʀjɑ̃te] *Zeitschriftenartikel, Buch* parteilich

orienter [ɔʀjɑ̃te] ❶ ausrichten *Haus;* **la maison est orientée à l'ouest** das Haus ist nach Westen ausgerichtet ❷ **orienter la conversation sur un sujet** das Gespräch auf ein Thema lenken ❸ beraten *Schüler* ❹ **s'orienter** sich orientieren

l' **orifice** *(männlich)* [ɔʀifis] die Öffnung

l' **origan** *(männlich)* [ɔʀigɑ̃] der Oregano

originaire [ɔʀiʒinɛʀ] **être originaire de Genève** aus Genf kommen [*oder* stammen]

l' **original** *(männlich)* [ɔʀiʒinal] <*Plural:* originaux> ❶ der Sonderling ❷ (*Dokument, Werk*) das Original

original, originale [ɔʀiʒinal] <*Plural der männl. Form:* originaux> ❶ *Geschenk, Idee* originell ❷ (*ursprünglich*) Original-; **la version originale** die Originalversion

l' **originale** *(weiblich)* [ɔʀiʒinal] der Sonderling

l' **originalité** *(weiblich)* [ɔʀiʒinalite] die Originalität; **manquer d'originalité** nicht [gerade] originell sein

originaux [ɔʀiʒino] →**original**

l' **origine** *(weiblich)* [ɔʀiʒin] ❶ der Ursprung; **l'emballage d'origine** die Originalverpackung ❷ die Ursache; **quelle est l'origine de ce bruit?** woher kommt dieses Geräusch? ❸ *einer Person, eines Produkts* die Herkunft; **il est d'origine française** er ist gebürtiger Franzose ▸ **être à l'origine de quelque chose** *Person:* etwas in die Wege geleitet haben; *Ereignis:* die Ursache für etwas sein; **à l'origine** ursprünglich

originel, originelle [ɔʀiʒinɛl] ursprünglich

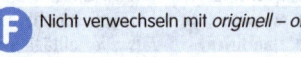 Nicht verwechseln mit *originell – original!*

l' **O.R.L.¹** *(männlich)* [oɛʀɛl] *Abkürzung von* **oto-rhino-laryngologiste** der HNO-Arzt

l' **O.R.L.²** *(weiblich)* [oɛʀɛl] *Abkürzung von* **oto-rhino-laryngologiste** die HNO-Ärztin

l' **orme** *(männlich)* [ɔʀm] die Ulme

l' **ornement** *(männlich)* [ɔʀnəmɑ̃] der Schmuck, die Verzierung

ornemental, ornementale [ɔʀnəmɑ̃tal] <*Plural der männl. Form:* ornementaux> ornamental; **la plante ornementale** die Zierpflanze

> ⓥ Das französische Wort schreibt sich *ornemental.*

orner [ɔʀne] schmücken

l' **ornière** *(weiblich)* [ɔʀnjɛʀ] die Wagenspur

l' **orphelin** *(männlich)* [ɔʀfəlɛ̃] die Waise; **il est orphelin de père** er hat keinen Vater mehr

orphelin, orpheline [ɔʀfəlɛ̃, ɔʀfəlin] **l'enfant orphelin** das Waisenkind

l' **orphelinat** *(männlich)* [ɔʀfəlina] das Waisenhaus

l' **orpheline** *(weiblich)* [ɔʀfəlin] die Waise; **elle est orpheline de mère** sie hat keine Mutter mehr

l' **orteil** *(männlich)* [ɔʀtɛj] die Zehe

l' **orthodontiste¹** *(männlich)* [ɔʀtodõtist] der Kieferorthopäde l' **orthodontiste**[2] *(weiblich)* [ɔʀtodõtist] die Kieferorthopädin

l' **orthographe** *(weiblich)* [ɔʀtɔgʀaf] ❶ die Rechtschreibung; **la faute d'orthographe** der Rechtschreibfehler; **avoir une bonne orthographe** gute Rechtschreibkenntnisse haben ❷ *eines Wortes* die Schreibweise

orthographier [ɔʀtɔgʀafje] <*wie* apprécier; *siehe Verbtabelle ab S. 1055*> [richtig] schreiben

orthographique [ɔʀtɔgʀafik] Rechtschreib-; **la règle orthographique** die Rechtschreibregel

orthopédique [ɔʀtɔpedik] orthopädisch

l' **orthopédiste**[1] *(männlich)* [ɔʀtɔpedist] der Orthopäde

l' **orthopédiste**[2] *(weiblich)* [ɔʀtɔpedist] die Orthopädin

l' **orthophoniste**[1] *(männlich)* [ɔʀtɔfɔnist] der Logopäde

l' **orthophoniste**[2] *(weiblich)* [ɔʀtɔfɔnist] die Logopädin

l' **ortie** *(weiblich)* [ɔʀti] die Brennnessel

l' **os** *(männlich)* [ɔs, *Plural:* ⚠ o] <*Plural:* os> der Knochen; **en os** knöchern ▶ **être trempé(e) jusqu'aux os** nass bis auf die Haut sein; **il y a un os** (*umgs.*) die Sache hat einen Haken

l' **O.S.**[1] *(männlich)* [oɛs] *Abkürzung von* **ouvrier spécialisé** der angelernte Arbeiter

l' **O.S.**[2] *(weiblich)* [oɛs] *Abkürzung von* **ouvrière spécialisée** die angelernte Arbeiterin

l' **oscillation** *(weiblich)* [ɔsilasjõ] die Schwankung

osciller [ɔsile] ❶ *Uhrenpendel:* schwingen ❷ (*unschlüssig sein*) schwanken

osé, osée [oze] ❶ kühn; *Unternehmen* waghalsig ❷ *Scherz, Szenen* [reichlich] gewagt

l' **oseille** *(weiblich)* [ozɛj] ❶ der Sauerampfer ❷ (*umgs.: Geld*) die Knete

oser [oze] wagen, es wagen

l' **osier** *(männlich)* [ozje] ❶ die Weidenrute ❷ **un panier en osier** ein Weidenkorb; **les meubles en osier** die Korbmöbel

Oslo [ɔslo] Oslo

les **osselets** *(männlich)* [ɔslɛ] Geschicklichkeitsspiel mit [Plastik]knöchelchen

les **ossements** *(männlich)* [ɔsmã] *eines Menschen* die Gebeine; *eines Tiers* die Knochen, das Gerippe

osseux, osseuse [ɔsø, ɔsøz] *Körper, Hand* knochig

ostensible [ɔstãsibl] offensichtlich

l' **ostentation** *(weiblich)* [ɔstãtasjõ] **avec ostentation** betont auffällig

l' **otage** *(männlich)* [ɔtaʒ] die Geisel

ôter [ote] ❶ entfernen ❷ ausziehen *Handschuhe;* abnehmen *Hut, Verband* ❸ wegnehmen *Gegenstand;* nehmen *Lust, Illusion* ❹ **ôte-toi de là [que je m'y mette]!** mach mal Platz [für mich]!

l' **otite** *(weiblich)* [ɔtit] die Ohrenentzündung

l' **oto-rhino**[1] *(männlich)* [ɔtɔʀino] <*Plural:* oto-rhinos> *Abkürzung von* **oto-rhino-laryngologiste** der HNO-Arzt

l' **oto-rhino**[2] *(weiblich)* [ɔtɔʀino] <*Plural:* oto-rhinos> *Abkürzung von* **oto-rhino-laryngologiste** die HNO-Ärztin

l' **oto-rhino-laryngologiste**[1] *(männlich)* [ɔtɔʀinolaʀɛ̃gɔlɔʒist] <*Plural:* oto-rhino-laryngologistes> der Hals-Nasen-Ohren-Arzt

l' **oto-rhino-laryngologiste**[2] *(weiblich)* [ɔtɔʀinolaʀɛ̃gɔlɔʒist] <*Plural:* oto-rhino-laryngologistes> die Hals-Nasen-Ohren-Ärztin

ou [u] ❶ oder; **ou ton père ou ta mère** entweder dein Vater oder deine Mutter; **c'est l'un ou l'autre** entweder – oder ❷ (*sonst*) **ou [alors]** oder ❸ (*mit anderen Worten*) oder [auch]

où [u] ❶ (*Ortsangabe*) wo; **où es-tu?** wo bist du?; **la rue où j'habite** die Straße, in der ich wohne ❷ (*Richtungsangabe*) wohin; **où va-t-elle?** wo geht sie hin?, wohin geht sie?; **l'hôtel où il est entré** das Hotel, in das er [hinein]gegangen ist; **la chaise où j'ai posé le livre** der Stuhl, auf den ich das Buch gelegt habe; **d'où** woher; **la maison d'où il est venu** das Haus, aus dem er [heraus]gekommen ist; **d'où que tu viennes** woher du auch [immer] kommen magst ❸ (*Zeitangabe*) **l'année où elle est née** das Jahr, in dem sie geboren wurde; **le jour où nous nous sommes rencontrés** der Tag, an dem wir uns begegnet sind ❹ (*Angabe des Umstandes, der Gegebenheiten*) **dans l'état où tu es** in deinem Zustand; **où en es-tu de tes maths?** wie weit bist du mit deinen Matheaufgaben?; **où en étais-je?** wo war ich stehen geblieben?; **où voulez-vous en venir?** worauf wollen Sie hinaus?

ouah [wa] ❶ (*bei Hunden*) wau ❷ (*Ausdruck der Freude oder Bewunderung*) o ja

ouais [´wɛ] (*umgs.*) ❶ (*ja*) hm ❷ (*zweifelnd*) soso ❸ (*begeistert*) juhu

l' **ouate** *(weiblich)* [⚠ wat] die Watte

l' **oubli** *(männlich)* [ubli] ❶ das Vergessen ❷ das Versäumnis ▶ **tomber dans l'oubli** in Vergessenheit geraten

oublier [ublije] <*wie* apprécier; *siehe Verbtabelle ab S. 1055*> ❶ vergessen; **j'ai oublié d'acheter du pain** ich habe vergessen, Brot zu kaufen ❷ **il oubliera vite** er wird das schnell vergessen ❸ **la grammaire s'oublie**

oubliette (weiblich) [ublijɛt] das Verlies
ouest [wɛst] Stadtteil, Vorort westlich

> **G** Das Adjektiv *ouest* ist unveränderlich: *la frontière ouest* – *die Westgrenze*.

ouest (männlich) [wɛst] (*Himmelsrichtung*) der Westen, West

> **F** Nicht verwechseln mit *der Osten* – *l'est*!

Ouest (männlich) [wɛst] (*westliche Gegend, westlicher Teil eines Landes*) der Westen

> **F** Nicht verwechseln mit *der Osten* – *l'Est*!

ouest-allemand, ouest-allemande [wɛstalmã, wɛstalmãd] <*Plural der männl. Form:* ouest-allemands> westdeutsch
ouf [´uf] uff
oui [´wi] ❶ ja; **faire oui** ja sagen; **répondre par oui ou par non** mit Ja oder Nein antworten ❷ (*nachdrücklich*) ja [,wirklich]; **ah oui, [alors**]! oh ja [, das kann man wohl sagen]!; °**hé oui!** leider ja!; **alors, tu arrives, oui?** (*umgs.*) wird's bald?; **que oui!** (*umgs.*) na klar! ❸ **je crois que oui** ich glaube schon; **il pense que oui** er denkt schon; **elle craint/elle dit que oui** sie befürchtet/sie sagt, dass es so ist
le **oui** [´wi] <*Plural:* ouis> ❶ das Ja ❷ (*bei einer Wahl*) die Jastimme ▶ **pour un oui [ou] pour un non** wegen nichts und wieder nichts
ouï-dire (männlich) [´widiʀ] <*Plural:* ouï-dire> das Gerücht
ouïe (weiblich) [△ wi] ❶ das Gehör ❷ **les ouïes** *von Fischen* die Kiemen
ouille [´uj] au[a]
ouragan (männlich) [uʀagɑ̃] der Orkan
ourler [uʀle] säumen, einsäumen
ourlet (männlich) [uʀlɛ] der Saum
ours (männlich) [△ uʀs] ❶ der Bär; **l'ours polaire** der Eisbär ❷ **l'ours en peluche** [luʀsɑ̃p(ə)lyʃ] der Teddybär ❸ (*umgs.: ungeselliger Mensch*) der Brummbär
ourse (weiblich) [uʀs] ❶ die Bärin ❷ (*in der Astronomie*) **la Grande Ourse** der Große Bär [*oder* Wagen]; **la Petite Ourse** der Kleine Bär [*oder* Wagen]
oursin (männlich) [uʀsɛ̃] der Seeigel
ourson (männlich) [uʀsɔ̃] das Bärenjunge
oust, ouste [´ust] (*umgs.*) ❶ (*Aufforderung, fortzugehen*) weg mit dir/euch ❷ (*Aufforderung, sich zu beeilen*) hopp[, hopp]

out [△ aut] ❶ (*im Sport*) aus, im Aus ❷ (*nicht mehr gefragt*) out
outil (männlich) [△ uti] ❶ das Werkzeug ❷ **l'outil de travail** das Arbeitsmittel ❸ (*in der Informatik*) das Tool
outiller [utije] ausstatten *Werkstatt*
outing (männlich) [△ autiŋ] das Outing, das Outen
outrage (männlich) [utʀaʒ] die Beleidigung
outrager [utʀaʒe] <*wie* changer; *siehe Verbtabelle ab S. 1055*> beleidigen

> **Ü** Vor *a* und *o* bleibt das *e* erhalten, z. B. in *nous outrageons, il outrageait* und *en outrageant*.

outrance (weiblich) [utʀɑ̃s] die Übertreibung
outrancier, outrancière [utʀɑ̃sje, utʀɑ̃sjɛʀ] übertrieben
outre [utʀ] ❶ **outre ces lettres, il y avait quelques photos** außer diesen Briefen gab es noch einige Fotos ❷ **en outre** außerdem
outre (weiblich) [utʀ] der Schlauch
outre-Atlantique [utʀatlɑ̃tik] ❶ (*Ortsangabe*) jenseits des Atlantiks ❷ (*Richtungsangabe*) auf die andere Seite des Atlantiks
outremer [utʀəmɛʀ] ultramarin

> **G** Das Farbadjektiv *outremer* ist unveränderlich: *des serviettes outremer* – *ultramarinblaue Servietten*.

outremer (männlich) [utʀəmɛʀ] das Ultramarin
outre-mer [utʀəmɛʀ] d'outre-mer überseeisch, Übersee-; **les départements d'outre-mer français** die französischen Übersee-Departements
outrepasser [utʀəpase] überschreiten
ouvert, ouverte [uvɛʀ, uvɛʀt] ❶ offen, geöffnet; **être ouvert** *Tür, Fenster, Geschäft:* offen [*oder* geöffnet] sein; *Wasserhahn:* offen [*oder* aufgedreht] sein; *Messe, Jagdsaison:* eröffnet sein; *Ermittlungen:* eingeleitet sein ❷ *Mensch* aufgeschlossen; **être ouvert à quelqu'un/à quelque chose** offen für jemanden/für etwas sein; *siehe auch* **ouvrir**
ouverture (weiblich) [uvɛʀtyʀ] ❶ *einer Tür* das Öffnen ❷ *einer Grenze, eines Geschäfts* die Öffnung; **les heures d'ouverture** die Öffnungszeiten ❸ (*Einweihung*) die Eröffnung; *einer Straße* die Freigabe ❹ (*in der Musik*) die Ouvertüre ❺ (*in der Informatik*) **l'ouverture d'une session** das Einloggen
ouvrable [uvʀabl] **un jour ouvrable** ein Werktag
ouvrage (männlich) [uvʀaʒ] ❶ die Arbeit ❷ die Handarbeit ❸ (*Buch*) das Werk; **un ouvrage**

d'histoire ein Geschichtswerk
ouvragé, ouvragée [uvraʒe] kunstvoll gearbeitet
l' **ouvre-boîte** *(männlich)* [uvrəbwat] <*Plural:* ouvre-boîtes> der Dosenöffner
l' **ouvre-bouteille** *(männlich)* [uvr(ə)butɛj] <*Plural:* ouvre-bouteilles> der Flaschenöffner
l' **ouvreur** *(männlich)* [uvrœʀ] *(im Kino, Theater)* der Platzanweiser
l' **ouvreuse** *(weiblich)* [uvʀøz] *(im Kino, Theater)* die Platzanweiserin
l' **ouvrier** *(männlich)* [uvrije] der Arbeiter; **l'ouvrier qualifié** der Facharbeiter
ouvrier, ouvrière [uvrije, uvrijɛʀ] Arbeiter-; **la classe ouvrière** die Arbeiterklasse; **le conflit ouvrier** der Arbeitskampf
l' **ouvrière** *(weiblich)* [uvrijɛʀ] die Arbeiterin; **l'ouvrière d'usine** die Fabrikarbeiterin
ouvrir [uvrir] <*siehe Verbtabelle ab S. 1055*> ❶ öffnen, aufmachen; **s'il te plaît, ouvre!** mach bitte auf! ❷ öffnen; aufschlagen *Buch, Augen;* **ouvrir grand le bec** den Schnabel weit aufreißen ❸ *(mit einem Schlüssel)* aufschließen ❹ öffnen *Wasserhahn, Gashahn;* (*umgs.*) aufdrehen *Gas;* (*umgs.*) anmachen *Licht* ❺ ausbreiten *Arme;* aufspannen *Regenschirm;* aufziehen *Vorhänge* ❻ eröffnen *Geschäft, Konto, Sitzung, Perspektiven;* einleiten *Ermittlung;* anführen *Liste, Zug* ❼ (*operieren*) öffnen *Abszess, Bauch* ❽ schlagen *Bresche;* bauen *Straße* ❾ **ouvrir le lundi** *Geschäft:* montags geöffnet sein; *Kino, Theater:* montags Vorstellung haben ❿ **ouvrir sur la cour** *Fenster, Tür:* auf den Hof [hinaus]gehen ⓫ **s'ouvrir** sich öffnen; **le parapluie s'ouvre mal** der Regenschirm lässt sich schwer öffnen ⓬ **s'ouvrir les veines** sich die Pulsadern aufschneiden ⓭ **s'ouvrir au monde** beginnen die Welt wahrzunehmen ▶ **l'ouvrir** (*umgs.*) den Mund aufmachen
ovale [ɔval] oval
l' **ovale** *(männlich)* [ɔval] das Oval
l' **ovation** *(weiblich)* [ɔvasjɔ̃] der stürmische Beifall
ovationner [ɔvasjɔne] **ovationner quelqu'un** jemandem stürmischen Beifall spenden
l' **overdose** *(weiblich)* [⚠ ɔvœʀdoz, ɔvɛʀdoz] die Überdosis
ovin, ovine [ɔvɛ̃, ɔvin] Schafs-; **la race ovine** die Gattung der Schafe
l' **OVNI** *(männlich)* [ɔvni] *Abkürzung von* **objet volant non identifié** das UFO, das Ufo
l' **oxyde** *(männlich)* [ɔksid] das Oxid

oxyder [ɔkside] oxidieren; **s'oxyder** oxidieren
l' **oxygène** *(männlich)* [ɔksiʒɛn] ❶ der Sauerstoff ❷ die frische Luft
oxygéné, oxygénée [ɔksiʒene] **l'eau oxygénée** das Wasserstoffperoxid
l' **ozone** *(weiblich* *)* [ozɔn, ɔzɔn] das Ozon

P

le **p**, le **P** [pe] das p, das P
pacifique [pasifik] friedlich
le **Pacifique** [pasifik] der Pazifik
pacifiste [pasifist] pazifistisch, Friedens-; **la marche pacifiste** der Friedensmarsch
le **pacifiste** [pasifist] der Pazifist
la **pacifiste** [pasifist] die Pazifistin
le **pack** [pak] die Großpackung
la **pacotille** [pakɔtij] der Plunder
le **pacte** [pakt] der Pakt; **le Pacte atlantique** der Atlantikpakt
◆ **le pacte d'alliance** der Bündnisvertrag
la **pagaïe, la pagaille** [pagaj] (*umgs.*) das totale Durcheinander ▶ **laisser tout en pagaïe** alles wahllos herumliegen lassen; **semer la pagaïe partout** überall das totale Chaos anrichten
la **page** [paʒ] ❶ das Blatt; (*Vorder- oder Rückseite*) die Seite; **en page 20** auf Seite 20; **la première page** die Titelseite ❷ (*im Internet*) **la page personnelle** die eigene [*oder* persönliche] Homepage; **accéder à une page** auf eine Seite zugreifen; **visiter une page** eine Seite lesen; **le °haut de page** der Seitenanfang; **le bas de page** das Seitenende ▶ **tourner la page** einen Schlussstrich ziehen; (*um neu zu beginnen*) ein neues Kapitel aufschlagen
◆ **la page d'accueil** die Homepage
◆ **la page de publicité** der Werbespot; (*in der Presse*) die Anzeigenseite
◆ **la page Web** die Webseite
paie [pɛ] → **payer**
la **paie** [⚠ pɛ] *eines Arbeiters* der Lohn; *eines Angestellten* das Gehalt
le **paiement** [pɛmã] die Bezahlung; *von Steuern, Bußgeldern* die Zahlung; *einer Schuld* die Rückzahlung
paierai [pɛʀe] → **payer**
le **paillasson** [pajasɔ̃] die Fußmatte

paille – panneau

la **paille** [paj] ❶ das Stroh ❷ der Strohhalm ▸ **tirer à la courte paille** [mit Streichhölzern] knobeln

le **pain** [pɛ̃] ❶ das Brot ❷ **le petit pain** das Brötchen, das Gebäck Ⓐ ▸ **avoir du pain sur la planche** (umgs.) einen Haufen Arbeit haben; **gagner son pain à la sueur de son front** (gehoben) sein Brot im Schweiße seines Angesichts verdienen
  ◆ le **pain au chocolat** das Schoko-Croissant

le **pair** [pɛʀ] **une jeune fille au pair** ein Au-pairmädchen; **travailler au pair** gegen Unterkunft und Verpflegung arbeiten; **aller de pair avec quelque chose** mit etwas einhergehen; °**hors pair** unvergleichlich

pair, paire [pɛʀ] Zahl gerade; Straßenseite mit [den] geraden Hausnummern

la **paire** [pɛʀ] ❶ das Paar ❷ **une paire de gifles** ein paar Ohrfeigen ▸ **c'est une autre paire de manches** (umgs.) das sind zwei Paar Stiefel; **les deux font la paire** (umgs.) da haben sich zwei gesucht und gefunden
  ◆ la **paire de ciseaux** die Schere
  ◆ la **paire de lunettes** die Brille

pais [pɛ] →**paître**

paisible [pezibl] ruhig

paître [pɛtʀ] <siehe Verbtabelle ab S. 1055> weiden

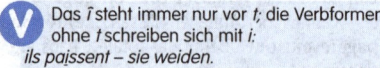
Das ï steht immer nur vor t; die Verbformen ohne t schreiben sich mit i:
ils paissent – sie weiden.

la **paix** [pɛ] ❶ der Frieden ❷ der Friedensvertrag ❸ (Ungestörtheit) die Ruhe ▸ **faire la paix avec quelqu'un** mit jemandem Frieden schließen

le **Pakistan** [pakistɑ̃] Pakistan

le **Pakistanais** [pakistanɛ] der Pakistaner, der Pakistani

pakistanais, pakistanaise [pakistanɛ, pakistanɛz] pakistanisch

la **Pakistanaise** [pakistanɛz] die Pakistanerin, die Pakistani

le **palais**[1] [palɛ] ❶ der Palast ❷ Ⓒ **le Palais fédéral** das Bundeshaus
  ◆ le **palais de l'Élysée** der Élysée-Palast (Amtssitz des französischen Staatspräsidenten)
  ◆ le **palais de Justice** der Justizpalast
  ◆ le **palais des Papes** der Papstpalast
  ◆ le **palais des sports** der Sportpalast

le **palais**[2] [palɛ] der Gaumen

le **Palatinat** [palatina] die Pfalz

pâle [pal] blass

la **Palestine** [palɛstin] Palästina

le **Palestinien** [palɛstinjɛ̃] der Palästinenser

palestinien, palestinienne [palɛstinjɛ̃, palɛstinjɛn] palästinensisch

la **Palestinienne** [palɛstinjɛn] die Palästinenserin

la **palette** [palɛt] die Palette
  ◆ la **palette de ping-pong** Ⓒᴀɴ der Tischtennisschläger

le **palier** [palje] ❶ der Treppenabsatz ❷ **habiter sur le même palier** auf derselben Etage wohnen

pâlir [paliʀ] <wie agir; siehe Verbtabelle ab S. 1055> ❶ blass werden ❷ **pâlir d'envie** vor Neid erblassen

G Bei einigen Formen des Verbs ist der Stamm um -iss- erweitert, etwa bei nous pâlissons, il pâlissait und en pâlissant.

la **palissade** [palisad] der Bretterzaun

le **palmarès** [palmaʀɛs] ❶ die Liste der Preisträger ❷ eines Künstlers die Liste der Erfolge

le **palmier** [palmje] die Palme

palpitant, palpitante [palpitɑ̃, palpitɑ̃t] spannend

le **pamplemousse** [pɑ̃pləmus] ⚠ männlich die Grapefruit

le **pan** [pɑ̃] ❶ eines Hemds der Zipfel ❷ **un pan de mur** ein Stück Mauer

le **panaché** [panaʃe] (Getränk) der Radler, das Alsterwasser

la **pancarte** [pɑ̃kaʀt] das Schild

le **panier** [panje] der Korb; **un panier de cerises** ein Korb [voll] Kirschen ▸ **lui, c'est un vrai panier percé!** er ist wirklich ein Verschwender!
  ◆ le **panier à provisions** der Einkaufskorb
  ◆ le **panier à salade** der Durchschlag; (Polizeiauto) die grüne Minna

le **panier-repas** [panjeʀəpa] <Plural: paniers-repas> das Lunchpaket

la **panique** [panik] die Panik; **être pris(e) de panique** in Panik geraten; **pas de panique!** [nur] keine Panik!

paniquer [panike] (umgs.) ❶ **paniquer quelqu'un** jemanden in Panik versetzen ❷ [**se**] **paniquer** in Panik geraten

la **panne** [pan] ❶ die Panne; **être [tombé(e)] en panne** eine Panne haben; Motor, Maschine: defekt sein ❷ **la panne de courant** [oder **d'électricité**] der Stromausfall
  ◆ la **panne de moteur** der Motorschaden

le **panneau** [pano] <Plural: panneaux> das Schild ▸ **tomber dans le panneau** sich hereinlegen lassen
  ◆ le **panneau de signalisation** das Verkehrs-

schild

le **panorama** [panɔʀama] ❶ das Panorama ❷ (*Übersicht*) der Überblick

panoramique [panɔʀamik] Panorama-; **un écran panoramique** eine Panoramaleinwand

le **pansement** [pɑ̃smɑ̃] ❶ der Verband; **faire un pansement à quelqu'un** jemandem einen Verband anlegen ❷ **le pansement adhésif** das Heftpflaster

le **pantalon** [pɑ̃talɔ̃] die Hose

la **panthère** [pɑ̃tɛʀ] ⚠ *weiblich* der Panther

le **pantin** [pɑ̃tɛ̃] der Hampelmann

la **pantomime** [pɑ̃tɔmim] die Pantomime

le **pantouflard** [pɑ̃tuflaʀ] (*umgs.*) der Stubenhocker

la **pantouflarde** [pɑ̃tuflaʀd] (*umgs.*) die Stubenhockerin

la **pantoufle** [pɑ̃tufl] ⚠ *weiblich* der Pantoffel

le **paon** [⚠ pɑ̃] der Pfau ▶ **fier/fière comme un paon** eitel wie ein Pfau

le **papa** [papa] der Papa

la **papauté** [papote] die Papstwürde

le **pape** [pap] der Papst

la **paperasse** [papʀas] (*abwertend*) der Papierkram

la **paperasserie** [papʀasʀi] (*abwertend*) die Berge von Papier

la **papeterie** [papɛtʀi] ❶ das Schreibwarengeschäft ❷ die Papierfabrik

le **papi** [papi] (*umgs.*) der Opa

le papi

🇫 Nicht verwechseln mit *der Papi – le papa!*

le **papier** [papje] ❶ das Papier; **une feuille de papier** ein Blatt Papier; **un bout** [*oder* **morceau**] **de papier** ein Stück Papier ❷ **le papier peint** die Tapete ❸ (*Schriftstück*) **les papiers** die Unterlagen; **les papiers d'identité** die Ausweispapiere ❹ (*umgs.*) **être dans les petits papiers de quelqu'un** bei jemandem gut angeschrieben sein

le **papillon** [papijɔ̃] der Schmetterling
◆ le **papillon de nuit** der Nachtfalter

papillonner [papijɔne] herumflattern

la **papillote** [papijɔt] das Pergamentpapier zum Backen, die Papillote; **faire du poisson en papillote** Fisch im Backpapier [*oder* in der Papillote] zubereiten

papilloter [papijɔte] blinzeln

papoter [papɔte] schwatzen

le **paprika** [papʀika] das Paprikapulver, der Paprika

le **papy** [papi] (*umgs.*) der Opa

🇫 Nicht verwechseln mit *der Papi – le papa!*

le **paquebot** [pakbo] das Passagierschiff

la **pâquerette** [pakʀɛt] das Gänseblümchen

Pâques [pak] Ostern; **les vacances de Pâques** die Osterferien; **joyeuses Pâques!** frohe Ostern! ▶ **à Pâques ou à la Trinité** (*ironisch umgs.*) am Sankt-Nimmerleins-Tag

🇱 In der Vorstellung der französischen Kinder reisen an Ostern die Kirchenglocken im Himmel zum Papst nach Rom und lassen auf ihrem Weg Schokoladeneier, Schokoladenglocken und andere Leckereien auf die Erde fallen.

le **paquet** [pakɛ] ❶ das Paket; **un paquet de café** ein Päckchen Kaffee; **un paquet de cigarettes** eine Schachtel Zigaretten ❷ das Bündel; **un paquet de linge** ein Bündel Wäsche; **un paquet de billets** ein Bündel Banknoten ▶ **mettre le paquet** (*umgs.*) alles dransetzen, alles riskieren

le **paquet-cadeau** [pakɛkado] <*Plural:* paquets-cadeaux> die Geschenkverpackung; **vous pouvez me faire un paquet-cadeau?** könnten Sie es mir als Geschenk einpacken?

par [paʀ] ❶ von; **le but marqué par l'avant-centre** das vom Mittelstürmer geschossene Tor; **tout faire par soi-même** alles selbst machen ❷ durch, mit; **obtenir quelque chose par la force** etwas durch [den Einsatz von] Kraft erreichen; **par carte bancaire** mit Kreditkarte; **par chèque** mit Scheck ❸ (*aufgrund*) aus; **par sottise** aus Dummheit; **par devoir** aus Pflichtbewusstsein ❹ (*räumlich*) **être assis(e) par terre** auf dem Boden sitzen; **tomber par terre** auf den Boden fallen; **regarder par la fenêtre** aus dem Fenster schauen; **passer par ici** hier vorbeikommen; **habiter par ici** hier in der Gegend wohnen; **habiter par là** dort in der Gegend wohnen ⑤ (*zeitlich*) **par temps de pluie** bei Regen, bei Regenwetter; **par les temps qui courent** in der heutigen Zeit ⑥ pro; **une par jour** eine pro Tag; **par moments** zeitweise; *siehe auch* **par contre**

la **parabole** [paʀabɔl] ❶ (*in der Literatur*) die Parabel; (*in der Bibel*) das Gleichnis ❷ (*in der Mathematik*) die Parabel ❸ (*Antenne*) die Satellitenschüssel, die Parabolantenne

parabolique [paʀabɔlik] **une antenne parabolique** eine Satellitenschüssel

le **parachute** [paʀaʃyt] der Fallschirm; **les soldats ont sauté en parachute** die Soldaten sind mit dem Fallschirm abgesprungen

le **parachutisme** [paʀaʃytism] das Fallschirmspringen

le **parachutiste** [paʀaʃytist] der Fallschirmspringer; (*beim Militär*) der Fallschirmjäger

la **parachutiste** [paʀaʃytist] die Fallschirmspringerin; (*beim Militär*) die Fallschirmjägerin

la **parade** [paʀad] die Parade

le **paradis** [⚠ paʀadi] das Paradies ▶ **tu ne l'emporteras pas au paradis!** das wirst du mir [noch] büßen!

paradisiaque [paʀadizjak] paradiesisch

paradoxal, paradoxale [paʀadɔksal] <*Plural der männl. Form:* paradoxaux> widersinnig, paradox

le **paradoxe** [paʀadɔks] ❶ das Paradox ❷ **le goût du paradoxe** der Widerspruchsgeist

les **parages** (*männlich*) [paʀaʒ] **dans les parages** in der Nähe

le **paragraphe** [paʀagʀaf] der Absatz

F Nicht verwechseln mit *der [Gesetzes]paragraf – l'article!*

paraître [paʀɛtʀ] <*siehe Verbtabelle ab S. 1055*> ❶ erscheinen; **faire paraître** veröffentlichen *Buch, Zeitschrift* ❷ **tu parais douter de ma sincérité** du zweifelst anscheinend an meiner Aufrichtigkeit; **cela me paraît être une erreur** das scheint mir ein Irrtum zu sein ❸ **il paraît qu'ils vont se marier** wie man hört, werden sie heiraten; (*zweifelnd*) angeblich werden sie heiraten; **il paraît que tu es arrivé premier?** angeblich bist du Erster gewesen?; **il paraît que oui!** anscheinend ja!

parallèle [paʀalɛl] parallel; **une activité parallèle** eine Nebentätigkeit

le **parallèle** ❶ (*in der Geografie*) der Breitengrad; **le 38ᵉ parallèle** der 38. Breitengrad ❷ (*Entsprechung, Ähnlichkeit*) die Parallele; **faire un parallèle entre deux événements** eine Parallele zwischen zwei Ereignissen ziehen

la **parallèle** [paʀalɛl] (*in der Mathematik*) die Parallele

parallèlement [paʀalɛlmã] gleichzeitig

paralysé, paralysée [paʀalize] gelähmt; **être paralysé des jambes** an den Beinen gelähmt sein

paralyser [paʀalize] ❶ (*auch übertragen*) lähmen ❷ lahmlegen *Verkehr, Aktivität, Wirtschaft*

la **paralysie** [paʀalizi] ❶ die Lähmung ❷ *einer Stadt* die Lahmlegung

le **paramètre** [paʀamɛtʀ] ❶ der Parameter ❷ (*wichtiges Element*) der Faktor ❸ (*in der Informatik*) **les paramètres** die Einstellungen

le **parano** [paʀano] (*umgs.*) *Abkürzung von* **paranoïaque** der Geistesgestörte

la **parano** [paʀano] (*umgs.*) *Abkürzung von* **paranoïaque** die Geistesgestörte

la **paranoïa** [paʀanɔja] (*in der Medizin*) die Paranoia

le **paranoïaque** [paʀanɔjak] der Geistesgestörte

la **paranoïaque** [paʀanɔjak] die Geistesgestörte

le **parapente** [paʀapɑ̃t] ❶ der Gleitschirm ❷ (*Sportart*) das Gleitschirmfliegen

le **parapluie** [paʀaplɥi] der Regenschirm

parasite [paʀazit] schmarotzend

le **parasite** [paʀazit] ❶ (*auch übertragen*) der Parasit, der Schmarotzer ❷ (*in der Technik*) **les parasites** die Störgeräusche

le **parasol** [paʀasɔl] der Sonnenschirm

le **paratonnerre** [paʀatɔnɛʀ] der Blitzableiter

le **paravent** [paʀavɑ̃] der Wandschirm

le **parc** [paʀk] ❶ der Park, die Parkanlage ❷ **le parc national** der Nationalpark; **le parc naturel** das Naturschutzgebiet ❸ (*für Kleinkinder*) der Laufstall

◆ le **parc d'attractions** der Vergnügungspark

◆ le **parc des expositions** die Messegelände

la **parcelle** [paʀsɛl] (*Gelände*) die Parzelle

parce que [paʀskə] <*vor Vokal oder stummem h:* parce qu'> ❶ weil ❷ (*als Antwort*) **pourquoi? – Parce que!** warum? – Darum!

par-ci [paʀsi] **par-ci, par-là** hier und da

le **parcmètre** [paʀkmɛtʀ] die Parkuhr

par contre [paʀ kɔ̃tʀ] dagegen

parcourir [paʀkuʀiʀ] <*wie* courir; *siehe Verbtabelle ab S. 1055*> ❶ zurücklegen *Weg, Entfernung* ❷ laufen durch *Stadt, Straße;* bereisen *Region, Land* ❸ überfliegen *Zeitschrift*

le **parcours** [paʀkuʀ] ❶ die Strecke ❷ (*im Reitsport*) der Parcours

par-delà [paʀdəla] jenseits, hinter; **par-delà ces problèmes** über diese Probleme hinaus
par-derrière [paʀdɛʀjeʀ] ❶ hinten; *angreifen* von hinten; **passer par-derrière** hintenherum gehen ❷ *erzählen, kritisieren* hintenherum
par-dessous [paʀdəsu] ❶ unter; **passer par-dessous les barbelés** unter dem Stacheldraht durchschlüpfen [*oder* hindurchschlüpfen] ❷ darunter
par-dessus [paʀdəsy] ❶ über; **sauter par-dessus la barrière** über die Absperrung springen ❷ darüber
le **pardessus** [paʀdəsy] der Überzieher
le **pardon** [paʀdõ] ❶ (*religiös*) die Vergebung ❷ **demander pardon à quelqu'un** jemanden um Verzeihung bitten ❸ **pardon monsieur/madame, ...** entschuldigen Sie bitte, ...; **pardon?** wie bitte? ▸ **mille pardon[s]!** ich bitte tausendmal um Verzeihung!
pardonnable [paʀdɔnabl] verzeihlich
pardonner [paʀdɔne] ❶ verzeihen ❷ **pardonner tout à quelqu'un** jemandem alles verzeihen ❸ **pardonnez-moi, ...** verzeihen Sie, ... ❹ **une erreur qui ne pardonne pas** ein sehr verhängnisvoller Fehler
paré, parée [paʀe] gewappnet
le **pare-brise** [paʀbʀiz] <*Plural:* pare-brise> die Windschutzscheibe
le **pare-chocs** [paʀʃɔk] <*Plural:* pare-chocs> die Stoßstange; **le pare-chocs avant** die vordere Stoßstange
pareil [paʀɛj] (*umgs.*) genauso
le **pareil** [paʀɛj] **c'est du pareil au même** (*umgs.*) das ist Jacke wie Hose; **sans pareil** unvergleichlich
pareil, pareille [paʀɛj] ❶ gleich; **ton ordinateur est exactement pareil au mien** mein Computer ist genau wie meiner; **ce n'est pas pareil** das ist nicht das Gleiche ❷ **une occasion pareille** so eine [günstige] Gelegenheit
la **pareille** [paʀɛj] **rendre la pareille à quelqu'un** es jemandem mit gleicher Münze heimzahlen; **sans pareille** unvergleichlich
pareillement [paʀɛjmã] ❶ ebenso ❷ (*in der gleichen Weise*) gleich ❸ **bonne année! – Et à vous pareillement!** ein gutes neues Jahr! – Danke, gleichfalls!
le **parent** [paʀã] ❶ der Verwandte ❷ (*Erzeuger*) **les parents** die Eltern
la **parente** [paʀãt] die Verwandte
la **parenté** [paʀãte] das Verwandtschaftsverhältnis, die Verwandtschaft
la **parenthèse** [paʀãtɛz] ❶ die [runde] Klammer ❷ (*übertragen*) der Einschub; **soit dit entre parenthèses** nebenbei bemerkt ▸ **mettre quelque chose entre parenthèses** etwas in Klammern setzen; (*übertragen*) etwas beiseitelassen
parer [paʀe] abwehren *Angriff, Schlag*
le **pare-soleil** [paʀsɔlɛj] <*Plural:* pare-soleil> die Sonnenblende
la **paresse** [paʀɛs] die Faulheit
paresser [paʀese] faulenzen
la **paresseuse** [paʀesøz] die Faulenzerin
le **paresseux** [paʀesø] der Faulenzer
paresseux, paresseuse [paʀesø, paʀesøz] *Mensch* faul
le **parfait** [paʀfɛ] ❶ (*in der Grammatik*) das Perfekt ❷ (*Nachtisch*) das Parfait; **le parfait au café** das Mokkaparfait
parfait, parfaite [paʀfɛ, paʀfɛt] ❶ perfekt; *Bedingung, Beispiel* ideal; *Liebe, Schönheit, Übereinstimmung, Diskretion* vollkommen ❷ **un parfait idiot** ein absoluter Schwachkopf; **un parfait gentleman** ein vollendeter Gentleman
parfaitement [paʀfɛtmã] ❶ *wissen, verstehen* genau, ganz genau; **il parle parfaitement l'anglais** er spricht perfekt Englisch ❷ (*ganz und gar*) völlig ❸ (*Ausdruck der Zustimmung*) [aber] natürlich
parfois [paʀfwa] manchmal
le **parfum** [paʀfœ̃] ❶ das Parfüm ❷ (*Geruch*) der Duft ❸ (*bei Eis, Jogurt*) der Geschmack, die Geschmacksrichtung ▸ **être au parfum** (*umgs.*) wissen, was Sache ist; **mettre quelqu'un au parfum** (*umgs.*) jemandem sagen, was Sache ist
parfumer [paʀfyme] ❶ parfümieren ❷ mit Duft erfüllen *Raum*
la **parfumerie** [paʀfymʀi] die Parfümerie
le **pari** [paʀi] die Wette; **faire un pari** wetten
parier [paʀje] <*wie* apprécier; *siehe Verbtabelle ab S. 1055*> ❶ wetten; **parier aux courses** Rennwetten abschließen ❷ **parier sur un cheval** auf ein Pferd wetten; **j'ai parié dix euros avec lui qu'elle sera en retard** ich habe mit ihm um zehn Euro gewettet, dass sie zu spät kommt; **je te parie que j'arrive le premier** ich wette mit dir, dass ich als Erster ankomme; **tu paries que j'y arrive!** wetten, dass ich es schaffe!
Paris [⚠ paʀi] Paris
le **Parisien** [paʀizjɛ̃] der Pariser
parisien, parisienne [paʀizjɛ̃, paʀizjɛn] *Innenstadt, Geschäft, Spezialität* Pariser; **la vie parisienne** das Leben in Paris
la **Parisienne** [paʀizjɛn] die Pariserin

Révisions

Parler de quelqu'un – Über jemanden sprechen

avoir l'air …	Il a l'air sportif.	Er sieht sportlich aus.
avoir les yeux …	Il a les yeux verts.	Er hat grüne Augen.
avoir les cheveux …	Il a les cheveux noirs.	Er hat schwarze Haare.
faire … mètres …	Il fait un mètre soixante-quinze.	Er ist 1,75 m groß.
être moins … que …	Il est moins grand que Victor.	Er ist kleiner als Victor.
être aussi … que …	Il est aussi sympa que Luc.	Er ist genauso nett wie Luc.
être plus … que…	Il est plus intéressant que Marc.	Er ist interessanter als Marc.
être le … le plus … de	Il est le garçon le plus drôle de la classe.	Er ist der lustigste Junge der Klasse.

le **parking** [paʁkiŋ] der Parkplatz; **le parking souterrain** die Tiefgarage
parlant, parlante [paʁlɑ̃, paʁlɑ̃t] ❶ Ton-; **le cinéma parlant** der Tonfilm ❷ **l'horloge parlante** die Zeitansage
le **Parlement** [paʁləmɑ̃] das Parlament

> **V** Dieses französische Wort hängt, ebenso wie die folgenden vier, mit dem Verb *parler* zusammen und schreibt sich deswegen *Parlement*.

parlementaire [paʁləmɑ̃tɛʁ] parlamentarisch, Parlaments-; **un débat parlementaire** eine Parlamentsdebatte; **les indemnités parlementaires** die Abgeordnetendiäten, die Diäten
le **parlementaire** [paʁləmɑ̃tɛʁ] der Parlamentarier
la **parlementaire** [paʁləmɑ̃tɛʁ] die Parlamentarierin; **la parlementaire européenne** die Abgeordnete des Europäischen Parlaments, die Europa-Abgeordnete
parlementer [paʁləmɑ̃te] verhandeln
parler [paʁle] ❶ sprechen ❷ **parler °haut** laut sprechen; **parler du nez** durch die Nase sprechen; **parler par gestes** sich mit Gesten verständigen ❸ **parler de quelqu'un/de quelque chose** über jemanden/über etwas sprechen; (*ein Gespräch führen*) sich über jemanden/über etwas unterhalten; **parler à quelqu'un** mit jemandem reden ❹ **parler de quelqu'un/de quelque chose** *Film, Buch:* von jemandem/von etwas handeln; *Artikel, Zeitschrift:* über jemanden/über etwas berichten ❺ **parler politique** über Politik reden ❻ **se parler** miteinander sprechen; *Sprache:* gesprochen werden ❼ **se parler à soi-même** Selbstgespräche führen ▶ **faire parler de soi** von sich reden machen; **sans parler de …** ganz zu schweigen von …
le **parler** [paʁle] ❶ die Sprache ❷ die Mundart
le **parlophone** [paʁlɔfɔn] die Sprechanlage
le **parmesan** [paʁməzɑ̃] der Parmesan
parmi [paʁmi] ❶ **parmi les spectateurs** unter den Zuschauern ❷ **pas un seul parmi les élèves n'y avait pensé** kein Einziger von den Schülern hatte daran gedacht; **compter quelqu'un parmi ses amis** jemanden zu seinen Freunden zählen; **ce n'est qu'un exemple parmi d'autres** das ist nur ein Beispiel von mehreren
la **parodie** [paʁɔdi] die Parodie; **une parodie de "Carmen"** eine Parodie auf „Carmen"
la **paroisse** [paʁwas] die Pfarrgemeinde
le **paroissien** [paʁwasjɛ̃] das Gemeindemitglied
la **paroissienne** [paʁwasjɛn] das Gemeindemitglied
la **parole** [paʁɔl] ❶ das Wort ❷ **prendre la parole** das Wort ergreifen; **couper la parole à quelqu'un** jemandem das Wort abschneiden; **donner la parole à quelqu'un** jemandem das Wort erteilen ❸ (*Fähigkeit zu sprechen*) die Sprache ❹ **les paroles** *eines Liedes* der Text ❺ (*Zusage*) das Wort; **un homme de parole** ein zuverlässiger Mensch ▶ **croire quelqu'un sur parole** jemandem aufs Wort glauben; **ma parole!** ich schwör's!; (*erstaunt*) das gibt's doch nicht!
◆ **la parole d'honneur** das Ehrenwort

> **V** In ❹ wird der Plural *les paroles* mit einem Singular übersetzt: *je connais les paroles de cette chanson – ich kenne den Text dieses Lieds.*

le **parquet** [paʁkɛ] das Parkett, der Parkettboden
le **parrain** [paʁɛ̃] ❶ der Patenonkel, der Göd Ⓐ ❷ (*übertragen*) der Pate
le **parrainage** [paʁɛnaʒ] ❶ die Schirmherrschaft ❷ (*finanzielle Hilfe*) die Förderung

parrainer [paʀɛne] ❶ **parrainer quelque chose** für etwas die Schirmherrschaft übernehmen ❷ **parrainer quelqu'un** für jemanden bürgen

parsemé, parsemée [paʀsəme] **être parsemé(e) de quelque chose** mit etwas übersät sein

la **part** [paʀ] ⚠ *weiblich* ❶ der Teil ❷ (*finanziell*) der Anteil ❸ **une part de gâteau** ein Stück Torte; **une part de pâtes** eine Portion Nudeln ❹ **prendre part à quelque chose** sich an etwas beteiligen ❺ (*räumlich*) **de part et d'autre de la route** auf beiden Seiten der Straße ▸ **faire la part des choses** allen Faktoren Rechnung tragen; **autre part** (*umgs.*) woanders, anderswo; **d'autre part** außerdem; **d'une part ..., d'autre part ...** einerseits ..., andererseits ...; **nulle part** nirgendwo; **faire part de quelque chose à quelqu'un** jemandem etwas mitteilen; **mettre quelque chose à part** etwas beiseitelegen; **prendre quelqu'un à part** jemanden beiseitenehmen; **ranger à part** getrennt einsortieren; **à part ça** (*umgs.*) abgesehen davon; **de la part de Paul** in Pauls Auftrag; **de ma part** in meinem Auftrag; **donnez-lui le bonjour de ma part** sagen Sie ihm/ihr einen Gruß von mir; **de sa part** in seinem/ihrem Auftrag; **pour ma part** was mich betrifft; **pour sa part** was ihn/sie betrifft

le **partage** [paʀtaʒ] die Aufteilung

partager [paʀtaʒe] <*wie* changer; *siehe Verbtabelle ab S. 1055*> ❶ teilen *Ausgaben*; [auf]teilen *Grundstück*; **partager un gâteau en parts égales** eine Torte in gleich große Stücke teilen ❷ **partager les bénéfices avec quelqu'un** [sich] den Gewinn mit jemandem teilen ❸ **ils partagent la même chambre** sie teilen [sich] ein Zimmer ❹ **être partagé(e) entre deux possibilités** sich zwischen zwei Möglichkeiten nicht entscheiden können

Ü Vor *a* und *o* bleibt das *e* erhalten, z. B. in *nous partageons, il partageait* und *en partageant*.

partance [paʀtɑ̃s] ❶ **en partance** *Flugzeug* startbereit; *Zug, Schiff* abfahrbereit ❷ **le train en partance pour Paris** der Zug nach Paris

le **partant** [paʀtɑ̃] (*bei Wettkämpfen*) der Teilnehmer

partant, partante [paʀtɑ̃, paʀtɑ̃t] (*umgs.*) **être partant pour quelque chose** bei etwas mitmachen; **je suis partant!** ich bin dabei!

la **partante** [paʀtɑ̃t] (*bei Wettkämpfen*) die Teilnehmerin

le **partenaire** [paʀtənɛʀ] der Partner

la **partenaire** [paʀtənɛʀ] die Partnerin

le **parti** [paʀti] ⚠ *männlich* ❶ die Partei; **voter pour un parti** eine Partei wählen, für eine Partei stimmen ❷ **prendre le parti de quelqu'un** sich jemandes Meinung anschließen ▸ **le parti pris** die Voreingenommenheit; **prendre parti pour quelqu'un/contre quelqu'un** für jemanden/gegen jemanden Partei ergreifen; **prendre le parti de faire quelque chose** sich entschließen, etwas zu tun; **tirer parti de quelque chose** Nutzen aus etwas ziehen

partial, partiale [paʀsjal, paʀsjo] <*Plural der männl. Form:* partiaux> parteiisch; *Richter* befangen

le **participant** [paʀtisipɑ̃] der Teilnehmer

la **participante** [paʀtisipɑ̃t] die Teilnehmerin

la **participation** [paʀtisipasjɔ̃] die Beteiligung

le **participe** [paʀtisip] (*in der Grammatik*) das Partizip

participer [paʀtisipe] teilnehmen; **participer à quelque chose** an etwas teilnehmen; (*finanziell*) sich an etwas beteiligen

la **particularité** [paʀtikylaʀite] die Besonderheit

le **particulier** [paʀtikylje] ❶ die Privatperson ❷ **la vente aux particuliers** der Verkauf an privat

particulier, particulière [paʀtikylje, paʀtikyljɛʀ] ❶ besondere(r, s); **les signes particuliers** die besonderen Kennzeichen; **un cas particulier** ein Sonderfall ❷ **elle a un style qui lui est très particulier** sie hat einen ganz eigenen Stil ❸ **l'avion particulier** das Privatflugzeug; **les cours particuliers** der Einzelunterricht ▸ **en particulier** besonders; (*vertraulich*) unter vier Augen

la **particulière** [paʀtikyljɛʀ] die Privatperson

particulièrement [paʀtikyljɛʀmɑ̃] besonders, speziell

la **partie** [paʀti] ❶ der Teil; **la majeure partie du temps** die meiste Zeit; **en partie** teilweise; **en grande partie** zum größten Teil ❷ **faire partie de quelque chose** zu etwas gehören ❸ (*im Sport, bei Spielen*) das Spiel, die Partie; **une partie de tennis** eine Partie Tennis ❹ (*umgs.: männliche Geschlechtsteile*) **les parties** die Weichteile ▸ **faire partie des meubles** *Person:* zum Inventar gehören; **être de la partie** mit von der Partie sein; (*sich auskennen*) vom Fach sein

partir [paʀtiʀ] <*wie* sortir; *siehe Verbtabelle ab S. 1055*> ❶ (*zu Fuß*) weggehen, gehen; (*mit einem Fahrzeug*) wegfahren, losfahren; **partir en courant** losrennen; **partir en ville** in die Stadt fahren; **partir pour** [*oder* à] **Paris** nach Paris fahren; **partir de Berlin** von Berlin abfahren; **partir à la campagne/dans le Midi** aufs Land/in den Süden fahren; **partir en vacances** in die Ferien fahren; **partir en voyage** verreisen; **partir à la recherche de quelqu'un/de quelque chose** sich auf die Suche nach jemandem/nach etwas machen ❷ (*nach einem Aufenthalt*) abreisen ❸ *Auto:* wegfahren, losfahren; *Zug:* abfahren; *Flugzeug:* starten; *Brief:* abgeschickt werden ❹ (*sich niederlassen*) **partir pour** [*oder* à] **Londres** nach London ziehen ❺ *Läufer, Rakete:* starten; *Motor:* anspringen; *Schuss:* losgehen ❻ *Geruch, Fleck:* weggehen; (*aus einem Stoff*) herausgehen ❼ **partir d'un principe** von einem Prinzip ausgehen ❽ **le fromage est obtenu à partir du lait** Käse wird aus Milch gewonnen ▸ **à partir d'ici** (*räumlich*) von hier an; (*zeitlich*) von jetzt an; **c'est parti!** (*umgs.*) [es geht] los!

le **partisan** [paʀtizɑ̃] ❶ der Verfechter; *einer Person* der Anhänger ❷ (*militärisch*) der Partisan

partisan, partisane [paʀtizɑ̃, paʀtizan] **être partisan d'un projet** ein Projekt befürworten [*oder* verfechten]

la **partisane** [partizan] ❶ die Verfechterin; *einer Person* die Anhängerin ❷ (*militärisch*) die Partisanin

partitif, partitive [paʀtitif, paʀtitiv] (*in der Grammatik*) Teilungs-; **l'article partitif** der Teilungsartikel

> **G** Der *article partitif* wird bei Substantiven verwendet, die entweder nicht zählbar sind oder eine unbestimmte Menge ausdrücken: *veux-tu du jus/de l'eau/des légumes? – möchtest du Saft/Wasser/Gemüse?*
> (Ein zählbares Substantiv, zum Beispiel *tasse*, kann man im Singular und Plural verwenden: *une tasse, deux tasses, plusieurs tasses* etc.)

la **partition** [paʀtisjɔ̃] ❶ die Partitur ❷ (*in der Informatik*) die Partition

partout [paʀtu] ❶ überall ❷ (*im Sport*) **à trois partout** beim Stand von drei zu drei

la **parure** [paʀyʀ] der Schmuck

la **parution** [paʀysjɔ̃] das Erscheinen

pas [pa] ❶ **ne … pas** nicht; **ne pas répondre** nicht antworten; **elle ne mange pas assez** sie isst nicht genug; **il ne mange pas beaucoup** er isst nicht viel; **j'ai pas le temps!** ich hab' keine Zeit!, keine Zeit!; **pas méchant** nicht böse; **pas ordinaire** ungewöhnlich; **pas bête!** gar nicht [so] dumm!; **pas encore** noch nicht; **pas du tout** überhaupt nicht; **pas que je sache** nicht, dass ich wüsste; **pas toi?** du nicht? ❷ **ne … pas de …** kein(e); **ne pas avoir de cahier/d'argent** kein Heft/kein Geld haben; **ne pas avoir de problème** kein Problem haben; **je ne veux pas de pâtes** ich will keine Nudeln

> **G** In der französischen Umgangssprache entfällt das *ne* oder *n'*:
> *il sait pas* – er weiß nicht;
> *j'ai pas d'argent* – ich habe kein Geld.

le **pas** [pa] ❶ der Schritt ❷ (*Gehweise*) der Gang ❸ (*Gangart beim Pferd*) der Schritt ❹ (*Spur*) **les pas** die Fußstapfen; **revenir sur ses pas** auf dem selben Weg zurückgehen/zurückkehren ❺ **au pas de course** im Laufschritt ▸ **le faux pas** (*auch übertragen*) der Fehltritt; **se sortir d'un mauvais pas** den Kopf aus der Schlinge ziehen; **marcher au pas** im Gleichschritt marschieren; **faire les cent pas** auf und ab gehen; **à deux pas** ganz in der Nähe; **pas à pas** Schritt für Schritt

♦ le **pas de Calais** die Straße von Dover
♦ le **pas de la porte** die Türschwelle

passable [pasabl] *Schulnote* ausreichend

le **passage** [pasaʒ] ❶ das Vorbeikommen, das Vorbeifahren ❷ **elle n'est que de passage** sie ist nur auf der Durchreise ❸ *eines Schülers* die Versetzung ❹ (*für Fußgänger*) der Weg; **le passage clouté** der Zebrastreifen ❺ (*für Fahrzeuge*) die Durchfahrt ❻ (*Veränderung*) der Übergang ❼ (*Absatz*) die Passage, die Stelle; **un passage de la Bible** eine Stelle in der Bibel ▸ **céder le passage à quelqu'un** jemandem die Vorfahrt lassen; **au passage** etwas mitbringen auf dem Weg; etwas sagen nebenbei

♦ le **passage à niveau** der Bahnübergang

le **passager** [pasaʒe] ❶ *eines Fahrzeugs* der Insasse; **le passager avant** der Beifahrer ❷ *von Zügen* der Fahrgast; *von Flugzeugen, Schiffen* der Passagier

passager, passagère [pasaʒe, pasaʒɛʀ] vorübergehend; *Glück* vergänglich; *Niederschläge* gelegentlich

la **passagère** [pasaʒɛʀ] ❶ *eines Fahrzeugs* die Insassin; **la passagère avant** die Beifahrerin

② *von Zügen* der Fahrgast; *von Flugzeugen, Schiffen* die Passagierin
le **passant** [pasɑ̃] ① der Passant ② *eines Gürtels* die Schlaufe
la **passante** [pasɑ̃t] die Passantin
la **passe** [pɑs] ⚠ weiblich (*beim Sport*) der Pass ▸ **être dans une mauvaise passe** eine schwere Zeit durchleben
passé [pɑse] **passé minuit** nach Mitternacht
le **passé** [pɑse] ① die Vergangenheit ② (*in der Grammatik*) die Vergangenheit; **le passé simple** das Passé simple; **le passé composé** das Perfekt ▸ **tout ça c'est du passé** (*umgs.*) all das ist Schnee von gestern
passé, passée [pɑse] ① vergangen; *Ängste* früher ② **il est midi passé** es ist nach Mittag ③ *Farbe* verblasst
le **passeport** [paspɔʀ] der Pass, der Reisepass
passer [pɑse] ① (*zu Fuß*) vorbeigehen; (*mit einem Fahrzeug*) vorbeifahren; **passer devant quelqu'un** an jemandem vorbeigehen/vorbeifahren; **passer chez quelqu'un** bei jemandem vorbeigehen/vorbeikommen ② (*sich hinüberbewegen, hindurchbewegen*) **passer d'une pièce à l'autre** von einem Zimmer in das andere gehen; **passer entre deux personnes** zwischen zwei Personen hindurchgehen; **passer sur un pont** über eine Brücke gehen/fahren; **passer sous un pont** unter einer Brücke hindurchgehen/hindurchfahren ③ (*verkehren*) *Bus, U-Bahn:* fahren; **le bus va bientôt passer** der Bus wird gleich kommen ④ (*eine Route einhalten*) **passer par Francfort** *Autofahrer, Zug:* über Frankfurt fahren; *Flugzeug:* über Frankfurt fliegen ⑤ (*verlaufen*) **passer dans la ville** *Fluss:* durch die Stadt fließen; **passer au bord du lac** *Straße:* am See entlangführen ⑥ (*durchkommen*) durchpassen; **passer par la porte** durch die Tür passen ⑦ (*weiterkommen*) **passer en terminale** ≈ in die 12./13. Klasse versetzt werden; **passer directeur** zum Direktor ernannt werden ⑧ (*erleben*) **passer par des moments difficiles** eine schwere Zeit durchmachen ⑨ **passer sur les détails** über die Einzelheiten hinwegsehen ⑩ (*bedient werden*) an die Reihe kommen, drankommen; **faire passer quelqu'un avant/après les autres** jemanden vor/nach den anderen bedienen ⑪ (*beim Kartenspiel*) passen ⑫ (*dahingehen*) *Zeit, Tag, Wut:* vergehen; *Mode, Leid:* vorübergehen; *Regen, Gewitter:* nachlassen; *Farbe:* verblassen; **on ne voyait pas le temps passer** die Zeit verging im Nu ⑬ (*durchströmen*) *Kaffee:* durchlaufen; *Wasser, Licht:* durchsickern ⑭ **passer au rouge** *Ampel:* auf Rot schalten; **passer une vitesse** *Fahrer:* schalten, in einen anderen Gang schalten ⑮ (*gesendet oder gezeigt werden*) kommen; **passer à la radio/au cinéma** im Radio/im Kino kommen ⑯ (*vorführen*) spielen, abspielen *Schallplatte, Kassette;* zeigen *Film, Dias* ⑰ (*absolvieren*) ablegen *Prüfung;* **passer son bac** das Abitur machen ⑱ (*angesehen werden*) **passer pour un connaisseur** als Kenner gelten; **faire passer quelqu'un pour un grand spécialiste** jemanden als großen Spezialisten ausgeben ⑲ passieren *Grenze, Schleuse, Tunnel;* überqueren *Fluss;* überschreiten *Schwelle;* durchbrechen *Schallmauer;* überwinden *Hindernis* ⑳ verbringen *Tag, Abend, Ferien* ㉑ abseihen *Tee, Soße* ㉒ (*verstreichen*) auftragen *Farbe;* **se passer de la crème sur le visage** sich das Gesicht eincremen ㉓ (*anziehen*) **passer une robe** schnell in ein Kleid schlüpfen, sich schnell ein Kleid überziehen ㉔ (*überlassen*) geben, reichen *Salz, Foto;* **passer la balle à quelqu'un** an jemanden abspielen, jemandem den Ball zuspielen; **passer un livre à quelqu'un** jemandem ein Buch leihen ㉕ (*am Telefon*) **un instant, je te passe Anne** einen Moment, ich gebe dir Anne ㉖ (*vereinbaren*) abschließen *Handel, Vertrag;* treffen *Vereinbarung* ㉗ **passer quelque chose sous le robinet** etwas kurz abspülen; **passer le chiffon sur l'étagère** auf dem Regal etwas Staub wischen; **se passer la main sur le front** sich mit der Hand über die Stirn fahren ㉘ **passer tous ses caprices à quelqu'un** jemandem alle Launen durchgehen lassen; **passer sa colère sur quelqu'un/sur quelque chose** seine Wut an jemandem/an etwas auslassen ㉙ **où est passée ta sœur/ma clé?** wo ist bloß deine Schwester/mein Schlüssel abgeblieben? ㉚ **se passer** geschehen; *Geschichte:* sich abspielen; *Romanhandlung:* spielen; *Feier, Kundgebung:* stattfinden; *Unfall:* sich ereignen; **si tout se passe bien** wenn alles gut geht; **que se passe-t-il?** was ist [denn] hier los? ㉛ **se passer de quelqu'un/de quelque chose** ohne jemanden/ohne etwas auskommen; **se passer de faire quelque chose** darauf verzichten, etwas zu tun ▸ **ça passe ou ça casse!** (*umgs.*) alles oder nichts!; **passons!** sei's drum!; **ça ne se passera pas comme ça!** (*umgs.*) so geht das ja nun wirklich nicht!; **passer outre** sich darüber hinweg-

setzen
la **passerelle** [pasʀɛl] ❶ die Fußgängerbrücke, der Fußgängersteg ❷ (*für Passagiere*) die Gangway ❸ (*auf Schiffen*) die Brücke
le **passe-temps** [pastɑ̃] <*Plural:* passe-temps> der Zeitvertreib
le **passif** [pasif] (*in der Grammatik*) das Passiv
passif, passive [pasif, pasiv] ❶ passiv ❷ untätig ❸ (*in der Grammatik*) **la forme passive** die Passivform; **la voix passive** das Passiv
la **passion** [pasjõ] ❶ die Leidenschaft ❷ **la passion du sport** die Begeisterung für den Sport
passionnant, passionnante [pasjɔnɑ̃, pasjɔnɑ̃t] faszinierend
le **passionné** [pasjɔne] **un passionné de cinéma** ein großer Kinofan
passionné, passionnée [pasjɔne] leidenschaftlich; **être passionné de sport** sehr sportbegeistert sein
la **passionnée** [pasjɔne] **une passionnée de sport** ein großer Sportfan
passionnément [pasjɔnemɑ̃] leidenschaftlich
passionner [pasjɔne] ❶ **passionner quelqu'un** *Person:* jemanden faszinieren; *Lektüre, Theaterstück:* jemanden fesseln; *Fußball:* jemanden begeistern ❷ **se passionner pour quelque chose** sich für etwas begeistern
passivement [pasivmɑ̃] passiv; *zusehen* tatenlos
la **passivité** [pasivite] die Passivität
la **passoire** [paswaʀ] das Sieb
le **pastel** [pastɛl] ❶ der Pastellstift ❷ das Pastellbild ❸ **la teinte pastel** die Pastellfarbe
la **pastèque** [pastɛk] die Wassermelone
le **pasteur** [pastœʀ] der [evangelische] Pfarrer
la **pastille** [pastij] ❶ das Bonbon ❷ (*auf dem Computerbildschirm*) das Auswahlsymbol ❸ (*Autoplakette*) **la pastille verte** ≈ die G-KAT-Plakette
la **patate** [patat] ❶ (*umgs.*) die Kartoffel ❷ **la patate douce** die Süßkartoffel ❸ 🇨🇦 **les patates frites** die Pommes frites ❹ (*umgs.:* *Dummkopf*) die Pflaume
le **pataud** [pato] der Tollpatsch
pataud, pataude [pato, patod] ungeschickt, tollpatschig
la **pataude** [patod] der Tollpatsch
patauger [patoʒe] <*wie* changer; *siehe Verbtabelle ab S. 1055*> ❶ waten ❷ (*nicht weiterwissen*) schwimmen; **patauger complètement** total schwimmen
la **pâte** [pɑt] ❶ der Teig ❷ **les pâtes** die Nu-

Ü Vor *a* und *o* bleibt das *e* erhalten, z. B. in *nous pataugeons, il pataugeait* und *en pataugeant*.

deln ❸ (*weiche Masse*) die Paste ❹ **la pâte dentifrice** die Zahnpasta
  ◆ la **pâte à modeler** die Knetmasse
  ◆ la **pâte d'amandes** das Marzipan
le **pâté** [pate] ❶ die Fleischpastete, die Pastete; **un pâté en croûte** eine mit Blätterteig umhüllte Fleischpastete ❷ (*Fleck*) der Tintenklecks
  ◆ le **pâté de maisons** der Häuserblock
la **pâtée** [pate] (*für Hunde, Katzen*) das Futter
paternel, paternelle [patɛʀnɛl] ❶ väterlich ❷ **les grands-parents paternels** die Großeltern väterlicherseits
la **paternité** [patɛʀnite] die Vaterschaft
pâteux, pâteuse [patø, patøz] *Masse* breiig; *Soße* dickflüssig, dick
patiemment [⚠ pasjamɑ̃] geduldig
la **patience** [pasjɑ̃s] die Geduld ▸ **s'armer de patience** sich mit Geduld wappnen
le **patient** [pasjɑ̃] der Patient
patient, patiente [pasjɑ̃, pasjɑ̃t] geduldig; **être patient** Geduld haben
la **patiente** [pasjɑ̃t] die Patientin
patienter [pasjɑ̃te] sich gedulden
le **patin** [patɛ̃] **rouler un patin à quelqu'un** (*umgs.*) jemandem einen Zungenkuss geben
  ◆ le **patin à glace** der Schlittschuh; **faire du patin à glace** Schlittschuh laufen, eislaufen
  ◆ le **patin à roulettes** der Rollschuh; **faire du patin à roulettes** Rollschuh laufen
  ◆ le **patin en ligne** die Inlineskates
le **patinage** [patinaʒ] das Schlittschuhlaufen, das Eislaufen; **le patinage artistique** der Eiskunstlauf
le **patineur** [patinœʀ] der Schlittschuhläufer
  ◆ le **patineur à roulettes** der Rollschuhläufer
  ◆ le **patineur en ligne** der Inlineskater
la **patineuse** [patinøz] die Schlittschuhläuferin
  ◆ la **patineuse à roulettes** die Rollschuhläuferin
  ◆ la **patineuse en ligne** die Inlineskaterin
la **patinoire** [patinwaʀ] ❶ die Eisbahn ❷ (*Halle*) die Eishalle ❸ (*glatte Stelle*) die Rutschbahn
la **pâtisserie** [patisʀi] ❶ die Konditorei ❷ (*Beruf*) das Konditorhandwerk ❸ (*Erzeugnis*) das Gebäck ❹ (*das Zubereiten*) das Backen
le **pâtissier** [patisje] der Konditor
la **pâtissière** [patisjɛʀ] die Konditorin
le **patois** [patwa] die [lokale] Mundart
la **patrie** [patʀi] die Heimat; **mourir pour la**

patrie für das Vaterland sterben
le **patrimoine** [patʀimwan] ❶ das Vermögen ❷ (*Allgemeinbesitz*) das Erbe ❸ **le patrimoine génétique** das Erbgut
patriote [patʀijɔt] patriotisch; **être patriote** ein Patriot sein
le **patriote** [patʀijɔt] der Patriot
la **patriote** [patʀijɔt] die Patriotin
patriotique [patʀijɔtik] patriotisch
le **patriotisme** [patʀijɔtism] der Patriotismus
le **patron** [patʀɔ̃] ❶ der Chef ❷ *eines Cafés* der Wirt ❸ (*Unternehmer*) **les patrons** die Arbeitgeber ❹ (*Heiliger*) der Schutzpatron
le **patronage** [patʀɔnaʒ] die Schirmherrschaft
le **patronat** [patʀɔna] die Arbeitgeber

> **V** Der Singular *le patronat* wird mit einem Plural übersetzt: *le patronat français a dit que ... – die französischen Arbeitgeber haben gesagt, dass ...*

la **patronne** [patʀɔn] ❶ die Chefin ❷ *eines Cafés* die Wirtin ❸ (*Heilige*) die Schutzpatronin
la **patrouille** [patʀuj] ❶ (*bei der Polizei*) die Streife; **la patrouille de police** die Polizeistreife ❷ (*beim Militär*) die Patrouille
patrouiller [patʀuje] ❶ *Polizisten:* Streife fahren ❷ *Soldaten:* patrouillieren
la **patte** [pat] ❶ *eines Vogels, einer Spinne, Krabbe* das Bein; *eines Hundes, einer Katze* die Pfote ❷ (*vorderer Teil der Pfote*) *eines Löwen* die Pranke; *eines Bären* die Tatze; **la patte de devant** die Vorderpfote; **la patte de derrière** die Hinterpfote ❸ (*umgs.: Bein*) die Hachse, die Haxe ❹ (*umgs.: Hand*) die Pfote; **bas les pattes!** Pfoten weg! ❺ ⓒⱧ (*Stofffetzen*) der Lappen ▸ **à pattes d'éléphant** *Hose* mit weitem Schlag, weit ausgestellt; **à quatre pattes** (*umgs.*) auf allen vieren
le **pâturage** [pɑtyʀaʒ] die Weide
la **paume** [pom] die Handfläche; **la paume de la main** die Handfläche; *siehe auch* **jeu**
le **paumé** [pome] (*umgs.*) der Gestrandete
paumé, paumée [pome] (*umgs.*) ❶ *Ort, Dorf* gottverlassen ❷ **être paumé** *Person:* aufgeschmissen sein
la **paumée** [pome] (*umgs.*) die Gestrandete
paumer [pome] (*umgs.*) ❶ verbummeln *Schlüssel, Stift* ❷ **se paumer** sich verfranzen
la **paupière** [popjɛʀ] das Lid, das Augenlid
la **pause** [poz] ❶ die Pause ❷ (*in der Musik*) die ganze Pause
la **pause-café** [pozkafe] <*Plural:* pauses-café> (*umgs.*) die Kaffeepause

pauvre [povʀ] ❶ arm; *Einrichtung, Kleidung* ärmlich, armselig; *Vegetation* karg; **cette nourriture pauvre en graisse** diese fettarme Nahrung ❷ **un pauvre salaire** ein armseliges Gehalt; **un pauvre argument** ein dürftiges Argument

> **G** Steht *pauvre* <u>nach</u> dem Substantiv, drückt es das Gegenteil von *reich* oder *üppig* aus: *une famille pauvre – eine arme Familie*. Steht es <u>vor</u> dem Substantiv, drückt es etwas Bemitleidenswertes aus: *un pauvre chien – ein bedauernswerter (oder auch: armer) Hund; un pauvre sourire – ein Mitleid erregendes Lächeln*.

le **pauvre** [povʀ] der Arme
la **pauvre** [povʀ] die Arme
la **pauvreté** [povʀəte] die Armut; *einer Wohnung, Einrichtung* die Armseligkeit; *des Bodens* die Kargheit
le **pavé** [pave] ❶ der Pflasterstein ❷ (*Belag*) das Pflaster, das Straßenpflaster ❸ (*umgs.: Buch*) der [dicke] Wälzer ❹ **un pavé de bœuf** ein großes gegrilltes Stück Rindfleisch ❺ (*auf einer Tastatur*) **le pavé numérique** der Ziffernblock
le **pavillon** [pavijɔ̃] ❶ der Pavillon ❷ (*Wohnhaus*) das [einfache] Einfamilienhaus ❸ (*in der Schifffahrt*) die Flagge
pavoiser [pavwaze] (*umgs.*) sich freuen wie ein Schneekönig
payable [pɛjabl] zahlbar; **payable en espèces** [in] bar zu zahlen
payant, payante [pɛjɑ̃, pɛjɑ̃t] ❶ *Parken* gebührenpflichtig; **l'entrée est payante** es kostet Eintritt ❷ *Unternehmen* rentabel; *Coup* Gewinn bringend
la **paye** [pɛj] *eines Arbeiters* der Lohn; *eines Angestellten* das Gehalt
payer [peje] <*wie* essayer; *siehe Verbtabelle ab S. 1055*> ❶ zahlen, bezahlen; **c'est moi qui paie** ich zahle [*oder* bezahle] ❷ bezahlen für *Dienstleistung;* zahlen für *Haus;* **il leur a fait payer les boissons cent euros** er hat ihnen hundert Euro für die Getränke berechnet ❸ belohnen; **elle a été bien payée de son hospitalité** ihre Gastfreundschaft ist ihr gedankt worden; **il a été mal payé de son hospitalité** seine Gastfreundschaft ist ihm schlecht gedankt worden ❹ sich lohnen; *Politik, Taktik:* sich bezahlt machen ❺ **payer pour quelqu'un/pour quelque chose** für jemanden/für etwas büßen müssen; **payer une erreur de sa vie** einen Irrtum mit seinem Leben bezahlen müssen; **tu me le paie-**

ras! das wirst du mir büßen! ⑥ (*umgs.: sich gönnen*) **se payer quelque chose** sich etwas leisten ⑦ **se payer un arbre** (*umgs.*) gegen einen Baum knallen

> ⓘ Einige Formen dieses Verbs schreiben sich mit *y*, andere mit *i*.
> Direkt vor einer betonten Endungssilbe steht immer ein *y*, z. B. in *nous payons* und *ils payaient*.
> Vor einem unbetonten *e* können *i* oder *y* stehen, z. B. in *je paie* oder *je paye*.

le **pays** [⚠ pei] ① das Land; **les pays membres de l'UE** die EU-Mitgliedsländer, die EU-Mitgliedsstaaten ② **le pays [natal]** die Heimat; **les gens du pays** die Einheimischen; **être du pays** aus der Gegend sein ③ (*bei Lebensmitteln*) **un saucisson de pays** eine Bauernwurst; **le vin de pays** der Landwein ④ (*Dorf*) der Ort ▸ **voir du pays** etwas von der Welt sehen
◆ le **pays de Galles** Wales
◆ le **pays en voie de développement** das Entwicklungsland

le **paysage** [⚠ peizaʒ] ① die Landschaft ② (*übertragen*) **le paysage audiovisuel** die Fernsehlandschaft

le **paysan** [⚠ peizɑ̃] ① der Bauer ② **quel paysan!** (*abwertend*) was für ein ungehobelter Kerl!
paysan, paysanne [⚠ peizɑ̃, peizan] *Leben* ländlich; **le monde paysan** die Bauernschaft, die Bauern; **les problèmes paysans** die Probleme der Bauern

la **paysanne** [⚠ peizan] die Bäuerin, die Bauersfrau

les **Pays-Bas** (*männlich*) [⚠ peibɑ] die Niederlande

le **P.C.**[1] [pese] *Abkürzung von* **Personal Computer** der PC; **le P.C. de poche** der Taschencomputer

le **P.C.**[2] [pese] *Abkürzung von* **Parti communiste** die KP

le **P.D.G.** [pedeʒe] (*umgs.*) *Abkürzung von* **président-directeur général** der Generaldirektor/die Generaldirektorin

le **péage** [peaʒ] ① die Autobahngebühr, die Maut; **à péage** gebührenpflichtig ② die Zahlstelle, die Mautstelle

> ⓘ In Frankreich ist die Benutzung der Autobahn gebührenpflichtig. Die Autobahnen sind in Teilstrecken untergliedert und mit Zahlstellen versehen. Die Höhe der Gebühr hängt davon ab, wie viele Teilstrecken man befährt und wie häufig man sie benutzt.

la **peau** [po] <*Plural:* peaux> ① die Haut ② *eines Apfels, einer Orange* die Schale ③ (*gegerbte Tierhaut*) das Leder ▸ **coûter la peau des fesses** (*umgs.*) ein Heidengeld kosten; **n'avoir que la peau sur les os** bis auf die Knochen abgemagert sein; **avoir la peau dure** (*umgs.*) ein dickes Fell haben; **vieille peau** (*abwertend umgs.*) alte Schachtel; **j'aurai ta peau!** (*umgs.*) dir dreh ich den Hals um!; **défendre sa peau** um sein Leben kämpfen; **faire la peau à quelqu'un** (*umgs.*) jemanden kaltmachen; **y laisser sa peau** (*umgs.*) dran glauben müssen; **risquer sa peau [pour quelqu'un/pour quelque chose]** (*umgs.*) Kopf und Kragen [für jemanden/für etwas] riskieren; **tenir à sa peau** (*umgs.*) an seinem Leben hängen

la **pêche**[1] [pɛʃ] der Pfirsich ▸ **avoir la pêche** (*umgs.*) gut drauf sein; **se fendre la pêche** (*umgs.*) sich scheckig lachen

la **pêche**[2] [pɛʃ] ① der Fischfang, die Fischerei; **la pêche au thon** der Thunfischfang ② das Angeln; **la pêche à la ligne** das Angeln; **aller à la pêche** angeln gehen ③ (*Zeitraum*) die Fangzeit; **la pêche est ouverte** die Fangzeit hat begonnen; (*für Hobbyangler*) die Angelsaison ist eröffnet ④ (*gefangene Fische*) der Fang

le **péché** [peʃe] die Sünde
pécher [peʃe] <*wie* préférer; *siehe Verbtabelle ab S. 1055*> sündigen

> ⓘ Nur die stammbetonten Formen schreiben sich mit *è*, z. B. *je pèche*.

pêcher [peʃe] ① fischen; **pêcher la morue** Kabeljau fischen ② (*mit einer Angel*) angeln ③ fangen *Fische, Schalentiere* ④ (*umgs.: finden*) ausgraben *Idee, Geschichte;* aufstöbern *Anzug, Möbel*

le **pêcher** [peʃe] der Pfirsichbaum
la **pécheresse** [peʃʀɛs] die Sünderin
le **pécheur** [peʃœʀ] der Sünder
le **pêcheur** [pɛʃœʀ] ① der Fischer ② der Angler
la **pêcheuse** [pɛʃøz] ① die Fischerin ② die Anglerin
la **pédagogie** [pedagɔʒi] ① die Pädagogik ② (*Fähigkeit*) das pädagogische Geschick
pédagogique [pedagɔʒik] pädagogisch; **la méthode pédagogique** die Erziehungsmethode
le **pédagogue** [pedagɔg] der Pädagoge
la **pédagogue** [pedagɔg] die Pädagogin
la **pédale** [pedal] ⚠ weiblich ① (*auch bei Musikinstrumenten*) das Pedal; (*am Mülleimer*) der Fußhebel ② (*abwertend umgs.:*

Homosexueller) die Schwuchtel ▸ **perdre les pédales** (*umgs.*) ins Schleudern kommen

le **pédalo**® [pedalo] das Tretboot

le **pédant** [pedã] der Besserwisser

F Nicht verwechseln mit *der Pedant – le maniaque!*

pédant, pédante [pedã, pedãt] besserwisserisch

F Nicht verwechseln mit *pedantisch – tatillon(ne)!*

la **pédante** [pedãt] die Besserwisserin

le **pédé** [pede] (*umgs.*) Abkürzung von **pédéraste** der Homo

le **pédéraste** [pederast] der Homosexuelle

pédestre [pedɛstʀ] **la randonnée pédestre** die Wanderung

le **peigne** [⚠ pɛɲ] der Kamm; **se donner un coup de peigne** sich mal schnell [die Haare] kämmen ▸ **passer quelque chose au peigne fin** etwas genau unter die Lupe nehmen

peigner [peɲe] kämmen; **se peigner** sich kämmen

peignez [peɲe] →**peindre**

le **peignoir** [pɛɲwaʀ] der Bademantel

peinard, peinarde [pɛnaʀ, pɛnaʀd] (*umgs.*) *Leben, Job* bequem

peindre [pɛ̃dʀ] <siehe Verbtabelle ab S. 1055> ❶ malen *Bild, Landschaft* ❷ streichen *Wand, Fenster, Möbel* ❸ (*beschreiben*) schildern

la **peine** [pɛn] ❶ der Kummer; **avoir de la peine** traurig sein; **faire de la peine à quelqu'un** jemanden verletzen ❷ die Strafe; **sous peine d'amende** unter Androhung einer Geldstrafe ❸ die Mühe; **avec peine** mühsam; **sans peine** mühelos; **avoir de la peine à faire quelque chose** Mühe haben, etwas zu tun; **avoir beaucoup de peine à faire quelque chose** große Mühe haben, etwas zu tun; **croire sans peine quelque chose** etwas ohne weiteres glauben; **ne vous donnez pas cette peine!** machen Sie sich keine Umstände!; ❹ **à peine** kaum; **elle vient à peine de finir** sie ist gerade erst fertig geworden; **il vient à peine de partir** er ist gerade erst gegangen; **il y avait à peine dix personnes** (*nicht mehr als*) es waren noch nicht einmal zehn Leute da ▸ **c'est bien la peine de se donner tout ce mal** (*ironisch*) das ist alles vergebliche Liebesmüh

◆ la **peine de mort** die Todesstrafe

peiner [pene] ❶ **peiner quelqu'un** *Nachricht, Absage:* jemanden traurig machen ❷ *Sportler:* sich abmühen; **peiner à** [*oder* **pour**] **faire quelque chose** Mühe haben, etwas zu tun; **peiner sur un problème** sich mit einem Problem [ab]plagen

peins, peint [pɛ̃] →**peindre**

le **peintre** [pɛ̃tʀ] der Maler

◆ le **peintre en bâtiment** der Maler, der Anstreicher

la **peintre** [pɛ̃tʀ] die Malerin

◆ la **peintre en bâtiment** die Malerin, die Anstreicherin

la **peinture** [pɛ̃tyʀ] ❶ die Farbe ❷ (*Farbschicht*) der Anstrich; **"Peinture fraîche!"** „Frisch gestrichen!" ❸ (*Kunst*) die Malerei ❹ (*Bild*) das Gemälde

péjoratif, péjorative [peʒɔʀatif, peʒɔʀativ] abwertend, pejorativ

le **pelage** [pəlaʒ] das Fell

pêle-mêle [pɛlmɛl] [kunterbunt] durcheinander

peler [pəle] <siehe Verbtabelle ab S. 1055> ❶ schälen ❷ (*bei einem Sonnenbrand*) **je pèle** meine Haut schält sich ❸ (*umgs.: sehr frieren*) sich einen abfrieren

Ü Nur die stammbetonten Formen schreiben sich mit è, z. B. *je pèle.*

le **pèlerin** [pɛlʀɛ̃] der Pilger/die Pilgerin

G Es gibt im Französischen keine Femininform: *elle a été en Espagne en tant que pèlerin* – sie ist als Pilgerin in Spanien gewesen.

le **pèlerinage** [pɛlʀinaʒ] die Wallfahrt

le **pélican** [pelikã] der Pelikan

la **pelle** [pɛl] die Schaufel ▸ **rouler une pelle à quelqu'un** (*umgs.*) mit jemandem knutschen; **à la pelle** haufenweise

◆ la **pelle à tarte** der Tortenheber

la **pellicule** [pelikyl] ❶ der Film ❷ **une pellicule de poussière** eine Staubschicht ❸ **avoir des pellicules** Schuppen haben

la **pelote** [p(ə)lɔt] ❶ das/der Knäuel ❷ (*Ballspiel*) das Pelotaspiel, die Pelota; **la pelote basque** das Pelotaspiel, die Pelota

la **pelouse** [p(ə)luz] der Rasen

la **peluche** [p(ə)lyʃ] ❶ das Plüschtier ❷ **l'ours** [⚠ luʀs] **en peluche** der Teddybär ❸ die/der Wollfussel

pelucher [p(ə)lyʃe] fusseln

pénal, pénale [penal] <Plural der männl. Form: pénaux> *Verantwortung* strafrechtlich; **la procédure pénale** das Strafverfahren

pénaliser [penalize] bestrafen

la **pénalité** [penalite] (*auch im Sport*) die Strafe; **le coup de pied de pénalité** der Strafstoß

penaud, penaude [pəno, pənod] ❶ beschämt ❷ (*wegen einer Enttäuschung*) verwirrt

pénaux [peno] →**pénal**

le **penchant** [pɑ̃ʃɑ̃] die Neigung, der Hang; **un penchant pour la musique** eine Vorliebe für die Musik; **avoir un penchant à la paresse** zur Faulheit neigen

pencher [pɑ̃ʃe] ❶ schräg halten *Flasche, Karaffe;* kippen *Tisch, Stuhl;* **pencher la tête en avant** den Kopf nach vorn beugen; **pencher la tête en arrière** den Kopf zurücklegen; **pencher la tête sur le côté** den Kopf [zur Seite] neigen ❷ **être penché(e)** schief sein; *Bild:* schief hängen ❸ *Stapel, Motorrad:* sich neigen, sich zur Seite neigen; *Baum:* sich biegen; *Schiff:* Schlagseite haben ❹ **je penche pour cette solution** ich neige zu dieser Lösung ❺ **se pencher** sich bücken; **se pencher par la fenêtre** sich zum Fenster hinauslehnen ❻ **se pencher sur un problème** sich mit einem Problem befassen

pendant [pɑ̃dɑ̃] ❶ während; **pendant la journée** tagsüber; **pendant trois jours** drei Tage [lang]; **pendant le mois de janvier** den Januar über; **pendant longtemps** lange Zeit hindurch; **pendant ce temps** währenddessen ❷ **il est entré pendant qu'elle téléphonait** er ist hereingekommen, während sie telefonierte ❸ **amuse-toi pendant que tu es jeune** amüsiere dich, solange du noch jung bist ▸ **pendant que tu y es** (*ironisch*) wo [oder wenn] du schon mal dabei bist; **pendant que j'y pense ...** da fällt mir gerade ein ...

le **pendentif** [pɑ̃dɑ̃tif] (*Schmuck*) der Anhänger
la **penderie** [pɑ̃dʀi] der Kleiderschrank

pendre [pɑ̃dʀ] <*wie vendre; siehe Verbtabelle ab S. 1055*> ❶ aufhängen *Mantel* ❷ (*töten*) hängen *Verurteilten;* **pendre quelqu'un à un arbre** jemanden an einem Baum aufhängen; **se pendre** sich erhängen ❸ (*befestigt sein*) **pendre au plafond** an der Decke hängen; **pendre d'une branche** von einem Ast herabhängen ❹ **être pendu(e) au téléphone** (*umgs.*) an der Strippe hängen ❺ **se pendre à quelque chose** sich an etwas hängen

le **pendu** [pɑ̃dy] ❶ der Gehängte ❷ **jouer au pendu** Galgenraten spielen
la **pendue** [pɑ̃dy] die Gehängte
le **pendule** [pɑ̃dyl] das Pendel

la **pendule** [pɑ̃dyl] die Uhr; (*an der Wand*) die Wanduhr ▸ **remettre les pendules à l'heure** die Sache/eine Sache richtigstellen

pénétrant, pénétrante [penetʀɑ̃, penetʀɑ̃t] *Regen, Blick, Geruch* durchdringend

pénétrer [penetʀe] <*wie préférer; siehe Verbtabelle ab S. 1055*> ❶ hineingehen; *Einbrecher:* eindringen; **ils ont pénétré dans la maison par la fenêtre** sie sind durch das Fenster in das Haus eingedrungen ❷ **pénétrer dans quelque chose** *Wasser, Geruch:* in etwas eindringen; *Creme:* in etwas einziehen; *Wind, Sonne, Kälte:* etwas durchdringen; **pénétrer quelqu'un** *Blick:* jemanden durchbohren

Ü Nur die stammbetonten Formen schreiben sich mit ê, z.B. *je pénètre.*

pénible [penibl] ❶ *Arbeit, Reise* anstrengend; *Aufgabe* schwierig ❷ *Umstände, Ereignis* traurig; *Stunde, Leben* schwer; *Erinnerung* schmerzlich ❸ (*umgs.: unerträglich*) *Mensch* nervig; **elle est pénible** sie kann einen nerven

F Nicht verwechseln mit *penibel – méticuleux/méticuleuse!*

péniblement [peniblǝmɑ̃] ❶ mühsam ❷ (*beinahe nicht*) knapp, nur knapp

le **pénis** [⚠ penis] der Penis

la **pensée** [pɑ̃se] ❶ der Gedanke ❷ (*Ansicht*) die Meinung ❸ (*Art zu denken*) die Denkweise ❹ (*Verstand*) der Geist ❺ (*in der Philosophie*) das Denken

penser [pɑ̃se] ❶ denken ❷ (*annehmen*) glauben; **penser du bien de quelqu'un** gut von jemandem denken; **je pense que oui** ich denke ja; **je pense que non** ich glaube nicht; **c'est bien ce que je pensais** das habe ich mir [doch] gedacht; **vous pensez bien qu'il a fait cela** (*umgs.*) Sie können sich doch ausmalen, dass er das getan hat ❸ **penser faire quelque chose** vorhaben etwas zu tun ❹ **penser à quelqu'un/à quelque chose** an jemanden/an etwas denken; **faire penser à quelqu'un/à quelque chose** an jemanden/an etwas erinnern ❺ (*überdenken*) **penser à une offre** über ein Angebot nachdenken ▸ **je pense bien!** (*umgs.*) und ob!; **laisser à penser que ...** darauf schließen lassen, dass ...; **tu penses!** (*umgs.*) aber nicht doch, wo denkst du hin!; **mais j'y pense ...** da fällt mir ein ...; **tu n'y penses pas!** (*umgs.*) das glaubst du doch nicht wirklich!

le **penseur** [pɑ̃sœʀ] der Denker

la **penseuse** [pɑ̃søz] die Denkerin

pensif, pensive [pɑ̃sif, pɑ̃siv] nachdenklich

la **pension** [pɑ̃sjɔ̃] ❶ die Rente; **la pension alimentaire** (*bei Ehescheidung*) die Unterhaltszahlung ❷ (*Wohnheim in Schulen*) das Internat ❸ (*in einem Hotel*) die Pension; **la pension complète** die Vollpension
◆ **la pension de famille** die Pension

le **pensionnaire** [pɑ̃sjɔnɛʀ] ❶ der Internatsschüler ❷ (*Gast*) der Pensionsgast

> **F** Nicht verwechseln mit *der Pensionär – le retraité!*

la **pensionnaire** [pɑ̃sjɔnɛʀ] ❶ die Internatsschülerin ❷ (*Gast*) der Pensionsgast

> **F** Nicht verwechseln mit *die Pensionärin – la retraitée!*

la **pente** [pɑ̃t] das Gefälle; *eines Bergs* der Abhang, der Hang; *eines Daches* die Schräge; **monter la pente** den Hang hinaufklettern/hinauffahren; **être en pente** *Gelände, Weg:* abfallen/ansteigen ▸ **quelqu'un/quelque chose est sur une mauvaise pente** mit jemandem/mit etwas geht es bergab

la **Pentecôte** [pɑ̃tkot] Pfingsten

people [⚠ pipœl] *Journalist, Zeitschrift* Boulevard-; **la presse people** die Boulevardpresse

le **pépé** [pepe] (*umgs.*) der Opa

le **pépin** [pepɛ̃] ❶ *einer Frucht* der Kern ❷ (*umgs.: Schwierigkeit*) der Ärger

perçant, perçante [pɛʀsɑ̃, pɛʀsɑ̃t] *Blick* stechend; *Schrei* gellend; *Stimme* schrill

perceptible [pɛʀsɛptibl] wahrnehmbar

la **perception** [pɛʀsɛpsjɔ̃] die Wahrnehmung

percer [pɛʀse] <*wie* commencer; *siehe Verbtabelle ab S. 1055*> ❶ *Zahn:* durchkommen ❷ *Schauspieler, Sänger:* den Durchbruch schaffen ❸ durchbohren *Wand, Felsen, Blech;* durchstechen *Ohrläppchen, Trommelfell;* anzapfen *Fass;* aufstechen *Abszess, Blase* ❹ bohren *Loch;* **être percé(e)** *Kleidung, Beutel:* ein Loch/Löcher haben

> **Ü** Vor *a* und *o* steht statt *c* ein *ç*, z. B. in *nous perçons, il perçait* und *en perçant*.

la **perceuse** [pɛʀsøz] die Bohrmaschine

percevoir [pɛʀsəvwaʀ] <*wie* apercevoir; *siehe Verbtabelle ab S. 1055*> wahrnehmen *Geräusch, Licht*

percher [pɛʀʃe] ❶ **être perché(e) sur quelque chose** [oben] auf etwas sitzen ❷ **percher quelque chose sur l'armoire** (*umgs.*) etwas oben auf den Schrank stellen/legen ❸ **se percher sur quelque chose** sich auf etwas setzen

perçois, perçoit [pɛʀswa] → **percevoir**

percuter [pɛʀkyte] anfahren *Menschen, Tier;* **percuter** [**contre**] **un arbre** gegen einen Baum prallen

le **perdant** [pɛʀdɑ̃] der Verlierer

perdant, perdante [pɛʀdɑ̃, pɛʀdɑ̃t] **être perdant** verlieren; **le numéro perdant** die Niete; **le cheval perdant** der Verlierer

la **perdante** [pɛʀdɑ̃t] die Verliererin

perdre [pɛʀdʀ] <*wie* vendre; *siehe Verbtabelle ab S. 1055*> ❶ verlieren ❷ einbüßen *Wertschätzung;* ablegen *Angewohnheit;* **n'avoir rien à perdre dans quelque chose** bei etwas nichts zu verlieren haben ❸ **perdre la vue** blind werden; **perdre l'ouïe** taub werden ❹ **perdre son chemin** sich verlaufen, sich verirren ❺ **faire perdre du temps à quelqu'un** jemanden Zeit kosten ❻ (*ein Leck haben*) *Eimer, Behälter:* undicht sein ❼ **se perdre** sich verirren; (*mit einem Fahrzeug*) sich verfahren; *Tradition:* verloren gehen; *Handwerk:* aussterben ❽ **se perdre en route** *Paket, Brief:* unterwegs verloren gehen ❾ **se perdre dans des explications** sich in Erklärungen verlieren ▸ **tu ne perds rien pour attendre!** so leicht kommst du mir nicht davon!

perdu, perdue [pɛʀdy] ❶ verloren ❷ *Gegenstand* verloren [gegangen]; *Hund* herrenlos ❸ *Land, Gegend* entlegen ❹ *Zeit, Raum* vergeudet; *Gelegenheit* verpasst, versäumt ❺ **à mes heures perdues** in meiner freien Zeit

le **père** [pɛʀ] ❶ der Vater ❷ **Durand père** Durand senior; **de père en fils** von Generation zu Generation ❸ (*umgs.: älterer Mann*) **le père Dupont** Vater Dupont ❹ (*im Christentum*) der Pater; **Notre Père** Vaterunser ▸ **tel père, tel fils** wie der Vater, so der Sohn
◆ **le père Noël** der Weihnachtsmann

la **perfection** [pɛʀfɛksjɔ̃] die Perfektion ▸ **à la perfection** perfekt

perfectionné, perfectionnée [pɛʀfɛksjɔne] hochmodern

> **V** Dieses französische Wort und die folgenden vier schreiben sich mit *nn*.

le **perfectionnement** [pɛʀfɛksjɔnmɑ̃] ❶ die Verbesserung ❷ **un stage de perfectionnement** ein Fortbildungslehrgang

perfectionner [pɛʀfɛksjɔne] ❶ verbessern; **se perfectionner** sich verbessern ❷ **se per-**

perfectionniste – perplexe

fectionner **en** anglais/**dans** un domaine sich in Englisch/auf einem Gebiet weiterbilden ❸ vervollkommnen *Stil, Sprache*

le **perfectionniste** [pɛʀfɛksjɔnist] der Perfektionist

la **perfectionniste** [pɛʀfɛksjɔnist] die Perfektionistin

perforer [pɛʀfɔʀe] ❶ lochen *Papiere, Fahrkarte* ❷ (*an vielen Stellen*) durchlöchern

la **perforeuse** [pɛʀfɔʀøz] der Locher

la **performance** [pɛʀfɔʀmɑ̃s] ❶ (*auch im Sport*) die Leistung ❷ **les performances** *einer Maschine* die Leistungsfähigkeit

ⓥ In ❷ wird der Plural *les performances* mit einem Singular übersetzt: *les performances de cet ordinateur sont impressionnantes – die Leistungsfähigkeit dieses Computers ist beeindruckend.*

performant, performante [pɛʀfɔʀmɑ̃, pɛʀfɔʀmɑ̃t] leistungsfähig; (*gegenüber der Konkurrenz*) wettbewerbsfähig

le **péril** [⚠ peril] die Gefahr

périmé, périmée [peʀime] *Karte, Pass* abgelaufen; *Ticket* verfallen

la **période** [peʀjɔd] ❶ (*Epoche*) die Zeit ❷ der Zeitraum, die Zeit; **la période transitoire** die Übergangszeit

périodique [peʀjɔdik] ❶ *Publikation* regelmäßig erscheinend ❷ **être périodique** regelmäßig wiederkehren

le **périodique** [peʀjɔdik] die Zeitschrift

périodiquement [peʀjɔdikmɑ̃] in regelmäßigen Abständen

la **péripétie** [⚠ peʀipesi] das unvorhergesehene Ereignis

la **périphérie** [peʀifeʀi] (*Gebiet*) der Stadtrand

périphérique [peʀifeʀik] *Wohngebiet* am Stadtrand gelegen

le **périphérique** [peʀifeʀik] ❶ die Ringautobahn; **le périphérique de Paris** die Ringautobahn um Paris ❷ (*in der Informatik*) das Peripheriegerät

◆ le **périphérique son** (*in der Informatik*) die Soundkarte

périssable [peʀisabl] leicht verderblich

la **perle** [pɛʀl] die Perle

la **permanence** [pɛʀmanɑ̃s] ❶ der Bereitschaftsdienst; **assurer la** [*oder* **être de**] **permanence** Bereitschaftsdienst haben ❷ *einer Partei, Gewerkschaft* die Geschäftsstelle; *der Polizei* die Dienststelle ❸ (*in Schulen*) ≈ der [beaufsichtigte] Aufenthaltsraum für die Freistunden ▶ **en permanence** ständig; *tagen* ununterbrochen; *überwachen* rund um die Uhr

permanent, permanente [pɛʀmanɑ̃, pɛʀmanɑ̃t] ständig; *Anstellung* fest; **l'exposition permanente** die Dauerausstellung

la **permanente** [pɛʀmanɑ̃t] die Dauerwelle

permettre [pɛʀmɛtʀ] <*wie* mettre; *siehe Verbtabelle ab S. 1055*> ❶ erlauben, gestatten; **permettre à quelqu'un d'assister au stage** jemandem erlauben, an dem Kurs teilzunehmen; (*das Recht geben*) jemanden [dazu] berechtigen, an dem Kurs teilzunehmen; **permettre que quelqu'un fasse quelque chose** erlauben, dass jemand etwas tut ❷ **il est permis à quelqu'un de faire quelque chose** es ist jemandem gestattet etwas zu tun ❸ **si le temps le permet** wenn es das Wetter zulässt ❹ **se permettre une plaisanterie** sich einen Scherz erlauben; **se permettre une fantaisie** sich etwas Besonderes gönnen ▶ **vous permettez?** gestatten Sie?; **vous permettez que je parte?** hätten Sie etwas dagegen, wenn ich gehe?; **tu permets!** [na] erlaube mal!; **permettez!** [na] erlauben Sie mal!

le **permis** [pɛʀmi] die Genehmigung

◆ le **permis de conduire** der Führerschein

◆ le **permis de construire** die Baugenehmigung

◆ le **permis d'établissement** (CH) die Niederlassungsbewilligung (CH)

◆ le **permis de pêche** der Angelschein

◆ le **permis de séjour** die Aufenthaltserlaubnis

permis, permise [pɛʀmi, pɛʀmiz] → **permettre**

la **permission** [pɛʀmisjɔ̃] ❶ die Erlaubnis ❷ (*beim Militärdienst*) der Urlaub

le **Pérou** [peʀu] Peru

peroxydé, peroxydée [pɛʀɔkside] (*péj*) *Haare* wasserstoffblond

perpendiculaire [pɛʀpɑ̃dikylɛʀ] ❶ rechtwinklig; (*in der Mathematik*) senkrecht; **être perpendiculaire à quelque chose** rechtwinklig/senkrecht zu etwas stehen ❷ **la rue perpendiculaire à celle-ci** die Querstraße zu dieser hier

perpétuel, perpétuelle [pɛʀpetɥɛl] dauernd; *Gemurmel, Gejammer* fortwährend

perpétuer [pɛʀpetɥe] ❶ fortführen *Tradition;* weitergeben *Namen;* wach halten *Erinnerung* ❷ **se perpétuer** fortdauern; *Art:* sich erhalten

la **perpétuité** [pɛʀpetɥite] **à perpétuité** lebenslang; *Haftstrafe* lebenslänglich

perplexe [pɛʀplɛks] ratlos und verwirrt

> **F** Nicht verwechseln mit *perplex – stupéfait(e)!*

le **perroquet** [pɛʀɔkɛ] der Papagei
la **perruche** [peʀyʃ] der Wellensittich
la **perruque** [peʀyk] die Perücke
le **persan** [pɛʀsɑ̃] Persisch, das Persische
le **Persan** [pɛʀsɑ̃] der Perser
  persan, persane [pɛʀsɑ̃, pɛʀsan] persisch; **le tapis persan** der Perserteppich; **le chat persan** die Perserkatze
la **Persane** [pɛʀsan] die Perserin
  perse [pɛʀs] altpersisch
  persécuter [pɛʀsekyte] verfolgen
la **persécution** [pɛʀsekysjɔ̃] die Verfolgung
la **persévérance** [pɛʀseveʀɑ̃s] die Beharrlichkeit
  persévérant, persévérante [pɛʀseveʀɑ̃, pɛʀseveʀɑ̃t] beharrlich
  persévérer [pɛʀseveʀe] <*wie* préférer; *siehe Verbtabelle ab S. 1055*> nicht aufgeben; **persévérer dans ses efforts** in seinen Bemühungen nicht nachlassen

> **Ü** Nur die stammbetonten Formen schreiben sich mit è, z.B. *je persévère.*

la **persienne** [pɛʀsjɛn] der Fensterladen
le **persil** [⚠ pɛʀsi] ⚠ männlich die Petersilie
  persister [pɛʀsiste] ❶ **persister dans quelque chose** auf etwas bestehen ❷ **persister à faire quelque chose** etwas weiterhin tun ▸ **je persiste et [je] signe** ich bleibe bei meiner Meinung/Aussage/...
le **personnage** [pɛʀsɔnaʒ] ❶ die Persönlichkeit ❷ (*in Romanen oder Filmen*) die Figur, die Person ❸ **un grossier personnage** ein ungehobelter Kerl

> **V** Dieses französische Wort und die folgenden acht schreiben sich mit *nn*.

  personnaliser [pɛʀsɔnalize] [sehr] persönlich einrichten *Wohnung*
la **personnalité** [pɛʀsɔnalite] ❶ die Persönlichkeit ❷ **avoir de la personnalité** eine ausgeprägte Persönlichkeit sein
  personne [pɛʀsɔn] ❶ **ne ... personne** niemand; **il n'y a personne** es ist niemand da ❷ **plus vite que personne** schneller als jede(r) andere
la **personne** [pɛʀsɔn] ❶ (*auch in der Grammatik*) die Person; **dix personnes** zehn Personen [*oder* Leute]; **à la première personne du singulier** in der ersten Person Singular ❷ **les grandes personnes** die Erwachsenen; **les personnes âgées** die Senioren ❸ **la personne qui ...** derjenige, der ...; **les personnes qui ...** diejenigen, die ... ▸ **en personne** persönlich, höchstpersönlich
  ◆ **la personne à charge** der Unterhaltsberechtigte
le **personnel** [pɛʀsɔnɛl] das Personal; *eines Betriebes* die Belegschaft; **le personnel enseignant** der Lehrkörper
  personnel, personnelle [pɛʀsɔnɛl] persönlich; *Ideen* eigenwillig; **la fortune personnelle** das Privatvermögen; **à titre personnel** persönlich
  personnellement [pɛʀsɔnɛlmɑ̃] persönlich
la **perspective** [pɛʀspɛktiv] ❶ die Perspektive; **en perspective** perspektivisch ❷ die Sicht ❸ (*übertragen*) **la perspective de quelque chose** die Aussicht auf etwas; **avoir un emploi en perspective** eine Stelle in Aussicht haben
  perspicace [pɛʀspikas] scharfsinnig
la **perspicacité** [pɛʀspikasite] der Scharfsinn
  persuader [⚠ pɛʀsɥade] ❶ überzeugen; **persuader quelqu'un de faire quelque chose** jemanden überreden etwas zu tun ❷ **se persuader de quelque chose** sich etwas einreden
  persuasif, persuasive [pɛʀsɥazif, pɛʀsɥaziv] überzeugend
la **perte** [pɛʀt] ❶ der Verlust ❷ *der Kräfte* das Nachlassen ❸ **la perte de temps** die Zeitverschwendung ❹ (*Toter*) **subir des pertes** Verluste erleiden ▸ **à perte de vue** so weit das Auge reicht; **à perte** mit Verlust
la **pertinence** [pɛʀtinɑ̃s] die Richtigkeit; *eines Arguments* die Stichhaltigkeit
  pertinent, pertinente [pɛʀtinɑ̃, pɛʀtinɑ̃t] treffend, zutreffend
  perturbant, perturbante [pɛʀtyʀbɑ̃, pɛʀtyʀbɑ̃t] *Situation* belastend
la **perturbation** [pɛʀtyʀbasjɔ̃] die Störung
  perturbé, perturbée [pɛʀtyʀbe] beeinträchtigt; *Mensch* verstört
  perturber [pɛʀtyʀbe] durcheinanderbringen
  pervers, perverse [pɛʀvɛʀ, pɛʀvɛʀs] pervers
  pesant, pesante [pəzɑ̃, pəzɑ̃t] schwer; *Stimmung, Stille* drückend, bedrückend
  peser [pəze] <*siehe Verbtabelle ab S. 1055*> ❶ wiegen; **se peser** sich wiegen ❷ abwiegen *Waren, Zutaten* ❸ (*überdenken*) abwägen ❹ schwer sein; **ne rien peser** nicht viel wiegen; **peser lourd** viel wiegen; **peser cent kilos** hundert Kilo wiegen ❺ **peser sur quelque chose** auf etwas drücken ❻ **peser sur quelqu'un** auf jemandem lasten

> Nur die stammbetonten Formen schreiben sich mit *ê*, z. B. *je pèse.*

pessimiste [pesimist] pessimistisch
le **pessimiste** [pesimist] der Pessimist
la **pessimiste** [pesimist] die Pessimistin
la **peste** [pɛst] ❶ die Pest ❷ (*übertragen*) die Plage ▸ **fuir quelqu'un comme la peste** jemanden meiden wie die Pest
la **pétanque** [petɑ̃k] das Boulespiel
le **pétard** [petaʀ] ❶ der Knallkörper ❷ (*umgs.: Joint*) die Tüte ❸ (*umgs.: Gesäß*) der Hintern
la **pétasse** [petas] (*vulgär*) die Nutte
péter [pete] <*wie* préférer; *siehe Verbtabelle ab S. 1055*> (*umgs.*) ❶ furzen ❷ *Knallkörper:* krachen; *Staudamm:* brechen; *Glas, Teller:* zerspringen ❸ **j'ai pété la couture de mon pantalon** mir ist die Hosennaht geplatzt

> Nur die stammbetonten Formen schreiben sich mit *ê*, z. B. *je pète.*

pète-sec [pɛtsɛk] (*umgs.*) Mensch, Verhalten schroff
pétillant, pétillante [petijɑ̃, petijɑ̃t] ❶ *Wein* prickelnd; **l'eau pétillante** das Wasser mit Kohlensäure, das kohlensäurehaltige Wasser ❷ *Augen* funkelnd
pétiller [petije] prickeln; **une boisson qui pétille** ein Getränk mit Kohlensäure
petit [p(ə)ti] ❶ **voir petit** [zu] knapp rechnen ▸ **petit à petit** allmählich; **en petit** im Kleinen
le **petit** [p(ə)ti] ❶ der Kleine ❷ (*bei Tieren*) das Junge; **faire des petits** Junge bekommen
petit, petite [p(ə)ti, p(ə)tit] ❶ klein ❷ *Augenblick* kurz; *Stunde, Kilo, Meter* knapp ❸ **un petit chat** ein junges Kätzchen ❹ **mon petit ami** mein Freund ❺ **les petites voitures** die Spielzeugautos ❻ *Wein* einfach; *Gesundheit* schwach ▸ **se faire tout petit** sich ganz klein machen
le **petit-bourgeois** [p(ə)tiburʒwa] <*Plural:* petits-bourgeois> (*abwertend*) der Spießer
le **petit-déj'** [p(ə)tideʒ] <*Plural:* petits-déj'> (*umgs.*) Abkürzung von **petit-déjeuner** das Frühstück
le **petit-déjeuner** [p(ə)tideʒœne] <*Plural:* petits-déjeuners> das Frühstück
la **petite** [p(ə)tit] die Kleine
la **petite-bourgeoise** [p(ə)titburʒwaz] (*abwertend*) die Spießerin
la **petite-fille** [p(ə)titfij] <*Plural:* petites-filles> die Enkelin
le **petit-fils** [p(ə)tifis] <*Plural:* petits-fils> der Enkel

le **petit-four** [p(ə)tifuʀ] <*Plural:* petits-fours> feines Kleingebäck, das süß oder pikant sein kann

> Nicht verwechseln mit *die Petits fours* – *les petits gâteaux à la crème!*

la **pétition** [petisjɔ̃] die Petition
les **petits-enfants** (*männlich*) [p(ə)tizɑ̃fɑ̃] die Enkel, die Enkelkinder
pétrifié, pétrifiée [petʀifje] ❶ versteinert ❷ (*übertragen*) wie versteinert
le **pétrin** [petʀɛ̃] **être dans le pétrin** (*umgs.*) in der Tinte sitzen
pétrir [petʀiʀ] <*wie* agir; *siehe Verbtabelle ab S. 1055*> kneten

> Bei einigen Formen des Verbs ist der Stamm um *-iss-* erweitert, etwa bei *nous pétrissons, il pétrissait* und *en pétrissant.*

le **pétrole** [petʀɔl] das Erdöl, das Öl
le **pétrolier** [petʀɔlje] der Tanker, der Öltanker
pétrolier, pétrolière [petʀɔlje, petʀɔljɛʀ] Erdöl-, Mineralöl-; **le produit pétrolier** das Erdölprodukt
peu [pø] ❶ wenig; **parler peu** wenig sprechen ❷ **peu aimable** nicht sehr freundlich; **peu élégant** nicht sehr elegant ❸ **peu de jours** wenige Tage; **peu de temps** wenig Zeit; **en peu de temps** in kurzer Zeit ❹ (*kurze Zeit*) **peu avant** kurz davor; **peu après** kurz darauf; **depuis peu** seit kurzem; **sous peu** in Kürze ❺ **peu aiment ça** wenige mögen das ▸ **peu importe** das ist nicht so wichtig; **à peu près** ungefähr; **peu à peu** nach und nach; **de peu** knapp, nur knapp; **pour si peu** wegen solch einer Kleinigkeit
le **peu** [pø] ❶ das bisschen ...; **le peu que je sais** das bisschen, was ich weiß; **le peu de personnes/de choses** die paar Menschen/Dinge ❷ **un peu de beurre** ein bisschen Butter, ein wenig Butter; **un peu de bonne volonté** ein bisschen guter Wille, ein wenig guter Wille ▸ **un peu que j'ai raison!** und ob ich Recht habe!; **attends un peu que je t'attrape!** (*umgs.*) warte nur, bis ich dich kriege!; **un peu partout** fast überall; **pour un peu** beinahe
le **peuple** [pœpl] das Volk; **le peuple palestinien** die Palästinenser
peuplé, peuplée [pœple] bevölkert, besiedelt; **une ville très peuplée** eine dicht bevölkerte Stadt
le **peuplier** [pøplije] ⚠ *männlich* die Pappel
la **peur** [pœʀ] die Angst; **prendre peur** Angst

bekommen; **avoir peur de quelqu'un/de quelque chose** vor jemandem/vor etwas Angst haben; **avoir peur de faire quelque chose** Angst [davor] haben, etwas zu tun; **avoir peur pour quelqu'un** Angst um jemanden haben; **faire peur à quelqu'un** jemandem Angst machen; **j'ai peur que ce soit vrai** ich habe Angst, dass das wahr sein könnte ▸ **j'en ai bien peur** ich fürchte ja; **à faire peur** furchtbar; **de peur** vor Angst; **de** [*oder* **par**] **peur des critiques** aus Angst vor Kritik

peureux, peureuse [pœRø, pœRøz] ängstlich

peut [pø] →**pouvoir**

peut-être [pøtεtR] ❶ vielleicht ❷ ungefähr ❸ **c'est peut-être efficace, mais ...** das mag ja wirkungsvoll sein, aber ... ❹ **peut-être que ...** es kann sein, dass ...; **peut-être bien!** [das ist] durchaus möglich!

peuvent [pøv], **peux** [pø] →**pouvoir**

le **phare** [faR] ❶ der Leuchtturm ❷ der Scheinwerfer; **se mettre en phares** das Fernlicht einschalten

la **pharmacie** [faRmasi] ❶ die Apotheke ❷ (*Wissenschaft*) die Pharmazie
◆ la **pharmacie de garde** die Notdienstapotheke

le **pharmacien** [faRmasjɛ̃] der Apotheker
la **pharmacienne** [faRmasjεn] die Apothekerin
la **phase** [faz] die Phase; *einer Krankheit* das Stadium
le **phénomène** [fenɔmεn] das Phänomen
le **philatéliste** [filatelist] der Briefmarkensammler
la **philatéliste** [filatelist] die Briefmarkensammlerin
les **Philippines** (*weiblich*) [filipin] die Philippinen
le **philosophe** [filɔzɔf] der Philosoph
la **philosophe** [filɔzɔf] die Philosophin
philosopher [filɔzɔfe] philosophieren
la **philosophie** [filɔzɔfi] ❶ die Philosophie ❷ die Weisheit
philosophique [filɔzɔfik] philosophisch
phonétique [fɔnetik] phonetisch; **l'écriture phonétique** die Lautschrift
la **phonétique** [fɔnetik] die Phonetik
le **phoque** [fɔk] der Seehund
la **photo** [foto] *Abkürzung von* **photographie** ❶ das Foto; **faire une photo** ein Foto machen ❷ (*Kunst*) die Fotografie; **faire de la photo** fotografieren ▸ **tu veux ma photo?** (*umgs.*) was glotzt du mich so an?
◆ la **photo de famille** das Familienfoto
◆ la **photo d'identité** das Passbild, das Passfoto

la **photocopie** [fɔtɔkɔpi] die Fotokopie, die Kopie, fotokopieren
photocopier [fɔtɔkɔpje] <*wie* apprécier; *siehe Verbtabelle ab S. 1055*> kopieren
le **photocopieur** [fɔtɔkɔpjœR], la **photocopieuse** [fɔtɔkɔpjøz] das Kopiergerät, der Kopierer, der Fotokopierer
le **photographe** [fɔtɔgRaf] der Fotograf
la **photographe** [fɔtɔgRaf] die Fotografin
la **photographie** [fɔtɔgRafi] die Fotografie
photographier [fɔtɔgRafje] <*wie* apprécier; *siehe Verbtabelle ab S. 1055*> fotografieren
la **phrase** [fRaz] der Satz; **la phrase affirmative** der bejahte Satz; **la phrase négative** der verneinte Satz
le **physicien** [fizisjɛ̃] der Physiker
la **physicienne** [fizisjεn] die Physikerin
physique [fizik] ❶ körperlich, physisch ❷ (*in der Physik*) physikalisch
le **physique** [fizik] das Äußere ▸ **avoir le physique de l'emploi** *Schauspieler:* für die Rolle wie geschaffen sein
la **physique** [fizik] die Physik
physiquement [fizikmɑ̃] körperlich
piailler [pjaje] ❶ *Vogel:* piepsen ❷ *Mensch:* kreischen
le **pianiste** [pjanist] der Pianist
la **pianiste** [pjanist] die Pianistin
le **piano** [pjano] das Klavier; **jouer du piano** Klavier spielen
◆ le **piano à queue** der Flügel
pianoter [pjanɔte] **pianoter sur l'ordinateur** auf die Tastatur hämmern
la **piaule** [pjol] (*umgs.*) die Bude
le **PIB** [⚠ peibe] *Abkürzung von* **produit intérieur brut** das Bruttoinlandsprodukt
le **pic** [pik] ❶ der spitze Berg; (*höchster Teil*) die Bergspitze ❷ (*Vogel*) der Specht ▸ **tomber à pic** wie gerufen kommen; **à pic** Steilküste, Felswand steil
◆ le **pic de pollution** der Ozonspitzenwert
le **pickpocket** [pikpɔkεt] der Taschendieb/die Taschendiebin

> **G** Es gibt im Französischen keine Femininform: *cette femme est un pickpocket* – *diese Frau ist eine Taschendiebin.*

picoler [pikɔle] (*umgs.*) bechern
picorer [pikɔRe] *Tier:* picken; *Mensch:* knabbern
picoter [pikɔte] brennen in *Augen*; **les herbes picotent les mollets** die Gräser kitzeln an den Waden
la **pie** [pi] die Elster
la **pièce** [pjεs] ❶ (*auch in der Musik*) das Stück

② *eines Puzzles, Apparates* der Teil ③ (*im Theater*) das Stück; **la pièce de théâtre** das Theaterstück ④ **la pièce détachée** das Einzelteil ⑤ (*Raum*) das Zimmer ⑥ **la pièce** [**de monnaie**] die Münze, das Geldstück; **une pièce de deux euros** ein Zweieurostück; **les pièces** [**en**] **euro** die Euro-Münzen ⑦ (*beim Nähen*) der Flicken ▶ **à la pièce** stückweise; **c'est une histoire inventée de toutes pièces** diese Geschichte ist von vorn[e] bis hinten erfunden
  ◆ **la pièce d'identité** der Ausweis, der Personalausweis
  ◆ **la pièce de rechange** das Ersatzteil
le **pied** [pje] ① der Fuß; **aller à pied** zu Fuß gehen; **marcher pieds nus** barfuß gehen ② *eines Tisches, Stuhls* das Bein ③ **au pied du lit** ans/am Fußende; **au pied de l'arbre** unter den/dem Baum; **au pied de la colline** am Fuß des Hügels ▶ **avoir les pieds sur terre** mit beiden Beinen [fest] auf der Erde stehen; **des pieds à la tête** von Kopf bis Fuß; **se lever du pied gauche** mit dem linken Fuß zuerst aufstehen; **avoir pied** Grund [unter den Füßen] haben; **casser les pieds à quelqu'un** (*umgs.*) jemandem auf den Wecker gehen; **c'est le pied!** (*umgs.*) [das ist] voll gut!; **être sur pied** wieder auf den Beinen sein; **au pied!** bei Fuß!; **se jeter aux pieds de quelqu'un** sich jemandem zu Füßen werfen
  ◆ le **pied de salade** die Salatpflanze
  ◆ le **pied de vigne** der Rebstock
le **pied-noir** [pjɛnwaʀ] <*Plural:* pieds-noirs> (*umgs.*) der Algerienfranzose
la **pied-noir** [pjɛnwaʀ] <*Plural:* pieds-noirs> (*umgs.*) die Algerienfranzösin
le **piège** [pjɛʒ] die Falle; **tendre un piège à quelqu'un** jemandem eine Falle stellen; **tomber dans le piège** in die Falle gehen ▶ **être pris(e) au piège** *Tier:* mit einer Falle gefangen werden; *Mensch:* [darauf] hereinfallen
piéger [pjeʒe] <*wie* assiéger; *siehe Verbtabelle ab S. 1055*> ① mit der Falle fangen *Tier* ② in die Falle locken *Mensch*; **se faire piéger par quelqu'un** jemandem in die Falle gehen

Ü Nur die stammbetonten Formen schreiben sich mit *è*, z. B. *je piège*.
Außerdem bleibt vor Endungen, die mit *a* und *o* beginnen, das *e* erhalten, z. B. *en piégeant*, *il piégeait* und *nous piégeons*.

la **pierre** [pjɛʀ] der Stein ▶ **faire d'une pierre deux coups** zwei Fliegen mit einer Klappe schlagen
piétiner [pjetine] ① *Mensch:* kaum von der Stelle kommen; *Verhandlungen, Arbeit:* keine Fortschritte machen ② **piétiner d'impatience** ungeduldig von einem Bein aufs andere treten ③ zertrampeln *Blumen, Beet, Rasen*
le **piéton** [pjetõ] der Fußgänger
la **piétonne** [pjetɔn] die Fußgängerin
piétonnier, piétonnière [pjetɔnje, pjetɔnjɛʀ] Fußgänger-; **la zone piétonnière** die Fußgängerzone
le **pif** [pif] (*umgs.*) die Nase, der Riecher ▶ **au pif** Pi mal Daumen
le **pigeon** [⚠ piʒõ] die Taube; **le pigeon voyageur** die Brieftaube ▶ **être le pigeon dans l'affaire** (*umgs.*) der Dumme/die Dumme sein, der Gelackmeierte/die Gelackmeierte sein
piger [piʒe] <*wie* changer; *siehe Verbtabelle ab S. 1055*> (*umgs.*) kapieren

Ü Vor *a* und *o* bleibt das *e* erhalten, z. B. in *nous pigeons, il pigeait* und *en pigeant*.

pile¹ [pil] ① genau; **pile devant moi** genau [*oder* direkt] vor mir; **s'arrêter pile** plötzlich anhalten ② **à 10 heures pile** Punkt 10 Uhr ▶ **ça tombe pile!** das trifft sich gut!
pile² [pil] **le côté pile** *einer Münze* die Vorderseite ▶ **pile ou face?** Kopf oder Zahl?
la **pile** [pil] ① der Stapel ② die Batterie; **fonctionner avec des piles** mit [einer] Batterie laufen
piler [pile] ① zerstoßen ② (*umgs.: bremsen*) eine Vollbremsung hinlegen
le **pilier** [pilje] der Pfeiler
piller [pije] plündern, ausplündern
le **pilleur** [pijœʀ] der Plünderer
la **pilleuse** [pijøz] die Plünderin
le **pilote** [pilɔt] ① der Pilot ② **le pilote automatique** der Autopilot ③ (*in der Schifffahrt*) der Lotse ④ (*in der Informatik*) der Treiber
la **pilote** [pilɔt] ① die Pilotin ② (*in der Schifffahrt*) die Lotsin
piloter [pilɔte] ① fahren, lenken *Auto*; fliegen *Flugzeug*; steuern *Schiff* ② leiten *Maßnahme, Untersuchung* ③ (*in der Informatik*) steuern
la **pilule** [pilyl] ① (*Tablette*) die Pille ② (*Verhütungsmittel*) die Pille, die Antibabypille
le **piment** [pimã] die Peperoni
pimenter [pimãte] scharf würzen
le **pin** [pɛ̃] die Kiefer
pinailler [pinaje] (*umgs.*) sich in Nebensächlichkeiten verzetteln

pinçait [pɛ̃sɛ], **pinçant** [pɛ̃sɑ̃] →**pincer**
la **pince** [pɛ̃s] ❶ die Zange ❷ *eines Krebses, Hummers* die Schere ❸ (*beim Nähen*) der Abnäher
- la **pince à épiler** die Pinzette
- la **pince à linge** die Wäscheklammer

pincé, pincée [pɛ̃se] hochnäsig; *Lächeln* verkniffen
le **pinceau** [pɛ̃so] <*Plural:* pinceaux> der Pinsel
la **pincée** [pɛ̃se] die Prise; **une pincée de poivre** eine Prise Pfeffer
pincer [pɛ̃se] <*wie* commencer; *siehe Verbtabelle ab S. 1055*> ❶ *Krebs:* zwicken ❷ **pincer la joue à quelqu'un** jemanden in die Backe kneifen ❸ aufeinanderpressen *Lippen* ❹ **se pincer** sich zwicken; **se pincer le doigt** sich den Finger einklemmen ❺ **se pincer le nez** sich die Nase zuhalten ❻ **se faire pincer** (*umgs.*) geschnappt werden ❼ **ça pince!** es ist lausig kalt! ▶ **pince-moi, je rêve!** kneif mich, ich glaub', ich träume!

Ü Vor *a* und *o* steht statt *c* ein *ç*, z.B. in *nous pinçons, il pinçait* und *en pinçant*.

la **pincette** [pɛ̃sɛt] die Pinzette ▶ **il/elle n'est pas à prendre avec des pincettes** (*umgs.*) er/sie ist mit Vorsicht zu genießen
le **ping-pong** [piŋpɔ̃g] das Tischtennis
le **pinson** [pɛ̃sɔ̃] der Buchfink
le **pion** [pjɔ̃] ❶ die Aufsichtsperson, der Aufpasser ❷ (*bei Brettspielen*) der Stein
la **pionne** [pjɔn] (*umgs.*) die Aufsichtsperson, die Aufpasserin
le **pionnier** [pjɔnje] der Pionier
la **pionnière** [pjɔnjɛʀ] die Pionierin
la **pipe** [pip] die Pfeife
le **pipi** [pipi] (*Kindersprache umgs.*) das Pipi; **faire pipi dans sa culotte** in die Hose machen; **faire pipi au lit** ins Bett machen
le **piquant** [pikɑ̃] *eines Kaktus, Igels* der Stachel
piquant, piquante [pikɑ̃, pikɑ̃t] ❶ *Geschmack, Sauce* pikant ❷ *Kälte, Wind* schneidend
le **pique** [pik] (*Spielkartenfarbe*) das/die Pik
le **pique-nique** [piknik] <*Plural:* pique-niques> das Picknick
pique-niquer [piknike] [ein] Picknick machen
piquer [pike] ❶ stechen; *Schlange, Floh:* beißen ❷ *Brennnessel, Senf, Radieschen:* brennen; *Bart, Pullover:* kratzen ❸ piksen, pieken; **piquer la langue** auf der Zunge brennen; **piquer les yeux** in den Augen brennen ❹ **piquer l'aiguille dans le tissu** die Nadel in den Stoff stechen ❺ aufspießen *Olive,*

Schmetterling ❻ einschläfern *Tier* ❼ **piquer une crise/une colère** (*umgs.*) einen Anfall/einen Wutanfall bekommen ❽ **piquer une tête** einen Kopfsprung machen; **piquer un sprint** einen Spurt einlegen ❾ (*umgs.:* stehlen) klauen ❿ **piquer sur quelque chose** *Vogel:* auf etwas niederstürzen ⓫ **se piquer** *Diabetiker:* sich spritzen; *Drogenabhängiger:* spritzen; **se piquer à l'héroïne** Heroin spritzen ⓬ **se piquer à un rosier** sich an einem Rosenstock stechen; **se piquer dans les orties** sich an den Brennnesseln verbrennen
le **piquet** [pikɛ] ❶ der Pflock ❷ *eines Zelts* der Hering
- **le piquet de grève** der Streikposten

la **piqûre** [pikyʀ] ❶ der Stich ❷ die Spritze; **faire une piqûre à un malade** einem Kranken eine Spritze geben
le **pirate** [piʀat] der Seeräuber, der Pirat
- **le pirate de l'air** der Luftpirat

pirater [piʀate] **pirater un compact** eine Raubkopie von einer CD machen
pire [piʀ] <*Steigerung von* mauvais> ❶ schlimmer; **pire que jamais** schlimmer als jemals zuvor; **rien de pire que ...** nichts Schlimmeres als ...; **pire que ça** noch schlimmer ❷ (*Superlativ*) **c'est la pire chose qui pouvait arriver** das ist das Schlimmste, was passieren konnte; **dans le pire des cas** schlimmstenfalls
le **pire** [piʀ] das Schlimmste; **éviter le pire** das Schlimmste verhüten; **le pire de tout, c'est que ...** das Allerschlimmste [daran] ist, dass ... ▶ **au pire** schlimmstenfalls
la **pirouette** [piʀwɛt] die Pirouette
pis [pi] **tant pis!** [na,] da kann man nichts machen!, [na,] dann sollte es wohl sein!; **tant pis pour lui/pour elle** Pech für ihn/für sie
le **pis** [pi] das Euter
la **piscine** [pisin] ❶ das Schwimmbad; **la piscine couverte** das Hallenbad; **la piscine en plein air** das Freibad ❷ (*privat*) der Swimmingpool
le **pissenlit** [pisɑ̃li] der Löwenzahn
pisser [pise] (*umgs.*) pinkeln
pistache [pistaʃ] pistaziengrün

G Das Farbadjektiv *pistache* ist unveränderlich: *des serviettes pistache – pistaziengrüne Servietten*.

la **pistache** [pistaʃ] die Pistazie
la **piste** [pist] ❶ die Spur; *eines Tiers* die Fährte; **être sur la piste d'un malfaiteur/d'un**

animal einem Täter/einem Tier auf der Spur sein ❷ die Tanzfläche ❸ (*im Zirkus*) die Manege ❹ (*bei Radrennen*) die Rennbahn, die Bahn ❺ (*beim Skifahren, in der Wüste*) die Piste ❻ **la piste cyclable** der Radweg; **la piste cavalière** der Reitweg ▸ **entrer en piste** in Aktion treten

◆ la **piste d'atterrissage** die Landebahn
◆ la **piste de décollage** die Startbahn
◆ la **piste de ski de fond** die Loipe, die Langlaufloipe

le **pistolet** [pistɔlɛ] ❶ die Pistole ❷ (*Werkzeug*) die Spritzpistole ❸ Ⓑ *längliches Milchbrötchen*

le **piston** [pistõ] (*umgs.: Beziehungen*) das Vitamin B

pistonner [pistɔne] (*umgs.*) **pistonner un ami** seine Beziehungen für einen Freund spielen lassen; **se faire pistonner par quelqu'un** von jemandes Beziehungen profitieren

piteux, piteuse [pitø, pitøz] erbärmlich; *Ergebnis* kläglich

la **pitié** [pitje] das Mitleid; **avoir pitié de quelqu'un** mit jemandem Mitleid haben; **faire pitié aux gens** das Mitleid der Leute erwecken; (*ironisch*) den Leuten direkt leidtun

le **piton** [pitõ] ❶ der Haken ❷ Ⓒᴀɴ der Drehknopf, der Knopf; *eines Computers, Telefons* die Taste

pitoyable [pitwajabl] ❶ bemitleidenswert; *Aussehen, Zustand* Mitleid erregend ❷ (*enttäuschend*) erbärmlich

le **pitre** [pitʀ] der Hanswurst

pittoresque [pitɔʀɛsk] *Landschaft, Viertel* malerisch

pivoter [pivɔte] sich drehen; **pivoter sur quelque chose** sich um etwas drehen; **faire pivoter quelque chose** etwas kreisen lassen

la **pizza** [pidza] die Pizza
la **pizzeria** [pidzeʀja] Pizzeria

plaçait [plasɛ], **plaçant** [plasɑ̃] → **placer**

le **placard** [plakaʀ] der Einbauschrank
◆ le **placard à balais** der Besenschrank

placarder [plakaʀde] anschlagen

la **place** [plas] ❶ der Platz; **la place assise** der Sitzplatz; **la place debout** der Stehplatz; **être à sa place** an seinem Platz sein; **tenir/prendre de la place** [viel] Platz einnehmen; **y a-t-il encore une place [de] libre?** ist noch ein Platz frei? ❷ die Stelle ❸ (*für Kino, Theater*) die Karte ❹ (*Arbeitsmöglichkeit*) die Stelle ▸ **être cloué(e) sur place** wie angewurzelt dastehen; **rester cloué(e) sur place** wie angewurzelt stehen bleiben; **faire place à quelqu'un/à quelque chose** jemandem/einer Sache weichen; **se mettre à la place de quelqu'un** sich in jemandes Lage versetzen; **remettre quelqu'un à sa place** jemanden in seine Schranken weisen; **ne pas tenir en place** nicht still sitzen können; **sur place** vor Ort; **à la place de quelque chose** an Stelle einer Sache, an Stelle von etwas

◆ la **place de parking** der Parkplatz, die Parkmöglichkeit
◆ la **place de stationnement** der Parkplatz, die Parkmöglichkeit

placé, placée [plase] ❶ platziert ❷ **être bien placé(e)** *Zuschauer:* einen guten Platz haben; *Schrank, Vase:* gut stehen; *Grundstück:* eine gute Lage haben; **être mal placé(e)** *Zuschauer:* einen schlechten Platz haben; *Schrank, Vase:* ungünstig stehen; *Grundstück:* eine schlechte Lage haben ❸ **c'est de la fierté mal placée!** Stolz ist hier [wirklich] fehl am Platz!; **tu es mal placé pour me faire des reproches!** du bist der Letzte, der mir Vorwürfe machen sollte! ❹ **être °haut placé** in hoher Stellung sein

placer [plase] <*wie* commencer; *siehe Verbtabelle ab S. 1055*> ❶ (*senkrecht platzieren*) stellen; (*waagerecht platzieren*) legen; **placer un livre sur l'étagère** ein Buch ins Regal stellen/legen ❷ **placer les spectateurs** den Zuschauern die Plätze anweisen ❸ unterbringen *Kind;* **placer un enfant dans une famille d'accueil** ein Kind bei einer Pflegefamilie unterbringen ❹ anbringen *Anekdote, Bemerkung;* **ne pas pouvoir placer un mot** nicht zu Wort kommen ❺ aufstellen *Wache* ❻ anlegen *Geld* ❼ **se placer** sich hinsetzen/hinstellen

Ü Vor *a* und *o* steht statt *c* ein *ç*, z. B. in *nous plaçons, il plaçait* und *en plaçant.*

le **plafond** [plafõ] ❶ die Decke ❷ (*in der Finanzwirtschaft*) der Höchstbetrag ▸ **sauter au plafond** (*umgs.*) [bis] an die Decke springen

la **plage** [plaʒ] ❶ der Strand; **aller à la plage** an den Strand gehen; **sur la plage** am Strand ❷ **la plage [de temps]** die freie [*oder* unverplante] Zeit ❸ **la plage arrière** die Heckablage

la **plaie** [plɛ] (*Verletzung*) die Wunde

plaindre [plɛ̃dʀ] <*wie* craindre; *siehe Verbtabelle ab S. 1055*> ❶ bedauern; **être à plaindre** zu bedauern sein; **je te plains** du tust mir leid; **il/elle n'est pas à plaindre** er/sie kann sich wirklich nicht beklagen ❷ **se plaindre** sich beklagen; *(unzufrieden sein)* jammern; **se plaindre au directeur** sich beim Direktor beklagen ❸ **se plaindre de la chaleur** über die Hitze klagen

la **plaine** [plɛn] die Ebene

le **plain-pied** [plɛ̃pje] **être de plain-pied** *Zimmer:* ebenerdig liegen

plains, plaint [plɛ̃] → **plaindre**

la **plainte** [plɛ̃t] ❶ *(Schrei, Beschwerde)* Klage ❷ **porter plainte contre quelqu'un pour vol** gegen jemanden Anzeige wegen Diebstahls erstatten, jemanden wegen Diebstahls anzeigen

plaire [plɛʀ] <*siehe Verbtabelle ab S. 1055*> ❶ gefallen, zusagen; **plaire à quelqu'un** jemandem gefallen; *Idee, Plan:* jemandem zusagen ❷ *Film, Mode:* Anklang finden ❸ **comme il te plaira** wie du möchtest ❹ **se plaire** *Menschen:* sich mögen ❺ **se plaire à Paris/au Canada** sich in Paris/in Kanada wohl fühlen ▶ **s'il te/vous plaît** bitte

Ⓤ Nur die Form *plaît* schreibt sich mit *î*, wie z. B. in *s'il vous plaît*. Alle übrigen Formen schreiben sich mit *i*.

plaisanter [plɛzɑ̃te] ❶ scherzen, Witze machen; **plaisanter sur un sujet** über ein Thema Witze machen ❷ **tu plaisantes!** das ist nicht dein Ernst!; **je ne plaisante pas!** ich meine es ernst!; **il/elle ne pas plaisante sur la discipline** was Disziplin anbelangt, versteht er/sie keinen Spaß

la **plaisanterie** [plɛzɑ̃tʀi] ❶ der Scherz; **une mauvaise plaisanterie** ein übler Scherz; **aimer la plaisanterie** gerne Witze machen ❷ *(Schabernack)* der Streich ▶ **les plaisanteries les plus courtes sont les meilleures** man soll das Spiel nicht übertreiben

plaisez [plɛze] → **plaire**

le **plaisir** [plɛziʀ] ❶ das Vergnügen, die Freude; **le plaisir de cuisiner** die Freude am Kochen; **faire plaisir à quelqu'un** jemandem Freude machen; **maintenant fais-moi le plaisir de te taire!** jetzt tu mir den [einen] Gefallen und sei still! ❷ **les plaisirs** die Freuden, die Lust; **les plaisirs de la table** die Tafelfreuden ❸ **il prend un malin plaisir à me faire peur** es macht ihm einen Heidenspaß, mich zu erschrecken ▶ **faire durer le plaisir** kein Ende finden; **au plaisir!** *(umgs.)* [ich hoffe,] bis bald!; **avec** [**grand**] **plaisir** mit [größtem] Vergnügen; **pour le plaisir** aus Vergnügen

plaisons [plɛzɔ̃], **plaît** [plɛ] → **plaire**

le **plan** [plɑ̃] ❶ die Planzeichnung, der Plan ❷ *(Vorhaben)* der Plan ❸ **eines Aufsatzes,** *Buchs* die Gliederung ❹ *(beim Fotografieren, Filmen)* **au premier plan** im Vordergrund; **les seconds plans** der Hintergrund ❺ *(Hinsicht)* **sur le plan national** auf nationaler Ebene; **sur le plan moral** moralisch gesehen ❻ *(umgs.: Idee, Vorstellung)* der Plan; **c'est un bon plan** das ist ein toller Plan; **c'est pas un bon plan** das ist kein so toller Plan ▶ **j'ai un plan d'enfer!** *(umgs.)* ich hab' was ganz Tolles vor!; **passer au second plan** in den Hintergrund rücken; **laisser quelqu'un en plan** *(umgs.)* jemanden hängen lassen
◆ le **plan d'eau** die Wasserfläche

la **planche** [plɑ̃ʃ] ❶ das Brett ❷ *(Bühne)* **les planches** die Bretter
◆ la **planche à repasser** das Bügelbrett
◆ la **planche à roulettes** das Skateboard
◆ la **planche à voile** das Surfbrett; *(Sportart)* das Windsurfen

le **plancher** [plɑ̃ʃe] der Fußboden

planer [plane] ❶ *Vogel, Flugzeug:* schweben, gleiten ❷ **planer sur quelqu'un/sur quelque chose** *Gefahr, Zweifel:* jemandem/einer Sache drohen ❸ *(umgs.: träumen)* in höheren Sphären schweben; *(euphorisch sein)* [total] weg sein; *(durch Drogen)* high sein

le **planétarium** [⚠ planetaʀjɔm] das Planetarium

la **planète** [planɛt] ⚠ *weiblich* der Planet; **la planète Terre** der Planet Erde

la **planification** [planifikasjɔ̃] die Planung

planifier [planifje] <*wie* **apprécier**; *siehe Verbtabelle ab S. 1055*> planen

le **planning** [planiŋ] ❶ die Terminplanung ❷ **le planning familial** die Familienplanung

la **planque** [plɑ̃k] *(umgs.)* ❶ das Versteck ❷ *(Arbeit)* der ruhige Job

le **planqué** [plɑ̃ke] *(umgs.)* der Drückeberger

la **planquée** [plɑ̃ke] *(umgs.)* der Drückeberger

planquer [plɑ̃ke] *(umgs.)* ❶ bunkern *Geld, Drogen* ❷ **se planquer** sich verdrücken

la **plantation** [plɑ̃tasjɔ̃] ❶ die Plantage ❷ *(das Anbauen)* das Anpflanzen, das Pflanzen

la **plante** [plɑ̃t] die Pflanze

planté, plantée [plɑ̃te] **être planté là** wie angewurzelt dastehen; **rester planté là** wie angewurzelt stehen bleiben

planter [plɑ̃te] ❶ pflanzen *Bäume, Blumen;* setzen *Salat, Tomaten* ❷ einschlagen *Nagel;* **planter un clou dans le mur** einen Nagel in die Wand schlagen ❸ **aufschlagen** *Zelt* ❹ **il l'a plantée là** (*umgs.*) er hat sie stehen lassen ❺ **se planter** (*umgs.*) *Autofahrer:* einen Unfall bauen; *Computer:* abstürzen ❻ **se planter à un examen** bei einer Prüfung danebenhauen ❼ **se planter devant quelqu'un** sich vor jemandem aufpflanzen

la **plaque** [plak] ❶ die Platte; **la plaque électrique** die Elektroplatte; **la plaque de cuisson** die Kochplatte ❷ (*beschriftet*) das Schild; **la plaque minéralogique** das Nummernschild ❸ *eines Polizisten* die Dienstmarke ❹ (*in der Medizin*) der Fleck ❺ (*in der Geologie*) die Scholle ❻ **la plaque de verglas** die vereiste Stelle ▸ **être à côté de la plaque** (*umgs.*) total daneben liegen

> **L** Die französischen *plaques minéralogiques* weisen nicht auf den Zulassungsort hin, sondern nur auf das Departement, in dem er sich befindet. Die letzten beiden Ziffern des Nummernschilds stimmen mit den ersten beiden Ziffern der Postleitzahl des Departements überein. So fangen zum Beispiel alle Postleitzahlen des Departements Yvelines mit 78 an, und eine *plaque minéralogique* aus dieser Gegend könnte folgendermaßen aussehen: 6785 MN 78.

le **plaqué** [plake] ❶ (*bei Holz*) das Furnier ❷ **en plaqué or** vergoldet; **en plaqué argent** versilbert

plaquer [plake] ❶ glatt streichen *Haare* ❷ **plaquer quelqu'un** (*umgs.*) jemanden sitzen lassen ❸ **tout plaquer** (*umgs.*) alles hinschmeißen

le **plastique** [plastik] ❶ *Chirurgie* plastisch ❷ **la matière plastique** der Kunststoff

> **G** Das Adjektiv *plastique* ist unveränderlich: *deux bouteilles plastique* – zwei Plastikflaschen.

le **plastique** [plastik] ❶ der Kunststoff, das Plastik ❷ **sous plastique** in Plastik verpackt ❸ **le sac [en] plastique** die Plastiktüte

le **plat** [pla] ❶ die Schüssel; (*flach*) die Schale ❷ **un plat de lentilles** eine Schüssel [voll] Linsen ❸ (*Essen*) das Gericht ; (*Teil einer Speisefolge*) der Gang; **le plat principal** [*oder* **de résistance**] das Hauptgericht; **de bons petits plats** leckere kleine Gerichte ▸ **faire tout un plat de quelque chose** (*umgs.*) viel Wind um etwas machen ◂ **le plat du jour** das Tagesessen

plat, plate [pla, plat] flach; *Oberfläche, Gelände* eben; *Meer* glatt; **mettre/poser un paquet à plat** ein Paket flach hinlegen

▸ **être à plat** *Reifen:* platt sein; *Batterie:* leer sein; (*umgs.*) *Mensch:* völlig ausgepumpt sein

le **platane** [platan] △ *männlich* die Platane

plate [plat] →**plat**

le **plateau** [plato] <*Plural:* plateaux> ❶ das Tablett ❷ *einer Waage* die Schale; **le plateau de la balance** die Waagschale ❸ (*Gericht*) die Platte; **le plateau de fromages** die Käseplatte; **le plateau de fruits de mer** die Meeresfrüchteplatte ❹ (*in der Geologie*) das Plateau, die Hochebene ❺ (*beim Fernsehen*) das Studio; (*beim Film*) das Set

le **plâtre** [platʀ] der Gips; **avoir un bras dans le plâtre** einen Arm in Gips haben

plâtrer [platʀe] vergipsen; zugipsen *Loch, Riss;* eingipsen *Arm;* **être plâtré(e)** *Kranker:* eingegipst sein

le **plâtrier** [platʀije] der Gipser

la **plâtrière** [platʀijɛʀ] die Gipserin

plausible [plozibl] plausibel

le **play-back** [△ plɛbak] das Playback

plein [plɛ̃] ❶ **il a plein d'argent** (*umgs.*) er hat massig Geld ❷ **marcher en plein dans la flaque d'eau** genau in die Pfütze laufen ❸ **de l'argent plein les poches** die Taschen voller Geld ▸ **mignon/mignonne tout plein** (*umgs.*) unheimlich niedlich

le **plein** [plɛ̃] **faire le plein** voll tanken; **le plein, s'il vous plaît!** bitte voll tanken!

plein, pleine [plɛ̃, plɛn] ❶ voll; **un panier plein de champignons** ein Korb voller Pilze; **la salle est pleine à craquer** der Saal ist brechend voll ❷ *Tag, Tagesablauf* ausgefüllt ❸ **plein de vie** lebenslustig; **plein de risques** risikoreich; **plein d'idées** ideenreich ❹ **à plein régime** auf Hochtouren ❺ **en plein jour** am helllichten Tag; **en pleine nuit** mitten in der Nacht; **en plein soleil** in der prallen Sonne; **en pleine rue** auf offener Straße; **en plein vol** in vollem Flug ❻ *Strich* durchgezogen ❼ *Holztür* massiv ❽ *Weibchen* trächtig ❾ **avoir pleine conscience de la situation** sich über die Lage vollkommen im Klaren sein

pleinement [plɛnmɑ̃] voll und ganz, voll

pleurer [plœʀe] ❶ weinen; **faire pleurer quelqu'un** jemanden zum Weinen bringen; **pleurer de rire** Tränen lachen ❷ *Augen:* tränen ❸ herumjammern; **pleurer sur son sort** sich selbst bemitleiden ❹ **pleurer quelqu'un** um jemanden trauern

le **pleurnicheur** [plœʀniʃœʀ] (*umgs.*) der Heulpeter

la **pleurnicheuse** [plœʀniʃøz] (*umgs.*) die Heulsuse

pleuvoir [pløvwaʀ] <siehe Verbtabelle ab S. 1055> ❶ regnen; **il pleut** es regnet; **il pleut de grosses gouttes** es regnet stark ❷ (übertragen) **les coups pleuvent** es hagelt Schläge; **les mauvaises nouvelles pleuvent** es hagelt schlechte Nachrichten

le **pli** [pli] ❶ die Falte; **le [faux] pli** die Knitterfalte; **faire des plis** Kleidung: Falten werfen ❷ **faire le pli d'un pantalon** eine Bügelfalte in eine Hose bügeln ❸ (im Papier) der Falz

pliant, pliante [plijã, plijãt] Klapp-; **le lit pliant** das Klappbett; **la table pliante** der Klapptisch

plier [plije] <wie apprécier; siehe Verbtabelle ab S. 1055> ❶ falten Papier, Stoff; **un papier plié en quatre** ein zweimal gefaltetes Papier ❷ zusammenfalten Zeitung, Straßenkarte, Zelt; zusammenlegen Wäsche; schließen Fächer ❸ zusammenklappen Liege, Stuhl ❹ beugen Arm, Bein ❺ sich biegen; **plier sous le poids** sich unter dem Gewicht biegen; **être plié(e) de douleur** sich vor Schmerzen krümmen ❻ **se plier** zusammenklappbar sein ❼ **se plier à la volonté du chef** sich dem Willen des Chefs beugen; **se plier à la discipline** sich der Disziplin unterwerfen

plisser [plise] ❶ falten Papier ❷ in Falten legen Stirn; zusammenkneifen Augen

le **plomb** [△ plõ] ❶ das Blei ❷ (in der Elektrik) **les plombs** die Sicherungen ❸ die Schrotkugel ❹ (beim Angeln) das Bleigewicht ▸ **avoir du plomb dans la tête** vernünftig sein; **lourd(e) comme du plomb** bleischwer; **péter les plombs** (umgs.) ausrasten; **un soleil de plomb** eine drückende Hitze

le **plombier** [plõbje] der Installateur/die Installateurin

plongé, plongée ❶ **elle est plongée dans un livre/dans ses pensées** sie ist in ein Buch/in ihre Gedanken vertieft ❷ **être plongé dans l'obscurité** in Dunkelheit gehüllt sein

plongeant, plongeante [△ plõʒã, plõʒãt] ❶ Dekolletee tief ❷ **la vue plongeante sur la vallée** die Aussicht tief hinunter ins Tal

la **plongée** [plõʒe] ❶ der Tauchgang ❷ (Sportart) das Tauchen; **la plongée sous-marine** das Sporttauchen; **faire de la plongée** Sporttaucher sein

le **plongeoir** [△ plõʒwaʀ] das Sprungbrett

le **plongeon** [△ plõʒõ] der Kopfsprung

plonger [plõʒe] <wie changer; siehe Verbtabelle ab S. 1055> ❶ tauchen ❷ Mensch: einen Kopfsprung machen; Vogel: tauchen; **la voiture a plongé dans le lac** das Auto ist in den See gestürzt ❸ **se plonger dans un projet** sich in ein Projekt stürzen

Ü Vor a und o bleibt das e erhalten, z.B. in nous plong**e**ons, il plong**e**ait und en plong**e**ant.

le **plongeur** [plõʒœʀ] ❶ der Taucher ❷ (im Sport) der Kunstspringer ❸ der Tellerwäscher

la **plongeuse** [plõʒøz] ❶ die Taucherin ❷ (im Sport) die Kunstspringerin ❸ die Tellerwäscherin

plu¹ [ply] →**plaire**
plu² [ply] →**pleuvoir**

la **pluie** [plɥi] ❶ der Regen; <u>sous</u> **la pluie** im Regen; **les pluies acides** der saure Regen ❷ (übertragen) **la pluie d'étincelles** der Funkenregen; **la pluie de pierres** der Steinhagel; **la pluie de bombes** der Bombenhagel ▸ **parler de la pluie et du beau temps** über Gott und die Welt reden; **ne pas être né(e) de la dernière pluie** nicht von gestern sein

V In ❶ wird der Plural les pluies acides mit einem Singular übersetzt: <u>les pluies acides sont nuisibles aux forêts</u> – der saure Regen <u>schadet den Wäldern.</u>

la **plume** [plym] die Feder

plumer [plyme] ❶ rupfen Huhn ❷ ausnehmen Menschen

la **plupart** [plypaʀ] **la plupart des ...** die meisten ...; **la plupart des élèves** die meisten Schüler; **la plupart d'entre eux/d'entre elles** die meisten von ihnen; **la plupart du temps** meistens ▸ **pour la plupart** größtenteils

le **pluriel** [plyʀjɛl] der Plural; **mettre un mot au pluriel** ein Wort in den Plural setzen

plus¹ [△ ply] Verneinung ❶ **ne ... plus** nicht mehr; **elle ne fume plus** sie raucht nicht mehr; **il ne pleut plus du tout** es regnet überhaupt nicht mehr; **il ne neige presque plus** es schneit kaum noch; **il n'est plus très jeune** er ist nicht mehr ganz jung; **il ne dit plus un mot** er sagt kein [einziges] Wort mehr ❷ **ne ... plus de ...** kein/keine ... mehr; **ils n'ont plus d'argent** sie haben kein Geld mehr ❸ **ne ... plus jamais** nie mehr; **il ne l'a plus jamais vue** er hat sie nie wiedergesehen ❹ **non plus** auch nicht; **moi non plus** ich auch nicht ❺ **ne ... plus personne** niemand mehr; **il n'y a plus personne** es ist niemand mehr da ❻ **ne... plus**

que ... nur noch ...; **on n'attend plus que toi** wir warten nur noch auf dich ❼ **ne** ... **plus rien** nichts mehr; **nous n'avons plus rien à manger** wir haben nichts mehr zu essen ▸ **il ne manquait plus que ça!** das hat gerade noch gefehlt!
plus² [⚠ plys] *bei mengenmäßiger Steigerung* ❶ mehr; **manger plus** mehr essen; **de plus en plus** [⚠ də plyz ɑ̃ plys] immer mehr; **boire de plus en plus** immer mehr trinken; **pas plus** mehr nicht; **plus le temps passe, plus l'espoir diminue** je mehr Zeit vergeht, desto mehr schrumpft die Hoffnung ❷ **plus de** ... [⚠ ply də] mehr als ...; **plus de la moitié** mehr als die Hälfte; **durer plus d'une heure** über eine Stunde dauern; **avoir plus de 40 ans** über 40 [Jahre alt] sein; **il est plus de minuit** es ist schon nach Mitternacht ❸ **plus que** ... mehr als ...; **je lis plus que toi** ich lese mehr als du; **ce tissu me plaît plus que l'autre** dieser Stoff gefällt mir besser als der andere; **elle est plus qu'intelligente** sie ist mehr als intelligent; **il est plus que content** er ist überglücklich; **plus qu'il n'en faut** mehr als nötig ❹ **le plus** [⚠ lə plys] am meisten; **c'est Robert qui lit le plus** Robert liest am meisten ❺ **le plus de** ... [⚠ lə ply də] das meiste .../die meisten ...; **le plus d'argent** das meiste Geld; **le plus de compacts** die meisten CDs ❻ **... de plus** [⚠ də plys] mehr, zusätzlich; **une assiette de plus** ein Teller mehr, ein zusätzlicher Teller; **une fois de plus** ein weiteres Mal ❼ **en plus** [⚠ ɑ̃ plys] dazu, zusätzlich; **en plus de ce boulot** zusätzlich zu dieser Arbeit ▸ **au plus** [⚠ o plys] höchstens; **tout au plus** [⚠ tut o plys] allerhöchstens
plus³ [⚠ ply] *bei qualitativer Steigerung* ❶ **plus près** näher; **plus lentement** langsamer ❷ **plus fort(e) que** ... stärker als ...; **il est deux fois plus âgé qu'elle** er ist doppelt so alt wie sie ❸ **il fait de plus en plus froid** es wird immer kälter ❹ **le plus vite** am schnellsten; **le plus souvent** am häufigsten; **le plus tard possible** so spät wie möglich ❺ **la voiture la plus rapide** das schnellste Auto; **la plus intelligente des élèves** [⚠ la plyz ɛ̃teliʒɑ̃t] die intelligenteste Schülerin ▸ **au plus ...** möglichst ...; **au plus tôt** möglichst früh; **au plus vite** möglichst schnell; **plus ou moins** mehr oder weniger; **ni plus ni moins** nicht mehr, nichtweniger; **on ne peut plus ...** [⚠ ɔ̃ nə pø ply] äußerst ...; **plus que jamais** mehr denn je
plus⁴ [plys] ❶ (*mathematischer Ausdruck*) plus; **deux plus trois** zwei plus drei ❷ (*über Null*) **plus quatre degrés** vier Grad plus
le **plus** [plys] (*Pluszeichen, Vorteil*) das Plus
plusieurs [plyzjœʀ] mehrere; **plusieurs personnes** mehrere Leute; **plusieurs fois** mehrere Male; **à plusieurs reprises** mehrmals; **ils étaient à plusieurs** sie waren zu mehreren
le **plus-que-parfait** [plyskəpaʀfɛ] (*in der Grammatik*) das Plusquamperfekt
plut [ply] →**plaire; pleuvoir**
Pluton [plytɔ̃] (*Planet*) Pluto
le **plutonium** [⚠ plytɔnjɔm] das Plutonium
plutôt [plyto] ❶ eher; **plutôt mal** eher schlecht; **plutôt lentement** eher langsam; **je prendrai plutôt l'avion que le train** ich werde eher das Flugzeug als den Zug nehmen ❷ **il est paresseux plutôt que sot** er ist eher faul als dumm ❸ **elle est plutôt gentille** sie ist eigentlich ganz nett ❹ **plutôt que de parler, il vaudrait mieux que vous écoutiez** anstatt zu reden, solltet ihr besser zuhören ❺ **plutôt mourir que [de] fuir** lieber sterben als fliehen ❻ **ou plutôt** oder besser gesagt
la **PME** [peɛmø] *Abkürzung von* **petite et moyenne entreprise** der mittelständische Betrieb
le **PMU** [peɛmy] *Abkürzung von* **Pari mutuel urbain** (*Laden*) das Pferdewettbüro
le **PNB** [peɛnbe] *Abkürzung von* **produit national brut** das Bruttosozialprodukt
le **pneu** [pnø] der Reifen; **avoir un pneu crevé** eine Reifenpanne haben
pneumatique [pnømatik] ❶ Luft-; **le matelas pneumatique** die Luftmatratze; **le canot pneumatique** das Schlauchboot ❷ Pressluft-; **le marteau pneumatique** der Presslufthammer
p.o. *Abkürzung von* **pour ordre** i. A.
le **poche** [pɔʃ] (*umgs.*) das Taschenbuch
la **poche** [pɔʃ] ❶ die Tasche ❷ *eines Kängurus* der Beutel ❸ **avoir des poches sous les yeux** Tränensäcke haben ▸ **connaître quelque chose comme sa poche** etwas wie seine Westentasche kennen; **se remplir les poches** sich bereichern
la **pochette** [pɔʃɛt] ❶ die Plattenhülle, die Hülle ❷ das Einstecktuch
le **podcasting** [pɔdkastiŋ] das Podcasting
le **poêle** [⚠ pwal] der Ofen
la **poêle** [⚠ pwal] die Bratpfanne, die Pfanne
le **poème** [pɔɛm] das Gedicht

la **poésie** [pɔezi] (*Verse*) das Gedicht
le **poète** [pɔɛt] der Dichter/die Dichterin

G Es gibt im Französischen keine Femininform: elle est *un important poète* – sie ist eine bedeutende Dichterin.

poétique [pɔetik] poetisch; *Bild, Landschaft* stimmungsvoll

le **poids** [pwɑ] ❶ das Gewicht; **vendre quelque chose au poids** etwas nach Gewicht verkaufen; **perdre du poids** abnehmen; **prendre du poids** zunehmen; **quel est votre poids?** wie viel wiegen Sie? ❷ die Last ❸ der Einfluss; **peser de tout son poids** seinen ganzen Einfluss geltend machen ▸ **le poids lourd** der Lastwagen; **faire le poids** das nötige Format haben

le **poignard** [pwaɲaʀ] der Dolch
poignarder [pwaɲaʀde] erdolchen
la **poigne** [pwaɲ] die Kraft [in den Händen]
la **poignée** [pwaɲe] ❶ der Griff; **la poignée de la porte** der Türgriff ❷ (*in der Badewanne, im Bus*) der Haltegriff ❸ (*Mengenangabe*) die Hand voll; **une poignée de riz** eine Hand voll Reis ❹ (*in der Informatik*) der Joystick

▸ la **poignée de main** der Händedruck

le **poignet** [pwaɲɛ] das Handgelenk
le **poil** [pwal] ❶ *eines Menschen* das Haar, das Körperhaar; **les poils de la barbe** die Barthaare ❷ *eines Tiers, Pinsels* das Haar; *einer Bürste* die Borste ❸ (*Haarkleid*) das Fell; **à poil ras** kurzhaarig; **à poil long** langhaarig; **perdre ses poils** haaren ▸ **être de bon poil** (*umgs.*) gut gelaunt sein; **être de mauvais poil** (*umgs.*) schlecht gelaunt sein; **à poil** (*umgs.*) nackt; **se mettre à poil** sich [nackt] ausziehen; **au poil!** (*umgs.*) super!
poilu, poilue [pwaly] behaart
le **poing** [⚠ pwɛ̃] die Faust ▸ **il lui a mis son poing dans la figure** (*umgs.*) er hat ihm eine vor den Latz geknallt; **dormir à poings fermés** tief [und fest] schlafen
point [pwɛ̃] (*gehoben*) **ne ... point** nicht, gar nicht; **il n'était point surpris** er war gar nicht überrascht
le **point¹** [pwɛ̃] ❶ der Punkt ❷ (*auch übertragen*) die Stelle; **le point commun** die Gemeinsamkeit; **le point faible** der Schwachpunkt; **le point fort** die Stärke ❸ **les quatre points cardinaux** die vier Himmelsrichtungen ❹ **le point noir** der Mitesser ❺ **les points de suspension** die Auslassungspunkte, die drei Pünktchen ❻ **mettre la caméra au point** die Kamera einstellen;

mettre le moteur au point den Motor einstellen ▸ **c'est un bon/un mauvais point pour ...** das spricht für/gegen ...; **être mal en point** *Mensch:* schlecht beieinander sein; *Gegenstand:* in einem schlechten Zustand sein; **en être toujours au même point** unverändert sein; **à** [**un**] **tel point que ...** derart, dass ...; **un point, c'est tout!** Schluss, aus!; **être au point** *Verfahren, Produkt:* ausgereift sein; **être sur le point de partir** im Begriff sein zu gehen; **faire le point** [**de la situation**] Bilanz ziehen; **à point** *Steak* medium; **comment a-t-il pu en arriver à ce point**[**-là**]? wie konnte es so weit mit ihm kommen?

◆ le **point de départ** der Ausgangspunkt
◆ le **point d'exclamation** das Ausrufezeichen
◆ le **point d'interrogation** das Fragezeichen
◆ le **point d'intersection** der Schnittpunkt
◆ le **point de repère** der Orientierungspunkt, der Bezugspunkt

◆ le **point de vue** der Aussichtspunkt; (*übertragen*) der Gesichtspunkt; **de ce point de vue** so gesehen; **au point de vue scientifique** aus wissenschaftlicher Sicht

le **point²** [pwɛ̃] ❶ (*beim Nähen*) der Stich ❷ (*beim Stricken, Häkeln*) das Muster
la **pointe** [pwɛ̃t] ❶ die Spitze ❷ *einer Insel* die Landspitze, die Spitze ❸ **marcher sur la pointe des pieds** auf Zehenspitzen gehen; **se mettre sur la pointe des pieds** sich auf die Zehenspitzen stellen; **faire des pointes** (*beim Ballett*) auf der Spitze tanzen ❹ (*Mengenangabe*) **une pointe de cannelle** eine Messerspitze Zimt; **une pointe d'ironie** ein Hauch von Ironie ❺ **la technologie de pointe** die Spitzentechnologie; **une équipe de pointe** eine Spitzenmannschaft ❻ 🅒🅐🅝 (*Teil*) das Stück ▸ **être à la pointe du progrès** an der Spitze des Fortschritts stehen; **faire des pointes de** [*oder* **à**] **200 km/heure** 200 km/h Spitze fahren

pointer [pwɛ̃te] ❶ *Arbeiter, Angestellter:* stechen, die Stechuhr betätigen ❷ **pointer au chômage** stempeln gehen ❸ **pointer son** [*oder* **le**] **doigt sur quelqu'un** mit dem Finger auf jemanden zeigen; **pointer sur une icône** (*am Computer*) mit dem Mauszeiger auf ein Symbol deuten; **pointer une arme sur quelqu'un/vers quelque chose** eine Waffe auf jemanden/auf etwas richten ❹ (*beim Boulespiel*) die Setzkugel anspielen ❺ **se pointer** (*umgs.*) aufkreuzen

le **pointeur** [pwɛ̃tœʀ] **le pointeur de souris** der Mauszeiger

le **pointillé** [pwɛ̃tije] ❶ die gestrichelte Linie ❷ die perforierte Linie ❸ **en pointillé[s]** gestrichelt
pointilleux, pointilleuse [pwɛ̃tijø, pwɛ̃tijøz] übergenau; **être pointilleux sur l'hygiène** es mit der Sauberkeit sehr genau nehmen
pointu, pointue [pwɛ̃ty] ❶ spitz ❷ *Analyse* tief schürfend
la **pointure** [pwɛ̃tyʀ] (*bei Schuhen, Handschuhen und Hüten*) die Größe; **quelle est votre pointure?** welche Größe haben Sie?
le **point-virgule** [pwɛ̃viʀgyl] <*Plural*: points-virgules> der Strichpunkt
la **poire** [pwaʀ] die Birne
le **poireau** [pwaʀo] <*Plural*: poireaux> der Lauch
le **poirier** [pwaʀje] der Birnbaum
le **pois** [pwa] die Erbse; **les petits pois** die grünen Erbsen; **les pois chiches** die Kichererbsen ▸ **à pois [bleus]** [blau] getüpfelt
le **poison** [pwazɔ̃] das Gift
la **poisse** [pwas] das Pech ▸ **porter la poisse à quelqu'un** (*umgs.*) jemandem Unglück bringen
poisseux, poisseuse [pwasø, pwasøz] klebrig
le **poisson** [pwasɔ̃] der Fisch; **le poisson rouge** der Goldfisch ▸ **se sentir comme un poisson dans l'eau** in seinem Element sein; **engueuler quelqu'un comme du poisson pourri** (*umgs.*) jemanden zur Schnecke machen
◆ le **poisson d'avril** der Aprilscherz; **poisson d'avril!** April, April!; **faire un poisson d'avril à quelqu'un** jemanden in den April schicken
la **poissonnerie** [pwasɔnʀi] das Fischgeschäft
le **poissonnier** [pwasɔnje] der Fischhändler
la **poissonnière** [pwasɔnjɛʀ] die Fischhändlerin
les **Poissons** (*männlich*) [pwasɔ̃] (*in der Astrologie*) die Fische; **être Poissons** [ein] Fisch sein
le **Poitou** [pwatu] das Poitou
la **poitrine** [pwatʀin] ❶ die Brust ❷ *einer Frau* der Busen, die Brüste
le **poivre** [pwavʀ] der Pfeffer
poivrer [pwavʀe] pfeffern *Fleisch, Fisch*
la **poivrière** [pwavʀijɛʀ] der Pfefferstreuer
le **poivron** [pwavʀɔ̃] (*Frucht*) die Paprika, die Paprikaschote
le **poker** [pɔkɛʀ] der Poker
polaire [pɔlɛʀ] Polar-; **le cercle polaire** der Polarkreis; **un ours polaire** ein Eisbär
le **pôle** [pol] der Pol; **le pôle Nord** der Nordpol; **le pôle Sud** der Südpol

poli, polie [pɔli] höflich
la **police**[1] [pɔlis] die Polizei; **la police judiciaire** die Kriminalpolizei; **la police secours** der Notruf ▸ **faire la police** für Ordnung sorgen
la **police**[2] [pɔlis] die Police; **la police d'assurance** die Versicherungspolice
◆ la **police de caractères** die Schriftart, die Schrift
policier, policière [pɔlisje, pɔlisjɛʀ] ❶ Polizei-; **le chien policier** der Polizeihund ❷ Kriminal-; **le roman policier** der Kriminalroman; **le film policier** der Kriminalfilm
le **policier** [pɔlisje] der Polizist
la **policière** [pɔlisjɛʀ] die Polizistin
polie [pɔli] →**poli**
poliment [pɔlimɑ̃] höflich
la **politesse** [pɔlitɛs] die Höflichkeit

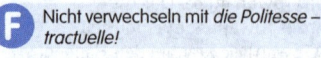 Nicht verwechseln mit *die Politesse – la contractuelle!*

le **politicien** [pɔlitisjɛ̃] der Politiker
la **politicienne** [pɔlitisjɛn] die Politikerin
politique [pɔlitik] politisch; **l'homme politique** der Politiker; **la femme politique** die Politikerin
le **politique** [pɔlitik] der Politiker
la **politique** [pɔlitik] ❶ die Politik; **la politique sociale** die Sozialpolitik; **la politique extérieure** die Außenpolitik; **la politique intérieure** die Innenpolitik; **faire de la politique** politisch engagiert sein ❷ (*Person*) die Politikerin
polluant, polluante [pɔlyɑ̃, pɔlyɑ̃t] *Fabrik* umweltverschmutzend; *Produkt* umweltschädlich; **non polluant** umweltfreundlich
polluer [pɔlye] ❶ die Umwelt verschmutzen ❷ verschmutzen *Luft, Wasser*
la **pollution** [pɔlysjɔ̃] die Umweltverschmutzung
le **polo** [pɔlo] ❶ das Polohemd ❷ (*Sportart*) das Polo
la **Pologne** [pɔlɔɲ] Polen
le **polonais** [pɔlɔnɛ] Polnisch, das Polnische

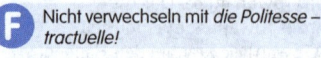 In Verbindung mit dem Verb *parler* kann der Artikel entfallen: *elle parle polonais – sie spricht Polnisch.*

polonais, polonaise [pɔlɔnɛ, pɔlɔnɛz] polnisch
le **Polonais** [pɔlɔnɛ] der Pole
la **Polonaise** [pɔlɔnɛz] die Polin
la **Polynésie-Française** [pɔlinezifʀɑ̃sɛz] Französisch-Polynesien
la **pommade** [pɔmad] die Salbe
la **pomme** [pɔm] ❶ der Apfel ❷ (*Kartoffel*) **les**

la pommade

F Nicht verwechseln mit *die Pomade – la gomina*®!

pommes frites die Pommes frites; **les pommes dauphines** die [Kartoffel]kroketten ▸**tomber** dans les pommes umkippen; **pour ma pomme** (*umgs.*) für mich; **pour ta pomme** (*umgs.*) für dich
♦ la **pomme d'Adam** der Adamsapfel
♦ la **pomme de pin** der Tannenzapfen
la **pomme de terre** [pɔmdətɛʀ] <*Plural:* pommes de terre> die Kartoffel, der Erdapfel Ⓐ
le **pommier** [pɔmje] der Apfelbaum
la **pompe** [pɔ̃p] ❶ die Pumpe ❷ (*umgs.: Schuhe*) der Treter ❸ (*umgs.: Turnübung*) der Liegestütz ▸**être à côté de ses pompes** (*umgs.*) völlig daneben sein
♦ la **pompe à essence** die Zapfsäule
pomper [pɔ̃pe] ❶ pumpen ❷ (*umgs.: abschreiben*) spicken, abkupfern; **pomper sur le voisin** beim Nachbarn spicken [*oder* abkupfern]; **pomper dans un dictionnaire** aus einem Lexikon abkupfern ❸ (*umgs.: plagiieren*) kopieren *Autor, Buch*; klauen *Idee*
le **pompier** [pɔ̃pje] der Feuerwehrmann/die Feuerwehrfrau ▸**fumer comme un pompier** wie ein Schlot rauchen

G Es gibt im Französischen keine Femininform: *elle est pompier – sie ist Feuerwehrfrau.*

le **pompiste** [pɔ̃pist] der Tankwart
la **pompiste** [pɔ̃pist] die Tankwartin
poncer [pɔ̃se] <*wie* commencer; *siehe Verbtabelle ab S. 1055*> schleifen, abschleifen

Ü Vor *a* und *o* steht statt *c* ein *ç*, z. B. in *nous ponçons, il ponçait* und *en ponçant*.

la **ponctualité** [pɔ̃ktɥalite] die Pünktlichkeit
la **ponctuation** [pɔ̃ktɥasjɔ̃] die Zeichensetzung, die Interpunktion; **les signes de ponctuation** die Satzzeichen

ponctuel, ponctuelle [pɔ̃ktɥɛl] ❶ pünktlich ❷ *Kritik* punktuell
pondre [pɔ̃dʀ] <*wie* vendre; *siehe Verbtabelle ab S. 1055*> legen
le **poney** [pɔnɛ] das Pony
le **pont** [pɔ̃] ❶ die Brücke ❷ *eines Schiffs* das Deck ▸**couper les ponts avec quelqu'un** den Kontakt zu jemandem abbrechen; **faire le pont** ein verlängertes Wochenende machen
le **pontage** [pɔ̃taʒ] die Bypassoperation
pop [pɔp] Pop-; **la musique pop** die Popmusik

G Das Adjektiv *pop* ist unveränderlich: *plusieurs groupes pop – mehrere Popgruppen.*

le **pop-corn** [pɔpkɔʀn] das Popcorn
populaire [pɔpylɛʀ] ❶ volkstümlich; **la chanson populaire** der Schlager; **le bal populaire** die öffentliche Tanzveranstaltung ❷ Volks-; **les classes populaires** die unteren Volksschichten ❸ beliebt, populär
la **popularité** [pɔpylaʀite] die Beliebtheit, die Popularität
la **population** [pɔpylasjɔ̃] *eines Landes* die Bevölkerung; **la population de Marseille** die Bevölkerung [*oder* die Einwohner] von Marseille
le **porc** [⚠ pɔʀ] ❶ das Schwein ❷ (*Fleisch*) das Schweinefleisch
la **porcelaine** [pɔʀsəlɛn] ⚠ weiblich das Porzellan
le **porcelet** [pɔʀsəlɛ] das Ferkel
le **porche** [pɔʀʃ] der Vorbau
la **porcherie** [pɔʀʃəʀi] der Schweinestall
porno [pɔʀno] (*umgs.*) Abkürzung von **pornographique** Porno-; **le film porno** der Pornofilm
la **pornographie** [pɔʀnɔgʀafi] die Pornografie
pornographique [pɔʀnɔgʀafik] pornografisch
le **port¹** [pɔʀ] ❶ der Hafen; **le port de pêche** der Fischereihafen ❷ (*in der Informatik*) der Port
le **port²** [pɔʀ] ❶ *eines Kleidungsstücks, Helms* das Tragen; **le port obligatoire de la ceinture de sécurité** die Anschnallpflicht ❷ (*Gebühr*) das Porto; **en port payé** frankiert; **en port dû** unfrankiert
portable [pɔʀtabl] tragbar
le **portable** [pɔʀtabl] ❶ das Handy, das Natel ⒞ ❷ (*Computer*) der Laptop
le **portail** [pɔʀtaj] <*Plural:* portails> das Portal
portant, portante [pɔʀtɑ̃, pɔʀtɑ̃t] **bien portant** gesund

portatif, portative [pɔrtatif, pɔrtativ] tragbar

la **porte** [pɔrt] die Tür; (sehr groß) das Tor; **la porte battante** die Flügeltür; **la porte de devant** die Vordertür; **la porte de derrière** die Hintertür; **il y a quelqu'un à la porte** es ist jemand an der Tür; **une voiture à deux portes** ein zweitüriges Auto ▸ **être aimable comme une porte de prison** sehr unfreundlich sein; **journée portes ouvertes** Tag der offenen Tür; **écouter aux portes** an der Tür lauschen; **fermer sa porte à quelqu'un** jemandem sein Haus verbieten; **foutre quelqu'un à la porte** (umgs.) jemanden rausschmeißen; **frapper à la porte de quelqu'un** bei jemandem anklopfen; **ouvrir sa porte à quelqu'un** jemandem sein Haus öffnen; **prendre la porte** [weg]gehen; **à la porte!** hinaus!; **ce n'est pas la porte à côté!** das ist ganz schön weit!
- la **porte d'embarquement** der Flugsteig
- la **porte de secours** der Notausgang
- la **porte de service** der Lieferanteneingang

le **porte-à-porte** [pɔrtapɔrt] das Hausieren; **faire du porte-à-porte** Händler: hausieren; Bittsteller: von Haus zu Haus gehen

le **porte-bagages** [pɔrtbagaʒ] <Plural: porte-bagages> der Gepäckträger

le **porte-bonheur** [pɔrtbɔnœr] <Plural: porte-bonheur> der Glücksbringer

le **porte-clés** [pɔrtəkle] <Plural: porte-clés> ❶ der Schlüsselring ❷ der Schlüsselanhänger ❸ das Schlüsseletui

le **porte-documents** [pɔrtdɔkymɑ̃] <Plural: porte-documents> die Aktentasche

la **portée** [pɔrte] ❶ die Reichweite; **à portée de [la] main** griffbereit; **à la portée des enfants** für Kinder erreichbar ❷ einer Handlung, eines Ereignisses die Tragweite; einer Rede die Wirkung ❸ (in der Musik) die Notenlinien ❹ (bei Tieren) der Wurf ❺ **être à la portée de tous** Buch, Vortrag: allgemein verständlich sein; Reise, Kauf: für alle erschwinglich sein

V In ❸ wird der Singular *la portée* mit einem Plural übersetzt: *les notes qui sont sur la portée – die Noten, die auf den Notenlinien stehen*.

le **portefeuille** [pɔrtəfœj] die Brieftasche

le **portemanteau** [pɔrtmɑ̃to] <Plural: portemanteaux> die Garderobe; (beweglich) der Garderobenständer

le **porte-monnaie** [pɔrtmɔnɛ] <Plural: porte-monnaie> der Geldbeutel

le **porte-parapluies** [pɔrtparaplyi] <Plural: porte-parapluies> der Schirmständer

le **porte-parole** [pɔrtparɔl] <Plural: porte-parole> der Sprecher/die Sprecherin

porter [pɔrte] ❶ tragen ❷ (auch übertragen) bringen; austragen Brief, Paket ❸ schenken Aufmerksamkeit ❹ führen Name, Titel ❺ **porter son regard sur une personne/une photo** den Blick auf eine Person/ein Foto richten ❻ **porter sur quelque chose** Handlung, Anstrengung: sich auf etwas konzentrieren; Forderungen, Frage, Kritik: etwas betreffen; Vortrag: sich um etwas drehen ❼ (Wirkung zeigen) Rat, Kritik: wirken; Schlag: sitzen ❽ Stimme: weithin hörbar sein ❾ **l'accent porte sur ...** die Betonung liegt auf ... ❿ **se porter** Kleidung: getragen werden ⓫ **elle se porte bien/mal** es geht ihr gut/schlecht

le **porteur** [pɔrtœr] ❶ der Gepäckträger ❷ von Briefen, Paketen der Zusteller ❸ (bei Bergtouren) der Träger

la **porteuse** [pɔrtøz] von Briefen, Paketen die Zustellerin

le **portier** [pɔrtje] der Portier

la **portière** [pɔrtjɛr] ❶ die Portiersfrau ❷ eines Autos, Zugs die Tür

la **portion** [pɔrsjɔ̃] die Portion

le **portrait** [pɔrtrɛ] das Porträt; **faire le portrait de quelqu'un** jemanden porträtieren; Fotograf: eine Porträtaufnahme von jemandem machen ▸ **il est tout le portrait de son père** er ist seinem Vater wie aus dem Gesicht geschnitten

le **portugais** [pɔrtygɛ] Portugiesisch

G In Verbindung mit dem Verb *parler* kann der Artikel entfallen: *il parle portugais – er spricht Portugiesisch.*

portugais, portugaise [pɔrtygɛ, pɔrtygɛz] portugiesisch

le **Portugais** [pɔrtygɛ] der Portugiese

la **Portugaise** [pɔrtygɛz] die Portugiesin

le **Portugal** [pɔrtygal] Portugal

la **pose** [poz] die Körperhaltung, die Haltung; (in der Kunst) die Pose

poser [poze] ❶ (senkrecht platzieren) stellen, hinstellen; **poser son verre sur la table** sein Glas auf den Tisch stellen; **poser le carton par terre** den Karton auf den Boden stellen; **poser l'échelle contre l'arbre** die Leiter an den Baum stellen; **il pose sa main sur mon épaule** er legt seine Hand auf meine Schulter; **regarde un peu où tu poses les pieds!** gib Acht, wo du hintrittst!

②stellen *Frage, Bedingung;* aufgeben *Rätsel;* aufstellen *Gleichung* ③verlegen *Teppichboden, Rohre;* anbringen *Vorhänge, Schloss;* ankleben *Tapete* ④Modell stehen; **poser pour un peintre** einem Maler Modell stehen; **poser pour un magazine** für eine Zeitschrift Modell stehen ⑤ **se poser** *Frage:* sich stellen; *Schwierigkeit, Problem:* auftauchen ⑥ **se poser sur quelque chose** *Insekt, Vogel:* sich auf etwas setzen; *Flugzeug:* auf etwas landen; *Blick, Augen:* sich auf etwas richten

positif, positive [pozitif, pozitiv] positiv

la **position** [pozisjɔ̃] ①die Lage; *einer Person* die Position; *eines Gegenstands* der Platz ② **être en première position** an erster Position liegen; *(in einem Rennen)* auf dem ersten Platz liegen; **arriver en dernière position** *Bewerber:* an letzter Stelle liegen; *Läufer:* als Letzter durchs Ziel gehen ③ *(Art zu stehen, zu sitzen) einer Person* die Stellung; *des Körpers* die Haltung; *(beim Ballett)* die Position

positive [pozitiv] → **positif**

positivement [pozitivmɑ̃] positiv

posséder [pɔsede] <*wie* préférer; *siehe Verbtabelle ab S. 1055*> ①besitzen ② **posséder une bonne mémoire** ein gutes Gedächtnis haben

Ⓤ Nur die stammbetonten Formen schreiben sich mit è, z.B. **je possède.**

le **possessif** [pɔsesif] *(in der Grammatik)* das Possessivpronomen

possessif, possessive [pɔsesif, pɔsesiv] ①besitzergreifend ② *(in der Grammatik)* besitzanzeigend, possessiv

la **possession** [pɔsesjɔ̃] der Besitz; **avoir un document en sa possession, être en possession d'un document** im Besitz eines Dokuments sein

possessive [pɔsesiv] → **possessif**

la **possibilité** [pɔsibilite] die Möglichkeit

possible [pɔsibl] ①möglich; **il est possible qu'il soit malade** es ist möglich, dass er krank ist ② *Projekt* durchführbar ③ **le plus possible** so viel wie möglich; **le moins possible** so wenig wie möglich; **autant que possible** soweit das möglich ist; **autant d'argent que possible** möglichst viel Geld

le **possible** [pɔsibl] **j'ai fait [tout] mon possible pour qu'elle ne parte pas** ich habe mein Möglichstes getan, damit sie nicht geht

postal, postale [pɔstal] <*Plural der männlichen Form:* postaux> Post-; **la carte postale** die Postkarte; **le code postal** die Postleitzahl

le **poste** [pɔst] ①die Stelle; *(in einer Hierarchie)* die Stellung; **être en poste à Berlin/au ministère** in Berlin/im Ministerium arbeiten ②das Gerät, der Apparat; **le poste de radio** das Radiogerät; **le poste de télévision** das Fernsehgerät ③*(beim Militär)* der Posten

◆ le **poste de contrôle** die Kontrollstelle
◆ le **poste de douane** die Zollstelle
◆ le **poste d'incendie** die Feuerlöschanlage
◆ le **poste de police** die Polizeiwache, die Wache
◆ le **poste de secours** die Erste-Hilfe-Station; *(in den Bergen)* die Bergwacht
◆ le **poste de travail** *(in der Informatik)* der Arbeitsplatz

la **poste** [pɔst] die Post; **mettre une lettre à la poste** einen Brief einwerfen

poster [pɔste] einwerfen

le **poster** [⚠ pɔstɛʁ] das/der Poster

le **pot** [po] ①der Topf; *(aus Metall)* die Dose; *(aus Plastik)* der Becher; **un pot de confiture** ein Glas Marmelade; **mettre une plante en pot** eine Pflanze eintopfen ② *(für Babys)* **un petit pot** ein Gläschen [Babynahrung] ③*(umgs.: Glück)* **avoir du pot** Schwein haben; **ne pas avoir de pot** Pech haben; **c'est pas de pot!** Pech [gehabt]!, dumm gelaufen! ④ **prendre un pot** *(umgs.)* zusammen einen trinken ⑤ **le pot catalytique** der Auspuff mit eingebautem Katalysator ▶ **un pot de colle** *(umgs.)* ein Topf Leim; *(lästiger Mensch)* eine Klette; **sourd comme un pot** stocktaub

◆ le **pot d'échappement** der Auspuff

potable [pɔtabl] trinkbar; **l'eau potable** das Trinkwasser

le **potage** [pɔtaʒ] die Suppe

le **potager** [pɔtaʒe] der Gemüsegarten

potager, potagère [pɔtaʒe, pɔtaʒɛʁ] Gemüse-; **le jardin potager** der Gemüsegarten

le **pote** [pɔt] *(umgs.)* der Kumpel

le **poteau** [pɔto] <*Plural:* poteaux> der Pfosten; **le poteau électrique** der Leitungsmast

potelé, potelée [pɔtle] pummelig; *Arm* rund

la **poterie** [pɔtʁi] ①die Töpferware ② *(Tätigkeit)* die Töpferei

le **potier** [pɔtje] der Töpfer

la **potière** [pɔtjɛʁ] die Töpferin

la **potion** [posjɔ̃] ① *(Arznei)* die flüssige Medizin ② **la potion magique** der Zaubertrank

le **potiron** [pɔtiʁɔ̃] der [große] Kürbis

le **pou** [pu] <*Plural:* poux> die Laus ▶ **laid comme un pou** *(umgs.)* hässlich wie die Nacht; **chercher des poux [dans la tête] à**

quelqu'un Streit mit jemandem suchen
pouah [pwa] igitt
la **poubelle** [pubɛl] ❶ (*in einem Haushalt*) der Mülleimer, der Mistkübel Ⓐ ❷ (*für mehrere Haushalte*) die Mülltonne
le **pouce** [pus] ❶ der Daumen ❷ (*Längenmaß*) der Zoll ▸ **se tourner les pouces** (*umgs.*) Däumchen drehen
la **poudre** [pudʀ] ⚠ *weiblich* ❶ das Pulver ❷ (*kosmetisch*) der Puder ▸ **il/elle n'a pas inventé la poudre** (*umgs.*) er/sie hat nicht gerade das Pulver erfunden
le **poudrier** [pudʀije] die Puderdose
pouffer [pufe] **pouffer [de rire]** losprusten
le **poulailler** [pulaje] der Hühnerstall
le **poulain** [pulɛ̃] das Fohlen
la **poule** [pul] ❶ die Henne ❷ (*Fleischgericht*) das Huhn ▸ **la poule mouillée** der Angsthase
le **poulet** [pulɛ] ❶ das Huhn ❷ (*Fleischgericht*) das Hähnchen, das Hühnchen; **le poulet rôti** das Brathähnchen
le **poumon** [pumɔ̃] die Lunge ▸ **à pleins poumons** atmen ganz tief; schreien aus voller Lunge
la **poupée** [pupe] die Puppe
pour [puʀ] ❶ für; **voici un cadeau pour toi** hier ist ein Geschenk für dich ❷ (*gegen*) **un sirop pour la toux** ein Sirup gegen [den] Husten ❸ **son amour pour les animaux** seine/ihre Liebe zu den Tieren ❹ **partir pour l'Italie** nach Italien reisen ❺ **pour Noël** zu Weihnachten ❻ **j'en ai pour une heure!** ich brauche [noch] eine Stunde! ❼ **pour le moment** im Augenblick ❽ **il a été condamné pour vol** er ist wegen Diebstahls verurteilt worden ❾ **avoir pour effet** zur Folge haben ❿ **aller plus vite pour** um schneller zu sein; **c'est pour ton bien** das ist nur zu deinem Besten; *siehe auch* **pour que**
le **pour** [puʀ] **le pour et le contre** das Für und Wider; **il y a du pour et du contre** es gibt Argumente dafür und dagegen
le **pourboire** [puʀbwaʀ] das Trinkgeld
le **pourcentage** [puʀsɑ̃taʒ] ❶ der Prozentsatz ❷ der [prozentuale] Anteil ❸ **travailler au pourcentage** *Vertreter:* auf Provisionsbasis arbeiten
pourchasser [puʀʃase] verfolgen
pourpre [puʀpʀ] purpurrot; **les fleurs pourpres** die purpurroten Blüten
le **pourpre** [puʀpʀ] (*Farbton*) der Purpur
pour que [puʀ(ə)] damit; **pour que tu comprennes** damit du [das] verstehst

ⓖ Nach *pour que* steht immer der Subjonctif.

pourquoi [puʀkwa] ❶ warum; **pourquoi pas?** warum nicht? ❷ **voilà pourquoi ..., c'est pourquoi ...** deshalb ..., aus diesem Grund ...
le **pourquoi** [puʀkwa] das Warum; **le pourquoi et le comment** das Warum und Weshalb
le **pourri** [puʀi] (*Mensch*) der korrupte Kerl
pourri, pourrie [puʀi] ❶ *Frucht, Ei* faul; *Fisch, Fleisch* verdorben; *Baum, Brett* morsch; *Blätter* verfault ❷ mies; *Jahreszeit* verregnet; **quel temps pourri!** was für ein Mistwetter! ❸ *Mensch, Gesellschaft* korrupt
le **pourriel** [puʀjɛl] (*in der Informatik*) der Spam
pourrir [puʀiʀ] <*wie* agir; *siehe Verbtabelle ab S. 1055*> ❶ verfaulen; *Ei:* schlecht werden; *Fleisch, Fisch:* verderben; *Baum, Brett:* vermodern, modern ❷ **pourrir le bois** das Holz vermodern [*oder* modern] lassen; **pourrir les végétaux** die Pflanzen verfaulen [*oder* faulen] lassen

ⓖ Bei einigen Formen des Verbs ist der Stamm um *-iss-* erweitert, etwa bei *ils pour<u>riss</u>ent, il pour<u>riss</u>ait* oder *en pour<u>riss</u>ant*.

poursuivre [puʀsɥivʀ] <*wie* suivre; *siehe Verbtabelle ab S. 1055*> ❶ verfolgen *Menschen, Ziel;* streben nach *Ideal* ❷ fortsetzen; weiterführen *Kampf, Untersuchung;* **poursuivre son récit** mit [*oder* in] seinem Bericht fortfahren ❸ (*nicht aufgeben*) weitermachen ❹ **poursuivre quelqu'un** *Mensch:* jemanden bedrängen; *Schuldgefühle:* jemanden quälen ❺ **se poursuivre** andauern; *Untersuchung, Streik:* weitergeführt werden
pourtant [puʀtɑ̃] ❶ dennoch; **cette fois pourtant ...** diesmal jedoch ... ❷ (*Ausdruck des Erstaunens*) [aber] ... doch
pourvu que [puʀvyka] ❶ **pourvu qu'elle ne <u>dise</u> rien!** hoffentlich sagt sie nichts! ❷ **pourvu que je <u>sois</u> avec toi** vorausgesetzt, ich bin bei dir

ⓖ Nach *pourvu que* steht immer der Subjonctif.

poussé, poussée [puse] *Studie, Untersuchung* ausführlich
pousser [puse] ❶ schieben *Kinderwagen;* [an]schieben *Auto;* rücken *Möbel* ❷ (*nicht ziehen*) drücken *Tür* ❸ stoßen; **il m'a poussé(e) <u>du</u> coude** er hat mich mit dem Ellbogen gestoßen ❹ **le vent pousse le navire/les nuages vers la côte** der Wind treibt das

Schiff/die Wolken zur Küste ⑤ antreiben *Pferd, Schüler;* hoch drehen *Motor, Maschine* ⑥ drängen; **pousser quelqu'un vers la porte** jemanden zur Tür drängen ⑦ **pousser quelqu'un à faire mieux** jemanden dazu bringen besser zu sein; *Interesse, Ambition:* jemanden dazu treiben besser zu sein ⑧ ausstoßen *Schrei, Seufzer;* **pousser des cris de joie** in Freudengeschrei ausbrechen ⑨ weiter vertiefen *Studien* ⑩ **tu pousses un peu!** *(umgs.)* jetzt treibst du es ein bisschen zu weit! ⑪ *Haare:* wachsen; **se laisser pousser les cheveux** sich die Haare wachsen lassen ⑫ **faire pousser** [an]pflanzen *Salat;* ziehen *Blumen* ⑬ *Gebärende:* pressen ⑭ **se pousser** sich drängen; *(zur Seite treten)* Platz machen; **pousse-toi [un peu]!** rutsch mal [ein Stück] zur Seite!

la **poussette** [pusɛt] *(für Kinder)* der Sportwagen
la **poussière** [pusjɛʀ] ① der Staub; **faire la poussière** Staub wischen ② *(Teilchen, Partikel)* das Staubkorn ▸ **réduire quelque chose en poussière** etwas in Schutt und Asche legen; **cent euros et des poussières** *(umgs.)* hundert Euro und ein paar Zerquetschte

poussiéreux, poussiéreuse [pusjeʀø, pusjeʀøz] staubig; *Zimmer, Buch* verstaubt
le **poussin** [pusɛ̃] das Küken
pouvoir [puvwaʀ] *<siehe Verbtabelle ab S. 1055>* ① können; **il ne peut plus marcher** er kann nicht mehr gehen ② dürfen; **puis-je fermer la fenêtre?** kann ich das Fenster zumachen? ③ **ne pas pouvoir s'empêcher de tousser** ständig husten müssen ④ **quel âge peut-il bien avoir?** wie alt mag er wohl sein? ⑤ **tu aurais pu nous le dire plus tôt!** das hättest du uns auch früher sagen können! ⑥ **cela se peut/se pourrait** das kann vorkommen; **cela se peut/se pourrait das kann/könnte sein; il se pourrait qu'elle aille à Lyon** es könnte sein, dass sie nach Lyon fährt ⑦ **je ne peux rien [faire] pour toi** ich kann nichts für dich tun ▸ **je n'en peux plus** ich kann einfach nicht mehr; **elle n'y peut rien** sie kann nichts dagegen tun; *(ist nicht verantwortlich)* sie kann nichts dafür; **qu'est-ce que cela peut te faire?** was geht dich das an?; **ne rien pouvoir [y] faire** nichts [daran] ändern können

le **pouvoir** [puvwaʀ] ① die Macht; **être au pouvoir** an der Macht sein; **le parti au pouvoir** die regierende Partei ② die Staatsgewalt, die Gewalt; **le pouvoir judiciaire** die richterliche Gewalt, die Judikative; **le pouvoir exécutif** die vollstreckende Gewalt, die Exekutive; **le pouvoir législatif** die gesetzgebende Gewalt, die Legislative; **les pouvoirs publics** die Staatsorgane
▸ **le pouvoir d'achat** die Kaufkraft
le **P.Q.** [peky] *(umgs.)* Abkürzung von **papier cul** das Klopapier
Prague [pʀag] Prag
la **prairie** [pʀɛʀi] die Wiese
la **praline** [pʀalin] die gebrannte Mandel

la praline

Nicht verwechseln mit *die Praline – le chocolat!*

pratique [pʀatik] praktisch
la **pratique** [pʀatik] ① die Praxis; **mettre quelque chose en pratique** etwas in die Praxis umsetzen ② die [praktische] Erfahrung ③ *(Gepflogenheit)* der Brauch ④ *(Vorgehensweise)* die Praxis
pratiquement [pʀatikmɑ̃] praktisch
pratiquer [pʀatike] ① ausüben *Beruf;* treiben, ausüben *Sport;* praktizieren *Religion, Verfahren;* betreiben *Politik* ② verlangen, haben *Preis* ③ *(in der Medizin)* praktizieren ④ *gläubiger Mensch:* in die Kirche gehen
le **pré** [pʀe] die Wiese; **dans le pré** auf der Wiese
le **préau** [pʀeo] *<Plural: préaux>* einer Schule der überdachte Pausenhof
la **précaution** [pʀekosjɔ̃] ① die Vorsichtsmaßnahme ② die Vorsicht; **avec précaution** vorsichtig; **sans précaution** unvorsichtig; **par précaution** vorsichtshalber
précédent, **précédente** [pʀesedɑ̃, pʀesedɑ̃t] vorhergehend; *Jahr* vorige(r, s); **ça s'est passé le jour précédent** das ist am Vortag passiert
précéder [pʀesede] *<wie préférer; siehe Verbtabelle ab S. 1055>* ① vorausgehen, vorangehen; **précéder un événement** einem Ereignis vorausgehen [*oder* vorangehen] ② **précéder le nom** *Artikel, Adjektiv:* vor

dem Nomen stehen ❸ **précéder quelqu'un** vor jemandem [her]gehen/[her]fahren

 Nur die stammbetonten Formen schreiben sich mit **è**, z. B. *je précède.*

prêcher [pʀeʃe] ❶ predigen ❷ (*ironisch*) Moralpredigten halten
précieusement [pʀesjøzmɑ̃] sorgsam
précieux, précieuse [pʀesjø, pʀesjøz] wertvoll; *Zeit* kostbar; **le métal précieux** das Edelmetall; **la pierre précieuse** der Edelstein
le **précipice** [pʀesipis] der Abgrund
précipitamment [pʀesipitamɑ̃] *abreisen* überstürzt
la **précipitation** [pʀesipitasjɔ̃] ❶ die Hast; *einer Abreise* die Überstürztheit ❷ **les précipitations** die Niederschläge
précipité, précipitée [pʀesipite] *Abreise* überstürzt; *Entscheidung* übereilt
précipiter [pʀesipite] ❶ stürzen; **précipiter quelqu'un du pont** jemanden von der Brücke stürzen ❷ beschleunigen *Schritte*; überstürzen *Abreise, Entscheidung* ❸ **se précipiter** *Mensch, Ereignisse:* sich überstürzen; *Puls:* sich beschleunigen **se précipiter à la porte/dans la rue** zur Tür/auf die Straße stürzen; **ne nous précipitons pas!** nur keine Eile!
précis, précise [pʀesi, pʀesiz] genau; *Diagnose* exakt; *Anfrage, Auftrag, Vorstellung* klar; *Geste, Stil* präzise; *Geräusch, Konturen* deutlich; **à 10 heures précises** um Punkt 10 Uhr
précisément [pʀesizemɑ̃] ❶ antworten, angeben genau ❷ (*in diesem Moment*) gerade ▸ **plus précisément** genauer gesagt
préciser [pʀesize] ❶ klar[er] ausdrücken *Absicht, Gedanken;* genau[er] erklären *Sache;* genau angeben *Datum, Ort;* **préciser que ...** klarstellen, dass ... ❷ **se préciser** sich klarer abzeichnen; *Vorstellung, Situation:* klarer werden
la **précision** [pʀesizjɔ̃] ❶ die Genauigkeit; *einer Bewegung, eines Instruments* die Präzision; **avec précision** genau ❷ *der Umrisse* die Deutlichkeit ❸ **apporter des précisions supplémentaires** *Person:* genauere Angaben machen; *Dokument:* genauere Auskunft geben
le **prédécesseur** [pʀedesesœʀ] der Vorgänger/die Vorgängerin

 Es gibt im Französischen keine Femininform: *elle était mon prédécesseur* – sie war meine Vorgängerin.

prédestiné, prédestinée [pʀedɛstine] vorherbestimmt, vorbestimmt
la **prédiction** [pʀediksjɔ̃] die Voraussage
prédire [pʀediʀ] <*weitgehend wie* dire; *siehe Verbtabelle ab S. 1055>* vorhersagen; *Wahrsager:* weissagen

Die 2. Person Plural von *prédire* lautet *vous prédisez* (im Gegensatz zu *vous dites*).

la **préface** [pʀefas] das Vorwort
le **préféré** [pʀefeʀe] der Liebling
préféré, préférée [pʀefeʀe] *Freund* beste(r, s); **son chanteur préféré** sein/ihr Lieblingssänger
la **préférée** [pʀefeʀe] der Liebling
la **préférence** [pʀefeʀɑ̃s] die Vorliebe ▸ **de préférence** vorzugsweise
préférer [pʀefeʀe] <*siehe Verbtabelle ab S. 1055>* bevorzugen, vorziehen; **préférer le café au thé** lieber Kaffee als Tee trinken; **préférer la ville à la campagne** lieber in der Stadt als auf dem Land leben; **il préfère le cinéma [au théâtre]** er geht lieber ins Kino [als ins Theater]; **je préfère que tu fasses à manger** mir ist es lieber, wenn du kochst; **si tu préfères ...** wenn es dir lieber ist ...; **je la préfère avec les cheveux courts** sie gefällt mir mit kurzen Haaren besser

Nur die stammbetonten Formen schreiben sich mit **è**, z. B. *je préfère.*

le **préfet** [pʀefɛ] der Präfekt
la **préfète** [pʀefɛt] die Präfektin; **Madame la Préfète vous attend!** die Präfektin erwartet Sie!
le **préfixe** [pʀefiks] (*in der Grammatik*) die Vorsilbe, das Präfix
la **préhistoire** [pʀeistwaʀ] die Vorgeschichte
préhistorique [pʀeistɔʀik] vorgeschichtlich
le **préjugé** [pʀeʒyʒe] das Vorurteil
prélever [pʀel(ə)ve] <*wie* peser; *siehe Verbtabelle ab S. 1055>* einbehalten *Betrag, Prozentsatz;* abziehen *Steuern;* entnehmen *Organ, Gewebe;* abnehmen *Blut;* **prélever cent euros sur un compte** hundert Euro von einem Konto abheben [*oder* beheben Ⓐ]

Mit **è** schreiben sich
– die stammbetonten Formen wie *je prélève* oder *tu prélèves* sowie
– die auf der Basis der Grundform *prélever* gebildeten Formen, z. B. *ils prélèveront* und *je prélèverais*.

Qu'est-ce que c'est en français?

Farid et Marine **prennent** le métro et vont à la tour Eiffel. Ils **prennent** l'ascenseur.

*Farid und Marine **nehmen** die Metro und fahren zum Eiffelturm. Sie **nehmen** den Aufzug.*

Ils ont une vue super sur Paris.

Sie haben einen tollen Blick auf Paris.

Ils **prennent** (font) des photos de la tour Eiffel, du métro, de l'église Notre-Dame … et des touristes.

*Sie **machen** Fotos vom Eiffelturm, von der Metro, von der Kirche Notre-Dame … und von den Touristen.*

Puis, ils ont faim et cherchent une boulangerie.

Dann haben sie Hunger und suchen eine Bäckerei.

Farid **prend** deux sandwichs, Marine **prend** une pizza.

*Farid **nimmt** zwei Sandwiches, Marine **nimmt** eine Pizza.*

Puis, ils font leurs devoirs au parc.

Dann machen sie ihre Hausaufgaben im Park.

---

le **premier** [pʀəmje] ❶ (*in Bezug auf die Reihenfolge, die Leistung*) der/die/das Erste ❷ (*erstgeborenes Kind*) der Erste, das erste Kind ❸ (*Tag*) **le premier du mois** am Monatsersten; **le premier de l'an** am Neujahrstag ▸ **en premier** als Erste(r, s); (*für den Anfang*) zunächst

premier, première [pʀəmje, pʀəmjɛʀ] ❶ erste(r, s); **la première page** die Titelseite; **le premier venu** der Erste; **en premier lieu** zuerst; **dans les premiers temps** anfangs, in der ersten Zeit ❷ *Berufung* eigentlich; *Qualität* wichtigste(r, s) ❸ **les premiers rudiments** der Grundkenntnisse

la **première** [pʀəmjɛʀ] ❶ (*in Bezug auf die Reihenfolge, die Leistung*) der/die/das Erste ❷ (*Erstaufführung, erstmaliges Ereignis*) die Premiere; **la première mondiale** die Weltpremiere ❸ (*erster Gang*) der Erste; **passer la première** den Ersten einlegen ❹ (*Schulklasse*) die zweite Klasse des „lycée"; (*im deutschen Schulsystem*) ≈ die elfte/zwölfte Klasse ❺ (*Qualitätsstufe beim Reisen*) die erste Klasse

premièrement [pʀəmjɛʀmɑ̃] erstens

le **Premier ministre** [pʀəmjeministʀ] der Premierminister/die Premierministerin

L Der französische *Premier ministre* ist Regierungschef und leitet die Regierungsgeschäfte. Er regiert für eine Legislaturperiode von fünf Jahren und ist zum Beispiel befugt, in Bereichen, die nicht gesetzlich geregelt sind, Verordnungen zu erlassen. An der Bildung der Regierung wirkt er mit, indem er dem Präsidenten Minister zur Ernennung oder Absetzung vorschlagen kann.

le **prémix** [pʀemiks] der Alkopop

prenant, prenante [pʀənɑ̃, pʀənɑ̃t] *Film, Buch* fesselnd; *Arbeit, Aktivität* Zeit raubend

prendre [pʀɑ̃dʀ] <*wie* comprendre; *siehe Verbtabelle ab S. 1055*> ❶ nehmen ❷ **prendre quelqu'un par la main/par le bras** jemanden bei der Hand nehmen/am Arm fassen ❸ trinken *Saft, Kaffee*; essen *Sandwich*; einnehmen *Medikament* ❹ (*Paket*) abholen ❺ [mit|nehmen *Mantel, Regenschirm* ❻ übernehmen *Raststätte, Nachfolge, Lenkrad*; wegnehmen *Platz, Ball* ❼ erlegen *Wild*; fangen *Fisch*; einnehmen *Festung, Stadt*; **se faire prendre** gefasst werden; **être pris(e) dans un piège** *Tier*: in einer Falle gefangen sein ❽ **prendre un cambrioleur sur le fait** einen Einbrecher auf frischer Tat ertappen ❾ nehmen *Straße, Weg*; einschlagen *Richtung* ❿ **prendre de l'essence** tanken ⓫ **prendre quelqu'un comme cuisinier** jemanden als Koch einstellen ⓬ **prendre un enfant/une église en photo** ein Foto von einem Kind/einer Kirche machen ⓭ machen *Notizen*; **prendre des nouvelles de quelqu'un** sich nach jemandem erkundigen ⓮ treffen *Entscheidung, Vorkehrungen*; aufsetzen *Unschuldsmiene*; ergreifen *Maßnahme*; anschlagen *Ton* ⓯ sich nehmen *Liebhaber* ⓰ annehmen *Farbe, Form, Geschmack*; **prendre du ventre** einen Bauch bekommen ⓱ **prendre froid** sich erkälten; **être pris(e) d'un malaise** sich [plötzlich] unwohl fühlen ⓲ **prendre du temps** dauern ⓳ verlangen *Provision* ⓴ abbekommen *Regenschauer, Schlag*; **prendre la balle en pleine figure** den Ball voll ins Gesicht bekommen ㉑ **elle a bien pris la chose** sie hat es [*oder* die Sache] gut aufgenommen; **elle a mal pris la chose** sie hat es [*oder* die Sache] übel genommen ㉒ **prendre le gardien pour un policier** den Wächter für einen Polizisten halten [*oder* mit einem Polizisten verwechseln]; **prendre du sel pour du sucre** Salz mit Zucker verwechseln, das Salz mit dem Zucker verwechseln ㉓ (*überkommen*) **prendre quelqu'un** *Wut, Lust:* jemanden packen ㉔ **ce mot prend deux s** dieses Wort schreibt man mit zwei s ㉕ **avec moi, ça ne prend pas!** (*umgs.*) das zieht bei mir nicht! ㉖ (*zu brennen beginnen*) *Feuer:* entflammen ㉗ *Zement, Majonäse:* fest werden ㉘ **prendre à gauche** [nach] links abbiegen ㉙ (*als Preis fordern*) verlangen ㉚ **s'y prendre bien/mal avec les enfants** gut/ schlecht mit Kindern umgehen; **s'y prendre mal avec les tâches ménagères** sich im Haushalt ungeschickt anstellen; **s'y prendre à trois reprises** drei Anläufe unternehmen ㉛ **se prendre** *Medikament:* eingenommen werden, genommen werden ㉜ **se prendre par le bras** sich unterhaken ▸ **c'est à prendre ou à laisser** entweder – oder; **on ne m'y prendra plus!** das passiert mir nicht noch einmal!; **prendre quelque chose sur soi** etwas auf sich nehmen; **qu'est-ce qui te prend?** was ist denn mit dir los?, was ist denn in dich gefahren?

le **prénom** [pʁenõ] der Vorname

la **préoccupation** [pʁeɔkypasjõ] die Sorge

préoccupé, préoccupée [pʁeɔkype] besorgt; **être préoccupé par quelque chose** um etwas besorgt sein

préoccuper [pʁeɔkype] ❶ **préoccuper quelqu'un** jemandem Sorge bereiten; *Zukunft, Situation:* jemanden beunruhigen ❷ **se préoccuper de sa santé** sich um seine Gesundheit sorgen

les **préparatifs** (*männlich*) [pʁepaʁatif] die Vorbereitungen

la **préparation** [pʁepaʁasjõ] ❶ die Vorbereitung; *einer Rede, eines Plans* die Ausarbeitung; *einer Mahlzeit, eines Fisches* die Zubereitung; *eines Medikaments* die Herstellung ❷ (*in der Medizin*) das Präparat

préparatoire [pʁepaʁatwaʁ] Vorbereitungs-; **le cours préparatoire** ≈ die erste Grundschulklasse; **la classe préparatoire** ≈ die Vorbereitungsklasse [auf eine der „grandes écoles"]

préparer [pʁepaʁe] ❶ vorbereiten ❷ zubereiten *Tee, Kaffee;* herstellen *Medikament, Salbe;* **le plat préparé** das Fertiggericht ❸ [zusammen]packen *Sachen, Gepäck;* herrichten *Zimmer, Auto* ❹ sich vorbereiten auf *Abitur, Prüfung;* arbeiten an *Roman, Doktorarbeit* ❺ **que nous prépare-t-il?** was führt er im Schilde? ❻ **se préparer** sich fertig machen; *Ereignis:* in der Luft liegen; *Gewitter:* im Anzug sein; *Tragödie:* sich abzeichnen ❼ **se préparer à un examen/à une compétition** sich auf eine Prüfung/auf einen Wettkampf vorbereiten ❽ **se préparer à partir** sich anschicken zu gehen ❾ **un examen, cela se prépare!** auf eine Prüfung muss man sich [doch] vorbereiten!

la **préposition** [pʁepozisjõ] (*in der Grammatik*) die Präposition

près [pʁɛ] ❶ (*räumlich*) nah, nahe, in der Nähe; **près de la fontaine** in der Nähe des Brunnens; **près de Cologne** bei Köln, in der Nähe von Köln; **habiter près de chez quelqu'un** bei jemandem in der Nähe wohnen ❷ (*zeitlich*) nahe; **être près** *Ereignis, Abfahrt:* bevorstehen; **être près du but** nahe am Ziel sein; **être près de la retraite** kurz vor der Pensionierung stehen ❸ **près de** fast; **il y avait près de mille personnes** es waren fast tausend Leute da ▸ **il n'est pas près de recommencer** er wird es bestimmt nicht mehr tun; **il n'en est pas/n'en est plus à cent euros près** ihm kommt es auf hundert Euro nicht an/nicht mehr an; **à quelque chose près à la minute près** auf die Minute genau; **à une exception près** bis auf eine Ausnahme; **à peu [de choses] près** beinahe; *ähneln* ziemlich; **l'hôtel était à peu près vide** das Hotel war fast [ganz] leer; **notre chambre était à peu près calme** unser Zimmer war einigermaßen ruhig; **à cela près que** abgesehen davon, dass; **de près** *sehen, anschauen* aus der Nähe; *folgen* dicht; *untersuchen, überwachen* genau

la **présence** [pʁezɑ̃s] ❶ die Anwesenheit; **en présence d'un avocat** in Anwesenheit [*oder* im Beisein] eines Rechtsanwalts ❷ *einer Sache* die Vorhandensein ❸ (*Persönlichkeit*) die Ausstrahlungskraft

le **présent**[1] [pʁezɑ̃] ❶ die Gegenwart ❷ (*in der Grammatik*) die Gegenwart, das Präsens ▸ **à présent** jetzt; **à présent que** jetzt, wo; **jusqu'à présent** bis jetzt

le **présent**[2] [pʁezɑ̃] (*Person*) der Anwesende

présent, présente [pʁezɑ̃, pʁezɑ̃t] ❶ anwesend; **les personnes présentes** die Anwesenden ❷ **avoir une image présente à l'esprit** ein Bild vor Augen haben ❸ *Umstände, Zustand* gegenwärtig; *Zeit* heutig

présentable [pʁezɑ̃tabl] **être présentable**

Mensch: vorzeigbar sein; *Frisur, Kleidung:* sich sehen lassen können; **ce plat/ce poisson n'est pas présentable** dieses Essen/diesen Fisch kann man niemandem anbieten

le **présentateur** [pʀezɑ̃tatœʀ] der Ansager; *einer Sendung* der Moderator; *einer Nachrichtensendung* der Sprecher

la **présentation** [pʀezɑ̃tasjɔ̃] ❶ *(das Zeigen, Mitteilen) von Bildern* die Präsentation; *einer Modekollektion* die Vorführung; *eines Gastes, Films* die Vorstellung; *eines Problems* die Darstellung; *eines Ausweises* das Vorzeigen; *einer Bilanz, eines Budgets* die Vorlage ❷ *(im Rundfunk, Fernsehen)* die Ansage; *einer Sendung* die Moderation ❸ *einer Person* die [äußere] Erscheinung; *einer Aufgabe, eines Textes* die [äußere] Form; *eines Produktes* die Aufmachung ❹ **les présentations** die Vorstellung; **faire les présentations des invités** die Gäste einander vorstellen

> **V** In ❹ wird der Plural *les présentations* mit einem Singular übersetzt: *pendant les présentations des invités* – während der Vorstellung der Gäste.

la **présentatrice** [pʀezɑ̃tatʀis] die Ansagerin; *einer Sendung* die Moderatorin; *einer Nachrichtensendung* die Sprecherin

la **présente** [pʀezɑ̃t] die Anwesende

présenter [pʀezɑ̃te] ❶ vorstellen ❷ ansagen *Programm;* moderieren *Sendung* ❸ vorzeigen *Fahrkarte, Ausweis;* vorlegen *Dokument* ❹ darstellen *Problem* ❺ aussprechen *Glückwünsche, Beileid;* **présenter ses excuses à quelqu'un** jemanden um Entschuldigung bitten ❻ **présenter un suspect à la justice** dem Gericht einen Verdächtigen vorführen ❼ präsentieren; **c'est bien présenté** das ist gut dargeboten ❽ präsentieren *Rechnung;* vorlegen *Kostenvoranschlag, Akten* ❾ **se présenter** sich vorstellen; **se présenter à quelqu'un** sich jemandem vorstellen ❿ **se présenter chez quelqu'un** bei jemandem erscheinen ⓫ **se présenter à un examen** an einer Prüfung teilnehmen; **se présenter pour un emploi** sich um eine Stelle bewerben ⓬ **se présenter** *Gelegenheit, Schauspiel:* sich bieten ⓭ **ce médicament se présente sous forme de cachets** dieses Medikament ist in Tablettenform erhältlich

le **présentoir** [pʀezɑ̃twaʀ] der Verkaufsständer
le **préservatif** [pʀezɛʀvatif] das Kondom
la **présidence** [pʀezidɑ̃s] die Präsidentschaft
le **président** [pʀezidɑ̃] ❶ *eines Staates, Gerichts* der Präsident ❷ *einer Vereinigung, eines Ausschusses* der Vorsitzende ❸ ⓒⓗ *(Bürgermeister in den Kantonen Wallis und Neuenburg)* der Ammann

◆ le **Président de la République** der Staatspräsident; **le Président de la République française** der französische Staatspräsident

> **L** Der *Président de la République* ist das Staatsoberhaupt Frankreichs und wird vom Volk per Direktwahl für eine Amtszeit von fünf Jahren *(le quinquennat)* nach dem Mehrheitswahlrecht gewählt. Präsident und Regierung müssen nicht aus dem gleichen politischen Lager stammen. Die Befugnisse des Staatspräsidenten sind mit denen des Bundeskanzlers vergleichbar.

le **président-directeur général** [pʀezidɑ̃diʀɛktœʀ ʒeneʀal] <Plural: présidents-directeurs généraux> der Generaldirektor/die Generaldirektorin

la **présidente** [pʀezidɑ̃t] ❶ *eines Staates, Gerichts* die Präsidentin ❷ *einer Vereinigung, eines Ausschusses* die Vorsitzende

◆ la **Présidente de la République** die Staatspräsidentin

présidentiel, présidentielle [pʀezidɑ̃sjɛl] **les élections présidentielles** die Präsidentschaftswahlen

la **présidentielle** [pʀezidɑ̃sjɛl] die Präsidentschaftswahl

presque [pʀɛsk] fast, beinahe; **c'est presque sûr** das ist so gut wie sicher; **il n'entend presque pas** er kann kaum hören

> **G** Auch vor Vokal oder stummem h steht die volle Form *presque*: *elle est presque aveugle* – sie ist fast blind. Nur in *presqu'île* ist das *-e* entfallen.

la **presqu'île** [pʀɛskil] die Halbinsel
la **presse** [pʀɛs] die Presse; **la presse écrite** die Zeitungen und Zeitschriften

pressé¹, pressée [pʀese] *Schritt:* eilig; **je suis pressé(e)** ich habe es eilig; **être pressé d'arriver** es eilig haben anzukommen

pressé², pressée [pʀese] →**presser²** ❶

le **pressentiment** [pʀesɑ̃timɑ̃] die Vorahnung; **avoir le pressentiment que ...** das Gefühl haben, dass ...

le **presse-papiers** [pʀɛspapje] *(in der Informatik)* die Zwischenablage

presser¹ [pʀese] ❶ *Zeit:* drängen; *Angelegenheit:* eilen; **ça presse!** *(umgs.)* das/es ist dringend! ❷ beschleunigen *Schritte*

presser² [pʀese] ❶ auspressen *Frucht, Saft;* pressen *Weintrauben;* **une orange pressée**

ein frisch gepresster Orangensaft ❷ drücken *Knopf* ❸ **se presser vers la sortie** zum Ausgang drängen

la **pression** [pʀɛsjɔ̃] ❶ der Druck ❷ der Druckknopf ❸ **une bière pression** ein Bier vom Fass ▸ **être sous pression** unter Druck stehen

le **prestige** [pʀɛstiʒ] das Ansehen; **jouir d'un grand prestige** [ein] großes Ansehen genießen

prestigieux, prestigieuse [pʀɛstiʒjø, pʀɛstiʒjøz] *Ort, Ereignis* glanzvoll; *Karriere* glänzend; *Beruf* angesehen, hoch angesehen; *Künstler, Schule* renommiert

présumé, présumée [pʀezyme] *Täter* mutmaßlich; **être présumé coupable/innocent** für schuldig/unschuldig gehalten werden

le **prêt** [pʀɛ] das Darlehen; (*staatlich*) die Anleihe

prêt, prête [pʀɛ, pʀɛt] fertig; **être prêt(e)** fertig sein, so weit sein; **tout est prêt pour la cérémonie** für die Feier ist alles vorbereitet

le **prêt-à-porter** [pʀɛtapɔʀte] die Konfektionskleidung

prête [pʀɛt] →**prêt**

prétendre [pʀetɑ̃dʀ] <*wie* vendre; *siehe Verbtabelle ab S. 1055*> behaupten

la **prétentieuse** [pʀetɑ̃sjøz] die eingebildete Person

le **prétentieux** [pʀetɑ̃sjø] der eingebildete Mensch

prétentieux, prétentieuse [pʀetɑ̃sjø, pʀetɑ̃sjøz] *Mensch, Ton* überheblich

la **prétention** [pʀetɑ̃sjɔ̃] ❶ die Überheblichkeit; **il a la prétention de savoir chanter** er bildet sich ein, singen zu können ❷ **avoir des prétentions sur un héritage** Ansprüche auf eine Erbschaft erheben ❸ **sans prétention** einfach

prêter [pʀete] ❶ ausleihen *Buch, Auto*; **prêter de l'argent à un ami** einem Freund Geld leihen ❷ **prêter une intention à quelqu'un** jemandem eine Absicht unterstellen ❸ **prêter à rire** lachhaft sein; **prêter à équivoque** missverständlich sein ❹ **se prêter à un jeu** bei einem Spiel mitmachen ❺ **se prêter à quelque chose** sich für etwas eignen

le **prétexte** [pʀetɛkst] der Vorwand; (*Entschuldigung*) die Ausrede; **prendre le travail comme prétexte** die Arbeit zum Vorwand nehmen; **sous aucun prétexte** unter keinen Umständen

prétexter [pʀetɛkste] zum Vorwand nehmen

le **prêtre** [pʀɛtʀ] der Priester

la **preuve** [pʀœv] ❶ der Beweis; **fournir la preuve de son innocence** den Beweis seiner Unschuld erbringen ❷ (*in der Mathematik*) die Probe; **la preuve par neuf** die Neunerprobe ▸ **faire preuve de courage/de bonne volonté** Mut/guten Willen zeigen

prévenir [pʀev(ə)niʀ] <*wie* tenir; *siehe Verbtabelle ab S. 1055*> ❶ Bescheid sagen ❷ **prévenir quelqu'un** jemandem Bescheid sagen, jemanden benachrichtigen; (*drohend*) jemanden warnen

préventif, préventive [pʀevɑ̃tif, pʀevɑ̃tiv] vorbeugend; **la médecine préventive** die Präventivmedizin

la **prévention** [pʀevɑ̃sjɔ̃] ❶ die Vorbeugung; **la prévention de la délinquance** die Verbrechensvorbeugung; **la prévention routière** die Verkehrserziehung ❷ (*in der Medizin*) die Vorsorge

préventive [pʀevɑ̃tiv] →**préventif**

prévisible [pʀevizibl] vorhersehbar

la **prévision** [pʀevizjɔ̃] ❶ *eines Ereignisses, Phänomens* das Vorhersehen ❷ (*im Wirtschaftsleben*) **les prévisions** die Prognose, die Prognosen ❸ **les prévisions météorologiques** die Wettervorhersage

V In ❸ wird der Plural *les prévisions météorologiques* mit einem Singular übersetzt: *les prévisions météorologiques sont assez précises – die Wettervorhersage ist ziemlich genau.*

prévisionnel, prévisionnelle [pʀevizjɔnɛl] *Maßnahmen* vorausschauend; *Kosten* veranschlagt; *Studie, Analyse* prognostiziert

prévoir [pʀevwaʀ] <*weitgehend wie* voir; *siehe Verbtabelle ab S. 1055*> ❶ vorhersehen ❷ vorsehen; sorgen für *Imbiss, Decken*; **tout prévoir** an alles denken ❸ **moins cher que prévu(e)** billiger als erwartet

G Das Futur von *prévoir* lautet *je prévoirai* (im Gegensatz zu *je verrai*).

prier [pʀije] <*wie* apprécier; *siehe Verbtabelle ab S. 1055*> ❶ beten; **prier Dieu** zu Gott beten; **prier les saints** zu den Heiligen beten ❷ bitten; **je vous prie de patienter un instant** ich bitte Sie/euch, einen Augenblick Geduld zu haben ▸ **je t'en/vous en prie** (*bittend, auffordernd*) bitte; (*einen Dank erwidernd*) bitte [sehr], keine Ursache

la **prière** [pʀijɛʀ] ❶ das Gebet; **faire sa prière** beten ❷ die Bitte

primaire [pʀimɛʀ] Primar-; **l'école primaire** die Grundschule

le **primaire** [pʀimɛʀ] (*im Schulwesen*) die Primarstufe

la **prime** [pʀim] ❶ die Prämie ❷ die Lohnzulage, die Gehaltszulage; **la prime de fin d'année** ≈ das Weihnachtsgeld ❸ (*staatliche Unterstützung*) die Beihilfe ▶ **en prime** obendrein
◆ **la prime d'assurance** die Versicherungsprämie
primer [pʀime] auszeichnen, prämieren, prämiieren; **un film primé** ein preisgekrönter Film
la **primevère** [pʀimvɛʀ] die Primel
le **prince** [pʀɛ̃s] ❶ der Prinz ❷ der Fürst ▶ **être bon prince** großmütig sein; **le prince charmant** der Märchenprinz
la **princesse** [pʀɛ̃sɛs] ❶ die Prinzessin ❷ die Fürstin
le **principal** [pʀɛ̃sipal] <*Plural:* principaux> ❶ (*Person*) ≈ der Rektor [*oder* Leiter] eines „collège" ❷ (*Sache, Angelegenheit*) das Wichtigste; **le principal, c'est qu'elle aille mieux** Hauptsache, es geht ihr besser
principal, principale [pʀɛ̃sipal] <*Plural der männl. Form:* principaux> ❶ wichtigste(r, s); **le rôle principal** die Hauptrolle ❷ (*in der Grammatik*) **la proposition principale** der Hauptsatz
la **principale** [pʀɛ̃sipal] ❶ ≈ die Rektorin [*oder* Leiterin] eines „collège" ❷ (*in der Grammatik*) der Hauptsatz
principalement [pʀɛ̃sipalmɑ̃] hauptsächlich
la **principauté** [pʀɛ̃sipote] das Fürstentum; **la principauté de Monaco** das Fürstentum Monaco
principaux [pʀɛ̃sipo] →**principal**
le **principe** [pʀɛ̃sip] ❶ das Prinzip ❷ (*Verhaltensrichtlinie*) der Grundsatz ▶ **en principe** im Prinzip; **par principe** aus Prinzip; **pour le principe** um des Prinzips willen
printanier, printanière [pʀɛ̃tanje, pʀɛ̃tanjɛʀ] Frühlings-; *Temperaturen* frühlingshaft
le **printemps** [pʀɛ̃tɑ̃] der Frühling; **au printemps** im Frühling
prioritaire [pʀijɔʀitɛʀ] vorrangig; *Fahrzeug* vorfahrt[s]berechtigt; **être prioritaire** Vorrang haben; *Fahrzeug, Straße:* Vorfahrt haben
le **prioritaire** [pʀijɔʀitɛʀ] der Bevorrechtigte
la **prioritaire** [pʀijɔʀitɛʀ] die Bevorrechtigte
la **priorité** [pʀijɔʀite] ❶ der Vorrang; **en priorité** vorrangig ❷ die Vorfahrt; **avoir la priorité** Vorfahrt haben; **il y a priorité à droite** hier gilt rechts vor links
pris [pʀi] →**prendre**
pris, prise [pʀi, pʀiz] **être pris** *Mensch:* [viel] zu tun haben; *Platz:* besetzt sein; **avoir les mains prises** keine Hand frei haben

la **prise** [pʀiz] ❶ (*das Ergreifen*) der Griff ❷ (*militärisch*) die Einnahme ❸ (*bei der Jagd*) die Beute; (*beim Angeln*) der Fang ❹ **la prise** [**de courant**] die Steckdose ❺ (*im Film*) die Aufnahme ▶ **lâcher prise** loslassen; (*übertragen*) nachgeben
◆ **la prise de position** die Stellungnahme
◆ **la prise de sang** die Blutabnahme
◆ **la prise en charge** die Übernahme
la **prison** [pʀizɔ̃] das Gefängnis
le **prisonnier** [pʀizɔnje] der Gefangene; **faire quelqu'un prisonnier** jemanden gefangen nehmen
prisonnier, prisonnière [pʀizɔnje, pʀizɔnjɛʀ] **être prisonnier** eingesperrt sein; *Soldat:* in Gefangenschaft sein
la **prisonnière** [pʀizɔnjɛʀ] die Gefangene
le **privé** [pʀive] ❶ das Privatleben; **dans le privé** privat ❷ die Privatwirtschaft
privé, privée [pʀive] privat; **l'école privée** die Privatschule; **le secteur privé** die Privatwirtschaft
priver [pʀive] ❶ **priver quelqu'un de liberté** jemanden seiner Freiheit berauben; **priver quelqu'un de ses droits civiques** jemandem seine Staatsbürgerrechte aberkennen; **priver quelqu'un de tous ses moyens** jemanden handlungsunfähig machen; **mes parents m'ont privé(e) de télévision** meine Eltern lassen mich nicht mehr fernsehen ❷ **la ville est privée d'eau** in der Stadt gibt es kein Wasser mehr ❸ **se priver** sich einschränken; **se priver de vacances** auf Urlaub verzichten ❹ **il/elle ne se prive pas de nous critiquer** er/sie lässt es sich nicht nehmen, uns zu kritisieren
le **privilège** [pʀivilɛʒ] das Privileg
le **privilégié** [pʀivileʒje] der Privilegierte
privilégié, privilégiée [pʀivileʒje] *Mensch* privilegiert; *Lage* günstig, besonders günstig; *Verhältnis* besonders gut
la **privilégiée** [pʀivileʒje] die Privilegierte
privilégier [pʀivileʒje] <*wie* apprécier; *siehe* Verbtabelle ab S. 1055> privilegieren
le **prix** [pʀi] ❶ der Preis; **le prix du pain** der Brotpreis; **à bas prix** billig; **à moitié prix** zum halben Preis; °**hors de prix** unerschwinglich; **ne pas avoir de prix** von unschätzbarem Wert sein; **le prix coûtant** der Selbstkostenpreis ❷ der Preis, die Auszeichnung ▶ **casser les prix** die Preise drücken; **y mettre le prix** weder Kosten noch Mühen scheuen; **à aucun prix** um keinen Preis; **à tout prix** um jeden Preis
◆ le **prix d'ami** der Freundschaftspreis

◆ le **prix de gros** der Großhandelspreis
◆ le **prix Nobel** der Nobelpreis; (*Person*) der Nobelpreisträger/die Nobelpreisträgerin
le **pro** [pro] (*umgs.*) *Abkürzung von* **professionnel** der Profi
la **pro** [pro] (*umgs.*) *Abkürzung von* **professionnelle** der Profi
la **probabilité** [prɔbabilite] die Wahrscheinlichkeit; **selon toute probabilité** höchstwahrscheinlich
probable [prɔbabl] **il est probable que tu gagneras** wahrscheinlich wirst du gewinnen
probablement [prɔbabləmɑ̃] wahrscheinlich
problématique [prɔblematik] problematisch
la **problématique** [prɔblematik] die Problemstellung
le **problème** [prɔblɛm] ❶ das Problem; **poser un problème/des problèmes à quelqu'un** für jemanden ein Problem darstellen; **les problèmes de circulation** die Verkehrsprobleme; **un enfant à problèmes** ein Problemkind, ein problematisches Kind ❷ (*Übung*) die Mathematikaufgabe, die Aufgabe ❸ (*schwierige Angelegenheit*) das Problem, die Frage
le **procédé** [prɔsede] (*Methode*) das Verfahren
procéder [prɔsede] <*wie* préférer; *siehe Verbtabelle ab S. 1055*> verfahren; **procéder par ordre** der Reihe nach vorgehen

Ü Nur die stammbetonten Formen schreiben sich mit ê, z. B. *je procède.*

le **procès** [prɔsɛ] der Prozess; **être en procès avec quelqu'un** gegen jemanden prozessieren
le **prochain** [prɔʃɛ̃] der Nächste
prochain, prochaine [prɔʃɛ̃, prɔʃɛn] ❶ nächste(r, s); **la prochaine fois** nächstes Mal ❷ *Ankunft, Abfahrt* baldig
la **prochaine** [prɔʃɛn] (*umgs.*) (*Haltestelle*) die Nächste ▶ **à la prochaine!** bis zum nächsten Mal!
prochainement [prɔʃɛnmɑ̃] demnächst; **très prochainement** in Kürze
proche [prɔʃ] ❶ nah, nahe; *Abfahrt* bevorstehend; **la ville la plus proche** die nächste Stadt; **être proche de la plage** nah[e] am Strand sein ❷ *Sinn, Bedeutung* verwandt; **le français est proche de l'italien** das Französische ähnelt dem Italienischen
le **proche** [prɔʃ] ❶ der Vertraute ❷ (*Verwandter*) **les proches de la victime** die Angehörigen des Opfers
la **proche** [prɔʃ] die Vertraute
le **Proche-Orient** [prɔʃɔrjɑ̃] der Nahe Osten
proclamer [prɔklame] ❶ verkünden *Überzeugung, Wahrheit;* beteuern *Unschuld* ❷ ausrufen *Republik* ❸ **se proclamer indépendant(e)** sich für unabhängig erklären
procurer [prɔkyre] beschaffen *Buch, Theaterkarten;* **procurer un emploi à un ami** einem Freund eine Stelle verschaffen [*oder* zu einer Stelle verhelfen]
le **prodige** [prɔdiʒ] ❶ das Wunder ❷ das Genie; **l'enfant prodige** das Wunderkind
producteur, productrice [prɔdyktœr, prɔdyktris] erzeugend; **les pays producteurs de pétrole** die Erdöl produzierenden Länder
le **producteur** [prɔdyktœr] ❶ der Produzent ❷ (*in der Landwirtschaft*) der Erzeuger, der Produzent
productif, productive [prɔdyktif, prɔdyktiv] produktiv; (*finanziell*) Gewinn bringend
la **production** [prɔdyksjɔ̃] ❶ (*das Erzeugen*) die Erzeugung, die Produktion; **la production d'énergie** die Energieerzeugung ❷ (*die erzeugte Menge*) die Produktion; **la production annuelle de blé** die Jahresproduktion an Weizen ❸ (*Fabrikation*) die Herstellung
productive [prɔdyktiv] →**productif**
la **productivité** [prɔdyktivite] die Produktivität
la **productrice** [prɔdyktris] ❶ die Produzentin ❷ (*in der Landwirtschaft*) die Erzeugerin, die Produzentin
produire [prɔdɥir] <*wie* conduire; *siehe Verbtabelle ab S. 1055*> ❶ **produire quelque chose** *Landwirt:* etwas erzeugen; *Land, Region:* etwas hervorbringen; *Baum:* etwas tragen ❷ erzeugen *Elektrizität;* herstellen *Autos* ❸ **se produire** *Wechsel, Unfall:* sich ereignen; *Ruhe:* eintreten; *Schauspieler:* auftreten
le **produit** [prɔdɥi] ❶ das Produkt, das Erzeugnis ❷ (*Substanz*) das Mittel ❸ (*volkswirtschaftlich*) **le produit brut** der Bruttoertrag; **le produit net** der Nettoertrag; **le produit intérieur brut** das Bruttoinlandsprodukt
◆ le **produit de beauté** das Schönheitsmittel
le **pro-européen** [prɔørɔpeɛ̃] der Europabefürworter
la **pro-européenne** [prɔørɔpeɛn] die Europabefürworterin
le **prof** [prɔf] (*umgs.*) *Abkürzung von* **professeur** ❶ der Lehrer; **le prof d'allemand** der Deutschlehrer; **le prof de piano** der Klavierlehrer ❷ (*an Hochschulen*) der Professor;

la **prof** [pʀɔf] (*umgs.*) *Abkürzung von* **professeur** ❶ die Lehrerin; **la prof de maths** die Mathelehrerin; **la prof de violon** die Geigenlehrerin ❷ (*an Hochschulen*) die Professorin; (*mit eingeschränkter Lehrbefugnis*) die Dozentin
le **professeur** [pʀɔfesœʀ] ❶ der Lehrer; **le professeur d'anglais** der Englischlehrer ❷ (*an Hochschulen*) der Professor; (*mit eingeschränkter Lehrbefugnis*) der Dozent
la **professeur** [pʀɔfesœʀ] ❶ die Lehrerin; **la professeure de latin** die Lateinlehrerin ❷ (*an Hochschulen*) die Professorin; (*mit eingeschränkter Lehrbefugnis*) die Dozentin
la **profession** [pʀɔfesjɔ̃] der Beruf
le **professionnel** [pʀɔfesjɔnɛl] ❶ der Fachmann ❷ (*Experte*) der Sachkundige, der Profi

V Das französische Wort schreibt sich, ebenso wie die folgenden drei Stichwörter, mit *nn*.

professionnel, professionnelle [pʀɔfesjɔnɛl] ❶ beruflich; **la vie professionnelle** das Berufsleben ❷ *Schriftsteller, Journalist* berufsmäßig ❸ *Lügner* ausgemacht ❹ (*kompetent*) fachkundig
la **professionnelle** [pʀɔfesjɔnɛl] ❶ die Fachfrau ❷ (*Experte*) die Sachkundige, der Profi
le **profil** [⚠ pʀɔfil] ❶ (*auch in der Technik*) das Profil; **de profil** im Profil ❷ *eines Gebäudes* die Silhouette
  ◆ le **profil utilisateur** das Benutzerprofil
le **profit** [pʀɔfi] ❶ (*finanziell*) der Profit ❷ (*Vorteil*) der Gewinn; **au profit des orphelins/d'une fondation** zugunsten der Waisenkinder/einer Stiftung
profiter [pʀɔfite] ❶ **profiter d'une occasion** eine Gelegenheit nutzen; **profiter d'une situation** eine Situation ausnutzen ❷ **profiter de la vie** das Leben genießen ❸ **j'en profite pour faire du café** bei der Gelegenheit mache ich gleich Kaffee
le **profiteur** [pʀɔfitœʀ] (*abwertend*) der Profitmacher
la **profiteuse** [pʀɔfitøz] (*abwertend*) die Profitmacherin
profond, profonde [pʀɔfɔ̃, pʀɔfɔ̃d] ❶ tief ❷ *Interesse* stark; *Blick* intensiv ❸ *Bedeutung* tiefere(r, s), tiefer liegend; **la cause profonde** der tiefere Grund ❹ **la France profonde** das traditionelle, traditionsverhaftete Frankreich
profondément [pʀɔfɔ̃demɑ̃] ❶ *graben* tief ❷ *lieben* innig; *wünschen* sehnlichst; *beeinflussen, spüren* stark; *überlegen, sich irren* gründlich ❸ **profondément vexé(e)** schwer beleidigt
la **profondeur** [pʀɔfɔ̃dœʀ] ❶ die Tiefe; **à dix mètres de profondeur** in zehn Metern Tiefe ❷ *eines Blicks* die Intensität ▸ **en profondeur** gründlich; *Reform* tief greifend
programmable [pʀɔgʀamabl] *Gerät* programmierbar
la **programmation** [pʀɔgʀamasjɔ̃] ❶ die Programmgestaltung ❷ (*in der Technik, Informatik*) die Programmierung
le **programme** [pʀɔgʀam] ❶ das Programm ❷ (*an Schulen*) der Lehrplan; (*an Universitäten*) der Studienplan ▸ **tout un programme** ein weites Feld
programmer [pʀɔgʀame] ❶ ins Programm nehmen; (*bei Theatern*) auf den Spielplan setzen; **être programmé(e)** *Sendung:* auf dem Programm stehen; **être programmé(e) à dix heures** auf zehn Uhr angesetzt sein ❷ vorausplanen, planen *Tagesablauf, Ferien* ❸ vorprogrammieren, programmieren *Gerät*
le **programmeur** [pʀɔgʀamœʀ] der Programmierer
la **programmeuse** [pʀɔgʀamøz] die Programmiererin
le **progrès** [pʀɔgʀɛ] ❶ der Fortschritt; **faire des progrès** Fortschritte machen ❷ *einer Krankheit* das Fortschreiten
progresser [pʀɔgʀese] ❶ Fortschritte machen ❷ *Fahrzeuge:* vorankommen; *Armee:* vorrücken ❸ *Epidemie, Feuer, Überschwemmung:* sich ausbreiten ❹ *Gehälter:* steigen
progressif, progressive [pʀɔgʀesif, pʀɔgʀesiv] *Evolution, Entwicklung* allmählich, schrittweise
la **progression** [pʀɔgʀesjɔ̃] ❶ *eines Menschen, Fahrzeugs* das Vorankommen; *einer Armee* das Vorrücken ❷ *einer Krankheit* das Fortschreiten; *einer Epidemie, eines Feuers* die Ausbreitung ❸ (*in der Mathematik*) **la progression arithmétique** die arithmetische Reihe
progressive [pʀɔgʀesiv] →**progressif**
progressivement [pʀɔgʀesivmɑ̃] nach und nach; *vorgehen* schrittweise
la **proie** [pʀwa] ❶ die Beute ❷ *eines Angreifers, Eroberers* das Opfer, die Beute
le **projecteur** [pʀɔʒɛktœʀ] der Projektor; (*für einen Laptop*) der Beamer
le **projet** [pʀɔʒɛ] ❶ der Plan; **le projet de film** das Filmprojekt ❷ *eines Romans* der Entwurf
projeter [pʀɔʒ(ə)te] <*wie* rejeter; *siehe Verbtabelle ab S. 1055*> ❶ planen ❷ herausschleudern *Lava*

Ü Mit *tt* schreiben sich
– die stammbetonten Formen wie *je projette* oder *tu projettes* sowie
– die auf der Basis der Grundform *projeter* gebildeten Formen, z. B. *ils projetteront* und *je projetterais*.

prolétaire [pʀɔletɛʀ] proletarisch
le **prolétaire** [pʀɔletɛʀ] der Proletarier
la **prolétaire** [pʀɔletɛʀ] die Proletarierin
le **prolétariat** [pʀɔletaʀja] das Proletariat
la **prolongation** [pʀɔlɔ̃gasjɔ̃] die Verlängerung
prolonger [pʀɔlɔ̃ʒe] <wie changer; siehe Verbtabelle ab S. 1055> ❶ verlängern ❷ **se prolonger** *Effekt, Sitzung:* andauern; *Debatte:* sich in die Länge ziehen

Ü Vor *a* und *o* bleibt das *e* erhalten, z. B. in *nous prolongeons, il prolongeait* und *en prolongeant*.

la **promenade** [pʀɔm(ə)nad] ❶ der Spaziergang; **la promenade en voiture** die Spazierfahrt; **la promenade en bateau** die Bootsfahrt; **la promenade à cheval** der Ausritt ❷ (*Straße, Weg*) die Promenade
promener [pʀɔm(ə)ne] <wie peser; siehe Verbtabelle ab S. 1055> ❶ **promener un bébé/un animal** mit einem Baby/einem Tier spazieren gehen ❷ [aller] **se promener** *Mensch:* spazieren gehen; (*auf einem Pferd*) ausreiten; (*auf dem Wasser*) eine Bootsfahrt machen; *Tier:* herumlaufen; **se promener en voiture** mit dem Auto spazieren fahren

Ü Mit *è* schreiben sich
– die stammbetonten Formen wie *je promène* oder *tu promènes* sowie
– die auf der Basis der Grundform *promener* gebildeten Formen, z. B. *ils promèneront* und *je promènerais*.

le **promeneur** [pʀɔm(ə)nœʀ] der Spaziergänger
la **promeneuse** [pʀɔm(ə)nøz] die Spaziergängerin
la **promesse** [pʀɔmɛs] das Versprechen ▶ **les promesses en l'air** die leeren Versprechungen
prometteur, prometteuse [pʀɔmɛtœʀ, pʀɔmɛtøz] *Schauspieler, Debüt* viel versprechend
promettre [pʀɔmɛtʀ] <wie mettre; siehe Verbtabelle ab S. 1055> ❶ *Kind, Künstler:* zu Hoffnungen Anlass geben ❷ versprechen; **promettre le secret à quelqu'un** jemandem versprechen, nichts zu verraten ❸ (*beteuern*) versichern ❹ **se promettre de ne plus fumer** sich fest vornehmen, nicht mehr zu rauchen ▶ **promis juré** (*umgs.*) das ist hoch und heilig versprochen; **ça promet!**
(*ironisch*) das fängt ja gut an!; **ça je te le promets!** [also] das verspreche ich dir!
promis, promise [pʀɔmi, iz] **être promis à une belle carrière** für eine große Laufbahn bestimmt sein
la **promotion** [pʀɔmosjɔ̃] ❶ *eines Angestellten* die Beförderung ❷ (*in Geschäften*) das Sonderangebot ❸ (*an Hochschulen*) der Zulassungsjahrgang, der Jahrgang

F Nicht verwechseln mit *die Promotion* – *la thèse* oder *le doctorat*!

le **pronom** [pʀɔnɔ̃] (*in der Grammatik*) das Pronomen; **le pronom personnel** das Personalpronomen
pronominal, pronominale [pʀɔnɔminal] <Plural der männl. Form: pronominaux> (*in der Grammatik*) pronominal; **le verbe pronominal** das reflexive Verb
prononcer [pʀɔnɔ̃se] <wie commencer; siehe Verbtabelle ab S. 1055> ❶ aussprechen; **se prononcer** *Wort, Name:* ausgesprochen werden ❷ halten *Rede* ❸ **se prononcer sur quelque chose** sich zu einer Sache äußern, zu einer Sache Stellung nehmen; **se prononcer en faveur de quelque chose** sich für etwas aussprechen

Ü Vor *a* und *o* steht statt *c* ein *ç*, z. B. in *nous prononçons, il prononçait* und *en prononçant*.

le **pronostic** [pʀɔnɔstik] die Prognose
la **propagande** [pʀɔpagɑ̃d] die Propaganda
la **propagation** [pʀɔpagasjɔ̃] ❶ die Ausbreitung ❷ *einer Idee, Neuigkeit* die Verbreitung
propager [pʀɔpaʒe] <wie changer; siehe Verbtabelle ab S. 1055> ❶ verbreiten *Neuigkeit, Idee* ❷ **se propager** *Epidemie, Feuer:* sich ausbreiten; *Neuigkeit, Idee:* sich verbreiten

Ü Vor *a* und *o* bleibt das *e* erhalten, z. B. in *nous propageons, il propageait* und *en propageant*.

propice [pʀɔpis] günstig
la **proportion** [pʀɔpɔʀsjɔ̃] ❶ das Größenverhältnis, das Verhältnis ❷ **les proportions** die Proportionen; (*Wichtigkeit*) die Ausmaße; *eines Rezeptes* die Mengenangaben
proportionnel, proportionnelle [pʀɔpɔʀsjɔnɛl] proportional
proportionnellement [pʀɔpɔʀsjɔnɛlmɑ̃] verhältnismäßig
le **propos** [pʀɔpo] **les propos** die Äußerungen, die Worte; **tenir des propos injurieux** sich beleidigend äußern ▶ **à ce propos** dazu; **à**

Révisions

Proposer qc – *einen Vorschlag machen*	
Je te propose de sortir cet après-midi.	*Ich schlage (dir) vor heute Nachmittag auszugehen.*
On pourrait faire les magasins. *(umgs.)*	*Wir könnten die Geschäfte abklappern. (umgs.)*
Tu as envie d'aller au cinéma?	*Hast du Lust ins Kino zu gehen?*
Tu es d'accord pour demander à Luc de venir avec nous?	*Bist du damit einverstanden Luc zu fragen, ob er mitkommt?*
Si on y allait en vélo?	*Sollen wir mit dem Fahrrad fahren?*
Si on faisait un tour en roller?	*Wie wär's, wenn wir eine Runde mit den Rollschuhen drehten?*
On va à la piscine! **D'accord?**	*Wir gehen ins Schwimmbad, einverstanden?*

quel **propos?** weswegen?; **à propos** übrigens; **à propos de …** apropos …
proposer [pʀɔpoze] ❶ vorschlagen ❷ beantragen *Erlass, Gesetz* ❸ anbieten *Waren, Belohnung*; bieten *Preis, Vorstellung* ❹ **se proposer à quelqu'un comme chauffeur** sich jemandem als Chauffeur anbieten
la **proposition** [pʀɔpozisjɔ̃] ❶ der Vorschlag ❷ (*in der Sprachwissenschaft*) der Satz
◆ la **proposition de loi** die Gesetzesvorlage
propre¹ [pʀɔpʀ] ❶ sauber ❷ (*in Bezug auf die Umwelt*) umweltfreundlich
propre² [pʀɔpʀ] ❶ eigen ❷ **par ses propres moyens** allein ❸ *Bedeutung* wörtlich
le **propre¹** [pʀɔpʀ] **mettre une dissertation au propre** einen Aufsatz ins Reine schreiben
▸ **c'est du propre!** (*umgs.*) sauber!
le **propre²** [pʀɔpʀ] das charakteristische Kennzeichen; *eines Menschen* das Wesensmerkmal
proprement [pʀɔpʀəmɑ̃] sauber; essen anständig
la **propreté** [pʀɔpʀəte] die Sauberkeit
le **propriétaire** [pʀɔpʀijetœʀ] ❶ der Eigentümer, der Besitzer; *eines Tieres, Autos* der Halter ❷ der Hauswirt, der Vermieter
la **propriétaire** [pʀɔpʀijetœʀ] ❶ die Eigentümerin, die Besitzerin; *eines Tieres, Autos* die Halterin ❷ die Hauswirtin, die Vermieterin
la **propriété** [pʀɔpʀijete] ❶ das [private] Anwesen ❷ **la propriété [foncière]** der Grundbesitz ❸ (*Besitz*) das Eigentum ❹ die Eigenschaft
le **prospectus** [⚠ pʀɔspɛktys] der Prospekt
le **prostitué** [pʀɔstitɥe] der Prostituierte
la **prostituée** [pʀɔstitɥe] die Prostituierte
la **prostitution** [pʀɔstitysjɔ̃] die Prostitution
le **protecteur** [pʀɔtɛktœʀ] der Beschützer
protecteur, protectrice [pʀɔtɛktœʀ, pʀɔtɛktʀis] *Verhalten, Person* beschützend, schützend

la **protection** [pʀɔtɛksjɔ̃] ❶ der Schutz; **les mesures de protection** die Schutzmaßnahmen ❷ die Schutzvorrichtung ❸ **la protection sociale** die soziale Sicherung, das soziale Netz
protectrice [pʀɔtɛktʀis] → **protecteur**
la **protectrice** [pʀɔtɛktʀis] die Beschützerin
le **protégé** [pʀɔteʒe] der Günstling
protégé, protégée [pʀɔteʒe] geschützt; **protégé du vent** windgeschützt
la **protégée** [pʀɔteʒe] der Günstling
protéger [pʀɔteʒe] <*wie* assiéger; *siehe Verbtabelle ab S. 1055*> ❶ schützen ❷ **se protéger** sich schützen; **se protéger contre un ennemi/contre le froid** sich vor einem Feind/vor der Kälte schützen

Ü Nur die stammbetonten Formen schreiben sich mit **è**, z. B. *je protège*.
Außerdem bleibt vor Endungen, die mit *a* und *o* beginnen, das *e* erhalten, z. B. *en protégeant, il protégeait* und *nous protégeons*.

la **protéine** [pʀɔtein] ⚠ *weiblich* das Eiweiß, das Protein
protéiné, protéinée [pʀɔteine] *Diät, Ernährung* eiweißreich, proteinreich
le **protestant** [pʀɔtɛstɑ̃] der Protestant
protestant, protestante [pʀɔtɛstɑ̃, pʀɔtɛstɑ̃t] protestantisch; (*in Deutschland*) evangelisch, protestantisch
la **protestante** [pʀɔtɛstɑ̃t] die Protestantin
la **protestation** [pʀɔtɛstasjɔ̃] ⚠ *weiblich* der Protest; **soulever une tempête de protestations** einen Proteststurm hervorrufen
protester [pʀɔtɛste] protestieren
le **prototype** [pʀɔtɔtip] der Prototyp
prouver [pʀuve] beweisen; erweisen *Dankbarkeit*; **il est prouvé que …** es ist erwiesen,

dass ...

la **provenance** [pʀɔv(ə)nɑ̃s] die Herkunft; **le train en provenance de Lyon** der Zug aus Lyon

le **provençal** [pʀɔvɑ̃sal] Provenzalisch

> **G** In Verbindung mit dem Verb *parler* kann der Artikel entfallen: *elle parle provençal – sie spricht Provenzalisch.*

provençal, provençale [pʀɔvɑ̃sal] <*Plural der männl. Form:* provençaux> provenzalisch

le **Provençal** [pʀɔvɑ̃sal] <*Plural:* Provençaux> der Provenzale

la **provençale** [pʀɔvɑ̃sal] **à la provençale** auf provenzalische Art

la **Provençale** [pʀɔvɑ̃sal] die Provenzalin

provençaux [pʀɔvɑ̃so] →**provençal**

la **Provence** [pʀɔvɑ̃s] die Provence

le **proverbe** [pʀɔvɛʀb] das Sprichwort ▸ **comme dit le proverbe** wie es im Sprichwort [so schön] heißt

la **province** [pʀɔvɛ̃s] die Provinz ▸ **la Belle Province** Bezeichnung für die Provinz Quebec

le **provincial** [pʀɔvɛ̃sjal] <*Plural:* provinciaux> der Provinzbewohner

provincial, provinciale [pʀɔvɛ̃sjal] <*Plural der männl. Form:* provinciaux> ❶ (*nicht pariserisch*) *Verhalten, Auftreten* provinziell; *Leben in der Provinz* ❷ **CAN** *Maßnahmen, Entscheidung* auf der Provinzebene

la **provinciale** [pʀɔvɛ̃sjal] die Provinzbewohnerin

le **proviseur** [pʀɔvizœʀ] ≈ der Leiter eines „lycée"/die ≈ Leiterin eines „lycée"

> **G** Es gibt im Französischen keine Femininform: *elle est proviseur – sie ist Leiterin eines „lycée".*

la **provision** [pʀɔvizjɔ̃] der Vorrat; **la provision d'eau** der Wasservorrat; **les provisions** die Vorräte, die Essensvorräte; (*für einen Ausflug*) der Proviant

provisoire [pʀɔvizwaʀ] provisorisch; *Lösung, Maßnahme* vorläufig

provisoirement [pʀɔvizwaʀmɑ̃] vorübergehend

provocant, provocante [pʀɔvɔkɑ̃, pʀɔvɔkɑ̃t] provozierend

le **provocateur** [pʀɔvɔkatœʀ] der Aufwiegler

provocateur, provocatrice [pʀɔvɔkatœʀ, pʀɔvɔkatʀis] provokatorisch

la **provocation** [pʀɔvɔkasjɔ̃] die Provokation; **c'est de la provocation** das ist reine Provokation

provocatrice [pʀɔvɔkatʀis] →**provocateur**

la **provocatrice** [pʀɔvɔkatʀis] die Aufwieglerin

provoquer [pʀɔvɔke] ❶ verursachen; bewirken *Änderung;* erregen *Wut, Heiterkeit;* herbeiführen *Tod, Unfall* ❷ provozieren, herausfordern *Menschen* ❸ (*anmachen*) aufreizen

prudemment [pʀydamɑ̃] vorsichtig

la **prudence** [pʀydɑ̃s] die Vorsicht

prudent, prudente [pʀydɑ̃, pʀydɑ̃t] vorsichtig

la **prune** [pʀyn] die Pflaume ▸ **pour des prunes** (*umgs.*) für nichts [und wieder nichts]

le **pruneau** [pʀyno] <*Plural:* pruneaux> die Backpflaume

le **prunier** [pʀynje] der Pflaumenbaum

la **Prusse** [pʀys] Preußen; **la Prusse Orientale** Ostpreußen

le **Prussien** [pʀysjɛ̃] der Preuße

prussien, prussienne [pʀysjɛ̃, pʀysjɛn] preußisch

la **Prussienne** [pʀysjɛn] die Preußin

le **PS** [peɛs] *Abkürzung von* **Parti socialiste** sozialistisch-sozialdemokratische Partei Frankreichs

le **P.-S.** [peɛs] *Abkürzung von* **post-scriptum** das PS

le **pseudonyme** [⚠ psødɔnim] das Pseudonym

le **psychiatre** [⚠ psikjatʀ] der Psychiater

la **psychiatre** [⚠ psikjatʀ] die Psychiaterin

psychique [psiʃik] psychisch, seelisch

la **psychologie** [⚠ psikɔlɔʒi] die Psychologie

psychologique [⚠ psikɔlɔʒik] psychologisch; *Probleme, Zustand* psychisch

le **psychologue** [⚠ psikɔlɔg] der Psychologe

la **psychologue** [⚠ psikɔlɔg] die Psychologin

psychoter [psikɔte] (*umgs.*) Paranoia schieben

la **psychothérapie** [⚠ psikoteʀapi] die Psychotherapie

pu [py] →**pouvoir**

le **pub** [⚠ pœb] die Kneipe

la **pub** [pyb] (*umgs.*) *Abkürzung von* **publicité** die Werbung

le **pubard** [pybaʀ] (*umgs.*) der Werbetyp

la **pubarde** [pybaʀd] (*umgs.*) die Werbetussi

la **puberté** [pybɛʀte] die Pubertät

le **public** [pyblik] ❶ das Publikum ❷ die Allgemeinheit; **en public** öffentlich, in der Öffentlichkeit; (*vor allen Leuten*) in aller Öffentlichkeit

public, publique [pyblik] ❶ öffentlich; **sur la voie publique** in der Öffentlichkeit ❷ staatlich

la **publication** [pyblikasjɔ̃] die Veröffentlichung

publicitaire [pyblisitɛʀ] Reklame-, Werbe-; **le spot publicitaire** der Werbespot

la **publicité** [pyblisite] ❶ die Werbung ❷ (einzelne Aktion in der Presse) die Anzeige; (im Radio, Fernsehen) der Werbespot

publier [pyblije] <wie apprécier; siehe Verbtabelle ab S. 1055> ❶ veröffentlichen, herausgeben Buch ❷ bekannt geben Neuigkeit

publique [pyblik] →**public**

publiquement [pyblikmã] öffentlich

la **puce** [pys] ❶ der Floh ❷ (in der Informatik) der Chip ▸ **secouer les puces à quelqu'un** (umgs.: ermahnen) jemandem den Kopf waschen

le **puceron** [pys(ə)ʀõ] die Blattlaus

la **pudeur** [pydœʀ] die Scham, die Schamhaftigkeit

pudique [pydik] schamhaft; Verhalten züchtig

puer [pɥe] (umgs.) ❶ stinken; **il/elle pue des pieds** seine/ihre Füße stinken ❷ **puer le renfermé** muffig riechen ❸ (übertragen) **puer le fric** nach Geld stinken

puis[1] [pɥi] dann; **et puis** und dann [noch]; (letztlich) und überhaupt ▸ **et puis après** [oder **quoi**]? (umgs.) na und?; **et puis quoi encore!?** (umgs.) ja, was denn noch [alles]!?

puis[2] [pɥi] →**pouvoir**

puisque [pɥisk(ə)] <vor Vokal und stummem h: puisqu'> da [ja] ▸ **puisqu'il le faut!** wenn's [denn] sein muss!

la **puissance** [pɥisãs] ❶ die Kraft; des Windes die Stärke; eines Motors die Leistung, die Leistungsfähigkeit ❷ (Staat) die Macht ❸ (in der Mathematik) die Potenz; **dix puissance deux** zehn hoch zwei

puissant, puissante [pɥisã, pɥisãt] ❶ stark ❷ Gewerkschaft, Minister mächtig; Armee schlagkräftig ❸ Medikament wirksam; Motor leistungsfähig

puisse [pɥis] →**pouvoir**

le **puits** [⚠ pɥi] ❶ der Brunnen ❷ eines Bergwerks der Schacht
◆ **le puits de pétrole** das Bohrloch, das Erdölbohrloch

le **pull** [pyl] (umgs.) Abkürzung von **pull-over** der Pulli

le **pull-over** [⚠ pylɔvɛʀ] <Plural: pull-overs> der Pullover

pulpeux, pulpeuse [pylpø, pylpøz] Lippen voll

la **punaise** [pynɛz] ❶ die Wanze ❷ (kleiner Nagel) die Reißzwecke

le **punch** [⚠ pœnʃ] der Elan; **avoir du punch** (umgs.) Schwung haben

punir [pyniʀ] <wie agir; siehe Verbtabelle ab S. 1055> bestrafen

> **G** Bei einigen Formen des Verbs ist der Stamm um -iss- erweitert, etwa bei nous puni**ss**ons, il puni**ss**ait oder en puni**ss**ant.

la **punition** [pynisjõ] ❶ die Strafe ❷ die Bestrafung ❸ (in der Schule) die Strafarbeit

punk [⚠ pœnk] Punk-; Brille, Schmuck punkig

> **G** Das Adjektiv punk ist unveränderlich: plusieurs groupes punk – mehrere Punkgruppen.

le **punk** [⚠ pœnk] der Punk, der Punker
la **punk** [⚠ pœnk] die Punkerin

le **pupitre** [pypitʀ] ❶ das Pult ❷ (in der Informatik) das Steuerpult ❸ (in der Musik) der Notenständer; eines Dirigenten das Dirigentenpult, das Pult; (an einem Klavier) das Notenpult

pur, pure [pyʀ] rein; Luft, Wasser, Blick, Profil klar; Mädchen unschuldig; Absichten lauter

la **purée** [pyʀe] ⚠ weiblich das Püree

purement [pyʀmã] rein; **un avis purement subjectif** eine rein subjektive Stellungnahme ▸ **purement et simplement** schlicht und einfach

la **pureté** [pyʀte] der Luft, des Wassers die Reinheit; des Blicks die Klarheit; eines Gesichts die Makellosigkeit; der Kindheit die Unschuld; **la pureté de la race** die Reinrassigkeit

purger [pyʀʒe] <wie changer; siehe Verbtabelle ab S. 1055> ❶ **purger quelqu'un** jemandem ein Abführmittel verabreichen ❷ entlüften Heizkörper; entleeren [und reinigen] Rohrleitungen ❸ verbüßen Strafe

> **Ü** Vor a und o bleibt das e erhalten, z.B.: nous purg**e**ons, il purg**e**ait und en purg**e**ant.

purifier [pyʀifje] <wie apprécier; siehe Verbtabelle ab S. 1055> reinigen Luft, Atmosphäre; klären Wasser

le **purin** [pyʀɛ̃] die Jauche

le **pur-sang** [pyʀsã] <Plural: pur-sang oder purs-sangs> das Vollblutpferd, das Vollblut

pus [py] →**pouvoir**

le **pus** [py] der Eiter

la **putain** [pytɛ̃] (salopp) die Nutte, die Hure
la **pute** [pyt] (salopp) die Nutte, die Hure

> **F** Nicht verwechseln mit die Pute – la dinde!

le **putois** [pytwa] der Iltis
le **puzzle** [⚠ pœzl] das Puzzle

le **pyjama** [piʒama] der Schlafanzug
la **pyramide** [piʀamid] die Pyramide
les **Pyrénées** *(weiblich)* [piʀene] die Pyrenäen

Q

le **q**, le **Q** [ky] das q, das Q
le **QCM** [kyseɛm] *Abkürzung von* **questionnaire à choix multiple** der Multiple-Choice-Fragebogen
le **QI** [kyi] *Abkürzung von* **quotient intellectuel** der IQ
qu'¹ [k] <*steht an Stelle von* que¹ *vor Vokal oder stummem h*> ❶ **dass**; **il dit qu'elle a raison** er sagt, dass sie Recht hat; **je crois qu'il est content** ich glaube, er freut sich ❷ **si tu as le temps et qu'il fait beau** wenn du Zeit hast und es schön ist ❸ (*zeitlich*) **als**; **un jour qu'il faisait beau** eines Tages, als das Wetter schön war; **toutes les fois qu'elle me téléphone** jedes Mal, wenn sie mich anruft; **le temps qu'ils arrivent, ...** bis sie [endlich] kommen, ... ❹ **damit**; **taisez-vous qu'on entende l'orateur** seid still/seien Sie still, damit man den Redner verstehen kann ❺ (*bei Vergleichen*) **plus grand(e) qu'un chien** größer als ein Hund; **moins rapide qu'une moto** langsamer als ein Motorrad; **autant de coups de fil qu'hier** genauso viele Anrufe wie gestern; **il faut prendre la vie telle qu'elle est** man muss das Leben so nehmen, wie es ist ❻ **ne ... qu'** nur; (*zeitlich*) erst; **je n'ai qu'une sœur** ich habe nur eine Schwester ❼ (*in Ausrufen*) wie; **qu'il fait froid!** das ist vielleicht kalt!
qu'² [k] <*steht an Stelle von* que² *vor Vokal oder stummem h*> ❶ (*in Fragesätzen*) was; **qu'en dites-vous?** was meint ihr/was meinen Sie [dazu]? ❷ (*in Relativsätzen*) den/die/das; **l'homme qu'elle a vu dans l'escalier** der Mann, den sie im Treppenhaus gesehen hat; **la femme qu'il aime** die Frau, die er liebt; **le livre qu'elle lit** das Buch, das sie liest; **les cerises qu'il a achetées** die Kirschen, die er gekauft hat
quadriller [kadʀije] ❶ in Quadrate einteilen ❷ **quadriller une région** *Polizei:* eine Gegend mit einem Netz von Kontrollpunkten überziehen

les **quadruplées** *(weiblich)* [⚠ k(w)adʀyple] die Vierlinge, die Vierlingsmädchen
les **quadruplés** *(männlich)* [⚠ k(w)adʀyple] die Vierlinge
le **quai** [ke] ❶ der Bahnsteig ❷ (*im Hafen*) der Kai ❸ die Uferstraße
le **qualificatif** [kalifikatif] die Bezeichnung
qualificatif, qualificative [kalifikatif, kalifikativ] **l'adjectif qualificatif** das Adjektiv
la **qualification** [kalifikasjõ] die Qualifikation
qualificative [kalifikativ] → **qualificatif**
qualifié, qualifiée [kalifje] qualifiziert
qualifier [kalifje] <*wie* **apprécier**; *siehe Verbtabelle ab S. 1055*> (*im Sport*) qualifizieren; **se qualifier** sich qualifizieren
qualitatif, qualitative [kalitatif, kalitativ] qualitativ
la **qualité** [kalite] ❶ die Qualität; **de première qualité** erstklassig ❷ *eines Menschen* die gute Eigenschaft
quand [kã] ❶ (*in Fragesätzen*) wann; **depuis quand?** seit wann? ❷ als; **quand il nous a vus** als er uns sah ❸ (*sooft, sobald*) wenn; **quand elle chantait** wenn sie sang, immer wenn sie sang; **quand tu le rencontreras** wenn du ihn triffst; **quand je pense que ...!** wenn ich daran denke, dass ...!
quand même [kãmɛm] ❶ trotzdem ❷ **quel imbécile quand même!** (*umgs.*) was ist er bloß für ein Dummkopf!
quant [kãt] **quant à cela** was das betrifft; **quant à lui** was ihn betrifft; **quant à moi** was mich betrifft, ich für mein [*oder* meinen] Teil
la **quantité** [kãtite] ❶ die Menge; **quelle quantité de beurre nous faut-il?** wie viel Butter brauchen wir? ❷ (*große Anzahl*) [une] **quantité de personnes/de voitures** eine [große] Menge Leute/Autos; **des chapeaux en quantité** unzählige Hüte
la **quarantaine** [kaʀãtɛn] ❶ **une quarantaine de ...** etwa vierzig ..., ungefähr vierzig ...; **une quarantaine de personnes** etwa vierzig Personen; **j'ai lu une quarantaine de pages** ich habe etwa vierzig Seiten gelesen ❷ (*bei der Altersangabe*) **avoir la quarantaine** ungefähr vierzig Jahre alt sein, ungefähr vierzig sein ❸ (*in der Medizin*) die Quarantäne; **être en quarantaine** unter Quarantäne stehen
quarante [kaʀãt] ❶ vierzig; **quarante pour cent** vierzig Prozent ❷ (*bei Angaben des Alters, des Zeitraums*) **il/elle a quarante ans** er/sie ist vierzig Jahre alt, er/sie ist vierzig; **à quarante ans** mit vierzig Jahren, mit

vierzig; **un homme de quarante ans** ein vierzigjähriger Junge, ein Vierzigjähriger; **une période de quarante jours** ein Zeitraum von vierzig Tagen ❸ (*bei Uhrzeitangaben*) **il est onze heures quarante** es ist elf Uhr vierzig, es ist zwanzig vor zwölf

le **quarante** [kaʀɑ̃t] ⚠ *männlich* ❶ die Vierzig; **écrire un grand quarante au tableau** eine große Vierzig an die Tafel schreiben ❷ (*Konfektionsgröße*) 40, Größe 40; (*im deutschen System*) ≈ 38, ≈ Größe 38; **faire du quarante** [Größe] 40 tragen; (*im deutschen System*) ≈ [Größe] 38 tragen ❸ (*Schuhgröße*) 40, die Größe 40

les **Quarante** (*männlich*) [kaʀɑ̃t] die Académie française, die vierzig Mitglieder der Académie française

quarantième [kaʀɑ̃tjɛm] vierzigste(r, s); **la quarantième page** die vierzigste Seite

le **quarantième** [kaʀɑ̃tjɛm] ❶ der/die/das Vierzigste ❷ (*Bruchzahl*) das Vierzigstel

le **quart** [kaʀ] ❶ das Viertel; **trois quarts** drei Viertel; **il est trois heures et** [*oder* **un**] **quart** es ist Viertel nach drei; **il est quatre heures moins le quart** es ist Viertel vor vier ❷ **le quart d'heure** die Viertelstunde; **les trois quarts d'heure** die Dreiviertelstunde ❸ (*im Sport*) **le quart de finale** das Viertelfinale ▶ **les trois quarts du temps** die meiste Zeit; **au quart de tour** sofort

la **quarte** [kaʀt] (*in der Musik*) die Quart, die Quarte

le **quartier** [kaʀtje] ❶ das Viertel; **les gens du quartier** die Leute aus der Nachbarschaft; **le Quartier latin** das Quartier Latin *im Zentrum von Paris, am dem linken Seine-Ufer gelegenes Universitäts- und Studentenviertel* ❷ 🇨🇭 **le quartier périphérique** das Vorstadtviertel, das Außenquartier 🇨🇭 ▶ **avoir quartier libre** ausgehen dürfen

quasi [⚠ kazi] fast; **quasi mort(e)** halb tot

quatorze [katɔʀz] ❶ vierzehn; **un foyer sur quatorze** jeder vierzehnte Haushalt ❷ (*bei Angaben des Alters, des Zeitraums*) **il/elle a quatorze ans** er/sie ist vierzehn Jahre alt, er/sie ist vierzehn; **à quatorze ans** mit vierzehn Jahren, mit vierzehn; **un garçon de quatorze ans** ein vierzehnjähriger Junge, ein Vierzehnjähriger; **une période de quatorze mois** ein Zeitraum von vierzehn Monaten; **toutes les quatorze heures** alle vierzehn Stunden ❸ (*bei Uhrzeitangaben*) **il est quatorze heures** es ist vierzehn Uhr; **il est quatorze heures trente** es ist vierzehn Uhr dreißig ❹ (*bei Datumsangaben*) **le quatorze juillet** *geschrieben:* **le 14 juillet** der vierzehnte Juli *geschrieben:* der 14. Juli; **arriver le quatorze mai** am vierzehnten Mai kommen; **le vendredi quatorze avril** am Freitag, den vierzehnten April; **Aix, le quatorze mars** Aix, den vierzehnten März ❺ (*als Namenszusatz*) **Louis quatorze** *geschrieben:* **Louis XIV** [lwi katɔʀz] Ludwig der Vierzehnte *geschrieben:* Ludwig XIV.

le **quatorze** [katɔʀz] ⚠ *männlich* ❶ (*Zahl*) die Vierzehn; **écrire un grand quatorze au tableau** eine große Vierzehn an die Tafel schreiben ❷ (*Schulnote*) **quatorze sur vingt** ≈ [die] Zwei, ≈ [die] Fünf 🇨🇭; **avoir quatorze sur vingt** ≈ eine Zwei haben, ≈ eine Fünf haben 🇨🇭

quatorzième [katɔʀzjɛm] ❶ vierzehnte(r, s) ❷ **obtenir la quatorzième place** Vierzehnter/Vierzehnte werden ❸ **la quatorzième page** die vierzehnte Seite

le **quatorzième** [katɔʀzjɛm] ❶ (*in Bezug auf die Reihenfolge, die Leistung*) der/die/das Vierzehnte ❷ (*vierzehnter Stock*) der Vierzehnte; **ils habitent au quatorzième** sie wohnen im Vierzehnten ❸ (*vierzehntes Arrondissement*) das Vierzehnte; **j'habite dans le quatorzième** ich wohne im Vierzehnten ❹ (*Bruchzahl*) das Vierzehntel

la **quatorzième** [katɔʀzjɛm] der/die/das Vierzehnte

quatre [katʀ(ə)] ❶ vier; **un Français sur quatre** jeder vierte Franzose; **en quatre exemplaires** in vierfacher Ausfertigung; **rentrer quatre par quatre** [jeweils] zu viert hineingehen; **à quatre** zu viert ❷ (*bei Angaben des Alters, des Zeitraums*) **il/elle a quatre ans** er/sie ist vier Jahre alt, er/sie ist vier; **à quatre ans** mit vier Jahren, mit vier; **un enfant de quatre ans** ein vierjähriges Kind, ein Vierjähriger; **une période de quatre ans** ein Zeitraum von vier Jahren; **toutes les quatre heures** alle vier Stunden ❸ (*bei Uhrzeitangaben*) **il est quatre heures** es ist vier Uhr, es ist vier; **il est quatre heures cinq** es ist fünf nach vier, es ist fünf Minuten nach vier; **il est quatre heures moins cinq** es ist fünf vor vier, es ist fünf Minuten vor vier ❹ (*bei Datumsangaben*) **le quatre mars** *geschrieben:* **le 4 mars** der vierte März *geschrieben:* der 4. März; **arriver le quatre mai** am vierten Mai kommen; **le vendredi quatre avril** am Freitag, den vierten April; **Aix, le quatre juin** Aix, den vierten Juni ❺ (*als Namenszusatz*) **Henri quatre** *geschrieben:* **Henri IV** [ɑ̃ʀi katʀ(ə)]

Heinrich der Vierte *geschrieben:* Heinrich IV. ▶ **manger comme quatre** für zwei essen; **un de ces quatre** [**matins**] (*umgs.*) demnächst

le **quatre** [katʀ(ə)] ⚠ *männlich* ❶ die Vier; **écrire un grand quatre au tableau** eine große Vier an die Tafel schreiben ❷ (*Schulnote*) **quatre sur vingt** [die] Sechs, [die] Eins (CH); **avoir quatre sur vingt** ≈ eine Sechs haben, ≈ eine Eins haben (CH)

le **quatre-heures** [katʀœʀ] (*umgs.*) süßer Nachmittagsimbiss für Kinder

quatre-vingt-dix [katʀəvɛ̃dis] ❶ neunzig ❷ (*bei Angaben des Alters, des Zeitraums*) **il/elle a quatre-vingt-dix ans** er/sie ist neunzig Jahre alt, er/sie ist neunzig; **à quatre-vingt-dix ans** mit neunzig Jahren, mit neunzig; **un homme de quatre-vingt-dix ans** ein neunzigjähriger Mann, ein Neunzigjähriger; **une période de quatre-vingt-dix jours** ein Zeitraum von neunzig Tagen

Ⓥ Wenn das Wort, auf das sich *quatre-vingt-dix* bezieht und vor dem es steht, mit einem Vokal oder stummen h anfängt, wird die Liaison gemacht:
il a quatre-vingt-dix ans [katʀəvɛ̃diz ɑ̃] – er ist neunzig Jahre alt;
il y avait quatre-vingt-dix hommes [katʀəvɛ̃diz ɔm] – es waren neunzig Männer da.
Beginnt das Bezugswort jedoch mit einem Konsonanten oder einem *h aspiré*, lautet die Aussprache [katʀəvɛ̃di]:
dans quatre-vingt-dix jours [katʀəvɛ̃di ʒuʀ] – heute in neunzig Tagen.
Wird *quatre-vingt-dix* allein verwendet, endet es mit einem stimmlosen [s]:
nous sommes quatre-vingt-dix [katʀəvɛ̃dis] – wir sind neunzig [Leute].

le **quatre-vingt-dix** [katʀəvɛ̃dis] ⚠ *männlich* die Neunzig; **écrire un grand quatre-vingt-dix au tableau** eine große Neunzig an die Tafel schreiben

quatre-vingt-dixième [katʀəvɛ̃dizjɛm] neunzigste(r, s); **le quatre-vingt-dixième épisode** die neunzigste Folge

le **quatre-vingt-dixième** [katʀəvɛ̃dizjɛm] ❶ (*in Bezug auf die Reihenfolge, die Leistung*) der/die/das Neunzigste ❷ (*Bruchzahl*) das Neunzigstel

quatre-vingtième [katʀəvɛ̃tjɛm] achtzigste(r, s); **le quatre-vingtième épisode** die achtzigste Folge

le **quatre-vingtième** [katʀəvɛ̃tjɛm] ❶ (*in Bezug auf die Reihenfolge, die Leistung*) der/die/das Achtzigste ❷ (*Bruchzahl*) das Achtzigstel

quatre-vingt-onze [katʀəvɛ̃ɔ̃z] einundneunzig

quatre-vingts [katʀəvɛ̃] ❶ achtzig ❷ (*bei Angaben des Alters, des Zeitraums*) **il/elle a quatre-vingts ans** er/sie ist achtzig Jahre alt, er/sie ist achtzig; **à quatre-vingts ans** mit achtzig Jahren, mit achtzig; **une femme de quatre-vingts ans** eine achtzigjährige Frau, eine Achtzigjährige; **une période de quatre-vingts jours** ein Zeitraum von achtzig Tagen

le **quatre-vingts** [katʀəvɛ̃] ⚠ *männlich* die Achtzig; **écrire un grand quatre-vingts au tableau** eine große Achtzig an die Tafel schreiben

quatre-vingt-un, **quatre-vingt-une** [katʀəvɛ̃ɛ̃, katʀəvɛ̃yn] einundachtzig; **quatre-vingt-un points** einundachtzig Punkte

quatre-vingt-unième [katʀəvɛ̃ynjɛm] einundachtzigste(r, s)

le **quatre-vingt-unième** [katʀəvɛ̃ynjɛm] ❶ (*in Bezug auf die Reihenfolge, die Leistung*) der/die/das Einundachtzigste ❷ (*Bruchzahl*) das Einundachtzigstel

la **quatre-vingt-unième** [katʀəvɛ̃ynjɛm] der/die/das Einundachtzigste

quatrième [katʀijɛm] vierte(r, s); **la quatrième page** die vierte Seite; **au quatrième étage** im vierten Stock

le **quatrième** [katʀijɛm] ❶ (*in Bezug auf die Reihenfolge, die Leistung*) der/die/das Vierte; **Bruno est arrivé le quatrième** Bruno ist Vierter geworden ❷ (*umgs.: vierter Stock*) der Vierte; **nous habitons au quatrième** wir wohnen im Vierten ❸ (*umgs.: viertes Arrondissement*) das Vierte; **ils habitent dans le quatrième** sie wohnen im Vierten

la **quatrième** [katʀijɛm] ❶ (*in Bezug auf die Reihenfolge, die Leistung*) der/die/das Vierte ❷ (*Klassenstufe*) die dritte Klasse des „Collège"; (*im deutschen Schulsystem*) ≈ die achte Klasse ❸ (*vierter Gang*) der Vierte; **passer en quatrième** in den Vierten schalten

quatrièmement [katʀijɛmmɑ̃] viertens

que[1] [kə] ❶ dass; **elle dit que c'est juste** sie sagt, dass das stimmt; **je ne crois pas que ce soit vrai** ich glaube nicht, dass das wahr ist ❷ **s'il fait beau et que tu as le temps** wenn es schön ist und du Zeit hast ❸ (*zeitlich*) als; **un jour que nous étions tous au jardin** eines Tages, als wir alle im Garten waren; **toutes les fois que ...** jedes Mal, wenn ...; **le temps que la police arrive, ...**

bis die Polizei [endlich] kommt, ... **4** damit; **taisez-vous que l'on entende l'orateur** seid still/seien Sie still, damit man den Redner verstehen kann **5** (*bei Vergleichen*) **plus grand(e) que ce chien** größer als dieser Hund; **moins rapide que ma moto** langsamer als mein Motorrad; [**tout**] **aussi intéressant(e) que ce livre-ci** [genau]so interessant wie dieses Buch hier; **autant de coups de fil que d'habitude** genauso viele Anrufe wie sonst auch **6** **ne ... que** nur; (*zeitlich*) erst; **je n'ai que cent euros** ich habe nur hundert Euro **7** (*in Ausrufen*) wie; **que c'est beau!** wie schön [das ist]!; *siehe auch* **qu'**[1]

que[2] [kə] **1** (*in Fragesätzen*) was; **que veux-tu?** was willst du? **2** (*in Relativsätzen*) den/die/das; **l'homme que tu vois là-bas** der Mann, den du da drüben siehst; **la femme que j'aime** die Frau, die ich liebe; **le livre que tu lis** das Buch, das du liest; **les cerises que j'ai achetées** die Kirschen, die ich gekauft habe; *siehe auch* **qu'**[2]

Québec [kebɛk] (*Stadt*) Quebec; **à Québec** in [der Stadt] Quebec

le **Québec** [kebɛk] (*Provinz*) Quebec; **au Québec** in [der Provinz] Quebec

quel, quelle [kɛl] **1** (*in Verbindung mit einem Substantiv*) welche(r, s), was für ein(e); **quelle pomme veux-tu?** welchen Apfel möchtest du?; **quel temps fait-il?** wie ist das Wetter?; **quel âge as-tu?** wie alt bist du?; **quelle heure est-il?** wie viel Uhr ist es?; **quelle jolie maison!** was für ein schönes Haus!; **quel dommage!** wie schade! **2** (*allein verwendet*) **de nous deux, quel est le plus grand/quelle est la plus grande?** wer ist der größere/die größere von uns beiden? **3** **quel que soit ton choix** ganz gleich, was du wählst; **quelles que soient les conséquences, ...** was für Folgen das auch haben wird, ...

quelconque [kɛlkɔ̃k] **1** (*beliebig*) irgendein(e, r); **un élève quelconque, un quelconque élève** irgendein Schüler **2** (*durchschnittlich*) mittelmäßig; **une tarte quelconque** irgend so ein Kuchen

quelle [kɛl] →**quel**

quelque [kɛlk] **1** **depuis quelque temps** seit einiger Zeit **2** **quelques copains** einige [*oder* ein paar] Kumpel ▸ **quelque peu** ein wenig; **et quelque[s]** (*umgs.*) **dix kilos et quelques** etwas mehr als zehn Kilo

quelque chose [kɛlkəʃoz] etwas; **quelque chose de beau** etwas Schönes ▸ **c'est déjà quelque chose!** das ist doch immerhin etwas!; **apporter un petit quelque chose à quelqu'un** (*umgs.*) jemandem eine Kleinigkeit mitbringen; **c'est quelque chose** [**tout de même**]! (*umgs.*) das ist [doch] allerhand!; **quelque chose comme ...** etwa ...

quelquefois [kɛlkəfwa] manchmal

quelque part [kɛlkəpaʀ] **1** (*Ortsangabe*) irgendwo **2** (*Richtungsangabe*) irgendwohin

quelques-uns, quelques-unes [kɛlkəzɛ̃, kɛlkəzyn] einige; (*nur eine Minderheit*) einige wenige

quelqu'un [kɛlkɛ̃] jemand; **quelqu'un d'autre** jemand anders

le **qu'en-dira-t-on** [kɑ̃diʀatɔ̃] <*Plural:* qu'en-dira-t-on> **se moquer du qu'en-dira-t-on** sich nicht um das Gerede der Leute scheren, auf das Gerede der Leute pfeifen

la **querelle** [kəʀɛl] der Streit ▸ **chercher querelle à quelqu'un** mit jemandem Streit anfangen

qu'est-ce que [kɛskə] **1** was; **qu'est-ce que tu cherches?** was suchst du?; **qu'est-ce que tu deviens?** was ist aus dir geworden? **2** **qu'est-ce que c'est?** was ist das?; **qu'est-ce que c'est que ça?** (*umgs.*) was ist [*oder* soll] das denn? **3** **qu'est-ce que c'est beau!** wie schön das ist!

G Fragesätze, die mit *qu'est-ce que* oder *qu'est-ce qu'* beginnen, haben dieselbe Wortstellung wie Aussagesätze: *qu'est-ce qu'elle a dit? – was hat sie gesagt?; elle a dit que c'est juste – sie hat gesagt, dass das stimmt.*

qu'est-ce qui [kɛski] was; **qu'est-ce qui est arrivé?** was ist passiert? ▸ **qu'est-ce qui vous prend?** was ist denn in euch/in Sie gefahren?

G Fragesätze, die mit *qu'est-ce qui* beginnen, haben dieselbe Wortstellung wie Aussagesätze: *qu'est-ce qui se passe? – was ist los?; il se passe des choses étranges – es geschehen merkwürdige Dinge.*

la **question** [kɛstjɔ̃] die Frage; **poser une question à quelqu'un** jemandem eine Frage stellen ▸ **il est question de ...** es geht um ...; (*man spricht von*) die Rede ist von ...; **ce n'est pas la question** darum geht es [hier/jetzt] nicht; **mettre** [*oder* **remettre**] **quelque chose en question** etwas infrage stellen; **le magasin en question** das Geschäft, um das es geht; °**hors de question** das kommt überhaupt nicht infrage [*oder* in Fra-

♦ la **question piège** die tückische Frage; (*mit böswilliger Absicht*) die Fangfrage

le **questionnaire** [kɛstjɔnɛʀ] der Fragebogen; **le questionnaire à choix multiple** der Multiple-Choice-Fragebogen

questionner [kɛstjɔne] **questionner quelqu'un** *Prüfungskommission:* jemandem Fragen stellen; *Polizei:* jemanden befragen

la **quête** [kɛt] die Geldsammlung, die Sammlung

la **quetsche** [kwɛtʃ] die Zwetsche, die Zwetschge ⓒⒽ

la **queue** [kø] ❶ der Schwanz ❷ *einer Pfanne, Blume* der Stiel ❸ die Warteschlange, die Schlange; **faire la queue** anstehen, Schlange stehen ❹ **la queue du train** das Zugende ▸ **n'avoir ni queue ni tête** weder Hand noch Fuß haben
♦ la **queue de billard** das/der Queue

qui [ki] ❶ (*Subjekt in Fragesätzen*) wer; **qui est venu?** wer ist gekommen?; **qui ça?** wer?; **qui est-ce?** wer ist das?; (*am Telefon*) wer ist da? ❷ (*Objekt in Fragesätzen*) wem/wen; **qui as-tu vu?** wen hast du gesehen?; **qui croyez-vous?** wem glauben Sie?; **avec qui ...?** mit wem ...?; **pour qui ...?** für wen ...?; **à qui penses-tu?** an wen denkst du?; **à qui as-tu prêté ton vélo?** wem hast du dein Fahrrad geliehen? ❸ (*Subjekt in Relativsätzen*) der/die/das; **l'ami qui m'a aidé(e)** der Freund, der mir geholfen hat; **la candidate qui a gagné** die Kandidatin, die gewonnen hat; **un enfant qui joue** ein Kind, das spielt, ein spielendes Kind; **des gens qui se promènent** Menschen, die spazieren gehen; **l'ami dans la maison de qui ...** der Freund, in dessen Haus ...; **la dame à côté de qui tu es assis(e)** die Dame, neben der du sitzt; **le collègue à qui c'est arrivé** der Kollege, dem das passiert ist; **toi qui sais tout** du weißt doch alles; **la voilà qui arrive** da kommt sie ja; **j'en connais qui ...** ich kenne Leute, die ...; **c'est lui/c'est elle qui a fait cette bêtise** er/sie hat diesen Blödsinn gemacht ▸ **c'est à qui criera le plus fort** wer am lautesten schreit, verschafft sich Gehör; **qui que tu sois** ganz gleich, wer du bist

la **quiche** [kiʃ] die Quiche; **la quiche lorraine** die Quiche Lorraine (*herzhafter, mit Käse belegter Speckkuchen, der warm gegessen wird*)

quiconque [kikɔ̃k] ❶ jeder, der ...; **donnez-le à quiconque le voudra** geben Sie es jedem, der es will ❷ **je le sais mieux que quiconque** ich weiß es besser als jeder andere

qui est-ce que [kiɛskə] (*Objekt in Fragesätzen*) wen/wem; **qui est-ce qu'elle a vu?** wen hat sie gesehen?; **qui est-ce que tu as aidé?** wem hast du geholfen?; **avec qui est-ce qu'il vit?** mit wem lebt er?; **par qui est-ce que tu l'as appris?** von wem [*oder* durch wen] hast du es erfahren?

qui est-ce qui [kiɛski] (*Subjekt in Fragesätzen*) wer; **qui est-ce qui a dit cela?** wer hat das gesagt?

la **quille** [kij] der Kegel; **jouer aux quilles** kegeln

la **quincaillerie** [kɛ̃kajʀi] ❶ das Haushaltswarengeschäft ❷ (*Geschäft für Werkzeuge und Beschläge*) die Eisenwarenhandlung

quinquennal, quinquennale [kɛ̃kenal] <*Plural der männl. Form:* quinquennaux> fünfjährlich

le **quinquennat** [kɛ̃kena] die fünfjährige Amtszeit

la **quinte** [kɛ̃t] ❶ (*in der Musik*) die Quint, die Quinte ❷ **la quinte [de toux]** der Hustenanfall

la **quinzaine** [kɛ̃zɛn] ❶ **une quinzaine de personnes** etwa fünfzehn Personen; **il a lu une quinzaine de pages** er hat etwa fünfzehn Seiten gelesen ❷ (*Zeitangabe*) **elle reviendra dans une quinzaine [de jours]** sie kommt in zwei Wochen wieder; **la première quinzaine de janvier** die erste Januarhälfte

quinze [kɛ̃z] ❶ fünfzehn; **le score est de quinze à dix** *geschrieben:* 15 à 10 es steht fünfzehn zu zehn *geschrieben:* 15:10; **un Français sur quinze** jeder fünfzehnte Franzose ❷ (*bei Altersangaben*) **il/elle a quinze ans** er/sie ist fünfzehn Jahre alt, er/sie ist fünfzehn; **à l'âge de quinze ans** mit fünfzehn Jahren, mit fünfzehn; **une fille de quinze ans** ein fünfzehnjähriges Mädchen, eine Fünfzehnjährige ❸ (*bei Uhrzeit- und Zeitangaben*) **il est quinze heures** es ist fünfzehn Uhr; **tous les quinze jours** alle vierzehn Tage, alle zwei Wochen ❹ (*bei Datumsangaben*) **le quinze mars** *geschrieben:* **le 15 mars** der fünfzehnte März *geschrieben:* am 15. März; **aujourd'hui nous sommes le quinze** *geschrieben:* **le 15** heute haben wir den Fünfzehnten *geschrieben:* den 15. ❺ (*bei den Schulnoten*) **quinze sur vingt** ≈ [die] Zwei, ≈ [die] Fünf ⓒⒽ; **avoir quinze sur vingt**

≈ eine Zwei haben, ≈ eine Fünf haben (CH) ❻ (*als Namenszusatz*) **Louis quinze** geschrieben: **Louis XV** Ludwig der Fünfzehnte *geschrieben:* Ludwig XV.

le **quinze** [kɛ̃z] ⚠ *männlich* die Fünfzehn; **écrire un grand quinze au tableau** eine große Fünfzehn an die Tafel schreiben

quinzième [kɛ̃zjɛm] fünfzehnte(r, s); **la quinzième page** die fünfzehnte Seite; *siehe auch* **cinquième**[1]

le **quinzième** [kɛ̃zjɛm] ❶ der/die/das Fünfzehnte ❷ (*Bruchzahl*) das Fünfzehntel

le **quinzomadaire** [⚠ kɛ̃zɔmadɛʁ] die 14-täglich erscheinende Zeitschrift

quitte [kit] ❶ quitt; **être quitte envers quelqu'un** mit jemandem quitt sein; **ils sont quittes** sie sind quitt [miteinander] ❷ **amusons-nous quitte à le regretter plus tard!** amüsieren wir uns – auch wenn wir es später vielleicht bereuen [werden]!

quitter [kite] ❶ verlassen ❷ **quitter Paris** aus Paris wegziehen ❸ **quitter la route** *Fahrzeug:* von der Straße abkommen ❹ (*beim Telefonieren*) **ne quittez pas!** bitte bleiben Sie am Apparat! ❺ (*in der Informatik*) beenden *Programm*

F Nicht verwechseln mit *quittieren – acquitter!*

quoi[1] [kwa] ❶ **c'est quoi, ce truc?** was ist denn das [für ein Ding]? ❷ (*in Verbindung mit Präpositionen*) **à quoi penses-tu?** woran denkst du?; **voilà à quoi je pensais** [genau] daran dachte ich; **dites-nous à quoi cela sert** sagt uns, wozu das gut ist; **voilà de quoi faire un gâteau** daraus macht man eine Torte; **par quoi commençons-nous?** womit fangen wir an?; **de quoi parlent-ils?** worüber sprechen sie?; **voilà de quoi je voulais te parler** [genau] darüber wollte ich mit dir sprechen; **elle n'a pas de quoi vivre** sie hat nicht genug zum Leben; **il n'y a pas de quoi rire** da gibt es nichts zu lachen; **il est très fâché! – Il y a de quoi!** er ist sehr böse! – Dazu hat er allen Grund!; **cette chaise est en quoi?** (*umgs.*) woraus ist dieser Stuhl?; **..., après quoi je partirai ...**, [und] danach werde ich gehen ❸ **quoi de neuf?** was gibt's Neues?; **quoi de plus facile/beau que ...?** was gibt es Einfacheres/Schöneres, als ...? ❹ (*umgs.: Ausruf der Überraschung*) **quoi!** was? ❺ **j'ai perdu mon sac, mes papiers, tout, quoi!** ich habe meine Tasche, meine Papiere, eben alles verloren! ❻ **quoi que ...** ganz gleich, was ...; **quoi que tu dises** ganz gleich, was du sagst; **quoi que ce soit** was es auch ist [*oder* sei]; (*etwas Beliebiges*) irgendetwas ▶ **quoi qu'il en soit** wie dem auch sei

quoi[2] [kwa] (*umgs.*) was; **tu sais quoi?** weißt du was?; **tu es idiot, ou quoi?** bist du blöd oder was?; **quoi encore?** was ist denn jetzt schon wieder?

quoique [kwak(ə)] <*vor Vokal und stummem h:* quoiqu'> obwohl

G Nach *quoique* steht immer der Subjonctif: *quoiqu'il soit bien jeune* – obwohl er sehr jung ist.

le **quota** [k(w)ɔta] ⚠ *männlich* die Quote

le **quotidien** [kɔtidjɛ̃] ❶ die Tageszeitung ❷ (*gewohntes Leben*) der Alltag

quotidien, quotidienne [kɔtidjɛ̃, kɔtidjɛn] ❶ täglich ❷ *Aufgabe* banal

quotidiennement [kɔtidjɛnmɑ̃] täglich

le **quotient** [kɔsjɑ̃] der Quotient

R

le **r**, le **R** [ɛʁ] ❶ das r, das R ❷ **rouler les r** [le ɛʁ] das R rollen

le **rab** [ʁab] (*umgs.*) **il y a du rab** es ist noch was übrig

rabâcher [ʁabɑʃe] **rabâcher quelque chose à quelqu'un** jemandem ständig etwas sagen

rabaisser [ʁabese] herabsetzen

le **rabat-joie** [ʁabaʒwa] <*Plural:* rabat-joie> der Spielverderber

la **rabat-joie** [ʁabaʒwa] <*Plural:* rabat-joie> die Spielverderberin

le **rabbin** [ʁabɛ̃] der Rabbiner

le **rabot** [ʁabo] der Hobel

raboter [ʁabɔte] abhobeln, hobeln *Brett*

rabougri, rabougrie [ʁabugʁi] *Mensch* klein und schwächlich; *Baum* kümmerlich

rabrouer [ʁabʁue] anherrschen

la **racaille** [ʁakaj] der Abschaum

raccommoder [ʁakɔmɔde] ❶ stopfen *Socken* ❷ **se raccommoder** (*umgs.*) sich wieder vertragen

raccompagner [ʁakɔ̃paɲe] begleiten

le **raccourci** [ʁakuʁsi] (*Weg*) die Abkürzung

raccourcir [ʁakuʁsiʁ] <*wie* agir; *siehe Verbtabelle ab S. 1055*> ❶ kürzer werden

② kürzen *Mantel, Rock*

G Bei einigen Formen des Verbs ist der Stamm um -*iss*- erweitert, etwa bei *nous raccoucissons, il raccourcissait* oder *en raccoucissant*.

raccrocher [ʀakʀɔʃe] ① (*beim Telefonieren*) auflegen ② wieder aufhängen *Vorhang, Mantel* ③ (*umgs.: verzichten*) *Sportler:* aufhören ④ **se raccrocher à quelqu'un/à quelque chose** sich an jemanden/an etwas klammern

la **race** [ʀas] ① die Rasse ② (*Art*) die Spezies

racheter [ʀaʃte] <*wie peser; siehe Verbtabelle ab S. 1055*> ① nachkaufen *Essensvorräte* ② abkaufen *Firma, Tisch* ③ **se racheter** es wieder gutmachen

Ü Mit *è* schreiben sich
– die stammbetonten Formen wie *je rachète* oder *tu rachètes* sowie
– die auf der Basis der Grundform *racheter* gebildeten Formen, z. B. *ils rachèteront* und *je rachèterais*.

rachitique [ʀaʃitik] ① (*in der Medizin*) rachitisch ② *Tier* schwächlich

la **racine** [ʀasin] ① die Wurzel ② (*Grund*) die Ursache ▶ **prendre racine** Wurzeln schlagen

le **racisme** [ʀasism] der Rassismus

le **raciste** [ʀasist] rassistisch

le **raciste** [ʀasist] der Rassist

la **raciste** [ʀasist] die Rassistin

le **racket** [⚠ ʀakɛt] die Schutzgelderpressung; (*Überfall auf offener Straße*) die Erpressung durch Androhung von Gewalt

racketter [ʀakɛte] **racketter quelqu'un** von jemandem Schutzgeld erpressen; (*durch einen Überfall auf offener Straße*) jemanden durch Androhung von Gewalt erpressen

le **racketteur** [ʀakɛtœʀ] der Erpresser

la **racketteuse** [ʀakɛtøz] die Erpresserin

la **raclée** [ʀakle] (*umgs.*) ① die Tracht Prügel ② (*Niederlage*) die Schlappe

racler [ʀakle] ① scheuern *Kochtopf* ② abkratzen *Schorf, Schlamm* ③ **se racler la gorge** sich räuspern

la **raclette** [ʀaklɛt] das/die Raclette

racoler [ʀakɔle] **racoler quelqu'un** jemanden werben; *Prostituierte:* jemanden ansprechen

le **racontar** [ʀakɔ̃taʀ] (*umgs.*) der Tratsch

V Auch der Plural *les racontars* wird mit einem Singular übersetzt: *ce ne sont que des racontars – das ist nur Tratsch.*

raconter [ʀakɔ̃te] erzählen; **raconter une histoire à quelqu'un** jemandem eine Geschichte erzählen

le **radar** [ʀadaʀ] das Radargerät, das/der Radar

le **radiateur** [ʀadjatœʀ] ① der Heizkörper ② *eines Autos* der Kühler

le **radical** [ʀadikal] <*Plural: radicaux*> eines Wortes der Stamm

radical, radicale [ʀadikal] <*Plural der männl. Form:* radicaux> radikal; *Weigerung* grundsätzlich

radicalement [ʀadikalmɑ̃] ① radikal ② (*total*) vollkommen

radicaliser [ʀadikalize] verschärfen *Konflikt*; **radicaliser sa position** radikaler werden, eine [noch] radikalere Haltung einnehmen

radicaux [ʀadiko] →**radical**

radier [ʀadje] <*wie apprécier; siehe Verbtabelle ab S. 1055*> **radier le nom de quelqu'un d'une liste** jemanden aus einer Liste streichen

radieux, radieuse [ʀadjø, ʀadjøz] strahlend

le **radin** [ʀadɛ̃] (*umgs.*) der Geizkragen

radin, radine [ʀadɛ̃, ʀadin] (*umgs.*) knauserig

la **radine** [ʀadin] (*umgs.*) der Geizkragen

radiner [ʀadine] (*umgs.*) **se radiner** aufkreuzen; **allez, radine-toi!** komm endlich!

la **radio** [ʀadjo] ⚠ *weiblich* ① der Rundfunk, das Radio; **passer à la radio** im Radio kommen ② (*Apparat*) das Rundfunkgerät, das Radio; **allumer la radio** das Radio einschalten ③ (*Sendestation*) der Sender ④ (*in der Medizin*) die Röntgenaufnahme

radioactif, radioactive [ʀadjoaktif, ʀadjoaktiv] radioaktiv

la **radioactivité** [ʀadjoaktivite] die Radioaktivität

le **radioamateur** [ʀadjoamatœʀ] der Funkamateur

la **radioamatrice** [ʀadjoamatʀis] die Funkamateurin

la **radiographie** [ʀadjɔɡʀafi] die Röntgenaufnahme

le **radiologue** [ʀadjɔlɔɡ] der Radiologe

la **radiologue** [ʀadjɔlɔɡ] die Radiologin

radiophonique [ʀadjɔfɔnik] Rundfunk-; **la pièce radiophonique** das Hörspiel

le **radio-réveil** [ʀadjoʀevɛj] <*Plural: radios-réveils*> der Radiowecker

radiotélévisé, radiotélévisée [ʀadjotelevize] Rundfunk- und Fernseh-; **le message radiotélévisé** die Rundfunk- und Fernsehansprache

le **radis** [ʀadi] ① das Radieschen ② **le radis**

noir der schwarze Rettich ▸ **je n'ai plus un radis** (umgs.) ich habe keine müde Mark mehr

radoter [ʀadɔte] immer wieder dasselbe sagen

radoucir [ʀadusiʀ] <wie agir; siehe Verbtabelle ab S. 1055> **se radoucir** Mensch: sich besänftigen; Zeit: sich bessern

> **G** Bei einigen Formen des Verbs ist der Stamm um -iss- erweitert, etwa bei nous nous radouc*iss*ons, il se radouc*iss*ait oder en se radouc*iss*ant.

la **rafale** [ʀafal] **la rafale [de vent]** der Windstoß; (stark) die Bö

raffermir [ʀafɛʀmiʀ] <wie agir; siehe Verbtabelle ab S. 1055> **se raffermir** Stimme: fester werden; Haut, Gewebe: straffer werden; Muskeln: kräftiger werden

> **G** Bei einigen Formen des Verbs ist der Stamm um -iss- erweitert, etwa bei ils se raffer*miss*ent, il se raffer*miss*ait oder en se raffer*miss*ant.

raffiné, raffinée [ʀafine] ❶ Mensch feinfühlig; Umgangsformen fein; Geschmack, Gericht erlesen ❷ Zucker raffiniert

raffiner [ʀafine] ❶ raffinieren Zucker, Erdöl ❷ verfeinern Geschmack, Sprache

la **raffinerie** [ʀafinʀi] die Raffinerie

raffoler [ʀafɔle] **raffoler de quelque chose** auf etwas [ganz] versessen sein

le **raffut** [ʀafy] (umgs.) der Radau

rafistoler [ʀafistɔle] (umgs.) zusammenflicken

la **rafle** [ʀafl] die Razzia

rafler [ʀafle] (umgs.) einsacken, schnell einsacken

rafraîchir [ʀafʀeʃiʀ] <wie agir; siehe Verbtabelle ab S. 1055> **se rafraîchir** ❶ sich abkühlen; (mit einem Getränk) sich erfrischen; (sich zurechtmachen) sich frisch machen ❷ Luft, Wetter: abkühlen

> **G** Bei einigen Formen des Verbs ist der Stamm um -iss- erweitert, etwa bei ils se rafraîch*iss*ent, il se rafraîch*iss*ait oder en se rafraîch*iss*ant.

le **rafraîchissement** [ʀafʀeʃismɑ̃] die Erfrischung

ragaillardir [ʀagajaʀdiʀ] <wie agir; siehe Verbtabelle ab S. 1055> **ragaillardir quelqu'un** Getränk: jemanden stärken; Neuigkeit: jemanden aufbauen [oder aufmuntern]

la **rage** [ʀaʒ] ❶ die Wut ❷ (Krankheit) die Tollwut

> **G** Bei einigen Formen des Verbs ist der Stamm um -iss- erweitert, etwa bei ils ragaillard*iss*ent, il ragaillard*iss*ait oder en ragaillard*iss*ant.

le **ragot** [ʀago] (umgs.) der Klatsch; **faire des ragots** Klatsch verbreiten

le **ragoût** [ʀagu] das Ragout

le **raï** [ʀai] der Rai (in Frankreich beliebte, moderne Musik aus Marokko, Algerien und Tunesien)

le **raid** [ʀɛd] (militärisch) der Überfall; **le raid aérien** der Luftangriff

raide [ʀɛd] ❶ Körper, Glieder steif ❷ Haare glatt ❸ Treppe, Hang steil; **le chemin grimpe raide** der Weg steigt steil an ❹ (umgs.: hochprozentig) Alkohol stark ❺ (umgs.: betrunken) breit ▸ **tomber raide mort** plötzlich tot umfallen

la **raie** [ʀɛ] ❶ der Streifen ❷ (im Haar) der Scheitel

raie [ʀɛ], **raierai** [ʀɛʀe] →**rayer**

le **raifort** [ʀɛfɔʀ] der Meerrettich

le **rail** [⚠ ʀaj] die Schiene

le **raisin** [ʀɛzɛ̃] ❶ die Traube ❷ die Weintrauben; **le raisin blanc/noir** die weißen/blauen Trauben; **manger du raisin** Weintrauben essen ❸ **les raisins secs** die Rosinen

> **V** In ❷ wird der Singular le raisin mit einem Plural übersetzt: le raisin noir *est* très sucré – die blauen Trauben *sind* sehr süß.

la **raison** [ʀɛzɔ̃] ❶ der Grund; **pour cette raison** aus diesem Grund, deshalb; **pour quelle raison** weshalb; **avoir ses raisons** seine Gründe haben ❷ die Vernunft; **ramener quelqu'un à la raison** jemanden zur Vernunft bringen ❸ der Verstand; **avoir toute sa raison** bei [klarem] Verstand sein ▸ **avoir raison** Recht haben; **donner raison à quelqu'un** jemandem Recht geben; **entendre raison** Vernunft annehmen; **se faire une raison** sich damit abfinden

raisonnable [ʀɛzɔnabl] vernünftig

le **raisonnement** [ʀɛzɔnmɑ̃] ❶ die Überlegung, der Gedankengang ❷ die Argumentation

raisonner [ʀɛzɔne] ❶ denken ❷ [wieder] zur Vernunft bringen

rajeunir [ʀaʒœniʀ] <wie agir; siehe Verbtabelle ab S. 1055> ❶ jünger machen ❷ jünger aussehen; **elle a rajeuni** sie sieht [jetzt] jünger aus ❸ **je l'ai rajeuni de trois ans** ich habe ihn drei Jahre jünger geschätzt

rajouter [ʀaʒute] ❶ hinzufügen Wort ❷ dazugeben Salz, Zucker ▸ **en rajouter** (umgs.)

> **G** Bei einigen Formen des Verbs ist der Stamm um -iss- erweitert, etwa bei *ils rajeunissent, il rajeunissait* oder *en rajeunissant*.

übertreiben
rajuster [ʀaʒyste] zurechtrücken; **rajuster ses lunettes** sich die Brille zurechtrücken
râlant [ʀɑlɑ̃] (*umgs.*) **c'est râlant** das ist so was von ärgerlich
le **ralenti** [ʀalɑ̃ti] ❶ die Zeitlupe; **au ralenti** in Zeitlupe ❷ (*bei einem Motor*) der Leerlauf
ralentir [ʀalɑ̃tiʀ] <wie *agir*; siehe Verbtabelle ab S. 1055> ❶ *Fußgänger:* langsamer gehen; *Fahrzeug:* langsamer fahren; *Wachstum, Produktion:* zurückgehen ❷ drosseln *Geschwindigkeit;* verlangsamen *Schritt;* bremsen *Aktivitäten* ❸ **se ralentir** sich verlangsamen

> **G** Bei einigen Formen des Verbs ist der Stamm um -iss- erweitert, etwa bei *ils ralentissent, il ralentissait* oder *en ralentissant*.

le **ralentissement** [ʀalɑ̃tismɑ̃] die Verlangsamung
râler [ʀɑle] (*umgs.*) motzen; **faire râler quelqu'un** jemanden ärgern
la **rallonge** [ʀalɔ̃ʒ] ❶ das Verlängerungskabel ❷ *eines Tisches* die Ausziehplatte
rallonger [ʀalɔ̃ʒe] <wie *changer*; siehe Verbtabelle ab S. 1055> länger machen *Rock*

> **Ü** Vor *a* und *o* bleibt das *e* erhalten, z.B. in *nous rallongeons, il rallongeait* und *en rallongeant*.

rallumer [ʀalyme] wieder anzünden *Zigarette, Feuer;* wieder anmachen *Lampe, Licht*
le **rallye** [ʀali] ⚠ männlich die Rallye
la **RAM** [ʀam] *Abkürzung von* **Random Access Memory** das RAM
le **ramadan** [ʀamadɑ̃] der Ramadan; **observer le ramadan** den Ramadan [*oder* die Vorschriften des Ramadan] einhalten
ramasser [ʀamase] ❶ sammeln *Pilze, Geld;* einsammeln *Arbeiten, Müll* ❷ (*vom Boden*) aufheben *Taschentuch, Handschuh* ❸ **se ramasser** (*umgs.*) *Mensch:* hinfliegen
ramener [ʀamne] <wie *peser*; siehe Verbtabelle ab S. 1055> ❶ zurückbringen; **ramener quelqu'un chez soi** jemanden nach Hause bringen/fahren ❷ mitbringen *Souvenirs* ❸ **se ramener** (*umgs.*) aufkreuzen ▸ **la ramener** (*umgs.*) angeben, mächtig angeben
le **rami** [ʀami] das Rommee
le **rancard** [ʀɑ̃kaʀ] (*umgs.*) das Date
rance [ʀɑ̃s] ranzig

> **Ü** Mit *è* schreiben sich
> – die stammbetonten Formen wie *je ramène* oder *tu ramènes* sowie
> – die auf der Basis der Grundform *ramener* gebildeten Formen, z.B. *ils ramèneront* und *je ramènerais*.

la **rançon** [ʀɑ̃sɔ̃] ❶ das Lösegeld ❷ (*übertragen*) **la rançon de la gloire** der Preis des Ruhms
la **rancune** [ʀɑ̃kyn] der Groll; **je leur garde rancune de m'avoir trompé** ich trage es ihnen nach, dass sie mich getäuscht haben ▸ **sans rancune!** nichts für ungut!
rancunier, rancunière [ʀɑ̃kynje, ʀɑ̃kynjɛʀ] nachtragend
la **randonnée** [ʀɑ̃dɔne] **la randonnée [à pied]** die Wanderung, die Tour; **la randonnée à bicyclette** die Radtour; **la randonnée à skis** die Skitour
le **rang** [ʀɑ̃] ❶ die Reihe; **en rangs par deux** in Zweierreihen; **mettez-vous en rang!** stellt euch in einer Reihe auf! ❷ (*in einer Rangliste*) der Platz ❸ (*soziale Stellung*) der Rang
la **rangée** [ʀɑ̃ʒe] die Reihe
ranger [ʀɑ̃ʒe] <wie *changer*; siehe Verbtabelle ab S. 1055> ❶ aufräumen *Zimmer;* ordnen *Akten, Karteikarten* ❷ **se ranger** *Menschen:* sich aufstellen; (*Platz machen*) *Fußgänger:* beiseitegehen; *Fahrzeuge:* an die Seite fahren

> **Ü** Vor *a* und *o* bleibt das *e* erhalten, z.B. in *nous rangeons, il rangeait* und *en rangeant*.

ranimer [ʀanime] ❶ wiederbeleben *Ertrunkenen, Ohnmächtigen* ❷ wieder anfachen *Feuer, Streit*
rapace [ʀapas] *Mensch* habgierig
le **rapace** [ʀapas] der Raubvogel
le **rapatrié** [ʀapatʀije] der Repatriierte
la **rapatriée** [ʀapatʀije] die Repatriierte
rapatrier [ʀapatʀije] <wie *apprécier*; siehe Verbtabelle ab S. 1055> [in die Heimat] zurückbringen *Touristen*
râpé, râpée [ʀɑpe] *Käse* gerieben ▸ **c'est râpé** (*umgs.*) das ist geplatzt
râper [ʀɑpe] reiben
le **rapiat** [ʀapja] (*umgs.*) der Knauser
rapiat, rapiate [ʀapja, ʀapjat] (*umgs.*) knauserig

> **F** Nicht verwechseln mit *rabiat – brutal(e)*!

la **rapiate** [ʀapjat] (*umgs.*) die Knauserin

rapide [ʀapid] schnell; *Mensch, Bewegung* flink; *Antwort, Fortschritte* rasch; *Untersuchung* flüchtig
le **rapide** [ʀapid] (*Zug*) der Schnellzug
rapidement [ʀapidmã] schnell, rasch
la **rapidité** [ʀapidite] die Schnelligkeit
rapiécer [ʀapjese] flicken

Ü Nur die stammbetonten Formen schreiben sich mit *è*, z. B. *je rapièce*.
Außerdem steht vor *a* oder *o* statt *c* ein *ç*, z. B. in *nous rapiéçons; il rapiéçait; en rapiéçant*.

le **rappel** [ʀapɛl] ❶ die Erinnerung; **le rappel d'une aventure** die Erinnerung an ein Abenteuer ❷ (*bei Rechnungen*) die Mahnung ❸ (*Verkehrsschild*) das Wiederholungsschild ❹ (*im Theater*) der Vorhang; **avoir trois rappels** drei Vorhänge bekommen
◆ **le rappel à l'ordre** der Verweis
rappeler [ʀap(ə)le] <*wie* rejeter; *siehe Verbtabelle ab S. 1055*> ❶ wachrufen *Erinnerung* ❷ **cela me rappelle quelqu'un/quelque chose** das erinnert mich an jemanden/an etwas; **rappeler à quelqu'un que ...** jemanden daran erinnern, dass ... ❸ (*telefonisch*) zurückrufen ❹ vor den Vorhang rufen *Schauspieler* ❺ **se rappeler quelqu'un/quelque chose** sich an jemanden/an etwas erinnern

Ü Mit *ll* schreiben sich
– die stammbetonten Formen wie *je rappelle* und
– die auf der Basis der Grundform *rappeler* gebildeten Formen, z. B. *ils rappelleront* und *je rappellerais*.

rappliquer [ʀaplike] (*umgs.*) angetanzt kommen
le **rapport** [ʀapɔʀ] ❶ der Zusammenhang; **le rapport qualité–prix** das Preis-Leistungs-Verhältnis; **le rapport de cause à effet** der Kausalzusammenhang ❷ die Beziehung; **les rapports franco-allemands** die deutsch-französischen Beziehungen ❸ (*sexuell*) der Geschlechtsverkehr; **avoir des rapports avec quelqu'un** mit jemandem Geschlechtsverkehr haben ❹ der Bericht; **faire un rapport** Bericht erstatten ▸ **sous tous les rapports** in jeder Hinsicht; **par rapport à quelqu'un/à quelque chose** im Vergleich zu jemandem/zu etwas; (*verhältnismäßig*) im Verhältnis zu jemandem/zu etwas
rapporté, rapportée [ʀapɔʀte] *Element* hinzugefügt
rapporter [ʀapɔʀte] ❶ zurückbringen ❷ mitbringen *Geschenk, Souvenir* ❸ bringen *Zinsen* ❹ *Kind:* petzen ❺ **rapporter quelque chose** *Journalist:* etwas wiedergeben ❻ **se rapporter à quelque chose** sich auf etwas beziehen
rapprocher [ʀapʀɔʃe] ❶ [näher] zusammenrücken *Gegenstände* ❷ [einander] annähern *Vorstellungen* ❸ **rapprocher la table du mur** den Tisch näher an die Wand rücken; **rapproche-toi de moi!** komm ein bisschen näher! ❹ (*sympathisieren*) **se rapprocher** sich näherkommen
la **raquette** [ʀakɛt] ❶ der Schläger; **la raquette de tennis** der Tennisschläger ❷ der Schneeschuh

la raquette

F Nicht verwechseln mit *die Rakete – la fusée!*

rare [ʀɑʀ] ❶ selten ❷ außergewöhnlich ▸ **se faire rare** sich rarmachen
rarement [ʀɑʀmã] selten
ras, rase [ʀɑ, ʀɑz] *Haare* kurz geschnitten, kurz; *siehe auch* **bord**
raser [ʀɑze] ❶ rasieren; abrasieren *Bart, Haare;* **se raser** sich rasieren; **se raser les jambes** sich die Beine rasieren; **rasé de près** glatt rasiert ❷ **raser un mur** dicht an einer Mauer entlanggehen/entlangfahren; **raser le sol** dicht über dem Boden fliegen ❸ dem Erdboden gleichmachen *Gebäude* ❹ (*umgs.: langweilen*) anöden
ras-le-bol [ʀɑl(ə)bɔl] (*umgs.*) jetzt reicht's, mir reicht's; **j'en ai ras-le-bol** ich habe die Nase [*oder* die Schnauze] voll
le **ras-le-bol** [ʀɑl(ə)bɔl] <*Plural:* ras-le-bol> (*umgs.*) **c'est le ras-le-bol** jetzt reicht's; **c'est le ras-le-bol général** alle haben die Nase [*oder* die Schnauze] voll
le **rasoir** [ʀɑzwaʀ] der Rasierapparat ▸ **comme un rasoir** wie ein Rasiermesser

rassembler [ʀasɑ̃ble] ❶ zusammentragen *Unterlagen, Gegenstände;* sammeln *Kräfte, Ideen;* um sich versammeln *Menschen* ❷ **se rassembler** *Schaulustige, Menge:* zusammenströmen; *Teilnehmer:* sich versammeln

rasseoir [ʀaswaʀ] <*wie* asseoir; *siehe Verbtabelle ab S. 1055*> **se rasseoir** sich wieder setzen

rassis, rassie [ʀasi] *Brot* alt

rassurant, rassurante [ʀasyʀɑ̃, ʀasyʀɑ̃t] zuversichtlich; *Neuigkeit* beruhigend; **c'est rassurant!** das ist ja ermutigend!

rassurer [ʀasyʀe] ❶ beruhigen; **ne pas être rassuré(e)** beunruhigt sein ❷ **se rassurer** sich beruhigen; **rassurez-vous!** seien Sie unbesorgt!

le **rat** [ʀa] ⚠ männlich die Ratte

ratatiné, ratatinée [ʀatatine] verschrumpelt

ratatiner [ʀatatine] [zusammen]schrumpfen lassen *Frucht, Menschen*

la **rate** [ʀat] die Milz

le **raté** [ʀate] der Versager

la **ratée** [ʀate] die Versagerin

rater [ʀate] ❶ verpassen *Gelegenheit, Zug;* verfehlen *Zielscheibe;* **ils se sont ratés** sie haben sich verpasst ❷ nicht schaffen *Prüfung;* verpfuschen *Arbeit, Leben;* **les photos sont ratées** die Fotos sind nichts geworden ❸ (*nicht gelingen*) *Sache, Projekt:* misslingen ❹ **il s'est raté** (*umgs.*) sein Selbstmordversuch ging daneben ▸ **ne pas rater quelqu'un** sich jemanden vorknöpfen

ratifier [ʀatifje] <*wie* apprécier; *siehe Verbtabelle ab S. 1055*> ratifizieren

la **ration** [ʀasjɔ̃] die Ration

la **rationalité** [ʀasjɔnalite] die Rationalität

rationnel, rationnelle [ʀasjɔnɛl] ❶ *Verhalten, Denkweise* rational; *Ernährung* vernünftig ❷ *Organisation* rationell; *Methode, Mittel* zweckmäßig

rationner [ʀasjɔne] rationieren

la **RATP** [ɛʀatepe] *Abkürzung von* **Régie autonome des transports parisiens** *Pariser Verkehrsverbund, der die Metro, die Busse und die S-Bahn umfasst*

rattacher [ʀataʃe] ❶ wieder anbinden; wieder [zu]binden *Schnürsenkel;* wieder zumachen *Gürtel, Rock* ❷ **rattacher un territoire à un pays** ein Territorium an ein Land angliedern

rattraper [ʀatʀape] ❶ einholen ❷ wettmachen *Zeit, Verspätung;* nachholen *Schlaf;* nacharbeiten *Fehlzeiten* ❸ auffangen; **rattraper quelqu'un par le bras** jemanden am Arm fest halten ❹ **se rattraper** das Ver-
säumte nachholen ❺ **se rattraper à quelque chose** sich an etwas fest halten

la **rature** [ʀatyʀ] die Streichung

raturer [ʀatyʀe] streichen, durchstreichen

rauque [ʀok] *Stimme* rau

ravagé, ravagée [ʀavaʒe] (*umgs.*) übergeschnappt

ravager [ʀavaʒe] <*wie* changer; *siehe Verbtabelle ab S. 1055*> verwüsten *Land, Garten;* vernichten *Ernte*

> Vor *a* und *o* bleibt das *e* erhalten, z. B. in *nous ravageons, il ravageait* und *en ravageant*.

les **ravages** (*männlich*) [ʀavaʒ] ❶ die Schäden ❷ *des Alkohols, der Drogen* die schädlichen Auswirkungen ▸ **faire des ravages** verheerende Schäden anrichten

ravaler [ʀavale] unterdrücken *Tränen, Emotionen*

ravi, ravie [ʀavi] erfreut; **avoir l'air ravi** strahlen

ravigoter [ʀavigɔte] (*umgs.*) wieder auf die Beine bringen

le **ravin** [ʀavɛ̃] die Felsschlucht, die Schlucht

raviser [ʀavize] **se raviser** seine Meinung ändern

ravissant, ravissante [ʀavisɑ̃, ʀavisɑ̃t] bezaubernd

le **ravisseur** [ʀavisœʀ] der Entführer

la **ravisseuse** [ʀavisøz] die Entführerin

le **ravitaillement** [ʀavitajmɑ̃] ❶ die Versorgung; **le ravitaillement en vivres/en carburant** die Versorgung mit Lebensmitteln/mit Treibstoff ❷ (*Proviant*) die Verpflegung

ravitailler [ʀavitaje] eindecken; **se ravitailler en quelque chose** sich mit etwas eindecken

rayé, rayée [ʀeje] ❶ *Pulli* gestreift ❷ *Fensterscheibe* zerkratzt

rayer [ʀeje] <*wie* essayer; *siehe Verbtabelle ab S. 1055*> ❶ zerkratzen *Schallplatte, Fensterscheibe* ❷ durchstreichen *Wort, Namen;* **rayer un nom de la liste** einen Namen aus der Liste streichen

> Einige Formen dieses Verbs schreiben sich mit *y*, andere mit *i*.
> Direkt vor einer betonten Endungssilbe steht immer ein *y*, z. B. in *nous rayons* und *ils rayaient*.
> Vor einem unbetonten *e* können *i* oder *y* stehen, z. B. in *je raie* oder *je raye*.

le **rayon** [ʀejɔ̃] ❶ der Strahl ❷ *eines Rades* die Speiche ❸ (*Entfernung*) der Umkreis ❹ ei-

nes Schranks das Fach ⑤ *eines Kaufhauses* die Abteilung ▶ **c'est mon rayon** da kenne ich mich aus
◆ le **rayon de soleil** der Sonnenstrahl
rayonner [ʀɛjɔne] strahlen; **rayonner de joie** vor Freude strahlen
le **raz-de-marée** [ʀɑdəmaʀe] <*Plural:* raz-de-marée> die Flutwelle
la **RDA** [ɛʀdeɑ] *Abkürzung von* **République démocratique allemande** (*früher*) die DDR
le **ré** [ʀe] ① (*Musiknote*) das d ② (*Tonart*) **ré majeur** D-Dur; **ré mineur** d-Moll
le **réacteur** [ʀeaktœʀ] ① *eines Flugzeugs das* Triebwerk ② *eines Kraftwerks* der Reaktor; **le réacteur nucléaire** der Kernreaktor, der Atomreaktor
la **réaction** [ʀeaksjɔ̃] die Reaktion
réactiver [ʀeaktive] wieder anfachen *Feuer*
la **réadaptation** [ʀeadaptasjɔ̃] *eines Straffälligen* die Wiedereingliederung
réadapter [ʀeadapte] ① wieder eingliedern; **réadapter quelqu'un à la vie en société** jemanden wieder in die Gesellschaft eingliedern ② **se réadapter à l'école** sich wieder an die Schule gewöhnen
réafficher [ʀeafiʃe] (*in der Informatik*) wieder einblenden
réaffirmer [ʀeafiʀme] bekräftigen *Absicht*
réagir [ʀeaʒiʀ] <*wie* agir; *siehe Verbtabelle ab S. 1055*> ① reagieren; **réagir à une remarque** auf eine Bemerkung reagieren ② **réagir contre quelque chose** sich gegen etwas wehren

Ⓖ Bei einigen Formen des Verbs ist der Stamm um -iss- erweitert, etwa bei *ils réagissent, il réagissait* oder *en réagissant*.

réajuster [ʀeaʒyste] →**rajuster**
réalisable [ʀealizabl] realisierbar, machbar
le **réalisateur** [ʀealizatœʀ] der Regisseur
la **réalisation** [ʀealizasjɔ̃] ① die Verwirklichung ② (*beim Rundfunk, Fernsehen und Film*) die Regie
la **réalisatrice** [ʀealizatʀis] die Regisseurin
réaliser [ʀealize] ① verwirklichen *Projekt, Traum*; vollbringen *Leistung* ② ausführen *Arbeit*; ausarbeiten *Plan, Modell* ③ **réaliser une erreur** einen Fehler wahrnehmen, sich einen Fehler bewusst machen ④ **se réaliser** *Projekt:* Wirklichkeit werden; *Wunsch:* in Erfüllung gehen; *Traum:* wahr werden
le **réalisme** [ʀealism] der Realismus
réaliste [ʀealist] realistisch
la **réalité** [ʀealite] ① die Wirklichkeit ② (*Gegebenheit*) die Tatsache ▶ **en réalité** in Wirklichkeit

la **réanimation** [ʀeanimasjɔ̃] die Wiederbelebung
réanimer [ʀeanime] wiederbeleben
réapparaître [ʀeapaʀɛtʀ] <*wie* paraître; *siehe Verbtabelle ab S. 1055*> wieder auftauchen; *Sonne, Mond:* wieder hervorkommen; **la grippe est réapparue** es gibt erneut Grippefälle

Ü Das *î* steht immer nur vor *t*. Die Verbformen ohne *t* schreiben sich mit *i*, z. B. *je réapparais*.

réapprendre [ʀeapʀɑ̃dʀ] <*wie* comprendre; *siehe Verbtabelle ab S. 1055*> noch einmal lernen *Lektion, Gedicht*; **réapprendre à marcher** wieder gehen lernen
rebaptiser [⚠ ʀ(ə)batize] umbenennen
rébarbatif, rébarbative [ʀebaʀbatif, ʀebaʀbativ] *Miene* abweisend; *Aufgabe* undankbar
rebiffer [ʀ(ə)bife] (*umgs.*) **se rebiffer** aufmucken
rebiquer [ʀ(ə)bike] (*umgs.*) in die Höhe stehen
rebondir [ʀ(ə)bɔ̃diʀ] <*wie* agir; *siehe Verbtabelle ab S. 1055*> **rebondir sur le sol** *Ball:* hochspringen; **rebondir contre le mur** *Ball:* von der Mauer abprallen

Ⓖ Bei einigen Formen des Verbs ist der Stamm um -iss- erweitert, etwa bei *ils rebondissent, il rebondissait* oder *en rebondissant*.

reboucher [ʀ(ə)buʃe] wieder zumachen
rebours [ʀ(ə)buʀ] **à rebours** rückwärts
le **rébus** [ʀebys] das Bilderrätsel
recaler [ʀ(ə)kale] (*umgs.*) **se faire recaler au bac** durchs Abi rasseln
récapituler [ʀekapityle] [noch einmal] kurz zusammenfassen
récemment [⚠ ʀesamɑ̃] vor kurzem
le **recensement** [ʀ(ə)sɑ̃smɑ̃] die Volkszählung
récent, récente [ʀesɑ̃, ʀesɑ̃t] *Ereignis, Vergangenheit* jüngste(r, s); **être récent** neu sein
le **récepteur** [ʀesɛptœʀ] (*Gerät*) der Empfänger
la **réception** [ʀesɛpsjɔ̃] ① der Empfang ② *eines Hotels* die Rezeption
réceptionner [ʀesɛpsjɔne] in Empfang nehmen
la **recette** [ʀ(ə)sɛt] ① das Rezept ② (*Geheimnis, Trick*) das Patentrezept ③ (*Geld*) die Einnahme; **les recettes et les dépenses** die Einnahmen und die Ausgaben
le **receveur** [ʀəs(ə)vœʀ] (*in der Medizin*) der Empfänger
◆ le **receveur des impôts** der Finanzbeamte

la **receveuse** [Rəs(ə)vøz] (*in der Medizin*) die Empfängerin
   ◆ la **receveuse des impôts** die Finanzbeamtin
recevoir [Rəs(ə)vwaR] <*wie* apercevoir; *siehe Verbtabelle ab S. 1055*> ❶ erhalten, bekommen *Brief, Kompliment* ❷ abbekommen *Schlag, Geschoss*; **elle a reçu le ballon sur la tête** sie hat den Ball an den Kopf bekommen ❸ (*technisch*) empfangen *Sender, Sendung* ❹ genießen *Erziehung* ❺ annehmen *Rat* ❻ **recevez, cher Monsieur/chère Madame, mes sincères salutations** ≈ mit freundlichen Grüßen ❼ **être bien/mal reçu(e)** gut/schlecht aufgenommen werden ❽ **être reçu(e) à un examen** eine Prüfung bestehen ❾ **recevoir souvent** oft Gäste einladen/haben ❿ *Mannschaft:* Gastgeber sein ⓫ **recevoir quelqu'un à dîner** jemanden zum Abendessen zu Gast haben ⓬ **la salle peut recevoir mille personnes** der Saal fasst tausend Personen
le **rechange** [R(ə)ʃɑ̃ʒ] die Sachen zum Wechseln; **les chaussures de rechange** die Schuhe zum Wechseln
la **recharge** [R(ə)ʃaRʒ] die Nachfüllpatrone; *eines Kugelschreibers* die Ersatzmine; *eines Pflegemittels* die Nachfüllpackung
recharger [R(ə)ʃaRʒe] <*wie* changer; *siehe Verbtabelle ab S. 1055*> nachladen *Waffe*; nachfüllen *Feuerzeug*; wieder [auf]laden *Akku, Batterie*

Ü Vor *a* und *o* bleibt das *e* erhalten, z. B. in nous rechar*g*eons, il rechar*g*eait und en rechar*g*eant.

le **réchaud** [Reʃo] der Kocher
le **réchauffé** [Reʃofe] **c'est du réchauffé** das ist ein alter Hut
le **réchauffement** [Reʃofmɑ̃] die Erwärmung; **le réchauffement global** die globale Erwärmung
réchauffer [Reʃofe] ❶ aufwärmen *Suppe* ❷ wärmen *Körper, Hände* ❸ **se réchauffer** sich wärmen; *Wasser, Planet:* sich erwärmen; *Wetter, Temperatur:* wärmer werden
la **recherche** [R(ə)ʃɛRʃ] ❶ die Suche; **être à la recherche de quelqu'un/d'un appartement** jemanden/eine Wohnung suchen ❷ (*in der Wissenschaft*) die Forschung ❸ **les recherches** die Nachforschungen; **faire des recherches sur quelque chose** Nachforschungen über etwas anstellen
recherché, recherchée [R(ə)ʃɛRʃe] ❶ begehrt; *Produkt* gefragt ❷ *Ausdruck, Stil* gewählt; *Vergnügen* erlesen
rechercher [R(ə)ʃɛRʃe] suchen
rechigner [R(ə)ʃiɲe] sich sträuben; **rechigner à faire un travail** sich sträuben, eine Arbeit zu übernehmen; **en rechignant** widerwillig
la **rechute** [R(ə)ʃyt] (*bei Krankheiten*) der Rückfall
la **récidive** [Residiv] (*bei Straftaten*) der Rückfall
récidiver [Residive] *Straftäter:* rückfällig werden
le **récidiviste** [Residivist] der Wiederholungstäter
la **récidiviste** [Residivist] die Wiederholungstäterin
le **récipient** [Resipjɑ̃] ❶ das Gefäß ❷ (*Küchengerät*) die Schüssel
réciproque [ResipRɔk] wechselseitig
la **réciproque** [ResipRɔk] das Gleiche; **la réciproque n'est pas toujours vraie** umgekehrt ist dies nicht immer der Fall
réciproquement [ResipRɔkmɑ̃] ❶ gegenseitig ❷ **et réciproquement** und umgekehrt
le **récit** [Resi] ❶ der Bericht ❷ die Erzählung; **le récit d'aventures** die Abenteuergeschichte
le **récital** <*Plural:* récitals> [Resital] das Konzert
la **récitation** [Resitasjɔ̃] ❶ das Rezitieren von Gedichten ❷ (*Gedicht*) das für das Rezitieren gelernte Gedicht
réciter [Resite] aufsagen
la **réclamation** [Reklamasjɔ̃] ❶ die Beschwerde ❷ *eines Kunden* die Reklamation ❸ **le service des réclamations** die Reklamationsannahme; (*bei Telefonstörungen*) die Störungsstelle
la **réclame** [Reklam] die Reklame ▸ **en réclame** im Sonderangebot, im Angebot
réclamer [Reklame] ❶ *Kunde:* reklamieren, sich beschweren ❷ erbitten *Hilfe, Geld;* bitten um *Ruhe, Wort* ❸ verlangen; **réclamer quelqu'un** nach jemandem verlangen ❹ erfordern *Sorgfalt, Zeit*
reclasser [R(ə)klase] ❶ neu ordnen ❷ neu einstufen *Beamten*
la **réclusion** [Reklyzjɔ̃] die Freiheitsstrafe
recoiffer [R(ə)kwafe] noch einmal kämmen; **se recoiffer** sich noch einmal kämmen
le **recoin** [Rəkwɛ̃] der Winkel
reçois, reçoit [R(ə)swa] → **recevoir**
recoller [R(ə)kɔle] ❶ wieder zukleben *Umschlag;* wieder aufkleben *Etikett, Briefmarke* ❷ wieder zusammenkleben *Stücke, Vase*
la **récolte** [Rekɔlt] die Ernte
récolter [Rekɔlte] ❶ (*auch übertragen*) ern-

ten ❷ sammeln *Geld;* bekommen *Strafzettel, Unannehmlichkeiten*
recommandable [ʀ(ə)kɔmɑ̃dabl] empfehlenswert
la **recommandation** [ʀ(ə)kɔmɑ̃dasjõ] ❶ die Empfehlung ❷ der Rat
le **recommandé** [ʀ(ə)kɔmɑ̃de] das Einschreiben
recommander [ʀ(ə)kɔmɑ̃de] ❶ empfehlen; **recommander à quelqu'un de rester** jemandem empfehlen zu bleiben; **il est recommandé de réserver à l'avance** es wird empfohlen, rechtzeitig zu reservieren ❷ per Einschreiben schicken *Brief*
recommencer [ʀ(ə)kɔmɑ̃se] <*wie* commencer; *siehe Verbtabelle ab S. 1055*> ❶ noch einmal anfangen ❷ es noch einmal versuchen ❸ *Kämpfe:* wieder anfangen ❹ **recommencer ses devoirs** seine Hausaufgaben [*oder* mit seinen Hausaufgaben] noch einmal anfangen ❺ **recommencer une expérience** eine Erfahrung noch einmal machen; **recommencer à espérer** wieder Hoffnung schöpfen ❻ **si tu recommences, gare à toi!** wehe, wenn du das noch einmal machst!

Ü Vor *a* und *o* steht statt *c* ein *ç*, z. B. in *nous recommençons, il recommençait* und *en recommençant.*

la **récompense** [ʀekɔ̃pɑ̃s] ❶ die Belohnung; **en récompense de quelque chose** als Dank [*oder* Belohnung] für etwas ❷ (*in der Schule, im Sport*) der Preis
récompenser [ʀekɔ̃pɑ̃se] belohnen
recomposé, recomposée [ʀ(e)kɔ̃poze] **la famille recomposée** die Patchwork-Familie
recomposer [ʀ(ə)kɔ̃poze] noch einmal [*oder* nochmals ⓒ] wählen *Nummer*
recompter [ʀ(ə)kɔ̃te] nachzählen *Geld;* nachrechnen *Rechenaufgabe*
réconcilier [ʀekɔ̃silje] <*wie* apprécier; *siehe Verbtabelle ab S. 1055*> ❶ versöhnen, miteinander versöhnen ❷ **se réconcilier** sich aussöhnen; **se réconcilier avec quelqu'un/avec quelque chose** sich mit jemandem/mit etwas versöhnen
reconduire [ʀ(ə)kɔ̃dɥiʀ] <*wie* conduire; *siehe Verbtabelle ab S. 1055*> ❶ zurückbringen, nach Hause bringen ❷ **reconduire quelqu'un à la frontière** jemanden abschieben, jemanden ausschaffen ⓒ
le **réconfort** [ʀekɔ̃fɔʀ] ❶ der Halt ❷ der Trost
réconfortant, réconfortante [ʀekɔ̃fɔʀtɑ̃, ʀekɔ̃fɔʀtɑ̃t] ❶ aufmunternd; *Ereignis* ermutigend ❷ *Worte* tröstlich ❸ *Lebensmittel,*

Heilmittel aufbauend
réconforter [ʀekɔ̃fɔʀte] **réconforter quelqu'un** *Mensch, Worte:* jemanden trösten; *Ereignis:* jemanden ermutigen; *Bad, Lebensmittel, Heilmittel:* jemanden stärken
la **reconnaissance** [ʀ(ə)kɔnɛsɑ̃s] ❶ die Dankbarkeit ❷ *eines Landes, Gebietes* die Erkundung ❸ (*in der Informatik*) die Erkennung; **la reconnaissance vocale** die Spracherkennung
reconnaissant, reconnaissante [ʀ(ə)kɔnɛsɑ̃, ʀ(ə)kɔnɛsɑ̃t] dankbar
reconnaître [ʀ(ə)kɔnɛtʀ] <*wie* paraître; *siehe Verbtabelle ab S. 1055*> ❶ erkennen; **reconnaître quelqu'un à son style** jemanden an seinem Stil [wieder]erkennen ❷ anerkennen *Unschuld, Qualität;* eingestehen *Fehler, Irrtum;* zu schätzen wissen *Wohltat* ❸ **se reconnaître dans quelqu'un/dans quelque chose** sich in jemandem/in etwas wiedererkennen ❹ **se reconnaître à quelque chose** an etwas zu erkennen sein

Ü Das *î* steht immer nur vor *t.* Die Verbformen ohne *t* schreiben sich mit *i,* z. B. *je reconnais.*

reconnu, reconnue [ʀəkɔny] *Chef, Tatsache* anerkannt
reconsidérer [ʀ(ə)kɔ̃sideʀe] <*wie* préférer; *siehe Verbtabelle ab S. 1055*> noch einmal überdenken

Ü Nur die stammbetonten Formen schreiben sich mit *è*, z. B. *je reconsidère.*

reconstituer [ʀ(ə)kɔ̃stitɥe] rekonstruieren; nachstellen *Szene;* erstellen *Genealogie*
la **reconstitution** [ʀ(ə)kɔ̃stitysjõ] die Rekonstruktion
la **reconstruction** [ʀ(ə)kɔ̃stʀyksjõ] der Wiederaufbau
reconstruire [ʀ(ə)kɔ̃stʀɥiʀ] <*wie* conduire; *siehe Verbtabelle ab S. 1055*> wieder aufbauen
la **reconversion** [ʀ(ə)kɔ̃vɛʀsjõ] ❶ *einer Firma* die Umstellung, die Umwandlung ❷ die Umschulung; **un stage de reconversion en informatique** ein Umschulungskurs in Informatik
reconvertir [ʀ(ə)kɔ̃vɛʀtiʀ] <*wie* agir; *siehe Verbtabelle ab S. 1055*> ❶ umwandeln; **reconvertir une gare en musée** einen Bahnhof in ein Museum umwandeln ❷ **se reconvertir dans la publicité** sich für die Werbebranche umschulen lassen
recopier [ʀ(ə)kɔpje] <*wie* apprécier; *siehe*

G Bei einigen Formen des Verbs ist der Stamm um -iss- erweitert, etwa bei *ils reconvertissent, il reconvertissait* oder *en reconvertissant*.

Verbtabelle ab S. 1055> ❶ abschreiben ❷ ins Reine schreiben ❸ (*in der Informatik*) kopieren

le **record** [R(ə)kɔR] ❶ der Rekord ❷ **en un temps record** in Rekordzeit

le **recordman** [⚠ R(ə)kɔRdman] <*Plural:* recordmans> der Rekordhalter

la **recordwoman** [⚠ R(ə)kɔRdwuman] <*Plural:* recordwomans> die Rekordhalterin

recoucher [R(ə)kuʃe] ❶ wieder ins Bett bringen ❷ **se recoucher** sich wieder hinlegen

recoudre [R(ə)kudR] <*wie coudre; siehe Verbtabelle ab S. 1055>* ❶ wieder annähen ❷ (*in der Medizin*) nähen *Wunde;* wieder zunähen *Operierten*

recouper [R(ə)kupe] ❶ **recouper un morceau** noch ein Stück abschneiden ❷ **se recouper** *Feststellungen, Zahlen:* übereinstimmen

le **recours** [R(ə)kuR] ❶ der Ausweg; **en dernier recours** als letzter Ausweg ❷ **tu es mon dernier recours** du bist meine Rettung ❸ **le recours à la violence** die Anwendung von Gewalt ▸ **avoir recours à quelqu'un** sich an jemanden wenden; **avoir recours à la violence** Gewalt anwenden

recouvrir [R(ə)kuvRiR] <*wie ouvrir; siehe Verbtabelle ab S. 1055>* ❶ bedecken; **recouvert(e) de buée** *Fenster* beschlagen ❷ wieder zudecken *Kind* ❸ beziehen *Sessel*

recracher [R(ə)kRaʃe] ausspucken, wieder ausspucken

la **récré** [RekRe] (*umgs.*) *Abkürzung von* **récréation** die große Pause

la **récréation** [RekReasjɔ̃] die große Pause

récrire [RekRiR] <*wie écrire; siehe Verbtabelle ab S. 1055>* ❶ noch einmal schreiben ❷ **récrire [une lettre] à quelqu'un** jemandem [einen Brief] zurückschreiben

recroqueviller [R(ə)kRɔk(ə)vije] **se recroqueviller** sich zusammenkauern; *Blume:* zusammenschrumpfen

la **recrudescence** [R(ə)kRydesɑ̃s] die [erneute] Zunahme

recruter [R(ə)kRyte] ❶ einziehen *Soldaten* ❷ anwerben *Mitarbeiter*

recta [Rɛkta] prompt

rectangle [Rɛktɑ̃gl] *Dreieck* rechtwinklig

le **rectangle** [Rɛktɑ̃gl] das Rechteck

rectangulaire [Rɛktɑ̃gylɛR] rechteckig

le **rectificatif** [Rɛktifikatif] die Richtigstellung

rectificatif, rectificative [Rɛktifikatif, Rɛktifikativ] richtigstellend; **la note rectificative** die Berichtigung

la **rectification** [Rɛktifikasjɔ̃] *eines Textes, Fehlers* die Korrektur; *einer Aussage* die Richtigstellung

rectificative [Rɛktifikativ] →**rectificatif**

rectifier [Rɛktifje] <*wie apprécier; siehe Verbtabelle ab S. 1055>* berichtigen *Fehler*

rectiligne [Rɛktiliɲ] gerade, geradlinig

le **recto** [Rɛkto] *eines Blattes* die Vorderseite; **au recto** auf der Vorderseite; **recto verso** beidseitig

le **reçu** [R(ə)sy] die Quittung

reçu[1]**, reçue** [R(ə)sy] →**recevoir**

reçu[2]**, reçue** [R(ə)sy] ❶ *Kandidat, Schüler* erfolgreich ❷ üblich, allgemein üblich; **l'idée reçue** das Vorurteil

le **recueil** [Rəkœj] ❶ die Sammlung ❷ (*Buch*) der Sammelband

le **recueillement** [R(ə)kœjmɑ̃] ❶ die Besinnung ❷ (*religiös*) die Andacht

recueillir [R(ə)kœjiR] <*wie cueillir; siehe Verbtabelle ab S. 1055>* ❶ sammeln ❷ auffangen *Regenwasser* ❸ (*bekommen*) erhalten ❹ **recueillir quelqu'un** jemanden [bei sich] aufnehmen ❺ **se recueillir** sich sammeln

recuire [R(ə)kɥiR] <*wie conduire; siehe Verbtabelle ab S. 1055>* **faire recuire** [noch] länger braten *Keule;* [noch] länger backen *Kuchen*

le **recul** [R(ə)kyl] ❶ (*zu Fuß*) das Zurückgehen; (*mit einem Fahrzeug*) das Zurückfahren; **prendre du recul** etwas zurückgehen; (*übertragen*) etwas zurücktreten ❷ der Arbeitslosigkeit der Rückgang

reculer [R(ə)kyle] ❶ *Mensch:* zurückweichen; **reculer de deux pas** zwei Schritte zurücktreten ❷ *Fahrzeug:* rückwärtsfahren; (*unabsichtlich*) zurückrollen ❸ klein beigeben; **ne plus pouvoir reculer** nicht mehr zurückkönnen; **faire reculer quelqu'un** jemanden abschrecken ❹ *Arbeitslosigkeit, Einfluss:* zurückgehen ❺ zurückschieben *Möbelstück;* versetzen *Mauer;* zurückfahren *Fahrzeug;* verschieben *Termin;* aufschieben *Entscheidung, Fälligkeit* ❻ **se reculer** zurücktreten; **recule-toi!** geh aus dem Weg!

reculons [R(ə)kylɔ̃] **à reculons** rückwärts

récupérable [Rekypersbl] ❶ *Gegenstände* wiederverwertbar ❷ **les heures supplémentaires sont récupérables** die Überstunden können abgefeiert werden

la **récupération** [RekypeRasjɔ̃] ❶ *des Eigen-*

tums die Wiedererlangung; *der Kräfte* die Wiederherstellung ❷ (*Recycling*) die Wiederverwertung; *von Wärme* die Rückgewinnung ❸ *das Sammeln*; **la récupération des vieux papiers** die Altpapiersammlung ❹ *der Überstunden* das Ausgleichen

récupérer [ʀekypeʀe] <*wie* préférer; *siehe Verbtabelle ab S. 1055*> ❶ *Sportler:* sich erholen ❷ zurückbekommen *Geld, Eigentum, Verliehenes* ❸ ausgleichen *Arbeitsstunden* ❹ **récupérer quelqu'un** (*umgs.*) jemanden abholen

Ü Nur die stammbetonten Formen schreiben sich mit è, z. B. *je récupère*.

recyclable [ʀ(ə)siklabl] *Abfälle, Papier* wiederverwertbar

le **recyclage** [ʀ(ə)siklaʒ] die Wiederverwertung; *von Wasser* die Wiederaufbereitung

recycler [ʀ(ə)sikle] ❶ recyceln, wieder verwerten *Abfälle, Glas*; wieder aufbereiten *Wasser*; **le papier recyclé** das Umweltschutzpapier ❷ **se recycler** sich weiterbilden; (*für einen anderen Beruf*) umschulen

le **rédacteur** [ʀedaktœʀ] der Redakteur, der Redaktor CH

la **rédaction** [ʀedaksjɔ̃] ❶ die Redaktion ❷ (*in der Schule*) der Aufsatz

la **rédactrice** [ʀedaktʀis] die Redakteurin, die Redaktorin CH

redécouvrir [ʀ(ə)dekuvʀiʀ] <*wie* ouvrir; *siehe Verbtabelle ab S. 1055*> wiederentdecken

redémarrer [ʀ(ə)demaʀe] ❶ wieder losfahren ❷ *Produktion, Maschinen:* wieder anlaufen; *Unternehmen:* wieder in Schwung kommen

redescendre [ʀ(ə)desɑ̃dʀ] <*wie* vendre; *siehe Verbtabelle ab S. 1055*> ❶ wieder herunterkommen/hinuntergehen; (*kletternd*) heruntersteigen/hinuntersteigen; **redescendre de l'échelle** wieder von der Leiter steigen; **elle a redescendu l'escalier en courant** sie ist die Treppe [wieder] hinuntergerannt/[wieder] heruntergerannt gekommen ❷ (*im Auto*) wieder hinunterfahren/heruntergefahren kommen; **redescendre dans le Midi** wieder nach Südfrankreich zurückfahren ❸ *Hochwasser:* zurückgehen; *Barometer:* wieder fallen ❹ (*tragen*) **j'ai redescendu les journaux** ich habe die Zeitungen [wieder] hinuntergetragen/heruntergebracht

redevenir [ʀ(ə)dəv(ə)niʀ] <*wie* devenir; *siehe Verbtabelle ab S. 1055*> **redevenir aimable** wieder freundlich werden

redire [ʀ(ə)diʀ] <*wie* dire; *siehe Verbtabelle ab S. 1055*> ❶ noch einmal sagen ❷ weitersagen ▶ **il trouve à redire à tout** er hat an allem etwas auszusetzen

redistribuer [ʀ(ə)distʀibɥe] ❶ neu aufteilen *Güter, Grundbesitz* ❷ neu verteilen *Karten*

redonner [ʀ(ə)dɔne] ❶ zurückgeben *Buch, Spielzeug* ❷ **j'ai redonné de la soupe au malade** ich habe dem Kranken noch einmal Suppe gegeben ❸ **redonner courage à quelqu'un** jemandem wieder Mut machen; **redonner appétit à quelqu'un** jemandem wieder Appetit machen; **redonner des forces à un malade** einem Kranken wieder Kraft geben

redormir [ʀ(ə)dɔʀmiʀ] <*wie* dormir; *siehe Verbtabelle ab S. 1055*> wieder einschlafen, noch einmal schlafen

redoubler [ʀ(ə)duble] ❶ sitzen bleiben; **il a redoublé** er ist sitzen geblieben ❷ wiederholen *Klasse* ❸ verdoppeln *Anstrengungen*

redresser [ʀ(ə)dʀese] ❶ heben *Kopf;* strecken *Oberkörper, Körper* ❷ [wieder] ankurbeln *Wirtschaft;* sanieren *Finanzen* ❸ **redresser la voiture** das Lenkrad [wieder] herumreißen ❹ **se redresser** *Mensch:* sich [wieder] aufrichten; *Finanzen:* sich wieder erholen; *Wirtschaft:* wieder anlaufen; **redresse-toi!** halt dich gerade!

la **réduction** [ʀedyksjɔ̃] ❶ die Verringerung; *des Personals* der Abbau; *der Steuern* die Ermäßigung ❷ (*Rabatt*) der Preisnachlass, die Ermäßigung; **une réduction de cinq pour cent** ein Preisnachlass von fünf Prozent; **les réductions jeunes** die Ermäßigungen für Jugendliche

réduire [ʀedɥiʀ] <*wie* conduire; *siehe Verbtabelle ab S. 1055*> ❶ reduzieren; kürzen *Gehalt;* verkürzen *Arbeitszeit, Strafe;* abbauen *Personal;* einschränken *Aktivität, Haftung* ❷ **se réduire à quelque chose** sich auf etwas beschränken; *Betrag:* sich auf etwas belaufen ❸ einkochen, reduzieren *Soße* ❹ **réduire les carottes en bouillie** aus den Karotten einen Brei machen

réduit, réduite [ʀedɥi, ʀedɥit] ❶ *Maßstab, Modell* verkleinert ❷ *Tarif* ermäßigt

le **réel** [ʀeɛl] die Realität

réel, réelle [ʀeɛl] real; *Bedarf* tatsächlich; *Grund* wahr

réellement [ʀeɛlmɑ̃] wirklich

refaire [ʀ(ə)fɛʀ] <*wie* faire; *siehe Verbtabelle ab S. 1055*> ❶ wieder machen *Essen, Fehler;* machen *Bett;* noch einmal binden *Knoten* ❷ wieder treiben *Sport;* noch einmal abgehen *Strecke, Parcours* ❸ neu decken *Dach*; renovieren *Zimmer*; **refaire la peinture des bancs** die Bänke neu streichen ❹ **se faire refaire le nez** sich die Nase richten lassen ▸ **si c'était à refaire** wenn ich mich noch einmal entscheiden müsste

le **réfectoire** [ʀefɛktwaʀ] *einer Schule, eines Krankenhauses* der Speisesaal

la **référence** [ʀefeʀɑ̃s] ❶ *einer Ware* die Bestellnummer ❷ *eines Zitats* die Quellenangabe ❸ (*in der Verwaltung*) das Aktenzeichen, das Zeichen ❹ **l'ouvrage de référence** das Nachschlagewerk ❺ (*Zeugnis, Empfehlung*) **les références** die Referenzen ❻ **faire référence à quelqu'un/à quelque chose** sich auf jemanden/auf etwas beziehen ▸ **ne pas être une référence** (*ironisch*) nicht gerade eine Empfehlung sein

le **référendum** [⚠ ʀefeʀɛ̃dɔm, ʀefeʀɑ̃dɔm] die Volksabstimmung

refermer [ʀ(ə)fɛʀme] ❶ zumachen, wieder zumachen ❷ **se refermer** sich [wieder] schließen

refiler [ʀ(ə)file] (*umgs.*) ❶ **refiler des vieilleries à quelqu'un** jemandem alten Plunder vererben ❷ **elle m'a refilé sa grippe** sie hat mir ihre Grippe angehängt

réfléchi, réfléchie [ʀefleʃi] ❶ *Aktion* durchdacht ❷ (*in der Grammatik*) **un verbe pronominal réfléchi** ein reflexives Verb

réfléchir [ʀefleʃiʀ] <*wie* agir; *siehe Verbtabelle ab S. 1055*> ❶ nachdenken, überlegen; **cela donne à réfléchir** das gibt zu denken ❷ **réfléchir à quelque chose** über etwas nachdenken ▸ **tout bien réfléchi** bei genauerer Überlegung

ⓖ Bei einigen Formen des Verbs ist der Stamm um *-iss-* erweitert, etwa bei *ils réfléch**iss**ent, il réfléch**iss**ait* oder *en réfléch**iss**ant*.

le **réflexe** [ʀeflɛks] der Reflex; **elle a eu le réflexe de freiner** sie hat reflexartig gebremst; **il a eu un bon réflexe** er hat gut reagiert; **manquer de réflexes** kein gutes Reaktionsvermögen haben

la **réflexion** [ʀeflɛksjɔ̃] ❶ die Überlegung, das Nachdenken; **après mûre réflexion** nach reiflicher Überlegung ❷ die [spitze] Bemerkung ▸ **réflexion faite** ich habe es mir/wir haben es uns/… anders überlegt

le **reflux** [⚠ ʀefly] die Ebbe

la **réforme** [ʀefɔʀm] die Reform

la **Réforme** [ʀefɔʀm] (*in der Kirchengeschichte*) die Reformation

réformer [ʀefɔʀme] ❶ reformieren ❷ (*beim*

Militär) **il a été réformé** er ist für [wehrdienst]untauglich erklärt worden

refouler [ʀ(ə)fule] ❶ zurückschlagen *Angreifer* ❷ unterdrücken; zurückhalten *Tränen*; verdrängen *Erinnerung*

la **réfraction** [ʀefʀaksjɔ̃] (*in der Physik*) die Brechung

le **refrain** [ʀ(ə)fʀɛ̃] (*in der Musik*) der Refrain

le **réfrigérateur** [ʀefʀiʒeʀatœʀ] der Kühlschrank, der Eiskasten Ⓐ

refroidir [ʀ(ə)fʀwadiʀ] <*wie* agir; *siehe Verbtabelle ab S. 1055*> ❶ kalt werden ❷ *Motor, Lebensmittel*: abkühlen, sich abkühlen ❸ kühlen *Getränk* ❹ **refroidir quelqu'un** jemandem einen Dämpfer versetzen

ⓖ Bei einigen Formen des Verbs ist der Stamm um *-iss-* erweitert, etwa bei *ils refroid**iss**ent, il refroid**iss**ait* oder *en refroid**iss**ant*.

le **refuge** [ʀ(ə)fyʒ] ❶ die Zuflucht; **chercher/trouver refuge chez quelqu'un** bei jemandem Zuflucht suchen/finden ❷ (*beim Bergsteigen*) die Schutzhütte

le **réfugié** [ʀefyʒje] der Flüchtling
la **réfugiée** [ʀefyʒje] der Flüchtling

réfugier [ʀefyʒje] <*wie* apprécier; *siehe Verbtabelle ab S. 1055*> **se réfugier** flüchten, sich flüchten; **se réfugier chez quelqu'un** sich zu jemandem flüchten

le **refus** [ʀ(ə)fy] ❶ die Weigerung, die Ablehnung ❷ (*im Straßenverkehr*) **le refus de priorité** die Missachtung der Vorfahrt ❸ **ce n'est pas de refus** (*umgs.*) da sage ich nicht Nein

refuser [ʀ(ə)fyze] ❶ ablehnen ❷ verweigern *Erlaubnis*; verwehren *Eintritt, Zugang*; nehmen *Vorfahrt* ❸ **ça ne se refuse pas** da kann man doch nicht Nein sagen ▸ **ne rien se refuser** (*ironisch*) sich was gönnen

réfuter [ʀefyte] widerlegen

le **régal** [ʀegal] der Genuss

régaler [ʀegale] ❶ **je me suis régalé(e) es hat mir ausgezeichnet geschmeckt** ❷ **elle se régale en regardant ce film** sie genießt es, diesen Film zu sehen

le **regard** [ʀ(ə)gaʀ] der Blick ▸ **fusiller quelqu'un du regard** jemandem feindselige Blicke zuwerfen

regarder [ʀ(ə)gaʀde] ❶ zusehen; **bien regarder** gut hinsehen; **regarder par la fenêtre** zum Fenster hinaussehen; **regarder dans un livre** in einem Buch nachsehen; **regarder partout** überall nachsehen ❷ ansehen, betrachten; **regarder la mer pendant des heures** stundenlang aufs Meer schauen; **elle le regarde faire la pâte** sie sieht ihm zu, wie er den Teig macht ❸ beobachten; sich ansehen *Mechanismus, Film;* **regarder la télévision** [*oder* **la télé** *umgs.*] fernsehen ❹ nachsehen *Nummer, Wort;* **regarder sa montre** auf die Uhr sehen ❺ überfliegen *Brief* ❻ betrachten *Situation;* **regarder quelque chose en face** einer Sache ins Auge sehen ❼ **ça ne te regarde pas** das geht dich nichts an ❽ **se regarder** *Menschen:* sich ansehen ❾ **se regarder dans le miroir** sich im Spiegel betrachten ▶ **tu** [**ne**] **t'es** [**pas**] **regardé!** (*umgs.*) fass dich an deine eigene Nase!; **regardez-moi** ça! (*umgs.*) hat man so was schon gesehen!

la **régie** [ʀeʒi] ❶ (*beim Film, Theater, Fernsehen*) die Regieassistenz; (*Studio*) der Regieraum ❷ das staatliche Unternehmen

▶ Nicht verwechseln mit *die Regie – la mise en scène!*

le **régime** [ʀeʒim] ❶ (*politisch*) das System; **le régime constitutionnel** die Verfassung, die Verfassungsordnung ❷ die Diät; **être/se mettre au régime** eine Diät machen; **mettre quelqu'un au régime** jemanden auf Diät setzen

le **régiment** [ʀeʒimɑ̃] ❶ das Regiment ❷ (*große Anzahl*) die Unmenge

la **région** [ʀeʒjɔ̃] ❶ die Gegend; **la région agricole** das landwirtschaftliche Gebiet; **la région parisienne** Paris und Umgebung ❷ (*Verwaltungseinheit*) die Region

régional, régionale [ʀeʒjɔnal] <*Plural der männl. Form:* régionaux> regional

le **régisseur** [ʀeʒisœʀ] ❶ der Aufnahmeleiter ❷ (*beim Theater*) der Inspizient

▶ Nicht verwechseln mit *der Regisseur – le metteur en scène!*

la **régisseuse** [ʀeʒisøz] ❶ die Aufnahmeleiterin ❷ (*beim Theater*) die Inspizientin

▶ Nicht verwechseln mit *die Regisseurin – le metteur en scène!*

le **registre** [ʀəʒistʀ] ❶ das Schreibheft ❷ (*in der Musik*) das Register ▶ **changer de registre** einen anderen Ton anschlagen
♦ **le registre d'état civil** das Personenstandsregister
♦ **le registre d'hôtel** das Gästebuch

la **règle** [ʀɛɡl] ❶ die Regel ❷ das Lineal ❸ (*Blutung*) **les règles** die Regel, die Periode ▶ **en règle générale** in der Regel; **être en règle** in Ordnung sein

▶ In ❸ wird der Plural *les règles* mit einem Singular übersetzt: *mes règles* <u>viennent</u> *de commencer* – meine Regel <u>hat</u> gerade angefangen.

le **règlement** [ʀɛɡləmɑ̃] ❶ die Vorschriften ❷ **le règlement intérieur** (*in einer Firma*) die Betriebsordnung; (*in einer Organisation*) die Geschäftsordnung; (*in einer Schule*) die Schulordnung ❸ die Zahlung
♦ **le règlement de compte**[**s**] die Abrechnung

▶ In ❶ wird der Singular *le règlement* mit einem Plural übersetzt: *le règlement* <u>dit</u> *que ... – die Vorschriften* <u>besagen</u>, *dass ...*

réglementer [ʀɛɡləmɑ̃te] gesetzlich regeln
régler [ʀeɡle] <*wie* préférer; *siehe Verbtabelle ab S. 1055*> ❶ regeln; klären *Problem, Frage;* beilegen *Konflikt, Meinungsverschiedenheit;* **c'est une affaire réglée** die Sache ist erledigt ❷ einstellen; regeln *Verkehr;* stellen *Uhr* ❸ festlegen *Modalitäten, Programm* ❹ bezahlen *Einkauf, Rechnung;* **je règle en liquide** ich zahle bar ❺ **se régler** sich regeln lassen; *Mechanismus:* sich einstellen lassen

▶ Nur die stammbetonten Formen schreiben sich mit è, z. B. *je règle.*

le **réglisse** [ʀeɡlis] ❶ die Lakritze, der/das Lakritz, das Süßholz ❷ der/das Lakritzbonbon
la **réglisse** [ʀeɡlis] ❶ (*Pflanze*) das Süßholz ❷ die Lakritze, der/das Lakritz

régner [ʀeɲe] <*wie* préférer; *siehe Verbtabelle ab S. 1055*> herrschen

▶ Nur die stammbetonten Formen schreiben sich mit è, z. B. *je règne.*

regonfler [ʀ(ə)ɡɔ̃fle] wieder aufblasen *Luftballon;* wieder aufpumpen *Schlauch;* **regonfler le pneu** im Reifen Luft nachfüllen ▶ **être regonflé**(**e**) [**à bloc**] (*umgs.*) wieder in besserer Stimmung sein

régresser [ʀeɡʀese] zurückgehen

le **regret** [ʀ(ə)ɡʀɛ] ❶ das Bedauern; **j'ai le regret** [*oder* **je suis au regret**] **de vous dire que ...** ich bedaure, Ihnen mitteilen zu müssen, dass ...; **ne pas avoir de regrets** nichts bereuen; **tous mes regrets** es tut mir wirklich leid ❷ (*in Todesanzeigen*) "**Regrets éternels**" "In tiefer Trauer" ▶ **à regret** *weggehen* ungern; *akzeptieren* widerstrebend; **allez, sans regret!** nichts für ungut!

regrettable [ʀ(ə)ɡʀetabl] bedauerlich

regretter [ʀ(ə)ɡʀete] ❶ bedauern *Haltung, Entscheidung;* bereuen *Irrtum, Sünde* ❷ **il regrette sa jeunesse** er trauert seiner Jugend nach ❸ **je regrette de vous avoir fait attendre** es tut mir leid, dass ich euch/Sie habe warten lassen; **je regrette qu'il soit parti** es tut mir leid, dass er gegangen ist

regrouper [ʀ(ə)ɡʀupe] ❶ vereinen *Menschen;* zusammentreiben *Schafe* ❷ **se regrouper** sich zusammenschließen; **les visiteurs se regroupent autour du guide** die Besucher gruppieren sich um den Reiseleiter

régulariser [ʀeɡylaʀize] regeln *Verwaltungsakt;* legalisieren *Paarbeziehung*

régulier, régulière [ʀeɡylje, ʀeɡyljɛʀ] ❶ (*auch in der Grammatik*) regelmäßig; *Leben, Gewohnheiten* geregelt ❷ *Anstrengungen* kontinuierlich; *Resultate, Geschwindigkeit* gleich bleibend ❸ *Flugzeug, Zug* planmäßig, fahrplanmäßig; **le vol régulier** der Linienflug ❹ (*legal*) vorschriftsmäßig

régulièrement [ʀeɡyljɛʀmɑ̃] regelmäßig

la **réhabilitation** [ʀeabilitasjɔ̃] die Rehabilitierung

réhabiliter [ʀeabilite] rehabilitieren

le **rein** [ʀɛ̃] ❶ die Niere ❷ (*unterer Rücken*) **les reins** das Kreuz

> **V** In ❷ wird der Plural *les reins* mit einem Singular übersetzt: *j'ai mal aux reins – ich habe Schmerzen im Kreuz.*

la **réincarnation** [ʀeɛ̃kaʀnasjɔ̃] die Wiedergeburt

la **reine** [ʀɛn] ❶ die Königin ❷ (*beim Kartenspiel, Schach*) die Dame ▸ **se saper comme une reine** (*umgs.*) sich aufbrezeln

réinscrire [ʀeɛ̃skʀiʀ] <*wie* écrire; *siehe Verbtabelle ab S. 1055*> ❶ anmelden; **réinscrire son enfant dans un nouveau collège** sein Kind in einem neuen Collège anmelden ❷ **réinscrire quelqu'un/quelque chose sur une liste** jemanden/etwas wieder auf eine Liste setzen

la **réinsertion** [ʀeɛ̃sɛʀsjɔ̃] *eines Straftäters* die Wiedereingliederung

réintégrer [ʀeɛ̃teɡʀe] <*wie* préférer; *siehe Verbtabelle ab S. 1055*> ❶ wieder eingliedern *Strafgefangenen* ❷ **réintégrer son bureau** ins Büro zurückkehren, wieder ins Büro gehen

> **Ü** Nur die stammbetonten Formen schreiben sich mit è, z. B. *je réintègre.*

rejeter [ʀəʒ(ə)te] <*siehe Verbtabelle ab S. 1055*> ❶ zurückwerfen ❷ nicht bei sich behalten *Nahrung* ❸ **rejeter ses cheveux en arrière** seine Haare zurückwerfen ❹ **la mer rejette l'épave sur la plage** das Meer spült das Wrack an Land ❺ zurückweisen *Menschen, Vorschlag;* von sich weisen *Verantwortung;* verwerfen *Gesetzesentwurf;* **rejeter la faute sur quelqu'un** jemandem die Schuld zuschieben

> **Ü** Wenn die Endung stumm ist, schreibt sich das Verb mit *tt*, z. B. *il rejette.*

rejoindre [ʀ(ə)ʒwɛ̃dʀ] <*wie* joindre; *siehe Verbtabelle ab S. 1055*> ❶ wieder treffen ❷ einholen; **vas-y, je te rejoins** geh schon [voraus], ich komme gleich nach ❸ **se rejoindre** *Menschen:* sich wieder treffen; *Flüsse, Straßen:* zusammenkommen, wieder zusammenkommen; *Ansichten:* übereinstimmen

réjouir [ʀeʒwiʀ] <*wie* agir; *siehe Verbtabelle ab S. 1055*> **se réjouir** sich freuen; **elle se réjouit de pouvoir assister à ce spectacle** sie freut sich, dass sie bei der Veranstaltung dabei sein kann

> **G** Bei einigen Formen des Verbs ist der Stamm um *-iss-* erweitert, etwa bei *ils se réjouissent, il se réjouissait* oder *en se réjouissant.*

la **relâche** [ʀəlɑʃ] **sans relâche** unermüdlich; *arbeiten, belästigen* pausenlos

relâcher [ʀ(ə)lɑʃe] ❶ lockern; entspannen *Muskeln* ❷ freilassen

relaie, relaies [ʀ(ə)lɛ] →**relayer**

le **relais** [ʀ(ə)lɛ] die Staffel ▸ **prendre le relais de quelqu'un/de quelque chose** jemanden/etwas ablösen

relancer [ʀ(ə)lɑ̃se] <*wie* commencer; *siehe Verbtabelle ab S. 1055*> ❶ wieder ankurbeln *Wirtschaft;* wieder voranbringen *Projekt* ❷ **relancer quelqu'un** (*umgs.*) jemandem auf die Pelle rücken

> **Ü** Vor *a* und *o* steht statt *c* ein *ç*, z. B. in *nous relançons, il relançait* und *en relançant.*

le **relatif** [ʀ(ə)latif] (*in der Grammatik*) das Relativpronomen

relatif, relative [ʀ(ə)latif, ʀ(ə)lativ] ❶ relativ ❷ **être relatif à quelqu'un/à quelque chose** sich auf jemanden/auf etwas beziehen ❸ (*in der Grammatik*) **le pronom relatif** das Relativpronomen

la **relation** [ʀ(ə)lasjɔ̃] ❶ die Beziehung, das Verhältnis; **avoir de très bonnes relations avec quelqu'un** ein sehr gutes Verhältnis zu jemandem haben ❷ **avoir des relations** Beziehungen haben ❸ Bekannte ❹ der Zusammenhang; **en relation avec cette affaire** im Zusammenhang mit dieser Angelegenheit ❺ **les relations publiques** die Öffentlichkeitsarbeit, die PR; (*Abteilung*) die PR-Abteilung

> ⓥ In ❺ wird der Plural *les relations publiques* mit einem Singular übersetzt: *elle est responsable des relations publiques – sie ist verantwortlich für die Öffentlichkeitsarbeit*.

relative [ʀ(ə)lativ] →**relatif**
la **relative** [ʀ(ə)lativ] (*in der Grammatik*) der Relativsatz
relativement [ʀ(ə)lativmɑ̃] relativ
relativiser [ʀ(ə)lativize] relativieren
la **relativité** [ʀ(ə)lativite] die Relativität
relaxer [ʀ(ə)lakse] **se relaxer** sich entspannen
relayer [ʀ(ə)leje] <*wie* essayer; *siehe Verbtabelle ab S. 1055*> ablösen; **se relayer** sich ablösen

> ⓤ Einige Formen dieses Verbs schreiben sich mit *y*, andere mit *i*.
> Direkt vor einer betonten Endungssilbe steht immer ein *y*, z. B. in *nous relayons* und *ils relayaient*.
> Vor einem unbetonten *e* können *i* oder *y* stehen, z. B. in *je relaie* oder *je relaye*.

le **relent** [ʀ(ə)lɑ̃] der üble Geruch
la **relève** [ʀ(ə)lɛv] die Ablösung ▸ **assurer la relève** die Nachfolge antreten
le **relevé** [ʀəl(ə)ve] *des Kontos* der Auszug; **le relevé d'identité bancaire** die von der Bank ausgestellte Bescheinigung der Bankverbindung
relevé, relevée [ʀəl(ə)ve] gut gewürzt
relever [ʀəl(ə)ve] <*wie* peser; *siehe Verbtabelle ab S. 1055*> ❶ aufheben; wieder aufstellen *Stuhl* ❷ **relever quelqu'un** jemandem hochhelfen; **se relever** [wieder] aufstehen ❸ hochziehen *Rollo, Socken;* hochstecken *Haare;* höher stellen *Sitz;* hochklappen *Klappsitz* ❹ notieren *Adresse;* ablesen *Zähler* ❺ **relever de la compétence de quelqu'un** in jemandes Zuständigkeit fallen

> ⓤ Mit *è* schreiben sich
> – die stammbetonten Formen wie *je relève* oder *tu relèves* sowie
> – die auf der Basis der Grundform *relever* gebildeten Formen, z. B. *ils relèveront* und *je relèverais*.

le **relief** [ʀəljɛf] das Relief; **en relief** Buchstaben in Relief [gedruckt] ▸ **mettre quelque chose en relief** etwas hervorheben
relier [ʀəlje] <*wie* apprécier; *siehe Verbtabelle ab S. 1055*> ❶ verbinden, miteinander verbinden; **le câble relie la souris à l'ordinateur** das Kabel verbindet die Maus mit dem Computer ❷ anschließen *Gerät* ❸ binden *Buch*
la **religieuse** [ʀ(ə)liʒjøz] ❶ die Nonne ❷ (*Kuchen*) mit Mokkacreme gefüllter Windbeutel
le **religieux** [ʀ(ə)liʒjø] der Ordensgeistliche
religieux, religieuse [ʀ(ə)liʒjø, ʀ(ə)liʒjøz] religiös; *Zeremonie, Heirat* kirchlich; *Orden* geistlich; **la musique religieuse** die geistliche Musik, die Kirchenmusik
la **religion** [ʀ(ə)liʒjɔ̃] ❶ die Religion ❷ **la religion catholique/musulmane** der katholische/islamische Glaube
relire [ʀ(ə)liʀ] <*wie* lire; *siehe Verbtabelle ab S. 1055*> ❶ noch einmal lesen *Brief, Roman* ❷ noch einmal durchlesen *Manuskript*
reloger [ʀ(ə)lɔʒe] <*wie* changer; *siehe Verbtabelle ab S. 1055*> **reloger quelqu'un** jemandem eine neue Unterkunft besorgen

> ⓤ Vor *a* und *o* bleibt das *e* erhalten, z. B. in *nous relogeons, il relogeait* und *en relogeant*.

remâcher [ʀ(ə)mɑʃe] ❶ wiederkäuen ❷ (*übertragen*) **remâcher quelque chose** [immer wieder] über etwas nachgrübeln
le **remake** [⚠ ʀimɛk] die Neuverfilmung, das Remake
remaquiller [ʀ(ə)makije] **se remaquiller** sich [neu] schminken
remarier [ʀ(ə)maʀje] <*wie* apprécier; *siehe Verbtabelle ab S. 1055*> **se remarier** wieder [*oder* noch einmal] heiraten; **elle s'est remariée avec son ancien collègue** sie hat noch einmal geheiratet, und zwar ihren früheren Kollegen
remarquable [ʀ(ə)maʀkabl] bemerkenswert
la **remarque** [ʀ(ə)maʀk] ❶ die Bemerkung ❷ die Anmerkung
remarquer [ʀ(ə)maʀke] ❶ bemerken ❷ **faire remarquer une erreur à quelqu'un** jemanden auf einen Fehler hinweisen ❸ **remarque, il a essayé!** er hat es immerhin versucht! ❹ **se remarquer** *Fleck:* auffallen ❺ **se faire remarquer** auffallen, unangenehm auffallen; **sans se faire remarquer** unauffällig
remballer [ʀɑ̃bale] wieder einpacken *Ware*
rembarrer [ʀɑ̃baʀe] (*umgs.*) **rembarrer**

quelqu'un jemandem eine Abfuhr erteilen, jemanden abblitzen lassen
rembobiner [ʀɑ̃bɔbine] wieder aufwickeln *Faden;* zurückspulen *Tonband, Film*
rembourrer [ʀɑ̃buʀe] polstern, auspolstern
le **remboursement** [ʀɑ̃buʀsəmɑ̃] ❶ die Rückzahlung; *der Kosten* die Rückerstattung, die Erstattung ❷ **contre remboursement** gegen Nachnahme
rembourser [ʀɑ̃buʀse] ❶ zurückerstatten, erstatten; zurückzahlen *Schulden* ❷ **je te rembourserai demain!** ich gebe dir das Geld morgen zurück! ❸ **ce médicament n'est pas remboursé** die Kosten für dieses Medikament werden nicht erstattet
le **remède** [ʀ(ə)mɛd] das Heilmittel, das Mittel
remédier [ʀ(ə)medje] <*wie* apprécier; *siehe Verbtabelle ab S. 1055*> **remédier à un problème** ein Problem beheben
le **remerciement** [ʀ(ə)mɛʀsimɑ̃] der Dank; **les remerciements** die Dankesbezeigungen; **avec tous mes/tous nos remerciements** mit bestem Dank
remercier [ʀ(ə)mɛʀsje] <*wie* apprécier; *siehe Verbtabelle ab S. 1055*> **remercier quelqu'un** jemandem danken; **remercier ses amis de leur soutien** seinen Freunden für die Unterstützung danken
remettre [ʀ(ə)mɛtʀ] <*wie* mettre; *siehe Verbtabelle ab S. 1055*> ❶ [wieder] zurückstellen; **remettre quelque chose debout** etwas wieder hinstellen ❷ **remettre sa montre à l'heure** seine Uhr stellen ❸ **remettre quelqu'un en liberté** jemanden freilassen ❹ übergeben; überreichen *Belohnung, Preis;* einreichen *Rücktritt* ❺ wieder anziehen *Kleidungsstück;* wieder aufsetzen *Hut* ❻ **remettre du sel dans les légumes** noch etwas Salz an das Gemüse geben, das Gemüse nachsalzen; **remettre de l'huile dans le moteur** Öl in den Motor nachfüllen ❼ (*aufschieben*) verschieben; **remettons la décision à demain** verschieben wir die Entscheidung auf morgen ❽ **se remettre** sich erholen ❾ **se remettre debout** wieder aufstehen ❿ (*sich versöhnen*) **ils se sont remis ensemble** sie sind wieder zusammen ⓫ **se remettre au travail** sich wieder an die Arbeit machen; **se remettre à fumer** wieder anfangen zu rauchen; **il se remet à pleuvoir** es fängt wieder an zu regnen ▶ **remettre ça** (*umgs.*) wieder damit anfangen
la **remise** [ʀ(ə)miz] ❶ die Übergabe; *eines Briefs, Pakets* die Zustellung; (*persönlich*) die Aushändigung ❷ der Nachlass ❸ (*Gebäude*) der Schuppen
◆ la **remise en état** die Instandsetzung
◆ la **remise en forme** das Fitnesstraining
◆ la **remise en marche** das erneute In-Gang-Setzen
◆ la **remise de peine** der Straferlass
remmener [⚠ ʀɑ̃m(ə)ne] <*wie* peser; *siehe Verbtabelle ab S. 1055*> zurückbringen

> Ü   Mit è schreiben sich
> – die stammbetonten Formen wie *je remmène* oder *tu remmènes* sowie
> – die auf der Basis der Grundform *remmener* gebildeten Formen, z. B. *ils remmèneront* und *je remmènerais*.

le **remonte-pente** [ʀ(ə)mɔ̃tpɑ̃t] <*Plural:* remonte-pentes> der Schlepplift
remonter [ʀ(ə)mɔ̃te] ❶ wieder hinaufgehen/heraufkommen; (*im Auto*) wieder hinauffahren/heraufgefahren kommen; **remonter à Paris** wieder nach Paris zurückfahren; **elle a remonté l'escalier** sie ist die Treppe [wieder] hinaufgegangen/heraufgekommen ❷ **remonter sur l'échelle** wieder auf die Leiter steigen; **remonter le fleuve en bateau** den Fluss wieder hinauffahren/heraufgefahren kommen ❸ *Fieber, Barometer:* steigen, wieder steigen; *Straße:* ansteigen ❹ (*tragen*) **remonter une bouteille de la cave** eine Flasche aus dem Keller [herauf]holen ❺ **remonter à bicyclette/en voiture** wieder aufs Fahrrad/ins Auto steigen; **remonter à bord** wieder an Bord gehen; **remonter sur scène** auf die Bühne zurückkehren ❻ *Rock, Kleidungsstück:* hochrutschen; **son col est remonté** sein/ihr Kragen steht hoch ❼ **remonter à l'année dernière** *Ereignis, Tatsache:* auf das letzte Jahr zurückgehen; **remonter à quelques jours** *Zwischenfall:* einige Tage zurückliegen ❽ hochziehen *Socken, Hose;* hochkrempeln *Hosenbein, Ärmel;* hochschlagen *Kragen* ❾ höher ziehen *Mauer* ❿ (*in der Schule*) anheben *Note* ⓫ wieder anbringen *Wasserhahn;* wieder aufmontieren *Rad* ⓬ aufziehen *Mechanismus, Uhr* ▶ **être remonté(e) contre quelqu'un** wütend auf jemanden sein
le **remords** [ʀ(ə)mɔʀ] das Schuldgefühl; **avoir des remords** ein schlechtes Gewissen haben
la **remorque** [ʀ(ə)mɔʀk] der Anhänger
remorquer [ʀ(ə)mɔʀke] abschleppen *Auto*
le **rempart** [ʀɑ̃paʀ] der Wall, der Schutzwall; *einer Stadt* die Stadtmauer
le **remplaçant** [ʀɑ̃plasɑ̃] ❶ die Vertretung

remplaçante ② (*im Sport*) der Ersatzspieler
la **remplaçante** [ʀɑ̃plasɑ̃t] ① die Vertretung ② (*im Sport*) die Ersatzspielerin
le **remplacement** [ʀɑ̃plasmɑ̃] (*Aushilfe*) die Vertretung
remplacer [ʀɑ̃plase] <*wie* commencer; siehe Verbtabelle ab S. 1055> ① ersetzen ② ablösen; (*vorübergehend*) vertreten

> Ü Vor *a* und *o* steht statt *c* ein *ç*, z. B. in *nous remplaçons, il remplaçait* und *en remplaçant*.

rempli, remplie [ʀɑ̃pli] voll; **un car rempli de touristes** ein Reisebus voll[er] Touristen
remplir [ʀɑ̃pliʀ] <*wie* agir; *siehe Verbtabelle ab S. 1055*> ① füllen; **remplir le vase d'eau** die Vase mit Wasser füllen ② voll packen *Koffer* ③ voll schreiben *Seite* ④ ausfüllen *Formular, Scheck, Tag* ⑤ erfüllen *Mission, Vertrag* ⑥ **se remplir** sich füllen

> G Bei einigen Formen des Verbs ist der Stamm um -*iss*- erweitert, etwa bei *ils remplissent, il remplissait* oder *en remplissant.*

remplumer [ʀɑ̃plyme] (*umgs.*) **se remplumer** zulegen
remporter [ʀɑ̃pɔʀte] ① wieder mitnehmen ② davontragen; gewinnen *Meisterschaft, Preis*
remuer [ʀəmɥe] ① bewegen ② rühren *Soße, Majonäse;* umrühren *Kaffee;* mischen *Salat* ③ **remuer la queue** mit dem Schwanz wedeln ④ (*in Bewegung sein*) sich bewegen ⑤ **se remuer** sich bemühen
la **renaissance** [ʀ(ə)nɛsɑ̃s] die Wiedergeburt
la **Renaissance** [ʀ(ə)nɛsɑ̃s] (*Epoche*) die Renaissance
le **renard** [ʀ(ə)naʀ] ① der Fuchs ② der Fuchspelz ▶ **rusé(e) comme un renard** schlau wie ein Fuchs
la **rencontre** [ʀɑ̃kɔ̃tʀ] ① (*auch im Sport*) die Begegnung ② die Zusammenkunft, das Treffen; **la rencontre secrète** das geheime Treffen ▶ **aller/venir à la rencontre de quelqu'un** jemandem entgegengehen/entgegenkommen; **faire la rencontre de quelqu'un** jemanden kennen lernen
rencontrer [ʀɑ̃kɔ̃tʀe] ① treffen; **rencontrer quelqu'un** jemanden treffen, jemandem begegnen; (*die Bekanntschaft machen*) jemanden kennen lernen; (*verabredet sein*) sich mit jemandem treffen; (*im Sport*) auf jemanden treffen ② **rencontrer quelque chose** auf etwas stoßen ③ **se rencontrer** sich begegnen; (*sich bekannt machen*) sich kennen lernen; (*verabredet sein*) sich treffen
le **rendez-vous** [ʀɑ̃devu] <*Plural:* rendez-vous> ① die Verabredung, sich mit jemandem treffen; **avoir rendez-vous avec quelqu'un** mit jemandem verabredet sein; **donner un rendez-vous à quelqu'un** sich mit jemandem verabreden; **rendez-vous à °huit heures!** wir treffen uns um acht! ② (*offiziell*) der Termin; **donner un rendez-vous à quelqu'un** mit jemandem einen Termin ausmachen; **prendre rendez-vous** sich einen Termin geben lassen; **sur rendez-vous** nach Vereinbarung ③ (*Stelldichein*) das Rendezvous ④ (*Ort, Stelle*) der Treffpunkt
◆ le **rendez-vous d'affaires** die geschäftliche Verabredung
rendre [ʀɑ̃dʀ] <*wie* vendre; *siehe Verbtabelle ab S. 1055*> ① zurückgeben ② abgeben *Hausaufgabe;* erwidern *Einladung, Besuch, Gruß;* **rendre la monnaie sur cent euros** auf hundert Euro herausgeben ③ wiedergeben *Freiheit* ④ fällen *Urteil* ⑤ **rendre quelque chose plus facile** etwas leichter machen; **rendre quelqu'un joyeux** jemanden fröhlich stimmen; **rendre public** veröffentlichen ⑥ **se rendre** sich ergeben ⑦ **se rendre chez quelqu'un** zu jemandem gehen; **se rendre à son travail** zur Arbeit gehen ⑧ (*bei Übelkeit*) erbrechen
la **rêne** [ʀɛn] der Zügel
le **renfermé** [ʀɑ̃fɛʀme] **sentir le renfermé** muffig riechen
renfermé, renfermée [ʀɑ̃fɛʀme] verschlossen
renfermer [ʀɑ̃fɛʀme] ① enthalten ② **se renfermer sur soi-même** sich in sich zurückziehen
renier [ʀənje] <*wie* apprécier; *siehe Verbtabelle ab S. 1055*> verleugnen; leugnen *Gedanken, Vergangenheit*
renifler [ʀ(ə)nifle] ① schnüffeln ② *Mensch:* riechen; *Tier:* wittern
le **renne** [ʀɛn] das Rentier, das Ren
la **renommée** [ʀ(ə)nɔme] ① das Ansehen ② der Ruf
renoncer [ʀ(ə)nɔ̃se] <*wie* commencer; siehe Verbtabelle ab S. 1055> **renoncer à quelque chose** auf etwas verzichten

> Ü Vor *a* und *o* steht statt *c* ein *ç*, z. B. in *nous renonçons, il renonçait* und *en renonçant*.

renouer [ʀənwe] **renouer avec quelqu'un** mit jemandem wieder Verbindung aufnehmen
renouvelable [ʀ(ə)nuv(ə)labl] *Energie* er-

neuerbar
renouveler [ʀ(ə)nuv(ə)le] <wie rejeter; siehe Verbtabelle ab S. 1055> ❶ erneuern; verlängern *Mietvertrag, Pass;* neu wählen *Abgeordnete, Parlament* ❷ **se renouveler** ausgewechselt werden; *Haut, Zelle:* sich erneuern; *Ereignis:* sich wiederholen; *Künstler:* sich weiterentwickeln

> Ü Mit *ll* schreiben sich
> – die stammbetonten Formen wie *je renouvelle* und
> – die auf der Basis der Grundform *renouveler* gebildeten Formen, z. B. *ils renouvelleront* und *je renouvellerais*.

rénovateur, rénovatrice [ʀenɔvatœʀ, ʀenɔvatʀis] reformerisch
rénover [ʀenɔve] ❶ renovieren; sanieren *Viertel* ❷ modernisieren
le **renseignement** [ʀɑ̃sɛɲmɑ̃] die Auskunft; **pourriez-vous me fournir les renseignements nécessaires?** könnten Sie mir die notwendigen Informationen geben?
renseigner [ʀɑ̃seɲe] ❶ informieren ❷ **se renseigner sur quelqu'un/sur quelque chose** sich nach jemandem/nach einer Sache erkundigen
rentable [ʀɑ̃tabl] ❶ rentabel ❷ **être rentable** (*umgs.*) sich lohnen
la **rentrée** [ʀɑ̃tʀe] ❶ der Schuljahresbeginn; **le jour de la rentrée** der erste Schultag; (*Zeitangabe*) am ersten Schultag; **aujourd'hui, c'est la rentrée** [**des classes**] heute fängt die Schule wieder an ❷ (*an der Uni*) der Vorlesungsbeginn ❸ **à la rentrée** nach der Sommerpause ❹ *eines Künstlers* das Comeback

> L Während der zweimonatigen Sommerferien kommt in Frankreich das öffentliche Leben stärker zum Erliegen, als es etwa in Deutschland während der Sommerpause der Fall ist. *La rentrée* bezeichnet den Wiederbeginn nicht nur der Schule und des Universitätsbetriebs, sondern überhaupt des öffentlichen und kulturellen Lebens.

rentrer [ʀɑ̃tʀe] ❶ zurückgehen/zurückkommen, nach Hause gehen/kommen; **rentrer de l'école** von der Schule nach Hause kommen; **comment rentres-tu?** wie kommst du nach Hause?; **elle est déjà rentrée?** ist sie schon zu Hause? ❷ **rentrer au pays natal** in seine Heimat zurückkehren ❸ *Einbrecher, Wasser:* eindringen; **faire rentrer quelqu'un** jemanden eintreten lassen ❹ **rentrer dans le magasin** ins Geschäft zurückgehen ❺ **rentrer dans une valise** in einen Koffer hineinpassen; **les tubes ne sont pas rentrés les uns dans les autres** die Rohre ließen sich nicht ineinander stecken ❻ hineinbringen; einziehen *Kopf, Bauch;* einstecken *Hemd;* einbringen *Heu;* **rentrer la voiture au garage** den Wagen in die Garage fahren; **rentrer la clé dans la serrure** den Schlüssel in das Schloss stecken ❼ **rentrer dans la police/dans une entreprise** zur Polizei/zu einer Firma gehen; **rentrer en fac** an die Uni gehen ❽ **je suis rentré(e) dans mes frais** ich habe meine Unkosten gedeckt ❾ **rentrer dans quelque chose** *Autofahrer:* gegen etwas fahren; *Auto:* gegen etwas prallen ❿ **se rentrer dedans** (*umgs.*) zusammenstoßen

renversant, renversante [ʀɑ̃vɛʀsɑ̃, ʀɑ̃vɛʀsɑ̃t] (*umgs.*) umwerfend
la **renverse** [ʀɑ̃vɛʀs] **tomber à la renverse** hintenüber fallen
renversé, renversée [ʀɑ̃vɛʀse] ❶ verblüfft ❷ umgekehrt; **être renversé** auf dem Kopf stehen
le **renversement** [ʀɑ̃vɛʀsəmɑ̃] ❶ *einer Situation* die Umkehrung; *der Gesinnung* der Umschwung ❷ (*in der Politik*) der Umsturz; *einer Regierung* der Sturz
renverser [ʀɑ̃vɛʀse] ❶ umstoßen ❷ überfahren *Fußgänger;* umfahren *Fahrrad* ❸ verschütten *Flüssigkeit* ❹ stürzen *Regierung* ❺ nach hinten beugen *Körper, Kopf* ❻ (*andersherum hinstellen*) umdrehen ❼ ins Gegenteil verkehren *Situation* ❽ (*umgs.: verblüffen*) umhauen
le **renvoi** [ʀɑ̃vwa] ❶ der Verweis; **le renvoi à quelque chose** der Verweis auf etwas ❷ *eines Arbeitnehmers* die Entlassung; **il y a eu plusieurs renvois d'élèves** mehrere Schüler sind von der Schule verwiesen worden ❸ das Aufstoßen; **j'ai des renvois** ich muss aufstoßen
renvoyer [ʀɑ̃vwaje] <wie envoyer; siehe Verbtabelle ab S. 1055> ❶ noch einmal schicken ❷ zurückspielen *Ball* ❸ zurückschicken *Fahrstuhl* ❹ entlassen *Arbeitnehmer;* **renvoyer quelqu'un de l'école** jemanden von der Schule verweisen ❺ **renvoyer quelque chose à plus tard** etwas auf später vertagen
la **réorganisation** [ʀeɔʀganizasjɔ̃] die Reorganisation
réorganiser [ʀeɔʀganize] ❶ umorganisieren ❷ **se réorganiser** sich neu organisieren
la **réorientation** [ʀeɔʀjɑ̃tasjɔ̃] die Neuorientie-

réorienter [ʀeɔʀjɑ̃te] neu ausrichten *Politik*
la **réouverture** [ʀeuvɛʀtyʀ] die Wiedereröffnung
répandre [ʀepɑ̃dʀ] <*wie* vendre; *siehe Verbtabelle ab S. 1055*> ❶ verbreiten *Geruch, Neuigkeit* ❷ verschütten *Flüssigkeit;* verstreuen *Zucker;* **répandu sur le sol** auf dem Boden verschüttet/verstreut ❸ **se répandre** sich verbreiten; *Information:* verbreitet werden; *Epidemie:* sich ausbreiten; *Doktrin, Mode:* sich durchsetzen; *Flüssigkeit:* sich ergießen; *Sand, Butter:* sich verteilen
répandu, répandue [ʀepɑ̃dy] *Methode, Vorurteil* verbreitet, weit verbreitet
réparable [ʀepaʀabl] **ce réveil est réparable** dieser Wecker kann repariert werden; **cette erreur est réparable** dieser Fehler kann wieder gutgemacht werden
reparaître [ʀ(ə)paʀɛtʀ] <*wie* paraître; *siehe Verbtabelle ab S. 1055*> ❶ wieder auftauchen; **le soleil a reparu** die Sonne ist wieder hervorgekommen ❷ **le livre a** [*oder* **est**] **reparu** das Buch ist wieder erschienen

Ü Das *ï* steht immer nur vor *t*.
Die Verbformen ohne *t* schreiben sich mit *i*, z. B. *ils reparaissent*.

le **réparateur** [ʀepaʀatœʀ] der Techniker
la **réparation** [ʀepaʀasjɔ̃] ❶ die Reparatur; *eines Hauses* die Instandsetzung; *einer Straße* die Ausbesserung; *eines Lecks* das Abdichten ❷ die Entschädigung
la **réparatrice** [ʀepaʀatʀis] die Technikerin
réparer [ʀepaʀe] ❶ reparieren; in Stand setzen *Haus;* ausbessern *Straße;* beheben *Schaden;* abdichten *Leck* ❷ wieder gutmachen *Fehler, Unrecht*
reparler [ʀ(ə)paʀle] ❶ **reparler à quelqu'un** wieder mit jemandem sprechen; **se reparler** wieder miteinander sprechen ❷ **reparler de quelqu'un/de quelque chose** auf jemanden/auf etwas zurückkommen; **on en reparlera** darüber unterhalten wir uns später noch einmal
la **repartie,** la **répartie** [⚠ ʀepaʀti] **avoir de la repartie** schlagfertig sein
repartir [ʀ(ə)paʀtiʀ] <*wie* sortir; *siehe Verbtabelle ab S. 1055*> ❶ *Fahrzeug:* weiterfahren; *Reisender:* wieder aufbrechen ❷ wieder zurückkehren; **vous voulez déjà repartir?** Sie wollen schon wieder gehen? ❸ *Motor:* wieder anspringen; *Heizung, Maschine:* wieder laufen; *Diskussion, Streit:* wieder anfangen; *Geschäft:* wieder in Gang kommen

répartir [ʀepaʀtiʀ] <*wie* agir; *siehe Verbtabelle ab S. 1055*> ❶ aufteilen *Gewinn;* **se répartir les frais** die Kosten unter sich aufteilen ❷ **répartir les touristes en plusieurs groupes** die Touristen in mehrere Gruppen einteilen; **se répartir en groupes** sich in Gruppen aufteilen ❸ **répartir de la crème sur le gâteau** Sahne auf der Torte verteilen ❹ **se répartir** verteilt werden; *Arbeit:* aufgeteilt werden

G Bei einigen Formen des Verbs ist der Stamm um -iss- erweitert, etwa bei *ils répart*iss*ent, il répart*iss*ait* oder *en répart*iss*ant*.

la **répartition** [ʀepaʀtisjɔ̃] ❶ die Verteilung ❷ *der Truppen* die Aufstellung ❸ *der Zimmer* die Anordnung ❹ **la répartition en groupes** die Einteilung in Gruppen
le **repas** [ʀ(ə)pa] ❶ das Essen; **faire un bon repas** gut essen ❷ die Mahlzeit
repasser¹ [ʀ(ə)pase] bügeln
repasser² [ʀ(ə)pase] ❶ noch einmal vorbeikommen ❷ *Film:* noch einmal laufen ❸ **repasser derrière le traducteur** die Arbeit des Übersetzers überprüfen ❹ noch einmal überqueren *Grenze* ❺ wiederholen *Prüfung* ❻ **repasser le sel au voisin** dem Tischnachbarn noch einmal das Salz reichen ❼ (*am Telefon*) **je te repasse maman** ich gebe dir wieder Mutti
repêcher [ʀ(ə)peʃe] ❶ **repêcher quelque chose dans la rivière** etwas [wieder] aus dem Fluss herausziehen [*oder* herausfischen] ❷ **repêcher un candidat** (*umgs.*) einen Prüfling durchkommen lassen
repens, repent [ʀəpɑ̃] →**repentir**
repenser [ʀ(ə)pɑ̃se] **repenser à quelque chose** noch einmal über etwas nachdenken; **je vais y repenser** ich werde es mir noch überlegen
repenti, repentie [ʀ(ə)pɑ̃ti] *Trinker, Raucher* bekehrt; *Übeltäter, Terrorist* reuig
repentir [ʀ(ə)pɑ̃tiʀ] <*wie* sortir; *siehe Verbtabelle ab S. 1055*> **se repentir de quelque chose** etwas bereuen; **nous nous repentons de ne pas lui avoir fait confiance** wir bereuen, dass wir ihm/ihr nicht vertraut haben
le **repentir** [ʀ(ə)pɑ̃tiʀ] die Reue
le **repérage** [ʀ(ə)peʀaʒ] ❶ *eines Flugzeugs* das Orten, die Ortung ❷ (*beim Film*) **faire des repérages** geeignete Drehorte suchen
la **répercussion** [ʀepɛʀkysjɔ̃] die Auswirkung, die Folge
répercuter [ʀepɛʀkyte] ❶ zurückwerfen

Schall ❷ **se répercuter** widerhallen ❸ **se répercuter sur quelque chose** sich auf etwas niederschlagen

le **repère** [R(ə)pɛR] ❶ der Orientierungspunkt ❷ der Markierungsstrich; **tracer des repères sur une carte** eine Landkarte markieren

repérer [R(ə)pere] <*wie* préférer; *siehe Verbtabelle ab S. 1055*> (*umgs.*) ❶ ausfindig machen ❷ **se repérer** sich zurechtfinden ❸ **se faire repérer par la police** von der Polizei entdeckt werden

Ü Nur die stammbetonten Formen schreiben sich mit *è*, z. B. *je repère.*

le **répertoire** [RepɛRtwaR] ❶ (*auch in der Informatik*) das Verzeichnis ❷ das Register ❸ (*beim Theater*) das Repertoire

répertorier [RepɛRtɔRje] <*wie* apprécier; *siehe Verbtabelle ab S. 1055*> in ein Verzeichnis aufnehmen

répéter [Repete] <*wie* préférer; *siehe Verbtabelle ab S. 1055*> ❶ wiederholen; **répète après moi: ...** sprich mir nach: ...; **je vous ai répété cent fois de nettoyer les chaussures!** ich habe euch schon hundertmal gesagt, dass ihr euch die Schuhe sauber machen sollt!; **répète un peu!** sag das noch mal! ❷ lernen *Lektion* ❸ proben *Theaterstück, Musikstück* ❹ **se répéter** *Mensch:* sich wiederholen

Ü Nur die stammbetonten Formen schreiben sich mit *è*, z. B. *je répète.*

répétitif, répétitive [Repetitif, Repetitiv] *Arbeit* sich ständig wiederholend

la **répétition** [Repetisjɔ̃] ❶ die Wiederholung ❷ eines *Theaterstücks, Musikstücks* die Probe ▶ **avoir des rhumes à répétition** eine Erkältung nach der anderen haben

répétitive [Repetitiv] → **répétitif**

repeupler [R(ə)pœple] ❶ neu besiedeln ❷ aufforsten *Wald*; **repeupler une région d'animaux** eine Gegend wieder mit Tieren besetzen

repiquer [R(ə)pike] ❶ pikieren *Salat, Pflanze* ❷ überspielen *Musikaufnahme*

le **répit** [Repi] die Pause; **sans répit** pausenlos

replacer [R(ə)plase] <*wie* commencer; *siehe Verbtabelle ab S. 1055*> zurückstellen, zurücklegen

Ü Vor *a* und *o* steht statt *c* ein *ç*, z. B. in *nous replaçons, il replaçait* und *en replaçant.*

replanter [R(ə)plɑ̃te] ❶ umsetzen *Pflanze* ❷ aufforsten *Wald*

le **repli** [Rəpli] ❶ der Rückzug ❷ **le repli sur soi-même** die Abkapselung ❸ **les replis** *eines Rocks, Vorhangs* die [tiefen] Falten

replier [R(ə)plije] <*wie* apprécier; *siehe Verbtabelle ab S. 1055*> ❶ wieder zusammenfalten *Zeitung, Karte;* wieder zusammenlegen *Tischtuch, Stoff;* zusammenklappen *Zollstock;* wieder einklappen *Klinge* ❷ anwinkeln *Beine;* wieder anlegen *Flügel* ❸ zurückziehen *Truppen;* **se replier** sich zurückziehen ❹ **se replier sur soi-même** sich abkapseln

la **réplique** [Replik] ❶ (*auch im Theater*) die Antwort ❷ die Erwiderung, die Entgegnung ❸ der Widerspruch ❹ (*in der Kunst*) die Nachbildung

répliquer [Replike] ❶ erwidern, entgegnen ❷ widersprechen

replonger [R(ə)plɔ̃ʒe] <*wie* changer; *siehe Verbtabelle ab S. 1055*> ❶ **replonger dans l'eau** wieder ins Wasser springen ❷ **replonger les gens dans la misère** die Menschen erneut in Elend stürzen ❸ **se replonger dans le travail** sich wieder in die Arbeit vertiefen

Ü Vor *a* und *o* bleibt das *e* erhalten, z. B. *nous replongeons, il replongeait* und *en replongeant.*

le **répondant** [Repɔ̃dɑ̃] **avoir du répondant** (*im Gespräch*) schlagfertig sein

le **répondant** [Repɔ̃dɑ̃] der Bürge

la **répondante** [Repɔ̃dɑ̃t] die Bürgin

le **répondeur** [Repɔ̃dœʀ] der Anrufbeantworter

répondre [Repɔ̃dʀ] <*wie* vendre; *siehe Verbtabelle ab S. 1055*> ❶ antworten; **répondre oui** Ja sagen ❷ **répondre à une question** eine Frage beantworten ❸ **ne pas répondre au téléphone** nicht abnehmen ❹ **répondre à ses parents** seinen Eltern freche Antworten geben ❺ (*funktionieren*) *Bremsen:* ansprechen ❻ **cet ordinateur répond à mes exigences** dieser Computer entspricht meinen Erwartungen ▶ **je vous en réponds** das garantiere ich euch/Ihnen

la **réponse** [Repɔ̃s] die Antwort; **la réponse à cette question** die Antwort auf diese Frage ▶ **avoir réponse à tout** immer eine Antwort parat haben

le **reportage** [R(ə)pɔʀtaʒ] ⚠ *männlich* die Reportage

reporter [R(ə)pɔʀte] ❶ verschieben *Reise* ❷ **se reporter à quelque chose** sich auf etwas beziehen

le **reporter** [⚠ R(ə)pɔʀtɛʀ] der Reporter

la **reporter** [⚠ ʀ(ə)pɔʀtɛʀ] die Reporterin
le **repos** [ʀ(ə)po] ❶ die Ruhe; **prendre un peu de repos** sich ein wenig Ruhe gönnen ❷ (*Urlaub*) **prendre un jour de repos** sich einen Tag frei nehmen ▶ **ce n'est pas une affaire de tout repos** das ist keine einfache Angelegenheit
reposer¹ [ʀ(ə)poze] ❶ zurückstellen ❷ noch einmal stellen *Frage* ❸ **reposer sur quelque chose** *Theorie:* auf etwas beruhen
reposer² [ʀ(ə)poze] ❶ entspannen *Augen* ❷ **se reposer** sich ausruhen
repousser¹ [ʀ(ə)puse] ❶ abwehren *Angriff, Angreifer;* zurückdrängen *Feind, Menge* ❷ zurückweisen *Hilfe, Argumente;* abschlagen *Bitte* ❸ wieder zurückschieben *Möbelstück* ❹ verschieben *Termin, Verabredung*
repousser² [ʀ(ə)puse] nachwachsen; **laisser repousser sa barbe** seinen Bart wieder wachsen lassen
reprendre [ʀ(ə)pʀɑ̃dʀ] <*wie* comprendre; siehe Verbtabelle ab S. 1055> ❶ wieder nehmen; wieder abholen *Gepäck;* wieder einnehmen *Platz;* zurücknehmen *Ware, Worte;* zurückerobern *Territorium, Stadt* ❷ wieder aufnehmen *Kontakt, Gewohnheiten;* wieder schöpfen *Hoffnung, Mut;* wieder annehmen *Mädchennamen;* **reprendre confiance** wieder zuversichtlicher sein; **reprendre conscience** wieder zu sich kommen ❸ übernehmen *Geschäft, Firma* ❹ fortsetzen *Spaziergang;* wieder ausüben *Tätigkeit;* **reprendre la route** weiterfahren ❺ **reprendre le récit/la lecture de quelque chose** etwas noch einmal berichten/noch einmal lesen; **tout reprendre à zéro** alles noch einmal von vorn anfangen ❻ verbessern *Schüler, Fehler;* überarbeiten *Artikel, Kapitel* ❼ [ab]ändern *Mantel, Rock* ❽ **reprendre de la viande** [sich] noch etwas Fleisch nehmen ❾ aufgreifen *Idee, Vorschlag* ❿ *Leben:* wieder seinen Gang gehen; *Geschäfte:* wieder besser gehen ⓫ *Schmerzen, Regen:* wieder einsetzen; *Lärm, Krieg:* von neuem beginnen; *Unterricht, Kurs:* wieder beginnen; *Gespräch:* wieder aufgenommen werden ⓬ (*noch einmal sagen*) **je reprends: ...** ich wiederhole: ... ⓭ **se reprendre** sich wieder fangen ▶ **on ne m'y reprendra plus** das passiert mir nicht noch einmal
le **représentant** [ʀ(ə)pʀezɑ̃tɑ̃] der Vertreter; **le représentant en vin** der Weinvertreter
la **représentante** [ʀ(ə)pʀezɑ̃tɑ̃t] die Vertreterin; **la représentante en produits de beauté** die Kosmetikvertreterin
la **représentation** [ʀ(ə)pʀezɑ̃tasjɔ̃] ❶ die Darstellung ❷ (*im Theater*) die Aufführung, die Vorstellung
représenter [ʀ(ə)pʀezɑ̃te] ❶ darstellen ❷ darstellen *Bedrohung, Gefahr;* verkörpern *Autorität;* **cette découverte représente une révolution** diese Entdeckung bedeutet eine Revolution ❸ (*im Rechtswesen, in Politik, Wirtschaft*) vertreten ❹ **se représenter quelque chose** sich etwas vorstellen ❺ **se représenter à quelqu'un** *Gelegenheit, Möglichkeit:* sich jemandem noch einmal bieten
la **répression** [ʀepʀesjɔ̃] die Bestrafung; *eines Aufstands* die Niederschlagung; **prendre des mesures de répression** Strafmaßnahmen ergreifen
le **repris de justice** [ʀ(ə)pʀid(ə)ʒystis] <*Plural:* repris de justice> der Vorbestrafte
le **reproche** [ʀ(ə)pʀɔʃ] der Vorwurf
reprocher [ʀ(ə)pʀɔʃe] ❶ **reprocher sa maladresse à quelqu'un** jemandem Taktlosigkeit vorwerfen ❷ **se reprocher quelque chose** sich Vorwürfe wegen etwas machen
la **reproduction** [ʀ(ə)pʀɔdyksjɔ̃] (*Kopie*) die Reproduktion
reproduire [ʀ(ə)pʀɔdɥiʀ] <*wie* conduire; siehe Verbtabelle ab S. 1055> **se reproduire** ❶ sich wiederholen ❷ *Tier:* sich fortpflanzen
républicain, républicaine [ʀepyblikɛ̃, ʀepyblikɛn] republikanisch
la **république** [ʀepyblik] die Republik ▶ **on est en république** wir leben schließlich in einem freien Land
la **République** [ʀepyblik] (*in Staatennamen*) die Republik; **la République française** die Französische Republik; **la République démocratique allemande** (*früher*) die Deutsche Demokratische Republik; **la République fédérale d'Allemagne** die Bundesrepublik Deutschland; **la République populaire de Chine** die Volksrepublik China
répugnant, répugnante [ʀepyɲɑ̃, ʀepyɲɑ̃t] widerlich
la **réputation** [ʀepytasjɔ̃] der Ruf
réputé, réputée [ʀepyte] bekannt
la **requête** [ʀəkɛt] (*in der Informatik*) die Abfrage
le **requin** [ʀəkɛ̃] der Hai, der Haifisch
requinquer [ʀ(ə)kɛ̃ke] (*umgs.*) ❶ aufbauen, aufpeppen; **être requinqué(e)** wieder in Form sein ❷ **se requinquer** sich erholen
réquisitionner [ʀekizisjɔne] beschlagnahmen *Eigentum;* dienstverpflichten *Männer*

le **RER** [ɛʀøɛʀ] *Abkürzung von* **réseau express régional** ≈ das S-Bahn-Netz von Paris und Umgebung
le **rescapé** [ʀɛskape] der Überlebende
la **rescapée** [ʀɛskape] die Überlebende
le **réseau** [ʀezo] <*Plural:* réseaux> ❶ (*auch in der Informatik*) das Netz; **le réseau Internet** das Internet ❷ (*Kontakte*) das Netzwerk
la **réservation** [ʀezɛʀvasjɔ̃] die Reservierung
la **réserve** [ʀezɛʀv] ❶ der Vorrat ❷ das Schutzgebiet; **la réserve naturelle** das Naturschutzgebiet; **la réserve ornithologique** das Vogelschutzgebiet; **la réserve indienne** das Indianerreservat
réservé, réservée [ʀezɛʀve] ❶ zurückhaltend ❷ **réservé aux °handicapés/aux autobus** nur für Behinderte/für Busse
réserver [ʀezɛʀve] ❶ freihalten *Platz;* zurücklegen *Ware* ❷ reservieren; buchen *Reise* ❸ **se réserver pour le dessert** sich seinen Appetit für den Nachtisch aufheben
la **résidence** [ʀezidɑ̃s] ❶ der Wohnsitz ❷ die Ferienwohnung, das Ferienhaus ❸ die Wohnanlage; **la résidence universitaire** ≈ die Studentensiedlung
le **résident** [ʀezidɑ̃] **un résident allemand en France** ein in Frankreich lebender Deutscher, ein Deutscher mit festem Wohnsitz in Frankreich
la **résidente** [ʀezidɑ̃t] **une résidentes espagnole en France** eine in Frankreich lebende Spanierin, eine Spanierin mit festem Wohnsitz in Frankreich
résider [ʀezide] wohnen; **les étrangers qui résident en France** die in Frankreich ansässigen [*oder* lebenden] Ausländer
résigner [ʀeziɲe] **se résigner** resignieren; **il se résigne à vieillir** er findet sich damit ab, dass er älter wird
résilier [ʀezilje] <*wie* apprécier; *siehe Verbtabelle ab S. 1055*> kündigen, auflösen *Vertrag*
la **résistance** [ʀezistɑ̃s] ❶ der Widerstand ❷ (*körperlich*) die Widerstandsfähigkeit
la **Résistance** [ʀezistɑ̃s] (*im 2. Weltkrieg*) die Résistance
le **résistant** [ʀezistɑ̃] (*im 2. Weltkrieg*) die Widerstandskämpfer
résistant, résistante [ʀezistɑ̃, ʀezistɑ̃t] *Mensch, Pflanze, Material* widerstandsfähig; *Farbe* haltbar
la **résistante** [ʀezistɑ̃t] (*im 2. Weltkrieg*) die Widerstandskämpferin
résister [ʀeziste] ❶ **résister à quelqu'un** sich gegen jemanden wehren [*oder* zur Wehr setzen] ❷ **résister à une tentation** einer Versuchung widerstehen ❸ **résister au feu** feuerfest sein; **résister au lavage** waschecht sein; **résister à l'analyse** *Argument:* einer gründlichen Überprüfung standhalten

résolu¹, résolue [ʀezɔly] →**résoudre**
résolu², résolue [ʀezɔly] *Mensch, Miene, Ton* entschlossen
la **résolution** [ʀezɔlysjɔ̃] ❶ der Beschluss ❷ **prendre de bonnes résolutions** gute Vorsätze fassen ❸ (*in der Informatik*) die Auflösung
la **résonance** [ʀezɔnɑ̃s] ❶ die Resonanz ❷ (*Echo*) der Widerhall
résonner [ʀezɔne] *Glocke, Schritte:* hallen
résoudre [ʀezudʀ] <*siehe Verbtabelle ab S. 1055*> ❶ lösen *Konflikt, Rechenaufgabe* ❷ **se résoudre à rester** sich entschließen zu bleiben
le **respect** [⚠ ʀɛspɛ] der Respekt; **par respect pour quelqu'un** aus Respekt [*oder* Achtung] vor jemandem; **manquer de respect à quelqu'un** sich jemandem gegenüber respektlos benehmen
respecter [ʀɛspɛkte] ❶ achten; **se faire respecter** sich Respekt verschaffen ❷ wahren *Form, Tradition;* einhalten *Gesetz, Normen;* beachten *Reihenfolge, Vorfahrt*
respectivement [ʀɛspɛktivmɑ̃] jeweils
la **respiration** [ʀɛspiʀasjɔ̃] die Atmung; **retenir sa respiration** den Atem anhalten ▶ **cela lui a coupé la respiration** das hat ihm/ihr den Atem verschlagen
respirer [ʀɛspiʀe] ❶ atmen; **respirez fort!** tief einatmen! ❷ Luft holen ❸ aufatmen
responsabiliser [ʀɛspɔ̃sabilize] **responsabiliser son enfant** sein Kind Verantwortung übernehmen lassen, seinem Kind Verantwortung übertragen
la **responsabilité** [ʀɛspɔ̃sabilite] ❶ die Verantwortung; **avoir des responsabilités** Verantwortung tragen; **avoir la responsabilité d'un enfant/d'un magasin** die Verantwortung für ein Kind/für einen Laden haben ❷ (*juristisch*) die Haftung; **sa responsabilité dans l'accident** seine/ihre Schuld an dem Unfall; **la responsabilité civile** die Haftpflicht; (*Versicherung*) die Haftpflichtversicherung

> **V** In ❶ wird der Plural *les responsabilités* mit einem Singular übersetzt: *elle aime prendre des responsabilités* – sie übernimmt gerne Verantwortung.

responsable [ʀɛspɔ̃sabl] ❶ *Mensch* verantwortungsbewusst ❷ **être responsable de**

son enfant die Verantwortung für sein Kind haben; **être responsable de quelque chose** *Mensch:* für etwas verantwortlich sein ③ **être responsable d'un accident** an einem Unfall schuld sein

le **responsable** [ʀɛspõsabl] der Verantwortliche; *einer Organisation, Firma* die Führungskraft; **le responsable technique** der technische Leiter

la **responsable** [ʀɛspõsabl] die Verantwortliche; *einer Organisation, Firma* die Führungskraft; **la responsable technique** die technische Leiterin

ressaisir [ʀ(ə)sezir] <*wie* agir; *siehe Verbtabelle ab S. 1055*> **se ressaisir** sich wieder fangen

ⓖ Bei einigen Formen des Verbs ist der Stamm um *-iss-* erweitert, etwa bei *ils ressaisissent, il ressaisissait* oder *en ressaisissant*.

ressasser [ʀ(ə)sase] bis zum Überdruss wiederholen

la **ressemblance** [ʀ(ə)sãblãs] die Ähnlichkeit; **avoir une ressemblance avec quelque chose** einer Sache ähneln

ressembler [ʀ(ə)sãble] ① **ressembler à quelqu'un** jemandem ähnlich sehen; **ressembler à quelque chose** einer Sache gleichen ② **à quoi il ressemble, ton nouveau copain?** und wie ist dein neuer Freund? ③ **ça te ressemble de critiquer les autres** das sieht dir ähnlich, die anderen zu kritisieren ④ **se ressembler** sich ähnlich sehen

ressentir [ʀ(ə)sãtir] <*wie* sentir; *siehe Verbtabelle ab S. 1055*> empfinden; spüren *Schlag, Gefühl*

resserrer [ʀ(ə)sere] ① nachziehen *Schraube, Bolzen;* festziehen *Knoten;* enger schnallen *Gürtel* ② **se resserrer** enger werden; *Menschen, Gruppe:* zusammenrücken; *Freundeskreis:* kleiner werden

resservir [ʀ(ə)sɛrvir] <*wie* servir; *siehe Verbtabelle ab S. 1055*> ① noch einmal Verwendung finden; **ces emballages me resserviront** ich werde diese Verpackungen weiterverwenden ② **se resservir de la machine à écrire** die Schreibmaschine wieder benützen ③ **resservir à boire** nachschenken; **se resservir en** [*oder* **du**] **fromage** [sich] noch einmal Käse nehmen ④ (*abwertend*) noch einmal auftischen *Geschichte*

ressortir [ʀ(ə)sɔrtir] <*wie* sortir; *siehe Verbtabelle ab S. 1055*> ① *Mensch:* noch einmal weggehen ② **ressortir sur quelque chose** *Farbe, Qualität:* sich von etwas abheben; *Detail:* von etwas hervortreten; **faire ressortir quelque chose** *Mensch:* etwas hervorheben; *Gegenstand:* etwas zur Geltung bringen ③ **ressortir avec quelqu'un** (*umgs.*) wieder mit jemandem gehen ④ wieder hervorholen *Projekt;* wieder herausbringen *Modell* ⑤ wieder hinausstellen *Gartenmöbel;* noch einmal herausholen *Terminkalender*

le **ressortissant** [ʀ(ə)sɔrtisɑ̃] der Staatsangehörige

la **ressortissante** [ʀ(ə)sɔrtisɑ̃t] die Staatsangehörige

les **ressources** (*weiblich*) [ʀ(ə)surs] ① die Mittel; **sans ressources** mittellos ② *eines Staates* die Einnahmequellen; **les ressources naturelles** die Bodenschätze

ressusciter [ʀesysite] (*im christlichen Glauben*) ① zum Leben erwecken ② **Jésus-Christ est ressuscité** Christus ist auferstanden

le **restant** [ʀɛstɑ̃] der Rest

le **restaurant** [ʀɛstɔrɑ̃] das Restaurant; **aller au restaurant** essen gehen; **le restaurant universitaire** die Mensa
  ◆ le **restaurant du cœur** Suppenküche für Obdachlose [*in den Wintermonaten*]

le **restaurateur** [ʀɛstɔratœr] (*Handwerker*) der Restaurator

la **restauration** [ʀɛstɔrasjõ] ① *eines Gemäldes* die Restaurierung ② (*in der Informatik*) die Wiederherstellung ③ die Gastronomie; **la restauration rapide** die Fastfood-Gastronomie

la **restauratrice** [ʀɛstɔratʀis] (*Handwerkerin*) die Restauratorin

restaurer [ʀɛstɔre] ① restaurieren ② wiederherstellen

le **reste** [ʀɛst] der Rest; **tout le reste** alles Übrige
  ▶ **du reste, pour le reste** im Übrigen

rester [ʀɛste] ① bleiben; **rester au lit** im Bett bleiben; **reste là!** bleib da! ② **rester immobile** still halten; **rester sans parler** nicht sprechen; **rester sans manger** nichts essen; **rester debout/assis(e) toute la journée** den ganzen Tag stehen/sitzen ③ übrig sein, übrig bleiben; **il reste du vin** es ist noch Wein übrig; **il ne me reste [plus] que toi** ich habe nur noch dich; **je sais ce qu'il me reste à faire** ich weiß, was ich zu tun habe ④ **rester sur un échec** sich von einem Misserfolg lähmen lassen ▶ **en rester là** es dabei [bewenden] lassen; **reste à savoir si .../pourquoi ...** wir wissen nach wie vor nicht, ob .../warum ...; **y rester** umkommen

le **resto** [ʀɛsto] (*umgs.*) Abkürzung von **restau-**

rant *das* Restaurant; **le resto U** [lə ʀɛsto y] *die* Mensa

restreindre [ʀɛstʀɛ̃dʀ] *<wie* peindre; *siehe Verbtabelle ab S. 1055>* ❶ einschränken *Ausgaben, Aktivitäten* ❷ **se restreindre** sich einschränken

restreint, restreinte [ʀɛstʀɛ̃, ʀɛstʀɛ̃t] *Wortschatz* beschränkt; *Mittel, Anzahl* gering; *Autorität, Auswahl* eingeschränkt

la **restructuration** [ʀəstʀyktyʀasjɔ̃] *die* Umstrukturierung

le **résultat** [ʀezylta] ❶ *das* Ergebnis ❷ (*gutes Ergebnis*) *der* Erfolg ❸ **n'obtenir aucun résultat** nichts erreichen ▸ **sans résultat** ohne Erfolg

le **résumé** [ʀezyme] *die* Zusammenfassung, *das* Resümee ▸ **en résumé** zusammenfassend; (*im Großen und Ganzen*) alles in allem

résumer [ʀezyme] zusammenfassen, resümieren; **résumer un conte en une page** eine Erzählung auf einer Seite zusammenfassen

la **résurrection** [ʀezyʀɛksjɔ̃] *die* Auferstehung

rétablir [ʀetabliʀ] *<wie* agir; *siehe Verbtabelle ab S. 1055>* ❶ (*auch in der Medizin und der Technik*) wiederherstellen ❷ **rétablir la vérité** der Wahrheit zu ihrem Recht verhelfen ❸ **se rétablir** *Kranker:* sich erholen; *Ruhe, Stille:* wieder einkehren

Ⓖ Bei einigen Formen des Verbs ist der Stamm um -iss- erweitert, etwa bei *ils rétablissent*, *il rétablissait* oder *en rétablissant*.

le **rétablissement** [ʀetablismɑ̃] ❶ *die* Wiederherstellung ❷ *eines Kranken* die Genesung; **bon rétablissement!** gute Besserung!

retaper [ʀ(ə)tape] ❶ überholen *Haus, Auto*; glatt ziehen *Bettdecken* ❷ (*umgs.*) wieder auf den Damm bringen *Kranken* ❸ **se retaper** (*umgs.*) *Kranker:* wieder auf den Damm kommen

le **retard** [ʀ(ə)taʀ] ❶ *die* Verspätung; **arriver en retard** zu spät kommen; **être en retard de dix minutes** zehn Minuten zu spät kommen; **avoir du retard** zu spät kommen; *Zug, Flugzeug:* Verspätung haben; **avoir dix minutes de retard** zehn Minuten zu spät kommen; *Zug, Flugzeug:* zehn Minuten Verspätung haben ❷ **être en retard d'un mois pour** [**payer**] **le loyer** mit der [Zahlung der] Miete einen Monat im Verzug sein ❸ *die* Rückständigkeit ❹ (*beim Lernen*) *der* Rückstand; **présenter un retard de langage** in seiner Sprachentwicklung zurück sein

retarder [ʀ(ə)taʀde] ❶ aufhalten; hinauszögern *Entscheidung, Ankunft*; **retarder un collègue dans son travail** einen Kollegen von seiner Arbeit abhalten; **une perturbation retarde le départ du train** durch eine Störung verzögert sich die Abfahrt des Zuges ❷ **retarder d'une heure** *Uhr:* eine Stunde nachgehen

retenir [ʀ(ə)təniʀ] *<wie* tenir; *siehe Verbtabelle ab S. 1055>* ❶ festhalten, halten; zurückhalten *Menschen, Menge*; **je ne te retiens pas plus longtemps** ich will dich nicht länger aufhalten ❷ **retenir quelqu'un en otage** jemanden als Geisel festhalten ❸ **je ne sais pas ce qui me retient de le gifler** ich weiß nicht, was mich davon abhält, ihn zu ohrfeigen ❹ **votre lettre a retenu tout notre intérêt** Ihr Brief ist bei uns auf sehr großes Interesse gestoßen ❺ reservieren *Zimmer, Tisch* ❻ (*nicht vergessen*) [im Gedächtnis] behalten ❼ unterdrücken; anhalten *Atem* ❽ annehmen *Kandidatur*; berücksichtigen *Bewerbung* ❾ **retenir un montant sur le salaire** vom Gehalt einen Betrag einbehalten ❿ **se retenir** sich beherrschen ▸ **je te/la retiens!** (*umgs.*) das werd' ich mir merken!

retentissant, retentissante [ʀ(ə)tɑ̃tisɑ̃, ʀ(ə)tɑ̃tisɑ̃t] ❶ gellend; *Ohrfeige* schallend ❷ *Erklärung, Rede* Aufsehen erregend; **le succès retentissant** der Riesenerfolg; **le scandale retentissant** der Riesenskandal

le **retentissement** [ʀ(ə)tɑ̃tismɑ̃] *die* Wirkung; **avoir un grand retentissement** großes Aufsehen erregen; **les retentissements** die Auswirkungen

la **réticence** [ʀetisɑ̃s] *der* Vorbehalt; **avec réticence** mit [*oder* unter] Vorbehalt

réticent, réticente [ʀetisɑ̃, ʀetisɑ̃t] **être réticent** Vorbehalte haben

retiré, retirée [ʀ(ə)tiʀe] *Ort* entlegen

retirer [ʀ(ə)tiʀe] ❶ ablegen *Mantel, Uhr*; absetzen, abnehmen *Brille*; abziehen *Bezug*; **allez, je vais te retirer tes chaussures** komm, ich ziehe dir die Schuhe aus ❷ **elle lui a retiré ses jouets** sie hat ihm/ihr die Spielsachen weggenommen; **on lui a retiré son permis de conduire** man hat ihm/ihr den Führerschein abgenommen ❸ [wieder] herausnehmen; **retirer la clé de la serrure** den Schlüssel abziehen; **retirer un enfant de l'école** ein Kind von der Schule nehmen; **retirer un blessé des décombres** einen Verletzten aus den Trümmern bergen ❹ **retire ta main!** nimm deine Hand weg! ❺ **il a retiré tout ce qu'il a dit** er hat alles zurückgenommen, was er gesagt hat ❻ abholen *Gepäck, Karte* ❼ **retirer de l'argent** Geld abheben, Geld beheben Ⓐ ❽ zurückziehen *Truppen* ❾ (*sich verschaffen*) **retirer des bénéfices d'une affaire** aus einem Geschäft Gewinn ziehen; **retirer de nombreux avantages d'une affaire** aus einem Geschäft viele Vorteile ziehen ❿ **faire retirer une photo** von einem Foto neue Abzüge machen lassen ⓫ (*mit einer Waffe*) noch einmal schießen; **retirer un coup de feu** noch einen Schuss abgeben ⓬ **se retirer** sich zurückziehen; *Meer:* zurückgehen

les **retombées** (*weiblich*) [R(ə)tõbe] die Auswirkungen; **les retombées médiatiques de ce scandale** das Medienecho, das dieser Skandal hatte/hat

retomber [R(ə)tõbe] ❶ wieder hinfallen ❷ *Motorhaube:* wieder zufallen ❸ *Rakete:* abstürzen ❹ (*nach einem Sprung*) *Sportler:* aufkommen; **retomber sur le dos** auf den Rücken fallen; **un chat retombe toujours sur ses pattes** eine Katze fällt immer auf die Pfoten ❺ *Neugier, Begeisterung, Popularität:* nachlassen; *Fieber:* sinken; *Verbrauch:* zurückgehen ❻ **retomber dans l'oubli** wieder in Vergessenheit geraten; **retomber dans la drogue** *Drogensüchtiger:* [wieder] rückfällig werden ❼ **retomber amoureux** sich wieder verlieben; **retomber malade** wieder krank werden; **retomber enceinte** wieder schwanger werden ❽ *Nebel:* wieder aufkommen; **la pluie retombe** es regnet wieder; **la neige retombe** es schneit wieder ❾ **retomber sur quelqu'un** auf jemanden zurückfallen; **faire retomber la faute sur le copain** (*umgs.*) die Schuld auf den Kumpel schieben ❿ **retomber au même endroit** [zufällig] wieder an denselben Ort geraten

la **retouche** [R(ə)tuʃ] *eines Mantels* die Änderung

retoucher [R(ə)tuʃe] ❶ [ab]ändern *Mantel* ❷ **retoucher mille euros** tausend Euro zurückbekommen ❸ **retoucher à quelque chose** etwas noch einmal anfassen ❹ **retoucher à l'alcool** wieder [Alkohol] trinken

le **retour** [R(ə)tuR] ❶ die Rückkehr; (*nach Hause*) die Heimkehr; **le chemin du retour** der Rückweg/Heimweg; (*bei Reisen*) die Rückreise/Heimreise; **au retour** auf dem Rückweg/Heimweg; (*mit einem Fahrzeug*) auf der Rückfahrt; (*mit dem Flugzeug*) auf dem Rückflug; **de retour à la maison** wieder zurück zu Hause; **être de retour** [wieder] zurück sein ❷ (*Ankunft*) **à mon retour** bei meiner Rückkehr ❸ (*bei Fahrkarten*) **un aller et retour pour Paris** eine Rückfahrkarte nach Paris; (*bei Flügen*) ein Hin- und Rückflug nach Paris ❹ **le retour au calme** die Beruhigung [der Lage]; **le retour à la nature** die Rückkehr zur Natur; (*als Slogan*) zurück zur Natur ❺ **le retour du froid** der erneute Kälteeinbruch ▸ **par retour du courrier** postwendend; "**Retour à l'expéditeur**" „Zurück an Absender"
◆ le **retour en arrière** die Rückblende
◆ le **retour en force** das Come-back

retourner [R(ə)tuRne] ❶ umdrehen; wenden *Fleisch, Matratze;* herumdrehen *Kiste, Bild;* auf links wenden *Kleidungsstück* ❷ aufdecken *Spielkarte* ❸ zurückgehen lassen *Brief, Ware;* zurückgeben *Kompliment* ❹ (*übertragen umgs.*) auf den Kopf stellen *Haus, Zimmer;* **retourner quelqu'un** jemandem an die Nieren gehen ❺ zurückkehren, zurückgehen/zurückfahren/zurückfliegen; **retourner chez soi** nach Hause gehen ❻ **je retourne chez mes amis** ich gehe/fahre/fliege wieder zu meinen Freunden ❼ **retourner à son travail** wieder an seine Arbeit gehen ❽ **se retourner** *Person:* sich umdrehen; *Auto:* sich überschlagen; *Boot:* kentern; **se retourner sur quelqu'un** sich nach jemandem umdrehen ❾ **se retourner contre quelqu'un** *Person:* sich gegen jemanden stellen; *Situation:* sich zu jemandes Ungunsten verändern; *Handlung:* sich zu jemandes Ungunsten auswirken

le **retrait** [R(ə)tRɛ] ❶ *von Geld* das Abheben, das Beheben Ⓐ; *von Gepäck, Karten* das Abholen; *einer Kandidatur, Bewerbung* das Zurückziehen ❷ *einer Genehmigung* die Aufhebung; *des Führerscheins* der Entzug

la **retraite** [R(ə)tRɛt] ❶ der Eintritt in den Ruhestand, der Ruhestand; *von Beamten, Berufssoldat* die Pensionierung; **partir à la retraite**, **prendre sa retraite** in den Ruhestand gehen; *Arbeiter, Angestellter:* in Rente gehen; *Beamter, Berufssoldat:* in Pension gehen; *Künstler, Freiberufler:* sich zur Ruhe setzen; **être à la retraite** im Ruhestand sein; *Arbeiter, Angestellter:* in Rente sein; *Beamter, Berufssoldat:* pensioniert sein ❷ (*Geld*) die Rente; *eines Beamten, Berufssoldaten* die Pension; **la retraite complémentaire** die Zusatzrente; (*Versicherung*) die Zusatzrentenversicherung

retraité, retraitée [R(ə)tRete] im Ruhestand; *Arbeiter, Angestellter* in Rente; *Beamter,*

Berufssoldat pensioniert

le **retraité** [ʀ(ə)tʀete] der Ruheständler; (*Arbeiter, Angestellter*) der Rentner; (*Beamter, Berufssoldat*) der Pensionär

la **retraitée** [ʀ(ə)tʀete] die Ruheständlerin; (*Arbeiterin, Angestellte*) die Rentnerin; (*Beamtin, Berufssoldatin*) die Pensionärin

le **retraitement** [ʀ(ə)tʀɛtmã] *von nuklearen Brennstoffen* die Wiederaufbereitung; *von Müll* die Wiederverwertung

retransmettre [ʀ(ə)tʀãsmɛtʀ] <*wie* mettre; siehe Verbtabelle ab S. 1055> übertragen

la **retransmission** [ʀ(ə)tʀãsmisjõ] die Übertragung

rétrécir [ʀetʀesiʀ] <*wie agir; siehe Verbtabelle ab S. 1055*> ❶ enger machen *Rock, Hose, Ring* ❷ **le pull a rétréci au lavage** der Pulli ist beim Waschen eingegangen

> G Bei einigen Formen des Verbs ist der Stamm um *-iss-* erweitert, etwa bei *ils rétrécissent, il rétrécissait* oder *en rétrécissant.*

rétro [ʀetʀo] *Abkürzung von* **rétrograde** nostalgisch

> G Das Adjektiv *rétro* ist unveränderlich: *les films rétro – die alten Filme.*

le **rétro** [ʀetʀo] (*umgs.*) *Abkürzung von* **rétroviseur** der Rückspiegel; (*außen am Auto*) der Außenspiegel

rétrograder [ʀetʀogʀade] zurückschalten; **rétrograder en seconde** in den zweiten Gang zurückschalten

le **rétroprojecteur** [ʀetʀopʀɔʒɛktœʀ] der Overheadprojektor

rétrospectif, rétrospective [ʀetʀɔspɛktif, ʀetʀɔspɛktiv] rückblickend

la **rétrospective** [ʀetʀɔspɛktiv] die Retrospektive

retrousser [ʀ(ə)tʀuse] aufkrempeln, hochkrempeln *Ärmel, Hosenbein*

les **retrouvailles** *(weiblich)* [ʀ(ə)tʀuvaj] das Wiedersehen

> V Der Plural *les retrouvailles* wird mit einem Singular übersetzt: *on a fêté nos retrouvailles – wir haben unser Wiedersehen gefeiert.*

retrouver [ʀ(ə)tʀuve] ❶ wiederfinden ❷ finden *Arbeit;* wiedererlangen *Amt, Rang* ❸ treffen *Freunde;* **je vous retrouve dans un quart d'heure** ich komme in einer Viertelstunde nach ❹ **retrouver la santé** wieder zu Kräften kommen; **elle a retrouvé le sommeil** sie kann wieder einschlafen ❺ **se retrouver** sich [wieder] treffen; **se retrou-** **ver au bistro** sich im Lokal treffen ❻ **se retrouver** *Gelegenheit:* sich wieder bieten ❼ **se retrouver dans la même situation** sich wieder in der gleichen Situation befinden; **se retrouver seul** wieder allein dastehen ❽ **s'y retrouver** sich zurechtfinden; **je n'arrive pas à m'y retrouver** ich komme damit nicht zurecht ▶ **comme on se retrouve!** so sieht man sich wieder!

le **rétroviseur** [ʀetʀɔvizœʀ] der Rückspiegel; (*außen*) der Außenspiegel

la **réunification** [ʀeynifikasjõ] die Wiedervereinigung

réunifier [ʀeynifje] <*wie* apprécier; *siehe Verbtabelle ab S. 1055*> wiedervereinigen *Staat, Volk;* **l'Allemagne réunifiée** das wiedervereinigte Deutschland

la **réunion** [ʀeynjõ] die Versammlung, die Zusammenkunft; *eines Komitees, einer Kommission* die Sitzung; (*Arbeitstreffen*) die Besprechung; (*in der Schule*) die Konferenz; **être en réunion** in einer Sitzung/Besprechung/Konferenz sein

  ◆ la **réunion de famille** das Familientreffen
  ◆ la **réunion d'information** die Informationsveranstaltung
  ◆ la **réunion de parents d'élèves** der Elternabend

la **Réunion** [ʀeynjõ] Réunion; **l'île de la Réunion** die Insel Réunion

réunir [ʀeyniʀ] <*wie* agir; *siehe Verbtabelle ab S. 1055*> ❶ sammeln ❷ versammeln *Personen* ❸ erfüllen *Voraussetzungen* ❹ **se réunir** sich treffen

> G Bei einigen Formen des Verbs ist der Stamm um *-iss-* erweitert, etwa bei *ils réunissent, il réunissait* oder *en réunissant.*

réussi, réussie [ʀeysi] gelungen; *Prüfung* bestanden ▶ **c'est réussi!** (*ironisch*) [das war ein] Volltreffer!

réussir [ʀeysiʀ] <*wie* agir; *siehe Verbtabelle ab S. 1055*> ❶ **réussir** [à] **l'examen** die Prüfung bestehen; **réussir dans la vie** im Leben erfolgreich sein; **réussir dans les affaires** im Geschäftsleben Erfolg haben ❷ gut bewältigen *Arbeit, Aufgabe;* **il n'a pas très bien réussi cette sauce** diese Sauce ist ihm nicht gut gelungen; **elle n'a pas très bien réussi cette photo** dieses Foto ist ihr nicht gut gelungen ❸ **tu as réussi à les convaincre** es ist dir gelungen, sie zu überzeugen ❹ (*glücken*) *Plan, Sache:* gelingen; **ne pas réussir** keinen Erfolg haben; **l'opération a réussi** die Operation ist geglückt [*oder* gelungen]; **tout lui réussit** ihm/ihr gelingt alles

> **G** Bei einigen Formen des Verbs ist der Stamm um *-iss-* erweitert, etwa bei *ils réussissent, il réussissait* oder *en réussissant.*

la **réussite** [ʀeysit] **1** der Erfolg **2** (*in der Gesellschaft*) der Aufstieg

revaloir [ʀ(ə)valwaʀ] <*wie* valoir; *siehe Verbtabelle ab S. 1055*> **je te revaudrai ça** dafür werde ich mich erkenntlich zeigen; (*bei Geld*) ich zahle es dir zurück; (*als Drohung*) das zahle ich dir heim

revaloriser [ʀ(ə)valɔʀize] aufwerten

la **revanche** [ʀ(ə)vɑ̃ʃ] die Revanche; **prendre sa revanche** sich rächen; (*im Sport*) Revanche nehmen ▸ **en revanche** dagegen; (*als Gegenleistung*) dafür

le **rêve** [ʀɛv] **1** der Traum; **faire un rêve** einen Traum haben; **le mauvais rêve** der Alptraum; **fais de beaux rêves!** träum was Schönes! **2** **une voiture de rêve** ein Traumauto; **la femme de mes rêves** meine Traumfrau ▸ **c'est le rêve** (*umgs.*) das ist traumhaft

rêvé, rêvée [ʀeve] ideal; **c'est la solution rêvée** das ist die Ideallösung

le **réveil** [ʀevɛj] **1** der Wecker; **mettre le réveil à six heures** den Wecker auf sechs [Uhr] stellen **2** das Aufwachen **3** (*übertragen*) das Erwachen

réveiller [ʀeveje] **1** wecken, aufwecken; **être bien réveillé(e)** ganz wach sein **2** (*übertragen*) wachrütteln **3** **se réveiller** aufwachen; *Erinnerung:* wach werden; *Schmerz:* wieder auftreten; *Vulkan:* wieder aktiv werden

le **réveillon** [ʀevejɔ̃] **1** (*Abend*) der Heiligabend; (*Festlichkeit*) die Weihnachtsfeier; (*Festmahl*) das Weihnachtsessen **2** (*Abend*) der/das Silvester; (*Festlichkeit*) die Silvesterfeier; (*Festmahl*) das Silvesteressen

réveillonner [ʀevejɔne] **1** Weihnachten feiern **2** Silvester feiern

révéler [ʀevele] <*wie* préférer; *siehe Verbtabelle ab S. 1055*> **1** verraten *Geheimnis;* offen aussprechen *Absicht, Meinung;* aufdecken *Tatsache* **2** **révéler quelque chose** *Ermittlungen, Zeitschrift:* etwas ans Licht bringen *Verhalten:* etwas erkennen lassen

> **Ü** Nur die stammbetonten Formen schreiben sich mit è, z. B. *je révèle.*

revendiquer [ʀ(ə)vɑ̃dike] **1** fordern *Recht, Lohnerhöhung* **2** **l'attentat a été revendiqué par la Maffia** die Mafia hat sich zu dem Anschlag bekannt

revendre [ʀ(ə)vɑ̃dʀ] <*wie* vendre; *siehe Verbtabelle ab S. 1055*> weiterverkaufen, verkaufen

revenir [ʀ(ə)vəniʀ] <*wie* devenir; *siehe Verbtabelle ab S. 1055*> **1** zurückkommen; (*zu Fuß*) zurückgehen; **revenir en voiture** zurückfahren; **revenir en avion** zurückfliegen; **je reviens dans un instant** ich bin gleich wieder da **2** (*erneut kommen*) wiederkommen; *Brief:* [wieder] zurückkommen **3** **revenir au sujet** auf das Thema zurückkommen **4** **ça lui est revenu** [à l'esprit] es ist ihm/ihr wieder eingefallen **5** **il est revenu sur sa décision** er hat seine Entscheidung rückgängig gemacht **6** **ça revient cher** das ist teuer; **l'ensemble lui revient à cent euros** das Ganze kostet ihn/sie hundert Euro **7** **cela revient au même** das läuft aufs Gleiche hinaus; **cela revient à dire que ...** das bedeutet, dass .. **8** **faire revenir** *Zwiebeln, Gemüse* andünsten; *Speck* anbraten ▸ **il/elle n'en revient pas** (*umgs.*) er/sie ist vollkommen platt darüber; **il/elle revient de loin** er/sie ist gerade noch einmal davongekommen

le **revenu** [ʀ(ə)vəny] das Einkommen; **le revenu minimum d'insertion** *Übergangsgeld zur Eingliederung in das Berufsleben; entspricht etwa dem Sozialhilfesatz*

rêver [ʀeve] **1** träumen; **rêver de quelqu'un** von jemandem träumen **2** (*Ausruf der Entrüstung*) **tu rêves!** du träumst wohl!

réviser [ʀevize] **1** wiederholen *Lektion* **2** **réviser avant l'examen** vor der Prüfung den Stoff wiederholen

la **révision** [ʀevizjɔ̃] **1** **les révisions** die Wiederholung des Stoffs **2** *eines Urteils* die Revision **3** *eines Fahrzeugs* die Inspektion

> **V** In **1** wird der Plural *les révisions* mit einem Singular übersetzt: *les révisions* ont duré trois mois – die Wiederholung des Stoffs hat drei Monate gedauert.

revivre [ʀ(ə)vivʀ] <*wie* vivre; *siehe Verbtabelle ab S. 1055*> **1** *Mensch, Hoffnung:* wieder aufleben **2** **revivre quelque chose** etwas noch einmal erleben

la **révocation** [ʀevɔkasjɔ̃] der Widerruf, die Widerrufung; *eines Gesetzes* die Aufhebung

revoilà [ʀ(ə)vwala] (*umgs.*) **me revoilà** da bin ich wieder; **revoilà Nadine!** da ist Nadine [ja] schon wieder!

revoir [ʀ(ə)vwaʀ] <*wie* voir; *siehe Verbtabel-*

le ab S. 1055> ❶ wieder sehen *Freunde* ❷ (*in der Erinnerung*) [wieder] vor sich sehen ❸ **revoir une pièce** sich ein Stück noch einmal ansehen ❹ **se revoir** *Personen:* sich wieder sehen; *siehe auch* **au revoir**

la **révolte** [ʀevɔlt] die Revolte

révolter [ʀevɔlte] ❶ **révolter quelqu'un** *Mensch:* jemanden aufbringen; *Ungerechtigkeit:* jemanden empören ❷ **se révolter contre l'injustice** sich gegen die Ungerechtigkeit auflehnen; (*sich ärgern*) sich über die Ungerechtigkeit empören

la **révolution** [ʀevɔlysjɔ̃] die Revolution; **la Révolution** die Französische Revolution

révolutionnaire [ʀevɔlysjɔnɛʀ] revolutionär

le **révolutionnaire** [ʀevɔlysjɔnɛʀ] der Revolutionär

la **révolutionnaire** [ʀevɔlysjɔnɛʀ] die Revolutionärin

le **revolver** [ʀevɔlvɛʀ] der Revolver

revouloir [ʀ(ə)vulwaʀ] <*wie* vouloir; *siehe Verbtabelle ab S. 1055*> (*umgs.*) **revouloir du dessert** noch einmal etwas vom Nachtisch haben wollen

la **revue** [ʀ(ə)vy] (*Magazin*) die Zeitschrift

le **rez-de-chaussée** [ʀed(ə)ʃose] das Erdgeschoss

la **RFA** [ɛʀɛfa] *Abkürzung von* **République fédérale d'Allemagne** die BRD

rhabiller [ʀabije] **se rhabiller** sich wieder anziehen

la **Rhénanie** [ʀenani] das Rheinland

la **Rhénanie-du-Nord-Westphalie** [ʀenanidynɔʀvɛstfali] Nordrhein-Westfalen

la **Rhénanie-Palatinat** [ʀenanipalatina] Rheinland-Pfalz

le **rhésus** [ʀezys] (*in der Medizin*) der Rhesusfaktor

le **Rhin** [ʀɛ̃] der Rhein

le **rhinocéros** [ʀinɔseʀɔs] das Nashorn

le **Rhône** [ʀon] △ *männlich* die Rhone

la **rhubarbe** [ʀybaʀb] △ *weiblich* der Rhabarber

le **rhum** [△ ʀɔm] der Rum

le **rhume** [ʀym] ❶ die Erkältung; **attraper un rhume** sich erkälten ❷ der Schnupfen ◆ le **rhume des foins** der Heuschnupfen

ri [ʀi], **riais** [ʀ(i)jɛ] →**rire**

ricaner [ʀikane] ❶ hämisch grinsen ❷ albern kichern

riche [ʀiʃ] ❶ reich ❷ **riche en calories** kalorienreich

le **riche** [ʀiʃ] der Reiche

la **riche** [ʀiʃ] die Reiche

la **richesse** [ʀiʃɛs] ❶ der Reichtum ❷ (*Besitz*) **les richesses** die Reichtümer; *eines Museums* die Schätze

ricocher [ʀikɔʃe] Kiesel, Stein: [über das Wasser] hüpfen; **la pierre a ricoché plusieurs fois** der Stein ist mehrmals gehüpft

la **ride** [ʀid] die Falte

ridé, ridée [ʀide] *Haut, Gesicht* faltig

le **rideau** [ʀido] <*Plural:* rideaux> ❶ der Vorhang ❷ **le rideau de fer** (*bei Geschäften*) der metallene Rollladen; (*im Theater*) der eiserne Vorhang

ridicule [ʀidikyl] lächerlich

le **ridicule** [ʀidikyl] die Lächerlichkeit; **le ridicule de cette situation** das Lächerliche an dieser Situation; **couvrir quelqu'un de ridicule** jemanden lächerlich machen

ridiculiser [ʀidikylize] lächerlich machen; **se ridiculiser** sich lächerlich machen

rie [ʀi] →**rire**

rien [ʀjɛ̃] ❶ **ne ... rien** nichts; **ça ne vaut rien** das ist nichts wert; **rien ne me plaît** mir gefällt nichts; **c'est ça ou rien** entweder das oder nichts ❷ **rien d'autre** nichts weiter; **rien de nouveau** nichts Neues; **rien de mieux** nichts Besseres; **rien du tout** überhaupt nichts ❸ **ne ... plus rien** nichts mehr; **il n'y a plus rien** es ist nichts mehr da ❹ **rien que** nur, nichts als; **la vérité, rien que la vérité** die Wahrheit, nichts als die Wahrheit ❺ **sans rien dire** ohne etwas zu sagen; **rester sans rien faire** untätig bleiben ▸ **il n'y a rien de tel** es gibt nichts Besseres; **ce n'est rien** es ist nicht schlimm; **comme si de rien n'était** als ob nichts gewesen wäre; **je n'y suis pour rien** ich habe nichts damit zu tun; **de rien!** keine Ursache!, gern geschehen!

le **rien** [ʀjɛ̃] ❶ die Kleinigkeit ❷ (*kleine Menge*) **un rien de cognac** ein Schuss Cognac ▸ **en un rien de temps** in kürzester Zeit

rient [ʀi], **riez** [ʀ(i)je] →**rire**

la **rigolade** [ʀigɔlad] (*umgs.*) der Jux ▸ **prendre quelque chose à la rigolade** etwas für einen Jux halten

rigoler [ʀigɔle] (*umgs.*) ❶ lachen; **faire rigoler quelqu'un** jemanden zum Lachen bringen ❷ (*sich amüsieren*) Spaß haben; **pour rigoler** zum Spaß; **je [ne] rigole pas!** ich mache keine Witze! ▸ **tu me fais rigoler!** (*ironisch*) du machst mir vielleicht Spaß!

le **rigolo** [ʀigɔlo] (*umgs.*) der ulkige Kerl

rigolo, rigolote [ʀigɔlo, ʀigɔlɔt] (*umgs.*) ulkig

la **rigolote** [ʀigɔlɔt] (*umgs.*) die Ulknudel

rigoureuse [ʀiguʀøz] →**rigoureux**

rigoureusement [ʀiguʀøzmɑ̃] streng; *befolgen* strikt
rigoureux, rigoureuse [ʀiguʀø, ʀiguʀøz] ❶ *Mensch, Disziplin* streng ❷ *peinlich genau; Untersuchung* gründlich; *Stil* streng und einfach
la **rigueur** [ʀigœʀ] ❶ die Strenge; **avec rigueur** strikt ❷ die peinliche Genauigkeit; *einer Untersuchung* die Gründlichkeit; *eines Stils* die Strenge und Einfachheit ▸ **à la rigueur** allenfalls; *(wenn es nicht anders geht)* notfalls
la **rime** [ʀim] ⚠ *weiblich* der Reim
rimer [ʀime] **rimer avec quelque chose** sich auf etwas reimen ▸ **ne rimer à rien** keinen Sinn ergeben
rincer [ʀɛ̃se] <*wie* commencer; *siehe Verbtabelle ab S. 1055*> ❶ abspülen ❷ **se rincer la bouche** sich den Mund ausspülen

Ü Vor *a* und *o* steht statt *c* ein *ç*, z. B. in *nous rinçons, il rinçait* und *en rinçant*.

rire [ʀiʀ] <*siehe Verbtabelle ab S. 1055*> ❶ lachen; **faire rire les enfants** die Kinder zum Lachen bringen ❷ **rire de quelqu'un/de quelque chose** über jemanden/über etwas lachen ❸ Spaß haben ❹ **c'était pour rire!** das war doch nur Spaß! ▸ **laisse-moi/laissez-moi rire!** *(ironisch)* dass ich nicht lache!; **tu veux rire!** das ist doch nicht dein Ernst!; **sans rire?** im Ernst?
le **rire** [ʀiʀ] ❶ das Lachen ❷ das Gelächter; **le fou rire** der Lachkrampf
ris [ʀi] → **rire**
la **risée** [ʀize] **être la risée du quartier** das Gespött des ganzen Viertels sein
le **risque** [ʀisk] ❶ das Risiko; **courir un risque** ein Risiko eingehen; **les risques du métier** das Berufsrisiko ❷ **au risque de déplaire** auf die Gefahr hin, Missfallen zu erregen ▸ **à mes/ses/... risques et périls** auf eigenes Risiko
risqué, risquée [ʀiske] *(gewagt)* riskant
risquer [ʀiske] ❶ riskieren, aufs Spiel setzen *Leben, Glück;* **risquer la prison** Gefahr laufen, ins Gefängnis zu kommen; **tu ne risques rien** dir kann nichts passieren ❷ riskieren *Abenteuer, Blick* ▸ **ça ne risque pas de m'arriver** das kann mir nicht passieren
rissoler [ʀisɔle] goldbraun backen *Krapfen;* goldbraun braten *Kartoffeln;* **les pommes rissolées** die Bratkartoffeln
la **ristourne** [ʀistuʀn] der Rabatt
rit [ʀi] → **rire**
le **rituel** [ʀityɛl] das Ritual
rituel, rituelle [ʀityɛl] ❶ gewohnheitsmäßig

❷ *Gesänge, Opfer, Regeln* rituell
le **rivage** [ʀivaʒ] die Küste
le **rival** [ʀival] <*Plural* rivaux> der Rivale
la **rivale** [ʀival] die Rivalin
rivaliser [ʀivalize] **rivaliser avec quelqu'un** sich mit jemandem messen; *(mithalten können)* jemandem ebenbürtig sein
les **rivaux** *(männlich)* [ʀivo] *Plural von* **rival**
la **rive** [ʀiv] das Ufer
la **Riviera** [ʀivjeʀa] die Riviera
la **rivière** [ʀivjɛʀ] der Fluss

G Das Wort *rivière* bezeichnet immer einen Fluss, der in einen anderen mündet, also einen Nebenfluss.

le **riz** [ʀi] der Reis
le **RMI** [ɛʀɛmi] *Abkürzung von* **Revenu Minimum d'Insertion** Übergangsgeld zur Eingliederung in das Berufsleben, entspricht etwa dem Sozialhilfesatz
le **RMIste**, le **RMiste** [ɛʀɛmist] der Sozialhilfeempfänger
la **RMIste**, la **RMiste** [ɛʀɛmist] die Sozialhilfeempfängerin
la **RN** [ɛʀɛn] *Abkürzung von* **route nationale** ≈ die Bundesstraße
le **RNIS** [ɛʀɛnis] *Abkürzung von* **Réseau Numérique à Intégration de Service** ≈ das ISDN
le **roast-beef** [⚠ ʀostbif] das Roastbeef, das Beiried Ⓐ
la **robe** [ʀɔb] ❶ das Kleid ❷ *eines Anwalts* die Robe
 ◆ la **robe de chambre** der Morgenrock
le **robinet** [ʀɔbinɛ] der Hahn; *(für Wasser)* der Wasserhahn; **le robinet d'eau chaude** der Warmwasserhahn; **le robinet de gaz** der Gashahn
le **robot** [ʀɔbo] ❶ der Roboter ❷ *(für den Haushalt)* die Küchenmaschine
la **robotique** [ʀɔbɔtik] die Robotertechnik
robotiser [ʀɔbɔtize] automatisieren
robuste [ʀɔbyst] robust; *Appetit* gesund
le **roc** [ʀɔk] ❶ der Fels, das Felsgestein ❷ *(Person)* der Fels in der Brandung ▸ **solide comme un roc** widerstandsfähig
la **rocade** [ʀɔkad] die Umgehungsstraße
la **roche** [ʀɔʃ] das Gestein
le **rocher** [ʀɔʃe] der Felsen
le **rock** [ʀɔk] *(in der Musik)* der Rock
le **rock-and-roll** [ʀɔkɛnʀɔl] der Rock and Roll
le **rococo** [ʀɔkoko] das Rokoko
roder [ʀɔde] ❶ einfahren *Motor, Auto* ❷ verfeinern *Methode;* einarbeiten *Mitarbeiter*
rôder [ʀode] sich herumtreiben

la **rogne** [ʀɔɲ] (*umgs.*) **être en rogne contre quelqu'un** stinksauer auf jemanden sein
le **rognon** [ʀɔɲɔ̃] (*Innerei*) die Niere
le **roi** [ʀwa] ❶ der König ❷ (*reicher Industrieller*) **le roi du pétrole** der Erdölmagnat ▶ **c'est le roi des imbéciles** (*umgs.*) er ist ein absoluter Idiot; **se saper comme un roi** (*umgs.*) sich aufbrezeln
le **Roi-Soleil** [sɔlɛj] der Sonnenkönig (*Beiname Ludwigs XIV.*)
le **rôle** [ʀol] die Rolle; **le premier rôle** die Hauptrolle ▶ **avoir le beau rôle** gut dastehen
les **rollers** (*männlich*) [⚠ ʀɔlœʀ], les **roller skates** (*männlich*) [⚠ ʀɔlœʀ skɛt] die Rollerskates
la **ROM** [ʀɔm] *inv* Abkürzung von **Read Only Memory** das ROM
romain, romaine [ʀɔmɛ̃, ʀɔmɛn] römisch
le **Romain** [ʀɔmɛ̃] der Römer
la **Romaine** [ʀɔmɛn] die Römerin
le **roman** [ʀɔmɑ̃] ❶ der Roman; **le roman policier** der Kriminalroman ❷ (*in der Baugeschichte*) die Romanik
roman, romane [ʀɔmɑ̃, ʀɔman] *Sprache* romanisch

F Nicht verwechseln mit *römisch – romain(e)!*

le **romanche** [ʀɔmɑ̃ʃ] Rätoromanisch, das Rätoromanische

G In Verbindung mit dem Verb *parler* kann der Artikel entfallen: *il parle romanche – er spricht Rätoromanisch.*

le **romancier** [ʀɔmɑ̃sje] der Romanschriftsteller
la **romancière** [ʀɔmɑ̃sjɛʀ] die Romanschriftstellerin
romand, romande [ʀɔmɑ̃, ʀɔmɑ̃d] **la Suisse romande** die französische Schweiz, die französischsprachige Schweiz
le **Romand** [ʀɔmɑ̃] der Bewohner der französischen Schweiz, der Welschschweizer (CH)
la **Romande** [ʀɔmɑ̃d] die Bewohnerin der französischen Schweiz, die Welschschweizerin (CH)
romantique [ʀɔmɑ̃tik] romantisch
le **romantique** [ʀɔmɑ̃tik] der Romantiker

F Nicht verwechseln mit *die Romantik – le romantisme!*

la **romantique** [ʀɔmɑ̃tik] die Romantikerin

F Nicht verwechseln mit *die Romantik – le romantisme!*

le **romantisme** [ʀɔmɑ̃tism] die Romantik

le **romarin** [ʀɔmaʀɛ̃] der Rosmarin

 Das französische Wort enthält kein *s*.

Rome [ʀɔm] Rom
rompre [ʀɔ̃pʀ] <siehe Verbtabelle ab S. 1055> ❶ lösen *Verlobung*; abbrechen *Verhandlungen, Beziehungen* ❷ (*gehoben: entzweigehen*) *Zweig, Damm*: brechen; *Seil*: reißen ❸ sich trennen; **rompre avec quelqu'un** sich von jemandem trennen; **ils ont rompu** sie haben sich getrennt
la **ronce** [ʀɔ̃s] ❶ der Brombeerstrauch ❷ **les ronces** die Dornenranken
le **rond** [ʀɔ̃] ❶ (*Zeichnung, Linie*) der Kreis ❷ (*Gegenstand*) der Ring ❸ **ne pas avoir un rond** (*umgs.*) keine Knete haben
rond, ronde [ʀɔ̃, ʀɔ̃d] ❶ rund ❷ *Person* mollig ❸ (*umgs.: betrunken*) blau ▶ **il/elle ne tourne pas rond** (*umgs.*) er/sie hat sie nicht alle
rondelet, rondelette [ʀɔ̃dlɛ, ʀɔ̃dlɛt] ❶ *Mensch* mollig ❷ *Summe* ansehnlich
la **rondelle** [ʀɔ̃dɛl] die Scheibe; **en rondelles** in Scheiben
le **rond-point** [ʀɔ̃pwɛ̃] <*Plural:* ronds-points> der Kreisverkehr
ronfler [ʀɔ̃fle] schnarchen
ronger [ʀɔ̃ʒe] <*wie* apprécier; *siehe Verbtabelle ab S. 1055*> ❶ nagen an *Brot, Knochen* ❷ **se ronger les ongles** an den Nägeln kauen

Ü Vor *a* und *o* bleibt das *e* erhalten, z. B.: *nous rongeons; il rongeait; en rongeant.*

le **ronron** [ʀɔ̃ʀɔ̃] *einer Katze* das Schnurren
ronronner [ʀɔ̃ʀɔne] *Katze:* schnurren; *Motor:* brummen, gleichmäßig brummen
le **roquefort** [ʀɔkfɔʀ] der Roquefort
le **rosbif** [ʀɔsbif] das Roastbeef, das Beiried (A)
rose [ʀoz] rosa; *Wange, Teint* rosig
le **rose** [ʀoz] das Rosa; **le rose bonbon** das Bonbonrosa ▶ **voir la vie/voir tout en rose** das Leben/alles durch die rosarote Brille sehen
la **rose** [ʀoz] die Rose ▶ **envoyer quelqu'un sur les roses** (*umgs.*) jemanden abblitzen lassen
le **rosé** [ʀoze] der Rosé, der Roséwein
rosé, rosée [ʀoze] rosé
le **roseau** [ʀozo] <*Plural:* roseaux> das Schilf, das Schilfrohr; **les roseaux** das Schilf
la **rosée** [ʀoze] der Tau
le **rossignol** [ʀɔsiɲɔl] die Nachtigall
la **rotation** [ʀɔtasjɔ̃] ❶ die Drehung; (*sich wiederholend*) die Rotation ❷ **la rotation du personnel** der Personalwechsel

roter [ʀɔte] (*umgs.*) rülpsen
le **rôti** [ʀoti] der Braten; **le rôti de porc** der Schweinebraten
rôtir [ʀotiʀ] <*wie* agir; *siehe Verbtabelle ab S. 1055*> ❶ (*gar werden*) *Fleisch*: braten ❷ [**faire**] **rôtir la viande** das Fleisch braten

> **G** Bei einigen Formen des Verbs ist der Stamm um *-iss-* erweitert, etwa bei *ils rôtissent, il rôtissait* oder *en rôtissant*.

la **rôtisserie** [ʀotisʀi] das Grillrestaurant
la **rotule** [ʀɔtyl] die Kniescheibe ▸ **être sur les rotules** (*umgs.*) auf den Felgen laufen, auf dem Zahnfleisch gehen
le **rouble** [ʀubl] der Rubel
roucouler [ʀukule] ❶ *Taube*: gurren ❷ (*humorvoll*) turteln, miteinander turteln
la **roue** [ʀu] das Rad ▸ **la cinquième roue du carrosse** das fünfte Rad am Wagen
  ◆ **la roue de secours** das Reserverad
rouge [ʀuʒ] ❶ rot; **les cerises rouges** die roten Kirschen; **le vin rouge** der Rotwein ❷ (*vor Hitze*) rot glühend ❸ **une journée classée rouge pour le trafic routier** ein Tag mit sehr hohem Verkehrsaufkommen ▸ **voir rouge** rot sehen
le **rouge** [ʀuʒ] ❶ das Rot ❷ (*umgs.: Wein*) der Rote; **un verre de rouge** ein Glas [vom] Roten ❸ (*Schminke*) das Rouge
  ◆ **le rouge à lèvres** der Lippenstift
la **rouge-gorge** [ʀuʒɡɔʀʒ] <*Plural:* rouges-gorges> das Rotkehlchen
la **rougeole** [ʀuʒɔl] die Masern

> **V** Der Singular *la rougeole* wird mit einem Plural übersetzt: *la rougeole est contagieuse – die Masern sind ansteckend*.

rougir [ʀuʒiʀ] <*wie* agir; *siehe Verbtabelle ab S. 1055*> ❶ rot werden ❷ (*sich schämen*) **faire rougir quelqu'un** jemandem die Schamröte ins Gesicht treiben; **je rougis de mon frère** ich schäme mich für meinen Bruder

> **G** Bei einigen Formen des Verbs ist der Stamm um *-iss-* erweitert, etwa bei *ils rougissent, il rougissait* oder *en rougissant*.

rouille [ʀuj] rostrot

> **G** Das Farbadjektiv *rouille* ist unveränderlich: *des chaussettes rouille – rostrote Socken*.

la **rouille** [ʀuj] ⚠ *weiblich* der Rost
rouillé, **rouillée** [ʀuje] ❶ rostig ❷ *Mensch* steif
rouiller [ʀuje] rosten, verrosten

roulant, roulante [ʀulɑ̃, ʀulɑ̃t] ❶ Roll-; **la table roulante** der Serviertisch, der Teewagen ❷ *Personal* fahrend
roulé, roulée [ʀule] **bien roulé** (*umgs.*) gut gebaut
rouler [ʀule] ❶ rollen *Fass*; schieben *Kinderwagen, Schubkarre* ❷ zusammenrollen *Eierkuchen, Teppich*; [*fest*] einrollen *Regenschirm*; drehen *Zigarette* ❸ **rouler le poisson dans la farine** den Fisch in Mehl wälzen ❹ kreisen mit *Schultern*; sich wiegen in *Hüften* ❺ *Gegenstand, Ball*: rollen; *Fahrzeug*: fahren; **rouler sous la table** unter dem Tisch rutschen [*oder* kullern] ❻ **se rouler dans l'herbe** *Kind*: sich im Gras rollen; *Hund*: sich im Gras wälzen ▸ **se faire rouler** (*umgs.*) reingelegt werden; **ça roule** (*umgs.*) alles paletti
la **roulette** [ʀulɛt] ❶ die Rolle ❷ (*Glücksspiel*) das Roulett, das Roulette ▸ **marcher comme sur des roulettes** (*umgs.*) wie geschmiert laufen
le **roumain** [ʀumɛ̃] Rumänisch; *siehe auch* **allemand**

> **G** In Verbindung mit dem Verb *parler* kann der Artikel entfallen: *il parle roumain – er spricht Rumänisch*.

roumain, roumaine [ʀumɛ̃, ʀumɛn] rumänisch
le **Roumain** [ʀumɛ̃] der Rumäne
la **Roumaine** [ʀumɛn] die Rumänin
la **Roumanie** [ʀumani] Rumänien
roupiller [ʀupije] (*umgs.*) pennen
le **rouquin** [ʀukɛ̃] der Rotschopf
rouquin, rouquine [ʀukɛ̃, ʀukin] rothaarig
la **rouquine** [ʀukin] der Rotschopf
rousse [ʀus] →**roux**
la **rousse** [ʀus] die Rothaarige
le **roussi** [ʀusi] **sentir le roussi** angebrannt riechen; (*Verdacht erregen*) nicht ganz koscher sein, suspekt sein
la **route** [ʀut] ❶ die Straße; **la route nationale** die Nationalstraße, ≈ die Bundesstraße ❷ **être en route pour Paris** auf dem Weg nach Paris sein, nach Paris unterwegs sein; **trois heures de route** drei Stunden Fahrt ❸ (*festgelegt*) der Weg; *von Schiffen, Flugzeugen* die Route, die Linie; **être sur la bonne route** auf dem richtigen Weg sein ▸ **faire de la route** viel herumreisen; **en route!** auf geht's!

> **G** Mit *route* wird eine Straße bezeichnet, die Ortschaften miteinander verbindet.

le **routier** [ʀutje] der Fernfahrer

routier, routière [ʀutje, ʀutjɛʀ] Straßen-; **la circulation routière** der Straßenverkehr; **la carte routière** der Straßenkarte

la **routière** [ʀutjɛʀ] die Fernfahrerin

la **routine** [ʀutin] (*auch in der Informatik*) die Routine

rouvrir [ʀuvʀiʀ] <*wie* ouvrir; *siehe Verbtabelle ab S. 1055*> ❶ wieder aufmachen ❷ **se rouvrir** *Tür, Wunde:* wieder aufgehen; *Debatte:* wieder in Gang kommen

le **roux** [ʀu] ❶ der Rothaarige ❷ (*Farbe*) das Rot ❸ (*beim Kochen*) die Mehlschwitze, die Einbrenn Ⓐ

roux, rousse [ʀu, ʀus] rot; *Mensch* rothaarig; *Fell* rotbraun

royalement [ʀwajalmɑ̃] fürstlich ▸ **je m'en moque royalement** (*umgs.*) das ist mir völlig wurst

le **royaume** [ʀwajom] das Königreich

le **Royaume-Uni** [ʀwajomyni] das Vereinigte Königreich

la **RTT** [ɛʀtete] *Abkürzung von* **Réduction du temps de travail** ❶ die Arbeitszeitverkürzung (*infolge der gesetzlich eingeführten 35-Stunden-Woche*) ❷ (*Urlaub*) der Überstundenausgleich, der Freizeitausgleich; **être en RTT** Überstunden abfeiern

le **ruban** [ʀybɑ̃] das Band

le **rubis** [ʀybi] der Rubin

la **rubrique** [ʀybʀik] ❶ die Rubrik ❷ *einer Zeitung* der Teil; **la rubrique sportive** der Sportteil; **la rubrique littéraire** der Literaturteil

la **ruche** [ʀyʃ] der Bienenstock

rude [ʀyd] ❶ *Stoff, Manieren* rau ❷ (*anstrengend*) hart; *Aufstieg* schwer ❸ **un rude gaillard** (*umgs.*) ein ganzer Kerl

rudement [ʀydmɑ̃] (*umgs.*) **rudement bon** verdammt gut

rudimentaire [ʀydimɑ̃tɛʀ] rudimentär; *Einrichtung* einfach

la **rue** [ʀy] die Straße; **dans la rue** auf der Straße; **traîner dans les rues** sich auf der Straße herumtreiben; **la rue commerçante** die Geschäftsstraße; **la rue à sens unique** die Einbahnstraße

Ⓖ Mit *rue* wird eine Straße bezeichnet, die sich innerhalb einer Ortschaft befindet.

la **ruelle** [ʀyɛl] das Gässchen

le **rugby** [⚠ ʀygbi] das Rugby

rugueux, rugueuse [ʀygø, ʀygøz] rau

la **Ruhr** [ʀuʀ] ❶ (*Fluss*) die Ruhr ❷ (*Region*) das Ruhrgebiet

la **ruine** [ʀɥin] ❶ die Ruine; **tomber en ruine** verfallen; **un château en ruine** eine Schlossruine ❷ (*gescheiterter Mensch*) das Wrack ❸ (*wirtschaftliches Fiasko*) der Ruin

ruiner [ʀɥine] ❶ ruinieren ❷ **se ruiner pour quelqu'un** sich wegen jemandem ruinieren ▸ **ça [ne] va pas te ruiner!** (*umgs.*) es trifft doch keinen Armen!

le **ruisseau** [ʀɥiso] <*Plural:* ruisseaux> der Bach

la **rumeur** [ʀymœʀ] das Gerücht; **faire courir une rumeur** ein Gerücht in Umlauf bringen

ruminer [ʀymine] ❶ *Kuh, Schaf:* wiederkäuen ❷ (*übertragen*) brüten über *Kummer, Misserfolg*

rupin, rupine [ʀypɛ̃, ʀypin] (*umgs.*) steinreich; *Wohnung* todschick; **le quartier rupin** das Nobelviertel

la **rupture** [ʀyptyʀ] ❶ der Bruch; *einer Telefonverbindung* die Unterbrechung; *von Beziehungen* der Abbruch ❷ *eines Seils* das Reißen; *einer Sehne* der Riss; *einer Ader* das Platzen ❸ *von Personen* die Trennung

la **ruse** [ʀyz] die List

le **rusé** [ʀyze] der raffinierte Mensch

rusé, rusée [ʀyze] listig

la **rusée** [ʀyze] die raffinierte Person

ruser [ʀyze] mit List vorgehen

russe [ʀys] russisch

le **russe** [ʀys] Russisch, das Russische

Ⓖ In Verbindung mit dem Verb *parler* kann der Artikel entfallen: *je parle russe – ich spreche Russisch.*

le **Russe** [ʀys] der Russe

la **Russe** [ʀys] die Russin

la **Russie** [ʀysi] Russland

rustique [ʀystik] *Schrank* rustikal

le **rythme** [ʀitm] ❶ der Rhythmus ❷ (*Geschwindigkeit*) das Tempo

rythmé [ʀitme] rhythmisch

S

le **s**, le **S** [ɛs] ❶ das s, das S ❷ **en s** s-förmig
s Abkürzung von **seconde** s
s'¹ [s] <steht an Stelle von se vor Vokal oder stummem h> ❶ sich; **il s'habille** er zieht sich an; **elle s'arrête** sie bleibt stehen ❷ (gegenseitig) **ils/elles s'entendent bien** sie verstehen sich gut; **ils s'entretiennent** sie unterhalten sich [miteinander]
s'² [s] <steht an Stelle von si vor il oder ils> ❶ wenn; **s'il était riche, ...** wenn er reich wäre ... ❷ **il ne m'a pas dit s'il viendra nous voir** er hat mir nicht gesagt, ob er uns besuchen wird

Ⓖ Nach *si* beziehungsweise *s'* steht immer der Indikativ, nie der Konditional: *s'ils avaient su! – wenn sie das gewusst hätten!*

sa [sa] <Plural: ses> ❶ (wenn es sich auf eine männliche Person bezieht) sein(e); (wenn es sich auf eine weibliche Person bezieht) ihr(e); **Paul et sa sœur** Paul und seine Schwester; **Anne et sa mère** Anne und ihre Mutter ❷ (gehoben: mit einem Titel) **Sa Majesté** Seine/Ihre Majestät

Ⓖ Das weibliche besitzanzeigende Fürwort (Possessivpronomen) *sa* steht vor weiblichen Substantiven. Es kann sich auf einen männlichen „Besitzer" oder auf eine weibliche „Besitzerin" beziehen und wird je nachdem mit sein(e) oder ihr(e) übersetzt: *sa clé – sein/ihr Schlüssel; sa montre – seine/ihre Uhr; sa voiture – sein/ihr Auto.*

le **sabbat** [⚠ saba] (jüdischer Ruhetag) der Sabbat
le **sablage** [sablaʒ] das Streuen; **le sablage des voies** das Streuen der Straßen [mit Sand]
sable [sabl] sandfarben

Ⓖ Das Farbadjektiv *sable* ist unveränderlich: *des chaussettes sable – sandfarbene Socken.*

le **sable** [sabl] der Sand; **les sables mouvants** der Treibsand
le **sablé** [sable] das Sandgebäck
sablé, sablée [sable] Mürbe-, Mürb-; **la pâte sablée** der Mürbeteig, der Mürbteig Ⓐ
sabler [sable] ❶ [mit Sand] streuen *Straße* ❷ (übertragen) **sabler le champagne** die Champagnerkorken knallen lassen
le **sabot** [sabo] ❶ der Holzschuh; (mit Oberleder) der Clog ❷ (bei Tieren) der Huf ❸ (bei Fahrzeugen) die Parkkralle
le **sabotage** [sabotaʒ] ⚠ männlich die Sabotage
saboter [sabote] ❶ sabotieren; zerstören *Maschine* ❷ nachlässig erledigen *Arbeit*
le **saboteur** [sabotœʁ] der Saboteur
la **saboteuse** [sabotøz] die Saboteurin
sabrer [sabʁe] ❶ streichen *Satz, Absatz* ❷ **sabrer quelqu'un** (umgs.) jemanden durchrasseln lassen
le **sac¹** [sak] ❶ die Tasche ❷ (aus Papier oder Plastik) die Tüte; **le sac poubelle** der Müllbeutel; **le sac congélation** der Gefrierbeutel ❸ (aus Jute oder Plastik) der Sack; **un sac de pommes de terre** ein Sack Kartoffeln ▶ **mettre tout dans le même sac** alles in einen Topf werfen; **vider son sac** (umgs.) auspacken
  ◆ le **sac à dos** der Rucksack
  ◆ le **sac à main** die Handtasche
  ◆ le **sac à malice[s]** die Zauberkiste
  ◆ le **sac de couchage** der Schlafsack
  ◆ le **sac d'écolier** die Schultasche
le **sac²** [sak] **mettre à sac** plündern, ausplündern
la **saccade** [sakad] der Ruck; **par saccades** stoßweise
saccadé, saccadée [sakade] *Atmung, Lachen* stoßweise
saccager [sakaʒe] <wie *apprécier*; siehe Verbtabelle ab S. 1055> verwüsten; vernichten *Ernte*

Ü Vor *a* und *o* bleibt das *e* erhalten, z. B.: *nous saccageons; il saccageait; en saccageant.*

le **sacerdoce** [sasɛʁdɔs] ❶ das Priesteramt ❷ (übertragen) **c'est un sacerdoce, pas un métier!** das ist kein Beruf, sondern eine Berufung!
sachant [saʃɑ̃], **sache** [saʃ] → **savoir**
le **sachet** [saʃɛ] die Tüte
la **sacoche** [sakɔʃ] ❶ die Umhängetasche ❷ **la sacoche de cycliste** die Fahrradtasche
sacquer [sake] (umgs.) ❶ (entlassen) feuern ❷ mies benoten ▶ **ne pas pouvoir sacquer quelqu'un** jemanden nicht riechen können
le **sacre** [sakʁ] *eines Königs* die Salbung
sacré, sacrée [sakʁe] ❶ heilig; *Kunst, Bauwerk* sakral; *Musik* geistlich ❷ *Rechte* unantastbar ❸ (umgs.: sehr) verdammt; **un sacré farceur** ein verdammt witziger Kerl; **avoir un sacré talent** verdammt talentiert sein
le **sacrement** [sakʁəmɑ̃] das Sakrament; **les derniers sacrements** die Sterbesakramente

sacrément [sakremã] (*umgs.*) wahnsinnig
sacrer [sakre] salben *König, Kaiser;* **il fut sacré empereur** er wurde zum Kaiser gesalbt
le **sacrifice** [sakrifis] (*auch religiös*) das Opfer; **faire un sacrifice** ein Opfer bringen
sacrifier [sakrifje] <*wie* apprécier; *siehe Verbtabelle ab S. 1055*> ❶ opfern ❷ **se sacrifier pour les autres** sich für die anderen aufopfern
sadique [sadik] sadistisch
le **sadique** [sadik] der Sadist
la **sadique** [sadik] die Sadistin
le **safari** [safaʀi] △ *männlich* die Safari
le **safari-photo** [safaʀifɔto] <*Plural:* safaris-photos> △ *männlich* die Fotosafari
safran [safʀɑ̃] safrangelb

> Ⓖ Das Farbadjektiv *safran* ist unveränderlich: *des serviettes safran – safrangelbe Servietten.*

le **safran** [safʀɑ̃] der Safran
sagace [sagas] scharfsinnig
la **sagacité** [sagasite] der Scharfsinn
sage [saʒ] ❶ *Mensch, Rat, Entscheidung* weise ❷ *Schüler, Kind* brav; *junges Mädchen* anständig
le **sage** [saʒ] der Weise
la **sage-femme** [saʒfam] <*Plural:* sages-femmes> die Hebamme
sagement [saʒmɑ̃] ❶ klug ❷ (*folgsam*) artig
la **sagesse** [saʒɛs] die Weisheit; **agir avec sagesse** klug handeln
le **Sagittaire** [saʒitɛʀ] (*in der Astrologie*) der Schütze; **être Sagittaire** [ein] Schütze sein
le **Sahara** [saaʀa] △ *männlich* die Sahara
le **Sahel** [saɛl] △ *männlich* die Sahelzone
saignant, saignante [sɛɲɑ̃, sɛɲɑ̃t] *Steak* englisch
le **saignement** [sɛɲmɑ̃] ❶ die Blutung ❷ **les saignements de nez** das Nasenbluten

> Ⓥ In ❷ wird der Plural *les saignements* mit einem Singular übersetzt: *il a souvent des saignements de nez – er hat häufig Nasenbluten.*

saigner [seɲe] ❶ bluten; **saigner du nez** aus der Nase bluten ❷ abstechen *Schlachttier* ▶ **se saigner pour quelqu'un** für jemanden bluten müssen
sain, saine [sɛ̃, sɛn] ❶ gesund ❷ *Frucht, Fleisch* einwandfrei ❸ *Lesestoff, Ideen* vernünftig ▶ **sain et sauf/saine et sauve** gesund und munter

le **saindoux** [sɛ̃du] das Schweineschmalz
le **saint** [sɛ̃] ❶ der Heilige ❷ **le saint des saints** das Allerheiligste
saint, sainte [sɛ̃, sɛ̃t] heilig; **la Sainte Vierge** die Heilige Jungfrau
la **Saint-Barthélemy** [sɛ̃baʀtelemi] △ *weiblich* die Bartholomäusnacht
le **saint-bernard** [sɛ̃bɛʀnaʀ] <*Plural:* saint-bernard *oder* saint-bernards> ❶ (*Hund*) der Bernhardiner ❷ (*hilfreiche Person*) der Samariter
la **sainte** [sɛ̃t] die Heilige
le **Saint-Esprit** [sɛ̃tɛspʀi] der Heilige Geist
la **Saint-glinglin** [sɛ̃glɛ̃glɛ̃] (*umgs.*) **à la saint-glinglin** am Sankt-Nimmerleins-Tag
la **Saint-Jean** [sɛ̃ʒɑ̃] △ *weiblich* das Johannisfest
la **Saint-Jean-Baptiste** [sɛ̃ʒɑ̃batist] △ *weiblich* ≈ das Johannes-der-Täufer-Fest (*Nationalfeiertag der Frankokanadier*)

> Ⓛ Das Fest *la Saint-Jean-Baptiste* wird am 24. Juni mit großen Freudenfeuern begangen: Hohe Scheiterhaufen werden errichtet und entzündet, und die Menschen tanzen singend um das Feuer. Dieser Feiertag ist für die Identität der Frankokanadier wichtiger als der kanadische Nationalfeiertag *Confederation Day*, der am 1. Juli gefeiert wird.

la **Saint-Nicolas** [sɛ̃nikɔla] △ *weiblich* der Nikolaustag
le **Saint-Père** [sɛ̃pɛʀ] der Heilige Vater
Saint-Pierre [sɛ̃pjɛʀ] Sankt Petrus, der Heilige Petrus
le **Saint-Siège** [sɛ̃sjɛʒ] der Heilige Stuhl
la **Saint-Sylvestre** [sɛ̃silvɛstʀ] △ *weiblich* der/das Silvester
sais [sɛ] →**savoir**
la **saisie** [sezi] ❶ *von Daten* das Erfassen ❷ (*gerichtlich*) die Pfändung, die Exekution Ⓐ
saisir [seziʀ] <*wie* agir; *siehe Verbtabelle ab S. 1055*> ❶ packen ❷ wahrnehmen *Chance;* ergreifen *Gelegenheit* ❸ (*umgs.:* verstehen) kapieren ❹ **saisir quelqu'un** *Schönheit:* jemanden bezaubern; *Ähnlichkeit, Veränderung:* jemanden verblüffen ❺ anbraten *Fleisch* ❻ beschlagnahmen *Möbel, Dokumente* ❼ erfassen *Daten* ❽ **se saisir d'une arme** eine Waffe in seinen Besitz bringen

> Ⓖ Bei einigen Formen des Verbs ist der Stamm um *-iss-* erweitert, etwa bei *ils saisissent, il saisissait* oder *en saisissant.*

saisissant, saisissante [sezisɑ̃, sezisɑ̃t]

Unterschied erstaunlich

la **saison** [sɛzõ] ❶ die Jahreszeit; **les fruits de saison** die Früchte der Saison ❷ (*im Sport und Tourismus*) die Saison; **faire la saison** als Saisonarbeiter tätig sein
- **la saison des amours** die Paarungszeit
- **la saison des pluies** die Regenzeit

le **saisonnier** [sɛzɔnje] der Saisonarbeiter

saisonnier, saisonnière [sɛzɔnje, sɛzɔnjɛʀ] ❶ *Sport* von der Jahreszeit abhängig ❷ Saison-; **l'ouvrier saisonnier** der Saisonarbeiter

la **saisonnière** [sɛzɔnjɛʀ] die Saisonarbeiterin

sait [sɛ] →**savoir**

la **salade** [salad] ⚠ *weiblich* der Salat; **la salade de tomates** der Tomatensalat; **la salade de fruits** der Obstsalat; **la salade niçoise** der Nizza-Salat ❷ **raconter des salades** (*umgs.*) Ammenmärchen erzählen

le **saladier** [saladje] die Salatschüssel

le **salaire** [salɛʀ] *eines Arbeiters* der Lohn; *eines Angestellten* das Gehalt; **le salaire minimum interprofessionnel de croissance** der gesetzlich festgelegte, dynamische Mindestlohn ▸ **le salaire de misère** der Hungerlohn

salarial, salariale [salaʀjal] <*Plural der männl. Form:* salariaux> Lohn-; **la politique salariale** die Lohnpolitik

le **salarié** [salaʀje] der Arbeitnehmer

la **salariée** [salaʀje] die Arbeitnehmerin

le **salaud** [salo] (*umgs.*) hundsgemein

le **salaud** [salo] (*umgs.*) der Dreckskerl

sale [sal] ❶ schmutzig ❷ (*umgs.: unangenehm*) **le sale type** der miese Typ; **le sale temps** das Mistwetter ❸ **avoir une sale gueule** (*umgs.*) fies aussehen

le **sale** [sal] (*umgs.*) die Schmutzwäsche; **mettre quelque chose au sale** etwas in die Schmutzwäsche tun

salé [sale] salzig

le **salé** [sale] **le petit salé** das gepökelte Schweinefleisch

salé, salée [sale] ❶ *Butter, Erdnüsse* gesalzen; **trop salé(e)** *Essen:* versalzen ❷ **l'eau salée** das Salzwasser ❸ (*umgs.: teuer*) *Rechnung* gesalzen

salement [salmã] ❶ *essen* unmanierlich; *arbeiten* schludrig; *gewinnen* auf unsaubere Weise ❷ (*umgs.: sehr*) ganz schön

saler [sale] ❶ salzen ❷ mit Salz streuen *Straßen*

la **saleté** [salte] ❶ der Schmutz; **ne fais pas de saletés!** mach nicht alles schmutzig! ❷ *eines Gegenstands* die Schmutzigkeit

❸ (*umgs.: wertlose Sache*) der Mist; **cette saleté d'ordinateur!** dieser verdammte Computer! ❹ (*umgs.: Schimpfwort*) das Miststück; **saleté de Maurice!** dieser verdammte Maurice!

salir [saliʀ] <*wie* agir; *siehe Verbtabelle ab S. 1055*> ❶ schmutzig machen; (*vollständig*) verschmutzen ❷ **se salir** sich schmutzig machen, *Kleidung, Stoff:* schmutzig werden; **se salir les mains** sich die Hände schmutzig machen

> **G** Bei einigen Formen des Verbs ist der Stamm um -iss- erweitert, etwa bei *ils sal**iss**ent, il sal**iss**ait* oder *en sal**iss**ant*.

la **salive** [saliv] der Speichel ▸ **ravaler sa salive** lieber den Mund halten

saliver [salive] ❶ Speichel produzieren ❷ **ça me fait saliver** da läuft mir das Wasser im Mund zusammen

la **salle** [sal] ❶ der Saal ❷ die Halle; **la salle polyvalente** die Mehrzweckhalle; **le sport en salle** der Hallensport ❸ das Kino; **les salles obscures** die Kinos ❹ (*Publikum*) **toute la salle a applaudi** der ganze Saal hat Beifall geklatscht ▸ **faire salle comble** die Säle füllen
- **la salle à manger** das Esszimmer
- **la salle d'attente** das Wartezimmer; (*im Bahnhof*) der Wartesaal
- **la salle de bains** das Badezimmer
- **la salle de cinéma** der Kinosaal
- **la salle de classe** das Klassenzimmer
- **la salle d'étude** der Hausaufgabenraum
- **la salle des fêtes** die Festhalle
- **la salle de séjour** das Wohnzimmer

le **salon** [salõ] ❶ das Wohnzimmer ❷ (*Warenausstellung*) die Messe
- **le salon de coiffure** der Friseursalon
- **le salon de jardin** die Gartenmöbel
- **le salon de thé** ≈ die Teestube, ≈ das Café

> **L** Ein *salon de thé* ist in seinem Angebot an Kuchen und Gebäck und in der Art der Einrichtung einem deutschen Café oder einem österreichischen Kaffeehaus vergleichbar.

le **salopard** [salopaʀ] (*umgs.*) der Mistkerl

la **salope** [salɔp] ❶ (*vulgär: Schimpfwort*) die Hure ❷ (*umgs.: hinterhältige Frau*) das Luder

saloper [salɔpe] (*umgs.*) ❶ hinschludern ❷ (*schmutzig machen*) versauen

la **saloperie** [salɔpʀi] (*umgs.*) ❶ der Ramsch; **c'est de la saloperie** das ist Mist ❷ **faire une saloperie** eine Riesensauerei anrichten

③ (*schlechte Lebensmittel*) das schlechte Zeug ④ (*Gemeinheit*) die Schweinerei ⑤ **saloperie de bagnole!** [so eine] Scheißkarre!
la **salopette** [salɔpɛt] die Latzhose
la **salsa** [salsa] der Salsa
le **salsifis** [⚠ salsifi] die Schwarzwurzel
salubre [salybʀ] gesund
saluer [salɥe] ① grüßen; **saluer quelqu'un de la main** jemandem [mit der Hand] zuwinken ② (*willkommen heißen*) begrüßen ③ (*ehren*) würdigen ④ (*militärisch*) salutieren; **saluer un supérieur** vor einem Vorgesetzten salutieren ⑤ *Sänger, Schauspieler:* sich verbeugen
salut [saly] (*umgs.: zur Begrüßung*) hallo; (*zum Abschied*) tschüs, tschüss, tschau
le **salut**[1] [saly] ① der Gruß; **faire un salut de la main** [mit der Hand] winken ② (*militärisch*) **le salut aux supérieurs** das Salutieren vor den Vorgesetzten
le **salut**[2] [saly] ① die Rettung ② (*religiös*) das Heil
salutaire [salytɛʀ] heilsam; *Entscheidung* richtig
les **salutations** (weiblich) [salytasjɔ̃] **nous vous prions d'agréer, Madame/Monsieur, nos salutations distinguées** ≈ mit freundlichen Grüßen
Salzbourg [saltsbuʀ] Salzburg
samedi [samdi] ① der Sonnabend, der Samstag ② (*bei gezielten Zeitangaben*) **samedi prochain** am Sonnabend, am Samstag, kommenden Sonnabend, kommenden Samstag; **samedi dernier** letzten Sonnabend, letzten Samstag; **aujourd'hui on est samedi** heute ist Sonnabend, heute ist Samstag; **tu as le temps samedi?** hast du diesen Sonnabend Zeit?, hast du diesen Samstag Zeit? ③ (*bei Zeitangaben, die eine Wiederholung ausdrücken*) **le samedi** sonnabends, samstags, jeden Sonnabend, jeden Samstag; **le samedi matin** Sonnabend vormittags, Samstag vormittags; **le samedi soir** Sonnabend abends, Samstag abends; **"Fermé le samedi"** „Sonnabends geschlossen", „Samstags geschlossen"
le **SAMU** [samy] *Abkürzung von* **Service d'aide médicale d'urgence** ① der ärztliche Bereitschaftsdienst ② (*Person*) der Notarzt/die Notärztin
la **sanction** [sɑ̃ksjɔ̃] die Strafe; (*in der Schule*) die Strafarbeit; (*in der Politik*) die Sanktion
sanctionnable [sɑ̃ksjɔnabl] *Tat, Verhalten* strafbar
sanctionner [sɑ̃ksjɔne] bestrafen
le **sandwich** [⚠ sɑ̃dwitʃ] <*Plural:* sandwichs

ⓖ Das Substantiv *samedi* ist männlich. Es wird ohne den bestimmten Artikel und ohne Präposition gebraucht, wenn es um eine präzise Angabe geht und ein ganz bestimmter Sonnabend oder Samstag gemeint ist.
Wenn eine Wiederholung oder etwas Gewohnheitsmäßiges ausgedrückt wird, steht der bestimmte Artikel bei dem Substantiv. In diesem Fall bezieht sich die Angabe auf mehrere Sonnabende oder Samstage. In ③ stehen entsprechende Beispiele.

oder sandwiches> der/das Sandwich; **le sandwich au jambon** der/das Schinkensandwich
le **sang** [sɑ̃] das Blut; **donner son sang** Blut spenden; **être en sang** blutüberströmt sein ▸ **se faire du mauvais sang** sich Sorgen machen; **avoir quelque chose dans le sang** etwas im Blut haben
le **sang-froid** [sɑ̃fʀwa] die Besonnenheit; **garder son sang-froid** einen kühlen Kopf bewahren
sanglant, sanglante [sɑ̃glɑ̃, sɑ̃glɑ̃t] ① blutig ② *Match, Vorwurf* hart; *Gefecht* hitzig
le **sanglier** [sɑ̃glije] das Wildschwein
sangloter [sɑ̃glɔte] schluchzen
la **sangsue** [⚠ sɑ̃sy] der Blutegel
sanguin, sanguine [sɑ̃gɛ̃, sɑ̃gin] Blut-; **le groupe sanguin** die Blutgruppe; **le plasma sanguin** das Blutplasma
sanitaire [sanitɛʀ] sanitär; *Maßnahme* gesundheitspolizeilich
les **sanitaires** (männlich) [sanitɛʀ] die Sanitäranlagen
sans [sɑ̃] ① ohne; **tu bois ton café avec ou sans sucre?** trinkst du den Kaffee mit Zucker oder ohne? ② **sans manches** ärmellos; **sans scrupules** skrupellos ③ **sans arrêt** ununterbrochen ④ **il est parti sans que nous l'ayons entendu** er ging weg, ohne dass wir es hörten ▸ **sans plus** [⚠ sɑ̃plys] das ist alles; **sans quoi** sonst
le **sans-abri** [sɑ̃zabʀi] <*Plural:* sans-abri> der Obdachlose
la **sans-abri** [sɑ̃zabʀi] <*Plural:* sans-abri> die Obdachlose
le **sans-emploi** [sɑ̃zɑ̃plwa] <*Plural:* sans-emploi> der Arbeitslose
la **sans-emploi** [sɑ̃zɑ̃plwa] <*Plural:* sans-emploi> die Arbeitslose
le **sans-faute** [sɑ̃fot] <*Plural:* sans-faute> die hervorragende Leistung; (*im Sport*) der fehlerfreie Durchgang
le **sans-fil** [⚠ sɑ̃fil] <*Plural:* sans-fil> das Funktelefon

sans-gêne [sɑ̃ʒɛn] ungeniert

> **G** Das Adjektiv *sans-gêne* ist unveränderlich: *des personnes sans-gêne* – ungenierte Leute.

le **sans-gêne** [sɑ̃ʒɛn] ❶ der unverfrorene Mensch ❷ (*Eigenschaft*) die Ungeniertheit
la **sans-gêne** [sɑ̃ʒɛn] die unverfrorene Person
le **sans-le-sou** [sɑ̃lsu] <*Plural:* sans-le-sou> (*umgs.*) der arme Schlucker
la **sans-le-sou** [sɑ̃lsu] (*umgs.*) der arme Schlucker
le **sans-logis** [sɑ̃lɔʒi] <*Plural:* sans-logis> (*gehoben*) der Obdachlose
la **sans-logis** [sɑ̃lɔʒi] (*gehoben*) die Obdachlose
le **sans-papiers** [sɑ̃papje] <*Plural:* sans-papiers> *Ausländer, der sich illegal in Frankreich aufhält*
la **sans-papiers** [sɑ̃papje] *Ausländerin, die sich illegal in Frankreich aufhält*
la **santé** [sɑ̃te] ❶ die Gesundheit; **elle est en bonne santé** es geht ihr [gesundheitlich] gut; **il est en mauvaise santé** es geht ihm [gesundheitlich] schlecht; **c'est bon pour la santé** das ist gut für die Gesundheit, das ist gesund ❷ **le ministre de la Santé** der Gesundheitsminister ▸ **boire à la santé des jeunes mariés** auf das Wohl des Brautpaares trinken; **à ta santé!** auf dein Wohl!; **y laisser sa santé** (*umgs.*) dabei seine Gesundheit kaputtmachen; **se refaire une santé** (*umgs.*) mal wieder ausspannen
la **santiag** [⚠ sɑ̃tjag] (*umgs.*) der Cowboystiefel
le **santon** [sɑ̃tɔ̃] die Krippenfigur
saoudien, saoudienne [saudjɛ̃, saudjɛn] saudi-arabisch
le **Saoudien** [saudjɛ̃] der Saudi, der Saudi-Araber
la **Saoudienne** [saudjɛn] die Saudi-Araberin
saoul, saoule [⚠ su, sul] →**soûl**
saouler [⚠ sule] →**soûler**
saper [sape] (*umgs.*) **se saper** sich in Schale werfen; **il est bien sapé** er ist in Schale
le **sapeur-pompier** [sapœrpɔ̃pje] <*Plural:* sapeurs-pompiers> der Feuerwehrmann; **une femme sapeur-pompier** eine Feuerwehrfrau; **les sapeurs-pompiers** die Feuerwehr, die Brandwache ⒸⒽ

> **V** Der Plural *les sapeurs-pompiers* wird mit einem Singular übersetzt: *les sapeurs-pompiers sont venus aussitôt* – die Feuerwehr ist sofort gekommen.

saphir [safir] saphirblau
le **saphir** [safir] der Saphir

> **G** Das Farbadjektiv *saphir* ist unveränderlich: *des yeux saphir* – saphirblaue Augen.

sapin [sapɛ̃] tannengrün

> **G** Das Farbadjektiv *sapin* unveränderlich: *des chaussettes vert sapin* – tannengrüne Socken.

le **sapin** [sapɛ̃] die Tanne
 ◆ le **sapin de Noël** der Weihnachtsbaum
saquer [sake] →**sacquer**
le **sarcasme** [sarkasm] der Sarkasmus
sarcastique [sarkastik] sarkastisch
la **Sardaigne** [sardɛɲə] Sardinien
la **sardine** [sardin] die Sardine
la **SARL** [ɛsaɛrɛl] *Abkürzung von* **société à responsabilité limitée** ≈ die GmbH
le **sarment** [sarmɑ̃] die Weinrebe
le **sarrasin** [saʀazɛ̃] der Buchweizen
la **Sarre** [saʀ] ❶ (*Fluss*) die Saar ❷ (*Bundesland*) das Saarland
Sarrebruck [saʀbryk] Saarbrücken
le **sas** [⚠ sas] die Schleuse
satané, satanée [satane] ❶ **ces satanés embouteillages!** diese fürchterlichen Staus! ❷ **satané farceur!** du Teufelskerl!
satanique [satanik] satanisch; *List* teuflisch
le **satellite** [satelit] ❶ der Satellit ❷ (*in der Astronomie*) der Trabant ❸ (*Land*) der Satellitenstaat
le **satellite-espion** [satelitɛspjɔ̃] <*Plural:* satellites-espions> der Spionagesatellit
le **satin** [satɛ̃] der Satin
satiné, satinée [satine] seidig glänzend; *Farbe* seidenmatt
la **satire** [satir] die Satire; **une satire de la vie politique** eine Satire auf das politische Leben; **faire la satire du président** den Präsidenten satirisch verspotten
la **satisfaction** [satisfaksjɔ̃] ❶ die Befriedigung ❷ die Zufriedenheit; **donner satisfaction à un client** einen Kunden zufrieden stellen; **cet apprenti nous donne [toute] satisfaction** mit diesem Azubi sind wir [sehr] zufrieden; **ce travail me donne [toute] satisfaction** mit dieser Arbeit bin ich [sehr] zufrieden
satisfaire [satisfɛr] <*wie faire; siehe Verbtabelle ab S. 1055*> ❶ befriedigen, zufrieden stellen ❷ stillen *Hunger, Durst* ❸ **satisfaire à une obligation** eine Verpflichtung erfüllen
satisfait, satisfaite [satisfɛ, satisfɛt] **je suis satisfait de votre travail** ich bin mit Ihrer Arbeit zufrieden
saturé, saturée [satyre] ❶ **être saturé(e) de publicité** keine Werbung mehr sehen

können ②être saturé(e) *Telefonzentrale:* überlastet sein; *Markt:* gesättigt sein
Saturne [satyʀn] (*Planet*) Saturn
sauçait [sosɛ], **sauçant** [sosɑ̃] →**saucer**
la **sauce** [sos] die Soße; **la sauce vinaigrette** die Vinaigrette ▸ **mettre une histoire à toutes les sauces** (*umgs.*) eine Geschichte bei jeder Gelegenheit [wieder] auftischen
la **saucée** [sose] (*umgs.*) der Regenguss, der Guss
saucer [sose] <*wie* commencer; *siehe Verbtabelle ab S. 1055*> ① **saucer l'assiette** die Soße auftunken ② **se faire saucer** (*umgs.*) klatschnass werden

Ü Vor *a* und *o* steht statt *c* ein *ç*, z. B. in *nous sauçons, il sauçait* und *en sauçant*.

la **saucisse** [sosis] das Würstchen
le **saucisson** [sosisɔ̃] ① ≈ die luftgetrocknete Salami ② **le saucisson sec** die Hartwurst, die Dauerwurst
sauçons [sosɔ̃] →**saucer**
sauf [sof] ① bis auf; **sauf ma mère** bis auf meine Mutter ② abgesehen von; **sauf quelques averses** von einigen Regenschauern abgesehen ③ **sauf quand/si** außer wenn ④ **sauf que** außer dass
saugrenu, saugrenue [sogʀəny] albern; *Idee* abwegig
saumon [somɔ̃] lachsfarben

G Das Farbadjektiv *saumon* ist unveränderlich: *des serviettes saumon – lachsfarbene Servietten*.

le **saumon** [somɔ̃] der Lachs
la **saumure** [somyʀ] die Salzlake
le **sauna** [sona] ⚠ männlich die Sauna
saupoudrer [sopudʀe] bestreuen, bestäuben; **saupoudrer quelque chose de sucre/de farine** etwas mit Zucker bestreuen/mit Mehl bestäuben
saurai [soʀɛ] →**savoir**
le **saut** [so] ① der Sprung ② **le saut périlleux** der Salto ▸ **faire le saut** den Schritt wagen; **faire un saut chez quelqu'un** (*umgs.*) auf einen Sprung bei jemandem vorbeischauen
 • le **saut à la perche** der Stabhochsprung
 • le **saut en hauteur** der Hochsprung
 • le **saut en longueur** der Weitsprung
 • le **saut en parachute** der Fallschirmabsprung
la **saute** [sot] der plötzliche Umschwung; **la saute de température** der plötzliche Temperaturumschwung; **la saute d'humeur** der plötzliche Stimmungsumschwung

le **sauté** [sote] das Ragout; **le sauté de veau** das Kalbsragout
le **saute-mouton** [sotmutɔ̃] das Bockspringen
sauter [sote] ① springen; (*kleine Sprünge machen*) hüpfen, herumhüpfen; (*in die Höhe*) hochspringen; **il a sauté** er ist gesprungen/[herum]gehüpft/hochgesprungen; **sauter du lit** aus dem Bett springen; **sauter à la corde** seilspringen ② *Korken:* knallen; **le bouton/la chaîne a sauté** der Knopf/die Fahrradkette ist abgesprungen ③ *Panzer:* gesprengt werden; **la bombe a sauté** die Bombe ist explodiert; **faire sauter quelque chose** etwas in die Luft sprengen ④ **les fusibles ont sauté** die Sicherungen sind durchgebrannt ⑤ **le cours/la classe a sauté** (*umgs.*) der Unterricht ist ausgefallen ⑥ *Bild:* flackern ⑦ **faire sauter** braten; **des pommes de terre sautées** Bratkartoffeln ⑧ springen über *Mauer, Hecke;* **il a sauté par-dessus la barrière** er ist über die Schranke gesprungen ⑨ (*auslassen*) überspringen ⑩ **sauter quelqu'un** (*umgs.*) jemanden bumsen
la **sauterelle** [sotʀɛl] die Heuschrecke
le **sauteur** [sotœʀ] der Springer
la **sauteuse** [sotøz] ① die Springerin ② (*Küchengerät*) die Bratpfanne
sautiller [sotije] hüpfen; **il a sautillé** er ist gehüpft
sauvage [sovaʒ] ① wild ② *Pflanze:* wild wachsend; *Gegend, Land* unberührt
le **sauvage** [sovaʒ] ① (*abwertend*) der Wilde ② (*brutaler Mensch*) der Rohling
la **sauvage** [sovaʒ] ① (*abwertend*) die Wilde ② (*brutaler Mensch*) der Rohling
sauvagement [sovaʒmɑ̃] auf bestialische Weise
la **sauvegarde** [sovgaʀd] ① der Schutz ② (*in der Informatik*) die Sicherheitskopie; **faire la sauvegarde d'un fichier** von einer Datei eine Sicherungskopie machen
sauvegarder [sovgaʀde] ① schützen *Freiheit, Besitz;* bewahren *Unabhängigkeit, Erbe;* wahren *Rechte* ② (*in der Informatik*) sichern
le **sauve-qui-peut** [sovkipø] die Panik
sauver [sove] ① retten; **sauver un enfant de la noyade** ein Kind vor dem Ertrinken retten; **sauver quelque chose du feu** etwas vor dem Feuer retten; **sauver la vie à un blessé** einem Verletzten das Leben retten ② **sauver une entreprise de la faillite** ein Unternehmen vor dem Konkurs bewahren ③ sichern *Dateien* ④ **se sauver** flüchten, fliehen; (*umgs.: weggehen*) sich auf die So-

cken machen ▶ **sauve qui peut!** rette sich, wer kann!
le **sauvetage** [sov(ə)taʒ] die Rettung; *von Schiffbrüchigen* die Bergung
le **sauveteur** [sov(ə)tœʀ] der Retter
la **sauveteuse** [sov(ə)tøz] die Retterin
la **sauvette** [sovɛt] **à la sauvette** (*umgs.: rasch*) auf die Schnelle
le **savant** [savɑ̃] ❶ der Wissenschaftler ❷ der Gelehrte
savant, savante [savɑ̃, savɑ̃t] ❶ gelehrt ❷ (*abwertend*) **ces savantes discussions** diese hochgestochenen Diskussionen ❸ **un savant stratagème** eine ausgeklügelte List ❹ *Hund* dressiert
la **savante** [savɑ̃t] ❶ die Wissenschaftlerin ❷ die Gelehrte
la **savate** [savat] der Latschen, der Hauslatschen
la **saveur** [savœʀ] der Geschmack
la **Savoie** [savwa] Savoyen
savoir [savwaʀ] <*siehe Verbtabelle ab S. 1055*> ❶ wissen; **faire savoir au directeur que ...** dem Direktor Bescheid sagen, dass ... können, beherrschen *Lektion, Rolle* ❸ **savoir attendre** warten können; **savoir dire non** nein sagen können ❹ Ⓑ **il ne sait pas venir à l'heure** er kann [einfach] nie pünktlich sein ❺ **se savoir** bekannt sein ❻ **elle se sait malade** sie weiß, dass sie krank ist ▶ **c'est quelqu'un qui sait y faire** (*umgs.*) er weiß, wie man's macht; **elle ne sait plus où se mettre** (*umgs.*) sie weiß nicht mehr wohin mit sich; **à savoir** nämlich; **pas que je sache** nicht, dass ich wüsste; **en savoir quelque chose** ein Lied davon singen können; **n'en rien savoir** keine Ahnung haben; **tout se sait** nichts bleibt verborgen
le **savoir** [savwaʀ] das Wissen
le **savoir-faire** [savwaʀfɛʀ] das Know-how
le **savoir-vivre** [savwaʀvivʀ] das [gute] Benehmen

Ⓕ Nicht verwechseln mit *das Savoir-vivre – l'art de vivre!*

le **savon** [savɔ̃] die Seife ▶ **passer un savon à quelqu'un** (*umgs.*) jemandem einen Rüffel verpassen
◆ le **savon de Marseille** ≈ die Kernseife
savonner [savɔne] einseifen; **se savonner** sich einseifen
la **savonnette** [savɔnɛt] die Toilettenseife
savourer [savuʀe] genießen; auskosten *Triumph, Rache*
savoureux, savoureuse [savuʀø, savuʀøz] köstlich

la **Saxe** [saks] ⚠ *weiblich* Sachsen
la **Saxe-Anhalt** [saksanalt] ⚠ *weiblich* Sachsen-Anhalt
le **saxo** [sakso] (*umgs.*) ❶ der Saxophonist ❷ (*Instrument*) das Saxophon
la **saxo** [sakso] (*umgs.*) die Saxophonistin
saxon, saxonne [saksɔ̃, saksɔn] sächsisch
le **Saxon** [saksɔ̃] der Sachse
la **Saxonne** [saksɔn] die Sächsin
le **saxophone** [saksɔfɔn] das Saxophon
le **saxophoniste** [saksɔfɔnist] der Saxophonist
la **saxophoniste** [saksɔfɔnist] die Saxophonistin
scabreux, scabreuse [skabʀø, skabʀøz] *Geschichte* schlüpfrig; *Anspielung* anzüglich
le **scandale** [skɑ̃dal] ❶ der Skandal ❷ (*Aufgebrachtheit*) die Empörung ▶ **faire scandale** Staub aufwirbeln; **faire un scandale** *Kunde:* Krach schlagen
scandaleux, scandaleuse [skɑ̃dalø, skɑ̃daløz] skandalös; *Preise, Bemerkung* unverschämt; *Leben* skandalumwittert
scandaliser [skɑ̃dalize] empören; **être scandalisé(e) par quelque chose** über etwas empört sein
scander [skɑ̃de] skandieren *Slogans*
scandinave [skɑ̃dinav] skandinavisch
le **Scandinave** [skɑ̃dinav] der Skandinavier
la **Scandinave** [skɑ̃dinav] die Skandinavierin
la **Scandinavie** [skɑ̃dinavi] Skandinavien
scanner [skane] scannen
le **scanner** [⚠ skanɛʀ], le **scanneur** [skanœʀ] der Scanner
la **scarole** [skaʀɔl] die Endivie, der Endiviensalat
le **sceau** [so] <*Plural:* sceaux> das Siegel
le **scellé** [sele] das Amtssiegel; **sous scellés** versiegelt
sceller [sele] ❶ einzementieren *Haken, Zahnkrone;* einmauern *Stein, Gitterstäbe;* einlassen *Steinplatte;* kleben *Fliese* ❷ mit einem Siegel versehen *Dokument* ❸ (*luftdicht verschließen*) versiegeln
le **scénario** [senaʀjo] <*Plural:* scénarios> das Drehbuch
le **scénariste** [senaʀist] der Drehbuchautor
la **scénariste** [senaʀist] die Drehbuchautorin
la **scène** [sɛn] ❶ die Szene; **une scène d'amour** eine Liebesszene ❷ *eines Theaters* die Bühne; (*Kulisse*) das Bühnenbild; **entrer en scène** auftreten; **mettre en scène** inszenieren ❸ *eines Ereignisses* der Schauplatz
◆ la **scène de ménage** der Ehestreit
scénique [senik] **les indications scéniques** die Regieanweisungen
sceptique [sɛptik] skeptisch
le **sceptique** [sɛptik] der Skeptiker

la **sceptique** [sɛptik] die Skeptikerin
le **schéma** [ʃema] das Schema; **le schéma de montage** der Montageplan
schématique [ʃematik] (*auch abwertend*) schematisch
schématiquement [ʃematikmã] in groben Zügen
schématiser [ʃematize] schematisch darstellen
le **schilling** [ʃiliŋ] der Schilling
schizophrène [⚠ skizɔfʀɛn] schizophren
le **schizophrène** [⚠ skizɔfʀɛn] der Schizophrene
la **schizophrène** [⚠ skizɔfʀɛn] die Schizophrene
la **schizophrénie** [⚠ skizɔfʀeni] die Schizophrenie
le **Schleswig-Holstein** [ʃlɛsviɡɔlʃtajn] Schleswig-Holstein
le **Schleu** [⚠ ʃlø] (*abwertend*) aus dem 2. Weltkrieg stammende Bezeichnung für einen Deutschen
la **Schleue** [⚠ ʃlø] (*abwertend*) aus dem 2. Weltkrieg stammende Bezeichnung für eine Deutsche
schlinguer [ʃlɛ̃ge] (*umgs.*) miefen
le **schnaps** [⚠ ʃnaps] der Schnaps
le **schuss** [ʃus] der Schuss, die Schussfahrt; **descendre tout schuss** im Schuss fahren
la **scie** [si] die Säge
sciemment [sjamã] absichtlich
la **science** [sjɑ̃s] ❶ die Wissenschaft ❷ **les sciences** die Naturwissenschaften; **les sciences physiques** [die] Physik und [die] Chemie; **les sciences humaines** die Geisteswissenschaften ❸ (*Kenntnisse*) das Wissen
la **science-fiction** [sjɑ̃sfiksjɔ̃] die Sciencefiction
scientifique [sjɑ̃tifik] wissenschaftlich
le **scientifique** [sjɑ̃tifik] der Naturwissenschaftler, der Wissenschaftler
la **scientifique** [sjɑ̃tifik] die Naturwissenschaftlerin, die Wissenschaftlerin
scientifiquement [sjɑ̃tifikmã] wissenschaftlich
scier [sje] <*wie* apprécier; *siehe Verbtabelle ab S. 1055*> [zer]sägen *Holz*; zusägen *Bretter*; absägen *Bäume* ▶ **ça m'a scié(e)**! (*umgs.*) das hat mich umgehauen!
scinder [sɛ̃de] ❶ spalten *Partei* ❷ **se scinder en deux clans** *Partei*: sich in zwei Lager spalten
scintiller [⚠ sɛ̃tije] funkeln
la **scission** [sisjɔ̃] die Spaltung
la **sclérose** [skleʀoz] ❶ (*in der Medizin*) die Sklerose ❷ (*übertragen*) von Institutionen die Verknöcherung
scléroser [skleʀoze] **se scléroser** ❶ *Organ, Gewebe*: sich verhärten ❷ (*übertragen*) verknöchern
scolaire [skɔlɛʀ] *Leistungen* schulisch; **l'année scolaire** das Schuljahr
scolariser [skɔlaʀize] ❶ einschulen ❷ **scolariser un pays** in einem Land Schulen einrichten
la **scolarité** [skɔlaʀite] der Schulbesuch; **la scolarité obligatoire** die Schulpflicht
la **scoliose** [skɔljoz] (*in der Medizin*) die Skoliose
le **scooter** [⚠ skutœʀ] der Motorroller
◆ **le scooter des neiges** der Motorschlitten
le **score** [skɔʀ] ❶ der Spielstand; (*nach Ende des Spiels*) das Spielergebnis ❷ (*bei Wahlen*) das Ergebnis, das Wahlergebnis
le **scorpion** [skɔʀpjɔ̃] ❶ der Skorpion ❷ (*in der Astrologie*) der Skorpion; **être Scorpion** [ein] Skorpion sein
le **scotch**® [skɔtʃ] der Tesafilm®
scotcher [skɔtʃe] (*reparieren*) mit Tesafilm® kleben; (*befestigen*) mit Tesafilm® ankleben; (*schließen*) mit Tesafilm® zukleben
le **scout** [skut] der Pfadfinder
scout, scoute [skut] Pfadfinder-; **le camp scout** das Pfadfinderlager; **l'organisation scoute** die Pfadfinderorganisation
la **scoute** [skut] die Pfadfinderin
le **script** [⚠ skʀipt] ❶ (*beim Film*) das Drehbuch; (*im Theater*) das Regiebuch ❷ (*Schriftart*) die Druckschrift
le **scrupule** [skʀypyl] der Skrupel; **il n'a pas un scrupule/pas des scrupules à frapper** er hat keine Hemmungen zuzuschlagen
scrupuleusement [skʀypyløzmã] peinlich genau
scruter [skʀyte] mit den Augen absuchen *Horizont*
le **scrutin** [skʀytɛ̃] die Wahl; **le scrutin majoritaire** die Mehrheitswahl
sculpter [⚠ skylte] ❶ sich als Bildhauer betätigen ❷ formen; schnitzen *Holz*; mit Schnitzereien verzieren *Möbelstück*; behauen *Marmor, Stein*; **sculpter une statue dans du marbre** eine Statue in Marmor hauen
le **sculpteur** [⚠ skyltœʀ] der Bildhauer/die Bildhauerin; **le sculpteur sur bois** der Holzschnitzer/die Holzschnitzerin

> Es gibt zwar die Femininform *sculptrice*, aber sie ist ungebräuchlich. Meistens wird die männliche Form auch auf Frauen angewendet: *elle est sculpteur* – sie ist Bildhauerin.

la **sculpture** [⚠ skyltyʀ] ❶ die Skulptur ❷ (*Kunst*) die Bildhauerei; **la sculpture sur bois** die Holzschnitzerei

le **S.D.F.** [ɛsdeɛf] *Abkürzung von* **sans domicile fixe** der Obdachlose

la **S.D.F.** [ɛsdeɛf] *Abkürzung von* **sans domicile fixe** die Obdachlose

se [sə] <*vor Vokal oder stummem h:* s'> ❶ sich; **il se voit dans le miroir** er sieht sich im Spiegel; **il se demande si elle a raison** er fragt sich, ob sie Recht hat; **elle se dépêche** sie beeilt sich ❷ (*gegenseitig*) sich; **ils/elles se font confiance** sie vertrauen sich [*oder* einander]

la **séance** [seɑ̃s] ❶ (*im Kino*) die Vorstellung ❷ (*Versammlung*) die Sitzung ❸ **la séance de tir** die Schießübung

le **seau** [so] <*Plural:* seaux> der Eimer; **un seau d'eau** ein Eimer Wasser
  ◆ le **seau à glace** der Eiskübel

sec [sɛk] *anfahren* ruckartig; *klopfen, trinken* kräftig ▶ **aussi sec** (*umgs.*) sofort; *antworten* wie aus der Pistole geschossen

le **sec** [sɛk] **être à sec** (*umgs.*) blank sein; **mettre au sec** ins Trockene bringen

sec, sèche [sɛk, sɛʃ] ❶ trocken ❷ *Feige* getrocknet; **les fruits secs** das Dörrobst ❸ *Arm* dürr; *Haar* spröde ❹ *Geräusch, Lachen* kurz und heftig; *Schlag* rasch ❺ *Ton, Ablehnung* schroff; *Antwort, Dank* knapp ❻ *Whisky, Gin* pur

le **sèche-cheveux** [sɛʃʃəvø] <*Plural:* sèche-cheveux> der Föhn

le **sèche-linge** [sɛʃlɛ̃ʒ] <*Plural:* sèche-linge> der Wäschetrockner, der Trockner

le **sèche-mains** [sɛʃmɛ̃] <*Plural:* sèche-mains> der Händetrockner

sèchement [sɛʃmɑ̃] *zurückweisen, antworten* schroff

sécher [seʃe] <*wie* préférer; *siehe Verbtabelle ab S. 1055*> ❶ trocknen; abtrocknen *Kind, Hände* ❷ *Wäsche, Holz* trocknen; *Pflanze, Erde:* austrocknen; *Blumen, Früchte:* trocknen, vertrocknen ❸ (*umgs.: etwas nicht wissen*) passen müssen ❹ **sécher les cours** (*umgs.*) den Unterricht schwänzen ❺ **se sécher** sich abtrocknen; (*in der Sonne*) sich trocknen; **se sécher les cheveux** sich die Haare föhnen

Ü Nur die stammbetonten Formen schreiben sich mit *ê*, z. B. *je sèche*.

la **sécheresse** [seʃʀɛs] die Trockenheit

la **sécheuse** [seʃøz] (CAN) (*elektrisch*) der Wäschetrockner, der Trockner

le **séchoir** [seʃwaʀ] (*Gestell*) der Wäschetrockner

le **second** [⚠ s(ə)gɔ̃] ❶ der/die/das Zweite ❷ (*beim Wörterraten*) die zweite Silbe

second, seconde [⚠ s(ə)gɔ̃, s(ə)gɔ̃d] zweite(r, s); **la seconde rue** die zweite Straße

secondaire [⚠ s(ə)gɔ̃dɛʀ] ❶ **un rôle secondaire** eine Nebenrolle; **les effets secondaires** die Nebenwirkungen ❷ **l'enseignement secondaire** der Unterricht an weiterführenden Schulen

le **secondaire** [⚠ s(ə)gɔ̃dɛʀ] die weiterführende Schule; (*nach dem „collège"*) ≈ die Gymnasialstufe

seconde [s(ə)gɔ̃d] →**second**

la **seconde** [⚠ s(ə)gɔ̃d] ❶ der/die/das Zweite ❷ (*auch in Mathematik und Musik*) die Sekunde ❸ der Augenblick; **une seconde, j'arrive!** Moment, ich komme! ❹ (*Klassenstufe*) ≈ erste Klasse des „Lycée"; (*im deutschen Schulsystem*) ≈ die zehnte Klasse ❺ (*zweiter Gang*) der Zweite; **rétrograder en seconde** in den Zweiten zurückschalten ❻ (*in Zügen, Flugzeugen*) die Zweite

seconder [⚠ s(ə)gɔ̃de] **seconder un collègue dans son travail** einem Kollegen [bei der Arbeit] zur Hand gehen

secouer [s(ə)kwe] ❶ schütteln; ausschütteln *Tischdecke, Teppich* ❷ wachrütteln ❸ hin und her schütteln *Baum, Boot*; **j'ai été secoué(e) dans l'autocar** ich bin in dem Bus durchgerüttelt worden ❹ (*schockieren*) erschüttern ❺ **se secouer** (*umgs.*) sich aufraffen

secourir [s(ə)kuʀiʀ] <*wie* courir; *siehe Verbtabelle ab S. 1055*> **secourir un blessé** einem Verletzten Hilfe leisten

le **secourisme** [s(ə)kuʀism] die erste Hilfe; **faire du secourisme** beim Rettungsdienst arbeiten

le **secouriste** [s(ə)kuʀist] der Sanitäter

la **secouriste** [s(ə)kuʀist] die Sanitäterin

le **secours** [s(ə)kuʀ] ❶ die erste Hilfe; (*Einrichtung*) der Rettungsdienst; (*im Gebirge*) die Bergwacht ❷ die Hilfe; **porter secours à un blessé** einem Verletzten Hilfe leisten; **au secours!** [zu] Hilfe! ❸ (*Beihilfe*) die Unterstützung

la **secousse** [s(ə)kus] (*Erschütterung*) der Stoß

le **secret** [səkʀɛ] ❶ das Geheimnis ❷ die Verschwiegenheit; **le secret médical** die ärztliche Schweigepflicht ▶ **cela n'a plus de secret pour elle** sie weiß alles darüber; **en secret** im Geheimen

secret, secrète [səkʀɛ, səkʀɛt] geheim; **l'agent secret** der Geheimagent; **garder quelque chose secret** etwas geheim halten

le **secrétaire** [s(ə)kʀetɛʀ] der Sekretär

la **secrétaire** [s(ə)kʀetɛʀ] ❶ die Sekretärin; **la secrétaire de direction** die Chefsekretärin ❷ **la secrétaire médicale** die Sprechstundenhilfe

le **secrétariat** [s(ə)kʀetaʀja] ❶ das Sekretariat ❷ (*Funktion*) das Amt des Sekretärs

secrète [səkʀɛt] →**secret**

secrètement [səkʀɛtmɑ̃] *handeln, informieren* heimlich; *hoffen* insgeheim

la **secte** [sɛkt] die Sekte

le **secteur** [sɛktœʀ] ❶ der Bezirk; (*Landstrich*) die Gegend ❷ (*in der Geometrie*) der Sektor ❸ das Netz, das Stromnetz ❹ (*in der Wirtschaft*) der Bereich, der Sektor; **le secteur primaire** die Land- und Forstwirtschaft; **le secteur secondaire** der industrielle [*oder* verarbeitende] Sektor; **le secteur tertiaire** der Dienstleistungssektor

la **section** [sɛksjɔ̃] ❶ der Abschnitt ❷ (*Tarifbereich*) die Zone ❸ (*in der Schule*) der Zweig, das [fachliche] Profil ❹ die Gruppe; (*beim Militär*) der Zug ❺ (*in der Medizin*) die Durchtrennung

sectionner [sɛksjɔne] durchtrennen *Draht, Arterie;* **il a eu trois doigts sectionnés** ihm wurden drei Finger abgetrennt

la **sécu** [seky] (*umgs.*) Abkürzung von **Sécurité sociale** staatliche französische Sozial- und Krankenversicherung

séculaire [sekylɛʀ] *Baum* hundertjährig; *Tradition* jahrhundertealt

la **sécularisation** [sekylaʀizasjɔ̃] die Säkularisierung

secundo [⚠ səgɔ̃do] zweitens

sécuriser [sekyʀize] **sécuriser quelqu'un** jemandem ein Gefühl der Sicherheit geben

la **sécurité** [sekyʀite] ❶ die Sicherheit; **se sentir en sécurité** sich sicher fühlen ❷ **la sécurité routière** die Verkehrssicherheit; **la sécurité de l'emploi n'est pas assurée** die Arbeitsplätze sind nicht sicher ❸ (*staatliche Einrichtungen*) **la sécurité civile** der Zivilschutz; **la Sécurité sociale** *die staatliche französische Sozial- und Krankenversicherung*

le **sédatif** [sedatif] das Beruhigungsmittel; (*gegen Schmerzen*) das Schmerzmittel

sédentaire [sedɑ̃tɛʀ] sesshaft; *Beruf, Arbeit* ortsgebunden

le **séducteur** [sedyktœʀ] der Verführer

la **séduction** [sedyksjɔ̃] *eines Menschen* der verführerische Charme; *einer Sache* die Anziehungskraft

la **séductrice** [sedyktʀis] die Verführerin

séduire [seduiʀ] <*wie* conduire; *siehe Verbtabelle ab S. 1055*> **séduire quelqu'un** *Person:* jemanden verführen; *Idee, Theorie, Theaterstück:* jemanden begeistern

séduisant, séduisante [seduizɑ̃, seduizɑ̃t] verführerisch; *Person* anziehend; *Projekt, Vorschlag* verlockend

séduisez [seduize], **séduisons** [seduizɔ̃], **séduit** [sedui] →**séduire**

segmenter [sɛgmɑ̃te] aufteilen

la **ségrégation** [segʀegasjɔ̃] ❶ die Trennung ❷ **la ségrégation raciale** die Rassentrennung

le **seigle** [sɛgl] der Roggen

le **sein** [sɛ̃] die Brust; **les seins** die Brüste, der Busen; **prendre des bains de soleil seins nus** sich oben ohne sonnen

la **Seine** [sɛn] die Seine

seize [sɛz] ❶ sechzehn; **un foyer sur seize** jeder sechzehnte Haushalt ❷ (*bei Angaben des Alters, des Zeitraums*) **il/elle a seize ans** er/sie ist sechzehn Jahre alt, er/sie ist sechzehn; **à seize ans** mit sechzehn Jahren, mit sechzehn; **une jeune fille de seize ans** ein sechzehnjähriges Mädchen, eine Sechzehnjährige; **une période de seize mois** ein Zeitraum von sechzehn Monaten; **toutes les seize heures** alle sechzehn Stunden ❸ (*bei Uhrzeitangaben*) **il est seize heures** es ist sechzehn Uhr; **il est seize heures trente** es ist sechzehn Uhr dreißig ❹ (*bei Datumsangaben*) **le seize juin** *geschrieben:* **le 16 juin** der sechzehnte Juli *geschrieben:* der 16. Juli; **arriver le seize mai** am sechzehnten Mai kommen; **le vendredi seize avril** am Freitag, den sechzehnten April; **Aix, le seize mars** Aix, den sechzehnten März ❺ (*als Namenszusatz*) **Louis seize** *geschrieben:* **Louis XVI** [lwi sɛz] Ludwig der Sechzehnte *geschrieben:* Ludwig XVI.

le **seize** [sɛz] ⚠ *männlich* ❶ (*Zahl*) die Sechzehn; **écrire un grand seize au tableau** eine große Sechzehn an die Tafel schreiben ❷ (*Schulnote*) **seize sur vingt** ≈ [die] Eins, ≈ [die] Sechs Ⓗ; **avoir seize sur vingt** ≈ eine Eins haben, ≈ eine Sechs haben Ⓗ

seizième [sɛzjɛm] sechzehnte(r, s); **le seizième jour** der sechzehnte Tag

le **seizième** [sɛzjɛm] ❶ (*in Bezug auf die Reihenfolge, die Leistung*) der/die/das Sechzehnte ❷ (*sechzehnter Stock*) der Sechzehnte; **ils habitent au seizième** sie woh-

___ Révisions ___

Les jours de la semaine			
une semaine	eine Woche	jeudi *(m.)*	Donnerstag
lundi *(m.)*	Montag	vendredi *(m.)*	Freitag
mardi *(m.)*	Dienstag	samedi *(m.)*	Samstag
mercredi *(m.)*	Mittwoch	dimanche *(m.)*	Sonntag
Achte auf den **Artikelgebrauch!**	le mercredi = *(immer)* mittwochs, z. B. «Le mercredi, on a sport.» mercredi = *am* Mittwoch, z. B. «Mercredi, on va au théâtre.»		

nen im Sechzehnten ❸ *(sechzehntes Arrondissement)* das Sechzehnte; **j'habite dans le seizième** ich wohne im Sechzehnten ❹ *(Bruchzahl)* das Sechzehntel ❺ *(im Sport)* **le seizième de finale** die Ausscheidungsrunde zum Achtelfinale
la **seizième** [sɛzjɛm] ❶ der/die/das Sechzehnte
le **séjour** [seʒuʀ] ❶ der Aufenthalt ❷ *(Zimmer)* das Wohnzimmer
séjourner [seʒuʀne] sich aufhalten
le **sel** [sɛl] ❶ das Salz; **le gros sel** das grobe Salz ❷ *einer Geschichte* der Witz
sélectif, sélective [selɛktif, selɛktiv] selektiv
la **sélection** [selɛksjõ] ❶ die Auswahl ❷ das Auswahlverfahren ❸ *(Zuchtwahl)* die Selektion
sélectionner [selɛksjɔne] ❶ auswählen ❷ aufstellen *Spieler*
sélective [selɛktiv] →**sélectif**
le **self** [sɛlf] *(umgs.)* das Selbstbedienungsrestaurant
le **self-service** [sɛlfsɛʀvis] <*Plural:* self-services*>* ❶ die Selbstbedienung ❷ der Selbstbedienungsladen, das Selbstbedienungsrestaurant
la **selle** [sɛl] ❶ der Sattel ❷ *(von Reh- oder Hammelfleisch)* der Rücken ❸ *(medizinisch)* **les selles** der Stuhl, der Stuhlgang

Ⓥ Der Plural *les selles* wird mit einem Singular übersetzt: *ses selles <u>ont</u> été analysées – sein/ihr Stuhl <u>ist</u> untersucht worden.*

selon [s(ə)lõ] ❶ gemäß; **selon les règles** gemäß den Regeln; **s'habiller selon la saison** sich der Jahreszeit entsprechend anziehen ❷ je nach; **selon les cas** von Fall zu Fall ❸ **selon cet article** diesem Artikel zufolge; **selon moi** meines Erachtens
la **semaine** [s(ə)mɛn] ❶ die Woche; **en semaine** die Woche über ❷ *(im christlichen Glauben)* **la semaine sainte** die Karwoche
semblable [sãblabl] ❶ ähnlich; **nous avons des goûts semblables** wir haben einen ähnlichen Geschmack ❷ **dans un cas semblable** in so[lch] einem Fall; **je n'ai jamais rien vu de semblable** ich habe so etwas noch nie gesehen ❸ **une maison semblable à celle de mes parents** ein Haus, das so aussieht wie das meiner Eltern
le **semblable** [sãblabl] ❶ der Mitmensch ❷ **toi et tes semblables** du und deinesgleichen
la **semblable** [sãblabl] der Mitmensch
le **semblant** [sãblã] **un semblant de vérité** ein Anschein von Wahrheit ▸ **faire juste semblant** nur so tun [als ob]; **elle fait semblant de dormir** sie tut so, als würde sie schlafen
sembler [sãble] ❶ **ils semblent préoccupés** sie scheinen besorgt zu <u>sein</u> ❷ **il semble que vous avez** [*oder* ayez] **raison** es sieht ganz so aus, als ob Sie Recht haben ❸ **il semblerait que ce <u>soit</u> plus rapide** allem Anschein nach ist es schneller ❹ **il me semble bien vous <u>avoir</u> déjà rencontré** ich habe das Gefühl, Ihnen schon einmal begegnet zu <u>sein</u> ▸ **il me semble** anscheinend; **à ce qu'il me semble** wie mir scheint
la **semelle** [s(ə)mɛl] die Sohle; *(im Schuh)* die Einlegesohle ▸ **être de la [vraie] semelle** *Steak:* zäh wie Leder sein; **ne pas lâcher quelqu'un d'une semelle** jemandem auf Schritt und Tritt folgen
semer [s(ə)me] <*wie* peser; *siehe Verbtabelle ab S. 1055*> ❶ säen ❷ [aus]säen *Getreide* ❸ säen *Zwietracht;* verbreiten *Angst, Panik* ❹ **être semé(e) de difficultés** voller Schwierigkeiten sein ❺ **semer ses poursuivants** seine Verfolger abschütteln

Ⓤ Mit *è* schreiben sich
– die stammbetonten Formen wie *je s<u>è</u>me* oder *tu s<u>è</u>mes* sowie
– die auf der Basis der Grundform *semer* gebildeten Formen, z. B. *ils s<u>è</u>meront* und *je s<u>è</u>merais.*

le **semestre** [s(ə)mɛstʀ] das Halbjahr

semestriel, semestrielle [s(ə)mɛstʁijɛl] *Zeitschrift* halbjährlich erscheinend
le **séminaire** [seminɛʁ] *(für Theologen)* das Priesterseminar, das Seminar
sémite [semit] semitisch
la **semoule** [s(ə)mul] ❶ der Grieß ❷ **le sucre semoule** der Streuzucker
sempiternel, sempiternelle [sɑ̃pitɛʁnɛl] ewig
le **sénat** [sena] der Senat

> **L** Der *Sénat* ist die zweite Kammer des französischen Parlaments. Sein Sitz ist das *Palais du Luxembourg* in Paris. Er setzt sich aus 341 Senatoren zusammen, die für sechs Jahre in indirekter Wahl bestimmt werden. Ein neues Gesetz kann nur mit Zustimmung der beiden Kammern – der *Assemblée nationale* und des *Sénat* – verabschiedet werden. Der *Sénat* vertritt die Interessen der Gebietskörperschaften und wacht über die Verfassung.

le **sénateur** [senatœʁ] der Senator
la **sénatrice** [senatʁis] die Senatorin
le **Sénégal** [senegal] der Senegal
sénégalais, sénégalaise [senegalɛ, senegalɛz] senegalesisch
le **Sénégalais** [senegalɛ] der Senegalese
la **Sénégalaise** [senegalɛz] die Senegalesin
sénile [senil] ❶ altersschwach ❷ **un tremblement sénile des mains** ein auf Altersschwäche beruhendes Zittern der Hände
le **senior** [senjɔʁ] ❶ *(im Sport)* der Senior; **une équipe senior** eine Seniorenmannschaft ❷ **les seniors** die älteren Herrschaften
la **senior** [senjɔʁ] *(im Sport)* die Seniorin; **une équipe senior** eine Seniorinnenmannschaft
sens [⚠ sɑ̃] →**sentir**
le **sens**[1] [⚠ sɑ̃s] ❶ die Richtung; **dans le sens de la longueur** in Längsrichtung; **dans le sens des aiguilles d'une montre** im Uhrzeigersinn; **dans le sens contraire** andersherum; **en sens inverse** umgekehrt; *gehen, fahren* in die entgegengesetzte Richtung ❷ *(Absicht)* das Ziel; **aller dans le même sens** dasselbe Ziel verfolgen ❸ "**Sens interdit**" "Durchfahrtsverbot"; "**Sens unique**" "Einbahnstraße"
le **sens**[2] [⚠ sɑ̃s] der Sinn, die Bedeutung; **au sens figuré** in der übertragenen Bedeutung; **au sens large** in der weiteren Sinn ▸ **en ce sens que ...** insofern, als ...; **en un [certain] sens** in gewissem Sinn
le **sens**[3] [⚠ sɑ̃s] ❶ *(Wahrnehmungsfähigkeit)* der Sinn ❷ **le sens de l'humour** der Sinn für Humor, der Humor; **il manque de sens pratique** er ist nicht praktisch veranlagt ▸ **le**

bon sens, le sens commun der gesunde Menschenverstand; **à mon sens** meines Erachtens
sensas, sensass [sɑ̃sas] *(umgs.)* *Abkürzung von* **sensationnel** super
la **sensation** [sɑ̃sasjɔ̃] die Empfindung; *(Eindruck)* das Gefühl ❷ **les sensations fortes** der Nervenkitzel

> **V** Der Plural *les sensations fortes* wird mit einem Singular übersetzt: *elle aime ces sensations fortes – sie mag diesen Nervenkitzel*.

sensationnel, sensationnelle [sɑ̃sasjɔnɛl] ❶ sensationell ❷ *(umgs.: sehr gut)* sagenhaft
sensé, sensée [sɑ̃se] vernünftig
la **sensibilisation** [sɑ̃sibilizasjɔ̃] die Sensibilisierung
sensibiliser [sɑ̃sibilize] **sensibiliser quelqu'un à un problème** jemanden für ein Problem sensibilisieren
la **sensibilité** [sɑ̃sibilite] die Sensibilität; **être d'une extrême sensibilité** äußerst empfindlich sein
sensible [sɑ̃sibl] ❶ sensibel, empfindsam ❷ **sensible aux attentions** empfänglich für Aufmerksamkeiten ❸ empfindlich; *Geruchssinn, Gehör* fein; **sensible au froid** empfindlich gegen Kälte, kälteempfindlich ❹ spürbar; *Geschmack, Geruch* deutlich ❺ heikel; **un point sensible** ein wunder Punkt
sensiblement [sɑ̃sibləmɑ̃] *(spürbar)* deutlich
sensoriel, sensorielle [sɑ̃sɔʁjɛl] Sinnes-; **l'organe sensoriel** das Sinnesorgan; **le nerf sensoriel** der Sinnesnerv
la **sensualité** [sɑ̃sɥalite] die Sinnlichkeit
sensuel, sensuelle [sɑ̃sɥɛl] sinnlich
la **sentence** [sɑ̃tɑ̃s] das Urteil
sentencieux, sentencieuse [sɑ̃tɑ̃sjø, sɑ̃tɑ̃sjøz] *(abwertend, auch ironisch) Mensch* schulmeisterlich
le **sentier** [sɑ̃tje] der Weg, der Fußweg
le **sentiment** [sɑ̃timɑ̃] ❶ das Gefühl ❷ **veuillez agréer, Madame/Monsieur, l'assurance de mes sentiments distingués** ≈ mit freundlichen Grüßen
le **sentimental** [sɑ̃timɑ̃tal] <*Plural* sentimentaux> der Gefühlsmensch
sentimental, sentimentale [sɑ̃timɑ̃tal] <*Plural der männl. Form:* sentimentaux> ❶ **être sentimental** *Person:* ein Gefühlsmensch sein ❷ *Reaktion, Bindung* gefühlsmäßig ❸ **la vie sentimentale** das Liebesleben; **le problème sentimental** der Liebeskum-

mer ④ sentimental; *Film* rührselig
la **sentimentale** [sãtimãtal] der Gefühlsmensch
sentir [sãtiʀ] <*siehe Verbtabelle ab S. 1055*>
① (*Geruch wahrnehmen*) riechen ② (*Geruch verbreiten*) riechen; **sentir bon** gut riechen; **sentir mauvais** schlecht riechen; **sentir la fumée** nach Rauch riechen; **ça sent le brûlé** es riecht verbrannt; **ça sent la neige** es sieht nach Schnee aus ③ **sentir des pieds** Schweißfüße haben ④ (*ahnen*) spüren; **sentir qu'il va pleuvoir** spüren, dass es regnen wird ⑤ (*fühlen*) spüren; **faire sentir à quelqu'un que ...** jemanden spüren [*oder* merken] lassen, dass ...; **se faire sentir** *Effekt, Folgen:* spürbar sein ⑥ **se sentir** *Verbesserung, Veränderung:* zu spüren sein ⑦ **se sentir fatigué(e)** sich müde fühlen ▸ **se sentir mal** (*das Bewusstsein verlieren*) ohnmächtig werden; **ne pas pouvoir sentir quelqu'un** (*umgs.*) jemanden nicht riechen können
la **séparation** [sepaʀasjõ] ① die Trennung ② *von Gästen, Demonstranten* das Auseinandergehen ③ (*Wand*) die Trennwand
séparé, séparée [sepaʀe] getrennt; *Zimmer* separat; *Studie* gesondert; **mes parents sont séparés** meine Eltern leben getrennt
séparément [sepaʀemã] *untersuchen* einzeln; *leben* getrennt
séparer [sepaʀe] ① trennen ② auseinanderhalten *Probleme* ③ **se séparer** *Partner:* sich trennen; *Ast:* sich gabeln
sept [sɛt] ① sieben; **un Français sur sept** jeder siebte Franzose; **en sept exemplaires** in siebenfacher Ausfertigung; **rentrer sept par sept** [jeweils] zu siebt hineingehen; **à sept** zu siebt ② (*bei Angaben des Alters, des Zeitraums*) **il/elle a sept ans** er/sie ist sieben Jahre alt, er/sie ist sieben; **à sept ans** mit sieben Jahren, mit sieben; **un enfant de sept ans** ein siebenjähriges Kind, ein Siebenjähriger; **une période de sept ans** ein Zeitraum von sieben Jahren; **toutes les sept heures** alle sieben Stunden ③ (*bei Uhrzeitangaben*) **il est sept heures** es ist sieben Uhr, es ist sieben; **il est sept heures cinq** es ist fünf nach sieben, es ist fünf Minuten nach sieben; **il est sept heures moins cinq** es ist fünf vor sieben, es ist fünf Minuten vor sieben ④ (*bei Datumsangaben*) **le sept mars** geschrieben: **le 7 mars** der siebte März geschrieben: der 7. März; **arriver le sept mai** am siebten Mai kommen; **le vendredi sept avril** am Freitag, den siebten April; **Aix, le sept juin** Aix, den siebten Juni ⑤ (*als Namenszusatz*) **Henri sept** geschrieben: **Henri VII** [ãʀi sɛt] Heinrich der Siebte geschrieben: Heinrich VII.

le **sept** [sɛt] ⚠ männlich die Sieben; **écrire un grand sept au tableau** eine große Sieben an die Tafel schreiben
septante [sɛptãt] Ⓑ, Ⓒʜ siebzig
septantième [sɛptãtjɛm] Ⓑ, Ⓒʜ siebzigste(r, s)
septembre [sɛptɑ̃bʀ] ① der September; **en septembre** im September; **début septembre** Anfang September; **fin septembre** Ende September; **pendant tout le mois de septembre** den ganzen September über ② (*bei Datumsangaben*) **on se retrouvera le 10 septembre** wir treffen uns am 10. September wieder

Ⓖ Der französische Monatsname ist männlich; er wird ohne den bestimmten Artikel gebraucht.
Bei einer präzisen Datumsangabe, wie sie in ② aufgeführt ist, steht der Artikel jedoch, und zwar vor der Zahl:
elle est née le vingt – sie ist am Zwanzigsten geboren;
elle est née le vingt septembre – sie ist am zwanzigsten September geboren.

le **septennat** [sɛptena] die siebenjährige Amtszeit
septième [△ sɛtjɛm] siebte(r, s); **le septième jour** der siebte Tag
le **septième** [△ sɛtjɛm] ① (*in Bezug auf die Reihenfolge, die Leistung*) der/die/das Siebte ② (*siebter Stock*) der Siebte; **nous habitons au septième** wir wohnen im Siebten ③ (*siebtes Arrondissement*) das Siebte; **nous habitons dans le septième** wir wohnen im Siebten ④ (*Bruchzahl*) das Siebtel
la **septième** [△ sɛtjɛm] ① (*in Bezug auf die Reihenfolge, die Leistung*) der/die/das Siebte ② (*in der Musik*) die Septime
septièmement [△ sɛtjɛmmã] siebtens
septuagénaire [sɛptɥaʒenɛʀ] siebzigjährig
le **septuagénaire** [sɛptɥaʒenɛʀ] der Siebzigjährige
la **septuagénaire** [sɛptɥaʒenɛʀ] die Siebzigjährige
la **séquelle** [sekɛl] ① *einer Krankheit, eines Unfalls* die Spätfolge, die Folge ② **laisser des séquelles dans un pays** *Krieg:* in einem Land Spuren hinterlassen
la **séquence** [sekɑ̃s] ① die Sequenz ② (*in der Informatik*) *von Befehlen* die Folge
la **séquestration** [sekɛstʀasjõ] **la séquestra-**

tion d'enfant der Kindesraub; **la séquestration de personne** die Freiheitsberaubung

séquestrer [sekɛstʀe] gefangen halten *Geisel*

sera [səʀa], **serai** [səʀe], **seras** [səʀa] →**être**

serbe [sɛʀb] serbisch

le **serbe** [sɛʀb] Serbisch, das Serbische

> **G** In Verbindung mit dem Verb *parler* kann der Artikel entfallen: *il parle serbe – er spricht Serbisch.*

le **Serbe** [sɛʀb] der Serbe
la **Serbe** [sɛʀb] die Serbin
la **Serbie** [sɛʀbi] Serbien
serein, sereine [səʀɛ̃, səʀɛn] heiter
sereinement [səʀɛnmɑ̃] ruhig und gelassen
la **sérénité** [seʀenite] die Heiterkeit; **en toute sérénité** mit aller Ruhe
serez [səʀe] →**être**
la **série** [seʀi] ❶ die Serie ❷ **une série de casseroles** ein Satz Kochtöpfe ❸ **une série de questions** eine Reihe von Fragen ▸ **en série** serienmäßig, in Serie
sérieusement [seʀjøzmɑ̃] ernsthaft
le **sérieux** [seʀjø] ❶ der Ernst; **garder son sérieux** ernst bleiben ❷ (*Gewissenhaftigkeit*) die Ernsthaftigkeit ▸ **prendre** quelque chose **au sérieux** etwas ernst nehmen; **se prendre** [trop] **au sérieux** sich [zu] wichtig nehmen
sérieux, sérieuse [seʀjø, seʀjøz] ❶ ernst ❷ seriös, ernsthaft; *Versprechen* ernst gemeint ❸ **un problème sérieux** ein ernst zu nehmendes Problem ❹ *Grund* gewichtig; **une sérieuse somme** eine gewaltige Summe ❺ (*sittsam*) anständig
la **seringue** [s(ə)ʀɛ̃g] die Spritze
le **serment** [sɛʀmɑ̃] der Schwur ▸ **prêter serment** einen Eid ablegen
le **séropositif** [seʀopozitif] (*bei Aids*) der HIV-Positive
séropositif, séropositive [seʀopozitif, seʀopozitiv] (*bei Aids*) HIV-positiv
la **séropositive** [seʀopozitiv] (*bei Aids*) die HIV-Positive
le **serpent** [sɛʀpɑ̃] die Schlange
le **serpentin** [sɛʀpɑ̃tɛ̃] die Luftschlange
la **serpillière** [sɛʀpijɛʀ] das Scheuertuch; **passer la serpillière** feucht [auf]wischen
la **serre**[1] [sɛʀ] das Gewächshaus; (*beheizt*) das Treibhaus
la **serre**[2] [sɛʀ] *eines Raubvogels* der Fang
serré [seʀe] *schreiben* eng ▸ **jouer serré** höllisch aufpassen

serré, serrée [seʀe] ❶ *Kaffee, Alkohol* stark ❷ *Menschenmenge* dicht; **en rangs serrés** in dichten Reihen ❸ *Diskussion* heiß; **la course serrée** das Kopf-an-Kopf-Rennen
serrer [seʀe] ❶ umklammern; drücken, schütteln *Hand*; **il serre sa femme dans ses bras/contre soi** er drückt seine Frau an sich; **j'ai serré la main du président** ich habe dem Präsidenten die Hand geschüttelt ❷ zusammenbeißen *Zähne*; zusammenpressen *Lippen, Kiefer*; ballen *Fäuste* ❸ enger schnallen *Gürtel*; festziehen *Knoten* ❹ **serrer quelqu'un/quelque chose** sich dicht an jemanden/an etwas drängen; **serrer un piéton contre un mur** einen Fußgänger gegen eine Mauer drängen; **serrer à droite** sich rechts halten; **serrer à gauche** sich links halten ❺ kürzen *Budget*; einschränken *Ausgaben* ❻ **se serrer** *Personen:* enger zusammenrücken; **elle se serre contre son mari** sie schmiegt sich [eng] an ihren Mann; **être serré(e)s** *Personen:* eng nebeneinander sitzen/stehen; *Dinge:* dicht gedrängt stehen/liegen
la **serrure** [seʀyʀ] das Schloss
le **serrurier** [seʀyʀje] der Schlosser
la **serrurière** [seʀyʀjɛʀ] die Schlosserin
sers [sɛʀ], **sert** [sɛʀ] →**servir**
le **serveur** [sɛʀvœʀ] ❶ der Kellner, die Bedienung ❷ (*in der Informatik*) der Server
la **serveuse** [sɛʀvøz] die Kellnerin, die Bedienung
serviable [sɛʀvjabl] hilfsbereit
le **service** [sɛʀvis] ❶ (*in einem Lokal, Geschäft*) die Bedienung; (*im Hotel*) der Service ❷ die Abteilung; *eines Krankenhauses* die Station; **le service de cardiologie** die kardiologische Station; **le service de réanimation** die Intensivstation ❸ **le service administratif** die Behörde; *einer Gemeinde* die Dienststelle; **le service public** der öffentliche Dienst ❹ (*staatliche Einrichtung*) **les services sanitaires** der Wirtschaftskontrolldienst; **les services sociaux** die sozialen Einrichtungen; **les services secrets** der Geheimdienst; **les services de santé** das Gesundheitsamt; (*beim Militär*) der Sanitätsdienst ❺ der Dienst; **être de service** Dienst haben ▸ **le service militaire** der Militärdienst; **le service civil** der Zivildienst ❼ (*Auftragsarbeit*) die Dienstleistung ❽ (*Gefälligkeit*) der Gefallen ❾ (*Geschirr*) das Service; **le service à raclette** das Racletteservice; **le service à fondue** das Fondueservice ❿ (*beim Volleyball*) die Aufgabe; (*beim Tennis*) der Auf-

schlag; (*Spiel*) das Aufschlagspiel ⑪ **le service** [sɛʀvis] **[religieux]** der Gottesdienst ▸ **rendre service à un ami** einem Freund einen Gefallen tun; **à ton/votre service!** gern geschehen!; **en service** in Betrieb; °**hors service** außer Betrieb
◆ le **service après-vente** der Kundendienst
◆ le **service [de] dépannage** der Reparaturdienst
◆ le **service du feu** ⓒⒽ die Feuerwehr, die Brandwache ⓒⒽ
◆ le **service d'ordre** der Ordnungsdienst

ⓥ In ④ werden einige Pluralformen mit einem Singular übersetzt, darunter z. B. *les services sanitaires: les services sanitaires se chargeront de l'affaire – der Wirtschaftskontrolldienst wird sich um die Angelegenheit kümmern.*

la **serviette** [sɛʀvjɛt] ① das Handtuch ② **la serviette [de table]** die Serviette ③ **la serviette hygiénique** die Binde, die Damenbinde ④ (*Tasche*) die Aktentasche
◆ la **serviette de bain** das Badetuch
servir [sɛʀviʀ] ‹siehe Verbtabelle ab S. 1055› ① servieren *Getränk, Speisen* ② bedienen *Kunden;* **on vous sert, madame/monsieur?** werden Sie schon bedient?; **qu'est-ce que je vous sers?** was darf ich Ihnen bringen? ③ *Werkzeug, Rat:* nützlich sein; **ce couteau lui sert à faire la cuisine** dieses Messer benutzt er/sie beim Kochen; **rien ne sert de t'énerver** es nützt nichts, wenn du dich aufregst ④ **servir de guide aux invités** für die Gäste als Fremdenführer fungieren ⑤ **ça te servira de leçon!** das wird dir eine Lehre sein! ⑥ (*beim Volleyball*) aufgeben; (*beim Tennis*) aufschlagen ⑦ **se servir** sich bedienen ⑧ **se servir de quelqu'un** jemanden benutzen; **se servir de ses relations** seine Beziehungen spielen lassen ⑨ **ce vin se sert frais** dieser Wein wird kühl serviert
le **serviteur** [sɛʀvitœʀ] der Diener
ses [se] (*wenn es sich auf eine männliche Person bezieht*) seine; (*wenn es sich auf eine weibliche Person bezieht*) ihre; **Paul et ses frères** Paul und seine Brüder; **Anne et ses copines** Anne und ihre Freundinnen
la **session** [sesjɔ̃] ① die Sitzung ② (*in der Informatik*) die Sitzung; **ouvrir la session** sich einloggen; **clore la session** sich ausloggen ③ **la session d'examens** die Prüfungsphase
le **set** [sɛt] ① (*im Sport*) der Satz ② *von Platz-* deckchen das/der Set
le **seuil** [sœj] ① die Schwelle, die Türschwelle ② (*oberes oder unteres Limit*) die Grenze
le **seul** [sœl] der Einzige
seul, seule [sœl] ① allein; **parler tout seul** Selbstgespräche führen ② **un seul ami** ein einziger Freund; **une seule raison** ein einziger Grund; **pour une seule personne** für eine [einzige] Person ③ nur; **seul le résultat importe** nur das Ergebnis zählt; **elle seule est capable** [*oder* **elle est seule capable**] **de le faire** sie allein ist dazu fähig ▸ **seul(e) à seul(e)** unter vier Augen
la **seule** [sœl] die Einzige
seulement [sœlmɑ̃] ① nur; **non seulement ..., mais [encore] ... ...** nicht nur ..., sondern auch [noch] ... ② (*zeitlich*) erst ▸ **si seulement** wenn [doch] nur
la **sève** [sɛv] *einer Pflanze* der Saft
sévère [sevɛʀ] ① streng; *Kritik, Konkurrenz, Kampf* hart ② *Verluste* schwer; *Niederlage* schlimm
sévèrement [sevɛʀmɑ̃] *erziehen, bestrafen* streng; *kritisieren* scharf
la **sévérité** [severite] die Strenge; *einer Kritik* die Härte
les **sévices** (*männlich*) [sevis] die Misshandlungen; **exercer des sévices sur quelqu'un** jemanden misshandeln
sexagénaire [sɛksaʒenɛʀ] *Mensch* in den Sechzigern; **être sexagénaire** über sechzig Jahre alt sein
le **sexagénaire** [sɛksaʒenɛʀ] der Sechziger, der Mann in den Sechzigern
la **sexagénaire** [sɛksaʒenɛʀ] die Sechzigerin, die Frau in den Sechzigern
le **sexe** [sɛks] ① das Geschlecht ② (*Körperteil*) das Geschlechtsorgan ③ (*umgs.: Sexualität*) der Sex
sexiste [sɛksist] sexistisch
la **sexualité** [sɛksyalite] die Sexualität
sexuel, sexuelle [sɛksɥɛl] ① sexuell, Sex-; **le tourisme sexuel** der Sextourismus; **l'éducation sexuelle** die Sexualerziehung ② Geschlechts-; **les organes sexuels** die Geschlechtsorgane
sexy [sɛksi] (*umgs.*) sexy; **elles sont sexy** sie sind sexy

ⓖ Das Adjektiv *sexy* ist unveränderlich: *tous ces hommes sexy – all diese sexy Männer.*

seyant, seyante [sejɑ̃, sejɑ̃t] kleidsam
le **shampo[o]ing** [ʃɑ̃pwɛ̃] ① das Shampoo ② **faire un shampooing à quelqu'un** jemandem die Haare waschen

shooter [⚠ ʃuted] ❶ *Mittelstürmer:* schießen ❷ **se shooter** (*umgs.*) sich einen Schuss setzen; (*gewohnheitsmäßig*) fixen

le **short** [ʃɔʀt] die Shorts

> **V** Der Singular *le short* wird mit einem Plural übersetzt: *ce short est joli – diese Shorts sind hübsch.*

si [si] ❶ wenn; **si j'étais riche, ...** wenn ich reich wäre, ... ❷ auch wenn; **si toi tu es mécontent, moi, je ne le suis pas!** auch wenn du unzufrieden bist, ich bin es nicht! ❸ wenn ... nur; **ah si je le tenais!** wenn ich sie nur zu fassen bekäme! ❹ ob; **elle demande si c'est vrai** sie fragt, ob das wahr ist ❺ (*bestätigend*) doch; **mais si!** [aber ja] doch! ❻ so; **il est si mignon!** er ist so süß! ❼ **si ... que** so ... wie; **il n'est pas si intelligent qu'il le paraît** er ist nicht so klug, wie er aussieht ▸ **si ce n'est ...** wenn nicht [sogar] ...; **si ce n'est quelqu'un/quelque chose** außer jemandem/etwas; **si c'est ça** (*umgs.*) ja dann; **si bien que** so ..., dass; [oh] **que si!** [o] doch!; *siehe auch* **s'²**

> **G** Nach *si* steht immer der Indikativ, nie der Konditional: *si j'avais su! – wenn ich das gewusst hätte!*

le **si¹** [si] das Wenn ▸ **avec des si, on mettrait Paris en bouteille** wenn das Wörtchen wenn nicht wär[, wär mein Vater Millionär]

le **si²** [si] ❶ (*Musiknote*) das h ❷ (*Tonart*) **si majeur** H-Dur; **si mineur** h-Moll

siamois, siamoise [sjamwa, sjamwaz] ❶ Siam-; **le chat siamois** die Siamkatze ❷ siamesisch; **les frères siamois/les sœurs siamoises** die siamesischen Zwillinge

la **Sibérie** [sibeʀi] Sibirien

> **V** Das französische Wort schreibt sich *la Sibérie*. Auch die Stichwörter in den drei folgenden Einträgen werden mit *é* geschrieben.

sibérien, sibérienne [sibeʀjɛ̃, sibeʀjɛn] sibirisch

le **Sibérien** [sibeʀjɛ̃] der Sibirier
la **Sibérienne** [sibeʀjɛn] die Sibirierin
la **Sicile** [sisil] Sizilien
sicilien, sicilienne [sisiljɛ̃, sisiljɛn] sizilianisch
le **Sicilien** [sisiljɛ̃] der Sizilianer
la **Sicilienne** [sisiljɛn] die Sizilianerin
le **sida** [sida] Aids; **avoir le sida** Aids haben; **il est atteint du sida** er ist an Aids erkrankt
sidérer [sideʀe] <*wie* **préférer**; *siehe Verbtabelle ab S. 1055*> (*umgs.*) total verblüffen
la **sidérurgie** [sideʀyʀʒi] die Eisen- und Stahlindustrie

> **Ü** Nur die stammbetonten Formen schreiben sich mit *è*, z.B. *je sidère*.

sidérurgique [sideʀyʀʒik] ❶ Stahl-; **l'usine sidérurgique** das Stahlwerk ❷ Eisen- und Stahl-; **la production sidérurgique** die Eisen- und Stahlproduktion

la **sidologie** [sidɔlɔʒi] (*in der Medizin*) ❶ die Aidsforschung ❷ die Aidstherapie

le **siècle** [sjɛkl] ❶ das Jahrhundert; **au IIIᵉ siècle avant J.C.** im 3. Jahrhundert v. Chr. ❷ **le Siècle des Lumières** das Zeitalter der Aufklärung ❸ (*lange Dauer*) die Ewigkeit ▸ **du siècle** (*umgs.*) *Kampf, Ereignis* des Jahrhunderts; **l'inondation du siècle** die Jahrhundertüberschwemmung

le **siège** [sjɛʒ] ❶ (*auch in der Politik*) der Sitz; **le siège pour enfant** der Kindersitz ❷ die Belagerung

siéger [sjeʒe] <*wie* **assiéger**; *siehe Verbtabelle ab S. 1055*> ❶ (*seinen Sitz haben*) sitzen ❷ *Abgeordnete, Parlament:* tagen

> **Ü** Nur die stammbetonten Formen schreiben sich mit *è*, z.B. *ils siègent*.
> Außerdem bleibt vor Endungen, die mit *a* und *o* beginnen, das *e* erhalten, z.B. *ils siégeaient* und *en siégeant*.

sien, sienne [sjɛ̃, sjɛn] ❶ **le sien/la sienne** (*bezogen auf eine männliche Person*) seiner/seine/seins; (*bezogen auf eine weibliche Person*) ihrer/ihre/ihres; **ce n'est pas ma valise, c'est la sienne** das ist nicht mein Koffer, sondern seiner/ihrer; **cette maison est la sienne** dies Haus ist seins/ihres ❷ **les siens/les siennes** (*bezogen auf eine männliche Person*) seine; (*bezogen auf eine weibliche Person*) ihre; **ces revues-là sont les siennes** diese Zeitschriften da sind seine/ihre ❸ **les siens** (*bezogen auf eine männliche Person*) seine Angehörigen/Anhänger, die Seinen; (*bezogen auf eine weibliche Person*) ihre Angehörigen/Anhänger, die Ihren ▸ **faire des siennes** (*umgs.*) Unfug machen; **y mettre du sien** das Seine tun

la **sieste** [sjɛst] der Mittagsschlaf, das Mittagsschläfchen

le **sifflement** [sifləmɑ̃] das Pfeifen; *von Dampf, Gas, Schlangen* das Zischen

siffler [sifle] ❶ pfeifen; *Dampf, Gas, Schlange:* zischen ❷ **siffler aux oreilles de quelqu'un** an jemandes Ohr vorbeipfeifen ❸ **siffler la fin du match** das Spiel abpfeifen ❹ pfeifen nach *Kumpel, Hund;* herpfeifen hinter *Mädchen* ❺ auspfeifen ❻ *(umgs.: trinken)* runterstürzen

le **sifflet** [siflɛ] ❶ die Pfeife ❷ *(bei Missfallen)* **les sifflets** die Pfiffe

siffloter [siflɔte] pfeifen, vor sich hin pfeifen

le **sigle** [sigl] die Abkürzung

le **signal** [siɲal] <*Plural:* signaux> ❶ das Signal ❷ das Zeichen
◆ le **signal d'alarme** das Alarmsignal; *(im Zug)* die Notbremse
◆ le **signal de détresse** das Notsignal
◆ le **signal de sollicitation** *(in der Informatik)* die Eingabeaufforderung

le **signalement** [siɲalmã] die Beschreibung

signaler [siɲale] ❶ melden *Neuigkeit, Verlust, Diebstahl* ❷ weisen *Richtung* ❸ **signaler une erreur à quelqu'un** jemanden auf einen Fehler hinweisen ▶ **rien à signaler** keine besonderen Vorkommnisse; *(in der Medizin)* ohne Befund

la **signalisation** [siɲalizasjõ] ❶ einer Straße die Beschilderung; *(aufgemalt)* die Fahrbahnmarkierung; *(elektrisch)* die Ampelanlage ❷ eines Flughafens die Befeuerung; *(aufgemalt)* die Pistenmarkierung ❸ eines Hafens die Befeuerung

le **signataire** [siɲatɛʀ] der Unterzeichner

la **signataire** [siɲatɛʀ] die Unterzeichnerin

la **signature** [siɲatyʀ] ❶ die Unterschrift ❷ *(das Unterschreiben)* die Unterzeichnung

les **signaux** (*männlich*) [siɲo] *Plural von* **signal**

le **signe** [siɲ] ❶ das Zeichen; **le signe de la main** das Handzeichen, die Handbewegung; **le signe de la tête** die Kopfbewegung; **le signe de tête affirmatif** das Nicken; **le signe de tête négatif** das Kopfschütteln; **le signe de bienvenue** die Willkommensgeste; **faire signe à quelqu'un** jemandem zuwinken; *(Kontakt aufnehmen)* sich bei jemandem melden; **faire signe de la tête à quelqu'un** jemandem zunicken; **faire signe que oui** *(mit dem Kopf)* nicken; *(mit einer Geste)* ein Zeichen der Zustimmung machen; **faire signe que non** *(mit dem Kopf)* den Kopf schütteln; *(mit einer Geste)* ein Zeichen der Ablehnung machen; **faire le signe de la croix** sich bekreuzigen ❷ das Anzeichen; *(in der Medizin)* das Symptom ❸ *(Kennzeichen)* das Merkmal ❹ *(in der Astrologie)* das Sternzeichen ▶ **c'est bon signe** das ist ein gutes Zeichen; **c'est mauvais signe** das ist ein schlechtes Zeichen

signer [siɲe] ❶ unterschreiben; unterzeichnen *Vertrag, Petition*; signieren *Gemälde* ❷ verfassen *Werk, Theaterstück*; être

signé(e) de quelqu'un von jemandem stammen ▶ **c'est signé** *(umgs.)* es ist doch sonnenklar, wer das war

le **signet** [siɲɛ] *(in der Informatik)* die Bookmark

significatif, significative [siɲifikatif, siɲifikativ] *Datum, Entscheidung* bedeutsam; *Geste, Schweigen, Lächeln* viel sagend; **être significatif de quelque chose** etwas erkennen lassen

la **signification** [siɲifikasjõ] die Bedeutung

significative [siɲifikativ] → **significatif**

signifier [siɲifje] <*wie* apprécier; *siehe Verbtabelle ab S. 1055*> bedeuten ▶ **qu'est-ce que ça signifie?** was hat denn das zu bedeuten?

le **silence** [silãs] ❶ die Stille ❷ die Ruhe; **travailler en silence** still arbeiten ❸ das Schweigen; **garder le silence sur quelque chose** über etwas Stillschweigen bewahren; **réduire quelqu'un au silence** jemanden zum Schweigen bringen
◆ le **silence de mort** die Totenstille

silencieusement [silãsjøzmã] lautlos

le **silencieux** [silãsjø] der Schalldämpfer

silencieux, silencieuse [silãsjø, silãsjøz] ❶ still, schweigsam; **rester silencieux** schweigen ❷ leise

la **silhouette** [silwɛt] ❶ der Umriss, die Silhouette ❷ *(optische Wirkung)* eines Menschen das Erscheinungsbild

le **silicone** [silikon] das Silikon

sillonner [sijɔne] **sillonner une ville** *Mensch:* kreuz und quer durch eine Stadt gehen/fahren; *Kanal, Straße:* eine Stadt durchziehen; **sillonner le ciel** *Flugzeug:* am Himmel seine Bahnen ziehen; *Blitz:* den Himmel durchzucken

s'il te plaît [sil tə plɛ] *(wenn die angesprochene Person geduzt wird)* bitte; **dépêche-toi, s'il te plaît!** beeil dich bitte!

s'il vous plaît [sil vu plɛ] *(wenn die angesprochene Person gesiezt wird)* bitte; **avez-vous l'heure, s'il vous plaît?** wie spät ist es bitte?

similaire [similɛʀ] vergleichbar; *Geschmack* sehr ähnlich

la **similitude** [similityd] die Ähnlichkeit

simple [sɛ̃pl] ❶ einfach; **rien de plus simple à réaliser!** nichts leichter als das! ❷ *Mensch, Feier* einfach; *Einkommen* bescheiden ❸ *(naïv)* einfältig ❹ **une simple formalité** eine reine Formalität; **un simple coup de téléphone aurait suffi** ein [kurzer] Anruf hätte genügt ▶ **c'est [bien] simple** *(umgs.)* das ist ganz einfach; **écoute, c'est simple** jetzt hör mir mal gut zu; **c'est bien**

simple, il ne m'écoute jamais! er hört mir einfach nie zu!

le **simple** [sɛ̃pl] das Einzel; **le simple dames** das Dameneinzel; **le simple messieurs** das Herreneinzel

simplement [sɛ̃pləmɑ̃] ① *sich ausdrücken, sich kleiden* einfach ② nur, einfach nur

la **simplicité** [sɛ̃plisite] ① die Einfachheit ② die Schlichtheit; **parler avec simplicité** sich einfach [und verständlich] ausdrücken; **recevoir quelqu'un en toute simplicité** jemanden empfangen, ohne große Umstände zu machen

la **simplification** [sɛ̃plifikasjɔ̃] die Vereinfachung

simplifier [sɛ̃plifje] *<wie apprécier; siehe Verbtabelle ab S. 1055>* ① vereinfachen; leichter machen *Aufgabe, Arbeit* ② **se simplifier la vie** sich das Leben erleichtern

simpliste [sɛ̃plist] einseitig

la **simulation** [simylasjɔ̃] ① *(das Vortäuschen)* von Gefühlen das Heucheln; *einer Krankheit* das Simulieren; **il n'est pas malade, c'est de la simulation** er ist nicht krank, er simuliert nur ② *(in der Technik)* die Simulation

simuler [simyle] ① heucheln *Gefühl* ② *(technisch)* simulieren

simultané, simultanée [simyltane] gleichzeitig

la **simultanéité** [simyltaneite] die Gleichzeitigkeit

simultanément [simyltanemɑ̃] gleichzeitig

sincère [sɛ̃sɛʀ] aufrichtig; *Erklärung* ehrlich; *Geständnis* offen; **veuillez agréer, Madame/Monsieur, mes plus sincères salutations** ≈ mit [den] besten Grüßen

sincèrement [sɛ̃sɛʀmɑ̃] aufrichtig; *gestehen* offen

la **sincérité** [sɛ̃seʀite] ① *eines Menschen, Gefühls* die Aufrichtigkeit; *einer Erklärung, Antwort* die Ehrlichkeit ② **en toute sincérité** ehrlich gesagt

le **singe** [sɛ̃ʒ] ① der Affe ② *(umgs.: Mensch)* der Kasper ▶ **faire le singe** herumkaspern

les **singeries** *(weiblich)* [sɛ̃ʒʀi] *(umgs.)* ① die Grimassen ② die Albereien

singulariser [sɛ̃gylaʀize] **se singulariser par quelque chose** durch etwas auffallen

la **singularité** [sɛ̃gylaʀite] ① die Originalität ② die Besonderheit; **présenter une singularité** eine Besonderheit aufweisen

le **singulier** [sɛ̃gylje] *(in der Grammatik)* der Singular

singulier, singulière [sɛ̃gylje, sɛ̃gyljɛʀ] ① sonderbar ② erstaunlich

singulièrement [sɛ̃gyljɛʀmɑ̃] ① eigenartig ② außerordentlich

sinistre [sinistʀ] ① trostlos ② unheilvoll ③ *Neuigkeit, Anblick* schrecklich

le **sinistre** [sinistʀ] die Katastrophe

sinistré, sinistrée [sinistʀe] *Gebäude* zerstört; **la région sinistrée** das Katastrophengebiet; **les personnes sinistrées à la suite des inondations** die Opfer der Überschwemmungskatastrophe

le **sinistré** [sinistʀe] das Katastrophenopfer, das Opfer

la **sinistrée** [sinistʀe] das Katastrophenopfer, das Opfer

sinon [sinɔ̃] ① sonst, andernfalls ② **que faire sinon attendre?** was kann man anderes tun als warten?

la **sinusite** [sinyzit] die Nebenhöhlenentzündung

siphonné, siphonnée [sifɔne] *(umgs.)* **être siphonné** spinnen

la **sirène** [siʀɛn] ① die Sirene ② *(Nixe)* die Meerjungfrau

le **sirop** [siʀo] ① *(auch als Arznei)* der Sirup; **le sirop contre la toux** der Hustensaft ② *(Getränk)* der mit Wasser verdünnte Sirup

siroter [siʀɔte] *(umgs.)* genüsslich trinken

sismique [sismik] seismisch; **la secousse sismique** der Erdstoß

le **site** [sit] ① die Landschaft; *(Gebiet)* die Gegend; **le site naturel** die Naturschönheit; **le site touristique** die Sehenswürdigkeit ② die Stätte, der Standort; **le site de production** die Produktionsstätte; **le site archéologique** die Ausgrabungsstätte ③ *(in der Informatik)* die Website; **s'offrir un site sur Internet** [sich] eine Website einrichten

◆ le **site Web** die Website

sitôt [sito] **sitôt entré, ...** sobald er eingetreten war, ... ▶ **sitôt dit, sitôt fait** gesagt, getan; **pas de sitôt** so bald nicht

la **situation** [situasjɔ̃] ① die Lage ② **sa situation sociale** seine/ihre sozialen Verhältnisse ③ die Arbeitsstelle, die Stellung; **avoir une belle situation** eine gute Stellung haben

◆ la **situation de famille** der Familienstand

situé, située [situe] gelegen; **être situé au sud** *Region, Viertel, Haus:* im Süden gelegen sein; **bien situé** günstig gelegen; **mal situé** ungünstig gelegen

situer [situe] ① **situer son film à Paris** seinen Film in Paris spielen lassen; **situer l'action en l'an 1989** die Handlung im Jahr 1989 ansiedeln ② **l'action de ce roman se situe à Paris** dieser Roman spielt in Paris;

cet événement se situe en l'an 800 dieses Ereignis fand im Jahr 800 statt ❸ **situer quelqu'un** (*umgs.*) jemanden einordnen
six [sis, si] ❶ sechs; **le score est de six à trois** *geschrieben:* **6 à 3** es steht sechs zu drei *geschrieben:* 6:3; **un Français sur six** jeder sechste Franzose; **partir en voyage à six** zu sechst verreisen ❷ (*bei Altersangaben*) **il/elle a six ans** er/sie ist sechs Jahre alt, er/sie ist sechs; **à l'âge de six ans** mit sechs Jahren, mit sechs; **un enfant de six ans** ein sechsjähriges Kind, ein Sechsjähriger ❸ (*bei Uhrzeit- und Zeitangaben*) **il est six heures** es ist sechs Uhr, es ist sechs; **il est six heures moins deux** es ist zwei Minuten vor sechs, es ist zwei vor sechs; **toutes les six heures** alle sechs Stunden; **tous les six jours** alle sechs Tage, jeden sechsten Tag; **une période de six ans** ein Zeitraum von sechs Jahren ❹ (*bei Datumsangaben*) **le six mars** *geschrieben:* **le 6 mars** der sechste März *geschrieben:* der 6. März/am sechsten März *geschrieben:* am 6. März; **aujourd'hui nous sommes le six** *geschrieben:* **le 6** heute haben wir den Sechsten *geschrieben:* den 6. ❺ (*bei den Schulnoten*) **six sur vingt** ≈ [die] Fünf, ≈ [die] Zwei (CH); **avoir six sur vingt** ≈ eine Fünf haben, ≈ eine Zwei haben (CH) ❻ (*als Namenszusatz*) **Louis six** *geschrieben:* **Louis VI** Ludwig der Sechste *geschrieben:* Ludwig VI.

V *six* wird [siz] ausgesprochen, wenn es vor einem Wort steht, das mit einem Vokal oder stummem h anfängt:
il a six ans [siz ɑ̃] – er ist sechs [Jahre alt];
il est six heures [siz œʀ] – es ist sechs Uhr.
Wenn es allein verwendet wird, endet es mit einem stimmlosen [s]:
arriver le six [lə sis] – am Sechsten [an]kommen.
Steht *six* jedoch vor einem Wort, das mit einem Konsonanten beginnt, wird das [s] am Ende nicht ausgesprochen:
dans six mois [si mwa] – heute in sechs Monaten.

le **six** [sis] ⚠ *männlich* die Sechs; **écrire un grand six au tableau** eine große Sechs an die Tafel schreiben
sixième [sizjɛm] sechste(r, s)
le **sixième** [sizjɛm] ❶ (*in Bezug auf die Reihenfolge, die Leistung*) der/die/das Sechste ❷ (*sechster Stock*) der Sechste; **elle habite au sixième** sie wohnt im Sechsten ❸ (*sechstes Arrondissement*) das Sechste; **ils habitent dans le sixième** sie wohnen im Sechsten ❹ (*Bruchzahl*) das Sechstel
la **sixième** [sizjɛm] ❶ (*in Bezug auf die Reihenfolge, die Leistung*) der/die/das Sechste ❷ (*Klassenstufe*) ≈ erste Klasse des „Collège"; (*im deutschen Schulsystem*) ≈ die Sechste ❸ (*sechster Gang*) der Sechste; **passer en sixième** in den Sechsten schalten
la **sixte** [sikst] (*in der Musik*) die Sexte, die Sext
le **skate** [⚠ skɛt] <*Plural:* skates> (*umgs.*) *Abkürzung von* **skate-board** ❶ das Skateboard ❷ (*Sportart*) das Skateboarden; **faire du skate** skateboarden
le **skate-board** [⚠ skɛtbɔʀd] <*Plural:* skate-boards> ❶ das Skateboard ❷ (*Sportart*) das Skateboardfahren; **faire du skate-board** Skateboard fahren
le **sketch** [⚠ skɛtʃ] <*Plural:* sketchs *oder* sketches> der Sketch
le **ski** [ski] ❶ der Ski ❷ (*Sportart*) das Skifahren, das Skilaufen; **faire du ski** Ski fahren, Ski laufen
  ◆ le **ski de fond** der Skilanglauf
  ◆ le **ski de piste** der Abfahrtslauf
  ◆ le **ski hors piste** das Tourenskilaufen
skiable [skjabl] Ski-; **le domaine skiable** das Skigebiet
skier [skje] <*wie* apprécier; *siehe Verbtabelle ab S. 1055*> Ski fahren
le **skieur** [skjœʀ] der Skifahrer
la **skieuse** [skjøz] die Skifahrerin
le **skinhead** [⚠ skinɛd] der Skinhead
le **slalom** [⚠ slalɔm] der Slalom; **faire du slalom** Slalom fahren; (*zu Fuß*) im Zickzack gehen; **en slalom** im Slalom
slalomer [slalɔme] ❶ Slalom fahren ❷ (*zu Fuß*) im Zickzack gehen
slave [slav] slawisch
le **Slave** [slav] der Slawe
la **Slave** [slav] die Slawin
le **slip** [slip] ❶ der Slip ❷ **le slip [de bain]** die Badehose
le **slogan** [slɔgɑ̃] der Slogan; **le slogan politique** die Losung, die Parole
slovaque [slɔvak] slowakisch
le **slovaque** [slɔvak] Slowakisch; *siehe auch* **allemand**

G In Verbindung mit dem Verb *parler* kann der Artikel entfallen: *elle parle slovaque* – sie spricht Slowakisch.

le **Slovaque** [slɔvak] der Slowake
la **Slovaque** [slɔvak] die Slowakin
la **Slovaquie** [slɔvaki] die Slowakei
slovène [slɔvɛn] slowenisch
le **slovène** [slɔvɛn] Slowenisch; *siehe auch* **alle-**

mand

G In Verbindung mit dem Verb *parler* kann der Artikel entfallen: *elle parle slovène – sie spricht Slowenisch.*

le **Slovène** [slɔvɛn] der Slowene
la **Slovène** [slɔvɛn] die Slowenin
la **Slovénie** [slɔveni] Slowenien
le **slow** [⚠ slo] der Slowfox
le **smash** [⚠ smaʃ] der Schmetterball
le **SME** [ɛsɛmø] *Abkürzung von* **Système Monétaire Européen** das EWS
le **S.M.I.C.** [smik] *Abkürzung von* **Salaire minimum interprofessionnel de croissance** der tariflich festgelegte Mindestlohn
le **smicard** [smikaʀ] (*umgs.*) der Mindestlohnempfänger
la **smicarde** [smikaʀd] (*umgs.*) die Mindestlohnempfängerin
le **snack** [snak] <*Plural:* snacks> *Abkürzung von* **snack-bar** die Snackbar, der Schnellimbiss
le **snack-bar** [snakbaʀ] <*Plural:* snack-bars> die Snackbar, der Schnellimbiss
la **SNCF** [ɛsɛnseɛf] *Abkürzung von* **Société nationale des chemins de fer français** staatliche französische Eisenbahngesellschaft
snob [snɔb] versnobt
le **snob** [snɔb] der Snob
la **snob** [snɔb] der Snob
sociable [sɔsjabl] gesellig
le **social** [sɔsjal] ❶ der soziale Bereich ❷ (*Politik*) die Sozialpolitik
social, sociale [sɔsjal] <*Plural der männl. Form:* sociaux> sozial; *Leben, Konvention* gesellschaftlich; *Insekt* Staaten bildend; **l'aide sociale** die Sozialhilfe
socialement [sɔsjalmɑ̃] sozial
le **socialisme** [sɔsjalism] der Sozialismus
socialiste [sɔsjalist] sozialistisch
le **socialiste** [sɔsjalist] der Sozialist
la **socialiste** [sɔsjalist] die Sozialistin
sociaux [sɔsjo] →**social**
la **société** [sɔsjete] ❶ die Gesellschaft; **la société de consommation** die Konsumgesellschaft ❷ (*Firma*) das Unternehmen; **la société à responsabilité limitée** die Gesellschaft mit beschränkter Haftung; **la société anonyme** die Aktiengesellschaft ❸ (*bei Insekten*) der Staat; **vivre en société** *Ameisen:* in Staaten leben ❹ (*Personenkreis*) die Gruppe; **la °haute société** die High Society
socio-éducatif, socio-éducative [sɔsjɔedy-katif, sɔsjɔedykativ] <*Plural:* socio-éducatifs> sozialpädagogisch
la **sociologie** [sɔsjɔlɔʒi] die Soziologie
sociologique [sɔsjɔlɔʒik] soziologisch
le **sociologue** [sɔsjɔlɔg] der Soziologe
la **sociologue** [sɔsjɔlɔg] die Soziologin
socio-professionnel, socio-professionnelle [sɔsjopʀɔfesjɔnɛl] <*Plural der männl. Form:* socio-professionnels> *Aktivität* beruflich und gesellschaftlich; **la catégorie socio-professionnelle** die Berufsgruppe
la **socquette** [sɔkɛt] die Socke; (*für Frauen, Kinder*) das Söckchen
le **soda** [sɔda] die Limonade, das Kracherl Ⓐ
la **sœur** [sœʀ] ❶ die Schwester ❷ (*Pendant*) das Gegenstück ❸ (*Nonne*) die Schwester, die Ordensschwester; **la bonne sœur** (*umgs.*) die fromme Schwester ▶**et ta sœur[, elle bat le beurre]**? (*umgs.*) kümmer dich um deinen eigenen Mist!
la **sœurette** [sœʀɛt] das Schwesterchen
la **SOFRES** [sɔfʀɛs] *Abkürzung von* **Société française d'enquêtes par sondages** *kommerzielles französisches Meinungsforschungsinstitut*
soi [swa] sich; **chez soi** [bei sich] zu Hause; **avoir quelque chose sur soi** etwas bei sich haben ▶**malgré soi** unabsichtlich; (*ungewollt*) gegen seinen Willen; **en soi** an sich; **un genre en soi** eine Gattung für sich
soi-disant [swadizɑ̃] ❶ angeblich ❷ **une soi-disant Madame Lenoir** eine Frau Lenoir
la **soie** [swa] die Seide; **le chemisier de soie** die Seidenbluse
la **soif** [swaf] (*auch übertragen*) der Durst; **avoir soif** Durst haben; **donner soif à quelqu'un** jemanden durstig machen; **mourir de soif** verdursten; **la soif de vengeance** die Rachsucht
soignant, soignante [swaɲɑ̃, swaɲɑ̃t] Pflege-; **le personnel soignant** das Pflegepersonal
soigner [swaɲe] ❶ auskurieren *Erkältung*; **soigner quelqu'un** *Arzt:* jemanden behandeln; *Krankenpfleger:* jemanden pflegen; **se faire soigner** sich behandeln lassen ❷ sich kümmern um *Menschen*; versorgen *Pflanze, Tier*; pflegen *Hände, Haare, Pflanze*; achten auf *Stil, Kleidung* ❸ **ce travail est soigné** diese Arbeit ist sorgfältig gemacht [worden] ❹ **se soigner** *Mensch:* sich pflegen; (*ironisch*) es sich gut gehen lassen; **se soigner tout seul** sich selbst kurieren; **cette maladie se soigne mal** für diese Krankheit gibt

Révisions

Un soir – une soirée?

Im Französischen unterscheidet man zwischen einem Abend als Zeitpunkt (un soir) und einem Abend im Verlauf (une soirée).
So ist es auch bei: un jour/une journée und un an/une année.

Hier **soir**, Luc et Zoé sont sortis.	Gestern Abend sind Luc und Zoé ausgegangen.
Ils ont dansé pendant **toute la soirée**.	Sie haben den ganzen Abend getanzt.
C'était **un beau jour** de vacances.	Es war ein schöner Ferientag.
On a passé **toute la journée** à la plage.	Wir waren den ganzen Tag am Strand.
Charlotte a **14 ans**.	Charlotte ist 14 Jahre alt.
Cette année, elle va avoir 15 ans.	Dieses Jahr wird sie 15.

es keine wirksame Behandlung ▸ **va te faire soigner!** (*umgs.*) du hast sie wohl nicht alle!; **ça se soigne!** (*umgs.*) du hast/der hat sie wohl nicht alle!

soigneusement [swaɲøzmɑ̃] *arbeiten, installieren, vermeiden* sorgfältig; *aufräumen* ordentlich

soigneux, soigneuse [swaɲø, swaɲøz] ❶ sorgfältig; **être soigneux dans son travail** sorgfältig arbeiten ❷ ordentlich

soi-même [swaɛm] ❶ selbst; **faire un travail soi-même** eine Arbeit selbst tun ❷ **vous êtes Monsieur Tartempion? – Soi-même!** (*humorvoll*) sind Sie Herr Tartempion? – Der bin ich! ❸ **le respect de soi-même** die Selbstachtung

le **soin** [swɛ̃] ❶ die Sorgfalt; **avec soin** sorgfältig; **avec beaucoup de soin** sehr sorgfältig ❷ **les soins** die Pflege; (*medizinisch*) die Behandlung, die Versorgung; **donner des soins à quelqu'un** jemanden pflegen; **les premiers soins** die erste Hilfe; **les soins du visage** die Gesichtspflege; **les soins du corps** die Körperpflege

V In ❷ wird der Plural *les soins* mit einem Singular übersetzt: *il lui faut absolument des soins médicaux – er/sie braucht unbedingt ärztliche Behandlung.*

le **soir** [swaʀ] ❶ der Abend; **le soir tombe** es wird Abend; **pour le repas de ce soir** heute zum Abendessen ❷ (*Zeitangabe*) **à sept heures du soir** um sieben Uhr abends, um neunzehn Uhr; **travailler le soir** abends arbeiten; **hier soir** gestern Abend; **mardi soir** [am] Dienstagabend; **l'autre soir** neulich abends; **un soir** eines Abends; **un beau soir** eines schönen Abends ▸ **du soir au matin** die ganze Nacht [über]

la **soirée** [swaʀe] ❶ der Abend; **en soirée** abends; **dans la soirée** im Laufe des Abends; **en fin de soirée** am späten Abend; **demain en soirée** morgen Abend ❷ die Abendgesellschaft, die Gesellschaft; **la soirée dansante** der Tanzabend; **la tenue de soirée** die Abendkleidung ❸ (*im Theater, Kino*) die Abendvorstellung

sois [swa], **soit**[1] [swa] →**être**

soit[2] [swa] ❶ **soit l'un, soit l'autre** [entweder] ... oder ... ❷ das heißt

soit[3] [⚠ swat] einverstanden; **eh bien soit!** also gut!

la **soixantaine** [swasɑ̃tɛn] ❶ **une soixantaine de personnes/de pages** etwa sechzig Personen/Seiten ❷ **avoir la soixantaine** ungefähr sechzig [Jahre alt] sein; *siehe auch* **cinquantaine**

soixante [swasɑ̃t] sechzig; *siehe auch* **cinq**[1], **cinquante**[1]

le **soixante** [swasɑ̃t] die Sechzig; *siehe auch* **cinq**[2], **cinquante**[2]

soixante-dix [swasɑ̃tdis] siebzig; *siehe auch* **cinq**[1], **cinquante**[1]

le **soixante-dix** [swasɑ̃tdis] die Siebzig; *siehe auch* **cinq**[2], **cinquante**[2]

soixante-dixième [swasɑ̃tdizjɛm] siebzigste(r, s); *siehe auch* **cinquième**[1]

le **soixante-dixième** [swasɑ̃tdizjɛm] **le soixante-dixième** der/die/das Siebzigste; (*Bruchzahl*) das Siebzigstel; *siehe auch* **cinquième**[2]

soixantième [swasɑ̃tjɛm] sechzigste(r, s); *siehe auch* **cinquantième**[1]

le **soixantième** [swasɑ̃tjɛm] **le soixantième** der/die/das Sechzigste; (*Bruchzahl*) das Sechzigstel; *siehe auch* **cinquantième**[2]

le **soja** [sɔʒa] ⚠ *männlich* die Soja, die Sojabohne

le **sol**[1] [sɔl] ❶ der Boden; *eines Raumes* der Fußboden, der Boden; **être allongé(e) sur le sol**

sol – solvable

auf dem Boden liegen ❷ (*Erdschicht*) der Erdboden, der Boden ❸ **le personnel au sol** das Bodenpersonal

le **sol**² [sɔl] ❶ (*Musiknote*) das g ❷ (*Tonart*) **sol majeur** G-Dur; **sol mineur** g-Moll
solaire [sɔlɛʀ] Sonnen-; **le système solaire** das Sonnensystem; **l'huile solaire** das Sonnenöl; **la centrale solaire** das Solarkraftwerk

le **solarium** [⚠ sɔlaʀjɔm] das Solarium

le **soldat** [sɔlda] Soldat, der; in; **se faire soldat [de métier]** Berufssoldat werden

Ⓖ Es gibt zwar die Femininform *la soldate*, aber sie ist ungebräuchlich. Für Frauen verwendet man in der Regel den Ausdruck *une femme soldat – eine Soldatin* oder die männliche Form: *elle est soldat – sie ist Soldatin*.

le **solde** [sɔld] ❶ das Sonderangebot; **en solde** im Sonderangebot ❷ der Restbetrag ❸ **les soldes** der Ausverkauf; **les soldes d'été** der Sommerschlussverkauf

Ⓥ In ❸ wird der Plural *les soldes* mit einem Singular übersetzt: *les soldes viennent de commencer – der Ausverkauf hat gerade angefangen*.

la **solde** [sɔld] ⚠ *weiblich eines Soldaten der* Sold; *eines Matrosen die* Heuer

solder [sɔlde] ❶ herabsetzen; **solder tout son stock** einen Räumungsverkauf machen ❷ bezahlen *Schuld*; abschließen *Konto* ❸ **se solder par un succès/un échec** mit einem Erfolg/einem Misserfolg enden

le **soleil** [sɔlɛj] ⚠ *männlich* die Sonne; **le soleil levant** der Sonnenaufgang; **le soleil couchant** der Sonnenuntergang; **il fait soleil** die Sonne scheint; **se mettre au soleil** sich in die Sonne legen; **prendre le soleil** sich von der Sonne wärmen lassen; **déteindre au soleil** in der Sonne bleichen

Ⓥ In Fachtexten über Astronomie, Kosmologie und Raumfahrt wird das französische Wort großgeschrieben: *le Soleil est une sphère de gaz incandescent – die Sonne ist eine Kugel aus glühendem Gas*.

solennel, solennelle [sɔlanɛl] ❶ *Zeremonie, Bestattung, Versprechen* feierlich ❷ (*abwertend*) gekünstelt

solennellement [⚠ sɔlanɛlmã] ❶ in feierlichem Rahmen ❷ *schwören, versprechen* feierlich; *sich ausdrücken* gewählt

la **solennité** [⚠ sɔlanite] ❶ die Feierlichkeit; *eines Ortes* die Würde ❷ (*abwertend*) die übertriebene Förmlichkeit

solidaire [sɔlidɛʀ] solidarisch; **être solidaire de quelqu'un** hinter jemandem stehen
solidariser [sɔlidaʀize] **se solidariser** sich zusammenschließen; **se solidariser avec quelqu'un** sich mit jemandem solidarisch erklären
la **solidarité** [sɔlidaʀite] die Solidarität; **la solidarité entre les collègues** die Solidarität unter den Kollegen
solide [sɔlid] ❶ fest; **le corps solide** der Festkörper ❷ *Konstruktion, Werkzeug, Material, Kenntnisse* solide; *Mensch, Gesundheit* robust; *Freundschaft* fest; *Position* gesichert ❸ (*widerstandsfähig*) kräftig ❹ **un solide appétit** (*umgs.*) ein gesunder Appetit
le **solide** [sɔlid] ❶ (*in der Mathematik*) der Körper ❷ (*in der Physik*) der Festkörper ❸ **c'est du solide!** (*umgs.*) das ist was Solides!
solidement [sɔlidmã] ❶ *bauen* solide; *befestigen* gut ❷ *sich etablieren, sich niederlassen* fest; *strukturieren* schlüssig
la **solidité** [sɔlidite] ❶ *eines Möbels, Stoffs, Kleidungsstücks, Knotens* die Haltbarkeit; *einer Maschine* die Robustheit ❷ *einer Position* die Sicherheit; *eines Arguments* die Stichhaltigkeit
solitaire [sɔlitɛʀ] einsam; *Leben* zurückgezogen; *Charakter* einzelgängerisch
le **solitaire** [sɔlitɛʀ] ❶ der Einzelgänger ❷ (*Edelstein*) der Solitär ▶ **en solitaire** allein[e]
la **solitaire** [sɔlitɛʀ] die Einzelgängerin
la **solitude** [sɔlityd] ❶ das Alleinsein; (*Isolation*) die Einsamkeit ❷ *eines Ortes* die Abgeschiedenheit
solliciter [sɔlisite] (*gehoben*) ❶ **solliciter un emploi** sich um eine Stellung bewerben ❷ **solliciter une autorisation de quelqu'un** jemanden um eine Genehmigung ersuchen; **solliciter de quelqu'un une audience** jemanden um eine Audienz bitten
le **solstice** [sɔlstis] die Sonnenwende; **le solstice d'été** die Sommersonnenwende; **le solstice d'hiver** die Wintersonnenwende
soluble [sɔlybl] *Substanz, Kaffee* löslich; **soluble dans l'eau** wasserlöslich
la **solution** [sɔlysjɔ̃] ❶ die Lösung; **la solution à ce problème** die Lösung dieses Problems ❷ (*in der Chemie, Medizin*) die Lösung; **la solution médicamenteuse** das flüssige Medikament

♦ la **solution miracle** die Patentlösung, das Patentrezept

solvable [sɔlvabl] *Kunde, Land* zahlungsfähig; *Schuldner* kreditwürdig; **non solvable** *Kunde, Land* zahlungsunfähig; *Schuldner* nicht kreditwürdig

Révisions

Les résultats d'un sondage – Die Ergebnisse einer Umfrage

La moitié de la classe pense que …	*Die Hälfte der Klasse denkt, dass …*
Un élève sur deux est content d'avoir …	*Jeder zweite Schüler ist zufrieden … zu haben.*
50 pour cent des élèves sont contre …	*50 Prozent der Schüler sind gegen …*
Les trois quarts des élèves sont pour …	*Drei Viertel der Schüler sind für …*
Le tiers des élèves n'est pas d'accord.	*Ein Drittel der Schüler ist nicht einverstanden.*
Un cinquième des élèves est d'avis que …	*Ein Fünftel der Schüler ist der Meinung, dass …*
Seulement un sixième des élèves veut …	*Nur ein Sechstel der Schüler will …*

sombre [sõbʀ] ① dunkel ② *Gedanke, Gesicht, Mensch* düster

sombrer [sõbʀe] ① sinken; **le navire a sombré** das Schiff ist gesunken ② *Person:* den Boden unter den Füßen verlieren; **sombrer dans la folie/dans l'alcool** dem Wahnsinn/dem Alkohol verfallen

sommaire [sɔmɛʀ] ① *Analyse, Antwort* kurz gefasst, kurz; *Untersuchung* flüchtig ② *Erschießung* standrechtlich

le **sommaire** [sɔmɛʀ] das Inhaltsverzeichnis

sommairement [sɔmɛʀmã] ① *darlegen* kurz ② *reparieren* notdürftig

le **somme** [sɔm] das Schläfchen ▶ **piquer un somme** (*umgs.*) ein Nickerchen machen

la **somme** [sɔm] die Summe; **faire la somme de deux nombres** zwei Zahlen zusammenrechnen ▶ **en somme, somme toute** alles in allem

le **sommeil** [sɔmɛj] der Schlaf; **avoir sommeil** müde sein; **tomber de sommeil** zum Umfallen müde sein; **être réveillé(e) en plein sommeil** mitten aus dem Schlaf gerissen werden

sommeiller [sɔmeje] im Halbschlaf liegen

sommes [sɔm] → **être**

le **sommet** [sɔmɛ] ① *eines Berges* der Gipfel; **sur les sommets** hoch oben in den Bergen ② *eines Baums* der Wipfel ③ *eines Turms, einer Hierarchie* die Spitze ④ *eines Dachs* der First ⑤ *einer Welle* der Kamm ⑥ (*übertragen*) der Höhepunkt; **être au sommet de la gloire** auf dem Gipfel des Ruhms angelangt sein ⑦ (*in der Politik*) das Gipfeltreffen, der Gipfel

somnambule [sɔmnãbyl] mondsüchtig

le **somnambule** [sɔmnãbyl] der Schlafwandler

la **somnambule** [sɔmnãbyl] die Schlafwandlerin

le **somnifère** [sɔmnifɛʀ] das Schlafmittel; (*in Tablettenform*) die Schlaftablette

somnoler [sɔmnɔle] halb schlafen

somptueux, somptueuse [sõptɥø, sõptɥøz] *Kleidung, Residenz* prunkvoll, prächtig; *Mahlzeit* feudal; *Geschenk* prächtig

son¹ [sõ] <Plural: ses> ① (*bezogen auf eine männliche Person*) sein/seine; (*bezogen auf eine weibliche Person*) ihr/ihre; **Paul et son frère** Paul und sein Bruder; **Anne et son père** Anne und ihr Vater ② **à chacun son dû** jedem das Seine; **c'est chacun son tour** immer der Reihe nach ③ **Son Altesse Royale** (*gehoben*) Seine/Ihre Königliche Hoheit

> **G** Das männliche besitzanzeigende Fürwort (Possessivpronomen) *son* steht vor männlichen Substantiven. Es kann sich auf einen männlichen „Besitzer" oder auf eine weibliche „Besitzerin" beziehen und wird je nachdem mit *sein(e)* oder *ihr(e)* übersetzt: *son ami – sein/ihr Freund; son sac – seine/ihre Tasche; son tableau – sein/ihr Bild.*

son² <steht an Stelle von *sa* vor Vokal oder stummem h; Plural: ses> (*bezogen auf eine männliche Person*) sein/seine; (*bezogen auf eine weibliche Person*) ihr/ihre; **Paul et son amie** Paul und seine Freundin; **Anne et son ami** Anne und ihr Freund

> **G** Das weibliche besitzanzeigende Fürwort (Possessivpronomen) *son* steht vor weiblichen Substantiven, die mit Vokal oder stummem h anfangen. Es kann sich auf einen männlichen „Besitzer" oder auf eine weibliche „Besitzerin" beziehen und wird je nachdem mit *sein(e)* oder *ihr(e)* übersetzt: *son amie – seine/ihre Freundin; son habitude – seine/ihre Angewohnheit.*

le **son** [sõ] ① der Ton; *einer Stimme, eines Instruments, Apparats* der Klang ② die Lautstärke ③ (*Klangwellen*) der Schall ④ (*in der Sprachwissenschaft*) der Laut ⑤ **le [spectacle] son et lumière** die Licht-Ton-Inszenierung (*an historischen Bauwerken*)

le **sondage** [sɔ̃daʒ] die Umfrage
◆ le **sondage d'opinion** die Meinungsumfrage

la **sonde** [sɔ̃d] die Sonde; **la sonde gastrique** die Magensonde; **la sonde spatiale** die Raumsonde

sonder [sɔ̃de] ❶ befragen; (*aushorchen*) ausfragen ❷ erforschen *Absichten, Gefühle;* **sonder l'opinion** Meinungsumfragen machen

songer [sɔ̃ʒe] <*wie* changer; *siehe Verbtabelle ab S. 1055>* denken; **songer à quelqu'un/à quelque chose** an jemanden/an etwas denken; (*überlegen*) über jemanden/über etwas nachdenken

Ü Vor *a* und *o* bleibt das *e* erhalten, z. B. in *nous songeons, il songeait* und *en songeant.*

songeur, songeuse [sɔ̃ʒœʀ, sɔ̃ʒøz] nachdenklich

sonné, sonnée [sɔne] (*umgs.*) ❶ bescheuert ❷ groggy

sonner [sɔne] ❶ *Glocke:* läuten; *Telefon, Wecker:* klingeln, läuten Ⓐ; *Trompete:* klingen ❷ *Geld, Schlüssel:* klimpern ❸ **sonner bien** *Vorschlag:* gut klingen; **sonner faux** *Geständnis:* unaufrichtig klingen ❹ (*die Türklingel betätigen*) klingeln, läuten Ⓐ ❺ **midi sonne** es schlägt Mittag; **minuit sonne** es schlägt Mitternacht; **la récréation sonne** es klingelt [*oder* läutet Ⓐ] zur Pause ❻ (*erklingen lassen*) läuten *Glocke;* blasen *Horn* ❼ (*sich ankündigen*) **sonner trois coups** dreimal klingeln, dreimal läuten Ⓐ ❽ (*kommen lassen*) **sonner quelqu'un** [nach] jemandem klingeln, [nach] jemandem läuten Ⓐ ❾ **sonner quelqu'un** (*umgs.*) jemanden fertigmachen; *Schlag, Neuigkeit:* jemanden umhauen ▶ **on [ne] t'a pas sonné** (*umgs.*) du hast hier gar nichts zu melden

la **sonnerie** [sɔnʀi] ❶ das Klingeln, das Läuten Ⓐ ❷ (*Mechanismus*) *eines Weckers* das Läutwerk ❸ *eines Mobiltelefons* der Klingelton

la **sonnette** [sɔnɛt] (*an einer Tür*) die Klingel ▶ **tirer la sonnette d'alarme** Alarm schlagen

F Nicht verwechseln mit *das Sonett – le sonnet!*

sonore [sɔnɔʀ] ❶ *Stimme* klangvoll; *Lachen, Kuss, Ohrfeige* schallend; *Signal* akustisch; *Ort, Gewölbe* hallend ❷ **le film sonore** der Tonfilm ❸ *Konsonant* stimmhaft

sont [sɔ̃] →**être**

sophistiqué, sophistiquée [sɔfistike] ❶ hoch entwickelt ❷ durchdacht, ausgeklügelt ❸ *Schönheit* künstlich; *Benehmen* gekünstelt; *Kleidung* raffiniert

sophistiquer [sɔfistike] perfektionieren

le **sorbet** [sɔʀbɛ] das/der Sorbet, das/der Sorbett

le **sorcier** [sɔʀsje] der Hexer

la **sorcière** [sɔʀsjɛʀ] die Hexe

sordide [sɔʀdid] ❶ *Viertel, Gasse* heruntergekommen ❷ *Geiz, Egoismus* schnöde

sors [sɔʀ], **sort** [sɔʀ] →**sortir**

le **sort** [sɔʀ] ❶ das Schicksal ❷ der Zufall ❸ **tirer au sort** auslosen

sortable [sɔʀtabl] (*umgs.*) vorzeigbar; **il n'est pas sortable** man kann sich mit ihm nirgends sehen lassen

sortant, sortante [sɔʀtɑ̃, sɔʀtɑ̃t] ❶ *Abgeordneter, Minister* scheidend ❷ durch das Los bestimmt; **les numéros sortants** die Gewinnzahlen

la **sorte** [sɔʀt] die Sorte, die Art; **toutes sortes de personnes/de choses** alle möglichen Menschen/Dinge; **des compacts de toutes sortes** CDs aller Art ▶ **en quelque sorte** in gewisser Weise; **faire en sorte que …** es so einrichten, dass …; **fais en sorte que ce soit terminé demain** richte es so ein, dass das morgen fertig wird; **de la sorte** auf diese Art und Weise

la **sortie** [sɔʀti] ❶ *eines Menschen* das Herauskommen, (*Fortgehen*) das Hinausgehen; (*Fortfahren*) das Hinausfahren; **la sortie de prison** die Entlassung aus dem Gefängnis; **la sortie de piste** (*mit einem Fahrzeug*) das Abkommen von der Fahrbahn ❷ der Spaziergang; (*mit einem Fahrzeug*) die Spazierfahrt; (*Exkursion*) der Ausflug ❸ (*Öffnung, Stelle*) der Ausgang; *einer Garage, Autobahn* die Ausfahrt; **la sortie du village** der Ortsausgang; (*große Straße*) die Ausfallstraße; **la sortie [de but]** die Torlinie; "Sortie de camions" (*vor einer Fabrik*) „Werksausfahrt"; (*vor einer Baustelle*) „Baustellenausfahrt"; "Sortie d'école" „[Vorsicht] Schulkinder!"; "Sortie de garage" „Ausfahrt freihalten" ❹ *einer Vorstellung, Saison* das Ende; **la sortie de l'école** der Schulschluss; **la sortie des bureaux** der Büroschluss; **à la sortie [du magasin/du bureau]** nach der Arbeit, nach Feierabend ❺ *eines Buchs, einer CD* das Erscheinen; *eines Films* das Anlaufen; *eines Fahrzeugs* die Markteinführung ❻ *von Kapital, Devisen* der Abfluss ❼ (*in der Informatik*) die Ausgabe; **la sortie [sur imprimante]** der

Révisions

Sortir – *Ausgehen*		
sortir avec qn	Emma sort avec Fabien.	*Emma geht mit Fabien aus.*
avoir rendez-vous avec qn	Ils ont rendez-vous.	*Sie haben eine Verabredung.*
parler de qc	Ils parlent de sport.	*Sie reden über Sport.*
faire un tour en ville	D'abord, ils font un tour en ville.	*Zuerst drehen sie eine Runde in der Stadt.*
faire les magasins	Ils font les magasins.	*Sie klappern die Geschäfte ab.*
aller au cinéma	Puis, ils vont au cinéma.	*Dann gehen sie ins Kino.*
aller danser	Après, ils vont danser.	*Danach gehen sie tanzen.*
aller au café	A la fin, ils vont au café.	*Am Ende gehen sie ins Café.*

Ausdruck
♦ la **sortie de secours** der Notausgang
sortir [sɔʀtiʀ] <*siehe Verbtabelle ab S. 1055*> ❶ herauskommen; (*sich entfernen*) hinausgehen/hinausfahren ❷ **laisser sortir** weggehen lassen, gehen lassen; hinauslassen *Kind, Tier;* **faire sortir** hinausschicken; hinausjagen *Tier* ❸ **sortir du magasin** aus dem Geschäft gehen/kommen; **sortir du garage** aus der Garage fahren/gefahren kommen; **elle vient justement de sortir d'ici** sie ist gerade weggegangen; **à quelle heure es-tu sorti du bureau?** um wie viel Uhr hast du das Büro verlassen?; **sortir de prison** aus dem Gefängnis kommen; **en sortant du théâtre** beim Verlassen des Theaters; **sortir de la route** *Fahrzeug:* von der Straße abkommen; **sortir du sujet** vom Thema abkommen ❹ (*fortgehen*) weggehen; **sortir de chez soi** aus dem Haus gehen ❺ ausgehen; **sortir en boîte/en ville** in die Disko/in die Stadt gehen ❻ **sortir avec quelqu'un** (*umgs.*) mit jemandem gehen ❼ **sortir vainqueur d'un concours** als Sieger aus einem Wettbewerb hervorgehen; **sortir d'une période difficile** eine schwierige Zeit hinter sich haben ❽ (*sichtbar sein*) **sortir de quelque chose** aus etwas vorstehen; (*oben*) aus etwas herausragen; (*unten*) unter etwas hervorschauen ❾ *Knospe, Pflanze:* sprießen; *Zahn:* durchkommen ❿ *Buch, CD:* erscheinen; *Film:* anlaufen; *Automodell:* auf dem Markt kommen ⓫ (*bei Spielen*) *Farbe:* ausgespielt werden ⓬ (*produzieren*) herausbringen *Auto, Buch, Automodell* ⓭ hinausbringen/herausbringen *Gläser, Getränke;* hinaustragen *Sessel;* ausführen *Hund;* **ça vous sortira** (*umgs.*) so kommen Sie auch mal raus ⓮ (*umgs.: sagen*) von sich geben *Dummheiten;* **sortir des âneries** à quelqu'un jemandem dummes Zeug auftischen ⓯ (*verkaufen*) ausführen; (*illegal*) schmuggeln ⓰ herausholen, herausnehmen; herausfahren *Auto;* **sortir un pull de sa valise** einen Pulli aus dem Koffer nehmen; **sortir la voiture du garage** das Auto aus der Garage fahren ⓱ **sortir quelqu'un** (*umgs.*) jemanden rauswerfen ⓲ (*umgs.: besiegen*) aus dem Rennen werfen; **se faire sortir par quelqu'un** gegen jemanden ausscheiden ⓳ **sortir quelqu'un d'une situation difficile** jemanden aus einer schwierigen Lage befreien; **Anne s'est bien sortie de ce pétrin** Anne ist gut aus diesem Schlamassel herausgekommen ⓴ (*im Sport*) ins Aus gehen; **sortir en touche** ins Seitenaus gehen; **le ballon est sorti** der Ball ist im Aus ▶ [**mais**] **d'où tu sors?** (*umgs.*) wo lebst du denn?; **s'en sortir** noch einmal davonkommen; (*überleben*) durchkommen; **il s'en est sorti avec une amende** er ist mit einer Geldstrafe davongekommen; [**comment**] **tu t'en sors?** kommst du klar?

 Nicht verwechseln mit *sortieren – trier!*

le **S.O.S.** [ɛsɔɛs] das SOS ▶ **lancer un S.O.S.** SOS funken; (*übertragen*) um Hilfe rufen

le **sou** [su] ❶ (*umgs.: Geld*) **les sous** die Kohle ❷ (*alte Münze*) der Sou ▶ **ne pas avoir un sou en poche** (*umgs.*) keinen Pfennig [Geld] in der Tasche haben; **ça en fait des sous!** (*umgs.*) das ist ein ganzer Haufen Geld!

la **souche** [suʃ] ❶ der Baumstumpf ❷ der Kontrollabschnitt ▶ **être français(e) de souche**, **être de souche française** der Herkunft nach Franzose/Französin sein

le **souci** [susi] ❶ die Sorge; **se faire du souci pour quelqu'un/pour quelque chose** sich

Sorgen um jemanden/wegen etwas machen ❷ das Anliegen ❸ **avoir des soucis d'argent** Geldsorgen haben
soucier [susje] <*wie* apprécier; *siehe Verbtabelle ab S. 1055*> **se soucier de quelqu'un/de quelque chose** sich um jemanden/um etwas kümmern
soucieux, soucieuse [susjø, susjøz] *Mensch, Miene, Tonfall* besorgt; **être soucieux de quelqu'un/de l'avenir** sich um jemanden/um die Zukunft sorgen
la **soucoupe** [sukup] die Untertasse ▸ **la soucoupe volante** die fliegende Untertasse
soudain, soudaine [sudɛ̃, sudɛn] ❶ *Ereignis* unerwartet; *Bewegung, Gefühl* jäh ❷ **soudain, on a entendu un cri** plötzlich hörte man einen Schrei
soudainement [sudɛnmɑ̃] plötzlich
le **souffle** [sufl] ❶ das Atmen; (*Lungenkapazität*) die Atmung; **manquer de souffle** atemlos sein ❷ **le dernier souffle** der letzte Atemzug ❸ *einer Explosion* die Druckwelle; *eines Ventilators* der Luftzug; **le souffle du vent** der Windhauch; **il n'y a pas un souffle [d'air]** es regt sich kein Lüftchen ❹ *eines Künstlers* die Schaffenskraft ▸ **avoir du souffle** Kondition haben; **couper le souffle à quelqu'un** jemandem die Sprache verschlagen; **reprendre son souffle** Luft holen; (*sich beruhigen*) tief durchatmen
le **soufflé** [sufle] der Auflauf, das Soufflé, das Soufflee
souffler [sufle] ❶ *Wind:* wehen; **ça souffle** es ist windig ❷ **souffler sur/dans quelque chose** auf/in etwas blasen ❸ **souffler le verre** Glas blasen ❹ ausblasen *Kerze* ❺ **souffler quelque chose** *Person:* etwas wegpusten; *Wind:* etwas wegwehen ❻ **ça m'a soufflé(e)** (*umgs.*) das hat mich umgehauen ❼ (*vor Anstrengung*) keuchen ❽ (*sich erholen*) **je souffle un peu** ich verschnaufe mal eben ❾ **laisser souffler quelqu'un** jemandem [noch] etwas Zeit lassen ❿ vorsagen; (*im Theater*) soufflieren; **souffler quelque chose à l'oreille de quelqu'un** jemandem etwas ins Ohr flüstern
la **souffrance** [sufʀɑ̃s] ❶ der Schmerz ❷ (*leidvolles Erleben*) das Leiden
le **souffre-douleur** [sufʀədulœʀ] <*Plural:* souffre-douleur> der Prügelknabe
souffrir [sufʀiʀ] <*wie* ouvrir; *siehe Verbtabelle ab S. 1055*> ❶ leiden; **souffrir du froid** unter der Kälte leiden; **souffrir de la faim/de la soif** Hunger/Durst leiden ❷ **souffrir de l'estomac/des reins** Magenschmerzen/Nierenschmerzen haben ❸ **faire souffrir quelqu'un** jemandem wehtun; *Misserfolg, Trennung:* jemanden schmerzen ❹ **il a souffert pour réussir à l'examen** (*umgs.*) er hat sich ganz schön ins Zeug legen müssen um die Prüfung zu bestehen
le **soufre** [sufʀ] der Schwefel
le **souhait** [swɛ] der Wunsch; **exprimer le souhait de bonheur** Glück wünschen ▸ **à tes/vos souhaits!** Gesundheit!; **joli(e) à souhait** bildhübsch
souhaiter [swete] ❶ **souhaiter quelque chose** sich etwas wünschen ❷ **nous souhaitons manger** wir möchten essen; **je souhaiterais t'aider davantage** ich würde dir gern[e] noch mehr helfen; **je souhaite que tu réussisses** ich wünsche mir, dass du Erfolg hast ❸ **souhaiter bonne chance/bonne nuit à quelqu'un** jemandem viel Glück/eine gute Nacht wünschen; **je te souhaite un joyeux anniversaire** ich wünsche dir alles Gute zum Geburtstag
soûl, soûle [su, sul] (*umgs.*) blau
le **soulagement** [sulaʒmɑ̃] die Erleichterung
soulager [sulaʒe] <*wie* changer; *siehe Verbtabelle ab S. 1055*> ❶ **soulager un malade** die Schmerzen eines Kranken lindern, einem Kranken Schmerzlinderung verschaffen ❷ **soulager quelqu'un** jemanden entlasten; *Neuigkeit, Geständnis:* jemanden erleichtern ❸ **se soulager** (*umgs.*) sich erleichtern ❹ **se soulager en faisant quelque chose** sich Erleichterung verschaffen, indem man etwas tut

Ü Vor *a* und *o* bleibt das *e* erhalten, z.B. in *nous soulageons, il soulageait* und *en soulageant*.

soûler [sule] ❶ betrunken machen; **soûler quelqu'un à la bière** jemanden mit Bier betrunken machen ❷ **se soûler** (*umgs.*) sich betrinken
soulever [sul(ə)ve] <*wie* peser; *siehe Verbtabelle ab S. 1055*> ❶ [hoch]heben *Gewicht* ❷ leicht heben *Hut*; anheben *Schrank* ❸ aufwerfen *Frage, Problem*

Ü Mit *è* schreiben sich
– die stammbetonten Formen wie *je soulève* oder *tu soulèves* sowie
– die auf der Basis der Grundform *soulever* gebildeten Formen, z.B. *ils soulèveront* und *je soulèverais*.

souligner [suliɲe] ❶ unterstreichen *Wort, Satz* ❷ unterstreichen, betonen *Bedeutung*

soumettre [sumɛtʀ] <*wie* mettre; *siehe Verbtabelle ab S. 1055*> ❶ **soumettre quelqu'un à une épreuve** jemanden einer Prüfung unterziehen; **se soumettre à un entraînement spécial** sich einem speziellen Training unterziehen ❷ unterbreiten *Idee* ❸ **se soumettre** sich unterwerfen; **se soumettre à la loi** sich dem Gesetz fügen
soumis, soumise [sumi, sumiz] ❶ gefügig; *Gesichtsausdruck* unterwürfig ❷ **soumis à l'impôt** steuerpflichtig; **non soumis à l'impôt** steuerfrei; *siehe auch* **soumettre**
le **soupçon** [supsõ] ❶ der Verdacht; **de graves soupçons** ein schwerer Verdacht ❷ (*kleine Menge*) **un soupçon de poivre** eine Spur Pfeffer; **un soupçon d'ironie** ein Hauch von Ironie

> **V** In ❶ wird der Plural *les soupçons* mit einem Singular übersetzt: *avoir des soupçons – einen Verdacht haben.*

soupçonner [supsɔne] verdächtigen; **soupçonner quelqu'un de vol** jemanden des Diebstahls verdächtigen
la **soupe** [sup] ❶ die Suppe ❷ (*tauender Schnee*) der Schneematsch ▸ **être trempé(e) comme une soupe** (*umgs.*) klatschnass sein
le **soupir** [supiʀ] der Seufzer; **pousser un soupir de soulagement** einen Seufzer der Erleichterung ausstoßen
soupirer [supiʀe] seufzen
souple [supl] ❶ biegsam; *Kontaktlinsen* weich; *Leder* geschmeidig ❷ *Person* gelenkig ❸ (*anpassungsfähig*) flexibel
la **souplesse** [suplɛs] die Flexibilität
la **source** [suʀs] ❶ die Quelle; **l'eau de source** das Quellwasser ❷ (*Entstehungsort*) die Quelle, der Ursprung; **cette rivière prend sa source en Suisse** dieser Fluss entspringt in der Schweiz ▸ **de source sûre** aus sicherer Quelle
 ♦ **la source d'énergie** die Energiequelle
le **sourd** [suʀ] ❶ der Schwerhörige ❷ (*Gehörloser*) der Taube
sourd, sourde [suʀ, suʀd] ❶ schwerhörig ❷ (*gehörlos*) taub ❸ *Lärm* dumpf
la **sourde** [suʀd] ❶ die Schwerhörige ❷ (*Gehörlose*) die Taube
la **sourde-muette** [suʀd(ə)mɥɛt] <*Plural:* sourdes-muettes> die Taubstumme
le **sourd-muet** [suʀmɥɛ] <*Plural:* sourds-muets> der Taubstumme
souriant, souriante [suʀjɑ̃, suʀjɑ̃t] freundlich

sourire [suʀiʀ] <*wie* rire; *siehe Verbtabelle ab S. 1055*> lächeln; **sourire à quelqu'un** jemanden anlächeln, jemandem zulächeln
le **sourire** [suʀiʀ] das Lächeln; **faire un sourire à quelqu'un** jemanden anlächeln; **avoir le sourire** (*umgs.*) gut gelaunt sein; **garder le sourire** freundlich bleiben
la **souris** [suʀi] (*auch in der Informatik*) die Maus
sous [su] ❶ unter; **va sous l'arbre** geh unter den Baum; **reste sous l'arbre** bleib unter dem Baum ❷ **sous °huitaine** innerhalb einer Woche; **sous peu** binnen kurzem ❸ unter; **vu sous cet aspect** unter diesem Aspekt betrachtet; **être sous les ordres de quelqu'un** (*in einer großen Firma*) jemandem unterstellt sein; (*beim Militär*) unter jemandes Befehl stehen ❹ **sous la pluie** im Regen ❺ **être sous perfusion** am Tropf hängen; **être sous antibiotiques** mit Antibiotika behandelt werden
sous-développé, sous-développée [sudev(ə)lɔpe] <*Plural der männl. Form:* sous-développés> unterentwickelt
le **sous-développement** [sudev(ə)lɔpmɑ̃] <*Plural:* sous-développements> die Unterentwicklung
le **sous-directeur** [sudiʀɛktœʀ] <*Plural:* sous-directeurs> der stellvertretende Direktor
la **sous-directrice** [sudiʀɛktʀis] <*Plural:* sous-directrices> die stellvertretende Direktorin
sous-entendre [suzɑ̃tɑ̃dʀ] <*wie* vendre; *siehe Verbtabelle ab S. 1055*> zu verstehen geben
le **sous-entendu** [suzɑ̃tɑ̃dy] <*Plural:* sous-entendus> die Anspielung
sous-estimer [suzɛstime] unterschätzen
le **sous-marin** [sumaʀɛ̃] <*Plural:* sous-marins> das U-Boot
la **sous-préfecture** [supʀefɛktyʀ] <*Plural:* sous-préfectures> (*Hauptort eines Arrondissements*) der Sitz der Unterpräfektur, ≈ die Kreisstadt
le **sous-préfet** [supʀefɛ] <*Plural:* sous-préfets> der Unterpräfekt/die Unterpräfektin; (*im deutschen Verwaltungssystem*) ≈ der Landrat/die ≈ Landrätin
le **sous-sol** [susɔl] <*Plural:* sous-sols> (*in einem Gebäude*) das Untergeschoss
sous-titrer [sutitʀe] untertiteln
soustraire [sustʀɛʀ] <*wie* extraire; *siehe Verbtabelle ab S. 1055*> ❶ abziehen, subtrahieren ❷ **se soustraire à une obligation** sich einer Verpflichtung entziehen
soutenir [sut(ə)niʀ] <*wie* tenir; *siehe Verbta-*

belle ab S. 1055> ❶ **soutenir quelque chose** *Mensch:* etwas halten; *Säule, Balken:* etwas tragen ❷ abstützen ❸ stützen ❹ *(finanziell, seelisch)* unterstützen; **soutenir quelqu'un dans le malheur** jemandem im Unglück beistehen ❺ stärken; wach halten *Interesse;* stützen *Währung* ❻ verteidigen; unterstützen *Regierung;* sich einsetzen für *Sache;* **elle soutient son frère** sie hält zu ihrem Bruder ❼ **je soutiens que c'est possible** ich behaupte, dass es möglich ist
soutenu, soutenue [sut(ə)ny] ❶ *Aufmerksamkeit, Bemühung* beständig ❷ *Stil, Sprache* gehoben; *siehe auch* **soutenir**
le **souterrain** [suterɛ̃] der unterirdische Gang

> F Nicht verwechseln mit *das Souterrain – le sous-sol!*

souterrain, souterraine [suterɛ̃, suterɛn] unterirdisch; **le passage souterrain** die Unterführung
le **soutien** [sutjɛ̃] ❶ die Unterstützung; **apporter son soutien à quelqu'un** jemanden unterstützen ❷ *(Unterricht)* die Nachhilfe
le **soutien-gorge** [sutjɛ̃gɔʀʒ] *<Plural:* soutiens-gorge *oder* soutiens-gorges*>* der BH, der Büstenhalter; *eines Bikinis* das Oberteil
soutirer [sutiʀe] **soutirer de l'argent à quelqu'un** jemandem Geld abnehmen
souvenir [suv(ə)niʀ] *<wie* devenir*; siehe Verbtabelle ab S. 1055>* **se souvenir** sich erinnern; **se souvenir de quelqu'un/de quelque chose** sich an jemanden/an etwas erinnern
le **souvenir** [suv(ə)niʀ] ❶ die Erinnerung; **le souvenir de quelque chose** die Erinnerung an etwas; **garder un bon souvenir de quelqu'un/de quelque chose** jemanden/ etwas in guter Erinnerung behalten; **en souvenir de ma mère** zum Andenken an meine Mutter ❷ *(Gegenstand)* das Andenken, das Souvenir
souvent [suvɑ̃] oft, häufig; **le plus souvent** meistens
la **souveraineté** [suv(ə)ʀɛnte] die Souveränität
souviens, souvient [suvjɛ̃] →**souvenir**
soyeux, soyeuse [swajø, swajøz] ❶ seidenweich ❷ *(glänzend)* seidig
le **spa** [spa] das Wellnesshotel
la **SPA** [ɛspea] *Abkürzung von* **Société protectrice des animaux** der Tierschutzverein
spacieux, spacieuse [spasjø, spasjøz] geräumig
les **spaghettis** *(männlich)* [spageti] die Spaghetti
le **sparadrap** [spaʀadʀa] das Pflaster, das Heft-

pflaster
spatial, spatiale [spasjal] *<Plural der männl. Form:* spatiaux*>* ❶ räumlich ❷ Weltraum-, Raum-; **le voyage spatial** der Weltraumflug
la **spatule** [spatyl] ❶ der/die Spachtel ❷ *(Küchengerät)* der Wender ❸ *eines Arztes* der/ die Spatel ❹ *eines Skis* die Spitze
spécial, spéciale [spesjal] *<Plural der männl. Form:* spéciaux*>* ❶ speziell; **l'équipement spécial** die Spezialausrüstung; **l'autorisation spéciale** die Sondergenehmigung ❷ *(seltsam)* eigenartig ❸ **rien de spécial** nichts Besonderes
spécialement [spesjalmɑ̃] ❶ besonders, ganz besonders ❷ extra ❸ **le film n'est pas spécialement intéressant** *(umgs.)* der Film ist nicht besonders interessant
la **spécialisation** [spesjalizasjɔ̃] die Spezialisierung
spécialiser [spesjalize] **se spécialiser dans** [*oder* **en**] **quelque chose** sich auf etwas spezialisieren
le **spécialiste** [spesjalist] ❶ der Spezialist ❷ der Fachmann
la **spécialiste** [spesjalist] ❶ die Spezialistin ❷ die Fachfrau
la **spécialité** [spesjalite] ❶ *(in der Technik, Wissenschaft)* das Spezialgebiet ❷ *(besonderes Produkt)* die Spezialität
spéciaux [spesjo] →**spécial**
la **spécification** [spesifikasjɔ̃] die Spezifizierung
la **spécificité** [spesifisite] die spezifische Besonderheit
spécifier [spesifje] *<wie* apprécier*; siehe Verbtabelle ab S. 1055>* **spécifier quelque chose** *Mensch:* etwas genau angeben; *Gesetz:* etwas genau festlegen
spécifique [spesifik] spezifisch
le **spécimen** [spesimɛn] ❶ das Exemplar ❷ *(bei Büchern, Zeitschriften)* das Probeexemplar
le **spectacle** [spɛktakl] ❶ der Anblick; **le spectacle de la nature** das Naturschauspiel ❷ *(Darbietung)* die Vorstellung; **le spectacle dramatique** das Bühnenstück ❸ **le monde du spectacle** das Showgeschäft, das Showbusiness

> Nicht verwechseln mit *der Spektakel – le tapage!*

spectaculaire [spɛktakylɛʀ] spektakulär
le **spectateur** [spɛktatœʀ] ❶ der Zuschauer ❷ der Beobachter
la **spectatrice** [spɛktatʀis] ❶ die Zuschauerin ❷ die Beobachterin
la **spéculation** [spekylasjɔ̃] die Spekulation

D'une langue à l'autre

Il faut que plus d'élèves aient la chance de connaître la vie professionnelle en faisant un **stage** pendant les vacances.
*Es müssen mehr Schüler die Möglichkeit haben das Berufsleben kennen zu lernen, indem sie in den Ferien ein **Praktikum** machen.*

Ce n'est pas facile de se lever le matin.
Es ist nicht leicht, morgens aufzustehen.

Mais je veux que les gens du journal soient contents de moi.
Aber ich will, dass die Zeitungsleute mit mir zufrieden sind.

J'ai envie de devenir journaliste, alors il faut que je me mette sérieusement au travail.
Ich möchte Journalist werden, also muss ich mich ernsthaft an die Arbeit machen.

Donc, je n'ai pas refusé d'écrire un article pour eux.
Deshalb habe ich es nicht abgelehnt, einen Artikel für sie zu schreiben.

---

spéculer [spekyle] **spéculer sur quelque chose** mit etwas spekulieren

speedé, speedée [spide] (*umgs.*) abgenervt

la **spéléologie** [speleɔlɔʒi] ❶(*Wissenschaft*) die Höhlenkunde ❷(*Tätigkeit*) die Erkundung von Höhlen

le **spermatozoïde** [spɛʀmatɔzɔid] das Spermium

le **sperme** [spɛʀm] das Sperma

la **sphère** [sfɛʀ] ❶ die Kugel ❷(*Gebiet*) der Bereich

la **spirale** [spiʀal] (*auch übertragen*) die Spirale

la **spiritualité** [spiʀitɥalite] (*religiös*) die Spiritualität

spirituel, spirituelle [spiʀitɥɛl] ❶(*religiös*) geistlich ❷(*klug*) geistreich ❸(*auf den Geist bezogen*) geistig

la **splendeur** [splɑ̃dœʀ] (*auch ironisch*) die Pracht

splendide [splɑ̃did] prächtig

le **sponsor** [spɔ̃sɔʀ] der Sponsor/die Sponsorin

> **G** Es gibt im Französischen keine Femininform: *elle est un sponsor important – sie ist eine wichtige Sponsorin.*

sponsoriser [spɔ̃sɔʀize] sponsern

spontané, spontanée [spɔ̃tane] spontan

la **spontanéité** [spɔ̃taneite] die Spontaneität

spontanément [spɔ̃tanemɑ̃] ❶ spontan ❷ freiwillig

sport [spɔʀ] sportlich; **une coupe sport** ein sportlicher Haarschnitt

> **G** Das Adjektiv *sport* ist unveränderlich: *des chaussures sport – sportliche Schuhe.*

le **sport** [spɔʀ] ❶ der Sport; **faire du sport** Sport treiben ❷ die Sportart; **les sports d'hiver** die Wintersportarten; (*Aufenthalt*) der Winterurlaub

◆ le **sport de compétition** der Leistungssport

le **sportif** [spɔʀtif] der Sportler

sportif, sportive [spɔʀtif, spɔʀtiv] ❶ *Mensch, Aussehen, Gang* sportlich ❷ **la danse sportive** der Tanzsport ❸ **les pages sportives** *einer Zeitung* der Sportteil

> **V** In ❸ wird der Plural *les pages sportives* mit einem Singular übersetzt: *découper une photo dans les pages sportives – ein Foto aus dem Sportteil ausschneiden.*

la **sportive** [spɔʀtiv] die Sportlerin

le **spot** [spɔt] ❶(*Lampe*) der Spot ❷ der Scheinwerfer ❸ **le spot publicitaire** der Werbespot

le **spray** [spʀɛ] ❶ der/das Spray ❷ die Spraydose

le **sprint** [spʀint] der Sprint; **le sprint final** der Endspurt

le **sprinteur** [spʀintœʀ] der Sprinter; (*in der Leichtathletik*) der Kurzstreckenläufer

la **sprinteuse** [spʀintøz] die Sprinterin; (*in der Leichtathletik*) die Kurzstreckenläuferin

le **square** [skwaʀ] die [kleine] Grünanlage

squatter [skwate] besetzen *Haus*

le **squelette** [skəlɛt] ❶ das Skelett ❷(*umgs.:* dünner Mensch) das Klappergestell

squelettique [skəletik] spindeldürr

le **Sri Lanka** [sʀilɑ̃ka] Sri Lanka

stabiliser [stabilize] ❶ stabilisieren ❷ befestigen *Randstreifen, Gelände* ❸ **se stabiliser** *Währung, Krankheit:* sich stabilisieren

la **stabilité** [stabilite] die Stabilität

stable [stabl] ❶ stabil; *Gelände* befestigt ❷(*beständig*) dauerhaft ❸ *Wetter* beständig

le **stade** [stad] ❶ das Stadion ❷(*Phase*) das Stadium

le **stage** [staʒ] ❶ das Praktikum; (*im Presse- und Verlagswesen*) das Volontariat ❷(*Lehrgang*) der Kurs ❸(*im öffentlichen Dienst*) ≈ das Referendariat

le **stagiaire** [staʒjɛʀ] der Praktikant; (*im Presse-*

und Verlagswesen) der Volontär

la **stagiaire** [staʒjɛʀ] die Praktikantin; (*im Presse- und Verlagswesen*) die Volontärin

la **stagnation** [⚠ stagnasjɔ̃] die Stagnation

stagner [⚠ stagne] ❶ *Wasser:* stehen ❷ stagnieren

le **stand** [stɑ̃d] ❶ der Stand, der Messestand ❷ (*auf einem Jahrmarkt*) die Bude

standard [stɑ̃daʀ] ❶ üblich, allgemein üblich ❷ (*in der Industrie*) standardisiert; *Auto* mit Standardausrüstung; *Teil* genormt; **le modèle standard** das Standardmodell

le **standard** [stɑ̃daʀ] die Telefonzentrale, die Zentrale

standardiser [stɑ̃daʀdize] standardisieren

le **standardiste** [stɑ̃daʀdist] der Telefonist

la **standardiste** [stɑ̃daʀdist] die Telefonistin

la **star** [staʀ] ⚠ *weiblich* der Star

G Das Stichwort ist weiblich und wird sowohl für Männer als auch für Frauen verwendet: *cet acteur est la nouvelle star – dieser Schauspieler ist der neue Star.*

la **station** [stasjɔ̃] ❶ die Station, die Haltestelle ❷ (*in der Technik*) die Station; (*beim Fernsehen und Rundfunk*) der Sender ❸ **la station balnéaire** der Badeort; **la station thermale** der Thermalkurort
  ◆ **la station d'épuration** die Kläranlage
  ◆ **la station [d']essence** die Tankstelle
  ◆ **la station de sports d'hiver** der Wintersportort
  ◆ **la station de ski** der Wintersportort
  ◆ **la station de taxis** der Taxistand

stationnaire [stasjɔnɛʀ] unverändert

le **stationnement** [stasjɔnmɑ̃] das Parken; **le panneau de stationnement interdit** das Halteverbotsschild

stationner [stasjɔne] parken

la **station-service** [stasjɔ̃sɛʀvis] <*Plural:* stations-service> die Tankstelle

statistique [statistik] statistisch

les **statistiques** (*weiblich*) [statistik] die Statistik, die Statistiken

la **statue** [staty] die Statue

le **statu quo** [⚠ statykwo] <*Plural:* statu quo> der Status quo

le **statut** [staty] ❶ der Status ❷ **les statuts** *einer Vereinigung, Gesellschaft* die Satzung, die Statuten

le **steak** [⚠ stɛk] das Steak

la **sténographie** [stenɔgʀafi] die Stenografie

la **stéréophonie** [steʀeɔfɔni] die Stereofonie

le **stéréotype** [steʀeɔtip] das Stereotyp

stérile [steʀil] ❶ unfruchtbar ❷ (*keimfrei*) steril ❸ *Bemühungen* fruchtlos

le **stérilet** [steʀilɛ] die Spirale, das Intrauterinpessar

stériliser [steʀilize] sterilisieren

la **stérilité** [steʀilite] ❶ (*auch übertragen*) die Unfruchtbarkeit ❷ (*Keimfreiheit*) die Sterilität

le **steward** [⚠ stiwaʀt] der Steward

le **stick** [stik] der Stift

le **stimulant** [stimylɑ̃] ❶ (*Medikament*) das anregende Mittel ❷ (*Ermutigung*) der Ansporn

stimulant, stimulante [stimylɑ̃, stimylɑ̃t] ❶ anregend ❷ (*ermutigend*) aufmunternd

le **stimulateur** [stimylatœʀ] **le stimulateur cardiaque** der Herzschrittmacher

stimuler [stimyle] ❶ anregen ❷ anspornen

le **stock** [stɔk] ❶ das Lager; **avoir quelque chose en stock** etwas am Lager haben ❷ (*Reserve*) der Vorrat ❸ **garde ce stylo, j'en ai tout un stock** (*umgs.*) behalt den Stift, ich habe jede Menge davon

F Nicht verwechseln mit *der Stock – le bâton!*

stocker [stɔke] ❶ einlagern, lagern ❷ **stocker quelque chose sur une disquette** etwas auf einer Diskette [ab]speichern

Stockholm [stɔk´ɔlm] Stockholm

le **stop** [stɔp] ❶ das Stoppschild; (*Lichtzeichen*) das Haltesignal ❷ (*an einem Fahrzeug*) das Bremslicht ❸ **faire du stop** (*umgs.*) trampen, per Anhalter fahren ❹ **stop!** stopp!

stopper [stɔpe] ❶ stehen bleiben ❷ **stopper quelque chose** etwas stoppen

le **store** [stɔʀ] ❶ (*innen am Fenster*) das Rollo ❷ (*außen vor dem Fenster, der Tür*) eines Geschäfts der Rollladen

Strasbourg [stʀasbuʀ] Straßburg

le **stratagème** [stʀataʒɛm] die List

la **stratégie** [stʀateʒi] die Strategie

stratégique [stʀateʒik] strategisch; *Position* strategisch, strategisch wichtig

le **stress** [stʀɛs] der Stress

stressant, stressante [stʀɛsɑ̃, stʀɛsɑ̃t] stressig

stresser [stʀese] ❶ stressen; **être stressé(e)** im Stress sein ❷ (*umgs.: sich ängstigen*) Muffe haben; (*große Angst haben*) Panik schieben

strict, stricte [stʀikt] ❶ streng, strikt; **être très strict sur le règlement** es mit den Bestimmungen sehr genau nehmen ❷ *Minimum* absolut; **le strict nécessaire** das Aller-

nötigste; **la stricte vérité** die reine Wahrheit ❸ *Kleidung* streng geschnitten
strictement [stRiktəmã] strikt; **strictement interdit** streng verboten ▶ **strictement parlant** genau genommen
la **strophe** [stRɔf] die Strophe
la **structure** [stRyktyR] ❶ die Struktur ❷ **la structure d'accueil** die soziale Einrichtung
structurer [stRyktyRe] ❶ strukturieren; gliedern *Referat, Werk* ❷ **se structurer** *Partei, Bewegung:* sich strukturieren
le **studio** [stydjo] ❶ (*Wohnung*) das Appartement ❷ (*für Aufnahmen*) das Studio
la **stupéfaction** [stypefaksjɔ̃] die Verblüffung
stupéfait, stupéfaite [stypefɛ, stypefɛt] verblüfft, perplex
le **stupéfiant** [stypefjã] das Betäubungsmittel
stupéfiant, stupéfiante [stypefjã, stypefjãt] verblüffend
stupéfier [stypefje] <*wie* apprécier; siehe Verbtabelle ab S. 1055> verblüffen
la **stupeur** [stypœR] die Verblüffung
stupide [stypid] dumm; *Leben, Arbeit* stumpfsinnig
la **stupidité** [stypidite] die Dummheit
le **style** [stil] ❶ der Stil ❷ (*Verhaltensweise*) die Art; **c'est bien <u>dans</u> son style!** das ist typisch für ihn/für sie!
le **styliste** [stilist] der Designer
la **styliste** [stilist] die Designerin
le **stylo** [stilo] der Füller
◆ le **stylo** [à] **bille** der Kugelschreiber
◆ le **stylo** [à] **plume** der Füllfederhalter
le **stylo-feutre** [stiloføtR] <*Plural:* stylos-feutres> der Filzstift
su [sy] →**savoir**
le **subconscient** [sybkɔ̃sjã] das Unterbewusstsein
subdiviser [sybdivize] unterteilen
la **subdivision** [sybdivizjɔ̃] die Unterteilung
subir [sybiR] <*wie* agir; siehe Verbtabelle ab S. 1055> ❶ erleiden *Unrecht* ❷ erdulden; über sich ergehen lassen *Ereignisse;* auf sich nehmen *Konsequenzen* ❸ **subir une opération** sich einer Operation unterziehen; **subir un interrogatoire** sich einem Verhör unterziehen ❹ erfahren *Veränderung*

Ⓖ Bei einigen Formen des Verbs ist der Stamm um *-iss-* erweitert, etwa bei *ils sub<u>iss</u>ent, il sub<u>iss</u>ait* oder *en sub<u>iss</u>ant.*

subjectif, subjective [sybʒɛktif, sybʒɛktiv] subjektiv
la **subjectivité** [sybʒɛktivite] die Subjektivität
le **subjonctif** [sybʒɔ̃ktif] (*in der Grammatik*) der Subjonctif
subjuguer [sybʒyge] in seinen Bann ziehen
sublime [syblim] (*bewundernswert*) überwältigend
submerger [sybmɛRʒe] <*wie* changer; siehe Verbtabelle ab S. 1055> ❶ unter Wasser setzen *Deich, Ufer;* überschwemmen *Ebene, Land;* **être submergé(e)** unter Wasser stehen ❷ **être submergé(e) <u>de</u> travail** mit Arbeit überhäuft sein

Ü Vor *a* und *o* bleibt das *e* erhalten, z. B. in *nous submerg<u>e</u>ons, il submerg<u>e</u>ait* und *en submerg<u>e</u>ant.*

le **subordonné** [sybɔRdɔne] der Untergebene
subordonné, subordonnée [sybɔRdɔne] (*in der Grammatik*) Satz untergeordnet
la **subordonnée** [sybɔRdɔne] ❶ die Untergebene ❷ (*in der Grammatik*) die Nebensatz
subsidiaire [sybzidjɛR] zusätzlich
subsister [sybziste] ❶ überleben ❷ *Zweifel, Fehler:* weiter bestehen
la **substance** [sypstãs] ❶ die Substanz ❷ *eines Artikels, Buches* der wesentliche Inhalt
le **substantif** [sypstãtif] das Substantiv
substituer [sypstitɥe] ❶ **substituer un objet à un autre** einen Gegenstand durch einen anderen ersetzen; (*versehentlich*) einen Gegenstand mit einem anderen vertauschen ❷ **se substituer à quelqu'un** sich an jemandes Stelle setzen
le **substitut** [sypstity] der Ersatz; **être le substitut de quelqu'un/de quelque chose** jemanden/etwas ersetzen
◆ le **substitut du procureur** der Staatsanwalt/die Staatsanwältin
la **substitution** [sypstitysjɔ̃] das Austauschen; (*versehentlich*) das Vertauschen
le **subterfuge** [syptɛRfyʒ] die Ausflucht
subtil, subtile [syptil] *Mensch, Argumentation* scharfsinnig; *Unterschied* fein; *Parfüm* zart
subtilement [syptilmã] ❶ argumentieren scharfsinnig ❷ *sich ausdrücken* nuanciert
subtiliser [syptilize] entwenden
la **subtilité** [syptilite] (*gehoben*) die Subtilität; *einer Analyse* die Scharfsinnigkeit; *der Sprache* die Feinheit
subvenir [sybvəniR] <*wie* tenir; siehe Verbtabelle ab S. 1055> **subvenir à quelque chose** für etwas aufkommen
la **subvention** [sybvãsjɔ̃] die Subvention
subventionner [sybvãsjɔne] subventionieren
succéder [syksede] <*wie* préférer; siehe Verbtabelle ab S. 1055> ❶ **succéder à**

quelque chose auf etwas folgen; **succéder à son supérieur** die Nachfolge seines Vorgesetzten antreten ❷ **se succéder** aufeinanderfolgen

> Ü Nur die stammbetonten Formen schreiben sich mit *è*, z. B. *je succède.*

le **succès** [syksɛ] ❶ der Erfolg; **avoir du succès auprès des garçons** bei den Jungs Erfolg haben; **un film à succès** ein erfolgreicher Film ❷ (*sportlich, militärisch*) der Sieg

le **successeur** [syksesœʀ] der Nachfolger/die Nachfolgerin

> G Es gibt im Französischen keine Femininform: *elle est mon successeur – sie ist meine Nachfolgerin.*

successif, successive [syksesif, syksesiv] *Epochen, Generationen* aufeinander folgend

la **succession** [syksesjɔ̃] ❶ die Nachfolge; **prendre la succession de son père** die Nachfolge seines Vaters antreten ❷ die Erbschaft, die Verlassenschaft Ⓐ

successive [syksesiv] →**successif**

successivement [syksesivmɑ̃] nacheinander

succomber [sykɔ̃be] ❶ **succomber à une tentation** einer Versuchung erliegen ❷ sterben; **succomber à ses blessures** seinen Verletzungen erliegen

succulent, succulente [sykylɑ̃, sykylɑ̃t] köstlich

la **succursale** [sykyʀsal] die Filiale

sucer [syse] <*wie* commencer; *siehe Verbtabelle ab S. 1055*> ❶ aussaugen *Zitrone;* saugen *Blut* ❷ lutschen *Bonbon;* lutschen an *Stift, Daumen*

> Ü Vor *a* und *o* steht statt *c* ein *ç*, z. B. in *nous suçons, il suçait* und *en suçant.*

la **sucette** [sysɛt] der Lutscher

le **sucre** [sykʀ] ❶ der Zucker; **le sucre en morceaux** der Würfelzucker; **le sucre en poudre** der lose Zucker ❷ das Stück Zucker, der Zuckerwürfel

sucré, sucrée [sykʀe] süß; (*mit Zuckerzusatz*) gesüßt

sucrer [sykʀe] ❶ (*Süßkraft haben*) *Honig:* süßen ❷ zuckern *Kaffee* ❸ (*umgs.:* annullieren) streichen ❹ **se sucrer** (*umgs.*) absahnen

la **sucrerie** [sykʀəʀi] die Süßigkeit

la **sucrette**® [sykʀɛt] die Süßstofftablette

sud [syd] *Vorort, Teil* südlich; **l'aile sud** der Südflügel; *siehe auch* **est**¹

le **sud** [syd] (*Himmelsrichtung*) Süd, der Süden

> G Das Adjektiv *sud* ist unveränderlich: *les versants sud – die Südhänge.*
> In geografischen oder politischen Eigennamen wird es großgeschrieben: *le pôle Sud – der Südpol.*

le **Sud** [syd] (*Gegend, Teil eines Landes*) der Süden

sud-africain, sud-africaine [sydafʀikɛ̃, sydafʀikɛn] <*Plural der männl. Form:* sud-africains> südafrikanisch

le **Sud-Africain** [sydafʀikɛ̃] <*Plural:* Sud-Africains> der Südafrikaner

la **Sud-Africaine** [sydafʀikɛn] <*Plural:* Sud-Africaines> die Südafrikanerin

sud-coréen, sud-coréenne [sydkɔʀeɛ̃, sydkɔʀeɛn] <*Plural der männl. Form:* sud-coréens> südkoreanisch

le **Sud-Coréen** [sydkɔʀeɛ̃] <*Plural:* Sud-Coréens> der Südkoreaner

la **Sud-Coréenne** [sydkɔʀeɛn] die Südkoreanerin

sud-est [sydɛst] *Vorort, Teil* südöstlich; **le vent sud-est** der Südostwind

le **sud-est** [sydɛst] (*Himmelsrichtung*) Südost, der Südosten

le **Sud-Est** [sydɛst] (*Gegend, Teil eines Landes*) der Südosten

sud-ouest [sydwɛst] *Vorort, Teil* südwestlich; **le vent sud-ouest** der Südwestwind

le **sud-ouest** [sydwɛst] (*Himmelsrichtung*) Südwest, der Südwesten

le **Sud-Ouest** [sydwɛst] (*Gegend, Teil eines Landes*) der Südwesten

la **Suède** [sɥɛd] Schweden

le **suédois** [sɥedwa] Schwedisch; *siehe auch* **allemand**

> G In Verbindung mit dem Verb *parler* kann der Artikel entfallen: *il parle suédois – er spricht Schwedisch.*

suédois, suédoise [sɥedwa, sɥedwaz] schwedisch

le **Suédois** [sɥedwa] der Schwede

la **Suédoise** [sɥedwaz] die Schwedin

la **suée** [sɥe] (*umgs.*) der Schweißausbruch

suer [sɥe] schwitzen

la **sueur** [sɥœʀ] ❶ der Schweiß; **en sueur** schweißnass ❷ **les sueurs** die Schweißausbrüche ▶ **quelqu'un a des sueurs froides** jemandem bricht der kalte Schweiß aus

suffire [syfiʀ] <*siehe Verbtabelle ab S. 1055*> ❶ reichen, genügen; **suffire à quelqu'un** jemandem genügen; **il suffit d'une fois** einmal reicht; **il suffit que vous soyez là pour qu'il se calme** um ihn zu beruhigen genügt

es, wenn Sie da sind ❷ **suffire** aux besoins d'une famille nombreuse für eine kinderreiche Familie aufkommen ❸ **ça suffit [comme ça]!** (*umgs.*) jetzt reicht's [aber]!
suffisamment [syfizamã] ❶ **suffisamment grand(e)** groß genug ❷ **suffisamment de temps** genügend Zeit; **suffisamment de livres** genügend Bücher
suffisant, suffisante [syfizã, syfizãt] *Anzahl, Techniken* ausreichend; *Platz* genügend
le **suffixe** [syfiks] (*in der Grammatik*) die Nachsilbe, das Suffix
suffoquer [syfɔke] (*keine Luft bekommen*) ersticken
le **suffrage** [syfʀaʒ] ❶ die Wahlstimme, die Stimme ❷ **le suffrage universel** das allgemeine Wahlrecht ▸ **rallier tous les suffrages** allgemeine Zustimmung finden
suggérer [sygʒeʀe] <*wie* préférer; *siehe Verbtabelle ab S. 1055*> ❶ vorschlagen ❷ **suggérer une solution à quelqu'un** jemanden auf eine Lösung bringen

ⓘ Nur die stammbetonten Formen schreiben sich mit *è*, z. B. *je suggère.*

la **suggestion** [sygʒɛstjõ] der Vorschlag
suicidaire [sɥisidɛʀ] selbstmörderisch
le **suicide** [sɥisid] der Selbstmord
suicider [sɥiside] **se suicider** Selbstmord begehen
suis[1] [sɥi] →**être**
suis[2] [sɥi] →**suivre**
suisse [sɥis] schweizerisch, Schweizer; **le peuple suisse** die Schweizer
le **suisse** [sɥis] ❶ der Küster ❷ (*Wachmann*) der Schweizer Gardist ▸ **le petit suisse** *Rahmquark in kleinen Portionen*
le **Suisse** [sɥis] der Schweizer; **un Suisse allemand** ein Deutschschweizer; **c'est un Suisse romand** er ist Französischschweizer, er ist Welschschweizer ⓒⒽ
la **Suisse**[1] [sɥis] (*Land*) die Schweiz; **aller en Suisse** in die Schweiz fahren
la **Suisse**[2] [sɥis], la **Suissesse** [sɥisɛs] die Schweizerin; **une Suisse** [*oder* **Suissesse**] **romande** eine Französischschweizerin, eine Welschschweizerin ⓒⒽ
suit [sɥi] →**suivre**
la **suite** [sɥit] ❶ *eines Briefs, Romans* die Fortsetzung; *einer Angelegenheit* das Nachspiel ❷ *von Menschen, Gegenständen* die Reihe; *von Ereignissen, Zahlen* die Abfolge, die Folge ❸ (*Konsequenz*) die Folge ❹ (*Verbindung*) der Zusammenhang ❺ (*Appartement*) die Suite ▸ **tout de suite** sofort; **tout de suite** après gleich danach; **donner suite à quelque chose** auf etwas reagieren; **faire suite à quelque chose** auf etwas folgen; **prendre la suite de quelqu'un/de quelque chose** jemanden/etwas ablösen; **suite à quelque chose** Bezug nehmend auf etwas; **à la suite** [l'un de l'autre] nacheinander; **à la suite de** nach; **et ainsi de suite** und so weiter; **par la suite** später
suivant [sɥivã] ❶ **suivant le cours du fleuve** entlang dem Flusslauf ❷ **suivant le proverbe** gemäß dem Sprichwort ❸ **suivant le temps qu'il fait** je nach Wetter
suivant, suivante [sɥivã, sɥivãt] ❶ nächste(r, s) ❷ (*anschließend*) folgende(r, s)
le **suivant** [sɥivã] der Nächste; **au suivant!** der Nächste!
la **suivante** [sɥivãt] die Nächste; **suivante, s'il vous plaît!** die Nächste, bitte!
le **suivi** [sɥivi] ❶ *einer Angelegenheit* die Weiterverfolgung ❷ **le suivi médical** die medizinische Nachbetreuung
suivi, suivie [sɥivi] regelmäßig; *Bemühung* kontinuierlich
suivre [sɥivʀ] <*siehe Verbtabelle ab S. 1055*> ❶ **suivre quelqu'un** jemandem folgen; **faire suivre quelqu'un** jemanden beschatten lassen ❷ **suivre une trace** einer Fährte folgen; **suivre la mode** mit der Mode gehen ❸ **l'hiver suit l'automne** auf den Herbst folgt der Winter ❹ besuchen *Klasse, Kurs* ❺ beobachten *Schüler, Kranken;* verfolgen *Zeitgeschehen, Wettbewerb* ❻ **le reste suit** der Rest folgt ❼ **faire suivre son courrier** sich die Post nachsenden lassen ❽ aufpassen ❾ (*verstehen*) mitkommen ❿ **se suivre** *Ereignisse:* aufeinanderfolgen; *Argumente:* einen Zusammenhang haben ▸ **à suivre** Fortsetzung folgt; **comme suit** wie folgt, folgendermaßen
le **sujet** [syʒɛ] ❶ das Thema ❷ (*Ursache*) der Anlass ❸ **un bon sujet** ein anständiger Mensch ❹ (*in der Grammatik*) das Subjekt ▸ **c'est à quel sujet?** (*umgs.*) worum geht's?; **à ce sujet** diesbezüglich; **au sujet de quelqu'un/de quelque chose** bezüglich einer Person/einer Sache, was jemanden/etwas betrifft [*oder* angeht]
sujet, sujette [syʒɛ, syʒɛt] **être sujet(te) à quelque chose** für etwas anfällig sein
le **summum** [⚠ sɔ(m)mɔm] ❶ der Höhepunkt ❷ (*ironisch: Unverschämtheit*) der Gipfel
super [sypɛʀ] (*umgs.*) super
le **super** [sypɛʀ] *Abkürzung von* **supercarburant** das Super; **le super sans plomb** das Su-

G Das Adjektiv *super* ist unveränderlich: *des idées super* – super Ideen.

per bleifrei
superbe [sypɛʀb] *Landschaft, Körper* wunderschön; *Wetter* herrlich; **elle a une mine superbe** sie sieht blendend aus
la **superficie** [sypɛʀfisi] die Fläche
superficiel, superficielle [sypɛʀfisjɛl] oberflächlich
le **superflu** [sypɛʀfly] das Überflüssige
superflu, superflue [sypɛʀfly] überflüssig
le **supérieur** [sypeʀjœʀ] ❶ der Vorgesetzte ❷ *eines Klosters, Ordens* der Superior
supérieur, supérieure [sypeʀjœʀ] ❶ obere(r, s); **la lèvre supérieure** die Oberlippe; **la mâchoire supérieure** der Oberkiefer ❷ höhere(r, s); *Tier, Pflanze* höher entwickelt ❸ hervorragend; *Produkt* erstklassig ❹ **supérieur en nombre** zahlenmäßig größer; **supérieur par la qualité** qualitativ besser; **être supérieur à la moyenne** über dem Durchschnitt liegen; **il se croit supérieur aux autres** er glaubt, er sei den anderen überlegen
la **supérieure** [sypeʀjœʀ] ❶ die Vorgesetzte ❷ *eines Klosters, Ordens* die Superiorin
la **supériorité** [sypeʀjɔʀite] die Überlegenheit; **la supériorité qu'il a sur toi** seine Überlegenheit dir gegenüber
le **superlatif** [sypɛʀlatif] (*in der Grammatik*) der Superlativ
le **supermarché** [sypɛʀmaʀʃe] der Supermarkt
superposé, superposée [sypɛʀpoze] *Kisten* aufeinandergestapelt; **les lits superposés** das Etagenbett

V Der Plural *les lits superposés* wird mit einem Singular übersetzt: *les deux filles dorment dans des lits superposés* – die beiden Mädchen schlafen in einem Etagenbett.

superposer [sypɛʀpoze] ❶ aufeinanderstapeln *Kisten, Bücher*; übereinanderlegen *Decken* ❷ auftürmen
la **superproduction** [sypɛʀpʀɔdyksjɔ̃] der Monumentalfilm
superstitieux, superstitieuse [sypɛʀstisjø, sypɛʀstisjøz] abergläubisch
la **superstition** [sypɛʀstisjɔ̃] der Aberglaube, der Aberglauben
superviser [sypɛʀvize] überprüfen; beaufsichtigen *Arbeit*
le **supplément** [syplemɑ̃] ❶ die zusätzliche Menge; **en supplément** zusätzlich ❷ *einer Zeitung, Zeitschrift* die Beilage ❸ der Aufpreis; (*bei Zugfahrkarten*) der Zuschlag

supplémentaire [syplemɑ̃tɛʀ] zusätzlich; **l'heure supplémentaire** die Überstunde
le **supplice** [syplis] die Qual
supplier [syplije] <*wie* apprécier; *siehe Verbtabelle ab S. 1055*> inständig bitten
le **support** [sypɔʀ] die Stütze; *eines Möbels, einer Statue* der Sockel
♦ le **support d'information** der Datenträger
supportable [sypɔʀtabl] erträglich
supporter [sypɔʀte] ❶ ertragen; hinnehmen *Unglück;* sich gefallen lassen *Behandlung* ❷ **je ne peux pas le supporter** ich kann ihn nicht ausstehen; **elle ne supporte pas qu'il se taise** sie kann es nicht aushehen, wenn er schweigt ❸ vertragen *Alkohol, Hitze;* aushalten *Schmerz* ❹ anfeuern *Sportler, Mannschaft* ❺ **se supporter** miteinander auskommen
supposé, supposée [sypoze] mutmaßlich
supposer [sypoze] ❶ annehmen; **supposons qu'il revienne** nehmen wir [einmal] an, er käme zurück ❷ voraussetzen
la **supposition** [sypozisjɔ̃] die Vermutung
supprimer [sypʀime] ❶ abschaffen *Freiheiten;* **supprimer le sucre** auf Zucker verzichten; **on lui a supprimé son permis de conduire** man hat ihm/ihr den Führerschein entzogen ❷ (*töten*) beseitigen ❸ **se supprimer** sich umbringen
la **suprématie** [⚠ sypʀemasi] die Überlegenheit
suprême [sypʀɛm] *Glück, Grad* höchste(r, s); *Gericht, Instanz* oberste(r, s); *Macht* größte(r, s)
sur [syʀ] ❶ **sur la table** auf den Tisch/auf dem Tisch; **avoir un chapeau sur la tête** einen Hut auf dem Kopf haben; **tirer sur quelqu'un** auf jemanden schießen; **planer sur la mer** über das Meer fliegen ❷ **je n'ai pas d'argent sur moi** ich habe kein Geld dabei [*oder* bei mir] ❸ **un film sur la Grèce** ein Film über Griechenland ❹ **sur le coup** auf der Stelle; (*anfangs*) im ersten Augenblick ❺ **coup sur coup** Schlag auf Schlag ❻ **sur ta recommandation** auf deine Empfehlung hin; **sur présentation d'une pièce d'identité** gegen Vorlage eines Ausweises ❼ **sur mesure** nach Maß ❽ **ne me parle pas sur ce ton!** sprich nicht in diesem Ton mit mir! ❾ **faire trois mètres sur quatre** drei mal vier Meter groß sein ❿ **un enfant sur deux** jedes zweite Kind
sûr, sûre [syʀ] ❶ sicher; **j'en suis sûr** da bin ich [mir] ganz sicher, ich bin [mir] dessen sicher; **elle est sûre du succès** sie ist sich des Erfolgs sicher; **il est sûr de gagner** er ist

sich sicher, dass er gewinnen wird ❷ zuverlässig; *Wetter* beständig ▸ **bien sûr** selbstverständlich; **bien sûr que oui** (*umgs.*) aber sicher; **bien sûr que non** [ganz] sicher nicht; **être sûr(e) et certain(e)** absolut sicher sein; **c'est sûr** (*umgs.*) na klar

la **suralimentation** [syʀalimɑ̃tasjɔ̃] die Überernährung

la **surcharge** [syʀʃaʀʒ] ❶ *eines Fahrzeugs* die Überladung ❷ (*übertragen*) die Überlastung

surcharger [syʀʃaʀʒe] <*wie* changer; siehe Verbtabelle ab S. 1055> ❶ überladen *Fahrzeug* ❷ **être surchargé(e) de travail** in Arbeit ersticken

Ü Vor *a* und *o* bleibt das *e* erhalten, z. B. in *nous surchargeons, il surchargeait* und *en surchargeant.*

surchauffer [syʀʃofe] überheizen
surclasser [syʀklɑse] **surclasser quelqu'un** jemandem [weit] überlegen sein

la **surdité** [syʀdite] ❶ die Schwerhörigkeit ❷ (*Gehörlosigkeit*) die Taubheit

surdoué, surdouée [syʀdwe] hoch begabt
sûre [syʀ] → **sûr**
sûrement [syʀmɑ̃] sicherlich, sicher, bestimmt

surenchérir [syʀɑ̃ʃeʀiʀ] <*wie* agir; siehe Verbtabelle ab S. 1055> ❶ mehr bieten ❷ auftrumpfen; **surenchérir sur quelqu'un/sur quelque chose** jemanden/etwas überbieten

G Bei einigen Formen des Verbs ist der Stamm um -*iss*- erweitert, etwa bei *ils surenchérissent, il surenchérissait* oder *en surenchérissant.*

le **surendettement** [syʀɑ̃dɛtmɑ̃] die Überschuldung

la **sûreté** [syʀte] die Sicherheit; **en sûreté** in Sicherheit

surévaluer [syʀevalɥe] überschätzen *Menschen;* zu hoch schätzen *Gebäude, Zahl*

le **surf** [⚠ sœʀf] ❶ (*auch in der Informatik*) das Surfen; (*im Schnee*) das Snowboardfahren; **faire du surf** surfen; (*im Schnee*) snowboarden, Snowboard fahren ❷ (*Sportgerät*) das Surfbrett; (*für den Schnee*) das Snowboard

la **surface** [syʀfas] ❶ die Fläche; *einer Wohnung* die Wohnfläche, die Fläche ❷ (*in der Geometrie*) der Flächeninhalt ❸ die Oberfläche; **à la surface** auf der/die Oberfläche ▸ **la grande surface** der Supermarkt

surfer [⚠ sœʀfe] surfen; **surfer sur le Web** im Web surfen

le **surfeur** [⚠ sœʀfœʀ] ❶ (*auch in der Informatik*) der Surfer ❷ (*Wintersportler*) der Snowboardfahrer

la **surfeuse** [⚠ sœʀføz] ❶ (*auch in der Informatik*) die Surferin ❷ (*Wintersportlerin*) die Snowboardfahrerin

le **surfing** [⚠ sœʀfiŋ] das Surfen; **faire du surfing sur le Net** im Internet surfen

surgelé, surgelée [syʀʒəle] tiefgefroren; **les produits surgelés** die Tiefkühlkost

surgir [syʀʒiʀ] <*wie* agir; siehe Verbtabelle ab S. 1055> auftauchen

G Bei einigen Formen des Verbs ist der Stamm um -*iss*- erweitert, etwa bei *ils surgissent, il surgissait* oder *en surgissant.*

surhumain, surhumaine [syʀymɛ̃, syʀymɛn] übermenschlich

surligner [syʀliɲe] (*auch in der Informatik*) markieren

surmener [syʀməne] <*wie* peser; siehe Verbtabelle ab S. 1055> ❶ überbeanspruchen ❷ **se surmener** sich übernehmen

Ü Mit *è* schreiben sich
– die stammbetonten Formen wie *je surmène* oder *tu surmènes* sowie
– die auf der Basis der Grundform *surmener* gebildeten Formen, z. B. *ils se surmèneront* und *je me surmènerais.*

surmonter [syʀmɔ̃te] überwinden
surnaturel, surnaturelle [syʀnatyʀɛl] übernatürlich; (*in der Religion*) überirdisch

le **surnom** [syʀnɔ̃] der Spitzname
le **surnombre** [syʀnɔ̃bʀ] die Überzahl

surnommer [syʀnɔme] **surnommer quelqu'un Junior** jemandem den Spitznamen Junior geben

surpasser [syʀpɑse] **se surpasser** sich selbst übertreffen

surpayer [syʀpeje] <*wie* essayer; siehe Verbtabelle ab S. 1055> überbezahlen *Menschen*

Ü Einige Formen dieses Verbs schreiben sich mit *y*, andere mit *i.*
Direkt vor einer betonten Endungssilbe steht immer ein *y*, z. B. in *nous surpayons* und *ils surpayaient.*
Vor einem unbetonten *e* können *i* oder *y* stehen, z. B. in *je surpaie* oder *je surpaye.*

surpeuplé, surpeuplée [syʀpœple] *Land* übervölkert, überbevölkert

le **surplace** [syʀplas] **faire du surplace** auf der Stelle treten; *Auto:* nicht von der Stelle kommen

surplomber [syʀplɔ̃be] **surplomber quel-**

que chose *Stockwerk, Fels:* über etwas hinausragen
le **surplus** [⚠ syʀply] *einer Summe* der Rest; *einer Ernte* der Überschuss
la **surpopulation** [syʀpɔpylasjõ] die Übervölkerung, die Überbevölkerung
surprenant, surprenante [syʀpʀənɑ̃, syʀpʀənɑ̃t] überraschend; *Fortschritt* erstaunlich
surprendre [syʀpʀɑ̃dʀ] <*wie* comprendre; siehe Verbtabelle ab S. 1055> ❶ überraschen; **la pluie nous a surpris** wir wurden vom Regen überrascht ❷ **surprendre quelqu'un dans son bureau** jemanden in seinem Büro überfallen ❸ **je l'ai surpris à lire mon courrier** ich habe ihn dabei überrascht, wie er meine Post las ❹ mit anhören *Gespräch;* heraushören *Lächeln*
la **surprise** [syʀpʀiz] die Überraschung; **faire la surprise à quelqu'un** jemandem eine Überraschung bereiten, jemanden überraschen; **avec surprise** überrascht; **par surprise** überraschend
la **surproduction** [syʀpʀɔdyksjõ] die Überproduktion
surréaliste [syʀʀealist] *Kunst* surrealistisch
le **sursaut** [syʀso] ❶ das Zusammenzucken; **se réveiller en sursaut** aus dem Schlaf hochfahren ❷ **le sursaut d'énergie** der Energieschub; **le sursaut de colère** der Wutausbruch
sursauter [syʀsote] ❶ zusammenzucken ❷ aufschrecken; **faire sursauter quelqu'un** jemanden aufschrecken
le **sursis** [syʀsi] ❶ der Aufschub; (*bei gesetzten Fristen*) die Fristverlängerung ❷ (*in der Rechtsprechung*) die Bewährung; **avec sursis** auf Bewährung
la **surtaxe** [syʀtaks] das Nachporto; (*bei Expressversand*) der Zuschlag
surtout [syʀtu] ❶ vor allem ❷ **surtout qu'il est fort** (*umgs.*) besonders, wo er doch so stark ist ▶ **surtout pas** auf keinen Fall
la **surveillance** [syʀvεjɑ̃s] ❶ die Aufsicht; *der Arbeiten* die Überwachung ❷ (*durch die Polizei*) die Überwachung
le **surveillant** [syʀvεjɑ̃] ❶ (*in einer Schule*) die Aufsichtsperson, die Aufsicht ❷ (*in einem Geschäft*) der Detektiv ❸ (*in einem Gefängnis*) der Wärter
la **surveillante** [syʀvεjɑ̃t] ❶ (*in einer Schule*) die Aufsichtsperson, die Aufsicht ❷ (*in einem Geschäft*) der Detektiv ❸ (*in einem Gefängnis*) die Wärterin
surveillé, surveillée [syʀveje] ❶ (*in der Schule*) *Lernen* unter Aufsicht ❷ (*juristisch*) *Freiheit* mit Bewährungsaufsicht
surveiller [syʀveje] ❶ beaufsichtigen *Kind, Schüler;* aufpassen auf *Baby, Braten;* **surveiller un malade** bei einem Kranken wachen; **surveiller un examen** bei einer Prüfung die Aufsicht führen ❷ überwachen; wachen über *Erziehung;* beobachten *Verhalten* ❸ bewachen *Haus, Tresor*
le **survêtement** [syʀvεtmɑ̃] der Trainingsanzug
la **survie** [syʀvi] ❶ das Überleben ❷ (*in der Religion*) das Leben nach dem Tod[e]
le **survivant** [syʀvivɑ̃] der Überlebende
survivant, survivante [syʀvivɑ̃, syʀvivɑ̃t] überlebend
la **survivante** [syʀvivɑ̃t] die Überlebende
survivre [syʀvivʀ] <*wie* vivre; *siehe Verbtabelle ab S. 1055*> überleben; **survivre à quelqu'un/à quelque chose** jemanden/etwas überleben
survoler [syʀvɔle] ❶ (*auch übertragen*) überfliegen ❷ flüchtig streifen *Frage*
la **susceptibilité** [sysεptibilite] die Empfindlichkeit
susceptible [sysεptibl] ❶ empfindlich ❷ **être susceptible de faire quelque chose** imstande sein etwas zu tun
susciter [sysite] hervorrufen; verursachen *Streit;* erregen *Eifersucht;* stiften *Unruhe*
le **suspect** [syspε] der Verdächtige
suspect, suspecte [syspε, syspεkt] verdächtig
la **suspecte** [syspεkt] die Verdächtige
suspecter [syspεkte] **suspecter quelqu'un d'infidélité** jemanden der Untreue verdächtigen
suspendre [syspɑ̃dʀ] <*wie* vendre; *siehe Verbtabelle ab S. 1055*> ❶ aufhängen *Leuchte, Mantel, Bild;* **suspendre son pardessus au portemanteau** seinen Mantel an den Kleiderständer hängen ❷ unterbrechen *Sitzung, Versammlung;* vorübergehend einstellen *Zahlung* ❸ suspendieren *Beamten;* sperren *Spieler*
suspens [syspɑ̃] **en suspens** *Projekt, Frage* in der Schwebe
le **suspense** [syspεns] die Spannung; **un roman à suspense** ein spannender Roman
svelte [svεlt] schlank
SVP [εsvepe] *Abkürzung von* **s'il vous plaît**
les **S.V.T.** (*weiblich*) [εsvete] *Abkürzung von* **sciences de la vie et de la terre** ≈ die Naturwissenschaften, ≈ die naturwissenschaftlichen Fächer
le **sweat-shirt** [⚠ switʃœʀt] <*Plural:* sweat-

shirts> das Sweatshirt

la **syllabe** [sil(l)ab] die Silbe

le **symbole** [sɛ̃bɔl] das Symbol

symbolique [sɛ̃bɔlik] symbolisch

la **symbolique** [sɛ̃bɔlik] die Symbolik

symboliser [sɛ̃bɔlize] ① versinnbildlichen ② symbolisieren

la **symétrie** [simetʀi] die Symmetrie

symétrique [simetʀik] symmetrisch; **la main droite est symétrique <u>de</u> la gauche** die rechte Hand ist symmetrisch zur linken

> **V** Das französische Wort schreibt sich nur mit einem *m*.

sympa [sɛ̃pa] (*umgs.*) *Abkürzung von* **sympathique** *Mensch* nett, sympathisch; *Abend, Atmosphäre* nett; *Gericht* lecker

la **sympathie** [sɛ̃pati] ① die Sympathie ② die Zuneigung

sympathique [sɛ̃patik] ① *Mensch* sympathisch, nett ② (*umgs.: angenehm*) *Abend, Atmosphäre* nett; *Gericht* lecker

sympathiser [sɛ̃patize] sympathisieren

la **symphonie** [sɛ̃fɔni] die Sinfonie

symphonique [sɛ̃fɔnik] sinfonisch; **un orchestre symphonique** ein Sinfonieorchester

le **symptôme** [sɛ̃ptom] das Symptom

la **synagogue** [sinagɔg] die Synagoge

la **synchronisation** [sɛ̃kʀɔnizasjõ] (*bei einem Film*) die Synchronisation

la **syncope** [sɛ̃kɔp] die Ohnmacht; **<u>avoir</u> une syncope** ohnmächtig werden

syndical, **syndicale** [sɛ̃dikal] <*Plural der männl. Form:* syndicaux> Gewerkschafts-; **le mouvement syndical** die Gewerkschaftsbewegung; **l'action syndicale** der Kampf der Gewerkschaften

le **syndicat** [sɛ̃dika] die Gewerkschaft
◆ le **syndicat d'initiative** das Fremdenverkehrsamt

syndicaux [sɛ̃diko] → **syndical**

synonyme [sinɔnim] synonym; **être synonyme <u>de</u> quelque chose** ein Synonym für etwas sein

le **synonyme** [sinɔnim] das Synonym

la **syntaxe** [sɛ̃taks] (*in der Grammatik*) die Satzlehre, die Syntax

la **synthèse** [sɛ̃tɛz] ① (*in der Chemie*) die Synthese ② **<u>faire</u> la synthèse de quelque chose** einen Gesamtüberblick über etwas geben

synthétique [sɛ̃tetik] *Material* synthetisch; **les fibres synthétiques** die Kunstfasern

le **synthétiseur** [sɛ̃tetizœʀ] der Synthesizer

systématique [sistematik] systematisch

le **système** [sistɛm] ① das System; **le Système monétaire européen** das Europäische Währungssystem ② das System, die Anlage; **le système de fermeture** *einer Tür* die Schließvorrichtung ③ (*umgs.: Strategie*) der Dreh ▸ **c'est le système <u>D</u>!** (*umgs.*) man muss sich eben zu helfen wissen!, gewusst, wie!; **il/elle me <u>tape</u> sur le système** (*umgs.*) er/sie geht mir auf den Senkel
◆ le **système d'alarme** die Alarmanlage
◆ le **système d'exploitation** das Betriebssystem
◆ le **système de guidage** das Navigationssystem

T

le **t**, le **T** [te] ① das t, das T ② **en T** T-förmig

t *Abkürzung von* **tonne** t

t'[1] <*steht an Stelle von* te *vor Vokal oder stummem h*> dich/dir

> **G** Das Pronomen *t'* steht vor Vokal oder stummem h. Die Übersetzung kann *dich* oder *dir* lauten, je nachdem, welchen Fall (Kasus) das deutsche Verb erfordert:
> *je t'aime – ich liebe <u>dich</u>; nous t'aidons – wir helfen <u>dir</u>; tu t'habilles – du ziehst <u>dich</u> an; tu t'es fait couper les cheveux – du hast <u>dir</u> die Haare schneiden lassen.*

t'[2] <*steht an Stelle von* tu *vor Vokal oder stummem h*> (*umgs.*) **t'as vu ça!** hast du [*oder* haste] das gesehen?; **t'hésites?** zögerst du?, zögerste?; **et des sous, t'en as pas?** und Geld hast du [*oder* haste] keins?

ta [ta] <*Plural:* tes> dein/deine; **ta valise** dein Koffer; **ta sœur** deine Schwester; **ta robe** dein Kleid

le **tabac** [taba] ① der Tabak ② (*umgs.: Geschäft*) der Tabakladen ▸ **faire un tabac** (*umgs.*) einen Bombenerfolg haben

le **tabagisme** [tabaʒism] der übermäßige Tabakkonsum

la **table** [tabl] ① der Tisch; **dresser** [*oder* **mettre**] **la table** den Tisch decken; **<u>être</u> à table** am [*oder* bei] Tisch sitzen; **<u>à</u> table!** komm/kommt essen!, zu Tisch! ② die Tischrunde, der Tisch; **toute la table a éclaté de rire** der ganze Tisch brach in Gelächter aus ▸ **la table <u>ronde</u>** der runde Tisch, die Gesprächsrunde;

se mettre à table (*zum Essen*) sich zu Tisch setzen; (*umgs.: gestehen*) auspacken
◆ la **table de chevet** der Nachttisch
◆ la **table des matières** das Inhaltsverzeichnis

le **tableau** [tablo] <*Plural:* tableaux> ❶ das Bild; *eines Künstlers* das Gemälde ❷ (*im Unterrichtsraum*) **le tableau [noir]** die Wandtafel, die Tafel ❸ (*Liste, Grafik*) die Tabelle
◆ le **tableau de bord** *eines Autos* das Armaturenbrett

tabler [table] **tabler sur quelque chose** mit etwas rechnen

la **tablette** [tablɛt] ❶ (*über einem Waschbecken*) die Ablage ❷ **une tablette de chewing-gum** ein Streifen Kaugummi; **une tablette de chocolat** eine Tafel Schokolade ❸ (CAN) der Schreibblock

la tablette

F Nicht verwechseln mit *die Tablette* – *le comprimé* oder mit *das Tablett* – *le plateau*!

le **tableur** [tablœʀ] (*in der Informatik*) das Tabellenkalkulationsprogramm
le **tablier** [tablije] ❶ die Schürze ❷ der Kittel
le **tabou** [tabu] das Tabu
tabou, taboue [tabu] Tabu-; Ort mit einem Tabu belegt; **le sujet tabou** das Tabuthema; **le mot tabou** das Tabuwort
le **tabouret** [tabuʀɛ] der Hocker, das Stockerl (A); (*in einer Bar*) der Barhocker
le **tac** [tak] **répondre du tac au tac** wie aus der Pistole geschossen kontern
la **tache** [taʃ] der Fleck; *von Farbe* der Klecks
◆ les **taches de rousseur** die Sommersprossen
la **tâche** [taʃ] ❶ die Arbeit ❷ (*Mission*) die Aufgabe
tacher [taʃe] ❶ *Tinte, Wein:* Flecken machen ❷ beflecken *Kleidung, Tischdecke* ❸ **se tacher** *Person:* sich schmutzig machen; *Stoff:* Flecken bekommen

tâcher [taʃe] **tâcher de faire quelque chose** versuchen [*oder* sich bemühen], etwas zu tun
tacheter [taʃte] <*wie* rejeter; *siehe Verbtabelle ab S. 1055*> sprenkeln

Ü Mit *tt* schreiben sich
– die stammbetonten Formen wie *je tachette* und
– die auf der Basis der Grundform *tacheter* gebildeten Formen, z. B. *ils tachetteront* und *je tachetterais*.

tacite [tasit] stillschweigend
tacitement [tasitmɑ̃] stillschweigend
taciturne [tasityʀn] ❶ schweigsam ❷ wortkarg
le **tacot** [tako] (*umgs.*) die alte Kiste
le **tact** [⚠ takt] der Takt
le **tacticien** [taktisjɛ̃] der Taktiker
la **tacticienne** [taktisjɛn] die Taktikerin
tactile [taktil] ❶ Tast-; **la perception tactile** der Tastsinn ❷ (*in der Informatik*) **l'écran tactile** der Touchscreen
la **tactique** [taktik] die Taktik
le **taffetas** [tafta] der Taft
le **tagueur** [tagœʀ] der Sprüher
la **tagueuse** [tagøz] die Sprüherin
la **taie** [tɛ] **la taie d'oreiller** der Kopfkissenbezug
la **taille**[1] [taj] ❶ die Größe ❷ *eines Menschen* die Größe, die Körpergröße ❸ *von Kleidung* die Größe, die Konfektionsgröße; **quelle taille faites-vous?** welche Größe haben Sie?; **cette chemise n'est pas à sa taille** dieses Hemd ist nicht seine Größe ❹ (*Teil des Körpers, eines Kleidungsstücks*) die Taille
la **taille**[2] [taj] ❶ *eines Baums, Strauchs* das Beschneiden ❷ *eines Diamanten* das Schleifen; *eines Steins* das Behauen
taillé, taillée [taje] **taillé en athlète** athletisch gebaut
le **taille-crayon** [tajkʀɛjɔ̃] <*Plural:* taille-crayon[s]> der Bleistiftspitzer
tailler [taje] ❶ [an]spitzen *Stift*; beschneiden *Baum, Strauch*; schleifen *Diamant*; behauen *Stein* ❷ zuschneiden *Kleid* ❸ **tailler ses ongles** sich die Fingernägel schneiden; **se tailler la barbe** sich den Bart stutzen
le **tailleur** [tajœʀ] ❶ der Schneider ❷ (*Kleidungsstück*) das Kostüm ▶ **être assis(e) en tailleur** im Schneidersitz sitzen
◆ le **tailleur de diamants** der Diamantschleifer
◆ le **tailleur de pierre** der Steinmetz

le **tain** [tɛ̃] die spiegelnde Schicht; **la glace sans**

tain der Einwegspiegel

taire [tɛʀ] <*siehe Verbtabelle ab S. 1055*> ❶ **se taire** schweigen ❷ verschweigen; nicht nennen *Grund* ❸ **faire taire quelqu'un** dafür sorgen, dass jemand ruhig ist

le **Taiwan** [⚠ tajwan] Taiwan

le **talent** [talɑ̃] das Talent, die Begabung; **avoir du talent** begabt sein

talentueux, talentueuse [talɑ̃tɥø, talɑ̃tɥøz] talentiert

le **talkie-walkie** [⚠ tokiwoki] <*Plural:* talkies-walkies> das Walkie-Talkie

le **talon** [talɔ̃] ❶ (*am Fuß, Strumpf*) die Ferse ❷ *eines Schuhs* der Absatz ❸ (*in einem Block*) der Kontrollabschnitt

talonner [talɔne] **talonner quelqu'un** jemandem auf den Fersen sein

le **talus** [⚠ taly] die Böschung

la **TAM** [teaɛm] *Abkürzung von* **toile d'araignée mondiale** (*in der Informatik*) das WWW

le **tambour** [tɑ̃buʀ] die Trommel

tambouriner [tɑ̃buʀine] **tambouriner à** [*oder* **sur**] **quelque chose** an [*oder* gegen] etwas trommeln

le **tamis** [tami] ❶ das Sieb ❷ *eines Tennisschlägers* die Bespannung

la **Tamise** [tamiz] die Themse

tamiser [tamize] ❶ sieben, durchsieben ❷ dämpfen *Licht*

le **tampon** [tɑ̃pɔ̃] ❶ (*für Briefe, Urkunden*) der Stempel ❷ **le tampon** [**hygiénique**] der Tampon

tamponner [tɑ̃pɔne] ❶ abtupfen; säubern *Wunde* ❷ stempeln *Dokument* ❸ **se tamponner** zusammenstoßen

tamponneur, tamponneuse [tɑ̃pɔnœʀ, tɑ̃pɔnøz] **les autos tamponneuses** der Autoskooter

> **V** Der Plural *les autos tamponneuses* wird mit einem Singular übersetzt: *les autos tamponneuses <u>attirent</u> notamment les jeunes gens – der Autoskooter <u>zieht</u> vor allem die jungen Leute an.*

le **tam-tam** [⚠ tamtam] <*Plural:* tam-tams> (*Instrument*) die afrikanische Trommel

le **tandem** [tɑ̃dɛm] ❶ das Tandem ❷ (*Duo*) das Zweiergespann

tandis que [⚠ tɑ̃dikə] <*vor Vokal oder stummem h:* tandis qu'> während

tangent, tangente [tɑ̃ʒɑ̃, tɑ̃ʒɑ̃t] ❶ knapp ❷ **un élève tangent** ein Schüler, der gerade noch durchkommt ❸ (*in der Geometrie*) tangential

la **tangente** [tɑ̃ʒɑ̃t] (*in der Geometrie*) die Tangente

tangible [tɑ̃ʒibl] greifbar; *Beweis* handfest

tanguer [tɑ̃ge] *Schiff:* stampfen

la **tanière** [tanjɛʀ] *eines Tieres* der Unterschlupf

le **tank** [tɑ̃k] (*Militärfahrzeug*) der Panzer

> **F** Nicht verwechseln mit *der Tank – le réservoir, la citerne!*

tanner [tane] ❶ gerben *Leder* ❷ **tanner quelqu'un** (*umgs.*) jemanden nerven

la **tannerie** [tanʀi] ❶ (*Betrieb*) die Gerberei ❷ (*Lederbearbeitung*) die Gerbung

tant [tɑ̃] ❶ (*in Bezug auf die Menge*) so viel; **elle travaille/mange tant** sie arbeitet/isst so viel; **tant de choses** so viele Dinge; **tant de fois** so oft; **je n'en demande pas tant** so viel will [*oder* erwarte] ich gar nicht ❷ (*in Bezug auf die Intensität*) so sehr; **il l'aime tant** er liebt sie/ihn so sehr; **il criait tant qu'il pouvait** er schrie, so laut er konnte ▸ **tant mieux!** umso besser!; **tant pis!** [na,] da kann man nichts machen!, [na,] dann sollte es wohl nicht sein!; **en tant que** <u>tel</u>/<u>telle</u> als solche(r); **vous m'en** <u>direz</u> **tant!** (*umgs.*) nein, so was!; **tant qu'à** <u>faire</u> (*umgs.*) wenn es schon sein muss; **en tant que** [in der Eigenschaft] als; *siehe auch* **tant que**

la **tante** [tɑ̃t] ❶ die Tante ❷ (*vulgär: Homosexueller*) die Tunte

tantôt [tɑ̃to] ❶ **tantôt ... tantôt ...** mal ..., mal ...; **tantôt l'un tantôt l'autre** mal der eine, mal der andere ❷ Ⓑ (*nachher*) später

tant que [tɑ̃k] <*vor Vokal und stummem h:* tant qu'> ❶ **tant qu'il pleut** solange es regnet ❷ **tant que j'y suis** wenn ich schon [mal] dabei bin

le **taon** [⚠ tɑ̃] die Bremse

le **tapage** [tapaʒ] ❶ der Krach ❷ (*Aufsehen*) der Wirbel

tapageur, tapageuse [tapaʒœʀ, tapaʒøz] *Beziehung, Leben* skandalträchtig; *Werbung* aufdringlich

la **tape** [tap] der Klaps

tape-à-l'œil [tapalœj] schrill, auffällig

> **G** Das Adjektiv *tape-à-l'œil* ist unveränderlich: *des bagues tape-à-l'œil – auffällige Ringe.*

taper [tape] ❶ schlagen ❷ (*leicht*) klopfen; **taper un chien** einem Hund einen Klaps geben ❸ **taper sur un clou** auf einen Nagel schlagen; **taper dans** <u>ses</u> **mains** in die Hände klatschen; **taper du pied sur le sol** mit dem Fuß aufstampfen; **taper dans le**

ballon gegen den Ball treten ❹ **taper la table du poing** mit der Faust auf den Tisch hauen; **taper trois coups à la porte** dreimal an die Tür klopfen ❺ klopfen *Teppich* ❻ (*schreiben*) tippen ❼ eintippen *Text, Code* ❽ **le soleil tape** (*umgs.*) die Sonne knallt ❾ **taper un ami** (*umgs.*) einen Freund anpumpen

la **tapette** [tapɛt] ❶ der Teppichklopfer ❷ (*für Fliegen*) die Fliegenklatsche ❸ (*Hinterhalt*) die Falle

tapir [tapiʀ] <*wie agir; siehe Verbtabelle ab S. 1055*> **se tapir sous le lit** sich unter das [*oder* unter dem] Bett verkriechen

Ⓖ Bei einigen Formen des Verbs ist der Stamm um -iss- erweitert, etwa bei *ils se tapissent, il se tapissait* oder *en se tapissant*.

le **tapis** [tapi] ❶ der Teppich ❷ die Matte ❸ *eines Billardtischs* die Bespannung ❹ **le tapis roulant** das Laufband; (*für Gepäck*) das Gepäckband
  ◆ le **tapis de souris** das Mauspad

tapisser [tapise] ❶ tapezieren ❷ **tapisser le mur** *Plakate, Efeu:* die Mauer bedecken

la **tapisserie** [tapisʀi] ❶ die Tapete ❷ der Wandteppich ❸ (*Tätigkeit*) das Teppichweben

tapoter [tapɔte] klopfen auf *Gegenstand, Oberfläche;* tätscheln *Wangen*

taquin, taquine [takɛ̃, takin] schelmisch

taquiner [takine] necken

la **taquinerie** [takinʀi] die Neckerei

tarabiscoté, tarabiscotée [taʀabiskɔte] überladen

tarabuster [taʀabyste] drängen

tard [taʀ] spät; **au plus tard** spätestens; **pas plus tard qu'hier** gestern noch

le **tard** [taʀ] **sur le tard** im reiferen Alter

tarder [taʀde] ❶ **elle a tardé à partir** sie ist nicht gleich gegangen; **tu ne vas pas tarder à t'endormir** du wirst gleich einschlafen; **sans tarder** umgehend ❷ *Antwort:* auf sich warten lassen

tardif, tardive [taʀdif, taʀdiv] spät

tardivement [taʀdivmɑ̃] spät

la **tare** [taʀ] der Makel

le **tarif** [taʀif] der Preis; (*bei Verkehrsmitteln*) der Tarif

la **tarification** [taʀifikasjɔ̃] die Preisliste; (*bei Verkehrsmitteln*) die Tarifübersicht

tarir [taʀiʀ] <*wie agir; siehe Verbtabelle ab S. 1055*> ❶ [se] **tarir** *Quelle:* versiegen ❷ austrocknen *Teich;* versiegen lassen *Brunnen, Quelle*

le **tarot** [taʀo] das/der Tarot; **jouer au tarot** Tarot spielen

tarte [taʀt] (*umgs.*) doof

Ⓖ Das Adjektiv kann angeglichen werden oder unverändert bleiben: *des jupes tarte, des jupes tartes – doofe Röcke.*

la **tarte** [taʀt] ❶ der Kuchen; **la tarte aux cerises** der Kirschkuchen ❷ (*umgs.: Ohrfeige*) **tu veux une tarte?** willst du ein paar hinter die Ohren? ▶ **c'est pas de la tarte** (*umgs.*) das ist nicht ohne

la tarte

Ⓕ Nicht verwechseln mit *die Torte – le gâteau [à la crème]!*

la **tartine** [taʀtin] ❶ **la tartine beurrée** das aufgeschnittene Stück Stangenweißbrot mit Butter; **la tartine grillée** der Toast ❷ **faire des tartines** (*umgs.*) einen ganzen Roman schreiben

tartiner [taʀtine] bestreichen

le **tartre** [taʀtʀ] ❶ der Kesselstein ❷ (*an den Zähnen*) der Zahnstein

tartufe, tartuffe [taʀtyf] heuchlerisch

le **tartufe, le tartuffe** [taʀtyf] der Heuchler

le **tas** [ta] ❶ der Haufen; **un tas de sable** ein Sandhaufen ❷ (*umgs.: große Menge*) **un tas de gens/de détails** ein Haufen Leute/Einzelheiten

la **tasse** [tas] die Tasse; **une tasse de café** eine Tasse Kaffee ▶ **ce n'est pas ma tasse de thé** (*umgs.*) das ist nicht [gerade] mein Fall
  ◆ la **tasse à café** die Kaffeetasse

le **tassement** [tasmɑ̃] *des Bodens, Schnees, der Ablagerungen* das Sacken, das Absacken

tasser [tase] ❶ zusammendrücken; pressen *Stroh, Heu;* fest stampfen *Boden;* fest klopfen *Schnee, Sand* ❷ **se tasser** *Mensch:* in sich zusammensinken; *Boden, Schnee:* sacken,

absacken ❸ **ça va se tasser** (*umgs.*) das gibt sich [wieder]
tâter [tɑte] ❶ befühlen; fühlen *Puls* ❷ **tâter de la prison** ein Gefängnis von innen kennen lernen ❸ **se tâter** (*umgs.*) hin und her überlegen
tatillon, tatillonne [tatijɔ̃, tatijɔn] pedantisch
le **tâtonnement** [tɑtɔnmɑ̃] der Versuch; **procéder par tâtonnements** sich [schrittweise] vorantasten
tâtonner [tɑtɔne] sich vorantasten
tâtons [tɑtɔ̃] **à tâtons** tastend
le **tatouage** [tatwaʒ] die Tätowierung
tatouer [tatwe] tätowieren
le **tatoueur** [tatwœʀ] der Tätowierer
la **tatoueuse** [tatwøz] die Tätowiererin
le **taudis** [todi] das Elendsquartier
la **taupe** [top] der Maulwurf
le **taureau** [tɔʀo] <*Plural:* taureaux> der Stier
le **Taureau** [tɔʀo] (*in der Astrologie*) der Stier; **être Taureau** [ein] Stier sein
la **tauromachie** [tɔʀɔmaʃi] der Stierkampf
le **taux** [to] ❶ (*fester Anteil*) der Satz ❷ (*statistische Messung*) die Quote ❸ **le taux de cholestérol** der Cholesterinspiegel
  ◆ le **taux de change** der Wechselkurs
  ◆ le **taux de mortalité** die Sterblichkeitsziffer
  ◆ le **taux de natalité** die Geburtenrate
la **taverne** [tavɛʀn] ❶ das Wirtshaus ❷ (*früher*) die Herberge
la **taxation** [taksasjɔ̃] *von Waren* die Besteuerung
la **taxe** [taks] die Steuer; **toutes taxes comprises** Steuer und Abgaben inbegriffen; °**hors taxes** Steuer nicht inbegriffen; (*auf die Mehrwertsteuer bezogen*) ohne Mehrwertsteuer
  ◆ la **taxe à la valeur ajoutée** die Mehrwertsteuer
taxer [takse] ❶ besteuern ❷ den Preis festsetzen für *Ware, Produkt*
le **taxi** [taksi] das Taxi
le **tchador** [tʃadɔʀ] der Tschador
tchao [tʃao] (*umgs.*) tschau, ciao
tchèque [tʃɛk] tschechisch
le **tchèque** [tʃɛk] Tschechisch; *siehe auch* **allemand**

G In Verbindung mit dem Verb *parler* kann der Artikel entfallen: *il parle tchèque – er spricht Tschechisch.*

le **Tchèque** [tʃɛk] der Tscheche
la **Tchèque** [tʃɛk] die Tschechin
te [tə] dich/dir; *siehe auch* **t'**[1]
le **technicien** [tɛknisjɛ̃] ❶ der Techniker ❷ (*Ex-*

perte) der Fachmann
la **technicienne** [tɛknisjɛn] ❶ die Technikerin ❷ (*Experte*) die Fachfrau
technique [tɛknik] ❶ technisch ❷ **le terme technique** der Fachbegriff
la **technique** [tɛknik] die Technik
techniquement [tɛknikmɑ̃] technisch
techno [tɛkno] Techno-; **la musique techno** die Technomusik
la **techno** [tɛkno] ⚠ *weiblich* das/der Techno
la **technologie** [tɛknɔlɔʒi] die Technologie
technologique [tɛknɔlɔʒik] technologisch
le **tee-shirt** [tiʃœʀt] <*Plural:* tee-shirts> das T-Shirt
le **téflon**® [teflɔ̃] das Teflon®
teindre [tɛ̃dʀ] <*wie* peindre; *siehe Verbtabelle ab S. 1055*> färben; **teindre un tee-shirt en rouge** ein T-Shirt rot färben; **se teindre les cheveux** sich die Haare färben
le **teint** [tɛ̃] der Teint
teint, teinte [tɛ̃, tɛ̃t] →**teindre**
la **teinte** [tɛ̃t] die Farbe
teinter [tɛ̃te] ❶ tönen ❷ **se teinter de rose** sich rosa färben
la **teinture** [tɛ̃tyʀ] ❶ das Färbemittel ❷ (*Vorgang*) das Färben
  ◆ la **teinture d'iode** die Jodtinktur
le **teinturier** [tɛ̃tyʀje] ❶ der Färber ❷ (*Geschäft*) **porter une robe chez le teinturier** ein Kleid zur Reinigung bringen
la **teinturière** [tɛ̃tyʀjɛʀ] die Färberin
tel, telle [tɛl] ❶ **un tel …/une telle …** so ein(e) …, solch ein(e) …; **une telle réaction** so [*oder* solch] eine Reaktion; **de tels résultats** solche Ergebnisse ❷ **telle n'est pas mon intention** das ist nicht meine Absicht ❸ **tel/telle que** wie; **un homme tel que lui** ein Mann wie er ❹ **tel jour et à telle heure** an dem und dem Tag und um die und die Zeit
la **télé** [tele] (*umgs.*) *Abkürzung von* **télévision** das Fernsehen
le **téléachat** [teleaʃa] das Teleshopping
la **téléboutique** [telebutik] der Call-Shop
la **télécarte** [telekaʀt] die Telefonkarte
télécharger [teleʃaʀʒe] <*wie* changer; *siehe Verbtabelle ab S. 1055*> (*in der Informatik*)

❶ (*vom Server auf den Computer*) herunterladen, downloaden; **télécharger un programme vers l'aval** ein Programm herunterladen [*oder* downloaden] ❷ (*vom Computer auf den Server*) hinaufladen, uploaden; **télécharger un site vers l'amont** eine Website hinaufladen [*oder* uploaden]

> Ü Vor *a* und *o* bleibt das *e* erhalten, z. B. in *nous téléchargeons, il téléchargeait* und *en téléchargeant*.

la **télécommande** [telekɔmɑ̃d] ❶ die Fernbedienung ❷ die Fernsteuerung
télécommander [telekɔmɑ̃de] ❶ mit Fernbedienung steuern *Gerät* ❷ [aus der Ferne] steuern *Attentat, Machenschaften*
les **télécommunications** (*weiblich*) [telekɔmynikasjɔ̃] die Telekommunikation, die Fernmeldetechnik

> V Der Plural *les télécommunications* wird mit einem Singular übersetzt: *les télécommunications évoluent rapidement* – *die Telekommunikation entwickelt sich schnell*.

la **télécopie** [telekɔpi] das Fax
le **télécopieur** [telekɔpjœʀ] das Faxgerät, das Fax
le **téléenseignement** [teleɑ̃sɛɲəmɑ̃] der Fernunterricht; (*mithilfe der Telekommunikation*) das E-Learning
le **téléfax** [telefaks] das Telefax
le **téléfilm** [telefilm] der Fernsehfilm
le **télégramme** [telegʀam] das Telegramm
le **télégraphe** [telegʀaf] die Telegraf
la **télégraphie** [telegʀafi] die Telegrafie
télégraphier [telegʀafje] <*wie* apprécier; *siehe Verbtabelle ab S. 1055*> telegrafieren; (*in der Schifffahrt*) funken
télégraphique [telegʀafik] ❶ telegrafisch ❷ **le style télégraphique** der Telegrammstil
téléguider [telegide] fernsteuern
la **téléinformatique** [teleɛ̃fɔʀmatik] die Datenfernverarbeitung
la **télématique** [telematik] die Datenfernübertragung
le **téléobjectif** [teleɔbʒɛktif] das Teleobjektiv
le **télépaiement** [telepɛmɑ̃] die elektronische Zahlungsweise
le **téléphérique** [telefeʀik] die Seilbahn
le **téléphone** [telefɔn] das Telefon; **être au téléphone** telefonieren; **avoir quelqu'un au téléphone** mit jemandem telefonieren; **le téléphone portable** das Mobiltelefon, das Handy, das Natel Ⓒ Ⓗ

téléphoner [telefɔne] telefonieren; **téléphoner à un ami** einen Freund anrufen; **se téléphoner** sich anrufen
la **téléphonie** [telefɔni] das Telefonieren; **la téléphonie mobile** der Mobilfunk
téléphonique [telefɔnik] telefonisch
la **télé-réalité** [teleʀealite] das Reality-TV
le **télescopage** [telɛskɔpaʒ] die Kollision
le **télescope** [telɛskɔp] das Teleskop
télescoper [telɛskɔpe] **se télescoper** aufeinanderprallen
télescopique [telɛskɔpik] ❶ (*mithilfe eines Teleskops*) teleskopisch ❷ *Antenne* ausziehbar
le **télésiège** [telesjɛʒ] der Sessellift
le **téléski** [teleski] der Schlepplift
le **téléspectateur** [telespɛktatœʀ] der Fernsehzuschauer
la **téléspectatrice** [telespɛktatʀis] die Fernsehzuschauerin
la **télésurveillance** [telesyʀvɛjɑ̃s] die Videoüberwachung
le **télétexte** [teletɛkst] der Videotext
la **télétransmission** [teletʀɑ̃smisjɔ̃] die Fernübertragung
le **télétravail** [teletʀavaj] die Telearbeit
la **télévérité** [televeʀite] das Reality-TV
téléviser [televize] im Fernsehen übertragen
le **téléviseur** [televizœʀ] das Fernsehgerät, der Fernseher
la **télévision** [televizjɔ̃] ❶ das Fernsehen; **regarder la télévision** fernsehen ❷ (*Gerät*) das Fernsehgerät, der Fernseher
le **télex** [telɛks] ❶ (*Gerät*) der Fernschreiber ❷ (*Nachricht*) das Fernschreiben
tellement [tɛlmɑ̃] ❶ (*dermaßen*) so, so sehr; **ce serait tellement mieux** das wäre viel besser; **je ne l'aime pas tellement** ich mag ihn/sie nicht so sehr ❷ (*umgs.: dermaßen viel*) so, so viel; **on a tellement mangé** wir haben so viel gegessen; **elle a tellement d'amis/de courage** sie hat so viele Freunde/so viel Mut; **elle ne travaille pas tellement** sie arbeitet nicht so viel ❸ **on le comprend à peine tellement il parle vite** man versteht ihn kaum, weil er so schnell spricht
téméraire [temeʀɛʀ] gewagt
la **témérité** [temeʀite] die Kühnheit
le **témoignage** [temwaɲaʒ] ❶ die Zeugenaussage, die Aussage ❷ (*Zeichen*) das Beweis
témoigner [temwaɲe] ❶ berichten ❷ (*bei der Polizei, vor Gericht*) aussagen ❸ **témoigner de quelque chose** *Mensch:* etwas bezeugen; *Dinge:* von etwas zeugen
le **témoin** [temwɛ̃] ❶ der Zeuge/die Zeugin;

menacer quelqu'un devant témoins jemanden vor Zeugen bedrohen ❷ (*bei einer Hochzeit*) der Trauzeuge/die Trauzeugin ❸ **le témoin lumineux** das Kontrolllämpchen ❹ (*im Sport*) der Staffelstab

G Für die Wortbedeutungen, die in ❶ und ❷ behandelt werden, gibt es keine Femininform: elle est <u>témoin</u> – sie ist Zeugin/Trauzeugin.

la **tempe** [tãp] die Schläfe
le **tempérament** [tãpeʀamã] das Temperament ▸ **acheter quelque chose à tempérament** etwas auf Raten kaufen
la **température** [tãpeʀatyʀ] die Temperatur; **prendre sa température** Fieber messen
tempéré, tempérée [tãpeʀe] gemäßigt
tempérer [tãpeʀe] <*wie* préférer; *siehe Verbtabelle ab S. 1055*> ❶ mildern ❷ bremsen; zügeln *Leidenschaft, Begeisterung*

Ü Nur die stammbetonten Formen schreiben sich mit è, z. B. *je tempère*.

la **tempête** [tãpɛt] der Sturm; (*mit starken Niederschlägen*) das Unwetter
◆ la **tempête de neige** der Schneesturm
le **temple** [tãpl] ❶ der Tempel ❷ die protestantische Kirche
temporaire [tãpɔʀɛʀ] befristet; *Ärger* momentan; **le travail temporaire** die Zeitarbeit; **à titre temporaire** vorübergehend
temporel, temporelle [tãpɔʀɛl] ❶ zeitlich ❷ (*in der Grammatik*) temporal ❸ *Güter* vergänglich
temporiser [tãpɔʀize] abwarten
le **temps**¹ [tã] ❶ die Zeit; **avoir le temps** Zeit haben; **ne pas avoir le temps** keine Zeit haben; **avoir tout son temps** genug Zeit haben; **le temps libre** die Freizeit ❷ der Zeitpunkt ❸ (*Epoche*) das Zeitalter; **les temps modernes** die Neuzeit ❹ (*Periode*) **en temps de crise** in Krisenzeiten; **en temps de guerre** in Kriegszeiten ❺ (*in Musik und Technik*) der Takt; **le moteur à deux temps** der Zweitaktmotor ▸ **ces <u>derniers</u> temps, ces temps-ci** in letzter Zeit; **le temps mort** der Leerlauf; (*im Sport*) die Auszeit; **dans un <u>premier</u> temps** zunächst; **<u>tout</u> le temps** ständig; **il y a un temps pour tout** alles zu seiner Zeit; **il <u>était</u> temps!** es war allerhöchste Zeit!; **faire <u>passer</u> le temps** die Zeit schneller vergehen lassen; **<u>passer</u> tout son temps à jouer** seine ganze Zeit mit Spielen verbringen; **<u>perdre</u> son temps à chercher** seine Zeit mit Suchen verschwenden; **<u>prendre</u> son temps** sich Zeit lassen [*oder* nehmen]; **<u>prendre</u> le temps de se reposer** sich die Zeit nehmen auszuruhen; **à temps** rechtzeitig; **dans le temps** damals; **de temps en temps** von Zeit zu Zeit; **depuis le temps que tu le sais** da du das schon so lange weißt; **depuis ce temps-là** seitdem; **en même temps** gleichzeitig; **en temps normal** normalerweise; **en peu de temps** in kurzer Zeit
le **temps**² [tã] das Wetter; **il <u>fait</u> beau temps** das Wetter ist schön; **il <u>fait</u> mauvais temps** das Wetter ist schlecht; **quel temps <u>fait</u>-il?** wie ist das Wetter? ▸ **par tous les temps** bei Wind und Wetter
tenable [t(ə)nabl] **ne pas être tenable** unerträglich sein
tenace [tənas] hartnäckig; *Hass* erbittert
la **ténacité** [tenasite] die Hartnäckigkeit
tenailler [tənaje] quälen
les **tenailles** (*weiblich*) [t(ə)naj] die Beißzange, die Zange

V Der Plural *les tenailles* wird mit einem Singular übersetzt: *où <u>sont</u> les tenailles? – wo ist die Zange?*

le **tenant** [tənã] **le tenant du titre** der Titelverteidiger
la **tenante** [tənãt] **la tenante du titre** die Titelverteidigerin
tend [tã] →**tendre**²
tendance [tãdãs] *inv* Trend-; **la couleur tendance** die Trendfarbe
la **tendance** [tãdãs] ❶ die Neigung; **sa tendance à la rêverie** sein/ihr Hang zum Träumen ❷ (*Einstellung*) die Gesinnung ❸ (*in der Mode*) die Tendenz, der Trend
le **tendeur** [tãdœʀ] das [elastische] Spannseil
tendez [tãde] →**tendre**²
la **tendinite** [tãdinit] die Sehnenentzündung
le **tendon** [tãdõ] die Sehne
tendre¹ [tãdʀ] ❶ zart ❷ (*nicht hart*) weich ❸ (*liebevoll*) zärtlich
tendre² [tãdʀ] <*wie* vendre; *siehe Verbtabelle ab S. 1055*> ❶ spannen; anspannen *Muskel* ❷ ausstrecken *Arm;* recken *Hals;* hinhalten *Wange;* **tendre la main à quelqu'un** jemandem die Hand reichen ❸ **tendre à disparaître** *Brauch:* mehr und mehr verschwinden ❹ **tendre à la simplicité** Einfachheit anstreben ❺ **se tendre** *Beziehungen:* sich verschlechtern
tendrement [tãdʀəmã] liebevoll; *lieben* innig, inniglich
la **tendresse** [tãdʀɛs] die [zärtliche] Liebe; **avec**

tendresse zärtlich
la **tendreté** [tɑ̃dʀəte] die Zartheit
tends [tɑ̃] →**tendre**²
tendu, tendue [tɑ̃dy] →**tendre**²
les **ténèbres** *(weiblich)* [tenɛbʀ] die Finsternis

> **V** Der Plural *les ténèbres* wird mit einem Singular übersetzt: *les ténèbres s'épaississent – die Finsternis wird undurchdringlich.*

ténébreux, ténébreuse [tenebʀø, tenebʀøz] *(gehoben)* finster
la **teneur** [tənœʀ] ❶ der Gehalt ❷ *einer Rede* der Wortlaut
tenir [t(ə)niʀ] <*siehe Verbtabelle ab S. 1055*> ❶ halten ❷ führen *Geschäft, Firma* ❸ einnehmen *Platz* ❹ spielen *Rolle* ❺ **je tiens cette information de mon frère** ich habe diese Information von meinem Bruder ❻ **être tenu(e) au secret professionnel** an die berufliche Schweigepflicht gebunden sein ❼ *Bild, Regal:* halten, nicht herunterfallen ❽ *Schlussfolgerung, Theorie:* haltbar sein; *Argument:* stichhaltig sein ❾ **tenir à quelqu'un** an jemandem hängen ❿ **il tient à le faire tout seul** er legt Wert darauf, es allein zu tun; **je tiens à ce que nous le fassions** ich lege Wert darauf, dass wir es tun ⓫ **tenir en un mot** sich in einem Wort zusammenfassen lassen; **tenir dans une voiture** in einem Auto Platz haben ⓬ (*Bestand haben*) *Blumen, Farben:* halten, sich halten; *Ehe:* halten ⓭ **tenir de la mère** seiner Mutter ähneln ⓮ **se tenir** *Versammlung, Konferenz:* stattfinden; *Fakten:* stimmig sein ⓯ **se tenir par la main** sich an den Händen halten; **se tenir à la corde** sich am Seil fest halten ⓰ **se tenir assis(e)** sitzen; **se tenir debout** stehen ⓱ **se tenir bien/mal** sich gut/schlecht benehmen ⓲ **s'en tenir à ce qui a été décidé** es bei dem bewenden lassen, was beschlossen worden ist ⓳ **ça ne tient qu'à lui/à la date** das hängt nur von ihm/vom Datum ab ▸ **tenir bon** durchhalten; **tiens/tenez!** hier!, da!; **tiens, il pleut!** sieh [mal] an, es regnet!
le **tennis**¹ [tenis] (*Sport*) das Tennis; **jouer au tennis** Tennis spielen
◆ le **tennis de table** das Tischtennis
le/la **tennis**² [tenis] (*Schuh*) der Tennisschuh
le **tennisman** [△ tenisman] <*Plural:* tennismans *oder* tennismen> der Tennisspieler
le **ténor** [tenɔʀ] der Tenor
la **tension** [tɑ̃sjɔ̃] ❶ die Spannung ❷ (*in der Medizin*) der Blutdruck
le **tentacule** [tɑ̃takyl] der/das Tentakel

la **tentation** [tɑ̃tasjɔ̃] die Versuchung
la **tentative** [tɑ̃tativ] ❶ der Versuch ❷ **la tentative de meurtre** der Mordversuch
la **tente** [tɑ̃t] das Zelt; **dormir sous la tente** im Zelt übernachten
tenter [tɑ̃te] ❶ **tenter quelqu'un** jemanden in Versuchung führen; *Erfahrung:* jemanden reizen ❷ versuchen; **tenter de s'évader** versuchen auszubrechen
tenu, tenue [t(ə)ny] →**tenir**
ténu, ténue [teny] dünn; *Unterschied* fein
la **tenue** [t(ə)ny] ❶ das Verhalten; *eines Schülers* das Betragen ❷ die Kleidung; (*beim Militär*) die Uniform ❸ (*das Verwalten*) *eines Kontos* das Führen, die Führung
◆ la **tenue de route** die Straßenlage
ter [tɛʀ] **habiter au 12 ter** in der Nummer 12 b wohnen
les **tergiversations** *(weiblich)* [tɛʀʒivɛʀsasjɔ̃] das lange Herumreden

> **V** Der Plural *les tergiversations* wird mit einem Singular übersetzt: *ces tergiversations sont fatigantes – dieses lange Herumreden ist ermüdend.*

tergiverser [tɛʀʒivɛʀse] lange herumreden
le **terme**¹ [tɛʀm] ❶ das Ende; *einer Arbeit* der Abschluss ❷ die Frist; **à court terme** kurzfristig; **à long terme** langfristig ❸ (*bei einer Schwangerschaft*) der Geburtstermin
le **terme**² [tɛʀm] der Ausdruck; **le terme technique** der Fachausdruck; **en d'autres termes** mit anderen Worten ▸ **être en bons/mauvais termes avec quelqu'un** ein gutes/gespanntes Verhältnis zu jemandem haben
la **terminaison** [tɛʀminɛzɔ̃] (*in der Grammatik*) die Endung
le **terminal** [tɛʀminal] <*Plural:* terminaux> ❶ *eines Flughafens* der/das Terminal ❷ (*in der Informatik*) das Terminal
terminal, terminale [tɛʀminal] <*Plural der männl. Form:* terminaux> End-; **la phase terminale** die Endphase
la **terminale** [tɛʀminal] ≈ die Abiturklasse
terminaux [tɛʀmino] →**terminal**
terminer [tɛʀmine] ❶ beenden; erledigen *Aufgaben, Arbeit;* fertig stellen *Werk;* zu Ende führen *Vorführung, Erklärung;* abschließen *Studium* ❷ aufessen *Gericht;* leer essen *Teller;* austrinken *Getränk, Glas* ❸ **terminer de lire l'article** den Artikel zu Ende lesen; **pour terminer** zum Abschluss ❹ **se terminer** zu Ende gehen; **se terminer bien/mal** *Geschichte:* gut/schlecht ausgehen

la **terminologie** [tɛʀminɔlɔʒi] (*in der Grammatik*) die Fachbegriffe, die Terminologie
le **terminus** [tɛʀminys] die Endstation
  terne [tɛʀn] ❶ *Haare* stumpf; *Augen, Blick* trübe, trüb; *Farbe* matt; *Gefieder* unscheinbar ❷ *Mensch* farblos, uninteressant
  ternir [tɛʀniʀ] <*wie* agir; *siehe Verbtabelle ab S. 1055*> ❶ ausbleichen *Farbe* ❷ beflecken *Ehre*

> **G** Bei einigen Formen des Verbs ist der Stamm um -iss- erweitert, etwa bei *ils ternissent, il ternissait* oder *en ternissant*.

le **terrain** [tɛʀɛ̃] ❶ das Grundstück ❷ le terrain [de sport] das Spielfeld ❸ (*auch beim Militär*) das Gelände; le terrain plat/accidenté das ebene/unebene Gelände; le terrain vague das Ödland ❹ (*übertragen*) das Gebiet ▸ **connaître** le terrain sich auskennen; **tâter** le terrain das Terrain sondieren
  ◆ le **terrain de camping** der Campingplatz
  ◆ le **terrain d'entente** die Verständigungsbasis
  ◆ le **terrain de jeux** der Spielplatz
la **terrasse** [tɛʀas] ❶ die Terrasse ❷ (*vor einem Café oder Restaurant*) die Tische und Stühle im Freien; **je préférerais m'installer à la terrasse** ich möchte lieber draußen sitzen
  terrasser [tɛʀase] ❶ niederschlagen ❷ (*erschüttern*) niederschmettern, völlig niederschmettern
la **terre** [tɛʀ] ❶ die Erde ❷ der Boden; **par terre** auf den/dem Boden ❸ das Land; **cultiver la terre** das Land bewirtschaften ❹ (*Grundbesitz*) **les terres** die Ländereien ❺ der Ton; **la terre cuite** der gebrannte Ton, die Terrakotta ▸ **retrouver la terre ferme** wieder festen Boden unter den Füßen haben; **tout foutre par terre** (*umgs.*) alles auf den Boden schmeißen; (*übertragen*) alles vermasseln; **revenir sur terre** (*umgs.*) auf den Boden der Tatsachen zurückkehren; **être par terre** *Projekt, Plan:* gescheitert sein; *Unternehmen:* am Ende sein

> **V** In Fachtexten über Astronomie, Kosmologie und Raumfahrt wird das französische Wort großgeschrieben: *la Terre possède un champ magnétique* – die Erde hat ein Magnetfeld.

  terre à terre [tɛʀatɛʀ] *Mensch* nüchtern, fantasielos; *Sorgen* alltäglich
  terrer [tɛʀe] **se terrer** sich zurückziehen; *Soldat:* in Deckung gehen; *Tier:* sich verkriechen
  terrestre [tɛʀɛstʀ] ❶ Erd-; **la surface terrestre** die Erdoberfläche; **la vie terrestre** das Leben auf der Erde ❷ *Freuden* irdisch
la **terreur** [tɛʀœʀ] ⚠ *weiblich* ❶ das [lähmende] Entsetzen ❷ (*politisch*) der Terror ▸ **être la terreur des voisins** der Schrecken der Nachbarschaft sein
  terreux, terreuse [tɛʀø, tɛʀøz] ❶ *Salat, Schuhe* voller Erde ❷ *Gesichtsfarbe, Hautfarbe* bleich
  terrible [tɛʀibl] ❶ schrecklich, furchtbar ❷ (*umgs.: sehr gut*) super; **ça marche terrible! das läuft super!**
  terriblement [tɛʀibləmɑ̃] schrecklich
  terrien, terrienne [tɛʀjɛ̃, tɛʀjɛn] Grund-; **le propriétaire terrien** der Grundbesitzer
le **terrien** [tɛʀjɛ̃] der Erdbewohner
la **terrienne** [tɛʀjɛn] die Erdbewohnerin
  terrifiant, terrifiante [tɛʀifjɑ̃, tɛʀifjɑ̃t] Furcht erregend; *Neuigkeit* erschreckend
  terrifier [tɛʀifje] <*wie* apprécier; *siehe Verbtabelle ab S. 1055*> in Angst und Schrecken versetzen
le **territoire** [tɛʀitwaʀ] *eines Landes* das Territorium; *einer Stadt* das Gebiet; *eines Tiers* das Revier
  ◆ le **territoire d'outre-mer** das überseeische Territorium
  territorial, territoriale [tɛʀitɔʀjal] <*Plural der männl. Form:* territoriaux> territorial
le **terroir** [tɛʀwaʀ] die Gegend; **l'accent du terroir** der regionale Zungenschlag
  terroriser [tɛʀɔʀize] **terroriser quelqu'un** jemandem große Angst machen; (*gezielt, systematisch*) jemanden terrorisieren
le **terrorisme** [tɛʀɔʀism] der Terrorismus
  terroriste [tɛʀɔʀist] terroristisch; **l'attentat terroriste** der Terroranschlag
le **terroriste** [tɛʀɔʀist] der Terrorist
la **terroriste** [tɛʀɔʀist] die Terroristin
  tertiaire [tɛʀsjɛʀ] Dienstleistungs-; **un emploi tertiaire** eine Stelle im Dienstleistungssektor
le **tertiaire** [tɛʀsjɛʀ] ❶ (*in der Wirtschaft*) der Dienstleistungssektor ❷ (*Erdzeitalter*) das Tertiär
  tertio [tɛʀsjo] drittens
  tes [te] <*Plural von* ton *und* ta> deine; **tes amis** deine Freunde; **tes plantes** deine Pflanzen
le **test** [tɛst] der Test; **le test de dépistage du sida** [*oder* **de séropositivité**] der Aidstest
le **testament** [tɛstamɑ̃] (*auch religiös*) das Testament
  testamentaire [tɛstamɑ̃tɛʀ] *Erbe* testamentarisch
  tester [tɛste] testen; prüfen *Schüler, Kandidaten*

le **tétanos** [tetanos] der Wundstarrkrampf, der Tetanus

la **tête** [tɛt] ❶ der Kopf ❷ (*umgs.: Aussehen*) **avoir une bonne tête** schnuckelig aussehen; **avoir une sale tête** fies aussehen; (*unsympathisch*) unangenehm wirken ❸ *eines Kapitels, einer Liste* der Anfang ❹ *eines Betts* das Kopfende ❺ (*in einer Reihenfolge, Rangfolge*) die Spitzengruppe; (*erster Platz*) die Spitze; **à la tête de la société** an der Firmenspitze; **le wagon de tête** der vorderste Wagen ❻ (*im Sport*) der Kopfball ▶ **être [très] tête en l'<u>air</u>** [sehr] zerstreut sein; **c'est à se taper la tête contre les <u>murs</u>!** das ist ja zum Verzweifeln!; **avoir la tête <u>dure</u>** eigensinnig sein; **avoir la grosse tête** (*umgs.*) die Nase hoch tragen; **à tête <u>reposée</u>** in aller Ruhe; **en <u>avoir</u> par-dessus la tête** (*umgs.*) die Nase voll haben; **se <u>casser</u> [oder se <u>creuser</u>] la tête** sich den Kopf zerbrechen; **courber la tête devant quelqu'un** sich jemandem beugen; **faire la tête à quelqu'un** (*umgs.*) mit jemandem schmollen; **mets-toi bien ça dans la tête!** darauf kannst du dich verlassen!; **se <u>payer</u> la tête de quelqu'un** (*umgs.*) jemanden auf den Arm nehmen; **avoir quelque chose <u>derrière</u> la tête** etwas im Schilde führen

◆ **la tête de Turc** der Prügelknabe

le **tête-à-queue** [tɛtakø] △ *männlich* die Drehung um die eigene Achse; **faire un tête-à-queue/des tête-à-queue** *Auto:* sich um die eigene Achse drehen

le **tête-à-tête** [tɛtatɛt] das Gespräch unter vier Augen

la **tétée** [tete] **prendre cinq tétées par jour** *Säugling:* fünfmal am Tag die Brust bekommen

téter [tete] <*wie* préférer; *siehe Verbtabelle ab S. 1055*> saugen an *Schnuller, Euter;* **le bébé tète sa mère** das Baby trinkt an der Brust seiner Mutter

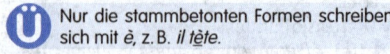 Nur die stammbetonten Formen schreiben sich mit è, z. B. *il tète*.

la **tétine** [tetin] ❶ der Schnuller ❷ (*auf einem Fläschchen*) der Sauger
le **téton** [tetɔ̃] (*umgs.*) die Brust
têtu, têtue [tety] dickköpfig
la **teuf** [tœf] (*verlan*) die Party, die Fete
le **teufeur** [tœfœʀ] (*verlan*) der Partymacher
la **teufeuse** [tœføz] (*verlan*) die Partymacherin
le **texte** [tɛkst] der Text
textile [tɛkstil] Textil-; **l'industrie textile** die Textilindustrie

le **textile** [tɛkstil] (*Industriezweig*) die Textilindustrie
le **texto** [tɛksto] die SMS
textuel, textuelle [tɛkstyɛl] wörtlich
textuellement [tɛkstyɛlmɑ̃] wörtlich; *wiederholen* Wort für Wort
la **texture** [tɛkstyʀ] die Beschaffenheit
le **TGV** [teʒeve] *Abkürzung von* **train à grande vitesse** *französischer Hochgeschwindigkeitszug*
le **Thaï** [taj] der Thai
la **Thaïe** [taj] die Thai
thaïlandais, thaïlandaise [tajlɑ̃dɛ, tajlɑ̃dɛz] thailändisch
le **Thaïlandais** [tajlɑ̃dɛ] der Thailänder
la **Thaïlandaise** [tajlɑ̃dɛz] die Thailänderin
la **Thaïlande** [tajlɑ̃d] Thailand
le **thé** [te] der [schwarze] Tee

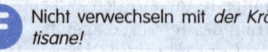 Nicht verwechseln mit *der Kräutertee – la tisane!*

théâtral, théâtrale [teatʀal] <*Plural der männl. Form:* théâtraux> theatralisch
le **théâtre** [teatʀ] ❶ das Theater; **l'école de théâtre** die Schauspielschule ❷ **le théâtre de Molière** die Stücke Molières ❸ (*übertragen*) der Schauplatz
la **théière** [tejɛʀ] die Teekanne
la **théine** [tein] △ *weiblich* das Tein
le **thème** [tɛm] ❶ (*auch in der Musik*) das Thema ❷ die Übersetzung in die Fremdsprache, die Hinübersetzung
le **théorème** [teɔʀɛm] der Lehrsatz
le **théoricien** [teɔʀisjɛ̃] der Theoretiker
la **théoricienne** [teɔʀisjɛn] die Theoretikerin
la **théorie** [teɔʀi] die Theorie; **en théorie** in der Theorie
théorique [teɔʀik] theoretisch
théoriquement [teɔʀikmɑ̃] theoretisch
le **thérapeute** [teʀapøt] der Therapeut
la **thérapeute** [teʀapøt] die Therapeutin
thérapeutique [teʀapøtik] therapeutisch
la **thérapie** [teʀapi] die Therapie
thermique [tɛʀmik] *Energie* thermisch
thermoélectrique [tɛʀmoelɛktʀik] thermoelektrisch
le **thermomètre** [tɛʀmɔmɛtʀ] das Thermometer
thermonucléaire [tɛʀmonykleɛʀ] thermonuklear
le/la **thermos**® [tɛʀmɔs] die Thermosflasche®
le **thermostat** [tɛʀmɔsta] der Thermostat
le **thésard** [tezaʀ] (*umgs.*) der Doktorand
la **thésarde** [tezaʀd] (*umgs.*) die Doktorandin
la **thèse** [tɛz] ❶ die These ❷ (*an der Universität*) die Doktorarbeit

le **thon** [tõ] der Tunfisch, der Thunfisch
thoracique [tɔʀasik] **la cage thoracique** der Brustkorb
le **thorax** [⚠ tɔʀaks] der Brustkorb; *von Insekten* der Thorax
le **thriller** [⚠ sʀilœʀ] der Thriller
la **thrombose** [tʀõboz] die Thrombose
la **Thurgovie** [tyʀgovi] der Thurgau
la **Thuringe** [tyʀɛ̃ʒ] Thüringen
le **thuya** [⚠ tyja] der Lebensbaum, die Thuja, die Thuje Ⓐ
le **thym** [⚠ tɛ̃] der Thymian
la **thyroïde** [tiʀɔid] die Schilddrüse
le **tibia** [tibja] das Schienbein
le **tic** [tik] der Tick
le **ticket** [tikɛ] ❶ die Fahrkarte ❷ (*für Veranstaltungen*) die Eintrittskarte, die Karte ❸ (*in Wartesälen*) die Nummer ▸ **avoir le ticket avec quelqu'un** (*umgs.*) bei jemandem gut ankommen
 ◆ le **ticket de caisse** der Kassenzettel
 ◆ le **ticket de stationnement** der Parkschein
le **tic-tac** [tiktak] das Ticken
tiède [tjɛd] ❶ lauwarm; *Bett, Kuchen* warm, noch warm ❷ *Unterstützung* halbherzig
la **tiédeur** [tjedœʀ] *der Luft* die Milde; *des Wassers* die lauwarme Temperatur
tiédir [tjediʀ] <*wie agir; siehe Verbtabelle ab S. 1055*> abkühlen, sich abkühlen

Ⓖ Bei einigen Formen des Verbs ist der Stamm um *-iss-* erweitert, etwa bei *ils tiédissent, il tiédissait* oder *en tiédissant.*

le **tien** [tjɛ̃] **tu pourrais y mettre du tien!** du könntest das Deine dazu beitragen!
tien, tienne [tjɛ̃, tjɛn] ❶ **le tien/la tienne** deiner/deine/deins; **ma fille a trois ans, et la tienne?** meine Tochter ist drei Jahre alt, und deine? ❷ **les tiens/les tiennes** deine; **ce ne sont pas mes photos, ce sont les tiennes** das sind nicht meine Fotos, sondern deine ❸ **les tiens** (*deine Angehörigen, deine Anhänger*) die Deinen ▸ **à la tienne [, Étienne]!** (*umgs.*) prost!
tiendrai [tjɛ̃dʀe] →**tenir**
tienne, tiennent [tjɛn], **tiens, tient** [tjɛ̃] →**tenir**
le **tiercé** [tjɛʀse] ❶ (*im Pferdetoto*) die Dreierwette ❷ **le tiercé gagnant** *eines Rennens* die drei Bestplatzierten
le **tiers** [tjɛʀ] ❶ (*Bruchteil*) das Drittel ❷ (*dritte Person*) der Dritte
tiers, tierce [tjɛʀ, tjɛʀs] dritte(r, s)
le **tiers-monde** [tjɛʀmõd] die Dritte Welt
la **tige** [tiʒ] ❶ der Stiel, der Stängel; *von Getreide,* *Gras* der Halm ❷ **la tige de métal** das dünne Metallstäbchen
la **tignasse** [tiɲas] (*umgs.*) die [wilde] Mähne
le **tigre** [tigʀ] ❶ der Tiger ❷ (*übertragen*) die Bestie
tigré, tigrée [tigʀe] getigert
la **tigresse** [tigʀɛs] ❶ die Tigerin ❷ (*übertragen*) die Furie
le **tilleul** [tijœl] ❶ die Linde ❷ (*Getränk*) der Lindenblütentee
le **tilt** [tilt] **ça a fait tilt dans ma tête** da ist bei mir der Groschen gefallen
la **timbale** [tɛ̃bal] ❶ der Metallbecher ❷ (*Musikinstrument*) die Pauke, die Kesselpauke
le **timbre**¹ [tɛ̃bʀ] ❶ der Stempel ❷ die Briefmarke ❸ **le timbre fiscal** die Gebührenmarke ❹ (*für Wunden*) das Pflaster
le **timbre**² [tɛ̃bʀ] *einer Stimme, eines Instruments* die Klangfarbe
timbré¹, timbrée [tɛ̃bʀe] Umschlag frankiert
timbré², timbrée [tɛ̃bʀe] (*umgs.*) übergeschnappt
le **timbre-poste** [tɛ̃bʀəpɔst] <*Plural:* timbres-poste> die Briefmarke
timbrer [tɛ̃bʀe] frankieren
timide [timid] schüchtern
timidement [timidmã] schüchtern
la **timidité** [timidite] die Schüchternheit
le **timonier** [timɔnje] der Steuermann
timoré, timorée [timɔʀe] ängstlich, überängstlich
le **tintamarre** [tɛ̃tamaʀ] der Krach
tinter [tɛ̃te] *Glocke:* klingen, bimmeln; *Schelle, Glöckchen:* klingeln
la **tique** [tik] die Zecke
tiquer [tike] unwirsch reagieren
le **tir** [tiʀ] ❶ (*wiederholte Aktion*) das Schießen; **le tir d'artillerie** das Artilleriefeuer ❷ (*einzelne Aktion*) der Schuss; **le tir au but** der Torschuss; (*Strafstoß*) der Elfmeter
la **tirade** [tiʀad] ❶ (*in Theaterstücken*) der [lange] Monolog ❷ der Wortschwall
le **tirage** [tiʀaʒ] ❶ (*beim Lotto*) die Ziehung ❷ *von Druckerzeugnissen* die Auflage ❸ *eines Schornsteins* der Abzug, der Zug; **le tirage de la cheminée n'est pas bon** der Kamin zieht nicht gut
les **tiraillements** (*männlich*) [tiʀajmã] ❶ die Reibereien ❷ die ziehenden Schmerzen
tirailler [tiʀaje] ❶ herumzupfen an *Schnurrbart* ❷ **être tiraillé(e) entre deux choses** zwischen zwei Sachen hin- und hergerissen sein
le **tirailleur** [tiʀajœʀ] der Einzelschütze
le **tirant d'eau** [tiʀɑ̃do] der Tiefgang
tiré, tirée [tiʀe] *Gesichtszüge* abgespannt
le **tire-au-flanc** [tiʀoflɑ̃] (*umgs.*) der Drücke-

berger

la **tire-au-flanc** [tiʀoflɑ̃] (*umgs.*) die Drückebergerin

le **tire-bouchon** [tiʀbuʃõ] <Plural: tire-bouchons> der Korkenzieher, der Stoppelzieher Ⓐ

tire-d'aile [tiʀdɛl] **à tire-d'aile** flügelschlagend

le **tire-fesses** [tiʀfɛs] <Plural: tire-fesses> (*umgs.*) der Schlepplift

le **tire-jus** [tiʀʒy] <Plural: tire-jus> (*salopp*) die Rotzfahne

tire-larigot [tiʀlaʀigo] **à tire-larigot** (*umgs.*) reichlich

la **tirelire** [tiʀliʀ] die Sparbüchse

tirer [tiʀe] ❶ ziehen ❷ hochziehen *Strümpfe, Strumpfhose* ❸ herunterziehen *Rock, Ärmel* ❹ (*straffen*) glatt ziehen *Betttuch;* spannen *Seil, Tuch* ❺ (*öffnen*) aufziehen *Schublade, Tür;* aufziehen,, hochziehen *Vorhang* ❻ (*schließen*) zuziehen *Tür* ❼ abziehen [lassen] *Film, Negativ* ❽ drucken *Buch* ❾ [auf Flaschen] ziehen *Wein* ❿ **tirer quelqu'un du lit** jemanden aus dem Bett holen ⓫ **tirer sur sa cigarette** an seiner Zigarette ziehen ⓬ **tirer sur les rênes de son cheval** bei seinem Pferd die Zügel anziehen ⓭ *Haut, Narbe:* spannen ⓮ (*mit einer Waffe*) schießen; [ab]schießen *Hasen* ⓯ abfeuern *Kugel;* abgeben *Schuss* ⓰ (*beim Fußball*) schießen; (*beim Handball, Basketball*) werfen ⓱ **tirer sur le vert** *Farbe:* ins Grüne spielen ⓲ Ⓑ **tirer sur quelqu'un** nach jemandem geraten sein ⓳ **tirer bien/mal** *Schornstein, Ofen:* gut/schlecht ziehen ⓴ **se tirer** (*umgs.*) sich verdrücken ㉑ **s'en tirer bien/mal** sich wacker/schlecht schlagen ▸ **on ne peut rien tirer de lui/d'elle** aus ihm/ihr ist nichts herauszubekommen

le **tiret** [tiʀɛ] ❶ der Gedankenstrich ❷ (*bei der Worttrennung*) der Trennungsstrich

le **tireur** [tiʀœʀ] der Schütze

la **tireuse** [tiʀøz] die Schützin

le **tiroir** [tiʀwaʀ] die Schublade

le **tiroir-caisse** [tiʀwaʀkɛs] <Plural: tiroirs-caisses> *einer Ladenkasse* das Geldfach

la **tisane** [tizan] der Kräutertee, der Tee

le **tison** [tizõ] das glimmende Stück Holz

tisser [tise] ❶ weben *Teppich, Wolle* ❷ **l'araignée tisse sa toile** die Spinne spinnt ihr Netz

le **tisserand** [tisʀɑ̃] der Weber

la **tisserande** [tisʀɑ̃d] die Weberin

le **tissu** [tisy] ❶ der Stoff; **le tissu éponge** das/der Frottee ❷ *von Intrigen* das Netz ❸ (*bei Tieren und Pflanzen*) das Gewebe, das Zellgewebe

titanesque [titanɛsk] gigantisch

le **titre** [titʀ] ❶ der Titel ❷ (*bei Texten*) die Überschrift ❸ (*schriftlicher Beleg*) die Bescheinigung ❹ (*im Bankwesen*) das Wertpapier ▸ **à titre d'essai** versuchsweise; **à ce titre** in dieser Eigenschaft; **à titre exceptionnel** ausnahmsweise; **à titre gratuit** kostenlos, gratis; **à juste titre** mit [vollem] Recht

◆ le **titre de transport** der Fahrausweis

titubant, titubante [titybɑ̃, titybɑ̃t] taumelnd; *Betrunkener* torkelnd

tituber [titybe] taumeln; *Betrunkener:* torkeln

titulaire [titylɛʀ] ❶ *Lehrer, Hochschullehrer* verbeamtet ❷ **être titulaire d'un permis de conduire** einen Führerschein besitzen

le **titulaire** [titylɛʀ] ❶ der Beamte ❷ *eines Dokuments, einer Funktion* der Inhaber

la **titulaire** [titylɛʀ] ❶ die Beamtin ❷ *eines Dokuments, einer Funktion* die Inhaberin

titulariser [titylaʀize] verbeamten

le **TNT** [teɛnte] *Abkürzung von* **trinitrotoluène** das TNT

le **toast** [⚠ tost] (*geröstetes Brot, Trinkspruch*) der Toast

le **toboggan** [tɔbɔgɑ̃] die Rutschbahn

le **toc** [tɔk] (*umgs.*) das [billige] Imitat; **c'est du toc** das ist ein [billiges] Imitat; **en toc** unecht

le **Togo** [tɔgo] Togo

le **tohu-bohu** [tɔybɔy] das Tohuwabohu

toi [twa] ❶ **qui est-ce qui va assister à la réception? – Pas toi!** wer wird an dem Empfang teilnehmen? – Du nicht! ❷ **il est comme toi** er ist wie du; **aussi fort(e) que toi** genauso stark wie du; **plus fort(e) que toi** stärker als du ❸ **regarde-toi!** sieh dich an!; **imagine-toi ...** stell dir vor ...; **lave-toi les mains!** wasch dir die Hände! ❹ **avec toi** mit dir; **sans toi** ohne dich; **ce vélo est à toi** dieses Rad gehört dir; **tu es fier de toi** du bist stolz auf dich ❺ **toi, tu n'as rien dit** du hast nichts gesagt; **il veut t'aider, toi?** dir möchte er helfen?; **c'est toi?** bist du's?; **c'est toi qui l'as dit** das hast du gesagt; **c'est à toi de décider** du musst entscheiden

> Ⓖ Das unverbundene – oder betonte – Personalpronomen *toi* wird verwendet: ❶ in Sätzen ohne Verb; ❷ in Vergleichssätzen; ❸ in Befehlssätzen; ❹ nach Präpositionen; ❺ zur Hervorhebung und Betonung (wobei *toi* nur in der Umgangssprache gleichzeitig mit *tu* oder *te* verwendet wird).

la **toile** [twal] ❶ der Stoff; **la toile cirée** das

Wachstuch ② (*in der Malerei*) die Leinwand; (*Bild*) das Gemälde ❸ **la toile [d'araignée]** das Spinnennetz, das Netz; (*alt und zerrissen*) die Spinnwebe ❹ (*in der Informatik*) **la Toile, la toile d'araignée mondiale** das World Wide Web, das Internet
♦ la **toile de fond** der Hintergrund

la **toilette** [twalɛt] ❶ die Körperpflege; **faire sa toilette** *Mensch:* sich waschen; *Tier:* sich putzen ❷ (*Kleidung*) die [elegante] Garderobe ❸ **les toilettes** die Toilette

V In ❸ wird der Plural *les toilettes* mit einem Singular übersetzt: *pardon, où* sont *les toilettes? – Entschuldigung, wo* ist *die Toilette?*

toi-même [twamɛm] ❶ du selbst; **toi-même tu n'en savais rien** du [selbst] wusstest nichts davon ❷ (*auch*) ebenfalls
toiser [twaze] verächtlich mustern
la **toison** [twazɔ̃] das Schaffell, das Fell
le **toit** [twa] ❶ das Dach ❷ **le toit ouvrant** das Schiebedach ▸ **être sans toit** obdachlos sein, kein Dach über dem Kopf haben
la **toiture** [twatyʀ] die Bedachung
la **tôle** [tol] das Blech; **la tôle ondulée** das Wellblech
tolérable [tɔleʀabl] zumutbar; *Schmerz:* erträglich
la **tolérance** [tɔleʀɑ̃s] die Toleranz
tolérant, tolérante [tɔleʀɑ̃, tɔleʀɑ̃t] tolerant
tolérer [tɔleʀe] <*wie préférer; siehe Verbtabelle ab S. 1055*> ❶ ertragen ❷ dulden *Verspätung, Benehmen, Verstoß*

Ü Nur die stammbetonten Formen schreiben sich mit è, z. B. *je tolère*.

le **tollé** [tɔle] der Aufschrei der Empörung
le **T.O.M.** [⚠ tɔm] *Abkürzung von* **territoire d'outre-mer** das überseeische Territorium

L Die *T.O.M.* sind frühere französische Kolonialgebiete in Übersee, die heute nicht vollständig unabhängig sind, aber relativ autonom verwaltet werden. Es gibt vier *T.O.M.*: die pazifischen Inselgruppen Wallis-et-Futuna, Französisch-Polynesien und Neukaledonien sowie die im Indischen Ozean gelegenen „Terres australes et antarctiques". Die *T.O.M.* wurden 1946 gegründet.

la **tomate** [tɔmat] die Tomate, der Paradeiser Ⓐ
tombal, tombale [tɔ̃bal] <*Plural der männl. Form:* tombals *oder* tombaux> Grab-; **la pierre tombale** der Grabstein
tombant, tombante [tɔ̃bɑ̃, tɔ̃bɑ̃t] *Schultern:* hängend
la **tombe** [tɔ̃b] das Grab

le **tombeau** [tɔ̃bo] <*Plural:* tombeaux> das Grabmal
la **tombée** [tɔ̃be] **à la tombée de la nuit** bei Einbruch der Dunkelheit
tomber [tɔ̃be] ❶ fallen ❷ *Mensch:* fallen, hinfallen, stürzen; *Tier:* stürzen; **tomber [par terre]** herunterfallen; *Ast:* herabfallen; *Baum, Stapel:* umstürzen; *Stuhl:* umfallen; *Gerüst:* einstürzen ❸ *Haare, Zähne:* ausfallen ❹ *Nacht:* hereinbrechen; *Blitz:* einschlagen ❺ *Neuigkeit:* bekannt werden; *Strafe:* verhängt werden; **le premier tombe un lundi** der Erste fällt auf einen Montag ❻ *Diktator, Regierung:* gestürzt werden; *Rekord:* gebrochen werden; *Hindernis:* beseitigt werden ❼ *Wind, Wut, Begeisterung:* sich legen ❽ **tomber amoureux/amoureuse** sich verlieben; **tomber enceinte** schwanger werden ❾ **tomber sur un livre** auf ein Buch stoßen; **tomber sur un vieil ami** zufällig einen alten Freund treffen ❿ **laisser tomber un projet** ein Projekt fallen lassen ▸ **ça tombe bien/mal** das trifft sich gut/schlecht
le **tome** [tɔm] der Band
la **tomme** [tɔm] *Käsesorte aus Savoyen und den Pyrenäen*
ton¹ [tɔ̃] <*Plural:* tes> dein(e); **ton père** dein Vater; **à ton avis** deiner Meinung nach

G Das männliche besitzanzeigende Fürwort (Possessivpronomen) *ton* steht vor männlichen Substantiven. Die Übersetzung kann *dein* oder *deine* lauten, je nachdem, ob das betreffende deutsche Substantiv männlich, weiblich oder sächlich ist: *ton ami – dein Freund; ton sac – deine Tasche; ton tableau – dein Bild.*

ton² [tɔ̃] <*steht an Stelle von* ta *vor Vokal oder stummem h; Plural:* tes> dein(e)

G Das weibliche besitzanzeigende Fürwort (Possessivpronomen) *ton* steht vor weiblichen Substantiven, die mit Vokal oder stummem h anfangen. Die Übersetzung kann *dein* oder *deine* lauten, je nachdem, ob das betreffende deutsche Substantiv männlich, weiblich oder sächlich ist: *ton amie – deine Freundin; ton haleine – dein Atem; ton armoire – dein Schrank.*

le **ton** [tɔ̃] ❶ (*auch in der Musik*) der Ton; **d'un** [*oder* **sur un**] **ton convaincu/humoristique** in überzeugtem/humoristischem Ton ❷ (*Farbschattierung*) der Farbton
la **tonalité** [tɔnalite] ❶ (*beim Telefonieren*) der Wählton ❷ *einer Stimme, eines Tons* der Klang

tond [tõ] →**tondre**

la **tondeuse** [tõdøz] ❶ der Haarschneider; (*für den Bart*) der Bartschneider ❷ **la tondeuse [à gazon]** der Rasenmäher

tondre [tõdʀ] <*wie* vendre; *siehe Verbtabelle ab S. 1055*> schneiden; scheren *Schaf*; mähen *Rasen*

tonifier [tɔnifje] <*wie* apprécier; *siehe Verbtabelle ab S. 1055*> kräftigen *Haare, Haut*; stärken *Menschen, Organismus*

tonique [tɔnik] ❶ *Kälte* belebend; *Getränk* kräftigend ❷ *Silbe, Vokal* betont

le **tonique** [tɔnik] (*in der Medizin*) das Tonikum

la **tonique** [tɔnik] (*in der Musik*) die Tonika

tonitruant, tonitruante [tɔnitʀyɑ̃, tɔnitʀyɑ̃t] lautstark; *Stimme* durchdringend

la **tonne** [tɔn] ❶ die Tonne **le camion de dix tonnes** der Zehn-Tonnen-Lkw; **le dix tonnes** der Zehntonner

le **tonneau** [tɔno] <*Plural:* tonneaux> ❶ das Fass ❷ (*beim Autounfall*) der Überschlag

le **tonnelier** [tɔnəlje] der Böttcher

la **tonnelière** [tɔnəljɛʀ] die Böttcherin

la **tonnelle** [tɔnɛl] die Gartenlaube, die Laube

tonner [tɔne] donnern; **il tonne** es donnert

le **tonnerre** [tɔnɛʀ] ❶ der Donner ❷ **le tonnerre d'applaudissements** der Beifallssturm ▸ **être du tonnerre** (*umgs.*) super sein

la **tonsure** [tõsyʀ] *eines Mönchs* die Tonsur

la **tonte** [tõt] *der Schafe* das Scheren

le **tonus** [△ tɔnys] die Tatkraft

le **top** [tɔp] (*umgs.*) die absolute Spitze; **c'est le top!** das ist einsame Spitze!

le **top-modèle** [tɔpmɔdɛl] <*Plural:* top-modèles> das Topmodel

le **topo** [tɔpo] (*umgs.*) ❶ der Kurzvortrag ❷ (*schriftlich*) die kurze Darstellung ▸ **c'est toujours le même topo** es ist immer dasselbe Lied

le **toponyme** [tɔpɔnim] der Ortsname

la **toque** [tɔk] *eines Richters* das Barett; *eines Kochs* die Mütze

toqué, toquée [tɔke] (*umgs.*) bekloppt

le **toqué** [tɔke] (*umgs.*) der Bekloppte

la **toquée** [tɔke] (*umgs.*) die Bekloppte

la **torche** [tɔʀʃ] ❶ die Fackel ❷ (*elektrische Leuchte*) die Taschenlampe

le **torchon** [tɔʀʃõ] ❶ das Tuch ❷ (*zum Abtrocknen*) das Geschirrtuch ❸ (*umgs.: Zeitung*) das Käseblatt ▸ **le torchon brûle** (*umgs.*) der Haussegen hängt schief

tordant, tordante [tɔʀdɑ̃, tɔʀdɑ̃t] (*umgs.*) zum Brüllen

tordre [tɔʀdʀ] <*wie* vendre; *siehe Verbtabelle ab S. 1055*> ❶ verbiegen ❷ **être tordu(e)** *Beine, Nase*: krumm sein ❸ wringen, auswringen *Wäsche* ❹ **se tordre le bras** sich den Arm verrenken ❺ **se tordre de douleur** sich vor Schmerzen krümmen; **se tordre de rire** sich vor Lachen biegen

tordu, tordue [tɔʀdy] (*umgs.*) schrullig

le **toréador** [tɔʀeadɔʀ] der Stierkämpfer

la **tornade** [tɔʀnad] △ *weiblich* der Tornado

la **torpeur** [tɔʀpœʀ] die Benommenheit

la **torpille** [tɔʀpij] △ *weiblich* der Torpedo

torpiller [tɔʀpije] torpedieren

le **torpilleur** [tɔʀpijœʀ] das Torpedoboot

torréfier [tɔʀefje] <*wie* apprécier; *siehe Verbtabelle ab S. 1055*> rösten

le **torrent** [tɔʀɑ̃] ❶ der Gebirgsbach ❷ (*übertragen*) **le torrent de boue** die Schlammlawine; **le torrent de larmes** der Strom von Tränen

torrentiel, torrentielle [tɔʀɑ̃sjɛl] sturzbachartig; **les pluies torrentielles** die sturzbachartigen Regenfälle

torride [tɔʀid] heiß; *Hitze* brütend

la **torsade** [tɔʀsad] (*beim Stricken*) das Zopfmuster

le **torse** [tɔʀs] ❶ der Oberkörper ❷ (*Skulptur*) der Torso

la **torsion** [tɔʀsjõ] *des Arms* das Verdrehen; *des Mundes, der Gesichtszüge* das Verzerren

le **tort** [tɔʀ] ❶ der Fehler ❷ das Unrecht; **avoir tort** Unrecht haben; **avoir tort de refuser** zu Unrecht ablehnen ❸ (*Nachteil*) der Schaden ▸ **à tort ou à raison** zu Recht oder zu Unrecht; **à tort et à travers** ohne Sinn und Verstand

le **torticolis** [tɔʀtikɔli] der steife Hals

le **tortillard** [tɔʀtijaʀ] der Bummelzug

tortiller [tɔʀtije] ❶ zwirbeln *Schnurrbart* ❷ **tortiller des °hanches** mit den Hüften wackeln ❸ **se tortiller** sich [hin und her] winden

le **tortionnaire** [tɔʀsjɔnɛʀ] der Folterer

la **tortionnaire** [tɔʀsjɔnɛʀ] die Folterin

la **tortue** [tɔʀty] die Schildkröte

tortueux, tortueuse [tɔʀtyø, tɔʀtyøz] gewunden

la **torture** [tɔʀtyʀ] ❶ die Folter ❷ (*Leid*) die Qual

torturer [tɔʀtyʀe] ❶ foltern *Menschen*; quälen *Tier* ❷ (*übertragen*) plagen ❸ **se torturer les méninges** sich das Hirn zermartern

tôt [to] früh; **le plus tôt possible** so bald wie möglich ▸ **tôt ou tard** früher oder später

le **total** [tɔtal] <*Plural:* totaux> der Gesamtbetrag ▸ **faire le total de quelque chose** die

Bilanz aus etwas ziehen; **au total** insgesamt; (*letztlich*) alles in allem

total, totale [tɔtal] <*Plural der männl. Form:* totaux> total; *Verzweiflung, Ruin* völlig; **la somme totale** die Gesamtsumme

totalement [tɔtalmɑ̃] völlig

totaliser [tɔtalize] insgesamt erreichen *Zahl, Punkte, Stimmen*

totalitaire [tɔtalitɛʀ] totalitär

la **totalité** [tɔtalite] die Gesamtheit

totaux [tɔto] →**total**

le **toubib** [tubib] (*umgs.*) der Arzt, der Doc

touchant, touchante [tuʃɑ̃, tuʃɑ̃t] rührend; *Geschichte* ergreifend

la **touche** [tuʃ] ① die Taste ② (*beim Fußball, Rugby*) **la [ligne de] touche** die Seitenlinie ③ (*beim Fechten*) der Treffer ④ (*beim Angeln*) **j'ai une touche** bei mir hat ein Fisch angebissen ⑤ (*beim Malen*) der Farbtupfen, der Tupfen ▶ **être mis(e) sur la touche** (*umgs.*) kaltgestellt werden; **faire une touche** (*umgs.*) eine Eroberung machen

le **touche-à-tout** [tuʃatu] <*Plural:* touche-à-tout> (*umgs.*) ① (*Kind*) der Irrwisch ② (*quirliger Mensch*) der Hanswurst in allen Gassen

la **touche-à-tout** [tuʃatu] <*Plural:* touche-à-tout> (*umgs.*) ① (*Kind*) der Irrwisch ② (*quirliger Mensch*) der Hanswurst in allen Gassen

toucher [tuʃe] ① berühren, anfassen ② **toucher à quelqu'un/à quelque chose** jemanden/etwas anfassen ③ **toucher à ses économies** seine Ersparnisse angreifen ④ treffen *Gegner, Wild* ⑤ berühren *Boden;* grenzen an *Land;* erreichen *Hafen, Küste* ⑥ (*angehen*) **toucher quelqu'un** *Geschichte, Angelegenheit:* jemanden betreffen; *Drama, Szene:* jemanden berühren ⑦ bekommen *Geld, Ration;* beziehen *Rente* ⑧ **toucher au règlement** die Regeln antasten ⑨ **toucher à sa fin** dem Ende zugehen ⑩ **se toucher** *Menschen:* sich berühren; *Gebäude, Regionen:* aneinandergrenzen

le **toucher** [tuʃe] ① der Tastsinn ② **un tissu doux au toucher** ein Stoff, der sich weich anfühlt ③ (*bei Tasteninstrumenten*) der Anschlag

la **touffe** [tuf] das Büschel

touffu, touffue [tufy] dicht; *Augenbrauen* buschig

toujours [tuʒuʀ] ① immer; **depuis toujours** schon immer, seit eh und je ② (*weiterhin*) immer noch ③ (*trotzdem*) dennoch ▶ **tu peux toujours attendre** du kannst warten,

solange du willst

le **toupet** [tupɛ] (*umgs.*) die Dreistigkeit; **quel toupet!** so eine Unverfrorenheit!

F Nicht verwechseln mit *das Toupet – le postiche!*

le **tour** [tuʀ] ⚠ *männlich* ① der Umfang; **le tour de °hanches** die Hüftweite; **le tour de poitrine** der Brustumfang ② (*Drehbewegung*) die Umdrehung ③ (*Rundgang*) die Runde ④ (*Täuschung*) der Streich; **le tour de magie** der Zaubertrick ⑤ (*Trick*) das Kunststück ⑥ (*in der Politik*) der Wahlgang ⑦ **c'est au tour de Paul de débarrasser** Paul ist mit Tischabräumen dran ▶ **à tour de rôle** abwechselnd

◆ le **Tour de France** ⚠ *männlich* die Tour de France

la **tour** [tuʀ] ① (*auch beim Schach*) der Turm ② (*Gebäude*) das Hochhaus

◆ la **tour de contrôle** der Tower

la **tourbière** [tuʀbjɛʀ] das Torfmoor, das Moor

le **tourbillon** [tuʀbijɔ̃] ① der Wirbelsturm ② (*im Wasser*) der Strudel

tourbillonner [tuʀbijɔne] *Blätter:* herumwirbeln, wirbeln; *Wasser:* Wirbel bilden; *Rauch, Staub:* aufwirbeln

le **tourisme** [tuʀism] der Tourismus

le **touriste** [tuʀist] der Tourist

la **touriste** [tuʀist] die Touristin

touristique [tuʀistik] touristisch; **la région touristique** die Ferienregion; **le menu touristique** das Touristenmenu

tourmenté, tourmentée [tuʀmɑ̃te] ① gequält ② *Leben* bewegt

tourmenter [tuʀmɑ̃te] ① quälen ② **se tourmenter** sich Sorgen machen

le **tournage** [tuʀnaʒ] die Dreharbeiten; **le tournage d'un film** die Dreharbeiten für einen Film

V Der Singular *le tournage* wird mit einem Plural übersetzt: *le tournage a duré dix mois – die Dreharbeiten haben zehn Monate gedauert.*

le **tournant** [tuʀnɑ̃] ① die Kurve ② (*im Leben, in der Karriere*) der Wendepunkt

tournant, tournante [tuʀnɑ̃, tuʀnɑ̃t] Dreh-; **la plaque tournante** die Drehscheibe

le **tourne-disque** [tuʀnədisk] <*Plural:* tourne-disques> der Plattenspieler

la **tournée** [tuʀne] ① die Tour; *eines Künstlers* die Tournee ② (*umgs.: im Lokal*) die Runde; **ce soir, c'est la tournée du patron** heute Abend gibt der Chef einen aus

tourner [tuʀne] ❶ umdrehen; herumdrehen *Schlüssel;* umblättern *Seite* ❷ umrühren *Soße;* mischen *Salat* ❸ wegdrehen *Kopf;* **tourner le dos à quelqu'un** jemandem den Rücken zukehren ❹ drehen *Film* ❺ (*ausdrücken*) formulieren ❻ **tourner quelque chose en ridicule** etwas in Lächerliche ziehen ❼ drehen, sich drehen; **tourner en direction de l'est** *Wetterfahne:* sich nach Osten drehen; **la conversation a tourné autour de l'éducation des enfants** das Gespräch hat sich um Kindererziehung gedreht ❽ (*funktionieren*) laufen ❾ **tourner à droite** nach rechts abbiegen ❿ (*Wetter, Wind*) umschlagen ⓫ *Sahne, Milch:* sauer werden; *Wein:* umkippen; *Soße:* verderben ⓬ *Regisseur:* drehen ⓭ **se tourner vers quelqu'un** sich jemandem zuwenden ▸ **tourner bien** *Person:* sich erfreulich entwickeln; *Angelegenheit:* gut ausgehen; **tourner mal** *Person:* auf die schiefe Bahn geraten; *Angelegenheit:* schlecht ausgehen; **tourner en rond** Däumchen drehen

le **tournesol** [tuʀnəsɔl] die Sonnenblume
le **tournevis** [tuʀnəvis] der Schraubenzieher
le **tourniquet** [tuʀnikɛ] das Drehkreuz
le **tournis** [tuʀni] (*umgs.*) **avoir le tournis** den Drehwurm haben; **ce manège donne le tournis** in diesem Karussell bekommt man den Drehwurm
le **tournoi** [tuʀnwa] das Turnier
le **tournoiement** [tuʀnwamɑ̃] das Kreisen; *von Blättern* das Herumwirbeln
tournoyer [tuʀnwaje] <*wie* appuyer; *siehe Verbtabelle ab S. 1055*> sich [im Kreis] drehen; *Blätter:* herumwirbeln

> Ü Einige Formen des Verbs schreiben sich mit *y*, andere mit *i*.
> Direkt vor einer betonten Endungssilbe steht immer ein *y*, z. B. *nous tournoyons* und *ils tournoyaient*.
> Das *i* steht immer vor einem unbetonten *e*, z. B. *il tournoie* oder *ils tournoieront*.

la **tournure** [tuʀnyʀ] (*auch in der Grammatik*) die Wendung
la **tourte** [tuʀt] mit Fleisch, Fisch oder Gemüse gefüllte Pastete
les **tourtereaux** (*männlich*) [tuʀtəʀo] (*ironisch*) die Turteltäubchen
la **tourterelle** [tuʀtəʀɛl] die Turteltaube
tous, toutes [tu(s), tut] ❶ alle; **tous** [tu] **les enfants** alle Kinder; **toutes les maisons** alle Häuser; **nous avons fait tous les cinq** [tulesɛ̃k] **ce voyage** wir fünf haben alle diese Reise gemacht; **tous les jours** jeden Tag; **tous les deux jours** jeden zweiten Tag; **dans tous les cas** in jedem Fall, in allen Fällen; **de toutes sortes** aller Art ❷ **ils sont tous** [tus] **pareils** sie sind alle gleich; **je vous vois tous** [tus] ich sehe euch alle; **pour tous** [tus] für jedermann

la **Toussaint** [tusɛ̃] Allerheiligen
tousser [tuse] husten; (*um ein Zeichen zu geben*) hüsteln
toussoter [tusɔte] hüsteln
tout[1] [tu] ❶ ganz; **tout près de la porte** ganz nahe bei der Tür ❷ **le tout premier** der Allererste; **le tout dernier** der Allerletzte ❸ **elle parle tout en mangeant** sie redet, während sie isst, sie redet beim Essen; **tout en étant très riche, elle vit fort simplement** obwohl sie sehr reich ist, lebt sie äußerst bescheiden ▸ **tout à fait** ganz; **c'est tout à fait possible** das ist sehr gut möglich; **tout de même** trotz alledem; **tout de suite** sofort

tout[2] [tu] *allein verwendet* alles; **j'ai tout vu** ich habe alles gesehen; **tout ce qui bouge** alles, was sich bewegt ▸ **et ce n'est pas tout!** und das ist längst nicht alles!; **tout est bien qui finit bien** Ende gut, alles gut; **tout ou rien** alles oder nichts; **en tout** im Ganzen; (*insgesamt*) in allem; **en tout et pour tout** alles in allem

le **tout** [tu] ❶ die Gesamtheit ❷ das Ganze ▸ **[pas] du tout!** [ganz und] gar nicht!; **je n'ai pas du tout de pain** ich habe überhaupt kein Brot [im Haus]

tout, toute [tu, tut] ❶ **tout le temps** die ganze Zeit; **tout l'argent** das ganze Geld; **toute la ville** die ganze Stadt; **il a plu toute la journée** es hat den ganzen Tag geregnet; **de tout son poids** mit seinem/ihrem ganzen Gewicht ❷ **tout homme** [tutɔm] jeder Mensch, jeder; **toute personne qui ...** jeder, der ... ❸ **tout ce bruit** dieser ganze Lärm, all dieser Lärm

le **tout-à-l'égout** [tutalegu] die Kanalisation, das Abwasserentsorgungssystem
toutefois [tutfwa] jedoch
le **tout-petit** [tup(ə)ti] <*Plural:* tout-petits> das Kleinkind
tout-puissant, toute-puissante [tupɥisɑ̃, tutpɥisɑ̃t] <*Plural der männl. Form:* tout-puissants> allmächtig
tout-terrain [tuteʀɛ̃] geländegängig; **le vélo tout-terrain** das Mountainbike
le **tout-terrain** [tuteʀɛ̃] <*Plural:* tout-terrains> der Geländewagen

> **G** Das Adjektiv *tout-terrain* ist unveränderlich: <u>deux voitures</u> tout-terrain – zwei Geländewagen.

la **toux** [tu] der Husten
le **toxico** [tɔksiko] (*umgs.*) *Abkürzung von* **toxicomane** der Drogensüchtige, der Drögeler ⒞
la **toxico** [tɔksiko] (*umgs.*) *Abkürzung von* **toxicomane** die Drogensüchtige, die Drögelerin ⒞
le **toxicomane** [tɔksikɔman] der Drogensüchtige, der Drögeler ⒞
la **toxicomane** [tɔksikɔman] die Drogensüchtige, die Drögelerin ⒞
la **toxicomanie** [tɔksikɔmani] die Drogensucht
toxique [tɔksik] giftig, Gift-; **le gaz toxique** das Giftgas
le **trac** [tʁak] (*umgs.*) das Lampenfieber; **avoir le trac** Lampenfieber haben
traçait [tʁasɛ], **traçant** [tʁasɑ̃] →**tracer**
les **tracas** (*männlich*) [tʁaka] die Sorgen; **mes tracas personnels** meine privaten Sorgen
tracasser [tʁakase] ❶ **tracasser quelqu'un** jemandem Sorgen machen [*oder* bereiten] ❷ **se tracasser pour les enfants/pour l'avenir** sich um die Kinder/um die Zukunft Sorgen machen
la **tracasserie** [tʁakasʁi] die Unannehmlichkeit
la **trace** [tʁas] die Spur; *eines Tieres* die Fährte; **disparaître sans laisser de traces** spurlos verschwinden; **suivre un fuyard à la trace** die Spur eines Fliehenden verfolgen; **suivre un animal à la trace** die Fährte eines Tiers verfolgen
le **tracé** [tʁase] *des Straßen- und Schienennetzes* die Streckenführung
tracer [tʁase] <*wie* commencer; *siehe Verbtabelle ab S. 1055*> ❶ zeichnen; ziehen *Linie* ❷ bahnen *Weg;* anlegen *Straße*

> **Ü** Vor *a* und *o* steht statt *c* ein ç, z. B. in *nous traçons, il traçait* und *en traçant*.

le **traceur** [tʁasœʁ] (*in der Informatik*) der Plotter
la **trachée-artère** [tʁaʃeaʁtɛʁ] <*Plural:* trachées-artères> die Luftröhre
traçons [tʁasɔ̃] →**tracer**
le **tract** [tʁakt] das Flugblatt
tracter [tʁakte] ziehen
le **tracteur** [tʁaktœʁ] der Traktor
la **traction** [tʁaksjɔ̃] *von Fahrzeugen* der Antrieb
la **tradition** [tʁadisjɔ̃] die Tradition; **c'est de tradition** das ist Tradition
traditionnel, traditionnelle [tʁadisjɔnɛl] traditionell
traditionnellement [tʁadisjɔnɛlmɑ̃] traditionsgemäß
le **traducteur** [tʁadyktœʁ] ❶ der Übersetzer ❷ **le traducteur de poche** der Sprachcomputer
la **traduction** [tʁadyksjɔ̃] die Übersetzung; **la traduction simultanée** das Simultandolmetschen
la **traductrice** [tʁadyktʁis] die Übersetzerin
traduire [tʁadɥiʁ] <*wie* conduire; *siehe Verbtabelle ab S. 1055*> ❶ übersetzen; **traduire un livre de l'allemand en français** ein Buch aus dem Deutschen ins Französische übersetzen ❷ zum Ausdruck bringen *Gefühl;* **se traduire par quelque chose** sich in etwas äußern ❸ **traduire quelqu'un en justice** jemanden dem Gericht überstellen
traduisible [tʁadɥizibl] übersetzbar
le **trafic** [tʁafik] ❶ der Verkehr ❷ der Schwarzhandel; **le trafic de drogue** der Drogenhandel
traficoter [tʁafikɔte] (*umgs.*) →**trafiquer**
le **trafiquant** [tʁafikɑ̃] der Schwarzhändler, der Schieber; **le trafiquant de drogue** der Drogendealer, der Dealer
la **trafiquante** [tʁafikɑ̃t] die Schwarzhändlerin, die Schieberin; **la trafiquante de drogue** die Drogendealerin, die Dealerin
trafiquer [tʁafike] ❶ illegal handeln mit *Zigaretten, Elfenbein* ❷ (*umgs.: manipulieren*) frisieren *Ergebnisse, Motor;* verfälschen *Produkt* ❸ **mais qu'est-ce que tu trafiques là?** (*umgs.*) was treibst du denn da?
la **tragédie** [tʁaʒedi] die Tragödie
tragique [tʁaʒik] tragisch; **l'auteur tragique** der Tragödiendichter
le **tragique** [tʁaʒik] ⚠ *männlich* die Tragik
tragiquement [tʁaʒikmɑ̃] tragisch; **sterben** auf tragische Weise
trahir [tʁaiʁ] <*wie* agir; *siehe Verbtabelle ab S. 1055*> ❶ verraten; **se trahir par un sourire** sich durch ein Lächeln verraten ❷ missbrauchen *Vertrauen*

> **G** Bei einigen Formen des Verbs ist der Stamm um *-iss-* erweitert, etwa bei *ils trah<u>iss</u>ent, il trah<u>iss</u>ait* oder *en trah<u>iss</u>ant*.

la **trahison** [tʁaizɔ̃] der Verrat
le **train** [tʁɛ̃] ❶ der Zug; **prendre le train** mit dem Zug fahren; **le train en direction de Lyon** der Zug nach Lyon; **le train venant de Strasbourg** der Zug aus Straßburg ❷ (*Geschwindigkeit*) das Tempo ❸ **elle <u>est</u> en train d'expliquer un logiciel** sie erklärt gerade eine

Software; **je suis en train de faire ma valise** ich bin gerade dabei, den Koffer zu packen
- ◆ le **train fantôme** die Geisterbahn
- ◆ le **train d'atterrissage** das Fahrwerk
- ◆ le **train de vie** der Lebensstandard

le **traînard** [tRɛnaR] (*umgs.*) ❶ (*in einer Wandergruppe*) der Nachzügler ❷ der Bummelant

la **traînarde** [tRɛnaRd] (*umgs.*) ❶ (*in einer Wandergruppe*) die Nachzüglerin ❷ die Bummelantin

la **traîne** [tRɛn] die Schleppe ▸ **être à la traîne** Nachzügler/Nachzüglerin sein

le **traîneau** [tRɛno] <*Plural:* traîneaux> der Schlitten

la **traînée** [tRɛne] die Spur; *eines Kometen* der Schweif

traîner [tRɛne] ❶ ziehen *Wohnwagen* ❷ nachziehen *Bein* ❸ **traîner quelqu'un au cinéma** jemanden ins Kino mitschleifen ❹ *Person:* sich viel Zeit lassen, trödeln; *Krankheit, Prozess:* sich hinziehen ❺ rumhängen, herumlungern ❻ *Sachen, Papiere:* herumliegen ❼ **traîner par terre** *Mantel:* am [*oder* auf dem] Boden schleifen ❽ **se traîner** *Person:* sich schleppen; (*umgs.*) *Fahrzeug:* langsam zuckeln

le **train-train** [tRɛ̃tRɛ̃] (*umgs.*) der Alltagstrott, der Trott

traire [tRɛR] <*wie* extraire; siehe Verbtabelle ab S. 1055> melken

le **trait** [tRɛ] ❶ der Strich ❷ (*typisches Merkmal*) der Grundzug; **le trait dominant** das vorherrschende Merkmal ❸ (*im Gesicht*) **les traits** die Gesichtszüge ▸ **tirer un trait sur quelque chose** einen Schlussstrich unter etwas ziehen; (*verzichten*) etwas aufgeben; **d'un trait** trinken, lesen in einem Zug
- ◆ le **trait d'union** der Bindestrich

traitant, traitante [tRɛtɑ̃, tRɛtɑ̃t] ❶ *Arzt* behandelnd ❷ Pflege-; **le shampoing traitant** das Pflegeshampoo

la **traite** [tRɛt] ❶ die Rate; **payer les traites de la voiture** die Raten für das Auto bezahlen ❷ *von Kühen* das Melken ❸ (*Geschäft*) der Handel

le **traité** [tRete] ❶ der Vertrag; **le traité de Versailles** der Versailler Vertrag; **le traité de Maastricht** das Maastrichtabkommen ❷ (*wissenschaftliches Werk*) die Abhandlung

le **traitement** [tRɛtmɑ̃] ❶ (*auch in der Medizin*) die Behandlung ❷ **le traitement du chômage** das Vorgehen gegen die Arbeitslosigkeit ❸ (*in der Technik*) das Behandeln; (*Recycling*) die Wiederaufbereitung, die Aufbereitung ❹ (*in der Informatik*) die Verarbeitung; **le traitement de l'information** [*oder* **des données**] die Datenverarbeitung
- ◆ le **traitement de texte** die Textverarbeitung

traiter [tRete] ❶ (*auch medizinisch*) behandeln ❷ erledigen *Angelegenheit;* bearbeiten *Unterlagen* ❸ [wieder]aufbereiten *Abfälle, Abwässer* ❹ **non traité(e)** *Obst, Gemüse* unbehandelt ❺ **traiter quelqu'un de fou** jemanden einen Spinner nennen ❻ verarbeiten *Daten, Text* ❼ **traiter du racisme** *Film, Buch:* sich mit Rassismus befassen ❽ (*diskutieren*) verhandeln

traître, traîtresse [tRɛtR, tRɛtRɛs] ❶ verräterisch ❷ (*sehr gefährlich*) tückisch

le **traître** [tRɛtR] der Verräter ▸ **en traître** hinterrücks

la **traîtresse** [tRɛtRɛs] die Verräterin

la **traîtrise** [tRɛtRiz] der Verrat

la **trajectoire** [tRaʒɛktwaR] *eines Fahrzeugs* die Bahn; *eines Geschosses* die Flugbahn; *eines Himmelskörpers* die Umlaufbahn, die Bahn

le **trajet** [tRaʒɛ] die Strecke

le **tram** [tRam] (*umgs.*) Abkürzung von **tramway** die Straßenbahn, die Tram Ⓐ, ⒞ⓗ

la **trame** [tRam] ❶ (*beim Weben*) der Schuss, der Schussfaden ❷ *einer Geschichte* das Gerüst

tramer [tRame] ❶ schmieden *Komplott* ❷ **se tramer** im Gange sein

le **tramway** [⚠ tRamwɛ] die Straßenbahn

le **tranchant** [tRɑ̃ʃɑ̃] die Schneide

tranchant, tranchante [tRɑ̃ʃɑ̃, tRɑ̃ʃɑ̃t] scharf

la **tranche** [tRɑ̃ʃ] die Scheibe; **deux tranches de jambon** zwei Scheiben Schinken
- ◆ la **tranche d'âge** die Altersstufe
- ◆ la **tranche de vie** der Lebensabschnitt

tranché, tranchée [tRɑ̃ʃe] *Standpunkt* klar

la **tranchée** [tRɑ̃ʃe] der Graben

trancher [tRɑ̃ʃe] ❶ durchschneiden; kappen *Seil* ❷ eine Entscheidung treffen

tranquille [tRɑ̃kil] ❶ ruhig; *Wasser, Ort* still; **laisser quelqu'un tranquille** jemanden in Ruhe lassen; **se tenir tranquille** stillhalten ❷ (*unbesorgt*) beruhigt

tranquillement [tRɑ̃kilmɑ̃] in [aller] Ruhe

le **tranquillisant** [tRɑ̃kilizɑ̃] das Beruhigungsmittel

tranquilliser [tRɑ̃kilize] beruhigen; **se tranquilliser** sich beruhigen

la **tranquillité** [tRɑ̃kilite] die Ruhe ▸ **en toute tranquillité** ungestört

la **transaction** [tRɑ̃zaksjɔ̃] das Geschäft; **la transaction boursière** das Börsengeschäft

le **transat** [⚠ tRɑ̃zat] Abkürzung von **transat-**

lantique ❶ der Ozeandampfer ❷ der Liegestuhl

le transatlantique [tʀɑ̃zatlɑ̃tik] ❶ der Ozeandampfer ❷ der Liegestuhl

le transbordement [tʀɑ̃sbɔʀdəmɑ̃] *der Fracht* das Umschlagen; *der Passagiere* das Umsteigen

transborder [tʀɑ̃sbɔʀde] umschlagen *Waren;* umsteigen lassen *Personen*

transcendant, transcendante [tʀɑ̃sɑ̃dɑ̃, tʀɑ̃sɑ̃dɑ̃t] *Intelligenz* überragend

la transcription [tʀɑ̃skʀipsjɔ̃] die Umschrift; **la transcription phonétique** die Lautschrift

transcrire [tʀɑ̃skʀiʀ] *<wie* écrire*; siehe Verb­tabelle ab S. 1055> (in der Sprachwissenschaft)* transkribieren

la transe [tʀɑ̃s] die Trance ▸ **être dans les transes** [vor Angst] völlig aufgelöst sein

le transept [tʀɑ̃sɛpt] das Querschiff

transférer [tʀɑ̃sfeʀe] *<wie* préférer*; siehe Verbtabelle ab S. 1055>* verlegen; versetzen *Beamten;* überführen *Asche, Leichnam*

Ü Nur die stammbetonten Formen schreiben sich mit ê, z. B. *je transfère.*

le transfert [tʀɑ̃sfɛʀ] ❶ die Verlegung; *eines Beamten* die Versetzung; *eines Toten, der Asche* die Überführung ❷ *(im Sport)* der Transfer ❸ *von Daten* die Übertragung
  ◆ **le transfert d'appel** die [automatische] Rufumleitung

la transfiguration [tʀɑ̃sfigyʀasjɔ̃] die Verwandlung

transfigurer [tʀɑ̃sfigyʀe] völlig verwandeln; verklären *Gesicht, Wirklichkeit*

le transfo [tʀɑ̃sfo] *(umgs.)* Abkürzung von **transformateur** der Trafo

transformable [tʀɑ̃sfɔʀmabl] **ce canapé est transformable en lit** dieses Sofa lässt sich in ein Bett verwandeln

le transformateur [tʀɑ̃sfɔʀmatœʀ] der Transformator

la transformation [tʀɑ̃sfɔʀmasjɔ̃] die Veränderung; *eines Hauses* der Umbau; *von Rohstoffen* die Verarbeitung

transformer [tʀɑ̃sfɔʀme] ❶ verwandeln; verarbeiten *Rohstoff* ❷ *(in der Mathematik)* umformen ❸ **se transformer** sich verändern; **se transformer en glace** zu Eis werden

le transfuge [tʀɑ̃sfyʒ] der Überläufer
la transfuge [tʀɑ̃sfyʒ] die Überläuferin
transfuser [tʀɑ̃sfyze] übertragen *Blut*
la transfusion [tʀɑ̃sfyzjɔ̃] die Bluttransfusion
transgresser [tʀɑ̃sgʀese] übertreten *Gesetz*

la transgression [tʀɑ̃sgʀesjɔ̃] der Verstoß; **la transgression d'une interdiction** der Verstoß gegen ein Verbot

transiger [tʀɑ̃ziʒe] *<wie* changer*; siehe Verbtabelle ab S. 1055>* einen Kompromiss schließen

Ü Vor *a* und *o* bleibt das *e* erhalten, z. B. in *nous transigeons, il transigeait* und *en transigeant.*

le transistor [tʀɑ̃zistɔʀ] ❶ der Transistor ❷ *(Radiogerät)* das Transistorradio

le transit [tʀɑ̃zit] ❶ der Transit; **les passagers en transit** die Transitpassagiere ❷ *(im Körper)* die Verdauung

transitif, transitive [tʀɑ̃zitif, tʀɑ̃zitiv] transitiv

la transition [tʀɑ̃zisjɔ̃] der Übergang; **le gouvernement de transition** die Übergangsregierung

transitive [tʀɑ̃zitiv] →**transitif**
transitoire [tʀɑ̃zitwaʀ] vorübergehend
translucide [tʀɑ̃slysid] durchscheinend
transmanche [tʀɑ̃smɑ̃ʃ] **le trafic transmanche** der Verkehr über den Ärmelkanal

transmettre [tʀɑ̃smɛtʀ] *<wie* mettre*; siehe Verbtabelle ab S. 1055>* ❶ weitergeben ❷ übermitteln *Botschaft;* weiterleiten *Befehl, Information* ❸ übertragen *Sendung, Virus;* leiten *Wärme* ❹ **se transmettre** *Krankheit:* übertragen werden

transmissible [tʀɑ̃smisibl] übertragbar
la transmission [tʀɑ̃smisjɔ̃] ❶ die Übertragung; *einer Information* die Weiterleitung ❷ *(Übergabe)* die Weitergabe

transparaître [tʀɑ̃spaʀɛtʀ] *<wie* paraître*; siehe Verbtabelle ab S. 1055>* durchscheinen

Ü Das *î* steht immer nur vor *t.*
  Die Verbformen ohne *t* schreiben sich mit *i*, z. B. *ils transparaissent.*

la transparence [tʀɑ̃spaʀɑ̃s] die Transparenz; *des Wassers* die Klarheit

le transparent [tʀɑ̃spaʀɑ̃] die Transparentfolie
transparent, transparente [tʀɑ̃spaʀɑ̃, tʀɑ̃spaʀɑ̃t] ❶ durchsichtig; *Wasser* klar; **le papier transparent** das Pauspapier ❷ offensichtlich; *Anspielung* deutlich

transpercer [tʀɑ̃spɛʀse] *<wie* commencer*; siehe Verbtabelle ab S. 1055>* **transpercer quelque chose** etwas durchbohren; *Kälte, Regen:* durch etwas dringen

Ü Vor *a* und *o* steht statt *c* ein *ç*, z. B. in *nous transperçons, il transperçait* und *en transperçant.*

la **transpiration** [tʀɑ̃spiʀasjɔ̃] ❶ das Schwitzen ❷ (*Absonderung*) der Schweiß
transpirer [tʀɑ̃spiʀe] schwitzen
la **transplantation** [tʀɑ̃splɑ̃tasjɔ̃] ❶ die Transplantation ❷ *von Setzlingen* das Umpflanzen ❸ (*übertragen*) die Verpflanzung
transplanter [tʀɑ̃splɑ̃te] ❶ transplantieren ❷ umpflanzen *Blumen, Salatpflanzen*
le **transport** [tʀɑ̃spɔʀ] ❶ der Transport; *von Menschen, Gepäck* die Beförderung ❷ **le ministre des transports** der Verkehrsminister
♦ **les transports en commun** die öffentlichen Verkehrsmittel
transportable [tʀɑ̃spɔʀtabl] *Verletzter* transportfähig
transporter [tʀɑ̃spɔʀte] transportieren; befördern *Reisenden*
le **transporteur** [tʀɑ̃spɔʀtœʀ] (*Firma*) das Transportunternehmen
transposer [tʀɑ̃spoze] übertragen
la **transposition** [tʀɑ̃spozisjɔ̃] die Übertragung
le **transsexuel** [tʀɑ̃(s)sɛksɥɛl] der Transsexuelle
transsexuel, transsexuelle [tʀɑ̃(s)sɛksɥɛl] transsexuell
la **transsexuelle** [tʀɑ̃(s)sɛksɥɛl] die Transsexuelle
transvaser [tʀɑ̃svaze] umfüllen
transversal, transversale [tʀɑ̃svɛʀsal] <*Plural der männl. Form:* transversaux> Quer-; **la rue transversale** die Querstraße
transversalement [tʀɑ̃svɛʀsalmɑ̃] quer
transversaux [tʀɑ̃svɛʀso] →**transversal**
le **trapèze** [tʀapɛz] das Trapez
le **trapéziste** [tʀapezist] der Trapezkünstler
la **trapéziste** [tʀapezist] die Trapezkünstlerin
la **trappe** [tʀap] ❶ die Klappe; (*im Fußboden*) die Falltür ❷ (*für Tiere*) die Falle
le **trappeur** [tʀapœʀ] der Trapper
trapu, trapue [tʀapy] gedrungen, stämmig
la **traque** [tʀak] *eines Flüchtigen* die Verfolgung
le **traquenard** [tʀaknaʀ] die Falle
traquer [tʀake] hetzen *Wild;* verfolgen *Verbrecher*
traumatiser [tʀomatize] ❶ **traumatiser quelqu'un** jemandem einen Schock versetzen; *Misserfolg:* für jemanden zum Trauma werden ❷ (*in der Medizin*) traumatisieren
le **traumatisme** [tʀomatism] das Trauma
le **travail** [tʀavaj] <*Plural:* travaux> ❶ die Arbeit; **se mettre au travail** sich an die Arbeit machen; **le travail manuel** die Handarbeit; **les travaux ménagers** die Hausarbeit ❷ **les travaux** die Bauarbeiten; "**Travaux!**" „Bauarbeiten!" ❸ (*Ergebnis*) das Werk ❹ (*Arbeit an etwas*) die Bearbeitung ▸ **se tuer au travail** sich totarbeiten
♦ **le travail à la chaîne** die Fließbandarbeit

V In ❶ wird der Plural *les travaux ménagers* mit einem Singular übersetzt: *les travaux ménagers sont parfois pénibles – die Hausarbeit ist manchmal mühsam.*

travailler [tʀavaje] ❶ arbeiten; **travailler à un livre** an einem Buch arbeiten; **travailler à son compte** selbstständig sein ❷ bearbeiten *Material;* [durch]kneten *Teig;* feilen an *Satz, Stil;* **travaillé(e) à la main** handgearbeitet ❸ *Sportler:* trainieren; *Musiker:* üben ❹ *Wein:* gären ❺ **travailler quelqu'un** *Geschichte:* jemandem zu schaffen machen
le **travailleur** [tʀavajœʀ] der Arbeiter; **le travailleur immigré** der ausländische Arbeitnehmer
travailleur, travailleuse [tʀavajœʀ, tʀavajøz] fleißig
la **travailleuse** [tʀavajøz] die Arbeiterin
le **travailliste** [tʀavajist] Labour-; **le parti travailliste** die Labour Party
le **travailliste** [tʀavajist] das Mitglied der Labour Party
la **travailliste** [tʀavajist] das Mitglied der Labour Party
les **travaux** (*männlich*) [tʀavo] Plural von **travail**
travers [tʀavɛʀ] **à travers les siècles** über Jahrhunderte [hinweg]; **à travers le monde** überall in der Welt; **de travers** schief; (*nicht richtig*) verkehrt; **prendre une remarque de travers** eine Bemerkung übel nehmen; **en travers** quer
le **travers** [tʀavɛʀ] der kleine Fehler
la **traversée** [tʀavɛʀse] die Überquerung
traverser [tʀavɛʀse] ❶ überqueren *Straße, Kanal* ❷ **faire traverser un vieux monsieur** einen alten Herrn über die Straße führen ❸ **traverser un village** *Straße:* durch ein Dorf verlaufen; *Fluss:* durch ein Dorf fließen ❹ **traverser quelque chose** durch etwas dringen; *Nagel:* sich in etwas bohren ❺ (*erleiden*) durchmachen ❻ **une idée m'a traversé l'esprit** mir ist eine Idee durch den Kopf gegangen
le **traversier** [tʀavɛʀsje] ⒸⒶⓃ die Fähre
le **traversin** [tʀavɛʀsɛ̃] lange, mit Federn gefüllte Nackenrolle
le **travesti** [tʀavɛsti] (*Homosexueller*) der Transvestit
travesti, travestie [tʀavɛsti] verkleidet
travestir [tʀavɛstiʀ] <*wie* agir; *siehe Verbtabelle ab S. 1055*> ❶ verfälschen ❷ **se tra-**

vestir sich verkleiden

> **G** Bei einigen Formen des Verbs ist der Stamm um -*iss*- erweitert, etwa bei *ils travestissent*, *il travestissait* oder *en travestissant*.

le **travestissement** [tʀavɛstismɑ̃] die Verkleidung

trayez [tʀɛje], **trayons** [tʀɛjɔ̃] →**traire**

trébucher [tʀebyʃe] stolpern; **il a trébuché sur une pierre** er ist über einen Stein gestolpert

le **trèfle** [tʀɛfl] ❶ der Klee ❷ (*Spielfarbe*) das Kreuz

la **treille** [tʀɛj] die Weinlaube

treize [tʀɛz] ❶ (*Zahlwort*) dreizehn ❷ (*bei der Alters- und Uhrzeitangabe*) **il/elle a treize ans** er/sie ist dreizehn [Jahre alt]; **à treize ans** mit dreizehn [Jahren]; **il est treize heures** es ist dreizehn Uhr ❸ (*bei der Datumsangabe*) dreizehnte(r); **le treize mai** *geschrieben:* **le 13 mai** der dreizehnte Mai/am dreizehnten Mai *geschrieben:* der 13. Mai/am 13. Mai ❹ (*als Namenszusatz*) **Louis treize** *geschrieben:* **Louis XIII** Ludwig der Dreizehnte *geschrieben:* Ludwig XIII.

le **treize** [tʀɛz] ⚠ männlich (*Zahl, Buslinie*) die Dreizehn

treizième [tʀɛzjɛm] dreizehnte(r, s)

le **treizième** [tʀɛzjɛm] ❶ (*in Bezug auf die Reihenfolge, die Leistung*) der/die/das Dreizehnte ❷ (*dreizehnter Stock*) der Dreizehnte; **j'habite au treizième** ich wohne im Dreizehnten ❸ (*dreizehntes Arrondissement*) das Dreizehnte; **j'habite dans le treizième** ich wohne im Dreizehnten ❹ (*Bruchzahl*) das Dreizehntel

la **treizième** [tʀɛzjɛm] (*in Bezug auf die Reihenfolge, die Leistung*) der/die/das Dreizehnte

le **tréma** [tʀema] ❶ das Trema; **le e tréma** *geschrieben:* **le ë** das e [mit] Trema; **le i tréma** *geschrieben:* **le ï** das i [mit] Trema; **le u tréma** *geschrieben:* **le ü** das u [mit] Trema ❷ (*Zeichen für deutsche Umlaute*) **le a tréma** das ä, das umgelautete a; **le o tréma** das ö, das umgelautete o; **le u tréma** das ü, das umgelautete ü

> **G** Das Trema kann im Französischen auf dem *ë* und dem *ï* stehen. Es zeigt an, dass der *vorangehende* Vokal separat ausgesprochen wird:
> *une voix aiguë* [yn vwa egy] – eine hohe Stimme; *le maïs* [lə mais] – der Mais.

tremblant, tremblante [tʀɑ̃blɑ̃, tʀɑ̃blɑ̃t] zitternd

le **tremblement** [tʀɑ̃bləmɑ̃] ❶ das Zittern ❷ **les tremblements** die Erschütterungen ◆ **tremblement de terre** das Erdbeben

trembler [tʀɑ̃ble] ❶ zittern; *Erde:* beben; *Flamme:* flackern; **trembler de colère** vor Wut beben ❷ (*sich fürchten*) Angst haben; **faire trembler quelqu'un** jemandem Angst machen; **trembler pour quelqu'un** um jemanden zittern

trembloter [tʀɑ̃blɔte] zittern, leicht zittern

trémousser [tʀemuse] **se trémousser** *Kind, Tänzer:* zappeln

la **trempe** [tʀɑ̃p] (*umgs.*) die Ohrfeige; **tu veux une trempe?** willst du ein paar hinter die Ohren?

trempé, trempée [tʀɑ̃pe] ❶ durchnässt ❷ *Stahl* gehärtet; **en verre trempé** aus Sicherheitsglas

tremper [tʀɑ̃pe] ❶ durchnässen, durchtränken *Erde, Boden* ❷ [ein]tunken *Croissant*; eintauchen *Pinsel*; **tremper le pinceau dans le pot** den Pinsel in den Farbtopf tauchen ❸ härten *Stahl* ❹ *Gelatine:* quellen; **laisser tremper les légumes secs** die Hülsenfrüchte quellen lassen; **laisser tremper le linge** die Wäsche einweichen

le **tremplin** [tʀɑ̃plɛ̃] das Trampolin; (*am Schwimmbecken*) das Sprungbrett

la **trentaine** [tʀɑ̃tɛn] ❶ **une trentaine de personnes/de pages** etwa dreißig Personen/Seiten ❷ **avoir la trentaine** ungefähr dreißig [Jahre alt] sein; **approcher de la trentaine** auf die Dreißig zugehen

trente [tʀɑ̃t] ❶ dreißig ❷ (*bei Angaben des Alters, des Zeitraums*) **il/elle a trente ans** er/sie ist dreißig Jahre alt, er/sie ist dreißig; **à trente ans** mit dreißig Jahren, mit dreißig; **un homme de trente ans** ein dreißigjähriger Mann, ein Dreißigjähriger; **une période de trente jours** ein Zeitraum von dreißig Tagen ❸ (*bei Uhrzeitangaben*) **il est quatre heures trente** es ist vier Uhr dreißig ❹ (*bei Datumsangaben*) **le trente mars** *geschrieben:* **le 30 mars** der dreißigste März *geschrieben:* der 30. März; **arriver le trente mai** am dreißigsten Mai kommen; **le vendredi trente avril** am Freitag, den dreißigsten April; **Aix, le trente juin** Aix, den dreißigsten Juni

le **trente** [tʀɑ̃t] ⚠ männlich (*Zahl, Buslinie*) die Dreißig; **écrire un grand trente au tableau** eine große Dreißig an die Tafel schreiben

trente-six [tʀɑ̃tsi(s), tʀɑ̃tsiz] ❶ sechsunddreißig ❷ (*umgs.: viele*) x; **trente-six fois** x-mal

V *trente-six* wird wie *six* auf drei verschiedene Arten ausgesprochen. Die ausführlichen Ausspracheregeln stehen beim Stichwort *six*.

le **trente-six** [tʀɑ̃tsis] ⚠ männlich die Sechsunddreißig ▸ **tous les trente-six du mois** (*umgs.*) alle Jubeljahre [mal]
trentième [tʀɑ̃tjɛm] dreißigste(r, s)
le **trentième** [tʀɑ̃tjɛm] ❶ (*in Bezug auf die Reihenfolge, die Leistung*) der/die/das Dreißigste ❷ (*Bruchzahl*) das Dreißigstel
la **trentième** [tʀɑ̃tjɛm] der/die/das Dreißigste
trépidant, trépidante [tʀepidɑ̃, tʀepidɑ̃t] hektisch
le **trépied** [tʀepje] das Dreibein; *einer Kamera, eines Fotoapparates* das Stativ
trépigner [tʀepiɲe] (*vor Wut*) mit den Füßen stampfen; (*vor Ungeduld*) von einem Fuß auf den anderen treten
très [tʀɛ] ❶ sehr; **très intéressant** sehr interessant; **très populaire** sehr beliebt ❷ **avoir très faim/très peur** großen Hunger/große Angst haben; **faire très attention** gut aufpassen
le **trésor** [tʀezɔʀ] ❶ der Schatz ❷ **les trésors eines Museums** die Schätze ❸ (*öffentliche Gelder*) **le Trésor** [**public**] die Staatskasse; (*Staat als Geldgeber*) die öffentliche Hand; (*Gesamtheit der Behörden*) die Finanzverwaltung; (*einzelne Behörde*) das Finanzamt

le trésor

F Nicht verwechseln mit *der Tresor – le coffrefort!*

la **trésorerie** [tʀezɔʀʀi] *eines Unternehmens* die Finanzen; (*Abteilung*) das [betriebliche] Rechnungswesen; **avoir des difficultés de trésorerie** in Zahlungsschwierigkeiten sein
le **trésorier** [tʀezɔʀje] *eines Vereins, Klubs* der Kassenwart; *einer Partei, Gewerkschaft* der Schatzmeister

la **trésorière** [tʀezɔʀjɛʀ] *eines Vereins, Klubs* der Kassenwart; *einer Partei, Gewerkschaft* die Schatzmeisterin
le **tressaillement** [tʀesajmɑ̃] das Zucken; *des Körpers* das Zusammenzucken, das Zucken
tressaillir [tʀesajiʀ] <*siehe Verbtabelle ab S. 1055*> zusammenzucken
la **tresse** [tʀɛs] der Zopf
tresser [tʀese] flechten
le **tréteau** [tʀeto] <*Plural:* tréteaux> (*Gestell*) der Bock
le **treuil** [tʀœj] die Winde
la **trêve** [tʀɛv] ❶ die Ruhepause; **sans trêve** ununterbrochen ❷ (*bei einem Kampf, im Krieg*) die Waffenruhe ▸ **trêve de plaisanteries!** Spaß beiseite!
Trèves [tʀɛv] Trier
le **tri** [tʀi] ❶ das Aussortieren, das Sortieren; *von Postsendungen* das Sortieren; **le tri des déchets** die Mülltrennung ❷ (*in der Informatik*) **effectuer un tri croissant/décroissant** aufsteigend/absteigend sortieren
le **triangle** [tʀijɑ̃gl] ❶ das Dreieck ❷ (*Musikinstrument*) der/das Triangel ❸ **le triangle de présignalisation** das Warndreieck
triangulaire [tʀijɑ̃gylɛʀ] dreieckig; *Prisma, Pyramide* dreiseitig
tribal, tribale [tʀibal] <*Plural der männl. Form:* tribaux> Stammes-; **les guerres tribales** die Stammesfehden
le **tribord** [tʀibɔʀ] ❶ das Steuerbord ❷ **à tribord** steuerbord[s]
la **tribu** [tʀiby] ❶ der Stamm ❷ (*ironisch: große Familie*) die Sippe
le **tribunal** [tʀibynal] <*Plural:* tribunaux> ❶ das Gericht ❷ (CH) **le tribunal fédéral** das Bundesgericht
la **tribune** [tʀibyn] ❶ die Tribüne ❷ (*in einer Zeitschrift*) die Kolumne
le **tribut** [tʀiby] der Tribut
tributaire [tʀibytɛʀ] **être tributaire de quelqu'un/de quelque chose** von jemandem/von etwas abhängig sein
tricher [tʀiʃe] betrügen; (*geringfügig*) schummeln *umgs.*; **tricher aux cartes** beim Kartenspielen betrügen [*oder* schummeln]
la **tricherie** [tʀiʃʀi] der Betrug; (*geringfügig*) die Schummelei
le **tricheur** [tʀiʃœʀ] der Betrüger; (*gemäßigt*) der Schummler
la **tricheuse** [tʀiʃøz] die Betrügerin; (*gemäßigt*) die Schummlerin
tricolore [tʀikɔlɔʀ] ❶ dreifarbig ❷ (*in den französischen Nationalfarben*) blauweißrot

le tricot [tʀiko] ❶ das Stricken; **faire du tricot** stricken ❷ die Strickjacke; (*ohne Ärmel*) die Strickweste

 Nicht verwechseln mit *das Trikot – le maillot!*

tricoter [tʀikɔte] stricken
le tricycle [tʀisikl] das Dreirad
le trident [tʀidɑ̃] der Dreizack
trier [tʀije] <*wie* apprécier; *siehe Verbtabelle ab S. 1055*> ❶ auswählen; aussortieren *Früchte, Kleidung* ❷ (*ordnen, einordnen*) sortieren
trilingue [tʀilɛ̃g] dreisprachig
trimbaler, trimballer [tʀɛ̃bale] (*umgs.*) mitschleppen
trimer [tʀime] (*umgs.*) schuften
le trimestre [tʀimɛstʀ] das Quartal; (*in Schulen, Universitäten*) das Trimester
trimestriel, trimestrielle [tʀimɛstʀijɛl] *Bezahlung* vierteljährlich; *Zeitschrift* vierteljährlich erscheinend
la tringle [tʀɛ̃gl] die Stange
la Trinité [tʀinite] die Dreifaltigkeit; **la Sainte Trinité** die Heilige Dreifaltigkeit
trinquer [tʀɛ̃ke] anstoßen; **trinquer à la santé du vainqueur** auf den Sieger anstoßen
le trio [tʀijo] (*auch übertragen*) das Trio
triomphal, triomphale [tʀijɔ̃fal] <*Plural der männl. Form*: triomphaux> triumphal
triomphant, triomphante [tʀijɔ̃fɑ̃, tʀijɔ̃fɑ̃t] *Miene* triumphierend; *Land, Partei, Mannschaft* siegreich
triomphaux [tʀijɔ̃fo] →**triomphal**
le triomphe [tʀijɔ̃f] der Triumph
triompher [tʀijɔ̃fe] triumphieren; **triompher d'un adversaire/des difficultés** über einen Gegner/über die Schwierigkeiten triumphieren
le trip [tʀip] (*umgs.*) ❶ der Trip, der Drogentrip ❷ (*übertragen*) **qu'est-ce qu'il nous fait comme trip?** was ist denn mit dem los?
les tripes (*weiblich*) [tʀip] ❶ die Kaldaunen, die Flecke, die Kutteln Ⓐ, CH ❷ **j'ai mal aux tripes** (*umgs.*) mir tut der Ranzen [*oder* der Wanst] weh
triple [tʀipl] dreifach
le triple [tʀipl] das Dreifache
le triplé [tʀiple] (*im Sport*) der dreifache Sieg; (*drei Siege nacheinander*) der Hattrick
les triplées (*weiblich*) [tʀiple] die Drillinge, die Drillingsmädchen
tripler [tʀiple] verdreifachen, sich verdreifachen

les triplés (*männlich*) [tʀiple] die Drillinge
tripoter [tʀipɔte] (*umgs.*) begrapschen, befummeln *Menschen, Obst*; **tripoter sa barbe** sich gedankenverloren den Bart zwirbeln
la trique [tʀik] der Knüppel
triste [tʀist] ❶ traurig ❷ *Landschaft, Farbe, Gedanken* trist ❸ **une triste affaire** eine unerfreuliche Sache; **une triste mine** eine klägliche Miene; **il est triste qu'elle soit déjà partie** es ist schade, dass sie schon gegangen ist
tristement [tʀistəmɑ̃] traurig; *etwas erzählen* betrübt
la tristesse [tʀistɛs] die Traurigkeit
la trithérapie [tʀiteʀapi] (*gegen Aids*) die Kombitherapie
triturer [tʀityʀe] ❶ zerkleinern *Nahrungsmittel*; zerstoßen, zerreiben *Medikament* ❷ zerknüllen *Taschentuch*; herumkauen auf *Stift*; herumspielen mit *Schlüsseln*
trivial, triviale [tʀivjal] <*Plural der männl. Form*: triviaux> *Sprache, Witz* ordinär

 Nicht verwechseln mit *trivial – banal(e)!*

la trivialité [tʀivjalite] ❶ *eines Witzes* die Geschmacklosigkeit ❷ die Banalität, die Trivialität

 Nicht verwechseln mit *die Trivialität – la banalité!*

triviaux [tʀivjo] →**trivial**
le troc [tʀɔk] der Tauschhandel
le troglodyte [tʀɔglɔdit] ❶ der Höhlenmensch ❷ (*Vogel*) der Zaunkönig
le trognon [tʀɔɲɔ̃] der Strunk
trois [tʀwa] ❶ (*Zahlwort*) drei; **le score est de trois à zéro** *geschrieben*: **3 à 0** es steht drei zu null *geschrieben*: 3:0 ❷ (*bei der Alters- oder Zeitangabe*) **il/elle a trois ans** er/sie ist drei [Jahre alt]; **à trois ans** mit drei [Jahren]; **il y a trois semaines** vor drei Wochen ❸ (*bei der Datumsangabe*) dritte(r); **le trois mai** *geschrieben*: **le 3 mai** der dritte Mai/am dritten Mai *geschrieben*: der 3. Mai/am 3. Mai ❹ (*als Namenszusatz*) **Henri trois** *geschrieben*: **Henri III** Heinrich der Dritte *geschrieben*: Heinrich III.
le trois [tʀwa] △ männlich (*Zahl, Spielkarte, Buslinie*) die Drei; **écrire un grand trois au tableau** eine große Drei an die Tafel schreiben
le trois-étoiles [tʀwazetwal] (*Hotel*) das Dreisternehotel
les trois-°huit (*männlich*) [tʀwaɥit] **faire les**

trois-°huit in drei Schichten arbeiten
troisième [tʀwazjɛm] dritte(r, s)
le troisième [tʀwazjɛm] ❶ (*in Bezug auf die Reihenfolge, die Leistung*) der/die/das Dritte ❷ (*dritter Stock*) der Dritte ❸ (*drittes Arrondissement*) das Dritte
la troisième [tʀwazjɛm] ❶ (*in Bezug auf die Reihenfolge, die Leistung*) der/die/das Dritte ❷ (*Schulklasse*) die vierte Klasse des „Collège"; (*im deutschen Schulsystem*) ≈ die neunte Schuljahr, ≈ die neunte Klasse ❸ (*bei Gangschaltungen*) der Dritte; **passer la troisième** in den Dritten schalten
troisièmement [tʀwazjɛmmɑ̃] drittens
le trois-mâts [tʀwama] der Dreimaster
le trolleybus [tʀɔlɛbys] der Oberleitungsbus, der Obus, der Trolleybus (CH)
la trombe [tʀɔ̃b] **la trombe [d'eau]** der Wolkenbruch ▶ **en trombe** (*umgs.*) rasant
le trombinoscope [tʀɔ̃binɔskɔp] (*umgs.*) aus vielen Passfotos zusammengesetztes Plakat, das einen anschaulichen Überblick über eine bestimmte Personengruppe geben soll, z. B. über alle Mitarbeiterinnen und Mitarbeiter einer Firma oder über alle Schülerinnen und Schüler einer Klasse
le trombone [tʀɔ̃bɔn] ❶ die Posaune ❷ (*für Papiere*) die Büroklammer
la trompe [tʀɔ̃p] ❶ der Rüssel; *von Insekten* der Saugrüssel ❷ (*Musikinstrument*) das Horn
tromper [tʀɔ̃pe] ❶ täuschen; **tromper un client sur le prix** einem Kunden einen überhöhten Preis berechnen ❷ betrügen *Freund, Freundin, Ehepartner* ❸ überlisten *Hunger, Durst* ❹ **se tromper** sich irren; **se tromper dans son calcul** sich verrechnen; **se tromper de direction** sich verlaufen/verfahren; **se tromper de numéro [de téléphone]** sich verwählen ▶ **là, tu te trompes d'adresse!** da bist du an den Falschen/die Falsche geraten!
la tromperie [tʀɔ̃pʀi] der Betrug
la trompette [tʀɔ̃pɛt] die Trompete; **jouer de la trompette** Trompete spielen

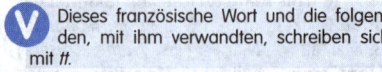
Dieses französische Wort und die folgenden, mit ihm verwandten, schreiben sich mit *tt*.

le trompettiste [tʀɔ̃petist] der Trompeter
la trompettiste [tʀɔ̃petist] die Trompeterin
trompeur, trompeuse [tʀɔ̃pœʀ, tʀɔ̃pøz] trügerisch; *Ähnlichkeit* täuschend; *Rede* lügnerisch
le tronc [tʀɔ̃] ❶ der Stamm ❷ (*Teil des Körpers*) der Rumpf ❸ (*in der Kirche*) der Opferstock ❹ *einer Säule* der Schaft ❺ **le tronc commun** die Unter- und Mittelstufe des „collège"; (*Lernstoff*) die Pflichtfächer; (*in der Universität*) die Pflichtkurse
le tronçon [tʀɔ̃sɔ̃] ❶ das Stück ❷ *einer Bahnlinie, Straße* der Abschnitt
tronçonner [tʀɔ̃sɔne] zerteilen; (*mit einer Säge*) zersägen
la tronçonneuse [tʀɔ̃sɔnøz] die Motorsäge
le trône [tʀon] der Thron
trôner [tʀone] thronen; *Foto:* prangen
tronquer [tʀɔ̃ke] ❶ auslassen *Einzelheit* ❷ kürzen, verstümmeln *Text, Zitat*
trop [tʀo] ❶ (*in Bezug auf die Menge*) zu viel; **manger trop** zu viel essen; **trop de temps/de travail** zu viel Zeit/Arbeit ❷ (*in Bezug auf die Intensität*) zu, zu sehr; **trop grand(e)** zu groß; **trop petit(e)** zu klein; **insister trop** zu sehr beharren; **je ne l'aime pas trop** ich mag ihn/sie nicht besonders; **elle ne sait pas trop** sie weiß [noch] nicht genau; **je n'ai pas trop envie** ich habe keine große Lust ❸ (*umgs.: sehr*) voll; [**c'est**] **trop bien** [das ist] voll gut; **ils sont trop bêtes** die sind voll blöd ▶ **c'est trop!** das wäre doch nicht nötig gewesen!; **c'en est trop!** das gibt's doch nicht!
le trophée [tʀɔfe] ⚠ *männlich* die Trophäe
tropical, tropicale [tʀɔpikal] <*Plural der männl. Form:* tropicaux> tropisch
le tropique [tʀɔpik] ❶ (*in der Geografie*) der Wendekreis ❷ **les tropiques** die Tropen
le trop-plein [tʀɔplɛ̃] <*Plural:* trop-pleins> ❶ (*Sicherheitsvorrichtung*) der Überlauf ❷ (*überschüssige Menge*) **le trop-plein de l'eau** das überschüssige Wasser
troquer [tʀɔke] tauschen
le trot [tʀo] der Trab
la trotte [tʀɔt] (*umgs.*) das ordentliche Stück [Weg]; **ça fait une trotte!** das ist ein ganz schönes Ende!
trotter [tʀɔte] ❶ *Pferd:* traben ❷ (*umgs.: laufen*) trotten
le trotteur [tʀɔtœʀ] (*Pferd*) der Traber
la trotteuse [tʀɔtøz] ❶ (*Pferd*) die Traberstute, der Traber ❷ *einer Uhr* der Sekundenzeiger
trottiner [tʀɔtine] trippeln; (*laut*) trappeln
la trottinette [tʀɔtinɛt] der Tretroller, der Roller
le trottoir [tʀɔtwaʀ] der Bürgersteig
le trou [tʀu] ❶ das Loch; **le trou de la serrure** das Schlüsselloch ❷ *einer Nadel* das Öhr ❸ (*im Zeitplan*) die Lücke ▶ **rester dans son trou** (*umgs.*) zu Hause hocken [*oder* herumhocken]

◆ le **trou de mémoire** die Gedächtnislücke
troublant, troublante [tʀublɑ̃, tʀublɑ̃t] ❶ irritierend; (*seltsam*) merkwürdig ❷ *Problem, Frage* beunruhigend ❸ *Dekolletee* aufregend
trouble [tʀubl] ❶ *Bild* verschwommen; *Sicht* getrübt ❷ *Flüssigkeit* trüb ❸ *Angelegenheit, Zeit* undurchsichtig
le **trouble** [tʀubl] ❶ das Durcheinander ❷ (*Unruhe*) die Aufregung ❸ **les troubles intestinaux** die Darmbeschwerden; **les troubles psychiques** die seelischen Störungen ❹ **les troubles politiques/sociaux** die politischen/sozialen Unruhen
le **trouble-fête** [tʀubləfɛt] <*Plural:* trouble-fêtes> der Spielverderber
la **trouble-fête** [tʀubləfɛt] <*Plural:* trouble-fêtes> die Spielverderberin
troubler [tʀuble] ❶ stören ❷ (*verstören*) beunruhigen ❸ beeinträchtigen *Verdauung, Fähigkeiten* ❹ trüben *Wasser* ❺ **se troubler** *Wasser, Sicht:* sich trüben; *Gedächtnis:* nachlassen
troué, trouée [tʀue] durchlöchert
trouer [tʀue] **trouer quelque chose** *Mensch:* Löcher/ein Loch in etwas machen; *Kugeln:* etwas durchlöchern
la **trouille** [tʀuj] (*umgs.*) der Bammel; **avoir la trouille** Bammel haben, Muffe haben
la **troupe** [tʀup] die Truppe
le **troupeau** [tʀupo] <*Plural:* troupeaux> die Herde
la **trousse** [tʀus] ❶ der Beutel ❷ *eines Arztes* der Arztkoffer, der Koffer ❸ **la trousse** [d'écolier] das Federmäppchen, das Mäppchen ▶ **être aux trousses des voleurs** den Dieben auf den Fersen sein
◆ la **trousse de toilette** der Kulturbeutel
le **trousseau** [tʀuso] <*Plural:* trousseaux> ❶ **le trousseau de clés** der Schlüsselbund ❷ (*frische Kleider und Wäsche*) das Kleider- und Wäschepaket ❸ *einer Braut* die Aussteuer
la **trouvaille** [tʀuvaj] der [glückliche] Fund
trouver [tʀuve] ❶ finden ❷ bekommen *Information;* aufbringen *Gelder* ❸ **je trouve étrange qu'elle ait dit ça** ich finde es merkwürdig, dass sie das gesagt hat ❹ **aller trouver le directeur** zum Direktor gehen ❺ **se trouver** sich befinden ❻ **se trouver bloqué(e)** blockiert sein ▶ **si ça se trouve, il va pleuvoir** (*umgs.*) kann sein, dass es regnen wird; **il se trouve que je suis libre** zufällig habe ich gerade Zeit
le **truand** [tʀyɑ̃] der Gangster

truander [tʀyɑ̃de] (*umgs.*) bescheißen *salopp*
le **truc** [tʀyk] (*umgs.*) ❶ das Ding ❷ der Trick ❸ **c'est Truc qui me l'a dit** der Dingsda/die Dingsda hat es mir gesagt ▶ **c'est mon truc** das ist ganz mein Fall; **c'est pas mon truc** das ist nicht mein Fall [*oder* mein Ding]
le **trucage** [tʀykaʒ] ❶ die Trickaufnahme ❷ **le trucage des élections** der Wahlbetrug
trucider [tʀyside] (*umgs.*) abmurksen
la **truelle** [tʀyɛl] die Kelle
la **truffe** [tʀyf] ❶ die Trüffel ❷ *eines Hundes, einer Katze* die Schnauze
truffer [tʀyfe] ❶ trüffeln ❷ (*übertragen*) **un récit truffé de citations** ein mit Zitaten gespickter Bericht
la **truie** [tʀɥi] die Sau
la **truite** [tʀɥit] die Forelle
le **truquage** [tʀykaʒ] →**trucage**
truquer [tʀyke] fälschen; zinken *Spielkarte*
le **tsar** [tsaʀ] der Zar
la **tsarine** [tsaʀin] die Zarin
le **t-shirt** [tiʃœʀt] <*Plural:* t-shirts> das T-Shirt
le **tsigane** [tsigan] der Zigeuner
la **tsigane** [tsigan] die Zigeunerin
TSVP *Abkürzung von* **tournez s'il vous plaît** b. w.
TTC [tetese] *Abkürzung von* **toutes taxes comprises** inkl. MwSt.
tu [ty] ❶ du; **tu es grand** du bist groß ❷ **dire tu à quelqu'un** jemanden duzen; *siehe auch* **t'**²
tu, tue [ty] →**taire**
le **tuba** [tyba] ⚠ männlich ❶ (*Musikinstrument*) die Tuba ❷ (*Sportgerät*) der Schnorchel
le **tube** [tyb] ⚠ männlich ❶ das Rohr; (*klein*) das Röhrchen ❷ die Tube ❸ (*in der Elektrotechnik*) die Röhre ❹ **le tube digestif** der Verdauungstrakt ❺ (*umgs.: Schlager*) der Hit
le **tubercule** [tybɛʀkyl] die Wurzelknolle, die Knolle
tuberculeux, tuberculeuse [tybɛʀkylø, tybɛʀkyløz] *Mensch* tuberkulosekrank
la **tuberculose** [tybɛʀkyloz] die Tuberkulose
le **tué** [tɥe] das Todesopfer
la **tuée** [tɥe] das Todesopfer
tuer [tɥe] ❶ töten; (*vorsätzlich*) umbringen; erlegen *Wild* ❷ *Gift, Waffe:* tödlich sein; *Alkohol, Tabak:* tödliche Folgen haben ❸ **se tuer** sich umbringen; **se faire tuer** umkommen; **se tuer au travail** sich [fast] totarbeiten
la **tuerie** [tyʀi] das Gemetzel
tue-tête [tytɛt] **à tue-tête** lauthals

le **tueur** [tyœʀ] der Mörder
• le **tueur à gages** der Killer, der gedungene Mörder
• le **tueur en série** der Serienmörder
la **tueuse** [tyøz] die Mörderin
• la **tueuse à gages** die Killerin, die gedungene Mörderin
• la **tueuse en série** die Serienmörderin
la **tuile** [tɥil] ❶ der Ziegel, der Dachziegel ❷ (*Teegebäck*) der Keks (*in Ziegelform*) ❸ (*umgs.: Ungemach*) **quelle tuile!** schöner Mist!
la **tulipe** [tylip] die Tulpe
tuméfié, tuméfiée [tymefje] geschwollen
la **tumeur** [tymœʀ] ⚠ *weiblich* der Tumor
le **tumulte** [tymylt] ❶ *einer Menschenmenge* der Tumult; **le tumulte de la rue** der Lärm der Straße; (*Geschäftigkeit*) das Treiben auf der Straße
tumultueux, tumultueuse [tymyltɥø, tymyltɥøz] *Zeit, Phase, Diskussion* stürmisch, turbulent
le **tuner** [⚠ tynœʀ] der Tuner
la **tunique** [tynik] die Tunika
la **Tunisie** [tynizi] Tunesien

> Ⓥ Das französische Wort schreibt sich *Tunisie*.

tunisien, tunisienne [tynizjɛ̃, tynizjɛn] tunesisch

> Ⓥ Das französische Wort schreibt sich *tunisien*.

le **Tunisien** [tynizjɛ̃] der Tunesier

> Ⓥ Das französische Wort schreibt sich *Tunisien*.

la **Tunisienne** [tynizjɛn] die Tunesierin

> Ⓥ Das französische Wort schreibt sich *Tunisienne*.

le **tunnel** [tynɛl] ❶ der Tunnel ❷ **le tunnel sous la Manche** der Kanaltunnel
la **turbine** [tyʀbin] die Turbine
la **turbulence** [tyʀbylɑ̃s] die Turbulenz
turbulent, turbulente [tyʀbylɑ̃, tyʀbylɑ̃t] *Kind* wild
le **turc** [tyʀk] Türkisch; *siehe auch* **allemand**

> Ⓖ In Verbindung mit dem Verb *parler* kann der Artikel entfallen: *il parle turc – er spricht Türkisch*.

turc, turque [tyʀk] türkisch
le **Turc** [tyʀk] der Türke
le **turf** [⚠ tœʀf] der Pferderennsport

le **turfiste** [⚠ tœʀfist] der Freund des Pferderennsports
la **turfiste** [⚠ tœʀfist] die Freundin des Pferderennsports
turque [tyʀk] →**turc**
la **Turque** [tyʀk] die Türkin
la **Turquie** [tyʀki] die Türkei
turquoise [tyʀkwaz] türkisfarben, türkis

> Ⓖ Das Farbadjektiv *turquoise* ist unveränderlich: *des serviettes turquoise – türkisfarbene Servietten*.

la **turquoise** [tyʀkwaz] ⚠ *weiblich* der Türkis
tus [ty] →**taire**
la **tutelle** [tytɛl] ❶ *eines Minderjährigen* die Vormundschaft; **sous tutelle** unter Aufsicht ❷ (*Gängelung*) die Bevormundung
le **tuteur** [tytœʀ] ❶ die Stütze ❷ *eines Minderjährigen* der Vormund ❸ (*in der Schule, Universität*) der Tutor
le **tutoiement** [tytwamɑ̃] das Duzen
tutoyer [tytwaje] <*wie* appuyer; *siehe Verbtabelle ab S. 1055*> duzen; **se tutoyer** sich duzen

> Ü Einige Formen des Verbs schreiben sich mit *y*, andere mit *i*.
> Direkt vor einer betonten Endungssilbe steht immer ein *y*, z. B. *nous nous tutoyons* und *ils se tutoyaient*.
> Das *i* steht immer vor einem unbetonten *e*, z. B. *il me tutoie* oder *ils se tutoieront*.

la **tutrice** [tytʀis] ❶ *eines Minderjährigen* der Vormund ❷ (*in der Schule, Universität*) die Tutorin
le **tutu** [tyty] das Ballettröckchen, das Tutu
le **tuyau** [tɥijo] <*Plural:* tuyaux> ❶ das Rohr ❷ (*biegsam*) der Schlauch ❸ *eines Kamins* der Schacht ❹ (*umgs.: Hinweis*) der Tipp
la **tuyauterie** [tɥijotʀi] das Leitungsnetz
les **tuyaux** (*männlich*) [tɥijo] *Plural von* **tuyau**
la **TVA** [tevea] *Abkürzung von* **taxe à la valeur ajoutée** die MwSt.
le **tympan** [tɛ̃pɑ̃] das Trommelfell
le **type** [tip] ❶ der Typ ❷ die Art; **avoir le type asiatique** dem asiatischen Typus entsprechen ❸ (*Modell, Beispiel*) **la phrase type** der Mustersatz
typé, typée [tipe] typisch
le **typhon** [tifɔ̃] der Taifun
le **typhus** [⚠ tifys] der Typhus
typique [tipik] typisch; **c'est typique de cette ville** das ist typisch für diese Stadt
le **typographe** [tipɔgʀaf] der Schriftsetzer, der Setzer

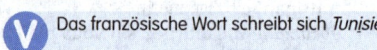

la **typographe** [tipɔgraf] die Schriftsetzerin, die Setzerin
la **typographie** [tipɔgrafi] die Typografie
le **tyran** [tirã] der Tyrann
la **tyrannie** [tirani] die Tyrannei
tyrannique [tiranik] tyrannisch
tyranniser [tiranize] tyrannisieren
tyrolien, tyrolienne [tirɔljɛ̃, tirɔljɛn] tirolerisch, tirolisch; **la population tyrolienne** die Tiroler Bevölkerung; **la danse tyrolienne** der Schuhplattler
le **Tyrolien** [tirɔljɛ̃] der Tiroler
la **Tyrolienne** [tirɔljɛn] die Tirolerin
la **tyrolienne** [tirɔljɛn] der Jodler
le **tzar** [tsar] der Zar
la **tzarine** [tsarin] die Zarin
tzigane [tsigan] Zigeuner-; **la musique tzigane** die Zigeunermusik

U

le **u**, le **U** [y] ❶ das u, das U ❷ **en U** U-förmig, in U-Form
l' **UCT** *(weiblich)* [yset̄e] *Abkürzung von* **Unité Centrale de Traitement** *(in der Informatik)* die CPU
l' **UDF** *(weiblich)* [ydɛɛf] *Abkürzung von* **Union pour la démocratie française** *liberal-konservative Parteienkonföderation Frankreichs*
l' **UEFA** *(weiblich)* [yefa] *Abkürzung von* **Union of European Football Associations** die UEFA
l' **Ukraine** *(weiblich)* [ykrɛn] die Ukraine
l' **ukrainien** *(männlich)* [ykrɛnjɛ̃] Ukrainisch; *siehe auch* **allemand**

Ⓖ In Verbindung mit dem Verb *parler* kann der Artikel entfallen: *il parle ukrainien – er spricht Ukrainisch.*

ukrainien, ukrainienne [ykrɛnjɛ̃, ykrɛnjɛn] ukrainisch
l' **Ukrainien** *(männlich)* [ykrɛnjɛ̃] der Ukrainer
l' **Ukrainienne** *(weiblich)* [ykrɛnjɛn] die Ukrainerin
l' **ulcère** *(männlich)* [ylsɛr] das Geschwür
ulcérer [ylsere] <*wie* préférer; *siehe Verbtabelle ab S. 1055*> tief kränken

Ü Nur die stammbetonten Formen schreiben sich mit *è*, z. B. *j'ulcère*.

l' **ULM** *(männlich)* [yɛlɛm] *Abkürzung von* **ultra-léger motorisé** das Ultraleichtflugzeug
ultérieur, ultérieure [ylterjœr] spätere(r, s)
ultérieurement [ylterjœrmã] später
ultime [yltim] letzte(r, s), allerletzte(r, s)
ultraconservateur, ultraconservatrice [yltrakõsɛrvatœr, yltrakõsɛrvatris] *(umgs.)* ultrakonservativ
ultramoderne [yltramɔdɛrn] ultramodern
ultrasensible [yltrasãsibl] hoch empfindlich
l' **ultrason** *(männlich)* [yltrasõ] *(in der Physik)* der Ultraschall
ultraviolet, ultraviolette [yltravjɔlɛ, yltravjɔlɛt] ultraviolett
un [ɛ̃] ❶ *Zahlwort* eins; **un, deux, trois** eins, zwei, drei; **le score est de un à zéro** *geschrieben:* **1 à 0** es steht eins zu null *geschrieben:* 1:0 ❷ erstens; **un, ..., deux, ...** erstens ..., zweitens ... ▶ **ne faire qu'un** ein Herz und eine Seele sein
le **un** [ɛ̃] ⚠ *männlich* die Eins; **écrire un grand un au tableau** eine große Eins an die Tafel schreiben
un¹, une [ɛ̃, yn] *Mengenangabe* ein/eine; **un livre et trois revues** ein Buch und drei Zeitschriften; **un seul jour** ein einziger Tag; **ils étaient à trois contre un** sie waren drei gegen einen; **j'ai un chat et deux tortues** ich habe eine Katze und zwei Schildkröten ▶ **ne faire ni une ni deux** nicht lange überlegen; **c'était moins une!** *(umgs.)* das war haarscharf!
un², une [ɛ̃, yn] *unbestimmter Artikel* ❶ ein/eine; **j'entends une voix** ich höre eine Stimme; **avec un grand courage** mit großer Tapferkeit; **ce n'est pas un Picasso!** das ist kein Picasso! ❷ **un de ces jours ...** eines schönen Tages ... ❸ *(hervorhebend)* **il y a un de ces bruits!** es herrscht ein derartiger Lärm!; **ce type est d'un culot!** der Kerl ist vielleicht dreist! ❹ **en connaître un qui ...** jemanden kennen, der ... ❺ **les uns et les autres** die einen und die anderen; **ils sont assis en face l'un de l'autre** sie sitzen sich [*oder* einander] gegenüber; **ils sont aussi menteurs l'un que l'autre** sie lügen alle beide; **s'injurier l'un l'autre** sich gegenseitig beschimpfen ▶ **l'un dans l'autre** alles in allem
unanime [ynanim] ❶ *Gelächter, Zustimmung* einhellig; *Wahl* einstimmig ❷ **des témoins unanimes** Zeugen, die übereinstimmend aussagen; **ils sont unanimes** sie sagen übereinstimmend aus
l' **unanimité** *(weiblich)* [ynanimite] die Überein-

stimmung; *der Zustimmung* die Einhelligkeit; **à l'unanimité** einstimmig

la **une** [yn] (*umgs.*) die Titelseite; **faire la une** auf der Titelseite stehen

uni, unie [yni] ❶ *Stoff* einfarbig ❷ vereint; **les États Unis d'Amérique** die Vereinigten Staaten von Amerika

unième [ynjɛm] **vingt et unième** einundzwanzigste(r, s)

unificateur, unificatrice [ynifikatœʀ, ynifikatʀis] *Prinzip* einigend; **le mouvement unificateur** die Sammlungsbewegung

l' **unification** (*weiblich*) [ynifikasjɔ̃] die Vereinigung

unifier [ynifje] <*wie* apprécier; *siehe Verbtabelle ab S. 1055*> ❶ vereinen; zusammenschließen *Parteien* ❷ vereinheitlichen *Lehrpläne*

uniforme [ynifɔʀm] ❶ gleichartig, gleich; *Bewegung, Leben* gleichförmig ❷ vereinheitlicht

l' **uniforme** (*männlich* ⚠) [ynifɔʀm] die Uniform

uniformiser [ynifɔʀmize] vereinheitlichen

l' **uniformité** (*weiblich*) [ynifɔʀmite] *des Lebens* die Eintönigkeit

l' **unijambiste** (*männlich*) [yniʒɑ̃bist] der Einbeinige

l' **unijambiste** (*weiblich*) [yniʒɑ̃bist] die Einbeinige

unilatéral, unilatérale [ynilateʀal] <*Plural der männl. Form:* unilatéraux> einseitig

unilingue [ynilɛ̃g] einsprachig

l' **union** (*weiblich*) [ynjɔ̃] ❶ *von Parteien* der Zusammenschluss, die Union; *von Händlern* der Verband; **l'union monétaire** die Währungsunion; **l'Union européenne** die Europäische Union; **l'Union Soviétique** (*früher*) die Sowjetunion ❷ *eines Paares* die Partnerschaft; **vivre en union libre** unverheiratet zusammenleben

unique [ynik] ❶ einzig; *Währung* einheitlich; **l'enfant unique** das Einzelkind; **le prix unique** der Einheitspreis ❷ einzigartig

uniquement [ynikmɑ̃] nur

unir [yniʀ] <*wie* agir; *siehe Verbtabelle ab S. 1055*> ❶ vereinen, vereinigen; **s'unir** sich vereinigen ❷ **unir l'intelligence à la beauté** Intelligenz und Schönheit in sich vereinen

G Bei einigen Formen des Verbs ist der Stamm um *-iss-* erweitert, etwa bei *ils unissent, il unissait* oder *en unissant.*

unisexe [yniseks] Unisex-; **la mode unisexe** die Unisex-Mode

l' **unisson** (*männlich*) [ynisɔ̃] **à l'unisson** einstimmig

unitaire [yniteʀ] *Forderungen* einheitlich; *Bewegung* geschlossen

l' **unité** (*weiblich*) [ynite] ❶ die Einheit ❷ **le prix à l'unité** der Stückpreis
◆ **l'unité de sortie** das Ausgabegerät
◆ **l'unité de stockage** die Speichereinheit, der Speicher

l' **univers** (*männlich*) [ynivɛʀ] ❶ das Universum ❷ (*Umgebung*) die Welt

universaliser [ynivɛʀsalize] ❶ verallgemeinern ❷ **s'universaliser** sich verbreiten

universel, universelle [ynivɛʀsɛl] universell; *Frieden* weltweit; **le remède universel** das Allheilmittel; **l'exposition universelle** die Weltausstellung

universitaire [ynivɛʀsitɛʀ] *Titel* akademisch; **la ville universitaire** die Universitätsstadt; **le diplôme universitaire** das Hochschuldiplom

l' **universitaire** (*männlich*) [ynivɛʀsitɛʀ] der Hochschullehrer

l' **universitaire** (*weiblich*) [ynivɛʀsitɛʀ] die Hochschullehrerin

l' **université** (*weiblich*) [ynivɛʀsite] ❶ die Universität ❷ **l'université populaire** die Volkshochschule; **l'université d'été** der Sommerkurs

uploader [⚠ œplode] (*in der Informatik*) hochladen, uploaden

l' **uranium** (*männlich*) [⚠ yʀanjɔm] das Uran

Uranus [⚠ yʀanys] (*Planet*) Uranus

urbain, urbaine [yʀbɛ̃, yʀbɛn] städtisch, urban; **le paysage urbain** das Stadtbild

l' **urbanisme** (*männlich*) [yʀbanism] der Städtebau

l' **urée** (*weiblich*) [yʀe] (*in der Medizin*) der Harnstoff

l' **urgence** (*weiblich*) [yʀʒɑ̃s] ❶ die Dringlichkeit; **il y a urgence** es eilt ❷ die dringende Angelegenheit ❸ (*in der Medizin*) der Notfall; **les urgences** die Notaufnahme ▶ **de toute urgence** dringend

V In ❸ wird der Plural *les urgences* mit einem Singular übersetzt: *les urgences sont au rez-de-chaussée* – *die Notaufnahme ist im Erdgeschoss.*

urgent, urgente [yʀʒɑ̃, yʀʒɑ̃t] dringend; "Urgent!" „Eilt!"

urinaire [yʀinɛʀ] Harnwegs-; **l'infection urinaire** die Harnwegsinfektion

l' **urine** (*weiblich* ⚠) [yʀin] der Urin

uriner [yʀine] urinieren, Wasser lassen

l' **urne** *(weiblich)* [yʀn] ❶ die Urne ❷ *(bei Wahlen)* die Wahlurne, die Urne

l' **URSS** *(weiblich)* [yɛʀɛsɛs] *Abkürzung von* **Union des républiques socialistes soviétiques** *(früher)* die UdSSR

l' **urticaire** *(weiblich)* [yʀtikɛʀ] die Nesselsucht

les **us** *(männlich)* [⚠ ys] **les us et coutumes** [lez yz e kutym] die Sitten und Bräuche

l' **usage** *(männlich)* [yzaʒ] ❶ der Gebrauch; *eines Gerätes* die Benutzung; **à l'usage de quelqu'un** für jemanden; **°hors d'usage** außer Betrieb ❷ der Brauch; **c'est l'usage** das ist so üblich

usagé, usagée [yzaʒe] abgenutzt

l' **usager** *(männlich)* [yzaʒe] der Benutzer; *von Strom, Gas* der Verbraucher; **l'usager de la route** der Verkehrsteilnehmer

l' **usagère** *(weiblich)* [yzaʒɛʀ] die Benutzerin; *von Strom, Gas* die Verbraucherin

usant, usante [yzɑ̃, yzɑ̃t] anstrengend

usé, usée [yze] abgenutzt; *Sohlen* abgelaufen

user [yze] ❶ abnutzen; schädigen *Gesundheit*; verschleißen *Menschen* ❷ **user beaucoup d'eau** viel Wasser verbrauchen

l' **usine** *(weiblich)* [yzin] die Fabrik; **l'usine d'automobiles** das Automobilwerk

l' **ustensile** *(männlich)* [ystɑ̃sil] das Gerät

usuel, usuelle [yzɥɛl] gebräuchlich; *Verwendung* allgemein üblich

l' **usure** *(weiblich)* [yzyʀ] die Abnutzung ▸ **avoir quelqu'un à l'usure** *(umgs.)* jemanden herumkriegen

usurper [yzyʀpe] widerrechtlich an sich reißen

l' **ut** *(männlich)* [⚠ yt] *(in der Musik)* das c, das C

l' **utérus** *(männlich)* [yteʀys] die Gebärmutter

utile [ytil] nützlich; *Handlung* sinnvoll

utilisable [ytilizabl] brauchbar; **ce n'est plus utilisable** das ist nicht mehr zu gebrauchen

l' **utilisation** *(weiblich)* [ytilizasjɔ̃] *eines Produkts, Mittels* die Verwendung

utiliser [ytilize] ❶ benutzen *Gegenstand;* anwenden, verwenden *Mittel;* verwenden *Öl;* gebrauchen *Wort;* verwerten *Reste* ❷ benutzen *Menschen*

l' **utilitaire** *(männlich)* [ytilitɛʀ] das Nutzfahrzeug

l' **utilité** *(weiblich)* [ytilite] die Nützlichkeit

les **UV** *(männlich)* [yve] *Abkürzung von* **ultraviolets** die UV-Strahlen

V

le **v**, le **V** [ve] ❶ das v, das V ❷ **un décolleté en V** ein V-Ausschnitt

va [va] →**aller**

les **vacances** *(weiblich)* [vakɑ̃s] ❶ die Ferien; **être en vacances** Ferien haben; **bonnes vacances!** schöne Ferien! ❷ *(in der Arbeitswelt)* der Urlaub; **elle prend ses vacances en juillet** sie nimmt ihren Urlaub im Juli

le **vacancier** [vakɑ̃sje] der Urlauber

la **vacancière** [vakɑ̃sjɛʀ] die Urlauberin

vacant, vacante [vakɑ̃, vakɑ̃t] *Stelle* unbesetzt; *Wohnung* leer stehend

le **vacarme** [vakaʀm] der Lärm

le **vaccin** [vaksɛ̃] der Impfstoff

la **vaccination** [vaksinasjɔ̃] die Impfung

vacciner [vaksine] impfen

vache [vaʃ] *(umgs.)* gemein; **poser des questions vaches** gemeine [*oder* vertrackte] Fragen stellen

la **vache** [vaʃ] die Kuh ▸ **la vache!** *(umgs.: Ausdruck der Bewunderung)* Donnerwetter!; *(Ausdruck der Betroffenheit)* ach Gott!

vachement [vaʃmɑ̃] *(umgs.)* echt; **vachement beau/belle** echt schön

la **vacherie** [vaʃʀi] *(umgs.)* die Gemeinheit

le **vacherin** [vaʃʀɛ̃] ❶ Weichkäse aus dem französischen Jura ❷ *(Nachtisch)* eisgekühltes Baisergebäck mit Sahne

vacillant, vacillante [vasijɑ̃, vasijɑ̃t] schwankend; *Licht* flackernd

vaciller [vasije] *Person:* schwanken; *Pfosten:* wackeln; *Licht:* flackern

la **vadrouille** [vadʀuj] **être en vadrouille** *(umgs.)* auf Achse sein

le **va-et-vient** [vaevjɛ̃] ❶ *eines Pendels* das Hin und Her; *der Kunden* das Kommen und Gehen; **faire des va-et-vient** *Person:* hin- und hergehen/hin- und herfahren ❷ *(für Strom)* der Wechselschalter

vagabond, vagabonde [vagabɔ̃, vagabɔ̃d] Vagabunden-; **la vie vagabonde** das Vagabundenleben

le **vagabond** [vagabɔ̃] der Landstreicher, der Vagabund

la **vagabonde** [vagabɔ̃d] die Landstreicherin, die Vagabundin

vagabonder [vagabɔ̃de] umherziehen

le **vagin** [vaʒɛ̃] ⚠ *männlich* die Scheide, die Vagina

vaginal, vaginale [vaʒinal] *<Plural der männl. Form:* vaginaux*>* vaginal

Révisions

Partir en vacances			
faire	un voyage une excursion	eine Reise einen Ausflug	machen
passer ses vacances/son week-end	à la montagne	seine Ferien/sein Wochenende verbringen	im Gebirge
	à la campagne		auf dem Land
	au bord de la mer/d'un lac		am Meer/an einem See
	à la plage		am Strand
	en France		in Frankreich
passer la nuit	dans une auberge de jeunesse	übernachten	in einer Jugendherberge
	dans un hôtel		in einem Hotel
	dans un chalet		in einer (Berg-)Hütte
	dans un appartement		in einem Apartment
	sur un terrain de camping		auf einem Campingplatz

vague [vag] vage
le **vague** [vag] das Vage; **rester dans le vague** im Vagen bleiben, sich nur vage äußern; **regarder dans le vague** ins Leere blicken
la **vague** [vag] (auch übertragen) die Welle ◆ **la vague de chaleur** die Hitzewelle
vaguement [vagmã] ungefähr
la **vaillance** [vajãs] die Beherztheit
vaillant, vaillante [vajã, vajãt] beherzt
vaille [vaj] →**valoir**
vain, vaine [vɛ̃, vɛn] vergeblich ▶ **en vain** vergeblich
vaincre [vɛ̃kʀ] <siehe Verbtabelle ab S. 1055> (gehoben) ❶ siegen ❷ besiegen Gegner, Feind; überwinden Schüchternheit
le **vaincu** [vɛ̃ky] der Verlierer
vaincu, vaincue [vɛ̃ky] ❶ besiegt ❷ **s'avouer vaincu** sich geschlagen geben
la **vaincue** [vɛ̃ky] die Verliererin
vainement [vɛnmã] vergeblich
vainqueur [vɛ̃kœʀ] siegreich
le **vainqueur** [vɛ̃kœʀ] der Sieger/die Siegerin
vais [vɛ] →**aller**
le **vaisseau** [veso] <Plural: vaisseaux> ❶ das Gefäß; **les vaisseaux sanguins** die Blutgefäße ❷ das Schiff ❸ **le vaisseau spatial** das Raumschiff
la **vaisselle** [vɛsɛl] das Geschirr; **faire la vaisselle** das Geschirr spülen
le **val** [val] <Plural: vaux> das Tal
valable [valabl] gültig
le **Valais** [valɛ] das Wallis
le **valet** [valɛ] ❶ der Hausdiener, der Diener ❷ (Spielkarte) der Bube
la **valeur** [valœʀ] ❶ der Wert; **de valeur** wertvoll ❷ die Bedeutung ▶ **mettre quelque chose en valeur** etwas zur Geltung bringen
la **validation** [validasjõ] eines Wahlergebnisses die Bestätigung
valide [valid] ❶ Mensch gesund ❷ Papiere, Fahrkarte, Ticket gültig
valider [valide] entwerten Fahrkarte
la **validité** [validite] die Gültigkeit
la **valise** [valiz] der Koffer; **faire sa valise** den Koffer packen
la **vallée** [vale] das Tal
le **vallon** [valõ] das kleine Tal
vallonné, vallonnée [valɔne] hügelig
valoir [valwaʀ] <siehe Verbtabelle ab S. 1055> ❶ wert sein; **dans un an, mon ordinateur ne vaudra** [vodʀa] **plus grand-chose** in einem Jahr wird mein Computer nicht mehr viel wert sein ❷ kosten; **ça vaut cher** das ist teuer; **ça vaut combien?** wie viel kostet das? ❸ **valoir dix points** Spielkarte: zehn Punkte zählen [oder wert sein] ❹ taugen; **ne pas valoir grand-chose** Stoff, Apparat: nicht viel taugen ❺ **faire valoir un argument/un droit** ein Argument/ein Recht geltend machen ❻ **ce roman vaut d'être lu** dieser Roman ist lesenswert, es lohnt sich, diesen Roman zu lesen ❼ **cette prestation lui a valu des éloges** diese Leistung hat ihm/ihr viel Lob eingebracht; **qu'est-ce qui me vaut l'honneur?** was verschafft mir die Ehre? ❽ se

valoir *Kandidaten, Dinge:* gleich gut sein; *Waren:* gleich viel kosten
valorisant, valorisante [valɔrizɑ̃, valɔrizɑ̃t] *Beruf* prestigeträchtig
valoriser [valɔrize] aufwerten
la **valse** [vals] ⚠ *weiblich* der Walzer
valser [valse] Walzer tanzen
la **valve** [valv] ❶ das Ventil ❷ *einer Auster* die Schale
le **vampire** [vɑ̃piʀ] der Vampir
le **van** [vɑ̃] der Pferdetransporter
le **vandale** [vɑ̃dal] der Vandale
la **vandale** [vɑ̃dal] die Vandalin
la **vanille** [vanij] die Vanille
la **vanité** [vanite] die Eitelkeit
vaniteux, vaniteuse [vanitø, vanitøz] eingebildet
la **vanne**[1] [van] *einer Schleuse* das Tor

> **F** Nicht verwechseln mit *die [Bade]wanne – la baignoire!*

la **vanne**[2] [van] (*umgs.*) **lancer une vanne/des vannes à quelqu'un** gegen jemanden stichein
vanné, vannée [vane] (*umgs.*) *Mensch* hundemüde
la **vannerie** [vanʀi] ❶ (*Handwerk*) die Korbmacherei ❷ **la corbeille de vannerie** der Weidenkorb
le **vantard** [vɑ̃taʀ] der Prahler
vantard, vantarde [vɑ̃taʀ, vɑ̃taʀd] prahlerisch
la **vantarde** [vɑ̃taʀd] die Prahlerin
la **vantardise** [vɑ̃taʀdiz] die Prahlerei
vanter [vɑ̃te] ❶ in den höchsten Tönen loben ❷ **se vanter** prahlen; **se vanter de quelque chose** sich mit etwas brüsten
le **va-nu-pieds** [vanypje] <*Plural:* va-nu-pieds> der Landstreicher
la **va-nu-pieds** [vanypje] <*Plural:* va-nu-pieds> die Landstreicherin
les **vapes** (*weiblich*) [vap] **être dans les vapes** (*umgs.*) benebelt sein; (*vor Müdigkeit*) dösig sein
la **vapeur** [vapœʀ] der Dampf
 ◆ la **vapeur d'eau** der Wasserdampf
vaporeux, vaporeuse [vapɔʀø, vapɔʀøz] duftig
le **vaporisateur** [vapɔʀizatœʀ] der Zerstäuber
vaporiser [vapɔʀize] ❶ zerstäuben *Parfüm* ❷ besprühen *Pflanze*
vaquer [vake] **vaquer à ses occupations** seiner Beschäftigung nachgehen
la **varappe** [vaʀap] das Klettern; **faire de la varappe** klettern

le **varech** [vaʀɛk] der Seetang, der Tang
la **vareuse** [vaʀøz] die Matrosenjacke
variable [vaʀjabl] veränderlich
la **variante** [vaʀjɑ̃t] die Variante
le **variateur** [vaʀjatœʀ] der Dimmer
la **variation** [vaʀjasjɔ̃] ❶ die Veränderung ❷ (*in der Musik*) die Variation
la **varice** [vaʀis] die Krampfader
la **varicelle** [vaʀisɛl] die Windpocken

> **V** Der Singular *la varicelle* wird mit einem Plural übersetzt: *la varicelle est une maladie contagieuse – die Windpocken sind eine ansteckende Krankheit.*

varié, variée [vaʀje] ❶ *Landschaft, Arbeit, Programm* abwechslungsreich ❷ *Farben, Themen, Argumente* unterschiedlich
varier [vaʀje] <*wie* apprécier; *siehe Verbtabelle ab S. 1055*> ❶ sich ändern ❷ unterschiedlich sein ❸ **varier son menu** sich ein abwechslungsreiches Menü zusammenstellen
la **variété** [vaʀjete] ❶ die Vielfalt ❷ die Abwechslung ❸ *von Pflanzen, Tieren* die Art ❹ **les variétés** das Varieté[theater]; **l'émission de variétés** die [bunte] Unterhaltungssendung

> **V** In ❹ wird der Plural *les variétés* mit einem Singular übersetzt: *elle aime les variétés – sie mag das Varieté[theater].*

la **variole** [vaʀjɔl] die Pocken

> **V** Der Singular *la variole* wird mit einem Plural übersetzt: *la variole est une maladie contagieuse – die Pocken sind eine ansteckende Krankheit.*

Varsovie [vaʀsɔvi] Warschau
vas [va] →**aller**
vasculaire [vaskylɛʀ] Gefäß-; **la maladie vasculaire** die Gefäßkrankheit; **les troubles vasculaires** die Durchblutungsstörungen
le **vase** [vɑz] ⚠ *männlich* die Vase
la **vase** [vɑz] der Schlamm
vaseux, vaseuse [vɑzø, vɑzøz] ❶ schlammig ❷ *Rede* verworren ❸ **être vaseux** *Mensch:* daneben sein
le **vasistas** [⚠ vazistas] das [kleine] Klappfenster, das Oberlicht
la **vasque** [vask] das niedrige Wasserbecken
le **vassal** [vasal] <*Plural:* vassaux> der Vasall
vaste [vast] ❶ weit; **un vaste appartement** eine sehr geräumige Wohnung ❷ **une vaste organisation** eine mächtige Organisation
le **Vatican** [vatikɑ̃] der Vatikan
vaudrai [vodʀe] →**valoir**

le **vaurien** [vɔʀjɛ̃] der Taugenichts
la **vaurienne** [vɔʀjɛn] der Taugenichts
vaut [vo] →**valoir**
le **vautour** [votuʀ] der Geier
vautrer [votʀe] **se vautrer** sich lümmeln; **se vautrer dans un fauteuil** sich in einen Sessel lümmeln
vaux [vo] →**valoir**
les **vaux** *(männlich)* [vo] *Plural von* **val**
va-vite [vavit] *(umgs.)* **à la va-vite** auf die Schnelle
le **veau** [vo] <*Plural:* veaux> ❶ das Kalb ❷ das Kalbfleisch
le **vécu** [veky] das Erlebte
vécu[1], **vécue** [veky] →**vivre**
vécu[2], **vécue** [veky] erlebt
vécus, vécut [veky] →**vivre**
la **vedette** [vədɛt] der Star

Ⓖ Das Wort wird auch auf männliche Personen angewandt: *il est une vedette du cinéma – er ist ein Filmstar.*

végétal, végétale [veʒetal] <*Plural der männl. Form:* végétaux> pflanzlich
le **végétarien** [veʒetaʀjɛ̃] der Vegetarier
végétarien, végétarienne [veʒetaʀjɛ̃, veʒetaʀjɛn] vegetarisch
la **végétarienne** [veʒetaʀjɛn] die Vegetarierin
la **végétation** [veʒetasjɔ̃] ❶ die Vegetation ❷ (*in der Medizin*) **les végétations** die Polypen
végétaux [veʒeto] →**végétal**
végéter [veʒete] <*wie* préférer; *siehe Verbtabelle ab S. 1055*> *Pflanze:* kümmerlich wachsen; *Mensch:* dahinvegetieren

Ü Nur die stammbetonten Formen schreiben sich mit *è*, z. B. *je végète.*

la **véhémence** [veemɑ̃s] die Heftigkeit
véhément, véhémente [veemɑ̃, veemɑ̃t] heftig
le **véhicule** [veikyl] das Fahrzeug
véhiculer [veikyle] ❶ transportieren ❷ übertragen *Krankheit;* vermitteln *Wissen*
la **veille**[1] [vɛj] der Vortag; **j'avais tout préparé la veille** ich hatte am Vortag alles vorbereitet; **la veille au soir** am Abend zuvor, am Vorabend
la **veille**[2] [vɛj] ❶ das Wachsein ❷ **il a passé de longues veilles au chevet de son enfant** er hat viele Nächte am Bett seines Kindes gewacht ❸ (*in der Elektronik*) der Stand-by-Betrieb; **en veille** im Stand-by-Betrieb
la **veillée** [veje] ❶ (*Zeit*) der Abend ❷ (*bei einem Kranken, Toten*) die Wache

veiller [veje] ❶ wach sein ❷ Wache halten ❸ **veiller un malade** bei einem Kranken wachen ❹ **veiller sur quelqu'un/sur quelque chose** auf jemanden/auf etwas aufpassen ❺ **veiller à quelque chose** auf etwas achten
le **veilleur de nuit** [vɛjœʀ də nɥi] der Nachtwächter
la **veilleuse** [vɛjøz] ❶ das Nachtlicht ❷ *eines Autos* das Standlicht ❸ *eines Gasboilers* die Zündflamme
le **veinard** [vɛnaʀ] (*umgs.*) der Glückspilz
la **veinarde** [vɛnaʀd] (*umgs.*) der Glückspilz
la **veine** [vɛn] ❶ die Vene ❷ (*umgs.: Glück*) der Dusel ❸ (*in Holz*) die Maserung; (*in Marmor*) die Ader
veiné, veinée [vene] *Haut, Marmor* geädert; *Holz* gemasert
le **velcro**® [vɛlkʀo] der Klettverschluss
le **véliplanchiste** [veliplɑ̃ʃist] der Windsurfer, der Surfer
la **véliplanchiste** [veliplɑ̃ʃist] die Windsurferin, die Surferin
velléitaire [veleitɛʀ] willensschwach
la **velléité** [veleite] die Anwandlung
le **vélo** [velo] ❶ das Fahrrad, das Rad; **à vélo** mit dem Fahrrad [*oder* Rad]; **le vélo tout-terrain** das Mountainbike ❷ **faire du vélo** Rad fahren
   ◆ le **vélo de course** das Rennrad
la **vélocité** [velɔsite] die Geschwindigkeit
le **vélodrome** [velɔdʀom] die Radrennbahn
le **vélomoteur** [velɔmɔtœʀ] das Moped
le **velours** [v(ə)luʀ] der Samt
velouté, veloutée [vəlute] ❶ *Haut, Teint* samtig ❷ *Suppe* sämig
velu, velue [vəly] behaart
vénal, vénale [venal] <*Plural der männl. Form:* vénaux> käuflich
venant [vənɑ̃] **à tout venant** allen
vendable [vɑ̃dabl] verkäuflich
la **vendange** [vɑ̃dɑ̃ʒ] die Weinlese; **faire les vendanges** die Trauben lesen
vendanger [vɑ̃dɑ̃ʒe] <*wie* changer; *siehe Verbtabelle ab S. 1055*> ❶ Trauben lesen ❷ abernten *Weinberg*

Ü Vor *a* und *o* bleibt das *e* erhalten, z. B. in *nous vendangeons, il vendangeait* und *en vendangeant.*

le **vendangeur** [vɑ̃dɑ̃ʒœʀ] der Weinleser
la **vendangeuse** [vɑ̃dɑ̃ʒøz] die Weinleserin
le **vendeur** [vɑ̃dœʀ] der Verkäufer
la **vendeuse** [vɑ̃døz] die Verkäuferin
vendre [vɑ̃dʀ] <*siehe Verbtabelle ab*

S. 1055> ❶ verkaufen; **vendre un vélo à quelqu'un** jemandem ein Fahrrad verkaufen; **se vendre bien/mal** sich gut/schlecht verkaufen ❷ (*umgs.: verraten*) verpfeifen
vendredi [vɑ̃dʀədi] ❶ der Freitag ❷ (*bei gezielten Zeitangaben*) **vendredi prochain** am Freitag, kommenden Freitag; **vendredi dernier** letzten Freitag; **aujourd'hui on est vendredi** heute ist Freitag; **tu as le temps vendredi?** hast du diesen Freitag Zeit? ❸ (*bei Zeitangaben, die eine Wiederholung ausdrücken*) **le vendredi** freitags, jeden Freitag; **le vendredi matin** Freitag vormittags; **le vendredi soir** Freitag abends; **"Fermé le vendredi"** „Freitags geschlossen" ❹ **Vendredi saint** Karfreitag

> **G** Das Substantiv *vendredi* ist männlich. Es wird ohne den bestimmten Artikel und ohne Präposition gebraucht, wenn es um eine präzise Angabe geht und ein ganz bestimmter Freitag gemeint ist.
> Wenn eine Wiederholung oder etwas Gewohnheitsmäßiges ausgedrückt werden soll, steht der bestimmte Artikel bei dem Substantiv. In diesem Fall bezieht sich die Angabe auf mehrere Freitage. In ❸ stehen entsprechende Beispiele.

vénéneux, vénéneuse [venenø, venenøz] giftig
vénérable [veneʀabl] ehrwürdig
la **vénération** [veneʀasjɔ̃] die Verehrung
vénérer [veneʀe] <*wie* préférer; *siehe Verbtabelle ab S. 1055*> verehren

> **Ü** Nur die stammbetonten Formen schreiben sich mit *è*, z. B. *je vénère*.

vénérien, vénérienne [veneʀjɛ̃, veneʀjɛn] Geschlechts-; **la maladie vénérienne** die Geschlechtskrankheit
le **Venezuela** [venezyela] Venezuela
la **vengeance** [vɑ̃ʒɑ̃s] die Rache
venger [vɑ̃ʒe] <*wie* changer; *siehe Verbtabelle ab S. 1055*> ❶ rächen *Menschen* ❷ **se venger de quelqu'un** sich an jemandem rächen; **se venger de quelque chose** sich für etwas rächen

> **Ü** Vor *a* und *o* bleibt das *e* erhalten, z. B. in *nous vengeons, il vengeait* und *en vengeant*.

vengeur, vengeresse [vɑ̃ʒœʀ, vɑ̃ʒ(ə)ʀɛs] rachsüchtig
venimeux, venimeuse [vənimø, vənimøz] giftig
le **venin** [vənɛ̃] das Gift

venir [v(ə)niʀ] <*wie* devenir; *siehe Verbtabelle ab S. 1055*> ❶ kommen; **faire venir quelqu'un** jemanden rufen, jemanden kommen lassen; **l'idée m'est venue de lui offrir ce livre** mir kam die Idee, ihm/ihr dieses Buch zu schenken ❷ **venir d'Angleterre** aus England stammen; **venir de la rue** *Lärm:* von der Straße kommen; **mon bureau vient de mon grand-père** mein Schreibtisch ist [*oder* stammt] von meinem Großvater ❸ **l'odeur vient jusqu'ici** der Geruch dringt bis hier; **l'eau vient jusqu'à la porte** das Wasser reicht bis an die Tür ❹ **il viendra un temps où les hommes vivront en paix** es wird eine Zeit kommen, wo die Menschen in Frieden leben werden ❺ **l'épisode à venir** die nächste Episode; **l'année à venir** das kommende Jahr ❻ **où veut-il en venir?** worauf will er hinaus? ❼ **je viens [juste] de finir** ich habe gerade aufgehört ❽ **si elle venait à passer par là** wenn sie hier vorbeikommen sollte ❾ **la crise est venue tout bouleverser** die Krise hat alles erschüttert ▶ **laisser venir** [erst mal] abwarten; **alors, ça vient?** (*umgs.*) na, wird's bald?
Venise [vəniz] Venedig
vénitien, vénitienne [venisjɛ̃, venisjɛn] venezianisch
le **Vénitien** [venisjɛ̃] der Venezianer
la **Vénitienne** [venisjɛn] die Venezianerin
le **vent** [vɑ̃] der Wind; **il y a du vent** es ist windig ▶ **quel bon vent vous amène?** (*ironisch*) was führt Sie hierher?
la **vente** [vɑ̃t] ❶ (*das Verkaufen, die Verkaufsabteilung*) der Verkauf ❷ **mettre quelque chose en vente** etwas zum Kauf anbieten
  ◆ la **vente à la criée** die Versteigerung
  ◆ la **vente au détail** der Einzelhandel
  ◆ la **vente aux enchères** die Versteigerung
  ◆ la **vente par correspondance** der Versandhandel
venter [vɑ̃te] **il vente** es ist windig
venteux, venteuse [vɑ̃tø, vɑ̃tøz] windig
le **ventilateur** [vɑ̃tilatœʀ] der Ventilator
la **ventilation** [vɑ̃tilasjɔ̃] die Belüftung
ventiler [vɑ̃tile] lüften *Raum*
la **ventouse** [vɑ̃tuz] ❶ (*Vorrichtung*) der Saugfuß ❷ (*bei Tieren*) der Saugnapf
ventral, ventrale [vɑ̃tʀal] <*Plural der männl. Form:* ventraux> Bauch-; **la nageoire ventrale** die Bauchflosse
le **ventre** [vɑ̃tʀ] der Bauch; **avoir mal au ventre** Bauchschmerzen haben
le **ventricule** [vɑ̃tʀikyl] die Herzkammer
le **ventriloque** [vɑ̃tʀilɔk] der Bauchredner

la **ventriloque** [vãtrilɔk] die Bauchrednerin
ventru, ventrue [vãtry] dickbäuchig
le **venu** [v(ə)ny] ❶ **le nouveau venu** der Neuankömmling ❷ **le premier venu** der Erstbeste
venu¹, venue [v(ə)ny] →**venir**
venu², venue [v(ə)ny] **bien venu** angebracht; **mal venu** unangebracht
la **venue** [v(ə)ny] ❶ das Kommen ❷ **la nouvelle venue** der Neuankömmling ❸ **la première venue** die Erstbeste
Vénus [venys] (*Planet*) Venus
les **vêpres** *(weiblich)* [vɛpʀ] (*Andacht*) die Vesper

> **V** Der Plural *les vêpres* wird mit einem Singular übersetzt: *les vêpres <u>sont</u> terminées – die Vesper <u>ist</u> beendet.*

le **ver** [vɛʀ] der Wurm; **le ver solitaire** der Bandwurm; **le ver luisant** das Glühwürmchen, der Leuchtkäfer
  ◆ le **ver à soie** die Seidenraupe
  ◆ le **ver de terre** der Regenwurm
la **véracité** [veʀasite] die Wahrhaftigkeit
verbal, verbale [vɛʀbal] <*Plural der männl. Form:* verbaux> mündlich
verbaliser [vɛʀbalize] *Polizist:* ein Strafmandat erteilen
verbaux [vɛʀbo] →**verbal**
le **verbe** [vɛʀb] (*in der Grammatik*) das Verb
verdâtre [vɛʀdɑtʀ] grünlich
le **verdict** [vɛʀdikt] das Urteil
verdir [vɛʀdiʀ] <*wie agir; siehe Verbtabelle ab S. 1055*> *Natur:* grünen

> **G** Bei einigen Formen des Verbs ist der Stamm um *-iss-* erweitert, etwa bei *ils verd<u>iss</u>ent, il verd<u>iss</u>ait* oder *en verd<u>iss</u>ant.*

la **verdure** [vɛʀdyʀ] (*Pflanzen*) das Grün
véreux, véreuse [veʀø, veʀøz] ❶ *Obst* wurmig, wurmstichig ❷ *Mensch, Geschäfte* betrügerisch
la **verge** [vɛʀʒ] ❶ das [männliche] Glied ❷ (*Stock*) die Rute
le **verger** [vɛʀʒe] der Obstgarten
verglacé, verglacée [vɛʀglase] vereist
le **verglas** [vɛʀglɑ] das Glatteis
sans vergogne [vɛʀgɔɲ] schamlos
véridique [veʀidik] *Geschichte* wahr
vérifiable [veʀifjabl] nachprüfbar
la **vérification** [veʀifikasjɔ̃] die Überprüfung
vérifier [veʀifje] <*wie apprécier; siehe Verbtabelle ab S. 1055*> ❶ überprüfen ❷ **se vérifier** *Verdacht:* sich bestätigen
véritable [veʀitabl] ❶ wirklich; **une véritable joie** eine echte Freude ❷ **c'est mon véritable nom** das ist mein richtiger Name ❸ *Perlen, Gold, Leder* echt
véritablement [veʀitabləmã] wirklich
la **vérité** [veʀite] ❶ die Wahrheit ❷ die Wirklichkeitstreue ▸ **en vérité** eigentlich
le **vermeil** [vɛʀmɛj] das vergoldete Silber
vermeil, vermeille [vɛʀmɛj] leuchtend rot
le **vermicelle** [vɛʀmisɛl] die Fadennudel
vermillon [vɛʀmijɔ̃] zinnoberrot

> **G** Das Farbadjektiv *vermillon* ist unveränderlich: *des serviettes vermillon – zinnoberrote Servietten.*

le **vermillon** [vɛʀmijɔ̃] das Zinnoberrot
la **vermine** [vɛʀmin] ❶ das Ungeziefer ❷ (*übertragen umgs.*) das Gesindel; **ce type est une vermine!** dieser Kerl ist Abschaum!
vermoulu, vermoulue [vɛʀmuly] wurmstichig
le **vermouth** [vɛʀmut] der Wermut
vernir [vɛʀniʀ] <*wie agir; siehe Verbtabelle ab S. 1055*> lackieren *Holz, Fingernägel;* firnissen *Gemälde*

> **G** Bei einigen Formen des Verbs ist der Stamm um *-iss-* erweitert, etwa bei *ils vern<u>iss</u>ent, il vern<u>iss</u>ait* oder *en vern<u>iss</u>ant.*

le **vernis** [vɛʀni] ❶ der Lack; (*für Gemälde*) der Firnis ❷ (*übertragen*) die Fassade
  ◆ le **vernis à ongles** der Nagellack
le **vernissage** [vɛʀnisaʒ] ⚠ *männlich* ❶ das Lackieren ❷ (*Ausstellungseröffnung*) die Vernissage
vérolé, vérolée [veʀɔle] (*in der Informatik*) fehlerhaft
verra [vɛʀa], **verrai** [vɛʀe], **verras** [vɛʀa] →**voir**
le **verre** [vɛʀ] ❶ das Glas ❷ **deux verres de jus** zwei Glas [*oder* Gläser] Saft ❸ **prendre un verre** ein Gläschen [Wein] trinken
  ◆ le **verre à dents** das Zahnputzglas
  ◆ le **verre de contact** die Kontaktlinse
la **verrerie** [vɛʀʀi] (*Fabrik*) die Glashütte
le **verrier** [vɛʀje] der Glasbläser/die Glasbläserin

> **G** Es gibt im Französischen keine Femininform: *elle est verrier – sie ist Glasbläserin.*

la **verrière** [vɛʀjɛʀ] das Glasdach
le **verrou** [vɛʀu] der Riegel; **mettre le verrou** den Riegel vorschieben [*oder* vorlegen]
verrouiller [vɛʀuje] ❶ verriegeln *Tür;* abriegeln *Viertel* ❷ durch Schreibschutz sichern *Diskette*
la **verrue** [vɛʀy] die Warze
vers [vɛʀ] ❶ (*Richtungsangabe*) nach; **vers**

le °**haut** nach oben; **vers la gauche** nach links; **vers le sud** nach Süden; **tourner son regard vers la porte** seinen Blick zur Tür wenden; **se tourner vers quelqu'un** sich jemandem zuwenden; **il est venu vers elle** [vɛʀ ɛl] er ist auf sie zugekommen ❷ **vers sept heures** gegen sieben [Uhr]; **vers Brest** bei Brest

le **vers** [vɛʀ] der Vers; **en vers** in Versen

le **versant** [vɛʀsã] der Hang; *eines Daches* die Schräge

versatile [vɛʀsatil] *Mensch* wankelmütig

la **verse** [vɛʀs] **il pleut à verse** es gießt in Strömen

le **Verseau** [vɛʀso] <*Plural:* Verseaux> (*in der Astrologie*) der Wassermann; **être Verseau** [ein] Wassermann sein

le **versement** [vɛʀsəmã] die Zahlung

verser [vɛʀse] ❶ eingießen; **verser de l'eau/du jus à quelqu'un** jemandem Wasser/Saft eingießen ❷ vergießen *Tränen* ❸ zahlen *Geldbetrag;* **verser une somme sur un compte** einen Betrag auf ein Konto einzahlen

le **verset** [vɛʀsɛ] *der Bibel, des Korans* der Vers

verseur [vɛʀsœʀ] →**bec**

la **version** [vɛʀsjõ] ❶ die Version; (*bei Filmen, Theater- und Musikstücken*) die Fassung; **en version originale sous-titrée** in Originalfassung mit Untertiteln ❷ die Übersetzung aus der Fremdsprache, die Herübersetzung

le **verso** [vɛʀso] die Rückseite

le **vert** [vɛʀ] ❶ (*Farbe*) das Grün ❷ (*Politiker, Umweltschützer*) der Grüne

vert, verte [vɛʀ, vɛʀt] ❶ grün ❷ (*nicht getrocknet*) *Gemüse* frisch ❸ **vert de peur/de jalousie** blass vor Angst/vor Neid

la **verte** [vɛʀt] (*Politikerin, Umweltschützerin*) die Grüne

vertébral, vertébrale [vɛʀtebʀal] <*Plural der männl. Form:* vertébraux> Wirbel-; **la colonne vertébrale** die Wirbelsäule

la **vertèbre** [vɛʀtɛbʀ] der Wirbel

le **vertébré** [vɛʀtebʀe] das Wirbeltier

vertical, verticale [vɛʀtikal] <*Plural der männl. Form:* verticaux> senkrecht

la **verticale** [vɛʀtikal] die Senkrechte, die Vertikale

verticaux [vɛʀtiko] →**vertical**

le **vertige** [vɛʀtiʒ] ❶ das Schwindelgefühl, der Schwindel ❷ der Schwindelanfall; **donner le vertige à quelqu'un** jemanden schwind[e]lig machen; **il a le vertige** ihm ist schwind[e]lig

vertigineux, vertigineuse [vɛʀtiʒinø, vɛʀtiʒinøz] Schwindel erregend

la **vertu** [vɛʀty] ❶ die Tugend ❷ die [positive] Wirkung ▸ **en vertu des pouvoirs qui sont les miens** kraft meiner Befugnisse

vertueux, vertueuse [vɛʀtyø, vɛʀtyøz] tugendhaft

la **verve** [vɛʀv] der Witz

la **verveine** [vɛʀvɛn] das Eisenkraut

la **vésicule** [vezikyl] **la vésicule [biliaire]** die Gallenblase

la **vessie** [vesi] die Blase, die Harnblase

la **veste** [vɛst] ❶ die Jacke; (*für Herren*) das Jackett ❷ (*gestrickt*) die Strickjacke

la veste

 Nicht verwechseln mit *die Weste – le gilet*!

le **vestiaire** [vɛstjɛʀ] die Garderobe

le **vestibule** [vɛstibyl] der Flur

le **vestige** [vɛstiʒ] der Rest, der Überrest; **les vestiges du passé** die Spuren der Vergangenheit

vestimentaire [vɛstimãtɛʀ] Kleidungs-; **les dépenses vestimentaires** die Ausgaben für Kleidung

le **veston** [vɛstõ] der/das Sakko

le **vêtement** [vɛtmã] das Kleidungsstück; **les vêtements** die Kleidung, die Kleider

le **vétéran** [veteʀã] (*Soldat*) der Veteran

le **vétérinaire** [veteʀinɛʀ] der Tierarzt

la **vétérinaire** [veteʀinɛʀ] die Tierärztin

la **vétille** [vetij] die Lappalie

vêtir [vetiʀ] <*siehe Verbtabelle ab S. 1055*> (*gehoben*) **se vêtir** sich ankleiden; **se vêtir de quelque chose** sich in etwas kleiden

le **veto** [veto] das Veto

vêtu, vêtue [vety] angezogen; **chaudement vêtu** warm angezogen; **légèrement vêtu** leicht bekleidet

le **veuf** [vœf] der Witwer

Révisions

Parler des vêtements – Über Kleidungsstücke sprechen

être à la mode	modern, „in" sein
suivre la mode	mit der Mode gehen
acheter un nouveau modèle	ein neues Modell kaufen
porter des vêtements de marque	Markenkleidung tragen
s'habiller chic/branché(e)	sich schick/topmodern anziehen/kleiden
mettre/enlever qc	etw. anziehen/ausziehen
C'est à ma taille.	Das ist meine Größe.
essayer une autre taille	eine andere Größe anprobieren
changer d'un pantalon/d'une chemise	eine Hose/ein Hemd wechseln
être trop long/longue	zu lang sein
être très court/courte	sehr kurz sein
qc est élégant(e), mais ringard(e) *(umgs.)*	etw. ist elegant, aber altmodisch
qc est propre/sale	etw. ist sauber/dreckig

veuf, veuve [vœf, vœv] verwitwet
veuille [vœj], **veulent** [vœl], **veut** [vœ] →**vouloir**
la **veuve** [vœv] die Witwe
veux [vœ] →**vouloir**
la **vexation** [vɛksasjɔ̃] die Kränkung
vexer [vɛkse] ❶ kränken ❷ **se vexer** gekränkt sein
la **viabilité** [vjabilite] ❶ die Lebensfähigkeit ❷ *eines Projekts* die Durchführbarkeit ❸ *eines Geländes* die Erschließung
viable [vjabl] lebensfähig; *Projekt* durchführbar
le **viaduc** [vjadyk] der/das Viadukt
la **viande** [vjɑ̃d] das Fleisch
vibrant, vibrante [vibʀɑ̃, vibʀɑ̃t] leidenschaftlich
la **vibration** [vibʀasjɔ̃] *eines Motors* das Vibrieren
vibratoire [vibʀatwaʀ] Vibrations-; **le mouvement vibratoire** die Schwingung
vibrer [vibʀe] *Motor:* vibrieren
le **vibromasseur** [vibʀomasœʀ] ❶ das Massagegerät ❷ *(Massagestab)* der Vibrator
le **vicaire** [vikɛʀ] der Kaplan
le **vice** [vis] ❶ das Laster; *(lasterhafte Art)* die Lasterhaftigkeit; **c'est du vice** *(umgs.)* das ist pervers ❷ der Mangel
◆ le **vice de construction** der Konstruktionsfehler
vicelard, vicelarde [vislaʀ, vislaʀd] *(umgs.)* lüstern
le **vice-président** [vispʀezidɑ̃] <*Plural:* vice-présidents> der Vizepräsident

la **vice-présidente** [vispʀezidɑ̃t] <*Plural:* vice-présidentes> die Vizepräsidentin
vice versa [vis(e)vɛʀsa] **et vice versa** und umgekehrt
vicieux, vicieuse [visjø, visjøz] ❶ *(nicht normal)* pervers ❷ *(nicht gut) Kind* böse ❸ *Pferd* widerspenstig
vicinal, vicinale [visinal] <*Plural der männl. Form:* vicinaux> Gemeinde-; **le chemin vicinal** der Gemeindeweg
le **vicomte** [vikɔ̃t] der Vicomte
la **vicomtesse** [vikɔ̃tɛs] die Vicomtesse
la **victime** [viktim] das Opfer; *(bei Unfällen, Katastrophen)* das Todesopfer
la **victoire** [viktwaʀ] der Sieg; **remporter une/la victoire** einen/den Sieg erringen
victorieux, victorieuse [viktɔʀjø, viktɔʀjøz] siegreich
les **victuailles** *(weiblich)* [viktɥaj] die Lebensmittel
la **vidange** [vidɑ̃ʒ] ❶ die Entleerung, die Leerung ❷ *(bei einem Fahrzeug)* der Ölwechsel
vidanger [vidɑ̃ʒe] <*wie* changer; *siehe Verbtabelle ab S. 1055*> **faire vidanger sa voiture** bei seinem Auto einen Ölwechsel machen lassen

> Ü Vor *a* und *o* bleibt das *e* erhalten, z.B. in *nous vidangeons, il vidangeait* und *en vidangeant*.

vide [vid] ❶ leer ❷ *Diskussion* sinnlos; **vide d'intérêt** belanglos
le **vide** [vid] ❶ die Leere; **sauter dans le vide** *Fallschirmspringer:* in die Tiefe springen ❷ *(luftleerer Raum)* das Vakuum; **embal-**

lé(e) sous vide vakuumverpackt ❸ (leere Stelle) die Lücke
vidéo [video] Video-; **le jeu vidéo** das Videospiel; **la cassette vidéo** die Videokassette

> **G** Das Adjektiv *vidéo* ist unveränderlich: *plusieurs jeux vidéo* – mehrere Videospiele.

la **vidéo** [video] ⚠ *weiblich* das Video
le **vidéophone** [videɔfɔn] das Bildtelefon
le **vide-ordures** [vidɔʀdyʀ] <*Plural:* vide-ordures> der Müllschlucker
la **vidéothèque** [videɔtɛk] die Videothek
vider [vide] ❶ leeren; ausräumen *Schrank, Wohnung* ❷ ausgießen *Wein;* ausleeren *Müll;* **vider l'eau de la baignoire** das Wasser aus der Badewanne lassen ❸ ausnehmen *Geflügel, Fisch* ❹ **vider quelqu'un** (*umgs.*) jemanden rausschmeißen ❺ **se vider** *Flasche:* auslaufen; *Stadt:* sich leeren ❻ **être vidé(e)** (*umgs.*) total geschafft sein
la **vie** [vi] ❶ das Leben; **la vie active** das Berufsleben ❷ (*Biografie*) die Lebensgeschichte ▶ **une vie de chien** ein Hundeleben; **voir la vie en rose** alles durch die rosa[rote] Brille sehen; **c'est la vie!** so ist das Leben!; **gagner sa vie** seinen Lebensunterhalt verdienen; **refaire sa vie** ein neues Leben anfangen; **à vie** auf Lebenszeit
vieil [vjɛj] →**vieux**
le **vieillard** [vjɛjaʀ] der Greis
vieille [vjɛj] →**vieux**
la **vieille** [vjɛj] ❶ die Alte ❷ (*umgs.: Mutter*) **ma vieille** meine Alte ▶ **ma [petite] vieille!** (*umgs.*) meine Liebe!
la **vieillerie** [vjɛjʀi] das alte Zeug
la **vieillesse** [vjɛjɛs] ❶ das Alter ❷ (*alte Menschen*) die Alten
vieillir [vjɛjiʀ] <*wie* agir; *siehe Verbtabelle ab S. 1055*> ❶ *Mensch, Gegenstand:* alt werden, altern; *Wein:* reifen; **elle a bien vieilli** sie hat sich gut gehalten ❷ *Film, Theorie:* an Aktualität verlieren ❸ **vieillir quelqu'un** *Kleidung, Frisur:* jemanden alt machen

> **G** Bei einigen Formen des Verbs ist der Stamm um *-iss-* erweitert, etwa bei *ils vieillissent, il vieillissait* oder *en vieillissant*.

le **vieillissement** [vjɛjismɑ̃] *eines Menschen* das Älterwerden, das Altern; *der Bevölkerung* die Überalterung
vieillot, vieillotte [vjɛjo, vjɛjɔt] altmodisch
la **vielle** [vjɛl] die Drehleier, die Leier
viendrai [vjɛ̃dʀe], **viendrais** [vjɛ̃dʀɛ:], **vienne** [vjɛn] →**venir**
Vienne [vjɛn] Wien

viennent [vjɛn] →**venir**
viennois, viennoise [vjɛnwa, vjɛnwaz] Wiener
le **Viennois** [vjɛnwa] der Wiener
la **Viennoise** [vjɛnwaz] die Wienerin
viens, vient [vjɛ̃] →**venir**
vierge [vjɛʀʒ] ❶ *Mädchen* unberührt, jungfräulich ❷ *Diskette, Seite* leer; *Film* unbelichtet ❸ *Gegenden* unberührt ❹ *Öl* kalt gepresst
la **Vierge** [vjɛʀʒ] ❶ **la Vierge Marie** die Jungfrau Maria ❷ (*in der Astrologie*) Jungfrau; **être Vierge** [ein] Jungfrau sein
le **Vietnam**, le **Viêt-nam** [vjɛtnam] Vietnam
le **vietnamien** [vjɛtnamjɛ̃] Vietnamesisch; *siehe auch* **allemand**

> **G** In Verbindung mit dem Verb *parler* kann der Artikel entfallen: *elle parle vietnamien – sie spricht Vietnamesisch.*

vietnamien, vietnamienne [vjɛtnamjɛ̃, vjɛtnamjɛn] vietnamesisch
le **Vietnamien** [vjɛtnamjɛ̃] der Vietnamese
la **Vietnamienne** [vjɛtnamjɛn] die Vietnamesin
vieux [vjø] alt; **elle s'habille vieux** sie kleidet sich wie eine alte Frau
vieux, vieille [vjø, vjɛj] ❶ alt; **un vieux monsieur** ein alter Herr; **un vieil homme** ein alter Mann; **se faire vieux** alt werden ❷ (*umgs.: Schimpfwort*) **ce vieux con** dieser alte Blödmann ▶ **vivre vieux** ein hohes Alter erreichen

> **G** Die männliche Singularform *vieil* steht an Stelle von *vieux* vor Vokalen oder stummem h: *un vieux tapis* – ein alter Teppich; *un vieil ami* – ein alter Freund; *ce vieil homme* – dieser alte Mann.

le **vieux** [vjø] ❶ der Alte ❷ (*umgs.: Vater, Erzeuger*) **mon vieux** mein Alter; **mes vieux** meine Alten ▶ **mon [petit] vieux!** (*umgs.*) mein Lieber!
le **vif** [vif] **le vif du sujet** der Kern der Sache
vif, vive [vif, viv] ❶ *Mensch* lebhaft ❷ schnell; **avoir l'esprit vif** aufgeweckt sein ❸ *Farbe* kräftig; *Licht* hell; *Schmerz* heftig; *Kälte* schneidend ❹ (*nicht tot*) lebend
la **vigie** [viʒi] der Ausguck
la **vigilance** [viʒilɑ̃s] die Wachsamkeit
le **vigile** [viʒil] der Wächter
la **vigile** [viʒil] die Wächterin
la **vigne** [viɲ] ❶ der Rebstock; **cultiver la vigne** Wein anbauen ❷ der Weinberg ❸ (*Tätigkeit*) der Weinbau
le **vigneron** [viɲ(ə)ʀɔ̃] der Winzer, der Wein-

hauer Ⓐ
la **vigneronne** [viɲ(ə)ʀɔn] die Winzerin, die Weinhauerin Ⓐ
la **vignette** [viɲɛt] ❶ die Gebührenmarke ❷ (*früher*) *eines Autos* die Kfz-Steuermarke
le **vignoble** [viɲɔbl] ❶ der Weinberg ❷ (*Region*) das Weinbaugebiet
vigoureux, vigoureuse [viguʀø, viguʀøz] ❶ *Mensch* kräftig ❷ *Protest* energisch
la **vigueur** [vigœʀ] ❶ die Kraft ❷ (*Energie*) die Vitalität ▸ **entrer en vigueur** in Kraft treten; **en vigueur** *Vorschriften* gültig
le **Viking** [vikiŋ] der Wikinger
le **vilain** [vilɛ̃] **il va y avoir du vilain** es wird Ärger geben
vilain, vilaine [vilɛ̃, vilɛn] ❶ (*nicht schön, nicht nett*) hässlich; **par ce vilain temps** bei diesem grässlichen Wetter; **jouer un vilain tour à quelqu'un** jemandem übel mitspielen ❷ *Verletzung* schlimm
le **vilebrequin** [vilbʀəkɛ̃] die Kurbelwelle
la **villa** [vi(l)la] die Villa
le **village** [vilaʒ] das Dorf
le **villageois** [vilaʒwa] der Dorfbewohner
la **villageoise** [vilaʒwaz] die Dorfbewohnerin
la **ville** [vil] ❶ die Stadt; **la vieille ville** die Altstadt; **aller en ville** in die Stadt gehen/fahren ❷ (*städtische Behörden*) die Stadtverwaltung, die Stadt
la **ville-dortoir** [vildɔʀtwaʀ] <*Plural*: villes-dortoirs> die Schlafstadt
la **villégiature** [vi(l)leʒjatyʀ] ❶ die Sommerfrische, die Sommerurlaub ❷ der Ferienort
le **vin** [vɛ̃] der Wein; **le vin blanc** der Weißwein; **le vin rouge** der Rotwein; **le vin rosé** der Roséwein, der Rosé; **le vin chaud** der Glühwein ▸ **cuver son vin** (*umgs.*) seinen Rausch ausschlafen
◆ le **vin de pays** der Landwein
le **vinaigre** [vinɛgʀ] der Essig
la **vinaigrette** [vinɛgʀɛt] die Vinaigrette
la **vinasse** [vinas] (*umgs.*) der billige Wein
vindicatif, vindicative [vɛ̃dikatif, vɛ̃dikativ] rachsüchtig
vingt [vɛ̃] ❶ (*Zahlwort*) zwanzig ❷ (*bei der Alters- und Uhrzeitangabe*) **il/elle a vingt ans** er/sie ist zwanzig [Jahre alt]; **à vingt ans** mit zwanzig [Jahren]; **il est vingt heures** es ist zwanzig Uhr ❸ (*bei der Datumsangabe*) zwanzigste(r); **le vingt décembre** *geschrieben:* **le 20 décembre** der zwanzigste Dezember/am zwanzigsten Dezember *geschrieben:* der 20. Dezember/am 20. Dezember ❹ (*als Namenszusatz*) **Jean vingt** *geschrieben:* **Jean XX** Johannes der Zwan-

zigste *geschrieben:* Ludwig XX.
le **vingt** [vɛ̃] ⚠ *männlich* (*Zahl, Buslinie*) die Zwanzig
la **vingtaine** [vɛ̃tɛn] ❶ **une vingtaine de personnes/de pages** etwa zwanzig Personen/Seiten ❷ **avoir la vingtaine** ungefähr zwanzig [Jahre alt] sein; **approcher de la vingtaine** auf die Zwanzig zugehen
vingt-et-un [vɛ̃teœ̃] einundzwanzig
vingtième [vɛ̃tjɛm] zwanzigste(r, s); **la vingtième page** die zwanzigste Seite
le **vingtième** [vɛ̃tjɛm] ❶ der/die/das Zwanzigste ❷ (*Bruchzahl*) das Zwanzigstel
la **vingtième** [vɛ̃tjɛm] **la vingtième** der/die/das Zwanzigste
vinicole [vinikɔl] Weinbau-; **la région vinicole** das Weinbaugebiet
vînmes [vɛ̃m], **vinrent** [vɛ̃ʀ], **vins, vint** [vɛ̃], **vîntes** [vɛ̃t] →**venir**
le **vintage** [vɛ̃taʒ] ❶ das Originalkleidungsstück; **un costume vintage des années 60** ein original Sechzigerjahre-Anzug ❷ das Originalaccessoire
le **viol** [vjɔl] die Vergewaltigung
la **violation** [vjɔlasjõ] *eines Gesetzes* die Verletzung; *eines Grabes* die Schändung
◆ la **violation de domicile** der Hausfriedensbruch
la **viole** [vjɔl] (*in der Musik*) die Viola
violemment [⚠ vjɔlamã] heftig
la **violence** [vjɔlɑ̃s] ❶ die Gewalt ❷ die Gewalttätigkeit ❸ *eines Unwetters, einer Leidenschaft* die Heftigkeit
violent, violente [vjɔlɑ̃, vjɔlɑ̃t] ❶ *Mensch* gewalttätig; *Tod* gewaltsam; **l'acte violent** die Gewalttat ❷ *Verlangen* heftig
violenter [vjɔlɑ̃te] **violenter quelqu'un** jemandem Gewalt antun
violer [vjɔle] ❶ vergewaltigen ❷ verletzen *Grenze, Gesetz;* verraten *Geheimnis;* schänden *Grab*
violet, violette [vjɔlɛ, vjɔlɛt] violett
la **violette** [vjɔlɛt] das Veilchen
le **violeur** [vjɔlœʀ] der Vergewaltiger
le **violon** [vjɔlõ] die Geige, die Violine; **jouer du violon** Geige spielen
le **violoncelle** [vjɔlõsɛl] das Cello, das Violoncello
le **violoncelliste** [vjɔlõselist] der Cellist
la **violoncelliste** [vjɔlõselist] die Cellistin
le **violoniste** [vjɔlɔnist] der Geiger
la **violoniste** [vjɔlɔnist] die Geigerin
la **vipère** [vipɛʀ] ❶ die Viper ❷ (*Schimpfwort*) die Schlange, die Giftschlange
le **virage** [viʀaʒ] die Kurve ▸ **faire un virage** *Auto:* eine Kurve fahren; *Flugzeug:* eine Kur-

ve fliegen; (*übertragen*) *Politiker:* eine Wende vollführen

la **virée** [viʀe] (*umgs.*) die Spritztour

le **virement** [viʀmɑ̃] die Überweisung

virer [viʀe] ❶ *Fahrzeug:* abbiegen; *Wetter:* umschlagen ❷ überweisen *Betrag* ❸ **virer quelqu'un** (*umgs.*) jemanden rausschmeißen

virevolter [viʀvɔlte] *Tänzer:* sich schnell drehen

la **virginité** [viʀʒinite] die Jungfräulichkeit

la **virgule** [viʀgyl] das Komma

viril, virile [viʀil] männlich

la **virilité** [viʀilite] ❶ die Männlichkeit ❷ (*sexuell*) die Potenz

virtuel, virtuelle [viʀtyɛl] (*auch in der Informatik*) virtuell

le **virtuose** [viʀtyoz] der Virtuose

la **virtuose** [viʀtyoz] die Virtuosin

la **virtuosité** [viʀtyozite] *eines Musikers* die Virtuosität

la **virulence** [viʀylɑ̃s] (*Heftigkeit*) die Schärfe

virulent, virulente [viʀylɑ̃, viʀylɑ̃t] ❶ scharf ❷ *Mikrobe* virulent; *Gift* stark

le **virus** [⚠ viʀys] das/der Virus

vis¹ [vi] →**vivre**

vis² [vi] →**voir**

la **vis** [⚠ vis] die Schraube

le **visa** [viza] das Visum; **le visa d'entrée** das Einreisevisum; **le visa de sortie** das Ausreisevisum

le **visage** [vizaʒ] ⚠ *männlich* ❶ das Gesicht ❷ (*Aussehen*) **je vous trouve meilleur visage aujourd'hui** ich finde, dass Sie heute besser aussehen

vis-à-vis [vizavi] ❶ **vis-à-vis de l'église** gegenüber der Kirche ❷ **vis-à-vis de quelqu'un** jemandem gegenüber ❸ **ta robe est belle vis-à-vis de la mienne** im Vergleich zu meinem Kleid ist deins schön

le **vis-à-vis** [vizavi] <*Plural:* vis-à-vis> (*Mensch*) das Gegenüber

viscéral, viscérale [viseʀal] <*Plural der männl. Form:* viscéraux> *Angst, Hass* tief sitzend

le **viscère** [viseʀ] das innere Organ; **les viscères** die Eingeweide

les **visées** (*weiblich*) [vize] die Absichten, die Ziele; **il/elle a des visées sur quelque chose** er/sie hat etwas im Auge

viser¹ [vize] ❶ zielen ❷ zielen auf *Zielscheibe* ❸ anstreben *Posten;* **viser °haut** hoch hinaus wollen ❹ **viser quelqu'un/quelque chose** *Bemerkung:* jemandem/einer Sache gelten; *Maßnahme:* jemanden/etwas betreffen

viser² [vize] beglaubigen *Dokument;* mit einem Sichtvermerk versehen *Reisepass*

le **viseur** [vizœʀ] das Visier

la **visibilité** [vizibilite] die Sicht; **un virage sans visibilité** eine unübersichtliche Kurve

visible [vizibl] ❶ sichtbar ❷ *Enttäuschung* offenkundig

visiblement [vizibləmɑ̃] offensichtlich

la **visière** [vizjɛʀ] *einer Mütze* der Schild

la **vision** [vizjɔ̃] ❶ die Sicht; (*Fähigkeit*) das Sehvermögen ❷ (*Deutung*) *der Zukunft, Welt* die Sicht ❸ **une vision inoubliable** ein unvergesslicher Anblick ❹ (*in der Fantasie*) die Vision

le **visionnaire** [vizjɔnɛʀ] (*auch religiös*) der Visionär

la **visionnaire** [vizjɔnɛʀ] (*auch religiös*) die Visionärin

visionner [vizjɔne] betrachten, genau betrachten

la **visionneuse** [vizjɔnøz] ❶ (*für Dias*) der Diabetrachter; (*für Filme*) der Filmbetrachter ❷ (*in der Informatik*) der Viewer

la **visite** [vizit] ❶ der Besuch; **rendre visite à quelqu'un** jemanden besuchen; **avoir de la visite** Besuch haben; **être en visite** zu Besuch sein ❷ *eines Arztes* der Hausbesuch; (*im Krankenhaus*) die Visite; **la visite médicale** die ärztliche Untersuchung ❸ *eines Museums* die Besichtigung; **la visite guidée** die Führung

visiter [vizite] ❶ besichtigen *Museum, Schloss* ❷ **visiter quelqu'un** *Ärztin:* bei jemandem einen Hausbesuch machen ❸ besuchen *Website, Homepage*

le **visiteur** [vizitœʀ] der Besucher

la **visiteuse** [vizitøz] die Besucherin

le **vison** [vizɔ̃] ❶ der Nerz ❷ der Nerzmantel

visqueux, visqueuse [viskø, viskøz] *Flüssigkeit* zähflüssig; *Haut* klebrig

visser [vise] ❶ anschrauben *Schild;* **il faut bien visser** man muss die Schrauben fest anziehen ❷ zudrehen *Deckel*

la **visualisation** [vizyalizasjɔ̃] ❶ die optische Darstellung ❷ (*auf dem Computermonitor*) die Anzeige; **la visualisation de la page** die Seitenansicht

visualiser [vizyalize] ❶ optisch darstellen ❷ (*auf dem Computermonitor*) anzeigen

le **visuel** [vizyɛl] (*für Daten*) das Display

visuel, visuelle [vizyɛl] *Gedächtnis* fotografisch, visuell; *Schild* anschaulich

vit¹ [vi] →**vivre**

vit² [vi], **vîtes** [vit] →**voir**

vital, vitale [vital] <*Plural der männl. Form: vitaux*> *Funktion, Bedarf* lebenswichtig
la **vitalité** [vitalite] die Vitalität
la **vitamine** [vitamin] ⚠ *weiblich* das Vitamin
vitaminé, vitaminée [vitamine] vitaminhaltig
vitaux [vito] →**vital**
vite [vit] schnell; **au plus vite** so schnell wie möglich; **fais vite!** mach schnell!
la **vitesse** [vitɛs] ❶ die Geschwindigkeit ❷ die Schnelligkeit ❸ *eines Schaltgetriebes* der Gang; **changer de vitesse** schalten ▶ **prendre quelqu'un de vitesse** jemanden überrunden; **à toute vitesse** *fahren* mit hoher Geschwindigkeit; *rennen* sehr schnell; *erledigen* schleunigst; **en [quatrième] vitesse** (*umgs.*) in aller Eile
◆ la **vitesse de pointe** die Spitzengeschwindigkeit

L Auf Frankreichs Autobahnen beträgt die *vitesse maximale* 130 km/h, auf Stadtautobahnen 110, auf Landstraßen 90 und in Ortschaften 50 km/h.

viticole [vitikɔl] Wein-, Weinbau-; **la production viticole** die Weinerzeugung
le **viticulteur** [vitikyltœr] der Winzer
la **viticultrice** [vitikyltris] die Winzerin
la **viticulture** [vitikyltyr] der Weinbau
le **vitrage** [vitraʒ] die Verglasung
le **vitrail** [vitraj] <*Plural: vitraux*> das bunte Kirchenfenster, das bunte Fenster
la **vitre** [vitʀ] die Fensterscheibe, das Fenster
vitré, vitrée [vitre] verglast; **la porte vitrée** die Glastür
vitrer [vitre] verglasen
vitreux, vitreuse [vitrø, vitrøz] *Augen* glasig
le **vitrier** [vitrije] der Glaser/die Glaserin

G Es gibt im Französischen keine Femininform: *elle est vitrier* – sie ist Glaserin.

vitrifier [vitrifje] <*wie* apprécier; *siehe Verbtabelle ab S. 1055*> versiegeln *Parkett*
la **vitrine** [vitrin] ❶ das Schaufenster ❷ *Schrank*) die Vitrine
la **vitrocéramique** [vitroseramik] die Glaskeramik
vitupérer [vitypere] <*wie* préférer; *siehe Verbtabelle ab S. 1055*> **vitupérer contre quelqu'un** auf jemanden schimpfen

Ü Nur die stammbetonten Formen schreiben sich mit è, z. B. *je vitupère*.

vivable [vivabl] *Mensch* erträglich, angenehm; *Welt* lebenswert

vivace [vivas] ❶ *Pflanze* mehrjährig ❷ *Hass* tief sitzend
la **vivacité** [vivasite] ❶ die Lebhaftigkeit; **la vivacité d'esprit** die Gabe der schnellen Auffassung ❷ *einer Farbe* die Leuchtkraft ❸ *der Sprache* die Heftigkeit
le **vivant** [vivã] ❶ der Lebende ❷ **le bon vivant** der Genießer ▶ **de son vivant** zu seinen/ihren Lebzeiten
vivant, vivante [vivã, vivãt] ❶ lebend; **un être vivant** ein Lebewesen; **être encore vivant** noch am Leben sein ❷ *Kind, Gespräch* lebendig; *Straße* voller Leben
la **vivante** [vivãt] die Lebende
le **vivat** [viva] der Hochruf
vive[1] [viv] →**vif**
vive[2] [viv] es lebe; **vive la liberté!** es lebe die Freiheit!
vivement [vivmã] ❶ *bedauern* zutiefst ❷ *reden* barsch ❸ **vivement les vacances!** wenn nur schon Ferien wären!
le **vivier** [vivje] (*in einem Geschäft, Restaurant*) das Fischbecken
vivifier [vivifje] <*wie* apprécier; *siehe Verbtabelle ab S. 1055*> beleben; kräftigen *Menschen, Pflanze*
vivipare [vivipar] lebend gebärend
vivoter [vivɔte] (*umgs.*) ❶ sich mehr schlecht als recht durchschlagen ❷ *Firma:* gerade so über die Runden kommen
vivre [vivʀ] <*siehe Verbtabelle ab S. 1055*> ❶ leben; **vivre bien** ein gutes Leben führen; **vivre de son salaire** von seinem Gehalt leben ❷ leben *Leben;* erleben *Kindheit, Ereignis*
les **vivres** (*männlich*) [vivʀ] die Verpflegung ▶ **couper les vivres à son enfant** seinem Kind den Geldhahn zudrehen

V Der Plural *les vivres* wird mit einem Singular übersetzt: *les vivres sont suffisants* – die Verpflegung *ist ausreichend*.

vlan [vlã] (*umgs.*) peng
la **VO** [veo] *Abkürzung von* **version originale** die OF; (*untertitelte Fassung*) die OmU
le **vocabulaire** [vɔkabylɛʀ] ❶ das Vokabular ❷ *einer Sprache* der Wortschatz
vocal, vocale [vɔkal] <*Plural der männl. Form: vocaux*> ❶ Vokal-; **la musique vocale** die Vokalmusik ❷ Stimm-; **les cordes vocales** die Stimmbänder
vocalique [vɔkalik] vokalisch
la **vocalise** [vɔkaliz] die Stimmübung
la **vocation** [vɔkasjɔ̃] die Berufung; **avoir la vocation** berufen sein

vocaux [vɔko] →**vocal**

vociférer [vɔsifeʀe] <wie préférer; siehe Verbtabelle ab S. 1055> ❶ schreien; Frau: keifen ❷ brüllen Beleidigungen, Befehl

> Nur die stammbetonten Formen schreiben sich mit è, z. B. je vocifère.

le **vœu** [vø] <Plural: vœux> ❶ der Wunsch; **faire un vœu** sich etwas wünschen ❷ der Glückwunsch; **je vous présente mes meilleurs vœux pour la nouvelle année** ich wünsche Ihnen alles Gute für das neue Jahr ❸ (religiös) das Gelübde

la **vogue** [vɔg] ❶ die Beliebtheit ❷ **être en vogue** in Mode sein

voici [vwasi] ❶ hier; **voici mon père et voilà ma mère** hier ist mein Vater und da meine Mutter ❷ (beim Anbieten, Reichen) bitte sehr, bitte ❸ (gehoben: bestätigende Antwort) hier

la **voie** [vwa] ❶ der Weg ❷ einer Straße die Fahrspur, die Spur ❸ das Gleis; **la voie ferrée** das Bahngleis ❹ **les voies respiratoires** die Atemwege ❺ **la voie lactée** die Milchstraße
◆ la **voie d'accès** die Zufahrtsstraße, die Zufahrt
◆ la **voie d'eau** das Leck
◆ la **voie sans issue** die Sackgasse

voilà [vwala] ❶ da, dort; **voici mon bureau, et voilà la cuisine** hier ist mein Arbeitszimmer und da die Küche ❷ **me voilà** hier bin ich; **te voilà** da bist du ja; **voilà mes amis** das sind meine Freunde; **voilà pourquoi ...** also deshalb ...; **voilà où ...** also dort/dorthin ...; **et voilà tout** und das ist alles; **en voilà une histoire!** das ist vielleicht eine Geschichte!; **voilà ce que c'est de faire des bêtises** (umgs.) das kommt davon, wenn man Dummheiten macht ❸ **voilà que la pluie se met à tomber** jetzt fängt es an zu regnen; **et le voilà qui recommence** jetzt fängt er schon wieder an; **en voilà assez!** jetzt aber genug! ❹ (bestätigende Antwort) hier ❺ (beim Anbieten, Reichen) bitte sehr, bitte ❻ **et voilà!** natürlich! ▶ **en veux-tu, en voilà** (umgs.) mehr als genug; **nous y voilà** das ist es also

le **voile** [vwal] ❶ (auch in der Fotografie) der Schleier; (auf einem Röntgenbild) der Schatten ❷ (verhüllender Stoff) das Tuch

la **voile** [vwal] ❶ das Segel ❷ (Sportart) das Segeln; **faire de la voile** segeln

voilé, voilée [vwale] Frau verschleiert

voiler[1] [vwale] ❶ verschleiern ❷ verhüllen Statue ❸ **se voiler** Himmel: sich bedecken; Blick: sich trüben ❹ **se voiler** sich verschleiern; **se voiler le visage** sich das Gesicht verschleiern

voiler[2] [vwale] **se voiler** Rad: sich verbiegen, **être voilé(e)** verzogen sein; Rad: eine Acht haben

la **voilette** [vwalɛt] der Hutschleier, der Schleier

le **voilier** [vwalje] das Segelboot

la **voilure** [vwalyʀ] eines Segelbootes die Segelfläche

voir [vwaʀ] <siehe Verbtabelle ab S. 1055> ❶ sehen ❷ **voir page 6** siehe Seite 6 ❸ **fais-moi donc voir!** lass mich doch mal sehen! ❹ (treffen) sehen; **aller voir quelqu'un** jemanden besuchen gehen; **venir voir quelqu'un** jemanden besuchen kommen; **on va se voir lundi** wir sehen uns Montag ❺ erleben Drama, Krieg ❻ (verstehen, wahrnehmen) sehen Problem; **faire voir à quelqu'un qu'il se trompe** jemandem klarmachen, dass er sich irrt; **voir quelqu'un/quelque chose sous un autre jour** jemanden/etwas ganz anders sehen; **vois-tu?** weißt du? ❼ **je me vois faire ce voyage** ich kann mir vorstellen, diese Reise zu machen ❽ **se voir mourir** sein Ende kommen fühlen ❾ **essaie voir!** (umgs.) probier mal!; **regarde voir!** (umgs.) sieh mal! ❿ **je n'ai rien à voir dans cette histoire** ich habe nichts mit dieser Geschichte zu tun ⓫ **il a vu grand/petit** er hat großzügig/knapp kalkuliert ⓬ **se voir** zu sehen sein; Phänomen: sich ereignen; **ça ne s'est jamais vu** das hat es noch nie gegeben ▶ **je voudrais bien t'y voir** (umgs.) du hast gut reden; **on aura tout vu!** (umgs.) das ist nicht zu fassen!; **voir venir** abwarten; **à toi de voir** du musst es wissen; **pour voir** zum Ausprobieren

voire [vwaʀ] ja sogar

la **voirie** [vwaʀi] (Entsorgung) die Müllabfuhr

voisin, voisine [vwazɛ̃, vwazin] ❶ Straße benachbart; **la maison voisine** das Nachbarhaus; **la pièce voisine** das Nebenzimmer; **être voisin de quelque chose** an etwas angrenzen ❷ Sinn ähnlich; Tierart verwandt

le **voisin** [vwazɛ̃] ❶ der Nachbar ❷ (in der Schule) der Banknachbar, der Nebenmann; **passe à ton voisin!** weitergeben!
◆ le **voisin de table** der Tischnachbar

le **voisinage** [vwazinaʒ] ❶ die Nachbarschaft ❷ (Gegend) die Umgebung

la **voisine** [vwazin] ❶ die Nachbarin ❷ (in der Schule) die Banknachbarin
◆ la **voisine de table** die Tischnachbarin

voisiner [vwazine] **voisiner avec quelqu'un** (*bei Tisch*) neben jemandem sitzen
la **voiture** [vwatyʀ] ❶ das Auto ❷ *eines Zugs* der Wagen
♦ la **voiture de course** der Rennwagen
♦ la **voiture d'occasion** der Gebrauchtwagen
la **voiture-bar** [vwatyʀbaʀ] <*Plural*: voitures-bars> der Bistro-Wagen
la **voix** [vwa] ❶ (*auch in der Musik*) die Stimme; **à une voix** einstimmig; **à deux voix** zweistimmig ❷ (*bei einer Abstimmung*) die Stimme; (*bei einer Wahl*) die Wählerstimme, die Stimme ❸ (*in der Grammatik*) **la voix active** das Aktiv; **la voix passive** das Passiv; **le verbe est à la voix passive** das Verb ist im Passiv ▸ **de vive voix** mündlich
le **vol**[1] [vɔl] ❶ der Flug; **en vol plané** im Gleitflug ❷ (*Sportart*) **le vol libre** das Drachenfliegen ❸ (*Gruppe von Vögeln*) der Schwarm; **un vol de corneilles** ein Schwarm Krähen ▸ **à dix kilomètres à vol d'oiseau** in zehn Kilometern Luftlinie
le **vol**[2] [vɔl] der Diebstahl; **le vol à main armée** der bewaffnete Raubüberfall
la **volaille** [vɔlaj] ❶ das Geflügel ❷ das Geflügelfleisch, das Geflügel
le **volailler** [vɔlaje] der Geflügelhändler
la **volaillère** [vɔlajɛʀ] die Geflügelhändlerin
le **volant** [vɔlɑ̃] ❶ das Lenkrad; **prendre le volant** sich ans Steuer setzen; **être au volant** am Steuer sitzen ❷ (*Sportgerät*) der Federball ❸ *eines Vorhangs, Kleids* der Volant
volant, volante [vɔlɑ̃, vɔlɑ̃t] ❶ fliegend ❷ *Blatt* lose ❸ *Lager* mobil ❹ **la douane volante** die Zollstreife
volatil, volatile [vɔlatil] *Substanz* flüchtig
le **volatile** [vɔlatil] das Geflügel
volatiliser [vɔlatilize] **se volatiliser** verdunsten; (*übertragen*) sich in Luft auflösen, spurlos verschwinden
le **vol-au-vent** [vɔlovɑ̃] <*Plural*: vol-au-vent> die Blätterteigpastete
le **volcan** [vɔlkɑ̃] der Vulkan
volcanique [vɔlkanik] vulkanisch
le **volcanologue** [vɔlkanɔlɔɡ] der Vulkanologe
la **volcanologue** [vɔlkanɔlɔɡ] die Vulkanologin
la **volée** [vɔle] ❶ der Schwarm; **une volée de moineaux** ein Schwarm Spatzen ❷ (*große Gruppe*) die Schar; **une volée d'enfants** eine Schar Kinder ❸ **la volée de projectiles** der Kugelhagel ▸ **recevoir une volée** (*umgs.*) eine Tracht Prügel bekommen
voler[1] [vɔle] ❶ fliegen ❷ (*übertragen*) eilen
voler[2] [vɔle] ❶ stehlen ❷ **voler ses clients sur le poids** seine Kunden mit falschen Gewichten betrügen ▸ **tu ne l'as pas volé** (*umgs.*) das geschieht dir recht
le **volet** [vɔlɛ] ❶ der Fensterladen, der Laden ❷ *eines Faltblattes, Faltplans, Dokuments* der Teil ❸ *eines Triptychons* der Flügel
voleter [vɔlte] <*wie* rejeter; *siehe Verbtabelle ab S. 1055*> flattern

> **Ü** Mit *tt* schreiben sich
> – die stammbetonten Formen wie *je volette* und
> – die auf der Basis der Grundform *voleter* gebildeten Formen, z. B. *ils voletteront* und *il voletterait*.

voleur, voleuse [vɔlœʀ, vɔløz] diebisch
le **voleur** [vɔlœʀ] der Dieb ▸ **au voleur!** haltet den Dieb!; **partir comme un voleur** sich [wie ein Dieb] davonschleichen
la **voleuse** [vɔløz] die Diebin
la **volière** [vɔljɛʀ] die Voliere
le **volley** [vɔlɛ] (*fam*) Abkürzung von **volleyball** der Volleyball
le **volley-ball** [vɔlɛbal] der Volleyball
volontaire [vɔlɔ̃tɛʀ] ❶ beabsichtigt; **l'incendie volontaire** das durch Brandstiftung ausgelöste Feuer ❷ freiwillig ❸ *Kind* eigenwillig
le **volontaire** [vɔlɔ̃tɛʀ] der Freiwillige

> **F** Nicht verwechseln mit *der Volontär – le stagiaire!*

la **volontaire** [vɔlɔ̃tɛʀ] die Freiwillige

> **F** Nicht verwechseln mit *die Volontärin – la stagiaire!*

volontairement [vɔlɔ̃tɛʀmɑ̃] ❶ absichtlich ❷ freiwillig
le **volontariat** [vɔlɔ̃taʀja] ❶ die Freiwilligkeit ❷ (*beim Militär*) der freiwillige Dienst

> **F** Nicht verwechseln mit *das Volontariat – le stage!*

la **volonté** [vɔlɔ̃te] ❶ der Wille ❷ der Wunsch ❸ die Willensstärke ▸ **à volonté** nach Belieben
volontiers [vɔlɔ̃tje] ❶ gerne, gern; **obéir volontiers** bereitwillig gehorchen ❷ **il est volontiers inquiet** er ist [immer] schnell beunruhigt ▸ **je dirais volontiers que ...** ich möchte fast behaupten, dass ...
le **volt** [vɔlt] das Volt
le **voltage** [vɔltaʒ] die Spannung
la **volte-face** [vɔltəfas] <*Plural*: volte-face> die Kehrtwendung; **faire volte-face** eine Kehrtwendung machen
la **voltige** [vɔltiʒ] ❶ (*im Zirkus*) die Seilakroba-

tik; (*am Trapez*) die Trapezakrobatik; (*zu Pferde*) das Kunstreiten ❷ **la voltige aérienne** das Kunstfliegen

voltiger [vɔltiʒe] <*wie* changer; *siehe Verbtabelle ab S. 1055*> *Insekten:* hin und her fliegen

> Ü Vor *a* und *o* bleibt das *e* erhalten, z. B. in *nous voltigeons, il voltigeait* und *en voltigeant*.

le **voltigeur** [vɔltiʒœʀ] der Seilakrobat; (*am Trapez*) der Trapezkünstler; (*zu Pferde*) der Kunstreiter

la **voltigeuse** [vɔltiʒøz] die Seilakrobatin; (*am Trapez*) die Trapezkünstlerin; (*zu Pferde*) die Kunstreiterin

le **voltmètre** [vɔltmɛtʀ] der Spannungsmesser

volubile [vɔlybil] redselig

la **volubilité** [vɔlybilite] die Redseligkeit

le **volume** [vɔlym] ❶ der Rauminhalt, das Volumen ❷ *des Brustkorbs* das Volumen ❸ (*Buch*) der Band; **en trois volumes** in drei Bänden ❹ (*in der Mathematik*) der Körper; (*Inhalt*) das Volumen ❺ (*Umfang, Ausmaß*) *von Investitionen* das Volumen, die Menge ❻ **occuper un grand volume** *Schrank:* viel Platz einnehmen

volumineux, volumineuse [vɔlyminø, vɔlyminøz] *Akte* umfangreich; *Paket* voluminös

la **volupté** [vɔlypte] ❶ der Genuss ❷ (*sexuell*) die Wollust ❸ (*Freude*) die Wonne

voluptueusement [vɔlyptyøzmã] genüsslich

voluptueux, voluptueuse [vɔlyptyø, vɔlyptyøz] wollüstig

vomir [vɔmiʀ] <*wie* agir; *siehe Verbtabelle ab S. 1055*> ❶ erbrechen, brechen, speiben Ⓐ ❷ sich übergeben

> G Bei einigen Formen des Verbs ist der Stamm um *-iss-* erweitert, etwa bei *ils vomissent, il vomissait* oder *en vomissant*.

le **vomissement** [vɔmismã] das Erbrechen

le **vomitif** [vɔmitif] das Brechmittel

vont [võ] →**aller**

vorace [vɔʀas] *Tier, Mensch* gefräßig

voracement [vɔʀasmã] gierig

la **voracité** [vɔʀasite] die Gier

vos [vo] <*Plural von* votre> eure; (*in der Höflichkeitsform*) Ihre; **vos parents** eure/Ihre Eltern; **vos amis** eure/Ihre Freunde

les **Vosges** (*weiblich*) [⚠ voʒ] die Vogesen

le **votant** [vɔtã] der Wähler

la **votante** [vɔtãt] die Wählerin

la **votation** [vɔtasjõ] ⒸⒽ **la votation populaire** die Volksabstimmung

le **vote** [vɔt] ❶ die Abstimmung ❷ (*Wahlvorgang*) die Wahl

◆ le **vote de confiance** das Vertrauensvotum

voter [vɔte] ❶ wählen ❷ stimmen, abstimmen; **voter pour/contre quelqu'un** für/gegen jemanden stimmen; **voter à main levée** durch Handzeichen abstimmen ❸ bewilligen *Kredite;* verabschieden *Gesetz*

le **vote-sanction** [vɔtsãksjõ] die Denkzettelwahl

votre [vɔtʀ] <*Plural:* vos> ❶ euer/eure; (*in der Höflichkeitsform*) Ihr/Ihre; **votre père** euer/Ihr Vater; **votre chat** eure/Ihre Katze; **votre maison** euer/Ihr Haus; **à votre avis** eurer/Ihrer Meinung nach ❷ (*in Verbindung mit einem Titel*) **Votre Majesté** (*gehoben*) Eu[e]re Majestät

vôtre [vɔtʀ] ❶ **le/la vôtre** eure(r, s); (*in der Höflichkeitsform*) Ihre(r, s); **ce n'est pas notre valise mais la vôtre** das ist nicht unser Koffer, sondern eurer/Ihrer; **ce ne sont pas nos affaires mais les vôtres** das sind nicht unsere Sachen, sondern eure/Ihre ❷ (*Angehörige, Anhänger*) **les vôtres** die Euren/Ihren; **il est des vôtres?** gehört er zu euch/zu Ihnen? ▶ **à la** [**bonne**] **vôtre!** (*umgs.*) auf euer/Ihr Wohl!

vouer [vwe] ❶ verdammen ❷ widmen *Zeit* ❸ **se vouer à quelqu'un/à quelque chose** sich jemandem/einer Sache widmen ❹ **être voué(e) à l'échec** zum Scheitern verurteilt sein ❺ **vouer de la °haine à quelqu'un** Hass gegen jemanden hegen

vouloir [vulwaʀ] <*siehe Verbtabelle ab S. 1055*> ❶ wollen; **je veux qu'elle vienne** ich möchte, dass sie kommt ❷ wollen, mögen; **il chante bien quand il veut** er singt gut, wenn er will; **tu peux partir si tu veux** du kannst gehen, wenn du willst [*oder* möchtest] ❸ **que lui voulez-vous?** was wollen Sie von ihm/ihr? ❹ **il veut/voudrait ce dessert** er will/möchte diesen Nachtisch; **elle voudrait être médecin** sie wäre gerne Ärztin ❺ **voulez-vous** [*oder* **veuillez**] **prendre place** würden Sie bitte Platz nehmen? ❻ **en vouloir à quelqu'un de quelque chose** jemandem wegen etwas böse sein; **s'en vouloir de quelque chose** sich Vorwürfe wegen etwas machen ▶ **si vous voulez bien** wenn ihr einverstanden seid/Sie einverstanden sind; [**moi,**] **je veux bien** [oh ja,] gerne; (*zögernde Zustimmung*) [na ja,] von mir aus; **il l'a voulu!** er hat es [ja] so gewollt!; **en vouloir** (*umgs.*) ehrgeizig sein

voulu, voulue [vuly] ① *Wirkung gewünscht; Moment* richtig; **en temps voulu** rechtzeitig ② absichtlich; **c'est voulu** (*umgs.*) das ist gewollt

vous¹ [vu] ① (*Subjekt*) ihr; **vous deux** ihr beide; **vous êtes d'accord?** seid ihr einverstanden? ② (*Ergänzung oder Objekt*) euch; **je vous vois** ich sehe euch; **elle vous suit** sie folgt euch; **il vous demande le chemin** er fragt euch nach dem Weg; **avec vous** mit euch; **sans vous** ohne euch ③ (*Reflexivpronomen*) **vous vous dépêchez** ihr beeilt euch ④ (*umgs.: bekräftigend*) **il veut vous aider, vous?** (*umgs.*) euch möchte er helfen?

vous² [vu] (*Höflichkeitsform*) ① (*Subjekt*) Sie; **vous habitez ici?** wohnen Sie hier? ② (*Ergänzung oder Objekt*) **je vous attends** ich erwarte Sie; **il vous expliquera le chemin** er wird Ihnen den Weg erklären ③ (*Reflexivpronomen*) **il faut que vous vous dépêchiez** Sie müssen sich beeilen ④ (*umgs.: bekräftigend*) **il veut vous aider, vous?** Ihnen möchte er helfen? ⑤ **dire vous à quelqu'un** jemanden siezen

vous-même [vumɛm] *Höflichkeitsform* ① selbst; **vous l'avez dit vous-même** Sie haben es selbst gesagt ② (*auch*) ebenfalls

vous-mêmes [vumɛm] ① selbst; **vous-mêmes n'en saviez rien** ihr selbst wusstet nichts davon ② (*in der Höflichkeitsform*) Sie selbst wussten nichts davon ③ (*auch*) ebenfalls

la **voûte** [vut] das Gewölbe

voûter [vute] ① **être voûté(e)** gewölbt sein ② **se voûter** sich krümmen

le **vouvoiement** [vuvwamɑ̃] das Siezen

vouvoyer [vuvwaje] <*wie* appuyer; *siehe Verbtabelle ab S. 1055*> siezen; **se vouvoyer** sich siezen

Ü Einige Formen des Verbs schreiben sich mit *y*, andere mit *i*.
Direkt vor einer betonten Endungssilbe steht immer ein *y*, z.B. *nous nous vouvoyons* und *ils se vouvoyaient*.
Das *i* steht immer vor einem unbetonten *e*, z.B. *il me vouvoie* oder *je la vouvoierai*.

le **voyage** [vwajaʒ] ① die Reise ② (*zu Transportzwecken*) die Fahrt
◆ le **voyage de noces** die Hochzeitsreise

voyager [vwajaʒe] <*wie* changer; *siehe Verbtabelle ab S. 1055*> reisen

le **voyageur** [vwajaʒœʀ] ① der Reisende ② (*in einem Zug*) der Fahrgast; (*in einem Flug-

Ü Vor *a* und *o* bleibt das *e* erhalten, z.B. in *nous voyageons, il voyageait* und *en voyageant*.

zeug) der Fluggast; (*auf einem Schiff*) der Passagier
◆ le **voyageur de commerce** der Handelsreisende

la **voyageuse** [vwajaʒøz] ① die Reisende ② (*in einem Zug*) der Fahrgast; (*in einem Flugzeug*) der Fluggast; (*auf einem Schiff*) die Passagierin
◆ la **voyageuse de commerce** die Handelsreisende

le **voyagiste** [vwajaʒist] der Reiseveranstalter

voyais [vwajɛ], **voyait** [vwajɛ] →**voir**

la **voyance** [vwajɑ̃s] das Hellsehen

le **voyant** [vwajɑ̃] ① der Sehende ② (*Wahrsager*) der Hellseher ③ die Kontrolllampe

voyant¹, **voyante** [vwajɑ̃, vwajɑ̃t] →**voir**

voyant², **voyante** [vwajɑ̃, vwajɑ̃t] *Farbe* auffällig

la **voyante** [vwajɑ̃t] ① die Sehende ② (*Wahrsager*) die Hellseherin

la **voyelle** [vwajɛl] ⚠ *weiblich* der Vokal

le **voyeur** [vwajœʀ] der Voyeur

la **voyeuse** [vwajøz] die Voyeurin

voyez [vwaje], **voyons** [vwajɔ̃] →**voir**

le **voyou** [vwaju] der Gauner, der Ganove

vrac [vʀak] **en vrac** lose

vrai [vʀɛ] **dire vrai** die Wahrheit sagen; **à vrai dire** offen gestanden; **faire vrai** echt aussehen

le **vrai** [vʀɛ] das Wahre; **être dans le vrai** Recht haben; **il y a du vrai** da ist etwas Wahres dran ▸ **pour de vrai** (*umgs.*) echt

vrai, vraie [vʀɛ] ① wahr; *Ereignis* tatsächlich ② echt; *Name* richtig; *Grund* wahr; **un vrai délice** ein wahrer Genuss ▸ **vrai?** wirklich?; **pas vrai?** (*umgs.*) oder?

vraiment [vʀɛmɑ̃] wirklich

vraisemblable [vʀɛsɑ̃blabl] ① einleuchtend ② wahrscheinlich

la **vraisemblance** [vʀɛsɑ̃blɑ̃s] ① die Glaubwürdigkeit ② die Wahrscheinlichkeit

la **vrille** [⚠ vʀij] ① der Nagelbohrer ② (*Flugbewegung*) die Schraube

vrombir [vʀɔ̃biʀ] <*wie* agir; *siehe Verbtabelle ab S. 1055*> brummen

G Bei einigen Formen des Verbs ist der Stamm um -iss- erweitert, etwa bei *ils vrombissent, il vrombissait* oder *en vrombissant*.

le **VRP** [veɛʀpe] *Abkürzung von* **voyageur, représentant, placier** der Handelsvertreter

la **VRP** [vɛʀpe] *Abkürzung von* **voyageur, représentant, placier** die Handelsvertreterin

le **VTT** [vetete] *Abkürzung von* **vélo tout-terrain** ❶ das Mountainbike ❷ (*Sportart*) das Mountainbike-Fahren; **faire du VTT** Mountainbike fahren

vu [vy] ❶ **vu les circonstances** in Anbetracht der Umstände ❷ **vu qu'il est malade** da er krank ist ▸ **ni vu ni connu** völlig unbemerkt

le **vu** [vy] **c'est du déjà vu** das ist nichts Neues; **c'est du jamais vu** das ist völlig neu ▸ **au vu et au su de tous** vor aller Augen

vu, vue [vy] ❶ **vu?** alles klar? ❷ **vu!** in Ordnung! ❸ **la remarque est bien vue** die Bemerkung ist treffend [*oder* zutreffend]; **la remarque est mal vue** die Bemerkung ist unzutreffend ❹ **être bien vu(e) de quelqu'un** *Person:* von jemandem geschätzt werden; **c'est mal vu** das wird nicht gern gesehen ▸ **c'est tout vu!** (*umgs.*) Schluss jetzt!

la **vue** [vy] ❶ das Sehen; (*Fähigkeit*) das Sehvermögen; **avoir une bonne vue** gute Augen haben; **s'abîmer la vue** sich die Augen verderben ❷ die Aussicht ❸ *eines Menschen,* *von Blut* der Anblick ❹ (*Darstellung auf einem Foto, Bild*) die Ansicht ❺ (*Meinung*) die Ansicht; **nous avons les mêmes vues** wir haben dieselben Ansichten ▸ **à vue de nez** (*umgs.*) über den Daumen gepeilt; **à vue d'œil** merklich; **avoir quelqu'un/quelque chose en vue** jemanden/etwas im Auge haben; **garder quelqu'un à vue** jemanden unter Aufsicht stellen; **perdre quelqu'un/quelque chose de vue** jemanden/etwas aus den Augen verlieren; **à la vue de son frère** beim Anblick seines/ihres Bruders; (*in seiner Anwesenheit*) vor den Augen seines/ihres Bruders; **en vue** im Blickfeld; (*ganz nah*) in Sicht; (*ersehnt*) begehrt; (*berühmt*) sehr bekannt; **en vue de cette réunion** im Hinblick auf diese Besprechung

◆ la **vue d'ensemble** (*übertragen*) der Überblick

vulgaire [vylgɛʀ] ❶ vulgär ❷ gewöhnlich; **un vulgaire ordinateur** ein [ganz] gewöhnlicher Computer ❸ *Name* volkstümlich

vulgairement [vylgɛʀmɑ̃] ❶ vulgär ❷ **cette fleur est appelée vulgairement ...** diese Blume wird volkstümlich ... genannt

la **vulgarisation** [vylgaʀizasjɔ̃] die allgemeine Verbreitung; *der Wissenschaft* die Popularisierung

vulgariser [vylgaʀize] allgemein zugänglich machen

la **vulgarité** [vylgaʀite] ❶ die vulgäre Art, die Vulgarität ❷ (*Wort*) der vulgäre Ausdruck

vulnérable [vylneʀabl] verletzbar

W

le **w**, le **W** [dubləve] das w, das W
le **wagon** [vagɔ̃] der Wagen, der Waggon
le **wagon-lit** [vagɔ̃li] <*Plural:* wagons-lits> der Schlafwagen
le **wagon-restaurant** [vagɔ̃ʀɛstɔʀɑ̃] <*Plural:* wagons-restaurants> der Speisewagen
le **wallon** [walɔ̃] Wallonisch; *siehe auch* **allemand**

 In Verbindung mit dem Verb *parler* kann der Artikel entfallen: *elle parle wallon – sie spricht Wallonisch.*

wallon, wallonne [walɔ̃, walɔn] wallonisch
le **Wallon** [walɔ̃] der Wallone
la **Wallonie** [walɔni] Wallonien
la **Wallonne** [walɔn] die Wallonin
le **warning** [⚠ waʀniŋ] die Warnblinkanlage
le **water-polo** [⚠ watɛʀpɔlo] <*Plural:* water-polos> der Wasserball
les **W.-C.** (*männlich*) [dubləvese, vese] *Abkürzung von* **water-closet(s)** die Toilette, das WC

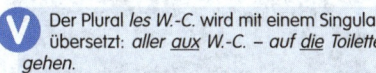 Der Plural *les W.-C.* wird mit einem Singular übersetzt: *aller aux W.-C. – auf die Toilette gehen.*

le **Web** [⚠ wɛb] das Internet
la **webcam** [wɛbkam] die Webcam
le **webmane** [⚠ wɛbman] der Internetfreak
la **webmane** [⚠ wɛbman] der Internetfreak
le **webmestre** [⚠ wɛbmɛstʀ] der Webmaster
le **webnaute** [⚠ wɛbnot] der Internetsurfer, der Surfer
la **webnaute** [⚠ wɛbnot] die Internetsurferin, die Surferin
le **week-end** [⚠ wikɛnd] <*Plural:* week-ends> das Wochenende; **bon week-end!** schönes Wochenende!
le **western** [⚠ wɛstɛʀn] der Western
la **Westphalie** [vɛsfali] Westfalen
le **whisky** [wiski] der Whisky
le **Wurtemberg** [vyʀtɛ̃bɛʀ] Württemberg

X

le **x**, le **X** [iks] ❶ das x, das X ❷ (*umgs.:* viel, viele) **x fois** x-mal ❸ der Herr X/die Frau X; **X ou Y** irgendeine(r); **contre X** gegen unbekannt ❹ **un film X** ein nicht jugendfreier Film

xénophobe [⚠ gzenɔfɔb] ausländerfeindlich

xénophobe [⚠ gzenɔfɔb] die ausländerfeindliche Person

la **xénophobe** [⚠ gzenɔfɔb] die ausländerfeindliche Person

le **xylophone** [⚠ gsilɔfɔn] das Xylophon

Y

le **y**, le **Y** [igʀɛk] das y, das Y

y [i] ❶ (*Ortsangabe*) dort ❷ (*Richtungsangabe*) dorthin ❸ **s'y entendre** sich damit auskennen; **ne pas y tenir** darauf keinen Wert legen; *siehe auch* **il y a**

le **yacht** [⚠ jɔt] ⚠ männlich die Jacht

le **yachting** [⚠ jɔtiŋ] der Segelsport

le **yaourt** [⚠ jauʀt] der/das Jogurt

les **yeux** (*männlich*) [jø] *Plural von* œil

yiddish [jidiʃ] jiddisch

> Ⓖ Das Adjektiv *yiddish* ist unveränderlich: *les traditions yiddish – die jiddischen Traditionen.*

le **yiddish** [jidiʃ] Jiddisch; *siehe auch* **allemand**

> Ⓖ In Verbindung mit dem Verb *parler* kann der Artikel entfallen: *elle parle yiddish – sie spricht Jiddisch.*

le **yogourt** [jɔguʀt] der/das Jogurt

yougoslave [jugɔslav] (*früher*) jugoslawisch

le **Yougoslave** [jugɔslav] (*früher*) der Jugoslawe

la **Yougoslave** [jugɔslav] (*früher*) die Jugoslawin

la **Yougoslavie** [jugɔslavi] (*früher*) Jugoslawien

youpi, **youppie** [jupi] hurra

Z

le **z**, le **Z** [zɛd] das z, das Z

la **zapette**, la **zappette** [zapɛt] (*umgs.*) die Fernbedienung

zapper [zape] zappen

le **zèbre** [zɛbʀ] das Zebra

la **zébrure** [zebʀyʀ] ❶ der Streifen ❷ (*Verletzung*) der Striemen

le **zèle** [zɛl] ❶ der Eifer ❷ **faire du zèle** übereifrig sein

zélé, **zélée** [zele] eifrig

le **zénith** [zenit] der Zenit

la **ZEP** [zɛp] *Abkürzung von* **zone d'éducation prioritaire** *sozial problematisches Gebiet, in dem gezielte [Schul]bildungsmaßnahmen durchgeführt werden*

zéro [zeʀo] null; **zéro point** null Punkte

le **zéro** [zeʀo] <*Plural:* zéros> ⚠ männlich ❶ die Null ❷ (*auch übertragen*) der Nullpunkt ❸ (*Versager*) die Null ❹ **compter pour zéro** (*umgs.*) nicht [oder nichts] zählen; *siehe auch* **cinq²**

le **zeste** [zɛst] das kleine Stück Schale; **le zeste de citron râpé** die geriebene Zitronenschale

zézayer [zezeje] <*wie* essayer; *siehe Verbtabelle ab S. 1055*> lispeln, zuzeln Ⓐ

> Ü Einige Formen dieses Verbs schreiben sich mit *y*, andere mit *i*.
> Direkt vor einer betonten Endungssilbe steht immer ein *y*, z. B. in *nous zézayons* und *ils zézayaient*.
> Vor einem unbetonten *e* können *i* oder *y* stehen, z. B. in *je zézaie* oder *je zézaye*.

zieuter [zjøte] (*umgs.*) anglotzen

le **zigoto** [zigɔto] (*umgs.*) die Type

zigouiller [ziguje] (*umgs.*) abmurksen

le **zigzag** [zigzag] die Zickzacklinie

zigzaguer [zigzage] im Zickzack gehen/fahren; *Straße:* im Zickzack verlaufen

le **Zimbabwe** [zimbabwe] Simbabwe

le **zinc** [⚠ zɛ̃g] ❶ das Zink ❷ (*umgs.:* Theke) der Tresen

zinzin [zɛ̃zɛ̃] (*umgs.*) plemplem

le **zinzin** [zɛ̃zɛ̃] (*umgs.: Gegenstand*) das Ding

le **zip®** [zip] der Reißverschluss

le **zizi** [zizi] (*Kindersprache umgs.*) der Pimmel

le **zodiaque** [zɔdjak] der Tierkreis

le **zonard** [zonaʀ] (*umgs.*) der Asoziale, der Assi

la **zonarde** [zonaʀd] (*umgs.*) die Asoziale, die Assi

la **zone** [zon] ❶ die Zone, der Bereich ❷ (wäh-

rend des Vichy-Regimes) die Zone; **la zone libre** die freie Zone
- la **zone euro** die Eurozone
- la **zone fumeurs** die Raucherzone
- la **zone non-fumeurs** die Nichtraucherzone
- la **zone tampon** die Pufferzone
- la **zone de dépression** das Tiefdruckgebiet
- la **zone de dialogue** (*in der Informatik*) die Dialogbox

le **zoo** [z(o)o] der Zoo

zoologique [zɔɔlɔʒik] zoologisch; **le parc zoologique** der Tierpark

zozoter [zɔzɔte] (*umgs.*) lispeln, zuzeln Ⓐ

Zurich [zyʀik] Zürich

zut [zyt] (*umgs.*) verdammt

PONS Französische Minigrammatik

515	**1. Der Artikel**
515	1.1 Der bestimmte Artikel
517	1.2 Der unbestimmte Artikel
517	1.3 Der Teilungsartikel
518	**2. Das Substantiv (Hauptwort)**
518	2.1 Das Geschlecht der Substantive
521	2.2 Der Plural der Substantive
522	**3 Das Adjektiv (Eigenschaftswort)**
522	3.1 Die Stellung des Adjektivs
522	3.2 Das Adjektiv im Singular und im Plural
523	3.3 Sonderfälle bei den weiblichen Formen
523	3.4 Sonderfälle bei der Pluralbildung
524	3.5 Die Adjektive *beau, nouveau* und *vieux*
525	3.6 Die Steigerung der Adjektive
526	**4. Das Adverb (Umstandswort)**
526	4.1 Die Formen der Adverbien
527	4.2 Die Stellung der Adverbien
528	4.3 Die Steigerung der Adverbien
528	**5. Die Pronomen (Fürwörter)**
528	5.1 Die unbetonten Personalpronomen
529	5.2 Die betonten Personalpronomen
531	5.3 Die direkten Objektpronomen
532	5.4 Die indirekten Objektpronomen
533	5.5 Das Reflexivpronomen (rückbezügliches Fürwort)
533	5.6 Das Adverbialpronomen *en*
534	5.7 Das Adverbialpronomen *y*
534	5.8 Die Stellung der Pronomen im Satz
535	5.9 Die Demonstrativpronomen
536	5.10 Die Possessivpronomen (besitzanzeigende Fürwörter)
537	5.11 Die Indefinitpronomen (unbestimmte Fürwörter)
539	**6. Die Verneinung**
541	**7. Das Verb (Zeitwort)**
541	7.1. Die Bildung des Präsens bei den Verben auf *-er*
542	7.2 Die Bildung des Präsens bei den Verben auf *-ir*
542	7.3 Die Bildung des Präsens bei den Verben auf *-re*

543	7.4 Die Bildung des Imperfekts
543	7.5 Die Bildung des *Passé composé*
545	7.6 Die Bildung des Plusquamperfekts
545	7.7 Die Bildung des *Passé simple*
546	7.8 Die Bildung des *Futur composé/proche*
546	7.9 Die Bildung des Futurs I
547	7.10 Die Bildung des Futurs II
547	7.11 Die Bildung des Konditionals
548	7.12 Die Bildung des Konditionals II
548	7.13 Die Bildung des Partizips Perfekt
549	7.14 Die Bildung des Partizips Präsens
549	7.15 Die Bildung des Gerundiums
549	7.16 Die Bildung des Imperativs
550	7.17 Die Bildung des *Subjonctif*
551	7.18 Die Bildung des *Subjonctif Passé*
551	7.19 Die Bildung des Passivs
552	**Präpositionen (Verhältniswörter) und präpositionale Ausdrücke**
552	Präpositionen und präpositionale Ausdrücke des Ortes
556	Präpositionen und präpositionale Ausdrücke der Zeit
558	Präpositionen und präpositionale Ausdrücke der Art und Weise
560	**Konjunktionen (Bindewörter)**

Französische Minigrammatik

▶ 1. Der Artikel

1.1 Der bestimmte Artikel

Die Formen des bestimmten Artikels

	vor Konsonant		vor Vokal oder stummem h			
männliche Formen						
Singular	**le**	train	**l'**	arbre	**l'**	hôtel
Plural	**les**	trains	**les**	arbres	**les**	hôtels
weibliche Formen						
Singular	**la**	ville	**l'**	autoroute	**l'**	heure
Plural	**les**	villes	**les**	autoroutes	**les**	heures

Die Präpositionen à und de verbinden sich mit einigen bestimmten Artikeln zu eigenen Formen:

Je pense	**au**	travail.	*Ich denke an*	*die Arbeit.*
	à l'	hôtel.		*das Hotel.*
	aux	copains.		*die Freunde.*
	à la	discothèque.		*die Diskothek.*
	à l'	école.		*die Schule.*
	aux	grandes villes.		*die großen Städte.*
Je parle	**du**	travail.	*Ich spreche von*	*der Arbeit.*
	de l'	hôtel.		*dem Hotel.*
	des	copains.		*den Freunden.*
	de la	discothèque.		*der Diskothek.*
	de l'	école.		*der Schule.*
	des	grandes villes.		*den großen Städten.*

à + le	=	au		de + le	=	du
à + les	=	aux		de + les	=	des

Der Gebrauch des bestimmten Artikels

Der bestimmte Artikel wird – ganz allgemein gesagt – dann verwendet, wenn von etwas Bestimmtem oder von etwas bereits Bekanntem die Rede ist:

L'arbre qui est devant ma maison n'a plus de feuilles.	*Der Baum, der vor meinem Haus steht (= dieser ganz bestimmte Baum), hat keine Blätter mehr.*

Im Gegensatz zum Deutschen wird der bestimmte Artikel im Französischen aber auch verwendet bei

- **der Gesamtheit einer Menge:**

J'aime les livres.	*Ich mag Bücher.*

- **Eigennamen:**

Les Dumontet habitent à Paris.	*Dumontets wohnen (oder: Familie Dumontet wohnt) in Paris.*

- **Titeln:**

Le docteur Lacroix est parti en vacances.	*Dr. Lacroix ist verreist.*

- **Körperteilen:**

Géraldine a **les** yeux verts.	*Géraldine hat grüne Augen.*

- **Ländernamen:**

Je connais **la** Belgique.	*Ich kenne Belgien.*

- **festen Wendungen:**

J'apprends **le** français.	*Ich lerne Französisch.*

1.2 Der unbestimmte Artikel

	männlich		weiblich	
Singular	**un**	livre	**une**	voiture
Plural	**des**	livres	**des**	voitures

Der Gebrauch des unbestimmten Artikels

Der unbestimmte Artikel wird ganz allgemein dann verwendet, wenn von etwas Unbestimmtem oder von etwas nicht näher Bekanntem die Rede ist:

Il y a un arbre devant ma maison.	*Vor meinem Haus steht ein Baum* *(= über den nichts Näheres gesagt werden kann oder soll).*
Dans le parc, il y a de grands arbres.	*Im Park stehen hohe Bäume* *(= über die nichts Näheres gesagt werden kann oder soll).*

1.3 Der Teilungsartikel

Die Formen des Teilungsartikels

Der Teilungsartikel besteht aus der Präposition *de* und dem bestimmten Artikel.

Patrick prend le petit déjeuner. Il prend	**du**	pain,
	de la	confiture,
	de l'	eau.

Der Gebrauch des Teilungsartikels

Der Teilungsartikel wird verwendet,

- wenn eine **unbestimmte Menge** oder **etwas Unzählbares** bezeichnet wird:

Il écoute de la musique.	*Er hört Musik.*
Elle fait du sport.	*Sie treibt Sport.*

- in einigen **festen Wendungen**, z. B.:

Je joue **du** piano.	*Ich spiele Klavier.*
Elle a **de la** chance.	*Sie hat Glück.*

- nach *avec:*

Jean prend son pain **avec de la confiture, mais sans beurre.**	*Jean isst das Brot mit Marmelade, aber ohne Butter.*

Im Deutschen steht in diesen Fällen häufig das betreffende Substantiv ohne Artikel.

Französische Minigrammatik

Der Teilungsartikel steht jedoch nicht,

- wenn allgemein von einer **Sorte** oder **Gattung** die Rede ist, z. B. von einer Lebensmittel- oder Getränkesorte:

Il aime **le** thé, mais il déteste **le** café.	*Er mag Tee, aber Kaffee mag er überhaupt nicht.*

- nach *sans* und *de:*

Jean prend son pain **sans** beurre.	*Jean isst das Brot ohne Butter.*
Charlotte a besoin **d'**argent.	*Charlotte braucht Geld.*

Die Verneinung wird beim Teilungsartikel mit *ne ... pas de ...* gebildet:

Je **n'**ai **pas de** chocolat.	*Ich habe keine Schokolade [da].*
Elle **ne** veut **pas de** pain.	*Sie möchte kein Brot.*

Ebenfalls mit der Präposition *de* werden Mengenangaben gebildet :

Je vais acheter	**un litre de** lait,	Ich werde	*einen Liter Milch kaufen,*
	un kilo de tomates,		*ein Kilo Tomaten,*
	une bouteille d'eau minérale,		*eine Flasche Mineralwasser,*
	beaucoup de fruits,		*viel Obst,*
	un peu de fromage,		*ein bisschen Käse,*
	assez de limonade.		*genug Limonade.*

▶ 2. Das Substantiv (Hauptwort)

2.1 Das Geschlecht der Substantive

Französische Substantive sind entweder männlich oder weiblich. Es gibt kein sächliches Geschlecht wie im Deutschen: **la** maison – *das Haus;* **le** papier – *das Papier.*

Was dieses kleine Beispiel schon andeutet, gilt für alle Geschlechter: Ein Wort, das im Deutschen weiblich ist, kann im Französischen eine männliche Entsprechung haben, und ein männliches deutsches Wort kann eine weibliche französische Entsprechung haben. Bekannte und wichtige Beispiele für diese Unterschiede im Geschlecht sind z. B.: **la** lune – *der Mond;* **le** soleil – *die Sonne;* **un** amour – *eine Liebe;* **la** chanson – *das Lied;* **la** salade – *der Salat.*

Das Geschlecht von Substantiven, die Lebewesen bezeichnen

Es gibt eine Gruppe von Substantiven, die – von wenigen Ausnahmen abgesehen – in beiden Sprachen dasselbe Geschlecht haben. Es handelt sich um Wörter, die Personen oder Tiere bezeichnen, bei denen das biologische Geschlecht mit dem grammatischen Geschlecht übereinstimmt. Einige Beispiele: **la** femme – *die Frau;* **un** homme – *ein Mann;* **la** vache – *die Kuh;* **le** taureau – *der Stier.* Es geht also um die Gruppe von Wörtern, die ausdrücklich männliche und weibliche Personen sowie Tiermännchen und Tierweibchen bezeichnen.

Ausnahmen von dieser Regel sind diejenigen Wörter, die im Deutschen sächlich sind, z. B. **la** fille – *das Mädchen;* **un** enfant – *ein Kind.*

Wörter wie **le** chat – *die Katze* gehören nicht zu dieser Gruppe, denn sie werden als Oberbegriff für die gesamte Tierart verwendet und dienen nicht der Bezeichnung des biologischen Geschlechts.

Das Geschlecht von Substantiven, die Sachen und Dinge bezeichnen

Hier gibt es mehrere Gruppen von Substantiven, deren einzelne „Gruppenmitglieder" immer dasselbe Geschlecht haben:

Männlich sind

- **die Wochentage:**
  un lundi ensoleillé — *ein sonniger Montag*

- **die Monate:**
  un mars pluvieux — *ein regnerischer März*

- **die Jahreszeiten:**
  le printemps — *der Frühling*

- **die Himmelsrichtungen:**
  le sud — *der Süden*

- **die Sprachen:**
  le français — *Französisch, das Französische*

- **die Bäume:**
  le chêne — *die Eiche*

- **die Metalle:**
  le fer — *das Eisen*

- **die chemischen Elemente:**
  le soufre — *der Schwefel*

- **die Transportmittel:**
  le bus, le métro — *der Bus, die Metro*

Weiblich sind

die meisten Länder:
la France, la Pologne — *Frankreich, Polen*
(aber: le Portugal, le Danemark) — *Portugal, Dänemark*

die meisten Flüsse:
la Seine, la Moselle — *die Seine, die Mosel*
(aber: le Rhône, le Danube) — *die Rhone, die Donau*

die Automarken:
la Renault, la Volkswagen — *der Renault, der Volkswagen*

Französische Minigrammatik

Die häufigsten Endungen der männlichen und weiblichen Substantive:

männliche Form	weibliche Form	Regel	
un am**i**	une am**ie**	–	-e
un employ**é**	une employ**ée**	-é	-ée
un ac**teur**	une ac**trice**	-teur	-trice
		Ausnahme: un chanteur, une chanteuse	
un vend**eur**	une vend**euse**	-eur	-euse
		Ausnahme: un pécheur, une pécheresse	
un boulang**er**	une boulang**ère**	-er	-ère
un vois**in**	une vois**ine**	-in	-ine
		Ausnahme: un copain, une copine	
un pays**an**	une pays**anne**	-an	-anne
un espi**on**	une espi**onne**	-on	-onne
		Ausnahme: un compagnon, une compagne	
un Ital**ien**	une Ital**ienne**	-ien	-ienne
un veu**f**	une veu**ve**	-f	-ve
un tig**re**	une tig**resse**	-e	-esse

Bei einigen Substantiven sind die männliche und die weibliche Form identisch. In diesen Fällen kann man das Geschlecht nur am Artikel erkennen:

un/une élève – *ein Schüler/eine Schülerin;* **un/une** enfant – *ein Kind;* **un/une** journaliste – *ein Journalist/eine Journalistin;* **un/une** secrétaire – *ein Sekretär/eine Sekretärin.*

Daneben gibt es Personen-, Verwandtschafts- und Tierbezeichnungen, bei denen die **männliche** und **weibliche** Form völlig unterschiedliche Wörter sind:

un homme/**une** femme – *ein Mann/eine Frau;* **un** garçon/**une** fille – *ein Junge/ein Mädchen;* **un** frère/**une** sœur – *ein Bruder/eine Schwester;* **un** coq/**une** poule – *ein Hahn/eine Henne.*

2.2 Der Plural der Substantive

Im Plural erhalten die meisten Substantive einfach ein **-s**. Dieses **-s** wird aber nicht ausgesprochen.

le train	der Zug	la voiture	das Auto
les train**s**	die Züge	les voiture**s**	die Autos

Substantive, die im Singular auf **-x, -z** oder **-s** enden, bleiben im Plural unverändert:

le pri**x**	der Preis	le ne**z**	die Nase	le Français	der Franzose
les pri**x**	die Preise	les ne**z**	die Nasen	les Français	die Franzosen

Substantive mit der Endung **-au, -eu** oder **-ou** im Singular enden im Plural auf **-x**:

le gât**eau**	die Torte	le j**eu**	das Spiel	le caill**ou**	der Kieselstein
les gât**eaux**	die Torten	les j**eux**	die Spiele	les caill**oux**	die Kieselsteine
Ausnahmen:					
le pn**eu**	der Reifen	le c**ou**	der Hals		
les pn**eus**	die Reifen	les c**ous**	die Hälse		

Die Substantive auf **-al** und einige Substantive auf **-ail** haben im Plural die Endung **-aux**:

le journ**al**	die Zeitung	le trav**ail**	die Arbeit
les journ**aux**	die Zeitungen	les trav**aux**	die Arbeiten
Ausnahmen:			
le b**al**	der Ball	le dét**ail**	die Einzelheit
les b**als**	die Bälle	les dét**ails**	die Einzelheiten

Französische Minigrammatik

▶ 3 Das Adjektiv (Eigenschaftswort)

3.1 Die Stellung des Adjektivs

Die meisten Adjektive stehen **hinter** dem Substantiv:

> un livre **intéressant** – *ein interessantes Buch.*

Kurze und häufig gebrauchte Adjektive stehen **vor** dem Substantiv, z. B. ***grand, gros, petit, jeune, vieux, bon, mauvais, beau*** und ***joli:***

> un **bon** livre – *ein gutes Buch.*

Einige Adjektive können **vor** oder **hinter** dem Substantiv stehen, wobei sie aber unterschiedliche Bedeutungen haben:

> un homme **grand** – *ein großer* (oder: *groß gewachsener*) *Mann*
> un **grand** homme – *ein großartiger Mann.*

3.2 Das Adjektiv im Singular und im Plural

Das Adjektiv richtet sich immer in Zahl und Geschlecht nach dem Substantiv.

	männlich		**weiblich**	
Singular	le petit jardin	*der kleine Garten*	la petite maison	*das kleine Haus*
	le jardin est petit	*der Garten ist klein*	la maison est petite	*das Haus ist klein*
Plural	les petits jardins	*die kleinen Gärten*	les petites maisons	*die kleinen Häuser*
	les jardins sont petits	*die Gärten sind klein*	les maisons sont petites	*die Häuser sind klein*

Die weibliche Form des Adjektivs besteht oft aus der männlichen Form und der Endung *-e.* Endet die männliche Form bereits auf *-e,* so bleibt die weibliche Form unverändert:

> le livre roug**e** – *das rote Buch;*   la voiture roug**e** – *das rote Auto.*

Der Plural wird durch Anhängen von *-s* gebildet:

> les livres rouge**s** – *die roten Bücher;*   les voitures rouge**s** – *die roten Autos.*

Es gibt einige Adjektive, die **unveränderlich** sind. Sie haben also nur eine Form.
Zu ihnen gehören zum Beispiel:

> **bon marché** – *billig, preiswert;* **marron** – *braun;* **orange** – *orange, orangefarben;*
> **super** – *super;* **chic** – *schick.*

3.3 Sonderfälle bei den weiblichen Formen

Regel		männliche/weibliche Form			Ausnahmen		
-er	-ère	cher	chère	*teuer*			
-et	-ète	complet	complète	*vollständig*	muet	muette	*stumm*
-c	-que	turc	turque	*türkisch*	blanc	blanche	*weiß*
-if	-ive	actif	active	*aktiv*	sec	sèche	*trocken*
-g	-gue	long	longue	*lang*	grec	grecque	*griechisch*
-eux	-euse	heureux	heureuse	*glücklich*			
-el	-elle	naturel	naturelle	*natürlich*			
-il	-ille	gentil	gentille	*freundlich, nett*			
-en	-enne	européen	européenne	*europäisch*			
-on	-onne	bon	bonne	*gut*			
-os	-osse	gros	grosse	*dick*			
-teur	-euse	menteur	menteuse	*verlogen*			
	-trice	conservateur	conservatrice	*konservativ*			
-eur	-eure	meilleur	meilleure	*besser*			

3.4 Sonderfälle bei der Pluralbildung

Adjektive, deren männliche Singularform auf *-al* endet, haben meistens eine männliche Pluralendung auf *-aux*. Die weibliche Pluralform besteht in der Regel aus der weiblichen Singularform plus der Endung *-s*:

	männlich		weiblich	
Singular	un homme génial	*ein toller Mann*	une femme géniale	*eine tolle Frau*
Plural	deux hommes géniaux	*zwei tolle Männer*	deux femmes géniales	*zwei tolle Frauen*

Es gibt aber auch Adjektive, deren männliche Singularform auf *-al* endet – z. B. **banal, final, fatal** und **naval** – und bei denen sowohl der männliche als auch der weibliche Plural durch das Hinzufügen von *-s* gebildet wird:

un incident fatal	*ein verhängnisvoller Zwischenfall;*
des accidents fatals	*verhängnisvolle Unfälle.*

Männliche Singularformen auf *-eau* haben im Plural ein *-x,* und Adjektive, die deren männliche Singularform auf *-s* oder *-x* endet, bleiben im Plural unverändert:

	männlich			
Singular	un beau jour	*ein schöner Tag*	un gros sac	*eine große Tasche*
Plural	deux beaux jours	*zwei schöne Tage*	deux gros sacs	*zwei große Taschen*

3.5 Die Adjektive *beau, nouveau* und *vieux*

Diese Adjektive weisen – gemeinsam mit einigen wenigen anderen – die Besonderheiten auf, dass sie immer vor dem Substantiv stehen und dass sie eine zweite männliche Singularform haben, die auf *-l* endet. Diese „Nebenform" steht vor Substantiven, die mit einem Vokal oder einem stummem h beginnen:

	männlich		weiblich	
Singular	un **beau** restaurant	ein schönes Restaurant	une **belle** ville	eine schöne Stadt
	un **bel** hôtel	ein schönes Hotel		
Plural	deux **beaux** restaurants	zwei schöne Restaurants	deux **belles** villes	zwei schöne Städte
	deux **beaux** hôtels	zwei schöne Hotels		

	männlich		weiblich	
Singular	un **nouveau** vélo	ein neues Fahrrad	une **nouvelle** robe	ein neues Kleid
	un **nouvel** outil	ein neues Werkzeug		
Plural	deux **nouveaux** vélos	zwei neue Fahrräder	deux **nouvelles** robes	zwei neue Kleider
	deux **nouveaux** outils	zwei neue Werkzeuge		

	männlich		weiblich	
Singular	un **vieux** vélo	ein altes Fahrrad	une **vieille** jupe	ein alter Rock
	un **vieil** homme	ein alter Mann		
Plural	deux **vieux** vélos	zwei alte Fahrräder	deux **vieilles** jupes	zwei alte Röcke
	deux **vieux** hommes	zwei alte Männer		

Stehen diese Adjektive an einer anderen Stelle im Satz, wird immer die Form mit der Endung *-eau* beziehungsweise *-eux* verwendet:

L'hôtel est **beau** – *das Hotel ist schön;* l'ordinateur est **nouveau** – *der Computer ist neu;* l'homme est **vieux** – *der Mann ist alt.*

3.6 Die Steigerung der Adjektive

Die erste Steigerungsstufe (**Komparativ**) drückt eine relative Überlegenheit oder Unterlegenheit aus. Sie wird gebildet, indem man **plus** (bei Überlegenheit) oder **moins** (bei Unterlegenheit) vor das Adjektiv setzt. Das Bezugswort des Vergleichs wird mit **que** angeschlossen:

Pierre est		grand.			*Pierre ist groß.*
Pierre est	**plus**	grand	que	moi.	*Pierre ist größer als ich.*
Pierre est	**moins**	grand	que	moi.	*Pierre ist kleiner als ich.* (wörtlich: *Pierre ist weniger groß als ich.*)

Die zweite Steigerungsstufe (**Superlativ**) drückt eine absolute Überlegenheit oder Unterlegenheit aus. Sie wird gebildet, indem man **le plus** oder **le moins** vor das Adjektiv setzt. Das Bezugswort wird mit der Präposition **de** angeschlossen.

Quel est	le fleuve	**le plus long de** l'Europe?	*Was ist der längste Fluss Europas?*
Quelle est	la ville	**la plus grande du** monde?	*Was ist die größte Stadt der Welt?*
Quels sont	les trains	**les plus rapides de** la France?	*Was sind die schnellsten Züge Frankreichs?*
Quelles sont	les montagnes	**les plus hautes du** monde?	*Was ist das höchste Gebirge der Welt?*

Kurze, häufig gebrauchte Adjektive können auch in der zweiten Steigerungsstufe vor dem Substantiv stehen.

| Marie est | **la plus petite** | fille **de** nos voisins. | *Marie ist die kleinste* (oder: *jüngste*) *Tochter unserer Nachbarn.* |

Die Steigerung von *bon/bonne* und *mauvais/mauvaise*

Die Adjektive **bon** und **mauvais** werden nicht mit **plus** oder **moins** gesteigert. Sie haben eigene Wortformen für die beiden Steigerungsstufen:

bon, bonne	*gut*	**mauvais, mauvaise**	*schlecht*
meilleur, meilleure	*besser*	**pire**	*schlechter*
le meilleur, la meilleure	*der/die/das beste*	**le/la pire**	*der/die/das schlechteste*

▶ 4. Das Adverb (Umstandswort)

4.1 Die Formen der Adverbien

Die meisten Adverbien bestehen aus der weiblichen Form des Adjektivs und der Endung *-ment*:

Adjektiv		Adverb	
männlich	**weiblich**		
fort	forte	**forte**ment	*fest; kräftig*
froid	froide	**froide**ment	*kühl; kaltblütig*
sérieux	sérieuse	**sérieuse**ment	*ernsthaft*
fou	folle	**folle**ment	*wahnsinnig; irrsinnig*
gai	gaie	**gaie**ment	*fröhlich*
terrible	terrible	**terrible**ment	*schrecklich*
difficile	difficile	**difficile**ment	*schwer; mit Mühe*
pratique	pratique	**pratique**ment	*praktisch*

Bei einer kleinen Gruppe von Adjektiven, die auf einem **hörbaren Vokal**, aber nicht auf *-e* enden, wird *-ment* an die männliche Form angehängt:

Adjektiv		Adverb	
männlich	**weiblich**		
vrai	vraie	**vrai**ment	*wirklich*
joli	jolie	**joli**ment	*nett; ganz schön*
absolu	absolue	**absolu**ment	*unbedingt; absolut*

Adjektive, die auf *-ant* oder *-ent* enden, bilden ihr Adverb auf *-amment* und *-emment*:

Adjektiv		Adverb
männlich	**weiblich**	
élégant	élégante	**élégam**ment
évident	évidente	**évidem**ment

Schließlich gibt es noch eine kleine Gruppe von völlig unregelmäßig gebildeten Adverbien. Sie entsprechen keiner der hier aufgeführten Regel. Allerdings kommen sie so häufig vor, dass sie sich durch die Sprachpraxis gut einprägen:

Adjektiv		Adverb
männlich	**weiblich**	
précis	précise	**précisé**ment
énorme	énorme	**énormé**ment
gentil	gentille	**genti**ment
bref	brève	**briève**ment
bon	bonne	**bien**
meilleur	meilleure	**mieux**
mauvais	mauvaise	**mal**

4.2 Die Stellung der Adverbien

Die Adverbien des Ortes und der bestimmten Zeit stehen **am Satzanfang** oder **am Satzende**:

Aujourd'hui il fait beau.	*Heute ist es schön.*
Il fait beau **aujourd'hui**.	

Die meisten anderen Adverbien stehen **direkt hinter dem konjugierten Verb**:

Philippe regarde **toujours** la télé.	*Philippe sieht immer fern.*
Hier, elle a **beaucoup** travaillé.	*Gestern hat sie sehr viel gearbeitet.*
Aujourd'hui, je ne fais **pratiquement** rien.	*Heute mache ich praktisch nichts.*
Il veut **toujours** se reposer.	*Er will sich immer ausruhen.*

Tôt, tard und *ensemble* stehen in zusammengesetzten Zeiten immer **hinter** dem Partizip Perfekt und bei Infinitivkonstruktionen immer **hinter** dem Infinitiv:

Nous sommes arrivés **tôt**.	*Wir sind früh angekommen.*
Nous voulons manger **ensemble**.	*Wir möchten gemeinsam essen.*

Adverbien, die sich auf den ganzen Satz beziehen, stehen in der Regel am **Anfang** oder am **Ende** des Satzes. Sie werden durch ein Komma vom restlichen Satz getrennt.

Malheureusement, je n'ai pas trouvé l'hôtel.	*Leider habe ich das Hotel nicht gefunden.*

Französische Minigrammatik

4.3 Die Steigerung der Adverbien

Das Adverb lässt sich genauso wie das Adjektiv steigern.

Elle court	vite.			Sie rennt schnell.

Erste Stufe

Elle court	plus	vite	que sa copine.	Sie rennt schneller als ihre Freundin.
Elle court	moins	vite	que sa copine.	Sie rennt langsamer als ihr Freundin.
Elle court	aussi	vite	que sa copine.	Sie rennt genauso schnell wie ihre Freundin.

Zweite Stufe

Elle court	le plus vite	de tous.	Sie rennt von allen am schnellsten.
Elle court	le moins vite	de tous.	Sie rennt von allen am langsamsten.

Unregelmäßige Steigerungsformen

bien	mieux	le mieux	gut	besser	am besten
beaucoup	plus	le plus	viel	mehr	am meisten
peu	moins	le moins	wenig	weniger	am wenigsten

▶ 5. Die Pronomen (Fürwörter)

5.1 Die unbetonten Personalpronomen

Die unbetonten Personalpronomen werden immer gemeinsam mit einem Verb verwendet, das sich in seiner Konjugation nach ihnen richtet, z. B. in **j'écris une lettre** – *ich schreibe einen Brief;* **la lettre que j'ai ecrite** – *der Brief, den ich geschrieben habe*. Wegen dieser engen Verbindung zu den Verben heißen sie auch „verbundene" Personalpronomen.

Singular	1. Person	je	*ich*
		j'	*(vor Vokal und stummem h)*
	2. Person	tu	*du*
	3. Person	il	*er*
		elle	*sie*
Plural	1. Person	nous	*wir*
	2. Person	vous	*ihr*
			Sie (Höflichkeitsform)
	3. Person	ils	*sie* (männlich)
		elles	*sie* (weiblich)

Der Gebrauch der Personalpronomen *il, elle, ils, elles*

Il steht für einzelne männliche Personen, Tiere und Dinge; *elle* steht für einzelne weibliche Personen, Tiere und Dinge:

Où est Patrick? – **Il est dans la cour.**	*Wo ist Patrick? – Er ist auf dem Hof.*
Où est mon sac? – **Il est dans ta chambre.**	*Wo ist meine Tasche? – Sie ist in deinem Zimmer.*
Où est Charlotte? – **Elle** est à l'école.	*Wo ist Charlotte? – Sie ist in der Schule.*
Où est ma clé? – **Elle** est sur la table.	*Wo ist mein Schlüssel? – Er ist auf dem Tisch.*

Ils steht für mehrere männliche Personen, Tiere und Dinge; *elles* steht für mehrere weibliche Personen, Tiere und Dinge:

Où sont les garçons? – **Ils** sont dans la rue.	*Wo sind die Jungen? – Sie sind auf der Straße.*
Où sont Laurent et Anne? – **Ils** sont allés au cinéma.	*Wo sind Laurent und Anne? – Sie sind ins Kino gegangen.*
Où sont mes livres? – **Ils** sont sur la commode.	*Wo sind meine Bücher? – Sie sind auf der Kommode.*
Où sont les filles? – **Elles** sont sur la terrasse.	*Wo sind die Mädchen? – Sie sind auf der Terrasse.*
Où sont mes clés? – **Elles** sont dans ton sac.	*Wo sind meine Schlüssel? – Sie sind in deiner Tasche.*

Die Höflichkeitsform vous

Das Pronomen *vous* wird nicht nur für mehrere Personen verwendet, die man duzt, sondern auch als Höflichkeitsform für eine oder mehrere männliche oder weibliche Personen:

Monsieur Noblet, **vous** êtes fatigué?	*Sind **Sie** müde, Herr Noblet?*
Voulez-**vous** entrer, madame?	*Möchten **Sie** eintreten?*
Mesdames et messieurs, voulez-**vous** entrer?	*Meine Damen und Herren, möchten **Sie** eintreten?*

5.2 Die betonten Personalpronomen

Die betonten Personalpronomen werden in besonders hervorgehobener Stellung verwendet. Sie verbinden sich nie mit einem Verb, das sich in seiner Konjugation nach ihnen richtet. Deswegen heißen sie auch „unverbundene" Personalpronomen. Sie können nur Objekte von Verben sein.

Singular	1. Person	**moi**	*ich*
	2. Person	**toi**	*du*
	3. Person	**lui**	*er*
		elle	*sie*
Plural	1. Person	**nous**	*wir*
	2. Person	**vous**	*ihr*
	3. Person	**eux**	*sie* (männlich)
		elles	*sie* (weiblich)

Französische Minigrammatik

Der Gebrauch der betonten Personalpronomen

In folgenden Fällen werden die betonten oder unverbundenen Personalpronomen verwendet:

- **In Sätzen ohne Verb:**

Qui veut apprendre le français? – **Moi!**	*Wer möchte Französisch lernen? – Ich!*

- **In Vergleichssätzen:**

Il est aussi grand que **moi**.	*Er ist genauso groß wie ich.*

- **Nach einer Präposition:**

Est-ce que tu sors **avec moi**, ce soir? – Non, je préfère sortir **sans toi**.	*Gehst du heute Abend mit mir weg? – Nein, ich möchte lieber ohne dich weggehen.*
J'ai une lettre **pour** toi.	*Ich habe einen Brief für dich.*

- **In Verbindung mit einem bejahten Imperativ:**

Donne-**moi** ce cahier, s'il te plaît!	*Gib mir bitte dieses Heft.*
Crois-moi!	*Glaub mir.*

- **Zur Hervorhebung und Betonung:**

C'est **toi** qui en es responsable, pas **moi**!	*Du bist dafür verantwortlich, nicht ich!*
Qui est-ce? – C'est **lui**.	*Wer ist da? – Er.*
C'est **elle** qui a pris les photos.	*Sie hat die Fotos gemacht.*

- **Zur umgangssprachlichen Hervorhebung, gemeinsam mit dem unbetonten Personalpronomen:**

Qu'est-ce que vous faites dans la vie? – **Moi, je** suis pharmacienne.	*Was machen Sie beruflich? – Ich bin Apothekerin.*

5.3 Die direkten Objektpronomen

Singular	1. Person	**me**	*mich*
		m'	*(vor Vokal und stummem h)*
	2. Person	**te**	*dich*
		t'	*(vor Vokal und stummem h)*
	3. Person	**le**	*ihn, es*
		l'	*(vor Vokal und stummem h)*
		la	*sie*
		l'	*(vor Vokal und stummem h)*
Plural	1. Person	**nous**	*uns*
	2. Person	**vous**	*euch, Sie*
	3. Person	**les**	*sie*

Der Gebrauch der direkten Objektpronomen

Die direkten Objektpronomen stehen für ein Akkusativobjekt und stimmen in Zahl und Geschlecht mit ihm überein:

	männlich	
Singular	Est-ce que tu connais **Pierre**? – Oui, je **le** connais.	*Kennst du Pierre? – Ja, ich kenne ihn.*
	Est-ce que **Laurent** connaît ce livre? – Non, il ne le connaît pas.	*Kennt Laurent dieses Buch? – Nein, er kennt es nicht.*
Plural	Est-ce que tu as vu **les garçons**? – Oui, je **les** ai vus.	*Hast du die Jungen gesehen? – Ja, ich habe sie gesehen.*
	Est-ce que vous allez lire **ces livres**? – Oui, nous allons **les** lire.	*Werdet ihr diese Bücher lesen? – Ja, wir werden sie lesen.*

	weiblich	
Singular	Est-ce que tu connais **Charlotte**? – Oui, je **la** connais.	*Kennst du Charlotte? – Ja, ich kenne sie.*
	Est-ce que vous lisez **cette revue**? – Non, nous ne **la** lisons pas.	*Lest ihr diese Zeitschrift? – Nein, wir lesen sie nicht.*
Plural	Est-ce que tu as vu **les filles**? – Oui, je **les** ai vues.	*Hast du die Mädchen gesehen? Ja, ich habe sie gesehen.*
	Est-ce que vous allez lire **ces revues**? – Oui, nous allons **les** lire.	*Werdet ihr diese Zeitschriften lesen? – Ja, wir werden sie lesen.*

5.4 Die indirekten Objektpronomen

Singular	1. Person	me	*mir*
		m'	*(vor Vokal und stummem h)*
	2. Person	te	*dir*
		t'	*(vor Vokal und stummem h)*
	3. Person	lui	*ihm, ihr*
Plural	1. Person	nous	*uns*
	2. Person	vous	*euch, Ihnen*
	3. Person	leur	*ihnen*

Der Gebrauch der indirekten Objektpronomen

Die Objektpronomen können für Personen oder Tiere stehen. Die deutschen Entsprechungen dieser Objektpronomen sind oft Dativobjekte.

Tu donnes ton adresse **à Jean**? – Oui, je **lui** donne mon adresse.	*Gibst du Jean deine Adresse? Ja, ich gebe ihm meine Adresse.*
Tu vas répondre **à Sandra**? – Oui, je vais **lui** répondre.	*Wirst du Sandra antworten? – Ja, ich werde ihr antworten.*
Vous écrivez **à vos amis**? – Oui, nous **leur** écrivons.	*Schreibt ihr euren Freunden? – Ja, wir schreiben ihnen.*
Vous répondez **à vos amies**? – Oui, nous **leur** répondons.	*Antwortet ihr euren Freundinnen? Ja, wir antworten ihnen.*

5.5 Das Reflexivpronomen (rückbezügliches Fürwort)

Singular	Je	me	dépêche.	Ich beeile mich.
	Je	m'	appelle Anne.	Ich heiße Anne.
	Tu	te	dépêches.	Du beeilst dich.
	Tu	t'	appelles Pierre.	Du heißt Pierre.
	Il/Elle	se	promène en ville.	Er/Sie bummelt durch die Stadt.
	Il/Elle	s'	habille.	Er/Sie zieht sich an.
Plural	Nous	nous	levons.	Wir stehen auf.
	Vous	vous	éveillez.	Ihr wacht auf.
	Ils/Elles	se	dépêchent.	Sie beeilen sich.
	Ils/Elles	s'	inquiètent.	Sie machen sich Sorgen.

5.6 Das Adverbialpronomen *en*

Der Gebrauch von *en*

En ist ein Pronomen, das bestimmte Ergänzungen vertritt – es steht oft für „Mengen" – und das in diesem Zusammenhang mit *davon* übersetzt werden kann.

Das Pronomen **en** vertritt Ergänzungen mit **de**. Es vertritt

- ***des*** **+ Substantiv:**

| Est-ce que tu va acheter **des fruits**? – Oui, je vais **en** acheter. | *Wirst du Obst kaufen? – Ja[, ich werde welches kaufen].* |

- **den Teilungsartikel:**

| Est-ce que tu prends **de la limonade**? – Oui, j'**en** prends. | *Trinkst du Limonade? – Ja[, ich trinke welche].* |

- **Mengenangabe + Substantiv:**

| Tu veux **une bouteille d'eau minérale?** – Oui, j'**en** veux **une**. | *Möchtest du eine Flasche Mineralwasser? – Ja[, ich möchte eine].* |

- **Zahlwort + Substantiv:**

| Est-ce que tu prends **une pomme**? – Oui, j'**en** prends **une**. | *Nimmst du einen Apfel? – Ja[, ich nehme mir einen].* |
| Vous prenez ces **dix pommes**? Non, j'**en** prends seulement **six**. | *Nehmen Sie diese zehn Äpfel? – Nein, ich nehme nur sechs [davon].* |

En vertritt auch andere Ergänzungen mit **de**. In diesen Fällen wird **en** oft mit *davon, darüber, von dort* und *dorther* übersetzt.

Das Pronomen *en* wird auch verwendet, wenn es auf ein Verb Bezug nimmt, das sich mit der Präposition *de* verbindet, z. B. auf **parler de, rêver de, revenir de, se souvenir de** oder **rentrer de:**

Tu es déjà rentré **du Portugal**? –	*Bist du schon zurück aus Portugal?* –
Oui, j'**en** suis rentré il y a trois jours, mais j'**en** rêve toujours.	*Ja, ich bin schon vor drei Tagen [von dort] zurückgekommen, aber ich träume immer noch davon.*

Achtung! Folgt auf die Präposition *de* ein Eigenname, so wird nicht *en* verwendet, sondern ein betontes Personalpronomen, z. B.:

Tu te souviens **de Laurent**? –	*Erinnerst du dich an Laurent?* –
Non, je ne me souviens pas **de lui**.	*Nein, ich erinnere mich nicht an ihn.*

5.7 Das Adverbialpronomen *y*

Der Gebrauch von *y*

Das Pronomen *y* vertritt folgende adverbiale Angaben:

- Ortsbestimmungen, die durch Präpositionen wie z. B. *à, dans, en, chez, sur* und *sous* eingeleitet werden:

Est-ce que tu habites **à Paris**? –	*Wohnst du in Paris?* –
Oui, j'**y** habite.	*Ja[, ich wohne dort].*

- Ergänzungen, die mit *à* + Substantiv konstruiert werden:

Est-ce que tu penses dèjà **à Noël**? –	*Denkst du schon an Weihnachten?* –
Oui, j'**y** pense toujours.	*Ja, ich denke immer daran.*

5.8 Die Stellung der Pronomen im Satz

Wenn mehrere Pronomen in einem Satz auftreten, so müssen sie in einer bestimmten Reihenfolge stehen:

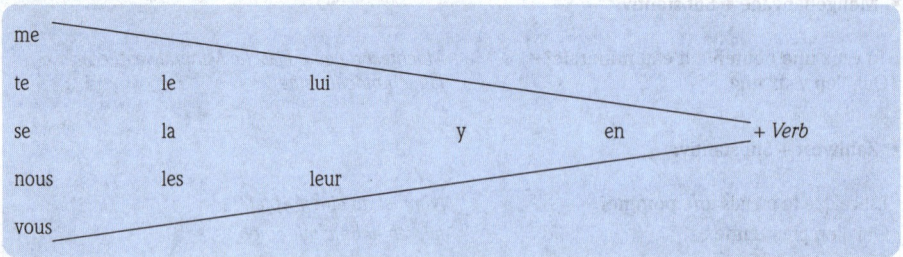

Es können bis zu zwei Pronomen vor dem Verb stehen:

| me | te | se | nous | vous | | vor | le | la | les |

Maman, est-ce que tu me racontes l'histoire? –

Oui, je **te la** raconterai tout de suite.

Mama, erzählst du mir die Geschichte? –

Ja, ich werde sie dir gleich erzählen.

| le | la | les | | vor | lui | leur |

Est-ce que vous lui avez donné le livre? –

Non, je ne **le lui** ai pas encore donné.

Haben Sie ihm/ihr das Buch gegeben? –

Nein, ich habe es ihm/ihr noch nicht gegeben.

| me | te | se | nous | vous | lui | leur | vor | y | en |

Est-ce que tu peux nous parler des vacances? –

Oui, je vais **vous en** parler tout de suite.

Kannst du uns von deinen Ferien erzählen? –

Ja, ich werde euch gleich davon erzählen.

| y | | vor | en |

Il y a encore du café? –

Oui, il **y en** a encore.

Ist noch Kaffee da?

Ja[, es ist noch welcher da].

5.9 Die Demonstrativpronomen

Die Formen der Demonstrativpronomen

	vor Konsonant oder *h aspiré*		vor Vokal oder stummem h			
männliche Formen						
Singular	ce	train	cet	arbre	cet	hôtel
Plural	ces	trains	ces	arbres	ces	hôtels
weibliche Formen						
Singular	cette	ville	cette	information	cette	histoire
Plural	ces	villes	ces	informations	ces	histoires

Im Singular lauten die männlichen Demonstrativpronomen **ce** (vor Konsonant oder *h aspiré*) und **cet** (vor Vokal oder stummem h); das weibliche Demonstrativpronomen lautet **cette**.

Im Plural gibt es für männliche und weibliche Substantive nur eine Form, und zwar **ces**.

Der Gebrauch der Demonstrativpronomen

Die Demonstrativpronomen werden benützt, um auf bestimmte Gegenstände oder Personen hinzuweisen.

| Il faut lire **ce** livre. | *Dieses Buch muss man lesen.* |

Außerdem kommen sie in einigen festen Wendungen vor:

ce matin	*heute Morgen*
cet après-midi	*heute Nachmittag*
ce soir	*heute Abend*

5.10 Die Possessivpronomen (besitzanzeigende Fürwörter)

Die Formen der Possessivpronomen

	Einzahl				Mehrzahl	
	männlich		weiblich		männlich und weiblich	
1. Person	mon	frère	ma	sœur	mes	frères/amis
	mon	ami	mon	amie	mes	sœurs/amies
2. Person	ton	frère	ta	sœur	tes	frères/amis
	ton	ami	ton	amie	tes	sœurs/amies
3. Person	son	frère	sa	sœur	ses	frères/amis
	son	ami	son	amie	ses	sœurs/amies
1. Person	notre	frère	notre	sœur	nos	frères
					nos	sœurs
2. Person	votre	frère	votre	sœur	vos	frères
					vos	sœurs
3. Person	leur	frère	leur	sœur	leurs	frères
					leurs	sœurs

Der Gebrauch der Possessivpronomen

Mit den Possessivpronomen werden Besitz- oder Zugehörigkeitsverhältnisse ausgedrückt:

| Sur la table, il y a **mon** livre. | *Auf dem Tisch liegt mein Buch.* |
| Je vais passer les vacances avec **mes** parents. | *Ich werde die Ferien mit meinen Eltern verbringen.* |

5.11 Die Indefinitpronomen (unbestimmte Fürwörter)

aucun

Aucun stimmt im Genus mit seinen Bezugselementen überein.
Steht *aucun* in **bejahenden** Sätzen, so bezeichnet es etwas Beliebiges und wird mit **irgendein(e)** übersetzt.
In **verneinten** Sätzen hingegen – also in Verbindung mit der Negation *ne* – hat es eine ausschließende Bedeutung und wird mit **kein** übersetzt.

Est-ce qu'il y a **aucun** problème ou **aucune** question? –	*Gibt es irgendein Problem oder irgendeine Frage? –*
Non, nous **n'**avons **aucun** problème et **aucune** question.	*Nein, wir haben kein Problem und keine Frage.*

certain

Certain als Begleiter des Substantivs wird in der Bedeutung **gewiss** oder **bestimmt** verwendet.

		männlich			weiblich	
Singular	Il y a	**un certain**	problème	avec	**une certaine**	personne.
Plural	Il y a	**certains**	problèmes	avec	**certaines**	personnes.

Wenn *certain* als Begleiter des Substantivs verwendet wird, so gleicht es sich in Zahl und Geschlecht dem Substantiv, auf das es sich bezieht, an.
Im Singular steht vor *certain, certaine* der unbestimmte Artikel *un* oder *une;* im Plural entfällt der Artikel.
Wenn *certains* als Stellvertreter des Substantivs gebraucht wird, kann es ins Deutsche mit **einige, gewisse** oder **bestimmte** übersetzt werden:

Certains n'ont pas été d'accord.	*Einige sind nicht einverstanden gewesen.*

chaque

Das Pronomen *chaque* hat nur eine Form; es wird nur gemeinsam mit einem Substantiv im Singular verwendet:

On a besoin de **chaque** client et de **chaque** cliente.	*Wir brauchen jeden Kunden und jede Kundin.*

chacun, chacune

Die Pronomen *chacun* und *chacune* werden allein verwendet. Außerdem kommen sie nur im Singular vor.
Chacun steht für ein männliches Substantiv, *chacune* für ein weibliches:

Chacun est bienvenu!	*Jeder ist willkommen.*
Chacune est bienvenue!	*Jede ist willkommen.*

Das unpersönliche *on*

Das unbestimmte Pronomen *on* hat zwei unterschiedliche Bedeutungen. Zum einen steht es – wie das deutsche Pronomen **man** – für alle möglichen nicht näher definierten Personen:

On ne sait jamais.	*Man kann nie wissen.*
On dit que …	*Man sagt, dass…*

Französische Minigrammatik

Zum anderen wird **on** in der französischen Umgangssprache häufig an Stelle von **nous** verwendet. Das Verb steht dann in der 3. Person Singular:

Vous êtes où? –	Wo seid ihr? –
Nous sommes ici.	Wir sind hier.
On est ici.	

plusieurs

Das Pronomen *plusieurs* existiert nur in dieser einen Form. Es kann gemeinsam mit einem Substantiv im Plural verwendet werden oder auch allein:

J'ai acheté **plusieurs** journaux et revues.	Ich habe mehrere Zeitungen und Zeitschriften gekauft.
Plusieurs sont bon marché.	Mehrere sind billig.

quelqu'un

Das unbestimmte Pronomen *quelqu'un* kommt nur in bejahenden Sätzen vor:

Quelqu'un est venu.	Jemand ist gekommen.
Est-ce que tu a vu **quelqu'un**?	Hast du jemanden gesehen?

personne ne ...

Personne kommt in verneinten Sätzen vor, also in Verbindung mit dem Verneinungselement **ne:**

Personne n'est venu.	Niemand ist gekommen.
Je **n'**ai vu **personne**.	Ich habe niemanden gesehen.

quelque chose

Das unbestimmte Pronomen *quelque chose* kommt nur in bejahenden Sätzen vor:

Il y a **quelque chose** qui m'intéresse, et c'est ...	Es gibt etwas, was mich interessiert, und zwar ...
Est-ce que tu as vu **quelque chose**?	Hast du etwas gesehen?

rien ne ...

Das unbestimmte Pronomen *rien* kommt in verneinten Sätzen vor, also in Verbindung mit dem Verneinungselement **ne:**

Rien ne me fait plaisir.	Nichts macht mir Spaß.
Je **n'**ai **rien** trouvé.	Ich habe nichts gefunden.

quelque, quelques

Das Pronomen *quelque* wird immer nur gemeinsam mit einem Substantiv verwendet; dieses kann im Singular oder Plural stehen:

Il me faut encore **quelque** temps pour terminer ce livre.	*Ich brauche noch einige Zeit, um dieses Buch fertig zu lesen.*
Je vais acheter **quelques** oranges.	*Ich werde einige Orangen kaufen.*

tout, toute

Wird das Pronomen *tout* gemeinsam mit einem Substantiv verwendet, so kann dieses im Singular oder im Plural stehen. Das Substantiv behält seinen Artikel bei:

	männlich			weiblich		
Singular	tout	le village	*das ganze Dorf*	toute	la semaine	*die ganze Woche*
Plural	tous	les pays	*alle Länder*	toutes	les capitales	*alle Hauptstädte*

tout allein verwendet

Est-ce que tu as **tout** mangé?	*Hast du alles gegessen?*

▶ 6. Die Verneinung

Die Verneinungselemente und ihre Stellung

ne ... pas	*nicht*	Il ne	sait	pas	conduire.
ne ... plus	*nicht mehr*	Il n'	habite	plus	ici.
ne ... jamais	*nie*	Il ne	va	jamais	au théâtre.
ne ... plus jamais	*nie mehr*	Il ne	mangera	plus jamais	dans ce restaurant.
ne ... rien	*nichts*	Il ne	lit	rien.	
ne ... plus rien	*nichts mehr*	Il ne	fait	plus rien.	
ne ... personne	*niemand*	Il ne	voit	personne.	
ne ... plus personne	*niemand mehr*	Il ne	connaît	plus personne.	
ne ... pas encore	*noch nicht*	Il ne	sait	pas encore	faire la cuisine.
ne ... toujours pas	*immer noch nicht*	Il n'	est	toujours pas	heureux.
ne ... pas toujours	*nicht immer*	Il n'	a	pas toujours	envie de se lever.
ne ... ni ... ni	*weder ... noch*	Il n'	aime	ni la danse	ni le sport.
ne ... pas ... ni ... ni	*weder ... noch*	Il ne	veut	pas faire les courses	ni manger.
ne ... pas ... du tout	*überhaupt nicht*	Il n'	est	pas content	du tout.

In der gesprochenen Sprache, besonders in der Umgangssprache, ist es üblich, die Partikel *ne* wegzulassen.

Französische Minigrammatik

Die Verneinung im Zusammenhang mit Mengen

Je	n'	achète	pas	d'	oranges.	Ich kaufe	keine Orangen.
			plus	de	pommes.		keine Äpfel mehr.
			jamais	de	viande.		nie Fleisch.

Un, une oder *des* werden in der Verneinung zu *de:*

Est-ce qu'il y a	**un** restaurant près d'ici?	Non, monsieur, il **n'**y a pas	**de** restaurant près d'ici.
	une école		**d'**école
	des hôtels		**d'**hôtels

Die Verneinung der Verben *être, aimer* oder *détester* bildet eine Ausnahme. Bei ihnen steht nicht *de*, sondern der bestimmte oder der unbestimmte Artikel.
Bei *aimer* und *détester* folgt der **bestimmte** Artikel:

Je	n'	aime	**pas les**	oranges.	*Ich mag keine Orangen.*
Je	**ne**	déteste	**pas les**	poires.	*Ich mag Birnen schon.*

Bei *être* folgt der unbestimmte Artikel oder ein anderer Begleiter:

Est-ce que c'est un chien sur la photo? –	*Ist das ein Hund auf dem Foto? –*
Non, ce **n'**est **pas un** chien. C'est un chat.	*Nein, das ist kein Hund. Das ist eine Katze.*
Est-ce que ce sont **des** fraises bon marché? –	*Sind das billige Erdbeeren? –*
Non, ce **ne** sont **pas des** fraises bon marché. Elles sont chères.	*Nein, das sind keine billigen Erdbeeren. Sie sind teuer.*
Est-ce que c'est **ton** copain? –	*Ist das dein Freund? –*
Non, ce **n'**est **pas mon** copain.	*Nein, das ist nicht mein Freund.*

▶ 7. Das Verb (Zeitwort)

7.1. Die Bildung des Präsens bei den Verben auf -er

Die allermeisten französischen Verben sind regelmäßig. Eine ausführliche Verbtabelle mit alphabetisch angeordneten Musterverben und Einzelfällen befindet sich im Anhang dieses Wörterbuchs. Auf Besonderheiten in der Schreibung wird im französisch-deutschen Teil des Wörterbuch deutlich hingewiesen. Deshalb soll hier nur noch ein kurzer Überblick über die Verbgruppen, die einem gemeinsamen Konjugationsmuster entsprechen, gegeben werden:

Die regelmäßigen Verben auf -er (siehe auch *chanter* in der Verbtabelle):

parler	Singular		Plural	
1. Person	je	parle	nous	parlons
2. Person	tu	parles	vous	parlez
3. Person	il/elle	parle	ils/elles	parlent

Die Verben auf -er haben die Endungen -e, -es, -e, -ons, -ez, -ent. Allerdings kann man in der gesprochenen Sprache nur die Endungen -ons und -ez hören, da alle anderen Endungen stumm sind.

Die Verben auf -cer und -ger mit Besonderheiten in der Schreibweise

Damit die Aussprache des Stammes immer erhalten bleibt, wird bei den Verben

- auf -cer in der 1. Person Plural -c- zu -ç- nous commençons (siehe *commencer* in der Verbtabelle)
- auf -ger in der 1. Person Plural -g- zu -ge-. nous changeons (siehe *changer* in der Verbtabelle)

Die Verben auf -ayer, -oyer und -uyer

Bei den Verben, die auf -ayer enden, kann das *y* in der 1., 2. und 3. Person Singular sowie in der 3. Person Plural zu *i* werden. Hier existieren also Formen mit *y* neben solchen mit *i* (siehe *essayer* in der Verbtabelle).
Bei den Verben auf -oyer und -uyer wird das *y* in der 1., 2. und 3. Person Singular sowie in der 3. Person Plural zu *i* (siehe *envoyer* und *appuyer* in der Verbtabelle).

Verben auf -er mit stamm- und endungsbetonten Formen

Bei Verben mit stammbetonten und endungsbetonten Verben sind immer die 1., 2 und 3. Person Singular sowie die 3. Person Plural stammbetont und die 1. und 2. Person Plural endungsbetont.
Es gibt Verben auf -er mit stamm- und endungsbetonten Formen nach folgendem Muster:

acheter	Singular		Plural	
1. Person	j'	achète	nous	achetons
2. Person	tu	achètes	vous	achetez
3. Person	il/elle	achète	ils/elles	achètent

Wenn man die Endung stumm ist, wird das *e* oder, wie bei *préférer*, das *é* des Stammes zu *è* (siehe auch *peler* und *préférer* in der Verbtabelle).

Französische Minigrammatik

Andere Verben mit stamm- und endungsbetonten Formen verdoppeln im Stamm einen Konsonanten, wenn die Endung stumm ist (siehe auch *rejeter* in der Verbtabelle):

jeter	Singular		Plural	
1. Person	je	je**tte**	nous	je**t**ons
2. Person	tu	je**ttes**	vous	je**t**ez
3. Person	il/elle	je**tte**	ils/elles	je**ttent**

7.2 Die Bildung des Präsens bei den Verben auf *-ir*

Es gibt zahlreiche Verben, die auf *-ir* enden – schätzungsweise 300.

Verben auf *-ir* ohne Stammerweiterung

partir	Singular		Plural	
1. Person	je	ser**s**	nous	serv**ons**
2. Person	tu	ser**s**	vous	serv**ez**
3. Person	il/elle	ser**t**	ils/elles	serv**ent**

Die Verben auf *-ir* ohne Stammerweiterung haben im Präsens die Endungen **-s, -s, -t, -ons, -ez, -ent.** In der 1., 2. und 3. Person Singular fällt der Endkonsonant weg (siehe auch *sortir* in der Verbtabelle).

Verben auf *-ir* mit Stammerweiterung:

finir	Singular		Plural	
1. Person	je	fini**s**	nous	fini**ssons**
2. Person	tu	fini**s**	vous	fini**ssez**
3. Person	il/elle	fini**t**	ils/elles	fini**ssent**

Die Verben auf *-ir* mit Stammerweiterung haben dieselben Endungen wie die Verben ohne Stammerweiterung. Allerdings erweitert sich bei ihnen in der 1., 2. und 3. Person Plural der Stamm um den Einschub *-iss-* (siehe auch *agir* in der Verbtabelle).

7.3 Die Bildung des Präsens bei den Verben auf *-re*

Diese Verbgruppe umfasst ungefähr 180 Verben, darunter viele unregelmäßige.

lire	Singular		Plural	
1. Person	je	li**s**	nous	lis**ons**
2. Person	tu	li**s**	vous	lis**ez**
3. Person	il/elle	li**t**	ils/elles	lis**ent**

Die Verben auf *-re* enden in der Regel auf **-s, -s, -t, -ons, -ez, -ent.** Da sie aber oft einen unregelmäßigen Stamm haben, muss man jedes Verb genau lernen (siehe Verbtabelle).

7.4 Die Bildung des Imperfekts

Das Imperfekt wird gebildet, indem man an den Stamm der 1. Person Plural Präsens der regelmäßig und unregelmäßig gebildeten Verben die Imperfektendungen *-ais, -ais, ait, -ions, -iez* und *-aient* anfügt:

Infinitiv	1. Person Plural Präsens	Imperfekt
parler	nous **parl**ons	je **parl**ais
prendre	nous **pren**ons	tu **pren**ais
aller	nous **all**ons	il **all**ait
dormir	nous **dorm**ons	nous **dorm**ions
finir	nous **finiss**ons	vous **finiss**iez
faire	nous **fais**ons	ils **fais**aient

Das einzige unregelmäßige Verb bei der Bildung des Imperfekts ist *être:*

j'**étais**	tu **étais**	il/elle **était**	nous **étions**	vous **étiez**	ils/elles **étaient**

Die Verben, die auf *-cer* und *-ger* enden, weisen Besonderheiten bei der Schreibweise des Imperfekts auf. Damit die Aussprache des Stammes immer erhalten bleibt, wird bei den Verben:
- auf *-cer* bei j*e, tu, il, elle, ils* und *elles* *-c-* zu *-ç-* (siehe *commencer* in der Verbtabelle)
- auf *-ger* bei j*e, tu, il, elle, ils* und *elles* *-g-* zu *-ge-* (siehe *changer* in der Verbtabelle)

7.5 Die Bildung des *Passé composé*

Das *Passé composé* besteht aus dem **Partizip Perfekt** des betreffenden Verbs und den Präsensformen von *avoir* oder *être*. Weil diese Zeitform nicht aus einem einzigen Wort besteht – wie zum Beispiel das Präsens oder das Imperfekt –, heißt sie wörtlich übersetzt „zusammengesetzte Vergangenheit".

parler				*arriver*		
j'	ai	parlé		je	suis	arrivé/arrivée
tu	as	parlé		tu	es	arrivé/arrivée
				il	est	arrivé
il/elle	a	parlé		elle	est	arrivée
nous	avons	parlé		nous	sommes	arrivés/arrivées
vous	avez	parlé		vous	êtes	arrivés/arrivées
ils/elles	ont	parlé		ils	sont	arrivés
				lles	sont	arrivées

Bei der Bildung des *Passé composé* mit ***avoir*** bleibt das Partizip Perfekt in der Regel unveränderlich. Wird das *Passé composé* jedoch mit *être* gebildet, so gleicht sich das Partizip Perfekt in Geschlecht und Zahl dem Subjekt des Satzes an.

Die Bildung des *Passé composé* mit *avoir* oder *être*

Die allermeisten Verben bilden das *Passé composé* mit ***avoir***:

| Pierre **a** fait la cuisine. Puis il **a** mangé. | *Pierre hat gekocht. Dann hat er gegessen.* |

Wenige Verben bilden das *Passé composé* mit *être*. Dazu gehören Verben des Verweilens wie etwa ***rester*** und ***demeurer***, aber auch Verben, die eine Bewegung mit einer Zielrichtung bezeichnen, z. B. ***aller, arriver, entrer, partir, rentrer, tomber, revenir*** und ***venir***:

| Je **suis** allée à Paris. | *Ich bin nach Paris gefahren.* |
| Elle **est** arrivée vers dix heures. | *Sie ist gegen zehn Uhr [an]gekommen.* |

Die Verben ***naître, devenir, mourir*** und ***décéder*** bilden ebenfalls das *Passé composé* mit ***être:***

| Il **est** né en 1992. | *Er ist 1992 geboren.* |

Außerdem wird das *Passé composé* sämtlicher **reflexiver Verben** mit *être* gebildet:

| Elle s'**est** reveillée. Puis elle s'**est** levée. | *Sie ist aufgewacht. Dann ist sie aufgestanden.* |

Es gibt viele französische Verben, die das *Passé composé* mit einem anderen Hilfsverb bilden als ihre deutschen Übersetzungen. So verbinden sich zum Beispiel die Verben der Bewegung ***marcher*** und ***courir*** mit dem Hilfsverb ***avoir***, während ihre deutschen Entsprechungen mit ***sein*** konjugiert werden:

| Elle **a** couru. | *Sie ist gerannt.* |
| J'**ai** beaucoup voyagé | *Ich bin viel gereist.* |

Am wichtigsten ist in diesem Zusammenhang das Verb **être**, das sein *Passé composé* mit dem Hilfsverb ***avoir*** bildet:

| J'**ai** été à la piscine. | *Ich bin im Schwimmbad gewesen.* |

Es gibt einige wenige Verben, die das *Passé composé* mit ***avoir*** und ***être*** bilden, wobei aber unterschiedliche Bedeutungen und unterschiedliche grammatische Gegebenheiten vorliegen. Bei den Verben ***monter, descendre, sortir, entrer*** und ***rentrer*** gehört das *Passé composé* mit ***être*** zum intransitiven Verb:

| Elle **est** mont**ée** dans le train. | *Sie ist in den Zug gestiegen.* |

Das *Passé composé* mit ***avoir*** gehört zum transitiven Verb; hier folgt also ein direktes Objekt:

| Elle **a** mont**é** la valise au grenier. | *Sie hat den Koffer auf den Dachboden getragen.* |

7.6 Die Bildung des Plusquamperfekts

Auch das Plusquamperfekt ist eine zusammengesetzte Vergangenheit. Sie besteht aus dem Partizip Perfekt des betreffenden Verbs und der Imperfektform der Hilfsverben **avoir** oder **être**:

lire				*rester*		
j'	avais	lu		j'	étais	resté/restée
tu	avais	lu		tu	étais	resté/restée
				il	était	resté
il/elle	avait	lu		elle	était	restée
nous	avions	lu		nous	étions	restés/restées
vous	aviez	lu		vous	étiez	restés/restées
ils/elles	avaient	lu		ils	étaient	restés
				elles	étaient	restées

Bei der Bildung des Plusquamperfekts mit **avoir** bleibt das Partizip Perfekt in der Regel unveränderlich. Wird das Plusquamperfekt jedoch mit **être** gebildet, so gleicht sich das Partizp Perfekt in Geschlecht und Zahl dem Subjekt des Satzes an.

7.7 Die Bildung des *Passé simple*

Im Deutschen gibt es keine Zeitform, die dem *Passé simple* entspricht. Man hat es hier mit einer Besonderheit des Französisischen (und auch anderer romanischer Sprachen) zu tun. Ihren Namen hat sie daher, dass sie keine aus Hilfsverb und Partizip „zusammengesetzte" Vergangenheit ist, sondern eine einfache (= aus einem Wort bestehende) Zeitform. Sie kommt im Französischen vor allem in der literarischen Sprache vor:

	parler	*attendre*	*choisir*	*croire*
je/j'	parl**ai**	attend**is**	chois**is**	cr**us**
tu	parl**as**	attend**is**	chois**is**	cr**us**
il/elles/on	parl**a**	attend**it**	chois**it**	cr**ut**
nous	parl**âmes**	attend**îmes**	chois**îmes**	cr**ûmes**
vous	parl**âtes**	attend**îtes**	chois**îtes**	cr**ûtes**
ils/elles	parl**èrent**	attend**irent**	chois**irent**	cr**urent**

Die regelmäßigen Verben auf *-er* bilden das *Passé simple*, indem folgende Endungen an den Stamm des Infinitivs angehängt werden:

-ai, -as, -a, -âmes, -âtes, -èrent.

Die regelmäßigen Verben auf *-re* und *-ir* bilden das *Passé simple*, indem folgende Endungen an den Stamm des Infinitivs angehängt werden:

-is, -is, -it, -îmes, -îtes, -irent.

Französische Minigrammatik

Einige meist unregelmäßige Verben, z. B. diejenigen, die auf *-oir* enden, aber auch andere haben folgende Endungen:

-us, -us, -ut, -ûmes, -ûtes, -urent.

7.8 Die Bildung des *Futur composé/proche*

Die nahe Zukunft, das *Futur composé*, wird aus den Präsensformen von *aller* und dem **Infinitiv** gebildet.

je	vais	dire	nous	allons	rester
tu	vas	chercher	vous	allez	boire
il/elle	va	prendre	ils/elles	vont	faire

7.9 Die Bildung des Futurs I

Das Futur I oder *Futur simple* besteht im Französischen aus einem Wort (daher die Bezeichnung „einfaches" Futur), während das Futur im Deutschen aus Hilfsverb und Infinitiv zusammengesetzt wird:

| Je voyage**rai**. | | *Ich werde reisen.* |

Die Futurendungen lauten: *-rai, -ras, -ra, -rons, -rez, -ront* (siehe Verbtabelle).

Bei den Verben auf *-er* wird das *Futur simple* gebildet, indem man an die **1. Person Singular Präsens** die Futurendungen anhängt.

Infinitiv	1. Person Singular Präsens	Futur simple
par**l**er	je par**l**e	je par**l**erai
je**t**er	je je**tt**e	tu je**tt**eras
ach**e**ter	j'ach**è**te	il ach**è**tera

Bei den Verben *-re* wird das *Futur simple* gebildet, indem man die Futurendungen direkt an den **Infinitivstamm** anhängt:

Infinitivstamm	Infinitivendung	Futur simple
prend	re	je **prend**rai
li	re	tu **li**ras
boi	re	il **boi**ra

Bei den Verben auf **-ir** wird das *Futur simple* gebildet, indem man das **End-r** des **Infinitivs** entfernt und die Futurendungen anhängt.

Infinitiv	Infinitiv ohne -r	Futur simple
chois**ir**	choisi	je **choisirai**
part**ir**	parti	tu **partiras**
fin**ir**	fini	il **finira**

Bei den unregelmäßigen Formen verändern sich die Stämme des Verbs. Die regelmäßigen Futurendungen bleiben erhalten (siehe Verbtabelle).

7.10 Die Bildung des Futurs II

Das Futur II setzt sich aus der Futurform von *avoir* oder *être* und dem **Partizip Perfekt** zusammen.

parler			arriver		
j'	aurai	parlé	je	serai	arrivé/arrivée
tu	auras	parlé	tu	seras	arrivé/arrivée
il/elle	aura	parlé	il	sera	arrivé
			elle	sera	arrivée
nous	aurons	parlé	nous	serons	arrivés/arrivées
vous	aurez	parlé	vous	serez	arrivés/arrivées
ils/elles	auront	parlé	ils	seront	arrivés
			elles	seront	arrivées

Bei der Bildung des Futurs II mit *avoir* bleibt das Partizip Perfekt in der Regel unveränderlich. Wird das Futur II jedoch mit *être* gebildet, so gleicht sich das Partizip Perfekt in Geschlecht und Zahl dem Subjekt des Satzes an.

7.11 Die Bildung des Konditionals

Die Konditionalendungen lauten *-rais, -rais, -rait, -rions, -riez, -raient*.
Bei den Verben auf **-er** wird der Konditional gebildet, indem man an die **1. Person Singular Präsens** die Konditionalendungen anhängt.

Infinitiv	1. Person Singular Präsens	Konditional
parl**er**	je **parle**	je **parlerais**
jet**er**	je **jette**	tu **jetterais**
achet**er**	j'**achète**	il **achèterait**

Französische Minigrammatik

Bei den Verben auf *-re* wird der Konditional gebildet, indem man die Endungen direkt an den **Infinitivstamm** anhängt:

Infinitivstamm	Infinitivendung		Konditional
prend	re	je	prendrais
li	re	tu	lirais
boi	re	il	boirait

Bei den Verben auf *-ir* wird das Konditional gebildet, indem man das **End-*r* des Infinitivs** entfernt und die Endungen anhängt.

Infinitiv	Infinitiv ohne *-r*		Konditional
chois**ir**	choisi	je	choisirais
part**ir**	parti	tu	partirais
fin**ir**	fini	il	finirait

Bei den unregelmäßigen Formen verändern sich die Stämme des Verbs. Die regelmäßigen Endungen des Konditionals bleiben erhalten (siehe Verbtabelle).

7.12 Die Bildung des Konditionals II

Der Konditional II setzt sich aus einer Konditionalform von ***avoir*** oder ***être*** und dem **Partizip Perfekt** zusammen.

parler			*arriver*		
j'	aurais	parlé	je	serais	arrivé/arrivée
tu	aurais	parlé	tu	serais	arrivé/arrivée
			il	serait	arrivé
il/elle	aurait	parlé	elle	serait	arrivée
nous	aurions	parlé	nous	serions	arrivés/arrivées
vous	auriez	parlé	vous	seriez	arrivés/arrivées
ils/elles	auraient	parlé	ils	seraient	arrivés
			elles	seraient	arrivées

Bei der Bildung des Konditionals II mit ***avoir*** bleibt das Partizip Perfekt in der Regel unveränderlich. Wird das Konditional II jedoch mit ***être*** gebildet, so gleicht sich das Partizp Perfekt in Geschlecht und Zahl dem Subjekt des Satzes an.

7.13 Die Bildung des Partizips Perfekt

Das Partizip Perfekt der Verben

- auf *-er* wird gebildet, indem die Endung des Infinitivs, *-er,* durch *-é* ersetzt wird: parl**er**   parl**é**
- auf *-ir* wird gebildet, indem die Endung des Infinitivs, *-ir,* durch *-i* ersetzt wird: dorm**ir**   dorm**i**
                                                                                                                         chois**ir**   chois**i**
- auf *-re* wird gebildet, indem die Endung des Infinitivs, *-re,* durch *-u* ersetzt wird: attend**re**   attend**u**

7.14 Die Bildung des Partizips Präsens

Das Partizip Präsens wird gebildet, indem man an die **1. Person Plural Präsens** die Endung *-ant* anhängt.

Infinitiv	1. Person Plural Präsens		Partizip Präsens
parler	nous	parlons	parlant
dormir	nous	dormons	dormant
choisir	nous	choisissons	choisissant
attendre	nous	attendons	attendant

Es gibt nur wenige unregelmäßige Formen:

avoir – **ayant**	être – **étant**	savoir – **sachant**

7.15 Die Bildung des Gerundiums

Das Gerundium setzt sich aus der Präposition *en* und dem **Partizip Präsens** zusammen.
Das Gerundium ist unveränderlich.

Infinitiv	Gerundium
être	en étant
avoir	en ayant
regarder	en regardant
attendre	en attendant
dormir	en dormant
finir	en finissant

7.16 Die Bildung des Imperativs

Befehl/Aufforderung in der	Du-Form	Sie-Form/Ihr-Form
Infinitiv		
parler	parle	parlez
descendre	descends	descendez
dormir	dors	dormez
choisir	choisis	choisissez
venir	viens	venez
faire	fais	faites

In der **Du-Form** richtet sich die Aufforderung oder der Befehl an eine Person, die man duzt. Die Du-Form entspricht der **1. Person Singular Präsens** der Verben.

In der **Sie-** oder **Ihr-Form** richtet sich die Aufforderung oder der Befehl an eine oder mehrere Personen, die man siezt, oder an mehrere Personen. Bei der Sie- bzw. Ihr- Form handelt es sich um ein und dieselbe Form; diese entspricht der **2. Person Plural Präsens**.

Diese Regel gilt für regelmäßige und unregelmäßige Verben im Präsens.

Der Imperativ verfügt nur über wenige unregelmäßige Formen:

Infinitiv	Du-Form	Sie-Form/Ihr-Form
avoir	aie	ayez
être	sois	soyez
savoir	sache	sachez

7.17 Die Bildung des *Subjonctif*

Die Endungen des *Subjonctif* sind regelmäßig. Sie gelten für sämtliche regelmäßige und unregelmäßige Verben.

Il veut que j'	attend**e**.	Il veut que nous	attend**ions**.
Il veut que tu	attend**es**.	Il veut que vous	attend**iez**.
Il veut qu'il/elle	attend**e**.	Il veut qu'ils/elles	attend**ent**.

Die Endungen des *Subjonctif* lauten **-e, -es, -e, -ions, -iez, -ent**.

Die Ableitung des *Subjonctif*

Die meisten regelmäßigen und unregelmäßigen Verben werden vom Stamm der **3. Person Plural Präsens** abgeleitet.

Infinitiv	3. Person Plural Präsens		Subjonctif	
parler	ils	**parl**ent	que je	**parl**e
mettre	ils	**mett**ent	que tu	**mett**es
partir	ils	**part**ent	qu'il	**part**e
finir	ils	**finiss**ent	qu'elle	**finiss**e
connaître	ils	**connaiss**ent	que nous	**connaiss**ions
plaire	ils	**plais**ent	que vous	**plais**iez
vivre	ils	**viv**ent	qu'ils	**viv**ent
écrire	ils	**écriv**ent	qu'elles	**écriv**ent

7.18 Die Bildung des *Subjonctif Passé*

Der *Subjonctif passé* wird gebildet aus den jeweiligen *Subjonctif*-Formen von *avoir* oder *être* und dem **Partizip Perfekt**.

	travailler				*sortir*		
Il faut	que j'	aie	travaillé.		que je	sois	sorti/sortie.
	que tu	aies	travaillé.		que tu	sois	sorti/sortie.
	qu'il/elle	ait	travaillé.		qu'il	soit	sorti.
					qu'elle		soit sortie.
	que nous	ayons	travaillé.		que nous	soyons	sortis/sorties.
	que vous	ayez	travaillé.		que vous	soyez	sortis/sorties.
	qu'ils/elles	aient	travaillé.		qu'ils/elles	soient	sortis/sorties.

7.19 Die Bildung des Passivs

Die Passivformen im Präsens

Das Passiv wird gebildet aus den Formen von *être* und dem **Partizip Perfekt** des jeweiligen Verbs. Das Partizip Perfekt richtet sich dabei in Zahl und Geschlecht nach dem Subjekt des Satzes.

je	suis	interrogé/interrogée	*ich werde verhört* (oder: *befragt*)
tu	es	interrogé/interrogée	*du wirst verhört* (oder: *befragt*)
il	est	interrogé	*er wird verhört* (oder: *befragt*) etc.
elle	est	interrogée	
nous	sommes	interrogés/interrogées	
vous	êtes	interrogés/interrogées	
ils	sont	interrogés	
elles	sont	interrogées	

Das Passiv in anderen Zeiten und Modi (Aussageweisen)

Il	a été	interrogé.	Passé composé
Il	était	interrogé.	Imperfekt
Il	fut	interrogé.	Passé simple
Il	sera	interrogé.	Futur I
Il	serait	intérrogé.	Konditional I
Il faut qu'il	soit	interrogé.	Subjonctif

Das Passiv in verschiedenen Zeiten und Modi wird gebildet, indem man *être* in die entsprechende **Zeit** bzw. den jeweiligen **Modus** (Aussageweise) setzt und das **Partizip Perfekt** hinzufügt.

Die Nennung des Urhebers im Passiv

Der **Urheber** der Handlung wird einfach mit der Präposition *par* als präpositionale Ergänzung angeschlossen.

Il sera interrogé **par** la police.			*Er wird von der Polizei verhört werden.*

Französische Minigrammatik

▶ **Präpositionen (Verhältniswörter) und präpositionale Ausdrücke**

Präpositionen und präpositionale Ausdrücke des Ortes

à

Trois personnes attendent **à** l'arrêt d'autobus.	*Drei Personen warten an der Bushaltestelle.*
Aujourd'hui notre groupe de voyage est **à** Paris.	*Unsere Reisegruppe ist heute in Paris.*
Les Dupont vont **au** musée.	*Die Duponts gehen ins Museum.*
L'été prochain nous irons **au** Portugal ou **aux** États-Unis.	*Kommenden Sommer fahren wir nach Portugal oder in die Vereinigten Staaten.*

après

Le chien court **après** le chat.	*Der Hund rennt hinter der Katze her.*
Après toi/vous!	*Nach dir/Ihnen!*

au-dessous de

Le menton est **au-dessous de** la bouche.	*Das Kinn ist unter dem Mund (oder: unterhalb des Mundes).*

au-dessus de

Le nez est **au-dessus de** la bouche.	*Die Nase ist über dem Mund (oder: oberhalb des Mundes).*
La famille Dupont habite **au dessus d'**un magasin.	*Die Familie Dupont wohnt über einem Geschäft.*

auprès de

Charlotte est assise sur le canapé **auprès de** Laurent.	*Charlotte sitzt neben Laurent auf dem Sofa.*
Le père est resté toute la nuit **auprès de** son enfant malade.	*Der Vater ist die ganze Nacht bei seinem kranken Kind gewesen.*

autour de

Les invités sont assis **autour de** la table.	*Die Gäste sitzen um den Tisch.*
Autour de la maison, il y a un jardin.	*Rings um das Haus ist ein Garten.*

avant

Il y a trois personnes **avant** moi.	*Vor mir sind drei Personen.*

chez

Mardi prochain, je vais **chez** le coiffeur.	*Nächsten Dienstag gehe ich zum Friseur.*
On va passer nos vacances **chez** nos parents.	*Wir werden die Ferien bei unseren Eltern verbringen.*
On va **chez** Charlotte?	*Gehen wir zu Charlotte?*
M. Dubois travaille **chez** Renault.	*Herr Dubois arbeitet bei Renault.*

contre

Pierre s'appuie **contre** le mur.	*Pierre lehnt sich an (oder: gegen) die Wand.*
Elle pousse le lit **contre** le mur.	*Sie rückt das Bett an die Wand.*
Le bateau avance **contre** le courant.	*Das Schiff fährt gegen die Strömung.*

à côté de

Olivier est **à côté de** son père.	*Olivier steht neben seinem Vater.*
La pizzeria est **à côté du** cinéma.	*Die Pizzeria ist neben dem Kino.*

dans

Géraldine est assise **dans** un grand fauteuil.	*Géraldine sitzt in einem großen Sessel.*
L'année prochaine, je irais **dans** les Alpes.	*Nächstes Jahr fahre ich in die Alpen.*
Les enfants jouent **dans** la rue.	*Die Kinder spielen auf der Straße.*

de

Patrick est tombé **de** son tabouret.	*Patrick ist von seinem Hocker gefallen.*
Moi, je suis **de** Bourgogne et mon copain est **de** Bretagne.	*Ich bin aus Burgund, und mein Freund ist aus der Bretagne.*
Le train vient **de** Zurich.	*Der Zug kommt aus Zürich.*
Ils parlent **de** leurs parents.	*Sie sprechen über ihre Eltern.*

en dehors de

Je t'attends **en dehors du** jardin.	*Ich warte außerhalb des Gartens auf dich.*
Le ballon est tombé **en dehors du** terrain.	*Der Ball ist außerhalb des Felds aufgesprungen.*

derrière

Le soleil a disparu **derrière** un nuage.	*Die Sonne ist hinter einer Wolke verschwunden.*
Le livre est tombé **derrière** la bibliothèque.	*Das Buch ist hinter das Regal gefallen.*
Le chat se cache **derrière** l'arbre.	*Die Katze versteckt sich hinter dem Baum.*

devant

Le facteur a posé le paquet **devant** la porte. — *Der Postbote hat das Paket vor die Tür gestellt.*
Le bus passe **devant** le musée. — *Der Bus fährt am Museum vorbei.*

en

Nous allons souvent **en** Italie. — *Wir fahren oft nach Italien.*
Nous avons des amis **en** Provence. — *Wir haben Freunde in der Provence.*
Samedi prochain, on ira **en** ville. — *Nächsten Sonnabend gehen wir in die Stadt.*

entre

Le camion est stationné **entre** deux voitures. — *Der Lastwagen parkt zwischen zwei Autos.*
La principauté d'Andorre se trouve **entre** la France et l'Espagne. — *Das Fürstentum Andorra liegt zwischen Frankreich und Spanien*

en face de

Jérôme est assis **en face de** Marlène. — *Gegenüber von Marlène sitzt Jérôme.*
Notre hôtel est **en face de** l'église. — *Unser Hotel steht gegenüber der Kirche.*

en °haut de

Le chat grimpe **en °haut de** l'arbre. — *Die Katze klettert hoch auf den Baum.*

à l'intérieur de

Comment la mouche est-elle entrée **à l'intérieur de** la lampe? — *Wie ist die Fliege in die Lampe gekommen ?*

jusque

Il y a un bouchon **jusqu'**à l'aéroport. — *Der Verkehr staut sich bis zum Flughafen.*
Le train va **jusqu'**à Lyon. — *Der Zug fährt bis [nach] Lyon.*

le long de

Les voitures sont stationnées **le long du** mur. — *Die Autos parken entlang der Mauer.*
On va faire une promenade **le long du** fleuve? — *Machen wir einen Spaziergang am Fluss entlang?*

au milieu de

La table se trouve **au milieu du** salon. — *Der Tisch steht mitten im Wohnzimmer.*
La fontaine se trouve **au milieu de** la place. — *Der Brunnen steht mitten auf dem Platz.*

par

Jacques regarde **par** la fenêtre.	*Jacques schaut zum Fenster hinaus.*
Pour aller à Marseille, nous passerons **par** Lyon.	*Auf dem Weg nach Marseille werden wir durch Lyon fahren.*

par-dessus de

Le cheval saute **par-dessus** l'obstacle.	*Das Pferd springt über das Hindernis.*
Je vais mettre une veste **par-dessus** mon pull.	*Ich werde eine Jacke über meinen Pulli ziehen.*

parmi

Parmi nos amis, il y a beaucoup d'artistes.	*Unter unseren Freunden sind viele Künstler.*
Lequel **parmi** vous veut m'accompagner?	*Wer von euch möchte mich begleiten?*

pour

Les voyageurs **pour** Jersey partent en bateau.	*Die Reisenden nach Jersey fahren mit dem Schiff.*
Ce matin, ils sont partis **pour** le Maroc.	*Heute Morgen sind sie nach Marokko abgereist (oder: aufgebrochen).*

près de

Le théâtre est **près de** la mairie.	*Das Theater ist nahe beim Rathaus.*
Le garage est **près de** la maison.	*Die Garage ist nahe am Haus.*
Assieds-toi **près de** moi!	*Setz dich zu mir!*

sous

Il y a un tabouret **sous** la table.	*Unter dem Tisch steht ein Hocker.*
Le chien est **sous** le lit.	*Der Hund ist unter dem Bett.*

sur

La cruche est **sur** la table.	*Der Krug steht auf dem Tisch.*
Le chat est **sur** le toit.	*Die Katze ist auf dem Dach.*
La chambre [à coucher] donne **sur** le jardin.	*Das Schlafzimmer geht auf den Garten hinaus.*
Cologne est située **sur** le Rhin.	*Köln liegt am Rhein.*

à travers

Elle cherche un chemin **à travers** la forêt.	*Sie sucht einen Weg durch den Wald.*
Ils ont marché **à travers** le désert.	*Sie sind quer durch die Wüste marschiert.*

en travers de

Un arbre se trouve **en travers du** chemin. *Ein Baum liegt quer über der Straße.*
Un camion est **en travers de** la route. *Ein Lastwagen steht quer auf der Straße.*

vers

Tous les étés, beaucoup de Français partent **vers** le Midi. *Jeden Sommer fahren viele Franzosen nach Südfrankreich (oder: Richtung Südfrankreich).*
On va **vers** l'ouest. *Wir fahren nach Westen (oder: Richtung Westen).*

Präpositionen und präpositionale Ausdrücke der Zeit

à

Je serai à la gare **à** trois heures. *Ich werde um drei Uhr am Bahnhof sein.*
Barbara est partie **à** midi. *Barbara ist mittags weggegangen/weggefahren.*
Il s'est marié **à** 20 ans. *Er hat mit 20 geheiratet.*
Nous allons partir en voyage **au** printemps. *Wir werden im Frühling verreisen.*

àprès

Je vais terminer mon travail **après** Noël. *Ich werde die Arbeit nach Weihnachten fertig machen.*
Après la pluie, il y a le beau temps. *Nach dem Regen kommt das schöne Wetter.*

avant

Nos amis vont venir **avant** dix heures. *Unsere Freunde werden vor zehn Uhr kommen.*
Elle aimerait terminer ce travail **avant** Noël. *Sie würde diese Arbeit gerne [noch] vor Weihnachten fertig machen.*

dans

Dans une semaine, je vais à Paris. *In einer Woche fahre ich nach Paris.*
Paul rentrera **dans** dix minutes. *Paul kommt in zehn Minuten nach Hause.*

de ... à

Tous les jours, je travaille **du** matin **au** soir. *Ich arbeite jeden Tag von morgens bis abends.*
De midi **à** une heure, on fait la pause. *Von zwölf bis ein Uhr machen wir Pause.*

depuis

Nous passons nos vacances en France **depuis** des années.

Il est chez Renault **depuis** dix ans.

Depuis ce jour-là, il ne fume plus.

Wir verbringen unseren Urlaub seit Jahren in Frankreich.

Er ist seit zehn Jahren bei Renault.

Seit jenem Tag raucht er nicht mehr.

dès

Elle savait lire **dès** l'âge de six ans.

Il m'énerve **dès** le matin.

Seit sie sechs Jahre alt war, konnte sie lesen.

Er geht mir [schon] seit dem Morgen auf die Nerven.

en

On va à la piscine **en** hiver.

Mon anniversaire est **en** décembre.

Marie est née **en** 1992.

J'ai préparé ce repas **en** deux heures.

Pierre a fait ses études **en** cinq ans.

Wir gehen im Winter ins Schwimmbad.

Mein Geburtstag ist im Dezember.

Marie ist 1992 geboren.

Ich habe dieses Essen in zwei Stunden (oder: innerhalb von zwei Stunden) zubereitet.

Pierre hat sein Studium in fünf Jahren (oder: innerhalb von fünf Jahren) absolviert.

entre ... et

Nous passerons chez vous **entre** huit **et** neuf heures.

Normalement, je travaille **entre** huit **et** dix heures par jour.

Wir werden zwischen acht und neun Uhr bei euch vorbeikommen.

Normalerweise arbeite ich zwischen acht und neun Stunden täglich.

il y a

Je suis allé à Bruxelles **il y a** deux mois.

Pierre a passé son bac **il y a** un an.

Vor zwei Monaten bin ich nach Brüssel gefahren.

Pierre hat vor einem Jahr das Abitur gemacht.

jusque

J'ai attendu **jusqu'**à trois heures.

Nous allons rester **jusqu'**au 10 mars.

Ich habe bis drei Uhr gewartet.

Wir werden bis zum 10. März bleiben.

à partir de

A **partir d'**aujourd'hui, je ne fume plus.

A **partir de** demain, je suis en vacances.

Ab heute rauche ich nicht mehr.

Ab morgen habe ich Urlaub.

pendant

Pendant les vacances on se repose.	*In den Ferien erholen wir uns.*
Il a fait beau **pendant** notre séjour.	*Während unseres Aufenthalts war das Wetter schön.*

pour

Elle est partie au Canada **pour** six mois.	*Sie ist für sechs Monate nach Kanada gereist.*

vers

J'arriverai **vers** dix heures.	*Ich komme [so] gegen zehn Uhr.*
On se verra **vers** le 18 février.	*Wir werden uns um den 18. Februar sehen.*

Präpositionen und präpositionale Ausdrücke der Art und Weise

à

J'ai acheté six tasses **à** café.	*Ich habe sechs Kaffeetassen gekauft.*
Il écrit souvent **au** crayon.	*Er schreibt oft mit dem Bleistift.*
On peut laver ce pull **à** la machine?	*Kann man diesen Pulli in der Maschine waschen?*
Le jambon est **à** trois euros le kilo.	*Der Schinken kostet drei Euro pro Kilo.*
On va au cinéma **à** pied ou **à** vélo?	*Gehen wir zu Fuß ins Kino oder fahren wir mit dem Rad?*

avec

Je mange les spaghetti **avec** une fourchette.	*Ich esse die Spaghette [nur] mit einer Gabel.*
Coupe la viande **avec** ton couteau!	*Schneide das Fleisch mit deinem Messer!*
Je prends le café avec du sucre.	*Ich trinke den Kaffee mit Zucker.*

de

Tu prends encore une tasse **de** thé?	*Trinkst du noch eine Tasse Tee?*
Je lui fais signe **de** la main.	*Ich winke ihm zu.*
Je meurs **de** faim!	*Ich sterbe vor Hunger!*
Elle porte un chemisier **de** soie.	*Sie trägt eine Bluse aus Seide (oder: eine Seidenbluse).*
C'est **du** bois massif.	*Das ist massives Holz.*
Il faut que j'achète deux litres **de** lait.	*Ich muss zwei Liter Milch kaufen.*

en

J'ai coupé la tarte en °huit [parts].	*Ich habe den Kuchen in acht Stücke geschnitten.*
Les Dupont arrivent **en** avion.	*Die Duponst kommen mit dem Flugzeug.*
J'ai acheté une écharpe **en** laine.	*Ich habe mir einen Schal aus Wolle (oder: einen Wollschal) gekauft.*

par

J'ai envoyé un livre **par** la poste.	*Ich habe ein Buch per Post (oder: mit der Post) verschickt.*
J'ai appris la nouvelle **par** mon père.	*Ich habe die Neuigkeit durch meinen Vater erfahren.*
Je lui ai donné de l'argent **par** pitié.	*Ich habe ihm aus Mitleid Geld gegeben.*
Ils vont au restaurant deux fois **par** semaine.	*Sie gehen zweimal in der Woche essen.*
Le buffet coûte vingt euros **par** personne.	*Das Büffet kostet zwanzig Euro pro Person.*

pour

Il y a une lettre **pour** toi.	*Da ist ein Brief für dich.*
Il faut travailler **pour** gagner de l'argent.	*Man muss arbeiten, um Geld zu verdienen.*
Elle est partie **pour** une semaine.	*Sie ist für eine Woche weggefahren.*
J'ai acheté cette voiture **pour** dix mille euros.	*Ich habe dieses Auto für zehntausend Euro gekauft.*

sans

Je n'ai jamais vu un chat **sans** queue.	*Ich habe noch nie eine Katze ohne Schwanz gesehen.*
Il ne voit pas grand chose **sans** ses lunettes.	*Ohne [seine] Brille sieht er nicht viel.*

sauf

J'aime tous les fruits **sauf** le pamplemousse.	*Ich mag jedes Obst außer Grapefruits.*
Tout le monde travaille **sauf** Pierre.	*Alle außer Pierre arbeiten.*

Französische Minigrammatik

▶ Konjunktionen (Bindewörter)

afin que *(steht mit dem Subjonctif)*

Recule un peu ta voiture **afin que** je puisse sortir la mienne du garage.

Fahr dein Auto ein bisschen zurück, damit ich mit meinem aus der Garage fahren kann.

après que

Après qu'il avait terminé ses devoirs, il est allé retrouver ses copains.

Nachdem er mit seinen Hausaufgaben fertig war, hat er sich mit seinen Freunden getroffen.

avant que *(steht mit dem Subjonctif)*

Rappelle-moi **avant que** tu partes.

Ruf mich zurück, bevor du weggehst/losfährst.

bien que *(steht mit dem Subjonctif)*

Bien que je lui aie donné mon numéro [de téléphone], elle ne m'a jamais appelé.

Obwohl ich ihr meine [Telefon]nummer gegeben habe, hat sie mich nie angerufen.

car

J'ai des lunettes **car** je suis myope.

Ich habe eine Brille, denn ich bin kurzsichtig.

comme

Comme je ne me sens pas bien, je vais rester au lit.

Da ich mich nicht wohl fühle, werde ich im Bett bleiben.

depuis que

Depuis que j'habite ici, beaucoup de choses ont changé.

Seit ich hier wohne, hat sich viel geändert.

dès que

Dès que vous aurez terminé le dessert, je vous apporterai le café.

Sobald Sie mit dem Nachtisch fertig sind, bringe ich Ihnen den Kaffee.

et

Il y a cinq bouteilles **et** quatre briques de jus d'orange sur le tapis roulant.

Auf dem Fließband stehen fünf Flaschen und vier Packungen Orangensaft.

Pierre **et** Patrick sont copains.

Pierre und Patrick sind Freunde.

et ... et ...
Je prends **et** du lait **et** du sucre dans mon thé.
Ich nehme sowohl Milch als auch Zucker für den Tee.

jusqu'à ce que *(steht mit dem Subjonctif)*
Je resterai ici **jusqu'à ce qu'**elle revienne.
Ich werde hier bleiben, bis sie wiederkommt.

lorsque
Il n'est jamais là **lorsqu'**on a besoin de lui.
Er ist nie da, wenn man ihn braucht.

mais
Notre chien est petit **mais** très adroit – il sait marcher sur ses pattes arrière.
Unser Hund ist klein, aber sehr gelehrig – er kann auf den Hinterbeinen laufen.

J'ai essayé d'ouvrir la porte **mais** elle était fermée à clé.
Ich habe versucht, die Tür zu öffnen, aber sie war abgeschlossen.

à moins que *(steht mit dem Subjonctif)*
Nous allons faire un tour **à moins qu'**il fasse mauvais temps.
Wir werden einen Spaziergang machen, sofern das Wetter nicht schlecht ist.

ne ... pas ... ni ...
Je **ne** prends **pas** de lait **ni** de sucre dans mon café.
Ich nehme keine Milch und auch keinen Zucker für den Kaffee.

ne ... ni ... ni ...
Je **n'**aime **ni** le vin **ni** la bière.
Ich mag weder Wein noch Bier.

ou
Tu veux du thé **ou** du café?
Möchtest du Tee oder Kaffee?

Tu viens avec nous, oui **ou** non?
Kommst du mit, ja oder nein?

parce que
Je vais prendre une douche **parce que** je suis en sueur.
Ich werde duschen, weil ich verschwitzt bin.

pendant que
Pendant qu'elle dormait, il a fait la vaisselle.
Während sie schlief, hat er den Abwasch gemacht.

pour que *(steht mit dem Subjonctif)*

Ferme les volets **pour que** la chaleur n'entre pas dans la maison!   *Schließ die Fensterläden, damit die Hitze nicht ins Haus kommt!*

puisque

Er trägt eine Brille, weil er weitsichtig ist.   *Il porte des lunettes **puisqu'il est presbyte**.*

que *(leitet Nebensätze ein und steht nach Verben des Wollens, der Gemütsbewegung und des Zweifelns mit dem Subjonctif)*

Elle m'a dit **que** tout va bien.   *Sie hat mir gesagt, dass alles gut geht.*

Je suis content(e) **que** tu m'aies écrit cette lettre.   *Ich freue mich, dass du mir diesen Brief geschrieben hast.*

quoique *(steht mit dem Subjonctif)*

Quoiqu'il soit jeune on lui a confié ce poste.   *Obwohl er jung ist, hat man ihm diesen Posten übertragen.*

sans que *(steht mit dem Subjonctif)*

Ne partez pas **sans que** vous ayez contrôlé l'huile.   *Fahrt nicht los, ohne dass ihr den Ölstand kontrolliert habt.*

tant que

Je resterai ici **tant que** tu feras tes courses.   *Ich werde hier bleiben, solange du deine Einkäufe machst.*

Les nombres — Die Zahlwörter

▶ Les nombres cardinaux — Die Grundzahlen

zéro	0	null
un	1	eins
deux	2	zwei
trois	3	drei
quatre	4	vier
cinq	5	fünf
six	6	sechs
sept	7	sieben
huit	8	acht
neuf	9	neun
dix	10	zehn
onze	11	elf
douze	12	zwölf
treize	13	dreizehn
quatorze	14	vierzehn
quinze	15	fünfzehn
seize	16	sechzehn
dix-sept	17	siebzehn
dix-huit	18	achtzehn
dix-neuf	19	neunzehn
vingt	20	zwanzig
vingt et un	21	einundzwanzig
vingt-deux	22	zweiundzwanzig
vingt-trois	23	dreiundzwanzig
vingt-quatre	24	vierundzwanzig
vingt-cinq	25	fünfundzwanzig
trente	30	dreißig
trente et un	31	einunddreißig
trente-deux	32	zweiunddreißig
trente-trois	33	dreiunddreißig
quarante	40	vierzig
quarante et un	41	einundvierzig
quarante-deux	42	zweiundvierzig
cinquante	50	fünfzig
cinquante et un	51	einundfünfzig
cinquante-deux	52	zweiundfünfzig
soixante	60	sechzig
soixante et un	61	einundsechzig

soixante-deux	62	zweiundsechzig
soixante-dix	70	siebzig
soixante et onze	71	einundsiebzig
soixante-douze	72	zweiundsiebzig
soixante-quinze	75	fünfundsiebzig
soixante-dix-neuf	79	neunundsiebzig
quatre-vingt[s]	80	achtzig
quatre-vingt-un	81	einundachtzig
quatre-vingt-deux	82	zweiundachtzig
quatre-vingt-cinq	85	fünfundachtzig
quatre-vingt-dix	90	neunzig
quatre-vingt-onze	91	einundneunzig
quatre-vingt-douze	92	zweiundneunzig
quatre-vingt-dix-neuf	99	neunundneunzig
cent	100	hundert
cent un	101	hundert[und]eins
cent deux	102	hundert[und]zwei
cent dix	110	hundert[und]zehn
cent vingt	120	hundert[und]zwanzig
cent quatre-vingt-dix-neuf	199	hundert[und]neunundneunzig
deux cents	200	zweihundert
deux cent un	201	zweihundert[und]eins
deux cent vingt-deux	222	zweihundert[und]zweiundzwanzig
trois cents	300	dreihundert
quatre cents	400	vierhundert
cinq cents	500	fünfhundert
six cents	600	sechshundert
sept cents	700	siebenhundert
huit cents	800	achthundert
neuf cents	900	neunhundert
mille	1 000	tausend
mille un	1 001	tausend[und]eins
mille dix	1 010	tausend[und]zehn
mille cent	1 100	tausend[und]einhundert
deux mille	2 000	zweitausend
dix mille	10 000	zehntausend
cent mille	100 000	hunderttausend
un million [1.000.000]	1 000 000	eine Million
deux millions	2 000 000	zwei Millionen
deux millions cinq cent mille	2 500 000	zwei Millionen fünfhunderttausend
un milliard	1 000 000 000	eine Milliarde
mille milliards	1 000 000 000 000	eine Billion

▶ Les nombres ordinaux — Die Ordnungszahlen

			der/die/das ...
le premier, la première	1er, 1ère	1.	erste
le second, la seconde	2nd, 2nde	2.	zweite
le/la deuxième	2^e		
le/la ...			
troisième	3^e	3.	dritte
quatrième	4^e	4.	vierte
cinquième	5^e	5.	fünfte
sixième	6^e	6.	sechste
septième	7^e	7.	siebte
huitième	8^e	8.	achte
neuvième	9^e	9.	neunte
dixième	10^e	10.	zehnte
onzième	11^e	11.	elfte
douzième	12^e	12.	zwölfte
treizième	13^e	13.	dreizehnte
quatorzième	14^e	14.	vierzehnte
quinzième	15^e	15.	fünfzehnte
seizième	16^e	16.	sechzehnte
dix-septième	17^e	17.	siebzehnte
dix-huitième	18^e	18.	achtzehnte
dix-neuvième	19^e	19.	neunzehnte
vingtième	20^e	20.	zwanzigste
vingt et unième	21^e	21.	einundzwanzigste
vingt-deuxième	22^e	22.	zweiundzwanzigste
vingt-troisième	23^e	23.	dreiundzwanzigste
trentième	30^e	30.	dreißigste
trente et unième	31^e	31.	einunddreißigste
trente-deuxième	32^e	32.	zweiunddreißigste
quarantième	40^e	40.	vierzigste
cinquantième	50^e	50.	fünfzigste
soixantième	60^e	60.	sechzigste
soixante-dixième	70^e	70.	siebzigste
soixante et onzième	71^e	71.	einundsiebzigste
soixante-douzième	72^e	72.	zweiundsiebzigste
soixante-dix-neuvième	79^e	79.	neunundsiebzigste
quatre-vingtième	80^e	80.	achtzigste
quatre-vingt-unième	81^e	81.	einundachtzigste
quatre-vingt-deuxième	82^e	82.	zweiundachtzigste
quatre-vingt-dixième	90^e	90.	neunzigste

Zahlwörter

quatre-vingt-onzième	91e	91.	einundneunzigste
quatre-vingt-dix-neuvième	99e	99.	neunundneunzigste
centième	100e	100.	hundertste
cent unième	101e	101.	hundertunderste
cent dixième	110e	110.	hundertundzehnte
cent quatre-vingt-quinzième	195e	195.	hundertundfünfundneunzigste
deux[-]centième	200e	200.	zweihundertste
trois[-]centième	300e	300.	dreihundertste
cinq[-]centième	500e	500.	fünfhundertste
millième	1 000e	1 000.	tausendste
deux[-]millième	2 000e	2 000.	zweitausendste
millionième	1 000 000e	1 000 000.	millionste
dix[-]millionième	10 000 000e	10 000 000.	zehnmillionste

▶ Les fractions   Die Bruchzahlen

un demi	$1/2$	ein halb
un tiers	$1/3$	ein Drittel
un quart	$1/4$	ein Viertel
un cinquième	$1/5$	ein Fünftel
un dixième	$1/10$	ein Zehntel
un centième	$1/100$	ein Hundertstel
un millième	$1/1000$	ein Tausendstel
un millionième	$1/1 000 000$	ein Millionstel
deux tiers	$2/3$	zwei Drittel
trois quarts	$3/4$	drei Viertel
deux cinquièmes	$2/5$	zwei Fünftel
trois dixièmes	$3/10$	drei Zehntel
un et demi	$1\,1/2$	anderthalb, ein[und]einhalb
deux et demi	$2\,1/2$	zwei[und]einhalb
cinq trois huitièmes	$5\,3/8$	fünf drei Achtel
un virgule un	1,1	eins Komma eins

Poids et mesures — Maße und Gewichte

▶ Poids / Gewichte

	quantité / Menge	symbole / Zeichen	
une tonne	1 000 kg	t	eine Tonne
un quintal	100 kg	q/dz	ein Doppelzentner
un kilogramme	1 000 g	kg	ein Kilogramm
un décagramme	10 g	dag	ein Dekagramm, ein Deka Ⓐ
un gramme	1 g	g	ein Gramm
un décigramme	0,1 g	dg	ein Dezigramm
un centigramme	0,01 g	cg	ein Zentigramm
un milligramme	0,001 g	mg	ein Milligramm
un microgramme	0,000 001 g	µg, g	ein Mikrogramm

▶ Mesures de longueur / Längenmaße

	quantité / Menge	symbole / Zeichen	
un mille marin	1 852 m	–	eine Seemeile
un kilomètre	1 000 m	km	ein Kilometer
un hectomètre	100 m	hm	ein Hektometer
un décamètre	10 m	dam	ein Dekameter Ⓐ
un mètre	1 m	m	ein Meter
un décimètre	0,1 m	dm	ein Dezimeter
un centimètre	0,01 m	cm	ein Zentimeter
un millimètre	0,001 m	mm	ein Millimeter
un micron	0,000 001 m	µ	ein Mikron, ein My
un millimicron	0,000 000 001 m	mµ	ein Millimikron
un Angstrœm	0,000 000 000 1 m	Å	ein Ångström

▶ Mesures de surface — Flächenmaße

	quantité Menge	symbole Zeichen	
un kilomètre carré	1 000 000 m²	km²	ein Quadratkilometer
un hectomètre carré	10 000 m²	hm²	ein Quadrathektometer,
un hectare		ha	ein Hektar
un décamètre carré	100 m²	dam²	ein Quadratdekameter,
un are		a	ein Ar
un mètre carré	1 m²	m²	ein Quadratmeter
un décimètre carré	0,01 m²	dm²	ein Quadratdezimeter
un centimètre carré	0,000 1 m²	cm²	ein Quadratzentimeter
un millimètre carré	0,000 001 m²	mm²	ein Quadratmillimeter

▶ Mesures de volume — Kubik- und Hohlmaße

	quantité Menge	symbole Zeichen	
un kilomètre cube	1 000 000 000 m³	km³	ein Kubikkilometer
un mètre cube,	1 m³	m³	ein Kubikmeter,
un stère		st	ein Ster
un hectolitre	0,1 m³	hl	ein Hektoliter
un décalitre	0,01 m³	dal	ein Dekaliter
un décimètre cube,	0,001 m³	dm³	ein Kubikdezimeter,
un litre		l	ein Liter
un décilitre	0,0001 m³	dl	ein Deziliter
un centilitre	0,00001 m³	cl	ein Zentiliter
un centimètre cube	0,000001 m³	cm³	ein Kubikzentimeter
un millilitre	0,000001 m³	ml	ein Milliliter
un millimètre cube	0,000000001 m³	mm³	ein Kubikmillimeter

Prénoms / Vornamen

▶ Filles / Mädchen

Agnès	Dominique	Lucie
Alexia	Élisa	Maéva
Alice	Élise	Manon
Amandine	Élodie	Margaux
Amélie	Émilie	Margot
Anaïs	Emma	Marie
Anne	Emmanuelle	Marie-Claude
Annick	Estelle	Marine
Audrey	Éva	Marion
Aurélie	Fabienne	Mélanie
Bernadette	Fanny	Mélissa
Camille	Inès	Michèle
Caroline	Isabelle	Morgane
Célia	Joséphine	Nathalie
Céline	Josiane	Noémie
Charlotte	Julie	Ophélie
Chloé	Juliette	Patricia
Claire	Justine	Pauline
Clara	Laura	Rachel
Clémence	Léa	Sarah
Coralie	Lisa	Stéphanie
Danielle	Louise	Valérie

▶ Garçons / Jungen

Adrien	Florian	Michel
Alain	Frédéric	Nathan
Alexandre	Gilles	Nicolas
Alexis	Guillaume	Olivier
Anthony	Hugo	Patrick
Antoine	Jérémy	Paul
Arnaud	Jérôme	Pierre
Arthur	Jonathan	Quentin
Aurélien	Jordan	Raphaël
Axel	Julien	Robin
Baptiste	Laurent	Romain
Bastien	Léo	Sébastien
Benjamin	Loïc	Simon
Clément	Louis	Théo
Corentin	Lucas	Thibault
Damien	Mathieu	Thomas
David	Matthieu	Valentin
Dominique	Max	Victor
Dylan	Maxime	Vincent

«Faux amis» — „Falsche Freunde"

Deutsche Übersetzung des französischen Ausdrucks:	französisch	deutsch	Französische Übersetzung des deutschen Ausdrucks:
Mitglied der Académie française	**académicien**	**Akademiker**	diplômé de l'enseignement supérieur
Wohnung	**appartement**	**Appartement**	*(kleine Wohnung)* studio
Künstler	**artiste**	**Artist**	acrobate
künstlerisch	**artistique**	**artistisch**	acrobatique
Scherzartikel	**attrape**	**Attrappe**	*(Gegenstand)* objet factice
(in der Grammatik) prädikative Ergänzung zum Subjekt, Prädikatsnomen	**attribut**	**Attribut**	épithète
Bummel, Tour	**balade**	**Ballade**	ballade
Waage	**balance**	**Balance**	équilibre
1) wiegen 2) schlenkern mit 3) schmeißen	**balancer**	**balancieren**	1) tenir en équilibre 2) *(auf einem Seil)* marcher
Schotterbett	**ballast**	**Ballast**	lest
1) kleiner Ball 2) Kugel	**balle**	**Ball**	1) *(klein)* balle 2) *(groß)* ballon
Waschbenzin	**benzine**	**Benzin**	essence
tadeln; einen Verweis erteilen	**blâmer**	**blamieren**	faire °honte à, riduculiser
1) weiß 2) unbeschrieben, leer	**blanc**	**blank**	1) brillant(e) 2) étincelant(e) [de propreté] 3) lustré(e)
gelangweilt, übersättigt	**blasé(e)**	**blasiert**	°hautain(e)
Kittel, Arbeitskittel	**blouse**	**Bluse**	chemisier
Feuerzeug	**briquet**	**Brikett**	briquette
Tuch, Schultertuch	**châle**	**Schal**	écharpe
Pilz	**champignon**	**Champignon**	champignon de Paris
1) Endivie 2) Kaffee-Ersatz	**chicorée**	**Chicorée, Schikoree**	endive
Lappen, Lumpen	**chiffon**	**Chiffon**	voile de soie
1) Ziffer, Zahl 2) Betrag 3) Kode	**chiffre**	**Chiffre**	1) *(bei Anzeigen)* numéro d'identification 2) code secret
Tastatur	**clavier**	**Klavier**	piano
1) Truhe 2) Kofferraum	**coffre**	**Koffer**	valise, malle
Zirkel	**compas**	**Kompass**	boussole

Falsche Freunde

Deutsche Übersetzung des französischen Ausdrucks:	französisch	deutsch	Französische Übersetzung des deutschen Ausdrucks:
1) Wettbewerb 2) Preisausschreiben 3) Auswahlprüfung	concours	Konkurs	faillite
1) Anzug 2) Tracht	costume	Kostüm	1) *(Rock und Jacke)* tailleur 2) *(historisch, im Theater)* costume
1) Besteck 2) Gedeck	couvert	Kuvert	enveloppe
Daten	dates	Daten	1) *(Plural von: Datum)* dates 2) *(Informationen)* données, informations
anständig	décent	dezent	discret/discrète
1) Beweisführung 2) Vorführung	démonstration	Demonstration	manifestation
uneigennützig; unvoreingenommen	désintéressé(e)	desinteressiert	peu intéressé(e)
Schonkost, Diät	diète	Diät	*(zum Abnehmen)* régime [alimentaire]
führende Persönlichkeit	dirigeant	Dirigent	chef d'orchestre
Aufsatz	dissertation	Dissertation	thèse [de troisième cycle]
Schikoree, Chicoree	endive	Endiviensalat	chicorée
1) Zustand; Stand 2) Aufstellung	état	Etat	budget
Staat	État	Etat	budget
ausschließlich, alleinig, Exklusiv-	exclusif	exklusiv	*(erlesen)* distingué(e), raffiné(e)
Reisigbündel	fagot	Fagott	basson
Blaskapelle	fanfare	Fanfare	*(Instrument)* clairon
1) Laune 2) Einfallsreichtum	fantaisie	Fantasie	imagination
1) treu 2) wirklichkeitsgetreu; originalgetreu; wortgetreu	fidèle	fidel	joyeux/joyeuse
1) Gesicht 2) [große] Persönlichkeit 3) *(Sportübung, graphische Darstellung)* Figur	figure	Figur	1) *(Körper)* silhouette 2) *(Spielfigur)* pièce 3) *(literarische Gestalt)* personnage 4) *(Skulptur)* figure
Tochtergesellschaft	filiale	Filiale	succursale
Geruchssinn	flair	Flair	*(einer Stadt)* charme
Brunnen; Springbrunnen	fontaine	Fontäne	jet d'eau

Falsche Freunde

Deutsche Übersetzung des französischen Ausdrucks:	französisch	deutsch	Französische Übersetzung des deutschen Ausdrucks:
1) Pfand 2) Garantie	gage	Gage	cachet
1) Beilage 2) Verzierung	garniture	Garnitur	*(von Wäsche)* parure
Feinschmecker	gastronome	Gastronom	restaurateur
Kochkunst	gastronomie	Gastronomie	restauration
1) gefrieren; frieren 2) einfrieren	geler	gelieren	se gélifier
(allgemeine Art) Allgemeinheit	généralité	Generalität	(les) généraux
1) Eis; Speiseeis 2) Spiegel 3) Glasscheibe	glace	Glas	*(Material, Gefäß)* verre
1) dick; schwer 2) groß 3) stark; laut 4) grob; derb	gros(se)	groß	grand(e), gros(se)
Turnhalle	gymnase	Gymnasium	*(Sekundarstufe II)* lycée
1) nicht wissen, nicht kennen 2) *(vernachlässigen)* ignorieren	ignorer	ignorieren	ignorer, ne pas prendre en considération
bewegungsunfähig; unbeweglich	impotent(e)	impotent	impuissant
unbestreitbar	indiscutable	indiskutabel	inacceptable
Kräutertee	infusion	Infusion	perfusion
1) Eifersucht 2) Neid	jalousie	Jalousie	jalousie
Schutzumschlag	jaquette	Jackett	veste
heiter	jovial(e)	jovial	affable
Heiterkeit	jovialité	Jovialität	affabilité
Heide[landschaft]	lande	Land	1) *(Staat)* pays 2) *(Grund, Boden)* terre 3) *(Grundstück)* terrain 4) *(Gegenteil von: Stadt)* campagne
1) leicht 2) dünn 3) mild; leise	léger/légère	leger	décontracté(e)
Oma	mamie	Mami	maman
1) Karussell 2) Hin und Her	manège	Manege	piste
Kompott	marmelade	Marmelade	confiture

Deutsche Übersetzung des französischen Ausdrucks:	französisch	deutsch	Französische Übersetzung des deutschen Ausdrucks:
Mäßigung	modération	Moderation	présentation
1) Welt 2) Menschenmenge	monde	Mond	lune
täuschen	mystifier	mystifizieren	fabriquer un mythe (de)
1) sauber 2) klar; deutlich 3) eindeutig 4) Netto-	net(te)	nett	1) gentil(le) 2) sympathique
Gebrauchsanweisung	notice	Notiz	note
≈ türkischer Honig	nougat	Nougat	praliné
Nahverkehrszug	omnibus	Omnibus	autobus
1) alltäglich; üblich 2) einfach 3) [ganz] gewöhnlich	ordinaire	ordinär	1) vulgaire 2) simple
ursprünglich	originel(le)	originell	original(e)
Westen	ouest	Osten	est
Opa	papi	Papi	papa
Absatz	paragraphe	Paragraf	(eines Gesetzes) article
1) Wort 2) Sprache	parole	Parole	(von Demonstranten) slogan
überall	partout	partout	à tout prix
besserwisserisch	pédant(e)	pedantisch	tatillon(ne)
Besserwisser(in)	pédant(e)	Pedant(in)	maniaque
1) anstrengend; schwierig 2) traurig; schwer 3) nervig	pénible	penibel	(in Bezug auf Sauberkeit) méticuleux/méticuleuse
1) Internatsschüler(in) 2) Pensionsgast	pensionnaire	Pensionär	retraité
ratlos und verwirrt	perplexe	perplex	stupéfait(e)
süßes oder pikantes Kleingebäckstück	petit-four	Petit four	petit gâteau à la crème
Satz	phrase	Phrase	formule [toute faite]
1) Versteck 2) ruhiger Job	planque	Planke	planche
Höflichkeit	politesse	Politesse	contractuelle
Salbe	pommade	Pomade	gomina®
gebrannte Mandel	praline	Praline	chocolat
1) Lehrer 2) Professor, Dozent	professeur	Professor	professeur d'université

Falsche Freunde

Deutsche Übersetzung des französischen Ausdrucks:	französisch	deutsch	Französische Übersetzung des deutschen Ausdrucks:
1) Beförderung 2) Sonderangebot 3) [Zulassungs]jahrgang	promotion	Promotion	thèse, doctorat
Nutte, Hure	pute	Pute	dinde
1) verlassen 2) abkommen von 3) beenden	quitter	quittieren	*(belegen)* acquitter
knauserig	rapiat(e)	rabiat	brutal(e)
1) Schläger 2) Schneeschuh	raquette	Rakete	fusée
Ratte	rat	Rat	*(Ratschlag, Gremium)* conseil
Milz	rate	Rate	traite, mensualité
1) [Koch]rezept 2) Einnahmen	recette	Rezept	1) *(beim Kochen)* recette 2) *(Verschreibung)* ordonnance
Genuss, Gaumenfreude	régal	Regal	*(für Bücher)* bibliothèque, étagères
1) Regieraum 2) staatliches Unternehmen	régie	Regie	mise en scène
Aufnahmeleiter; Inspizient	régisseur	Regisseur	metteur en scène
1) Verabredung 2) Termin 3) Rendez-vous 4) Treffpunkt	rendez-vous	Rendezvous	rendez-vous galant
Fels	roc	Rock	1) jupe 2) rock [and roll]
romanisch	roman(e)	römisch	romain(e)
Romantiker(in)	romantique	Romantik	romantisme
Straße	route	Route	itinéraire
[gutes] Benehmen	savoir-vivre	Savoir-vivre	art de vivre
1) Handtuch 2) Serviette 3) [Damen]binde 4) Aktentasche	serviette	Serviette	serviette [de table]
Klingel	sonnette	Sonett	sonnet
1) hinausgehen; hinausfahren 2) herauskommen 3) herausnehmen	sortir	sortieren	trier
unterirdischer Gang	souterrain	Souterrain	sous-sol
1) Anblick, Schauspiel 2) Vorstellung, Darbietung	spectacle	(der) Spektakel	tapage

Falsche Freunde

Deutsche Übersetzung des französischen Ausdrucks:	französisch	deutsch	Französische Übersetzung des deutschen Ausdrucks:
1) Lager 2) Vorrat	stock	Stock	bâton
1) Ablage 2) Streifen [Kaugummi] 3) Tafel [Schokolade]	tablette	Tablett Tablette	plateau comprimé
Panzer	tank	Tank	réservoir, citerne
Obsttorte	tarte	Torte	1) *(Sahnetorte)* gâteau à la crème 2) *(Obsttorte)* tarte
[schwarzer] Tee	thé	Tee	1) *(schwarzer Tee)* thé 2) *(Kräutertee)* infusion, tisane
1) Turm 2) Hochhaus	(la) tour	Tour	1) excursion 2) tournée 3) (le) tour
Dreistigkeit	toupet	Toupet	postiche
1) [um]drehen 2) [zu]wenden 3) [um]rühren	tourner	turnen	faire de la gymnastique
1) Spur 2) Fährte	trace	Trasse	tracé
[lichtdurchlässige] Folie	transparent	Transparent	banderole
1) Schatz 2) Staatskasse	trésor	Tresor	coffre-fort
1) (das) Stricken 2) Strickjacke	tricot	Trikot	maillot
ordinär	trivial(e)	trivial	banal(e)
Geschmacklosigkeit	trivialité	Trivialität	banalité
[Schleusen]tor	vanne	Wanne	baignoire
1) Jacke 2) Jackett 3) Strickjacke	veste	Weste	gilet
Freiwillige(r)	volontaire	Volontär	stagiaire
1) Freiwilligkeit 2) freiwilliger Dienst	volontariat	Volontariat	stage

Communication moderne Moderne Kommunikation

1	l'imprimante	der Drucker
2	le casque	die Kopfhörer
3	le scanneur	der Scanner
4	la webcam	die Webcam
5	l'écran	der Bildschirm, der Monitor
6	les CD-ROMs	die CD-ROMs
7	les disquettes	die Disketten
8	l'ordinateur	der Computer, der Rechner
9	le lecteur de disquettes	das Diskettenlaufwerk
10	le lecteur de CD-ROM	das CD-ROM-Laufwerk
11	le clavier	die Tastatur
12	le portable, le mobile	das Handy, das Natel (CH)
13	les DVDs	die DVDs
14	le lecteur MP3	der MP3-Player
15	la souris	die Maus
16	le portable	der Laptop
17	la clé USB	der USB-Stick

Sur le bureau / Auf dem Schreibtisch

1	l'agrafeuse	das Heftgerät, der Hefter
2	le scotch®	der Tesafilm®
3	la perforeuse	der Locher
4	l'équerre	das Zeichendreieck
5	le compas	der Zirkel
6	les trombones	die Büroklammern
7	les ciseaux	die Schere
8	le rapporteur	der Winkelmesser
9	le compas	der Zirkel
10	les [crayons] feutres	die Filzstifte
11	le taille-crayon	der Spitzer, der Bleistiftspitzer
12	la gomme	der Radiergummi
13	le surligneur, le marqueur fluorescent	der Marker, der Leuchtstift
14	le crayon	der Bleistift
15	les crayons de couleur	die Farbstifte, die Buntstifte
16	le stylo	der Füller
17	le stylo à bille	der Kuli, der Kugelschreiber
18	la trousse	das Federmäppchen
19	la règle	das Lineal
20	le stylo à bille	der Kuli, der Kugelschreiber

Appareils ménagers et ustensiles de cuisine   Küchengeräte

1	le micro-ondes,	die Mikrowelle,	
	le four à micro-ondes	der Mikrowellenherd	
2	la râpe	die Reibe	
3	le frigidaire®	der Kühlschrank	
4	la friteuse	die Fritteuse	
5	le grille-pain	der Toaster	
6	la bouilloire	der Wasserkocher	
7	le mixeur	der Mixer	
8	la cuisinière électrique	der Elektroherd	
9	le four	der Backofen	
10	le batteur	das Handrührgerät	
11	le robot	die Küchenmaschine	
12	la poêle,	die Pfanne,	
	la poêle à frire	die Bratpfanne	
13	la casserole	der Stielkochtopf	

Vaisselle, couverts et ustensiles de cuisine — Geschirr, Besteck und Küchenzubehör

1	la [grosse] tasse	der [Henkel]becher		9	l'ouvre-boîte	der Dosenöffner
2	la flûte à champagne	das Sektglas		10	le tire-bouchon	der Korkenzieher
3	le verre à vin	das Weinglas		11	la louche	der Schöpflöffel
4	le verre	das Glas, das Saftglas		12	le couteau	das Messer
5	l'assiette	der Teller		13	la fourchette	die Gabel
6	la tasse avec soucoupe	die Tasse mit Untertasse		14	la cuillère	der Löffel
7	le bol	die Schale		15	la cuillère à café	der Teelöffel
8	l'ouvre-bouteille, le décapsuleur	der Flaschenöffner, der Kapselheber		16	le couteau à pain	das Brotmesser
				17	le couteau à légumes	das Gemüsemesser
				18	les cuillères en bois	die Kochlöffel

Fruits — Obst

1	la pomme	der Apfel		13	les myrtilles	die Blaubeeren
2	le citron	die Zitrone		14	la noix	die Walnuss
3	la banane	die Banane		15	la noisette	die Haselnuss
4	la fraise	die Erdbeere		16	la poire	die Birne
5	les cerises	die Kirschen		17	l'avocat	die Avocado
6	l'orange	die Orange		18	la grenade	der Granatapfel
7	les mûres	die Brombeeren		19	les amandes	die Mandeln
8	le kiwi	die Kiwi		20	les caramboles	die Sternfrüchte
9	le raisin noir et blanc	die blauen und weißenTrauben		21	la noix de coco	die Kokosnuss
10	l'ananas	die Ananas		22	les abricots	die Aprikosen, die Marillen Ⓐ
11	le litchi	die Litschi		23	le pamplemousse	die Grapefruit
12	les framboises	die Himbeeren				

Légumes — Gemüse

1	le choux blanc	der Weißkohl, der Weißkabis ⒞ⒽⒸ	12	le potiron	der Kürbis
2	les betteraves	die Rüben	13	les pommes de terre	die Kartoffeln, die Erdäpfel Ⓐ
	les betteraves rouges	die Roten Rüben, die Roten Bete, die Randen ⒞Ⓗ	14	le maïs	der Mais, der Kukuruz Ⓐ
3	les °haricots	die Gartenbohnen, die Fisolen Ⓐ	15	les asperges	der/die Spargel
			16	les endives	der Chicorée, der Schikoree
4	le concombre	die Gurke	17	le poireau	der Lauch, der Porree
5	les choux de Bruxelles	der Rosenkohl, die Kohlsprossen Ⓐ	18	la tomate	die Tomate, der Paradeiser Ⓐ
			19	le fenouil	der Fenchel
6	la courgette	die Zucchini	20	l'artichaut	die Artischocke
7	les radis	die Radieschen	21	la frisée	der Frisee-Salat
8	l'ail	der Knoblauch	22	le chou-fleur	der Blumenkohl, der Karfiol Ⓐ
9	les poivrons	die Paprika[s]			
10	l'aubergine	die Aubergine, die Melanzani Ⓐ	23	les carottes	die Karotten, die Rüebli ⒞Ⓗ
11	le céleri en branches	der/die Stangensellerie	24	le persil	die Petersilie
			25	les oignons	die Zwiebeln

Vêtements — Kleidung

1	le manteau	der Mantel	
2	l'anorak	der Anorak	
3	la veste avec chemise et cravate	die Anzugjacke mit Hemd und Krawatte	
4	la veste à capuchon	die Kapuzenjacke	
5	le polo	das Polohemd	
6	le tee-shirt, le t-shirt	das T-Shirt	
7	le °haut à bretelles	das Trägertop	
8	le pull-over	der Pullover	
9	la chemise	das Hemd	
10	le pantalon	die Hose	
11	le jean	die Jeans	
12	la jupe	der Rock	
13	la jupe en jean	der Jeansrock	

Accessoires

1	la casquette	die Kappe		10	les baskets	die Turnschuhe
2	le °haut-de-forme	der Zylinder		11	les souliers à lacets	die Schnürschuhe
3	le sac à main	die Handtasche		12	les bottes en caoutchouc	die Gummistiefel
4	le bonnet	die Wollmütze		13	les bottes	die Stiefel
5	les gants	die Handschuhe		14	les sandales de marche	die Trekkingsandalen
6	le sac à dos	der Rucksack		15	les sandales	die Riemchensandalen
7	la serviette	die Aktentasche		16	les chaussures à talons °hauts	die Schuhe mit hohen Absätzen
8	la valise	der Koffer		17	les chaussures de marche	die Wanderschuhe
9	les tongs	die Badeschlappen, die Flip-Flops				

Instruments d'optique / Optische Geräte und Hilfsmittel

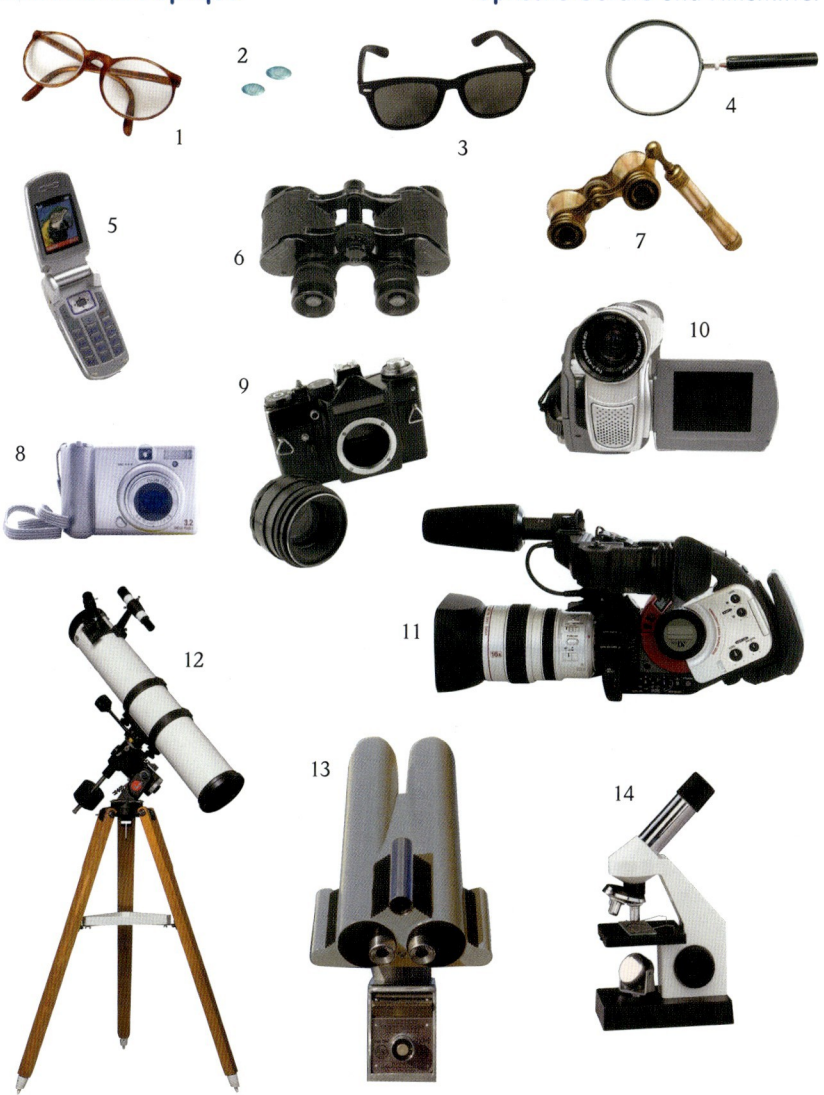

1	les lunettes	die Brille		8	l'appareil photo numérique	die Digitalkamera
2	les lentilles (de couleur)	die (getönten) Kontaktlinsen		9	l'appareil reflex	die Spiegelreflexkamera
3	les lunettes de soleil	die Sonnenbrille		10	la caméra vidéo	die Videokamera
4	la loupe	die Lupe		11	la caméra vidéo professionnelle	die professionelle Videokamera
5	le portable avec appareil photo numérique	das Fotohandy		12	le télescope	das Teleskop
6	les jumelles	das Fernglas		13	le télescope	das Aussichtsfernrohr
7	les jumelles de théâtre	das Opernglas		14	le microscope	das Mikroskop

Articles de sport — Sportartikel

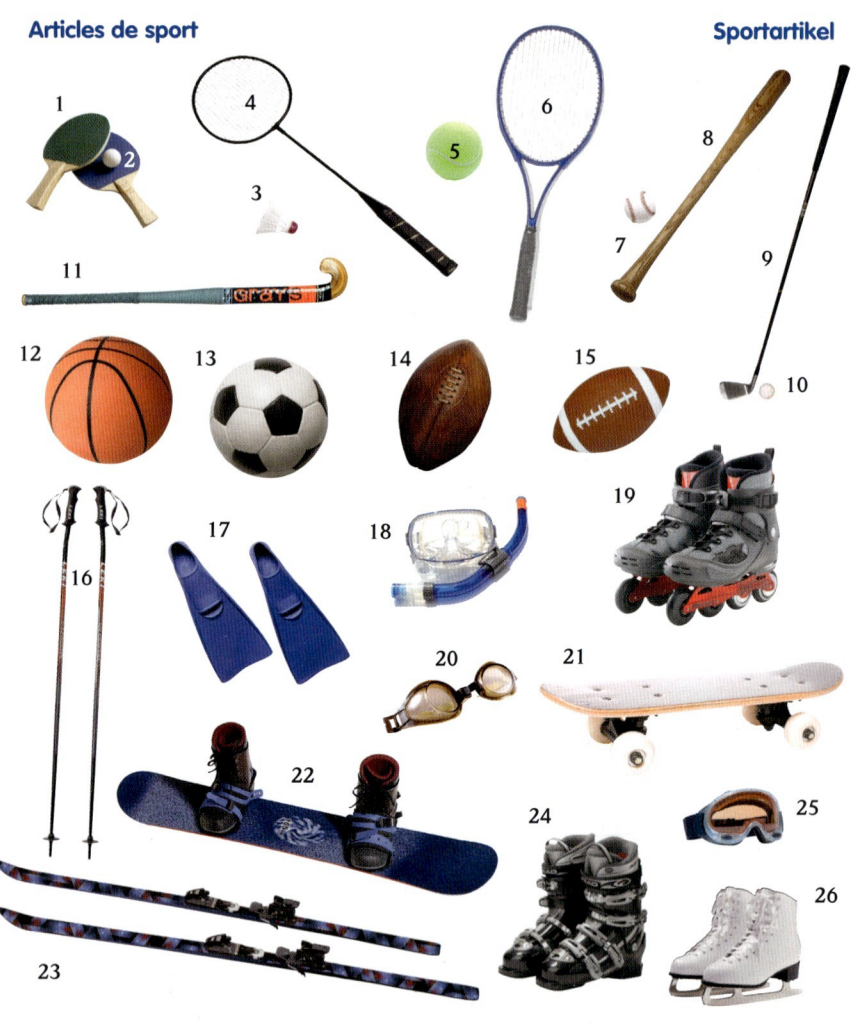

1	les raquettes de ping-pong	die Tischtennisschläger	15	le ballon de foot-ball américain	der Football
2	la balle de ping-pong	der Tischtennisball	16	les bâtons de ski	die Skistöcke
3	le volant	der Federball	17	les palmes	die Taucherflossen
4	la raquette de badminton	der Badmintonschläger	18	le masque de plongée avec tuba	die Taucherbrille mit Schnorchel
5	la balle de tennis	der Tennisball	19	les patins en ligne	die Inliner, die Inlineskates
6	la raquette de tennis	der Tennisschläger			
7	le ballon de base-ball	der Baseball	20	les lunettes de plongée	die Schwimmbrille
8	la batte de base-ball	der Baseballschläger	21	la planche à roulettes, le skateboard	das Skateboard
9	la crosse de golf	der Golfschläger			
10	la balle de golf	der Golfball	22	le snowboard, la planche	das Snowboard
11	la crosse de °hockey	der Hockeyschläger	23	les skis	die Skier, die Ski
12	le ballon de basket	der Basketball	24	les chaussures de ski	die Skistiefel
13	le ballon de foot	der Fußball	25	les lunettes de ski	die Skibrille
14	le ballon de rugby	der Rugbyball	26	les patins à glace	die Schlittschuhe

Instruments de musique I — Musikinstrumente I

1	le cor	das Horn		8	le tuba	die Tuba
2	le trombone	die Posaune		9	la clarinette	die Klarinette
3	la trompette	die Trompete		10	le °hautbois	die Oboe
4	la flûte traversière	die Querflöte		11	la guitare	die Gitarre
5	la flûte à bec	die Blockflöte		12	la guitare électrique	die E-Gitarre, die elektrische Gitarre
6	l'harmonica	die Mundharmonika		13	le violoncelle	das Cello
7	le saxophone	das Saxophon				

Instruments de musique II   Musikinstrumente II

17

18

21

19

20

22

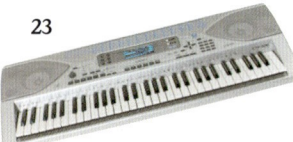
23

24

25

13	le violoncelle	das Cello
14	le violon	die Geige, die Violine
15	la °harpe	die Harfe
16	le piano à queue	der Flügel
17	la batterie	das Schlagzeug
18	la timbale	die Pauke
19	le xylophone	das Xylophon
20	le tambour	das Tamburin

21	l'accordéon	das Akkordeon, die Ziehharmonika
22	le triangle	der/das Triangel
23	le synthétiseur	das Keyboard, der Synthesizer
24	l'orgue	die Orgel
25	le piano	das Klavier

Animaux domestiques   **Haustiere**

1	le canari	der Kanarienvogel	
2	la perruche	der Wellensittich	
3	le poisson rouge	der Goldfisch	
4	la souris	die Maus	
5	le chat	die Katze	
6	le chien	der Hund	
7	le lapin	das Kaninchen	
8	le °hamster	der Goldhamster	
9	la tortue	die Schildkröte	
10	le cochon d'Inde, le cobaye	das Meerschweinchen	

A

das **a**, das **A** le a, le A [ɑ] ▸ **das A und O** l'essentiel *(männlich)*; **von A bis Z** *(umgs.)* de A à Z
das **a** *(Musiknote)* le la
das **ä**, das **Ä** le a tréma, le A tréma
à [a] *(mit je)* à; **vier Kisten à sechs Flaschen** quatre caisses à six bouteilles
das **@** [ɛt] *(in der Informatik)* l'arrobas *(männlich)*, l'arobas *(männlich)* [aʀɔbaz]
Aachen Aix-la-Chapelle
der **Aal** l'anguille *(weiblich)*
aalglatt *Person* glissant(e) comme une anguille
der **Aargau** l'Argovie *(weiblich)*
das **Aas** ❶ *(Kadaver)* la charogne ❷ *(umgs.: Schimpfwort)* le salaud/la salope
ab¹ ❶ *(räumlich)* **ab hier** à partir d'ici; **der Zug fährt ab Hamburg** le train part de °Hamburg ❷ *(zeitlich)* **ab nächster Woche** à partir de la semaine prochaine; **ab sofort** dès maintenant ❸ **ab 16 Jahren** à partir de seize ans; **ab hundert Euro** à partir de cent euros
ab² ❶ **der Knopf ist ab** *(umgs.)* j'ai/tu as/… perdu le bouton ❷ **Berlin ab 14.15 Uhr** départ de Berlin [à] 14 h 15 ▸ **ab und zu** de temps en temps
abändern remanier *Text;* amender *Gesetzentwurf*
abartig *(umgs.)* ❶ *Vorstellung* monstrueux/monstrueuse ❷ *reagieren* de manière perverse
der **Abbau** ❶ *eines Gerüsts* le démontage ❷ *von Kohle* l'exploitation *(weiblich)* ❸ *von Arbeitskräften* la réduction; *von Sozialleistungen* la suppression
abbaubar **biologisch abbaubar** biodégradable
abbauen ❶ démonter *Gerüst* ❷ **Kohle abbauen** extraire le charbon ❸ supprimer *Arbeitsstellen* ❹ éliminer *Alkohol* ❺ **er hat ganz schön abgebaut** *(umgs.)* il a perdu beaucoup de ses moyens
abbeißen ❶ **möchtest du mal abbeißen?** tu veux goûter un morceau? ❷ **einen Faden abbeißen** couper un fil avec les dents
abbekommen *(umgs.)* ❶ réussir à obtenir *Eis, Kuchen;* **jeder bekommt etwas ab!** tout le monde en aura! ❷ récolter *Kratzer* ❸ réussir à enlever *Aufkleber*
abbestellen décommander *Ware;* annuler la réservation de *Hotelzimmer*
abbezahlen payer à tempérament; **ein Auto abbezahlen** payer une voiture à tempérament; **seine Schulden abbezahlen** rembourser ses dettes en plusieurs fois
abbiegen **nach links/nach rechts abbiegen** tourner à gauche/à droite
abbilden représenter
die **Abbildung** ❶ l'illustration *(weiblich)* ❷ *(in der Mathematik)* la projection
abblättern *Farbe:* s'écailler
abblenden ❶ *(im Film)* couper ❷ **die Scheinwerfer abblenden** se mettre en code[s]
das **Abblendlicht** les codes *(männlich)*; **das Abblendlicht einschalten** allumer ses codes

> **V** Der Singular *das Abblendlicht* wird mit einem Plural übersetzt: *das Abblendlicht ist noch an – les codes sont encore allumés.*

abblitzen **jemanden abblitzen lassen** *(umgs.)* envoyer balader quelqu'un
abbrechen ❶ casser *Ast;* cueillir *Blüte;* **ein Stück von etwas abbrechen** couper un morceau de quelque chose ❷ lever *Lager* ❸ rompre *Beziehungen;* annuler *Computerprogramm* ❹ **der Henkel der Tasse ist abgebrochen** l'anse de la tasse est cassée ▸ **sich fast einen abbrechen** *(umgs.)* se décarcasser
abbrennen ❶ **die Kerze ist abgebrannt** la bougie a fini de brûler ❷ *(in Brand setzen)* brûler *Sträucher;* tirer *Feuerwerk;* incendier *Gebäude* ▸ **abgebrannt sein** *(umgs.)* être à sec
abbringen ❶ **jemanden vom Weg/vom Thema abbringen** détourner quelqu'un du chemin/du sujet ❷ **jemanden davon abbringen, etwas zu tun** dissuader quelqu'un de faire quelque chose
der **Abbruch** ❶ *(Abriss)* la démolition ❷ *von Beziehungen* la rupture; *einer Reise* l'arrêt *(männlich); einer Behandlung, Schwangerschaft* l'interruption *(weiblich)*
abbuchen prélever
die **Abbuchung** le prélèvement
abbürsten brosser
abbüßen purger *Strafe;* expier *Schuld*
das **Abc** l'alphabet *(männlich);* **das Abc aufsagen** réciter l'alphabet

> **F** Nicht verwechseln mit *l'abc – das Einmaleins (in der Bedeutung „die Grundkenntnisse")!*

die **ABC-Waffen** les armes *(weiblich)* ABC

abdanken *Herrscher:* abdiquer
die **Abdankung** *eines Herrschers* l'abdication *(weiblich)*
abdecken ❶ débarrasser *Tisch* ❷ **das Dach abdecken** *Person:* démonter la toiture; *Sturm:* arracher les tuiles du toit ❸ *(bedecken)* recouvrir ❹ couvrir *Risiko*
abdichten ❶ colmater *Ritzen;* étancher *Rohr* ❷ **das Fundament gegen Feuchtigkeit abdichten** isoler les fondations contre l'humidité
abdrehen ❶ fermer *Gas;* éteindre *Licht* ❷ *Schiff, Flugzeug:* changer de cap ❸ **der Film ist endlich abgedreht** le film est enfin dans la boîte; *siehe auch* **abgedreht**
der **Abdruck** ❶ *(Spur)* l'empreinte *(weiblich)* ❷ *(das Drucken, Veröffentlichen)* l'impression *(weiblich); eines Bildes* la reproduction; *eines Textes* la publication
abdrücken *(schießen)* tirer
der **Abend** ❶ le soir; **am Abend** le soir; **heute Abend** ce soir; **gestern/morgen Abend** hier/demain soir; **Montag Abend** lundi soir; **am frühen/späten Abend** tôt/tard dans la soirée; **am nächsten Abend** le lendemain soir; **Abend für Abend** soir après soir; **gegen Abend** vers le soir; **es wird Abend** le soir tombe; **es ist Abend** il fait nuit; **zu Abend essen** dîner; **guten Abend!** bonsoir! ❷ *(in seinem Verlauf)* la soirée
das **Abendbrot** le repas froid du soir; **Abendbrot essen** dîner [froid]
die **Abenddämmerung** le crépuscule
das **Abendessen** le dîner
abendfüllend *Film, Darbietung* qui occupe toute la soirée
die **Abendkasse** la caisse
das **Abendkleid** la robe du soir
das **Abendland** l'Occident *(männlich)*
das **Abendmahl** la sainte Cène
der **Abendrot** le flamboiement du soleil couchant
abends le soir; **um neun Uhr abends** à neuf heures du soir
die **Abendschule** les cours *(männlich)* du soir

> **V** Der Singular *die Abendschule* wird mit einem Plural übersetzt: *die Abendschule steht allen offen – les cours du soir <u>sont</u> accessibles à tout le monde.*

das **Abenteuer** l'aventure *(weiblich)*
abenteuerlich ❶ *Reise* riche en aventures; *Leben* aventureux/aventureuse ❷ **abenteuerlich klingen** sembler extravagant(e)
der **Abenteuerspielplatz** le terrain d'aventures
aber ❶ *(jedoch)* mais; **aber dennoch** et pourtant ❷ **oder aber** ou bien [alors] ❸ **das ist aber nett von Ihnen** ça, c'est très sympa [de votre part] ❹ **aber selbstverständlich!** mais bien sûr! ▸ **aber, aber!** voyons!
der **Aberglaube[n]** la superstition
abergläubisch superstitieux/superstitieuse
abfahren ❶ *(losfahren)* partir ❷ *(auf Skiern)* descendre [à skis] ❸ *(kontrollieren)* inspecter *Strecke* ❹ **auf jemanden/auf etwas abfahren** *(umgs.)* être emballé(e) par quelqu'un/par quelque chose
die **Abfahrt** ❶ *eines Zugs* le départ ❷ *(Autobahnabfahrt)* la sortie ❸ *(im Skisport)* la descente
der **Abfahrtslauf** la descente
die **Abfahrtszeit** l'heure *(weiblich)* de départ
der **Abfall** ❶ *(nicht Verwertbares)* les déchets *(männlich);* *(Müll)* les ordures *(weiblich)* ❷ *(politische Abtrünnigkeit)* la sécession

> **V** In ❶ wird der Singular *der Abfall* mit einem Plural übersetzt: *dieser Abfall <u>ist</u> biologisch abbaubar – ces déchets/ces ordures <u>sont</u> biodégradables.*

der **Abfalleimer** la poubelle
abfallen ❶ *(herunterfallen)* tomber ❷ *Leistung, Temperatur:* baisser ❸ **nach Norden abfallen** *Gelände, Hang:* s'incliner vers le nord; **steil abfallenden Felsen** des rochers en pente raide
abfällig ❶ *Bemerkung* désobligeant(e), désagréable ❷ *urteilen, reden* désagréablement
die **Abfallverwertung** le recyclage [des déchets]
abfangen ❶ intercepter *Person, Brief* ❷ amortir *Schlag, Aufprall*
abfärben *(auch übertragen)* déteindre
abfassen rédiger
abfertigen ❶ *(versandfertig machen)* enregistrer ❷ *(beladen, entladen)* s'occuper du fret de *Lastwagen* ❸ servir *Passagier;* **jemanden am Zoll abfertigen** contrôler quelqu'un à la douane ❹ **jemanden barsch/kurz abfertigen** expédier quelqu'un durement/rapidement
die **Abfertigung** ❶ *von Gepäck* l'enregistrement *(männlich); von Reisenden* le contrôle; *(durch den Zoll)* le dédouanement ❷ *(Abfertigungsstelle)* l'enregistrement *(männlich)* ❸ Ⓐ *(Abfindung)* le dédommagement
abfeuern tirer *Schuss*
abfinden ❶ **sich abfinden** s'accommoder; **sich mit jemandem/mit etwas abfinden** s'accommoder de quelqu'un/de quelque chose ❷ *(finanziell entschädigen)* dédommager

die **Abfindung** le dédommagement
abflauen *Wind:* faiblir; *Interesse:* retomber
abfliegen *Passagier:* partir; *Flugzeug:* décoller; **nach Zürich abfliegen** *Passagier:* s'envoler pour Zurich
abfließen ❶ *Wasser:* s'écouler ❷ **ins Ausland abfließen** *Kapital:* fuir à l'étranger
der **Abflug** *eines Passagiers* le départ [en avion]; *eines Flugzeugs* le décollage
der **Abfluss** (*Abflussrohr*) le conduit d'écoulement, l'écoulement *(männlich)*
der **Abflussreiniger** le déboucheur
das **Abflussrohr** le collecteur
abfragen ❶ interroger *Schüler;* **jemanden in Mathe abfragen** interroger quelqu'un en maths; **jemanden Jahreszahlen abfragen** interroger quelqu'un sur des dates ❷ (*per Computer*) consulter *Daten*
die **Abfuhr** (*Abtransport*) le ramassage ▶ **jemandem eine Abfuhr erteilen** envoyer promener quelqu'un
abführen ❶ (*fortbringen*) emmener; **abführen! ** emmenez-le/emmenez-la! ❷ **Steuern abführen** payer des impôts ❸ (*abführend wirken*) être laxatif/laxative
das **Abführmittel** le laxatif
abfüllen ❶ **Wein abfüllen** mettre du vin en bouteilles ❷ remplir *Flaschen* ❸ **jemanden abfüllen** (*umgs.*) faire prendre une cuite à quelqu'un
die **Abgabe** ❶ *des Balls* la passe ❷ (*das Abliefern*) la remise ❸ (*Verkauf*) la vente ❹ *eines Urteils* la délivrance ❺ (*Abstrahlung*) le rayonnement ❻ **die Abgaben** les taxes *(weiblich);* **die jährlichen Abgaben** les taxes annuelles
der **Abgabetermin** la date limite de remise
der **Abgang** ❶ **nach meinem Abgang von der Schule** après avoir quitté l'école ❷ (*Ausscheiden aus einem Amt*) le départ ❸ (*von der Bühne*) la sortie ❹ Ⓐ (*Fehlbetrag*) le débit
der **Abgänger** l'élève *(männlich)* qui quitte l'école
die **Abgängerin** l'élève *(weiblich)* qui quitte l'école
das **Abgangszeugnis** le certificat de fin de scolarité
die **Abgase** les gaz *(männlich)* d'échappement
die **Abgasuntersuchung** le contrôle antipollution
abgeben ❶ remettre *Brief, Paket* ❷ (*einreichen*) rendre, remettre *Antrag, Diplomarbeit* ❸ **jemandem etwas [vom Nachtisch] abgeben** donner à quelqu'un sa part [du dessert] ❹ (*verkaufen*) céder; (*verschenken*) donner ❺ déposer *Mantel, Koffer* ❻ **seine Stimme abgeben** voter; **die abgegebenen Stimmen** les suffrages *(männlich)* [exprimés] ❼ **eine Stellungnahme abgeben** émettre une opinion ❽ **einen Schuss abgeben** tirer ❾ **Wärme abgeben** dégager de la chaleur ❿ (*im Sport*) passer *Ball;* **Punkte an jemanden abgeben** céder des points à quelqu'un ⓫ **sich mit jemandem abgeben** (*sich befassen*) s'occuper de quelqu'un; (*Umgang haben*) fréquenter quelqu'un; **sich nicht mit Kleinigkeiten abgeben** ne pas perdre son temps avec des babioles
abgedreht (*umgs.*) déjanté(e); **er ist voll abgedreht** il est complètement déjanté
abgedroschen (*abwertend umgs.*) *Ausdruck* rebattu(e)
abgegriffen *Buch* abîmé(e)
abgehackt ❶ *Sprechweise* °haché(e) ❷ **abgehackt sprechen** avoir un débit °haché
abgehangen *Fleisch* rassis(e)
abgehärtet ❶ **gegen Schnupfen abgehärtet sein** être résistant(e) aux rhumes ❷ **gegen Kritik abgehärtet sein** être vacciné(e) contre les critiques
abgehen ❶ *Farbe:* partir; *Knopf:* se détacher ❷ **davon gehen fünf Prozent ab** il faut déduire cinq pour cent ❸ **von einer Straße abgehen** *Weg:* bifurquer ❹ **von einer Forderung abgehen** renoncer à une revendication ❺ **von der Bühne abgehen** quitter la scène ❻ *Zug:* partir; *Schiff:* appareiller ❼ **ihm/ihr geht jedes Feingefühl ab** (*umgs.*) il/elle manque totalement de sensibilité ❽ **von der Schule abgehen** quitter l'école ❾ *Nierenstein:* être expulsé(e) ❿ (*verlaufen*) **ohne Komplikationen abgehen** se passer sans complications ⓫ (*umgs.: passieren*) se passer; **da geht es ab** ça chauffe ⓬ (*absuchen*) **die Straße abgehen** parcourir la rue
abgehetzt *Person* stressé(e)
abgekartet (*umgs.*) goupillé(e) à l'avance
abgelegen *Gegend* isolé(e)
abgenervt (*umgs.*) speedé(e) [spide]
der **Abgeordnete** le député
die **Abgeordnete** la députée
der **Abgesandte** ❶ l'émissaire *(männlich)* ❷ (*in der Politik*) l'ambassadeur *(männlich)*
die **Abgesandte** ❶ l'émissaire *(männlich)* ❷ (*in der Politik*) l'ambassadrice *(weiblich)*
abgeschieden ❶ *Ort* loin de tout ❷ *leben* dans l'isolement
die **Abgeschiedenheit** l'isolement *(männlich)*
abgeschlossen ❶ *Wohnung* indépendant(e) ❷ *Grundstück* clos(e)

abgesehen abgesehen von dieser Frage [mis] à part cette question; **abgesehen von ihm** [mis] à part lui; **abgesehen davon, dass wir nichts Genaues wissen** mis à part [le fait] que nous ne savons rien de précis

abgespannt ① *Person, Gesicht* fatigué(e) ② **abgespannt wirken** avoir l'air fatigué

abgestanden *Wasser* pas frais/fraîche; *Luft* vicié(e); *Bier* éventé(e)

abgestumpft *Person* indifférent(e); *Gewissen* émoussé(e)

abgewöhnen sich das Rauchen abgewöhnen se désaccoutumer de fumer; **jemandem das Nägelkauen abgewöhnen** faire perdre à quelqu'un l'habitude de se ronger les ongles

abgrenzen ① (*einfrieden*) délimiter ② **sich gegen jemanden/gegen etwas abgrenzen** se démarquer de quelqu'un/de quelque chose

die **Abgrenzung** ① (*das Einfrieden*) la délimitation ② (*Einfriedung*) *eines Grundstücks* la clôture ③ *eines Begriffs* la différenciation

der **Abgrund** (*auch übertragen*) l'abîme *(männlich)*

abgrundtief *Hass, Verachtung* très profond(e)

abgucken (*umgs.*) ① (*in der Schule*) **bei jemandem abgucken** copier sur quelqu'un ② **eine Lösung von jemandem abgucken** pomper une solution sur quelqu'un

abhacken einen Ast abhacken couper une branche à la °hache

abhaken ① (*markieren*) cocher ② tirer un trait sur *Affäre;* classer *Sache*

abhalten ① organiser *Wahlen, Konferenz* ② **die Kälte abhalten** protéger du froid ③ **jemanden von der Arbeit abhalten** empêcher quelqu'un de travailler; **lass dich nicht abhalten!** ne te laisse pas déranger!

abhandeln traiter *Thema*

abhandenkommen disparaître; **mir ist meine Brieftasche abhanden gekommen** mon portefeuille a disparu

die **Abhandlung** l'étude *(weiblich)*

der **Abhang** le versant

abhängen ① dépendre; **von jemandem/ von etwas abhängen** dépendre de quelqu'un/de quelque chose ② (*abkuppeln*) décrocher *Waggon* ③ (*umgs.: hinter sich lassen*) **jemanden/etwas abhängen** semer quelqu'un/quelque chose ④ (*umgs.: sich ausruhen*) se relaxer; **vorm Fernseher abhängen** être fourré(e) devant la télé

abhängig ① (*von Drogen*) dépendant(e) ② **von etwas abhängig sein** dépendre de quelque chose

die **Abhängigkeit** ① la dépendance; **deine Abhängigkeit von ihm/ihr** ta dépendance envers lui/elle; **ihre gegenseitige Abhängigkeit** leur dépendance mutuelle ② (*Sucht*) la dépendance

abhärten ① [jemanden] gegen etwas abhärten endurcir [quelqu'un] à quelque chose ② **sich gegen Kälte abhärten** s'endurcir au froid

abhauen ① couper *Äste;* **einen Baum abhauen** abattre un arbre [à la °hache] ② (*umgs.: fortgehen*) se casser; **hau ab! fous le camp!**

abheben ① *Flugzeug:* décoller ② (*beim Kartenspiel*) couper; tirer *Karte* ③ sauter *Masche* ④ (*umgs.: spinnen*) déconner ⑤ [den Hörer] abheben décrocher ⑥ **Geld vom Konto abheben** retirer de l'argent de son compte ⑦ (*sich unterscheiden*) **sich von jemandem/von etwas abheben** se distinguer de quelqu'un/de quelque chose ⑧ **sich vom Himmel abheben** *Silhouette:* se détacher du ciel

abheilen *Wunde:* guérir

abhelfen einem Missstand abhelfen remédier à une situation intolérable

die **Abhilfe** le remède; **Abhilfe schaffen** porter remède [à une situation]

abholen ① jemanden abholen [gehen] aller chercher quelqu'un ② ramasser *Paket* ③ (*verhaften*) emmener

der **Abholmarkt** le libre-service

der **Abholpreis** le prix à emporter

abholzen abattre *Bäume, Wald;* déboiser *Gebiet*

abhören ① écouter *Gespräch;* **von jemandem abgehört werden** être mis(e) sur écoute par quelqu'un ② interroger *Schüler* ③ *Arzt:* ausculter

das **Abi** (*umgs.*) *Abkürzung von* Abitur ≈ le bac

das **Abitur** ≈ le baccalauréat

der **Abiturient** le bachelier

die **Abiturientin** la bachelière

abkapseln sich abkapseln *Person:* se replier sur soi-même; **sich von jemandem/von etwas abkapseln** s'isoler de quelqu'un/de quelque chose

abkaufen ① jemandem etwas abkaufen acheter quelque chose à quelqu'un ② **das kaufe ich dir nicht ab!** (*umgs.*) tu me feras pas gober ça!

abklappern (*umgs.*) **viele Geschäfte nach einem Mantel abklappern** faire plein de magasins pour trouver un manteau

der **Abklatsch** (*abwertend*) la pâle imitation

abklingen *Lärm:* diminuer; *Sturm:* faiblir; *Wut:* [re]tomber; *Erkältung:* être en voie de guérison; *Fieber:* baisser
abknicken (*beschädigen*) [plier et] casser *Blume;* plier *Papier*
abknöpfen ❶ déboutonner; **die Kapuze vom Anorak abknöpfen** détacher la capuche de l'anorak ❷ **jemandem hundert Euro abknöpfen** (*umgs.*) soutirer cent euros à quelqu'un
abkochen faire bouillir *Wasser*
abkommandieren détacher
abkommen ❶ **vom Weg abkommen** dévier du chemin ❷ **von einer Gewohnheit abkommen** renoncer à une habitude ❸ (*abschweifen*) perdre le fil; **vom Thema abkommen** s'écarter du sujet
das **Abkommen** l'accord *(männlich)*
abkömmlich abkömmlich sein être disponible
der **Abkömmling** (*gehoben*) le descendant/la descendante
abkratzen ❶ gratter *Tapete* ❷ (*vulgär: sterben*) crever
abkriegen →**abbekommen**
abkühlen ❶ (*kalt stellen*) **etwas abkühlen** mettre quelque chose au frais ❷ [sich] **abkühlen** *Luft, Wasser, Wetter:* refroidir; **es kühlt [sich] ab** ça se rafraîchit ❸ *Verhältnis, Beziehung:* se refroidir ❹ **sich abkühlen** *Beziehungen:* se refroidir
die **Abkühlung** *des Wetters* le rafraîchissement
abkürzen ❶ **ein Wort abkürzen** abréger un mot ❷ **etwas um eine Stunde abkürzen** écourter quelque chose d'une heure ❸ raccourcir *Weg*
die **Abkürzung** ❶ *eines Worts* l'abréviation *(weiblich)* ❷ (*kürzerer Weg*) le raccourci
abladen ❶ déposer *Passagiere, Schutt;* décharger *Anhänger* ❷ (*umgs.: abwälzen*) décharger *Schuld*
die **Ablage** ❶ (*das Ablegen*) l'archivage *(männlich)*; [die] **Ablage machen** archiver ❷ (*Ablagekorb*) la corbeille à courrier
ablagern sich auf/in etwas ablagern *Kalk, Sand:* se déposer sur/dans quelque chose
die **Ablagerung** ❶ *von Holz* le séchage ❷ (*Sedimentbildung*) le sédiment ❸ (*in der Medizin*) **die Ablagerungen in den Gefäßen** les dépôts *(männlich)* dans les vaisseaux
ablassen ❶ vidanger *Teich* ❷ **Wasser aus etwas ablassen** vider l'eau de quelque chose; **Luft aus etwas ablassen** enlever l'air de quelque chose; **von einer Idee ablassen** (*gehoben*) renoncer à une idée

der **Ablauf** ❶ (*Verlauf*) le déroulement ❷ *einer Frist* l'expiration *(weiblich)*; **nach Ablauf von drei Tagen** passé le délai de trois jours
ablaufen ❶ *Wasser:* s'écouler ❷ *Ausweis, Frist:* expirer; *Zeit:* s'achever; *Vertrag:* arriver à échéance; **abgelaufen** périmé(e) ❸ (*vonstattengehen*) **gut ablaufen** *Veranstaltung:* se dérouler bien; **friedlich ablaufen** *Demonstration:* se dérouler sans °heurts ❹ [sich] **die Absätze/die Sohlen ablaufen** user ses talons/ses semelles ❺ (*kontrollieren*) **eine Strecke ablaufen** parcourir un trajet [à pied]
ablegen ❶ passer *Prüfung;* faire *Geständnis;* **einen Eid ablegen** prêter serment; **die Beichte ablegen** se confesser ❷ retirer *Hut, Mantel;* **möchten Sie ablegen?** désirez-vous enlever votre manteau? ❸ écarter *Karten* ❹ (*zu den Akten tun*) classer *Briefe, Unterlagen* ❺ se défaire de *Gewohnheit* ❻ pondre *Eier;* déposer *Laich* ❼ *Schiff:* lever l'ancre
der **Ableger** *einer Pflanze* la bouture
ablehnen ❶ (*sich ablehnend äußern*) refuser ❷ **es ablehnen, etwas zu tun** refuser de faire quelque chose ❸ refuser *Bewerber;* rejeter *Angebot;* désapprouver *Benehmen*
ablehnend ❶ *Antwort, Haltung* négatif/négative; *Einstellung* de refus ❷ **sich äußern** négativement
die **Ablehnung** ❶ *eines Bewerbers* le refus; *eines Angebots* le rejet ❷ (*Schreiben*) le refus ❸ (*Missbilligung*) la réprobation
ableiten ❶ évacuer *Gase;* détourner *Bach* ❷ déduire *Anspruch, Formel;* dériver *Wort, Funktion* ❸ **sich aus** [*oder* **von**] **etwas ableiten** *Anspruch:* découler de quelque chose; *Vorrecht:* provenir de quelque chose
ablenken ❶ (*zerstreuen*) distraire; **sich leicht ablenken lassen** se laisser facilement distraire ❷ (*Zerstreuung bringen*) changer les idées; **sich mit Sport ablenken** se changer les idées en faisant du sport ❸ [**vom Thema**] **ablenken** détourner la conversation
die **Ablenkung** ❶ (*Zerstreuung*) la distraction ❷ (*Störung*) la diversion ❸ *von Strahlen* la diffraction
das **Ablenkungsmanöver** la manœuvre de diversion
ablesen ❶ relever *Zählerstand;* consulter *Messgerät* ❷ *Redner:* lire son texte; **seine Rede vom Blatt ablesen** lire son discours ❸ **was kann man an diesen Vorfällen ablesen?** qu'est-ce qui se laisse déduire de ces incidents?

abliefern ① livrer *Ware* ② remettre *Schlüssel* ③ *(umgs.: einreichen)* rendre *Diplomarbeit*
ablösen ① relayer *Kollegen;* relever *Wachposten;* remplacer *Politiker* ② décoller *Etikett* ③ **sich ablösen** *Etikett, Netzhaut:* se décoller; *Lack:* s'écailler ④ **sich** [*oder* **einander**] **beim Fahren ablösen** se relayer pour conduire
die **ABM** *Abkürzung von* **Arbeitsbeschaffungsmaßnahme** la mesure d'aide à l'emploi
abmachen ① **mit jemandem einen Termin abmachen** convenir d'un rendez-vous avec quelqu'un; **abgemacht!** entendu! ② *(umgs.: entfernen)* enlever
die **Abmachung** l'accord *(männlich)*
abmagern maigrir
der **Abmarsch** le départ
abmelden ① retirer *Schüler* ② **das** [*oder* **sein**] **Telefon abmelden** résilier son abonnement de téléphone; **das** [*oder* **sein**] **Auto abmelden** faire une déclaration de non-utilisation de véhicule ③ **sich bei seinem Vorgesetzten abmelden** prévenir son supérieur de son départ; *Soldat:* prendre congé de son supérieur ④ **sich** [**in Berlin**] **abmelden** prévenir l'autorité compétente [de Berlin] de son départ
die **Abmeldung** ① *eines Telefons* la résiliation; *eines Autos* la déclaration de non-utilisation ② *(Anzeige des Umzugs)* la déclaration de changement de domicile
abmessen mesurer
abnabeln ① couper le cordon ombilical de *Neugeborenes* ② *(übertragen)* **sich abnabeln** couper le cordon [ombilical]
die **Abnahme** ① *des Gewichts* la perte; *des Umsatzes* la baisse; **die Abnahme des Interesses** la baisse d'intérêt ② *(Kauf)* l'achat *(männlich)* ③ *(amtliche Kontrolle) eines Fahrzeugs* le contrôle technique
abnehmen ① (*Gewicht verlieren*) perdre du poids; **zwei Kilo abnehmen** perdre deux kilos; **an den Hüften abnehmen** maigrir des °hanches ② *Anzahl:* baisser; *Interesse:* décliner ③ retirer *Hut, Brille;* décrocher *Wäsche, Bild* ④ *(ans Telefon gehen)* décrocher; **den Hörer abnehmen** décrocher le combiné ⑤ prendre livraison de *Ware* ⑥ faire passer *Prüfung* ⑦ **jemandem die Tasche abnehmen** prendre à quelqu'un son sac ⑧ **jemandem Arbeit abnehmen** décharger quelqu'un d'un travail ⑨ **jemandem den Führerschein abnehmen** *Polizist:* retirer le permis de conduire à quelqu'un; **jemandem sein Bargeld abnehmen** *Räuber:* délester quelqu'un de son argent ⑩ *(umgs.: glauben)* gober; **das nehme ich dir nicht ab!** je ne le gobe pas! ⑪ **in jeder Reihe drei Maschen abnehmen** diminuer de trois mailles par rang
der **Abnehmer** l'acheteur *(männlich);* **Abnehmer finden** trouver preneur
die **Abnehmerin** l'acheteuse *(weiblich)*
die **Abneigung** l'aversion *(weiblich)*
abnorm ① *Verhalten* anormal(e) ② **sich verhalten** de façon anormale
abnormal Ⓐ, ⒽⒽ →**abnorm**
abnutzen ① user ② **sich abnutzen** *Reifen:* s'user; *Möbel:* s'abîmer; *Drohung:* s'émousser
das **Abo** *(umgs.) Abkürzung von* **Abonnement** l'abonnement *(männlich)*
das **Abonnement** [abɔnə'māː] l'abonnement *(männlich)*
der **Abonnent** l'abonné *(männlich);* **Abonnent einer Zeitung sein** être abonné à un journal
die **Abonnentin** l'abonnée *(weiblich);* **Abonnentin eines Magazins sein** être abonnée à un magazine
abonnieren eine Zeitung abonnieren, auf **eine Zeitung abonnieren** ⒽⒽ s'abonner à un journal
abprallen ① **von/an etwas abprallen** *Ball:* rebondir sur quelque chose; *Geschoss:* ricocher sur quelque chose ② **an jemandem abprallen** *Beleidigung:* glisser sur quelqu'un
abpumpen Wasser aus dem Keller abpumpen pomper l'eau de la cave
abputzen nettoyer
abquälen sich mit einer Arbeit abquälen se donner beaucoup de mal pour faire ce travail
abrackern *(umgs.)* **sich abrackern** se crever
abraten jemandem von einer Sache abraten déconseiller quelque chose à quelqu'un
abräumen débarrasser *Tisch;* **du kannst jetzt abräumen!** tu peux débarrasser maintenant!
abreagieren ① défouler *Aggressionen;* **seine Wut an jemandem abreagieren** passer sa colère sur quelqu'un ② **sich abreagieren** *(umgs.)* se défouler; **reg dich ab!** du calme!
abrechnen ① *(im Lokal)* encaisser; **beim Abrechnen** en faisant la caisse ② *(übertragen)* **mit jemandem abrechnen** régler ses comptes avec quelqu'un
die **Abrechnung** ① les comptes *(männlich);* **die Abrechnung machen** faire les comptes ② *(Aufstellung)* la facture détaillée ③ **von Steuern** la déduction ④ *(Rache)* le règlement de comptes

> **V** In ① wird der Singular *die Abrechnung* mit einem Plural übersetzt: *diese Abrechnung ist korrekt – ces comptes sont bons.*

die **Abreise** le départ
abreißen ① (*zerreißen*) arracher *Faden* ② **etwas von der Wand abreißen** arracher quelque chose du mur ③ raser *Gebäude* ④ (*entzweigehen*) *Seil:* se casser ⑤ *Kontakt:* se rompre
abriegeln boucler *Straße*
der **Abriss** *eines Gebäudes* la démolition
der **Abruf** *von Daten* la consultation ▶ **auf Abruf bereitstehen** être à disposition
abrufen ① prendre livraison de *Waren* ② consulter *Daten*
abrunden ① arrondir *Kanten* ② parfaire *Geschmack* ③ **eine Zahl abrunden** arrondir un chiffre au chiffre inférieur
abrüsten réduire les armements
die **Abrüstung** le désarmement
das **ABS** *Abkürzung von* **Antiblockiersystem** l'A.B.S. (*männlich*)
die **Absage** la réponse négative
absagen ① décommander *Teilnahme;* annuler *Spiel* ② **jemandem absagen** se décommander auprès de quelqu'un
absägen scier *Ast* ▶ **jemanden absägen** (*umgs.*) virer quelqu'un
absahnen (*umgs.*) **bei einem Geschäft absahnen** s'en mettre plein les poches dans une affaire
der **Absatz** ① (*am Schuh*) le talon ② (*Abschnitt*) le paragraphe ③ (*Treppenabsatz*) le palier [de repos] ④ (*Verkauf*) les ventes (*weiblich*); **reißenden Absatz finden** se vendre comme des petits pains ▶ **auf dem Absatz kehrtmachen** tourner les talons

> **V** In ④ wird der Singular *der Absatz* mit einem Plural übersetzt: *der Absatz dieser Waren ist zufrieden stellend – les ventes de ces marchandises sont satisfaisantes.*

abschaffen supprimer *Zoll, Strafe;* abroger *Gesetz;* abolir *Privileg*
abschalten ① éteindre *Fernseher;* couper *Strom* ② **sich abschalten** *Maschine, Strom:* se couper ③ (*umgs.: nicht mehr zuhören*) décrocher; (*sich entspannen*) se relaxer
abschätzen évaluer *Kosten;* prévoir *Reaktion*
abschätzig *Bemerkung* désobligeant(e); *Blick* méprisant(e)
abschauen Ⓐ (*umgs.*) **etwas von jemandem abschauen** copier quelque chose sur quelqu'un
der **Abschaum** (*abwertend*) le rebut

der/die **Abscheu** le dégoût
abscheulich ① *Tat* abominable ② *Schmerzen* atroce; *Kälte* épouvantable ③ **abscheulich schmecken** avoir un goût abominable; **abscheulich riechen** avoir une odeur abominable
abschicken expédier *Brief, Paket;* envoyer *E-Mail*
abschieben ① (*ausweisen*) expulser ② **die Schuld auf jemanden abschieben** faire endosser la culpabilité à quelqu'un
die **Abschiebung** la reconduite à la frontière
der **Abschied** l'adieu (*männlich*); **von jemandem Abschied nehmen** faire ses adieux à quelqu'un; **beim Abschied** au moment des adieux
der **Abschiedsbrief** la lettre d'adieu[x]
abschießen ① abattre *Tier, Flugzeug* ② tirer *Pfeil;* lancer *Rakete*
abschirmen ① (*zurückhalten*) **das Licht abschirmen** filtrer la lumière ② (*schützen*) protéger *Familie, Privatleben*
abschlagen ① casser *Henkel;* ébrécher *Ecke;* abattre *Baum* ② décliner *Einladung;* **jemandem eine Bitte abschlagen** rejeter la demande de quelqu'un ③ (*im Sport*) **den Ball abschlagen** remettre le ballon en jeu
die **Abschlag[s]zahlung** l'acompte (*männlich*)
der **Abschleppdienst** le service de dépannage
abschleppen ① remorquer *Fahrzeug* ② (*umgs.: erobern*) **jemanden abschleppen** embarquer quelqu'un
das **Abschleppseil** le câble de remorquage
abschließen ① **die Tür abschließen** fermer la porte à clé ② achever *Schule;* **ein abgeschlossenes Studium haben** avoir terminé ses études ③ conclure *Geschäft;* passer *Vertrag;* souscrire *Versicherung* ④ conclure *Rede;* clore *Geschäftsjahr* ⑤ **mit Gewinn/mit Verlust abschließen** se solder par des gains/par des pertes ⑥ (*übertragen*) **mit der Vergangenheit abschließen** tirer un trait sur le passé
abschließend ① *Bemerkung* final(e) ② **bemerken** en conclusion
der **Abschluss** ① la conclusion; *eines Geschäftsjahrs* la clôture; **etwas zum Abschluss bringen** conclure quelque chose ② (*Abschlussprüfung*) le diplôme [de fin d'études]; (*Hauptschulabschluss*) le certificat de fin d'études ③ *eines Geschäfts, Vertrags* la conclusion ▶ **der krönende Abschluss** le clou
die **Abschlussprüfung** l'examen (*männlich*) de fin d'études
das **Abschlusszeugnis** le diplôme de fin d'études

abschmecken vérifier l'assaisonnement de *Gericht, Sauce*
abschminken démaquiller; **sich abschminken** se démaquiller ▸ **das kannst du dir abschminken!** (*umgs.*) tu peux faire une croix là-dessus!
abschnallen ❶ [sich] die Skier abschnallen enlever ses skis ❷ (*umgs.: fassungslos sein*) être scié(e); **da schnallst du ab!** ça t'en bouche un coin!
abschneiden ❶ couper *Stück, Weg* ❷ **jemandem das Wort abschneiden** couper la parole à quelqu'un ❸ **bei etwas gut/ schlecht abschneiden** (*umgs.*) s'en tirer bien/mal avec quelque chose
der **Abschnitt** ❶ *eines Textes* le paragraphe ❷ (*Kontrollabschnitt*) *einer Eintrittskarte* la partie détachable; *einer Bestellkarte* le coupon ❸ (*Zeitabschnitt*) la période ❹ *einer Autobahn* le tronçon; *einer Strecke* l'étape (*weiblich*)
abschotten ❶ **sich abschotten** (*sich zurückziehen*) s'isoler ❷ (*ungestört sein*) **sich völlig abschotten** faire le mort
abschrauben dévisser
abschrecken ❶ **jemanden abschrecken** *Preis, Strafe:* rebuter quelqu'un; **jemanden vom Stehlen abschrecken** dissuader quelqu'un de voler ❷ refroidir *Eier* ❸ *Waffen:* être dissuasif/dissuasive ▸ **sich nicht abschrecken lassen** ne pas se laisser décourager
abschreckend ❶ *Beispiel, Wirkung* dissuasif/ dissuasive; *Eindruck* défavorable ❷ **abschreckend wirken** *Strafe:* avoir un effet dissuasif
die **Abschreckung** (*militärisch*) la dissuasion
abschreiben ❶ recopier *Gedicht* ❷ **etwas von jemandem abschreiben** copier quelque chose sur quelqu'un; **etwas aus einem Buch/von einem Blatt abschreiben** copier quelque chose dans un livre/sur une feuille; **ihr dürft nicht abschreiben!** il est interdit de copier! ▸ **ich hatte ihn/sie schon abgeschrieben** (*umgs.*) je ne comptais plus sur lui/sur elle
abschürfen sich die Haut abschürfen s'écorcher la peau
der **Abschuss** ❶ *eines Geschützes* le tir; *einer Rakete* le lancement ❷ (*Zerstörung*) *eines Flugkörpers* la destruction ▸ **zum Abschuss freigeben** autoriser la chasse de *Tier;* (*übertragen*) lâcher la meute sur *Person*
abschüssig *Straße* raide; *Hang* en pente
abschütteln ❶ **den Schnee vom Mantel abschütteln** faire tomber [en secouant] la neige de son manteau ❷ semer *Verfolger* ❸ évacuer *Ärger, Gedanken*

abschwächen ❶ atténuer *Wirkung* ❷ édulcorer *Formulierung* ❸ amortir *Aufprall* ❹ **sich abschwächen** *Lärm:* s'atténuer
abschweifen faire une digression; **vom Thema abschweifen** s'écarter du sujet
abschwellen ❶ *Gelenk:* désenfler ❷ *Lärm:* faiblir
absehbar ❶ prévisible ❷ **es war absehbar, dass sie nicht [zur Feier] kommen würde** on pouvait s'attendre à ce qu'elle ne vienne pas [à la fête]
absehen ❶ **etwas absehen können** pouvoir prévoir quelque chose ❷ **von einer Klage absehen** renoncer à une plainte ▸ **es auf jemanden abgesehen haben** (*jemanden schikanieren wollen*) en vouloir à quelqu'un; (*an jemandem interessiert sein*) avoir des visées sur quelqu'un; **er/sie hat es auf dein Geld abgesehen** il/elle en veut à ton argent
abseits ❶ (*im Sport*) **abseits sein** être °hors-jeu ❷ **abseits des Dorfs** à l'écart du village
das **Abseits** (*im Sport*) le °hors-jeu
abseitshalten sich abseitshalten se tenir à l'écart
abseitssitzen se tenir à l'écart
abseitsstehen ❶ (*sich fernhalten*) se tenir à l'écart ❷ (*im Sport*) être °hors-jeu
absenden expédier *Brief, Paket;* envoyer *E-Mail*
der **Absender** l'expéditeur (*männlich*)
die **Absenderin** l'expéditrice (*weiblich*)
absetzen ❶ poser *Glas, Tasse* ❷ déposer *Fahrgast* ❸ enlever *Hut* ❹ destituer *Minister* ❺ écouler *Waren* ❻ **etwas von der Steuer absetzen** déduire quelque chose des impôts ❼ annuler *Veranstaltung* ❽ arrêter *Medikament* ❾ **sich absetzen** *Substanz, Rückstände:* se déposer ❿ **sich ins Ausland absetzen** (*umgs.*) se tirer à l'étranger ⓫ (*einen Kontrast bilden*) **sich von etwas absetzen** trancher sur quelque chose
absichern ❶ protéger *Haus;* **ein Gebäude absichern** *Polizei:* assurer la sécurité d'un bâtiment ❷ **sich gegen ein Risiko absichern** se prémunir contre un risque
die **Absicht** ❶ l'intention (*weiblich*) ❷ **etwas mit Absicht tun** faire quelque chose exprès; **das war keine [böse] Absicht** ce n'était pas fait exprès, ce n'était pas intentionnel
absichtlich etwas absichtlich tun faire quelque chose exprès
absinken *Leistungen:* baisser
absitzen ❶ laisser passer *Zeit* ❷ purger *Haftstrafe* ❸ *Reiter:* mettre pied à terre

absolut ❶ *Verbot, Ruhe* absolu(e); *Ablehnung* catégorique ❷ **das ist absoluter Blödsinn!** (*umgs.*) c'est de la pure idiotie! ❸ (*umgs.: völlig*) *unverständlich* absolument
die **Absolution** l'absolution (*weiblich*); **jemandem die Absolution erteilen** *Priester:* donner l'absolution à quelqu'un
der **Absolvent** *einer Universität* le diplômé
die **Absolventin** *einer Universität* la diplômée
absolvieren effectuer *Ausbildung;* passer *Prüfung;* accomplir *Wehrdienst*
absondern ❶ etwas absondern *Drüse:* sécréter quelque chose ❷ **sich von den anderen absondern** s'isoler des autres
absorbieren (*auch übertragen*) absorber
abspeichern sauvegarder *Daten*
abspeisen jemanden mit wenigen Worten abspeisen se contenter de donner quelques explications à quelqu'un
abspenstig jemandem die Kunden abspenstig machen prendre les clients à quelqu'un
absperren ❶ barrer *Straße* ❷ Ⓐ **[die Tür] absperren** fermer [la porte] à clé
die **Absperrung** le barrage
abspielen ❶ passer *CD, Ball* ❷ **sich abspielen** *Szene, Unfall:* se dérouler
die **Absprache** l'accord (*männlich*); **nach Absprache** après accord
absprechen ❶ convenir de *Termin, Plan;* s'entendre sur *Aussagen;* **wir haben das [miteinander] abgesprochen** nous nous sommes entendus là-dessus ❷ **sich mit jemandem absprechen** s'entendre avec quelqu'un ❸ dénier *Recht*
abspringen ❶ **mit dem rechten Fuß abspringen** sauter du pied droit ❷ **aus einem Flugzeug abspringen** sauter d'un avion ❸ *Farbe:* s'écailler ❹ (*umgs.: sich zurückziehen*) se raviser
der **Absprung** (*aus einem Flugzeug*) le saut ▶ **den Absprung schaffen** (*umgs.*) sauter le pas
abstammen descendre
die **Abstammung** l'origine (*weiblich*)
der **Abstand** ❶ l'écart (*männlich*) ❷ (*im Straßenverkehr*) **Abstand halten** respecter les distances ❸ (*zeitliche Distanz*) l'intervalle (*männlich*) ❹ (*innere Distanz*) le recul ▶ **mit Abstand** de loin
abstauben ❶ dépoussiérer *Möbel* ❷ **etwas von [oder bei] jemandem abstauben** (*umgs.*) piquer quelque chose à quelqu'un
der **Abstecher** ❶ (*Ausflug*) la virée ❷ (*Umweg*) le crochet

absteigen ❶ descendre; **vom Fahrrad/vom Pferd absteigen** descendre de vélo/de cheval ❷ **in einem kleinen Hotel absteigen** (*umgs.*) descendre à un petit hôtel ❸ **in die zweite Liga absteigen** descendre en deuxième division; **sozial absteigen** régresser socialement
abstellen ❶ poser *Koffer, Tasse* ❷ garer *Wagen* ❸ débrancher *Computer;* arrêter *Motor;* couper *Gas, Wasser*
der **Abstellraum** le débarras
abstempeln ❶ tamponner *Brief* ❷ **jemanden als Wichtigtuer abstempeln** cataloguer quelqu'un comme frimeur
der **Abstieg** ❶ (*auch im Sport*) la descente ❷ (*sozial*) la baisse
abstimmen ❶ (*seine Stimme abgeben*) voter; **über einen Vorschlag abstimmen lassen** soumettre une proposition au vote ❷ coordonner *Termine;* **Farben aufeinander abstimmen** assortir les couleurs ❸ **sich mit jemandem abstimmen** se mettre d'accord avec quelqu'un
die **Abstimmung** (*Stimmabgabe*) le vote; **in geheimer Abstimmung** à bulletin secret
abstinent abstinent(e)
die **Abstinenz** l'abstinence (*weiblich*)
abstoßen ❶ (*anwidern*) dégoûter ❷ rejeter *Transplantat* ❸ écorner *Ecke* ❹ vendre *Wertpapiere* ❺ être imperméable à *Wasser* ❻ **sich vom Beckenrand abstoßen** prendre son élan s'appuyant contre le rebord de la piscine; **das Boot vom Ufer abstoßen** pousser le bateau pour l'éloigner de la rive
abstoßend *Äußeres* répugnant(e)
abstrakt ❶ *Vorstellung* abstrait(e) ❷ **abstrakt denken** penser d'une manière abstraite
abstreiten ❶ nier *Tat;* dénier *Beteiligung* ❷ **das kann man nicht abstreiten** il faut bien le reconnaître
der **Abstrich** ❶ **Abstriche machen [müssen]** (*in finanzieller Hinsicht*) [devoir] se restreindre; (*in ideeller Hinsicht*) [devoir] en rabattre ❷ (*medizinisch*) le frottis
abstufen ❶ échelonner *Gehälter* ❷ dégrader *Farbtöne* ❸ aménager en terrasses *Gelände, Hang* ❹ **die Haare abstufen** couper les cheveux en dégradé
die **Abstufung** ❶ (*Staffelung*) le barème ❷ (*Nuance*) le dégradé
abstumpfen ❶ (*gefühllos machen*) abrutir *Person;* émousser *Gewissen;* **so ein Leben stumpft ab** une vie pareille abrutit ❷ (*gefühllos werden*) *Person:* s'abrutir; *Gewissen:* s'émousser

der **Absturz** ❶ *eines Bergsteigers* la chute; *eines Flugzeugs* le crash [kraʃ] ❷ *eines Computers* le plantage, le crash
abstürzen ❶ *Flugzeug:* s'écraser; **hier ist neulich ein Bergsteiger abgestürzt** récemment, un alpiniste a dévissé ici ❷ *Computer:* se planter
abstützen ❶ **sich an der Wand abstützen** s'appuyer au mur ❷ (*durch Träger*) étayer *Decke*
absuchen ratisser *Gegend*
absurd absurde
der **Abszess** l'abcès *(männlich)*
der **Abt** l'abbé *(männlich)*
abtasten ❶ (*befühlen*) palper ❷ (*durchsuchen*) fouiller ❸ (*elektronisch*) **etwas abtasten** *Scanner:* lire quelque chose par balayage
abtauen ❶ dégivrer *Kühlschrank* ❷ (*schmelzen*) *Eis:* fondre
die **Abtei** l'abbaye *(weiblich)*
das **Abteil** le compartiment
abteilen délimiter *Raum*
die **Abteilung** ❶ *einer Firma, eines Krankenhauses* le service ❷ *eines Geschäfts* le rayon
der **Abteilungsleiter** ❶ (*in einer Firma*) le chef de service ❷ (*in einem Geschäft*) le chef de rayon
die **Abteilungsleiterin** ❶ (*in einer Firma*) la chef de service ❷ (*in einem Geschäft*) la chef de rayon
abtippen (*umgs.*) taper
die **Äbtissin** l'abbesse *(weiblich)*
abtragen ❶ déblayer *Erdreich* ❷ démolir *Mauer* ❸ **seine Schulden abtragen** (*gehoben*) s'acquitter de ses dettes
abtreiben ❶ (*vom Kurs abkommen*) *Boot, Ballon:* dériver ❷ **die Strömung hat das Boot abgetrieben** le courant a fait dériver le bateau ❸ [**ein Kind**] **abtreiben lassen** se faire avorter; **sie hat abgetrieben** elle a avorté
die **Abtreibung** l'avortement *(männlich)*
abtrennen ❶ détacher *Coupon* ❷ découdre *Knöpfe* ❸ délimiter *Raum*
abtreten ❶ **sich die Schuhe abtreten** s'essuyer les pieds [sur le paillasson] ❷ **jemandem seine Rechte abtreten** céder ses droits à quelqu'un ❸ **von der Bühne abtreten** quitter la scène ❹ **ein abgetretener Teppich** un tapis usé
abtrocknen ❶ essuyer; **sich die Hände abtrocknen** s'essuyer les mains ❷ [**das Geschirr**] **abtrocknen** essuyer [la vaisselle]
abtropfen s'égoutter, égoutter; **den Schirm abtropfen lassen** laisser s'égoutter [*oder* laisser égoutter] le parapluie

abwägen peser *Vorteile;* examiner avec soin *Angebot*
abwählen blackbouler *Person;* abandonner *Schulfach*
abwälzen se décharger de *Verantwortung;* répercuter *Kosten;* [**die**] **Arbeit auf jemanden abwälzen** se décharger de la corvée sur quelqu'un; **die Schuld auf jemanden abwälzen** rejeter la faute sur quelqu'un
abwandeln modifier *Melodie*
abwandern ❶ (*wegziehen*) déménager ❷ (*übertragen*) *Kapital:* fuir
der **Abwart** 🇨🇭 le gardien de l'immeuble
abwarten ❶ attendre ❷ **den Briefträger abwarten** attendre l'arrivée du facteur ❸ **den Regen abwarten** attendre la fin de la pluie
die **Abwartin** 🇨🇭 la gardienne de l'immeuble
abwärts en bas; **weiter abwärts** plus bas
abwärtsgehen (*nach unten gehen oder führen*) *Wanderer, Weg:* descendre ▶ **es geht abwärts** (*wird schlechter*) la situation empire [*oder* s'aggrave]
der **Abwärtstrend** la tendance à la baisse
der **Abwasch** (*umgs.*) la vaisselle; **den Abwasch machen** faire la vaisselle
abwaschbar lavable
abwaschen ❶ [**das Geschirr**] **abwaschen** faire la vaisselle ❷ (*säubern*) laver ❸ (*entfernen*) enlever
das **Abwasser** les eaux *(weiblich)* usées

> **V** Der Singular *das Abwasser* wird mit einem Plural übersetzt: *das Abwasser <u>wird</u> in der Kläranlage gereinigt – les eaux usées <u>sont</u> dépolluées en station d'épuration.*

abwechseln **sich mit jemandem abwechseln** alterner avec quelqu'un; **sich beim Fahren abwechseln** se relayer pour conduire
abwechselnd ❶ (*einer nach dem anderen*) à tour de rôle ❷ (*eins nach dem anderen*) tour à tour
die **Abwechslung** ❶ (*Zerstreuung*) la distraction ❷ (*Veränderung*) le changement ▶ **zur Abwechslung** pour changer
abwechslungsreich ❶ *Ernährung* varié(e) ❷ **sich abwechslungsreich ernähren** avoir une alimentation variée
die **Abwege** **auf Abwege geraten** sortir du droit chemin
abwegig *Idee* aberrant(e)
die **Abwehr** ❶ (*im Sport*) la défense ❷ (*beim Militär*) la riposte ❸ (*Spionageabwehr*) le contre-espionnage ❹ (*Abwehrkraft*) des Organismus la défense ❺ (*Immunsystem*) les défenses *(weiblich)*

> **V** In ⑤ wird der Singular *die Abwehr* mit einem Plural übersetzt: *die Abwehr dieses Kranken ist geschwächt – les défenses de ce malade sont affaiblies.*

abwehren ① (*im Sport*) repousser *Strafstoß*; stopper *Angriff* ② parer *Schlag* ③ repousser *Feind* ④ écarter *Gefahr*
die **Abwehrkräfte** *des Körpers* les défenses *(weiblich)* [immunitaires]
abweichen ① *von etwas abweichen* s'écarter de quelque chose ② *voneinander abweichen* diverger ③ *vom Kurs abweichen Flugzeug, Schiff:* dévier de sa route ④ *eine abweichende Meinung haben* être d'avis différent
die **Abweichung** ① (*Unterschiedlichkeit*) la divergence ② (*Abkommen vom Kurs*) la déviation ③ (*Differenz*) l'écart *(männlich)*
abweisen ① (*wegschicken*) renvoyer ② rejeter *Bitte*
abweisend ① *Haltung* rebutant(e) ② *sich abweisend verhalten* avoir une attitude de refus
abwenden ① détourner *Blick* ② *sich abwenden* se détourner; *sich von jemandem abwenden* tourner le dos à quelqu'un ③ éviter *Folgen*; détourner *Unheil*; écarter *Gefahr*
abwerfen ① lâcher *Ballast*; parachuter *Hilfsgüter*; larguer *Bomben*; *jemanden abwerfen Reittier:* désarçonner quelqu'un ② rapporter *Gewinn* ③ se défausser de *Karte*
abwerten dévaluer *Währung*
die **Abwertung** *einer Währung* la dévaluation
abwesend *Person* absent(e)
die **Abwesenheit** l'absence *(weiblich)*
abwickeln ① défaire *Verband* ② *etwas von einer Rolle abwickeln* dérouler quelque chose [d'un rouleau] ③ (*durchführen*) exécuter *Auftrag*; réaliser *Geschäft* ④ (*auflösen*) liquider *Firma*
abwimmeln (*umgs.*) envoyer balader *Vertreter*
abwischen essuyer
der **Abwurf** ① *von Ballast* le lâchage; *von Bomben* le largage ② (*bei Ballspielen*) le dégagement [à la main]
abwürgen (*umgs.*) ① caler *Motor* ② couper court à *Diskussion*; étouffer *Forderung*
abzahlen ① rembourser *Kredit* ② *das Auto abzahlen* payer la voiture à tempérament
abzählen compter
das **Abzeichen** l'insigne *(männlich)*
abzeichnen ① (*abmalen*) reproduire ② (*signieren*) signer ③ *sich abzeichnen* (*erkennbar werden*) se profiler; (*durchscheinen*) se dessiner
abziehen ① déduire *Betrag* ② retenir *Steuern* ③ (*subtrahieren*) retrancher ④ (*sich zurückziehen*) *Truppen*: se retirer ⑤ (*umgs.: weggehen*) décamper ⑥ *Rauch*: se dissiper; *Gewitter*: s'éloigner ⑦ *das Bett abziehen* retirer les draps [du lit] ⑧ *einem Tier das Fell abziehen* dépouiller un animal
der **Abzug** ① *eines Rabatts* la déduction; *von Steuern* la retenue ② *von Fotos* l'épreuve *(weiblich)* ③ *von Truppen, Kapital* le retrait ④ *eines Kamins* le tirage; (*Abzugsöffnung*) le conduit de fumée ⑤ *einer Schusswaffe* la détente
abzüglich déduction faite de
abzweigen ① *von etwas abzweigen Weg, Gleis:* bifurquer de quelque chose ② *hundert Euro von etwas abzweigen* (*umgs.*) prélever cent euros sur quelque chose
die **Abzweigung** *eines Wegs* l'embranchement *(männlich)*
ach ① (*Ausruf der Verärgerung*) ah; *ach was!* allons donc! ② (*Ausruf der Überraschung*) ah; *ach nein!* (*umgs.*) allons donc!; *ach so!* (*aha*) ah bon!; (*nun gut*) bon, bon! *Ach mit Ach und Krach* (*umgs.*) avec bien du mal
die **Achse** ① *eines Fahrzeugs* l'essieu *(männlich)* ② (*in der Mathematik*) l'axe *(männlich)*; *sich um die eigene Achse drehen* tourner autour de son axe ▶ *immer auf Achse sein* (*umgs.: oft reisen*) être toujours en vadrouille; (*oft geschäftlich reisen*) être toujours sur les routes
die **Achsel** ① (*Achselhöhle*) l'aisselle *(weiblich)* ② (*Schulter*) l'épaule *(weiblich)*; *mit den Achseln zucken* °hausser les épaules
acht[1] ① °huit [´ɥit, ´ɥi]; *acht Erdbeeren und eine Banane* °huit fraises [´ɥi frɛz] et une banane; *es steht acht zu drei geschrieben:* **8:3** le score est de °huit à trois geschrieben: 8 à 3 [´ɥit a trwa] ② (*bei der Altersangabe*) *er/sie ist acht [Jahre alt]* il/elle a °huit ans [´ɥit ã]; *mit acht [Jahren]* à °huit ans ③ (*bei Uhrzeit- und Zeitangaben*) *es ist acht [Uhr]* il est °huit heures [´ɥit œʀ]; *um acht [Uhr]* à °huit heures; *gegen acht [Uhr]* vers °huit heures; *kurz vor acht* peu avant °huit heures; *es ist schon kurz nach acht* il est déjà °huit heures passées; *alle acht Stunden* toutes les °huit heures; *heute in acht Tagen* dans °huit jours; *[am] Montag in acht Tagen* lundi en °huit ④ (*bei Geschwindigkeitsangabe*) *mit acht Stundenkilometern* à °huit kilomètres à l'heure

acht² zu acht sein être °huit; **zu acht verreisen** partir en voyage à °huit
Acht ❶ **Acht geben** faire attention ❷ **auf jemanden Acht geben** surveiller quelqu'un ❸ **außer Acht lassen** ne pas tenir compte de ❹ **sich in Acht nehmen** se tenir sur ses gardes; **sich vor jemandem/vor etwas in Acht nehmen** se méfier de quelqu'un/de quelque chose
die **Acht** (*Zahl, Spielkarte, Buslinie*) le °huit [´ɥit] ⚠ *männlich*; **der Spieler mit der Acht** [auf dem Rücken] le joueur qui porte le numéro °huit [´ɥit]
der **Achte** ❶ (*in Bezug auf die Reihenfolge, die Leistung*) le °huitième; **als Achter** en °huitième position; **jeder Achte** une personne sur °huit ❷ (*bei der Datumsangabe*) le °huit *geschrieben:* le 8 [lə ´ɥit]; **am Achten** *geschrieben:* **am 8.** le °huit *geschrieben:* le 8 [lə ´ɥit] ❸ (*bei Schaltgetrieben*) la °huitième ⚠ *weiblich*; **in den Achten schalten** passer en °huitième ❹ (*als Namenszusatz*) **Karl der Achte** *geschrieben:* **Karl VIII.** Charles °huit *geschrieben:* Charles VIII [ʃaʀl(ə) ´ɥit]
die **Achte** ❶ (*in Bezug auf die Reihenfolge, die Leistung*) la °huitième; **als Achte** en °huitième position; **jede Achte** une personne sur °huit ❷ (*Klassenstufe*) ≈ la quatrième
achte(r, s) ❶ °huitième; **jeder achte Franzose** un Français sur °huit [´ɥit] ❷ (*bei der Datumsangabe*) **der achte März** *geschrieben:* **der 8. März** le °huit mars [lə ´ɥi maʀs] le 8 mars; **am achten Mai** *geschrieben:* **am 8. Mai** le °huit mai *geschrieben:* le 8 mai [lə ´ɥi mɛ]; **am Freitag, den 8. April** le vendredi 8 avril [lə vãdʀədi ´ɥit avʀil]; **Bonn, den 8. Juni** Bonn, le 8 juin [bɔn lə ´ɥi ʒɥɛ̃] ❸ (*bei den Klassenstufen*) **die achte Klasse** ≈ la quatrième
das **Achteck** l'octogone (ɔktɔgɔn, ɔktogon)
achteckig octogonal(e)
achteinhalb °huit ... et demi(e); **achteinhalb Liter** °huit litres et demi; **achteinhalb Stunden** °huit heures et demie
achtel ein achtel Gramm un °huitième de gramme
das **Achtel** ❶ le °huitième ❷ (*Achtelliter*) **ein Achtel Rotwein** ≈ un ballon de vin rouge ❸ (*achtel Pfund*) le demi-quart; **ein Achtel Butter** un demi-quart de beurre
das **Achtelfinale** le °huitième de finale
die **Achtelnote** (*in der Musik*) la croche
achten ❶ estimer *Person* ❷ respecter *Gesetze* ❸ **auf jemanden/auf etwas achten** (*auf-*

passen) surveiller quelqu'un/quelque chose; (*beachten*) faire attention à quelqu'un/à quelque chose ❹ **er achtet auf eine ausgewogene Ernährung** il veille à avoir une alimentation équilibrée
achtens °huitièmement
die **Achterbahn** le grand °huit [gʀã ´ɥit]
achterlei °huit ... divers(es); **achterlei Formate** °huit formats divers; **achterlei Farben** °huit couleurs diverses; **achterlei Sorten Brot** °huit sortes de pain
achtfach ❶ **eine achtfache Vergrößerung** un agrandissement °huit fois plus grand; **in achtfacher Ausfertigung** en °huit exemplaires; **nehmen Sie die achtfache Menge** prenez °huit fois cette quantité ❷ **ein Blatt achtfach falten** plier une feuille en °huit [ã ´ɥit]
das **Achtfache** ❶ l'octuple (*männlich*) ❷ **das Achtfache verdienen** gagner °huit fois plus; **um das Achtfache** de °huit fois; **um das Achtfache höher** °huit fois plus élevé(e)
achtgeben sehr achtgeben faire très attention
achthundert °huit cents [´ɥi sã]
achtjährig Kind de °huit ans [´ɥit ã]
der **Achtjährige** le garçon de °huit ans [´ɥit ã]
die **Achtjährige** la fille de °huit ans [´ɥit ã]
achtlos ❶ *Blick* inattentif/inattentive; **achtlos sein** ne pas faire attention ❷ *handeln* sans faire attention
achtmal °huit fois; **achtmal so viel** °huit fois plus; **achtmal so viele Leute** °huit fois plus de gens
die **Achtraumwohnung** l'appartement (*männlich*) de °huit pièces
achtstöckig Gebäude de °huit étages
der **Achtstundentag** la journée de °huit heures
achtstündig Reise, Aufenthalt de °huit heures
achttausend °huit mille

> ⓖ Das Zahlwort *mille* ist unveränderlich.

achtteilig en °huit parties
achtundzwanzig ❶ vingt-huit [vɛ̃tɥit, vɛ̃tɥi] ❷ (*bei der Altersangabe*) **er/sie ist achtundzwanzig [Jahre alt]** il/elle a vingt-huit ans [vɛ̃tɥit ã]; **mit achtundzwanzig [Jahren]** à vingt-huit ans
die **Achtundzwanzig** (*Zahl, Buslinie*) le vingt-huit [vɛ̃tɥit] ⚠ *männlich*
der **Achtundzwanzigste** ❶ (*in Bezug auf die Reihenfolge, die Leistung*) le vingt-huitième [vɛ̃tɥitjɛm] ❷ (*bei der Datumsangabe*) le vingt-huit *geschrieben:* le 28 [vɛ̃tɥit]; **am Achtundzwanzigsten** *geschrieben:*

am 28. le vingt-huit *geschrieben:* le 28 [lə vɛ̃tɥit]
die **Achtundzwanzigste** (*in Bezug auf die Reihenfolge, die Leistung*) la vingt-huitième [vɛ̃tɥitjɛm]
achtundzwanzigste(r, s) ❶ vingt-huitième [vɛ̃tɥitjɛm] ❷ (*bei der Datumsangabe*) **der achtundzwanzigste Dezember** *geschrieben:* **der 28. Dezember** le vingt-huit décembre *geschrieben:* le 28 décembre [lə vɛ̃tɥi desɑ̃bʀ]
Achtung Achtung! attention!; **Achtung, fertig, los!** attention! prêts? partez!
die **Achtung** (*Respekt*) le respect; **sich Achtung bei jemandem verschaffen** imposer le respect à quelqu'un ▶ **alle Achtung!** chapeau bas!
achtzehn ❶ dix-huit [dizɥit, dizɥi] ❷ (*bei der Altersangabe*) **er/sie ist achtzehn [Jahre alt]** il/elle a dix-huit ans [dizɥit ɑ̃]; **mit achtzehn [Jahren]** à dix-huit ans ❸ (*bei Uhrzeitangaben*) **es ist achtzehn Uhr** il est dix-huit heures [dizɥit œʀ]; **um achtzehn Uhr** à dix-huit heures; **gegen achtzehn Uhr** vers dix-huit heures; **kurz vor achtzehn Uhr** peu avant dix-huit heures; **es ist schon kurz nach achtzehn Uhr** il est déjà dix-huit heures passées
die **Achtzehn** (*Zahl, Buslinie*) le dix-huit △ *männlich*
der **Achtzehnte** ❶ (*in Bezug auf die Reihenfolge, die Leistung*) le dix-huitième; **als Achtzehnter** en dix-huitième position; **jeder Achtzehnte** une personne sur dix-huit ❷ (*bei der Datumsangabe*) le dix-huit *geschrieben:* le 18 [lə dizɥit]; **am Achtzehnten** *geschrieben:* **am 18.** le dix-huit *geschrieben:* le 18 [lə dizɥit]
die **Achtzehnte** (*in Bezug auf die Reihenfolge, die Leistung*) la dix-huitième; **als Achtzehnte** en dix-huitième position; **jede Achtzehnte** une personne sur dix-huit
achtzehnte(r, s) ❶ dix-huitième [dizɥitjɛm] ❷ (*bei der Datumsangabe*) **der achtzehnte Mai** *geschrieben:* **der 18. Mai** le dix-huit mai *geschrieben:* le 18 mai [lə dizɥi mɛ]; **am achtzehnten Mai** *geschrieben:* **am 18. Mai** le dix-huit mai *geschrieben:* le 18 mai [lə dizɥi mɛ]; **am Freitag, den 18. April** le vendredi 18 avril [lə vɑ̃dʀədi dizɥit avʀil]; **Bonn, den 18. Juni** Bonn, le 18 juin [bɔn lə dizɥi ʒɥɛ̃]
achtzig ❶ quatre-vingts, °huitante [´ɥitɑ̃t] ⒸⒽ ❷ (*bei der Altersangabe*) **er/sie ist achtzig [Jahre alt]** il/elle a quatre-vingts ans,

il/elle a °huitante ans ⒸⒽ; **mit achtzig [Jahren]** à quatre-vingts ans, à °huitante ans ⒸⒽ ❸ (*bei der Zeitangabe*) **in** [*oder* **innerhalb von**] **achtzig Tagen** en quatre-vingts jours, en °huitante jours ⒸⒽ ❹ (*bei der Geschwindigkeitsangabe*) **mit achtzig Stundenkilometern** à quatre-vingts kilomètres à l'heure, à °huitante kilomètres à l'heure ⒸⒽ ▶ **auf achtzig sein** (*umgs.*) être en pétard
die **Achtzig** (*Zahl, Buslinie*) le quatre-vingts △ *männlich*, le °huitante [´ɥitɑ̃t] ⒸⒽ
achtziger die achtziger Jahre *eines Jahrhunderts* les années (*weiblich*) quatre-vingts
achtzigste(r, s) quatre-vingtième, °huitantième [´ɥitɑ̃tjɛm] ⒸⒽ; **jemandem zu seinem achtzigsten Geburtstag gratulieren** féliciter quelqu'un à l'occasion de son quatre-vingtième anniversaire
die **Achtzimmerwohnung** l'appartement (*männlich*) de °huit pièces
ächzen ❶ **vor Schmerzen ächzen** gémir de douleur; **vor Anstrengung ächzen** gémir sous l'effort ❷ (*knarren*) grincer
der **Acker** le champ
der **Ackerbau** l'agriculture (*weiblich*)
das **Ackerland** la terre arable
ackern (*umgs.: arbeiten*) bosser
das **Acryl** l'acrylique (*männlich*)
der **Actionfilm** ['ɛkʃnfɪlm] le film d'action
der **ADAC** *Abkürzung von* **Allgemeiner Deutscher Automobil-Club** le club automobile allemand
der **Adapter** l'adaptateur (*männlich*)
addieren additionner
die **Addition** l'addition (*weiblich*)
ade au revoir
der **Adel** la noblesse
adelig →**adlig**
adeln anoblir
die **Ader** ❶ (*Blutgefäß*) la veine ❷ (*im Bergbau*) le filon ❸ *eines Blatts* la nervure ▶ **eine künstlerische Ader haben** avoir un don pour l'art
das **Adjektiv** (*in der Grammatik*) l'adjectif (*männlich*)
der **Adler** l'aigle (*männlich*)
adlig noble
die **Adlige** le noble
die **Adlige** la noble
der **Admiral** ❶ (*beim Militär*) l'amiral (*männlich*) ❷ (*Schmetterling*) le vulcain
die **Admiralin** l'amiral (*männlich*)
adoptieren adopter
die **Adoption** l'adoption (*weiblich*)
die **Adoptiveltern** les parents (*männlich*) adoptifs

das **Adoptivkind** l'enfant (männlich) adopté, l'adopté (männlich)
das **Adrenalin** l'adrénaline (weiblich) ⚠️
der **Adressat** le destinataire
die **Adressatin** la destinataire
das **Adressbuch** ❶ (Notizbuch) le carnet d'adresses ❷ (amtliches Verzeichnis) l'annuaire (männlich)
die **Adresse** ❶ l'adresse (weiblich) ❷ (Firma) **die ersten Adressen** les meilleures maisons (weiblich) ▶ **bei jemandem an der falschen Adresse sein** (umgs.) se tromper d'adresse
adressieren mettre l'adresse sur Briefumschlag; **an wen ist der Brief adressiert?** à qui la lettre est-elle adressée?
das **A-Dur** le la majeur
der **Advent** l'avent (männlich)
der **Adventskalender** le calendrier de l'avent
der **Adventskranz** la couronne de l'avent
das **Adverb** (in der Grammatik) l'adverbe (männlich)
adverbial Gebrauch adverbial(e); **die adverbialen Bestimmungen** les compléments (männlich) circonstanciels
der **Advokat** Ⓐ, ⒸⒽ l'avocat (männlich)
die **Advokatin** Ⓐ, ⒸⒽ l'avocate (weiblich)
das/die **Aerobic** [ɛˈroːbɪk] l'aérobic (weiblich)
die **Affäre** ❶ (Angelegenheit) l'affaire (weiblich) ❷ (Liebesabenteuer) l'aventure (weiblich) ▶ **sich aus der Affäre ziehen** (umgs.) se tirer d'affaire
der **Affe** ❶ le singe ❷ (umgs.: unangenehmer Mensch) le conard
der **Affekt** **etwas im Affekt tun** faire quelque chose sous le coup d'une émotion
affektiert (abwertend) ❶ Person maniéré(e); Benehmen, Stil affecté(e) ❷ sprechen, gestikulieren avec affectation
die **Affiche** [ˈafiʃ] ⒸⒽ l'affiche (weiblich)
affig (umgs.) Benehmen chichiteux/chichiteuse
Afghanistan l'Afghanistan (männlich)
Afrika l'Afrique (weiblich)
der **Afrikaner** l'Africain (männlich)
die **Afrikanerin** l'Africaine (weiblich)
afrikanisch africain(e)
der **After** l'anus (männlich)
die **AG** Abkürzung von **Aktiengesellschaft** ≈ la S.A.
die **Ägäis** la mer Égée
der **Agent** l'agent (männlich)
die **Agentin** l'agent (männlich)
die **Agentur** l'agence (weiblich)
das **Aggregat** (Stromaggregat) le groupe électrogène

die **Aggressionen** les impulsions (weiblich) agressives; **voller Aggressionen sein** être très agressif/agressive

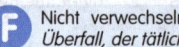 Nicht verwechseln mit *l'agression – der Überfall, der tätliche Angriff!*

aggressiv ❶ Person agressif/agressive ❷ Substanz corrosif/corrosive ❸ reagieren avec agressivité
die **Aggressivität** l'agressivité (weiblich)
das **Agrarerzeugnis** le produit agricole
Ägypten l'Égypte (weiblich)
der **Ägypter** l'Égyptien (männlich)
die **Ägypterin** l'Égyptienne (weiblich)
ägyptisch égyptien(ne)
ah ah
aha ❶ (ach so) °ha ❷ (sieh da) tiens [, tiens]
das **Aha-Erlebnis** le déclic
die **Ahnen** les aïeux (männlich)
ahnen ❶ se douter de Ereignis; pressentir Gefahr; **das konnte ich doch nicht ahnen!** je ne pouvais pas le deviner! ❷ **nichts ahnend die Tür öffnen** ouvrir la porte sans se douter de rien
ähnlich ❶ Kleid, Vorschlag semblable ❷ **jemandem ähnlich sehen** ressembler à quelqu'un ❸ **ich habe das ganz ähnlich erlebt** j'ai fait exactement la même expérience ▶ **das sieht ihm ähnlich!** (umgs.) c'est bien de lui!
die **Ähnlichkeit** (im Aussehen) la ressemblance
die **Ahnung** ❶ (Vorgefühl) le pressentiment ❷ (Vermutung) la présomption ❸ **er hat keine Ahnung, dass du das weißt** il ne sait pas que tu es au courant ❹ **sie hat ziemlich viel Ahnung von EDV** (umgs.) elle s'y connaît plutôt bien en informatique; **ich habe keine Ahnung von Jazz** (umgs.) je n'y connais rien au jazz ▶ **keine Ahnung!** (umgs.) aucune idée!
ahnungslos Passagier, Passant inconscient(e) [du danger]; **ahnungslos sein** (arglos sein) ne se douter de rien; (unwissend sein) être ignorant(e)
ahoi ohé
der **Ahorn** l'érable (männlich)
die **Ähre** (Blütenstand) l'épi (männlich)
Aids [eɪds] Abkürzung von **Acquired Immune Deficiency Syndrome** le sida; **Aids haben** avoir le sida
die **Aidsforschung** la sidologie
aidsinfiziert séropositif/séropositive
aidskrank malade du sida
der **Aidskranke** le sidéen
die **Aidskranke** la sidéenne

der **Aidstest** le test de dépistage du sida
die **Aidstherapie** la sidologie
das/der **Aidsvirus** le virus du sida
der **Airbag** [ˈɛːɐbɛk] l'airbag® *(männlich)*
der **Airbus**® [ˈɛːɐbʊs] l'airbus® *(männlich)*
die **Akademie** (*Kunstakademie*) l'école *(weiblich)* des beaux-arts
der **Akademiker** le diplômé de l'enseignement supérieur

> **F** Nicht verwechseln mit *l'académicien – das Mitglied der Académie française!*

die **Akademikerin** la diplômée de l'enseignement supérieur

> **F** Nicht verwechseln mit *l'académicienne – das Mitglied der Académie française!*

akademisch *Ausbildung* universitaire
akklimatisieren sich akklimatisieren s'acclimater
der **Akkord** ❶ (*in der Musik*) l'accord *(männlich)* ❷ **im Akkord arbeiten** travailler aux pièces
die **Akkordarbeit** le travail aux pièces
das **Akkordeon** l'accordéon *(männlich)*
der **Akkusativ** (*in der Grammatik*) l'accusatif *(männlich)*
der **Akrobat** l'acrobate *(männlich)*
die **Akrobatin** l'acrobate *(weiblich)*
der **Akt**¹ ❶ *eines Theaterstücks* l'acte *(männlich)* ❷ (*Gemälde*) le nu ❸ (*Tat*) **ein Akt der Verzweiflung** un acte désespéré
der **Akt**² Ⓐ le dossier
die **Akte** le dossier ▶ **etwas zu den Akten legen** classer quelque chose
der **Aktenkoffer** la mallette
der **Aktenordner** le classeur
die **Aktentasche** la serviette
die **Aktie** l'action *(weiblich)*
die **Aktiengesellschaft** ≈ la société anonyme
der **Aktienkurs** le cours
die **Aktion** ❶ l'action *(weiblich)*; **in Aktion treten** *Person*: passer à l'action ❷ (*Verkaufsmaßnahme*) la promotion
der **Aktionär** l'actionnaire *(männlich)*
die **Aktionärin** l'actionnaire *(weiblich)*
aktiv ❶ *Person* actif/active; **sportlich aktiv sein** faire du sport ❷ *mitarbeiten* activement
das **Aktiv** (*in der Grammatik*) la voix active, l'actif *(männlich)*; **dieses Verb steht im Aktiv** ce verbe est à la voix active [*oder* à l'actif]
aktivieren ❶ stimuler *Person* ❷ activer *Abwehrkräfte* ❸ déclencher *Mechanismus*
die **Aktivität** l'activité *(weiblich)*
aktualisieren ❶ [ré]actualiser *Verzeichnis* ❷ mettre à jour *Buch, Datei*

die **Aktualität** l'actualité *(weiblich)*
der **Aktuar** Ⓗ le secrétaire
die **Aktuarin** Ⓗ la secrétaire
aktuell actuel(le); *Buch, Film* d'actualité
die **Akupunktur** l'acupuncture *(weiblich)*
die **Akustik** l'acoustique *(weiblich)*
akustisch ❶ *Signal* sonore; *Eigenschaften* acoustique ❷ *perfekt, schlecht* du point de vue de l'acoustique
akut ❶ *Problem* urgent(e); *Mangel* aigu(ë) ❷ *Entzündung* aigu(ë)
das **AKW** *Abkürzung von* **Atomkraftwerk** la centrale nucléaire
der **Akzent** l'accent *(männlich)*; **sie hat einen [leichten] französischen Akzent** elle a un [léger] accent français
akzeptabel acceptable
akzeptieren accepter
der **Alarm** ❶ (*Warnsignal*) l'alarme *(weiblich* ⚠*)* ❷ (*Alarmzustand*) l'alerte *(weiblich)* ▶ **Alarm schlagen** donner l'alarme; (*warnen, mahnen*) tirer la sonnette d'alarme
die **Alarmanlage** le système d'alarme
alarmieren ❶ alerter *Feuerwehr* ❷ (*beunruhigen*) alarmer
Alaska l'Alaska *(männlich)*
die **Alb die Schwäbische Alb** le Jura souabe
der **Albaner** l'Albanais *(männlich)*
die **Albanerin** l'Albanaise *(weiblich)*
Albanien l'Albanie *(weiblich)*
albanisch *Bevölkerung, Gericht* albanais(e)
Albanisch l'albanais *(männlich)*; *siehe auch* **Deutsch**

> **G** In Verbindung mit dem Verb *parler* kann der Artikel entfallen: *er spricht Albanisch – il parle albanais.*

die **Alben** *Plural von* **Album**
albern¹ ❶ *Lachen, Verhalten* niais(e) ❷ *sich benehmen* de façon puérile ❸ **sei doch nicht albern!** ne fais pas l'enfant!
albern² bêtifier; **miteinander albern** se raconter des bêtises
das **Album** l'album *(männlich)*
die **Alge** l'algue *(weiblich)*
die **Algebra** l'algèbre *(weiblich)*
Algerien l'Algérie *(weiblich)*
der **Algerier** l'Algérien *(männlich)*
die **Algerierin** l'Algérienne *(weiblich)*
algerisch algérien(ne)
Algier [ˈalʒiːɐ] Alger
das **Alibi** l'alibi *(männlich)*
die **Alimente** la pension alimentaire
der **Alkohol** l'alcool *(männlich)*
alkoholfrei sans alcool

der **Alkoholgehalt** *eines Getränks* la teneur en alcool; *des Bluts* l'alcoolémie *(weiblich)*
alkoholhaltig alcoolisé(e)
der **Alkoholiker** l'alcoolique *(männlich)*
die **Alkoholikerin** l'alcoolique *(weiblich)*
alkoholisch ❶ *Getränk* alcoolisé(e) ❷ *Verbindung* à base d'alcool
der **Alkopop** le prémix
all all die Arbeit tout le travail
das **All** le cosmos
alle *(umgs.)* die Seife ist alle il n'y a plus de savon
alle(r, s) ❶ ich wünsche dir alles Gute je te souhaite bien des choses; **das alles** tout ça; **vor allem** avant tout ❷ **alle Freunde** tous les amis; **alle Kolleginnen** toutes les collègues; **alle beide** tous/toutes les deux ❸ **bitte alle[s] aussteigen!** tout le monde descend! ❹ **wer war alles da?** *(umgs.)* qui donc était là? ❺ **alle zwei Stunden** toutes les deux heures ▶ **hast du sie noch alle?** *(umgs.)* tu ne vas pas bien?; **alles in allem** *(zusammengerechnet)* en tout; *(insgesamt betrachtet)* tout compte fait
die **Allee** l'allée *(weiblich)*, l'avenue *(weiblich)*
allein ❶ **allein sein** être seul(e); **sie ist ganz allein** elle est toute seule ❷ **allein stehend** *(ledig)* célibataire; **allein erziehend** isolé(e); **der allein erziehende Vater** le père isolé; **etwas allein entscheiden** décider quelque chose en son nom propre; **das schaffe ich ganz allein** j'y arriverai tout(e) seul(e) ❸ **allein [schon] der Gedanke** rien que d'y penser ❹ *(ausschließlich)* uniquement ❺ **etwas von allein tun** faire quelque chose de soi-même; **das läuft von allein** ça roule tout seul
der **Alleinerziehende** le parent unique
die **Alleinerziehende** le parent unique
der **Alleingang** *(im Sport)* l'action *(weiblich)* isolée ▶ **etwas im Alleingang tun** faire quelque chose en solitaire
alleinige(r, s) unique; **der alleinige Erbe** l'unique héritier
das **Alleinsein** la solitude
allemal *(umgs.)* ❶ *(ohne Schwierigkeit)* à tous les coups; **allemal!** sans problème! ❷ *(in jedem Falle)* de toute façon
allenfalls ❶ *(höchstens)* tout au plus ❷ *(bestenfalls)* au mieux
allerbeste(r, s) der allerbeste Freund le meilleur ami; **meine allerbeste Freundin** ma meilleure amie
allerdings ❶ das ist schön, allerdings teuer c'est beau, mais c'est cher ❷ *(in der Tat)* en effet ❸ **allerdings!** et comment!
die **Allergie** l'allergie *(weiblich)*; **eine Allergie gegen etwas haben** avoir une allergie à quelque chose
der **Allergiker** la personne allergique
die **Allergikerin** la personne allergique
allergisch allergique; **gegen etwas allergisch sein** être allergique à quelque chose
allerhand *(umgs.)* ❶ allerhand Süßigkeiten pas mal de sucreries ❷ *erzählen* pas mal de choses; *transportieren, gewinnen* un paquet ▶ **das ist [ja] allerhand!** *(das ist unverschämt)* c'est un peu fort!; *(das ist erstaunlich)* eh ben dis donc!
Allerheiligen an [*oder* zu] Allerheiligen à la Toussaint
allerlei allerlei Spielzeug toutes sortes de jouets; **allerlei erzählen** raconter toutes sortes de choses
allerletzte(r, s) ❶ die allerletzte Neuigkeit la toute dernière nouvelle; **der allerletzte Schrei** le tout dernier cri ❷ **das ist das Allerletzte!** *(umgs.)* c'est le bouquet!; **er/sie ist das Allerletzte!** *(umgs.)* il/elle est pire que tout!
allerneu[e]ste(r, s) auf dem allerneu[e]sten Stand sein être absolument à jour
Allerseelen le jour des Morts; **an** [*oder* zu] **Allerseelen** le jour des Morts
allerseits guten Morgen allerseits! bonjour tout le monde!
der **Allesfresser** l'omnivore *(männlich)*
allgemein ❶ général(e) ❷ *Wahlrecht* universel(le); *Wehrpflicht* obligatoire ❸ *formulieren* de façon générale; *gültig* généralement; *verbreitet* communément ❹ **es ist allgemein bekannt, dass er lügt** tout le monde sait qu'il ment ❺ **allgemein bildend** *Schule* d'enseignement général ❻ **eine allgemein gültige Aussage** une déclaration d'une valeur universelle ❼ **allgemein verständlich** *Buch, Vortrag* accessible à tous; **sich allgemein verständlich ausdrücken** s'exprimer de manière compréhensible pour tout le monde ❽ **allgemein zugänglich** *Museum, Informationen* accessible au public ▶ **im Allgemeinen** en général
die **Allgemeinbildung** la culture générale
die **Allgemeinheit** (*Öffentlichkeit*) la collectivité; **der Allgemeinheit zugänglich** *Einrichtung*: ouvert(e) au public; *Daten:* accessible au public
der **Alligator** l'alligator *(männlich)*
die **Alliierten** (*im Zweiten Weltkrieg*) les Alliés *(männlich)*

alljährlich ① *Veranstaltung* annuel(le) ② *stattfinden* tous les ans
allmächtig tout-puissant/toute-puissante
allmählich ① *Besserung* progressif/progressive ② **es wird allmählich Zeit, dass wir gehen** il est bientôt temps de partir ③ **ich bekomme allmählich Hunger** je commence à avoir faim ④ **mir reicht's allmählich!** je commence à en avoir assez!
der **Allradantrieb** les quatre roues *(weiblich)* motrices
der **Alltag** le quotidien ▸ **der graue Alltag** la grisaille du quotidien
alltäglich ① *(tagtäglich)* quotidien(ne) ② *(gewöhnlich)* ordinaire; **ein ganz alltägliches Ereignis** un événement tout à fait banal
allzu ① **allzu früh** bien trop tôt ② **etwas allzu gern tun** adorer faire quelque chose; **etwas nicht allzu gern mögen** ne pas raffoler de quelque chose ③ **allzu groß** bien trop grand(e) ④ **ich weiß das nur allzu gut** je ne le sais que trop [bien] ⑤ **lass mich nicht allzu lang[e] warten** ne me fais pas attendre trop longtemps
die **Alm** l'alpage *(männlich)*
das **Almosen** ① l'aumône *(weiblich)* ② *(geringer Betrag)* la misère
die **Alpen** les Alpes *(weiblich)*
das **Alpenveilchen** le cyclamen
das **Alphabet** l'alphabet *(männlich)*
alphabetisch ① *Reihenfolge* alphabétique ② *aufzählen, ordnen* par ordre alphabétique
alphanumerisch alphanumérique
alpin alpin(e)
der **Alpinist** l'alpiniste *(männlich)*
die **Alpinistin** l'alpiniste *(weiblich)*
der **Alptraum** le cauchemar
als ① *(zeitlich)* quand; *(zu der Zeit, da)* alors que; **damals, als** ... à l'époque où ...; **gerade, als** ... au moment précis où ... ② *(vergleichend)* **sie ist größer als er** elle est plus grande que lui ③ **es klang, als ob ein Glas zerbrach** ça a fait un bruit comme si un verre se cassait; **er sah aus, als ob er schliefe** il avait l'air de dormir; **es sieht aus, als würde es bald schneien** on dirait qu'il va bientôt neiger ④ **es ist zu spät, als dass man ihn noch anrufen könnte** il est trop tard pour qu'on puisse lui téléphoner ⑤ **seine Meinung als Lehrer/als Arzt äußern** donner son avis en tant que professeur/en tant que médecin; **schon als Kind war er häufig krank** déjà lorsqu'il était enfant, il était souvent malade; **ich als dein Onkel** moi qui suis ton oncle; **noch als alte Frau** ... devenue une vieille femme, ...; **als Held gefeiert werden** être fêté en °héros; **als Beweis** comme preuve
also ① *(folglich, tatsächlich)* donc; **das ist also wahr?** c'est donc vrai? ② *(nun ja)* eh bien; **also, wie ich schon gesagt habe,** ... bon, comme je l'ai déjà dit... ③ *(das heißt)* c'est-à-dire ▸ **also gut** bon d'accord; **na also!** ah quand même!; **also so was!** non mais ça alors!
alt ① *Mensch, Gegenstand* vieux/vieille; **ein alter Mann** un vieil homme; **alt werden** vieillir ② **altes Brot** du pain rassis ③ **zwanzig Jahre alt sein** avoir vingt ans; **wie alt bist du?** quel âge as-tu? ④ *(ehemalig)* **mein alter Kollege** mon ancien collègue ▸ **Alt und Jung** jeunes et vieux; **alt aussehen** *(umgs.)* avoir bonne mine; **alles bleibt beim Alten** les choses ne changent pas; **sie ist ganz die Alte** [*oder* **immer noch die Alte**] elle est toujours la même; **hier werde ich nicht alt** *(umgs.)* je ne vais pas m'encroûter ici; *siehe auch* **älter**
der **Alt** *(Sängerin, Stimme)* l'alto *(männlich)*
der **Altar** l'autel *(männlich)*
altbacken ① *Brot* rassis/rassie ② *Ansichten* dépassé(e)
der **Altbau** *(Wohnhaus)* l'immeuble *(männlich)* ancien
der **Alte** ① *(alter Mann)* le vieux; **die Alten und die Jungen** les vieux et les jeunes ② *(umgs.: Vater)* **dein Alter** ton vieux ③ *(umgs.: Ehemann)* **ihr Alter** son bonhomme
die **Alte** ① *(alte Frau)* la vieille ② *(umgs.: Mutter)* **deine Alte** ta vieille ③ *(umgs.: Ehefrau)* **seine Alte** sa bonne femme
das **Altenheim** la maison de retraite
die **Altenpflege** l'assistance *(weiblich)* aux personnes âgées
der **Altenpfleger** l'infirmier *(männlich)* en gériatrie
die **Altenpflegerin** l'infirmière *(weiblich)* en gériatrie
das **Alter** ① *(Lebensalter)* l'âge *(männlich)*; **im Alter von dreißig Jahren** à l'âge de trente ans; **ein Mann mittleren Alters** un homme entre deux âges; **sie ist in meinem Alter** elle a mon âge, elle est de mon âge ② *(Lebensabend)* la vieillesse; **im Alter** quand on est vieux
älter ① *Steigerung von* **alt** ② **mein älterer Bruder** mon frère aîné ③ *(nicht mehr jung)* **Person** âgé(e)
altern vieillir
alternativ ① *Energien, Lebensweise, Politik*

alternatif/alternative ❷ *leben* de façon alternative
der **Alternative** ❶ (*Umweltschützer*) l'écolo (*männlich*) ❷ (*Politiker*) l'alternatif (*männlich*)
die **Alternative**¹ (*Entweder-oder-Situation*) l'alternative (*weiblich*); **vor eine Alternative gestellt werden** être placé(e) devant une alternative
die **Alternative**² ❶ (*Umweltschützerin*) l'écolo (*weiblich*) ❷ (*Politikerin*) l'alternative (*weiblich*)
altersbedingt dû(due) à l'âge; **altersbedingt sein** être lié(e) à l'âge
die **Alterserscheinung** le signe de vieillesse
die **Altersgrenze** ❶ l'âge (*männlich*) limite ❷ (*für die Rente*) l'âge (*männlich*) de la retraite
die **Altersgruppe** la tranche d'âge
das **Altersheim** la maison de retraite
altersschwach ❶ *Person, Tier* diminué(e) [par l'âge] ❷ (*umgs.*) *Auto, Gerät* foutu(e)
die **Altersschwäche** la décrépitude
der **Altersunterschied** la différence d'âge
die **Altersversorgung** (*Rente*) les prestations (*weiblich*) vieillesse; (*Vorsorge*) la retraite complémentaire
das **Altertum** l'Antiquité (*weiblich*)
altertümlich passé(e) de mode; *Brauch* ancien/ancienne, très ancien/ancienne; *Begriff* archaïque
der **Älteste** le plus âgé; (*bei Geschwistern*) l'aîné (*männlich*); (*in einer Gruppe*) le doyen [d'âge]
die **Älteste** la plus âgée; (*bei Geschwistern*) l'aînée (*weiblich*); (*in einer Gruppe*) la doyenne [d'âge]
älteste(r, s) mein ältester Sohn mon fils aîné
das **Altglas** le verre usagé
der **Altglascontainer** le container à verre
die **Altkleidersammlung** la collecte de vieux vêtements
altklug *Kind* précoce; *Bemerkung* d'une maturité précoce
die **Altlasten** (*Müll*) les déchets (*männlich*) toxiques
das **Altmetall** les vieux métaux (*männlich*)
altmodisch ❶ *Kleidung* démodé(e); *Einrichtung* vieillot(te) ❷ *Ansicht* dépassé(e) ❸ gekleidet de façon démodée; *eingerichtet* de façon vieillotte
das **Altpapier** les vieux papiers (*männlich*)
die **Altpapiersammlung** la collecte de vieux papiers
die **Altstadt** la vieille ville
die **Alt-Taste** (*in der Informatik*) la touche Option
der **Altweibersommer** (*Nachsommer*) l'été (*männlich*) indien
die **Alufolie** (*umgs.*) le papier alu, le papier d'alu
das **Aluminium** l'aluminium (*männlich*)

die **Aluminiumfolie** (*Haushaltsfolie*) le papier d'aluminium
Alzheimer, die **Alzheimerkrankheit** la maladie d'Alzheimer
am ❶ →**an** ❷ **am schnellsten rennen** courir le plus vite; **das ist am besten** c'est ce qu'il y a de mieux ❸ **am Arbeiten sein** (*umgs.*) être en train de travailler
der **Amateur** [ama'tøːʁ] l'amateur (*männlich*)
die **Amateurin** [ama'tøːrɪn] l'amateur (*männlich*)
der **Amboss** l'enclume (*weiblich*)
ambulant ❶ *Patient* non hospitalisé(e); *Versorgung, Behandlung* ambulatoire ❷ **ambulant behandeln** donner des soins ambulatoires
die **Ameise** la fourmi
amen amen
Amerika l'Amérique (*weiblich*)
der **Amerikaner** ❶ l'Américain (*männlich*) ❷ (*Gebäck*) ≈ le palet glacé
die **Amerikanerin** l'Américaine (*weiblich*)
amerikanisch américain(e)
der **Ammann** ⒸⒽ ❶ (*Landammann*) le président du canton; (*Gemeindeammann*) le maire ❷ (*Vollstreckungsbeamter*) l'huissier (*männlich*)
das **Ammoniak** l'ammoniac (*männlich*)
die **Amnestie** l'amnistie (*weiblich*)
die **Amöbe** l'amibe (*weiblich*)
der **Amok Amok laufen** être pris(e) de folie furieuse
das **a-Moll** le la mineur
die **Ampel** le feu; **die Ampel ist grün** le feu est [au] vert; **bei Rot über die Ampel fahren** passer au [feu] rouge
die **Amphibie** l'amphibien (*männlich* ⚠)
das **Amphitheater** l'amphithéâtre (*männlich*)
die **Amputation** l'amputation (*weiblich*)
amputieren amputer
die **Amsel** le merle
das **Amt** ❶ (*Behörde*) l'administration (*weiblich*); **das Auswärtige Amt** le ministère des Affaires étrangères allemand ❷ (*Abteilung einer Behörde*) le service [administratif] ❸ (*Stellung*) la fonction; [**noch**] **im Amt sein** être [encore] en fonction; **von Amts wegen** à titre officiel ❹ (*offizielle Aufgabe*) la charge
▶ **seines Amtes walten** (*gehoben*) remplir son office
amtieren être en fonction; **amtierend** en fonction
amtlich *Dokument* officiel(le)
der **Amtsantritt** l'entrée (*weiblich*) en fonctions
der **Amtseid** le serment professionnel
die **Amtsenthebung**, die **Amtsentsetzung** Ⓐ, ⒸⒽ la destitution

das **Amtsgericht** le tribunal d'instance
der **Amtsmissbrauch** l'abus *(männlich)* de pouvoir
der **Amtsrichter** le juge d'instance
die **Amtsrichterin** la juge d'instance
die **Amtszeit** le mandat
amüsant ❶ *Geschichte* amusant(e); *Veranstaltung* divertissant(e) ❷ *erzählen* de façon divertissante
amüsieren ❶ amuser ❷ **sich amüsieren** s'amuser; **sich über jemanden/über etwas amüsieren** trouver quelqu'un/quelque chose drôle
das **Amüsierviertel** le quartier chaud
an¹ ❶ *(in Berührung mit)* **an der Wand stehen** *Person:* être adossé(e) au mur; *Gegenstand:* être contre le mur; **an der Decke hängen** être suspendu(e) au plafond; **ein Poster an die Wand hängen** accrocher un poster au mur; **das Glas am Stiel anfassen** prendre le verre par le pied ❷ *(direkt bei, neben, [hin] zu)* **an der Tür** près de la porte; **an der Wand** contre le mur; **ans Telefon gehen** répondre au téléphone; **Wien liegt an der Donau** Vienne est située sur le Danube; **Frankfurt am Main** Francfort-sur--le-Main; **an dieser Stelle** à cet endroit; **Haus an Haus wohnen** habiter l'un à côté de l'autre; **am Tisch sitzen** être [assis(e)] à la table; **oft am Computer arbeiten** travailler souvent sur ordinateur ❸ *(auf, in)* **an der Universität** à l'université ❹ *(zeitlich)* **am Morgen** le matin; **an Weihnachten** à Noël; **bis an mein Lebensende** jusqu'à la fin de ma vie ❺ **das Schöne an jemandem/an etwas** ce qu'il y a de beau chez quelqu'un/dans quelque chose ▶ **an [und für] sich** en soi

an² ❶ *(ungefähr)* **an die zwanzig Personen** dans les vingt personnes ❷ *(Ankunftszeit)* **Köln an 16 Uhr 15** arrivée à Cologne 16 h 15 ❸ **an sein** *Fernseher, Radio:* être allumé(e); *Staubsauger, Mixer:* être en marche; *Strom:* être ouvert(e) ❹ **Licht an!** allume/allumez! ❺ **von jetzt an** à partir de maintenant

die **Anabolika** les anabolisants *(männlich)*
analog ❶ *Fall* analogue ❷ **sich analog zu etwas verhalten** se comporter par analogie avec quelque chose ❸ *Rechner* analogique
die **Analogie** l'analogie *(weiblich)*
der **Analphabet** *(auch abwertend)* l'analphabète *(männlich)*
die **Analphabetin** *(auch abwertend)* l'analphabète *(weiblich)*
die **Analyse** l'analyse *(weiblich)*

analysieren analyser
analytisch ❶ *Denken* analytique; *Fähigkeit* d'analyse ❷ *denken* de façon analytique
die **Ananas** l'ananas *(männlich* ⚠ *)*
die **Anarchie** l'anarchie *(weiblich)*
die **Anatomie** l'anatomie *(weiblich)*
anbaggern *(umgs.)* draguer
anbahnen ❶ amorcer *Gespräche* ❷ **sich anbahnen** *Freundschaft:* s'amorcer; *Unheil:* se préparer
der **Anbau** ❶ *(Gebäude)* le bâtiment annexe, l'annexe *(weiblich)* ❷ *(das Anpflanzen)* la culture
anbauen ❶ ajouter *Wintergarten* ❷ **sie werden anbauen** ils vont agrandir [*oder* s'agrandir] ❸ *(anpflanzen)* cultiver
anbei ci-joint(e)
anbeißen ❶ entamer *Brot, Apfel* ❷ *Fisch:* mordre ❸ *(umgs.: Interesse haben)* mordre à l'hameçon ▶ **zum Anbeißen** *(umgs.)* à croquer
anbelangen concerner; **was mich anbelangt** en ce qui me concerne
anbeten adorer
Anbetracht in Anbetracht seiner/ihrer **Verdienste** compte tenu de ses mérites; **in Anbetracht dessen, dass es schon spät ist, ...** étant donné qu'il est déjà très tard, ...
anbiedern sich bei jemandem anbiedern fayoter auprès de quelqu'un
anbieten ❶ **jemandem etwas anbieten** offrir quelque chose à quelqu'un ❷ **sich anbieten** *Lösung:* s'imposer; *Ort:* faire l'affaire ❸ **sich anbieten etwas zu tun** *Helfer:* [se] proposer de faire quelque chose
anbinden attacher
der **Anblick** ❶ *(Bild)* le spectacle ❷ *(das Erblicken)* la vue
anbrechen ❶ entamer *Packung* ❷ *(beginnen) Tag:* se lever; *Nacht:* tomber; *Jahreszeit:* commencer ❸ **angebrochen sein** *Knochen:* être fêlé(e)
anbrennen *Milch:* attacher; **angebrannt schmecken** avoir un goût de brûlé; **hier riecht es angebrannt** ça sent le brûlé ici
anbringen ❶ mettre, fixer *Wandregal* ❷ placer *Bemerkung, Argument* ❸ *(umgs.: herbeischaffen, mitbringen)* rapporter, apporter
der **Anbruch** *(gehoben) einer Epoche* le commencement; **bei Anbruch des Tags** au lever du jour; **bei Anbruch der Nacht** à la tombée de la nuit
anbrüllen *(umgs.)* **jemanden anbrüllen** *Person:* gueuler après quelqu'un
die **Andacht** la prière

andächtig ❶ *Stille* recueilli(e); *Blick* admiratif/admirative ❷ *beten* avec recueillement
andauern persister; *Gespräche:* se poursuivre
andauernd ❶ *Regen* continuel(le) ❷ *Störungen, Unterbrechungen* permanent(e) ❸ *reden* sans interruption
das **Andenken** ❶ le souvenir; **ein Andenken an jemanden/an etwas** un souvenir de quelqu'un/de quelque chose ❷ **zum Andenken an jemanden/an etwas** en souvenir de quelqu'un/de quelque chose
andere(r, s) ❶ **eine andere Frage** une autre question; **andere Dinge** d'autres choses ❷ **ein anderer** un autre; **eine andere** une autre; **nichts anderes** rien d'autre; **ich wollte etwas anderes sagen** je voulais dire autre chose ❸ (*weitere Dinge*) **ich habe [noch] andere** j'en ai [encore] d'autres ▶ **alles andere als zufrieden sein** être tout sauf content(e); **unter anderem/anderen** entre autres; **und anderes** et cætera
andererseits d'un autre côté
andermal **ein andermal** une autre fois
ändern ❶ changer *Lage, Bedingungen;* **ich kann es nicht ändern** je ne peux rien y changer ❷ **die Richtung ändern** changer de direction; **seine Meinung ändern** changer d'avis; **seinen Namen ändern** changer de nom ❸ modifier *Rede, Text* ❹ retoucher *Kleidungsstück* ❺ **sich ändern** changer
andernfalls sinon
anders ❶ différemment, autrement; **er ist anders als ich** il est différent de moi; **anders schmecken** avoir un goût différent; **[ganz] anders aussehen** *Person:* avoir une [tout] autre allure; **es sich anders überlegen** changer d'avis; **es geht nicht anders** il n'y a pas moyen de faire autrement; **anders denkend** *Bürger* dissident(e) ❷ **jemand anders** quelqu'un d'autre ▶ **nicht anders können** (*umgs.*) ne pas pouvoir faire autrement; **jemandem wird ganz anders** quelqu'un se sent mal
andersartig différent(e)
andersherum ❶ **sich andersherum drehen** *Tänzer:* tourner dans l'autre sens ❷ **du musst diesen Pullover andersherum anziehen** [*oder* **tragen**] (*die Vorderseite nach hinten drehen*) il faut que tu portes ce pull en sens inverse ▶ **andersherum sein** (*umgs.*) être homo
anderswo ailleurs
anderthalb un ... et demi/une ... et demie; **anderthalb Liter** un litre et demi; **anderthalb Stunden** une heure et demie

die **Änderung** ❶ *eines Entwurfs* la modification; *eines Gesetzes* l'amendement (*männlich*) ❷ (*Schneiderarbeit*) la retouche
andeuten ❶ évoquer *Angelegenheit;* esquisser *Thema* ❷ **sie hat ihm angedeutet, dass er stört** elle lui a laissé entendre qu'il [dérangeait [*oder*] elle lui a fait comprendre qu'il dérangeait] ❸ **sich andeuten** *Veränderung:* s'annoncer
die **Andeutung** ❶ (*Hinweis*) l'allusion (*weiblich*); **eine Andeutung über jemanden machen** faire une allusion au sujet de quelqu'un; **eine Andeutung über etwas machen** faire une allusion au sujet de quelque chose ❷ *eines Lächelns* l'ébauche (*weiblich*)
Andorra l'Andorre (*weiblich*)
der **Andrang** ❶ l'affluence (*weiblich*); **es herrschte großer Andrang** il y avait une grande affluence ❷ *von Wassermassen* l'afflux (*männlich*)
andrehen ❶ ouvrir *Gas;* allumer *Licht, Heizung* ❷ **jemandem eine alte Uhr andrehen** (*umgs.*) refiler une vieille montre à quelqu'un
androhen **jemandem Strafe androhen** menacer quelqu'un d'une punition
aneignen **sich Kenntnisse aneignen** acquérir des connaissances
aneinander ❶ **Anne und Paul hängen [sehr] aneinander** Anne et Paul sont [très] attachés l'un à l'autre ❷ **sie gingen grußlos aneinander vorbei** ils se sont croisés sans se dire bonjour
aneinandergeraten (*in Streit geraten*) se disputer; **mit jemandem aneinandergeraten** se disputer avec quelqu'un
aneinanderhängen accrocher; **die Waggons aneinanderhängen** accrocher les wagons les uns aux autres
aneinanderreihen **sich aneinanderreihen** *Tage, Ereignisse:* se succéder; **die Termine reihen sich aneinander** les rendez-vous se succèdent
die **Anekdote** l'anecdote (*weiblich*)
anerkannt ❶ *Tatsache, Werk* reconnu(e); **seine Verdienste sind allgemein anerkannt** ses mérites sont reconnus par tous ❷ *Experte, Diplom* reconnu(e); *Prüfung* validé(e); *Schule* habilité(e); **staatlich anerkannt** reconnu(e) par l'État
anerkennen ❶ (*würdigen*) reconnaître; **er hat anerkannt, dass wir ganze Arbeit geleistet haben** il a reconnu que nous avons fait les choses à fond ❷ accepter *Meinung*
anerkennend ❶ *Bemerkung, Lächeln* reconnaissant(e) ❷ *zustimmen, lächeln* en signe de reconnaissance

die **Anerkennung** ① (*Würdigung*) la reconnaissance ② (*lobende Zustimmung*) l'approbation *(weiblich)*; **jemandes Anerkennung finden** *Leistung:* recevoir l'appréciation de quelqu'un

anfahren ① (*losfahren*) démarrer ② (*verletzen, beschädigen*) accrocher *Person, Auto* ③ (*bringen*) livrer *Ware* ④ **jemanden heftig anfahren** °houspiller durement quelqu'un

der **Anfall** ① (*Herzanfall, Asthmaanfall*) la crise; (*Schwächeanfall*) le malaise; (*Ohnmachtsanfall*) la syncope ② (*Wutanfall*) l'accès *(männlich)* [de colère]; ▶ **einen Anfall kriegen** (*umgs.*) piquer sa crise

> **V** Die medizinische Bedeutung des Worts, die in ① behandelt wird, hat keine allgemein gültige Übersetzung. Je nach der Art des Anfalls muss unterschiedlich übersetzt werden.

anfallen ① (*angreifen*) attaquer ② *Kosten:* être dû(due); *Müll:* être produit(e); **die anfallende Arbeit** le travail à effectuer

anfällig ① (*kränklich*) de santé fragile ② (*empfänglich*) réceptif/réceptive; **für etwas anfällig sein** être réceptif/réceptive à quelque chose

der **Anfang** ① (*Beginn*) le début, le commencement; *des Lebens* le commencement; **am Anfang** au début ② (*bei Zeitangaben*) **Anfang September** début septembre; **Anfang des Jahres** au début de l'année ③ (*bei Altersangaben*) **Anfang vierzig sein** avoir la quarantaine ▶ **von Anfang bis Ende** du début [jusqu']à la fin; **einen neuen Anfang machen** prendre un nouveau départ; **aller Anfang ist schwer** tous les débuts sont difficiles; **den Anfang machen** prendre l'initiative; **von Anfang an** dès le début

anfangen ① commencer; **zu rennen anfangen** se mettre à courir, commencer à courir; **mit seinem Vortrag anfangen** commencer sa conférence; **den Brief mit einem Dankeschön anfangen** commencer la lettre par des mots de remerciement; **das Wort fängt mit h an** le mot commence par un h ② (*umgs.: anbrechen*) entamer *Packung, Flasche* ③ (*angehen, in Angriff nehmen*) **etwas richtig anfangen** s'y prendre bien avec quelque chose; **etwas anders anfangen** s'y prendre autrement avec quelque chose ▶ **mit ihr ist nichts anzufangen** il n'y a rien à tirer d'elle; **er weiß nichts mit sich anzufangen** il ne sait pas quoi faire de ses dix doigts

der **Anfänger** le débutant
die **Anfängerin** la débutante
anfänglich *Übelkeit* initial(e)
anfangs ① au début ② (CH) **anfangs des Monats** en début de mois; **anfangs des Jahres** au début de l'année
der **Anfangsbuchstabe** l'initiale *(weiblich)*, la lettre initiale
anfassen ① (*berühren*) toucher ② **das Glas am Stiel anfassen** prendre le verre par le pied ③ (*helfen*) [**mit**] **anfassen** donner un coup de main ④ (*sich bei der Hand nehmen*) **sich anfassen** se donner la main ⑤ **sich weich anfassen** être souple au toucher ⑥ (*behandeln*) **jemanden falsch anfassen** s'y prendre mal avec quelqu'un ▶ **zum Anfassen** (*umgs.: verständlich*) accessible [à tous]; (*volksnah*) proche des gens

anfechten ① contester *Aussage, These* ② contester la validité de *Vertrag;* faire appel de *Urteil*

anfertigen fabriquer *Möbelstück;* confectionner *Kleidungsstück;* dresser *Protokoll*

anfeuchten humecter

anfeuern ① (*anspornen*) encourager ② allumer *Ofen*

anflehen supplier

der **Anflug** ① (*Landeanflug*) **beim Anflug auf Rom** à la descente sur Rome ② (*Andeutung, Spur*) **der Anflug eines Lächelns** l'ébauche *(weiblich)* d'un sourire

anfordern demander

die **Anforderung** ① (*das Anfordern*) la demande ② **die Anforderungen** (*Ansprüche*) les exigences *(weiblich)*; **große Anforderungen an jemanden stellen** *Eltern, Vorgesetzter:* être très exigeant(e) avec quelqu'un

die **Anfrage** ① la demande [de renseignement]; **auf Anfrage** sur demande ② (*in der Informatik*) la demande

anfragen demander; **bei einem Hotel anfragen, ob es noch freie Zimmer gibt** s'informer auprès d'un hôtel s'il y a des chambres libres

anfreunden ① **sich mit jemandem anfreunden** se lier d'amitié avec quelqu'un ② **mit dieser Musik kann ich mich nicht anfreunden** je ne peux pas me faire à cette musique

anfühlen sich rau anfühlen être rêche [au toucher]

anführen ① commander *Truppe* ② donner *Grund;* fournir *Beweise;* mentionner *Zitat*

der **Anführer** ① *einer Truppe* le commandant;

einer Bande le chef ❷ (*Rädelsführer*) le meneur

die **Anführerin** ❶ *einer Truppe* le commandant; *einer Bande* la chef ❷ (*Rädelsführerin*) la meneuse

die **Anführungszeichen** les guillemets *(männlich)*; [die] **Anführungszeichen unten** [les] guillemets ouvrants; [die] **Anführungszeichen oben** [les] guillemets fermants

die **Angabe** ❶ (*Aussage*) la déclaration ❷ **Angaben zu einem Vorfall machen** donner des indications *(weiblich)* à propos d'un incident; **die Angaben zur Person** les renseignements *(männlich)* sur l'identité ❸ (*im Sport*) le service ❹ (*umgs.: Prahlerei*) la frime

angeben ❶ donner *Grund, Namen;* indiquer *Preis* ❷ (*umgs.: prahlen*) frimer ❸ (*im Sport*) servir

angeblich ❶ **der angebliche Arzt** le soi--disant médecin, le prétendu médecin; **die angebliche Journalistin** la soi-disant journaliste, la prétendue journaliste ❷ **er ist angeblich nicht da** il n'est soi-disant pas là; **er hat das angeblich gesagt** il a dit cela, paraît-il

angeboren congénital(e)

das **Angebot** ❶ l'offre *(weiblich);* **jemandem ein Angebot machen** faire une offre à quelqu'un ❷ (*Warenangebot*) **ein großes Angebot** un grand choix; **Angebot und Nachfrage** l'offre et la demande ❸ (*Sonderangebot*) la promotion; **im Angebot sein** être en promotion

angebracht ❶ (*sinnvoll*) opportun(e) ❷ (*angemessen*) **angebracht sein** être approprié(e); **ich halte es für angebracht zu gehen** il me semble indiqué de partir

angehen ❶ *Licht, Fernseher, Radio:* s'allumer; *Kühlschrank, Staubsauger:* se mettre en route ❷ *Feuer:* prendre ❸ (*umgs.: anfangen*) *Schule, Kino:* commencer ❹ (*betreffen*) concerner; **das geht dich nichts an!** ça ne te regarde pas!; **was mich angeht, ...** pour ma part, ... ❺ (*in Angriff nehmen*) s'attaquer à *Problem* ❻ **gegen jemanden angehen** agir contre quelqu'un; **gegen die Kriminalität angehen** combattre la délinquance ❼ **es geht nicht an, dass du so faul bist** c'est inadmissible que tu sois aussi paresseux ❽ aborder *Hindernis* ❾ attaquer *Gegner*

angehend futur(e)

angehören **einer Partei angehören** être membre d'un parti; **einer Gruppe angehören** faire partie d'un groupe; **der Vergangenheit angehören** appartenir au passé

der **Angehörige** ❶ (*Familienmitglied*) le [proche] parent; **alle meine Angehörigen** toute ma famille ❷ (*Mitglied*) le membre

die **Angehörige** ❶ (*Familienmitglied*) la [proche] parente ❷ (*Mitglied*) le membre

der **Angeklagte** l'accusé *(männlich)*

die **Angeklagte** l'accusée *(weiblich)*

die **Angel** ❶ la canne à pêche ❷ (*Türangel, Fensterangel*) le gond

die **Angelegenheit** l'affaire *(weiblich);* **das ist seine/ihre Angelegenheit** c'est son affaire

der **Angelhaken** l'hameçon *(männlich)*

angeln ❶ pêcher; **angeln gehen** aller à la pêche ❷ **nach dem Telefon angeln** essayer d'attraper le téléphone ❸ **sich einen Millionär angeln** (*umgs.*) mettre le grappin sur un millionnaire

angemessen ❶ *Preis* raisonnable; *Honorar* adapté(e); *Bezahlung, Verhalten* convenable; *Kleidung* approprié(e) ❷ **sich verhalten** convenablement

angenehm ❶ *Duft, Unterhaltung* agréable ❷ **angenehm riechen** sentir bon; **angenehm überrascht sein** être agréablement surpris(e) ❸ **[sehr] angenehm!** enchanté(e)!

angeregt ❶ *Diskussion* animé(e) ❷ de façon animée

angesehen *Person* estimé(e); *Firma* de renom

das **Angesicht** (*gehoben*) **im Angesicht des Todes** devant la mort

angesichts **angesichts der Gefahr** face au danger; **angesichts der Tatsache, dass er zu Hause war, ...** étant donné qu'il était chez lui, ...

angespannt ❶ *Person, Stimmung, Lage* tendu(e) ❷ *warten* [très] attentivement; *arbeiten* intensément

der **Angestellte** l'employé *(männlich)*

die **Angestellte** l'employée *(weiblich)*

angetrunken un peu gris(e)

angewiesen ❶ **auf jemanden/auf etwas angewiesen sein** dépendre de quelqu'un/de quelque chose ❷ **sie sind auf jeden Job angewiesen** ils sont obligés d'accepter chaque petit boulot

angewöhnen **sich das Rauchen angewöhnen** prendre l'habitude de fumer

die **Angewohnheit** l'habitude *(weiblich)*

die **Angina** l'angine *(weiblich)*

der **Angler** le pêcheur à la ligne

die **Anglerin** la pêcheuse à la ligne

Angola l'Angola *(männlich)*

die **Angorawolle** la laine angora

angreifbar *Person* critiquable; *Theorie, These* contestable

angreifen ❶ (*auch beim Militär*) attaquer ❷ **heißes Wasser greift die Tischplatte an** l'eau chaude abîme le dessus de table; **Stress greift die Gesundheit an** le stress ébranle la santé ❸ (*kritisieren*) **jemanden öffentlich angreifen** attaquer quelqu'un en public ❹ entamer *Ersparnisse*

der **Angreifer** ❶ (*militärisch*) l'assaillant (*männlich*) ❷ (*im Sport*) l'attaquant (*männlich*)

die **Angreiferin** ❶ (*militärisch*) l'assaillante (*weiblich*) ❷ (*im Sport*) l'attaquante (*weiblich*)

angrenzen an etwas angrenzen *Land:* être limitrophe de quelque chose; *Fluss, See:* être en bordure de quelque chose

der **Angriff** ❶ l'offensive (*weiblich*) ❷ (*Kritik*) l'attaque (*weiblich*) ▶ **etwas in Angriff nehmen** s'attaquer à quelque chose

angriffslustig *Journalist* combatif/combative; *Spieler* offensif/offensive

angst mir wird angst [und bange] je prends peur

die **Angst** ❶ la peur; **Angst bekommen** prendre peur; **Angst haben** avoir peur; **vor jemandem/vor etwas Angst haben** avoir peur de quelqu'un/de quelque chose ❷ **um jemanden/um etwas Angst haben** avoir peur pour quelqu'un/pour quelque chose ❸ (*Angstzustand*) l'angoisse (*weiblich*) ▶ **keine Angst!** (*umgs.*) pas de panique!, faut pas paniquer!

der **Angstgegner** la bête noire
die **Angstgegnerin** la bête noire
der **Angsthase** (*umgs.*) le trouillard/la trouillarde

ängstlich ❶ *Person, Blick* craintif/craintive ❷ (*besorgt*) **ängstlich werden** s'inquiéter ❸ *sich verstecken* craintivement ❹ *hüten, verbergen* jalousement

der **Angstschweiß** la sueur d'angoisse

anhaben ❶ (*umgs.: angezogen haben*) porter; **nichts anhaben** être tout(e) nu(e) ❷ **den Fernseher anhaben** (*umgs.*) avoir la télé allumée ❸ **er kann mir nichts anhaben** (*zuleide tun*) il ne peut rien me faire; (*schaden*) il ne peut pas me nuire; **die Kälte kann mir nichts anhaben** le froid ne me fait rien

anhalten ❶ (*stehen bleiben*) s'arrêter ❷ (*zum Stehen bringen*) arrêter, faire arrêter *Menschen, Fahrzeug* ❸ **die Luft anhalten** retenir son souffle [*oder* sa respiration] ❹ *Wetter:* continuer; *Beschwerden:* persister; *Lärm:* durer ❺ **um die Hand der Tochter anhalten** demander la main de la jeune fille ❻ **jemanden zur Ordnung anhalten** éduquer quelqu'un à être ordonné(e)

anhaltend *Hitze* persistant(e); *Lärm* continuel(le)

der **Anhalter** l'auto-stoppeur (*männlich*); **per Anhalter fahren** faire de l'auto-stop
die **Anhalterin** l'auto-stoppeuse (*weiblich*)
der **Anhaltspunkt** l'indice (*männlich*)
anhand à l'aide de
der **Anhang** *eines Buchs* l'appendice (*männlich*)

anhängen ❶ accrocher *Schild, Wohnwagen* ❷ (*umgs.: anlasten*) **jemandem einen Diebstahl anhängen** coller un vol sur le dos de quelqu'un

der **Anhänger** ❶ (*Fan*) le supporter, le fan ❷ *einer Partei* le partisan ❸ (*Wagen*) la remorque ❹ (*Schmuckstück*) le pendentif

die **Anhängerin** ❶ (*Fan*) la fan ❷ *einer Partei* la partisane

anhänglich *Kind* très attaché(e); *Haustier* attaché(e)

die **Anhänglichkeit** l'attachement (*männlich*)

anhäufen ❶ amasser *Geld;* accumuler *Müll* ❷ **sich anhäufen** s'accumuler

anheben ❶ soulever *Möbelstück, Koffer;* lever *Glas* ❷ augmenter *Preis, Abgaben*

Anhieb auf Anhieb (*umgs.*) d'emblée

anhimmeln (*umgs.*) **jemanden anhimmeln** (*verehren*) adorer quelqu'un; (*schwärmerisch ansehen*) regarder quelqu'un avec adoration

die **Anhöhe** la °hauteur

anhören ❶ [**sich**] **einen Vortrag anhören** écouter une conférence ❷ **jemanden anhören** écouter quelqu'un ❸ **etwas zufällig mit anhören** entendre quelque chose ❹ **diese Musik hört sich gut an** cette musique est agréable à l'oreille ❺ **deine Idee hört sich gut an** ton idée semble être bonne ❻ **ich kann dein Genörgel nicht mehr [mit] anhören** arrête de râler, je ne le supporte plus ❼ **es hört sich an, als wäre da eine Maus** au bruit, on dirait que c'est une souris

der **Animateur** [anima'tø:ʀ] l'animateur (*männlich*)
die **Animateurin** [anima'tø:rɪn] l'animatrice (*weiblich*)
der **Anis** (*Pflanze, Gewürz*) l'anis (*männlich*)
der **Ankauf** l'achat (*männlich*); *eines Grundstücks* l'acquisition (*weiblich*); **der An- und Verkauf** la vente et l'achat
der **Anker** l'ancre (*weiblich* ⚠); **vor Anker gehen** jeter l'ancre
ankern (*vor Anker liegen*) mouiller
anketten ❶ **sein Fahrrad anketten** attacher son vélo avec une chaîne ❷ enchaîner *Sträfling*

die **Anklage** ❶ (*Tatvorwurf*) l'inculpation *(weiblich)*; **gegen jemanden Anklage erheben** engager des poursuites contre quelqu'un; **wegen etwas unter Anklage stehen** faire l'objet de poursuites pour quelque chose ❷ (*Vorwurf, Klage, Anklagevertretung*) l'accusation *(weiblich)*
anklagen ❶ **jemanden anklagen** accuser quelqu'un ❷ dénoncer *Missstände* ❸ (*eine Anklage darstellen*) *Buch, Film:* être une accusation
anklagend ❶ *Blick, Tonfall* accusateur/accusatrice ❷ **ansehen** d'un air accusateur
der **Anklang** ❶ (*Zustimmung*) l'accueil *(männlich)* favorable; **bei jemandem Anklang finden** *Plan:* être bien accueilli(e) par quelqu'un ❷ **Anklänge an jemanden/an etwas zeigen** manifester des réminiscences à quelqu'un/à quelque chose
ankleben coller
anklickbar (*in der Informatik*) *Symbol, Icon* cliquable
anklicken cliquer sur *Wort, Symbol*
anklopfen frapper
anknipsen (*umgs.*) allumer
anknüpfen ❶ attacher *Schnur* ❷ nouer *Beziehung* ❸ **an alte Zeiten anknüpfen** renouer avec le passé
ankommen ❶ arriver ❷ **bei den Jugendlichen [gut] ankommen** *Mode:* avoir du succès auprès des adolescents; **nicht [gut] ankommen** faire un bide ❸ (*sich behaupten*) **gegen jemanden ankommen [können]** [arriver à] s'imposer face à quelqu'un ❹ **immer mit derselben Geschichte ankommen** (*umgs.*) débiter toujours la même histoire ❺ **es kommt darauf an, dass wir zusammenhalten** il importe que nous soyons solidaires ▸ **es auf etwas ankommen lassen** (*umgs.*) se laisser embarquer dans quelque chose; **es darauf ankommen lassen** (*umgs.*) risquer le coup; **es kommt [ganz] darauf an** cela dépend
ankreiden jemandem einen Fehler ankreiden reprocher une erreur à quelqu'un
ankreuzen cocher
ankündigen annoncer; **sich ankündigen** s'annoncer
die **Ankündigung** ❶ l'annonce *(weiblich)* ❷ (*Anzeichen*) *einer Katastrophe* le signe avant-coureur
die **Ankunft** l'arrivée *(weiblich)*; **bei der Ankunft des Zuges** lors de l'entrée [du train] en gare
ankurbeln relancer *Wirtschaft;* **das Wirtschaftswachstum gewaltig ankurbeln** booster la croissance
anlächeln sourire à
die **Anlage** ❶ (*Grünanlage*) l'espace *(männlich)* vert ❷ (*Sportanlage*) le complexe sportif ❸ (*Stereoanlage*) la chaîne °hi-fi ❹ (*Veranlagung*) la disposition ❺ (*Produktionsgebäude*) le complexe ❻ **die sanitären Anlagen** les installations *(weiblich)* sanitaires ❼ (*Briefbeilage*) la pièce jointe; **als Anlage** ci-joint
der **Anlass** ❶ (*Grund*) la raison ❷ (*Gelegenheit*) l'occasion *(weiblich)*; **beim geringsten Anlass** pour un rien ❸ **für einen festlichen Anlass gekleidet sein** être vêtu(e) pour un événement solennel
anlassen ❶ [faire] démarrer *Auto, Motor* ❷ (*umgs.: nicht ausziehen*) garder *Schuhe, Mantel* ❸ (*umgs.: nicht ausmachen*) laisser allumé(e) *Licht, Radio;* laisser tourner *Motor*
der **Anlasser** le démarreur
anlässlich à l'occasion de
der **Anlauf** ❶ (*beim Sport*) l'élan *(männlich)*; **Anlauf nehmen** prendre de l'élan ❷ (*Versuch*) l'essai *(männlich)*; **etwas gelingt beim ersten Anlauf** quelque chose réussit du premier coup
anlaufen ❶ *Saison, Verhandlungen:* commencer ❷ *Motor, Maschine:* se mettre en marche, démarrer ❸ *Film:* sortir (*Anlauf nehmen*) prendre de l'élan ❺ *Metall:* s'oxyder; *Brille:* s'embuer ❻ **blau anlaufen** *Person:* devenir tout(e) bleu(e) ❼ (*ansteuern*) faire escale dans *Hafen*
anlegen ❶ aménager *Garten;* constituer *Vorratslager, Akte;* établir *Liste* ❷ **Geld anlegen** placer de l'argent ❸ (*ausgeben*) **wie viel möchten Sie anlegen?** combien souhaitez-vous investir? ❹ **es auf einen Streit anlegen** chercher une dispute ❺ appliquer *Lineal* ❻ mettre *Schmuck* ❼ **im Hafen anlegen** *Schiff:* accoster au port [*oder* dans le port], accoster le quai au port ▸ **sich mit jemandem anlegen** entrer en conflit avec quelqu'un
der **Anlegeplatz** l'embarcadère *(männlich)*, le débarcadère
anlehnen ❶ **etwas an die Wand anlehnen** poser quelque chose contre le mur ❷ **das Fenster anlehnen** laisser la fenêtre entrouverte ❸ **sich an jemanden/an etwas anlehnen** s'appuyer contre quelqu'un/contre quelque chose; (*sich orientieren*) s'inspirer de quelqu'un/de quelque chose
die **Anlehnung in Anlehnung an jemanden/**

an etwas en référence à quelqu'un/à quelque chose
die **Anleihe** l'emprunt *(männlich)*
anleiten instruire *Schüler, Auszubildenden*
die **Anleitung** les instructions *(weiblich)*

> **V** Der Singular *die Anleitung* wird mit einem Plural übersetzt: *diese Anleitung* ist *ziemlich kompliziert – ces instructions* sont *assez compliquées.*

anlernen initier *Mitarbeiter*
anliefern livrer
das **Anliegen** *(Bitte)* la demande
anliegend **ein eng anliegendes Kleid** une robe moulante
der **Anlieger** le riverain; „**Anlieger frei**" "Accès réservé aux riverains"
die **Anliegerin** la riveraine
anlocken attirer *Käufer;* appâter *Tier*
anlügen mentir à
anmachen ❶ allumer *Licht, Fernseher* ❷ assaisonner *Salat* ❸ *(umgs.: befestigen)* fixer ❹ **jemanden anmachen** *(umgs.: flirten)* draguer quelqu'un; *(rüde ansprechen)* chercher quelqu'un
anmaßen sich etwas anmaßen se permettre quelque chose
anmaßend prétentieux/prétentieuse
anmelden ❶ **sich anmelden** *(einen Termin vereinbaren)* prendre rendez-vous ❷ *(ankündigen)* **sich [für Freitag] anmelden** annoncer sa venue [pour vendredi], s'annoncer [pour vendredi] ❸ **sich zu einem Kurs anmelden** s'inscrire à un cours; **sein Kind in der Schule anmelden** inscrire son enfant à l'école ❹ **sich in Berlin anmelden** faire une déclaration de domicile à Berlin ❺ déclarer *Radio;* déposer *Patent;* **sein Auto anmelden** faire immatriculer sa voiture ❻ faire valoir *Anspruch;* exprimer *Bedenken*
die **Anmeldung** ❶ *(Terminvereinbarung)* le rendez-vous ❷ *(zu einem Kurs)* l'inscription *(weiblich)* ❸ *eines Einwohners* l'enregistrement *(männlich); eines Radio- oder Fernsehgeräts* la déclaration; *eines Autos* l'immatriculation *(weiblich); eines Patents* le dépôt
anmerken ❶ **sich den Ärger anmerken lassen** laisser transparaître sa colère; **sich nichts anmerken lassen** ne rien laisser voir ❷ *(sagen)* **etwas anmerken** faire une remarque
die **Anmerkung** le commentaire
annähen einen Knopf [wieder] annähen recoudre un bouton
annähern rapprocher; **sich [einander]**

annähern se rapprocher
annähernd approximatif/approximative
die **Annäherung** le rapprochement
die **Annahme** ❶ *(Vermutung)* la supposition; **in der Annahme, dass ihr einverstanden sein werdet, ...** en supposant que vous soyez d'accord, ... ❷ *eines Angebots* l'acceptation *(weiblich)* ❸ *eines Gesetzes* l'adoption *(weiblich)*
annehmbar ❶ *(akzeptabel)* acceptable ❷ *Preis* convenable; *Geschmack* correct(e)
annehmen ❶ accepter *Angebot, Anmeldung;* relever *Herausforderung* ❷ adopter *Gesetz, Staatsangehörigkeit;* prendre *Angewohnheit* ❸ *(meinen)* supposer; **ich nehme an, dass alles richtig ist** je suppose que tout est juste; **du nimmst doch nicht etwa an, dass ich einverstanden bin?** tu n'imagines quand même pas que je suis d'accord? ❹ **sich einer Angelegenheit annehmen** s'occuper d'une affaire
die **Annehmlichkeit** la commodité; *(Vorteil)* l'avantage *(männlich)*
die **Annonce** [a'nɔ̃:sə] l'annonce *(weiblich); (Kleinanzeige)* la petite annonce
annoncieren [anɔ̃'si:rən] mettre une annonce; **etwas annoncieren** mettre une annonce pour quelque chose
annullieren annuler
anöden *(umgs.)* barber
anomal anormal(e)
anonym anonyme
die **Anonymität** l'anonymat *(männlich)*
der **Anorak** l'anorak *(männlich)*
anordnen ❶ *(ordnen)* classer ❷ décréter *Maßnahmen* ❸ imposer *Überstunden*
die **Anordnung** *einer Behörde* la disposition; *eines Vorgesetzten* l'ordre *(männlich)*
anorganisch inorganique
anormal anormal(e)
anpacken *(umgs.)* ❶ *(anfassen)* empoigner ❷ **[mit] anpacken** filer un coup de main
anpassen ❶ *(passend einstellen)* ajuster *Stuhl* ❷ *(erhöhen, neu festsetzen)* réajuster *Renten* ❸ **sein Verhalten der Situation anpassen** adapter son comportement à la situation ❹ **jemandem ein Kleid anpassen** essayer une robe à quelqu'un ❺ **sich jemandem anpassen** s'adapter à quelqu'un
die **Anpassung** ❶ *(entsprechende Einstellung)* l'adaptation *(weiblich)* ❷ *(Neufestsetzung)* le réajustement
anpassungsfähig capable de s'adapter
die **Anpassungsfähigkeit** l'adaptabilité *(weiblich)*
der **Anpfiff** ❶ *(im Sport)* le coup d'envoi

❷ (*umgs.: Zurechtweisung*) l'engueulade (*weiblich*)
anpflanzen ❶ (*pflanzen*) planter ❷ cultiver *Nutzpflanzen*
anpirschen sich anpirschen ❶ *Jäger:* s'approcher [sans bruit] ❷ (*umgs.: sich nähern*) s'approcher en douce
anpöbeln (*umgs.*) chercher des noises à
anprangern vilipender
anpreisen vanter
die **Anprobe** l'essayage (*männlich*)
anprobieren essayer
anpumpen (*umgs.*) **jemanden um zehn Euro anpumpen** taper dix euros à quelqu'un
der **Anrainer** (*Nachbar*) le voisin
die **Anrainerin** (*Nachbarin*) la voisine
anrechnen ❶ déduire *Anzahlung;* faire la reprise de *Gebrauchtwagen* ❷ **jemandem etwas als Verdienst anrechnen** mettre quelque chose à l'actif de quelqu'un
das **Anrecht** le droit; **Anrecht auf eine Lehrstelle haben** avoir droit à une place d'apprenti
die **Anrede** le titre; **wie lautet Ihre korrekte Anrede?** comment doit-on vous appeler?; **wie lautet die Anrede für den Bundespräsidenten?** comment s'adresse-t-on au président de la République fédérale?
anreden s'adresser à; **jemanden mit du anreden** dire tu à quelqu'un; **jemanden mit seinem Titel anreden** appeler quelqu'un par son titre
anregen ❶ (*beleben*) stimuler; **den Kreislauf anregen** stimuler ❷ ouvrir *Appetit* ❸ **zum Nachdenken anregen** faire réfléchir; **jemanden zum Nachdenken anregen** inciter quelqu'un à réfléchir ❹ **anregen, etwas zu tun** suggérer de faire quelque chose
anregend stimulant(e); (*sexuell stimulierend*) excitant(e)
die **Anregung** ❶ (*Vorschlag*) la suggestion ❷ *des Kreislaufs, Appetits* la stimulation
die **Anreise** ❶ le voyage ❷ (*Ankunft*) l'arrivée (*weiblich*)
anreisen voyager; (*eintreffen*) arriver
der **Anreiz** l'invite (*weiblich*); **Anreize bieten, etwas zu tun** donner des motifs (*männlich*) pour faire quelque chose
anrempeln bousculer
die **Anrichte** le buffet
anrichten ❶ présenter *Essen* ❷ causer *Schaden, Unheil*
anrüchig *Lokal* mal famé(e); *Angelegenheit* louche

der **Anruf** (*Telefongespräch*) le coup de téléphone
der **Anrufbeantworter** le répondeur [automatique]
anrufen ❶ téléphoner; **jemanden anrufen** téléphoner à quelqu'un; **bei jemandem anrufen** appeler chez quelqu'un ❷ (*juristisch*) **eine höhere Instanz anrufen** en appeler à une plus °haute instance
der **Anrufer** le correspondant
die **Anruferin** la correspondante
anrühren ❶ (*berühren, anfassen*) toucher *Person, Hand;* toucher à *Gegenstand* ❷ (*innerlich bewegen*) toucher ❸ préparer *Teig*
ans →**an**
die **Ansage** *der Nachrichten* la présentation; *des Programms* l'annonce (*weiblich*)
ansagen présenter *Nachrichten;* annoncer *Programm*
der **Ansager** (*im Radio und Fernsehen*) l'animateur (*männlich*)
die **Ansagerin** (*im Radio und Fernsehen*) l'animatrice (*weiblich*)
ansammeln ❶ amasser *Dinge;* accumuler *Vermögen* ❷ **sich ansammeln** *Personen:* se rassembler; *Gegenstände:* s'accumuler
die **Ansammlung** ❶ *von Gegenständen* l'amoncellement (*männlich*) ❷ (*Menschenmenge*) la foule
ansässig domicilié(e)
der **Ansatz** ❶ *der Haare* la base ❷ (*Anzeichen*) le signe ❸ *von Kalk* le dépôt; *von Rost* la couche ▶ **etwas ist im Ansatz richtig** quelque chose est juste dans les grandes lignes; **etwas ist im Ansatz falsch** quelque chose est faux/fausse dès le départ
der **Ansatzpunkt** le point de départ
anschaffen ❶ (*kaufen*) acheter; **sich ein Sofa anschaffen** s'acheter un canapé ❷ **für jemanden anschaffen gehen** (*umgs.*) faire le tapin pour quelqu'un
die **Anschaffung** l'achat (*männlich*)
anschalten allumer *Strom;* **das Gerät anschalten** mettre l'appareil en marche
anschauen regarder
anschaulich *Vortrag* clair(e); *Beispiel* parlant(e)
die **Anschaulichkeit** *einer Beschreibung* la clarté; *eines Beispiels* le caractère explicite
der **Anschein** l'apparence (*weiblich*); **es hat den Anschein, als ob ...** on dirait que ... ▶ **allem Anschein nach** selon toute apparence
anscheinend apparemment
anschieben pousser; **jemandem beim Anschieben helfen** aider quelqu'un à pousser

der **Anschlag** ❶ (*Bekanntmachung*) l'avis (*männlich*); (*Plakat*) l'affiche (*weiblich*) ❷ (*Attentat*) l'attentat (*männlich*) ❸ **250 Anschläge in der Minute schreiben** taper 250 signes à la minute ❹ *eines Pianisten* le toucher ❺ *eines Pedals* le seuil de résistance; **bis zum Anschlag** à fond ❻ **das Gewehr im Anschlag haben** tenir le fusil braqué
anschlagen ❶ apposer *Plakat* ❷ (*beim Musizieren*) jouer *Akkord, Ton*; frapper *Taste* ❸ ébrécher *Teller* ❹ *Hund:* aboyer ❺ **bei jemandem anschlagen** *Medikament, Therapie:* agir [*oder* faire effet] chez quelqu'un ❻ **einen spöttischen Ton anschlagen** prendre un ton moqueur
anschleichen sich anschleichen s'approcher tout doucement; **sich an jemanden/an etwas anschleichen** s'approcher tout doucement de quelqu'un/de quelque chose
anschließen ❶ brancher *Elektrogerät* ❷ raccorder *Waschmaschine, Gasherd* ❸ **das Fahrrad am Geländer anschließen** attacher le vélo à la rampe ❹ **sich jemandem anschließen** se joindre à quelqu'un; (*beipflichten*) se rallier à quelqu'un ❺ **sich einer Partei anschließen** s'engager dans un parti ❻ **an die Preisverleihung wird sich eine Feier anschließen** une fête succédera à la remise des prix
anschließend ❶ **die anschließende Diskussion** le débat qui suit [immédiatement] ❷ (*direkt danach*) ensuite
der **Anschluss** ❶ (*das Anschließen*) *eines Telefons* le branchement ❷ (*Anschlussdose für das Telefonnetz, Kabelnetz, die Gemeinschaftsantenne*) la prise; (*fürs Internet*) la connexion; **der Anschluss für das Kabelnetz** la prise pour le câble ❸ **„Kein Anschluss unter dieser Nummer"** "Le numéro que vous avez demandé n'est plus en service actuellement" ❹ (*Anschlusszug*) **in Lyon haben Sie Anschluss nach Marseille um 10.30 Uhr** à Lyon, vous avez une correspondance pour Marseille à 10 h 30 ▶ **Anschluss finden** *Austauschschüler, Fremder:* nouer des contacts
anschmiegen (*sich anlehnen*) **sich an jemanden/an etwas anschmiegen** se blottir contre quelqu'un/contre quelque chose
anschmiegsam *Person* câlin(e); *Material* souple
anschnallen ❶ attacher *Kind* ❷ **sich anschnallen** attacher sa ceinture [de sécurité]

anschneiden entamer *Brot*
anschreiben ❶ **etwas an die Tafel anschreiben** écrire quelque chose au tableau ❷ **jemanden anschreiben** envoyer un courrier à quelqu'un; **jemanden wegen etwas anschreiben** envoyer un courrier à quelqu'un à cause de quelque chose ❸ *Händler, Wirt:* faire crédit; **[bei jdm] anschreiben lassen** faire mettre sur sa note [chez quelqu'un]
anschreien crier après; **jemanden wegen etwas anschreien** crier après quelqu'un à cause de quelque chose
die **Anschrift** l'adresse (*weiblich*)
anschwärzen (*umgs.*) **einen Kollegen beim Vorgesetzten anschwärzen** débiner un collègue auprès du supérieur
anschwellen *Gelenk, Arm:* enfler
ansehen ❶ regarder; **jemanden freundlich/böse ansehen** regarder quelqu'un d'un air gentil/méchant ❷ **sich einen Film ansehen** (*im Kino*) voir un film; (*im Fernsehen*) regarder un film; **sich ein Museum ansehen** visiter un musée ❸ **jemanden als seinen Freund ansehen** considérer quelqu'un comme son ami ❹ **jemandem seine [*oder* die] Verlegenheit ansehen** pouvoir lire l'embarras sur le visage de quelqu'un ▶ **sieh mal einer an!** (*umgs.*) tiens, tiens!
das **Ansehen** la réputation; **bei jemandem großes Ansehen genießen** jouir d'une grande estime auprès de quelqu'un
ansehnlich ❶ *Erbschaft* important(e); *Leistung* beau/belle ❷ **ein ansehnlicher Mann** un bel homme
ansetzen ❶ **zum Sprechen/zum Trinken ansetzen** s'apprêter à parler/à boire ❷ **das Glas [zum Trinken] ansetzen** porter le verre à sa bouche ❸ placer *Werkzeug* ❹ (*anfügen*) ajouter *Stück Stoff, Rohrstück* ❺ fixer *Termin* ❻ (*veranschlagen*) estimer; **die Kosten zu niedrig ansetzen** sous-estimer les coûts ❼ **Rost ansetzen** commencer à rouiller ❽ préparer *Bowle*
die **Ansicht** ❶ l'avis (*männlich*); **sie ist der Ansicht, dass ...** elle est d'avis que ...; **nach Ansicht meiner Eltern** selon mes parents; **deiner/seiner Ansicht nach** à ton/à son avis ❷ (*Abbildung*) la vue ❸ (*das Prüfen*) l'examen (*männlich*); **zur Ansicht** pour examen
die **Ansichtskarte** la carte postale
die **Ansiedlung** la colonie
ansonsten ❶ (*im Übrigen*) pour le reste

②(*außerdem*) à part ça ③(*andernfalls*) sinon
anspannen ① bander *Muskel;* crisper *Nerven* ② atteler *Pferd; siehe auch* **angespannt**
die **Anspannung** la tension
anspielen ① **auf jemanden/auf etwas anspielen** faire allusion à quelqu'un/à quelque chose; **mit einer Bemerkung auf jemanden/auf etwas anspielen** faire allusion par une remarque à quelqu'un/à quelque chose ②(*im Sport*) **jemanden anspielen** passer le ballon à quelqu'un
die **Anspielung** l'allusion *(weiblich)*
anspitzen tailler *Bleistift*
anspornen ①(*ermuntern*) motiver ② éperonner *Pferd*
die **Ansprache** l'allocution *(weiblich)*
ansprechbar ansprechbar sein *Kranker:* être lucide; (*nicht beschäftigt sein*) être disponible
ansprechen ①(*anreden*) adresser la parole à ②(*eine Anrede verwenden*) **wie soll/darf ich Sie ansprechen?** comment dois-je vous appeler? ③ **jemanden auf etwas ansprechen** parler à quelqu'un de quelque chose ④ aborder *Thema* ⑤ **dieses Bild spricht mich an** (*interessiert mich*) ce tableau m'interpelle; (*gefällt mir*) ce tableau me plaît ⑥ **auf ein Medikament/auf eine Therapie ansprechen** réagir à un médicament/à une thérapie
der **Ansprechpartner** l'interlocuteur *(männlich)*
die **Ansprechpartnerin** l'interlocutrice *(weiblich)*
anspringen *Fahrzeug:* démarrer; **schwer anspringen** démarrer difficilement
der **Anspruch** ① le droit; **Anspruch auf etwas haben** avoir droit à quelque chose; **Anspruch auf etwas erheben** revendiquer quelque chose ② **ein Anspruch auf etwas nehmen** faire valoir un droit; **die Hilfe der Freunde in Anspruch nehmen** profiter de l'aide des amis ③(*Anforderung, Erfordernis*) **die Ansprüche** les exigences *(weiblich)*; **hohe Ansprüche stellen** *Person:* être très exigeant(e) ▶ **jemanden in Anspruch nehmen** accaparer quelqu'un
anspruchslos ① *Person, Pflanze* peu exigeant(e) ②(*trivial*) sans prétention
anspruchsvoll ① *Person* exigeant(e) ②(*niveauvoll*) ambitieux/ambitieuse
anstacheln aiguillonner *Menschen*
die **Anstalt** ①(*Heilanstalt*) l'établissement *(männlich)* spécialisé ②(*Einrichtung*) l'établissement *(männlich);* (*Privateinrichtung*) l'institution *(weiblich)*

die **Anstalten keine Anstalten machen aufzubrechen** ne pas sembler disposé(e) à partir; **er/sie machte Anstalten, die Unterhaltung zu beenden** il/elle s'apprêtait à mettre fin à la conversation
der **Anstand** ①(*gutes Benehmen*) le savoir-vivre; **keinen Anstand haben** n'avoir aucun savoir-vivre ②(*Benimmregeln*) les convenances *(weiblich)*

> **V** In ② wird der Singular *der Anstand* mit einem Plural übersetzt: *den Anstand wahren* – respecter *les convenances*.

anständig ① *Person* convenable; *Verhalten* correct(e) ② **eine ganz anständige Summe** (*umgs.*) une jolie petite somme ③ **jemanden [ganz] anständig bezahlen** (*umgs.*) payer quelqu'un correctement
anstarren regarder fixement
anstatt anstatt der Eltern à la place des parents; **anstatt eines Briefs** au lieu d'une lettre; **anstatt zu antworten** au lieu de répondre
anstecken ① épingler *Orden;* mettre *Brosche* ② faire brûler *Papier;* incendier *Gebäude;* **sich eine Zigarette anstecken** s'allumer une cigarette ③(*krank machen*) contaminer; **jemanden mit Masern anstecken** passer la rougeole à quelqu'un; **sich bei jemandem anstecken** être contaminé(e) par quelqu'un ④ **jemanden mit seiner Begeisterung anstecken** communiquer son enthousiasme à quelqu'un
ansteckend contagieux/contagieuse
die **Ansteckung** la contamination
anstehen faire la queue; **nach etwas anstehen** faire la queue pour quelque chose
ansteigen ① *Weg:* monter ②(*sich erhöhen*) grimper
anstelle anstelle meines Bruders à la place de mon frère
anstellen ① allumer *Licht;* mettre *Wasser;* ouvrir *Gas;* brancher *Klingel;* **die Maschine anstellen** mettre la machine en route ② **jemanden als Drucker anstellen** embaucher quelqu'un comme imprimeur ③ **Nachforschungen anstellen** procéder à des recherches ④(*anrichten*) **etwas anstellen** (*umgs.*) faire des conneries ⑤ **es geschickt anstellen** (*umgs.*) bien s'en sortir; **sich geschickt anstellen** (*umgs.*) bien s'y prendre ⑥(*eine Schlange bilden*) **sich anstellen** faire la queue; **stellen Sie sich bitte hinten an!** à la queue, s'il vous plaît!
die **Anstellung** l'emploi *(männlich)*

der **Anstieg** ❶ *der Kosten* la °hausse ❷ *einer Straße* la pente ❸ **der Anstieg zum Gipfel** l'ascension *(weiblich)* du sommet
anstiften inciter; **jemanden [dazu] anstiften, Unfug zu machen** inciter quelqu'un à faire des bêtises
anstimmen entonner *Lied*
der **Anstoß** ❶ *(Ansporn)* l'impulsion *(weiblich)* ❷ *(im Sport)* le coup d'envoi ▶ **bei jemandem Anstoß erregen** scandaliser quelqu'un; **an etwas Anstoß nehmen** être choqué(e) par quelque chose
anstoßen ❶ **sich den Kopf anstoßen** se cogner la tête; **mit dem Ellbogen an die Tischkante anstoßen** se cogner le coude contre le bord de la table ❷ **jemanden mit dem Fuß anstoßen** pousser quelqu'un du pied ❸ *(prosten)* **mit den Freunden anstoßen** trinquer avec des amis; **auf jemanden anstoßen** trinquer à la santé de quelqu'un; **auf den Erfolg der Firma anstoßen** trinquer au succès de l'entreprise ❹ *(in Gang setzen)* déclencher
der **Anstößer** Ⓒⓗ le riverain
die **Anstößerin** Ⓒⓗ la riveraine
anstößig choquant(e)
anstrahlen *(anleuchten)* illuminer
anstreben aspirer à; ambitionner *Stelle*
anstreichen ❶ **etwas rot anstreichen** peindre quelque chose en rouge ❷ *(markieren)* marquer
anstrengen ❶ **sich anstrengen** faire un effort/des efforts; *(körperlich)* se fatiguer; **sich in der Schule anstrengen** se donner du mal à l'école ❷ concentrer *Kräfte* ❸ *(strapazieren)* fatiguer *Augen*
anstrengend fatigant(e)
die **Anstrengung** ❶ *(Kraftaufwand)* la dépense physique ❷ *(Bemühung)* l'effort *(männlich)*
der **Anstrich** ❶ *(das Anstreichen)* la peinture; **einen neuen Anstrich brauchen** *Türen, Fenster:* avoir besoin d'une couche de peinture ❷ *(Farbüberzug)* la couche [de peinture] ❸ **ein künstlerischer Anstrich** une touche artistique
der **Ansturm** la ruée; **der Ansturm auf die Geschäfte** la ruée sur les magasins
die **Antarktis** l'Antarctique *(männlich)* ⚠
antasten porter atteinte à *Würde*
der **Anteil** ❶ *(Teil)* la part ❷ **der Anteil der Frauen an der Belegschaft** le taux des femmes dans l'effectif ❸ **am politischen Leben Anteil nehmen** prendre part aux événements politiques
die **Anteilnahme** ❶ *(Beileid)* les condoléances *(weiblich)* ❷ *(Interesse)* l'intérêt *(männlich)*

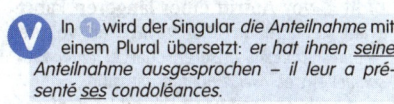

In ❶ wird der Singular *die Anteilnahme* mit einem Plural übersetzt: *er hat ihnen seine Anteilnahme ausgesprochen – il leur a présenté ses condoléances.*

die **Antenne** l'antenne *(weiblich)*
der **Antialkoholiker** l'antialcoolique *(männlich)*
die **Antialkoholikerin** l'antialcoolique *(weiblich)*
antiautoritär antiautoritaire
die **Antibabypille** [anti'beːbɪpɪlə] la pilule
das **Antibiotikum** l'antibiotique *(männlich)*
die **Antifaltencreme** la crème anti-âge
der **Antifaschismus** l'antifascisme *(männlich)*
antik antique; *(als Antiquität anzusehen)* ancien(ne)
die **Antike** l'Antiquité *(weiblich)*
der **Antikörper** l'anticorps *(männlich)*
die **Antilope** l'antilope *(weiblich)*
die **Antipathie** l'antipathie *(weiblich)*; **meine Antipathie gegen ihn** mon antipathie envers lui
das **Antiquariat** la librairie d'occasion
die **Antiquität** l'antiquité *(weiblich)*
antisemitisch antisémite
der **Antisemitismus** l'antisémitisme *(männlich)*
antiseptisch antiseptique
das **Antivirenprogramm** l'antivirus *(männlich)*
der **Antrag** ❶ la demande; **einen Antrag stellen** faire une demande ❷ *(Antragsformular)* le formulaire de demande ❸ *(vor Gericht)* la requête ❹ *(im Parlament)* la motion
der **Antragsteller** ❶ le demandeur ❷ *(vor Gericht)* le requérant
die **Antragstellerin** ❶ la demandeuse ❷ *(vor Gericht)* la requérante
antreffen **jemanden zu Hause antreffen** trouver quelqu'un à la maison; **jemanden beim Essen antreffen** trouver quelqu'un en train de manger
antreiben ❶ faire avancer *Pferd;* pousser *Mitarbeiter;* **jemanden zur Eile antreiben** presser quelqu'un ❷ entraîner *Turbine* ❸ **ans Ufer/am Ufer antreiben** être rejeté(e) sur le rivage
antreten ❶ prendre *Stellung;* entrer en possession de *Erbe;* commencer à purger *Haftstrafe;* **eine Reise antreten** partir en voyage; **sein Amt antreten** prendre ses fonctions ❷ *(sich aufstellen) Soldaten:* se rassembler ❸ *(beim Sport)* **zum Zehnkampf antreten** se présenter au décathlon; **gegen einen Profi antreten** affronter un pro
der **Antrieb** ❶ **der elektrische Antrieb** la propulsion électrique ❷ *(Impuls)* la motivation; **etwas aus eigenem Antrieb tun** faire quel-

que chose de sa propre initiative
der **Antritt** ❶ vor Antritt einer längeren Fahrt avant de faire un long voyage en voiture ❷ eines Amtes la prise en charge; einer Erbschaft l'entrée (weiblich) en possession
antun sich etwas antun (verhüllend) attenter à ses jours ▸ **dieses Lied hat es ihm/ihr angetan** cette chanson l'a séduit(e)
die **Antwort** la réponse; **seine/ihre Antwort auf meine Frage** sa réponse à ma question; „Um Antwort wird gebeten" "Prière de répondre[, s'il vous plaît]" ▸ **er/sie ist nie um eine Antwort verlegen** il/elle n'est jamais à court de réponses
antworten ❶ répondre; **jemandem antworten** répondre à quelqu'un; **jemandem auf seinen Brief antworten** répondre à la lettre de quelqu'un ❷ **auf eine Frage antworten** répondre à une question; **mit einem Lächeln antworten** répondre par un sourire
das **Antwortschreiben** la réponse, la lettre-réponse
anvertrauen confier; **sich jemandem anvertrauen** se confier à quelqu'un
anwachsen ❶ (Wurzeln schlagen) prendre racine ❷ (zunehmen) Bevölkerung: augmenter; Lärm: s'intensifier
der **Anwalt** l'avocat (männlich)
die **Anwältin** l'avocate (weiblich)
die **Anwaltskanzlei** le cabinet d'avocats
die **Anwandlung** ❶ (Laune) la lubie ❷ **in einer Anwandlung von Pessimismus** dans un [soudain] accès de pessimisme
der **Anwärter** ❶ (Kandidat) le candidat ❷ (im Sport) le favori
die **Anwärterin** ❶ (Kandidatin) la candidate ❷ (im Sport) la favorite
anweisen jemanden anweisen donner des instructions à quelqu'un; **ich habe ihn angewiesen, sofort zu handeln** je lui ai donné des instructions pour qu'il agisse immédiatement
die **Anweisung** l'instruction (weiblich); **auf Anweisung der Geschäftsleitung** sur ordre de la direction
anwenden appliquer Gesetz, Formel, Regel; se servir de Programm; employer Technologie
der **Anwender** (in der Informatik) l'utilisateur (männlich)
die **Anwenderin** (in der Informatik) l'utilisatrice (weiblich)
die **Anwendung** ❶ (der Gebrauch) l'utilisation (weiblich); eines Gesetzes, einer Formel l'application (weiblich); **die Anwendung von Gewalt** le recours à la force ❷ (in der Infor-

matik) l'application (weiblich)
anwerben recruter Soldaten
anwesend présent(e)
der **Anwesende** la personne présente; **Anwesende [natürlich] ausgenommen!** je ne parle pas de vous[, bien sûr]!
die **Anwesende** la personne présente
die **Anwesenheit** la présence; **in seiner/ihrer Anwesenheit** en sa présence
anwidern dégoûter
die **Anzahl** le nombre
anzahlen hundert Euro anzahlen verser un acompte de cent euros; **ein Auto anzahlen** verser un acompte sur le prix d'une voiture
die **Anzahlung** l'acompte (männlich); **eine Anzahlung machen** [oder **leisten** gehoben] verser un acompte
das **Anzeichen** ❶ (Indiz) le signe ❷ einer Krankheit le symptôme
die **Anzeige** ❶ (Inserat) l'annonce (weiblich) ❷ einer Heirat le faire-part ❸ des Spielstands l'affichage (männlich); eines Messwerts l'indication (weiblich) ❹ (bei der Polizei) la plainte; **Anzeige erstatten** porter plainte; **eine Anzeige gegen unbekannt** une plainte contre X
anzeigen indiquer Messwert; signaler Richtung, Straftat; **jemanden wegen Diebstahls anzeigen** porter plainte contre quelqu'un pour vol
anziehen ❶ (anlocken) attirer Besucher ❷ serrer Handbremse, Schraube ❸ ramener Beine ❹ tirer Schlinge ❺ **sich anziehen** s'habiller ❻ **sich ein Kleid anziehen** mettre une robe; **soll ich dir den Mantel anziehen?** tu veux que je te mette ton manteau?
anziehend Äußeres attirant(e); Werbung attrayant(e)
die **Anziehungskraft** ❶ l'attrait (männlich) ❷ (in der Physik) l'attraction (weiblich)
der **Anzug** ❶ le costume ❷ (Hosenanzug) le tailleur-pantalon ▸ **im Anzug sein** Gewitter: se préparer; Gefahr: être imminent(e)
anzüglich ❶ (provozierend) Bemerkung désobligeant(e) ❷ Witz scabreux/scabreuse; Geste obscène
anzünden ❶ allumer Kerze, Feuer ❷ incendier Gebäude
der **Anzünder** (für Gasherde) l'allume-gaz (männlich); (für Kohle) l'allume-feu (männlich)
anzweifeln douter de Bericht, Behauptung
apart ein apartes Gesicht un visage au charme particulier; **apart aussehen** avoir du cachet
das **Apartment** le studio

> Nicht verwechseln mit *l'appartement – die Wohnung!*

apathisch apathique
aper (A), (CH) *Hang* sans neige; *Straße* déneigé(e)
der **Aperitif** l'apéritif *(männlich)*
der **Apfel** la pomme
der **Apfelbaum** le pommier
der **Apfelkuchen** la tarte aux pommes
der **Apfelsaft** le jus de pomme
die **Apfelsine** l'orange *(weiblich)*
die **Apfeltasche** ≈ le chausson aux pommes
der **Apfelwein** ≈ le cidre
der **Apostel** (*auch übertragen*) l'apôtre *(männlich)*
der **Apostroph** l'apostrophe *(weiblich)*
die **Apotheke** la pharmacie
der **Apotheker** le pharmacien
die **Apothekerin** la pharmacienne
der **Apparat** ❶ l'appareil *(männlich)*; (*Radio- oder Fernsehapparat*) le poste ❷ (*Telefon*) l'appareil *(männlich)*; **bleiben Sie am Apparat!** ne quittez pas!
die **Apparatur** l'appareillage *(männlich)*
das **Appartement** [apartə'mã:] le studio

> Nicht verwechseln mit *l'appartement – die Wohnung!*

der **Appell** (*auch beim Militär*) l'appel *(männlich)*; **ein Appell an die Vernunft** un appel à la raison
appellieren ❶ **an jemanden appellieren, etwas zu tun** exhorter quelqu'un à faire quelque chose ❷ **an das Mitgefühl der Menschen appellieren** en appeler à la pitié des gens
der **Appetit** l'appétit *(männlich)*; **Appetit auf etwas haben** avoir envie de quelque chose; **jemandem den Appetit verderben** couper l'appétit à quelqu'un; **guten Appetit!** bon appétit!
appetitlich ❶ *Duft, Speise, Aussehen* appétissant(e) ❷ (*umgs.: hübsch*) appétissant(e) ❸ *anrichten, präsentieren* de manière appétissante
die **Appetitlosigkeit** le manque d'appétit
applaudieren jemandem applaudieren applaudir quelqu'un
der **Applaus** les applaudissements *(männlich)*

> Der Singular *der Applaus* wird mit einem Plural übersetzt: *der Applaus war herzlich – les applaudissements étaient chaleureux.*

der/das **Après-Ski** [aprɛ'ʃi] la sortie [sympa] au ski

> Nicht verwechseln mit *l'après-ski – der Schneestiefel!*

die **Aprikose** l'abricot *(männlich* ⚠*)*
aprikosenfarben abricot

> Das Farbadjektiv *abricot* ist unveränderlich: *ein aprikosenfarbenes Kleid – une robe abricot; zwei aprikosenfarbene Handtücher – deux serviettes abricot.*

der **April** ❶ avril *(männlich)* [avʀil]; **im April** en avril; **es ist April** c'est le mois d'avril ❷ (*bei Datumsangaben*) **ab** [dem] **ersten April** à partir du premier avril; **sie ist am 10. April 1990 geboren** elle est née le 10 avril 1990; **Berlin, den 7. April 2006** Berlin, le 7 avril 2006; **Freitag, den 6. April 2006** vendredi 6 avril 2006 ▸**jemanden in den April schicken** faire un poisson d'avril à quelqu'un; **April, April!** poisson d'avril!

> Der französische Monatsname wird ohne den bestimmten Artikel gebraucht. Bei präzisen Datumsangaben mit einer Zahl, wie sie in ❷ aufgeführt sind, steht der Artikel jedoch, und zwar wegen der Zahl:
> *sie ist am Vierten geboren – elle est née le quatre;*
> *sie ist am vierten April geboren – elle est née le quatre avril.*

der **Aprilscherz** le poisson d'avril
das **Aprilwetter** les giboulées *(weiblich)* de mars

> Der Singular *das Aprilwetter* wird mit einem Plural übersetzt: *jetzt fängt das echte Aprilwetter an – voici que commencent les vraies giboulées de mars.*

das **Aquarell** l'aquarelle *(weiblich* ⚠*)*
das **Aquarium** l'aquarium *(männlich)*
der **Äquator** l'équateur *(männlich)*
der/das **Ar** l'are *(männlich)*
die **Ära** (*gehoben*) l'ère *(weiblich)*
der **Araber** ❶ (*Person*) l'Arabe *(männlich)* ❷ (*Pferd*) le cheval arabe
die **Araberin** l'Arabe *(weiblich)*
Arabien l'Arabie *(weiblich)*
arabisch arabe; *Klima, Wüste* d'Arabie
Arabisch l'arabe *(männlich)*; *siehe auch* **Deutsch**

> In Verbindung mit dem Verb *parler* kann der Artikel entfallen: *sie spricht Arabisch – elle parle arabe.*

die **Arbeit** ❶ le travail; **sich an die Arbeit machen** se mettre au travail; **jemandem Arbeit/viel Arbeit machen** donner du travail/beaucoup de travail à quelqu'un ❷ (*Arbeitsplatz*) **Arbeit haben** avoir du travail, avoir un emploi; **ohne Arbeit sein** être sans travail [*oder* emploi]; **Arbeit suchend** à la recherche d'un emploi ❸ (*Klassenarbeit*) le

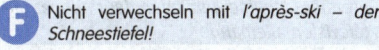

contrôle; (*Hausarbeit*) le devoir ❹ (*Werk*) l'ouvrage *(männlich)*; (*Kunstwerk*) l'œuvre *(weiblich)*

arbeiten ❶ travailler; **viel/wenig arbeiten** travailler beaucoup/peu ❷ (*berufstätig sein*) **arbeiten gehen** travailler ❸ **an einem Roman arbeiten** travailler à un roman ❹ **sich durch die Akten arbeiten** venir péniblement à bout des dossiers; **sich durch das Gestrüpp arbeiten** se frayer un chemin dans les buissons

der **Arbeiter** (*in der Industrie*) l'ouvrier *(männlich)*; **der ungelernte Arbeiter** le manœuvre

die **Arbeiterin** (*in der Industrie*) l'ouvrière *(weiblich)*; **die ungelernte Arbeiterin** le manœuvre

> **G** Für die letzte Übersetzung gibt es im Französischen keine Femininform: *sie ist ungelernte Arbeiterin* – *elle est* manœuvre.

die **Arbeiterwohlfahrt** association comparable à une mutualité ouvrière

der **Arbeitgeber** l'employeur *(männlich)*; **die deutschen Arbeitgeber** le patronat allemand

> **V** Der Plural *die Arbeitgeber* wird mit einem Singular übersetzt: *die deutschen Arbeitgeber haben gesagt, dass ... – le patronat allemand a dit que ...*

die **Arbeitgeberin** l'employeuse *(weiblich)*
der **Arbeitnehmer** le salarié; **die französischen Arbeitnehmer** le salariat français

> **V** Der Plural *die Arbeitnehmer* wird mit einem Singular übersetzt: *die französischen Arbeitnehmer haben gefordert, dass ... – le salariat français a revendiqué que ...*

die **Arbeitnehmerin** la salariée
das **Arbeitsamt** ≈ l'agence *(weiblich)* pour l'emploi
die **Arbeitsbedingungen** les conditions *(weiblich)* de travail
die **Arbeitsbeschaffungsmaßnahme** la mesure d'aide à l'emploi
die **Arbeitserlaubnis** ❶ (*Recht*) l'autorisation *(weiblich)* de travail ❷ (*Bescheinigung*) la carte de travail
die **Arbeitsgemeinschaft** le groupe d'études
die **Arbeitskleidung** la tenue de travail
die **Arbeitskraft** ❶ (*Leistungskraft*) la puissance de travail ❷ (*Mitarbeiter*) le travailleur/la travailleuse; **die Arbeitskräfte** la main-d'œuvre

> **V** In ❷ wird der Plural *die Arbeitskräfte* mit einem Singular übersetzt: *qualifizierte Arbeitskräfte werden sehr geschätzt – la main-d'œuvre qualifiée est très appréciée.*

arbeitslos arbeitslos werden se retrouver au chômage; **arbeitslos sein** être au chômage
der **Arbeitslose** le chômeur
die **Arbeitslose** la chômeuse
das **Arbeitslosengeld** l'allocation *(weiblich)* [de] chômage (*accordée pendant le premier temps du chômage*); **keinen Anspruch auf Arbeitslosengeld mehr haben** être en fin de droits
die **Arbeitslosenhilfe** allocation [de] chômage accordée aux chômeurs de longue durée dans le besoin
die **Arbeitslosenquote** le taux de chômage
die **Arbeitslosigkeit** le chômage
der **Arbeitsmarkt** le marché de l'emploi
der **Arbeitsplatz** ❶ (*Platz*) le poste de travail ❷ (*Stelle*) l'emploi *(männlich)*
das **Arbeitsrecht** le droit du travail
arbeitsscheu réfractaire au travail
der **Arbeitsspeicher** (*in der Informatik*) la mémoire vive
die **Arbeitsstelle** l'emploi *(männlich)*
der **Arbeitsunfall** l'accident *(männlich)* du travail
das **Arbeitsverhältnis** le contrat de travail
die **Arbeitsvermittlung** ❶ (*das Vermitteln*) le recrutement ❷ (*Abteilung im Arbeitsamt*) ≈ l'agence *(weiblich)* pour l'emploi ❸ (*private Agentur*) le bureau de placement
der **Arbeitsvertrag** le contrat de travail
die **Arbeitsweise** ❶ la méthode de travail ❷ *eines Geräts* le mode de fonctionnement
die **Arbeitszeit** le temps de travail; **die gleitende Arbeitszeit** l'horaire *(männlich)* flexible
die **Arbeitszeitverkürzung** la réduction du temps de travail
das **Arbeitszeugnis** le certificat de travail
das **Arbeitszimmer** le bureau
der **Archäologe** l'archéologue *(männlich)*
die **Archäologie** l'archéologie *(weiblich)*
die **Archäologin** l'archéologue *(weiblich)*
archäologisch archéologique
die **Arche** l'arche *(weiblich)* ▶ **die Arche Noah** l'Arche de Noé
der **Architekt** l'architecte *(männlich)*
die **Architektin** l'architecte *(weiblich)*
die **Architektur** l'architecture *(weiblich)*
das **Archiv** les archives *(weiblich)*

> **V** Der Singular *das Archiv* wird mit einem Plural übersetzt: *dieses Archiv ist sehr reichhaltig – ces archives sont très riches.*

die 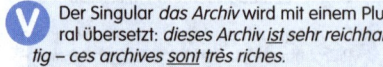 **ARD** Abkürzung von **Arbeitsgemeinschaft der Rundfunkanstalten Deutschlands** première chaîne publique de radio et de télévision allemande

die **Ären** *Plural von* **Ära**
die **Arena** ① *eines Stadions* le terrain ② (*Stierkampfarena*) l'arène *(weiblich)*
arg Ⓐ, Ⓒ ① (*groß*) grand(e); **eine arge Freude** une grande joie; **eine arge Enttäuschung** une grande déception ② **unser ärgster Feind** notre pire ennemi ▶**im Argen liegen** (*gehoben*) être en fâcheuse posture
Argentinien l'Argentine *(weiblich)*
der **Ärger** ① (*Zorn, Verärgerung*) la colère ② (*Unannehmlichkeiten*) les ennuis *(männlich)*; **mit jemandem Ärger haben** avoir des ennuis avec quelqu'un

Ⓥ In ② wird der Singular *der Ärger* mit einem Plural übersetzt: *der ewige Ärger mit dem Auto geht mir auf die Nerven! – ces éternels ennuis de la voiture me tapent sur le système!*

ärgerlich *Blick* irrité(e); *Angelegenheit* ennuyeux/ennuyeuse
ärgern ① (*mutwillig reizen*) agacer; **hör auf mich zu ärgern!** arrête de m'agacer! ② **es ärgert mich, dass er nie pünktlich ist** cela m'énerve qu'il ne vienne jamais à l'heure ③ **sich über jemanden ärgern** se mettre en colère contre quelqu'un; **sich über den Lärm ärgern** se mettre en colère à cause du bruit
das **Ärgernis** le scandale
das **Argument** l'argument *(männlich)*
argumentieren argumenter; **mit etwas argumentieren** argumenter de quelque chose
der **Argwohn** la suspicion
argwöhnisch soupçonneux/soupçonneuse
die **Arie** l'aria *(weiblich)*; (*Opernarie*) l'air *(männlich)* d'opéra
der **Aristokrat** l'aristocrate *(männlich)*
die **Aristokratie** l'aristocratie *(weiblich)*
die **Aristokratin** l'aristocrate *(weiblich)*
aristokratisch aristocratique
die **Arktis** l'Arctique *(männlich)* ⚠
arm ① (*mittellos*) pauvre; **ein armer Mann** un homme pauvre ② (*bedauernswert*) **dieser arme Junge** ce pauvre garçon ▶**er/sie ist arm dran** (*umgs.*) il/elle n'est pas à envier
Arm Arm und Reich le riche et le pauvre
der **Arm** ① le bras; **jemanden in den Arm nehmen** prendre quelqu'un dans ses bras; **ein Kind im Arm halten** tenir un enfant dans ses bras; **Arm in Arm gehen** marcher bras dessus, bras dessous ② *eines Leuchters* la branche ▶**der Arm des Gesetzes** le bras de la justice; **jemanden auf den Arm neh-**

men (*umgs.*) faire marcher quelqu'un
die **Armaturen** ① (*im Bad*) la robinetterie ② (*im Auto*) les commandes *(weiblich)*; (*im Flugzeug*) les instruments *(weiblich)* de bord

Ⓥ In ① wird der Plural *die Armaturen* mit einem Singular übersetzt: *die Armaturen sind spiegelblank – la robinetterie est étincelante.*

das **Armaturenbrett** le tableau de bord
das **Armband** le bracelet
die **Armbanduhr** la montre-bracelet
die **Armee** l'armée *(weiblich)*
der **Ärmel** la manche
der **Ärmelkanal** la Manche
ärmellos sans manches
Armenien l'Arménie *(weiblich)*
armenisch *Bevölkerung, Küche* arménien(ne)
Armenisch l'arménien *(männlich)*; siehe auch **Deutsch**

Ⓖ In Verbindung mit dem Verb *parler* kann der Artikel entfallen: *sie spricht Armenisch – elle parle arménien.*

das **Armenviertel** le quartier pauvre
die **Armlehne** l'accoudoir *(männlich)*
ärmlich ① *Verhältnisse* misérable ② **ärmlich gekleidet** habillé(e) pauvrement
armselig ① (*arm, bedürftig*) miteux/miteuse ② **eine armselige Mahlzeit** un maigre repas ③ *Ausrede* minable; *Summe* misérable
die **Armut** ① (*Bedürftigkeit*) la pauvreté ② **die geistige Armut** la pauvreté intellectuelle
das **Aroma** l'arôme *(männlich)*
aromatisch ① *Duft* aromatique ② *Frucht* savoureux/savoureuse
aromatisieren aromatiser
arrangieren [arɑ̃ʒiːrən] ① organiser; (*gestalten*) arranger ② **sich mit jemandem arrangieren** s'arranger avec quelqu'un
der **Arrest** ① la détention ② (*Schularrest*) la consigne
arrogant arrogant(e)
die **Arroganz** l'arrogance *(weiblich)*
der **Arsch** (*vulgär*) ① (*Gesäß*) le cul [ky] ② (*Schimpfwort*) **dieser Arsch!** ce conard! ▶**am Arsch der Welt** en pleine cambrousse; **das geht mir am Arsch vorbei** j'en ai rien à cirer; **leck mich [doch] am Arsch!** va te faire foutre!; **am** [*oder* **im**] **Arsch sein** (*kaputt sein*) être foutu(e)
das **Arschgeweih** (*salopp*) la flèche
die **Arschkarte** (*salopp*) **die Arschkarte ziehen** ne pas avoir du cul [ky]
das **Arschloch** (*vulgär*) le trou du cul
die **Art** ① le genre; **jede Art von Gewalt ableh-**

nen refuser toute forme de violence ❷ (*Weise*) la façon; **auf diese Art und Weise** de cette façon ❸ (*Wesensart*) la nature ❹ (*Spezies*) l'espèce *(weiblich)* ▶ **das ist doch keine Art!** ce ne sont pas *des* façons!, ça ne se fait pas!
der **Artenschutz** la protection des espèces
die **Artenvielfalt** la variété des espèces
die **Arterie** l'artère *(weiblich)*
die **Arterienverkalkung** l'artériosclérose *(weiblich)*
artig *Kind* sage
der **Artikel** l'article *(männlich)*
die **Artillerie** l'artillerie *(weiblich)*
die **Artischocke** l'artichaut *(männlich* ⚠ *)*
der **Artist** (*Zirkusartist*) l'artiste *(männlich)* de cirque; (*Zirkusakrobat*) l'acrobate *(männlich)*

der Artist

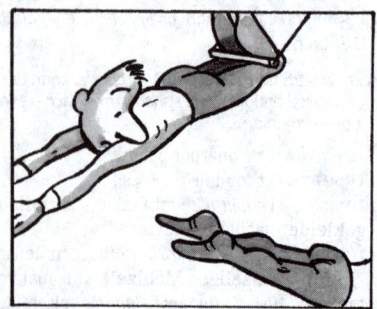

F Nicht verwechseln mit *l'artiste – der Künstler!*

die **Artistin** (*Zirkusartistin*) l'artiste *(weiblich)* de cirque; (*Zirkusakrobatin*) l'acrobate *(weiblich)*

F Nicht verwechseln mit *l'artiste – die Künstlerin!*

artistisch *Darbietung, Nummer* acrobatique

F Nicht verwechseln mit *artistique – künstlerisch!*

die **Arznei**, das **Arzneimittel** le médicament
der **Arzt** le médecin, le docteur; **zum Arzt gehen** aller chez le médecin
der **Arztbesuch** la visite du médecin
der **Arzthelfer** l'auxiliaire *(männlich)* médical
die **Arzthelferin** l'auxiliaire *(weiblich)* médicale
die **Ärztin** le médecin, le docteur

G Es gibt im Französischen keine Femininform: *sie ist eine gute Ärztin – c'est un bon médecin.*
Der Begriff *une femme médecin* wird verwendet, um die Tatsache hervorzuheben, dass es eine Frau ist, die den Arztberuf ausübt: *er ist von einer Ärztin behandelt worden – il a été soigné par une femme médecin.*

ärztlich ❶ *Attest* médical(e) ❷ **sich ärztlich behandeln lassen** suivre un traitement médical
die **Arztpraxis** le cabinet médical
der **Asbest** l'amiante *(männlich)*
die **Asche** la cendre, les cendres *(weiblich)*
der **Aschenbecher** le cendrier
das **Aschenputtel** Cendrillon; **das arme Aschenputtel** la pauvre Cendrillon
der **Aschermittwoch** le mercredi des Cendres
der **ASCII-Code** ['askiko:t] (*in der Informatik*) le code ASCII
der **Asiat** l'Asiatique *(männlich)*
die **Asiatin** l'Asiatique *(weiblich)*
asiatisch asiatique
Asien l'Asie *(weiblich)*
asozial asocial(e)
der **Aspekt** l'aspect *(männlich)*
der **Asphalt** l'asphalte *(männlich)*
asphaltieren asphalter
das **Ass** (*Spielkarte, fähiger Mensch*) l'as *(männlich)*
die **Assimilation** l'assimilation *(weiblich)*
der **Assistent** l'assistant *(männlich)*
die **Assistentin** l'assistante *(weiblich)*
der **Assistenzarzt** ≈ l'interne *(männlich)* des hôpitaux
die **Assistenzärztin** ≈ l'interne *(weiblich)* des hôpitaux
assistieren jemandem bei einer Operation assistieren assister quelqu'un dans une intervention chirurgicale
der **Ast** la branche
die **Aster** l'aster *(männlich* ⚠ *)*
die **Ästhetik** ❶ (*Wissenschaft*) l'esthétique *(weiblich)* ❷ (*Schönheit*) le caractère esthétique
ästhetisch esthétique
das **Asthma** l'asthme *(männlich)*
asthmatisch *Beschwerden* asthmatique; *Anfall* d'asthme
der **Astrologe** l'astrologue *(männlich)*
die **Astrologie** l'astrologie *(weiblich)*
die **Astrologin** l'astrologue *(weiblich)*
astrologisch *Zeitschrift* d'astrologie; *Gutachten* astrologique
der **Astronaut** l'astronaute *(männlich)*
die **Astronautin** l'astronaute *(weiblich)*
der **Astronom** l'astronome *(männlich)*
die **Astronomie** l'astronomie *(weiblich)*
die **Astronomin** l'astronome *(weiblich)*
astronomisch *Instrument* astronomique; *Werk* d'astronomie; *Kenntnisse* en astronomie
das **Asyl** l'asile *(männlich)*; **jemandem Asyl gewähren** *Staat:* accorder le droit d'asile à quelqu'un; *Privatperson:* offrir un asile à quel-

qu'un
der **Asylant** le demandeur d'asile
das **Asylantenwohnheim** le foyer pour [les] demandeurs d'asile
die **Asylantin** la demandeuse d'asile
der **Asylantrag** la demande d'asile
der **Asylbewerber** le demandeur d'asile
die **Asylbewerberin** la demandeuse d'asile
das **Asylrecht** le droit d'asile
das **Atelier** ① (*Künstlerwerkstatt*) l'atelier (*männlich*) ② (*Filmatelier*) le studio [de production]
der **Atem** ① le souffle; **außer Atem sein** être °hors d'haleine ② (*Atemgeruch*) l'haleine (*weiblich*) ③ (*das Atmen*) la respiration ▶ **den Atem anhalten** retenir sa respiration; (*sehr gespannt sein*) retenir son souffle; **das verschlägt einem [glatt] den Atem!** c'est à vous couper le souffle!
  atemberaubend *Schönheit* vertigineux/vertigineuse
  atemlos ① (*außer Atem*) essoufflé(e) ② *Stille* absolu(e)
die **Atemnot** la crise d'étouffements
die **Atempause** la pause pour respirer
die **Atemwege** les voies (*weiblich*) respiratoires
der **Atemzug** l'inspiration (*weiblich*) ▶ **im selben Atemzug** en même temps
der **Atheismus** l'athéisme (*männlich*)
  atheistisch athée
  Athen Athènes
der **Äther** (*Substanz*) l'éther (*männlich*)
  ätherisch *Öl* essentiel(le)
  Äthiopien l'Éthiopie (*weiblich*)
  äthiopisch éthiopien(ne)
der **Athlet** l'athlète (*männlich*)
die **Athletin** l'athlète (*weiblich*)
  athletisch *Körperbau* athlétique
die **Atlanten** *Plural von* **Atlas**
der **Atlantik** l'Atlantique (*männlich*)
  atlantisch atlantique
der **Atlas** l'atlas (*männlich*)
  atmen respirer
die **Atmosphäre** l'atmosphère (*weiblich*)
die **Atmung** la respiration
das **Atoll** l'atoll (*männlich*)
das **Atom** l'atome (*männlich*)
  atomar (*militärisch*) nucléaire
die **Atombombe** la bombe atomique
die **Atomenergie** l'énergie (*weiblich*) nucléaire
die **Atomexplosion** l'explosion (*weiblich*) nucléaire
die **Atomkraft** l'énergie (*weiblich*) nucléaire
der **Atomkraftgegner** l'antinucléaire (*männlich*)
die **Atomkraftgegnerin** l'antinucléaire (*weiblich*)
das **Atomkraftwerk** la centrale nucléaire
der **Atommüll** les déchets (*männlich*) nucléaires

 Der Singular *der Atommüll* wird mit einem Plural übersetzt: *der Atommüll ist gefährlich – les déchets nucléaires sont dangereux.*

der **Atomreaktor** le réacteur nucléaire
der **Atomtest** l'essai (*männlich*) nucléaire
die **Atomwaffe** l'arme (*weiblich*) nucléaire
  atomwaffenfrei *Zone* dénucléarisé(e)
  ätsch (*umgs.*) bien fait
die **Attacke** ① (*im Sport, auch übertragen*) l'attaque (*weiblich*) ② (*militärisch*) la charge de cavalerie
das **Attentat** l'attentat (*männlich*)
der **Attentäter** l'auteur (*männlich*) de l'attentat
die **Attentäterin** l'auteur (*männlich*) de l'attentat

> Es gibt im Französischen keine Femininform: *die Attentäterin ist gefasst worden – l'auteur de l'attentat a été arrêté.*

das **Attest** le certificat
die **Attraktion** ① l'attraction (*weiblich*) ② (*Anziehungskraft*) l'attrait (*männlich*)
  attraktiv ① *Person* séduisant(e) ② *Stadt* attrayant(e); *Angebot* intéressant(e)
die **Attraktivität** ① *einer Person* le pouvoir de séduction ② *einer Stadt* le caractère attrayant; *eines Angebots* le caractère intéressant
die **Attrappe** ① l'imitation (*weiblich*), l'objet (*männlich*) factice ② (*gemalte optische Täuschung*) le trompe-l'œil

> Nicht verwechseln mit *l'attrape – der Scherzartikel!*

das **Attribut** (*in der Grammatik*) l'épithète (*weiblich*)

> Nicht verwechseln mit *l'attribut – das Prädikatsnomen!*

  ätzen corroder
  ätzend ① (*in der Chemie*) corrosif/corrosive ② *Geruch* délétère ③ **das ist ja ätzend!** (*umgs.*) c'est chiant!
  au ① (*aua*) aïe ② (*umgs.: oh*) **au ja!** ouah!; **au super!** ouah super!
  aua (*umgs.*) aïe, ouille
die **Aubergine** [obɛʀˈʒiːnə] l'aubergine (*weiblich*)
  auch ① (*ebenfalls*) aussi; **möchtest du auch noch etwas Kaffee?** tu veux encore du café, toi aussi? ② (*sogar*) même si; **auch wenn** même si ③ (*wirklich*) effectivement; **wenn ich das sage, dann meine ich das auch [so]** si je le dis, c'est que je le pense vraiment ④ **wozu [denn] auch?** de toute façon, à quoi bon?
die **Audienz** l'audience (*weiblich*)
  audiovisuell audiovisuel(le)
  auf¹ ① (*räumlich*) sur; **die Zeitung auf den**

Tisch legen mettre le journal sur la table; **die Zeitung liegt auf dem Tisch** le journal est sur la table; **auf den/dem Boden** par terre; **auf die/der Straße** dans la rue; **auf dem Land** à la campagne; **auf Korsika** en Corse ❷ (*in, bei, zu*) à; **auf der/die Post** à la poste; **auf einem Sparkonto** sur un compte [d']épargne ❸ **auf der Versammlung** à la réunion; **auf der der Feier** à la fête; **auf der Reise** pendant le voyage; **auf dem Weg** en chemin ❹ **bleib doch noch auf einen Tee!** reste donc le temps de boire un thé! ❺ (*bei Zeitangaben*) **auf einen Dienstag fallen** tomber un mardi; **etwas auf die nächste Woche verschieben** repousser quelque chose à la semaine prochaine ❻ (*bei Maß- und Mengenangaben*) à; **auf die Sekunde genau** à la seconde près ❼ **fünf Liter auf hundert Kilometer verbrauchen** consommer cinq litres aux cent [kilomètres] ❽ **auf Wunsch** sur la demande ❾ **auf diese Art** de cette manière ❿ **auf dein Wohl!** à ta tienne! ⓫ (*mit einem Superlativ*) **jemanden auf das herzlichste begrüßen** accueillir quelqu'un d'une manière des plus cordiales

auf² ❶ **auf geht's!** on y va!; **auf nach Kalifornien!** en route pour la Californie! ❷ **auf sein** (*offen*) être ouvert(e); (*aufgestanden*) être debout ❸ **Mund auf!** ouvre/ouvrez la bouche! ▶ **er ist auf und davon** il a filé

aufatmen pousser un soupir de soulagement; **du kannst aufatmen, an dieser Kreuzung ist keine Kamera!** tu peux respirer, il n'y a pas de radar à ce croisement!

aufbacken passer au four; **die Brötchen [kurz] aufbacken** passer les petits pains [quelques minutes] au four

der **Aufbau** ❶ *eines Regals* le montage; *einer Stereoanlage* l'installation (*weiblich*) ❷ (*Schaffung*) *von Kontakten* l'établissement (*männlich*); *eines Unternehmens* la mise sur pied; **der Aufbau Ost** la reconstruction de l'Est ❸ (*Struktur, Machart*) *eines Atoms* la structure; *eines Geräts* l'agencement (*männlich*); *eines Unternehmens* l'organisation (*weiblich*); *eines Romans* la composition

aufbauen ❶ monter *Regal*, installer *Stereoanlage*; mettre sur pied *Unternehmen*; établir *Kontakt, Spannung*; **ein Land wieder aufbauen** reconstruire un pays; **sich eine Existenz aufbauen** construire et organiser sa vie ❷ **symmetrisch aufgebaut sein** *Kristall*: avoir une structure symétrique ❸ **auf einer Vermutung aufbauen** se fonder sur une hypothèse ❹ (*in der Informatik*) **sich auf dem Bildschirm aufbauen** *Grafik, Homepage*: s'afficher sur l'écran

aufbäumen sich aufbäumen se cabrer

aufbauschen gonfler *Segel, Angelegenheit*

aufbegehren (*gehoben*) se soulever

aufbekommen (*umgs.*) ❶ arriver à ouvrir *Glas, Flasche* ❷ **wir haben Hausaufgaben aufbekommen** nous avons des devoirs [à faire]; **für morgen bekommt ihr nichts auf** je ne vous donne rien [à faire] pour demain

aufbereiten (*ökologisch*) traiter; **wieder aufbereiten** retraiter

die **Aufbereitung** ❶ *von Wasser* le traitement ❷ *von Brennelementen* le retraitement

aufbessern augmenter *Gehalt*; arrondir *Taschengeld*

aufbewahren garder

die **Aufbewahrung** ❶ le dépôt ❷ (*Gepäckaufbewahrung*) la consigne

aufbieten mobiliser

aufblasbar gonflable

aufblasen ❶ (*mit Luft füllen*) gonfler ❷ (*umgs.: sich wichtigmachen*) **sich aufblasen** se rengorger

aufbleiben (*umgs.*) ❶ rester ouvert(e) ❷ (*nicht zu Bett gehen*) rester debout

aufblühen ❶ s'épanouir ❷ *Kultur*: fleurir

aufbrauchen épuiser *Vorräte*; finir *Packung*

aufbrausen ❶ *Beifall*: éclater ❷ (*wütend werden*) monter comme une soupe au lait

aufbrechen ❶ forcer *Tür, Schloss, Auto* ❷ (*sich auf den Weg machen*) partir ❸ **die Wunde ist [wieder] aufgebrochen** la plaie s'est ouverte [de nouveau]

aufbrezeln (*umgs.*) **sich aufbrezeln** se saper comme un roi/comme une reine

aufbringen ❶ réunir *Summe* ❷ trouver *Geduld* ❸ (*wütend machen*) **jemanden aufbringen** monter [la tête à] quelqu'un

der **Aufbruch** le départ

aufbürden jemandem viel Arbeit aufbürden accabler quelqu'un de travail

aufdecken découvrir

aufdonnern (*salopp*) **sich aufdonnern** se faire un look d'allumeuse; **die Sängerin war ziemlich aufgedonnert** la chanteuse avait un sacré look d'allumeuse

aufdrängen ❶ **jemandem ein Geschenk aufdrängen** forcer quelqu'un à prendre un cadeau ❷ **sich jemandem aufdrängen** *Person*: imposer sa présence à quelqu'un; *Verdacht*: s'imposer à [l'esprit de] quelqu'un

aufdrehen ❶ ouvrir *Hahn, Ventil* ❷ **das Radio voll aufdrehen** (*umgs.*) mettre la

radio à plein tube [*oder* à pleins tubes]
aufdringlich ❶ *Person* envahissant(e); **aufdringlich werden** *Person:* se faire pressant(e); **ich möchte nicht aufdringlich sein** je ne voudrais pas être importun(e) ❷ *Geruch, Parfüm* pénétrant(e); *Farbe, Kleidung* voyant(e)
die **Aufdringlichkeit** *einer Person* le caractère importun
der **Aufdruck** (*Zeichen*) l'impression *(weiblich)*; (*Text*) l'inscription *(weiblich)*
aufdrucken imprimer
aufdrücken ❶ pousser *Tür* ❷ (*beim Schreiben*) appuyer [avec le crayon] ❸ apposer *Stempel*
aufeinander ❶ **aufeinander angewiesen sein** *zwei Personen:* être tributaires l'un/l'une de l'autre; *mehrere Personen:* être tributaires les uns/les unes des autres ❷ **wir können uns aufeinander verlassen** nous pouvons compter les uns/les unes sur les autres
aufeinanderfolgen *Tage, Ereignisse, Fragen:* se succéder; **an drei aufeinanderfolgenden Tagen** [pendant] trois jours de suite
aufeinanderlegen **zwei Scheiben Brot aufeinanderlegen** mettre deux tartines l'une sur l'autre
aufeinanderpressen serrer *Lippen*
aufeinanderstapeln empiler *Bücher*
aufeinanderstoßen *Truppen, Meinungen:* s'affronter
aufeinandertürmen empiler *Bücher, Kissen*
der **Aufenthalt** ❶ le séjour ❷ **der Zug hat drei Minuten Aufenthalt** le train a trois minutes d'arrêt
die **Aufenthaltserlaubnis** le permis de séjour
die **Aufenthaltsgenehmigung** le permis de séjour
der **Aufenthaltsort** le lieu de résidence
der **Aufenthaltsraum** la salle de détente
auferlegen (*gehoben*) **jemandem eine Prüfung auferlegen** imposer un examen à quelqu'un; **jemandem eine Strafe auferlegen** infliger une punition à quelqu'un
auferstehen ressusciter
die **Auferstehung** la résurrection
aufessen ❶ terminer *Salat, Kuchen* ❷ **iss bitte deinen Teller auf** (*umgs.*) finis ton assiette, s'il te plaît
auffahren ❶ (*nah heranfahren*) [**sehr**] **dicht auffahren** serrer de [très] près ❷ (*aufprallen*) **er ist auf mein Auto aufgefahren** il a embouti ma voiture ❸ (*nach oben fahren*) **auf eine Rampe auffahren** monter sur une rampe ❹ (*hochschrecken*) sursauter ❺ (*umgs.: auftischen*) sortir *Speisen*

die **Auffahrt** ❶ (*das Hinauffahren*) la montée ❷ (*Zufahrt*) l'accès *(männlich)*
der **Auffahrunfall** le carambolage
auffallen ❶ *Person:* ne pas passer inaperçu(e); *Frisur, Auto:* se remarquer ❷ **angenehm/unangenehm auffallen** produire une impression agréable/désagréable ❸ **ist dir etwas aufgefallen?** tu as remarqué quelque chose?; **ist dir nichts aufgefallen?** tu n'as rien remarqué?
auffallend ❶ *Kleidungsstück* voyant(e); *Ähnlichkeit* frappant(e); *Intelligenz* remarquable ❷ *ruhig* étonnamment
auffällig ❶ *Farbe* voyant(e) ❷ *nervös* visiblement; *sich verhalten* étrangement
auffangen ❶ attraper *Ball* ❷ recueillir *Regenwasser* ❸ (*ausgleichen*) compenser *Verluste*
auffassen concevoir; **etwas anders auffassen** comprendre quelque chose autrement; **das habe ich als Witz aufgefasst** j'ai pris ça pour une plaisanterie
die **Auffassung** ❶ l'avis *(männlich)* ❷ (*Vorstellung*) la conception
die **Auffassungsgabe** l'intelligence *(weiblich)*
auffordern ❶ prier ❷ (*beim Tanzen*) **jemanden auffordern** inviter quelqu'un [à danser]
die **Aufforderung** ❶ la demande pressante; *der Polizei* l'ordre *(männlich)* ❷ (*Bitte um einen Tanz*) l'invitation *(weiblich)*
aufforsten boiser
auffressen ❶ dévorer ❷ **die Arbeit frisst mich auf** (*umgs.*) le travail me bouffe ▸ **ich fress' dich [schon] nicht auf!** (*umgs.*) je ne vais pas te bouffer!
auffrischen ❶ rafraîchir *Kenntnisse* ❷ ravaler *Anstrich* ❸ faire le rappel de *Impfung* ❹ **der Wind frischt auf** le vent devient plus fort
aufführen ❶ représenter *Theaterstück;* jouer *Oper* ❷ produire *Zeugen;* énumérer *Fakten* ❸ **sich gut/schlecht aufführen** bien/mal se comporter
die **Aufführung** (*Vorführung*) la représentation
auffüllen ❶ remplir *Tank, Regal* ❷ **Öl auffüllen** remettre de l'huile
die **Aufgabe** ❶ (*Arbeit*) la tâche ❷ (*Pflicht*) le devoir ❸ (*Auftrag*) la mission ❹ (*Übungsaufgabe im Schulbuch*) l'exercice *(männlich)*; (*Rechenaufgabe*) le problème ❺ (*das Aufgeben*) *eines Pakets* l'expédition *(weiblich)*; *von Gepäck* le dépôt ❻ (*Verzicht*) le renoncement; *eines Sportlers* l'abandon *(männlich)* ❼ (*Kapitulation*) la reddition
aufgabeln (*umgs.*) dégoter
der **Aufgang** ❶ *der Sonne* le lever ❷ (*Treppe*) l'escalier *(männlich)*; (*Treppenhaus*) la cage

d'escalier
aufgeben ① abandonner *Studium;* quitter *Freunde, Wohnort;* **das Rauchen aufgeben** renoncer à la cigarette; **der Spieler hat aufgegeben** le joueur a abandonné; **gib's auf!** (*umgs.*) laisse tomber! ② **jemandem Hausaufgaben aufgeben** donner des devoirs à quelqu'un ③ **jemandem ein Rätsel aufgeben** poser une énigme à quelqu'un ④ faire enregistrer *Gepäck;* poster *Paket;* [faire] passer *Annonce*

das **Aufgebot** ① (*große Menge*) la multitude ② (*Heiratsankündigung*) la publication des bans

aufgebracht ① *Publikum* en colère ② *schimpfen* sous l'emprise de la colère

aufgedunsen bouffi(e)

aufgehen ① *Sonne:* se lever ② *Tür:* s'ouvrir ③ *Knoten:* se défaire ④ *Rechnung:* tomber juste; *Planung:* se réaliser ⑤ *Saat:* lever ⑥ **jetzt geht mir auf, wie gefährlich das ist** maintenant je commence à comprendre combien c'est dangereux ⑦ **in seiner Arbeit aufgehen** s'investir dans son travail

aufgehoben bei jemandem gut/schlecht aufgehoben sein être en de bonnes/mauvaises mains chez quelqu'un

aufgekratzt (*umgs.*) excité(e)

aufgelegt gut/schlecht aufgelegt sein être de bonne/de mauvaise humeur

aufgeschlossen *Mensch* ouvert(e)

aufgeschmissen (*umgs.*) paumé(e)

aufgeweckt vif/vive; *Kind* éveillé(e)

aufgreifen ① saisir *Vorschlag;* s'emparer de *Fall;* **eine Idee wieder aufgreifen** reprendre une idée ② arrêter *Ausreißer, Verdächtigen*

aufgrund ① en raison de ② (*infolge*) **aufgrund zahlreicher Beschwerden** suite à de nombreuses plaintes

der **Aufguss** ① (*Sud, Tee*) l'infusion (*weiblich*) ② (*in der Sauna*) la projection d'eau

aufhaben (*umgs.*) ① (*geöffnet sein*) *Geschäft:* être ouvert(e) ② (*tragen*) avoir [mis] *Hut* ③ **er/sie hat alle Fenster auf** toutes ses fenêtres sont ouvertes ④ **hast du Hausaufgaben auf?** tu as des devoirs à faire?; **was hast du auf?** qu'est-ce que tu as [comme devoirs] à faire?

aufhalten ① retenir *Person;* arrêter *Fahrzeug, Zeit, Fortschritt* ② **seine Hand aufhalten** tendre la main ③ **jemandem die Tür aufhalten** tenir la porte ouverte à qn ④ **sich im Garten aufhalten** rester dans le jardin; **sie hat sich drei Jahre in Mexiko aufgehalten** elle est restée trois ans au Mexique ⑤ **ich kann mich nicht mit diesen Leuten aufhalten** (*umgs.*) je ne peux pas passer mon temps avec ces personnes; **ich kann mich nicht mit diesen Problemen aufhalten** (*umgs.*) je ne peux pas passer mon temps à m'occuper de ces problèmes

aufhängen ① suspendre, pendre *Bild, Mantel;* **Wäsche aufhängen** étendre du linge, mettre du linge à sécher ② (*erhängen, töten*) pendre; **sich aufhängen** se pendre

der **Aufhänger** ① (*an einem Mantel*) la bride ② (*umgs.: Ausgangspunkt, Anlass*) le point de départ

aufheben ① (*einsammeln*) ramasser ② (*aufbewahren*) garder ③ (*für ungültig erklären*) abroger

Aufheben (*gehoben*) **viel Aufheben[s] machen** faire toute une histoire; **nicht viel Aufheben[s] machen** ne pas faire toute une histoire

die **Aufhebung** ① *eines Gesetzes* l'abrogation (*weiblich*); *eines Urteils* l'invalidation (*weiblich*) ② (*Beendigung*) la levée

aufheitern ① dérider *Person;* détendre *Stimmung* ② **sich aufheitern** *Wetter:* se dégager; *Gesicht:* s'éclairer

aufheizen ① chauffer *Wasser* ② chauffer, échauffer *Stimmung;* réchauffer *Atmosphäre* ③ **sich aufheizen** *Wasser:* se réchauffer; *Stimmung:* s'enfiévrer

aufhellen ① éclaircir *Haare* ② **sich aufhellen** *Wetter:* s'éclaircir; *Gesicht:* s'éclairer

aufhetzen exciter

aufholen ① **er hat den Vorsprung seines Gegners aufgeholt** il a rattrapé son adversaire ② **sie holt auf** elle rattrape son retard

aufhorchen dresser l'oreille

aufhören arrêter

aufklappen soulever *Deckel;* ouvrir *Buch;* déplier *Liegestuhl*

aufklaren se dégager

aufklären ① expliquer *Missverständnis* ② **ein Verbrechen aufklären** tirer un crime au clair ③ (*informieren*) mettre au courant; **jemanden über einen Vorfall aufklären** mettre quelqu'un au courant d'un incident ④ (*sexuell*) **jemanden aufklären** faire l'éducation sexuelle de quelqu'un; **aufgeklärt sein** avoir reçu une éducation sexuelle ⑤ (*militärisch*) reconnaître ⑥ **sich aufklären** *Himmel, Rätsel:* s'éclaircir; *Missverständnis:* s'expliquer

die **Aufklärung** ① (*Aufdeckung*) l'élucidation (*weiblich*) ② (*Klärung*) l'explication (*weiblich*)

③ (*sexuell*) l'éducation *(weiblich)* sexuelle ④ (*beim Militär*) la reconnaissance ⑤ (*geistesgeschichtliche Epoche*) le Siècle des lumières, les lumières *(weiblich)* ⚠ *Plural*

aufkleben coller

der **Aufkleber** l'autocollant *(männlich)*

aufknöpfen ① déboutonner *Mantel*; **sich das Hemd aufknöpfen** déboutonner sa chemise ② **sein Hemd war aufgeknöpft** sa chemise était ouverte

aufkochen (*heiß werden*) *Milch*: commencer à bouillir; **die Milch aufkochen lassen** porter le lait à ébullition

aufkommen ① **für jemanden aufkommen** subvenir aux besoins de quelqu'un; **für die Kosten aufkommen** prendre les coûts en charge ② *Wind*: se lever; *Gerücht*: commencer à circuler; *Zweifel*: commencer à naître

das **Aufkommen** ① (*das Entstehen*) l'apparition *(weiblich)* ② **das gesamte Aufkommen an Steuern** le produit global des impôts

aufladen ① **etwas auf einen Lastwagen aufladen** charger quelque chose sur un camion ② **jemandem die ganze Arbeit aufladen** (*umgs.*) mettre tout le travail sur le dos de quelqu'un ③ charger, recharger *Batterie*; **sich aufladen** *Batterie*: se recharger

die **Auflage** ① (*Ausgabe*) l'édition *(weiblich)* ② (*Auflagenhöhe*) le tirage ③ (*Verpflichtung, Bedingung*) la condition, l'obligation *(weiblich)*; **mit einer Auflage verbunden sein** *Erbe, Straferlass*: être lié(e) à une obligation

auflassen (*umgs.*) ① laisser ouvert(e) *Tür, Schrank* ② garder *Hut*

auflauern guetter

der **Auflauf** ① le soufflé ② (*Menschenansammlung*) l'attroupement *(männlich)*

aufleben ① s'animer ② *Erinnerungen*: se ranimer

auflegen ① [**den Hörer**] **auflegen** raccrocher ② mettre *Schallplatte* ③ éditer *Buch*

auflehnen sich auflehnen se rebeller

auflesen ① (*aufsammeln*) ramasser ② **jemanden auflesen** (*umgs.*) dégoter quelqu'un

aufleuchten *Augen, Sterne*: se mettre à briller; *Licht*: s'allumer

auflisten faire la liste de

auflockern ① détendre *Stimmung, Muskulatur* ② **sich auflockern** *Sportler*: se détendre; *Bewölkung*: se dissiper

die **Auflockerung** ① *der Muskeln* l'assouplissement *(männlich)* ② **zur Auflockerung des Unterrichts** pour rendre le cours plus attrayant

auflösen ① faire dissoudre *Zucker, Tablette* ② dissoudre *Ehe*; disperser *Versammlung*; fermer *Konto* ③ (*in der Mathematik, der Musik*) résoudre *Klammern, Dissonanz* ④ **sich auflösen** *Zucker, Seife, Tablette*: se dissoudre; *Nebel*: se dissiper

die **Auflösung** ① la dissolution ② (*Bildauflösung*) la définition; (*in der Informatik*) la résolution

aufmachen ① ouvrir *Tür, Fenster*; **jemandem [die Tür] aufmachen** ouvrir [la porte] à quelqu'un; **macht [die Tür] auf!** ouvrez! ② **der Laden macht erst um zehn [Uhr] auf** le magasin n'ouvre qu'à dix heures ③ défaire *Mantel, Schnürsenkel* ④ (*gründen*) monter *Firma* ⑤ **sich aufmachen** partir

die **Aufmachung** *einer Person* la tenue; *einer Titelseite* la présentation

aufmerksam ① attentif/attentive; **jemanden auf etwas aufmerksam machen** faire remarquer quelque chose à quelqu'un ② (*zuvorkommend*) attentionné(e)

die **Aufmerksamkeit** l'attention *(weiblich)*

aufmuntern ① **jemanden aufmuntern** (*aufheitern*) remonter quelqu'un; (*wach machen*) ragaillardir quelqu'un ② (*ermutigen*) encourager

aufmüpfig (*umgs.*) *Schüler* récalcitrant(e); **sei nicht so aufmüpfig!** fais pas ta mauvaise tête!

die **Aufnahme** ① (*Empfang*) l'accueil *(männlich)*; *von Gästen* la réception ② (*das Aufnehmen*) l'admission *(weiblich)* ③ (*Beginn*) *einer Tätigkeit* le début ④ *von Nahrung* la prise ⑤ (*Foto*) la photographie, la photo ⑥ (*Videoaufnahme*) l'enregistrement *(männlich)*

aufnahmefähig réceptif/réceptive

die **Aufnahmeprüfung** l'examen *(männlich)* d'entrée

die **Aufnahmetaste** la touche d'enregistrement

aufnehmen ① (*empfangen*) accueillir ② (*beherbergen*) héberger ③ prendre *Nahrung, Nachricht, Kredit, Personalien* ④ (*beginnen*) entamer *Tätigkeit* ⑤ **jemanden in ein Internat aufnehmen** admettre quelqu'un dans un pensionnat ⑥ (*fotografieren*) prendre en photo; **seine Freunde/ein Denkmal aufnehmen** prendre ses amis/un monument en photo ⑦ (*filmen*) filmer; **eine Feier auf Video aufnehmen** filmer une fête avec un caméscope ⑧ (*verarbeiten, speichern*) **Informationen aufnehmen** enregistrer des informations

aufopfern sich aufopfern se sacrifier; **sich**

für jemanden/für etwas aufopfern se sacrifier pour quelqu'un/pour quelque chose
aufpassen ❶ (*aufmerksam sein, wachsam sein*) faire attention ❷ **auf das Baby/auf den Hund aufpassen** garder le bébé/le chien
aufplatzen *Frucht:* éclater; *Naht:* craquer; *Wunde:* s'ouvrir
der **Aufprall** le choc
aufprallen s'écraser
aufpumpen gonfler
aufputschen doper
das **Aufputschmittel** le dopant
aufraffen sich aufraffen (*aufstehen*) se soulever; (*sich entschließen*) se décider
aufräumen ranger
aufrecht *Gang* en position verticale; *Körperhaltung* le dos droit
aufrechterhalten maintenir *Kontakt;* persister dans *Behauptung*
aufregen ❶ énerver; **sich aufregen** s'énerver ❷ **aufgeregt sein** (*gespannt*) être excité(e); (*nervös*) être énervé(e)
aufregend ❶ passionnant(e) ❷ **wie aufregend!** (*umgs.*) comme c'est passionnant!
die **Aufregung** ❶ l'excitation (*weiblich*) ❷ (*Durcheinander*) l'agitation (*weiblich*)
aufreihen ❶ aligner *Bücher, Gläser* ❷ enfiler *Perlen* ❸ (*aufzählen*) répertorier *Fakten, Daten* ❹ **sich aufreihen** *Personen:* s'aligner; **die Kinder standen aufgereiht vor ihren Eltern** les enfants étaient alignés devant leurs parents
aufreißen ❶ ouvrir; déchirer *Umschlag, Kleid;* égratigner *Haut* ❷ (*sich auflösen*) *Wolkendecke:* se déchirer ❸ **jemanden aufreißen** (*umgs.*) lever quelqu'un
aufreizend excitant(e)
aufrichten ❶ relever ❷ monter *Zelt* ❸ **sich aufrichten** se redresser
aufrichtig sincère
die **Aufrichtigkeit** la sincérité
aufrollen ❶ rouler *Teppich;* enrouler *Kabel;* dérouler *Poster* ❷ **sich aufrollen** *Kabel:* se rembobiner
aufrücken ❶ (*weiterrücken*) se pousser ❷ (*befördert werden*) *Angestellter:* être promu(e); *Soldat:* monter en grade
der **Aufruf** (*auch in der Informatik*) l'appel (*männlich*)
aufrufen ❶ **zum Streik aufrufen** appeler à la grève; **das Volk zum Widerstand aufrufen** appeler le peuple à résister ❷ (*namentlich rufen*) faire l'appel de *Teilnehmer* ❸ (*auffordern*) appeler *Passagiere;* désigner *Schüler;* annoncer *Flug* ❹ (*in der Informatik*) appeler
der **Aufruhr** l'émeute (*weiblich*)
aufrührerisch ❶ *Bevölkerung* rebelle; *Stimmung* insurrectionnel(le) ❷ *Flugblatt* séditieux/séditieuse
aufrunden arrondir
aufrüsten ❶ (*sich bewaffnen*) s'armer ❷ armer *Land* ❸ augmenter la capacité de *Computer*
die **Aufrüstung** ❶ l'armement (*männlich*) ❷ eines *Rechners* l'augmentation (*weiblich*) de la capacité
aufs ❶ →**auf** ❷ (*bei Superlativen*) **aufs Äußerste** à l'extrême
aufsagen réciter
aufsammeln ramasser
aufsässig récalcitrant(e)
der **Aufsatz** ❶ (*Schulaufsatz*) la rédaction; (*in der Oberstufe*) la dissertation ❷ (*Essay*) l'essai (*männlich*)
aufsaugen ❶ aspirer *Krümel, Staub* ❷ éponger *Flüssigkeit;* absorber *Tintenklecks* ❸ (*übertragen*) **die Worte des Redners in sich aufsaugen** boire les paroles de l'orateur
aufscheuchen effaroucher *Reh, Vogel*
aufschieben ❶ ouvrir *Tür* ❷ tirer *Riegel* ❸ (*verschieben, vertagen*) remettre [à plus tard]; **eine Arbeit aufschieben** remettre un travail à plus tard
der **Aufschlag** ❶ l'impact (*männlich*) ❷ (*im Sport*) le service ❸ (*Aufpreis*) la majoration
aufschlagen ❶ ouvrir *Buch, Augen* ❷ casser *Ei* ❸ monter *Zelt;* installer *Lager* ❹ (*im Sport*) servir ❺ (*auftreffen*) s'écraser ❻ (*teurer werden*) **um zehn Euro aufschlagen** *Preis:* augmenter de dix euros
aufschließen ouvrir
aufschlitzen ❶ (*beschädigen*) taillader ❷ (*verletzen*) éventrer
aufschlüsseln ❶ établir un calcul détaillé de *Kosten* ❷ (*analysieren*) analyser
aufschlussreich instructif/instructive; *Information* révélateur/révélatrice
aufschnappen (*umgs.*) saisir au vol; **einen Namen/ein Wort aufschnappen** saisir un nom/un mot au vol
aufschneiden ❶ découper *Kuchen, Brot* ❷ couper *Knoten* ❸ inciser *Geschwür* ❹ (*umgs.: prahlen*) frimer
der **Aufschnitt** (*Wurstaufschnitt*) ≈ la charcuterie en tranches
aufschrauben (*öffnen*) ouvrir *Glas;* dévisser *Deckel*
aufschrecken sursauter; (*aus dem Schlaf*) se réveiller en sursaut

der **Aufschrei** le cri strident
aufschreiben noter
aufschreien pousser un cri
die **Aufschrift** l'inscription *(weiblich)*
der **Aufschub** ❶ le report ❷ *(gegenüber einem Kreditgeber)* le délai
aufschürfen sich die Haut aufschürfen s'égratigner la peau; **sich das Knie aufschürfen** s'écorcher le genou
der **Aufschwung** ❶ l'élan *(männlich)* ❷ *(wirtschaftlich)* l'essor *(männlich)* ❸ *(Turnübung)* le rétablissement
aufsehen lever les yeux; **zu jemandem aufsehen** lever les yeux vers quelqu'un; *(bewundern)* vénérer quelqu'un
das **Aufsehen** le remue-ménage; **Aufsehen erregen** faire sensation
der **Aufseher** le gardien
die **Aufseherin** la gardienne
aufsetzen ❶ mettre *Brille* ❷ poser *Fuß* ❸ rédiger *Brief, Schreiben* ❹ **die Milch aufsetzen** mettre le lait à chauffer ❺ **sich aufsetzen** se redresser
die **Aufsicht** ❶ la surveillance ❷ *(Aufsichtsperson)* le surveillant/la surveillante
der **Aufsichtsrat** le conseil de surveillance
aufsitzen ❶ *Reiter:* monter en selle ❷ **jemandem aufsitzen** *(umgs.)* se faire avoir par quelqu'un
aufspannen ouvrir *Schirm*
aufsparen ❶ économiser *Kräfte* ❷ **sich etwas Schokolade aufsparen** mettre un peu de chocolat de côté
aufsperren ❶ ouvrir en grand; **den Schnabel aufsperren** ouvrir le bec en grand ❷ Ⓐ *(aufschließen)* ouvrir *Tür, Wohnung*
aufspielen *(umgs.)* **sich aufspielen** faire de l'esbroufe, se la jouer
aufspießen piquer; *(mit einem Spieß)* embrocher; *(mit einer Nadel)* épingler; **jemanden/etwas mit dem Degen aufspießen** transpercer quelqu'un/quelque chose avec l'épée
aufspringen ❶ bondir ❷ *(auf etwas springen)* sauter ❸ *(sich öffnen)* s'ouvrir d'un seul coup
aufspüren ❶ flairer *Fährte, Wild* ❷ **jemanden aufspüren** *Polizei:* dépister quelqu'un
aufstacheln ❶ **jemanden zum Widerstand aufstacheln** pousser quelqu'un à la résistance ❷ **zwei Menschen gegeneinander aufstacheln** monter deux personnes l'une contre l'autre
der **Aufstand** le soulèvement, l'insurrection *(weiblich)*

aufstapeln empiler
aufstehen se lever
aufsteigen ❶ s'élever; *Rauch, Bergsteiger:* monter; **zum Gipfel aufsteigen** grimper jusqu'au sommet ❷ *(befördert werden)* monter en grade ❸ *(in der Tabellenwertung)* *Verein:* monter
der **Aufsteiger** ❶ *(erfolgreicher Mensch)* l'homme *(männlich)* qui a gravi [tous] les échelons ❷ *(in der Tabellenwertung)* le promu
die **Aufsteigerin** la femme qui a gravi [tous] les échelons
aufstellen ❶ installer *Gerät;* ériger *Denkmal;* poser *Falle* ❷ *(äußern)* poser *Behauptung;* avancer *Vermutung;* échafauder *Theorie* ❸ dresser *Liste;* établir *Rechnung, Rekord* ❹ poster *Wachposten* ❺ désigner *Kandidaten;* sélectionner *Spieler* ❻ **sich aufstellen** se placer
die **Aufstellung** ❶ eines Geräts l'installation *(weiblich);* eines Denkmals l'érection *(weiblich)* ❷ *(Äußerung)* einer Behauptung la formulation; einer Theorie l'élaboration *(weiblich)* ❸ einer Liste, eines Rekords l'établissement *(männlich)* ❹ einer Wache la mise en place; von Truppen la levée ❺ eines Kandidaten la désignation; eines Spielers la sélection; einer Mannschaft la composition
der **Aufstieg** ❶ *(beim Bergsteigen)* l'ascension *(weiblich)* ❷ **der berufliche Aufstieg** la promotion professionnelle; **der Aufstieg in die Bundesliga** ≈ la montée en première division
aufstöbern ❶ dénicher ❷ *(bei der Jagd)* débusquer
aufstocken ❶ augmenter ❷ surélever *Haus*
aufstoßen ❶ **die Tür mit dem Fuß aufstoßen** ouvrir la porte d'un coup de pied ❷ *(leicht rülpsen)* avoir un renvoi; *Baby:* faire son rot ❸ **das ist mir sauer aufgestoßen** *(umgs.)* ça m'est resté sur l'estomac
aufstützen ❶ s'appuyer sur *Arme* ❷ **sich auf die Armlehnen aufstützen** s'appuyer sur les accoudoirs
aufsuchen ❶ aller voir *Freund;* aller consulter *Arzt* ❷ **mehrere Bars aufsuchen** faire plusieurs bars
der **Auftakt** ❶ l'ouverture *(weiblich);* **der Auftakt zu etwas** le début de quelque chose ❷ *(in der Musik)* l'anacrouse *(weiblich)*
auftanken ❶ **[den Wagen] auftanken** prendre de l'essence ❷ *(umgs.: sich erholen)* se requinquer
auftauchen ❶ *U-Boot:* remonter à la surface ❷ *Beweisstück:* apparaître

auftauen ❶ (*sich erwärmen*) *Tiefkühlkost*: décongeler; *Erdreich*: dégeler ❷ (*erwärmen*) décongeler *Tiefkühlkost*; dégeler *Autoschloss* ❸ (*übertragen: weniger förmlich sein*) se dégeler

aufteilen ❶ diviser ❷ (*verteilen*) répartir

der **Auftrag** ❶ (*Bestellung von Produkten*) la commande; (*Bestellung von Leistungen*) le contrat ❷ (*Anweisung*) l'ordre *(männlich)* ❸ (*Mission*) la mission

auftragen ❶ appliquer *Farbe, Schicht* ❷ jemandem auftragen, etwas zu tun charger quelqu'un de faire quelque chose ▶ **dick auftragen** (*umgs.*) en rajouter

der **Auftraggeber** le mandant

die **Auftraggeberin** la mandante

auftreiben (*umgs.*) dégoter

auftrennen défaire *Naht;* découdre *Saum*

auftreten ❶ (*den Fuß aufsetzen*) poser le pied; **leise auftreten** ne pas faire de bruit en marchant ❷ enfoncer *Tür* ❸ *Schwierigkeiten, Krankheit:* apparaître; *Verzögerungen:* survenir ❹ (*erscheinen*) comparaître ❺ *Schauspieler:* se produire; (*auftauchen*) entrer en scène ❻ **arrogant/bescheiden auftreten** se montrer arrogant(e)/modeste

das **Auftreten** ❶ (*Benehmen*) le comportement ❷ *einer Krankheit* l'apparition *(weiblich)*

der **Auftrieb** ❶ (*in der Physik*) la poussée verticale ❷ (*frischer Schwung*) l'impulsion *(weiblich)*

der **Auftritt** ❶ l'apparition *(weiblich)* ❷ *eines Schauspielers* l'entrée *(weiblich)*

auftrumpfen ❶ (*sich aufspielen*) parader; **mit seinem neuen Auto auftrumpfen** parader avec sa nouvelle voiture ❷ (*schadenfroh sein*) triompher

aufwachen se réveiller; **wach auf!** réveille-toi!

aufwachsen sie ist ohne Vater aufgewachsen elle a grandi sans père; **sie ist in Dresden aufgewachsen** elle a passé son enfance et sa jeunesse à Dresde; **er ist bei seinen Großeltern aufgewachsen** il a été élevé par ses grands-parents

der **Aufwand** ❶ (*Arbeit, Mühe*) l'investissement *(männlich)*; (*Kosten*) la dépense; **der zeitliche Aufwand** le temps investi ❷ (*Luxus*) le faste

aufwändig ❶ (*teuer*) coûteux/coûteuse ❷ *Verfahren* de longue °haleine

aufwärmen ❶ réchauffer *Essen* ❷ **sich aufwärmen** se réchauffer; *Sportler:* s'échauffer ❸ (*umgs.: zur Sprache bringen*) **etwas [wieder] aufwärmen** remettre quelque chose sur le tapis

aufwärts ❶ (*nach oben*) vers le °haut ❷ (*übertragen*) **von hundert Euro aufwärts** à partir de cent euros

aufwärtsfahren *Fahrstuhl:* monter

aufwärtsgehen (*nach oben gehen, nach oben führen*) *Wanderer, Weg:* monter ▶ **es geht aufwärts** (*wird besser*) la situation s'améliore

aufwecken réveiller

aufweichen ❶ (*weich machen*) ramollir *Brot;* détremper *Boden* ❷ (*weich werden*) *Brot, Boden, Erde:* se ramollir

aufwenden déployer *Energie;* consacrer *Zeit;* engager *Material*

aufwerfen soulever

aufwerten réévaluer *Währung*

aufwickeln enrouler *Garn, Stoffbahn;* **etwas wieder aufwickeln** rembobiner quelque chose

aufwiegeln exciter; **die Menschen gegeneinander aufwiegeln** monter les gens les uns contre les autres

aufwiegen compenser

der **Aufwind** (*Aufschwung*) la reprise

aufwischen essuyer *Schmutz;* passer la serpillière sur *Fußboden;* passer la serpillière dans *Bad, Küche*

aufzählen énumérer

die **Aufzählung** l'énumération *(weiblich)*

aufzeichnen ❶ (*zeichnen*) dessiner; **den Grundriss auf ein Blatt aufzeichnen** dessiner le plan sur une feuille ❷ (*skizzieren*) faire un croquis de *Weg, Strecke;* **jemandem aufzeichnen, wie der Weg verläuft** faire à quelqu'un un croquis du chemin ❸ (*aufschreiben, notieren*) noter ❹ enregistrer *Sendung*

die **Aufzeichnung** ❶ (*Aufnahme*) *einer Sendung* l'enregistrement *(männlich)* ❷ (*Notiz*) **die Aufzeichnungen** les notes *(weiblich)*

aufzeigen démontrer

aufziehen ❶ ouvrir *Vorhang;* défaire *Schleife* ❷ tirer *Schublade* ❸ remonter *Uhr* ❹ monter *Saite* ❺ élever *Kind* ❻ (*umgs.: verspotten*) charrier ❼ organiser *Fest* ❽ (*sich nähern*) *Gewitter:* s'approcher

die **Aufzucht** l'élevage *(männlich)*

der **Aufzug** ❶ (*Fahrstuhl*) l'ascenseur *(männlich)* ❷ (*Aufmachung*) l'accoutrement *(männlich)* ❸ **beim Aufzug eines Gewitters** à l'arrivée d'un orage

aufzwingen (*aufnötigen*) imposer

der **Augapfel** le globe oculaire

das **Auge** ❶ (*auch in der Botanik*) l'œil *(männlich)*; **er hat grüne/braune Augen** il a les yeux verts/marron ❷ (*Sehfähigkeit*) **gute Augen haben** avoir une bonne vue ❸ (*Punkt beim*

Würfeln) le point ▸ **ein blaues Auge haben** (*umgs.*) avoir un œil au beurre noir; **mit einem blauen Auge davonkommen** (*umgs.*) s'en tirer à bon compte; **ins Auge fassen** avoir en vue *Projekt;* envisager *Möglichkeit;* **jemanden aus den Augen verlieren** perdre quelqu'un de vue; **unter vier Augen** entre quat'z'yeux [ãtʀə kat zjø]; **so weit das Auge reicht** à perte de vue; **Augen zu und durch!** (*umgs.*) il faut foncer tête baissée!

der **Augenarzt** l'oculiste (*männlich*), l'ophtalmologue (*männlich*)
die **Augenärztin** l'oculiste (*weiblich*), l'ophtalmologue (*weiblich*)
der **Augenblick** ① l'instant (*männlich*), le moment ② **im Augenblick** (*derzeit*) pour le moment
augenblicklich ① (*sofortig*) instantané(e) ② (*derzeitig*) actuel(le); *Besserung* momentané(e)
die **Augenbraue** le sourcil
die **Augenfarbe** la couleur des yeux
die **Augenhöhe in Augenhöhe** au niveau des yeux
das **Augenlid** la paupière
augenscheinlich ① *Gewinn, Mangel* évident(e) ② *auftreten* manifestement
die **Augentropfen** les gouttes (*weiblich*) pour les yeux
die **Augenweide** le régal pour les yeux
der **Augenzeuge** le témoin oculaire
die **Augenzeugin** le témoin oculaire

> Ⓖ Es gibt im Französischen keine Femininform: *sie ist die einzige Augenzeugin des Unfalls – elle est le seul témoin oculaire de l'accident.*

das **Augenzwinkern** le clignement d'œil
der **August** ① août (*männlich*) [ut]; **im August** en août; **es ist August** c'est le mois d'août ② (*bei Datumsangaben*) **ab [dem] ersten August** à partir du premier août [pʀəmjɛʀ ut]; **sie ist am 10. August 1990 geboren** elle est née le 10 août [lə diz ut] 1990; **Berlin, den 3. August 2006** Berlin, le 3 août [lə tʀwa ut] 2006; **Freitag, den 11. August 2006** vendredi 11 août [õz ut] 2006

> Ⓖ Der französische Monatsname wird ohne den bestimmten Artikel gebraucht.
> Bei präzisen Datumsangaben mit einer Zahl, wie sie in ② aufgeführt sind, steht der Artikel jedoch, und zwar wegen der Zahl:
> *sie ist am Elften geboren – elle est née le onze;*
> *sie ist am elften August geboren – elle est née le onze août.*

die **Auktion** la vente aux enchères
der **Auktionator** le commissaire-priseur
die **Auktionatorin** la commissaire-priseuse

die **Aula** la salle des fêtes
das **Aupairmädchen**, das **Au-pair-Mädchen** [oˈpɛːʀmɛːtçən] la [jeune] fille au pair
die **Aura** (*gehoben*) l'aura (*weiblich*)
aus¹ ① (*räumlich*) de; **aus dem Haus gehen** sortir de la maison; **aus dem Bus steigen** descendre du bus; **die Schlüssel aus der Tasche nehmen** sortir les clés du sac; **aus dem Fenster sehen** regarder par la fenêtre; **aus der Flasche trinken** boire à la bouteille ② **aus Berlin stammen** être originaire de Berlin ③ **aus Neugier** par curiosité ④ **aus Holz** en bois, de bois; **aus Silber** en argent, d'argent
aus² ① **aus sein** (*beendet*) être fini(e); (*ausgeschaltet*) *Licht, Lampe:* être éteint(e); *Motor:* être arrêté(e) ② **Licht aus!** éteins!/éteignez! ③ (*im Sport*) °hors jeu ▸ **auf etwas aus sein** viser quelque chose; **nur auf Geld aus sein** ne viser que l'argent
das **Aus** ① (*im Sport*) la sortie; **der Ball ist ins Aus gegangen** le ballon est sorti ② (*Ende*) la fin
ausarbeiten élaborer
ausarten in einen Streit ausarten dégénérer en dispute
ausatmen expirer
der **Ausbau** ① (*das Vergrößern*) *eines Gebäudes* l'aménagement (*männlich*) ② (*übertragen*) *von Beziehungen* le renforcement; *einer Freundschaft* la consolidation ③ (*das Herausmontieren*) *eines Geräteteils* le démontage
ausbauen ① (*vergrößern*) aménager ② (*übertragen*) renforcer *Kontakte, Beziehungen* ③ (*herausmontieren*) démonter
ausbessern raccommoder *Kleidungsstück;* réparer *Dach*
ausbeulen ① déformer *Kleidungsstück* ② redresser *Kotflügel* ③ **sich ausbeulen** *Kleidungsstück:* se déformer
die **Ausbeute** ① (*im Bergbau*) le rendement ② (*Gewinn*) le gain
ausbeuten (*auch im Bergbau*) exploiter
der **Ausbeuter** (*abwertend*) l'exploiteur (*männlich*)
die **Ausbeuterin** (*abwertend*) l'exploiteuse (*weiblich*)
die **Ausbeutung** (*auch im Bergbau*) l'exploitation (*weiblich*)
ausbilden ① former *Azubi;* entraîner *Nachwuchssportler* ② (*entwickeln*) développer *Fähigkeiten, Stimme* ③ **sich ausbilden** (*sich schulen*) se former
die **Ausbildung** la formation
der **Ausbildungsplatz** la place d'apprenti
ausblasen souffler *Kerze*

ausblenden ① couper *Szene* ② **den Ton ausblenden** éteindre le son en fondu

der **Ausblick** ① (*Aussicht*) la vue ② (*Zukunftsvision*) la perspective

ausbrechen ① *Vulkan:* entrer en éruption ② *Krieg:* éclater; *Hass:* se déchaîner; *Seuche:* se déclarer ③ **in Jubel ausbrechen** laisser éclater sa joie; **in Tränen ausbrechen** fondre en larmes ④ **aus dem Gefängnis ausbrechen** s'évader de prison ⑤ **aus dem Käfig ausbrechen** s'échapper de la cage

der **Ausbrecher** l'évadé *(männlich)*
die **Ausbrecherin** l'évadée *(weiblich)*

ausbreiten ① (*hinlegen*) étaler ② ouvrir *Arme*; déployer *Flügel* ③ (*darlegen*) exposer ④ **sich ausbreiten** *Krieg, Nebel:* s'étendre; *Feuer, Seuche, Angst:* se propager; *Hoch, Tief:* s'installer

die **Ausbreitung** *eines Brands, einer Seuche* la propagation; *eines Kriegs* l'extension *(weiblich)*; *eines Hochs, Tiefs* l'installation *(weiblich)*

der **Ausbruch** ① *eines Vulkans* l'éruption *(weiblich)* ② *eines Kriegs* le déclenchement ③ (*Entladung*) *eines Kriegs* le déclenchement ③ (*Entladung*) l'évasion *(weiblich)* ⑤ (*militärisch*) la percée

ausbrüten ① *Vogel:* couver ② (*umgs.: aushecken*) mijoter

ausbürgern jemanden ausbürgern déclarer quelqu'un déchu(e) de sa nationalité
die **Ausbürgerung** la déchéance de la nationalité
die **Ausdauer** la persévérance; (*körperlich*) l'endurance *(weiblich)*

ausdauernd *Mitarbeiter* persévérant(e); *Bemühungen* constant(e); *Sportler* résistant(e)

ausdehnen ① (*verlängern*) prolonger ② (*erweitern*) étendre ③ **sich ausdehnen** *Gas:* se dilater; *Tief, Hoch, Krieg:* s'étendre; *Wartezeit:* se prolonger; **eine ausgedehnte Fläche** une superficie étendue; **ein ausgedehnter Spaziergang** une promenade prolongée

die **Ausdehnung** ① (*zeitlich*) la prolongation ② (*Ausweitung*) *eines Kriegs* l'extension *(weiblich)*; *eines Brands* la propagation ③ (*Fläche*) l'étendue *(weiblich)*

ausdenken sich eine Ausrede ausdenken inventer une excuse; **sich einen Plan ausdenken** imaginer un plan

der **Ausdruck** ① (*Bezeichnung*) l'expression *(weiblich)*; **zum Ausdruck kommen** s'exprimer; **als Ausdruck meiner Dankbarkeit** en témoignage de ma gratitude ③ (*gedruckte Fassung*) l'imprimé *(männlich)*

ausdrucken lister *Statistik;* imprimer *Text*
ausdrücken ① (*bekunden, formulieren*) exprimer ② presser *Orange* ③ percer *Pickel* ④ écraser *Zigarette* ⑤ **sich ausdrücken** s'exprimer

ausdrücklich ① *Zusage, Verbot* exprès/expresse ② *zusagen, verbieten* expressément
ausdruckslos inexpressif/inexpressive
ausdrucksvoll expressif/expressive
die **Ausdrucksweise** la façon de s'exprimer
auseinander (*umgs.*) ① (*getrennt, geschieden*) **auseinander sein** être séparé(e) ② (*zeitlich getrennt*) **drei Jahre auseinander sein** *Geschwister, Freunde:* avoir trois ans de différence

auseinanderbiegen écarter *Zweige, Finger*
auseinanderbrechen ① (*in Stücke brechen, kaputtmachen*) rompre ② (*kaputtgehen, zerfallen*) *Möbelstück, Familie:* se disloquer
auseinanderfallen *Möbelstück, Teile:* se disloquer

auseinandergehen ① *Gäste, Besucher, Demonstranten:* se quitter ② (*sich endgültig trennen*) *Paar:* se séparer ③ (*beendet werden*) *Beziehung:* se briser ④ (*sich unterscheiden*) *Ansichten:* diverger

auseinanderhalten (*unterscheiden, nicht verwechseln*) distinguer

auseinanderklaffen *Ansichten:* diverger

auseinanderliegen ① (*räumlich*) **diese Städte liegen weit auseinander** ces villes sont [très] loin les unes des autres ② (*zeitlich*) **diese Ereignisse liegen weit auseinander** ces événements sont très éloignés

auseinandermachen écarter *Beine, Finger;* déplier *Prospekt, Landkarte*

auseinandernehmen démonter *Gerät, Maschine*

auseinanderreißen déchirer *Stoff, Karton;* séparer *Familie*

auseinanderschreiben ein Wort auseinanderschreiben écrire un mot séparément; **einen Namen auseinanderschreiben** écrire un nom en deux mots

auseinandersetzen ① (*voneinander entfernt platzieren*) mettre [*oder* placer] séparément; **sich auseinandersetzen** se mettre [*oder* se placer] séparément ② (*erläutern*) **jemandem etwas auseinandersetzen** expliquer quelque chose à quelqu'un ③ (*sich befassen*) **sich mit jemandem/mit einer Frage auseinandersetzen** se pencher sur quelqu'un/sur une question ④ (*eine Meinungsverschiedenheit austragen*) **sich mit jemandem auseinandersetzen** s'expliquer avec quelqu'un

die **Auseinandersetzung** ① (*Streit*) l'explication *(weiblich)* ② (*Beschäftigung*) la prise en compte

auseinandertreiben disperser *Menschenmenge, Herde, Tiere*
auserlesen de choix
ausfahren ① livrer *Waren* ② sortir *Antenne*
die **Ausfahrt** la sortie; „**Ausfahrt freihalten**" "Sortie de voitures"
der **Ausfall** ① (*Verlust*) la perte; (*Fehlbetrag*) le déficit ② (*Versagen*) la défaillance; *eines Organs* l'arrêt (*männlich*) ③ (*das Nichtstattfinden*) l'annulation (*weiblich*) ④ *eines Spielers, Mitarbeiters* l'absence (*weiblich*)
ausfallen ① *Haare:* tomber; **ihm fallen die Haare aus** il perd ses cheveux ② (*nicht stattfinden*) être supprimé(e); **den Unterricht ausfallen lassen** faire sauter le cours ③ *Gerät:* tomber en panne; *Verdienst:* disparaître; **der Strom ist ausgefallen** il y a eu une coupure de courant ④ *Spieler:* ne pas pouvoir jouer; *Mitarbeiter:* ne pas pouvoir travailler ⑤ **groß/klein/eng ausfallen** *Kleidungsstück:* tailler grand/petit/étroit; **gut/schlecht ausfallen** *Klassenarbeit, Test:* être bon(ne)/mauvais(e)
ausfallend ausfallend werden se faire insultant(e)
die **Ausfertigung** (*gehoben*) ① *eines Dokuments* l'établissement (*männlich*) ② (*Abschrift*) l'exemplaire (*männlich*)
ausfindig jemanden/etwas ausfindig machen trouver quelqu'un/quelque chose
ausflippen (*umgs.*) ① (*sich freuen*) ne plus se sentir ② (*wütend werden*) piquer sa crise ③ (*durchdrehen*) débloquer
die **Ausflucht** le faux-fuyant
der **Ausflug** l'excursion (*weiblich*); (*Wanderung*) la randonnée
das **Ausflugslokal** le restaurant touristique
ausfragen questionner
ausfransen s'effilocher
die **Ausfuhr** l'exportation (*weiblich*)
ausführen ① exécuter *Befehl*; remplir *Auftrag;* réaliser *Plan;* faire *Operation* ② (*exportieren*) exporter ③ (*erläutern*) exposer ④ sortir *Hund*
ausführlich ① *Bericht* détaillé(e), circonstancié(e) ② *schildern* en détail
die **Ausführlichkeit** la présentation détaillée; **in aller Ausführlichkeit** dans les moindres détails
die **Ausführung** ① *einer Arbeit* l'exécution (*weiblich*); *einer Anweisung* l'application (*weiblich*); *eines Entwurfs* la réalisation ② (*Modell*) le modèle; **die einfache Ausführung** la version ordinaire
ausfüllen ① remplir *Antrag, Formular* ② **ihre Arbeit füllt sie aus** son travail la satisfait
die **Ausgabe** ① la distribution; *von Fahrkarten* la délivrance ② (*in der Informatik*) l'édition (*weiblich*) ③ *eines Buchs* l'édition (*weiblich*); (*Version*) la version ④ (*Kosten*) **die Ausgaben** les dépenses (*weiblich*) ⑤ (*Essensausgabe*) le comptoir
der **Ausgang** ① la sortie ② (*Ergebnis*) l'issue (*weiblich*) ③ (*Ende*) la fin
der **Ausgangspunkt** le point de départ
ausgeben ① distribuer; donner *Fahrkarten* ② dépenser *Geld* ③ (*umgs.: spendieren*) **eine Runde ausgeben** payer une tournée ④ émettre *Aktien* ⑤ **sich als Arzt ausgeben** se faire passer pour un médecin
ausgebucht complet/complète
ausgefallen *Person* original(e); *Hobby* peu ordinaire
ausgeglichen pondéré(e)
die **Ausgeglichenheit** la pondération
ausgehen ① (*aus dem Haus gehen*) sortir ② *Haare:* tomber; **ihm gehen die Haare aus** il perd ses cheveux ③ *Feuer, Licht:* s'éteindre ④ *Vorräte:* s'épuiser ⑤ (*enden*) **gut/schlecht ausgehen** bien/mal se terminer; **wie ist die Geschichte ausgegangen?** comment s'est terminée l'histoire? ⑥ **ich gehe davon aus, dass ...** je suppose que ... ⑦ **von etwas ausgehen** *Strahlung:* se dégager de quelque chose ⑧ **die Initiative geht von ihr aus** l'initiative vient d'elle
ausgelassen ① *Kind* turbulent(e); *Stimmung* débridé(e) ② *lachen* sans retenue; *feiern* avec entrain
die **Ausgelassenheit** l'exubérance (*weiblich*); *von Kindern* la turbulence
ausgemacht ① **es ist ausgemacht, dass ...** il est convenu que ... ② **ein ausgemachter Witzbold** (*umgs.*) un sacré farceur; **ein ausgemachter Lügner** un fieffé menteur
ausgemergelt décharné(e)
ausgenommen à l'exception de
ausgeprägt ① prononcé(e); *Stolz* grand(e) ② *Gesichtszüge* accusé(e); *Kinn* proéminent(e)
ausgerechnet ausgerechnet jetzt juste maintenant; **ausgerechnet mir muss das passieren!** c'est justement à moi que ça arrive!
ausgeschlossen das ist völlig ausgeschlossen! c'est absolument °hors de question!
ausgeschnitten décolleté(e)
ausgesprochen *Schönheit* grand(e); **du hast ausgesprochenes Pech!** tu n'as vraiment pas de chance!

ausgestorben ① disparu(e) ② (*verlassen*) désert(e)
ausgesucht choisi(e); *Wein* fin(e)
ausgewählt ① choisi(e) ② (*erlesen*) sélectionné(e); *Kreise* d'élite; *Weine* fin(e)
ausgewogen équilibré(e); *Programm* bien réparti(e)
ausgezeichnet ① *Schüler, Idee* excellent(e) ② *spielen, singen* [très] bien; **ausgezeichnet schmecken** être excellent(e)
ausgiebig ① *Mahlzeit* copieux/copieuse; *Mittagsschlaf* réparateur/réparatrice ② *schlafen* bien; *gebrauchen* abondamment
ausgießen ① (*weggießen*) jeter *Wasser, Kaffee* ② vider *Behälter, Krug*
der **Ausgleich** ① la compensation ② (*im Sport*) l'égalisation (*weiblich*)
ausgleichen ① compenser; **sich ausgleichen** être compensé(e) ② régler *Konflikte* ③ (*im Sport*) égaliser ④ balancer *Konto*
der **Ausgleichssport** le sport de compensation
das **Ausgleichstor**, der **Ausgleichstreffer** le but égalisateur
ausgraben ① mettre à jour *Altertümer, Ruinen;* déterrer *Pflanze;* exhumer *Leiche* ② (*noch einmal erzählen oder zeigen*) ressortir *Anekdote, Gegenstände*
die **Ausgrabung** ① l'exhumation (*weiblich*) ② (*in der Archäologie*) **die Ausgrabungen** les fouilles (*weiblich*)
ausgrenzen exclure
der **Ausguss** l'évier (*männlich*)
aushalten ① supporter; **das ist ja nicht auszuhalten!** c'est insupportable! ② **hier lässt es sich aushalten** on n'est pas [trop] mal ici ③ (*durchhalten*) tenir ④ (*umgs.: unterhalten, finanzieren*) entretenir
aushandeln négocier
aushändigen remettre
der **Aushang** l'affiche (*weiblich*)
aushängen ① afficher *Nachricht* ② décrocher *Tür, Fenster* ③ (*veröffentlicht werden*) *Ankündigung:* être affiché(e)
das **Aushängeschild** ① l'enseigne (*weiblich*) ② (*Renommierstück*) la figure de proue
ausharren persévérer
aushecken (*umgs.*) manigancer
aushelfen ① (*helfen*) donner un coup de main ② **jemandem mit etwas Mehl aushelfen** dépanner quelqu'un en lui prêtant un peu de farine
die **Aushilfe**, die **Aushilfskraft** (*Mitarbeiter*) l'intérimaire (*männlich*); (*Mitarbeiterin*) l'intérimaire (*weiblich*)
aushöhlen ① évider *Kürbis* ② éroder *Ufer*

ausholen ① *Tennisspieler:* prendre son élan; *Boxer:* lever la main ② **mit dem Hammer ausholen** brandir le marteau ③ **weit ausholen** *Redner:* se perdre dans les détails
aushorchen (*umgs.*) faire parler
auskennen sich [mit Computern] auskennen s'y connaître [en matière d'ordinateurs]; **sich in Paris gut auskennen** bien connaître Paris; **sich mit Kindern auskennen** savoir s'y prendre avec les enfants
ausklammern mettre entre parenthèses
ausklappen déplier *Bildtafel*
auskleiden ① (*beziehen*) recouvrir ② **sich auskleiden** se dévêtir
ausklingen (*gehoben*) *Tag:* décliner
auskommen ① **mit dem Geld auskommen** s'en sortir avec l'argent; **ohne Auto auskommen** pouvoir se passer de voiture ② **mit jemandem [gut] auskommen** s'entendre [bien] avec quelqu'un
auskosten savourer; profiter de *Leben*
auskriegen (*umgs.*) arriver à enlever *Schuhe*
auskundschaften reconnaître *Weg;* explorer *Lage*
die **Auskunft** ① (*Information*) le renseignement ② (*Auskunftsschalter*) l'information (*weiblich*) ③ (*Telefonauskunft*) les renseignements (*männlich*)

> In ③ wird der Singular *die Auskunft* mit einem Plural übersetzt: *ich muss die Auskunft anrufen – il faut que je téléphone aux renseignements.*

auskurieren (*umgs.*) ① **seine Grippe auskurieren** guérir complètement de sa grippe ② **sich auskurieren** bien se soigner
auslachen se moquer de
ausladen ① décharger *Koffer, Auto* ② décommander *Gast*
die **Auslage** ① la vitrine ② (*ausgestellte Ware*) le choix ③ (*Kosten*) **die Auslagen** les frais (*männlich*)
das **Ausland** l'étranger (*männlich*); **ins Ausland gehen** aller à l'étranger
der **Ausländer** l'étranger (*männlich*)
ausländerfeindlich xénophobe
die **Ausländerfeindlichkeit** la xénophobie
die **Ausländerin** l'étrangère (*weiblich*)
ausländisch *Erzeugnisse* étranger/étrangère; *Pflanze* exotique
der **Auslandsaufenthalt** le séjour à l'étranger
auslassen ① omettre; oublier *Satz* ② laisser passer *Gelegenheit* ③ (*umgs.: nicht einschalten*) ne pas allumer *Radio, Heizung* ④ **seine Wut an jemandem auslassen** passer sa

colère sur quelqu'un ⑤ **sich über jemanden auslassen** <u>dénigrer</u> quelqu'un; **sich über etwas auslassen** s'étendre sur quelque chose
der **Auslauf** l'espace *(männlich)* [pour se dépenser]
auslaufen ① *Flüssigkeit:* s'écouler, couler; *Behälter:* fuir ② (*den Hafen verlassen*) *Schiff:* appareiller ③ *Vertrag:* expirer ④ *Modell:* être en fin de série
der **Ausläufer** ① *eines Hochs, Tiefs* le prolongement ② **die Ausläufer der Schwäbischen Alb** les contreforts *(männlich)* du Jura souabe
ausleben ① objectiver *Neigungen* ② **sich ausleben** profiter de la vie
auslecken lécher
ausleeren vider *Eimer, Glas;* **etwas in den Abfluss ausleeren** déverser quelque chose dans la canalisation; **einen Eimer Wasser über jemanden** [*oder* **jemandem**] **ausleeren** jeter un seau d'eau sur quelqu'un
auslegen ① étaler *Waren* ② placer *Köder* ③ **etwas mit Stoff/mit Teppichboden auslegen** revêtir quelque chose de tissu/de moquette ④ **etwas richtig/falsch auslegen** bien/mal interpréter quelque chose ⑤ **jemandem zehn Euro auslegen** avancer dix euros à quelqu'un
ausleiern ① (*dehnen, abnutzen*) détendre *Gummizug* ② **[sich] ausleiern** se détendre
die **Ausleihe** ① (*das Ausleihen*) le prêt ② (*Schalter*) le guichet de prêt
ausleihen ① **jemandem etwas ausleihen** prêter quelque chose à quelqu'un ② **sich etwas bei** [*oder* **von**] **jemandem ausleihen** emprunter quelque chose à quelqu'un
die **Auslese** ① l'élite *(weiblich)* ② (*Auswahl*) la sélection ③ (*Wein*) le grand cru
auslesen ① **ein Buch auslesen** lire un livre jusqu'au bout ② **ich habe ausgelesen** j'ai fini de lire ③ (*aussondern*) trier
ausliefern ① livrer *Waren* ② extrader *Flüchtling;* **jemanden an ein Land ausliefern** extrader quelqu'un dans un pays ③ **jemandem ausgeliefert sein** être à la merci de quelqu'un
die **Auslieferung** ① la livraison ② (*Überstellung*) l'extradition *(weiblich)*
ausliegen ① *Prospekte:* être à disposition ② (*im Schaufenster*) être exposé(e)
auslöschen ① éteindre *Feuer* ② effacer *Erinnerung*
auslosen tirer au sort; **jemanden auslosen** tirer quelqu'un au sort
auslösen déclencher
der **Auslöser** ① (*am Fotoapparat*) le déclencheur ② (*Anlass*) le motif ③ (*seelische Ursache*) le déclencheur
die **Auslösung** le déclenchement
ausmachen ① (*umgs.: ausschalten*) éteindre; arrêter *Motor, Bohrer* ② fixer *Termin;* **etwas mit jemandem ausmachen** convenir de quelque chose avec quelqu'un ③ **das macht mir nichts aus** cela ne me dérange pas ④ (*umgs.: Wirkung haben*) **viel ausmachen** faire beaucoup d'effet; **nichts ausmachen** ne faire aucun effet ⑤ **macht das bitte unter euch aus** s'il vous plaît, réglez ça entre vous
ausmalen ① **sich etwas ausmalen** s'imaginer quelque chose ② (*kolorieren*) colorier
das **Ausmaß** ① (*Ausdehnung*) l'étendue *(weiblich)* ② (*Größe*) **die Ausmaße** les dimensions *(weiblich)* ③ (*Bedeutung, Umfang*) l'ampleur *(weiblich);* **das Ausmaß der Schäden** l'ampleur des dégâts
ausmessen mesurer
ausmustern ① éliminer *Maschine* ② (*beim Militär*) réformer
die **Ausnahme** l'exception *(weiblich)*
der **Ausnahmezustand** l'état *(männlich)* d'urgence
ausnahmslos sans exception
ausnahmsweise exceptionnellement
ausnehmen ① vider *Geflügel, Fisch* ② (*ausschließen*) excepter ③ **jemanden ausnehmen** (*umgs.: beim Glücksspiel*) plumer quelqu'un; (*bei einem Handel*) arnaquer quelqu'un
ausnutzen, ausnützen ① exploiter ② (*sich zunutze machen*) profiter de
auspacken ① défaire *Koffer;* ouvrir *Geschenk;* déballer *Ware* ② (*umgs.: gestehen*) se mettre à table
auspfeifen siffler
ausplaudern rapporter
auspressen presser
ausprobieren essayer; **ausprobieren, ob ...** faire un essai pour voir si ...
der **Auspuff** le pot d'échappement
auspumpen ① vider [avec une pompe]; **einen Behälter/einen Keller auspumpen** vider un récipient/une cave [avec une pompe] ② **jemandem den Magen auspumpen** faire un lavage d'estomac à quelqu'un ③ **er ist ausgepumpt** (*umgs.*) il est pompé
auspusten (*umgs.*) souffler
ausquartieren déloger
ausquetschen ① presser *Saft, Orange* ② (*umgs.: ausfragen*) cuisiner; **jemanden über seine Familie ausquetschen** cuisiner

quelqu'un sur sa famille
ausradieren gommer
ausrangieren (*umgs.*) **etwas ausrangieren** mettre quelque chose au rancart
ausrasten ① (*umgs.: durchdrehen*) péter les plombs ② (*in der Technik*) se débloquer
ausrauben dévaliser
ausräumen ① vider *Schrank* ② régler *Missverständnis*; balayer *Zweifel*
ausrechnen ① calculer *Gewicht* ② résoudre *Mathematikaufgabe* ③ **sich Chancen ausrechnen** escompter des chances
die **Ausrede** le prétexte; **eine faule Ausrede** (*umgs.*) un faux prétexte
ausreden ① finir de parler; **jemanden ausreden lassen** laisser quelqu'un terminer ② **jemandem eine Idee ausreden** dissuader quelqu'un d'une idée
ausreichen suffire
ausreichend ① suffisant(e) ② (*Schulnote*) ≈ passable; (*in Frankreich*) neuf/dix sur vingt
die **Ausreise** la sortie [du territoire]
ausreisen quitter le territoire [*oder* le pays]; **sie ist ausgereist** elle a quitté le territoire
ausreißen ① arracher *Haar* ② (*umgs.: davonlaufen*) fuguer
der **Ausreißer** ① (*Person, Tier*) le fugueur ② (*umgs.: Abweichung*) l'exception (*weiblich*)
die **Ausreißerin** (*Person, Tier*) la fugueuse
ausrichten ① transmettre *Gruß*; **jemandem ausrichten, dass ...** dire à quelqu'un que ... ② **ich habe nicht viel ausrichten können** je n'ai pas pu obtenir grand-chose ③ (*einstellen*) orienter ④ (*veranstalten*) organiser
der **Ausritt** la sortie à cheval
ausrollen ① dérouler *Teppich* ② étendre *Teig*
ausrotten ① éliminer *Schädlinge, Ideen* ② exterminer *Volk, Menschen*
die **Ausrottung** *Schädlingen, Ideen* l'élimination (*weiblich*); *von Menschen* l'extermination (*weiblich*)
ausrücken *Truppen*: se mettre en marche; *Feuerwehr*: sortir
der **Ausruf** l'exclamation (*weiblich*)
ausrufen ① (*laut rufen*) s'exclamer ② annoncer *Haltestelle* ③ (*über Lautsprecher suchen*) **jemanden ausrufen [lassen]** [faire] appeler quelqu'un ④ proclamer *Streik*
das **Ausrufezeichen** le point d'exclamation
ausruhen ① [**sich**] **ausruhen** se reposer ② (*sich erholen lassen*) reposer *Füße*
ausrüsten équiper *Expedition, Mannschaft*; armer *Armee, Schiff*
die **Ausrüstung** l'équipement (*männlich*); einer *Armee* l'armement (*männlich*)

ausrutschen glisser
der **Ausrutscher** (*umgs.*) ① (*Fehlleistung*) le faux pas ② (*Fehltritt*) la gaffe
die **Aussage** ① la déclaration ② (*Zeugenaussage*) la déposition ③ (*geistiger Gehalt*) *eines Romans* le message
aussagen ① (*vor Gericht*) **als Zeuge aussagen** témoigner [en justice]; **zugunsten des Angeklagten aussagen** déposer en faveur de l'accusé ② **viel/wenig aussagen** *Foto*: en dire long/peu
aussätzig lépreux/lépreuse
ausschaffen (CH) **jemanden ausschaffen** reconduire quelqu'un à la frontière
ausschalten ① éteindre *Gerät, Maschine*; couper *Strom* ② éliminer *Gegner*
der **Ausschank** le service
die **Ausschau** **nach jemandem/nach etwas Ausschau halten** guetter quelqu'un/quelque chose
ausscheiden ① (*nicht infrage kommen*) *Kandidat*: être éliminé(e); *Plan*: ne pas être retenu(e) ② **aus einem Wettkampf ausscheiden** être éliminé(e) d'une compétition ③ **aus seinem Amt ausscheiden** quitter ses fonctions ④ (*absondern*) éliminer *Giftstoffe*
ausscheren ① (*aus einer Formation*) *Soldat*: sortir du rang; *Fahrzeug, Schiff*: déboîter; *Flugzeug*: quitter la formation ② **aus einem Bündnis ausscheren** sortir d'une alliance
ausschimpfen gronder
ausschlafen ① [**sich**] **ausschlafen** dormir tout son soûl ② **seinen Rausch ausschlafen** cuver son vin/sa bière
der **Ausschlag** ① (*in der Medizin*) l'éruption (*weiblich*) [cutanée] ② *eines Pendels, einer Kompassnadel* l'oscillation (*weiblich*) ▶ **den Ausschlag geben** être déterminant(e)
ausschlagen ① décliner *Angebot, Einladung* ② **jemandem einen Zahn ausschlagen** casser une dent à quelqu'un ③ *Pferd*: ruer ④ *Kompassnadel, Pendel*: osciller
ausschlaggebend déterminant(e); *Stimme* prépondérant(e)
ausschließen exclure
ausschließlich ① *Vertretung* exclusif/exclusive ② **sich ausschließlich für Musik interessieren** s'intéresser exclusivement à la musique
der **Ausschluss** l'exclusion (*weiblich*); **unter Ausschluss der Öffentlichkeit** à huis clos
ausschmücken enjoliver
ausschneiden ① (*mit der Schere*) découper ② (*in der Informatik*) couper; **ausschnei-**

den und einsetzen couper–coller
das **Ausschneiden** ❶ (*mit der Schere*) le découpage ❷ (*in der Informatik*) **das Ausschneiden und Einsetzen** le couper–coller; **ein Dokument mit Ausschneiden und Einsetzen bearbeiten** couper–coller un document
der **Ausschnitt** ❶ (*Zeitungsausschnitt*) la coupure [de presse] ❷ (*Dekolleté*) le décolleté ❸ (*kleiner Auszug*) le détail ❹ (*Kreisausschnitt*) le secteur
ausschöpfen ❶ vider *Flüssigkeit* ❷ user de *Befugnisse*; exploiter à fond *Möglichkeiten*; épuiser *Reserven*
ausschreiben ❶ **ein Wort ausschreiben** écrire un mot en toutes lettres ❷ annoncer *Wahlen*; **eine Stelle ausschreiben** mettre un poste au concours
die **Ausschreibung** *einer Stelle* la mise au concours
die **Ausschreitungen** les exactions (*weiblich*)
der **Ausschuss** ❶ le comité, la commission ❷ (*Fehlproduktion*) le rebut
ausschütteln secouer
ausschütten ❶ vider ❷ sécréter *Hormon* ❸ verser *Gewinn, Dividende*
ausschweifend *Fantasie* débordant(e); *Leben* de débauche
die **Ausschweifungen** les excès (*männlich*)
aussehen ❶ **gut/schlecht aussehen** avoir bonne/mauvaise mine; **das Baby sieht niedlich aus** le bébé est mignon; **wie sieht ein Leguan aus?** à quoi ressemble un iguane? ❷ **ein gut aussehender Mann** un bel homme ❸ **es sieht [ganz] so aus, als ob er beleidigt wäre** on dirait qu'il est vexé
das **Aussehen** l'aspect (*männlich*) [aspɛ]; **jemanden nach seinem Aussehen beurteilen** juger quelqu'un sur les apparences
außen à l'extérieur; **von außen** de l'extérieur; **die Tür geht nach außen auf** la porte s'ouvre sur l'extérieur
der **Außenbezirk** le quartier périphérique
aussenden ❶ émettre *Signal* ❷ envoyer *Boten*
der **Außendienst** le service extérieur; **im Außendienst arbeiten** être représentant(e)
der **Außenminister** le ministre des Affaires étrangères
die **Außenministerin** la ministre des Affaires étrangères
die **Außenpolitik** la politique extérieure
außenpolitisch *Debatte* concernant la politique extérieure; *Kurs* de la politique extérieure

der **Außenseiter** ❶ le marginal ❷ (*im Sport*) l'outsider (*männlich*)
der **Außenseiterin** ❶ la marginale ❷ (*im Sport*) l'outsider (*männlich*)

> **G** Für die zweite Bedeutung des Stichworts, die in ❷ behandelt wird, gibt es im Französischen keine Femininform: *in diesem Wettkampf ist sie eine Außenseiterin – dans cette compétition, elle fait figure d'outsider.*

der **Außenspiegel** le rétroviseur extérieur
der **Außenstehende** ❶ (*Unbeteiligter, Nichtbetroffener*) la personne non concernée; **er als Außenstehender** lui qui n'est pas concerné ❷ (*Laie, Nichtfachmann*) le profane
die **Außenstehende** ❶ (*Unbeteiligte, Nichtbetroffene*) la personne non concernée; **du als Außenstehende** toi qui n'es pas concernée ❷ (*Laie, Nichtfachmann*) la profane
außer ❶ **alle außer dir** tous/toutes sauf toi; **außer den Kindern habe ich niemanden gesehen** à part les enfants, je n'ai vu personne; **man hörte nichts außer seinem Atem** on n'entendait rien que sa respiration ❷ **außer Betrieb sein** être °hors service; **außer Sicht sein** être °hors de vue ❸ **etwas außer [jeden] Zweifel stellen** mettre quelque chose °hors de doute ❹ **außer dass ...** si ce n'est que ...; **außer wenn ...** sauf si ... ▶ **außer sich geraten** sortir de ses gonds; **außer sich sein** être °hors de soi
außerdem en plus
äußere(r, s) ❶ externe; *Planet* supérieur(e) ❷ *Anlass* apparent(e)
das **Äußere** l'apparence (*weiblich*)
außergewöhnlich ❶ *Mensch, Bild* exceptionnel(le) ❷ **außergewöhnlich schnell reagieren** réagir particulièrement vite
außerhalb ❶ (*räumlich*) à l'extérieur, en dehors; **außerhalb der Stadt** en dehors de la ville; **außerhalb wohnen** habiter en dehors ❷ (*zeitlich*) **außerhalb der Öffnungszeiten** en dehors des heures d'ouverture
der **Außerirdische** l'extraterrestre (*männlich*)
die **Außerirdische** l'extraterrestre (*weiblich*)
äußerlich ❶ *Merkmal* extérieur(e); *Verletzung externe* ❷ (*dem äußeren Anschein nach*) superficiel(le) ❸ **äußerlich ruhig sein** être calme en apparence; **[rein] äußerlich betrachtet** à première vue
die **Äußerlichkeiten** (*der äußere Schein*) les apparences (*weiblich*); **viel Wert auf Äußerlichkeiten legen** accorder beaucoup d'importance aux apparences

äußern ① exprimer *Meinung;* émettre *Kritik* ② **sich äußern** *Krankheit:* se manifester ③ **sich äußern** donner son avis; **sich zu einem Vorschlag äußern** donner son avis sur une proposition
außerordentlich ① *Leistung* exceptionnel(le) ② *gut, schwierig* extrêmement
außerorts Ⓐ, ⓒⓗ °hors agglomération
äußerst *schwierig, zufrieden* extrêmement
das **Äußerste** (*Maximum*) le maximum ▸ **auf das Äußerste gefasst sein** s'attendre au pire; **bis zum Äußersten gehen** aller jusqu'au bout; **aufs Äußerste** à l'extrême
äußerste(r, s) ① *der äußerste Punkt* le point le plus éloigné; **am äußersten Ende des Tisches** à l'extrémité de la table ② *Zugeständnis* dernier/dernière; **mit äußerster Vorsicht** avec la plus grande prudence; **mit äußerster Kraft** de toutes ses/mes/… forces
die **Äußerung** ① (*Bemerkung*) l'observation *(weiblich)* ② (*Aussage*) *eines Politikers* les propos *(männlich)*

ⓥ In ② wird der Singular *die Äußerung* mit einem Plural übersetzt: *diese Äußerung war unpassend – ces propos étaient déplacés.*

aussetzen ① *Atmung:* s'arrêter; *Motor:* caler ② (*eine Pause einlegen*) faire une pause; **eine Runde aussetzen** passer son tour ③ abandonner *Hund, Katze* ④ offrir *Belohnung* ⑤ **sich einer Gefahr aussetzen** s'exposer à un danger ⑥ **Vorwürfen ausgesetzt sein** faire l'objet de reproches ⑦ **was hast du daran auszusetzen?** qu'as-tu à redire à cela?
die **Aussicht** ① la vue; **die Aussicht auf den See** la vue sur le lac ② (*Hoffnung*) la chance; **Aussicht auf Erfolg haben** avoir une chance de succès ③ **die guten beruflichen Aussichten** les bonnes perspectives professionnelles ④ (*Wettervorhersage*) **die Aussichten für die nächsten Tage** les prévisions *(weiblich)* pour les prochains jours ▸ **das sind ja schöne Aussichten!** (*ironisch*) ça promet!
aussichtslos *Lage* désespéré(e); *Bemühungen* vain(e)
der **Aussichtspunkt** le point de vue
aussichtsreich prometteur/prometteuse
der **Aussichtsturm** le belvédère
der **Aussiedler** Allemand de souche venu d'un pays de l'Est
die **Aussiedlerin** Allemande de souche venue d'un pays de l'Est

aussöhnen sich aussöhnen se réconcilier
die **Aussöhnung** la réconciliation
aussortieren trier
ausspannen ① (*sich erholen*) se détendre ② **sie hat ihr den Freund ausgespannt** (*umgs.*) elle lui a piqué son petit copain
aussperren ① enfermer dehors; **jemanden/ein Tier aus dem Zimmer aussperren** enfermer quelqu'un/un animal dehors ② **sich [aus der Wohnung] aussperren** s'enfermer dehors (*en laissant les clés à l'intérieur*)
ausspielen ① jouer *Spielkarte* ② **zwei Leute gegeneinander ausspielen** se servir de quelqu'un contre quelqu'un
die **Aussprache** ① *eines Wortes, Lautes* la prononciation ② (*klärendes Gespräch*) l'explication *(weiblich)*
aussprechen ① prononcer *Laut, Wort;* dire *Satz* ② exprimer *Wunsch;* donner *Warnung;* **jemandem sein Bedauern aussprechen** exprimer son regret à quelqu'un ③ prononcer *Gerichtsurteil* ④ (*zu Ende sprechen*) finir de parler; **jemanden aussprechen lassen** laisser quelqu'un finir [de parler] ⑤ **sich aussprechen** s'expliquer ⑥ **sich für/gegen einen Vorschlag aussprechen** se prononcer pour/contre une proposition
ausspülen rincer *Glas;* **sich den Mund ausspülen** se rincer la bouche
ausstatten ① aménager *Raum* ② équiper; **mit modernster Technik ausgestattet** équipé(e) de la technique la plus moderne
die **Ausstattung** ① (*Einrichtung*) l'aménagement *(männlich)* ② (*Ausrüstung*) l'équipement *(männlich)*
ausstechen ① découper *Plätzchen* ② crever *Auge* ③ supplanter *Konkurrenten*
ausstehen ① supporter *Qualen* ② **die Antwort steht noch aus** on attend encore la réponse ③ **jemanden/etwas nicht ausstehen können** ne pas pouvoir supporter quelqu'un/quelque chose
aussteigen ① descendre; **aus dem Auto/dem Zug aussteigen** descendre de la voiture/du train ② **aus einer Firma aussteigen** (*umgs.*) se retirer des affaires
ausstellen ① exposer *Waren, Produkte, Kunstwerke* ② établir *Rechnung;* délivrer *Bescheinigung;* émettre *Scheck;* faire, rédiger *Rezept* ③ (*umgs.: ausschalten*) éteindre *Radio;* arrêter *Motor*
die **Ausstellung** ① *von Waren, Produkten, Kunstwerken* l'exposition *(weiblich)* ② *einer Rechnung* l'établissement *(männlich); einer Beschei-*

nigung la délivrance; *eines Schecks* l'émission *(weiblich)*; *eines Rezepts* la rédaction

aussterben *Familie:* s'éteindre; *Tierart, Pflanzenart:* disparaître

der **Ausstieg** ➊ (*Tür*) la sortie ➋ **der Ausstieg aus der Atomenergie** la sortie du nucléaire

ausstopfen ➊ empailler *Tier* ➋ bourrer *Kissen*

ausstoßen ➊ pousser *Laut;* proférer *Drohung* ➋ rejeter *Staub, Gase* ➌ **jemanden aus einer Gemeinschaft ausstoßen** rejeter quelqu'un d'une communauté

ausstrahlen ➊ diffuser *Sendung, Wärme, Licht* ➋ **Ruhe ausstrahlen** dégager une impression de calme

die **Ausstrahlung** ➊ *einer Sendung* la diffusion ➋ *eines Menschen* le rayonnement

ausstrecken ➊ tendre *Arm, Hand;* allonger *Beine;* sortir *Fühler* ➋ **sich ausstrecken** s'étendre

ausstreuen répandre *Sand, Samen*

ausströmen ➊ (*entweichen*) *Wasser:* s'écouler; *Gas:* s'échapper; *Duft:* émaner; *Hitze:* se dégager ➋ (*verbreiten*) exhaler *Duft;* dégager *Kälte;* répandre *Ruhe*

aussuchen choisir *Waren, Termin, Kandidaten*

der **Austausch** ➊ (*das Austauschen*) l'échange *(männlich)* ➋ **im Austausch für** [*oder* **gegen**] **etwas** en échange de quelque chose

austauschen ➊ changer *Teil, Motor* ➋ échanger *Erfahrungen* ➌ **sich** [**mit jemandem**] **austauschen** échanger ses impressions [avec quelqu'un]

der **Austauschschüler** ≈ l'élève *(männlich)* qui fait partie d'un échange scolaire

die **Austauschschülerin** ≈ l'élève *(weiblich)* qui fait partie d'un échange scolaire

austeilen ➊ distribuer *Essen, Spielkarten, Hefte* ➋ donner *Schläge*

die **Auster** l'huître *(weiblich)*

austragen ➊ distribuer *Post* ➋ régler *Konflikt;* disputer *Wettkampf*

Australien l'Australie *(weiblich)*

der **Australier** l'Australien *(männlich)*

die **Australierin** l'Australienne *(weiblich)*

australisch australien(ne)

austreiben ➊ **jemandem seine Frechheiten austreiben** faire passer à quelqu'un ses impertinences ➋ exorciser *Geister*

austreten ➊ *Flüssigkeit:* s'écouler; *Gas:* s'échapper ➋ **aus einem Verein austreten** quitter une association; **aus der Kirche austreten** rompre avec l'Église ➌ (*zur Toilette gehen*) **ich muss austreten** (*umgs.*) je dois aller quelque part ➍ **die ausgetretenen Schuhe** les chaussures déformées

austrinken ➊ finir *Getränk* ➋ vider *Glas* ➌ **ich möchte erst austrinken** je préfère vider mon verre/ma tasse

der **Austritt** la démission; **der Austritt aus der Kirche** la rupture avec l'Eglise

austrocknen *Erdboden:* se dessécher; *Wasserlauf:* tarir; *Haut:* se déshydrater

ausüben exercer *Beruf*

der **Ausverkauf** les soldes *(männlich)*

> **V** Der Singular *der Ausverkauf* wird mit einem Plural übersetzt: *der Ausverkauf hat gerade angefangen – les soldes viennent de commencer.*

ausverkauft *Artikel, Ware* épuisé(e); *Konzert, Saal* complet/complète

die **Auswahl** le choix

auswählen choisir

das **Auswahlmenü** (*beim Computer*) la barre de sélection

auswandern émigrer

die **Auswanderung** l'émigration *(weiblich)*

auswärtig ➊ *Schüler, Gäste* [venue(e)] de l'extérieur ➋ **das Auswärtige Amt** le ministère des Affaires étrangères allemand

auswärts à l'extérieur

auswechseln remplacer *Spieler;* changer *Teil*

die **Auswechs[e]lung** *einer Person* le remplacement; *eines Teils* le changement

der **Ausweg** l'issue *(weiblich)*

ausweglos *Lage* désespéré(e)

ausweichen ➊ **jemandem/einem Hindernis ausweichen** éviter quelqu'un/un obstacle ➋ **eine ausweichende Antwort** une réponse évasive ➌ **auf etwas anderes ausweichen** se rebattre sur autre chose

ausweinen **sich ausweinen** soulager son cœur; **sich bei jemandem ausweinen** soulager son cœur auprès de quelqu'un

der **Ausweis** la carte ➋ (*Personalausweis*) la carte d'identité

ausweisen ➊ **jemanden aus einem Land ausweisen** expulser quelqu'un d'un pays ➋ **sich ausweisen** justifier son identité

die **Ausweisung** (*aus einem Land*) l'expulsion *(weiblich)*

auswendig par cœur; **etwas auswendig lernen** apprendre quelque chose par cœur; **ein Lied auswendig können** savoir une chanson par cœur

auswerten exploiter *Daten, Statistiken*

die **Auswertung** *von Daten, Statistiken* le dépouillement

auswirken **sich positiv/negativ auf etwas**

auswirken avoir des conséquences positives/négatives sur quelque chose
die **Auswirkung** la répercussion
auszahlen ❶ verser *Gehalt, Geld* ❷ jemanden auszahlen rembourser quelqu'un
die **Auszahlung** ❶ *eines Gehalts* le versement ❷ *einer Person* le remboursement
auszeichnen ❶ étiqueter *Ware* ❷ (*ehren*) récompenser; **jemanden mit einem Orden auszeichnen** décerner une médaille à quelqu'un ❸ **sich durch besondere Fähigkeiten auszeichnen** se distinguer par des capacités particulières
die **Auszeichnung** ❶ *von Waren* l'étiquetage (*männlich*) ❷ (*Orden*) la décoration; (*Preis*) le prix ❸ **die Prüfung mit Auszeichnung bestehen** être reçu(e) à l'examen avec mention
ausziehen ❶ déshabiller *Kind*; **sich ausziehen** se déshabiller ❷ enlever *Kleidungsstück* ❸ rallonger, allonger *Tisch*; étirer, tirer *Antenne* ❹ (*aus einer Wohnung*) déménager
der **Auszubildende** l'apprenti (*männlich*)
die **Auszubildende** l'apprentie (*weiblich*)
der **Auszug** ❶ (*aus einer Wohnung*) le déménagement ❷ (*Textauszug*) l'extrait (*männlich*) ❸ (*Kontoauszug*) le relevé
authentisch authentique
das **Auto** la voiture; **mit dem Auto fahren** aller en voiture; **kannst du Auto fahren?** tu sais conduire?
die **Autobahn** l'autoroute (*weiblich*)
die **Autobahngebühr** le péage

> **L** In der Schweiz, in Österreich und Frankreich muss man für die Benutzung der Autobahn eine Gebühr bezahlen, in Deutschland dagegen sind bisher nur Lastwagen mautpflichtig.

die **Autobiografie**, die **Autobiographie** l'autobiographie (*weiblich*)
der **Autofahrer** l'automobiliste (*männlich*)
die **Autofahrerin** l'automobiliste (*weiblich*)
die **Autofahrt** le trajet en voiture
das **Autogramm** l'autographe (*männlich*)
die **Automarke** la marque d'automobile
der **Automat** ❶ le distributeur [automatique] ❷ (*Spielautomat*) la machine à sous ❸ (*Apparat*) l'automate
die **Automatik** ❶ l'automatisme (*männlich*) ❷ (*Getriebe*) l'embrayage (*männlich*) automatique
automatisch ❶ *Steuerung, Schaltung* automatique ❷ *ablaufen* automatiquement

> **G** Wenn es um Autos und Automarken geht, gibt es einen wichtigen sprachlichen Unterschied zu beachten: Im Deutschen werden hier männliche Artikel und Pronomen verwendet, was auf die alte Bezeichnung *der Wagen* zurückgeht. Im Französischen dagegen werden weibliche Artikel und Pronomen genommen, weil sie sich auf *la voiture* beziehen:
> *der* BMW – *la* BMW [beɛmdubl(ə)ve];
> *dieser* Peugeot ist wie neu – *cette* Peugeot est comme neuve;
> ich habe *einen* Citroën – j'ai *une* Citroën [sitʁɔɛn];
> wie alt ist *deiner*? – elle a quel âge, *la tienne*?

der **Automechaniker** le mécanicien, le mécanicien-auto
die **Automechanikerin** la mécanicienne, la mécanicienne-auto
autonom autonome
die **Autonomie** (*politisch*) l'autonomie (*weiblich*)
die **Autonummer** le numéro d'immatriculation
der **Autor** l'auteur (*männlich*)
das **Autorennen** la course automobile
die **Autorin** l'auteur (*männlich*)

> **G** Die männliche Form wird üblicherweise auch für Frauen verwendet, wobei sie gelegentlich mit einem Zusatz versehen sein kann: *sie ist Autorin – elle est auteur; eine bekannte Autorin – une femme auteur connue.* Die Femininform *l'autrice* ist recht ungebräuchlich. Neuerdings setzt sich aber die aus Kanada stammende – und dort schon recht verbreitete – Form *l'auteure* immer mehr durch.

autoritär autoritaire
die **Autorität** l'autorité (*weiblich*)
der **Autoskooter** [ˈaʊtoskuːtɐ] les autos (*weiblich*) tamponneuses

> **V** Der Singular *der Autoskooter* wird mit einem Plural übersetzt: *der Autoskooter zieht vor allem die jungen Leute an – les autos tamponneuses attirent notamment les jeunes gens.*

der **Autounfall** l'accident (*männlich*) de voiture
der **Autoverleih** l'agence (*weiblich*) de location de voitures
die **Autowerkstatt** le garage △ *männlich*
auweia! (*umgs.*) oh là là
die **Avocado** l'avocat (*männlich*)
die **Axt** la °hache
der **Azubi** *Abkürzung von* **Auszubildende** l'apprenti (*männlich*)
die **Azubi**, die **Azubine** (*umgs.*) *Abkürzung von* **Auszubildende** l'apprentie (*weiblich*)

B

das **b**, das **B** le b, le B [be]
das **b** (*Musiknote*) le si bémol
das **Baby** ['be:bi] le bébé
das **Babyfon** le babyphone [babifɔn]
babysitten ['be:bɪztn̩] faire du baby-sitting
der **Babysitter** le baby-sitter
die **Babysitterin** la baby-sitter
der **Bach** le ruisseau; (*Gebirgsbach*) le torrent
das **Backblech** la plaque de four
backbord|s| *sich befinden* à bâbord
die **Backe** ① (*Wange*) la joue ② (*umgs.: Pobacke*) la fesse
backen ① (*zubereiten*) faire; **Brot backen** faire du pain; **einen Apfelkuchen backen** faire une tarte aux pommes; **er bäckt gerne Kuchen** il aime faire des tartes; **ein selbst gebackener Kuchen** une tarte fait maison ② (*im Ofen erhitzt werden*) *Brot, Kuchen*: cuire; *siehe auch* **gebacken**
der **Backenzahn** la molaire
der **Bäcker** ① le boulanger ② (*Bäckerei*) **zum Bäcker gehen** aller à la boulangerie; **beim Bäcker** chez le boulanger
die **Bäckerei** la boulangerie
die **Bäckerin** la boulangère
die **Backform** le moule à gâteau
der **Backofen** le four
das **Backpulver** la levure chimique
das **Backup** [bɛk'ʔap] (*in der Informatik*) la copie de sauvegarde
das **Bad** ① (*Badezimmer*) la salle de bains ② (*Schwimmbad*) la piscine ③ (*Kurort*) la station thermale ④ (*Wannenbad*) le bain
der **Badeanzug** le maillot de bain [une pièce]
die **Badehose** le maillot de bain
die **Badekappe** le bonnet de bain
der **Bademantel** le peignoir
baden ① prendre un bain ② (*waschen*) donner un bain à *Kind* ▸ **baden gehen** (*schwimmen gehen*) aller se baigner; (*umgs.: scheitern*) se planter
Baden-Württemberg le Bade-Wurtemberg [badvʏʀtɑ̃bɛʀg]
die **Badewanne** la baignoire
das **Badezimmer** la salle de bains
das **BAföG**, das **Bafög** (*umgs.: Beihilfe*) Abkürzung von **Bundesausbildungsförderungsgesetz** ≈ la bourse [d'études]
der **Bagger** l'excavatrice (*weiblich*)
baggern creuser *Graben*
die **Bahn** ① le train; **mit der Bahn** par le train; **per Bahn** par voie ferrée ② (*Bahnunternehmen*) les chemins (*männlich*) de fer ③ (*Straßenbahn*) le tram, le tramway ④ *eines Schwimmbeckens* le couloir; *einer Rennstrecke* la piste ⑤ (*Flugbahn*) *eines Flugkörpers* la trajectoire; *eines Himmelskörpers* l'orbite (*weiblich*) ⑥ (*Stoffbahn*) le lé; (*Tapetenbahn*) le panneau ▸ **freie Bahn haben** avoir le champ libre; **auf die schiefe Bahn geraten** être sur une mauvaise pente

> **V** In ② wird der Singular *die Bahn* mit einem Plural übersetzt: *sie arbeitet bei der Bahn – elle travaille aux chemins de fer.*

bahnen sich einen Weg bahnen *Person*: se frayer un chemin; *Fluss*: se creuser un passage
der **Bahnhof** la gare
die **Bahnlinie** la ligne de chemin de fer
der **Bahnsteig** le quai de gare
der **Bahnübergang** le passage à niveau
die **Bahre** (*Krankenbahre*) la civière; (*Totenbahre*) le catafalque
die **Bakterie** [bak'teːrɪ̯ə] la bactérie
die **Balance** [ba'lɑ̃ːsə] l'équilibre (*männlich*)

> **F** Nicht verwechseln mit *la balance – die Waage!*

balancieren [balɑ̃'siːʀən] ① se tenir en équilibre ② **auf einem Seil balancieren** marcher sur une corde ③ tenir en équilibre *Tablett*
bald ① bientôt; **so bald wie möglich** le plus tôt possible; **nicht so bald** pas de si tôt; **bis bald!** à bientôt! ② (*schnell*) vite; **die Sache war bald erledigt** l'affaire était vite terminée; **bald darauf** peu après ③ (*umgs.: beinahe*) presque; **ich warte schon bald zwei Stunden** ça fait déjà presque deux heures que j'attends ▸ **na, wird's bald?** (*umgs.*) alors, ça vient?
baldig *Antwort* rapide; *Besuch* prochain(e); *Genesung* prompt(e)
der **Balg** ① (*Blasebalg*) le soufflet ② (*abgezogene Tierhaut*) la peau
balgen sich um etwas balgen se chamailler pour quelque chose
die **Balgerei** la bagarre
der **Balkan** ① (*Region*) les Balkans (*männlich*) ② (*Gebirge*) le [mont] Balkan

> **V** In ① wird der Singular *der Balkan* mit einem Plural übersetzt: *auf dem Balkan – dans les Balkans.*

der **Balken** ① (*Deckenbalken, Schwebebalken*) la poutre ② (*dicker Strich*) la barre
der **Balkon** [bal'kɔn] le balcon

der **Ball**¹ ❶ (*klein*) la balle; (*groß wie ein Fußball*) le ballon; **Ball spielen** jouer à la balle/au ballon ❷ (*rund geformter Gegenstand*) la boule
der **Ball**² (*Tanzfest*) le bal

> Nicht verwechseln mit *la balle* – *der [kleine] Ball; die Kugel!*

die **Ballade** la ballade

> Nicht verwechseln mit *la balade* – *der Bummel, die Tour!*

der **Ballast** ❶ (*Fracht*) le lest ❷ (*übertragen*) le poids mort

> Nicht verwechseln mit *le ballast* – *das Schotterbett!*

die **Ballaststoffe** les fibres (*weiblich*) [alimentaires]
ballen ❶ serrer *Faust* ❷ **sich ballen** *Verkehr*: se concentrer; *Gewitterwolken*: s'amonceler
der **Ballen** ❶ (*klein*) le ballot; (*groß*) la balle ❷ (*Daumenballen, Zehenballen*) l'éminence (*weiblich*) ❸ (*Teil der Pfote*) le coussinet
ballern (*umgs.*) ❶ **in die Luft ballern** tirailler en l'air ❷ (*Knallkörper zünden*) tirer des pétards
das **Ballett** ❶ (*künstlerischer Tanz*) la danse [classique] ❷ (*Tanzinszenierung, Tanzgruppe*) le ballet
der **Balletttänzer** le danseur
die **Balletttänzerin** la danseuse
der **Ballon** [ba'lɔŋ] le ballon
das **Ballungsgebiet** la région à forte concentration urbaine
das **Baltikum** les pays (*männlich*) baltes
baltisch balte
die **Balz** ❶ (*Balztanz*) la parade nuptiale ❷ (*Balzzeit*) la pariade
der **Bambus** le bambou
der **Bammel** (*umgs.*) la trouille; **Bammel haben** avoir la trouille, stresser
die **Banane** la banane
der **Band** le volume
die **Band** [bɛnt] le groupe
das **Band** ❶ le ruban ❷ (*Tonband*) la bande [magnétique] ❸ (*Fließband*) la chaîne ❹ (*Teil eines Gelenks*) le ligament ▸ **am laufenden Band** (*umgs.*) sans arrêt; *produzieren* en série
die **Bandage** [ban'da:ʒə] le bandage
bandagieren [banda'ʒi:rən] bander
die **Bande**¹ ❶ le gang ❷ (*umgs.: Gruppe von Kindern*) la bande
die **Bande**² (*beim Billard*) la bande
bändigen ❶ dompter *Raubtier* ❷ (*zur Ruhe bringen*) calmer *Kind, Hund* ❸ maîtriser *Gefühl, Naturgewalt*
der **Bandit** le bandit ▸ **der einarmige Bandit** la machine à sous
das **Bandmaß** le mètre à ruban
die **Bandscheibe** le disque [intervertébral]
der **Bandwurm** le ver solitaire
die **Bange** (*umgs.*) [nur] **keine Bange!** pas de panique!; **Bange machen** [*oder* **Bangemachen**] **gilt nicht!** faut pas s'en faire!
bangen (*gehoben*) ❶ **um etwas bangen** trembler pour quelque chose ❷ **mir bangt [es] vor der Prüfung** je m'inquiète pour l'examen
die **Bank**¹ ❶ (*Sitzbank*) le banc ❷ (*Werkbank*) l'établi (*männlich*)
die **Bank**² (*Geldinstitut*) la banque
der **Bankautomat** le distributeur automatique de billets, l'automate (*männlich*) bancaire
das **Bankett** le banquet
der **Bankier** [bɑ̃'kie:] le banquier
die **Bankkauffrau** l'employée (*weiblich*) de banque diplômée
der **Bankkaufmann** l'employé (*männlich*) de banque diplômé
das **Bankkonto** le compte en banque
die **Bankleitzahl** le code banque
die **Banknote** le billet [de banque]
der **Bankomat** le distribanque
der **Bankraub** le °hold-up
der **Bankräuber** le cambrioleur de banque
die **Bankräuberin** la cambrioleuse de banque
bankrott *Firma* en faillite; **bankrott sein** être en faillite
der **Bankrott** la faillite
bankrottgehen faire faillite
die **Bankverbindung** les coordonnées (*weiblich*) bancaires
der **Bann** ❶ (*gehoben: magische Wirkung*) l'envoûtement (*männlich*) ❷ (*Strafe*) le bannissement; **etwas mit einem Bann belegen** jeter l'anathème sur quelque chose ❸ (*Kirchenbann*) l'anathème (*männlich*) ▸ **den Bann [des Schweigens] brechen** rompre le silence; **jemanden in seinen Bann ziehen** fasciner quelqu'un
bannen ❶ (*gehoben*) fasciner *Zuschauer*; **wie gebannt auf etwas starren** regarder fixement quelque chose ❷ conjurer *Gefahr*; *siehe auch* **gebannt**
das **Banner** l'étendard (*männlich*)
bar ❶ *Geld* en liquide ❷ **hundert Euro in bar** cent euros en espèces; **[in] bar zahlen** payer en espèces
die **Bar** ❶ (*Nachtlokal*) la boîte de nuit ❷ (*Theke*) le bar; **an der Bar sitzen** être au bar
der **Bär** l'ours (*männlich*) [URS] ▸ **jemandem**

einen **Bären aufbinden** mener quelqu'un en bateau
die **Baracke** la baraque
barbarisch ① *Verbrechen* barbare ② (*umgs.: unerträglich*) *Gestank, Kälte* atroce ③ *wüten* sauvagement ④ *stinken, frieren* atrocement
die **Bardame** la barmaid
der **Bärenhunger einen Bärenhunger haben** avoir une faim de loup
barfuß barfuß gehen marcher pieds nus
das **Bargeld** l'argent *(männlich)* liquide
bargeldlos ① **der bargeldlose Zahlungsverkehr** la transaction par virement ② *zahlen* par virement
die **Bärin** l'ourse *(weiblich)*
der **Bariton** le baryton
der **Barkeeper** ['baːɐ̯kiːpɐ] le barman
barmherzig charitable; **ein barmherziges Werk tun** faire œuvre charitable
die **Barmherzigkeit** ① (*Mitgefühl*) la charité ② **die Barmherzigkeit Gottes** la miséricorde de Dieu
barock baroque
das/der **Barock** le baroque
das/der **Barometer** le baromètre
der **Baron** le baron
die **Baronin** la baronne
der **Barren** ① (*Parallelbarren*) les barres *(weiblich)* parallèles ② (*Goldbarren*) le lingot
die **Barriere** [baˈri̯eːrə] (*Hindernis, Absperrung*) la barrière
die **Barrikade** la barricade
barsch ① *Antwort, Art* brusque ② *antworten* durement
der **Barsch** la perche
der **Bart** ① (*Vollbart*) la barbe; (*Schnurrbart*) la moustache; (*Kinnbart*) le bouc; **sich einen Bart wachsen lassen** se laisser pousser la barbe/la moustache/le bouc ② (*Tasthaare bei Tieren*) les moustaches *(weiblich)*

> **V** Bei ① gibt es keine gemeinsame Übersetzung für die unterschiedlichen Arten von Bärten.

bärtig barbu(e)
der **Basar** ① (*orientalischer Markt*) le bazar ② (*Wohltätigkeitsbasar*) la vente de charité
die **Base** (*in der Chemie*) la base
der **Baseball** ['beːsbɔːl] (*Sportart*) le base-ball; **Baseball spielen** jouer au base-ball
Basel Bâle
die **Basen** Plural von **Base**, **Basis**
basieren (*gehoben*) **auf neuesten Erkenntnissen basieren** se fonder sur les dernières connaissances

das **Basilikum** le basilic
die **Basis** la base
basisch (*in der Chemie*) basique
der **Baske** le Basque
das **Baskenland** le Pays basque
der **Basketball** le basket, le basket-ball; **Basketball spielen** jouer au basket
die **Baskin** la Basque
baskisch basque
der **Bass** ① (*Stimmlage, Sänger*) la basse ② (*tiefer Ton*) **die Bässe** les basses *(weiblich)*
das **Bassin** [baˈsɛ̃ː] le bassin
der **Bast** le raphia
basta (*umgs.*) basta
basteln ① bricoler ② **sie bastelt an ihrem Fahrrad** elle bricole sa bicyclette
das **Bataillon** [batalˈjoːn] le bataillon
die **Batterie** ① la pile ② (*Autobatterie*) la batterie
der **Bau**¹ ① (*Gebäude*) le bâtiment ② (*Bauwerk*) l'édifice *(männlich)* ③ **sich [noch] im Bau befinden** être [encore] en cours de construction ④ (*umgs.: Baugewerbe*) le bâtiment
der **Bau**² *eines Tieres* le terrier
die **Bauarbeiten** les travaux *(männlich)*
der **Bauarbeiter** l'ouvrier *(männlich)* du bâtiment
die **Bauarbeiterin** l'ouvrière *(weiblich)* du bâtiment
der **Bauch** ① le ventre ② *eines Schiffs* la coque; *eines Flugzeugs* la soute ▶ **sich den Bauch vollschlagen** (*umgs.*) s'en mettre plein la panse; **aus dem Bauch [heraus]** instinctivement
bauchig bombé(e)
der **Bauchnabel** le nombril
der **Bauchredner** le ventriloque
die **Bauchrednerin** la ventriloque
die **Bauchschmerzen** le mal au ventre; **Bauchschmerzen haben** avoir mal au ventre
bauen ① construire *Gebäude, Maschine;* faire *Nest;* fabriquer *Möbel* ② (*umgs.: verursachen*) provoquer *Unfall* ▶ **auf jemanden/etwas bauen** compter sur quelqu'un/quelque chose
der **Bauer** ① le paysan; (*Landwirt*) l'agriculteur *(männlich)* ② (*Schachfigur*) le pion
das/der **Bauer** (*Vogelkäfig*) la cage
die **Bäuerin** la paysanne; (*Landwirtin*) l'agricultrice *(weiblich)*
der **Bauernhof** la ferme; **der Urlaub auf dem Bauernhof** les vacances *(weiblich)* à la ferme
baufällig *Gebäude* délabré(e)
das **Baujahr** *eines Gebäudes* l'année *(weiblich)* de construction; *eines Autos* l'année *(weiblich)* de fabrication
der **Baukasten** le jeu de construction
der **Baum** l'arbre *(männlich)*
die **Baumkrone** la cime de l'arbre

die **Baumnuss** (CH) la noix
der **Baumstamm** le tronc d'arbre
die **Baumwolle** le coton; **aus Baumwolle** en coton
der **Bausch** le tampon ▶ **in Bausch und Bogen** en bloc
der **Bauschutt** les gravats *(männlich)*

V Der Singular *der Bauschutt* wird mit einem Plural übersetzt: *der Bauschutt liegt vor dem Haus*– *les gravats sont devant la maison.*

die **Bausparkasse** la caisse d'épargne-logement
der **Bausparvertrag** le plan d'épargne-logement
der **Baustein** ① *(Stein zum Bauen)* la pierre de construction ② *(Spielzeug)* le cube ③ *(übertragen)* l'élément *(männlich)* constitutif
die **Baustelle** le chantier
die **Bauten** Plural von **Bau**¹
das **Bauwerk** l'édifice *(männlich)*
der **Bayer** le Bavarois
die **Bayerin** la Bavaroise
  bayerisch bavarois(e)
  Bayern la Bavière
  bayrisch →**bayerisch**
der **Bazillus** le bacille
das **B-Dur** le si bémol majeur
  beabsichtigen ① envisager; **sie beabsichtigt zu studieren** elle envisage de faire des études; **wie beabsichtigt** comme prévu ② **das war beabsichtigt** c'était voulu
  beachten ① suivre *Ratschlag* ② respecter *Vorschrift* ③ tenir compte de *Umstände;* faire attention à *Erläuterungen, Stufe* ④ faire attention à, remarquer *Person, Ereignis*
  beachtlich ① *Größe, Unterschied, Fortschritte* considérable ② *Leistung* remarquable
die **Beachtung** ① **jemandem Beachtung schenken** prêter attention à quelqu'un ② *einer Gebrauchsanweisung* l'observation *(weiblich); von Vorschriften* le respect
der **Beamer** ['biːmɐ] le projecteur
der **Beamte** le fonctionnaire
die **Beamtin** la fonctionnaire
  beängstigend inquiétant(e); *Situation* flippant(e)
  beanspruchen ① réclamer *Anteil, Schadenersatz;* revendiquer *Recht* ② **viel Zeit/Raum beanspruchen** prendre beaucoup de temps/de place; **Kraft beanspruchen** demander de la force ③ **jemanden sehr beanspruchen** *Arbeit, Schule:* accaparer beaucoup quelqu'un ④ solliciter *Teppich, Stoff*
  beanstanden critiquer *Entscheidung;* contester *Wahl;* réclamer *Mangel*
die **Beanstandung** ① *(Einwand)* la critique ② *von Waren* la réclamation
  beantragen demander *Genehmigung, Visum, Beihilfe*
  beantworten répondre à *Frage*
  bearbeiten ① s'occuper de *Antrag* ② travailler *Holz, Metall* ③ traiter *Thema* ④ remanier *Manuskript* ⑤ arranger *Musikstück* ⑥ adapter *Buch*
die **Bearbeitung** ① *eines Antrags* le traitement ② *eines Werkstoffs* le travail ③ *eines Themas* le traitement ④ *eines Manuskripts* le remaniement ⑤ *(bearbeitete Fassung) eines Musikstücks* l'arrangement *(männlich); eines Theaterstücks* l'adaptation *(weiblich); eines Buchs* la nouvelle édition
  beatmen **jemanden beatmen** faire du bouche-à-bouche à quelqu'un; **jemanden künstlich beatmen** pratiquer la respiration artificielle sur quelqu'un
  beaufsichtigen surveiller *Kinder, Arbeiten*
  beauftragen ① **jemanden beauftragen, etwas zu tun** charger quelqu'un de faire quelque chose ② **eine Firma beauftragen** charger une entreprise
  bebauen ① **ein Grundstück mit Häusern bebauen** construire des maisons sur un terrain; **darf dieses Grundstück bebaut werden?** ce terrain est-il constructible?; **dicht bebaut** fortement urbanisé(e) ② *(bearbeiten)* cultiver *Acker*
  beben trembler
das **Beben** ① le tremblement ② *(Erdbeben)* le tremblement de terre
der **Becher** ① *(Trinkgefäß)* le gobelet; *(aus Plastik)* le verre ② *(für Jogurt)* le pot ③ *(Mengenangabe)* **ein Becher Mehl** un verre de farine
das **Becken** ① *(Waschbecken)* le lavabo ② *(Spülbecken)* le bac [à évier] ③ *(Schwimmbecken, Auffangbecken)* le bassin ④ *(anatomisch)* le bassin ⑤ *(Musikinstrument)* **die Becken** les cymbales *(weiblich)* ⑥ *(Senke)* le bassin
  bedacht **auf Ordnung bedacht sein** accorder une grande importance à l'ordre; **darauf bedacht sein, dass kein Fehler passiert** veiller à ce qu'il n'y ait pas d'erreur
  Bedacht **mit Bedacht** *(gehoben: vorsichtig)* avec circonspection; *(absichtlich)* volontairement
  bedächtig ① *Bewegung, Gang* posé(e) ② *Mensch, Reaktion* réfléchi(e) ③ *sich bewegen* posément; *handeln, reagieren* avec circonspection
  bedanken **sich bedanken** remercier; **sich bei jemandem für ein Geschenk bedan-**

ken remercier quelqu'un de quelque chose
der **Bedarf** ❶ les besoins *(männlich)*; **der Bedarf an Heizöl** les besoins en mazout ❷ **bei Bedarf** en cas de besoin; **je nach Bedarf** selon les besoins

> **V** In ❶ wird der Singular *der Bedarf* mit einem Plural übersetzt: *der Bedarf an Fachkräften ist gestiegen* – *les besoins en personnel qualifié ont augmenté.*

bedauerlich regrettable
bedauerlicherweise malheureusement
bedauern ❶ regretter *Umstand, Tatsache* ❷ plaindre *Person*
das **Bedauern** ❶ le regret; **zu meinem großen Bedauern** à mon grand regret ❷ *(Mitgefühl)* la sympathie; **jemandem sein Bedauern ausdrücken** présenter ses regrets à quelqu'un
bedauernswert malheureux/malheureuse; **ein bedauernswerter Mensch** une malheureuse personne
bedecken ❶ *(mit einer Decke oder Plane)* recouvrir ❷ **seinen Kopf bedecken** se couvrir la tête ❸ *(mit Schnee oder Laub)* couvrir ❹ **sich mit einem Tuch bedecken** se couvrir d'une écharpe ❺ **es** [*oder* **der Himmel**] **ist bedeckt** le ciel est couvert
bedenken ❶ considérer *Umstände, Gefahr* ❷ **jemandem zu bedenken geben, dass es schon spät ist** faire remarquer à quelqu'un qu'il est déjà tard
die **Bedenken** les doutes *(männlich)*; **Bedenken haben** avoir des doutes; **Bedenken äußern** émettre des doutes
bedenklich ❶ *Methoden* douteux/douteuse ❷ *Gesundheitszustand* critique ❸ *Miene* préoccupé(e)
bedeuten ❶ signifier, vouloir dire ❷ **das bedeutet einen Fortschritt** cela représente un progrès ❸ *(ankündigen)* présager *Unheil, Regen* ❹ **sie bedeutet ihm viel** il tient beaucoup à elle; **Geld bedeutet mir nicht viel** j'attache peu d'importance à l'argent
bedeutend ❶ *Künstler, Ereignis* important(e); *Leistung* remarquable ❷ *Erfolg, Summe* considérable ❸ *besser, größer, mehr* nettement
die **Bedeutung** ❶ *eines Wortes, Satzes* le sens; **in übertragener Bedeutung** au sens figuré ❷ *einer Person, eines Ereignisses* l'importance *(weiblich)*; *eines Kunstwerks* la valeur
bedeutungslos insignifiant(e)
bedienen ❶ servir *Gäste, Kunden*; **werden Sie schon bedient?** on s'occupe de vous?; **bedienen Sie hier?** c'est vous qui servez ici? ❷ manœuvrer *Hebel* ❸ se servir de *Telefon*; faire fonctionner *Computer*; faire marcher *Maschine* ❹ **sich bedienen** se servir; **bedienen Sie sich!** servez-vous!
die **Bedienung** ❶ *(das Bedienen) eines Gastes, Kunden* le service ❷ *(Kellner)* le garçon; *(Kellnerin)* la serveuse; **Bedienung!** garçon!/mademoiselle! ❸ *eines Gerätes* l'utilisation *(weiblich)*
die **Bedienungsanleitung** le mode d'emploi
bedingen ❶ **durch eine Krankheit bedingt sein** être dû(due) à une maladie ❷ **sich gegenseitig bedingen** avoir des conséquences réciproques
bedingt ❶ *Zusage* conditionnel(le) ❷ *verwendbar, richtig* partiellement
die **Bedingung** la condition; **Bedingungen stellen** poser des conditions; **unter der Bedingung, dass sie mitkommt** à [la] condition qu'elle vienne avec nous
bedingungslos ❶ *Kapitulation* sans condition[s] ❷ *Vertrauen* absolu(e) ❸ *kapitulieren* inconditionnellement ❹ **jemandem bedingungslos vertrauen** avoir une confiance absolue en quelqu'un
bedrängen °harceler; **jemanden mit Fragen/mit Bitten bedrängen** °harceler quelqu'un de questions/de demandes
bedrohen ❶ menacer; **jemanden mit einer Schusswaffe/einem Messer bedrohen** menacer quelqu'un de son arme/avec un couteau ❷ **vom Hochwasser bedroht sein** être menacé(e) par les inondations
bedrohlich ❶ *Lage* menaçant(e) ❷ *nahekommen* de façon menaçante
die **Bedrohung** la menace
bedrucken imprimer *Papier, Stoff*; **ein bedrucktes T-Shirt** un t-shirt imprimé
bedrücken tourmenter
bedrückend *Nachricht* déprimant(e); *Schweigen* oppressant(e)
bedrückt ❶ *Person* abattu(e) ❷ *schweigen* lugubrement
bedürfen *(gehoben)* **der Hilfe bedürfen** avoir besoin d'aide
das **Bedürfnis** le besoin; **ein Bedürfnis nach Zuwendung haben** avoir besoin d'attention ▶ **ein dringendes Bedürfnis haben** *(verhüllend)* avoir un besoin pressant
bedürftig *Person* dans le besoin
das **Beefsteak** [ˈbiːfsteːk] le bifteck
beeilen sich beeilen se dépêcher
beeindrucken ❶ impressionner ❷ **ein beeindruckendes Erlebnis** un événement impressionnant

beeinflussen influencer *Person, Entscheidung*
beeinträchtigen ❶ nuire à *Qualität* ❷ gêner *Reaktionsvermögen, Wohlbefinden*
beenden ❶ clore *Gespräch;* terminer *Studium;* cesser *Krieg* ❷ *(in der Informatik)* quitter *Programm*
beerben jemanden beerben hériter de quelqu'un
beerdigen enterrer *Toten*
die **Beerdigung** l'enterrement *(männlich)*, les obsèques *(weiblich)*

> **V** Der Singular *die Beerdigung* kann mit einem Plural übersetzt werden: *die Beerdigung wird am Freitag stattfinden – les obsèques auront lieu vendredi.*

das **Beerdigungsinstitut** les pompes *(weiblich)* funèbres
die **Beere** ❶ la baie ❷ *(Weinbeere)* le grain
das **Beet** la plate-bande
befähigen rendre capable; **jemanden dazu befähigen, etwas zu tun** rendre quelqu'un capable de faire quelque chose
die **Befähigung** la qualification; **die Befähigung für einen Beruf haben** avoir la qualification nécessaire à une profession
befahren emprunter *Straße;* naviguer sur *Gewässer, Seeweg;* **eine viel befahrene Landstraße** une route très fréquentée
befallen ❶ *(krank machen)* affecter *Menschen, Nervensystem;* **dieser Parasit hat viele Bäume befallen** ce parasite a infesté de nombreux arbres; **befallen sein** *Organ, Tier:* être atteint(e); *Pflanze:* être infesté(e) ❷ **plötzlich befiel ihn Angst** tout à coup, la peur s'empara de lui
befangen ❶ *(gehemmt)* inhibé(e) ❷ *(parteiisch)* partial(e)
die **Befangenheit** ❶ *(Gehemmtheit)* la timidité ❷ *(Parteilichkeit)* la partialité
befassen sich mit jemandem/mit etwas befassen s'occuper de quelqu'un/de quelque chose
der **Befehl** ❶ l'ordre *(männlich)* ❷ **auf Befehl handeln/schießen** agir/tirer selon les ordres ❸ **unter jemandes Befehl stehen** être sous le commandement de quelqu'un ❹ *(in der Informatik)* la commande; **einen Befehl eingeben** entrer une commande
befehlen ❶ **jemandem befehlen zu schweigen** ordonner à quelqu'un de se taire ❷ **den Truppen den Rückzug befehlen** donner l'ordre aux troupes de battre en retraite
die **Befehlszeile** *(in der Informatik)* la ligne de commande
befestigen ❶ fixer *Plakat, Schild, Zettel;* attacher *Boot* ❷ stabiliser *Fahrbahn;* consolider *Deich*
die **Befestigung** *(das Befestigen)* einer Fahrbahn la stabilisation; *eines Deiches* la consolidation
befeuchten humecter
befinden ❶ **sich im Stadtzentrum befinden** *Touristengruppe:* être au centre-ville; *Rathaus, Bahnhof:* se trouver au centre-ville; **wo befinden wir uns gerade?** où sommes-nous maintenant?; **sich in einer schwierigen Lage befinden** être dans une situation difficile ❷ **einen Vorschlag für gut befinden** *(gehoben)* approuver une proposition
das **Befinden** l'état *(männlich)* de santé; **sich nach dem Befinden des Patienten erkundigen** demander comment se porte le malade
befolgen suivre; respecter *Vorschrift;* exécuter *Befehl*
befördern ❶ transporter *Passagiere, Waren;* acheminer *Briefe;* expédier *Pakete* ❷ *(beruflich)* promouvoir; **befördert werden** avoir de l'avancement
die **Beförderung** ❶ *von Passagieren, Waren* le transport; *von Postsendungen* l'acheminement *(männlich)* ❷ *eines Mitarbeiters* la promotion; *eines Beamten* l'avancement *(männlich)*
befragen interroger *Bevölkerung, Zeugen;* entendre *Zeitzeugen;* consulter *Experten*
die **Befragung** ❶ l'interrogation *(weiblich);* *eines Experten* la consultation ❷ *(Umfrage)* le sondage
befreien ❶ libérer *Gefangene, Volk* ❷ **sich befreien** *Volk, Gefangene:* se libérer ❸ **jemanden vom Sportunterricht befreien** dispenser quelqu'un de l'EPS
die **Befreiung** ❶ la libération ❷ **die Befreiung vom Sportunterricht** la dispense de l'EPS ❸ *(Erleichterung)* le soulagement
befreundet ❶ *Person* ami(e); **miteinander befreundet sein** être ami(e) ❷ *Staat* allié(e)
befriedigen ❶ satisfaire *Personen, Ansprüche* ❷ **sich [selbst] befriedigen** se masturber
befriedigend ❶ *Lösung, Angebot, Leistung* satisfaisant(e) ❷ *(Schulnote)* ≈ satisfaisant; *(in Frankreich)* douze/treize sur vingt
die **Befriedigung** la satisfaction
befristen limiter la durée de *Arbeitsvertrag;* limiter la validité de *Visum*
befristet *Arbeitsvertrag* à durée déterminée; *Visum, Genehmigung* temporaire
die **Befruchtung** la fécondation; **die künstliche Befruchtung** l'insémination *(weiblich)* artificielle

befugt (*gehoben*) **befugt sein etwas zu tun** être habilité(e) à faire quelque chose

der **Befund** der ärztliche Befund le résultat de l'analyse médicale

befürchten craindre; **das hatte ich befürchtet** c'est bien ce que je craignais

> **G** Nach *craindre que* stehen immer *ne* und der Subjonctif: *ich befürchte, dass sie zu spät kommt – je crains qu'elle ne soit en retard.*

die **Befürchtung** la crainte

befürworten appuyer *Antrag, Vorschlag*

begabt *Schüler(in)* doué(e); **hoch begabt** surdoué(e)

die **Begabung** ① le don; **dank seiner/ihrer musikalischen Begabung** grâce à son don pour la musique ② (*talentierter Mensch*) le talent

begeben (*gehoben*) ① **sich nach Hause begeben** se rendre à la maison; **sich ins Wohnzimmer begeben** entrer dans la salle de séjour ② **sich in Gefahr begeben** s'exposer au danger

die **Begebenheit** (*gehoben*) l'événement (*männlich*)

begegnen ① **jemandem begegnen** rencontrer quelqu'un; **sie ist mir zufällig auf der Straße begegnet** je l'ai rencontrée par °hasard dans la rue; **sich begegnen** se rencontrer ② **mutig der Gefahr begegnen** (*gehoben*) affronter courageusement le danger

die **Begegnung** (*auch im Sport*) la rencontre

begehen ① commettre *Tat*; faire *Dummheit* ② (*gehoben: feiern*) célébrer

begehren désirer *Menschen, Körper*

begehrt *Künstler* recherché(e); *Wissenschaftler* demandé(e); *Auszeichnung, Ware* prisé(e)

begeistern ① enthousiasmer ② **die Menschen für seine Ziele begeistern** rallier les gens à sa cause ③ **sich begeistern** s'enthousiasmer; **sich für eine Band/einen Film begeistern** s'enthousiasmer pour un groupe/un film

begeistert ① *Zuschauer* enthousiaste; **begeistert sein** être enthousiasmé(e) ② *Sportler, Briefmarkensammler* passionné(e) ③ *klatschen, mitmachen* avec enthousiasme

die **Begeisterung** l'enthousiasme (*männlich*)

die **Begierde** (*gehoben: sexuelles Verlangen*) la concupiscence

begierig avide; **auf etwas begierig sein** être avide de quelque chose

der **Beginn** le commencement, le début; **zu Beginn** au début

beginnen ① *Woche, Strecke, Vorstellung:* commencer; **wieder** [*oder* **erneut**] **beginnen** recommencer; **mit einem Vorwort beginnen** *Buch:* commencer par une préface; **es beginnt zu schneien** il commence à neiger ② **mit der Arbeit beginnen** commencer à travailler ③ (*eröffnen*) commencer

beglaubigt eine beglaubigte Kopie une copie certifiée conforme

die **Beglaubigung** *einer Kopie* l'attestation (*weiblich*) de conformité

begleichen (*gehoben*) régler *Rechnung*

begleiten ① accompagner; (*beschützen*) escorter; **jemanden nach Hause begleiten** raccompagner quelqu'un à la maison ② **jemanden auf der Gitarre begleiten** accompagner quelqu'un à la guitare

der **Begleiter** l'accompagnateur (*männlich*)

die **Begleiterin** l'accompagnatrice (*weiblich*)

die **Begleitung** ① **sie kam in Begleitung** [**ihres Mannes**] elle est venue accompagnée [de son mari] ② (*Begleitmusik*) l'accompagnement (*männlich*) [musical]

beglückwünschen féliciter *Sieger, Jubilar*

begnadigen gracier *Gefangenen*

begnügen sich mit wenig begnügen se contenter de peu

begraben ① enterrer *Toten* ② **etwas unter sich begraben** *Lawine, Lava:* ensevelir quelque chose

das **Begräbnis** l'enterrement (*männlich*)

begreifen ① comprendre; **begreifen, worum es geht** comprendre de quoi il s'agit ② **schnell/langsam begreifen** comprendre vite/lentement ③ **sich als Künstler begreifen** se considérer comme artiste

begreiflich compréhensible

begrenzen ① délimiter, limiter *Fläche, Grundstück* ② limiter *Zeit, Geschwindigkeit, Schaden* ③ **unsere Möglichkeiten sind begrenzt** nos possibilités sont limitées; **meine Mittel sind leider begrenzt** mes moyens sont malheureusement limités

die **Begrenzung** ① (*Grenze*) la limite ② *der Geschwindigkeit* la limitation

der **Begriff** ① (*Wort*) le terme ② (*Wortbedeutung*) la notion ③ (*Vorstellung*) la conception; **sich einen Begriff von etwas machen** se faire une idée de quelque chose ▶ **schwer von Begriff sein** (*umgs.*) être dur(e) à la détente; [**gerade**] **im Begriff sein, etwas zu tun** être sur le point de faire quelque chose

begriffsstutzig *Person* borné(e); **begriffsstutzig sein** avoir du mal à comprendre

Révisions

Jemanden begrüßen		Sich verabschieden	
Salut, Emma, ça va?	Hallo Emma, wie geht's?	Salut!	Tschüss!
Oui, ça va.	Gut.	Au revoir!	Auf Wiedersehen!
Bonjour, Madame!	Guten Tag.	Au revoir, Madame.	Auf Wiedersehen!

begründen ❶ justifier *Meinung, Verhalten* ❷ créer *Ruhm*
die **Begründung** (*Erklärung*) la justification
begrüßen ❶ accueillir *Gäste* ❷ accueillir favorablement *Vorschlag, Entwicklung*
begrüßenswert ein begrüßenswerter Vorschlag une proposition qui mérite d'être saluée
die **Begrüßung** ❶ (*Ansprache*) les souhaits *(männlich)* de bienvenue ❷ (*Empfang*) l'accueil *(männlich)*; **eine freundliche Begrüßung** un accueil aimable ❸ **zur Begrüßung** en signe de bienvenue
begünstigen ❶ favoriser, privilégier *Bewerber, Schüler* ❷ **vom Wetter begünstigt sein** *Gegend:* être favorisé(e) par le climat ❸ favoriser *Entwicklung*
begutachten ❶ expertiser *Schaden* ❷ (*umgs.: genau ansehen*) examiner
behaart poilu(e); **eine stark behaarte Brust** une poitrine velue
behäbig *Person* flegmatique; *Bewegung* posé(e)
behagen jemandem behagen *Wetter:* plaire à quelqu'un; **diese Idee behagt mir nicht** cette idée ne me plaît pas
das **Behagen** le plaisir
behaglich ❶ *Wärme* agréable; *Sofa* confortable ❷ *warm* agréablement ❸ *schnurren* de plaisir
behalten ❶ (*nicht hergeben*) garder ❷ (*nicht vergessen*) retenir *Datum, Geheimzahl* ❸ (*nicht verlieren*) garder *Humor, Aussehen, Wert* ❹ **die Hand in der Hosentasche behalten** garder la main dans sa poche de pantalon ❺ **etwas für sich behalten [können]** [pouvoir] garder quelque chose pour soi
der **Behälter** le récipient; (*groß*) le réservoir
behandeln ❶ (*in der Medizin*) soigner, traiter *Patienten;* soigner *Krankheit, Wunde;* **jemanden mit Kortison behandeln** traiter quelqu'un à la cortisone ❷ **jemanden/ein Tier gut behandeln** prendre soin de quelqu'un/d'un animal; **jemanden/ein Tier schlecht behandeln** maltraiter quelqu'un/un animal ❸ traiter *Leder, Thema, Frage;*

eine Angelegenheit vertraulich behandeln traiter une affaire confidentiellement
die **Behandlung** ❶ *eines Patienten, einer Krankheit* le traitement; *einer Verletzung* les soins *(männlich)* [médicaux] ❷ (*Umgang*) le traitement; **bei guter Behandlung** traité(e) correctement; **bei schlechter Behandlung** mal traité(e) ❸ *eines Themas, einer Frage* le traitement
beharren auf seiner Meinung beharren ne pas démordre de son opinion
beharrlich ❶ *Person, Arbeit* persévérant(e) ❷ *Schweigen, Weigerung* obstiné(e) ❸ (*unbeirrt*) *schweigen, sich weigern* obstinément; **beharrlich ein Ziel verfolgen** poursuivre un but avec obstination
behaupten ❶ **etwas behaupten** prétendre quelque chose; **er hat behauptet, dass alles in Ordnung sei** il a prétendu que tout est en ordre ❷ maintenir *Vorsprung, Standpunkt* ❸ **sich behaupten** s'imposer; **sich erfolgreich behaupten** réussir à s'imposer
die **Behauptung** l'affirmation *(weiblich)*, l'assertion *(weiblich)*
beheben ❶ réparer *Fehler;* remédier à *Störung* ❷ Ⓐ retirer *Geldbetrag*
beheizen chauffer *Zimmer, Wohnung*
behelfen sich mit etwas behelfen se contenter provisoirement de quelque chose
behelfsmäßig provisoire
behelligen (*gehoben*) importuner; **jemanden mit einer Bitte behelligen** importuner quelqu'un avec une demande
beherbergen héberger *Gäste*
beherrschen ❶ dominer *Land, Volk, Untertanen* ❷ maîtriser *Fremdsprache, Musikinstrument* ❸ **sich beherrschen [können]** se dominer
beherrscht *Auftreten, Verhalten* contrôlé(e)
die **Beherrschung** ❶ *einer Sprache, eines Instruments* la maîtrise; *eines Handwerks* la connaissance ❷ **die Beherrschung verlieren** perdre son sang-froid
beherzigen suivre *Rat*
behilflich jemandem behilflich sein aider quelqu'un
behindern ❶ **jemanden behindern** *Verlet-*

zung: °handicaper quelqu'un; **Schmuck, Kleidung:** gêner quelqu'un ❷ (*im Straßenverkehr*) entraver ❸ **schwer behindert sein** être lourdement °handicapé(e)

der **Behinderte** le °handicapé; **der geistig Behinderte** le °handicapé mental

die **Behinderte** la °handicapée; **die körperlich Behinderte** la °handicapée physique

behindertengerecht adapté(e) aux °handicapés

die **Behinderung** ❶ le °handicap; **die geistige/körperliche Behinderung** le °handicap mental/physique ❷ (*das Behindern*) *der Polizei* l'entrave *(weiblich)*; **die Behinderung des Straßenverkehrs** l'entrave *(weiblich)* à la circulation

die **Behörde** le service [administratif]; **sich an die zuständige Behörde wenden** s'adresser au service compétent

behördlich *Genehmigung* officiel(le)

behüten (*gehoben*) ❶ veiller sur *Kind* ❷ **jemanden vor Gefahren behüten** préserver quelqu'un des dangers

behutsam ❶ *Pflege, Behandlung* précautionneux/précautionneuse ❷ *streicheln, behandeln* avec précaution

die **Behutsamkeit** la précaution

bei ❶ (*räumliche Angabe*) chez; **bei dir** chez toi; (*in deiner Nähe*) auprès de toi; **bei uns** [**zu Hause**] chez nous, à la maison; **beim Bäcker** chez le boulanger; **das steht bei Schiller** c'est écrit chez Schiller ❷ (*mit*) **einen Kuli bei sich haben** avoir un stylo sur soi ❸ (*für*) **bei der Bahn arbeiten** travailler aux chemins de fer; **bei** [*oder* **in**] **einer kleinen Firma arbeiten** travailler dans une petite entreprise ❹ (*Angabe der Umstände*) **beim Abwaschen** en faisant la vaisselle; **bei seiner Ankunft** à son arrivée; **bei der Vorführung** pendant la présentation; **bei vierzig Grad** par quarante degrés; **bei Gefahr** en cas de danger; **bei Kerzenlicht zu Abend essen** dîner aux chandelles ❺ (*trotz*) **bei all seinen Bemühungen** malgré tous ses efforts ❻ (*vor*) **ich schwöre bei Gott** je jure devant Dieu

beibehalten garder *Angewohnheit, Sitte*

beibringen ❶ **den Kindern das Lesen beibringen** apprendre à lire aux enfants ❷ **jemandem eine Neuigkeit beibringen** annoncer une nouvelle à quelqu'un

die **Beichte** la confession; **zur Beichte gehen** aller se confesser

beichten ❶ confesser *Sünde, Missgeschick* ❷ **beichten gehen** aller se confesser

beide ❶ (*zwei Personen*) **die beiden** tous/toutes [les] deux; **ihr beide** vous deux; **die beiden Frauen/Freunde** les deux femmes/amis ❷ (*zwei Dinge*) **ich nehme beide/beides** je prends les deux [choses]; **alle beide** tous/toutes les deux; [**es geht nur**] **eins von beiden!** c'est l'un ou [c'est] l'autre! ❸ (*beim Tennis*) **dreißig beide** trente partout

beiderseits beiderseits des Rheins des deux côtés du Rhin

beidseitig *bedruckt, gelähmt* des deux côtés

beidseits (CH) →**beiderseits**

beieinander beieinander sein être réuni(e)s; **endlich sind wir wieder beieinander!** nous voilà enfin réuni(e)s!

beieinanderbleiben rester ensemble

beieinandersitzen dicht beieinandersitzen *zwei Personen:* être là, l'un/l'une près de l'autre; *mehrere Personen:* être là, les uns/les unes près des autres

beieinanderstehen dicht beieinanderstehen *zwei Personen, zwei Gegenstände:* être là, l'un/l'une près de l'autre; *mehrere Personen, mehrere Gegenstände:* être là, les uns/les unes près des autres

der **Beifahrer** (*im Auto*) le passager avant

die **Beifahrerin** (*im Auto*) la passagère avant

der **Beifall** ❶ les applaudissements *(männlich)* ❷ **viel Beifall finden** *Vorschlag, Äußerung:* être bien accueilli(e)

V In ❶ wird der Singular *der Beifall* mit einem Plural übersetzt: *unter dem Beifall des Publikums – sous les applaudissements de l'auditoire.*

beifügen seinem Schreiben eine Kopie beifügen joindre une copie à sa lettre

beige [beːʃ] beige

beigeben ❶ (*gehoben*) ajouter *Mehl, Gewürz* ❷ **klein beigeben** [**müssen**] (*umgs.*) [devoir] en rabattre

der **Beigeschmack** ≈ le petit goût

die **Beihilfe** (*finanzielle Unterstützung*) l'aide *(weiblich)* financière

das **Beil** la °hache

die **Beilage** ❶ (*beim Essen*) la garniture ❷ *einer Zeitung, Zeitschrift* le supplément ❸ (A) (CH) (*Anlage*) *eines Schreibens* l'annexe *(weiblich)*

beiläufig ❶ *Bemerkung* incident(e), fait(e) en passant ❷ *bemerken, sagen* incidemment, en passant ❸ (A) (*ungefähr*) à peu près

beilegen ❶ joindre; **seinem Schreiben eine Kopie beilegen** joindre une copie à sa lettre ❷ régler *Streit, Konflikt*

das **Beileid** les condoléances *(weiblich)*; **jemandem**

sein Beileid aussprechen présenter ses condoléances à quelqu'un

> **V** Der Singular *das Beileid* wird mit einem Plural übersetzt: *mein Beileid! – [toutes] mes condoléances!*

beiliegend ❶ *Schreiben* joint(e) ❷ **beiliegend übersenden wir Ihnen ...** veuillez trouver ci-joint ...
beim →**bei**
beimessen einer Sache Bedeutung beimessen accorder de l'importance à une chose
das **Bein** ❶ *eines Menschen* la jambe; *eines Tiers* la patte ❷ (*Tischbein, Stuhlbein*) le pied ❸ (*Hosenbein*) la jambe ▸ **auf eigenen Beinen stehen** voler de ses propres ailes; **jemandem ein Bein stellen** faire un croche-pied à quelqu'un; (*jemanden hereinlegen*) mettre des bâtons dans les roues à quelqu'un; **etwas auf die Beine stellen** (*umgs.*) mettre quelque chose sur pied
beinah, beinahe ❶ (*um ein Haar*) **ich wäre beinahe ausgerutscht** j'ai failli glisser; **beinahe hätte es einen Unfall gegeben** il a failli y avoir un accident ❷ (*annähernd*) presque; **wir sind beinahe fertig** nous avons presque fini; **sie ist beinahe so groß wie ihre Mutter** elle est presque aussi grande que sa mère
der **Beiname** le surnom
der **Beipackzettel** la notice
beipflichten jemandem beipflichten approuver quelqu'un
der **Beirat** le conseil consultatif
das/die **Beiried** Ⓐ (*Roastbeef*) le rosbif
beirren sich nicht beirren lassen ne pas se laisser déconcerter
beisammen sein être réuni(e)s; **endlich sind wir wieder beisammen!** nous voilà enfin réuni(e)s!
beisammenhaben (*umgs.*) avoir [réuni] *Summe, Gegenstände* ▸ [**sie**] **nicht alle beisammenhaben** (*umgs.*) débloquer complètement
das **Beisammensein** la réunion
beisammensitzen *zwei Personen:* être là, l'un/l'une près de l'autre; *mehrere Personen:* être là, les uns/les unes près des autres
beisammenstehen *zwei Personen:* être là, l'un/l'une près de l'autre; *mehrere Personen:* être là, les uns/les unes près des autres
Beisein im Beisein der Eltern en présence des parents
beiseitelassen laisser de côté; **ein Problem**

beiseitelassen laisser un problème de côté
beiseiteschieben pousser de côté; **ein Kind/einen Einkaufswagen beiseiteschieben** pousser un enfant/un caddie de côté
beisetzen (*gehoben*) inhumer
die **Beisetzung** l'inhumation (*weiblich*), les funérailles (*weiblich*)

> **V** Der Singular *die Beisetzung* kann mit einem Plural übersetzt werden: *die Beisetzung wird am Freitag stattfinden – les funérailles auront lieu vendredi.*

das **Beispiel** ❶ l'exemple (*männlich*); **ein gutes Beispiel für etwas** un bon exemple de quelque chose ❷ **sich an jemandem ein Beispiel nehmen** prendre exemple sur quelqu'un ▸ **zum Beispiel** par exemple
beispiellos ❶ *Leistung, Kunstfertigkeit* unique ❷ *Schrecken, Grausamkeit* sans précédent
beispielsweise par exemple
beißen ❶ mordre; **jemanden ins Bein beißen** *Hund:* mordre quelqu'un à la jambe ❷ **in einen Apfel beißen** mordre dans une pomme; **sich auf die Zunge beißen** se mordre la langue ❸ *Rauch, Geruch:* brûler; **der Rauch beißt in den Augen** la fumée irrite les yeux ❹ **diese Farben beißen sich** ces couleurs jurent entre elles
beißend ❶ *Geruch* âcre ❷ *Spott* caustique
die **Beißzange** les tenailles (*weiblich*)

> **V** Der Singular *die Beißzange* wird mit einem Plural übersetzt: *wo ist die Zange? – où sont les tenailles?*

beistehen jemandem beistehen assister quelqu'un
beisteuern verser *Summe;* apporter *Diskussionsbeitrag*
der **Beistrich** Ⓐ la virgule
der **Beitrag** ❶ (*Mitgliedsbeitrag*) la cotisation ❷ (*Versicherungsbeitrag*) la prime ❸ (*Aufsatz, Artikel*) l'article (*männlich*) ❹ (*Bericht im Radio oder Fernsehen*) le reportage ❺ **einen Beitrag zu etwas leisten** apporter sa contribution à quelque chose
beitragen contribuer; **zum Erfolg der Firma beitragen** contribuer au succès de l'entreprise
beitreten einem Verein beitreten adhérer à une association
beizeiten ❶ (*rechtzeitig*) à temps ❷ (*früh*) assez tôt
bejahen ❶ répondre par l'affirmative à *Frage* ❷ (*gutheißen*) approuver
bekämpfen ❶ combattre *Gegner* ❷ **sich**

Révisions

Sich über etwas beklagen	
Ce n'est pas juste!	Das ist ungerecht!
Ce n'est pas vrai!	Das ist nicht wahr!/Das darf doch wohl nicht wahr sein!
Je rêve!	Ich träume (wohl)!
C'est dur!	Das ist hart!
C'est difficile.	Das ist schwierig.
Ça ne va pas être facile.	Das wird nicht leicht sein.
Quelle vie de chien!	Was für ein Hundeleben!
J'en ai assez!	Ich habe genug davon.
J'en ai marre! *(umgs.)*	Ich hab' die Nase voll davon! *(umgs.)*
C'est trop!	Das ist zuviel!

[gegenseitig] **bekämpfen** se combattre [mutuellement] ❸ lutter contre *Krankheit*
bekannt ❶ connu(e); *(berühmt)* célèbre; **für etwas bekannt sein** être connu(e) pour quelque chose; **mit jemandem bekannt sein** connaître quelqu'un; **durch etwas bekannt werden** *Person, Stadt:* se faire connaître [du public] par quelque chose; **wohl bekannt** bien connu(e); **das ist doch allgemein bekannt** mais tout le monde sait cela ❷ **bekannt geben** proclamer *Wahlergebnis*
der **Bekannte** la connaissance; **meine Bekannten** mes relations *(weiblich)*
die **Bekannte** la connaissance
bekanntlich comme chacun sait
die **Bekanntmachung** ❶ *einer Neuigkeit* la publication ❷ *(Aushang, Anzeige)* l'avis *(männlich)*
die **Bekanntschaft** la connaissance; **die Bekanntschaft einer Journalistin machen** faire la connaissance d'une journaliste
bekehren convertir
bekennen ❶ reconnaître, avouer *Tat, Fehler, Schuld;* confesser *Sünden* ❷ **sich zu jemandem bekennen** se prononcer en faveur de quelqu'un; **sich zu seiner Überzeugung bekennen** afficher ses convictions ❸ **sich zu einem Anschlag bekennen** revendiquer un attentat
das **Bekenntnis** ❶ *(Eingeständnis) einer Schuld* l'aveu *(männlich); der Sünden* la confession ❷ *(Religion, Glaubensbekenntnis)* la confession ❸ *(aufrichtige Schilderung)* **die Bekenntnisse** les confessions *(weiblich)*
beklagen ❶ **sich beklagen** se plaindre; **sich über Missstände beklagen** se plaindre de dysfonctionnements ❷ déplorer *Opfer, Tote*

beklagenswert regrettable
bekleiden ❶ **sich bekleiden** se vêtir; **sich mit etwas bekleiden** se vêtir de quelque chose ❷ *(gehoben: innehaben)* occuper *Posten;* exercer *Amt*
die **Bekleidung** *(Kleider)* les vêtements *(männlich)*
beklemmend *Schweigen* angoissant(e)
die **Beklemmung** l'oppression *(weiblich);* **Beklemmungen bekommen** être pris(e) d'angoisses
bekommen ❶ recevoir *Geschenk;* **die Nachricht bekommen, dass ...** apprendre que ... ❷ *(kaufen)* **ich werde versuchen, Karten zu bekommen** je vais essayer d'obtenir des places ❸ *(wünschen, verlangen)* **was bekommen Sie bitte?** qu'est-ce que vous désirez?; **ich bekomme ein Brötchen** pour moi, ce sera un petit pain; **was bekommen Sie für die Fahrt?** combien vous dois-je pour la course? ❹ **einen Wunsch erfüllt bekommen** avoir ce qu'on souhaite ❺ avoir *Ärger, Angst, Hunger;* attraper *Krankheit* ❻ avoir *Bus, Zug;* obtenir *Anschluss* ❼ **sie bekommt ein Kind** *(ist schwanger)* elle attend un enfant; **sie hat ein Kind bekommen** elle a eu un enfant ❽ **Junge bekommen** faire des petits ❾ **den Arm nicht mehr nach oben bekommen** ne plus arriver à lever le bras ❿ **das Essen ist ihr nicht bekommen** elle n'a pas supporté le repas; **die Kur ist ihm gut bekommen** la cure lui a réussi
bekömmlich *Mahlzeit* digeste
bekräftigen confirmer *Entschluss*
bekreuzigen sich bekreuzigen se signer
bekümmert ❶ *(besorgt)* préoccupé(e) ❷ *(traurig)* affligé(e); **über etwas bekümmert sein** être peiné(e) de quelque chose

bekunden manifester; **sein Interesse deutlich bekunden** manifester clairement son intérêt

belächeln sourire de *Person, Idee*

beladen charger *Wagen, Schiff;* **ein schwer beladenes Schiff** un bateau lourdement chargé

der **Belag** ① (*Brotbelag*) la garniture ② (*Zahnbelag*) la plaque dentaire ③ (*Schicht*) le dépôt

belagern (*auch übertragen*) assiéger

die **Belagerung** *einer Burg, Stadt* le siège

der **Belang von Belang sein** avoir de l'importance

belanglos insignifiant(e)

die **Belastbarkeit** ① *einer Brücke* la charge admissible; *eines Aufzugs* le poids autorisé ② *eines Menschen* l'endurance *(weiblich)*

belasten ① charger *Aufzug, Fahrzeug;* s'appuyer sur *Fuß* ② encombrer *Gedächtnis* ③ polluer *Umwelt, Luft, Wasser* ④ charger *Angeklagten* ⑤ **etwas belastet ihn** quelque chose pèse sur lui

belastend *Situation* perturbant(e)

belästigen jemanden belästigen *Person:* incommoder quelqu'un; *Lärm:* gêner quelqu'un; **jemanden sexuell belästigen** °harceler quelqu'un sexuellement

die **Belästigung** le °harcèlement

die **Belastung** ① (*Gewicht*) la charge; **die höchste zulässige Belastung** la charge maximale admise ② **die Belastung durch Familie und Beruf** le poids de la famille et de la profession ③ (*Verschmutzung*) *der Luft, eines Flusses* la pollution ④ **eine Belastung für die Nerven sein** mettre les nerfs à l'épreuve

belaufen sich auf hundert Euro belaufen se monter à cent euros

belauschen épier

beleben ① stimuler *Körper, Geist;* activer *Kreislauf;* animer *Unterhaltung* ② **einen Verletzten wieder beleben** réanimer [*oder* ranimer] un blessé; **einen Brauch wieder beleben** ranimer une coutume

belebt *Straße* animé(e)

der **Beleg** (*Kassenbon*) le ticket de caisse; (*Quittung*) la quittance

belegen ① garnir *Brot, Kuchen;* **den Tortenboden mit Erdbeeren belegen** garnir le fond de tarte de fraises ② suivre *Kurs, Wahlfach* ③ occuper *Platz, Wohnung, Rang* ④ justifier *Behauptung*

die **Belegschaft** le personnel

belegt ① *Zunge* chargé(e) ② *Stimme* enroué(e) ③ **wir sind belegt, unser Hotel ist belegt** c'est complet

belehren ① informer; (*besserwisserisch*) faire la leçon à; **die Reisenden über etwas belehren** informer les voyageurs de quelque chose ② **sich belehren lassen** se laisser convaincre

die **Belehrung** (*Unterrichtung*) l'information *(weiblich)*

beleibt (*gehoben*) corpulent(e)

beleidigen ① (*kränken*) offenser *Person, Gefühle* ② (*beschimpfen*) insulter

beleidigt *Gesichtsausdruck* offensé(e); **beleidigt sein** être vexé(e)

die **Beleidigung** ① (*Kränkung*) l'offense *(weiblich)* ② (*Beschimpfung*) l'injure *(weiblich)*

beleuchten ① éclairer *Zimmer, Hof* ② (*festlich*) illuminer *Festsaal* ③ (*gehoben: untersuchen*) examiner *Problem*

die **Beleuchtung** ① (*Licht*) l'éclairage *(männlich);* (*festlich*) l'illumination *(weiblich)* ② (*Scheinwerfer*) *eines Fahrzeugs* les feux *(männlich)*

V In ② wird der Singular *die Beleuchtung* mit einem Plural übersetzt: *die Beleuchtung ist überprüft worden – les feux ont été contrôlés.*

Belgien la Belgique

der **Belgier** le Belge

die **Belgierin** la Belge

belgisch belge

Belgrad Belgrade

belichten exposer *Film*

die **Belichtung** ① *eines Films* l'exposition *(weiblich)* ② (*Belichtungszeit*) le temps d'exposition

das **Belieben** [ganz] **nach Belieben** [tout] à sa/ma/... guise

beliebig ① quelconque; **ein beliebiges Modell aussuchen** choisir n'importe quel modèle ② **beliebig oft** aussi souvent que l'on veut/que vous voulez/...; **Sie können beliebig viele Versuche machen** vous pouvez faire autant d'essais que vous voulez

beliebt ① *Künstler, Politiker* populaire; *Kollege* [très] apprécié(e); *Film, Lied, Tanz* à succès; *Lokal* très fréquenté(e) ② **damit macht man sich nicht beliebt** ce n'est pas comme ça qu'on se fait bien voir

beliefern fournir; **eine Kantine mit Gemüse beliefern** fournir une cantine de légumes

bellen aboyer

belohnen récompenser; **jemanden für seine Hilfe belohnen** récompenser quelqu'un pour son aide

die **Belohnung** la récompense

belügen ❶ jemanden belügen mentir à quelqu'un; **sie hat ihn belogen** elle lui a menti ❷ **sich selbst belügen** se mentir à soi-même
belustigen ❶ amuser *Publikum, Gäste* ❷ **belustigt zuschauen** regarder d'un air amusé
bemalen peindre *Gegenstände, Wände;* **ein bunt bemalter Schrank** une armoire peinte [en couleur]
bemängeln **den schlechten Service bemängeln** se plaindre du mauvais service; **bemängeln, dass das Essen unausgewogen ist** se plaindre [de ce] que les repas ne sont [*oder* ne soient] pas équilibrés
bemannt *Rakete, Raumstation* habité(e)
bemerkbar ❶ *Unterschied* perceptible ❷ **sich bemerkbar machen** *Person, Krankheit:* se manifester
bemerken ❶ (*wahrnehmen*) remarquer ❷ **ich möchte dazu Folgendes bemerken** j'aimerais faire une remarque
bemerkenswert *Leistung* remarquable
die **Bemerkung** la remarque
bemitleiden ❶ **jemanden bemitleiden** avoir pitié de quelqu'un ❷ **sich [selbst] bemitleiden** se lamenter sur son [propre] sort
bemitleidenswert **bemitleidenswert sein** *Person:* être à plaindre; *Zustand:* être pitoyable
bemühen ❶ **sich bemühen** faire des efforts ❷ **bitte bemühen Sie sich nicht!** je vous en prie, ne vous dérangez pas! ❸ **sich um einen Kranken bemühen** être aux petits soins avec un malade ❹ **sich um eine Stelle bemühen** s'efforcer d'obtenir un emploi
die **Bemühung** l'effort *(männlich)*
bemuttern materner *Kind, Kranken*
benachbart voisin(e)
benachrichtigen informer
die **Benachrichtigung** ❶ **sich um die Benachrichtigung der Angehörigen kümmern** se charger d'informer les proches ❷ (*Benachrichtigungsschreiben*) la notification
benachteiligen **jemanden benachteiligen** *Chef, Lehrer:* désavantager quelqu'un; *Umstand, Tatsache:* °handicaper quelqu'un
die **Benachteiligung** **die Benachteiligung von Minderheiten bekämpfen** lutter pour éviter que les minorités soient défavorisées
benehmen **sich benehmen** se comporter; **sich ordentlich benehmen** se comporter correctement; **sich gut/schlecht benehmen** se tenir bien/mal; **benehmt euch bitte!** tenez-vous bien, s'il vous plaît!

das **Benehmen** le comportement
beneiden **jemanden um seinen Erfolg beneiden** envier son succès à quelqu'un, être jaloux/jalouse du succès de quelqu'un
beneidenswert *Person* enviable
benennen ❶ **die Tochter nach ihrer Großmutter benennen** donner à la fille le nom de sa grand-mère; **eine Straße nach jemandem benennen** baptiser une rue du nom de quelqu'un ❷ désigner *Kandidaten, Verantwortlichen*
der **Bengel** ❶ (*frecher Junge*) le garnement ❷ **ein netter Bengel** (*umgs.*) un gosse mignon
benommen (*vom Schlaf, durch Drogen*) abruti(e); (*durch einen Schlag*) sonné(e); (*durch einen Schock*) étourdi(e)
benoten noter
benötigen **etwas benötigen** avoir besoin de quelque chose
benutzen ❶ utiliser *Werkzeug, Hilfsmittel;* consulter *Lexikon;* **nach dem Benutzen** après usage ❷ prendre *Bus, Zug, Straße, Fußweg* ❸ (*abwertend: ausnutzen*) se servir de *Person*
der **Benutzer** *einer Software, eines Geräts, Lexikons* l'utilisateur *(männlich); von Verkehrsmitteln* l'usager *(männlich)*
benutzerfreundlich *Gerät, Wörterbuch* pratique; *Computer* convivial(e)
die **Benutzerin** *einer Software, eines Geräts, Lexikons* l'utilisatrice *(weiblich); von Verkehrsmitteln* l'usagère *(weiblich)*
die **Benutzeroberfläche** (*in der Informatik*) l'interface *(weiblich)* d'utilisateur
die **Benutzung** *eines Gerätes* l'utilisation *(weiblich); eines Nachschlagewerks* la consultation; **die Benutzung der Autobahn ist gebührenfrei** l'accès *(männlich)* à l'autoroute est gratuit
das **Benzin** l'essence *(weiblich)*

> **F** Nicht verwechseln mit *la benzine – das Waschbenzin!*

beobachten ❶ observer *Person, Vorgang;* **beobachten, wie etwas geschieht** observer ce qui se passe; **ich beobachtete die Kinder, wie sie spielten** je regardais les enfants jouer ❷ surveiller *Verdächtigen*
der **Beobachter** l'observateur *(männlich)*
die **Beobachterin** l'observatrice *(weiblich)*
die **Beobachtung** ❶ l'observation *(weiblich)* ❷ **unter Beobachtung stehen** être sous surveillance
bepflanzen planter *Beet*
bequem ❶ *Sessel* confortable; *Wanderweg*

commode ❷ **es sich bequem machen** se mettre à l'aise ❸ (*abwertend*) *Mensch* paresseux/paresseuse ❹ **das ist bequem zu schaffen** c'est facilement faisable
die **Bequemlichkeit** ❶ *eines Sessels* le confort; *eines Wanderweges* la commodité ❷ (*abwertend: Trägheit*) *eines Menschen* la paresse
beraten ❶ conseiller *Kunden, Interessenten* ❷ [über] **ein Problem beraten** délibérer sur un problème; **beraten, was zu tun ist** discuter de ce qu'il faut faire ❸ **sich mit jemandem beraten** se concerter avec quelqu'un
der **Berater** le conseiller
die **Beraterin** la conseillère
die **Beratung** ❶ (*Zusammenkunft*) la délibération ❷ (*das Beraten*) *von Patienten* la consultation; *eines Kunden* l'information (*weiblich*)
berauben ❶ dévaliser ❷ **jemanden seiner Freiheit berauben** priver quelqu'un de sa liberté
berauschen sich an etwas berauschen (*sich an etwas begeistern*) se délecter de quelque chose
berauschend ❶ *Duft, Getränk* grisant(e) ❷ **das ist nicht gerade berauschend** (*umgs.*) ce n'est pas terrible
berechnen ❶ calculer *Entfernung, Preis, Kosten* ❷ (*in Rechnung stellen*) facturer *Reparatur;* **jemandem hundert Euro berechnen** facturer cent euros à quelqu'un
berechnend (*abwertend*) calculateur/calculatrice
die **Berechnung** (*auch abwertend*) le calcul
berechtigen jemanden zu etwas berechtigen *Karte, Schreiben:* autoriser quelqu'un à faire quelque chose; **das berechtigt dich nicht, mir Vorschriften zu machen** cela ne te donne pas le droit de me dicter ma conduite; **berechtigt sein etwas zu tun** avoir le droit de faire quelque chose
berechtigt ❶ *Frage, Einwand* justifié(e) ❷ *Anspruch, Forderung* légitime
die **Berechtigung** l'autorisation; **die Berechtigung zu etwas haben** être autorisé(e) à faire quelque chose
bereden ❶ discuter; **etwas mit jemandem bereden** discuter quelque chose avec quelqu'un ❷ **sich bereden** se concerter; **sich mit jemandem bereden** se concerter avec quelqu'un
die **Beredsamkeit** (*gehoben*) l'éloquence (*weiblich*)
der **Bereich** ❶ (*Gebiet*) la zone ❷ (*Aufgabenbereich*) le domaine ▸ **es ist alles im grünen Bereich** tout marche normalement
bereichern ❶ enrichir *Angebot, Erfahrungen, Sammlung* ❷ **sich bereichern** s'enrichir
die **Bereicherung** l'enrichissement (*männlich*)
bereinigen régler *Missverständnis*
bereit ❶ (*fertig*) prêt(e) ❷ (*gewillt*) **bereit sein mitzumachen** être disposé(e) à participer
bereiten ❶ causer *Freude;* donner *Kopfschmerzen* ❷ réserver *Überraschung* ❸ (*zubereiten, vorbereiten*) préparer *Essen, Bett*
bereithalten ❶ préparer *Ausweis, Ticket;* tenir prêt(e) *Werkzeug* ❷ **für jemanden eine Überraschung bereithalten** réserver une surprise à quelqu'un ❸ **sich bereithalten** se tenir prêt(e)
bereitlegen préparer *Papiere, Werkzeug*
bereitliegen être prêt(e); **für jemanden bereitliegen** être à la disposition de quelqu'un
bereitmachen sich bereitmachen se préparer; **sich für eine Wanderung bereitmachen** se préparer pour une randonnée
bereits déjà; **bereits jetzt steht fest, wer/wann ...** on sait déjà maintenant qui/quand ...
die **Bereitschaft** ❶ (*Bereitwilligkeit*) la bonne volonté; **seine Bereitschaft erklären, etwas zu tun** se déclarer prêt(e) à faire quelque chose ❷ (*Polizeieinheit*) l'unité (*weiblich*) de gardes mobiles
der **Bereitschaftsarzt** le médecin de garde
die **Bereitschaftsärztin** le médecin de garde

> ⓖ Es gibt im Französischen keine Femininform: *sie ist Bereitschaftsärztin* – *elle est médecin de garde*.

der **Bereitschaftsdienst Bereitschaftsdienst haben** être de [service de] garde
bereitstehen être prêt(e)
bereitstellen préparer; **etwas für jemanden bereitstellen** mettre quelque chose à la disposition de quelqu'un
bereitwillig ❶ *Helfer* empressé(e) ❷ *antworten, helfen* avec empressement
bereuen regretter *Entscheidung, Verhalten;* se repentir de *Tat, Verbrechen, Sünde*
der **Berg** ❶ la montagne; **in die Berge fahren** aller à la montagne ❷ (*Hügel*) la colline ❸ (*große Menge*) **Berge von Zeitschriften** des monceaux (*männlich*) de revues; **Berge von Arbeit** un tas de travail
bergab ❶ **bergab gehen/fahren** descendre ❷ **mit ihm/ihr geht's bergab** (*umgs.*) il/elle file un mauvais coton; **mit dieser Firma**

geht's bergab (umgs.) cette firme périclite
der **Bergarbeiter** le mineur
bergauf ① bergauf gehen/fahren monter ② mit ihm/ihr geht's bergauf (umgs.) il/elle remonte la pente; **mit dieser Firma geht's bergauf** (umgs.) les affaires de cette société reprennent
der **Bergbau** l'industrie minière; **im Bergbau arbeiten** travailler à la mine
bergen ① sauver *Verletzten;* dégager *Verschütteten, Unfallopfer;* remonter *Ertrunkenen* ② **eine Gefahr/einen Vorteil [in sich] bergen** présenter un danger/un avantage
die **Berghütte** le refuge
bergig montagneux/montagneuse
das **Bergland** la région montagneuse
bergsteigen faire de l'alpinisme
das **Bergsteigen** l'alpinisme *(männlich)*
der **Bergsteiger** l'alpiniste *(männlich)*
die **Bergsteigerin** l'alpiniste *(weiblich)*
die **Bergung** *von Opfern* le sauvetage; *einer Ladung* la récupération
die **Bergwacht** le secours en montagne
das **Bergwerk** la mine
der **Bericht** ① *(mündlich)* le compte rendu; *(schriftlich)* le rapport; **jemandem Bericht erstatten** faire un rapport à quelqu'un ② *(in den Medien)* le reportage
berichten ① *(erzählen)* raconter; **jemandem berichten, was geschehen ist** raconter à quelqu'un ce qui s'est passé ② *(aussagen)* rendre compte; **von den Vorkommnissen berichten** rendre compte des événements ③ *(in den Medien)* **über etwas berichten** faire un reportage sur quelque chose; **wie uns soeben berichtet wird** comme on nous le communique à l'instant
der **Berichterstatter** le correspondant
die **Berichterstatterin** la correspondante
berichtigen corriger *Person, Fehler*
die **Berichtigung** *eines Fehlers* la correction
Berlin Berlin
Berliner berlinois(e); **der Berliner Funkturm** la tour radio de Berlin
der **Berliner** ① *(Einwohner von Berlin)* le Berlinois ② *(Gebäck)* ≈ le beignet
die **Berlinerin** la Berlinoise
die **Bermudas** ① *(Inseln)* les Bermudes *(weiblich)* ② *(kurze Hosen)* le bermuda

> In ① wird der Plural *die Bermudas* mit einem Singular übersetzt: *diese Bermudas sind sehr hübsch* – *ce bermuda est très joli.*

Bern Berne
der **Berner** le Bernois

die **Bernerin** la Bernoise
der **Bernstein** l'ambre *(männlich)* [jaune]
bersten *(gehoben)* ① *Erde:* exploser; *Reifen:* crever ② *(übertragen)* **vor Stolz bersten** crever d'orgueil
berüchtigt *Person* tristement célèbre; *Gegend* mal famé(e)
berücksichtigen ① tenir compte de *Umstände* ② prendre en considération *Wunsch, Bewerber, Antrag*
die **Berücksichtigung** ① *eines Wunsches, Bewerbers, Antrags* la prise en considération ② **unter Berücksichtigung seines Alters** compte tenu de son âge
der **Beruf** la profession; *(Handwerksberuf)* le métier ▸ **sie hat ihren Beruf verfehlt** elle a raté sa vocation
berufen ① nommer *Richter, Professor* ② **sich zum Künstler berufen fühlen** se sentir appelé(e) à être artiste ③ **sich auf jemanden/etwas berufen** se référer à quelqu'un/quelque chose
beruflich ① *Bildung, Tätigkeit* professionnel(le) ② **was machen Sie beruflich?** quelle est votre profession?, que faites-vous dans la vie?
die **Berufsausbildung** la formation professionnelle
die **Berufsberatung** l'orientation *(weiblich)* professionnelle
die **Berufserfahrung** l'expérience *(weiblich)* professionnelle
die **Berufsschule** ≈ le centre de formation [professionnelle]
der **Berufsschüler** ≈ l'élève *(männlich)* d'un centre de formation professionnelle
die **Berufsschülerin** ≈ l'élève *(weiblich)* d'un centre de formation professionnelle
berufstätig *Person, Bevölkerung* actif/active; **berufstätig sein** travailler
der **Berufstätige** la personne active
die **Berufstätige** la personne active
der **Berufsverkehr** la circulation aux heures de pointe
die **Berufung** ① *(innere Bestimmung)* la vocation ② **unter Berufung auf ...** en se/me/nous/..., référant à ... ③ *(gegen ein Urteil)* l'appel *(männlich)*; *(in Frankreich)* la cassation ④ *(in ein Amt)* la nomination
beruhen **auf etwas beruhen** *Angelegenheit:* reposer sur quelque chose; *Brauch:* remonter à quelque chose ▸ **etwas auf sich beruhen lassen** ne pas donner suite à quelque chose
beruhigen ① **jemanden beruhigen** *Person, Medikament:* calmer quelqu'un; *Nach-*

richt: rassurer quelqu'un ❷ réduire *Verkehr* ❸ **sich beruhigen** se calmer

die **Beruhigung** ❶ **zur Beruhigung der Nerven** pour calmer les nerfs; **zu deiner Beruhigung ...** pour te rassurer, ... ❷ *der Lage* l'apaisement *(männlich)*

das **Beruhigungsmittel** le calmant

berühmt célèbre

die **Berühmtheit** la célébrité

berühren ❶ toucher *Hand, Gegenstand* ❷ **sich berühren** *Hände, Gläser:* se toucher ❸ évoquer *Thema, Problem* ❹ **jemanden zutiefst berühren** *Film, Geschichte, Schicksal:* émouvoir quelqu'un profondément

die **Berührung** le contact; *(leicht)* l'effleurement *(männlich)*

besagen vouloir dire; **was besagt das schon?** qu'est-ce que ça prouve?

besänftigen calmer

die **Besatzung** ❶ *(Personal)* l'équipage *(männlich)* ❷ *(Besatzungsarmee)* les troupes *(weiblich)* d'occupation

besaufen *(umgs.)* **sich besaufen** se soûler la gueule

beschädigen ❶ abîmer *Kleidung, Gegenstand* ❷ endommager *Fahrzeug*

die **Beschädigung** *(das Beschädigen)* einer *Maschine, eines Geräts* la détérioration; *eines Gebäudes* la dégradation

beschaffen[1] *(besorgen)* procurer *Nahrungsmittel, Kleidung*

beschaffen[2] *(gehoben: geartet)* **so beschaffen sein, dass ...** être tel(le) que

beschäftigen ❶ **sich beschäftigen** s'occuper; **sich mit jemandem/etwas beschäftigen** s'occuper de quelqu'un/quelque chose ❷ **die Kinder beschäftigen** *Lehrer, Erzieher:* occuper les enfants; **gerade mit jemandem/etwas beschäftigt sein** être occupé(e) avec quelqu'un/à quelque chose; **eine viel beschäftigte Frau** une femme très occupée ❸ **diese Frage beschäftigt mich sehr** cette question me préoccupe beaucoup ❹ employer *Arbeiter, Angestellte;* **bei einer Bank beschäftigt sein** travailler dans une banque

die **Beschäftigung** ❶ l'occupation *(weiblich)* ❷ *(geistige Tätigkeit)* **die Beschäftigung mit der Philosophie** l'étude *(weiblich)* de la philosophie ❸ *(Arbeitsverhältnis)* l'emploi *(männlich)*

beschämen faire °honte à

beschämend ❶ *Situation* humiliant(e); *Niederlage* °honteux/°honteuse ❷ **es ist beschämend, so wenig zu wissen/zu spenden** c'est °honteux de savoir/de donner si peu

beschatten jemanden beschatten *Polizei:* prendre quelqu'un en filature; **jemanden beschatten lassen** *Polizei:* faire filer quelqu'un

der **Bescheid** ❶ la réponse; **der positive Bescheid** la confirmation; **der negative Bescheid** la réponse négative ❷ *(Nachricht)* l'information *(weiblich)*; **jemandem Bescheid geben** [*oder* **sagen**] informer quelqu'un; **Bescheid wissen** être au courant

bescheiden ❶ modeste ❷ *bitten, auftreten* modestement ❸ **mir geht es bescheiden** *(umgs.)* je suis mal foutu(e)

die **Bescheidenheit** ❶ *einer Person* la modestie ❷ *eines Lebensstils* la simplicité

bescheinigen ❶ *(offiziell)* **jemandem bescheinigen, dass ...** certifier à quelqu'un que ... ❷ **den Empfang eines Briefs bescheinigen** accuser réception d'une lettre ❸ **jemandem viel Mut bescheinigen** témoigner du grand courage de quelqu'un

die **Bescheinigung** *(Dokument)* le certificat

bescheißen *(umgs.)* ❶ entuber *Mitspieler* ❷ **beim Kartenspielen/beim Bezahlen bescheißen** tricher aux cartes/sur le prix

beschenken **jemanden beschenken** faire un cadeau/des cadeaux à quelqu'un; **jemanden reichlich beschenken** faire beaucoup de cadeaux à quelqu'un

die **Bescherung** ≈ la distribution des cadeaux de Noël ▶ [**das ist ja**] **eine schöne Bescherung!** *(ironisch umgs.)* eh bien, c'est réussi!

> In Frankreich findet die Bescherung am 25. Dezember statt. Am Morgen dieses Tages finden die Kinder die Geschenke vor.

beschießen tirer sur *Person;* **eine Stadt beschießen** *(mit Geschützen)* mitrailler une ville; *(von einem Flugzeug oder Kriegsschiff aus)* bombarder une ville

beschimpfen insulter

die **Beschimpfung** *(Schimpfworte)* les insultes *(weiblich)*

der **Beschlag** la ferrure ▶ **jemanden/etwas in Beschlag nehmen** monopoliser quelqu'un/quelque chose

beschlagen ❶ ferrer *Pferd* ❷ *(anlaufen) Fenster, Brille:* se couvrir de buée

beschlagen *(bewandert)* **in Geschichte** [**sehr**] **beschlagen sein** être ferré(e) en histoire

beschlagnahmen saisir *Schmuggelware, Diebesgut*

beschleunigen ❶ accélérer *Fahrzeug*; **auf 100 km/h beschleunigen** accélérer à 100 km/h; **seine Schritte beschleunigen** presser le pas ❷ **sich beschleunigen** *Puls, Tempo*: s'accélérer

die **Beschleunigung** l'accélération *(weiblich)*

beschließen ❶ **beschließen, Französisch zu lernen** décider d'apprendre le français; **sie hat beschlossen, im Sommer zu verreisen** elle a décidé de faire [*oder* qu'elle ferait] un voyage cet été ❷ adopter *Gesetz* ❸ *(gehoben: beenden)* terminer *Versammlung, Vorstellung*

der **Beschluss** la décision; **einen Beschluss fassen** prendre une décision

beschmieren ❶ barbouiller *Wände, Haus* ❷ **sich beschmieren** se tacher; **sich mit Öl beschmieren** se tacher avec de l'huile

beschmutzen *(auch übertragen)* salir

beschneiden ❶ tailler *Baum*; rogner *Flügel* ❷ amputer *Rechte*; réduire *Verantwortungsbereich* ❸ circoncire *Jungen*; exciser *Mädchen*

die **Beschneidung** *eines Jungen* la circoncision; *eines Mädchens* l'excision *(weiblich)*

beschnüffeln renifler; **sich [gegenseitig] beschnüffeln** *Hunde*: se renifler

beschönigen embellir *Angelegenheit*; **eine beschönigende Darstellung** un compte-rendu édulcoré

beschränken ❶ limiter *Kosten, Zeit, Anzahl* ❷ **sich auf etwas beschränken** se limiter à quelque chose; **sich darauf beschränken, etwas zu tun** se contenter de faire quelque chose

beschrankt *Bahnübergang* muni(e) de barrières

beschränkt *(abwertend)* [**ziemlich**] **beschränkt sein** être [plutôt] limité(e)

die **Beschränkung** *der Kosten, Zeit, Anzahl* la limitation

beschreiben ❶ décrire *Bild, Person, Tathergang* ❷ *(voll schreiben)* remplir *Heft, Blatt*

die **Beschreibung** ❶ *eines Bildes, Geschehens* la description; *eines Täters* le signalement ❷ *(umgs.: Gebrauchsanweisung)* la notice

beschriften mettre une adresse sur *Umschlag*; étiqueter *Disketten, Hefte*

die **Beschriftung** *(Inschrift)* l'inscription *(weiblich)*

beschuldigen accuser; **jemanden des Betrugs beschuldigen** accuser quelqu'un d'escroquerie; *(in der Rechtsprechung)* inculper quelqu'un d'escroquerie

der **Beschuldigte** *(in der Rechtsprechung)* l'inculpé *(männlich)*

die **Beschuldigte** *(in der Rechtsprechung)* l'inculpée *(weiblich)*

die **Beschuldigung** *(in der Rechtsprechung)* l'inculpation *(weiblich)*

der **Beschuss** **unter Beschuss stehen** *Truppen, Stellungen*: être pilonné(e); *(übertragen: heftig kritisiert werden)* être violemment critiqué(e)

beschützen protéger; **jemanden vor einer Gefahr beschützen** préserver quelqu'un d'un danger

der **Beschützer** le protecteur

die **Beschützerin** la protectrice

die **Beschwerde** ❶ la plainte ❷ **gegen etwas Beschwerde einlegen** déposer une plainte contre quelque chose ❸ [**gesundheitliche**] **Beschwerden haben** avoir des problèmes de santé

beschweren se plaindre; **sich über jemanden/etwas beschweren** se plaindre de quelqu'un/quelque chose

beschwerlich *Arbeit, Weg* pénible

beschwichtigen ❶ calmer *Ärger, Menge* ❷ soulager *Gewissen*

beschwingt *Stimmung* plein(e) d'entrain; *Musik* entraînant(e); *Gang* léger/légère

beschwören ❶ *(anflehen)* supplier ❷ évoquer *Mythos, Vergangenheit* ❸ charmer *Schlange*; conjurer *Dämon*

beseitigen enlever *Schmutz*; faire disparaître *Spuren*; dissiper *Zweifel* ❷ *(verhüllend: umbringen)* supprimer

die **Beseitigung** ❶ *von Schmutz* l'enlèvement *(männlich)*; *von Spuren* l'élimination *(weiblich)*; *eines Zweifels* la dissipation ❷ *(verhüllend: Tötung)* la suppression

der **Besen** le balai ▶ **ich fresse einen Besen, wenn das stimmt** *(umgs.)* je veux bien être pendu(e) si c'est vrai

besessen ❶ obsédé(e); **von einer Idee besessen sein** être obsédé(e) par une idée ❷ **wie besessen rennen** courir comme un forcené(e)

besetzen ❶ réserver *Platz* ❷ squatter *Haus*; occuper *Betrieb, Land* ❸ pourvoir *Stelle, Amt*; distribuer *Rolle*

besetzt ❶ *Platz, Toilette, Leitung* occupé(e) ❷ [**voll**] **besetzt** *Saal, Zug, Bus* comble

die **Besetzung** ❶ *(das Besetzen)* *eines Postens* l'attribution *(weiblich)*; *einer Rolle* la distribution; *eines Landes* l'occupation *(weiblich)* ❷ *(die Mitwirkenden)* *eines Stückes, Films* la distribution; *einer Mannschaft* la formation

besichtigen visiter *Stadt, Museum*

die **Besichtigung** la visite
besiedeln ① peupler *Land, Gegend* ② **dicht besiedelt** très peuplé(e); **dünn besiedelt** peu peuplé(e)
besiegeln sceller *Schicksal*
besiegen ① vaincre *Gegner, Feind* ② battre *Mannschaft* ③ vaincre *Angst*
der **Besiegte** le vaincu
die **Besiegte** la vaincue
besinnen *(gehoben)* ① **sich besinnen** réfléchir; **sich kurz besinnen** réfléchir un moment ② **sich auf seine Kraft besinnen** avoir confiance en sa force
die **Besinnung** ① *(Bewusstsein)* **bei Besinnung sein** être conscient(e) ② *(Vernunft)* [**wieder**] **zur Besinnung kommen** reprendre ses esprits
besinnungslos sans connaissance
der **Besitz** ① *(Eigentum)* les biens *(männlich)*; *(Grundbesitz)* la propriété; *(landwirtschaftlicher Besitz)* les terres *(weiblich)* ② *(das Besitzen)* la possession
besitzen ① posséder *Haus, Auto, Dinge* ② avoir *Mut, Fantasie, Wissen*
der **Besitzer** le propriétaire
die **Besitzerin** la propriétaire
besoffen *(umgs.)* bourré(e)
besondere(r, s) ① *Freude* tout particulier/toute particulière; *Schönheit* exceptionnel(le) ② *(speziell) Fähigkeit, Umstand, Kenntnisse* spécial(e)
das **Besondere** etwas Besonderes quelque chose de spécial; **nichts Besonderes** rien de spécial ▸ **im Besonderen** en particulier
die **Besonderheit** la particularité
besonders ① *beachten, betonen* particulièrement; **nicht besonders warm/teuer** pas tellement chaud(e)/cher(chère); **nicht besonders viel** pas vraiment beaucoup; **ein besonders großer Raum** une salle particulièrement grande ② *(vor allem)* surtout; **besonders du müsstest das wissen** toi le premier/la première tu devrais savoir ça
besonnen ① *Mensch* réfléchi(e) ② *Art* posé(e) ③ *handeln* avec circonspection; **sich besonnen verhalten** garder son sang-froid
die **Besonnenheit** la circonspection
besorgen ① procurer *Unterkunft, Job, Sachen* ② *(kaufen)* acheter *Vorräte, Waren* ③ effectuer *Arbeit;* se charger de *Auftrag, Haushalt*
die **Besorgnis** l'inquiétude *(weiblich)*; **Besorgnis erregend** inquiétant(e)
besorgt inquiet/inquiète; **um etwas besorgt sein** être très soucieux/soucieuse de quelque chose

die **Besorgung** **Besorgungen machen** faire des courses
bespitzeln espionner
besprechen ① discuter *Thema, Problem;* **wie besprochen** comme convenu ② **sich besprechen** se concerter ③ **eine Kassette mit einem Text besprechen** enregistrer un texte sur cassette ④ faire la critique de *Film, Buch*
die **Besprechung** ① *(Konferenz)* la réunion ② *(Unterredung)* l'entretien *(männlich)* ③ *(Rezension)* la critique
bespritzen *(mit Wasser)* asperger; *(mit Schmutz)* éclabousser; **sich bespritzen** *(mit Wasser)* s'asperger; *(mit Schmutz)* s'éclabousser
besser ① *Schüler, Idee, Qualität, Ware* meilleur(e) ② **besser werden** *Boden, Wein:* s'améliorer; **besser [geeignet] sein** *Bewerber, Methode, Werkzeug, Material:* être mieux ③ **es ist besser, wenn du gehst** il vaut mieux que tu partes; **es ist besser, zuerst die Sicherung auszuschalten** il vaut mieux couper d'abord le courant ④ **ihm geht es heute besser** il va mieux aujourd'hui; **die Arbeitsbedingungen werden besser** les conditions de travail s'améliorent ⑤ **besser singen** chanter mieux; **diese Äpfel schmecken besser als die anderen** ces pommes sont meilleures que les autres; **ich kann das besser!** je sais mieux le faire! ▸ **immer alles besser wissen** [**wollen**] se croire plus malin/maligne que les autres; **um so besser!** *(umgs.)* tant mieux!
das **Bessere** **sich eines Besseren belehren lassen** reconnaître son erreur; **sich für etwas Besseres halten** ne pas se prendre pour rien
bessern **sich bessern** *Mensch, Zustand:* s'améliorer
die **Besserung** ① l'amélioration *(weiblich)* ② [**wir wünschen dir**] **gute Besserung!** [nous te souhaitons] bon rétablissement!
der **Besserwisser** *(abwertend)* le pédant
die **Besserwisserin** *(abwertend)* la pédante
der **Bestand** ① *(das Fortbestehen)* la persistance; **Bestand haben** être durable ② *(vorhandener Inhalt) einer Bibliothek* le stock; **der Bestand an Tieren** le cheptel; **der Bestand an Bäumen** le peuplement forestier ③ Ⓐ **den hundertjährigen Bestand einer Firma feiern** fêter les cent ans d'existence d'une société
beständig ① *Freundschaft* durable; *Wetter* stable ② *Kälte, Angst, Schmerzen* constant(e)

③ gegen Hitze/Kälte beständig sein résister à la chaleur/au froid
die **Beständigkeit** ① *einer Freundschaft, des Wetters* la stabilité ② (*Dauerhaftigkeit*) la constance ③ (*Widerstandsfähigkeit*) la résistance
der **Bestandteil** ① (*Zutat, Komponente*) le composant ② *eines Gerätes* l'élément *(männlich)* ③ **das ist Bestandteil der Ausbildung** cela fait partie de la formation ▸ **sich in seine Bestandteile auflösen** se décomposer
bestärken **jemanden in seinem Entschluss bestärken** conforter quelqu'un dans sa décision
bestätigen confirmer *Bestellung, Theorie;* attester *Anwesenheit;* **hiermit bestätigen wir, dass ...** nous certifions par la présente que ...
die **Bestätigung** ① *einer Theorie, einer Auffassung* la confirmation ② *der Anwesenheit* l'attestation *(weiblich); eines Auftrags* la confirmation
bestatten (*gehoben*) inhumer *Toten*
die **Bestattung** (*gehoben*) l'inhumation *(weiblich),* les obsèques *(weiblich)*
bestäuben ① féconder *Blüten, Pflanzen* ② **etwas mit Mehl bestäuben** saupoudrer quelque chose de farine
die **Bestäubung** *von Blüten, Pflanzen* la pollinisation
bestaunen admirer
das **Beste** **sein Bestes geben** donner le maximum; **das Beste daraus machen** faire pour le mieux; **es ist zu deinem/seinem Besten** c'est pour ton/son bien
beste(r, s) ① *Schüler, Idee, Qualität, Ware* meilleur(e); **die besten Bedingungen** les meilleures conditions ② **am besten [geeignet] sein** *Methode, Werkzeug, Material:* convenir le mieux; **er/sie singt am besten** c'est lui/elle qui chante le mieux ③ **es wäre [wohl] am besten, wenn du die Wahrheit sagtest** le mieux serait [certainement] que tu dises la vérité ▸ **der/die erste Beste** le premier venu/la première venue
bestechen ① soudoyer *Beamten, Zeugen* ② **durch [sein] Wissen bestechen** fasciner par son savoir; **das Bild besticht durch seine Farben.** le tableau séduit par ses couleurs
bestechlich corruptible
die **Bestechung** *von Beamten* la corruption; *von Zeugen* la subornation
das **Besteck** les couverts *(männlich)*
bestehen ① réussir à *Prüfung, Test* ② surmonter *Gefahr, Abenteuer* ③ (*existieren*) *Brauch, Gefahr, Verdacht:* exister; **es besteht die Möglichkeit, dass sie befördert wird** il se peut qu'elle ait de l'avancement; **bestehen bleiben** demeurer ④ **aus mehreren Teilen bestehen** se composer de plusieurs éléments ⑤ **in etwas bestehen** consister en quelque chose ⑥ **vor jemandem/etwas bestehen können** pouvoir soutenir la comparaison avec quelqu'un/quelque chose ⑦ **auf seinem Recht bestehen** persister dans son droit
bestehlen voler; **bestohlen werden** se faire voler
besteigen ① monter à; escalader *Berg* ② monter sur *Pferd, Fahrrad* ③ monter dans *Bus, Auto, Zug*
bestellen ① commander *Essen, Getränke, Waren* ② appeler *Taxi* ③ réserver *Hotelzimmer, Plätze* ④ **jemandem etwas bestellen [lassen]** [faire] transmettre quelque chose à quelqu'un ⑤ cultiver *Acker, Feld*
die **Bestellung** ① la commande; **eine Bestellung aufgeben** passer une commande ② (*Reservierung*) la réservation ③ *eines Ackers, Feldes* la culture
bestens ① gelingen très bien; sich bewähren parfaitement ② danken cordialement
besteuern imposer *Person, Firma;* taxer *Tabak*
die **Besteuerung** *von Einkünften* l'imposition *(weiblich); von Gütern* la taxation
bestialisch ① *Verbrechen* sauvage ② (*umgs.: unerträglich*) *Gestank* infect(e) ③ wüten sauvagement ④ (*umgs.: in unerträglicher Weise*) wehtun, stinken terriblement
die **Bestie** ① (*gefährliches Tier*) la bête féroce ② (*abwertend: grausamer Mensch*) le monstre
bestimmen ① fixer *Ort, Preis;* déterminer *Grenze* ② désigner *Nachfolger* ③ identifier *Tier, Pflanze;* déterminer *Alter* ④ caractériser *Erscheinungsbild, Epoche* ⑤ **bestimmen, was zu tun ist** décider de ce qu'il faut faire; **er/sie will immer bestimmen** il/elle veut toujours tout décider ⑥ **über jemanden/etwas bestimmen** disposer de quelqu'un/quelque chose
bestimmt ① (*nicht näher beschrieben*) certain(e); **in bestimmten Kreisen** dans certains milieux; **über bestimmte Dinge reden** discuter de certaines choses ② (*genau, präzise*) *Vorstellung* précis(se); *Summe* fixé(e); **ein ganz bestimmtes Buch suchen** chercher un livre précis; **suchen Sie etwas Bestimmtes?** vous cherchez quelque chose

de précis? ❸ **am bestimmten Tag/Ort** au jour/lieu dit; **zur bestimmten Stunde** à l'heure dite ❹ **der bestimmte Artikel** l'article défini ❺ *Auftreten* décidé(e); *Ton* ferme ❻ **ich weiß ganz bestimmt, dass …** je suis certain(e) que ❼ **er hat das bestimmt vergessen** il a dû l'oublier; **du weißt doch bestimmt, wer das gesagt hat** tu sais certainement qui a dit cela ❽ **etwas sehr bestimmt ablehnen** refuser quelque chose très catégoriquement

die **Bestimmtheit** la certitude; **ich kann mit Bestimmtheit sagen, dass …** je peux dire avec certitude que …

die **Bestimmung** ❶ (*Vorschrift*) le règlement; (*vertraglich*) la clause ❷ (*Zweck*) la destination ❸ (*Schicksal*) la destinée ❹ (*Ermittlung*) *der Herkunft, des Alters* la détermination

der **Bestimmungsort** le lieu de destination, la destination

bestrafen ❶ punir *Menschen, Tat, Verhalten* ❷ pénaliser *Sportler*

die **Bestrafung** ❶ la punition ❷ *eines Sportlers* la pénalisation

bestrahlen (*in der Medizin*) **jemanden bestrahlen** traiter quelqu'un aux rayons; (*mit Röntgenstrahlen*) traiter quelqu'un aux rayons X

die **Bestrahlung** (*in der Medizin*) la radiothérapie

bestrebt **bestrebt sein, etwas zu tun** s'efforcer de faire quelque chose

bestreichen ❶ **den Toast mit Butter bestreichen** beurrer le pain grillé; **das Brot mit Marmelade bestreichen** tartiner le pain de confiture ❷ **das Holz mit Öl/mit Leim bestreichen** enduire le bois d'huile/de colle

bestreiten ❶ contester *Aussage, Behauptung;* **bestreiten, etwas getan zu haben** nier avoir fait quelque chose ❷ payer *Kosten;* financer *Studium*

bestreuen saupoudrer *Kuchen, Omelett;* **etwas mit Salz/mit Puderzucker bestreuen** saupoudrer quelque chose de sel/de sucre glace

der **Bestseller** ['bɛstzɛlɐ] le best-seller

bestürzt ❶ *Person* bouleversé(e) ❷ *Miene* consterné(e) ❸ (*mit Bestürzung*) *feststellen* avec consternation

die **Bestürzung** la consternation

der **Besuch** ❶ la visite; **einen Besuch bei jemandem machen** rendre visite à quelqu'un ❷ (*Gast*) l'invité *(männlich)*/l'invitée *(weiblich)*; **Besuch haben** avoir de la visite; **morgen bekommen wir Besuch** demain nous aurons de la visite

besuchen ❶ **jemanden besuchen [gehen]** rendre visite à quelqu'un ❷ **einen Patienten besuchen** visiter un malade ❸ *Arzt:* fréquenter *Schule;* suivre *Kurs* ❹ aller à *Kino, Museum, Theater*

der **Besucher** ❶ *einer Stadt, Ausstellung* le visiteur ❷ (*Gast*) l'invité *(männlich)* ❸ (*Zuschauer*) le spectateur ❹ (*Teilnehmer*) le participant

die **Besucherin** ❶ *einer Stadt, Ausstellung* la visiteuse ❷ (*Gast*) l'invitée *(weiblich)* ❸ (*Zuschauerin*) la spectatrice ❹ (*Teilnehmerin*) la participante

die **Besuchszeit** les heures *(weiblich)* de visite

betagt âgé(e)

betasten ❶ tâter *Frucht* ❷ (*untersuchen*) palper

betätigen ❶ actionner *Hebel;* appuyer sur *Pedal;* tourner *Knopf;* tirer *Wasserspülung* ❷ **sich politisch betätigen** faire de la politique

die **Betätigung** (*Tätigkeit*) l'activité *(weiblich)*

das **Betätigungsfeld** le domaine d'action

betäuben ❶ anesthésier *Patienten* ❷ **seinen Kummer durch Arbeit betäuben** se plonger dans le travail pour oublier son chagrin ▶ **wir waren von der Nachricht wie betäubt** nous étions [comme] sonnés par la nouvelle

die **Betäubung** (*Narkose*) l'anesthésie *(weiblich)*

das **Betäubungsmittel** l'anesthésique *(männlich)*

die **Bete** **die Rote Bete** la betterave rouge

beteiligen **sich an einem Spiel beteiligen** participer à un jeu

die **Beteiligung** la participation

beten ❶ prier; **zu Gott beten** prier Dieu ❷ dire *Vaterunser*

beteuern **seine Unschuld beteuern** jurer de son innocence; **er beteuert, dass er es ehrlich meint** il jure de sa sincérité

der **Beton** [be'tɔŋ] le béton

betonen ❶ accentuer *Silbe, Note;* **ein Wort falsch betonen** mal accentuer un mot ❷ souligner *Taille, Schultern* ❸ (*nachdrücklich erwähnen*) insister sur

betonieren bétonner

betont ❶ *Gleichgültigkeit* ostensible; *Höflichkeit* marqué(e); *Eleganz* prononcé(e) ❷ **betont langsam** *gehen, sprechen* avec une lenteur manifeste

die **Betonung** ❶ (*das Betonen*) l'accentuation *(weiblich)* ❷ **die Betonung liegt auf der ersten Silbe** la première syllabe est accentuée ❸ (*das Hervorheben*) la mise en valeur

④ **die Betonung dieser Tatsache** l'accent *(männlich)* mis sur ce fait
der **Betracht in Betracht kommen** entrer en ligne de compte; **etwas außer Betracht lassen** ne pas prendre quelque chose en considération; **in Betracht ziehen, dass es schon spät ist** tenir compte du fait qu'il est déjà tard
betrachten ① contempler *Person, Foto;* examiner *Gegenstand;* **sich im Spiegel betrachten** se contempler dans le miroir [*oder* devant la glace] ② *(untersuchen)* considérer; **genau betrachtet** tout bien considéré ③ **jemanden als Freund betrachten** considérer quelqu'un comme un ami; **er betrachtet sich als Frédérics Freund** il se considère comme étant l'ami de Frédéric
der **Betrachter** *eines Kunstwerks* le contemplateur; *eines Geschehens* l'observateur *(männlich)*
die **Betrachterin** *eines Kunstwerks* la contemplatrice; *eines Geschehens* l'observatrice *(weiblich)*
beträchtlich ① *Summe, Verlust* considérable ② *steigen* considérablement; *höher, niedriger* nettement
die **Betrachtung** ① *(das Anschauen)* la contemplation ② *(Untersuchung)* l'étude *(weiblich)*
der **Betrag** ① *(Rechnungsbetrag)* le montant; „**Betrag dankend erhalten**" "Pour acquit" ② *(Geldbetrag)* la somme
betragen ① **die Länge beträgt zwei Meter** la longueur est de deux mètres; **das Gewicht beträgt fünf Tonnen** le poids est de cinq tonnes; **der Preis beträgt hundert Euro** le prix est de [*oder* s'élève à] cent euros; **die Ermäßigung beträgt zehn Prozent** la réduction est de [*oder* s'élève à] dix pour cent ② **sich gut/schlecht betragen** bien/mal se conduire
das **Betragen** la conduite
betreffen concerner; **was mich betrifft** quant à moi [kɑ̃t a mwa]; **was ihn betrifft** quant à lui [kɑ̃t a lɥi]
betreffend ① *(besagt)* **die betreffende Zeitung** le journal en question ② *(zuständig)* **die betreffende Kollegin** la collègue compétente ③ **den Vertrag betreffend** concernant le contrat
betreiben ① exercer *Gewerbe;* effectuer *Forschung;* pratiquer *Politik* ② tenir *Geschäft, Laden;* conduire *Firma* ③ **dieses Gerät wird mit Batterien betrieben** cet appareil fonctionne à pile

der **Betreiber** l'exploitant *(männlich); eines Restaurants* le gérant
die **Betreiberin** l'exploitante *(weiblich); eines Restaurants* la gérante
betreten¹ entrer dans *Haus, Zimmer;* monter sur *Podium;* marcher sur *Teppich, Rasen;* **die Bühne betreten** entrer en scène; „**Privatgrundstück – Betreten verboten!**" "Propriété privée – interdiction de pénétrer"
betreten² *(verlegen) Schweigen* embarrassé(e); **sehr betreten sein** être très gêné(e)
betreuen ① *(verantwortlich sein)* avoir la charge de *Kind, Patienten;* s'occuper de *Kunden, Tier;* être responsable de *Abteilung* ② *(in seine Obhut nehmen)* s'occuper de *Kind, Patienten;* soigner *Tier*
der **Betreuer** *einer Reisegruppe* le responsable; *einer Mannschaft* l'entraîneur *(männlich)*
die **Betreuerin** *einer Reisegruppe* la responsable; *einer Mannschaft* l'entraîneuse *(weiblich)*
der **Betrieb** ① *(Industrieunternehmen)* l'entreprise ② *(Belegschaft)* le personnel ③ **es war viel Betrieb** il y avait beaucoup de monde ④ *einer Maschine* le fonctionnement; **etwas in Betrieb setzen** mettre quelque chose en marche; **in Betrieb sein** être en service; **außer Betrieb sein** être °hors service
die **Betriebsamkeit** l'activité *(weiblich)*
die **Betriebsanleitung** la notice d'utilisation
betriebsbereit prêt(e) à fonctionner
die **Betriebsferien** la fermeture annuelle
die **Betriebskosten** *einer Firma* les frais *(männlich)* d'exploitation; *eines Kraftfahrzeugs* les frais de fonctionnement
der **Betriebsrat** ① *(Gremium)* ≈ le comité d'entreprise ② *(Mitglied des Gremiums)* ≈ le délégué du personnel

> Zwischen einem *Betriebsrat* und einem *comité d'entreprise* bestehen beträchtliche Unterschiede. Ein *Betriebsrat* ist ein Organ der betrieblichen Mitbestimmung und wirkt z. B. an Entscheidungen mit, die die materiellen Arbeitsbedingungen der Beschäftigten betreffen, etwa die tarifliche Eingruppierung oder die Leistung von Überstunden.
> Dagegen hat ein französisches *comité d'entreprise* einen anderen Status. Seine Aufgaben und Befugnisse bestehen eher in sozialen und kulturellen Belangen. Hierzu gehören z. B. Fortbildung, Kantinenverpflegung, Kinderbetreuung und Freizeitaktivitäten, vor allem aber auch die Organisation kultureller Veranstaltungen.

die **Betriebsrätin** ≈ la déléguée du personnel
die **Betriebsstörung** la panne

das **Betriebssystem** le système d'exploitation
der **Betriebswirt** le diplômé en gestion d'entreprise
die **Betriebswirtin** la diplômée en gestion d'entreprise
die **Betriebswirtschaft** la gestion [d'entreprise]
betrinken sich betrinken s'enivrer
betroffen ❶ **von etwas betroffen sein** être concerné(e) par quelque chose ❷ (*bestürzt*) consterné(e) ❸ **betroffen zu Boden blicken** baisser les yeux de consternation
betrübt désolé(e)
der **Betrug** ❶ (*Schwindel*) la duperie ❷ (*Straftat*) l'escroquerie *(weiblich)*
betrügen ❶ (*beschwindeln, täuschen*) duper; **sich selbst betrügen** se leurrer ❷ (*beim Spielen*) tricher ❸ (*finanziell hintergehen*) gruger *Kunden, Staat*; **jemanden um tausend Euro betrügen** spolier quelqu'un de mille euros ❹ (*hintergehen*) tromper *Ehepartner, Freund, Freundin*
der **Betrüger** ❶ le fraudeur ❷ (*Falschspieler*) le tricheur
die **Betrügerin** ❶ la fraudeuse ❷ (*Falschspielerin*) la tricheuse
betrügerisch frauduleux/frauduleuse
betrunken ivre
das **Bett** ❶ le lit; **ins Bett gehen** aller se coucher; **im Bett liegen** être couché(e); **die Kinder ins Bett bringen** coucher les enfants ❷ (*Bettdecke*) la couverture; (*Daunenbett*) la couette ❸ (*Flussbett*) le lit ▶ **mit jemandem ins Bett gehen** (*umgs.*) coucher avec quelqu'un
der **Bettbezug** la °housse de couette
die **Bettdecke** la couverture; (*Daunendecke*) la couette
betteln mendier; **um ein bisschen Brot betteln** mendier un peu de pain
betten coucher
die **Bettkante** le bord [*oder* le rebord] du lit
das **Bettlaken** le drap
die **Bettlektüre** le livre de chevet
der **Bettler** le mendiant
die **Bettlerin** la mendiante
das **Betttuch** le drap
die **Bettwäsche** les draps *(männlich)*; (*einzelne Garnitur*) la parure de lit
das **Bettzeug** (*umgs.*) la literie
betucht (*umgs.*) rupin(e); **gut betucht sein** rouler sur l'or; **nicht betucht sein** ne pas rouler sur l'or
beugen ❶ pencher *Kopf, Rumpf;* fléchir *Knie, Arme* ❷ conjuguer *Verb;* décliner *Adjektiv, Substantiv* ❸ **sich nach vorn beugen** se pencher en avant; **sich über den Kranken beugen** se pencher sur le malade ❹ **sich der Gewalt beugen** s'incliner face à la violence
die **Beule** la bosse
beunruhigen inquiéter
beunruhigt inquiet/inquiète; **wegen einer Nachricht** [*oder* **über eine Nachricht**] **beunruhigt sein** être inquiet/inquiète d'une nouvelle
beurkunden authentifier
beurlauben ❶ (*Urlaub bewilligen*) donner un congé à *Mitarbeiter;* **einen Schüler** [**vom Unterricht**] **beurlauben** dispenser un élève [de cours] ❷ (*vom Dienst suspendieren*) **jemanden beurlauben** mettre quelqu'un en disponibilité; **beurlaubt sein** être suspendu(e)
beurteilen ❶ juger *Person* ❷ estimer *Wertgegenstand*
die **Beurteilung** ❶ le jugement ❷ *eines Wertgegenstands* l'estimation *(weiblich)* ❸ *einer Aufführung* la critique
die **Beute** ❶ *eines Jägers* la prise; *eines Tiers* la proie ❷ (*Diebesbeute*) le butin
der **Beutel** ❶ le sac ❷ *von Tieren* la poche
das **Beuteltier** le marsupial
bevölkern ❶ (*besiedeln*) peupler *Gebiet, Land;* **dicht bevölkert** densément peuplé(e) ❷ remplir *Strand*
die **Bevölkerung** la population
die **Bevölkerungsdichte** la densité de population
die **Bevölkerungsexplosion** l'explosion *(weiblich)* démographique
die **Bevölkerungsschicht** la couche de [la] population
bevollmächtigen jemanden bevollmächtigen zu unterschreiben donner pouvoir à quelqu'un de signer
der **Bevollmächtigte** le fondé de pouvoir
die **Bevollmächtigte** la fondée de pouvoir
bevor ❶ **lasst uns umkehren, bevor es zu spät ist** faisons demi-tour avant qu'il soit trop tard ❷ **bevor ich etwas sagen konnte, ging er** avant que j'aie pu dire quelque chose, il partit ❸ **bevor ich abreise, möchte ich euch allen danke sagen** avant de partir en voyage, je voudrais dire merci à vous tous/toutes ❹ **bevor ich es vergesse: ...** avant que je n'oublie: ... ❺ **bevor du nicht aufgeräumt hast, darfst du nicht spielen gehen** tu ne partiras pas tant que tu n'auras pas mis de l'ordre
bevormunden tenir en tutelle; **sein Kind bevormunden** tenir son enfant en tutelle
bevorstehen ❶ **jemandem bevorstehen** attendre quelqu'un; **das Schicksal, das**

ihm/ihr bevorsteht le sort qui l'attend ❷ **es steht eine Veränderung bevor** il y a un changement qui se prépare; **unmittelbar bevorstehen** *Ereignis:* être imminent(e)
bevorstehend imminent(e)
bevorzugen ❶ favoriser *Kind, Schüler* ❷ **ich bevorzuge Ceylon-Tee** je préfère le thé de Ceylan
bewachen ❶ surveiller ❷ (*beim Sport*) marquer *Spieler;* garder *Tor*
bewachsen mit Moos bewachsen sein être recouvert(e) de mousse
die **Bewachung** ❶ (*das Bewachen*) la surveillance ❷ (*Wachmannschaft*) la garde
bewahren ❶ **jemanden vor Schaden bewahren** préserver quelqu'un de dommages ❷ garder *Geheimnis;* **bitte Ruhe bewahren!** gardez votre calme s'il vous plaît!
bewähren sich bewähren faire ses preuves; **eine bewährte Methode** une méthode qui a fait ses preuves
die **Bewährung** (*bei einer Strafe*) le sursis
bewältigen ❶ venir à bout de *Problem, Aufgabe* ❷ assumer *Vergangenheit*
bewandert bewandert sein être ferré(e); **in Physik/in Musik bewandert sein** être ferré(e) en physique/en musique, s'y connaître en physique/en musique
bewässern arroser; irriguer *Feld*
die **Bewässerung** l'arrosage (*männlich*); *von Feldern* l'irrigation (*weiblich*)
bewegen ❶ **die** [*oder* **seine**] **Beine bewegen** remuer les jambes; **sich bewegen** bouger ❷ (*herumgehen, herumfahren, herumfliegen*) **sich frei bewegen** se déplacer librement; **die Erde bewegt sich um die Sonne** la Terre se déplace autour du soleil ❸ (*von der Stelle rücken*) déplacer ❹ **jemanden tief bewegen** émouvoir quelqu'un profondément ❺ (*bewirken*) **viel bewegen** faire bouger beaucoup de choses; **wenig bewegen** faire bouger peu de choses ❻ **jemanden zum Nachgeben bewegen** amener quelqu'un à céder; **was hat dich zu dieser Entscheidung bewogen?** qu'est-ce qui t'a conduit(e) à prendre cette décision?
beweglich ❶ mobile ❷ **geistig beweglich sein** être vif/vive
bewegt ❶ *Meer* agité(e) ❷ (*erlebnisreich*) mouvementé(e) ❸ (*innerlich gerührt*) touché(e); **von etwas bewegt sein** être touché(e) par quelque chose
die **Bewegung** ❶ le mouvement; (*Geste*) le geste; **sich in Bewegung setzen** se mettre en mouvement ❷ (*körperliche Betätigung*) l'exercice (*männlich*) ❸ (*Ergriffenheit*) l'émotion (*weiblich*) ❹ (*politische Strömung*) le mouvement
bewegungslos immobile
der **Beweis** la preuve; **der Beweis für seine Unschuld** la preuve de son innocence ▶ **etwas unter Beweis stellen** prouver quelque chose
beweisen ❶ prouver ❷ **er hat Mut bewiesen** il a fait preuve de courage ❸ **sich beweisen** faire ses preuves
bewenden es bei einer Ermahnung bewenden lassen s'en tenir à une mise en garde
bewerben sich bewerben poser sa candidature; **sich bei einer Firma als Informatiker bewerben** poser sa candidature en tant qu'informaticien dans une entreprise
der **Bewerber** le candidat
die **Bewerberin** la candidate
die **Bewerbung** la candidature; **Ihre Bewerbung um diese Stelle** votre candidature à ce poste
das **Bewerbungsschreiben** la lettre de candidature
die **Bewerbungsunterlagen** le dossier de candidature

> **V** Der Plural *die Bewerbungsunterlagen* wird mit einem Singular übersetzt: *diese Bewerbungsunterlagen sind sehr interessant – ce dossier de candidature est très intéressant.*

bewerten ❶ (*benoten*) évaluer; **sein Aufsatz wurde schlecht bewertet** sa dissertation a été mal notée ❷ (*schätzen*) estimer
die **Bewertung** ❶ (*Benotung*) l'évaluation (*weiblich*) ❷ (*Schätzung*) l'estimation (*weiblich*)
bewilligen approuver *Geldmittel;* accorder *Antrag*
bewirken ❶ (*verursachen*) provoquer ❷ (*erreichen*) obtenir
bewohnbar habitable
bewohnen habiter
der **Bewohner** l'habitant (*männlich*)
die **Bewohnerin** l'habitante (*weiblich*)
bewölken der Himmel hat sich bewölkt le ciel s'est couvert de nuages
bewölkt nuageux/nuageuse
die **Bewölkung** la couverture nuageuse
bewundern admirer
bewundernswert admirable
die **Bewunderung** l'admiration (*weiblich*)
bewusst ❶ (*mit Absicht vollzogen*) délibéré(e) ❷ (*mit Überlegung vollzogen*) réfléchi(e) ❸ (*überzeugt*) convaincu(e) ❹ (*be-

sagt) **an dem bewussten Ort** à l'endroit en question ❺ *handeln* délibérément ❻ **sich eines Problems bewusst sein** être conscient(e) d'un problème; **sich etwas bewusst machen** prendre conscience de quelque chose
bewusstlos inconscient(e); **bewusstlos werden** perdre connaissance
das **Bewusstsein** la conscience; **das Bewusstsein verlieren** perdre connaissance
bezahlen payer; **dafür habe ich zehn Euro bezahlt** j'ai payé cela dix euros
bezahlt sich bezahlt machen être payant(e); **sich für jemanden bezahlt machen** être payant(e) pour quelqu'un
die **Bezahlung** ❶ (*das Bezahlen*) le paiement ❷ (*Entlohnung*) la rémunération; (*Lohn, Gehalt*) la paie
bezaubernd charmant(e)
bezeichnen ❶ (*bedeuten*) désigner ❷ (*kennzeichnen*) indiquer ❸ (*benennen*) qualifier; **jemanden als klug bezeichnen** qualifier quelqu'un d'intelligent ❹ **sich als liberal bezeichnen** se qualifier de libéral(e)
bezeichnend das ist bezeichnend für dich/für ihn c'est typiquement toi/lui
die **Bezeichnung** ❶ (*Benennung*) la désignation ❷ (*Kennzeichnung*) l'indication *(weiblich)*
beziehen ❶ recouvrir *Polster;* **die Betten frisch beziehen** changer les draps ❷ emménager [ɑ̃menaʒe] dans *Wohnung* ❸ prendre *Posten, Standpunkt* ❹ recevoir *Zeitschrift* ❺ percevoir *Einkommen* ❻ **eine Äußerung auf sich beziehen** prendre une remarque pour soi ❼ **diese Bemerkung bezog sich auf ihn** cette remarque s'adressait à lui ❽ **sich beziehen** *Himmel:* se couvrir
die **Beziehung** ❶ (*Verbindung*) le rapport ❷ (*nützliche Bekanntschaft*) **Beziehungen haben** avoir des relations ❸ (*Liebesbeziehung*) la relation; **eine feste Beziehung haben** avoir un petit copain/une petite copine ❹ (*Hinsicht*) **in jeder Beziehung Recht haben** avoir raison à tous [les] égards
beziehungsweise ❶ (*oder auch*) ou bien ❷ (*oder vielmehr*) ou plutôt ❸ **die beiden sind 18 beziehungsweise 20 Jahre alt** les deux ont respectivement 18 et 20 ans
der **Bezirk** ❶ (*Gebiet*) la région ❷ (*Verwaltungsbezirk*) le district administratif; Ⓐ, ⒞ⓗ le district ❸ (*Stadtbezirk*) ≈ l'arrondissement *(männlich)*
der **Bezug** ❶ (*Bettbezug*) la °housse; (*Kissenbezug*) la taie ❷ *von Zeitschriften* l'abonnement *(männlich)* ❸ **die Bezüge** eines Abgeordneten les indemnités *(weiblich)* ❹ **dazu habe ich keinen Bezug** cela ne m'intéresse pas, cela ne me dit rien ❺ ⒞ⓗ (*das Beziehen*) *eines Hauses* l'emménagement *(männlich)* [ɑ̃menaʒmɑ̃]; ▸ **auf etwas Bezug nehmen** faire référence à quelque chose; **in Bezug auf etwas** concernant quelque chose
bezüglich concernant; **bezüglich Ihres Angebots** concernant votre offre
bezwecken was bezweckst du mit diesem Brief? quel but recherches-tu avec cette lettre?
bezweifeln ❶ mettre en doute; **eine Behauptung bezweifeln** mettre une assertion en doute ❷ **ich bezweifle stark, dass das stimmt** je doute fort que cela soit correct
bezwingen ❶ (*besiegen*) vaincre ❷ vaincre *Berg;* prendre *Festung* ❸ maîtriser *Wut*
der **BH** (*umgs.*) Abkürzung von **Büstenhalter** le soutien-gorge, le soutif
das **Biathlon** le biathlon
die **Bibel** la Bible
der **Biber** le castor
die **Bibliothek** la bibliothèque
der **Bibliothekar** le bibliothécaire
die **Bibliothekarin** la bibliothécaire
biblisch ❶ biblique ❷ *Alter* canonique
biegen ❶ (*verbiegen*) tordre; plier *Zweig;* ❷ (*abbiegen*) **nach rechts/nach links biegen** tourner à droite/à gauche ❸ **sich biegen** *Baum:* plier; *Regalbrett:* ployer ❹ Ⓐ décliner *Substantiv, Adjektiv;* conjuguer *Verb* ▸ **auf Biegen und Brechen** (*umgs.*) envers et contre tout
biegsam souple
die **Biegung** ❶ *einer Straße* le tournant; *eines Flusses* la courbe; **eine Biegung machen** *Straße:* tourner; *Fluss:* suivre une courbe ❷ Ⓐ la flexion
die **Biene** l'abeille *(weiblich)* [abɛj]
der **Bienenstich** ❶ (*Stich*) la piqûre d'abeille ❷ (*Kuchen*) gâteau garni de crème à la vanille et recouvert d'amandes pilées, de beurre et de sucre
der **Bienenstock** la ruche
das **Bienenwachs** la cire d'abeille
das **Bier** ❶ la bière ⚠ *weiblich;* **das helle/dunkle Bier** la bière blonde/brune; **ich mag [oder trinke gern] Bier** j'aime la bière ❷ (*ausgeschenkte Menge oder Sorte*) **ein kleines Bier** un demi; **ein Bier vom Fass** une pression ▸ **das ist dein Bier** (*umgs.*) ce sont tes oignons; **das ist nicht mein Bier** (*umgs.*) ce ne sont pas mes oignons
das **Biest** (*umgs.*) ❶ (*Insekt*) la bestiole ❷ (*gemei-*

nes Mädchen, gemeine Frau) la garce
bieten ① offrir *Geld, Vorteile;* **jemandem eine Chance bieten** accorder sa chance à quelqu'un ② (*bei einer Versteigerung*) enchérir ③ (*beim Kartenspiel*) annoncer ④ **sich bieten** *Anblick, Chance:* se présenter ▶ **das lasse ich mir nicht bieten!** on ne me la fait pas, à moi!
der **Bikini** le bikini, le deux-pièces
die **Bilanz** le bilan △ *männlich* ▶ **Bilanz ziehen** faire le bilan
das **Bild** ① (*Gemälde*) le tableau; (*Zeichnung*) le dessin ② (*Foto*) la photo ③ (*Fernseh-, Spiegelbild, Vorstellung*) l'image *(weiblich)* ④ (*Anblick*) le spectacle ▶ **im Bilde sein** être au courant
bilden ① (*formen*) former; **eine Gruppe bilden** constituer un groupe; **sich bilden** *Blüte, Wurzeln:* se former; *Gruppe:* se constituer ② **sich eine Meinung bilden** se forger une opinion ③ **sich bilden** (*sein Wissen vergrößern*) se cultiver ④ **Reisen bildet** les voyages forment la jeunesse
das **Bilderbuch** le livre d'images
der **Bilderrahmen** le cadre
die **Bildfläche** l'écran *(männlich)* ▶ **er/sie ist [völlig] von der Bildfläche verschwunden** il/elle a disparu du devant de la scène
bildhaft imagé(e)
der **Bildhauer** le sculpteur [skyltœʀ]
die **Bildhauerei** la sculpture [skyltyʀ]
die **Bildhauerin** le sculpteur [skyltœʀ]

Ⓖ Es gibt im Französischen keine Femininform: *sie ist Bildhauerin – elle est sculpteur*.

bildhübsch ravissant(e)
der **Bildschirm** l'écran *(männlich)*
der **Bildschirmschoner** l'économiseur *(männlich)* d'écran
die **Bildung** ① (*Wissen, Kenntnisse*) la culture; (*Erziehung*) la formation ② (*das Hervorbringen*) la formation ③ (*das Bilden*) *einer Regierung* la constitution; *einer Meinung* la formation
die **Bildungslücke** la lacune
die **Bildungspolitik** la politique éducative
die **Bildungsreise** le voyage d'étude
der **Bildungsurlaub** le congé-formation
der **Bildungsweg** la formation; **auf dem zweiten Bildungsweg** en formation parallèle
das **Billard** ['bɪljart] le billard [bijaʀ]
das **Billett** [bɪl'jɛt] ① Ⓐ (*Brief*) la lettre ② Ⓒ (*Fahrkarte*) le billet [bije]
billig ① **ein billiges Hemd** une chemise bon marché, une chemise pas chère; **diese Äpfel sind billiger** ces pommes sont meilleur marché, ces pommes sont moins chères; **billig einkaufen** acheter à bon prix ② (*umgs.: unglaubwürdig*) *Ausrede* facile
billigen approuver
die **Billigung** l'approbation *(weiblich)*
die **Billion** le billion △ *männlich*
bimmeln (*umgs.*) carillonner; *Telefon:* sonner
binär binaire
der **Binärcode** (*in Mathematik und Informatik*) le code binaire
das **Binärsystem** (*in Mathematik und Informatik*) le système binaire
die **Binde** ① (*Verband*) la bande ② (*Armbinde*) le brassard ③ (*Monatsbinde*) la serviette hygiénique ④ (*Augenbinde*) le bandeau
das **Bindegewebe** le tissu conjonctif
die **Bindehaut** la conjonctive
die **Bindehautentzündung** la conjonctivite
binden ① (*bündeln*) lier ② (*knüpfen*) nouer *Schuhbänder, Schleife;* lacer *Schuhe* ③ fabriquer *Strauß* ④ épaissir *Suppe;* lier *Soße* ⑤ relier *Buch* ⑥ **sich binden** (*sich verpflichten*) s'engager ⑦ **sich an jemanden binden** se lier avec quelqu'un
bindend **für jemanden bindend sein** engager quelqu'un
der **Bindestrich** le trait d'union
das **Bindewort** la conjonction
der **Bindfaden** la ficelle
die **Bindung** ① (*Verbundenheit*) l'attachement *(männlich)* ② (*Verpflichtung*) l'engagement *(männlich)* ③ (*Beziehung*) la liaison ④ *von Skiern* la fixation
binnen **binnen einem Jahr** dans un délai d'un an
der **Binnenhafen** le port fluvial
der **Binnenmarkt** le marché intérieur
das **Binnenmeer** la mer intérieure
die **Binse** le jonc
die **Binsenweisheit** la lapalissade
Bio (*umgs.*) *Abkürzung von* **Biologie** (*Schulfach*) ≈ les S.V.T. *(weiblich)* [ɛsvete]
die **Biochemie** la biochimie
die **Biografie** ① (*Buch*) la biographie ② (*Lebenslauf*) le curriculum [vitæ]
der **Bioladen** (*umgs.*) le magasin bio
der **Biologe** le biologiste
die **Biologie** ① la biologie ② (*Schulfach*) ≈ les sciences *(weiblich)* de la vie et de la terre
die **Biologin** la biologiste
biologisch ① biologique ② **biologisch abbaubar** biodégradable
die **Biosphäre** la biosphère
die **Biotechnik** la biotechnique

die **Biotonne** la poubelle pour déchets biodégradables
das **Biotop** le biotope
der **Biotreibstoff** le biocombustible
die **Birke** le bouleau
der **Birnbaum** le poirier
die **Birne** ❶ (*Frucht*) la poire ❷ (*Glühbirne*) l'ampoule *(weiblich)* ❸ (*umgs.: Kopf*) la caboche
bis ❶ (*zeitlich*) jusqu'à; **vom ersten bis zum dritten März** du premier au trois mars; **bis jetzt** jusqu'à maintenant; **er hat bis jetzt noch nicht angerufen** il n'a pas encore appelé; **von jetzt an bis zum Herbst** d'ici l'automne; **bis dahin** d'ici là; **bis bald!** à bientôt!; **bis dann!** à tout à l'heure! ❷ (*räumlich*) **bis hierhin** jusqu'ici; **bis [nach] Frankfurt** jusqu'à Francfort; **von oben bis unten** de °haut en bas ❸ (*einschließlich*) **alles bis auf den letzten Krümel aufessen** manger tout jusqu'à la dernière miette ❹ (*mit Ausnahme von*) **alle bis auf Robert** tous sauf Robert ❺ (*ungefähr*) **zwei bis drei Stunden** entre deux et trois heures ❻ **ich warte so lange, bis sie geht** j'attends jusqu'à ce qu'elle parte
der **Bischof** (*in der katholischen Kirche*) l'évêque *(männlich)*
bisexuell bisexuel(le)
bisher jusqu'à présent; **bisher nicht** pas encore
der/das **Biskuit** la génoise
bislang →**bisher**
der **Biss** ❶ (*Bisswunde*) la morsure ❷ (*das Beißen*) le coup de dent; **mit einem Biss** d'un coup de dent
bisschen **ein bisschen** un peu; **ein bisschen Milch** un peu de lait; **ein bisschen mehr** un peu plus [plys]; **ein bisschen wenig** pas assez; **ein bisschen schlechter** pas pire; **kein bisschen Geduld haben** n'avoir pas du tout de patience
der **Bissen** ❶ (*Happen*) le morceau ❷ (*Mund voll*) la bouchée
bissig ❶ „**Vorsicht, bissiger Hund!**" "Chien méchant!" ❷ (*sarkastisch*) virulent(e); *Ton* mordant(e) ❸ **antworten** d'une manière mordante; *reagieren* avec virulence
das **Bit** (*in der Informatik*) le bit
bitte ❶ (*wenn man duzt*) s'il te plaît; (*wenn man siezt*) s'il vous plaît; [**bringen Sie uns**] **bitte die Rechnung!** l'addition, s'il vous plaît! ❷ (*Antwort auf einen Dank*) **bitte [schön]!** (*wenn man duzt*) je t'en prie!; (*wenn man siezt*) je vous en prie! ❸ (*in ironischen Antworten*) **na bitte!** (*wenn man duzt*) ah, tu vois [bien]!; (*wenn man siezt*) ah, vous voyez [bien]! ❹ (*Höflichkeitsformel in Nachfragen*) [**wie**] **bitte?** pardon?, comment?
die **Bitte** la demande; **ich habe eine Bitte an Sie** je veux vous demander une faveur
bitten ❶ **jemanden um eine Auskunft bitten** demander un renseignement à quelqu'un; **jemanden bitten zu bleiben** prier quelqu'un de rester; **darf ich Sie um das Brot bitten?** pourriez-vous me passer le pain, s'il vous plaît? ❷ **jemanden zu sich bitten** demander à voir quelqu'un ❸ **jemanden zum Abendessen bitten** inviter quelqu'un à dîner ❹ (*beim Tanzen*) **darf ich bitten?** puis-je me permettre? ❺ **ich lasse bitten!** faites entrer! ▸ **wenn ich bitten darf!** (*auffordernd*) si ça ne vous dérange pas!; (*befehlend*) je vous prie!
bitter ❶ *Geschmack* amer/amère; **bitter schmecken** avoir un goût amer ❷ *Enttäuschung* amer/amère; *Verlust* douloureux/douloureuse; *Kälte* rigoureux/rigoureuse ❸ *lachen* avec amertume *bereuen* amèrement
bitterböse ❶ *Person* très fâché(e); *Brief* très méchant(e); *Blick* mauvais(e); **bitterböse werden** se mettre en colère ❷ **antworten** sur un ton méchant
die **Bitterkeit** (*auch übertragen*) l'amertume *(weiblich)*
das **Biwak** le bivouac
bizarr bizarre
blähen ❶ gonfler *Segel;* **sich blähen** se gonfler ❷ (*Blähungen verursachen*) ballonner
die **Blähungen** les ballonnements *(männlich)*
die **Blamage** [blaˈmaːʒə] la °honte
blamieren ❶ **jemanden blamieren** faire °honte à quelqu'un, ridiculiser quelqu'un ❷ **sich blamieren** se couvrir de ridicule

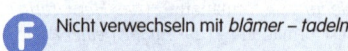
Nicht verwechseln mit *blâmer – tadeln!*

blank ❶ (*glänzend*) brillant(e) ❷ (*sauber*) étincelant(e) [de propreté] ❸ (*abgescheuert*) lustré(e) ❹ **das ist blanker Unsinn!** (*umgs.: gefährlich*) c'est de la folie pure!; (*idiotisch*) ce sont des inepties! [inɛpsi] ▸ **sie ist blank** (*umgs.*) elle est fauchée
die **Blase** ❶ (*Harnblase*) la vessie ❷ (*wunde Stelle*) l'ampoule *(weiblich)* ❸ (*Brandblase*) la cloque ❹ (*Luftblase, Sprechblase*) la bulle
blasen ❶ *Wind, Trompeter:* souffler ❷ (*spielen*) jouer *Melodie;* [**die**] **Trompete blasen** jouer de la trompette ▸ **jemandem einen**

blasen (*salopp*) tailler une pipe à quelqu'un
der **Bläser** le joueur d'instrument à vent; **die Bläser** (*Holzbläser*) les bois *(männlich)*; (*Blechbläser*) les cuivres *(männlich)*
die **Bläserin** la joueuse d'instrument à vent
blasiert *Mensch* °hautain(e)

> **F** Nicht verwechseln mit *blasé(e) – gelangweilt, übersättigt!*

das **Blasinstrument** l'instrument *(männlich)* à vent
blass ❶ pâle; **blass werden** pâlir; **vor Wut blass werden** pâlir de colère ❷ *Erinnerung* vague ❸ *Ausdruck* fade
die **Blässe** ❶ la pâleur ❷ (*nichts sagende Art*) la fadeur
das **Blatt** ❶ (*Teil einer Pflanze, Blatt Papier*) la feuille ❷ (*Seite*) la page ❸ (*Zeitung*) le canard ❹ (*beim Kartenspiel*) le jeu ▶ **kein Blatt vor den Mund nehmen** ne pas mâcher ses mots
blättern in einer Zeitschrift blättern feuilleter une revue
der **Blätterteig** la pâte feuilletée
die **Blattpflanze** la plante verte
blau bleu(e) ▶ **er ist blau** (*umgs.*) il est soûl [su]
das **Blau** le bleu
die **Blaubeere** la myrtille
der **Blauhelm** le casque bleu
das **Blaukraut** Ⓐ le chou rouge
das **Blaulicht** le gyrophare
blaumachen (*umgs.: nicht zur Arbeit/Schule gehen*) se faire porter malade
der **Blazer** ['ble:zɐ] le blazer
das **Blech** ❶ la tôle; (*Weißblech*) le fer-blanc ❷ (*Stück Blech*) la tôle ❸ (*Kuchenblech*) la plaque du four ▶ **red kein Blech!** (*umgs.*) arrête de raconter des conneries!
das **Blechblasinstrument** le cuivre
die **Blechdose** la boîte en fer-blanc
blechen (*umgs.*) **hundert Euro blechen** raquer cent euros; **für jemanden/etwas blechen** payer pour quelqu'un/quelque chose
der **Blechschaden** la tôle froissée
die **Blechschere** les cisailles *(weiblich)*

> **V** Der Singular *die Blechschere* wird mit einem Plural übersetzt: *wo ist die Blechschere? – où sont les cisailles?*

das **Blei** ❶ (*Metall*) le plomb ❷ (*Lot*) le fil à plomb
bleiben ❶ rester ❷ **wo bleibst du so lange?** mais qu'est-ce que tu fais [encore]? ❸ **gleich bleiben** rester stable; **es soll regnerisch bleiben** les pluies doivent persister ❹ **liegen bleiben** *Schirm, Schlüssel:* rester là ❺ **drei Fehler sind stehen geblieben** trois fautes ont été oubliées ❻ **an jemandem hängen bleiben** *Verdacht:* peser sur quelqu'un ❼ **an den Dornen hängen bleiben** rester accroché(e) aux épines ❽ (*nicht vorankommen*) **liegen bleiben** *Fahrzeug:* rester immobilisé(e); **stehen bleiben** *Person:* s'arrêter; *Uhr:* être arrêté(e); *Fahrzeug:* s'immobiliser ❾ **wo ist meine Brille geblieben?** où sont passées mes lunettes? ❿ **es bleibt bei meiner Entscheidung** je maintiens ma décision ⓫ (*übrig bleiben*) rester; **mir bleibt keine andere Wahl** je n'ai pas le choix ▶ **das Rauchen bleiben lassen** arrêter de fumer; **das bleibt unter uns** cela reste entre nous
bleich blême; *Haut* pâle
bleichen blanchir *Wäsche;* décolorer *Haare*
bleifrei sans plomb
der **Bleistift** le crayon [de papier]
der **Bleistiftspitzer** le taille-crayon
die **Blende** (*beim Fotografieren*) le diaphragme
blenden ❶ éblouir ❷ **sich von etwas nicht blenden lassen** ne pas se laisser éblouir par quelque chose
blendend ❶ *Lichtschein* aveuglant ❷ **blendend weiß** d'un blanc éclatant ▶ **es geht mir blendend** je vais à merveille
der **Blick** ❶ (*das Schauen*) le regard; (*flüchtig*) le coup d'œil ❷ **den Blick heben/senken** lever/baisser les yeux; **alle Blicke auf sich ziehen** attirer tous les regards ❸ (*Augenausdruck*) le regard ❹ (*Ausblick*) la vue ❺ (*Urteilskraft*) le coup d'œil ▶ **jemanden keines Blickes würdigen** (*gehoben*) ne pas daigner jeter un seul regard à quelqu'un; **auf einen Blick, mit einem Blick** d'un [seul] coup d'œil; **auf den ersten Blick** (*sofort*) du premier coup d'œil; (*beim ersten flüchtigen Hinsehen*) à première vue; **auf den zweiten Blick** en [y] regardant de plus près; **mit Blick auf ...** eu égard à ...
blicken ❶ regarder ❷ **sich blicken lassen** se montrer
das **Blickfeld** le champ de vision
der **Blickwinkel** l'angle *(männlich);* **aus diesem Blickwinkel** sous cet angle
blind ❶ aveugle ❷ **auf einem Auge blind sein** être borgne ❸ *Spiegel* mat(e) ❹ **blind fliegen** piloter sans visibilité ❺ *gehorchen* aveuglément ❻ *herausgreifen* au °hasard ▶ **bist du blind?** (*umgs.: pass doch auf!*) tu ne peux pas faire gaffe, non?
der **Blinddarm** l'appendice *(männlich)*
die **Blinddarmentzündung** l'appendicite *(weiblich)*

der **Blinde** l'aveugle *(männlich)* ▸ **das sieht doch ein Blinder!** *(umgs.)* il faut être aveugle pour ne pas s'en rendre compte!
die **Blinde** l'aveugle *(weiblich)*
die **Blindenschrift** l'écriture *(weiblich)* braille, le braille
blindlings aveuglément
die **Blindschleiche** l'orvet *(männlich)*
blinken ❶ *Edelstein:* scintiller ❷ *(Zeichen geben) Auto, Bus:* clignoter; *Autofahrer:* mettre son clignotant
der **Blinker** *(beim Auto)* le clignotant
blinzeln ❶ cligner *des* yeux ❷ *(zwinkern)* faire un clin d'œil
der **Blitz** ❶ l'éclair *(männlich)* ❷ *(Blitzschlag)* la foudre; **der Blitz hat in unser Haus eingeschlagen** la foudre est tombée sur notre maison ❸ *(beim Fotografieren)* le flash ▸ **wie ein Blitz einschlagen** faire l'effet d'une bombe; **wie der Blitz** *(umgs.)* comme l'éclair
der **Blitzableiter** le paratonnerre
blitzen ❶ **es blitzt** il y a des éclairs ❷ *(strahlen)* étinceler; **vor Sauberkeit blitzen** étinceler de propreté ❸ **geblitzt werden** *(umgs.) Autofahrer:* se faire prendre [par un radar], se faire flasher [au radar]
das **Blitzlicht** le flash [flaʃ]
der **Block** ❶ *(aus Stein)* le bloc ❷ *(Schreibblock)* le bloc; *(Notizblock)* le bloc-notes ❸ *(Häuserblock)* le pâté de maisons; *(großes Mietshaus)* le bloc
die **Blockade** le blocus
die **Blockflöte** la flûte à bec
blockieren ❶ bloquer *Tür, Straße;* couper *Stromzufuhr* ❷ *(sich nicht lösen) Bremsen:* bloquer, se bloquer
die **Blockschrift** les caractères *(männlich)* d'imprimerie
blöd, blöde *(umgs.)* ❶ *Person* bête ❷ *Situation* embêtant(e); **zu blöd[e]!** c'est con! ❸ *reden* comme un idiot/une idiote; *gucken* bêtement; *sich verhalten* comme un manche
der **Blödsinn** *(umgs.)* la bêtise; **mach keinen Blödsinn!** ne fais pas de conneries!
das **Blog** [blɔg] *(in der Informatik)* le blog; **ein Blog erstellen** créer un blog
bloggen *(in der Informatik)* bloguer
der **Blogger** *(in der Informatik)* le blogueur
die **Bloggerin** *(in der Informatik)* la blogueuse
blond blond(e)
bloß ❶ *(unbedeckt)* nu(e); **mit bloßem Auge** à l'œil nu ❷ *(alleinig)* pur(e) ❸ *(umgs.: nur)* seulement ❹ **was hat sie bloß?** *(umgs.)* qu'est-ce qui lui prend?; **hör bloß auf damit!** *(umgs.)* arrête donc!

die **Bluejeans** [ˈbluːdʒɪns] le blue-jean [bludʒin], le blue-jeans [bludʒins]
bluffen [ˈblœfn̩] *(umgs.)* bluffer
blühen ❶ *Pflanze:* fleurir; *Garten:* être en fleurs ❷ *(florieren)* être florissant(e) ▸ **das kann dir auch noch blühen!** *(umgs.)* ça te pend au nez!
die **Blume** la fleur ▸ **etwas durch die Blume sagen** faire comprendre quelque chose à demi-mot
der **Blumenkohl** le chou-fleur
der **Blumenladen** le fleuriste
der **Blumenstrauß** le bouquet de fleurs
die **Blumenvase** le vase
die **Bluse** le chemisier

die **Bluse**

F Nicht verwechseln mit *la blouse* – *der Kittel!*

das **Blut** le sang; **jemandem Blut abnehmen** faire une prise de sang à quelqu'un
das **Blutbild** la formule sanguine
der **Blutdruck** la tension [artérielle]; **zu hohen Blutdruck haben** faire de l'hypertension; **zu niedrigen Blutdruck haben** faire de l'hypotension
die **Blüte** ❶ *einer Pflanze* la fleur ❷ *(das Blühen)* la floraison ❸ *(umgs.: falsche Banknote)* le faux billet
bluten saigner ▸ **für etwas bluten [müssen]** *(umgs.)* [devoir] se saigner aux quatre veines pour quelque chose
der **Bluterguss** l'hématome *(männlich)*
das **Blutgefäß** le vaisseau sanguin
die **Blutgruppe** le groupe sanguin
blutig ❶ *Nase* en sang ❷ *Taschentuch* taché(e) de sang ❸ *Steak* saignant(e) ❹ *Schlacht* sanglant(e)
die **Blutprobe** la prise de sang
die **Blutspende** le don du sang
die **Bluttransfusion** la transfusion sanguine
die **Blutung** ❶ le saignement ❷ *(Monatsblutung)*

les règles *(weiblich)*

> In ❷ wird der Singular *die Blutung* mit einem Plural übersetzt: *die letzte Blutung war ziemlich stark – les dernières règles étaient plutôt abondantes.*

die **Blutvergiftung** l'empoisonnement *(männlich)* du sang
die **Blutwurst** le boudin [noir]
die **BLZ** *Abkürzung von* **Bankleitzahl** le code banque
das **b-Moll** le si bémol mineur
die **Bö** la rafale
der **Bob** *(Sportschlitten)* le bob, le bobsleigh
der **Bock** ❶ *(Schafbock)* le bélier; *(Ziegenbock)* le bouc; *(Rehbock)* le chevreuil ❷ *(Untergestell)* le tréteau ❸ *(Sportgerät)* le cheval d'arçons ▶ **Bock haben, etwas zu tun** *(umgs.)* avoir envie de faire quelque chose; **keinen** [*oder* **null**] **Bock haben, etwas zu tun** *(umgs.)* ne pas avoir envie de faire quelque chose

> Bei der ersten Wortbedeutung, dem männlichen Tier, gibt es je nach Tierart unterschiedliche Übersetzungen.

bocken *(umgs.) Kind:* faire la gueule; *Tier:* refuser d'avancer
das **Bockshorn sich von jemandem ins Bockshorn jagen lassen** *(umgs.)* se laisser intimider par quelqu'un
das **Bockspringen** le saut de mouton
der **Boden** ❶ *(Erde, Fußboden)* le sol; **zu Boden sinken** *Person:* s'effondrer ❷ *(Ackerboden)* le sol ❸ *(Erdreich)* la terre ❹ *(Grundstück)* le terrain ❺ *(Teppichboden)* la moquette ❻ *(Dachboden)* le grenier ❼ *eines Behälters* le fond; *einer Flasche* le cul ❽ *(Tortenboden)* le fond ❾ *(Grundlage)* la base ▶ **an Boden gewinnen** gagner du terrain; **an Boden verlieren** perdre du terrain
bodenlos *(unerhört)* inouï(e)
die **Bodenschätze** les richesses *(weiblich)* minières
der **Bodensee** le lac de Constance
das **Bodenturnen** la gymnastique au sol
das **Bodybuilding** ['bɔdibɪldɪŋ] le body-building, la musculation
der **Bogen** ❶ *(Bogenlinie, auch in der Mathematik)* l'arc *(männlich)*; **einen Bogen machen** *Straße, Fluss:* faire un coude ❷ *(Papierbogen)* la feuille ❸ *(Schusswaffe)* l'arc *(männlich)* ❹ *(Geigenbogen)* l'archet *(männlich)* ❺ *(in der Notenschrift)* le signe de liaison ❻ *(in der Architektur)* l'arc *(männlich)*; *(Brückenbogen)* l'arche *(weiblich)* ▶ **den Bogen raushaben** *(umgs.)* avoir de l'assurance;

den Bogen überspannen tirer sur la corde
die **Bohne** ❶ le °haricot ❷ *(Kaffeebohne)* le grain de café ▶ **nicht die Bohne!** *(umgs.)* que dalle!
bohren ❶ creuser *Brunnen, Loch* ❷ percer *Holz, Metall* ❸ **einen Pflock in die Erde bohren** enfoncer un pieu dans le sol ❹ **in der Nase bohren** se mettre les doigts dans le nez ❺ *Zahnarzt:* passer la roulette ❻ **nach Öl bohren** forer pour chercher du pétrole ❼ *(umgs.: fragen)* revenir à la charge ❽ **in jemandem bohren** *Zweifel:* ronger quelqu'un
der **Bohrer** ❶ *(Bohrmaschine)* la perceuse ❷ *(Bohreinsatz)* la mèche ❸ *(Zahnarztbohrer)* la fraise
die **Bohrinsel** la plate-forme de forage
die **Bohrmaschine** la perceuse [électrique]
böig *Wetter* venteux/venteuse; **der böige Wind** le vent en rafales
der **Boiler** le chauffe-eau
die **Boje** la balise
Bolivien la Bolivie
das **Bollwerk** le bastion ⚠ *männlich*
der **Bolzen** ❶ *(in der Technik)* le boulon ❷ *(Geschoss)* la flèche
bombardieren ❶ bombarder; *(mit Granaten beschießen)* pilonner ❷ **jemanden mit Fragen bombardieren** *(umgs.)* assaillir quelqu'un de questions
bombastisch ❶ *(schwülstig)* ronflant(e) ❷ *(pompös)* pompeux/pompeuse
die **Bombe** la bombe ▶ **wie eine Bombe einschlagen** faire l'effet d'une bombe
der **Bombenangriff** le bombardement
der **Bombenanschlag** l'attentat *(männlich)* à la bombe
der **Bombenerfolg** *(umgs.)* le succès du tonnerre
bombenfest *(umgs.)* bien arrêté(e)
die **Bombenform** *(umgs.)* la super forme; **in Bombenform sein** *Sportler, Mannschaft:* être en super forme
das **Bombengeschäft** *(umgs.)* la super affaire
bombensicher ❶ *Bunker* anti-bombe ❷ *(umgs.: absolut sicher) Tipp* en béton
die **Bombenstimmung** *(umgs.)* l'ambiance *(weiblich)* du tonnerre
der **Bomber** *(umgs.: Flugzeug)* le bombardier
bombig *(umgs.)* ❶ *Party, Stimmung* du tonnerre ❷ **sich amüsieren** vachement bien
der **Bon** [bɔŋ] ❶ *(Kassenzettel)* le ticket ❷ *(Gutschein)* le bon
das/der **Bonbon** ['bɔŋbɔŋ] le bonbon
bongen *(umgs.)* encaisser *Betrag, Bestellung; siehe auch* **gebongt**

der **Bonus** ❶ (*Versicherungsrabatt, Vorteil*) le bonus ❷ (*Punktgutschrift*) la bonification
der **Boom** [buːm] le boom
boomen [ˈbuːmən] (*umgs.*) connaître un boom
das **Boot** le bateau; (*Ruderboot*) la barque; (*Segelboot*) le voilier; (*Motorboot*) le bateau à moteur; **Boot fahren** faire du bateau ▸ **wir sitzen alle in einem Boot** nous sommes tous logés/toutes logées à la même enseigne

> ⓥ Es gibt keine einheitliche Übersetzung, sondern je nach Bootsart unterschiedliche Übersetzungen.

die **Bootsfahrt** la promenade en bateau
das **Bootshaus** le °hangar à bateaux
der **Bord** **an Bord gehen/kommen** monter à bord; **von Bord gehen** débarquer; **über Bord gehen** passer par-dessus bord ▸ **etwas über Bord werfen** mettre quelque chose au panier
das **Bord** (*Regalbrett*) la tablette
die **Bordkarte** la carte d'embarquement
der **Bordstein** la bordure de trottoir
borgen ❶ **sich von jemandem ein Buch borgen** emprunter un livre à quelqu'un ❷ **jemandem seinen Kuli borgen** prêter son stylo bille à quelqu'un
die **Borke** l'écorce (*weiblich*)
borniert borné(e)
die **Börse** ❶ (*Geldbörse*) la bourse ❷ (*Gebäude, Wertpapierhandel*) la Bourse
der **Börsenbericht** le bulletin de la Bourse
der **Börsenkrach** le krach [kʀak] boursier
der **Börsenkurs** le cours en Bourse
die **Börsenspekulation** la spéculation boursière
die **Borste** ❶ *einer Bürste* le poil; (*fein*) la soie ❷ (*Schweineborste*) la soie
die **Borte** le galon
bösartig ❶ *Tier, Person* méchant(e) ❷ *Tumor* malin/maligne
die **Böschung** *einer Straße* le talus; *eines Flusses* la berge
böse ❶ *Person* méchant(e); *Absicht* mauvais(e) ❷ (*umgs.: unartig*) vilain(e) ❸ (*unangenehm*) **eine böse Sache** une sale histoire; **das sieht böse für ihn aus** ça se présente mal pour lui ❹ *Gesicht* fâché(e) ❺ **sei [mir] nicht böse, aber ...** ne m'en veux pas, mais ... ❻ **ich habe es nicht böse gemeint** je n'ai pas pensé à mal
boshaft méchant(e)
die **Bosheit** la méchanceté
Bosnien la Bosnie
der **Bosnier** le Bosniaque

die **Bosnierin** la Bosniaque
der **Boss** (*umgs.*) le boss
böswillig ❶ *Bemerkung* méchant(e); *Handlung* malveillant(e) ❷ **böswillig handeln** agir dans une mauvaise intention
die **Botanik** la botanique
botanisch botanique
der **Bote** ❶ (*Kurier*) le messager ❷ (*Laufbursche*) le coursier; *einer Firma* le commissionnaire
die **Botin** ❶ (*Kurier*) la messagère ❷ (*Laufmädchen*) la coursière; *einer Firma* la commissionnaire
die **Botschaft** ❶ (*Nachricht*) le message ❷ (*Gesandtschaft*) l'ambassade (*weiblich*)
der **Botschafter** l'ambassadeur (*männlich*)
die **Botschafterin** l'ambassadrice (*weiblich*)
der **Bottich** le baquet
die **Bouillon** [buˈljɔ̃] le bouillon ⚠ *männlich*
der **Boulevardjournalist** [buləˈvaːɐ̯ʒʊrnalɪst] le journaliste people [piˈpœl]
die **Boulevardjournalistin** [buləˈvaːɐ̯ʒʊrnalɪstɪn] la journaliste people [piˈpœl]
die **Boulevardpresse** la presse à sensation [*oder* à scandale]
die **Box** ❶ (*Pferdebox*) le box ⚠ *männlich* ❷ (*Lautsprecher*) l'enceinte (*weiblich*) ❸ (*Behälter*) la mallette ❹ (*für Rennwagen*) le stand [stɑ̃d]
boxen ❶ boxer; **gegen jemanden boxen** boxer contre quelqu'un ❷ **er hat ihm** [*oder* **ihn**] **ins Gesicht geboxt** il lui a donné des coups de poing dans la figure
das **Boxen** la boxe
der **Boxer** ❶ (*Sportler*) le boxeur ❷ (*Hund*) le boxer
die **Boxerin** la boxeuse
die **Boxershorts** le boxer-short; **ein Paar Boxershorts** un boxer-short
der **Boxhandschuh** le gant de boxe
der **Boxkampf** ❶ le match de boxe ❷ (*Boxsport*) la boxe

> ⓥ Der Plural *die Boxershorts* wird mit einem Singular übersetzt: *diese Boxershorts sind hübsch – ce boxer-short est joli.*

der **Boykott** le boycottage, le boycott
boykottieren boycotter
das **Brachland** la friche
brach **brach liegen** (*auch übertragen*) être en friche; (*vorübergehend*) être en jachère
die **Branche** la branche
das **Branchenverzeichnis** l'annuaire (*männlich*) professionnel
der **Brand** l'incendie (*männlich*); **etwas in Brand stecken** mettre le feu à quelque chose; **in**

Brand geraten prendre feu
brandaktuell d'une brûlante actualité
der **Brandanschlag** l'incendie *(männlich)* criminel
Brandenburg *(Bundesland)* le Brandebourg
brandneu *Auto, Computer* flambant neuf/neuve; **brandneu sein** *CD, Buch, Film:* venir de sortir
der **Brandstifter** l'incendiaire *(männlich)*
die **Brandstifterin** l'incendiaire *(weiblich)*
die **Brandstiftung** l'incendie *(männlich)* criminel
die **Brandung** le déferlement des vagues
die **Brandwunde** la brûlure
Brasilien le Brésil; **nach Brasilien fliegen** aller au Brésil en avion; **in Brasilien leben** vivre au Brésil
braten ❶ faire cuire [à la poêle]; **das Fleisch in der Pfanne braten** faire cuire la viande à la poêle ❷ *(gar werden)* cuire
der **Braten** le rôti
das **Brathähnchen**, das **Brathendl** Ⓐ le poulet rôti
die **Bratkartoffeln** les pommes *(weiblich)* de terre sautées
die **Bratpfanne** la poêle [à frire]
die **Bratsche** l'alto *(männlich)*
die **Bratwurst** ❶ *(Wurst zum Braten)* la saucisse à griller ❷ *(gebratene Wurst)* la saucisse grillée
der **Brauch** ❶ la coutume ❷ **das ist hier [so] Brauch** c'est d'usage ici
brauchbar ❶ *(verwendbar)* utilisable ❷ *Vorschlag* valable ❸ **für etwas brauchbar sein** être adapté(e) à quelque chose
brauchen ❶ **jemanden/etwas brauchen** avoir besoin de quelqu'un/quelque chose ❷ **eine Stunde brauchen, um etwas zu tun** mettre une heure pour faire quelque chose; **wie lange brauchst du noch?** il te faut encore combien de temps? ❸ **du brauchst nur anzurufen** tu n'as qu'à téléphoner; **Sie brauchen es gar nicht erst zu versuchen** ce n'est pas la peine d'essayer
die **Braue** le sourcil
braun ❶ *Haar* brun(e); *Augen, Pullover* marron; **er hat braune Haare** il a les cheveux bruns ❷ *Hautfarbe* mat(e) ❸ *(sonnengebräunt)* braun [gebrannt] bronzé(e)
der **Braunbär** l'ours *(männlich)* brun [uʀs bʀɛ̃]
die **Bräune** la couleur brune; *(Sonnenbräune)* le bronzage
bräunen ❶ **sich in der Sonne bräunen** se faire bronzer au soleil ❷ **die Sonne bräunt die Haut** le soleil bronze la peau ❸ faire revenir *Speck;* faire dorer *Zwiebeln, Knoblauch, Butter*

die **Braunkohle** le lignite [liɲit]
brausen ❶ *Wind, Wellen:* mugir ❷ *(umgs.: schnell fahren)* **durch die Stadt brausen** foncer à travers la ville
die **Brausetablette** le comprimé effervescent
die **Braut** la mariée
der **Bräutigam** le marié
das **Brautkleid** la robe de mariée
das **Brautpaar** les [jeunes] mariés *(männlich)*
brav *Kind* sage; **ein braver Hund** un brave chien
bravo bravo; **bravo rufen** crier bravo
die **BRD** *Abkürzung von* **Bundesrepublik Deutschland** la R.F.A. [ɛʀɛfa]
brechen ❶ casser *Arm, Bein* ❷ briser *Eis* ❸ **die Steine aus der Mauer brechen** arracher les pierres du mur ❹ rompre *Vertrag, Schwur* ❺ battre *Rekord* ❻ briser *Widerstand;* détruire *Willen* ❼ réfracter *Licht;* briser *Wellen* ❽ *(umgs.: sich übergeben)* vomir ❾ *(kaputtgehen)* *Achse, Ast:* [se] casser, se rompre ❿ *(brüchig sein)* *Leder:* se fendre; *Teppich:* se couper ⓫ **die Sonne bricht durch die Wolken** le soleil perce à travers les nuages ⓬ **mit jemandem/etwas brechen** rompre avec quelqu'un/quelque chose
der **Brechreiz** la nausée
die **Brechung** *des Lichts* la réfraction; *des Schalls* la répercussion
der **Brei** ❶ *(Reisbrei, Grießbrei)* la bouillie; *(Püree)* la purée ❷ *(dickflüssige Masse)* la pâte ▶ **um den heißen Brei herumreden** *(umgs.)* tourner autour du pot
breiig visqueux/visqueuse
breit ❶ *(nicht schmal)* large; *Nase* plat(e); **drei Meter breit sein** avoir trois mètres de large; **die Straße breiter machen** élargir la rue ❷ *Publikum* vaste; **breite Zustimmung finden** trouver un large consensus ❸ **die Packung/das Päckchen breit drücken** aplatir le paquet ❹ **breit grinsen** arborer un large sourire ❺ **sich breit hinsetzen** s'étendre ❻ *(umgs.: betrunken)* raide, blindé(e)
die **Breite** ❶ la largeur ❷ *von Interessen* l'étendue *(weiblich)* ❸ *(in der Geografie)* la latitude; **in unseren Breiten** sous nos latitudes ▶ **in aller Breite** en long et en large
der **Breitengrad** le degré de latitude; **auf dem 50. Breitengrad liegen** être situé(e) sous 50 degrés de latitude
breitmachen *(umgs.)* **sich breitmachen** *Person:* prendre beaucoup de place; *Stimmung:* se propager
breitschlagen *(umgs.)* **sich breitschlagen lassen** *(nachgeben)* finir par céder; **sich**

von jemandem breitschlagen lassen finir par céder à quelqu'un
breitschult[e]rig large d'épaules
breittreten (*umgs.*) étaler *Einzelheiten;* s'appesantir sur *Thema*
Bremen Brême
die **Bremse** ❶ le frein; **auf die Bremse treten** donner un coup de frein[s] ❷ (*Insekt*) le taon
bremsen (*auch übertragen*) freiner
das **Bremslicht** le feu stop, le stop
das **Bremspedal** la pédale de frein
brennbar combustible; **leicht brennbar** facilement inflammable
brennen ❶ brûler; *Zigarette, Kerze:* se consumer; **das Streichholz brennt nicht** l'allumette ne s'enflamme pas ❷ **es brennt!** au feu! ❸ (*angeschaltet sein*) être allumé(e) ❹ (*schmerzen*) brûler; **auf der Haut brennen** piquer la peau ❺ (*rösten*) griller *Mandeln;* torréfier *Kaffee* ❻ **darauf brennen, etwas zu tun** brûler de faire quelque chose
die **Brennnessel** l'ortie (*weiblich*)
der **Brennpunkt** ❶ *der Ereignisse* le centre ❷ (*in der Optik*) le foyer ❸ (*in der Mathematik*) la focale
der **Brennstab** la barre de combustible nucléaire
der **Brennstoff** le combustible
brenzlig (*umgs.*) *Situation* critique; **das wird/ist mir zu brenzlig** ça sent le roussi
die **Bretagne** [brɛˈtaɲə] la Bretagne
der **Bretone** le Breton
die **Bretonin** la Bretonne
das **Brett** ❶ (*Planke*) la planche ❷ (*Regalbrett*) l'étagère (*weiblich*) ❸ (*Sprungbrett*) le plongeoir ❹ (*Spielbrett*) le plateau; (*Schachbrett*) l'échiquier (*männlich*); (*Damebrett*) le damier ▶ **ein Brett vorm Kopf haben** (*umgs.*) être complètement bouché(e); **das schwarze Brett** le tableau d'affichage

> **V** Bei der vierten Wortbedeutung, dem Spielbrett, muss man je nach Spiel eine andere Übersetzung verwenden.

die **Brezel** le bretzel ⚠ *männlich*
der **Brie** le brie
der **Brief** la lettre ▶ **der blaue Brief** (*in der Schule*) l'avertissement (*männlich*)
der **Briefbogen** la feuille de papier à lettres
der **Brieffreund** le correspondant
die **Brieffreundin** la correspondante
der **Briefkasten** la boîte aux lettres
der **Briefkopf** l'en-tête (*männlich*) [de lettre]
brieflich par écrit
die **Briefmarke** le timbre-poste, le timbre
die **Briefmarkensammlung** la collection de timbres
der **Brieföffner** le coupe-papier
das **Briefpapier** le papier à lettres
die **Brieftasche** le portefeuille
der **Briefträger** le facteur
die **Briefträgerin** la factrice
der **Briefumschlag** l'enveloppe (*weiblich*)
der **Briefwechsel** la correspondance
das **Brikett** la briquette ⚠ *weiblich*

> **F** Nicht verwechseln mit *le briquet – das Feuerzeug!*

brillant [brɪlˈjant] brillant(e) [bʀijɑ̃(t)]
der **Brillant** [brɪlˈjant] le brillant [bʀijɑ̃]
die **Brille** ❶ les lunettes (*weiblich*); **eine Brille tragen** porter des lunettes ❷ (*Klosettsitz*) la lunette [des W.C.]

> **V** In ❶ wird der Singular *die Brille* mit einem Plural übersetzt: *wo ist meine Brille? – où sont mes lunettes?*; *er hat zwei Brillen – il a deux paires de lunettes.*

bringen ❶ apporter *Gegenstand* ❷ (*servieren*) servir ❸ (*befördern*) amener; (*als Fahrer*) conduire ❹ **jemanden nach Hause bringen** ramener quelqu'un à la maison; **jemanden zur Tür bringen** [r]accompagner quelqu'un à la porte ❺ (*darbieten*) **etwas bringen** *Theater:* présenter quelque chose; *Kino:* passer quelque chose; **was bringt das Fernsehen heute Abend?** qu'est-ce qu'il y a à la télé, ce soir? ❻ publier *Reportage, Interview* ❼ **das Gespräch auf etwas bringen** amener la conversation sur quelque chose ❽ **jemanden dazu bringen, etwas zu tun** amener quelqu'un à faire quelque chose; **jemanden so weit bringen, dass er aufgibt** forcer quelqu'un à abandonner; **jemanden zum Weinen bringen** faire pleurer quelqu'un ❾ **etwas hinter sich bringen** en finir avec quelque chose ❿ **jemanden vor Gericht bringen** mener quelqu'un devant le tribunal ⓫ **etwas mit sich bringen** *Politik, Reform:* avoir quelque chose pour conséquence ⓬ **es nicht über sich bringen, etwas zu tun** ne pas pouvoir se résoudre à faire quelque chose ⓭ **du bringst mich noch um den Verstand!** tu vas me faire perdre la tête! ⓮ **das kannst du doch nicht bringen!** (*umgs.*) tu ne peux pas faire ça! ▶ **das bringt nichts** (*umgs.*) ça ne sert à rien; **es zu etwas bringen** réussir
die **Brise** la brise
der **Brite** le Britannique
die **Britin** la Britannique

britisch britannique
der **Brocken** ❶ (*Stück, Bissen*) le morceau ❷ (*Erdbrocken*) la motte ❸ (*Steinbrocken*) le bloc ❹ (*übertragen*) **er kann nur ein paar Brocken Französisch** il ne connaît que des bribes *(weiblich)* de français ▸ **ein harter Brocken sein** (*umgs.*) *Gegner, Aufgabe:* être un gros morceau
brodeln bouillonner
der **Brokkoli** le brocoli
die **Brombeere** ❶ (*Frucht*) la mûre ❷ (*Strauch*) la ronce
die **Bronchien** les bronches *(weiblich)*
die **Bronchitis** la bronchite
die **Bronze** ['brɔ̃:sə] ❶ (*Metall*) le bronze [brõz] ❷ **Bronze gewinnen** (*umgs.*) remporter une médaille/la médaille de bronze
die **Bronzemedaille** la médaille de bronze
die **Bronzezeit** l'âge *(männlich)* du bronze
die **Brosche** la broche
die **Broschüre** la brochure
das **Brot** ❶ le pain ❷ **eine Scheibe Brot** une tranche de pain; **sich Butter aufs Brot streichen** beurrer sa tartine; **ein belegtes Brot mit Schinken** (*einfache Schnitte*) une tranche de pain avec du jambon; (*doppelte Schnitte*) un sandwich [sɑ̃dwi(t)ʃ] au jambon
das **Brötchen** le petit pain; **ein belegtes Brötchen mit Käse** (*Brötchenhälfte*) un demi--petit pain au fromage; (*ganzes Brötchen*) ≈ un sandwich [sɑ̃dwi(t)ʃ] au fromage
der **Brotkorb** la corbeille à pain
die **Brotkruste** la croûte du pain
der **Browser** ['braʊzɐ] (*für das Internet*) le navigateur Web [wɛb]
der **Bruch** ❶ (*auch übertragen: das Brechen*) la rupture ❷ (*Knochenbruch*) la fracture ❸ (*Leistenbruch*) l'hernie *(weiblich)* ❹ (*Bruchzahl*) la fraction ❺ (*zerbrochene Ware*) les débris *(männlich)* ▸ **zu Bruch gehen** se casser; **in die Brüche gehen** *Beziehung, Ehe:* se solder par un échec
brüchig ❶ *Gestein:* friable; *Leder:* cassant(e) ❷ *Stimme:* cassé(e)
das **Bruchrechnen**, die **Bruchrechnung** le calcul de fractions
das **Bruchstück** ❶ *eines Gegenstands* le morceau ❷ *eines Lieds* le fragment; *einer Rede* les bribes *(weiblich)*
der **Bruchteil** la fraction
die **Bruchzahl** le nombre fractionnaire
die **Brücke** ❶ (*auch übertragen*) le pont ❷ (*auf einem Schiff*) la passerelle ❸ (*Zahnersatz*) le bridge ❹ (*Teppich*) la carpette ▸ **er hat alle Brücken hinter sich abgebrochen** il a coupé les ponts derrière lui
der **Bruder** le frère
brüderlich ❶ fraternel(le) ❷ **sie teilen alles brüderlich** ils partagent tout fraternellement
die **Brühe** ❶ le bouillon △ *männlich;* **die kräftige Brühe** le consommé ❷ (*umgs.: Schmutzwasser*) l'eau *(weiblich)* boueuse
brühwarm **etwas brühwarm weitererzählen** (*umgs.*) raconter quelque chose aussi sec
brüllen ❶ *Person:* crier; (*laut und heftig*) °hurler ❷ *Affe:* °hurler; *Raubtier:* rugir; *Vieh:* mugir ❸ **er hat mir etwas ins Ohr gebrüllt** il m'a °hurlé quelque chose à l'oreille
brummen ❶ *Insekt:* bourdonner; *Bär:* grogner; *Motor:* ronfler; *Triebwerk:* vrombir ❷ (*singen*) chanter d'une voix caverneuse ❸ grommeler *Antwort* ❹ (*umgs.: florieren*) être florissant(e) ❺ **mir brummt der Schädel** (*umgs.*) j'ai la tête qui bourdonne
brünett brun(e)
der **Brunnen** ❶ (*Wasserstelle, Ziehbrunnen*) le puits; **Wasser am** [*oder* **vom**] **Brunnen holen** puiser de l'eau au puits ❷ (*Zierbrunnen*) la fontaine ❸ (*Heilquelle*) la source
brüsk ❶ *Antwort* brutal(e) ❷ *sich abwenden* brusquement; *antworten* brutalement
brüskieren brusquer
Brüssel Bruxelles [brysɛl]
die **Brust** ❶ (*Brustkasten*) le thorax, la poitrine ❷ (*weibliche Büste*) la poitrine, les seins *(männlich)*; **die rechte/linke Brust** le sein droit/gauche ❸ (*Fleischsorte*) la poitrine; *von Geflügel* le blanc ❹ (*Brustschwimmen*) **die 100 Meter Brust gewinnen** remporter le 100 mètres brasse
der **Brustbeutel** la pochette de sécurité (*portée sur la poitrine autour du cou*)
brüsten se vanter; **sich mit seinem Erfolg brüsten** se vanter de son succès
der **Brustkorb** la cage thoracique
der **Brustkrebs** le cancer du sein
das **Brustschwimmen** la brasse
die **Brüstung** la balustrade
die **Brut** ❶ (*das Brüten*) la couvaison ❷ (*Jungvögel*) la couvée
brutal ❶ brutal(e); **ein brutaler Kerl** une brute ❷ *vorgehen* avec brutalité
brüten ❶ *Vogel:* couver ❷ **über einer Aufgabe brüten** cogiter sur un devoir
der **Brutkasten** la couveuse
die **Brutstätte** le nid
brutto brut(e) [bryt]; **2000 Euro brutto ver-**

dienen gagner 2000 euros brut
das **Bruttogehalt**, der **Bruttolohn** le salaire brut
das **Bruttosozialprodukt** le produit national brut
BSE *Abkürzung von* **bovine spongiforme Enzephalopathie** l'ESB *(weiblich)* [œɛsbe]
das **BSP** *Abkürzung von* **Bruttosozialprodukt** le PNB [peɛnbe]
der **Bub** Ⓐ, ⓒⱧ le gamin
der **Bube** *(Spielkarte)* le valet
das **Buch** le livre ▸ **das ist für mich ein Buch mit sieben Siegeln** c'est de l'hébreu pour moi; **reden wie ein Buch** *(umgs.)* être une vraie pipelette; **..., wie er/es im Buche steht** ...tel(le) qu'on se l'imagine
der **Buchdruck** la typographie
die **Buche** le °hêtre
buchen réserver *Flug, Hotelzimmer;* s'inscrire à *Reise*
die **Bücherei** la bibliothèque
das **Bücherregal** la bibliothèque
der **Bücherschrank** la bibliothèque
der **Bücherwurm** le rat de bibliothèque
der **Buchfink** le pinson
der **Buchhalter** le comptable
die **Buchhalterin** la comptable
die **Buchhaltung** la comptabilité
der **Buchhändler** le libraire
die **Buchhändlerin** la libraire
die **Buchhandlung** la librairie
der **Buchsbaum** le buis
die **Büchse** ❶ la boîte ❷ *(Sammelbüchse)* le tronc
der **Büchsenöffner** l'ouvre-boîte *(männlich)*
der **Buchstabe** ❶ la lettre; **der kleine Buchstabe** la minuscule; **der große Buchstabe** la majuscule ❷ *(Druckbuchstabe)* le caractère [d'imprimerie]
buchstabieren épeler
buchstäblich littéralement
die **Buchstütze** le serre-livres
die **Bucht** ❶ *(Meeresbucht)* la baie ❷ *(kleine Bucht)* la crique
die **Buchung** ❶ *(Reservierung)* la réservation ❷ *(auf einem Konto)* l'écriture *(weiblich)*
der **Buckel** ❶ *(Verwachsung)* la bosse ❷ **die Katze macht einen Buckel** le chat fait le gros dos ▸ **rutsch mir doch den Buckel runter!** *(umgs.)* lâche-moi les baskets!
bücken sich bücken se baisser, se pencher; **sich nach einem Geldstück bücken** se baisser [*oder* se pencher] pour ramasser une pièce de monnaie
bucklig *(umgs.)* ❶ *Mensch* bossu(e) ❷ *(uneben)* bosselé(e)
buddeln *(umgs.)* ❶ *Kinder, Bauarbeiter:* faire un trou/des trous ❷ creuser *Loch*
der **Buddhismus** le bouddhisme
die **Bude** ❶ *(Hütte)* la cabane ❷ *(Kiosk)* le stand ❸ *(umgs.: Wohnung, Zimmer)* la piaule
das **Budget** [bγ'dʒe:] le budget [bydʒɛ]
das **Büfett** [bγ'fe:] *(Anrichte)* le buffet [byfɛ] ▸ **das kalte Büfett** le buffet froid
der **Büffel** le buffle
büffeln *(umgs.)* bûcher
der **Bug** ❶ *eines Schiffs* la proue ❷ *eines Flugzeugs* le nez
der **Bügel** ❶ *(Kleiderbügel)* le cintre ❷ *(Brillenbügel)* la branche ❸ *(Steigbügel)* l'étrier *(männlich)*
das **Bügeleisen** le fer à repasser
bügelfrei infroissable
bügeln repasser
buh °hou, ou
die **Bühne** ❶ *eines Theaters* la scène; **auf der Bühne stehen** se produire [sur scène], monter sur les planches ❷ *(Theater)* le théâtre ▸ **etwas über die Bühne bringen** *(umgs.)* en finir avec quelque chose
das **Bühnenbild** les décors *(männlich)*

Ⓥ Der Singular *das Bühnenbild* wird mit einem Plural übersetzt: *das Bühnenbild* ist beeindruckend – *les décors* sont impressionnants.

Bulgarien la Bulgarie
das **Bullauge** le °hublot
der **Bulle** ❶ *(männliches Rind)* le taureau ❷ *(umgs.: Polizist)* le flic
die **Bullenhitze** *(umgs.)* la chaleur à crever; **es herrschte eine Bullenhitze** il faisait une chaleur à crever
das **Bulletin** [byl'tɛ̃:] le communiqué
der **Bumerang** le boomerang [bumʀãg]
der **Bummel** *(umgs.)* la balade
bummeln *(umgs.)* ❶ *(bummeln gehen)* aller se balader ❷ *(trödeln)* traînasser
bumsen *(umgs.)* ❶ **es hat gebumst** *(es hat ein Geräusch gegeben)* ça a fait boum; *(es hat einen Unfall gegeben)* ça a cartonné ❷ **gegen die Tür bumsen** *(hämmern)* tambouriner à la porte; *(prallen)* rentrer dans la porte ❸ **mit jemandem bumsen** coucher avec quelqu'un
der **Bund** ❶ *(Vereinigung, Verband)* l'association *(weiblich)* ❷ *(Bündnis)* l'alliance *(weiblich)* ❸ *(Konföderation)* la fédération ❹ [der] **Bund und** [die] **Länder** le Bund et les Länder ❺ *(umgs.: Bundeswehr)* l'armée *(weiblich)* allemande ❻ *(Rockbund, Hosenbund)* la ceinture ▸ **mit jemandem im Bunde sein** être le/la complice de quelqu'un

das **Bund** la botte; **ein Bund Radieschen** une botte de radis
das **Bündel** ❶ **ein Bündel Wäsche** un paquet de linge; **ein Bündel Banknoten** une liasse de billets de banque; **ein Bündel Stroh** une botte de paille ❷ **ein ganzes Bündel von Fragen** une ribambelle de questions
bündeln ❶ faire une liasse avec *Banknoten;* **das Altpapier bündeln** faire un paquet/des paquets avec les vieux papiers; **das Stroh bündeln** mettre la paille en bottes ❷ focaliser *Strahlen*
die **Bundesbahn die Deutsche Bundesbahn** (*früher*) les chemins (*männlich*) de fer allemands; **die Österreichischen/Schweizerischen Bundesbahnen** les chemins de fer autrichiens/suisses
die **Bundesbank die [Deutsche] Bundesbank** la banque fédérale [allemande]
der **Bundesbürger** le citoyen de la République fédérale d'Allemagne
die **Bundesbürgerin** la citoyenne de la République fédérale d'Allemagne
das **Bundesgebiet** le territoire fédéral
die **Bundeshauptstadt** la capitale fédérale
der **Bundeskanzler** ❶ (*Regierungschef*) le chancelier fédéral ❷ ⒸⒽ (*Regierungsbeamter*) le chancelier de la Confédération
die **Bundeskanzlerin** ❶ (*Regierungschefin*) la chancelière [fédérale] ❷ ⒸⒽ (*Regierungsbeamtin*) le chancelier de la Confédération

ⒼDie Femininform *la chancelière*, wie unter ❶ angegeben, ist neueren Datums: *die deutsche Bundeskanzlerin – la chancelière allemande.*

das **Bundesland** ❶ le land ❷ **die alten/neuen Bundesländer** les anciens/nouveaux länder
die **Bundesliga** ≈ la première division
der **Bundesminister** le ministre fédéral
die **Bundesministerin** la ministre fédérale
das **Bundesministerium** le ministère fédéral
die **Bundespost die Österreichische Bundespost** la poste fédérale autrichienne
der **Bundespräsident** le président de la République fédérale; ⒸⒽ le président de la Confédération
die **Bundespräsidentin** la présidente de la République fédérale; ⒸⒽ la présidente de la Confédération
der **Bundesrat** ❶ (*Länderparlament*) le Conseil fédéral ❷ ⒸⒽ (*Bundesregierung*) le Conseil fédéral; (*Mitglied der Bundesregierung*) le Conseiller fédéral
die **Bundesrätin** ⒸⒽ (*Mitglied der Bundesregierung*) la Conseillère fédérale
die **Bundesregierung** le gouvernement fédéral
die **Bundesrepublik die Bundesrepublik [Deutschland]** la République fédérale [d'Allemagne]
der **Bundesstaat** ❶ (*Staatenbund*) l'État (*männlich*) fédéral ❷ (*Gliedstaat*) l'État (*männlich*) fédéré
die **Bundesstraße** ≈ la route nationale
der **Bundestag** le Bundestag
die **Bundesversammlung** (*auch in der Schweiz*) l'Assemblée (*weiblich*) fédérale
die **Bundeswehr** l'armée (*weiblich*) fédérale allemande
das **Bündnis** ❶ l'alliance (*weiblich*) ❷ „**Bündnis 90/Die Grünen**" parti allemand écologiste et alternatif
der **Bungalow** [ˈbʊŋgalo] le bungalow [bɛ̃galo]
der **Bunker** le bunker [bunkœʀ, bunkɛʀ]
bunt ❶ de toutes les couleurs; **dieser Stoff ist sehr bunt** ce tissu est bariolé ❷ *Durcheinander* disparate; *Mischung* varié(e) ❸ *anstreichen* de toutes les couleurs; **bunt bemalt** bariolé(e); **sich bunt färben** *Laub:* devenir multicolore ❹ **bunt gemischt** varié(e) ▶ **jemandem wird es zu bunt** (*umgs.*) quelqu'un en a marre
der **Buntspecht** le pic épeiche
der **Buntstift** le crayon de couleur
die **Bürde** (*gehoben*) le fardeau
die **Burenwurst** Ⓐ la saucisse (*réchauffée à l'eau bouillante*)
die **Burg** le château fort
bürgen ❶ (*vertraglich*) **für jemanden bürgen** se porter garant pour quelqu'un ❷ **für die Qualität eines Produkts bürgen** garantir la qualité d'un produit
der **Bürger** le citoyen
die **Bürgerin** la citoyenne
die **Bürgerinitiative** le comité de défense
der **Bürgerkrieg** la guerre civile
bürgerlich ❶ *Ehe, Gesetzbuch* civil(e); *Ehrenrechte, Pflichten* civique ❷ (*des Bürgertums*) bourgeois(e)
der **Bürgermeister** le maire
die **Bürgermeisterin** le maire

ⒼDie männliche Form wird üblicherweise auch für Frauen verwendet: *sie ist Bürgermeisterin – elle est maire; eine bekannte Bürgermeisterin – un maire connu.*
Die Femininformen *la maire* und *la mairesse* sind recht ungebräuchlich.

der **Bürgerrechtler** le défenseur des droits du citoyen
die **Bürgerrechtlerin** le défenseur des droits du

citoyen

> **G** Es gibt im Französischen keine Femininform: *sie ist Bürgerrechtlerin – elle est <u>défenseur</u> des droits <u>du</u> citoyen.*

der **Bürgersteig** le trottoir
das **Bürgertum** la bourgeoisie
die **Bürgschaft** la caution; **Bürgschaft leisten** se porter garant(e); **für jemanden/für etwas Bürgschaft leisten** se porter garant(e) <u>pour</u> quelqu'un/<u>de</u> quelque chose
das **Büro** le bureau
der **Büroangestellte** l'employé *(männlich)* de bureau
die **Büroangestellte** l'employée *(weiblich)* de bureau
die **Büroklammer** le trombone
der **Bürokrat** le bureaucrate
die **Bürokratie** la bureaucratie [byʀokʀasi]
die **Bürokratin** la bureaucrate
bürokratisch ❶ bureaucratique ❷ *vorgehen, handeln* de manière bureaucratique
das **Büromaterial** les fournitures *(weiblich)* de bureau

> **V** Der Singular *das Büromaterial* wird mit einem Plural übersetzt: *dieses Büromaterial <u>ist</u> teuer – ces fournitures de bureau <u>coûtent</u> cher.*

der **Bursche** ❶ (*Halbwüchsiger*) le jeune ❷ (*umgs.: Kerl*) **ein [ganz] übler Bursche** un sale type
burschikos ❶ *Mädchen* sans façons; *Benehmen* de macho ❷ *sich benehmen* comme un macho
die **Bürste** la brosse
bürsten brosser
der **Bürstenhaarschnitt**, der **Bürstenschnitt** la coupe en brosse
der **Bus** le bus; (*Reisebus*) le car
der **Busbahnhof** la gare routière
der **Busch** ❶ (*Strauch*) le buisson ❷ (*Buschwald*) la brousse ▶ **es ist etwas im Busch** (*umgs.*) il y a anguille sous roche
das **Büschel** la touffe; **ein Büschel Gras** une touffe <u>d'</u>herbe
buschig ❶ touffu(e); *Augenbrauen* en broussaille ❷ *wachsen* en buisson
der **Busen** la poitrine
der **Busfahrer** le conducteur de bus
die **Busfahrerin** la conductrice de bus
die **Bushaltestelle** l'arrêt *(männlich)* de bus
die **Buslinie** la ligne de bus
der **Bussard** la buse
die **Buße** ❶ (*religiös*) la pénitence; **Buße tun** faire pénitence ❷ (*Schadenersatz*) l'amende *(weiblich)*
büßen ❶ **für etwas büßen** subir les conséquences de quelque chose ❷ **das wirst** [*oder* **sollst**] **du mir büßen!** tu vas me le payer! ❸ **er hat seinen Leichtsinn mit dem Leben gebüßt** son inconscience lui a coûté la vie ❹ (CH) (*mit einer Geldstrafe belegen*) frapper
das **Busserl**, das **Bussi** Ⓐ le bisou
das **Bußgeld** l'amende *(weiblich)*
die **Büste** (*Brustpartie, Skulptur*) le buste
der **Büstenhalter** le soutien-gorge
der **Butt** le turbot
die **Butter** le beurre; **eine Schnitte mit Butter bestreichen** beurrer une tartine ▶ **alles in Butter** (*umgs.*) ça baigne [dans l'huile]
das **Butterbrot** la tartine [de beurre] ▶ **für ein Butterbrot** (*umgs.*) pour une bouchée de pain
die **Buttermilch** le petit-lait
b.w. *Abkürzung von* **bitte wenden** T.S.V.P.
die **BWL** *Abkürzung von* **Betriebswirtschaftslehre** les sciences *(weiblich)* économiques
die **Byte** [bajt] (*in der Informatik*) l'octet *(männlich)*
bzgl. *Abkürzung von* **bezüglich** concernant; **bzgl. Ihres Angebots** concernant votre offre
bzw. *Abkürzung von* **beziehungsweise** ❶ (*oder auch*) ou bien ❷ (*oder vielmehr*) ou plutôt ❸ (*respektive*) respectivement

C

das **c**, das **C** le c, le C [se]
das **c** (*Musiknote*) le do; **das hohe C** le contre-ut [kɔ̃tʀyt]
ca. *Abkürzung von* **circa, zirka** env.
das **Café** ❶ (*Kaffeehaus*) ≈ le salon de thé ❷ (*Speiselokal*) le café
die **Cafeteria** la cafétéria
das **Call-Center** [ˈkɔːlsɛntɐ] le centre d'appels
der **Call-Shop** [ˈkɔːlʃɔp] la téléboutique
der **Camcorder** [ˈkɛmkɔːdɐ] le caméscope
der **Camembert** [ˈkamɑ̃mbeːɐ̯] le camembert
campen [ˈkɛmpən] faire <u>du</u> camping
das **Camping** [ˈkɛmpɪŋ] le camping; **Camping machen** faire <u>du</u> camping
der **Campingplatz** le terrain de camping
der **Cartoon** [kaɐˈtuːn] le dessin humoristique
die **CD** [t͡seːˈdeː] *Abkürzung von* **Compact Disc**

le compact ⚠ *männlich*
der **CD-Brenner** le graveur de CD
der **CD-Player** [tseː'deːplɐʁ] le lecteur laser
die **CD-ROM** le CD-ROM
das **CD-ROM-Laufwerk** le lecteur de CD-ROM
die **CDU** [tseːdeː'ʔuː] *Abkürzung von* **Christlich-Demokratische Union** *parti chrétien--démocrate d'Allemagne*
das **C-Dur** ['tseːduːɐ̯] le do majeur
das **Cello** ['tʃɛlo] le violoncelle; **Cello spielen** jouer du violoncelle
das **Cembalo** ['tʃɛmbalo] le clavecin
das **Chamäleon** [ka'mɛːleɔn] le caméléon
die **Champagne** [ʃam'panjə] la Champagne
der **Champagner** [ʃam'panjɐ] le champagne
der **Champignon** ['ʃampɪnjɔŋ] le champignon de Paris

F Nicht verwechseln mit *le champignon – der Pilz, das Schwammerl* Ⓐ!

der **Champion** ['tʃɛmpiən] le champion/la championne
die **Chance** ['ʃãːs(ə)] ❶ (*Möglichkeit*) la chance [ʃɑ̃s]; **keine Chance ungenutzt lassen** ne pas laisser passer sa chance ❷ (*Aussicht*) **die Chancen les chances** (*weiblich*); **unsere Chancen stehen gut/stehen schlecht** nous avons de bonnes chances/peu de chances de réussir ❸ (*Torchance*) l'occasion (*weiblich*)
die **Chancengleichheit** l'égalité (*weiblich*) des chances
chancenlos malchanceux/malchanceuse; **vollkommen chancenlos sein** n'avoir aucune chance
das **Chaos** ['kaːɔs] ❶ le chaos [kao] ❷ (*Unordnung, Durcheinander*) le bordel, le bazar
der **Chaot** [ka'ʔoːt] ❶ (*unordentlicher Mensch*) la personne bordélique ❷ (*Randalierer*) le casseur
die **Chaotin** [ka'ʔoːtɪn] ❶ (*unordentlicher Mensch*) la personne bordélique ❷ (*Randaliererin*) la casseuse
chaotisch [ka'ʔoːtɪʃ] ❶ *Mensch* bordélique; *Durcheinander* chaotique ❷ **bei ihnen geht es chaotisch zu** c'est le bordel chez eux
der **Charakter** [ka'raktɐ] ❶ (*Wesen*) le caractère; **einen guten Charakter haben** avoir bon caractère ❷ (*Mensch*) la personnalité; **sie sind ganz gegensätzliche Charaktere** ils ont des personnalités opposées
charakterisieren ❶ (*beschreiben*) décrire; **jemanden als sehr verschlossen charakterisieren** décrire quelqu'un de très renfermé(e) ❷ (*kennzeichnen*) caractériser
die **Charakteristik** *einer Person* les traits (*männlich*)

caractéristiques
charakteristisch caractéristique; **das ist charakteristisch für ihn/für diese Stadt** c'est caractéristique chez lui/de cette ville
charakterlos *Mensch* sans caractère; *Verhalten* méprisable
charmant [ʃar'mant] ❶ charmant(e) [ʃaʁmɑ̃(t)] ❷ **das ist sehr charmant von Ihnen** c'est très gentil de votre part ❸ *lächeln* aimablement
der **Charme** [ʃarm] le charme
der **Charterflug** ['tʃartɐfluːk] le vol charter, le charter [ʃaʁtɛʁ]
die **Chartermaschine** (*männlich*) charter
chartern ['tʃartɐn] affréter
die **Charts** [tʃarts] le °hit-parade

V Der Plural *die Charts* wird mit einem Singular übersetzt: *dieser Hit ist* in den Charts *– ce tube est* au °hitparade.

der **Chat** [tʃɛt] le chat [tʃat]
chatten ['tʃɛtn̩] chatter [tʃate]
der **Chauffeur** [ʃɔ'føːɐ̯] le chauffeur
die **Chauffeurin** [ʃɔ'føːrɪn] le chauffeur

G Es gibt im Französischen keine Femininform: *sie ist Chauffeurin – elle est* chauffeur.

der **Chauvi** ['ʃoːvi] (*umgs.*) le macho
der **Chauvinismus** ['ʃoːvinɪsmʊs] ❶ (*in der Politik*) le chauvinisme [ʃovinizm] ❷ (*männlicher Chauvinismus*) le machisme
der **Chauvinist** ❶ (*in der Politik*) le chauvin ❷ (*Sexist*) le machiste
checken ['tʃɛkn̩] ❶ (*überprüfen*) vérifier ❷ (*umgs.: begreifen*) piger
der **Check-in** ['tʃɛk'ʔɪn] l'enregistrement (*männlich*)
die **Checkliste** ❶ (*Prüfliste*) la liste; *eines Piloten* la liste des vérifications ❷ (*Passagierliste*) la liste des passagers
der **Chef** [ʃɛf] le patron
der **Chefarzt** le médecin-chef
die **Chefärztin** le médecin-chef

G Es gibt im Französischen keine Femininform: *sie ist Chefärztin – elle est* médecin-chef.

die **Chefin** ['ʃɛfɪn] la patronne, la chef
der **Chefredakteur** ['ʃɛfredaktøːɐ̯], der **Chefredaktor** Ⓗ le rédacteur en chef
die **Chefredakteurin** ['ʃɛfredaktøːrɪn], die **Chefredaktorin** Ⓗ la rédactrice en chef
der **Chefsekretär** le secrétaire de direction
die **Chefsekretärin** la secrétaire de direction
die **Chemie** la chimie
die **Chemiefaser** la fibre synthétique
die **Chemikalie** le produit chimique

der **Chemiker** le chimiste
die **Chemikerin** la chimiste
chemisch ❶ chimique; *Labor* de chimie ❷ **dieses Obst ist chemisch behandelt** ces fruits ont subi un traitement chimique
die **Chemo** (*umgs.*) *Abkürzung von* **Chemotherapie** la chimio
die **Chemotherapie** la chimiothérapie
der/die **Chicorée** [ʃiˈkoreː] l'endive (*weiblich*)

der/die Chicorée

F Nicht verwechseln mit *la chicorée – die Endivie!*

der **Chiffon** [ʃɪˈfɔ̃] le voile de soie

F Nicht verwechseln mit *le chiffon – der Lappen!*

die **Chiffre** [ˈʃɪfrə] ❶ *einer Annonce* la référence ❷ (*Zeichen*) le code secret

F Nicht verwechseln mit *le chiffre – die Ziffer!*

Chile le Chili
China la Chine; **nach China reisen** aller en Chine
der **Chinese** ❶ le Chinois ❷ (*umgs.: chinesisches Lokal*) **zum Chinesen [essen] gehen** aller [manger] au resto chinois
die **Chinesin** la Chinoise
chinesisch chinois(e)
Chinesisch le chinois; *siehe auch* **Deutsch**

G In Verbindung mit dem Verb *parler* kann der Artikel entfallen: *sprechen Sie Chinesisch? – parlez-vous chinois?*

der **Chip** [tʃɪp] ❶ (*in der Informatik*) la puce ❷ (*Kartoffelchip*) le chip; **gerne Chips essen** aimer les chips [ʃips] ❸ (*runde Spielmarke*) le jeton; (*rechteckige Spielmarke*) la plaque
der **Chirurg** le chirurgien
die **Chirurgie** la chirurgie
die **Chirurgin** la chirurgienne
chirurgisch chirurgical(e)
das **Chlor** le chlore

cholerisch colérique
das **Cholesterin** le cholestérol
der **Chor** ❶ (*Gruppe von Sängern*) la chorale; (*Kirchenchor*) le chœur; (*Opernchor*) les chœurs ❷ (*Komposition, Altarraum*) le chœur

V In ❶ wird eine der Bedeutungen des Singulars *der Chor* mit einem Plural übersetzt: *der Chor der Pariser Oper ist sehr berühmt – les chœurs de l'Opéra de Paris sont très célèbres.*

der **Choral** le choral
der **Choreograf** le chorégraphe
die **Choreografie** la chorégraphie
die **Choreografin** la chorégraphe
der **Christ** le chrétien
der **Christbaum** l'arbre (*männlich*) de Noël
das **Christentum** le christianisme
Christi *Genitiv von* **Christus**
die **Christin** la chrétienne
das **Christkind** l'enfant (*männlich*) Jésus [ʒeˈzy]
christlich ❶ *Glaube* chrétien(ne) ❷ *handeln* dans la foi chrétienne
Christus le Christ [kʁist]; **vor Christus** avant Jésus-Christ [ʒezykʁi]; **nach Christus** après Jésus-Christ [ʒezykʁi]
das **Chrom** le chrome
das **Chromosom** le chromosome
die **Chronik** la chronique
chronisch *Krankheit* chronique
die **Chronologie** la chronologie
chronologisch ❶ chronologique ❷ **etwas chronologisch ordnen** mettre quelque chose dans l'ordre chronologique
circa environ
die **City** [ˈsɪti] le centre-ville
die **Clementine** la clémentine
clever (*umgs.*) futé(e)
der **Clinch** [klɪn(t)ʃ] ❶ (*umgs.: Auseinandersetzung*) la partie de bras de fer; **mit jemandem im Clinch sein** être en désaccord avec quelqu'un ❷ (*beim Boxen*) le corps à corps [kɔʁ a kɔʁ]
die **Clique** [ˈklɪkə] ❶ (*Freundeskreis*) la bande ❷ (*Klüngel*) la clique [klik]
der **Clou** [kluː] ❶ (*Glanzpunkt*) le clou ❷ (*Kernpunkt*) le nœud
der **Clown** [klaʊn] le clown
die **Clownin** [klaʊnɪn] le clown

G Es gibt im Französischen keine Femininform: *sie ist Clownin – elle est clown.*

der **Club** le club
cm *Abkürzung von* **Zentimeter** cm
das **c-Moll** le do mineur
Co. *Abkürzung von* **Compagnie** *oder* **Kom-**

panie C^(ie)
der **Coach** [ko:tʃ] l'entraîneur (männlich)
das **Cockpit** ['kɔkpɪt] le cockpit
der **Cocktail** ['kɔkteɪl] le cocktail [kɔktɛl]
der **Code** [ko:t] le code
das **Comeback**, das **Come-back** [kam'bɛk] le come-back, le retour sur scène; **sein Come-back feiern** faire son come-back
das **Comicheft** ['kɔmɪk'hɛft] la bande dessinée
die **Compactdisc**, die **Compact Disc** le disque compact ⚠ *männlich*
der **Compiler** [kɔm'paɪlɐ] (*in der Informatik*) le compilateur
der **Computer** [kɔm'pju:tɐ] l'ordinateur (*männlich*)
der **Computerarbeitsplatz** le poste de travail informatisé
das **Computerprogramm** le logiciel
das **Computerspiel** ❶ le jeu vidéo ❷ (*Spielsoftware*) le luciciel
der **Container** [kɔn'te:nɐ] ❶ (*für Müll*) la benne [à ordures] ❷ (*Transportbehälter*) le conteneur
cool [ku:l] (*umgs.*) cool
der **Cord** le velours [côtelé]
die/der **Couch** [kaʊtʃ] le canapé
der **Countdown**, der **Count-down** ['kaʊnt'daʊn] le compte à rebours
der **Coup** [ku:] le coup; **einen Coup landen** réussir un coup [de maître]
der **Coupon** [ku'põ:] (*Antwortschein*) le coupon-réponse [kupõrepõs]
die **Courage** [ku'ra:ʒə] le courage [kuʁaʒ] ⚠ *männlich*
der **Cousin** [ku'zɛ̃:] le cousin
die **Cousine** [ku'zi:nə] la cousine
das **Cover** ['kavɐ] ❶ (*Titelseite*) la couverture ❷ (*Plattenhülle*) la pochette
der **Cowboy** ['kaʊbɔɪ] le cow-boy [kɔbɔj]
die **Creme** [kre:m] la crème [kʁɛm]
die **Crew** [kru:] ❶ (*Besatzung*) l'équipage (*männlich*) ❷ (*Arbeitsgruppe*) l'équipe (*weiblich*)
cruisen ['kru:zn̩] (*umgs.*) tourner en caisse
die **CSU** *Abkürzung von* **Christlich-Soziale Union** aile bavaroise du parti chrétien-démocrate
der **Cup** [kap] (*im Sport*) la coupe ⚠ *weiblich*
der/das **Curry** ['kœri] le curry [kyʁi]
der **Cursor** ['kɔɐ̯zɐ] le curseur [kyʁsœʁ]
der **Cyberspace** ['saɪbəspeɪs] le cyberespace [sibɛʁɛspas]

D

das **d**, das **D** le d, le D [de]
das **d** (*Musiknote*) le ré
da ❶ (*dort*) là; **da ist ein Bach** voilà un ruisseau; **da drüben** là-bas; **dieses Haus da** cette maison-là ❷ (*hier*) **da!** (*wenn man duzt*) tiens!; (*wenn man siezt*) tenez!; **da hast du dein Buch!** voilà ton livre!; **wo ist denn bloß meine Brille? – Da!** où sont passées mes lunettes? – Les voilà! ❸ (*anwesend*) **da sein** être là; **er ist gleich wieder da** il revient tout de suite ❹ **ist noch Brot da?** il y a encore du pain? ❺ **war der Postbote schon da?** le facteur est passé? ❻ **für jemanden da sein** être là pour quelqu'un ❼ **nur halb da sein** (*umgs.*) avoir la tête ailleurs ❽ (*in diesem Augenblick*) [juste] à ce moment ❾ (*daraufhin*) alors ❿ **was gibt's denn da zu lachen?** (*umgs.*) il n'y a pas de quoi rire!; **und da wunderst du dich noch?** (*umgs.*) et ça t'étonne? ⓫ (*weil*) comme ▶ **da und dort** ici et là
dabei ❶ (*in der Nähe*) à côté ❷ (*währenddessen*) en même temps ❸ (*bei dieser Gelegenheit*) à cette occasion ❹ [gerade] **dabei sein, etwas zu tun** être en train de faire quelque chose ❺ **ich habe nicht viel dabei gelernt** je n'y ai pas appris grand-chose; **es kommt nichts dabei heraus** il n'en sortira rien ❻ (*anwesend*) **dabei sein** participer; **bei einer Party dabei sein** participer à une boum; **ich war dabei** j'y étais; **ich bin [mit] dabei** je suis partant(e); **ein wenig Angst war schon [mit] dabei** ce n'était pas sans une certaine crainte ❼ (*obgleich*) et pourtant ❽ (*bei dieser Abmachung*) **wir sollten es dabei belassen** nous devrions en rester là; **es bleibt dabei, dass ihr morgen alle mitkommt** c'est toujours d'accord, vous venez tous/toutes demain ❾ **..., und dabei bleibt es!** ..., un point, c'est tout!; **nichts dabei finden** ne pas voir ce qu'il y a de mal; **da ist [doch] nichts dabei!** (*das ist nicht schwierig*) ça n'est pas sorcier!; (*das ist nicht schlimm*) ça n'a pas d'importance!; **was ist schon dabei?** qu'est-ce que ça peut faire?
dabeihaben jemanden dabeihaben avoir quelqu'un avec soi; **etwas dabeihaben** avoir quelque chose sur soi
dableiben rester
das **Dach** le toit ▶ **etwas unter Dach und Fach bringen** (*aushandeln, vereinbaren*) con-

clure quelque chose ; **kein Dach über dem Kopf haben** (*umgs.*) être sans abri

der **Dachboden** le grenier, les combles (*männlich*)

> **V** Der Singular *der Dachboden* kann mit einem Plural übersetzt werden: *der Dachboden ist zu einer Wohnung ausgebaut worden – les combles ont été aménagés en appartement.*

der **Dachdecker** le couvreur
die **Dachdeckerin** le couvreur

> **G** Es gibt im Französischen keine Femininform: *sie ist Dachdeckerin – elle est <u>couvreur</u>.*

das **Dachfenster** la fenêtre mansardée
der **Dachgepäckträger** la galerie
das **Dachgeschoss** l'étage (*männlich* 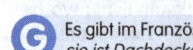) mansardé
die **Dachrinne** la gouttière
der **Dachs** le blaireau
der **Dachschaden** le dégât de toiture ▶**einen Dachschaden haben** (*umgs.*) avoir une araignée au plafond
der **Dachstuhl** la charpente
die **Dachterrasse** le toit en terrasse
der **Dachziegel** la tuile
der **Dackel** le teckel

dadurch ❶ (*dort hindurch*) par-là ❷ (*aus diesem Grund*) de ce fait ❸ (*auf diese Weise*) de cette façon ❹ **dadurch, dass er nichts gesagt hat** <u>du fait qu</u>'il n'a rien dit

dafür ❶ (*für diese Sache*) pour cela; **was wohl der Grund dafür sein mag?** quelle peut bien en être la raison? ❷ (*deswegen*) pour ça; **dafür bin ich ja da** c'est pour ça que je suis là; **ich bezahle Sie nicht dafür, dass Sie nichts tun** je ne vous paie pas pour que vous ne <u>fassiez</u> rien ❸ (*befürwortend*) **dafür sein** être pour; **ich bin dafür, dass wir das noch einmal überdenken** je suis d'avis que nous y <u>réfléchissions</u> encore ❹ **ich kann nichts dafür, dass er nicht gekommen ist** je n'y peux rien s'il n'est pas venu ❺ (*als Gegenleistung*) en échange ❻ (*andererseits*) en revanche ❼ (*wenn man bedenkt*) **dafür, dass du angeblich nichts weißt** pour quelqu'un qui prétend ne rien savoir

dagegen ❶ **dagegen sein** être contre; **ich bin dagegen, dass wir uns treffen** je suis contre le fait que nous nous <u>rencontrions</u>; **haben Sie etwas dagegen, wenn ich rauche?** ça vous dérange si je fume?; **ich habe nichts dagegen** je n'ai rien contre; **wollen wir ausgehen? – Ich hätte nichts dagegen!** on sort? – Je veux bien! ❷ **ich kann nichts dagegen machen** je n'y peux rien

❸ **er ist sehr nett, sie dagegen nicht** il est très sympa, elle, au contraire, pas du tout ❹ (*örtlich*) là contre

dagegenhalten ❶ (*einwenden*) **etwas dagegenhalten** [y] opposer quelque chose; **dagegenhalten, dass es zu teuer ist** [y] objecter que c'est trop cher ❷ (*vergleichend hinhalten*) **etwas dagegenhalten** mettre quelque chose à côté

daheim ❶ (*in Bezug auf die Wohnung, den Wohnort*) chez moi/soi/...; **wie jetzt wohl das Wetter daheim sein mag?** quel temps peut-il bien faire chez nous? ❷ (*in Bezug auf die Heimat*) **von daheim fortgehen** quitter son pays natal; **er ist in Ulm daheim** il est d'Ulm

daheimbleiben rester à la maison, rester chez soi; **ich bleibe lieber daheim** je préfère rester à la maison, je préfère rester chez moi

daher ❶ (*von dort*) de là; **ich komme gerade daher** j'en viens ❷ (*deswegen*) **daher war sie verärgert** de là son énervement; **das kommt daher, dass du nicht aufpasst** cela vient de ce que tu ne fais pas attention

daherreden ❶ parler sans réfléchir ❷ **etwas daherreden** dire quelque chose sans réfléchir

dahin ❶ (*an diesen Ort*) y; **bis dahin** jusque-là; **ich will nicht dahin** je ne veux pas y aller ❷ **bis dahin** (*bis zu diesem Zeitpunkt*) d'ici-là; (*inzwischen*) entre-temps ❸ **es kommt noch dahin, dass wir uns streiten** on va en arriver à se disputer ❹ **die Vase ist dahin** <u>le</u> vase est irréparable; **all meine Hoffnungen sind dahin** tous mes espoirs se sont évanouis

dahingestellt das bleibt dahingestellt la question reste posée

dahinten là-bas

dahinter ❶ (*räumlich*) [là] derrière ❷ (*hinter dieser Angelegenheit*) **wen vermutest du dahinter?** à ton avis, qui est là-derrière? ▶**dahinter kommen** (*umgs.*) arriver à comprendre; **jemand steckt dahinter** (*umgs.*) derrière tout ça, il y a quelqu'un; **da steckt** [doch] **was dahinter!** ça cache quelque chose!

dahinterstehen (*zustimmen*) y apporter son soutien; **voll dahinterstehen** y apporter pleinement son soutien

die **Dahlie** le dahlia ⚠ *männlich*

dalassen ❶ **etwas dalassen** laisser quelque chose là; **jemanden dalassen** laisser quelqu'un ❷ **jemandem den Schlüssel dalassen** laisser la clé à quelqu'un

dalli (*umgs.*) **dalli, dalli!** et que ça saute!
damalig d'alors
damals à l'époque; **seit damals** depuis lors; **die Mode von damals** la mode de cette époque-là
die **Dame** ① (*offizielle, höfliche Bezeichnung für eine Frau*) la dame; **Schuhe für Damen** des chaussures pour dames; **der Hochsprung der Damen** le saut en °hauteur dames; **die Toiletten für Damen** les toilettes pour femmes; **„Damen"** (*Inschrift auf Toilettentüren*) "Dames"; **eine Dame möchte Sie sprechen** il y a une dame qui veut vous parler; **wer ist diese Dame?** qui est cette dame? ② (*Anrede ohne Namen*) **meine sehr verehrten Damen und Herren** Mesdames et Messieurs ③ **die Dame des Hauses** la maîtresse de maison ④ (*Brettspiel*) le jeu de dames; **Dame spielen** jouer aux dames ⑤ (*Spielstein, Schachfigur, Bildkarte*) la dame
die **Damenbinde** la serviette périodique
der **Damenfriseur** ['daːmənfrizøːɐ̯] le coiffeur pour dames
die **Damenfriseurin** ['daːmənfrizøːrɪn], die **Damenfriseuse** ['daːmənfrizøːzə] la coiffeuse pour dames
die **Damenmode** la mode féminine
die **Damenwahl** le quart d'heure américain
damit ① (*mit diesem Gegenstand*) avec; **was soll ich damit?** que veux-tu/voulez-vous que j'en fasse? ② **nichts damit zu tun haben** n'avoir rien à voir là-dedans; **damit hat alles angefangen** c'est ainsi que tout a commencé; **damit ist noch bis Oktober Zeit** ça peut attendre octobre ③ **damit hatte ich nicht gerechnet** je ne m'y attendais pas; **was willst du damit sagen?** qu'entends-tu par là?; **sind Sie damit einverstanden?** vous êtes d'accord? ④ **weg damit!** enlève-moi ça!; **Schluss damit!** ça suffit! ⑤ (*somit*) ainsi ⑥ **er schreit laut, damit man ihn hört** il crie fort pour qu'on puisse l'entendre; **halt dich fest, damit du nicht fällst!** tiens-toi bien pour ne pas tomber!
dämlich (*umgs.*) ① stupide; **dieser dämliche Kerl!** cet imbécile! ② (*ärgerlich*) [**das ist**] **zu dämlich!** c'est trop bête! ③ **sich dämlich anstellen** s'y prendre comme un manche
der **Damm** ① (*Staudamm*) le barrage ② (*Schutzwall, Deich*) la digue ▸ **er/sie ist nicht** [**ganz**] **auf dem Damm** (*umgs.*) il/elle ne se sent pas [vraiment] dans son assiette

dämmerig es wird dämmerig il commence à faire nuit
dämmern ① **es dämmert** (*morgens*) il commence à faire jour; (*abends*) la nuit tombe ② **so langsam dämmert es mir, was er gemeint hat** (*umgs.*) je commence à piger ce qu'il a voulu dire
die **Dämmerung** ① (*Abenddämmerung*) le crépuscule; **in der Dämmerung** au crépuscule ② (*Morgendämmerung*) l'aube (*weiblich*)
der **Dämon** le démon
dämonisch démoniaque
der **Dampf** la vapeur ▸ **jemandem Dampf machen** (*umgs.*) secouer les puces à quelqu'un
dampfen ① *Essen:* fumer ② *Badezimmer:* être plein(e) de vapeur
dämpfen ① étouffer *Geräusch;* baisser *Stimme;* **das gedämpfte Licht** la lumière tamisée ② amortir *Stoß* ③ tempérer *Begeisterung* ④ (*garen*) cuire à l'étuvée; **die Kartoffeln dämpfen** cuire les pommes de terre à l'étuvée ⑤ (*mit Dampf bügeln*) repasser à la vapeur
der **Dampfer** le vapeur
die **Dampfmaschine** la machine à vapeur
die **Dampfwalze** le rouleau compresseur
danach ① (*zeitlich, örtlich*) après ② **frag ihn doch danach!** demande-le lui!; **ich sehne mich so danach** j'en aurais tellement envie; **bitte richten Sie sich danach!** veuillez vous y conformer!; **ein Spaziergang? Irgendwie ist mir danach** (*umgs.*) une promenade? J'en ai bien envie! ③ **das Kind sah den Ball und wollte danach greifen** l'enfant a aperçu le ballon et a voulu l'attraper
der **Däne** le Danois
daneben ① à côté; **rechts daneben** à sa/leur/... droite; **links daneben** à sa/leur/... gauche ② (*außerdem*) et en plus
danebenbenehmen (*umgs.*) **sich danebenbenehmen** se comporter mal; **er/sie benimmt sich immer daneben** il/elle n'est pas sortable
danebengehen ① *Schuss:* manquer son but ② (*umgs.: missglücken*) *Versuch, Plan:* foirer; **das Experiment ist danebengegangen** l'expérience a foiré
Dänemark le Danemark
die **Dänin** la Danoise
dänisch danois(e)
Dänisch le danois; *siehe auch* **Deutsch**

> **G** In Verbindung mit dem Verb *parler* kann der Artikel entfallen: *sprechen Sie Dänisch? – parlez-vous danois?*

dank grâce à; **dank deiner Ratschläge** grâce à tes conseils

der **Dank** ① le remerciement; **besten Dank** merci bien; **herzlichen Dank** je te/je vous remercie de tout cœur; **vielen Dank für deinen Brief** merci beaucoup pour ta lettre ② (*Dankbarkeit*) la gratitude

dankbar ① reconnaissant(e); **jemandem dankbar sein** être reconnaissant(e) à quelqu'un; **jemandem für seine Hilfe dankbar sein** être reconnaissant(e) à quelqu'un de son aide ② *Aufgabe* gratifiant(e) ③ *Zuhörer, Publikum* facile ④ *lächeln* avec gratitude

danke merci; **danke schön!** merci bien!; **danke für dein Geschenk!** merci pour ton cadeau!; **danke, dass du mir geholfen hast!** merci de m'avoir aidé(e)!; **nein, danke!** non, merci!

danken **jemandem danken** remercier quelqu'un; **jemandem für seine Hilfe/für sein Geschenk danken** remercier quelqu'un de son aide/pour son cadeau; **er hat ihnen allen gedankt** il les a tous remerciés ▶ **nichts zu danken!** de rien!

dann ① (*nachher*) ensuite; **was machen wir dann?** qu'est-ce qu'on fait après?; **bis dann!** à bientôt!; (*bis gleich*) à tout à l'heure! ② **wir essen dann, wenn alle da sind** nous mangerons quand tous seront là ③ (*unter diesen Umständen*) alors; **ich fahre nur dann, wenn du mitkommst** je ne partirai qu'à condition que tu viennes avec moi; **na, dann eben nicht!** (*wenn der Gesprächspartner geduzt wird*) comme tu veux!; (*wenn der Gesprächspartner gesiezt wird*) comme vous voulez! ④ (*sonst*) **wenn nicht du, wer dann?** si ce n'est pas toi, qui est-ce? ▶ **dann und wann** de temps en temps

daran ① (*örtlich*) **daran vorbeigehen** passer à côté; **das kannst du daran befestigen** tu peux l'y fixer ② (*zeitlich*) **daran anschließend** ensuite ③ (*in Verbindung mit Verben oder Adjektiven, die mit „an" verwendet werden*) **daran denken** y penser; **ich erinnere mich daran** je m'en souviens; **bist du daran interessiert?** ça t'intéresse?

daranmachen **sich daranmachen, die Briefe zu beantworten** se mettre à répondre aux lettres

daransetzen **alles daransetzen, den Pokal zu gewinnen** mettre tout en œuvre pour gagner la coupe

darauf ① (*zeitlich*) **bald darauf** peu après; **am darauf folgenden Tag** le lendemain, le jour suivant; **im darauf folgenden Monat** [dans] le mois suivant ② (*räumlich*) en dessus; **ein Tortenstück mit einer Kirsche darauf** une part de gâteau avec une cerise dessus ③ (*in Verbindung mit Verben oder Adjektiven, die mit „auf" verwendet werden*) **sich darauf vorbereiten** s'y préparer; **sich darauf verlassen** compter dessus; **wie kommst du darauf?** qu'est-ce qui te fait croire [*oder* penser] ça?

daraufhin ① **die Spuren daraufhin untersuchen, ob ...** analyser [*oder* examiner] les traces pour voir si ... ② (*infolgedessen*) de ce fait

daraus ① **man kann daraus auch trinken** on peut également boire dedans ② **daraus kann man Marmelade machen** on peut en faire de la confiture ③ **daraus wird nichts** ça ne marchera pas; **daraus folgt, dass sie Recht hat** il s'ensuit [*oder* il en résulte] qu'elle a raison

die **Darbietung** (*das Vorführen*) la représentation

darin ① (*räumlich*) à l'intérieur ② **darin besteht der Unterschied** c'est là qu'est la différence ③ **darin stimmen wir überein** nous sommes d'accord sur ce fait

darlegen exposer

die **Darlegung** l'exposé *(männlich)*

das **Darlehen** ① (*aufgenommener Kredit*) l'emprunt *(männlich)*; **ein Darlehen aufnehmen** faire un emprunt ② (*gewährter Kredit*) le prêt; **ein Darlehen gewähren** consentir un prêt

der **Darm** ① (*beim Menschen*) l'intestin *(männlich)* ② (*beim Tier*) le boyau

darstellen ① (*in einer Zeichnung*) représenter ② (*verkörpern*) interpréter ③ constituer *Fortschritt* **sich als schwierig darstellen** s'avérer difficile

der **Darsteller** l'interprète *(männlich)*

die **Darstellerin** l'interprète *(weiblich)*

die **Darstellung** ① (*das Darstellen*) la représentation; *einer Theaterfigur* l'interprétation *(weiblich)* ② (*Wiedergabe, Schilderung*) eines Sachverhalts la description

darüber ① (*räumlich*) par-dessus; **rechts steht eine Kommode, und darüber hängt ein Spiegel** à droite, il y a une commode et un miroir au-dessus; **er trägt ein Hemd und darüber einen Pullover** il porte une chemise et un pull-over par-dessus ② (*mehr*) **die Teilnehmer waren 40 Jahre alt und darüber** les participants avaient 40 ans et plus; **er**

lag mit seinem Angebot noch darüber il proposait davantage ③ *(über diese Sache oder Angelegenheit)* à ce sujet; **darüber reden** en parler; **darüber nachdenken** y réfléchir ▶ **darüber hinaus** au delà; **darüber hinweg sein** *(über den Ärger)* avoir dépassé ce stade; *(über einen Verlust)* en avoir fait son deuil; **darüber hinwegsehen** passer outre; **darüber stehen** être au-dessus de ça

darum ① *(räumlich)* **darum [herum]** tout autour ② *(um diese Sache oder Angelegenheit)* **wir bitten euch darum** nous vous en prions ③ *(deshalb)* c'est pourquoi; **sie ist sauer, darum ruft sie dich nicht an** elle est fâchée, c'est pourquoi elle ne t'appelle pas; **das ist echtes Leder und darum recht teuer** c'est du cuir véritable et, par conséquent, ça coûte assez cher; **warum hast du das getan? – Darum!** pourquoi as-tu fait cela? – Parce que!

darunter ① *(räumlich)* en dessous; **der Platz neben mir war frei, aber darunter sah eine Tasche hervor** le siège à côté de moi était libre, mais un sac dépassait en dessous; **er trägt einen Pullover und darunter ein Hemd** il porte un pull-over et une chemise en dessous ② *(hinein)* **etwas darunter mischen** y mélanger quelque chose ③ *(weniger)* **die Teilnehmer waren 20 Jahre alt oder darunter** les participants avaient 20 ans ou moins; **er lag mit seinem Angebot noch darunter** il proposait moins ④ *(unter dieser Sache oder Angelegenheit)* **darunter leiden** en souffrir; **was verstehst du denn darunter?** qu'est-ce que tu entends par là?; **darunter kann ich mir nichts vorstellen** je n'arrive pas à comprendre ce que cela signifie ⑤ *(mitten unter diesen)* parmi eux/elles; **einige Länder der EU, darunter Dänemark und Frankreich, ...** quelques pays de l'Union européenne, dont le Danemark et la France, ... ▶ **darunter fallen** *(zu einer Kategorie gehören)* en faire partie; *(davon betroffen sein)* être concerné(e)

das¹ *sächlicher Artikel* →**der¹**

das² *sächliches Relativpronomen* ① *(im Nominativ, als Subjekt)* qui; **ein Kind/ein Pferd, das nicht gehorcht** un enfant/un cheval qui n'obéit pas ② *(im Akkusativ, als Objekt)* que; **ein Kind, das alle lieben** un enfant que tous aiment

das³ *sächliches Demonstrativpronomen* ① **das Kind [da] hat mich geschlagen** cet enfant-là m'a frappé; **das Haus [da] ist schön** cette maison-là est belle ② *(allgemein hinweisend)* **das ist mein Bruder** c'est mon frère; **das bin ich** c'est moi; **das sind meine Freunde** ce sont mes amis; **das ist meine Frau** voici ma femme; **was ist denn das da?** qu'est-ce que c'est que ça?; **das sollst** [*oder* **wirst**] **du mir büßen!** ça, tu me le payeras!

das **Dasein** ① l'existence *(weiblich)* ② *(Anwesenheit)* la présence

dasjenige **gib mir dasjenige Messer, das am besten schneidet** donne-moi le couteau qui coupe mieux

dass ① que; **ich finde, dass sie Recht hat** je trouve qu'elle a raison; **ich weiß, dass das dumm von mir war** je sais que c'était stupide de ma part; **schade, dass du gehen musst** dommage que tu sois obligé(e) de partir; **sie sind dagegen, dass wir uns treffen** ils ne sont pas d'accord que nous nous voyions ② *(zur Angabe der Folge)* que; **er hupte so laut, dass alle wach wurden** il a klaxonné si fort que tous se sont réveillés ③ *(als Einleitung einer Aufforderung)* **und dass du pünktlich zurückkommst!** et tâche de rentrer à l'heure!

dasselbe le même/la même; **sie trägt heute dasselbe Kleid wie gestern** aujourd'hui, elle porte la même robe qu'hier ▶ **mit ihm/mit ihr ist es immer dasselbe...** c'est toujours pareil avec lui/avec elle; **das ist doch dasselbe** cela revient au même

dastehen ① être là; **ratlos dastehen** rester là, perplexe; **allein dastehen** *(auch übertragen)* se retrouver seul(e) ② **als Lügner dastehen** faire figure de menteur

die **Datei** le fichier

die **Daten¹** ① *(beim Computer, in der Statistik)* les données *(weiblich)* ② **die technischen Daten** *eines Gerätes* les caractéristiques *(weiblich)*

die **Daten²** *Plural von* **Datum**

die **Datenautobahn** *(in der Informatik)* l'inforoute *(weiblich)*, l'autoroute *(weiblich)* de l'information

die **Datenbank** la banque de données

der **Datenschutz** la protection des données

die **Datenverarbeitung** le traitement de données

datieren dater; **einen Brief auf den 5. Mai datieren** dater une lettre du 5 mai

der **Dativ** le datif; **im Dativ stehen** être au datif

die **Dattel** la datte

das **Datum** la date; **was für ein Datum haben wir heute?** quel jour sommes-nous aujourd'hui?

die **Dauer** la durée ▶ **von Dauer sein** durer; **auf Dauer** pour une durée illimitée; **auf die Dauer** à la longue
der **Dauerauftrag** le virement permanent; [**seiner Bank**] **einen Dauerauftrag erteilen** ordonner un virement permanent [auprès de sa banque]
dauerhaft ❶ *Material* résistant(e) ❷ *Bündnis* durable; *Einrichtung* permanent(e)
die **Dauerkarte** la carte d'abonnement
der **Dauerlauf** la course de fond; **einen Dauerlauf machen** faire une course de fond; **im Dauerlauf** au pas de course
dauern ❶ durer; **drei Stunden dauern** durer trois heures; **das dauert mir zu lange** je trouve que c'est trop long ❷ **es dauerte lange, bis er den Weg gefunden hatte** il a mis longtemps à trouver le chemin
dauernd ❶ *Frieden* durable; *Ausstellung* permanent(e); *Ärger* continuel(le); *Wohnsitz* fixe ❷ **sie stören mich dauernd** ils me dérangent sans arrêt
die **Dauerwelle** la permanente
der **Dauerzustand** **etwas wird ein Dauerzustand** quelque chose devient la règle
der **Daumen** le pouce; **am Daumen lutschen** sucer son pouce ▶ **jemandem die Daumen drücken** croiser les doigts pour porter chance à quelqu'un
die **Daune** ❶ la plumule ❷ (*Füllung*) **die Daunen le** duvet; **die Bettdecken sind mit Daunen gefüllt** les couettes sont garnies de duvet

> ⓥ In ❷ wird der Plural *die Daunen* mit einem Singular übersetzt: *Daunen sind teuer – le duvet coûte cher.*

davon ❶ (*räumlich*) **nicht weit davon** [entfernt] un peu plus loin ❷ (*von dieser Sache oder Angelegenheit*) **das ist nicht alles, sondern nur ein Teil davon** ce n'est pas tout mais seulement une partie; **hast du dir schon davon genommen?** tu t'en es déjà servi(e)?; **was halten Sie davon?** qu'en pensez-vous?; **wissen Sie etwas davon?** vous êtes au courant?; **davon wird man dick** ça fait grossir; **davon stirbt du nicht!** tu n'en mourras pas! ▶ **was hast du denn davon?** qu'est-ce que tu y gagnes?; **das kommt davon!** voilà ce qui arrive!
davonkommen mit einer Geldstrafe davonkommen s'en sortir avec une amende
davonlaufen ❶ se sauver; (*von zu Hause fortlaufen*) fuguer ❷ (*im Sport*) **jemandem davonlaufen** distancer quelqu'un ▶ **das ist ja zum Davonlaufen!** (*umgs.*) ça donne envie de se barrer!
davontragen ❶ emporter *Gegenstand* ❷ (*übertragen*) remporter *Sieg;* subir *Schaden*
davor ❶ (*räumlich*) devant ❷ (*zeitlich*) avant ❸ (*in Bezug auf eine Sache*) **davor habe ich Angst** j'en ai peur; **jemanden davor warnen etwas zu tun** avertir quelqu'un de ne pas faire quelque chose
dazu ❶ (*räumlich*) **komm, setz dich bei uns dazu!** allez, viens te joindre à nous! ❷ (*zu dieser Sache oder Angelegenheit*) **dies ist die Tischdecke, und dies sind die Servietten dazu** voici la nappe, et voici les serviettes qui vont avec; **wozu gehört dieses Teil? – Dazu!** avec quoi va cette pièce? – Avec ça!; **ich würde gern etwas dazu sagen** je voudrais dire quelques mots à ce propos; **was meinst du dazu?** qu'en penses-tu? ❸ (*dafür*) **dazu ist er zu unerfahren** il n'a pas assez d'expérience pour ça ❹ **das führte dazu, dass man sich einigte** ça a eu pour résultat que l'on s'est mis d'accord; **es gehört schon einiges dazu, das zu tun** il faut une certaine dose de courage pour faire ça; **wie kommt er dazu, das zu behaupten?** qu'est-ce qui le prend de dire ça?; **wie konnte es nur dazu kommen?** comment a-t-on pu en arriver là?
dazugehören *Freund:* faire partie de la famille; *Zubehör:* aller avec
dazutun ajouter, rajouter
dazwischen ❶ (*zwischen zwei Dingen*) entre les deux ❷ (*darunter*) **ich habe die Post durchgesehen, aber dieser Brief war nicht dazwischen** j'ai épluché le courrier, mais cette lettre ne s'y trouvait pas ❸ (*in der Zwischenzeit, in der Pause*) entretemps
dazwischenkommen ❶ (*räumlich*) **mit dem Finger dazwischenkommen** s'y coincer le doigt ❷ (*zeitlich*) **leider ist mir etwas dazwischengekommen** j'ai malheureusement eu un empêchement; **wenn nichts dazwischenkommt, ...** sauf imprévu, ...
die **DB** *Abkürzung von* **Deutsche Bahn** (*früher*) société des chemins de fer allemands
die **DDR** *Abkürzung von* **Deutsche Demokratische Republik** la RDA; **die ehemalige DDR** l'ex-RDA
das **D-Dur** le ré majeur
der **Deal** [di:l] (*umgs.*) le deal

dealen ['di:lən] (*umgs.*) **mit etwas dealen** dealer quelque chose
der **Dealer** ['di:lɐ] (*umgs.*) le dealer
die **Dealerin** ['di:lərɪn] (*umgs.*) le dealer

> **G** Es gibt im Französischen keine Femininform: *sie ist eine Dealerin – c'est un dealer.*

die **Debatte** le débat ⚠ *männlich* ▶ **das steht nicht zur Debatte** là n'est pas la question
das **Debüt** [de'by:] les débuts (*männlich*)

> **V** Der Singular *das Debüt* wird mit einem Plural übersetzt: *sein Debüt ist ein Erfolg gewesen – ses débuts ont été une réussite.*

das **Deck** (*Schiffsdeck*) le pont; **an Deck gehen** monter sur le pont; **an Deck sein** être sur le pont
die **Decke** ❶ (*Wolldecke*) la couverture ❷ (*Bettdecke*) la couette ❸ (*Zimmerdecke*) le plafond ▶ **mir fällt die Decke auf den Kopf** (*umgs.*) j'ai l'impression d'avoir la tête dans un bocal; **an die Decke gehen** (*umgs.*) exploser; **mit jemandem unter einer Decke stecken** (*umgs.*) être de mèche avec quelqu'un
der **Deckel** le couvercle ▶ **er hat eins auf den Deckel gekriegt** (*umgs.*) il en a pris pour son grade
decken ❶ couvrir *Dach, Schaden, Bedarf* ❷ mettre *Tisch* ❸ couvrir *Komplizen, Tat* ❹ **diese Farbe deckt gut** cette peinture couvre bien ❺ **sich decken** *Aussagen:* se recouper
der **Deckname** le pseudonyme
defekt *Fahrstuhl, Automat, Kopiergerät* °hors service; **defekt sein** *Aufzug, Motor, Gerät:* être en panne
defensiv ❶ *Maßnahme, Taktik* défensif/défensive; *Fahrstil:* prudent(e) ❷ *spielen* défensivement; *fahren* prudemment
definieren définir
die **Definition** la définition
das **Defizit** (*finanziell*) le déficit
deftig ❶ *Mahlzeit, Menü* consistant(e) ❷ *Witz* cru(e)
der **Degen** l'épée (*weiblich*)
dehnbar (*auch übertragen*) élastique
dehnen ❶ détendre *Gummizug* ❷ étirer *Glieder* ❸ allonger *Vokal* ❹ **sich dehnen** s'étendre
der **Deich** la digue
dein ❶ **dein Bruder** ton frère; **deine Freundin** ta copine; **deine Eltern** tes parents; **dieses Hemd ist dein[e]s** cette chemise est à toi ❷ **der/die/das Deine** le tien/la tienne
deinetwegen ❶ (*wegen dir*) à cause de toi ❷ (*dir zuliebe*) pour toi ❸ (*wenn es nach dir ginge*) s'il ne tient/ne tenait qu'à toi
das **Deka**, das **Dekagramm** Ⓐ le décagramme
der **Dekan** le doyen
die **Dekanin** la doyenne
die **Deklination** (*in der Grammatik*) la déclinaison
deklinieren (*in der Grammatik*) décliner
die **Dekoration** ❶ (*das Dekorieren*) la décoration ❷ (*Schaufensterdekoration*) la vitrine
dekorieren décorer; **die Tische mit Blumen dekorieren** décorer les tables de fleurs
die **Delegation** (*Gruppe*) la délégation
der **Delegierte** le délégué
die **Delegierte** la déléguée
der **Delfin** →**Delphin**
delikat ❶ *Essen* délicieux/délicieuse ❷ *Frage* délicat(e)
die **Delikatesse** le mets de choix
das **Delikt** le délit
das **Delirium** le délire
der **Delphin** le dauphin
das **Delta** le delta
dem[1] *Dativ des männlichen Artikels* **der**[1]
dem[2] *Dativ des sächlichen Artikels* **das**[1]
dem[3] *Dativ des männlichen Relativpronomens der*[2]: **der Mann, dem ich den Brief geben soll** l'homme à qui je dois donner la lettre; **der Tisch, auf dem die Vase steht** la table sur laquelle est posée le vase; **der Wellensittich, dem ich zu fressen gebe** la perruche à laquelle je donne à manger
dem[4] *Dativ des sächlichen Relativpronomens* **das**[2]: **das Kind, dem dieses Spielzeug gehört** l'enfant à qui appartient ce jouet; **das Kätzchen, dem ich zu fressen gebe** le chaton auquel je donne à manger
dem[5] *Dativ des sächlichen Demonstrativpronomens* **das**[3]: **wenn dem so ist** s'il en est ainsi; **wie dem auch sei** quoi qu'il en soit
der **Demagoge** le démagogue
die **Demagogin** la démagogue
dementieren ❶ démentir *Meldung* ❷ **sie hat sofort dementiert** elle a aussitôt démenti
demnach (*folglich*) en conséquence
demnächst prochainement
die **Demo** (*umgs.*) *Abkürzung von* **Demonstration** la manif
der **Demokrat** le démocrate
die **Demokratie** la démocratie
die **Demokratin** la démocrate
demokratisch ❶ *Verfassung* démocratique ❷ *abstimmen* démocratiquement
der **Demonstrant** le manifestant
die **Demonstrantin** la manifestante

die **Demonstration** (*politisch*) la manifestation

die Demonstration

Nicht verwechseln mit *la démonstration – die Vorführung; die Beweisführung!*

demonstrativ ① *Schweigen* ostensible ② *sich abwenden* ostensiblement

demonstrieren ① manifester; **für/gegen etwas demonstrieren** manifester pour/contre quelque chose ② (*veranschaulichen*) **etwas demonstrieren** démontrer quelque chose

demselben immer demselben Bettler Geld geben donner toujours de l'argent au même mendiant; **wir könnten mit demselben Zug nach Hamburg fahren** on pourrait prendre le même rain pour °Hambourg

die **Demut** l'humilité (*weiblich*); **in Demut** humblement

demütig ① *Verhalten, Bitte* humble ② *sich verneigen* humblement

demütigen humilier

die **Demütigung** l'humiliation (*weiblich*)

demzufolge (*folglich*) donc

den[1] *Akkusativ des männlichen Artikels* **der**[1]

den[2] *Akkusativ des männlichen Relativpronomens* **der**[2] que; **der Mann, den ich gesehen habe** l'homme que j'ai vu; **der Tisch, auf den ich die Vase stelle** la table sur laquelle je pose le vase

denkbar concevable; **es ist durchaus denkbar, dass wir uns sehen** il est possible que nous nous voyions

denken ① penser; **an jemanden/an etwas denken** penser à quelqu'un/à quelque chose ② **denk an deine Hausaufgaben!** n'oublie pas de faire tes devoirs! ③ **ich denke, dass das Wetter schön wird** je pense qu'il va faire beau ④ **das habe ich mir fast gedacht** j'en étais à peu près sûr(e) ⑤ **ich habe mir das so gedacht: ...** je vois les choses comme ça: ...; **was hast du dir nur dabei gedacht?** qu'est-ce que tu croyais? ⑥ **sich nichts Böses denken** ne pas penser à mal ▸ **ich denke nicht daran!** je n'en ai pas la moindre intention!; **jemandem zu denken geben** donner à réfléchir à quelqu'un; **wo denkst du hin!** qu'est-ce que tu crois!

das **Denken** la pensée

das **Denkmal** le monument

der **Denkmalschutz** la protection des monuments historiques; **unter Denkmalschutz stehen** être classé(e) monument historique

der **Denkzettel jemandem einen Denkzettel verpassen** (*umgs.*) flanquer une bonne leçon à quelqu'un

die **Denkzettelwahl** le vote-sanction

denn ① (*weil*) car; **ich habe Hunger, denn ich habe lange nichts gegessen** j'ai faim car je n'ai rien mangé depuis longtemps ② (*eigentlich*) donc; **was denn?** quoi donc?; **wo denn?** où ça?; **wo denn sonst?** où d'autre?; **he, was soll das denn?** °holà, qu'est-ce qui se passe? ▸ **es sei denn, er ist krank** à moins qu'il ne soit malade; **es sei denn, es regnet** à moins qu'il ne pleuve

dennoch malgré tout; **und dennoch** et pourtant

denselben ① **für denselben Sänger schwärmen** raffoler du même chanteur ② **machst du immer noch mit denselben Freunden Urlaub?** tu passes toujours tes vacances avec les mêmes copains?

denunzieren dénoncer; **jemanden bei der Polizei denunzieren** dénoncer quelqu'un à la police

das **Deo**, das **Deodorant** le déodorant

der **Deoroller** le déodorant à bille

das/der **Deospray** le déodorant en aérosol

die **Deponie** la décharge

deponieren mettre en dépôt; **etwas bei der Bank deponieren** mettre quelque chose en dépôt à la banque

das **Depot** [de'po:] ① (*Lager*) l'entrepôt (*männlich*) ② (*für Busse, Straßenbahnen*) le dépôt ③ (*bei der Bank*) le dépôt ④ CH (*Flaschenpfand*) la consigne

die **Depression** la dépression; **Depressionen haben** faire une dépression

depressiv ① *Person* dépressif/dépressive ② **depressiv veranlagt sein** avoir des tendances dépressives

deprimieren déprimer; **deprimiert sein** être déprimé(e)

deprimierend *Nachricht* déprimant(e); *Film, Musik* flippant(e)

der[1] *bestimmter männlicher Artikel* **der Nachbar** le voisin; **der Freund** l'ami; **der Hahn** le coq; **der Salat** la salade; **der Wellensittich** la perruche

> **G** Die bestimmten Artikel *der, die, das* mit ihren zahlreichen Formen (z. B. *des, dem* oder *den*) sind keine eigenständigen Wörter mit eigenen Übersetzungen, sondern nur die Begleiter von Substantiven.
> Die französische Entsprechung eines männlichen deutschen Substantivs kann weiblich sein – und folglich einen weiblichen Artikel haben: *der Tisch – la table; der Schlüssel – la clé*.
> Nur in den Fällen, in denen ein deutsches Substantiv eine Person bezeichnet oder ein Tier männlichen Geschlechts (also ein Tiermännchen), steht fest, dass auch seine französische Entsprechung männlich ist:
> *der Musiker – le musicien; der alte Mann – le vieil homme; der Stier – le taureau.*
> Dasselbe gilt analog für den bestimmten weiblichen Artikel und für das Verhältnis zwischen deutschen weiblichen Substantiven und ihren französischen Entsprechungen.
> Sächliche Substantive und einen sächlichen Artikel gibt es im Französischen nicht. Die französischen Substantive sind entweder männlich oder weiblich, und ihre bestimmten Artikel lauten im Singular *le, la* oder *l'* und im Plural *les*.

der[2] *männliches Relativpronomen* qui; **ein Mann, der schläft** un homme qui dort; **ein Hund, der bellt** un chien qui aboie

der[3] *Dativ des weiblichen Relativpronomens* **die**[3]: **die Frau, der ich den Brief gegeben habe** la femme à qui j'ai donné la lettre; **die Katze, der ich zu fressen gebe** le chat auquel je donne à manger

derb ❶ *Manieren* grossier/grossière ❷ *Stoff* solide ❸ *sich ausdrücken* grossièrement

deren *Genitiv des weiblichen Relativpronomens* **die**[3]: **die Frau, deren Namen ich vergessen habe** la femme dont j'ai oublié le nom; **die Freundin, mit deren Hilfe ich eine Wohnung gefunden habe** l'amie avec l'aide de qui j'ai trouvé un logement

dergleichen und dergleichen mehr et cetera

derjenige ❶ ce/cet/cette; **derjenige Schüler, der zu spät gekommen ist** cet élève qui est arrivé en retard; **derjenige Schlüssel, der nicht passt** cette clé qui n'entre pas dans la serrure ❷ **derjenige, der das gesagt hat** celui qui a dit cela ▸ **das ist derjenige, welcher!** (*umgs.*) c'est lui notre homme!

derselbe le même/la même; **derselbe Hut** le même chapeau; **derselbe Salat** la même salade; **ist das noch immer derselbe?** c'est toujours le même/la même?

des[1] *Genitiv des männlichen Artikels* **der**[1] du/de la; **die Spitze des Bleistifts** la pointe du crayon; **der Preis des Computers** le prix de l'ordinateur; **der Erfinder des Dynamits** l'inventeur de la dynamite; **der Name des Hundes da** le nom de ce chien-là

des[2] *Genitiv des sächlichen Artikels* **das** du/de la; **die Form des Gesichts** la forme du visage; **die Eltern des Kindes** les parents de l'enfant; **der Sattel des Fahrrads** la selle de la bicyclette; **der Name des Dorfes da** le nom de ce village-là

das **des** (*in der Musik*) le ré bémol

deshalb deshalb können wir nicht kommen c'est pourquoi nous ne pouvons pas venir; **ich bin deshalb gekommen, weil ich dich sprechen will** si je suis venu, c'est parce que je veux te parler

das **Design** [di'zain] le design

der **Designer** [di'zainɐ] le designer; (*Modeschöpfer*) le styliste

die **Designerin** [di'zainərɪn] la designer; (*Modeschöpferin*) la styliste

das **Desinfektionsmittel** le désinfectant

desinfizieren désinfecter

das **Desinteresse** le manque d'intérêt; **sein/ihr Desinteresse an moderner Kunst** son manque d'intérêt pour l'art moderne

desinteressiert *Mensch, Gesichtsausdruck* peu intéressé(e)

> **F** Nicht verwechseln mit *désintéressé(e) – uneigennützig; unvoreingenommen!*

dessen[1] *Genitiv des männlichen Relativpronomens* **der**[2]: **der Freund, dessen Eltern gerade verreist sind** l'ami dont les parents sont partis en voyage

dessen[2] *Genitiv des sächlichen Relativpronomens* **das**[2]: **das Haus, dessen Dach repariert werden muss** la maison dont le toit doit être réparé

dessen[3] *Genitiv des sächlichen Demonstrativpronomens* **das**[3]: **dessen bin ich mir sicher** j'en suis sûr(e)

das **Dessert** [dɛˈsɛːɐ̯] le dessert

destillieren distiller

desto je eher du anfängst, desto schneller bist du fertig plus vite tu t'y mettras, plus vite tu auras terminé

deswegen →**deshalb**

das **Detail** [deˈtaj] le détail

detailliert [detaˈjiːɐ̯t] ❶ *Aufstellung* détaillé(e) ❷ *berichten* en détail

der **Detektiv** le détective
die **Detektivin** la détective
die **Detonation** la détonation
deuten ❶ **mit dem Finger auf etwas deuten** montrer quelque chose du doigt ❷ interpréter *Traum, Text*
deutlich ❶ *Schrift* lisible; *Aussprache* distinct(e); *Konturen* net/nette; *Skizze, Hinweis* clair(e) ❷ *schreiben* lisiblement; *sprechen* distinctement ❸ *sagen, merken* clairement
die **Deutlichkeit** la clarté; **in aller Deutlichkeit** en toute clarté
deutsch ❶ *Erzeugnis, Sprache* allemand(e) ❷ **deutsch miteinander sprechen** discuter en allemand
Deutsch (*Sprache, Unterrichtsfach*) l'allemand *(männlich)*; **Deutsch sprechen** parler allemand; **Deutsch lernen/verstehen** apprendre/comprendre l'allemand; **Deutsch können** savoir parler l'allemand; **sich auf Deutsch unterhalten** discuter en allemand; **gut in Deutsch sein** être bon(ne) en allemand ▶ **auf gut Deutsch** (*umgs.*) en bon français
der **Deutsche** l'Allemand *(männlich)*
die **Deutsche** l'Allemande *(weiblich)*
deutsch-französisch *Wörterbuch* allemand-français; **die deutsch-französische Freundschaft** l'amitié *(weiblich)* franco-allemande
Deutschland l'Allemagne *(weiblich)*; **in Deutschland** en Allemagne
deutschsprachig *Bevölkerung, Gebiet* germanophone; *Literatur* en langue allemande
die **Deutung** l'interprétation *(weiblich)*
die **Devise** ❶ (*Motto*) la devise ❷ (*Zahlungsmittel in fremder Währung*) **die Devisen** les devises *(weiblich)*
der **Dezember** ❶ décembre *(männlich)*; **im Dezember** en décembre; **es ist Dezember** c'est le mois de décembre ❷ (*bei Datumsangaben*) **ab [dem] ersten Dezember** à partir du premier décembre; **sie ist am 20. Dezember 1990 geboren** elle est née le 20 décembre 1990; **Berlin, den 7. Dezember 2005** Berlin, le 7 décembre 2005; **Freitag, den 6. Dezember 2005** vendredi 6 décembre 2005

> ⓖ Der französische Monatsname wird ohne den bestimmten Artikel gebraucht.
> Bei präzisen Datumsangaben mit einer Zahl, wie sie in ❷ aufgeführt sind, steht der Artikel jedoch, und zwar wegen der Zahl:
> *sie ist am Zwanzigsten geboren* – *elle est née le vingt*;
> *sie ist am zwanzigsten Dezember geboren* – *elle est née le vingt décembre.*

dezent ❶ *Parfüm, Krawatte* discret/discrète ❷ *gekleidet, geschminkt* avec discrétion
d.h. *Abkürzung von* **das heißt** c.-à-d.
das **Dia** la diapo △ *weiblich*
der **Diabetiker** le diabétique
die **Diabetikerin** la diabétique
die **Diagnose** le diagnostic [djagnɔstik] △ *männlich;* **eine Diagnose stellen** établir un diagnostic
diagonal ❶ *Linie* diagonal(e) ❷ *verlaufen* en diagonale
die **Diagonale** la diagonale
der **Dialekt** le dialecte
der **Dialog** le dialogue
der **Diamant** le diamant
der **Diaprojektor** le projecteur de diapositives
die **Diät** le régime alimentaire; **Diät halten** faire un régime
dich ❶ **ich sehe dich** je te vois ❷ (*betont*) **für dich** pour toi; **ohne dich** sans toi; **er hat dich gemeint** c'est de toi qu'il parlait ❸ **wasch dich!** lave-toi!; **du hast dich verändert** tu as changé; **hast du dich geschminkt?** tu t'es maquillé(e)?
dicht ❶ *Nebel* épais(se); *Regen* dru(e) ❷ *Verkehr* dense ❸ *Gewebe* serré(e); *Haar* épais(se) ❹ *schließen* hermétiquement ❺ **dicht bewölkt sein** être très nuageux ❻ **dicht hinter jemandem stehen** être juste derrière quelqu'un ❼ **dicht bevorstehen** être imminent ▶ **nicht ganz dicht sein** (*umgs.*) déconner
dichten ❶ (*Gedichte schreiben*) faire de la poésie ❷ composer *Gedicht*
der **Dichter** le poète
die **Dichterin** le poète

> ⓖ Es gibt im Französischen keine Femininform:
> *sie ist eine große Dichterin* – *c'est un grand poète*.

die **Dichtung** ❶ (*Dichtkunst*) la poésie ❷ *eines Wasserhahns* le joint
dick ❶ **eine dicke Frau** une grosse femme; **ein dicker Mann** un gros homme [gʀoɔm]; **dick werden** grossir; **Süßigkeiten machen dick** les sucreries font grossir ❷ *Brett* épais(e); **das Brett ist zwölf Millimeter dick** la planche a douze millimètres d'épaisseur ❸ *Sauce, Nebel* épais(se) ❹ (*umgs.: eng*) **eine dicke Freundschaft** une grande amitié; **dick befreundet sein** être comme cul et chemise ❺ **sich dick anziehen** bien se couvrir ❻ **die Farbe dick auftragen** étaler une couche épaisse de peinture ❼ *unterstreichen* en gros ▶ **mit jeman-**

dem durch dick und dünn gehen suivre quelqu'un jusqu'en enfer; **dick auftragen** (*umgs.*) en rajouter

das **Dickicht** le fourré

der **Dickkopf** (*umgs.*) ❶ **du Dickkopf!** quelle tête de mule! ❷ **einen schrecklichen Dickkopf haben** n'en faire qu'à sa tête

dickköpfig (*umgs.*) têtu(e) comme une mule

dicktun (*umgs.*) **sich dicktun** se la jouer

didaktisch ❶ *Methode* didactique ❷ *vorgehen* didactiquement

die[1] *weiblicher Artikel* →**der**[1]

die[2] *Plural aller Artikel* les; **die Schränke** les armoires; **die Katzen** les chats

die[3] *weibliches Relativpronomen* ❶ *Nominativ* qui; **eine Frau, die schläft** une femme qui dort; **eine Tür, die quietscht** une porte qui grince ❷ *Akkusativ* que; **die Frau, die ich gesehen habe** la femme que j'ai vue

die[4] *Plural aller Relativpronomen* ❶ *Nominativ* qui; **Kinder, die spielen** des enfants qui jouent; **Hunde, die bellen** des chiens qui aboient ❷ *Akkusativ* que; **die Bücher, die du gelesen hast** les livres que tu as lus

der **Dieb** le voleur; **haltet den Dieb!** au voleur!

die **Diebin** la voleuse

der **Diebstahl** le vol

diejenige ❶ cette/ce/cet; **diejenige Freundin, die mir das gesagt hat** l'amie qui m'a dit cela; **gib mir diejenige Vase, die am höchsten ist** donne-moi le vase le plus °haut; **diejenigen Schüler, die teilnehmen wollen** ceux parmi les élèves qui souhaitent participer; **es geht um unsere Zukunft und um diejenige unserer Kinder** il s'agit de notre avenir et de celui de nos enfants ❷ **diejenige, die zu spät gekommen ist** celle qui est arrivée en retard

die **Diele** le vestibule

dienen ❶ servir; **als Brieföffner dienen** servir de coupe-papier; **wozu soll das alles dienen?** ça sert à quoi, tout ça? ❷ **womit kann ich dienen?** en quoi puis-je être utile? ❸ **bei der Marine dienen** faire son service dans la marine

der **Diener** ❶ le serviteur ❷ (*umgs.: Verbeugung*) **einen Diener machen** s'incliner

die **Dienerin** la servante

der **Dienst** ❶ le service; **Dienst haben** (*arbeiten*) travailler; (*in Bereitschaft sein*) être de service; **jemanden vom Dienst befreien** donner un congé à quelqu'un; **außer Dienst** (*in der Freizeit*) en congé; (*im Ruhestand*) en retraite ❷ **der öffentliche Dienst** la fonction publique ❸ **die Dienste** (*Unterstützung*) les services (*männlich*); **jemandem gute Dienste leisten** rendre bien service à quelqu'un

der **Dienstag** ❶ mardi (*männlich*) ❷ (*bei gezielten Zeitangaben*) **am Dienstag** (*kommenden Dienstag*) mardi prochain; (*letzten Dienstag*) mardi dernier; **an einem Dienstag** un mardi; **heute ist Dienstag** aujourd'hui nous sommes mardi; **hast du diesen Dienstag Zeit?** tu as le temps mardi? ❸ (*bei Zeitangaben, die eine Wiederholung ausdrücken*) **am Dienstag** (*dienstags, jeden Dienstag*) le mardi; **Dienstag vormittags** le mardi matin; **Dienstag abends** le mardi soir; **Dienstag nachts** le mardi dans la nuit

> **G** Der französische Wochentag wird ohne den bestimmten Artikel und ohne Präposition gebraucht, wenn eine präzise Angabe gemacht wird und ein ganz bestimmter Dienstag gemeint ist.
> Geht es jedoch um mehrere Dienstage, weil eine Wiederholung oder etwas Gewohnheitsmäßiges ausgedrückt wird, steht der bestimmte Artikel. In ❸ sind entsprechende Beispiele aufgeführt.

der **Dienstagabend** le mardi soir

der **Dienstagmorgen** le mardi matin

dienstags le mardi

dienstlich ❶ *Schreiben* officiel(le) ❷ *verreisen* à titre professionnel

die **Dienstreise** le déplacement professionnel

der **Dienstwagen** la voiture de fonction

dies ❶ (*das hier*) **dies ist meine Tante Anne** voici ma tante Anne; **dies sind meine Bücher** voici mes livres, ce sont mes livres; **dies ist der Freund, der bei uns wohnt** c'est l'ami qui habite chez nous; **dies alles gehört mir** tout cet à moi ❷ (*dieses*) ce/cette; **dies Heft** ce cahier; **dies Licht** cette lumière ▶ **über dies und das sprechen** parler de choses et d'autres

diese(r, s) ❶ (*als Begleiter eines Substantivs*) ce/cette/cet; **diese Katze** ce chat; **dieser Wald** cette forêt; **dieses Kind** cet enfant; **in diesen Jahren** [dans] ces années-là ❷ (*auf einen Sachverhalt bezogen*) **all dieses wusste ich nicht** j'ignorais tout cela ❸ (*allein stehend, im Singular*) celui-ci/celle-ci; **dieser hier gefällt mir** celui-ci/celle-ci me plaît beaucoup; **diese oder keine!** celui-ci/celle-ci ou rien! ❹ (*allein stehend, im Plural*) **welche Weintrauben möchten Sie? – Diese hier!** quels raisins voulez-vous? – Ceux-ci!; **nimm nicht die grünen Bananen, sondern diese da!** ne prends pas les

bananes vertes, mais celles-là! ▶ **dieses und jenes** différentes choses *(weiblich)*
das **Diesel** *(umgs.)* le gasoil
dieselbe la même/le même; *siehe auch* **derselbe**
dieselben les mêmes; *siehe auch* **derselbe**
dieser, dieses →**diese(r, s)**
diesig *Wetter* brumeux/brumeuse
diesmal cette fois-ci
die **Differenz** ❶ *(zahlenmäßig)* la différence ❷ *(zeitlich)* l'écart *(männlich)* ❸ *(Meinungsverschiedenheit)* **die Differenzen** les différends *(männlich* ⚠*)*
differenzieren *(gehoben)* ❶ **zwischen zwei Dingen differenzieren** faire la distinction entre deux choses ❷ nuancer *Behauptung*
digital *Anzeige* numérique; *Technik* digital(e)
das **Diktat** ❶ *(in der Schule)* la dictée ❷ *(Vorschrift, Zwang)* le diktat [diktat]
der **Diktator** le dictateur
die **Diktatorin** la dictatrice
die **Diktatur** la dictature
diktieren dicter
das **Dilemma** *(gehoben)* le dilemme
der **Dilettant** le dilettante [diletɑ̃t]
die **Dilettantin** la dilettante [diletɑ̃t]
der **Dill** l'aneth *(männlich)* [anɛt]
die **Dimension** la dimension
das **Ding** ❶ *(Sache, Gegenstand)* la chose; **seine/ihre persönlichen Dinge** *(Sachen, Belange)* ses affaires *(weiblich)* personnelles ❷ **so, wie die Dinge liegen** au point où en sont les choses ▶ **das ist ein Ding der Unmöglichkeit** cela relève de l'impossible; **vor allen Dingen** avant toute chose; **das ist nicht mein Ding** *(umgs.)* ce n'est pas mon truc; **über den Dingen stehen** être au-dessus de tout
das **Dingsbums** *(umgs.)* le truc
der **Dinosaurier** le dinosaure
das **Diplom** le diplôme
der **Diplomat** le diplomate
die **Diplomatie** la diplomatie
die **Diplomatin** la diplomate
diplomatisch ❶ *Beziehungen* diplomatique ❷ **diplomatisch sein** être diplomate ❸ **ein Problem diplomatisch lösen** résoudre un problème avec diplomatie
dir ❶ *(unbetonte Form, in Verbindung mit einem Verb)* te; *(vor Vokal oder stummem h)* t'; **ich glaube dir** je te crois; **der Brief, den ich dir geschrieben habe** la lettre que je t'ai écrite; **gehört das Fahrrad dir?** c'est à toi, le vélo? ❷ *(betonte Form, hervorgehoben)* **mit dir** avec toi; **nach dir** après toi

direkt ❶ *Weg* direct(e) ❷ **direkt vor der Kurve** juste avant le virage ❸ *fragen* sans détour; *übertragen* en direct; *zurückkehren, betreffen* directement
die **Direktion** ❶ la direction ❷ ⓒⓗ *(Ressort)* le ministère cantonal
der **Direktor** le directeur
die **Direktorin** la directrice
die **Direktübertragung** la retransmission en direct
der **Dirigent** le chef d'orchestre
die **Dirigentin** la chef d'orchestre
dirigieren diriger *Chor, Orchester*
das **dis** *(Musiknote)* le ré dièse
die **Diskette** la disquette
das **Diskettenlaufwerk** le lecteur de disquettes
der **Diskjockey** [ˈdɪskdʒɔke] le disque-jockey [diskaʒɔkɛ]
die **Disko** *(umgs.)* Abkürzung von **Diskothek** la boîte [de nuit]; **in die Disko gehen** aller en boîte
der **Diskontsatz** le taux d'escompte
die **Diskothek** la discothèque
die **Diskrepanz** le décalage
diskret *(gehoben)* ❶ *Person* discret/discrète ❷ *behandeln* avec discrétion
die **Diskretion** la discrétion
diskriminieren *(gehoben)* discriminer
diskriminierend *(gehoben)* *Äußerung* discriminatoire
die **Diskriminierung** *(gehoben)* la discrimination
die **Diskussion** le débat ▶ **das steht nicht zur Diskussion** là n'est pas la question
diskutieren discuter; **über etwas diskutieren** débattre quelque chose
das **Display** l'écran *(männlich)* de visualisation
disqualifizieren disqualifier
die **Dissertation** la thèse [de troisième cycle]
die **Distanz** *(auch übertragen)* la distance
distanzieren **sich von jemandem distanzieren** prendre ses distances par rapport à quelqu'un
die **Distel** le chardon
die **Disziplin** la discipline
diszipliniert *(gehoben)* ❶ *Person, Verhalten* discipliné(e) ❷ *sich benehmen* de façon disciplinée
die **Dividende** le dividende ⚠ männlich
dividieren diviser; **eine Zahl durch drei dividieren** diviser un nombre par trois
der **DJ** [ˈdiːdʒeɪ] le D.J. [didʒɛ, didʒi]
die **DJane** [ˈdiːdʒeɪn] la DJette [didʒɛt]
das **d-Moll** le ré mineur
doch ❶ **kommen Sie doch morgen wieder** revenez donc demain ❷ *(aber)* mais; **sie**

will nach Rom, doch er will nach Madrid elle veut aller à Rome, mais lui veut aller à Madrid ❸ (*als Antwort*) **doch!** si! ❹ (*dennoch*) quand même; **sind sie doch gekommen?** ils sont venus quand même?; **und ich hatte doch Recht!** et j'avais bien raison! ❺ **du weißt doch, wie das ist** tu sais bien comment c'est; **Sie kennen sich hier doch aus** vous connaissez certainement l'endroit

der **Docht** la mèche

der **Doktor** ❶ (*Arzt*) le docteur; **guten Tag, Herr Doktor/Frau Doktor!** bonjour, docteur! ❷ (*akademischer Grad*) **den Doktor haben** avoir le titre de docteur; **sie ist Doktor der Philosophie** elle est docteur ès lettres

das **Dokudrama** le docudrame

das **Dokument** ❶ (*Schriftstück*) le document ❷ (*Zeugnis*) le témoignage

der **Dokumentarfilm** le film documentaire, le documentaire

die **Dokumentation** (*Nachweissammlung*) le dossier

der **Dolch** le poignard

der **Dollar** le dollar; **hundert Dollar bezahlen** payer cent dollars

dolmetschen ❶ traduire *Gespräch* ❷ **für jemanden dolmetschen** servir d'interprète à quelqu'un

der **Dolmetscher** l'interprète *(männlich)*

die **Dolmetscherin** l'interprète *(weiblich)*

der **Dom** la cathédrale

die **Domäne** le domaine △ *männlich*

dominant ❶ *Person* dominateur/dominatrice ❷ *Gen, Erbfaktor* dominant(e)

dominieren ❶ (*beherrschen, bevormunden*) dominer ❷ (*überwiegen*) prédominer

der **Dompfaff** le bouvreuil

der **Dompteur** [dɔmpˈtøːʁ] le dompteur [dõ(p)tœʀ]

die **Dompteurin** [dɔmpˈtøːrɪn], die **Dompteuse** [dɔmpˈtøːzə] la dompteuse [dõ(p)tøz]

die **Donau** le Danube

der **Donner** le tonnerre

donnern ❶ **es donnert** il tonne ❷ **etwas gegen die Wand donnern** (*umgs.*) balancer quelque chose contre le mur

der **Donnerstag** ❶ jeudi *(männlich)* ❷ (*bei gezielten Zeitangaben*) **am Donnerstag** (*kommenden Donnerstag*) jeudi prochain; (*letzten Donnerstag*) jeudi dernier; **an einem Donnerstag** un jeudi; **heute ist Donnerstag** aujourd'hui nous sommes jeudi; **hast du diesen Donnerstag Zeit?** tu as le temps jeudi? ❸ (*bei Zeitangaben, die eine Wiederholung ausdrücken*) **am Donnerstag** (*donnerstags, jeden Donnerstag*) le jeudi; **Donnerstag vormittags** le jeudi matin; **Donnerstag abends** le jeudi soir; **Donnerstag nachts** le jeudi dans la nuit

> **G** Der französische Wochentag wird ohne den bestimmten Artikel und ohne Präposition gebraucht, wenn eine präzise Angabe gemacht wird und ein ganz bestimmter Donnerstag gemeint ist.
> Geht es jedoch um mehrere Donnerstage, weil eine Wiederholung oder etwas Gewohnheitsmäßiges ausgedrückt wird, steht der bestimmte Artikel. In ❸ sind entsprechende Beispiele aufgeführt.

der **Donnerstagabend** le jeudi soir

der **Donnerstagmorgen** le jeudi matin

donnerstags le jeudi; *siehe auch* **dienstags**

das **Donnerwetter** (*umgs.*) (*Schelte*) la tempête ▶ **Donnerwetter!** chapeau!

doof (*umgs.*) ❶ *Person* débile ❷ (*unangenehm*) **eine doofe Sache** une affaire à la con

das **Doping** le dopage

das **Doppel** (*im Tennis*) le double

das **Doppelbett** le lit à deux places

der **Doppelgänger** le sosie

die **Doppelgängerin** le sosie

> **G** Es gibt im Französischen keine Femininform: **sie ist meine Doppelgängerin – c'est mon sosie**.

das **Doppelkinn** le double menton

der **Doppelpunkt** les deux-points *(männlich)*

> **V** Der Singular *der Doppelpunkt* wird mit einem Plural übersetzt: *der Doppelpunkt kann* vor einer Aufzählung stehen – *les deux-points peuvent* être placés avant une énumération.

doppelt ❶ **die doppelte Menge** deux fois la quantité; **das doppelte Gehalt** le double salaire ❷ **doppelt so groß wie ...** deux fois plus grand que ... ❸ **etwas zählt doppelt** quelque chose compte double ▶ **doppelt und dreifach** plutôt deux fois qu'une

das **Doppelzimmer** la chambre double

das **Dorf** le village; **er ist vom Dorf** il est de la campagne

der **Dorfbewohner** le villageois

die **Dorfbewohnerin** la villageoise

die **Dorfschaft** ⓒⓗ la petite commune

der **Dorn** l'épine *(weiblich)* ▶ **jemandem ein Dorn im Auge sein** *Person:* °hérisser quelqu'un; *Sache:* être une insulte permanente pour quelqu'un

dornig épineux/épineuse

das **Dornröschen** la Belle au bois dormant

das **Dörrobst** les fruits *(männlich)* secs

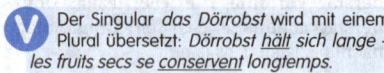 Der Singular *das Dörrobst* wird mit einem Plural übersetzt: *Dörrobst hält sich lange – les fruits secs se conservent longtemps.*

der **Dorsch** la morue

dort là-bas; **dort oben** là-haut; **dort unten** là en bas; **von dort** de là; **ich komme gerade von dort** j'en reviens juste

dortbehalten garder sur place; **sie haben ihn dortbehalten** ils l'ont gardé sur place

dortbleiben rester là, rester là-bas

dorther ich komme gerade dorther! je viens juste d'en revenir!

dorthin dorthin gehen aller là-bas; **bis dorthin** jusque là-bas; **wie komme ich dorthin?** comment je peux y aller?

die **Dose** la boîte

die **Dosen** Plural von **Dosis**

dösen *(umgs.)* somnoler; *(im Unterricht, vor dem Fernseher)* piquer du nez

der **Dosenöffner** l'ouvre-boîte *(männlich)*

dosieren doser; **etwas sparsam dosieren** doser quelque chose avec parcimonie

die **Dosis** la dose

der/das **Dotter** le jaune d'œuf

down [daʊn] *(umgs.)* **down sein** être à plat

downloaden ['daʊnloʊdn] télécharger *Datei*

der **Dozent** le maître de conférences; **er ist Dozent für Linguistik** il est chargé de cours de linguistique

die **Dozentin** le maître de conférences ⚠ *männlich;* **sie ist Dozentin für Informatik** elle est chargée de cours d'informatique

Dr. Abkürzung von **Doktor** Dr; **guten Tag, Frau Dr. Bay** bonjour, madame [Bay]

der **Drache** le dragon

der **Drachen** ❶ *(Spielzeug)* le cerf-volant ❷ *(Flugdrachen)* le deltaplane® ❸ *(abwertend umgs.: zänkische Frau)* le dragon

der **Draht** le fil métallique

die **Drahtseilbahn** *(Schwebebahn)* le téléphérique; *(Schienenbahn)* le funiculaire

drall *Busen* plantureux/plantureuse; *Arme, Beine* bien en chair

das **Drama** *(auch übertragen)* le drame

dramatisch *Ereignis* dramatique

die **Dramen** Plural von **Drama**

dran *(umgs.)* ❶ **du bist/er ist dran** c'est à toi/à lui! ▶ **früh/spät dran sein** être en avance/en retard; **er/sie ist übel dran** il/elle n'est vraiment pas à envier

der **Drang** ❶ **sein/ihr Drang nach Anerkennung** son besoin d'approbation ❷ **der Drang nach Westen** la poussée vers l'Ouest

drängeln pousser, se bousculer; **bitte nicht drängeln!** ne poussez pas, s'il vous plaît!

drängen ❶ **zum Ausgang drängen** pousser vers la sortie; **jemanden zur Seite drängen** pousser quelqu'un sur le côté; **sich zum Eingang drängen** se bousculer vers l'entrée; **sich durch die Menge drängen** se frayer un chemin dans la foule ❷ *(antreiben)* presser; **jemanden drängen zu arbeiten** presser quelqu'un de travailler ❸ **zum Aufbruch drängen** vouloir °hâter le départ; **auf eine Antwort drängen** insister pour obtenir une réponse ❹ **die Zeit drängt** le temps presse

drankommen *(umgs.)* ❶ **du kommst dran!** c'est ton tour!, c'est à toi! ❷ *(durchgenommen werden)* être le sujet du cours; **was kommt heute in Mathe dran?** quel sera le sujet du cours de maths aujourd'hui? ❸ *(abgefragt werden)* être interrogé(e)

drastisch ❶ *Maßnahmen* draconien(ne) ❷ **senken, erhöhen** de façon draconienne ❸ **um es drastisch auszudrücken** pour le dire tout à fait clairement

drauf *(umgs.)* ❶ *(räumlich)* dessus ❷ *(unter Drogeneinfluss)* chargé(e) ▶ **gut drauf sein** *(gut gelaunt sein)* être bien luné(e)

der **Draufgänger** le fonceur

die **Draufgängerin** la fonceuse

draufgehen *(umgs.)* ❶ *Geld:* y passer ❷ *Person:* y rester

draufhaben *(umgs.)* ❶ **was draufhaben** être calé(e); **in Mathe was draufhaben** être calé(e) en maths ❷ **gut hundert Sachen draufhaben** faire bien du cent

draußen dehors; **nach draußen** dehors; **von draußen** de dehors

der **Dreck** *(umgs.)* ❶ *(Schmutz)* la saloperie; *(Matsch)* la boue; **Dreck machen** faire des saletés ❷ *(abwertend: Schund, wertloses Zeug)* la merde ▶ **Dreck am Stecken haben** *(umgs.)* traîner une casserole; **das geht dich einen Dreck an!** qu'est-ce que ça peut te foutre?

dreckig *(umgs.)* ❶ *Mensch, Gegenstand:* sale; **sich dreckig machen** se salir ❷ **ein dreckiges Lachen** un sale rire; **dreckig lachen** avoir un sale rire ❸ **es geht ihr dreckig** *(gesundheitlich)* elle est mal foutue; *(seelisch, finanziell)* elle est dans la merde

die **Dreharbeiten** le tournage

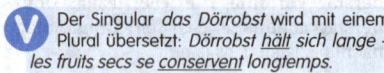 Der Plural *die Dreharbeiten* wird mit einem Singular übersetzt: *die Dreharbeiten haben elf Monate gedauert – le tournage a duré onze mois.*

das **Drehbuch** le scénario
drehen ❶ tourner *Schalter, Knopf;* **sich drehen** *Rad:* tourner ❷ **die Heizung höher drehen** monter le chauffage; **die Musik leiser drehen** baisser le son ❸ *(sich umdrehen)* **sich nach rechts/nach links drehen** se tourner à droite/à gauche ❹ **sich um Politik drehen** *Gespräch:* traiter de politique; **es dreht sich darum, die anderen zu überzeugen** il s'agit de convaincre les autres; **alles dreht sich um ihn** il est le centre du monde ❺ *(filmen)* tourner; **einen Film drehen** tourner un film ❻ *Wind:* tourner ❼ *(umgs.: hinkriegen)* goupiller ▸ **mir dreht sich alles** j'ai la tête qui tourne
die **Drehorgel** l'orgue *(männlich)* de Barbarie
die **Drehtür** la porte à tambour
die **Drehung** la rotation
drei ❶ trois [tʀwa]; **drei Äpfel und eine Banane** trois pommes et une banane; **es steht drei zu null** *geschrieben:* **3:0** le score est de trois à zéro *geschrieben:* 3 à 0 [tʀwa a zeʀo] ❷ *(bei der Altersangabe)* **er/sie ist drei [Jahre alt]** il/elle a trois ans [tʀwaz ã]; **mit drei [Jahren]** à trois ans ❸ *(bei Uhrzeit- und Zeitangaben)* **es ist drei [Uhr]** il est trois heures [tʀwaz œʀ]; **um drei [Uhr]** à trois heures; **gegen drei [Uhr]** vers trois heures; **es ist schon kurz nach drei** il est déjà trois heures passées; **alle drei Stunden** toutes les trois heures; **heute in drei Tagen** dans trois jours [tʀwa ʒuʀ] ❹ *(Geschwindigkeitsangabe)* **mit drei Stundenkilometern** à trois kilomètres à l'heure
die **Drei** ❶ *(Zahl, Spielkarte, Buslinie)* le trois ⚠ *männlich;* **der Spieler mit der Drei [auf dem Rücken]** le joueur qui porte le numéro trois ❷ *(mittlere Schulnote)* note convenable située entre onze et treize sur vingt
dreidimensional ❶ *Raum, Figur* tridimensionnel(le) ❷ *darstellen* en trois dimensions
das **Dreieck** le triangle [tʀijãgl]
dreieckig *Form* triangulaire
dreieinhalb trois ... et demi; **dreieinhalb Meter** trois mètres et demi; **dreieinhalb Stunden** trois heures et demie
dreierlei trois ... divers(es); **dreierlei Formate** trois formats divers; **dreierlei Farben** trois couleurs diverses; **dreierlei Sorten Brot** trois sortes de pain
dreifach ❶ triple; **eine dreifache Vergrößerung** un agrandissement trois fois plus grand; **in dreifacher Ausfertigung** en trois exemplaires; **nehmen Sie die dreifache Menge!** prenez trois fois cette quantité! ❷ **ein Blatt dreifach falten** plier une feuille en trois
das **Dreifache** ❶ le triple ❷ **das Dreifache verdienen** gagner trois fois plus; **um das Dreifache** de trois fois; **um das Dreifache höher** trois fois plus élevé(e)
dreihundert trois cents
dreijährig *Kind* de trois ans [tʀwaz ã]
der **Dreijährige** le garçon de trois ans [tʀwaz ã]
die **Dreijährige** la fille de trois ans [tʀwaz ã]
der **Dreiklang** le triple accord
dreimal trois fois; **dreimal so viel** trois fois plus [plys]; **dreimal so viele Leute** trois fois plus [ply] de gens ▸ **dreimal darfst du raten!** *(umgs.)* je te le donne en mille!; *siehe auch* **achtmal**
das **Dreirad** le tricycle
die **Dreiraumwohnung** le trois-pièces
der **Dreisatz** la règle de trois
dreißig ❶ trente [tʀãt] ❷ *(bei der Altersangabe)* **er/sie ist dreißig [Jahre alt]** il/elle a trente ans; **mit dreißig [Jahren]** à trente ans ❸ *(bei der Uhrzeit- und Zeitangabe)* **es ist elf Uhr dreißig** *geschrieben:* **11 Uhr 30** il est onze heures trente *geschrieben:* 11.30 h [õz œʀ tʀãt]; **in** [*oder* **innerhalb von**] **dreißig Tagen** en trente jours ❹ *(bei der Geschwindigkeitsangabe)* **mit dreißig Stundenkilometern** à trente kilomètres à l'heure ❺ *(beim Tennis)* **dreißig beide** trente à [tʀãt a]
die **Dreißig** *(Zahl, Buslinie)* le trente ⚠ *männlich*
dreißiger die dreißiger Jahre *eines Jahrhunderts* les années *(weiblich)* trente
dreißigste(r, s) ❶ trentième [tʀãtjɛm]; **die dreißigste Frage** la trentième question; **jemandem zu seinem dreißigsten Geburtstag gratulieren** féliciter quelqu'un à l'occasion de son trentième anniversaire ❷ *(bei der Datumsangabe)* **der dreißigste März** *geschrieben:* **der 30. März** le trente mars *geschrieben:* le 30 mars [lə tʀãt maʀs]
dreist impudent(e); **immer dreister werden** avoir de plus en plus d'aplomb
dreistöckig *Gebäude* de trois étages
dreistündig *Reise, Aufenthalt* de trois heures
dreitausend trois mille

G Das Zahlwort *mille* ist unveränderlich.

dreiteilig en trois parties; **ein dreiteiliger Anzug** un costume trois-pièces
dreiundzwanzig ❶ vingt-trois [vɛ̃ttʀwa] ❷ *(bei der Altersangabe)* **er/sie ist dreiundzwanzig [Jahre alt]** il/elle a vingt-trois

ans [vɛ̃tʀwaz ɑ̃]; **mit dreiundzwanzig [Jahren]** à vingt-trois ans ❸ (*bei Uhrzeit- und Zeitangaben*) **es ist dreiundzwanzig Uhr** il est vingt-trois heures [vɛ̃tʀwaz œʀ]
die **Dreiundzwanzig** (*Zahl, Buslinie*) le vingt-trois [vɛ̃tʀwa] ⚠ *männlich*
der **Dreiundzwanzigste** ❶ (*in Bezug auf die Reihenfolge, die Leistung*) le vingt-troisième [vɛ̃tʀwazjɛm] ❷ (*bei der Datumsangabe*) le vingt-trois *geschrieben:* le 23 [vɛ̃tʀwa]; **am Dreiundzwanzigsten** *geschrieben:* **am 23.** le vingt-trois *geschrieben:* le 23 [vɛ̃trwa] ❸ (*als Namenszusatz*) **Johannes der Dreiundzwanzigste** *geschrieben:* **Johannes XXIII.** Jean vingt-trois *geschrieben:* Jean XXIII [ʒɑ̃ vɛ̃tʀwa]
die **Dreiundzwanzigste** (*in Bezug auf die Reihenfolge, die Leistung*) la vingt-troisième [vɛ̃tʀwazjɛm]
dreiundzwanzigste(r, s) ❶ vingt-troisième [vɛ̃tʀwazjɛm] ❷ (*bei der Datumsangabe*) **der dreiundzwanzigste Dezember** *geschrieben:* **der 23. Dezember** le vingt-trois décembre *geschrieben:* le 23 décembre [vɛ̃tʀwa desɑ̃bʀ]
die **Dreiviertelstunde** les trois quarts (*männlich*) d'heure ⚠ *Plural*
dreizehn ❶ treize [tʀɛz]; **es steht dreizehn zu neun** *geschrieben:* **13:9** le score est de treize à neuf [tʀɛz a nœf] 13 à 9 ❷ (*bei der Altersangabe*) **er/sie ist dreizehn** [**Jahre alt**] il/elle a treize ans [tʀɛz ɑ̃]; **mit dreizehn [Jahren]** à treize ans ❸ (*bei Uhrzeit- und Zeitangaben*) **es ist dreizehn Uhr** il est une heure [yn œʀ]; **um dreizehn Uhr** à une heure; **gegen dreizehn Uhr** vers une heure; **kurz vor dreizehn Uhr** peu avant une heure; **es ist schon kurz nach dreizehn Uhr** il est déjà une heure passée ▸ **jetzt schlägt's dreizehn!** (*umgs.*) alors là, c'est le bouquet!
die **Dreizehn** (*Zahl, Buslinie*) le treize [tʀɛz] ⚠ *männlich*
der **Dreizehnte** ❶ (*in Bezug auf die Reihenfolge, die Leistung*) le treizième [tʀɛzjɛm]; **als Dreizehnter** en treizième position; **jeder Dreizehnte** une personne sur treize ❷ (*bei der Datumsangabe*) le treize *geschrieben:* le 13 [tʀɛz]; **am Dreizehnten** *geschrieben:* **am 13.** le treize *geschrieben:* le 13 [lə tʀɛz] ❸ (*umgs.: dreizehnter Stock*) le treizième [tʀɛzjɛm]; **sie wohnen im Dreizehnten** ils habitent au treizième ❹ (*als Namenszusatz*) **Johannes der Dreizehnte** *geschrieben:* **Johannes XIII.** Jean treize *geschrieben:* Jean XIII [ʒɑ̃ tʀɛz]

die **Dreizehnte** ❶ (*in Bezug auf die Reihenfolge, die Leistung*) la treizième; **als Dreizehnte** en treizième position; **jede Dreizehnte** une personne sur treize ❷ (*dreizehnte Klasse*) ≈ la treizième année; (*im französischen Schulsystem*) ≈ la terminale
dreizehnte(r, s) ❶ treizième [tʀɛzjɛm]; **jeder dreizehnte Deutsche** un Allemand sur treize [tʀɛz] ❷ (*bei der Datumsangabe*) **der dreizehnte Mai** *geschrieben:* **der 13. Mai** le treize mai *geschrieben:* le 13 mai [lə tʀɛz mɛ]; **am dreizehnten Mai** *geschrieben:* **am 13. Mai** le treize mai *geschrieben:* le 13 mai [lə tʀɛz mɛ]; **am Freitag, den 13. April** le vendredi 13 avril [lə vɑ̃dʀədi tʀɛz avʀil]; **Bonn, den 13. Juni** Bonn, le 13 juin [bɔn lə tʀɛz ʒɥɛ̃] ❸ (*bei den Klassenstufen*) **die dreizehnte Klasse** ≈ la treizième année; (*im französischen Schulsystem*) ≈ la terminale
die **Dreizimmerwohnung** le trois-pièces
die **Dresche** (*umgs.*) la dérouillée; **Dresche kriegen** prendre une dérouillée, se faire latter
dreschen battre *Getreide*
Dresden Dresde
dressieren dresser
das **Dressing** la sauce de salade
die **Dressur** le dressage
drillen mettre au pas; **die Schüler drillen** mettre les élèves au pas
der **Drilling** le triplé; **Drillinge bekommen** avoir des triplés (*männlich*)
drin (*umgs.*) **in der Vase ist noch Wasser drin** il y a encore de l'eau dans le vase ▸ **das ist durchaus drin** cela peut se faire
dringen ❶ **durch etwas dringen** *Person, Tier:* pénétrer dans quelque chose; *Speer, Regen:* traverser quelque chose; *Licht:* percer quelque chose; **der Splitter ist in die Haut gedrungen** l'éclat a traversé la peau ❷ **an die Öffentlichkeit dringen** devenir public/publique ❸ **darauf dringen, dass ein Waffenstillstand geschlossen wird** insister pour qu'un armistice soit conclus
dringend ❶ *Anruf* urgent(e); *Operation* d'urgence; *Warnung* pressant(e) ❷ **benötigen** de toute urgence; **operieren** d'urgence; **erforderlich** absolument
drinnen à l'intérieur
dritt zu dritt sein être [à] trois; **zu dritt verreisen** partir en voyage à trois
der **Dritte** ❶ (*in Bezug auf die Reihenfolge, die Leistung*) le troisième [tʀwazjɛm]; **als Dritter** en troisième position; **jeder Dritte** une personne sur trois ❷ (*bei der Datumsan-*

gabe) le trois *geschrieben:* le 3 [tʀwa]; **am Dritten** *geschrieben:* **am 3.** le trois *geschrieben:* le 3 [lə tʀwa] ③ (*bei Schaltgetrieben*) la troisième [tʀwazjɛm] ⚠ *weiblich;* **in den Dritten schalten** passer en troisième ④ (*umgs.: dritter Stock*) le troisième [tʀwazjɛm]; **er wohnt im Dritten** il habite au troisième ⑤ (*als Namenszusatz*) **Ludwig der Dritte** *geschrieben:* **Ludwig III.** Louis trois *geschrieben:* Louis III [lwi tʀwa]

die **Dritte** ① (*in Bezug auf die Reihenfolge, die Leistung*) la troisième [tʀwazjɛm]; **als Dritte** en troisième position; **jede Dritte** une personne sur trois ② (*dritte Grundschulklasse*) ≈ la troisième année; (*im französischen Schulsystem*) ≈ le cours élémentaire deux, ≈ le CE 2 [seø dø] ③ (*dritte Symphonie*) **Beethovens Dritte** la Troisième Symphonie de Beethoven

dritte(r, s) ① troisième [tʀwazjɛm]; **jeder dritte Deutsche** un Allemand sur trois ② (*bei der Datumsangabe*) **der dritte Mai** *geschrieben:* **der 3. Mai** le trois mai *geschrieben:* le 3 mai [lə tʀwa mɛ]; **am dritten Mai** *geschrieben:* **am 3. Mai** le trois mai *geschrieben:* le 3 mai [lə tʀwa mɛ]; **am Freitag, den 3. April** le vendredi 3 avril [lə vãdʀədi tʀwa avʀil]; **Bonn, den 3. Juni** Bonn, le 3 juin [bɔn lə tʀwa ʒɥɛ̃] ③ (*bei den Klassenstufen*) **die dritte Klasse** ≈ la troisième année; (*im französischen Schulsystem*) ≈ le cours élémentaire deux, ≈ le CE 2 [seø dø]

drittel ein drittel Gramm un troisième de gramme

das **Drittel** le tiers [tjɛʀ]

drittens troisièmement [tʀwazjɛməmã]

der **Dritte-Welt-Laden** le magasin de produits du tiers monde [tjɛʀ mõd]

die **Droge** la drogue; **Drogen nehmen** se droguer

der **Drogenhandel** le trafic de drogue

die **Drogenszene** le milieu de la drogue

der **Drogentrip** (*umgs.*) le trip

die **Drogerie** la droguerie-herboristerie

drohen ① jemandem drohen menacer quelqu'un; **sie hat ihm mit Entlassung gedroht** elle a menacé de le licencier ② **das Gebäude droht einzustürzen** le bâtiment menace de s'écrouler

drohend *Blick, Wolken* menaçant(e); *Gefahr* imminent(e)

dröhnen *Stimme:* résonner; *Motor, Maschine:* vibrer; *Donner:* gronder

dröhnend *Stimme* de stentor; *Gelächter* sonore; *Applaus* vibrant(e)

die **Drohung** la menace

drollig ① *Art, Anekdote* drôle ② *Kind* mignon(ne)

die **Drossel** la grive

drüber →**darüber**

der **Druck¹** ① (*Kraft*) la pression; **mit einem Druck auf diese Taste** en appuyant sur cette touche ② (*in der Brust*) l'oppression (*weiblich*); (*im Magen*) la lourdeur ③ (*Zwang*) la contrainte ▸ **jemanden unter Druck setzen** faire pression sur quelqu'un; **unter Druck stehen** être sous pression; (*in Zeitnot sein*) être pressé(e) par le temps

der **Druck²** (*das Drucken*) l'impression (*weiblich*); **etwas in Druck geben** faire imprimer quelque chose; **im Druck sein** être sous presse

der **Druckbuchstabe** le caractère d'imprimerie

der **Drückeberger** (*abwertend umgs.*) ① (*Faulenzer*) le tire-au-cul ② (*Feigling*) le dégonflé

die **Drückebergerin** (*abwertend umgs.*) ① (*Faulenzerin*) le tire-au-cul ⚠ *männlich* ② (*Feigling*) la dégonflée

drucken imprimer

drücken ① [auf] einen Knopf drücken appuyer sur un bouton ② **jemanden an sich drücken** étreindre quelqu'un ③ *Brille, Schuhe:* serrer; **im Magen drücken** peser sur l'estomac ④ **sich an die Wand drücken** se plaquer contre le mur; **sich in eine Ecke drücken** se blottir dans un coin ⑤ **sich drücken** (*umgs.*) se défiler; **sich vor einer Arbeit drücken** (*umgs.*) couper à un travail

drückend *Last, Hitze* lourd(e)

der **Drucker** ① (*Person*) l'imprimeur (*männlich*) ② (*EDV-Gerät*) l'imprimante (*weiblich*)

die **Druckerei** l'imprimerie (*weiblich*)

die **Druckerin** l'imprimeuse (*weiblich*)

die **Druckerschwärze** l'encre (*weiblich*) d'imprimerie

der **Druckfehler** la faute d'impression

der **Druckknopf** le bouton-pression

die **Druckluft** l'air (*männlich*) comprimé

die **Drucksache** l'imprimé (*männlich*)

die **Druckschrift** (*weiblich*) en lettres d'imprimerie, les lettres (*weiblich*) d'imprimerie

drum (*umgs.*) ① **drum herum** tout autour ② (*deshalb*) **drum hat er nichts gesagt** c'est pour ça qu'il n'a rien dit ▸ **sei's drum!** soit!

die **Drüse** la glande

der **Dschungel** la jungle ⚠ *weiblich*

du ① (*unbetonte Form, in Verbindung mit einem Verb*) tu; (*in der Umgangssprache vor Vokal oder stummem h*) t'; **du hast Recht** tu as raison, t'as raison; **kommst du?** tu viens? ❷ (*betonte Form, hervorgehoben*) **ich bin größer als du** je suis plus grand(e) que toi; **ach, du bist es!** ah c'est toi!; **da bist du ja!** ah te voici!; **du bist dafür verantwortlich, nicht ich** c'est toi qui en es responsable, pas moi; **ich singe gern, du nicht?** j'aime bien chanter, pas toi?; **er wird kochen und du staubsaugen** lui, il fera la cuisine, et toi, tu passeras l'aspirateur ❸ **zu jemandem du sagen** dire tu à quelqu'un ▸ **mit jemandem per du sein** tutoyer quelqu'un

der **Dübel** la cheville

ducken sich ducken se baisser; (*abwertend: unterwürfig sein*) plier l'échine

der **Dudelsack** la cornemuse

das **Duell** le duel

das **Duett** le duo

der **Duft** *von Blumen* le parfum; *eines Essens, Parfüms* l'arôme (*männlich*); *eines Bratens* le fumet

duften ❶ sentir bon; **nach Harz duften** sentir la résine ❷ **es duftet** ça sent bon; **es duftet nach Veilchen** ça sent la violette

duftend odorant(e)

dulden tolérer

dumm ❶ *Person, Bemerkung* bête ❷ (*albern*) stupide; **dummes Zeug reden** dire des bêtises ❸ **eine dumme Geschichte** (*umgs.*) une sale histoire ❹ **sich dumm anstellen** faire l'idiot/l'idiote ▸ **willst du mich für dumm verkaufen?** (*umgs.*) tu me prends pour une andouille, ou quoi?

die **Dummheit** la bêtise

der **Dummkopf** (*abwertend*) le con; **sei kein Dummkopf!** ne fais pas le con!

dumpf ❶ *Geräusch* sourd(e) ❷ *Luft* moite; *Geruch* de renfermé ❸ *Ahnung* vague; *Schmerz* diffus(e) ❹ *klingen* sourdement

die **Dumpfbacke** (*umgs.*) la pauvre tache

die **Düne** la dune

der **Dung** le fumier

düngen ❶ mettre de l'engrais; **den Acker düngen** mettre de l'engrais dans le champ ❷ (*düngende Wirkung haben*) **schlecht düngen** être un mauvais engrais

der **Dünger** l'engrais (*männlich*)

dunkel ❶ *Zimmer* sombre; *Nacht* noir(e); **um sechs Uhr wird es dunkel** il fait nuit à six heures; **im Dunkeln** dans l'obscurité ❷ *Kleidung* sombre; *Haare* foncé(e) ❸ *Klang* grave ❹ *Erinnerung* confus(e); **einen dunklen Verdacht haben** avoir un vague soupçon ❺ *Vergangenheit* obscur(e); *Geschäfte* louche ▸ **im Dunkeln tappen** être dans le brouillard

dunkelblau bleu foncé, bleu marine; **die dunkelblauen Söckchen** les socquettes (*weiblich*) bleu foncé [*oder* bleu marine]

dunkelblond ❶ **sie ist dunkelblond** elle a les cheveux blond foncé ❷ **dunkelblonde Haare haben** avoir les cheveux blond foncé ❸ *färben* en blond foncé

dunkelbraun *Farbe* marron foncé; *Haare* châtain foncé; **er hat dunkelbraune Haare** il a les cheveux châtain foncé

dunkelgrün vert foncé; **die dunkelgrünen Fensterläden** les volets (*männlich*) vert foncé

die **Dunkelheit** l'obscurité (*weiblich*)

die **Dunkelkammer** la chambre noire

dunkelrot rouge foncé

> **G** Französische Farbadjektive, die den Zusatz *foncé* haben, sind unveränderlich: *sie hat dunkelrote Nägel – elle a les ongles rouge foncé*.

dünn ❶ *Person* mince; (*mager*) maigre; **dünner werden** maigrir ❷ *Scheibe, Streifen* mince ❸ *Brei* liquide; *Kaffee* léger/légère; *Suppe* clair(e) ❹ *Stoff* fin(e) ❺ *Haarwuchs* clairsemé(e) ❻ **die Salbe dünn auftragen** appliquer la pommade en couche mince; **dünn besiedelt sein** être peu peuplé(e) ▸ **dünn gesät sein** ne pas courir les rues

der **Dunst** ❶ (*Nebel*) la brume ❷ (*Dampf*) la vapeur ▸ **er/sie hat keinen blassen Dunst davon** (*umgs.*) il/elle n'y connaît que dalle

dünsten faire cuire à la vapeur; **das Gemüse dünsten** faire cuire les légumes à la vapeur

dunstig *Wetter* brumeux/brumeuse

das **Duplikat** le double; (*in der Behördensprache*) le duplicata

das **Dur** le mode majeur; **in Dur** en majeur

durch ❶ **durch das Fenster** par la fenêtre; **durch die Stadt bummeln** faire un tour en ville; **durch einen Fluss waten** passer une rivière à gué; **quer durch das Tal wandern** faire une randonnée à travers la vallée ❷ **etwas durch seinen Pressesprecher bekannt geben** faire savoir quelque chose par son porte-parole ❸ **durch jemanden gerettet werden** être sauvé(e) grâce à quelqu'un ❹ **durch Zufall** par °hasard; **durch Fragen** à force de demander ❺ **zehn geteilt durch zwei** dix divisé par deux ❻ **das ganze Jahr durch arbeiten** travailler pendant toute l'année ❼ (*umgs.: vorbei, vergangen*) **es ist Mittag durch** il est midi passé ❽ (*umgs.: durchgefahren*) **der Zug ist schon durch** le train est déjà passé ❾ (*umgs.: am Ende angelangt*) **mit einem**

Buch durch sein avoir fini [de lire] un livre ❿ (*umgs.: genehmigt*) **durch sein** *Gesetz:* être passé(e); *Antrag:* être accordé(e) ⓫ (*umgs.: gar, reif*) **durch sein** *Fleisch:* être bien cuit(e); *Käse:* être bien fait(e) ▸ **durch und durch ehrlich sein** être on ne peut plus intègre; **durch und durch nass sein** être mouillé(e) jusqu'aux os

durcharbeiten ❶ (*ununterbrochen arbeiten*) travailler sans interruption ❷ (*gründlich lesen oder bearbeiten*) étudier à fond; **ein Buch durcharbeiten** étudier un livre à fond

durchatmen respirer profondément

durchaus ❶ (*unbedingt*) absolument; **das ist durchaus richtig** c'est bien juste ❷ (*völlig*) tout à fait; **sie meint das durchaus ernst** elle est tout à fait sérieuse ❸ **das ist durchaus nicht schlecht** c'est loin d'être mauvais

durchblättern feuilleter

der **Durchblick** (*umgs.*) **keinen Durchblick haben** n'y rien piger

durchblicken ❶ etwas durchblicken lassen laisser paraître quelque chose ❷ **ich blicke da nicht mehr durch** (*umgs.*) je n'y pige plus rien

die **Durchblutung** la circulation sanguine

durchbohren ❶ transpercer *Brett* ❷ (*übertragen*) **jemanden mit Blicken durchbohren** fusiller quelqu'un du regard

durchbrechen ❶ (*entzweibrechen*) casser en deux; **einen Stock durchbrechen** casser un bâton en deux ❷ enfoncer *Mauer* ❸ franchir *Schallmauer;* forcer *Blockade* ❹ *Brett:* se casser ❺ *Sonne:* percer

durchbrennen ❶ *Sicherung:* sauter; *Glühbirne:* griller ❷ **das Licht hat die ganze Nacht durchgebrannt** la lumière a été allumée toute la nuit ❸ (*umgs.: davonlaufen*) *Kind:* fuguer; **mit jemandem durchbrennen** se barrer avec quelqu'un

durchbringen ❶ (*versorgen, ernähren*) subvenir aux besoins de *Kind, Familie* ❷ dilapider *Vermögen* ❸ réussir à faire passer *Gesetz*

der **Durchbruch** ❶ (*Erfolg*) la percée; **einer Sache zum Durchbruch verhelfen** permettre à quelque chose de percer ❷ *eines Zahnes* la percée ❸ **zum Durchbruch kommen** *Eifersucht:* percer

durchdrehen ❶ *Räder:* tourner dans le vide ❷ (*umgs.: die Nerven verlieren*) disjoncter ❸ mouliner *Gemüse;* °hacher *Fleisch*

durchdringen passer à travers *Material;* percer *Dunkelheit*

durcheinander ❶ (*in Unordnung*) **durcheinander sein** *Wohnung:* être en pagaille; *Karteikarten:* être tout(e) mélangé(e) ❷ (*verwirrt*) [**ganz**] **durcheinander sein** être [tout(e)] tourneboulé(e) ❸ **viel durcheinander essen** manger beaucoup et n'importe quoi

durcheinanderbringen ❶ (*verwechseln*) confondre ❷ (*in Unordnung bringen*) **alles durcheinanderbringen** semer le désordre

durcheinanderliegen wirr durcheinanderliegen *Sachen, Papiere:* être pêle-mêle

durcheinanderreden alle redeten durcheinander tous/toutes parlaient à la fois

durcheinanderwirbeln faire virevolter *Papiere, Unterlagen*

das **Durcheinander** ❶ (*Unordnung*) le désordre ❷ (*Wirrwarr*) la confusion

die **Durchfahrt** ❶ le passage; „**Durchfahrt bitte freihalten!**" "Ne pas stationner!"; „**Durchfahrt verboten!**" "Passage interdit!" ❷ (*Durchreise*) le transit; **auf der Durchfahrt sein** être en transit

der **Durchfall** la diarrhée

durchfallen ❶ **durch ein Sieb durchfallen** passer à travers un tamis ❷ **bei einer Prüfung durchfallen** (*umgs.*) louper un examen

durchführen ❶ faire *Messung;* **einen Plan durchführen** mettre un plan à exécution ❷ (*durchleiten*) guider; **die Touristen durch das Schloss durchführen** guider les touristes à travers le château ❸ **die Straße führt durch den Wald durch** la route traverse la forêt

der **Durchgang** ❶ le passage; „**Kein Durchgang!**" "Passage interdit!" ❷ (*bei einem Wettkampf*) le tour

durchgeben communiquer *Nachricht*

durchgehen ❶ *Person:* avancer; **durch den Zoll durchgehen** *Reisende:* passer la douane ❷ (*umgs.: durchpassen*) **unter der Tür durchgehen** passer sous la porte ❸ (*nicht unterbrochen werden*) *Flug:* être direct ❹ (*kontrollieren*) revoir *Text* ❺ **durch etwas durchgehen** *Strahlung:* traverser quelque chose ❻ *Antrag:* être adopté(e) ❼ *Pferd:* s'emballer [et s'enfuir]; **die Nerven gingen ihm durch** ses nerfs le lâchèrent ▸ **etwas durchgehen lassen** laisser passer quelque chose

durchgehend ❶ *Öffnungszeiten* sans interruption ❷ *Zug* direct(e) ❸ **durchgehend geöffnet** ouvert(e) en continu

durchgeknallt (*umgs.*) fêlé(e)

durchhalten ❶ supporter *Belastung, Anstrengung;* **wir müssen durchhalten!** nous devons tenir bon! ❷ poursuivre *Streik* ❸ tenir *Tempo;* aller jusqu'au bout de *Strecke* ❹ résister à *Beanspruchung*

durchkommen ❶ (*durchfahren*) passer; **durch ein Dorf durchkommen** traverser un village ❷ (*passieren*) pouvoir passer ❸ (*durchsickern*) s'infiltrer; **das Wasser ist durch die Wand durchgekommen** l'eau s'est infiltrée à travers le mur ❹ **bei jemandem mit einer Ausrede durchkommen** avoir du succès avec un prétexte auprès de quelqu'un; **mit Englisch kommt man überall durch** avec l'anglais on passe partout ❺ (*eine Prüfung bestehen*) réussir ❻ (*umgs.: überleben*) s'en tirer

durchkreuzen contrarier *Pläne*

der **Durchlauf** ❶ (*bei einem Wettkampf*) la manche ❷ (*in der Informatik*) l'exécution (weiblich)

durchlesen etwas durchlesen lire quelque chose; (*bis zum Ende*) lire quelque chose en entier; **einen Brief flüchtig durchlesen** parcourir une lettre

durchmachen ❶ avoir *Krankheit*; traverser *schwere Zeiten*; vivre *Unangenehmes* ❷ (*umgs.: durchfeiern*) faire la bringue; **die Nacht durchmachen** faire la bringue jusqu'au petit matin ❸ (*umgs.: durcharbeiten*) travailler non-stop

der **Durchmesser** le diamètre

durchnehmen faire; **was habt ihr heute in Mathe durchgenommen?** qu'est-ce que vous avez fait aujourd'hui en maths?

durchnummerieren numéroter

durchqueren traverser

die **Durchreise** ❶ (*das Durchreisen*) la traversée ❷ **auf der Durchreise sein** être de passage

durchringen sich dazu durchringen, nein zu sagen se résoudre à dire non

durchrosten rouiller [complètement]

durchs → durch

die **Durchsage** le communiqué; (*Verkehrsdurchsage*) le point sur la circulation routière

durchsagen ❶ communiquer ❷ transmettre *Parole*; **bitte nach hinten durchsagen!** faites passer derrière, s'il vous plaît!

durchschauen deviner *Absichten*; voir clair dans *Intrige*; **jemanden durchschauen** voir clair dans le jeu de quelqu'un

der **Durchschlag** (*Kopie*) la copie

durchschlagend *Erfolg* éclatant(e); *Argument* décisif/décisive

durchschneiden couper

der **Durchschnitt** (*Mittelwert*) la moyenne; **über/unter dem Durchschnitt** en dessus/en dessous de la moyenne

durchschnittlich ❶ *Einkommen, Leistung* moyen(ne) ❷ (*im Durchschnitt*) en moyenne ❸ **durchschnittlich begabt** moyennement doué(e)

durchsehen ❶ (*prüfend*) vérifier; **etwas auf Fehler durchsehen** relire quelque chose pour corriger ❷ (*durchblättern*) feuilleter *Zeitschrift* ❸ **durch etwas durchsehen** regarder à travers quelque chose

durchsetzen ❶ imposer *Plan, Maßnahmen*; faire aboutir *Forderung* ❷ **eine Forderung bei jemandem durchsetzen** faire accepter une demande par quelqu'un; **bei jemandem durchsetzen, dass er zustimmt** obtenir de quelqu'un qu'il soit d'accord ❸ **sich durchsetzen** *Person, Idee*: s'imposer; **sich gegen seine Konkurrenten durchsetzen** s'imposer face à ses concurrents

durchsichtig ❶ *Glas* transparent(e) ❷ *Ausrede* évident(e)

durchsickern ❶ filtrer; **zu jemandem durchsickern** filtrer jusqu'à quelqu'un; **es ist durchgesickert, dass sie ein Verhältnis haben** quelqu'un a divulgué qu'ils ont une relation ❷ (*durchkommen*) *Flüssigkeit*: s'infiltrer; **durch die Zimmerdecke durchsickern** s'infiltrer à travers le plafond

durchstöbern (*umgs.*) fouiller dans *Schrank*; **eine Kommode nach Dokumenten durchstöbern** fouiller dans une commode pour trouver des documents

durchstreichen rayer

durchstreifen parcourir *Gegend*

durchsuchen fouiller *Person*; perquisitionner *Wohnung*; explorer *Gegend*

die **Durchsuchung** ❶ la fouille ❷ (*durch die Polizei*) *einer Wohnung* la perquisition; *einer Gegend* l'exploration (weiblich)

durchtrieben (*abwertend*) rusé(e)

die **Durchwahl** ❶ la ligne directe ❷ **was ist deine Durchwahl?** (*umgs.*) quel est ton numéro de poste?

durchwühlen ❶ fouiller *Tasche, Zimmer*; **die Handtasche nach einem Kuli durchwühlen** fouiller son sac à main à la recherche d'un stylo ❷ (*aufwühlen*) **die Erde durchwühlen** fouiller la terre

durchzählen compter

der **Durchzug** ❶ (*Luftzug*) le courant d'air; **Durchzug machen** faire un courant d'air ❷ (*das Durchziehen*) le passage

dürfen ❶ **etwas tun dürfen** pouvoir faire quelque chose; (*generell die Erlaubnis haben*) avoir le droit de faire quelque chose ❷ **er darf alles** il peut faire tout ce qu'il veut; **darf ich? – Ja, du darfst** je peux? – Oui, tu peux; **darf er das wirklich?** il [en] a vraiment la permission? ❸ **wir dürfen den Bus nicht verpassen** il ne faut pas que nous <u>rations</u> le bus; **das hätte er nicht tun dürfen** il n'aurait pas dû faire ça; **es darf nicht sein, dass wir zu spät kommen** nous ne pouvons pas nous permettre d'arriver en retard ❹ (*in Höflichkeitsformeln*) **darf ich noch ein Stück Kuchen haben?** puis-je avoir encore un morceau de gâteau?; **was darf es denn sein?** vous désirez? ❺ (*Anlass haben*) **wir dürfen uns nicht beklagen** on n'a pas à se plaindre; **man wird wohl noch fragen dürfen!** on a tout de même le droit de poser la question! ❻ (*Ausdruck der Wahrscheinlichkeit*) **es dürfte genügen, wenn ...** cela devrait suffire si ...; **es dürfte wohl das Beste sein, wenn wir gehen** le mieux serait de partir

dürftig ❶ *Essen* frugal(e); *Unterkunft* rudimentaire ❷ **ein dürftiges Ergebnis** un piètre résultat ❸ *Vegetation* clairsemé(e) ❹ *beleuchtet* faiblement; *bekleidet* misérablement

dürr ❶ *Ast* mort(e); *Boden* sec/sèche ❷ (*sehr dünn*) *Arme, Beine* fluet(te)

die **Dürre** la sécheresse

der **Durst** la soif; **großen Durst haben** avoir très soif; **Durst auf Apfelsaft haben** avoir envie de boire du jus de pomme; **ein Durst stillendes Getränk** une boisson désaltérante

durstig *Person* assoiffé(e); **jemanden durstig machen** donner soif à quelqu'un

durststillend désaltérant(e)

die **Dusche** la douche

duschen [sich] duschen se doucher; **sie duscht gerade** elle prend sa douche

die **Düse** la tuyère

düsen (*umgs.: zu Fuß*) foncer; (*mit dem Auto, Flugzeug*) filer

das **Düsenflugzeug** l'avion (*männlich*) à réaction

der **Düsenjäger** le chasseur à réaction

düster ❶ *Beleuchtung* sombre ❷ *Gestalten* sinistre ❸ (*übertragen*) **düstere Gedanken** de sombres pensées

das **Dutzend** ❶ la douzaine ❷ **davon gibt es Dutzende!** (*umgs.*) il y en a des tas!

dutzendmal (*umgs.*) des dizaines de fois

duzen tutoyer; **sie duzen sich** ils/elles se tutoient

die **Dynamik** ❶ la dynamique ❷ *einer Person* le dynamisme

dynamisch ❶ *Entwicklung* dynamique ❷ *Rente* indexé(e) ❸ *handeln* avec dynamisme

das **Dynamit** la dynamite ⚠ *weiblich*

der **Dynamo** la dynamo ⚠ *weiblich*
die **Dynastie** la dynastie
der **D-Zug** le rapide

E

das **e**, das **E** le e, le E [ø]
das **e** (*Musiknote*) le mi
die **Ebbe** la marée basse; **Ebbe und Flut** le flux [fly] et le reflux [Rəfly]

eben¹ ❶ (*ohne Erhebungen*) *Land, Gegend, Weg* plat(e) ❷ *verlaufen* sur le plat

eben² ❶ (*gerade*) **was hast du eben gesagt?** qu'est-ce que tu viens de dire?; **dein Bruder war eben noch da** ton frère était encore là à l'instant ❷ (*nämlich*) justement; [na] eben! [alors,] tu vois/vous voyez! ❸ (*nun einmal*) tout simplement; **das ist eben so** c'est comme ça ❹ (*mit Mühe*) **das reicht eben so** ça suffit [tout] juste; **sie hat den Zug [gerade] eben noch erreicht** elle a eu le train de justesse

die **Ebene** ❶ la plaine ❷ (*in der Mathematik und Physik*) le plan ❸ (*Stufe*) l'échelon (*männlich*), le niveau

ebenfalls aussi; **ich ebenfalls** moi aussi; **ich war ebenfalls nicht eingeladen** moi non plus, je n'étais pas invité(e); **danke, ebenfalls!** merci, pareillement!

ebenso ❶ **ebenso gern/gut** tout aussi bien; **ebenso sehr/viel** tout autant; **er ist ebenso intelligent wie seine Schwester** il est tout aussi intelligent que sa sœur ❷ (*desgleichen*) également

der **Eber** le verrat
der **EC** *Abkürzung von* **Eurocity** le E.C., l'Eurocity (*männlich*)
das **Echo** l'écho (*männlich*)

echt ❶ *Pelz, Gold, Silber* véritable; *Haar* naturel(le) ❷ *Unterschrift, Gemälde* authentique ❸ *Freude, Schmerz* vrai(e) ❹ **das hat er echt gesagt?** (*umgs.*) il a vraiment dit ça?

das **Eck** Ⓐ le coin
die **Ecke** ❶ le coin; *eines Dreiecks* l'angle (*männlich*) ❷ (*Straßenecke*) le coin; **gleich um die Ecke** juste au coin ❸ (*beim Fußball*) le corner ▶ **an allen Ecken und <u>Enden</u> sparen** économiser sur tout [et n'importe quoi]; **jemanden um die Ecke <u>bringen</u>** (*umgs.*) faire la peau à quelqu'un

eckig ① carré(e); *Skulptur* anguleux/anguleuse ② (*ungelenk*) raide
der **Edamer** l'édam (*männlich*) [edam]
edel ① *Gesinnung* noble ② *Hölzer* précieux/précieuse; *Wein* noble ③ *Pferd* de race ④ *handeln* noblement ⑤ *verarbeitet* élégamment
das **Edelgas** le gaz rare
das **Edelmetall** le métal précieux
der **Edelstein** la pierre précieuse
das **Edelweiß** l'edelweiss (*männlich*)
das **Edikt** l'édit (*männlich*)
das **E-Dur** le mi majeur
die **EDV** *Abkürzung von* **elektronische Datenverarbeitung** l'informatique (*weiblich*)
die **EDV-Anlage** l'installation (*weiblich*) informatique
der **Efeu** le lierre
der **Effekt** l'effet (*männlich*)
effektiv ① *Maßnahme* efficace ② *Verbesserung* effectif/effective ③ *Zinsen* réel(le)
effizient (*gehoben*) ① performant(e) ② *handeln* avec efficience
egal (*umgs.*) **das ist mir egal** ça m'est égal; **egal, wann/wie du das schaffst** peu importe quand/comment tu y arrives; **egal, was dann passiert** quoi qu'il s'ensuive
der **Egoismus** l'égoïsme (*männlich*)
egoistisch ① *Person* égoïste ② *handeln* d'une manière égoïste
eh **seit eh und je** depuis toujours; **wie eh und je** comme toujours
ehe **ehe es zu spät ist** avant qu'il ne soit trop tard; **sie verabschiedet sich noch, ehe sie fährt** elle dira au revoir avant de partir
die **Ehe** le mariage; **eine glückliche Ehe führen** former un couple heureux; **sie will ihre Ehe retten** elle veut sauver son couple; **eine Ehe ohne Trauschein** un union libre
eheähnlich **in einer eheähnlichen Gemeinschaft leben** vivre maritalement
der **Ehebruch** l'adultère (*männlich*)
die **Ehefrau** la femme, l'épouse (*weiblich*)
die **Eheleute** les conjoints (*männlich*)
ehelich ① conjugal(e); *Kind* légitime; *Rechte* matrimonial(e) ② **ein ehelich geborenes Kind** un enfant légitime
ehemalig **mein ehemaliger Grundschullehrer** mon ancien instituteur
ehemals (*gehoben*) jadis
der **Ehemann** le mari, l'époux (*männlich*)
das **Ehepaar** le couple
eher ① *ankommen, abreisen* plus tôt ② (*wahrscheinlicher*) plutôt; **das ist eher möglich** c'est plus probable ▶ **je eher, desto besser** plus tôt ce sera, mieux ce sera

der **Ehering** l'alliance (*weiblich*)
die **Ehescheidung** le divorce
die **Ehre** l'honneur (*männlich*); **wir geben uns die Ehre, Sie einzuladen** (*gehoben*) nous avons l'honneur de vous inviter; **wir werden ihnen zu Ehren eine Feier veranstalten** nous organiserons une fête en leur honneur ▶ **jemandem die letzte Ehre erweisen** (*gehoben*) rendre les derniers honneurs à quelqu'un; **etwas in Ehren halten** respecter quelque chose
ehren ① (*würdigen, feiern*) honorer; **jemanden mit einem Fest ehren** honorer quelqu'un en organisant une fête ② **Ihr Angebot ehrt mich** votre offre m'honore
ehrenamtlich ① *Mitarbeiter, Tätigkeit* bénévole ② *arbeiten* à titre bénévole
der **Ehrengast** l'invité (*männlich*)/l'invitée (*weiblich*) d'honneur
die **Ehrenrunde** (*im Sport*) le tour d'honneur ▶ **eine Ehrenrunde drehen** (*im Sport*) faire un tour d'honneur; (*ironisch: sitzen bleiben*) redoubler
die **Ehrensache** l'affaire (*weiblich*) d'honneur
ehrenvoll *Aufgabe* honorable
das **Ehrenwort** la parole d'honneur; **jemandem sein Ehrenwort geben** donner sa parole d'honneur à quelqu'un
die **Ehrfurcht** le respect; **Ehrfurcht vor jemandem/etwas haben** respecter quelqu'un/quelque chose
der **Ehrgeiz** l'ambition (*weiblich*)
ehrgeizig *Person, Plan* ambitieux/ambitieuse
ehrlich ① sincère; *Absicht, Angebot* honnête; **es ehrlich mit jemandem meinen** être sincère avec quelqu'un ② *Mitarbeiter* honnête ③ *teilen* honnêtement ④ **ehrlich gesagt, ...** franchement, ... ⑤ (*umgs.*) **ich kann nichts dafür, ehrlich!** je n'y peux rien, vraiment!
die **Ehrlichkeit** ① l'honnêteté (*weiblich*) ② *der Gefühle* la sincérité
ehrwürdig *Gebäude, Alter* vénérable
das **Ei** ① l'œuf (*männlich*); **ein hartes Ei** un œuf dur; **ein weiches Ei** un œuf à la coque ② **die russischen Eier** les œufs [ø] à la russe ▶ **wie aus dem Ei gepellt** (*umgs.*) tiré(e) à quatre épingles; **sich gleichen wie ein Ei dem anderen** se ressembler comme deux gouttes d'eau
die **Eiche** le chêne
die **Eichel** le gland
das **Eichhörnchen** l'écureuil (*männlich*)
der **Eid** le serment; **einen Eid ablegen** [*oder* **leisten**] prêter serment; **einen Eid auf die**

Bibel schwören prêter serment sur la Bible; **unter Eid stehen** être assermenté(e)
- die **Eidechse** le lézard
- der **Eidgenosse** le citoyen helvétique
- die **Eidgenossenschaft die Schweizerische Eidgenossenschaft** la Confédération helvétique
- die **Eidgenossin** la citoyenne helvétique
- **eidgenössisch** helvétique; (*im Gegensatz zu kantonal*) confédéral(e)
- der **Eierbecher** le coquetier
- die **Eierschale** la coquille d'œuf
- der **Eierstock** l'ovaire (*männlich*)
- der **Eifer** le zèle; **mit Eifer bei der Sache sein** se donner à fond ▸ **im Eifer des Gefechts** dans le feu de l'action
- die **Eifersucht** la jalousie
- **eifersüchtig** jaloux/jalouse; **auf jemanden eifersüchtig sein** être jaloux/jalouse de quelqu'un
- der **Eiffelturm** la tour Eiffel ⚠ *weiblich*
- **eifrig** ❶ *Schüler* studieux/studieuse; *Bemühen* empressé(e); *Suche* intensif/intensive ❷ *lernen* avec assiduité; **eifrig bemüht sein, etwas zu tun** s'efforcer avec zèle de faire quelque chose
- das **Eigelb** le jaune d'œuf
- **eigen** ❶ **ihr eigenes Auto** sa propre voiture ❷ *Meinung* personnel(le) ❸ *Eingang* particulier/particulière; **er hat ein eigenes Bad/Zimmer** il a sa propre salle de bain/chambre
- die **Eigenart** *einer Person* la particularité; *einer Landschaft* le caractère particulier
- **eigenartig** ❶ particulier/particulière; **ein eigenartiger Geruch** une drôle d'odeur ❷ *sich benehmen* bizarrement
- der **Eigenname** le nom propre
- **eigens** spécialement
- die **Eigenschaft** ❶ *einer Person* le trait de caractère; **die guten und die schlechten Eigenschaften** les qualités et les défauts ❷ *eines Gases, Metalls* la propriété; *eines Produkts* la qualité
- **eigensinnig** ❶ *Mensch, Verhalten* obstiné(e) ❷ *sich verhalten* obstinément
- **eigentlich** ❶ *Name, Wesen, Zweck* véritable; *Tatsache, Wert* réel(le) ❷ *Sinn, Bedeutung* d'origine ❸ (*normalerweise*) en principe; **das müsstest du eigentlich wissen** tu devrais le savoir ❹ **kommt sie eigentlich?** au fait, est-ce qu'elle viendra?; **wann müssen wir eigentlich weg?** quand est-ce que nous devons partir, au juste? ❺ **dafür bist du eigentlich schon zu alt** en fait, tu en as passé l'âge
- das **Eigentor** le but contre son camp; **ein Eigentor schießen** marquer un but contre son camp
- das **Eigentum** ❶ la propriété ❷ (*Besitzgüter*) les biens (*männlich*)

> **V** In ❷ wird der Singular *das Eigentum* mit einem Plural übersetzt: *über sein Eigentum verfügen – disposer de ses biens.*

- der **Eigentümer** le propriétaire
- die **Eigentümerin** la propriétaire
- **eigentümlich** ❶ particulier/particulière; *Verhalten* singulier/singulière ❷ **ein eigentümlicher Geschmack** un drôle de goût; **mir wird ganz eigentümlich zumute** je commence à me sentir tout(e) drôle ❸ *sich verhalten* bizarrement
- die **Eigentumswohnung** l'appartement (*männlich*) en copropriété
- **eigenwillig** ❶ *Person* obstiné(e) ❷ *Verhalten, Methode* original(e)
- **eignen** ❶ **sich für eine bestimmte Arbeit eignen** *Bewerber, Kollege:* être apte à faire un certain travail ❷ **sich als Illustration eignen** *Bild, Foto:* pouvoir servir d'illustration
- der **Eilbrief** la lettre [par] exprès; **als Eilbrief** en exprès
- die **Eile** la °hâte; **in Eile sein** être pressé(e); **jemanden zur Eile antreiben** inciter quelqu'un à se dépêcher ▸ **nur keine Eile!** doucement!
- **eilen** ❶ (*dringend sein*) *Angelegenheit:* être urgent(e); „**Eilt!**" "Urgent!" ❷ **es eilt** c'est urgent ❸ **nach Hause eilen** se dépêcher de rentrer; **durch die Straßen eilen** courir dans les rues
- **eilig** ❶ urgent(e); **sie hatte es plötzlich eilig, wieder abzureisen** elle était tout d'un coup pressée de repartir ❷ *erledigen* rapidement
- der **Eimer** le seau; **ein Eimer Wasser** un seau d'eau ▸ **im Eimer sein** (*umgs.*) être foutu(e)
- **ein auf „ein" drücken** appuyer sur "marche" ▸ **weder ein noch aus wissen**, **weder aus noch ein wissen** ne plus savoir quoi faire
- **ein**[1], **eine** *unbestimmter Artikel* ❶ un/une; **ein Tisch** une table; **eine Vase** un vase; **ein Buch** un livre ❷ (*betont*) **eine Hitze ist das hier!** il fait une de ces chaleurs ici!; **so eine Frechheit!** quel toupet!; **was ist das für ein Lärm!** qu'est-ce que c'est que ce bruit! ❸ (*jeder*) **der Wal ist ein Säugetier** les baleines sont des mammifères ▸ **ein und derselbe/dieselbe** une seule et même per-

sonne; **das ist doch ein und <u>dasselbe</u>** c'est du pareil au même

> **G** Die unbestimmten Artikel *ein, eine, ein* mit ihren zahlreichen Formen (z. B. *eines, einem* oder *einer*) sind keine eigenständigen Wörter mit eigenen Übersetzungen, sondern nur die Begleiter von Substantiven.
> Die französische Entsprechung eines männlichen deutschen Substantivs kann weiblich sein – und folglich einen weiblichen Artikel haben: *ein Tisch – une table; ein Schlüssel – une clé*.
> Nur in den Fällen, in denen ein deutsches Substantiv eine Person bezeichnet oder ein Tier männlichen Geschlechts (also ein Tiermännchen), steht fest, dass auch seine französische Entsprechung männlich ist:
> *ein Musiker – <u>un</u> musicien; ein Mann – <u>un</u> homme; ein Stier – <u>un</u> taureau*.
> Dasselbe gilt analog für den unbestimmten weiblichen Artikel und für das Verhältnis zwischen deutschen weiblichen Substantiven und ihren französischen Entsprechungen.
> Sächliche Substantive und einen sächlichen Artikel gibt es im Französischen nicht. Die französischen Substantive sind entweder männlich oder weiblich, und ihre unbestimmten Artikel lauten im Singular *un* und *une* und im Plural *des*.

ein[2], **eine** *Zahlwort* ➊ un/une; **ein Apfel und eine Banane** une pomme et une banane; **ein Pfund/ein Kilo wiegen** peser une livre/un kilo; **einen Monat und drei Tage dauern** durer un mois et trois jours ➋ (*bei der Altersangabe*) **ein Jahr alt sein** <u>avoir</u> un an; **mit einem Jahr <u>à</u>** un an ➌ (*bei Uhrzeitangaben*) **es ist ein Uhr** il est une heure; **um ein Uhr** à une heure; **gegen ein Uhr** vers une heure

einander (*gehoben*) **sie gleichen einander** ils <u>se</u> ressemblent; **wir respektieren einander** nous <u>nous</u> respectons mutuellement; **reicht einander die Hände!** donnez-<u>vous</u> les mains!

einarbeiten ➊ **sich einarbeiten** s'adapter ➋ **jemanden einarbeiten** former quelqu'un; **jemanden in etwas einarbeiten** initier quelqu'un à quelque chose

einatmen ➊ **bitte tief einatmen!** inspirez profondément, s'il vous plaît! ➋ respirer *Luft, Geruch;* inhaler *Rauch, Gas*

die **Einbahnstraße** la rue à sens unique, le sens unique

der **Einband** la reliure

einbauen ➊ installer *Möbel;* poser *Motor* ➋ insérer *Hinweis;* intégrer *Theorie*

die **Einbauküche** la cuisine intégrée

die **Einbauten** les éléments (*männlich*) encastrables

einberufen ➊ convoquer *Versammlung* ➋ **jemanden zum Militärdienst einberufen** appeler quelqu'un

die **Einberufung** ➊ *einer Versammlung* la convocation ➋ *von Soldaten* l'appel (*männlich*) ➌ (*Einberufungsbescheid*) l'avis (*männlich*) d'incorporation

das **Einbettzimmer** la chambre à un lit

einbeziehen ➊ impliquer; (*mitwirken lassen*) associer ➋ (*berücksichtigen*) prendre en compte

einbiegen in eine Straße einbiegen tourner dans une rue

einbilden ➊ **er bildet sich ein, dass er krank ist** il s'imagine qu'il est malade ➋ **das hast du dir nur eingebildet** tu as rêvé ➌ **sich viel auf sein Aussehen einbilden** être fier/fière de sa beauté ▶ **was bildest du dir <u>eigentlich</u> ein?** (*umgs.*) pour qui tu te prends?; **sich [ganz] <u>schön</u> was einbilden** (*umgs.*) attraper le melon

die **Einbildung** ➊ (*Fantasie*) l'imagination (*weiblich*) ➋ (*Arroganz*) la prétention

der **Einblick** l'aperçu (*männlich*); **Einblick in den Journalismus gewinnen** se faire une idée du journalisme

einbrechen ➊ **in ein Haus einbrechen** cambrioler une maison; **bei jemandem einbrechen** cambrioler <u>quelqu'un</u>; **bei mir ist eingebrochen worden** j'ai été cambriolé(e) ➋ (*einstürzen*) *Decke, Stollen, Aktienkurs:* s'effondrer ➌ **auf dem Eis einbrechen** passer au travers de la glace

der **Einbrecher** le cambrioleur

die **Einbrecherin** la cambrioleuse

einbringen ➊ rapporter *Geld;* **jemandem viel Geld einbringen** rapporter beaucoup d'argent à quelqu'un; **das bringt viel ein** ça rapporte gros ➋ apporter *Kapital* ➌ rentrer *Ernte* ➍ **etwas im Parlament einbringen** déposer quelque chose au Parlement

der **Einbruch** ➊ le cambriolage; **der Einbruch in diese Villa** le cambriolage <u>de</u> cette villa ➋ *der Aktienkurse* la chute ➌ (*Verluste*) l'échec (*männlich*) ➍ *der Dunkelheit* la tombée; *des Winters* l'irruption (*weiblich*)

einbruchsicher *Tür, Fenster* anti-effraction

einbürgern ➊ naturaliser *Person* ➋ importer *Fremdwort* ➌ **sich einbürgern** *Fremdwort:* s'implanter ➍ **das hat sich so eingebürgert** c'est devenu une habitude

einbüßen ➊ **sein Leben einbüßen** perdre la vie ➋ **an Ansehen einbüßen** perdre de son crédit

einchecken ➊ (*sich anmelden*) *Hotelgast:* se

présenter; *Fluggast:* se faire enregistrer ❷ (*abfertigen*) enregistrer *Fluggast;* faire enregistrer *Gepäck*
eincremen ❶ **sich das Gesicht eincremen** se mettre de la crème sur le visage ❷ **er cremt ihr den Rücken ein** il lui met de la crème sur le dos
eindecken sich mit Mineralwasser eindecken s'approvisionner en eau minérale; **sich mit Kleidung eindecken** s'équiper en vêtements
eindeutig ❶ *Anordnung* clair(e) ❷ *Beweis* indiscutable ❸ **du hast dich ganz eindeutig geirrt** de toute évidence, tu t'es trompé(e)
eindringen *Einbrecher:* s'introduire; *Wasser:* pénétrer
eindringlich ❶ *Bitte, Forderung* pressant(e); *Rede* suppliant(e) ❷ **jemanden eindringlich bitten** prier quelqu'un avec insistance
der **Eindruck** ❶ l'impression *(weiblich);* **ich habe den Eindruck, dass sie sich freut** j'ai l'impression qu'elle est contente ❷ (*Wirkung*) **unter dem Eindruck eines Ereignisses stehen** être sous le coup d'un événement ▶ **bei jemandem Eindruck schinden wollen** (*umgs.*) vouloir épater quelqu'un
eindrücklich 🇨🇭, **eindrucksvoll** ❶ *Erlebnis* impressionnant(e) ❷ *schildern* de façon saisissante
eine(r, s) ❶ (*jemand*) quelqu'un; **eines der Kinder** un des enfants; **den einen der beiden kenne ich** je connais l'un des deux ❷ (*umgs.: man*) **und das soll einer glauben?** laisse-moi/laissez-moi rire! ❸ (*eine Sache*) **eines [oder eins] gefällt mir nicht an ihm** il y a une chose qui me déplaît en lui
eineinhalb un ... et demi/une ... et demie; **eineinhalb Liter** un litre et demi; **eineinhalb Stunden** une heure et demie
die **Einelternfamilie** la famille monoparentale
einem *Dativ von* **man: so ein Entschluss fällt einem schwer** on a du mal à prendre une telle décision; **und dann glaubt einem keiner** et personne ne te/ne vous croit
einen *Akkusativ von* **man: das freut einen** on s'en réjouit; **er grüßt einen nie** il ne [vous] dit jamais bonjour; **dieser Film macht einen traurig** ce film [vous] rend triste
einer →**eine**(r, s)
der **Einer** ❶ (*beim Rechnen*) l'unité *(weiblich);* **die Zehner und die Einer** les dizaines et les unités ❷ (*Sportboot*) le skif[f]
einerlei das ist einerlei c'est égal

das **Einerlei** la monotonie
einerseits einerseits ..., andererseits ... d'un côté ..., de l'autre [côté] ...
eines →**eine**
einfach ❶ facile; **er macht es sich mit der Arbeit zu einfach** il s'en tire un peu trop vite avec le travail ❷ **eine einfache Fahrkarte** un aller simple ❸ (*nicht doppelt*) *Faden* simple; *Ausfertigung* en un exemplaire ❹ (*ungekünstelt, bescheiden*) *Melodie* simple; **eine ganz einfache Frau** une femme tout à fait simple ❺ **erklären** ment ❻ **einfach unglaublich** tout simplement incroyable ❼ (*verstärkend*) **es will einfach nicht klappen** ça ne veut pas marcher
die **Einfachheit** la simplicité
einfädeln ❶ enfiler *Nadel;* **das Garn in die Nadel einfädeln** faire passer le fil dans l'aiguille ❷ (*umgs.: in die Wege leiten*) combiner *Geschäft;* manigancer *Intrige* ❸ **sich einfädeln** *Autofahrer:* s'insérer
einfahren ❶ **in den Bahnhof/den Hafen einfahren** entrer en gare/dans le port ❷ *Bergleute:* descendre ❸ (*einziehen*) rentrer *Antenne*
die **Einfahrt** ❶ *des Zuges* l'entrée *(weiblich);* des *Schiffes* l'arrivée *(weiblich);* **Einfahrt haben** *Zug:* entrer en gare ❷ (*Zufahrt*) la voie d'accès; „**Einfahrt freihalten!**" "Sortie de véhicules!"
der **Einfall** ❶ l'idée *(weiblich)* ❷ *eines Heeres* l'invasion *(weiblich)* ❸ *des Lichtes* la pénétration
einfallen ❶ **jemandem einfallen** venir à l'esprit de quelqu'un; **da fällt mir gerade ein: ...** ça me fait penser: ... ❷ **sich etwas einfallen lassen** trouver quelque chose ❸ **seine Telefonnummer fällt mir nicht [mehr] ein** je ne retrouve [plus] son numéro de téléphone ❹ (*einstürzen*) s'écrouler ❺ **in ein Land einfallen** envahir un pays ❻ *Licht:* rentrer
einfallslos sans imagination
einfältig *Person* naïf/naïve; *Gemüt* candide
das **Einfamilienhaus** la maison individuelle
einfarbig ❶ *Stoff* uni(e) ❷ *gestrichen* d'une couleur
einfetten graisser
einflößen ❶ **jemandem Hustensaft einflößen** faire prendre du sirop contre la toux à quelqu'un ❷ **jemandem Respekt einflößen** inspirer du respect [ʀɛspɛ] à quelqu'un
der **Einfluss** ❶ *einer Person* l'influence *(weiblich);* *der Witterung* l'action *(weiblich);* **auf etwas Einfluss nehmen** influencer quelque chose

einflussreich – Einheimische

❷ **seinen Einfluss geltend machen** faire jouer ses relations
einflussreich *Person* influent(e)
einförmig ❶ *Landschaft* uniforme ❷ *verlaufen* de façon uniforme
einfrieren ❶ congeler *Lebensmittel* ❷ (*zufrieren*) *Wasserleitung:* geler
einfügen ❶ rajouter *Teil* ❷ **sich einfügen** s'intégrer; **sich in eine Gemeinschaft einfügen** s'intégrer à une communauté; **sich gut in die Umgebung einfügen** *Bauwerk:* bien s'intégrer dans l'environnement
einfühlsam ❶ *Mensch, Worte* compréhensif/compréhensive ❷ *sich verhalten* avec tact
die **Einfuhr** l'importation *(weiblich)*
einführen ❶ introduire *Schlauch, Sonde* ❷ importer *Waren* ❸ introduire *Mode;* établir *Sitte;* lancer *Artikel;* **jemanden in die Gesellschaft einführen** introduire quelqu'un dans la °haute société ❹ (*einweisen*) **jemanden [in seine Arbeit] einführen** initier quelqu'un [à son travail] ❺ **in ein Gebiet einführen** *Vortrag:* initier à un domaine; **die einführenden Worte** les paroles d'introduction
die **Einführung** ❶ (*Einweisung*) l'initiation *(weiblich);* **die Einführung in ein Amt** l'installation *(weiblich)* dans une fonction ❷ (*Einleitung*) l'introduction *(weiblich)*
die **Eingabe** ❶ (*Antrag*) la pétition ❷ (*in der Informatik*) l'entrée *(weiblich)*
der **Eingang** ❶ l'entrée *(weiblich);* „**Kein Eingang!**" "Entrée interdite!" ❷ (*Erhalt*) la réception
eingeben (*in der Informatik*) entrer *Befehl;* **Daten in den Computer eingeben** entrer des données dans l'ordinateur
eingebildet ❶ (*abwertend: hochnäsig*) prétentieux/prétentieuse ❷ *Krankheit* imaginaire
eingeboren autochtone
die **Eingebung** l'inspiration *(weiblich)*
eingefleischt *Junggeselle* endurci(e); *Demokrat* convaincu(e)
eingehen ❶ *Büropost:* arriver au secrétariat; **auf dem Konto eingehen** *Geld:* être viré(e) ❷ **auf jemanden eingehen** s'occuper de quelqu'un; **auf eine Frage eingehen** aborder une question ❸ **in die Geschichte eingehen** entrer dans l'histoire ❹ (*sterben*) *Tier, Pflanze:* mourir ❺ conclure *Bündnis;* accepter *Kompromiss;* courir *Risiko;* faire *Wette*
eingehend ❶ *Beschreibung* détaillé(e) ❷ *erörtern* à fond

das **Eingemachte** les conserves *(weiblich)* ▸ **es geht ans Eingemachte** (*umgs.*) on touche à l'essentiel

V Der Singular *das Eingemachte* wird in seiner konkreten Bedeutung mit einem Plural übersetzt: *das ganze Eingemachte* steht *im Keller – toutes les conserves* sont *dans la cave.*

eingeschränkt *Möglichkeiten* limité(e)
eingeschrieben ❶ *Brief* recommandé(e) ❷ *Student* inscrit(e)
das **Eingeständnis** l'aveu *(männlich)*
eingestehen ❶ admettre *Irrtum* ❷ **er will sich nicht eingestehen, dass er sich geirrt hat** il ne veut pas s'avouer qu'il s'est trompé
eingetragen *Verein* déclaré(e); *Warenzeichen* déposé(e)
der **Eingeweihte** l'initié *(männlich)*
die **Eingeweihte** l'initiée *(weiblich)*
eingleisig **eine eingleisige Strecke** une ligne à une voie
eingliedern ❶ intégrer *Ausländer;* réadapter *Behinderte, Kranke;* **einen Strafentlassenen [wieder] in die Gesellschaft eingliedern** réinsérer un détenu fraîchement libéré ❷ **sich eingliedern** *Ausländer:* s'intégrer; *Behinderter:* se réadapter; *Strafentlassener:* se réinsérer
eingravieren graver
eingreifen intervenir
der **Eingriff** ❶ (*Operation*) l'intervention *(weiblich)* ❷ **ein Eingriff in die Freiheit der Bürger** une atteinte à la liberté des citoyens
einhaken ❶ (*befestigen*) accrocher ❷ **möchtest du dich bei mir einhaken?** tu veux prendre mon bras? ❸ (*umgs.: reagieren*) **sie hat sofort eingehakt** elle est aussitôt intervenue
der **Einhalt** (*gehoben*) **jemandem Einhalt gebieten** arrêter quelqu'un; **einer Sache Einhalt gebieten** mettre un terme à quelque chose
einhalten ❶ respecter *Abmachung;* suivre *Diät* ❷ maintenir *Geschwindigkeit*
einhängen ❶ accrocher *Tür* ❷ raccrocher *Hörer* ❸ **möchtest du dich bei mir einhängen?** tu veux prendre mon bras?
einheben Ⓐ (*kassieren*) encaisser
einheimisch ❶ (*ortsansässig*) *Bevölkerung, Pflanzen, Tiere* local(e); (*im Land, der Gegend ansässig*) indigène ❷ (*nicht ausländisch*) national(e); *Mannschaft* local(e)
der **Einheimische** l'autochtone *(männlich)*
die **Einheimische** l'autochtone *(weiblich)*

Qu'est-ce que c'est en français?

In einem Bekleidungsgeschäft kauft Léa günstig ein [= macht Schnäppchen]...	Dans un magasin de vêtements, Léa fait des affaires...
Sie probiert eine schwarze Hose und ein weißes T-Shirt an.	Elle essaye un pantalon noir et un T-shirt blanc.
Sie passen sehr gut und sind nicht teuer.	Ils vont très bien et ils ne sont pas chers.
Aber da [= plötzlich] kommen Charlotte und Marine...	Mais tout à coup, Charlotte et Marine arrivent...
Léa, diese Hose steht dir nicht. Und sie ist sehr hässlich!	Léa, ce pantalon ne te va pas. Et il est très moche!
Das darf doch wohl nicht wahr sein! Jetzt habe ich es [aber] satt.	Ce n'est pas vrai! J'en ai marre, maintenant!
Ihr nervt mich wirklich. Ich kann euch nicht mehr sehen.	Vous m'énervez vraiment. Je ne veux plus vous voir.
Gut, wir lassen dich [in Ruhe]. Bis bald, im Collège...	Bon, on te laisse. A bientôt, au collège...
... mit deiner neuen Hose, versprochen?	... avec ton nouveau pantalon, promis?
Ihr seid [richtige] Nervensägen!	Vous êtes des petites pestes!

die **Einheit** ① (*auch beim Militär*) l'unité *(weiblich)* ② **der Tag der Deutschen Einheit** le jour de la réunification de l'Allemagne
einheitlich ① *Farbe, Kleidung* uniforme ② *Werk* homogène ③ *vorgehen* de façon unitaire; *gestalten* de façon homogène; **sich kleiden** de façon uniforme
der **Einheitspreis** le prix unique
einholen ① rejoindre *Menschen;* rattraper *Fahrzeug, Zeit* ② amener *Fahne;* [r]amener *Netz* ③ demander *Gutachten*
einhundert cent
einig sich über einen Punkt einig werden se mettre d'accord sur un point; **wir sind uns [darüber] einig, dass wir sofort reagieren müssen** nous sommes d'accord sur le fait qu'il faille réagir immédiatement
einige(r, s) ① (*mehrere*) plusieurs; **vor einigen Tagen** il y a quelques jours; **einige Mal[e]** plusieurs fois; **einige von euch** quelques-uns d'entre vous; **einige andere** certains autres ② (*ziemlich viel/groß*) **in einiger Entfernung** à une certaine distance; **das kostet aber einiges!** ça n'est pas donné!
einigen sich einigen se mettre d'accord; **sich auf etwas/über etwas einigen** se mettre d'accord sur quelque chose
einigermaßen ① **ich bin einigermaßen überrascht, dass du kommst** je suis quelque peu surpris(e) que tu viennes ② (*leidlich*) moyennement; **er hat sich wieder einigermaßen erholt** il s'est à peu près

remis ③ **der Film war so einigermaßen** (*umgs.*) le film n'était pas trop mal
die **Einigkeit** ① (*Eintracht*) l'union *(weiblich)* ② (*Übereinstimmung*) l'entente *(weiblich)*
die **Einigung** ① *von Staaten* l'unification *(weiblich)*; **die Einigung Europas** l'union *(weiblich)* de l'Europe ② (*Übereinstimmung*) l'accord *(männlich)*
einjagen jemandem Angst einjagen faire peur à quelqu'un
einjährig ① *Kind* d'un an [dɛ̃ ɑ̃] ② *Pflanze* annuel(le) ③ (*ein Jahr dauernd*) d'un an
der **Einjährige** (*Kleinkind*) le garçon d'un an [dɛ̃ ɑ̃]
die **Einjährige** la fille d'un an [dɛ̃ ɑ̃]
der **Einkauf** l'achat *(männlich)*
einkaufen ① acheter *Waren* ② **einkaufen gehen** aller faire des [*oder* les] courses
der **Einkaufsbummel** le lèche-vitrines
der **Einkaufsführer** le guide d'achat
das **Einkaufszentrum** le centre commercial
einkehren (*gehoben*) **jetzt kehrt wieder Ruhe ein** le calme revient, maintenant
einklammern ein Wort einklammern mettre un mot entre parenthèses
einkleben coller
einkleiden ① **sich neu einkleiden** renouveler sa garde-robe ② habiller *Rekruten*
einklemmen coincer
einkochen mettre en conserve; **Bohnen einkochen** mettre des °haricots verts en conserve

das **Einkommen** le revenu
die **Einkommen[s]steuer** l'impôt *(männlich)* sur le revenu
einkreisen ❶ *(markieren)* entourer; **ein Wort rot einkreisen** entourer un mot en rouge ❷ *(umschließen)* encercler ❸ *(eingrenzen)* cerner
die **Einkünfte** les revenus *(männlich)*
einladen ❶ inviter; **jemanden zum Geburtstag/zum Abendessen einladen** inviter quelqu'un à son anniversaire/à dîner ❷ Ⓒ*(auffordern)* **seinen Nachbarn einladen, die Hecke zu schneiden** inviter son voisin à couper la °haie ❸ **eine Kiste ins Auto einladen** charger une caisse dans la voiture
die **Einladung** l'invitation *(weiblich)*
die **Einlage** ❶ *(Schuheinlage)* la semelle [intérieure] ❷ *(kurze Darbietung)* l'intermède *(männlich)* ❸ *(bei der Bank)* le dépôt
einlagern stocker *Vorräte*; entreposer *Brennstäbe;* **die eingelagerten Waren** les marchandises stockées
einlangen Ⓐ arriver
der **Einlass** ❶ **ab 19 Uhr ist Einlass** l'ouverture *(weiblich)* des portes est à 19 heures ❷ **Einlass finden** être admis(e)
einlassen ❶ *(eintreten lassen)* faire entrer *Gäste, Besucher* ❷ **sich ein Bad einlassen** se faire couler un bain ❸ **sich auf eine Diskussion einlassen** s'embarquer dans une discussion ❹ **sich mit jemandem einlassen** s'acoquiner avec quelqu'un ❺ Ⓐ *(mit Öl und Wachs behandeln)* cirer *Boden*
einlaufen ❶ *Pullover:* rétrécir ❷ *Badewasser:* couler ❸ **ins Stadion einlaufen** faire son entrée dans le stade ❹ **in den Hafen einlaufen** entrer dans le port ❺ **die neuen Schuhe einlaufen** faire les chaussures ❻ **sich einlaufen** *Sprinter:* [courir pour] s'échauffer
einleben **sich einleben** s'acclimater; **sich in Paris/bei jemandem einleben** s'acclimater à Paris/chez quelqu'un
einlegen ❶ introduire *Kassette* ❷ **einen Gang einlegen** passer une vitesse ❸ **faire** *Pause* ❹ émettre *Protest* ❺ faire mariner *Fleisch*
einleiten ❶ ouvrir *Untersuchung;* engager *Verfahren;* **Schritte einleiten** entamer une action ❷ provoquer *Geburt* ❸ introduire *Buch* ❹ **die Abwässer in den Fluss einleiten** déverser les eaux usées dans la rivière
die **Einleitung** ❶ l'introduction *(weiblich)* ❷ *von Abwässern* le déversement

einlenken *(sich versöhnlich zeigen)* lâcher du lest
einleuchten *Argument:* être clair(e); **das muss dir doch einleuchten!** ce n'est pourtant pas difficile à comprendre!
einleuchtend ❶ *Erklärung* clair(e); *Argument* convaincant(e) ❷ *erklären* clairement
einliefern **jemanden ins Krankenhaus einliefern** hospitaliser quelqu'un; **jemanden ins Gefängnis einliefern** incarcérer quelqu'un
einloggen **sich einloggen** se connecter; **sich ins Netz/ins Internet einloggen** se connecter au réseau/sur Internet
einlösen ❶ honorer *Scheck* ❷ retirer *Pfand* ❸ honorer *Versprechen*
einmachen mettre en bocaux; **Birnen einmachen** mettre des poires en bocaux
das **Einmachglas** le bocal
einmal ❶ *(ein einziges Mal)* une fois; **nur einmal** une seule fois; **wieder einmal** encore une fois; **einmal mehr** une fois de plus ❷ **einmal vier ist vier** une fois quatre égale quatre ❸ *(mal, bald)* **einmal sagt er dies, einmal das** il dit tantôt blanc, tantôt noir ❹ **er hat nicht einmal angerufen** il n'a même pas téléphoné ❺ *(in der Vergangenheit)* autrefois ❻ *(in der Zukunft)* un jour; **ich will einmal Pilotin werden** plus tard, je veux être pilote ▸ **es war einmal ...** il était une fois ...; **auf einmal** *(plötzlich)* tout d'un coup; *(an einem Stück)* d'un seul coup; *(gleichzeitig)* à la fois
das **Einmaleins** *(in der Mathematik)* **das kleine Einmaleins** la table de multiplication; **das große Einmaleins** ≈ la table de multiplication de un à vingt
einmalig ❶ *Gelegenheit* unique ❷ *günstig* extraordinairement
der **Einmarsch** ❶ *von Truppen* l'invasion *(weiblich)* ❷ *(Einzug)* l'entrée *(weiblich)*
einmarschieren **in ein Land einmarschieren** envahir un pays; **das Gebiet, in das die Truppen einmarschiert sind** le territoire que les troupes ont envahi
einmischen **misch dich da nicht ein!** ne te mêle pas de ça!
die **Einmischung** **die Einmischung in fremde Angelegenheiten** l'ingérence *(weiblich)* dans les affaires d'autrui
einmünden **in etwas einmünden** *Straße:* déboucher sur quelque chose
einmütig ❶ *Beschluss* unanime ❷ *befürworten* d'une seule voix
die **Einnahme** ❶ *(eingenommenes Geld)* la ren-

trée [d'argent] ❷ **die Einnahmen** (*Einkünfte*) les revenus *(männlich)* ❸ *eines Medikaments* la prise ❹ *einer Stadt* la prise

die **Einnahmequelle** la source de revenus

einnehmen ❶ encaisser *Geld* ❷ percevoir *Steuern* ❸ prendre *Medikament* ❹ occuper *Position;* adopter *Standpunkt* ❺ prendre *Stadt*

einnisten **sich bei jemandem einnisten** *Mensch, Besuch:* s'incruster chez quelqu'un; *Ungeziefer:* s'installer chez quelqu'un

einordnen ❶ classer *Karteikarten* ❷ **ein Kunstwerk zeitlich einordnen** déterminer l'époque d'une œuvre ❸ **sich richtig einordnen** se mettre dans la bonne file; **sich rechts einordnen** se mettre dans la file de droite

einpacken ❶ (*verpacken*) emballer; **etwas in Papier einpacken** emballer quelque chose dans du papier ❷ **sich warme Sachen einpacken** prendre des vêtements chauds; **hast du unsere Pässe eingepackt?** tu as pris nos passeports? ❸ (*umgs.: einmumme[l]n*) **sich in eine Decke einpacken** s'emmitoufler dans une couverture; **das Baby war warm eingepackt** le bébé était bien emmitouflé ❹ (*umgs.: aufgeben*) **der kann einpacken** il peut remballer ses gaules

einparken garer *Wagen;* **richtig einparken** se garer correctement; **rückwärts einparken** (*parallel zum Straßenrand*) faire un créneau

einpflanzen ❶ planter ❷ **jemandem ein neues Herz einpflanzen** implanter un nouveau cœur à quelqu'un

einprägen ❶ **sich einen Namen einprägen** retenir un nom; **den Schülern eine Regel einprägen** inculquer une règle aux élèves ❷ **das prägt sich leicht ein** cela est facile à retenir ❸ **etwas in Metall einprägen** graver quelque chose dans du métal

einprogrammieren installer

einquartieren ❶ loger *Gast;* cantonner *Soldaten* ❷ **sich bei jemandem einquartieren** *Gast:* s'installer chez quelqu'un

einrahmen (*auch übertragen*) encadrer

einräumen ❶ ranger *Gegenstände* ❷ (*zugeben*) admettre ❸ accorder *Frist* ❹ reconnaître *Rechte*

die **Einraumwohnung** le studio

einreden ❶ **sie redet ihm ein, dass er zu dick ist** elle le fait croire qu'il est trop gros; **sich einreden, dass man einen Fehler gemacht hat** se persuader qu'on a commis une erreur ❷ **auf jemanden einreden** °har-

celer quelqu'un de paroles pour le persuader

einreiben ❶ frictionner; **jemandem den Rücken einreiben** frictionner le dos de quelqu'un ❷ **sich mit einer Lotion einreiben** se frictionner avec une lotion

einreichen ❶ déposer *Unterlagen* ❷ remettre *Entlassung*

einreihen **sich in eine Schlange einreihen** prendre place dans une file d'attente

die **Einreise** l'entrée *(weiblich)*

einreisen entrer; **in die USA/nach Großbritannien einreisen** entrer aux États-Unis/en Grande-Bretagne

einrenken ❶ remboîter *Gelenk* ❷ (*übertragen*) **das renkt sich schon wieder ein** ça va s'arranger

einrichten ❶ aménager *Wohnung* ❷ **sich neu einrichten** se meubler de neuf ❸ installer *Praxis* ❹ ouvrir *Konto* ❺ **es so einrichten, dass wir dabei sein können** s'arranger pour que tous puissent y assister ❻ (*gefasst machen*) **sich auf zehn Personen einrichten** prévoir dix personnes

die **Einrichtung** ❶ (*Wohnungseinrichtung*) le mobilier ❷ (*Ausstattung*) l'aménagement *(männlich)* [intérieur] ❸ (*das Ausstatten*) l'équipement *(männlich)* ❹ (*die Schaffung*) *einer Behörde* l'installation *(weiblich)* ❺ **die sanitären Einrichtungen** les installations *(weiblich)* sanitaires

eins¹ *Zahlwort* ❶ un; **eins und eins ist zwei** un et un deux font deux ❷ (*bei Uhrzeitangaben*) **es ist eins** il est une heure; **um eins** à une heure; **um halb eins** (*mittags*) à midi et demi; (*nachts*) à minuit et demi; **gegen eins** vers une heure; **kurz vor eins** peu avant une heure; **es ist schon kurz nach eins** il est déjà une heure passée

eins² ❶ **mit jemandem eins sein** être en harmonie avec quelqu'un ❷ **das ist alles eins** (*umgs.*) c'est du pareil au même ▸ **das ist mir eins** (*umgs.*) je m'en balance

die **Eins** ❶ (*Zahl, Spielkarte, Buslinie*) le un [ɛ̃] ⚠ *männlich;* **der Spieler mit der Eins** [auf dem Rücken] le joueur qui porte le numéro un ❷ (*beste Schulnote*) ≈ dix-sept/dix-huit [sur vingt]; **sie hat eine glatte Eins** elle a dix-huit [sur vingt] ❸ Ⓒⓗ (*schlechteste Schulnote*) ≈ deux/un/zéro [sur vingt]

einsam ❶ *Person* seul(e); *Leben* solitaire ❷ *Strand* isolé(e) ❸ **das Haus liegt einsam** [*oder* **ist einsam gelegen**] la maison est isolée

die **Einsamkeit** la solitude

einsammeln ramasser *Kastanien, Schulhefte;*

collecter *Geld*
der **Einsatz** ❶ (*das Einsetzen, Verwenden*) *von Spielern* l'entrée *(weiblich)* en jeu; *von Geräten* l'utilisation *(weiblich)*; *von Truppen* l'engagement *(männlich)*; **der Einsatz von Mitarbeitern** le recours aux employés ❷ (*Eifer*) l'engagement *(männlich)*; **viel Einsatz zeigen** faire preuve d'un grand engagement ❸ *der Polizei, Feuerwehr, des Sanitätsdienstes* l'intervention *(weiblich)*; **im Einsatz sein** *Feuerwehr:* être en action; *Polizei, Soldaten:* être en opération ❹ (*eingesetzte Summe*) la mise ❺ (*in der Musik*) le départ
einsatzbereit einsatzbereit sein *Polizei, Feuerwehr:* être prêt(e) à intervenir; *Truppen, Löschzug:* être opérationnel(le)
einscannen [ˈaɪnskɛnən] scanner
einschalten ❶ allumer *Licht, Strom, Radio* ❷ (*aktiv werden*) **sich einschalten** intervenir; **sich in eine Diskussion einschalten** intervenir dans un débat ❸ **die Polizei in die Ermittlungen einschalten** avoir recours à la police pour l'enquête
die **Einschaltquote** l'audimat *(männlich)*
einschärfen jemandem etwas einschärfen seriner quelque chose à quelqu'un
einschätzen etwas einschätzen penser de quelque chose; **jemanden falsch einschätzen** se tromper au sujet de quelqu'un; **ein Problem falsch einschätzen** se tromper sur un problème
einschenken Kaffee einschenken verser du café; **jemandem noch einmal Tee einschenken** resservir quelqu'un en thé; **was darf ich dir einschenken?** qu'est-ce que je te sers?
einschicken envoyer
einschiffen sich in Calais einschiffen [s']embarquer à Calais
einschlafen ❶ *Mensch, Tier:* s'endormir ❷ *Arm, Bein:* s'engourdir ▶ **schlaf nicht ein!** (*umgs.*) t'endors pas!
einschläfern piquer *Tier;* **einen Hund einschläfern lassen** faire piquer un chien
einschläfernd *Musik, Geräusch* qui endort
der **Einschlag** (*Anflug, Note*) la pointe; **ein Film mit satirischem Einschlag** un film avec une pointe satirique
einschlagen ❶ planter *Nagel* ❷ fracasser *Fensterscheibe;* **jemandem die Nase einschlagen** casser le nez à quelqu'un ❸ (*einwickeln*) emballer ❹ prendre *Richtung* ❺ (*treffen*) *Geschoss:* se loger; **der Blitz hat eingeschlagen** la foudre est tombée ❻ **auf jemanden/auf ein Tier einschlagen** taper

comme un sourd sur quelqu'un/sur un animal
einschleichen ❶ **sich in ein Haus einschleichen** se glisser dans une maison ❷ **sich einschleichen** *Verdacht:* s'insinuer; *Fehler:* se glisser
einschließen ❶ enfermer ❷ **im Preis eingeschlossen sein** être compris(e) dans le prix
einschließlich ❶ **einschließlich aller Ausgaben** y compris toutes les dépenses ❷ **bis einschließlich Mittwoch** jusqu'à mercredi inclus
einschmeicheln sich bei jemandem einschmeicheln s'insinuer dans les bonnes grâces de quelqu'un
einschneiden couper *Fleisch*
einschneidend *Erlebnis, Veränderung* décisif/décisive; *Wirkung* radical(e)
der **Einschnitt** ❶ (*in der Medizin*) l'incision *(weiblich)* ❷ **ein Einschnitt in seinem/ihrem Leben** une coupure [*oder* un tournant] dans sa vie
einschränken ❶ restreindre *Verbrauch;* limiter *Rechte* ❷ rectifier *Bemerkung, Behauptung* ❸ **sich einschränken** se restreindre
die **Einschränkung** la restriction
einschreiben ❶ **einen Brief einschreiben lassen** envoyer une lettre en recommandé ❷ **sich in eine Liste einschreiben** s'inscrire sur une liste ❸ **sich an einer Hochschule einschreiben** s'inscrire à l'université; **sich für einen Kurs einschreiben** s'inscrire à un cours; *siehe auch* **eingeschrieben**
das **Einschreiben** l'envoi *(männlich)* recommandé, le recommandé; **einen Brief als** [*oder* **per**] **Einschreiben schicken** envoyer une lettre en recommandé
einschreiten intervenir; **gegen jemanden/gegen etwas einschreiten** intervenir contre quelqu'un/contre quelque chose
einschüchtern intimider
einschulen eingeschult werden être scolarisé(e)
die **Einschulung** la scolarisation
einsehen ❶ reconnaître *Fehler;* **sie hat eingesehen, dass sie Unrecht hatte** elle a admis [*oder* reconnu] qu'elle avait tort ❷ **ein Grundstück/eine Straße einsehen können** pouvoir voir une propriété/une rue ❸ examiner *Akten, Unterlagen* ❹ **das sehe ich nicht ein!** je ne suis pas d'accord!
einseifen savonner
einseitig ❶ *Absicht, Erklärung* unilatéral(e) ❷ *Lähmung* d'une moitié du corps ❸ *Ernäh-*

rung peu varié(e); *Interessen trop spécialisé(e)* ❹ *Urteil, Meinung partial(e)* ❺ *bedruckt, beschichtet* d'un [seul] côté ❻ *urteilen* avec partialité
einsenden envoyer
der **Einsendeschluss** la date limite d'envoi
einsetzen ❶ poser *Ersatzteil, Herzschrittmacher, Gelenkprothese* ❷ instituer *Minister, Komitee* ❸ mettre en service *Zug, Busse* ❹ (*verwenden*) mettre en "uvre *Mittel, Geräte;* avoir recours à *Waffen* ❺ **sein Leben für etwas einsetzen** risquer sa vie pour quelque chose ❻ (*ertönen, anfangen*) *Musik, Geräusch:* commencer; *Sturm:* se lever; *Regen:* se mettre à tomber ❼ (*leistungsbereit sein*) **sich einsetzen** s'investir; **sich bei der Arbeit einsetzen** s'investir dans son travail ❽ (*sich engagieren*) **sich einsetzen** intervenir; **sich für jemanden/ für etwas einsetzen** intervenir en faveur de quelqu'un/de quelque chose
die **Einsicht** ❶ **Einsicht zeigen** entendre raison ❷ la prise de conscience; **zu neuen Einsichten kommen** parvenir à de nouvelles conclusions ❸ **jemandem etwas zur Einsicht vorlegen** présenter quelque chose à quelqu'un pour examen
einsichtig sensé(e); **sich einsichtig zeigen** se montrer raisonnable
der **Einsiedler** l'ermite *(männlich)*
die **Einsiedlerin** l'ermite *(männlich)*

> **G** Es gibt im Französischen keine Femininform: *sie lebt als Einsiedlerin – elle vit en <u>ermite</u>.*

einsilbig ❶ *Wort* monosyllabique ❷ *Person* taciturne ❸ *Antwort* laconique
einspannen ❶ atteler *Pferde, Ochsen* ❷ serrer *Werkstück* ❸ **jemanden zu einer Arbeit [***oder* **für eine Arbeit] einspannen** (*umgs.*) embaucher quelqu'un pour un travail ❹ **sehr eingespannt sein** (*umgs.*) être très pris(e)
einsparen ❶ **Kosten einsparen** économiser sur les frais ❷ économiser *Energie, Zeit, Platz*
einspeichern die Daten in den Rechner einspeichern sauvegarder les données sur l'ordinateur
einspeisen ❶ **Strom in das Netz einspeisen** alimenter le réseau en courant [électrique] ❷ (*in der Informatik*) entrer *Daten*
einsperren enfermer
einspielen ❶ (*einbringen*) couvrir *Kosten, Geld* ❷ **sich einspielen** *Zusammenarbeit:* se roder ❸ **sich aufeinander einspielen** *Mannschaftsmitglieder:* s'habituer à jouer ensemble; *Kollegen:* apprendre à travailler ensemble
die **Einsprache** Ⓐ, ⒸⒽ ❶ (*gegen eine Entscheidung*) l'objection *(weiblich)* ❷ (*gegen ein Urteil*) le recours
einspringen für jemanden einspringen remplacer quelqu'un
der **Einspruch** ❶ (*gegen eine Entscheidung*) l'objection *(weiblich)* ❷ (*gegen ein Urteil*) le recours
einspurig eine einspurige Eisenbahnstrecke une ligne à voie unique; **nur einspurig befahrbar sein** *Straße:* ne pouvoir être emprunté(e) que sur une voie
einst ❶ (*früher*) autrefois ❷ (*gehoben: in Zukunft*) un jour
der **Einstand** ❶ (*beim Tennis*) l'égalité *(weiblich)* ❷ (*bei der Arbeit*) **seinen Einstand feiern** faire un pot avec les collègues pour fêter son nouvel emploi
einstecken ❶ (*in ein Kleidungsstück tun*) mettre dans sa poche; (*in eine Tasche, einen Rucksack tun*) mettre dans son sac; **seine Schlüssel einstecken** mettre ses clés dans sa poche/dans son sac; **sich Geld einstecken** prendre de l'argent [avec soi] ❷ (*umgs.: einwerfen*) **einen Brief einstecken** mettre une lettre dans la boîte ❸ brancher *Stecker, Gerät* ❹ (*umgs.: hinnehmen*) encaisser *Schläge, Niederlage, Kritik*
einstehen für jemanden/für etwas einstehen répondre de quelqu'un/de quelque chose
einsteigen ❶ **in den Zug/in das Taxi einsteigen** monter dans le train/dans le taxi ❷ **in ein Geschäft einsteigen** (*umgs.*) se lancer dans une affaire
einstellen ❶ embaucher *Mitarbeiter* ❷ suspendre *Arbeiten, Betrieb, Produktion* ❸ régler *Gerät, Temperatur* ❹ égaler *Rekord* ❺ **sich einstellen** *Zweifel:* se manifester; *Beschwerden:* survenir; *Schmerzen:* se faire sentir ❻ **sich auf etwas einstellen** s'attendre à quelque chose
einstellig eine einstellige Zahl un nombre à un chiffre
die **Einstellung** ❶ *von Mitarbeitern* l'embauche *(weiblich)* ❷ *der Arbeit, Produktion, des Betriebs* l'arrêt *(männlich)* ❸ *eines Gerätes, der Temperatur* le réglage ❹ (*in der Informatik*) le paramètre ❺ (*Meinung*) le point de vue; (*Haltung*) l'attitude *(weiblich)*; **die richtige Einstellung mitbringen** faire preuve du bon état d'esprit
der **Einstich** (*von einem Insekt, einer Spritze*) la

piqûre

der **Einstieg** ❶ (*Einstiegstür*) **der Einstieg ist hinten** la montée se fait à l'arrière ❷ le début

einstimmen ❶ **sich einstimmen** se mettre dans l'ambiance; **sich auf ein Fest einstimmen** se mettre dans l'ambiance de la fête ❷ (*mitsingen*) enchaîner ❸ **in das Gelächter [mit] einstimmen** s'associer aux rires

einstimmig ❶ *Lied* à une [seule] voix; **einstimmig singen** chanter à l'unisson ❷ *Beschluss* unanime ❸ **wir haben einstimmig beschlossen, dass diese Kosten unter uns aufgeteilt werden** nous avons décidé à l'unanimité que ces frais seraient partagés entre nous

einstöckig à un étage

einstudieren ❶ répéter *Rolle* ❷ préparer *Antwort*

einstufen [re]classer *Person;* classer *Produkt*

einstündig d'une heure

der **Einsturz** *eines Gebäudes* l'écroulement (*männlich*); *einer Decke* l'effondrement (*männlich*); *einer Mauer* l'éboulement (*männlich*); **ein Gebäude zum Einsturz bringen** détruire un bâtiment

einstürzen ❶ *Gebäude:* s'écrouler; *Decke:* s'effondrer; *Mauer:* s'ébouler ❷ **auf jemanden einstürzen** *Ereignisse, Neues:* s'abattre sur quelqu'un

eintägig d'une [seule] journée

die **Eintagsfliege** (*Insekt*) l'éphémère (*weiblich*)
▶ **das ist nur eine Eintagsfliege** ce n'est qu'une chose éphémère

eintauchen ❶ (*ins Wasser senken*) tremper *Hand, Schwamm* ❷ (*ins Wasser sinken*) plonger; **in das Wasser eintauchen** *Person, Gegenstand:* plonger dans l'eau

eintauschen ❶ **ein Video gegen ein Buch eintauschen** échanger une cassette vidéo contre un livre ❷ changer *Devisen*

eintausend mille

einteilen ❶ **sich die Arbeit/die Zeit einteilen** organiser son travail/son temps ❷ subdiviser *Skala;* **etwas in Abschnitte einteilen** [sub]diviser quelque chose en segments

einteilig **ein einteiliger Badeanzug** un [maillot] une pièce

eintippen saisir *Daten, Text*

eintönig monotone

der **Eintopf** la potée

einträchtig *beisammensitzen* dans la concorde

der **Eintrag** ❶ (*im Kalender, Tagebuch*) la note ❷ (*in der Schule*) l'avertissement (*männlich*) ❸ (*im Wörterbuch, Lexikon*) l'entrée (*weiblich*)

eintragen inscrire *Termin, Vermerk*

einträglich *Geschäft, Job* lucratif/lucrative

die **Eintragung** (*im Kalender, Tagebuch*) la note

eintreffen ❶ arriver; **am Ziel seiner Reise eintreffen** arriver à destination ❷ *Vorhersage:* s'accomplir; *Katastrophe:* se produire

eintreten ❶ entrer; **in einen Raum eintreten** entrer dans une pièce ❷ **in einen Klub/in eine Partei eintreten** adhérer à un club/à un parti ❸ **in die Umlaufbahn eintreten** *Satellit:* se mettre sur orbite ❹ (*passieren*) *Ereignis:* se produire; *Stille:* se faire; *Tod:* survenir ❺ **eine Tür eintreten** défoncer une porte [à coups de pied] ❻ **sich einen Dorn in den Fuß eintreten** s'enfoncer une épine dans le pied ❼ (*sich einsetzen*) **für jemanden eintreten** prendre la défense de quelqu'un; **für eine gerechte Sache eintreten** défendre une juste cause

der **Eintritt** l'entrée (*weiblich*); **Eintritt frei** entrée libre; **zehn Euro Eintritt bezahlen** payer dix euros pour l'entrée

die **Eintrittskarte** le ticket d'entrée

einüben répéter *Text, Lied*

einunddreißig ❶ trente et un [tʀɑ̃t e ɛ̃] ❷ (*bei der Altersangabe*) **er/sie ist einunddreißig [Jahre alt]** il/elle a trente et un an [tʀɑ̃t e ɛ̃ ɑ̃]; **mit einunddreißig [Jahren]** à trente et un an

die **Einunddreißig** (*Zahl, Buslinie*) le trente et un [tʀɑ̃t e ɛ̃] △ *männlich*

der **Einunddreißigste** ❶ (*in Bezug auf die Reihenfolge, die Leistung*) le trente et unième [tʀɑ̃t e ynjɛm] ❷ (*bei der Datumsangabe*) le trente et un *geschrieben:* le 31 [tʀɑ̃t e ɛ̃]; **am Einunddreißigsten** *geschrieben:* **am 31.** le trente et un *geschrieben:* le 31 [lə tʀɑ̃t e ɛ̃]

die **Einunddreißigste** (*in Bezug auf die Reihenfolge, die Leistung*) la trente et unième [tʀɑ̃t e ynjɛm]

einunddreißigste(r, s) ❶ vingt et unième [tʀɑ̃t e ynjɛm] ❷ (*bei der Datumsangabe*) **der einunddreißigste Juli** *geschrieben:* **der 31. Juli** le trente et un juillet *geschrieben:* le 31 juillet [lə tʀɑ̃t e ɛ̃ ʒɥijɛ]

einundzwanzig ❶ vingt et un [vɛ̃t e ɛ̃] ❷ (*bei der Altersangabe*) **er/sie ist einundzwanzig [Jahre alt]** il/elle a vingt et un an [vɛ̃t e ɛ̃ ɑ̃]; **mit einundzwanzig [Jahren]** à vingt et un an ❸ (*bei der Uhrzeitangabe*) **es ist einundzwanzig Uhr** il est vingt et une heure [vɛ̃t e yn œʀ]

die **Einundzwanzig** (*Zahl, Buslinie*) le vingt et un

[vɛ̃t e ɛ̃] ⚠ männlich

der **Einundzwanzigste** ❶ (*in Bezug auf die Reihenfolge, die Leistung*) le vingt et unième [vɛ̃t e ynjɛm] ❷ (*bei der Datumsangabe*) le vingt et un *geschrieben:* le 21 [vɛ̃t e ɛ̃]; **am Einundzwanzigsten** *geschrieben:* **am 21.** le vingt et un *geschrieben:* le 21 [lə vɛ̃t e ɛ̃] ❸ (*als Namenszusatz*) **Johannes der Einundzwanzigste** *geschrieben:* **Johannes XXI.** Jean vingt et un *geschrieben:* Jean XXI [ʒɑ̃ vɛ̃t e ɛ̃]

die **Einundzwanzigste** (*in Bezug auf die Reihenfolge, die Leistung*) la vingt et unième [vɛ̃t e ynjɛm]

einundzwanzigste(r, s) ❶ vingt et unième [vɛ̃t e ynjɛm] ❷ (*bei der Datumsangabe*) **der einundzwanzigste Juni** *geschrieben:* **der 21. Juni** le vingt et un juin *geschrieben:* le 21 juin [lə vɛ̃t e ɛ̃ ʒɥɛ̃]

das **Einvernehmen** zwischen den Nachbarn besteht gutes Einvernehmen les voisins vivent en bonne intelligence; **im gegenseitigen Einvernehmen** d'un commun accord **einverstanden** d'accord; **einverstanden sein** être d'accord; **mit jemandem/mit einem Vorschlag einverstanden sein** être d'accord avec quelqu'un/avec une proposition

das **Einverständnis** l'accord (*männlich*); **sein Einverständnis zu etwas geben** donner son accord pour quelque chose

der **Einwand** l'objection (*weiblich*)
der **Einwanderer** l'immigrant (*männlich*)
die **Einwanderin** l'immigrante (*weiblich*)
einwandern nach Kanada einwandern immigrer au Canada; **er ist in die USA eingewandert** il a immigré aux États-Unis

die **Einwanderung** l'immigration (*weiblich*)
einwandfrei ❶ *Zustand, Betragen* impeccable ❷ *funktionieren, arbeiten* impeccablement ❸ **das steht einwandfrei fest** c'est incontestable

die **Einwegflasche** la bouteille non consignée
die **Einwegverpackung** l'emballage (*männlich*) perdu
einweichen faire tremper *Wäsche*
einweihen ❶ inaugurer *Gebäude* ❷ **jemanden in den Plan einweihen** mettre quelqu'un au courant du projet

die **Einweihung** *einer Schule, eines Museums* l'inauguration (*weiblich*)
einweisen ❶ **jemanden in ein Krankenhaus einweisen** hospitaliser quelqu'un; **jemanden ins Gefängnis einweisen** incarcérer quelqu'un ❷ (*instruieren*) **jemanden in seine Arbeit einweisen** expliquer à quelqu'un en quoi consiste son travail

einwenden **er hat immer etwas einzuwenden** il trouve à redire à tout; **dagegen habe ich nichts einzuwenden** je n'ai rien à y redire

einwerfen ❶ mettre à la boîte *Brief, Karte;* **ich muss diesen Brief einwerfen** il faut que je mette cette lettre à la boîte ❷ introduire *Geld, Münzen* ❸ casser, fracasser *Fensterscheibe* ❹ (*einen Einwurf ausführen*) *Spieler:* faire la remise en jeu

einwickeln ❶ emballer *Geschenk, Waren* ❷ (*umgs.: überreden*) **sich einwickeln lassen** se laisser embobiner

einwilligen donner son accord; **in einen Vorschlag einwilligen** accepter une proposition

die **Einwilligung** l'accord (*männlich*)
einwirken ❶ **auf ein Kind erzieherisch einwirken** exercer une influence pédagogique sur un enfant ❷ **ein Mittel einwirken lassen** laisser agir un produit

der **Einwohner** l'habitant (*männlich*)
die **Einwohnerin** l'habitante (*weiblich*)
der **Einwurf** ❶ (*Einwurfschlitz*) la fente ❷ (*im Sport*) la [re]mise en jeu ❸ (*Bemerkung*) la remarque

die **Einzahl** le singulier; **in der Einzahl** au singulier

einzahlen Geld auf ein Konto einzahlen verser de l'argent sur un compte

die **Einzahlung** *von Geld* le versement
das **Einzel** (*im Tennis*) le simple
der **Einzelfall** le cas isolé
der **Einzelgänger** le solitaire
die **Einzelgängerin** la solitaire
der **Einzelhandel** le commerce de détail
die **Einzelheit** le détail
das **Einzelkind** l'enfant (*männlich*) unique
einzeln ❶ *Teil, Stück* seul(e) ❷ (*vereinzelt*) *Baum, Haus* isolé(e) ❸ **etwas einzeln verkaufen** vendre quelque chose séparément ❹ **„Bitte einzeln eintreten!"** "Une seule personne à la fois, S.V.P.!" ❺ **jeder Einzelne** chacun, chaque individu ▸ **im Einzelnen** en détail

das **Einzelteil** la pièce
das **Einzelzimmer** la chambre individuelle
einziehen ❶ (*in eine Wohnung ziehen*) emménager ❷ rentrer *Fühler, Antenne, Kopf, Bauch* ❸ (*hineinziehen*) tirer *Blatt, Papier* ❹ (*aufgesogen werden*) *Creme, Politur, Öl:* pénétrer ❺ **in das Stadion/in die Stadt**

einziehen *Sportler, Truppen:* entrer dans le stade/dans la ville ⑥ (*einnehmen, wegnehmen*) prélever *Steuern;* confisquer *Falschgeld, Diebesgut* ⑦ incorporer *Soldaten*

einzig ① **die einzige Möglichkeit** la seule possibilité; **der einzige Überlebende** le seul survivant; **unser einziges Kind** notre fils/notre fille unique ② **etwas als Einziger/als Einzige tun** être le seul/la seule à faire quelque chose ③ **das Einzige, was wir tun können** la seule chose que nous pouvons faire ④ **die einzig mögliche Lösung** la seule et unique solution possible; **das einzig Richtige** la seule chose de correcte ⑤ **eine einzige Qual** (*umgs.*) une vraie torture

einzigartig *Kunstwerk, Schönheit* unique en son genre

die **Einzimmerwohnung** le studio

der **Einzug** ① (*in eine Wohnung*) l'emménagement (*männlich*) ② (*Einmarsch*) l'entrée (*weiblich*)

das **Eis** ① (*gefrorenes Wasser, Speiseeis*) la glace; **ein Eis am Stiel** un bâtonnet glacé; (*Vanilleeis mit Schokoladenüberzug*) un esquimau® ② (*Eiswürfel*) le glaçon

die **Eisbahn** la patinoire
der **Eisbär** l'ours (*männlich*) blanc
der **Eisbecher** la coupe de glace
der **Eisberg** l'iceberg (*männlich*)
der **Eisbrecher** le brise-glace
die **Eiscreme** la glace
die **Eisdiele** le glacier
das **Eisen** le fer
die **Eisenbahn** le train
der **Eisenbahner** (*umgs.*) le cheminot
die **Eisenbahnerin** (*umgs.*) la cheminote
das **Eisenbahnnetz** le réseau ferroviaire
der **Eisenbahnwagen** le wagon
die **Eisen- und Stahlindustrie** la sidérurgie
die **Eisenwarenhandlung** la quincaillerie

eisern ① *Tor, Gitter* en fer forgé ② (*übertragen*) *Willen, Gesundheit* de fer ③ *schweigen* obstinément; *durchhalten* résolument; *durchgreifen* d'une façon implacable

eisgekühlt glacé(e)
das **Eishockey** le °hockey sur glace
eisig (*auch übertragen*) glacial(e)
der **Eiskaffee** café froid avec une boule de glace à la vanille et de la chantilly

eiskalt ① *Wind, Temperaturen* glacé(e); *Wohnung* glacial(e) ② *handeln* de sang froid

der **Eiskunstlauf**, der **Eislauf** le patinage artistique
eislaufen faire du patin à glace
der **Eisläufer** le patineur

die **Eisläuferin** la patineuse
der **Eisprung** l'ovulation (*weiblich*)
der **Eisschnelllauf** le patinage de vitesse
der **Eisschrank** le réfrigérateur
der **Eiswürfel** le glaçon
der **Eiszapfen** la stalactite de glace
die **Eiszeit** la période glaciaire

eitel *Person* vaniteux/vaniteuse
der **Eiter** le pus
eitern *Wunde:* suppurer
eitrig *Wunde* purulent(e)

das **Eiweiß** ① (*im Ei*) le blanc d'œuf ② (*Eiweißstoff*) la protéine

die **Eizelle** l'ovule (*männlich*)

der **Ekel** (*Abscheu*) le dégoût; **ein Ekel erregender Gestank** une puanteur répugnante [Repynāt]

das **Ekel** (*abwertend umgs.:* abscheulicher *Mensch*) le salaud/la salope

ekelhaft ① *Gestank, Anblick* répugnant(e) ② (*umgs.: unangenehm*) *Schmerzen* affreux/affreuse ③ *stinken* de façon dégoûtante

ekeln ① **sich vor jemandem/vor etwas ekeln** éprouver de la répulsion pour quelqu'un/pour quelque chose ② **mich ekelt es davor** [*oder* **mir**] je suis dégoûté(e) par cela ③ **sie wollen ihn aus der Clique ekeln** ils veulent le dégoûter de la bande

das **EKG** *Abkürzung von* **Elektrokardiogramm** l'électrocardiogramme (*männlich*)

eklig →**ekelhaft**

die **Ekstase** l'extase (*weiblich*)
das **Ekzem** l'eczéma (*männlich*)
der **Elan** (*gehoben*) l'entrain (*männlich*)
elastisch *Material* élastique
die **Elastizität** l'élasticité (*weiblich*)
der **Elch** l'élan (*männlich*)
der **Elchtest** le test de la baïonnette
der **Elefant** l'éléphant (*männlich*)

elegant ① *Kleidung, Erscheinung* élégant(e) ② *sich bewegen* avec élégance

die **Eleganz** l'élégance (*weiblich*)
elektrifizieren électrifier *Bahnstrecke*
der **Elektriker** l'électricien (*männlich*)
die **Elektrikerin** l'électricienne (*weiblich*)

elektrisch ① *Strom, Gerät* électrique ② **elektrisch geladen** chargé(e); **dieses Gerät wird elektrisch betrieben** cet appareil fonctionne à l'électricité

elektrisieren électriser
die **Elektrizität** l'électricité (*weiblich*)
das **Elektrizitätswerk** la centrale électrique
das **Elektroauto** la voiture électrique
die **Elektrode** l'électrode (*weiblich*)

das **Elektrogerät** l'appareil *(männlich)* électrique
der **Elektroherd** la cuisinière électrique
der **Elektromotor** le moteur électrique
das **Elektron** l'électron *(männlich)*
elektronisch électronique
die **Elektrotechnik** l'électrotechnique *(weiblich)*
das **Element** l'élément *(männlich)*
elementar élémentaire
elend ❶ *Leben, Behausung* misérable ❷ *Aussehen, Zustand* pitoyable ❸ *(umgs.: gemein) Schuft, Betrüger* misérable
das **Elend** la misère
das **Elendsviertel** le quartier miséreux, le bidonville
elf ❶ onze [õz]; **es steht elf zu sieben** *geschrieben:* **11:7** le score est de onze à sept *geschrieben:* 11 à 7 [õz a sɛt] ❷ *(bei der Altersangabe)* **er/sie ist elf [Jahre alt]** il/elle a onze ans [õz ɑ̃] ❸ *(bei Uhrzeit- und Zeitangaben)* **es ist elf [Uhr]** il est onze heures [õz œʀ]; **um elf [Uhr]** à onze heures; **gegen elf [Uhr]** vers onze heures; **kurz vor elf** peu avant onze heures; **es ist schon kurz nach elf** il est déjà onze heures passées; **alle elf Stunden** toutes les onze heures ❹ *(Geschwindigkeitsangabe)* **mit elf Stundenkilometern** à onze kilomètres à l'heure
die **Elf** ❶ *(Zahl, Spielkarte, Buslinie)* le onze [õz] ⚠ *männlich* ❷ *(Fußballmannschaft)* **die französische Elf** le onze de France
das **Elfenbein** l'ivoire *(männlich)*
die **Elfenbeinküste** la Côte-d'Ivoire; **die Republik Elfenbeinküste** la République de Côte-d'Ivoire
elfjährig *Kind* de onze ans [õz ɑ̃]
der **Elfjährige** le garçon de onze ans [õz ɑ̃]
die **Elfjährige** la fille de onze ans [õz ɑ̃]
elfmal onze fois [õz fwa]; **elfmal so viel** onze fois plus [plys]; **elfmal so viele Leute** onze fois plus [ply] de gens
der **Elfmeter** le penalty
das **Elfmeterschießen** l'épreuve *(weiblich)* des tirs au but
elft zu elft à onze [a õz]; **wir waren zu elft** nous étions onze
der **Elfte** ❶ *(in Bezug auf die Reihenfolge, die Leistung)* le onzième [õzjɛm]; **als Elfter** en onzième position; **jeder Elfte** une personne sur onze ❷ *(bei der Datumsangabe)* le onze *geschrieben:* le 11 [õz]; **am Elften** *geschrieben:* **am 11.** le onze *geschrieben:* le 11 [lə õz] ❸ *(umgs.: elfter Stock)* le onzième [õzjɛm]; **sie wohnt im Elften** elle habite au onzième [o õzjɛm] ❹ *(als Namenssatz)* **Karl der Elfte** *geschrieben:* **Karl XI.** Charles onze *geschrieben:* Charles XI [ʃaʀl õz]

die **Elfte** ❶ *(in Bezug auf die Reihenfolge, die Leistung)* la onzième [õzjɛm]; **als Elfte** en onzième position; **jede Elfte** une personne sur onze ❷ *(elfte Klasse)* la onzième année; *(im französischen Schulsystem)* ≈ la première

elfte(r, s) ❶ onzième [õzjɛm]; **die elfte Frage** la onzième question; **jeder elfte Franzose** un Français sur onze ❷ *(bei der Datumsangabe)* **der elfte März** *geschrieben:* **der 11. März** le onze mars *geschrieben:* le 11 mars [lə õz maʀs]; **am elften Mai** *geschrieben:* **am 11. Mai** le onze mai *geschrieben:* le 11 mai [lə õz mɛ]; **am Freitag, den 11. November** le vendredi onze novembre [lə vɑ̃dʀədi õz novɑ̃bʀ]; **Bonn, den 11. Oktober** Bonn, le 11 octobre ❸ *(bei den Klassenstufen)* **die elfte Klasse** ≈ la onzième année; *(im französischen Schulsystem)* ≈ la première
elftens onzièmement [õzjɛməmɑ̃]
die **Elite** l'élite *(weiblich)*
der **Ellbogen**, der **Ellenbogen** le coude
die **Ellipse** l'ellipse *(weiblich)*
elliptisch elliptique
das **Elsass** l'Alsace *(weiblich)*
elsässisch alsacien
die **Elster** la pie
elterlich *Pflichten* parental(e); *Wohnung* des parents
die **Eltern** les parents *(männlich)*
der **Elternabend** la réunion parents–professeurs
das **Elternhaus** ❶ *(Gebäude)* la maison familiale ❷ *(familiäres Umfeld)* la famille
die **Email** [e'maj] l'émail *(männlich)*
die/das **E-Mail** ['iːmɛɪl] le courrier électronique, le mail [mɛl], l'e-mail *(männlich)* [imɛl]
die **Emaille** [e'maljə] →**Email**
die **Emanze** *(abwertend umgs.)* la féministe
die **Emanzipation** l'émancipation *(weiblich)*
emanzipiert émancipé(e)
das **Embargo** l'embargo *(männlich)*
der/das **Embryo** l'embryon *(männlich)*
der **Emigrant** l'émigré *(männlich)*
die **Emigrantin** l'émigrée *(weiblich)*
die **Emigration** l'émigration *(weiblich)*
emigrieren émigrer; **nach Frankreich/in die USA emigrieren** émigrer en France/aux Etats-Unis
der **Emmentaler** l'emmental *(männlich)*, l'emmenthal *(männlich)* [emɛ̃tal, emɛntal]
das **e-Moll** le mi mineur
die **Emotion** l'émotion *(weiblich)*

emotional ❶ *Reaktion* émotionnel(le) ❷ *reagieren* avec émotion
der **Empfang** ❶ (*Empfangstresen*) la réception ❷ **jemandem einen herzlichen Empfang bereiten** faire un accueil chaleureux à quelqu'un ❸ (*in der Funktechnik*) **der Empfang ist einwandfrei** la réception est impeccable
empfangen ❶ recevoir *Brief, Befehl* ❷ accueillir *Gäste* ❸ capter *Sender, Funksignale*
der **Empfänger** ❶ *eines Briefs* le destinataire; *einer Zahlung* le bénéficiaire ❷ (*Empfangsgerät*) le récepteur
die **Empfängerin** *eines Briefs* la destinataire; *einer Zahlung* la bénéficiaire
empfänglich réceptif/réceptive; **für Schmeicheleien empfänglich sein** être réceptif/réceptive aux flatteries; **für Krankheiten empfänglich sein** être réceptif/réceptive aux maladies
die **Empfängnisverhütung** la contraception
die **Empfangsbestätigung** l'accusé *(männlich)* de réception
empfehlen ❶ recommander *Produkt, Zurückhaltung* ❷ **es empfiehlt sich, besonnen zu bleiben** il est recommandé de garder son sang-froid ❸ (*gehoben: sich verabschieden*) **sich empfehlen** tirer sa révérence
empfehlenswert ❶ *Buch, Hotel* recommandable ❷ **es ist empfehlenswert, das zu tun** il est préférable de faire cela
die **Empfehlung** la recommandation
empfinden ❶ éprouver *Schmerzen, Angst*; ressentir *Hunger* ❷ **etwas für jemanden empfinden** éprouver quelque chose pour quelqu'un ❸ **eine Bemerkung als Beleidigung empfinden** ressentir une observation comme une injure
empfindlich ❶ *Haut, Zähne, Stelle* sensible; **empfindlich gegen Kälte sein** être sensible au froid ❷ (*leicht zu kränken*) susceptible; **empfindlich reagieren** réagir vivement ❸ (*nicht robust*) *Material, Gerät, Stoff* fragile ❹ (*präzise*) *Messgerät* sensible; **ein hoch empfindliches Gerät** un appareil ultrasensible ❺ *Strafe* sévère
empfindsam sensible
die **Empfindung** ❶ (*Gefühl*) le sentiment ❷ (*die Wahrnehmung*) la sensation
die **Empore** la tribune
empörend *Verhalten, Missstände* révoltant(e)
emporragen se dresser
empört ❶ *Person* indigné(e); *Menge* révolté(e) ❷ **sie war empört über sein Verhalten** elle était indignée de son comportement ❷ *reagieren* avec indignation

die **Empörung** l'indignation *(weiblich)*
emsig ❶ *Mensch* travailleur/travailleuse; *Ameise* laborieux/laborieuse ❷ *lernen* avec assiduité; *sammeln* infatigablement
das **Ende** ❶ (*zeitlich*) la fin; **Ende Januar** fin janvier; **Ende 2000** à la fin de l'année 2000; **er ist Ende zwanzig** il approche de la trentaine; **zu Ende gehen** *Tag, Ferien:* se terminer; *Vorräte:* s'épuiser; **etwas zu Ende bringen** mener quelque chose à son terme ❷ (*räumlich*) le bout; **am anderen Ende der Straße** à l'autre bout de la rue ❸ (*gehoben: Tod*) la fin ▸ **das Ende vom Lied** le résultat des courses; **letzten Endes** au bout du compte; (*schließlich*) en fin de compte; **am Ende sein** (*umgs.: erschöpft sein*) être vidé(e); (*ruiniert sein*) être raide; **... ohne Ende ...** de chez ...; **er ist hässlich ohne Ende** il est laid de chez laid
der **Endeffekt im Endeffekt** au final
enden ❶ *Urlaub:* se terminer ❷ *Weg:* s'arrêter ❸ **gut/schlecht enden** bien/mal finir
das **Endergebnis** le résultat définitif
endgültig définitif/définitive
die **Endivie** la chicorée

die Endivie

Nicht verwechseln mit *l'endive – der/die Chicorée!*

endlich enfin; **geh endlich schlafen!** vas au lit à la fin!; **na endlich!** (*umgs.*) c'est pas trop tôt!
endlos ❶ *Weite* infini(e); *Wartezeit, Schlange* interminable ❷ *dauern, sich erstrecken* indéfiniment
das **Endspiel** la finale
der **Endspurt** (*im Sport*) le sprint
das **Endstadium** *einer Krankheit* le stade terminal
die **Endstation** le terminus
die **Endung** la terminaison
die **Energie** ❶ l'énergie *(weiblich)*; **die elektri-**

sche Energie l'énergie électrique ❷(*Tatkraft*) viel Energie haben être très dynamique; wenig Energie haben être peu dynamique

der **Energiebedarf** les besoins *(männlich)* énergétiques

die **Energiequelle** la source d'énergie

der **Energieverbrauch** la consommation d'énergie

die **Energieverschwendung** le gaspillage d'énergie

die **Energieversorgung** l'approvisionnement *(männlich)* en énergie

energisch ❶ *Person* énergique ❷ *vorgehen* énergiquement

eng ❶ *Öffnung, Kleidung, Gasse* étroit(e); *Raum* exigu(ë) ❷ [sich] einen Mantel enger machen lassen faire resserrer un manteau ❸ *Freundschaft, Zusammenarbeit* étroit(e) ❹ die beiden standen eng nebeneinander ils étaient tous les deux debout l'un tout contre l'autre; die beiden saßen eng nebeneinander ils étaient tous les deux assis l'un tout contre l'autre ❺ *zusammenarbeiten* étroitement; eng befreundet sein être lié(e)s étroitement ▶ etwas [zu] eng sehen *(umgs.)* être trop à cheval sur quelque chose; das wird eng *(umgs.)* ça va être dur

engagieren [ãgaʒiːrən] ❶ engager *Schauspieler* ❷ sich engagieren s'engager; sich für jemanden/für eine Sache engagieren s'engager pour quelqu'un/pour quelque chose

die **Enge** *eines Raums* l'exiguïté *(weiblich)*; *einer Kurve* l'étroitesse *(weiblich)*

der **Engel** l'ange *(männlich)*

England l'Angleterre *(weiblich)*

der **Engländer** l'Anglais *(männlich)*

die **Engländerin** l'Anglaise *(weiblich)*

englisch anglais(e)

Englisch l'anglais *(männlich)*; *siehe auch* **Deutsch**

G In Verbindung mit dem Verb *parler* kann der Artikel entfallen: *er spricht Englisch – il parle anglais*.

engstirnig *(abwertend) Person* borné(e)

der **Enkel** le petit-fils; die Enkel *(Enkelsöhne)* les petits-fils; *(Enkelkinder allgemein)* les petits-enfants *(männlich)*

die **Enkelin** la petite-fille

das **Enkelkind** *(Enkelsohn)* le petit-fils; *(Enkeltochter)* la petite-fille; die Enkelkinder les petits-enfants *(männlich)*

enorm ❶ *Belastung* énorme; *Hitze* terrible ❷ *(umgs.: beeindruckend)* das ist ja enorm! ça, c'est vraiment super! ❸ *(umgs.: äußerst)* hoch, schnell, heiß vachement

das **Ensemble** [ãˈsãːbəl] ❶ *(Theatergruppe)* la compagnie ❷ *(Musikgruppe)* l'ensemble *(männlich)* ❸ ein modisches Ensemble un ensemble à la mode

entbehren etwas entbehren können pouvoir se passer de quelque chose

entbehrlich superflu(e)

die **Entbehrung** la privation

entbinden ❶ *(ein Kind gebären)* accoucher ❷ jemanden von seinen Pflichten entbinden dégager quelqu'un de ses obligations

die **Entbindung** l'accouchement *(männlich)*

entblößen découvrir *Oberkörper*; sich entblößen se découvrir

entdecken ❶ découvrir *Land, Tierart, Virus* ❷ *(bemerken)* trouver *Spur, Fehler* ❸ etwas wieder entdecken redécouvrir quelque chose

der **Entdecker** l'explorateur *(männlich)*

die **Entdeckerin** l'exploratrice *(weiblich)*

die **Entdeckung** la découverte

die **Ente** ❶ le canard; *(Entenweibchen)* la cane ❷ *(umgs.: Falschmeldung)* le bobard ❸ *(umgs.: 2 CV)* la deuche

enteignen exproprier *Besitzer, Besitz*

enterben déshériter

der **Enterich** le canard [mâle]

der **Entertainer** [ˈɛntəteːnɐ] l'animateur *(männlich)*

die **Entertainerin** [ˈɛntəteːnərɪn] l'animatrice *(weiblich)*

die **Enter-Taste** *(in der Informatik)* la touche "entrée"

entfachen *(gehoben)* ❶ déclencher *Feuer, Krieg* ❷ attiser *Leidenschaft*

entfallen ❶ sein/ihr Name ist mir leider entfallen son nom m'est sorti de l'esprit ❷ *(ausfallen) Punkt:* être laissé(e) de côté; *Veranstaltung:* être annulé(e) ❸ auf jeden entfallen tausend Euro à chacun reviennent mille euros

entfalten ❶ déplier *Landkarte;* déployer *Flügel* ❷ développer *Fähigkeiten, Talent* ❸ sich entfalten *Fallschirm:* s'ouvrir; *Talent, Persönlichkeit:* s'épanouir

die **Entfaltung** *der Persönlichkeit* l'épanouissement *(männlich)*

entfernen ❶ enlever *Fleck, Aufkleber* ❷ sich von/aus etwas entfernen s'éloigner de quelque chose

die **Entfernen-Taste** *(beim Computer)* la touche "effacement"

entfernt ❶ **fünf Kilometer entfernt sein** être à cinq kilomètres; **der Strand ist nicht weit vom Dorf entfernt** la plage n'est pas loin du village ❷ *Gebiet* reculé(e) ❸ *Verwandtschaft* éloigné(e); **mit jemandem entfernt verwandt sein** être parent éloigné de quelqu'un ❹ **jemandem entfernt ähneln** ressembler de loin à quelqu'un

die **Entfernung** ❶ la distance ❷ **aus der Entfernung** à distance, de loin

entfliehen s'enfuir; **aus der Haft entfliehen** s'évader de prison

entfremden ❶ **zwei Menschen einander entfremden** rendre deux personnes étrangères l'une à l'autre ❷ **sich seinen Freunden entfremden, sich von seinen Freunden entfremden** ⓒⓗ se détacher de ses amis

die **Entfremdung** le détachement

entführen enlever *Menschen;* détourner *Flugzeug*

der **Entführer** ❶ (*Kidnapper*) le ravisseur, le kidnappeur ❷ (*Luftpirat*) le pirate de l'air

die **Entführerin** ❶ (*Kidnapperin*) la ravisseuse ❷ (*Luftpiratin*) la pirate de l'air

die **Entführung** *eines Menschen* l'enlèvement *(männlich); eines Flugzeugs* le détournement

entgegen ❶ **dem Licht entgegen** vers la lumière ❷ **entgegen unserer Abmachung** contrairement à notre accord; **entgegen allen Erwartungen** contre toute attente

entgegenbringen jemandem Achtung entgegenbringen faire preuve de respect à l'égard de quelqu'un; **einer Sache Interesse entgegenbringen** manifester de l'intérêt pour quelque chose

entgegengehen jemandem entgegengehen aller à la rencontre de quelqu'un

entgegengesetzt ❶ *Seite, Richtung, Auffassung* opposé(e) ❷ **entgegengesetzt handeln** faire le contraire

entgegenhalten jemandem ein Argument entgegenhalten opposer un argument à quelqu'un

entgegenkommen ❶ **jemandem entgegenkommen** (*auf jemanden zulaufen*) aller à la rencontre de quelqu'un; (*auf jemanden zufahren*) arriver en sens inverse de quelqu'un ❷ **jemandem beim Preis entgegenkommen** faire une concession à quelqu'un sur le prix ❸ **das kommt meinen Interessen [sehr] entgegen** cela va [parfaitement] dans le sens de mes intérêts

entgegenkommend bienveillant(e)

entgegnen répliquer; **sie entgegnete ihm, dass das nicht möglich sei** elle lui a répliqué que cela n'était pas possible

entgehen ❶ **jemandem entgehen** *Neuigkeit, Geschäft:* échapper à quelqu'un ❷ **sich eine Gelegenheit entgehen lassen** manquer [*oder* laisser passer] une occasion

entgeistert ❶ *Person, Blick* hébété(e) ❷ **starren** l'air hébété

das **Entgelt** la rétribution

entgleisen *Zug:* dérailler

enthalten ❶ contenir *Fett, Vitamine, Wasser* ❷ **im Preis enthalten sein** être compris(e) dans le prix ❸ **sich [der Stimme] enthalten** s'abstenir

enthaltsam ❶ *Person* modéré(e) ❷ *Leben* d'abstinence ❸ **enthaltsam leben** vivre dans l'abstinence

die **Enthaltsamkeit** l'abstinence *(weiblich);* (*sexuelle Abstinenz*) la chasteté

die **Enthaltung** l'abstention *(weiblich)*

enthaupten décapiter

enthüllen ❶ dévoiler *Denkmal* ❷ révéler, dévoiler *Wahrheit, Geheimnis*

die **Enthüllung** ❶ *eines Denkmals* le dévoilement ❷ *der Wahrheit, eines Geheimnisses* la révélation

enthusiastisch ❶ *Mensch, Beifall* enthousiaste ❷ *reagieren* avec enthousiasme

entkalken détartrer

entkommen ❶ (*fliehen*) s'échapper; **aus dem Gefängnis entkommen** s'échapper de la prison ❷ (*aus dem Weg gehen*) échapper; **jemandem entkommen können** réussir à échapper à quelqu'un

entkräften ❶ **völlig entkräftet sein** *Sportler:* être à bout de forces ❷ réfuter *Verdacht*

entladen ❶ décharger *Auto, Waggon* ❷ **sich entladen** *Gewitter, Zorn, Freude:* éclater; *Batterie:* se décharger

entlang ❶ **entlang des Kanals** le long du canal ❷ **den Fluss entlang verlaufen** longer la rivière ❸ **hier entlang** par ici

entlanggehen eine Straße entlanggehen longer une route

entlarven démasquer; **jemanden als Betrüger entlarven** démasquer l'escroc en quelqu'un

entlassen ❶ licencier *Mitarbeiter* ❷ laisser sortir *Patienten;* libérer *Häftling*

die **Entlassung** ❶ *eines Mitarbeiters* le licenciement ❷ *eines Patienten* la sortie; *eines Gefangenen* la mise en liberté

entlasten ❶ soulager *Mitarbeiter, Träger, Balken;* délester *Straße* ❷ décharger *Verdächti-*

gen

die **Entlastung** ① *eines Mitarbeiters, Trägers, Balkens* le soulagement; *einer Straße* le délestage ② *eines Verdächtigen* la décharge

entlaufen se sauver; **unser Hund ist [uns] entlaufen** notre chien s'est sauvé; **„Katze entlaufen"** "Perdu chat"

entledigen ① **sich eines Verfolgers entledigen** se débarrasser d'un poursuivant ② **sich eines Auftrags entledigen** s'acquitter d'une mission

entlegen *Ort* isolé(e)

entlocken soutirer; **jemandem ein Geheimnis entlocken** soutirer un secret à quelqu'un

entlohnen rétribuer *Mitarbeiter, Arbeit*

entmachten renverser *König, Regime*

entmündigen mettre sous tutelle; **jemanden entmündigen lassen** faire mettre quelqu'un sous tutelle

entmutigen décourager

die **Entmutigung** le découragement

die **Entnahme** le prélèvement

entnehmen ① **der Kasse Geld entnehmen** retirer de l'argent de la caisse ② **jemandem Blut entnehmen** prélever du sang à quelqu'un ③ **deinem Brief entnehme ich, dass es dir leidtut** je déduis de ta lettre que tu en es désolé(e)

entnervt excédé(e); **völlig entnervt sein** être à bout [de nerfs]

die **Entprivatisierung** la déprivatisation

entpuppen sich als Schwindler entpuppen se révéler être un escroc

entreißen arracher; **jemandem einen Gegenstand entreißen** arracher un objet à quelqu'un

entrinnen einer Gefahr entrinnen échapper à un danger

entrüsten sich entrüsten être scandalisé(e); **sich über jemanden/über etwas entrüsten** être scandalisé(e) par quelqu'un/par quelque chose

die **Entrüstung** l'indignation *(weiblich)*

entschädigen jemanden für etwas entschädigen dédommager quelqu'un de quelque chose

die **Entschädigung** l'indemnité *(weiblich)*

entschärfen ① désamorcer *Bombe* ② décrisper *Konflikt*

entscheiden ① décider; **er/sie entscheidet, was zu tun ist** c'est lui/elle qui décide de ce qu'il faut faire ② (*juristisch*) trancher *Fall* ③ **sich entscheiden** se décider, prendre une décision; **sich zwischen mehreren Angeboten entscheiden** choisir parmi plusieurs offres; **sich für eine Bewerberin entscheiden** se prononcer en faveur d'une candidate; **sich für ein Studium entscheiden** se décider de faire des études universitaires; **sich gegen ein Studium entscheiden** se décider de ne pas faire d'études universitaires ④ **das Spiel ist entschieden** le match est joué

entscheidend ① *Einfluss, Ereignis* décisif/décisive; *Fehler* grave ② *verbessern* de manière décisive

die **Entscheidung** la décision; **eine Entscheidung treffen** prendre une décision; **vor einer wichtigen Entscheidung stehen** devoir prendre une grave décision

entschieden ① *Befürworter* résolu(e) ② *Ablehnung* catégorique ③ *ablehnen* catégoriquement ④ **das ist entschieden zu weit/zu teuer** c'est incontestablement trop loin/trop cher

entschließen sich entschließen se décider; **sich für ein militärisches Eingreifen entschließen** opter pour une intervention militaire

entschlossen ① décidé(e); **fest entschlossen sein, etwas zu tun** être déterminé(e) à faire quelque chose ② *handeln* avec détermination

die **Entschlossenheit** la détermination

der **Entschluss** la décision; **einen Entschluss fassen** prendre une décision

entschlüsseln déchiffrer *Text, Code*

entschuldigen ① **sich entschuldigen** s'excuser; **sich bei jemandem entschuldigen** s'excuser auprès de quelqu'un; **sich wegen seines Verhaltens** [*oder* **für sein Verhalten**] **entschuldigen** s'excuser de son comportement ② (*als abwesend melden, verzeihen*) excuser *Schüler, Verhalten, Fehler* ③ **entschuldigen Sie, können Sie mir sagen, wie spät es ist?** pourriez-vous me donner l'heure, s'il vous plaît?

Entschuldigung pardon; **Entschuldigung, ich habe mich verwählt!** pardon, j'ai fait un mauvais numéro!; **Entschuldigung, wie spät ist es bitte?** pardon, madame/monsieur, vous avez l'heure, s'il vous plaît?

die **Entschuldigung** ① les excuses *(weiblich)* ② (*Rechtfertigung*) l'excuse *(weiblich)*; **als Entschuldigung für meine Verspätung** pour excuser mon retard; **zu meiner/zu deiner Entschuldigung** à ma/à ta décharge ③ (*Entschuldigungsschreiben*) le mot d'excuse

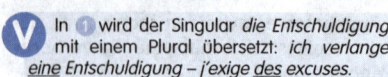

In ❶ wird der Singular *die Entschuldigung* mit einem Plural übersetzt: *ich verlange eine Entschuldigung – j'exige des excuses.*

entsenden déléguer *Botschafter;* envoyer *Delegation*

entsetzen ❶ effarer *Person* ❷ **sich über etwas entsetzen** être horrifié(e) [*oder* effaré(e)] *par* quelque chose

das **Entsetzen** l'horreur *(weiblich)*

entsetzlich ❶ *Verbrechen, Anblick* horrible ❷ (*umgs.:* unerträglich) *Bild, Musik* affreux/affreuse; **es war entsetzlich kalt** il faisait affreusement froid

entsinnen sich eines Freundes/eines Vorfalls entsinnen se souvenir d'un ami/d'un événement; **wenn ich mich recht entsinne** si mes souvenirs sont exacts

entsorgen ramasser *Müll*

die **Entsorgung** des *Mülls* le ramassage

entspannen ❶ **sich entspannen** se détendre ❷ détendre *Muskeln*

die **Entspannung** la détente; **zur Entspannung** pour se détendre

entsprechen ❶ (*übereinstimmen mit*) **der Wahrheit entsprechen** correspondre à la vérité ❷ **den Erwartungen der Kunden entsprechen** répondre aux attentes de la clientèle

entsprechend ❶ *Benehmen, Kleidung* approprié(e) ❷ *Bezahlung* correspondant(e) ❸ *bezahlen, sich verhalten, sich kleiden* en conséquence ❹ **entsprechend Ihrem Vorschlag** conformément à votre proposition

die **Entsprechung** ❶ (*Gegenstück*) le pendant ❷ (*Übereinstimmung*) le point commun

entspringen ❶ *Fluss:* prendre sa source ❷ **das ist einer Laune entsprungen** cela est le fruit d'un caprice

entstehen ❶ naître; *Unruhe:* se déclencher; **sie erforschen, wie das Leben auf der Erde entstanden ist** ils cherchent à découvrir les origines de la vie sur la Terre ❷ **uns sind dadurch Kosten entstanden** cela nous a occasionné des frais

die **Entstehung** ❶ *eines Menschen, Kunstwerks, Gebäudes* la naissance ❷ *des Lebens, Weltalls* les origines *(weiblich)*

In ❷ wird der Singular *die Entstehung* mit einem Plural übersetzt: *die Entstehung des Sonnensystems wird seit langem erforscht – les origines du système solaire sont étudiées depuis longtemps.*

entsteinen dénoyauter
entstellen ❶ défigurer *Gesicht* ❷ **er ist völlig entstellt** il est complètement défiguré ❸ déformer *Wahrheit, Tatsachen*

enttäuschen ❶ *Spieler, Mannschaft, Gerät:* être décevant(e) ❷ **jemanden enttäuschen** décevoir quelqu'un

enttäuscht ❶ *Verlierer, Hoffnungen* déçu(e) ❷ **dreinschauen** d'un air déçu

die **Enttäuschung** la déception; **jemandem eine Enttäuschung bereiten** décevoir quelqu'un, décevoir les espérances de quelqu'un

entwaffnen désarmer *Täter, Truppen*
entwässern drainer *Boden*
entweder entweder ... oder ... ou [bien] ..., ou [bien] ... ▶ **entweder – oder!** [c'est] l'un ou l'autre!

entweichen fuir; **aus einem Rohr entweichen** *Wasser, Gas:* fuir d'un tuyau

entwenden dérober; **jemandem einen Ring entwenden** dérober un anneau à quelqu'un

entwerfen ❶ concevoir *Kleid;* esquisser *Bild;* faire les plans de *Gebäude* ❷ ébaucher *Text* ❸ élaborer *Programm*

entwerten ❶ composter *Fahrschein;* oblitérer *Briefmarke* ❷ dévaluer *Banknoten*

der **Entwerter** le composteur

die **Entwertung** ❶ *von Fahrscheinen* la validation; *von Briefmarken* l'oblitération *(weiblich)* ❷ *von Banknoten* la dévaluation

entwickeln ❶ développer *Gerät, Verfahren, Talent, Fähigkeit, Film* ❷ concevoir *Ideen, Plan* ❸ **sich entwickeln** *Person, Talent, Lage:* se développer ❹ **aus der Raupe entwickelt sich der Schmetterling** la chenille se transforme en papillon ❺ *Gase:* se former

die **Entwicklung** ❶ (*das Sich-Entwickeln*) le développement ❷ *eines Verfahrens* la mise au point; *eines Fahrzeugtyps* la conception

der **Entwicklungshelfer** le coopérant
die **Entwicklungshelferin** la coopérante
die **Entwicklungshilfe** l'aide *(weiblich)* au développement

das **Entwicklungsland** le pays en voie de développement

entwischen (*umgs.*) ❶ *Tier:* se sauver ❷ **der Dieb ist uns entwischt** le voleur nous a échappé

entwürdigend dégradant(e)

der **Entwurf** ❶ (*Konstruktionsskizze*) le projet ❷ *eines Textes, einer Rede* l'ébauche *(weiblich)*

entziehen ❶ retirer *Führerschein, Vertrauen, Recht* ❷ **dem Körper Wasser entziehen** extraire de l'eau du corps ❸ **sich jemandem/einer Sache entziehen** se dérober à quelqu'un/à quelque chose

die **Entziehungskur** la cure de désintoxication

entziffern déchiffrer
entzücken ❶ ravir ❷ **von jemandem entzückt sein** être sous le charme de quelqu'un; **über etwas entzückt sein** être ravi(e) de quelque chose
das **Entzücken** le ravissement
entzückend ravissant(e)
entzünden ❶ allumer *Feuer, Kerze;* [faire] craquer *Streichholz* ❷ **sich entzünden** *Gas:* s'enflammer; *Brand:* se déclarer; *Wunde:* s'infecter; **die entzündete Wunde** la plaie infectée
die **Entzündung** *einer Wunde* l'inflammation *(weiblich)*
der **Enzian** la gentiane
die **Epidemie** l'épidémie *(weiblich)*
die **Epilepsie** l'épilepsie *(weiblich);* **an Epilepsie leiden** souffrir d'épilepsie
episch *Dichtung* épique
die **Episode** l'épisode *(männlich* ⚠*)*
die **Epoche** l'époque *(weiblich)*
das **Epos** l'épopée *(weiblich* ⚠*)*
er ❶ *(unbetonte Form, in Verbindung mit einem Verb)* il; **er ist nicht da** il n'est pas là ❷ *(betonte Form, hervorgehoben)* lui; **sie ist größer als er** elle est plus grande que lui; **da kommt er ja!** le voilà qui arrive!; **er ist es wirklich!** c'est bien lui! ❸ *(auf eine Sache oder allgemein auf ein Tier bezogen)* il/elle; *(betont)* lui/elle; **ich suche meinen Schlüssel – wo ist er?** je cherche ma clé – où peut-elle bien être?; **einem Storch zuschauen, wie er fliegt** regarder voler une cigogne

> Ⓖ Das Personalpronomen *er* mit seinen verschiedenen Formen (z. B. *ihm* oder *ihn*) hat unterschiedliche Übersetzungen, je nachdem, wofür es steht.
> Wenn *er* für ein Substantiv steht, das eine männliche Person oder ein Tier männlichen Geschlechts (also ein Tiermännchen) bezeichnet, steht fest, dass auch die französische Entsprechung männlich ist. Beispiele hierfür stehen in ❶ und ❷.
> Wenn das Pronomen aber für eine Sache steht oder für ein Tier, dessen Geschlecht nicht ausdrücklich genannt wird, kann die französische Übersetzung männlich oder weiblich sein, wie in ❸ zu sehen ist.

erachten considérer; **etwas als notwendig erachten** considérer que quelque chose est nécessaire
das **Erachten** **meines Erachtens** à mon avis
erarbeiten ❶ **sich ein großes Wissen erarbeiten** acquérir de larges connaissances à force de travail ❷ élaborer *Bericht, Plan*

die **Erbanlagen** les caractères *(männlich)* héréditaires
erbarmen sich der Not Leidenden erbarmen se dévouer pour les personnes dans le besoin
das **Erbarmen** la pitié; **Erbarmen mit jemandem haben** avoir pitié de quelqu'un
erbärmlich ❶ *Zustand, Leistung* piteux/piteuse ❷ *(umgs.: gemein)* *Lügner* infâme ❸ *(auf Mitleid erregende Weise)* **schluchzen à fendre l'âme** ❹ *(umgs.: sehr)* **wehtun, frieren** terriblement
erbarmungslos *Mensch* impitoyable
erbauen bâtir *Gebäude*
der **Erbauer** le bâtisseur
die **Erbauerin** la bâtisseuse
der **Erbe** l'héritier *(männlich)*
das **Erbe** l'héritage *(männlich)*
erben ❶ **etwas erben** hériter de quelque chose; **etwas von jemandem erben** hériter quelque chose de quelqu'un ❷ **die Grübchen hat sie vom Vater geerbt** elle a hérité des fossettes de son père
erbeuten etwas erbeuten *Dieb:* s'emparer de quelque chose; *Tier:* capturer quelque chose
das **Erbgut** le patrimoine héréditaire; **das menschliche Erbgut** le patrimoine héréditaire humain
die **Erbin** l'héritière *(weiblich)*
erbittert *Widerstand, Kampf* acharné(e)
die **Erbkrankheit** la maladie héréditaire
erblassen blêmir; **plötzlich ist er erblasst** tout d'un coup, il a blêmi
erblich héréditaire
erblicken *(sehen)* apercevoir
erblinden perdre la vue
erbrechen (**sich**) **erbrechen** vomir
das **Erbrechen** le vomissement
erbringen ❶ aboutir à *Ergebnisse* ❷ rapporter *Gewinn* ❸ apporter *Beweis* ❹ **hervorragende Leistungen erbringen** réaliser d'excellents résultats
die **Erbschaft** l'héritage *(männlich)*
die **Erbse** le pois
erbsengroß de la taille d'un pois
die **Erbsensuppe** la soupe de pois
die **Erbsünde** le péché originel
das/der **Erbteil** la part d'héritage
die **Erdachse** l'axe *(männlich)* terrestre
die **Erdanziehung** l'attraction *(weiblich)* terrestre
der **Erdapfel** Ⓐ la pomme de terre
die **Erdatmosphäre** l'atmosphère *(weiblich)* terrestre
das **Erdbeben** le tremblement de terre

die **Erdbeere** la fraise
das **Erdbeereis** la glace à la fraise
die **Erdbeertorte** la tarte aux fraises
der **Erdboden** le sol
die **Erde** ❶ (*Welt, Boden*) la terre; **auf der [ganzen] Erde** sur la terre [entière] ❷ (*Erdreich*) la terre; **auf der Erde liegen** *Mensch, Tier:* être couché(e) par terre; *Gegenstand:* être par terre; **unter der Erde** sous terre; **etwas mit Erde bedecken** [re]couvrir quelque chose de terre

V In Fachtexten über Astronomie, Kosmologie und Raumfahrt wird das französische Wort großgeschrieben: *die Erde hat ein Magnetfeld – la Terre possède un champ magnétique.*

erden etwas erden mettre quelque chose à la terre
das **Erdgas** le gaz naturel
das **Erdgeschoss** le rez-de-chaussée
die **Erdkugel** le globe terrestre
die **Erdkunde** la géographie
die **Erdnuss** la cacahuète
die **Erdoberfläche** la surface terrestre
das **Erdöl** le pétrole
das **Erdreich** la terre
erdrosseln étrangler
erdrücken **jemanden erdrücken** *Person, Walze, Gewicht:* écraser quelqu'un; *Schlange:* étouffer quelqu'un
der **Erdrutsch** le glissement de terrain
der **Erdstoß** la secousse sismique
der **Erdteil** le continent
erdulden endurer *Schmerzen, Leid*
die **Erdumlaufbahn** l'orbite (*weiblich*) autour de la Terre
ereignen **sich ereignen** se produire
das **Ereignis** l'événement (*männlich*)
ereignisreich *Zeit* mouvementé(e)
die **Erektion** l'érection (*weiblich*)
der **Eremit** l'ermite (*männlich*)
die **Eremitin** l'ermite (*männlich*)

G Es gibt im Französischen keine Femininform: *sie lebte als Eremitin – elle vécut en ermite.*

erfahren¹ ❶ apprendre *Neuigkeit* ❷ **etwas von einem** [*oder* **über ein**] **Ereignis erfahren** être informé(e) d'un événement; **nichts von einem** [*oder* **über einen**] **Vorfall erfahren** ne pas être informé(e) d'un incident ❸ (*erleben*) connaître *Liebe, Not*
erfahren² (*routiniert*) *Kollege* expérimenté(e)
die **Erfahrung** l'expérience (*weiblich*); **mit jemandem nur gute Erfahrungen machen** n'avoir qu'à se féliciter de quelqu'un; **mit jemandem nur schlechte Erfahrungen machen** n'avoir que des déconvenues avec quelqu'un
der **Erfahrungsaustausch** l'échange (*männlich*) d'expériences
erfassen ❶ comprendre *Zusammenhang* ❷ **jemanden/etwas erfassen** *Strömung, Fahrzeug:* °happer quelqu'un ❸ **jemanden erfassen** *Begeisterung, Angst:* saisir quelqu'un ❹ (*in der Informatik*) saisir *Daten, Text*
erfinden inventer
der **Erfinder** l'inventeur (*männlich*)
die **Erfinderin** l'inventrice (*weiblich*)
erfinderisch ingénieux/ingénieuse
die **Erfindung** l'invention (*weiblich*); **eine Erfindung machen** inventer quelque chose
der **Erfolg** ❶ le succès; **viel Erfolg!** bonne chance! ❷ **ein Erfolg versprechendes Verfahren** un procédé prometteur
erfolglos *Künstler, Unternehmer* malchanceux/malchanceuse ❷ *Versuch, Anstrengung* infructueux/infructueuse; **erfolglos bleiben** *Versuch, Anstrengung:* rester vain(e)
erfolgreich ❶ *Künstler, Unternehmer* qui a du succès; **erfolgreich sein** réussir ❷ *Versuch* réussi(e); *Anstrengung* couronné(e) de succès
die **Erfolgsaussichten** les chances (*weiblich*) de réussite
das **Erfolgserlebnis** la réussite
erforderlich nécessaire; **es ist erforderlich, dass du mitkommst** il est nécessaire que tu viennes aussi [*oder* que tu viennes avec nous]
erfordern **Arbeit/Aufmerksamkeit erfordern** exiger du travail/de l'attention; **Zeit erfordern** demander du temps
das **Erfordernis** l'exigence (*weiblich*)
erforschen explorer *Region, Tiefsee, Ursachen;* étudier *Verhalten*
die **Erforschung** *einer Gegend* l'exploration (*weiblich*); *eines Verhaltens* l'étude (*weiblich*)
erfreuen ❶ faire plaisir à; **jemanden mit Blumen erfreuen** faire plaisir à quelqu'un avec des fleurs ❷ **sie erfreut sich an ihrem Garten** son jardin lui procure du plaisir ❸ **sich großer Beliebtheit erfreuen** jouir d'une grande popularité ❹ **sehr erfreut!** enchanté(e)!
erfreulich ❶ *Umstand, Nachricht* qui fait plaisir ❷ **es ist erfreulich, dass du wieder gesund bist** cela me fait plaisir que tu te sois bien rétabli(e)
erfrieren ❶ *Pflanze, Finger:* geler; **ihm sind die Finger/die Zehen erfroren** il a les doigts/les orteils gelés ❷ *Mensch, Tier:* mourir de froid

erfrischen ① rafraîchir *Körper, Gesicht* ② (*beleben*) jemanden erfrischen faire du bien à quelqu'un ③ **sich erfrischen** se rafraîchir
erfrischend ① *Getränk, Bad* rafraîchissant(e) ② **erfrischend kühl** rafraîchissant(e)
die **Erfrischung** ① (*Getränk*) le rafraîchissement ② (*Abkühlung*) **eine Erfrischung brauchen** avoir besoin de se rafraîchir
das **Erfrischungstuch** la lingette
erfüllen ① **den Raum erfüllen** *Klänge, Duft*: emplir la pièce ② **jemandem einen Wunsch erfüllen** exaucer le vœu de quelqu'un; **sich einen Wunsch erfüllen** se faire [un petit] plaisir ③ accomplir *Pflicht* ④ **sich erfüllen** *Wunsch, Traum*: se réaliser
die **Erfüllung** ① *eines Traums* la réalisation; **in Erfüllung gehen** *Wunsch*: être exaucé(e); *Traum*: se réaliser ② *einer Pflicht* le respect
ergänzen compléter; **sich ergänzen** se compléter
die **Ergänzung** ① le rajout, l'ajout *(männlich)*; **eine Ergänzung machen** faire un rajout ② (*das Ergänzen*) *einer Sammlung* l'enrichissement *(männlich)* ③ (*in der Grammatik*) le complément
ergeben[1] ① (*beim Rechnen*) donner *Betrag, Resultat* ② donner *Werte, Erkenntnisse* ③ **keinen Sinn ergeben** n'avoir aucun sens ④ **sich aus etwas ergeben** résulter de quelque chose ⑤ **sich dem Feind ergeben** se rendre à l'ennemi ⑥ **sich dem [oder in sein] Schicksal ergeben** se résigner à son sort
ergeben[2] ① *Blick* résigné(e) ② *Diener* dévoué(e)
das **Ergebnis** le résultat; **zu dem Ergebnis führen, dass ...** avoir pour conséquence que ...
ergebnislos ① *Bemühungen* sans résultat ② *enden* sans résultat
ergehen ① **es ist uns gut ergangen** ça c'est bien passé pour nous; **wie ist es dir ergangen?** comment ça c'est passé pour toi? ② **etwas über sich ergehen lassen** supporter quelque chose
ergiebig *Farbe, Waschmittel* économique
ergreifen ① saisir *Hand, Gegenstand, Gelegenheit* ② arrêter *Täter* ③ **einen Beruf ergreifen** embrasser une profession ④ prendre *Maßnahmen* ⑤ **jemanden ergreifen** *Sehnsucht, Mitgefühl*: saisir quelqu'un
ergreifend *Schicksal, Film* bouleversant(e)
ergriffen bouleversé(e), touché(e)
ergründen déceler *Ursache*; pénétrer *Sinn*
erhalten ① recevoir *Brief, Geschenk, Auftrag* ② sauvegarder *Bauwerk*; conserver *Gesundheit*; maintenir *Frieden*
erhältlich *Ware* disponible; **nicht erhältlich sein** ne pas être en vente
die **Erhaltung** *eines Bauwerks* la sauvegarde; *der Gesundheit* la préservation; *des Friedens* le maintien
erhängen pendre; **sich erhängen** se pendre; **erhängt werden** être pendu(e)
erheben ① lever *Glas*; **die Hand zum Gruß erheben** saluer d'un geste de la main ② (*aufstehen*) **sich erheben** se lever; **sich von seinem Platz erheben** se lever de son siège ③ **sich gegen einen Diktator erheben** se révolter contre un dictateur ④ (*aufragen*) **sich über etwas erheben** s'élever au-dessus de quelque chose ⑤ (*einfordern*) percevoir *Steuern*
erheblich ① *Unterschied* considérable; *Nachteil* sérieux/sérieuse ② **sich unterscheiden** nettement; *stören* considérablement; *beeinträchtigen* sérieusement
die **Erhebung** (*Anhöhe*) la °hauteur, l'éminence *(weiblich)*
erheitern dérider
erhellen ① éclairer *Raum, Umgebung* ② **sich erhellen** *Himmel*: s'éclaircir
erhitzen ① faire chauffer *Suppe, Wasser* ② **sich erhitzen** *Motor, Reifen*: chauffer
erhoffen sich etwas erhoffen espérer quelque chose
erhöhen ① rehausser *Mauer, Turm* ② augmenter *Preis, Steuern, Gehalt, Zahl*; **die Preise um zwei Prozent erhöhen** augmenter les prix de deux pour cent ③ intensifier *Wirkung*; faire monter *Spannung* ④ **sich erhöhen** *Blutdruck*: monter; *Wirkung*: s'intensifier ⑤ **sich um drei Prozent erhöhen** augmenter de trois pour cent; **sich auf hundert Euro erhöhen** s'élever à cent euros
erhöht ① *Preis, Steuern, Gehalt* augmenté(e) ② *Blutdruck* élevé(e); *Puls* accéléré(e) ③ *Aufmerksamkeit* accru(e)
die **Erhöhung** ① (*Anhebung*) l'augmentation *(weiblich)* ② (*Zunahme*) l'intensification *(weiblich)*
erholen ① (*ausspannen*) **sich erholen** se reposer ② **sich von einer Krankheit erholen** se remettre d'une maladie
erholsam *Urlaub* reposant(e); *Schlaf* réparateur/réparatrice
die **Erholung** le repos
erhören ① exaucer *Bitte* ② **jemanden erhören** céder à quelqu'un
erinnern ① **sich erinnern** se souvenir; **sich an jemanden/an etwas erinnern** se

souvenir de quelqu'un/de quelque chose ②(*Ähnlichkeit haben mit*) **er erinnert mich an meinen Vater** il me fait penser à mon père; **das erinnert mich an meine Kindheit** cela me rappelle mon enfance ③(*mahnen*) **jemanden an etwas erinnern** rappeler quelque chose [à quelqu'un]

die **Erinnerung** ①(*Eindruck*) le souvenir; **die Erinnerungen an den Urlaub** les souvenirs des vacances ②**jemanden/etwas in guter Erinnerung behalten** garder un bon souvenir de quelqu'un/de quelque chose

erkälten sich erkälten prendre froid; **ich habe mich/ich bin erkältet** je suis enrhumé(e)

die **Erkältung** le rhume; **eine Erkältung haben** être enrhumé(e)

erkennen ①(*sehen*) distinguer *Details;* **kannst du etwas erkennen?** tu vois quelque chose? ②s'apercevoir de *Fehler* ③**auf Elfmeter erkennen** accorder un penalty

erkenntlich reconnaissant(e); **sich für etwas erkenntlich zeigen** témoigner sa reconnaissance pour quelque chose

die **Erkenntnis** ①la connaissance ②**zu der Erkenntnis kommen, dass ...** arriver à la conclusion que ...

das **Erkennungszeichen** le signe de reconnaissance

erklären ①expliquer ②**wie erklärst du dir das?** comment t'expliques-tu cela?; **wie erklärt sich das?** comment est-ce possible? ③annoncer *Rücktritt;* exprimer *Einverständnis* ④**jemandem seine Liebe erklären** déclarer son amour à quelqu'un; **einem Land den Krieg erklären** déclarer la guerre à un pays ⑤**sich mit einem Vorschlag einverstanden erklären** se déclarer d'accord avec une proposition

erklärt *Gegner, Ziel* déclaré(e)

die **Erklärung** ①l'explication (*weiblich*); **eine Erklärung für etwas** une explication à quelque chose ②la déclaration; **eine Erklärung abgeben** faire une déclaration

erklingen *Musik, Glocken:* retentir

erkranken tomber malade; **an etwas erkranken** attraper quelque chose

die **Erkrankung** la maladie

erkunden (*beim Militär*) reconnaître *Gelände*

erkundigen sich erkundigen se renseigner; **sie hat sich bei mir nach meinem Chef erkundigt** elle s'est renseignée auprès de moi sur mon chef

die **Erkundung** (*beim Militär*) la reconnaissance

erlangen obtenir *Ruhm, Freiheit*

der **Erlass** (*Verordnung*) l'arrêté (*männlich*)

erlassen ①**jemandem seine Schulden erlassen** remettre les dettes à quelqu'un; **jemandem seine Strafe erlassen** gracier quelqu'un ②édicter *Befehl*

erlauben ①permettre; **ich erlaube dir, meinen Computer zu benutzen** je te permets d'utiliser mon ordinateur; **erlauben Sie/erlaubst du, dass ich mir eine Zigarre nehme?** vous permettez/tu permets que je prenne une cigarette? ②(*finanziell*) **sich etwas erlauben können** pouvoir s'offrir quelque chose

die **Erlaubnis** ①la permission; **jemanden um Erlaubnis bitten** demander la permission à quelqu'un; **die Erlaubnis haben, etwas zu tun** être autorisé(e) à faire quelque chose ②(*Schriftstück*) l'autorisation (*weiblich*)

erläutern expliquer

die **Erläuterung** l'explication (*weiblich*)

die **Erle** l'aulne (*männlich*)

erleben ①vivre *Ereignis;* passer *Urlaub* ②endurer *Schlimmes;* connaître *Enttäuschung* ▶ **der kann was erleben!** (*umgs.*) ça va barder pour lui!

das **Erlebnis** l'expérience (*weiblich*) [vécue]

erledigen ①accomplir *Aufgabe, Auftrag;* effectuer *Besorgung* ②**sich von selbst erledigen** s'arranger tout(e) seul(e)

erledigt (*umgs.: erschöpft*) crevé(e) ▶ **das** [*oder* **die Sache**] **ist erledigt!** c'est fait!; (*Schwamm drüber*) c'est réglé!

die **Erledigung** ①*einer Arbeit, eines Auftrags* l'exécution (*weiblich*) ②**Erledigungen machen müssen** avoir des choses à faire

erlegen ①abattre *Tier* ②Ⓐ (*bezahlen*) acquitter *Gebühren, Betrag*

erleichtern ①faciliter *Arbeit, Entscheidung* ②alléger *Gewicht, Last* ③**jemanden erleichtern** *Nachricht:* soulager quelqu'un; **er war über diese gute Nachricht sehr erleichtert** il était très soulagé d'apprendre cette bonne nouvelle

die **Erleichterung** (*Beruhigung*) le soulagement

erleiden ①subir *Verlust, Niederlage* ②endurer *Schmerzen*

erlernen apprendre *Beruf, Sprache*

erlesen *Geschmack* raffiné(e); *Speisen* délicat(e)

erleuchten ①éclairer *Raum, Straße* ②(*gehoben: zur Erleuchtung führen*) illuminer

die **Erleuchtung** (*Inspiration*) l'illumination (*weiblich*)

erliegen ①**einem Irrtum erliegen** être dans l'erreur ②**einer Versuchung erliegen** succomber à une tentation ③**einer**

Krankheit **erliegen** succomber à une maladie ▸ **zum Erliegen kommen** *Verkehr:* être paralysé(e)

erlöschen *Feuer, Gefühle:* s'éteindre

erlösen (*auch religiös*) délivrer; **jemanden von seinen Schmerzen erlösen** délivrer quelqu'un de ses douleurs

die **Erlösung** ❶ (*Erleichterung*) le soulagement ❷ (*religiös*) la Rédemption

ermächtigen habiliter; **jemanden ermächtigen, Verträge abzuschließen** habiliter quelqu'un à passer des contrats

ermahnen ❶ (*warnend erinnern*) rappeler; **jemanden ermahnen, vorsichtig zu sein** rappeler quelqu'un à la prudence ❷ (*tadeln*) rappeler à l'ordre

die **Ermahnung** (*Tadel*) le rappel à l'ordre

ermäßigen den Eintrittspreis um fünf Prozent ermäßigen faire une réduction sur les tickets d'entrée de cinq pour cent

die **Ermäßigung** (*Preisnachlass*) la réduction

das **Ermessen nach meinem/nach unserem Ermessen** à mon/à notre sens [sɑ̃s]

ermitteln ❶ calculer *Wert;* déterminer *Entfernung* ❷ désigner *Sieger* ❸ identifier *Täter;* découvrir *Versteck* ❹ (*Nachforschungen anstellen*) **gegen jemanden ermitteln** enquêter sur quelqu'un; **gegen jemanden wegen Steuerhinterziehung ermitteln** enquêter sur quelqu'un pour fraude fiscale

die **Ermittlung** l'instruction (*weiblich*); **Ermittlungen gegen jemanden durchführen** mener une enquête sur quelqu'un

ermöglichen permettre; **jemandem etwas ermöglichen** permettre quelque chose à quelqu'un

ermorden assassiner

die **Ermordung** l'assassinat (*männlich*)

ermüden ❶ (*müde machen*) fatiguer *Person* ❷ (*müde werden*) *Person, Arme, Füße:* se fatiguer

ermüdend *Tätigkeit* fatigant(e)

die **Ermüdung** la fatigue

ermuntern encourager

die **Ermunterung** l'encouragement (*männlich*)

ermutigen encourager; **jemanden ermutigen, sich zu bewerben** encourager quelqu'un à poser sa candidature

ernähren ❶ nourrir *Person;* donner à manger à *Tier* ❷ **sich von etwas ernähren** se nourrir de quelque chose ❸ **künstlich ernährt werden** être alimenté(e) artificiellement ❹ entretenir *Familie*

die **Ernährung** l'alimentation (*weiblich*); **eine abwechslungsreiche/ausgewogene Ernährung** une alimentation variée/équilibrée

ernennen nommer; **jemanden zum Minister ernennen** nommer quelqu'un ministre

die **Ernennung** la nomination

erneuerbar *Energie* renouvelable

erneuern ❶ changer *Reifen;* refaire *Zaun, Dach* ❷ renouveler *Angebot, Einladung*

erneut ❶ **auf seine erneute Frage hin bekam er eine Antwort** il a fallu qu'il répète sa question pour qu'on lui réponde ❷ **fragen, bitten** de nouveau

erniedrigen ❶ humilier *Person* ❷ **sich erniedrigen** *Person:* s'abaisser

die **Erniedrigung** l'humiliation (*weiblich*)

ernst ❶ *Lage, Anlass* grave; *Zustand* sérieux/sérieuse ❷ *Person* sérieux/sérieuse; *Miene* austère ❸ **jemanden/etwas ernst nehmen** prendre quelqu'un/quelque chose au sérieux

der **Ernst** *einer Lage* la gravité; *von Worten* le sérieux ▸ **das ist mein voller Ernst!** je suis tout à fait sérieux/sérieuse!

der **Ernstfall** la situation de crise; **im Ernstfall** en cas de crise

ernsthaft ❶ *Mensch, Vorschlag* sérieux/sérieuse ❷ *wollen, erwägen, betreiben* sérieusement ❸ *erkranken* gravement

die **Ernsthaftigkeit** le sérieux

die **Ernte** ❶ la récolte ❷ *von Getreide* la moisson ❸ *von Obst* la cueillette

ernten ❶ récolter *Gemüse;* moissonner *Getreide;* cueillir *Obst* ❷ (*erlangen*) **Ruhm ernten** récolter la gloire; **Spott ernten** récolter des moqueries

ernüchternd *Anblick* décevant(e); *Vorfall* qui fait l'effet d'une douche froide

die **Ernüchterung** la désillusion

der **Eroberer** le conquérant

die **Eroberin** la conquérante

erobern conquérir *Gebiet, Menschen, Herz*

die **Eroberung** (*auch umgs.: Freund, Freundin*) la conquête

eröffnen ❶ ouvrir *Geschäft;* inaugurer *Ausstellung* ❷ ouvrir *Sitzung, Feier;* engager *Verfahren, Prozess* ❸ **jemandem etwas eröffnen** révéler quelque chose à quelqu'un ❹ **jetzt eröffnen sich uns neue Möglichkeiten** de nouvelles chances s'ouvrent à nous, maintenant

die **Eröffnung** *eines Geschäfts, Verfahrens, einer Sitzung* l'ouverture (*weiblich*); *einer Ausstellung* l'inauguration (*weiblich*)

erörtern discuter

die **Erörterung** ❶ (*Erörterungsaufsatz*) la disser-

tation ② *einer Situation* la discussion
die **Erotik** l'érotisme *(männlich)*
erotisch érotique
erpressen ① **jemanden erpressen** faire chanter quelqu'un ② **von jemandem Geld erpressen** extorquer de l'argent à quelqu'un
der **Erpresser** le maître chanteur
die **Erpresserin** le maître chanteur

> **G** Es gibt im Französischen keine Femininform: *die Erpresserin ist gefasst worden – le maître chanteur a été arrêté.*

die **Erpressung** ① *einer Person* le chantage ② *von Geld* l'extorsion *(weiblich)*
erproben tester *Gerät, Verfahren*
erprobt ① *Spezialist* chevronné(e) ② *Gerät* fiable; *Verfahren* éprouvé(e)
erquicken *je7manden erquicken Schlaf:* revigorer quelqu'un
erraten deviner *Geheimnis*
errechnen calculer
erregen ① *(in Erregung versetzen)* irriter ② *(sexuell anregen)* exciter ③ susciter *Neid;* **Aufsehen erregen** faire sensation; **Anstoß erregen** faire scandale
der **Erreger** *einer Krankheit* l'agent *(männlich)* pathogène
die **Erregung** ① *(Aufgewühltheit)* l'énervement *(männlich)* ② *(sexuelle Lust)* l'excitation *(weiblich)* ③ **die Erregung öffentlichen Ärgernisses** l'outrage *(männlich)* à la pudeur publique
erreichbar ① **immer erreichbar sein** *Person:* être toujours joignable ② **der Bahnhof ist zu Fuß erreichbar** on peut rejoindre la gare à pied
erreichen ① **jemanden erreichen** *Person:* joindre quelqu'un; *Nachricht:* parvenir à quelqu'un ② **den Bahnhof erreichen** *Zug:* atteindre la gare ③ *(nicht versäumen)* avoir *Zug, Bus* ④ *(mit der Hand berühren)* **den Ast erreichen können** pouvoir atteindre la branche ⑤ atteindre *Alter, Größe*
errichten ① dresser *Sperre;* ériger *Denkmal;* construire *Haus* ② fonder *Reich;* établir *Regime*
erringen ① remporter *Sieg* ② gagner *Vertrauen*
erröten rougir; **er ist vor Freude errötet** il a rougi de joie
die **Errungenschaft** *(Erfolg)* la conquête; **eine wichtige soziale Errungenschaft** un acquis social important
der **Ersatz** ① *(Vertretung)* le remplaçant/la remplaçante ② **als Ersatz für jemanden/für**

etwas en remplacement de quelqu'un/de quelque chose ③ *(Entschädigung)* le dédommagement
der **Ersatzmann** le remplaçant
das **Ersatzteil** la pièce de rechange
erschaffen créer *Welt, Kunstwerk*
die **Erschaffung** la création
erscheinen ① *Person, Umrisse, Sonne:* apparaître; **zum vereinbarten Termin erscheinen** apparaître au rendez-vous fixé ② *Buch, Zeitschrift:* sortir ③ **jemandem merkwürdig erscheinen** paraître curieux/curieuse à quelqu'un ④ **jemandem erscheinen** *Geist:* apparaître à quelqu'un
die **Erscheinung** ① *(Phänomen)* le phénomène ② **in Erscheinung treten** se manifester ③ **die äußere Erscheinung** l'apparence *(weiblich)* [extérieure]
erschießen ① abattre *Menschen, Tier* ② *(hinrichten)* fusiller ③ **sich erschießen** se tuer
die **Erschießung** *(Hinrichtung)* l'exécution *(weiblich)*
erschlagen¹ ① tuer *Menschen, Tier* ② **von einem Baum erschlagen werden** être écrasé(e) par un arbre ③ **von den unzähligen Informationen erschlagen werden** être submergé(e) par les informations
erschlagen² *(umgs.: erschöpft)* crevé(e); **völlig erschlagen sein** être complètement crevé(e)
erschließen ① ouvrir *Gebiet;* exploiter *Bodenschätze* ② **die Bedeutung eines Worts aus dem Zusammenhang erschließen** comprendre la signification d'un mot à partir du contexte
erschöpft épuisé(e)
die **Erschöpfung** l'épuisement *(männlich)*
erschrecken ① **jemanden erschrecken** faire peur à quelqu'un ② **vor jemandem/vor etwas erschrecken** avoir peur de quelqu'un/de quelque chose ③ **[sich] über etwas erschrecken** être effrayé(e) par quelque chose
erschreckend ① *Aussehen, Zustand* effrayant(e) ② *wenig, schlecht* vraiment
erschrocken effrayé(e)
erschüttern ① **ein Gebäude erschüttern** *Erdstoß, Explosion:* secouer un bâtiment ② **jemanden erschüttern** *Nachricht:* bouleverser quelqu'un
erschütternd *Nachricht, Szene* bouleversant(e)
erschüttert *Person* bouleversé(e); **über etwas erschüttert sein** être bouleversé(e) par quelque chose; **tief erschüttert sein**

être consterné(e)

die Erschütterung ① (*Beben*) la secousse ② (*Ergriffenheit*) la consternation

erschweren jemandem die Arbeit erschweren compliquer le travail à quelqu'un

erschwinglich *Preis, Produkt* abordable

ersetzen ① (*austauschen*) remplacer ② rembourser *Kosten;* **ich ersetze Ihnen den Schaden** je vous indemniserai des dégâts ③ **einem Kind den Vater ersetzen** remplacer le père auprès d'un enfant

ersichtlich *Grund* apparent(e)

ersparen jemandem viel Arbeit ersparen épargner beaucoup de travail à quelqu'un

die/das **Ersparnis** ① (*gespartes Geld*) l'économie (*weiblich*); **eine Ersparnis von hundert Euro** une économie de cent euros ② (*gesparte Zeit*) le gain; **eine Ersparnis von einer Stunde** un gain d'une heure ③ (*Gespartes*) **die Ersparnisse** les économies (*weiblich*)

erst ① (*zuerst*) erst [einmal] d'abord ② (*nicht früher als*) **erst jetzt** seulement maintenant; **erst vor kurzem** tout récemment; **gerade erst** à l'instant; **er hat eben erst das Büro verlassen** il vient juste de quitter le bureau; **erst als ich dich sah** ce n'est que lorsque je t'ai vu(e); **kommst du schon heute oder erst morgen?** tu arrives aujourd'hui ou seulement demain? ③ (*nicht älter als*) **er ist erst zwölf [Jahre alt]** il n'a que douze ans ▶ **jetzt erst recht** eh bien, raison de plus

erstarren ① *Masse, Lava:* se solidifier; **zu Eis erstarren** geler ② **vor Kälte erstarren** *Person:* être transi(e) de froid; *Finger, Hände:* s'engourdir de froid ③ **vor Schreck erstarren** être paralysé(e) par la peur

erstatten ① rembourser *Unkosten* ② **Meldung erstatten** faire son rapport; **Anzeige erstatten** porter plainte; **gegen jemanden Anzeige erstatten** porter plainte contre quelqu'un

die **Erstattung** *von Kosten* le remboursement

erstaunen ① **jemanden erstaunen** étonner quelqu'un ② **über etwas erstaunt sein** être étonné(e) par quelque chose

das **Erstaunen** l'étonnement (*männlich*)

erstaunlich ① étonnant(e) ② **es ist erstaunlich, dass ihr schon auf seid** c'est étonnant que vous vous soyez déjà levé(e)s; **es ist erstaunlich, wie sie das gemacht hat** c'est étonnant de voir comment elle a fait cela ③ *gut, wenig* étonnamment

erstbeste(r, s) der erstbeste Bewerber le premier candidat venu; **das erstbeste Auto** la première voiture venue

erste(r, s) ① premier/première; **das erste Abteil im Wagen** le premier compartiment du wagon; **die erste Gelegenheit** la première occasion; **die ersten drei Häuser** les trois premières maisons; **das erste Mal** la première fois; **zum ersten Mal** pour la première fois; **beim ersten Mal** la première fois ② (*Datumsangabe*) **der erste März, der 1. März** le 1ᵉʳ mars [lə pʀəmje maʀs] ③ **das erste Hotel am Ort** le premier hôtel de la ville ▶ **als Erstes** pour commencer; *siehe auch* **achte(r, s)**

erstechen poignarder

der **Erste-Hilfe-Kurs** le cours de secourisme

erstellen dresser *Plan, Liste*

erstens premièrement

ersticken ① **am Rauch/am Gas ersticken** asphyxier par la fumée/par le gaz; **an einer Fischgräte ersticken** s'étrangler avec une arête de poisson ② (*ausgehen*) *Feuer:* s'éteindre ③ (*töten, löschen*) étouffer *Menschen, Tier, Feuer*

erstklassig ① *Arbeit, Leistung* excellent(e); *Service* de première qualité; *Ware* de premier choix; *Fachmann* de premier plan ② *arbeiten* à la perfection; **erstklassig schmecken** être excellent(e)

erstmalig ① **die erstmalige Aufführung** la première représentation ② *gelingen* pour la première fois

erstrebenswert *Ziel* tentant(e)

erstrecken ① **sich über mehrere Kilometer erstrecken** s'étendre sur des kilomètres ② **sich über mehrere Wochen erstrecken** durer plusieurs semaines ③ ⒸⒽ **eine Frist um eine Woche erstrecken** prolonger un délai d'une semaine

ertappen ① **jemanden ertappen** prendre quelqu'un sur le fait; **jemanden beim Lügen ertappen** surprendre quelqu'un en train de mentir ② **sich bei dem Gedanken an jemanden/an etwas ertappen** se surprendre à penser à quelqu'un/à quelque chose

erteilen ① donner *Auftrag;* accorder *Genehmigung;* infliger *Verweis;* faire *Rüge* ② **Unterricht erteilen** donner des cours; **jemandem Unterricht erteilen** donner des cours à quelqu'un

ertönen *Musik, Ruf:* se faire entendre

der **Ertrag** ① (*Ernte*) le rendement ② (*Gewinn*) le revenu

ertragen supporter *Person, Situation, Schmerzen*
erträglich *Schmerzen, Temperatur, Belastung* supportable
ertränken noyer
erträumen sich jemanden/etwas erträumen rêver de quelqu'un/de quelque chose
ertrinken se noyer
erübrigen ❶ **sich erübrigen** être superflu(e) ❷ **etwas erübrigen können** pouvoir se passer de quelque chose
erwachen ❶ *Mensch, Tier:* se réveiller; *Stadt:* s'éveiller; **aus einem Traum erwachen** sortir d'un rêve; **vom Lärm erwachen** être réveillé(e) par le bruit ❷ *Gefühle:* s'éveiller ▶ **ein böses Erwachen** un réveil douloureux
erwachsen *Person* adulte; **sie hat eine erwachsene Tochter** elle a une grande fille
der **Erwachsene** l'adulte *(männlich)*
die **Erwachsene** l'adulte *(weiblich)*
erwägen envisager *Möglichkeit;* réfléchir *Schritt;* **er erwägt auszuwandern** il envisage d'émigrer
die **Erwägung** la réflexion; **etwas in Erwägung ziehen** envisager quelque chose
erwähnen ❶ faire allusion à *Person;* mentionner *Angelegenheit* ❷ **jemandem gegenüber erwähnen, dass ...** évoquer devant quelqu'un le fait que ...
erwärmen ❶ faire chauffer *Essen;* réchauffer *Luft;* **das Wasser muss auf 30 °C erwärmt werden** il faut que l'eau soit chauffée à 30 °C ❷ **sich erwärmen** *Luft:* se réchauffer; **sich auf 30 °C erwärmen** atteindre 30° C [en se réchauffant]
die **Erwärmung** le réchauffement; **die globale Erwärmung** le réchauffement global
erwarten ❶ attendre *Gast, Ankunft* ❷ **ein Kind erwarten** attendre un enfant ❸ attendre, espérer *Geschenk, Verständnis;* **ich erwarte von euch, dass ihr mir helft** j'attends de vous que vous m'aidiez ❹ **das war zu erwarten** il fallait s'y attendre
die **Erwartung** ❶ **voller Erwartung** rendu(e) fébrile par l'attente ❷ **den Erwartungen entsprechen** *Person:* répondre aux espoirs; *Leistung:* répondre aux attentes
erwecken donner *Eindruck*
erweisen ❶ **sich als richtig erweisen** se révéler [être] juste; **sich als falsch erweisen** se révéler [être] faux(fausse) ❷ **sich jemandem gegenüber dankbar erweisen** se montrer reconnaissant(e) envers quelqu'un ❸ **es ist erwiesen, dass Rauchen schädlich ist** il est prouvé qu'il est nuisible de fumer ❹ *(tun)* **jemandem einen Gefallen erweisen** rendre un service à quelqu'un
erweitern ❶ élargir *Öffnung, Angebot* ❷ agrandir *Gelände, Gebäude* ❸ élargir *Wissen* ❹ **sich erweitern** *Öffnung, Pupillen:* s'élargir; *Blutgefäße:* se dilater
die **Erweiterung** ❶ *des Angebots, Wissens, der Pupillen* l'élargissement *(männlich); der Gefäße* la dilatation ❷ *eines Geländes, Bauwerks* l'extension *(weiblich)*
erwerben ❶ acquérir *Wissen, Titel;* gagner *Vertrauen* ❷ faire l'acquisition de *Grundstück, Gemälde*
erwerbsfähig apte à exercer un emploi
erwerbslos sans-emploi
erwerbstätig *Bevölkerung* actif/active; **er/sie ist seit drei Jahren erwerbstätig** il/elle travaille depuis trois ans
erwidern ❶ *(antworten)* répondre; **jemandem nichts erwidern** ne pas répondre à quelqu'un ❷ rendre *Gruß, Kuss;* retourner *Kompliment;* partager *Gefühle*
erwischen *(umgs.)* ❶ choper *Person, Tier;* **jemanden beim Stehlen erwischen** pincer quelqu'un en train de voler ❷ réussir à avoir *Bus, Bahn*
erwünscht ❶ *Ergebnis* souhaité(e) ❷ **„Rauchen nicht erwünscht!"** "Prière de ne pas fumer!"
erwürgen étrangler
das **Erz** le minerai
erzählen raconter; **jemandem eine Geschichte erzählen** raconter une histoire à quelqu'un
der **Erzähler** ❶ le conteur ❷ *eines Prosawerks* le narrateur
die **Erzählerin** ❶ la conteuse ❷ *eines Prosawerks* la narratrice
die **Erzählung** ❶ *(Prosawerk)* le conte ❷ *(das Erzählen)* le récit
der **Erzbischof** l'archevêque *(männlich)*
der **Erzengel** l'archange *(männlich)*
erzeugen ❶ produire *Produkte, Strom, Dampf* ❷ provoquer *Unmut*
der **Erzeuger** ❶ *(Landwirt)* le producteur ❷ *(ironisch: Vater)* le géniteur
die **Erzeugerin** *(Landwirtin)* la productrice
das **Erzeugnis** le produit
das **Erzgebirge** les monts *(männlich)* Métallifères
erziehen ❶ élever *Kind;* dresser *Tier* ❷ **jemanden zur Ordnung/zur Selbstständigkeit erziehen** apprendre l'ordre/l'indépendance à quelqu'un

der **Erzieher** l'éducateur *(männlich)*
die **Erzieherin** l'éducatrice *(weiblich)*
erzieherisch éducatif/éducative
die **Erziehung** l'éducation *(weiblich)*
der **Erziehungsberechtigte** le responsable légal
die **Erziehungsberechtigte** la responsable légale
der **Erziehungsurlaub** le congé parental
erzielen ❶ parvenir à *Einigung*; obtenir *Ergebnis*; remporter *Gewinn*; tirer *Treffer* ❷ établir *Rekord*; marquer *Punkt*
erzürnen jemanden erzürnen mettre quelqu'un en colère
erzwingen forcer *Entscheidung*
es ❶ *Subjekt* il/elle; **das Baby schreit, weil es Hunger hat** le bébé pleure parce qu'il a faim; **das kleine Mädchen ist müde, es gähnt pausenlos** la petite fille a sommeil, elle n'arrête pas de bâiller; **das Kätzchen fühlt sich wohl, es schnurrt** le chaton se sent bien, il ronronne; **das Haus ist sehr alt, aber es ist in gutem Zustand** la maison est très ancienne, mais elle est en bon état ❷ *Objekt* le/la; **zuerst stillt die Mutter das Baby, dann wickelt sie es** d'abord la mère allaite le bébé puis elle le lange; **das kleine Mädchen heißt Anne, ich kenne es** la petite fille s'appelle Anne, je la connais; **das Kätzchen tut dir nichts, du kannst es ruhig streicheln** le chaton ne te fera rien, tu peux le caresser; **dieses Buch ist toll, du musst es unbedingt lesen** ce livre est génial, il faut absolument que tu le lises; **ich glaube es nicht** je ne le crois pas ❸ *(das)* **wer ist an der Tür? – Es ist Paul!** qui c'est? – C'est Paul!; **ich bin es** c'est moi; **es macht mir nichts aus** cela ne me dérange pas; **es freut mich, dass sie angerufen hat** je suis content(e) qu'elle m'ait appelé(e); **ich mag es nicht, wenn du unpünktlich bist** je n'aime pas que tu sois en retard ❹ *(in unpersönlichen Ausdrücken)* **es regnet** il pleut; **es geht ihnen gut** ils vont bien; **jetzt reicht es!** cela suffit maintenant! ❺ *(in reflexiven Ausdrücken)* **hier lebt es sich angenehm** ici, la vie est agréable ❻ *(als Einleitewort)* **es haben sich zwei Personen gemeldet** deux personnes se sont manifestées
die **Escape-Taste** [ɪsˈkeɪptəstə] *(beim Computer)* la touche "échappement"
die **Esche** le frêne
der **Esel** ❶ l'âne *(männlich)* ❷ *(umgs.: Dummkopf)* **du [alter] Esel!** espèce d'imbécile!; **ich Esel!** ce que je suis bête!
die **Eselsbrücke** *(umgs.)* le moyen mnémotech-

G Das Personalpronomen *es* mit seinen verschiedenen Formen (z. B. *ihm* oder *seiner*) hat unterschiedliche Übersetzungen, je nachdem, wofür es steht.
Wenn *es* für ein Substantiv steht, das eine Person bezeichnet, hängt die französische Entsprechung davon ab, welches natürliche Geschlecht vorliegt. Ein Mädchen ist eine Person weiblichen Geschlechts, folglich lautet das französische Pronomen in diesem Fall *elle*. Wenn das natürliche Geschlecht nicht bekannt ist – wie es z. B. bei dem Substantiv „das Baby" der Fall ist –, lautet das französische Pronomen in der Regel *il*. Wenn das Pronomen aber für eine Sache oder ein Tier steht, kann die französische Übersetzung männlich oder weiblich sein, wie die Beispiele in ❶ und ❷ zeigen.

nique
das **Eselsohr** *(umgs.)* la corne
der **Eskimo** l'Esquimau *(männlich)*
die **Eskimofrau** l'Esquimaude *(weiblich)*
die **Eskorte** l'escorte *(weiblich)*
die **Esoterik** l'ésotérisme *(männlich)*
esoterisch ésotérique
der **Espresso** le café express, l'express *(männlich)*
essbar *Pilz, Früchte* comestible
die **Essecke** le coin repas
essen ❶ manger; **gerne Nudeln essen** aimer les pâtes; **sie isst kein Fleisch** elle ne mange pas de viande ❷ **warm essen** manger chaud; **gut essen** manger bien; **essen gehen** aller manger; **gern chinesisch essen** aimer la cuisine chinoise; **von einem Teller essen** manger dans une assiette
das **Essen** ❶ *(Mahlzeit)* le repas; **das Essen kochen** faire à manger ❷ *(Nahrung)* la nourriture ❸ *(Festessen)* le banquet
die **Essen[s]marke** le ticket [de] repas
die **Essenszeit** l'heure *(weiblich)* du repas
der **Essig** le vinaigre
die **Esskastanie** la châtaigne
der **Esslöffel** la cuillère à soupe
das **Esszimmer** la salle à manger
der **Este** l'Estonien *(männlich)*
die **Estin** l'Estonienne *(weiblich)*
Estland l'Estonie *(weiblich)*
estnisch *Bevölkerung, Sprache* estonien(ne)
das **Estnisch** l'estonien *(männlich)*; *siehe auch* **Deutsch**

G In Verbindung mit dem Verb *parler* kann der Artikel entfallen: *sie spricht Estnisch – elle parle estonien*.

der **Estragon** l'estragon *(männlich)*
der **Estrich** ❶ la chape de ciment ❷ (CH) *(Dachboden)* le grenier
die **Etage** [eˈtaːʒə] l'étage *(männlich* ⚠*)*; **in der**

obersten Etage au dernier étage [o dɛʀnjɛʀ etaʒ]
das **Etagenbett** les lits *(männlich)* superposés

 Der Singular *das Etagenbett* wird mit einem Plural übersetzt: *dieses Etagenbett ist sehr praktisch – ces lits superposés sont très pratiques.*

die **Etappe** l'étape *(weiblich)*; **in Etappen** par étapes
der **Etat** [e'taː] le budget

Nicht verwechseln mit *l'état – der Zustand; der Stand* oder *l'État – der Staat!*

die **Ethik** l'éthique *(weiblich)*
der **Ethiker** le déontologue [deɔtɔlɔg]
die **Ethikerin** la déontologue [deɔtɔlɔg]
ethisch éthique **der ethisch bewusste Verbraucher** le consommateur-citoyen
ethnisch *Minderheit* ethnique
das **Etikett** l'étiquette *(weiblich* ⚠*)*
die **Etikette** l'étiquette *(weiblich)*
etikettieren étiqueter
etliche(r, s) **etliche Besucher** un grand nombre de visiteurs; **etliche Fragen** un grand nombre de questions **etliche waren zum ersten Mal da** [un] bon nombre d'entre eux étaient là pour la première fois
das **Etui** [ɛt'viː] l'étui *(männlich)*
etwa **etwa zehn Personen** à peu près dix personnes, une dizaine de personnes *(zum Beispiel)* par exemple *(womöglich)* **ist das etwa dein Bruder?** ce n'est pas ton frère, par °hasard?; **willst du etwa hier bleiben?** tu veux vraiment rester ici? **oder etwa nicht?** ou [bien] non?
etwas **ich habe etwas für dich** j'ai quelque chose pour toi **etwas Nettes** quelque chose de gentil; **das ist etwas ganz anderes** c'est tout autre chose; **so etwas Dummes!** que c'est bête!; **hast du etwas von ihr gehört?** as-tu eu de ses nouvelles? *(ein wenig)* **ich hätte gern etwas Kaffee/etwas Saft** je voudrais un peu de café/un peu de jus; **kannst du mir etwas davon abgeben?** peux-tu m'en donner?
die **EU** *Abkürzung von* **Europäische Union** l'UE *(weiblich)* [yø]
euch vous; **ich kenne euch** je vous connais; **mit euch** avec vous; **alle außer euch** tous excepté vous; **eine Bekannte von euch** une de vos connaissances *(reflexiv)* **stellt euch vor, Anne und Paul heiraten!** figurez-vous que Anne et Paul vont se marier!; **beeilt euch!** dépêchez-vous!
euer votre; **euer Vater** votre père; **eure** [*oder* **euere**] **Mutter** votre mère; **euer Haus** votre maison; **dieser Koffer ist eurer** [*oder* **euerer**] cette valise est à vous **eure** [*oder* **euere**] **Eltern** vos parents; **eure** [*oder* **euere**] **Bücher** vos livres *(am Briefende)* **alles Liebe, eure Christine** affectueusement, Christine *(gehoben: eure Familie, eure Freunde)* **die Euren** [*oder* **Eueren**] les vôtres
die **EU-Kommission** la Commission européenne
die **EU-Länder** les pays *(männlich)* membres de l'UE
die **Eule** la chouette; *(mit Ohrfedern)* le °hibou
der **EU-Ministerrat** le Conseil européen
die **EU-Mitgliedstaaten** les États *(männlich)* membres de l'UE
der **Eunuch** l'eunuque *(männlich)*
die **Euphorie** l'euphorie *(weiblich)*
euphorisch euphorique
eurerseits *(ihr wiederum)* de votre côté *(was euch betrifft)* pour votre part
euretwegen *(wegen euch)* à cause de vous *(euch zuliebe)* pour vous
der **Euro** l'euro *(männlich)*; **das kostet drei Euro** ça coûte trois euros
der **Euro-Banknote** le billet [en] euro
die **Euro-Münze** la pièce [en] euro
Europa l'Europe *(weiblich)*
der **Europäer** l'Européen *(männlich)*
die **Europäerin** l'Européenne *(weiblich)*
europäisch européen(ne)
der **Europameister** le champion d'Europe
die **Europameisterin** la championne d'Europe
die **Europameisterschaft** le championnat d'Europe
das **Europaparlament** le Parlement européen
der **Europapokal** la coupe d'Europe
der **Europarat** le Conseil de l'Europe
die **Europawahlen** les élections *(weiblich)* européennes
europaweit *gültig sein* dans toute l'Europe
der **Eurotunnel** le tunnel sous la Manche
das **Euter** le pis
die **Euthanasie** l'euthanasie *(weiblich)*
evakuieren évacuer
die **Evakuierung** l'évacuation *(weiblich)*
evangelisch protestant(e)
das **Evangelium** l'évangile *(männlich)*
der/das **Event** [ɪ'vɛnt] l'événement *(männlich)*
eventuell *Schwierigkeiten, Ernstfall* éventuel(le) *(möglicherweise)* éventuellement
die **Evolution** l'évolution *(weiblich)*
das **E-Werk** *Abkürzung von* **Elektrizitätswerk** la centrale électrique
ewig *Liebe, Leben* éternel(le) *(umgs.:*

ständig) *Fragen, Bettelei* éternel(le) ❸ **dieses Institut besteht schon ewig** cet institut existe depuis une éternité ❹ (*umgs.: immer*) **musst du ewig unzufrieden sein?** faut-il toujours que tu sois mécontent(e)?
die **Ewigkeit** l'éternité *(weiblich)*
ex (*umgs.*) **etwas [auf] ex trinken** boire quelque chose cul sec
das **Examen** l'examen *(männlich)*; **sein Examen machen** passer ses examens
die **Exekution** (*Hinrichtung*) l'exécution *(weiblich)*
das **Exemplar** l'exemplaire *(männlich)*
die **Exfrau** l'ex-femme *(weiblich)*
der **Exfreund** l'ex *(männlich)*
die **Exfreundin** l'ex *(weiblich)*
das **Exil** l'exil *(männlich)*; **ins Exil gehen** s'exiler; **im Exil** en exil
die **Existenz** ❶ l'existence *(weiblich)* ❷ **von der Existenz eines Geheimkontos wissen** connaître l'existence d'un compte secret ❸ **sich eine Existenz aufbauen** faire sa vie
das **Existenzminimum** le minimum vital
existieren exister
exklusiv *Klub* distingué(e); *Restaurant* raffiné(e)
die **Exkremente** les excréments *(männlich)*
die **Exkursion** l'excursion *(weiblich)*; **eine Exkursion in die Berge machen** faire une excursion en montagne
der **Exmann** l'ex-mari *(männlich)*
exotisch ❶ *Pflanze, Tier, Land* exotique ❷ (*umgs.: ausgefallen*) *Hobby, Beruf* insolite
expandieren *Firma:* s'agrandir
die **Expedition** l'expédition *(weiblich)*
das **Experiment** ❶ l'expérience *(weiblich)*; **Experimente mit Pflanzen machen** faire des expériences avec des plantes; **Experimente mit Tieren machen** faire des expériences sur des animaux ❷ **sich auf keine Experimente einlassen** ne pas tenter d'expérience
experimentieren mit etwas experimentieren faire des expériences avec quelque chose
der **Experte** l'expert *(männlich)*
die **Expertin** l'experte *(weiblich)*
explodieren exploser
die **Explosion** l'explosion *(weiblich)*
explosionsartig ❶ **ein explosionsartiges Geräusch** un bruit d'explosion ❷ *Zunahme* explosif/explosive ❸ *sich ausbreiten* à une vitesse fulgurante
explosiv explosif/explosive
der **Exponent** (*in der Mathematik*) l'exposant *(männlich)*
der **Export** l'exportation *(weiblich)*
der **Exporteur** [ɛkspɔr'tøːɐ̯] l'exportateur *(männ-*

lich)
die **Exporteurin** [ɛkspɔr'tøːʀɪn] l'exportatrice *(weiblich)*
exportieren etwas nach Australien exportieren exporter quelque chose vers l'Australie
der **Express per Express** par exprès
exquisit ❶ *Lokal* excellent(e) ❷ **exquisit schmecken** être exquis(e)
extra ❶ **das habe ich extra für dich gekauft** je l'ai acheté(e) spécialement pour toi ❷ **sie hat eine Kugel Eis extra bekommen** elle a eu une boule de glace en plus ❸ (*mit Absicht*) exprès
das **Extra** l'accessoire *(männlich)* [optionnel]
der **Extrakt** l'extrait *(männlich)*
extravagant extravagant(e)
die **Extrawurst er/sie will immer eine Extrawurst gebraten kriegen** il faut toujours lui faire ses quatre volontés
der **Extrazug** ⒞ⒽⒷ le train spécial
extrem ❶ *Temperaturen, Hitze* extrême ❷ **es ist extrem heiß** il fait extrêmement chaud
das **Extrem** l'extrême *(männlich)*
der **Extremist** l'extrémiste *(männlich)*
die **Extremistin** l'extrémiste *(weiblich)*
exzellent ❶ *Restaurant, Fachmann* excellent(e) ❷ *speisen, beraten* extrêmement bien
exzentrisch excentrique
der **Exzess** l'excès *(männlich)*
exzessiv excessif/excessive
der **Eyeliner** ['aɪlaɪnɐ] l'eye-liner *(männlich)*
die **EZB** *Abkürzung von* **Europäische Zentralbank** la BCE

F

das **f**, das **F** le f, le F [ɛf]
das **f** (*Musiknote*) le fa
die **Fabel** la fable
fabelhaft *Freund, Film* génial(e); **das ist ja fabelhaft!** c'est vraiment sensationnel!
das **Fabelwesen** l'être *(männlich)* fabuleux
die **Fabrik** l'usine *(weiblich)*
der **Fabrikant** le fabricant
die **Fabrikantin** la fabricante
der **Fabrikarbeiter** l'ouvrier *(männlich)* d'usine
die **Fabrikarbeiterin** l'ouvrière *(weiblich)* d'usine
das **Fabrikat** ❶ (*Produkt*) le produit ❷ (*Marke*) la marque

fabrizieren fabriquer
das **Fach** ① (*Schubfach*) le tiroir ② (*persönliches Schließfach*) le casier ③ *einer Tasche* le compartiment ④ (*Schulfach, Studienfach*) la matière ▶ **vom Fach sein** être du métier
der **Facharbeiter** l'ouvrier *(männlich)* qualifié
die **Facharbeiterin** l'ouvrière *(weiblich)* qualifiée
der **Facharzt** le médecin spécialiste, le spécialiste
die **Fachärztin** le médecin spécialiste, la spécialiste
der **Fachausdruck** le terme technique
das **Fachbuch** le livre spécialisé
fächeln mit etwas fächeln agiter quelque chose pour produire un courant d'air
der **Fächer** l'éventail *(männlich)*
die **Fachfrau** la spécialiste
das **Fachgebiet** la spécialité
das **Fachgeschäft** le magasin spécialisé
die **Fachhochschule** école supérieure spécialisée où l'on peut faire des études techniques ou artistiques
der **Fachidiot** le spécialiste borné
die **Fachkenntnisse** les connaissances *(weiblich)* approfondies
die **Fachkraft** le spécialiste/la spécialiste
fachkundig compétent(e)
fachlich ① *Qualifikation* professionnel(le) ② *dazulernen, sich qualifizieren* sur le plan professionnel
die **Fachliteratur** la littérature spécialisée
der **Fachmann** le spécialiste
fachmännisch ① *Urteil, Arbeit* de spécialiste ② *prüfen* en connaisseur
die **Fachrichtung** la branche
die **Fachschule** l'école *(weiblich)* professionnelle
fachsimpeln (*umgs.*) **mit jemandem fachsimpeln** parler boutique avec quelqu'un
die **Fachsprache** le jargon
das **Fachwerkhaus** la maison à colombages
das **Fachwissen** le savoir technique
das **Fachwort** le terme technique
die **Fackel** la torche
fad[e] ① *Geschmack* fade ② **fade schmecken** être fade
der **Faden** le fil ▶ **der rote Faden** le fil conducteur; **den Faden verlieren** perdre le fil
fadenscheinig (*abwertend*) *Argument, Ausrede* cousu(e) de fil blanc
das **Fagott** le basson
fähig capable; **fähig sein, etwas zu tun** être capable de faire quelque chose
die **Fähigkeit** ① (*das Imstandesein*) la faculté ② (*Begabung*) l'aptitude *(weiblich)*
fahl *Licht, Gesicht* blafard(e)
fahnden faire des recherches; **nach jemandem/nach etwas fahnden** rechercher quelqu'un/quelque chose
der **Fahnder** l'enquêteur *(männlich)*
die **Fahnderin** l'enquêteuse *(weiblich)*
die **Fahndung** les recherches *(weiblich)*; **jemanden zur Fahndung ausschreiben** lancer un avis de recherche à l'encontre quelqu'un

das **Fagott**

F Nicht verwechseln mit *le fagot – das Reisigbündel*!

V Der Singular *die Fahndung* wird mit einem Plural übersetzt: *die Fahndung ist abgebrochen worden – les recherches ont été abandonnées.*

die **Fahne** ① le drapeau ② (*umgs.: Alkoholfahne*) **eine Fahne haben** puer l'alcool
die **Fahnenflucht** la désertion
der **Fahnenmast** le mât
der **Fahrausweis** ① le titre de transport ② ⒞⒣ (*Führerschein*) le permis de conduire
die **Fahrbahn** la chaussée
die **Fähre** le bac
fahren ① (*sich fortbewegen, Fahrgast sein*) **nach Frankreich fahren** *Person:* aller en France; **mit dem Fahrrad ins Büro fahren** aller à vélo au bureau; **er fährt immer mit dem Auto/mit dem Fahrrad** il se déplace en voiture/à vélo ② (*reisen*) **mit der Bahn fahren** voyager en train ③ (*ein Fahrzeug lenken*) conduire; **gegen eine Mauer fahren** rentrer dans un mur; **90 km/h fahren** rouler à 90 km/h ④ **jemanden zum Bahnhof fahren** conduire quelqu'un à la gare ⑤ (*sich bewegen*) *Fahrzeug:* rouler; **dieser Zug fährt nach Paris** ce train va à Paris; **der Fahrstuhl fährt nach oben/nach unten** l'ascenseur monte/descend ⑥ (*losfahren, abfahren*) *Bus, Zug:* partir ⑦ **der Bus fährt alle zehn Minuten** le bus passe toutes les dix minutes ⑧ (*bestreiten*) effectuer *Rennen*

⑨ **sich mit der Hand über die Stirn fahren** passer sa main sur son front ▸ **mit jemandem/mit etwas gut fahren** (*umgs.*) être satisfait(e) de quelqu'un/de quelque chose; **einen fahren lassen** (*umgs.*) lâcher un pet

der **Fahrer** ① *eines Autos* le conducteur ② (*Berufsfahrer, Chauffeur*) le chauffeur

die **Fahrerflucht** le délit de fuite

die **Fahrerin** ① *eines Autos* la conductrice ② (*Berufsfahrerin, Chauffeurin*) le chauffeur

Ⓖ Für die Bedeutung, die in ② behandelt wird, gibt es im Französischen keine Femininform: *sie ist Fahrerin – elle est chauffeur*.

die **Fahrerlaubnis** le permis de conduire
der **Fahrgast** le passager/la passagère
fahrig *Person* surexcité(e)
die **Fahrkarte** le ticket; (*für den Zug*) le billet
der **Fahrkartenautomat** le distributeur [automatique] de tickets
der **Fahrkartenschalter** le guichet
fahrlässig imprudent(e)
die **Fahrlässigkeit** l'imprudence (*weiblich*)
der **Fahrlehrer** le moniteur d'auto-école
die **Fahrlehrerin** la monitrice d'auto-école
der **Fahrplan** l'horaire (*männlich*), l'indicateur (*männlich*) horaire
fahrplanmäßig prévu(e) [selon l'horaire]
der **Fahrpreis** le prix du transport
die **Fahrprüfung** l'examen (*männlich*) du permis de conduire
das **Fahrrad** le vélo; **Fahrrad fahren** faire du vélo
der **Fahrradfahrer** le cycliste
die **Fahrradfahrerin** la cycliste
die **Fahrradkette** la chaîne de vélo
der **Fahrradständer** ① (*am Fahrrad*) la béquille ② (*Gestell für Räder*) le support pour vélos
die **Fahrradtour** la balade à vélo
der **Fahrradweg** la piste cyclable
der **Fahrschein** le ticket
der **Fahrscheinautomat** le distributeur automatique [de tickets]
die **Fahrschule** l'auto-école (*weiblich*)
der **Fahrschüler** l'élève (*männlich*) d'auto-école
die **Fahrschülerin** l'élève (*weiblich*) d'auto-école
die **Fahrspur** la voie
der **Fahrstuhl** l'ascenseur (*männlich*)
die **Fahrstunde** la leçon de conduite
die **Fahrt** ① (*Reise*) le voyage ② **eine Fahrt nach Dresden machen** faire une excursion à Dresde ③ le trajet; **eine Fahrt von zwei Stunden** un trajet de deux heures; **die Fahrt mit dem Auto dauert länger** il faut plus de temps en voiture ④ **gute Fahrt! bonne route!** ⑤ **mit** [*oder* **in**] **voller Fahrt** à pleine vitesse ▸ **in Fahrt kommen** (*umgs.: in Schwung kommen*) trouver la forme

die **Fährte** la trace
die **Fahrtkosten** les frais (*männlich*) de transport
die **Fahrtrichtung** la destination
fahrtüchtig ① *Kraftfahrzeug* en [bon] état de marche ② *Person* en état de conduire
der **Fahrtwind** le déplacement d'air
das **Fahrzeug** le véhicule
die **Fahrzeugpapiere** les papiers (*männlich*) du véhicule
der **Fahrzeugschein** ≈ la carte grise
fair [fɛːɐ] ① *Spiel, Gegner* correct(e) ② *spielen* avec fair-play
die **Fairness** [ˈfɛːɐnɛs] (*im Sport*) le fair-play
der/das **Fake** [feɪk] (*Falschmeldung*) l'intox (*weiblich*)
der/das **Fakt** le fait [fɛ]; **das ist Fakt** c'est un fait
der **Faktor** (*auch in der Mathematik*) le facteur
der **Falke** le faucon
der **Fall** ① le cas; **im Falle eines Krieges** en cas de guerre; **in diesem Fall** dans ce cas ② (*juristische Angelegenheit*) le cas; (*polizeiliche Angelegenheit*) l'affaire (*weiblich*) ③ (*in der Grammatik*) le cas ④ (*das Fallen*) la chute; **der freie Fall** la chute libre ▸ **auf jeden Fall** en tout cas; **auf keinen Fall** en aucun cas; **klarer Fall!** (*umgs.*) évidemment!; **etwas zu Fall bringen** faire échouer quelque chose; **gesetzt den Fall, [dass] es regnet** à supposer qu'il pleuve; **das ist nicht der Fall** ce n'est pas le cas; **er ist nicht mein Fall** (*umgs.*) lui, ce n'est pas mon genre; **das ist nicht mein Fall** ce n'est pas mon truc
das **Fallbeil** la guillotine
die **Falle** le piège
fallen ① (*hinfallen*) *Person:* tomber; **über ein Hindernis fallen** buter sur quelque chose ② (*herunterfallen*) *Blätter:* tomber; **vom Tisch fallen** tomber de la table; **auf den Boden fallen** tomber par terre; **einen Teller fallen lassen** laisser tomber une assiette ③ **durch die Prüfung fallen** (*umgs.*) être recalé(e) à l'examen ④ (*sinken*) *Preise, Temperaturen:* baisser ⑤ *Entscheidung:* être pris(e); *Urteil:* tomber ⑥ *Soldat:* tomber à la guerre ⑦ **auf jemanden fallen** *Verdacht, Wahl:* se porter sur quelqu'un ⑧ **dein Geburtstag fällt auf einen Dienstag** ton anniversaire tombe un mardi ⑨ *Schuss:* être tiré(e) ▸ **jemanden fallen lassen** laisser tomber quelqu'un; **etwas fallen lassen** (*aussprechen, äußern*) laisser échapper quelque chose

fällen ❶ abattre *Baum* ❷ prendre *Entscheidung;* rendre *Urteil*
fällig ❶ *Rechnung* parvenu(e) à échéance ❷ *Entschuldigung* dû(e)
falls es regnet au cas où il pleuvrait
der **Fallschirm** le parachute
der **Fallschirmspringer** le parachutiste
die **Fallschirmspringerin** la parachutiste
die **Falltür** la trappe
falsch ❶ (*nicht korrekt*) mauvais(e); **die falsche Antwort/Richtung** la mauvaise réponse/direction ❷ **ein falscher Diamant/Geldschein** un faux diamant/billet ❸ **das ist falsche Bescheidenheit** c'est de la fausse modestie ❹ (*unehrlich*) **er/sie ist falsch** c'est un faux jeton ❺ *singen* faux ❻ *antworten, entscheiden* mal
die **Falschaussage** le faux témoignage
fälschen falsifier *Urkunde;* contrefaire *Banknoten, Unterschrift*
der **Fälscher** le faussaire
die **Fälscherin** la faussaire
das **Falschgeld** la fausse monnaie
falschliegen (*umgs.*) se fourrer le doigt dans l'œil
die **Falschmeldung** la fausse nouvelle
falschspielen tricher
der **Falschspieler** le tricheur
die **Falschspielerin** la tricheuse
die **Fälschung** ❶ (*das Fälschen*) la falsification ❷ (*das gefälschte Werk*) le faux
fälschungssicher infalsifiable
das **Faltblatt** le dépliant
die **Falte** ❶ (*in einem Kleidungsstück*) le pli; (*ungewollte Knitterfalte*) le faux pli ❷ (*in der Haut*) la ride
falten plier *Papier;* joindre *Hände*
der **Faltenrock** la jupe plissée
der **Falter** le papillon
faltig ❶ froissé(e) ❷ *Haut* ridé(e)
falzen plier
familiär ❶ (*die Familie betreffend*) familial(e) ❷ (*ungezwungen*) *Atmosphäre* décontracté(e)
die **Familie** la famille; **eine Familie mit zwei Kindern** une famille de deux enfants; **Familie Bauer ist verreist** les Bauer sont partis [en vacances]; **zur Familie gehören** faire partie de la famille ▶ **das kommt in den besten Familien vor** ça arrive même chez les gens biens
der **Familienbetrieb** l'entreprise *(weiblich)* familiale
die **Familienfeier** la fête de famille
das **Familienleben** la vie de famille
der **Familienname** le nom de famille
der **Familienstand** la situation de famille
der **Familienvater** le père de famille
der **Fan** [fɛn] le fan/la fan
fanatisch *Person* fanatique
der **Fanatismus** le fanatisme
der **Fanclub** [ˈfɛnklʊp] le fan-club
die **Fanfare** ❶ (*Instrument*) le clairon; **Fanfare spielen** jouer du clairon

die Fanfare

Nicht verwechseln mit *la fanfare – die Blaskapelle!*

der **Fang** (*Beute*) *eines Tiers* la proie; *eines Fischers* la prise
der **Fangarm** le tentacule
fangen ❶ attraper *Ball* ❷ arrêter *Verbrecher* ❸ prendre *Fisch* ❹ **sich [wieder] fangen** (*nicht stürzen*) reprendre l'équilibre; (*sich beruhigen*) se ressaisir
das **Fangen** **Fangen spielen** jouer au chat
der **Fanklub** [ˈfɛnklʊp] le fan-club
die **Fantasie** ❶ (*Vorstellungsvermögen*) l'imagination *(weiblich);* **viel Fantasie haben** avoir beaucoup d'imagination ❷ (*Träumerei*) **die Fantasien** les fantasmes *(männlich)*

Nicht verwechseln mit *la fantaisie – die Laune; der Einfallsreichtum!*

fantasielos *Person* dépourvu(e) d'imagination; *Sache* banal(e)
fantasieren (*im Fieberwahn*) délirer
fantasievoll plein(e) d'imagination
fantastisch ❶ (*umgs.: großartig*) *Aussicht, Figur* formidable ❷ (*nicht realistisch*) *Geschichte* fantastique ❸ (*umgs.: ausgezeichnet*) **er/sie tanzt fantastisch** il/elle danse merveilleusement [bien]
das **Farbbild** la photo en couleur
der **Farbdruck** (*gedrucktes Erzeugnis*) l'imprimé *(männlich)* en couleur
der **Farbdrucker** l'imprimante *(weiblich)* couleur
die **Farbe** ❶ la couleur ❷ (*Substanz zum Malen,*

Streichen) la peinture ❸ (*Gesichtsfarbe*) le teint
farbecht grand teint; **dieser Stoff ist farbecht** c'est du tissu grand teint
färben ❶ teindre; **sich die Haare färben** se teindre les cheveux ❷ **sich färben** *Laub:* se colorer
farbenblind daltonien(ne)
der **Farbfernseher** le téléviseur couleur
der **Farbfilm** ❶ (*zum Fotografieren*) la pellicule couleur ❷ (*im Fernsehen, Kino*) le film couleur
das **Farbfoto** la photo en couleur
farbig ❶ (*in einer Farbe*) de couleur; (*in mehreren Farben*) coloré(e) ❷ (*nicht schwarz-weiß*) *Foto, Druck* en couleur ❸ **eine Zeichnung farbig kopieren** copier un dessin en couleur
der **Farbige** l'homme (männlich) de couleur
die **Farbige** la femme de couleur
der **Farbkasten** la boîte de couleurs
der **Farbkopierer** le copieur couleur
farblos ❶ incolore ❷ (*unauffällig*) terne
der **Farbmonitor** l'écran (männlich) couleur
der **Farbscanner** le scanner [skanœʀ] couleur
der **Farbstift** le crayon de couleur
der **Farbton** ❶ le ton ❷ (*Nuance, Tönung*) la teinte
die **Färbung** ❶ (*das Färben*) *von Textilien* la teinture ❷ (*Tönung*) la couleur
die **Farce** [fars] la farce
die **Farm** le ranch
der **Farmer** l'exploitant (männlich) agricole
die **Farmerin** l'exploitante (weiblich) agricole
der **Farn** la fougère
der **Fasan** le faisan
das **Faschierte** Ⓐ la viande °hachée
der **Fasching** le carnaval
der **Faschismus** le fascisme
der **Faschist** le fasciste
die **Faschistin** la fasciste
faschistisch fasciste
faseln (*abwertend umgs.*) ❶ **was faselst du da?** tu divagues!; **er hat etwas von einem Unfall gefaselt** il a tenu des propos incohérents concernant un accident ❷ **er/sie faselt nur** il/elle dit n'importe quoi
die **Faser** la fibre
faserig fibreux/fibreuse; *Fleisch* filandreux/filandreuse
die **Fasnacht** Ⓒₕ →**Fastnacht**
das **Fass** (*aus Holz*) le tonneau; (*für Wein*) le fût, le tonneau ▶ **ein Fass ohne Boden** un vrai gouffre
die **Fassade** la façade

fassbar concret/concrète
fassen ❶ saisir; **jemanden an** [*oder* **bei**] **der Hand fassen** prendre quelqu'un par la main; **sich an den Ellenbogen fassen** mettre la main sur son coude; **das Seil zu fassen bekommen** arriver à attraper la corde; **ins Leere fassen** toucher le vide ❷ (*festnehmen*) arrêter; **die Diebe sind gefasst worden** on a arrêté les voleurs ❸ prendre *Entschluss* ❹ (*begreifen*) réaliser; **ich kann es nicht fassen!** je n'arrive pas à y croire! ❺ **dieser Eimer fasst zehn Liter** ce seau peut contenir dix litres; **der Saal fasst tausend Zuschauer** la salle peut accueillir [*oder* contenir] mille spectateurs ❻ (*an einen Hund gerichteter Befehl*) **fass!** mords! ❼ **sich wieder fassen** se ressaisir
die **Fassung** ❶ (*für eine Glühbirne*) la douille ❷ *einer Brille, eines Edelsteins* la monture ❸ (*Version, Bearbeitung*) la version ▶ **jemanden aus der Fassung bringen** faire perdre contenance à quelqu'un; **etwas mit Fassung tragen** prendre quelque chose avec stoïcisme
fassungslos décontenancé(e)
die **Fassungslosigkeit** la stupeur
das **Fassungsvermögen** la contenance
fast presque; **fast alle** presque tous/toutes; **fast hundert Zuschauer** près d'une centaine de spectateurs; **er wäre fast gestürzt** il a failli tomber
fasten ❶ être à la diète ❷ (*aus religiösen Gründen*) jeûner
die **Fastenzeit** le carême
das **Fastfood**, das **Fast Food** [ˈfaːstfuːd] la restauration rapide
die **Fastnacht** le carnaval
faszinieren fasciner
faszinierend fascinant(e)
fatal (*gehoben*) fatal(e)
fauchen *Tier:* feuler; *Person:* grogner
faul ❶ *Mensch* paresseux/paresseuse ❷ *Lebensmittel* avarié(e); *Obst* pourri(e); *Zahn* gâté(e)
faulen pourrir
faulenzen fainéanter
der **Faulenzer** (*abwertend*) le fainéant
die **Faulenzerin** (*abwertend*) la fainéante
die **Faulheit** la paresse
faulig →**faul** ❷
die **Fäulnis** *von Fleisch* la décomposition
der **Faulpelz** (*abwertend umgs.*) le feignant/la feignante
die **Fauna** la faune
die **Faust** le poing; **die Fäuste ballen** serrer les

poings ▶ **auf eigene Faust handeln** agir de son propre chef

das **Fäustchen** **sich ins Fäustchen lachen** rire dans sa barbe
der **Fausthandschuh** la moufle
die **Faustregel** la règle générale
der **Faustschlag** le coup de poing
der **Favorit** le favori
die **Favoritin** la favorite
das **Fax** ❶ (*Gerät*) le fax, le télécopieur ❷ (*Kopie*) le fax, la télécopie
faxen ❶ faxer *Text, Liste* ❷ **du kannst mir auch faxen** tu peux également m'envoyer un fax/des fax
das **Fazit** le bilan; (*Ergebnis*) le résultat
der **FCKW** *Abkürzung von* **Fluorchlorkohlenwasserstoff** le C.F.C.
das **F-Dur** le fa majeur
der **Feber** Ⓐ ❶ février (*männlich*); **im Feber** en février; **es ist Feber** c'est le mois de février ❷ (*bei Datumsangaben*) **ab [dem] ersten Feber** à partir du premier février; **sie ist am 10. Feber 1990 geboren** elle est née le 10 février 1990; **Berlin, den 7. Feber 2006** Berlin, le 7 février 2006; **Freitag, den 3. Feber 2006** vendredi 3 février 2006
der **Februar** ❶ février (*männlich*); **im Februar** en février; **es ist Februar** c'est le mois de février ❷ (*bei Datumsangaben*) **ab [dem] ersten Februar** à partir du premier février; **sie ist am 20. Februar 1990 geboren** elle est née le 20 février 1990; **Berlin, den 5. Februar 2006** Berlin, le 5 février 2006; **Freitag, den 17. Februar 2006** vendredi 17 février 2006

Ⓖ Der französische Monatsname wird ohne den bestimmten Artikel gebraucht. Bei präzisen Datumsangaben mit einer Zahl, wie sie jeweils in ❷ aufgeführt sind, steht der Artikel jedoch, und zwar wegen der Zahl: *sie ist am Siebten geboren* – elle est née *le* sept; *sie ist am siebten Februar/Feber geboren* – elle est née *le* sept février.

fechten (*den Fechtsport betreiben*) faire de l'escrime
der **Fechter** l'escrimeur (*männlich*)
die **Fechterin** l'escrimeuse (*weiblich*)
die **Feder** ❶ (*Vogelfeder, Schreibfeder*) la plume ❷ (*in der Technik*) le ressort
der **Federball** ❶ (*der Ball*) le volant ❷ (*das Spiel*) le badminton; **Federball spielen** jouer au badminton
das **Federbett** la couette
federleicht ultraléger/ultralégère

das **Federmäppchen**, die **Federmappe** la trousse
federn ❶ *Waldboden:* amortir les pas; *Turnhallenboden:* faire ressort ❷ **gut/schlecht gefedert sein** *Auto:* avoir une bonne/mauvaise suspension
die **Federung** la suspension
das **Federvieh** (*umgs.*) la volaille
die **Fee** la fée
das **Feedback**, das **Feed-back** ['fi:dbɛk] les réactions (*weiblich*)
das **Fegefeuer** le purgatoire
fegen ❶ balayer *Zimmer, Fußboden, Hof;* **ich muss kurz unter dem Tisch fegen** il faut que je passe un coup de balai sous la table ❷ **den Schornstein fegen** ramoner la cheminée ❸ **der Wind fegt über die Dächer** (*umgs.*) le vent balaie les toits
die **Fehde** (*gehoben*) la querelle
der **Fehlalarm** la fausse alerte
die **Fehlanzeige** **Fehlanzeige!** (*umgs.*) c'est raté!
der **Fehlbetrag** le déficit
die **Fehldiagnose** l'erreur (*weiblich*) de diagnostic
fehlen ❶ manquer; **du fehlst mir sehr** tu me manques beaucoup; **es fehlt eine Kassette** il manque une cassette ❷ **im Unterricht fehlen** être absent(e) du cours ❸ **das hat [mir] gerade noch gefehlt!** il ne [me] manquait plus que ça!
der **Fehler** ❶ la faute, l'erreur (*weiblich*) ❷ (*Mangel*) le défaut
fehlerhaft ❶ *Übersetzung* plein(e) de fautes; *Ware* défectueux/défectueuse ❷ **arbeiten** mal
fehlerlos impeccable
die **Fehlgeburt** la fausse couche
der **Fehlgriff** l'erreur (*weiblich*)
der **Fehlschlag** l'échec (*männlich*)
fehlschlagen échouer
der **Fehlstart** ❶ (*im Sport*) le faux départ ❷ *einer Rakete* le lancement raté
der **Fehltritt** ❶ le faux pas ❷ (*gehoben: Fehlverhalten*) l'écart (*männlich*) de conduite
die **Fehlzündung** *eines Motors* le raté [d'allumage]
die **Feier** la fête; (*Festakt*) la cérémonie ▶ **zur Feier des Tages** en cet honneur
der **Feierabend** (*Arbeitsschluss*) la fin de la journée de travail; (*Geschäftsschluss*) l'heure (*weiblich*) de fermeture
feierlich solennel(le)
die **Feierlichkeit** ❶ la festivité ❷ (*Würde*) *eines Augenblicks* la solennité
feiern ❶ fêter *Geburtstag, Hochzeit* ❷ **er/sie**

feiert oft il/elle fait souvent la fête
der **Feiertag** le jour férié
feig|e| ① lâche ② **sich feige aus dem Staub machen** fuir lâchement
die **Feige** la figue
der **Feigling** le lâche

> **G** Es gibt zwar die Femininform *la lâche*, aber sie ist recht ungebräuchlich. In der Regel dient die männliche Form auch zur Bezeichnung von Frauen: *Anne ist ein Feigling – Anne, c'est un lâche.*

die **Feile** la lime
feilen limer
feilschen um den Preis feilschen marchander
fein ① (*nicht dick, nicht grob*) fin(e); *Zucker* en poudre ② (*vornehm*) distingué(e) ③ **sich fein machen** se faire beau(belle) ④ (*umgs.: gut, anständig*) **er/sie ist ein feiner Kerl** c'est un chic type/une chic fille ⑤ (*sehr gut*) [**das ist**] **fein!** [c'est] super!
der **Feind** l'ennemi (*männlich*)
das **Feindbild** le spectre
die **Feindin** l'ennemie (*weiblich*)
feindlich ① ennemi(e) ② (*feindselig*) hostile
die **Feindschaft** (*Haltung*) l'hostilité (*weiblich*); (*Verhältnis*) la °haine
feindselig hostile
die **Feindseligkeit** l'hostilité (*weiblich*)
feinfühlig ① sensible; (*taktvoll*) qui a du tact ② **eine Ballade feinfühlig interpretieren** interpréter une ballade avec sensibilité
das **Feingefühl** la sensibilité
feinglied|e|rig gracile
die **Feinheit** la finesse
feinkörnig fin(e)
das **Feinkostgeschäft** l'épicerie (*weiblich*) fine
der **Feinschmecker** le gourmet
die **Feinschmeckerin** le gourmet

> **G** Es gibt im Französischen keine Femininform: *Brigitte ist eine echte Feinschmeckerin – Brigitte, c'est un fin gourmet.*

der **Feitel** Ⓐ (*umgs.*) le canif
das **Feld** ① (*offenes Gelände*) la campagne ② (*Acker*) le champ ③ *eines Formulars* le cadre; *eines Spielbretts* la case ④ (*Spielfeld*) le terrain ⑤ (*in der Physik*) le champ ▶ **das Feld räumen** libérer le terrain
der **Feldherr** le général en chef
der **Feldsalat** la mâche
der **Feldweg** le chemin de terre
der **Feldzug** la campagne
die **Felge** la jante
das **Fell** le pelage, le poil; *von Pferden, Kühen* la robe; *von Schafen* la toison ▶ **ein dickes Fell haben** (*umgs.*) être blindé(e)
der **Fels** ① le rocher ② (*Felsgestein*) la roche
der **Felsen** le rocher
felsenfest ① *Meinung* inébranlable ② **er ist felsenfest davon überzeugt** il en est absolument persuadé
felsig *Küste* rocheux/rocheuse
die **Felsspalte** la crevasse
die **Felswand** la paroi rocheuse
feminin féminin(e)
die **Femininform** (*in der Grammatik*) la forme du féminin
der **Feminismus** le féminisme
der **Feminist** le féministe
die **Feministin** la féministe
der **Fenchel** le fenouil
das **Fenster** (*auch in der Informatik*) la fenêtre; **aus dem Fenster sehen** [*oder* **schauen**] regarder par la fenêtre ▶ **weg vom Fenster sein** (*umgs.*) être °hors circuit; *Künstler:* ne plus être dans le coup
die **Fensterbank** le rebord de fenêtre
der **Fensterladen** le volet
der **Fensterplatz** la place côté fenêtre
der **Fensterputzer** le laveur de carreaux
die **Fensterputzerin** la laveuse de carreaux
der **Fensterrahmen** le châssis de fenêtre
die **Fensterscheibe** la vitre
die **Ferien** les vacances (*weiblich*); **die großen Ferien** ≈ les grandes vacances; **wo werdet ihr Ferien machen?** où allez-vous passer vos vacances?
das **Ferienhaus** la maison de vacances
der **Ferienjob** le job pour les vacances, l'emploi (*männlich*) pour les vacances
die **Ferienwohnung** l'appartement (*männlich*) de vacances
die **Ferienzeit** la période des vacances, les vacances (*weiblich*)
das **Ferkel** ① le porcelet ② (*umgs.: Schimpfwort*) le cochon/la cochonne
die **Ferkelei** (*umgs.*) la cochonnerie
fern ① *Gegend, Geräusch, Vergangenheit* lointain(e); **der Tag ist nicht mehr fern, an dem ...** le jour n'est plus loin où ... ② **von fern** de loin
die **Fernbedienung** ① (*für den Fernseher*) la télécommande, la zapette, la zappette ② (*für andere Geräte*) la télécommande
fernbleiben (*gehoben*) **dem Unterricht fernbleiben** ne pas venir au cours
die **Ferne** le lointain; **in der Ferne** au loin
ferner (*außerdem*) de plus
der **Fernfahrer** le routier

die **Fernfahrerin** le routier

> **G** Es gibt im Französischen keine Femininform: *sie ist Fernfahrerin – elle est routier.*

der **Fernflug** le vol long-courrier
das **Ferngespräch** la communication à moyenne et grande distance
das **Fernglas** les jumelles *(weiblich)*

> **V** Der Singular *das Fernglas* wird mit einem Plural übersetzt: *wo ist mein Fernglas? – où sont mes jumelles?*; *zwei Ferngläser – deux paires de jumelles.*

fernhalten sich fernhalten se tenir à l'écart; **sich von bestimmten Leuten fernhalten** se tenir à l'écart de certaines personnes
das **Fernlicht** les phares *(männlich)*; **mit Fernlicht fahren** rouler en phares

> **V** Der Singular *das Fernlicht* wird mit einem Plural übersetzt: *das Fernlicht funktioniert nicht – les phares ne fonctionnent pas.*

fernliegen dieser Gedanke liegt mir fern cette idée ne m'est pas venue à l'esprit
das **Fernmeldeamt** le centre télécoms
die **Fernmeldetechnik** les télécommunications *(weiblich)*

> **V** Der Singular *die Fernmeldetechnik* wird mit einem Plural übersetzt: *die Fernmeldetechnik entwickelt sich sehr schnell – les télécommunications évoluent très vite.*

Fernost l'Extrême-Orient *(männlich)*; **in/nach Fernost** en Extrême-Orient
fernöstlich d'Extrême-Orient
das **Fernrohr** le télescope
der **Fernsehansager** le présentateur
die **Fernsehansagerin** la présentatrice
die **Fernsehantenne** l'antenne *(weiblich)* de télévision
der **Fernsehapparat** le poste de télévision
fernsehen regarder la télévision
das **Fernsehen** la télévision
der **Fernseher** *(umgs.)* la télé
das **Fernsehgerät** le téléviseur
die **Fernsehnachrichten** le JT [ʒite]

> **V** Der Plural *die Fernsehnachrichten* wird mit einem Singular übersetzt: *die Fernsehnachrichten werden gleich anfangen – le JT va commencer.*

das **Fernsehprogramm** ① le programme de télévision ② *(Kanal)* la chaîne de télévision
der **Fernsehsender** l'émetteur *(männlich)* de télévision
der **Fernsehturm** la tour de télévision
der **Fernsehzuschauer**, der **Fernsehzuseher** Ⓐ le téléspectateur

die **Fernsehzuschauerin**, die **Fernsehzuseherin** Ⓐ la téléspectatrice
die **Fernsicht** la vue
die **Fernsteuerung** la télécommande
die **Fernstraße** la grande route
das **Fernstudium** le cours universitaire à distance
der **Fernverkehr** *(auf den Straßen)* le trafic routier sur les grands axes; *(auf den Schienen)* le trafic grandes lignes
die **Ferse** le talon
fertig ① *Arbeit* terminé(e); **fertig werden** finir ② *Speise* prêt(e) ③ **sich für etwas fertig machen** se préparer pour quelque chose; **etwas fertig stellen** finir quelque chose ④ *(umgs. erschöpft)* **fertig sein** être crevé(e)
der **Fertigbau** ① *(Bauweise)* le préfabriqué ② *(Gebäude)* la construction préfabriquée
fertigbringen *(übers Herz bringen)* **es fertigbringen, jemanden zu belügen** arriver à mentir à quelqu'un, être capable de mentir à quelqu'un; **das habe ich nicht fertiggebracht** je n'y suis pas arrivé(e)
fertigen *(gehoben)* fabriquer
das **Fertiggericht** le plat cuisiné
das **Fertighaus** la maison préfabriquée
die **Fertigkeit** ① *(Geschicklichkeit)* l'adresse *(weiblich)* ② *(Fähigkeit)* **die Fertigkeiten** les aptitudes *(weiblich)*
fertigmachen *(umgs.: zermürben)* achever
das **Fertigprodukt** le produit fini
die **Fertigung** la fabrication
fesch Ⓐ *(umgs.)* ① *(hübsch)* joli(e) ② *(nett)* **sei fesch!** sois chic!
die **Fessel** ① le lien ② *eines Pferds* le paturon
fesseln ① attacher; **jemanden an einen Stuhl fesseln** attacher quelqu'un à une chaise; **sie haben ihm die Füße gefesselt** ils lui ont attaché les pieds ② *(übertragen)* **dieses Buch fesselt einen** c'est un livre captivant
fesselnd *Bericht* passionnant(e); *Buch* captivant(e)
fest ① *(nicht flüssig)* solide ② *Händedruck* ferme; *Knoten* serré(e) ③ *Wohnsitz* permanent(e); *Einkommen* fixe; *Anstellung* définitif/définitive ④ *(kräftig)* zuschlagen fort; zudrehen à fond ⑤ *(mit Entschiedenheit)* zusagen formellement; glauben fermement ⑥ **fest angestellt sein** avoir un contrat à durée indéterminée ⑦ *schlafen* profondément
das **Fest** ① la fête; **ein Fest feiern** faire une fête ② *(Weihnachtsfest)* **frohes Fest!** joyeux Noël!

der **Festakt** la cérémonie
   festbinden attacher; **den Hund an einer Laterne festbinden** attacher le chien à un réverbère
das **Festessen** le banquet
   festfahren sich festfahren *Auto:* s'enliser
   festhalten ❶ *(nicht loslassen)* retenir ❷ **sich an jemandem/an etwas festhalten** s'accrocher à quelqu'un/à quelque chose ❸ *(klar konstatieren)* **etwas festhalten** mettre quelque chose en exergue; *(schriftlich fixieren)* consigner quelque chose par écrit ❹ **an jemandem/an einer Idee festhalten** rester fidèle à quelqu'un/à une idée
   festigen consolider; **sich festigen** se consolider
der **Festiger** le fixateur
das **Festival** le festival
   festkleben coller; **der Kaugummi ist am Stuhl festgeklebt** le chewing-gum est collé à la chaise
das **Festland** *(Landmasse)* le continent
   festlegen ❶ fixer ❷ **sich auf einen bestimmten Tag festlegen** s'engager pour un jour précis
   festlich ❶ *Stimmung* de fête; *Beleuchtung* des grands jours ❷ **festlich gekleidet** en habit de cérémonie; **der festlich geschmückte Saal** la salle décorée
die **Festlichkeiten** les festivités *(weiblich)*
   festliegen ❶ *(nicht weiterkönnen)* être bloqué(e) ❷ *Termin* être fixé(e)
   festmachen ❶ *(befestigen)* fixer ❷ **das Schiff macht am Kai fest** le bateau amarre à quai
   festnageln ❶ *(befestigen)* clouer ❷ *(umgs.: verbindlich festlegen)* **jemanden auf etwas festnageln** coincer quelqu'un sur quelque chose
die **Festnahme** l'arrestation *(weiblich)*
   festnehmen arrêter; **festgenommen werden** se faire arrêter
die **Festplatte** *eines Computers* le disque dur
der **Festplattenabsturz** le crash de disque dur
die **Festrede** le discours officiel
der **Festsaal** la salle des fêtes
   festschrauben serrer
   festsetzen ❶ fixer *Preis;* déterminer *Wert* ❷ **sich festsetzen** *Schmutz:* s'incruster
   festsitzen ❶ *Schraube, Dübel:* ne plus bouger ❷ *Fahrzeug:* être enlisé(e) ❸ *Schiff:* être immobilisé(e) ❹ **wir sitzen wegen des Streiks am Flughafen fest** nous sommes immobilisés par la grève à l'aéroport

die **Festspiele** le festival

> Der Plural *die Festspiele* wird mit einem Singular übersetzt: *diese Festspiele finden alle zwei Jahre statt* – ce festival *a* lieu tous les deux ans.

das **Festspielhaus** le palais des festivals
   feststehen ❶ *Termin, Reihenfolge:* être fixé(e) ❷ *Entschluss:* être irrévocable ❸ **es steht fest, dass wir das nicht schaffen können** il est clair que nous ne sommes pas en mesure d'y arriver
   feststellen ❶ constater *Veränderung* ❷ établir *Sachverhalt* ❸ *(blockieren, arretieren)* bloquer
die **Feststellung** ❶ *(Bemerkung)* la remarque ❷ *(Beobachtung)* l'observation *(weiblich)* ❸ *(das Herausfinden) eines Täters* l'identification *(weiblich); eines Sachverhalts* l'établissement *(männlich)*
der **Festtag** le jour de fête
die **Festung** la forteresse
das **Festzelt** le chapiteau
der **Festzug** le cortège
die **Fete** *(umgs.)* la boum, la teuf; **eine Fete machen** faire une boum, faire une teuf
der **Fetischist** le fétichiste
die **Fetischistin** la fétichiste
   fett ❶ *Fleisch, Soße, Käse* gras(se); **er/sie isst zu fett** il/elle mange trop gras ❷ *(abwertend)* **ein fetter Junge** un gros garçon ❸ *(umgs.: sehr gut) Musik* génial(e) ❹ *(in der Typografie)* **fett gedruckt** [imprimé(e)] en caractères gras
das **Fett** la graisse
   fettarm ❶ *Joghurt, Margarine* allégé(e); *Milch* écrémé(e) ❷ **sich fettarm ernähren** éviter les aliments gras
der **Fettdruck** les caractères gras *(männlich)*

> Der Singular *der Fettdruck* wird mit einem Plural übersetzt: *der Fettdruck ist für die Überschriften bestimmt* – les caractères gras *sont* réservés aux titres.

   fetten ❶ *(mit Fett einreiben)* graisser ❷ *Haut:* être gras(se)
der **Fettfleck** la tache de graisse
   fettig gras(se)
   fettleibig *(gehoben)* obèse
   fettlöslich liposoluble
das **Fettnäpfchen** *(umgs.)* **ins Fettnäpfchen treten** mettre les pieds dans le plat
die **Fettschicht** la couche de graisse
der **Fettwanst** *(abwertend)* le tas de graisse
   fetzen *(umgs.)* déménager; **diese Musik/dieses Lied fetzt** cette musique/cette chan-

son déménage
der **Fetzen** ❶ *von Papier, Stoff* le lambeau ❷ *der Haut* le morceau ❸ (*Bruchstück, Teil*) **ein paar Fetzen des Gesprächs** quelques bribes *(weiblich)* de la conversation; **von dem Gespräch habe ich nur ein paar Fetzen mitbekommen** je n'ai saisi que quelques bribes de la conversation
fetzig (*umgs.*) *Musik, Rhythmus* qui déménage; **diese Musik ist fetzig** c'est de la musique qui déménage
feucht humide
die **Feuchtigkeit** l'humidité *(weiblich)*
der **Feuchtigkeitsgehalt** *der Luft* le taux d'humidité
feudal ❶ (*geschichtlich*) féodal(e) ❷ (*umgs.: vornehm*) *Hotel* grand luxe
das **Feuer** ❶ le feu; **Feuer machen** faire du feu; **jemandem Feuer geben** donner du feu à quelqu'un ❷ (*Brand*) l'incendie *(männlich)* ❸ (*militärisch*) **das Feuer eröffnen/einstellen** ouvrir/cesser le feu; **Feuer!** feu!
der **Feueralarm** l'alerte *(weiblich)* au feu
feuerfest *Glas* résistant(e) aux températures élevées
die **Feuergefahr** le danger d'incendie
der **Feuerlöscher** l'extincteur *(männlich)*
der **Feuermelder** l'avertisseur *(männlich)* d'incendie
feuern ❶ (*schießen*) faire feu ❷ (*umgs.: entlassen*) virer
feuerrot rouge vif ▶ **feuerrot werden** devenir [rouge] écarlate

> **G** Das Farbadjektiv *rouge vif* ist unveränderlich: *die feuerroten Blüten* – *les fleurs rouge vif.*

der **Feuerschlucker** le cracheur de feu
die **Feuerschluckerin** la cracheuse de feu
die **Feuerwehr** les pompiers *(männlich)*, les sapeurs-pompiers *(männlich)*

> **V** Der Singular *die Feuerwehr* wird mit einem Plural übersetzt: *die Feuerwehr ist sofort gekommen* – *les pompiers sont venus immédiatement.*

das **Feuerwehrauto** le camion de pompiers
die **Feuerwehrleute** les pompiers *(männlich)*, les sapeurs-pompiers *(männlich)*
der **Feuerwehrmann** le pompier, le sapeur-pompier
das **Feuerwerk** le feu d'artifice
das **Feuerzeug** le briquet
das **Feuilleton** [fœjə'tɔ̃:] les pages *(weiblich)* culturelles
feurig *Liebhaber* ardent(e)

der **Fiaker** Ⓐ (*Kutsche*) le fiacre
das **Fiasko** le fiasco
die **Fichte** l'épicéa *(männlich)*; (*Holz*) le sapin
ficken (*salopp*) baiser; **mit jemandem ficken** baiser quelqu'un
fidel (*umgs.*) joyeux/joyeuse
das **Fieber** la fièvre; **Fieber haben** avoir de la fièvre; **hohes Fieber haben** avoir beaucoup de fièvre; **Fieber messen** prendre la température
fieberhaft ❶ *Eile* fébrile ❷ **fieberhaft nach etwas suchen** chercher fébrilement quelque chose
fiebern ❶ *Kranker:* avoir de la fièvre, être fiévreux/fiévreuse ❷ (*übertragen*) **nach etwas fiebern** attendre fébrilement quelque chose
das **Fieberthermometer** le thermomètre médical
fiebrig *Kind* fiévreux/fiévreuse; *Erkältung* accompagné(e) de fièvre; **sich fiebrig fühlen** se sentir fiévreux/fiévreuse
fiedeln (*ironisch*) violoner
fies (*umgs.*) ❶ *Verhalten* vache; *Lachen* sardonique; **ein fieser Kerl** un type infect ❷ **fies lachen** rire méchamment
die **Figur** ❶ la silhouette; **auf seine Figur achten** faire attention à sa ligne; **er hat eine gute Figur** il est bien bâti; **sie hat eine gute Figur** elle est bien faite ❷ (*Schachfigur*) la pièce ❸ (*Gestalt in einem Buch, Film*) le personnage

die Figur

die **Fiktion** (*gehoben*) la fiction
fiktiv (*gehoben*) fictif/fictive
das **Filet** [fi'le:] le filet
die **Filiale** la succursale; *einer Bank* l'agence *(weiblich)*

> **F** Nicht verwechseln mit *la filiale* – *die Tochtergesellschaft!*

der **Filialleiter** le gérant de succursale; *einer Bank* le responsable d'agence

die **Filialleiterin** la gérante de succursale; *einer Bank* la responsable d'agence
der **Film** ❶ le film; **sich einen Film ansehen** (*im Fernsehen*) regarder un film; (*im Kino*) aller voir un film ❷ (*zum Fotografieren*) la pellicule; **den Film einlegen** mettre la pellicule
die **Filmaufnahme** la prise de vue
der **Filmemacher** le cinéaste
die **Filmemacherin** la cinéaste
filmen ❶ (*mit der Kamera aufnehmen*) filmer ❷ (*in einem Film mitwirken*) tourner
die **Filmfestspiele** le festival du film

> **V** Der Plural *die Filmfestspiele* wird mit einem Singular übersetzt: *die Filmfestspiele von Cannes finden jedes Jahr statt – le festival du film de Cannes a lieu chaque année.*

die **Filmindustrie** l'industrie *(weiblich)* du cinéma
filmisch cinématographique
die **Filmkamera** la caméra
die **Filmmusik** la musique de film
der **Filmproduzent** le producteur de cinéma
die **Filmproduzentin** la productrice de cinéma
der **Filmregisseur** ['fɪlmreʒɪsøːɐ̯] le réalisateur, le metteur en scène
die **Filmregisseurin** ['fɪlmreʒɪsørɪn] la réalisatrice, le metteur en scène

> **G** Die Femininform *la metteuse en scène* existiert zwar, ist aber recht ungebräuchlich. In der Regel dient die männliche Form auch zur Bezeichnung von Frauen: *sie ist Filmregisseurin – elle est metteur en scène.*

der **Filmschauspieler** l'acteur *(männlich)* de cinéma
die **Filmschauspielerin** l'actrice *(weiblich)* de cinéma
der **Filmstar** la vedette de cinéma
der/das **Filter** le filtre
der **Filterkaffee** le café-filtre
filtern filtrer
die **Filtertüte** le filtre en papier
die **Filterzigarette** la cigarette [à bout] filtre
filtrieren filtrer
der **Filz** ❶ (*Wollmaterial*) le feutre ❷ (*abwertend: in der Politik*) la magouille
filzen ❶ *Wolle:* feutrer ❷ (*umgs.: durchsuchen*) fouiller *Menschen*
der **Filzhut** le feutre
der **Filzstift** le feutre, le crayon-feutre
der **Fimmel** (*abwertend umgs.*) la marotte
das **Finale** la finale △ *weiblich*
das **Finanzamt** (*die Behörde*) le fisc; (*das Gebäude*) la perception
der **Finanzbeamte** le fonctionnaire aux finances
die **Finanzbeamtin** la fonctionnaire aux finances
die **Finanzen** les finances *(weiblich)*

finanziell ❶ financier/financière ❷ **jemanden finanziell unterstützen** aider quelqu'un financièrement
finanzieren financer
die **Finanzierung** le financement
die **Finanzkrise** la crise budgétaire
der **Finanzminister** le ministre des Finances
die **Finanzministerin** la ministre des Finances
finden ❶ trouver *Geld, Schlüssel* ❷ **nach Hause finden** trouver son chemin pour rentrer chez soi ❸ **etwas gut finden** trouver quelque chose bien; **ich finde, dass du Unrecht hast** je trouve que tu as tort; **sie ist sehr nett. – Findest du?** elle est très sympa. – Tu trouves?
der **Finder** la personne qui rapporte/qui a rapporté l'objet trouvé; **der ehrliche Finder wird eine Belohnung bekommen** une récompense sera offerte à la personne qui rapportera l'objet trouvé
der **Finderlohn** la récompense
findig futé(e)
der **Finger** ❶ le doigt; **der kleine Finger** l'auriculaire *(männlich)*, le petit doigt ❷ **Finger weg!** (*umgs.: wenn der Gesprächspartner geduzt wird*) n'y touche pas!, bas les pattes!; (*wenn der Gesprächspartner gesiezt wird*) n'y touchez pas!, bas les pattes! ▶ **jemanden um den kleinen Finger wickeln** (*umgs.*) mener quelqu'un par le bout du nez; **keinen Finger krumm machen** (*nicht helfen*) ne pas remuer le petit doigt; (*faul sein*) ne rien faire de ses dix doigts; **die Finger von etwas lassen** (*umgs.*) ne pas se mêler de quelque chose; **sich bei [*oder* an] etwas die Finger verbrennen** se brûler les ailes dans quelque chose
der **Fingerabdruck** l'empreinte *(weiblich)* digitale
der **Fingerhut** ❶ (*Nähutensil*) le dé [à coudre] ❷ (*Pflanze*) la digitale
der **Fingernagel** l'ongle *(männlich)*
die **Fingerspitzen** le bout des doigts; **mit den Fingerspitzen** du bout des doigts
das **Fingerspitzengefühl** le doigté; (*Takt*) le tact
fingieren simuler
der **Fink** le pinson
der **Finne** le Finlandais
die **Finnin** la Finlandaise
finnisch finlandais(e); *Kultur, Literatur, Sprache* finnois(e)
das **Finnisch** le finnois; *siehe auch* **Deutsch**

> **G** In Verbindung mit dem Verb *parler* kann der Artikel entfallen: *sie spricht Finnisch – elle parle finnois.*

Finnland la Finlande

finster ① *Wald, Flur* sombre ② **im Finstern** dans le noir ③ *Gedanken* sinistre; *Gestalt* lugubre ④ *(unheimlich)* **finster dreinblicken** avoir une mine patibulaire

die **Finsternis** ① l'obscurité *(weiblich)*, les ténèbres *(weiblich)* ② *(in der Astronomie)* l'éclipse *(weiblich)*

> **V** In ① kann der Singular *die Finsternis* mit einem Plural übersetzt werden: *die Finsternis wird undurchdringlich – les ténèbres s'épaississent.*

die **Finte** la feinte
die **Firma** l'entreprise *(weiblich)*
das **Firmament** le firmament
der **Firmenname** la raison sociale
das **Firmenzeichen** l'emblème *(männlich)* de l'entreprise
die **Firmung** la confirmation
der **Fisch** ① le poisson; **Fische fangen** prendre des poissons ② *(in der Astrologie)* **Fische** les Poissons *(männlich)*; **sie ist [ein] Fisch** elle est Poissons

fischen ① pêcher ② **etwas aus der Schublade fischen** *(umgs.)* extirper quelque chose du tiroir

der **Fischer** le pêcheur
das **Fischerboot** le bateau de pêche; *(klein)* la barque de pêcheur
das **Fischerdorf** le village de pêcheurs
die **Fischerei** la pêche
die **Fischerin** la pêcheuse
die **Fischfabrik** la conserverie de poisson
der **Fischfang** la pêche
das **Fischgericht** le plat de poisson
der **Fischmarkt** le marché aux poissons
das **Fischstäbchen** le bâtonnet de poisson pané
das **Fischsterben** l'hécatombe *(weiblich)* de poissons
die **Fischsuppe** la soupe de poissons
der **Fiskus** le fisc
die **Fisole** Ⓐ le °haricot vert
fit en forme
die **Fitness** la [bonne] condition physique, le fitness ⚠ *männlich*
das **Fitnesscenter**, der **Fitnessclub**, das **Fitnessstudio** le centre de culturisme, le club de fitness

fix ① *(feststehend)* fixe ② *(umgs.: flink)* *Mitarbeiter* rapide ③ *(umgs.: ohne Verzögerung)* **das muss ganz fix erledigt werden** il faut que cela soit fait très vite ▶ **fix und alle** *(umgs.)* fracassé; **jemanden fix und fertig machen** *(umgs.: erschöpfen)* crever quelqu'un; *(demütigen)* passer un savon à quelqu'un

fixen *(umgs.)* se shooter
der **Fixer** *(umgs.)* le toxico
die **Fixerin** *(umgs.)* la toxico
fixieren ① *(anstarren)* fixer du regard; **jemanden/etwas fixieren** fixer quelqu'un/quelque chose du regard ② *(schriftlich festhalten)* fixer ③ *(seelisch)* **auf jemanden fixiert sein** faire une fixation sur quelqu'un

der **Fjord** le fjord
FKK Abkürzung von **Freikörperkultur** le nudisme
der **FKK-Strand** la plage de nudistes

flach ① *Teller, Absatz, Land* plat(e); *Dach* en terrasse; *Küste* peu escarpé(e); **die flachen Schuhe** les chaussures à talons plats ② *liegen* à plat; *atmen* faiblement

das **Flachdach** le toit en terrasse
die **Fläche** ① *(Ebene)* la surface ② *(in der Mathematik)* la superficie
flächendeckend généralisé(e); *Maßnahmen* sur une grande échelle
das **Flächenmaß** la mesure de superficie
flachfallen *(umgs.)* tomber à l'eau
das **Flachland** le pays plat
flachliegen *(umgs.: krank sein)* être sur le flanc
der **Flachs** le lin
flackern *Feuer:* vaciller; *Licht:* clignoter
der **Fladen** ① *(Pfannkuchen)* la galette ② *(Kuhfladen)* la bouse
die **Flagge** le drapeau; *(an Schiffen)* le pavillon
flaggen °hisser le drapeau
das **Flaggschiff** le vaisseau amiral
das **Flair** *einer Stadt* le charme
der **Flame** le Flamand
die **Flamin**, die **Flämin** la Flamande
der **Flamingo** le flamant rose
flämisch *Bevölkerung, Malerei* flamand(e)
das **Flämisch** le flamand; *siehe auch* **Deutsch**

> **G** In Verbindung mit dem Verb *parler* kann der Artikel entfallen: *er spricht Flämisch – il parle flamand.*

die **Flamme** la flamme; **in Flammen stehen** être en flammes
Flandern la Flandre
der **Flanell** la flanelle ⚠ *weiblich*
flanieren flâner
die **Flanke** ① le flanc ② *(im Sport)* le centre
flapsig *(umgs.)* ① *Antwort, Bemerkung* désinvolte ② *reden, auftreten* avec impertinence
das **Fläschchen** ① la petite bouteille; *(kleiner Flakon)* le petit flacon ② *(für Babys)* le biberon

die **Flasche** ❶ (*aus Glas oder – für Gase – aus Metall*) la bouteille; **eine Flasche Milch** une bouteille de lait; **aus der Flasche trinken** boire à la bouteille ❷ (*Säuglingsflasche*) le biberon ❸ (*umgs.: Versager*) le minable/la minable
der **Flaschenhals** le goulot [de la bouteille]
der **Flaschenöffner** l'ouvre-bouteille[s] *(männlich)*
das **Flaschenpfand** la consigne [pour bouteilles]
die **Flaschenpost** la bouteille à la mer
der **Flaschenzug** la poulie
der **Flaschner** (CH) le plombier
die **Flaschnerin** (CH) le plombier

ⓖ Es gibt im Französischen keine Femininform: *sie ist Flaschnerin – elle est plombier.*

flatterhaft inconstant(e)
flattern ❶ **die Vögel flattern durch die Luft** les oiseaux volètent dans l'air; **der Schmetterling flattert von Blüte zu Blüte** le papillon papillonne de fleur en fleur; **der Vogel flattert mit den Flügeln** l'oiseau bat des ailes ❷ *Fahne:* flotter
flau ein flaues Gefühl haben ne pas se sentir très bien; **mir ist flau** je me sens mal
der **Flaum** le duvet
flaumig duveté(e)
flauschig moelleux/moelleuse
die **Flausen** (*umgs.*) **nichts als Flausen im Kopf haben** ne penser qu'à faire des conneries; **dir werde ich die Flausen austreiben!** je vais te remettre les idées en place!
die **Flaute** ❶ (*Windstille*) le calme ❷ (*in der Wirtschaft*) le marasme; (*nicht sehr betriebsame Zeit*) la période creuse
die **Flechte** ❶ (*Pflanze*) le lichen [likɛn] ❷ (*Hautkrankheit*) le dartre
flechten ❶ tresser *Korb, Kranz* ❷ **sich einen Zopf flechten** se faire une natte
der **Fleck** ❶ (*Schmutzfleck*) la tache; **etwas macht** [*oder* **gibt**] **Flecken** quelque chose fait des taches ❷ **der blaue Fleck** le bleu ▸ **sich nicht vom Fleck rühren** ne pas bouger [d'un pouce]
der **Fleckentferner** le détachant
fleckig *Kleidungsstück* taché(e); *Haut* tacheté(e)
die **Fledermaus** la chauve-souris
der **Flegel** (*abwertend: Kind*) le garnement; (*Mann*) le mufle
flegelhaft (*abwertend*) *Benehmen* sans-gêne
flehen (*gehoben*) supplier
flehentlich (*gehoben*) ❶ *Blick* implorant(e) ❷ *bitten* instamment
das **Fleisch** ❶ la viande; **eine Fleisch fressende Pflanze** une plante carnivore ❷ (*am menschlichen Körper*) la chair ❸ (*Fruchtfleisch*) la chair, la pulpe ▸ **sich ins eigene Fleisch schneiden** se nuire à soi-même
die **Fleischbrühe** le bouillon de viande; (*Kraftbrühe*) le consommé
der **Fleischer** le boucher
die **Fleischerei** la boucherie
die **Fleischerin** la bouchère
der **Fleischhauer** Ⓐ le boucher
die **Fleischhauerin** Ⓐ la bouchère
fleischig *Frucht* charnu(e)
der **Fleischkloß**, der **Fleischklops** la boulette de viande
der **Fleischwolf** le °hache-viande; **etwas durch den Fleischwolf drehen** passer quelque chose au °hachoir
die **Fleischwunde** la lésion profonde
die **Fleischwurst** sorte de cervelas
der **Fleiß** l'application *(weiblich)* ▸ **ohne Fleiß kein Preis** on n'a rien sans peine
fleißig ❶ *Mitarbeiter* travailleur/travailleuse; *Schüler* appliqué(e) ❷ *arbeiten, schreiben* avec application
flennen (*abwertend umgs.*) pleurnicher
fletschen die Zähne fletschen montrer les dents
flexibel flexible
die **Flexibilität** (*Anpassungsfähigkeit*) la flexibilité
flicken ❶ rapiécer *Hose, Kittel* ❷ raccommoder *Netz* ❸ réparer *Fahrradschlauch*
der **Flicken** ❶ (*Stück Stoff*) la pièce ❷ (*für Fahrradschläuche*) la rustine
der **Flieder** le lilas
die **Fliege** ❶ la mouche ❷ (*Querschleife*) le nœud papillon ▸ **zwei Fliegen mit einer Klappe schlagen** faire d'une pierre deux coups; **die Fliege machen** (*umgs.*) se casser
fliegen ❶ *Vogel, Flugzeug:* voler ❷ (*reisen*) aller en avion; **von Paris nach Berlin fliegen** aller de Paris à Berlin en avion ❸ (*steuern*) piloter *Flugzeug* ❹ (*befördern*) transporter par avion *Passagiere, Waren* ❺ **immer dieselbe Route fliegen** *Pilot, Flugzeug:* faire toujours le même itinéraire ❻ (*umgs.: hinausgeworfen werden*) se faire virer ❼ **durch eine Prüfung fliegen** (*umgs.*) se ramasser à un examen ❽ **auf jemanden/ auf etwas fliegen** (*umgs.*) craquer pour quelqu'un/pour quelque chose
das **Fliegengewicht** (*im Sport*) le poids mouche
der **Fliegenpilz** l'amanite *(weiblich)* tue-mouche
der **Flieger** ❶ (*Pilot*) l'aviateur *(männlich)* ❷ (*umgs.: Flugzeug*) l'avion *(männlich)*

der **Fliegeralarm** l'alerte *(weiblich)* aérienne
die **Fliegerin** l'aviatrice *(weiblich)*
fliehen s'enfuir; **aus einem Land fliehen** s'enfuir d'un pays; **aus dem Gefängnis fliehen** s'évader de prison
die **Fliese** le carreau [de céramique]
der **Fliesenleger** le carreleur
die **Fliesenlegerin** la carreleuse
das **Fließband** la chaîne [de montage]
fließen ❶ couler; **aus der Wunde fließt Blut** de la plaie s'écoule du sang ❷ *elektrischer Strom:* passer ❸ **die Seine fließt durch Paris** la Seine traverse Paris; **der Rhein fließt in die Nordsee** le Rhin se jette dans la mer du Nord
fließend ❶ **ein Zimmer mit fließendem Wasser** une chambre avec l'eau courante ❷ *Übergang* flou(e) ❸ **er/sie spricht fließend Französisch** il/elle parle couramment français
flimmerfrei *Bildschirm* avec une stabilité parfaite de l'image
flimmern *Bild* trembler; *Luft:* vibrer
flink ❶ *Person, Finger* agile ❷ *arbeiten* avec adresse
die **Flinte** le fusil [de chasse] ▶ **die Flinte ins Korn werfen** *(umgs.)* jeter le manche après la cognée
der **Flipper** le flipper
der **Flirt** le flirt
flirten flirter
die **Flitterwochen** la lune de miel

> **V** Der Plural *die Flitterwochen* wird mit einem Singular übersetzt: *ihre Flitterwochen sind sehr schön gewesen – leur lune de miel a été très belle.*

flitzen *(umgs.)* filer; **er ist zum Bäcker geflitzt** il a filé chez le boulanger
die **Flocke** *(Schneeflocke, Getreideflocke)* le flocon
der **Floh** la puce ▶ **jemandem einen Floh ins Ohr setzen** *(umgs.)* fourrer une idée dans le crâne de quelqu'un
der **Flohmarkt** le marché aux puces
der **Flop** *(umgs.)* le bide; **der Film ist ein totaler Flop gewesen** le film a fait un bide complet
Florenz Florence
florieren *Geschäft:* prospérer; *Wirtschaft:* être florissant(e)
die **Floskel** la phrase toute faite
das **Floß** le radeau
die **Flosse** ❶ la nageoire ❷ *(Schwimm-, Taucherflosse)* la palme ❸ *(umgs.: Hand)* la patte
die **Flöte** la flûte; **Flöte spielen** jouer de la flûte

flöten ❶ *(Flötenmusik machen)* jouer de la flûte ❷ **ein Lied flöten** jouer un air à la flûte ❸ *(zwitschern)* siffler ▶ **flöten gehen** *(umgs.)* s'envoler en fumée
der **Flötenspieler** le joueur de flûte
die **Flötenspielerin** la joueuse de flûte
flott *(umgs.)* ❶ *(nicht langsam)* Bedienung dégourdi(e); *Musik* entraînant(e) ❷ *(nicht bieder)* Person smart(e); *Auto* fringant(e); *Kleidung* chic; **flott aussehen** avoir l'air chic ❸ *(zügig)* vorankommen, arbeiten vite

> **G** Das Adjektiv *chic* in ❷ ist unveränderlich: *diese flotten Röcke – ces jupes chic.*

die **Flotte** la flotte
der **Fluch** ❶ *(Schimpfwort)* le juron ❷ *(Verwünschung)* la malédiction
fluchen jurer
die **Flucht** la fuite; **die Flucht aus dem Gefängnis** l'évasion *(weiblich)*; **auf der Flucht sein** être en fuite
fluchtartig ❶ *Verschwinden* précipité(e) ❷ **fluchtartig den Saal verlassen** quitter la salle avec précipitation
das **Fluchtauto** la voiture utilisée par le fugitif/par les fugitifs
flüchten ❶ s'enfuir, fuir; **ins Ausland flüchten** s'enfuir [*oder* se réfugier] à l'étranger; **vor jemandem/vor einer Gefahr flüchten** fuir devant quelqu'un/devant un danger ❷ **sich in den Alkohol flüchten** se réfugier dans l'alcool
flüchtig ❶ *Person, Berührung, Blick* fugitif/fugitive; *Bekanntschaft* vague ❷ *kennen, lesen* superficiellement
der **Flüchtigkeitsfehler** la faute d'inattention
der **Flüchtling** le réfugié/la réfugiée
das **Flüchtlingslager** le camp de réfugiés
der **Fluchtversuch** la tentative de fuite; *(aus einem Gefängnis)* la tentative d'évasion
der **Flug** le vol; **einen Flug buchen** réserver un billet d'avion ▶ **wie im Flug[e] vergehen** filer à toute allure
die **Flugbahn** la trajectoire
der **Flugbegleiter** le steward
die **Flugbegleiterin** l'hôtesse *(weiblich)* de l'air
das **Flugblatt** le tract
der **Flügel** ❶ l'aile *(weiblich)*; **mit den Flügeln schlagen** battre des ailes ❷ *(Instrument)* le piano à queue ❸ *(Teil eines Gebäudes, einer Partei)* l'aile *(weiblich)* ❹ *(Fensterflügel)* le battant
der **Fluggast** le passager/la passagère
flügge **flügge sein** *Kind:* voler de ses propres ailes; *Vogel:* savoir voler

die **Fluggesellschaft** la compagnie aérienne
der **Flughafen** l'aéroport *(männlich)*
die **Flughöhe** l'altitude *(weiblich)* [de vol]
der **Flugkapitän** le commandant de bord
die **Flugkapitänin** la commandante de bord
der **Fluglotse** l'aiguilleur *(männlich)* du ciel
die **Fluglotsin** l'aiguilleur *(männlich)* du ciel

> **G** Es gibt im Französischen keine Femininform: sie ist Fluglotsin – elle est aiguilleur du ciel.

der **Flugplatz** l'aérodrome *(männlich)*
die **Flugreise** le voyage en avion
der **Flugschein** ①(*Ticket*) le billet d'avion ②(*Pilotenschein*) le brevet de pilote
der **Flugschreiber** la boîte noire
das **Flugticket** le billet d'avion
der **Flugverkehr** le trafic aérien
die **Flugzeit** la durée de vol
das **Flugzeug** l'avion *(männlich)*; **mit dem Flugzeug reisen** voyager en avion
der **Flugzeugabsturz** le crash
die **Flugzeugbesatzung** l'équipage *(männlich)* de l'avion
die **Flugzeugentführung** le détournement d'avion
der **Flugzeugträger** le porte-avions
das **Flugzeugunglück** l'accident *(männlich)* d'avion
flunkern (*umgs.*) raconter des bobards
das **Fluor** le fluor; **Fluor ist ein Gas** le fluor est un gaz
der **Flur** ①(*Korridor*) le couloir ②(*Diele*) le vestibule
der **Fluss** le fleuve; (*Nebenfluss*) la rivière

> **G** Im Französischen wird zwischen *le fleuve* und *la rivière* unterschieden. Ein Fluss, der ins Meer mündet, ist *un fleuve;* ein Fluss, der in einen anderen mündet, ist *une rivière.*

flussabwärts en aval
flussaufwärts en amont
das **Flussbett** le lit du fleuve; *eines Nebenflusses* le lit de la rivière
flüssig ①liquide; *Butter* fondu(e); **das flüssige Wachs** (*bei brennenden Kerzen*) la cire fondue; (*für Möbel*) la cire liquide ②*Verkehr, Stil* fluide ③*lesen* aisément; *schreiben avec* aisance
die **Flüssigkeit** le liquide
die **Flussmündung** l'embouchure *(weiblich)* du fleuve
das **Flusspferd** l'hippopotame *(männlich)*
das **Flussufer** la rive; (*abschüssig*) la berge
flüstern chuchoter; **er flüstert ihr etwas ins Ohr** il lui chuchote quelque chose à l'oreille ▶ **das kann ich dir flüstern!** (*umgs.: das*

meine ich ernst) je ne plaisante pas!
die **Flut** ①(*ansteigendes Wasser*) la marée montante; (*höchster Wasserstand*) la marée °haute ②(*gehoben: große Wassermassen*) **die Fluten** les flots *(männlich)* ③(*große Menge*) **eine Flut von Briefen** un flot de lettres
fluten **in die Häuser fluten** *Hochwasser:* inonder les maisons
das **Flutlicht** les projecteurs *(männlich)*
das **f-Moll** le fa mineur
föderalistisch *Verfassung* fédéral(e)
das **Fohlen** le poulain
der **Föhn** ①(*Wind*) le fœhn ②(*Haartrockner*) le sèche-cheveux
föhnen **sich die Haare föhnen** se sécher les cheveux au sèche-cheveux
die **Folge** ①(*Auswirkung*) la conséquence ②(*Reihe*) *von Eindrücken, Zahlen* la série; (*in der Informatik*) *von Befehlen* la séquence ③(*einer Fernseh- oder Radioserie*) l'épisode (*männlich* ⚠)
folgen ①(*nachgehen, nachfahren*) suivre; **jemandem folgen** suivre quelqu'un; **er ist ihnen gefolgt** il les a suivis ②(*als Nächstes kommen*) venir ensuite ③(*gehorchen*) obéir; **jemandem folgen** obéir à quelqu'un ④(*verstehen*) **könnt ihr mir folgen?** vous me suivez? ⑤(*resultieren*) **aus etwas folgen** résulter de quelque chose; **daraus folgt, dass ...** il en résulte que ...
folgend *Seite* suivant(e); **im Folgenden** comme suit
folgendermaßen de la manière suivante
folgenlos **folgenlos bleiben** ne pas tirer à conséquence; **nicht folgenlos bleiben** tirer à conséquence
folgenschwer lourd(e) de conséquences
folgerichtig logique
folgern ①**vorschnell folgern** conclure trop vite ②**daraus kann man folgern, dass** on en peut conclure que ...
die **Folgerung** la conclusion
folglich par conséquent
folgsam *Kind* docile
die **Folie** ①(*Plastikfolie*) le film plastique ②(*für einen Overheadprojektor*) le transparent ③(*Aluminiumfolie*) la feuille d'alu[minium]
die **Folklore** le folklore ⚠ *männlich*
folkloristisch folklorique
die **Folter** la torture ▶ **jemanden auf die Folter spannen** mettre quelqu'un à la torture
foltern torturer
das/die **Fondue** [fɔ'dy:] la fondue ⚠ *weiblich*
die **Fontäne** le jet [d'eau]

die Fontäne

Nicht verwechseln mit *la fontaine* – *der Brunnen*!

das **Förderband** le tapis roulant; (*in einem Bergwerk*) le convoyeur
fordern ① revendiquer *Rechte* ② (*abverlangen*) exiger; **fordern, dass der Verkehr umgeleitet wird** exiger qu'une déviation soit mise en place; **viel von jemandem fordern** *Person:* exiger beaucoup de quelqu'un; *Sache:* demander beaucoup de quelqu'un ③ **das Unglück hat zehn Menschenleben gefordert** la catastrophe a coûté la vie à dix personnes
fördern ① aider *Menschen;* encourager *Projekt, Talent* ② (*finanzieren*) financer ③ **Kohle/Erdöl fördern** extraire du charbon/du pétrole
fordernd exigeant(e)
die **Forderung** ① la revendication; **die Forderung nach höheren Gehältern erheben** revendiquer des augmentations de salaires ② (*Erwartung*) l'exigence (*weiblich*) ③ (*im Finanzwesen*) la créance
die **Förderung** ① l'encouragement (*männlich*); **sich um die Förderung der jungen Künstler kümmern** se charger d'aider les jeunes artistes ② (*finanzielle Hilfe*) l'aide (*weiblich*) financière ③ *von Kohle, Erdöl* l'extraction (*weiblich*)
die **Forelle** la truite
die **Foren** *Plural von* **Forum**
die **Form** ① (*auch körperliche Verfassung*) la forme ② (*Backform*) le moule ③ (*Umgangsform, Benehmen*) **die Formen** les manières (*weiblich*)
formal formel(le)
die **Formalität** la formalité
das **Format** ① (*Größe*) le format ② (*Wirkung, Können*) *einer Person* la carrure; **kein Format haben** manquer de carrure
formatieren (*in der Informatik*) formater
die **Formatierung** (*in der Informatik*) le formatage
die **Formation** la formation
die **Formel** la formule
der **Formel-1-Pilot** le pilote de formule 1 [fɔʀmyl ɛ]
das **Formel-1-Rennen** la course de formule 1 [fɔʀmyl ɛ]
formell ① (*offiziell*) officiel(le) ② (*förmlich*) formaliste
formen former; **den Teig/den Ton zu einer Kugel formen** faire une boule de pâte/d'argile
formieren sich formieren se former
förmlich ① *Bitte* dans les formes ② *Person* formaliste ③ **er ist förmlich zusammengefahren** il a vraiment sursauté
die **Förmlichkeit** ① (*Steifheit*) le formalisme ② (*distanzierte Höflichkeit*) **die Förmlichkeiten** les formes (*weiblich*)
formlos ① (*gestaltlos*) informe ② (*zwanglos*) sans cérémonies ③ **der formlose Antrag** la demande sur papier libre
das **Formular** le formulaire
formulieren formuler *Frage, Text*
die **Formulierung** ① (*das Formulieren*) la formulation ② (*Ausdruck*) l'expression (*weiblich*)
forsch *Auftreten* résolu(e)
forschen ① faire de la recherche ② (*suchen*) **nach jemandem/etwas forschen** rechercher quelqu'un/quelque chose
der **Forscher** le chercheur
die **Forscherin** la chercheuse
die **Forschung** la recherche scientifique
das **Forschungsergebnis** le résultat de la recherche scientifique
die **Forschungsreise** le voyage d'exploration
das **Forschungszentrum** le centre de recherches
der **Förster** le garde forestier
die **Försterin** le garde forestier

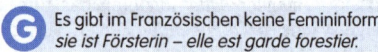
Es gibt im Französischen keine Femininform: *sie ist Försterin – elle est garde forestier.*

fort ① (*fortgegangen*) parti(e); **Anne ist schon fort** Anne est déjà partie ② (*verschwunden*) **meine Schlüssel sind fort!** mes clés ont disparu! ▸ **in einem fort** sans arrêt; **und so fort** et ainsi de suite
der **Fortbestand** *einer Tierart* la subsistance; *einer Institution* le maintien
fortbestehen *Tierart:* subsister; *Institution:* se maintenir; *Tradition:* persister
fortbewegen sich fortbewegen se déplacer

die **Fortbewegungsmittel** le moyen de locomotion
fortbilden ① sich fortbilden se perfectionner ② jemanden in Informatik fortbilden donner à quelqu'un des cours de formation [continue] en informatique
die **Fortbildung** la formation continue
die **Fortdauer** la persistance
fortdauern persister
forte (*in der Musik*) forte
fortfahren ① (*wegfahren*) partir ② (*im Auto wegbringen*) emmener *Person;* emporter *Gegenstand* ③ (*weitermachen*) continuer
fortführen ① continuer ② (*wegführen*) emmener
der **Fortgang** (*weiterer Verlauf*) la poursuite
fortgehen ① partir ② (*sich fortsetzen*) se poursuivre
fortgeschritten avancé(e)
der **Fortgeschrittenenkurs** le cours de niveau supérieur
fortgesetzt ① *Lärm, Störung* permanent(e) ② *stören* continuellement
fortjagen chasser *Tier*
fortlaufen *Person:* s'échapper; *Tier:* se sauver
fortlaufend ① *Bericht* continu(e) ② *nummerieren* dans l'ordre
fortmüssen (*umgs.*) **ich muss fort** il faut que j'y aille
fortpflanzen sich fortpflanzen se reproduire
die **Fortpflanzung** la reproduction
fortschicken renvoyer
fortschreiten progresser
der **Fortschritt** le progrès; **Fortschritte machen** faire des progrès; *Projekt, Arbeit:* avancer, progresser
fortschrittlich *Einstellung* progressiste; *Methode* avancé(e)
fortsetzen poursuivre; **sich fortsetzen** se poursuivre
die **Fortsetzung** ① (*das Fortsetzen*) la poursuite ② (*folgender Teil*) la suite; **Fortsetzung folgt** à suivre
der **Fortsetzungsroman** le roman-feuilleton
fortwährend perpétuel(le)
das **Forum** ① (*Diskussionsforum*) le forum ② (*Personenkreis*) le cercle
das **Fossil** le fossile
die **Föten** *Plural von* **Fötus**
das **Foto** la photo; **ein Foto machen** prendre une photo
das **Fotoalbum** l'album (*männlich*) de photos
der **Fotoapparat** l'appareil (*männlich*) photo[graphique]
fotogen photogénique
der **Fotograf** le photographe
die **Fotografie** ① (*Foto*) la photographie, la photo ② (*das Fotografieren*) la photographie
fotografieren ① prendre une photo *de Menschen, Landschaft* ② **sie fotografiert viel** elle prend beaucoup de photos ③ **sich fotografieren lassen** se faire photographier
die **Fotografin** la photographe
das **Fotohandy** le portable avec appareil de photo numérique
die **Fotokopie** la photocopie
fotokopieren photocopier
das **Fotokopiergerät** le photocopieur
das **Fotolabor** le laboratoire photo
das **Fotomodell** le modèle
die **Fotomontage** le photomontage ⚠ *männlich*
der **Fötus** (*in der Medizin*) le fœtus
das **Foul** [faul] (*im Sport*) la faute
foulen [faulən] (*im Sport*) commettre une faute/des fautes; **jemanden foulen** commettre une faute sur quelqu'un
Fr. *Abkürzung von* **Frau** Mme
die **Fracht** ① *eines LKWs* la charge; *eines Schiffs* la cargaison; *eines Flugzeugs* le fret aérien ② (*Gebühr*) le fret
der **Frachter** le cargo
das **Frachtgut** la marchandise en petite vitesse
die **Frachtkosten** les frais (*männlich*) de transport
der **Frack** le frac
die **Frage** ① la question; **eine Frage stellen** poser une question; **eine Frage beantworten** répondre à une question ② (*Problem, Sache*) la question; **vor einer schwierigen Frage stehen** se voir confronté(e) à une question difficile; **das ist nur eine Frage der Zeit** ce n'est qu'une question de temps ▶ **in Frage kommen** entrer en ligne de compte; [**das**] **kommt nicht in Frage!** [il n'en est] pas question!; **etwas in Frage stellen** remettre quelque chose en question
der **Fragebogen** le questionnaire
fragen ① demander; **jemanden etwas fragen** demander quelque chose à quelqu'un; **jemanden nach den Einzelheiten fragen** demander à quelqu'un des précisions ② **warum fragst du?** pourquoi poses-tu cette question?; **frag nicht so viel!** arrête de poser autant de questions! ③ (*verlangen*) **nach jemandem fragen** demander [à parler à] quelqu'un ④ **sich fragen, ob ...** se demander si ...
fragend ① *Blick* interrogateur/interrogatrice ② *blicken* d'une manière interrogative
das **Fragepronomen** le pronom interrogatif

der **Fragesatz** la phrase interrogative
das **Fragewort** l'interrogatif *(männlich)*
das **Fragezeichen** le point d'interrogation
fraglich ❶ *(unsicher)* douteux/douteuse ❷ **die fragliche Person** (*betreffend*) la personne en question
fraglos incontestablement
das **Fragment** le fragment
fragmentarisch fragmentaire
fragwürdig douteux/douteuse
die **Fraktion** le groupe parlementaire
der **Fraktionsvorsitzende** le président du groupe parlementaire
die **Fraktionsvorsitzende** la présidente du groupe parlementaire
der **Franke** le Franconien
Franken (*Region*) la Franconie
der **Franken** (*Währung*) le franc; **der Schweizer Franken** le franc suisse
das **Frankfurt** **Frankfurt am Main** Francfort-sur--le-Main; **Frankfurt** (**Oder**) Francfort-sur--l'Oder
frankieren affranchir
die **Frankierung** l'affranchissement *(männlich)*
die **Fränkin** la Franconienne
der **Frankokanadier** le Canadien français
die **Frankokanadierin** la Canadienne française
frankophon (*gehoben*) francophone
Frankreich la France; **nach Frankreich fahren** aller en France; **in Frankreich leben** vivre en France
die **Franse** la frange
fransig effrangé(e)
der **Franzose** le Français
die **Französin** la Française
französisch *Bevölkerung, Kultur, Küche* français(e)
das **Französisch** le français; *siehe auch* **Deutsch**

G In Verbindung mit dem Verb *parler* kann der Artikel entfallen: *er spricht Französisch – il parle français.*

französischsprachig francophone
fräsen fraiser
der **Fraß** ❶ (*abwertend umgs.*) la tambouille ❷ (*für Tiere*) la pâture
die **Fratze** ❶ (*abwertend: Gesicht*) la face °hideuse ❷ (*Grimasse*) la grimace
die **Frau** ❶ la femme [fam] ❷ (*in der Anrede*) **Frau Braun** madame Braun; **guten Tag, Frau Kaiser!** bonjour, madame!
das **Frauchen** la maîtresse
der **Frauenarzt** le gynécologue
die **Frauenärztin** la gynécologue
die **Frauenbeauftragte** la déléguée à la condition féminine
die **Frauenbewegung** le mouvement féministe
frauenfeindlich misogyne
das **Frauenhaus** le foyer d'accueil pour femmes battues
die **Frauenquote** le quota féminin
das **Frauenwahlrecht** le droit de vote des femmes, le vote des femmes
das **Fräulein** ❶ la demoiselle ❷ (*in der Anrede*) **Fräulein Schmidt** mademoiselle Schmidt
fraulich féminin(e)
der **Freak** [friːk] (*umgs.*) le mordu/la mordue
frech ❶ *Person* effronté(e); **frech sein** (*in den Äußerungen*) être insolent(e); (*im Benehmen*) être impudent(e) ❷ *Kleidung* audacieux/audacieuse
der **Frechdachs** (*umgs.*) le polisson/la polissonne
die **Frechheit** l'effronterie *(weiblich)*
frei ❶ *Mensch, Tier, Leben* libre ❷ **in der freien Natur** en pleine nature ❸ (*leer*) *Seite* blanche; *Wohnung* [de] libre; *Stelle* vacant(e); **eine Seite frei lassen** laisser une page ❹ (*ohne Arbeit*) **ein freier Tag** un jour de congé ❺ (*nicht angestellt*) *Mitarbeiter* indépendant(e) ❻ (*nicht ganz textgetreu*) *Übersetzung* libre ❼ **frei von Schuld sein** être innocent(e) ❽ **sich von etwas frei machen** s'affranchir de quelque chose ❾ *entscheiden, übersetzen, zitieren* librement ❿ **frei laufende Hühner** des poules en liberté; **ein frei stehendes Gebäude** un bâtiment isolé ⓫ (*ungezwungen*) *sich bewegen* de manière décontractée
das **Freibad** la piscine en plein air
freiberuflich ❶ *Journalist* indépendant(e) ❷ *arbeiten, tätig sein* à son compte
das **Freie im Freien** en plein air; **im Freien übernachten** dormir à la belle étoile
der **Freier** le client
das **Freiexemplar** l'exemplaire *(männlich)* gratuit
freigeben ❶ débloquer *Preise;* autoriser la sortie de *Film;* ouvrir à la circulation *Strecke* ❷ **jemandem zwei Stunden freigeben** donner deux heures de libre à quelqu'un
freigebig généreux/généreuse
die **Freigebigkeit** la générosité
freihaben (*umgs.: nicht arbeiten müssen*) être en congé; (*nicht in die Schule müssen*) ne pas avoir cours
freihalten ❶ ne pas stationner devant *Ausfahrt* ❷ garder *Platz*
freihändig **freihändig Rad fahren** faire de la bicyclette sans les mains
die **Freiheit** la liberté; **in Freiheit leben** vivre en liberté; **jemandem die Freiheit schenken**

rendre la liberté à quelqu'un
freiheitlich ① *Gesinnung, Ordnung* libéral(e) ② *gesinnt* de tendance libérale
der **Freiheitskampf** la lutte pour la liberté
die **Freiheitsstrafe** la peine de prison
die **Freikarte** la place gratuite
die **Freikörperkultur** le nudisme
freilassen relaxer *Verhafteten*; relâcher *Geisel*
der **Freilauf** la roue libre
freilegen mettre au jour *Mauerreste, Ruine*
freilich ① (*allerdings*) toutefois ② (*natürlich*) bien sûr
die **Freilichtbühne** le théâtre de plein air
freimachen ① affranchir *Brief, Päckchen* ② dénuder *Brust*; **den Oberkörper freimachen** enlever le °haut; **sich freimachen** se déshabiller ③ **zwei Tage freimachen** (*umgs.*) prendre deux jours de congé
freimütig franc/franche
die **Freimütigkeit** la franchise
der **Freiraum** la liberté d'action
der **Freischaffende** le free-lance
die **Freischaffende** la free-lance
freisetzen libérer
die **Freisprechanlage** ① (*fürs Autotelefon*) le kit mains-libres ② (*fürs Mobiltelefon*) le kit piéton
freisprechen **jemanden freisprechen** déclarer quelqu'un non coupable
der **Freispruch** le non-lieu
freistehen **es steht dir frei, das zu tun** tu es libre de faire cela
freistellen ① **es jemandem freistellen, ob/wie ...** laisser à quelqu'un le choix de décider si/comment ... ② (*beurlauben*) mettre en disponibilité *Mitarbeiter*
der **Freistoß** le coup franc
der **Freitag** ① vendredi (*männlich*) ② (*bei gezielten Zeitangaben*) **am Freitag** (*kommenden Freitag*) vendredi prochain; (*letzten Freitag*) vendredi dernier; **an einem Freitag** un vendredi; **heute ist Freitag** aujourd'hui on est vendredi; **hast du diesen Freitag Zeit?** tu as le temps vendredi? ③ (*bei Zeitangaben, die eine Wiederholung ausdrücken*) **am Freitag** (*freitags, jeden Freitag*) le vendredi; **Freitag vormittags** le vendredi matin; **Freitag abends** le vendredi soir; **Freitag nachts** le vendredi dans la nuit
der **Freitagabend** le vendredi soir
der **Freitagmorgen** le vendredi matin
freitags le vendredi
der **Freitod** (*verhüllend*) le suicide
freiwillig ① *Helfer* bénévole; *Versicherung* facultatif/facultative ② *teilnehmen, helfen* de son plein gré

> **G** Der französische Wochentag wird ohne den bestimmten Artikel und ohne Präposition gebraucht, wenn eine präzise Angabe gemacht wird und ein ganz bestimmter Freitag gemeint ist.
> Geht es jedoch um mehrere Freitage, weil eine Wiederholung oder etwas Gewohnheitsmäßiges ausgedrückt wird, steht der bestimmte Artikel. In ③ stehen entsprechende Beispiele.

der **Freiwillige** le volontaire
die **Freiwillige** la volontaire
der **Freiwurf** le coup franc
das **Freizeichen** la tonalité
die **Freizeit** les loisirs (*männlich*), les heures (*weiblich*) de liberté

> **V** Der Singular *die Freizeit* wird mit einem Plural übersetzt: *die Freizeit geht immer viel zu schnell vorbei – les heures de liberté passent toujours trop vite.*

die **Freizeitbeschäftigung** l'occupation (*weiblich*)
die **Freizeitgestaltung** l'organisation (*weiblich*) des loisirs
die **Freizeitindustrie** l'industrie (*weiblich*) des loisirs
die **Freizeitkleidung** la tenue décontractée
der **Freizeitpark** le parc de loisirs
freizügig *Moral* libéral(e); *Kleidung* osé(e)
fremd ① (*unbekannt*) étranger/étrangère ② (*nicht eigen*) de quelqu'un d'autre; *Eigentum* d'autrui; **man soll sich nicht in fremde Angelegenheiten mischen** il ne faut pas se mêler des affaires d'autrui
fremdartig étrange; (*exotisch*) exotique
fremdbestimmt dépendant(e)
der **Fremde** ① (*Unbekannter*) l'inconnu (*männlich*) ② (*Ausländer*) l'étranger (*männlich*)
die **Fremde** ① (*Unbekannte*) l'inconnue (*weiblich*) ② (*Ausländerin*) l'étrangère (*weiblich*) ③ (*gehoben: Ausland*) l'étranger (*männlich*); **in die/in der Fremde** à l'étranger
fremdenfeindlich xénophobe
der **Fremdenführer** le guide
die **Fremdenführerin** la guide
der **Fremdenverkehr** le tourisme
der **Fremdenverkehrsverein** le syndicat d'initiative
das **Fremdenzimmer** la chambre d'hôte
fremdgehen (*umgs.*) être infidèle
der **Fremdkörper** (*in der Medizin*) le corps étranger
fremdländisch exotique
die **Fremdsprache** la langue étrangère
der **Fremdsprachenkorrespondent** le secrétaire bilingue/trilingue
die **Fremdsprachenkorrespondentin** la secré-

taire bilingue/trilingue
fremdsprachig *Literatur* en langue étrangère
das **Fremdwort** le mot étranger
die **Frequenz** la fréquence
das **Fresko** (*in der Kunst*) la fresque ⚠ weiblich
die **Fressalien** (*umgs.*) la bouffe

V Der Plural *die Fressalien* wird mit einem Singular übersetzt: *die Fressalien <u>sind</u> nicht teuer gewesen – la bouffe n'a pas coûté cher.*

die **Fresse** (*salopp*) la gueule; **ich werde ihm eine in die Fresse hauen** je vais lui éclater la gueule
fressen ❶ *Tier:* manger; **aus einem Napf fressen** manger dans une écuelle [ekyɛl]; **ich muss der Katze zu fressen geben** il faut que je donne à manger au chat ❷ (*abwertend umgs.: essen*) *Mensch:* bouffer ❸ **sich in eine Wand fressen** *Bohrer:* s'enfoncer dans un mur; *Säure:* ronger quelque chose ▶ **jemanden zum Fressen gernhaben** adorer quelqu'un
das **Fressen** ❶ (*Futter*) la nourriture ❷ (*abwertend umgs.: Essen*) la bouffe
die **Freude** ❶ la joie; **vor Freude jubeln** jubiler ❷ **jemandem eine Freude machen** faire plaisir à quelqu'un ▶ **die Freuden und Leiden** les joies et les peines
das **Freudengeschrei** les cris (*männlich*) de joie
das **Freudenhaus** la maison close
die **Freudensprünge Freudensprünge machen** [*oder* **vollführen**] sauter de joie
die **Freudentränen** les larmes (*weiblich*) de joie
freudestrahlend rayonnant(e) [de joie]
freudig ❶ *Empfang* joyeux/joyeuse ❷ *Nachricht* heureux/heureuse ❸ *begrüßen, erwarten* joyeusement
freudlos sans joie
freuen ❶ **sich über jemanden freuen** être content(e) de quelqu'un; **sich über etwas freuen** se réjouir de quelque chose; **sich auf jemanden freuen** se réjouir [d'avance] de la venue de quelqu'un; **freust du dich schon auf die Ferien?** est-ce que tu attends déjà les vacances avec impatience?; **es freut mich, dass du bald zu Besuch kommst** cela me fait plaisir que tu viennes bientôt me voir ❷ (*erfreuen*) réjouir
der **Freund** ❶ l'ami (*männlich*) ❷ (*Anhänger*) l'amateur (*männlich*)
der **Freundeskreis** le cercle d'amis
die **Freundin** ❶ l'amie (*weiblich*) ❷ (*Anhängerin*) l'amateur (*männlich*)

G Als Übersetzung für die Wortbedeutung, die in ❷ behandelt wird, kommt zwar auch die Femininform *l'amatrice* infrage, aber sie ist relativ ungebräuchlich: *eine Sendung für die Freunde und Freundinnen des Rock – une émission pour les amateurs et les amatrices de rock.*

freundlich ❶ *Person, Auftreten* aimable ❷ *Wetter* agréable; *Zimmer* accueillant(e) ❸ *nachfragen* de façon amicale
freundlicherweise aimablement
die **Freundlichkeit** (*Liebenswürdigkeit*) l'amabilité (*weiblich*)
die **Freundschaft** l'amitié (*weiblich*)
freundschaftlich ❶ *Hilfe, Gefühl* amical(e) ❷ **jemandem freundschaftlich verbunden sein** être lié(e) d'amitié avec quelqu'un
der **Freundschaftsdienst** le service d'ami
das **Freundschaftsspiel** la rencontre amicale
der **Frevel** (*religiös*) le sacrilège
der **Frieden** la paix ▶ **jemanden in Frieden lassen** laisser quelqu'un en paix
die **Friedensbewegung** le mouvement pacifiste
die **Friedenskonferenz** la conférence de paix
der **Friedensnobelpreis** le prix Nobel de la paix
der **Friedensrichter** ❶ le juge de paix ❷ 🇨🇭 (*Laienrichter*) l'arbitre (*männlich*)
die **Friedensrichterin** ❶ la juge de paix ❷ 🇨🇭 (*Laienrichterin*) l'arbitre (*weiblich*)
die **Friedenstaube** la colombe de la paix
die **Friedenstruppe** la force d'interposition
die **Friedensverhandlungen** les négociations (*weiblich*) de paix
der **Friedensvertrag** le traité de paix
die **Friedenszeiten in Friedenszeiten** en temps de paix
friedfertig pacifique
die **Friedfertigkeit** le caractère conciliant
der **Friedhof** le cimetière
friedlich ❶ *Demonstration* pacifique ❷ *sterben* en paix
friedliebend pacifique
frieren ❶ avoir froid; **an den Händen frieren** avoir froid aux mains ❷ **es friert mich** je suis gelé(e) ❸ (*gefrieren*) geler; **es friert** il gèle
der **Fries** (*in der Architektur*) la frise ⚠ weiblich
der **Friese** le Frison
die **Friesin** la Frisonne
friesisch frison(ne)
die **Frikadelle** la boulette [de viande]
das **Frikassee** la fricassée ⚠ weiblich
frisch ❶ *Lebensmittel, Luft, Klima* frais/fraîche ❷ *Hemd* propre ❸ *Kräfte* nouveau/nouvelle ❹ **das frisch gebackene Brot** le pain frais; **das Hemd ist frisch gewaschen** la chemise vient d'être lavée; **„Frisch gestrichen!"** "Peinture fraîche!"

die **Frische** la fraîcheur
das **Frischfleisch** la viande fraîche
die **Frischhaltefolie** le film plastique alimentaire
der **Frischkäse** le fromage frais
der **Frischling** le marcassin
der **Friseur** [fri'zøːɐ̯] le coiffeur
die **Friseurin** [fri'zøːrɪn], die **Friseuse** [fri'zøːzə] la coiffeuse
frisieren ❶ coiffer ❷ (*umgs.: leistungsfähiger machen*) trafiquer *Auto*
der **Frisör** →**Friseur**
die **Frisöse** →**Friseurin**
die **Frist** le délai
fristen sein Dasein fristen vivoter
fristlos sans préavis
die **Frisur** la coiffure
die **Fritten** (*umgs.*) les frites *(weiblich)*
frittieren [faire] frire
frivol déplacé(e)
Frl. *Abkürzung von* **Fräulein** Mlle
froh ❶ (*glücklich*) joyeux/joyeuse ❷ **über etwas froh sein** être content(e) de quelque chose ❸ *Botschaft* heureux/heureuse
fröhlich ❶ *Lachen* gai(e) ❷ *beginnen* gaiement
die **Fröhlichkeit** la gaieté
fromm pieux/pieuse
die **Frömmelei** la bigoterie
die **Frömmigkeit** la piété
die **Fronarbeit** ❶ (CH) le travail d'intérêt général (*bénévole*) ❷ (*historisch*) la corvée
frönen (*gehoben*) **dem Glücksspiel frönen** s'adonner au jeu
Fronleichnam la Fête-Dieu; **an** [*oder* **zu**] **Fronleichnam** à la Fête-Dieu
die **Front** ❶ (*Vorderseite*) le devant ❷ (*bei Wetterlagen, beim Militär*) le front
frontal ❶ *Zusammenstoß, Angriff* frontal(e) ❷ *zusammenstoßen* de front
der **Frontalzusammenstoß** la collision frontale
der **Frosch** la grenouille ▶ **einen Frosch im Hals haben** avoir un chat dans la gorge; **sei kein Frosch!** (*umgs.*) ne te fais pas prier!
der **Froschmann** l'homme-grenouille *(männlich)*
der **Frost** le gel
die **Frostbeule** l'engelure *(weiblich)*
frösteln ❶ grelotter ❷ **es fröstelt ihn** il a des frissons
frostig ❶ *Empfang, Wetter* glacial(e) ❷ *begrüßen* avec froideur
das **Frostschutzmittel** l'antigel *(männlich)*
das/der **Frottee** le tissu éponge
das **Frotteehandtuch** la serviette éponge
die **Frucht** le fruit ⚠ *männlich*
fruchtbar fécond(e); *Erde* fertile; *Gespräch* fructueux/fructueuse
die **Fruchtbarkeit** la fécondité
das **Fruchtfleisch** la pulpe, la chair
fruchtig fruité(e)
fruchtlos *Bemühungen* infructueux/infructueuse
der **Fruchtsaft** le jus de fruits
früh ❶ tôt; **zu früh** trop tôt; **früh am Morgen, am frühen Morgen** de bon matin; **heute früh** ce matin; **es ist noch früh** il est encore tôt ❷ *Tod* prématuré(e) ❸ *aufbrechen* de bonne heure
der **Frühaufsteher** le lève-tôt
die **Frühaufsteherin** la lève-tôt
der **Frühdienst** le service du matin
die **Frühe in aller Frühe** de bon matin
früher ❶ (*vergangen*) *Zeiten* passé(e) ❷ **seine/ihre frühere Wohnung** son ancien logement ❸ **früher war alles anders** autrefois, tout était différent; **sie kennen sich von früher** ils se sont connus il y a longtemps
frühestens au plus tôt
frühestmöglich zum frühestmöglichen Zeitpunkt le plus tôt possible
die **Frühgeburt** ❶ (*zu frühe Entbindung*) la naissance avant terme ❷ (*zu früh geborenes Kind*) le prématuré/la prématurée
das **Frühjahr** le printemps; **im Frühjahr** au printemps
die **Frühjahrsmüdigkeit** *le coup de fatigue au printemps*
frühkindlich infantile
der **Frühling** le printemps
der **Frühlingsanfang** le début du printemps
frühmorgens de bon matin
frühreif précoce
die **Frühschicht** l'équipe *(weiblich)* du matin
der **Frühsport** la gymnastique matinale
das **Frühstadium** le stade précoce
das **Frühstück** le petit-déjeuner
frühstücken prendre son petit-déjeuner
das **Frühwerk** l'œuvre *(weiblich)* de jeunesse
frühzeitig ❶ *Reservierung* à l'avance ❷ *Tod* prématuré(e) ❸ (*früh genug*) *reservieren* [suffisamment] tôt ❹ *weggehen, beenden* prématurément
der **Frust** (*umgs.*) la frustration
die **Frustration** la frustration
frustrieren (*umgs.*) frustrer
der **Fuchs** le renard ▶ **ein schlauer Fuchs** (*umgs.*) un vieux renard
der **Fuchsbau** la renardière
die **Füchsin** la renarde
fuchsteufelswild (*umgs.*) furax

die **Fuchtel** er steht unter ihrer Fuchtel (*umgs.*) il est sous sa coupe
fuchteln (*umgs.*) gesticuler
die **Fuge** ❶(*im Mauerwerk, zwischen Kacheln*) le joint ❷(*in der Musik*) la fugue ▸ **aus den Fugen geraten** (*gehoben*) s'en aller à vau-l'eau
fügen ❶(*nachgeben*) **sich fügen** se soumettre ❷**einen Stein auf den anderen fügen** (*gehoben*) assembler les pierres
fügsam (*gehoben*) docile
die **Fügung** l'effet (*männlich*) de la Providence
fühlbar ❶(*merklich*) sensible ❷(*tastbar*) palpable
fühlen ❶sentir; ressentir *Schmerz* ❷(*ertasten*) toucher *Unebenheit* ❸**nach etwas fühlen** porter la main à quelque chose ❹**sich gut/schlecht fühlen** se sentir bien/mal; **wie fühlst du dich?** comment tu te sens? ❺**sich als Sieger fühlen** se prendre pour le vainqueur
der **Fühler** ❶*eines Insekts* l'antenne (*weiblich*); *einer Schnecke* la corne ❷(*Temperaturfühler*) la sonde
führen ❶guider; (*hinführen*) conduire; **jemanden über die Straße führen** faire traverser la rue à quelqu'un ❷diriger *Betrieb* ❸(*gehoben*) porter *Namen*; **seine Papiere mit sich führen** avoir ses papiers avec soi ❹vendre *Artikel, Produkte* ❺**was führt Sie zu mir?** (*gehoben*) qu'est-ce qui vous amène? ❻(*in Führung liegen*) mener; **er führt mit fünf Sekunden Vorsprung** il mène avec cinq secondes d'avance ❼**der Tunnel führt durch einen sehr hohen Berg** le tunnel traverse une très °haute montagne ▸ **das führt zu nichts** ça ne mène à rien
führend de premier plan
der **Führer** ❶(*Leiter*) le dirigeant ❷(*Fremdenführer, Reiseführer*) le guide ❸Ⓒʜ (*Lenker*) le conducteur
die **Führerin** ❶(*Leiterin*) la dirigeante ❷(*Fremdenführerin*) la guide ❸Ⓒʜ (*Lenkerin*) la conductrice
der **Führerschein** le permis [de conduire]; **den Führerschein machen** passer le permis, passer son permis
der **Fuhrpark** le parc automobile
die **Führung** ❶(*Besichtigung*) la visite guidée ❷(*Betragen*) la conduite ❸(*leitende Gruppe*) la direction ❹(*im Sport*) **in Führung liegen** être en tête
das **Führungszeugnis das polizeiliche Führungszeugnis** le certificat de bonne conduite

das **Fuhrunternehmen** la société de transports
das **Fuhrwerk** la charrette
die **Fülle** ❶(*große Menge*) la profusion; **eine Fülle von Anregungen** une profusion de suggestions ❷(*Körperfülle*) l'embonpoint (*männlich*)
füllen ❶remplir *Gefäß* ❷(*beim Kochen*) farcir *Ente, Paprika* ❸(*einfüllen*) **den Saft in die Flaschen füllen** remplir les bouteilles de jus; **das Mehl in die Säcke füllen** remplir les sacs de farine ❹**sich füllen** se remplir
der **Füller** le stylo
der **Füllfederhalter** le stylo-plume
füllig *Mann, Frau* corpulent(e)
die **Füllung** ❶*eines Zahns* le plombage; *eines Kissens* le rembourrage ❷(*beim Kochen*) la farce
fummeln (*umgs.*) ❶(*hantieren*) **an etwas fummeln** tripatouiller quelque chose ❷(*sexuell*) se peloter
der **Fund** ❶(*das Entdecken, Finden*) la découverte ❷(*das Gefundene*) la trouvaille
das **Fundament** ❶les fondations (*weiblich*) ❷(*Grundlage*) la base

> ⓥ In ❶ wird der Singular *das Fundament* mit einem Plural übersetzt: *das Fundament ist sehr stabil* – les fondations sont très solides.

fundamental fondamental(e)
der **Fundamentalismus** le fondamentalisme; (*religiös*) l'intégrisme (*männlich*)
das **Fundbüro** le bureau des objets trouvés
die **Fundgrube** la mine
fundiert *Kenntnisse* approfondi(e)
fündig fündig werden trouver quelque chose
die **Fundsache** l'objet (*männlich*) trouvé
fünf cinq [sɛ̃k, sɛ̃]; **fünf Äpfel und eine Orange** cinq pommes [sɛ̃ pɔm] et une orange; **es steht fünf zu zwei** *geschrieben*: **5:2** le score est de cinq à deux *geschrieben*: 5 à 2 [sɛ̃k a dø] ❷(*bei der Altersangabe*) **er/sie ist fünf [Jahre alt]** il/elle a cinq ans [sɛ̃k ɑ̃]; **mit fünf [Jahren]** à cinq ans ❸(*bei Uhrzeit- und Zeitangaben*) **es ist fünf [Uhr]** il est cinq heures [sɛ̃k œʀ]; **um fünf [Uhr]** à cinq heures; **gegen fünf [Uhr]** vers cinq heures; **kurz vor fünf** peu avant cinq heures; **es ist schon kurz nach fünf** il est déjà cinq heures passées; **alle fünf Stunden** toutes les cinq heures; **heute in fünf Tagen** dans cinq jours [sɛ̃ ʒuʀ] ❹(*bei der Geschwindigkeitsangabe*) **mit fünf Stundenkilometern** à cinq kilomètres à l'heure

die **Fünf** ① (*Zahl, Spielkarte, Buslinie*) le cinq [sɛ̃k] ⚠ *männlich;* **der Spieler mit der Fünf [auf dem Rücken]** le joueur qui porte le numéro cinq ② (*schlechte Schulnote*) ≈ °huit [sur vingt] ③ ⒸⒽ (*gute Schulnote*) ≈ quatorze/seize [sur vingt]
das **Fünfeck** le pentagone [pɛ̃tagɔn, pɛ̃tagon]
fünfeckig pentagonal(e)
fünfeinhalb cinq ... et demi(e); **fünfeinhalb Liter** cinq litres et demi; **fünfeinhalb Stunden** cinq heures et demie
fünferlei cinq ... divers(es); **fünferlei Formate** cinq formats divers; **fünferlei Farben** cinq couleurs diverses; **fünferlei Sorten Brot** cinq sortes de pain
der **Fünfeuroschein** le billet de cinq euros
fünffach ① quintuple [kɛ̃typl]; **eine fünffache Vergrößerung** un agrandissement cinq fois plus grand; **in fünffacher Ausfertigung** en cinq exemplaires; **nehmen Sie die fünffache Menge!** prenez cinq fois cette quantité! **ein Blatt fünffach falten** plier une feuille en cinq
das **Fünffache** ① le quintuple ② **das Fünffache verdienen** gagner cinq fois plus [plys]; **um das Fünffache** de cinq fois; **um das Fünffache höher** cinq fois plus élevé(e)
fünfhundert cinq cents
fünfjährig *Kind* de cinq ans [sɛ̃k ɑ̃]
der **Fünfjährige** le garçon de cinq ans [sɛ̃k ɑ̃]
die **Fünfjährige** la fille de cinq ans [sɛ̃k ɑ̃]
fünfmal cinq fois; **fünfmal so viel** cinq fois plus [plys]; **fünfmal so viele Leute** cinq fois plus [ply] de gens
die **Fünfraumwohnung** l'appartement *(männlich)* de cinq pièces [sɛ̃ pjɛs]
fünfstöckig *Gebäude* de cinq étages [sɛ̃k etaʒ]
fünfstündig *Reise, Aufenthalt* de cinq heures [sɛ̃k œr]
fünft **zu fünft sein** être cinq [sɛ̃k]; **zu fünft verreisen** partir en voyage à cinq
die **Fünftagewoche** la semaine de cinq jours [sɛ̃ ʒur]
fünftausend cinq mille [sɛ̃ mil]

Ⓖ Das Zahlwort *mille* ist unveränderlich.

der **Fünfte** ① (*in Bezug auf die Reihenfolge, die Leistung*) le cinquième [sɛ̃kjɛm]; **als Fünfter** en cinquième position; **jeder Fünfte** une personne sur cinq [sɛ̃k] ② (*bei der Datumsangabe*) le cinq *geschrieben:* le 5 [lə sɛ̃k]; **am Fünften** *geschrieben:* **am 5.** le cinq *geschrieben:* le 5 [lə sɛ̃k] ③ (*bei Schaltgetrieben*) la cinquième ⚠ *weiblich;* **in den Fünften schalten** passer en cinquième ④ (*umgs.: fünfter Stock*) le cinquième; **ich wohne im Fünften** j'habite au cinquième ⑤ (*als Namenszusatz*) **Karl der Fünfte** *geschrieben:* **Karl V.** Charles cinq *geschrieben:* Charles V [ʃaʁl(ə) sɛ̃k]

die **Fünfte** ① (*in Bezug auf die Reihenfolge, die Leistung*) la cinquième [sɛ̃kjɛm]; **als Fünfte** en cinquième position; **jede Fünfte** une personne sur cinq [sɛ̃k] ② (*fünfte Klasse*) ≈ la cinquième année; (*im französischen Schulsystem*) ≈ le cours moyen, deuxième année, ≈ le CM 2 [seɛm dø] ③ (*fünfte Symphonie*) **Mahlers Dritte** la Troisième Symphonie de Mahler

fünfte(r, s) ① cinquième [sɛ̃kjɛm]; **jeder fünfte Franzose** un Français sur cinq [sɛ̃k] ② (*bei der Datumsangabe*) **der fünfte Mai** *geschrieben:* **der 5. Mai** le cinq mai *geschrieben:* le 5 mai; **am fünften März** *geschrieben:* **am 5. März** le cinq mars *geschrieben:* le 5 mars [lə sɛ̃ maʁs]; **am Freitag, den 5. Juni** le vendredi 5 juin [lə vɑ̃dʁədi sɛ̃ ʒɥɛ̃]; **Bonn, den 5. Oktober** Bonn, le 5 octobre [bɔn lə sɛ̃k ɔktɔbʁ] ③ (*bei den Klassenstufen*) **die fünfte Klasse** ≈ la cinquième année; (*im französischen Schulsystem*) ≈ le cours moyen, deuxième année, ≈ le CM2 [seɛm dø]

Ⓛ Im französischen Schulsystem umfasst die Grundschule fünf Klassen. Erst nach dem fünften Schuljahr, dem *cours moyen, deuxième année,* beginnt die Sekundarstufe.

fünftel ein fünftel Gramm un cinquième de gramme
das **Fünftel** le cinquième
fünftens cinquièmement [sɛ̃kjɛməmɑ̃]
fünfundzwanzig ① vingt-cinq [vɛ̃tsɛ̃k, vɛ̃tsɛ̃] ② (*bei der Altersangabe*) **er/sie ist fünfundzwanzig [Jahre alt]** il/elle a vingt-cinq ans [vɛ̃tsɛ̃k ɑ̃]; **mit fünfundzwanzig [Jahren]** à vingt-cinq ans
die **Fünfundzwanzig** (*Zahl, Buslinie*) le vingt-cinq [vɛ̃tsɛ̃k] ⚠ *männlich*
der **Fünfundzwanzigste** ① (*in Bezug auf die Reihenfolge, die Leistung*) le vingt-cinquième [vɛ̃tsɛ̃kjɛm] ② (*bei der Datumsangabe*) le vingt-cinq *geschrieben:* le 25 [vɛ̃tsɛ̃k]; **am Fünfundzwanzigsten** *geschrieben:* **am 25.** le vingt-cinq *geschrieben:* le 25 [lə vɛ̃tsɛ̃k]
die **Fünfundzwanzigste** (*in Bezug auf die Reihenfolge, die Leistung*) la vingt-cinquième [vɛ̃tsɛ̃kjɛm]
fünfundzwanzigste(r, s) ① vingt-cinquième

[vɛtsɛ̃kjɛm] ❷ (bei der Datumsangabe) **der fünfundzwanzigste Dezember** geschrieben: **der 25. Dezember** le vingt-cinq décembre geschrieben: le 25 décembre [vɛ̃tsɛ̃ desɑ̃bʀ]

fünfzehn ❶ quinze [kɛ̃z]; **es steht fünfzehn zu zehn** geschrieben: **15:10** le score est de quinze à dix geschrieben: 15 à 10 [kɛ̃z a dis] ❷ (bei der Altersangabe) **er/sie ist fünfzehn [Jahre alt]** il/elle a quinze ans [kɛ̃z ɑ̃]; **mit fünfzehn [Jahren]** à quinze ans ❸ (bei Uhrzeitangaben) **es ist fünfzehn Uhr** il est quinze heures [kɛ̃z œʀ]; **um fünfzehn Uhr** à quinze heures; **gegen fünfzehn Uhr** vers quinze heures; **kurz vor fünfzehn Uhr** peu avant quinze heures; **es ist schon kurz nach fünfzehn Uhr** il est déjà quinze heures passées; **es ist acht Uhr fünfzehn** il est °huit heures quinze ❹ (bei der Geschwindigkeitsangabe) **mit fünfzehn Stundenkilometern** à quinze kilomètres à l'heure ❺ (beim Tennis) **fünfzehn beide** quinze à [kɛ̃z a]

die **Fünfzehn** (Zahl, Buslinie) le quinze [kɛ̃z] ⚠ männlich

der **Fünfzehnte** ❶ (in Bezug auf die Reihenfolge, die Leistung) le quinzième [kɛ̃zjɛm]; **als Fünfzehnter** en quinzième position; **jeder Fünfzehnte** une personne sur quinze ❷ (bei der Datumsangabe) **le quinze** geschrieben: le 15 [kɛ̃z]; **am Fünfzehnten** le quinze geschrieben: le 15 [lə kɛ̃z] ❸ (umgs.: fünfzehnter Stock) le quinzième [kɛ̃zjɛm]; **ich wohne im Fünfzehnten** j'habite au quinzième ❹ (als Namenszusatz) **Johannes der Fünfzehnte** geschrieben: **Johannes XV.** Jean quinze geschrieben: Jean XV [ʒɑ̃ kɛ̃z]

die **Fünfzehnte** (in Bezug auf die Reihenfolge, die Leistung) la quinzième [kɛ̃zjɛm]; **als Fünfzehnte** en quinzième position; **jede Fünfzehnte** une personne sur quinze

fünfzehnte(r, s) ❶ quinzième [kɛ̃zjɛm]; **jeder fünfzehnte Deutsche** un Allemand sur quinze [kɛ̃z] ❷ (bei der Datumsangabe) **der fünfzehnte Mai** geschrieben: **der 15. Mai** le quinze mai geschrieben: le 15 mai [lə kɛ̃z mɛ]; **am fünfzehnten Mai** geschrieben: **am 15. Mai** le quinze mai geschrieben: le 15 mai [lə kɛ̃z mɛ]; **am Freitag, den 15. April** le vendredi 15 avril [lə vɑ̃dʀədi kɛ̃z avʀil]; **Bonn, den 15. Juni** Bonn, le 15 juin [bɔn lə kɛ̃z ʒɥɛ̃]

fünfzig ❶ cinquante [sɛ̃kɑ̃t] ❷ (bei der Altersangabe) **er/sie ist fünfzig [Jahre alt]** il/elle a cinquante ans; **mit fünfzig [Jahren]** à cinquante ans ❸ (bei der Zeitangabe) **es ist neun Uhr fünfzig** il est neuf heures cinquante [nœv œʀ sɛ̃kɑ̃t]; **in** [oder **innerhalb von**] **fünfzig Tagen** en cinquante jours ❹ (bei der Geschwindigkeitsangabe) **mit fünfzig Stundenkilometern** à cinquante kilomètres à l'heure

die **Fünfzig** (Zahl, Buslinie) le cinquante ⚠ männlich

das **Fünfzigcentstück** la pièce de cinquante cents

fünfziger die fünfziger Jahre eines Jahrhunderts les années (weiblich) cinquante

der **Fünfzigeuroschein** le billet de cinquante euros

fünfzigste(r, s) cinquantième [sɛ̃kɑ̃tjɛm]; **jemanden zu seinem fünfzigsten Geburtstag gratulieren** féliciter quelqu'un à l'occasion de son cinquantième anniversaire

die **Fünfzimmerwohnung** l'appartement (männlich) de cinq pièces [sɛ̃ pjɛs]

fungieren als Hausmeister fungieren faire fonction de concierge

der **Funk** la radio

der **Funke** l'étincelle (weiblich)

funkeln étinceler

funkelnagelneu (umgs.) flambant neuf/neuve; **ein funkelnagelneues Auto** une voiture flambant neuf [oder flambant neuve]

funken ❶ (per Funk senden) transmettre par radio; **eine Nachricht funken** transmettre une nouvelle par radio ❷ (Funken sprühen) faire des étincelles ❸ **bei ihm hat es gefunkt** (umgs.: er hat verstanden) il a pigé; (er hat sich verliebt) il a eu le coup de foudre

der **Funker** l'opérateur (männlich) radio, le radio

die **Funkerin** l'opératrice (weiblich) radio, la radio

das **Funkgerät** l'appareil (männlich) de radio

das **Funkhaus** les studios (männlich)

das **Funksprechgerät** le talkie-walkie

der **Funkspruch** le message radio

die **Funkstreife** la ronde de police [en voiture radio]

das **Funktaxi** le radio-taxi

das **Funktelefon** le radiotéléphone

die **Funktion** la fonction

funktional →**funktionell**

der **Funktionär** le permanent

die **Funktionärin** la permanente

funktionell fonctionnel(le)

funktionieren fonctionner; **nicht richtig funktionieren** Schilddrüse, Institution, Justiz: dysfonctionner; **der Aufzug funktioniert nicht** l'ascenseur ne marche pas

die **Funktionstaste** (in der Informatik) la touche

de fonction
funktionstüchtig en état de marche
der **Funkturm** la tour hertzienne
die **Funkverbindung** la liaison radio
der **Funkverkehr** la radiocommunication
für ① pour; **das ist für Sie** c'est pour vous; **für jemand anders die Arbeit machen** faire le travail d'autrui; **für sich bleiben** rester seul(e) ② **was für ein Buch** quel livre; **was für eine Zeitschrift** quelle revue; **was für Blumen** quelle sorte de fleurs; **was für ein Lärm!** quel bruit! ③ **Tag für Tag** jour après jour
das **Für das Für und Wider** le pour et le contre
die **Fürbitte** la prière [d'intercession]
die **Furche** le sillon
die **Furcht** la peur; **eine Furcht erregende Maske** un masque effrayant
furchtbar terrible
fürchten ① redouter *Unglück* ② (*befürchten*) craindre *Misserfolg* ③ **sich vor jemandem/vor etwas fürchten** avoir peur de quelqu'un/de quelque chose ④ **um jemanden/um etwas fürchten** craindre pour quelqu'un/pour quelque chose
fürchterlich →furchtbar
furcherregend ein äußerst furchterregender Anblick un spectacle extrêmement terrifiant
furchtlos *Person* °hardi(e)
furchtsam (*gehoben*) craintif/craintive
füreinander ① **die beiden sind füreinander bestimmt** ils sont faits tous les deux l'un pour l'autre ② **in dieser Familie sind alle füreinander da** dans cette famille, ils sont tous prêts à s'entraider
die **Furie** (*abwertend: Frau*) la furie
das **Furnier** le placage
die/das **Furore Furore machen** faire un malheur
die **Fürsorge** (*Pflege, Hilfe*) les soins (*männlich*)
die **Fürsorgepflicht** le devoir d'assistance [sociale]
fürsorglich ① *Pflege* attentionné(e) ② *pflegen* avec soin
die **Fürsprache** l'intervention (*weiblich*)
der **Fürsprecher** l'avocat (*männlich*)
die **Fürsprecherin** l'avocate (*weiblich*)
der **Fürst** le prince
das **Fürstentum** la principauté
die **Fürstin** la princesse
fürstlich princier/princière; *Trinkgeld* royal(e)
der/das **Furunkel** le furoncle
der **Furz** (*umgs.*) le pet
furzen (*umgs.*) péter

der **Fusel** (*abwertend umgs.*) le tord-boyaux
die **Fusion** la fusion
fusionieren fusionner
der **Fuß** ① (*auch Längenmaß*) le pied ② **zu Fuß gehen** aller à pied ③ **bei Fuß!** au pied! ▶ **auf eigenen Füßen stehen** voler de ses propres ailes
der **Fußball** ① (*Fußballspiel*) le football ② (*Ball*) le ballon [de football]
der **Fußballer** (*umgs.*) le footballeur
die **Fußballerin** (*umgs.*) la footballeuse
der **Fußballfan** le fan de foot/la fan de foot
die **Fußballmannschaft** l'équipe (*weiblich*) de football
der **Fußballplatz** le terrain de football
das **Fußballspiel** le match de football
der **Fußballspieler** le joueur de football
die **Fußballspielerin** la joueuse de football
der **Fußballverein** le club de football
der **Fußboden** le sol
der **Fußbreit** le pied
die/der **Fussel** la peluche
fusselig qui peluche
fusseln pelucher
das **Fußende** le pied
der **Fußgänger** le piéton
die **Fußgängerin** la piétonne
der **Fußgängerüberweg** le passage pour piétons
die **Fußgängerzone** la zone piétonne [*oder* piétonnière]
das **Fußgelenk** la cheville
fusslig →fusselig
der **Fußmarsch** la marche à pied
die **Fußmatte** le paillasson
die **Fußnote** la note [de bas de page]
der **Fußpilz** la mycose [du pied]
die **Fußsohle** la plante du pied
die **Fußspitze** la pointe du pied
der **Fußtritt** le coup de pied
das **Fußvolk** (*abwertend umgs.*) le petit peuple
der **Fußweg** (*Pfad*) le sentier
die **Fußzeile** le pied de page
futsch (*umgs.: weg*) perdu(e)
das **Futter** ① (*Tiernahrung*) la nourriture ② *eines Mantels* la doublure
das **Futteral** l'étui (*männlich*)
futtern (*umgs.*) bouffer
füttern ① nourrir *Säugling, Tier* ② doubler *Mantel, Rock*
der **Futternapf** l'écuelle (*weiblich*)
die **Futterpflanze** la plante fourragère
das **Futur** (*in der Grammatik*) le futur
futuristisch futuriste

G

das **g**, das **G** (*Buchstabe*) le g, le G [ʒe]
g *Abkürzung von* **Gramm** g
das **g** (*Musiknote*) le sol
die **Gabe** ❶ (*gehoben: Geschenk*) le présent ❷ (*Begabung*) le don ❸ **eine milde Gabe** une aumône
die **Gabel** ❶ la fourchette ❷ (*Heugabel*) la fourche
    gabeln sich gabeln *Straße:* bifurquer
der **Gabelstapler** le chariot élévateur [à fourche]
die **Gabelung** la bifurcation
    gackern *Huhn, Kinder:* glousser
    gaffen (*abwertend*) ❶ *Schaulustige:* être là bouche bée ❷ **nach jemandem/nach etwas gaffen** reluquer quelqu'un/quelque chose
der **Gag** [gɛk] (*in einem Film*) le gag
die **Gage** ['gaːʒə] le cachet

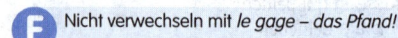
Nicht verwechseln mit *le gage – das Pfand!*

gähnen bâiller
die **Gala** la tenue de gala
    galaktisch galactique
    galant galant(e)
die **Galeere** la galère
die **Galerie** ❶ (*Kunstgalerie*) la galerie [d'art] ❷ Ⓐ, ⒞ (*Tunnel*) le tunnel
der **Galgen** ❶ la potence ❷ (*Ratespiel*) **Galgen spielen** jouer au pendu
die **Galgenfrist** (*umgs.*) l'ultime délai (*männlich*)
der **Galgenhumor** l'humour (*männlich*) noir
die **Galle** ❶ (*Organ*) la vésicule biliaire ❷ (*Sekret*) la bile
die **Gallenblase** la vésicule biliaire
der **Gallenstein** le calcul biliaire
    gallertartig gélatineux/gélatineuse
    Gallien la Gaule
der **Gallier** le Gaulois
die **Gallierin** la Gauloise
    gallisch gaulois(e)
der **Galopp** le galop
    galoppieren galoper
das **Gamepad** ['gɛɪmpɛd] le gamepad
die **Gameshow** ['gɛɪmʃoʊ] le jeu télévisé
die **Gammastrahlen** les rayons (*männlich*) gamma
    gammeln (*abwertend umgs.*) glander, glandouiller
die **Gämse** le chamois
    gang das ist gang und gäbe c'est monnaie courante

der **Gang** ❶ (*Gehweise*) la démarche ❷ (*Behördengang*) la démarche ❸ *eines Menüs* le plat ❹ *eines Getriebes, einer Schaltung* la vitesse; **im dritten Gang** en troisième ❺ (*Korridor*) le couloir; **auf dem Gang** dans le couloir
    gangbar ein gangbarer Weg (*übertragen*) une voie envisageable
    gängeln tenir en laisse; **sein Kind gängeln** tenir son enfant en laisse
    gängig courant(e); **ein gängiger Artikel** un article d'un bon débit; **die gängigste Version** le modèle le plus demandé
die **Gangschaltung** (*am Fahrrad*) le dérailleur
der **Gangster** ['gɛŋstɐ] le gangster
die **Gangway** ['gɛŋweɪ] la passerelle [d'embarquement]
der **Ganove** (*abwertend umgs.*) le truand
die **Gans** ❶ l'oie (*weiblich*) ❷ (*umgs.: Schimpfwort*) [**du**] **dumme Gans!** petite dinde!
das **Gänseblümchen** la pâquerette
die **Gänsefüßchen** (*umgs.*) les guillemets (*männlich*)
die **Gänsehaut** la chair de poule
die **Gänseleberpastete** le foie gras [d'oie]
der **Gänsemarsch im Gänsemarsch** à la queue leu leu
der **Gänserich** le jars
    ganz ❶ (*vollständig*) complet/complète; **die ganze Nachbarschaft** tous les voisins; **den ganzen Tag** [**über**] toute la journée ❷ **ganz allein** tout seul/toute seule; **ganz ruhig** parfaitement calme; **ganz vorne** tout devant ❸ (*all der/die/das ...*) **dieses ganze Gerede** (*umgs.*) tous ces discours ❹ (*umgs.: unbeschädigt*) intact(e) ❺ (*nur*) **ganze zehn Euro spenden** (*umgs.*) donner tout juste dix euros ❻ (*ziemlich viel*) **eine ganze Menge Geld** (*umgs.*) une sacrée somme [d'argent] ❼ (*ziemlich*) **das ist ja ganz erfreulich** (*umgs.*) cela fait bien plaisir ▶ **ganz und gar** totalement
das **Ganze** ❶ (*Ganzheit*) l'ensemble (*männlich*) ❷ (*alle Sachen*) le tout; (*die ganze Angelegenheit*) tout cela
    gänzlich ❶ *Fehlen* total(e) ❷ *überarbeiten* totalement
    ganztägig ❶ *Ausflug* d'une journée ❷ *betreuen* toute la journée
die **Ganztagsschule** type d'école et de scolarité où les cours ont lieu toute la journée
    gar[1] ❶ (*überhaupt*) **gar nichts** absolument rien ❷ **gar nicht teuer** pas cher(chère) du tout ❸ (*geschweige*) **fünfzig oder gar hundert Euro sind einfach zu viel** cinquante euros voire cent euros sont bien trop

gar² (*gegart*) **gar sein** être bien cuit(e); **gar gekocht** cuit(e) à point

die **Garage** [ga'ra:ʒə] le garage ⚠ *männlich*

die **Garantie** la garantie; **dieser Wecker hat ein Jahr Garantie** ce réveil est garanti un an; **auf dem Radio ist noch Garantie** la radio est encore sous garantie; **die Garantie für die Waschmaschine ist abgelaufen** le lave-linge n'est plus sous garantie

garantieren ❶ garantir *Einnahmen, Funktionsfähigkeit, Rechte* ❷ **für etwas garantieren** *Person*: se porter garant(e) de quelque chose

garantiert (*umgs.*) ❶ **er hat das garantiert vergessen!** il l'a certainement oublié! ❷ **sie kommen garantiert morgen** ils viendront sûrement demain

der **Garantieschein** le bon de garantie
die **Garbe** (*Getreidegarbe*) la gerbe
die **Garde** la garde
die **Garderobe** ❶ (*Ständer*) le portemanteau; (*Aufbewahrungsraum*) le vestiaire ❷ (*gehoben: Kleidung*) la garde-robe
der **Garderobenständer** le portemanteau
die **Gardine** le rideau
die **Gardinenstange** la tringle à rideau
garen [faire] cuire
gären fermenter
das **Garn** le fil
die **Garnele** la crevette [rose]
garnieren décorer *Kuchen*
die **Garnitur** ❶ (*Wäschegarnitur*) la parure; **eine Garnitur Unterwäsche/Bettwäsche** une parure de linge/de draps ❷ (*Möbelgarnitur*) l'ensemble (*männlich*)

> 🇫 Nicht verwechseln mit *la garniture – die Beilage; die Verzierung!*

garstig ❶ (*ungezogen*) vilain(e) ❷ (*abscheulich*) affreux/affreuse
der **Garten** le jardin; **er/sie ist im Garten** il/elle est dans le jardin
die **Gartenarbeit** le jardinage
der **Gartenbau** l'horticulture (*weiblich*)
das **Gartenfest** la garden-party
das **Gartenhaus** le pavillon
die **Gartenlaube** la tonnelle
das **Gartenlokal** la brasserie en plein air
der **Gartenzaun** la clôture de jardin
der **Gartenzwerg** le nain de jardin
der **Gärtner** le jardinier
die **Gärtnerei** l'établissement (*männlich*) horticole
die **Gärtnerin** la jardinière
die **Gärung** la fermentation
das **Gas** ❶ le gaz ❷ (*umgs.: Gaspedal*) l'accélérateur (*männlich*) ❸ **Gas geben** accélérer

die **Gasflasche** la bouteille de gaz
gasförmig gazeux/gazeuse
der **Gashahn** le robinet du gaz
der **Gasherd** la cuisinière à gaz
der **Gaskocher** le réchaud à gaz
die **Gasleitung** la conduite de gaz
die **Gasmaske** le masque à gaz
das **Gaspedal** la pédale d'accélérateur
die **Gasse** ❶ la ruelle ❷ Ⓐ (*Straße*) la rue
der **Gast** ❶ l'invité (*männlich*)/l'invitée (*weiblich*) ❷ (*Hotelgast*) le pensionnaire/la pensionnaire ❸ (*Besucher*) l'hôte (*männlich*)
der **Gastarbeiter** le travailleur immigré
die **Gastarbeiterin** la travailleuse immigrée
das **Gästebuch** le livre d'hôtes
das **Gästezimmer** la chambre d'amis
gastfreundlich hospitalier/hospitalière
die **Gastfreundschaft** l'hospitalité (*weiblich*)
der **Gastgarten** Ⓐ la brasserie en plein air
der **Gastgeber** l'hôte (*männlich*)
die **Gastgeberin** l'hôtesse (*weiblich*)
der **Gasthof** l'auberge (*weiblich*)
gastieren se produire en tournée
das **Gastland** le pays d'accueil
gastlich (*gehoben*) *Bewirtung* prévenant(e)
der **Gastronom** le restaurateur

> 🇫 Nicht verwechseln mit *le gastronome – der Feinschmecker!*

die **Gastronomie** la restauration

> 🇫 Nicht verwechseln mit *la gastronomie – die Kochkunst!*

die **Gastronomin** la restauratrice

> 🇫 Nicht verwechseln mit *la gastronome – die Feinschmeckerin!*

gastronomisch gastronomique
das **Gastspiel** ❶ **ein Gastspiel geben** se produire en tournée ❷ (*im Sport*) le match [à l'] extérieur
die **Gaststätte** le café-restaurant
der **Gastwirt** le restaurateur
die **Gastwirtin** la restauratrice
die **Gastwirtschaft** → **Gaststätte**
die **Gasvergiftung** l'intoxication (*weiblich*) par le gaz
der **Gaszähler** le compteur à gaz
der **Gatte** (*gehoben*) l'époux (*männlich*)
das **Gatter** la barrière
die **Gattin** (*gehoben*) l'épouse (*weiblich*)
die **Gattung** ❶ (*biologisch*) l'ordre (*männlich*) ❷ (*künstlerisch*) le genre
der **GAU** *Abkürzung von* **größter anzunehmender Unfall** l'accident (*männlich*) maximal hypothétique

die **Gaudi** Ⓐ (*umgs.*) **das war vielleicht eine Gaudi!** ce qu'on a pu se marrer!
der **Gaukler** (*historisch*) le bateleur [de foire]
die **Gauklerin** (*historisch*) la bateleuse [de foire]
der **Gaul** (*abwertend*) le canasson
der **Gaumen** le palais
der **Gauner** (*abwertend*) ❶ (*Betrüger*) l'escroc (*männlich*) ❷ (*umgs.: schlaue Person*) le filou
die **Gaunerin** (*abwertend*) ❶ (*Betrügerin*) l'escroc (*männlich*) ❷ (*umgs.: schlaue Person*) la filoute

> Ⓖ In ❶ gibt es keine französische Femininform: *diese Frau ist eine Gaunerin – cette femme est un escroc.*

das **G-Dur** le sol majeur
geartet ein anders gearteter Fall un cas d'[une] autre nature
das **Geäst** le branchage
geb. *Abkürzung von* **geborene(r)** né(e)
das **Gebäck** ❶ (*einzelnes Stück*) le petit gâteau; (*Gesamtheit*) les petits gâteaux, les pâtisseries; **sie isst gerne Gebäck** elle aime les petits gâteaux [*oder* les pâtisseries] ❷ Ⓐ (*Brötchen*) le [petit] pain
gebacken etwas nicht gebacken kriegen (*umgs.*) ne pas venir à bout de quelque chose
das **Gebälk** la charpente
geballt mit geballter Kraft de toutes mes/ses/... forces
gebannt ❶ fasciné(e) ❷ **wie gebannt zuhören** écouter bouche bée
die **Gebärde** le geste
gebären mettre au monde
die **Gebärmutter** l'utérus (*männlich*)
das **Gebäude** le bâtiment
gebaut gut gebaut bien bâti(e); **er ist gut gebaut** il est bien bâti
das **Gebell** les aboiements (*männlich*) [continuels]

> Ⓥ Der Singular *das Gebell* wird mit einem Plural übersetzt: *dieses Gebell geht mir auf die Nerven! – ces aboiements me tapent sur les nerfs!*

geben ❶ donner *Buch, Rat, Beispiel*; faire *Versprechen, Rabatt*; **jemandem ein Zeichen geben** faire signe à quelqu'un ❷ (*[hinüber]reichen*) passer; **gib mir bitte mal das Salz!** passe-moi le sel, s'il te plaît! ❸ donner *Konzert, Interview*; jouer *Theaterstück* ❹ **jemandem Unterricht geben** donner des cours à quelqu'un; **Französisch geben** enseigner le français ❺ **Milch geben** *Kuh, Ziege:* donner du lait ❻ (*am Telefon*) **geben Sie mir bitte Frau Braun** pourriez-vous me passer madame Braun, s'il vous plaît?
❼ **Laute von sich geben** émettre des sons
❽ **7 mal 7 gibt 49** 7 fois 7 [font] 49 ❾ (*beim Kartenspiel*) donner; **wer gibt?** c'est à qui de donner? ❿ **es gibt ...** il y a ...; **was gibt es zu essen?** qu'est-ce qu'on va manger?; **was gibt es im Fernsehen?** qu'est-ce qu'il y a à la télé?; **wann gibt es Essen?** quand est-ce qu'on mange?; **was gibt's?** qu'est-ce qu'il y a? ⓫ **das wird sich geben** ça s'arrangera ▶ **das gibt's doch nicht!** (*umgs.: freudig überrascht*) [c'est] pas possible!; (*unangenehm überrascht*) c'est pas vrai!
das **Gebet** la prière; **ein Gebet sprechen** faire une prière
das **Gebiet** ❶ la région ❷ (*Sachgebiet*) le domaine; **auf diesem Gebiet** dans ce domaine
gebietsweise par endroits
das **Gebilde** (*Ding*) la chose
gebildet cultivé(e)
das **Gebirge** ❶ la montagne, les montagnes; **ins/im Gebirge** à la montagne ❷ (*Gebirgszug*) le massif montagneux; **das höchste Gebirge Afrikas** le plus °haut massif montagneux d'Afrique

> Ⓥ In ❶ kann der Singular *das Gebirge* mit einem Plural übersetzt werden: *dieses Gebirge ist ein ganz besonderes Ökosystem – ces montagnes sont un écosystème bien particulier.*

gebirgig montagneux/montagneuse
das **Gebiss** ❶ (*Zähne*) la dentition ❷ (*Zahnprothese*) le dentier
geblümt à fleurs
gebogen *Nase, Schnabel:* recourbé(e)
gebongt (*umgs.*) [ist] **gebongt!** c'est comme si c'était fait!
geboren ❶ **er ist am 10. Mai geboren** il est né le 10 mai; **sie ist in Frankfurt geboren** il est née à Francfort ❷ **Anne Lauer, geborene Klein** Anne Lauer, née Klein ▶ **sie ist die geborene Schauspielerin** elle est la parfaite actrice
geborgen ❶ à l'abri ❷ **sich geborgen fühlen** se sentir en sécurité
die **Geborgenheit** le sentiment de sécurité, la sécurité
das **Gebot** ❶ (*biblisch*) le commandement; **die Zehn Gebote** les dix [di] commandements ❷ (*Regel*) la règle; **das ist ein Gebot der Höflichkeit** c'est une règle de politesse ❸ (*bei Auktionen*) l'enchère (*weiblich*)
der **Gebrauch** ❶ (*das Benutzen*) l'usage (*männlich*); **von etwas Gebrauch machen** faire

usage de quelque chose ❷ *eines Worts* l'emploi *(männlich)*
gebrauchen ❶ utiliser *Werkzeug;* employer *Wort* ❷ **das können wir gut gebrauchen** on peut toujours en avoir besoin ▶ **er/sie ist zu nichts zu gebrauchen** (*umgs.*) il n'est bon/elle n'est bonne à rien
gebräuchlich *Wort* usité(e); *Verfahren* courant(e)
die **Gebrauchsanweisung** le mode d'emploi
gebraucht ❶ *Möbel, Auto* d'occasion ❷ **ich habe mein Auto/meinen Computer gebraucht gekauft** j'ai acheté une voiture/un ordinateur d'occasion
der **Gebrauchtwagen** la voiture d'occasion
gebrechlich fragile
gebrochen ❶ *Person* brisé(e) ❷ **in gebrochenem Deutsch** en mauvais allemand ❸ **gebrochen Französisch sprechen** parler un mauvais français
das **Gebrüll** ❶ (*Geschrei*) le °hurlement ❷ *eines Löwen* le rugissement
die **Gebühr** ❶ la taxe; **eine Gebühr erheben** prélever une taxe ❷ (*Grundgebühr für Radio oder Fernsehen*) la redevance; (*für Kabelanschluss*) l'abonnement *(männlich)*; (*für Telefon*) le tarif; (*für Porto*) le port ▶ **über Gebühr** de façon excessive
gebührend ❶ *Respekt* dû/due ❷ *Abstand* approprié(e) ❸ **sein Erfolg wurde gebührend gefeiert** son succès fut dûment fêté
die **Gebühreneinheit** l'unité *(weiblich)*
gebührenfrei gratuit(e)
gebührenpflichtig payant(e)
gebunden ❶ *Preis* imposé(e) ❷ **er/sie ist vertraglich gebunden** il est lié/elle est liée par contrat
die **Geburt** ❶ la naissance; **von Geburt an blind** aveugle de naissance ❷ (*Entbindung*) l'accouchement *(männlich)* ▶ **das war eine schwere Geburt!** (*umgs.*) c'était laborieux!
die **Geburtenkontrolle** le contrôle des naissances
geburtenschwach **ein geburtenschwacher Jahrgang** une année à faible natalité
geburtenstark **ein geburtenstarker Jahrgang** une année à forte natalité
gebürtig **sie ist gebürtige Münchnerin** elle est originaire de Munich
das **Geburtsdatum** la date de naissance
das **Geburtshaus** la maison natale
das **Geburtsjahr** l'année *(weiblich)* de naissance
der **Geburtsname** *einer Frau* le nom de jeune fille
der **Geburtsort** le lieu de naissance
der **Geburtstag** ❶ l'anniversaire *(männlich)*; **er hat Geburtstag** c'est son anniversaire ❷ (*Geburtsdatum*) la date de naissance
die **Geburtstagsfeier** la fête d'anniversaire
das **Geburtstagsgeschenk** le cadeau d'anniversaire
die **Geburtstagskarte** la carte d'anniversaire
das **Geburtstagskind** (*umgs.*) ≈ celui/celle qui est à l'honneur du jour
die **Geburtsurkunde** l'acte *(männlich)* de naissance
das **Gebüsch** les buissons *(männlich)*

> **V** Der Singular *das Gebüsch* wird mit einem Plural übersetzt: *dieses Gebüsch <u>ist</u> sehr dicht – ces buissons <u>sont</u> très épais.*

das **Gedächtnis** ❶ la mémoire; **ein gutes/ein schlechtes Gedächtnis haben** avoir une bonne/une mauvaise mémoire; **kein gutes Gedächtnis für Namen haben** ne pas avoir la mémoire des noms ❷ (*Andenken*) le souvenir
der **Gedanke** ❶ la pensée; **sich über etwas Gedanken machen** réfléchir à quelque chose; **sich wegen etwas Gedanken machen** (*sich Sorgen machen*) s'inquiéter de quelque chose; **ganz in Gedanken [versunken] sein** être plongé(e) dans ses pensées ❷ (*Einfall*) l'idée *(weiblich)* ▶ **jemanden auf <u>andere</u> Gedanken bringen** changer les idées à quelqu'un; **auf <u>dumme</u> Gedanken kommen** (*umgs.*) faire des bêtises
der **Gedankenaustausch** l'échange *(männlich)* de points de vue
gedankenlos ❶ inconsidéré(e) ❷ *handeln* sans réfléchir
der **Gedankenstrich** le tiret
gedanklich ❶ intellectuel(le) ❷ *verarbeiten* intellectuellement
das **Gedeck** le couvert
gedeckt ❶ **der Tisch ist gedeckt** la table est mise ❷ *Farben* neutre ❸ *Scheck* approvisionné(e)
gedeihen *Kind, Pflanze:* pousser bien
gedenken (*gehoben*) ❶ (*beabsichtigen*) **gedenken etwas zu tun** avoir l'intention de faire quelque chose ❷ *eines Ereignisses* **gedenken** commémorer un événement
das **Gedenken** la mémoire; **zum Gedenken an jemanden** à la mémoire de quelqu'un; **zum Gedenken an ein Ereignis** en souvenir d'un événement
die **Gedenkfeier** la commémoration
die **Gedenkstätte** le mémorial
das **Gedicht** le poème ▶ **das war ein Gedicht!** (*umgs.*) c'était une merveille!
gediegen *Kenntnisse* solide

das **Gedränge** la cohue; **es herrscht ein Gedränge** c'est la cohue
gedruckt imprimé(e); **klein gedruckt** écrit(e) en petits caractères ▸ **sie lügt wie gedruckt** (*umgs.*) elle ment comme elle respire
die **Geduld** la patience; **Geduld haben** être patient(e); **mit jemandem/mit etwas Geduld haben** être patient(e) avec quelqu'un/avec quelque chose; **die Geduld verlieren** perdre patience
gedulden sich gedulden patienter
geduldig ❶ patient(e) ❷ *ausharren* patiemment
der **Geduldsfaden jemandem reißt der Geduldsfaden** (*umgs.*) quelqu'un est à bout de patience
geehrt (*in Briefen*) **Sehr geehrte Damen und Herren, ...** Madame, Monsieur, ...; **Sehr geehrter Herr Braun, ...** Monsieur, ...; **Sehr geehrte Frau Schwarz, ...** Madame, ...; *siehe auch* **madame; mademoiselle; monsieur**
geeignet *Bewerber* qui convient; *Maßnahme* adéquat(e); *Moment* approprié(e); **für eine Arbeit geeignet sein** *Person:* convenir pour un travail
die **Gefahr** ❶ le danger; **in Gefahr sein** être en danger; **außer Gefahr sein** être °hors de danger; **bei Gefahr** en cas de danger ❷ **auf die Gefahr hin, dass wir nass werden** quitte à [*oder* au risque de] nous faire tremper; **auf eigene Gefahr** à ses risques et périls ▸ **Gefahr laufen, etwas zu verlieren** courir le risque de perdre quelque chose
gefährden ❶ **jemanden gefährden** mettre en danger la vie de quelqu'un; **Rauchen gefährdet die Gesundheit** le tabac nuit à la santé ❷ (*in Frage stellen*) compromettre
die **Gefahrenzone** la zone dangereuse
gefährlich ❶ dangereux/dangereuse ❷ *aussehen* menaçant(e)
gefahrlos sans danger
der **Gefährte** le compagnon
die **Gefährtin** la compagne
das **Gefälle** ❶ (*Neigungsgrad*) la pente; *einer Straße* la déclivité ❷ (*Unterschied*) l'écart (*männlich*)
gefallen ❶ plaire; **jemandem gefallen** plaire à quelqu'un; **wie gefällt dir mein neuer Pulli?** comment tu trouves mon nouveau pull? ❷ **es gefällt mir hier** je me plais [bien] ici ▸ **sich etwas gefallen lassen** (*umgs.: hinnehmen*) tolérer quelque chose; (*gut finden*) trouver quelque chose à son goût; **er lässt sich nichts gefallen** (*umgs.*) il ne se laisse pas faire

der **Gefallen** (*Gefälligkeit*) le service; **jemandem einen Gefallen tun** rendre un service à quelqu'un ▸ **tu mir den Gefallen und sei still!** fais-moi plaisir et tais-toi!
das **Gefallen** (*Freude*) le plaisir; **sie findet Gefallen an ihm** il lui plaît
der **Gefallene** le soldat mort à la guerre
gefällig complaisant(e)
die **Gefälligkeit** le service; **jemandem eine Gefälligkeit erweisen** rendre [un] service à quelqu'un
gefälligst (*umgs.*) **sei gefälligst still!** tu vas me faire le plaisir de te taire!; **mach das gefälligst selbst!** tu n'as qu'à le faire toi-même!
gefangen jemanden gefangen nehmen faire quelqu'un prisonnier/prisonnière; **jemanden gefangen halten** retenir prisonnier/prisonnière quelqu'un
der **Gefangene** ❶ (*Häftling*) le détenu ❷ (*Kriegsgefangener*) le prisonnier
die **Gefangene** ❶ (*Häftling*) la détenue ❷ (*Kriegsgefangene*) la prisonnière
die **Gefangenschaft** la captivité; **in Gefangenschaft geraten** être fait prisonnier/faite prisonnière
das **Gefängnis** ❶ la prison; **ins Gefängnis kommen** aller en prison ❷ **jemanden zu zwei Jahren Gefängnis verurteilen** condamner quelqu'un à deux ans de prison
die **Gefängnisstrafe** la peine de prison
der **Gefängniswärter** le gardien de prison
die **Gefängniswärterin** la gardienne de prison
das **Gefäß** ❶ le récipient ❷ (*Blutgefäß*) le vaisseau
gefasst ❶ *Person* calme ❷ **sich auf etwas gefasst machen** s'attendre à quelque chose ❸ *reagieren* avec calme ❹ **du kannst dich auf etwas gefasst machen!** (*umgs.*) attends un peu [, que je t'y reprenne]!
das **Gefecht** le combat
gefeiert *Künstler* très populaire
das **Gefieder** le plumage
gefleckt tacheté(e)
das **Geflügel** la volaille
das **Geflüster** les chuchotements (*männlich*)

> **V** Der Singular *das Geflüster* wird mit einem Plural übersetzt: *das Geflüster wurde etwas lauter* – les chuchotements s'intensifiaient légèrement.

das **Gefolge** (*Begleitung*) le cortège
gefragt *Person* en vogue; *Produkt* demandé(e)

gefräßig *Person* glouton(ne); *Tier* vorace
gefrieren geler
das **Gefrierfach** le freezer
gefriergetrocknet lyophilisé(e)
der **Gefrierpunkt** ❶ (*Nullpunkt*) **über dem Gefrierpunkt** au-dessus de 0° ❷ (*in der Chemie*) le point de congélation
der **Gefrierschrank** le congélateur armoire
die **Gefriertruhe** le congélateur bahut
das **Gefüge** la structure
das **Gefühl** ❶ le sentiment; **jemandes Gefühle verletzen** froisser quelqu'un; **mit gemischten Gefühlen** avec des sentiments mêlés ❷ (*Ahnung, Eindruck*) le pressentiment; **ich habe das Gefühl, dass etwas passiert** j'ai le sentiment qu'il se passe quelque chose ❸ (*Gespür*) l'intuition *(weiblich)*; **ein Gefühl für etwas haben** avoir le sens de quelque chose ❹ (*Sinneswahrnehmung*) la sensation; **kein Gefühl mehr in den Fingern haben** ne plus sentir ses doigts
gefühllos (*auch übertragen*) insensible
gefühlvoll ❶ *Person* sensible ❷ *Gedicht* plein(e) de sensibilité ❸ *singen* avec beaucoup de sensibilité
gefüllt ❶ *Braten, Tomate* farci(e) ❷ *Gebäck* fourré(e)
gegeben ❶ **aus gegebenem Anlass** puisque l'occasion en est donnée; **unter den gegebenen Umständen** étant donné les circonstances ❷ **zu gegebener Zeit** en temps voulu
gegebenenfalls le cas échéant
gegen ❶ contre; **diese Tabletten sind gegen Kopfschmerzen** ces comprimés sont pour/contre les maux de tête ❷ **das ist gegen unsere Abmachung** c'est contraire à notre accord ❸ **gegen einen Baum prallen** *Auto:* °heurter un arbre ❹ **gegen acht Uhr** vers °huit heures [vɛʀ ˊɥit œʀ]
der **Gegenangriff** la contre-attaque
das **Gegenargument** l'objection *(weiblich)*
das **Gegenbeispiel** le contre-exemple
die **Gegend** ❶ la région ❷ (*nähere Umgebung*) **in der Gegend von Hamburg leben** vivre du côté de °Hambourg; **das muss hier in der Gegend sein** ça ne doit pas être loin d'ici ❸ (*Wohngegend*) le quartier
gegeneinander **gegeneinander spielen** *Sportler:* entrer en lice [l'un(e) contre l'autre]
die **Gegenfahrbahn** la voie opposée
das **Gegengewicht** ❶ (*Gewicht*) le contrepoids ❷ (*übertragen*) **ein Gegengewicht zu etwas schaffen** faire contrepoids à quelque chose

das **Gegengift** le contrepoison
gegenläufig *Bewegung* opposé(e); *Tendenz* contraire
die **Gegenleistung** la contrepartie; **als Gegenleistung für etwas** en contrepartie de quelque chose
das **Gegenlicht** le contre-jour; **bei Gegenlicht** à contre-jour
die **Gegenliebe** **auf wenig Gegenliebe stoßen** ne pas avoir beaucoup de succès
die **Gegenmaßnahme** ❶ (*vorbeugende Maßnahme*) la mesure préventive ❷ (*Maßnahme zur Bekämpfung*) la mesure énergique
die **Gegenprobe** la contre-épreuve
die **Gegenrichtung** la direction opposée
der **Gegensatz** ❶ **im Gegensatz zu seiner Behauptung** contrairement à son affirmation ❷ (*Unterschiedlichkeit*) **die Gegensätze** les différences *(weiblich)* ▶ **Gegensätze ziehen sich an** les extrêmes s'attirent
gegensätzlich ❶ opposé(e) ❷ *beurteilen* d'une façon différente
die **Gegenseite** ❶ l'autre côté *(männlich)* ❷ (*in einem Rechtsstreit*) la partie adverse
gegenseitig ❶ mutuel(le) ❷ *sich unterstützen* mutuellement
die **Gegenseitigkeit** **auf Gegenseitigkeit beruhen** être [tout à fait] réciproque
der **Gegenspieler** l'adversaire *(männlich)*
die **Gegenspielerin** l'adversaire *(weiblich)*
der **Gegenstand** ❶ (*Ding*) l'objet *(männlich)* ❷ *einer Untersuchung* le sujet ❸ **Gegenstand der Bewunderung sein** être l'objet de l'admiration
gegenständlich *Malerei* figuratif/figurative
gegenstandslos sans objet
die **Gegenstimme** ❶ (*bei Abstimmungen*) la voix contre; **ohne Gegenstimme** sans voix contre ❷ (*kritische Äußerung*) la critique
das **Gegenstück** le pendant
das **Gegenteil** le contraire; **[ganz] im Gegenteil!** [bien] au contraire!
gegenteilig *Meinung* contraire
gegenüber ❶ **gegenüber dem Bahnhof** en face de la gare; **gegenüber wohnen** habiter en face ❷ **sich jemandem/einer Sache gegenüber abwartend verhalten** rester dans l'expectative à l'égard de quelqu'un/de quelque chose; **mir gegenüber hat er das nicht geäußert** il ne me l'a pas dit en face ❸ **jemandem gegenüber im Vorteil sein** avoir un avantage par rapport à quelqu'un
gegenüberstehen **jemandem/einem Projekt aufgeschlossen gegenüberstehen** être favorable à quelqu'un/à un projet;

Qu'est-ce que c'est en français?

*Nicolas **geht** jetzt auf Charlottes „collège".* — Nicolas **va** maintenant au collège de Charlotte.
Am Montagmorgen haben sie zwei Stunden Mathe. — Lundi matin, ils ont deux heures de maths.
*Mittags **gehen** sie in die Kantine.* — A midi, ils **vont** à la cantine.
Nachmittags schauen sie Videofilme im CDI – oder sie surfen im Internet. — L'après-midi, ils regardent des vidéos au CDI – ou ils surfent sur Internet.
Aber Pierre ist krank. — Mais Pierre est malade.
*Er hat Kopfschmerzen und **geht** ins Krankenzimmer.* — Il a mal à la tête et [il] **va** à l'infirmerie.
*Um zehn nach fünf **gehen** die Schüler nach Hause.* — A cinq heures dix, les élèves **rentrent** à la maison.

---

jemandem/einem Projekt misstrauisch **gegenüberstehen** être méfiant(e) à l'égard de quelqu'un/d'un projet
der **Gegenverkehr** la circulation en sens inverse
die **Gegenwart** ❶ le présent ❷ (*heutige Zeit*) l'époque (weiblich) actuelle; **die Kunst der Gegenwart** l'art contemporain ❸ (*Anwesenheit*) la présence; **in seiner Gegenwart** en sa présence
gegenwärtig ❶ (*derzeitig*) actuel(le); **zum gegenwärtigen Zeitpunkt** à l'heure actuelle ❷ *sich ereignen* à l'heure actuelle
der **Gegenwind** le vent contraire; **Gegenwind haben** *Autofahrer:* rouler contre le vent
der **Gegner** ❶ (*auch im Sport*) l'adversaire (männlich); **Gegner einer Sache sein** être adversaire de quelque chose ❷ (*militärisch*) l'ennemi (männlich) ❸ (*in der Politik*) l'opposant (männlich); **die Gegner des Regimes** les opposants au régime
die **Gegnerin** ❶ (*auch im Sport*) l'adversaire (weiblich); **Gegnerin einer Sache sein** être adversaire de quelque chose ❷ (*militärisch*) l'ennemie (weiblich) ❸ (*in der Politik*) l'opposante (weiblich)
gegnerisch ❶ *Partei, Mannschaft* adverse ❷ (*feindlich*) ennemi(e)
das **Gehackte** la viande °hachée
der **Gehalt** ❶ (*Anteil, Konzentration*) la teneur; **der Gehalt an Kalzium** la teneur en calcium ❷ (*gedanklicher Inhalt*) le contenu
das/der **Gehalt** (*Entlohnung*) le salaire
die **Gehaltserhöhung** l'augmentation (weiblich) de salaire
gehandikapt [gə'hɛndikɛpt] °handicapé(e)
gehässig ❶ *Person, Bemerkung* venimeux/venimeuse ❷ *reden* avec malveillance
die **Gehässigkeit** ❶ (*gehässige Art*) la °hargne ❷ (*Bemerkung*) la méchanceté

gehäuft ❶ **ein gehäufter Esslöffel Mehl** une bonne cuillerée de farine ❷ *Auftreten* répété(e) ❸ *vorkommen* fréquemment
das **Gehäuse** ❶ *eines Geräts* le boîtier ❷ (*Kerngehäuse*) le trognon ❸ *einer Schnecke* la coquille
gehbehindert gehbehindert sein avoir du mal à se déplacer
das **Gehege** (*klein*) l'enclos (männlich); (*groß*) l'enceinte (weiblich) ▶ **jemandem ins Gehege kommen** marcher sur les plates-bandes de quelqu'un
geheim ❶ secret/secrète; **streng geheim** strictement confidentiel(le); **im Geheimen** en secret; **eine Affäre geheim halten** garder une affaire secrète; **etwas vor jemandem geheim halten** cacher quelque chose à quelqu'un ❷ *abstimmen* à bulletins secrets
der **Geheimdienst** les services (männlich) secrets

V Der Singular *der Geheimdienst* wird mit einem Plural übersetzt: *der Geheimdienst war nicht informiert – les services secrets n'étaient pas au courant.*

das **Geheimnis** le secret; **vor jemandem keine Geheimnisse haben** n'avoir pas de secret[s] pour quelqu'un; **aus etwas kein Geheimnis machen** ne pas faire mystère de quelque chose ▶ **ein offenes Geheimnis** un secret de Polichinelle
geheimnisvoll mystérieux/mystérieuse
der **Geheimtipp** le bon tuyau
gehemmt *Person* inhibé(e)
gehen ❶ aller; **ins Haus gehen** entrer dans la maison; **aus dem Haus gehen** sortir de la maison; **über die Straße/über die Brücke gehen** traverser la rue/le pont ❷ (*zu Fuß gehen*) marcher; **sie ist stundenlang**

gegangen elle a marché pendant des heures ③ einen Weg gehen prendre un chemin ④ ins Kino gehen aller au cinéma; tanzen gehen aller danser ⑤ (*weggehen, abfahren*) partir ⑥ *Uhr, Gerät:* marcher ⑦ (*florieren*) gut gehen *Geschäft:* prospérer, bien marcher; *Ware:* bien se vendre ⑧ (*dauern*) durer ⑨ (*verlaufen*) se passer; gut gehen bien se passer; na, wenn das mal gut geht! ça m'étonnerait que ça se passe bien! ⑩ in die Industrie gehen entrer dans l'industrie; in die Politik gehen entrer dans la politique ⑪ (*umgs.: liiert sein*) mit jemandem gehen sortir avec quelqu'un ⑫ (*zeigen nach*) auf den Garten gehen *Fenster:* donner sur le jardin ⑬ (*passen*) das geht noch in die Tasche ça peut encore entrer dans le sac; der Schrank geht nicht durch die Tür l'armoire ne passe pas par la porte; in diesen Raum gehen hundert Personen cette salle peut accueillir cent personnes ⑭ der Rock geht ihr bis zum Knie la jupe lui va jusqu'au genou; der Rock geht ihr bis übers Knie la jupe lui va jusqu'en dessous du genou; das Wasser geht ihm bis zur Hüfte l'eau lui monte jusqu'aux °hanches ⑮ *Teig:* lever ⑯ *Klingel, Telefon:* sonner ⑰ vor sich gehen se passer ⑱ (*umgs.: sich verkleiden*) als Fee gehen se déguiser en fée ⑲ die Melodie geht so: ... l'air est [ainsi]: ...; der Text geht so: ... les paroles sont [ainsi]: ... ⑳ nach dem Gefühl gehen se fier à son intuition ㉑ wie geht es dir? comment vas-tu?; wie geht's? (*umgs.*) comment ça va?; mir geht es gut je vais bien; mir geht es nicht gut je ne vais pas bien ㉒ mir geht es genauso pour moi, c'est la même chose ㉓ geht es, oder soll ich dir tragen helfen? ça va, ou faut-il que je t'aide à porter? ㉔ (*möglich sein*) ja, das geht oui, c'est possible ㉕ wenn es nach mir ginge si ça ne tenait qu'à moi ㉖ (*sich handeln um*) um etwas gehen s'agir de quelque chose; es geht um viel Geld beaucoup d'argent est en jeu ㉗ jetzt geht es nach Hause! c'est l'heure de rentrer!; auf geht's! allez [, on y va]! ▸ sich gehen lassen (*nachlässig sein*) se laisser aller; (*sich nicht beherrschen*) ne pas se contrôler; es geht nichts über ... il n'y a rien de tel que ...; nichts geht mehr rien ne va plus

das Gehen ① (*auch als Sportart*) la marche; beim Gehen en marchant ② (*Weggehen*) ich bin gerade im Gehen je suis sur le point de partir

geheuer das ist mir nicht ganz geheuer cela ne me paraît pas très net

das Gehirn le cerveau

die Gehirnerschütterung la commotion cérébrale

die Gehirnwäsche le lavage de cerveau

gehoben *Stellung* élevé(e); *Stilebene* soutenu(e)

das Gehör l'ouïe (*weiblich*) [wi]; ein gutes Gehör haben avoir l'ouïe fine ▸ jemandem/einer Sache Gehör schenken prêter une oreille attentive à quelqu'un/à quelque chose

gehorchen obéir; jemandem gehorchen obéir à quelqu'un

gehören ① jemandem gehören être à quelqu'un; (*förmlicher*) appartenir à quelqu'un; wem gehört dieser Schlüssel? elle est à qui, cette clé? ② zur Familie gehören faire partie de la famille ③ du gehörst ins Bett tu devrais être au lit ④ (*übertragen*) ihr gehört meine ganze Sympathie elle a toute ma sympathie ⑤ dazu gehört viel Mut il faut beaucoup de courage pour faire ça ▸ das gehört sich <u>nicht</u>! ça ne se fait pas!; <u>wie</u> es sich gehört comme il faut

gehörig ① eine gehörige Achtung (*umgs.*) un sacré respect ② (*umgs.: sehr*) verprügeln, ausschimpfen salement; da hast du dich gehörig getäuscht tu t'es mis le doigt dans l'œil ③ *Benehmen* convenable; *Abstand* requis(e)

gehörlos sourd(e)

gehorsam ① obéissant(e); gehorsam sein obéir ② *sich fügen* docilement

der Gehorsam l'obéissance (*weiblich*)

der Gehsteig, der Gehweg le trottoir

der Geier le vautour ▸ weiß der Geier, wo meine Brille ist! (*umgs.*) où sont passées mes lunettes, mystère et boule de gomme!

die Geige le violon; Geige spielen jouer <u>du</u> violon

geigen (*umgs.*) ① (*Geige spielen*) jouer <u>du</u> violon ② eine Sonate geigen jouer une sonate au violon

der Geiger le violoniste

die Geigerin la violoniste

der Geigerzähler le compteur Geiger

geil ① (*umgs.: sehr gut*) *Idee, Vorschlag* super; *Musik* génial(e) ② (*umgs.: sehr gut*) singen, tanzen super bien; geil aussehen avoir un look d'enfer ③ (*lüstern*) *Blick, Person:* vicieux/vicieuse; auf jemanden geil sein être excité(e) par quelqu'un

die Geisel l'otage (*männlich*)/l'otage (*weiblich*); jemanden als Geisel nehmen prendre

quelqu'un en otage
die **Geiselnahme** la prise d'otage[s]
die **Geiß** Ⓐ, ⒽⒸ la chèvre
der **Geißbock** Ⓐ, ⒽⒸ le bouc
der **Geist** ❶ (*Verstand*) l'intelligence *(weiblich)* ❷ (*Scharfsinn, Geisteshaltung*) l'esprit *(männlich)* ❸ (*Gespenst*) le spectre ▶ **den** [*oder* **seinen**] **Geist aufgeben** (*umgs.*) rendre l'âme; **jemandem auf den Geist gehen** (*umgs.*) taper sur le système à quelqu'un
die **Geisterbahn** le train fantôme
der **Geisterfahrer** (*umgs.*) *le chauffard circulant à contresens sur l'autoroute*
die **Geisterfahrerin** (*umgs.*) *le chauffard circulant à contresens sur l'autoroute*

Ⓖ Es gibt im Französischen keine Femininform.

geistern (*gehen*) **durchs Haus geistern** déambuler à travers la maison
geistesabwesend ❶ *Blick* absent(e) ❷ **geistesabwesend antworten** répondre l'air absent
der **Geistesblitz** (*umgs.*) le trait de génie
die **Geistesgegenwart** la présence d'esprit
geistesgegenwärtig ❶ **geistesgegenwärtig sein** avoir de la présence d'esprit ❷ **geistesgegenwärtig das Fenster schließen** avoir la présence d'esprit de fermer la fenêtre
geistesgestört souffrant de troubles mentaux
geisteskrank malade mental(e)
der **Geisteszustand** l'état *(männlich)* mental
geistig ❶ *Arbeit, Interessen* intellectuel(le) ❷ *Erbe, Vater* spirituel(le) ❸ *arbeiten* mentalement ❹ **geistig behindert** °handicapé(e) mental(e)
geistlich ❶ *Lied* religieux/religieuse ❷ *Amt* ecclésiastique
der **Geistliche** l'ecclésiastique *(männlich)*
die **Geistliche** l'ecclésiastique *(weiblich)*
geistreich *Person* spirituel(le); *Unterhaltung* enrichissant(e)
der **Geiz** l'avarice *(weiblich)*
der **Geizhals** le grippe-sou
geizig avare
das **Gejammer** (*umgs.*) les jérémiades *(weiblich)*

Ⓥ Der Singular *das Gejammer* wird mit einem Plural übersetzt: *hör mit deinem Gejammer auf! – arrête tes jérémiades!*

das **Gekicher** (*umgs.*) les gloussements *(männlich)*

Ⓥ Der Singular *das Gekicher* wird mit einem Plural übersetzt: *das Gekicher kam von den hinteren Bänken – les gloussements venaient du fond de la classe.*

geknickt (*umgs.*) déprimé(e)
gekonnt techniquement parfait(e)
das **Gekritzel** (*hingekritzelter Text*) les pattes *(weiblich)* de mouche

Ⓥ Der Singular *das Gekritzel* wird mit einem Plural übersetzt: *dieses Gekritzel kann niemand entziffern! – impossible de déchiffrer ces pattes de mouche!*

gekünstelt ❶ *Sprache* affecté(e) ❷ *lächeln* avec affectation
das **Gel** le gel
das **Gelächter** les rires *(männlich)*; **in Gelächter ausbrechen** éclater de rire

Ⓥ Der Singular *das Gelächter* wird mit einem Plural übersetzt: *das Gelächter wurde immer lauter – les rires s'intensifiaient.*

geladen ❶ *Waffe* chargé(e) ❷ **geladen sein** (*umgs.*) être furax
gelähmt ❶ paralysé(e) ❷ **vor Angst wie gelähmt sein** être paralysé(e) de peur
das **Gelände** le terrain
das **Geländer** ❶ (*Treppengeländer*) la rampe ❷ (*Balkon-, Brückengeländer*) la balustrade
der **Geländewagen** le véhicule tout-terrain, le/la quatre-quatre
gelangen ❶ **ans Ziel gelangen** arriver au but ❷ **zu Ruhm/zu Ehren gelangen** accéder à la célébrité/aux honneurs ❸ **die Nachricht gelangte schnell an die Öffentlichkeit** la nouvelle a été vite rendue publique
gelangweilt ❶ *Person* qui s'ennuie; *Blick* d'ennui ❷ **gelangweilt zuhören** écouter l'air ennuyé
gelassen ❶ *Person* placide ❷ **[ganz] gelassen bleiben** rester imperturbable
geläufig courant(e); **jemandem geläufig sein** être familier/familière à quelqu'un
gelaunt gut gelaunt sein être de bonne humeur; **schlecht gelaunt sein** être de mauvaise humeur
gelb jaune
das **Gelb** ❶ le jaune ❷ (*gelbes Ampellicht*) le feu orange, l'orange *(männlich)*; **bei Gelb über die Ampel fahren** passer à l'orange
gelblich jaunâtre
die **Gelbsucht** la jaunisse
das **Geld** ❶ l'argent *(männlich)*; **viel Geld** beaucoup d'argent; **wenig Geld** peu d'argent; **Geld verdienen** gagner de l'argent ❷ (*fi-*

nanzielle Mittel) **die Gelder** les fonds (*männlich*); (*Subventionen*) les subventions (*weiblich*) ▶ **ins Geld gehen** (*umgs.*) finir par chiffrer

der **Geldautomat** le distributeur de billets
der **Geldbeutel** le porte-monnaie
die **Geldbuße** l'amende (*weiblich*)
geldgierig cupide
der **Geldschein** le billet de banque
der **Geldschrank** le coffre-fort
die **Geldstrafe** l'amende (*weiblich*)
das **Geldstück** la pièce de monnaie
die **Geldwäsche** le blanchiment de l'argent
der **Geldwechsel** le change
das/der **Gelee** la gelée ⚠ *weiblich*

gelegen ❶ *Zeitpunkt* opportun(e) ❷ **der Besuch kommt mir gelegen** la visite tombe à propos ❸ **ihr ist daran gelegen, dass wir viel lernen** il lui importe que nous apprenions beaucoup de choses ❹ **einsam gelegen sein** *Haus:* être isolé(e)

die **Gelegenheit** l'occasion (*weiblich*); [die] **Gelegenheit haben, etwas zu tun** avoir l'occasion de faire quelque chose; **bei Gelegenheit** à l'occasion; **bei der nächsten Gelegenheit** à la première occasion ▶ **die Gelegenheit beim Schopf packen** sauter sur l'occasion

gelegentlich ❶ *Aufheiterungen* passager/passagère ❷ (*manchmal*) de temps en temps [də tɑ̃z a tɑ̃]

gelehrt érudit(e)
das **Geleise** Ⓐ, Ⓒ la voie
das **Gelenk** ❶ (*im Körper*) l'articulation (*weiblich*) ❷ (*Verbindungsstück*) le joint
gelenkig souple
gelernt de métier; **er ist gelernter Friseur** il est coiffeur de métier; **sie ist gelernte Bäckerin** elle est boulangère de métier
der **Geliebte** l'amant (*männlich*)
die **Geliebte** la maîtresse
gelieren (*beim Kochen*) se gélifier

F Nicht verwechseln mit *geler – gefrieren; frieren; einfrieren!*

gelingen ❶ *Werk, Plan:* réussir ❷ **es ist mir gelungen ihn zu überzeugen** j'ai réussi à le convaincre ❸ **nicht gelungen sein** *Essen, Kuchen:* être raté(e)

gell, gelle Ⓒ °hein
gellend *Schrei* strident(e)
geloben **jemandem Treue geloben** promettre solennellement la fidélité à quelqu'un
gelt Ⓐ, Ⓒ °hein
gelten ❶ *Vorschrift, Regel:* être valable; *Gesetz:* être en vigueur; *Zahlungsmittel:* avoir cours; **Einwände gelten lassen** admettre des objections; **das gilt auch für dich** c'est aussi valable pour toi; **das gilt nicht!** ce n'est pas du jeu! ❷ **jemandem/einer Sache gelten** *Aufmerksamkeit:* être consacré(e) à quelqu'un/à quelque chose; *Applaus:* s'adresser à quelqu'un/à quelque chose; *Attentat:* être dirigé(e) contre quelqu'un/contre quelque chose ❸ **als zuverlässig gelten** *Person:* passer pour [être] fiable ❹ **seine/ihre Meinung gilt viel** son avis a un certain poids; **unsere Meinung gilt wenig** notre avis n'a aucune valeur

geltend *Preis* en vigueur; *Meinung* répandu(e)
die **Geltung** ❶ (*Gültigkeit*) la validité; **Geltung haben** *Gesetz:* être en vigueur ❷ (*Ansehen*) la considération; **sich Geltung verschaffen** s'imposer ❸ **das Bild/der Schrank kommt gut zur Geltung** le tableau est mis/l'armoire est mise en valeur

gelungen réussi(e); **ein gelungener Scherz** une bonne blague
gemächlich ❶ tranquille ❷ *gehen* tranquillement
das **Gemälde** le tableau
die **Gemäldegalerie** la galerie de peinture[s]
gemäß conformément à
gemäßigt ❶ *Klima* tempéré(e) ❷ *Forderung* modéré(e)
gemein ❶ *Person* infâme ❷ *Bemerkung* méchant(e) ❸ (*umgs.: unfair*) vache; **das war gemein von dir!** c'est vache d'avoir fait ça!

die **Gemeinde** ❶ (*Verwaltungsgebiet*) la commune ❷ (*Pfarrgemeinde*) la paroisse ❸ (*beim Gottesdienst*) l'assistance (*weiblich*)
der **Gemeinderat** ❶ (*Gremium*) le conseil municipal ❷ (*Mitglied des Gremiums*) le conseiller municipal
die **Gemeinderätin** la conseillère municipale
die **Gemeinheit** ❶ la méchanceté ❷ (*umgs.: Ärgernis*) la vacherie
gemeinnützig *Einrichtung* d'utilité publique
gemeinsam ❶ *Interessen, Bekannte* commun(e); *Konto* joint(e) ❷ **sie haben vieles gemeinsam** ils/elles ont beaucoup de choses en commun ❸ *besprechen* ensemble
die **Gemeinsamkeit** le point commun
die **Gemeinschaft** ❶ la communauté ❷ **die Europäische Gemeinschaft** la Communauté européenne
die **Gemeinschaftsarbeit** le travail collectif
die **Gemeinschaftskunde** l'instruction (*weiblich*) civique

die **Gemeinschaftsproduktion** la coproduction
das **Gemetzel** le carnage
das **Gemisch** le mélange
gemischt mélangé(e); *Kost, Gemüse* varié(e); *Chor, Klasse* mixte
das **Gemurmel** les murmures *(männlich)*

> **V** Der Singular *das Gemurmel* wird mit einem Plural übersetzt: *das Gemurmel kam von den hinteren Bänken* – *les murmures venaient du fond de la classe.*

das **Gemüse** ❶ les légumes *(männlich)*; **sie essen viel Obst und Gemüse** ils mangent beaucoup de fruits et de légumes ❷ (*Gemüsesorte*) le légume

> **V** In ❶ wird der Singular *das Gemüse* mit einem Plural übersetzt: *Gemüse ist gesund* – *les légumes sont bons pour la santé.*

der **Gemüsegarten** le [jardin] potager
der **Gemüsehändler** le marchand de légumes
die **Gemüsehändlerin** la marchande de légumes
gemustert imprimé(e); **bunt gemustert** en imprimé multicolore
das **Gemüt** ❶ **ein zartes Gemüt** un cœur tendre ❷ **die Gemüter bewegen** émouvoir les esprits
gemütlich ❶ *Wohnung* douillet(te); *Abend* agréable; *Beisammensein* sympathique ❷ **es sich gemütlich machen** se mettre à son aise ❸ *sich einrichten* confortablement ❹ *gehen* tranquillement
die **Gemütlichkeit** ❶ *einer Wohnung* le confort [douillet] ❷ **in aller Gemütlichkeit essen** manger bien tranquillement
die **Gemütsbewegung** l'émotion *(weiblich)*
die **Gemütsverfassung** l'état *(männlich)* d'âme
das **Gen** le gène
genau ❶ *Anzahl, Größe, Uhrzeit* exact(e); *Schilderung* précis(e); **auf die Sekunde genau** à la seconde près ❷ **in etwas genau sein** être rigoureux/rigoureuse dans quelque chose ❸ *abmessen* exactement; *betrachten* de près; *kennen* très bien; *zielen* juste; **das stimmt genau!** c'est tout à fait juste! ❹ **genau in dieser Straße** justement dans cette rue ▶ **genau genommen** strictement parlant
die **Genauigkeit** la précision
genauso de même; **genauso gut [wie]** tout aussi bien [que]; **mir geht es genauso** pour moi, c'est la même chose
der **Gendarm** [ʒanˈdarm] Ⓐ le gendarme
die **Gendarmerie** [ʒandarməˈri:] Ⓐ la gendarmerie
genehmigen ❶ **einen Antrag genehmigen** *Behörde:* accepter une demande ❷ **sich etwas genehmigen** (*umgs.*) s'offrir quelque chose
die **Genehmigung** l'autorisation *(weiblich)*; *eines Antrags* l'acceptation *(weiblich)*
die **Genera** Plural von **Genus**
der **General** le général
der **Generaldirektor** le directeur général
die **Generaldirektorin** la directrice générale
die **Generalin** le général

> **G** Es gibt im Französischen keine Femininform: *sie ist Generalin* – *elle est général.*

die **Generalprobe** la répétition générale, la générale
der **Generalsekretär** le secrétaire général
die **Generalsekretärin** la secrétaire générale
der **Generalstab** l'état-major *(männlich)*
der **Generalstreik** la grève générale
die **Generalversammlung** l'assemblée *(weiblich)* générale
die **Generation** la génération
der **Generationenvertrag** le pacte de solidarité entre les générations
der **Generator** la génératrice
generell ❶ général(e) ❷ (*im Allgemeinen*) d'une manière générale
die **Genesung** la guérison; **jemandem baldige Genesung wünschen** souhaiter un prompt rétablissement à quelqu'un
die **Genetik** la génétique
Genf (*Stadt und Kanton*) Genève
Genfer ❶ (*von Genf, aus Genf*) de Genève ❷ **der Genfer See** le lac Léman
der **Genforscher** le généticien
die **Genforscherin** la généticienne
die **Genforschung** la génétique
genial génial(e)
die **Genialität** ❶ *einer Person* le génie ❷ *eines Plans* le caractère génial
das **Genick** la nuque ▶ **jemandem das Genick brechen** (*umgs.*) casser les reins à quelqu'un
das **Genie** le génie
genieren [ʒeˈniːrən] **sich genieren** être gêné(e); **sich vor jemandem genieren** être gêné(e) devant quelqu'un
genießbar consommable
genießen ❶ profiter de *Leben, Urlaub, Wetter* ❷ savourer *Speise, Getränk* ❸ recevoir *Erziehung;* jouir de *Ansehen, Vertrauen* ▶ **er ist nicht zu genießen** (*umgs.*) il est invivable
der **Genießer** le bon vivant; (*Feinschmecker*) le gourmet
die **Genießerin** le bon vivant; (*Feinschmeckerin*) le gourmet

> **G** Es gibt im Französischen keine Femininform: *Sophie ist eine Genießerin – Sophie, c'est un bon vivant/un gourmet.*

die **Genitalien** les parties *(weiblich)* génitales
der **Genitiv** le génitif
genmanipuliert transgénique
der **Genosse** le camarade
die **Genossenschaft** la coopérative
die **Genossin** la camarade
das **Genre** ['ʒãːrə] *(in der Kunst)* le genre
die **Gentechnik** la génétique
gentechnisch ❶ génétique ❷ *untersuchen* génétiquement ❸ **gentechnisch verändert** *Pflanze* transgénique
die **Gentechnologie** le génie génétique
genug assez; **genug Brot** assez de pain; **genug zu essen** suffisamment à manger; **groß genug** assez grand(e); **das ist genug** ça suffit ▸ **[von etwas] genug haben** *(überdrüssig sein)* en avoir assez [de quelque chose]
genügen ❶ *(ausreichen)* suffire; **jemandem genügen** suffire à quelqu'un ❷ **den Ansprüchen genügen** satisfaire aux exigences
genügend suffisamment
genügsam ❶ peu exigeant(e); **genügsam sein** se contenter de peu ❷ *leben* frugalement
die **Genugtuung** la satisfaction
das **Genus** *(in der Grammatik)* le genre
der **Genuss** ❶ *(Köstlichkeit)* le régal ❷ *(Freude)* **es ist ein Genuss!** c'est un [vrai] plaisir!; **mit Genuss** avec délectation ❸ *(Verzehr)* la consommation
die **Geografie**, die **Geographie** la géographie
geografisch, **geographisch** ❶ géographique ❷ *bestimmen* géographiquement
die **Geologie** la géologie
die **Geometrie** la géométrie
geometrisch géométrique
das **Gepäck** les bagages *(männlich)*

> **V** Der Singular *das Gepäck* wird mit einem Plural übersetzt: *wo ist dein Gepäck? – où sont tes bagages?*

die **Gepäckaufbewahrung** la consigne
die **Gepäckausgabe** le guichet de retrait des bagages
das **Gepäcknetz** le filet à bagages
das **Gepäckstück** le bagage
der **Gepäckträger** ❶ *(Person)* le porteur ❷ *(Vorrichtung)* le porte-bagages
der **Gepäckwagen** le fourgon
gepfeffert *(umgs.)* *Preis* exorbitant(e); *Rechnung* salé(e)
gepflegt ❶ *Person* soigné(e); *Garten, Haus* bien entretenu(e) ❷ *Ausdrucksweise* raffiné(e); *Restaurant* de qualité
gepunktet ❶ **blau gepunktet** *Stoff* à pois bleus ❷ *Linie* pointillé(e)
gerade ❶ *(aufrecht)* droit(e); **gerade stehen** se tenir droit(e) ❷ *Zahl* pair(e) ❸ *(im Augenblick, soeben)* justement; **er arbeitet gerade** il est en train de travailler; **sie ist gerade angekommen** elle vient d'arriver ❹ *(knapp)* **die Prüfung gerade so bestehen** réussir son examen de justesse ❺ *(genau)* **gerade deswegen** justement pour ça ❻ **nicht gerade hübsch** pas spécialement beau/belle
die **Gerade** ❶ *(in der Geometrie)* la droite ❷ einer *Aschenbahn* la ligne droite ❸ *(beim Boxen)* le direct ⚠ *männlich*; **eine rechte Gerade** un direct du droit
geradeaus tout droit
geradestehen **für jemanden/für etwas geradestehen** répondre de quelqu'un/de quelque chose
geradewegs directement
geradezu tout simplement
geradlinig ❶ *Front, Verlauf* rectiligne ❷ *Antwort* droit(e) ❸ *verlaufen* en ligne droite
die **Geranie** [geˈraːniə] le géranium
das **Gerät** ❶ *(Elektrogerät)* l'appareil *(männlich)* [élektrique] ❷ *(Küchengerät)* l'ustensile *(männlich)* ❸ *(Gartengerät)* l'outil *(männlich)* [de jardin] ❹ *(Turngerät)* **die Geräte** les agrès *(männlich)* [aɡʀɛ]
geraten ❶ **in einen Sturm geraten** être surpris(e) par la tempête; **unter einen Zug geraten** passer sous un train ❷ **in Panik geraten** être pris(e) de panique; **in Wut geraten** se mettre en colère; **in Schwierigkeiten geraten** se retrouver en difficulté; **ins Stocken geraten** *Verkehr:* se ralentir ❸ **an jemanden geraten, der …** *(umgs.)* tomber sur quelqu'un qui … ❹ **das Essen ist ihm gut geraten** il a bien réussi le repas ❺ **nach jemandem geraten** ressembler à quelqu'un
das **Geräteturnen** les exercices *(männlich)* aux agrès
das **Geratewohl aufs Geratewohl** *(umgs.)* au petit bonheur [la chance]
geräumig spacieux/spacieuse
das **Geräusch** le bruit
die **Geräuschkulisse** le bruit de fond
geräuschlos ❶ silencieux/silencieuse ❷ *sich vollziehen* sans bruit

gerecht ① *Person, Strafe, Urteil* juste ② *Zorn, Anspruch* justifié(e) ③ **jemandem/einer Sache gerecht werden** (*angemessen beurteilen*) apprécier quelqu'un/quelque chose à sa juste valeur ④ *beurteilen* de façon juste

die **Gerechtigkeit** la justice

das **Gerede** ① (*Klatsch*) les racontars (*männlich*); **ins Gerede kommen** faire jaser [les gens] ② (*sinnloses Reden*) les histoires (*weiblich*)

Ⓥ Sowohl in ① als auch in ② wird der Singular *das Gerede* mit einem Plural übersetzt: *sein Gerede interessiert niemanden – ses racontars/ses histoires n'intéressent personne.*

geregelt[1] (*regelmäßig*) régulier/régulière
geregelt[2] **etwas nicht geregelt kriegen** (*umgs.*) ne pas venir à bout de quelque chose
gereizt ① *Person, Ton* agacé(e); *Stimmung* de grande nervosité ② *antworten* avec irritation

das **Gericht** ① (*Institution*) le tribunal; **jemanden vor Gericht bringen** traduire quelqu'un en justice; **vor Gericht stehen** passer en jugement; **wegen etwas vor Gericht stehen** passer en jugement pour quelque chose ② (*Gerichtsgebäude*) le palais de justice ③ (*Essen*) le plat ▶ **das Jüngste Gericht** le Jugement dernier

gerichtlich ① judiciaire ② *verfolgen* en justice
die **Gerichtsmedizin** la médecine légale
der **Gerichtssaal** la salle d'audience
das **Gerichtsverfahren** la procédure judiciaire
die **Gerichtsverhandlung** l'audience (*weiblich*)
der **Gerichtsvollzieher** l'huissier (*männlich*) [ɥisje]
die **Gerichtsvollzieherin** l'huissier (*männlich*) [ɥisje]

Ⓖ Es gibt im Französischen keine Femininform: *sie ist Gerichtsvollzieherin – elle est huissier.*

gering ① *Abstand* faible; *Anzahl, Menge* petit(e); **sehr gering** insignifiant(e); **nicht die geringste Ahnung haben** n'avoir pas la moindre idée ② *Temperatur, Preis* bas(se) ③ **geringe Bedeutung haben** avoir peu d'importance ④ *Qualität, Kenntnisse* moyenne ⑤ **gering schätzen** mépriser *Person, Leistung*; sous-estimer *Gefahr, Folgen* ▶ **nicht im Geringsten** pas le moins du monde
geringfügig ① insignifiant(e) ② *zunehmen* légèrement
geringschätzig ① méprisant(e) ② *lächeln, sprechen* avec mépris
gerinnen *Blut:* coaguler; *Milch:* cailler

das **Gerippe** le squelette
gerissen (*umgs.*) *Person* roublard(e)
geritzt (*umgs.*) **die Sache ist geritzt** ça marche, ça baigne

der **Germ** Ⓐ la levure
der **Germane** le Germain
die **Germanin** la Germaine
germanisch germanique
die **Germanistik** la langue et la littérature allemandes

gern, gerne ① **ich hätte gern** [*oder* **gerne**] **ein Kilo Orangen** je voudrais un kilo d'oranges; **ich würde gern** [*oder* **gerne**] **essen gehen** je voudrais bien aller au restaurant ② **etwas gern** [*oder* **gerne**] **tun** aimer bien faire quelque chose; **ja, gern!** volontiers! ③ (*ohne weiteres*) sans problème ▶ **gern geschehen!** [il n'y a] pas de quoi!; **das glaube ich gern** [*oder* **gerne**]! je veux bien le croire!

gernhaben aimer bien, aimer
das **Geröll** l'éboulis (*männlich*)
die **Gerste** l'orge (*weiblich*)
das **Gerstenkorn** ① le grain d'orge ② (*am Auge*) l'orgelet (*männlich*)
die **Gerte** la verge
der **Geruch** l'odeur (*weiblich*)
geruchlos inodore
der **Geruchssinn** l'odorat (*männlich*)
das **Gerücht** la rumeur; **es geht das Gerücht, dass er ein Spieler ist** le bruit court qu'il est joueur
gerührt *Person* ému(e)
geruhsam tranquille
das **Gerümpel** le bric-à-brac
das **Gerundium** (*in der Grammatik*) le gérondif
das **Gerüst** ① l'échafaudage (*männlich*) ② *eines Aufsatzes* la charpente
das **Ges** (*in der Musik*) le sol bémol
gesalzen (*umgs.*) *Preis* exorbitant(e); *Rechnung* salé(e)
gesamt ① **die gesamte Familie** toute la famille ② **die gesamten Kosten** le total des frais
die **Gesamtausgabe** l'édition (*weiblich*) des œuvres complètes, les œuvres (*weiblich*) complètes
der **Gesamtbetrag** le montant global
gesamtdeutsch panallemand(e)
gesamteuropäisch paneuropéen(ne)
die **Gesamtheit** ① *der Personen* l'ensemble (*männlich*) ② *der Tiere, Pflanzen* la totalité
die **Gesamtschule** ≈ le collège (*regroupant les trois filières du premier et second cycle en Allemagne*)
das **Gesamtwerk** les œuvres (*weiblich*) complètes
die **Gesamtwertung** le classement général
der **Gesang** le chant
das **Gesangbuch** le livre de cantiques
der **Gesangverein** la chorale

das **Gesäß** le derrière

geschafft (*umgs.: erschöpft*) crevé(e); **total geschafft sein** être complètement crevé(e)

das **Geschäft** ❶ (*Laden*) le magasin ❷ (*Unternehmen*) l'affaire *(weiblich)*; **ins Geschäft gehen** (*umgs.*) aller au boulot ❸ (*Handel*) le commerce; **das Geschäft mit Computern** le commerce des ordinateurs; **mit jemandem ins Geschäft kommen** faire affaire avec quelqu'un; **die Geschäfte gehen gut** les affaires *(weiblich)* vont bien; **ein gutes/ein schlechtes Geschäft machen** faire une bonne/une mauvaise affaire

geschäftig ❶ affairé(e) ❷ *hin- und herlaufen* de façon affairée

geschäftlich ❶ *Verabredung* d'affaires; *Kontakt, Angebot* commercial(e) ❷ *sich verabreden* pour affaires; **geschäftlich unterwegs sein** être en voyage pour les affaires

die **Geschäftsbedingungen die allgemeinen Geschäftsbedingungen** les conditions *(weiblich)* générales

der **Geschäftsbericht** le rapport d'activité

der **Geschäftsbrief** la lettre d'affaires

die **Geschäftsfrau** la femme d'affaires

der **Geschäftsfreund** la relation d'affaires

die **Geschäftsfreundin** la relation d'affaires

geschäftsführend ❶ **der geschäftsführende Direktor** le directeur général ❷ *Minister, Regierung* en place

der **Geschäftsführer** ❶ *einer Firma, eines Betriebs* le gérant ❷ *einer Partei, eines Vereins* le secrétaire général

die **Geschäftsführerin** ❶ *einer Firma, eines Betriebs* la gérante ❷ *einer Partei, eines Vereins* la secrétaire générale

die **Geschäftsführung** la direction

das **Geschäftsjahr** l'exercice *(männlich)*

die **Geschäftsleitung** la direction

der **Geschäftsmann** l'homme *(männlich)* d'affaires

die **Geschäftsreise** le voyage d'affaires; **auf Geschäftsreise sein** être en voyage d'affaires

der **Geschäftsschluss** la fermeture des magasins

die **Geschäftsstelle** ❶ *einer Partei, eines Vereins* le bureau ❷ (*Filiale*) l'agence *(weiblich)*

geschäftstüchtig doué(e) en affaires

die **Geschäftszeiten** les heures *(weiblich)* d'ouverture

geschehen ❶ (*sich ereignen*) se passer; *Unfall:* arriver; *Verbrechen:* se produire; **als ob nichts geschehen wäre** comme si de rien n'était ❷ **es muss etwas geschehen!** il faut faire quelque chose!; **was soll damit geschehen?** que faut-il en faire? ❸ **er weiß nicht, wie ihm geschieht** il ne sait pas ce qui lui arrive

gescheit ❶ *Mensch* intelligent(e) ❷ (*umgs.: vernünftig*) raisonnable ❸ (*umgs.: annehmbar*) **gibt es etwas Gescheites im Fernsehen?** est-ce qu'il y a quelque chose de bien à la télé? ▶ **du bist wohl nicht recht gescheit!** ça tourne pas rond!

das **Geschenk** le cadeau; **jemandem ein Geschenk machen** faire un cadeau à quelqu'un

das **Geschenkpapier** le papier cadeau

die **Geschichte** l'histoire *(weiblich)* ▶ **Geschichte machen** faire date; **mach keine Geschichten!** (*umgs.*) allez, pas d'histoires!

geschichtlich ❶ historique ❷ *belegen* historiquement

das **Geschichtsbuch** le livre d'histoire

die **Geschichtsschreibung** l'historiographie *(weiblich)*

das **Geschick** ❶ (*Geschicklichkeit*) l'habileté *(weiblich)* ❷ (*Schicksal*) le destin

die **Geschicklichkeit** l'habileté *(weiblich)*

geschickt ❶ adroit(e) ❷ **sich geschickt anstellen** [savoir] bien se débrouiller

geschieden divorcé(e); **ihr geschiedener Mann** son ex-mari; **seine geschiedene Frau** son ex-femme

das **Geschirr** ❶ la vaisselle; **das Geschirr abwaschen** faire la vaisselle ❷ *von Zugtieren* le °harnais

die **Geschirrspülmaschine** le lave-vaisselle

das **Geschirrtuch** le torchon

das **Geschlecht** ❶ le sexe; **Personen beiderlei Geschlechts** des personnes des deux sexes ❷ *eines Wortes* le genre ❸ (*Sippe*) la famille ▶ **das schwache/starke Geschlecht** (*umgs.*) le sexe faible/fort

geschlechtlich ❶ sexuel(le) ❷ *sich fortpflanzen* de manière sexuée

die **Geschlechtskrankheit** la maladie vénérienne

das **Geschlechtsorgan** l'organe *(männlich)* génital

der **Geschlechtsverkehr** le rapport sexuel, le coït [kɔit]

geschlossen ❶ *Front* uni(e); *Schneedecke* homogène ❷ *befürworten* unanimement; **geschlossen hinter jemandem stehen** faire bloc derrière quelqu'un

der **Geschmack** ❶ le goût ❷ **Geschmack haben** avoir du goût; **einen guten Geschmack haben** *Person:* avoir bon goût; **einen schlechten Geschmack haben** *Person:* avoir mauvais goût ▶ **auf den Geschmack kommen** y prendre goût; **über Geschmack lässt sich nicht strei-**

geschmacklos – Gesichtspunkt 756

ten des goûts et des couleurs on ne discute pas

geschmacklos ❶ *Speise* fade ❷ *Kleidung* sans goût ❸ *Bemerkung* de mauvais goût; **du bist wirklich geschmacklos!** tu manques vraiment de tact!

die **Geschmacklosigkeit** ❶ (*Mangel an Takt*) le mauvais goût ❷ (*taktlose Bemerkung*) l'incongruité *(weiblich)*

die **Geschmackssache** l'affaire *(weiblich)* de goût; **das ist [reine] Geschmackssache** c'est [une] affaire de goût

geschmackvoll ❶ *Kleidung, Einrichtung* de bon goût ❷ *sich kleiden* avec goût

geschmeidig ❶ souple; *Masse* malléable ❷ *sich bewegen* avec souplesse

das **Geschöpf** la créature

das **Geschoss** ❶ (*Stockwerk*) l'étage *(männlich* ⚠); **im ersten Geschoss** au premier étage [o prəmjɛr etaʒ] ❷ (*Projektil*) le projectile

das **Geschrei** les cris *(männlich)*

Ⓥ Der Singular *das Geschrei* wird mit einem Plural übersetzt: woher <u>kommt</u> dieses Geschrei? – d'où <u>viennent</u> ces cris?

das **Geschütz** la pièce d'artillerie ▶ **schweres Geschütz auffahren** (*umgs.*) sortir la grosse artillerie

geschützt ❶ *Art* protégé(e) ❷ *Marke* déposé(e)

das **Geschwätz** (*umgs.*) ❶ (*dummes Gerede*) les conneries *(weiblich)* ❷ (*Klatsch*) les ragots *(männlich)* [de bonnes femmes]

geschwätzig bavard(e)

die **Geschwindigkeit** la vitesse; **mit einer Geschwindigkeit von ...** à <u>la</u> vitesse de ...

die **Geschwindigkeitsbeschränkung** la limitation de vitesse

die **Geschwister** les frères *(männlich)* et sœurs; **hast du Geschwister?** as-tu des frères et sœurs?; **die beiden sind Geschwister** (*sind Brüder*) ils sont frères; (*sind Schwestern*) elles sont sœurs; (*sind Bruder und Schwester*) ils sont frères et sœurs

geschwollen ❶ *Gelenk* enflé(e) ❷ (*umgs.*: *gekünstelt*) *Ausdrucksweise* ronflant(e) ❸ **sich geschwollen ausdrücken** (*umgs.*) d'une manière pompeuse

der **Geschworene** le juré; **die Geschworenen** le jury

Ⓥ Der Plural *die Geschworenen* wird mit einem Singular übersetzt: die Geschworenen <u>haben</u> beraten – le jury <u>a</u> délibéré.

die **Geschworene** la jurée

die **Geschwulst** la tumeur ⚠ *weiblich*

das **Geschwür** ❶ l'abcès *(männlich)* ❷ (*Magengeschwür*) l'ulcère *(männlich)*

der **Geselle** ❶ (*Handwerksgeselle*) **bist du noch Tischler-Azubi oder schon Geselle?** est-ce que tu as déjà ton certificat de menuisier? ❷ (*Kerl*) le gaillard; **ein lustiger Geselle** un gai luron

gesellen sich zu jemandem gesellen se joindre à quelqu'un

die **Gesellenprüfung** l'examen *(männlich)* du certificat d'aptitude professionnelle, le certificat d'aptitude professionnelle

gesellig ❶ *Person* sociable; *Runde* entre amis/amies ❷ *zusammensitzen* entre amis/amies

die **Gesellin bist du noch Friseur-Azubi oder schon Gesellin?** est-ce que tu as déjà ton certificat de coiffeuse?

die **Gesellschaft** ❶ (*Menschengruppe, Firma*) la société ❷ (*Fest*) la réception; **die geschlossene Gesellschaft** la réunion privée ❸ (*Umgang*) la compagnie; **jemandem Gesellschaft leisten** tenir compagnie à quelqu'un

gesellschaftlich ❶ *Leben, Beziehungen* social(e) ❷ *Umgangsformen* de la bonne société ❸ **gesellschaftlich integriert sein** être intégré(e) dans la société

die **Gesellschaftsschicht** la couche sociale

das **Gesellschaftsspiel** le jeu de société

das **Gesetz** ❶ la loi; **ein Gesetz verabschieden** voter une loi ❷ **nach dem Gesetz** d'après la loi

das **Gesetzbuch** le code; **das Bürgerliche Gesetzbuch** ≈ le code civil

der **Gesetzentwurf** le projet de loi

der **Gesetzgeber** le législateur

die **Gesetzgeberin** la législatrice

die **Gesetzgebung** la législation

gesetzlich ❶ légal(e) ❷ *vorgeschrieben, anerkannt* par la loi; **gesetzlich geschützt** déposé(e)

gesetzwidrig illégal(e)

das **Gesicht** ❶ le visage ❷ *einer Stadt* la physionomie ▶ **ein <u>langes</u> Gesicht machen** faire une tête d'enterrement; **jemandem die Wahrheit ins Gesicht <u>sagen</u>** dire la vérité à quelqu'un en face; **sie <u>strahlt</u> über das ganze Gesicht** tout son visage rayonne; **das Gesicht <u>verlieren</u>** perdre la face

der **Gesichtsausdruck** l'expression *(weiblich)* [du visage]

die **Gesichtsfarbe** le teint

der **Gesichtspunkt** le point de vue; **unter diesem Gesichtspunkt <u>de</u>** ce point de vue

die **Gesichtszüge** les traits *(männlich)* [du visage]
gesinnt gleich gesinnt sympathisant(e); jemandem gut/übel gesinnt sein être bien/mal intentionné(e) à l'égard de quelqu'un
die **Gesinnung** les opinions *(weiblich)*

> **V** Der Singular *die Gesinnung* wird mit einem Plural übersetzt: in ihrer Heimat ist sie wegen <u>ihrer</u> Gesinnung verfolgt worden – dans son pays, elle a été inquiétée pour <u>ses</u> opinions.

gesittet ❶ *Person* bien élevé(e) ❷ *Benehmen* correct(e) ❸ *sich benehmen* comme il faut
das **Gespann** ❶ *(Zugtiere)* l'attelage *(männlich)* ❷ *(Wagen und Zugtiere)* l'équipage *(männlich)* ❸ *(Paar)* le couple
gespannt ❶ *Zuschauer* captivé(e); *Aufmerksamkeit* soutenu(e); *Erwartung* curieux/curieuse; **ich bin gespannt auf den Film** je suis curieux de voir le film; **ich bin gespannt, ob er anrufen wird** je suis curieux de savoir s'il va appeler ❷ *Lage* tendu(e) ❸ *zuhören* attentivement
das **Gespenst** ❶ *(Geist)* le fantôme ❷ *(Gefahr)* le spectre ▶ **ich sehe wohl schon Gespenster!** *(umgs.)* je vois le danger partout!
gespenstisch ❶ *Umgebung* lugubre; *Ruhe* sinistre ❷ **gespenstisch aussehen** avoir un aspect sinistre
das **Gespött** la raillerie ▶ **sich zum Gespött [der Leute] machen** se couvrir de ridicule
das **Gespräch** ❶ la conversation; **mit jemandem ins Gespräch kommen** entrer en conversation avec quelqu'un; **ein Gespräch mit jemandem führen** mener un entretien avec quelqu'un ❷ *(förmliche Unterredung)* l'entretien *(männlich)* ❸ *(Telefongespräch)* la communication [téléphonique]; **ein Gespräch für dich!** un appel pour toi! ❹ *(Verhandlungsgespräch)* **die Gespräche** les pourparlers *(männlich)*
gesprächig loquace
der **Gesprächspartner** l'interlocuteur *(männlich)*
die **Gesprächspartnerin** l'interlocutrice *(weiblich)*
der **Gesprächsstoff** le sujet de conversation
das **Gespür** le flair; **ein gutes Gespür für etwas haben** avoir une bonne intuition pour quelque chose
die **Gestalt** ❶ *(äußere Form)* la forme; **Gestalt annehmen** prendre corps; **in Gestalt von ...** sous la forme de ... ❷ *(Mensch)* la créature ❸ *(fragwürdiges Individuum)* l'individu *(männlich)* ❹ *(literarische Figur)* le personnage

gestalten ❶ organiser *Freizeit*; présenter *Unterricht, Text*; animer *Programm* ❷ *(künstlerisch erarbeiten)* concevoir; *(konstruieren)* agencer; *(schmücken)* décorer ❸ **sich schwierig gestalten** s'avérer difficile
die **Gestaltung** ❶ *der Freizeit* l'organisation *(weiblich)*; *des Unterrichts, eines Textes* la présentation; *eines Programms* l'animation *(weiblich)* ❷ *eines Kunstwerks* la conception; *(Konstruktion)* l'agencement *(männlich)*; *(Dekoration)* la décoration
das **Geständnis** les aveux *(männlich)*; **ein Geständnis ablegen** passer aux aveux

> **V** Der Singular *das Geständnis* wird mit einem Plural übersetzt: sein Geständnis <u>ist</u> umfassend – ses aveux <u>sont</u> complets.

der **Gestank** la puanteur
gestatten permettre; **die Ministerin hat dem Journalisten eine Frage gestattet** la ministre a permis au journaliste de poser une question; **ist es gestattet, hier zu rauchen?** est-il permis de fumer ici?; **das Parken ist hier nicht gestattet** le stationnement est interdit ici
die **Geste** le geste ⚠ *männlich*
gestehen avouer ▶ **offen gestanden** à vrai dire
das **Gestein** la roche
das **Gestell** ❶ *(Regal)* l'étagère *(weiblich)* ❷ *(Brillengestell)* la monture ❸ *(Unterbau)* le châssis; *(Stütze)* le support
gestern hier; **gestern Morgen** hier matin; **gestern Mittag** hier à midi; **gestern vor einer Woche** il y a eu une semaine hier ▶ **er ist nicht von gestern** *(umgs.)* il n'est pas né de la dernière pluie
gestikulieren gesticuler
gestört ❶ *Verhältnis* en crise ❷ *Kind, Tier* caractériel(le); **geistig gestört sein** avoir l'esprit dérangé
gestreift rayé(e); **längs gestreift** à rayures verticales; **quer gestreift** à rayures horizontales
gestrichen *(gestrichen voll)* ras(e); **ein gestrichener Esslöffel Zucker** une cuillère rase de sucre
das **Gestrüpp** les broussailles *(weiblich)*

> **V** Der Singular *das Gestrüpp* wird mit einem Plural übersetzt: dieses Gestrüpp <u>ist</u> voller Dornen – ces broussailles <u>sont</u> très épineuses.

das **Gestüt** le °haras
das **Gesuch** la requête; **ein Gesuch bei jemandem einreichen** présenter une requête à quelqu'un

Révisions

Gewässer		
une rivière	ein Fluss	**La Dordogne** et **l'Ardèche** sont des rivières. (Une rivière se jette (*mündet*) dans un fleuve ou dans une autre rivière.)
un fleuve	ein Fluss	**La Seine** et **la Garonne** sont des fleuves. (Un fleuve se jette dans la mer ou dans l'océan.)
un lac	ein Binnensee	**le Lac Majeur** (*Lago Maggiore*), **le Lac Léman** (*Genfer See*), **le Lac de Constance** (*Bodensee*)
la mer	das Meer	**la Mer Méditerranée** (*Mittelmeer*), **la Mer du Nord** (*Nordsee*)
l'océan	der Ozean	**l'Océan Atlantique, l'Océan Indien, l'Océan Pacifique**

gesucht (*begehrt, gefragt*) recherché(e)
gesund ❶ *Person, Firma* en bonne santé; *Organ, Wirtschaft* sain(e); *Gesichtsfarbe* frais/fraîche; **einen gesunden Appetit haben** avoir bon appétit; **wieder gesund werden** se rétablir ❷ (*Lebensweise, Ernährung*) sain(e); **Obst ist gesund** les fruits sont bons pour la santé ❸ *Misstrauen* de bon aloi ❹ *leben, sich ernähren* sainement
die **Gesundheit** ❶ la santé ❷ **auf Ihre Gesundheit!** à votre santé!
gesundheitlich ❶ *Grund, Aspekt* de santé; **aus gesundheitlichen Gründen** pour raison[s] de santé ❷ **wie geht es Ihnen gesundheitlich?** comment va la santé?
gesundheitsschädlich dangereux/dangereuse pour la santé
der **Gesundheitszustand** l'état (*männlich*) de santé
das **Getöse** le fracas; *des Verkehrs* le vacarme; *eines Wasserfalls* le tumulte
das **Getränk** la boisson ⚠ *weiblich;* **die warmen Getränke** les boissons chaudes; **die kalten Getränke** les boissons fraîches
der **Getränkeautomat** le distributeur de boissons
die **Getränkekarte** la carte des consommations; (*Weinkarte*) la carte des vins
getrauen sich getrauen etwas zu tun oser faire quelque chose
das **Getreide** ❶ les céréales (*weiblich*) ❷ (*Getreideart*) la céréale

> **V** In ❶ wird der Singular *das Getreide* mit einem Plural übersetzt: *das Getreide ist reif – les céréales sont mûres.*

getrennt ❶ *Haushalt, Zimmer* séparé(e) ❷ *leben* séparément; *schreiben* en deux mots
das **Getriebe** la boîte de vitesses
das **Getto** le ghetto
das **Getue** (*umgs.*) le chiqué; **dieses alberne Getue** ces chichis (*männlich*)

getüpfelt, getupft à pois
geübt *Fahrer, Griff* expert(e); *Auge, Ohr* exercé(e); **in etwas geübt sein** être expert(e) dans quelque chose
das **Gewächs** (*Pflanze*) la plante
gewachsen ❶ **jemandem gewachsen sein** pouvoir se mesurer à quelqu'un ❷ **einer Aufgabe gewachsen sein** être à la °hauteur d'une tâche
das **Gewächshaus** la serre
gewagt osé(e); (*gefährlich*) risqué(e)
gewählt ❶ *Ausdrucksweise* choisi(e) ❷ **sich ausdrücken** en termes choisis
die **Gewähr** la garantie; **ohne Gewähr** sous réserve d'erreur
gewähren ❶ accorder *Kredit, Rabatt, Asyl* ❷ **jemanden gewähren lassen** laisser faire quelqu'un
gewährleisten garantir; **jemandem Sicherheit gewährleisten** garantir la sécurité à quelqu'un
die **Gewährleistung** la garantie
die **Gewalt** ❶ (*Macht*) le pouvoir; **die elterliche Gewalt** l'autorité (*weiblich*) parentale; **jemanden in seiner Gewalt haben** tenir quelqu'un à sa merci; **die Gewalt über etwas verlieren** perdre le contrôle de quelque chose ❷ (*gewaltsames Vorgehen*) la violence; **Gewalt anwenden** recourir à la force ▶ **[das ist] höhere Gewalt** [c'est un] cas de force majeure; **mit Gewalt** par la force; (*unbedingt*) à tout prix
die **Gewaltenteilung** la séparation des pouvoirs
die **Gewaltherrschaft** le despotisme
gewaltig ❶ *Sturm, Explosion* violent(e) ❷ *Bauwerk, Menge* énorme; *Anblick* impressionnant(e) ❸ **ein gewaltiger Unterschied** (*umgs.*) une méga différence ❹ (*umgs.: sehr*) **sich irren** dans les grandes largeurs
gewaltlos ❶ non-violent(e) ❷ **vorgehen** sans

violence; *demonstrieren* pacifiquement
die **Gewaltlosigkeit** la non-violence
gewaltsam ❶ *Tod* violent(e) ❷ *durchsetzen, vertreiben* par la force; **eine Tür gewaltsam öffnen** forcer une porte
der **Gewalttäter** le criminel
die **Gewalttäterin** la criminelle
gewalttätig violent(e)
das **Gewaltverbrechen** le crime
das **Gewand** ❶ la robe ❷ Ⓐ (*Kleidung*) la tenue
gewandt ❶ *Redner* habile; *Auftreten* aisé(e); *Bewegung* souple ❷ *auftreten* avec aisance
das **Gewässer** ❶ l'eau *(weiblich)* ❷ (*Gewässerart*) **das stehende Gewässer** l'eau stagnante [stagnãt]
das **Gewebe** le tissu
das **Gewehr** le fusil [fyzi]
das **Geweih** les bois *(männlich)*

Ⓥ Der Singular *das Geweih* wird mit einem Plural übersetzt: *das Geweih ist die klassische Jagdtrophäe – le trophée de chasse classique, ce sont les bois.*

das **Gewerbe** ❶ (*Handwerk*) l'activité *(weiblich)* artisanale ❷ (*Handel*) l'activité *(weiblich)* commerciale
das **Gewerbegebiet** la zone industrielle
die **Gewerbesteuer** la taxe professionnelle
gewerblich ❶ *Ausbildung* technique ❷ *Nutzung* à des fins professionnelles ❸ **etwas gewerblich nutzen** utiliser quelque chose à des fins professionnelles
die **Gewerkschaft** le syndicat
der **Gewerkschafter**, der **Gewerkschaftler** le syndicaliste
die **Gewerkschafterin**, die **Gewerkschaftlerin** la syndicaliste
das **Gewicht** ❶ (*auch übertragen*) le poids; **ein Gewicht von fünf Kilo haben** peser cinq kilos; **etwas nach Gewicht verkaufen** vendre quelque chose au poids ❷ (*im Sport*) **Gewichte stemmen** soulever des poids ▸ **ins Gewicht fallen** avoir de l'importance; **auf etwas Gewicht legen** attacher du poids à quelque chose
das **Gewichtheben** l'haltérophilie *(weiblich)*
der **Gewichtheber** l'haltérophile *(männlich)*
die **Gewichtheberin** l'haltérophile *(weiblich)*
gewichtig ❶ *Person* corpulent(e) ❷ *Grund* important(e)
der **Gewichtsverlust** la perte de poids
die **Gewichtszunahme** la prise de poids
gewieft (*umgs.*) ❶ *Person* roublard(e) ❷ **sich verhalten** de manière roublarde
gewillt gewillt sein, etwas zu tun être dis-

posé(e) à faire quelque chose
das **Gewinde** le filetage
der **Gewinn** ❶ (*Profit*) le bénéfice; [**viel**] **Gewinn bringen** rapporter [beaucoup]; **etwas mit Gewinn verkaufen** vendre quelque chose avec bénéfices ❷ (*Preis*) le gain; **einen Gewinn machen** gagner [à la loterie] ❸ (*Vorteil*) l'enrichissement *(männlich)*
gewinnbringend ❶ *Geldanlage* lucratif/lucrative; *Geschäft* rentable; *Verkauf* avantageux/avantageuse ❷ *anlegen* lucrativement; *wirtschaften* de façon rentable; *verkaufen* avantageusement
gewinnen ❶ gagner *Preis, Prozess, Krieg;* remporter *Meisterschaft;* **wir haben gewonnen!** nous avons gagné! ❷ *Los, Zahl:* être gagnant(e) ❸ **an Sicherheit/an Bedeutung gewinnen** gagner en assurance/en importance ❹ **jemanden für eine Idee gewinnen** gagner quelqu'un à une idée; **jemanden als Mitarbeiter gewinnen** gagner quelqu'un comme collaborateur ❺ (*fördern*) **Kohle gewinnen** extraire du charbon; **Erz gewinnen** extraire du minerai [minʀɛ] ▸ **wie gewonnen, so zerronnen** argent vite gagné sera vite envolé
gewinnend ❶ *Art, Lächeln* engageant(e) ❷ **gewinnend lächeln** sourire aimablement
der **Gewinner** (*beim Spiel, im Sport*) le gagnant
die **Gewinnerin** (*beim Spiel, im Sport*) la gagnante
die **Gewinnzahl** le numéro gagnant
das **Gewirr** ❶ *von Fäden, Straßen* l'enchevêtrement *(männlich)* ❷ *von Stimmen* le brouhaha
gewiss ❶ **sich einer Sache gewiss sein** être sûr(e) de quelque chose ❷ **ein gewisser Herr Durand** un certain monsieur Durand ❸ (*sicherlich*) certainement; [**aber**] **gewiss!** [mais] bien sûr!
das **Gewissen** la conscience; **ein gutes Gewissen haben** avoir bonne conscience; **ein schlechtes Gewissen haben** avoir mauvaise conscience ▸ **jemanden/etwas auf dem Gewissen haben** avoir quelqu'un/quelque chose sur la conscience
gewissenhaft ❶ *Person* consciencieux/consciencieuse ❷ *arbeiten* consciencieusement
gewissenlos ❶ *Person* sans scrupules ❷ *handeln* sans aucun scrupule
die **Gewissensbisse** les remords *(männlich)*
die **Gewissensfrage** le cas de conscience
gewissermaßen en quelque sorte
die **Gewissheit** ❶ la certitude ❷ **sich Gewissheit verschaffen** faire toute la lumière; **sich**

über etwas Gewissheit verschaffen faire toute la lumière sur quelque chose
das **Gewitter** l'orage *(männlich)*; **es gibt gleich ein Gewitter** il va faire de l'orage
der **Gewitterregen** l'averse *(weiblich)* orageuse
die **Gewitterwolke** le nuage orageux
gewitzt roué(e)
gewöhnen ❶ **sich an jemanden/an etwas gewöhnen** s'habituer à quelqu'un/à quelque chose ❷ **an jemanden/an etwas gewöhnt sein** être habitué(e) à quelqu'un/à quelque chose; **ich bin an frühes Aufstehen gewöhnt** j'ai l'habitude de me lever de bonne heure
die **Gewohnheit** l'habitude *(weiblich)*; **die Gewohnheit haben, etwas zu tun** avoir l'habitude de faire quelque chose; **aus Gewohnheit** par habitude
gewöhnlich ❶ *(üblich)* habituel(le); *Arbeitstag* ordinaire ❷ *Ausdrucksweise* vulgaire ❸ **wie gewöhnlich** comme d'habitude ❹ *sich ausdrücken* de manière ordinaire
gewohnt ❶ *Zeit* habituel(le); *Umgebung* familier/familière ❷ **etwas gewohnt sein** être habitué(e) à quelque chose; **er ist schwere Arbeit gewohnt** il est habitué à travailler dur; **frühes Aufstehen bin ich gewohnt** j'ai l'habitude de me lever de bonne heure
die **Gewöhnung** l'accoutumance *(weiblich)*; **die Gewöhnung an das Medikament** l'accoutumance au médicament
das **Gewölbe** ❶ *(Gewölbedecke)* la voûte ❷ *(Gewölbekeller)* la cave voûtée
das **Gewühl** *(Gedränge)* la cohue
gewunden *Flusslauf, Weg* sinueux/sinueuse
das **Gewürz** ❶ l'épice *(weiblich)* ❷ *(Gewürzmischung)* le condiment
die **Gewürzgurke** le cornichon à la russe
gez. *Abkürzung von* **gezeichnet** signé
die **Gezeiten** les marées *(weiblich)*
der **Gezeitenwechsel** le changement de marée
gezielt ❶ *Frage, Maßnahme* ciblé(e) ❷ *fragen, vorgehen* de façon ciblée
geziert ❶ *Benehmen* affecté(e) ❷ *sich benehmen* avec affectation
das **Gezwitscher** le gazouillement
gezwungen ❶ *Benehmen* contraint(e); *Lachen* forcé(e) ❷ **gezwungen lachen** avoir un rire forcé
gezwungenermaßen contraint(e) et forcé(e)
ggf. *Abkürzung von* **gegebenenfalls** le cas échéant
das **Ghetto** →**Getto**
die **Gicht** la goutte; **er hat Gicht** il a la goutte
der **Giebel** le pignon

die **Gier** ❶ l'avidité *(weiblich)*; *(nach Essen)* la voracité ❷ *(Geldgier)* la cupidité
gierig ❶ *Person, Blick* avide ❷ *essen, trinken* avec avidité
gießen ❶ arroser *Pflanzen* ❷ **das Glas voll gießen** remplir le verre à ras bord; **Wasser auf etwas/über etwas gießen** verser de l'eau dans quelque chose/sur quelque chose ❸ *(umgs.: regnen)* **es gießt** il tombe des cordes ❹ *(herstellen)* couler
die **Gießkanne** l'arrosoir *(männlich)*
das **Gift** ❶ le poison ❷ *einer Schlange* le venin ▶ **darauf kannst du Gift nehmen** *(umgs.)* tu peux en être sûr(e)
das **Giftgas** le gaz toxique
giftgrün d'un vert criard
giftig ❶ *Schlange* venimeux/venimeuse; *Pflanze* vénéneux/vénéneuse; *Stoff, Chemikalie* toxique ❷ *(umgs.: gehässig) Person, Bemerkung* venimeux/venimeuse ❸ *(umgs.: gehässig) antworten, reagieren* °hargneusement
der **Giftmüll** les déchets *(männlich)* toxiques
der **Giftpilz** le champignon vénéneux
die **Giftschlange** le serpent venimeux
der **Giftstoff** la substance toxique
das **Gigabyte** ['gi:gabaıt] *(in der Informatik)* le gigaoctet
der **Gigant** le géant
die **Gigantin** la géante
gigantisch ❶ gigantesque ❷ *(umgs.: ausgezeichnet)* **die Musik war gigantisch!** la musique était géniale!
der **Ginster** le genêt
der **Gipfel** *(auch übertragen)* le sommet; **der Gipfel des Glücks** le comble du bonheur ▶ **das ist der Gipfel!** *(umgs.)* c'est le comble!
die **Gipfelkonferenz** la conférence au sommet
gipfeln in etwas gipfeln atteindre son apogée dans quelque chose
das **Gipfeltreffen** la rencontre au sommet
der **Gips** ❶ *(für Verbände, Abdrücke)* le plâtre; **den Fuß in Gips haben** avoir le pied dans le plâtre ❷ *(Mineral.)* le gypse
der **Gipsabdruck** l'empreinte *(weiblich)*
das **Gipsbein** *(umgs.)* la jambe plâtrée
der **Gipsverband** le plâtre
die **Giraffe** la girafe
die **Girlande** la guirlande
das **Girokonto** ['ʒi:rokɔnto] le compte courant
das **Gis** le sol dièse
die/der **Gischt** l'écume *(weiblich)*
die **Gitarre** la guitare; **Gitarre spielen** jouer de la guitare
der **Gitarrist** le guitariste

die Gitarristin la guitariste
das Gitter ① (*Metallgitter*) la grille ② (*Holzgitter*) le treillage ▶ **hinter Gittern** (*umgs.*) derrière les barreaux
der Glacéhandschuh [gla'se:hantʃu:] le gant en chevreau glacé ▶ **jemanden mit Glacéhandschuhen anfassen** (*umgs.*) prendre des gants avec quelqu'un
der Glanz ① *von Haaren, Augen, Perlen* le brillant; *einer Fläche, von Sternen* l'éclat *(männlich)* ② (*Pracht*) la magnificence
glänzen ① *Haare, Augen:* briller; *Möbel, Schuhe:* reluire; *Fläche:* miroiter; *Sterne:* scintiller ② **durch Wissen glänzen** briller par son savoir
glänzend ① *Haare, Augen* brillant(e); *Möbel, Schuhe* reluisant(e); *Fläche* miroitant(e) ② *Aussehen* superbe; *Einfall, Idee* brillant(e) ③ *spielen, bestehen* superbement
die Glanzleistung la brillante performance
glanzvoll *Auftritt* brillant(e); *Fest* somptueux/somptueuse
die Glanzzeit l'époque *(weiblich)* de sa/ta/... splendeur; **das war seine Glanzzeit** c'était l'époque de sa splendeur
das Glas ① (*Material, Trinkgefäß*) le verre; **aus Glas** en verre; **ein Glas Wein** un verre de vin ② (*Konservenglas*) le bocal ③ (*Honigglas, Marmeladenglas*) le pot
der Glascontainer le container à verre
der Glaser le vitrier
die Glaserin la vitrière
gläsern ① (*aus Glas*) de verre ② (*übertragen*) *Bürger, Kunde* transparent
die Glasfaser la fibre de verre
das Glasfaserkabel le câble à fibres optiques
glasieren ① émailler *Kacheln* ② glacer *Kuchen*
glasig ① *Augen, Blick* vitreux/vitreuse ② **die Zwiebeln glasig dünsten** faire blondir les oignons
glasklar ① limpide ② *beweisen* [très] clairement
die Glasscheibe ① le verre ② (*Fensterscheibe*) la vitre
die Glasscherbe le morceau de verre
der Glassplitter l'éclat *(männlich)* de verre
die Glastür la porte vitrée
die Glasur ① (*auf Keramik*) la glaçure ② (*Kuchenglasur*) le glaçage
die Glaswolle la laine de verre
glatt ① *Fläche* plan(e) ② *Haut, Stoff* lisse ③ *Haare* raide ④ *Fußboden, Straße* glissant(e) ⑤ (*umgs.: problemlos*) *Landung* en douceur; *Ablauf, Verlauf* sans accroc ⑥ (*umgs.: pur*) **eine glatte Lüge** un pur mensonge; **das ist glatter Unsinn** c'est complètement stupide ⑦ (*umgs.: rund*) rond(e); **ein glatter Betrag** un compte rond ⑧ (*umgs.: rundweg*) *abstreiten, vergessen* carrément ▶ **glatt gehen** (*umgs.: problemlos verlaufen*) *Sitzung:* se dérouler sans accroc [sãz akro]; (*glücken*) marcher comme sur des roulettes
die Glätte ① *der Haut* la douceur; *der Haare* la raideur ② (*Straßenglätte*) **aufgrund der Glätte** en raison de la chaussée glissante
das Glatteis le verglas ▶ **jemanden aufs Glatteis führen** induire quelqu'un en erreur
glätten ① défroisser *Zettel*; lisser *Haar* ② 🇨🇭 (*bügeln*) repasser ③ **sich glätten** *Wogen:* s'apaiser
die Glatze la calvitie [kalvisi]; **eine Glatze bekommen** devenir chauve; **eine Glatze haben** avoir une calvitie
glatzköpfig chauve; (*kahl geschoren*) à la tête rasée
der Glaube ① (*religiös*) la croyance; **der Glaube an Gott** la croyance en Dieu; **der christliche Glaube** la foi chrétienne ② (*Überzeugung*) la foi; **in gutem Glauben** de bonne foi; **in dem Glauben sein, dass nichts passiert ist** être persuadé(e) qu'il ne s'est rien passé ▶ **jemandem/einer Sache keinen Glauben schenken** n'accorder aucun crédit à quelqu'un/à quelque chose
glauben ① (*für wahr halten*) croire; **es ist nicht zu glauben** c'est à peine croyable; **das glaubst du doch selbst nicht!** (*umgs.*) tu n'y crois pas toi-même! ② (*Glauben schenken*) **jemandem glauben** croire quelqu'un; **ich habe ihnen geglaubt** je les ai crus ③ **ich glaube ihm diese Geschichte** je crois ce qu'il raconte; **das glaube ich dir nicht** je ne te crois pas ④ **ich glaube, dass er lügt** je crois qu'il ment; **ich glaube, ja** je crois [bien] que oui; **ich glaube, nein** je crois [bien] que non ⑤ **an Gott glauben** croire en Dieu; **an die Zukunft glauben** croire à l'avenir ▶ **dran glauben müssen** (*umgs.: sterben müssen*) devoir y passer; (*etwas tun müssen*) être obligé(e) de s'y mettre
der Glauben → **Glaube**
das Glaubensbekenntnis la confession
die Glaubensfreiheit la liberté de religion
glaubhaft ① digne de foi ② *schildern, versichern* de façon convaincante
gläubig croyant(e)
der Gläubige le croyant
die Gläubige la croyante
der Gläubiger le créancier

die **Gläubigerin** la créancière
glaubwürdig ❶ crédible ❷ *aussagen, versichern* de façon crédible
gleich ❶ **der gleiche Weg** le même chemin; **der gleiche Schlüssel** la même clé; **er hat das Gleiche gesagt** il a dit la même chose ❷ **zwei mal zwei [ist] gleich vier** deux fois deux [égalent] quatre ❸ (*egal*) **das ist ihm gleich** cela lui est égal; **es ist ihr gleich, wo du bist** [savoir] où tu es la laisse indifférente; **ganz gleich, was er sagt** quoi qu'il dise ❹ **gleich groß sein** être de même taille; **gleich stark sein** être de force égale; **gleich schwer sein** être de même poids; **gleich alt sein** être du même âge ❺ (*auf die gleiche Art*) *behandeln, gekleidet* de la même façon ❻ **gleich neben der Kirche** juste à côté de l'église ❼ (*in Kürze*) tout de suite; **es ist gleich sechs Uhr** il est bientôt six heures; **jetzt gleich** dès maintenant; **gleich danach** [*oder* **darauf**] aussitôt après; **gleich nachdem sie gegangen war** juste après qu'elle soit partie; **bis gleich!** à tout à l'heure! ❽ **habe ich es nicht gleich gesagt!** c'est bien ce que j'avais dit! ❾ **wie heißt sie doch gleich?** comment s'appelle-t-elle déjà? ▶ **Gleich und Gleich gesellt sich gern** qui se ressemble s'assemble; **Gleiches mit Gleichem vergelten** rendre la pareille; **das kommt** [*oder* **läuft**] **aufs Gleiche hinaus** ça revient au même
gleichaltrig du même âge
gleichartig de même nature
gleichberechtigt égal(e) en droits
die **Gleichberechtigung** l'égalité *(weiblich)* des droits
gleichen ressembler; **jemandem/einer Sache gleichen** ressembler à quelqu'un/à quelque chose; **sie gleichen sich** ils/elles se ressemblent
gleichermaßen de la même façon
gleichfalls également ▶ **danke gleichfalls!** merci pareillement!
gleichförmig ❶ *Verlauf* uniforme; *Struktur* homogène ❷ *verlaufen* uniformément; *strukturiert* de façon homogène
das **Gleichgewicht** (*auch übertragen*) l'équilibre *(männlich)*; **jemanden aus dem Gleichgewicht bringen** déséquilibrer quelqu'un; **das Gleichgewicht verlieren** perdre l'équilibre
gleichgültig ❶ *Person* indifférent(e) ❷ **er/sein Schicksal ist mir gleichgültig** il/son sort m'est indifférent; **es ist mir gleichgültig, was er tut** peu importe ce qu'il fait
die **Gleichgültigkeit** l'indifférence *(weiblich)*; **seine Gleichgültigkeit dir gegenüber** son indifférence à l'égard de toi
die **Gleichheit** ❶ (*Übereinstimmung*) la similitude ❷ (*Gleichberechtigung*) **die Gleichheit von Mann und Frau** l'égalité *(weiblich)* de l'homme et de la femme
das **Gleichheitszeichen** le signe d'égalité
gleichmäßig ❶ régulier/régulière ❷ *atmen, sich bewegen* régulièrement; *auftragen, verteilen* uniformément
gleichmütig ❶ impassible ❷ **etwas gleichmütig hinnehmen** supporter quelque chose d'une manière imperturbable
das **Gleichnis** la parabole
gleichsam pour ainsi dire
gleichseitig *Dreieck* équilatéral(e)
der **Gleichstand** (*im Sport*) l'égalité *(weiblich)* de score; **den Gleichstand erzielen** obtenir l'égalisation
der **Gleichstrom** le courant continu
die **Gleichung** l'équation *(weiblich)* [ekwasjɔ̃]
gleichwertig ❶ *Ersatz, Leistung* équivalent(e) ❷ *Gegner* de force égale
gleichwohl néanmoins
gleichzeitig ❶ *Vorgänge* simultané(e); *Ereignisse* contemporain(e) ❷ (*zur gleichen Zeit*) en même temps
das **Gleis** la voie
gleiten ❶ *Vogel, Segelflugzeug:* planer ❷ **zu Boden/ins Wasser gleiten** glisser par terre/dans l'eau; **über etwas gleiten** *Blick, Lächeln:* glisser sur quelque chose
der **Gleitflug** le vol plané
das **Gleitschirmfliegen** le parapente
die **Gleitzeit** (*gleitende Arbeitszeit*) l'horaire *(männlich)* variable
der **Gletscher** le glacier
die **Gletscherspalte** la crevasse
das **Glied** ❶ (*auch übertragen*) le membre ❷ (*Finger-, Zehenglied*) la phalange ❸ (*Kettenglied*) le maillon ❹ (*Penis*) le membre [viril]
gliedern diviser; **etwas in verschiedene Abschnitte gliedern** diviser quelque chose en plusieurs parties
die **Gliederung** ❶ (*das Gliedern*) la division ❷ (*Aufbau*) *einer Firma, Organisation* la structure; *eines Aufsatzes* le plan
die **Gliedmaßen** les membres *(männlich)*
glimmen *Licht, Zigarette:* rougeoyer
der **Glimmstängel** (*umgs.*) la sèche
glimpflich ❶ *Ausgang, Verlauf* bénin/bénigne; *Strafe* léger/légère ❷ *verlaufen* de façon bénigne; **du bist glimpflich davongekommen** tu t'en es tiré(e) à bon compte

glitschig (*umgs.*) glissant(e)
glitzern scintiller
global ❶ *Wissen* global(e) ❷ **etwas global beurteilen** juger quelque chose globalement
die **Globalisierung** la mondialisation
der **Globus** (*Gegenstand*) le globe [terrestre]; **mehrere Globen** [*oder* **Globusse**] **besitzen** avoir plusieurs globes
die **Glocke** ❶ (*Kirchen-, Käse-, Kuchenglocke*) la cloche ❷ (*Ladenglocke*) la sonnette ▶ **etwas an die große Glocke hängen** (*umgs.*) crier quelque chose sur les toits
die **Glockenblume** la campanule [des murailles]
der **Glockenschlag mit dem Glockenschlag** à l'heure sonnante
das **Glockenspiel** le carillon
der **Glockenturm** le clocher
glorreich ❶ glorieux/glorieuse ❷ **was für eine glorreiche Idee!** (*ironisch*) quelle idée de génie!
die **Glosse** le commentaire [succinct]
die **Glotze** (*umgs.*) la télé; **vor der Glotze hocken** passer son temps devant la télé
glotzen (*umgs.*) ❶ reluquer; **glotz nicht so!** arrête de faire des yeux en boule de loto ❷ (*fernsehen*) passer son temps devant la télé
das **Glück** ❶ la chance; **Glück haben** avoir de la chance; **kein Glück haben** ne pas avoir de chance; **jemandem Glück bringen** porter chance à quelqu'un; **zum Glück** par chance; [**was für**] **ein Glück!** heureusement!; **viel Glück!** bonne chance!; **jemandem Glück wünschen** féliciter quelqu'un ❷ (*Freude, Zufriedenheit*) le bonheur; **er ist mein ganzes Glück** il fait tout mon bonheur ▶ **auf gut Glück** au petit bonheur [la chance]
glücken *Plan, Operation:* réussir; **das Experiment ist geglückt** l'expérience a réussi; **es ist ihr geglückt, in der Menge unterzutauchen** elle a réussi à disparaître dans la foule
glücklich ❶ heureux/heureuse; **über etwas glücklich sein** être content(e) de quelque chose ❷ **ein glücklicher Zufall** un heureux °hasard ❸ *ankommen, enden* bien; **sie lebte glücklich mit ihrem Mann** elle vivait heureuse avec son mari; **glücklich verheiratet sein** être heureux/heureuse en ménage
glücklicherweise par chance
der **Glücksfall** le coup de chance
der **Glückspilz** (*umgs.*) le veinard/la veinarde; **du Glückspilz!** quel veinard/quelle veinarde!
die **Glückssache das ist [reine] Glückssache** c'est une [pure] question de chance

das **Glücksspiel** le jeu de °hasard
die **Glückssträhne eine Glückssträhne haben** avoir la baraka
der **Glückwunsch** la félicitation; **herzlichen Glückwunsch!** toutes mes félicitations!; **herzlichen Glückwunsch zum Geburtstag!** bon anniversaire!; **herzlichen Glückwunsch zur bestandenen Prüfung!** je te félicite d'avoir réussi ton examen!
die **Glückwunschkarte** la carte de félicitations
die **Glühbirne** l'ampoule (*weiblich*)
glühen ❶ *Metall, Holzscheit:* être incandescent(e); *Feuer:* être ardent(e); *Docht, Zigarette:* rougeoyer ❷ *Stirn, Wangen:* être brûlant(e)
glühend ❶ *Metall, Holzscheit* incandescent(e) ❷ *Stirn, Wangen* brûlant(e) ❸ **eine glühende Hitze** une fournaise; **an dem Tag war es glühend heiß** il faisait une chaleur torride ce jour-là ❹ *Verehrer* ardent(e); **jemanden glühend verehren** aimer quelqu'un ardemment ❺ *Hass* virulent(e)
der **Glühwein** le vin chaud
das **Glühwürmchen** (*umgs.*) le ver luisant
die **Glut** *eines Feuers* la braise; *einer Zigarette* la cendre incandescente
die **GmbH** *Abkürzung von* **Gesellschaft mit beschränkter Haftung** la S.A.R.L.
das **g-Moll** le sol mineur
die **Gnade** la grâce; **um Gnade bitten** demander grâce; **die Gnade Gottes** la grâce de Dieu
die **Gnadenfrist** le délai de grâce
gnadenlos impitoyable
gnädig ❶ (*milde*) clément(e) ❷ (*herablassend*) condescendant(e) ❸ (*mit Milde*) urteilen avec clémence ❹ (*mit Herablassung*) blicken, lächeln d'un air condescendant
das **Goal** [goːl] Ⓐ, Ⓒ le but
der **Gokart** le kart
das **Gold** ❶ l'or (*männlich*); **eine Münze aus Gold** une pièce en or ❷ (*umgs.: Goldmedaille*) la médaille d'or; **Gold gewinnen** remporter la médaille d'or
der **Goldbarren** le lingot d'or
golden ❶ *Schmuckstück, Münze* en or ❷ *Haare, Sonne* doré(e) ❸ *glänzen* d'un éclat doré
der **Goldfisch** le poisson rouge
goldgelb jaune d'or
die **Goldgrube** (*umgs.*) la mine d'or
der **Goldhamster** le °hamster [doré]
goldig (*umgs.*) chou(te)
die **Goldmedaille** la médaille d'or
goldrichtig (*umgs.*) **goldrichtig sein** *Antwort, Entscheidung:* être impeccable

der **Goldschmied** l'orfèvre *(männlich)*
die **Goldschmiedin** l'orfèvre *(weiblich)*
der **Golf** (*in der Geografie*) le golfe
das **Golf** le golf; **Golf spielen** jouer au golf
der **Golfplatz** le terrain de golf
der **Golfschläger** le club
der **Golfstrom** le Gulf Stream
die **Gondel** ❶ (*Schiff*) la gondole ❷ *einer Seilbahn* la cabine, la télécabine ❸ *eines Fesselballons* la nacelle
der **Gondoliere** [gɔndo'ljeːrə] le gondolier
der **Gong** le gong
  gongen es gongt le gong retentit
  gönnen ❶ **jemandem sein Glück gönnen** se réjouir pour quelqu'un de son bonheur ❷ **sich eine Pause gönnen** s'accorder une pause; **sich ein Glas Wein gönnen** s'offrir un verre de vin
  googeln ['guːgl̩n] (*im Internet suchen*) googler [gugle]
das **Gör**, die **Göre** (*umgs.*) ❶ (*kleines Kind*) le gosse ❷ (*kleines Mädchen*) la gosse, la gamine
der **Gorilla** (*auch übertragen umgs.*) le gorille
die **Gosse** (*Rinnstein*) le ruisseau ▶ **in der Gosse enden** (*umgs.*) finir dans le ruisseau
die **Gotik** le gothique ⚠ *männlich*
  gotisch gothique
der **Gott** ❶ le dieu ❷ (*Gott der Christen*) le Dieu; **der liebe Gott** le bon Dieu ▶ **Gott sei Dank!** Dieu merci!; **in Gottes Namen!** (*umgs.*) au nom de Dieu!; [**ach du**] **lieber Gott!** (*umgs.*) [oh] mon Dieu!; **grüß Gott!** Ⓐ bonjour!; **er ist Gott weiß wo** (*umgs.*) Dieu sait où il est; **um Gottes willen** (*oje!*) mon Dieu!; (*ich bitte dich/Sie*) pour l'amour de Dieu
der **Gottesdienst** (*katholisch*) la messe; (*protestantisch*) le culte
die **Gotteslästerung** le blasphème
die **Gottheit** la divinité
die **Göttin** la déesse
  göttlich (*auch übertragen*) divin(e)
der **Gouda** ['gaʊda] le gouda [guda]
das **Grab** la tombe ▶ **das bringt mich noch ins Grab** (*umgs.*) ça va me faire mourir
  graben creuser
der **Graben** le fossé
das **Grabmal** le tombeau
der **Grabstein** la pierre tombale
der **Grad** ❶ le degré; **heute sind es 20 Grad** il fait vingt degrés aujourd'hui; **eine Verbrennung ersten Grades** une brûlure au premier degré ❷ (*Rang*) le grade; **der akademische Grad** le grade universitaire ❸ **bis zu einem gewissen Grad[e]** jusqu'à un certain point
der **Graf** le comte
die **Grafik** ❶ (*Kunstwerk*) l'œuvre *(weiblich)* graphique ❷ (*Technik*) les arts *(männlich)* graphiques ❸ (*Schaubild*) le graphique
der **Grafiker** ❶ le graphiste ❷ (*Werbegrafiker*) le dessinateur publicitaire
die **Grafikerin** ❶ la graphiste ❷ (*Werbegrafikerin*) la dessinatrice publicitaire
die **Grafikkarte** (*in der Informatik*) la carte graphique
das **Grafikprogramm** (*in der Informatik*) le grapheur
die **Gräfin** la comtesse
  grafisch ❶ graphique ❷ **etwas grafisch darstellen** représenter quelque chose par un graphique
der **Grafit** →**Graphit**
die **Grafschaft** le comté
das **Gramm** le gramme; **hundert Gramm Tee** cent grammes de thé
die **Grammatik** la grammaire
  grammatikalisch, grammatisch grammatical(e)
der **Granat** le grenat
die **Granate** ❶ l'obus *(männlich)* [ɔby] ❷ (*Handgranate*) la grenade
  granatrot grenat

> Ⓖ Das Farbadjektiv *grenat* ist unveränderlich: *ihre granatroten Fingernägel – ses ongles grenat.*

  grandios ❶ *Anblick* grandiose; *Idee* génial(e); *Erfolg* triomphal(e) ❷ **meistern, beherrschen** remarquablement bien
der **Granit** le granit[e]
die **Grapefruit** ['greːpfruːt] le pamplemousse ⚠ *männlich*
die **Graphik** →**Grafik**
der **Graphit** le graphite
  grapschen (*umgs.*) **etwas grapschen, sich etwas grapschen** choper quelque chose
das **Gras** l'herbe *(weiblich)* ▶ **über etwas Gras wachsen lassen** (*umgs.*) laisser quelque chose tomber dans l'oubli
  grasgrün vert pomme; **grasgrüne Socken** des chaussettes vert pomme
der **Grashalm** le brin d'herbe
  grassieren *Epidemie:* sévir
  grässlich horrible
der **Grat** *eines Berges* la crête
die **Gräte** l'arête *(weiblich)*
  gratis ❶ **der Eintritt ist gratis** l'entrée est gratuite ❷ **etwas gratis bekommen** rece-

voir quelque chose gratuitement
die **Gratisprobe** l'échantillon *(männlich)* gratuit
die **Grätsche** ① l'écart *(männlich)*; **in die Grätsche gehen** écarter ses jambes ② (*Grätschsprung*) le saut écart
die **Gratulation** les félicitations *(weiblich)*

> Der Singular *die Gratulation* wird mit einem Plural übersetzt: *die Lehrerin hat ihre Gratulation an die gesamte Klasse gerichtet – la prof a adressé ses félicitations à toute la classe.*

gratulieren ① féliciter; **jemandem gratulieren** féliciter quelqu'un; **er hat ihnen zum zehnjährigen Jubiläum gratuliert** il les a félicité(e)s à l'occasion du dixième anniversaire; [ich] **gratuliere!** félicitations! ② **ich gratuliere dir/Ihnen zum Geburtstag** je te/vous souhaite un bon anniversaire; **ich habe vergessen, ihm/ihr zum Geburtstag zu gratulieren** j'ai oublié de lui souhaiter son anniversaire
grau ① gris(e); **er/sie wird schon grau** il/elle grisonne déjà ② (*trostlos*) morne ▸ **alles grau in grau sehen** voir tout en noir
Graubünden les Grisons *(männlich)*

> Der Singular *Graubünden* wird mit einem Plural übersetzt: *Graubünden liegt im Osten der Schweiz – les Grisons sont situés à l'est de la Suisse.*

der **Gräuel** l'atrocité *(weiblich)*; **diese Vorstellung ist mir ein Gräuel** j'ai cette idée en horreur
grauen[1] (*dämmern*) *Morgen:* poindre
grauen[2] **mir graut vor ihnen** ils m'épouvantent; **ihm graut vor dem Zusammentreffen** la rencontre l'épouvante
das **Grauen** (*Entsetzen*) l'épouvante *(weiblich)*; **Grauen erregend** horrible
grauenhaft, **grauenvoll** ① horrible ② (*umgs.: sehr groß*) *Lärm, Durcheinander:* infernal(e)
grauhaarig aux cheveux gris
gräulich (*fast grau*) grisâtre
die **Graupeln** le grésil [gʀezil]

> Der Plural *die Graupeln* wird mit einem Singular übersetzt: *ein Regen mit Graupeln – une pluie mêlée de grésil.*

der **Graupelschauer** la giboulée
grausam ① *Mensch, Schicksal:* cruel(le) ② (*umgs.: sehr groß*) *Schmerz:* atroce; *Hitze, Kälte:* terrible ③ (*auf grausame Art*) *behandeln:* avec cruauté; *sich rächen:* atrocement
die **Grausamkeit** ① (*Verhalten*) la cruauté ② (*Tat*) l'atrocité *(weiblich)*
grausen →**grauen**[2]
gravieren graver

gravierend ① *Fehler, Irrtum:* grave; **ein gravierender Unterschied** une grande différence ② *sich verschlechtern:* de façon inquiétante
die **Gravierung** la gravure
die **Gravitation** la gravitation
die **Gravur** la gravure
graziös ① gracieux/gracieuse ② *tanzen, sich bewegen:* gracieusement
greifbar ① *Ware, Unterlagen:* disponible ② *Vorteil:* concret/concrète
greifen ① **nach etwas greifen** saisir quelque chose ② **etwas greifen** attraper quelque chose; **sich etwas greifen** s'emparer de quelque chose ③ **zu einem Buch greifen** prendre un livre; **zu einer Methode greifen** avoir recours à une méthode ④ **um sich greifen** s'étendre ⑤ (*Haftung, Wirkung haben*) *Reifen:* adhérer; *Maßnahme:* faire effet ▸ **zum Greifen nah[e]** à portée de main
der **Greis** le vieillard
die **Greisin** la vieille
grell ① *Sonne:* éblouissant(e); *Licht, Farbe:* cru(e) ② *Stimme:* perçant(e) ③ **grell leuchten** *Sonne:* être éblouissant(e); *Licht, Farbe:* être cru(e) ④ **grell klingen** *Instrument:* émettre des sons perçants
das **Gremium** la commission
die **Grenze** ① la frontière; **die Grenze zur Schweiz** la frontière avec la Suisse ② (*Abgrenzung*) la limite; **die obere/oberste Grenze** le maximum; (*bei Summen, Beträgen*) le plafond; **die untere/unterste Grenze** le minimum ▸ **sich in Grenzen halten** *Freude:* être mesuré(e); *Kosten:* être raisonnable
grenzen ① **an ein Land grenzen** confiner à un pays ② (*übertragen*) **an ein Wunder grenzen** être à la limite du miracle
grenzenlos ① *Raum:* illimité(e) ② *Macht:* illimité(e); *Vertrauen:* infini(e); *Dummheit:* sans borne ③ **grenzenlos reich** infiniment riche
der **Grenzfall** le cas limite
das **Grenzgebiet** la zone frontalière
der **Grenzübergang** le poste frontière
der **Grenzwert** la valeur limite
der **Greyerzer** ['grajertsə] le gruyère [gʀyjɛʀ]
der **Grieche** ① le Grec ② (*umgs.: griechisches Lokal*) **zum Griechen [essen] gehen** aller [manger] au resto grec
Griechenland la Grèce
die **Griechin** la Grecque
griechisch grec/grecque
das **Griechisch** le grec; *siehe auch* **Deutsch**

> **G** In Verbindung mit dem Verb *parler* kann der Artikel entfallen: *er spricht Griechisch – il parle grec.*

griesgrämig ❶ grincheux/grincheuse ❷ **griesgrämig dreinschauen** avoir l'air grincheux

der **Grieß** la semoule

der **Grießbrei** la bouillie de semoule, la semoule

der **Griff** ❶ (*Halte-, Tragegriff*) la poignée; *eines Schirms, Messers* le manche ❷ (*Handgriff*) le geste; **mit einem Griff** en un tournemain ❸ (*Grifftechnik*) la prise ▶ **etwas in den Griff bekommen** venir à bout de quelque chose; **jemanden/etwas im Griff haben** avoir quelqu'un/quelque chose bien en main

griffbereit griffbereit sein être à portée de [la] main

der **Grill** le barbecue

die **Grille** (*Insekt*) le grillon

grillen ❶ **etwas grillen** faire griller quelque chose [au barbecue] ❷ **gerne grillen** aimer faire un barbecue

die **Grillparty** le barbecue

die **Grimasse** la grimace; **Grimassen schneiden** faire des grimaces

grimmig ❶ *Miene* furibond(e) ❷ *Kälte* terrible ❸ **grimmig dreinschauen** avoir l'air furibond

grinsen ricaner

das **Grinsen** le ricanement

die **Grippe** (*Virusgrippe*) la grippe; (*umgs.: fiebrige Erkältung*) le rhume; [**die/eine**] **Grippe haben** avoir la grippe/un rhume

die **Grippewelle** l'épidémie (*weiblich*) de grippe

der **Grips** (*umgs.*) ❶ la jugeote ❷ **seinen Grips anstrengen** faire travailler sa matière grise

grob ❶ grossier/grossière; *Sieb* gros(se) ❷ *Erklärung* sommaire, en gros ❸ *sortieren, mahlen, antworten* grossièrement ❹ **grob gerechnet** à peu près ▶ **aus dem Gröbsten heraus sein** (*umgs.*) avoir passé le plus dur

grölen (*umgs.*) brailler

der **Groll** le ressentiment

Grönland le Groenland

der **Groschen** Ⓐ le groschen ▶ **bei ihm/ihr ist der Groschen gefallen** (*umgs.*) ça a fait tilt

groß ❶ grand(e); **ein großer Park/Fluss** un grand parc/fleuve; **ein großer Schrank/Stein** une grosse armoire/pierre; **hundert Quadratmeter groß sein** mesurer cent mètres carrés ❷ (*in Bezug auf die Körpergröße*) grand(e); **eine große Frau** une femme grande; **wie groß bist du?** combien mesures-tu? ❸ **eine große Dummheit** une grosse bêtise; **ein großer Misserfolg** un gros échec; **ein großer Erfolg** un beau succès; **eine große Karriere** une belle carrière; **eine große Summe** une grosse somme ❹ *Verspätung* important(e); **eine große Pause** une longue pause ❺ **meine große Schwester** ma grande sœur ❻ *Buchstabe* majuscule; **ein großes V** un V majuscule ❼ (*bedeutend*) **eine große Schauspielerin** une grande actrice ❽ (*als Namenszusatz*) **Karl der Große** Charlemagne; **Katharina die Große** Catherine II la Grande ❾ *feiern* en grande pompe ▶ **im Großen und Ganzen** dans l'ensemble; **etwas groß und breit erklären** (*umgs.*) expliquer quelque chose en long et en large; [**ganz**] **groß herauskommen** (*umgs.*) connaître un grand succès, faire un malheur; **etwas groß schreiben** (*umgs.*) accorder beaucoup d'importance à quelque chose

großartig ❶ *Person, Plan* génial(e); *Bauwerk* grandiose ❷ *funktionieren, spielen* magnifiquement

die **Großaufnahme** le gros plan; **in Großaufnahme** en gros plan

Großbritannien la Grande-Bretagne; **nach/in Großbritannien** en Grande-Bretagne

der **Großbuchstabe** la majuscule

die **Größe** ❶ (*Körper-, Kleidergröße, Höhe, Länge*) la taille ❷ *einer Fläche* la superficie; *eines Raumes* la taille ❸ (*Schuhgröße*) la pointure; **welche Größe haben Sie?** vous faites quelle pointure? ❹ (*Bedeutsamkeit*) la grandeur ❺ *eines Betrags, Erfolges* l'importance (*weiblich*) ❻ (*mathematischer Wert*) la grandeur; **eine unbekannte Größe** une inconnue

der **Großeinkauf** les grosses courses (*weiblich*)

> **V** Der Singular *der Großeinkauf* wird mit einem Plural übersetzt: *heute habe ich einen Großeinkauf gemacht – aujourd'hui j'ai fait des grosses courses.*

die **Großeltern** les grands-parents (*männlich*)

größtenteils en grande partie

der **Größenunterschied** ❶ (*in der Körpergröße*) la différence de taille ❷ (*in der Höhe*) la différence de °hauteur ❸ (*in der Länge*) la différence de longueur

der **Größenwahn** la mégalomanie

größenwahnsinnig mégalomane

die **Großfamilie** la grande famille

der **Großhandel** le commerce de gros; **etwas im Großhandel kaufen** acheter quelque chose chez un grossiste

der **Großherzog** le grand-duc
die **Großherzogin** la grande-duchesse
die **Großmacht** la grande puissance
das **Großmaul** (*umgs.*) la grande gueule
die **Großmutter** la grand-mère
der **Großonkel** le grand-oncle
der **Großraum** l'agglomération *(weiblich)*
das **Großraumabteil** le compartiment à grande capacité
das **Großraumbüro** le bureau en espace ouvert
der **Großrechner** le macroordinateur
großschreiben (*mit großem Anfangsbuchstaben*) écrire avec une majuscule; **ein Wort großschreiben** écrire un mot avec une majuscule ▶ **etwas großschreiben** (*umgs.*) accorder beaucoup d'importance à quelque chose
großspurig ❶ vantard(e) ❷ *verkünden* avec vantardise
die **Großstadt** la grande ville
die **Großtante** la grand-tante
größte(r, s) ❶ **der größte Park** le plus grand parc; **die größte Schule** la plus grande école; **das größte Kino der Stadt** le plus grand cinéma de la ville; **der größte Teil der Kunden** la plupart des clients; **diese Schule ist die größte** [*oder* **am größten**] cette école est la plus grande ❷ (*groß gewachsen*) **Paul ist der größte/Anne ist die größte in der Klasse** Paul est le plus grand/Anne est la plus grande de la classe ❸ (*gravierend, erheblich*) **der größte Fehler** la faute la plus grave; **die größte Summe** la plus grosse somme ❹ (*bedeutend*) **die größte Schauspielerin** la plus grande actrice
der **Großteil** ❶ (*größter Teil*) la majeure partie; **zum Großteil** en grande partie ❷ **ein Großteil der Arbeit** une grande partie du travail
größtenteils pour la plupart
der **Großvater** le grand-père
die **Großveranstaltung** la grande manifestation
großziehen élever
großzügig ❶ *Mensch* généreux/généreuse ❷ *Planung* de grande envergure; *Wohnung* vaste ❸ *verteilen* généreusement
die **Großzügigkeit** la générosité
grotesk *Geschichte* grotesque
die **Grotte** la grotte
das **Grübchen** la fossette
die **Grube** ❶ la fosse ❷ (*Baugrube*) la tranchée ❸ (*Bergwerk*) la mine ▶ **wer andern eine Grube gräbt, fällt selbst hinein** tel est pris qui croyait prendre
die **Grübelei** les ruminations *(weiblich)*
grübeln ruminer; **über etwas grübeln** ruminer quelque chose

grüezi (CH) bonjour
die **Gruft** le caveau
grün ❶ vert(e) ❷ *Politik* écologiste
das **Grün** ❶ le vert; **die Ampel steht auf Grün** le feu est vert ❷ (*Grünfläche*) l'espace *(männlich)* vert ❸ (*Grünpflanzen*) la verdure ▶ **das ist dasselbe in Grün** (*umgs.*) c'est kif-kif
grün-alternativ écologiste et alternatif/alternative
die **Grünanlage** l'espace *(männlich)* vert
der **Grund** ❶ la raison; **aus gesundheitlichen Gründen** pour des raisons de santé; **aus welchem Grund? pour** quelle raison? ❷ (*Ursache*) la cause ❸ (*Erdboden*) le sol ❹ (*Grundbesitz*) **Grund und Boden besitzen** posséder des terres ❺ *eines Gewässers* le fond ▶ **aus gutem Grund** à juste raison; **zu Grunde gehen** *Person:* se détruire
die **Grundausbildung** ❶ la formation de base ❷ (*beim Militär*) les classes *(weiblich)*

> **V** In ❷ wird der Singular *die Grundausbildung* mit einem Plural übersetzt: *die Grundausbildung dauert mehrere Monate – les classes durent plusieurs mois.*

die **Grundbedingung** la condition de base
der **Grundbegriff** la notion élémentaire
der **Grundbesitz** la propriété foncière
der **Grundbesitzer** le propriétaire foncier
die **Grundbesitzerin** la propriétaire foncière
das **Grundbuch** le cadastre
gründen ❶ fonder *Firma, Verein* ❷ **seine Hoffnungen auf etwas gründen** fonder ses espoirs sur quelque chose
der **Gründer** le fondateur
die **Gründerin** la fondatrice
die **Grundfläche** la superficie
die **Grundgebühr** la taxe de base
der **Grundgedanke** l'idée *(weiblich)* fondamentale
das **Grundgesetz** la loi fondamentale
grundieren appliquer une sous-couche sur
die **Grundlage** ❶ la base ❷ **jeder Grundlage entbehren** être dénué(e) de tout fondement
grundlegend ❶ *Entscheidung* essentiel(le) ❷ *erneuern* fondamentalement
gründlich ❶ *Reinigung, Überprüfung* minutieux/minutieuse; *Kenntnisse* approfondi(e) ❷ *reinigen* soigneusement ❸ (*umgs.: völlig*) **sich irren** complètement
die **Gründlichkeit** le sérieux
grundlos ❶ *Verdacht* infondé(e) ❷ *sich beunruhigen* sans raison
das **Grundnahrungsmittel** la denrée alimentaire de base
der **Gründonnerstag** Jeudi *(männlich)* saint

das **Grundrecht** le droit fondamental
der **Grundriss** *eines Hauses* le plan
der **Grundsatz** le principe
grundsätzlich ❶ *Problem, Unterschied* fondamental(e) ❷ *ablehnen* strictement
die **Grundschule** ≈ l'école *(weiblich)* primaire
der **Grundschullehrer** l'instituteur *(männlich)*
die **Grundschullehrerin** l'institutrice *(weiblich)*
der **Grundstein** la première pierre ▶ **den Grundstein zu etwas legen** poser la première pierre de quelque chose
die **Grundsteuer** l'impôt *(männlich)* foncier
das **Grundstück** le terrain
die **Gründung** la fondation
grundverschieden ❶ *Personen, Dinge* radicalement différent(e) ❷ *urteilen* de manière radicalement différente
das **Grundwasser** la nappe phréatique
der **Grundwortschatz** le vocabulaire de base
der **Grüne** *(in der Politik)* l'écologiste *(männlich)*; **die Grünen** les verts
die **Grüne** *(in der Politik)* l'écologiste *(weiblich)*
das **Grüne** **im Grünen** dans la nature
die **Grünfläche** l'espace *(männlich)* vert
der **Grünkern** le blé épeautre
der **Grünkohl** le chou de Milan
grünlich verdâtre
der **Grünschnabel** *(umgs.)* le blanc-bec
grunzen *Schwein:* grogner
das **Grünzeug** Ⓐ *(Suppengrün)* sorte de bouquet garni, composé de persil, ciboulette, poireau, carotte et céleri-rave
die **Gruppe** le groupe ⚠ männlich
die **Gruppenarbeit** *(in der Schule)* le travail de groupe; *(in der Arbeitswelt)* le travail en équipe
der **Gruppenleiter** le chef d'équipe
die **Gruppenleiterin** la chef d'équipe
die **Gruppenreise** le voyage organisé
gruppieren ❶ **die Gäste um den Tisch gruppieren** rassembler les invités autour de la table ❷ **sich um jemanden/um etwas gruppieren** se rassembler autour de quelqu'un/autour de quelque chose
die **Gruppierung** ❶ *(politisch)* le groupuscule; *(innerhalb einer Partei)* la fraction ❷ *(Anordnung)* la disposition
gruselig **ein gruseliger Film** un film d'horreur
gruseln ❶ **ihn** *[oder* **ihm***]* **gruselt es** cela lui donne le frisson ❷ **sich gruseln** être terrifié(e); **sich vor der Dunkelheit gruseln** être terrifié(e) par l'obscurité
der **Gruß** ❶ *(Begrüßung)* le salut ❷ *(übermittelter Gruß)* les salutations *(weiblich)*; **einen** *[schönen]* **Gruß an die Kinder!** *[bien]* le bonjour aux enfants! ❸ **mit freundlichen Grüßen** recevez mes/nos sincères salutations
grüßen ❶ *(begrüßen)* saluer ❷ **ich soll dich von Anne grüßen, Anne lässt dich grüßen** Anne m'a prié(e) de te donner le bonjour ❸ **sich grüßen** se saluer
die **Grütze** **die rote Grütze** compote refroidie de fruits rouges, épaissie avec de la fécule
gucken *(umgs.)* regarder
das **Guckloch** le judas
der **Guerilla** *(Guerillakämpfer)* le guérillero
der **Gugelhupf** Ⓐ le kouglof
die **Guillotine** [ɡɪljoˈtiːnə] la guillotine
das/der **Gulasch** le/la goulache
der **Gulden** le florin
der/das **Gully** la bouche d'égout
gültig ❶ *Fahrschein, Eintrittskarte* valable; *Pass* valide ❷ *Urteil, Gesetz* en vigueur ❸ *Zahlungsmittel* légal(e)
die **Gültigkeit** la validité
der **Gummi¹** ❶ *(Radiergummi)* la gomme ❷ *(umgs.: Kondom)* la capote [anglaise]
der/das **Gummi²** *(Material)* le caoutchouc; **aus Gummi** en caoutchouc
das **Gummi³** *(umgs.: Gummiring, Gummiband)* l'élastique *(männlich)*
das **Gummiband** l'élastique *(männlich)*
das **Gummibärchen** ≈ le bonbon à la gomme
der **Gummibaum** le caoutchouc
der **Gummihandschuh** le gant en caoutchouc
der **Gummiknüppel** *(umgs.)* la matraque [en caoutchouc]
der **Gummiring** l'élastique *(männlich)*
der **Gummistiefel** la botte en caoutchouc
die **Gummizelle** la cellule capitonnée
die **Gunst** la bienveillance ▶ **zu meinen Gunsten** en ma faveur
günstig ❶ *Zeit* favorable; *Zugverbindung* pratique; *Preis* avantageux/avantageuse ❷ **im günstigsten Fall** dans le meilleur des cas ❸ *kaufen* à un prix avantageux
die **Gurgel** la gorge
gurgeln se gargariser; **mit etwas gurgeln** se gargariser avec quelque chose
die **Gurke** ❶ le concombre ❷ *(sauer eingelegt)* le cornichon
der **Gurt** ❶ la sangle ❷ *(Sicherheitsgurt)* la ceinture de sécurité
der **Gürtel** la ceinture
die **Gürtellinie** **unter die Gürtellinie zielen** viser au-dessous de la ceinture
die **Gürtelrose** le zona
die **Gürtelschnalle** la boucle de ceinture

der **Guru** le gourou
der **Guss** ❶ (*das Gießen*) *von Metall* la fonte ❷ (*Zuckerguss*) le sucre glacé ❸ (*umgs.: Regenguss*) la saucée
das **Gusseisen** la fonte
gut ❶ bon(ne); **ein gutes Essen** un bon repas; **gute Ohren haben** avoir l'oreille fine; **einen Film gut finden** trouver un film bien ❷ (*lieb*) **eine gute Mutter** une bonne mère; **er ist ein guter Mensch** c'est un homme bon; **gut zu jemandem sein** être gentil(le) avec quelqu'un; **sei so gut und hilf mir mal!** sois gentil(le) de m'aider! ❸ **mir geht es gut** je vais bien; **ihm ist nicht gut** il ne se sent pas bien ❹ **das Foto ist gut geworden** la photo est réussie ❺ **gut so!** c'est bien comme ça! ❻ **sie ist gut in Französisch** elle est bonne en français ❼ (*Schulnote*) ≈ bien; (*in Frankreich*) quatorze/seize sur vingt; **sehr gut** ≈ très bien; (*in Frankreich*) dix-sept sur vingt ❽ **gut gegen Husten sein** être bon(ne) contre la toux; **wer weiß, wozu das gut ist!** qui sait à quoi ça peut bien servir! ❾ **eine gute Stunde Zeit haben** avoir une bonne heure ❿ **gut singen können** chanter bien ⓫ **gut gelaunt sein** être de bonne humeur ⓬ **gut riechen** sentir bon; **das schmeckt gut** c'est bon ▸ **gut und gern[e]** largement; **gut und schön, aber ...** c'est bien joli, mais ...; **schon gut!** (*umgs.*) ça va! ça va!; **so gut wie ...** (*umgs.*) pratiquement ...; **du hast gut reden/gut lachen!** tu peux bien parler/bien rire!; **mach's gut!** (*umgs.*) salut!; **alles wird [wieder] gut** tout va s'arranger
das **Gut¹** →**Gute**
das **Gut²** ❶ (*Ware*) le bien ❷ (*Landgut*) le domaine
das **Gutachten** l'expertise (*weiblich*)
der **Gutachter** l'expert (*männlich*)
die **Gutachterin** l'experte (*weiblich*)
gutartig *Geschwulst* bénin/bénigne
das **Gute** ❶ (*qualitativ Hochwertiges*) **etwas Gutes** quelque chose de bon ❷ **das Gute daran ist, dass ...** l'avantage, c'est que ...; **alles Gute!** bonne chance!; **alles Gute zum Geburtstag!** bon anniversaire! ❸ **Gutes tun** faire le bien ▸ **Gut und Böse** le bien et le mal
die **Güte** la bonté ▸ **ach du meine Güte!** (*umgs.*) c'est pas vrai!
die **Güteklasse** la catégorie
die **Gutenachtgeschichte** *l'histoire que l'on raconte aux enfants avant qu'ils s'endorment*
der **Gutenachtkuss** *le baiser que l'on donne à quelqu'un à qui on souhaite une bonne nuit*
der **Güterbahnhof** la gare de marchandises
die **Gütergemeinschaft** la communauté de biens
die **Gütertrennung** la séparation des biens
der **Güterwagen** le wagon de marchandises
der **Güterzug** le train de marchandises
das **Gütezeichen** la marque de qualité
gutgläubig crédule
das **Guthaben** l'avoir (*männlich*)
gütig ❶ *Person:* bienveillant(e) ❷ **gütig lächeln** sourire aimablement
gütlich à l'amiable
gutmachen réparer; **das Unrecht [wieder] gutmachen** réparer l'injustice
gutmütig *Mensch* d'un bon naturel; *Tier* gentil(le)
die **Gutmütigkeit** la complaisance
der **Gutsbesitzer** le propriétaire d'un domaine
die **Gutsbesitzerin** la propriétaire d'un domaine
der **Gutschein** le bon
gutschreiben jemandem etwas gutschreiben inscrire quelque chose au crédit de quelqu'un
die **Gutschrift** ❶ (*gebuchter Betrag*) le crédit ❷ (*Beleg*) l'avis (*männlich*) de crédit
der **Gymnasiallehrer** ≈ le professeur de Gymnasium
die **Gymnasiallehrerin** ≈ la professeur de Gymnasium
der **Gymnasiast** ≈ l'élève (*männlich*) de Gymnasium
die **Gymnasiastin** ≈ l'élève (*weiblich*) de Gymnasium
das **Gymnasium** *établissement scolaire comprenant les classes entre l'école primaire et le baccalauréat*
die **Gymnastik** la gymnastique
der **Gynäkologe** le gynécologue
die **Gynäkologin** la gynécologue

das **h**, das **H** le h, le H [ˈaʃ, aʃ]
das **h** (*Musiknote*) le si
ha *Abkürzung von* **Hektar** ha
das **Haar** ❶ (*einzelnes Kopfhaar*) le cheveu; (*gesamtes Kopfhaar*) les cheveux; **sie hat blondes Haar** [*oder* **blonde Haare**] elle a les cheveux blonds; **sich die Haare schneiden lassen** se faire couper les cheveux ❷ (*Körperhaar, Tierhaar*) le poil ▶ **mir stehen die Haare zu Berge** (*umgs.*) j'ai les cheveux qui se dressent sur la tête; **kein gutes Haar an jemandem lassen** démolir quelqu'un; **sie gleichen sich aufs Haar** ils/elles se ressemblent comme deux gouttes d'eau; **sich wegen etwas in die Haare kriegen** (*umgs.*) se prendre aux cheveux à propos de quelque chose; **jemandem kein Haar krümmen** ne pas toucher à un seul cheveu de quelqu'un; **sich die Haare raufen** s'arracher les cheveux; **ich hätte mich um ein Haar geschnitten** un peu plus j'allais me couper
die **Haarbürste** la brosse à cheveux
die **Haarfarbe** la couleur de/des cheveux
der **Haarfestiger** le fixateur [pour les cheveux]
die **Haarklammer** la pince [à cheveux]
haarklein par le menu
der **Haarschnitt** la coupe de cheveux
die **Haarspalterei** (*abwertend*) l'ergotage (*männlich*)
das/der **Haarspray** la laque
haarsträubend ❶ *Geschichte, Benehmen* scandaleux/scandaleuse ❷ *sich benehmen* scandaleusement
der **Haartrockner** le sèche-cheveux
das **Haarwasser** la lotion capillaire
die **Habe** (*gehoben*) les biens (*männlich*)

> **V** Der Singular *die Habe* wird mit einem Plural übersetzt: *seine gesamte Habe ist in diesem Koffer – tous ses biens sont dans cette valise.*

haben ❶ (*besitzen*) avoir; **hast du ein Fahrrad?** tu as un vélo? ❷ **etwas bei sich haben** avoir quelque chose sur soi ❸ (*empfinden*) **Lust haben** avoir envie; **Angst haben** avoir peur ❹ **ich habe heute Geburtstag** c'est mon anniversaire aujourd'hui ❺ **er hat keine Kinder** il n'a pas d'enfants ❻ (*führen*) **haben Sie Kochbücher?** avez-vous des livres de cuisine? ❼ (*erteilt bekommen*) **heute haben wir Chemie** aujourd'hui nous avons chimie ❽ (*umfassen*) **eine Größe/eine Fläche von hundert Quadratmetern haben** avoir une grandeur/une surface de cent mètres carrés ❾ **es am Herzen haben** (*umgs.*) avoir des problèmes de cœur ❿ (*ausstehen*) **ich kann es nicht haben, wenn du zu spät kommst** je ne supporte pas que tu sois en retard ⓫ **er hat sich immer so** (*umgs.*) il en fait toujours trop; **hab dich nicht so!** (*umgs.*) arrête ton cirque! ⓬ (*müssen*) **du hast zu gehorchen** tu dois obéir ⓭ (*als Hilfsverb*) **er hat einen Brief geschrieben** il a écrit une lettre; **ihr habt euch getäuscht** vous vous êtes trompé(e)s; **sie hätte uns anrufen können** elle aurait pu nous appeler ▶ **und damit hat es sich!** (*umgs.*) et après basta!; **noch zu haben sein** (*umgs.*) *Mann, Frau:* être encore libre; **es in sich haben** (*umgs.*) *Arbeit, Aufgabe:* être plus compliqué(e) que ça en a l'air; **Paul hat etwas mit Anne** il y a quelque chose entre Paul et Anne; **ich hab's!** (*umgs.*) j'y suis!; **was hast du denn?** mais qu'est-ce que tu as?
das **Haben** l'avoir (*männlich*)
die **Habgier** la rapacité
habgierig *Person* rapace
der **Habicht** l'autour (*männlich*)
die **Habseligkeiten** les maigres possessions (*weiblich*)
der **Hackbraten** le rôti de viande °hachée
die **Hacke** ❶ (*Werkzeug*) la °houe ❷ Ⓐ (*Beil*) la °hache ❸ (*Ferse, Absatz*) le talon
hacken ❶ hacher *Zwiebeln, Petersilie;* **Holz hacken** couper du bois [à la °hache] ❷ **die Beete hacken** (*auflockern*) biner; (*von Unkraut befreien*) sarcler ❸ **nach jemandem/nach etwas hacken** *Vogel:* donner des coups de bec à quelqu'un/dans quelque chose
hacken [ˈhɛkn̩, ˈhakn̩] (*umgs.: in der Informatik*) pirater
das **Hacken** [ˈhɛkn̩, ˈhakn̩] (*umgs.: Computerpiraterie*) le piratage [informatique]
der **Hacker** [ˈhɛkɐ, ˈhakɐ] (*umgs.: Computerpirat*) le pirate [informatique]
die **Hackerin** [ˈhɛkɐrɪn, ˈhakɐrɪn] (*umgs.: Computerpiratin*) la pirate [informatique]
das **Hackfleisch** la viande °hachée
das **Hacksteak** le steak °haché
der **Hafen** le port; **in den Hafen einlaufen** entrer au port; **aus dem Hafen auslaufen** quitter le port

die **Hafenanlagen** les installations *(weiblich)* portuaires
der **Hafenarbeiter** le docker
die **Hafenstadt** la ville portuaire
der **Hafer** l'avoine *(weiblich)*
der **Haferbrei** la bouillie d'avoine
die **Haferflocken** les flocons *(männlich)* d'avoine
das **Häferl** Ⓐ (*umgs.*) la tasse
die **Haft** la détention; **in Haft sein** être en détention; **aus der Haft entlassen werden** être libéré(e)

haftbar jemanden für einen Schaden haftbar machen rendre quelqu'un responsable d'un dommage

haften ❶ (*kleben*) **an etwas/auf etwas haften** adhérer sur quelque chose ❷ (*übertragen*) **an jemandem haften** *Verdacht:* peser sur quelqu'un ❸ **für jemanden/für etwas haften** être responsable de quelqu'un/de quelque chose ❹ **mit seinem Vermögen haften** être tenu(e) à concurrence de sa fortune personnelle

der **Häftling** le détenu/la détenue
die **Haftpflichtversicherung** l'assurance *(weiblich)* responsabilité civile
die **Haftstrafe** la peine de prison
die **Haftung** ❶ la responsabilité; *einer Versicherung* la garantie ❷ (*Bodenhaftung*) l'adhérence *(weiblich)*
die **Hagebutte** le cynorhodon, le cynorrhodon
der **Hagebuttentee** la tisane de cynorhodon [*oder* de cynorrhodon]
der **Hagel** la grêle
das **Hagelkorn** le grêlon

hageln ❶ grêler; **es hagelt** il grêle ❷ (*übertragen*) **von allen Seiten hagelte es Proteste** les protestations pleuvaient de tous côtés

hager *Person, Arme, Beine* maigre; *Gesicht* émacié(e)

der **Hahn** ❶ (*Vogel*) le coq ❷ (*Wasserhahn*) le robinet ❸ (*Zapfhahn*) la chantepleure
das **Hähnchen** le poulet
der **Hai** le requin

häkeln ❶ faire du crochet ❷ **ein Deckchen häkeln** faire un napperon au crochet

die **Häkelnadel** le crochet
der **Haken** ❶ le crochet ❷ (*Kleiderhaken*) la patère ❸ (*Angelhaken*) l'hameçon *(männlich)* ❹ (*beim Boxen*) le crochet; **ein rechter/ein linker Haken** un crochet du droit/du gauche ❺ (*umgs.: Schwierigkeit*) le °hic; **die Sache hat einen Haken** il y a quelque chose qui cloche

das **Hakenkreuz** la croix gammée

die **Hakennase** le nez crochu

halb ❶ **eine halbe Stunde** une demi-heure; **ein halbes Pfund** une demi-livre; **ein halber Meter** cinquante centimètres ❷ (*bei der Uhrzeit*) **es ist halb sieben** il est six heures et demie; **um fünf nach halb** à moins vingt-cinq ❸ (*umgs.: ein Großteil von*) **halb Frankreich** presque toute la France ❹ (*zur Hälfte*) à moitié; **halb roh** presque cru(e); **halb so viel** moitié moins ❺ **einen Vortrag nur halb verstehen** ne comprendre une conférence qu'à moitié; **nur halb zuhören** n'écouter que d'une oreille ▸ [**das ist**] **halb so schlimm!** ce n'est pas pas grave!

der **Halbbruder** le demi-frère
das **Halbdunkel** la pénombre

halber (*gehoben*) **der Form halber** pour la forme

halbfett ❶ *Margarine* allégé(e) ❷ *Schrift* demi-gras(se), mi-gras(se) ❸ *drucken* en demi-gras

das **Halbfinale** la demi-finale

halbherzig ❶ *Reform* timide ❷ *zustimmen* du bout des lèvres

halbieren ❶ (*durchschneiden, durchtrennen, durchhacken*) couper en deux; **einen Apfel halbieren** couper une pomme en deux ❷ (*vermindern*) réduire de moitié; **die Ausgaben halbieren** réduire les dépenses de moitié; **sich halbieren** diminuer de moitié

die **Halbinsel** la presqu'île; (*groß*) la péninsule
das **Halbjahr** le semestre

halbjährlich ❶ *Zeitschrift* semestriel(le) ❷ *erscheinen* tous les six mois

der **Halbkanton** 🇨🇭 le demi-canton
der **Halbkreis** le demi-cercle
die **Halbkugel** l'hémisphère *(männlich)*

halblaut *sprechen* à mi-voix

der **Halbmond** ❶ la demi-lune ❷ (*Symbol*) le croissant

halbmondförmig en demi-lune

die **Halbpension** la demi-pension; **wir haben Halbpension gebucht** nous avons pris [la] demi-pension

der **Halbschlaf im Halbschlaf sein** être à moitié endormi(e); **im Halbschlaf hörte er ein Geräusch** [quand il était] à moitié endormi, il entendit un bruit

der **Halbschuh** la chaussure basse
die **Halbschwester** la demi-sœur

halbtags *arbeiten* à mi-temps

die **Halbtagsbeschäftigung** l'emploi *(männlich)* à mi-temps

die **Halbwaise** ❶ (*vaterloser Junge*) l'orphelin

(*männlich*) [de père]; (*vaterloses Mädchen*) l'orpheline (*weiblich*) [de père] ❷ (*mutterloser Junge*) l'orphelin (*männlich*) [de mère]; (*mutterloses Mädchen*) l'orpheline (*weiblich*) [de mère]
halbwegs ❶ (*einigermaßen*) à peu près ❷ (*nahezu*) pratiquement
halbwüchsig adolescent(e)
die **Halbzeit** la mi-temps
die **Halde** ❶ (*Müllhalde*) la décharge ❷ (*Kohlenhalde*) le terril [тɛʀil]
die **Hälfte** la moitié
der/das **Halfter** (*Zaum*) le licou
der **Hall** (*Widerhall*) l'écho (*männlich*) [eko]
die **Halle** ❶ (*Eingangsbereich*) le °hall ❷ (*großer Saal*) la [grande] salle ❸ (*Sporthalle*) la salle [de sport]
hallen résonner
das **Hallenbad** la piscine couverte
hallo ❶ salut ❷ (*am Telefon*) allo ❸ (*als Anrede*) **hallo, Sie!** °hé, vous!
die **Halluzination** l'hallucination (*weiblich*)
der **Halm** ❶ (*Grashalm*) le brin; (*Getreidehalm*) la tige ❷ (*Trinkhalm*) la paille
die **Halogenlampe** la lampe [à] halogène, l'halogène (*männlich*)
der **Hals** ❶ le cou ❷ (*Rachen*) la gorge ❸ (*Flaschenhals*) le col ▸ **etwas in den falschen Hals bekommen** (*umgs.: missverstehen*) comprendre quelque chose de travers; **jemandem um den Hals fallen** sauter au cou de quelqu'un; **jemanden am Hals haben** (*umgs.*) avoir quelqu'un sur le dos; **das hängt mir zum Hals heraus** (*umgs.*) ça me sort par les yeux
das **Halsband** ❶ le collier ❷ (*Schmuckband aus Samt*) le ruban [de velours]
halsbrecherisch ❶ *Tempo* fou/folle ❷ *herumturnen* au risque de se casser le cou
die **Halskette** la chaîne [de cou]; (*mit Steinen besetzt*) le collier
der **Hals-Nasen-Ohren-Arzt** l'oto-rhino-laryngologiste (*männlich*)
die **Hals-Nasen-Ohren-Ärztin** l'oto-rhino-laryngologiste (*weiblich*)
die **Halsschmerzen** le mal de gorge; **Halsschmerzen haben** avoir mal à la gorge

> **V** Der Plural *die Halsschmerzen* wird mit einem Singular übersetzt: *was tun, wenn die Halsschmerzen nicht weggehen? – que faire si le mal de gorge persiste?*

das **Halstuch** le foulard
das **Halsweh** →**Halsschmerzen**
halt[1] °halte[-là]

halt[2] Ⓐ, ⒽⒽ (*nun einmal*) **so ist es halt** c'est comme ça
der **Halt** ❶ (*Stütze*) l'appui (*männlich*) ❷ (*beim Bergsteigen*) la prise ❸ (*Hilfe*) **jemandem Halt geben** être un soutien pour quelqu'un ❹ (*inneres Gleichgewicht*) l'équilibre (*männlich*) [moral/psychologique]; **den Halt verlieren** perdre l'équilibre ❺ (*Stopp*) l'arrêt (*männlich*); **Halt machen** s'arrêter
haltbar ❶ *Lebensmittel* [de] longue conservation; **Lebensmittel haltbar machen** conserver des aliments; „**Mindestens haltbar bis ...**" "À consommer de préférence avant le ..." ❷ *Material* résistant(e)
die **Haltbarkeit** ❶ *von Lebensmitteln* la durée de conservation ❷ *eines Materials* la résistance
das **Haltbarkeitsdatum** la date limite [de consommation]
halten ❶ tenir; **kannst du mal meinen Schirm halten?** pourrais-tu tenir mon parapluie? ❷ (*zum Bleiben veranlassen*) retenir ❸ (*als Last tragen können*) maintenir; **dieser Haken hält fünfzig Kilo** ce crochet maintient cinquante kilos; **meinst du, das hält?** tu penses que ça va tenir? ❹ (*sicher fangen*) arrêter *Ball* ❺ conserver *Tabellenplatz, Rekord* ❻ **die Beine ins Wasser halten** tremper ses jambes dans l'eau ❼ [*sich*] **ein Tier halten** avoir un animal ❽ prononcer *Rede*; faire *Vortrag* ❾ tenir *Versprechen* ❿ **jemanden für einen Journalisten halten** prendre quelqu'un pour un journaliste; **sich für einen Künstler halten** se considérer comme artiste ⓫ (*stehen bleiben*) *Fahrzeug*: s'arrêter ⓬ **zu jemandem halten** prendre le parti de quelqu'un ⓭ **sich halten** *Lebensmittel*: se garder; *Wetter*: se maintenir ⓮ **sich rechts halten** tenir sa droite ⓯ **sich an die Regeln halten** respecter les règles ⓰ **sich an jemanden halten** s'en tenir à quelqu'un ⓱ **sich gerade halten** se tenir droit; **sich im Gleichgewicht halten** se tenir en équilibre ▸ **von jemandem/von etwas nichts halten** ne faire aucun cas de quelqu'un/de quelque chose
die **Haltestelle** *von Bussen* l'arrêt (*männlich*); *von U-Bahnen* la station
das **Halteverbot** ❶ (*Verbot*) l'interdiction (*weiblich*) de s'arrêter ❷ (*Verbotszone*) la zone d'arrêt interdit; **im Halteverbot parken** se garer en zone d'arrêt interdit
die **Haltung** ❶ (*Körperhaltung, Verhalten*) l'attitude (*weiblich*) ❷ (*Meinung*) la position ❸ (*Beherrschtheit*) la contenance; **Haltung bewahren** faire bonne contenance

Hamburg °Hambourg
der **Hamburger** ❶ (*Einwohner Hamburgs*) le °Hambourgeois ❷ (*Hacksteak*) le °hamburger
die **Hamburgerin** la °Hambourgeoise
hämisch ❶ *Bemerkung* méchant(e); *Grinsen* sardonique ❷ *bemerken* méchamment; *grinsen* sardoniquement
der **Hammel** le mouton
das **Hammelfleisch** la viande de mouton, le mouton
die **Hammelkeule** le gigot de mouton
der **Hammer** le marteau ▸ **das ist [ja] ein Hammer!** (*umgs.: das ist falsch*) quelle connerie!; (*das ist unverschämt*) c'est le comble!; (*das ist unglaublich*) c'est pas croyable!; (*das ist großartig*) c'est génial!
hämmern ❶ donner des coups de marteau ❷ **gegen die Tür hämmern** donner des coups contre la porte
das **Hammerwerfen** le lancer du marteau
der **Hampelmann** le pantin
der **Hamster** le °hamster
die **Hand** ❶ la main; **jemanden an der Hand nehmen** prendre quelqu'un par la main ❷ **bei jemandem in guten Händen sein** être en [de] bonnes mains avec quelqu'un ❸ (*bei Firmenpost*) **zu Händen Frau Dumont** à l'attention de Mme Dumont ▸ **Hand und Fuß haben** se tenir; **sich mit Händen und Füßen wehren** (*umgs.*) se défendre de toutes ses forces; **freie Hand haben** avoir carte blanche; **linker Hand** à [main] gauche; **rechter Hand** à [main] droite; **eine Hand voll** une poignée; **alle Hände voll zu tun haben** avoir du travail par-dessus la tête; **jemandem in die Hände fallen** tomber entre les mains de quelqu'un; **jemandem zur Hand gehen** donner un coup de main à quelqu'un; **jemanden [völlig] in der Hand haben** tenir quelqu'un sur sa coupe; **etwas in die Hand nehmen** (*sich kümmern*) prendre quelque chose en main[s]; **an Hand dieses Beweises** au moyen de cette preuve; **unter der Hand** anbieten, verkaufen sous le manteau
die **Handarbeit** ❶ (*Arbeit*) le travail manuel ❷ (*Gegenstand*) l'ouvrage (*männlich*) fait [à la] main ❸ (*Näh- oder Strickarbeit*) les travaux (*männlich*) d'aiguille
der **Handball** ❶ (*Spiel*) le °handball ❷ (*Ball*) le ballon
der **Handballspieler** le °handballeur
die **Handballspielerin** la °handballeuse
die **Handbewegung** le geste de la main
die **Handbremse** le frein à main; (*an einem Fahrrad*) le frein
das **Handbuch** le manuel
die **Handcreme** la crème pour les mains
der **Händedruck** la poignée de main
der **Handel** ❶ le commerce ❷ (*Abmachung, Geschäft*) le marché
handeln ❶ (*tätig sein*) agir ❷ **mit etwas handeln** faire le commerce de quelque chose ❸ **um den Preis handeln** marchander le prix ❹ (*vorgehen*) **richtig handeln** agir de manière correcte ❺ **von jemandem/von etwas handeln** *Buch, Film:* traiter de quelqu'un/de quelque chose ❻ **es handelt sich um ...** il s'agit de ...
die **Handelsklasse** la catégorie de qualité, la qualité
die **Handelsschule** ≈ l'école (*weiblich*) de commerce
handelsüblich *Preis* conforme aux usages commerciaux; *Größe* courant(e)
händeringend suchen désespérément
der **Handfeger** la balayette
handfest *Beweis* solide
die **Handfläche** la paume
das **Handgelenk** le poignet
handgemacht fait(e) [à la] main
das **Handgemenge** la bagarre
das **Handgepäck** les bagages (*männlich*) à main

> **V** Der Singular *das Handgepäck* wird mit einem Plural übersetzt: *mein Handgepäck wiegt nicht viel – mes bagages à main ne pèsent pas lourd.*

handgeschrieben manuscrit(e)
handgreiflich **handgreiflich werden** en venir aux mains; **gegen jemanden handgreiflich werden** en venir aux mains avec quelqu'un
der **Handgriff** le geste
handhaben ❶ manier *Gerät* ❷ appliquer *Vorschrift*
das **Handicap** ['hɛndikɛp] le °handicap
händisch Ⓐ ❶ manuel(le) ❷ **eine Arbeit händisch ausführen** exécuter un travail à la main
der **Handkuss** le baisemain
der **Handlanger** (*ungelernter Helfer*) le manœuvre
die **Handlangerin** (*ungelernte Helferin*) le manœuvre

> **G** Es gibt im Französischen keine Femininform: *sie ist Handlangerin – elle est manœuvre.*

der **Händler** ❶ le commerçant ❷ (*Großhändler*) le négociant ❸ (*Vertragshändler*) le conces-

sionnaire
die **Händlerin** ① la commerçante ② (*Großhändlerin*) la négociante ③ (*Vertragshändlerin*) la concessionnaire
handlich pratique
die **Handlung** ① (*Tat*) l'acte (*männlich*) ② *eines Buchs, Films* l'action (*weiblich*)
die **Handlungsfreiheit** la liberté d'action
die **Handpflege** la manucure
die **Handschellen** les menottes (*weiblich*)
die **Handschrift** l'écriture (*weiblich*)
handschriftlich ① *Brief* manuscrit(e) ② *einfügen* à la main
der **Handschuh** le gant
der **Handstand** le poirier; **einen Handstand machen** faire le poirier
die **Handtasche** le sac à main
das **Handtuch** la serviette de toilette
Handumdrehen im Handumdrehen en un tour de main
das **Handwerk** ① (*Beruf*) le métier [manuel] ② (*Berufsstand*) l'artisanat (*männlich*)
der **Handwerker** l'artisan (*männlich*)
die **Handwerkerin** l'artisane (*weiblich*)
handwerklich ① *Arbeit* artisanal(e) ② **handwerklich begabt sein** être habile de ses mains
das **Handwerkszeug** les outils (*männlich*)
das **Handy** ['hɛndi] le portable
der **Handzettel** le tract
der **Hanf** le chanvre
der **Hang** ① (*Abhang*) le versant; *eines Weinbergs* le coteau ② (*Vorliebe*) le penchant; **einen Hang zu Übertreibungen haben** avoir tendance à exagérer
die **Hängebrücke** le pont suspendu
hängen ① **ein Bild an die Wand hängen** accrocher un tableau au mur; **ein Mobile an die Decke hängen** suspendre un mobile au plafond; **das Hemd in den Schrank hängen** pendre la chemise dans l'armoire ② **an der Wand hängen** *Bild:* être accroché(e) au mur; **an der Decke hängen** *Lampe:* être suspendu(e) au plafond; **im Schrank hängen** *Hemd, Mantel:* être pendu(e) dans l'armoire ③ **die Arme hängen lassen** laisser pendre les bras ④ (*sich biegen*) *Zweige:* pendre; **die Zweige hängen voller Kirschen** les branches sont couvertes de cerises ⑤ **nach rechts/nach links hängen** pencher vers la droite/vers la gauche ⑥ (*sich verbunden fühlen*) **an jemandem/an etwas hängen** tenir à quelqu'un/à quelque chose ⑦ [mit dem Ärmel] **an der Hecke hängen bleiben** rester accroché(e) à la

°haie [avec sa manche] ⑧ **an deinen Sohlen hängt noch Erde** tu as de la terre collée à tes semelles ⑨ **vor dem Fernseher hängen** (*umgs.*) être collé(e) devant la télé ⑩ (*hinrichten*) pendre
die **Hanglage ein Haus in Hanglage** une maison située sur un terrain en pente
Hannover °Hanovre
hänseln se moquer de; **jemanden wegen seines Aussehens hänseln** se moquer de quelqu'un à cause de son physique
die **Hansestadt** la ville hanséatique
die **Hantel** l'haltère (*männlich*)
hantieren mit einem Werkzeug hantieren manier un outil; **in der Küche hantieren** s'affairer dans la cuisine
der **Happen** (*umgs.*) le morceau
happig (*umgs.*) *Preis, Rechnung* salé(e)
happy ['hɛpi] (*umgs.*) **happy sein** être tout content/toute contente
das **Happyend**, das **Happy End** ['hɛpiʔɛnt] le/la °happy end [´api ɛnd]
die **Hardware** ['haːtvɛːɐ] le matériel
die **Harfe** la °harpe; **Harfe spielen** jouer de la °harpe
harmlos *Person, Tier* inoffensif/inoffensive; *Krankheit* bénin/bénigne
die **Harmonie** l'harmonie (*weiblich*)
harmonieren ① (*in der Musik*) s'accorder ② **miteinander harmonieren** aller bien ensemble; (*miteinander auskommen*) s'entendre bien
harmonisch ① *Stimmen* harmonieux/harmonieuse ② *Akkord* harmonique ③ **sie führen eine harmonische Ehe** c'est un couple uni ④ *singen* harmonieusement ⑤ *verlaufen* dans l'harmonie
der **Harn** l'urine (*weiblich*) ⚠
die **Harnblase** la vessie
die **Harpune** le °harpon
hart ① *Brett, Brot, Wasser* dur(e); *Matratze* ferme; *Kontaktlinsen* rigide ② *Person, Worte, Strafe, Gesetz* dur(e) ③ *Arbeit, Zeiten, Schlag* dur(e); *Aufprall* brutal(e); *Schicksal* cruel(le); *Winter* rigoureux/rigoureuse ④ *Akzent* rude ⑤ *Währung* fort(e) ⑥ **hart an der Grenze des Erlaubten** à la limite de la légalité ⑦ **hart arbeiten** travailler dur ⑧ *aufprallen, zuschlagen* violemment ⑨ (*mit Strenge*) *bestrafen* sévèrement; **hart durchgreifen** sévir ⑩ (*schmerzlich*) **jemanden hart treffen** *Kritik, Verlust:* toucher durement quelqu'un
die **Härte** ① *eines Metalls* la trempe ② *des Wassers* la dureté ③ *eines Gesetzes* la dureté

▶ **das ist die Härte!** (*umgs.: das ist unerhört*) c'est le bouquet!; (*das ist super*) c'est génial!
der **Härtetest** le test [de résistance]
das **Hartgeld** les pièces *(weiblich)* [de monnaie]
  hartherzig *Person* insensible
  hartnäckig ❶ *Person* opiniâtre ❷ *Erkältung* tenace ❸ *fordern* avec entêtement
die **Hartnäckigkeit** ❶ l'entêtement *(männlich)* ❷ (*Langwierigkeit*) la ténacité
die **Hartwurst** le saucisson
der **Harz** le °Harz
das **Harz** la résine
das/der **Haschisch** le °hachich
der **Hase** le lièvre ▶ **sie weiß, wie der Hase läuft** (*umgs.*) on ne peut pas lui raconter des bobards
die **Haselnuss** la noisette
der **Hass** la °haine ▶ **einen Hass auf jemanden haben** (*umgs.*) en vouloir à mort à quelqu'un
  hassen °haïr *Menschen, Tier;* détester *Arbeit, Schule, Spinat*
  hässlich ❶ *Person* laid(e) ❷ *Wort* méchant(e); *Streit* désagréable; **hässlich zu jemandem sein** être méchant(e) avec quelqu'un
die **Hässlichkeit** la laideur
die **Hast** la °hâte; **ohne Hast** tranquillement
  hasten (*gehoben*) se °hâter; **zum Bus hasten** courir au bus
  hastig ❶ *Bewegung* brusque; *Schritte* pressé(e); **nicht so hastig!** du calme! ❷ *essen, sprechen* à la °hâte
die **Haube** ❶ (*Kopfbedeckung*) la coiffe ❷ (*Trockenhaube*) le casque ❸ (*Motorhaube*) le capot
der **Hauch** (*gehoben*) ❶ (*Atem, Luftzug*) le souffle ❷ (*Duft*) **ein Hauch von Flieder** un soupçon de lilas ❸ **ein Hauch von Ironie** un soupçon d'ironie
  hauchdünn ❶ *Scheibe* mince ❷ **den Schinken hauchdünn schneiden** couper le jambon en tranches très fines
  hauchen souffler; **gegen etwas/in etwas hauchen** souffler contre quelque chose/dans quelque chose
die **Haue** ❶ (*umgs.*) la raclée ❷ Ⓐ, ⓒⱧ (*Hacke*) la °houe
  hauen (*umgs.*) ❶ **jemanden hauen** cogner quelqu'un; **jemandem ins Gesicht hauen** en coller une à quelqu'un ❷ **einen Nagel in die Wand hauen** enfoncer un clou dans le mur ❸ **mit dem Kopf gegen die Tischkante hauen** se cogner la tête contre le bord de la table ❹ (*sich prügeln*) **sich hauen** se tabasser ❺ **sich aufs Sofa hauen** s'écrouler sur le canapé
der **Haufen** ❶ le tas; **alles auf einen Haufen werfen** mettre tout en tas ❷ **ein Haufen Kinder** (*umgs.*) un tas d'enfants ▶ **jemanden über den Haufen fahren** (*umgs.*) renverser quelqu'un; **etwas über den Haufen werfen** (*umgs.*) chambouler quelque chose
  häufen ❶ cumuler *Ämter* ❷ **sich häufen** *Müll:* s'entasser; *Vorkommnisse:* se répéter
  haufenweise (*umgs.*) en masse
  häufig ❶ *Besuche, Wiederholen* fréquent(e) ❷ *vorkommen* souvent
die **Häufigkeit** la fréquence
der **Hauptausgang** la sortie principale
der **Hauptbahnhof** la gare centrale
  hauptberuflich ❶ *Tätigkeit* principal(e) ❷ **was machen Sie hauptberuflich?** quelle est votre activité professionnelle principale?
der **Hauptdarsteller** le premier rôle
die **Hauptdarstellerin** le premier rôle

Ⓖ Es gibt im Französischen keine Femininform: *sie ist die Hauptdarstellerin* – elle est <u>le premier rôle</u>.

der **Haupteingang** l'entrée *(weiblich)* principale
das **Häuptel** Ⓐ le pied; **ein Häuptel Salat** un pied de salade
der **Häuptelsalat** Ⓐ la laitue
das **Hauptfach** la matière principale
das **Hauptgericht** le plat principal
die **Hauptgeschäftszeit** les heures *(weiblich)* d'affluence
der **Hauptgewinn** le gros lot
der **Häuptling** le chef de tribu
der **Hauptmann** (*beim Militär*) le capitaine
die **Hauptperson** ❶ *eines Theaterstücks* le personnage principal ❷ (*wichtigste Person*) le personnage central
die **Hauptpost** la poste centrale
das **Hauptquartier** le quartier général
die **Hauptrolle** ❶ (*in einem Theaterstück oder Film*) le premier rôle ❷ **der Beruf spielt bei mir die Hauptrolle** pour moi, c'est mon métier qui est le plus important
die **Hauptsache** ❶ le principal ❷ **Hauptsache, wir sind gesund!** l'important, c'est d'être en bonne santé!
  hauptsächlich surtout
die **Hauptsaison** la °haute saison
die **Hauptschlagader** l'aorte *(weiblich)*
der **Hauptschulabschluss** le certificat délivré à la fin des études à la Hauptschule
die **Hauptschule** établissement scolaire où les

élèves effectuent leurs années d'études entre la cinquième et la dixième classe, avant d'entrer dans une école professionnelle

die **Hauptstadt** la capitale
die **Hauptstraße** la rue principale
die **Hauptverkehrsstraße** (*innerhalb einer Ortschaft*) la rue à grande circulation; (*außerhalb einer Ortschaft*) la route à grande circulation
die **Hauptverkehrszeit** les heures (*weiblich*) de pointe
das **Hauptwort** le nom
das **Haus** ❶ la maison ❷ (*mehrstöckiges Wohnhaus*) l'immeuble (*männlich*) ❸ (*Wohnung, Zuhause*) **aus dem Haus gehen** sortir de chez soi; **nach Hause gehen/kommen** rentrer [à la maison]; **bei mir zu Hause** chez moi ❹ (*Dynastie*) **das Haus Habsburg** la maison des °Habsbourg ❺ (*Schneckenhaus*) la coquille ❻ **das Weiße Haus** la Maison Blanche ▶ **na, altes Haus!** (*umgs.*) alors, vieille branche!
die **Hausarbeit** ❶ (*Arbeit im Haushalt*) les travaux (*männlich*) ménagers ❷ (*für die Schule*) le travail à la maison

> **V** In ❶ wird der Singular *die Hausarbeit* mit einem Plural übersetzt: *die Hausarbeit ist oft mühsam – les travaux ménagers sont souvent pénibles.*

der **Hausarrest** (*Strafe für ein Kind*) la privation de sortie
der **Hausarzt** le médecin de famille
die **Hausärztin** le médecin de famille

> **G** Es gibt im Französischen keine Femininform: *sie ist unsere Hausärztin – elle est notre médecin de famille.*

die **Hausaufgaben** les devoirs (*männlich*); **ich muss noch Hausaufgaben machen** j'ai encore des devoirs à faire
der **Hausbesorger** Ⓐ ≈ le concierge
die **Hausbesorgerin** Ⓐ ≈ la concierge
das **Häuschen** la petite maison ▶ [**vor Freude**] **völlig aus dem Häuschen sein** ne plus se sentir de joie
der **Häuserblock** le pâté de maisons
der **Hausflur** le vestibule
die **Hausfrau** ❶ la femme au foyer ❷ Ⓐ (*Zimmerwirtin*) la logeuse
hausgemacht [fait(e)] maison
der **Haushalt** ❶ le foyer; **jemandem den Haushalt führen** tenir la maison de quelqu'un ❷ (*Etat*) le budget
das **Haushaltsgeld** l'argent (*männlich*) du ménage

das **Haushaltsgerät** l'ustensile (*männlich*) ménager
der **Haushaltsplan** l'état (*männlich*) prévisionnel
die **Haushaltswaren** les articles (*männlich*) ménagers
der **Hausherr** le maître de maison
die **Hausherrin** la maîtresse de maison
haushoch ❶ *Flammen* immense ❷ (*übertragen*) *Sieger, Favorit* très grand(e); *Sieg* écrasant(e) ❸ **haushoch gewinnen** l'emporter °haut la main; **jemandem haushoch überlegen sein** être largement supérieur(e) à quelqu'un
häuslich ❶ *Person* casanier/casanière ❷ *Frieden* familial(e) ▶ **sich bei jemandem häuslich niederlassen** (*umgs.*) prendre ses aises chez quelqu'un
der **Hausmann** l'homme (*männlich*) au foyer
der **Hausmeister** le concierge
die **Hausmeisterin** la concierge
das **Hausmittel** le remède de bonne femme
der **Hausmüll** les ordures (*weiblich*) ménagères
die **Hausnummer** le numéro
der **Hausschuh** la pantoufle ⚠ *weiblich*
das **Haustier** l'animal (*männlich*) domestique
die **Haustür** la porte d'entrée
die **Haut** la peau ▶ **auf der faulen Haut liegen** (*umgs.*) tirer sa flemme; **aus der Haut fahren** (*umgs.*) sortir de ses gonds; **ich möchte nicht in deiner Haut stecken** je ne voudrais pas être dans ta peau
der **Hautarzt** le dermatologue
die **Hautärztin** la dermatologue
die **Hautcreme** la crème
häuten ❶ retirer la peau de *Fisch*; écorcher *Hasen* ❷ **sich häuten** muer
hauteng *Hose, Kleid* moulant(e)
der **Hautkrebs** le cancer de la peau
hautnah ❶ *Kontakt* corps contre corps ❷ **etwas hautnah miterleben** (*umgs.*) être un témoin direct de quelque chose
die **Hautpflege** les soins (*männlich*) de la peau

> **V** Der Singular *die Hautpflege* wird mit einem Plural übersetzt: *regelmäßige Hautpflege ist wichtig – les soins de la peau réguliers sont importants.*

die **Haxe** ❶ *eines Kalbs* le jarret; *eines Schweins* le jambonneau ❷ (*umgs.: Bein*) la guibolle
das **H-Dur** (*in der Musik*) le si majeur
die **Hebamme** la sage-femme
der **Hebel** le levier ▶ **alle Hebel in Bewegung setzen** (*umgs.*) mettre tout en œuvre; **am längeren Hebel sitzen** (*umgs.*) tenir les commandes
heben ❶ lever *Arm, Kopf, Glas* ❷ soulever

Last ③ mettre au jour *Schatz* ④ relever *Niveau* ⑤ **sich heben** *Vorhang, Schranke:* se lever; *Brust:* se soulever ▶ <u>einen</u> **heben** (*umgs.*) boire un coup; **gern** <u>einen</u> **heben** (*umgs.*) lever bien le coude

hebräisch *Alphabet, Sprache* hébraïque

das **Hebräisch** l'hébreu *(männlich)*; *siehe auch* **Deutsch**

Ⓖ In Verbindung mit dem Verb *parler* kann der Artikel entfallen: *sie spricht Hebräisch – elle parle hébreu.*

hecheln °haleter
der **Hecht** le brochet
das **Heck** *eines Fahrzeugs* l'arrière *(männlich)*; *eines Schiffs* la poupe; *eines Flugzeugs* la queue
die **Hecke** la °haie
das **Heer** ① l'armée *(weiblich)*; (*Bodenstreitkräfte*) l'armée de terre ② (*übertragen*) **ein Heer von Touristen** une armée de touristes
die **Hefe** la levure
das **Heft** ① (*Schreibheft*) le cahier ② (*Zeitschrift*) la revue; (*einzelne Ausgabe*) le numéro
heften ① (*befestigen*) fixer; **etwas an die Wand heften** fixer quelque chose au mur ② (*nähen*) faufiler ③ **sich auf jemanden/auf etwas heften** *Blick:* se fixer sur quelqu'un/sur quelque chose
heftig ① *Schmerz, Schlag* violent(e); *Schneefall* fort(e) ② *sich streiten* violemment; *schneien* fortement ③ (*umgs.: schlimm*) trop dur(e) ④ (*umgs.: sehr gut*) **der Videoclip ist heftig** ce clip vidéo, c'est du délire
die **Heftklammer** l'agrafe *(weiblich)*
das **Heftpflaster** le sparadrap
die **Hegemonie** l'hégémonie *(weiblich)*
hegen ① (*gehoben*) nourrir *Wunsch, Hoffnung* ② prendre soin de *Garten, Wald*
der **Hehler** le receleur
die **Hehlerin** la receleuse
der **Heide** le païen
die **Heide** la lande
die **Heidelbeere** la myrtille
die **Heidenangst** (*umgs.*) la peur bleue
das **Heidengeld** (*umgs.*) l'argent *(männlich)* fou
der **Heidenspaß** (*umgs.*) **das macht einen Heidenspaß** ça fait vachement plaisir; **das war ein Heidenspaß!** c'était le pied!
die **Heidin** la païenne
heidnisch ① *Brauch* païen(ne) ② *leben* en païen/en païenne
heikel *Frage, Problem* délicat(e)
heil *Gegenstand* intact(e); *Person* indemne; **ich bin heil davongekommen!** j'en suis sorti(e) indemne!

das **Heil** ① (*Wohlergehen*) le bien-être ② (*seelisches Wohl*) le salut
der **Heiland** le Sauveur; **unser Heiland** notre Sauveur
das **Heilbad** la station thermale
heilbar *Krankheit* curable
heilen guérir
heilfroh (*umgs.*) **heilfroh sein** être soulagé(e)
heilig ① *Stätte, Pflicht* sacré(e); *Sakrament* saint(e) ② **jemandem heilig sein** être sacré(e) pour quelqu'un
der **Heiligabend** (*Abend des 24. Dezember*) le soir de Noël; (*Feier*) le réveillon de Noël
der **Heilige** le saint ▶ **ein komischer Heiliger** (*umgs.*) un drôle de paroissien
die **Heilige** la sainte
heiligsprechen canoniser
das **Heiligtum** le sanctuaire
heillos (*unbeschreiblich*) incroyable; **ein heilloses Durcheinander** un chaos incroyable
das **Heilmittel** le remède
die **Heilpflanze** la plante officinale
der **Heilpraktiker** le naturopathe
die **Heilpraktikerin** la naturopathe
die **Heilquelle** la source thermale
heilsam salutaire
die **Heilung** la guérison
heim los, heim! (*geh/geht nach Hause*) allez, rentre/rentrez!; (*lass/lasst uns nach Hause gehen*) allez, rentrons!
das **Heim** ① (*Zuhause*) le domicile ② (*Seniorenheim*) le foyer de personnes âgées ③ (*Erziehungsheim*) le foyer [éducatif] ④ (*Erholungsheim*) la maison de repos
die **Heimat** ① le pays [natal]; **in seiner Heimat** dans son pays ② *eines Tiers, einer Pflanze* le pays d'origine
das **Heimatland** le pays [natal]
heimatlich du pays
heimatlos apatride
der **Heimatort** le lieu d'origine
heimfahren ① (*heimkehren*) rentrer à la maison ② (*nach Hause bringen*) reconduire à la maison; **jemanden heimfahren** reconduire quelqu'un à la maison
heimgehen rentrer chez soi; **ich gehe jetzt heim** je vais rentrer chez moi
heimisch ① local(e); *Bevölkerung* autochtone ② **sich heimisch fühlen** se sentir chez soi
die **Heimkehr** ① (*nach Hause*) le retour [à la maison] ② (*ins Heimatland*) le retour au pays
heimkehren ① (*nach Hause*) rentrer ② (*ins Heimatland*) retourner dans son pays

Qu'est-ce que c'est en français?

Hallo! Ich **heiße** Farid.	Salut! Je **m'appelle** Farid.
Und du? Wie **heißt** du?	Et toi? Comment tu **t'appelles**?
Da sind Charlotte und Amélie.	Voilà Charlotte et Amélie.
Amélie ist eine Freundin von Charlotte.	Amélie, c'est une copine de Charlotte.
Und wer ist das?	Et qui est-ce?
Das ist Léo. Léo ist ein Hund.	C'est Léo. Léo, c'est un chien.

heimlich ❶ *Plan, Hoffnung* secret/secrète ❷ *Blick* furtif/furtive ❸ *Kontakt* clandestin(e) ❹ *zusagen* en secret; **jemanden heimlich ansehen** regarder quelqu'un à la dérobée; **ich habe das heimlich getan** j'ai fait cela en cachette

die **Heimlichkeit** ❶ (*das Heimlichsein*) le caractère secret ❷ (*Geheimnis*) le secret

die **Heimreise** le retour, le trajet du retour

das **Heimspiel** le match à domicile

heimtückisch ❶ *Streich* perfide ❷ *Krankheit, Erreger* insidieux/insidieuse

der **Heimweg** le retour, le trajet du retour

das **Heimweh** le mal du pays

der **Heimwerker** le bricoleur

die **Heimwerkerin** la bricoleuse

heimzahlen jemandem etwas heimzahlen faire payer quelque chose à quelqu'un

die **Heirat** le mariage

heiraten ❶ se marier; **sie haben gestern geheiratet** ils se sont mariés hier ❷ **jemanden heiraten** épouser quelqu'un

der **Heiratsantrag** la demande en mariage; **jemandem einen Heiratsantrag machen** demander quelqu'un en mariage

die **Heiratsanzeige** ❶ (*Mitteilung*) le faire-part de mariage ❷ (*Annonce zur Partnersuche*) l'annonce *(weiblich)* matrimoniale

heiser ❶ *Stimme* enroué(e) ❷ **sich heiser reden** parler à en perdre la voix

heiß ❶ [très] chaud(e); (*zu warm*) brûlant(e); *Flüssigkeit* bouillant(e); **Milch heiß machen** [faire] chauffer du lait; **das muss man heiß essen** cela se mange [très] chaud; **heiß duschen** prendre une douche chaude ❷ *Klima, Luft, Sonne, Tag* torride; **es ist glühend heiß** il fait une chaleur d'étuve; **ihm/ihr ist heiß** il/elle a [très] chaud ❸ *Liebe* ardent(e) ❹ *Thema* brûlant(e) ❺ (*umgs.: sehr gut*) **die heiße Musik** la musique qui chauffe; **das heiße T-Shirt** le tee-shirt génial; **das heiße Motorrad** la moto qui décoiffe ❻ (*umgs.: wichtig*) *Spur* très sérieux/sérieuse; **der [ganz] heiße Tipp** le tuyau de première ❼ *ersehnen, lieben* ardemment ▸ **es geht heiß her** (*umgs.*) ça chauffe

heißen ❶ **ich heiße Katrin** je m'appelle Katrin; **wie heißt du?** comment t'appelles-tu?; **wie heißt er doch gleich?** comment s'appelle-t-il déjà? ❷ **das heißt, dass du nicht kommst** cela veut dire que tu ne viendras pas; **was soll das heißen?** qu'est-ce que ça veut dire? ❸ **„ja" heißt auf Französisch „oui"** "ja" se dit "oui" en français ❹ **es heißt, dass sie sich trennen werden** on dit qu'ils vont se séparer ❺ **nun heißt es handeln!** (*gehoben*) il est temps de passer à l'action! ▸ **das heißt** (*in anderen Worten*) c'est-à-dire; (*beziehungsweise*) ou plutôt

der **Heißhunger** la fringale; **Heißhunger auf Nudeln haben** avoir une fringale de pâtes

die **Heißluft** l'air *(männlich)* chaud

heiter ❶ *Person* gai(e) ❷ *Wetter* clair(e) ▸ **das kann ja heiter werden!** (*ironisch*) ça promet!

die **Heiterkeit** ❶ la gaieté ❷ **allgemeine Heiterkeit auslösen** déclencher l'hilarité générale

heizen chauffer

der **Heizkessel** la chaudière

der **Heizkörper** le radiateur

der **Heizlüfter** le radiateur soufflant

das **Heizöl** le mazout

die **Heizung** ❶ (*Zentralheizung*) le chauffage [central] ❷ (*umgs.: Heizkörper*) le radiateur

der/das **Hektar** l'hectare *(männlich)*

die **Hektik** l'agitation *(weiblich)*

hektisch ❶ *Person, Zeit* agité(e) ❷ *essen* avec précipitation ❸ *reagieren* nerveusement

der **Held** le °héros

heldenhaft ❶ *Kampf* héroïque ❷ *kämpfen* héroïquement

die **Heldentat** l'exploit *(männlich)*

das **Heldentum** l'héroïsme *(männlich)*

die **Heldin** l'héroïne *(weiblich)*

helfen ❶ **jemandem helfen** aider quelqu'un; **jemandem bei der Arbeit helfen** aider quelqu'un dans son travail; **ich helfe**

dir beim **Abwaschen** je vais t'aider à faire la vaisselle; **kann ich Ihnen helfen?** puis-je vous être utile? ❷ *Medikament:* être efficace; **das hilft gegen Husten** ça agit contre la toux ❸ **das hilft mir wenig** ça ne me sert pas à grand-chose ▶ **man muss sich nur zu helfen wissen** il faut savoir se débrouiller; **da hilft alles nichts** il n'y a rien d'autre à faire

der **Helfer** ❶ l'assistant *(männlich)* ❷ *(Komplize)* le complice

die **Helferin** ❶ l'assistante *(weiblich)* ❷ *(Komplizin)* la complice

der **Helikopter** l'hélicoptère *(männlich)*

das **Helium** l'hélium *(männlich)* [eljɔm]

hell ❶ *Raum, Wohnung* clair(e); **allmählich wird es hell** il commence à faire jour ❷ *Licht* vif/vive; *Lampe, Beleuchtung* lumineux/lumineuse; **hell leuchten** *Lampe:* bien éclairer ❸ *Stimme, Instrument* clair(e)

hellblau bleu clair; **die hellblauen Söckchen** les socquettes *(weiblich)* bleu clair

hellblond ❶ **sie ist hellblond** elle a <u>les</u> cheveux blond clair ❷ **hellblonde Haare haben** avoir <u>les</u> cheveux blond clair ❸ *färben* en blond clair

hellbraun *Farbe* marron clair; *Haare* châtain clair

helle *(umgs.)* **helle sein** être futé(e); **sie ist ganz schön helle!** c'est une petite futée!

das **Helle** *(umgs.: Bier)* la [bière] blonde

hellgrün vert clair; **die hellgrünen Servietten** les serviettes *(weiblich)* vert clair

hellhörig *Haus, Wohnung* sonore ▶ **das hat mich hellhörig gemacht** ça m'a mis la puce à l'oreille; **hellhörig werden** dresser l'oreille

die **Helligkeit** la clarté

hellrot rouge clair

ⓖ Französische Farbadjektive, die den Zusatz *clair* haben, sind unveränderlich: *sie hat hellrote Fingernägel – elle a les ongles <u>rouge clair</u>.*

der **Hellseher** le voyant
die **Hellseherin** la voyante
hellwach bien réveillé(e)

der **Helm** le casque

das **Hemd** ❶ la chemise ❷ *(Herrenunterhemd)* le maillot [de corps] ❸ *(Damenunterhemd)* la chemisette

hemmen ❶ *freiner Entwicklung, Fortschritt* ❷ **sehr gehemmt sein** *Person:* être très complexé(e)

die **Hemmschwelle** le blocage; **eine Hemm-** **schwelle überwinden** surmonter un blocage

die **Hemmungen** *(Komplexe)* les complexes *(männlich)*; *(Bedenken)* les scrupules *(männlich)*; **Hemmungen haben, etwas zu tun** avoir <u>scrupule</u> à faire quelque chose

hemmungslos ❶ *Genuss* dépourvu(e) de retenue ❷ *(skrupellos)* sans scrupules ❸ *weinen* sans aucune retenue

das **Hendl** Ⓐ *(junges Huhn)* le poulet; *(gebratenes Huhn)* le poulet rôti

der **Hengst** l'étalon *(männlich)*

der **Henkel** l'anse *(weiblich)*

der **Henker** le bourreau

die **Henne** *(Huhn)* la poule

her ❶ **her damit!** *(umgs.)* file/filez-moi ça! ❷ **das ist drei Monate her** ça date d'il y a trois mois; **das ist schon lange her** ça fait déjà longtemps ❸ **wo sind Sie her?** d'où êtes-vous? ❹ **hinter diesem Buch bin ich schon lange her** ça fait déjà longtemps que je cherche ce livre ❺ **er ist hinter Anne her** *(umgs.)* il court après Anne ❻ **die Polizei ist hinter ihm her** la police est à sa poursuite

herab von den Bergen herab du °haut des montagnes

herabblicken → **herabsehen**

herablassend ❶ *Blick* condescendant(e) ❷ *behandeln* avec condescendance

herabsehen *(abschätzig betrachten)* **auf jemanden/auf etwas herabsehen** regarder quelqu'un/quelque chose de °haut

herabsetzen ❶ baisser *Preis;* réduire *Kosten* ❷ déprécier *Person*

heran links heran! serre/serrez à gauche!

herankommen ❶ *(sich nähern)* **an jemanden/an etwas herankommen** s'approcher de quelqu'un/de quelque chose ❷ **an die unteren Zweige herankommen** pouvoir atteindre les branches basses; **wie komme ich nur an das Geld heran?** comment vais-je pouvoir me procurer l'argent? ❸ **an jemanden herankommen** *(in Kontakt kommen)* pouvoir approcher quelqu'un; *(gleichwertig sein)* arriver au niveau de quelqu'un ❹ **sie lässt nichts an sich herankommen** *(umgs.)* rien ne la touche

heranmachen *(umgs.)* **sich an jemanden heranmachen** entreprendre quelqu'un

heranwagen sich an ein Problem heranwagen s'attaquer à un problème

heranziehen etwas zum Vergleich heranziehen prendre quelque chose à titre de comparaison

herauf ❶ **von unten herauf** depuis le bas ❷ **die Treppe herauf** en montant les escaliers; **den Berg herauf** en gravissant la montagne

heraufbeschwören ❶ évoquer *Erinnerung* ❷ provoquer *Unglück*

heraufladen (*in der Informatik*) télécharger

heraus ❶ **heraus!** dehors!; **heraus mit der Sprache!** allez, parle!/parlez! ❷ **heraus sein** (*umgs.*) *Blinddarm, Splitter:* être retiré(e) ❸ (*umgs.: gesagt*) **jetzt ist es heraus!** c'est sorti!; **ist eigentlich schon heraus, wann ...?** sait-on déjà quand ...? ❹ **aus dem Alter bin ich heraus!** j'ai passé l'âge! ❺ **aus Neugier heraus** par curiosité

herausbekommen ❶ réussir à enlever *Fleck* ❷ (*umgs.: herausfinden*) réussir à trouver *Lösung* ❸ **Sie bekommen noch drei Euro heraus** je dois vous rendre trois euros

herausbringen ❶ sortir *Buch, Auto* ❷ (*umgs.: äußern*) sortir *Wort, Antwort;* émettre *Ton*

herausfinden ❶ découvrir *Ursache* ❷ **aus dem Museum herausfinden** trouver la sortie du musée

der **Herausforderer** le challenger [tʃalɛndʒœʀ, ʃalɑ̃ʒœʀ]

die **Herausforderin** le challenger [tʃalɛndʒœʀ, ʃalɑ̃ʒœʀ]

> Ⓖ Es gibt im Französischen keine Femininform: *sie ist seine gefährlichste Herausforderin – elle est son challenger le plus redoutable.*

herausfordern ❶ (*provozieren*) provoquer ❷ (*im Sport*) défier

die **Herausforderung** ❶ (*Provokation*) la provocation ❷ (*im Sport*) le défi ❸ (*große Aufgabe*) le défi

herausgeben ❶ libérer *Gefangenen;* restituer *Beschlagnahmtes* ❷ rendre *Wechselgeld;* **können Sie auf hundert Euro herausgeben?** pouvez-vous rendre la monnaie sur cent euros? ❸ (*veröffentlichen*) publier *Buch* ❹ émettre *Banknoten*

der **Herausgeber** (*Verleger*) l'éditeur (*männlich*)

die **Herausgeberin** (*Verlegerin*) l'éditrice (*weiblich*)

herausgehen ❶ sortir; **aus dem Haus herausgehen** sortir de la maison ❷ *Fleck:* partir ▸ **aus sich herausgehen** s'extérioriser

heraushalten sich aus etwas heraushalten se tenir en dehors de quelque chose

herausholen ❶ sortir; **etwas aus dem Schrank herausholen** sortir quelque chose de l'armoire ❷ **alles** [*oder* **das Letzte**] **aus sich herausholen** (*umgs.*) tout donner [*oder* donner un maximum]

herauskommen ❶ *Mensch, Knospen, Krokusse:* sortir; **aus seinem Versteck herauskommen** sortir de sa cachette ❷ *Buch, Zeitschrift, Modell:* sortir [sur le marché] ❸ **aus dem brennenden Auto [noch] herauskommen** réussir à sortir de la voiture en feu ❹ **was ist bei eurem Gespräch herausgekommen?** quel est le résultat de votre entretien? ❺ (*umgs.: aufgedeckt werden*) *Schwindel:* être découvert(e); **es kam schnell heraus, dass sie gelogen hatte** on sut très vite qu'elle avait menti

herauskriegen →**herausbekommen; rauskriegen**

herausnehmen ❶ sortir; **eine Vase aus dem Schrank herausnehmen** prendre un vase dans l'armoire ❷ **einen Schüler aus der Klasse herausnehmen** retirer un élève de la classe ❸ **jemandem den Blinddarm herausnehmen** enlever l'appendice à quelqu'un ▸ **sich allerhand herausnehmen** (*umgs.*) avoir un sacré culot

herausragen ❶ *Erker:* faire saillie; *Felsen:* être en surplomb ❷ **durch Fleiß herausragen** se distinguer par son zèle

herausreden sie versucht sich herauszureden elle cherche des excuses

herausreißen ❶ arracher *Pflanze, Zahn* ❷ **jemanden aus seiner Arbeit herausreißen** arracher quelqu'un à son travail

herausrücken (*umgs.*) ❶ (*geben*) rendre ❷ **mit etwas herausrücken** (*etwas sagen*) accoucher de quelque chose

herausrutschen ❶ glisser; **die Schlüssel sind mir aus der Hosentasche herausgerutscht** les clés ont glissé de ma poche ❷ **jemandem herausrutschen** (*umgs.*) *Bemerkung:* échapper à quelqu'un; **das ist mir so herausgerutscht** ça m'a échappé

heraußen Ⓐ dehors

herausspringen ❶ *Person, Sicherung:* sauter; **sie ist aus dem Auto herausgesprungen** elle a sauté de la voiture ❷ **was springt dabei heraus?** (*umgs.*) qu'est-ce qu'il y a à en tirer?

herausstellen ❶ (*ins Freie stellen*) sortir ❷ (*hervorheben, betonen*) mettre en évidence; **seine Kenntnisse herausstellen** mettre ses connaissances en évidence; ❸ **sich herausstellen** *Wahrheit, Unschuld:* se manifester; **sich als wahr herausstellen** se révéler vrai(e); **es stellte sich heraus,**

dass er unschuldig war il s'avéra qu'il était innocent

heraussuchen ❶ (*auswählen*) choisir; **etwas aus mehreren Dingen heraussuchen** choisir quelque chose parmi plusieurs objets ❷ rechercher *Textstelle*

herb ❶ *Geschmack* âpre ❷ *Enttäuschung* amer/amère ❸ *Kritik* acerbe ❹ **herb riechen** avoir une odeur épicée

herbeieilen arriver en toute °hâte

herbeiführen ❶ aboutir à *Einigung, Entscheidung* ❷ provoquer *Infektion, Tod*

herbeirufen appeler

die **Herberge** l'auberge *(weiblich)*

der **Herbst** l'automne *(männlich)* [ɔbn]; **im Herbst** en automne

herbstlich ❶ *Witterung* d'automne; *Farben* automnal(e) ❷ *sich kleiden* pour l'automne

das **Herbstwetter** le temps automnal

der **Herd** ❶ (*Küchenherd*) la cuisinière ❷ (*Krankheitsherd*) le foyer

die **Herde** le troupeau

die **Herdplatte** la plaque [de cuisson]

herein **hier herein!** entre/entrez par ici!; **dort herein!** entre/entrez par là!; [**nur**] **herein!** entrez/entrez!

hereinbrechen ❶ *Flut:* déferler ❷ *Gewitter, Krieg:* éclater; *Unheil:* survenir ❸ *Nacht:* tomber; *Winter:* arriver

hereinfallen ❶ *Licht:* entrer ❷ **auf jemanden/auf etwas hereinfallen** (*umgs.*) se faire avoir par quelqu'un/avec quelque chose

hereinkommen ❶ entrer ❷ **ins Haus hereinkommen** entrer dans la maison ❸ *Ware, Geld:* rentrer

hereinlassen laisser entrer *Person*

hereinlegen (*umgs.: betrügen*) arnaquer; **man hat dich hereingelegt!** tu t'es fait avoir!

die **Herfahrt** le trajet [pour venir]; **auf der Hinfahrt** à l'aller

herfallen ❶ (*überfallen*) **über jemanden herfallen** assaillir quelqu'un ❷ (*übertragen*) **über die Politiker herfallen** *Presse:* prendre les hommes politiques pour cible; **über das kalte Büfett herfallen** se jeter sur le buffet froid

hergehen ❶ **neben jemandem hergehen** marcher à côté de quelqu'un ❷ Ⓐ →**herkommen** ❸ **es geht heiß her** (*umgs.*) ça chauffe

der **Hering** ❶ (*Fisch*) le °hareng [´aʀã] ❷ (*Zeltpflock*) la sardine

das **Heringsbrötchen** (*Brötchenhälfte*) le demi-petit pain au °hareng [´aʀã]; (*ganzes Brötchen*) ≈ le sandwich [sãdwitʃ] au °hareng

herkommen ❶ venir; **komm doch mal her!** viens donc ici! ❷ **wo kommst du her?** (*wo bist du gewesen?*) où étais-tu?; (*woher stammst du?*) d'où viens-tu? ❸ **wo kommt dieses Geld her?** d'où vient cet argent?

herkömmlich *Methode* traditionnel(le)

die **Herkunft** l'origine *(weiblich)*; *eines Gegenstands* la provenance

hermachen (*umgs.*) ❶ **sich über das Essen hermachen** se jeter sur le repas ❷ **nichts hermachen** ne pas casser des briques

hermetisch *verschlossen* hermétiquement

das **Heroin** l'héroïne *(weiblich)*

heroisch (*gehoben*) ❶ *Tat* héroïque ❷ *handeln* héroïquement

der **Herr** ❶ (*offizielle, höfliche Bezeichnung für einen Mann*) le monsieur; **Schuhe für Herren** des chaussures pour messieurs; **das Einzel der Herren** le simple messieurs; **die Toiletten für Herren** les toilettes pour messieurs; „**Herren**" (*Inschrift auf Toilettentüren*) "Hommes"; **ein Herr möchte Sie sprechen** il y a un monsieur qui veut vous parler; **wer ist dieser Herr?** qui est ce monsieur? ❷ (*Anrede ohne Namen*) **meine Herren!** Messieurs!; **Sehr geehrte Herren, ...** (*briefliche Anrede*) Messieurs, ... ❸ (*in Verbindung mit dem Namen oder Titel*) **guten Tag, Herr Schmidt!** bonjour, monsieur Schmidt!; **guten Tag, Herr Doktor!** bonjour, monsieur! ❹ **der Herr des Hauses** le maître de maison ❺ (*Tanzpartner*) le cavalier ❻ (*Dienstherr*) le seigneur ❼ (*Hundehalter*) le maître ❽ (*Gott*) le Seigneur ▶ **sein eigener Herr sein** être son propre maître

der **Herrenfriseur** [ˈhɛrənfrizøːɐ̯] le coiffeur pour hommes

die **Herrenfriseurin** [ˈhɛrənfrizøːrɪn], die **Herrenfriseuse** [ˈhɛrənfrizøːzə] la coiffeuse pour hommes

herrenlos *Fahrrad* abandonné(e); *Hund* sans collier, sans maître

die **Herrentoilette** les toilettes *(weiblich)* pour hommes

herrichten faire *Bett, Zimmer*; préparer *Frühstück, Essen*

herrlich ❶ *Wetter* magnifique ❷ *Essen, Witz* excellent(e) ❸ *sich amüsieren* drôlement [bien]

die **Herrschaft** ❶ le pouvoir; **unter seiner Herrschaft** sous sa domination ❷ **die Herrschaften** (*die Damen und Herren*) les messieurs [et les] dames

herrschen ❶ (*die Macht haben*) régner ❷ **es**

herrscht Ruhe le calme règne; **dort herrscht Armut** la misère sévit là-bas
herrschend ❶ *Klasse* dominant(e) ❷ *Meinungen* régnant(e); *Verhältnisse* présent(e)
der **Herrscher** le souverain
die **Herrscherin** la souveraine
herrschsüchtig *Person, Charakter* despotique
herrühren von etwas herrühren provenir [*oder* venir de quelque chose] de quelque chose
herstellen ❶ (*produzieren*) fabriquer; **etwas in großen Mengen herstellen** fabriquer quelque chose en grandes quantités ❷ établir *Beziehung, Kontakt*
der **Hersteller** (*Fabrikant*) le fabricant
die **Herstellerin** (*Fabrikantin*) la fabricante
die **Herstellung** la fabrication
das **Hertz** le °hertz
herüben Ⓐ de ce côté-ci
herüber de ce côté-ci
herum ❶ **um jemanden/um etwas herum** autour de quelqu'un/de quelque chose ❷ (*umgs.: ungefähr*) **um die hundert Leute herum** à peu près cent personnes ❸ (*umgs.: vorbei*) **herum sein** *Veranstaltung:* être fini(e); *Zeit:* être passé(e)
herumdrehen ❶ tourner *Schlüssel;* retourner *Braten, Decke* ❷ **sich [zu jemandem] herumdrehen** se retourner [vers quelqu'un]
herumfahren ❶ **um jemanden/um etwas herumfahren** tourner autour de quelqu'un/de quelque chose ❷ **ein bisschen in der Stadt herumfahren** faire un tour en ville ❸ (*sich rasch umdrehen*) faire volte-face
herumgehen ❶ (*hin und her gehen*) marcher de long en large; **im Zimmer herumgehen** faire les cent pas dans la pièce ❷ **um jemanden/um etwas herumgehen** faire le tour de quelqu'un/de quelque chose ❸ *Liste, Buch:* circuler
herumhängen (*umgs.*) traîner; **in den Kneipen herumhängen** traîner dans les bistrots
herumkommen (*umgs.*) ❶ **um ein Hindernis herumkommen** réussir à contourner un obstacle ❷ **um eine unangenehme Aufgabe herumkommen** réussir à éviter une tâche désagréable ❸ **viel herumkommen** voyager beaucoup
herumlaufen ❶ (*umherlaufen*) se trimbaler, se trimballer ❷ **um einen Baum herumlaufen** courir autour d'un arbre
herumliegen *Gegenstand:* traîner
herumlungern (*umgs.*) glander
herumschnüffeln ❶ *Tier:* renifler; **an etwas herumschnüffeln** renifler quelque chose

❷ (*umgs.: spionieren*) fouiner
herumsprechen sich herumsprechen se répandre
herumstehen ❶ (*umgs.: dastehen*) *Person:* rester planté(e); *Gläser, Schuhe:* traîner ❷ **um jemanden/um etwas herumstehen** se tenir près de quelqu'un/de quelque chose
herumtreiben (*umgs.*) **sich herumtreiben** traîner; **sich mit jemandem herumtreiben** traîner avec quelqu'un; **sich in der Stadt herumtreiben** traîner en ville
herunten Ⓐ en bas, ici en bas
herunter ❶ **bis auf die Erde herunter** jusqu'au sol ❷ **den Berg herunter geht es leichter** c'est plus facile de descendre ❸ **herunter sein** (*umgs.*) *Rollladen:* être baissé(e)
herunterfahren ❶ **den Berg herunterfahren** descendre la montagne ❷ (*drosseln*) réduire *Produktion*
herunterfallen von einem Baum herunterfallen tomber d'un arbre
heruntergehen ❶ **die Straße heruntergehen** descendre la rue ❷ **die Katze soll vom Tisch heruntergehen** le chat doit descendre de la table ❸ *Preise, Fieber:* baisser ❹ **mit dem Preis heruntergehen** réduire le prix
heruntergekommen *Person* négligé(e); *Haus* délabré(e)
herunterhauen (*umgs.*) **jemandem eine herunterhauen** en flanquer une à quelqu'un
herunterkommen descendre; **die Treppe herunterkommen** descendre les escaliers
herunterladen (*beim Computer*) télécharger
herunterschlucken →**hinunterschlucken**
hervorbringen jemanden/etwas hervorbringen *Land:* donner naissance à quelqu'un/à quelque chose; *Epoche:* produire quelqu'un/quelque chose
hervorgehen ❶ **aus einer Ehe hervorgehen** *Kind:* naître d'un mariage ❷ (*zu folgern sein*) **aus etwas hervorgehen** ressortir de quelque chose
hervorheben ❶ (*betonen*) souligner ❷ (*kennzeichnen*) faire ressortir
hervorholen sortir; **etwas aus einem Versteck hervorholen** sortir quelque chose de sa cachette
hervorkommen hinter der Tür hervorkommen sortir de derrière la porte
hervorragend ❶ *Essen, Leistung* excellent(e) ❷ *kochen, Klavier spielen* à la perfection

hervorrufen susciter; Bewunderung/Mitleid hervorrufen susciter de l'admiration/de la compassion

das **Herz** ① le cœur; **es am Herz[en] haben** (*umgs.*) être malade du cœur ② **ein gutes Herz haben** avoir bon cœur; **ein Herz für Kinder haben** aimer les enfants ③ **sein Herz für jemanden/für etwas entdecken** se découvrir un penchant pour quelqu'un/pour quelque chose ▸ **ein Herz und eine Seele sein** être unis comme les [deux] doigts de la main; **von ganzem Herzen** de tout cœur; **schweren Herzens** le cœur gros; **jemandem sein Herz ausschütten** ouvrir son cœur à quelqu'un; **etwas auf dem Herzen haben** avoir quelque chose sur le cœur; **sein Herz an etwas hängen** avoir quelque chose à cœur; **sein Herz an jemanden hängen** avoir un coup de cœur pour quelqu'un; **sich etwas zu Herzen nehmen** prendre quelque chose à cœur; **jemanden in sein Herz schließen** faire à quelqu'un une place dans son cœur

der **Herzanfall** la crise cardiaque
die **Herzenslust** nach Herzenslust à cœur joie
der **Herzfehler** la déficience cardiaque

herzhaft ① *Frühstück* copieux/copieuse; *Eintopf* nourrissant(e) ② **herzhaft schmecken** avoir du goût ③ *lachen* de bon cœur

der **Herzinfarkt** l'infarctus (*männlich*) [du myocarde]
das **Herzklopfen** les palpitations (*weiblich*) ▸ **er hat den Brief mit Herzklopfen gelesen** il a lu la lettre le cœur battant

herzkrank cardiaque

herzlich ① *Begrüßung, Worte* chaleureux/chaleureuse ② *begrüßen, gratulieren* chaleureusement ③ **herzlich wenig** très peu

die **Herzlichkeit** la cordialité

herzlos *Worte* sans cœur; **herzlos sein** ne pas avoir de cœur

der **Herzog** le duc
die **Herzogin** la duchesse
das **Herzogtum** le duché
der **Herzschlag** ① (*Herztätigkeit*) les pulsations (*weiblich*) cardiaques ② (*Herzstillstand*) l'arrêt (*männlich*) du cœur; **einen Herzschlag bekommen** faire une crise cardiaque
der **Herzschrittmacher** le pacemaker
der **Herzstillstand** l'arrêt (*männlich*) cardiaque

herzzerreißend ① *Abschied* déchirant(e) ② *weinen* de façon déchirante

der **Hesse** le °Hessois
Hessen la °Hesse
die **Hessin** la °Hessoise

heterosexuell hétérosexuel(le)
hetzen ① (*sich beeilen*) se presser ② (*schnell rennen oder fahren*) courir; **zum Bahnhof hetzen** courir à la gare ③ (*jagen*) pourchasser *Hasen;* **einen Hund auf jemanden hetzen** lâcher un chien aux trousses de quelqu'un ④ **hetz mich nicht so!** (*umgs.*) ne me bouscule pas comme ça! ⑤ **gegen jemanden/gegen etwas hetzen** dire du mal de quelqu'un/de quelque chose

das **Heu** le foin
die **Heuchelei** l'hypocrisie (*weiblich*)
heucheln ① (*sich verstellen*) faire l'hypocrite ② (*vortäuschen*) feindre; **Interesse heucheln** feindre l'intérêt
der **Heuchler** l'hypocrite (*männlich*)
die **Heuchlerin** l'hypocrite (*weiblich*)
heuer Ⓐ, ⒞ cette année
heulen ① (*umgs.: weinen*) chialer ② *Wolf:* °hurler ③ *Motor, Sirene:* rugir
der **Heuschnupfen** le rhume des foins
die **Heuschrecke** la sauterelle
heute ① aujourd'hui; **heute früh** ce matin; **heute Abend** ce soir; **heute vor einem Monat** il y a un mois aujourd'hui; **von heute an** à dater d'aujourd'hui; **ist das Brot von heute?** le pain, est-il du jour? ② (*heutzutage*) de nos jours; **die Jugend von heute** les jeunes d'aujourd'hui

heutig d'aujourd'hui; **der heutige Tag** la journée d'aujourd'hui
heutzutage de nos jours
die **Hexe** ① la sorcière ② (*umgs.: bösartige Frau*) la mégère
hexen pratiquer la magie ▸ **ich kann doch nicht hexen!** (*umgs.*) je ne peux pas faire des miracles!
der **Hexenschuss** le tour de reins
der **Hieb** ① (*Schlag*) le coup ② (*Seitenhieb*) la pique
hieb- und stichfest *Alibi* en béton; *Beweis* irréfutable
hier ① ici; **hier bin ich!** me voilà!; **hier drinnen** dedans; **hier unten** en bas; **hier entlang!** par ici!; **Martin Lang! – Hier!** Martin Lang! – Présent! ② (*am Telefon*) **hier ist Ina Berg** ici Ina Berg ③ (*da*) voilà; **hier, nimm das!** tiens, prends ça! ④ (*in diesem Moment*) **von hier an** à partir de ce moment-là ▸ **hier und da** (*stellenweise*) ici ou là; (*ab und zu*) de temps à autre
hierarchisch ① *Struktur* hiérarchique ② **gliedern** hiérarchiquement
hierauf ① dessus ② (*daraufhin*) là-dessus
hieraus hieraus folgt, dass sie Recht hatte

il résulte de cela qu'elle avait raison

hierbei ❶ (*bei diesem Anlass*) à cette occasion ❷ (*währenddessen*) pendant ce temps ❸ (*gleichzeitig*) en même temps ❹ (*dabei, bei dieser Angelegenheit*) ici

hierbleiben rester ici, rester là

hierdurch ❶ (*hier hindurch*) par ici ❷ (*aus diesem Grund*) de cette façon

hierfür ❶ (*im Austausch*) en échange ❷ **wenn sie sich hierfür interessiert** si elle s'intéresse à cela

hierher ici, par ici; **die Vase gehört hierher** la place de ce vase est ici; **diese Bemerkung gehört nicht hierher** cette remarque n'a pas sa place ici

hierherauf en °haut

hierherum lass uns hierherum gehen allons de ce côté-ci

hierhin ici; **bringt die Verletzten hierhin!** amenez les blessés ici!

hierin ❶ (*hier drinnen*) là-dedans ❷ (*in dieser Hinsicht*) en cela

hiermit ❶ (*bei schriftlichen Bestätigungen*) **hiermit erkläre ich, dass ...** par la présente, je déclare que ... ❷ (*mit diesem Gegenstand*) avec cela ❸ **hiermit beendete sie ihre Rede** sur ce, elle conclut son discours

hiernach ❶ (*danach*) après cela ❷ (*demgemäß*) d'après cela

hierüber *sprechen* de cela, là-dessus

hierunter es waren zehn Personen, und hierunter befanden sich drei Kinder il y avait dix personnes et parmi elles trois enfants

hiervon en; **hiervon kannst du etwas haben** tu peux en prendre; **hiervon weiß ich nichts** j'en sais rien

hierzu ❶ (*zu den übrigen Dingen oder Teilen*) **das gehört hierzu** cela en fait partie ❷ (*zu diesem Punkt, zu diesem Thema*) à ce sujet; **hierzu habe ich nichts mehr zu sagen** je n'ai rien à ajouter à cela

hierzulande (*in dieser Gegend*) dans cette région; (*in diesem Land*) dans ce pays

hiesig d'ici; *Verhältnisse* local(e)

die **Hi-Fi-Anlage** ['haɪfianlaːɡə] la chaîne °hi-fi

high [haɪ] (*umgs.*) **high sein** (*durch Drogen*) être défoncé(e); (*euphorisch sein*) être sur un nuage

das **Highlife** ['haɪlaɪf] (*umgs.*) **bei ihr ist Highlife** elle fait la bringue

die **High Society** ['haɪ səˈsaɪətɪ] la °haute société

das **Hightech** ['haɪtɛk] le °high-tech

die **Hilfe** ❶ (*Unterstützung*) l'aide (*weiblich*) ❷ (*Beistand*) **um Hilfe rufen** appeler au secours; **ein Hilfe suchender Blick** un regard implorant; **Hilfe!** au secours! ❸ **mit Hilfe eines Seils** à l'aide d'une corde; **etwas zu Hilfe nehmen** s'aider de quelque chose ❹ (*Haushaltshilfe*) l'aide (*männlich*)/l'aide (*weiblich*) ▶ **die erste Hilfe** les premiers soins (*männlich*)

der **Hilferuf** l'appel (*männlich*) au secours

hilflos ❶ *Person* sans défense ❷ (*ratlos*) désemparé(e) ❸ **sie mussten hilflos zusehen, wie der Wald abbrannte** ils ont dû assister sans pouvoir aider à l'incendie de la forêt

die **Hilflosigkeit** ❶ (*Hilfsbedürftigkeit*) la détresse; *eines Kranken* la dépendance ❷ (*Ratlosigkeit*) l'impuissance (*weiblich*)

hilfreich ❶ *Person* serviable ❷ *Hinweis* utile

der **Hilfsarbeiter** l'ouvrier (*männlich*) non spécialisé

die **Hilfsarbeiterin** l'ouvrière (*weiblich*) non spécialisée

hilfsbedürftig ❶ (*auf Hilfe angewiesen*) qui a besoin d'aide ❷ (*bedürftig*) dans le besoin

hilfsbereit serviable

die **Hilfskraft** l'aide (*männlich*)/l'aide (*weiblich*)

das **Hilfsmittel** (*Arbeitsmittel*) l'outil (*männlich*) de travail

die **Hilfsorganisation** l'organisation (*weiblich*) humanitaire

das **Hilfsverb** le verbe auxiliaire, l'auxiliaire (*männlich*)

die **Himbeere** la framboise

der **Himmel** le ciel; **unter freiem Himmel schlafen** coucher à la belle étoile ▶ **aus heiterem Himmel** (*umgs.*) tout d'un coup

das **Himmelbett** le lit à baldaquin

himmelblau bleu ciel

> **G** Das Farbadjektiv *bleu* ist nur dann veränderlich, wenn es allein gebraucht wird: *ein blauer Rock – une jupe bleue*.
> Steht ein Zusatz dabei, der – wie *ciel* – den Farbton ein wenig genauer beschreibt, ist es unveränderlich: *ein himmelblauer Strampelanzug – une grenouillère bleu ciel*.

die **Himmelfahrt** l'Ascension (*weiblich*)

der **Himmelskörper** le corps céleste

die **Himmelsrichtung** le point cardinal

himmlisch ❶ *Vorsehung* céleste ❷ (*sehr gut, ausgezeichnet*) *Wetter, Essen* divin(e); **das schmeckt himmlisch** c'est divin; **sie singt himmlisch** elle chante divinement [bien]

hin ❶ **bis zum Garten hin** jusqu'au jardin; **das Zimmer liegt zur Straße hin** la pièce donne sur la rue ❷ **hin und zurück** aller et retour ❸ **das ist noch lange hin** c'est encore loin ❹ **etwas auf Spuren hin untersuchen** examiner quelque chose en vue de trouver des traces ❺ **auf sein/ihr Drängen hin** sur ses insistances ❻ (*trotz*) **auf die Gefahr hin zu scheitern** au risque d'échouer ❼ (*umgs.: kaputt*) **hin sein** être fichu(e) ❽ (*verloren*) **die Ruhe ist hin** c'en est fini du calme ▸ **das Hin und Her** (*Kommen und Gehen*) le va-et-vient; (*ständiger Wechsel*) les fluctuations (*weiblich*); **hin und wieder** de temps en temps

hinab →hinunter

hinauf ❶ vers le °haut; **immer weiter hinauf** toujours plus °haut ❷ **den Berg hinauf braucht man sechs Stunden** il faut six heures pour monter au sommet de la montagne

hinauffahren ❶ monter; **mit dem Auto/ mit der Seilbahn hinauffahren** monter en voiture/avec le funiculaire ❷ **jemanden mit dem Auto hinauffahren** emmener [ãmǝne] quelqu'un en voiture jusqu'en °haut

hinaufgehen ❶ monter; **die Treppe hinaufgehen** monter l'escalier; **auf den Dachboden hinaufgehen** monter au grenier ❷ **mit dem Preis hinaufgehen** augmenter le prix ❸ (*steigen*) *Preis, Fieber:* grimper

hinaufschauen, hinaufsehen lever les yeux; **zu jemandem hinaufsehen** lever les yeux vers quelqu'un

hinaus ❶ **hinaus [mit dir/euch]!** dehors! ❷ **über diese Frist hinaus** au-delà de ce délai; **über diesen Betrag hinaus** au-delà de cette somme ❸ **über dieses Alter bin ich hinaus** j'ai passé l'âge

hinausbringen ❶ reconduire *Person* ❷ sortir *Müll*

hinausfliegen ❶ *Vogel:* s'envoler ❷ (*umgs.: hinausgeworfen werden*) être viré(e)

hinausgehen ❶ *Person:* sortir ❷ **auf den Hof hinausgehen** *Fenster, Zimmer:* donner sur la cour ❸ **an die Kunden hinausgehen** *Brief, Lieferung:* être envoyé(e) aux clients ❹ **wo geht es hinaus?** où est la sortie?

hinauslaufen ❶ (*nach draußen laufen*) sortir [en courant] ❷ **auf etwas hinauslaufen** équivaloir à quelque chose; **das läuft auf dasselbe hinaus** ça revient au même

hinauslehnen sich hinauslehnen se pencher [au-]dehors

hinbekommen →hinkriegen

der **Hinblick** im [*oder* in] Hinblick auf ... (*hinsichtlich*) compte tenu de ...; (*wegen*) en tenant compte de ...

hinbringen ❶ **jemandem ein Buch hinbringen** apporter un livre à quelqu'un ❷ **ich bring dich hin!** je t'y emmène!

hindern ❶ empêcher; **jemanden [daran] hindern, etwas zu tun** empêcher quelqu'un de faire quelque chose ❷ (*stören, behindern*) **jemanden beim Gehen hindern** gêner quelqu'un pour marcher

das **Hindernis** l'obstacle (*männlich*)
der **Hindernislauf** la course d'obstacles

hindeuten ❶ **auf etwas hindeuten** (*mit dem Finger, einem Stock*) montrer quelque chose ❷ **alles deutet darauf hin, dass ...** tout donne à penser que ...

der **Hindu** l'hindou (*männlich*)/l'hindoue (*weiblich*)
der **Hinduismus** l'hindouisme (*männlich*)

hindurch ❶ **hier hindurch** par ici; **durch die Wand hindurch** à travers le mur ❷ **die ganze Nacht hindurch** toute la nuit

hindurchgehen ❶ **durch den Wald hindurchgehen** passer par la forêt ❷ **durch etwas hindurchgehen** *Strahlen, Geschoss:* traverser quelque chose

hinein **hier hinein!** entre/entrez par ici!; **dort hinein!** entre/entrez par là!; **[nur] hinein!** entre/entrez!

hineingehen ❶ (*eintreten*) **in das Zimmer hineingehen** entrer dans la chambre ❷ (*hineinpassen*) **in die Kirche gehen dreihundert Personen hinein** trois cents personnes tiennent dans cette église

hineinlegen ❶ mettre; **den Pulli in den Koffer hineinlegen** mettre le pull dans la valise ❷ **sich in das Bett hineinlegen** se mettre au lit

hineinsteigern sich in seine Wut hineinsteigern se laisser emporter par la colère

hineinversetzen sich in jemanden hineinversetzen se mettre à la place de quelqu'un

hineinziehen jemanden in etwas [mit] hineinziehen entraîner quelqu'un dans quelque chose

hinfahren ❶ (*sich hinbegeben*) y aller; **ich fahre hin!** j'y vais! ❷ (*hinbringen*) **jemanden hinfahren** y conduire quelqu'un; **etwas hinfahren** y apporter quelque chose [en voiture]

die **Hinfahrt** le trajet [pour y aller]; **auf der Hinfahrt** à l'aller

hinfallen tomber

hinfällig ❶ *Rechnung* caduc/caduque; *Argument* sans valeur ❷ *Person* infirme

der **Hinflug** le vol [aller]; **auf dem Hinflug** pen-

dant le vol aller
hinführen die Touristen zum Schloss hinführen conduire les touristes au château ▸ **wo soll das hinführen?** où cela nous conduit-il?

die **Hingabe** l'ardeur *(weiblich)*
hingeben sich dem Nichtstun hingeben s'abandonner au farniente [faʀnjɛntə]
hingebungsvoll ① *Blick* passionné(e); *Pflege* plein(e) de dévouement ② *pflegen* avec dévouement
hingehen ① *(sich hinbegeben)* y aller; **ich gehe hin!** j'y vais! ② **wo gehst du hin?** où est-ce que tu vas?
hingerissen ① *Zuhörer* ravi(e); **von jemandem/von etwas hingerissen sein** être enthousiasmé(e) par quelqu'un/par quelque chose ② *zuhören* avec ravissement
hinhalten ① **jemandem etwas hinhalten** tendre quelque chose à quelqu'un ② *(warten lassen)* faire attendre
hinhauen *(umgs.)* ① marcher; **das haut hin!** ça marche! ② **sich hinhauen** s'affaler
hinhören ① écouter; **ich habe gar nicht hingehört** je n'ai pas écouté ② **hör nicht hin!** ne les écoute pas!
hinken *Person, Tier:* boiter; **leicht hinken** boitiller
hinknien sich hinknien s'agenouiller
hinkriegen *(umgs.)* ① *(reparieren)* réussir à réparer; **etwas wieder hinkriegen** réussir à réparer quelque chose ② *(fertig bringen)* arranger; **wie hast du es hingekriegt, dass sie sich wieder vertragen?** comment as-tu fait pour les réconcilier?
hinlaufen zu jemandem hinlaufen courir voir quelqu'un
hinlegen ① poser *Schlüssel, Zeitung* ② *(liegend aufbewahren)* mettre à plat *Bücher, Schallplatten* ③ **sich hinlegen** s'allonger; *(ins Bett gehen)* se coucher ④ **wo soll ich dir die Handtücher hinlegen?** où dois-je te mettre les serviettes?
hinnehmen ① accepter ② **eine Niederlage hinnehmen müssen** essuyer un échec
die **Hinreise** le trajet [pour y] aller; **auf der Hinreise** à l'aller
hinreißen sich zu einer Bemerkung hinreißen lassen se laisser aller à faire une remarque
hinreißend ① *Person, Kleid* ravissant(e) ② **hinreißend aussehen** être ravissant(e)
hinrichten exécuter
die **Hinrichtung** l'exécution *(weiblich)*
hinschmeißen *(umgs.)* → **hinwerfen**

hinsehen regarder; **bei genauerem Hinsehen** en y regardant de plus près
hinsetzen sich hinsetzen s'asseoir; **setz dich dort hin!** assieds-toi là!, assois-toi là!
die **Hinsicht** le point de vue; **in dieser Hinsicht** à cet égard; **in mancher Hinsicht** à maints égards; **in finanzieller Hinsicht** du point de vue financier
hinsitzen ⒸⒽ *(sich hinsetzen)* s'asseoir
das **Hinspiel** le match aller
hinstehen ⒸⒽ → **hinstellen** ④
hinstellen ① mettre; **man könnte diese Vase da hinstellen/dort hinstellen** on pourrait mettre ce vase là/à cet endroit ② placer *Fahrrad* ③ **jemanden als Angeber hinstellen** faire passer quelqu'un pour un frimeur ④ **sich hinstellen** se mettre debout; *(sich aufrichten)* se mettre droit(e); **sich vor jemanden hinstellen** se planter devant quelqu'un
hinten ① derrière; **hinten bleiben** rester en arrière; **hinten im Auto** à l'arrière de la voiture; **hinten im Buch** à la fin du livre; **ganz hinten sitzen** être assis(e) tout au fond ② **von hinten anfangen** commencer par la fin
hintenherum, hintenrum *(umgs.)* ① *(an der Rückseite vorbei)* **ich gehe lieber hintenherum** je préfère passer par derrière ② *(umgs.: auf Umwegen)* par la bande
hinter ① derrière; **hinter jemandem/hinter etwas stehen** être derrière quelqu'un/derrière quelque chose; **sich hinter jemanden/hinter etwas stellen** se mettre derrière quelqu'un/derrière quelque chose ② *(nach)* **sie ist hinter mir in den Saal hineingegangen** elle est entrée dans la salle après moi
der **Hinterausgang** la sortie de derrière
der **Hinterbliebene** *(Kind)* le fils du défunt/de la défunte; *(Ehemann)* le mari de la défunte; *(Verwandter)* le parent du défunt/de la défunte; **die Hinterbliebenen** la famille du défunt/de la défunte
die **Hinterbliebene** *(Kind)* la fille du défunt/de la défunte; *(Ehefrau)* l'épouse du défunt; *(Verwandte)* la parente du défunt/de la défunte
hintere(r, s) *Haus, Tür* de derrière; *Reihe* du fond
hintereinander ① l'un(e) derrière l'autre; **hintereinander hergehen** marcher en file indienne ② **etwas hintereinander tun** *(wiederholt)* faire quelque chose de suite; *(an einem Stück)* faire quelque chose d'affilée
hinterfragen remettre en question; **ein Phä-**

nomen **hinterfragen** remettre un phénomène en question
der **Hintergedanke** l'arrière-pensée *(weiblich)*
hintergehen tromper
der **Hintergrund** ❶ *einer Bühne, eines Gemäldes* le fond ❷ *(Umstände)* la toile de fond; **vor dem Hintergrund dieser Ereignisse** au vu de ces événements ❸ **kennst du die Hintergründe?** connais-tu le dessous?
der **Hinterhalt** l'embuscade *(weiblich)*; **in einen Hinterhalt geraten** tomber dans une embuscade
hinterhältig ❶ *Mensch* faux/fausse; *Lächeln* fourbe ❷ *lächeln* avec fourberie
hinterher ❶ *(zeitlich)* après; *(im Nachhinein)* après coup ❷ *(räumlich)* derrière; **los, schnell hinterher!** vite, courons après eux/après elles!
hinterherhinken der Entwicklung hinterherhinken avoir du retard sur le développement
hinterherlaufen courir derrière; **jemandem hinterherlaufen** courir après quelqu'un
der **Hinterhof** l'arrière-cour *(weiblich)*
der **Hinterkopf** l'arrière *(weiblich)* de la tête
das **Hinterland** l'arrière-pays *(männlich)*
hinterlassen ❶ *(zurücklassen)* laisser ❷ *(vererben)* léguer
die **Hinterlassenschaft** l'héritage *(männlich)*
hinterlegen déposer
die **Hinterlist** la ruse
hinterlistig ❶ *Mensch* sournois(e); *Lächeln* perfide ❷ *lächeln* avec perfidie
der **Hintermann** ❶ **mein Hintermann** *(in der Reihe hinter mir)* mon voisin de derrière; *(im Auto hinter mir)* le conducteur [qui est] derrière moi ❷ *(abwertend umgs.: Drahtzieher)* **die Hintermänner** les personnes *(weiblich)* qui tirent les ficelles
der **Hintern** *(umgs.)* le postérieur; **jemandem den Hintern versohlen** flanquer une fessée à quelqu'un
hinterste(r, s) in der hintersten Reihe au [tout] dernier rang
das **Hinterteil** *(umgs.: Gesäß)* l'arrière-train *(männlich)*
das **Hintertreffen jemandem gegenüber ins Hintertreffen geraten** perdre du terrain par rapport à quelqu'un
die **Hintertür** ❶ la porte de derrière ❷ *(umgs.: Ausweg)* la porte de sortie ▸ **durch die Hintertür** par la bande
hinterziehen Steuern hinterziehen frauder le fisc
hintun *(umgs.)* mettre; **etwas da hintun/dort hintun** mettre quelque chose là/à cet endroit
hinüber ❶ **ich gehe hinüber** je vais de l'autre côté ❷ *(umgs.: verdorben, defekt)* **hinüber sein** *Lebensmittel, Motor:* être fichu(e) ❸ **sie ist kurz zur Nachbarin hinüber** *(umgs.)* elle est allée faire un tour chez la voisine
hinüberführen *(über die Straße geleiten)* **jemanden hinüberführen** conduire quelqu'un de l'autre côté
hinunter die Treppe hinunter geht es leicht il est facile de descendre l'escalier
hinunterfahren ❶ descendre; **mit dem Fahrstuhl hinunterfahren** descendre par l'ascenseur; **ins Tal hinunterfahren** descendre dans la vallée ❷ **jemanden ins Tal hinunterfahren** descendre quelqu'un dans la vallée
hinunterfallen tomber; **Max ist die Treppe hinuntergefallen** Max est tombé dans l'escalier
hinunterschalten rétrograder; **in den zweiten Gang hinunterschalten** rétrograder en seconde
hinunterschlucken ❶ avaler *Essen, Getränk, Medizin* ❷ *(umgs.: nicht äußern)* ravaler *Ärger*
hinunterspülen ❶ **etwas den Ausguss hinunterspülen** faire disparaître quelque chose dans l'évier ❷ *(umgs.)* **seinen Ärger hinunterspülen** *(umgs.)* boire pour oublier ses problèmes
hinunterwerfen lancer en bas, lancer
hinweg ❶ *(räumlich)* **über jemanden/über etwas hinweg** par-dessus quelqu'un/quelque chose ❷ *(zeitlich)* **über drei Monate hinweg** pendant trois mois ❸ **hinweg mit dir/mit euch!** disparais/disparaissez!
der **Hinweg** le trajet [aller]
hinweggehen über etwas hinweggehen *(nicht beachten)* ne pas tenir compte de quelque chose
hinweghelfen jemandem über seinen Kummer hinweghelfen aider quelqu'un à surmonter son chagrin
hinwegsehen ❶ **über jemanden/etwas hinwegsehen** regarder par-dessus quelqu'un/quelque chose ❷ *(ignorieren, nicht beachten)* **über jemanden hinwegsehen** ignorer quelqu'un; **über etwas hinwegsehen** ne pas tenir compte de quelque chose
der **Hinweis** *(Information)* l'indication *(weiblich)*, le renseignement
hinweisen ❶ **jemanden auf einen Fehler**

hinweisen faire remarquer une faute à quelqu'un ❷ **darauf hinweisen, dass es zu spät ist** signaler qu'il est trop tard
das **Hinweisschild** le panneau indicateur
die **Hinweistafel** le tableau d'information
hinwerfen ❶ **dem Hund einen Knochen hinwerfen** jeter un os [ɔs] au chien ❷ **sein Studium hinwerfen** (*umgs.*) envoyer promener ses études
hinwollen (*umgs.*) **wo wollt ihr denn hin?** où voulez-vous donc aller?
hinziehen ❶ **wo sind sie hingezogen?** où se sont-ils installés? ❷ **es zieht sie zu ihm hin** elle se sent attirée par lui ❸ **sich über Wochen hinziehen** *Krankheit, Entscheidung*: traîner pendant des semaines
hinzu en plus
hinzufügen ❶ ajouter ❷ **dem habe ich nichts [mehr] hinzuzufügen** je n'ai [plus] rien à ajouter
hinzukommen ❶ *Menschen, Probleme*: venir s'ajouter ❷ **es kommt hinzu, dass er lange krank war** en plus, il faut dire qu'il a été longtemps malade
hinzuziehen avoir recours à; **einen Arzt hinzuziehen** avoir recours à un médecin
die **Hiobsbotschaft** la [très] mauvaise nouvelle
der **Hip-Hop** le °hip-hop
der **Hippie** le °hippie
das **Hirn** ❶ le cerveau ❷ (*als Gericht*) la cervelle
das **Hirngespinst** la chimère
die **Hirnhautentzündung** la méningite
hirnrissig, hirnverbrannt (*umgs.*) débile
der **Hirsch** le cerf [sɛʀ]
die **Hirse** le millet, le mil
der **Hirt**, der **Hirte** le gardien [de troupeau]; (*Schafhirte*) le berger
die **Hirtin** la gardienne [de troupeau]; (*Schafhirtin*) la bergère
das **his** (*Musiknote*) le si dièse
hissen °hisser
der **Historiker** l'historien (*männlich*)
die **Historikerin** l'historienne (*weiblich*)
historisch ❶ *Abhandlung* historique ❷ **historisch betrachtet** d'un point de vue historique
der **Hit** (*umgs.: Erfolgssong*) le tube
die **Hitparade** le °hit-parade
die **Hitze** la chaleur ▸ **in der Hitze des Gefechts** dans le feu de l'action
hitzefrei hitzefrei haben ≈ ne pas avoir classe en raison de la canicule
die **Hitzewelle** la vague de chaleur
hitzig ❶ *Person, Temperament* irascible ❷ *Debatte* enflammé(e) ❸ **debattieren** dans un climat passionné
der **Hitzkopf** (*umgs.*) **er/sie ist ein Hitzkopf** il/elle est [très] soupe au lait
der **Hitzschlag** l'insolation (*weiblich*); **einen Hitzschlag bekommen** avoir une insolation
das **HIV** *Abkürzung von* **Human Immunodeficiency Virus** le °HIV [ˈaʃivə], le V.I.H. [veiaʃ]
HIV-infiziert infecté(e) par le virus V.I.H.
HIV-positiv séropositif/séropositive
der **HIV-Test** le test de dépistage du sida
hl *Abkürzung von* **Hektoliter** hl
hl. *Abkürzung von* **heilige(r)** St(e)
die **H-Milch** le lait U.°H.T. [yˈaʃte]
das **h-Moll** le si mineur
der **HNO-Arzt** l'O.R.L. (*männlich*) [ɔɛʀɛl]
die **HNO-Ärztin** l'O.R.L. (*weiblich*) [ɔɛʀɛl]
das **Hobby** le °hobby
der **Hobel** ❶ le rabot ❷ (*Küchengerät*) la râpe
hobeln ❶ raboter; **ein Brett [glatt] hobeln** raboter une planche ❷ **Gemüse hobeln** émincer des légumes [avec une râpe]
hoch ❶ °haut(e); *Schneedecke* épais(se); **eine hohe Mauer** un mur °haut; **das Dach ist sieben Meter hoch** le toit a sept mètres de °hauteur ❷ **es geht sieben Stockwerke hoch** il faut monter sept étages; **wie hoch kannst du den Ball werfen?** à quelle °hauteur peux-tu lancer le ballon? ❸ *Stimme, Ton* aigu(ë) ❹ (*in der Mathematik*) **zwei hoch drei ist acht** deux [à la] puissance trois égale °huit ❺ *Temperatur, Ansprüche* élevé(e); *Strafe* sévère; **ein hoher Sachschaden** un dégât important ❻ *Besuch* important(e); *Offizier* supérieur(e); *Feiertag* solennel(le); **ein hohes Amt** une fonction élevée ❼ **hoch fliegen** voler °haut; **das Wasser steht drei Zentimeter hoch** il y a trois centimètres d'eau ❽ **hoch/zu hoch singen** chanter °haut/trop °haut ❾ **hoch begabt** surdoué(e); **hoch verschuldet** très endetté(e) ▸ **das ist mir zu hoch** (*umgs.*) ça me dépasse; **wenn es hoch kommt** (*umgs.*) tout au plus
das **Hoch** ❶ (*Hochruf*) l'ovation (*weiblich*) ❷ (*Hochdruckgebiet*) l'anticyclone (*männlich*)
die **Hochachtung** la °haute considération; **Hochachtung vor jemandem haben** avoir un grand respect [ʀɛspɛ] pour quelqu'un; **größte Hochachtung vor jemandem haben** avoir un très grand respect pour quelqu'un
hochachtungsvoll (*am Schluss eines Briefes*) veuillez agréer [vœije aɡʀee], Madame/Monsieur, l'expression de ma

°haute considération
hochauflösend *Bildschirm* [à] °haute définition
der **Hochbetrieb** l'activité *(weiblich)* intense; **in den Geschäften herrscht Hochbetrieb** les magasins grouillent de monde
hochdeutsch ❶ *Aussprache* en °haut allemand ❷ **hochdeutsch sprechen** parler °haut allemand
das **Hochdeutsch** le °haut allemand; **etwas auf Hochdeutsch sagen** dire quelque chose en °haut allemand
der **Hochdruck** *(in der Technik, beim Wetter)* la °haute pression ▶ **mit** [*oder* **unter**] **Hochdruck an etwas arbeiten** (*umgs.*) travailler d'arrache-pied à quelque chose
das **Hochdruckgebiet** l'anticyclone *(männlich)*
die **Hochebene** le °haut plateau
hochfahren ❶ (*umgs.:* nach oben fahren) monter; **in den dritten Stock hochfahren** monter au troisième étage ❷ **aus dem Schlaf hochfahren** se réveiller en sursaut ❸ (*sich erregen*) se fâcher; **wütend hochfahren** se fâcher tout rouge
die **Hochform in Hochform sein** être en pleine forme
das **Hochformat** ❶ le format en °hauteur ❷ (*beim Ausdrucken einer Datei*) le format portrait
das **Hochgebirge** la °haute montagne; **im Hochgebirge** en °haute montagne [ã ´ot mõtaɲ]
hochgehen ❶ **die Treppe hochgehen** (*umgs.*) monter l'escalier; **den Berg hochgehen** (*umgs.*) monter en °haut de la montagne ❷ *Vorhang, Schranke:* se lever ❸ *Löhne, Preise:* grimper ❹ (*umgs.:* explodieren) *Bombe:* sauter ❺ (*in Wut geraten*) **er/sie geht immer gleich hoch** (*umgs.*) il/elle monte comme une soupe au lait ▶ **jemanden hochgehen lassen** (*umgs.*) balancer quelqu'un
der **Hochgeschwindigkeitszug** le train à grande vitesse
der **Hochglanz etwas auf Hochglanz bringen** faire briller quelque chose
hochgradig ❶ *Erregung* extrême ❷ *erregt* extrêmement
hochhalten lever *Hand, Schild*
das **Hochhaus** la tour
hochheben ❶ soulever *Kind, Last* ❷ lever *Hand*
hochintelligent très intelligent(e)
hochinteressant *Neuigkeit* d'un grand intérêt; **hochinteressant klingen** avoir l'air très intéressant(e)

hochkrempeln retrousser *Ärmel, Hosenbein*
das **Hochland** le °haut plateau
hochleben ❶ **jemanden hochleben lassen** porter un toast à quelqu'un ❷ **hoch lebe die Königin!** vive la Reine!
der **Hochleistungssport** le sport de °haut niveau
hochmodern ❶ *Technik, Einrichtung* ultramoderne; **ein hochmodernes Kleid** une robe dernier cri; **diese Frisur waren damals hochmodern** à l'époque, cette coiffure était du dernier cri ❷ *gekleidet* à la dernière mode
der **Hochmut** l'arrogance *(weiblich)* ▶ **Hochmut kommt vor dem Fall** l'orgueil précède la chute
hochmütig ❶ *Person* arrogant(e) ❷ *lächeln* avec arrogance
hochnäsig *Art, Person* °hautain(e)
hochnehmen porter *Kind;* soulever *Gegenstand* ▶ **jemanden hochnehmen** (*umgs.*) faire marcher quelqu'un
hochprozentig *Schnaps* fortement alcoolisé(e)
die **Hochrechnung** l'estimation *(weiblich)*
die **Hochsaison** ❶ (*im Tourismus*) la °haute saison ❷ **die Eisdielen haben Hochsaison** c'est la cohue chez les glaciers
der **Hochschulabschluss** le diplôme de fin d'études [universitaires]
die **Hochschule** ❶ l'établissement *(männlich)* d'enseignement supérieur; (*Universität*) l'université *(weiblich)*; (*Fachhochschule*) l'école *(weiblich)* supérieure spécialisée; **die Pädagogische Hochschule** ≈ l'institut *(männlich)* universitaire de formation pédagogique des maîtres
der **Hochschullehrer** (*an einer Fachhochschule oder Akademie*) le professeur dans l'enseignement supérieur; (*an einer Universität*) le professeur d'université
die **Hochschullehrerin** (*an einer Fachhochschule oder Akademie*) la professeur dans l'enseignement supérieur; (*an einer Universität*) la professeur d'université
die **Hochschulreife** le baccalauréat (*permission d'accès aux études supérieures*)
das **Hochschulstudium** les études *(weiblich)* universitaires
der **Hochsommer** le plein été; **im Hochsommer** en plein été
hochsommerlich ❶ *Wetter, Temperaturen* estival(e); *Kleidung* d'été ❷ **sie ist hochsommerlich gekleidet** (*entsprechend dem Sommerwetter*) elle est en tenue d'été; (*als sei Sommer*) elle est habillée comme en

plein été; **am Wochenende wird es hochsommerlich warm** ce week-end, les températures atteindront des valeurs estivales

die **Hochspannung** la °haute tension; **Vorsicht, Hochspannung!** danger [de mort], °haute tension!

der **Hochsprung** le saut en °hauteur

der **Hochstapler** le chevalier d'industrie

die **Hochstaplerin** le chevalier d'industrie

> **G** Es gibt im Französischen keine Femininform: diese Frau ist eine Hochstaplerin – *cette femme est un chevalier d'industrie.*

höchste(r, s) ❶ **das höchste Gebäude** le bâtiment le plus °haut; **der höchste Berg** la montagne la plus °haute; **dieser Turm ist am höchsten** c'est la tour la plus °haute ❷ **die höchste Summe** la somme la plus élevée; **der höchste Sachschaden** le dommage le plus important; **die höchste Strafe** la peine la plus sévère ❸ **das Höchste, was ich zahlen kann** le maximum que je puisse payer ❹ **der höchste Feiertag** la fête la plus importante; **das höchste Gut** le bien suprême ❺ **diese Arbeit erfordert höchste Konzentration** ce travail exige un maximum de concentration ❻ **es ist höchste Zeit, dass ich gehe** il est grand temps que je m'en aille

höchstens au maximum

die **Höchstgeschwindigkeit** la vitesse maximale

die **Höchstleistung** la performance record

höchstpersönlich en personne

höchstwahrscheinlich selon toute vraisemblance

die **Hochtouren auf Hochtouren laufen** *Motor:* tourner à plein régime; *Vorbereitungen:* aller bon train

der **Hochverrat** la °haute trahison

das **Hochwasser** ❶ (*Überschwemmung*) l'inondation (*weiblich*); **bei Hochwasser** en cas d'inondation ❷ **Hochwasser führen** *Fluss:* être en crue

hochwertig *Ware, Material* de grande qualité

die **Hochzahl** l'exposant (*männlich*)

die **Hochzeit** ❶ (*Heirat*) le mariage; **Anne und Paul werden Hochzeit feiern** Anne et Paul vont fêter leur mariage ❷ (*Jubiläum*) **seine Eltern feiern [die] silberne/[die] goldene Hochzeit** ses parents fêtent leurs noces (*weiblich*) d'argent/leurs noces d'or

das **Hochzeitskleid** la robe de mariée

die **Hochzeitsnacht** la nuit de noces

die **Hochzeitsreise** le voyage de noces

der **Hochzeitstag** ❶ (*Tag der Hochzeit*) le jour du mariage ❷ (*Jahrestag*) l'anniversaire (*männlich*) de mariage

hochziehen ❶ hausser *Schultern;* lever *Augenbrauen* ❷ remonter *Socken, Hosen* ❸ ouvrir *Jalousie* ❹ redresser *Flugzeug* ❺ °hisser; **jemanden/etwas an einem Seil hochziehen** °hisser quelqu'un/quelque chose avec une corde ❻ **sich am Tisch hochziehen** se relever en s'agrippant à la table

die **Hocke** ❶ la position accroupie; **in die Hocke gehen** s'accroupir ❷ (*Hocksprung*) le saut fléchi groupé

hocken ❶ être assis(e); **auf dem Boden hocken** être assis(e) sur le sol; **abends hockten wir um das Feuer** le soir, on se réunissait autour du feu ❷ (*umgs.: sich aufhalten*) **immer nur zu Hause hocken** rester toujours cloîtré(e) chez soi

der **Hocker** le tabouret

der **Höcker** la bosse

das **Hockey** ['hɔki] le °hockey [sur gazon]

der **Hockeyschläger** la crosse de °hockey

der **Hoden** le testicule

der **Hodensack** les bourses (*weiblich*)

der **Hof** ❶ la cour; **auf den/dem Hof** dans la cour ❷ (*Bauernhof*) la ferme ❸ *eines Königs, Fürsten* la cour; **bei Hofe** à la cour ▸ **jemandem den Hof machen** faire la cour à quelqu'un

hoffen ❶ espérer; **ich hoffe, er meldet sich** [*oder* **dass er sich meldet**] j'espère qu'il donnera de ses nouvelles; **das wollen wir hoffen!** nous espérons bien!; **ich hoffe nicht** j'espère que non ❷ **auf etwas hoffen** compter sur quelque chose

hoffentlich ❶ **hoffentlich wird es bald Frühling!** espérons que ce soit bientôt le printemps! ❷ (*als Ausruf oder Antwort*) **hoffentlich!** j'espère/nous espérons bien!

die **Hoffnung** ❶ l'espoir (*männlich*); **sich Hoffnungen machen** nourrir certains espoirs; **sich keine Hoffnungen machen** ne pas se faire d'illusions; **die Hoffnung aufgeben** perdre espoir ❷ (*Aussicht*) **jemandem Hoffnungen machen** laisser espérer quelque chose à quelqu'un; **es gibt keine Hoffnung auf Besserung** il n'y a plus d'espoir

hoffnungslos *Lage* désespéré(e)

die **Hoffnungslosigkeit** le désespoir

hoffnungsvoll *Talent, Musiker* prometteur/prometteuse

höflich ❶ *Person, Benehmen* poli(e) ❷ *grüßen, bitten* poliment

die **Höflichkeit** la politesse

die **Höhe** ① *eines Baums, Gebäudes* la °hauteur; *eines Bergs* l'altitude *(weiblich)* ② *(Flughöhe)* l'altitude *(weiblich)* ③ **in der Höhe** dans les airs; **aus der Höhe** d'en °haut; **auf halber Höhe** à mi-hauteur ④ *eines Gehalts, der Kosten* le montant; *eines Schadens* l'ampleur *(weiblich)*; **Kosten in Höhe von hundert Euro** des frais d'un montant de cent euros ⑤ *(geographisch)* **auf gleicher Höhe liegen** *Orte:* être à la même latitude ▸ **das ist doch die Höhe!** *(umgs.)* c'est le bouquet!

die **Hoheit** l'altesse *(weiblich)*; **Seine/Ihre Königliche Hoheit** Son Altesse Royale

das **Hoheitsgebiet** le territoire national

die **Hoheitsgewässer** les eaux *(weiblich)* territoriales

die **Höhenangst** l'acrophobie *(weiblich)*

die **Höhensonne®** la lampe à ultraviolets

der **Höhepunkt** ① *eines Festes* le moment fort; *einer Karriere* l'apogée *(weiblich)* ② *einer Krise, Krankheit* le paroxysme ③ *(Orgasmus)* l'orgasme *(männlich)*; **zum Höhepunkt kommen** jouir

höher ① **ein höherer Baum** un arbre plus °haut; **dieser Stapel hier ist höher als jener dort** cette pile-ci est plus °haute que celle-là ② **ein höherer Preis** un prix plus élevé; **der Schaden ist höher als erwartet** les dégâts sont plus importants que prévu ③ **ein höherer Beamter** un fonctionnaire °haut placé ④ **das Flugzeug steigt immer höher** l'avion monte de plus en plus °haut ⑤ **etwas höher bewerten** apprécier mieux quelque chose

hohl ① *Baumstamm, Zahn, Wangen* creux/creuse ② **mit der hohlen Hand** dans le creux de la main ③ *(übertragen)* **die hohlen Worte** les paroles creuses ④ **hohl klingen** sonner creux

die **Höhle** ① *(in einem Felsen)* la grotte ② *(in einem Baum)* le creux ③ *von Kaninchen, Füchsen* le terrier; *von Bären* la tanière

das **Hohlkreuz** la lordose

das **Hohlmaß** *(Maßeinheit)* la mesure de capacité

der **Hohlraum** la cavité

der **Hohn** les sarcasmes *(männlich)* ▸ **das ist der reinste Hohn!** c'est une plaisanterie!

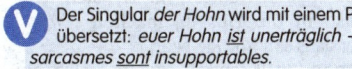

Der Singular *der Hohn* wird mit einem Plural übersetzt: *euer Hohn ist unerträglich – vos sarcasmes sont insupportables.*

höhnen *(gehoben)* ricaner

höhnisch ① *Lächeln* sarcastique ② **höhnisch grinsen** ricaner

Hokuspokus Hokuspokus [Fidibus]! abracadabra!

der **Hokuspokus** *(Fälschung, fauler Zauber)* la charlatanerie

der **Holder** (CH) le sureau

die **Holding** ['hoːldɪŋ] le/la °holding

holen ① aller chercher *Glas, Werkzeug*; **Getränke aus dem Keller holen** aller chercher des boissons à la cave ② appeler *Arzt, Polizei*; **jemanden holen lassen** faire venir quelqu'un ③ *(umgs.)* décrocher *Medaille, Titel* ④ **sich eine Erkältung holen** attraper un rhume; **sich blaue Flecke holen** *(umgs.)* se faire des bleus ⑤ **sich bei jemandem Rat holen** consulter quelqu'un ▸ **bei ihm ist nichts zu holen** *(umgs.)* on ne peut rien tirer de lui

Holland la °Hollande

der **Holländer** le °Hollandais

die **Holländerin** la °Hollandaise

holländisch *Küste, Spezialität* °hollandais(e)

die **Hölle** l'enfer *(männlich)*; **in die Hölle kommen** aller en enfer ▸ **hier ist die Hölle los** *(umgs.)* c'est l'enfer, ici; **das ist die [reinste] Hölle** c'est [franchement] l'horreur

der **Höllenlärm** *(umgs.)* le bruit infernal

höllisch *(umgs.)* ① *Schmerzen* atroce; *Angst* du diable; *Krach* de tous les diables ② *schmerzen* atrocement; **höllisch aufpassen** faire bien gaffe

der **Holocaust** ['hoːlokaʊst] l'holocauste *(männlich)*

holperig →**holprig**

holpern *Wagen:* cahoter

holprig ① *Weg* cahoteux/cahoteuse; *Pflaster* irrégulier/irrégulière ② *Verse, Deutsch* hésitant(e)

der **Holunder** le sureau

das **Holz** le bois; **ein Tisch aus Holz** une table en bois; **Holz hacken** fendre du bois; **Holz sägen** scier du bois

hölzern *(aus Holz)* en bois

der **Holzfäller**, der **Holzhacker** (A) le bûcheron

die **Holzfällerin**, die **Holzhackerin** (A) la bûcheronne

die **Holzkohle** le charbon de bois

der **Holzschuh** le sabot

der **Holzweg auf dem Holzweg sein** *(umgs.)* se fourrer le doigt dans l'œil

home [hoʊm] *(in der Informatik)* „**Home**" "Accueil"

die **Homepage** ['hoʊmpeɪdʒ] *(in der Informatik)* la page d'accueil

homogen *(gehoben)* homogène

der **Homöopath** l'homéopathe *(männlich)*

die **Homöopathie** l'homéopathie *(weiblich)*

die **Homöopathin** l'homéopathe *(weiblich)*
homöopathisch *Mittel* homéopathique
die **Homosexualität** l'homosexualité *(weiblich)*
homosexuell homosexuel(le)
der **Homosexuelle** l'homosexuel *(männlich)*
die **Homosexuelle** l'homosexuelle *(weiblich)*
der **Honig** le miel ▶ **jemandem Honig ums Maul schmieren** *(umgs.)* passer de la pommade à quelqu'un
die **Honigmelone** le melon ⚠ *männlich*
das **Honorar** les honoraires *(männlich)*

> **V** Der Singular *das Honorar* wird mit einem Plural übersetzt: *sein Honorar ist nicht hoch – ses honoraires ne sont pas importants.*

honorieren ❶ rétribuer *Person, Arbeit;* **wir honorieren Ihre Arbeit mit tausend Euro** nous vous payons mille euros de rétribution pour votre travail ❷ *(würdigen)* **das Engagement der Mitarbeiter honorieren** apprécier les efforts des employés à leur juste valeur
der **Hooligan** ['huːligən] le °houligan *(männlich)*
der **Hopfen** le °houblon ▶ **bei ihm/bei ihr ist Hopfen und Malz verloren** *(umgs.)* avec lui/avec elle, c'est comme si on pissait dans un violon
hopp *(umgs.)* allez, °hop
hoppla *(umgs.)* ❶ *(Vorsicht, Entschuldigung)* ouh, là [là] ❷ *(Moment mal)* attends/attendez voir!
hopsen *(umgs.)* sauter; **durch das Zimmer hopsen** traverser la pièce en sautillant
hörbar *Ton* audible
horchen écouter; **an der Tür horchen** écouter à la porte
die **Horde** la °horde
hören ❶ *(wahrnehmen)* entendre; **jemanden lachen/reden hören** entendre quelqu'un rire/parler; **gut/schlecht hören** entendre bien/mal ❷ *(zuhören, anhören)* écouter; **eine Sendung hören** écouter une émission; **Radio hören** écouter la radio; **hör mal/hören Sie mal!** écoute/écoutez! ❸ **am Tonfall hören, dass etwas nicht stimmt** percevoir à l'intonation qu'il y a quelque chose qui cloche ❹ **ich habe von diesem Buch gehört** j'ai entendu parler de ce livre; **ich habe gehört, dass etwas passiert ist** j'ai entendu dire qu'il s'est passé quelque chose; **wie ich höre, hast du geheiratet** à ce qu'on dit, tu t'es marié(e); **von wem hast du das denn gehört?** qui t'as dis ça? ❺ *(wissen)* **nichts [davon] hören wollen** ne pas vouloir le savoir ❻ **auf**

jemanden/auf einen Rat hören écouter quelqu'un/un conseil; **warum hast du nicht auf uns gehört?** pourquoi ne nous as-tu pas écouté(e)s? ❼ **sie hört auf den Namen Anne** elle s'appelle Anne ▶ **ihm vergeht Hören und Sehen** il ne sait plus où il en est; **etwas von sich hören lassen** donner de ses nouvelles; **man höre und staune!** tiens-toi/tenez-vous bien!; **na, hör/hören Sie mal!** *(umgs.)* non mais alors!
das **Hörensagen** **etwas vom Hörensagen kennen** connaître quelque chose par ouï-dire
der **Hörer** ❶ *(Zuhörer)* l'auditeur *(männlich)* ❷ *(Telefonhörer)* le combiné
die **Hörerin** l'auditrice *(weiblich)*
das **Hörgerät** l'appareil *(männlich)* auditif
hörig **jemandem hörig sein** être [entièrement] soumis(e) à quelqu'un
der **Horizont** ❶ l'horizon *(männlich);* **am Horizont** à l'horizon ❷ *(übertragen)* **seinen Horizont erweitern** élargir son horizon ▶ **das geht über seinen/meinen Horizont** cela le/me dépasse
horizontal *Linie, Achse* horizontal(e)
die **Horizontale** la droite horizontale
das **Hormon** l'hormone *(weiblich)* ⚠
das **Horn** ❶ *eines Tiers* la corne ❷ *(Musikinstrument)* le cor ▶ **ins gleiche Horn stoßen** *(umgs.)* faire chorus
das **Hörnchen** *(Gebäck)* petit pain ou petit gâteau en forme de croissant
die **Hornhaut** ❶ *(Schwiele)* la corne ❷ *des Auges* la cornée
die **Hornisse** le frelon
das **Horoskop** l'horoscope *(männlich)*
der **Horror** l'horreur *(weiblich)* ⚠; **einen Horror vor etwas haben** avoir horreur de quelque chose
der **Horrorfilm** le film d'horreur
der **Hörsaal** l'amphithéâtre *(männlich)*
das **Hörspiel** la pièce radiophonique
der **Hort** *(Kinderhort)* ≈ la garderie
horten stocker *Waren;* entasser *Geld*
die **Hose** le pantalon; **ein Paar Hosen** un pantalon; **eine kurze Hose** un short ▶ **da ist tote Hose** *(umgs.)* c'est mort là-bas; **die Hosen anhaben** *(umgs.)* porter la culotte; **in die Hose gehen** *(umgs.)* foirer; **sich [vor Angst] in die Hose[n] machen** *(umgs.)* chier dans son froc [de peur]
der **Hosenboden** le fond de culotte ▶ **sich auf den Hosenboden setzen** *(umgs.)* en mettre un coup
der **Hosenschlitz** la braguette
die **Hosenträger** les bretelles *(weiblich)*

die **Hostess** l'hôtesse *(weiblich)*
die **Hostie** ['hɔstiə] l'hostie *(weiblich)*
das **Hotel** l'hôtel *(männlich)*
das **Hotelzimmer** la chambre d'hôtel
die **Hotline** ['hɔtlaɪn] ❶ la °hotline ❷ *(in der Informatik)* le service en ligne
der **Hubraum** la cylindrée
hübsch ❶ joli(e); **ein hübsches Gesicht** une jolie figure; **sie macht sich hübsch** elle se fait belle; **sich hübsch anziehen** se pomponner ❷ *(umgs.: beträchtlich) Summe, Betrag* coquet/coquette ❸ **ganz hübsch singen** *(umgs.)* ne pas chanter si mal que ça ❹ **da hast du dir ja was Hübsches eingebrockt!** *(ironisch)* tu t'es mis(e) dans de beaux draps! ❺ **sei hübsch artig!** *(umgs.)* sois bien sage!; **immer hübsch langsam!** *(umgs.)* tout doux!
der **Hubschrauber** l'hélicoptère *(männlich)*
huch *(Ausdruck der Überraschung)* oh
huckepack jemanden huckepack tragen *(umgs.)* porter quelqu'un sur son dos
hudeln Ⓐ *(umgs.)* ❶ *(nachlässig arbeiten)* bâcler le boulot ❷ **nur nicht hudeln!** pas d'affolement!
der **Huf** le sabot
das **Hufeisen** le fer à cheval
das **Hüferl** Ⓐ le rumsteck
der **Hufschmied** le maréchal-ferrant
die **Hufschmiedin** le maréchal-ferrant

> Ⓖ Es gibt im Französischen keine Femininform: *sie ist Hufschmiedin – elle est maréchal-ferrant.*

die **Hüfte** la °hanche
die **Huftiere** les ongulés *(männlich)*
der **Hügel** la colline
hügelig *Landschaft* vallonné(e)
das **Huhn** *(Henne, Suppenhuhn)* la poule; **wir haben Huhn mit Reis gegessen** nous avons mangé de la poule avec du riz ▸ **mit den Hühnern aufstehen** *(umgs.)* se lever comme [*oder* avec] les poules; **da lachen ja die Hühner!** *(umgs.)* laisse-moi/laissez-moi rigoler!
das **Hühnchen** le poulet ▸ **mit jemandem ein Hühnchen zu rupfen haben** *(umgs.)* avoir un compte à régler avec quelqu'un
das **Hühnerauge** le cor au pied
die **Hühnerbrühe** le bouillon de poule
der **Hühnerstall** le poulailler
die **Hülle** ❶ *(Schutzhülle)* la °housse ❷ *(Ausweishülle)* l'étui *(männlich)* ❸ *(Plattenhülle)* la pochette ▸ **in Hülle und Fülle** à foison
hüllen das Baby in eine Decke hüllen envelopper le bébé dans une couverture
die **Hülse** ❶ *(bei Pflanzen)* la cosse ❷ *eines Thermometers* l'étui *(männlich)* ❸ *einer Patrone* la douille
die **Hülsenfrucht** le légume sec
human ❶ *Gesinnung* humain(e) ❷ **jemanden human behandeln** traiter quelqu'un humainement
der **Humanismus** l'humanisme *(männlich)*
humanistisch ❶ *Geist, Ideal* humaniste ❷ *Bildung, Gymnasium* classique ❸ **humanistisch gebildet sein** avoir une formation classique
humanitär *Hilfe* humanitaire; **die humanitäre Tätigkeit** l'humanitaire *(männlich)*; **für humanitäre Zwecke** pour des causes humanitaires; **humanitär tätig sein** travailler dans l'humanitaire
der **Humbug** *(umgs.: Schwindel)* la fumisterie; **das ist doch Humbug!** mais c'est de la fumisterie!
die **Hummel** le bourdon
der **Hummer** le °homard; **Hummer essen** manger du °homard
der **Humor** l'humour *(männlich)*; **Humor haben** avoir de l'humour; **keinen Humor haben** manquer d'humour
humorlos *Person, Bemerkung* dépourvu(e) d'humour
humorvoll *Person, Bemerkung* plein(e) d'humour
humpeln boitiller; **über die Straße humpeln** traverser la rue en boitillant
der **Humus** l'humus *(männlich)*
der **Hund** ❶ le chien; „**Vorsicht, bissiger Hund!**" "Chien méchant!" ❷ **er ist ein armer Hund** *(umgs.)* c'est un pauvre bougre ❸ **du gemeiner Hund!** *(umgs.)* espèce de salaud! ▸ **wie Hund und Katze sein** *(umgs.)* être comme chien et chat; **bekannt sein wie ein bunter Hund** *(umgs.)* être connu(e) comme le loup blanc; **vor die Hunde gehen** *(umgs.)* rouler dans le ruisseau
die **Hundehütte** la niche
die **Hundeleine** la laisse
hundemüde *(umgs.)* [complètement] crevé(e)
hundert ❶ cent; **einige hundert Menschen** quelques centaines de personnes; *siehe auch* **achtzig** ❷ **hundert Einzelheiten** *(umgs.)* trente-six détails
die **Hundert** *(Zahl, Buslinie)* le cent ⚠ *männlich*
das **Hundert** la centaine; **ein halbes Hundert Soldaten** une cinquantaine de soldats; **Hunderte von Fliegen** des centaines de mou-

ches; **in die Hunderte gehen** se chiffrer par centaines
hunderteins cent un [sɑ̃ ɛ̃]
der **Hunderter** ❶ (*in der Mathematik*) la centaine ⚠ *männlich* ❷ (*umgs.: Banknote*) le billet de cent
hundertfach cent fois; **nehmen Sie die hundertfache Menge!** prenez trois fois cette quantité!
das **Hundertfache** le centuple; **das Hundertfache verdienen** gagner cent fois plus
die **Hundertjahrfeier** le centenaire
hundertjährig ❶ *Person, Baum* centenaire ❷ *Entwicklung* de cent années
der **Hundertjährige** la centenaire
die **Hundertjährige** la centenaire
hundertmal ❶ cent fois; **hundertmal so viel** cent fois plus; *siehe auch* **achtmal** ❷ **das ist hundertmal besser** (*umgs.*) c'est cent fois mieux
der **Hundertmeterlauf** le cent mètres [plat]
hundertprozentig ❶ *Alkohol* [à] cent pour cent ❷ **hundertprozentig überzeugt sein** (*umgs.*) être convaincu(e) à cent pour cent
hundertste(r, s) centième; **der hundertste Versuch** la centième tentative, le centième essai; **jeder Hundertste** une personne sur cent ▶ **vom Hundertsten ins Tausendste kommen** (*umgs.*) passer du coq à l'âne
das **Hundertstel** le centième
hunderttausend ❶ cent mille ❷ **hunderttausend Fragen haben** (*umgs.*) avoir des milliers de questions
die **Hündin** la chienne
der **Hunger** ❶ la faim; **Hunger bekommen** commencer à avoir faim; **Hunger haben** avoir faim; **ich habe solchen Hunger!** j'ai une de ces faims!; **ich habe keinen Hunger** je n'ai pas faim; **vor Hunger [fast] sterben** (*umgs.*) crever de faim ❷ (*Verlangen*) la soif
der **Hungerlohn** le salaire de misère
hungern ❶ (*Hunger leiden*) souffrir de la faim ❷ (*weniger essen*) faire un régime
die **Hungersnot** la famine
der **Hungerstreik** la grève de la faim
das **Hungertuch am Hungertuch nagen** (*umgs.*) manger de la vache enragée
hungrig affamé(e); **hungrig sein** avoir faim
die **Hupe** le klaxon®
hupen klaxonner
hüpfen sautiller; **über die Wiese hüpfen** traverser le pré en sautillant
die **Hürde** (*beim Hürdenlauf*) la °haie; (*im Reitsport*) l'obstacle (*männlich*) ▶ **eine Hürde nehmen** franchir un obstacle

die **Hure** (*auch abwertend*) la putain
hurra °hourra
huschen ❶ **ins Haus huschen** se glisser dans la maison ❷ **durchs Zimmer huschen** *Person:* traverser furtivement la pièce; *Maus:* filer à travers la pièce; *Sonnenstrahl:* balayer la pièce ❸ **ein Lächeln ist über ihr Gesicht gehuscht** un sourire a glissé sur ses lèvres
husten tousser ▶ **dir werd' ich was husten!** (*umgs.*) tu peux toujours te gratter!
der **Husten** la toux; **Husten haben** tousser
der **Hustenanfall** la quinte de toux
das/der **Hustenbonbon** le bonbon contre la toux
der **Hustensaft** le sirop contre la toux
der **Hut**¹ le chapeau ▶ **das ist ein alter Hut** (*umgs.*) c'est de l'histoire ancienne; **verschiedene Dinge unter einen Hut bringen** (*umgs.*) concilier différentes choses; **damit habe ich nichts am Hut** (*umgs.*) ce n'est pas mon truc; **das kannst du dir an den Hut stecken!** (*umgs.*) tu peux te le mettre quelque part!; **Hut ab!** (*umgs.*) chapeau!
die **Hut**² (*gehoben*) **vor jemandem/vor etwas auf der Hut sein** se méfier de quelqu'un/de quelque chose
hüten ❶ garder *Tiere, Geheimnis, Bett* ❷ **sich vor jemandem/etwas hüten** se méfier de quelqu'un/quelque chose; **sich hüten etwas zu tun** se garder de faire quelque chose
die **Hutsche** Ⓐ (*Schaukel*) la balançoire
hutschen Ⓐ (*schaukeln*) faire de la balançoire
die **Hütte** ❶ (*kleines Haus*) la cabane ❷ (*Berghütte*) le refuge ❸ (*Anlage zur Metallgewinnung*) la fonderie; (*Stahlhütte*) l'aciérie (*weiblich*)
die **Hyäne** l'hyène [jɛn], la °hyène [´jɛn]
die **Hyazinthe** la jacinthe
der **Hydrant** la bouche d'incendie
die **Hydraulik** l'hydraulique (*weiblich*)
hydraulisch ❶ *Bremse* hydraulique ❷ **hydraulisch betrieben werden** fonctionner avec un système hydraulique
die **Hygiene** l'hygiène (*weiblich*)
hygienisch ❶ *Verhältnisse, Maßnahmen* hygiénique ❷ **verpacken** hygiéniquement; *einwandfrei* sur le plan de l'hygiène
die **Hymne** l'hymne (*männlich* ⚠)
der **Hype** [hajp] (*Medienrummel*) le tapage médiatique
der **Hyperlink** [´hajpɐlɪŋk] l'hyperlien (*männlich*)
der **Hypertext** [´hajpɐtɛkst] l'hypertexte (*männlich*)

die **Hypnose** l'hypnose *(weiblich)*; **jemanden in Hypnose versetzen** hypnotiser quelqu'un
hypnotisieren hypnotiser
die **Hypothek** l'hypothèque *(weiblich)*; **eine Hypothek auf ein Haus aufnehmen** prendre une hypothèque sur une maison
die **Hypothese** l'hypothèse *(weiblich)*; **eine Hypothese aufstellen** émettre une hypothèse
die **Hysterie** l'hystérie *(weiblich)*
hysterisch ❶ *Person, Reaktion* hystérique ❷ *reagieren, schreien* comme un/une hystérique
Hz *Abkürzung von* **Hertz** Hz

das **i**, das **I** le i, le I [i]
i *(umgs.)* *(Ausdruck des Ekels)* berk [bɛrk], beurk [bœrk] ▶**i wo!** penses-tu/pensez-vous!
i. A. *Abkürzung von* **im Auftrag** p.o.
iberisch *Halbinsel* ibérique
der **ICE** *Abkürzung von* **Intercity Express** le train à grande vitesse
ich ❶ *(unbetonte Form, in Verbindung mit einem Verb)* je; *(vor Vokal und stummem h)* j'; **ich lese** je lis; **ich schreibe** j'écris ❷ *(betonte Form, hervorgehoben)* moi; **du bist größer als ich** tu es plus grand(e) que moi; **ich bin es!** c'est moi!; **hier bin ich!** me voici!; **ich bin dafür verantwortlich, nicht du** c'est moi qui en suis responsable et pas toi; **also ich finde, dass sie Recht hat** moi, je pense qu'elle a raison
das **Ich** le moi; **mein zweites Ich** mon autre moi
die **Ichform** la première personne; **in der Ichform** à la première personne
das **Icon** ['ajkən] *(in der Informatik)* l'icône *(weiblich ⚠)*
ideal ❶ *Wetter, Partner* idéal(e) ❷ *zusammenpassen* très bien
das **Ideal** l'idéal *(männlich)*
der **Idealismus** l'idéalisme *(männlich)*
der **Idealist** l'idéaliste *(männlich)*
die **Idealistin** l'idéaliste *(weiblich)*
die **Idee** ❶ l'idée *(weiblich)*; **eine Idee haben** avoir une idée; **jemanden auf eine Idee bringen** donner une idée à quelqu'un; **wie kommst du denn auf die Idee?** où vas-tu chercher une idée pareille? ❷ **die Suppe ist eine Idee zu salzig** *(umgs.)* la soupe est un soupçon trop salée
ideell *Werte* spirituel(le); *Gesichtspunkte* intellectuel(le)
identifizieren ❶ identifier ❷ **sich mit jemandem/etwas identifizieren** s'identifier à quelqu'un/quelque chose
die **Identifizierung** l'identification *(weiblich)*
identisch identique; **mit jemandem/mit etwas identisch sein** être identique à quelqu'un/à quelque chose
die **Identität** l'identité *(weiblich)*
die **Identitätskarte** Ⓐ, ⒞ⓗ la carte d'identité
die **Ideologie** l'idéologie *(weiblich)*
ideologisch idéologique
idiomatisch *Wendung* idiomatique
der **Idiot** *(umgs.)* l'idiot *(männlich)*
idiotensicher *(umgs.)* simple comme bonjour
die **Idiotin** *(umgs.)* l'idiote *(weiblich)*
idiotisch *(umgs.)* *Frage, Verhalten* idiot(e), débile; **das ist doch [völlig] idiotisch!** c'est [complètement] idiot!
das **Idol** l'idole *(weiblich ⚠)*
die **Idylle** l'idylle *(weiblich)*
idyllisch ❶ *Landschaft, Ort* idyllique ❷ *gelegen sein* dans un cadre idyllique
der **Igel** le °hérisson
igitt[igitt] *(umgs.)* berk [bɛrk], beurk [bœrk]
ignorieren ignorer *Menschen;* ne pas prendre en considération *Sache, Sachverhalt, Tatsache*
ihm ❶ *(auf eine Person bezogen)* **das gefällt ihm** cela lui plaît; **ich glaube ihm** je le crois; **sie hilft ihm** elle l'aide; **ihm ist langweilig** il s'ennuie; **es geht ihm gut** il va bien; **das gehört ihm** c'est à lui; **bei ihm** chez lui; **mit ihm** avec lui; **sie nähern sich ihm** ils s'approchent de lui ❷ *(auf einen Gegenstand bezogen)* **das ist mein neuer Drucker; mit ihm kann ich zehn Seiten pro Minute drucken** voici ma nouvelle imprimante; avec elle je peux imprimer dix feuilles par minute
ihn ❶ *(auf eine Person bezogen)* **ich kenne ihn** je le connais; **ich liebe ihn** je l'aime; **ich frage ihn** je lui demande; **ohne ihn** sans lui ❷ *(auf einen Gegenstand bezogen)* **wo ist mein Schlüssel? Hast du ihn genommen?** où est ma clé? Est-ce que tu l'a prise?
ihnen *Dativ des Personalpronomens* **sie²**: **das gefällt ihnen** cela leur plaît; **ich glaube ihnen** je les crois; **es geht ihnen gut** ils/elles vont bien; **bei ihnen** chez eux/elles; **das gehört ihnen** c'est à eux/elles
Ihnen vous; **das gehört Ihnen** c'est à vous; **ich werde es Ihnen geben** je vous le don-

nerai; **wie geht es Ihnen?** comment allez-vous?

ihr[1] *Personalpronomen* vous; **habt ihr Hunger?** avez-vous faim?; **ihr seid an der Reihe!** c'est votre tour!

ihr[2] *Dativ des Personalpronomens* **sie**[1] ❶ (*auf eine Person bezogen*) **ich gebe ihr das Buch** je lui donne le livre; **das gefällt ihr** cela lui plaît; **es geht ihr gut** elle va bien; **das gehört ihr** c'est à elle; **ihr ist langweilig** elle s'ennuie; **er glaubt ihr** il la croit; **er hilft ihr** il l'aide; **bei ihr** chez elle ❷ (*auf einen Gegenstand bezogen*) **das ist meine neue Küchenmaschine, mit ihr kann man einfach alles machen** ce mon nouveau robot, avec lui on peut faire toutes sortes de choses

ihr[3] *Possessivpronomen der 3. Person Singular* ❶ **Anne und ihr Bruder** Anne et son frère; **Charlotte und ihre Schwester** Charlotte et sa sœur; **ihre Freundin** son amie; **ihre Eltern** ses parents; **dieses Feuerzeug ist ihr[e]s** ce briquet est à elle les siens ❷ **die Ihren** les siens

ihr[4] *Possessivpronomen der 3. Person Plural* ❶ **meine Großeltern und ihr Hund** mes grands-parents et leur chien; **unsere Nachbarn und ihre Kinder** nos voisins et leurs enfants ❷ **die Ihren** les leurs

Ihr *Höflichkeitsform* ❶ votre; **Ihr Haus** votre maison; **Ihre Kinder** vos enfants; **herzlichst Ihr Peter Braun** cordialement, Peter Braun ❷ **die Ihren** les vôtres

ihrer *Genitiv der Personalpronomen* **sie**[1]; **sie**[2] (*gehoben*) **wer erbarmt sich ihrer?** (*wer hat Erbarmen mit dieser Person*) qui a pitié d'elle?; (*wer hat Erbarmen mit diesen Personen*) qui a pitié d'eux/d'elles?

ihresgleichen ❶ **sie verkehrt nur mit ihresgleichen** elle ne fréquente que les gens de sa sorte ❷ **sie verkehren nur mit ihresgleichen** ils ne fréquentent que les gens de leur sorte

ihretwegen[1] ❶ (*wegen ihr*) à cause d'elle ❷ (*ihr zuliebe*) pour elle ❸ (*wenn es nach ihr ginge*) si cela ne tenait/n'avait tenu qu'à elle

ihretwegen[2] ❶ (*wegen ihnen*) à cause d'eux/d'elles ❷ (*ihnen zuliebe*) pour eux/elles ❸ (*wenn es nach ihnen ginge*) si cela ne tenait/n'avait tenu qu'à eux/elles

Ihretwegen ❶ (*wegen Ihnen*) à cause de vous ❷ (*Ihnen zuliebe*) pour vous ❸ (*wenn es nach Ihnen ginge*) si cela ne tenait/n'avait tenu qu'à vous

illegal ❶ *Einreise* illégal(e) ❷ *einreisen* illégalement

die **Illegalität** l'illégalité (*weiblich*)

die **Illusion** l'illusion (*weiblich*); **sich über jemanden/über etwas Illusionen machen** se faire des illusions sur quelqu'un/sur quelque chose

illusorisch illusoire

die **Illustration** l'illustration (*weiblich*)

illustrieren illustrer

die **Illustrierte** l'illustré (*männlich* ⚠)

im →**in**

das **Image** ['ɪmɪtʃ] l'image (*weiblich*) de marque; **ein gutes/ein schlechtes Image haben** avoir une bonne/une mauvaise image de marque

der **Imbiss** ❶ (*Häppchen*) la collation; **einen [kleinen] Imbiss zu sich nehmen** prendre une [petite] collation ❷ (*Imbissstand*) la friterie

die **Imbissstube** le snack[-bar]

die **Imitation** l'imitation (*weiblich*)

imitieren ❶ imiter *Menschen, Stimme* ❷ **das imitierte Leder** l'imitation (*weiblich*) cuir

der **Imker** l'apiculteur (*männlich*)

die **Imkerin** l'apicultrice (*weiblich*)

die **Immatrikulation** ❶ (*an der Universität*) l'inscription (*weiblich*) ❷ ⓒⓗ (*Anmeldung*) *eines Fahrzeugs* l'immatriculation (*weiblich*)

immatrikulieren ❶ **sich an einer Universität immatrikulieren** s'inscrire à une université ❷ ⓒⓗ immatriculer *Fahrzeug*

immer ❶ toujours; **wie immer** comme toujours; **immer wieder** sans cesse; **immer mal [wieder]** (*umgs.*) de temps en temps; **immer noch** toujours [et encore]; **sie ist immer noch nicht zurück** elle n'est pas encore revenue ❷ **immer, wenn ich lese** chaque fois que je lis ❸ **immer mehr** de plus en plus; **immer größer** de plus en plus grand(e) ❹ **wann [auch] immer das sein wird** peu importe quand ce sera; **wo [auch] immer er sein mag** où qu'il soit

immerhin tout de même

immerzu continuellement

der **Immigrant** l'immigrant (*männlich*)

die **Immigrantin** l'immigrante (*weiblich*)

die **Immission** la nuisance

die **Immobilie** la propriété immobilière; **die Immobilien** les biens (*männlich*) immobiliers

immun ❶ **gegen eine Krankheit immun sein** être immunisé(e) contre une maladie ❷ **gegen Vorwürfe immun sein** être insensible aux reproches

die **Immunität** (*medizinisch, juristisch*) l'immu-

Révisions

Folgende Verben können ein **indirektes Objekt** als Ergänzung haben (eine Ergänzung mit der Präposition **à**):			
demander qc à qn	jdm. etw. fragen	expliquer qc à qn	jdm. etw. erklären
dire qc à qn	jdm. etw. sagen	raconter qc à qn	jdm. etw. erzählen
donner qc à qn	jdm. etw. geben	répondre qc à qn	jdm. etw. antworten
écrire qc à qn	jdm. etw. schreiben	vendre qc à qn	jdm. etw. verkaufen

nité *(weiblich)*
die **Immunschwäche** l'immunodéficience *(weiblich)*
das **Immunsystem** le système immunitaire
der **Imperativ** l'impératif *(männlich)*
das **Imperfekt** l'imparfait *(männlich)*
der **Imperialismus** l'impérialisme *(männlich)*
das **Imperium** l'empire *(männlich)*
impfen vacciner; **sich gegen Grippe impfen lassen** se faire vacciner contre la grippe
der **Impfstoff** le vaccin
die **Impfung** la vaccination
das **Implantat** l'implant *(männlich)*
implantieren implanter; **jemandem ein Organ implantieren** implanter un organe à quelqu'un
imponieren ❶ *(Bewunderung erregen)* en imposer; **jemandem mit etwas imponieren** en imposer à quelqu'un avec quelque chose ❷ **das imponiert mir** cela m'impressionne
der **Import** *(Einfuhr)* l'importation *(weiblich)*
importieren importer
impotent impuissant(e)

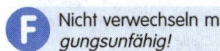 Nicht verwechseln mit *impotent(e) – bewegungsunfähig!*

die **Impotenz** l'impuissance
imprägnieren imperméabiliser *Kleidung, Schuhe*
die **Impressen** Plural von **Impressum**
der **Impressionismus** l'impressionnisme *(männlich)*
impressionistisch impressionniste
die **Improvisation** l'improvisation *(weiblich)*
improvisieren improviser
der **Impuls** l'impulsion *(weiblich* ⚠*)*
impulsiv ❶ *Mensch, Reaktion* impulsif/impulsive ❷ *reagieren* impulsivement
imstande imstande sein, etwas zu tun être capable de faire quelque chose
in[1] ❶ *(räumlich)* **in die/der Tasche** dans le sac; **ins/im Bett** au lit; **in den/im Keller** à la cave; **in die/der Stadt** en ville; **in die/der Schule** à l'école; **in die/der Schweiz** en Suisse; **in den/im Libanon** au Liban; **in die/den Alpen** dans les Alpes; **in den/im Norden** dans le nord; **im Norden Deutschlands** dans le nord de l'Allemagne; **ins Gebirge fahren** aller à la montagne; **im Gebirge leben** vivre en montagne ❷ *(zeitlich)* **in fünf Minuten** *(innerhalb von)* en cinq minutes; *(nach Ablauf von)* dans cinq minutes; **in diesem Jahr** cette année; **im Mai** en mai; **im Frühling** au printemps; **im Sommer** en été; **im letzten Augenblick** au dernier moment; **im Krieg** pendant la guerre ❸ *(bei Umstandsangaben)* **im Badeanzug** en maillot de bain; **in der Sonne** au soleil; **in der Kälte** dans le froid; **im Regen** sous la pluie; **im Schnee** *(wenn es schneit)* sous la neige ❹ *(in Bezug auf)* **in Physik** en physique; **in dieser Sprache** dans cette langue
in[2] *(umgs.)* in; **das ist in** c'est in [sɛ in]
der **Inbegriff** l'incarnation *(weiblich)*
inbegriffen inclus(e)
die **Inbetriebnahme** *einer Anlage* la mise en service; *einer Maschine* la première mise en marche
inbrünstig *(gehoben)* ❶ *Gebet* fervent(e); *Bitte, Hoffnung* ardent(e) ❷ *beten* avec ferveur; *hoffen* ardemment
indem Licht machen, indem man den Schalter betätigt allumer la lumière en actionnant le commutateur
der **Inder** ❶ l'Indien *(männlich)* *(de l'Inde)* ❷ *(umgs.: indisches Lokal)* **zum Inder [essen] gehen** aller [manger] au resto indien
die **Inderin** l'Indienne *(weiblich)* *(de l'Inde)*
indessen *(gehoben: jedoch)* cependant
der **Indianer** l'Indien *(männlich)* *(d'Amérique)*
die **Indianerin** l'Indienne *(weiblich)* *(d'Amérique)*
Indien l'Inde *(weiblich)*; **in/nach Indien** en Inde
der **Indikativ** l'indicatif *(männlich)*
indirekt ❶ *Beleuchtung* indirect(e) ❷ *mitteilen* indirectement
indisch ❶ *Bevölkerung* indien(ne) ❷ **gern indisch essen** aimer la cuisine indienne
indiskret ❶ *Frage* indiscret/indiscrète ❷ *fra-*

gen de façon indiscrète
indiskutabel *Verhalten* inacceptable

> **F** Nicht verwechseln mit *indiscutable – unbestreitbar*!

individuell ❶ *Bedürfnisse* individuel(le); *Geschmack* personnel(le) ❷ **etwas individuell gestalten** agencer quelque chose de façon personnalisée
das **Individuum** l'individu *(männlich)*
das **Indiz** l'indice *(männlich)*; **ein Indiz für etwas sein** être l'indice de quelque chose
Indonesien l'Indonésie *(weiblich)*
industrialisieren industrialiser
die **Industrie** l'industrie *(weiblich)*
das **Industriegebiet** (*in der Stadt*) la zone industrielle; (*auf dem Land*) la région industrielle
die **Industriekauffrau** l'agent *(männlich)* technico-commercial

> **G** Es gibt im Französischen keine Femininform: *sie ist Industriekauffrau – elle est <u>agent technico-commercial</u>*.

der **Industriekaufmann** l'agent *(männlich)* technico-commercial
industriell industriel(le)
der **Industriestaat** le pays industriel
der **Industriezweig** le secteur industriel
ineinander ❶ **ineinander übergehen** se confondre [l'un avec l'autre] ❷ **sich ineinander verlieben** tomber amoureux l'un de l'autre
infam ❶ *Behauptung* infâme ❷ *lügen* ignoblement
die **Infanterie** l'infanterie *(weiblich)*
der **Infarkt** (*Herzinfarkt*) l'infarctus *(männlich)*
die **Infektion** l'infection *(weiblich)*
die **Infektionskrankheit** la maladie infectieuse
der **Infinitiv** l'infinitif *(männlich)*
infizieren ❶ contaminer *Menschen, Tier* ❷ **sich infizieren** *Mensch:* être contaminé(e); *Wunde:* s'infecter; **sich bei jemandem infizieren** être contaminé(e) par quelqu'un
die **Inflation** l'inflation *(weiblich)*
die **Inflationsrate** le taux d'inflation
die **Info** (*umgs.*) Abkürzung von **Information** l'info *(weiblich)*
infolge infolge dieses Unfalls à la suite de cet accident
infolgedessen en conséquence
die **Informatik** l'informatique *(weiblich)*
der **Informatiker** l'informaticien *(männlich)*
die **Informatikerin** l'informaticienne *(weiblich)*
die **Information** l'information *(weiblich)*; **Informationen über etwas einholen** se renseigner sur quelque chose; **zu Ihrer Information** pour vous informer
informativ (*gehoben*) ❶ *Bericht* informatif/informative ❷ *berichten* de façon informative
informell (*gehoben*) ❶ *Unterredung* informel(le) ❷ *sich unterhalten* de façon informelle
informieren ❶ **jemanden über ein Ereignis informieren** informer quelqu'un sur un événement ❷ **sich über etwas informieren** s'informer sur quelque chose
infrarot infrarouge
die **Infrastruktur** l'infrastructure *(weiblich)*
die **Infusion** la perfusion

die Infusion

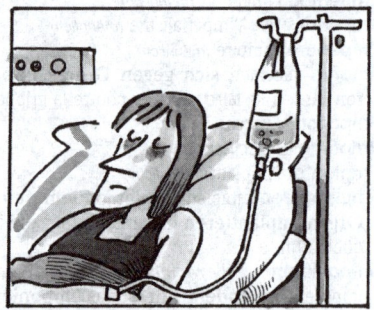

> **F** Nicht verwechseln mit *l'infusion – der Kräutertee*!

der **Ingenieur** [ɪnʒe'niøːɐ̯] l'ingénieur *(männlich)*
die **Ingenieurin** [ɪnʒe'niørɪn] l'ingénieur *(männlich)*

> **G** Es gibt im Französischen keine Femininform: *sie ist Ingenieurin – elle est <u>ingénieur</u>*.

der **Ingwer** le gingembre
der **Inhaber** ❶ *eines Geschäfts* le propriétaire ❷ *von Wertpapieren* le détenteur ❸ *eines Kontos, Passes* le titulaire
die **Inhaberin** ❶ *eines Geschäfts* la propriétaire ❷ *von Wertpapieren* la détentrice ❸ *eines Kontos, Passes* la titulaire
inhaftieren emprisonner; **inhaftiert sein** être en prison
inhalieren ❶ inhaler *Rauch, Dämpfe* ❷ (*medizinisch*) **er muss täglich inhalieren** il doit faire des inhalations tous les jours
der **Inhalt** ❶ *eines Gefäßes, Buches* le contenu ❷ *einer Fläche* l'aire *(weiblich)* ❸ (*Volumen*) le volume
inhaltlich ❶ *Frage* de contenu ❷ **die Rede war inhaltlich gut** le discours était bien au niveau de son contenu

die **Inhaltsangabe** le résumé
das **Inhaltsverzeichnis** la table des matières
die **Initiative** ❶ l'initiative *(weiblich)*; **die Initiative ergreifen** prendre l'initiative; **die Initiative zu einer Unterschriftenaktion ergreifen** prendre l'initiative de faire signer une pétition ❷ *(Bürgerinitiative)* le comité d'action et de défense [des citoyens]
die **Injektion** l'injection *(weiblich)*
injizieren injecter; **jemandem ein Serum injizieren** injecter un sérum à quelqu'un
der **Inka** l'Inca *(männlich)*
inkl. *Abkürzung von* **inklusive** compris(e)
inklusive die Miete beträgt ... inklusive Nebenkosten le loyer est de ..., charges comprises
inkognito incognito
inkompetent incompétent(e)
inkonsequent ❶ *Vorgehen* inconséquent(e) ❷ *handeln* avec inconséquence
das **Inland** l'intérieur *(männlich)* du pays; **im Inland** à l'intérieur du pays; *(in unserem Land)* à l'intérieur de nos frontières; **im In- und Ausland** à l'intérieur du pays et à l'étranger
der **Inlandflug** le vol intérieur
der **Inlineskater** ['ɪnlajnskeɐtɐ] le patineur en ligne
die **Inlineskaterin** ['ɪnlajnskeɐtərɪn] la patineuse en ligne
die **Inlineskates** ['ɪnlajnskeɐts] les patins *(männlich)* en ligne
inmitten au milieu de; **inmitten des Raumes/der Leute** au milieu de la pièce/des gens
innehaben occuper
innehalten *(gehoben)* s'interrompre; **im Sprechen innehalten** s'arrêter de parler
innen à l'intérieur; **von innen** de l'intérieur; **nach innen aufgehen** *Tür:* s'ouvrir vers l'intérieur
der **Innenarchitekt** l'architecte *(männlich)* d'intérieur
die **Innenarchitektin** l'architecte *(weiblich)* d'intérieur
der **Innenminister** le ministre de l'Intérieur
die **Innenministerin** la ministre de l'Intérieur
das **Innenministerium** le ministère de l'Intérieur
die **Innenpolitik** la politique intérieure
die **Innenseite** le côté intérieur
die **Innenstadt** le centre-ville
das **Innere** ❶ *(innerer Teil)* l'intérieur *(männlich)*; **im Innern des Landes** à l'intérieur du pays ❷ *(Innenleben)* **tief in seinem/in meinem Innern** en son/en mon for intérieur

innere(r, s) ❶ *(innen gelegen)* intérieur(e) ❷ *Verletzung, Ordnung* interne ❸ *Anteilnahme* profond(e)
die **Innereien** les entrailles *(weiblich)*; *von Geflügel* les abats *(männlich)*
innerhalb ❶ **innerhalb des Hauses** à l'intérieur de la maison; **innerhalb von Berlin** dans Berlin; **innerhalb Deutschlands** [*oder* **von Deutschland**] en Allemagne ❷ **innerhalb einer Stunde** en l'espace d'une heure; **innerhalb dieser Woche** dans le courant de cette semaine
innerlich *Erregung* profond(e); *Anspannung* intérieur(e)
innerorts Ⓐ, ⒸⒽ en agglomération
innerste(r, s) ❶ *Teil* central(e) ❷ *Überzeugung* intime
innert ⒸⒽ **innert einer Stunde** en l'espace d'une heure; **innert dieser Woche** dans le courant de cette semaine
innewohnen être inhérent(e); **einer Sache innewohnen** être inhérent(e) à quelque chose
innig ❶ *Liebe* sincère; *Freundschaft* profond(e) ❷ *Wunsch* cher/chère ❸ *Verbindung* étroit(e) ❹ *lieben* sincèrement
die **Innovation** l'innovation *(weiblich)*
innovativ ❶ *Maßnahme* innovateur/innovatrice ❷ **innovativ vorgehen** être innovateur/innovatrice
die **Innung** la corporation
inoffiziell *Treffen* non officiel(le); *Information* officieux/officieuse
der **Input** *(in der Informatik)* l'input *(männlich)*
die **Inquisition** l'Inquisition *(weiblich)*
ins → **in**
der **Insasse** ❶ *eines Fahrzeugs* le passager ❷ *eines Heims* le pensionnaire ❸ *einer Anstalt* le patient ❹ *eines Gefängnisses* le détenu
die **Insassin** ❶ *eines Fahrzeugs* la passagère ❷ *eines Heims* la pensionnaire ❸ *einer Anstalt* la patiente ❹ *eines Gefängnisses* la détenue
insbesondere en particulier
die **Inschrift** ❶ l'inscription *(weiblich)* ❷ *(Grabinschrift)* l'épitaphe *(weiblich)*
das **Insekt** l'insecte *(männlich)*
das/der **Insektenspray** la bombe insecticide
der **Insektenstich** la piqûre d'insecte
die **Insel** l'île *(weiblich)*; **die Insel Elba** l'île d'Elbe ▸ **jemand ist reif für die Insel** *(umgs.)* quelqu'un a vraiment besoin de déconnecter
die **Inselgruppe** le chapelet d'îles
das **Inserat** l'annonce *(weiblich)*
inserieren in einer Zeitung inserieren passer une annonce dans un journal

insgeheim secrètement
insgesamt ❶ (*alles zusammen*) en tout; **das kostet insgesamt zehn Euro** ça fait dix euros en tout ❷ (*im Großen und Ganzen*) dans l'ensemble
der **Insider** ['ɪnsajdɐ] la personne bien informée
die **Insiderin** ['ɪnsajdərɪn] la personne bien informée
insofern ❶ **insofern stimme ich dir zu** je suis d'accord avec toi sur ce point ❷ **dies ist insofern wichtig, als ...** c'est important dans la mesure où ...
die **Inspektion** l'inspection (*weiblich*); *eines Fahrzeugs* la révision
der **Inspektor** (*bei der Polizei, in der Verwaltung*) l'inspecteur (*männlich*)
die **Inspektorin** (*bei der Polizei, in der Verwaltung*) l'inspectrice (*weiblich*)
die **Inspiration** l'inspiration (*weiblich*)
inspirieren inspirer; **jemanden zu einem Roman inspirieren** inspirer un roman à quelqu'un; **sich von jemandem/von etwas inspirieren lassen** s'inspirer de quelqu'un/de quelque chose
inspizieren inspecter
instabil instable
der **Installateur** [ɪnstalaˈtøːɐ̯] ❶ (*Klempner*) le plombier ❷ (*Elektroinstallateur*) l'électricien (*männlich*)
die **Installateurin** [ɪnstalaˈtøːrɪn] ❶ (*Klempnerin*) le plombier ❷ (*Elektroinstallateurin*) l'électricienne (*weiblich*)

> ⓖ Für die erste Bedeutung des Stichworts gibt es im Französischen keine Femininform: *sie ist Installateurin – elle est plombier*.

die **Installation** ❶ *von Leitungen, eines Computerprogramms* l'installation (*weiblich*) ❷ (*elektrische Leitungen*) l'installation (*weiblich*) électrique ❸ (*Rohre, Gasleitungen*) la plomberie
die **Installationsdiskette** la disquette d'installation
installieren (*auch in der Informatik*) installer
instand **instand halten** entretenir; **instand setzen** réparer
die **Instanz** (*auch juristisch*) l'instance (*weiblich*); **in erster Instanz** en première instance
der **Instinkt** l'instinct (*männlich*)
instinktiv ❶ *Handlung* instinctif/instinctive ❷ *reagieren* instinctivement
das **Institut** l'institut (*männlich*)
die **Institution** l'institution (*weiblich*)
die **Instruktion** (*Anweisung*) l'instruction (*weiblich*)
das **Instrument** ❶ (*Musikinstrument*) l'instrument (*männlich*) ❷ (*Messinstrument*) l'appareil (*männlich*)
das **Insulin** l'insuline (*weiblich* ⚠)
inszenieren mettre en scène; **ein Stück inszenieren** mettre une pièce en scène
die **Inszenierung** la mise en scène
intakt *Gerät, Organ* intact(e)
die **Integration** l'intégration (*weiblich*)
integrieren ❶ intégrer; **jemanden in eine Gruppe integrieren** intégrer quelqu'un dans un groupe ❷ **sich in die Gesellschaft integrieren** s'intégrer dans la société
intellektuell intellectuel(le)
intelligent ❶ *Person, Handlung* intelligent(e) ❷ *argumentieren* intelligemment
die **Intelligenz** l'intelligence (*weiblich*)
der **Intelligenzquotient** le quotient intellectuel
der **Intelligenztest** le test d'intelligence
der **Intendant** *eines Senders* le directeur; *eines Theaters* l'administrateur (*männlich*)
die **Intendantin** *eines Senders* la directrice; *eines Theaters* l'administratrice (*weiblich*)
die **Intensität** l'intensité (*weiblich*)
intensiv ❶ *Duft, Gefühl* intense ❷ *Bemühungen* intensif/intensive; **nach intensivem Nachdenken** après mûre réflexion ❸ **intensiv duften** sentir fort ❹ *arbeiten* intensément
intensivieren intensifier
der **Intensivkurs** le cours intensif
die **Intensivstation** le service de soins intensifs
interaktiv interactif/interactive
der **Intercity** ≈ le train corail; **Intercity Express** ≈ le T.G.V.
interessant ❶ *Person, Frage* intéressant(e); **etwas Interessantes** quelque chose d'intéressant ❷ *erzählen* d'une façon intéressante ❸ **sich interessant machen** faire l'intéressant(e)
interessanterweise curieusement
das **Interesse** ❶ l'intérêt (*männlich*); **Interesse an jemandem/an etwas haben** être intéressé(e) par quelqu'un/par quelque chose; **sie hat Interesse daran, mitzuarbeiten** cela l'intéresse d'y collaborer ❷ **die Interessen** (*Neigungen*) les centres (*männlich*) d'intérêts; (*Belange*) les intérêts (*männlich*); **jemandes Interessen vertreten** défendre les intérêts de quelqu'un ❸ (*Nutzen, Vorteil*) **für jemanden von Interesse sein** être intéressant(e) pour quelqu'un; **im Interesse unserer Zusammenarbeit** dans l'intérêt de notre collaboration
der **Interessent** la personne intéressée
die **Interessentin** la personne intéressée

interessieren ① er/das interessiert mich il/cela m'intéresse ② **sich für jemanden/ etwas interessieren** s'intéresser à quelqu'un/quelque chose

interessiert ① intéressé(e); **kulturell interessiert sein** s'intéresser à la culture ② **an jemandem interessiert sein** s'intéresser à quelqu'un; **an etwas interessiert sein** être intéressé(e) par quelque chose ③ *zuhören* avec [grand] intérêt

das **Interface** ['ɪntɐfeɪs] (*in der Informatik*) l'interface (*weiblich*)

die **Interjektion** l'interjection (*weiblich*)

das **Intermezzo** l'intermède (*männlich*)

intern *Angelegenheit* interne; *Schwierigkeiten* intérieur(e)

das **Internat** le pensionnat

international ① *Beziehungen, Organisation* international(e) ② *Anerkennung* dans le monde entier ③ *zusammenarbeiten* au niveau international

das **Internet** l'internet (*männlich*); **im Internet surfen** naviguer sur Internet

> **G** Das französische Wort kann mit und ohne Artikel verwendet werden: *etwas im Internet suchen – chercher quelque chose dans Internet; Zugang zum Internet haben – avoir accès à l'internet*. Gebräuchlicher ist die Form ohne Artikel, die großgeschrieben wird.

die **Internet-Adresse** l'adresse (*weiblich*) Internet

der **Internet-Anschluss** l'accès (*männlich*) Internet

der **Internet-Browser** le navigateur Internet

das **Internet-Café** le cybercafé

die **Internet-Kriminalität** la cybercriminalité [sibɛʀkʀiminalite]

der **Internet-Provider** le fournisseur d'accès Internet

der **Internet-Surfer** l'internaute (*männlich*)

die **Internet-Surferin** l'internaute (*weiblich*)

der **Internist** le spécialiste des maladies organiques

die **Internistin** la spécialiste des maladies organiques

der **Interpret** l'interprète (*männlich*)

die **Interpretation** l'interprétation (*weiblich*)

interpretieren interpréter

die **Interpretin** l'interprète (*weiblich*)

die **Interpunktion** la ponctuation

das **Intervall** l'intervalle (*männlich*)

intervenieren intervenir; **bei jemandem intervenieren** intervenir auprès de quelqu'un

die **Intervention** l'intervention (*weiblich*)

das **Interview** ['ɪntɐvju] l'interview (*weiblich* ⚠); **jemandem ein Interview geben** accorder une interview à quelqu'un

interviewen [ɪntɐ'vjuːən] interviewer

intim *Freund, Beziehungen, Frage* intime; **mit jemandem intim sein** avoir des rapports sexuels avec quelqu'un

der **Intimbereich** les parties (*weiblich*) intimes

die **Intimsphäre** la vie privée

intolerant ① *Person, Äußerung* intolérant(e) ② **sich intolerant verhalten** faire preuve d'intolérance

die **Intoleranz** l'intolérance (*weiblich*)

die **Intonation** l'intonation (*weiblich*)

intransitiv intransitif/intransitive

die **Intrige** l'intrigue (*weiblich*)

intrigieren gegen jemanden intrigieren comploter contre quelqu'un

die **Intuition** l'intuition (*weiblich*)

intuitiv ① *Verständnis* intuitif/intuitive ② *erfassen* intuitivement

intus (*umgs.*) **er hat eine Flasche Wein intus** il s'est enfilé une bouteille de vin

der **Invalide** l'invalide (*männlich*)

die **Invalide, die Invalidin** l'invalide (*weiblich*)

die **Invasion** l'invasion (*weiblich*)

das **Inventar** ① (*Verzeichnis*) l'inventaire (*männlich*) ② (*Bestand*) le mobilier

die **Inventur** l'inventaire (*männlich*); **Inventur machen** faire l'inventaire

investieren (*auch übertragen*) **in etwas investieren** investir dans quelque chose

die **Investition** l'investissement (*männlich* ⚠)

inwiefern dans quelle mesure

die **Inzucht** l'union (*weiblich*) consanguine

inzwischen entre-temps

das **Ion** l'ion (*männlich*)

der **i-Punkt** le point sur le i

der **IQ** [iːˈkuː] *Abkürzung von* **Intelligenzquotient** le Q.I. [kyi]

der **Irak** l'Irak (*männlich*)

der **Iran** l'Iran (*männlich*)

irdisch terrestre

der **Ire** l'Irlandais (*männlich*)

irgend ① **irgend so ein/so eine ...** encore un/encore une de ces ...; **irgend so ein Spinner** encore un de ces con[n]ards ② **so vorsichtig wie [nur] irgend möglich** avec le plus de précautions possibles

irgendein ① (*nicht genauer bestimmbar*) **irgendeine Person** n'importe qui, une personne quelconque; **da ist wieder irgendein Vertreter** c'est encore un de ces représentants ② (*beliebig*) **sich irgendein Buch aussuchen** choisir n'importe quel livre; **das ist nicht irgendein Film** ce n'est pas n'importe quel film; **nimm nicht irgendeinen/ irgendeine/irgendeines!** ne prends pas n'importe quoi! ③ *(irgendjemand)* **irgendeiner wird schon helfen** il y aura bien quelqu'un pour aider; **irgendein anderer/ irgendeine andere** quelqu'un/quelqu'une d'autre

irgendetwas ① **irgendetwas anderes** quelque chose d'autre; **irgendetwas Gutes** quelque chose de bon ② **das ist nicht irgendetwas** ce n'est pas n'importe quoi

irgendjemand ① quelqu'un; **irgendjemand anderes** quelqu'un d'autre ② **sie ist nicht irgendjemand** elle n'est pas n'importe qui

irgendwann un jour [ou l'autre]

irgendwas *(umgs.)* →**irgendetwas**

irgendwelche(r, s) ① *(nicht genauer bestimmbar)* **irgendwelche Bücher** des livres [quelconques] ② *(beliebig)* **kauf einfach irgendwelche Äpfel!** achète n'importe quelles pommes!

irgendwer *(umgs.)* →**irgendjemand**

irgendwie ① *(nicht genauer bestimmbar)* d'une certaine manière; **Sie kommen mir irgendwie bekannt vor** j'ai l'impression de vous connaître ② *(egal wie)* n'importe comment ③ *(wie auch immer)* d'une façon ou d'une autre

irgendwo ① *(nicht genauer bestimmbar)* quelque part ② *(beliebig)* n'importe où ③ *(wo auch immer)* quelque part

irgendwoher ① *(nicht genauer bestimmbar)* **von irgendwoher** de quelque part ② *(egal woher)* n'importe où

irgendwohin ① *(nicht genauer bestimmbar)* quelque part ② *(egal wohin)* n'importe où

die **Irin** l'Irlandaise *(weiblich)*

die **Iris** *(Pflanze, Teil des Auges)* l'iris *(männlich ⚠)*

irisch *Volk, Musik* irlandais(e)

Irland l'Irlande *(weiblich)*

die **Ironie** l'ironie *(weiblich)*

ironisch ① *Bemerkung, Lächeln* ironique ② *lächeln* ironiquement ③ **das war ironisch gemeint** je faisais de l'ironie

irr *(geisteskrank)* Person dément(e); *Blick* égaré(e)

irre *(umgs.)* ① *(großartig, sehr gut)* dingue; **ein irrer Typ** un type dingue; **das ist ja irr[e]!** *(großartig)* c'est super!; *(unglaublich)* c'est de la folie! ② **irre angezogen sein** avoir un look d'enfer ③ **irre teuer** super cher(chère)

der **Irre** le fou

die **Irre**¹ *(Verrückte)* la folle

die **Irre**² **jemanden in die Irre führen** induire quelqu'un en erreur

irreal irréel(le)

irreführen jemanden irreführen induire quelqu'un en erreur

irreführend trompeur/trompeuse

irregulär irrégulier/irrégulière

irremachen ① *(unsicher machen)* déconcerter ② *(nervös machen)* embrouiller

irren ① **durch die Stadt irren** errer dans la ville ② **sich irren** se tromper; **sich im Datum/in der Tür irren** se tromper de jour/de porte; **wenn ich mich nicht irre** si je ne me trompe ③ **du irrst!** tu te trompes! ▶ **Irren ist menschlich** l'erreur est humaine

irritieren ① *(verwirren)* déconcerter ② *(verärgern)* irriter

irrsinnig *(umgs.)* ① *Kopfschmerzen, Kälte* terrible ② *laut, reich* vachement; **sich irrsinnig freuen** être vachement content(e)

der **Irrtum** l'erreur *(weiblich)*; **im Irrtum sein** être dans l'erreur

irrtümlich ① *Annahme* erroné(e) ② *annehmen* à tort

das **ISDN** *Abkürzung von* **Integrated Services Digital Network** le RNIS [ɛʁəniːs]

der **ISDN-Anschluss** la prise RNIS [ɛʁəniːs]

der **Islam** l'islam *(männlich)*

islamisch islamique

Island l'Islande *(weiblich)*

der **Isländer** l'Islandais *(männlich)*

die **Isländerin** l'Islandaise *(weiblich)*

isländisch *Volk, Sprache* islandais(e)

die **Isolation** ① *(das Abdichten)* l'isolation *(weiblich)* ② *(Isoliermaterial)* l'isolant *(männlich)* ③ *von Personen* l'isolement *(männlich)*

das **Isolierband** le chatterton

isolieren ① *(dämmen)* isoler; **etwas gegen Kälte isolieren** isoler quelque chose contre le froid ② *(absondern)* isoler; **jemanden von den anderen isolieren** isoler quelqu'un des autres; **sich von jemandem/von etwas isolieren** s'isoler de quelqu'un/quelque chose ③ **isoliert leben** vivre reclus(e)

die **Isolierung** ① *(das Abdichten)* l'isolation *(weiblich)* ② *(Isoliermaterial)* l'isolant *(männlich)* ③ *von Personen* l'isolement *(männlich)*

die **Isomatte** le tapis de sol

Israel l'Israël *(männlich)*

der **Israeli** l'Israélien *(männlich)*

die **Israeli** l'Israélienne *(weiblich)*

israelisch israélien(ne)

Italien l'Italie *(weiblich)*

der **Italiener** ① l'Italien *(männlich)* ② *(umgs.: italienisches Lokal)* **zum Italiener [essen] gehen** aller [manger] au resto italien

die **Italienerin** l'Italienne *(weiblich)*
italienisch *Volk, Sprache* italien(ne)
das **Italienisch** l'italien *(männlich)*

> **G** In Verbindung mit dem Verb *parler* kann der Artikel entfallen: *sprechen Sie Italienisch? – parlez-vous italien?*

das **i-Tüpfelchen** le fin du fin; **bis aufs i-Tüpfelchen** à la virgule près
der **IWF** *Abkürzung von* **Internationaler Währungsfonds** le F.M.I.

J

das **j**, das **J** le j, le J [ʒi]
ja ❶ oui; **ja sagen** dire oui; **zu etwas ja sagen** dire oui à quelque chose; **aber ja! mais bien sûr!**; **ja, bitte?** oui, qu'y a-t-il?; **ja, ja[, schon gut]**! allez, allez! ❷ *(bloß)* **sei ja vorsichtig!** fais bien attention!; **geh ja nicht dahin!** ne va surtout pas là-bas! ❸ *(schließlich, doch)* après tout; **du kannst es ja mal versuchen** tu peux toujours essayer; **da ist er ja!** ah, le voilà!; **das ist ja unerhört!** mais c'est un comble! ❹ *(mehr noch)* **das ist gut, ja [sogar] ausgezeichnet** c'est bien, et même excellent ❺ *na ja* eh bien; **ja, wenn das so ist** ben, si c'est comme ça
das **Ja** le oui; **mit Ja stimmen** voter oui
die **Jacht** le yacht
die **Jacke** ❶ *(Sakko, Jackett)* la veste ❷ *(Strickjacke)* le gilet [de laine]
das **Jackett** [ʒa'kɛt] la veste

das **Jackett**

> **F** Nicht verwechseln mit *la jaquette – der Schutzumschlag!*

die **Jagd** ❶ la chasse; **auf die Jagd gehen** aller à la chasse ❷ *(übertragen)* **Jagd auf Verbrecher machen** faire la chasse aux criminels
das **Jagdflugzeug** l'avion *(männlich)* de chasse
jagen ❶ chasser; **Hasen jagen** chasser le lièvre; **Löwen jagen** chasser le lion ❷ pourchasser *Verbrecher* ❸ **jemanden aus dem Haus jagen** *(umgs.)* chasser quelqu'un de la maison ❹ **über die Autobahn jagen** foncer sur l'autoroute
der **Jäger** le chasseur
die **Jägerin** la chasseuse
das **Jahr** ❶ l'an *(männlich)*; *(in seinem Verlauf gesehen)* l'année *(weiblich)*; **in diesem Jahr** cette année; **im Jahr[e] 2002** en 2002; **vor Jahren** il y a longtemps, il y a des années; **vor vielen Jahren** il y a bien longtemps, il y a bien des années; **nach Jahren** des années après; **nach vielen Jahren** bien des années après; **alle fünf Jahre** tous les cinq ans; **Jahr für Jahr** tous les ans; **das neue Jahr** la nouvelle année ❷ *(Lebensjahr)* l'an *(männlich)*; **zwölf Jahre alt sein** avoir douze ans; **mit zwanzig Jahren** à vingt ans ▶ **in den besten Jahren [sein]** [être] dans la fleur de l'âge
jahrelang ❶ *Krankheit* long/longue; **jahrelange Erfahrung** des années d'expérience; **jahrelanges Warten** une très longue attente ❷ *krank sein* longtemps; *warten* pendant des années; *dauern* des années
der **Jahresanfang** le début de l'année
der **Jahrestag** l'anniversaire *(männlich)*
der **Jahreswechsel** le nouvel an
die **Jahreszeit** la saison
der **Jahrgang** ❶ *(in der Schule)* la classe; **Jahrgang 1990 sein** être de 1990 ❷ *einer Zeitschrift* l'année *(weiblich)*
das **Jahrhundert** le siècle; **im 21. Jahrhundert leben** vivre au 21ème siècle
die **Jahrhundertwende** le changement de siècle
jährlich ❶ *Einkommen, Treffen* annuel(le) ❷ *stattfinden* tous les ans; **zweimal jährlich** deux fois par an
der **Jahrmarkt** la foire
das **Jahrtausend** le millénaire
die **Jahrtausendwende** le changement de millénaire
das **Jahrzehnt** la décennie
der **Jähzorn** le tempérament irascible
jähzornig irascible
die **Jalousie** [ʒalu'ziː] le store, la jalousie
der **Jammer** ❶ la détresse ❷ **es ist ein Jammer, dass er so krank ist** *(umgs.)* c'est vraiment dommage qu'il soit si malade
jämmerlich ❶ *Zustand* pitoyable ❷ *Wehklagen* déchirant(e) ❸ *Leistung* lamentable

④ *schluchzen* à fendre l'âme; *frieren* horriblement
jammern se lamenter; **über etwas jammern** se lamenter sur quelque chose
der **Jänner** Ⓐ janvier *(männlich)*; *siehe auch* **Januar**
der **Januar** ❶ janvier *(männlich)*; **im Januar** en janvier; **es ist Januar** c'est le mois de janvier ❷ *(bei Datumsangaben)* **ab [dem] ersten Januar** à partir du premier janvier; **sie ist am 10. Januar 1990 geboren** elle est née le 10 janvier 1990; **Berlin, den 7. Januar 2006** Berlin, le 7 janvier 2006; **Freitag, den 6. Januar 2006** vendredi 6 janvier 2006

Ⓖ Der französische Monatsname wird ohne den bestimmten Artikel gebraucht.
Bei präzisen Datumsangaben mit einer Zahl, wie sie in ❷ aufgeführt sind, steht der Artikel jedoch, und zwar wegen der Zahl:
er ist am Dritten geboren – il est né le trois;
er ist am dritten Januar/Jänner geboren – il est né le trois janvier.

Japan le Japon
der **Japaner** ❶ le Japonais ❷ *(umgs.: japanisches Lokal)* **zum Japaner [essen] gehen** aller [manger] au resto japonais
die **Japanerin** la Japonaise
japanisch *Volk, Sprache* japonais(e)
das **Japanisch** le japonais; *siehe auch* **Deutsch**

Ⓖ In Verbindung mit dem Verb *parler* kann der Artikel entfallen: *sprechen Sie Japanisch? – parlez-vous japonais?*

jassen Ⓒⓗ jouer au jass
jäten ❶ arracher *Unkraut* ❷ **das Beet jäten** sarcler la plate-bande
die **Jauche** le purin
jaulen *Hund:* °hurler à la mort
die **Jause** Ⓐ le casse-croûte
jawohl oui[, bien sûr]
der **Jazz** [dʒæz] le jazz
je ❶ **der schönste Film, den ich je gesehen habe** le plus beau film que j'ai jamais vu; **werden wir uns je wiedersehen?** est-ce qu'on se reverra un jour? ❷ **die Kisten wiegen je fünf Kilo** les caisses font chacune cinq kilos ❸ **je später es ist, desto kälter wird es** plus il est tard, plus il fait froid; **je öfter du übst, desto besser kannst du spielen** plus tu t'entraînes, mieux tu joueras ❹ **je nachdem** cela dépend; **je nachdem, wann er sich meldet** cela dépend quand il donnera de ses nouvelles
die **Jeans** [dʒi:ns] le jean ⚠ *männlich*
jede(r, s) ❶ **jedes Jahr** chaque année, tous les ans; **jedes Mal, wenn jemand klingelt** chaque fois qu'on sonne; **zu jeder Zeit** à n'importe quel moment; **jeder zweite Franzose** un Français sur deux ❷ **jeder von uns** chacun d'entre nous; **jeder, der sich dafür interessiert** quiconque s'y intéresse ▸ **jeder gegen jeden** tous contre tous
jedenfalls en tout cas
jederzeit ❶ *(immer)* à tout moment ❷ *(im nächsten Moment)* d'un moment à l'autre
jedoch pourtant
der **Jeep®** [dʒi:p] la jeep® ⚠ *weiblich*
jemals jamais
jemand ❶ quelqu'un; **jemand anderes** quelqu'un d'autre ❷ **ohne jemanden zu sehen** sans voir personne
jene(r, s) jener Mann cet homme-là; **jene Frau** cette femme-là
jenseits ❶ **jenseits des Flusses** de l'autre côté de la rivière ❷ **jenseits von Raum und Zeit** au-delà de l'univers spatiotemporel
das **Jenseits** l'au-delà *(männlich)*
jetzt maintenant; **jetzt gleich** tout de suite; **von jetzt an** désormais; **bis jetzt** jusqu'à présent
jeweils ❶ *(jedes Mal)* chaque fois ❷ **die jeweils Betroffenen** les personnes concernées ❸ **ihr bekommt jeweils fünf Karten** vous recevez cinq cartes chacun
Jh. *Abkürzung von* **Jahrhundert** le siècle
JH *Abkürzung von* **Jugendherberge** l'auberge *(weiblich)* de jeunesse
der **Job** [dʒɔp] *(umgs.)* ❶ *(Anstellung)* le job ❷ *(Arbeit, Beschäftigung)* le boulot
jobben ['dʒɔbən] *(umgs.)* faire des petits boulots
der **Jockei**, der **Jockey** ['dʒɔke] le jockey
das **Jod** l'iode *(männlich)*
jodeln iodler
das/der **Joga** le yoga
joggen ['dʒɔgən] faire du jogging; **durch den Wald joggen** faire du jogging à travers la forêt
der **Jogger** ['dʒɔgɐ] le joggeur
die **Joggerin** ['dʒɔgərɪn] la joggeuse
der **Jogginganzug** le jogging
der/das **Joghurt**, der/das **Jogurt** le yaourt [jaʊrt]
die **Johannisbeere** *(Frucht)* **die rote Johannisbeere** la groseille [rouge]; **die schwarze Johannisbeere** le cassis
der **Joint** [dʒɔynt] *(umgs.)* le joint
das **Jo-Jo** le yoyo®
der **Joker** ['dʒoːkɐ] le joker
der **Jongleur** [ʒɔŋ'løːɐ̯] le jongleur
die **Jongleurin** [ʒɔŋ'løːrɪn] la jongleuse

jonglieren [ʒɔŋ'liːrən] (*auch übertragen*) jongler
Jordanien la Jordanie
der **Journalist** [ʒʊrna'lɪst] le journaliste
die **Journalistin** [ʒʊrna'lɪstɪn] la journaliste
jovial ❶ *Mensch* affable ❷ *lächeln* de manière affable

> **F** Nicht verwechseln mit *jovial(e) – heiter!*

die **Jovialität** l'affabilité *(weiblich)*

> **F** Nicht verwechseln mit *la jovialité – die Heiterkeit!*

der **Joystick** ['dʒɔystɪk] (*bei Computerspielen*) la manette de jeu
der **Jubel** les cris *(männlich)* de joie; **der Jubel war unbeschreiblich** c'était une joie exubérante
jubeln jubiler; **über etwas jubeln** jubiler à cause de quelque chose
das **Jubiläum** la fête anniversaire, l'anniversaire *(männlich)*; **sein 50-jähriges Jubiläum** son jubilé
jucken ❶ **es juckt** ça démange; **es juckt mich am Kopf** ça me démange à la tête; **mich juckt die Hand** j'ai la main qui me démange ❷ **es juckt mich, es zu versuchen** (*umgs.*) ça me démange de l'essayer ❸ **das juckt mich nicht** (*umgs.*) j'en ai rien à secouer
der **Jude** le Juif
das **Judentum** le judaïsme
die **Judenverfolgung** la persécution des Juifs
die **Jüdin** la Juive
jüdisch ❶ *Volk, Sprache* juif/juive ❷ *Glaube* judaïque
das **Judo** le judo
die **Jugend** ❶ (*Jugendzeit*) la jeunesse; **von Jugend an** depuis l'enfance ❷ (*junge Leute*) les jeunes *(männlich)*; **die Jugend von heute** les jeunes d'aujourd'hui
jugendfrei tous publics; **nicht jugendfrei sein** *Film:* être interdit(e) aux moins de 18 ans
die **Jugendherberge** l'auberge *(weiblich)* de jeunesse
jugendlich ❶ *Person, Erscheinung* jeune; *Leichtsinn* juvénile ❷ **sich jugendlich kleiden** s'habiller jeune
der **Jugendliche** le jeune; (*Heranwachsender*) l'adolescent *(männlich)*
die **Jugendliche** la jeune; (*Heranwachsende*) l'adolescente *(weiblich)*
der **Jugendschutz** la protection des mineurs
der **Jugendstil** l'Art *(männlich)* nouveau
Jugoslawien (*früher*) la Yougoslavie
jugoslawisch (*früher*) yougoslave
der **Juli** ❶ juillet *(männlich)* [ʒɥijɛ]; **im Juli** en juillet; **es ist Juli** c'est le mois de juillet ❷ (*bei Datumsangaben*) **ab** [**dem**] **ersten Juli** à partir du premier juillet; **sie ist am 10. Juli 1990 geboren** elle est née le 10 juillet 1990; **Berlin, den 7. Juli 2006** Berlin, le 7 juillet 2006; **Freitag, den 21. Juli 2006** vendredi 21 juillet 2006

> **G** Der französische Monatsname wird ohne den bestimmten Artikel gebraucht.
> Bei präzisen Datumsangaben mit einer Zahl, wie sie in ❷ aufgeführt sind, steht der Artikel jedoch, und zwar wegen der Zahl:
> *er ist am Vierten geboren* – il est né *le* quatre;
> *er ist am vierten Juli geboren* – il est né *le* quatre juillet.

jung ❶ *Mensch* jeune ❷ *Sportart, Wissenschaft* nouveau/nouvelle ❸ *heiraten, sterben* jeune
der **Junge** ❶ le garçon ❷ **hallo, Jungs!** (*umgs.*) salut, les gars! ▶ **Junge, Junge!** (*umgs.*) eh ben, dis donc!
das **Junge** (*Jungtier*) le petit; (*Jungvogel*) l'oisillon *(männlich)*
jünger ❶ **er ist jünger als ich** il est plus jeune que moi ❷ **mein jüngerer Bruder** mon frère cadet ❸ (*relativ jung*) plutôt jeune
der **Jünger** le disciple
die **Jüngerin** la disciple
die **Jungfrau** ❶ la [fille] vierge ❷ (*in der Astrologie*) la Vierge; [**eine**] **Jungfrau sein** être Vierge
der **Junggeselle** le célibataire
die **Junggesellin** la célibataire
der **Jüngste** le benjamin
die **Jüngste** la benjamine
jüngste(r, s) ❶ **der jüngste Teilnehmer** le participant le plus jeune ❷ **in jüngster Zeit** dernièrement ❸ (*neueste*) *Ereignisse* tout dernier/toute dernière
der **Juni** ❶ juin *(männlich)* [ʒɥɛ̃]; **im Juni** en juin; **es ist Juni** c'est le mois de juin ❷ (*bei Datumsangaben*) **ab** [**dem**] **ersten Juni** à partir du premier juin; **sie ist am 10. Juni 1990 geboren** elle est née le 10 juin 1990; **Berlin, den 7. Juni 2006** Berlin, le 7 juin 2006; **Freitag, den 23. Juni 2006** vendredi 23 juin 2006
der **Junior** ❶ (*umgs.: Sohn*) le fiston ❷ (*im Sport*) **die Junioren** les juniors *(männlich)*
das **Junkfood** ['dʒʌŋkfuːd] la malbouffe
der **Junkie** ['dʒʌŋki] (*umgs.*) le junkie/la junkie
Jupiter (*in der Astronomie*) Jupiter, la planète Jupiter

> **G** Der französische Monatsname wird ohne den bestimmten Artikel gebraucht.
> Bei präzisen Datumsangaben mit einer Zahl, wie sie in ❷ aufgeführt sind, steht der Artikel jedoch, und zwar wegen der Zahl:
> er ist am Vierten geboren – il est né le quatre;
> er ist am vierten Juni geboren – il est né le quatre juin.

Jura (*Rechtswissenschaft*) le droit; **Jura studieren** faire son droit
der **Jura** ❶ (*geologische Formation*) le jurassique ❷ (*Gebirge in Frankreich und in der Schweiz*) le Jura ❸ (*Schweizer Kanton*) le canton du Jura
der **Jurist** ❶ le juriste ❷ (*umgs.: Jurastudent*) l'étudiant (*männlich*) en droit
die **Juristin** ❶ la juriste ❷ (*umgs.: Jurastudentin*) l'étudiante (*weiblich*) en droit
juristisch ❶ *Studium* de droit ❷ *Ausbildung* en droit ❸ *Problem* juridique
die **Jury** [ʒy'ri:] le jury ⚠ männlich
das **Jus¹** Ⓐ le droit
der/das **Jus²** [ʒy:] Ⓒ︎Ⓗ︎ (*Fruchtsaft*) le jus de fruit
die **Justiz** la justice
der **Justizminister** le ministre de la Justice; (*in Frankreich*) le garde des Sceaux
die **Justizministerin** la ministre de la Justice; (*in Frankreich*) le garde des Sceaux
der **Juwel** ❶ (*Edelstein*) le joyau ❷ **die Juwelen** (*Schmuck*) les joyaux (*männlich*)
der **Juwelier** le bijoutier
die **Juwelierin** la bijoutière
der **Jux** (*umgs.*) la blague ▸ **aus [lauter] Jux und Tollerei** (*umgs.*) pour rigoler

K

das **k**, das **K** le k, le K [kɑ]
das **Kabarett** ❶ (*Kleinkunst*) le spectacle satirique ❷ (*Kleinkunstbühne*) le café-théâtre ❸ (*Ensemble*) la troupe de chansonniers
der **Kabarettist** le chansonnier
die **Kabarettistin** la chansonnière
das **Kabel** le câble
der **Kabelanschluss** l'accès (*männlich*) au réseau câblé; **[einen] Kabelanschluss haben** avoir le câble, être câblé(e)
das **Kabelfernsehen** la télévision par câbles
die **Kabine** la cabine

das **Kabinett** ❶ (*Regierung*) le gouvernement ❷ Ⓐ (*kleines Zimmer*) la petite pièce
das **Kabrio** le cabriolet
die **Kachel** le carreau [de faïence]
kacheln carreler
der **Kachelofen** le poêle en faïence
der **Kadaver** le cadavre d'animal
der **Käfer** le coléoptère
das **Kaff** (*umgs.*) le trou
der **Kaffee** ❶ le café ❷ **jemanden zum Kaffee** [*oder* **zu Kaffee und Kuchen**] **einladen** inviter quelqu'un à boire le café
das **Kaffeehaus** Ⓐ ≈ le salon de thé
die **Kaffeekanne** la cafetière
die **Kaffeemaschine** la cafetière [électrique]
die **Kaffeepause** la pause café
der **Kaffeesatz** le marc de café
der **Käfig** la cage
kahl ❶ *Kopf* chauve; **kahl geschoren** rasé(e) ❷ *Baum, Wand, Landschaft* nu(e)
der **Kahn** la barque; (*Schleppkahn*) la péniche
der **Kai** le quai
der **Kaiser** l'empereur (*männlich*)
die **Kaiserin** l'impératrice (*weiblich*)
der **Kaiserschmarr[e]n** Ⓐ crêpes déchirées en morceaux auxquels on ajoute des raisins secs et que l'on saupoudre de sucre
der **Kaiserschnitt** la césarienne
der/das **Kajak** le kayak
die **Kajüte** la cabine
der **Kakao** le cacao ▸ **jemanden durch den Kakao ziehen** (*umgs.*) se foutre [gentiment] de la gueule de quelqu'un
der **Kaktus** le cactus
das **Kalb** le veau
der **Kalender** (*Wandkalender*) le calendrier [mural]; (*Abreißkalender*) l'éphéméride (*weiblich*); (*Terminkalender*) l'agenda (*männlich*)
der **Kalk** ❶ (*Baumaterial*) la chaux ❷ (*Kalkstein*) le calcaire ❸ (*im Körper*) le calcium
die **Kalorie** la calorie
kalorienarm ❶ *Nahrung* hypocalorique ❷ **kalorienarm essen** manger léger
kalt ❶ (*auch übertragen*) froid(e); **ihr ist kalt** elle a froid ❷ **kalt duschen** se doucher à l'eau froide ❸ **die Getränke kalt stellen** mettre les boissons au frais
kaltblütig ❶ (*unerschrocken*) *Person* qui garde son sang-froid ❷ (*skrupellos*) *Person* qui agit de sang-froid; *Tat* commis(e) de sang-froid ❸ **jemanden kaltblütig verraten** trahir quelqu'un froidement
die **Kälte** ❶ le froid; **vor Kälte zittern** trembler de froid ❷ *der Luft, des Wassers, Windes* la fraîcheur ❸ (*Gefühlskälte*) la froideur

kaltlassen (*umgs.*) laisser froid(e); **jemanden völlig kaltlassen** laisser quelqu'un complètement froid(e)

die **Kaltmiete** le loyer sans [les] charges

das **Kalzium** le calcium

das **Kamel** ❶ le chameau ❷ (*umgs.: Dummkopf*) l'andouille (*weiblich*)

die **Kamera** ❶ (*Filmkamera*) la caméra ❷ (*Fotoapparat*) l'appareil (*männlich*) photo

der **Kamerad** le camarade

die **Kameradin** la camarade

die **Kameradschaft** la camaraderie

die **Kamerafrau** le cadreur

> **G** Es gibt im Französischen keine Femininform: *sie ist Kamerafrau – elle est cadreur.*

der **Kameramann** le cadreur

die **Kamille** la camomille

der **Kamillentee** l'infusion (*weiblich*) de camomille, la camomille

der/das **Kamin** la cheminée

der **Kamm** ❶ le peigne ❷ (*Hahnenkamm, Gebirgskamm*) la crête

kämmen peigner; **sich kämmen, sich die Haare kämmen** se peigner

die **Kammer** (*auch juristisch, politisch*) la chambre

die **Kammermusik** la musique de chambre

der **Kampf** ❶ (*militärisch, sportlich*) le combat ❷ (*Schlägerei*) la lutte ❸ **der Kampf für die Gerechtigkeit** la lutte pour la justice ▶ **jemandem/einer Sache den Kampf ansagen** déclarer la guerre à quelqu'un/à quelque chose

kämpfen ❶ **gegen einen Feind kämpfen** se battre contre un ennemi ❷ **um die Meisterschaft kämpfen** se battre pour le championnat ❸ (*sich einsetzen*) lutter; **für etwas/gegen etwas kämpfen** lutter pour quelque chose/contre quelque chose ❹ **mit sich kämpfen** mener un combat intérieur; **mit den Tränen kämpfen** être au bord des larmes

der **Kämpfer** ❶ (*in einer Armee*) le combattant ❷ **ein Kämpfer für die Freiheit** un défenseur de la liberté

die **Kämpferin** ❶ (*in einer Armee*) la combattante ❷ **eine Kämpferin für die Freiheit** un défenseur de la liberté

> **G** Für die zweite Bedeutung des Stichworts gibt es im Französischen keine Femininform: *sie ist eine entschlossene Kämpferin – elle est un défenseur ardent.*

kämpferisch *Person, Natur* combatif/combative

das **Kampfflugzeug** l'avion (*männlich*) de combat

der **Kampfhund** le chien de combat

der **Kampfsport** le sport de combat

Kanada le Canada

der **Kanadier** ❶ (*Einwohner Kanadas*) le Canadien ❷ (*Boot*) la canadienne

die **Kanadierin** la Canadienne

kanadisch canadien(ne)

der **Kanal** ❶ (*Wasserstraße*) le canal ❷ (*Ärmelkanal*) la Manche ❸ (*Abwasserkanal*) l'égout (*männlich*) ❹ (*Frequenzbereich*) le canal

die **Kanalisation** les égouts (*männlich*)

> **V** Der Singular *die Kanalisation* wird mit einem Plural übersetzt: *die Pariser Kanalisation kann besichtigt werden – les égouts de Paris peuvent être visités.*

der **Kanaltunnel** le tunnel sous la Manche

der **Kanarienvogel** le canari

der **Kandidat** le candidat; **der Kandidat für diesen Posten** le candidat à cet emploi

die **Kandidatin** la candidate; **die Kandidatin für diesen Posten** la candidate à cet emploi

die **Kandidatur** la candidature

kandidieren für etwas kandidieren se porter candidat(e) à quelque chose

kandiert *Früchte* confit(e)

der **Kandiszucker** le sucre candi

das **Känguru** le kangourou

das **Kaninchen** le lapin

der **Kanister** le bidon; (*Benzinkanister*) le jerrycan [ʒeʀikan]

das **Kännchen** ❶ le petit pot ❷ **ein Kännchen Kaffee** ≈ un grand café

die **Kanne** ❶ (*Kaffeekanne*) la cafetière ❷ (*Teekanne*) la théière ❸ (*Gießkanne*) l'arrosoir (*männlich*)

der **Kannibale** le cannibale

die **Kannibalin** la cannibale

der **Kanon** (*Musikstück, Richtschnur*) le canon

die **Kanone** ❶ (*Geschütz*) le canon ⚠ *männlich* ❷ (*umgs.: Pistole*) le flingue ▶ **das ist unter aller Kanone** (*umgs.*) ça ne vaut pas un clou

die **Kante** (*Rand, Ecke*) le bord ▶ **etwas auf die hohe Kante legen** (*umgs.*) mettre [de l'argent] de côté; **sich die Kante geben** (*umgs.*) se prendre une cuite

die **Kantine** la cantine

der **Kanton** le canton

das **Kanu** le canoë; **Kanu fahren** faire du canoë

die **Kanzel** (*in der Kirche*) la chaire

die **Kanzlei** *eines Anwalts* le cabinet; *eines Notars* l'étude (*weiblich*)

der **Kanzler** (*Regierungschef*) le chancelier

die **Kanzlerin** (*Regierungschefin*) la chancelière
die **Kapazität** ① (*Fassungsvermögen, Leistungsvermögen*) la capacité ② (*Fachmann*) l'autorité (*weiblich*)
die **Kapelle** ① (*Kirche*) la chapelle ② (*Orchester*) l'orchestre (*männlich*)
die **Kaper** la câpre
kapieren (*umgs.*) piger; **das kapier[e] ich nicht** je n'arrive pas à piger; **kapiert?** pigé?
das **Kapital** ① (*Vermögen*) le capital ② *eines Unternehmens* le capital social
der **Kapitalismus** le capitalisme
der **Kapitalist** le capitaliste
die **Kapitalistin** la capitaliste
kapitalistisch ① *System* capitaliste ② *denken* en capitaliste
der **Kapitän** ① *eines Schiffs, einer Mannschaft* le capitaine ② (*Flugkapitän*) le commandant de bord
die **Kapitänin** ① *eines Schiffs, einer Mannschaft* la capitaine ② (*Flugkapitänin*) la commandante de bord
das **Kapitel** le chapitre ▶ **das ist ein Kapitel für sich** c'est une affaire à part
die **Kapitulation** la capitulation
kapitulieren capituler; **vor jemandem/vor etwas kapitulieren** capituler devant quelqu'un/devant quelque chose
die **Kappe** ① (*Kopfbedeckung*) la casquette ② *eines Füllhalters* le capuchon; *einer Flasche* la capsule ③ (*vorn am Schuh*) le bout ▶ **etwas auf seine Kappe nehmen** (*umgs.*) porter le chapeau de quelque chose
die **Kapsel** la capsule
kaputt (*umgs.*) ① *Gerät, Schuhe, Kleidung* fichu(e) ② *Tasse, Geschirr* cassé(e) ③ *Ehe, Beziehung* brisé(e); *Gesundheit* délabré(e) ④ (*erschöpft*) crevé(e)
kaputtgehen (*umgs.*) ① *Gerät*: rendre l'âme ② *Tasse, Glas*: se casser ③ *Kleidung, Möbel*: s'abîmer
kaputtmachen (*umgs.*) ① bousiller *Gerät, Fahrrad* ② casser *Tasse, Glas* ③ ruiner *Gesundheit*; détruire *Ehe* ④ **sich kaputtmachen** s'esquinter
die **Kapuze** le capuchon
die **Karaffe** la carafe
der **Karamell** le caramel
das **Karat** le carat
das **Karate** le karaté
der **Kardinal** le cardinal
die **Kardinalzahl** le nombre cardinal
der **Karfiol** Ⓐ le chou-fleur
der **Karfreitag** Vendredi (*männlich*) saint
karg ① *Boden* pauvre ② *Ausstattung* austère

kariert *Stoff, Papier* à carreaux
die **Karies** la carie; **Karies haben** avoir des caries
die **Karikatur** la caricature
der **Karneval** le carnaval
Kärnten la Carinthie
das **Karo** (*Muster, Spielkartenfarbe*) le carreau; **mit roten Karos** à carreaux rouges
die **Karosserie** la carrosserie
die **Karotte** la carotte
der **Karpfen** la carpe ⚠ *weiblich*
die **Karre** ① (*Karren*) la charrette ② (*umgs.: Auto*) la bagnole
der **Karren** la charrette
die **Karriere** la carrière; **Karriere machen** faire carrière
die **Karte** ① (*Ansichts-, Land-, Spiel-, Speisekarte*) la carte; **Karten spielen** jouer aux cartes ② (*Eintrittskarte*) le billet; **sich zwei Karten reservieren lassen** faire retenir deux places ③ (*für Straßenbahn, Bus*) le ticket ▶ **gute Karten haben** avoir de bonnes chances; **mit offenen Karten spielen** jouer cartes sur table; **schlechte Karten haben** avoir peu de chances; **alles auf eine Karte setzen** jouer son va-tout
die **Kartei** le fichier
die **Karteikarte** la fiche
das **Kartenspiel** ① (*das Spielen*) la partie de cartes ② (*Satz Karten*) le jeu de cartes
das **Kartentelefon** (*öffentliches Telefon*) le téléphone à cartes
die **Kartoffel** la pomme de terre
der **Kartoffelbrei** la purée [de pommes de terre]
die **Kartoffelchips** les chips (*weiblich*)
der **Kartoffelpuffer** la galette de pommes de terre [râpées]
der **Kartoffelsalat** la salade de pommes de terre
der **Kartoffelstock** Ⓒ la purée [de pommes de terre]
der **Karton** [karˈtɔŋ] le carton
das **Karussell** le manège; **Karussell fahren** (*einmal*) faire un tour de manège; (*mehrmals*) faire des tours de manège
die **Karwoche** la semaine sainte
der **Käse** le fromage ▶ **so ein Käse!** (*umgs.*) quelle connerie!
das **Käsebrötchen** (*Brötchenhälfte*) le demi-petit pain au fromage; (*ganzes Brötchen*) ≈ le sandwich [sãdwitʃ] au fromage
der **Käsekuchen** le gâteau au fromage blanc
die **Kaserne** la caserne
das **Kasino** (*Spielkasino*) le casino
das **Kaspertheater** le guignol
die **Kassa** Ⓐ la caisse
die **Kasse** ① (*Geldkassette, Zahlstelle*) la caisse

② (*umgs.: Krankenkasse*) la caisse d'assurance maladie; (*in Frankreich*) la sécu ▶ **knapp bei Kasse sein** (*umgs.*) être fauché(e)
der **Kassenbon** ['kasənbɔn] le ticket de caisse
der **Kassenpatient** *le patient affilié à une caisse d'assurance maladie assurant une couverture de base*
die **Kassenpatientin** *la patiente affiliée à une caisse d'assurance maladie assurant une couverture de base*
die **Kassette** ① (*Videokassette, Musikkassette*) la cassette ② (*Kästchen*) le coffret
der **Kassettenrecorder** le magnétophone [à cassettes]
der **Kassier** Ⓐ, ⒸⒽ le caissier
kassieren ① **Geld kassieren** encaisser de l'argent ② **der Kellner hat bei uns noch nicht kassiert** le garçon n'a pas encore encaissé notre addition ③ (*umgs.: konfiszieren*) sucrer
der **Kassierer** le caissier
die **Kassiererin** la caissière
die **Kassierin** Ⓐ, ⒸⒽ la caissière
die **Kastanie** ① (*Rosskastanie*) le marron [d'Inde]; (*Esskastanie*) la châtaigne ② (*Rosskastanienbaum*) le marronnier [d'Inde]; (*Esskastanienbaum*) le châtaignier
der **Kasten** ① (*Behälter, Kiste*) la caisse; (*für Besteck, Schmuck*) le coffret ② (*Briefkasten*) la boîte; **einen Brief in den Kasten werfen** mettre une lettre à la boîte ③ Ⓐ, ⒸⒽ (*Schrank*) l'armoire (*weiblich*) ▶ **etwas auf dem Kasten haben** (*umgs.*) en avoir dans le crâne
kastrieren châtrer
der **Kasus** (*in der Grammatik*) le cas
der **Kat** *Abkürzung von* **Katalysator** le pot catalytique
der **Katalog** ① (*Versandhauskatalog*) le catalogue ② (*Verzeichnis*) le fichier
der **Katalysator** ① (*beim Auto*) le pot catalytique ② (*in der Chemie*) le catalyseur
katastrophal ① *Wirkung* catastrophique ② **sich katastrophal auswirken** avoir des conséquences catastrophiques
die **Katastrophe** la catastrophe
das **Katastrophengebiet** la zone sinistrée
die **Kategorie** la catégorie
der **Kater** le chat ▶ **einen Kater haben** (*umgs.*) avoir la gueule de bois
die **Kathedrale** la cathédrale
der **Katholik** le catholique
die **Katholikin** la catholique
katholisch ① *Glauben, Messe* catholique ② [*streng*] **katholisch erzogen werden** recevoir une éducation [très] catholique
die **Katze** le chat; (*weibliches Tier*) la chatte ▶ **wie die Katze um den heißen Brei herumschleichen** (*umgs.*) tourner autour du pot; **die Katze im Sack kaufen** (*umgs.*) acheter les yeux fermés
kauen ① mâcher *Brot, Kaugummi* ② **an einem Stück Brot kauen** mastiquer un bout de pain; **am Bleistift kauen** mâchonner son crayon
der **Kauf** l'achat (*männlich*); **ein günstiger Kauf** une bonne affaire ▶ **etwas in Kauf nehmen** accepter quelque chose
kaufen ① acheter; **sie kauft ihren Kindern selten Süßigkeiten** elle achète rarement des sucreries à ses enfants ② **sich etwas kaufen** [s']acheter quelque chose
der **Käufer** l'acheteur (*männlich*)
die **Käuferin** l'acheteuse (*weiblich*)
die **Kauffrau** ① la commerciale ② (*Geschäftsfrau*) la cadre commerciale
das **Kaufhaus** le grand magasin
der **Kaufmann** ① le commercial ② (*Geschäftsmann*) le cadre commercial
kaufmännisch *Beruf, Ausbildung* commercial(e); **der kaufmännische Angestellte** l'employé (*männlich*) de commerce
der **Kaugummi** le chewing-gum
kaum ① à peine; **das ist kaum zu fassen!** c'est à peine croyable! ② **es ist kaum noch Butter da** il n'y a plus guère de beurre ③ **kaum jemand weiß das** pratiquement personne ne le sait ④ **er kann es kaum erwarten** il brûle d'impatience ⑤ (*wahrscheinlich nicht*) difficilement; [**wohl**] **kaum!** sûrement pas!
die **Kaution** la caution
der **Kavalier** le gentleman
der **Kaviar** le caviar
das **KB** [ka:'be:] *Abkürzung von* **Kilobyte** le Ko
der **Kefir** le képhir
der **Kegel** ① (*Spielgerät*) la quille ② (*Körper, Bergkegel*) le cône ③ (*Lichtkegel*) le faisceau
die **Kegelbahn** la piste de bowling
kegeln jouer au bowling
die **Kehle** la gorge ▶ **aus voller Kehle** à tue-tête
der **Kehlkopf** le larynx
kehren¹ Ⓐ (*fegen*) balayer
kehren² **jemandem den Rücken kehren** tourner le dos à quelqu'un
der/das **Kehricht** ① (*Schmutz*) les balayures (*weiblich*) ② ⒸⒽ (*Müll*) les ordures (*weiblich*) [ménagères]

> Der Singular *der Kehricht* wird mit einem Plural übersetzt: <u>den Kehricht in den Eimer tun</u> – mettre <u>les balayures/les ordures à la poubelle</u>.

kehrtmachen (*umkehren*) faire demi-tour
der **Keil** ❶ (*zum Unterlegen*) la cale ❷ (*zum Spalten*) le coin
der **Keilriemen** la courroie [trapézoïdale]
der **Keim** le germe ▶ **etwas im Keim ersticken** étouffer quelque chose dans l'œuf
keimen (*auch übertragen*) germer
keimfrei *Instrument* stérilisé(e); *Umgebung* stérile
die **Keimzelle** (*biologisch*) le gamète
kein ❶ **ich habe keine Uhr** je n'ai pas de montre; **ich habe kein Geld** je n'ai pas d'argent; **er hat keine Pilze gefunden** il n'a pas trouvé de champignons; **Saft habe ich keinen da** du jus de fruit, je n'en ai pas ❷ **keine Lust haben** ne pas avoir envie; **keine Zeit haben** ne pas avoir le temps ❸ **kein** [*oder* **kein einziges**] **Wort sagen** ne pas dire un mot ❹ **wir haben kein Geld mehr** nous n'avons plus d'argent ❺ **kein anderer als Paul** nul autre que Paul; **keine andere als Anne** nulle autre que Anne ❻ **es hat keine drei Stunden gedauert** ça n'a même pas duré trois heures ❼ **das weiß keiner** personne ne le sait ❽ **sie hat keinen von beiden geheiratet** elle n'en a épousé aucun des deux ❾ **von den Pullovern hat mir keiner gefallen** aucun des pull-overs ne m'a plu
keinerlei wir haben keinerlei Probleme nous n'avons aucun problème
keinesfalls en aucun cas
der **Keks** le gâteau sec ▶ **das geht/er geht mir auf den Keks!** (*umgs.*) cela me tape/il me tape sur le système!
der **Kelch** ❶ (*Blütenkelch, Weinkelch*) le calice ❷ (*Sektkelch*) la flûte
der **Keller** la cave; **im Keller** à la cave
das **Kellerfenster** le soupirail
der **Kellner** le serveur
die **Kellnerin** la serveuse
der **Kelte** le Celte
die **Keltin** la Celte
keltisch celte, celtique
kennen ❶ connaître ❷ **jemanden kennen lernen** faire la connaissance de quelqu'un ❸ **sich kennen** se connaître; **sich kennen lernen** (*Bekanntschaft machen*) faire connaissance; (*vertraut werden*) apprendre à se connaître ▶ **der wird mich [schon] noch kennen lernen!** (*umgs.*) il va voir de quel

bois je me chauffe!
der **Kenner** ❶ (*Fachmann*) l'expert (*männlich*) ❷ (*Liebhaber*) le connaisseur
die **Kennerin** ❶ (*Fachfrau*) l'experte (*weiblich*) ❷ (*Liebhaberin*) la connaisseuse
die **Kenntnis** ❶ la connaissance; **etwas zur Kenntnis nehmen** prendre acte de quelque chose ❷ **die Kenntnisse** (*Fachwissen*) les connaissances (*weiblich*)
das **Kennwort** ❶ (*bei Inseraten*) le code ❷ (*Losungswort*) le mot de passe
das **Kennzeichen** ❶ (*Merkmal*) le signe distinctif ❷ (*Markierung*) le signe de reconnaissance ❸ (*Autokennzeichen*) le numéro d'immatriculation
kennzeichnen ❶ marquer *Fehler* ❷ signaler *Weg* ❸ (*charakterisieren*) caractériser
kentern chavirer; **das Boot ist gekentert** la barque a chaviré
die **Keramik** (*Material, Gegenstand*) la céramique
die **Kerbe** l'entaille (*weiblich*)
der **Kerl** (*umgs.*) ❶ le type ❷ **du blöder Kerl!** [espèce d']idiot! *fam* ❸ **sie ist wirklich ein netter Kerl** c'est vraiment une chic fille
der **Kern** ❶ *von Äpfeln, Mandarinen* le pépin; *von Steinobst* le noyau ❷ (*Nusskern*) le cerneau ❸ (*Zellkern, Atomkern*) le noyau ❹ *eines Problems* le fond ▶ **der harte Kern** (*die Unbeirrbaren*) le noyau dur
die **Kernenergie** l'énergie (*weiblich*) nucléaire
kerngesund en pleine santé
die **Kernkraft** l'énergie (*weiblich*) nucléaire
der **Kernkraftgegner** l'antinucléaire (*männlich*)
die **Kernkraftgegnerin** l'antinucléaire (*weiblich*)
das **Kernkraftwerk** la centrale nucléaire
der **Kernreaktor** le réacteur nucléaire
die **Kernwaffen** les armes (*weiblich*) nucléaires
das **Kerosin** le kérosène
die **Kerze** ❶ la bougie; (*in der Kirche*) le cierge ❷ (*Turnübung*) la chandelle
kerzengerade droit(e) comme un i
der **Kerzenleuchter** le candélabre
der **Kessel** ❶ (*Wasserkessel*) la bouilloire [bujwaʀ] ❷ (*Heizkessel*) la chaudière ❸ (*Braukessel*) le chaudron ❹ (*Talkessel*) la cuvette

> Es gibt keine gemeinsame Übersetzung für die unterschiedlichen Kessel (im Sinne von Behältern), die in ❶ bis ❸ stehen.

der/das **Ketchup**, der/das **Ketschup** [ˈkɛtʃap] le ketchup [kɛtʃœp]
die **Kette** ❶ (*Metallkette*) la chaîne; **den Hund an die Kette legen** enchaîner le chien

②(*Halskette*) le collier ③(*Aneinanderreihung*) la succession; *von Beweisen, Erfolgen* la série ④ *von Menschen, Geschäften, Hotels* la chaîne
der **Kettenraucher** le grand fumeur
die **Kettenraucherin** la grande fumeuse
die **Kettenreaktion** la réaction en chaîne
keuchen (*schwer atmen*) haleter
die **Keule** ①(*Waffe*) la massue ②(*Sportgerät*) le mil ③ *von Geflügel* la cuisse; *von Wild* le cuissot; *eines Lamms, Hammels* le gigot
das **Keyboard** ['ki:bɔːd] l'orgue (*männlich*) électronique
das **Kfz** *Abkürzung von* **Kraftfahrzeug** l'automobile (*weiblich*)
die **Kfz-Werkstatt** le garage
kg *Abkürzung von* **Kilogramm** kg
khakifarben kaki; **die khakifarbenen Hemden** les chemises kaki
der **Kiberer** Ⓐ (*umgs.*) le flic *fam*
kichern ricaner
kicken (*umgs.*) ①(*Fußball spielen*) jouer au foot ②(*schießen*) envoyer; **den Ball ins Tor kicken** envoyer le ballon dans le but
kidnappen ['kɪtnɛpən] kidnapper
der **Kidnapper** ['kɪtnɛpɐ] le kidnappeur
die **Kidnapperin** ['kɪtnɛpərɪn] la kidnappeuse
die **Kids** (*umgs.*) ①(*Kinder*) les mômes (*männlich*) ②(*Jugendliche*) les ados (*männlich*)
kiefeln Ⓐ ①(*kauen*) **an etwas kiefeln** mordiller quelque chose ②**an einem Problem kiefeln** remâcher un problème
der **Kiefer** (*Teil des Kopfes*) la mâchoire
die **Kiefer** (*Baum, Holz*) le pin
der **Kiel** *eines Schiffs* la quille
die **Kieme** la branchie
der **Kies** ①(*kleine Steine*) le gravier ②(*umgs.: Geld*) le pognon
der **Kieselstein** le galet; (*klein*) le gravier
kiffen (*umgs.: Haschisch rauchen*) fumer du hasch
kikeriki cocorico
der **Killer** (*umgs.*) le tueur [à gages]
die **Killerin** (*umgs.*) la tueuse [à gages]
das **Kilo** *Abkürzung von* **Kilogramm** le kilo
das **Kilobyte** ['ki:lobaɪt] le kilo-octet
das **Kilogramm** le kilogramme
der **Kilometer** le kilomètre
der **Kilometerzähler** le compteur [kilométrique]
das **Kind** ①l'enfant (*männlich*) ②**ein Kind erwarten** attendre un enfant ▸ **das Kind mit dem Bade ausschütten** jeter le bébé avec l'eau du bain; **mit Kind und Kegel** (*umgs.*) avec toute la smala; **Kinder, Kinder!** (*umgs.*) ah, mes enfants!; **das weiß doch jedes Kind!** (*umgs.*) un gosse sait ça!; **von Kind auf** dès son/mon/… plus jeune âge
die **Kinderarbeit** le travail des mineurs
der **Kinderarzt** le pédiatre
die **Kinderärztin** la pédiatre
das **Kinderbuch** le livre pour enfants [*oder* d'enfants]
der **Kindergarten** ≈ l'école (*weiblich*) maternelle
der **Kindergärtner** ≈ l'éducateur (*männlich*) d'école maternelle
die **Kindergärtnerin** ≈ l'éducatrice (*weiblich*) d'école maternelle
das **Kindergeld** ≈ les allocations (*weiblich*) familiales, ≈ les allocs (*weiblich*); **Kindergeld bekommen** [*oder* **kriegen**] ≈ toucher des allocations [*oder* allocs]
der **Kinderhort** la garderie
die **Kinderklinik** l'hôpital (*männlich*) pour enfants
die **Kinderkrankheit** la maladie infantile
die **Kinderlähmung** la poliomyélite
kinderleicht enfantin(e); **das ist kinderleicht** c'est un jeu d'enfant
kinderlieb **kinderlieb sein** aimer les enfants
das **Kinderlied** la chanson enfantine
das **Kindermädchen** la bonne d'enfants
kinderreich *Paar* qui a beaucoup d'enfants; *Familie* nombreux/nombreuse
der **Kinderschuh** la chaussure d'enfant ▸ **etwas steckt noch in den Kinderschuhen** quelque chose en est encore à ses premiers balbutiements
kindersicher ①*Spielzeug, Verschluss* adapté(e) aux enfants ②*aufbewahren* hors de portée des enfants
die **Kindersicherung** la sécurité enfants
der **Kindersitz** le siège pour enfant
das **Kinderspiel** le jeu pour enfants ▸ **das ist für ihn/für sie ein Kinderspiel** c'est un jeu d'enfant pour lui/pour elle
die **Kinderstube** **jemand hat eine gute/keine gute Kinderstube gehabt** quelqu'un a reçu une bonne/mauvaise éducation
die **Kindertagesstätte** la garderie
der **Kinderwagen** le landau; (*Sportwagen*) la poussette
das **Kinderzimmer** la chambre d'enfant
die **Kindesbeine** **von Kindesbeinen an** dès sa/ma/… plus tendre enfance
die **Kindesmisshandlung** la maltraitance des enfants
die **Kindheit** l'enfance (*weiblich*)
kindisch ①puéril(e); **sei doch nicht kindisch!** ne fais pas l'enfant! ② *sich benehmen* de façon puérile
kindlich ①d'enfant; **noch recht kindlich**

sein *Jugendliche(r):* ne pas être mûr(e) ❷ *sich verhalten* comme un enfant

das **Kinn** le menton

der **Kinnhaken** l'uppercut *(männlich)*

das **Kino** le cinéma; **ins Kino gehen** aller au cinéma

der **Kinofilm** le film [grand écran]

das **Kinoprogramm** ❶ *(Heft, Zettel)* le programme des films ❷ *(die gezeigten Filme)* l'affiche *(weiblich)*

der **Kiosk** le kiosque

das **Kipfe[r]l** Ⓐ le croissant

die **Kippe** *(umgs.) (Zigarettenstummel)* le mégot ▶ **auf der Kippe stehen** *Schüler, Prüfling:* être sur la corde raide; *Entscheidung:* être en suspens

kippen ❶ **Sand auf die Straße kippen** renverser du sable dans la rue; **Giftstoffe in den Fluss kippen** déverser des produits toxiques dans la rivière ❷ *(schräg stellen)* basculer ❸ *Person, Möbelstück:* basculer; *Behälter:* se renverser ▶ **einen kippen** *(umgs.)* s'en jeter un

die **Kirche** ❶ l'église *(weiblich)*; **in die Kirche gehen** aller à l'église ❷ *(Institution)* l'Église *(weiblich)*

der **Kirchenchor** la chorale paroissiale

das **Kirchenlied** le cantique

die **Kirchenmusik** la musique religieuse

die **Kirchenorgel** les grandes orgues *(weiblich)*

Ⓥ Der Singular *die Kirchenorgel* wird mit einem Plural übersetzt: *diese Kirchenorgel ist herrlich – ces grandes orgues sont magnifiques.*

das **Kirchenschiff** la [grande] nef; *(Querschiff)* le transept

die **Kirchensteuer** l'impôt au bénéfice des Églises

Ⓛ In Frankreich gibt es keine Kirchensteuer; die Kirchen finanzieren sich ausschließlich durch Spenden. (Siehe auch die Erläuterung beim französischen Stichwort *laïcité*.)

kirchlich ❶ de l'Église; *Feiertag, Trauung* religieux/religieuse ❷ **heiraten** à l'église

der **Kirchturm** le clocher

der **Kirschbaum** le cerisier

die **Kirsche** ❶ la cerise ❷ *(Baum, Holz)* le cerisier ▶ **mit ihm ist nicht gut Kirschen essen** *(umgs.)* il n'est pas à prendre avec des pincettes

die **Kirschtorte** la tarte aux cerises; **die Schwarzwälder Kirschtorte** la forêt-noire

das **Kissen** *(Kopfkissen)* l'oreiller *(männlich)* [ɔʀejɛ]; *(Sofakissen)* le coussin

die **Kissenschlacht** *(umgs.)* la bataille de polochons

die **Kiste** ❶ la caisse; **eine Kiste Wein** une caisse de vin ❷ *(Schachtel)* la boîte; **eine Kiste Zigarren** une boîte de cigares ❸ *(umgs.: Auto)* la caisse ❹ *(umgs.: Fernseher)* la télé

der **Kitsch** le kitsch, le kitch

kitschig ❶ kitsch, kitch; **die kitschigen Ringe** les bagues kitsch [*oder* kitch] ❷ **ein Zimmer kitschig einrichten** meubler une pièce de façon kitsch [*oder* kitch]

das **Kittchen** *(umgs.)* la taule

der **Kittel** ❶ *(Arbeitskittel)* la blouse ❷ Ⓒ Ⓗ *(Jackett)* le veston ❸ Ⓐ *(Rock)* la jupe

kitten mastiquer *Riss;* recoller *Vase* ❷ *(übertragen)* **eine Ehe wieder kitten** reconsolider un couple

das **Kitz** *(Rehkitz)* le faon; *(Ziegenkitz)* le chevreau

kitzelig →**kitzlig**

kitzeln chatouiller; **es kitzelt mich in der Nase** j'ai le nez qui me chatouille

kitzlig ❶ chatouilleux/chatouilleuse ❷ *(übertragen) Angelegenheit* délicat(e)

die **Kiwi** *(Frucht)* le kiwi ⚠ *männlich*

der **Klacks** *(umgs.)* ❶ *(geringe Menge)* **ein kleiner Klacks Senf** un chouïa [ʃuja] de moutarde ❷ *(einfache Aufgabe)* **das war für sie ein Klacks** c'était de la rigolade pour elle

klaffen *Abgrund:* bâiller; **eine klaffende Wunde** une plaie béante

kläffen glapir

der **Kläffer** *(umgs.)* le roquet

die **Klage** ❶ la plainte; **keinen Grund zur Klage haben** n'avoir aucune raison de se plaindre ❷ *(vor Gericht)* **Klage erheben** porter plainte; **Klage gegen jemanden erheben** porter plainte contre quelqu'un

klagen ❶ **über Kopfschmerzen klagen** se plaindre des maux de tête ❷ **jemandem seine Not klagen** se plaindre de sa misère auprès de quelqu'un ❸ *(vor Gericht)* porter plainte; **gegen jemanden klagen, jemanden klagen** Ⓐ porter plainte contre quelqu'un

der **Kläger** le plaignant

die **Klägerin** la plaignante

kläglich ❶ *Anblick* lamentable ❷ *Rest* misérable ❸ **kläglich scheitern** échouer lamentablement

klaglos *hinnehmen* sans rechigner

klamm ❶ *Finger* gourd(e) ❷ *Wäsche* humide et froid(e)

die **Klammer** ❶ *(Wäscheklammer)* la pince [à linge] ❷ *(Büroklammer)* le trombone ❸ *(Heftklammer)* l'agrafe *(weiblich)* ❹ *(Haar-*

klammer) l'épingle *(weiblich)* [à cheveux] ⑤ *(in Texten)* die [runde] **Klammer** la parenthèse; **in Klammern** entre parenthèses; **Klammer auf** ouvrez la parenthèse; **Klammer zu** fermez la parenthèse; **die eckige Klammer** le crochet; **die spitze Klammer** le chevron

der **Klammeraffe** (*umgs.: in der Informatik*) l'arrobas *(männlich)*, l'arobas *(männlich)*

klammern ① (*zusammenheften*) agrafer ② **sich an jemanden/an etwas klammern** (*festhalten, nicht loslassen*) s'accrocher à quelqu'un/à quelque chose; (*nicht aufgeben*) se raccrocher à quelqu'un/à quelque chose

die **Klamotten** (*umgs.: Kleider*) les fringues *(weiblich)*

der **Klang** le son; *einer Stimme* le timbre; **einen guten Klang haben** *Instrument:* avoir un beau son

die **Klappe** ① *eines Mülleimers* le couvercle; *einer Tasche* le rabat ② (*umgs.: Mund*) le clapet; **eine große Klappe haben** avoir une grande gueule; [**halt die] Klappe!** la ferme!

klappen ① (*umklappen*) rabattre; **etwas nach oben/nach hinten klappen** rabattre quelque chose vers le °haut/en arrière ② (*umgs.: funktionieren*) marcher; **es hat geklappt!** ça a marché!

klapperig →**klapprig**

klappern ① *Fensterflügel:* claquer ② **mit den Zähnen klappern** claquer des dents; **mit dem Geschirr klappern** faire cliqueter la vaisselle

die **Klapperschlange** le serpent à sonnettes

das **Klappfahrrad** le vélo pliant

klapprig ① *Auto, Möbelstück* déglingué(e) ② (*umgs.: gebrechlich*) *Person* décati(e)

der **Klaps** (*umgs.*) la tape

klar ① clair(e); *Ergebnis* évident(e); *Vorsprung* net(te) ② (*verständlich*) **das ist mir klar** je le comprends; **alles klar?** (*umgs.*) c'est clair? ③ *erkennen, hervortreten* clairement; *besiegen* nettement ▶ **klar und deutlich** de façon claire et nette; **sich über etwas im Klaren sein** voir clair dans quelque chose; **sich über etwas klar werden** prendre conscience de quelque chose; **sich darüber klar werden, dass ...** commencer à réaliser que ...; **na klar!** (*umgs.*) mais bien sûr!

die **Kläranlage** la station d'épuration

klären ① élucider *Problem, Frage* ② épurer *Abwasser* ③ **sich klären** *Problem:* se résoudre; *Wasser:* se décanter; **die Frage hat sich geklärt** la question est résolue

die **Klarheit** (*auch übertragen*) la clarté; **sich Klarheit verschaffen** obtenir des précisions; **sich über etwas Klarheit verschaffen** obtenir des précisions sur quelque chose

die **Klarinette** la clarinette; **Klarinette spielen** jouer de la clarinette

klarkommen (*umgs.*) s'en sortir; **mit jemandem klarkommen** savoir s'y prendre avec quelqu'un; **mit etwas klarkommen** se débrouiller avec quelque chose

klarmachen ① (*vor Augen führen*) faire comprendre; **jemandem klarmachen, dass kein Risiko besteht** faire comprendre à quelqu'un que le risque est nul; **sich etwas klarmachen** se rendre compte de quelque chose

die **Klarsichtfolie** le film transparent [étirable]

die **Klarsichthülle** la chemise transparente; (*zum Einheften*) la pochette perforée

klarstellen préciser; **ich möchte klarstellen, dass ich nicht verantwortlich bin** je tiens à préciser que je ne suis pas responsable

die **Klärung** ① *eines Problems* l'élucidation *(weiblich)* ② *von Abwässern* l'épuration *(weiblich)*

klasse (*umgs.*) super

die **Klasse** ① (*Schulklasse*) la classe; **er ist/sie ist in der siebten Klasse** ≈ il est/elle est en cinquième ② (*Kategorie bei Transportmitteln*) la classe; **die erste Klasse** la première [classe]; **die zweite Klasse** la seconde [classe]; **erster Klasse fliegen** voyager en première [classe]; **zweiter Klasse fahren** voyager en seconde [classe] ▶ **[das ist] große Klasse!** (*umgs.*) [c'est] super!; **ihr seid große Klasse!** (*umgs.*) vous êtes super!

die **Klassenarbeit** le devoir sur table

der **Klassenbeste** le premier de la classe

die **Klassenbeste** la première de la classe

das **Klassenbuch** le cahier de présence

das **Klassenfoto** la photo de classe

der **Klassenkamerad** le camarade de classe

die **Klassenkameradin** la camarade de classe

der **Klassenlehrer** le professeur principal

die **Klassenlehrerin** la professeur principale

der **Klassensprecher** le délégué de classe

die **Klassensprecherin** la déléguée de classe

das **Klassentreffen** la réunion d'anciens [camarades de classe]

das **Klassenzimmer** la salle de classe

die **Klassik** ① (*Epoche*) le classicisme ② (*klassische Musik*) le classique

der **Klassiker** ① (*Schriftsteller*) l'auteur *(männlich)* classique ② (*Komponist*) le musicien classique ③ (*Maler*) le peintre classique ④ (*Werk*) **dieser Roman ist ein Klassiker** ce roman, c'est un classique die **Klassikerin** ①(*Schriftstellerin*) l'auteur (*männlich*) classique ②(*Malerin*) le peintre classique ③(*Komponistin*) la musicienne classique

> **G** Für die Übersetzung der in ① und ② aufgeführten Wortbedeutungen gibt es im Französischen keine Femininform: *sie ist eine Klassikerin – elle est un auteur/un peintre classique.*

klassisch classique
der **Klatsch** (*umgs.*) les ragots (*männlich*), les cancans (*männlich*)

> **V** Der Singular *der Klatsch* wird mit einem Plural übersetzt: *das ist nur Klatsch – ce ne sont que des ragots* (oder *des cancans*).

klatschen ①(*Beifall spenden*) applaudir; **begeistert Beifall klatschen** applaudir des deux mains ②**in die Hände klatschen** taper dans les mains; **den Takt klatschen** battre la mesure [des mains] ③(*prallen*) **auf etwas/gegen etwas klatschen** s'écraser sur quelque chose/contre quelque chose ④(*umgs.: reden*) faire la parlote; **über jemanden klatschen** taper sur quelqu'un ⑤(*umgs.: werfen*) **etwas an die Wand klatschen** balancer quelque chose contre le mur
die **Klatschspalte** (*in einer Zeitung*) les échos (*männlich*)

> **V** Der Singular *die Klatschspalte* wird mit einem Plural übersetzt: *die Klatschspalte interessiert mich nicht – les échos ne m'intéressent pas.*

die **Klaue** ①*eines Raubtiers* les griffes (*weiblich*); *eines Raubvogels* les serres (*weiblich*) ②(*umgs.: Handschrift*) l'écriture (*weiblich*) de cochon
klauen (*umgs.*) ①(*stehlen*) faucher; **das Buch ist geklaut** c'est un livre volé ②(*kopieren, plagiieren*) pomper *Idee*
die **Klausel** la clause
die **Klausur** ①(*an der Universität*) l'examen (*männlich*) partiel, le partiel ②(*Klassenarbeit*) le devoir surveillé
das **Klavier** le piano; **Klavier spielen** jouer du piano
das **Klavierkonzert** ①(*Komposition*) le concerto pour piano ②(*Veranstaltung*) le récital de piano
der **Klavierunterricht** le cours de piano
das **Klebeband** le ruban adhésif
kleben ①(*haften, befestigt sein*) être collé(e); **an der Wand kleben** *Plakat:* être collé(e) au mur; **gut/schlecht kleben** *Haftzettel, Briefmarke, Umschlag:* coller bien/mal

das **Klavier**

> **F** Nicht verwechseln mit *le clavier – die Tastatur!*

②(*befestigen, zusammenkleben*) coller ③(*reparieren*) recoller ▶**jemandem eine kleben** (*umgs.*) en coller une à quelqu'un
der **Klebestift** le bâton de colle
klebrig collant(e)
der **Klebstoff** la colle
der **Klebstreifen** le ruban adhésif, l'adhésif (*männlich*)
kleckern (*umgs.*) ①(*Flecken machen*) faire des taches; **mit der Soße kleckern** faire des taches de sauce; **sich voll kleckern** se faire des taches partout ②**die Farbe ist auf den Boden gekleckert** la peinture a dégouliné sur le sol
der **Klecks** ①(*Fleck*) la [grosse] tache; (*Farbklecks*) l'éclaboussure (*weiblich*); (*Tintenklecks*) le pâté ②(*umgs.: geringe Menge*) **ein kleiner Klecks Senf** un chouïa [ʃuja] de moutarde
klecksen (*umgs.*) *Person:* barbouiller; *Füllfederhalter:* baver
der **Klee** le trèfle
das **Kleeblatt** la feuille de trèfle, le trèfle; **das vierblättrige Kleeblatt** le trèfle à quatre feuilles
das **Kleid** ①la robe ②(*Kleidungsstück*) **die Kleider** les vêtements (*männlich*)
kleiden sich elegant kleiden s'habiller d'une façon élégante
der **Kleiderbügel** le cintre (*männlich*)
der **Kleiderkasten** Ⓐ, ⒸⒽ, der **Kleiderschrank** l'armoire-penderie (*weiblich*), l'armoire (*weiblich*)
die **Kleidung** les vêtements (*männlich*)

> **V** Der Singular *die Kleidung* wird mit einem Plural übersetzt: *seine Kleidung war abgenutzt – ses vêtements étaient usés.*

das **Kleidungsstück** le vêtement

die **Kleie** le son
klein ①petit(e); **sich klein machen** se faire tout petit/toute petite; **eine zu kleine Bluse** un chemisier trop juste ②*Buchstabe* minuscule; **ein kleines a** un a minuscule; **sehr klein schreiben** écrire en très petits caractères ③**ein klein** [*oder* **kleines**] **bisschen, ein klein wenig** un [tout] petit peu ④(*beim Bezahlen*) **haben Sie es nicht kleiner?** (*umgs.*) vous n'avez pas de monnaie? ▸**klein anfangen** (*umgs.*) partir de quasiment zéro; **klein beigeben** baisser le ton; **bis ins Kleinste** jusque dans le moindre détail; **von klein auf** dès ma/sa/... plus tendre enfance
der **Kleinbuchstabe** la lettre minuscule, la minuscule
der **Kleine** (*Kind*) le petit; **die lieben Kleinen** les petits chéris
die **Kleine** (*Kind*) la petite
das **Kleine** ①(*Kind*) le petit/la petite ②(*Jungtier*) le petit
das **Kleingedruckte** les clauses (*weiblich*) en petits caractères; *eines Bestellformulars* les conditions (*weiblich*) de vente en petits caractères
das **Kleingeld** la monnaie
die **Kleinigkeit** ①(*Bagatelle*) la bricole; **das ist eine Kleinigkeit** ce n'est pas un problème; **wegen jeder Kleinigkeit** pour la moindre broutille ②(*Einzelheit*) le [petit] détail ③**eine Kleinigkeit essen** (*umgs.*) manger un petit quelque chose
kleinkariert (*umgs.: engstirnig*) borné(e)
das **Kleinkind** le jeune enfant
kleinkriegen (*umgs.: kaputtmachen*) réussir à bousiller *Spielzeug;* **nicht kleinzukriegen sein** *Gegenstand:* être increvable
kleinlaut ①*Antwort* embarrassé(e); **kleinlaut werden** baisser le ton ②*fragen* d'une [toute] petite voix; *zugeben* d'un ton gêné
kleinlich ①(*geizig*) pingre ②(*engstirnig*) mesquin(e)
kleinschreiben (*mit kleinem Anfangsbuchstaben*) écrire en minuscules; **ein Wort kleinschreiben** écrire un mot en minuscules ▸**etwas kleinschreiben** (*umgs.*) accorder peu d'importance à quelque chose
die **Kleinschreibung** l'écriture (*weiblich*) sans majuscules
die **Kleinstadt** la petite ville
kleinste(r, s) ①**der kleinste Hund** le plus petit chien; **die kleinste Kirche** la plus petite église; **das kleinste Dorf** le plus petit village ②(*von geringer Körpergröße*) **Paul ist der kleinste/Anne ist die kleinste in der Klasse** Paul est le plus petit/Anne est la plus petite de la classe ③(*unerheblich*) **die kleinste Bewegung** le moindre mouvement
das **Kleinvieh** les animaux (*männlich*) de basse-cour ▸**Kleinvieh macht auch Mist** (*umgs.*) les petits ruisseaux font les grandes rivières
der **Kleinwagen** la petite voiture
der **Kleister** la colle [d'amidon]
die **Klemme** ①(*Haarklemme*) la barrette ②(*an einem Starthilfekabel*) la pince ▸**in der Klemme sitzen** (*umgs.*) être dans le pétrin
klemmen ①*Schublade, Tür:* coincer; *Schloss:* être bloqué(e) ②[**sich**] **den Schirm unter den Arm klemmen** glisser le parapluie sous son bras ③**sich den Daumen klemmen** se coincer le pouce ④**sich hinter etwas klemmen** (*umgs.*) s'attaquer à quelque chose ⑤**sich hinter jemanden klemmen** (*umgs.*) °harceler quelqu'un pour obtenir quelque chose
der **Klempner** le plombier
die **Klempnerin** le plombier

Ⓖ Es gibt im Französischen keine Femininform: *sie ist Klempnerin – elle est plombier.*

der **Klerus** le clergé
die **Klette** ①la bardane ②(*umgs.: Mensch*) le pot de colle ▸**wie eine Klette an jemandem hängen** être pendu(e) aux basques de quelqu'un
klettern ①**aufs Dach klettern** monter sur le toit; **auf einen Berg klettern** escalader une montagne; **sie ist auf den Baum geklettert** elle a grimpé sur l'arbre ②(*Klettersport betreiben*) faire de l'escalade ③(*umgs.: ansteigen*) *Temperatur:* grimper
der **Klettverschluss** la fermeture velcro®
klicken ①(*ein klickendes Geräusch machen*) cliqueter ②(*am Computer*) cliquer; **mit der Maus auf etwas klicken** cliquer avec la souris sur quelque chose; **doppelt klicken** double-cliquer
der **Klient** le client
die **Klientin** la cliente
das **Klima** le climat
die **Klimaanlage** la climatisation, la clim; **der Reisebus mit Klimaanlage** le car climatisé
klimatisch climatique
der **Klimmzug** la traction [à la barre fixe]
klimpern ①*Münzen:* tinter ②**mit etwas klimpern** faire tinter quelque chose ③(*umgs.: spielen*) **auf dem Klavier klimpern** pianoter; **auf der Gitarre klimpern** gratter de la guitare
die **Klinge** la lame

die **Klingel** la sonnette
klingeln ① *Wecker:* sonner; *Radfahrer:* tirer la sonnette; **an der Tür klingeln** sonner à la porte ② **es klingelt** (*an der Tür*) on sonne; (*in der Schule*) ça sonne ③ **nach der Krankenschwester klingeln** sonner l'infirmière
der **Klingelton** *eines Mobiltelefons* la sonnerie
klingen ① *Glocke:* sonner; *Gläser:* tinter ② **gut klingen** *Instrument:* sonner bien; **hohl klingen** sonner le creux; **hell klingen** *Stimme:* sonner clair(e); **rau klingen** *Stimme:* sonner rauque ③ **Ihr Vorschlag klingt gut/klingt interessant** votre proposition a l'air bien/a l'air intéressant ④ **es klingt, als wäre jemand gekommen** il semble que quelqu'un soit venu
die **Klinik** l'hôpital (*männlich*); (*Privatklinik*) la clinique
klinisch ① *Test* clinique ② *behandeln* en milieu hospitalier; **klinisch getestet** testé(e) en laboratoire; **klinisch tot** cliniquement mort(e)
die **Klinke** la poignée [de porte]
klipp jemandem klipp und klar sagen, dass ... (*umgs.*) dire clair et net à quelqu'un que...
die **Klippe** (*auch übertragen*) l'écueil (*männlich*)
klirren ① *Gläser:* tinter; *Fensterscheibe:* vibrer ② (*beim Zerbrechen*) faire un bruit de verre brisé ③ *Ketten, Sporen:* cliqueter
klirrend ① *Kälte* glacial(e) ② **es ist klirrend kalt** il fait terriblement froid
das **Klischee** ① (*Klischeevorstellung*) le stéréotype ② (*Redensart*) le lieu commun
die **Klitoris** le clitoris
klitzeklein (*umgs.*) riquiqui
das **Klo** (*umgs.*) les W.C. (*männlich*); **aufs Klo müssen** avoir envie d'aller aux W.C.

> **V** Der Singular *das Klo* wird mit einem Plural übersetzt: *das Klo ist besetzt – les W.-C. sont occupés.*

die **Klobrille** (*umgs.*) la lunette des W.-C.
die **Klobürste** (*umgs.*) la brosse à W.-C.
der **Klon** le clone
klonen cloner
das **Klopapier** (*umgs.*) le P.Q. [peky]
klopfen ① (*um Einlass bitten*) frapper; **an die Tür klopfen** frapper à la porte; **es hat geklopft!** on frappe! ② *Herz:* battre ③ **mit dem Besen an die Decke klopfen** taper du balai contre le plafond ④ **jemandem auf die Schulter klopfen** taper quelqu'un sur l'épaule ⑤ **einen Nagel in die Wand klopfen** enfoncer un clou dans le mur ⑥ battre *Teppich* ⑦ attendrir *Schnitzel*
der **Klops** la boulette [de viande]
die **Klospülung** (*umgs.*) la chasse d'eau
der **Kloß** la boulette ▶ **einen Kloß im Hals haben** (*umgs.*) avoir une boule dans la gorge
das **Kloster** (*Mönchskloster*) le monastère; (*Nonnenkloster*) le couvent
der **Klotz** ① (*Holzklotz*) le bloc de bois; (*zum Holzhacken*) le billot ② (*Bauklotz*) le cube ▶ **jemandem ein Klotz am Bein sein** (*umgs.*) être un boulet à traîner pour quelqu'un
der **Klub** le club
klug ① *Person, Verhalten* avisé(e); *Antwort* habile; *Rat* judicieux/judicieuse; **klug sein** *Person:* faire preuve de bon sens ② **es ist klüger, noch kurz zu warten** c'est plus prudent de patienter un instant ③ **handeln** intelligemment ▶ **aus jemandem/aus etwas nicht klug werden** ne pas arriver à comprendre quelqu'un/quelque chose; **der Klügere gibt nach** ≈ le plus malin des deux finit toujours par céder
die **Klugheit** l'intelligence (*weiblich*)
der **Klumpen** ① (*Mehlklumpen*) le grumeau ② **ein Klumpen Ton** un bloc d'argile
der **Klunker** (*umgs.: Edelstein*) le caillou
knabbern grignoter; **an etwas knabbern** grignoter quelque chose
der **Knabe** ① le garçon ② **na, alter Knabe!** (*umgs.*) alors, mon vieux!
das **Knäckebrot** le pain suédois
knacken ① casser *Nuss* ② (*umgs.: aufbekommen, enträtseln*) forcer *Auto, Safe;* déchiffrer *Code* ③ *Holz, Gebälk:* craquer; **es knackt im Gebälk** il y a des craquements dans la charpente; **es knackt in der Leitung** il y a des craquements sur la ligne ④ (*umgs.: schlafen*) pioncer
knackig ① *Salat, Apfel* croquant(e) ② (*umgs.: jung, ansehnlich*) *Person* craquant(e); **ein knackiger Po** un joli petit derrière
der **Knacks** ① (*Geräusch*) le craquement ② (*umgs.: Riss, Schaden*) la fêlure ③ **einen [seelischen] Knacks bekommen** (*umgs.*) avoir un coup dur [au moral]
der **Knall** la détonation; **die Tür ist mit lautem Knall ins Schloss gefallen** la porte a claqué avec grand bruit ▶ **Knall auf Fall** (*umgs.*) sur-le-champ; **einen Knall haben** (*umgs.*) déjanter [complètement]
knallen ① *Tür, Peitsche:* claquer; *Korken:* sauter; *Schuss:* retentir; **mit der Tür knallen** claquer la porte; **mit der Peitsche knallen** faire claquer le fouet ② (*umgs.: prallen*)

gegen die Wand knallen cogner contre le mur; auf den Boden knallen tomber par terre ❸ (*umgs.: werfen*) balancer; die Tasche in die Ecke knallen balancer son sac dans le coin ❹ es knallt (*eine Tür fällt zu*) il y a quelque chose qui claque; (*ein Schuss fällt*) il y a une détonation ▶ jemandem eine knallen (*umgs.*) balancer une baffe à quelqu'un

der **Knallfrosch** le pétard à répétition

knallhart (*umgs.*) ❶ *Geschäftsmann* impitoyable; *Vorgehen, Kritik* brutal(e) ❷ *verhandeln* de manière impitoyable

der **Knallkörper** le pétard

knallrot (*umgs.*) ❶ rouge vif; *Gesicht* écarlate; *Sportwagen* d'un rouge flamboyant

knapp ❶ das knappe Gehalt le maigre salaire; die knappen Arbeitsplätze les rares postes; knapp sein *Vorräte:* être juste; *Arbeitsplätze:* être rare; sehr knapp bemessen sein être très juste ❷ *T-Shirt, Hose* un peu juste; knapp sitzen être juste ❸ *Sieg, Ergebnis* serré(e); die knappe Mehrheit la petite majorité; knapp gewinnen gagner de justesse; knapp verlieren perdre de justesse; das wird [zeitlich] zu knapp ce sera trop juste ❹ ein knapper Meter un petit mètre; knapp zwei Jahre alt sein être âgé(e) d'un peu moins de deux ans; knapp hundert Euro kosten coûter pas tout à fait cent euros ❺ *Antwort* concis(e) ▶ und nicht zu knapp! (*umgs.*) et pas qu'un peu!

knarren *Diele:* craquer; *Bett:* grincer

der **Knast** (*umgs.*) la taule; im Knast sitzen être en taule

knattern ❶ *Moped:* pétarader; *Maschinengewehr:* crépiter ❷ sie ist durch die Straßen geknattert (*umgs.*) elle a pétaradé dans les rues

das/der **Knäuel** la pelote; zwei Knäuel Wolle deux pelotes de laine

die **Knautschzone** la zone de déformation

der **Knebel** le bâillon

knebeln (*auch übertragen*) bâillonner

der **Knecht** le valet de ferme ▶ Knecht Ruprecht le père Fouettard

kneifen ❶ (*zwicken*) pincer; sie hat ihn [*oder* ihm] in den Arm gekniffen elle lui a pincé le bras ❷ (*umgs.: Angst haben*) vor jemandem kneifen se dégonfler devant quelqu'un; vor etwas kneifen se défiler face à quelque chose

die **Kneifzange** les tenailles (*weiblich*)

die **Kneipe** (*umgs.*) le bistro, le bistrot

die **Knete** ❶ (*umgs.: Geld*) le pognon ❷ (*Knetmasse*) la pâte à modeler

kneten ❶ pétrir *Teig, Knetmasse* ❷ Figuren aus Teig kneten modeler des petits personnages en pâte

die **Knetmasse** la pâte à modeler

der **Knick** ❶ (*Krümmung*) le coude; einen Knick machen *Straße:* faire un coude ❷ (*im Papier*) le pli

knicken ❶ plier *Blatt Papier;* faire un pli à *Buchseite;* bitte nicht knicken! ne pas plier, S.V.P.! ❷ casser *Strohhalm;* briser [net] *Baum*

der **Knicks** la révérence; einen Knicks machen faire la révérence

das **Knie** ❶ le genou; ihm zittern die Knie, er hat weiche Knie il [en] a les jambes qui flageolent ❷ *eines Rohrs* le coude ▶ in die Knie gehen plier les genoux; (*aufgeben*) jeter l'éponge; jemanden übers Knie legen (*umgs.*) ficher une fessée à quelqu'un

die **Kniebeuge** la flexion des genoux

das **Kniegelenk** l'articulation (*weiblich*) du genou

die **Kniekehle** le jarret

knien ❶ être à genoux; auf dem Boden knien être à genoux par terre ❷ sich auf den Boden knien s'agenouiller par terre

die **Kniescheibe** la rotule

der **Kniestrumpf** le mi-bas

knipsen (*umgs.*) ❶ (*fotografieren*) mitrailler; jemanden oft knipsen mitrailler quelqu'un ❷ (*entwerten*) poinçonner *Fahrkarte*

der **Knirps** (*umgs.: kleiner Junge*) le petit bonhomme

knirschen ❶ *Kies, Schnee:* crisser ❷ mit den Zähnen knirschen grincer des dents

knistern ❶ *Feuer:* crépiter; *Papier:* faire du bruit en se froissant ❷ mit Papier knistern froisser du papier

knittern dieser Stoff knittert leicht ce tissu se froisse facilement

knobeln ❶ jouer aux dés; um etwas knobeln jouer quelque chose aux dés ❷ (*umgs.: tüfteln*) cogiter; gerne knobeln aimer cogiter

der **Knoblauch** l'ail (*männlich*)

die **Knoblauchzehe** la gousse d'ail

der **Knöchel** ❶ (*Fußknöchel*) la cheville ❷ (*Fingerknöchel*) l'articulation (*weiblich*) [du doigt]

der **Knochen** ❶ l'os [ɔs] ❷ (*männlich: Gliedmaße*) die Knochen les membres (*männlich*); mir tun alle Knochen weh j'ai mal partout ▶ nass bis auf die Knochen sein (*umgs.*) être trempé(e) jusqu'aux os [ʒyskoz o]

der **Knochenbruch** la fracture

das **Knochenmark** la moelle [osseuse]

der **Knödel** boule à base de pomme de terre ou de pain trempé dans du lait, cuite à l'eau et servie en accompagnement
die **Knolle** (*Wurzelknolle*) le tubercule
der **Knopf** le bouton
knöpfen boutonner
das **Knopfloch** la boutonnière
die **Knopfzelle** la pile bouton
der **Knorpel** le cartilage
die **Knospe** (*Blattknospe*) le bourgeon; (*Blütenknospe*) le bouton; **Knospen treiben** bourgeonner
der **Knoten** ❶ le nœud ❷ (*Verdickung im Gelenk*) la nodosité; (*in der Brust*) le nodule ❸ (*Haarknoten*) le chignon
der **Knotenpunkt** (*für verschiedene Verkehrsmittel*) le nœud de communication
das **Know-how** [nɔu'hau] le savoir-faire
der **Knüller** (*umgs.*) ❶ (*Produkt*) le truc qui fait fureur ❷ (*Nachricht*) le scoop
knüpfen ❶ nouer *Teppich, Netz, Muster;* **dieser Teppich ist von Hand geknüpft** ce tapis est noué à la main ❷ faire *Knoten, Schleife*
der **Knüppel** ❶ (*aus Holz*) le gourdin ❷ (*Gummiknüppel*) la matraque ▸ **jemandem Knüppel zwischen die Beine werfen** (*umgs.*) mettre des bâtons dans les roues à quelqu'un
knurren ❶ *Hund:* gronder ❷ **ihm knurrt der Magen** il a l'estomac qui gargouille ❸ grommeler *Antwort*
knusprig croustillant(e)
knutschen (*umgs.*) se bécoter; **sie knutschen [miteinander]** ils se bécotent
der **Knutschfleck** (*umgs.*) le suçon
k.o. *Abkürzung von* **knock-out** ❶ K.-O.; **jemanden k.o. schlagen** *Boxer:* mettre quelqu'un K.-O. ❷ (*umgs.: erschöpft*) [**völlig**] **k.o. sein** être K.-O.
die **Koalition** la coalition
der **Kobold** le lutin
die **Kobra** le cobra ⚠ *männlich*
der **Koch** le cuisinier
das **Kochbuch** le livre de cuisine
kochen ❶ (*gekocht oder erhitzt werden*) bouillir; **etwas zum Kochen bringen** porter quelque chose à ébullition; **die kochende Flüssigkeit** le liquide bouillant ❷ (*zubereiten*) préparer, faire; **das Essen kochen** préparer le repas; **Suppe kochen** faire de la soupe; **Kaffee kochen** faire du café ❸ (*zum Kochen und Garen bringen*) **ich werde zuerst den Reis kochen** je vais faire cuire le riz d'abord; **das hart gekochte Ei** l'œuf dur; **das weich gekochte Ei** l'œuf à la coque; **das weich gekochte Gemüse** les légumes bien cuits ❹ (*Speisen zubereiten*) faire la cuisine, cuisiner; **gerne kochen** aimer faire la cuisine; **gut kochen** cuisiner bien ❺ (*auskochen*) faire bouillir *Wäsche*
das **Kochfeld** la table de cuisson
die **Köchin** la cuisinière
der **Kochlöffel** la cuillère en bois
die **Kochplatte** la plaque électrique
das **Kochrezept** la recette [de cuisine]
der **Kochtopf** la casserole; (*aus Gusseisen*) la cocotte
der **Kode** [koːt] le code
der **Köder** l'appât (*männlich*)
ködern (*auch übertragen*) appâter
kodieren coder
das **Koffein** [kɔfe'iːn] la caféine ⚠ *weiblich*
koffeinfrei décaféiné(e)
der **Koffer** (*Reisekoffer*) la valise; (*Überseekoffer*) la malle; **den Koffer packen** faire sa valise ▸ **er kann seine Koffer packen** (*umgs.*) il peut prendre ses cliques et ses claques

der Koffer

🇫 Nicht verwechseln mit *le coffre – die Truhe; der Kofferraum!*

der **Kofferraum** le coffre [à bagages]
der **Kohl** le chou
der **Kohldampf Kohldampf haben** [*oder* **schieben**] (*umgs.*) avoir la dalle
die **Kohle** ❶ le charbon; (*Steinkohle*) la °houille; (*Braunkohle*) le lignite ❷ (*Zeichenkohle*) le fusain ❸ (*umgs.: Geld*) le fric ▸ [**wie**] **auf glühenden Kohlen sitzen** être sur des charbons ardents
das **Kohlehydrat** → **Kohlenhydrat**
das **Kohlenbergwerk** la mine de charbon
das **Kohlendioxid** le dioxyde de carbone
das **Kohlenhydrat** le glucide
das **Kohlenmonoxid** le monoxyde de carbone, l'oxyde (*männlich*) de carbone
der **Kohlenpott** (*umgs.*) ≈ la Ruhr

die **Kohlensäure** ① l'acide *(männlich)* carbonique ② *(Kohlendioxid)* le gaz carbonique; **das Mineralwasser mit Kohlensäure** l'eau *(weiblich)* minérale gazeuse; **das Mineralwasser ohne Kohlensäure** l'eau minérale plate [*oder* non gazeuse]
der **Kohlenstoff** le carbone
die **Kohlezeichnung** le fusain
kohlrabenschwarz de jais
der **Kohlrabi** le chou-rave
die **Kohlroulade** le chou farci
die **Kohlsprosse** Ⓐ le chou de Bruxelles
das **Kokain** la cocaïne ⚠ *weiblich*
kokett coquet(te)
kokettieren faire du charme; **mit jemandem kokettieren** faire du charme à quelqu'un
die **Kokosnuss** la noix de coco
die **Kokospalme** le cocotier
der **Koks**[1] le coke
der/das **Koks**[2] (*umgs.: Kokain*) la coke
der **Kolben** ① *eines Motors* le piston ② (*Gewehrkolben*) la crosse ③ (*Destilliergefäß*) le ballon ④ (*Maiskolben*) l'épi *(männlich)*
der **Kolibri** le colibri
die **Kolik** la colique; **eine Kolik haben** avoir des coliques
der **Kollaps** ① (*Kreislaufkollaps*) le collapsus [cardiovasculaire] ② (*gehoben: Zusammenbruch*) l'effondrement *(männlich)*
der **Kollege** le collègue
die **Kollegin** la collègue
das **Kollegium** (*Lehrerkollegium*) le corps enseignant
die **Kollektion** (*Sortiment*) la collection
die **Kollision** (*gehoben*) la collision
Köln Cologne
der **Kolonialismus** le colonialisme
die **Kolonie** la colonie
die **Kolonne** ① (*Fahrzeugkolonne*) la file; [**in einer**] **Kolonne fahren** rouler les uns derrière les autres ② (*Zahlenkolonne, Menschenschlange*) la colonne ③ (*Arbeitstrupp*) l'équipe *(weiblich)*
der **Koloss** (*umgs.: unförmiger Mensch*) le colosse
kolossal ① *Bauwerk* colossal(e) ② (*umgs.*) *Fehler, Irrtum* monumental(e)
die **Kolumne** ① (*Artikel*) la chronique ② (*Spalte*) la colonne
das **Koma** le coma; **er liegt im Koma** il est dans le coma
der **Kombi** (*umgs.*) *Abkürzung von* **Kombiwagen** le break
die **Kombination** ① (*Zusammenstellung*) la combinaison ② (*Anzug*) l'ensemble *(männlich)*

③ (*Skisportdisziplin*) **die nordische Kombination** le combiné nordique
das **Kombinationsschloss** la serrure à combinaison
kombinieren ① (*passend zusammenstellen*) assortir *Kleidungsstücke;* associer *Farben;* **einen Rock mit einer Bluse kombinieren** assortir une jupe et une chemise; **verschiedene Farben miteinander kombinieren** associer différentes couleurs entre elles une ② (*eine Schlussfolgerung ziehen*) faire une déduction; (*Schlussfolgerungen ziehen*) faire des déductions
die **Kombizange** la pince universelle
der **Komet** la comète ⚠ *weiblich*
der **Komfort** [kɔmˈfoːɐ̯] le confort
komfortabel confortable
die **Komik** le comique ⚠ *männlich*
der **Komiker** le comique
die **Komikerin** la comique
komisch ① (*lustig*) comique ② (*umgs.: sonderbar*) bizarre; **komisch riechen** avoir une drôle d'odeur; **komisch schmecken** avoir un drôle de goût; **sich komisch fühlen** se sentir tout drôle; **sich komisch verhalten** se comporter de façon étrange; **das kommt mir komisch vor** je trouve ça bizarre; **mir ist so komisch** je me sens tout drôle
das **Komitee** le comité
das **Komma** la virgule
kommandieren ① (*beim Militär*) commander; **jemanden kommandieren** commander quelqu'un ② **gern kommandieren** (*umgs.*) aimer bien faire le gendarme
das **Kommando** ① (*Befehl*) l'ordre *(männlich)*; **auf Kommando** *handeln* sur ordre; *lachen* sur commande ② (*Befehlsgewalt*) le commandement; **das Kommando über jemanden/über etwas haben** avoir le commandement de quelqu'un/de quelque chose ③ (*abkommandierte Gruppe*) le détachement
die **Kommata** *Plural von* **Komma**
kommen ① (*herkommen*) venir; **nach oben kommen** descendre; **nach unten kommen** descendre; **nach draußen kommen** sortir; **ich komme ja schon!** j'arrive!; **komm! viens [ici]!** ② (*ankommen, nahen*) *Person, Gewitter, Frühling:* arriver; **von rechts/von links kommen** arriver sur la droite/gauche ③ **Entschuldigung, wie komme ich zum Bahnhof/zur Post?** pour aller à la gare/à la poste, s'il vous plaît? ④ **zur Party kommen** aller à la fête; **kommst du auch?** est-ce que tu y vas aussi? ⑤ (*stammen*) **von weit her kommen** venir de loin; **aus ärmlichen**

Verhältnissen kommen être issu(e) d'un milieu modeste; **das Wort kommt aus dem Griechischen** le mot vient du grec ❻ (*gezeigt werden*) **im Fernsehen kommen** passer à la télévision ❼ **billig an Bücher kommen** se procurer des livres bon marché; **an einen Handwerker kommen** trouver un artisan ❽ **auf die Idee wäre ich nie gekommen** ça ne me serait jamais venu à l'idée; **wie kommst du denn darauf?** qu'est-ce qui te fait croire ça? ❾ **sein Husten kommt vom Rauchen** sa toux vient [*oder* provient] de la cigarette ❿ **nicht zum Abwaschen kommen** ne pas trouver le temps de faire la vaisselle ⓫ (*umgs.: einen Orgasmus haben*) prendre son pied ⓬ **es kam zu einer Auseinandersetzung** on en vint à une querelle; **und so kam es, dass ...** et c'est ainsi que ...; **wie kommt es, dass ...?** comment se fait-il que ...? ▶ **da kann** [*oder* **könnte**] **ja jeder kommen!** (*umgs.*) et puis quoi, encore?; **komme, was wolle** quoi qu'il advienne; [**wieder**] **zu sich kommen** revenir à soi; (*sich beruhigen*) se remettre

das **Kommen** la venue; **es herrschte ein ständiges Kommen und Gehen** c'était une allée et venue continuelle ▶ **etwas ist** [**groß**] **im Kommen** quelque chose connaît une vogue croissante

kommend *Ereignis* à venir; *Mode* de demain; *Woche, Monat* prochain(e); **ich werde kommende Woche verreisen** je partirai en voyage la semaine prochaine

der **Kommentar** le commentaire
kommentieren commenter
kommerziell ❶ commercial(e) ❷ *ausnutzen, nutzen* à des fins commerciales
der **Kommilitone** le camarade d'études
die **Kommilitonin** la camarade d'études
der **Kommissar** le commissaire
das **Kommissariat** le commissariat
die **Kommissarin** la commissaire
die **Kommission** (*Ausschuss*) la commission; **die Europäische Kommission** la Commission européenne
die **Kommode** la commode
die **Kommunalwahlen** les élections (*weiblich*) municipales
die **Kommune** ❶ (*Gemeinde*) la commune ❷ (*Wohngemeinschaft*) la communauté
die **Kommunikation** la communication
die **Kommunion** la communion; (*Erstkommunion*) la première communion; **zur Kommunion gehen** aller communier

der **Kommunismus** le communisme
der **Kommunist** le communiste
die **Kommunistin** la communiste
kommunistisch communiste
die **Komödie** (*auch übertragen*) la comédie; **Komödie spielen** jouer la comédie
kompakt ❶ compact(e) ❷ **ein kompakt gebautes Gerät** un appareil de forme compacte
die **Kompaktanlage** la minichaîne
der **Komparativ** le comparatif
der **Kompass** la boussole

der **Kompass**

F Nicht verwechseln mit *le compas – der Zirkel*!

kompatibel compatible
kompetent ❶ compétent(e) ❷ *beurteilen* de manière compétente
die **Kompetenz** la compétence; **seine Kompetenzen überschreiten** dépasser le cadre de ses attributions
komplett ❶ *Einrichtung* complet/complète ❷ **sind wir komplett?** (*umgs.*) sommes-nous au complet? ❸ *ausstatten, möblieren* complètement
komplex complexe
der **Komplex** (*in der Psychologie*) le complexe; **Komplexe haben** avoir [*oder* faire] des complexes
die **Komplikation** la complication
das **Kompliment** le compliment
der **Komplize** le complice
kompliziert ❶ compliqué(e) ❷ *sich ausdrücken* de façon compliquée
die **Komplizin** la complice
das **Komplott** le complot ▶ **ein Komplott schmieden** tramer un complot
komponieren composer
der **Komponist** le compositeur
die **Komponistin** la compositrice
der **Kompost** le compost

kompostieren faire du compost
das **Kompott** la compote ⚠ *weiblich*
die **Kompresse** la compresse
der **Kompromiss** le compromis; **einen Kompromiss [mit jemandem] schließen** faire un compromis [avec quelqu'un]
kondensieren ❶ (*sich verflüssigen*) *Wasserdampf:* se condenser ❷ (*eindicken*) concentrer *Milch, Saft*
die **Kondensmilch** le lait concentré
die **Kondition** (*Leistungsfähigkeit*) la condition; **[eine gute] Kondition haben** être en [bonne] condition; **keine Kondition haben** manquer de condition
das **Konditional** (*in der Grammatik*) le conditionnel
der **Konditor** le pâtissier [confiseur]
die **Konditorei** la pâtisserie [confiserie]
die **Konditorin** la pâtissière [confiseuse]
das/der **Kondom** le préservatif
das **Konfekt** ❶ (*Pralinen*) les chocolats (*männlich*) ❷ Ⓐ, ⒸⒽ (*Gebäck*) les petits-fours (*männlich*)
die **Konferenz** ❶ la conférence; **in einer Konferenz sein** être en conférence ❷ (*Lehrerkonferenz*) le conseil de classe
die **Konfession** la confession
das **Konfetti** les confettis (*männlich*)

Ⓥ Der Singular *das Konfetti* wird mit einem Plural übersetzt: **wo ist das Konfetti?** – *où sont les confettis?*

die **Konfiguration** *eines Computers* la configuration
der **Konfirmand** le confirmand
die **Konfirmandin** la confirmande
die **Konfirmation** la confirmation
die **Konfitüre** la confiture
der **Konflikt** le conflit
die **Konfrontation** ❶ (*Gegenüberstellung*) la confrontation ❷ (*Auseinandersetzung*) l'affrontement (*männlich*)
konfrontieren confronter; **jemanden mit einem Gegner/einem Fehler konfrontieren** confronter quelqu'un avec un ennemi/une faute; **mit etwas konfrontiert werden** être confronté(e) à quelque chose
konfus ❶ *Person, Idee* confus(e); **jemanden [ganz] konfus machen** embrouiller [complètement] quelqu'un ❷ *reden, antworten* de façon confuse
der **Kongress** ❶ (*Tagung*) le congrès ❷ (*US-Parlament*) le Congrès
der **König** (*auch beim Schach und beim Kartenspiel*) le roi; **die Heiligen Drei Könige** les Rois mages
die **Königin** la reine
königlich ❶ (*auch übertragen*) royal(e) ❷ *belohnen, bewirten* royalement ❸ **wir haben uns königlich amüsiert** (*umgs.*) nous nous sommes amusés comme des petits fous
das **Königreich** le royaume; **das Vereinigte Königreich** le Royaume-Uni
die **Konjugation** (*in der Grammatik*) la conjugaison
konjugieren conjuguer; **dieses Verb wird stark/schwach konjugiert** ce verbe a une conjugaison forte/faible
die **Konjunktion** (*in der Grammatik*) la conjonction
der **Konjunktiv** (*in der Grammatik*) le Konjunktiv

Ⓖ Es gibt im Französischen keine Entsprechung zum Konjunktiv (und im Deutschen keine zum französischen *subjonctif*). Deswegen muss das Wort unübersetzt bleiben.

die **Konjunktur** la conjoncture
konkret ❶ *Vorstellung* concret/concrète ❷ *Kunst, Malerei* figuratif/figurative ❸ *sagen* concrètement
der **Konkurrent** ❶ le rival ❷ (*im Wirtschaftsleben*) le concurrent
die **Konkurrentin** ❶ la rivale ❷ (*im Wirtschaftsleben*) la concurrente
die **Konkurrenz** ❶ la concurrence; **jemandem Konkurrenz machen** faire concurrence à quelqu'un ❷ (*Wettkampf*) la compétition; **außer Konkurrenz** °hors compétition ❸ (*Konkurrenten*) les concurrents (*männlich*)
konkurrieren être en concurrence; **mit jemandem/mit etwas konkurrieren** *Unternehmen, Produkt:* être en concurrence avec quelqu'un/avec quelque chose
der **Konkurs** la faillite; **Konkurs machen** (*umgs.*) faire faillite

Ⓕ Nicht verwechseln mit *le concours* – *der Wettbewerb; die Auswahlprüfung!*

können ❶ (*imstande sein*) pouvoir; **etwas tun können** pouvoir faire quelque chose; **etwas nicht vergessen können** ne pas pouvoir oublier quelque chose; **können Sie mir sagen, wo/wie/...?** pourriez-vous me dire où/comment/...?; **kann ich Ihnen weiterhelfen?** puis-je vous aider? ❷ (*über eine Fertigkeit verfügen*) savoir; **lesen können** savoir lire; **schwimmen können** savoir nager; **was können Sie?** qu'est-ce que vous savez faire? ❸ (*gelernt haben, beherrschen*) savoir *Gedicht*; **können Sie Spanisch?** parlez-vous espagnol?, parlez-vous l'espagnol? ❹ (*Ausdruck einer Möglichkeit*) **sie kann Recht haben** il se peut qu'elle ait raison; **es kann sein, dass er nicht einverstanden ist** il se peut qu'il ne soit pas d'accord; **kann [schon] sein** (*umgs.*) ça se peut bien; **das**

kann nicht sein ce n'est pas possible ⑤ (*dürfen*) du kannst reinkommen! tu peux entrer!; kann ich das Fenster aufmachen? est-ce que je peux ouvrir la fenêtre? ▶ man kann nie wissen! (*umgs.*) on sait jamais; der/die kann mich [mal]! (*umgs.*) il/elle peut aller se faire foutre!
konsequent ① (*folgerichtig*) cohérent(e); bei etwas konsequent sein être cohérent(e) dans quelque chose ② *Gegner, Verfechter* résolu(e) ③ konsequent denken penser de façon cohérente
die Konsequenz ① la conséquence; [aus etwas] die Konsequenzen ziehen tirer les conséquences [de quelque chose] ② (*Folgerichtigkeit*) la cohérence ③ (*Unbeirrbarkeit*) la détermination
konservativ ① *Partei, Wähler* conservateur/conservatrice; konservativ wählen voter à droite ② sich konservativ kleiden s'habiller de façon classique
der Konservative ① (*konservativ eingestellter Mensch*) l'homme (*männlich*) conservateur ② (*konservativer Politiker*) le conservateur
die Konservative ① (*konservativ eingestellter Mensch*) la femme conservatrice ② (*konservative Politikerin*) la conservatrice
die Konserve la conserve
die Konservendose la boîte de conserve
konservieren conserver
die Konservierung *von Lebensmitteln* la conservation
der Konservierungsstoff l'agent (*männlich*) conservateur
der Konsonant la consonne ⚠ *weiblich*
konstant ① constant(e) ② *sich weigern, behaupten* opiniâtrement
die Konstitution ① (*körperliche Verfassung*) la condition ② (*Körperbau*) la constitution ③ (*in der Politik*) la Constitution
konstruieren construire
die Konstruktion la construction
der Konstruktionsfehler le défaut de fabrication
das Konsulat le consulat
der Konsum la consommation
der Konsument le consommateur
die Konsumentin la consommatrice
konsumieren consommer
der Kontakt le contact [kõtakt]; mit jemandem Kontakt aufnehmen prendre contact avec quelqu'un; zu jemandem Kontakt haben avoir des contacts avec quelqu'un; die privaten Kontakte les relations (*weiblich*) personnelles; die beruflichen Kontakte les relations d'affaires

kontaktfreudig sociable
die Kontaktlinse la lentille [de contact]
die Konten *Plural von* Konto
der Kontext le contexte
der Kontinent le continent
kontinuierlich (*gehoben*) ① *Bewegung* continu(e) ② *ansteigen, sich bewegen* de façon continue
das Konto le compte; ein Konto eröffnen/auflösen ouvrir/fermer un compte ▶ das geht auf dein Konto (*umgs.: das hast du zu verantworten*) c'est à mettre sur ton compte
der Kontoauszug le relevé de compte
die Kontonummer le numéro de compte
der Kontostand la situation de [*oder* du] compte
das Kontra (*beim Kartenspiel*) le contre ▶ jemandem Kontra geben (*umgs.*) contredire quelqu'un
der Kontrabass la contrebasse ⚠ *weiblich*
der Kontrast le contraste; der Kontrast zu etwas le contraste avec quelque chose; im Kontrast zu etwas stehen être en opposition avec quelque chose
die Kontrolle le contrôle; unter Kontrolle haben maîtriser *Brand, Fahrzeug;* avoir sous son contrôle *Mitarbeiter;* die Kontrolle über etwas verlieren perdre le contrôle de quelque chose; die Kontrolle über sich selbst verlieren perdre son self-control
kontrollieren contrôler *Ausweis, Gepäck;* hier wird alles streng kontrolliert ici, tout est rigoureusement contrôlé
konventionell (*gehoben*) ① conventionnel(le) ② *denken* d'une manière conventionnelle
die Konversation (*gehoben*) la conversation; Konversation machen faire la conversation
konvertieren (*in der Informatik*) convertir *Dokument, Datei*
der Konvoi le convoi; im Konvoi fahren rouler en convoi
die Konzentration la concentration
die Konzentrationsfähigkeit le pouvoir de concentration
das Konzentrationslager le camp de concentration
die Konzentrationsschwäche les difficultés (*weiblich*) de concentration
konzentrieren sich konzentrieren se concentrer; sich auf etwas konzentrieren se concentrer sur quelque chose
konzentriert ① *Saft* concentré(e) ② *Nachdenken* approfondi(e); *Aufmerksamkeit* soutenu(e) ③ *nachdenken, rechnen* en se concentrant

das **Konzept** ❶ (*Entwurf*) le brouillon ❷ (*Plan*) le projet ▸ **jemanden aus dem Konzept bringen** (*durcheinanderbringen*) déconcerter quelqu'un; (*den Faden verlieren lassen*) faire perdre le fil à quelqu'un; **jemandem nicht ins Konzept passen** contrarier quelqu'un
der **Konzern** le groupe ⚠ *männlich*
das **Konzert** ❶ (*Komposition*) le concerto ❷ (*Aufführung*) le concert; **ins Konzert gehen** aller au concert
die **Konzession** ❶ (*Zugeständnis*) la concession ❷ (*Gewerbeerlaubnis*) la licence
konzipieren concevoir
die **Kooperation** la coopération
die **Koordinate** la coordonnée
das **Koordinatensystem** le système de coordonnées
die **Koordination** (*gehoben*) la coordination
koordinieren (*gehoben*) coordonner
der **Kopf** ❶ la tête; **den Kopf schütteln** secouer la tête; **einen roten Kopf bekommen** s'empourprer; **die Zeichnung steht auf dem Kopf** le dessin est à l'envers; **er ist einen Kopf/einen halben Kopf größer als ich** il fait une tête/une demi-tête de plus [də plys] que moi ❷ (*Geist, Gedächtnis*) **etwas im Kopf rechnen** calculer quelque chose de tête; **etwas im Kopf behalten** avoir quelque chose en tête ❸ **ein kluger Kopf** un cerveau ❹ **pro Kopf** par tête ❺ (*ganze Pflanze*) **ein Kopf Salat** un pied de salade ❻ (*Rückseite einer Münze*) **Kopf oder Zahl?** pile ou face? ▸ **von Kopf bis Fuß** de la tête aux pieds; **den Kopf in den Sand stecken** pratiquer la politique de l'autruche; **mit dem Kopf durch die Wand wollen** (*umgs.*) faire du forcing; **Kopf hoch!** [allez,] un peu de courage!; **sie ist nicht ganz richtig** [*oder* **klar**] **im Kopf** (*umgs.*) elle ne tourne pas rond; **nicht auf den Kopf gefallen sein** (*umgs.*) ne pas être tombé sur la tête; **etwas auf den Kopf hauen** (*umgs.*) dilapider quelque chose; **für jemanden/für etwas den** [*oder* **seinen**] **Kopf hinhalten** (*umgs.*) aller au casse-pipe pour quelqu'un/pour quelque chose; **sich etwas aus dem Kopf schlagen** s'ôter quelque chose de la tête; **sich in den Kopf setzen, etwas zu tun** se mettre en tête de faire quelque chose; **alles auf den Kopf stellen** (*durchsuchen*) mettre tout sens dessus dessous; **jemanden vor den Kopf stoßen** froisser quelqu'un; **jemandem den Kopf verdrehen** (*umgs.*) tourner la tête à quelqu'un; **den Kopf verlieren** (*umgs.*) perdre la tête; **jemandem den Kopf waschen** passer un savon à quelqu'un; **jemandem etwas an den Kopf werfen** jeter quelque chose à la figure de quelqu'un; **sich den Kopf zerbrechen** (*umgs.*) se creuser la cervelle; **Kopf an Kopf** rennen au coude à coude; **aus dem Kopf** (*auswendig*) par cœur
der **Kopfball** la tête
das **Köpfchen Köpfchen haben** (*umgs.*) être futé(e)
köpfen ❶ **gut köpfen** savoir faire une tête; **den Ball ins Tor köpfen** mettre de la tête la balle dans le but ❷ (*umgs.: öffnen*) sabrer *Flasche* ❸ (*hinrichten*) décapiter
das **Kopfende** *eines Betts* le chevet; **am Kopfende des Tisches sitzen** être assis(e) en tête de table
die **Kopfhaut** le cuir chevelu
der **Kopfhörer** le casque
das **Kopfkissen** l'oreiller *(männlich)*
der **Köpfler** Ⓐ ❶ (*Kopfball*) la tête ❷ (*Kopfsprung*) le plongeon
kopfrechnen calculer de tête
das **Kopfrechnen** le calcul mental
der **Kopfsalat** la laitue
die **Kopfschmerzen Kopfschmerzen haben** avoir mal à la tête
der **Kopfsprung** le plongeon
der **Kopfstand** le poirier; **einen Kopfstand machen** faire le poirier
die **Kopfstütze** l'appuie-tête *(männlich)*
das **Kopftuch** le foulard
kopfüber la tête la première
das **Kopfweh Kopfweh haben** avoir mal à la tête
das **Kopfzerbrechen jemandem Kopfzerbrechen bereiten** causer du tracas à quelqu'un
die **Kopie** la copie
kopieren ❶ (*fotokopieren*) photocopier, copier ❷ faire une copie de *Film, Datei* ❸ (*nachahmen*) copier *Person, Verhalten* ❹ (*plagiieren*) pomper *Autor, Buch*
der **Kopierer** (*umgs.*), das **Kopiergerät** la photocopieuse
kopiergeschützt (*in der Informatik*) *Datei* anti-piratage
der **Kopierschutz** (*in der Informatik*) la protection anti-piratage; **ein Dokument mit Kopierschutz** un document anti-piratage
der **Kopilot** le copilote
die **Kopilotin** la copilote
die **Koppel** (*Weideland*) l'enclos *(männlich)*
koppeln ❶ accoupler *Anhänger* ❷ (*übertragen*) **eine Abmachung an Bedingungen koppeln** assortir un accord de conditions
die **Koralle** le corail ⚠ *männlich*

der **Koran** le Coran
der **Korb** ❶ (*mit Henkeln, Einkaufskorb*) le panier; (*ohne Henkel*) la corbeille ❷ (*beim Korbball*) le panier ❸ (*Material*) **aus Korb** en rotin ▸ **jemandem einen Korb geben** envoyer promener quelqu'un
das **Körbchen** ❶ la [petite] corbeille ❷ *eines Büstenhalters* le bonnet
der **Kord** → **Cord**
Korea la Corée
die **Korinthe** le raisin de Corinthe
der **Kork** le liège
der **Korken** le bouchon
der **Korkenzieher** le tire-bouchon
der **Korn** (*Schnaps*) l'eau-de-vie (*weiblich*)
das **Korn** ❶ (*Samenkorn*) la graine ❷ (*von Salz, Sand*) le grain ❸ (*Getreide*) les céréales (*weiblich*)

> In ❸ wird der Singular *das Korn* mit einem Plural übersetzt: *das Korn ist reif – les céréales sont mûres.*

die **Kornblume** le bleuet
der **Körper** le corps ▸ **er/sie zitterte am ganzen Körper** il/elle tremblait de tout son corps
körperbehindert °handicapé(e) physique
der **Körperbehinderte** le °handicapé physique
die **Körperbehinderte** la °handicapée physique
das **Körpergewicht** le poids
die **Körpergröße** la taille
körperlich ❶ *Anstrengung* physique; *Gebrechen* corporel(le) ❷ *anstrengend* physiquement; **sich körperlich betätigen** avoir une activité physique
die **Körperpflege** l'hygiène (*weiblich*) corporelle
der **Körperteil** la partie du corps
korpulent corpulent(e)
korrekt ❶ correct(e) ❷ **sich verhalten** correctement
die **Korrektur** ❶ (*das Korrigieren, korrigierte Stelle*) la correction ❷ (*vor dem Drucken*) **Korrektur lesen** corriger les épreuves
der **Korrespondent** (*Berichterstatter*) le correspondant
die **Korrespondentin** (*Berichterstatterin*) la correspondante
die **Korrespondenz** la correspondance
der **Korridor** le corridor
korrigieren corriger
korrupt corrompu(e)
Korsika la Corse; **auf Korsika** en Corse
das **Kortison** la cortisone
der **Kosename** le petit nom
das **Kosewort** le mot tendre
der **Kosinus** (*in der Mathematik*) le cosinus

die **Kosmetik** les soins (*männlich*) de beauté
der **Kosmetiker** l'esthéticien (*männlich*)
die **Kosmetikerin** l'esthéticienne (*weiblich*)
der **Kosmos** le cosmos [kɔsmos]
die **Kost** ❶ la nourriture ❷ **Kost und Logis** le vivre et le couvert; **freie Kost und Logis haben** être logé(e) et nourri(e)
kostbar précieux/précieuse
die **Kostbarkeit** ❶ (*Gegenstand*) l'objet (*männlich*) précieux ❷ (*Wert*) **Teppiche und Schmuck von großer Kostbarkeit besitzen** posséder des tapis et des bijoux de grande valeur
kosten[1] ❶ coûter; **was** [*oder* **wie viel**] **kostet das?** ça coûte combien?; **viel kosten** coûter cher; **nicht viel kosten** ne pas coûter cher ❷ **jemanden Anstrengungen kosten** coûter des efforts à quelqu'un; **jemanden Nerven kosten** être nerveusement éprouvant(e) pour quelqu'un ❸ **jemanden das Leben kosten** coûter la vie à quelqu'un ▸ **koste es, was es wolle** coûte que coûte
kosten[2] (*probieren*) goûter
die **Kosten** ❶ (*Auslagen*) les frais (*männlich*); **auf Kosten des Unternehmens** aux frais de l'entreprise ❷ (*Preis*) le coût ▸ **auf Kosten der Gesundheit gehen** être au détriment de la santé; **auf seine Kosten kommen** en avoir pour son argent

> In ❷ wird der Plural *die Kosten* mit einem Singular übersetzt: *die Kosten sind gestiegen – le coût a augmenté.*

kostenlos ❶ gratuit(e) ❷ **bekommen** gratuitement
köstlich ❶ délicieux/délicieuse; **köstlich schmecken** être délicieux/délicieuse ❷ *Einfall, Geschichte* succulent(e) ❸ **wir haben uns köstlich amüsiert** nous nous sommes amusés comme des petits fous
die **Kostprobe** ❶ (*Probierstück bei Speisen*) le petit morceau à déguster; (*Probierschluck bei Getränken*) le petit verre à déguster ❷ (*übertragen*) **des Könnens, Wissens** l'échantillon (*männlich*)
das **Kostüm** ❶ (*Damenkostüm*) le tailleur ❷ (*Tracht, Verkleidung*) le costume
der **Kot** les excréments (*männlich*)

> Der Singular *der Kot* wird mit einem Plural übersetzt: *der Kot mancher Vögel wird als Dünger verwendet – les excréments de certains oiseaux sont utilisés comme engrais.*

das **Kotelett** la côtelette ⚠ *weiblich*
die **Koteletten** les favoris (*männlich*)
der **Köter** (*umgs.*) le cabot

das Kostüm

F Nicht verwechseln mit *le costume* – *der Anzug!*

der **Kotflügel** l'aile *(weiblich)*
kotzen *(salopp)* ❶ dégueuler ❷ **es ist zum Kotzen** c'est emmerdant
die **Krabbe** ❶ *(Garnele)* la crevette ❷ *(krebsähnliches Tier)* le crabe
krabbeln *Kind:* marcher à quatre pattes; *Spinne, Käfer:* se promener
der **Krach** ❶ le vacarme; **Krach machen** faire du vacarme ❷ *(umgs.: Streit)* l'engueulade *(weiblich)*; **er hat Krach mit seiner Freundin** il s'est engueulé avec sa petite amie
krachen ❶ *Schuss:* claquer; *Donner:* éclater ❷ *(abbrechen) Ast:* craquer ❸ *(umgs.: prallen)* **gegen einen Baum krachen** *Fahrer, Auto:* s'écraser contre un arbre ❹ **an der Kreuzung hat es gekracht** *(umgs.)* ça a cartonné au carrefour ❺ **bei ihnen kracht es ständig** *(umgs.)* ils s'engueulent sans arrêt
das **Kracherl** Ⓐ *(Limonade)* le soda
die **Kraft** ❶ *(Stärke)* la force; **aus eigener Kraft** par ses/mes/... propres moyens; **mit aller Kraft** de toutes ses/mes/... forces; **mit letzter Kraft** dans un suprême effort; **wieder zu Kräften kommen** récupérer ❷ *(starke Wirkung)* le pouvoir ❸ *(Arbeitskraft)* l'employé *(männlich)*/l'employée *(weiblich)*; **die erfahrenen Kräfte** le personnel expérimenté ❹ *(physikalische Größe)* l'énergie *(weiblich)* ▶ **in Kraft sein** être en vigueur; **in Kraft treten** entrer en vigueur
das **Kraftfahrzeug** le véhicule automobile
der **Kraftfahrzeugbrief** titre de propriété du véhicule
der **Kraftfahrzeugschein** la carte grise
die **Kraftfahrzeugsteuer** ≈ l'impôt *(männlich)* sur les véhicules automobiles

kräftig ❶ *Person, Wuchs* fort(e); *Händedruck* vigoureux/vigoureuse; *Strömung* puissant(e) ❷ *Farbton* soutenu(e); *Duft, Geschmack* fort(e) ❸ *drücken, zustoßen* vigoureusement; *rühren* énergiquement; *einatmen* profondément
kraftlos *Person* sans force; *Händedruck* mou/molle
die **Kraftprobe** l'épreuve *(weiblich)* de force
der **Kraftstoff** le carburant
kraftvoll ❶ *Körper* vigoureux/vigoureuse; *Stimme* puissant(e) ❷ *zuschlagen* violemment
das **Kraftwerk** la centrale [électrique]
der **Kragen** le col ▶ **ihm platzt der Kragen** *(umgs.)* il explose; **jetzt platzt mir aber der Kragen!** *(umgs.)* maintenant, y en a [vraiment] marre!
die **Krähe** la corneille ▶ **eine Krähe hackt der anderen kein Auge aus** les loups ne se mangent pas entre eux
krähen *Hahn:* chanter
die **Kralle** *einer Katze* la griffe; *eines Raubvogels* la serre
der **Kram** *(umgs.)* ❶ *(Zeug)* le bazar ❷ *(Angelegenheit)* le fourbi; **kümmere dich um deinen eigenen Kram!** mêle-toi de tes oignons! ▶ **jemandem nicht in den Kram passen** tomber mal [pour quelqu'un]
kramen *(umgs.)* ❶ fouiller [fuje]; **in der Schublade kramen** fouiller dans le tiroir; **nach etwas kramen** fouiller à la recherche de quelque chose ❷ **etwas aus dem Schrank kramen** extirper quelque chose de l'armoire
der **Krampf** la crampe ⚠ *weiblich*; **einen Krampf bekommen** attraper une crampe; **Krämpfe haben** *(Muskelkrämpfe)* avoir des crampes; *(Koliken)* avoir des spasmes ▶ **das ist doch [ein] Krampf!** *(umgs.)* c'est de la foutaise!
krampfhaft ❶ *Nachdenken* obstiné(e); *Versuch* désespéré(e); *Lachen* convulsif/convulsive ❷ *nachdenken* obstinément; *versuchen* désespérément; *lachen* convulsivement
der **Kran** la grue
der **Kranich** la grue
krank ❶ malade; **krank werden** tomber malade; **jemanden krank machen** rendre quelqu'un malade ❷ *(übertragen)* **krank vor Eifersucht** malade de jalousie; **das Warten macht mich [ganz] krank** l'attente me rend [complètement] malade
der **Kranke** le malade
die **Kranke** la malade

kränken blesser
die **Krankengymnastik** la kinésithérapie
das **Krankenhaus** l'hôpital *(männlich)*; **ins Krankenhaus kommen** être hospitalisé(e)
die **Krankenkasse** la caisse d'assurance-maladie
der **Krankenpfleger** l'infirmier *(männlich)*
die **Krankenschwester** l'infirmière *(weiblich)*
die **Krankenversichertenkarte** ≈ la carte d'assuré social
die **Krankenversicherung** l'assurance-maladie *(weiblich)*; **die gesetzliche Krankenversicherung** ≈ la Sécurité sociale; **die private Krankenversicherung** ≈ la caisse d'assurance maladie
der **Krankenwagen** l'ambulance *(weiblich)*
krankhaft ❶ *(krankheitsbedingt)* pathologique ❷ *(unnormal)* maladif/maladive; **ein krankhaft ehrgeiziger Mensch** un homme d'une ambition maladive
die **Krankheit** la maladie
kranklachen *(umgs.)* **sich kranklachen** être écroulé(e) de rire
krankmelden sich krankmelden se faire porter malade
krankschreiben jemanden krankschreiben prescrire un arrêt de travail à quelqu'un
der **Kranz** ❶ *(aus Pflanzen)* la couronne ❷ *(Hefekranz)* la brioche en couronne
krass ❶ *Außenseiter* manifeste; *Gegensatz* flagrant(e) ❷ *(umgs.: sehr gut)* super, cool [kul] ❸ *(umgs.: verrückt)* grave; **der Typ ist krass [drauf]** il est grave, ce type
der **Krater** le cratère
kratzen ❶ *(verletzen)* griffer; **die Katze hat mich gekratzt** le chat m'a griffé(e) ❷ *(vom Juckreiz befreien)* gratter; **jemanden am Rücken kratzen** gratter le dos à quelqu'un; **sich kratzen** se gratter; **sich am Ohr kratzen** se gratter l'oreille ❸ *(Juckreiz verursachen)* gratter; **der Pulli kratzt [auf der Haut]** ce pull gratte [la peau] ❹ **das kratzt mich [überhaupt] nicht** *(umgs.)* je m'en fiche [complètement]
kraulen[1] *(schwimmen)* nager le crawl; **gerne kraulen** aimer bien nager le crawl; **hundert Meter kraulen** faire cent mètres en crawl
kraulen[2] *(liebkosen)* gratouiller, grattouiller
kraus ❶ *Haare* [tout] frisé/[toute] frisée ❷ **die Stirn/die Nase kraus ziehen** froncer le front/le nez ❸ *(verworren) Geschichte* embrouillé(e)
kräuseln ❶ **sich kräuseln** *Haare:* frisotter; *Wasseroberfläche:* se rider ❷ *(kraus machen)* friser, frisotter *Haare;* froncer *Stoff*
das **Kraut** ❶ *(Gewürzpflanze, Heilpflanze)* die **Kräuter** les herbes *(weiblich)* ❷ *(nicht genießbarer grüner Teil)* von *Karotten, Kartoffeln* les fanes *(weiblich)* ❸ Ⓐ *(Kohl)* le chou; *(Sauerkraut)* la choucroute ▶ **wie Kraut und Rüben [herumliegen]** *(umgs.)* [être] sens dessus dessous

> Ⓥ In ❷ wird der Singular *das Kraut* mit einem Plural übersetzt: *das Kraut <u>ist</u> für die Kaninchen – les fanes <u>sont</u> pour les lapins.*

der **Kräutertee** l'infusion *(weiblich)*, la tisane
der **Krawall** ❶ *(Tumult)* la bagarre ❷ *(umgs.: Lärm)* le boucan; **Krawall machen** faire du raffut
die **Krawatte** la cravate
kreativ créatif/créative
die **Kreativität** la créativité
die **Kreatur** la créature
der **Krebs** ❶ le crustacé; *(Flusskrebs)* l'écrevisse *(weiblich)* ❷ *(Krankheit)* le cancer; **Krebs haben** avoir <u>un</u> cancer; **Krebs erregend wirken** avoir des effets cancérigènes ❸ *(in der Astrologie)* le Cancer; **[ein] Krebs sein** être Cancer
der **Kredit** ❶ *(geliehenes Geld)* le crédit; **auf Kredit** à crédit; **einen Kredit [bei jemandem] aufnehmen** prendre un crédit [auprès de quelqu'un] ❷ *(Bankdarlehen aus der Sicht des Gebenden)* le prêt ❸ *(Bankdarlehen aus der Sicht des Nehmenden)* l'emprunt *(männlich)*
die **Kreditkarte** la carte de crédit
die **Kreide** la craie
der **Kreis** ❶ le cercle ❷ *(übertragen)* **im engsten Kreis [oder Kreise]** en tout petit comité; **im Kreis [oder Kreise] der Familie** au sein de la famille ❸ **diese Kreise** *(Gesellschaftsschichten)* ces milieux *(männlich)*; **weite Kreise der Bevölkerung** de larges couches *(weiblich)* de la population ▶ **die besseren Kreise** les milieux °huppés
kreischen ❶ *(einen Schrei ausstoßen)* pousser un cri strident; *(mehrere Schreie ausstoßen)* pousser des cris stridents ❷ *Bremsen:* crier
der **Kreisel** ❶ la toupie ❷ *(umgs.: Kreisverkehr)* le rond-point
kreisen ❶ *(sich im Kreis bewegen)* tourner; **um etwas kreisen** tourner autour de quelque chose ❷ *(im Kreis fliegen) Flugzeug:* tournoyer; **über der Stadt kreisen** tournoyer au-dessus de la ville ❸ **mit den Armen kreisen** effectuer des cercles avec les bras
kreisförmig ❶ circulaire ❷ *anordnen* en cer-

cle
- der **Kreislauf** ❶ (*Blutkreislauf*) la circulation ❷ *des Lebens, der Natur* le cycle; *des Geldes* la circulation
- die **Kreislaufstörungen** les troubles (*männlich*) circulatoires
- der **Kreißsaal** la salle d'accouchement
- die **Kreisstadt** ≈ le chef-lieu de district; (*in Frankreich*) ≈ le chef-lieu de canton
- der **Kreisverkehr** le rond-point
- das **Krematorium** le crématorium
- der **Krempel** (*umgs.*) le bazar
- der **Kren** Ⓐ le raifort
- **krepieren** (*salopp*) crever
- der **Krepp** le crêpe
- die **Kresse** le cresson ⚠ *männlich*
  Kreta la Crète; **auf Kreta** en Crète
  kreuz kreuz und quer dans tous les sens
- das **Kreuz** ❶ la croix ❷ (*Rücken*) les reins (*männlich*); **es im Kreuz haben** (*umgs.*) avoir mal aux reins ❸ (*Autobahnkreuz*) l'échangeur (*männlich*) ❹ (*beim Kartenspiel*) le trèfle ❺ (*in der Musik*) le dièse ▸ **drei Kreuze machen** (*umgs.*) pousser un ouf de soulagement; **das Rote Kreuz** la Croix-Rouge; **jemanden aufs Kreuz legen** arnaquer quelqu'un; **über[s] Kreuz zusammenlegen** en croix

> Ⓥ In ❷ wird der Singular *das Kreuz* mit einem Plural übersetzt: *ich habe Schmerzen im Kreuz – j'ai mal aux reins.*

  kreuzen ❶ croiser *Tiere, Pflanzen, Weg* ❷ *Segelschiff*: louvoyer; *Flugzeug, Schiff*: croiser ❸ **sich kreuzen** *Wege, Briefe*: se croiser
- die **Kreuzfahrt** la croisière
  kreuzigen crucifier
- die **Kreuzotter** la vipère péliade
- die **Kreuzschmerzen** (*umgs.*) **Kreuzschmerzen haben** avoir mal aux reins
- die **Kreuzung** ❶ (*Straßenkreuzung*) le carrefour ❷ (*das Kreuzen*) le croisement ❸ (*durch Kreuzung entstandene Tierrasse*) le bâtard/la bâtarde
- das **Kreuzworträtsel** les mots (*männlich*) croisés; **ein Kreuzworträtsel machen** faire des mots croisés

> Ⓥ Der Singular *das Kreuzworträtsel* wird mit einem Plural übersetzt: *dieses Kreuzworträtsel ist leicht – ces mots croisés sont faciles.*

  kribbelig (*umgs.*) ❶ (*nervös*) fébrile; **jemanden [ganz] kribbelig machen** mettre les nerfs en pelote à quelqu'un ❷ (*ungeduldig*) **ich bin ganz kribbelig** je n'y tiens plus
  kribbeln ❶ **es kribbelt jemandem** [oder **jemanden**] **in der Nase** quelqu'un a des picotements dans le nez ❷ (*übertragen*) **es kribbelt mir in den Fingern, hier aufzuräumen** ça me démange de ranger ici
  kribblig →**kribbelig**
  kriechen ❶ *Tier, Mensch*: ramper ❷ (*langsam fahren*) se traîner ❸ **vor jemandem kriechen** ramper devant quelqu'un
- der **Krieg** la guerre; **jemandem den Krieg erklären** déclarer la guerre à quelqu'un; **[einen] Krieg gegen jemanden führen** faire la guerre à quelqu'un
  kriegen (*umgs.*) ❶ recevoir; **etwas zu essen kriegen** pouvoir manger quelque chose; **Prügel von jemandem kriegen** ramasser une volée de quelqu'un ❷ **ein Kind kriegen** aller avoir un enfant; **sie hat ein Mädchen gekriegt** elle a eu une fille ❸ **etwas geregelt kriegen** arriver à régler quelque chose; **er kriegt das Auto geliehen** on lui prête la voiture ❹ attraper *Bus, Zug*; dénicher *Taxi* ❺ récolter *Strafzettel* ❻ **jemanden kriegen** mettre la main sur quelqu'un; (*telefonisch*) arriver à avoir quelqu'un ❼ choper *Grippe* ▸ **dann kriegst du es mit ihm/mit mir/mit ... zu tun** tu auras affaire à lui/à moi/à ...
- das **Kriegsbeil** la °hache de guerre ▸ **das Kriegsbeil begraben** enterrer la °hache de guerre
- der **Kriegsdienstverweigerer** l'objecteur (*männlich*) de conscience
- der **Kriegsgefangene** le prisonnier de guerre
- die **Kriegsgefangene** la prisonnière de guerre
- das **Kriegsverbrechen** le crime de guerre
- der **Krimi** (*umgs.*) le polar
  kriminalistisch ❶ de détective ❷ **kriminalistisch begabt sein** avoir des talents de détective
- die **Kriminalität** ❶ la criminalité ❷ **die organisierte Kriminalität** le crime organisé
- die **Kriminalpolizei** la police judiciaire
- der **Kriminalroman** le roman policier
  kriminell ❶ criminel(le); **kriminell sein** être délinquant(e) ❷ (*gefährlich*) **das wird kriminell** ça devient casse-gueule
- der **Kriminelle** le criminel
- die **Kriminelle** la criminelle
- der **Krimskrams** (*umgs.*) le fourbi
- der **Kringel** (*Schnörkel, Kreis*) le petit rond
  kringeln ❶ **sich kringeln** *Haare*: frisotter ❷ (*umgs.: winden*) **sich kringeln** se tordre; **sich vor Lachen kringeln** se tordre de rire
- die **Kripo** (*umgs.*) *Abkürzung von* **Kriminalpolizei** la P.J. [peʒi]

die **Krippe** ❶ (*Futterkrippe*) la mangeoire ❷ (*Weihnachtskrippe, Kinderkrippe*) la crèche
die **Krise** la crise ▸ **ich krieg die Krise!** (*umgs.*) je vais piquer une crise!
kriseln (*umgs.*) **es kriselt** ça va mal
das **Krisengebiet** la région instable
der **Krisenstab** la cellule de crise
der **Kristall** le cristal
das **Kristall** ❶ (*Kristallglas*) le cristal ❷ (*Gegenstände aus Kristallglas*) les cristaux (*männlich*)
das **Kriterium** le critère; **ein Kriterium für etwas** un critère de quelque chose
die **Kritik** ❶ la critique; **seine Kritik an meinem Plan** sa critique à l'égard de mon projet; **an jemandem/an etwas Kritik üben** critiquer quelqu'un/quelque chose ❷ (*Beurteilung*) la critique; **der Roman hat gute Kritiken** le roman a de bonnes critiques ▸ **etwas ist unter aller Kritik** (*umgs.*) quelque chose est au-dessous de tout
der **Kritiker** ❶ (*Rezensent*) le critique ❷ (*Gegner*) le détracteur
die **Kritikerin** ❶ (*Rezensentin*) la critique ❷ (*Gegnerin*) la détractrice
kritisch ❶ critique ❷ *beurteilen* de façon critique
kritisieren critiquer
kritzeln griffonner
Kroatien la Croatie; **in Kroatien** en Croatie
der **Krokant** la nougatine
das **Krokodil** le crocodile
der **Krokus** le crocus [krɔkys]
die **Krone** ❶ (*Königskrone, Zahnprothese*) la couronne ❷ *eines Baums* la cime ▸ **einer Sache die Krone aufsetzen** c'est le comble de quelque chose; **einen in der Krone haben** (*umgs.*) avoir un verre dans le nez
krönen couronner; **jemanden zum König krönen** couronner quelqu'un roi
der **Kronenkorken**, der **Kronkorken** la capsule
der **Kronleuchter** le lustre
der **Kronprinz** le prince héritier
die **Kronprinzessin** la princesse héritière
die **Krönung** le couronnement
der **Kronzeuge** le témoin principal
die **Kronzeugin** le témoin principal

> Ⓖ Es gibt im Französischen keine Femininform: *sie ist die Kronzeugin – elle est le témoin principal.*

der **Kropf** ❶ (*beim Menschen*) le goitre ❷ (*bei Vögeln*) le jabot ▸ **das ist so unnötig** [*oder* **überflüssig**] **wie ein Kropf** (*umgs.*) ça sert strictement à rien

die **Kröte** ❶ (*Tier*) le crapaud ❷ (*umgs.: Geld*) **die Kröten** le fric; **sich ein paar Kröten verdienen** se faire un peu de fric
die **Krücke** la béquille; **an Krücken gehen** marcher avec des béquilles
der **Krug** ❶ (*Wasserkrug*) la cruche ❷ (*Bierkrug*) la chope ▸ **der Krug geht so lange zum Brunnen, bis er bricht** tant va la cruche à l'eau qu'à la fin elle se casse
der **Krümel** (*Brösel*) la miette
krumm ❶ *Ast, Draht, Nagel* tordu(e); *Nase* crochu(e); *Rücken* voûté(e) ❷ (*umgs.: ungerade*) *Betrag, Zahl* tordu(e) ❸ **gehen, sitzen, stehen** le dos voûté; **wachsen** de travers
krümmen ❶ courber *Rücken*; plier *Finger* ❷ **sich krümmen** *Ast:* se courber; *Straße:* faire une courbe; *Fluss:* faire un coude ❸ (*übertragen*) **sich krümmen** se tordre; **sich vor Lachen/vor Schmerzen krümmen** se tordre de rire/de douleur
krummlachen (*umgs.*) **sich krummlachen** se tordre de rire; **sich krumm- und schieflachen** être écroulé(e) de rire
krummnehmen (*umgs.*) **er hat dir deine Bemerkung krummgenommen** il a pris ton observation de travers; **jemandem krummnehmen, dass er sich nicht gemeldet hat** en vouloir à quelqu'un de ce qu'il n'ait pas donné de ses nouvelles
der **Krüppel** l'estropié (*männlich*)/l'estropiée (*weiblich*)
die **Kruste** la croûte
das **Kruzifix** le crucifix
die **Krypta** la crypte
die **KSZE** *Abkürzung von* **Konferenz über Sicherheit und Zusammenarbeit in Europa** la C.S.C.E. [sɛɛssəø]
Kuba Cuba; **auf Kuba** à Cuba
der **Kübel** ❶ (*Pflanzkübel*) la jardinière ❷ Ⓒᴴ (*Mülleimer*) la poubelle ▸ **es gießt wie aus Kübeln** (*umgs.*) il pleut à seaux
der/das **Kubikmeter** le mètre cube
die **Küche** la cuisine
der **Kuchen** (*mit Obst belegt*) la tarte; **einen Kuchen backen** faire une tarte
die **Kuchenform** le moule à gâteaux [*oder* à gâteau]
die **Kuchengabel** la fourchette à gâteaux
die **Küchenmaschine** le robot
das **Küchenmesser** le couteau de cuisine
die **Küchenrolle** le rouleau essuie-tout
das **Küken** Ⓐ le poussin
kuckuck coucou
der **Kuckuck** le coucou ▸ **weiß der Kuckuck, wo sie steckt!** (*umgs.*) où est-elle, mystère

et boule de gomme!; **zum Kuckuck [noch mal]**! (*umgs.*) et zut! [e zyt]
die **Kufe** *eines Schlittens, Flugzeugs* le patin; *eines Schlittschuhs* la lame
die **Kugel** ① la boule ② (*geometrischer Körper*) la sphère ③ (*Geschoss*) la balle ④ (*beim Kugelstoßen*) le poids ▶ **er schiebt eine ruhige Kugel** (*umgs.*) il se la coule douce
das **Kugellager** le roulement à billes
kugelrund ① (*kugelförmig*) sphérique ② (*umgs.: dick*) rondouillard(e)
der **Kugelschreiber** le stylo [à] bille
das **Kugelstoßen** le lancer du poids
die **Kuh** ① la vache ② (*umgs.: Schimpfwort*) **eine blöde Kuh** une connasse
die **Kuhhaut** **das geht auf keine Kuhhaut** (*umgs.*) c'est pas croyable
kühl ① frais/fraîche; **es ist kühl** il fait frais; **es wird kühl** ça se rafraîchit; **mir wird kühl** je commence à avoir froid ② **die Getränke kühl lagern** conserver les boissons au frais ③ (*übertragen*) *Empfang* froid(e) ④ (*übertragen*) *antworten* avec froideur; *empfangen* fraîchement
die **Kühlbox** (*Kühltasche*) la glacière
kühlen ① rafraîchir *Getränk*; réfrigérer *Lebensmittel*; **die gekühlten Getränke** les boissons (*weiblich*) fraîches ② **das kühlt** ça rafraîchit
der **Kühler** *eines Autos* le radiateur
die **Kühlerhaube** le capot
der **Kühlschrank** le réfrigérateur
die **Kühltasche** la glacière
die **Kühltruhe** le congélateur bahut
die **Kuhmilch** le lait de vache
kühn ① *Held* téméraire; *Tat* audacieux/audacieuse; *Idee, Plan, Frage* °hardi(e) ② **kühn behaupten, dass alles falsch ist** avoir l'audace de prétendre que tout est faux ③ **kühn geschwungen** °hardiment courbé(e)
die **Kühnheit** l'audace (*weiblich*)
das **Küken** le poussin
der **Kukuruz** Ⓐ le maïs [mais]
der **Kuli** (*umgs.: Kugelschreiber*) le stylo
die **Kulisse** le décor, les décors ▶ **hinter den Kulissen** dans les coulisses
kullern rouler
der **Kult** le culte; **einen Kult mit etwas treiben** vouer un culte à quelque chose ▶ **jemand/etwas ist Kult** (*umgs.*) quelqu'un/quelque chose est un culte
die **Kultfigur** le personnage-culte
der **Kultfilm** le film-culte
kultig (*umgs.*) **ein kultiger Filmregisseur** un réalisateur-culte; **eine kultige Sängerin** une chanteuse-culte; **ein kultiges Buch** un livre-culte
kultiviert ① *Geschmack* raffiné(e); *Benehmen* distingué(e) ② *essen* de façon raffinée; **sich benehmen** avec distinction
die **Kultur** ① la civilisation; **die Kultur der Antike** la culture gréco-latine ② (*kulturelles Niveau*) le degré de civilisation ③ (*Bildung, Umgangsformen*) la distinction; **er hat Kultur** il a de la distinction; **er hat keine Kultur** il manque de distinction ④ (*Anpflanzung*) la plantation ⑤ (*in der Biologie*) la culture
der **Kulturbeutel** la trousse de toilette
kulturell ① culturel(le) ② **kulturell hochstehend** d'un °haut niveau de civilisation
der **Kulturfilm** le film documentaire, le documentaire
die **Kulturgeschichte** l'histoire (*weiblich*) de la civilisation
der **Kultusminister** ≈ le ministre de l'Éducation et des Affaires culturelles (*d'un land*)
die **Kultusministerin** ≈ la ministre de l'Éducation et des Affaires culturelles (*d'un land*)
das **Kultusministerium** ≈ le ministère de l'Éducation et de la Culture (*d'un land*)
der **Kümmel** le cumin
der **Kummer** ① le chagrin; **Kummer haben** avoir du chagrin ② (*Unannehmlichkeiten*) le souci; **jemandem Kummer machen** causer du souci à quelqu'un; **seinen Kummer vergessen** oublier ses soucis ▶ **ich bin/er ist Kummer gewöhnt** (*umgs.*) j'ai/il a l'habitude des embêtements
kümmerlich ① *Pflanze* chétif/chétive ② *Gehalt* misérable ③ **ein kümmerliches Ergebnis** un maigre résultat ④ *leben, sich ernähren* chichement
kümmern ① **sich kümmern** s'en occuper; **sich um jemanden/um etwas kümmern** s'occuper de quelqu'un/de quelque chose; **sich darum kümmern, dass alles stimmt** veiller à ce que tout soit exact ② (*achten auf*) **sich um etwas nicht kümmern** ne pas s'occuper de quelque chose; **sich nicht darum kümmern, was die Leute sagen** ne pas se préoccuper de savoir ce que disent les gens ③ **das kümmert ihn nicht** il ne s'en soucie pas; **was kümmert mich das?** en quoi ça me regarde?
der **Kumpel** (*umgs.*) ① (*Freund, Kamerad*) le pote ② (*Freundin, Kameradin*) la pote ③ (*Bergmann*) la gueule noire
der **Kunde** le client
der **Kundendienst** le service après-vente

kündigen ①(*entlassen*) **jemanden** [*oder* **jemandem**] **kündigen** licencier quelqu'un; **sie sind** [*oder* **ihnen ist**] **gekündigt worden** on les a licencié(e)s ②(*sein Arbeitsverhältnis beenden*) démissionner; **seine Stellung kündigen** démissionner de son poste; **bei einem Unternehmen kündigen** donner sa démission à une entreprise ③(*das Mietverhältnis beenden*) **einem Mieter kündigen** donner congé à un locataire ④(*aufgeben*) résilier *Vertrag, Versicherung*; **seine Wohnung kündigen** résilier son bail

die **Kündigung** ①(*Entlassung*) le licenciement ②(*Weggang*) la démission ③ *eines Vertrags, einer Versicherung* la résiliation; **die Kündigung einer Wohnung** la résiliation d'un bail

die **Kündigungsfrist** *eines Arbeitsvertrags, Mietvertrags* le délai de préavis; *eines Abonnements* le délai de résiliation; *eines Sparbuchs* le délai de clôture

die **Kundin** la cliente

die **Kundschaft** ①(*Kundenkreis*) la clientèle ② **es ist Kundschaft im Geschäft** il y a des clients dans le magasin

künftig ① futur(e); **seine künftige Frau** sa future femme; **die künftigen Generationen** les générations futures ②(*in Zukunft*) à l'avenir

die **Kunst** ① l'art (*männlich*); **die bildende Kunst** les arts plastiques; **die schönen Künste** les beaux-arts ②(*Schulfach*) les arts (*männlich*) plastiques ▶ **das ist keine Kunst** (*umgs.*) c'est pas [bien] sorcier

der **Kunstdruck** la reproduction

der **Kunstdünger** l'engrais (*männlich*) chimique

die **Kunsterziehung** l'enseignement (*männlich*) artistique; (*Schulfach*) le dessin

die **Kunstfaser** la fibre synthétique

die **Kunstgeschichte** l'histoire (*weiblich*) de l'art

das **Kunstleder** le similicuir

der **Künstler** l'artiste (*männlich*)

die **Künstlerin** l'artiste (*weiblich*)

künstlerisch ① *Arbeit* d'artiste; *Begabung* artistique; *Gegenstand* d'art ② *bedeutend* du point de vue artistique; *begabt* artistiquement

künstlich ① *Beleuchtung, See, Befruchtung, Ernährung* artificiel(le) ② *Heiterkeit* factice ③ *befruchten, ernähren* artificiellement ④ *herstellen* industriellement ⑤ **sich künstlich aufregen** s'énerver pour rien

die **Kunstsammlung** la collection d'objets d'art

der **Kunststoff** le plastique

das **Kunststück** ①(*artistische Leistung*) le tour d'adresse ②(*schwierige Leistung*) le tour de force ▶ **das ist kein Kunststück** ce n'est vraiment pas un exploit

das **Kunstwerk** ① l'œuvre (*weiblich*) d'art ②(*Meisterleistung*) le chef-d'œuvre

das **Kupfer** le cuivre [kɥivʀ]; **Kupfer leitet den Strom gut** le cuivre est un bon conducteur électrique

der **Kupferstich** la gravure sur cuivre

der **Kupon** [ku'pɔ̃ː] → **Coupon**

die **Kuppe** ①(*Bergkuppe*) le mamelon ②(*Fingerkuppe*) le bout [du doigt]

die **Kuppel** (*Innenseite oder Innenansicht des Kuppelgewölbes*) la coupole; (*Außenseite oder Außenansicht des Kuppeldachs*) le dôme

die **Kupplung** ①(*Kupplungspedal*) l'embrayage (*männlich*); **die Kupplung treten** [*oder* **durchtreten**] débrayer; **die Kupplung loslassen** [*oder* **kommen lassen**] embrayer ②(*Anhängerkupplung*) l'attelage (*männlich*)

die **Kur** la cure; **in Kur gehen** aller en cure

die **Kür** les figures (*weiblich*) libres

die **Kurbel** la manivelle

kurbeln ① tourner la manivelle ② **die Markise nach unten/nach oben kurbeln** dérouler/enrouler le store

der **Kürbis** le potiron

küren (*gehoben*) élire; **jemanden zum Sportler des Jahres küren** élire quelqu'un sportif de l'année

der **Kurgast** le curiste/la curiste

der **Kurier** le coursier

der **Kurierdienst** (*Firma*) l'entreprise (*weiblich*) de messagerie express

kurieren guérir ▶ **von etwas kuriert sein** (*umgs.*) être vacciné(e) contre quelque chose

der **Kurort** la station thermale

der **Kurpark** le parc thermal

der **Kurs** ① le cap; **den Kurs halten** [*oder* **beibehalten**] tenir le cap; **vom Kurs abkommen** dériver ②(*Lehrgang*) le cours; **einen Kurs besuchen** suivre un cours ③(*Wechselkurs*) le taux de change ④ *von Aktien* le cours ⑤(*politische Linie*) la ligne [politique] ▶ [**bei jemandem**] **hoch im Kurs stehen** être très prisé(e) [par quelqu'un]

kursieren circuler

kursiv ① italique; **dieses Wort muss kursiv sein** il faut que ce mot soit en italique ② *schreiben* en italique

die **Kursivschrift** l'italique (*männlich*)

der **Kursus** le cours

der **Kurswagen** la voiture [directe]

die **Kurve** ① le virage; **eine Kurve machen** *Bahnlinie, Straße:* faire un virage ②(*mathematisch*) la courbe ▶ **die Kurve kratzen**

(*umgs.*) mettre les bouts
kurven (*umgs.: fahren*) **durch die Stadt kurven** sillonner la ville; **mit dem Auto durch Frankreich kurven** sillonner la France en voiture
kurvenreich ① *Straße* sinueux/sinueuse ② (*umgs.: mit weiblichen Rundungen*) bien roulé(e)
kurz ① (*räumlich und zeitlich*) *Weg, Unterbrechung, Aufenthalt* court(e); **ein kurzer Blick** un bref regard; **eine kurze Pause** une petite pause; **in kurzer Zeit** en peu de temps ② (*knapp*) *Artikel, Bericht* court(e); *Antwort, Silbe* bref/brève ③ **die Haare kurz schneiden** couper les cheveux court; **kürzer machen** raccourcir *Kleid* ④ *bleiben, dauern* peu de temps; *sprechen* brièvement; **kurz [gesagt]**, ... bref, ...; **vor kurzem** il y a encore peu de temps; **seit kurzem** depuis peu ⑤ **es ist kurz vor acht** il n'est pas loin de °huit heures; **kurz zuvor** peu de temps avant; **kurz danach** peu de temps après; **kurz bevor sie angekommen ist** peu [de temps] avant qu'elle soit arrivée; **kurz hintereinander** à brefs intervalles ▶ **kurz angebunden sein** être bourru(e); **kurz und bündig** sans détour; **kurz und gut** pour tout dire; **über kurz oder lang** tôt ou tard; **kurz und schmerzlos** (*umgs.*) en y allant carrément; **sich kurz fassen** être bref; **bei etwas zu kurz kommen** être lésé lors de quelque chose; **es kurz machen** être bref
die **Kurzarbeit** le chômage partiel
kurzarbeiten travailler à temps réduit
kurzärmelig, kurzärmlig à manches courtes
die **Kürze** ① angesichts der Kürze der Strecke vu le court trajet ② (*kurze Dauer*) la brièveté; **in Kürze** sous peu ③ *einer Antwort* la brièveté; *eines Artikels* la concision; **in aller Kürze antworten** répondre aussi brièvement que possible
kürzen ① raccourcir *Kleidungsstück, Text;* **den Mantel um drei Zentimeter kürzen** raccourcir le manteau de trois centimètres ② diminuer *Beitrag, Zuschuss* ③ (*in der Mathematik*) réduire *Bruch*
die **Kurzfassung** l'abrégé (*männlich*); **in Kurzfassung** en abrégé
der **Kurzfilm** le court métrage
kurzfristig ① *Vertrag* à court terme; *Zusage* rapide; *Programmänderung* impromptu(e) ② *informieren* en dernière minute ③ *unterbrechen* momentanément; *gelten* temporairement ④ **kurzfristig gesehen** à court terme
die **Kurzgeschichte** la nouvelle

kürzlich récemment
die **Kurznachrichten** le flash [flaʃ] d'information

> Der Plural *die Kurznachrichten* wird mit einem Singular übersetzt: *die Kurznachrichten kommen jede halbe Stunde – le flash d'information passe toutes les trente minutes.*

der **Kurzschluss** le court-circuit; **plötzlich gab es einen Kurzschluss** tout à coup, les plombs ont sauté
die **Kurzschrift** la sténographie, la sténo
kurzsichtig ① *Person* myope ② **das war kurzsichtig von dir** c'était imprévoyant de ta part ③ *Haltung, Politik* à courte vue ④ *handeln* à la petite semaine
die **Kurzsichtigkeit** ① (*auch übertragen*) *einer Person* la myopie ② *einer Politik* l'absence (*weiblich*) de °hauteur de vues
die **Kürzung** (*das Kürzen*) *von Ausgaben, Beträgen* la diminution; *eines Textes* l'abrègement (*männlich*)
der **Kurzurlaub** le bref congé
die **Kurzwelle** ① (*in der Physik*) l'onde (*weiblich*) courte ② (*beim Rundfunk, Funk*) les ondes (*weiblich*) courtes

> In ② wird der Singular *die Kurzwelle* mit einem Plural übersetzt: *eine Sendung auf Kurzwelle hören – écouter une émission sur ondes courtes.*

das **Kurzzeitgedächtnis** la mémoire à court terme
kuscheln (*umgs.*) ① (*zärtlich miteinander sein*) se caresser ② **sich an jemanden kuscheln** se blottir contre quelqu'un; **sich in die Decke kuscheln** se blottir sous la couverture
kuschen filer doux; **vor jemandem kuschen** filer doux devant quelqu'un
die **Kusine** la cousine
der **Kuss** le baiser
das **Küsschen** la bise; **gib Küsschen!** fais un câlin!
küssen ① embrasser; **jemanden auf den Mund küssen** embrasser quelqu'un sur la bouche; **sich küssen** s'embrasser ② **jemandem die Hand küssen** baiser la main à quelqu'un
die **Küste** ① (*Meeresufer*) la côte ② (*Küstengebiet*) le littoral
der **Küster** le sacristain
die **Küsterin** la sacristaine
die **Kutsche** le carrosse; **die offene Kutsche** la calèche
kutschieren (*umgs.*) ① **jemanden zum Bahnhof kutschieren** voiturer quelqu'un à

la gare ❷ **mit dem Auto durch die Stadt kutschieren** se balader en voiture dans la ville

das **Kuvert** [kuˈveːɐ̯] l'enveloppe *(weiblich)*
die **Kybernetik** la cybernétique
das **KZ** *Abkürzung von* **Konzentrationslager** le camp de concentration

L

das **l**, das **L** le l, le L [ɛl]
l *Abkürzung von* **Liter** l
labern *(umgs.)* dégoiser
labil *Person, Kreislauf* instable; *System* fragile
das **Labor** le laboratoire
das **Labyrinth** le labyrinthe [labiʀɛ̃t]
die **Lache** ❶ *(Pfütze)* la flaque ❷ *(umgs.: Lachen)* la façon de rire, le rire
lächeln sourire; **über jemanden/über etwas lächeln** sourire de quelqu'un/de quelque chose
das **Lächeln** le sourire
lachen rire; **über jemanden/über etwas lachen** rire de quelqu'un/de quelque chose; **jemanden zum Lachen bringen** faire rire quelqu'un ▸ **du hast gut lachen!** tu en parles à ton aise, toi!; **wer zuletzt lacht, lacht am besten** rira bien qui rira le dernier; [**bei jemandem] nichts zu lachen haben** *(umgs.)* rigoler pas tous les jours [chez quelqu'un]; **das wäre doch gelacht!** *(umgs.)* ça fait pas un pli!; **dass ich nicht lache!** *(umgs.)* laisse-moi/laissez-moi rire!
das **Lachen** le rire; **sich vor Lachen biegen** être plié(e) [en deux] de rire
lächerlich ❶ *Bemerkung, Verhalten, Vorfall* ridicule; **eine lächerliche Kleinigkeit** une bagatelle ❷ **jemanden/etwas lächerlich machen** ridiculiser quelqu'un/quelque chose; **sich [vor jemandem] lächerlich machen** se ridiculiser [devant quelqu'un] ❸ **lächerlich wenig** ridiculement peu
lachhaft ridicule
der **Lachs** le saumon [somõ]
das **Lachsbrötchen** *(Brötchenhälfte)* le demi-petit pain au saumon; *(ganzes Brötchen)* ≈ le sandwich [sɑ̃dwi(t)ʃ] au saumon
der **Lack** *(Autolack)* la laque; *(Nagellack)* le vernis à ongle; *(farblos)* le vernis
lackieren ❶ laquer *Holz* ❷ **sich die Fingernägel lackieren** se vernir les ongles
die **Lackschuhe** les chaussures *(weiblich)* vernies
laden ❶ **etwas auf einen Lkw laden** charger quelque chose sur un camion; **etwas aus dem Auto laden** décharger quelque chose de la voiture; **sein Auto voll laden** charger sa voiture à plein; **voll geladen** en pleine charge ❷ charger *Programm, Datei, Batterie, Pistole* ❸ citer *Zeugen*
der **Laden** ❶ le magasin; *(klein)* la boutique ❷ *(umgs.: Betrieb)* la boîte; **der Laden läuft** la boîte tourne ▸ **den Laden schmeißen** *(umgs.)* faire tourner la boîte
der **Ladenschluss** la fermeture des magasins
das **Ladenschlussgesetz** *la loi sur la fermeture des magasins*

> **L** Es gibt in Frankreich kein förmliches Ladenschlussgesetz. Die Öffnungszeiten der Geschäfte sind nicht einheitlich geregelt, sondern vielmehr dem Ermessen der Geschäftsinhaber oder -betreiber überlassen. Gesetzlich beziehungsweise tariflich geregelt ist die Wochenarbeitszeit der Menschen, die im Einzelhandel beschäftigt sind.

die **Ladung** ❶ *(Fracht)* le chargement ❷ **eine Ladung Dynamit** une charge de dynamite ❸ *(elektrische Ladung)* la charge
die **Lage** ❶ *eines Hauses* la situation; *eines Orts* le site ❷ *(Situation)* la situation; **sich in jemandes Lage versetzen** se mettre à la place de quelqu'un ❸ **in der Lage sein, etwas zu tun** être en mesure de faire quelque chose ❹ *(Schicht)* la couche
das **Lager** ❶ *(Warenlager)* le dépôt; **eine Ware am Lager haben** avoir une marchandise en stock ❷ *(Unterkunft)* le camp ▸ **etwas auf Lager haben** *(umgs.)* avoir quelque chose en réserve
das **Lagerfeuer** le feu de camp
die **Lagerhalle** l'entrepôt *(männlich)*
lagern ❶ stocker *Waren;* **kühl lagern!** garder au frais! ❷ **das Bein hoch lagern** surélever la jambe ❸ *(gelagert werden)* être emmagasiné
lahm ❶ *Bein* paralysé(e) ❷ *(umgs.: fadenscheinig) Ausrede, Erklärung* vaseux/vaseuse
lähmen paralyser
lahmlegen paralyser *Verkehr, Kreislauf*
die **Lähmung** *(auch übertragen)* la paralysie
der **Laib** la miche; **ein Laib Brot** une miche de pain
der **Laich** le frai
laichen frayer
der **Laie** ❶ *(Nichtfachmann)* le profane/la profane ❷ *(in der Kirche)* le laïc, le laïque/la laïque

das **Laken** le drap [de lit]
das **Lama** le lama
lamentieren (*umgs.*) se lamenter; **über etwas lamentieren** se lamenter sur quelque chose
das **Lametta** les lamelles (*weiblich*); **das silberne/goldene Lametta** les lamelles argentées/dorées

> **V** Der Singular *das Lametta* wird mit einem Plural übersetzt: *das Lametta glänzt – les lamelles brillent.*

das **Lamm** l'agneau (*männlich*) ▶ **geduldig sein wie ein Lamm** avoir une patience d'ange
das **Lammfell** la fourrure d'agneau
das **Lammfleisch** la viande d'agneau
lammfromm lammfromm sein être doux/douce comme un agneau
die **Lammkeule** le gigot d'agneau
die **Lampe** la lampe; (*Stehlampe*) le lampadaire; (*Deckenleuchte*) le plafonnier; (*Hängelampe*) la suspension
das **Lampenfieber** le trac; **Lampenfieber haben** avoir le trac
der **Lampenschirm** l'abat-jour (*männlich*)
der **Lampion** [lamˈpjɔ̃] le lampion
das **Land** ❶ (*Staat*) le pays ❷ (*Festland*) la terre; **an Land gehen** descendre à terre; **Land in Sicht!** terre! ❸ (*Bundesland*) le Land; **die 16 Länder** les 16 Länder ❹ (*ländliche Gegend*) la campagne; **auf dem Land** à la campagne ❺ (*Acker, Grund*) le terrain; **Land besitzen** posséder des terres; **das Land bebauen** cultiver la terre ▶ **das Gelobte Land** la Terre promise; **[wieder] Land sehen** (*umgs.*) voir le bout du tunnel; **etwas an Land ziehen** (*umgs.*) décrocher quelque chose
der **Landammann** (CH) le président de gouvernement cantonal/la présidente de gouvernement cantonal
die **Landbevölkerung** la population rurale
die **Landebahn** la piste d'atterrissage
landen ❶ *Flugzeug:* atterrir ❷ **auf dem Mond landen** alunir ❸ **im Hafen landen** *Schiff:* aborder au port ❹ (*umgs.: ankommen*) **zu Hause landen** débarquer à la maison ❺ (*umgs.: entsorgt werden*) **im Mülleimer landen** atterrir dans la poubelle
der **Landeplatz** le terrain d'atterrissage
die **Ländereien** les terres (*weiblich*)
das **Länderspiel** la coupe des nations
die **Landesgrenze** *eines Staats* la frontière; *eines Bundeslandes* la limite
die **Landeshauptfrau** (A) la ministre-présidente

der **Landeshauptmann** (A) le ministre-président
die **Landeshauptstadt** la capitale [d'un Land]
das **Landesinnere** l'intérieur (*männlich*) du pays; (*hinter der Küste*) l'arrière-pays (*männlich*)
die **Landeskunde** la civilisation
die **Landesregierung** le gouvernement du Land
die **Landessprache** la langue nationale
landesüblich d'usage [dans le pays]
der **Landesverrat** la °haute trahison
die **Landeswährung** la monnaie nationale
die **Landflucht** l'exode (*männlich*) rural
das **Landgericht** ≈ le tribunal de grande instance
das **Landhaus** la maison de campagne
die **Landkarte** la carte géographique
der **Landkreis** ≈ le district
das **Landleben** la vie à la campagne
ländlich *Brauch* paysan(ne); *Stille* de la campagne
die **Landluft** l'air (*männlich*) de la campagne
die **Landplage** le fléau
der **Landrat** ❶ (*Person*) le chef [administratif] de district, ≈ le sous-préfet; (CH) le parlementaire cantonal ❷ (CH) (*Parlament*) le Parlement cantonal
die **Landrätin** la chef [administrative] de district, ≈ le sous-préfet; (CH) la parlementaire cantonale
die **Landschaft** le paysage
landschaftlich landschaftlich reizvoll sein offrir un paysage attrayant
der **Landsmann** le compatriote
die **Landsmännin** la compatriote
die **Landstraße** ≈ la route départementale, ≈ la départementale; (*untergeordnete Straße*) la route secondaire
der **Landstreicher** le vagabond
die **Landstreicherin** la vagabonde
der **Landtag** (*Parlament*) le landtag
die **Landung** ❶ *eines Flugzeugs* l'atterrissage (*männlich*) ❷ *von Truppen* le largage; (*per Schiff*) le débarquement
der **Landwirt** l'agriculteur (*männlich*)
die **Landwirtin** l'agricultrice (*weiblich*)
die **Landwirtschaft** ❶ l'agriculture (*weiblich*) ❷ (*Betrieb*) l'exploitation (*weiblich*) agricole
landwirtschaftlich agricole; **der landwirtschaftliche Betrieb** l'exploitation (*weiblich*) agricole
lang ❶ (*räumlich*) long/longue; **zwei Meter lang sein** avoir deux mètres de long ❷ (*zeitlich*) **die lange Unterbrechung** la longue interruption; **ein längerer Aufenthalt** un séjour prolongé; **lang[e] aufbleiben** veiller tard; **lang[e] warten** attendre longtemps; **viele Jahre lang** pendant de nombreuses

années; **schon lang[e]** *warten, fertig sein* depuis longtemps; **wie lang[e] bleibst du?** combien de temps restes-tu?; **es ist lang[e] her, dass wir uns gesehen haben** ça fait longtemps qu'on s'est vu ❸ (*umgs.: groß gewachsen*) grand(e) ❹ **noch lang[e] nicht fertig sein** être loin d'avoir fini; **das ist lang[e] nicht so schlimm wie ...** c'est loin d'être aussi grave que ... ▶ **lang und breit** en long et en large; **da kannst du lang[e] warten** tu peux toujours attendre

langärmelig, langärmlig à manches longues

langatmig qui traîne en longueur

lange →**lang**

die **Länge** ❶ la longueur; **ein Seil von zwei Metern Länge** une corde d'une longueur de deux mètres; **auf einer Länge von hundert Metern** sur une distance de cent mètres; **der Länge nach** en long; **der Länge nach hinfallen** tomber de tout son long ❷ (*Dauer*) la durée; **einen Film in voller Länge zeigen** montrer un film dans sa version intégrale ❸ (*geografisch*) la longitude; **dreißig Grad westlicher Länge** trente degrés de longitude ouest; **vierzig Grad östlicher Länge** quarante degrés de longitude est ▶ **etwas in die Länge ziehen** faire traîner quelque chose en longueur; **sich in die Länge ziehen** traîner en longueur

langen (*umgs.*) ❶ suffire; **das wird ihm/ihr langen** cela lui suffira ❷ **bis zum Boden langen** *Vorhang:* arriver jusqu'au sol ❸ (*fassen*) **an etwas langen** toucher à quelque chose; **in die Brieftasche langen** mettre la main dans le portefeuille ▶ **mir langt es** j'en ai marre; **jemandem eine langen** en allonger une à quelqu'un

der **Längengrad** le degré de longitude

das **Längenmaß** la mesure de longueur

die **Langeweile** l'ennui (*männlich*); **Langeweile haben** s'ennuyer; **aus [lauter] Langeweile essen** manger par ennui

langfristig à long terme

langjährig *Mitarbeiter, Freundschaft* de longue date; *Verhandlungen* de plusieurs années

der **Langlauf** le ski de fond

länglich oblong/oblongue

längs ❶ **längs des Kanals** le long du canal ❷ *falten, durchschneiden* longitudinalement

langsam ❶ *Person, Bewegung* lent(e) ❷ *Nachlassen* progressif/progressive ❸ *gehen, sprechen* lentement ❹ *sich entwickeln* petit à petit ❺ **es ist langsam an der Zeit, dass du gehst** il serait [bientôt] temps que tu t'en ailles ▶ **langsam, aber sicher** (*umgs.*) lentement mais sûrement

die **Langsamkeit** la lenteur

der **Langschläfer** le lève-tard

die **Langschläferin** la lève-tard

längst ❶ (*seit langem*) depuis longtemps ❷ **das ist längst nicht alles** c'est loin d'être tout

der **Langstreckenflug** le vol long-courrier

der **Langstreckenlauf** la course de fond

die **Languste** la langouste

langweilen ennuyer; **sich langweilen** s'ennuyer

langweilig ❶ *Person, Vortrag* ennuyeux/ennuyeuse ❷ *erzählen* de façon ennuyeuse

die **Langwelle** ❶ (*in der Physik*) la grande onde ❷ (*beim Rundfunk, Funk*) les grandes ondes (*weiblich*)

> **V** In ❷ wird der Singular *die Langwelle* mit einem Plural übersetzt: *eine Sendung auf Langwelle hören* – écouter une émission sur grandes ondes.

langwierig *Arbeit* de longue haleine

der **Langzeitarbeitslose** le chômeur de longue durée

die **Langzeitarbeitslose** la chômeuse de longue durée

das **Langzeitgedächtnis** la mémoire longue

die **Lanze** la lance

die **Lappalie** la broutille

der **Lappen** (*Tuch*) le chiffon ▶ **jemandem durch die Lappen gehen** (*umgs.*) *Täter:* filer entre les pattes de quelqu'un; *Auftrag:* passer sous le nez de quelqu'un

läppisch *Summe, Einfall* ridicule

der **Laptop** [ˈlɛptɔp] le portable

die **Lärche** le mélèze

der **Lärm** le bruit; (*sehr stark*) le tapage ▶ **viel Lärm um nichts [machen]** [faire] beaucoup de bruit pour rien

lärmen ❶ faire du bruit ❷ **eine lärmende Meute** une meute bruyante [bʀɥijɑ̃t]

die **Larve** (*Tier*) la larve

die **Lasagne** [laˈzanjə] les lasagnes (*weiblich*)

> **V** Der Singular *die Lasagne* wird mit einem Plural übersetzt: *diese Lasagne schmeckt ausgezeichnet* – ces lasagnes sont délicieuses.

lasch (*umgs.*) ❶ *Händedruck* mou/molle ❷ **lasch schmecken** avoir un goût fadasse

die **Lasche** *einer Tasche, eines Umschlags* le rabat

der **Laser** [ˈlɛɪzɐ] le laser

der **Laserdrucker** l'imprimante (*weiblich*) [à] laser

der **Laserstrahl** le rayon laser

lassen ❶ **die Tür offen lassen** laisser la porte ouverte; **die Kinder allein lassen** laisser les enfants seuls; **das Geschirr auf dem Tisch stehen lassen** laisser la vaisselle sur la table ❷ **die Kinder fernsehen lassen** laisser les enfants regarder la télé; **jemanden gewähren lassen** laisser faire quelqu'un ❸ **jemanden ins Haus lassen** laisser quelqu'un entrer dans la maison ❹ **jemanden verhungern lassen** laisser quelqu'un mourir de faim; **ich lasse mich nicht zwingen!** on ne me forcera pas! ❺ **die Waschmaschine reparieren lassen** faire réparer la machine à laver; **jemanden warten lassen** faire attendre quelqu'un ❻ (*unterlassen*) arrêter; **das Rauchen lassen, das Rauchen sein** [*oder* **bleiben**] **lassen** arrêter de fumer; **lass das!** arrête! ❼ **von jemandem/etwas lassen** renoncer à quelqu'un/quelque chose; **lass/lasst mal!** laisse/laissez donc! ❽ **sich leicht lösen lassen** *Aufgabe:* être facile à résoudre; **das Fenster lässt sich öffnen** on peut ouvrir la fenêtre; **das lässt sich machen** c'est faisable ❾ **lass uns/lasst uns gehen!** allons-nous en! ▶ **das muss man ihm/ihr [schon] lassen** il faut lui rendre cette justice

lässig ❶ *Kleidung* décontracté(e); *Stimmung* détendu(e) ❷ *sich kleiden* décontracté; *schlendern* nonchalamment ❸ (*umgs.:* mühelos) **ein Match ganz lässig gewinnen** gagner un match les doigts dans le nez

die **Last** ❶ (*Gewicht*) la charge; **schwere Lasten tragen** porter de lourdes charges ❷ (*Belastung*) la charge; **für jemanden eine Last sein** être une charge pour quelqu'un ▶ **jemandem zur Last fallen** devenir une charge pour quelqu'un; **jemandem etwas zur Last legen** mettre quelque chose sur le dos de quelqu'un

lasten auf jemandem lasten *Verantwortung:* reposer sur [les épaules de] quelqu'un; *Sorgen:* peser sur quelqu'un

der **Laster** (*umgs.: Lkw*) le gros-cul
das **Laster** le vice

lästern médire; **über jemanden lästern** médire de quelqu'un; **über etwas lästern** dénigrer quelque chose

lästig agaçant(e); **jemandem lästig sein** *Mensch, Fragen, Fliegen:* agacer quelqu'un

der **Lastwagen** le camion
das **Latein** le latin; **Latein lernen** apprendre le latin ▶ **mit seinem Latein am Ende sein** ne plus savoir quoi essayer

Lateinamerika l'Amérique (*weiblich*) latine
lateinamerikanisch latino-américain(e)

lateinisch ❶ latin(e); *Vokabeln* de latin; *Inschrift* en latin ❷ **auf lateinisch sprechen** parler en latin

die **Laterne** (*Straßenlaterne*) le réverbère
latschen (*umgs.*) **über die Straße latschen** traverser la rue en lambinant

der **Latschen** (*umgs.*) ❶ (*Hausschuh*) la savate ❷ (*Schuh*) la grolle

die **Latte** ❶ (*Holzleiste*) la latte ❷ (*Torlatte*) la barre ❸ **eine ganze Latte von Fragen** (*umgs.*) tout un tas de questions

der **Latz** la bavette
die **Latzhose** la salopette
lau *Wasser, Abend* tiède
das **Laub** ❶ (*Blätter an den Bäumen*) le feuillage ❷ (*herabgefallene Blätter*) les feuilles (*weiblich*) mortes

der **Laubbaum** l'arbre (*männlich*) feuillu
die **Laube** la tonnelle
der **Laubfrosch** la rainette [verte]
die **Laubsäge** la scie à chantourner
der **Laubwald** la forêt de feuillus
der **Lauch** le poireau
die **Lauer auf der Lauer liegen** être à l'affût
lauern auf jemanden/etwas lauern guetter quelqu'un/quelque chose

der **Lauf** ❶ (*das Laufen*) la course ❷ *eines Flusses* le cours ❸ *eines Gewehrs* le canon ❹ (*Verlauf*) le cours ▶ **im Lauf der Zeit** au fil des années

die **Laufbahn** la carrière
laufen ❶ (*zu Fuß gehen*) aller à pied; **wir sind heute viel gelaufen** aujourd'hui, nous avons beaucoup marché ❷ (*rennen*) courir ❸ (*im Sport*) courir *Strecke;* établir *Rekord* ❹ (*fließen*) **über den Boden laufen** *Wasser, Farbe:* couler sur le sol; **aus einem Gefäß laufen** *Flüssigkeit:* s'écouler d'un récipient ❺ (*funktionieren*) *Motor:* tourner; *Gerät, Uhr, Computerprogramm:* marcher ❻ (*eingeschaltet sein*) être en marche ❼ *Film:* passer ❽ *Vertrag:* être valable ❾ (*umgs.: verlaufen*) **gut laufen** *Prüfung, Projekt:* se passer bien; **schlecht laufen** *Prüfung, Projekt:* se passer mal; **wie läuft es in der Schule?** comment ça va à l'école? ▶ **die Sache ist gelaufen** (*umgs.*) c'est fini

laufend ❶ *Monat, Jahr, Programm* en cours ❷ *Ausgaben* courant(e) ❸ (*pausenlos*) stören sans arrêt ▶ **jemanden auf dem Laufenden halten** tenir quelqu'un au courant; **auf dem Laufenden sein** être à jour

laufenlassen (*umgs.: entkommen lassen*) laisser filer

der **Läufer** ❶ (*Sportler*) le coureur ❷ (*Schachfi-*

gur) le fou ③ (*Teppich*) le tapis de couloir
die **Läuferin** la coureuse
die **Laufmasche** la maille effilée
der **Laufpass** jemandem den Laufpass geben (*umgs.*) plaquer quelqu'un
der **Laufsteg** le podium
das **Laufwerk** le lecteur
die **Lauge** ① (*zum Waschen*) la lessive ② (*in der Chemie*) la solution alcaline
die **Laune** ① (*Stimmung*) l'humeur (*weiblich*); **gute/schlechte Laune haben** être de bonne/de mauvaise humeur ② (*Anwandlung*) la lubie ▸ **jemanden bei Laune halten** (*umgs.*) entretenir quelqu'un dans de bonnes dispositions; **jemandem die Laune verderben** (*umgs.*) gâcher le plaisir à quelqu'un
launisch ① *Person* lunatique ② *Wetter* instable
die **Laus** ① (*Kopflaus*) le pou ② (*Blattlaus*) le puceron
lauschen écouter; **an der Tür lauschen** écouter à la porte
lausig (*umgs.*) *Arbeit* minable; *Kälte* de canard; **lausige zwei Euro spenden** donner deux misérables euros
laut¹ ① *Musik, Geräusch, Stimme* fort(e) ② *Gegend, Straße* [très] bruyant(e) ③ **das Radio lauter machen** [*oder* **stellen**] mettre la radio plus fort; **seid nicht so laut!** ne faites pas un tel bruit! ④ *sprechen, singen* fort ▸ **laut werden** *Person:* °hausser le ton; *Vermutung:* s'ébruiter; *Verdacht:* transpirer
laut² (*nach, entsprechend*) **laut neuesten Meldungen** selon les dernières nouvelles
der **Laut** (*Ton*) le son; **keinen Laut von sich geben** ne pas faire le moindre bruit
lauten ① **der Titel des Buchs lautet: ...** le livre s'intitule ... ② **der Scheck lautet auf meinen Namen** le chèque est établi à mon nom
läuten sonner; **es läutet** (*an der Tür*) on sonne; (*in der Schule, im Theater*) ça sonne
lauter **lauter interessante Leute** rien que des gens intéressants; **lauter Unsinn reden** ne dire que des bêtises; **vor lauter Arbeit** à cause de mon travail
lautlos *Stimme* sourd(e); *Schritte* silencieux/silencieuse ② *sich bewegen* sans bruit
die **Lautschrift** l'écriture (*weiblich*) phonétique
der **Lautsprecher** ① le °haut-parleur ② (*Box*) **die Lautsprecher dieser Stereoanlage** les enceintes (*weiblich*) de cette chaîne stéréo
lautstark ① *Protest* bruyant(e) ② *protestieren* bruyamment

die **Lautstärke** le volume [sonore]; **bei voller Lautstärke** à fond
lauwarm tiède
die **Lava** la lave
der **Lavendel** la lavande ⚠ *weiblich*
die **Lawine** l'avalanche (*weiblich*)
das **Lazarett** l'hôpital (*männlich*) militaire
leasen ['li:zən] acheter en leasing; **ein Auto leasen** acheter une voiture en leasing
das **Leasing** ['li:zɪŋ] le leasing
leben ① *Mensch, Tier, Pflanze:* vivre; **seine Mutter lebt noch** sa mère est encore en vie ② **im 21. Jahrhundert/in Deutschland leben** vivre au XXIe siècle/en Allemagne ③ **von seinem Einkommen leben** vivre de ses revenus ④ **lang lebe die Königin!** longue vie à la reine! ▸ **leb[e] wohl!** adieu!
das **Leben** la vie; **am Leben sein** être en vie; **jemandem das Leben retten** sauver la vie à quelqu'un; **mit dem Leben davonkommen** s'en tirer; **bei einem Unfall ums Leben kommen** trouver la mort lors d'un accident; **jemandem das Leben schwer machen** mener la vie dure à quelqu'un; **sich das Leben schwer machen** se compliquer la vie; **zeit meines Lebens** toute ma vie ▸ **das ewige Leben** la vie éternelle; **nie im Leben** jamais de la vie; **um sein Leben laufen** courir avec la mort à ses trousses; **etwas ins Leben rufen** donner naissance à quelque chose
lebend ① *Wesen, Sprache* vivant(e) ② **einen Unfall lebend überstehen** sortir vivant(e) d'un accident
lebendig ① *Wesen* vivant(e) ② *Kind, Temperament* vif/vive
der **Lebensabend** le soir de la vie
die **Lebensdauer** *eines Produkts* la durée de vie
das **Lebensende** **bis ans Lebensende** jusqu'à ma/sa/... mort
die **Lebenserwartung** l'espérance (*weiblich*) de vie
die **Lebensfreude** la joie de vivre
die **Lebensgefahr** le danger de mort; **in Lebensgefahr sein** être en danger de mort; **außer Lebensgefahr sein** être °hors de danger
lebensgefährlich ① *Erkrankung* pouvant être mortel(le); *Verletzung* présentant des risques vitaux ② *Aktion* dangereux/dangereuse ③ **er ist lebensgefährlich verletzt** ses blessures peuvent lui être fatales
der **Lebensgefährte** le compagnon
die **Lebensgefährtin** la compagne
das **Lebensjahr** l'année (*weiblich*) de vie; **vor Vollendung des zehnten Lebensjahres** avant d'avoir dix ans; **nach Vollendung des**

zwölften Lebensjahres à douze ans révolus
lebenslänglich *Haft* à vie; **"lebenslänglich" bekommen** être condamné(e) à perpète
der **Lebenslauf** le curriculum [vitæ] [kyʀikylɔm (vite)]
die **Lebenslust** la joie de vivre ▸ **vor Lebenslust sprühen** pétiller de joie de vivre
die **Lebensmittel** les denrées *(weiblich)* alimentaires
das **Lebensmittelgeschäft** l'épicerie *(weiblich)*
lebensmüde suicidaire
der **Lebensretter** le sauveteur
die **Lebensretterin** la sauveteuse
der **Lebensstandard** le niveau de vie
der **Lebensstil** le style de vie
der **Lebensunterhalt** la subsistance; **seinen Lebensunterhalt mit kleinen Jobs verdienen** gagner sa vie en faisant des petits boulots
die **Lebensversicherung** l'assurance *(weiblich)* vie
die **Lebensweise** le mode de vie
lebenswichtig *Nährstoffe* vital(e)
das **Lebenszeichen** ❶ **kein Lebenszeichen mehr von sich geben** être apparemment mort(e) ❷ *(Nachricht)* le signe de vie
die **Leber** le foie
der **Leberfleck** la tache de vin
die **Leberwurst** le pâté de foie (*sous forme de saucisson*)
das **Lebewesen** l'être *(männlich)* vivant; (*als biologischer Fachbegriff*) l'organisme *(männlich)*
das **Lebewohl** l'adieu *(männlich)*; **jemandem Lebewohl sagen** dire adieu à quelqu'un
lebhaft ❶ *Person* plein(e) de vie ❷ *Diskussion* vif/vive ❸ *Erinnerung* vivace ❹ *bedauern* vivement ❺ **sich etwas lebhaft vorstellen** imaginer quelque chose très clairement
der **Lebkuchen** le pain d'épice
leblos *Körper* sans vie
die **Lebzeiten zu seinen Lebzeiten** de son vivant
das **Leck** ❶ *eines Schiffs* la voie d'eau ❷ *eines Behälters* la fuite
lecken ❶ lécher *Hand, Wunde;* **die Katze leckt sich** le chat se lèche ❷ **ein Eis [*oder* an einem Eis] lecken** lécher une glace
lecker ❶ *Essen* délicieux/délicieuse ❷ **lecker schmecken** être délicieux/délicieuse
der **Leckerbissen** le régal
das **Leder** ❶ le cuir; **eine Handtasche aus Leder** un sac à main en cuir ❷ *(Ledertuch)* la peau ❸ *(umgs.: Fußball)* le ballon rond
die **Lederwaren** les articles *(männlich)* de maroquinerie
ledig *(unverheiratet)* célibataire
lediglich juste
leer ❶ *Behälter, Tasche* vide ❷ *Seite, Blatt* blanc/blanche ❸ **leer stehend** *Wohnung* inoccupé(e) ▸ **bei einer Tombola leer ausgehen** repartir les mains vides lors de quelque chose
die **Leere** le vide
leeren ❶ vider *Glas, Mülleimer* ❷ faire la levée de *Briefkasten*
das **Leergut** les bouteilles *(weiblich)* consignées

> **V** Der Singular *das Leergut* wird mit einem Plural übersetzt: *das Leergut kommt in diese Kiste – les bouteilles consignées vont dans cette caisse.*

der **Leerlauf** *eines Motors* le point mort
leerlaufen *(auslaufen) Gefäß, Tank:* se vider
die **Leertaste** la touche "espace"
die **Leerung** *eines Briefkastens* la levée
legal ❶ *Handlung* légal(e) ❷ *handeln* légalement
die **Legalität** la légalité
legen ❶ **etwas auf den Tisch legen** mettre quelque chose sur la table ❷ poser *Rohre, Leitungen* ❸ **sich ins Bett legen** se mettre au lit ❹ **sich auf etwas legen** *Staub, Schnee:* se déposer sur quelque chose ❺ **sich legen** *Sturm:* s'apaiser; *Wind:* tomber; *Wut:* retomber
die **Legende** ❶ *(Sage, Zeichenerklärung)* la légende ❷ *(Lügenmärchen)* le mythe
leger [leˈʒeːʀ] ❶ *Kleidung, Benehmen* décontracté(e) ❷ *gekleidet* de façon décontractée
die **Leggings** le caleçon; (*für den Sport*) le collant
die **Legierung** l'alliage *(männlich)*
die **Legislative** le pouvoir législatif, le législatif
legitim *Forderung* légitime; *Mittel* légal(e)
die **Legitimation** l'autorisation *(weiblich)*
der **Lehm** la terre glaise, la glaise
lehmig glaiseux/glaiseuse
die **Lehne** ❶ *(Armlehne)* l'accoudoir *(männlich)* ❷ *(Rückenlehne)* le dossier
lehnen ❶ **die Leiter an [*oder* gegen] das Haus lehnen** appuyer l'échelle contre la maison ❷ **sich an [*oder* gegen] jemanden lehnen** s'appuyer contre quelqu'un; **sich an [*oder* gegen] die Wand lehnen** s'appuyer contre le mur; **sich aus dem Fenster lehnen** se pencher par la fenêtre ❸ **an einem Baum lehnen** *Mensch:* être adossé(e) contre un arbre; *Fahrrad:* être appuyé(e) contre un arbre
das **Lehramt** l'enseignement *(männlich)*; das

höhere Lehramt le professorat
das **Lehrbuch** ❶ (*Schulbuch*) le manuel scolaire ❷ (*beim Studium*) le traité
die **Lehre** ❶ (*Ausbildung*) l'apprentissage *(männlich)*; **eine Lehre als Maurer machen** faire un apprentissage de maçon; **eine Lehre in einer Bank machen** faire son apprentissage dans une banque ❷ **seine Lehren aus etwas ziehen** tirer une leçon de quelque chose ❸ (*Gebiet der Wissenschaft*) la théorie ❹ (*Religion, Weltanschauung*) la doctrine ▸ **ich hoffe, das wird dir eine Lehre sein!** j'espère que cela te servira de leçon!
lehren ❶ **jemanden lesen lehren** apprendre à lire à quelqu'un ❷ **Mathematik lehren** enseigner les mathématiques ❸ **die Erfahrung lehrt, dass nichts von Dauer ist** l'expérience nous enseigne que rien n'est durable
der **Lehrer** ❶ l'enseignant *(männlich)*; (*Grundschullehrer*) l'instituteur *(männlich)*; (*Fachlehrer, Gymnasiallehrer*) le professeur ❷ (*Skilehrer, Tennislehrer, Reitlehrer*) le moniteur ❸ (*Lehrmeister*) le maître
die **Lehrerin** ❶ l'enseignante *(weiblich)*; (*Grundschullehrerin*) l'institutrice *(weiblich)*; (*Fachlehrerin, Gymnasiallehrerin*) la professeur ❷ (*Skilehrerin, Tennislehrerin, Reitlehrerin*) la monitrice ❸ (*Lehrmeisterin*) le maître

> ⓖ Für die jeweils in ❶ aufgeführten Wortbedeutungen gibt es keine gemeinsame Übersetzung. Je nach Zusammenhang muss unterschiedlich übersetzt werden.
> Außerdem gibt es im Französischen keine Femininform für die Wortbedeutung, die in ❸ behandelt wird: *sie ist eine spirituelle Lehrerin – elle est <u>un maître spirituel</u>.*

das **Lehrerzimmer** la salle des professeurs
der **Lehrgang** le stage [de formation]
das **Lehrjahr** l'année *(weiblich)* d'apprentissage
die **Lehrkraft** l'enseignant *(männlich)*/l'enseignante *(weiblich)*
der **Lehrling** Ⓐ l'apprenti *(männlich)*/l'apprentie *(weiblich)*
der **Lehrplan** le programme scolaire
lehrreich instructif/instructive
die **Lehrstelle** la place d'apprenti(e)
der **Leib** (*Körper*) le corps ▸ **etwas mit Leib und Seele tun** faire quelque chose corps et âme; **jemanden bei lebendigem Leibe verbrennen** brûler quelqu'un vif/vive
die **Leibeskräfte** aus Leibeskräften schreien crier de toutes ses forces
das **Leibgericht** le plat préféré
leibhaftig en chair et en os

der **Leibhaftige** (*in der Religion*) le malin
leiblich ❶ **mein leiblicher Vater** mon propre père ❷ **die leiblichen Erben** les héritiers du sang
die **Leibspeise** le plat préféré
der **Leibwächter** le garde du corps
die **Leibwächterin** le garde du corps

> ⓖ Es gibt im Französischen keine Femininform: *sie ist Leibwächterin – elle est <u>garde du corps</u>.*

die **Leiche** le cadavre ▸ **über Leichen gehen** (*abwertend umgs.*) être prêt(e) à tuer père et mère [pour parvenir à ses fins]; **nur über meine Leiche!** (*umgs.*) il faudra me passer sur le corps!
leichenblass pâle comme la mort
der **Leichenwagen** le corbillard
der **Leichnam** (*gehoben*) la dépouille [mortelle]
leicht ❶ *Gegenstand, Gewicht, Material* léger/légère ❷ *Frage, Aufgabe* facile ❸ *Erkältung, Verletzung* léger/légère; **eine leichte Operation** une petite opération ❹ *bekleidet, erkranken, würzen* légèrement ❺ *transportieren, verdienen* facilement; **leicht verdaulich/verständlich** facile à digérer/à comprendre; **leicht zu erklären sein** être facile à expliquer ❻ **es sich leicht machen** ne pas se compliquer la vie; **du machst es mir nicht leicht** tu ne me facilites pas les choses ▸ **das ist leichter gesagt als getan** c'est plus facile à dire qu'à faire
der **Leichtathlet** l'athlète *(männlich)*
die **Leichtathletik** l'athlétisme *(männlich)*
die **Leichtathletin** l'athlète *(weiblich)*
leichtfallen être facile; **jemandem leichtfallen** être facile pour quelqu'un
leichtfertig ❶ *Handeln, Entscheidung* irréfléchi(e) ❷ *handeln, entscheiden* inconsidérément
leichtgläubig crédule
leichtnehmen prendre à la légère; **alles leichtnehmen** prendre tout à la légère
die **Leichtigkeit** ❶ *eines Gewichts, Materials* la légèreté ❷ *einer Aufgabe* la facilité ▸ **etwas mit Leichtigkeit tun** faire quelque chose sans aucun problème
der **Leichtsinn** l'inconscience *(weiblich)*; **etwas aus purem Leichtsinn tun** faire quelque chose par pure négligence
leichtsinnig ❶ *Person* inconscient(e) ❷ *Handlung* inconsidéré(e) ❸ *handeln* de façon inconsciente
leid **jemanden/etwas leid sein** en avoir assez de quelqu'un/de quelque chose

das **Leid** la souffrance; **viel Leid erdulden müssen** devoir supporter beaucoup de peines ▸ **jemandem sein Leid klagen** confier ses chagrins à quelqu'un; **jemandem etwas zu Leide tun** faire du mal à quelqu'un
leiden ❶ souffrir; **an einer Krankheit/an Gicht leiden** souffrir d'une maladie/de la goutte; **unter [der] Einsamkeit leiden** souffrir de solitude ❷ **Hunger leiden** souffrir de la faim; **Not leiden** endurer la misère ❸ **jemanden [gut] leiden können** aimer bien quelqu'un; **ich kann ihn nicht leiden** je ne peux pas le souffrir
das **Leiden** (*Krankheit*) le mal; **ein unheilbares Leiden haben** avoir un mal incurable
die **Leidenschaft** ❶ la passion ❷ **eine Leidenschaft für klassische Musik haben** être passionné(e) de musique classique
leidenschaftlich ❶ *Person, Diskussion* passionné(e); **er ist ein leidenschaftlicher Gärtner** il est passionné de jardinage ❷ *lieben* passionnément; *verteidigen* avec ferveur; *ablehnen* énergiquement ❸ **leidenschaftlich gern Fußball spielen** adorer jouer au football
leider ❶ malheureusement ❷ **leider ja!** °hélas oui!; **leider nein!** °hélas non!
leidtun ❶ (*bedauerlich sein*) **es tut ihm leid, dass du nicht mitkommen kannst** il regrette que tu ne puisses pas venir avec nous; **[das] tut mir leid!** désolé(e)! ❷ (*Mitleid erregen*) faire pitié; **das arme Kind tut uns leid** le pauvre enfant nous fait pitié
die **Leier** (*Drehleier*) la vielle ▸ **es ist immer die alte Leier!** (*umgs.*) c'est toujours la même musique!
leihen ❶ (*verleihen*) prêter; **jemandem ein Buch leihen** prêter un livre à quelqu'un ❷ **sich von jemandem Geld leihen** emprunter de l'argent à quelqu'un
die **Leihmutter** la mère porteuse
der **Leihwagen** la voiture de location
leihweise en prêt
der **Leim** la colle forte ▸ **jemandem auf den Leim gehen** se faire entuber par quelqu'un
leimen (*kleben*) coller ▸ **jemanden [ganz schön] leimen** (*umgs.*) rouler quelqu'un
die **Leine** ❶ (*Wäscheleine*) la corde à linge ❷ (*Hundeleine*) la laisse ▸ **zieh Leine!** (*umgs.*) fous le camp!
das **Leinen** le lin
der **Leinsamen** la linette
das **Leintuch** Ⓐ, ⒞ⓗ le drap
die **Leinwand** ❶ (*Kinoleinwand*) l'écran (*männlich*) ❷ (*Gewebe*) la toile
leise ❶ *Stimme* bas(se); *Musik* doux/douce; *Geräusch* léger/légère; *Weinen* étouffé(e) ❷ *Ahnung* vague; *Zweifel* léger/légère ❸ *sprechen* tout bas ❹ **die Musik leiser stellen** baisser le son de la musique
die **Leiste** ❶ (*Zierleiste*) la baguette ❷ (*Fußleiste*) la plinthe ❸ (*Körpergegend*) l'aine (*weiblich*)
leisten ❶ (*arbeiten*) **viel leisten** *Mitarbeiter:* travailler dur ❷ faire *Wehrdienst* ❸ **sich einen schönen Urlaub leisten** s'offrir de belles vacances ❹ **sich ein paar Schnitzer leisten** (*umgs.*) se permettre des gaffes
die **Leistung** ❶ *eines Mitarbeiters* le travail [fourni] ❷ *eines Schülers* le résultat ❸ *eines Künstlers, Sportlers* la prestation ❹ *einer Batterie, eines Computers* la capacité; *eines Motors* la puissance mécanique
leistungsfähig performant(e)
der **Leistungskurs** ≈ l'option (*weiblich*) renforcée
der **Leistungssport** le sport de compétition
der **Leitartikel** l'éditorial (*männlich*)
leiten ❶ diriger *Firma, Team* ❷ (*übertragen*) **sich von seinen Gefühlen leiten lassen** se laisser guider par son intuition ❸ **Strom/Wärme leiten** conduire l'électricité/la chaleur
leitend *Position* dirigeant(e); **der leitende Angestellter** le cadre supérieur, le cadre
der **Leiter** ❶ (*Verantwortlicher*) *einer Firma, Schule* le directeur; *einer Arbeitsgruppe* le chef ❷ (*in der Elektrik, Physik*) le conducteur
die **Leiter** (*Sprossenleiter*) l'échelle (*weiblich*); (*Stehleiter*) l'escabeau (*männlich*)
die **Leiterin** *einer Firma, Schule* la directrice; *einer Arbeitsgruppe* la chef
das **Leitmotiv** le leitmotiv
die **Leitplanke** la glissière de sécurité
die **Leitung** ❶ *einer Firma, eines Teams* la direction ❷ **die Leitung der Diskussion hat ...** le débat est dirigé par ... ❸ (*Rohrleitung*) la conduite ❹ (*Stromleitung, Telefonleitung*) la ligne ▸ **eine lange Leitung haben** (*umgs.*) être dur(e) à la détente
das **Leitungswasser** l'eau (*weiblich*) du robinet
die **Lektion** la leçon ▸ **jemandem eine Lektion erteilen** donner une leçon à quelqu'un
der **Lektor** (*in Verlagen, Hochschulen*) le lecteur
die **Lektorin** (*in Verlagen, Hochschulen*) la lectrice
die **Lektüre** la lecture
die **Lende** ❶ (*Fleischstück*) l'aloyau (*männlich*) ❷ (*Körperregion*) **die Lenden** les reins (*männlich*)
lenken ❶ *Fahrer:* conduire; **nach links/**

rechts **lenken** prendre à gauche/droite ❷(*fahrend steuern*) conduire *Fahrzeug* ❸manipuler *Menschen;* diriger *Wirtschaft* ❹poser *Blick;* **das Gespräch auf etwas lenken** amener la discussion sur quelque chose; **jemandes Aufmerksamkeit auf etwas lenken** attirer l'attention de quelqu'un sur quelque chose

der **Lenker** (*am Fahrrad*) le guidon
das **Lenkrad** le volant
die **Lenkstange** le guidon
die **Lenkung** ❶(*Lenkvorrichtung*) la direction ❷(*Beeinflussung*) l'influence (*weiblich*)
der **Lenz** (*gehoben*) (*Frühling*) la saison printanière ▶ **er/sie ist fünfzehn Lenze alt** il/elle a quinze printemps
der **Leopard** le léopard
die **Lepra** la lèpre
die **Lerche** l'alouette (*weiblich*)
lernen ❶apprendre *Fremdsprachen, Lernstoff;* **lesen lernen** apprendre à lire; **Mathe lernen** apprendre les maths; **von jemandem kochen lernen** apprendre de quelqu'un à faire la cuisine ❷**gerne lernen** aimer apprendre; **für die Prüfung lernen** travailler pour l'examen ❸**sie lernt Friseuse** elle fait une formation de coiffeuse ❹(*Erfahrungen machen*) **in dieser Zeit hat er viel gelernt** il a beaucoup acquis pendant cette période-là ▶ **gelernt ist gelernt** l'expérience, il n'y a que ça de vrai
das **Lernprogramm,** die **Lernsoftware** le didacticiel
lesbar *Schrift, Text* lisible
die **Lesbe,** die **Lesbierin** la lesbienne
lesbisch lesbien(ne)
das **Lesebuch** le livre de lecture
lesen¹ lire; **laut lesen** lire à °haute voix; **gerne Romane lesen** aimer les romans; **dieses Buch liest sich gut** [*oder* **leicht**] ce livre est facile à lire; **stör mich nicht beim Lesen!** ne me dérange pas quand je lis!
lesen² ❶vendanger *Trauben* ❷trier *Erbsen*
der **Leser** le lecteur
die **Leseratte** (*umgs.*) le bouquineur/la bouquineuse
der **Leserbrief** la lettre de lecteur
die **Leserin** la lectrice
leserlich ❶*Schrift* lisible ❷*schreiben* lisiblement
der **Lesesaal** la salle de lecture
das **Lesezeichen** le marque-page
die **Lesung** (*Autorenlesung*) la lecture
lettisch *Bevölkerung, Sprache* letton(e)
das **Lettisch** le letton; *siehe auch* **Deutsch**

G In Verbindung mit dem Verb *parler* kann der Artikel entfallen: *sie spricht Lettisch – elle parle letton.*

Lettland la Lettonie
Letzt zu guter Letzt en fin de compte
letzte(r, s) ❶dernier/dernière; **der letzte Tag des Jahres** le dernier jour de l'année; **die letzten Meldungen** les dernières informations; **als Letzter/Letzte ankommen** arriver le dernier/la dernière; **sein letztes Geld** l'argent qui lui reste ❷(*allerletzte[r, s]*) ultime; **die letzte Gelegenheit** l'ultime occasion ❸(*vorige[r, s]*) dernier/dernière; **letzte Woche** la semaine dernière; **letztes Jahr** l'an dernier
das **Letzte** ❶(*letzte Sache, letzte Frage*) la dernière chose; **ein Letztes** une dernière chose; **sein Letztes geben** *Sportler:* se donner à fond ❷**das ist ja wohl das Letzte!** (*umgs.*) ça, c'est le bouquet! ▶ **bis ins Letzte** jusque dans les moindres détails
letztendlich en fin de compte
letztens ❶(*kürzlich*) dernièrement ❷**drittens und letztens** troisièmement et pour finir
letztlich en fin de compte
die **Leuchte** la lampe ▶ **er/sie ist nicht gerade eine Leuchte** (*umgs.*) ce n'est vraiment pas une lumière
leuchten ❶*Lampe:* éclairer; *Licht, Stern:* briller; *Zeiger:* être lumineux/lumineuse ❷(*übertragen*) **ihre Augen leuchten vor Freude** ses yeux rayonnent de joie
leuchtend ❶*Farbe* vif/vive ❷(*übertragen*) **ein leuchtendes Vorbild** un exemple éclatant
der **Leuchter** le chandelier
die **Leuchtschrift** les lettres (*weiblich*) lumineuses

V Der Singular *die Leuchtschrift* wird mit einem Plural übersetzt: *die Leuchtschrift brennt die ganze Nacht – les lettres lumineuses sont allumées toute la nuit.*

der **Leuchtturm** le phare
leugnen nier; **das lässt sich nicht leugnen** cela ne peut être nié
die **Leukämie** la leucémie [løsemi]
die **Leute** ❶(*Menschen*) les gens (*männlich*); **alle Leute** tout le monde; **fremde Leute** des inconnus; **es waren kaum Leute da** il n'y avait presque personne ❷(*Personen*) les personnes (*weiblich*); **im Saal sind hundert Leute** dans la salle, il y a cent personnes ❸(*Mitmenschen*) **was die [anderen] Leute sagen, ist ihr egal** elle se fiche des qu'en-

-dira-t-on ❹ **an die Arbeit, Leute!** (*umgs.*) au travail, tout le monde! ❺ (*umgs.: Mitarbeiter*) les collaborateurs (*männlich*); (*Mitarbeiterinnen*) les collaboratrices (*weiblich*) ▶ **die kleinen Leute** les petites gens (*weiblich*)

der **Leutnant** le sous-lieutenant
der **Level** ['lɛvl] le niveau
das **Lexikon** l'encyclopédie (*weiblich*) [ɑ̃siklopedi]
der **Libanon** le Liban
die **Libelle** la libellule [libɛlyl]
liberal ❶ *Politik, Erziehung* libéral(e) ❷ *denken, erziehen* de façon libérale
der **Liberale** ❶ (*liberal eingestellter Mensch*) l'homme (*männlich*) libéral ❷ (*liberaler Politiker*) l'homme (*männlich*) politique libéral
die **Liberale** ❶ (*liberal eingestellter Mensch*) la femme libérale ❷ (*liberale Politikerin*) la femme politique libérale
der **Libero** (*im Fußball*) le libéro
Libyen la Libye [libi]
das **Licht** ❶ *der Sonne, einer Lampe* la lumière; **ein schwaches Licht** une lueur; **etwas gegen das Licht halten** tenir quelque chose à contre-jour ❷ **das Licht anmachen/ausmachen** allumer/éteindre la lumière ▶ **das Licht der Welt erblicken** (*gehoben*) voir le jour; **jemanden hinters Licht führen** duper quelqu'un; **jemandem geht ein Licht auf** (*umgs.*) quelqu'un commence à piger; **ans Licht kommen** éclater au grand jour
das **Lichtbild** la photo d'identité
der **Lichtblick** l'éclaircie (*weiblich*); **ein Lichtblick für jemanden sein** être une éclaircie pour quelqu'un
die **Lichterkette** la guirlande lumineuse
die **Lichtgeschwindigkeit** la vitesse de la lumière
die **Lichthupe** l'avertisseur (*männlich*) lumineux
das **Lichtjahr** l'année-lumière (*weiblich*)
der **Lichtschalter** l'interrupteur (*männlich*)
die **Lichtschranke** le barrage optique
der **Lichtschutzfaktor** l'indice (*männlich*) de protection
die **Lichtung** la clairière
das **Lid** la paupière
der **Lidschatten** le fard à paupières
lieb ❶ *Mensch, Worte* gentil(le); **lieb zu jemandem sein** être gentil(le) avec quelqu'un; **das ist lieb von dir** c'est gentil de ta part ❷ *Tier* gentil(le); *Kind* sage; **sei schön lieb!** sois bien sage! ❸ (*in Briefen*) **Lieber Paul!** Cher Paul,; **Liebe Anne!** Chère Anne, ❹ (*geschätzt*) **meine lieben Eltern** mes chers parents ❺ **jemanden/etwas lieb haben** aimer bien quelqu'un/quelque chose ❻ **jemanden/etwas am liebsten mögen** préférer quelqu'un/quelque chose ❼ **am liebsten wäre ich gegangen** j'aurais bien voulu m'en aller

liebäugeln ❶ **mit etwas liebäugeln** lorgner quelque chose ❷ **mit jemandem/mit einer Idee liebäugeln** flirter avec quelqu'un/avec une idée
die **Liebe** ❶ l'amour (*männlich*); **seine Liebe zu ihr** son amour pour elle; **meine Liebe zur Musik** mon amour pour la musique; **etwas aus Liebe tun** faire quelque chose par amour; **etwas mit viel Liebe tun** faire quelque chose avec beaucoup d'amour ❷ **er/sie ist meine große Liebe** c'est mon grand amour ▶ **die Liebe auf den ersten Blick** le coup de foudre; **die Liebe macht blind** l'amour rend aveugle

> Im Singular ist *amour* männlich, aber im Plural weiblich!

lieben ❶ aimer; **ich liebe dich** je t'aime ❷ (*mögen, schätzen*) adorer; **sie liebt Musik** elle adore la musique; **er liebt es, Stimmen nachzumachen** il adore imiter des voix ❸ **sich lieben** s'aimer; (*sexuell*) faire l'amour
liebenswert sympathique
liebenswürdig aimable; **das ist sehr liebenswürdig von Ihnen** c'est très aimable de votre part; **wären Sie so liebenswürdig, mir zu helfen?** auriez-vous l'amabilité de m'aider?
lieber ❶ **es wäre mir lieber, wenn du gehst** je préférerais que tu partes ❷ **alle, die lieber schwimmen als joggen** tous ceux qui préfèrent nager que faire du footing ❸ (*besser*) **ich sage lieber nichts** il vaut mieux que je me taise ▶ **nichts lieber als das!** je ne demande que ça!
der **Liebesbrief** la lettre d'amour
die **Liebeserklärung** la déclaration d'amour
die **Liebesgeschichte** l'histoire (*weiblich*) d'amour
der **Liebeskummer** le chagrin d'amour
das **Liebeslied** la chanson d'amour
das **Liebespaar** le couple d'amoureux
liebevoll ❶ *Person* affectueux/affectueuse ❷ *Betreuung* gentil(le) ❸ *Vorbereitung* gentil(le) ❹ *ansehen* affectueusement ❺ *behandeln* tendrement ❻ *vorbereiten* avec amour
der **Liebhaber** ❶ (*Geliebter*) l'amant (*männlich*) ❷ (*Anhänger, Amateur*) l'amateur (*männlich*)
die **Liebhaberin** (*Anhängerin, Amateurin*) l'amatrice (*weiblich*)
lieblich *Duft* suave; *Stimme* agréable; *Wein*

moelleux/moelleuse; *Anblick* charmant(e)

der **Liebling** ❶ (*geliebter Mensch*) le chéri/la chérie; **mein Liebling!** mon chéri!/ma chérie! ❷ (*bevorzugter Mensch*) le préféré/la préférée; **Vaters Liebling sein** être le préféré/la préférée du père

die **Lieblingsbeschäftigung** l'activité *(weiblich)* préférée

lieblos ❶ *Behandlung* dénué(e) de sollicitude ❷ **etwas lieblos behandeln** traiter quelque chose sans soin; **jemanden lieblos behandeln** traiter quelqu'un sans égards

der **Liebste** le bien-aimé
die **Liebste** la bien-aimée
der/das **Liebstöckel** la livèche
Liechtenstein le Liechtenstein

das **Lied** ❶ la chanson ⚠ *weiblich* ❷ (*Kirchenlied*) le chant ❸ (*Kunstlied*) le lied ▶ **es ist immer das alte Lied [mit ihm]** (*umgs.*) [avec lui,] c'est toujours la même chanson; **davon kann ich ein Lied singen** (*umgs.*) je suis bien placé(e) pour le savoir

das **Liederbuch** le recueil de chansons
der **Liedermacher** l'auteur-compositeur-interprète *(männlich)*, l'auteur-compositeur *(männlich)*
die **Liedermacherin** l'auteur-compositeur-interprète *(weiblich)*, l'auteur-compositeur *(weiblich)*
der **Lieferant** le fournisseur
die **Lieferantin** la fournisseuse
lieferbar disponible
liefern ❶ livrer *Ware;* **wir können zur Zeit nicht liefern** nous ne sommes pas à même de livrer actuellement ❷ fournir *Beweis, Rohstoff* ❸ **sich einen heftigen Kampf liefern** se livrer un combat acharné ▶ **jemand ist geliefert** (*umgs.*) quelqu'un est fichu(e)
der **Lieferschein** le bon de livraison
die **Lieferung** la livraison
der **Lieferwagen** la camionnette de livraison
die **Liege** ❶ (*Schlafmöbel*) le divan ❷ (*zusammenklappbar*) le lit pliant ❸ (*Liegestuhl*) la chaise longue
liegen ❶ *Mensch, Tier:* être couché(e); **auf dem Bett liegen** être allongé(e) sur le lit; **er/sie liegt [noch] im Bett** il/elle est [encore] au lit ❷ **die Zeitung liegt auf dem Tisch** le journal est sur la table; **etwas auf den Tisch liegen lassen** (*nicht wegräumen*) laisser traîner quelque chose sur la table; (*vergessen*) laisser quelque chose sur la table ❸ **zur Straße [hin] liegen** *Zimmer:* donner sur la rue; **am Stadtrand liegen** *Einkaufszentrum:* être situé(e) à la périphérie de la ville ❹ **am Kai liegen** *Schiff:* rester à quai;
im Hafen liegen mouiller dans le port ❺ **es liegt an dir, wenn wir zu spät kommen** c'est de ta faute si nous sommes en retard; **das liegt daran, dass ich krank war** cela tient au fait que j'étais malade; **woran liegt das?** à quoi cela tient-il? ❻ **mir liegt viel daran, dass du das weißt** il m'importe beaucoup que tu le saches ❼ **Sprachen liegen ihm** il est porté sur les langues; **Mathematik liegt mir nicht** je ne suis pas doué(e) pour les maths; **seine/ihre Art liegt mir nicht** ses manières ne me plaisent pas ❽ **bei jemandem liegen** *Verantwortung:* reposer sur quelqu'un; *Schuld:* peser sur quelqu'un; **die Entscheidung liegt bei Ihnen** à vous de décider; **der Fehler lag bei ihm** l'erreur venait de lui ❾ **der Preis liegt bei hundert Euro** le prix est d'environ cent euros

der **Liegestuhl** la chaise longue
der **Liegestütz** la traction
der **Liegewagen** la voiture-couchettes
der **Lift** ❶ (*Aufzug*) l'ascenseur *(männlich)* ❷ (*Schlepplift*) le remonte-pente; (*Sessellift*) le télésiège
die **Liga** (*im Sport*) la division
light [laɪt] allégé(e); **ich esse nur Jogurt light** je ne mange que du yaourt allégé
der **Likör** la liqueur ⚠ *weiblich*
lila lilas; **ein lila Hemd** une chemise lilas
die **Lilie** le lys [lis]
das **Limit** ❶ (*obere Preisgrenze*) le plafond; (*untere Preisgrenze*) le minimum ❷ (*zeitliche Begrenzung*) la limite
die **Limonade** la limonade
die **Linde** le tilleul [tijœl]
lindern ❶ soulager *Schmerzen* ❷ atténuer *Not, Elend*
das **Lineal** la règle
linear linéaire
die **Linie** ❶ la ligne; **eine gestrichelte Linie** une ligne de tirets ❷ (*bei Verkehrsmitteln*) **die Linie 2 nehmen** prendre la ligne 2 ❸ **auf die schlanke Linie achten** garder la ligne ▶ **in erster Linie** en premier lieu; **auf der ganzen Linie** sur toute la ligne
der **Linienflug** le vol de ligne
der **Linienrichter** le juge de ligne
die **Linienrichterin** la juge de ligne
liniert, liniiert *Papier, Heft* ligné(e)
der **Link** [lɪŋk] (*in der Informatik*) le lien
der **Linke** ❶ (*links eingestellter Mensch*) l'homme *(männlich)* de gauche ❷ (*linker Politiker*) l'homme *(männlich)* politique de gauche
die **Linke** ❶ (*linke Hand*) la main gauche ❷ (*beim Boxen*) la gauche ❸ (*links ein-*

gestellter Mensch) la femme de gauche ❹ (*linke Politikerin*) la femme politique de gauche ❺ (*das linke Spektrum*) la gauche ▸ **zu seiner Linken** (*gehoben*) à sa gauche; **zur Linken** à gauche

linke(r, s) ❶ *Hand, Bein, Hälfte* gauche; **die linke Seite** *einer Straße* le côté de gauche; *eines Kleidungsstücks, Stoffes* l'envers *(männlich)*; *eines Buchs, Hefts* la page de gauche ❷ **die linke Masche** la maille à l'envers ❸ *Politiker, Partei* de gauche

linken (*umgs.*) entuber

links ❶ à gauche; **links oben** en °haut à gauche; **links von dir** à ta gauche; **links hinter mir** à gauche derrière moi; **sich links einordnen** se mettre sur la voie de gauche; **von links nach rechts** de gauche à droite ❷ **nach links abbiegen** tourner à gauche ❸ **links schreiben** écrire de la main gauche ❹ **etwas von links bügeln** repasser quelque chose à l'envers ❺ **links wählen** voter à gauche ❻ **links des Rheins** à gauche du Rhin ▸ **jemanden links liegenlassen** (*umgs.*) ne pas prêter attention à quelqu'un; **etwas mit links machen** (*umgs.*) faire quelque chose les doigts dans le nez

linksextremistisch d'extrême gauche
linksgerichtet *Partei* orienté(e) à gauche
der **Linkshänder** le gaucher
die **Linkshänderin** la gauchère
linksradikal d'extrême gauche
das **Linoleum** le linoléum [linɔleɔm]
die **Linse** ❶ (*Hülsenfrucht, in der Optik*) la lentille ❷ *des Auges* le cristallin
die **Lippe** la lèvre ▸ **etwas nicht über die Lippen bringen** ne pouvoir se résoudre à dire quelque chose
der **Lippenstift** le bâton de rouge à lèvres, le rouge à lèvres
liquidieren (*umbringen*) éliminer
lispeln zézayer
die **List** la ruse ▸ **mit List und Tücke** en utilisant toutes les combines possibles
die **Liste** la liste ▸ **auf der schwarzen Liste stehen** être sur la liste noire
listig ❶ *Person* rusé(e) ❷ *vorgehen* astucieusement
Litauen la Lituanie [lityani]
litauisch *Sprache, Volk* lituanien(ne)
das **Litauisch** le lituanien; *siehe auch* **Deutsch**

G In Verbindung mit dem Verb *parler* kann der Artikel entfallen: *er spricht Litauisch – il parle lituanien.*

der/das **Liter** le litre; **ein Liter Milch** un litre de lait

literarisch littéraire
die **Literatur** la littérature
die **Literaturwissenschaft** les lettres *(weiblich)*

V Der Singular *die Literaturwissenschaft* wird mit einem Plural übersetzt: *die Literaturwissenschaft ist ein faszinierendes Gebiet – les lettres sont un domaine fascinant.*

die **Litfaßsäule** la colonne Morris
die **Liturgie** la liturgie
live [laɪf] ❶ **die Sendung ist live** l'émission est en direct ❷ *senden* en direct
die **Livesendung** [ˈlaɪfzɛndʊŋ] l'émission *(weiblich)* en direct
die **Lizenz** la licence; **jemandem eine Lizenz erteilen** délivrer une licence à quelqu'un
der **Lkw**, der **LKW** *Abkürzung von* **Lastkraftwagen** le poids lourd
das **Lob** les félicitations *(weiblich)*; **jemandem ein Lob für seine Arbeit aussprechen** complimenter quelqu'un pour son travail

V Der Singular *das Lob* wird mit einem Plural übersetzt: *dieses Lob ist sehr schmeichelhaft – ces félicitations sont très flatteuses.*

die **Lobby** [ˈlɔbi] le lobby
loben ❶ féliciter *Schüler, Mitarbeiter*; **jemanden für sein faires Verhalten** [*oder* **wegen seines fairen Verhaltens**] **loben** complimenter quelqu'un pour son fair-play ❷ **Gott loben** louer Dieu
lobenswert digne d'éloges
das **Loch** ❶ le trou; **ein Loch bohren** (*mit dem Bohrer*) percer un trou; (*mit dem Finger*) faire un trou ❷ (*Behausung*) le taudis ▸ **jemandem ein Loch in den Bauch fragen** (*umgs.*) cribler quelqu'un de questions
lochen ❶ perforer *Papier* ❷ poinçonner *Fahrkarte*
der **Locher** (*für Papier*) la perforeuse
löcherig *Kleidung* troué(e)
die **Locke** la boucle [de cheveux]; **er hat Locken** il a les cheveux bouclés; **sie hat blonde Locken** elle est blonde et bouclée
locken ❶ (*mit einem Köder*) appâter *Tier* ❷ (*anziehen*) attirer *Kunden, Touristen*; **es lockt mich, das zu probieren** je suis tenté(e) de l'essayer ❸ **die Sonne lockte uns aus dem Haus** le soleil nous a fait sortir
der **Lockenstab** le fer à onduler
der **Lockenwickler** le bigoudi
locker ❶ *Schraube* desserré(e); *Zahn* branlant(e) ❷ *Boden* poreux/poreuse; *Teig* léger/légère ❸ (*umgs.: ungezwungen*) *Umgangston, Stimmung* détendu(e) ❹ (*umgs.: mühelos*) **das schaffe ich locker!** j'y arrive à

l'aise! ⑤ (*umgs.: gelassen*) **ich sehe das locker** je ne m'en fais pas
lockerlassen (*umgs.: nachgeben*) lâcher prise; **nicht lockerlassen** ne pas lâcher prise; **bei etwas nicht lockerlassen** ne pas lâcher prise dans quelque chose
lockern ① desserrer *Gürtel, Schraube;* relâcher *Zügel* ② (*aufwärmen*) **die Muskeln lockern** assouplir les muscles; (*entspannen*) décontracter les muscles ③ assouplir *Regeln, Bestimmungen* ④ **sich lockern** *Schraube:* se desserrer; *Stimmung:* se détendre
lockig *Haar* bouclé(e)
der **Lockvogel** (*auch übertragen*) l'appât (*männlich*)
der **Löffel** ① la cuillère [kɥijɛʀ] ② **ein Löffel Mehl** une cuillerée [kɥijaʀe] de farine ③ (*Hasenohr, Kaninchenohr*) l'oreille (*weiblich*) ▶ **ein paar hinter die Löffel bekommen** (*umgs.*) prendre une paire de baffes
löffeln manger [à la cuillère]; **seine Suppe löffeln** manger sa soupe [à la cuillère]
die **Loge** [ˈloːʒə] la loge
die **Logik** la logique
das **Log-in** [lɔgˈʔɪn] (*in der Informatik*) l'ouverture (*weiblich*) d'une session
das **Logis** [loˈʒiː] le logement
logisch ① *Denken, Erklärung* logique ② *denken, erklären* logiquement ▶ **[das ist doch] logisch!** (*umgs.*) bien sûr!
die **Logistik** la logistique
logo (*umgs.*) bien sûr; **na, logo!** bien sûr!
das **Logo** le logo
das **Log-off** [lɔgˈʔɔf] (*in der Information*) la clôture d'une session
der **Logopäde** l'orthophoniste (*männlich*)
die **Logopädin** l'orthophoniste (*weiblich*)
der **Lohn** ① (*Arbeitslohn*) le salaire ② (*Belohnung*) la récompense; **als Lohn für deine Mühe** en récompense de tes efforts
lohnen ① **sich lohnen** (*die Mühe wert sein*) valoir la peine; (*finanziell*) rapporter ② **die Mühe hat sich gelohnt** ça a valu la peine; **es lohnt sich, diesen Film zu sehen** ça vaut la peine de voir ce film
lohnend ① *Geschäft* qui rapporte ② *Aufgabe* enrichissant(e)
die **Lohnerhöhung** *eines Einzelnen* l'augmentation (*weiblich*); *einer Gruppe* la °hausse des salaires
die **Lohnsteuer** l'impôt (*männlich*) sur le salaire
die **Lohnsteuerkarte** la fiche fiscale (*sur laquelle figure la catégorie d'imposition d'un employé*)
die **Loipe** la piste de ski de fond

die **Lok** *Abkürzung von* **Lokomotive** la locomotive
lokal local(e)
das **Lokal** ① (*Speiselokal*) le restaurant ② (*Kneipe*) le bistro, le bistrot
der **Lokalpatriotismus** l'esprit (*männlich*) de clocher
die **Lokomotive** la locomotive
der **Lokomotivführer** le conducteur de locomotive
die **Lokomotivführerin** la conductrice de locomotive
der **Lolli** (*umgs.*) la sucette
London Londres [lɔ̃dʀ]
der **Londoner** le Londonien
die **Londonerin** la Londonienne
der **Look** [lʊk] le look [luk]
der/das **Looping** [ˈluːpɪŋ] le looping [lupiŋ]
der **Lorbeer** le laurier ▶ **sich auf seinen Lorbeeren ausruhen** se reposer sur ses lauriers
der **Lorbeerkranz** la couronne de laurier
los[1] ① *Knopf, Etikett* parti(e) ② (*umgs.: losgegangen, losgefahren*) **sie ist schon los** est déjà partie ▶ **jemanden/etwas [endlich] los sein** (*umgs.*) être débarrassé(e) de quelqu'un/de quelque chose
los[2] ① **dort ist viel los** (*umgs.*) [il] y a de l'ambiance là-bas; **hier ist nichts los** (*umgs.*) il ne se passe rien ici ② **was ist los?** (*umgs.*) qu'est-ce qu'il y a?, qu'est-ce qu'y a?; **was ist denn hier los?** (*umgs.*) qu'est-ce qui se passe ici? ③ **was ist denn mit dir los?** (*umgs.*) qu'est-ce que tu as donc?; **was ist denn mit der los?** (*umgs.*) qu'est-ce qu'elle nous fait comme trip? ▶ **mit ihm ist nichts los** (*umgs.: er ist langweilig*) [il] y a rien à tirer de lui; (*er ist erschöpft*) il n'est pas dans son assiette
los[3] ① **los!** allez!; **los, beeil dich!** allez, dépêche-toi!; **los, wir fangen jetzt an!** allez, on commence! ② (*beim Wettlauf*) **los!** partez!
das **Los** ① (*Lotterielos*) le billet ② **etwas durch das Los entscheiden** tirer quelque chose au sort ③ **er/sie hat ein schweres Los** (*gehoben*) il/elle n'a pas la vie facile ▶ **er/sie hat das große Los gezogen** il/elle a tiré le gros lot
losbinden détacher *Hund, Pferd*
das **Löschblatt** le buvard
löschen ① éteindre *Feuer, Licht* ② **seinen Durst löschen** se désaltérer ③ effacer *Text, Aufnahme, Datei*
das **Löschfahrzeug** la voiture de pompiers
das **Löschpapier** le papier buvard, le buvard

die **Löschtaste** (*auf der Tastatur*) la touche "effacement"
  lose ❶ *Knopf* qui bouge; *Halterung* branlant(e); *Blatt* volant(e) ❷ **etwas lose verkaufen** vendre quelque chose en vrac
das **Lösegeld** la rançon
  losen tirer au sort; **um etwas losen** tirer quelque chose au sort; **[darum] losen, wer beginnen darf** tirer au sort pour savoir qui commence
  lösen ❶ enlever *Schmutz, Etikett* ❷ défaire *Haare, Knoten;* desserrer *Handbremse* ❸ résoudre *Aufgabe, Problem* ❹ annuler *Verlobung;* résilier *Vertrag* ❺ **etwas in Wasser lösen** dissoudre quelque chose dans l'eau ❻ prendre *Eintrittskarte, Fahrschein* ❼ **sich lösen** *Knoten:* se défaire; *Handbremse:* se desserrer; *Rätsel:* se résoudre ❽ (*sich befreien*) **sich von jemandem lösen** se détacher de quelqu'un ❾ **sich von etwas lösen** *Aufkleber:* s'enlever de quelque chose; *Stein:* se détacher de quelque chose ❿ **sich in einer Flüssigkeit lösen** se dissoudre dans un liquide
losfahren partir
losgehen ❶ (*aufbrechen*) partir ❷ **wann geht's los?** (*umgs.*) quand est-ce que ça commence?; **jetzt geht's los!** (*umgs.*) ça commence! ❸ **geht das schon wieder los!** (*umgs.*) c'est reparti ❹ (*angreifen*) **mit etwas auf jemanden losgehen** s'élancer sur quelqu'un avec quelque chose ▶ **ich glaub', es geht los!** (*umgs.*) ça va pas, la tête?
loskommen von jemandem nicht loskommen ne pas sortir des pattes de quelqu'un; **vom Alkohol nicht loskommen** ne pas pouvoir cesser de boire
loslassen ❶ lâcher ❷ **jemanden nicht loslassen** *Vorstellung:* ne pas quitter quelqu'un
loslegen (*umgs.*) ❶ (*anfangen*) s'y attaquer; **mit der Arbeit loslegen** s'attaquer au travail ❷ (*zu erzählen beginnen*) **leg los!** raconte! ❸ (*schimpfen*) se mettre à rouspéter
löslich *Pulver, Kaffee* soluble
losmachen (*umgs.*) ❶ (*losbinden*) détacher ❷ **sich von der Leine losmachen** se dégager de quelque chose
losschicken envoyer
die **Losung** ❶ (*Wahlspruch*) le mot d'ordre ❷ (*Parole*) le mot de passe
die **Lösung** ❶ (*das Lösen*) la résolution ❷ (*Ergebnis*) la solution ❸ *einer Verlobung* l'annulation (*weiblich*); *eines Vertrags* la résiliation ❹ (*Flüssigkeit*) la solution
das **Lösungsmittel** le solvant
  loswerden ❶ se débarrasser de *Person* ❷ **ich werde das Gefühl nicht los, dass er mich belügt** je n'arrive pas à me défaire de l'idée qu'il me ment ❸ (*umgs.: verkaufen*) fourguer
das **Lot** ❶ (*Senkblei*) le fil à plomb ❷ (*in der Mathematik*) la perpendiculaire; **das Lot fällen** abaisser la perpendiculaire; **das Lot auf eine Gerade fällen** abaisser la perpendiculaire à une droite ▶ **es ist alles im Lot** (*umgs.*) tout va bien
  löten souder; **einen Draht an etwas löten** souder un fil à quelque chose
die **Lotion** la lotion
der **Lötkolben** le fer à souder
der **Lotse** ❶ (*Schiffslotse*) le pilote ❷ (*Fluglotse*) l'aiguilleur (*männlich*) du ciel
die **Lotsin** ❶ (*Schiffslotsin*) le pilote ❷ (*Fluglotsin*) l'aiguilleur (*männlich*) du ciel

> **G** Es gibt im Französischen keine Femininform: *sie ist eine gute Lotsin* – *c'est* un bon pilote/ un bon aiguilleur du ciel.

die **Lotterie** la loterie
das **Lotto** le loto; **Lotto spielen** jouer au loto
der **Lottoschein** le bulletin de loto
der **Löwe** ❶ le lion ❷ (*in der Astrologie*) le Lion; **[ein] Löwe sein** être Lion
der **Löwenzahn** le pissenlit
die **Löwin** la lionne
die **Loyalität** la loyauté
die **LP** *Abkürzung von* **Langspielplatte** le 33 tours [tʀɑ̃tʀwa tuʀ]
der **Luchs** le lynx [lɛ̃ks]
die **Lücke** ❶ (*räumlich, im Gedächtnis*) le trou ❷ (*im Text*) **füllen Sie die Lücken im Text aus** remplissez les blancs dans le texte ▶ **eine Lücke hinterlassen** laisser un vide
lückenhaft *Kenntnisse* incomplet/incomplète; *Beweis* insuffisant(e); *Erinnerung* défaillant(e)
lückenlos ❶ *Aufzählung, Bericht* complet/complète; *Beweis* irréfutable ❷ *darstellen* de façon exhaustive; *sich erinnern* intégralement
das **Luder** (*abwertend umgs.*) ❶ (*durchtriebene Frau*) la bougresse ❷ (*leichtlebige Frau*) la garce
die **Luft** ❶ l'air (*männlich*); **an die frische Luft gehen, frische Luft schnappen gehen** aller prendre l'air ❷ (*Atem*) **Luft holen** inspirer; **tief Luft holen** inspirer profondément; **die Luft anhalten** retenir son souffle; **keine Luft mehr bekommen**

étouffer ③ (*umgs.: Zwischenraum*) l'espace (*männlich*) ▶ **von Luft und Liebe leben** (*umgs.*) vivre d'amour et d'eau fraîche; **es herrscht dicke Luft** (*umgs.*) il y a de l'orage dans l'air; **die Luft ist rein** (*umgs.*) pas de danger à l'horizon; **sich in Luft auflösen** se volatiliser; **in die Luft fliegen** *Gebäude:* sauter; **es liegt etwas in der Luft** il y a quelque chose qui se prépare; **seinem Ärger Luft machen** donner libre cours à sa colère; **für jemanden Luft sein** ne pas exister pour quelqu'un
der **Luftballon** le ballon [de baudruche]
die **Luftbrücke** le pont aérien
luftdicht ① *Verpackung* hermétique ② *verschließen* hermétiquement
der **Luftdruck** la pression atmosphérique
lüften ① aérer *Raum, Wohnung*; **regelmäßig lüften** aérer régulièrement ② dévoiler *Geheimnis*
die **Luftfahrt** l'aviation (*weiblich*)
die **Luftfeuchtigkeit** l'humidité (*weiblich*) de l'air
luftig *Kleidung* léger/légère
der **Luftkurort** la station climatique
luftleer *Raum* vide d'air
die **Luftlinie es sind zwei Kilometer Luftlinie bis zum Meer** jusqu'à la mer, il y a deux kilomètres à vol d'oiseau
die **Luftmatratze** le matelas pneumatique
die **Luftpost mit Luftpost** par avion
die **Luftpumpe** la pompe [à air]; (*für das Fahrrad*) la pompe à vélo
die **Luftröhre** la trachée
die **Luftschlange** le serpentin
der **Luftsprung** le bond; **vor Freude einen Luftsprung machen** faire un bond de joie
die **Lüftung** ① (*das Lüften*) l'aération (*weiblich*) ② (*Lüftungsanlage*) la ventilation
die **Luftverschmutzung** la pollution de l'air
die **Luftwaffe** l'armée (*weiblich*) de l'air
der **Luftzug** le courant d'air
die **Lüge** le mensonge ▶ **Lügen haben kurze Beine** les mensonges ne mènent pas loin
lügen mentir; **das ist gelogen!** c'est faux!
der **Lügner** le menteur
die **Lügnerin** la menteuse
die **Luke** ① (*Dachluke*) la lucarne ② (*Schiffsluke*) l'écoutille (*weiblich*)
der **Lümmel** (*umgs.: frecher Junge*) le malotru
lümmeln (*umgs.*) **sich aufs Sofa lümmeln** se vautrer sur le canapé
die **Lumpen** (*Kleider*) les °haillons (*männlich*) [´ajɔ̃]
die **Lunge** le poumon
die **Lungenentzündung** la pneumonie
die **Lunte** la mèche ▶ **Lunte riechen** flairer un piège
die **Lupe** la loupe ▶ **jemanden/etwas [genau] unter die Lupe nehmen** (*umgs.*) examiner quelqu'un/quelque chose sous toutes les coutures
der **Lurch** l'amphibien (*männlich*) [ɑ̃fibjɛ̃]
die **Lust** ① (*Neigung*) l'envie (*weiblich*); **Lust auf ein Eis haben** avoir envie d'une glace; **keine Lust zum Kochen haben** ne pas avoir envie de faire la cuisine; **keine Lust!** (*umgs.*) ça ne me dit rien! ② (*Freude*) le plaisir; **die Lust an etwas verlieren** perdre le goût de quelque chose ③ (*sexuelles Begehren*) le désir; (*sexuelle Erfüllung*) le plaisir ▶ **sie kann nach Lust und Laune essen** elle peut manger comme ça lui chante
lustig ① *Mensch, Stimmung* gai(e) ② *Anblick, Geschichte* drôle; **das ist ja ein lustiger Name!** c'est un drôle de nom! ③ **sich über jemanden/über etwas lustig machen** se moquer de quelqu'un/de quelque chose
lustlos ① *Miene* morose ② *arbeiten* sans entrain
das **Lustspiel** la comédie
lutschen ① sucer *Bonbon*; manger *Eis* ② **am Daumen lutschen** sucer son pouce
der **Lutscher** la sucette
Luxemburg ① (*Stadt*) Luxembourg [lyksɑ̃buʁ] ② (*Land*) le Luxembourg
luxemburgisch luxembourgeois(e) [lyksɑ̃buʁʒwa(z)]
luxuriös ① *Wohnung, Leben* luxueux/luxueuse ② *ausstatten* luxueusement
der **Luxus** le luxe; **im Luxus leben** vivre dans le luxe; **das ist doch [purer] Luxus!** c'est vraiment du luxe!
das **Luxushotel** l'hôtel (*männlich*) de luxe
Luzern Lucerne [lysɛʁn]
die **LW** *Abkürzung von* **Langwelle** les GO (*weiblich*) [ʒeo]
lynchen lyncher [lɛ̃ʃe]
die **Lyrik** la poésie lyrique
lyrisch lyrique

das m, **das M** le m, le M [ɛm]
m *Abkürzung von* **Meter** m
machbar réalisable; **das Projekt ist nicht machbar** le projet n'est pas réalisable
machen ① (*tun*) faire; **ich mache das schon!** (*ich erledige das*) je m'en chargerai!; (*ich bringe das in Ordnung*) je vais arranger ça!; **lass ihn [das] nur machen!** laisse-le donc faire [cela]!; **gut gemacht!** bien joué!; **so etwas macht man nicht!** ça ne se fait pas! ② (*ausüben*) faire *Arbeit*; **Musik machen** faire de la musique; **Sport machen** [*oder* **treiben**] faire du sport; **was macht Paul?** (*beruflich*) que fait Paul?; (*wie geht es ihm?*) que devient Paul?; **was machst du [denn so]?** (*umgs.*) qu'est-ce que tu deviens? ③ (*zubereiten, anfertigen*) faire; **selbst gemacht** *Speise, Kuchen* fait(e) maison ④ (*verursachen*) faire *Fleck, Geräusch;* donner *Hunger, Durst;* **Unordnung machen** mettre le désordre; **jemandem Angst machen** faire peur à quelqu'un; **jemandem Arbeit/Mut machen** donner du travail/du courage à quelqu'un; **jemandem Ärger machen** causer des ennuis à quelqu'un; **sich Feinde machen** se faire des ennemis; **das hat mir große Freude gemacht** ça m'a fait très plaisir ⑤ passer *Führerschein, Diplom;* suivre *Kurs* ⑥ faire *Party, Reise* ⑦ **jemanden glücklich machen** rendre quelqu'un heureux/heureuse; **jemanden wütend machen** mettre quelqu'un en colère; **jemandem das Leben schwer machen** rendre la vie dure à quelqu'un; **sich schön machen** se faire belle; **es macht mich traurig, dass du so verzweifelt bist** ça me rend triste que tu sois si désespéré(e) ⑧ **dick machen** *Lebensweise, Essen:* faire grossir; **jemanden krank machen** rendre quelqu'un malade ⑨ (*erscheinen lassen*) **schlank machen** *Kleidung:* amincir; **dick machen** *Kleidung:* grossir; **jung machen** *Kleidung, Frisur:* rajeunir; **alt machen** *Kleidung, Frisur:* vieillir ⑩ (*umgs.: ergeben*) **wie viel macht drei mal sieben?** combien font trois fois sept?; **was macht das [insgesamt]?** combien ça fait? ⑪ (*umgs.: sich beeilen*) **nun mach schon!** bon, dépêche-toi!; **mach schnell!** dépêche-toi! ⑫ **ins Bett machen** (*umgs.*) faire au lit; **in die Hosen machen** (*umgs.*) faire dans sa culotte ⑬ **sich [gut] machen** *Kind, Pflanze:* pousser ⑭ **sich an die Arbeit machen** se mettre au travail; **sich auf den Weg machen** se mettre en route ⑮ **sich aus jemandem/etwas nichts machen** ne pas s'intéresser à quelqu'un/quelque chose; **ich mache mir nichts aus Eis** la glace, je ne cours pas après ▶ **mach dir nichts daraus!** (*umgs.*) ne t'en fais pas!; **mach's gut!** (*umgs.*) salut!; **macht nichts!** ça ne fait rien!; **nichts zu machen!** rien à faire!
die Machenschaften (*abwertend*) les machinations (*weiblich*)
der Macho ['matʃo] (*abwertend umgs.*) le macho [matʃo]
die Macht ① (*Staatsgewalt*) le pouvoir; **an die Macht kommen** accéder au pouvoir; **an der Macht sein** être au pouvoir; **die Macht ausüben** exercer le pouvoir ② (*Staat*) la puissance ③ **mit aller Macht siegen wollen** lutter de toutes ses forces; **alles, was in meiner Macht steht** tout ce qui est en mon pouvoir ▶ **die Macht der Gewohnheit** la force de l'habitude
die Machtergreifung la prise du pouvoir
der Machthaber le dirigeant
die Machthaberin la dirigeante
mächtig ① *Herrscher, Staat* puissant(e) ② *Schlag, Erschütterung* violent(e) ③ **mächtigen Durst haben** (*umgs.*) avoir une sacrée soif ④ (*umgs.: sehr*) **sich freuen, sich ärgern** drôlement ⑤ **des Französischen mächtig sein** (*gehoben*) maîtriser le français
der Machtkampf la lutte pour le pouvoir
machtlos ① *Politiker, Staat* impuissant(e) ② **gegen etwas machtlos sein** être désarmé devant quelque chose; **einer Sache machtlos gegenüberstehen** faire face à quelque chose avec un sentiment d'impuissance
der Machtmissbrauch l'abus (*männlich*) de pouvoir
der Machtwechsel le changement de gouvernement
das Machtwort **ein Machtwort sprechen** faire acte d'autorité
die Macke (*umgs.*) ① (*Tick*) le tic, la manie; **das ist [so] eine Macke von mir** c'est une manie chez moi ② (*an einem Gegenstand*) le défaut ▶ **eine Macke haben** (*verrückt sein*) avoir le cerveau fêlé
der Macker (*umgs.*) le mec
das Mädchen la fille; **das junge Mädchen** la jeune fille ▶ **Mädchen für alles sein** (*umgs.*) être bonne à tout faire
der Mädchenname ① (*weiblicher Vorname*) le

prénom féminin ❷ (*Geburtsname*) le nom de jeune fille

die **Made** l'asticot *(männlich)* ▶ **wie die Made im Speck leben** (*umgs.*) vivre comme un coq en pâte

madig *Obst* véreux/véreuse

madigmachen (*umgs.*) débiner; **jemandem etwas madigmachen** dégoûter quelqu'un de quelque chose

die **Mafia** la maffia, la mafia

das **Magazin** ❶ (*Lager*) le magasin ❷ (*Zeitschrift*) le magazine ❸ *einer Schusswaffe* le chargeur

der **Magen** l'estomac *(männlich)* [ɛstoma]; **auf nüchternen Magen** à jeun; **sich den Magen verderben** attraper une indigestion

die **Magenbeschwerden** les troubles *(männlich)* gastriques

das **Magendrücken** les lourdeurs *(weiblich)* d'estomac

V Der Singular *das Magendrücken* wird mit einem Plural übersetzt: *dieses Magendrücken ist schmerzhaft – ces lourdeurs d'estomac sont douloureuses.*

die **Magenschmerzen** les maux *(männlich)* d'estomac [mo dɛstoma]; **Magenschmerzen haben** avoir mal à l'estomac

mager ❶ *Person, Fleisch, Käse* maigre ❷ *Ernte, Ergebnis* médiocre

die **Magermilch** le lait écrémé

die **Magersucht** l'anorexie *(weiblich)*

die **Magie** (*Zauberei, Anziehungskraft*) la magie ▶ **schwarze Magie** la magie noire

der **Magier** ❶ (*Zauberer*) le magicien ❷ (*Zauberkünstler*) le prestidigitateur

die **Magierin** ❶ (*Zauberin*) la magicienne ❷ (*Zauberkünstlerin*) la prestidigitatrice

magisch ❶ *Formel, Wirkung* magique ❷ **jemanden magisch anziehen** attirer quelqu'un comme par magie

der **Magister** ❶ (*Universitätsgrad*) **der Magister** [**Artium**] ≈ la maîtrise de sciences humaines; **seinen Magister machen** faire sa maîtrise de sciences humaines ❷ (*Inhaber des Titels Magister*) ≈ le titulaire d'une maîtrise; (*Inhaberin des Titels Magister*) ≈ la titulaire d'une maîtrise

der **Magnet** l'aimant *(männlich)*

das **Magnetfeld** le champ magnétique

magnetisch ❶ *Feld, Wirkung* magnétique ❷ **sich magnetisch angezogen fühlen** se sentir attiré comme par magie

die **Magnolie** le magnolia ⚠ *männlich*

das **Mahagoni** l'acajou *(männlich)*

mähen¹ (*schneiden*) faucher *Wiese*; moissonner *Getreide*; tondre *Rasen*

mähen² *Schaf*: bêler

das **Mahl** (*gehoben*) le repas

mahlen moudre

die **Mahlzeit** le repas

die **Mähne** (*auch übertragen*) la crinière

mahnen ❶ rappeler; **zur Vorsicht mahnen** rappeler à la prudence; **jemanden zur Vernunft mahnen** rappeler quelqu'un à la raison ❷ (*eine Zahlungserinnerung verschicken*) envoyer un rappel

das **Mahnmal** le mémorial

die **Mahnung** ❶ (*Ermahnung*) l'avertissement *(männlich)* ❷ (*Zahlungsaufforderung*) la lettre de rappel

die **Mahnwache eine Mahnwache halten** faire une commémoration silencieuse

der **Mai** ❶ mai *(männlich)* [mɛ]; **im Mai** en mai; **es ist Mai** c'est le mois de mai ❷ (*bei Datumsangaben*) **ab [dem] Ersten Mai** à partir du 1er mai; **sie ist am 10. Mai 1990 geboren** elle est née le 10 mai 1990; **Berlin, den 7. Mai 2006** Berlin, le 7 mai 2006; **Freitag, den 5. Mai 2006** vendredi 5 mai 2006 ▶ **der Erste Mai** le 1er Mai

G Der französische Monatsname wird ohne den bestimmten Artikel gebraucht.
Bei präzisen Datumsangaben mit einer Zahl, wie sie in ❷ aufgeführt sind, steht der Artikel jedoch, und zwar wegen der Zahl:
er ist am Fünfzehnten geboren – il est né le quinze;
er ist am fünfzehnten Mai geboren – il est né le quinze mai.

das **Maiglöckchen** le muguet [mygɛ]

der **Maikäfer** le °hanneton

die/das **Mail** ['meɪl] le courrier électronique, le mail [mɛl], l'e-mail *(männlich)* [imɛl]

die **Mailbox** ['meɪlbɔks] (*in der Informatik*) la boîte aux lettres électronique

mailen ['meɪlən] (*in der Informatik*) envoyer un mail; **jemandem mailen** envoyer un mail à quelqu'un

Mainz Mayence [majɛ̃s]

der **Mais** le maïs [mais]

der **Maiskolben** l'épi *(männlich)* de maïs [epi də mais]

die **Majestät** la Majesté [maʒɛste]; **Eure Majestät!** Votre Majesté!

majestätisch *Anblick* majestueux/majestueuse [maʒɛstɥø(z)]

die **Majo** (*umgs.*) *Abkürzung von* **Majonäse** la mayonnaise

die **Majonäse** la mayonnaise

der **Major** le commandant
der **Majoran** ❶ (*Pflanze*) la marjolaine ❷ (*Gewürz*) l'origan *(männlich)* [ɔʀigã]
die **Majorin** la commandante
makaber macabre
makellos ❶ *Ruf, Benehmen* irréprochable ❷ *Haut, Oberfläche* impeccable ❸ *gekleidet* impeccablement
mäkeln an etwas mäkeln dénigrer quelque chose; **an allem etwas zu mäkeln haben** trouver à redire à tout
das **Make-up** [meːkˈʔap] le maquillage
die **Makkaroni** les macaronis *(männlich)*
der **Makler** ❶ (*Immobilienmakler*) l'agent *(männlich)* immobilier ❷ (*Börsenmakler*) le courtier
die **Maklerin** ❶ (*Immobilienmaklerin*) l'agent *(männlich)* immobilier ❷ (*Börsenmaklerin*) la courtière

G Für die in ❶ aufgeführte Wortbedeutung gibt es im Französischen keine Femininform: *sie ist eine erfolgreiche Maklerin – elle est un agent immobilier qui a du succès.*

die **Makrele** le maquereau ⚠ *männlich*
das/der **Makro** (*in der Informatik*) la macro ⚠ *weiblich*
die **Makrone** le macaron ⚠ *männlich*
mal ❶ (*umgs.: einmal*) **wieder mal** une fois de plus; **warst du schon mal in Kanada?** tu as déjà été au Canada?; **komm mal her!** viens ici!; **zeig mal her!** montre voir!; **das ist nun mal so** c'est comme ça ❷ (*beim Multiplizieren*) **drei mal vier ist zwölf** trois fois quatre [font] douze
das **Mal**¹ la fois; **jedes Mal** chaque fois; **jedes Mal, wenn es regnet** chaque fois qu'il pleut; **das erste Mal/beim ersten Mal** la première fois; **das letzte Mal/beim letzten Mal** la dernière fois; **das eine oder andere Mal** de temps en temps; **von Mal zu Mal** [à] chaque fois ▸ **ein für alle Mal** une fois pour toutes; **mit einem Mal** tout d'un coup
das **Mal**² (*Muttermal*) la tache de vin; (*Hautverfärbung*) la marque
die **Malaria** le paludisme
malen ❶ peindre *Gemälde* ❷ **er malt gerne** il aime faire de la peinture ❸ (*zeichnen*) dessiner
der **Maler** ❶ (*Kunstmaler*) le peintre, l'artiste *(männlich)* peintre ❷ (*Anstreicher*) le peintre [en bâtiment]
die **Malerei** la peinture
die **Malerin** ❶ (*Kunstmalerin*) la peintre, l'artiste *(weiblich)* peintre ❷ (*Anstreicherin*) la peintre [en bâtiment]

malerisch *Landschaft, Anblick* pittoresque
das **Malheur** [maˈløːɐ̯] (*umgs.*) le [petit] accident
malnehmen multiplier; **eine Zahl mit fünf malnehmen** multiplier un nombre par cinq
malochen (*umgs.*) bosser dur; **in der Fabrik malochen** bosser à l'usine
Malta Malte; **auf Malta** à Malte
die **Malve** la mauve
das **Malz** le malt
das **Malzbier** la bière de malt
die **Mama**, die **Mami** (*umgs.*) la maman

die Mami

F Nicht verwechseln mit *la mamie* – die Oma!

die **Mammutveranstaltung** la manifestation gigantesque
mampfen (*umgs.: essen*) bouffer
man on; **wenn man es so sieht** si l'on le regarde sous cet angle-là; **das tut man nicht** cela ne se fait pas; **man muss sich selbst treu bleiben** il faut rester fidèle à soi-même
das **Management** [ˈmɛnɪdʒmənt] le management
managen [ˈmɛnɪdʒn] ❶ gérer *Firma, Projekt* ❷ servir d'imprésario à *Künstler;* manager [manaˈ(d)ʒe] *Sportler*
der **Manager** [ˈmɛnɪdʒɐ] ❶ *einer Firma* le cadre; *eines Sportlers* le manager [manadʒœʀ] ❷ *eines Künstlers* l'imprésario *(männlich)*
die **Managerin** [ˈmɛnɪdʒərɪn] ❶ *einer Firma* le cadre; *eines Sportlers* la manager [manadʒœʀ] ❷ *eines Künstlers* l'imprésario *(männlich)*

G Für die in ❶ und ❷ aufgeführten Wortbedeutungen gibt es im Französischen keine Femininform: *sie ist eine erfolgreiche Managerin – elle est un cadre qui a du succès; sie ist die Managerin dieses Sängers – elle est l'imprésario de ce chanteur.*

manch ❶ **manch ein Mann** plus d'un homme; **manch eine Frau** plus d'une femme ❷ **manche Menschen** bien des hommes; **manche lernen es nie** certains ne l'apprendront jamais; **manche von denen, die ...** beaucoup de ceux/celles qui ... ❸ **manch Interessantes** plus d'une chose intéressante; **manches, was man so hört** beaucoup de ce qui est dit

mancherlei ❶ **mancherlei Kleider** toutes sortes de vêtements ❷ **sie weiß mancherlei** elle sait pas mal de choses

manchmal quelquefois

der **Mandant** le mandant
die **Mandantin** la mandante
die **Mandarine** la mandarine
das **Mandat** *eines Abgeordneten, Anwalts* le mandat
die **Mandel** ❶ l'amande *(weiblich)* ❷ *(Rachenmandel)* l'amygdale *(weiblich)* [amigdal]
die **Mandelentzündung** l'amygdalite *(weiblich)*
die **Mandoline** la mandoline
die **Manege** [maˈneːʒə] *eines Zirkus* la piste; **in der Manege stehen** être en piste

die Manege

F Nicht verwechseln mit *le manège – das Karussell!*

der **Mangel** ❶ *(Fehler)* le défaut ❷ *(das Fehlen)* **der Mangel an Fachkräften** le manque de personnel qualifié ❸ **der Mangel an Vitaminen** la carence en vitamines ❹ **aus Mangel an Beweisen** faute de preuves
die **Mangel** la repasseuse
mangelhaft ❶ *Ware* défectueux/défectueuse ❷ *Kenntnisse* médiocre ❸ *(Schulnote)* ≈ médiocre; *(in Frankreich)* six/huit sur vingt ❹ *vorbereitet* insuffisamment
mangeln ❶ **es mangelt an Medikamenten** les médicaments font défaut ❷ **es mangelt ihm an Feingefühl** il manque de tact
mangelnd ❶ *Vorbereitung, Versorgung* insuffisant(e) ❷ **das mangelnde Interesse** le manque d'intérêt

die **Mango** la mangue [mɛ̃g]
die **Manieren** les manières *(weiblich)*; **gute Manieren haben** avoir de bonnes manières; **keine Manieren haben** avoir de mauvaises manières
manierlich ❶ *Benehmen, Kleidung* convenable ❷ *sich benehmen* convenablement
das **Manifest** le manifeste
die **Maniküre** *(Person, Pflege)* la manucure
die **Manipulation** la manipulation
manipulieren manipuler *Meinung, Ergebnis*
das **Manko** *(Mangel)* le défaut
der **Mann** ❶ l'homme *(männlich)* [ɔm]; **ein junger Mann** un jeune homme; **der alte Mann** le vieil homme ❷ *(Ehemann)* le mari; **mein Mann** mon mari ❸ *(einzelne Person)* **pro Mann** par personne; **wir waren zwanzig Mann** nous étions vingt personnes ▶ **ein gemachter Mann sein** *(umgs.)* être un homme qui a réussi; **der kleine Mann** le simple citoyen; **seinen Mann stehen** faire ses preuves; **o Mann!** *(umgs.)* purée!; **Mann, o Mann!** *(umgs.)* eh ben, mon vieux!; **selbst ist der Mann!** on n'est jamais si bien servi que par soi-même!
das **Männchen** ❶ *(kleiner Mann)* le petit homme ❷ *(männliches Tier)* le mâle ❸ *(Strichmännchen)* le bonhomme ▶ **Männchen machen** *Tier:* faire le beau
das **Mannequin** [ˈmanəkɛ̃] le mannequin
die **Männersache** l'affaire *(weiblich)* d'hommes; **das ist eine reine Männersache** c'est une pure affaire d'hommes
männlich ❶ *Geschlecht* masculin(e); *Erbe* du sexe masculin; *Tier, Hormon* mâle; *Geschlechtsteil* de l'homme ❷ *Auftreten* résolu(e); *Aussehen, Stimme* masculin(e) ❸ *(in der Grammatik) Wort, Artikel* masculin(e)
die **Mannschaft** *von Sportlern, Mitarbeitern* l'équipe *(weiblich)*
der **Mannschaftssport** le sport d'équipe
das **Manöver** *(auch übertragen)* la manœuvre ⚠ *weiblich*
die **Mansarde** la mansarde
die **Manschette** *an Hemden, Blusen* la manchette
der **Manschettenknopf** le bouton de manchette
der **Mantel** ❶ *(Kleidungsstück)* le manteau ❷ *(Reifenmantel)* la chape
manuell ❶ *Fertigung* manuel(le) ❷ *gefertigt* manuellement
das **Manuskript** le manuscrit
das **Mäppchen** *(für Schreibutensilien)* la trousse d'écolier
die **Mappe** ❶ *(Dokumentenhülle)* la chemise ❷ *(Zeichenmappe)* le carton à dessin ❸ *(Ak-*

tentasche) la serviette ❹ (*für Schreibutensilien*) la trousse d'écolier

der **Marathon**, der **Marathonlauf** le marathon

das **Märchen** ❶ le conte ❷ **erzähl doch keine Märchen!** (*umgs.*) ne raconte pas de bobards!

das **Märchenbuch** le livre de contes

märchenhaft *Anblick, Reichtum* fabuleux/fabuleuse

der **Märchenprinz** le prince charmant

der **Marder** la martre ⚠ *weiblich*

die **Margarine** la margarine

die **Margerite** la marguerite

die **Maria** (*Mutter Gottes*) Marie (*weiblich*); **die heilige Maria** la Sainte Vierge

der **Marienkäfer** la coccinelle

das **Marihuana** la marijuana ⚠ *weiblich*

die **Marille** Ⓐ l'abricot (*männlich*)

die **Marinade** la marinade

die **Marine** la marine; **bei der Marine sein** être dans la marine

die **Marionette** (*auch übertragen*) la marionnette

die **Mark** (*ehemalige deutsche Währung*) le mark ⚠ *männlich*

das **Mark** ❶ (*Knochenmark*) la moelle ❷ (*Fruchtmark*) la pulpe ▸ **das geht mir durch Mark und Bein** (*umgs.*) ça me pénètre jusqu'à la moelle des os

markant *Kinn, Nase* prononcé(e); *Schrift* ferme; *Erscheinung* affirmé(e)

die **Marke** ❶ (*Produktmarke*) la marque ❷ (*Briefmarke*) le timbre ❸ (*Bon, Wertmarke*) le ticket ❹ (*Dienstmarke*) la plaque

der **Markenartikel** l'article (*männlich*) de marque

der **Marker** (*Stift*) le surligneur

das **Marketing** le marketing

markieren ❶ signaliser *Fahrbahn;* marquer *Tier* ❷ **eine Textstelle markieren** marquer un passage; (*mit einem Leuchtstift, auf dem Bildschirm*) surligner un passage

die **Markierung** *einer Fahrbahn* le marquage

die **Markise** le store

der **Markt** le marché; **auf den Markt gehen** aller au marché; **ein Produkt auf den Markt bringen** lancer un produit sur le marché

die **Marktforschung** l'étude (*weiblich*) de marché

die **Marktfrau** la marchande [ambulante]

die **Marktlücke** le créneau [commercial]

der **Marktplatz** la place du marché

die **Marktwirtschaft** l'économie (*weiblich*) de marché

die **Marmelade** la confiture

der **Marmor** le marbre

der **Marokkaner** le Marocain

die **Marokkanerin** la Marocaine

marokkanisch marocain(e)

Marokko le Maroc

die **Marone** (*Kastanie*) le marron

die **Marotte** la marotte

Mars (*in der Astronomie*) Mars, la planète Mars

marsch (*umgs.*) ❶ (*hinaus*) allez, oust[e]; **los, marsch!** allez, oust[e]! ❷ **marsch, ins Bett!** et maintenant, au lit!

der **Marsch** (*Fußmarsch, Marschmusik*) la marche ▸ **jemandem den Marsch blasen** (*umgs.*) sonner les cloches à quelqu'un

marschieren ❶ **die Soldaten sind durch die Straßen marschiert** les soldats ont défilé dans les rues ❷ **ich bin stundenlang durch die Stadt marschiert** (*umgs.*) j'ai marché en ville pendant des heures

die **Marschmusik** la musique militaire

die **Marschroute** l'itinéraire (*männlich*)

der **Marsmensch** le Martien/la Martienne

die **Marter** le supplice

das **Marterl** Ⓐ le calvaire

der **Marterpfahl** le poteau de torture

der **Märtyrer** (*religiös*) le martyr

die **Märtyrerin** (*religiös*) la martyre

der **Marxismus** le marxisme

marxistisch *Lehre* marxiste

der **März** ❶ mars (*männlich*) [maʀs]; **im März** en mars; **es ist März** c'est le mois de mars ❷ (*bei Datumsangaben*) **ab [dem] dritten März** à partir du trois mars; **sie ist am 10. März 1990 geboren** elle est née le 10 mars 1990; **Berlin, den 7. März 2006** Berlin, le 7 mars 2006; **Freitag, den 3. März 2006** vendredi 3 mars 2006

> ⓖ Der französische Monatsname wird ohne den bestimmten Artikel gebraucht.
> Bei präzisen Datumsangaben mit einer Zahl, wie sie in ❷ aufgeführt sind, steht der Artikel jedoch, und zwar wegen der Zahl:
> *er ist am Zwölften geboren – il est né le douze;*
> *er ist am zwölften März geboren – il est né le douze mars.*

das **Marzipan** la pâte d'amandes

die **Masche** ❶ *eines Netzes, Strickzeugs* la maille; **die rechte Masche** la maille à l'endroit; **die linke Masche** la maille à l'envers ❷ Ⓐ, ⒞ℋ (*Schleife*) le nœud ❸ (*umgs.: Trick*) la combine; **immer die gleiche Masche!** toujours la même combine!

die **Maschine** ❶ la machine ❷ (*Flugzeug*) l'appareil (*männlich*) ❸ (*umgs.: Motorrad*) la moto

maschinell ❶ *Fertigung* mécanique ❷ *herstellen* mécaniquement

der **Maschinenbau** la construction mécanique

Maschinengewehr – Mathe

das **Maschinengewehr** la mitrailleuse
maschinenlesbar *Ausweis* exploitable par ordinateur
die **Maschinenpistole** la mitraillette
die **Masern** la rougeole; [die] **Masern haben** avoir la rougeole

> **V** Der Plural *die Masern* wird mit einem Singular übersetzt: *die Masern sind ansteckend – la rougeole est contagieuse.*

die **Maske** ① le masque ⚠ *männlich*; **eine Maske tragen** porter un masque ② (*in der Informatik*) la grille d'écran
der **Maskenball** le bal masqué
der **Maskenbildner** le maquilleur
die **Maskenbildnerin** la maquilleuse
maskieren ① masquer; **maskiert sein** *Bankräuber*: être masqué(e) ② **sich als Clown maskieren** se déguiser en clown
das **Maskottchen** la mascotte ⚠ *weiblich*
maskulin masculin(e)
die **Maß** la chope (*d'un litre*)
das **Maß** ① (*Maßeinheit*) la mesure ② (*Bandmaß*) le mètre ③ (*beim Nähen*) **die Maße** (*Körpermaße*) les mesures (*weiblich*); **nach Maß** sur mesure ④ **in zunehmendem Maße** de plus en plus [də plyz ɑ̃ plys]; **in dem Maß[e], wie die Preise steigen, …** dans la mesure où les prix augmentent, … ▶**Maß halten** ne pas faire d'excès; **in Maßen** avec mesure
die **Massage** [ma'saːʒə] le massage ⚠ *männlich*
das **Massaker** le massacre
die **Masse** ① (*auch in der Physik*) la masse ② (*Teigmasse, Gemisch*) le mélange ③ (*große Menge*) la foule; **die breite Masse** le grand public; **in Massen** en masse
die **Maßeinheit** l'unité (*weiblich*) de mesure
die **Massenarbeitslosigkeit** le chômage généralisé
das **Massengrab** la fosse commune
massenhaft ① *Vorkommen* massif/massive ② *auftreten* massivement ③ **sie hat massenhaft Bücher** (*umgs.*) elle a des livres en masse
die **Massenmedien** les médias (*männlich*)
der **Massenmord** le massacre collectif
die **Massentierhaltung** l'élevage (*männlich*) en batterie
massenweise →**massenhaft**
der **Masseur** [ma'søːɐ] le masseur-kinésithérapeute, le masseur
die **Masseurin** [ma'søːrɪn] la masseuse-kinésithérapeute, la masseuse
die **Masseuse** [ma'søːzə] la masseuse

maßgeblich ① *Einfluss, Beitrag* décisif/décisive; *Urteil* déterminant(e) ② **für sie ist das nicht maßgeblich** pour elle, cela n'est pas essentiel ③ **maßgeblich an etwas beteiligt sein** jouer un rôle décisif dans quelque chose
maßgeschneidert *Kleidung* sur mesure
massieren (*behandeln*) masser
massig ① *Gestalt* massif/massive ② **hier gibt es massig Pilze** (*umgs.*) ici, il y a des masses de champignons
mäßig ① *Qualität, Leistung* médiocre; *Bezahlung* modeste; *Applaus* timide ② *Alkoholgenuss* modéré(e) ③ *essen, trinken, rauchen* modérément ④ **es war mäßig warm** c'était moyennement chaud
mäßigen modérer; **sich mäßigen** se modérer
massiv ① *Körper, Felsblock* massif/massive ② **ein massives Bauwerk** une construction solide ③ *Gold, Holz* massif/massive ④ *Kritik, Widerstand* vif/vive ⑤ *angreifen, kritisieren* vivement
das **Massiv** le massif
maßlos ① *Übertreibung, Ansprüche* démesuré(e); *Gier, Wut* sans bornes ② *trinken, sich ärgern, übertreiben* de façon démesurée; **maßlos eifersüchtig sein** être excessivement jaloux/jalouse
die **Maßnahme** la mesure; **Maßnahmen gegen etwas ergreifen** prendre des mesures contre quelque chose
der **Maßstab** ① *einer Karte* l'échelle (*weiblich*); **im Maßstab von 1:50000** à l'échelle de 1/50000 ② (*Kriterium*) le critère; **sich jemanden/etwas zum Maßstab nehmen** prendre quelqu'un/quelque chose comme modèle; **Maßstäbe setzen** servir de référence
der **Mast** ① (*Fahnenmast, Schiffsmast*) le mât ② (*Telefonmast*) le poteau ③ (*Hochspannungsmast*) le pylône
die **Mast** l'engraissement (*männlich*)
mästen engraisser
masturbieren se masturber
das/der **Match** [mɛtʃ] le match [matʃ]
das **Material** ① (*Rohstoff*) le matériau ② (*Ausrüstung*) le matériel ③ (*Unterlagen*) les éléments (*männlich*)
der **Materialismus** le matérialisme
die **Materie** la matière
materiell ① *Besitz, Schaden* matériel(le) ② **materiell abgesichert sein** être assuré(e) financièrement
Mathe (*umgs.*) les maths (*weiblich*)

> **V** Der Singular *Mathe* wird mit einem Plural übersetzt: *Mathe ist mein Lieblingsfach – les maths sont ma matière préférée.*

die **Mathematik** les mathématiques *(weiblich)*

> **V** Der Singular *die Mathematik* wird mit einem Plural übersetzt: *Mathematik ist nicht mein Lieblingsfach – les mathématiques ne sont pas ma matière préférée.*

mathematisch ❶ *Formel, Berechnung* mathématique ❷ *berechnen* mathématiquement
der **Matjes**, der **Matjeshering** jeune hareng mariné dans du sel
die **Matratze** le matelas △ *männlich*
der **Matrose** le matelot
der **Matsch** ❶ *(Schlamm)* la gadoue ❷ *(Schneematsch)* la soupe ❸ *(breiige Masse)* la bouillie
matschig *(umgs.)* ❶ *Boden, Schnee* boueux/boueuse ❷ **die Birne ist ganz matschig** la poire est complètement écrabouillée
matt ❶ *Glas* dépoli(e); *Glühbirne* translucide ❷ *Augen* terne; *Oberfläche, Foto* mat(e) ❸ *(kraftlos) Mensch* las(se); *Glieder* fatigué(e) ❹ *Licht* faible; *Lächeln, Farbe* pâle
die **Matte** ❶ la natte ❷ *(Turnmatte)* le tapis ❸ *(Fußmatte)* le paillasson; *(im Auto)* le tapis de sol ❹ Ⓐ, ⒸⒽ *(Wiese)* l'alpage *(männlich)*
die **Mattscheibe** *(umgs.)* *(Fernsehgerät)* la télé, la téloche; **er sitzt zu viel vor der Mattscheibe** il regarde trop la télé ▶ **[eine] Mattscheibe haben** ne pas piger
die **Matura** Ⓐ, ⒸⒽ le baccalauréat
die **Mauer** ❶ *(auch im Sport, auch übertragen)* le mur; **die Berliner Mauer** le mur de Berlin ❷ *(Stadtmauer)* l'enceinte *(weiblich)*
mauern ❶ maçonner *Wand, Haus* ❷ *(im Sport) Mannschaft:* faire le mur
das **Maul** ❶ *von Tieren* la gueule ❷ *(abwertend umgs.: Mund)* la gueule ▶ **ein großes Maul haben** *(umgs.)* avoir une grande gueule; **halt's Maul!** *(umgs.)* [ferme] ta gueule!; **eine aufs Maul kriegen** *(umgs.)* se faire latter la tronche; **jemandem das Maul stopfen** *(umgs.)* clouer le bec à quelqu'un
maulen *(umgs.)* râler
der **Maulkorb** la muselière
die **Maultasche** genre de grande raviole, spécialité souabe
das **Maultier** le mulet
der **Maulwurf** *(auch übertragen)* la taupe
der **Maurer** le maçon
die **Maurerin** la maçonne
die **Maus** ❶ *(auch in der Informatik)* la souris ❷ *(umgs.: Mädchen)* la nénette

mauscheln *(umgs.)* magouiller [maguje]
die **Mausefalle** la souricière
das **Mauseloch** le trou de souris
die **Mauser** la mue; **in der Mauser sein** être en train de muer
mausern sich mausern ❶ *Vogel:* muer ❷ *(umgs.: sich herausmachen) Mensch, Sache:* se métamorphoser
der **Mausklick per Mausklick** en cliquant
das **Mausoleum** [mauzo'le:ʊm] le mausolée
das **Mauspad** ['mauspɛd] le tapis de souris
der **Mauszeiger** la flèche de souris, le pointeur de souris
die **Maut** Ⓐ le péage
maximal ❶ *Wert, Geschwindigkeit* maximal(e) ❷ *zulässig, möglich* maximum
das **Maximum** le maximum
das **MB** *Abkürzung von* **Megabyte** le Mo
m. E. *Abkürzung von* **meines Erachtens** à mon avis
die **Mechanik** la mécanique
der **Mechaniker** le mécanicien
die **Mechanikerin** la mécanicienne
mechanisch ❶ *Vorgang, Handbewegung* mécanique ❷ *antworten* machinalement
der **Mechanismus** le mécanisme
meckern ❶ *Ziege:* bêler ❷ *(umgs.: nörgeln) Person:* râler
Mecklenburg-Vorpommern le Mecklembourg-Poméranie occidentale
die **Medaille** [me'dalja] la médaille [medaj]
das **Medaillon** [medal'jõ:] le médaillon [medajõ]
die **Medien** *Plural von* **Medium**
die **Medien- und Kommunikationswissenschaften** la médiologie [medjɔlɔʒi]
medienwirksam *Auftritt* médiatique
das **Medikament** le médicament
die **Meditation** la méditation
meditieren méditer
das **Medium** ❶ **das Medium Fernsehen** le média télévision; **die Medien** les médias ❷ *(vermittelndes Element)* l'intermédiaire *(männlich)* ❸ *(Mensch)* le médium ❹ *(in der Physik oder Chemie)* le milieu
die **Medizin** ❶ *(Heilkunde)* la médecine ❷ *(umgs.: Medikament)* le médicament
der **Mediziner** le médecin
die **Medizinerin** le médecin

> **G** Es gibt im Französischen keine Femininform: *sie ist eine gute Medizinerin – c'est un bon médecin.*

medizinisch ❶ *Ausbildung, Verordnung* médical(e); *Fakultät* de médecine ❷ *Shampoo* traitant(e); *Bad* curatif/curative

das Meer (*auch übertragen*) la mer; **am Meer** au bord de la mer; **ans Meer fahren** aller à la mer
die Meerenge le détroit
die Meeresfrüchte les fruits (*männlich*) de mer
der Meeresspiegel le niveau de la mer
der Meerrettich le raifort
das Meerschweinchen le cochon d'Inde
das Meerwasser l'eau (*weiblich*) de mer
das Meeting ['miːtɪŋ] la réunion
das Megabyte ['megabajt] le méga-octet
das Megafon le mégaphone
das Megahertz le mégahertz
das Mehl la farine
mehlig ❶ *Hände, Oberfläche* couvert(e) de farine ❷ *Apfel, Kartoffel* farineux/farineuse
die Mehlspeisen (*Nudeln*) les pâtes (*weiblich*)
mehr ❶ plus [plys]; **möchtest du mehr?** tu en veux plus? ❷ **mehr Brot** plus de pain [ply də pɛ̃]; **eine Scheibe mehr** une tranche de plus [də plys]; **sie hat mehr Fehler als du gemacht** elle a fait beaucoup plus de fautes que toi ❸ **ich arbeite mehr als du** je travaille plus que toi [ply kə twa]; **sich noch mehr ärgern** se fâcher encore plus ❹ **nicht mehr rauchen** ne plus fumer; **ich sage nichts mehr** je ne dis plus rien; **er kommt nie mehr** il ne revient plus jamais; **es ist niemand mehr da** il n'y a plus personne; **ich habe keine Zeit mehr** je n'ai plus le temps ▸ **mehr oder weniger** plus ou moins [plyz u mwɛ̃]
das Mehr ❶ le surcroît; **ein Mehr an Arbeit** un surcroît de travail ❷ ⓒⓗ (*Stimmenmehrheit*) la majorité
mehrere plusieurs
mehrfach ❶ *Weltmeister* multiple ❷ *Ermahnungen* réitéré(e) ❸ *gebrochen, behindert* à plusieurs endroits ❹ *ermahnen* à plusieurs reprises
das Mehrfamilienhaus l'immeuble (*männlich*)
die Mehrheit la majorité; **in der Mehrheit sein** être majoritaire
mehrheitlich majoritairement
mehrmals plusieurs fois
mehrsprachig ❶ *Person* polyglotte; *Land, Wörterbuch* plurilingue ❷ *abfassen* en plusieurs langues; **mehrsprachig erzogen werden** recevoir une éducation plurilingue
mehrstimmig à plusieurs voix
mehrtägig de plusieurs jours
die Mehrwegverpackung l'emballage (*männlich*) réutilisable
die Mehrwertsteuer la taxe à la valeur ajoutée
die Mehrzahl ❶ **die Mehrzahl der Besucher** la plupart des visiteurs ❷ (*Überzahl*) **in der Mehrzahl sein** être plus nombreux ❸ (*Plural*) le pluriel; **ein Wort in die Mehrzahl setzen** mettre un mot au pluriel
meiden éviter
die Meile (*englisches Wegemaß von 1,609 km*) le mile, le mille △ *männlich*
der Meilenstein ❶ la borne ❷ (*wichtiges Datum oder Ereignis*) la date-clé, la date clé
meilenweit **sich erstrecken** sur des kilomètres; **meilenweit gehen/laufen** aller/courir des kilomètres
mein ❶ **mein Bruder** mon frère; **mein Freund** mon ami; **meine Schwester** ma sœur; **meine Freundin** mon amie; **meine Eltern** mes parents; **dieses Buch ist mein[e]s** ce livre est à moi ❷ (*die Angehörigen*) **das sind die meinen** [*oder* **die Meinen**] ce sont les miens/les miennes
der Meineid le parjure; **einen Meineid leisten** faire un faux serment
meinen ❶ (*denken, urteilen*) penser; **ich meine, dass das richtig ist** je pense que c'est juste; **was meinst du dazu?** qu'en penses-tu?; **meinen Sie?** vous croyez?; **wenn Sie meinen!** si vous voulez! ❷ (*sagen*) dire; **er meinte, dass es zu spät sei** il a dit que c'était trop tard ❸ (*sagen wollen*) **was meinst du damit?** qu'est-ce que tu entends par là? ❹ **meinst du sie?** tu parles d'elle?; **du bist gemeint!** c'est de toi qu'il s'agit! ❺ **es gut mit jemandem meinen** vouloir du bien à quelqu'un; **so war das nicht gemeint** ce n'est pas ce que j'ai voulu dire; **das war gut gemeint** c'était bien intentionné
meinerseits ❶ (*ich wiederum*) de mon côté ❷ (*was mich betrifft*) pour ma part ▸ **ganz meinerseits** de même pour moi
meinetwegen ❶ (*wegen mir*) à cause de moi ❷ (*mir zuliebe*) pour moi ❸ (*wenn es nach mir ginge*) s'il n'en tient qu'à moi
die Meinung l'avis (*männlich*); **seine Meinung ändern** changer d'avis; **meiner Meinung nach** à mon avis; **ich bin der Meinung, dass das zu teuer ist** je suis d'avis que c'est trop cher
die Meinungsfreiheit la liberté d'expression
die Meinungsumfrage le sondage [d'opinion]
die Meinungsverschiedenheit le différend; **eine Meinungsverschiedenheit mit jemandem haben** avoir un différend avec quelqu'un
die Meise la mésange ▸ **eine Meise haben** (*umgs.*) avoir une araignée au plafond

der **Meißel** le ciseau
meißeln ❶ ciseler *Inschrift;* sculpter *Skulptur* ❷ **einen Namen in einen Grabstein meißeln** graver un nom dans une pierre tombale
meist →**meistens**
meiste ❶ *(der größte [An]teil)* **die meiste Zeit** la majeure partie de son/mon/... temps; **er hat das meiste vergessen** il en a oublié la plus grande partie; **die meisten [Leute]** la plupart [des gens] ❷ *(die größte Gesamtmenge)* **das meiste** [*oder* **am meisten**] **besitzen** posséder la plus grande part; **das macht uns die meisten Probleme** c'est cela qui nous pose le plus de problèmes
meistens le plus souvent
der **Meister** ❶ *(Handwerksmeister)* le contremaître; *(Chef)* le patron ❷ *(umgs.: Meisterprüfung)* **seinen Meister machen** passer son brevet professionnel ❸ *(Könner)* **er ist ein Meister** c'est un as ❹ *(im Sport)* le champion ❺ *(in der Kunst, Musik)* le maître
meisterhaft ❶ *Leistung* magistral(e) ❷ *malen, spielen* admirablement [bien]
die **Meisterin** ❶ *(Handwerksmeisterin)* la contremaîtresse; *(Frau des Meisters)* la patronne ❷ *(Chefin)* la patronne ❸ *(Könnerin)* **sie ist eine Meisterin** c'est un as ❹ *(im Sport)* la championne
meistern venir à bout de
die **Meisterprüfung** le brevet professionnel
die **Meisterschaft** le championnat; **die Meisterschaft im Boxen** le championnat de boxe
das **Meisterwerk** le chef-d'œuvre [ʃɛdœvʀ]
die **Melancholie** [melaŋkoˈliː] la mélancolie
melancholisch [melaŋˈkoːlɪʃ] *Stimmung* mélancolique
die **Melange** [meˈlãʒə] Ⓐ le café au lait
die **Melanzani** Ⓐ l'aubergine *(weiblich)*
melden ❶ signaler *Vorfall, Verlust;* faire la déclaration de *Unfall, Todesfall* ❷ **schwere Unruhen melden** *Radio, Fernsehen:* rapporter de graves troubles; **wie soeben gemeldet wird** selon les [dernières] informations ❸ **sich melden** *(die Hand heben)* lever le doigt; *(am Telefon)* répondre ❹ **sich für etwas melden** se porter volontaire pour quelque chose ❺ **sich bei jemandem melden** donner de ses nouvelles à quelqu'un ▶ **er hat hier nichts zu melden** *(umgs.)* il n'a pas voix au chapitre ici
die **Meldung** ❶ *(Nachricht)* l'information *(weiblich);* **die neuesten Meldungen vom Sport** les nouvelles *(weiblich)* sportives ❷ *(offizielle Mitteilung)* la déclaration [officielle]
die **Melisse** la mélisse

melken ❶ traire *Kuh, Ziege* ❷ **von Hand melken** faire la traite à la main
die **Melodie** la mélodie
melodisch ❶ *Stimme* mélodieux/mélodieuse ❷ **klingen** mélodieusement
das **Melodram** le mélodrame
die **Melone** ❶ *(Honigmelone)* le melon ⚠ **männlich** ❷ *(Wassermelone)* la pastèque ❸ *(umgs.: Hut)* le chapeau melon, le melon
die **Membran** la membrane
die **Memoiren** [memoˈaːʀən] les mémoires *(männlich)*
die **Menge** ❶ la quantité ❷ *(umgs.: viel)* **eine Menge Arbeit** un tas de travail; **eine Menge lernen** apprendre beaucoup de choses; **hier gibt es jede Menge Pilze** il y a un tas de champignons ici ❸ *(Menschenmenge)* la foule ❹ *(in der Mathematik)* l'ensemble *(männlich)*
die **Mengenlehre** la théorie des ensembles
die **Mensa** le restaurant universitaire, le resto U [ʀɛsto y]
der **Mensch** ❶ *(Person)* la personne; **mehrere Menschen** plusieurs personnes; **ein höflicher Mensch** quelqu'un de poli; **viele Menschen meinen, dass ...** beaucoup de gens sont d'avis que ...; **es war kein Mensch da** il n'y avait personne ❷ *(als Gattung, im Gegensatz zum Tier)* l'homme *(männlich)* ❸ **Mensch, kannst du nicht aufpassen!** *(umgs.)* tu ne peux pas faire gaffe ou quoi?
der **Menschenaffe** le singe anthropoïde
menschenfeindlich *Person, Haltung* misanthrope; *Klima* hostile
die **Menschenkenntnis eine gute Menschenkenntnis haben** avoir une bonne connaissance du genre humain
die **Menschenkette** la chaîne humaine
das **Menschenleben** ❶ **zwei Menschenleben fordern** *Unfall:* coûter la vie à deux personnes ❷ *(Leben eines Menschen)* la vie d'un homme
menschenleer désert(e)
die **Menschenmenge** la foule
die **Menschenrechte** les droits *(männlich)* de l'homme
menschenscheu insociable
die **Menschenseele es war keine Menschenseele da** il n'y avait personne
menschenverachtend méprisant(e) pour le genre humain
der **Menschenverstand der gesunde Menschenverstand** le bon sens
die **Menschenwürde** la dignité humaine

die **Menschheit** l'humanité *(weiblich)*
menschlich ① *Leben, Gesellschaft* humain(e) ② *(umgs.: akzeptabel) Aussehen* présentable ③ **jemanden menschlich behandeln** traiter quelqu'un humainement
die **Menschlichkeit** l'humanité *(weiblich)*
die **Mensen** *Plural von* **Mensa**
die **Menstruation** les règles *(weiblich)*

Der Singular *die Menstruation* wird mit einem Plural übersetzt: *die Menstruation ist ausgeblieben – les règles sont absentes.*

mental *Fähigkeit* mental(e)
die **Mentalität** la mentalité
das **Menthol** le menthol
das **Menü** (*auch in der Informatik*) le menu
die **Menüleiste** la barre de menu
der **Meridian** le méridien
das **Merkblatt** la notice
merken ① (*bemerken*) s'apercevoir de; **etwas merken** s'apercevoir de quelque chose; **jemanden etwas nicht merken lassen** ne pas montrer quelque chose à quelqu'un ② **sich etwas merken** retenir quelque chose; **sich etwas nicht merken können** ne pas arriver à retenir quelque chose ③ **merk dir das!** (*umgs.*) rentre-toi ça dans le crâne!
merklich ① *Veränderung* sensible ② *sich bessern* sensiblement; **sich merklich verändern** *Person:* changer beaucoup
das **Merkmal** ① la caractéristique ② **die besonderen Merkmale: ...** les signes *(männlich)* particuliers: ...
Merkur (*in der Astronomie*) Mercure, la planète Mercure
merkwürdig ① *Aussehen* étrange ② *aussehen, klingen* étrangement; **merkwürdig riechen** avoir une drôle d'odeur
messbar *Unterschied* mesurable
der **Messdiener** l'enfant *(männlich)* de chœur
die **Messdienerin** l'enfant *(weiblich)* de chœur
die **Messe** ① (*Gottesdienst*) la messe ② (*Ausstellung*) la foire-exposition, la foire
das **Messegelände** le parc des expositions
die **Messehalle** le °hall des expositions
messen mesurer; **die Länge/die Höhe messen** mesurer la longueur/la °hauteur; **Fieber messen** prendre la température ▶ **sich mit jemandem nicht messen können** ne pas être de taille à rivaliser avec quelqu'un
das **Messer** le couteau
messerscharf ① *Kante* coupant(e) ② (*übertragen*) *Verstand* aigu/aiguë ③ *kombinieren* très subtilement; *schlussfolgern* avec une grande perspicacité

die **Messerspitze** ① la pointe du couteau ② **eine Messerspitze Salz** une pointe de sel
der **Messias** le Messie
das **Messing** le laiton
das **Messinstrument** l'instrument *(männlich)* de mesure
die **Messung** (*das Messen*) la mesure; **Messungen durchführen** faire des mesures
der **Messwert** la mesure
das **Metall** le métal; **aus Metall** en [*oder* de] métal
metallic métallisé(e)
die **Metallindustrie** l'industrie *(weiblich)* métallurgique
metallisch ① *Gegenstand, Glanz* métallique ② **metallisch glänzen** avoir des reflets métalliques
die **Metastase** la métastase
der **Meteor** le météore
der **Meteorit** le météorite
der **Meteorologe** le météorologiste
die **Meteorologie** la météorologie
die **Meteorologin** la météorologiste
der/das **Meter** le mètre; **er ist einen Meter achtzig groß** il fait un mètre quatre-vingts; **zwei Meter hoch/lang/breit sein** faire deux mètres de °haut/de long/de large
das **Metermaß** ① (*Bandmaß*) le mètre [à] ruban ② (*Zollstock*) le mètre pliant
die **Methode** la méthode
methodisch *Vorgehensweise* méthodique
die **Metro** le métro ⚠ *männlich*
die **Metropole** (*Hauptstadt*) la métropole
der **Metzger** le boucher; (*für Wurst*) le charcutier
die **Metzgerei** la boucherie; (*für Wurst*) la charcuterie
die **Metzgerin** la bouchère; (*für Wurst*) la charcutière
die **Meute** (*auch übertragen*) la meute
die **Meuterei** la mutinerie
meutern se mutiner, se révolter
mexikanisch mexicain(e)
Mexiko le Mexique; **in/nach Mexiko** au Mexique
MEZ *Abkürzung von* **mitteleuropäische Zeit** l'heure *(weiblich)* d'Europe centrale
mg *Abkürzung von* **Milligramm** mg
MHz *Abkürzung von* **Megahertz** MHz
miauen miauler
mich ① (*unbetont*) me; (*vor Vokal oder stummem h*) m'; **sie sieht mich** elle me voit; **er hat mich nicht gesehen** il ne m'a pas vu(e) ② (*betont, hervorgehoben*) **für mich** pour moi; **ohne mich** sans moi; **er denkt an mich** il pense à moi; **lass mich!** laisse-moi!;

er hat mich gemeint, nicht dich c'est de moi qu'il parlait, pas de toi ❸ (*reflexiv*) **ich beeile mich** je me dépêche; **ich schäme mich** j'ai °honte; **ich werde mich bemühen** je vais essayer

mickerig, mickrig (*abwertend umgs.*) *Kerl* maigrichon(ne); *Pflanze* rabougri(e); *Summe, Trinkgeld* minable

miefen (*abwertend umgs.*) cocotter; **hier mieft es!** ça cocotte ici!

die **Miene** la mine; **mit freundlicher Miene d'un air sympathique**

mies (*umgs.*) ❶ *Essen, Wetter* dégueulasse; *Unterkunft* minable; **miese Laune haben** être de mauvaise humeur ❷ (*krank*) **sich mies fühlen** se sentir patraque ❸ (*gemein*) *Charakter, Verhalten* moche; **das war ziemlich mies von ihm/von ihr** c'était vraiment moche de sa part

die **Miesen** (*umgs.*) **in den Miesen sein** être dans le rouge

der **Miesmacher** (*abwertend umgs.*) le rabat-joie
die **Miesmacherin** (*abwertend umgs.*) le rabat-joie

> **G** Es gibt im Französischen keine Femininform: *sie ist eine Miesmacherin – c'est* un rabat-joie.

die **Miesmuschel** la moule
die **Miete** le loyer; **zur Miete wohnen** être locataire ▶ **das ist schon die halbe Miete** (*umgs.*) c'est presque gagné
mieten louer
der **Mieter** le locataire
die **Mieterhöhung** la °hausse de loyer
die **Mieterin** la locataire
das **Mietshaus** l'immeuble (*männlich*) locatif
der **Mietvertrag** le contrat de location
der **Mietwagen** la voiture de location
die **Mietwohnung** le logement en location, la location
die **Migräne** la migraine; **Migräne haben** avoir la migraine
das **Mikro** (*umgs.*) *Abkürzung von* **Mikrofon** le micro
der **Mikrochip** ['miːkrotʃɪp] la puce
die **Mikroelektronik** la microélectronique
das **Mikrofon** le microphone
der **Mikroprozessor** le microprocesseur
das **Mikroskop** le microscope
die **Mikrowelle** (*umgs.: Gerät*) le micro-ondes
der **Mikrowellenherd** le four à micro-ondes
die **Milch** le lait; **den Kaffee [immer] mit Milch trinken** prendre son café avec du lait
das **Milcheis** la crème glacée

die **Milchflasche** ❶ (*Flasche mit Milch*) la bouteille de lait ❷ (*Flasche für Milch*) la bouteille à lait ❸ (*Babyfläschchen*) le biberon
milchig *Glas* opale; *Flüssigkeit* laiteux/laiteuse
der **Milchkaffee** le café crème, le café au lait
das **Milchprodukt** le produit laitier
der **Milchreis** le riz au lait
die **Milchstraße** la Voie lactée
die **Milchtüte** (*Packung mit Milch*) la brique de lait
der **Milchzahn** la dent de lait
mild[e] ❶ *Klima, Geschmack* doux/douce; *Richter, Worte* indulgent(e); *Urteil* clément(e) ❷ **mild gewürzt** peu épicé(e)
die **Milde** *des Klimas, Geschmacks* la douceur; *eines Urteils* la clémence
mildern ❶ adoucir *Geschmack* ❷ commuer *Strafmaß* ❸ atténuer *Not*
das **Milieu** le milieu
militant *Demonstrant* combatif/combative; *Gruppe* activiste
das **Militär** l'armée (*weiblich*); **beim Militär sein** être à l'armée
der **Militärdienst** le service militaire
militärisch militaire
die **Miliz** la milice
der **Milliardär** le milliardaire
die **Milliardärin** la milliardaire
die **Milliarde** le milliard [mijaʀ] ⚠ *männlich*
das **Milligramm** le milligramme
der **Milliliter** le millilitre
der/das **Millimeter** le millimètre
die **Million** le million ⚠ *männlich*
der **Millionär** le millionnaire
die **Millionärin** la millionnaire
die **Millionenstadt** la ville de plus d'un million d'habitants
die **Milz** la rate
die **Mimik** la mimique
die **Mimose** (*Pflanze*) le mimosa ⚠ *männlich*
min., Min. *Abkürzung von* **Minute, Minuten** mn
die **Minderheit** ❶ la minorité ❷ **in der Minderheit sein** être minoritaire, être en minorité
minderjährig mineur(e)
der **Minderjährige** le mineur
die **Minderjährige** la mineure
mindern réduire
minderwertig ❶ *Produkt* de moindre qualité ❷ **sich minderwertig fühlen** se sentir inférieur(e)
der **Minderwertigkeitskomplex** le complexe d'infériorité
das **Mindestalter** l'âge (*männlich*) minimum
mindeste(r, s) der/die/das mindeste ... le/

la moindre ...; **ich habe nicht die mindeste Ahnung** je n'en ai pas la moindre idée
das **Mindeste** (*Minimum*) la moindre des choses ▶ **nicht im Mindesten** pas le moins du monde
mindestens au moins
das **Mindesthaltbarkeitsdatum** la date limite de conservation
die **Mine**[1] (*Bergwerk, Sprengkörper*) la mine
die **Mine**[2] (*in einem Stift*) la mine; (*im Kugelschreiber*) la recharge
das **Mineral** le minéral
das **Mineralöl** l'huile (*weiblich*) minérale
die **Mineralstoffe** les sels (*männlich*) minéraux
das **Mineralwasser** l'eau (*weiblich*) minérale; **Mineralwasser trinken** boire de l'eau minérale
das **Minigolf** Minigolf spielen jouer au minigolf
minimal minime
das **Minimum** (*gehoben*) le [strict] minimum; **ein Minimum an Aufwand** un minimum d'efforts
der **Minirock** la minijupe
der **Minister** le ministre; **der Minister für Landwirtschaft** le ministre de l'Agriculture
die **Ministerin** la ministre; **die Ministerin für Umweltschutz** la ministre de l'Écologie
das **Ministerium** le ministère
der **Ministerpräsident** le chef du gouvernement du land/d'un land
die **Ministerpräsidentin** la chef du gouvernement du land/d'un land
der **Ministrant** l'enfant (*männlich*) de chœur [dəkœʀ]
die **Ministrantin** l'enfant (*weiblich*) de chœur [dəkœʀ]
minus ❶ (*in der Mathematik*) moins; **zehn minus vier ist sechs** dix moins quatre font six ❷ (*unter Null*) moins; **bei zehn Grad minus** à moins dix degrés; **einige Grad minus** quelques degrés en dessous de zéro
das **Minus** (*Schulden*) le déficit
der **Minuspunkt** ❶ (*Strafpunkt*) la pénalité ❷ (*Fehler, Mangel*) le point négatif
das **Minuszeichen** le signe moins
die **Minute** la minute; **es ist zehn Minuten nach/vor acht** il est °huit heures dix/moins dix ▶ **in letzter Minute** à la dernière minute; **auf die Minute** pile
der **Minutenzeiger** la grande aiguille [egɥij]
die **Minze** la menthe
Mio. *Abkürzung von* **Million, Millionen** million/millions
mir ❶ (*unbetonte Form, in Verbindung mit einem Verb*) me; (*vor Vokal oder stummem h*) m'; **gibst du mir einen Kaugummi?** tu me donnes un chewing-gum?; **der Brief, den du mir geschrieben hast** la lettre que tu m'as écrite; **das Buch, das du mir geliehen hast** le livre que tu m'as prêté; **das hat mir gut getan** ça m'a fait du bien; **das ist mir egal** ça m'est égal ❷ (*betonte Form, hervorgehoben*) moi; **mit mir** avec moi; **vor mir** devant moi; **das gehört mir** c'est à moi; **sag es mir!** dis-le-moi!; **er ist ein Freund von mir** c'est un ami à moi ❸ (*reflexiv*) me; **ich wasche mir die Haare** je me lave les cheveux; **ich werde mir einen Pulli anziehen** je vais mettre un pull; **ich gebe mir Mühe** je fais des efforts ▶ **von mir aus!** (*umgs.*) si tu veux!
die **Mirabelle** (*Frucht*) la mirabelle
das **Mischbrot** le pain bis [bi]
mischen ❶ mélanger *Zutaten, Farben, Spielkarten*; **sich mischen** *Flüssigkeiten:* se mélanger ❷ **sich mischen unter die Menge** se mêler à la foule ❸ **sich in fremde Angelegenheiten mischen** se mêler des affaires d'autrui
der **Mischmasch** la mixture
die **Mischung** le mélange
der **Mischwald** la forêt d'essences mixtes
miserabel ❶ *Zustand, Film* lamentable; *Wetter, Essen* exécrable ❷ **es geht ihm ganz miserabel** il va vraiment mal ❸ *kochen, singen, spielen* de façon lamentable
missachten ❶ ne pas respecter *Vorschrift;* ne pas tenir compte de *Warnung, Rat* ❷ (*gering schätzen*) mépriser *Person*
missbilligen désapprouver
der **Missbrauch** *von Drogen, Medikamenten* l'abus (*männlich*); *einer Notbremse* l'emploi (*männlich*) abusif; **der sexuelle Missbrauch** l'abus sexuel
missbrauchen ❶ utiliser *Person;* abuser de *Vertrauen* ❷ faire un usage abusif de *Medikamente* ❸ **jemanden sexuell missbrauchen** abuser sexuellement de quelqu'un
der **Misserfolg** l'échec (*männlich*)
missfallen (*gehoben*) **jemandem missfallen** déplaire à quelqu'un
das **Missgeschick** le malheur
missglücken *Versuch, Plan:* échouer; **das Experiment ist missglückt** l'expérimentation a échoué
missgünstig jaloux/jalouse
misshandeln maltraiter
die **Misshandlung** les mauvais traitements (*männlich*) ⚠ *Plural*
die **Mission** la mission

der **Missionar** le missionnaire
die **Missionarin** la missionnaire
  misslingen *Versuch, Plan:* échouer; **das Experiment ist misslungen** l'expérimentation a échoué; **der Auflauf ist mir misslungen** j'ai raté le gratin
  missmutig de mauvaise humeur
  missraten rater; **dieses Foto ist mir völlig missraten** j'ai complètement raté cette photo; **ein missratenes Kind** un enfant mal élevé
  misstrauen jemandem/einer Sache misstrauen se méfier de quelqu'un/de quelque chose
das **Misstrauen** la méfiance
  misstrauisch méfiant(e); **jemandem/einer Sache gegenüber misstrauisch sein** être méfiant(e) à l'égard de quelqu'un/de quelque chose
  missverständlich *Text, Äußerung* qui prête à équivoque
das **Missverständnis** le malentendu
  missverstehen mal comprendre; **sie fühlt sich missverstanden** elle se sent mal comprise
der **Mist** ❶ (*Dung*) le fumier ❷ (*umgs.: Unsinn*) la connerie; **Mist reden** dire des conneries; **Mist bauen** faire des conneries ❸ (*umgs.: Ausruf der Verärgerung*) **Mist!** zut! [zyt]; **so ein Mist!** zut alors!
die **Mistel** le gui [gi]
der **Misthaufen** le tas de fumier
der **Mistkübel** Ⓐ la poubelle
das **Miststück** (*vulgär*) la garce
  mit ❶ (*Angabe der Art und Weise, des Mittels*) avec; **etwas mit Absicht tun** faire quelque chose exprès; **mit großen Schritten** à grands pas; **mit Messer und Gabel essen** manger avec un couteau et une fourchette ❷ (*per*) **mit dem Fahrrad** à [*oder* en] vélo; **mit dem Auto/Bus/Flugzeug** en voiture/bus/avion; **mit dem Lkw** en camion; **mit der Post/der Bahn** par la poste/le train ❸ (*Angabe des Inhalts, des Aussehens*) **eine Tüte mit Bonbons** un sac de bonbons; **Tee mit Rum** du thé au rhum; **das Mädchen mit den blonden Haaren** la fille aux cheveux blonds ❹ (*Angabe des Alters, des Zeitpunkts*) **mit elf [Jahren]** à onze ans ❺ (*umgs.: und dazu*) **du mit deiner Arroganz!** toi et ton arrogance! ❻ (*gemeinsam mit*) **sich mit jemandem unterhalten** s'entretenir avec quelqu'un; **mit jemandem/etwas einverstanden sein** être d'accord avec quelqu'un/quelque chose ❼ (*hinsichtlich*) **das hat nichts mit dir zu tun** ça n'a rien à voir avec toi ❽ (*auch*) **bist du mit dabei gewesen?** [est-ce que] tu y étais aussi?
die **Mitarbeit** ❶ (*Mitwirkung*) la collaboration ❷ (*in der Schule*) la participation; **die Mitarbeit im Unterricht** la participation en cours
  mitarbeiten ❶ (*mitwirken*) collaborer ❷ (*in der Schule*) participer [en cours]
der **Mitarbeiter** le collaborateur
die **Mitarbeiterin** la collaboratrice
  mitbekommen ❶ (*mitgegeben bekommen*) recevoir ❷ (*hören*) entendre ❸ (*verstehen*) comprendre; **ich habe nichts mitbekommen** je n'ai rien compris
  mitbenutzen utiliser aussi
  mitbestimmen influer sur *Entscheidung*
der **Mitbewohner** le colocataire
die **Mitbewohnerin** la colocataire
  mitbringen ❶ apporter *Sachen;* amener *Personen* ❷ (*kaufen, besorgen*) ramener; **kannst du mir eine Zeitschrift mitbringen?** tu peux me ramener une revue?
das **Mitbringsel** (*umgs.*) le petit cadeau
der **Mitbürger** le concitoyen
die **Mitbürgerin** la concitoyenne
  mitdenken (*überlegt handeln*) réfléchir
  mitdürfen (*umgs.*) pouvoir venir; **mit jemandem mitdürfen** pouvoir venir avec quelqu'un
  miteinander ❶ (*gemeinsam*) ensemble ❷ **gut miteinander auskommen** s'entendre bien
der **Mitesser** le point noir
  mitfahren mit jemandem mitfahren aller avec quelqu'un; (*mitreisen*) faire le voyage avec quelqu'un; **kann ich bei dir mitfahren?** [est-ce que] tu peux m'emmener?
die **Mitfahrgelegenheit** la possibilité de covoiturage, la place de covoiturage
  mitfühlen avoir de la compassion; **mit jemandem mitfühlen** avoir de la compassion pour quelqu'un
  mitgeben jemandem etwas zu essen mitgeben donner à quelqu'un quelque chose à emporter pour manger
das **Mitgefühl** la sympathie
  mitgehen ❶ **mit jemandem mitgehen** (*jemanden begleiten*) accompagner quelqu'un; (*jemandem folgen*) aller avec quelqu'un ❷ **mit der Musik mitgehen** se laisser emporter par la musique ▶ **etwas mitgehen lassen** (*umgs.*) piquer quelque chose
das **Mitglied** le membre
der **Mitgliedsausweis** la carte de membre
der **Mitgliedsbeitrag** la cotisation

die **Mitgliedschaft** l'appartenance *(weiblich)*
der **Mitgliedsstaat** l'État *(männlich)* membre
  mithaben *(umgs.)* avoir sur soi; **sie hatte eine Taschenlampe mit** elle avait une lampe de poche sur soi
  mithalten *(nicht unterliegen)* tenir tête; *(mitmachen)* suivre
  mithelfen aider
  mitkommen ❶ **mit jemandem mitkommen** venir avec quelqu'un ❷ *(umgs.: mithalten oder mitmachen können)* **im Unterricht gut mitkommen** suivre bien en cours; **da komme ich nicht mit!** je suis largué(e)!
  mitkriegen →**mitbekommen**
  mitlaufen ❶ *(ebenfalls laufen)* courir [aussi] ❷ *Tonband:* tourner
der **Mitläufer** *(abwertend)* le suiveur
die **Mitläuferin** *(abwertend)* la suiveuse
der **Mitlaut** la consonne ⚠ *weiblich*
das **Mitleid** la pitié; **mit jemandem Mitleid haben** avoir pitié de quelqu'un; **aus Mitleid** par pitié
  mitleidig ❶ *Blick* compatissant(e) ❷ **jemanden mitleidig anschauen** regarder quelqu'un avec compassion
  mitmachen ❶ **bei etwas mitmachen** participer à quelque chose; **machst du mit?** tu es partant(e)? ❷ *(umgs.: keine Probleme machen) Herz:* tenir le coup; *Wetter:* être de la partie ❸ **sie hat viel mitgemacht** *(umgs.)* elle en a vu des vertes et des pas mûres
der **Mitmensch** le semblable/la semblable
  mitmüssen *(umgs.: mitgehen müssen)* être obligé(e) d'y aller
  mitnehmen ❶ prendre *Regenschirm* ❷ **jemanden im Auto mitnehmen** prendre [*oder* emmener] quelqu'un en voiture ❸ *(erschöpfen)* épuiser; **sie sieht mitgenommen aus** elle a l'air épuisé ❹ *(seelisch belasten)* bouleverser; **diese Sache hat ihn ziemlich mitgenommen** cette affaire l'a pas mal bouleversé
  mitreden avoir son mot à dire; **bei etwas mitreden** avoir son mot à dire dans quelque chose
  mitreißen ❶ *(mit sich reißen)* emporter ❷ *(begeistern)* enthousiasmer
  mitsamt avec
  mitschreiben ❶ *(sich Notizen machen)* prendre des notes ❷ **etwas mitschreiben** noter quelque chose
der **Mitschüler** le camarade d'école
die **Mitschülerin** la camarade d'école

  mitspielen ❶ *(bei einem Spiel)* jouer ❷ *(im Sport, im Theater)* jouer ❸ **jemandem übel mitspielen** jouer un sale tour à quelqu'un
das **Mitspracherecht** le droit de regard
der **Mittag** midi *(männlich)*; **am Mittag** à midi; **gegen Mittag** vers midi; **jeden Mittag** tous les midis; **zu Mittag essen** déjeuner; **einen Salat zu Mittag essen** manger une salade à midi

> Ⓖ Das französische Wort *midi* wird immer ohne Artikel gebraucht.

das **Mittagessen** le déjeuner, le dîner Ⓑ, ⒸⒽ; **was gibt es heute zum Mittagessen?** qu'est-ce qu'on mange à midi?
  mittags à midi; **um zwölf Uhr mittags** à midi
die **Mittagspause** la pause de midi; **Mittagspause machen** faire la pause de midi
der **Mittagsschlaf** la sieste
die **Mittagszeit** l'heure *(weiblich)* du déjeuner
die **Mitte** ❶ le milieu; **in der Mitte des Spielfelds** au milieu du terrain; **sie nahmen ihn in die Mitte** ils l'ont pris entre eux ❷ *(Mittelpunkt, politische Mitte)* le centre ❸ *(bei Zeitangaben)* **Mitte des Jahres** au milieu de l'année; **Mitte Januar** [à la] mi-janvier ❹ *(bei Altersangaben)* **er/sie ist Mitte zwanzig** il/elle a environ vingt-cinq ans
  mitteilen communiquer *Nachricht, Neuigkeit, Information*; **jemandem etwas mitteilen** informer quelqu'un de quelque chose
die **Mitteilung** ❶ *(das Mitteilen)* la communication ❷ *(Nachricht)* le communiqué; **eine Mitteilung an die Presse** un communiqué adressé à la presse
das **Mittel** ❶ *(Medikament)* le médicament; *(Hausmittel, Heilmittel)* le remède; **ein Mittel gegen Schuppen** un remède contre les pellicules ❷ *(Putzmittel, Fleckenmittel)* le produit ❸ *(Methode, Hilfsmittel)* le moyen; **mit allen Mitteln** par tous les moyens ❹ *(Geldmittel)* **die Mittel** les moyens *(männlich)* ❺ *(Durchschnitt)* la moyenne
das **Mittelalter** le Moyen Âge; **im frühen Mittelalter** au début du Moyen Âge
  mittelalterlich médiéval(e)
  Mittelamerika l'Amérique *(weiblich)* centrale
  Mitteleuropa l'Europe *(weiblich)* centrale
  mitteleuropäisch d'Europe centrale
das **Mittelfeld** *(Teil des Spielfelds)* le centre du terrain
der **Mittelfinger** le majeur
  mittelgroß *Mensch, Tier, Frucht* de taille moyenne

der **Mittelklassewagen** la voiture [de] milieu de gamme
die **Mittellinie** *einer Straße, eines Spielfelds* la ligne médiane
das **Mittelmaß** [**nur**] **Mittelmaß sein** être très moyen(ne)
mittelmäßig médiocre
das **Mittelmeer** la mer Méditerranée, la Méditerranée; **ans Mittelmeer fahren** aller au bord de la [mer] Méditerranée
der **Mittelpunkt** le centre; *einer Geraden* le milieu ▶ **in den Mittelpunkt rücken** *Person, Thema, Frage:* devenir le point de mire; **im Mittelpunkt [des Interesses] stehen** être au centre de l'intérêt
die **Mittelschule** ❶ →**Realschule** ❷ (CH) (*höhere Schule*) établissement d'enseignement du second degré
der **Mittelstand** la classe moyenne
der **Mittelstreifen** le terre-plein
die **Mittelstufe** *eines Gymnasiums* ≈ les classes de quatrième, troisième et seconde
der **Mittelstürmer** l'avant-centre *(männlich)*
die **Mittelstürmerin** l'avant-centre *(männlich)*

> G Es gibt im Französischen keine Femininform: *sie ist eine ausgezeichnete Mittelstürmerin* – *elle est un excellent avant-centre*.

die **Mittelwelle** l'onde *(weiblich)* moyenne
der **Mittelwert** la valeur moyenne
mitten ❶ (*räumlich*) **mitten im Wald** au milieu de la forêt; **mitten durch die Stadt verlaufen** passer au travers de la ville; **mitten entzweibrechen** se casser au milieu ❷ (*zeitlich*) **mitten in der Nacht** au beau milieu de la nuit; **mitten im Winter** en plein hiver
mittendrin (*umgs.*) **mittendrin sein** être en plein milieu
mittendurch *führen* à travers
die **Mitternacht** minuit *(männlich* ⚠*)*; **um Mitternacht** à minuit

> G Das französische Wort *minuit* wird in der Regel ohne Artikel gebraucht.

mittlere(r, s) ❶ (*durchschnittlich*) moyen(ne) ❷ (*räumlich*) **der mittlere Balkon** le balcon du milieu ❸ **mein mittlerer Bruder** (*umgs.*) mon deuxième frère ❹ **eine Dame mittleren Alters** une dame d'un certain âge
mittlerweile ❶ (*währenddessen*) entretemps ❷ (*im Gegensatz zu früher*) maintenant
der **Mittwoch** ❶ mercredi *(männlich)* ❷ (*bei gezielten Zeitangaben*) **am Mittwoch** (*kommenden Mittwoch*) mercredi prochain; (*letzten Mittwoch*) mercredi dernier; **an einem Mittwoch** un mercredi; **heute ist Mittwoch** aujourd'hui nous sommes mercredi; **hast du diesen Mittwoch Zeit?** tu as le temps mercredi? ❸ (*bei Zeitangaben, die eine Wiederholung ausdrücken*) **am Mittwoch** (*mittwochs, jeden Mittwoch*) le mercredi; **Mittwoch vormittags** le mercredi matin; **Mittwoch abends** le mercredi soir; **Mittwoch nachts** le mercredi dans la nuit

> G Der französische Wochentag wird ohne den bestimmten Artikel und ohne Präposition gebraucht, wenn eine präzise Angabe gemacht wird und ein ganz bestimmter Mittwoch gemeint ist.
> Geht es jedoch um mehrere Mittwoche, weil eine Wiederholung oder etwas Gewohnheitsmäßiges ausgedrückt wird, steht der bestimmte Artikel. In ❸ sind entsprechende Beispiele aufgeführt.

der **Mittwochabend** le mercredi soir
der **Mittwochmorgen** le mercredi matin
mittwochs le mercredi
mitunter parfois
mitwirken bei [*oder* **an**] **etwas mitwirken** (*mitmachen*) participer à quelque chose; (*mitarbeiten*) collaborer à quelque chose
mixen mixer *Getränk, Musik*
der **Mixer** (*Gerät*) le mixeur
mm *Abkürzung von* **Millimeter** mm
das **Mobbing** le °harcèlement moral (*exercé sur le lieu de travail*)
das **Möbel** le meuble
der **Möbelwagen** le camion de déménagement
mobil ❶ mobile; **mobil sein** être mobile ❷ **mobil machen** mobiliser
das **Mobile** le mobile
der **Mobilfunk** la téléphonie numérique mobile
die **Mobilfunkfirma** la compagnie de téléphonie mobile
mobilisieren mobiliser
die **Mobilität** la mobilité
das **Mobiltelefon** le portable
der **Mobiltelefon-Anbieter** la compagnie de téléphonie mobile
möblieren meubler *Wohnung*
die **Mode** la mode; **in Mode sein** être à la mode; **mit der Mode gehen** suivre la mode
das **Model** ['mɔdəl] le modèle
das **Modell** ❶ (*verkleinerte Ausgabe*) le modèle réduit ❷ (*Ausführung, Person*) le modèle ❸ (*Kleidungsstück*) la création
der **Modellbau** le modélisme
modellieren modeler
das/der **Modem** le modem

Révisions

Sagen, dass man etwas mag oder nicht mag	
J'aime bien la musique rock et surtout la guitare électrique.	Ich mag gern Rockmusik und vor allem E-Gitarre.
J'adore les voitures et les jeux vidéo.	Ich mag sehr gern Autos und Computerspiele.
Le sport, c'est **bien.**	Sport ist gut.
Le foot, c'est **super!**	Fußball ist super!
La danse, **bof!**	Tanzen, na ja.
Je n'aime pas la natation.	Schwimmen mag ich nicht.
La flûte **ah, non merci!**	Flöte, nein danke!
Je déteste les ordinateurs.	Ich mag Computer überhaupt nicht.
La danse, **c'est l'horreur!**	Tanzen, das ist grässlich!

die **Modenschau** le défilé de mode
die **Moderation** *einer Nachrichtensendung* la présentation

 Nicht verwechseln mit *la modération – die Mäßigung!*

der **Moderator** *einer Nachrichtensendung* le présentateur; *einer Show* l'animateur *(männlich)*
die **Moderatorin** *einer Nachrichtensendung* la présentatrice; *einer Show* l'animatrice *(weiblich)*
moderieren présenter *Nachrichtensendung;* animer *Show*
modern¹ *(faulen)* moisir
modern² ❶ *Kleidung, Einrichtung, Gebäude* moderne ❷ **sich modern kleiden** s'habiller [à la] mode
modernisieren moderniser
der **Modeschmuck** le bijou fantaisie
der **Modeschöpfer** le couturier
die **Modeschöpferin** le couturier

 Es gibt im Französischen keine Femininform: *sie ist Modeschöpferin – elle est couturier.*

modisch à la mode
das **Modul** le module
der **Modus** *(alle Bedeutungen)* le mode
das **Mofa** la mobylette®
mogeln *(umgs.)* tricher; **beim Spielen mogeln** tricher au jeu
die **Mogelpackung** l'emballage *(männlich)* trompeur
mögen ❶ *(gernhaben)* aimer [bien]; **ich mag ihn/sie** je l'aime bien; **er mag keine Hunde** il n'aime pas les chiens ❷ *(haben wollen, erwarten)* **was möchten Sie, bitte?** vous désirez?; **ich möchte [gern] ein Pfund Äpfel** je voudrais une livre de pommes; **sie möchte, dass du es tust** elle voudrait que tu le fasses ❸ *(wollen)* vouloir [bien]; **ja, das möchte ich** *(als Antwort auf eine Frage)* oui, je veux bien; **er möchte nach Hause** *(umgs.)* il aimerait bien rentrer; **sie möchte hier bleiben** elle voudrait rester ici ❹ *(können)* **ich mag nicht mehr** *(umgs.)* je n'en peux plus; **mag sein, dass du Recht hast** il est possible que tu aies raison ❺ *(sollen)* **Sie möchten ihn bitte zurückrufen** vous êtes prié(e) de le rappeler
möglich ❶ *(durchführbar)* possible; **so bald wie möglich** le plus vite possible; **wenn möglich** si possible ❷ *(denkbar)* **alle möglichen Länder** tous les pays possibles; **alles Mögliche** toutes sortes de choses; **es ist möglich, dass er es weiß** il est possible qu'il le sache
möglicherweise peut-être
die **Möglichkeit** la possibilité; **die Möglichkeit haben, im Ausland zu arbeiten** avoir la possibilité de travailler à l'étranger ► **nach Möglichkeit** dans la mesure du possible
möglichst ❶ **nimm eine möglichst große Tasche/einen möglichst großen Koffer** prends le plus grand sac/la plus grande valise possible; **ich möchte das möglichst schnell erledigen** je veux faire cela le plus vite possible ❷ **möglichst heute noch** si possible aujourd'hui
der **Mohn** ❶ *(Pflanze)* le pavot; *(Klatschmohn)* le coquelicot ❷ *(Mohnsamen)* la graine de pavot
die **Möhre** la carotte
die **Mole** le môle ⚠ *männlich*
das **Molekül** la molécule ⚠ *weiblich*
die **Molkerei** la laiterie
das **Moll** *(in der Musik)* le mineur; **in Moll** en mineur
mollig ❶ *(rundlich)* rondelet(te) ❷ *Mantel,*

Pullover douillet(te) ③ **im Zimmer war es mollig warm** il faisait une chaleur agréable dans la pièce

der **Moment** (*Augenblick*) le moment; (*kurze Zeitspanne*) l'instant *(männlich)*; **ich brauche nur einen [kleinen] Moment** je n'en ai que pour un [petit] moment ▸ **im Moment** pour le moment, pour l'instant; **jeden Moment** à tout moment; **Moment mal!** eh, minute!

momentan ① *Situation, Lage* actuel(le) ② *Zustand* momentané(e)

Monaco Monaco, la Principauté de Monaco
der **Monarch** le monarque
die **Monarchie** la monarchie
die **Monarchin** le monarque

> **G** Es gibt im Französischen keine Femininform: *sie ist eine sehr beliebte Monarchin – elle est un monarque très populaire.*

der **Monat** ① le mois; **diesen Monat** ce mois-ci; **im nächsten Monat** le mois prochain; **pro Monat** par mois ② **sie ist im dritten Monat [schwanger]** elle est enceinte de trois mois

monatelang ① *Arbeit, Urlaub, Warten* de plusieurs mois ② *arbeiten, urlauben, warten* pendant des mois

monatlich ① *Gehalt, Miete* mensuel(le) ② *zahlen* par mensualités; *erscheinen* mensuellement

die **Monatsblutung** les règles *(weiblich)*

> **V** Der Singular *die Monatsblutung* wird mit einem Plural übersetzt: *die Monatsblutung ist ausgeblieben – les règles sont absentes.*

die **Monatskarte** (*Fahrkarte*) l'abonnement *(männlich)* [mensuel]
der **Mönch** le moine
der **Mond** la lune; **der Mond scheint** il fait clair de lune ▸ **hinter dem Mond leben** (*umgs.*) vivre sur une autre planète

> **V** In Fachtexten über Astronomie, Kosmologie und Raumfahrt wird das französische Wort großgeschrieben: *der Mond sendet kein eigenes Licht aus – la Lune n'émet pas de lumière propre.*

die **Mondfinsternis** l'éclipse *(weiblich)* de Lune
die **Mondlandschaft** (*Mondoberfläche*) le paysage lunaire
die **Mondlandung** l'atterrissage *(männlich)* sur la Lune
das **Mondlicht** la clarté de la lune
der **Mondschein** le clair de lune
die **Moneten** (*umgs.*) le pognon

> **V** Der Plural *die Moneten* wird mit einem Singular übersetzt: *wo sind die Moneten? – où est le pognon?*

die **Mongolei** la Mongolie
mongoloid *Kind* mongolien(ne); *Gesichtszüge* mongoloïde
der **Monitor** l'écran *(männlich)*
der **Monolog** le monologue
das **Monopol** le monopole; **das Monopol auf ein Produkt haben** avoir le monopole d'un produit

monoton monotone
die **Monotonie** la monotonie
das **Monster** le monstre
der **Monsun** la mousson ⚠ *weiblich*
der **Montag** ① lundi *(männlich)* ② (*bei gezielten Zeitangaben*) **am Montag** (*kommenden Montag*) lundi prochain; (*letzten Montag*) lundi dernier; **an einem Montag** un lundi; **heute ist Montag** aujourd'hui nous sommes lundi; **hast du diesen Montag Zeit?** tu as le temps lundi? ③ (*bei Zeitangaben, die eine Wiederholung ausdrücken*) **am Montag** (*montags, jeden Montag*) le lundi; **Montag vormittags** le lundi matin; **Montag abends** le lundi soir; **Montag nachts** le lundi dans la nuit

> **G** Der französische Wochentag wird ohne den bestimmten Artikel und ohne Präposition gebraucht, wenn eine präzise Angabe gemacht wird und ein ganz bestimmter Montag gemeint ist.
> Geht es jedoch um mehrere Montage, weil eine Wiederholung oder etwas Gewohnheitsmäßiges ausgedrückt wird, steht der bestimmte Artikel. In ③ stehen entsprechende Beispiele.

der **Montagabend** le lundi soir
die **Montage** [mɔnˈtaːʒə] le montage ⚠ *männlich*; **er ist auf Montage** il est en déplacement [avec une équipe de montage]
der **Montagmorgen** le lundi matin
montags le lundi
der **Monteur** l'installateur *(männlich)*
die **Monteurin** l'installatrice *(weiblich)*
montieren ① (*zusammenbauen*) monter ② (*anbringen*) installer
das **Monument** le monument
der **Monumentalfilm** la superproduction
das **Moor** le marais
moorig marécageux/marécageuse
das **Moos** ① (*Pflanze*) la mousse ② (*umgs.: Geld*) le blé
das **Moped** le vélomoteur
die **Moral** ① (*Belehrung, ethische Grundsätze*) la morale ② (*Leistungswille, Durchhaltewille*)

le moral ⚠ *männlich* ▶ [und] die Moral von der Geschicht[e] [et] la morale de l'histoire
moralisch moral(e)
die **Moralpredigt** le sermon
die **Morchel** la morille
der **Mord** le meurtre; **der Mord an jemandem** le meurtre de quelqu'un
der **Mordanschlag** l'attentat *(männlich)*
morden assassiner; *(Massenmord begehen)* massacrer
der **Mörder** le meurtrier
die **Mörderin** la meurtrière
mörderisch *(umgs.) Hunger* terrible; *Hitze, Kälte* atroce; *Tempo* infernal(e)
der **Mordshunger** *(umgs.)* la fringale; **einen Mordshunger haben** avoir les crocs
die **Mordswut** *(umgs.)* la rogne; **eine Mordswut haben** être fou de rage ▶ **eine Mordswut im Bauch haben** être dans une rogne terrible
die **Mordwaffe** l'arme *(weiblich)* du crime
morgen demain; **morgen früh/Nachmittag** demain matin/après-midi; **morgen Mittag** demain à midi; **bis morgen Abend!** à demain soir!
der **Morgen** ❶ le matin; **am Morgen** le matin; **heute Morgen** ce matin; **gestern Morgen** hier matin; **Montag Morgen** lundi matin; **am frühen Morgen** au petit matin; **am nächsten Morgen** le lendemain matin ❷ *(in seinem Verlauf gesehen)* la matinée ❸ **[guten] Morgen!** bonjour!

ⓖ Das französische Wort *matin* wird meistens ohne Artikel gebraucht.

das **Morgenessen** (CH) le petit-déjeuner
das **Morgengrauen** l'aube *(weiblich)*; **im Morgengrauen** à l'aube
der **Morgenmantel** la robe de chambre
der **Morgenmuffel** *(umgs.)* **ich bin ein Morgenmuffel** le matin, je ne suis pas à prendre avec des pincettes
morgens le matin; **um sieben Uhr morgens** à sept heures du matin; **von morgens bis abends** du matin au soir
morgig de demain
morsch *Holz* pourri(e)
morsen télégraphier en morse; **eine Nachricht morsen** télégraphier un message en morse
der **Mörtel** le mortier
das **Mosaik** la mosaïque ⚠ *weiblich*
die **Moschee** la mosquée
der **Moschus** le musc
die **Möse** *(vulgär)* le con
die **Mosel** la Moselle
Moskau Moscou; **in/nach Moskau** à Moscou
der **Moskito** le moustique
der **Moslem** le musulman
die **Moslemin**, die **Moslime** la musulmane
moslemisch musulman(e)
der **Most** ❶ *(Traubenmost)* le moût ❷ *(vergorener Apfelmost)* ≈ le cidre
das **Motel** le motel
das **Motiv** ❶ *(Triebfeder)* le motif ❷ *(Tatmotiv)* mobile
die **Motivation** la motivation
motivieren motiver
der **Motor** le moteur
das **Motorboot** le bateau à moteur
die **Motorhaube** le capot
das **Motorrad** la moto ⚠ *weiblich*; **Motorrad fahren** faire de la moto
der **Motorradfahrer** le motocycliste
die **Motorradfahrerin** la motocycliste
der **Motorroller** le scooter
die **Motorsäge** la tronçonneuse
die **Motte** la mite
die **Mottenkugel** la boule antimite
das **Motto** la devise; *eines Festes* le thème; **das Fest steht unter dem Motto ...** la fête a pour thème ...; **nach dem Motto „Auge um Auge, Zahn um Zahn" handeln** agir selon la devise "Œil pour œil, dent pour dent"
motzen *(umgs.)* râler; **was gibt's da zu motzen?** qu'est-ce que tu as/qu'est-ce que vous avez encore à râler?
das **Mountainbike** le vélo tout-terrain, le V.T.T.
die **Möwe** la mouette
der **MP3-Player** [ɛmpeˈdʀaɪpleɐ] le baladeur numérique, le lecteur MP3 [lɛktœʀ ɛmpe tʀwa]
Mrd. Abkürzung von **Milliarde**, **Milliarde** milliard/milliards
die **Mücke** le moustique ▶ **aus einer Mücke einen Elefanten machen** *(umgs.)* faire une montagne d'une taupinière
der **Mückenstich** la piqûre de moustique
mucksmäuschenstill es war mucksmäuschenstill on aurait entendu voler une mouche; **seid/verhaltet euch mucksmäuschenstill!** [ne faites] pas de bruit!
müde ❶ fatigué(e) ❷ *(überdrüssig)* lassé(e); **eines Menschen müde werden** se lasser d'une personne; **einer Sache müde sein** être fatigué(e) de quelque chose ▶ **da kann ich nur müde lächeln** je ne trouve pas ça très original

die **Müdigkeit** la fatigue ▶ **vor Müdigkeit umfallen** tomber de fatigue
das **Müesli** (CH) le musli, le muesli
die **Muffe** (umgs.: Angst) la trouille; **Muffe haben** avoir la trouille, stresser
muffig ein muffiger Geruch une odeur de renfermé; **hier riecht es muffig** ça sent le renfermé ici
die **Mühe** (Qual, Belastung) la peine ▶ **nur mit Müh und Not** ne ... que tant bien que mal; **das ist nicht der Mühe wert** ça ne vaut pas la peine; **sich Mühe geben** se donner du mal; **die Mühe lohnt sich nicht** ça ne vaut pas la peine; **sich die Mühe machen, etwas zu tun** se donner la peine de faire quelque chose; **machen Sie sich keine Mühe!** ne vous dérangez pas!
mühelos sans peine; **etwas mühelos schaffen** réussir sans peine à faire quelque chose
muhen meugler
die **Mühle** ① (Wassermühle, Windmühle) le moulin ② (Mühlespiel) la marelle; **Mühle spielen** jouer à la marelle
mühsam pénible
die **Mulde** la cuvette
der **Mull** la gaze
der **Müll** (Abfälle) les déchets (männlich); (Hausmüll) les ordures (weiblich) ménagères; **wirf das in den Müll!** (umgs.) jette ça à la poubelle.

> **V** Der Singular der Müll wird mit einem Plural übersetzt: dieser Müll ist biologisch abbaubar – ces déchets sont biodégradables.

die **Müllabfuhr** ① (Behörde) le service de ramassage des ordures ménagères ② (Müllmänner) les éboueurs (männlich)

> **V** In ② wird der Singular die Müllabfuhr mit einem Plural übersetzt: die Müllabfuhr kommt hier einmal pro Woche – ici, les éboueurs passent une fois par semaine.

die **Mullbinde** la bande de gaze
der **Müllcontainer** la benne à ordures
die **Mülldeponie** la décharge
der **Mülleimer** la poubelle
der **Müller** le meunier
die **Müllerin** la meunière
die **Müllhalde** le dépotoir
die **Müllkippe** (umgs.) la décharge
der **Müllmann** (umgs.) l'éboueur (männlich)
die **Mülltonne** la poubelle
die **Mülltrennung** le triage des déchets
der **Müllwagen** le camion de ramassage des ordures ménagères
mulmig (umgs.) ① Gefühl étrange ② **ihm war mulmig zumute** il se sentait mal à l'aise
multikonfessionell Staat, Friedhof multiconfessionnel(le)
multikulturell multiculturel(le)
das **Multimedia** le multimédia
der **Multimillionär** le multimillionnaire
die **Multimillionärin** la multimillionnaire
der **Multiple-Choice-Test** [mʌltɪplˈtʃɔɪstɛst] le questionnaire à choix multiple
die **Multiplikation** la multiplication
multiplizieren multiplier; **drei mit fünf multiplizieren** multiplier trois par cinq
die **Mumie** la momie
der **Mumps** les oreillons (männlich)

> **V** Der Singular Mumps wird mit einem Plural übersetzt: Mumps ist ansteckend – les oreillons sont contagieux.

München Munich
der **Mund** ① la bouche; **mit vollem Mund spricht man nicht!** on ne parle pas la bouche pleine! ② **halt den Mund!** la ferme! ▶ **sich den Mund fusselig reden** (umgs.) perdre sa salive
die **Mundart** le patois
münden in die Nordsee münden se jeter dans la mer du Nord
der **Mundgeruch** la mauvaise haleine; **Mundgeruch haben** avoir [une] mauvaise haleine
die **Mundharmonika** l'harmonica (männlich ⚠); **Mundharmonika spielen** jouer de l'harmonica
mündig ① Bürger responsable ② (volljährig) **mündig sein** être majeur(e)
mündlich Vereinbarung verbal(e); **die mündliche Prüfung** l'examen oral
die **Mundpropaganda** le bouche à oreille
die **Mündung** ① eines Flusses l'embouchure (weiblich) ② einer Kanone la gueule; eines Gewehrs l'extrémité (weiblich)
das **Mundwasser** le bain de bouche
die **Mund-zu-Mund-Beatmung** le bouche-à-bouche
die **Munition** les munitions (weiblich)

> **V** Der Singular die Munition wird mit einem Plural übersetzt: wo ist die Munition? – où sont les munitions?

das **Münster** la cathédrale
munter ① Person vif/vive, plein(e) d'entrain ② (wach) réveillé(e); **munter werden** se réveiller
die **Münze** la pièce [de monnaie]; **einen Schein in Münzen wechseln** changer un billet en monnaie ▶ **sie zahlt es ihm mit gleicher**

Münze heim elle lui rend la monnaie de sa pièce

das **Münztelefon** le téléphone à pièces
der **Mürbeteig** la pâte brisée
die **Murmel** la bille
murmeln ① (*leise sagen*) murmurer ② (*vor sich hin sprechen*) marmonner
das **Murmeltier** la marmotte ▶ **wie ein Murmeltier schlafen** dormir comme un loir
murren maugréer; **über etwas murren** maugréer au sujet de quelque chose
mürrisch *Person* grincheux/grincheuse; *Gesicht* renfrogné(e)
das/der **Mus** la compote ⚠ *weiblich*
die **Muschel** ① le coquillage; (*Miesmuschel*) la moule ② (*Schale*) la coquille
das **Museum** le musée; **ins Museum gehen** aller au musée
das **Musical** la comédie musicale
die **Musik** la musique; **Musik hören/machen** écouter/faire de la musique
musikalisch ① musical(e) ② (*musikbegabt*) musicien(ne)
die **Musikbox** le juke-box ⚠ *männlich*
der **Musiker** le musicien
die **Musikerin** la musicienne
die **Musikhochschule** ≈ le conservatoire [de musique]
das **Musikinstrument** l'instrument (*männlich*) de musique; **ein Musikinstrument spielen** jouer d'un instrument de musique
die **Musikkassette** la cassette audio, la cassette de musique
musizieren faire de la musique
der **Muskat** la muscade ⚠ *weiblich*
der **Muskel** le muscle
der **Muskelkater** la courbature, les courbatures

> **V** Der Singular *der Muskelkater* wird oft mit einem Plural übersetzt: *der Muskelkater ist ziemlich schmerzhaft gewesen – les courbatures ont été assez douloureuses.*

muskulös musclé(e)
das **Müsli** le muesli, le musli
das **Muss** le must; **dieser Film ist ein absolutes Muss** ce film est absolument à voir
müssen¹ (*in Verbindung mit einem anderen Verb*) ① devoir; **er muss arbeiten** il doit travailler; **du musst kommen!** il faut que tu viennes!; **sie muss es tun** il faut qu'elle le fasse; **es muss sein** c'est absolument nécessaire; **man müsste mehr Zeit haben** il faudrait avoir plus de temps; **sie musste lachen** elle ne pouvait pas s'empêcher de rire; **du musst!** tu dois le faire! ② (*brauchen*) **du musst mir nicht helfen** tu n'as pas besoin de m'aider; **das muss nicht heißen, dass ...** cela ne veut pas forcément dire que ... ③ (*Ausdruck der Wahrscheinlichkeit*) **er muss krank sein** il doit être malade

müssen² *als selbstständiges Verb* (*gehen müssen*) **ich muss zum Arzt** je dois aller chez le médecin; **ich muss mal [wohin]** (*umgs.*) il faut que j'aille au petit coin
das **Muster** ① (*auf Stoff, Papier*) le motif, le dessin ② (*Warenprobe*) l'échantillon (*männlich*) ③ (*Vorlage, Vorbild*) le modèle; **jemandem als Muster dienen** servir de modèle à quelqu'un
das **Musterbeispiel** l'exemple (*männlich*) type; **dieses Haus ist ein Musterbeispiel für ökologisches Bauen** cette maison est l'exemple type de l'architecture écologique
das **Musterexemplar** l'échantillon (*männlich*); (*Buch*) le spécimen
mustern ① examiner *Person, Gegenstand* ② (*für den Wehrdienst*) **gemustert werden** passer les tests de sélection militaire
der **Musterschüler** l'élève (*männlich*) modèle
die **Musterschülerin** l'élève (*weiblich*) modèle
die **Musterung** (*für den Wehrdienst*) les tests (*männlich*) de sélection militaire
der **Mut** le courage; **dieses Mädchen hat Mut** cette fille a du courage ▶ **verlier nicht den Mut!** ne perds pas courage!; **nur Mut!** [du] courage, voyons!
mutig courageux/courageuse
mutlos découragé(e)
die **Mutprobe** l'épreuve (*weiblich*) de courage
die **Mutter**¹ la mère; **sie ist Mutter** elle est mère de famille
die **Mutter**² (*Schraubenmutter*) l'écrou (*männlich*)
der **Mutterleib im Mutterleib** dans le ventre maternel
mütterlich maternel(le)
mütterlicherseits du côté maternel
das **Muttermal** la tache de naissance
die **Muttermilch** le lait maternel
der **Mutterschaftsurlaub** le congé de maternité
der **Mutterschutz** la protection sociale de la femme enceinte
mutterseelenallein tout seul/toute seule
das **Muttersöhnchen** (*abwertend umgs.*) le petit garçon à sa maman
die **Muttersprache** la langue maternelle
der **Muttertag** la fête des Mères
die **Mutti** (*umgs.*) la maman
die **Mütze** (*Pudelmütze*) le bonnet; (*Schirmmütze*) la casquette; (*Baskenmütze*) le béret

> **V** Es gibt keine gemeinsame Übersetzung für die unterschiedlichen Arten von Mützen.

die **MwSt.** *Abkürzung von* **Mehrwertsteuer** la T.V.A.

mysteriös ❶ mystérieux/mystérieuse ❷ **das klingt mysteriös** ça a l'air mystérieux

mystifizieren etwas mystifizieren fabriquer un mythe de quelque chose

> **F** Nicht verwechseln mit *mystifier – täuschen!*

die **Mythologie** la mythologie
der **Mythos** le mythe

N

das **n**, das **N** le n, le N [ɛn]
der **N** *Abkürzung von* **Norden** N
'n (*umgs.*) →**ein** un/une
na (*umgs.*) ❶ (*als Überleitung*) ben ❷ **na warte!** tu vas voir! ❸ (*als Anrede*) **na, wie geht's?** alors, comment vas-tu? ▸ **na gut** bon d'accord; **na also!**, **na bitte!** tu vois!/vous voyez!; **na, wird's bald?** bon, ça y est maintenant?; **na und?** et [puis] alors?; **na so was!** [eh ben] dis donc!
der **Nabel** le nombril [nɔ̃bʀil]
nach ❶ (*als Richtungsangabe*) **nach Paris** à Paris; **nach Frankreich** en France; **nach Dänemark** au Danemark; **nach Norden** vers le nord; **der Zug nach Bordeaux** le train pour Bordeaux; **nach Hause gehen** aller à la maison; **nach Nizza fahren** aller à Nice ❷ (*zeitlich*) après; **fünf [Minuten] nach drei** trois heures cinq [minutes]; **nach drei Tagen** trois jours plus tard; **gleich nach dem Frühstück** juste après le petit-déjeuner ❸ (*entsprechend*) selon; **meiner Meinung nach** à mon avis; **nach den Vorschriften** conformément au règlement; **nach Autoren geordnet sein** *Verzeichnis:* être classé(e) par auteurs ❹ (*Reihenfolge*) **Sie sind [oder kommen] nach mir dran!** vous venez après moi!; **einer nach dem anderen!** [à] chacun son tour! ▸ **nach und nach** peu à peu; **nach wie vor** toujours
nachahmen imiter
der **Nachbar** le voisin
die **Nachbarin** la voisine
die **Nachbarschaft** le voisinage
der **Nachbarstaat** l'État (*männlich*) voisin
nachbestellen vier Untertassen nachbestellen commander quatre autres sous-coupes en plus
nachdem ❶ (*zeitlich*) **kurz nachdem wir zurückgekommen waren** peu après notre retour; **nachdem er abgereist war, begann für uns wieder der Alltag** après qu'il fût parti, nous avons repris notre vie quotidienne ❷ (*da, weil*) comme; **nachdem sie uns nicht angerufen hat** comme elle ne nous a pas téléphoné
nachdenken über etwas nachdenken réfléchir sur quelque chose; (*eine Entscheidung suchen*) réfléchir à quelque chose; **jetzt denk doch mal ein bisschen nach!** réfléchis un peu quand même!
nachdenklich pensif/pensive; **nachdenklich aussehen** avoir l'air pensif; **dieses Ereignis macht mich nachdenklich** cet événement me fait réfléchir
der **Nachdruck** l'insistance (*weiblich*); **etwas mit [allem] Nachdruck verlangen** exiger quelque chose expressément
nachdrucken réimprimer
nachdrücklich ❶ *Bitte* exprès/expresse; *Forderung* ferme ❷ *warnen* expressément; *ablehnen* catégoriquement
nacheifern jemandem nacheifern prendre modèle sur quelqu'un
nacheinander nacheinander den Raum verlassen quitter la salle l'un(e) après l'autre; **etwas zweimal nacheinander tun** faire quelque chose deux fois de suite; **die Flugzeuge sind kurz nacheinander gestartet** les avions ont décollé immédiatement l'un après l'autre
die **Nacherzählung** le compte rendu de lecture
nachfahren (*verfolgen*) **ich bin ihm dorthin nachgefahren** je l'ai suivi là-bas
nachfeiern etwas nachfeiern fêter quelque chose après coup
die **Nachfolge** la succession
nachfolgend suivant(e)
der **Nachfolger** le successeur
die **Nachfolgerin** le successeur

> **G** Es gibt im Französischen keine Femininform: *sie ist meine Nachfolgerin – elle est mon successeur.*

nachforschen faire des recherches
die **Nachfrage** la demande; **die Nachfrage nach etwas** la demande de quelque chose
nachfragen se renseigner; **bei jemandem nachfragen, wie/ob ...** se renseigner au-

nachfühlen près de quelqu'un pour savoir comment/si ...
nachfühlen comprendre; **ihr werdet [mir] sicher meine Enttäuschung nachfühlen können** vous comprendrez fort bien que j'<u>aie</u> été déçu(e)
nachfüllen ① remplir à nouveau *Glas* ② *Wasser nachfüllen* remettre <u>de</u> l'eau
die **Nachfüllpackung** la recharge; (*umweltfreundlich*) l'écorecharge (*weiblich*)
nachgeben *Person, Material:* céder; *Boden:* s'enfoncer
nachgehen ① jemandem nachgehen suivre quelqu'un ② *Uhr:* retarder; **meine Uhr geht zwei Minuten nach** ma montre retarde <u>de</u> deux minutes ③ **einem Hinweis nachgehen** vérifier un indice
nachgemacht *Unterschrift, Stimme* imité(e)
der **Nachgeschmack** l'arrière-goût (*männlich*)
nachgiebig ① jemandem gegenüber zu nachgiebig sein être trop indulgent(e) avec quelqu'un ② *Material* souple
nachgießen resservir; **Tee nachgießen** resservir <u>du</u> thé
nachhaltig ① *Eindruck* durable ② *Wirtschaftsweise* durable ③ *wirtschaften* de manière durable
nachhause Ⓐ, ⒸⒽ **nachhause gehen** aller à la maison; **wann musst du nachhause?** (*umgs.*) quand est-ce que tu dois rentrer [chez toi]?
der **Nachhauseweg sie haben einen weiten Nachhauseweg** ils ont beaucoup de chemin à faire pour rentrer à la maison
nachhelfen jemandem nachhelfen donner un coup de pouce à quelqu'un
nachher ① (*danach*) après ② (*gleich*) tout à l'heure; **bis nachher!** à tout à l'heure! [a tut alœʀ]; (*bis später*) à plus tard! [a ply taʀ], à plus! [a ply]
die **Nachhilfe**, der **Nachhilfeunterricht** le cours particulier; **Nachhilfe in Mathe geben** donner des cours particuliers <u>de</u> maths; **Nachhilfe in Latein bekommen** suivre des cours particuliers <u>de</u> latin
Nachhinein im Nachhinein après coup
der **Nachholbedarf** le retard à combler; **einen großen Nachholbedarf an Schlaf haben** avoir beaucoup de sommeil à rattraper
nachholen ① rattraper *Zeit;* **Unterricht nachholen** rattraper des cours ② (*nachkommen lassen*) faire venir
nachjagen jemandem/dem Erfolg nachjagen courir après quelqu'un/le succès
nachkaufen etwas nachkaufen racheter quelque chose [par la suite]

nachkommen ① **jemanden nachkommen lassen** faire venir quelqu'un; **sie kommt später nach** elle nous rejoint plus tard ② (*Schritt halten*) suivre
die **Nachkriegszeit** l'après-guerre (*männlich*)
nachladen recharger
der **Nachlass** ① (*Preisnachlass*) la réduction ② (*Hinterlassenschaft*) *eines Verstorbenen* la succession
nachlassen ① *Sturm:* se calmer; *Schmerz:* s'atténuer; *Gedächtnis:* flancher ② **in der Schule nachlassen** obtenir de moins bons résultats à l'école ③ **ich kann Ihnen zehn Euro nachlassen** je peux vous faire une remise de dix euros
nachlässig ① *Arbeit, Äußeres* négligé(e) ② **nachlässig arbeiten** être négligent(e) dans son travail; **nachlässig gekleidet sein** être habillé(e) de façon négligée, être habillé(e) à la va comme je te pousse
die **Nachlässigkeit** la négligence
nachlaufen jemandem nachlaufen (*hinterherlaufen*) poursuivre quelqu'un; (*umgs.: erobern wollen*) courir après quelqu'un
nachmachen ① imiter; **jemandem alles nachmachen** imiter quelqu'un en tout ② contrefaire *Geldschein; siehe auch* **nachgemacht**
der **Nachmittag** l'après-midi (*männlich/weiblich*); **am Nachmittag** l'après-midi; **heute Nachmittag** cet après-midi; **jeden Nachmittag** tous les après-midi; **am frühen Nachmittag** en début d'après-midi
nachmittags l'après-midi
der **Nachname** le nom [de famille]
nachprüfen vérifier; **nachprüfen, ob alles in Ordnung ist** vérifier si tout va bien
nachrechnen ① refaire les calculs; **lass mich nachrechnen** laisse-moi recalculer ② **etwas nachrechnen** vérifier quelque chose; **das muss ich erst nachrechnen** il faut d'abord que je vérifie cela
die **Nachricht** ① (*Neuigkeit*) la nouvelle; **das ist aber eine gute Nachricht!** ça, c'est un bonne nouvelle!; **hast du seine Nachricht bekommen?** est-ce que tu as eu son message? ② **wir haben noch immer keine Nachricht von ihr** nous sommes toujours sans nouvelles d'elle ③ (*Nachrichtensendung*) **die Nachrichten** les informations (*weiblich*); (*im Fernsehen*) le journal; **die Nachrichten hören** écouter les informations; **die Nachrichten sehen** regarder le journal
der **Nachrichtensprecher** le présentateur [du

journal]
die **Nachrichtensprecherin** la présentatrice [du journal]
die **Nachrichtentechnik** les télécommunications *(weiblich)*
nachrücken für jemanden nachrücken succéder à quelqu'un
der **Nachruf** la nécrologie; **der Nachruf auf diese Künstlerin** la nécrologie de cette artiste
nachrüsten compléter l'équipement de *Computer*
nachsagen jemandem Gutes/Schlechtes nachsagen dire du bien/du mal de quelqu'un
die **Nachsaison** la basse saison
nachschauen ❶ *(kontrollieren)* nachschauen, ob die Fenster zu sind vérifier si les fenêtres sont fermées; **schau bitte nach, ob die Kinder schlafen** s'il te plaît, va voir si les enfants dorment; **ich gehe nachschauen** je vais aller voir ❷ *(nachschlagen)* **im Wörterbuch nachschauen** regarder dans le dictionnaire ❸ *(hinterherblicken)* **jemandem/einem Auto nachschauen** suivre quelqu'un/une voiture des yeux
nachschenken resservir; **jemandem nachschenken** resservir à boire à quelqu'un; **jemandem Wasser nachschenken** resservir de l'eau à quelqu'un
nachschicken réexpédier *Post*
der **Nachschlag** la portion supplémentaire
nachschlagen ❶ chercher *Wort, Zitat* ❷ *(überprüfen)* vérifier ❸ **in einem Lexikon nachschlagen** consulter une encyclopédie
der **Nachschub** le ravitaillement
nachsehen ❶ vérifier; **nachsehen, ob/wo/...** aller voir si/où/... ❷ **im Wörterbuch nachsehen** chercher dans le dictionnaire, consulter le dictionnaire ❸ **jemandem/einem Auto nachsehen** suivre quelqu'un/une voiture des yeux ❹ **jemandem etwas nachsehen** passer quelque chose à quelqu'un
nachsenden réexpédier
die **Nachsicht** l'indulgence *(weiblich)*
nachsichtig ❶ **nachsichtig sein** être indulgent(e) ❷ **jemanden nachsichtig behandeln** traiter quelqu'un avec indulgence
nachsitzen nachsitzen müssen être en retenue; **eine Stunde nachsitzen müssen** avoir une heure de retenue, devoir rester une heure en retenue
die **Nachspeise** le dessert

das **Nachspiel** die Sache wird noch ein Nachspiel haben l'affaire va avoir des conséquences
nachspionieren jemandem nachspionieren espionner quelqu'un
nachsprechen répéter; **jemandem einen Satz nachsprechen** répéter une phrase après quelqu'un
nächstbeste(r, s) der/die/das nächstbeste ... le premier/la première ...; **bei der nächstbesten Gelegenheit** à la première occasion
der **Nächstbeste** le premier venu
die **Nächstbeste** la première venue
der **Nächste** le suivant; **der Nächste, bitte!** au suivant, s'il vous plaît!
die **Nächste** la suivante
das **Nächste** das mache ich als Nächstes c'est la première chose que je vais faire
nächste(r, s) ❶ *(am nächsten gelegen)* **der nächste Supermarkt** le supermarché le plus proche; **die nächste Tankstelle** la station d'essence la plus proche; **am nächsten** le plus près ❷ *(bevorstehend)* **am nächsten Tag** le lendemain; **in der nächsten Woche** la semaine prochaine; **in nächster Zeit** prochainement; **bei der nächsten Gelegenheit** à la première occasion [qui se présente] ❸ **die nächsten Verwandten** les proches *(männlich)*
nachstellen ❶ retarder *Uhr* ❷ jouer *Szene* ❸ *(umwerben)* **jemandem nachstellen** faire des avances à quelqu'un
die **Nächstenliebe** l'amour *(männlich)* du prochain
nächstgelegen das nächstgelegene Dorf le village le plus proche
nächstmöglich zum nächstmöglichen Termin le plus tôt possible
die **Nacht** la nuit; **es wird Nacht** la nuit tombe; **es ist Nacht** il fait nuit; **bei Nacht** de nuit; **in der Nacht** pendant la nuit; **heute Nacht** cette nuit; **letzte Nacht** la nuit dernière; **eines Nachts** une nuit; **die Nacht war sehr dunkel** il faisait nuit noire; **die ganze Nacht durchfeiern/durcharbeiten** faire la fête/travailler [pendant] toute la nuit; **über Nacht bleiben** rester pour la nuit; **gute Nacht!** bonne nuit! ▸ **über Nacht** *(plötzlich)* du jour au lendemain; [na] **dann gute Nacht!** *(ironisch umgs.)* [eh bien] bonjour les dégâts!
der **Nachteil** ❶ l'inconvénient *(männlich)*; **der Nachteil [daran] ist, dass das sehr teuer ist** l'inconvénient, c'est que cela coûte très cher ❷ **er ist [ihr gegenüber] im Nachteil**

il est désavantagé [par rapport à elle]
das **Nachtessen** 🇨🇭 le dîner, le souper 🇨🇭
das **Nachthemd** la chemise de nuit
die **Nachtigall** le rossignol
der **Nachtisch** le dessert
der **Nachtklub** la boîte [de nuit]
nächtlich nocturne
nachtragen ❶ (*später ergänzen*) ajouter ❷ (*übertragen*) **jemandem etwas nachtragen** en vouloir à quelqu'un de quelque chose; **er hat ihr das lange nachgetragen** il lui en a voulu longtemps
nachtragend rancunier/rancunière
nachträglich ❶ *Hinweis* ultérieur(e); *Genehmigung* donné(e) par la suite ❷ **jemandem nachträglich gratulieren** féliciter quelqu'un après coup
nachtrauern **jemandem/einer Sache nachtrauern** regretter quelqu'un/quelque chose; **er hat ihr nachgetrauert** il l'a regrettée
nachts la nuit; **spät nachts** tard dans la nuit
die **Nachtschicht** (*Nachtarbeit*) le poste de nuit; **Nachtschicht haben** être de nuit
der **Nachttisch** la table de chevet
die **Nachttischlampe** la lampe de chevet
nachvollziehbar compréhensible; **leicht/schwer nachvollziehbar sein** être facile/difficile à comprendre
nachvollziehen (*sich gedanklich zu Eigen machen*) suivre; (*verstehen*) comprendre; **ich kann das nicht nachvollziehen** je n'arrive pas à comprendre
nachwachsen *Haare, Unkraut:* repousser
der **Nachweis** la preuve
nachweisbar qui peut être prouvé
nachweisen (*beweisen*) prouver; **jemandem nachweisen, dass er gelogen hat** prouver à quelqu'un qu'il a menti
nachweislich *Irrtum* prouvé(e)
das **Nachwort** la postface
der **Nachwuchs** (*umgs.: Kind*) le rejeton
nachzahlen hundert Euro nachzahlen payer un supplément de cent euros
nachzählen recompter
nachziehen ❶ resserrer *Schraube* ❷ traîner *Bein* ❸ [sich] **die Lippen nachziehen** [se] remettre du rouge à lèvres ❹ (*umgs.: dasselbe tun*) en faire autant
der **Nacken** la nuque ⚠ *weiblich* ▸ **jemanden im Nacken haben** avoir quelqu'un aux fesses
nackt nu(e); **halb nackt** à moitié nu(e); **ganz** [*oder* **völlig**] **nackt** tout nu/toute nue
der **Nackte** l'homme (*männlich*) nu

die **Nackte** la femme nue
die **Nadel** (*Näh-, Strick-, Tannennadel*) l'aiguille (*weiblich*) [leɡyij]; (*Stecknadel*) l'épingle (*weiblich*)
der **Nadelbaum** le conifère
der **Nadeldrucker** l'imprimante (*weiblich*) matricielle
das **Nadelöhr** le trou [de l'aiguille]
der **Nagel** ❶ le clou ❷ (*Finger-, Zehennagel*) l'ongle (*männlich*); **sich die Nägel schneiden** se couper les ongles; **an den Nägeln kauen** se ronger les ongles ▸ **den Nagel auf den Kopf treffen** (*umgs.*) mettre le doigt dessus; **sich etwas unter den Nagel reißen** (*umgs.*) faire main basse sur quelque chose
die **Nagelfeile** la lime à ongles
der **Nagellack** le vernis à ongles
der **Nagellackentferner** le dissolvant
nageln clouer
nagen ❶ *Hamster, Hase:* grignoter ❷ **der Hund nagt an einem Knochen** le chien ronge un os ❸ (*übertragen*) [**die**] **Zweifel nagen an ihm** il est rongé par le doute
der **Nager**, das **Nagetier** le rongeur
nah[**e**] ❶ (*räumlich und zeitlich*) proche; **die Ferien sind nah** les vacances sont proches; **nahe bei der Stadt** près de la ville; **von nahem** de près ❷ (*übertragen*) **den Tränen nah**[**e**] **sein** être au bord des larmes; **nah**[**e**] **daran sein, aufzugeben** être sur le point d'abandonner ❸ (*übertragen*) **wir stehen uns sehr nahe** nous sommes très proches ▸ **nahe liegend** *Lösung* qui tombe sous le sens; **das ist ganz nahe liegend** c'est tout naturel
die **Nähe** ❶ la proximité; **in der Nähe** à proximité; **das ist hier ganz in der Nähe** c'est tout près d'ici; **aus der Nähe betrachtet** vu(e) de près ❷ *einer Person* la présence; **ich bin gerne in seiner Nähe** j'aime bien être près de lui
nahegehen jemandem nahegehen toucher profondément quelqu'un
nahelegen conseiller; **...: jemandem nahelegen, etwas zu tun** conseiller à quelqu'un de faire quelque chose
nähen ❶ faire de la couture, coudre; **gerne nähen** aimer faire de la couture, aimer coudre ❷ coudre *Kleid* ❸ recoudre *Wunde*
näher ❶ (*räumlich*) **in der näheren Umgebung des Bauernhofs** à proximité de la ferme; **näher an etwas herantreten** se rapprocher [plus] de quelque chose; **treten Sie näher!** veuillez vous approcher! ❷ (*zeitlich*) **in näherer Zukunft** dans un proche avenir;

näher rücken approcher ❸ (*detaillierter*) *Angaben* plus ample; **etwas näher beschreiben** décrire quelque chose de façon plus précise ❹ **ein näherer Bekannter** quelqu'un d'assez proche
nähern (*räumlich, zeitlich*) **sich jemandem/einer Sache nähern** s'approcher [*oder* approcher] de quelqu'un/de quelque chose
nahezu presque
das **Nähgarn** le fil à coudre
die **Nähmaschine** la machine à coudre
die **Nähnadel** l'aiguille (*weiblich*) à coudre
Nahost le Proche-Orient; **in Nahost** au Proche-Orient; **er stammt aus Nahost** il est originaire du Proche-Orient
nahrhaft nourrissant(e)
der **Nährstoff** la substance nutritive
die **Nahrung** la nourriture
das **Nahrungsmittel** l'aliment (*männlich*); **ein wichtiges Nahrungsmittel** un aliment important; **die Nahrungsmittel** les produits (*männlich*) alimentaires
der **Nährwert** la valeur nutritive
die **Naht** la couture; *einer Wunde* la suture
nahtlos ❶ *Übergang* immédiat(e) ❷ **es ging nahtlos weiter im Programm** le programme s'est poursuivi sans interruption
der **Nahverkehr** le trafic urbain; **der öffentliche Nahverkehr** les transports (*männlich*) en commun
der **Nahverkehrszug** le train de banlieue
naiv naïf/naïve
die **Naivität** la naïveté
der **Name** ❶ le nom; **mein Name ist Marie Klein** je m'appelle Marie Klein; **nennen Sie mir bitte Ihren Namen und Ihre Adresse** donnez-moi, s'il vous plaît, vos nom et adresse ❷ **ich kenne ihn nur dem Namen nach** je le connais seulement de nom ▶ **im Namen des Gesetzes** au nom de la loi; **im Namen des Volkes** au nom du peuple
namens nommé(e), du nom de; **ein Herr namens Dietz** un monsieur nommé [*oder* du nom de] Dietz
der **Namenstag** la fête; **ich habe heute Namenstag** c'est ma fête aujourd'hui
nämlich ❶ (*und zwar*) et ce; (*genauer gesagt*) à savoir; **der Flug dauert lange, nämlich zehn Stunden** le vol dure longtemps, à savoir dix heures ❷ (*denn*) en effet; **er ist nämlich ziemlich geizig** en effet, il est assez avare
die **Nanotechnologie** la nanotechnologie, la nano-technologie

nanu ça alors
der **Napf** ❶ la gamelle ❷ (*Fressnapf*) l'écuelle (*weiblich*)
die **Narbe** la cicatrice
die **Narkose** l'anesthésie (*weiblich*) générale; **mit/ohne Narkose** avec/sans anesthésie
der **Narr** [nar] (*Dummkopf*) l'imbécile (*männlich*) ▶ **jemanden zum Narren halten** se moquer de quelqu'un; **sich zum Narren machen** se rendre ridicule
die **Narzisse** le narcisse ⚠ *männlich*
der **Nasallaut** la nasale ⚠ *weiblich*
naschen ❶ (*Süßigkeiten essen*) grignoter [des friandises] ❷ (*heimlich kosten*) **von etwas naschen** goûter [en cachette] à quelque chose
die **Nase** ❶ le nez; **sich die Nase putzen** se moucher; **in der Nase bohren** se mettre les doigts dans le nez; **mir läuft die Nase** j'ai le nez qui coule; **ich habe eine verstopfte Nase** j'ai le nez bouché ❷ (*Schnauze*) la truffe ▶ **die Nase voll haben** (*umgs.*) en avoir ras le bol; **das werde ich dir gerade auf die Nase binden!** tu peux toujours compter sur moi pour tout te raconter!; **auf die Nase fallen** (*umgs.*) se casser le nez; **jemandem auf der Nase herumtanzen** (*umgs.*) mener quelqu'un par le bout du nez; **über etwas die Nase rümpfen** faire la grimace devant quelque chose; **vor meiner/deiner/seiner/... Nase** (*umgs.*) sous mon/ton/son/... nez
das **Nasenbluten** le saignement de nez; **Nasenbluten haben** saigner du nez; **oft Nasenbluten haben** avoir souvent des saignements de nez
das **Nasenloch** la narine
die **Nasenspitze** le bout du nez
die **Nasentropfen** les gouttes (*weiblich*) pour le nez
das **Nashorn** le rhinocéros
nass ❶ mouillé(e); (*triefend nass*) trempé(e); **du wirst ganz nass [werden]!** tu vas être tout mouillé(e)! ❷ (*regnerisch*) **heute ist es kalt und nass** aujourd'hui il fait froid et humide
die **Nässe** l'humidité (*weiblich*)
das **Natel** (CH) le portable
die **Nation** ❶ la nation ❷ **die Vereinten Nationen** les Nations Unies
national national(e)
die **Nationalhymne** l'hymne (*männlich* ⚠) national
nationalistisch nationaliste; **nationalistisch [eingestellt] sein** être nationaliste
die **Nationalität** la nationalité

die **Nationalmannschaft** l'équipe *(weiblich)* nationale
der **Nationalrat** Ⓐ, ⒸⒽ ❶ *(Politiker)* le membre du Conseil national ❷ *(Gremium)* le Conseil national
die **Nationalrätin** Ⓐ, ⒸⒽ le membre du Conseil national
der **Nationalsozialismus** le national-socialisme
der **Nationalsozialist** le national-socialiste
die **Nationalsozialistin** la national-socialiste
nationalsozialistisch national-socialiste
der **Nationalstaat** l'État *(männlich)* national
die **Nationalversammlung** *(französisches Parlament)* l'Assemblée *(weiblich)* nationale
die **NATO** *Abkürzung von* **North Atlantic Treaty Organization** l'OTAN *(weiblich)*
das **Natrium** le sodium
die **Natter** la couleuvre
die **Natur** ❶ *(natürliche Umwelt)* la nature; **die freie Natur** la pleine campagne ❷ *(Naturell)* la nature ❸ **ihr schönes rotes Haar ist Natur** ses beaux cheveux roux sont naturels
das **Naturereignis** le phénomène naturel
das **Naturgesetz** la loi de la nature
die **Naturheilkunde** la médecine douce
die **Naturkatastrophe** la catastrophe naturelle
das **Naturkundemuseum** le musée d'histoire naturelle
natürlich ❶ naturel(le) ❷ *(ungekünstelt, menschlich)* **sie ist ganz natürlich** elle est toute naturelle; **es ist ganz natürlich, dass du Angst hast** il est tout naturel que tu aies peur ❸ *(selbstverständlich)* naturellement; **aber natürlich!** évidemment!; **das kann natürlich sein[, aber...]** c'est bien possible [mais...]
der **Naturpark** le parc naturel [régional]
der **Naturschutz** la protection de la nature; **ein Gebiet unter Naturschutz stellen** déclarer un territoire site protégé; **unter Naturschutz stehen** être protégé(e)
das **Naturschutzgebiet** la réserve naturelle
die **Naturwissenschaft** la science naturelle
naturwissenschaftlich scientifique
navigieren *(in der Schifffahrt, im Internet)* naviguer
der **Nazi** le nazi/la nazie
n. Chr. *Abkürzung von* **nach Christus** apr. J.-C.
'ne *(umgs.)* →**eine** un/une
der **Nebel** le brouillard; *(leichter Dunst)* la brume; **bei Nebel** par temps de brouillard
nebelig →**neblig**
neben ❶ **neben jemandem/einer Sache** à côté de quelqu'un/quelque chose; **rechts neben dem Eingang** à droite de l'entrée ❷ **sich neben jemanden setzen** s'asseoir à côté de quelqu'un; **sich links neben jemanden/etwas stellen** se mettre à gauche de quelqu'un/quelque chose
nebenan à côté; **die Familie von nebenan** la famille d'à côté
nebenbei ❶ *(nebenher, außerdem)* en plus [du reste] ❷ *(beiläufig)* en passant; **ganz nebenbei [gesagt]** soit dit en passant
der **Nebeneffekt** l'effet *(männlich)* secondaire
nebeneinander ❶ *(räumlich)* côte à côte; **wir wohnen nebeneinander im selben Haus** nous habitons porte à porte dans le même immeuble ❷ *(zeitlich)* conjointement; **viele Dinge nebeneinander tun** faire beaucoup de choses en même temps
das **Nebeneinander** la coexistence
das **Nebenfach** la matière secondaire
der **Nebenfluss** l'affluent *(männlich)*
nebenher *(zusätzlich)* en plus; **viele Studierende arbeiten nebenher** beaucoup d'étudiants travaillent en plus [*oder* à côté]
der **Nebenjob** le petit boulot
die **Nebenkosten** *(für eine Wohnung)* les charges *(weiblich)*
die **Nebenrolle** le rôle secondaire
die **Nebensache** l'accessoire *(männlich)*; **das ist Nebensache** c'est accessoire
nebensächlich accessoire
der **Nebensatz** la proposition subordonnée, la subordonnée
die **Nebenwirkung** l'effet *(männlich)* secondaire
das **Nebenzimmer** la pièce voisine; *(Schlafraum)* la chambre voisine
neblig brumeux/brumeuse
necken taquiner; **sich necken** se taquiner
nee *(umgs.)* non
der **Neffe** le neveu
negativ ❶ *Eindruck, Einfluss* négatif/négative ❷ *Folge* défavorable
das **Negativ** le négatif
nehmen ❶ prendre; **[sich] etwas nehmen** prendre quelque chose; **etwas an sich nehmen** prendre quelque chose avec soi ❷ *(bei Tisch)* **kann ich mir davon nehmen? – Ja, sicher, nimm dir [nur]!** je peux me servir? – Oui, oui, sers-toi! ❸ **jemandem die Lust an etwas nehmen** enlever à quelqu'un l'envie de quelque chose ❹ supprimer *Schmerzen* ❺ **man muss die Leute nehmen, wie sie sind** il faut prendre les gens comme ils sont
der **Neid** la jalousie, l'envie *(weiblich)* ▶ **vor Neid erblassen** crever de jalousie

neidisch *Person, Blick* envieux/envieuse, jaloux/jalouse; **auf jemanden neidisch sein** être jaloux/jalouse de quelqu'un, envier quelqu'un
neigen ❶ pencher *Kopf, Oberkörper* ❷ **zu Übertreibungen neigen** avoir tendance à exagérer; **zu Übergewicht neigen** avoir une tendance à l'embonpoint ❸ **sich neigen** *Person:* se pencher; *Hang, Straße:* être en pente; **sich zur Seite neigen** pencher de côté

die **Neigung** ❶ (*Vorliebe, Hang*) le penchant; **die Neigung zur Trunksucht haben** avoir un penchant pour l'alcool ❷ (*Schräge*) l'inclinaison *(weiblich)*

nein non; **oh nein!** ah! non!; **nein danke!** non, merci!; **leider nein!** malheureusement pas!; **nein sagen** dire non; **zu einem Vorschlag nein sagen** dire non à une proposition; **er kann nicht nein sagen** il ne sait pas dire non ▸**wenn sie nein sagt, [dann] meint sie auch nein!** quand elle dit non, c'est non!

das **Nein** le non; **Nein sagen** dire non; **zu einem Vorschlag Nein sagen** dire non à une proposition; **sie kann nicht Nein sagen** elle ne sait pas dire non; **mit Ja oder Nein antworten** répondre par oui ou non ▸**wenn ich Nein sage, [dann] meine ich auch Nein!** quand je dis non, c'est non!

die **Neinstimme** la voix contre
der **Nektar** le nectar
die **Nektarine** la nectarine
die **Nelke** ❶ (*Blume*) l'œillet *(männlich)* ❷ (*Gewürz*) le clou de girofle
'nem (*umgs.*) →**einem**
'nen (*umgs.*) →**einen**
nennen ❶ appeler; **wie nennt man das?** comment appelle-t-on ça? ❷ **sie wollen ihre Tochter Charlotte nennen** ils veulent appeler leur fille Charlotte ❸ (*sagen, angeben*) indiquer ❹ **er nennt sich Künstler/Musiker** il se dit artiste/musicien
der **Nenner** (*bei Bruchzahlen*) le dénominateur
das **Neon** le néon
der **Neonazi** le néonazi/la néonazie
das **Neonlicht** l'éclairage *(männlich)* au néon, le néon
die **Neonröhre** le tube au néon, le néon
der **Nepp** (*umgs.*) **das ist ja der reinste Nepp!** c'est vraiment de l'arnaque!
Neptun (*in der Astronomie*) Neptune *(weiblich)*, la planète Neptune
'ner (*umgs.*) →**einer**
der **Nerv** le nerf [nɛʀf] ▸**gute/schwache Nerven haben** avoir les nerfs solides/fragiles;

jemandem auf die Nerven gehen (*umgs.*) taper sur les nerfs de quelqu'un; **die Nerven verlieren** perdre le contrôle de soi-même
nerven (*umgs.*) ❶ énerver; **du nervst!** tu m'énerve!; **sie nervt mich!** elle m'énerve!; **das kann einen wirklich nerven!** c'est vraiment énervant! ❷ **genervt sein** être énervé(e)
der **Nervenkitzel** (*umgs.*) les émotions *(weiblich)* fortes, les sensations *(weiblich)* fortes

> **V** Der Singular *der Nervenkitzel* wird mit einem Plural übersetzt: *sie mag diesen Nervenkitzel* – elle aime ces émotions fortes.

die **Nervensäge** (*umgs.*) le casse-pieds/la casse-pieds; **er/sie ist eine richtige Nervensäge!** c'est un vrai/une vraie casse-pieds!
das **Nervensystem** le système nerveux
der **Nervenzusammenbruch** la dépression nerveuse; **er hatte einen Nervenzusammenbruch** ses nerfs ont craqué
nervös nerveux/nerveuse; **jemanden nervös machen** rendre quelqu'un nerveux/nerveuse
die **Nervosität** la nervosité
das **Nest** ❶ le nid ❷ (*umgs.: kleiner Ort*) le bled
nett ❶ *Mensch* gentil(le), sympathique; *Fest* sympathique; **eine nette Kollegin/Nachbarin** une collègue/voisine sympathique; **er/sie ist ein netter Mensch** c'est une personne gentille [*oder* sympathique]; **ein netter Typ** (*umgs.*) un mec sympa ❷ (*hübsch*) **ein nettes Kleid** une jolie robe ❸ **nett zu jemandem sein** être gentil(le) avec quelqu'un; **sei nett zu ihr!** sois gentil(le) avec elle!; **das ist aber nicht sehr nett von dir** ce n'est pas très gentil de ta part
netto net
das **Netz** ❶ (*Stromnetz, System*) le réseau ❷ (*Fischer-, Einkaufs-, Volleyball-, Tennisnetz*) le filet ❸ (*Spinnennetz*) la toile
die **Netzhaut** la rétine
das **Netzteil** le transformateur
neu ❶ (*unbenutzt*) neuf/neuve; **das Auto ist ganz neu** la voiture est toute neuve ❷ (*anders, neuartig, soeben hergestellt*) nouveau/nouvelle; **sie hat einen neuen Freund** elle a un nouveau petit ami; **sie haben sich ein neues Auto gekauft** ils se sont achetés une nouvelle voiture ❸ (*aktuell*) récent(e); **die neuesten Nachrichten** les [toutes] dernières nouvelles ❹ (*erneut*) **ein neuer Versuch** une nouvelle tentative; **ich wünsche dir/Ihnen ein gutes neues Jahr** je te/vous souhaite une bonne et heu-

reuse année ⑤(*unbekannt*) **das ist/war mir neu** je n'en sais/n'en savais rien ⑥ **neu bearbeitet** remanié(e); **etwas neu ordnen** réorganiser quelque chose; **wieder ganz neu anfangen** repartir à zéro ⑦(*soeben*) **das Geschäft hat neu eröffnet** le magasin vient d'ouvrir ▸ **seit neu[e]stem** depuis peu; **von neuem** de nouveau

der **Neuankömmling** le nouveau venu/la nouvelle venue

neuartig nouveau/nouvelle; **ein neuartiges Verfahren** un nouveau procédé; **ein neuartiger Computer** un nouvel ordinateur

der **Neubau** le nouvel immeuble
das **Neubaugebiet** ≈ la Z.U.P.
die **Neubausiedlung** le nouveau lotissement
das **Neue** ① le neuf; **etwas Neues** quelque chose de nouveau; **nichts Neues** rien de nouveau; **was gibt's Neues?** (*umgs.*) quoi de neuf? ②(*neuartige Besonderheit*) **das Neue an diesem Film** ce qui est nouveau dans ce film

neuerdings depuis peu [de temps]
die **Neuerung** l'innovation *(weiblich)*
das **Neueste** (*neue Nachricht*) la dernière [nouvelle]; (*neues Produkt*) ce qu'on fait de plus nouveau

das **Neugeborene** le nouveau-né
die **Neugier**, die **Neugierde** la curiosité; **aus Neugier** [*oder* **Neugierde**] par curiosité ▸ **ich platze [gleich] vor Neugier** (*umgs.*) je meurs de curiosité

neugierig ① *Person* curieux/curieuse; *Frage* indiscret/indiscrète; **neugierig sein, ob ...** être curieux/curieuse de savoir si ... ② *ansehen, fragen* avec curiosité

die **Neuheit** la nouveauté
die **Neuigkeit** la nouvelle; **was für eine Neuigkeit!** quelle nouvelle!
das **Neujahr** le nouvel an ▸ **prost Neujahr!** bonne année!
der **Neujahrstag** le jour de l'an
neulich récemment; **neulich abends** l'autre soir; **erinnerst du dich noch an neulich?** tu te souviens de l'autre jour?
der **Neumond** la nouvelle lune
neun ① neuf [nœf]; **es steht neun zu sieben** geschrieben: **9:7** le score est de neuf à sept [nœf a sɛt] geschrieben: 9 à 7 ②(*bei der Altersangabe*) **er/sie ist neun [Jahre alt]** il/elle a neuf ans [nœv ɑ̃]; **mit neun [Jahren]** à neuf ans ③(*bei Uhrzeit- und Zeitangaben*) **es ist neun [Uhr]** il est neuf heures [nœv œR]; **um neun [Uhr]** à neuf heures; **gegen neun [Uhr]** vers neuf heures; **kurz vor neun** peu avant neuf heures; **es ist** schon kurz nach neun il est déjà neuf heures passées; **alle neun Stunden** toutes les neuf heures; **heute in neun Tagen** dans neuf jours [nœf ʒuR] ④(*Geschwindigkeitsangabe*) **mit neun Stundenkilometern** à neuf kilomètres à l'heure ▸ **alle neun[e]! strike!** [stRaik]

die **Neun** (*Zahl, Spielkarte, Buslinie*) le neuf ⚠ *männlich;* **der Spieler mit der Neun** [**auf dem Rücken**] le joueur qui porte le numéro neuf

neunhundert neuf cents
neunjährig *Kind* de neuf ans [nœv ɑ̃]
der **Neunjährige** le garçon de neuf ans
die **Neunjährige** la fille de neuf ans
neunmal neuf fois; **neunmal so viel** neuf fois plus [plys]; **neunmal so viele Leute** neuf fois plus [ply] de gens
neunt zu neunt sein être [à] neuf
neuntausend neuf mille

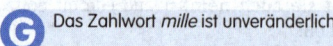

Das Zahlwort *mille* ist unveränderlich.

der **Neunte** ① (*in Bezug auf die Reihenfolge, die Leistung*) le neuvième [nœvjɛm]; **als Neunter** en neuvième position; **jeder Neunte** une personne sur neuf ②(*bei der Datumsangabe*) le neuf geschrieben: **le 9; am Neunten** geschrieben: **am 9.** le neuf geschrieben: **le 9** [lə nœf] ③(*umgs.: neunter Stock*) le neuvième [nœvjɛm]; **ich wohne im Neunten** j'habite au neuvième ④(*als Namenszusatz*) **Ludwig der Neunte** geschrieben: **Ludwig IX.** Louis neuf geschrieben: **Louis IX**

die **Neunte** ① (*in Bezug auf die Reihenfolge, die Leistung*) la neuvième [nœvjɛm]; **als Neunte** en neuvième position; **jede Neunte** une personne sur neuf ②(*umgs.: neunte Klasse*) ≈ la neuvième année; (*im französischen Schulsystem*) ≈ la troisième ③(*neunte Symphonie*) **Beethovens Neunte** la Neuvième Symphonie de Beethoven

neunte(r, s) ① neuvième ②(*Datumsangabe*) **der neunte Mai** geschrieben: **der 9. Mai** le neuf mai geschrieben: **le 9 mai** [lə nœf mɛ] ③(*bei den Klassenstufen*) **die neunte Klasse** ≈ la neuvième année; (*im französischen Schulsystem*) ≈ la troisième

das **Neuntel** le neuvième
neuntens neuvièmement
neunundzwanzig ① vingt-neuf [vɛ̃tnœf] ②(*bei der Altersangabe*) **er/sie ist neunundzwanzig [Jahre alt]** il/elle a vingt-neuf ans [vɛ̃tnœv ɑ̃]; **mit neunundzwanzig**

[Jahren] à vingt-neuf ans

die **Neunundzwanzig** (*Zahl, Buslinie*) le vingt--neuf [vɛ̃tnœf] ⚠ *männlich*

der **Neunundzwanzigste** ❶ (*in Bezug auf die Reihenfolge, die Leistung*) le vingt-neuvième [vɛ̃tnœvjɛm] ❷ (*bei der Datumsangabe*) le vingt-neuf *geschrieben:* le 29 [vɛ̃tnœf]; **am Neunundzwanzigsten** *geschrieben:* **am 29.** le vingt-neuf *geschrieben:* le 29 [lə vɛ̃tnœf]

die **Neunundzwanzigste** (*in Bezug auf die Reihenfolge, die Leistung*) la vingt-neuvième [vɛ̃tnœvjɛm]

neunundzwanzigste(r, s) ❶ vingt-neuvième [vɛ̃tnœvjɛm] ❷ (*bei der Datumsangabe*) **der neunundzwanzigste Dezember** *geschrieben:* **der 29. Dezember** le vingt--neuf décembre *geschrieben:* le 29 décembre [vɛ̃tnœf desɑ̃bʀ]

neunzehn dix-neuf

neunzig quatre-vingt-dix, nonante Ⓑ, ⒸⒽ

neunziger die neunziger Jahre *eines Jahrhunderts* les années (*weiblich*) quatre-vingt--dix

neunzigjährig de quatre-vingt-dix ans, de nonante ans Ⓑ, ⒸⒽ

neunzigste(r, s) quatre-vingt-dixième, nonantième Ⓑ, ⒸⒽ

die **Neurodermitis** la névrodermite
die **Neurose** la névrose
neurotisch *Person* névrosé(e); *Verhalten* névrotique
der **Neuschnee** la neige fraîche
Neuseeland la Nouvelle-Zélande
neuseeländisch néo-zélandais(e)
neusprachlich *Unterricht* de langues vivantes; **die neusprachlichen Fächer** les langues vivantes
neutral ❶ neutre; **ein neutrales Land** un pays neutre ❷ **sich neutral verhalten** se comporter de façon impartiale
die **Neutralität** la neutralité
das **Neutrum** (*in der Grammatik*) le neutre
die **Neuzeit** les temps (*männlich*) modernes ⚠ *Plural*
der **Newcomer** ['nju:kamɐ] le nouveau venu/la nouvelle venue
die **Newsgroup** ['nju:zgru:p] (*im Internet*) l'infogroupe (*männlich*) ⚠

nicht ❶ ne ... pas; **sie macht ihre Hausaufgaben nicht** elle ne fait pas ses devoirs; **er hört nicht auf seine Eltern** il n'écoute pas ses parents; **das gefällt mir gar nicht** cela ne me plaît pas du tout; **das ist nicht möglich** ce n'est pas possible; **das ist nicht sehr interessant** ce n'est pas très intéressant ❷ **nicht!** arrête!; (*wenn man den Gesprächspartner siezt*) arrêtez!; **bitte nicht!** non, s'il te plaît!; (*wenn man den Gesprächspartner siezt*) non, s'il vous plaît!; **warum nicht?** pourquoi pas?; **sicher** [*oder* **sicherlich**] **nicht!** sûrement pas!; **er nicht !** pas lui! ❸ **nicht mehr** ne ... plus; **sie wohnt nicht mehr in Bonn** elle n'habite plus [à] Bonn ❹ **nicht einmal** ne ... même pas; **sie war nicht einmal aufgeregt** elle n'était même pas nerveuse ❺ **nicht einer seiner Freunde hat ihn besucht** pas un seul de ses amis n'est [*oder* est] venu le voir ❻ **das stimmt doch, nicht?** c'est bien juste, non?

Ⓖ In der französischen Umgangssprache entfällt bei der Verneinung das *ne: das gefällt mir nicht – ça me plaît pas du tout; sie raucht nicht mehr – elle fume plus.*

die **Nichte** la nièce
der **Nichtraucher** le non-fumeur
die **Nichtraucherin** la non-fumeuse
nichts ❶ ne ... rien; **sie hat nichts gesagt** elle n'a rien dit; **er weiß gar nichts** il ne sait rien du tout; **das geht dich/Sie nichts an!** ça ne te/vous regarde pas! ❷ **es ist nichts** ce n'est rien; **das macht nichts** ça ne fait rien ❸ **nichts mehr** ne ... plus rien; **ich sehe nichts mehr** je ne vois plus rien ❹ **es gab nichts anderes** il n'y avait rien d'autre ▶ **für nichts und wieder nichts** (*umgs.*) pour des clopinettes; **nichts da!** (*umgs.*) pas question!; **nichts wie weg!** (*umgs.*) tirons-nous!

Ⓖ In der französischen Umgangssprache entfällt bei der Verneinung das *ne: das macht nichts – ça fait rien; es ist nichts – c'est rien; ich sehe nichts mehr – je vois plus rien.*

das **Nichts** le néant ▶ **vor dem Nichts stehen** avoir tout perdu; **aus dem Nichts** (*von irgendwoher*) comme tombé(e) du ciel
der **Nichtschwimmer er ist Nichtschwimmer** il ne sait pas nager; **die Nichtschwimmer** ceux qui ne savent pas nager
die **Nichtschwimmerin sie ist Nichtschwimmerin** elle ne sait pas nager
nichtsdestoweniger néanmoins
der **Nichtsnutz** (*abwertend*) le vaurien
der **Nichtstuer** (*abwertend*) le fainéant
die **Nichtstuerin** (*abwertend*) la fainéante
das **Nichtstun** (*Faulenzen*) l'oisiveté (*weiblich*)
das **Nichtzutreffende Nichtzutreffendes bitte streichen!** rayer les mentions inutiles!
nicken °hocher la tête; (*als Zeichen der*

Zustimmung) faire un signe d'approbation; **er war einverstanden und nickte [mit dem Kopf]** il était d'accord et fit signe de tête

das **Nickerchen** (*umgs.*) le roupillon; **ein Nickerchen machen** se piquer un [petit] roupillon

nie ① ne ... jamais; **er hat nie davon gesprochen** il n'en a jamais parlé ② **nie wieder** ne ... plus jamais; **mach das nie wieder!** ne recommence plus jamais; ③ (*auf keinen Fall*) **das werden sie nie schaffen** ils/elles n'y arriveront jamais ▸**nie und nimmer!** jamais de la vie!

niedere(r, s) (*niedrig*) bas(se)

niedergeschlagen abattu(e)

niederknien s'agenouiller

die **Niederlage** la défaite; (*Misserfolg*) l'échec (*männlich*)

die **Niederlande** les Pays-Bas (*männlich*); **in den Niederlanden** aux Pays-Bas

der **Niederländer** le Néerlandais

die **Niederländerin** la Néerlandaise

niederländisch néerlandais(e)

niederlassen sich in einer Stadt niederlassen s'établir dans une ville

niederlegen ① cesser *Arbeit*; se démettre de *Amt*; **sein Amt als Bürgermeister niederlegen** démissionner de ses fonctions de maire ② déposer *Kranz, Waffen*

Niederösterreich la Basse-Autriche

Niedersachsen la Basse-Saxe

die **Niederschläge** (*Regen, Schnee*) les précipitations (*weiblich*)

niederschlagen ① (*schlagen*) frapper à terre; **einen Angreifer niederschlagen** frapper un agresseur à terre ② réprimer *Aufstand* ③ baisser *Augen*

niederschmetternd *Nachricht* bouleversant(e); *Ergebnis* catastrophique

niederträchtig infâme

niedlich mignon(ne)

niedrig ① *Haus, Gebüsch, Wasser* bas(se) ② (*gering*) peu élevé(e); *Geschwindigkeit* réduit(e); *Preis* bas(se)

niemals ① ne ... jamais; **sie werden sich niemals trennen** ils ne se sépareront jamais ② **er ist noch niemals geflogen** il n'a encore jamais pris l'avion ③ (*auf keinen Fall*) ne ... jamais [de la vie]; **das wird ihm niemals gelingen** il n'y arrivera jamais [de la vie]

niemand ① ne ... personne; **niemand hat angerufen** personne n'a téléphoné; **ich sehe niemand** [*oder* **niemanden**] je ne vois personne; **niemand weiß das besser als ich** personne ne le sait mieux que moi; **es war niemand mehr da** il n'y avait plus personne ② **das geht niemand** [*oder* **niemanden**] **von euch etwas an** cela ne regarde personne d'entre vous ③ **wir haben mit niemand anders** [*oder* **anderem**] **darüber gesprochen** nous n'en avons parlé avec personne d'autre

die **Niere** ① *eines Menschen* le rein ② *eines Schlachttiers* le rognon

nieseln bruiner; **es nieselt** il bruine

der **Nieselregen** la bruine

niesen éternuer

die **Niete** ① (*Los*) le billet perdant ② (*Metallbolzen*) le rivet ③ (*umgs.: Versager*) le minable; (*Versagerin*) la minable

der **Nikolaus** ① (*Gestalt*) le Saint Nicolas ② (*Nikolaustag*) la Saint-Nicolas; **morgen ist Nikolaus** demain, c'est la Saint-Nicolas

das **Nikotin** la nicotine ⚠ *weiblich*

das **Nilpferd** l'hippopotame (*männlich*)

nimmer Ⓐ (*nicht mehr*) ne ... plus; **sie kommt nimmer** elle ne viendra plus

nippen an einem Glas/am Wein nippen siroter un verre/son vin

nirgends, nirgendwo ne ... nulle part; **ich kann meine Schlüssel nirgends finden** je ne trouve mes clés nulle part

nirgendwohin ne ... nulle part; **dieser Pfad führt nirgendwohin** ce sentier ne mène nulle part; **wohin gehst du? – Nirgendwohin!** où [est-ce que] tu vas? – Nulle part!

die **Nische** la niche

nisten nicher

das **Niveau** ① le niveau ② (*Bildungsstand, Stil*) **Niveau haben** *Person:* être cultivé(e); **er hat kein Niveau** il manque de classe; **das ist unter meinem Niveau** c'est au-dessous de mon niveau

nix (*umgs.*) rien

Nizza Nice

nobel ① (*edel*) noble ② (*luxuriös*) chic

der **Nobelpreis** le prix Nobel; **der Nobelpreis für Physik** le prix Nobel de physique

noch ① encore; **sie arbeitet noch** elle travaille encore; **er hat noch nicht angerufen** il n'a pas encore téléphoné; **er ist immer noch krank** il est toujours malade ② **das ist noch besser** c'est encore mieux; **dieses Kleid finde ich noch schöner** cette robe [*oder* cette robe-là], je la trouve encore plus jolie ③ **noch einmal** encore une fois; **noch ein bisschen [mehr]** encore un peu [plus] ④ (*verstärkend*) **noch heute** aujourd'hui même ⑤ (*eigentlich*) **wie war das noch?**

comment c'était déjà? ❻ (*knapp*) **das geht gerade noch** ça peut encore aller; **sie hat den Zug gerade noch erreicht** elle a tout juste attrapé le train ❼ (*außerdem*) **möchtest du noch etwas zu trinken?** tu veux boire encore quelque chose?; **noch einen Kaffee, bitte!** un autre café, s'il vous plaît!
nochmals encore une fois
das **Nockerl** Ⓐ *petite boule à base de farine ou de semoule cuite à l'eau et servie dans un potage*
der **Nominativ** le nominatif
die **Non**, die **None** (*in der Musik*) la neuvième
die **Nonne** la religieuse
Nordamerika l'Amérique (*weiblich*) du Nord
norddeutsch de l'Allemagne du Nord
Norddeutschland l'Allemagne (*weiblich*) du Nord
der **Norden** ❶ (*Himmelsrichtung*) le nord; **im Norden Berlins** [*oder* **von Berlin**] au nord de Berlin; **nach Norden** vers le nord; **aus [dem] Norden** [venant] du nord; **von Norden** du nord ❷ (*nördliche Gegend*) le Nord ▶ **im hohen Norden** dans le Grand Nord
Nordfrankreich le nord de la France
das **Nordkap** le cap Nord
die **Nordküste** la côte septentrionale
nördlich ❶ du nord; **in nördlicher Richtung** en direction du nord ❷ **nördlich des Polarkreises** au nord du cercle polaire
der **Nordosten** le nord-est; *siehe auch* **Norden**
nordöstlich ❶ [situé(e) au] nord-est ❷ **nordöstlich der Stadt** au nord-est de la ville
der **Nordpol** le pôle Nord
Nordrhein-Westfalen la Rhénanie-du-Nord-Westphalie
die **Nordsee** la mer du Nord
die **Nordseite** la face nord
der **Nordwesten** le nord-ouest
nordwestlich ❶ [situé(e) au] nord-ouest ❷ **nordwestlich der Stadt** au nord-ouest de la ville
nörgeln râler; **über etwas nörgeln** râler à cause de quelque chose
die **Norm** la norme
normal normal(e); **es ist ganz normal, dass du verärgert bist** c'est tout à fait normal que tu sois contrarié(e) ▶ **bist du noch ganz normal [im Kopf]?** (*umgs.*) ça [ne] va pas, la tête?
das **Normalbenzin** l'essence (*weiblich*) ordinaire, l'ordinaire (*männlich*)
normalerweise normalement
normalisieren sich normalisieren revenir à la normale
die **Normalität** la normalité

die **Normandie** la Normandie
normannisch normand(e)
Norwegen la Norvège
der **Norweger** le Norvégien
die **Norwegerin** la Norvégienne
norwegisch norvégien(ne)
das **Norwegisch** le norvégien; *siehe auch* **Deutsch**

> Ⓖ In Verbindung mit dem Verb *parler* kann der Artikel entfallen: *er spricht Norwegisch – il parle norvégien.*

die **Not** ❶ (*Armut*) la misère ❷ (*Bedrängnis*) la détresse; **in Not sein** être dans le besoin; **jemanden in Not bringen** mettre quelqu'un en grande difficulté ▶ **zur Not** à la rigueur
der **Notar** le notaire
die **Notarin** la notaire
der **Notarzt** le médecin d'urgence; (*im französischen Gesundheitssystem*) le médecin du SAMU
die **Notärztin** le médecin d'urgence; (*im französischen Gesundheitssystem*) le médecin du SAMU

> Ⓖ Es gibt im Französischen keine Femininform: *sie ist Notärztin – elle est <u>médecin</u> d'urgence, elle est <u>médecin</u> du SAMU.*

die **Notaufnahme** eines Krankenhauses les urgences (*weiblich*)

> Ⓥ Der Singular *die Notaufnahme* wird mit einem Plural übersetzt: *die Notaufnahme <u>ist</u> im Erdgeschoss – les urgences <u>sont</u> au rez-de-chaussée.*

der **Notausgang** la sortie de secours
die **Notbremse** le signal d'alarme; **die Notbremse ziehen** tirer le signal d'alarme; (*übertragen*) tirer la sonnette d'alarme
notdürftig ❶ *Verband, Reparatur* provisoire ❷ **verbinden, reparieren** provisoirement
die **Note** ❶ (*in der Schule, im Sport*) la note ❷ (*in der Musik*) la note; **die ganze Note** la ronde; **die halbe Note** la blanche
das **Notebook** ['noʊtbʊk] l'ordinateur (*männlich*) portable, le portable
der **Notenschlüssel** la clé
der **Notenständer** le pupitre
das **Notepad** ['noʊtpɛd] le bloc-notes électronique
der **Notfall** ❶ (*gefährliche Situation*) la situation d'urgence ❷ (*medizinisch*) le cas d'urgence, l'urgence (*weiblich*); **bei einem Notfall** en cas d'urgence
notfalls au besoin
notieren (*aufschreiben*) noter; [sich] etwas

notieren noter quelque chose; **notiert bitte Folgendes: ...** vous notez, s'il vous plaît: ...
nötig ① nécessaire; **mit dem nötigen Geld** avec l'argent nécessaire ② **wenn nötig** si nécessaire ▸ **das hat sie doch nicht nötig!** elle n'a vraiment pas besoin de ça!

die **Notiz** la note; **sich Notizen machen** (*bei einem Vortrag*) prendre des notes

die Notiz

Nicht verwechseln mit *la notice – die Gebrauchsanweisung!*

der **Notizblock** le bloc-notes
die **Notlage** la situation critique
notlanden faire un atterrissage forcé
die **Notlandung** l'atterrissage *(männlich)* forcé
die **Notlösung** la solution provisoire
die **Notlüge** le pieux mensonge
der **Notruf** (*Anruf*) l'appel *(männlich)* d'urgence
die **Notwehr** la légitime défense; **in Notwehr** en état de légitime défense
notwendig nécessaire
die **Notwendigkeit** la nécessité
das/der **Nougat** le praliné

das/der Nougat

Nicht verwechseln mit *le nougat – der türkische Honig!*

der **November** ① novembre *(männlich)*; **im No-** **vember** en novembre; **es ist November** c'est le mois de novembre ② (*bei Datumsangaben*) **ab [dem] ersten November** à partir du 1er novembre; **sie ist am 10. November 1990 geboren** elle est née le 10 novembre 1990; **Berlin, den 7. November 2006** Berlin, le 7 novembre 2006; **Freitag, den 3. November 2006** vendredi 3 novembre 2006

Der französische Monatsname wird ohne den bestimmten Artikel gebraucht.
Bei präzisen Datumsangaben mit einer Zahl, wie sie in ② aufgeführt sind, steht der Artikel jedoch, und zwar wegen der Zahl:
*sie ist am Dritten geboren – elle est née le trois;
sie ist am dritten November geboren – elle est née le trois novembre.*

Nr. *Abkürzung von* **Nummer** n°
NS *Abkürzung von* **Nationalsozialismus**
das **NS-Regime** le régime nazi
das **N.T.** *Abkürzung von* **Neues Testament** le Nouveau Testament
der **Nu** **im Nu** en un clin d'œil [ɑ̃n ɛ̃ klɛ̃ dœj]
nüchtern ① **nüchtern sein** (*einen leeren Magen haben*) être à jeun; (*nicht betrunken sein*) ne pas avoir bu ② (*sachlich*) Schilderung réaliste; Stil sobre
nuckeln (*umgs.*) téter; **an etwas nuckeln** téter quelque chose
die **Nudel** ① (*Suppennudel*) le vermicelle ② (*Beilage*) la nouille; **sie isst gerne Nudeln** elle aime bien les nouilles ③ (*Nudelgericht*) **die Nudeln** les pâtes *(weiblich)*; **Nudeln mit Tomatensoße** des pâtes à la sauce tomate
das **Nudelholz** le rouleau à pâtisserie
die **Nudelsuppe** la soupe au vermicelle
nuklear nucléaire
null ① zéro; **eine Klassenarbeit mit null Fehlern** un devoir sans faute; **um/gegen null Uhr** à/vers minuit; **das Spiel steht null zu drei/eins zu null** le score est de zéro à trois/de un à zéro ② **ich habe [davon] null Ahnung** (*umgs.*) je n'y comprends que dalle
die **Null** ① (*Zahl*) le zéro ② (*umgs.: Schimpfwort*) le nullard/la nullarde; **der Typ ist so eine Null!** ce type est tellement nul!
der **Nullpunkt** ① le zéro ② (*Gefrierpunkt*) le point de congélation ▸ **die Stimmung war auf dem Nullpunkt angekommen** l'ambiance était à zéro
der **Nulltarif** **zum Nulltarif** gratuitement; **zum Nulltarif telefonieren** téléphoner gratuitement
die **Nummer** ① (*Zahl, Telefonnummer, Hausnummer, Zeitungsnummer*) le numéro ② (*Autonummer*) le numéro [d'immatricula-

tion] ③ (*bei Kleidungsgrößen*) **gibt es diese Jeans eine Nummer kleiner?** ces jeans existent-ils dans une taille en dessous?; **haben Sie diese Stiefel eine Nummer größer?** vous avez ces bottes dans une pointure au-dessus? ▸ **auf Nummer Sicher** [*oder* **sicher**] **gehen** ne prendre aucun risque
nummerieren numéroter
das **Nummernschild** la plaque d'immatriculation, la plaque minéralogique
nun ① (*jetzt*) maintenant; **von nun an** désormais ② (*na ja*) bon; **nun gut** eh bien, soit; **nun ja** ma foi ③ (*auffordernd*) alors; **nun mach schon!** allez, vas-y!
nur ① seulement, ne … que; **ich habe nur wenig Zeit** je n'ai que très peu de temps; **ich wollte nur fragen, ob …** je voulais juste demander si …; **diese Methode ist nicht nur praktisch, sondern auch billig** non seulement cette méthode est pratique, mais elle est aussi bon marché ② (*ausschließlich*) **nur Wasser trinken** ne boire que de l'eau ③ **wie konnte ich das nur vergessen!** comment ai-je pu oublier!; **machen Sie sich nur keine Umstände!** surtout, ne vous dérangez pas!; **er soll nur kommen!** il n'a qu'à venir! ▸ **warum** [**denn**] **nur?** mais pourquoi?; **nur zu!** vas-y/allez-y
Nürnberg Nuremberg
nuscheln (*umgs.*) parler dans sa barbe
die **Nuss** ① (*Haselnuss*) la noisette ② (*Walnuss*) la noix ▸ **du dumme Nuss!** (*umgs.*) pauvre cloche!; **jemandem eins** [*oder* **eine**] **auf die Nuss geben** (*umgs.*) donner une calotte à quelqu'un
der **Nussbaum** le noyer
das **Nusseis** la glace à la noisette
der **Nussknacker** ① (*für Haselnüsse*) le casse-noisette[s] ② (*für Walnüsse*) le casse-noix
die **Nussschale** ① (*Haselnussschale*) la coque de noisette ② (*Walnussschale*) la coque de noix
die **Nussschokolade** le chocolat aux noisettes
die **Nutte** (*salopp*) la pute
Nutz sich etwas zu Nutze machen tirer profit de quelque chose
nütze zu nichts nütze sein n'être bon à rien
nutzen ① se servir de *Gegenstand;* profiter de *Gelegenheit* ② →**nützen**
der **Nutzen** l'avantage (*männlich*); **von Nutzen sein** être utile
nützen jemandem nützen servir à quelqu'un; **jemandem nichts nützen** ne servir à rien à quelqu'un; **das nützt mir nicht viel** ça ne sert pas à grand-chose
nützlich utile; **jemandem nützlich sein** être utile à quelqu'un ▸ **sich nützlich machen** se rendre utile
die **Nützlichkeit** l'utilité (*weiblich*)
nutzlos inutile
die **Nutzung** l'utilisation (*weiblich*)
das **Nylon**® le nylon®
der **Nylonstrumpf** le bas nylon

O

das **o**, das **O** le o, le O [o]
o oh; **o ja/nein!** oh oui/non!; **o doch!** oh si!
O →**Osten** E
das **ö**, das **Ö** le o tréma, le O tréma [o tʀɛma]
die **Oase** l'oasis (*weiblich*)
ob ① si; **jemanden fragen, ob …** demander à quelqu'un si …; **ich weiß nicht, ob …** je ne sais pas si … ② **ob du willst oder nicht** que tu le veuilles ou non ▸ **und ob!** mais si!
obdachlos sans abri; **obdachlos werden** perdre son domicile
der **Obdachlose** le sans-abri
die **Obdachlose** la sans-abri
oben ① en °haut; **oben im Schrank** en °haut de l'armoire; **oben auf der Liste** en tête de liste; **dort oben** là-haut; **jemanden von oben bis unten mustern** examiner quelqu'un de la tête aux pieds ② (*Inschrift auf Verpackungen*) „[**Hier**] **oben!**" "[Ici] en °haut!" ③ (*in einem Gebäude*) **nach oben gehen** aller en °haut; **das Klavier nach oben tragen** monter le piano ④ (*in einem Buch, einer Zeitschrift*) plus °haut; **siehe oben** voir ci-dessus ⑤ (*in einer Firma, der Gesellschaft*) en °haut; **nach oben wollen** vouloir faire carrière ▸ **ihm/ihr steht es bis oben** (*umgs.*) il/elle en a jusque-là; **sich oben ohne sonnen** (*umgs.*) prendre un bain de soleil seins nus; **von oben herab** (*geringschätzig*) de °haut
obendrauf (*umgs.*) dessus
der **Ober** le garçon; **Herr Ober!** garçon[, s'il vous plaît]!
der **Oberarm** le bras
der **Oberbegriff** le terme générique
der **Oberbürgermeister** le maire (*d'une grande ville*)
die **Oberbürgermeisterin** le maire (*d'une grande ville*)

> Die männliche Form wird üblicherweise auch für Frauen verwendet: sie ist Oberbürgermeisterin – elle est *maire*; eine bekannte Oberbürgermeisterin – <u>un maire connu</u>. Die Femininformen *la maire* und *la mairesse* sind recht ungebräuchlich.

obere(r, s) *Stock, Klassen* supérieur(e); *Abschnitt, Kapitel* précédent(e)

die **Oberfläche** la surface ▶[**wieder**] **an die Oberfläche kommen** *Taucher:* remonter à la surface; *Verdrängtes:* refaire surface

oberflächlich *Mensch* superficiel(le); *kennen, betrachten* superficiellement

das **Obergeschoss** l'étage *(männlich* ⚠*)* supérieur

oberhalb au-dessus; **oberhalb des Dorfes** au-dessus du village

das **Oberhaupt** *eines Staates, einer Kirche* le chef

oberirdisch à la surface

der **Oberkiefer** la mâchoire supérieure

der **Oberkörper** ❶ (*Brustkorb*) le buste ⚠ *männlich* ❷ **den Oberkörper frei machen** se mettre torse nu; **mit nacktem Oberkörper arbeiten** travailler torse nu

Oberösterreich la °Haute-Autriche

das **Obers** Ⓐ (*Sahne, Rahm*) la crème; (*geschlagene Sahne*) ≈ la crème Chantilly

der **Oberschenkel** la cuisse

die **Oberschicht** la classe supérieure

der **Oberst** le colonel

oberste(r, s) ❶ supérieur(e); *Stockwerk, Stufe* dernier/dernière; *Schublade* du °haut ❷ (*rangmäßig*) le plus élevé(e)

die **Oberstufe** (*in der Schule*) les trois années avant le baccalauréat; (*in Frankreich*) ≈ le lycée

das **Oberteil** (*Kleidungsstück*) le °haut

das **Objekt** ❶ (*Gegenstand*) l'objet *(männlich)* ❷ (*in der Grammatik*) le complément d'objet

objektiv ❶ (*sachlich*) objectif/objective; (*unvoreingenommen*) impartial(e) ❷ **etwas objektiv beurteilen** juger quelque chose objectivement [*oder* de façon objective]

das **Objektiv** *eines Fotoapparats* l'objectif *(männlich)*

die **Oboe** le °hautbois ⚠ *männlich;* **Oboe spielen** jouer <u>du</u> °hautbois

das **Obst** les fruits *(männlich)*

> Der Singular *das Obst* wird mit einem Plural übersetzt: Obst <u>ist</u> gesund – les fruits <u>sont</u> bons pour la santé.

der **Obstbaum** l'arbre *(männlich)* fruitier

der **Obstkuchen** la tarte aux fruits

der **Obstsalat** la salade de fruits, la macédoine de fruits

der **O-Bus** le trolleybus [trɔlɛbys]

obwohl bien que

> Nach *bien que* steht immer der Subjonctif: *obwohl es warm ist, friert sie* – bien qu'il <u>fasse</u> chaud, elle a froid.

die **Occasion** Ⓗ l'occasion *(weiblich)*

der **Ochse** ❶ le bœuf ❷ (*umgs.: Dummkopf*) l'imbécile *(männlich)*

der/das **Ocker** (*Farbe*) l'ocre *(männlich)*

öde ❶ (*verlassen*) désert(e) ❷ (*fade*) ennuyeux/ennuyeuse

oder ❶ ou; **oder aber** ou alors; **wir können zu Hause bleiben oder auch weggehen** on peut rester à la maison ou bien sortir ❷ **das schmeckt gut, oder?** c'est bon, n'est-ce pas?; **du vertraust mir doch, oder nicht?** tu me fais confiance, non?

der **Ofen** ❶ (*Heizofen*) le poêle ❷ (*Backofen*) le four ▶ **der Ofen ist aus** y en a ras le bol

offen ❶ ouvert(e); *Haare* détaché(e); *Flasche* entamé(e) ❷ **offen haben** *Geschäft:* être ouvert(e) ❸ **offen stehen** *Tür:* être ouvert(e) ❹ (*unentschieden*) **noch ist alles offen** tout est encore possible ❺ (*freimütig*) franc/franche ❻ (*aufgeschlossen*) **jemandem gegenüber offen sein** être ouvert(e) envers quelqu'un; **für etwas offen sein** être ouvert(e) à quelque chose ❼ *sagen, handeln* franchement; **lass uns offen miteinander reden** parlons ouvertement ▶ **offen gesagt** pour être franc/franche, franchement

offenbar (*anscheinend*) manifestement

die **Offenheit** la franchise

offenherzig (*freimütig*) franc/franche

offensichtlich ❶ *Irrtum* évident(e) ❷ **es ist offensichtlich, dass sie gelogen hat** il est évident qu'elle a menti; **das ist doch ganz offensichtlich!** ça saute aux yeux! ❸ **offensichtlich langweilt sie sich** de toute évidence, elle s'ennuie

offensiv offensif/offensive; **offensiv spielen** prendre l'offensive

öffentlich public/publique

die **Öffentlichkeit** ❶ le public ❷ **in aller Öffentlichkeit** devant tout le monde

die **Öffentlichkeitsarbeit** les relations *(weiblich)* publiques

> Der Singular *die Öffentlichkeitsarbeit* wird mit einem Plural übersetzt: *sie ist verantwortlich für <u>die</u> Öffentlichkeitsarbeit* – elle est responsable <u>des</u> relations publiques.

öffentlich-rechtlich *Sender* public/publique

offiziell officiel(le)

der **Offizier** l'officier *(männlich)*

die **Offizierin** l'officier *(männlich)*

> **G** Es gibt im Französischen keine Femininform: *sie ist Offizierin* – *elle est officier.*

offline ['ɔflaɪn] (*in der Informatik*) °hors ligne, autonome
der **Offlinebetrieb** le mode autonome
öffnen ① (*auch in der Informatik*) ouvrir ② **das Geschäft öffnet um neun Uhr** le magasin ouvre à neuf heures [a nœv œʀ] ③ **sich öffnen** s'ouvrir
die **Öffnung** ① (*offene Stelle*) l'orifice (*männlich*) ② (*das Öffnen*) l'ouverture (*weiblich*)
die **Öffnungszeiten** les heures (*weiblich*) d'ouverture
oft souvent; **wie oft hast du diesen Film gesehen?** combien de fois est-ce que tu as vu ce film?
öfter[s] assez souvent
ohne sans; **ohne mich!** sans moi!; **ohne zu überlegen** sans réfléchir ▶ **das ist gar nicht so ohne** (*umgs.: nicht einfach*) c'est pas évident; (*nicht harmlos, nicht ungefährlich*) c'est pas sans danger
die **Ohnmacht** (*Bewusstlosigkeit*) l'évanouissement (*männlich*); **in Ohnmacht fallen** s'évanouir
ohnmächtig (*bewusstlos*) évanoui(e); **ohnmächtig werden** s'évanouir
das **Ohr** l'oreille (*weiblich*) ▶ **ganz Ohr sein** (*umgs.*) être tout ouïe [wi]; **jemandem die Ohren lang ziehen** (*umgs.*) tirer les oreilles à quelqu'un; **halt die Ohren steif!** (*umgs.*) tiens le coup!; **bis über beide Ohren verliebt sein** être amoureux fou/amoureuse folle; **viel um die Ohren haben** (*umgs.*) ne pas/ne plus savoir où donner de la tête; **jemanden übers Ohr hauen** (*umgs.*) arnaquer quelqu'un; **schreib dir das hinter die Ohren!** (*umgs.*) mets-toi bien ça dans le crâne!
ohrenbetäubend assourdissant(e)
die **Ohrfeige** la gifle; **jemandem eine Ohrfeige geben** donner une gifle à quelqu'un; **eine Ohrfeige bekommen** se prendre une gifle
ohrfeigen gifler
der **Ohrring** la boucle d'oreille
okay (*umgs.*) ① **okay!** d'accord!, O.K. [oke] ② **das ist okay** c'est O.K. [oke]
der **Ökobauer** l'agriculteur (*männlich*) biologique
die **Ökobäuerin** l'agricultrice (*weiblich*) biologique
die **Ökobilanz** l'écobilan (*männlich* ⚠)
die **Ökologie** l'écologie (*weiblich*)
ökologisch ① *Anbau, Gleichgewicht* écologique ② *sinnvoll, ausgeglichen* sur le plan écologique
ökonomisch ① *Problem* économique ② (*sparsam*) économe

die **Ökosteuer** l'écotaxe (*weiblich*)
das **Ökosystem** l'écosystème (*männlich*)
die **Oktave** (*in der Musik*) l'octave (*weiblich*)
der **Oktober** ① octobre (*männlich*); **im Oktober** en octobre; **es ist Oktober** c'est le mois d'octobre ② (*bei Datumsangaben*) **ab [dem] ersten Oktober** à partir du 1er octobre; **sie ist am 10. Oktober 1990 geboren** elle est née le 10 octobre 1990; **Berlin, den 7. Oktober 2006** Berlin, le 7 octobre 2006; **Freitag, den 20. Oktober 2006** vendredi 20 octobre 2006

> **G** Der französische Monatsname wird ohne den bestimmten Artikel gebraucht. Bei präzisen Datumsangaben mit einer Zahl, wie sie in ② aufgeführt sind, steht der Artikel jedoch, und zwar wegen der Zahl:
> *er ist am Vierten geboren* – *il est né le quatre;*
> *er ist am vierten Oktober geboren* – *il est né le quatre octobre.*

die **Ökumene** l'œcuménisme (*männlich*)
das **Öl** ① (*Speiseöl, Motoröl*) l'huile (*weiblich*) ② (*Erdöl*) le pétrole ③ (*Heizöl*) le mazout
der **Oldie** ['ɔʊldɪ] (*Schlager*) le vieux tube
der **Oldtimer** ['ɔʊldtajmɐ] (*Auto*) la voiture ancienne
ölen huiler
die **Ölfarbe** la peinture à l'huile
das **Ölgemälde** l'huile (*weiblich*)
die **Ölheizung** le chauffage au fuel
die **Olive** l'olive (*weiblich*)
der **Olivenbaum** l'olivier (*männlich*)
das **Olivenöl** l'huile (*weiblich*) d'olive
olivgrün vert olive
die **Ölkrise** la crise du pétrole
die **Ölpest** la marée noire
der **Ölscheich** le prince du pétrole
der **Ölteppich** la nappe de pétrole
der **Ölwechsel** la vidange; **den Ölwechsel machen [lassen]** [faire] faire la vidange
die **Olympiade** (*olympische Spiele*) les olympiades (*weiblich*)

> **V** Der Singular *die Olympiade* wird mit einem Plural übersetzt: *wo findet die nächste Olympiade statt?* – *les prochaines olympiades où est-ce qu'elles auront lieu?*

olympisch olympique
die **Oma** ① la mamie ② (*alte Frau*) la mémère
das **Omelett**, die **Omelette** Ⓐ, Ⓒ l'omelette (*weiblich*)
der **Omnibus** (*im innerstädtischen Verkehr*) l'autobus (*männlich*)
onanieren se masturber
der **Onkel** l'oncle (*männlich*)
online ['ɔnlaɪn] (*in der Informatik*) en ligne

der Omnibus

F Nicht verwechseln mit *l'omnibus – der Nahverkehrszug!*

das **Onlinebanking** [ˈɔnlaɪnbɛŋkɪŋ] l'operation *(weiblich)* bancaire en ligne
der **Online-Betrieb** (*in der Informatik*) le mode connecté
der **OP** *Abkürzung von* **Operationssaal** la salle d'opération; **die Chirurgin ist im OP** le chirurgien est en salle d'opération
der **Opa** ❶ le papi ❷ (*alter Mann*) le pépère
das **Open-Air-Konzert** [ˈoʊpnˈɛːɐkɔntsɛrt] le concert en plein air
die **Oper** ❶ (*Kunstwerk*) l'opéra *(männlich* ⚠*)* ❷ (*Gebäude*) l'Opéra *(männlich* ⚠*)*; **in die Oper gehen** aller à l'Opéra
die **Operation** l'opération *(weiblich)*
operativ ❶ chirurgical(e); **der operative Eingriff** l'intervention *(weiblich)* chirurgicale ❷ **etwas operativ entfernen** réséquer quelque chose
der **Operator** [ˈɔpəreɪtɐ] (*in der Informatik*) l'opérateur *(männlich)*
die **Operatorin** [ɔpəˈreɪtərɪn] (*in der Informatik*) l'opératrice *(weiblich)*
die **Operette** l'opérette *(weiblich)*
operieren opérer; **jemanden am Magen operieren** opérer quelqu'un de l'estomac; **sich operieren lassen** se faire opérer
der **Opernsänger** le chanteur d'opéra
die **Opernsängerin** la cantatrice
das **Opfer** ❶ (*bei einem Unfall, einer Katastrophe*) la victime; **zahlreiche Opfer fordern** faire de nombreuses victimes ❷ (*Verzicht*) le sacrifice; **Opfer bringen** faire des sacrifices
opfern ❶ sacrifier *Tier;* consacrer *Zeit* ❷ (*auch übertragen*) **sich opfern** se sacrifier
das **Opium** l'opium *(männlich)*
der **Opportunismus** l'opportunisme *(männlich)*
der **Opportunist** l'opportuniste *(männlich)*
die **Opportunistin** l'opportuniste *(weiblich)*

opportunistisch *Verhalten* opportuniste
die **Opposition** l'opposition *(weiblich)*
oppositionell (*politisch*) de l'opposition
die **Optik** ❶ l'optique *(weiblich)* ❷ (*Erscheinungsbild*) l'aspect *(männlich)* [aspɛ]
der **Optiker** l'opticien *(männlich)*
die **Optikerin** l'opticienne *(weiblich)*
optimal ❶ optimal(e) ❷ **das läuft ja optimal!** (*umgs.*) ça fonctionne de manière optimale!
der **Optimismus** l'optimisme *(männlich)*
optimistisch ❶ optimiste ❷ **optimistisch in die Zukunft schauen** regarder l'avenir de manière optimiste
optisch *Linse* optique; *Instrument* d'optique
das **Orakel** l'oracle *(männlich)*
orange [oˈrãːʒə] orange

G Das Farbadjektiv *orange* ist unveränderlich: *diese Servietten sind orange – ces serviettes sont orange.*

die **Orange** [oˈrãːʒə] (*Frucht*) l'orange *(weiblich)*
das **Orange** [oˈrãːʒə] (*Farbe*) l'orange *(männlich)*
orangefarben [oˈrãːʒfarbn̩] orange

G Das Farbadjektiv *orange* ist unveränderlich: *meine orangefarbenen Handschuhe – mes gants orange.*

der **Orang-Utan** l'orang-outan *(männlich)*
das **Orchester** (*Ensemble*) l'orchestre *(männlich)*
die **Orchidee** l'orchidée *(weiblich)*
der **Orden** ❶ (*Auszeichnung*) la décoration ❷ (*religiöse Vereinigung*) l'ordre *(männlich)*
ordentlich ❶ (*aufgeräumt*) rangé(e) ❷ (*Ordnung liebend*) ordonné(e) ❸ (*anständig*) *Benehmen* correct(e); **ordentliche Leute** des gens comme il faut ❹ (*umgs.: groß*) **eine ordentliche Portion Nudeln** une grosse portion de pâtes ❺ (*umgs.: gut*) **arbeiten** sérieusement ❻ **ordentlich zulangen** (*umgs.: beim Essen*) se servir de grandes louchées
ordern commander
die **Ordinalzahl** le nombre ordinal
ordinär ❶ (*vulgär*) vulgaire ❷ (*nicht außergewöhnlich*) simple ❸ **sich benehmen** de manière vulgaire

F Nicht verwechseln mit *ordinaire – alltäglich, [ganz] gewöhnlich!*

die **Ordination** Ⓐ (*Praxis*) le cabinet médical
ordnen ❶ (*sortieren*) classer; **die Fotos der Größe nach ordnen** classer les photos par ordre de grandeur ❷ (*in Ordnung bringen*) ranger *Sachen;* mettre de l'ordre dans *Gedanken, Finanzen*
der **Ordner** ❶ (*Person*) le membre du service

d'ordre ❷ (*Aktenordner*) le classeur
die **Ordnerin** le membre du service d'ordre

> **G** Es gibt im Französischen keine Femininform: *sie ist Ordnerin – elle est membre du service d'ordre.*

die **Ordnung** ❶ (*Aufgeräumtheit*) l'ordre (*männlich*) ❷ (*Vorschrift*) le règlement ❸ (*erwünschter Zustand*) **etwas in Ordnung bringen** (*reparieren*) réparer quelque chose; (*regeln*) régler quelque chose; **das Radio ist in Ordnung** la radio fonctionne; **der Computer ist nicht in Ordnung** l'ordinateur ne fonctionne pas ▶**jemand ist schwer in Ordnung** quelqu'un est au poil; **es ist alles in Ordnung** tout va bien; **jemanden zur Ordnung rufen** rappeler quelqu'un à l'ordre; **in Ordnung!** d'accord!
die **Ordnungsstrafe** la contravention
die **Ordnungswidrigkeit** l'infraction (*weiblich*)
die **Ordnungszahl** le nombre ordinal
das **Organ** (*auch übertragen*) l'organe (*männlich*)
die **Organisation** l'organisation (*weiblich*)
der **Organisator** l'organisateur (*männlich*)
die **Organisatorin** l'organisatrice (*weiblich*)
organisatorisch *Leistung* organisationnel(le); *Problem* d'organisation
organisch ❶ organique ❷ **organisch gesund sein** avoir des organes sains
organisieren ❶ organiser *Fest, Veranstaltung* ❷ **sie organisiert gerne** elle aime s'occuper d'organisation ❸ **sich organisieren** *Arbeitnehmer:* s'organiser
der **Organismus** l'organisme (*männlich*)
der **Organist** l'organiste (*männlich*)
die **Organistin** l'organiste (*weiblich*)
der **Organizer** [ˈɔːɡənaɪzɐ] (*elektronisches Gerät*) l'agenda (*männlich*) électronique
der **Organspender** le donneur d'organes
die **Organspenderin** la donneuse d'organes
die **Orgel** l'orgue (*männlich*); **Orgel spielen** jouer de l'orgue

> **G** Das französische Wort *orgue* ist männlich, aber die Pluralform *les grandes orgues – die Kirchenorgel* ist weiblich!

die **Orgie** l'orgie (*weiblich*); **Orgien feiern** célébrer des orgies
der **Orient** l'Orient (*männlich*)
orientalisch oriental(e)
orientieren ❶ (*sich zurechtfinden*) **sich [an etwas] orientieren** s'orienter [par rapport à quelque chose] ❷ (*im Verhalten*) **sich an jemandem orientieren** agir en fonction de quelqu'un
die **Orientierung** (*das Zurechtfinden*) l'orientation (*weiblich*); **die Orientierung verlieren** être désorienté(e)
der **Orientierungssinn** le sens de l'orientation
original ❶ (*echt*) original(e); *Zustand* d'origine ❷ **original verpackt sein** être dans son emballage d'origine
das **Original** ❶ (*Originalgegenstand*) l'original (*männlich*) ❷ (*Originalfassung*) **im Original** en original, en version originale ❸ (*origineller Junge oder Mann*) l'original (*männlich*); (*originelles Mädchen, originelle Frau*) l'originale (*weiblich*)
originalgetreu ❶ fidèle [à l'original] ❷ *imitieren* parfaitement
die **Originalität** ❶ (*Einfallsreichtum*) l'originalité (*weiblich*) ❷ (*Echtheit*) l'authenticité (*weiblich*)
originell original(e)

> **F** Nicht verwechseln mit *originell(le) – ursprünglich!*

der **Orkan** l'ouragan (*männlich*)
das **Ornament** l'ornement (*männlich*)
der **Ort** ❶ (*Stelle*) le lieu ❷ (*Ortschaft*) la localité ▶**an Ort und Stelle** sur place; **von Ort zu Ort** (*je nach Ortschaft*) d'un lieu à l'autre; (*von einer Ortschaft zur anderen*) de ville en ville
das **Örtchen das [stille] Örtchen** le petit coin
orten localiser
orthodox *Lehre* orthodoxe
die **Orthografie** l'orthographe (*weiblich*)
orthografisch ❶ *Regel* d'orthographe ❷ **orthografisch richtig/falsch sein** être bien/mal orthographié(e)
der **Orthopäde** l'orthopédiste (*männlich*)
die **Orthopädin** l'orthopédiste (*weiblich*)
orthopädisch *Schuhe* orthopédique
örtlich local(e)
die **Ortschaft** ❶ la localité ❷ **eine geschlossene Ortschaft** une agglomération
das **Ortsgespräch** la communication locale; **ein Ortsgespräch führen** avoir une communication locale
ortskundig qui connaît l'endroit
der **Ortsname** le nom de lieu
das **Ortsnetz** le réseau local
das **Ortsschild** (*am Ortseingang*) le panneau d'entrée en agglomération; (*am Ortsausgang*) le panneau de fin d'agglomération
die **Öse** *eines Schuhs* l'œillet (*männlich*)
der **Ossi** (*umgs.*) surnom des habitants de l'ex-RDA
Ost aus Ost und West de l'Est et de l'Ouest
Ostasien l'Asie (*weiblich*) orientale
Ostdeutschland l'Allemagne (*weiblich*) de l'Est

Osten – Pakistani

der **Osten** ❶ (*Himmelsrichtung*) l'est *(männlich)*; **im Osten** à l'est ❷ (*als politischer Begriff*) l'Est *(männlich)* ❸ **der Nahe Osten** le Proche-Orient; **der Mittlere Osten** le Moyen-Orient; **der Ferne Osten** l'Extrême-Orient *(männlich)*

 Nicht verwechseln mit *l'Ouest – der Westen!*

das **Osterei** l'œuf *(männlich)* de Pâques
die **Osterferien** les vacances *(weiblich)* de Pâques
der **Osterhase** le lapin de Pâques
das **Osterlamm** l'agneau *(männlich)* pascal
der **Ostermontag** le lundi de Pâques
Ostern les Pâques *(weiblich)*; **an Ostern** à Pâques; **frohe Ostern!** joyeuses Pâques!
Österreich l'Autriche *(weiblich)*
der **Österreicher** l'Autrichien *(männlich)*
die **Österreicherin** l'Autrichienne *(weiblich)*
österreichisch autrichien(ne)
der **Ostersonntag** le dimanche de Pâques
die **Osterwoche** la semaine sainte
Osteuropa l'Europe *(weiblich)* de l'Est
östlich ❶ *Land, Lage* de l'est; *Gebiet* oriental(e) ❷ **östlich der Autobahn** à l'est de l'autoroute
das **Östrogen** l'œstrogène *(männlich)*
die **Ostsee** la mer Baltique, la Baltique
der **Ostwind** le vent d'est
out [aʊt] (*umgs.*) out [aut]; **out sein** être out
outen ['aʊtn̩] **sich outen** se déclarer
das **Outen** ['aʊtn̩] le outing *(männlich)* ['auting]
das **Outfit** ['aʊtfɪt] les fringues *(weiblich)*
das **Outing** ['aʊtɪŋ] le outing *(männlich)* ['auting]
oval ovale
der **Overall** ['oʊvərɔːl] la combinaison
der **Overheadprojektor** ['oːvə(r)hɛdproˈjɛktoːɐ̯] le rétroprojecteur
die **ÖVP** Abkürzung von **Österreichische Volkspartei** parti populaire autrichien
das **Oxid** l'oxyde *(männlich)*
der **Ozean** ❶ l'océan *(männlich)* ❷ **der Indische Ozean** l'océan Indien
das **Ozon** l'ozone *(männlich)*
der **Ozonalarm** l'alerte *(weiblich)* à la pollution par l'ozone
das **Ozonloch** le trou dans la couche d'ozone

P

das **p**, das **P** le p, le P [pe]
paar ❶ (*einige wenige*) **ein paar ...** quelques ...; **ein paar Bücher** quelques livres; **in ein paar Stunden** dans quelques heures ❷ (*die wenigen*) **die paar ...** les quelques ...; **die paar Minuten** les quelques minutes
das **Paar** ❶ (*zwei Menschen*) le couple ❷ (*zwei Dinge*) la paire; **ein Paar Schuhe** une paire de chaussures
paaren sich paaren s'accoupler
paarweise ❶ *sich aufstellen* par deux ❷ *verkaufen* par paires, par paire
die **Pacht** (*für ein Lokal*) le bail; **Pacht zahlen** payer un bail
pachten louer *Lokal*
der **Pächter** le preneur [à bail]
die **Pächterin** la preneuse [à bail]
der **Pachtvertrag** le bail
das **Päckchen** ❶ (*Postpaket*) le petit paquet ❷ (*Packung*) le paquet; **ein Päckchen Kaffee** un paquet de café
packen ❶ (*ergreifen*) saisir ❷ [seine Koffer] **packen** faire ses valises; **hast du schon gepackt?** as-tu déjà fait tes valises? ❸ (*umgs.: schaffen*) réussir
der **Packen** (*Stapel*) la pile; **ein Packen Bücher** une pile de livres
packend *Buch* captivant(e)
das **Packerl** Ⓐ ❶ (*kleines Paket*) le petit paquet ❷ (*Schachtel*) le paquet
der **Packesel** ❶ (*Tier*) l'âne *(männlich)* de bat ❷ (*Mensch*) le baudet
das **Packpapier** le papier kraft
die **Packung** ❶ (*Schachtel*) le paquet ❷ **eine Packung Vanilleeis** un bac de glace à la vanille
der **Pädagoge** le pédagogue
die **Pädagogik** la pédagogie
die **Pädagogin** la pédagogue
pädagogisch pédagogique
das **Paddel** la pagaie
das **Paddelboot** le kayak
paddeln ❶ pagayer ❷ **über den See paddeln** traverser le lac à la pagaie
paffen ❶ (*eine Zigarette rauchen*) tirer une clope ❷ **eine Zigarette paffen** tirer sur une cigarette
das **Paket** ❶ le paquet ❷ (*Postpaket*) le colis
Pakistan le Pakistan
der **Pakistani** le Pakistanais
die **Pakistani** la Pakistanaise

der **Pakt** le pacte
der **Palast** le palais
Palästina la Palestine
der **Palästinenser** le Palestinien
die **Palästinenserin** la Palestinienne
die **Palatschinke** Ⓐ ≈ la crêpe fourrée à la confiture
die **Palette** ❶ (*Farbpalette, Stapelpalette*) la palette ❷ (*Vielfalt*) la gamme
paletti (*umgs.*) **alles paletti** tout baigne [dans l'huile]
die **Palme** le palmier ▶ **jemanden auf die Palme bringen** (*umgs.*) °hérisser le poil à quelqu'un
die **Pampelmuse** le pamplemousse ⚠ *männlich*
pampig (*umgs.: frech*) malotru(e)
der **Panda** le panda
panieren paner
die **Panik** la panique
panisch ❶ *Angst* panique ❷ *reagieren* par la panique
die **Panne** ❶ (*Defekt*) la panne; **eine Panne haben** être en panne ❷ (*umgs.: Missgeschick*) la boulette; **mir ist eine Panne passiert** j'ai fait une boulette
das **Panorama** le panorama
panschen couper *Wein*
der **Panter** la panthère ⚠ *weiblich*
der **Pantoffel** la pantoufle ⚠ *weiblich* ▶ **unter dem Pantoffel stehen** (*umgs.*) se faire mener par le bout du nez
die **Pantomime** (*Darstellung*) la pantomime
der **Panzer** ❶ (*Fahrzeug*) le char [d'assaut] ❷ *eines Tieres* la carapace
der **Panzerschrank** le coffre-fort
der **Papa** (*umgs.*) le papa
der **Papagei** le perroquet
der **Papi** (*umgs.*) le papa

der Papi

🅵 Nicht verwechseln mit *le papi – der Opa!*

das **Papier** ❶ le papier ❷ (*Ausweisdokument*) **die Papiere** les papiers (*männlich*)
der **Papierkorb** ❶ la corbeille [à papier] ❷ (*Symbol auf dem Bildschirm*) la corbeille
der **Pappbecher** le gobelet [en carton]
die **Pappe** le carton
die **Pappel** le peuplier
der **Pappkarton** (*Schachtel*) la boîte en carton
der **Paprika¹** ❶ (*Gewürz*) le paprika ❷ (*Paprikapflanze, Paprikaschote*) le poivron
der/die **Paprika²** (*Paprikaschote*) le poivron
der **Papst** le pape
päpstlich *Segen* papal(e)
der **Papyrus** le papyrus
die **Parabel** la parabole
die **Parabolantenne** l'antenne (*weiblich*) parabolique
die **Parade** (*beim Militär*) le défilé
das **Paradebeispiel** l'exemple (*männlich*) révélateur
der **Paradeiser** Ⓐ la tomate
das **Paradies** le paradis
paradiesisch paradisiaque
paradox paradoxal(e)
das **Paragliding** ['paːraglaɪdɪŋ] le parapente
der **Paragraf** *eines Gesetzes* l'article (*männlich*)

🅵 Nicht verwechseln mit *le paragraphe – der Absatz!*

parallel ❶ (*räumlich*) parallèle ❷ (*zeitlich*) simultané(e) ❸ **parallel [zu etwas] verlaufen** *Straße:* être parallèle [à quelque chose]
die **Parallele** ❶ (*Linie*) la parallèle ❷ (*übertragen*) le parallèle ⚠ *männlich*; **eine Parallele ziehen** faire un parallèle
die **Parallelklasse** la classe parallèle
das **Parallelogramm** le parallélogramme
die **Paranoia** la paranoïa [paranɔja] ▶ **Paranoia schieben** (*umgs.*) psychoter [psikɔte]
der **Parasit** (*Tier, Mensch*) le parasite
parat eine Antwort parat haben avoir une réponse toute prête
das **Pärchen** ❶ (*Liebespaar*) le couple [d'amoureux] ❷ (*Tierpärchen*) le couple
der/das **Pardon** [par'dɔ̃ː] (*Verzeihung*) le pardon ▶ **kein Pardon kennen** (*umgs.*) ne pas rigoler
das **Parfüm** le parfum
die **Parfümerie** la parfumerie
parfümieren parfumer; **sich parfümieren** se parfumer
parieren (*gehorchen*) obéir au doigt et à l'œil
Paris Paris [paʀi]
Pariser *Akzent* parisien(ne); *Zentrum* de Paris
der **Pariser** ❶ le Parisien ❷ (*umgs.: Kondom*) la capote [anglaise]

die **Pariserin** la Parisienne
der **Park** le parc [paʀk]
parken ❶ *Person:* se garer; *Fahrzeug:* être garé(e); **wo parkst du?** où es-tu garé(e)? ❷ (*abstellen*) garer *Fahrzeug* ❸ „**Parken verboten!**" "Défense de stationner!"
das **Parkett** ❶ (*Parkettboden*) le parquet ❷ (*Teil des Zuschauerraums*) l'orchestre (*männlich*)
der **Parkett|fuß|boden** le parquet
die **Parkgebühr** la taxe de stationnement
das **Parkhaus** le parking à étages
die **Parklücke** la place libre
der **Parkplatz** ❶ (*größeres Gelände*) le parking ❷ (*Parklücke*) la place de parking
die **Parkscheibe** le disque de stationnement
der **Parkscheinautomat** l'horodateur (*männlich*)
die **Parkuhr** le parcmètre
das **Parkverbot** ❶ (*Verbot*) la défense de stationner ❷ (*Verbotsbereich*) le stationnement interdit; **im Parkverbot parken** se garer en stationnement interdit
das **Parlament** ❶ (*Institution*) le parlement ❷ **das Europäische Parlament** le Parlement européen
der **Parlamentarier** le parlementaire
die **Parlamentarierin** la parlementaire
parlamentarisch parlementaire
die **Parlamentswahl** les élections (*weiblich*) législatives
der **Parmesan** le parmesan
die **Parodie** la parodie
parodieren parodier
die **Parodontose** la parodontose
die **Parole** (*Losung*) le slogan
die **Partei** (*politisch*) le parti ⚠ *männlich* ▶ **für jemanden Partei ergreifen** prendre parti pour quelqu'un
parteiisch ❶ *Rede* partial(e) ❷ *urteilen* avec partialité
parteilos sans étiquette; *Abgeordneter* non-inscrit(e)
parteipolitisch aus parteipolitischen Gründen pour des raisons de politique du parti
der **Parteitag** (*Konferenz*) le congrès du parti
der **Parteivorsitzende** le chef du parti
die **Parteivorsitzende** la chef du parti
das **Parterre** [paʀˈtɛʀ(ə)] le rez-de-chaussée; **im Parterre wohnen** habiter le rez-de-chaussée
die **Partie** la partie; **eine Partie Schach spielen** faire une partie d'échecs
der **Partisan** le partisan
die **Partisanin** la partisane
die **Partitur** (*in der Musik*) la partition
das **Partizip** (*in der Grammatik*) le participe; **das Partizip Präsens** le participe présent; **das Partizip Perfekt** le participe passé
der **Partner** ❶ le partenaire ❷ (*Lebensgefährte*) le compagnon ❸ (*Geschäftspartner*) l'associé (*männlich*)
die **Partnerin** ❶ la partenaire ❷ (*Lebensgefährtin*) la compagne ❸ (*Geschäftspartnerin*) l'associée (*weiblich*)
die **Partnerschaft** ❶ (*Lebensgemeinschaft*) la vie en couple ❷ (*Städtepartnerschaft*) le jumelage
die **Partnerstadt** la ville jumelée
partout [paʀˈtuː] (*unbedingt*) à tout prix; **er/sie will partout gewinnen** il/elle veut à tout prix gagner

> **F** Nicht verwechseln mit *partout – überall*.

die **Party** ❶ la soirée; **eine Party feiern** organiser une soirée ❷ (*für Jugendliche*) la teuf; **Party machen** faire une teuf
der **Partymacher** (*umgs.*) le teufeur
die **Partymacherin** (*umgs.*) la teufeuse
der **Pascha** le pacha
der **Pass** ❶ (*Reisepass*) le passeport ❷ (*Gebirgspass*) le col ❸ (*im Sport*) la passe ⚠ *weiblich*
passabel correct(e)
die **Passage** [paˈsaːʒə] le passage ⚠ *männlich*
der **Passagier** [pasaˈʒiːɐ̯] le passager
das **Passagierflugzeug** l'avion (*männlich*) de ligne
die **Passagierin** [pasaˈʒiːrɪn] la passagère
der **Passant** le passant
die **Passantin** la passante
der **Passat** l'alizé (*männlich*)
das **Passbild** la photo d'identité
passen ❶ *Hose, Mantel:* être à la bonne taille; *Schuhe:* être à la bonne pointure ❷ (*harmonieren*) **zu jemandem/zu etwas passen** aller [bien] avec quelqu'un/avec quelque chose; **wir zwei passen gut zusammen** nous deux, nous allons bien ensemble ❸ **der Termin passt mir** ce rendez-vous me convient ❹ **seine Art passt mir nicht** ses manières ne me plaisent pas du tout, je n'aime pas du tout ses manières; **es passt mir nicht, dass du nie pünktlich bist** je n'aime pas du tout que tu ne sois jamais ponctuel(le) ❺ (*beim Kartenspiel*) passer ▶ **das könnte dir/euch so passen!** (*umgs.*) ça t'arrangerait/vous arrangerait, °hein?
passend ❶ *Schraube, Mutter* correspondant(e) ❷ *Farbe* assorti(e) ❸ (*angemessen*) *Kleidung* convenable; *Worte* approprié(e); *Termin* qui convient ❹ (*beim Bezahlen*) **ich habe es passend** j'ai l'appoint, j'ai la monnaie
das **Passfoto** la photo d'identité

passieren ① (*geschehen, sich ereignen*) arriver; **ist etwas passiert?** il est arrivé quelque chose?; **was ist passiert?** qu'est-ce qui est arrivé?; **so etwas passiert eben** ce sont des choses qui arrivent ② (*zustoßen*) **ihm ist etwas passiert** il lui est arrivé quelque chose; **mir ist bei dem Unfall nichts passiert** je suis sorti(e) indemne de l'accident ③ passer *Grenze*
passioniert passionné(e)
passiv *Art* passif/passive
das **Passiv** (*in der Grammatik*) la voix passive, le passif; **dieser Satz ist im Passiv** cette phrase est à la voix passive [*oder* au passif]
die **Passivität** la passivité
das **Passivrauchen** le tabagisme passif
die **Passkontrolle** le contrôle des passeports
das **Passwort** le code [d'accès]
die **Paste** la pâte
die **Pastete** ① (*Blätterteighülle*) le vol-au-vent ② (*Fleischpastete*) le pâté
der **Pastor** le pasteur
die **Pastorin** le pasteur

> ⓖ Es gibt im Französischen keine Femininform; die männliche Form *le pasteur* wird auch für Frauen verwendet. Wenn die Tatsache hervorgehoben werden soll, dass eine Frau den Pastorenberuf ausübt, steht der Ausdruck *une femme pasteur* zur Verfügung: *der Gottesdienst wurde nicht von einem Pastor abgehalten, sondern von einer Pastorin* – c'était une femme pasteur qui a célébré le culte et non un pasteur.

die **Patchwork-Familie** ['pɛtʃvø:ɐ̯kfamiljə] la famille recomposée
der **Pate** le parrain
das **Patenkind** (*Junge*) le filleul; (*Mädchen*) la filleule
der **Patenonkel** le parrain
patent bien; **ein patenter Kerl** un type bien
das **Patent** le brevet
die **Patentante** la marraine
die **Patentierbarkeit** *einer Erfindung* la brevetabilité
patentieren breveter
die **Patentlösung**, das **Patentrezept** le remède miracle
der **Pater** (*Pfarrer*) le père; **guten Tag, Pater!** bonjour [mon] Père!
pathologisch pathologique; *Institut* de pathologie
das **Pathos** le pathos
der **Patient** le malade, le patient
die **Patientin** la malade, la patiente
die **Patin** la marraine

der **Patriot** le patriote
die **Patriotin** la patriote
der **Patriotismus** le patriotisme
die **Patrone** (*Tintenpatrone*) la cartouche
patsch paf
die **Patsche** (*umgs.*) **jemandem aus der Patsche helfen** tirer quelqu'un du pétrin
patzig (*umgs.*) *Antwort* culotté(e)
die **Pauke** la timbale ▶ **auf die Pauke hauen** (*feiern*) battre la grosse caisse
pauken (*umgs.*) ① (*sich einprägen*) potasser *Vokabeln* ② **ich muss heute pauken** il faut absolument que je bûche aujourd'hui
der **Pauker** (*umgs.*) le prof
die **Paukerin** (*umgs.*) la prof
pausbäckig joufflu(e)
pauschal ① *Urteil* global(e) ② **jemanden pauschal bezahlen** [*oder* **entlohnen**] verser un forfait à quelqu'un; **etwas pauschal honorieren** rétribuer quelque chose de manière forfaitaire
die **Pauschale** le forfait
der **Pauschalpreis** le prix forfaitaire
die **Pauschalreise** le voyage à prix forfaitaire
die **Pause** ① (*Erholungspause, Sprechpause*) la pause; **eine Pause machen** faire une pause ② (*in der Schule*) **die große Pause** la récréation; **die kleine Pause** l'interclasse (*männlich*) ③ (*im Theater*) l'entracte (*männlich*) ④ (*in der Musik*) la pause; **eine halbe Pause** une demi-pause
pausenlos ① *Lärm* incessant(e) ② *reden, arbeiten* sans répit
pausieren (*Urlaub machen*) prendre du repos; (*eine Pause machen*) souffler un peu
der **Pavian** le babouin
der **Pavillon** ['pavɪljõ] ① (*Gartenhäuschen*) le kiosk ② (*auf einer Messe*) le pavillon
das **Pay-TV** ['peɪti:vi:] ① (*Bezahlfernsehen als System*) la télévision à péage ② (*Bezahlfernsehsender*) la chaîne à péage
der **Pazifik** le Pacifique
der **Pazifismus** le pacifisme
der **PC** *Abkürzung von* **Personalcomputer** le P.C.
die **PDS** *Abkürzung von* **Partei des Demokratischen Sozialismus** parti issu du S.E.D. de l'ex-RDA
das **Pech** (*Missgeschick*) la poisse ▶ **Pech gehabt!** (*umgs.*) tant pis pour toi/pour lui/pour elle/...!
die **Pechsträhne** (*umgs.*) la série de malchances ▶ **eine Pechsträhne haben** être poursuivi(e) par la guigne
der **Pechvogel** (*umgs.*) le malchanceux/la mal-

chanceuse

das **Pedal** la pédale ⚠ *weiblich*
der **Pedant** le maniaque

> Nicht verwechseln mit *le pédant – der Besserwisser!*

die **Pedantin** la maniaque

> Nicht verwechseln mit *la pédante – die Besserwisserin!*

pedantisch ❶ *Art* tatillon(ne) ❷ *vorgehen* minutieusement

> Nicht verwechseln mit *pédant(e) – besserwisserisch!*

das **Peeling** ['pi:lɪŋ] le peeling
der **Pegel** ❶ *eines Flusses* le niveau des eaux ❷ *einer Musikanlage* le niveau sonore
peinlich ❶ (*unangenehm*) *Frage* embarrassant(e); **es ist mir peinlich, dass ich zu spät komme** je suis profondément désolé(e) d'être en retard ❷ (*akribisch*) *Genauigkeit* minutieux/minutieuse ❸ **peinlich berührt sein** être rouge de confusion
die **Peitsche** le fouet
peitschen ❶ (*beim Reiten*) fouetter ❷ **gegen etwas peitschen** *Regen, Wellen:* fouetter quelque chose
der **Pelikan** le pélican
die **Pelle** (*Wursthaut*) la peau ▶ **jemandem auf die Pelle rücken** (*umgs.*) coller à quelqu'un
die **Pellkartoffel** la pomme de terre en robe des champs
der **Pelz** la fourrure
pelzig *Haut, Schale* velouté(e); *Baumblatt* velu(e)
das **Pendel** le pendule
pendeln ❶ *Pendel, Lot:* osciller ❷ *Mensch, Bus:* faire la navette
der **Pendler** personne qui fait tous les jours la navette entre son domicile et son lieu de travail
die **Pendlerin** personne qui fait tous les jours la navette entre son domicile et son lieu de travail
penetrant ❶ *Geruch* pénétrant(e) ❷ *Mensch* importun(e) ❸ *riechen* fort
peng pan
penibel (*in Bezug auf Sauberkeit*) méticuleux/méticuleuse

> Nicht verwechseln mit *il est pénible – er nervt!*

der **Penis** le pénis
das **Penizillin** la pénicilline ⚠ *weiblich*
pennen (*umgs.*) ❶ (*schlafen*) roupiller ❷ (*nicht aufpassen*) ne pas faire gaffe
der **Penner** (*umgs.: Stadtstreicher*) le clodo
die **Pennerin** (*umgs.: Stadtstreicherin*) la clodo
die **Pension** [pã'zi̯oːn] ❶ (*Hotel*) la pension de famille ❷ (*Ruhestand*) **in Pension gehen** prendre sa retraite ❸ (*Ruhegehalt*) la pension [de retraite]
der **Pensionär** [pãzi̯o'nɛːɐ̯] le retraité

> Nicht verwechseln mit *le pensionnaire – der Internatsschüler; der Pensionsgast!*

die **Pensionärin** [pãzi̯o'nɛːrɪn] la retraitée

> Nicht verwechseln mit *la pensionnaire – die Internatsschülerin; der Pensionsgast!*

pensionieren [pɛnzi̯o'niːrən] **pensioniert werden** être mis(e) à la retraite; **eine pensionierte Beamtin** une fonctionnaire retraitée
der **Pep** (*umgs.*) **Pep haben** *Mensch:* avoir la pêche; *Kleid, Pulli:* avoir du chien
die **Peperoni** le piment
peppig (*umgs.*) *Mode* qui a du chien
per (*durch*) **per Luftpost** par avion; **per Einschreiben** en recommandé
perfekt ❶ (*vollkommen*) parfait(e) ❷ **die Sache/den Vertrag perfekt machen** (*umgs.*) conclure l'affaire/le contrat
das **Perfekt** (*in der Grammatik*) le passé composé
die **Perfektion** la perfection
der **Perfektionist** le perfectionniste
die **Perfektionistin** la perfectionniste
das **Pergamentpapier** le papier-parchemin; (*Butterbrotpapier*) le papier sulfurisé
die **Periode** ❶ la période ❷ (*Menstruation*) les règles (*weiblich*)

> In ❷ wird der Singular *die Periode* mit einem Plural übersetzt: *ihre Periode hat gerade angefangen – ses règles viennent de commencer.*

das **Periodensystem** le système périodique des éléments, le système de Mendeleïev
die **Peripherie** la périphérie
das **Peripheriegerät** (*in der Informatik*) le périphérique
die **Perle** ❶ (*Schmuck*) la perle; **die echten Perlen** les perles naturelles ❷ (*Tropfen*) la goutte
das **Perlmutt** la nacre
permanent ❶ *Lärm* permanent(e) ❷ *streiten* constamment
perplex stupéfait(e)

> Nicht verwechseln mit *perplexe – ratlos und verwirrt!*

der **Perron** [pɛ'rɔ̃ː] Ⓐ, ⓒⓗ le quai

der **Perserteppich** le tapis persan
die **Person** ❶ la perso<u>nn</u>e; **im Saal waren hundert Personen** dans la salle, il y avait cent perso<u>nn</u>es ❷ (*Gestalt in Literatur, Film oder Theater*) le perso<u>nn</u>age
das **Personal** le perso<u>nn</u>el
die **Personalabteilung** le service du perso<u>nn</u>el
der **Personalausweis** la carte d'identité
der **Personal Computer** ['pəːsənəl kɔm'pjuːtə] le micro-ordinateur
die **Personalien** l'identité *(weiblich)*; **seine Personalien angeben** décliner son identité

> **V** Der Plural *die Personalien* wird mit einem Singular übersetzt: *seine Personalien konnten nicht festgestellt werden – son identité n'a pas pu être établie.*

das **Personalpronomen** (*in der Grammatik*) le pronom perso<u>nn</u>el
die **Personenbeschreibung** le signalement
der **Personenschaden** le dommage corporel
persönlich ❶ perso<u>nn</u>el(le); *Freiraum* individuel(le) ❷ (*anzüglich*) **persönlich werden** devenir vexant(e) ❸ **der Bundeskanzler ist persönlich erschienen** le chancelier est venu en perso<u>nn</u>e
die **Persönlichkeit** la perso<u>nn</u>alité; **eine starke Persönlichkeit sein** avoir une forte perso<u>nn</u>alité
die **Perspektive** la perspective
Peru le Pérou
die **Perücke** la perruque
pervers pervers(e)
der **Pessimist** le pessimiste
die **Pessimistin** la pessimiste
pessimistisch *Einstellung* pessimiste
die **Pest** la peste ▸ **stinken wie die Pest** empester
das **Pestizid** le pesticide
die **Petersilie** le persil [pɛʀsi] ⚠ *männlich*
das **Petting** l'attouchement *(männlich)*, les attouchements
die **Petze** (*umgs.*) le rapporteur/la rapporteuse
petzen (*umgs.*) cafter
der **Pfad** ❶ le sentier ❷ (*in der Informatik*) le chemin
der **Pfadfinder** le scout [skut]
die **Pfadfinderin** la scout [skut]
der **Pfahl** (*Zaunpfahl*) le pieu
die **Pfalz** le Palatinat
das **Pfand** ❶ (*für Leergut*) la consigne; **das Pfand beträgt einen Euro** la consigne est d'un euro ❷ (*beim Pfänderspiel*) le gage
pfänden saisir
die **Pfandflasche** la bouteille consignée

die **Pfanne** ❶ (*Bratpfanne*) la poêle ❷ 🇨🇭 (*Topf*) la casserole ▸ **jemanden in die Pfanne hauen** (*umgs.*) démolir quelqu'un
der **Pfannkuchen** ≈ la crêpe
der **Pfarrer** ❶ (*in der evangelischen Kirche*) le pasteur ❷ (*in der katholischen Kirche*) le curé
die **Pfarrerin** le pasteur

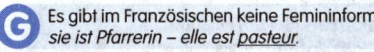
Es gibt im Französischen keine Femininform: *sie ist Pfarrerin – elle est pasteur.*

das **Pfarrhaus** le presbytère
der **Pfau** le paon [pɑ̃]
der **Pfeffer** le poivre ▸ **der soll hingehen, wo der Pfeffer wächst!** (*umgs.*) qu'il aille se faire voir ailleurs!
das/der **Pfefferminzbonbon** le bonbon à la menthe
die **Pfefferminze** la menthe
die **Pfeffermühle** le moulin à poivre
pfeffern ❶ poivrer *Sauce, Gericht* ❷ **die Tasche in die Ecke pfeffern** (*umgs.*) balancer le sac dans le coin ▸ **jemandem eine pfeffern** (*umgs.*) foutre une baffe à quelqu'un
der **Pfefferstreuer** le poivrier
die **Pfeife** ❶ (*Tabakspfeife*) la pipe; **Pfeife rauchen** fumer la pipe ❷ (*Trillerpfeife*) le sifflet ❸ (*umgs.: Versager*) le nullard/la nullarde ▸ **alle sollen nach seiner/ihrer Pfeife tanzen** (*umgs.*) tous sont censés lui obéir au doigt et à l'œil, tous sont censés faire ses quatre volontés
pfeifen ❶ *Mensch, Vogel, Zug:* siffler ❷ **leise [vor sich hin] pfeifen** siffloter ❸ **sie pfeift ihrem Hund** elle siffle son chien ❹ arbitrer *Spiel, Match* ▸ **auf etwas pfeifen** (*umgs.*) se ficher de quelque chose
der **Pfeil** la flèche
der **Pfeiler** le pilier
der **Pfennig** le pfennig ▸ **jeden Pfennig zweimal umdrehen [müssen]** (*umgs.*) [être obligé(e) de] regarder à la dépense; **er/sie hat keinen Pfennig [Geld]** il/elle n'a pas le sou
das **Pferd** ❶ le cheval; **auf einem Pferd reiten** chevaucher ❷ (*Turngerät*) le cheval d'arçons ▸ **keine zehn Pferde bringen mich dazu** (*umgs.*) je ne le ferais pour rien au monde; **arbeiten wie ein Pferd** (*umgs.*) travailler comme un bœuf
der **Pferdeapfel** le crottin
der **Pferdeschwanz** la queue de cheval
der **Pferdestall** l'écurie *(weiblich)*
der **Pfiff** (*Pfeifton*) le sifflement ▸ **etwas ist ohne Pfiff** [*oder* **hat keinen Pfiff**] (*umgs.*) quelque chose est sans originalité

der **Pfifferling** la girolle
pfiffig *Kind* malin/maligne
Pfingsten la Pentecôte; **an Pfingsten** à la Pentecôte
die **Pfingstferien** les vacances *(weiblich)* de la Pentecôte
der **Pfingstsonntag** le dimanche de [la] Pentecôte
der **Pfirsich** la pêche
die **Pflanze** la plante
pflanzen *(setzen)* planter
das **Pflanzenfett** la graisse végétale
der **Pflanzenfresser** l'herbivore *(männlich)*
das **Pflanzenschutzmittel** le produit phytosanitaire
pflanzlich *(aus Pflanzen gewonnen)* végétal(e)
das **Pflaster** ❶ *(Heftpflaster)* le sparadrap ❷ *(Straßenbelag)* la chaussée; *(Kopfsteinpflaster)* le pavé
pflastern paver
der **Pflasterstein** le pavé
die **Pflaume** ❶ *(Frucht)* la prune ❷ *(umgs.: Schimpfwort)* la nouille
die **Pflege** ❶ *(Körperpflege, Krankenpflege)* les soins *(männlich)* ❷ *eines Autos, Gartens* l'entretien *(männlich)* ❸ *eines Datenbestands* l'administration *(weiblich)* ❹ *(Obhut)* **ein Kind/ein Tier in Pflege nehmen** prendre un enfant/un animal en charge

> **V** In ❶ wird der Singular *die Pflege* mit einem Plural übersetzt: *die ärztliche Pflege, die er braucht, <u>ist</u> kostspielig* – *les soins médicaux dont il a besoin <u>sont</u> coûteux.*

pflegebedürftig *Person* dépendant(e)
die **Pflegeeltern** les parents *(männlich)* nourriciers
der **Pflegefall** *(pflegebedürftiger Mensch)* la personne qui réclame des soins constants; **er/sie ist ein Pflegefall** il/elle réclame des soins constants
das **Pflegeheim** la maison médicalisée
das **Pflegekind** *(Pflegesohn)* l'enfant *(männlich)* en nourrice; *(Pflegetochter)* l'enfant *(weiblich)* en nourrice
pflegeleicht ❶ *Kleidung* facile à entretenir ❷ *(humorvoll) Mensch* facile à vivre
pflegen ❶ soigner *Kranken, Tier, Pflanze;* entretenir *Denkmal* ❷ cultiver *Beziehungen* ❸ **er pflegt täglich eine halbe Stunde zu schwimmen** il a l'habitude de nager une demi-heure par jour ❹ **sich pflegen** *(sein Äußeres pflegen)* soigner son apparence
der **Pfleger** ❶ *(Krankenpfleger)* l'infirmier *(männlich)* ❷ *(Tierpfleger)* le gardien d'animaux
die **Pflegerin** ❶ *(Krankenpflegerin)* l'infirmière *(weiblich)* ❷ *(Tierpflegerin)* la gardienne d'animaux
die **Pflegeversicherung** l'assurance *(weiblich)* dépendance
die **Pflicht** le devoir
pflichtbewusst conscient(e) de ses devoirs
das **Pflichtbewusstsein**, das **Pflichtgefühl** le sens du devoir
das **Pflichtfach** la matière obligatoire
der **Pflock** le piquet
pflücken cueillir
der **Pflug** la charrue
pflügen labourer *Acker*
die **Pforte** la porte
der **Pförtner** le gardien
die **Pförtnerin** la gardienne
der **Pfosten** le poteau
die **Pfote** ❶ *eines Tiers* la patte ❷ *(umgs.: Hand)* **Pfoten weg!** bas les pattes!
der **Pfropfen** le bouchon
pfui beurk, berk
das **Pfund** la livre; **ein Pfund Kirschen** une livre de cerises
pfuschen *(umgs.: schlampig arbeiten)* bâcler le travail
die **Pfütze** la flaque [d'eau]
das **Phänomen** le phénomène
die **Phantasie** →**Fantasie**
phantasieren →**fantasieren**
phantasievoll →**fantasievoll**
phantastisch →**fantastisch**
das **Phantom** le fantôme
das **Phantombild** le portrait-robot
der **Pharao** le pharao<u>n</u>
die **Pharaonin** la pharao<u>nne</u>
der **Pharisäer** ❶ *(biblisch)* le pharisien ❷ *(Getränk)* café avec du rhum, couronné de crème Chantilly
der **Pharmakonzern** le groupe pharmaceutique ⚠ *männlich*
pharmazeutisch pharmaceutique
die **Pharmazie** la pharmacie
die **Phase** *(auch in der Elektrik)* la phase
die **Philippinen** les Philippines *(weiblich)*
der **Philosoph** le philosophe
die **Philosophie** la philosophie
die **Philosophin** la philosophe
das **Phishing** ['fɪʃɪŋ] *(in der Informatik)* l'hameçonnage *(männlich)* [amə)sɔnaʒ]
die **Phonetik** la phonétique
das **Phosphat** le phosphate
der **Phosphor** le phosphore
das **Photo** →**Foto**
der **pH-Wert** le pH
die **Physik** la physique

physikalisch *Gesetz* physique; *Formel* de physique
der **Physiker** le physicien
die **Physikerin** la physicienne
physisch physique
der **Pianist** le pianiste
die **Pianistin** la pianiste
der **Pickel** ❶ le bouton ❷ (*Eispickel*) le piolet
pickelig *Gesicht* boutonneux/boutonneuse
picken picorer *Körner*
picklig *Haut* boutonneux/boutonneuse
das **Picknick** le pique-nique
picknicken pique-niquer
picobello (*umgs.*) impec
der **Piep keinen Piep sagen** (*umgs.*) ne pas piper [mot]
piepen *Vogel:* pépier; *Funkgerät:* faire bip-bip ▶ **bei ihm piept's** (*umgs.*) il déconne
piepsen *Vogel:* pépier; *Maus:* couiner; *Funkgerät:* faire bip-bip
piesacken (*umgs.*) chicaner
das **Pigment** le pigment
das/die **Pik** (*Spielkartenfarbe*) le pique
pikant ❶ *Gericht* relevé(e); *Soße* piquant(e) ❷ *Witz* piquant(e) ❸ **pikant schmecken** être relevé(e)
piken (*umgs.*) piquer
pikiert (*gehoben*) vexé(e)
piksen piquer
der **Pilger** le pèlerin
die **Pilgerin** le pèlerini

> Ⓖ Es gibt im Französischen keine Femininform: sie ist als Pilgerin in Spanien gewesen – elle a été en Espagne en tant que pèlerin.

pilgern (*eine Pilgerfahrt machen*) aller en pèlerinage; **nach Mekka pilgern** se rendre en pèlerinage à la Mecque
die **Pille** (*Tablette, Antibabypille*) la pilule
der **Pilot** le pilote
die **Pilotin** la pilote
das **Pilotprojekt** le projet-pilote
das **Pils** la pils △ *weiblich*
der **Pilz** (*auch in der Medizin*) le champignon
der **Pimmel** (*umgs.*) la bite, le zizi *Kindersprache*
pingelig (*umgs.*) maniaque
der **Pinguin** le pingouin
die **Pinie** le pin parasol △ *männlich*
das **Pink** le rose vif; **ein T-Shirt in Pink** un tee-shirt rose vif
pinkeln (*umgs.*) pisser
pinkfarben rose vif

> Ⓖ Das Farbadjektiv *rose vif* ist unveränderlich: ein pinkfarbenes Kleid – une robe rose vif.

die **Pinnwand** le tableau aide-mémoire
der **Pinsel** le pinceau
die **Pinzette** ❶ la pincette ❷ (*Kosmetikpinzette*) la pince à épiler
das **Pipi** (*Kindersprache*) **Pipi machen** faire pipi
der **Pirat** le pirate
pissen (*salopp*) pisser
die **Pistazie** la pistache
die **Piste** la piste
die **Pistole** le pistolet △ *männlich* ▶ **wie aus der Pistole geschossen** (*umgs.*) du tac au tac
die **Pizza** la pizza
die **Pizzeria** la pizzeria
der **Pkw** *Abkürzung von* **Personenkraftwagen** la voiture [particulière]
die **Plackerei** (*umgs.*) la galère
die **Plage** ❶ la plaie ❷ (*Schädlingsplage*) le fléau ▶ **es ist eine Plage mit ihm!** quelle plaie celui-là!
plagen ❶ **jemanden plagen** *Gewissen:* tourmenter quelqu'un; *Hunger:* tenailler quelqu'un ❷ **sich plagen** s'esquinter
das **Plakat** l'affiche (*weiblich*)
die **Plakette** (*TÜV-Plakette*) vignette délivrée par le contrôle technique des voitures
der **Plan** ❶ (*Planzeichnung, Karte*) le plan ❷ (*Vorhaben, Absicht*) le projet, le dessein; **Pläne schmieden** forger des plans ❸ (*Stundenplan, Fahrplan*) l'horaire (*männlich*) ❹ (*umgs.: Idee, Vorstellung*) le plan; **das ist ein toller Plan** c'est un bon plan; **das ist kein so toller Plan** c'est pas un bon plan
die **Plane** la bâche
planen ❶ projeter *Urlaub;* planifier *Projekt, Verbrechen* ❷ dessiner les plans de *Bauwerk*
der **Planet** la planète △ *weiblich*
das **Planetarium** le planétarium
die **Planke** la planche
planlos vorgehen au °hasard
planmäßig ❶ *Ankunft, Abfahrt* normal(e); *Vorgehen* méthodique ❷ *stattfinden, abfahren* normalement, comme prévu
das **Planschbecken** la pataugeoire
planschen barboter
die **Plantage** [planˈtaːʒə] la plantation
die **Planung** le planning
plappern (*umgs.*) *Kind:* bavarder
das **Plasma** le plasma
die **Plastik** (*Skulptur*) la sculpture [skyltyʀ]
das **Plastik** (*Kunststoff*) le plastique
plastisch ❶ *Chirurgie* plastique ❷ *Wirkung* en relief ❸ *Schilderung* clairement réalisé(e)
die **Platane** le platane △ *männlich*
das **Platin** le platine
platonisch (*gehoben*) *Liebe* platonique
plätschern ❶ *Wasser:* clapoter ❷ *Bach:*

s'écouler en clapotant

platt ❶ plat(e); *Nase* aplati(e); *Reifen* à plat ❷ **etwas platt drücken** écraser quelque chose ▸ **da bin ich platt!** (*umgs.*) j'en reste baba!

plattdeutsch *Dialekt* bas allemand(e); *Wort* de bas allemand

das **Plattdeutsch** le bas allemand; *siehe auch* **Deutsch**

die **Platte** ❶ (*Steinplatte, Keramikplatte*) le carreau; (*groß*) la dalle ❷ (*Metallplatte*) la plaque ❸ (*Kochplatte*) la plaque [électrique] ❹ (*Schallplatte*) le disque ❺ (*Speise*) **die kalte Platte** l'assiette (*weiblich*) anglaise

der **Plattenspieler** le tourne-disques

die **Plattform** la plate-forme

der **Plattfuß** ❶ le pied plat ❷ (*umgs.: Reifenpanne*) le pneu à plat

der **Platz** ❶ la place ❷ (*Sportplatz*) le terrain; (*Tennisplatz*) le court [kuʀ] ❸ (*Rang*) **auf Platz 3** à la troisième place ❹ **Platz nehmen** prendre place ▸ **fehl am Platz sein** (*die falsche Person sein*) ne pas être à sa place; (*unerwünscht sein*) ne rien avoir à faire là; (*unangebracht sein*) être déplacé(e); **auf die Plätze! Fertig! Los!** à vos marques! prets? partez!

der **Platzanweiser** l'ouvreur (*männlich*)

die **Platzanweiserin** l'ouvreuse (*weiblich*)

das **Plätzchen** (*Gebäck*) petit gâteau sec que l'on prépare pour Noël

platzen ❶ *Tüte, Luftballon:* éclater; *Reifen:* crever; *Naht:* craquer ❷ (*umgs.: nicht zu Stande kommen*) *Termin:* tomber à l'eau ❸ (*übertragen*) **vor Neugier platzen** crever de curiosité; **vor Wut platzen** exploser de fureur

platzieren ❶ (*auch im Sport*) placer ❷ **sich platzieren** [können] *Sportler:* [pouvoir] se classer parmi les premiers/les premières

die **Platzierung** (*Rangfolge*) le classement

die **Platzkarte** le billet de réservation, la réservation

die **Platzreservierung** la réservation

der **Platzverweis** l'expulsion (*weiblich*) [du terrain]

die **Platzwunde** la plaie ouverte

plaudern bavarder

plausibel *Erklärung* plausible

das **Playback**, das **Play-back** ['plɛɪbɛk] le play-back [plɛbak]

der **Playboy** ['plɛɪbɔj] le play-boy [plɛbɔj]

pleite (*umgs.*) **pleite sein** *Person:* être fauché(e); *Firma:* être en faillite

die **Pleite** (*umgs.*) ❶ la faillite; **Pleite machen** faire faillite ❷ (*Reinfall*) le fiasco; **eine Pleite erleben** faire un bide

pleitegehen (*umgs.*) faire faillite

plemplem (*umgs.*) complètement zinzin

der **Plenarsaal** ≈ l'hémicycle (*männlich*)

die **PLO** *Abkürzung von* **Palestine Liberation Organization** l'OLP (*weiblich*) [loɛlpe]

die **Plombe** (*Zahnplombe*) le plombage

der **Plotter** (*in der Informatik*) le traceur

plötzlich ❶ *Idee, Verschlechterung* soudain(e); *Tod* subit(e) ❷ **plötzlich ging die Tür auf** soudain [*oder* tout à coup] la porte s'ouvrit ▸ **aber etwas plötzlich!** (*umgs.*) et que ça saute!

das **Plug-in** [plʌgˈɪn] (*in der Informatik*) le plugiciel

plump ❶ *Bewegung* gauche ❷ *Körper* massif/massive ❸ *Annäherungsversuch* primitif/primitive

plumpsen (*umgs.*) **ins Wasser plumpsen** tomber dans l'eau en faisant plouf

das **Plumpsklo** (*umgs.*) les latrines (*weiblich*)

Ⓥ Der Singular *das Plumpsklo* wird mit einem Plural übersetzt: *hinter der Berghütte befand sich ein einfaches, aber sauberes Plumpsklo* – derrière le refuge se <u>trouvaient</u> des latrines sommaires, mais propres.

plündern ❶ piller *Geschäfte, Häuser* ❷ (*umgs.: leer machen*) dévaliser *Kühlschrank, Konto*

der **Plural** (*in der Grammatik*) le pluriel; **im Plural** au pluriel

plus ❶ **fünf plus vier ist neun** cinq plus quatre font neuf ❷ **fünfhundert Euro Miete plus Nebenkosten** cinq cents euros de loyer plus les charges ❸ **wir haben drei Grad plus** il fait plus trois degrés

das **Plus** ❶ (*Pluszeichen*) le plus ❷ (*Überschuss*) l'excédent (*männlich*) ❸ (*Vorzug*) le plus

der **Plüsch** la peluche ⚠ *weiblich*

das **Plüschtier** l'animal (*männlich*) en peluche

der **Pluspol** le pôle positif

der **Pluspunkt** (*Vorzug*) le plus

das **Plusquamperfekt** (*in der Grammatik*) le plus-que-parfait [plyskəpaʀfɛ]

das **Pluszeichen** le signe plus [plys]

Pluto (*in der Astronomie*) Pluton (*weiblich* ⚠), la planète Pluton

die **PLZ** *Abkürzung von* **Postleitzahl** le code postal

der **Po** (*umgs.*) le derrière

pochen ❶ *Herz:* battre ❷ **an das Fenster pochen** frapper <u>au</u> carreau ❸ **auf sein Recht pochen** réclamer [*oder* revendiquer] son droit

die **Pocken** la variole

V Der Plural *die Pocken* wird mit einem Singular übersetzt: *die Pocken sind eine gefährliche Krankheit – la variole est une maladie dangereuse.*

das **Podcasting** ['pɔdkastɪŋ] (*in der Informatik*) la baladodiffusion
das/der **Podest** l'estrade (*weiblich*)
das **Podium** le podium
die **Podiumsdiskussion** le débat public
die **Poesie** (*gehoben*) la poésie
das **Poesiealbum** ≈ l'album (*männlich*) souvenir (*petit album d'enfant rempli par les parents et amis*)
poetisch (*gehoben*) poétique
die **Pointe** ['poɛ̃:tə] la chute
der **Pokal** la coupe
das/der **Poker** le poker; **Poker spielen** jouer au poker
pokern jouer au poker ▶ **er/sie hat hoch gepokert** (*fam*) il/elle a fait un coup de poker
der **Pol** le pôle
der **Polarkreis** le cercle polaire
der **Polarstern** l'étoile (*weiblich*) polaire
der **Pole** le Polonais
Polen la Pologne
polieren lustrer *Schuhe*; briquer *Auto*; **etwas glatt polieren** polir quelque chose
die **Polin** la Polonaise
die **Politesse** la contractuelle

 Nicht verwechseln mit *la politesse – die Höflichkeit!*

die **Politik** la politique
der **Politiker** l'homme (*männlich*) politique
die **Politikerin** la femme politique
der **Politikverdrossene** le déçu de la politique
die **Politikverdrossene** la déçue de la politique
die **Politikverdrossenheit** le ras-le-bol de la politique
politisch ① politique ② **politisch aktiv sein** être engagé(e) dans la politique
die **Polizei** ① la police ② (*Dienstgebäude*) le poste de police
der **Polizeieinsatz** l'intervention (*weiblich*) de la police
polizeilich ① *Ermittlung* policier/policière ② **polizeilich gesucht werden** être recherché(e) par la police
das **Polizeipräsidium** la préfecture de police
der **Polizeischutz** la protection policière
der **Polizeistaat** l'État (*männlich*) policier
die **Polizeiwache** le poste de police
der **Polizist** l'agent (*männlich*) [de police], le policier
die **Polizistin** l'agent (*männlich*) [de police], la policière

G Die erste Übersetzung hat keine Femininform: *seine Frau ist Polizistin – sa femme est agent [de police].*

die **Polka** la polka
der **Pollen** le pollen [lǝpɔlɛn]
polnisch *Bevölkerung, Grenze* polonais(e)
das **Polnisch** le polonais; *siehe auch* **Deutsch**

G In Verbindung mit dem Verb *parler* kann der Artikel entfallen: *sie spricht Polnisch – elle parle polonais.*

das **Polohemd** le polo
die **Polonaise** [polo'nɛːzə] la polonaise
das/der **Polster** ① (*Kissen*) le coussin ② (*Polsterung*) le rembourrage ③ (*Schulterpolster*) l'épaulette (*weiblich*)
die **Polstermöbel** le salon

V Der Plural *die Polstermöbel* wird mit einem Singular übersetzt: *unsere Polstermöbel sind schon ein bisschen abgenutzt – notre salon est déjà un peu usé.*

polstern capitonner *Sessel, Sofa, Stuhl*
der **Polterabend** ≈ la veille des noces (*soirée au cours de laquelle on casse de la vaisselle pour porter bonheur aux futurs jeunes mariés*)
poltern ① (*lärmen*) faire du vacarme ② **durch das Treppenhaus poltern** faire du vacarme dans la cage d'escalier ③ (*schimpfen*) gronder en élevant la voix
der **Polyester** le polyester
die **Polygamie** la polygamie
Polynesien la Polynésie
der **Polyp** (*in der Medizin und Zoologie*) le polype
die **Pomade** la gomina®

die Pomade

F Nicht verwechseln mit *la pommade – die Salbe!*

die **Pommes frites** [pɔm 'frɪts, pɔm 'frɪt] les pommes frites (*weiblich*), les frites
pompös *Fest* somptueux/somptueuse; *Ausstattung* fastueux/fastueuse

der **Pony** (*Stirnfransen*) la frange
das **Pony** le poney
der **Pool** [puːl] (*Swimmingpool*) la piscine
der **Pop** la musique pop
das **Popcorn** le pop-corn
popeln (*umgs.*) retirer des crottes de [son] nez
das **Popkonzert** le concert [de musique] pop
die **Popmusik** la musique pop
der **Popo** (*Kindersprache umgs.*) le cucul [kyky]
populär populaire
die **Popularität** la popularité
die **Pore** le pore ⚠ *männlich*
der **Pornofilm** (*umgs.*) le film porno
die **Pornografie** la pornographie
porös poreux/poreuse
der **Porree** le poireau
das **Portal** (*auch im Internet*) le portail
der **Portier** [pɔrtjeː] le portier
die **Portion** (*beim Essen*) la portion
das **Portmonee** le porte-monnaie
das **Porto** le port
das **Porträt** [pɔrtrɛː] le portrait
Portugal le Portugal
der **Portugiese** le Portugais
die **Portugiesin** la Portugaise
portugiesisch portugais(e)
das **Portugiesisch** le portugais; *siehe auch* **Deutsch**

> **G** In Verbindung mit dem Verb *parler* kann der Artikel entfallen: *sie spricht Portugiesisch – elle parle portugais.*

das **Porzellan** la porcelaine; **aus chinesischem Porzellan** en porcelaine de Chine
die **Posaune** le trombone; **Posaune spielen** jouer du trombone
die **Pose** la pose
die **Position** ① la position ② (*beruflich*) la situation
positiv (*auch in Medizin und Physik*) positif/positive; **positiv sein** (*umgs.: HIV-positiv sein*) être séropositif/séropositive
das **Possessivpronomen** (*in der Grammatik*) le pronom possessif; (*adjektivisches Possessivpronomen*) l'adjectif (*männlich*) possessif
die **Post** ① (*Unternehmen*) la poste; **etwas mit der Post schicken** envoyer quelque chose par la poste ② (*Postsendung*) le courrier; **die Post einwerfen** poster le courrier ③ **die elektronische Post** le courrier électronique ▶ **da geht die Post ab!** (*umgs.*) ça déménage!
das **Postamt** le bureau de poste
der **Postbote** le facteur

die **Postbotin** la factrice
die **Postcard** 🇨🇭 la carte de téléphone
der **Posten** ① (*Arbeitsstelle*) le poste ② (*Wachmann*) la sentinelle ▶ **nicht ganz auf dem Posten sein** (*umgs.*) être mal fichu(e)
das **Poster** le poster
das **Postfach** (*bei der Post*) la boîte postale
das **Postgeheimnis** le secret postal
die **Postkarte** la carte postale
postlagernd poste-restante, poste restante
die **Postleitzahl** le code postal
der **Pöstler** 🇨🇭 le facteur
die **Pöstlerin** 🇨🇭 la factrice
die **Postsendung** l'envoi (*männlich*) postal
postwendend (*sogleich*) immédiatement
die **Postwurfsendung** la publicité distribuée par la poste
potent *Person* sexuellement puissant(e)
die **Potenz** ① (*in der Mathematik*) la puissance ② (*sexuell*) la virilité
potenziell (*gehoben*) potentiel(le)
die **Power** [ˈpaʊɐ] (*umgs.*) ① *einer Person* le punch; **sie hat Power** elle a une pêche d'enfer ② *eines Motors, einer Musikanlage* la puissance
die **PR** *Abkürzung von* **Public Relations** les relations (*weiblich*) publiques
die **Pracht** la splendeur ▶ **es ist/es war eine wahre Pracht!** (*umgs.*) c'est/c'était vraiment épatant!
das **Prachtexemplar** la belle pièce
prächtig ① *Schloss* somptueux/somptueuse ② *Wetter* splendide ③ **sich verstehen** à merveille
das **Prädikat** (*in der Grammatik*) le prédicat
das **Präfix** (*in der Grammatik*) le préfixe
Prag Prague
prägen ① frapper *Münzen* ② forger *Begriff* ③ caractériser *Landschaft* ④ (*beeinflussen*) **jemanden prägen** *Erlebnis:* marquer quelqu'un
pragmatisch ① *Mensch* pragmatique ② **ein Problem pragmatisch lösen** résoudre un problème de manière pragmatique
prahlen se vanter; **mit etwas prahlen** se vanter de quelque chose
die **Praktika** *Plural von* **Praktikum**
praktikabel praticable
der **Praktikant** le stagiaire
die **Praktikantin** la stagiaire
die **Praktiken** les pratiques (*weiblich*)
das **Praktikum** le stage
praktisch ① *Gerät, Erfindung* pratique ② **über praktische Erfahrung verfügen** avoir de l'expérience ③ **praktisch veranlagt sein** avoir l'esprit pratique ④ (*fast*) ich

bin praktisch fertig j'ai pratiquement terminé
praktizieren *Arzt:* exercer
die **Praline** le chocolat ⚠ *männlich*

die **Praline**

🅵 Nicht verwechseln mit *la praline – die gebrannte Mandel!*

prall ❶ *Ballon* bien gonflé(e) ❷ *Busen, Muskel* rebondi(e) ❸ **in der prallen Sonne** en plein soleil ❹ **prall gefüllt** *Brieftasche:* bien rempli(e)
prallen gegen das Fenster prallen *Ball:* rebondir contre la fenêtre; **gegen eine Mauer prallen** *Auto:* °heurter un mur
die **Prämie** la prime
prämieren primer
das **Präparat** la préparation
die **Präposition** (*in der Grammatik*) la préposition
die **Prärie** la Prairie
das **Präsens** (*in der Grammatik*) le présent
präsentieren présenter
das **Präservativ** le préservatif
der **Präsident** le président
die **Präsidentin** la présidente
die **Präsidentschaft** la présidence
die **Präsidentschaftswahlen** les élections (*weiblich*) présidentielles, les présidentielles (*weiblich*)
prasseln ❶ *Feuer* crépiter ❷ **gegen die Fensterscheiben/auf das Dach prasseln** *Regen:* crépiter contre les vitres/sur le toit
das **Präteritum** (*in der Grammatik*) le prétérit
die **Praxis** ❶ *eines Arztes* le cabinet ❷ (*praktische Anwendung*) la pratique; **etwas in die Praxis umsetzen** mettre quelque chose en pratique
präzis[e] (*gehoben*) ❶ *Beschreibung* précis(e) ❷ **beschreiben** avec précision
predigen ❶ *Pfarrer:* prêcher ❷ (*übertragen*) **sie predigt ihrem Kind, dass es vorsichtig sein soll** (*umgs.*) elle répète sans cesse à son enfant qu'il doit être prudent
die **Predigt** (*auch übertragen*) le sermon; **eine Predigt halten** tenir un sermon
der **Preis** ❶ (*Kaufpreis, Auszeichnung*) le prix; **zum Preis von zehn Euro** au prix de dix euros; **den ersten Preis gewinnen** remporter le premier prix ❷ (*Tarif*) **zum vollen Preis** à plein tarif; **zum halben Preis** à moitié prix ▶ **einen hohen Preis für etwas zahlen** payer quelque chose au prix fort; **um jeden Preis** à tout prix; **um keinen Preis** à aucun prix
das **Preisausschreiben** le jeu-concours, le concours
preisgekrönt primé(e)
preisgünstig ❶ bon marché; **ein preisgünstiges Hemd** une chemise bon marché ❷ **preisgünstig einkaufen** acheter bon marché
die **Preislage** la gamme de prix
die **Preisliste** le tarif
der **Preisnachlass** la remise
das **Preisschild** l'étiquette (*weiblich*)
der **Preisträger** le lauréat
die **Preisträgerin** la lauréate
preiswert →**preisgünstig**
prellen ❶ **sich das Knie prellen** se contusionner le genou ❷ (*betrügen*) **jemanden [um seinen Anteil] prellen** escroquer quelqu'un à ses frais
die **Prellung** la contusion
die **Premiere** la première
der **Premierminister** le Premier ministre
die **Premierministerin** le Premier ministre

🅶 Es gibt im Französischen keine Femininform: *sie ist Premierministerin – elle est Premier ministre.*

der **Prepaid-Vertrag** ['priˈpeɪdfɛɐ̯traːk] (*für ein Mobiltelefon*) le forfait [fɔʁfɛ]
die **Presse** ❶ la presse ❷ (*Saftpresse*) le presse-fruits ⚠ *männlich*
pressen ❶ **jemanden an sich pressen** serrer quelqu'un contre soi; **das Gesicht gegen die Scheibe pressen** appuyer son visage contre la vitre ❷ presser *Obst;* **den Saft aus einer Orange pressen** presser le jus d'une orange ❸ (*in der Technik*) presser
pressieren Ⓐ, CH ❶ être pressant(e) ❷ **es pressiert** ça presse; **es pressiert nicht** ça ne presse pas; **es pressiert mir** je suis pressé(e)
das **Prestige** [pʁɛsˈtiːʒə] le prestige
Preußen la Prusse
preußisch prussien(ne)

prickeln ① (*kribbeln*) picoter ② *Sekt:* pétiller
der **Priel** le petit chenal
der **Priester** le prêtre
die **Priesterin** la prêtresse
die **Prim**, die **Prime** (*in der Musik*) la première
prima (*umgs.*) ① *Idee* super; **das ist ja prima!** mais c'est super! ② **er spielt prima Klavier** il joue super-bien du piano
die **Primarschule** ⓒⒽ l'école *(weiblich)* primaire
die **Primel** la primevère
primitiv ① (*urtümlich*) *Kultur* primitif/primitive ② (*einfach*) *Behausung* rudimentaire ③ (*niveaulos*) *Mensch, Art* primaire
der **Prinz** le prince
die **Prinzessin** la princesse
das **Prinzip** le principe; **aus Prinzip** par principe ▶ **im Prinzip** en principe
prinzipiell ① *Frage* de principe; *Unterschied* de fond ② **das ist prinzipiell möglich** en principe, c'est possible ③ **er trinkt prinzipiell keinen Alkohol** il ne boit pas d'alcool par principe
die **Prise** la pincée; **eine Prise Pfeffer** une pincée de poivre
die **Pritsche** le lit de camp
pritscheln Ⓐ patauger
privat ① *Angelegenheit* privé(e); *Unterlagen* personnel(le) ② *sprechen* en privé
die **Privatangelegenheit** l'affaire *(weiblich)* privée
der **Privatdetektiv** le détective privé
die **Privatdetektivin** la détective privée
privatisieren privatiser
das **Privatleben** la vie privée
der **Privatpatient** le patient du secteur privé
die **Privatpatientin** la patiente du secteur privé
das **Privileg** le privilège
pro ① (*je*) **pro Person** par personne; **pro Stunde** à l'heure ② (*dafür*) **pro oder kontra** pour ou contre
das **Pro** [das] **Pro und** [das] **Kontra** le pour et le contre
die **Probe** ① (*Prüfung, Test*) l'épreuve *(weiblich)*; **jemanden auf die Probe stellen** mettre quelqu'un à l'épreuve ② *eines Theaterstücks* la répétition ③ (*Warenprobe, Gesteinsprobe*) l'échantillon *(männlich)*
der **Probealarm** la simulation d'alarme
die **Probefahrt** l'essai *(männlich)* [sur route]
proben répéter
probeweise *einstellen* à l'essai
die **Probezeit** la période d'essai
probieren ① (*versuchen*) essayer ② goûter *Essen*; déguster *Wein*
das **Problem** le problème; **jemandem Probleme machen** [*oder* **bereiten**] poser des problèmes à quelqu'un
problematisch problématique
problemlos *Zusammenarbeit* sans problème[s]
das **Produkt** le produit
die **Produktion** la production
produktiv productif/productive
der **Produzent** le producteur
die **Produzentin** la productrice
produzieren ① produire ② **sich produzieren** (*umgs.*) faire l'intéressant(e); **sich vor jemandem produzieren** (*umgs.*) faire l'intéressant(e) devant quelqu'un
professionell ① *Musik* professionnel(le) ② *arbeiten* avec professionnalisme
der **Professor** le professeur d'université
die **Professorin** la professeur d'université
der **Profi** (*umgs.*) le pro/la pro
das **Profil** ① le profil ② *eines Reifens* les sculptures *(weiblich)* [skyltyʀ]

> **V** In ② wird der Singular *das Profil* mit einem Plural übersetzt: *das Profil ist ziemlich abgefahren – les sculptures sont assez réduites.*

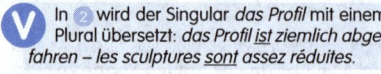

der **Profit** le profit
profitieren bei etwas/von etwas profitieren (*Nutzen haben*) profiter de quelque chose
die **Prognose** ① la prévision ② (*in der Medizin*) le pronostic
das **Programm** ① le programme; **auf dem Programm stehen** être au programme ② *eines Computers* le logiciel ▶ **ein volles Programm haben** avoir un programme chargé
der **Programmaufruf** (*in der Informatik*) l'appel *(männlich)* de programme
der **Programmfehler** (*in der Informatik*) le bogue
programmieren (*in der Informatik*) programmer
der **Programmierer** (*in der Informatik*) le programmeur
die **Programmiererin** (*in der Informatik*) la programmeuse
die **Programmiersprache** (*in der Informatik*) le langage de programmation
die **Programmierung** (*in der Informatik*) la programmation
progressiv progressiste
das **Projekt** le projet
der **Projektor** le projecteur
projizieren projeter
das **Proletariat** le prolétariat
die **Promenade** la promenade
der **Promi** (*umgs.*) la personnalité
die **Promi** (*umgs.*) la personnalité
das **Promille** ① (*Tausendstel*) **elf Promille** onze

pour mille ② (*umgs.: Blutalkohol*) **0,5 Promille haben** avoir 0,5 gramme
die **Promillegrenze** le taux d'alcoolémie maximal
prominent éminent(e)
der **Prominente** la personnalité
die **Prominente** la personnalité
die **Promotion** (*Erlangung der Doktorwürde*) la thèse, le doctorat

F Nicht verwechseln mit *la promotion – die Beförderung; das Sonderangebot!*

prompt ① *Antwort* rapide ② antworten rapidement
das **Pronomen** (*in der Grammatik*) le pronom
die **Propaganda** la propagande
der **Propeller** l'hélice *(weiblich)*
der **Prophet** le prophète
die **Prophetin** la prophétesse
prophezeien prophétiser
die **Prophezeiung** la prophétie [pʀɔfesi]
die **Proportion** la proportion
die **Prosa** la prose
prosit →**prost**
der **Prospekt** le prospectus; (*Faltblatt*) le dépliant
prost (*wenn man den Gesprächspartner siezt*) à la vôtre; (*wenn man den Gesprächspartner duzt*) à la tienne
der **Prostituierte** le prostitué
die **Prostituierte** la prostituée
die **Prostitution** la prostitution
das **Protein** la protéine ⚠ *weiblich*
proteinreich *Diät, Ernährung* protéiné(e)
der **Protest** la protestation ⚠ *weiblich;* **aus Protest en signe de** protestation; **unter Protest** en protestant
der **Protestant** le protestant
die **Protestantin** la protestante
protestantisch *Kirche* protestant(e)
der **Protestantismus** le protestantisme
protestieren protester; **gegen etwas protestieren** protester contre quelque chose
die **Prothese** ① (*Zahnersatz*) le dentier ② (*Ersatzgliedmaße*) la prothèse
das **Protokoll** ① *einer Sitzung* le compte rendu; *einer Besprechung* le procès-verbal; [**das**] **Protokoll führen** rédiger le compte rendu/le procès-verbal ② (*in der Rechtsprechung*) *einer Vernehmung* le procès-verbal; **eine Aussage zu Protokoll nehmen** enregistrer un témoignage
der **Proviant** la ration
die **Provinz** la province
provinziell (*abwertend*) provincial(e)
die **Provision** la commission; **auf Provision arbeiten** travailler sur commission

provisorisch ① *Reparatur* provisoire; *Unterkunft* précaire ② *reparieren* provisoirement
provozieren jemanden provozieren *Person:* provoquer quelqu'un; *Bemerkung:* être une provocation dans les yeux de quelqu'un
das **Prozent** ① **zehn Prozent** dix pour cent; **um zwei Prozent steigen** *Preise, Löhne:* augmenter de deux pour cent ② (*Alkoholgehalt*) le degré [d'alcool] ▶ [**bei jemandem**] **Prozente bekommen** (*umgs.*) avoir une réduction [chez quelqu'un]
der **Prozentsatz** le pourcentage
der **Prozess** ① le procès; [**gegen jemanden**] **einen Prozess führen** faire un procès [à quelqu'un] ② (*Vorgang*) le processus ▶ **er/sie macht kurzen Prozess** (*umgs.*) il/elle n'y va pas par quatre chemins
prozessieren être en procès; **gegen jemanden prozessieren** être en procès avec quelqu'un
die **Prozession** la procession
der **Prozessor** (*in der Informatik*) le processeur
prüde prude
prüfen ① **jemanden prüfen** faire passer un examen à quelqu'un; **jemanden in Chemie prüfen** faire passer un examen de chimie à quelqu'un; **ein staatlich geprüfter Krankenpfleger** un infirmier diplômé ② vérifier *Gerät;* examiner *Antrag*
der **Prüfer** l'examinateur *(männlich)*
die **Prüferin** l'examinatrice *(weiblich)*
die **Prüfung** ① (*Teilprüfung*) l'épreuve *(weiblich)* ② (*Abschlussprüfung*) l'examen *(männlich);* **eine Prüfung [in etwas] ablegen** passer un examen [de quelque chose]; **eine Prüfung bestehen** réussir [à] un examen; **durch eine Prüfung fallen** échouer à un examen; **die schriftliche/mündliche Prüfung** l'examen écrit/oral
die **Prügel** (*umgs.: Schläge*) les coups *(männlich);* **Prügel bekommen** recevoir une volée
die **Prügelei** (*umgs.*) la bagarre
prügeln ① battre *Kind* ② **sich prügeln** se fritter; **sich mit jemandem prügeln** se battre avec quelqu'un
prunkvoll *Empfang* somptueux/somptueuse
das **PS¹** *Abkürzung von* **Pferdestärke** le CV [seve]
das **PS²** *Abkürzung von* **Postskriptum, Postskript** le P.-S.
der **Psalm** le psaume
pst chut
der **Psychiater** le psychiatre [psikjatʀ]
die **Psychiaterin** la psychiatre [psikjatʀ]
psychisch ① *Problem* psychique [psiʃik],

mental(e) ❷ **psychisch krank sein** être malade mental
der **Psychologe** le psychologue [psikolɔg]
die **Psychologie** la psychologie [psikolɔʒi]
die **Psychologin** la psychologue [psikolɔg]
psychologisch ❶ *Problem* psychologique [psikolɔʒik]; *Forschung* en psychologie [ã psikolɔʒi]; ❷ **psychologisch ausgebildet sein** avoir une formation en psychologie [ã psikolɔʒi]
der **Psychoterror** le °harcèlement intellectuel
die **Psychotherapie** la psychothérapie [psikoteʀapi]
die **Pubertät** la puberté; **in der Pubertät sein** être en pleine puberté
die **Publicity** [pʌˈblɪsəti] (*Aufsehen*) la médiatisation
die **Public Relations** [ˈpʌblɪk rɪˈleɪʃəns] les relations (*weiblich*) publiques
publik publik werden être rendu public/rendue publique
das **Publikum** ❶ (*Besucher*) le public ❷ (*Zuhörerschaft*) l'auditoire (*männlich*)
der **Pudding** ≈ le flan
der **Pudel** le caniche
die **Pudelmütze** le bonnet [à pompon]
der **Puder** (*umgs.*) la poudre ⚠ *weiblich*
der **Puderzucker** le sucre glace
der **Puff** (*salopp: Bordell*) le bordel
das **Pull-down-Menü** [pʊlˈdaʊnmeny:] (*in der Informatik*) le menu déroulant
der **Pulli** (*umgs.*) le pull
der **Pullover** le pull-over
der **Puls** le pouls [pu]; **jemandem den Puls fühlen** prendre le pouls de quelqu'un
die **Pulsader** la veine du poignet; **sich die Pulsadern aufschneiden** s'ouvrir les veines
pulsieren *Schlagader*: battre; *Blut*: circuler
das **Pult** le pupitre
das **Pulver** la poudre
der **Pulverschnee** la poudreuse
pumm[e]lig (*umgs.*) dodu(e)
die **Pumpe** ❶ (*Gerät*) la pompe ❷ (*umgs.: Herz*) le palpitant
pumpen ❶ pomper *Wasser* ❷ (*umgs.: leihen*) **jemandem Geld pumpen** filer de l'argent à quelqu'un; **sich von jemandem Geld pumpen** taper quelqu'un ❸ *Herz*: battre; *Maschine*: pomper
der **Punkt** ❶ le point ❷ (*Tupfen*) le pois; **mit Punkten** à pois ❸ (*Stelle*) l'endroit (*männlich*) ❹ (*bei Zeitangaben*) **Punkt drei [Uhr]** à trois heures précises ❺ **in diesem Punkt stimme ich dir zu** sur ce point précis je suis d'accord avec toi ❻ (*beim Boxen*) **nach Punkten gewinnen** gagner aux points, vaincre aux points ▶ **der grüne Punkt** le point vert [d'écoemballage]; **der springende Punkt** le point essentiel; **der tote Punkt** le passage à vide; **sein/ihr wunder Punkt** (*empfindlich*) son point sensible; **nun mach aber mal einen Punkt!** (*umgs.*) arrête ton char!; **Punkt für Punkt** point par point
pünktlich ❶ **pünktlich sein** être ponctuel(le) ❷ **pünktlich ankommen** *Zug*: arriver à l'heure
die **Pünktlichkeit** la ponctualité
die **Pupille** la pupille
die **Puppe** (*Spielzeug*) la poupée ▶ **bis in die Puppen schlafen** (*umgs.*) faire la grasse matinée
das **Puppentheater** le théâtre de marionnettes
pur pur(e)
das **Püree** la purée ⚠ *weiblich*
der **Purzelbaum** (*umgs.*) la galipette
purzeln (*hinunterfallen*) dégringoler
die **Pustel** la pustule
pusten (*umgs.*) souffler
die **Pute** (*Truthenne*) la dinde

🇫 Nicht verwechseln mit *la pute – die Hure, die Nutte!*

der **Puter** le dindon
der **Putsch** le putsch
der **Putz** le crépi ▶ **auf den Putz hauen** (*feiern*) s'éclater
putzen ❶ nettoyer ❷ **sich putzen** *Katze, Vogel*: faire sa toilette
die **Putzfrau** la femme de ménage
putzig (*umgs.: niedlich*) mignon(ne), trognon(ne)
der **Putzlappen** la lavette; (*Wischlappen*) la serpillière
das **Puzzle** [ˈpazəl] le puzzle [pœzl]
das **PVC** *Abkürzung von* **Polyvinylchlorid** le P.V.C.
der/das **Pyjama** [pyˈ(d)ʒaːma] le pyjama
die **Pyramide** la pyramide
die **Pyrenäen** les Pyrénées (*weiblich*)
der **Python** [ˈpyːtɔn] le python

Q

das **q**, das **Q** le q, le Q [ky]
der **Quacksalber** (*abwertend*) le charlatan
die **Quacksalberin** (*abwertend*) le charlatan

> **G** Es gibt im Französischen keine Femininform: diese Frau ist eine Quacksalberin – cette femme est un charlatan.

das **Quadrat** le carré
quadratisch carré(e)
der **Quadratmeter** le mètre carré
quaken *Frosch:* coasser; *Ente:* cancaner
die **Qual** ❶ (*Mühsal*) le supplice ❷ (*Leid*) la souffrance ▶ **die Qual der Wahl haben** avoir l'embarras du choix
quälen ❶ torturer *Menschen;* martyriser *Tier* ❷ (*belästigen, belasten*) **jemanden quälen** *Mensch, Gedanke:* tourmenter quelqu'un ❸ (*abmühen*) **sich quälen** souffrir; **sich mit etwas quälen** se tourmenter avec quelque chose
quälend *Schmerzen* pénible; *Ungewissheit* cruel(le)
die **Quälerei** (*umgs.: Anstrengung*) le calvaire; **die Radtour ist eine einzige Quälerei gewesen** la balade à vélo a été une vraie galère
der **Quälgeist** (*umgs.: lästiger Junge*) l'enquiquineur (*männlich*) [ãkikinœʀ]; (*lästiges Mädchen*) l'enquiquineuse (*weiblich*) [ãkikinøz]
qualifizieren (*auch im Sport*) **sich qualifizieren** se qualifier; **sich für eine Arbeit/für einen Wettkampf qualifizieren** se qualifier pour un travail/pour une compétition
die **Qualität** la qualité; **Kleidung von schlechter Qualität** des vêtements de mauvaise qualité
die **Qualle** la méduse
der **Qualm** la fumée épaisse
qualmen *Schornstein, Raucher:* fumer
qualvoll *Tod* atroce; *Ungewissheit* [très] pénible
die **Quantität** la quantité
die **Quarantäne** [karanˈtɛːnə] la quarantaine
der **Quark** ≈ le fromage blanc
die **Quart**, die **Quarte** (*in der Musik*) la quarte
das **Quartal** le trimestre
das **Quartett** ❶ (*Kartenspiel*) le jeu des sept familles ❷ (*vier zusammengehörige Karten*) la série de quatre
das **Quartier** (*Unterkunft*) le logement; (*Ferienquartier*) la location
der **Quarz** le quartz

quasi quasiment
quasseln (*umgs.*) ❶ bavarder, papoter; **stundenlang quasseln** bavarder [*oder* papoter] des heures ❷ **Blödsinn quasseln** débiter des conneries
der **Quatsch** (*umgs.*) **was soll der Quatsch?** qu'est-ce que c'est que cette connerie?; **red nicht solchen Quatsch!** arrête de débiter de telles conneries!; [**so ein**] **Quatsch!** n'importe quoi!
quatschen (*umgs.*) ❶ (*sich unterhalten*) tailler une bavette; **mit jemandem quatschen** tailler une bavette avec quelqu'un ❷ **dummes Zeug quatschen** sortir des conneries
der **Quatschkopf** (*abwertend umgs.*) le radoteur/la radoteuse
das **Quecksilber** le mercure
die **Quelle** la source ▶ **aus zuverlässiger Quelle** de source sûre; **an der Quelle sitzen** être à la source
quellen ❶ (*herausfließen*) couler; **das Blut quillt aus der Wunde** le sang coule de la blessure ❷ (*aufquellen*) gonfler
quengeln (*umgs.: weinerlich sein*) pleurnicher
quer en travers
die **Quere** **ich bin ihm/ihr in die Quere gekommen** je me suis mis(e) en travers de son chemin
querfeldein à travers champs
die **Querflöte** la flûte traversière
das **Querformat** le format oblong
querlegen (*umgs.*) **sich querlegen** se mettre en travers
der **Querschnitt** ❶ (*Zeichnung*) la coupe transversale ❷ (*Überblick*) l'aperçu (*männlich*)
querschnitt[**s**]**gelähmt** paraplégique
die **Querstraße** la rue transversale; **biegen Sie dann in die zweite Querstraße rechts ab** puis prenez la deuxième rue à droite
quetschen ❶ (*verletzen*) **sich quetschen** se pincer; **sich einen Finger quetschen** se coincer un doigt ❷ **sich durch das Fenster quetschen** (*umgs.*) se forcer un passage à travers la fenêtre ❸ **die Kleider in den Koffer quetschen** entasser les vêtements dans la valise
die **Quetschung** (*Verletzung*) la contusion
quieken *Ferkel, Maus:* couiner
quietschen *Bremsen:* grincer; *Reifen:* crisser
die **Quint**, die **Quinte** (*in der Musik*) la quinte
das **Quintett** le quintette
der **Quirl** le batteur
quirlen battre *Zutaten*
quirlig *Kind* turbulent(e)

quitt quitte; **wir sind quitt** nous sommes quittes
die **Quitte** (*Frucht*) le coing [kwɛ̃] ⚠ *männlich*
quittieren acquitter *Rechnung*

> Nicht verwechseln mit *quitter – verlassen!*

die **Quittung** (*Zahlungsbeleg*) le reçu
das **Quiz** le quiz; (*Fernsehsendung*) le jeu télévisé
die **Quote** (*Anteil*) le taux
der **Quotient** le quotient

R

das **r**, das **R** le r, le R [ɛʀ]; **das R rollen** rouler les r [ʀule le ɛʀ]
der **Rabatt** la remise; **fünf Prozent Rabatt** cinq pour cent de remise; **jemandem Rabatt geben** faire une remise à quelqu'un
der **Rabe** le corbeau
rabiat *Mensch* brutal(e)

> Nicht verwechseln mit *rapiat(e) – knauserig!*

die **Rache** la vengeance; **aus Rache** par vengeance
der **Racheakt** l'acte (*männlich*) de vengeance
der **Rachen** *eines Menschen* la gorge; *eines Löwen, Krokodils* la gueule
rächen ❶ venger *Menschen, Tat* ❷ **sich rächen** *Person:* se venger; *Leichtsinn:* se payer ❸ **sich an jemandem für einen Verrat rächen** se venger d'une trahison sur quelqu'un
das **Rad** ❶ la roue ❷ (*Fahrrad*) la bicyclette; **Rad fahren** aller à vélo; (*Radsport betreiben*) faire du vélo ▶ **das fünfte Rad am Wagen sein** être la cinquième roue du carrosse
das/der **Radar** le radar
die **Radarfalle** (*umgs.*) le contrôle-radar
das **Radargerät** le radar
die **Radarkontrolle** le contrôle-radar; **in eine Radarkontrolle geraten** être pris(e) par un radar
radeln (*umgs.*) faire du vélo; **in die Stadt radeln** aller en ville à vélo
der **Radfahrer** le cycliste
die **Radfahrerin** la cycliste
der **Radfahrweg** la piste cyclable
die **Radien** *Plural von* **Radius**
radieren (*mit dem Radiergummi*) gommer

der **Radiergummi** la gomme
das **Radieschen** le radis
radikal ❶ *Politiker* extrémiste ❷ *Bruch* radical(e); *Ablehnung* catégorique ❸ *vorgehen* de façon radicale
der **Radikale** l'extrémiste (*männlich*)
die **Radikale** l'extrémiste (*weiblich*)
der **Radikalismus** l'extrémisme (*männlich*)
das **Radio** la radio ⚠ *weiblich;* **Radio hören** écouter la radio; **im Radio** à la radio
radioaktiv ❶ *Strahlung* radioactif/radioactive ❷ **radioaktiv verseucht** contaminé(e)
die **Radioaktivität** la radioactivité
der **Radiorecorder** le radiocassette ⚠ *männlich*
der **Radius** le rayon
der **Radler** (*umgs.*) ❶ (*Radfahrer*) le cycliste ❷ (*Getränk*) le panaché
die **Radlerin** la cycliste
das **Radrennen** la course cycliste
der **Radweg** la piste cyclable
raffen ❶ (*umgs.: begreifen*) piger ❷ **etwas an sich raffen** mettre le grappin sur quelque chose ❸ (*in Falten legen*) plisser *Stoff* ❹ (*kürzen*) abréger *Text* ❺ (*einsammeln*) rafler
die **Raffinesse** ❶ **mit allen Raffinessen [ausgestattet]** hyperéquipé(e) ❷ (*Durchtriebenheit*) la ruse
raffiniert ❶ *Person* rusé(e) ❷ *Plan* astucieux/astucieuse ❸ *Speise* raffiné(e) ❹ *vorgehen* astucieusement
das **Rafting** ['ra:ftɪŋ] le rafting
die **Rage** ['ra:ʒə] ❶ (*Wut*) la rage; **jemanden in Rage bringen** mettre quelqu'un en rogne ❷ (*Erregung*) l'énervement (*männlich*)
ragen in die Luft ragen s'élever en l'air; **aus dem Wasser ragen** se dresser au-dessus de l'eau; **über das Gelände ragen** dépasser du terrain
der **Rahm** la crème
rahmen encadrer
der **Rahmen** ❶ *eines Bildes* le cadre ❷ *einer Tür, eines Fensters* l'encadrement (*männlich*) ❸ **im Rahmen der Untersuchungen** dans le cadre des analyses ▶ **im Rahmen des Möglichen** dans les limites de mes/ses/... moyens; **in kleinerem Rahmen** en petit comité; **aus dem Rahmen fallen** *Mensch:* se singulariser; *Kleidung, Musik:* sortir de l'ordinaire
die **Rakete** ❶ (*Feuerwerkskörper, Flugkörper*) la fusée ❷ (*Waffe*) le missile
die **Rallye** ['rɛli] le rallye [ʀali] ⚠ *männlich*
das **RAM** [ram] *Abkürzung von* **random access memory** (*in der Informatik*) la RAM

die Rakete

F Nicht verwechseln mit *la raquette* – *der Tennisschläger*; *der Schneeschuh*!

der **Ramadan** le ramadan; **den Ramadan** [*oder* **die Vorschriften des Ramadan**] **einhalten** observer le ramadan

rammen ❶ (*beschädigen, streifen*) emboutir *Fahrzeug* ❷ **etwas in den Boden rammen** enfoncer quelque chose dans le sol

die **Rampe** la rampe

das **Rampenlicht im Rampenlicht stehen** être sous les [feux des] projecteurs

ramponieren (*umgs.*) esquinter; **etwas ist ramponiert** quelque chose est en piteux état

der **Ramsch** (*umgs.*) la camelote

ran (*umgs.*) **jetzt aber ran!** allez, on y va!; **ran! allez!**

der **Rand** ❶ le bord ❷ *einer Stadt* la périphérie ❸ *einer Seite* la marge ❹ (*Stoffrand*) la bordure ▶ **am Rande** accessoirement

randalieren faire du grabuge

die **Randbemerkung** la remarque en passant

der **Rang** ❶ ([*soziale*] *Stellung*) le rang [social] ❷ (*Kategorie*) la valeur; **ein Ereignis ersten Ranges** un événement de premier ordre ❸ (*Dienstgrad*) le grade ❹ (*im Zuschauerraum*) le balcon ❺ (*im Sportstadion*) le gradin

rangehen (*umgs.*) ❶ (*sich nähern*) **an etwas rangehen** se rapprocher de quelque chose ❷ (*offensiv sein*) attaquer; **die geht aber ran!** elle n'y va pas par quatre chemins!

rangieren [ʀɑ̃'ʒiːʀən] aiguiller *Waggons*

die **Rangordnung** la °hiérarchie

ranken sich nach oben ranken *Pflanze:* grimper

rankommen (*umgs.*) ❶ (*erreichen können*) **an etwas rankommen** [arriver à] atteindre quelque chose ❷ (*Kontakt aufnehmen*) **an jemanden rankommen** arriver à approcher quelqu'un

ranmachen (*umgs.*) **sich an jemanden ranmachen** entreprendre quelqu'un; (*in sexueller Absicht*) draguer quelqu'un

der **Ranzen** (*Schulranzen*) le cartable

ranzig werden rancir; **das Öl ist ranzig geworden** l'huile a ranci

der **Rap** [ʀɛp] le rap [ʀap]

rapide ❶ *Entwicklung* rapide ❷ *sich entwickeln* rapidement

der **Rappe** le moreau

rappen ['ʀɛpən] rapper, raper

der **Rappen** le centime

der **Rapper** ['ʀɛpɐ] le rappeur, le rapeur [ʀapœʀ]

die **Rapperin** ['ʀɛpəʀɪn] la rappeuse, la rapeuse [ʀapøz]

der **Raps** le colza

rar *Vorkommen* rare; **rar werden** se raréfier

rarmachen (*umgs.*) **sich rarmachen** se faire rare

rasant ❶ *Fahrer* rapide; *Tempo* très rapide; *Entwicklung* fulgurant(e) ❷ *fahren* à toute vitesse; *sich entwickeln* de façon fulgurante

rasch ❶ *Tempo, Entwicklung* rapide ❷ *laufen, sich entwickeln* vite

rascheln *Laub:* frémir; *Papier:* faire entendre un froissement; **mit der Zeitung rascheln** froisser le journal

rasen ❶ *Fahrzeug:* rouler à toute allure; **gegen etwas rasen** s'écraser contre quelque chose ❷ *Zeit:* filer à toute allure ❸ *Herz, Puls:* battre à toute allure ❹ **vor Wut rasen** être fou/folle de rage

der **Rasen** ❶ le gazon ❷ (*Rasenplatz für Mannschaftsspiele*) la pelouse

rasend ❶ *Geschwindigkeit* fou/folle ❷ (*entfesselt*) *Person* furieux/furieuse; *Menschenmenge* déchaîné(e) ❸ *Schmerz* atroce; *Eifersucht* exacerbé(e); *Beifall* frénétique

der **Rasenmäher** la tondeuse à gazon

der **Raser** (*umgs.*) le cinglé du volant

die **Raserin** (*umgs.*) la cinglée du volant

der **Rasierapparat** le rasoir

rasieren raser; **sich rasieren** se raser

der **Rasierer** (*umgs.*) le rasoir

der **Rasierschaum** la mousse à raser

das **Rasierwasser** l'après-rasage (*männlich*)

raspeln râper

die **Rasse** la race

die **Rassel** ❶ (*Spielzeug*) le °hochet ❷ (*Musikinstrument*) les maracas (*männlich*)

V In ❷ wird der Singular *die Rassel* mit einem Plural übersetzt: *die Rassel gibt den Rhythmus an* – *les maracas marquent le rhytme*.

rasseln ❶ *Schlüssel, Kette:* cliqueter ❷ **mit**

etwas **rasseln** faire cliqueter quelque chose ❸ **durch die Prüfung rasseln** (*umgs.*) louper l'examen

die **Rassendiskriminierung** la discrimination raciale

der **Rassismus** le racisme

rassistisch raciste

die **Rast** la pause; [**eine**] **Rast machen** faire une °halte

die **Rastafrisur** la coiffure rasta

rastlos ❶ *Arbeit, Suche* sans relâche ❷ *Person* agité(e); *Leben* mouvementé(e) ❸ *arbeiten, forschen* inlassablement

der **Rastplatz** l'aire (*weiblich*) de repos équipée

die **Raststätte** le restoroute®

der **Rat**[1] (*Ratschlag*) le conseil; **jemanden um Rat fragen** demander conseil à quelqu'un; **jemandem einen Rat geben** donner un conseil à quelqu'un

der **Rat**[2] ❶ (*Gremium, Versammlung*) le conseil; (*Stadtrat*) le conseil municipal; **der Rat der Europäischen Union** le Conseil de l'Union européenne; **der Große Rat** CH le Grand Conseil ❷ (*Ratsmitglied*) le conseiller; (*Mitglied des Stadtrats*) le conseiller municipal

die **Rate** (*Abschlagszahlung*) la traite; **die monatliche Rate** la mensualité; **etwas auf Raten kaufen** acheter quelque chose à crédit; **etwas in Raten bezahlen** payer quelque chose à tempérament; (*in Monatsraten*) payer quelque chose par mensualités

raten ❶ jemandem etwas **raten** conseiller quelque chose à quelqu'un; **jemandem zu einem neuen Computer raten** conseiller un nouvel ordinateur à quelqu'un; **jemandem raten, die Bank zu wechseln** conseiller à quelqu'un de changer de banque ❷ (*erraten*) deviner; **rate mal!** (*umgs.*) devine!, devine un peu!

der **Ratgeber** ❶ (*Person*) le conseiller ❷ (*Buch*) le guide

das **Rathaus** l'hôtel (*männlich*) de ville; (*in kleineren Orten*) la mairie

die **Rätin** (*Ratsmitglied*) la conseillère; (*Mitglied des Stadtrats*) la conseillère municipale

die **Ration** la ration

rational (*gehoben*) ❶ *Denken* rationnel(le) ❷ *begründen* rationnellement; **denken** d'une façon rationnelle

rationalisieren ❶ *Firma:* prendre des mesures de rationalisation ❷ (*rationeller gestalten*) rationaliser *Produktion*

rationieren rationner

ratlos *Person, Blick* perplexe; **völlig ratlos sein** être désemparé(e); **ratlos dreinschauen** être perplexe

rätoromanisch rhéto-roman(e)

ratsam opportun(e)

der **Ratschlag** le conseil; **spar dir deine Ratschläge!** épargne-moi tes conseils!

das **Rätsel** ❶ (*Unerklärliches*) l'énigme (*weiblich*) [enigm] ❷ (*Ratespiel*) l'énigme (*weiblich*), la devinette

rätselhaft *Person, Lächeln* énigmatique; *Umstände* mystérieux/mystérieuse; **das ist mir rätselhaft** c'est une énigme pour moi

die **Ratte** le rat ⚠ *männlich*

der **Rattenbekämpfer**, der **Rattenjäger** le dératiseur

die **Rattenbekämpferin**, die **Rattenjägerin** la dératiseuse

rattern *Maschine:* pétarader

rau ❶ *Haut, Putz, Oberfläche* rugueux/rugueuse ❷ *Stimme* rauque ❸ *Gegend* rude; *Klima* rigoureux/rigoureuse ❹ *Umgangston* grossier/grossière

der **Raub** ❶ le vol [à main armée] ❷ (*Menschenraub*) le rapt [ʀapt] ❸ (*Beute*) le butin

rauben ❶ (*stehlen*) voler; **jemandem Schmuck rauben** voler des bijoux à quelqu'un ❷ (*entführen*) enlever *Baby, Kind* ❸ **jemandem den Schlaf rauben** faire perdre le sommeil à quelqu'un

der **Räuber** le brigand

die **Raubkopie** la copie pirate

der **Raubmord** le crime crapuleux

das **Raubtier** le carnassier

der **Raubüberfall** l'attaque (*weiblich*) à main armée

der **Raubvogel** l'oiseau (*männlich*) de proie

der **Rauch** la fumée

rauchen fumer

der **Raucher** le fumeur

die **Raucherin** la fumeuse

rauchig ❶ *Zimmer* enfumé(e) ❷ *Stimme* rauque

rauf (*umgs.*) **los, rauf!** (*wenn der Gesprächspartner geduzt wird*) allez °hop, monte là-dessus!; (*wenn der Gesprächspartner gesiezt wird*) allez °hop, montez là-dessus!; *siehe auch* **herauf; hinauf**

raufen ❶ (*kämpfen, sich balgen*) se battre; **mit jemandem raufen** se battre avec quelqu'un ❷ **sich um etwas raufen** se bagarrer pour avoir quelque chose

die **Rauferei** la rixe

der **Raum** ❶ (*Zimmer*) la pièce ❷ (*nutzbarer Platz*) l'espace (*männlich*); **Raum für etwas schaffen** faire de la place pour quelque chose ❸ (*Weltraum*) l'espace (*männlich*)

räumen ① (*wegnehmen*) enlever; **etwas vom Tisch/aus dem Weg räumen** enlever quelque chose de la table/du passage ② (*einräumen*) **etwas in das Regal räumen** ranger quelque chose sur les étagères ③ (*beseitigen*) enlever *Minen* ④ (*frei machen*) libérer *Wohnung;* évacuer *Straße*
die **Raumfahrt** la navigation spatiale
räumlich ① *Darstellung* dans l'espace; **das räumliche Sehen** la vision stéréoscopique ② **räumlich sehen** avoir une vision stéréoscopique ③ **räumlich beengt sein** être à l'étroit
die **Raumsonde** la sonde spatiale
die **Raumstation** la station orbitale
die **Raupe** ① la chenille ② (*Planierraupe*) le bulldozer
der **Raureif** la gelée blanche
raus (*umgs.*) **raus [mit dir]!** [toi,] du balai!; *siehe auch* **heraus; hinaus**
der **Rausch** ① l'ivresse (*weiblich*); **einen Rausch haben** être ivre ② (*gehoben: Ekstase*) la griserie
rauschen ① *Wind, Meer:* mugir; *Wasserfall:* gronder; *Blätter:* bruire; *Lautsprecherbox:* grésiller ② **aus dem Zimmer rauschen** sortir en trombe de la pièce
das **Rauschgift** la drogue; **Rauschgift nehmen** se droguer; (*drogensüchtig sein*) être drogué(e)
rauschgiftsüchtig toxicomane
rauskriegen (*umgs.*) finir par trouver *Lösung, Adresse*
räuspern sich räuspern se racler la gorge
rausschmeißen jemanden rausschmeißen (*umgs.*) flanquer quelqu'un à la porte; (*entlassen*) virer quelqu'un
die **Raute** le losange
die **Razzia** la rafle
das **Reagenzglas** l'éprouvette (*weiblich*)
reagieren (*auch in der Chemie*) réagir; **auf etwas/mit etwas reagieren** réagir à quelque chose
die **Reaktion** (*auch in der Chemie*) la réaction
reaktionär réactionnaire
der **Reaktionär** ① (*reaktionär eingestellter Mensch*) l'homme (*männlich*) réactionnaire ② (*reaktionärer Politiker*) l'homme (*männlich*) politique réactionnaire
die **Reaktionärin** ① (*reaktionär eingestellter Mensch*) la femme réactionnaire ② (*reaktionärer Politiker*) la femme politique réactionnaire
der **Reaktor** le réacteur
real (*gehoben*) ① *Welt* réel(le) ② existieren réellement

realisieren réaliser *Projekt*
der **Realist** le réaliste
die **Realistin** la réaliste
realistisch ① *Einschätzung* réaliste ② *einschätzen* avec réalisme ③ *schreiben, malen* de manière réaliste
die **Realität** ① la réalité ② Ⓐ (*Immobilie*) **die Realitäten** les immeubles (*männlich*)
das **Reality-TV** [rɪˈɛlɪtɪ-tivi] la télé-réalité, la télé-vérité
die **Realschule** ≈ le collège
der **Rebell** le rebelle
rebellieren se rebeller; **gegen jemanden/gegen etwas rebellieren** se rebeller contre quelqu'un/contre quelque chose
die **Rebellin** la rebelle
die **Rebellion** la rébellion
der **Rechen** le râteau
die **Rechenaufgabe** (*Übung*) le problème d'arithmétique; (*Hausaufgabe*) le calcul
die **Rechenschaft Rechenschaft über etwas ablegen** rendre des comptes au sujet de quelque chose; **man muss ihn für seine Taten zur Rechenschaft ziehen** il faut lui demander des comptes au sujet de ses actes
das **Rechenzentrum** le centre informatique
rechnen ① calculer; **richtig rechnen** calculer juste; **falsch rechnen** calculer de travers; **an einer Aufgabe rechnen** calculer un problème ② (*veranschlagen*) **200 Gramm Fisch pro Person rechnen** compter 200 grammes de poisson par personne ③ **jemanden zu den Besten rechnen** compter quelqu'un parmi les meilleurs ④ [**fest**] **mit jemandem rechnen** compter sur quelqu'un; **wir müssen damit rechnen, dass es morgen regnet** il faut s'attendre à ce qu'il pleuve demain ⑤ **sich rechnen** être rentable
der **Rechner** ① (*Person*) le calculateur; **ein guter Rechner sein** être bon en calcul ② (*Computer*) l'ordinateur (*männlich*)
rechnergesteuert informatise(é)
die **Rechnerin** la calculatrice; **sie ist eine gute Rechnerin** elle est bonne en calcul
die **Rechnung** ① (*in einem Geschäft, einem Handwerksbetrieb*) la facture; (*im Restaurant*) l'addition (*weiblich*), la note; (*im Hotel*) la note; **etwas auf die Rechnung setzen** (*in einem Geschäft, einem Handwerksbetrieb*) rajouter quelque chose sur la facture; (*im Restaurant, im Hotel*) rajouter quelque chose sur l'addition/sur la note ② (*das Rechnen*) le calcul; **deine Rechnung stimmt nicht** ton compte n'est pas bon

V In ① gibt es keine gemeinsame Übersetzung für die unterschiedlichen Arten von Rechnungen.

recht ① *Ort* bon/bonne; *Augenblick* opportun(e) ② **ganz recht!** très juste! ③ **das ist mir gar nicht recht!** ça ne me convient pas du tout! ④ **wenn ich dich recht verstehe,** ... si je te comprends bien ...; **ich weiß nicht recht** je ne sais pas trop ⑤ **recht spät** très tard ▶ **das geschieht ihm/ihr recht!** c'est bien fait pour lui/pour elle!; **es jemandem recht machen** arriver à contenter quelqu'un; **nach dem Rechten sehen** vérifier que tout va bien

das **Recht** ① (*rechtliche Regelung*) le droit; **das Recht missachten** ne pas respecter la loi ② (*Anrecht*) **ein Recht auf etwas haben** avoir droit à quelque chose ▶ **das ist dein gutes Recht** c'est ton bon droit; **jemandem Recht geben** donner raison à quelqu'un; **Recht haben** avoir raison; **zu Recht** à juste titre

der **Rechte** ① (*rechts eingestellter Mensch*) l'homme *(männlich)* de droite ② (*rechter Politiker*) l'homme *(männlich)* politique de droite

die **Rechte** ① (*rechte Hand*) la main droite ② (*beim Boxen*) la droite ③ (*rechts eingestellter Mensch*) la femme de droite ④ (*rechte Politikerin*) la femme politique de droite ⑤ (*das rechte Spektrum*) la droite ▶ **zu seiner Rechten** (*gehoben*) à sa droite; **zur Rechten** à droite

rechte(r, s) ① *Hand, Bein, Hälfte* droit(e); **die rechte Seite** *einer Straße* le côté droit; *eines Kleidungsstücks, Stoffes* l'endroit *(männlich)*; *eines Buchs, Hefts* la page de droite ② **eine rechte Masche** une maille à l'endroit ③ *Politiker, Partei* de droite

das **Rechteck** le rectangle

rechteckig rectangulaire

rechtfertigen ① justifier *Tat, Fehler* ② **sich rechtfertigen** se justifier; **sich für seine Taten rechtfertigen** se justifier de ses actes

die **Rechtfertigung** la justification

rechthaberisch qui veut toujours avoir raison; **er/sie ist rechthaberisch** il/elle veut toujours avoir raison

rechtlich juridique

rechtmäßig ① *Besitzer, Erbe* légitime ② *Vorgehen, Entscheidung* légal(e)

rechts ① à droite; **rechts oben** en °haut à droite; **rechts von dir** à ta droite; **rechts hinter mir** à droite derrière moi; **sich rechts einordnen** se mettre sur la file de droite; **von rechts nach links** de droite à gauche ② [**nach**] **rechts abbiegen** tourner à droite ③ **rechts schreiben** écrire de la main droite ④ **etwas von rechts bügeln** repasser quelque chose sur l'endroit ⑤ **rechts wählen** voter à droite ⑥ **rechts des Rheins** à droite du Rhin

der **Rechtsanwalt** l'avocat *(männlich)*
die **Rechtsanwältin** l'avocate *(weiblich)*

rechtschaffen ① *Person* honnête ② *leben* avec honnêteté

die **Rechtschreibung** l'orthographe *(weiblich)*

rechtsextremistisch d'extrême droite

der **Rechtshänder** le droitier
die **Rechtshänderin** la droitière

rechtsherum *sich drehen* de gauche à droite; *fahren* à droite

rechtskräftig *Beschluss* qui a force de loi; *Urteil* exécutoire

rechtsradikal d'extrême droite

rechtsrum →**rechtsherum**

der **Rechtsstaat** l'État *(männlich)* de droit

der **Rechtsverkehr** la conduite à droite

rechtswidrig illégal(e)

rechtwinklig *Dreieck* rectangle

rechtzeitig ① *Ankunft* à l'heure; *Anmeldung* en temps voulu ② *da sein* à l'heure [fixée]; *erfolgen* en temps voulu

das **Reck** la barre fixe
der **Recorder** →**Rekorder**

recyceln [ri'saikln] recycler
das **Recycling** [ri'saiklɪŋ] le recyclage
der **Redakteur** le rédacteur
die **Redakteurin** la rédactrice
die **Redaktion** la rédaction
der **Redaktor** CH le rédacteur
die **Redaktorin** CH la rédactrice

die **Rede** ① le discours; **eine Rede halten** faire un discours ② **wovon ist die Rede?** de quoi est-il question? ③ (*in der Grammatik*) **die direkte/indirekte Rede** le discours direct/indirect ▶ **davon kann keine Rede sein!** il n'en est pas question!; **das ist nicht der Rede wert** ça ne vaut pas la peine d'en parler; **jemanden zur Rede stellen** demander des explications à quelqu'un

reden ① parler; **laut reden** parler °haut; **viel reden** parler beaucoup ② **mit jemandem über etwas reden** parler avec quelqu'un de quelque chose; **mit sich selbst reden** parler tout seul/toute seule; **wir reden nicht mehr miteinander** nous ne nous parlons plus ③ (*tratschen*) **über jemanden reden** raconter des choses sur quelqu'un ④ (*äußern*) dire *Unsinn* ▶ **er hat gut reden** pour lui, c'est facile à dire; **mit**

sich reden <u>lassen</u> revenir sur sa décision; **nicht mit sich reden** <u>lassen</u> être intransigeant(e)
die **Redewendung** la tournure
der **Redner** l'orateur *(männlich)*
die **Rednerin** l'oratrice *(weiblich)*
reduzieren réduire; **seine Ausgaben auf ein Minimum reduzieren** réduire ses dépenses <u>au</u> minimum
die **Reederei** la compagnie maritime
reell ❶ *Chance* véritable ❷ *Preis* honnête
das **Referat** ❶ l'exposé *(männlich)*; **ein Referat über etwas halten** <u>faire</u> un exposé sur quelque chose ❷ *(Abteilung)* le service
der **Referendar** ≈ le stagiaire
die **Referendarin** ≈ la stagiaire
der **Referent** *(Redner)* le conférencier
die **Referentin** *(Rednerin)* la conférencière
referieren *(gehoben)* faire un exposé; **über jemanden/über etwas referieren** faire un exposé sur quelqu'un/sur quelque chose
der **Reflektor** *(in Scheinwerfern, an Schulranzen)* le réflecteur; *(am Fahrrad)* le cataphote®
der **Reflex** ❶ *(spontane Reaktion)* le réflexe ❷ *(Lichtreflex)* le reflet
reflexiv *Pronomen* réfléchi(e); *Verb* pronominal(e)
die **Reform** la réforme
die **Reformation** *(in der Geschichte)* la Réforme
das **Reformhaus** le magasin de produits naturels
reformieren réformer
der **Refrain** [rəˈfrɛ̃ː, reˈfrɛ̃ː] le refrain [RəfRɛ̃]
das **Regal** ❶ l'étagère *(weiblich)* ❷ *(Bücherregal)* la bibliothèque ❸ *(im Supermarkt)* le rayon
rege *Betrieb, Tätigkeit* intense; *Nachfrage* fort(e); *Anteilnahme, Fantasie* vif/vive; *Beteiligung* actif/active
die **Regel** ❶ la règle; **sich an die Regeln halten** s'en tenir aux règles ❷ *(Menstruation)* les règles *(weiblich)* ▶ **in der Regel** en règle générale

V In ❷ wird der Singular *die Regel* mit einem Plural übersetzt: *ihre Regel <u>hat</u> gerade angefangen – ses règles <u>viennent</u> de commencer.*

regelmäßig ❶ *Abstände, Mahlzeiten* régulier/régulière ❷ *Verstöße* répété(e) ❸ **die Proben finden regelmäßig statt** les répétitions ont lieu régulièrement; **er vergisst regelmäßig seine Schlüssel** il oublie très régulièrement ses clés
regeln ❶ régler *Verkehr, Angelegenheit, Temperatur* ❷ réglementer *Zusammenleben,*

Ablauf; siehe auch **geregelt**
regelrecht ❶ **das ist regelrechter Unsinn!** c'est une véritable connerie! ❷ *dumm* vraiment
die **Regelung** ❶ la régulation ❷ *(Vereinbarung)* la convention
die **Regelwidrigkeit** *(im Sport)* la faute
regen sich regen *Lebewesen:* bouger; *Gefühle:* s'éveiller; *Zweifel:* naître
der **Regen** la pluie; **es wird Regen geben** il va pleuvoir; **der saure Regen** <u>les</u> pluies acides ▶ **jemanden im Regen stehen lassen** *(umgs.)* laisser quelqu'un en plan

V Der Singular *der saure Regen* wird mit einem Plural übersetzt: *der saure Regen schadet den Wäldern – les pluies acides <u>sont</u> nuisibles aux forêts.*

der **Regenbogen** l'arc-en-ciel *(männlich)*
die **Regenbogenpresse** la presse à sensation
regenerieren régénérer; **sich regenerieren** se régénérer
der **Regenmantel** l'imperméable *(männlich)*
der **Regenschirm** le parapluie
die **Regentonne** la citerne
der **Regentropfen** la goutte de pluie
der **Regenwald der tropische Regenwald** la forêt équatoriale
der **Regenwurm** le ver de terre
die **Regenzeit** la saison <u>des</u> pluies
die **Regie** [reˈʒiː] *(im Theater)* la mise en scène; *(beim Film, Fernsehen)* la réalisation; **Regie führen** être chargé(e) de la mise en scène/de la réalisation; **unter der Regie von ...** sous la direction de ... ▶ **in eigener Regie** tout(e) seul(e)

F Nicht verwechseln mit *la régie – der Regieraum; das staatliche Unternehmen!*

regieren ❶ *(in einer Demokratie)* gouverner; **ein Land regieren** gouverner un pays ❷ *(in einer Monarchie, einer Diktatur)* régner; **ein Land regieren** régner <u>sur</u> un pays
die **Regierung** ❶ *(Kabinett)* le gouvernement ❷ *(Regierungsgewalt)* le pouvoir; **an der Regierung sein** être au pouvoir
der **Regierungschef** le chef du gouvernement
die **Regierungschefin** la chef du gouvernement
die **Regierungspartei** le parti au pouvoir
der **Regierungsrat** ❶ le grade de °haut fonctionnaire équivalent à celui d'un attaché de deuxième classe ❷ 🇨🇭 *(Kantonsregierung)* le Conseil d'État; *(Mitglied der Kantonsregierung)* le membre du Conseil d'État
die **Regierungsrätin** ❶ le grade de °haut fonctionnaire équivalent à celui d'un attaché de

deuxième classe ❷ ⒞⒣ (*Mitglied der Kantonsregierung*) la membre du Conseil d'État
der **Regierungssprecher** le porte-parole du gouvernement
die **Regierungssprecherin** la porte-parole du gouvernement
das **Regime** [reˈʒiːm] le régime
das **Regiment** (*beim Militär*) le régiment ▸ **ein strenges Regiment führen** exercer un pouvoir autoritaire
die **Region** la région
regional ❶ *Unterschiede* régional(e) ❷ **das ist regional unterschiedlich** cela varie selon les régions
der **Regisseur** [reʒɪˈsøːɐ̯] (*beim Theater*) le metteur en scène; (*beim Film, Fernsehen*) le réalisateur

F Nicht verwechseln mit *le régisseur – der Aufnahmeleiter; der Inspizient!*

die **Regisseurin** [reʒɪˈsøːrɪn] (*beim Theater*) la metteuse en scène; (*beim Film, Fernsehen*) la réalisatrice
das **Register** ❶ (*Stichwortverzeichnis*) l'index (*männlich*) ❷ *einer Orgel* le jeu d'orgue[s]
registrieren enregistrer
reglos immobile
regnen pleuvoir; **es regnet** il pleut
regnerisch pluvieux/pluvieuse
regulär *Gehalt, Arbeitszeit* réglementaire; *Preis, Tarif* normal(e)
regulieren régler *Temperatur, Verkehr*
die **Regung** ❶ (*Bewegung*) le mouvement ❷ (*Empfindung*) l'émotion (*weiblich*)
regungslos immobile
das **Reh** le chevreuil [ʃəvʁœj]
rehabilitieren (*gehoben*) ❶ réinsérer *Straffälligen, Behinderten*; rééduquer *Kranken* ❷ (*nach einer Ehrverletzung*) réhabiliter; **sich rehabilitieren** se réhabiliter
die **Reibe**, das **Reibeisen** la râpe
der **Reibekuchen** la galette de pommes de terre [râpées]
reiben ❶ frotter *Hände, Gegenstand*; **etwas trocken reiben** sécher quelque chose en frottant; **sich die Augen/die Hände reiben** se frotter les yeux/les mains ❷ râper *Möhren, Käse*
die **Reibung** le frottement
reibungslos sans problème
reich ❶ (*wohlhabend*) riche ❷ *Ernte* abondant(e); **reich an Vitaminen** riche en vitamines ❸ *beschenken, verziert* richement
das **Reich** ❶ (*Imperium*) l'empire (*männlich*); **das Dritte Reich** le IIIᵉ Reich [lə tʁwazjɛm ʁaiʃ]
❷ (*Königreich, Bereich*) le royaume ❸ **das Reich der Tiere** le règne animal
der **Reiche** le riche
die **Reiche** la riche
reichen ❶ *Geld, Vorräte*: suffire; **es reicht [mir], wenn du es mir morgen zurückgibst** ça [me] suffit si tu me le rends demain ❷ **bis an die Decke reichen [können]** arriver jusqu'au plafond ❸ **von hier bis zum Horizont reichen** aller d'ici jusqu'à l'horizon ❹ **jemandem die Butter reichen** passer le beurre à quelqu'un; **jemandem die Hand reichen** tendre la main à quelqu'un ❺ **weit reichend** *Entscheidungen, Konsequenzen* d'une importance capitale ▸ **jetzt reicht's mir [aber]!** (*umgs.*) maintenant ça suffit [comme ça]!
reichhaltig ❶ *Angebot* varié(e) ❷ *Mahlzeit* copieux/copieuse
reichlich ❶ *Vorräte* abondant(e); *Mahlzeit* copieux/copieuse; *Belohnung* fort(e) ❷ **es ist noch reichlich Käse da** il y a encore des tonnes de fromage ❸ (*umgs.: ziemlich*) plutôt
der **Reichtum** ❶ la richesse; **zu Reichtum kommen** faire fortune ❷ (*Besitz*) **die Reichtümer** les richesses (*weiblich*); **keine Reichtümer besitzen** ne pas être riche
die **Reichweite** la portée; **in Reichweite sein** être à portée de [la] main; **außer Reichweite sein** être °hors de portée
reif ❶ *Frucht* mûr(e); **reif werden** mûrir ❷ *Frau, Mann* d'âge mûr ❸ *Leistung* remarquable ❹ **die Zeit ist reif für Veränderungen** c'est le moment de changer les choses
der **Reif**¹ (*Raureif*) la gelée blanche
der **Reif**² ❶ (*Armreif*) le bracelet ❷ (*Haarreif*) le serre-tête
die **Reife** ❶ (*das Reifen*) *einer Frucht* le mûrissement ❷ (*Reifezustand*) la maturité ▸ **die mittlere Reife** ≈ le brevet des collèges
reifen (*auch übertragen*) mûrir; **gereift** *Persönlichkeit* mûr(e)
der **Reifen** le pneu; **den Reifen wechseln** changer de roue
die **Reihe** ❶ (*Aufreihung, Sitzreihe*) le rang; **sich in einer Reihe aufstellen** se mettre en rang ❷ *von Häusern, Stühlen* la rangée ❸ *von Ziffern* la série ❸ (*größere Menge*) la série; **eine ganze Reihe von Fragen** toute une série de questions ▸ **du bist an der Reihe** c'est ton tour; **ein Problem auf die Reihe kriegen** (*umgs.*) venir à bout d'un problème; **aus der Reihe tanzen** (*umgs.*) ne pas faire comme tout le monde; **der Reihe nach** (*einer nach*

Qu'est-ce que c'est en français?

Thomas und Julien kommen aus Toulouse und sie fahren nach Brüssel.	Thomas et Julien viennent de Toulouse et ils vont à Bruxelles.
Gute **Reise**!	Bon **voyage**!
In Bordeaux steigen Emma und Antoine in den TGV nach Paris ein.	A Bordeaux, Emma et Antoine montent dans le TGV à destination de Paris.
Thomas und Julien müssen in Paris umsteigen.	Thomas et Julien doivent changer de train à Paris.
Wann fährt unser Zug?	Notre train part à quelle heure?
Schauen wir [doch] auf den Fahrplan!	Regardons les horaires!
In den Gängen [= Fluren] der Metrostation hören die Reisenden von weitem die Musik von Zebda.	Dans les couloirs de la station de métro, les voyageurs entendent de loin la musique de Zebda.

dem anderen) l'un(e) après l'autre
die **Reihenfolge** l'ordre *(männlich)*; **in alphabetischer Reihenfolge** par ordre alphabétique
der **Reiher** le °héron
  reihum ❶ **reihum in die Hände klatschen** battre des mains à tour de rôle ❷ **etwas reihum gehen lassen** faire tourner quelque chose
der **Reim** la rime; **ein Reim auf -ung** une rime en -ung ▶ **sich keinen Reim auf etwas machen können** *(umgs.)* ne pas piger quelque chose
  reimen sich reimen rimer; **sich mit etwas/auf etwas reimen** rimer avec quelque chose
  rein[1] ❶ *Gold, Klang* pur(e); **das ist reine Wolle** c'est de la pure laine ❷ *(sauber) Luft, Wasser* pur(e); *Wäsche* propre; *Haut* sain(e) ❸ **das war reiner Zufall** c'était le pur °hasard ❹ **eine reine Wohngegend** un quartier purement résidentiel ❺ *theoretisch, persönlich* purement ▶ **rein gar nichts** *(umgs.)* absolument rien
  rein[2] *(umgs.: herein)* **los, rein!** *(wenn man duzt)* allez, entre!; *(wenn man siezt)* allez, entrez!; *siehe auch* **herein; hinein**
der **Reinfall** *(umgs.)* le bide
  reinfallen *(umgs.: getäuscht oder enttäuscht werden)* tomber dans le panneau; **auf jemanden reinfallen** se faire avoir par quelqu'un; **auf etwas reinfallen** se faire avoir avec quelque chose
  reinhauen *(umgs.)* ❶ **jemandem eine reinhauen** flanquer une gifle à quelqu'un, éclater quelqu'un ❷ *(beim Essen)* **ordentlich reinhauen** bâfrer; **hau rein!** sers-toi copieusement!
  reinigen nettoyer; **etwas chemisch reinigen lassen** faire nettoyer quelque chose à

sec
die **Reinigung** ❶ le nettoyage ❷ *(Reinigungsbetrieb)* le pressing; **die chemische Reinigung** le nettoyage à sec
  reinlegen *(umgs.)* arnaquer; **man hat dich reingelegt!** tu t'es fait avoir!
  reinziehen *(umgs.)* ❶ **jemanden in eine Sache [mit] reinziehen** embarquer quelqu'un dans une affaire ❷ **sich ein Bier/eine Pizza reinziehen** s'envoyer une bière/une pizza; **sich einen Film reinziehen** se taper un film
der **Reis** le riz; **Reis kochen** [*oder* **machen**] faire du riz
die **Reise** ❶ le voyage; **eine Reise nach Italien machen** faire un voyage en Italie; **auf Reisen gehen** partir en voyage; **gute Reise!** bon voyage! ❷ *(Geschäftsreise)* le déplacement
das **Reisebüro** l'agence *(weiblich)* de voyages
der **Reiseleiter** le guide
die **Reiseleiterin** la guide
  reisen voyager; **nach Spanien reisen** voyager en Espagne; **mit der Bahn reisen** voyager en train
der **Reisende** le voyageur
die **Reisende** la voyageuse
der **Reisepass** le passeport
die **Reiseroute** l'itinéraire *(männlich)*
die **Reisezeit** la saison touristique
das **Reisig** le bois mort
das **Reisigbündel** le fagot
  reißen ❶ *Papier, Stoff:* se déchirer; *Faden:* casser ❷ **er hat mir das Buch aus den Händen gerissen** il m'a arraché le livre des mains ❸ **jemanden [mit sich] zu Boden reißen** entraîner quelqu'un [avec soi] au sol ❹ **etwas aus dem Zusammenhang rei-**

ßen détacher quelque chose de son contexte ⑤ **jemanden aus seinen Gedanken/aus dem Schlaf reißen** arracher quelqu'un à ses pensées/à son sommeil ⑥ **die Macht an sich reißen** s'emparer du pouvoir ⑦ **sich um jemanden reißen** (*umgs.*) se battre pour avoir quelqu'un; **sich um etwas reißen** (*umgs.*) s'arracher quelque chose
reißend ① *Fluss, Strömung* déchainé(e) ② **reißenden Absatz finden** se vendre comme des petits pains
der **Reißverschluss** la fermeture éclair®
reiten ① faire du cheval ② **auf einem Kamel durch die Wüste reiten** traverser le désert à dos de chameau
der **Reiter** le cavalier
die **Reiterin** la cavalière
der **Reitsport** le sport hippique
der **Reiz** ① le charme; **einen großen Reiz auf jemanden ausüben** être très attirant(e) pour quelqu'un ② (*Sinnesreiz*) le stimulus
reizbar *Person* irritable
reizen ① (*locken*) **jemanden reizen** *Angebot:* être tentant(e) pour quelqu'un; **es reizt mich, hinzugehen** je suis tenté(e) d'y aller ② (*verärgern*) provoquer *Person, Tier* ③ (*irritieren*) irriter *Haut, Magen* ④ **jemanden zum Lachen reizen** provoquer le rire chez quelqu'un; **das reizt zum Lachen** ça provoque le rire; **jemanden zum Weinen reizen** provoquer les larmes chez quelqu'un; **das reizt zum Weinen** ça provoque les larmes
reizend *Mensch* charmant(e); *Anblick* ravissant(e); **das ist [ganz] reizend von dir** c'est [très] gentil de ta part
reizvoll *Anblick, Landschaft* plein(e) de charme; *Angebot, Aufgabe* alléchant(e)
die **Reklamation** la réclamation
die **Reklame** ① (*Werbung*) la réclame; **für etwas Reklame machen** faire de la réclame pour quelque chose ② (*Werbematerial*) la publicité
reklamieren réclamer; **etwas reklamieren** réclamer au sujet de quelque chose
rekonstruieren reconstituer *Geschehen, Tempel*
der **Rekord** le record; **ein Rekord im Hochsprung** un record en saut en °hauteur; **einen Rekord aufstellen** établir un record; **einen Rekord brechen** battre un record
der **Rekorder** ① (*Kassettenrekorder*) le magnétophone, le magnéto ② (*Videorekorder*) le magnétoscope
der **Rekrut** la recrue ⚠ *weiblich*

> Ⓖ Die Übersetzung ist weiblich und wird sowohl für Männer als auch für Frauen verwendet: *der neue Rekrut – la nouvelle recrue.*

die **Rekrutin** la recrue
der **Rektor** ① *einer Schule* ≈ le directeur ② *einer Universität* le recteur
das **Rektorat** ① *einer Schule* le bureau du directeur ② *einer Universität* le rectorat
die **Rektorin** ① *einer Schule* ≈ la directrice; *eines Gymnasiums* ≈ la proviseur ② *einer Universität* le recteur

> Ⓖ Für die zweite Wortbedeutung, die in ② behandelt wird, gibt es im Französischen keine Femininform: *guten Tag, Frau Rektorin! – bonjour, madame le recteur!*

relativ ① *Größe, Begriff* relatif/relative ② *warm, weit* relativement
der **Relativsatz** (*in der Grammatik*) la proposition relative
relaxen [ri'lɛksn̩] (*umgs.*) se relaxer
das **Relief** [re'liɛf] le relief
die **Religion** ① la religion ② (*Religionsunterricht*) ≈ l'instruction (*weiblich*) religieuse

> Ⓛ An den staatlichen Schulen in Frankreich gibt es keinen Religionsunterricht. Die Unterweisung in christlicher Religionslehre findet in kirchlichen Einrichtungen statt. (Siehe auch die Erläuterung beim französischen Stichwort *laïcité.*)

religiös ① *Anschauungen, Erziehung* religieux/religieuse ② *Mensch, Elternhaus* pieux/pieuse ③ *erziehen* religieusement; *beeinflussen, prägen* par la religion
die **Renaissance** [rənɛˈsãːs] la Renaissance
das **Rendezvous** [rãde'vuː] le rendez-vous [galant]
die **Rendite** le taux de rendement, le rendement
die **Rennbahn** (*im Pferdesport*) l'hippodrome (*männlich*); (*im Motorsport*) le circuit; (*im Radsport*) le vélodrome
rennen ① courir; **sie ist zur Bushaltestelle gerannt** elle a couru à l'arrêt du bus ② **dauernd zum Arzt rennen** (*umgs.*) être toujours fourré(e) chez le médecin ③ (*prallen*) **mit dem Kopf gegen die Tür rennen** se cogner la tête contre la porte
das **Rennen** (*Autorennen*) la course automobile; (*Pferderennen*) la course de chevaux; (*Radrennen*) la course cycliste ▶ **gut im Rennen liegen** (*umgs.*) être très bien placé(e); **das Rennen machen** (*umgs.*) emporter le morceau
der **Rennfahrer** ① (*Autorennfahrer*) le pilote de course ② (*Radrennfahrer*) le coureur cycliste

die **Rennfahrerin** ① (*Autorennfahrerin*) la pilote de course ② (*Radrennfahrerin*) la coureuse cycliste
das **Rennpferd** le cheval de course
renovieren rénover *Zimmer, Haus;* ravaler *Fassade*
die **Renovierung** *eines Zimmers, Hauses* la rénovation; *einer Fassade* le ravalement
die **Rente** la retraite, la pension de retraite; **in Rente gehen** prendre sa retraite
die **Rentenversicherung** l'assurance *(weiblich)* retraite
rentieren sich rentieren être rentable
der **Rentner** le retraité
die **Rentnerin** la retraitée
die **Reparatur** la réparation; **etwas zur Reparatur geben** donner quelque chose à réparer
reparieren réparer
die **Reportage** [rɔpɔr'ta:ʒə] le reportage ⚠ *männlich*
der **Reporter** le reporter [Rəpɔrtɛr]
die **Reporterin** la reportrice [Rəpɔrtʀis]
repräsentativ ① *Auswahl* représentatif/représentative ② *vertreten* de façon représentative
repräsentieren (*gehoben*) représenter
die **Reproduktion** la reproduction
das **Reptil** le reptile
die **Republik** ① la république ② **die Republik Frankreich** la République française
der **Republikaner** ① (*in Deutschland*) le membre ou le militant d'un parti d'extrême droite ② (*in den USA*) le républicain
die **Republikanerin** ① (*in Deutschland*) le membre ou la militante d'un parti d'extrême droite ② (*in den USA*) la républicaine
die **Reserve** (*Vorrat, Zurückhaltung*) la réserve; **etwas in Reserve haben** avoir quelque chose en réserve ▸ **jemanden aus der Reserve locken** faire sortir quelqu'un de sa réserve
der **Reservekanister** le bidon de réserve
das **Reserverad** la roue de secours
reservieren réserver
die **Reservierung** la réservation
die **Reset-Taste** ['ri:sɛttastə] (*in der Informatik*) la touche "reset"
die **Residenz** la résidence
resignieren se résigner; **er hat resigniert** il s'est résigné
resolut ① *Person, Auftreten* résolu(e) ② *auftreten* résolument
die **Resonanz** ① (*in der Musik*) la résonance ② (*Reaktion, Zuspruch*) l'écho *(männlich)* [eko]; **auf große Resonanz stoßen** rencontrer un écho très positif
der **Respekt** le respect [Rɛspɛ]; **vor jemandem/vor etwas Respekt haben** avoir du respect pour quelqu'un/pour quelque chose; **sich Respekt verschaffen** se faire respecter
respektieren respecter
respektlos ① *Verhalten* irrespectueux/irrespectueuse ② *sich verhalten* avec irrespect
respektvoll ① *Verhalten, Abstand* respectueux/respectueuse ② *grüßen* respectueusement
das **Ressort** [rɛ'so:ɐ̯] ① le ressort; **das ist mein Ressort** c'est de mon ressort ② (*Abteilung*) le département
der **Rest** le reste ▸ **jemandem den Rest geben** (*umgs.*) achever quelqu'un
das **Restaurant** [rɛsto'rã:] le restaurant
restaurieren restaurer
restlich *Betrag* restant(e); **der restliche Urlaub** le reste des vacances
restlos ① *beseitigen* totalement; *aufessen* sans en laisser de reste ② *erledigt, begeistert* complètement; *glücklich* parfaitement
das **Resultat** le résultat
das **Resümee** (*gehoben*) ① (*Fazit*) la conclusion; ② (*Zusammenfassung*) le résumé
das **Retortenbaby** [rɛ'tɔrtənbe:bi] le bébé-éprouvette
retour [rɛ'tu:ɐ̯] Ⓐ, ⓒⒽ ① **einmal nach Basel und [wieder] retour, bitte!** s'il vous plaît, un aller [et] retour pour Bâle! ② **etwas retour gehen lassen** renvoyer quelque chose
das **Retourspiel** [rɛ'tu:ɐ̯ʃpi:l] Ⓐ, ⓒⒽ le match retour
retten ① sauver; **jemanden vor einer Gefahr retten** sauver quelqu'un d'un danger; **jemandem das Leben retten** sauver la vie à quelqu'un ② sauvegarder *Gemälde, Schmuck* ③ **die rettende Lösung** la solution salvatrice ④ **sich retten** se sauver ⑤ **sich vor Arbeit kaum retten können** ne savoir plus comment échapper au travail ▸ **seid ihr noch zu retten?** (*umgs.*) vous êtes pas un peu malades?
der **Retter** le sauveur
die **Retterin** le sauveur

> Ⓖ Es gibt im Französischen keine Femininform: *Sophie ist meine Retterin – Sophie, c'est mon sauveur.*

die **Rettung** le sauvetage
das **Rettungsboot** le bateau de sauvetage
der **Rettungsschwimmer** le maître-nageur
die **Rettungsschwimmerin** le maître-nageur

> **G** Es gibt im Französischen keine Femininform: *sie ist Rettungsschwimmerin – elle est maître-nageur.*

der **Rettungswagen** l'ambulance *(weiblich)*
die **Return-Taste** [rɪˈtɜːntastə] *(in der Informatik)* la touche "rentrée"
die **Reue** le regret; **die Reue über etwas** le regret de quelque chose; **Reue zeigen** manifester son repentir; **keine Reue zeigen** ne pas manifester son repentir
   reuen meine Entscheidung reut mich je regrette ma décision; **es reut mich, das getan zu haben** je regrette d'avoir fait cela
die **Revanche** [reˈvãːʃ(ə)] la revanche
   revanchieren [revã'ʃiːrən] **sich revanchieren** *(sich erkenntlich zeigen)* rendre la pareille; *(sich rächen)* se venger; **sich bei jemandem für einen Gefallen revanchieren** rendre la pareille à quelqu'un pour une faveur; **sich für eine Bosheit revanchieren** se venger d'une méchanceté
   revidieren réviser
das **Revier** ❶ *(Polizeirevier)* le commissariat ❷ *(Bezirk)* le district ❸ *(Jagdrevier)* le territoire de chasse ❹ *(Lebensraum)* eines Tieres le territoire
die **Revision** ❶ *(in der Rechtsprechung)* la cassation; **Revision einlegen** se pourvoir en cassation ❷ *von Geschäftsbüchern* la vérification
die **Revolte** la révolte
die **Revolution** ❶ la révolution ❷ **die Französische Revolution** la Révolution française
   revolutionär révolutionnaire
der **Revolutionär** le révolutionnaire
die **Revolutionärin** la révolutionnaire
der **Revolver** le revolver [rɪvɔlvɐ]
das **Rezept** ❶ *(Kochrezept, Backrezept)* la recette ❷ *(Verordnung für Medikamente)* l'ordonnance *(weiblich)*; **ein Rezept ausstellen** faire une ordonnance
   rezitieren réciter
der **Rhein** le Rhin; **Kehl am Rhein** Kehl sur le Rhin
   Rheinland-Pfalz la Rhénanie-Palatinat
das **Rheuma** le rhumatisme; **Rheuma haben** avoir des rhumatismes
der **Rhythmus** le rythme
die **Ribisel** Ⓐ *(rote Johannisbeere)* la groseille; *(schwarze Johannisbeere)* le cassis [kasis]
   richten ❶ *(lenken)* diriger; **den Blick auf jemanden richten** diriger son regard sur quelqu'un ❷ *(bestimmen)* **einen Brief/das Wort an jemanden richten** adresser une lettre/la parole à quelqu'un ❸ *(sich orientieren)* **sich nach jemandem/nach etwas**

richten se conformer à quelqu'un/à quelque chose; **ich richte mich ganz nach euch** je ferai comme vous ❹ *(abhängen von)* **sich nach dem Wetter richten** Unternehmung, Entscheidung: dépendre du temps ❺ **sich gegen jemanden/gegen etwas richten** Kritik, Worte: être dirigé(e) contre quelqu'un/contre quelque chose ❻ **über jemanden/über etwas richten** *(gehoben)* juger quelqu'un/quelque chose ❼ Ⓐ, ⒸⒽ *(in Ordnung bringen)* réparer Zaun, Fahrrad; *(vorbereiten)* préparer Zimmer, Frühstück
der **Richter** le juge
die **Richterin** la juge
   richtig ❶ **die richtige Antwort** la bonne réponse; **die richtigen Maßnahmen** les bonnes mesures; **zur richtigen Zeit** au bon moment; **es ist richtig gewesen, dass du mich begleitet hast** c'était bien que tu m'aies accompagné(e); **das ist richtig** c'est juste ❷ **sein richtiger Name** son vrai nom ❸ **den richtigen Partner finden** trouver le bon partenaire ❹ **er ist ein richtiger Idiot** *(umgs.)* c'est un vrai idiot ❺ **hier sind Sie richtig!** vous êtes à la bonne adresse ici! ❻ *(korrekt)* antworten, schreiben correctement; verstehen bien; kalkulieren, raten juste; **richtig vorgehen** procéder judicieusement ❼ **meine Uhr geht richtig** ma montre donne l'heure exacte ❽ **ich war richtig wütend** *(umgs.)* j'étais vraiment furax ▶ **etwas richtig stellen** rectifier quelque chose
der **Richtige** *(passender Partner)* le bon [partenaire]; **den Richtigen finden** trouver le bon [partenaire]
die **Richtige** *(passende Partnerin)* la bonne [partenaire]; **die Richtige finden** trouver la bonne [partenaire]
das **Richtige** ❶ *(Erforderliches, Angemessenes)* **das Richtige tun** faire ce qu'il faut; **genau das Richtige tun** faire exactement ce qu'il faut ❷ *(Brauchbares)* **er hat nichts Richtiges gelernt** il n'a aucune formation ❸ *(Gehaltvolles)* **ich habe noch nichts Richtiges gegessen** je n'ai pas mangé grand-chose
die **Richtigen** *(im Lotto)* les bons numéros *(männlich)*; **sie träumt davon, sechs Richtige zu haben** elle rêve d'avoir les six bons numéros
   richtigstellen *(berichtigen)* rectifier
die **Richtlinie** la directive
die **Richtung** ❶ la direction; **aus östlicher Richtung** de l'est; **in Richtung Bahnhof** en direction de la gare ❷ *(Tendenz)* **die politische Richtung** la tendance politique

riechen ① (*wahrnehmen*) etwas riechen sentir quelque chose ② **gut riechen** sentir bon; **schlecht riechen** sentir mauvais; **nach Parfüm riechen** sentir le parfum; **hier riecht es nach Zitrone** ici, ça sent le citron ③ **an einer Blume riechen** sentir une fleur ▸**ich kann sie nicht riechen** (*umgs.*) je ne peux pas la sentir; **das kann ich doch nicht riechen!** (*umgs.*) je ne peux pas le deviner!

der **Riegel** ① le verrou; **den Riegel vorlegen** mettre le verrou ② (*Schokoladenriegel*) la barre ▸**einer Sache einen Riegel vorschieben** mettre le °holà à quelque chose

der **Riemen** la courroie

der **Riese** le géant

rieseln *Schnee:* tomber doucement; *Wasser:* ruisseler; *Körner, Sand:* s'écouler

der **Riesenärger** (*umgs.*) les emmerdes (*weiblich*) [ɑ̃mɛʁd]

> **V** Der Singular *der Riesenärger* wird mit einem Plural übersetzt: *sie hat einen Riesenärger bekommen – elle a eu des emmerdes.*

riesengroß (*umgs.*) ① *Felsen, Portion* géant(e) ② **eine riesengroße Enttäuschung** une énorme déception

riesig ① *Gebäude, Saal, Freude* immense ② *Anstrengung* énorme ③ **er hat sich riesig gefreut** (*umgs.*) ça lui a fait énormément plaisir

die **Riesin** la géante
die **Rille** la rainure
das **Rind** le bovin
die **Rinde** ① (*Baumrinde*) l'écorce (*weiblich*) ② (*Brotrinde, Käserinde*) la croûte
der **Rinderwahnsinn** la maladie de la vache folle
das **Rindfleisch** la viande de bœuf, le bœuf
das **Rindvieh** (*umgs.: Dummkopf*) l'andouille (*weiblich*); **du Rindvieh!** espèce d'andouille!
der **Ring** ① la bague; (*Ehering*) l'alliance (*weiblich*) ② (*ringförmiger Gegenstand*) l'anneau (*männlich*) ③ (*Ringstraße*) le périphérique ④ *von Verbrechern* le cartel ⑤ (*Turngerät*) **die Ringe** les anneaux (*männlich*)
das **Ringbuch** le classeur
ringen ① (*kämpfen*) lutter; **mit jemandem ringen** lutter contre quelqu'un ② (*übertragen*) **mit sich ringen** lutter contre soi-même ③ **nach Atem ringen** avoir du mal à respirer; **nach Worten ringen** chercher les mots; **um Fassung ringen** essayer de se reprendre
der **Ringfinger** l'annulaire (*männlich*)
rings rings um das Haus autour de la maison

ringsherum, ringsum, ringsumher [tout] autour

die **Rinne** ① la rigole ② (*offenes Rohr*) le caniveau; (*Dachrinne*) la gouttière

rinnen couler; **aus etwas rinnen** *Wasser, Sand:* s'écouler de quelque chose; *Tränen:* couler de quelque chose

der **Rinnstein** le caniveau
das **Rippchen** la côtelette
die **Rippe** ① (*im Brustkorb*) la côte ② *eines Blattes* la nervure
das **Risiko** le risque; **ein Risiko eingehen** prendre un risque; **kein Risiko eingehen** ne prendre aucun risque ▸**auf [dein] eigenes Risiko** à tes risques et périls
riskant ① *Vorhaben, Fahrweise* risqué(e) ② *fahren* en prenant des risques
riskieren risquer *Leben, Blick, Lächeln;* **es riskieren, etwas zu tun** se risquer à faire quelque chose
der **Riss** (*in einer Mauer*) la fissure; (*im Papier, Stoff*) la déchirure
rissig fissuré(e); *Hände* crevassé(e); *Lippen* gercé(e)
der **Ritt** la promenade à cheval
der **Ritter** le chevalier
das **Ritual** le rituel
die **Ritze** la fente
ritzen ① faire des entailles dans *Schale, Frucht* ② graver *Inschrift* ③ **sich an einem Dorn ritzen** s'égratigner à une épine; *siehe auch* **geritzt**
der **Rivale** le rival
die **Rivalin** la rivale
rivalisieren (*gehoben*) rivaliser
das **Roastbeef** ['roːstbiːf] le rosbif [ʁɔsbif]
die **Robbe** le phoque
robben ramper
der **Roboter** le robot
robust robuste
röcheln râler
der **Rock**¹ ① (*Kleidungsstück*) la jupe ② ⒸⒽ (*Kleid*) la robe; (*Jackett*) la veste
der **Rock**² (*Musikstil*) le rock
die **Rockband** ['ʁɔkbɛnt], die **Rockgruppe** le groupe de rock
der **Rodel**¹ ⒸⒽ (*Liste*) le fichier
der/die **Rodel**² (*Rodelschlitten*) la luge
rodeln faire de la luge
der **Rogen** les œufs (*männlich*) de poisson [ø də pwasɔ̃]

> **V** Der Singular *der Rogen* wird mit einem Plural übersetzt: *dieser Rogen ist sehr salzig – ces œufs de poisson sont très salés.*

der **Roggen** le seigle
roh ① *Fleisch, Gemüse* cru(e); **etwas roh essen** manger quelque chose cru(e) ② *Holz, Diamant* brut(e) ③ *Person* brutal(e) ④ *Benehmen* grossier/grossière
der **Rohbau** le gros œuvre
die **Rohkost**, der **Rohkostsalat** les crudités *(weiblich)*

> **V** Der Singular *der Rohkostsalat* wird mit einem Plural übersetzt: *dieser Rohkostsalat schmeckt gut – ces crudités sont bonnes.*

das **Rohr** ① (*klein*) le tube; (*groß*) le tuyau ② (*Gasleitungsrohr, Wasserleitungsrohr*) la conduite ③ (*Geschützrohr*) le canon ④ Ⓐ (*Backofen*) le four
die **Röhre** ① le tuyau ② (*in Radio- und Fernsehgeräten, Leuchtkörper*) le tube ③ (*Backofen*) le four
der **Rohrzucker** le sucre de canne
der **Rohstoff** la matière première
der **Rollbalken** Ⓐ (*Rollladen*) le volet roulant
die **Rolle** ① le rouleau ② (*Garnrolle*) la bobine ③ (*Rad an Möbeln*) la roulette ④ (*in einem Flaschenzug*) la poulie ⑤ (*an einer Angel*) le moulinet ⑥ (*Turnübung*) la roulade ⑦ (*Gestalt, Verkörperung*) le rôle ⚠ **männlich** ▶ **bei etwas eine Rolle spielen** jouer un rôle dans quelque chose; **etwas spielt keine Rolle** quelque chose n'a pas d'importance; **es spielt keine Rolle, ob du kommst** ça n'a pas d'importance que tu viennes
rollen ① (*sich bewegen*) *Ball, Rad:* rouler ② (*fortbewegen*) faire rouler *Fass, Ball, Wagen* ③ (*zusammenrollen*) rouler *Zeitschrift, Decke* ④ **sich rollen** *Tapete:* se recourber ▶ **etwas ins Rollen bringen** mettre quelque chose en branle
der **Roller** ① (*Tretroller*) la trottinette ② (*Motorroller*) le scooter ③ Ⓐ →**Rollo**
das **Rollfeld** la piste [de décollage/d'atterrissage]
der **Rollkragen** le col roulé
der **Rollladen** le volet roulant
das **Rollo** le store
der **Rollschuh** le patin à roulettes; **Rollschuh laufen** faire du patin à roulettes
der **Rollstuhl** le fauteuil roulant
der **Rollstuhlfahrer** le °handicapé en fauteuil roulant
die **Rollstuhlfahrerin** la °handicapée en fauteuil roulant
die **Rolltreppe** l'escalier *(männlich)*, l'escalier *(männlich)* mécanique
Rom Rome [ʀɔm]
das **ROM** [ʀɔm] *Abkürzung von* **read only memory** (*in der Informatik*) la ROM [ʀɔm]
der **Roman** le roman
romanisch ① *Sprache, Baustil* roman(e) ② *Länder, Völker* latin(e)
die **Romanistik** (*Studiengang*) l'étude *(weiblich)* des langues et littératures romanes
die **Romantik** ① (*Kunstepoche*) le romantisme ② (*romantische Stimmung*) le romanesque

> **F** Nicht verwechseln mit *le romantique – der Romantiker!*

romantisch *Person, Stimmung, Kunstwerk* romantique; *Altstadt* pittoresque
der **Römer** le Romain
die **Römerin** la Romaine
römisch romain(e)

> **F** Nicht verwechseln mit *roman(e) – romanisch!*

röntgen radiographier; **sich röntgen lassen** passer une radio
die **Röntgenaufnahme** la radiographie, la radio
die **Röntgenstrahlen** les rayons *(männlich)* X [ʀɛjõ iks]
rosa rose; **die rosa Blüten** les fleurs roses
die **Rose** ① la rose ② (*Strauch*) le rosier
der **Rosé** (*Wein*) le rosé
das **Rosé** (*Farbton*) le rose
der **Rosenkohl** le chou de Bruxelles
der **Rosenkranz** le chapelet; **den Rosenkranz beten** réciter son chapelet
der **Rosenstock** le rosier
rosig *Aussehen, Zukunft* rose
die **Rosine** le raisin sec ⚠ **männlich**
der **Rosmarin** le romarin
das **Ross** Ⓐ, Ⓒⓗ (*Pferd*) le cheval
die **Rosskastanie** ① (*Frucht*) le marron d'Inde ② (*Baum*) le marronnier d'Inde
der **Rost** ① (*Gitter*) la grille ② (*Grillrost*) le gril ③ (*oxidiertes Eisen*) la rouille
rosten rouiller
rösten faire griller *Brot;* torréfier *Kaffee;* faire sauter *Kartoffeln*
rostfrei inoxydable
die **Rösti** Ⓒⓗ les pommes *(weiblich)* [de terre] sautées
rostig rouillé(e)
die **Röstkartoffeln** les pommes *(weiblich)* [de terre] sautées
rot ① rouge ② *Haare* roux/rousse ③ **rot werden** rougir ④ **etwas rot schreiben** écrire quelque chose en rouge
das **Rot** le rouge; **bei Rot über die Kreuzung fahren** passer le carrefour au rouge
die **Röteln** la rubéole

> **V** Der Plural *die Röteln* wird mit einem Singular übersetzt: *die Röteln sind ansteckend – la rubéole est contagieuse.*

röten sich röten *Haut:* rougir; *Himmel:* devenir rouge
rothaarig roux/rousse
rotieren ①(*sich drehen, den Posten tauschen*) tourner ②(*umgs.: hektisch sein*) être débordé(e)
das **Rotkäppchen** le Petit Chaperon rouge
der **Rotkohl**, das **Rotkraut** Ⓐ le chou rouge
der **Rotwein** le vin rouge
der **Rotz** (*salopp*) la morve
die **Rotzfahne** (*salopp*) le tire-jus
die **Roulade** [ru'la:də] la roulade
die **Route** ['ru:tə] l'itinéraire *(männlich)*

> Nicht verwechseln mit *la route – die Straße!*

die **Routine** [ru'ti:nə] ①(*Erfahrung*) le savoir-faire; **Routine bekommen** acquérir du savoir-faire ②(*Gewohnheit*) la routine; **zur Routine werden** devenir de la routine
der **Rowdy** ['raudi] le casseur
rubbeln (*umgs.*) ①frotter *Körper, Haare* ②(*als Glücksspiel*) gratter
die **Rübe** ①la betterave; **die Rote Rübe** la betterave rouge ②ⒸⒽ (*Möhre*) **die Gelbe Rübe** la carotte ③(*umgs.: Kopf*) la citrouille
der **Rubel** le rouble
rüber (*umgs.*) →**herüber; hinüber**
der **Rubin** le rubis
die **Rubrik** la rubrique
der **Ruck** la secousse ▸**sich einen Ruck geben** (*umgs.*) se secouer; **mit einem Ruck** d'un [seul] coup
ruckartig ①*Bewegung* par à-coups; *Bremsmanöver* brusque ②*sich fortbewegen* par à-coups; *anhalten* brusquement
die **Rückbank** la banquette arrière
die **Rückblende** le flash-back [flaʃbak]
der **Rückblick** la rétrospective; **ein Rückblick auf die letzten Jahre** une rétrospective des dernières années ▸**im Rückblick** (*zurückblickend*) rétrospectivement
rücken ①(*verschieben*) pousser *Möbelstück* ②(*Platz machen*) [*sich*] *sich fortbewegen* [**zur Seite**] **rücken** *Person:* se pousser [sur le côté]; **rück mal!** pousse-toi [de là]! ③**näher rücken** *Zeitpunkt, Ereignis:* approcher
der **Rücken** *eines Menschen, Tiers, Gegenstands* le dos ▸**jemandem in den Rücken fallen** poignarder quelqu'un dans le dos; **hinter seinem/ihrem Rücken** dans son dos
die **Rückenlehne** le dossier

das **Rückenmark** la moelle épinière
die **Rückenschmerzen Rückenschmerzen haben** avoir mal au dos
das **Rückenschwimmen** la nage sur le dos
der **Rückenwind** le vent favorable ▸**Rückenwind haben** (*auch im Sport*) avoir le vent dans le dos; (*übertragen*) avoir le vent en poupe
die **Rückfahrkarte** le billet aller retour, l'aller retour *(männlich)*
die **Rückfahrt** le retour; **auf der Rückfahrt** au retour
der **Rückfall** ①la rechute; **einen Rückfall haben** faire une rechute ②(*bei einem Straffälligen*) la récidive
der **Rückflug** le vol retour; **auf dem Rückflug** au retour
die **Rückgabe** ①*eines Gegenstands* la restitution ②(*Umtausch*) le retour
der **Rückgang** le recul
die **Rückgewinnung** *von Rohstoffen, Energie* le recyclage
das **Rückgrat** (*Wirbelsäule*) la colonne vertébrale ▸**Rückgrat haben** avoir de la force de caractère
die **Rückkehr** le retour; **bei meiner Rückkehr** à mon retour
das **Rücklicht** le feu arrière
die **Rückreise** le retour; **auf der Rückreise** au retour
der **Rucksack** le sac à dos
der **Rückschlag** le revers; (*nach einer Krankheit*) la rechute; **einen Rückschlag erleben** subir un revers
die **Rückseite** ①*eines Blattes* le verso ②*eines Gebäudes* le derrière, l'arrière *(männlich)*
die **Rücksicht** (*Schonung*) l'égard *(männlich)*; **auf jemanden Rücksicht nehmen** traiter quelqu'un avec beaucoup d'égards; **auf etwas Rücksicht nehmen** tenir compte de quelque chose
rücksichtslos ①*Verhalten* sans scrupules; **er/sie ist rücksichtslos** il/elle ne manifeste aucun égard ②*sich verhalten* sans scrupules
rücksichtsvoll ①*Verhalten* prévenant(e); **rücksichtsvoll sein** *Person:* être prévenant(e) ②*sich verhalten* avec prévenance
der **Rücksitz** le siège arrière
der **Rückspiegel** le rétroviseur
das **Rückspiel** le match retour
rückständig arriéré(e)
der **Rücktritt** ①(*Amtsniederlegung*) la démission ②(*von einem Vertrag*) la résiliation ③(*Bremse am Fahrrad*) le rétropédalage
rückwärts ①**rückwärts einparken** (*paral-*

lel zum Straßenrand) faire un créneau; **ein Wort rückwärts lesen** lire un mot à l'envers ② Ⓐ (*hinten*) à l'arrière; **von rückwärts** par derrière
rückwärtsfahren faire marche arrière
der **Rückwärtsgang** la marche arrière
rückwärtsgehen marcher à reculons, reculer
der **Rückweg** le chemin du retour, le retour
die **Rückzahlung** le remboursement
der **Rückzug** *von Truppen* la retraite; **den Rückzug antreten** <u>battre</u> en retraite
das **Rudel** *von Rehen, Hirschen* la °harde; *von Wölfen* la bande
das **Ruder** ① la rame ② (*Steuerruder*) le gouvernail ▶ **das Ruder herumreißen** changer de cap; **aus dem Ruder laufen** échapper à tout contrôle; **am Ruder sein** (*umgs.*) être au gouvernail
das **Ruderboot** la barque; (*im Rudersport*) le canoë
rudern ① ramer; (*den Rudersport betreiben*) faire de l'aviron ② **jemanden über den See rudern** ramener quelqu'un de l'autre côté du lac à la rame ③ **mit den Armen rudern** (*umgs.*) faire de grands mouvements avec les bras
der **Ruf** ① (*Ausruf*) le cri ② **der Ruf nach jemandem** l'appel (*männlich*) de quelqu'un ③ (*Ansehen*) la réputation; **einen guten/schlechten Ruf haben** avoir bonne/mauvaise réputation
rufen ① (*sich bemerkbar machen*) *Person, Tier:* crier ② **jemanden** [*oder* **nach jemandem**] **rufen** appeler quelqu'un; **um Hilfe rufen** appeler à l'aide ▶ **[jemandem] wie gerufen kommen** (*umgs.*) *Person, Gelegenheit:* tomber à pic
der **Rufname** le prénom usuel
die **Rufnummer** le numéro de téléphone
die **Rufumleitung** (*beim Telefonieren*) le transfert d'appel
die **Rüge** la réprimande
rügen (*tadeln*) réprimander *Schüler*
die **Ruhe** ① le silence; **Ruhe!** silence! ② (*Gelassenheit*) le calme ③ (*Erholung*) le repos ▶ **jemanden aus der Ruhe bringen** faire perdre son calme à quelqu'un; **jemanden in Ruhe lassen** laisser quelqu'un tranquille; **jemanden mit etwas in Ruhe lassen** laisser quelqu'un tranquille avec quelque chose; **sich zur Ruhe setzen** partir en retraite; **immer mit der Ruhe!** (*umgs.*) on se calme!
ruhen ① (*sich ausruhen*) se reposer ② *Arbeit, Verkehr:* être arrêté(e) ③ (*gehoben: begraben sein*) reposer; „**Hier ruht ...**" "Ci-gît ..." [siʒi] ④ **auf jemandem ruhen** *Blick:* être posé(e) sur quelqu'un; *Verantwortung:* reposer sur quelqu'un

der **Ruhestand** la retraite; **in den Ruhestand gehen** [*oder* **treten**] prendre sa retraite
der **Ruhetag** la fermeture hebdomadaire; „**Dienstags Ruhetag**" "Fermeture hebdomadaire le mardi"
ruhig ① calme; *Gewissen* tranquille ② **Sie können ganz ruhig sein** vous pouvez être rassuré(e) ③ *sitzen, schlafen* tranquillement ④ *nachdenken, überlegen* calmement ⑤ **wir können ruhig darüber reden** (*umgs.*) on peut bien en parler
der **Ruhm** la gloire
das **Rührei** les œufs (*männlich*) brouillés [ø bʀuje]

> Ⓥ Der Singular *das Rührei* wird mit einem Plural übersetzt: *das Rührei ist versalzen – les œufs brouillés <u>sont</u> trop salés.*

rühren ① (*durchmengen*) remuer; **den Teig rühren** remuer la pâte ② **Eier in den Teig rühren** mélanger des œufs à la pâte ③ (*bewegen*) bouger *Finger;* **sich rühren** bouger ④ **jemanden rühren** *Geschichte, Schicksal:* toucher quelqu'un ⑤ **an ein Thema rühren** (*gehoben*) évoquer un sujet ⑥ (*umgs.: sich melden*) **sich rühren** (*von sich hören lassen*) donner signe de vie; (*reagieren*) réagir
rührend ① *Szene* touchant(e) ② **sich rührend um einen Kranken kümmern** s'occuper d'un malade avec une attention touchante
das **Ruhrgebiet** la Ruhr [ʀuʀ], le bassin de la Ruhr
die **Rührung** l'émotion (*weiblich*); **vor Rührung weinen** pleurer d'émotion
der **Ruin** la ruine ⚠ *weiblich*
die **Ruine** la ruine
ruinieren ① ruiner *Menschen, Firma* ② abîmer *Gegenstand*
rülpsen (*umgs.*) roter
der **Rum** le rhum [ʀɔm]
der **Rumäne** le Roumain
Rumänien la Roumanie
die **Rumänin** la Roumaine
rumänisch *Sprache* roumain(e)
das **Rumänisch** le roumain; *siehe auch* **Deutsch**

> Ⓖ In Verbindung mit dem Verb *parler* kann der Artikel entfallen: *er spricht Rumänisch – il parle roumain.*

der **Rummel** (*umgs.*) (*Jahrmarkt*) la foire ▶ **viel Rummel um etwas machen** faire tout un plat de quelque chose
die **Rumpelkammer** (*umgs.*) le débarras
der **Rumpf** ① *eines Menschen, Tieres* le tronc [tʀɔ̃] ② *eines Flugzeugs* le fuselage; *eines Schiffs* la coque

rümpfen froncer *Nase; siehe auch* **Nase**
rums boum
der **Run** [ran] la ruée; **der Run auf etwas** la ruée sur quelque chose
rund ① *Ball, Gesicht* rond(e) ② *Zahl, Summe* arrondi(e) ③ **der Weg führt rund um das Schloss** le chemin fait le tour du château; **sie sind rund um das Schloss gegangen** ils ont fait le tour du château ④ **das kostet rund hundert Euro** (*umgs.*) ça fait en gros cent euros
die **Runde** ① (*Gesellschaft*) l'assemblée (*weiblich*); **in fröhlicher Runde** en joyeuse compagnie ② (*Rundgang, Rundfahrt, Rundflug*) le tour ③ (*bei einem Wettkampf*) le round ④ (*bei einem Spiel*) la partie ▶ **über die Runden kommen** (*umgs.*) [arriver à] joindre les deux bouts
die **Rundfahrt** le circuit [touristique]
der **Rundfunk** la radio ⚠ *weiblich*; **im Rundfunk** à la radio
das **Rundfunkgerät** la radio ⚠ *weiblich*
der **Rundfunksender** ① (*Sendeanlage*) l'émetteur (*männlich*) de radio ② (*Institution*) la station de radio
der **Rundgang** le tour [à pied]; *eines Wachmanns* la ronde
rundherum sitzen à la ronde; **rundherum um den See laufen** faire le tour du lac
die **Rundreise** le circuit
rundum ① (*ringsum*) à la ronde ② *zufrieden* tout à fait
runter (*umgs.*) **los, runter da!** eh, descends/descendez de là!; *siehe auch* **herunter; hinunter**
runterkriegen (*umgs.*) **keinen Bissen runterkriegen** ne pas pouvoir avaler un morceau
runterlassen (*umgs.*) baisser *Rollladen*
runterlaufen (*umgs.*) descendre; **die Treppe runterlaufen** descendre l'escalier
runzeln plisser *Stirn*
rupfen ① plumer *Geflügel* ② arracher *Unkraut*
ruppig *Benehmen* grossier/grossière
der **Ruß** la suie [sy i]
der **Russe** le Russe
der **Rüssel** *eines Elefanten* la trompe; *eines Schweins* le groin
rußen *Kerze*: fumer; *Ofen*: faire de la suie
rußig couvert(e) de suie
die **Russin** la Russe
russisch *Sprache, Bevölkerung* russe
das **Russisch** le russe; *siehe auch* **Deutsch**

G In Verbindung mit dem Verb *parler* kann der Artikel entfallen: *sprechen Sie Russisch? – parlez-vous russe?*

Russland la Russie
rüstig vigoureux/vigoureuse
rustikal ① *Möbel* rustique ② **er/sie ist rustikal eingerichtet** il/elle a des meubles rustiques
die **Rüstung** ① (*das Rüsten*) l'armement (*männlich*) ② *eines Ritters* l'armure (*weiblich*)
die **Rute** ① (*Zweig*) la baguette ② (*Angelrute*) la canne
der **Rutsch** (*Erdrutsch*) le glissement [de terrain] ▶ **guten Rutsch [ins neue Jahr]!** (*umgs.*) bonne année!
die **Rutschbahn** ① le toboggan ② (*Eisbahn*) la glissoire
rutschen ① (*Rutschbahn fahren*) faire du toboggan ② (*ausrutschen*) glisser ③ (*verrutschen*) *Brille*: glisser ④ **vom Stuhl rutschen** *Kind, Zeitung*: glisser de la chaise ⑤ (*umgs.: Platz machen*) se pousser; **zur Seite rutschen** se pousser sur le côté; **rutsch mal!** pousse-toi [de là]!
die **Rutschgefahr** (*für Fahrzeuge*) le risque de dérapage
rutschig *Boden, Straße* glissant(e)
rütteln ① secouer *Gegenstand* ② **an der Tür rütteln** secouer la porte ③ **jemanden am Arm rütteln** secouer le bras de quelqu'un ④ (*übertragen*) **an etwas rütteln** remettre quelque chose en question; **daran ist nicht zu rütteln** on ne peut rien y changer

S

das **s**, das **S** le s, le S [ɛs]
  s. *Abkürzung von* **siehe** cf.
  S *Abkürzung von* **Süden** S
  S. *Abkürzung von* **Seite; Seiten** p.
der **Saal** la salle ⚠ *weiblich*
die **Saar** la Sarre
  Saarbrücken Sarrebruck
das **Saarland** la Sarre
die **Saat** ① (*Samen*) la semence ② (*das Säen*) les semailles (*weiblich*)

 In ② wird der Singular *die Saat* mit einem Plural übersetzt: *die Saat wird bald beginnen – les semailles vont bientôt commencer.*

der **Sabbat** le sabbat
der **Säbel** le sabre
die **Sabotage** [zabo'ta:ʒə] le sabotage ⚠ männ-

lich
sabotieren saboter
der **Sachbearbeiter** le chargé de mission; (*in der Auftragsbearbeitung*) la personne chargée des commandes, le chargé des commandes
die **Sachbearbeiterin** la chargée de mission; (*in der Auftragsbearbeitung*) la personne chargée des commandes, la chargée des commandes
die **Sache** ❶ (*Gegenstand, Ding*) la chose ❷ (*Angelegenheit*) l'affaire (*weiblich*); **das ist seine Sache** c'est son affaire ❸ (*Kleidung*) **warme Sachen mitnehmen** emporter des vêtements chauds; **sich frische Sachen anziehen** mettre des vêtements propres ❹ (*persönlicher Gegenstand oder Besitz*) **die Sachen** les affaires (*weiblich*); **räum bitte deine Sachen weg!** range tes affaires, s'il te plaît! ❺ (*umgs.: Stundenkilometer*) **mit hundert Sachen fahren** foncer à cent à l'heure ▶ **seine Sache gut machen** bien faire son travail; **zur Sache kommen** en venir au fait; **was machst du bloß für Sachen!** (*umgs.*) [mais] qu'est-ce que tu fabriques!; **bei der Sache sein** être attentif/attentive
die **Sachkunde** (*Schulfach*) ≈ les disciplines (*weiblich*) d'éveil △ *Plural*
sachlich ❶ *Urteil, Äußerung* objectif/objective ❷ *Einrichtung* sobre ❸ *urteilen, sich äußern* avec objectivité ❹ **sachlich richtig** *Darstellung* conforme aux faits; **das ist sachlich richtig, was du sagst** ce que tu dis est théoriquement juste
sächlich *Artikel, Pronomen* neutre
die **Sachlichkeit** l'objectivité (*weiblich*)
der **Sachschaden** les dégâts (*männlich*) matériels

 Der Singular *der Sachschaden* wird mit einem Plural übersetzt: *der Sachschaden beträgt* .... – *les dégâts matériels s'élèvent à* ...

der **Sachse** le Saxon
Sachsen la Saxe
Sachsen-Anhalt la Saxe-Anhalt
die **Sächsin** la Saxonne
sächsisch *Mundart, Spezialität* saxon(ne)
das **Sächsische** le saxon; *siehe auch* **Deutsch**

 In Verbindung mit dem Verb *parler* kann der Artikel entfallen: *er spricht Sächsisch – il parle saxon*.

sacht, sachte ❶ *Berührung, Gefälle* léger/légère; *Streicheln* doux/douce ❷ *berühren* délicatement; *ansteigen* légèrement
der **Sachunterricht** ≈ les disciplines (*weiblich*) d'éveil △ *Plural*

der **Sachverhalt** les faits (*männlich*) [fɛ]

 Der Singular *der Sachverhalt* wird mit einem Plural übersetzt: *der Sachverhalt ist eindeutig – les faits sont évidents*.

der **Sachverständige** l'expert (*männlich*)
die **Sachverständige** l'experte (*weiblich*)
der **Sack** ❶ le sac; **zwei Sack Kartoffeln** deux sacs de pommes de terre ❷ Ⓐ, ⒸⒽ (*Hosentasche*) la poche [de pantalon]
die **Sackgasse** ❶ le cul-de-sac ❷ (*übertragen*) l'impasse (*weiblich*)
der **Sadist** le sadique
die **Sadistin** la sadique
sadistisch ❶ *Person* sadique ❷ *behandeln* sadiquement
säen (*auch übertragen*) semer
die **Safari** le safari △ *männlich*
der **Safe** [sɛrf] le coffre-fort
der **Saft** ❶ le jus ❷ (*Pflanzensaft*) la sève
saftig ❶ *Frucht* juteux/juteuse ❷ *Weide* fertile ❸ (*umgs.*) *Rechnung* salé(e); *Ohrfeige* magistral(e)
die **Sage** la légende
die **Säge** ❶ la scie ❷ Ⓐ (*Sägewerk*) la scierie
sagen ❶ dire; **jemandem etwas sagen** dire quelque chose à quelqu'un; **was ich noch sagen wollte** à propos; **sag mal, ...** dis-moi, ...; **was soll ich dazu sagen?** qu'est-ce que tu veux/vous voulez que je réponde à ça? ❷ **sag ihm, dass er warten soll** dis-lui d'attendre ❸ **das hat nichts zu sagen** ça ne veut rien dire ▶ **jemand hat nichts zu sagen** quelqu'un n'a rien à dire; **wer hat hier das Sagen?** qui est-ce qui commande ici?; **das ist nicht gesagt** ce n'est pas dit; **das kann man wohl sagen** ça, tu peux/vous pouvez le dire!; **sich nichts sagen lassen** ne vouloir écouter personne; **genauer gesagt** plus précisément; **nichts sagend** *Worte* creux/creuse; **viel sagend** *Blick, Brief*: qui en dit long; **was du nicht sagst!** (*umgs.*) elle est bien bonne, celle-là!; **wem sagen Sie das?** (*umgs.*) à qui le dites-vous?; **wie gesagt** comme je viens de le dire
sägen scier
sagenhaft ❶ (*umgs.: unglaublich*) *Reichtum* fabuleux/fabuleuse ❷ (*gehoben*) *Gestalt* légendaire ❸ **sagenhaft schön** (*umgs.*) vachement beau/belle
das **Sägewerk** la scierie
die **Sahara** le Sahara [saaʀa] △ *männlich*
die **Sahne** la crème; (*Schlagsahne*) la crème Chantilly; **die süße Sahne** la crème liquide; **die saure Sahne** la crème fraîche

sahnig crémeux/crémeuse
die **Saison** [zɛ'zɔ̃ː] la saison
die **Saite** la corde
das **Saiteninstrument** l'instrument *(männlich)* à cordes
er/das **Sakko** la veste, le veston
das **Sakrament** le sacrement
die **Sakristei** la sacristie
die **Salami** le salami ⚠ *männlich*
der **Salat** la salade ⚠ *weiblich* ▶ **da haben wir den Salat!** (*umgs.*) nous voilà bien!
die **Salatsoße** l'assaisonnement *(männlich)* pour salade; (*aus Essig und Öl*) la vinaigrette
die **Salbe** la pommade
der **Salbei** la sauge
die **Salmonelle** la salmonelle
salopp ❶ *Kleidung* décontracté(e); *Redeweise* léger/légère ❷ *sich kleiden* de façon décontractée; *sich ausdrücken* familièrement
der **Salto** le saut périlleux
salutieren faire le salut militaire
das **Salz** le sel
Salzburg ❶ (*Stadt*) Salzbourg ❷ (*Bundesland*) la province de Salzbourg
salzen saler
salzig ❶ *Essen, Wasser* salé(e); *Boden, Lösung* salin(e) ❷ **salzig schmecken** avoir un goût salé
die **Salzkartoffel** la pomme de terre [cuite] à l'eau
die **Salzsäure** l'acide *(männlich)* chlorhydrique
die **Salzstange** le stick [salé]
das **Salzwasser** l'eau *(weiblich)* salée
der **Samen** ❶ *von Pflanzen* la semence ❷ (*Sperma*) le sperme
sammeln ❶ cueillir *Beeren, Kräuter*; ramasser *Pilze* ❷ collectionner *Briefmarken, Gemälde* ❸ collecter *Altkleider, Spenden*; **für jemanden/für etwas sammeln** faire une collecte pour quelqu'un/pour quelque chose ❹ rassembler *Belege, Beweise*; recueillir *Informationen, Eindrücke* ❺ **sich sammeln** (*sich versammeln*) se rassembler; (*sich konzentrieren*) se concentrer
die **Sammlung** ❶ *von Gegenständen* la collection ❷ *von Spenden* la collecte ❸ *von Texten* le recueil
der **Samstag** ❶ samedi *(männlich)* ❷ (*bei gezielten Zeitangaben*) **am Samstag** (*kommenden Samstag*) samedi prochain; (*letzten Samstag*) samedi dernier; **an einem Samstag** un samedi; **heute ist Samstag** aujourd'hui nous sommes samedi; **hast du diesen Samstag Zeit?** tu as le temps samedi? ❸ (*bei Zeitangaben, die eine Wiederholung ausdrücken*) **am Samstag** (*samstags, jeden Samstag*) le samedi; **Samstag vormittags** le samedi matin; **Samstag abends** le samedi soir; **Samstag nachts** le samedi dans la nuit

> **G** Der französische Wochentag wird ohne den bestimmten Artikel und ohne Präposition gebraucht, wenn eine präzise Angabe gemacht wird und ein ganz bestimmter Samstag gemeint ist.
> Geht es jedoch um mehrere Samstage, weil eine Wiederholung oder etwas Gewohnheitsmäßiges ausgedrückt wird, steht der bestimmte Artikel. In ❸ stehen entsprechende Beispiele.

der **Samstagabend** le samedi soir
der **Samstagmorgen** le samedi matin
samstags le samedi
der **Samt** le velours
sämtlich **sämtliche Freunde** tous les amis; **sämtliche Briefe** toutes les lettres
der **Sand** le sable ▶ **jemandem Sand in die Augen streuen** jeter à quelqu'un de la poudre aux yeux; **das gibt es wie Sand am Meer** (*umgs.*) il y en a à revendre; **auf Sand gebaut haben** avoir bâti sur le sable; **im Sande verlaufen** finir en queue de poisson
die **Sandale** la sandale
sandig ❶ *Boden* sablonneux/sablonneuse ❷ *Schuhe* plein(e) de sable
der **Sandkasten** le bac à sable
das **Sandkorn** le grain de sable
die **Sanduhr** le sablier
sanft ❶ *Person, Massage, Hügel* doux/douce ❷ *Händedruck, Brise* léger/légère ❸ *Tourismus* respectueux/respectueuse de l'environnement ❹ *streicheln, berühren* doucement ❺ *abfallen, ansteigen* légèrement ❻ *ermahnen* gentiment
der **Sänger** le chanteur
die **Sängerin** la chanteuse
sanieren ❶ assainir *Gebäude, Viertel* ❷ redresser financièrement *Betrieb, Unternehmen*
die **Sanierung** ❶ *eines Gebäudes, Viertels* l'assainissement *(männlich)* ❷ *eines Betriebs, Unternehmens* le redressement financier
sanitär *Anlagen, Verhältnisse* sanitaire
die **Sanität** ❶ Ⓐ (*Gesundheitsdienst*) le service de santé publique ❷ ⒞ⒽⒹ (*Ambulanz*) le SAMU ❸ Ⓐ, ⒞ⒽⒹ (*Sanitätstruppe*) le service de santé
der **Sanitäter** le secouriste
die **Sanitäterin** la secouriste
Sankt **Sankt Peter** saint Pierre
die **Sanktion** la sanction; **Sanktionen gegen ein Land verhängen** prendre des sanctions

contre un pays
sanktionieren (*billigen*) cautionner *Maßnahme*
der **Saphir** le saphir
der **Sarde** le Sarde
die **Sardelle** l'anchois (*männlich*)
die **Sardin** la Sarde
die **Sardine** la sardine
Sardinien la Sardaigne
der **Sarg** le cercueil
der **Sarkasmus** le sarcasme
sarkastisch ① *Bemerkung* sarcastique ② *lächeln* sarcastiquement
Satan Satan (*männlich*)
der **Satellit** le satellite
das **Satellitenfernsehen** la télévision par satellite
die **Satellitenschüssel** l'antenne (*weiblich*) parabolique
der **Satin** [zaˈtɛ̃ː] le satin [saˈtɛ̃]
die **Satire** la satire
satirisch ① *Zeitschrift, Bemerkung* satirique ② *schreiben* d'une manière satirique
satt ① rassasié(e); **ich bin satt** je n'ai plus faim; **sich satt essen** manger à sa faim; **satt machen** rassasier ② *Farbton* soutenu(e) ③ **es gibt Fisch satt** (*umgs.*) il y a des tonnes de poisson
der **Sattel** ① la selle ② (*Bergrücken*) la croupe
satteln seller
satthaben (*umgs.*) en avoir marre de; **ich hab das alles satt!** j'en ai marre de tout ça!
sättigen ① (*gehoben: satt machen*) rassasier ② **die Luft ist mit Feuchtigkeit gesättigt** l'air est saturé d'humidité
sattsehen **sich an etwas nicht sattsehen können** ne pas se lasser de regarder quelque chose
Saturn (*in der Astronomie*) Saturne (*weiblich*), la planète Saturne
der **Satz** ① (*sprachliche Äußerung*) la phrase ② (*Teil einer Komposition*) le mouvement ③ (*Teil eines Matches*) le set, la manche ④ (*Serie*) **ein Satz Kochtöpfe** une batterie de casseroles; **ein Satz Briefmarken** une série de timbres; **ein Satz Schlüssel** un jeu de clés ⑤ (*Sprung*) le bond ⑥ (*in der Mathematik*) **der Satz des Pythagoras** le théorème de Pythagore ⑦ (*bei Druckwerken*) la composition ⑧ (*festgelegter Betrag*) le tarif
die **Satzung** les statuts (*männlich*)

> **V** Der Singular *die Satzung* wird mit einem Plural übersetzt: *die Satzung ist heute unterschrieben worden – les statuts ont été signés aujourd'hui.*

das **Satzzeichen** le signe de ponctuation
die **Sau** ① la truie ② (*umgs.: schmutziger Mensch*) le gros porc ③ (*umgs.: gemeiner Mensch*) le fils de pute/la salope
sauber ① *Wäsche* propre; *Luft* pur(e); *Umwelt* sain(e) ② **die Wohnung sauber halten** tenir l'appartement propre; **sein Zimmer sauber machen** nettoyer sa chambre; **bei jemandem sauber machen** faire le ménage chez quelqu'un ③ *Handschrift, Arbeit* soigné(e) ④ *Lösung* bon(ne) ⑤ **das Kind ist schon sauber** l'enfant est déjà propre ⑥ *arbeiten* soigneusement ⑦ *darstellen, analysieren* de façon précise ▶ **bist du noch ganz sauber?** (*umgs.*) mais t'es complètement cinglé(e)!
die **Sauberkeit** la propreté; *der Luft* la pureté
säubern (*reinigen*) nettoyer
sauer ① *Frucht, Saft* acide; *Wein* aigre; *Drops* acidulé(e) ② *Milch* tourné(e); **die Milch ist sauer geworden** le lait a tourné ③ **die sauren Gurken** les cornichons (*männlich*) au vinaigre; **die sauren Heringe** les °harengs (*männlich*) marinés ④ (*in der Chemie*) *Lösung, Boden* acide ⑤ (*umgs.: verärgert*) **sauer sein** être fâché(e); **auf jemanden sauer sein** être en rogne contre quelqu'un ⑥ (*mühsam*) verdienen, ersparen durement
die **Sauerei** (*umgs.*) la saloperie
die **Sauerkirsche** ① (*Frucht*) la griotte ② (*Baum*) le cerisier
das **Sauerkraut** la choucroute ⚠ *weiblich*
der **Sauerstoff** l'oxygène (*männlich*)
saufen ① *Tier:* boire; **der Hund säuft Wasser** le chien boit de l'eau ② (*umgs.: viel trinken*) picoler; **Bier saufen** picoler de la bière
saugen ① **an einem Trinkhalm saugen** sucer une paille ② **an der Brust saugen** *Baby:* téter le sein ③ (*sauber machen*) **den Teppich saugen** passer l'aspirateur sur le tapis; **das Zimmer saugen** passer l'aspirateur dans la chambre; **häufig saugen** passer souvent l'aspirateur ④ **sich mit Wasser voll saugen** *Schwamm:* s'imbiber complètement d'eau
säugen allaiter
das **Säugetier** le mammifère
der **Säugling** le nourrisson
die **Säule** ① *eines Gebäudes* la colonne ② (*übertragen*) le pilier
der **Saum** l'ourlet (*männlich*)
säumen ourler *Stoff*
die **Sauna** le sauna ⚠ *männlich*
die **Säure** ① (*chemische Verbindung*) l'acide (*männlich*) ② (*saurer Geschmack*) l'acidité

(weiblich)

der Saurier le saurien

sausen ❶ *Auto, Person:* foncer; **nach Hause sausen** rentrer à toute allure à la maison ❷ **durch die Luft sausen** *Pfeil:* fendre l'air ▸ **etwas sausen lassen** *(umgs.)* laisser tomber quelque chose

das Sauwetter *(umgs.)* le temps de cochon

das Savoir-vivre [savwar'viːvr] l'art *(männlich)* de vivre

> **F** Nicht verwechseln mit *le savoir-vivre – das gute Benehmen!*

das Saxofon le saxophone

die S-Bahn le train de banlieue; *(in Paris)* le R.E.R. [ɛrøɛr]

scannen ['skɛnən] *(in der Informatik)* scanner [skane]

der Scanner ['skɛne] *(in der Informatik)* le scanner [skanɛr], le scanneur [skanœr]

schäbig *(abwertend)* ❶ *Kleidung* râpé(e); *Schuhe, Koffer* miteux/miteuse ❷ *Person, Verhalten* mesquin(e) ❸ *sich benehmen* mesquinement

die Schablone ❶ *(Vorlage)* le modèle; *(Malschablone)* le pochoir ❷ *(übertragen)* le cliché

das Schach ❶ les échecs *(männlich)*; **Schach spielen** jouer aux échecs ❷ **Schach und matt!** échec et mat! ▸ **jemanden in Schach halten** tenir quelqu'un en respect

> **V** In ❶ wird der Singular *(das) Schach* mit einem Plural übersetzt: *Schach ist ein strategisches Spiel – les échecs sont un jeu de stratégie.*

das Schachbrett l'échiquier *(männlich)*

die Schachfigur la pièce d'échecs

schachmatt ❶ **schachmatt sein** être mat; **jemanden schachmatt setzen** mettre quelqu'un échec et mat ▸ **ich bin völlig schachmatt** *(umgs.)* je suis complètement vidé(e)

der Schacht ❶ *(Grube)* le puits ❷ *eines Fahrstuhls* la cage

die Schachtel ❶ la boîte; **eine Schachtel Pralinen/Streichhölzer** une boîte de chocolats/d'allumettes ❷ *(Päckchen)* le paquet; **eine Schachtel Zigaretten** un paquet de cigarettes ▸ **eine alte Schachtel** *(umgs.)* une vieille rombière

der Schachzug ❶ le coup ❷ *(übertragen)* **ein kluger Schachzug** un coup habile

schade ❶ [das ist] schade! [c'est] dommage!; **es ist wirklich schade, dass es regnet** c'est vraiment dommage qu'il pleuve ❷ **zu schade für jemanden sein** *Person:* être trop bien pour quelqu'un; *Geschenk:* être trop beau pour quelqu'un; **diese Hose ist für Gartenarbeit zu schade** c'est dommage de mettre ce pantalon pour faire du jardinage; **für diese Arbeit bin ich mir zu schade** je ne veux pas m'abaisser à faire ce travail

der Schädel le crâne

schaden ❶ **jemandem/einer Sache schaden** nuire à quelqu'un/à quelque chose ❷ **es kann nichts schaden, wenn wir zusammenarbeiten** *(umgs.)* ça peut pas faire de mal si nous collaborons ❸ **das schadet nichts** *(umgs.)* ça fait rien

der Schaden ❶ *(Sachschaden)* le dommage ❷ *(Verwüstung)* les dégâts *(männlich)* ❸ **die gesundheitlichen Schäden** les lésions *(weiblich)* ❹ **jemandem/einer Sache Schaden zufügen** faire du tort à quelqu'un/à quelque chose

> **V** In ❷ wird der Singular *der Schaden* mit einem Plural übersetzt: *der Schaden, der angerichtet worden ist, ... – les dégâts qui ont été faits ...*

der Schadenersatz ❶ les dommages et intérêts *(männlich)*; **jemandem Schadenersatz leisten** verser des dommages et intérêts à quelqu'un ❷ *(Schmerzensgeld)* le pretium doloris

> **V** In ❷ wird der Singular *der Schadenersatz* mit einem Plural übersetzt: *der Schadenersatz beläuft sich auf ... – les dommages et intérêts s'élèvent à ...*

die Schadenfreude le malin plaisir

schadenfroh *Grinsen* narquois(e); **schadenfroh sein** se réjouir du malheur des autres

der Schadensersatz →**Schadenersatz**

schadhaft défectueux/défectueuse

schädigen ❶ **jemanden/etwas schädigen** nuire à quelqu'un/à quelque chose ❷ **jemanden finanziell schädigen** causer un préjudice à quelqu'un

schädlich nocif/nocive

der Schädling le parasite

der Schadstoff le polluant

schadstoffarm peu polluant(e)

das Schaf ❶ le mouton; **eine Herde Schafe** un troupeau de moutons ❷ *(weibliches Tier)* la brebis [brɛbi] ❸ *(umgs.: Dummkopf)* l'andouille *(weiblich)* ▸ **das schwarze Schaf** la brebis galeuse

der Schafbock le bélier

der Schäfer le berger

der Schäferhund ❶ le chien de berger ❷ **der**

[deutsche] **Schäferhund** le berger allemand
die **Schäferin** la bergère
schaffen ① réussir *Examen;* **es schaffen, pünktlich zu sein** réussir à être à l'heure; **wir haben es geschafft!** nous y sommes arrivé(e)s!; **das wäre geschafft!** ça y est! ② créer *Kunstwerk;* faire *Frieden;* **für eine Arbeit wie geschaffen sein** être fait(e) pour un travail ③ *(umgs.)* arriver à avaler *Essen, Portion* ④ **die Kisten in den Keller schaffen** *(umgs.)* foutre les caisses à la cave ⑤ **sich in der Küche schaffen machen** s'occuper dans la cuisine ⑥ **damit will ich nichts zu schaffen haben** je ne veux rien avoir à faire avec cela ⑦ CH *(arbeiten, beschäftigt sein)* travailler ▸ **jemandem zu schaffen machen** *Person, Problem:* donner du fil à retordre à quelqu'un; *Krankheit:* poser des problèmes à quelqu'un
der **Schaffner** le contrôleur
die **Schaffnerin** la contrôleuse
der **Schafskäse** le fromage de brebis
der **Schakal** le chacal
der **Schal** l'écharpe *(weiblich);* *(aus Seide)* le foulard

F Nicht verwechseln mit *le châle – das [Schulter]tuch!*

die **Schale** ① *(Gefäß, Pokal)* la coupe ② *von Eiern, Muscheln* la coquille; *von Nüssen* la coque ③ *(Haut) von Früchten, Gemüse* la peau; *von Zitrusfrüchten* l'écorce *(weiblich)* ④ *(abgeschälte Haut, Abfall) von Eiern, Muscheln* la coquille vide; *von Früchten* la pelure; *von Gemüse* l'épluchure *(weiblich)*

V Bei ②, ③ und ④ gibt es keine gemeinsame Übersetzung für die unterschiedlichen Arten von Schalen.

schälen ① éplucher *Obst, Kartoffeln;* peler *Tomaten;* écaler *Mandeln, Ei;* décortiquer *Getreide, Reis* ② **sich schälen** *Haut:* peler
der **Schall** ① *(Klang)* le bruit ② *(in der Physik)* le son
schalldämmend isolant(e)
der **Schalldämpfer** le silencieux
schalldicht *Fenster* insonore; *Raum* insonorisé(e)
schallen résonner
schallend ① *Gelächter* éclatant(e); *Ohrfeige* retentissant(e) ② *lachen* aux éclats
die **Schallgeschwindigkeit** la vitesse [de propagation] du son
die **Schallmauer** le mur du son; **die Schallmauer durchbrechen** franchir le mur du son
die **Schallplatte** le disque
die **Schallwelle** l'onde *(weiblich)* sonore
schalten ① **etwas auf „ein" schalten** allumer quelque chose ② *(beim Autofahren)* changer de vitesse; **in den zweiten Gang schalten** passer la seconde ③ **eine Telefonleitung schalten** mettre une ligne téléphonique en service ④ **wir schalten jetzt nach Moskau zu unserer Korrespondentin** maintenant, nous passons l'antenne à notre correspondante à Moscou ⑤ passer *Anzeige, Werbespot* ⑥ *(umgs.: begreifen)* piger
der **Schalter** ① *(Kundentheke)* le guichet ② *(elektrische Vorrichtung)* l'interrupteur *(männlich);* **einen Schalter betätigen** appuyer sur un bouton
der **Schalthebel** *einer Gangschaltung* le levier de vitesse
das **Schaltjahr** l'année *(weiblich)* bissextile
die **Schaltung** ① *(beim Auto, Fahrrad)* le changement de vitesse ② *(elektrische Schaltung)* le circuit
die **Scham** *(Schamgefühl)* la °honte
schämen sich schämen avoir °honte; **sich für etwas schämen** avoir °honte pour quelque chose; **sich vor jemandem schämen** avoir °honte devant quelqu'un
schamhaft ① *Blick* pudique ② *verschweigen* pudiquement
schamlos ① *Benehmen, Blicke* impudique ② *Betrug* impudent(e); *Lüge* éhonté(e)
die **Schande** la °honte
die **Schank** Ⓐ *(Tresen)* le comptoir
die **Schanze** *(Sprungschanze)* le tremplin
die **Schar** *(große Gruppe)* la bande; **in Scharen** en masse
scharen ① **Menschen um sich scharen** rassembler des personnes autour de soi ② **sich um jemanden/um etwas scharen** se rassembler autour de quelqu'un/autour de quelque chose
scharf ① *Messer* coupant(e); *Krallen* acéré(e) ② *Kante* aigu/aiguë; *Zähne, Hörner* pointu(e) ③ *Speise* épicé(e); **etwas scharf würzen** bien épicer quelque chose ④ *Kontrolle* strict(e); *Maßnahme* drastique ⑤ *Hund* méchant(e) ⑥ *Munition* à balles [réelles]; *Bombe* amorcé(e); **scharf schießen** tirer à balles ⑦ *Wind* cinglant(e); *Ablehnung* catégorique; *Kritik* acerbe; *Protest* vif/vive ⑧ *Beobachter* perspicace; *Beobachtung* fin(e) ⑨ *Verstand* aigu/aiguë; *Augen* perçant(e); *Gehör* fin(e) ⑩ *(präzise) Foto* net(te) ⑪ *Kurve* serré(e) ⑫ *(umgs.: sehr gut) Typ, Auto* d'enfer ⑬ *(umgs.: versessen, erpicht)* **auf jemanden scharf sein** être dingue de quelqu'un;

auf etwas scharf sein avoir vachement envie de quelque chose ⓮ *(genau)* *beobachten* finement; *einstellen* précisément; *sehen* nettement; *nachdenken* bien ⓯ *(ohne Nachsicht)* *kontrollieren* strictement; *kritisieren* énergiquement ⓰ *bremsen* soudainement

die **Schärfe** ❶ *eines Messers* le tranchant ❷ *einer Speise* le goût très épicé ❸ *einer Aufnahme* la netteté; *eines Fernrohrs* la force ❹ *des Verstandes* l'acuité *(weiblich)* ❺ *(Heftigkeit)* **in aller Schärfe** *kritisieren* très sévèrement; *zurückweisen* avec force

schärfen aiguiser

scharfmachen *(umgs.: abrichten)* rendre méchant(e)

scharfsinnig ❶ *Person* sagace; *Bemerkung* pertinent(e) ❷ *urteilen* avec sagacité

das **Scharnier** la charnière ⚠ *weiblich*

scharren ❶ *Tier:* gratter ❷ *(graben)* creuser *Loch*

das **Schaschlik** la brochette

der **Schatten** l'ombre *(weiblich)*; **im Schatten** à l'ombre; **ein Schatten spendender Baum** un arbre qui donne de l'ombre ▶ **über seinen Schatten springen** se faire violence

schattig ombragé(e)

der **Schatz** ❶ *(Kostbarkeiten)* le trésor ❷ *(Liebling)* le chéri/la chérie; **ja, [mein] Schatz, du hast Recht** oui, mon chéri/ma chérie, tu as raison

schätzen ❶ estimer *Betrag, Anzahl;* **schätz mal!** *(umgs.)* devine un peu! ❷ **den Wert eines Autos auf tausend Euro schätzen** évaluer une voiture à mille euros ❸ **wie alt schätzt du ihn/sie?** quel âge lui donnes-tu? ❹ *(wertschätzen)* estimer *Hilfe, Freund* ❺ **etwas zu schätzen wissen** apprécier quelque chose

die **Schätzung** l'estimation *(weiblich)*

schätzungsweise approximativement

die **Schau** ❶ *(Ausstellung)* l'exposition *(weiblich)* ❷ *(Vorführung)* le show [ʃo] ▶ **eine Schau abziehen** *(umgs.)* faire son numéro

schauderhaft ❶ *Szene* d'horreur; *Gestank* horrible ❷ *(umgs.: sehr schlecht)* *Film, Frisur* horrible; *Aussprache* épouvantable

schauen ❶ regarder; **aus dem Fenster schauen** regarder par la fenêtre; **traurig schauen** avoir l'air triste ❷ **schau doch mal!** *(umgs.)* regarde un peu! ❸ **ich schaue nach den Kindern** je vais voir ce que font les enfants ❹ **schau, dass du fertig wirst!** dépêche-toi de finir!

der **Schauer** ❶ l'averse *(weiblich)* ❷ *(Frösteln, Angstgefühl)* le frisson

die **Schaufel** la pelle

schaufeln ❶ *Kind, Bagger:* pelleter ❷ **ein Loch schaufeln** *Mensch:* creuser un trou [à la pelle]

das **Schaufenster** la vitrine

die **Schaukel** la balançoire

schaukeln ❶ *(auf einer Schaukel)* faire de la balançoire ❷ *Boot, Kahn:* se balancer ❸ *(wiegen)* bercer *Kind*

das **Schaukelpferd** le cheval à bascule

der **Schaukelstuhl** le fauteuil à bascule

der **Schaum** ❶ *(Seifenschaum, Bierschaum)* la mousse ❷ *(auf Wellen, vom Speichel)* l'écume *(weiblich)*

schäumen ❶ *Seife, Bier:* mousser ❷ *(gehoben: außer sich sein)* **vor Wut schäumen** écumer de rage

der **Schaumgummi** le caoutchouc mousse [kautʃu mus]

schaumig *Masse* mousseux/mousseuse; **das Eiweiß schaumig schlagen** battre le blanc d'œuf en neige

der **Schaumstoff** la mousse

der **Schauplatz** le théâtre

das **Schauspiel** ❶ la pièce de théâtre ❷ *(gehoben: Anblick)* le spectacle

der **Schauspieler** *(Filmschauspieler)* l'acteur *(männlich)*; *(Theaterschauspieler)* le comédien

die **Schauspielerin** *(Filmschauspielerin)* l'actrice *(weiblich)*; *(Theaterschauspielerin)* la comédienne

der **Scheck** le chèque; **jemandem einen Scheck ausstellen** faire un chèque à quelqu'un

die **Scheckkarte** la carte bancaire

die **Scheibe** ❶ *(große Glasscheibe)* le verre; *(Fensterscheibe)* la vitre; *(Windschutzscheibe)* le parebrise ❷ *(Brot, Wurst, Käsescheibe)* la tranche ❸ *(runder Gegenstand)* le disque

der **Scheibenwischer** l'essuie-glace *(männlich)*

der **Scheich** le cheik [ʃɛk]

die **Scheide** ❶ *eines Schwerts* le fourreau ❷ *(Vagina)* le vagin ⚠ *männlich*

scheiden ❶ **sich scheiden lassen** divorcer; **sie hat sich von ihrem Mann scheiden lassen** elle a divorcé de son mari ❷ *dissoudre Ehe* ❸ **aus einem Amt scheiden** *(gehoben)* quitter un poste ❹ **hier scheiden sich die Meinungen** sur ce point, les avis divergent

die **Scheidung** le divorce; **die Scheidung einreichen** demander le divorce

der **Schein** ❶ *einer Lampe* la lumière; *einer Kerze* la lueur ❷ *(Banknote)* le billet ❸ *(Bescheinigung)* l'attestation *(weiblich)*; *(an der Universität)* ≈ l'unité *(weiblich)* de valeur ❹ *(An-*

schein) l'apparence *(weiblich)* ▶ **den Schein wahren** sauver les apparences

scheinen ❶ *Sonne, Mond:* briller ❷ **er scheint zu schlafen** il a l'air de dormir; **das scheint schwierig zu sein** cela semble être difficile ❸ **es scheint, dass er uns vergessen hat** il semble qu'il nous a oublié

G Nach *il semble que* steht immer der Indikativ.

scheinheilig hypocrite
der **Scheinwerfer** le projecteur; *eines Autos* le phare
die **Scheiße** *(umgs.: Kot, ärgerliche Sache)* la merde; **verdammte Scheiße!** merde alors!
scheißen *(umgs.) Tier, Mensch:* chier ▶ **ich scheiße drauf!** j'en ai rien à foutre!
der **Scheitel** la raie ▶ **vom Scheitel bis zur Sohle** de la tête aux pieds
die **Schelle** *(Glöckchen)* la clochette
schelmisch ❶ *Lächeln* malicieux/malicieuse ❷ *lächeln* malicieusement
schelten *(gehoben)* réprimander; **jemanden wegen seines Verhaltens schelten** réprimander quelqu'un pour son comportement
das **Schema** *(Abbildung, Grafik)* le schéma
schematisch ❶ *Darstellung* schématique ❷ *darstellen* schématiquement
der **Schemel** le tabouret
die **Schemen** Plural von **Schema**
der **Schenkel** ❶ la cuisse ❷ *(in der Mathematik) eines Winkels* le côté
schenken ❶ faire cadeau de *Blumen, Buch;* **jemandem etwas schenken** offrir quelque chose à quelqu'un; **etwas geschenkt bekommen** recevoir quelque chose en cadeau ❷ **jemandem Beachtung schenken** accorder de l'attention à quelqu'un ❸ **deine Ratschläge kannst du dir schenken!** tu peux te dispenser de tes conseils!
die **Scherbe** le débris
die **Schere** ❶ les ciseaux *(männlich)*, la paire de ciseaux; **in dem Nagelnecessaire sind zwei Scheren** il y a deux paires de ciseaux dans le nécessaire à ongles ❷ *eines Krebses, Hummers* la pince

V In ❶ wird der Singular *die Schere* mit einem Plural übersetzt: *wo ist meine Schere? – où sont mes ciseaux?; zwei Scheren – deux paires de ciseaux.*

scheren¹ tondre *Schaf;* tailler *Hecke*
scheren² ❶ **sich nicht um jemanden/um etwas scheren** ne pas s'occuper de quelqu'un/de quelque chose ❷ **was schert mich das?** qu'est-ce que ça peut bien me faire?
die **Scherereien** *(umgs.)* les embêtements *(männlich)*
der **Scherz** la plaisanterie
scherzen plaisanter
scherzhaft ❶ *Bemerkung* pour plaisanter ❷ *antworten* en plaisantant
scheu ❶ *Mensch, Verhalten* timide; *Blick* craintif/craintive ❷ *Tier* farouche
scheuchen chasser
scheuen ❶ *Pferd:* se dérober ❷ **die Gefahr scheuen** reculer devant le danger; **keine Kosten scheuen** ne pas regarder à la dépense ❸ **sich vor etwas scheuen** reculer devant quelque chose
scheuern ❶ récurer *Topf;* frotter *Fußboden* ❷ *(kratzen) Kragen:* gratter ▶ **jemandem eine scheuern** *(umgs.)* foutre une baffe à quelqu'un
die **Scheune** la grange
das **Scheusal** *(abwertend)* le monstre
scheußlich ❶ *Anblick* monstrueux/monstrueuse; *Film* horrible; *Essen, Geruch* infect(e) ❷ *(umgs.: unangenehm) Schmerzen, Wetter* atroce ❸ **scheußlich riechen** avoir une odeur infecte; **scheußlich schmecken** avoir un goût infect ❹ *sich benehmen* odieusement
der **Schi** →**Ski**
die **Schicht** ❶ *(Lage, Belag)* la couche ❷ *(Gesellschaftsschicht)* la couche [sociale] ❸ **Schicht arbeiten** être travailleur/travailleuse posté(e) ❹ *(Arbeitsgruppe)* l'équipe *(weiblich)*
die **Schichtarbeit** le travail posté
schichten empiler
schick chic; **sie hat sehr schicke Schuhe** elle a des chaussures très chic
schicken ❶ *(senden)* envoyer; **jemandem ein Paket schicken** envoyer un colis à quelqu'un ❷ **ein Kind wieder nach Hause schicken** renvoyer un enfant chez lui ❸ **das schickt sich nicht** cela ne se fait pas
das **Schicksal** le destin ▶ **jemanden seinem Schicksal überlassen** abandonner quelqu'un à son [triste] sort
das **Schiebedach** le toit ouvrant
schieben ❶ pousser *Fahrrad, Schrank* ❷ **die Schuld auf jemanden schieben** rejeter la culpabilité sur quelqu'un ❸ **eine Wolke schiebt sich vor die Sonne** un nuage passe devant le soleil
die **Schiebetür** la porte coulissante
schiech Ⓐ *(hässlich)* moche
der **Schiedsrichter** l'arbitre *(männlich)*
die **Schiedsrichterin** l'arbitre *(weiblich)*

schief ① *Wand, Turm* penché(e); *Ebene* incliné(e) ② *Bild, Eindruck* faux/fausse ③ **schief hängen** *Bild, Poster:* pencher d'un côté ④ **jemanden schief ansehen** regarder quelqu'un de travers

der **Schiefer** (*Gestein*) l'ardoise *(weiblich)*

schiefgehen (*umgs.: scheitern*) *Vorhaben, Plan:* foirer

schieflachen (*umgs.*) **sich schieflachen** se tordre de rire

schiefliegen (*umgs.: sich irren*) se fourrer le doigt dans l'œil

schielen ① loucher ② (*umgs.: begehren*) **nach etwas schielen** loucher sur quelque chose

das **Schienbein** le tibia

die **Schiene** ① (*bei Gleisanlagen*) le rail [ʀaj] ② (*bei Knochenbrüchen*) l'éclisse *(weiblich)*

schienen éclisser

schießen ① (*feuern*) tirer; **mit dem Gewehr schießen** tirer au fusil [fyzi]; **auf jemanden schießen** tirer sur quelqu'un ② *Fußballspieler:* tirer; **ein Tor schießen** marquer un but ③ (*umgs.: schnell laufen*) **um die Ecke schießen** débouler au coin ④ *Salat:* monter [en graine]

das **Schiff** ① le bateau; **mit dem Schiff fahren** (*das Schiff nehmen*) prendre le bateau; (*eine Schiffsreise machen*) voyager en bateau ② (*Kirchenschiff*) la nef [nɛf]

der **Schiffbruch** le naufrage ▶ **Schiffbruch erleiden** faire naufrage; (*scheitern*) échouer

der **Schiffbrüchige** le naufragé

die **Schiffbrüchige** la naufragée

die **Schifffahrt** la navigation

die **Schiffschaukel** le bateau-balançoire

die **Schikane** la chicane

schikanieren chicaner

der/die **Schikoree** →**Chicorée**

der **Schild** (*Schutzschild*) le bouclier

das **Schild** ① (*Verkehrsschild*) le panneau ② (*Hinweisschild*) l'écriteau *(männlich)* ③ (*Preisschild*) l'étiquette *(weiblich)*

die **Schilddrüse** la thyroïde

schildern décrire

die **Schildkröte** la tortue

das **Schilf** ① (*einzelne Pflanze*) le roseau ② (*Gesamtheit der Pflanzen*) les roseaux *(männlich)*

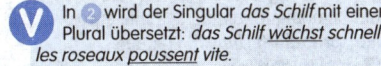

In ② wird der Singular *das Schilf* mit einem Plural übersetzt: *das Schilf wächst schnell – les roseaux poussent vite.*

schillern chatoyer

der **Schilling** (*früher*) le schilling

der **Schimmel** ① (*schimmeliger Belag*) la moisissure ② (*Pferd*) le cheval blanc

schimmelig moisi(e); **schimmelig werden** moisir

schimmeln moisir

der **Schimmer** (*matter Glanz*) le reflet [ʀəflɛ] ▶ **er hat keinen [blassen] Schimmer** (*umgs.: er hat keine Kenntnisse*) il n'y connaît strictement rien; (*er ist nicht eingeweiht*) il n'est pas du tout au courant

schimmern reluire

der **Schimpanse** le chimpanzé [ʃɛ̃pɑ̃ze]

schimpfen ① **mit jemandem schimpfen** gronder quelqu'un; **ihre Eltern haben mit ihr geschimpft** ses parents l'ont grondée ② (*seinen Unmut äußern*) pester; **auf jemanden/auf etwas schimpfen** pester contre quelqu'un/contre quelque chose

das **Schimpfwort** le gros mot

schinden ① éreinter *Zugtier;* épuiser *Gefangenen, Mitarbeiter* ② **sich schinden** s'échiner ③ **Zeit schinden** (*umgs.*) décrocher du temps

der **Schinken** ① le jambon [ʒɑ̃bɔ̃]; **der rohe Schinken** le jambon cru; **der gekochte Schinken** le jambon blanc ② (*umgs.: Gemälde*) la croûte; (*Buch*) le pavé; (*Film*) le navet

das **Schinkenbrötchen** (*Brötchenhälfte*) le demi-petit pain au jambon; (*ganzes Brötchen*) ≈ le sandwich [sɑ̃dwi(t)ʃ] au jambon

die **Schippe** (*umgs.*) (*Schaufel*) la pelle ▶ **jemanden auf die Schippe nehmen** mettre quelqu'un en boîte

der **Schirm** ① (*Regenschirm*) le parapluie ② (*Sonnenschirm*) le parasol ③ (*Lampenschirm*) l'abat-jour *(männlich)*

die **Schirmherrschaft** le parrainage; **die Schirmherrschaft über etwas übernehmen** accepter le parrainage de quelque chose

der **Schirmständer** le porte-parapluies

die **Schlacht** la bataille

schlachten abattre

der **Schlachter** le boucher

die **Schlachterin** la bouchère

das **Schlachtfeld** le champ de bataille

der **Schlachthof** les abattoirs *(männlich)*

Der Singular *der Schlachthof* wird mit einem Plural übersetzt: *der Schlachthof befindet sich am Stadtrand – les abattoirs se trouvent à la périphérie.*

der **Schlaf** le sommeil; **einen festen/leichten Schlaf haben** avoir le sommeil profond/léger; **im Schlaf sprechen** parler en dormant ▶ **das kann ich im Schlaf** je le fais les yeux fermés

der **Schlafanzug** le pyjama

die **Schläfe** la tempe; **die grauen Schläfen** les tempes grisonnantes

schlafen ❶ dormir ❷ **schlafen gehen, sich schlafen legen** aller se coucher ❸ (*übernachten*) **bei Freunden schlafen** coucher chez des amis ❹ (*Sex haben*) **mit jemandem schlafen** coucher avec quelqu'un ❺ (*umgs.: unaufmerksam sein*) dormir

schlaff ❶ *Seil* lâche; *Segel, Fahne qui pend* [mollement] ❷ *Händedruck, Muskeln* mou/molle; *Haut* flasque ❸ *herunterhängen* mollement

das **Schlaflied** la berceuse

schlaflos ❶ **eine schlaflose Nacht** une nuit blanche ❷ **sich schlaflos im Bett wälzen** ne pas arrêter de se tourner dans son lit sans trouver le sommeil

das **Schlafmittel** le somnifère

die **Schlafmütze** (*umgs.: träger Junge oder Mann*) l'endormi (*männlich*); (*träges Mädchen, träge Frau*) l'endormie (*weiblich*)

schläfrig *Mensch* somnolent(e); **schläfrig sein** avoir sommeil; **diese Musik macht mich schläfrig** cette musique m'endort

der **Schlafsaal** le dortoir

der **Schlafsack** le sac de couchage

der **Schlafwagen** le wagon-lit

schlafwandeln être somnambule

das **Schlafzimmer** la chambre à coucher

der **Schlag** ❶ (*Hieb*) le coup; **Schläge bekommen** recevoir des coups ❷ (*Signal*) *einer Uhr* le coup ❸ **das ist ein schwerer Schlag** c'est un coup dur ❹ (*Stromschlag*) la décharge [électrique]; **einen Schlag bekommen** recevoir une décharge ▸ **mich trifft der Schlag!** (*umgs.*) je vais avoir une attaque!; **mit einem Schlag** (*umgs.*) d'un [seul] coup

die **Schlagader** l'artère (*weiblich*)

der **Schlaganfall** l'attaque (*weiblich*) [d'apoplexie]

schlagartig ❶ *Veränderung* brusque ❷ *sich verändern* brusquement

der **Schlagbaum** la barrière

schlagen ❶ *Herz, Puls*: battre ❷ (*hauen*) frapper; **jemanden** [*oder* **jemandem**] **ins Gesicht schlagen** frapper quelqu'un au visage; **mit dem Stock gegen die Tür schlagen** frapper avec le bâton contre la porte; **um sich schlagen** se débattre ❸ **einen Nagel in die Wand schlagen** enfoncer un clou dans le mur ❹ **der Regen schlägt gegen das Fenster** la pluie frappe contre la fenêtre ❺ battre *Eiweiß* ❻ (*besiegen*) battre;

sich geschlagen geben s'avouer vaincu(e) ❼ (*rangeln*) **sich mit jemandem schlagen** se battre avec quelqu'un ❽ (*läuten*) sonner; **es hat zehn Uhr geschlagen** dix heures ont sonné ▸ **sich tapfer schlagen** se défendre avec courage

der **Schlager** ❶ (*Lied*) la chanson de variété ❷ (*umgs.: Verkaufsschlager*) l'article (*männlich*) qu'on s'arrache

der **Schläger** ❶ (*gewalttätige Person*) le casseur ❷ (*Tennisschläger*) la raquette ❸ (*Hockeyschläger*) la crosse ❹ (*Golfschläger*) le club [klœb] ❺ (*Baseballschläger*) la batte

die **Schlägerei** la bagarre

der **Schlagersänger** le chanteur de variété

die **Schlagersängerin** la chanteuse de variété

schlagfertig ❶ *Person* qui a de la répartie; *Antwort* du tac au tac ❷ **schlagfertig antworten** répondre du tac au tac

das **Schlagloch** le nid-de-poule

das **Schlagobers** Ⓐ, die **Schlagsahne** (*flüssig*) la crème fluide; (*geschlagen*) la crème chantilly, la chantilly

das **Schlagwort** ❶ (*formelhafter Begriff*) la formule [toute faite] ❷ (*charakteristisches Kennwort*) le mot-clé

die **Schlagzeile** le gros titre ▸ **Schlagzeilen machen** faire la une des journaux

das **Schlagzeug** la batterie; **Schlagzeug spielen** jouer de la batterie

der **Schlamm** (*auf Wegen*) la boue; (*in Gewässern*) la vase

die **Schlamperei** (*umgs.*) ❶ (*Nachlässigkeit*) le bâclage ❷ (*Unordnung*) le bordel

schlampig (*umgs.*) ❶ *Arbeit* bâclé(e); *Äußeres* débraillé(e); *Zimmer* bordélique ❷ **gekleidet sein, arbeiten** à la va comme je te pousse

die **Schlange** ❶ (*Tier*) le serpent ❷ (*Warteschlange*) la file, la queue; **Schlange stehen** faire la queue; **sich ans Ende der Schlange stellen** prendre la file ❸ (*Fahrzeugschlange*) la file

schlängeln sich schlängeln *Schlange*: ramper; *Weg*: serpenter; **sich durch den Wald schlängeln** *Schlange*: ramper à travers la forêt

schlank *Person* mince; *Baum* élancé(e)

schlapp (*umgs.*) ❶ **schlapp sein** être flagada ❷ **für schlappe tausend Euro** (*ironisch*) pour la modique somme de mille euros

schlappmachen (*umgs.*) craquer

das **Schlaraffenland** le pays de cocagne

schlau ❶ *Person* rusé(e); *Plan* astucieux/astucieuse ❷ **daraus werde ich nicht schlau** (*umgs.*) je pige que dalle

der Schlauberger (*umgs.: pfiffiger Mensch*) le petit futé

der Schlauch ❶ (*elastische Röhre*) le tuyau ❷ (*in einem Reifen*) la chambre à air ▸ **auf dem Schlauch stehen** (*umgs.*) pédaler dans la choucroute

das Schlauchboot le bateau pneumatique

schlecht ❶ mauvais(e); *Material, Verarbeitung* de mauvaise qualité; **ein schlechtes Benehmen haben** se tenir mal ❷ *Bezahlung* médiocre ❸ (*faul, verdorben*) **schlecht werden** *Ware, Obst:* s'abîmer; **schlecht sein** *Ware, Obst:* être avarié(e) ❹ **mir wird/mir ist schlecht** je me sens mal ❺ **es geht ihm schlecht** (*gesundheitlich*) il ne va pas bien; (*finanziell*) ça va mal pour lui ❻ *schreiben, zeichnen* mal ❼ **schlecht gelaunt sein** être de mauvaise humeur ❽ (*schwerlich*) difficilement; **sich schlecht in jemanden hineinversetzen können** avoir du mal à se mettre à la place de quelqu'un ❾ **schlecht von jemandem reden** dire du mal de quelqu'un

schlechtmachen (*umgs.: herabsetzen*) dénigrer

schlecken ❶ lécher *Eis;* **an einem Eis schlecken** lécher sa glace ❷ (*naschen*) **gerne schlecken** bien aimer manger des sucreries

schleichen ❶ *Katze, Dieb:* aller à pas de loup ❷ **sich aus dem Haus schleichen** sortir furtivement de la maison

der Schleier le voile

schleierhaft (*umgs.*) **das ist mir schleierhaft** c'est un mystère pour moi

die Schleife ❶ (*Knoten*) le nœud; **eine Schleife binden** faire un nœud ❷ (*Kurve, Biegung*) le méandre

schleifen¹ (*bearbeiten*) aiguiser *Messer;* tailler *Edelstein*

schleifen² ❶ (*schleppen, ziehen*) traîner; **jemanden/etwas zur Tür schleifen** traîner quelqu'un/quelque chose jusqu'à la porte ❷ **das Brautkleid schleifte auf dem Boden** la robe de mariée traînait par terre ❸ (*reiben*) **an etwas schleifen** *Fahrradkette, Blech:* frotter contre quelque chose ▸ **etwas schleifen lassen** (*umgs.*) laisser courir quelque chose

der Schleim ❶ le mucus [mykys] ❷ *einer Schnecke* la bave

die Schleimhaut la muqueuse

schleimig ❶ *Substanz* visqueux/visqueuse ❷ *Schnecke* baveux/baveuse

schlemmen ausgiebig schlemmen faire bombance

der Schlemmer la fine bouche

ⓖ Die Übersetzung ist weiblich, obwohl von einer männlichen Person die Rede ist: *Nicolas ist ein Schlemmer – Nicolas, c'est une fine bouche.*

die Schlemmerin la fine bouche

schlendern flâner; **durch die Stadt schlendern** flâner en ville

schlenkern ❶ **mit den Armen schlenkern** balancer les bras ❷ balancer *Handtasche*

die Schleppe la traîne

schleppen ❶ (*tragen*) traîner avec peine; **einen Koffer schleppen** traîner une valise avec peine ❷ **sich bis zur Tür schleppen** se traîner jusqu'à la porte

schleppend ❶ *Gang, Sprechweise* traînant(e); *Bearbeitung* lent(e) ❷ **gehen** d'un pas traînant; **sprechen** d'une voix traînante; *fortschreiten* lentement

der Schlepper ❶ (*umgs.: Menschenhändler*) le passeur ❷ (*umgs.: Kundenfänger*) le rabatteur ❸ (*Schiff*) le remorqueur ❹ (*Traktor*) le tracteur

die Schlepperin (*umgs.: Menschenhändlerin*) la passeuse; (*Kundenfängerin*) la rabatteuse

der Schlepplift le remonte-pente

Schleswig-Holstein le Schleswig-Holstein

die Schleuder ❶ (*für Wäsche*) l'essoreuse (*weiblich*) ❷ (*Katapult*) la fronde

schleudern ❶ (*werfen*) lancer *Ball, Stein* ❷ (*trocknen*) essorer *Wäsche* ❸ (*rutschen*) *Fahrzeug:* déraper

das Schleudern ❶ (*das Trocknen*) l'essorage (*männlich*) ❷ (*das Rutschen*) le dérapage ▸ **ins Schleudern geraten** [*oder* **kommen**] *Fahrzeug, Fahrer:* se mettre à déraper; *Redner, Prüfling:* se mettre à patauger

der Schleudersitz le siège éjectable

schleunigst ❶ au plus vite ❷ **verschwinde, aber schleunigst!** disparais, et plus vite que ça!

die Schleuse ❶ l'écluse (*weiblich*) ❷ (*Durchgangsraum*) le sas [ləsɑs]

schlicht ❶ *Person, Verhältnisse* simple ❷ *Einrichtung, Kleidung* sobre ❸ **sich einrichten, sich kleiden** sobrement ▸ **schlicht und einfach** purement et simplement

schließen ❶ (*zumachen*) fermer *Augen, Fenster, Betrieb* ❷ **die Fenster schließen schlecht** les fenêtres ferment mal ❸ (*die Geschäftszeit beenden*) *Laden:* fermer; *Börse:* clôturer ❹ conclure *Vertrag* ❺ combler *Lücke* ❻ clôturer *Konferenz* ❼ (*schlussfolgern*) conclure ❽ **von sich auf andere schließen** généraliser ❾ **sich schließen** se fermer

das **Schließfach** ❶ (*für Gepäck*) la consigne automatique ❷ (*bei einer Bank*) le coffre ❸ (*bei einer Post*) la boîte postale
schließlich ❶ (*endlich, zum Schluss*) finalement ❷ (*immerhin*) après tout
schlimm ❶ *Nachricht, Irrtum* grave; *Zeit* difficile ❷ **es ist schlimm, dass sie krank geworden ist** c'est grave qu'elle soit tombée malade; [**das ist**] **halb so schlimm!** ce n'est pas si grave [que ça]! ❸ **es gibt Schlimmeres** il y a pire; **das Schlimmste befürchten** craindre le pire ▸ **schlimm dran sein** (*umgs.*) aller très mal
die **Schlinge** ❶ le nœud coulant ❷ (*Armbinde*) l'écharpe (*weiblich*)
schlingen ❶ **seine Arme um jemanden schlingen** prendre quelqu'un dans ses bras ❷ **sich um etwas schlingen** s'enrouler autour de quelque chose ❸ (*gierig essen*) dévorer
die **Schlingpflanze** la plante grimpante
der **Schlips** (*umgs.*) la cravate ▸ **jemandem auf den Schlips treten** (*umgs.*) vexer quelqu'un
schlitteln Ⓐ, ⒸⒽ faire de la luge
der **Schlitten** ❶ la luge; **Schlitten fahren** faire de la luge ❷ (*Pferdeschlitten*) le traîneau ❸ (*umgs.: Auto*) la bagnole
der **Schlittschuh** le patin à glace; **Schlittschuh laufen** faire du patin à glace
der **Schlitz** ❶ (*Einsteckschlitz*) la fente ❷ (*Spalt*) la fente ❸ (*umgs.: Hosenschlitz*) la braguette
das **Schlitzohr** (*umgs.*) le roublard/la roublarde
der **Schlögel** Ⓐ (*Keule*) le gigot
das **Schloss** ❶ (*Palast*) le château ❷ (*Türschloss*) la serrure; **die Tür fällt ins Schloss** la porte claque ❸ (*Vorhängeschloss*) le cadenas ❹ (*Ringschloss für Fahrräder*) l'anti-vol (*männlich*) ▸ **hinter Schloss und Riegel sitzen** être sous les verrous
der **Schlosser** le serrurier
die **Schlosserin** la serrurière
schlottern trembler; **vor Angst schlottern** trembler de peur
die **Schlucht** la gorge
schluchzen sangloter
der **Schluck** la gorgée; **ein kleiner Schluck Rum** une goutte de rhum
der **Schluckauf** le °hoquet; **den** [*oder* **einen**] **Schluckauf haben** avoir le °hoquet
schlucken ❶ avaler ❷ (*umgs.: glauben*) **er hat die Ausrede tatsächlich geschluckt** il a effectivement avalé [*oder* gobé] cette excuse ❸ assourdir *Geräusch* ❹ (*umgs.: verbrauchen*) **viel Sprit schlucken** bouffer beaucoup d'essence
die **Schluckimpfung** la vaccination orale
schlummern (*gehoben*) sommeiller
der **Schlund** le gosier
schlüpfen ❶ **aus dem Ei schlüpfen** sortir de l'œuf ❷ **in die Kleider schlüpfen** enfiler ses vêtements ❸ **aus den Schuhen schlüpfen** enlever ses chaussures
der **Schlüpfer** la culotte; (*Slip*) le slip
schlürfen ❶ boire en aspirant bruyamment [bʀɥijamɑ̃]; **bitte schlürf nicht!** ne fais pas de bruit en buvant, s'il te plaît! ❷ **den Tee schlürfen** boire son thé en aspirant bruyamment [bʀɥijamɑ̃]
der **Schluss** ❶ la fin ❷ (*Folgerung*) la conclusion ❸ **zum Schluss** pour terminer ❹ **Schluss damit!** ça suffit! ▸ **mit jemandem Schluss machen** rompre avec quelqu'un
der **Schlüssel** ❶ la clé, la clef [kle]; **der Schlüssel steckt** la clé est sur la porte ❷ **der Schlüssel zum Erfolg** la clé du succès ❸ (*Lösungsheft*) le corrigé

> Ⓖ Die beiden Übersetzungen *la clé* und *la clef* unterscheiden sich nur in der Schreibung, nicht in der Aussprache. Die erste Schreibweise, *la clé*, ist viel gebräuchlicher als die zweite.

der **Schlüsselanhänger** le porte-clés
das **Schlüsselbein** la clavicule
der/das **Schlüsselbund** le trousseau de clés
der **Schlüsseldienst** le service clé-minute
das **Schlüsselloch** le trou de serrure
der **Schlüsselroman** le roman à clé[s]
die **Schlussfolgerung** la déduction; **Schlussfolgerungen ziehen** tirer ses conclusions
schlüssig ❶ *Argument* concluant(e) ❷ **sich nicht schlüssig sein** être indécis(e)
das **Schlusslicht** *eines Fahrzeugs* les feux (*männlich*) arrière ▸ **das Schlusslicht sein** (*umgs.*) être la lanterne rouge

> Ⓥ Der Singular *das Schlusslicht* wird in seiner konkreten Bedeutung mit einem Plural übersetzt: *das Schlusslicht brennt nicht – les feux arrière ne sont pas allumés*.

der **Schlusspfiff** le coup de sifflet final
der **Schlussstrich** **einen Schlussstrich unter etwas ziehen** tirer un trait sur quelque chose
der **Schlussverkauf** les soldes (*männlich*)

> Ⓥ Der Singular *der Schlussverkauf* wird mit einem Plural übersetzt: *der Schlussverkauf hat schon angefangen – les soldes ont déjà commencé*.

schmackhaft *Speise* savoureux/savoureuse

der **Schmäh** Ⓐ la plaisanterie
schmal *Hüften, Straße* étroit(e); *Person, Taille, Lippen* mince
das **Schmalz** le saindoux
schmalzig (*umgs.*) sirupeux/sirupeuse
der **Schmarotzer** ❶ (*Tier, Pflanze*) le parasite ❷ (*abwertend: schmarotzender Mensch*) le pique-assiette, le parasite
die **Schmarotzerin** (*abwertend*) la pique-assiette, le parasite
der **Schmarren,** der **Schmarrn** Ⓐ ❶ (*Gericht*) spécialité à base de lambeaux de crêpe ❷ (*Unsinn*) les conneries (*weiblich*)

Ⓥ In ❷ wird der Singular *der Schmarren* mit einem Plural übersetzt: *was er gesagt hat, ist ein Schmarren! – ce qu'il a dit, ce sont des conneries!*

schmatzen faire du bruit en mâchant [*oder* en mangeant]
schmecken ❶ (*schmackhaft sein*) **das schmeckt** [**gut**] c'est bon; **das schmeckt mir** je trouve que c'est bon ❷ **sauer schmecken** avoir un goût acide; **gut schmecken** avoir bon goût; **nach nichts schmecken** n'avoir aucun goût; **nach Zitrone schmecken** avoir le goût de citron ❸ **nichts schmecken können** ne rien pouvoir goûter ❹ **lassen wir es uns schmecken!** bon appétit!
die **Schmeichelei** la flatterie
schmeichelhaft flatteur/flatteuse
schmeicheln flatter; **jemandem schmeicheln** flatter quelqu'un; **er hat ihnen geschmeichelt** il les a flatté(e)s
schmeißen (*umgs.*) ❶ jeter, lancer; **etwas aus dem Fenster schmeißen** balancer quelque chose par la fenêtre ❷ **mit Geld um sich schmeißen** dépenser sans compter ❸ **seine Lehre schmeißen** laisser tomber son apprentissage
schmelzen ❶ fondre *Metall*; faire fondre *Eis, Butter* ❷ (*zerlaufen*) fondre
der **Schmelzkäse** le fromage fondu
der **Schmerz** la douleur; **Schmerzen im Kreuz haben** avoir mal aux reins
schmerzen ❶ *Narbe, Wunde:* faire mal; **ihm schmerzen die Füße** il a mal aux pieds ❷ (*gehoben: bekümmern*) affecter; **das schmerzt mich sehr** cela m'affecte beaucoup
das **Schmerzensgeld** les dommages-intérêts (*männlich*)

Ⓥ Der Singular *das Schmerzensgeld* wird mit einem Plural übersetzt: *das Schmerzensgeld betrug mehrere tausend Euro – les dommages-intérêts s'élevaient à plusieurs milliers d'euros.*

schmerzhaft douloureux/douloureuse
schmerzlich ❶ douloureux/douloureuse ❷ *vermissen* amèrement
schmerzlos *Geburt* sans douleur; *Eingriff* indolore
das **Schmerzmittel** l'analgésique (*männlich*)
die **Schmerztablette** le comprimé contre la douleur
der **Schmetterling** le papillon
schmettern ❶ (*werfen*) envoyer; **etwas an die Wand schmettern** envoyer quelque chose contre le mur ❷ (*im Sport*) smasher; **den Ball schmettern** smasher la balle ❸ (*singen*) entonner *Lied* ❹ *Fanfaren:* retentir
der **Schmied** le forgeron
schmieden (*auch übertragen*) forger
die **Schmiedin** le forgeron

Ⓖ Es gibt im Französischen keine Femininform: *sie ist Schmiedin – elle est forgeron.*

schmieren ❶ tartiner *Brot* ❷ **sich Creme ins Gesicht schmieren** s'étaler de la crème sur le visage ❸ graisser *Scharnier* ❹ (*umgs.: unsauber schreiben*) *Mensch:* gribouiller; *Kugelschreiber:* baver ❺ (*umgs.: bestechen*) **jemanden schmieren** graisser la patte à quelqu'un ▸ **alles läuft wie geschmiert** (*umgs.*) ça baigne [dans l'huile]; **jemandem eine schmieren** (*umgs.*) en coller une à quelqu'un
das **Schmiergeld** (*umgs.*) le pot-de-vin
das **Schmierpapier** le papier de brouillon
der **Schmierzettel** le brouillon
die **Schminke** le maquillage
schminken maquiller; **sich schminken** se maquiller
der **Schmöker** (*umgs.*) le roman de gare
schmökern (*umgs.*) ❶ bouquiner ❷ **in alten Briefen schmökern** se plonger dans la lecture de vieilles lettres
schmollen bouder
schmoren ❶ faire braiser *Braten* ❷ (*zubereitet werden*) *Braten:* cuire à petit feu ❸ **in der Sonne schmoren** (*umgs.*) se rôtir au soleil ▸ **jemanden schmoren lassen** (*umgs.*) laisser moisir quelqu'un
der **Schmuck** ❶ (*Schmuckstücke*) les bijoux (*männlich*) ❷ (*Verzierung*) la décoration

Ⓥ In ❶ wird der Singular *der Schmuck* mit einem Plural übersetzt: *dieser Schmuck ist sehr wertvoll – ces bijoux sont très précieux.*

schmücken décorer; **einen Saal mit Blumen schmücken** décorer une salle de fleurs
das **Schmuckstück** le bijou
der **Schmuggel** la contrebande
schmuggeln ❶ faire de la contrebande; **die geschmuggelten Waren** les marchandises de contrebande ❷ faire du trafic *de Drogen, Waffen* ❸ **jemanden außer Landes schmuggeln** faire sortir clandestinement quelqu'un du pays
der **Schmuggler** le contrebandier
die **Schmugglerin** la contrebandière
schmunzeln sourire; **über etwas schmunzeln** sourire de quelque chose
schmusen (*umgs.*) ❶ faire des câlins; **mit jemandem schmusen** faire des câlins à quelqu'un ❷ **miteinander schmusen** se faire des mamours
der **Schmutz** la saleté; **Schmutz an den Schuhen haben** avoir les chaussures sales ▸ **jemanden/etwas durch** [*oder* **in**] **den Schmutz ziehen** traîner quelqu'un/quelque chose dans la boue
schmutzig ❶ sale; **sich schmutzig machen** se salir ❷ *Geschäft* sale ❸ *Witz* salace
der **Schnabel** le bec ▸ **halt den Schnabel!** (*umgs.*) ferme-la!
die **Schnake** (*umgs.: Stechmücke*) le moustique
die **Schnalle** (*Schließe*) la boucle
schnallen ❶ **den Sicherheitsgurt enger schnallen** serrer la ceinture de sécurité ❷ (*umgs.: begreifen*) piger; **hast du's geschnallt?** tu as pigé?
schnappen ❶ (*umgs.: nehmen, greifen*) [**sich**] **die Schlüssel schnappen** saisir les clés; **nach etwas schnappen** essayer d'attraper quelque chose ❷ **den Täter schnappen** (*umgs.*) choper le coupable ❸ **nach jemandem schnappen** *Hund:* chercher à mordre quelqu'un ❹ **nach Luft schnappen** respirer difficilement
der **Schnappschuss** l'instantané (*männlich*)
der **Schnaps** l'eau-de-vie (*weiblich*)
die **Schnapsidee** (*umgs.*) la drôle d'idée
schnarchen ronfler
schnaufen ❶ (*angestrengt atmen*) °haleter ❷ (*umgs.: atmen*) respirer
der **Schnauz** (CH), der **Schnauzbart** la moustache
die **Schnauze** ❶ *eines Tiers* la gueule ❷ (*umgs.: Mund*) la gueule ▸ **die Schnauze voll haben** (*umgs.*) en avoir ras le bol; **auf die Schnauze fallen** (*umgs.*) se casser la gueule; **halt die Schnauze!** (*umgs.*) ferme ta gueule!
schnäuzen sich die Nase schnäuzen se moucher le nez
der **Schnauzer** ❶ (*Hundeart*) le schnauzer ❷ (*umgs.: Schnauzbart*) les bacchantes (*weiblich*)
die **Schnecke** ❶ (*Weinbergschnecke*) l'escargot (*männlich*) ❷ (*Nacktschnecke*) la limace ▸ **jemanden zur Schnecke machen** (*umgs.*) passer un savon à quelqu'un
das **Schneckenhaus** la coquille d'escargot
das **Schneckentempo** (*umgs.*) **im Schneckentempo** comme un escargot
der **Schnee** la neige ▸ **das ist Schnee von gestern** (*umgs.*) c'est du réchauffé
der **Schneeball** (*auch in der Botanik*) la boule de neige
die **Schneeballschlacht** la bataille de boules de neige
der **Schneebesen** le fouet
die **Schneeflocke** le flocon de neige ⚠ *männlich*
das **Schneeglöckchen** le/la perce-neige
die **Schneeketten** les chaînes (*weiblich*) [à neige]
der **Schneemann** le bonhomme de neige
der **Schneematsch** la neige fondante
der **Schneepflug** (*Maschine*) le chasse-neige
der **Schneeregen** la neige fondue
der **Schneestiefel** l'après-ski (*männlich*) [apʀɛski]
der **Schneesturm** la tempête de neige
schneeweiß *Haare* blanc/blanche comme la neige; *Haut* laiteux/laiteuse
das **Schneewittchen** Blanche-Neige (*weiblich*)
die **Schneide** le tranchant
schneiden ❶ couper; **klein schneiden** hacher finement *Zwiebel, Kräuter, Knoblauch;* **das Fleisch klein schneiden** couper la viande en petits morceaux; **etwas in Scheiben schneiden** couper quelque chose en tranches ❷ (*verletzen*) **sich schneiden** se couper; **sich in den Finger schneiden** se couper au doigt ❸ **ein Loch in etwas schneiden** faire un trou dans quelque chose ❹ **dieses Messer schneidet nicht gut** ce couteau ne coupe pas bien ❺ **sich die Nägel schneiden** se couper les ongles; **sich die Haare schneiden** [**lassen**] se [faire] couper les cheveux ❻ **jemanden schneiden** (*gefährlich kreuzen*) faire une queue de poisson à quelqu'un; (*meiden, ignorieren*) fuir quelqu'un ❼ monter *Film* ▸ **da hat er sich** [**gewaltig**] **geschnitten** (*umgs.*) il s'est fourré le doigt dans l'œil [jusqu'au coude]
schneidend *Kälte* mordant(e); *Schmerz* aigu/aiguë; *Ton* cassant(e)
der **Schneider** le tailleur
die **Schneiderin** la couturière

der **Schneidersitz** im Schneidersitz en tailleur
der **Schneidezahn** l'incisive *(weiblich* ⚠ *)*
schneien neiger; **es schneit** il neige
schnell ➊ rapide ➋ *gehen, sich bewegen* vite; *arbeiten* rapidement; **mach schnell** [*oder* **schneller**]! dépêche-toi!; [**immer**] **schneller werden** *Läufer, Fahrzeug:* aller de plus en plus vite [dəplyzãplyvit]
die **Schnelle** auf die Schnelle (*umgs.: flüchtig*) à la va-vite; (*kurzfristig*) à court terme
der **Schnellhefter** la chemise
die **Schnelligkeit** ➊ (*Geschwindigkeit*) la vitesse ➋ (*rasches Handeln*) la rapidité
der **Schnellimbiss** le snack [snak]
der **Schnellkochtopf** la cocotte-minute®
schnellstens au plus vite
die **Schnellstraße** la voie rapide
das **Schnippchen** jemandem ein Schnippchen schlagen (*umgs.*) jouer un tour à quelqu'un
schnippisch impertinent(e)
er/das **Schnipsel** le petit morceau
der **Schnitt** ➊ (*Einschnitt*) l'incision *(weiblich)* ➋ (*Schnittwunde*) la coupure ➌ *von Kleidung, Haaren* la coupe ➍ *eines Films* le montage ➎ (*umgs.: Durchschnitt*) la moyenne; **im Schnitt** en moyenne
die **Schnitte** (*Brotscheibe*) la tranche; (*mit Aufstrich oder Belag versehen*) la tartine
schnittig *Fahrzeug* sportif/sportive
der **Schnittlauch** la ciboulette
das **Schnittmuster** le patron
der **Schnittpunkt** *von Linien* le point d'intersection
die **Schnittstelle** (*in der Informatik*) l'interface *(weiblich)*
die **Schnittwunde** la coupure
das **Schnitzel** (*Stück Fleisch*) l'escalope *(weiblich)*
schnitzen sculpter; **etwas aus Holz schnitzen** sculpter quelque chose dans le bois
der **Schnitzer** (*umgs.: Patzer*) la gaffe
der **Schnorchel** le tuba
schnorcheln nager sous l'eau avec un tuba
der **Schnörkel** (*Ornament*) la fioriture
schnorren (*umgs.*) **bei jemandem zehn Euro schnorren** taper quelqu'un de dix euros
schnüffeln ➊ **an jemandem schnüffeln** *Hund:* flairer quelqu'un; **an etwas schnüffeln** *Hund:* renifler quelque chose ➋ **hast du in meinen Sachen geschnüffelt?** (*umgs.*) as-tu fouiné dans mes affaires?
der **Schnüffler** (*umgs.*) ➊ (*neugieriger Mensch*) le fouineur ➋ (*Detektiv*) le privé
die **Schnüfflerin** (*umgs.*) ➊ (*neugieriger Mensch*) la fouineuse ➋ (*Detektivin*) la privée
die **Schnulze** (*umgs.: Lied*) la chanson sentimentale
der **Schnupfen** le rhume; **einen Schnupfen bekommen** s'enrhumer; **einen Schnupfen haben** avoir un rhume
schnuppe (*umgs.*) **das ist mir schnuppe** je m'en fiche pas mal; **er ist mir schnuppe** je me fiche pas mal de lui
schnuppern renifler; **an etwas schnuppern** renifler quelque chose
die **Schnur** ➊ la ficelle ➋ (*umgs.: Kabel*) le fil ➌ (*Angelschnur*) le fil, la ligne
das **Schnürchen** (*umgs.*) **das klappt wie am Schnürchen** ça marche comme sur des roulettes
schnüren ➊ ficeler *Paket* ➋ **sich die Schuhe schnüren** lacer ses chaussures
schnurlos *Telefon* sans fil
der **Schnurrbart** la moustache
der **Schnürsenkel** le lacet
der **Schock** le choc; **unter Schock stehen** être sous le choc
schockieren choquer
die **Schokolade** le chocolat ⚠ *männlich*
das **Schokoladeneis** la glace au chocolat
der **Schokoriegel** la barre de chocolat
die **Scholle** ➊ (*Fisch*) le carrelet ➋ (*Erdscholle*) la motte ➌ (*Eisscholle*) le bloc de glace
schon ➊ déjà; **schon jetzt** dès maintenant; **schon immer** depuis toujours; **schon wieder** encore; **warst du schon einmal hier?** es-tu déjà venu ici? ➋ **ich gehe schon mal vor** (*umgs.*) je vais déjà y aller ➌ **kaum war sie gegangen, schon fing es an zu regnen** elle était à peine partie qu'il s'est mis à pleuvoir ➍ **er wird es schon noch lernen** il apprendra bien ça un jour ➎ **schon deshalb** rien que pour cela; **schon der Gedanke daran** rien que d'y penser ➏ **das kann schon vorkommen** ça peut bien arriver; **ihm gefällt es nicht, mir schon** il n'aime pas, mais moi, si ➐ **was macht das schon?** qu'est-ce que ça peut bien faire? ➑ **das gibt es schon für fünf Euro** on peut l'avoir à cinq euros ➒ **es geht schon** ça va à peu près; **ich werde das schon schaffen** je vais bien y arriver ➓ (*umgs.: endlich*) **mach schon!** [allez,] vas-y!; **sag schon!** allez, dis!
schön ➊ beau/belle; **ein schönes Haus** une belle maison; **ein schöner Sommer** un bel été; **etwas Schönes** quelque chose de beau ➋ (*gut, erfreulich*) *Abend, Urlaub* bon/bonne; **hier ist es schön** c'est bien ici; **eine schöne Zeit** une période agréable; **schön, dass ihr mitkommt** c'est bien que vous soyez des nôtres ➌ *Summe, Alter, Entfernung*

beau/belle; **das war ein schönes Stück Arbeit** (*umgs.*) c'était un sacré travail ❹ **sei schön brav!** sois bien sage!; **das ist ganz schön schwer** c'est bien difficile ❺ (*umgs.: unangenehm*) *Durcheinander, Geschichte* beau/belle; *Aussichten, Überraschung* charmant(e) ❻ **das ist nicht schön von dir** ce n'est pas bien de ta part ❼ **schön Klavier spielen** bien jouer du piano; **ihr habt es schön [hier]!** vous êtes bien [ici]! ❽ **sich schön blamieren** (*umgs.*) se ridiculiser drôlement ▶ **schön und gut, aber ...** d'accord, mais...; **das ist [doch] zu schön, um wahr zu sein** c'est [bien] trop beau pour être vrai; **das wäre ja noch schöner!** (*umgs.*) il ne manquerait plus que ça!; **das wird ja immer schöner!** (*umgs.*) c'est de mieux en mieux!; **na schön!** (*umgs.*) comme tu veux!, d'accord!

schonen ménager *Person, Gegenstand;* **sich schonen** se ménager

schonend ❶ *Behandlung* soigneux/soigneuse; *Waschmittel* doux/douce ❷ *Worte* plein(e) d'égards ❸ *behandeln* avec précaution; **jemandem eine Nachricht schonend beibringen** apprendre une nouvelle à quelqu'un avec ménagements

die **Schonfrist** le délai de grâce
die **Schönheit** la beauté
die **Schonkost** (*Nahrungsmittel*) la nourriture diététique

schönmachen (*umgs.*) **sich schönmachen** se faire beau/belle

die **Schonung** ❶ *der Kleidung* le soin ❷ *der Gesundheit* le ménagement
der **Schopf** ❶ (*Haare*) les cheveux (*männlich*) ❷ (*bei Vögeln*) la °houppe

> **V** Der Singular *der Schopf* wird mit einem Plural übersetzt: *ihr blonder Schopf leuchtete in der Sonne – ses cheveux blonds brillaient au soleil.*

der **Schöpfer** ❶ (*Gott der Christen*) le Créateur ❷ *eines Kunstwerks* le créateur
die **Schöpferin** *eines Kunstwerks* la créatrice
die **Schöpfung** ❶ (*die Welt, der Kosmos im Christentum*) la Création ❷ (*gehoben: Kunstwerk*) la création
die **Schöpfungsgeschichte** (*im Christentum*) la Genèse
der **Schoppen** (*Viertelliter*) le quart; **ein Schoppen Wein** un quart de vin
der **Schornstein** la cheminée
der **Schornsteinfeger** le ramoneur
die **Schornsteinfegerin** la ramoneuse

der **Schoß** **auf dem/den Schoß** sur les genoux ▶ **das ist ihm in den Schoß gefallen** ça lui est tombé du ciel
die **Schote** ❶ *von Erbsen, Bohnen* la cosse ❷ *von Vanille* la gousse
der **Schotte** l'Écossais (*männlich*)
die **Schottin** l'Écossaise (*weiblich*)
schottisch écossais(e)
Schottland l'Écosse (*weiblich*); **nach Schottland fahren** aller en Écosse
schräg ❶ *Wand, Dach, Hang* incliné(e); *Linie* oblique; *Stellung* penché(e) ❷ (*umgs.: ungewöhnlich*) **ein schräger Typ** un type farfelu ❸ *halten, hängen* de travers; *stellen, verlaufen, überqueren* en biais ❹ (*übertragen umgs.: misstrauisch*) **jemanden schräg ansehen** regarder quelqu'un de travers
der **Schrägstrich** la barre oblique
die **Schramme** l'éraflure (*weiblich*)
schrammen érafler *Auto, Möbelstück*
der **Schrank** (*Wandschrank*) le placard; (*Kleiderschrank*) l'armoire (*weiblich*)
die **Schranke** la barrière
die **Schraube** ❶ la vis [vis] ❷ (*Schiffsschraube*) l'hélice (*weiblich*) ▶ **bei ihm ist eine Schraube locker** (*umgs.*) il ne tourne pas rond
schrauben ❶ (*befestigen*) visser; **ein Schild an etwas/auf etwas schrauben** visser un panneau à quelque chose/sur quelque chose ❷ **die Glühbirne aus der Fassung schrauben** dévisser l'ampoule ❸ (*übertragen*) **höher schrauben** augmenter *Anforderungen, Löhne*
der **Schraubenschlüssel** la clé
der **Schraubenzieher** le tournevis [tuʀnvis]
der **Schraubverschluss** ❶ (*flacher Schraubdeckel*) le couvercle à vis ❷ (*hohe Schraubkapsel*) *einer Flasche* la capsule à vis
der **Schreck** la peur; **einen Schreck bekommen** avoir peur; **jemandem einen Schreck einjagen** faire peur à quelqu'un; **vor Schreck** de peur ▶ **ach du Schreck!** (*umgs.*) mon Dieu!
der **Schrecken** ❶ la peur; **zu meinem großen Schrecken** à mon grand effroi; **mit dem Schrecken davonkommen** en être quitte pour la peur ❷ **der Schrecken der Schule sein** être la terreur de l'école
schreckhaft peureux/peureuse
schrecklich ❶ *Ereignis* terrible; *aussehen, zugerichtet* horriblement ❷ (*umgs.: unausstehlich*) **er ist ein schrecklicher Mensch** c'est un type affreux; **sie ist ein schrecklicher Mensch** c'est une nana affreuse

❸ *(umgs.: sehr)* **heiß, kalt, einsam** affreusement; **schrecklich nett sein** être terriblement gentil

der **Schrei** le cri; **einen gellenden Schrei ausstoßen** pousser un cri perçant ▸ **der letzte Schrei** *(umgs.)* le dernier cri

der **Schreibblock** le bloc-notes

schreiben ❶ écrire *Wort, Brief, Text;* faire *Klassenarbeit;* passer *Test;* établir *Rechnung* ❷ **ein Wort falsch/richtig schreiben** bien/mal écrire un mot; **wie schreibt man das?** comment ça s'écrit?; **er schreibt sich mit y son** nom s'écrit avec un y [igʀɛk] ❸ **etwas mit der Hand schreiben** écrire quelque chose à la main; **hast du etwas zum Schreiben?** as-tu de quoi écrire? ❹ **voll schreiben** noircir *Seite, Blatt* ❺ **jemandem schreiben** écrire à quelqu'un; **jemandem zum Geburtstag schreiben** écrire à quelqu'un pour son anniversaire

das **Schreiben** la lettre

schreibfaul trop paresseux/paresseuse pour écrire

der **Schreibfehler** la faute d'orthographe
das **Schreibheft** le cahier
die **Schreibmaschine** la machine à écrire
das **Schreibpapier** le papier
die **Schreibschrift** l'écriture *(weiblich)* cursive
der **Schreibschutz** *(in der Informatik)* la protection d'écriture
der **Schreibtisch** le bureau
die **Schreibtischlampe** la lampe de bureau
die **Schreibwaren** les articles *(männlich)* de papeterie
die **Schreibwarenhandlung** la papeterie

schreien ❶ crier; *Baby:* pleurer; **laut schreien** °hurler; **schrei nicht so, ich bin nicht taub** ne crie pas comme ça, je ne suis pas sourd(e) ❷ **sie schrien vor Lachen** *(umgs.)* ils se tordaient de rire ▸ **das ist [ja] zum Schreien!** *(umgs.)* c'est à °hurler de rire!

der **Schreiner** CH le menuisier
die **Schreinerei** CH la menuiserie
die **Schreinerin** CH la menuisière

die **Schrift** ❶ *(Handschrift, System)* l'écriture *(weiblich)* ❷ *(Schriftzeichen)* les caractères *(männlich);* **die lateinische Schrift** les caractères romains ❸ *(Abhandlung, Werk)* l'écrit *(männlich)* ❹ **die Heilige Schrift** l'Écriture *(weiblich)* sainte, les Saintes Écritures

schriftlich ❶ *Einladung, Prüfung* écrit(e) ❷ **mitteilen** par écrit

die **Schriftsprache** la langue écrite
der **Schriftsteller** l'écrivain *(männlich)*

die **Schriftstellerin** l'écrivain *(männlich)*

G Es gibt im Französischen keine Femininform: *sie ist eine berühmte Schriftstellerin – elle est un écrivain célèbre.*

der **Schriftwechsel** la correspondance

schrill ❶ *Ton* strident(e) ❷ *Aufmachung, Typ* tapageur/tapageuse ❸ *(umgs.: sehr gut)* **sie sind echt schrill, deine Schuhe!** elles flashent, tes chaussures!

der **Schritt** ❶ le pas; **mit leisen Schritten** à pas de loup; **mit schnellen Schritten** à pas rapides ❷ *(Tempo)* le pas; **[im] Schritt fahren** rouler au pas ❸ **mit jemandem Schritt halten** aller au même pas que quelqu'un ❹ *(Maßnahme)* **die Schritte** les mesures *(weiblich);* **Schritte unternehmen** prendre des mesures ❺ *(an Hosen)* l'entrejambe *(männlich)* ▸ **Schritt für Schritt** pas à pas; **jemanden auf Schritt und Tritt verfolgen** suivre quelqu'un à la trace; **jemanden auf Schritt und Tritt überwachen** fliquer quelqu'un

das **Schritttempo** la vitesse réduite
schrittweise *vorankommen* au pas

schroff ❶ *Abhang* abrupt(e) ❷ *Übergang* brusque ❸ *Ton* sec/sèche; *Verhalten* cassant(e) ❹ **emporragen** à pic ❺ **jemanden schroff abweisen** repousser quelqu'un sèchement

der/das **Schrot** ❶ *(gemahlenes Getreide)* la farine grossière ❷ *(Bleikugeln)* le plomb [de chasse]

der **Schrott** ❶ *(Alteisen)* la ferraille ❷ **sein Auto zu Schrott fahren** *(umgs.)* envoyer sa voiture à la casse ❸ *(umgs.: wertloses Zeug)* la camelote

schrottreif bon/bonne pour la casse
schrubben *(umgs.)* frotter *Boden, Rücken*
der **Schrubber** le balai-brosse

schrumpfen ❶ *Wäschestück:* se rétrécir; *Frucht:* se ratatiner; *Ballon:* se dégonfler ❷ *Vorräte, Mitgliederzahl:* se réduire

die **Schubkarre**, der **Schubkarren** la brouette
die **Schublade** le tiroir
schüchtern timide
die **Schüchternheit** la timidité
schuften *(umgs.)* trimer
der **Schuh** la chaussure; **die Schuhe anziehen** mettre ses chaussures ▸ **jemandem etwas in die Schuhe schieben** *(umgs.)* mettre quelque chose sur le dos de quelqu'un

der/das **Schuhbändel** CH le lacet
die **Schuhgröße** la pointure; **welche Schuhgröße haben Sie?** quelle est votre pointure?; **ich habe Schuhgröße 40** je fais du 40

der **Schuhlöffel** le chausse-pied
der **Schuhmacher** le cordonnier
die **Schuhmacherin** la cordonnière
die **Schuhsohle** la semelle [de chaussure]
der **Schulabschluss** ≈ le diplôme de fin d'études
der **Schulanfang** ❶ (*morgendlicher Unterrichtsbeginn*) le début des cours ❷ (*Schuljahresbeginn*) la rentrée scolaire ❸ (*Einschulung*) le début de la scolarité obligatoire
die **Schularbeit** Ⓐ (*Klassenarbeit*) l'interrogation *(weiblich)* écrite
die **Schularbeiten** les devoirs *(männlich)* [à la maison]
das **Schulbuch** le livre [scolaire]
der **Schulbus** le car de ramassage [scolaire]
schuld du bist schuld [daran] tu [en] es responsable; du bist schuld, dass es nicht geht c'est [de] ta faute si ça ne marche pas
die **Schuld** ❶ das ist deine Schuld c'est [de] ta faute; [an etwas] Schuld haben être responsable [de quelque chose]; die Schuld auf sich nehmen assumer la responsabilité; jemandem die Schuld [an einem Unfall] geben rendre quelqu'un responsable [d'un accident] ❷ (*Verschulden*) la culpabilité ❸ (*Geldschuld*) **die Schulden** les dettes *(weiblich)*; Schulden machen s'endetter
schulden devoir; jemandem Geld/Dank schulden devoir de l'argent/de la reconnaissance à quelqu'un
schuldig ❶ (*in der Rechtsprechung*) coupable; ❷ jemandem Geld/eine Antwort schuldig sein devoir de l'argent/une réponse à quelqu'un ▸ jemandem nichts schuldig bleiben rendre la pareille à quelqu'un
der **Schuldige** le coupable
die **Schuldige** la coupable
schuldigsprechen déclarer coupable; den Angeklagten schuldigsprechen déclarer l'accusé coupable
die **Schule** ❶ l'école *(weiblich)*; zur [*oder* in die] Schule gehen aller à l'école ❷ (*Unterricht*) Schule haben avoir cours; um acht Uhr Schule haben avoir cours à °huit heures; die Schule ist aus l'école est finie; am Samstag ist Schule il y a classe le samedi ▸ sein Beispiel hat Schule gemacht son exemple a fait école
der **Schüler** ❶ (*Schulanfänger, Grundschüler*) l'écolier *(männlich)*; (*Sekundarstufenschüler*) l'élève *(männlich)* ❷ eines Philosophen le disciple
der **Schüleraustausch** l'échange *(männlich)* scolaire
der **Schülerausweis** la carte d'identité scolaire

die **Schülerin** ❶ (*Schulanfängerin, Grundschülerin*) l'écolière *(weiblich)*; (*Sekundarstufenschülerin*) l'élève *(weiblich)* ❷ eines Philosophen la disciple
die **Schülermitverwaltung** la participation des élèves [à la gestion de l'école]
die **Schülerzeitung** le journal scolaire
das **Schulfach** la matière
die **Schulferien** les vacances *(weiblich)* scolaires
schulfrei Tag sans école; schulfrei haben ne pas avoir classe
der **Schulfreund** le camarade d'école
die **Schulfreundin** la camarade d'école
das **Schulheft** le cahier
der **Schulhof** la cour [de l'école]
das **Schuljahr** ❶ l'année *(weiblich)* scolaire ❷ im achten Schuljahr sein ≈ être en quatrième
die **Schulklasse** la classe
das **Schullandheim** ❶ (*Gebäude*) ≈ le centre d'hébergement pour classes de découverte ❷ (*Aufenthalt im Sommer*) ≈ la classe verte; (*Aufenthalt im Winter*) ≈ la classe de neige
der **Schulleiter** le chef d'établissement
die **Schulleiterin** la chef d'établissement
schulpflichtig Kind d'âge scolaire
der **Schulranzen** le cartable
der **Schulschluss** la fin des cours
der **Schulsprecher** ≈ le délégué des élèves
die **Schulsprecherin** ≈ la déléguée des élèves
der **Schulstress** le stress scolaire
die **Schulstunde** l'heure *(weiblich)* de cours
die **Schultasche** la serviette
die **Schulter** l'épaule *(weiblich)*; mit den Schultern zucken °hausser les épaules ▸ etwas auf die leichte Schulter nehmen (*umgs.*) prendre quelque chose à la légère
schulterlang Haar arrivant aux épaules
die **Schultüte** la pochette-surprise (*cadeau de rentrée des parents à leur enfant pour son premier jour d'école*)
die **Schulung** ❶ (*Kurs*) la formation ❷ des Gedächtnisses l'entraînement *(männlich)*
der **Schulweg** le chemin de l'école; einen weiten Schulweg haben avoir un long trajet pour aller à l'école
die **Schulzeit** la scolarité
das **Schulzeugnis** le bulletin scolaire
schummeln (*umgs.*) ❶ (*beim Spielen*) tricher ❷ bei der Klassenarbeit schummeln copier en interrogation écrite
der **Schund** (*umgs.: wertlose Ware*) la camelote
der **Schundroman** le roman de gare
die **Schuppe** ❶ (*bei Tieren*) l'écaille *(weiblich)* ❷ (*Kopfschuppen*) **die Schuppen** les pellicules *(weiblich)*

der **Schuppen** ❶ le °hangar; (klein) l'appentis (männlich) ❷ **ein vornehmer Schuppen** (umgs.) un endroit chic
schürfen ❶ [nach Gold] **schürfen** prospecter [pour trouver de l'or] ❷ **sich das Knie schürfen** s'érafler le genou ▸ **tief schürfend** Gedanken profond(e)
die **Schürfwunde** l'écorchure (weiblich)
die **Schürze** le tablier
der **Schuss** ❶ le coup de feu; **einen Schuss abgeben** tirer un coup de feu; **der Zeuge hat zwei Schüsse gehört** le témoin a entendu deux coups de feu ❷ (Munition) la balle ❸ (beim Fußball) le tir; **ein Schuss aufs Tor** un tir dans les buts ❹ **ein Schuss Essig** un filet de vinaigre ❺ (im Skisport) [im] **Schuss fahren** descendre [en] schuss ▸ **noch gut in Schuss sein** (umgs.) être encore en bon état; **weit[ab] vom Schuss liegen** (umgs.) être à perpète; **einen Schuss haben** (umgs.) avoir un grain
die **Schüssel** ❶ le plat creux; (Salatschüssel) le saladier; **eine Schüssel Salat** un plat de salade ❷ (Waschschüssel) la cuvette ❸ (umgs.: Satellitenschüssel) la parabole
die **Schusslinie** la ligne de tir
der **Schuster** le cordonnier
die **Schusterin** la cordonnière
der **Schutt** (Bauschutt) les gravats (männlich) ▸ **etwas in Schutt und Asche legen** réduire quelque chose en cendres
der **Schüttelfrost** les frissons (männlich)

V Der Singular der Schüttelfrost wird mit einem Plural übersetzt: der Schüttelfrost hat einen Tag angehalten – les frissons ont persisté pendant une journée.

schütteln ❶ secouer Person, Baum, Flasche ❷ **jemandem die Hand schütteln** serrer la main à quelqu'un ❸ (aufschütteln, verteilen) agiter Flüssigkeit; „**Vor Gebrauch schütteln**" "Agiter avant utilisation" ❹ **sich vor Ekel schütteln** frissonner de dégoût
schütten ❶ verser Wasser, Mehl; déverser Sand, Müll ❷ **es schüttet** (umgs.) il pleut des cordes
der **Schutz** ❶ la protection; **als Schutz vor** [oder **gegen**] **Kälte** comme protection contre le froid ❷ **Schutz suchen** chercher à se mettre à l'abri; **Schutz vor etwas suchen** chercher à se mettre à l'abri de quelque chose ▸ **jemanden in Schutz nehmen** protéger quelqu'un
das **Schutzblech** eines Fahrrads le garde-boue
der **Schütze** ❶ le tireur ❷ (in der Astrologie) le Sagittaire; [ein] **Schütze sein** être Sagittaire
schützen protéger; **die Dokumente vor Nässe schützen** protéger les documents contre l'humidité; **sich vor der Sonne schützen** se protéger contre le soleil
der **Schutzengel** l'ange (männlich) gardien
die **Schutzgebühr** la taxe autorisée
der **Schutzhelm** le casque de sécurité
die **Schutzimpfung** la vaccination préventive
die **Schützin** la tireuse
der **Schützling** le protégé/la protégée
schutzlos sans défense
der **Schutzumschlag** la jaquette
der **Schwabe** le Souabe
die **Schwäbin** la Souabe
schwäbisch souabe
schwach ❶ (nicht kräftig) Person faible; **er ist zu schwach für diese Arbeit** il n'est pas assez fort pour ce travail ❷ (nicht leistungsfähig) Schüler, Gegner, Mannschaft faible; Batterie, Motor peu puissant(e); **schwach in Mathematik sein** être faible en mathématiques ❸ (nicht belastbar) Herz, Nerven fragile ❹ (gering) Interesse, Beifall faible; Bartwuchs clairsemé(e); **eine schwach besuchte Ausstellung** une exposition peu fréquentée ❺ (nicht gehaltvoll) Kaffee, Tee léger/légère ❻ **schwächer werden** Atmung, Puls: faiblir; Augen, Gehör: s'affaiblir ❼ hören, spüren, vernehmen faiblement; duften, vibrieren légèrement
die **Schwäche** ❶ (geringe Kraft) la faiblesse ❷ (Faible) le faible; **eine Schwäche für jemanden/für etwas haben** avoir un faible pour quelqu'un/pour quelque chose ❸ (Unzulänglichkeit) le point faible
der **Schwächeanfall** le malaise
schwächen affaiblir
der **Schwächling** le gringalet
der **Schwachsinn** ❶ (Geisteskrankheit) la débilité mentale ❷ (umgs.: Unsinn) les insanités (weiblich); **das ist doch völliger Schwachsinn!** mais c'est complètement idiot!

V In ❷ wird der Singular der Schwachsinn mit einem Plural übersetzt: das ist nichts als Schwachsinn – ce ne sont que des insanités.

schwachsinnig ❶ Person débile ❷ (umgs.: idiotisch) Vorschlag débile, idiot(e)
die **Schwachstelle** le point faible
schwachwerden (umgs.: nachgeben) craquer; **bei jemandem/bei etwas schwachwerden** craquer devant quelqu'un/devant quelque chose
schwafeln (umgs.) ❶ (Unsinn reden) débi-

ter des âneries ❷ (*lange reden*) radoter
der **Schwager** le beau-frère
die **Schwägerin** la belle-sœur
die **Schwalbe** l'hirondelle (*weiblich*) ▶ **eine Schwalbe macht noch keinen Sommer** une hirondelle ne fait pas le printemps
der **Schwall** le flot
der **Schwamm** ❶ l'éponge (*weiblich*) ❷ Ⓐ, CH (*Pilz*) le champignon [comestible] ▶ **Schwamm drüber!** (*umgs.*) on passe l'éponge!
das **Schwammerl** Ⓐ, CH le champignon [comestible]
der **Schwan** le cygne
schwanger enceinte; **sie ist im fünften Monat schwanger** elle est enceinte de quatre mois
die **Schwangere** la femme enceinte
die **Schwangerschaft** la grossesse
der **Schwangerschaftstest** le test de grossesse
schwanken ❶ *Brücke, Gerüst:* osciller ❷ *Preis, Temperatur:* fluctuer ❸ *Betrunkener:* tituber ❹ (*unentschlossen sein*) hésiter; **zwischen zwei Lösungen schwanken** hésiter entre deux solutions
die **Schwankung** (*Veränderung*) la variation
der **Schwanz** la queue; **mit dem Schwanz wedeln** remuer la queue ▶ **kein Schwanz war da** (*salopp*) il n'y avait pas un chat
schwänzen (*umgs.*) sécher; **die Schule schwänzen** sécher les cours
der **Schwarm** ❶ (*Vogelschwarm, Heuschreckenschwarm*) la nuée ❷ (*Fischschwarm*) le banc ❸ (*Bienenschwarm*) l'essaim (*männlich*) ❹ (*Gruppe von Menschen*) la nuée; **ein Schwarm von Journalisten** une nuée de journalistes ❺ (*umgs.: Idol*) l'idole (*weiblich* ⚠)

V Es gibt keine gemeinsame Übersetzung für die unterschiedlichen Arten von Tierschwärmen.
Die Übersetzung in ❺ ist weiblich und wird sowohl für Männer als auch für Frauen verwendet: *er ist der neue Schwarm der jungen Mädchen – c'est lui la nouvelle idole des jeunes filles.*

schwärmen ❶ **von etwas schwärmen** être enthousiasmé(e) par quelque chose ❷ **für jemanden schwärmen** s'enthousiasmer pour quelqu'un ❸ **für etwas schwärmen** raffoler de quelque chose ❹ (*im Schwarm fliegen*) *Bienen:* essaimer
schwarz ❶ noir(e); **schwarz gekleidet** habillé(e) en noir ❷ (*umgs.: illegal*) *Konto, Kasse* noir(e) ❸ (*unheilvoll*) *Tag, Humor* noir(e) ❹ (*umgs.: katholisch*) clérical(e);

(*konservativ*) réac ▶ **schwarz auf weiß** noir sur blanc; **da kannst du warten, bis du schwarz wirst** (*umgs.*) tu peux attendre jusqu'à la saint-glinglin
das **Schwarz** le noir; **in Schwarz** en noir
die **Schwarzarbeit** le travail au noir
schwarzarbeiten travailler au noir
der **Schwarzarbeiter** le travailleur au noir
die **Schwarzarbeiterin** la travailleuse au noir
das **Schwarzbrot** le pain noir
der **Schwarze** ❶ le Noir ❷ (*umgs.: Konservativer*) le réac
die **Schwarze** ❶ la Noire ❷ (*umgs.: Konservative*) la réac
das **Schwarze** ❶ etwas Schwarzes quelque chose de noir ❷ **das kleine Schwarze anziehen** mettre la petite robe noire ▶ **[mit etwas] ins Schwarze treffen** mettre dans le mille [avec quelque chose]
schwarzfahren voyager sans billet
der **Schwarzfahrer** le voyageur sans billet
die **Schwarzfahrerin** la voyageuse sans billet
schwarzhaarig aux cheveux noirs; **schwarzhaarig sein** avoir les cheveux noirs
schwarzhören (*umgs.: Rundfunkgebühren prellen*) resquiller sur la redevance radio
schwarzmalen **alles schwarzmalen** (*pessimistisch sehen*) voir tout en noir
der **Schwarzmarkt** le marché noir; **auf dem Schwarzmarkt** au [marché] noir
schwarzsehen ❶ (*pessimistisch sein*) voir les choses en noir ❷ (*umgs.: Fernsehgebühren prellen*) resquiller sur la redevance télévision [*oder* télé]
der **Schwarzwald** la Forêt-Noire
schwarz-weiß ❶ *Muster* noir et blanc ❷ *Film, Fotografie* [en] noir et blanc
das **Schwarzweißfoto** la photo [en] noir et blanc
schwatzen, schwätzen (*umgs.*) bavarder; **über etwas schwatzen** [*oder* schwätzen] bavarder de quelque chose
schwatzhaft bavard(e)
die **Schwebe** **in der Schwebe sein** être en suspens
der **Schwebebalken** la poutre
schweben ❶ *Vogel, Flugzeug:* planer; *Wolke, Ballon:* flotter ❷ **zu Boden schweben** descendre lentement ❸ *Verfahren:* être en suspens
der **Schwede** le Suédois
Schweden la Suède; **nach Schweden fahren** aller en Suède
die **Schwedin** la Suédoise
schwedisch suédois(e)
der **Schwefel** le soufre

die **Schweigeminute** la minute de silence; **eine Schweigeminute einlegen** observer une minute de silence
schweigen ❶ *Mensch, Instrumente, Waffen:* se taire; **schweig!** silence! ❷ *(nichts ausplaudern)* garder le silence ▸ **ganz zu schweigen von ...** sans parler de ...
das **Schweigen** ❶ *(Stille)* le silence ❷ *(Stillschweigen, Verschweigen)* le mutisme ▸ **jemanden zum Schweigen bringen** faire taire quelqu'un
schweigsam taciturne
das **Schwein** ❶ le cochon ❷ *(umgs.: Schweinefleisch)* le porc ❸ *(umgs.: gemeiner Mensch)* le salaud ▸ **er ist ein [ganz] armes Schwein** *(umgs.)* c'est un pauvre mec; **kein Schwein** *(umgs.)* pas un chat; **da hast du Schwein gehabt!** *(umgs.)* tu as eu du bol!
der **Schweinebraten** le rôti de porc
das **Schweinefleisch** la viande de porc
die **Schweinerei** *(umgs.)* ❶ *(Unordnung, Schmutz)* la cochonnerie ❷ *(Gemeinheit)* la vacherie
das **Schweineschnitzel** l'escalope *(weiblich)* de porc
der **Schweiß** la sueur; **ihm bricht der Schweiß aus** il se met à transpirer; *(vor Angst)* il a des sueurs froides ▸ **[wie] in Schweiß gebadet sein** être en nage
schweißen souder
die **Schweißfüße** **Schweißfüße haben** transpirer **des pieds**
schweißgebadet en nage
die **Schweiz** la Suisse; **die deutschsprachige Schweiz** la Suisse alémanique; **die französische Schweiz** la Suisse romande; **die italienische Schweiz** la Suisse italienne; **in die Schweiz fahren** aller en Suisse
Schweizer *Käse, Berge* suisse; **die Schweizer Hauptstadt** la capitale de la Suisse
der **Schweizer** le Suisse
die **Schweizerin** la Suissesse, la Suisse
schweizerisch →**Schweizer**
die **Schwelle** ❶ *(Türschwelle, Reizschwelle)* le seuil [sœj] ❷ *(Bahnschwelle)* la traverse
die **Schwellung** l'enflure *(weiblich)*
schwenken ❶ agiter *Brief* ❷ diriger *Kamera* ❸ **nach links schwenken** *Marschkolonne:* bifurquer à gauche; *Kamera:* effectuer un mouvement sur la gauche ❹ **etwas in Butter schwenken** remuer quelque chose dans du beurre
schwer ❶ lourd(e); **fünf Kilo schwer sein** peser cinq kilos; **schwer beladen** lourdement chargé(e); **schwer wiegen** peser lourd; **ein schwerer Lkw** un gros camion ❷ *Krankheit, Verletzung* grave; *Geburt* difficile; *Leiden* pénible; **es schwer haben** avoir la vie dure ❸ *Fehler* grave; **schwere Bedenken haben** avoir de graves scrupules; **ein schwerer Irrtum** une lourde erreur ❹ *Aufgabe, Frage* difficile; **das ist schwer zu sagen** c'est difficile à dire ❺ **ein schwerer Sturm** une grosse tempête ❻ *Essen, Wein* lourd(e) ❼ **schwer verdaulich** difficile à digérer ❽ *verletzt* gravement; **schwer verwundet werden** être grièvement blessé(e); **schwer stürzen** faire une chute grave ❾ *arbeiten* durement ❿ *bestrafen* sévèrement ⓫ *enttäuschen* profondément; *treffen* durement ⓬ **das will ich schwer hoffen!** *(umgs.)* j'y compte bien! ⓭ *atmen* difficilement; *hören* mal ⓮ **schwer bewaffnet** solidement armé(e)

die **Schwerarbeit** le travail de force
die **Schwerelosigkeit** l'apesanteur *(weiblich)*
schwerfallen **die Entscheidung fällt ihm schwer** il a du mal à prendre la décision; **es fällt mir schwer, das zu sagen** j'ai du mal à dire ça
schwerfällig ❶ *Person, Tier* lourdaud(e); *Bewegung* pataud(e); *Stil* gauche ❷ **sich bewegen** pesamment
das **Schwergewicht** ❶ *(Gewichtsklasse)* la catégorie [des] poids lourds ❷ *(Sportler dieser Klasse)* le poids lourd
der **Schwergewichtler** le poids lourd
schwerhörig malentendant(e)
die **Schwerhörigkeit** la surdité partielle
die **Schwerkraft** la pesanteur
das **Schwermetall** le métal lourd
der **Schwerpunkt** *(in der Physik)* le centre de gravité ▸ **den Schwerpunkt auf etwas legen** mettre l'accent sur quelque chose; **Schwerpunkte setzen** établir des priorités
das **Schwert** l'épée *(weiblich)*
schwertun *(umgs.)* **sich schwertun** avoir bien du mal; **sich mit dem Lernen schwertun** avoir bien du mal à étudier
der **Schwerverbrecher** le grand criminel
die **Schwerverbrecherin** la grande criminelle
der **Schwerverletzte** le blessé grave
die **Schwerverletzte** la blessée grave
schwerwiegend *Entschluss* grave; *Bedenken, Grund* sérieux/sérieuse
die **Schwester** ❶ la sœur ❷ *(Krankenschwester)* l'infirmière *(weiblich)*
die **Schwiegereltern** les beaux-parents *(männlich)*
die **Schwiegermutter** la belle-mère
der **Schwiegersohn** le gendre

die **Schwiegertochter** la belle-fille
der **Schwiegervater** le beau-père
die **Schwiele** le cal
schwierig difficile; **die Frage ist schwierig zu beantworten** la question est difficile à répondre
die **Schwierigkeit** la difficulté; **jemanden in Schwierigkeiten bringen** mettre quelqu'un en difficulté; **in Schwierigkeiten geraten** rencontrer des difficultés
das **Schwimmbad** la piscine; **ins Schwimmbad gehen** aller à la piscine
schwimmen ❶ **schwimmen gehen** (*ins Schwimmbad gehen*) aller nager; (*ans Meer, an einen See gehen*) aller se baigner ❷ **hundert Meter schwimmen** nager un cent mètres ❸ **im** [*oder* **auf dem**] **Wasser schwimmen** *Ball, Ast, Floß:* flotter sur l'eau
der **Schwimmer** ❶ (*Mensch, der schwimmen kann*) le nageur; **ich bin Schwimmer** je sais nager ❷ (*in der Technik*) le flotteur
die **Schwimmerin** la nageuse
die **Schwimmflosse** (*beim Tauchen*) la palme
die **Schwimmweste** le gilet de sauvetage
der **Schwindel** ❶ (*Betrug*) l'escroquerie (*weiblich*) ❷ (*Benommenheit*) le vertige; **Schwindel erregend** vertigineux/vertigineuse
schwindelfrei schwindelfrei sein ne pas avoir le vertige
schwindelig → **schwindlig**
schwindeln (*umgs.*) raconter des bobards
der **Schwindler** ❶ (*Betrüger*) l'escroc (*männlich*) [ɛskro] ❷ (*umgs.: Lügner*) le menteur
die **Schwindlerin** ❶ (*umgs.: Lügnerin*) la menteuse ❷ (*Betrügerin*) l'escroc (*männlich*) [ɛskro]

> Ⓖ Für die zweite Wortbedeutung, die in ❷ behandelt wird, gibt es im Französischen keine Feminininform: *diese Frau ist eine Schwindlerin – cette femme est un escroc.*

schwindlig mir ist schwindlig j'ai le vertige; **davon wird mir schwindlig** ça me donne le vertige
schwingen ❶ agiter *Fähnchen;* soulever *Axt, Hammer, Peitsche* ❷ *Membran, Saite:* vibrer; *Brücke:* osciller ❸ **sich aufs Motorrad schwingen** sauter sur sa moto
der **Schwips** (*umgs.*) **einen Schwips haben** être pompette
schwitzen transpirer, suer; **an den Händen schwitzen** transpirer des mains
das **Schwitzen** la transpiration; **ins Schwitzen kommen** se mettre à transpirer
schwören ❶ jurer ❷ **einen Eid schwören** prêter serment ❸ **jemandem Treue schwören** jurer fidélité à quelqu'un ❹ **ich hätte schwören können, dass sie das war** (*umgs.*) j'aurais juré que c'était bien elle ❺ **ich habe mir geschworen, mich zu ändern** je me suis juré(e) de changer
schwul (*umgs.*) homo
schwül lourd(e); **es ist schwül** il fait lourd
der **Schwule** (*umgs.*) l'homo (*männlich*), le pédé
schwulstig Ⓐ, **schwülstig** ❶ *Stil* ampoulé(e) ❷ **reden, schreiben** de façon ampoulée
der **Schwung** ❶ (*Bewegung*) l'élan (*männlich*); **Schwung holen** prendre son élan ❷ (*Elan*) l'énergie (*weiblich*) ❸ (*umgs.: Stapel*) le paquet; **ein [ganzer] Schwung Formulare** [tout] un paquet de formulaires ▶ **in Schwung bringen** donner un nouvel essor à *Laden, Betrieb;* **in Schwung kommen** *Mensch:* commencer à être en train; *Laden, Betrieb:* commencer à décoller
der **Schwur** le serment; **einen Schwur leisten** prêter serment
das **Schwurgericht** la cour d'assises
die **Sciencefiction** [ˈsajənsˈfɪkʃən] la science-fiction
sechs ❶ six [sis, si]; **sechs Gläser und eine Flasche** six verres [si vɛʀ] et une bouteille; **es steht sechs zu zwei** *geschrieben:* **6:2** le score est de six à deux *geschrieben:* 6 à 2 [siz a dø] ❷ (*bei der Altersangabe*) **er/sie ist sechs [Jahre alt]** il/elle a six ans [siz ɑ̃]; **mit sechs [Jahren]** à six ans ❸ (*bei Uhrzeit- und Zeitangaben*) **es ist sechs [Uhr]** il est six heures [siz œʀ]; **um sechs [Uhr]** à six heures; **gegen sechs [Uhr]** vers six heures; **kurz vor sechs** peu avant six heures; **es ist schon kurz nach sechs** il est déjà six heures passées; **alle sechs Stunden** toutes les six heures; **heute in sechs Tagen** dans six jours [si ʒuʀ] ❹ (*bei der Geschwindigkeitsangabe*) **mit sechs Stundenkilometern** à six kilomètres à l'heure
die **Sechs** ❶ (*Zahl, Spielkarte, Augenzahl*) le six [sis]; **der Spieler mit der Sechs [auf dem Rücken]** le joueur qui porte le numéro six ❷ (*schlechteste Schulnote*) ≈ deux/un/zéro [sur vingt] ❸ Ⓒⓗ (*beste Schulnote*) ≈ dix-sept/dix-huit [sur vingt]
das **Sechseck** l'hexagone (*männlich*) [ɛgzagɔn, ɛgzagon]
sechseckig hexagonal(e)
sechseinhalb six ... et demi(e); **sechseinhalb Meter** six mètres et demi; **sechseinhalb Stunden** six heures et demie
der **Sechser** (*umgs.*) ❶ (*schlechteste Schulnote*)

la bulle ②🇨🇭 (*beste Schulnote*) ≈ le vingt ③(*Lottogewinn*) les six bons numéros *(männlich)*

V In ③ wird der Singular *der Sechser* mit einem Plural übersetzt: *im Lotto ist der Sechser der Hauptgewinn – au loto, les six bons numéros sont le gros los.*

sechserlei six ... divers(es); **sechserlei Formate** six formats divers; **sechserlei Farben** six couleurs diverses; **sechserlei Sorten Brot** six sortes de pain

sechsfach ① **eine sechsfache Vergrößerung** un agrandissement six fois plus grand; **in sechsfacher Ausfertigung** en six exemplaires; **nehmen Sie die sechsfache Menge!** prenez six fois cette quantité! ② **ein Blatt sechsfach falten** plier une feuille en six

das **Sechsfache das Sechsfache verdienen** gagner six fois plus; **um das Sechsfache** de six fois; **um das Sechsfache höher** six fois plus élevé(e)

sechshundert six cents

sechsjährig *Kind* de six ans [siz ɑ̃]

der **Sechsjährige** le garçon de six ans [siz ɑ̃]

die **Sechsjährige** la fille de six ans [siz ɑ̃]

sechsmal six fois; **sechsmal so viel** six fois plus [plys]; **sechsmal so viele Leute** six fois plus [ply] de gens

die **Sechsraumwohnung** l'appartement *(männlich)* de six pièces [si pjɛs]

sechsstöckig *Gebäude* de six étages [siz etaʒ]

sechsstündig *Aufenthalt* de six heures [siz œʀ]

sechst zu sechst sein être six [sis]; **zu sechst verreisen** partir en voyage à six [sis]

sechstausend six mille [si mil]

G Das Zahlwort *mille* ist unveränderlich.

der **Sechste** ①(*in Bezug auf die Reihenfolge, die Leistung*) le sixième [sizjɛm]; **als Sechster** en sixième position; **jeder Sechste** une personne sur six [sis] ②(*bei der Datumsangabe*) le six *geschrieben:* le 6 [lə sis]; **am Sechsten** *geschrieben:* **am 6.** le six *geschrieben:* le 6 [lə sis] ③(*bei Schaltgetrieben*) la sixième ⚠ *weiblich;* **in den Sechsten schalten** passer en sixième ④(*umgs.: sechster Stock*) le sixième; **ich wohne im Sechsten** j'habite au sixième ⑤(*als Namenszusatz*) **Karl der Sechste** *geschrieben:* **Karl VI.** Charles six *geschrieben:* Charles VI [ʃaʀl(ə) sis]

die **Sechste** ①(*in Bezug auf die Reihenfolge, die Leistung*) la sixième [sɛ̃kjɛm]; **als Sechste** en sixième position; **jede Sechste** une personne sur six [sis] ②(*sechste Klasse*) ≈ la sixième année; (*im französischen Schulsystem*) ≈ la sixième ③(*sechste Symphonie*) **Beethovens Sechste** la Sixième Symphonie de Beethoven

sechste(r, s) ① sixième ②(*Datumsangabe*) **der sechste Mai** *geschrieben:* **der 6. Mai** le six mai *geschrieben:* le 6 mai [ləsimɛ] ③(*Klassenstufe*) **die sechste Klasse** ≈ la sixième

sechstel ein sechstel Gramm un sixième de gramme

das **Sechstel** le sixième

sechstens sixièmement [sizjɛməmɑ̃]

sechsundzwanzig ① vingt-six [vɛ̃tsis, vɛ̃tsi] ②(*bei der Altersangabe*) **er/sie ist sechsundzwanzig [Jahre alt]** il/elle a vingt-six ans [vɛ̃tsiz ɑ̃]; **mit sechsundzwanzig [Jahren]** à vingt-six ans

die **Sechsundzwanzig** (*Zahl, Buslinie*) le vingt-six [vɛ̃tsis] ⚠ *männlich*

der **Sechsundzwanzigste** ①(*in Bezug auf die Reihenfolge, die Leistung*) le vingt-sixième [vɛ̃tsizjɛm] ②(*bei der Datumsangabe*) le vingt-six *geschrieben:* le 26 [vɛ̃tsis]; **am Sechsundzwanzigsten** *geschrieben:* **am 26.** le vingt-six *geschrieben:* le 26 [lə vɛ̃tsis]

die **Sechsundzwanzigste** (*in Bezug auf die Reihenfolge, die Leistung*) la vingt-sixième [vɛ̃tsizjɛm]

sechsundzwanzigste(r, s) ① vingt-sixième [vɛ̃tsizjɛm] ②(*bei der Datumsangabe*) **der sechsundzwanzigste Dezember** *geschrieben:* **der 26. Dezember** le vingt-six décembre *geschrieben:* le 26 décembre [vɛ̃tsi desɑ̃bʀ]; **am sechsundzwanzigsten Dezember** *geschrieben:* **am 26. Dezember** le vingt-six décembre *geschrieben:* le 26 décembre

die **Sechszimmerwohnung** l'appartement *(männlich)* de six pièces [si pjɛs]

sechzehn ① seize [sɛz]; **es steht sechzehn zu zehn** *geschrieben:* **16:10** le score est de seize à dix *geschrieben:* 16 à 10 [sɛz a dis] ②(*bei der Altersangabe*) **er/sie ist sechzehn [Jahre alt]** il/elle a seize ans [sɛz ɑ̃]; **mit sechzehn [Jahren]** à seize ans ③(*bei Uhrzeitangaben*) **es ist sechzehn Uhr** il est seize heures [sɛz œʀ]; **um sechzehn Uhr** à seize heures; **gegen sechzehn Uhr** vers seize heures; **kurz vor sechzehn Uhr** peu avant seize heures; **es ist schon kurz nach sechzehn Uhr** il est déjà seize heures passées ④(*bei der Geschwindigkeitsangabe*)

mit sechzehn Stundenkilometern à seize kilomètres à l'heure

die **Sechzehn** (*Zahl, Buslinie*) le seize [sɛz] ⚠ männlich

der **Sechzehnte** ❶ (*in Bezug auf die Reihenfolge, die Leistung*) le seizième [sɛzjɛm]; **als Sechzehnter** en seizième position; **jeder Sechzehnte** une personne sur seize ❷ (*bei der Datumsangabe*) le seize geschrieben: le 16 [sɛz]; **am Sechzehnten** le seize geschrieben: le 16 [lə sɛz] ❸ (*umgs.: sechzehnter Stock*) le seizième [sɛzjɛm]; **ich wohne im Sechzehnten** j'habite au seizième ❹ (*als Namenszusatz*) **Benedikt der Sechzehnte** geschrieben: **Benedikt XVI.** Benoît seize geschrieben: Benoît XVI [bənwa sɛz]

die **Sechzehnte** (*in Bezug auf die Reihenfolge, die Leistung*) la seizième [sɛzjɛm]; **als Sechzehnte** en seizième position; **jede Sechzehnte** une personne sur seize

sechzehnte(r, s) ❶ seizième [sɛzjɛm]; **jeder sechzehnte Deutsche** un Allemand sur seize [sɛz] ❷ (*bei der Datumsangabe*) **der sechzehnte Mai** geschrieben: **der 16. Mai** le seize mai geschrieben: le 16 mai [lə sɛz mɛ]; **am sechzehnten Mai** geschrieben: **am 16. Mai** le seize mai geschrieben: le 16 mai [lə sɛz mɛ]; **am Freitag, den 16. April** le vendredi 16 avril [lə vɑ̃dʀədi sɛz avʀil]; **Bonn, den 16. Juni** Bonn, le 16 juin [bɔn lə sɛz ʒɥɛ̃]

sechzig ❶ soixante [swasɑ̃t] ❷ (*bei der Altersangabe*) **er/sie ist sechzig [Jahre alt]** il/elle a soixante ans; **mit sechzig [Jahren]** à soixante ans ❸ (*bei der Zeitangabe*) **in** [*oder* **innerhalb von**] **sechzig Tagen** en soixante jours ❹ (*bei der Geschwindigkeitsangabe*) **mit sechzig Stundenkilometern** à soixante kilomètres à l'heure

die **Sechzig** (*Zahl, Buslinie*) le soixante ⚠ männlich

sechziger die sechziger Jahre *eines Jahrhunderts* les années (*weiblich*) soixante

sechzigste(r, s) soixantième [swasɑ̃tjɛm]; **jemandem zu seinem sechzigsten Geburtstag gratulieren** féliciter quelqu'un à l'occasion de son soixantième anniversaire

der **See** le lac

die **See** (*Meer*) la mer ⚠ weiblich; **an die See fahren** partir à la mer ▸ **in See stechen** appareiller; **auf [hoher] See** en [haute] mer

der **Seefisch** le poisson de mer

der **Seehund** le phoque

seekrank qui a le mal de mer; **seekrank sein** avoir le mal de mer

der **Seelachs** le colin

die **Seele** ❶ l'âme (*weiblich*) ❷ (*Psyche*) le psychisme ❸ (*Herz, Gemüt*) **aus tiefster Seele** de tout cœur ▸ **sie ist eine Seele von Mensch** elle a le cœur sur la main; **er/sie ist eine [ganz] treue Seele** c'est une âme fidèle

die **Seeleute** Plural von **Seemann**

seelisch ❶ psychique ❷ **seelisch bedingt** *Krankheit:* psychosomatique

die **Seelsorge** la direction de conscience

der **Seemann** le marin

die **Seemeile** le mille marin ⚠ männlich

die **Seenot in Seenot geraten** se retrouver en détresse

der **Seeräuber** le pirate

die **Seerose** ❶ (*Pflanze*) le nénuphar ❷ (*Tier*) l'anémone (*weiblich*) de mer

der **Seestern** l'étoile (*weiblich*) de mer

die **Seezunge** la sole

das **Segel** la voile

das **Segelboot** le voilier

der **Segelflieger** le vélivole

die **Segelfliegerin** la vélivole

das **Segelflugzeug** le planeur

segeln ❶ (*den Segelsport betreiben*) faire de la voile; **um die Welt segeln** faire le tour du monde à la voile ❷ **durch die Luft segeln** voler dans l'air

das **Segelschiff** le voilier

der **Segen** ❶ (*kirchlich*) la bénédiction ❷ (*göttlicher Beistand*) la grâce ▸ **seinen Segen [zu etwas] geben** (*umgs.*) donner son accord [pour quelque chose]; **es ist ein Segen, dass du da bist** quel bonheur que tu sois là

segnen bénir

sehen ❶ voir; **ich sehe sie kommen** je la/les vois venir; **ich habe gesehen, dass sie wütend war** j'ai vu qu'elle était furieuse ❷ **gut sehen** avoir une bonne vue; **schlecht sehen** avoir une mauvaise vue ❸ regarder *Fernsehbild;* voir *Theaterstück, Kinofilm* ❹ **auf die Uhr/aus dem Fenster sehen** regarder sa montre/par la fenêtre ❺ **du wirst schon sehen, was passiert** tu vas voir ce qui se passe; **na, sehen Sie!** alors vous voyez! ❻ **etwas nicht sehen können** ne pas supporter la vue de quelque chose ❼ **darf ich mal sehen?** puis-je regarder? ❽ **lass dich mal wieder sehen!** passe donc nous voir bientôt! ❾ **ihre Beine können sich sehen lassen** elle peut montrer ses jambes ❿ (*im Auge behalten*) **nach den Kindern/dem Essen sehen** jeter un coup d'œil aux enfants/au repas ⓫ **sich sehen** se

voir; **sich wieder sehen** se revoir ⑫ **so gesehen** vu sous cet angle; **das sehe ich anders** je vois les choses autrement; **mal sehen!** (*umgs.*) faut voir! ⑬ **siehe oben** voir plus °haut; **siehe unten** voir ci-dessous
sehenswert das ist sehenswert ça vaut la peine d'être vu

die **Sehenswürdigkeit** la curiosité

die **Sehne** ① (*in der Anatomie*) le tendon ② (*an einem Bogen, in der Geometrie*) la corde

sehnen ① **sich nach jemandem sehnen** se languir de quelqu'un; **ich sehne mich so nach dir!** tu me manques terriblement! ② **sich nach etwas sehnen** désirer ardemment [aʀdamã] quelque chose

die **Sehnsucht** la nostalgie; **Sehnsucht nach jemandem haben** se languir de quelqu'un

sehnsüchtig ① *Wunsch* ardent(e); *Erwartung* éperdu(e); **die sehnsüchtigen Blicke** les regards languissants ② *wünschen* ardemment; **sehnsüchtig auf jemanden/auf etwas warten** attendre quelqu'un/quelque chose impatiemment

sehr ① **sehr groß** très grand; **sehr viel** énormément; **sehr viel Arbeit** énormément de travail; **nicht sehr viele Leute** pas beaucoup de gens; **das ist sehr gut möglich** c'est tout à fait possible ② **jemanden sehr lieben** aimer beaucoup quelqu'un; **sich sehr freuen** être très content(e) ③ **so sehr** tant; **zu sehr** trop ④ **danke sehr!** merci beaucoup!

der **Sehtest** le test visuel

seicht ① *Gewässer* peu profond(e) ② *Unterhaltung* insipide

die **Seide** la soie; **aus reiner Seide** en pure soie

seidenweich soyeux/soyeuse

die **Seife** le savon

die **Seifenblase** la bulle de savon

die **Seifenoper** le soap-opéra

das **Seil** ① (*Schnur*) la corde ② (*Drahtseil*) le câble

die **Seilbahn** ① (*Drahtseilbahn*) le téléphérique ② (*Bergbahn auf Schienen*) le funiculaire

seilspringen sauter à la corde

der **Seiltänzer** le funambule

die **Seiltänzerin** la funambule

sein[1] ① être; **zufrieden sein** être content(e); **zu groß sein** être trop grand(e); **zu klein sein** être trop petit(e); **ein Glücksfall sein** être un coup de chance; **Franzose/Deutscher sein** être français/allemand; **was ist das?** qu'est-ce que c'est? ② **er/sie ist es** c'est lui/elle; **ich bin's!** (*umgs.*) c'est moi! ③ **es ist sieben Uhr** il est sept heures; **es ist warm** il fait chaud; **es ist windig** il y a du vent; **es ist Tag** il fait jour; **es ist Nacht** il fait nuit; **es ist Montag** c'est lundi; **es ist Januar** on est en janvier ④ **er ist nicht da** il n'est pas là; **hallo, ist da jemand?** ohé! il y a quelqu'un?; **ist noch Brot da?** y a-t-il encore du pain? ⑤ **aus Spanien sein** être originaire d'Espagne ⑥ **aus Leder sein** être en cuir ⑦ **jemandem zu anstrengend sein** être trop fatigant(e) au goût de quelqu'un; **jemandem peinlich sein** être désagréable à quelqu'un; **mir ist heiß** j'ai chaud; **mir ist kalt** j'ai froid; **mir ist schlecht** je me sens mal ⑧ **2 und 2 ist 4** 2 et 2 font 4; **wie viel ist das?** ça fait combien? ⑨ (*geschehen*) **was ist?** qu'est-ce qu'il y a?; **was ist mit dir?** qu'est-ce que tu as? ⑩ **das kann nicht sein** ce n'est pas possible; **das muss sein** c'est indispensable ⑪ **das ist schwer zu sagen** c'est difficile à dire; **das ist ja zum Lachen** c'est vraiment trop drôle ⑫ **es ist gut, dass er da ist** c'est bon qu'il soit là; **sei so nett und gib mir das Salz** passe-moi le sel, s'il te plaît ⑬ (*in Verbindung mit einem Zeitwort*) **ich bin gegangen** je suis allé(e); **ich bin gesprungen** j'ai sauté; **ich bin krank gewesen** j'ai été malade; **sie ist fotografiert worden** elle a été photographiée ▶ **das wär's!** (*umgs.*) c'est tout!; **sei's drum!** (*umgs.*) tant pis!; **sei es, wie wolle** quoi qu'il en soit; **wie dem auch sei** de toute manière

sein[2] ① son/sa; **sein Bruder** son frère; **seine Schwester** sa sœur; **seine Freundin** son amie; **seine Eltern** ses parents ② **der Seine** le sien; **die Seine** la sienne; **die Seinen** les siens

das **Sein** (*Existenz*) l'être (*männlich*)

seiner *Genitiv des Personalpronomens* **er** (*gehoben*) **wer erbarmt sich seiner?** qui a pitié de lui?

seinerzeit à l'époque

seinetwegen ① (*wegen ihm*) à cause de lui ② (*ihm zuliebe*) pour lui ③ (*wenn es nach ihm ginge*) s'il ne tenait qu'à lui

seit ① depuis; **seit langem** depuis longtemps; **seit letztem Freitag** depuis vendredi dernier; **seit wann?** depuis quand? ② **er wartet seit drei Tagen auf diesen Anruf** ça fait trois jours qu'il attend ce coup de fil ③ **seit ich hier wohne** depuis que j'habite ici

seitdem ① **seitdem ist er krank** depuis [*oder* depuis ce moment-là] il est malade ② **seitdem wir hier wohnen** depuis que nous habitons ici

die **Seite** ❶ le côté; *eines Würfels* la face ❷ (*Buchseite, Zeitungsseite, Internetseite*) la page; **die gelben Seiten** les pages jaunes ❸ (*beteiligte Partei*) le côté; **auf jemandes Seite sein** être du côté de quelqu'un; **von Seiten der Regierung** du côté du gouvernement ❹ (*Aspekt*) le côté; **neue Seiten an jemandem entdecken** découvrir de nouvelles facettes chez quelqu'un ❺ **nach allen Seiten** dans toutes les directions; **von allen Seiten** de toutes parts ❻ **zur Seite gehen** s'écarter; **das Buch zur Seite legen** mettre le livre de côté ▸ **sich von seiner besten Seite zeigen** se montrer sous son meilleur jour; **auf der einen Seite …, auf der anderen Seite …** d'un côté …, de l'autre …; **etwas auf die Seite schaffen** (*umgs.*) mettre quelque chose de côté; **jemandem zur Seite stehen** épauler quelqu'un; **jemandem nicht von der Seite weichen** ne pas quitter quelqu'un d'une semelle; **Seite an Seite** côte à côte
der **Seitensprung** (*umgs.*) l'infidélité (*weiblich*); **einen Seitensprung begehen** faire une infidélité
das **Seitenstechen** le point de côté; **Seitenstechen haben** avoir un point de côté
die **Seitenstraße** la rue latérale
seitenverkehrt à l'envers
die **Seitenzahl** ❶ (*Seitennummerierung*) le numéro de page ❷ (*Anzahl der Seiten*) le nombre de pages
seither depuis [ce moment-là]
sek., Sek. Abkürzung von **Sekunde** s
der **Sekretär** (*Person, Möbelstück*) le secrétaire
das **Sekretariat** le secrétariat
die **Sekretärin** la secrétaire
der **Sekt** le [vin] mousseux
die **Sekte** la secte
die **Sektflasche** la bouteille de champagne
das **Sektglas** le verre à champagne
die **Sekundarschule** (CH) ≈ le collège, ≈ le C.E.S.
die **Sekundarstufe** ≈ le secondaire; **die Sekundarstufe I** ≈ le premier cycle; **die Sekundarstufe II** ≈ le second cycle

Im französischen Schulsystem ist die Sekundarstufe I für alle Schülerinnen und Schüler unumgänglich. Sie umfasst die vier Klassen *sixième, cinquième, quatrième und troisième*. (Diese Zählung erinnert an die Bezeichnungen, die früher in deutschen Gymnasien für die untersten Klassen üblich waren: *Sexta, Quinta, Quarta und Untertertia*.)
In diesen vier Jahren besuchen die französischen Schülerinnen und Schüler das *collège*, eine ganztägige Gesamtschule.

Daran schließt sich die Sekundarstufe II - bzw. das *lycée* - mit den drei Klassen *seconde, première und terminale* an, die zum *baccalauréat* führen, dem Abitur.
Auch das *lycée*, die Schule für diese drei höchsten Klassen, ist eine Ganztagsschule.

die **Sekunde** ❶ la seconde [s(ə)gõd]; **auf die Sekunde genau gehen** *Uhr:* marcher à la seconde près; **es ist auf die Sekunde genau vier Uhr** il est très exactement quatre heures ❷ (*umgs.: Augenblick*) la seconde; **[eine] Sekunde!** (*umgs.*) une seconde!
der **Sekundenzeiger** la trotteuse
selbe(r, s) même; **am selben Tag** le même jour; **zur selben Zeit** au même moment
selber → **selbst**
selbst ❶ (*persönlich*) **der Direktor selbst** le directeur en personne; **die Chefin selbst** la chef en personne; **sie kommt selbst** elle vient en personne; **ich habe es selbst gesehen** je l'ai vu de mes propres yeux ❷ (*ohne fremde Hilfe*) tout seul/toute seule; **sie macht das selbst** elle le fait elle-même; **das kommt ganz von selbst** cela vient tout seul ❸ (*an sich*) **der Film selbst** le film en lui-même; **die Ferien selbst** les vacances en elles-mêmes ❹ **sie ist nicht mehr sie selbst** elle n'est plus elle-même; **er spricht mit sich selbst** il parle tout seul ❺ (*sogar*) même; **selbst du würdest ihr Recht geben** même toi, tu lui donnerais raison; **selbst wenn er nicht käme** même s'il ne venait pas
selbständig → **selbstständig**
der **Selbständige** → **Selbstständige**
die **Selbständige** → **Selbstständige**
die **Selbstbedienung** le libre-service
die **Selbstbefriedigung** la masturbation
selbstbewusst ❶ *Person* sûr(e) de soi; **ihr selbstbewusstes Auftreten** son aplomb ❷ *antworten* avec assurance
das **Selbstbewusstsein** la conscience de sa propre valeur
die **Selbstdisziplin** l'autodiscipline (*weiblich*)
die **Selbsthilfegruppe** l'association (*weiblich*) d'entraide
die **Selbstkritik** l'autocritique (*weiblich*); **Selbstkritik üben** faire son autocritique
der **Selbstlaut** la voyelle ⚠ *weiblich*
der **Selbstmord** le suicide; **Selbstmord begehen** se suicider
selbstsicher ❶ *Person* sûr(e) de soi; *Art* plein(e) d'assurance ❷ *auftreten* avec assurance
selbstständig ❶ *Person, Denken, Handeln*

autonome; *handieln* de façon autonome ❷ *Tätigkeit* indépendant(e); *Handwerker* [installé(e)] à son compte ❸ **sich selbstständig machen** *Handwerker, Übersetzer:* se mettre à son compte

der **Selbstständige** le travailleur indépendant; (*Freiberufler*) l'homme *(männlich)* qui exerce une profession libérale

die **Selbstständige** la travailleuse indépendante; (*Freiberuflerin*) la femme qui exerce une profession libérale

die **Selbstständigkeit** ❶ l'indépendance *(weiblich)* ❷ (*beruflich*) le travail indépendant

selbsttätig ❶ *Verschluss* automatique ❷ *schließen, sich reinigen* automatiquement

selbstverständlich ❶ *Hilfe* tout naturel/toute naturelle; **das ist doch selbstverständlich!** ça va de soi! ❷ **selbstverständlich werde ich dir helfen** c'est tout naturel que je t'aide; [aber] **selbstverständlich!** [mais] bien entendu!

die **Selbstverteidigung** l'autodéfense *(weiblich)*

das **Selbstvertrauen** la confiance en soi; **ich habe kein Selbstvertrauen** je n'ai pas confiance en moi

selig ❶ (*beglückt*) *Blick, Lächeln* comblé(e); *Gefühl* de bonheur; **selig [über etwas] sein** être ravi(e) [de quelque chose] ❷ **jemanden selig sprechen** béatifier quelqu'un ▶ **wer's glaubt, wird selig!** *(umgs.)* on me la fait pas!

die/der **Sellerie** le céleri; (*Knollensellerie*) le céleri-rave

selten ❶ *Tier, Pflanze* rare ❷ **ein seltener Gast** un hôte qui se fait rare ❸ *vorkommen, sich ereignen* rarement

die **Seltenheit** ❶ (*seltenes Vorkommen*) la rareté ❷ (*seltene Sache*) la curiosité; **es ist eine Seltenheit, dass er uns besuchen kommt** il est rare qu'il vienne nous voir

seltsam ❶ *Person, Art* curieux/curieuse; *Aussehen, Geruch, Geschmack* bizarre; *Geschichte* étrange; **es ist [schon] seltsam, dass man ihn nicht mehr sieht** c'est [plutôt] curieux qu'on ne le voie plus ❷ **sich benehmen** bizarrement; **seltsam riechen** avoir une odeur bizarre; **seltsam schmecken** avoir un drôle de goût

das **Semester** (*Studienhalbjahr*) le semestre (*unité de temps utilisée pour le décompte des années d'études dans les universités allemandes*); **im siebten Semester sein** être en septième semestre; (*im französischen Universitätssystem*) être en quatrième année

die **Semesterferien** les vacances *(weiblich)* semestrielles

das **Semikolon** (*gehoben*) le point-virgule

das **Seminar** ❶ (*Lehrveranstaltung*) le séminaire ❷ (*Universitätsinstitut*) l'institut *(männlich)*

die **Semmel** Ⓐ le petit pain ▶ **weggehen wie warme Semmeln** *(umgs.)* se vendre comme des petits pains

der **Senat** ❶ (*in Berlin, Bremen und Hamburg*) ≈ le sénat ❷ (*in Frankreich und den USA*) le Sénat ❸ (*an Gerichten*) la cour ❹ (*an Hochschulen*) le conseil d'administration [de l'université]

senden ❶ envoyer *Brief, Paket, Signal* ❷ diffuser *Film, Konzert*

der **Sender** ❶ (*Sendeanstalt*) la station ❷ (*Sendegerät*) le poste émetteur

die **Sendezeit** ❶ (*Sendedauer*) **eine Stunde Sendezeit** une heure d'antenne ❷ (*Sendezeitpunkt*) **zur besten Sendezeit** au meilleur temps d'antenne

die **Sendung** ❶ (*Ausstrahlung*) l'émission *(weiblich)* ❷ **wir sind auf Sendung** *(umgs.)* nous sommes à l'antenne ❸ (*Warensendung*) l'envoi *(männlich)*

der **Senf** la moutarde ▶ **immer musst du deinen Senf dazugeben!** *(umgs.)* il faut toujours que tu mettes ton grain de sel!

senior *Gustav Müller senior* Gustav Müller père

der **Senior** ❶ (*älterer Mann*) la personne âgée; **die Senioren** les personnes *(weiblich)* âgées; (*im Sport*) les joueurs *(männlich)* seniors ❷ (*Seniorchef*) le père

die **Seniorin** ❶ (*ältere Frau*) la personne âgée; **die Seniorinnen** les personnes *(weiblich)* âgées; (*im Sport*) les joueuses *(weiblich)* seniors ❷ (*Seniorchefin*) la mère

senken ❶ baisser *Arm, Kopf* ❷ baisser *Preise;* réduire *Steuern;* faire baisser *Fieber* ❸ abaisser *Wasserstand* ❹ **sich senken** *Grundwasserspiegel:* baisser; *Erdboden:* s'abaisser

senkrecht vertical(e)

der **Senkrechtstarter** ❶ (*Flugzeug*) l'avion *(männlich)* à décollage vertical ❷ (*umgs.: Aufsteiger*) l'homme *(männlich)* qui a connu une ascension fulgurante

die **Senkrechtstarterin** *(umgs.)* la femme qui a connu une ascension fulgurante

die **Sensation** la sensation; **das war eine Sensation** ça a fait sensation

sensationell sensationnel(le)

die **Sense** la faux ▶ **jetzt ist [aber] Sense!** *(umgs.)* maintenant basta!; **dann ist Sense!** *(umgs.)* après, [c'est] terminé!

sensibel ❶ sensible ❷ *reagieren* avec sensibilité
der **Sensor** (*in der Technik*) le capteur
sentimental sentimental(e)
separat ❶ séparé(e) ❷ *abrechnen, waschen* séparément
der **September** ❶ septembre (*männlich*); **im September** en septembre; **es ist September** c'est le mois de septembre ❷ (*bei Datumsangaben*) **ab** [**dem**] **ersten September** à partir du premier septembre; **sie ist am 10. September 1990 geboren** elle est née le 10 septembre 1990; **Berlin, den 7. September 2006** Berlin, le 7 septembre 2006; **Freitag, den 8. September 2006** vendredi 8 septembre 2006

> **G** Der französische Monatsname wird ohne den bestimmten Artikel gebraucht.
> Bei präzisen Datumsangaben mit einer Zahl, wie sie in ❷ aufgeführt sind, steht der Artikel jedoch, und zwar wegen der Zahl:
> *sie ist am Vierten geboren – elle est née le quatre;*
> *sie ist am vierten September geboren – elle est née le quatre septembre.*

die **Septime** (*in der Musik*) la septième
der **Serbe** le Serbe
Serbien la Serbie
die **Serbin** la Serbe
serbisch serbe
die **Serie** ❶ (*Produktreihe*) la série ❷ (*mehrteiliger Film*) le feuilleton ▸ **in Serie gehen** être produit(e) en série
der **Serienmörder** le tueur en série
die **Serienmörderin** la tueuse en série
seriös ❶ sérieux/sérieuse ❷ **seriös auftreten** avoir l'air sérieux
der **Server** ['sø:ɐvɐ] (*in der Informatik*) le serveur
der **Service** ['zø:ɐvɪs] le service
das **Service** [zɛr'viːs] (*Geschirr*) le service
die **Servicenummer** (*in der Telekommunikation*) le numéro de service; **die kostenlose Servicenummer** le numéro vert
servieren ❶ servir; **jemandem das Essen servieren** servir le repas à quelqu'un ❷ (*bedienen*) faire le service; **in einem Restaurant servieren** faire le service dans un restaurant
die **Serviertochter** (CH) la serveuse
die **Serviette** la serviette [de table]
servus (A) salut
der **Sessel** ❶ le fauteuil ❷ (A) (*Stuhl*) la chaise
der **Set¹** (*Drehkulisse im Studio*) le plateau
das/der **Set²** ❶ (*Satz, Serie*) le lot ❷ (*Platzdeckchen*) le set [de table]

setzen ❶ **sich setzen** *Mensch, Hund, Katze:* s'asseoir; *Vogel:* se poser; **komm, setz dich zu uns!** viens t'asseoir avec nous! ❷ **sich aufs Fahrrad setzen** monter sur le vélo ❸ **das Kind auf seinen Stuhl setzen** asseoir l'enfant sur la chaise ❹ **sich den Hut auf den Kopf setzen** mettre son chapeau ❺ **sitz!** assis! ❻ planter *Pflanze* ❼ fixer *Frist* ❽ mettre *Satzzeichen* ❾ **jemandem ein Denkmal setzen** ériger un monument en l'honneur de quelqu'un ❿ (*beim Wetten*) miser *Geldsumme*
die **Seuche** l'épidémie (*weiblich*)
seufzen soupirer; **über etwas seufzen** soupirer de quelque chose
der **Seufzer** le soupir; **einen Seufzer ausstoßen** pousser un soupir
der **Sex** le sexe
die **Sexte** (*in der Musik*) la sixte
die **Sexualität** la sexualité
die **Sexualkunde** l'éducation (*weiblich*) sexuelle
sexuell sexuel(le)
sexy (*umgs.*) sexy; **sie ist sexy** elle est sexy
das **Shampoo** ['ʃampu] le shampooing, le shampoing
das **Shirt** [ʃøːɐt] le tee-shirt, le t-shirt
die **Shorts** [ʃɔrts] le short

> **V** Der Plural *die Shorts* wird mit einem Singular übersetzt: *diese dunkelblauen Shorts stehen dir gut – ce short bleu marine te va bien.*

die **Show** [ʃoʊ] le show [ʃo]
der **Showmaster** ['ʃoʊmaːstɐ] l'animateur (*männlich*) [d'émissions de variété]
die **Showmasterin** ['ʃoʊmaːstərɪn] l'animatrice (*weiblich*) [d'émissions de variété]
Sibirien la Sibérie
sich ❶ (*sich selbst, unbetont*) se; (*vor Vokal oder stummem h*) s'; **sich beeilen** se dépêcher; **sich wundern** s'étonner; **sich schämen** avoir °honte; **sich die Haare waschen** se laver les cheveux ❷ (*betont, hervorgehoben*) stolz auf sich sein être fier/fière de soi; **sie ist mit sich zufrieden** elle est contente d'elle; **die Spieler sind nicht mit sich zufrieden** les joueurs ne sont pas contents d'eux ❸ (*gegenseitig, einander*) **sie streiten sich** ils se disputent; **sie lieben sich** ils s'aiment ❹ (*Höflichkeitsform*) vous; **Sie haben sich gut erholt** vous vous êtes bien reposé(e); **bitte erheben Sie sich!** s'il vous plaît, levez-vous!
die **Sichel** ❶ (*Schneidegerät*) la faucille ❷ *des Mondes* le croissant
sicher ❶ sûr(e); *Abstand* de sécurité; **aus**

sicherer Entfernung à bonne distance; **vor jemandem/vor etwas sicher sein** être à l'abri de quelqu'un/de quelque chose; **im Keller sind wir sicher** nous sommes en sécurité dans la cave; **etwas sicher aufbewahren** garder quelque chose en sécurité ❷ *Tatsache* certain(e) ❸ *Arbeitsplatz* sûr(e) ❹ *Fahrer* chevronné(e) ❺ (*gewiss*) **der Sieg ist ihm/ihr sicher** la victoire lui est assurée; **ich bin [mir] meiner Sache ganz sicher** je suis tout à fait sûr(e) de mon affaire; **es ist nicht sicher, ob ich komme** il n'est pas certain que je vienne; **du wirst mir sicher schreiben** tu m'écriras certainement ❻ (*mit Überblick*) *fahren* avec sûreté ❼ (*selbstsicher*) sûr(e) de soi; **sicher auftreten** avec assurance ▶ **sicher ist sicher** deux précautions valent mieux qu'une

sichergehen ich will sichergehen je veux être sûr(e); **um sicherzugehen** pour être plus sûr(e)

die **Sicherheit** ❶ la sécurité; **etwas in Sicherheit bringen** mettre quelque chose à l'abri; **sich vor jemandem/vor etwas in Sicherheit bringen** se mettre à l'abri de quelqu'un/de quelque chose ❷ (*Gewissheit*) la certitude; **mit Sicherheit** avec certitude ❸ **die soziale Sicherheit** la protection sociale ❹ *einer Methode* la fiabilité ❺ (*Selbstsicherheit*) l'assurance (*weiblich*) ❻ (*Kaution*) la caution ❼ (*Garantie*) **die Sicherheiten** les garanties (*weiblich*)

der **Sicherheitsgurt** la ceinture de sécurité
die **Sicherheitsnadel** l'épingle (*weiblich*) de sûreté
sichern ❶ (*schützen*) protéger; **die Fenster vor dem Sturm sichern** protéger les fenêtres de la tempête ❷ assurer *Frieden* ❸ relever *Spuren* ❹ (*in der Informatik*) sauvegarder *Daten* ❺ mettre le cran de sûreté à *Schusswaffe* ❻ **sich einen Platz sichern** s'assurer une place

die **Sicherung** ❶ *von Arbeitsplätzen* la garantie ❷ (*im Stromkreis*) le fusible; **die Sicherung ist rausgesprungen** [*oder* **durchgebrannt**] le fusible a grillé ❸ (*in der Informatik*) la sauvegarde; **bei mir ist die Sicherung durchgebrannt** (*umgs.*) j'ai disjoncté
die **Sicherungskopie** (*in der Informatik*) la sauvegarde
die **Sicht** ❶ la vue; **in Sicht sein** être en vue; **in Sicht kommen** apparaître ❷ **gute/schlechte Sicht haben** avoir une belle/une mauvaise vue ❸ **aus meiner Sicht** de mon point de vue; **aus heutiger Sicht** du point de vue actuel ▶ **auf lange Sicht** à long terme

sichtbar ❶ visible ❷ *Fortschritt* sensible ❸ *sich verschlechtern* sensiblement; *altern* nettement
sichtlich ❶ visible ❷ *erfreut, erleichtert* visiblement

sie¹ ❶ *Subjekt* elle; **sie arbeitet** elle travaille ❷ *Objekt* la; **ich sehe sie** je la vois; **ich werde sie anrufen** je lui téléphonerai ❸ (*auf eine Sache oder allgemein auf ein Tier bezogen*) il/elle; **einer Katze zuschauen, wie sie frisst** observer un chat pendant qu'il mange; **ich suche meine Uhr/meine Tasche – wo ist sie bloß?** je cherche ma montre/mon sac – où peut-elle/peut-il bien se cacher?

> **G** Das weibliche Personalpronomen sie mit seinen Formen *(ihr, sie* und *ihrer)* hat unterschiedliche Übersetzungen, je nachdem, wofür es steht.
> Wenn *sie* für ein Substantiv steht, das eine Person bezeichnet oder ein Tier weiblichen Geschlechts (also ein Tierweibchen), steht fest, dass auch die französische Entsprechung weiblich ist.
> Wenn das Pronomen aber für eine Sache steht oder für ein Tier, dessen Geschlecht nicht ausdrücklich genannt wird, kann die französische Übersetzung männlich oder weiblich sein, wie in ❸ zu sehen ist.

sie² ❶ (*unbetont, Subjekt*) ils/elles; **sie arbeiten** ils/elles travaillent ❷ (*unbetont, Objekt*) **er begleitet sie** il les accompagne; **ich werde sie fragen** je leur demanderai; **ich mag Katzen, ich beobachte sie gerne** j'aime les chats, j'aime les regarder ❸ (*betont, hervorgehoben, Subjekt*) **da kommen sie!** les voilà qui arrivent!; **sie müssen das tun, nicht wir!** c'est eux/elles qui doivent le faire, pas nous! ❹ (*betont, hervorgehoben, Objekt*) **ohne sie** sans eux/elles; **bitte sie darum, nicht uns!** demande-le à eux, pas à nous!

Sie vous; **nehmen Sie bitte Platz!** asseyez-vous, s'il vous plaît!; **kommen Sie schnell!** venez vite!
das **Sie jemanden mit Sie anreden** vouvoyer quelqu'un
das **Sieb** ❶ (*Küchensieb*) la passoire ❷ (*für Sand*) le tamis
sieben¹ ❶ tamiser *Mehl, Sand* ❷ (*umgs.: auswählen*) **erbarmungslos sieben** faire une sélection sévère
sieben² ❶ sept [sɛt]; **die sieben Wochentage** les sept jours de la semaine; **es steht sieben zu zwei** *geschrieben:* **7:2** le score est de sept à deux *geschrieben:* 7 à 2 [sɛt a dø] ❷ (*bei der Altersangabe*) **er/sie ist sie-**

ben [Jahre alt] il/elle a sept ans [sɛ̃k ã]; **mit sieben [Jahren]** à sept ans ❸ (*bei Uhrzeit- und Zeitangaben*) **es ist sieben [Uhr]** il est sept heures [sɛt œʀ]; **um sieben [Uhr]** à sept heures; **gegen sieben** vers sept heures; **kurz vor sieben** peu avant sept heures; **es ist schon kurz nach sieben** il est déjà sept heures passées; **alle sieben Stunden** toutes les sept heures; **heute in sieben Tagen** dans °huit jours [ˈɥi ʒuʀ] ❹ (*bei der Geschwindigkeitsangabe*) **mit sieben Stundenkilometern** à sept kilomètres à l'heure

die **Sieben** (*Zahl, Spielkarte, Buslinie*) le sept [sɛt] ⚠ *männlich;* **der Spieler mit der Sieben [auf dem Rücken]** le joueur qui porte le numéro sept

das **Siebeneck** l'heptagone [ɛptagɔn, ɛptagon]
siebeneckig heptagonal(e)
siebeneinhalb sept ... et demi(e); **siebeneinhalb Liter** sept litres et demi; **siebeneinhalb Stunden** sept heures et demie
siebenerlei sept ... divers(es); **siebenerlei Formate** sept formats divers; **siebenerlei Farben** sept couleurs diverses; **siebenerlei Sorten Brot** sept sortes de pain
siebenfach ❶ **eine siebenfache Vergrößerung** un agrandissement sept fois plus grand; **in siebenfacher Ausfertigung** en sept exemplaires; **nehmen Sie die siebenfache Menge!** prenez sept fois cette quantité! ❷ **ein Blatt siebenfach falten** plier une feuille en sept

das **Siebenfache das Siebenfache verdienen** gagner sept fois plus [plys]; **um das Siebenfache** de sept fois; **um das Siebenfache höher** sept fois plus élevé(e)
siebenhundert sept cents
siebenjährig de sept ans [sɛt ã]

der **Siebenjährige** le garçon de sept ans [sɛt ã]
die **Siebenjährige** la fille de sept ans [sɛt ã]
siebenmal sept fois; **siebenmal so viel** sept fois plus [plys]; **siebenmal so viele Leute** sept fois plus [ply] de gens

die **Siebensachen** (*umgs.*) **seine Siebensachen packen** faire son balluchon [*oder* baluchon]

der **Siebenschläfer** (*Tier*) le loir
siebenstöckig *Gebäude* de sept étages [sɛt etaʒ]
siebenstündig *Reise, Aufenthalt* de sept heures [sɛt œʀ]
siebentausend sept mille

Ⓖ Das Zahlwort *mille* ist unveränderlich.

siebenundzwanzig ❶ vingt-sept [vɛ̃tsɛt] ❷ (*bei der Altersangabe*) **er/sie ist siebenundzwanzig [Jahre alt]** il/elle a vingt-sept ans [vɛ̃tsɛt ã]; **mit siebenundzwanzig [Jahren]** à vingt-sept ans

die **Siebenundzwanzig** (*Zahl, Buslinie*) le vingt-sept [vɛ̃tsɛt] ⚠ *männlich*
der **Siebenundzwanzigste** ❶ (*in Bezug auf die Reihenfolge, die Leistung*) le vingt-septième [vɛ̃tsɛtjɛm] ❷ (*bei der Datumsangabe*) le vingt-sept *geschrieben:* le 27 [vɛ̃tsɛt]; **am Siebenundzwanzigsten** *geschrieben:* **am 27.** le vingt-sept *geschrieben:* le 27 [lə vɛ̃tsɛt]
die **Siebenundzwanzigste** (*in Bezug auf die Reihenfolge, die Leistung*) la vingt-septième [vɛ̃tsɛtjɛm]
siebenundzwanzigste(r, s) ❶ vingt-septième [vɛ̃tsɛtjɛm] ❷ (*bei der Datumsangabe*) **der siebenundzwanzigste Dezember** *geschrieben:* **der 27. Dezember** le vingt-trois décembre *geschrieben:* le 27 décembre [vɛ̃tsɛt desãbʀ]

siebt zu siebt sein être [à] sept [sɛt]; **zu siebt verreisen** partir en voyage à sept
der **Siebte** ❶ (*in Bezug auf die Reihenfolge, die Leistung*) le septième [sɛtjɛm]; **als Siebter** en septième position; **jeder Siebte** une personne sur sept [sɛt] ❷ (*bei der Datumsangabe*) le sept *geschrieben:* le 7 [lə sɛt]; **am Siebten** *geschrieben:* **am 7.** le sept *geschrieben:* le 7 [lə sɛt] ❸ (*umgs.: siebter Stock*) le septième; **ich wohne im Siebten** j'habite au septième ❹ (*als Namenszusatz*) **Karl der Siebte** *geschrieben:* **Karl VII.** Charles sept *geschrieben:* Charles VII [ʃaʀl(ə) sɛt]
die **Siebte** ❶ (*in Bezug auf die Reihenfolge, die Leistung*) la septième [sɛtjɛm]; **als Siebte** en septième position; **jede Siebte** une personne sur sept [sɛt] ❷ (*siebte Klasse*) ≈ la septième année; (*im französischen Schulsystem*) ≈ la cinquième [sɛ̃kjɛm] ❸ (*siebte Symphonie*) **Mahlers Siebte** la Septième Symphonie de Mahler

siebte(r, s) ❶ septième [sɛtjɛm] ❷ (*bei der Datumsangabe*) **der siebte Mai** *geschrieben:* **der 7. Mai** le sept mai *geschrieben:* le 7 mai [lə sɛt mɛ]; **am siebten Mai** *geschrieben:* **am 7. Mai** le sept mai *geschrieben:* le 7 mai [lə sɛt mɛ]; **am Freitag, den 7. Juni** le vendredi 7 juin [lə vãdʀədi sɛt ʒɥɛ̃]; **Bonn, den 7. Oktober** Bonn, le 7 octobre [bɔn lə sɛt ɔktɔbʀ] ❸ (*Klassenstufe*) **die siebte Klasse** la septième année; (*im französischen Schulsystem*) ≈ la cinquième

siebtel ein siebtel Gramm un septième de

gramme
das **Siebtel** le septième
siebtens septièmement [sɛtjɛməmɑ̃]
siebzehn ❶ dix-sept [di(s)sɛt]; **es steht siebzehn zu zehn** *geschrieben:* **17:10** le score est de dix-sept à dix *geschrieben:* 17 à 10 [di(s)sɛt a dis] ❷ *(bei der Altersangabe)* **er/sie ist siebzehn [Jahre alt]** il/elle a dix-sept ans [di(s)sɛt ɑ̃]; **mit siebzehn [Jahren]** à dix-sept ans ❸ *(bei Uhrzeitangaben)* **es ist siebzehn Uhr** il est dix-sept heures [di(s)sɛt œr]; **um siebzehn Uhr** à dix-sept heures; **gegen siebzehn Uhr** vers dix-sept heures; **kurz vor siebzehn Uhr** peu avant dix-sept heures; **es ist schon kurz nach siebzehn Uhr** il est déjà dix-sept heures passées ❹ *(bei der Geschwindigkeitsangabe)* **mit siebzehn Stundenkilometern** à dix-sept kilomètres à l'heure
die **Siebzehn** *(Zahl, Buslinie)* le dix-sept [di(s)sɛt] ⚠ *männlich*
der **Siebzehnte** ❶ *(in Bezug auf die Reihenfolge, die Leistung)* le dix-septième [di(s)sɛtjɛm]; **als Siebzehnter** en dix-septième position; **jeder Siebzehnte** une personne sur dix-sept ❷ *(bei der Datumsangabe)* le dix-sept *geschrieben:* le 17 [di(s)sɛt]; **am Siebzehnten** le dix-sept *geschrieben:* le 17 [lə di(s)sɛt] ❸ *(umgs.: siebzehnter Stock)* le dix-septième [di(s)sɛtjɛm]; **ich wohne im Siebzehnten** j'habite au dix-septième ❹ *(als Namenszusatz)* **Johannes der Siebzehnte** *geschrieben:* **Johannes XVII.** Jean dix-sept *geschrieben:* Jean XVII [ʒɑ̃ di(s)sɛt]
die **Siebzehnte** *(in Bezug auf die Reihenfolge, die Leistung)* la dix-septième [di(s)sɛtjɛm]; **als Siebzehnte** en dix-septième position; **jede Siebzehnte** une personne sur dix-sept
siebzehnte(r, s) ❶ dix-septième [di(s)sɛtjɛm]; **jeder siebzehnte Deutsche** un Allemand sur dix-sept [di(s)sɛt] ❷ *(bei der Datumsangabe)* **der siebzehnte Mai** *geschrieben:* **der 17. Mai** le dix-sept mai *geschrieben:* le 17 mai [lə di(s)sɛt mɛ]; **am siebzehnten Mai** *geschrieben:* **am 17. Mai** le dix-sept mai *geschrieben:* le 17 mai [lə di(s)sɛt mɛ]; **am Freitag, den 17. April** le vendredi 17 avril [lə vɑ̃drədi di(s)sɛt avril]; **Bonn, den 17. Juni** Bonn, le 17 juin [bɔn lə di(s)sɛt ʒɥɛ̃]
siebzig soixante-dix, septante ⒞⒣; *siehe auch* **achtzig**
die **Siebzig** le soixante-dix ⚠ *männlich*, le septante ⚠ *männlich* ⒞⒣; *siehe auch* **achtzig**
siebziger die siebziger Jahre les années *(weiblich)* soixante-dix, les années septante ⒞⒣; *siehe auch* **achtziger**
siebzigste(r, s) soixante-dixième, septantième ⒞⒣; *siehe auch* **achtzigste(r, s)**
sieden bouillir [bujir]
die **Siedlung** ❶ *(Wohnhausgruppe)* le lotissement ❷ *(Ansiedlung)* la colonie
der **Sieg** la victoire; **den Sieg über jemanden erringen** remporter la victoire sur quelqu'un
das **Siegel** ❶ *(Abdruck)* le sceau ❷ *(Stempel)* le cachet
siegen ❶ *(im Sport)* gagner; **bei einem Wettkampf siegen** gagner un match; **über jemanden siegen** l'emporter sur quelqu'un ❷ *(im Krieg)* être vainqueur; **über eine Armee siegen** vaincre une armée
der **Sieger** le vainqueur
die **Siegerehrung** la remise des prix
die **Siegerin** le vainqueur

> **G** Es gibt im Französischen keine Femininform: *die Siegerin ist Anne – le vainqueur, c'est Anne.*

siezen vouvoyer
das **Signal** le signal; **das Signal zur Abfahrt geben** donner le signal du départ
signieren ❶ dédicacer *Buch, Graphik* ❷ signer *Schriftstück*
die **Silbe** la syllabe
die **Silbentrennung** la division en syllabes
das **Silber** ❶ l'argent *(männlich)*; **aus Silber** en argent ❷ *(Tafelsilber)* l'argenterie *(weiblich)* ❸ *(umgs.: Silbermedaille)* la médaille d'argent
die **Silberhochzeit** les noces *(weiblich)* d'argent

> **V** Der Singular *die Silberhochzeit* wird mit einem Plural übersetzt: *die Silberhochzeit seiner Eltern wurde in Nizza gefeiert – les noces d'argent de ses parents furent célébrées à Nice.*

die **Silbermedaille** la médaille d'argent
silbern ❶ *(aus Silber)* en argent ❷ *(silbrig glänzend)* argenté(e)
die **Silhouette** [zi'luɛtə] la silhouette
der/das **Silvester** la Saint-Sylvestre

> **L** In Frankreich wird der Silvesterabend traditionell mit einem guten Essen in Freundes- oder Familienkreis gefeiert. Zu dem Fest gehören üblicherweise auch die *cotillons* – bunte Party- oder Faschingsartikel wie zum Beispiel Papierhüte, Trillerpfeifen, Luftschlangen und Konfetti.

simsen envoyer un texto/des textos, envoyer un SMS/des SMS [de ɛsɛmɛs]; **jemandem simsen** envoyer un texto [*oder* un SMS] à

quelqu'un
die **Sinfonie** la symphonie
das **Sinfonieorchester** l'orchestre *(männlich)* symphonique
singen chanter
der **Single** [sɪŋgl] le célibataire/la célibataire; [ein] **Single sein** être célibataire
der **Singular** (*in der Grammatik*) le singulier; **im Singular** au singulier
der **Singvogel** l'oiseau *(männlich)* chanteur
sinken ❶ *Schiff:* couler ❷ **zu Boden sinken** *Mensch:* s'effondrer; **die Hand sinken lassen** laisser tomber la main ❸ *Kurs, Fieber:* baisser ❹ *Ballon:* descendre
der **Sinn** ❶ (*Bedeutung*) le sens; **im engeren Sinn** au sens propre du terme; **im weiteren Sinn** au sens large du terme; **im übertragenen Sinn** au sens figuré ❷ **das ergibt keinen Sinn** ça n'a aucun sens; **es hat keinen Sinn zu warten** ça n'a aucun sens d'attendre ❸ **keinen Sinn für etwas haben** ne pas avoir le goût de quelque chose ❹ (*Sinnesorgan*) le sens [sãs]; **die fünf Sinne** les cinq sens [sɛ̃ sãs] ❺ **bist du noch bei Sinnen?** tu as encore toute ta tête? ▶ **seine fünf Sinne zusammennehmen** (*umgs.*) faire gaffe; **einen sechsten Sinn für etwas haben** avoir un sixième sens pour quelque chose; **in diesem Sinne** sur ce
das **Sinnesorgan** l'organe *(männlich)* sensoriel
sinngemäß ❶ *Übersetzung* conforme au sens; *Wiedergabe* en substance ❷ *übersetzen* conformément au sens; *wiedergeben* en substance
sinnlich ❶ *Wahrnehmung* sensoriel(le) ❷ *Person, Begierde* sensuel(le) ❸ **etwas sinnlich wahrnehmen** percevoir quelque chose [au niveau sensoriel] ❹ *erregen, begehren* sexuellement
die **Sinnlichkeit** la sensualité
sinnlos ❶ *Handlung* absurde ❷ *Anstrengung* vain(e) ❸ **sinnlos handeln** agir sans raison ❹ *sich anstrengen* en vain ❺ (*unmäßig*) démesurément; **sich sinnlos betrinken** se cuiter à mort
sinnvoll ❶ *Einrichtung, Erfindung* sensé(e) ❷ *Tätigkeit, Aufgabe* gratifiant(e) ❸ (*vernünftig*) *Satz* sensé(e) ❹ *verwenden* de façon sensée
die **Sintflut** le déluge ▶ **nach uns die Sintflut** après nous le déluge
die **Sirene** la sirène
die **Site** [sajt] (*in der Informatik*) le site ⚠ *männlich*
die **Sitte** ❶ (*Gepflogenheit*) la coutume ❷ (*Benehmen*) **die Sitten** les manières *(weiblich)* ▶ **das sind ja ganz neue Sitten!** (*umgs.*) en voilà de nouvelles manières!
die **Situation** la situation
der **Sitz** ❶ (*Sitzgelegenheit, Amtssitz*) le siège ❷ *eines Kleidungsstücks* la coupe
sitzen ❶ être assis(e); **sitzen bleiben** rester assis(e) ❷ **beim Friseur sitzen** être chez le coiffeur; **beim Essen sitzen** être à table ❸ (*schreiben*) **an einem Bericht sitzen** travailler à un rapport ❹ **in der Regierung sitzen** être dans le gouvernement ❺ **in Berlin sitzen** *Behörde:* avoir son siège à Berlin ❻ **gut sitzen** *Hose:* tomber bien; **schief sitzen** *Krawatte:* être de travers ❼ (*umgs.: treffen*) *Schlag, Bemerkung:* faire mouche; **das hat gesessen!** bien envoyé! ❽ (*umgs.: inhaftiert sein*) être en taule ▶ **sitzen bleiben** *Schüler:* redoubler; **jemanden sitzen lassen** (*umgs.: verlassen*) planter quelqu'un; (*versetzen*) poser un lapin à quelqu'un; **das lasse ich nicht auf mir sitzen** (*umgs.*) ça ne passera pas comme ça!
die **Sitzgelegenheit** le siège
der **Sitzplatz** la place assise
die **Sitzung** ❶ (*Besprechung*) la réunion ❷ (*Kabinettssitzung*) ≈ le conseil des ministres
Sizilien la Sicile; **auf Sizilien** en Sicile
die **Skala** (*Gradeinteilung*) l'échelle *(weiblich)* graduée
der **Skandal** le scandale
Skandinavien la Scandinavie
der **Skat** le skat (*jeu de cartes à trois joueurs*)
das **Skateboard** ['skertbɔːd] le skate, le skate-board; **Skateboard fahren** faire du skate, faire du skate-board
das **Skelett** le squelette
skeptisch ❶ sceptique ❷ *betrachten* avec scepticisme
der **Ski** [ʃiː] le ski [ski]; **Ski laufen** [*oder* **fahren**] faire du ski
das **Skifahren** le ski [ski]; **beim Skifahren** en faisant du ski
der **Skiläufer** le skieur
die **Skiläuferin** la skieuse
der **Skilehrer** le moniteur de ski
die **Skilehrerin** la monitrice de ski
der **Skilift** (*Sessellift*) le téléski; (*Schlepplift*) le remonte-pente
der **Skinhead** ['skɪnhɛd] le skinhead/la skinhead, le skin/la skin
der **Skistiefel** la chaussure de ski
die **Skizze** (*Zeichnung*) l'esquisse *(weiblich)*
skizzieren ❶ (*zeichnen*) esquisser ❷ (*umreißen*) ébaucher

der **Sklave** (*auch übertragen*) l'esclave *(männlich)*
die **Sklavin** (*auch übertragen*) l'esclave *(weiblich)*
der **Skorpion** ❶ le scorpion ❷ (*in der Astrologie*) le Scorpion; [**ein**] **Skorpion sein** être Scorpion
der **Skrupel** le scrupule; **Skrupel haben** avoir des scrupules; **keine Skrupel haben** n'avoir aucun scrupule
skrupellos sans scrupules
der **Slalom** le slalom; **Slalom fahren** slalomer
der **Slip** le slip
der **Slowake** le Slovaque
die **Slowakei** la Slovaquie
die **Slowakin** la Slovaque
der **Slowene** le Slovène
Slowenien la Slovénie
die **Slowenin** la Slovène
der **Slum** [slam] le bidonville
der **Smaragd** l'émeraude *(weiblich)*
der **Smog** le smog
der **Smoking** le smoking
die **SMS** *Abkürzung von* **Short message services** (*elektronische Nachricht*) le texto, le SMS [ɛsɛmɛs]
das **Snowboard** ['snoʊbɔːt] le snowboard [snobɔrd]; **Snowboard fahren** faire du snowboard

so¹ ❶ (*derart*) tellement; **ich bin so hungrig/so müde** j'ai tellement faim/tellement sommeil; **er liebt sie so** [**sehr**] il l'aime tellement; **sie freut sich so** [**sehr**] elle est tellement contente; **nicht so schnell!** pas si vite! ❷ (*ebenso, genauso*) **so klein wie eine Maus** aussi petit(e) qu'une souris; **so groß wie ein Pferd** aussi grand(e) qu'un cheval; **so lange wie möglich** aussi longtemps que possible; **es ist so, wie du sagst** c'est comme tu dis ❸ (*auf diese Weise*) comme ça; **so musst du das machen** c'est comme ça que tu dois faire; **so ist es!** c'est comme ça! ❹ (*solch*) **so eine Gelegenheit** une occasion comme celle-là; **so ein schöner Abend!** quelle belle soirée!; **so was Dummes!** (*umgs.*) que c'est bête!; **so etwas habe ich noch nie erlebt!** je n'ai jamais vu une chose pareille!; **ich habe so einen Durst!** j'ai une de ces soifs! ❺ **so genannt** soi-disant; **dein so genannter Freund** ton soi-disant ami ❻ **so, als ob es nur Spaß wäre** comme si c'était une blague ❼ (*etwa*) à peu près; **so gegen acht Uhr** aux environs de °huit heures ❽ **so sag doch!** allez, dis-le! ❾ (*umgs.: kostenlos*) gratos ▸ [**na**] **so was!** (*umgs.*) [non], c'est pas vrai!; **so was von ...** ... de chez ...; **er ist so was von hässlich** il est laid de chez laid; **so oder so** d'une manière ou d'une autre; **und so weiter** [**und so fort**] et ainsi de suite

so² ❶ **es regnete, so dass wir zu Hause bleiben mussten** il pleuvait, de sorte que nous étions obligés de rester à la maison ❷ **so sehr er sich auch bemüht** il a beau faire des efforts; **so leid es mir auch tut, ich muss gehen** je suis désolé(e), mais je dois partir

so³ ❶ **so, da wären wir!** eh bien, nous voilà! ❷ **so, nun geh!** allez, va-t-en! ❸ **so?** (*ach ja?*) ah bon?; (*tatsächlich?*) vraiment? ▸ **so, so!** (*umgs.*) tiens, tiens!

s.o. *Abkürzung von* **siehe oben** voir plus °haut

sobald ❶ dès que; **sobald ich fertig bin, rufe ich dich an** dès que j'aurai terminé, je t'appellerai ❷ aussitôt que; **ich habe ihn angerufen, sobald ich konnte** je lui ai téléphoné aussitôt que j'ai pu

die **Socke** la chaussette ▸ **ich bin völlig von den Socken** (*umgs.*) ça m'en bouche un coin; **sich auf die Socken machen** (*umgs.*) filer
der **Sockel** ❶ *eines Denkmals* le socle ❷ *eines Gebäudes* le soubassement

sodass es regnete, sodass wir zu Hause bleiben mussten il pleuvait, de sorte que nous étions obligés de rester à la maison
das **Sodbrennen** les brûlures *(weiblich)* d'estomac

> ⓥ Der Singular *das Sodbrennen* wird mit einem Plural übersetzt: *Sodbrennen tut weh – les brûlures d'estomac font mal.*

soeben ❶ (*in diesem Moment*) **es klingelt soeben** on sonne à l'instant ❷ (*kurz zuvor*) **er ist soeben gegangen** il vient de partir
das **Sofa** le canapé
sofort ❶ (*unverzüglich*) tout de suite ❷ **ich bin sofort fertig** je suis prêt(e) dans un instant
das **Softeis** la crème glacée crémeuse
die **Software** ['sɔftwɛːɐ̯] (*in der Informatik*) le logiciel
das **Softwarepaket** (*in der Informatik*) le progiciel
sog. *Abkürzung von* **so genannt** soi-disant
der **Sog** *eines Strudels* les remous *(männlich)*

> ⓥ Der Singular *der Sog* wird mit einem Plural übersetzt: *der Sog ist sehr stark – les remous sont très forts.*

sogar même
die **Sohle** ❶ (*Schuhsohle*) la semelle ❷ (*Fußsohle*) la plante du pied
der **Sohn** le fils
solang, solange tant que; **solang** [*oder*

solange sie krank ist tant qu'elle est malade

die **Solarenergie** l'énergie *(weiblich)* solaire

das **Solarium** le solarium [sɔlaʀjɔm]

die **Solarzelle** la cellule solaire

solch solch eine Frage une question pareille

solche(r, s) ❶ **solche Leute** de telles personnes; **solches Wetter** un temps pareil ❷ **ich habe solchen Durst** j'ai une de ces soifs ▶ **der Film als solcher** le film en tant que tel; **die Werbung als solche** la publicité en tant que telle

der **Soldat** le soldat

die **Soldatin** la soldate

die **Soli** Plural von **Solo**

solidarisch ❶ solidaire; **sich solidarisch erklären** se solidariser; **sich mit jemandem solidarisch erklären** se solidariser avec quelqu'un ❷ *handeln* solidairement

solid|e ❶ *Haus, Konstruktion, Bildung* solide ❷ *Lebenswandel* sérieux/sérieuse ❸ *leben* sans excès

der **Solist** le soliste

die **Solistin** la soliste

sollen¹ *(in Verbindung mit einem anderen Verb)* ❶ *(müssen)* **er soll zuhören** il doit écouter; **du sollst jetzt endlich herkommen!** viens immédiatement!; **sag ihr, dass sie mich anrufen soll** dis-lui de me téléphoner ❷ *(brauchen)* **du sollst dir deswegen keine Sorgen machen** tu n'as pas à te faire de souci pour ça ❸ **man sollte annehmen, dass ...** on pourrait supposer que ...; **er hätte mich anrufen sollen** il aurait dû me téléphoner; **was hätte ich denn sonst tun sollen?** qu'est-ce que j'aurais pu faire d'autre? ❹ *(als Ausdruck der Möglichkeit)* **sollte es klingeln, mach bitte nicht auf** au cas où on sonnerait, n'ouvre pas, s'il te plaît ❺ **was soll das heißen?** qu'est-ce que ça veut dire?; **wer soll das sein?** qui c'est?; **was soll ich machen?** qu'est-ce que je peux faire? ❻ *(als Ausdruck der Vermutung)* **er soll etwas gestohlen haben** on dit [oder il paraît] qu'il a volé quelque chose ❼ *(dürfen)* **das hättest du nicht tun sollen** tu n'aurais pas dû faire ça; **du sollst nicht töten** tu ne tueras point ❽ *(als Ausdruck eines Wunsches)* **du sollst dich ganz wie zu Hause fühlen** fais comme [si tu étais] chez toi

sollen² *(als selbstständiges Verb)* ❶ **du solltest besser ins Bett** tu ferais mieux d'aller te coucher; **der Spiegel soll über die Kommode!** mettez la glace au-dessus de la commode! ❷ **was soll ich damit?** qu'est-ce

je dois en faire?; **was soll ich dort?** qu'est-ce que j'ai à faire là-bas?; **soll er doch!** qu'il le fasse! ❸ **du weißt, dass du das nicht sollst** tu sais [très bien] que tu ne dois pas faire ça ❹ *(umgs.: bedeuten)* **was soll diese Frage?** que veut dire cette question?; **was soll das?** qu'est-ce que ça veut dire?
▶ **was soll's?** *(umgs.)* et alors?

solo ❶ **solo sein** *(umgs.)* être seul(e) ❷ *singen, spielen* en solo

das **Solo** le solo

somit ❶ *(folglich)* par conséquent ❷ *(damit)* **somit komme ich zum Schluss meines Vortrags** je terminerai ma conférence là-dessus

der **Sommer** l'été *(männlich)*; **im Sommer** en été; **[im] nächsten Sommer** l'été prochain

die **Sommerferien** ❶ les vacances *(weiblich)* d'été ❷ *(Schulferien)* les grandes vacances *(weiblich)*; **im Juli gibt es Sommerferien** les grandes vacances commencent au mois de juillet

das **Sommerloch** *(umgs.)* le creux des vacances

der **Sommerschlussverkauf** les soldes *(männlich)* d'été

die **Sommerspiele** *(Olympiade)* les Jeux *(männlich)* d'été; **die Olympischen Sommerspiele** les Jeux olympiques d'été

die **Sommersprossen** les taches *(weiblich)* de rousseur

die **Sommerzeit** *(Uhrzeit)* l'heure *(weiblich)* d'été; **den Wecker auf Sommerzeit umstellen** mettre le réveil à l'heure d'été

die **Sonate** la sonate

das **Sonderangebot** l'offre *(weiblich)* spéciale; **der Supermarkt hat Butter im Sonderangebot** le supermarché a du beurre en promotion

sonderbar ❶ étrange ❷ *gekleidet* étrangement

die **Sondermarke** le timbre de collection

der **Sondermüll** les déchets *(männlich)* spéciaux

> **V** Der Singular *der Sondermüll* wird mit einem Plural übersetzt: *dieser Sondermüll enthält gefährliche Stoffe – ces déchets spéciaux contiennent des éléments dangereux.*

sondern ❶ mais ❷ **das ist nicht nur praktisch, sondern auch preiswert** non seulement c'est pratique, mais aussi pas cher

die **Sonderschule** l'école *(weiblich)* spécialisée *(pour enfants déficients ou inadaptés)*

das **Sonett** le sonnet

> **F** Nicht verwechseln mit *la sonnette – die Klingel!*

der **Sonnabend** ❶ samedi *(männlich)* ❷ *(bei*

gezielten Zeitangaben) **am Sonnabend** (*kommenden Sonnabend*) samedi prochain; (*letzten Sonnabend*) samedi dernier; **an einem Sonnabend** un samedi; **heute ist Sonnabend** aujourd'hui nous sommes samedi; **hast du diesen Sonnabend Zeit?** tu as le temps samedi? ❸ (*bei Zeitangaben, die eine Wiederholung ausdrücken*) **am Sonnabend** (*sonnabends, jeden Sonnabend*) le samedi; **Sonnabend vormittags** le samedi matin; **Sonnabend abends** le samedi soir; **Sonnabend nachts** le samedi dans la nuit

> **G** Der französische Wochentag wird ohne den bestimmten Artikel und ohne Präposition gebraucht, wenn eine präzise Angabe gemacht wird und ein ganz bestimmter Sonnabend gemeint ist.
> Geht es jedoch um mehrere Sonnabende, weil eine Wiederholung oder etwas Gewohnheitsmäßiges ausgedrückt wird, steht der bestimmte Artikel. In ❸ stehen entsprechende Beispiele.

der **Sonnabendabend** le samedi soir
der **Sonnabendmorgen** le samedi matin
sonnabends le samedi
die **Sonne** le soleil ⚠ *männlich;* **die Sonne geht auf/geht unter** le soleil se lève/se couche; **heute scheint die Sonne** il y a du soleil aujourd'hui; **gestern schien keine Sonne** hier il ne faisait pas soleil; **sich in die Sonne legen** s'exposer au soleil

> **V** In Fachtexten über Astronomie, Kosmologie und Raumfahrt wird das französische Wort großgeschrieben: *die Sonne ist ein Stern aus glühendem Gas – le Soleil est une astre de gaz incandescent.*

sonnen sich sonnen prendre un bain de soleil
der **Sonnenaufgang** le lever du soleil
die **Sonnenblume** le tournesol
der **Sonnenbrand** le coup de soleil; **sich einen Sonnenbrand holen** attraper un coup de soleil
die **Sonnenbrille** les lunettes (*weiblich*) de soleil

> **V** Der Singular *die Sonnenbrille* wird mit einem Plural übersetzt: *wo ist meine Sonnenbrille? – où sont mes lunettes de soleil?*

die **Sonnenenergie** l'énergie (*weiblich*) solaire
die **Sonnenfinsternis** l'éclipse (*weiblich*) de Soleil
sonnenklar (*umgs.*) clair(e) comme le jour
das **Sonnenlicht** la lumière du soleil
das **Sonnenöl** l'huile (*weiblich*) solaire
der **Sonnenschein** le soleil; **bei strahlendem Sonnenschein** sous un soleil éclatant

der **Sonnenschirm** le parasol
der **Sonnenstich** l'insolation (*weiblich*); **einen Sonnenstich bekommen** attraper une insolation
der **Sonnenstrahl** le rayon de soleil
das **Sonnensystem** le système solaire
die **Sonnenuhr** le cadran solaire
der **Sonnenuntergang** le coucher de soleil; **bei Sonnenuntergang** au coucher du soleil
sonnig ensoleillé(e)
der **Sonntag** ❶ dimanche (*männlich*) ❷ (*bei gezielten Zeitangaben*) **am Sonntag** (*kommenden Sonntag*) dimanche prochain; (*letzten Sonntag*) dimanche dernier; **an einem Sonntag** un dimanche; **hast du diesen Sonntag Zeit?** tu as le temps dimanche?; **heute ist Sonntag** aujourd'hui nous sommes dimanche ❸ (*bei Zeitangaben, die eine Wiederholung ausdrücken*) **am Sonntag** (*sonntags, jeden Sonntag*) le dimanche; **Sonntag vormittags** le dimanche matin; **Sonntag abends** le dimanche soir; **Sonntag nachts** le dimanche dans la nuit ▶ **der Weiße Sonntag** le dimanche des communions

> **G** Der französische Wochentag wird ohne den bestimmten Artikel und ohne Präposition gebraucht, wenn eine präzise Angabe gemacht wird und ein ganz bestimmter Sonntag gemeint ist.
> Geht es jedoch um mehrere Sonntage, weil eine Wiederholung oder etwas Gewohnheitsmäßiges ausgedrückt wird, steht der bestimmte Artikel. In ❸ stehen entsprechende Beispiele.

der **Sonntagabend** le dimanche soir; **am Sonntagabend** le dimanche soir
der **Sonntagmorgen** le dimanche matin; **am Sonntagmorgen** le dimanche matin
sonntags le dimanche
sonst ❶ (*andernfalls*) sinon; **geh, sonst kommst du zu spät** vas-y, sinon tu seras en retard ❷ (*gewöhnlich*) d'habitude; **wie sonst [auch]** comme d'habitude ❸ (*außerdem*) à part ça; **ich kaufe sonst nichts** je n'achète rien d'autre; **was darf es sonst noch sein?** et avec ça? ❹ (*anders*) **wer [denn] sonst?** qui d'autre?; **was [denn] sonst?** quoi d'autre? ❺ (*umgs.: irgend*) **sonst was** n'importe quoi; **sonst wo** n'importe où; **sonst wohin** n'importe où
sooft ❶ (*wann auch immer*) **du kannst kommen, sooft du willst** tu peux venir autant que tu voudras ❷ (*jedesmal wenn*) **sooft sie kommen, bringen sie uns etwas**

mit toutes les fois qu'ils viennent [nous voir], ils nous offrent quelque chose ❸ (*wie oft auch immer*) **sooft ich es auch lese, ich verstehe es nicht** j'ai beau le lire et le relire, je ne comprends pas

der **Sopran** ❶ (*Stimme*) le soprano; **Sopran singen** avoir une voix de soprano [*oder* de soprane] ❷ (*Sängerin*) la soprano; **ein lyrischer Sopran** une soprano lyrique

der **Sopranist** le soprano
die **Sopranistin** la soprano
die **Sorge** le souci; **mit Sorge** avec inquiétude; **in Sorge sein, sich Sorgen machen** se faire du souci; **sich um jemanden Sorgen machen** se faire du souci à cause de quelqu'un ▶ **lass das meine Sorge sein!** laisse-moi faire!; **keine Sorge!** (*umgs.*) pas de problème!

sorgen ❶ **für jemanden sorgen** s'occuper de quelqu'un ❷ **dafür sorgen, dass alles in Ordnung ist** veiller à ce que tout soit en ordre ❸ **für Aufsehen sorgen** faire du bruit ❹ (*Sorgen machen*) **sich sorgen** se faire du souci; **sich um jemanden sorgen** se faire du souci pour quelqu'un

das **Sorgerecht** le droit de garde des enfants; **das gemeinsame Sorgerecht** la coparentalité
die **Sorgfalt** le soin
sorgfältig ❶ *Person, Arbeit* soigneux/soigneuse ❷ *arbeiten* soigneusement
sorglos ❶ *Dasein, Leben* sans souci ❷ **sorglos mit dem Geld umgehen** être insouciant(e) avec l'argent
die **Sorte** ❶ (*Art*) la sorte ❷ (*Marke*) la marque
sortieren trier; **etwas nach Größe sortieren** trier quelque chose par ordre de grandeur

🄵 Nicht verwechseln mit *sortir – hinausgehen; herauskommen; herausnehmen!*

die **Soße** la sauce
die **Soundkarte** (*in der Informatik*) la carte son
das **Souterrain** [zutɛˈrɛ̃ː] le sous-sol

🄵 Nicht verwechseln mit *le souterrain – der unterirdische Gang!*

das **Souvenir** [zuvəˈniːɐ̯] le souvenir
soviel ❶ **soviel er auch redete, ...** même s'il a dit beaucoup de choses, ... ❷ **soviel ich weiß** autant que je sache
soweit **soweit ich kann, werde ich dir helfen** je t'aiderai pour autant que je puisse
sowenig **sowenig mir das auch gefällt, ...** même si ça ne me plaît pas beaucoup, ...
sowie ❶ **sowie wir da sind, rufe ich euch an** je vous appellerai dès que nous serons arrivé(e)s ❷ (*und*) ainsi que
sowieso en tout cas
die **Sowjetunion** (*früher*) l'Union (*weiblich*) soviétique
sowohl **sie ist sowohl reich als auch berühmt** elle est non seulement riche, mais aussi [encore] célèbre
sozial ❶ social(e) ❷ **sozial denken** avoir l'esprit social
der **Sozialabbau** la remise en cause des acquis sociaux
das **Sozialamt** le bureau d'aide sociale
der **Sozialdemokrat** le social-démocrate
die **Sozialdemokratin** la sociale-démocrate
die **Sozialhilfe** ≈ le R.M.I. [ɛʀɛmi]
der **Sozialismus** le socialisme
der **Sozialist** le socialiste
die **Sozialistin** la socialiste
sozialistisch ❶ socialiste ❷ **ein sozialistisch regiertes Land** un pays gouverné par les socialistes
die **Sozialkunde** l'éducation (*weiblich*) civique
der **Sozialstaat** l'État (*männlich*) social
die **Sozialversicherung** l'assurance (*weiblich*) sociale; (*in Frankreich*) la Sécurité sociale
die **Sozialwohnung** ≈ le/la °H.L.M. [ˈaʃɛlɛm]
sozusagen pour ainsi dire
die **Spaghetti** les spaghettis (*männlich*)
der **Spalt** ❶ (*Schlitz*) la fente ❷ **das Fenster einen Spalt öffnen** entrouvrir la fenêtre
die **Spalte** ❶ (*breiter Riss*) la fissure ❷ (*Gletscherspalte*) la crevasse ❸ (*Textspalte*) la colonne
spalten ❶ fendre *Holz* ❷ diviser *Atome* ❸ **eine Partei spalten** provoquer une scission dans un parti ❹ **sich in zwei Lager spalten** *Partei:* se diviser en deux camps
der **Spam** [spɛm] (*in der Informatik*) le pourriel
die **Spange** ❶ (*Haarspange*) la barrette ❷ (*Zahnspange*) l'appareil (*männlich*) [de correction] dentaire
Spanien l'Espagne (*weiblich*); **in Spanien** en Espagne; **nach Spanien fahren** aller en Espagne
der **Spanier** ❶ l'Espagnol (*männlich*) ❷ (*umgs.: spanisches Lokal*) le resto espagnol; **zum Spanier [essen] gehen** aller [manger] au resto espagnol
die **Spanierin** l'Espagnole (*weiblich*)
spanisch espagnol(e) ▶ **jemandem spanisch vorkommen** (*umgs.*) ne pas paraître [très] catholique à quelqu'un
das **Spanisch** l'espagnol (*männlich*); *siehe auch* **Deutsch**

G In Verbindung mit dem Verb *parler* kann der Artikel entfallen: *sie spricht Spanisch – elle parle espagnol.*

spannen ❶ *Kleidungsstück:* serrer trop; *Haut:* tirer ❷ (*straffen*) tendre *Seil* ❸ (*umgs.: verstehen*) piger

spannend ❶ *Film, Roman* captivant(e) ❷ **mach es nicht so spannend!** (*umgs.*) alors, tu accouches?

die **Spannung** ❶ *eines Films* le suspense ❷ (*Anspannung, Gespanntheit*) *eines Lesers, Zuschauers* la tension [nerveuse]; **etwas voller Spannung erwarten** attendre quelque chose avec impatience ❸ (*Unstimmigkeit*) **die Spannungen** les tensions (weiblich) ❹ (*in der Elektrik*) la tension

das **Sparbuch** le livret [de caisse] d'épargne

die **Sparbüchse** la tirelire

sparen ❶ épargner, économiser *Geld* ❷ **sie spart für ein Auto** elle économise pour s'acheter une voiture ❸ (*sparsam sein*) être économe; **am Essen sparen** lésiner sur la nourriture ❹ économiser *Strom, Energie;* **das spart Zeit** ça fait gagner du temps ❺ **sich einen Ratschlag sparen** garder son conseil pour soi

der/die **Spargel** l'asperge (weiblich) ⚠)

die **Sparkasse** la caisse d'épargne

sparsam ❶ *Person* économe; *Motor* économique ❷ *verwenden* avec parcimonie

das **Sparschwein** la tirelire ▶ **sein Sparschwein schlachten** casser sa tirelire

der **Spaß** ❶ le plaisir; **Tanzen macht mir Spaß** j'adore danser, danser me plaît beaucoup; **dieses Spiel macht mir keinen Spaß** je n'aime pas ce jeu ❷ (*Scherz*) la plaisanterie; **ich habe [doch] nur Spaß gemacht!** mais, ce n'était qu'une plaisanterie!; **darin versteht sie keinen Spaß** elle ne plaisante pas avec ça ❸ (*Vergnügen*) le divertissement; **viel Spaß!** amuse-toi/amusez-vous bien! ▶**Spaß beiseite!** (*umgs.*) blague à part!

der **Spaßvogel** le plaisantin

spät ❶ **es ist spät** il est tard; **es wird spät** il se fait tard; **wie spät ist es?** quelle heure est-il? ❷ **zu spät kommen** être en retard; **eine Stunde zu spät kommen** être en retard d'une heure; **spät dran sein** (*umgs.*) être en retard ❸ **das späte Frühjahr** la fin du printemps

der **Spaten** la bêche

später ❶ **später kommen** arriver plus tard ❷ **was willst du später [einmal] werden?** qu'est-ce que tu veux faire plus tard? ❸ *Generation* futur(e) ▶ **bis später!** à plus tard!

spätestens au plus tard

der **Spatz** ❶ (*Vogel*) le moineau ❷ (*umgs.: Kosewort*) [**mein**] **Spatz!** mon chou! ▶ **das pfeifen die Spatzen von den Dächern** (*umgs.*) c'est un secret de Polichinelle; **besser ein Spatz in der Hand als eine Taube auf dem Dach** un tiens vaut mieux que deux tu l'auras

spazieren se promener; **spazieren gehen** aller se promener

der **Spaziergang** la promenade [à pied]

die **SPD** Abkürzung von **Sozialdemokratische Partei Deutschlands** le parti social-démocrate allemand

der **Specht** le pic

der **Speck** (*fettes Fleisch, Fettpolster*) le lard

die **Spedition** l'entreprise (weiblich) de transport

das **Speerwerfen** le lancer du javelot

die **Speiche** (*am Fahrrad*) le rayon

der **Speichel** la salive

der **Speicher** ❶ (*Dachboden*) le grenier ❷ (*Lagerhaus*) l'entrepôt (männlich) ❸ (*in der Informatik*) la mémoire

die **Speicherkapazität** (*in der Informatik*) la capacité de mémoire

speichern ❶ entreposer *Waren* ❷ conserver *Wärme, Energie* ❸ (*in der Informatik*) sauvegarder *Daten*

die **Speise** (*gehoben: Mahlzeit*) le repas; **die Speisen und Getränke** les repas et les boissons

die **Speisekarte** la carte

die **Speiseröhre** l'œsophage (männlich)

der **Speisewagen** le wagon-restaurant

der **Spektakel** (*umgs.: Lärm*) le tapage

F Nicht verwechseln mit *le spectacle – der Anblick; die Vorstellung!*

das **Spektakel** (*Anblick*) le spectacle

spekulieren ❶ **auf etwas/über etwas spekulieren** spéculer sur quelque chose ❷ **an der Börse spekulieren** spéculer en Bourse

die **Spende** le don

spenden ❶ (*eine Spende geben*) faire un don; **für jemanden/für etwas spenden** faire un don pour quelqu'un/pour quelque chose ❷ (*geben*) donner *Blut, Geld*

spendieren (*umgs.*) payer, offrir; **jemandem ein Glas Wein spendieren** payer [oder offrir] un verre de vin à quelqu'un

sperrangelweit (*umgs.*) **die Tür steht sperrangelweit offen** la porte est grande ouverte

die **Sperre** ❶ (*Polizeisperre*) le barrage ❷ (*Barri-*

kade) la barricade ③ (*Kontrollstelle*) le poste de contrôle, le contrôle; **durch die Sperre gehen** passer le contrôle ④ (*Spielverbot*) **eine Sperre über jemanden verhängen** suspendre quelqu'un

sperren ① fermer *Brücke, Straße, Grenze* ② couper *Telefon, Strom*; bloquer *Konto, Kredit* ③ (*einsperren*) enfermer; **den Tiger in den Käfig sperren** enfermer le tigre dans la cage ④ suspendre *Spieler, Sportler* ⑤ **sich gegen etwas sperren** se refuser à quelque chose

der **Sperrmüll** ① (*Müll*) les vieux objets encombrants dont on veut se débarrasser ② (*Sperrmüllabfuhr*) ≈ le ramassage des monstres

der **Spezi** (*umgs.: Freund*) le pote

das **Spezi** le coca-soda

das **Spezialgebiet** la spécialité

spezialisieren sich spezialisieren se spécialiser; **sich auf etwas spezialisieren** se spécialiser dans quelque chose

der **Spezialist** le spécialiste

die **Spezialistin** la spécialiste; **eine Spezialistin für Informatik** une spécialiste de l'informatique

die **Spezialität** la spécialité

speziell ① spécial(e) ② *hergestellt* spécialement

die **Sphäre** la sphère

spicken (*umgs.*) ① (*abschreiben*) pomper; **bei jemandem spicken** pomper sur quelqu'un ② (*versehen, anreichern*) truffer; **einen Text mit Zitaten spicken** truffer un texte de citations

der **Spickzettel** (*umgs.*) la pompe

der **Spiegel** ① le miroir ② (*Autorückspiegel*) le rétroviseur

das **Spiegelbild** le reflet [ʀəflɛ]

das **Spiegelei** l'œuf (*männlich*) au plat, l'œuf sur le plat

spiegelglatt *Boden* glissant(e); *Straße* verglacé(e)

spiegeln ① *Parkett:* briller ② refléter *Gegenstand, Gefühle* ③ **sich in etwas spiegeln** se refléter dans quelque chose

das **Spiel** ① le jeu ② (*sportlicher Wettkampf*) le match; **die Olympischen Spiele** les Jeux olympiques ▸ **jemanden/etwas aus dem Spiel lassen** laisser quelqu'un/quelque chose en dehors de ça; **etwas aufs Spiel setzen** mettre quelque chose en jeu; **auf dem Spiel stehen** être [mis(e)] en jeu

spielen ① jouer; **Fußball spielen** jouer au football; **Domino spielen** jouer aux dominos ② **Klavier spielen** jouer du piano ③ jouer *Rolle* ④ (*sich aufführen*) **den Clown spielen** faire le clown; **den Beleidigten spielen** jouer à être vexé(e) ⑤ **das Stück spielt im Mittelalter** la pièce se situe au Moyen Âge ⑥ **gegen jemanden spielen** jouer contre quelqu'un ⑦ *Radio:* être allumé(e)

spielend facilement

der **Spieler** le joueur

die **Spielerin** la joueuse

das **Spielfeld** ① le terrain ② (*Tennisplatz*) le court [kuʀ]

der **Spielfilm** le film

der **Spielplatz** le terrain de jeux

der **Spielraum** la marge de manœuvre

die **Spielregel** la règle du jeu

die **Spielsachen** les jouets (*männlich*)

die **Spielsoftware** le luciciel [lydisjɛl]

der **Spielstand** le score

der **Spielverderber** le rabat-joie; **solche Spielverderber!** quelle bande de rabat-joie!

die **Spielverderberin** la rabat-joie

die **Spielzeit** ① (*im Sport*) le temps réglementaire ② (*Theatersaison*) la saison

das **Spielzeug** ① (*einzelner Gegenstand*) le jouet; **das ist ein hübsches Spielzeug** c'est un joli jouet ② (*Gesamtheit der Spielsachen*) les jouets (*männlich*)

> **V** In ② wird der Singular *das Spielzeug* mit einem Plural übersetzt: *sein/ihr gesamtes Spielzeug ist in diesen Kisten – tous ses jouets sont dans ces caisses.*

der **Spieß** (*Bratenspieß*) la broche; (*klein*) la brochette ▸ **den Spieß umdrehen** (*umgs.*) renvoyer la balle

der **Spießer** (*umgs. oder abwertend*) le petit-bourge

die **Spießerin** (*umgs. oder abwertend*) la petite-bourge

spießig (*umgs.*) petit-bourgeois/petite-bourgeoise

die **Spikes** [ʃpajks] (*an Sportschuhen*) les crampons (*männlich*)

der **Spinat** (*zubereitetes Gemüse*) les épinards (*männlich*)

> **V** Der Singular *der Spinat* wird mit einem Plural übersetzt: *der Spinat schmeckt gut – les épinards sont bons.*

die **Spinne** l'araignée (*weiblich*)

spinnen ① **ein Netz spinnen** *Spinne:* filer [*oder* tendre] une toile ② **Wolle spinnen** filer de la laine ③ (*umgs.: verrückt sein*) débloquer; **du spinnst wohl!** ça va pas la tête?

das **Spinnennetz** la toile d'araignée
der **Spinner** (*umgs.: verrückter Mensch*) le cinglé
die **Spinnerei** ❶(*Fabrik*) la filature ❷(*umgs.: Blödsinn*) la connerie
die **Spinnerin** (*umgs.: verrückter Mensch*) la cinglée
der **Spion** ❶l'espion (*männlich*) ❷(*umgs.: Türspion*) le judas [ʒyda]
die **Spionage** l'espionnage (*männlich* △)
der **Spionagedienst** les services (*männlich*) d'espionnage

V Der Singular *der Spionagedienst* wird mit einem Plural übersetzt: *der Spionagedienst wusste alles – les services d'espionnage savaient tout.*

spionieren ❶faire de l'espionnage ❷(*umgs.: heimlich lauschen*) espionner
die **Spionin** l'espionne (*weiblich*)
die **Spirale** ❶la spirale ❷(*Verhütungsmittel*) le stérilet
die **Spirituosen** les spiritueux (*männlich*)
der **Spiritus** l'alcool (*männlich*) [à brûler]
das **Spital** Ⓐ, ⒸⒽ l'hôpital (*männlich*)
spitz ❶*Nadel, Bleistift* pointu(e) ❷*Winkel* aigu/aiguë [egy] ❸*Bemerkung* acéré(e)
die **Spitze** ❶(*spitzes Ende*) la pointe ❷*eines Kirchturms* la flèche ❸*eines Zugs* la tête ❹(*Spitzengewebe*) la dentelle ▶[**einsame**] **Spitze sein** (*umgs.*) *Person:* être superclasse; *Film:* être super
der **Spitzel** l'indicateur (*männlich*)
spitzen ❶tailler *Bleistift* ❷**die Ohren spitzen** tendre l'oreille
die **Spitzenleistung** la prouesse
der **Spitzenreiter** le leader [lidœʀ]
die **Spitzenreiterin** le leader [lidœʀ]

G Es gibt im Französischen keine Femininform: *sie ist die Spitzenreiterin – elle est le leader.*

spitzfindig *Bemerkung* pointilleux/pointilleuse
der **Spitzname** le sobriquet
der **Splitter** l'éclat (*männlich*); (*Glassplitter*) l'éclat (*männlich*) de verre
splittern ❶*Glas:* voler en éclats ❷(*Splitter bilden*) se fragmenter
splitternackt (*umgs.*) [complètement] à poil
die **SPÖ** *Abkürzung von* **Sozialistische Partei Österreichs** *parti social-démocrate autrichien*
sponsern sponsoriser
der **Sponsor** le sponsor
die **Sponsorin** le sponsor

G Es gibt im Französischen keine Femininform: *sie ist eine wichtige Sponsorin – elle est un sponsor important.*

spontan ❶*Antwort* spontané(e) ❷*reagieren* spontanément
die **Spontaneität** la spontanéité
sporadisch ❶*Besuche* sporadique ❷*vorkommen* sporadiquement
der **Sporn** l'éperon (*männlich*); **seinem Pferd die Sporen geben** éperonner son cheval
der **Sport** le sport; **Sport treiben** faire du sport
die **Sportart** la discipline [sportive]
die **Sporthalle** ❶(*Turnhalle*) le gymnase ❷(*Halle für große Veranstaltungen*) la salle de sport
der **Sportlehrer** le professeur d'éducation physique et sportive
die **Sportlehrerin** la professeur d'éducation physique et sportive
der **Sportler** le sportif
die **Sportlerin** la sportive
sportlich ❶*Person* sportif/sportive; *Kleidung* de sport ❷**sich sportlich betätigen** faire du sport
der **Sportplatz** le terrain de sport
der **Sportteil** *einer Zeitung* les pages (*weiblich*) sportives

V Der Singular *der Sportteil* wird mit einem Plural übersetzt: *ein Foto aus dem Sportteil ausschneiden – découper une photo dans les pages sportives.*

der **Sportunterricht** l'EPS (*weiblich*) [øpeɛs]
der **Sportverein** le club sportif
der **Sportwagen** ❶(*Auto*) la voiture de sport ❷(*Kinderwagen*) la poussette
der **Spot** [spɔt] le spot
der **Spott** la moquerie
spottbillig (*umgs.*) ❶*Ware* super donné(e) ❷*kaufen* pour que dalle
spotten se moquer; **über jemanden/über etwas spotten** se moquer de quelqu'un/de quelque chose
der **Spötter** le moqueur
die **Spötterin** la moqueuse
spöttisch ❶*Bemerkung* moqueur/moqueuse ❷**sie lächelt spöttisch** elle a un sourire moqueur
der **Spottpreis** le prix ridicule
die **Sprache** ❶la langue ❷(*Sprachfähigkeit*) le langage ▶**heraus mit der Sprache!** (*umgs.: wenn der Gesprächspartner geduzt wird*) allez, accouche!; (*wenn der Gesprächspartner gesiezt wird*) allez, accouchez!; **hast du die Sprache verloren?** tu as perdu ta

langue?
der **Sprachfehler** le défaut de prononciation
die **Sprachkenntnisse** les connaissances *(weiblich)* des langues; **gute englische Sprachkenntnisse haben** avoir de bonnes connaissances *(weiblich)* en anglais
der **Sprachkurs** le cours de langue
das **Sprachlabor** le laboratoire de langues
sprachlich ❶ *Fehler, Feinheiten* linguistique ❷ *richtig* linguistiquement
sprachlos (*überrascht*) **sprachlos sein** être sans voix
die **Sprachwissenschaft** la linguistique
der/das **Spray** [ʃpreː] ❶ l'aérosol *(männlich)* ❷ (*Deospray*) le spray ❸ (*Haarspray*) la laque
die **Sprechanlage** le parlophone
sprechen ❶ parler; **von etwas sprechen** parler de quelque chose; **laut sprechen** parler °haut ❷ dire *Wort* ❸ présenter *Nachrichten* ❹ (*telefonieren*) **mit jemandem sprechen** parler à quelqu'un [au téléphone] ❺ **sprechen Sie Polnisch?** parlez-vous [le] polonais? ❻ **jemanden kurz sprechen** dire deux mots à quelqu'un ❼ **ich bin für niemanden zu sprechen** je ne suis là pour personne ❽ **das spricht für diese Bewerberin** cela plaide en faveur de cette candidate; **das spricht gegen diesen Bewerber** cela est défavorable à ce candidat
der **Sprecher** ❶ (*Wortführer*) le porte-parole ❷ (*Rundfunksprecher*) l'animateur *(männlich)*
die **Sprecherin** ❶ (*Wortführerin*) la porte-parole ❷ (*Rundfunksprecherin*) l'animatrice *(weiblich)*
die **Sprechstunde** la consultation
das **Sprechzimmer** le cabinet
spreizen écarter *Beine*; déployer *Flügel*
sprengen ❶ (*zerstören*) faire sauter ❷ arroser *Rasen*
der **Sprengstoff** ❶ l'explosif *(männlich)* ❷ (*übertragen*) la dynamite ⚠ *weiblich*
das **Sprichwort** le proverbe
sprichwörtlich proverbial(e)
sprießen ❶ *Knospe:* éclore ❷ *Haare:* pousser
der **Springbrunnen** la fontaine
springen ❶ sauter; **die Katze ist auf den Tisch gesprungen** le chat a sauté sur la table; **vier Meter weit springen** faire un saut de quatre mètres; **vor Freude in die Luft springen** sauter de joie ❷ *Vase, Glas:* se fendre ▶ **etwas springen lassen** (*umgs.*) se fendre de quelque chose
der **Springer** (*Schachfigur*) le cavalier
der **Sprint** le sprint
sprinten ❶ (*im Sport*) sprinter ❷ **zum Bäcker/zur Post sprinten** (*umgs.*) sprinter à la boulangerie/à la poste
der **Sprit** (*umgs.*) l'essence *(weiblich)*
die **Spritze** ❶ (*Injektionsspritze*) la seringue ❷ (*Injektion*) la piqûre; **jemandem eine Spritze geben** faire une piqûre à quelqu'un
spritzen ❶ *Fett, Wasser:* gicler ❷ **jemandem Insulin spritzen** injecter de l'insuline à quelqu'un ❸ (*lackieren*) peindre au pistolet; **ein Auto spritzen** peindre une voiture au pistolet
der **Spritzer** ❶ (*Tropfen*) l'éclaboussure *(weiblich)* ❷ (*kleine Menge*) la giclée
spritzig *Dialog* pétulant(e)
die **Spritztour** (*umgs.*) la virée [en voiture]
spröde ❶ *Material* cassant(e) ❷ *Haut, Lippen* sec/sèche ❸ *Person* revêche
der **Spross** *einer Pflanze* la jeune pousse
die **Sprosse** *einer Leiter* l'échelon *(männlich)*
der **Sprössling** le rejeton
der **Spruch** ❶ (*Spruchweisheit*) le dicton ❷ (*Bibelspruch*) le verset ❸ (*abwertend: Ausspruch*) la formule toute faite ▶ **Sprüche klopfen** (*umgs.*) frimer
spruchreif (*umgs.*) **spruchreif sein** être mûr(e)
der **Sprudel** der saure Sprudel l'eau *(weiblich)* gazeuse; **der süße Sprudel** la limonade
sprudeln ❶ (*aufkochen*) bouillonner ❷ **aus dem Boden sprudeln** *Quelle:* jaillir du sol
sprühen ❶ pulvériser *Flüssigkeit;* vaporiser *Parfüm* ❷ (*fliegen*) *Funken:* jaillir
der **Sprühregen** la bruine
der **Sprung** ❶ (*Sprungbewegung*) le saut ❷ (*Riss*) la craquelure ❸ **es ist nur ein Sprung bis zum Bäcker** (*umgs.*) la boulangerie est à deux pas ▶ **auf einen Sprung bei jemandem vorbeikommen** (*umgs.*) passer en coup de vent chez quelqu'un
das **Sprungbrett** le tremplin
sprunghaft ❶ *Anstieg* brutal(e) ❷ *Charakter* versatile ❸ *ansteigen* brutalement
die **Sprungschanze** le tremplin [de saut à skis]
der **Sprungturm** le grand plongeoir
die **Spucke** (*umgs.*) (*im Mund*) la salive; (*ausgespuckt*) le crachat ▶ **mir bleibt die Spucke weg!** j'en reste baba!
spucken ❶ (*ausspucken*) cracher ❷ (*umgs.: sich übergeben*) vomir
der **Spuk** ❶ l'apparition *(weiblich)* de fantômes ❷ (*Alptraum*) le cauchemar
spuken **man sagt, hier spukt es** on raconte qu'il y a des fantômes ici
das **Spülbecken** l'évier *(männlich)*
die **Spule** la bobine

die **Spüle** l'évier *(männlich)*
spülen ❶ (*umgs.: abwaschen*) laver la vaisselle; **er spült gerade [Geschirr]** il est en train de laver la vaisselle ❷ (*die Toilettenspülung betätigen*) tirer la chasse [d'eau] ❸ rincer *Wäsche* ❹ **ans Ufer gespült werden** *Holz, Wrack*: être rejeté(e) sur la rive
die **Spülmaschine** le lave-vaisselle ⚠ *männlich*
das **Spülmittel** le produit vaisselle
die **Spülung** (*Toilettenspülung*) la chasse
die **Spur** ❶ la trace ❷ (*Fußspur*) la trace [de pas] ❸ **von ihr fehlt jede Spur** elle n'a plus donné signe de vie ❹ (*Fahrspur*) la voie ▸ **jemandem/einer Sache auf die Spur kommen** dépister quelqu'un/quelque chose; **keine Spur!** (*umgs.*) pas le moins du monde!
spürbar ❶ *Verbesserung* sensible; **spürbar werden** se faire sentir ❷ **es ist spürbar kälter** il fait sensiblement plus froid ❸ (*erheblich*) **die Pensionen spürbar anheben** booster les pensions
spüren sentir
spurlos *verschwinden* sans laisser de traces
der **Spürsinn** le flair
der **Spurt** le sprint; **zum Spurt ansetzen** lancer le sprint
spurten sprinter
das **Squash** [skvɔʃ] le squash; **Squash spielen** jouer au squash
Sri Lanka le Sri Lanka
der **Staat** ❶ l'État *(männlich)* ❷ (*Insektenstaat*) la société
staatlich ❶ *Einrichtung* public/publique; *Förderung* de l'État ❷ **staatlich anerkannt** reconnu(e) par l'État; **staatlich geprüft** *Krankenpfleger, Übersetzerin* diplômé(e) d'État
die **Staatsangehörigkeit** la nationalité
der **Staatsanwalt** ≈ le procureur
die **Staatsanwältin** ≈ la procureur
der **Staatsbesuch** la visite officielle
der **Staatsbürger** le citoyen
die **Staatsbürgerin** la citoyenne
die **Staatsbürgerschaft** la nationalité
das **Staatsexamen** le diplôme d'État (*sanctionnant les études de droit, de médecine et de pharmacie et obligatoire aussi pour la titularisation des enseignants*)
das **Staatsoberhaupt** le chef d'État/la chef de l'État
der **Staatssekretär** le secrétaire d'État
die **Staatssekretärin** la secrétaire d'État
der **Stab** ❶ (*Holzstab*) la baguette ❷ (*Gitterstab*) le barreau ❸ (*beim Stabhochsprung*) la perche ❹ (*beim Staffellauf*) le témoin ❺ (*Gruppe von Mitarbeitern*) l'équipe *(weiblich)* ❻ (*beim Militär*) l'état-major *(männlich)*
das **Stäbchen** la baguette
der **Stabhochsprung** le saut à la perche
stabil ❶ *Möbel* solide ❷ *Wetterlage* stable ❸ *Beziehung* durable
stabilisieren ❶ stabiliser *Kreislauf* ❷ consolider *Gerüst* ❸ **sich stabilisieren** *Gesundheitszustand*: se stabiliser
die **Stabilität** la stabilité
der **Stachel** ❶ *einer Pflanze* l'épine *(weiblich)* ❷ *eines Insekts* le dard ❸ *eines Igels* le piquant; **der Igel stellt die Stacheln auf** le °hérisse °hérisse ses piquants
die **Stachelbeere** la groseille à maquereau
der **Stacheldraht** le fil de fer barbelé, le barbelé
stach[e]lig ❶ *Tier* °hérissé(e) [de piquants] ❷ *Pflanze* épineux/épineuse
das **Stadion** le stade
das **Stadium** ❶ *einer Entwicklung* la phase ❷ *einer Krankheit* le stade
die **Stadt** ❶ la ville; **die Stadt Stuttgart** la ville de Stuttgart; **in die Stadt gehen** aller en ville ❷ (*Stadtverwaltung*) la municipalité
die **Stadtbücherei** la bibliothèque municipale
der **Stadtbummel** la promenade en ville
die **Städtepartnerschaft** le jumelage
städtisch ❶ *Verwaltung* municipal(e) ❷ (*gehoben*) *Lebensqualität* urbain(e)
der **Stadtkern** le cœur de la ville
die **Stadtmauer** le rempart
die **Stadtmitte** le centre-ville
der **Stadtplan** le plan de la ville
der **Stadtrand** la périphérie [de la ville]
der **Stadtrat** ❶ (*Person*) le conseiller municipal ❷ (*Gremium*) le conseil municipal
die **Stadträtin** la conseillère municipale
die **Stadtrundfahrt** la visite guidée de la ville
der **Stadtteil** le quartier
die **Stadtverwaltung** l'administration *(weiblich)* municipale
die **Staffel** ❶ (*Gruppe von Sportlern*) l'équipe *(weiblich)*; (*beim Staffellauf*) l'équipe *(weiblich)* de relais ❷ (*Fliegerstaffel*) l'escadrille *(weiblich)*
die **Staffelei** le chevalet
staffeln échelonner *Preise, Gehälter*
die **Stagnation** la stagnation [stagnasjɔ̃]
stagnieren stagner [stagne]
der **Stahl** l'acier *(männlich)*
der **Stahlbeton** le béton armé
die **Stahlindustrie** l'industrie *(weiblich)* sidérurgique
der **Stall** ❶ (*Kuhstall*) l'étable *(weiblich)*

❷ (*Schweinestall*) la porcherie ❸ (*Pferdestall*) l'écurie (weiblich) ❹ (*Hühnerstall*) le poulailler ❺ (*Schafstall*) la bergerie ❻ (*Kaninchenstall*) le clapier

> ⓥ Es gibt keine gemeinsame Übersetzung für die unterschiedlichen Arten von Ställen.

der **Stamm** ❶ *eines Baums* le tronc ❷ *eines Worts* le radical ❸ (*Volksstamm*) la tribu
der **Stammbaum** ❶ *einer Familie* l'arbre (männlich) généalogique ❷ *eines Tieres* le pedigree
stammeln bredouiller
stammen ❶ **aus Spanien stammen** être originaire d'Espagne; **aus sehr einfachen Verhältnissen stammen** être d'origine très modeste ❷ **aus dem 16. Jahrhundert stammen** *Bauwerk*: dater du 16ième siècle; **diese Skulptur stammt von Rodin** cette sculpture [skyltyʀ] est de Rodin
der **Stammgast** l'habitué (männlich)/l'habituée (weiblich)
stämmig trapu(e)
die **Stammkneipe** (*umgs.*) le café habituel
der **Stammkunde** ❶ (*in einem Geschäft*) le client habituel ❷ (*in einem Lokal*) l'habitué (männlich)
die **Stammkundin** ❶ (*in einem Geschäft*) la cliente habituelle ❷ (*in einem Lokal*) l'habituée (weiblich)
der **Stammtisch** ❶ (*Tisch*) la table des habitués ❷ (*Stammgäste*) la tablée d'habitués
stampfen ❶ (*mit den Füßen*) trépigner; (*mit den Hufen*) piaffer ❷ écraser *Kartoffeln*
der **Stand** ❶ *eines Zählers* le niveau ❷ (*Zustand*) l'état (männlich); **der Stand der Dinge** l'état des choses ❸ (*Spielstand*) le score ❹ (*Verkaufsstand*) l'étal (männlich); (*Messestand*) le stand [stɑ̃d] ❺ (*gesellschaftliche Schicht*) la catégorie ▸ **zu etwas im Stande sein** être capable de quelque chose
der **Standard** le standard
das **Standbild** ❶ (*Figur*) la statue ❷ (*beim Video*) l'arrêt (männlich) sur image
der **Stand-by-Betrieb** [stɛnd'baɪbetʁiːp] la veille [vɛj]; **im Stand-by-Betrieb** en veille
der **Ständer** ❶ (*Gestell*) le support ❷ (*Kleiderständer*) le portemanteau ❸ (*Notenständer*) le pupitre
das **Standesamt** le bureau de l'état civil, l'état (männlich) civil
standesamtlich *Trauung* civil(e)
standesgemäß *Heirat* conforme à ma/à sa/… position [sociale]
standhaft ❶ *Person, Charakter* ferme ❷ **sich standhaft weigern, etwas zu tun** refuser catégoriquement de faire quelque chose
die **Standhaftigkeit** la fermeté
standhalten tenir le coup; **einer Sache standhalten** résister à quelque chose
ständig ❶ *Lärm, Unterbrechung* permanent(e) ❷ *Wohnsitz* fixe ❸ *stören* continuellement
das **Standlicht** les feux (männlich) de position

> ⓥ Der Singular *das Standlicht* wird mit einem Plural übersetzt: *das Standlicht <u>ist</u> noch an – les feux de position <u>sont</u> encore allumés.*

der **Standort** *eines Unternehmens* le lieu d'implantation; (*Produktionsstätte*) le site de production
der **Standpunkt** le point de vue; **ich stehe auf dem Standpunkt, dass diese Entscheidung richtig war** je suis d'avis que c'était la bonne décision
die **Standspur** la bande d'arrêt d'urgence
die **Stange** ❶ (*Metallstange*) la barre ❷ (*Fahnenstange*) la °hampe ❸ (*Vorhangstange*) la tringle ❹ (*Hochsprungstange*) la perche ❺ (*lange Packung*) la cartouche; **eine Stange Zigaretten** une cartouche de cigarettes ▸ **eine [schöne] Stange Geld** (*umgs.*) un [sacré] paquet de fric; **jemandem die Stange halten** (*umgs.*) soutenir quelqu'un

> ⓥ Es gibt keine gemeinsame Übersetzung für die unterschiedlichen Arten von Stangen, die in ❶ bis ❹ aufgeführt werden.

der **Stängel** la tige
stanzen ❶ emboutir *Blech* ❷ (*einstanzen*) poinçonner
der **Stapel** ❶ la pile; **ein Stapel Bücher** une pile de livres; **ein Stapel Teller** une pile d'assiettes ❷ (*hoher Stoß*) le tas; **ein Stapel Holz** un tas de bois
stapeln empiler; **sich stapeln** s'empiler
stapfen durch den Schnee stapfen marcher en s'enfonçant dans la neige
der **Star**[1] (*Vogel*) l'étourneau (männlich)
der **Star**[2] (*Augenkrankheit*) **der graue Star** la cataracte; **der grüne Star** le glaucome
der **Star**[3] [staːʀ] (*Idol*) la vedette; (*im Showgeschäft*) la star, la vedette

> Ⓖ Beide Übersetzungen sind weiblich und werden sowohl für Männer als auch für Frauen verwendet: *c'est lui la nouvelle vedette du football – er ist der neue Fußballstar.*

stark ❶ *Mensch* fort(e); *Arm* puissant(e) ❷ *Balken* épais(se); **ein starker Ast** une grosse branche ❸ *Nerven* solide ❹ *Zuneigung, Abneigung* grand(e); *Gefühl* profond(e) ❺ *Motor* puissant(e) ❻ (*groß*) **tausend Mann stark sein** compter mille personnes

❼ (*umgs.: ausgezeichnet, sehr gut*) [**das ist**] **echt stark!** [c'est] délire!; **echt stark aussehen** *Mensch:* avoir un look d'enfer; *Kleid:* être d'enfer ❽ *erkältet* très; *übertreiben* beaucoup; *hoffen* bien; *beeindruckt* fortement ❾ **stark duften** sentir fort; **stark gewürzt** très épicé(e) ❿ **stark bluten** saigner abondamment

die **Stärke** ❶ (*Körperkraft*) la force ❷ **das ist meine Stärke** c'est mon fort ❸ (*Dicke*) l'épaisseur *(weiblich)* ❹ *des Windes* la force; *der Schmerzen* l'intensité *(weiblich)* ❺ *einer Brille* la puissance ❻ (*zahlenmäßige Größe*) le nombre; *einer Armee* l'effectif *(männlich)* ❼ (*pflanzliche Substanz*) l'amidon *(männlich)*

stärken ❶ fortifier *Widerstandskraft*; régulariser *Kreislauf* ❷ **sich stärken** se restaurer ❸ amidonner *Wäsche*

der **Starkstrom** le courant °haute tension

die **Stärkung** (*Mahlzeit*) la collation

starr ❶ *Haltung* rigide ❷ *Blick* fixe ❸ **starr vor Schreck** paralysé(e) par la peur

die **Starre** ❶ la torpeur ❷ *einer Leiche* la rigidité

starren (*starr blicken*) avoir le regard fixe; **an die Decke starren** regarder fixement le plafond

der **Starrsinn** l'entêtement *(männlich)*

starrsinnig ❶ *Mensch* entêté(e) ❷ *sich verhalten* obstinément

der **Start** ❶ le départ ❷ *eines Flugzeugs* le décollage

die **Startbahn** la piste d'envol

startbereit **startbereit sein** *Sportler:* être prêt(e) au départ; *Flugzeug:* être prêt(e) à décoller

starten ❶ *Läufer:* prendre le départ ❷ *Flugzeug:* décoller ❸ (*in Betrieb setzen*) démarrer *Auto*; mettre en marche *Computer*; lancer *Computerprogramm* ❹ lancer *Kampagne*

der **Startschuss** le signal du départ ▶ **den Startschuss für etwas geben** donner le feu vert à quelque chose

das **Start-up-Unternehmen** ['staːtʌpʊntəneː-mən] la start-up ⚠ *weiblich*

die **Stasi** (*umgs.*) *Abkürzung von* **Staatssicherheitsdienst** les services de Sécurité de l'État de l'ex-RDA

die **Statik** la statique

die **Station** ❶ (*Haltestelle*) la station ❷ *einer Reise* l'étape *(weiblich)* ❸ *eines Krankenhauses* le service ❹ (*Sender*) la station

stationär ❶ *Behandlung* à l'hôpital ❷ **jemanden stationär behandeln** hospitaliser quelqu'un

stationieren ❶ **Truppen stationieren** mettre des troupes en place ❷ déployer *Raketen*

der **Stationsarzt** le médecin-chef du service, le chef du service

die **Stationsärztin** le médecin-chef du service, la chef du service

statisch ❶ *Berechnung* statique ❷ **sich aufladen** statiquement

die **Statistik** la statistique

statistisch ❶ *Zahlen, Berechnung* statistique ❷ **statistisch erwiesen** prouvé(e) statistiquement

das **Stativ** le pied

statt ❶ **statt eines Briefs** à la place d'une lettre ❷ **statt zu warten** au lieu d'attendre

stattdessen au lieu de cela

die **Stätte** (*gehoben*) le lieu

stattlich ❶ *Erscheinung* imposant(e) ❷ *Summe* considérable

die **Statue** la statue

die **Statur** (*gehoben*) la stature

der **Status** (*gehoben*) le statut

der **Stau** le bouchon, l'embouteillage *(männlich)*; **im Stau stecken** être pris(e) dans un bouchon [*oder* dans un embouteillage]

der **Staub** la poussière; **Staub saugen** passer l'aspirateur; **Staub wischen** faire la poussière ▶ **sich aus dem Staub machen** (*umgs.*) prendre la poudre d'escampette

stauben faire de la poussière

staubig poussiéreux/poussiéreuse

staubsaugen passer l'aspirateur

der **Staubsauger** l'aspirateur *(männlich)*

der **Staudamm** le barrage

die **Staude** la plante vivace

stauen ❶ retenir *Wasser*; endiguer *Bach* ❷ **sich stauen** *Wasser:* s'accumuler; *Bach:* stagner; **hier staut sich der Verkehr jeden Morgen** ici, la circulation est bloquée tous les matins

staunen être étonné(e); **über jemanden staunen** être étonné(e) par quelqu'un; **über etwas staunen** être étonné(e) de quelque chose

das **Staunen** l'étonnement *(männlich)*; **jemanden in Staunen versetzen** étonner quelqu'un ▶ **aus dem Staunen nicht herauskommen** ne pas cesser de s'étonner

der **Stausee** le lac de barrage

das **Steak** [steːk] le steak

stechen ❶ *Insekt, Kaktus:* piquer; **mich hat etwas ins Bein gestochen** quelque chose m'a piqué(e) à la jambe ❷ *Sonne:* taper ❸ **mit einer Nadel in etwas stechen** enfoncer une aiguille dans quelque chose ❹ **Spargel stechen** ramasser des asperges

⑤ **sich stechen** se piquer
das **Stechen** (*Schmerz*) l'élancement (*männlich*)
stechend ① *Blick* perçant(e) ② *Schmerz* lancinant(e) ③ *Geruch* âcre
die **Stechmücke** le moustique
die **Stechuhr** la pointeuse
der **Steckbrief** l'avis (*männlich*) de recherche
die **Steckdose** la prise [de courant]
stecken ① **in etwas stecken** *Dorn, Splitter*: être enfoncé(e) dans quelque chose ② **im Schloss stecken** *Schlüssel*: être sur la porte ③ **in Schwierigkeiten stecken** avoir de gros problèmes ④ **hinter einer Sache stecken** y être pour quelque chose dans une affaire ⑤ (*tun*) **etwas in eine Schublade stecken** mettre quelque chose dans un tiroir; **er steckte ihr den Ring an den Finger** il lui passa la bague au doigt ⑥ **wo hast du denn gesteckt?** (*umgs.*) où étais-tu fourré(e)? ⑦ **viel Geld in den neuen Computer stecken** (*umgs.*) foutre beaucoup d'argent dans son nouvel ordinateur
das **Steckenpferd** (*Hobby*) le violon d'Ingres
der **Stecker** la fiche [d'alimentation]
die **Stecknadel** l'épingle (*weiblich*) [epɛ̃gl]
der **Steg** ① (*kleine Brücke*) la passerelle ② (*Bootssteg*) l'appontement (*männlich*)
Stegreif aus dem Stegreif au pied levé
stehen ① (*nicht sitzen*) être debout ② (*sich befinden*) être; **ich stand am Fenster** j'étais à la fenêtre ③ *Maschine, Uhr*: être arrêté(e) ④ **offen stehen** *Fenster, Tür*: être ouvert(e) ⑤ (*sein*) **unter Schock stehen** être sous le choc; **vor dem Ruin stehen** être au bord de la ruine; **er/sie steht über den Dingen** il/elle reste au-dessus de la mêlée ⑥ **auf einer Liste stehen** être inscrit(e) sur une liste ⑦ (*kleidsam sein*) **jemandem [gut] stehen** aller [bien] à quelqu'un ⑧ (*beim Wettkampf*) **es steht unentschieden** le score est nul ⑨ **das Verb steht im Futur** le verbe est au futur ⑩ **jemandem nahe stehen** être proche de quelqu'un; **zu** [*oder* **hinter**] **jemandem stehen** soutenir quelqu'un; **zu einer Abmachung stehen** s'en tenir à un accord ⑪ **stehen lassen** ► *Essen*; ne pas prendre *Auto* ► **es steht [sehr] schlecht um ihn** il ne va pas bien [du tout]; **jemanden stehen lassen** (*nicht beachten*) planter là quelqu'un; **alles stehen und liegen lassen** laisser tout en plan; **auf jemanden stehen** (*umgs.*) craquer pour quelqu'un; **auf etwas stehen** (*umgs.*) être fana de quelque chose
das **Stehen** ① **im Stehen essen** manger debout ② (*Stillstand*) **zum Stehen kommen** *Auto*: s'arrêter
stehend *Gewässer* stagnant(e)
der **Stehkragen** le col droit
die **Stehlampe** le lampadaire
stehlen voler; **man hat mir die** [*oder* **meine**] **Brieftasche gestohlen** on m'a volé mon portefeuille ► **er kann mir gestohlen bleiben!** (*umgs.*) il peut aller se faire foutre!
der **Stehplatz** la place debout
die **Steiermark** la Styrie
steif ① *Einband, Kragen, Karton* rigide ② *Bein* raide; *Gelenk* ankylosé(e) ③ *Benehmen* guindé(e) ④ *Penis* en érection ⑤ **Sahne steif schlagen** fouetter la crème ► **etwas steif und fest behaupten** soutenir quelque chose mordicus
der **Steigbügel** l'étrier (*männlich*)
die **Steige** Ⓐ (*Obstkiste*) le cageot; (*klein*) la cagette
steigen ① *Ballon, Spannung*: monter; *Preise, Temperatur*: augmenter; **um drei Prozent steigen** augmenter de trois pour cent ② **auf die Leiter steigen** monter sur l'échelle; **auf einen Berg steigen** escalader une montagne; **aufs Fahrrad steigen** monter à vélo; **in den Zug steigen** monter dans le train ③ **Treppen steigen** monter les escaliers ④ **vom Fahrrad steigen** descendre de vélo; **vom dem Auto steigen** descendre de la voiture ⑤ **bei ihm/bei ihr steigt eine Party** (*umgs.*) il y a une chouille chez lui/chez elle; (*unter Jugendlichen*) il y a une boum chez lui/chez elle
steigern ① augmenter; faire monter *Spannung*; améliorer *Qualität* ② **sich steigern** *Schüler, Sportler*: s'améliorer; *Geschwindigkeit*: augmenter ③ (*in der Grammatik*) **ein Adjektiv steigern** mettre un adjectif au comparatif/au superlatif
die **Steigerung** ① *der Geschwindigkeit* l'augmentation (*weiblich*) ② *der Qualität, Leistung* l'amélioration (*weiblich*) ③ *von Adjektiven* la comparaison; **die Formen der Steigerung** les degrés (*männlich*) de comparaison
die **Steigung** ① (*steile Strecke*) la côte ② (*Neigung*) la pente
steil ① *Abhang* escarpé(e); *Hang, Straße* raide ② (*übertragen*) *Karriere* fulgurant(e) ③ *ansteigen* abruptement; **steil abfallen** *Felsen*: tomber à pic
die **Steilküste** la falaise
der **Stein** ① la pierre ② (*Kieselstein*) le caillou; (*flacher Strandkiesel*) le galet ③ (*Pflasterstein*) le pavé ④ (*Felsbrocken*) le rocher

⑤ (*Nierenstein, Gallenstein*) le calcul ⑥ *von Kirschen, Pflaumen* le noyau ▶ **da fällt mir ein Stein vom Herzen** ça m'ôte un grand poids

 Es gibt keine gemeinsame Übersetzung für die unterschiedlichen Arten von Steinen.

der **Steinbock** ① le bouquetin ② (*in der Astrologie*) le Capricorne; [**ein**] **Steinbock sein** être Capricorne
der **Steinbruch** la carrière
steinhart dur(e) comme pierre
steinig *Weg* pierreux/pierreuse
steinigen lapider
die **Steinkohle** l'houille (*weiblich*)
der **Steinmetz** le tailleur de pierres
die **Steinmetzin** la tailleuse de pierres
der **Steinpilz** le cèpe
steinreich (*umgs.*) super friqué(e)
der **Steinschlag** la chute de pierres
die **Steinzeit** l'âge (*männlich*) de pierre
das **Steißbein** le coccyx
die **Stelle** ① (*Platz*) l'endroit (*männlich*) ② (*Arbeitsplatz*) l'emploi (*männlich*); (*im öffentlichen Dienst*) le poste ③ (*Textstelle*) le passage ⚠ männlich ④ **etwas auf zwei Stellen hinter dem Komma ausrechnen** calculer quelque chose à la virgule près ▶ **an erster Stelle stehen** occuper la première place; **sich nicht von der Stelle rühren** ne pas bouger; **an Stelle der Eltern** à la place des parents; **an Stelle einer Einladung** au lieu d'une invitation; **auf der Stelle** sur-le-champ
stellen ① **die Teller in den Schrank stellen** mettre les assiettes dans l'armoire ② **das Fahrrad an die Wand stellen** poser le vélo contre le mur ③ poser *Frage*; donner *Aufgabe*; présenter *Antrag*; faire *Prognose*; établir *Diagnose* ④ (*richten, einstellen*) régler *Uhr*; **den Wecker auf fünf Uhr stellen** mettre le réveil à cinq heures; **das Radio leiser stellen** baisser [le son de] la radio ⑤ (*bereitstellen*) fournir ⑥ **sich hinter seinen Stuhl stellen** se mettre derrière sa chaise ⑦ **sich [der Polizei] stellen** *Täter*: se rendre à la police ⑧ **sich schlafend stellen** faire semblant de dormir ⑨ **es stellt sich die Frage, ob das sinnvoll ist** la question est de savoir si c'est raisonnable
das **Stellenangebot** l'offre (*weiblich*) d'emploi
der **Stellenwert** l'importance (*weiblich*)
die **Stellung** ① la position ② (*Arbeitsplatz*) l'emploi (*männlich*) ③ (*Rang*) le rang ▶ **zu etwas Stellung nehmen** prendre position sur quelque chose
die **Stellungnahme** ① la prise de position ② (*geäußerte Meinung*) la position; **eine Stellungnahme zu etwas abgeben** donner sa position au sujet de quelque chose
stellvertretend stellvertretend für jemanden à la place de quelqu'un
der **Stellvertreter** le suppléant
die **Stellvertreterin** la suppléante
die **Stelze** l'échasse (*weiblich*)
stemmen ① **die Arme in die Seiten stemmen** mettre les mains sur les °hanches ② **ein Gewicht stemmen** *Gewichtheber*: soulever un poids à l'arraché des bras ③ **sich gegen etwas stemmen** s'opposer à quelque chose
der **Stempel** (*Gerät, Stempelabdruck*) le tampon
das **Stempelkissen** le tampon encreur
stempeln tamponner *Formular, Dokument*; oblitérer *Briefmarke*
die **Steno** (*umgs.*) *Abkürzung von* **Stenographie** la sténo
die **Stenographie** la sténographie
der **Stenotypist** le sténotypiste
die **Stenotypistin** la sténotypiste
die **Steppdecke** la couette
die **Steppe** la steppe
steppen (*tanzen*) faire des claquettes
das **Sterbebett** le lit de mort
die **Sterbehilfe** l'euthanasie (*weiblich*)
sterben ① mourir; **an Krebs sterben** mourir d'un cancer ② **ich bin vor Angst fast gestorben** (*umgs.*) j'ai failli mourir de peur ▶ **er ist für mich gestorben** (*umgs.*) je ne le connais plus; **gestorben sein** (*umgs.*) *Sache, Plan*: être à l'eau
das **Sterben** l'agonie (*weiblich*); **im Sterben liegen** être sur le point de mourir
das **Sterbenswörtchen kein Sterbenswörtchen verraten** ne pas dire un [traître] mot
sterblich (*gehoben*) mortel(le)
die **Sterblichkeit** la mortalité
stereo en stéréo
die **Stereoanlage** la chaîne stéréo
stereotyp ① *Antwort* stéréotypé(e) ② *behaupten* d'une façon stéréotypée
steril stérile
die **Sterilisation** la stérilisation
sterilisieren stériliser
der **Stern** l'étoile (*weiblich*)
das **Sternbild** la constellation
sternhagelvoll (*umgs.*) pinté(e)
die **Sternschnuppe** l'étoile (*weiblich*) filante
die **Sternstunde** (*gehoben*) le moment fort
das **Sternzeichen** le signe astrologique

das **Stethoskop** le stéthoscope
stetig ❶ *Entwicklung* continu(e) ❷ *sich entwickeln* de façon continue
stets constamment
die **Steuer** l'impôt *(männlich)*
das **Steuer** ❶ *(Lenkrad)* le volant ❷ *(Ruder)* le gouvernail
der **Steuerberater** le conseiller fiscal
die **Steuerberaterin** la conseillère fiscale
steuerbord[s] à tribord
die **Steuererklärung** la déclaration d'impôt[s]
die **Steuerfrau** *(im Rudersport)* la barreuse
die **Steuerhinterziehung** la fraude fiscale
die **Steuerklasse** la tranche d'imposition
der **Steuerknüppel** le levier de commande
steuerlich *Belastung* fiscal(e)
der **Steuermann** ❶ *(Offizier)* le second ❷ *(im Rudersport)* le barreur
steuern ❶ conduire *Fahrzeug;* piloter *Schiff* ❷ régler *Ablauf, Maschine* ❸ orienter *Entwicklung, Gespräch* ❹ **nach rechts steuern** *Fahrer:* diriger la voiture à droite; *Steuermann:* diriger le bateau à droite
steuerpflichtig imposable
das **Steuerrad** *(Lenkrad)* le volant
die **Steuerung** *eines Flugzeugs* le système de pilotage; *eines Schiffs* la gouverne
der **Steuerzahler** le contribuable
die **Steuerzahlerin** la contribuable
der **Steward** ['stju:ɐt] *(Flugbegleiter)* le steward
die **Stewardess** ['stju:ɐdɛs] *(Flugbegleiterin)* l'hôtesse *(weiblich)* de l'air
der **Stich** ❶ *(Insektenstich)* la piqûre ❷ *(Stichverletzung)* le coup de couteau ❸ *(Näh-, Stickstich)* le point ❹ *(Schmerz)* l'élancement *(männlich)* ❺ *(Nuance)* **ein leichter Stich ins Bläuliche** une pointe de bleu ▸ **jemanden im Stich lassen** laisser quelqu'un en plan
sticheln lancer des piques
die **Stichflamme** le jet de flamme
stichhaltig *Beweis, Argument* concluant(e)
die **Stichprobe** le prélèvement
der **Stichtag** le jour fixé
die **Stichwahl** le scrutin de ballottage
das **Stichwort** *(im Lexikon)* l'entrée *(weiblich);* *(in einem Register, auf einem Merkzettel)* le mot-clé
die **Stichwunde** le coup de couteau
sticken broder; **ein Deckchen/an einem Deckchen sticken** broder un napperon
die **Stickerei** la broderie
stickig *Luft* confiné(e)
der **Stickstoff** l'azote *(männlich)*
der **Stiefbruder** le demi-frère

der **Stiefel** la botte
die **Stiefeltern** les beaux-parents *(männlich)*
die **Stiefmutter** la belle-mère
das **Stiefmütterchen** *(Blume)* la pensée
die **Stiefschwester** la demi-sœur
der **Stiefsohn** le beau-fils
die **Stieftochter** la belle-fille
der **Stiefvater** le beau-père
der **Stiel** ❶ *einer Blume* la tige ❷ *von Früchten* la queue ❸ *(Griff)* le manche ❹ *eines Glases* le pied
der **Stier** ❶ le taureau ❷ *(in der Astrologie)* le Taureau; **[ein] Stier sein** être Taureau
stieren **vor sich hin stieren** regarder fixement devant soi
der **Stierkampf** la corrida
der **Stift** ❶ *(Schreibgerät)* le crayon ❷ *(Nagel)* le clou ❸ *(umgs.: Lehrling)* l'apprenti *(männlich)*/l'apprentie *(weiblich)*
das **Stift** *(christliche Institution)* la fondation
stiften ❶ créer *Preis* ❷ provoquer *Unfrieden*
die **Stiftung** la fondation
der **Stil** ❶ *(Manier)* le style ❷ *(Verhaltensweise)* le genre ❸ *(Stilbewusstsein)* **Stil haben** avoir de la classe
stilecht *Möbel* de style
stilisiert *Figur* stylisé(e)
stilistisch *Feinheit* stylistique
still ❶ *Mensch* calme; **sei still!** tais-toi! ❷ *Leben, Gegend* tranquille; *Hoffnung* secret/secrète; *Einvernehmen* tacite ❸ zuhören silencieusement ❹ *dasitzen* tranquillement; **den Kopf still halten** ne pas bouger la tête
die **Stille** le calme
stillen ❶ allaiter *Baby;* **die meisten Mütter stillen** la plupart des mères allaitent ❷ étancher *Durst;* calmer *Hunger;* assouvir *Verlangen* ❸ arrêter *Blutung*
stillhalten se tenir tranquille
das **Stillleben** la nature morte
stilllegen fermer; **stillgelegt** abandonné(e)
das **Stillschweigen** le silence
stillschweigend ❶ *Übereinkommen* tacite ❷ *billigen* tacitement
der **Stillstand** l'arrêt *(männlich);* **zum Stillstand kommen** *Produktion:* s'arrêter; *Blutung:* être enrayé(e)
stillstehen *Maschine:* être arrêté(e)
stilvoll ❶ *Einrichtung* de bon goût ❷ *eingerichtet* avec goût
das **Stimmband** la corde vocale
der **Stimmbruch** la mue; **im Stimmbruch sein** être en train de muer
die **Stimme** ❶ la voix ❷ *(Votum)* **seine Stimme abgeben** voter; **jemandem seine Stimme**

geben, **seine Stimme für jemanden abgeben** voter pour quelqu'un
stimmen ❶ *Behauptung:* être juste; *Rechnung:* être bon(ne) ❷ *(umgs.)* il y a quelque chose qui cloche ❸ **für jemanden stimmen** voter pour quelqu'un ❹ accorder *Klavier* ❺ **jemanden traurig stimmen** rendre quelqu'un triste
stimmhaft *Konsonant* sonore
stimmlos *Konsonant* sourd(e)
die **Stimmung** ❶ *(Laune)* l'humeur *(weiblich)* ❷ *(umgs.: gute Laune)* la bonne humeur; *(gute Atmosphäre)* l'ambiance *(weiblich)*
die **Stimmungskanone** l'ambianceur *(männlich)*
stimmungsvoll *Gedicht* évocateur/évocatrice; *Lied* sentimental(e)
der **Stimmzettel** le bulletin de vote
stinken ❶ puer; **nach Schweiß stinken** puer la sueur ❷ *(umgs.: unseriös sein) Sache:* être louche ❸ **es stinkt mir, dass ich diese Arbeit machen soll** *(umgs.)* ça me fait chier d'être obligé(e) de faire ce travail
stinkfaul *(umgs.) Person* flemmard(e)
stinklangweilig *(umgs.) Geschichte* barbant(e)
stinksauer *(umgs.) Person* furax
das **Stipendium** la bourse [d'études]; **das leistungsabhängige Stipendium** la bourse de mérite
die **Stirn** le front; **die Stirn runzeln** froncer les sourcils
stöbern fouiller; **auf dem Dachboden stöbern** fouiller dans le grenier
stochern **im Essen stochern** picorer dans son assiette; **sich in den Zähnen stochern** se curer les dents
der **Stock**[1] ❶ *(Stab)* le bâton ❷ *(Spazierstock)* la canne

🅵 Nicht verwechseln mit *le stock – das Lager; der Vorrat!*

der **Stock**[2] *(Stockwerk)* l'étage *(männlich* ⚠ *)*

🅵 Nicht verwechseln mit *le stock – das Lager; der Vorrat!*

stocken ❶ *(innehalten)* s'interrompre ❷ *Gespräch:* être interrompu(e); *Verkehr:* être bloqué(e)
das **Stockwerk** l'étage *(männlich* ⚠ *)*
der **Stoff** ❶ *(Textilmaterial)* le tissu ❷ *(Substanz)* la substance ❸ *(Thema)* la matière ❹ *(umgs.: Rauschgift)* la came
das **Stofftier** l'animal *(männlich)* en peluche, la peluche
der **Stoffwechsel** le métabolisme
stöhnen ❶ gémir ❷ **über die Hitze stöhnen** se plaindre de la chaleur
die **Stola** l'étole *(weiblich)*
der **Stollen** ❶ *eines Bergwerks* la galerie ❷ *(Christstollen)* le gâteau brioché de Noël
stolpern trébucher; **er ist über eine Wurzel gestolpert** il a trébuché contre une racine
stolz ❶ fier/fière; **stolz auf seinen Erfolg sein** être fier/fière de son succès ❷ *(überheblich)* vaniteux/vaniteuse ❸ *(umgs.: hoch) Preis* substantiel(le); *Betrag* coquet(te)
der **Stolz** ❶ la fierté ❷ *(Hochmut)* la vanité
stopfen ❶ **etwas in die Tasche stopfen** enfoncer quelque chose dans son sac ❷ **das Auto voll stopfen** bourrer la voiture ❸ raccommoder *Socken, Loch* ❹ bourrer *Pfeife* ❺ *(Verstopfung verursachen)* constiper
stopp stop
der **Stopp** l'arrêt *(männlich)*
die **Stoppel** ❶ *(Getreidestoppel)* le chaume ❷ *(Bartstoppel)* le poil dru
stoppen ❶ *(zum Halten bringen, anhalten lassen)* stopper *Person, Auto, Bus* ❷ **vor etwas stoppen** *Person, Fahrzeug:* s'arrêter devant quelque chose ❸ chronométrer *Läufer, Rennen, Zeit*
das **Stoppschild** le [panneau] stop
die **Stoppuhr** le chronomètre
der **Stöpsel** *(Pfropfen)* le bouchon
der **Storch** la cigogne
stören ❶ déranger; **jemanden beim Lesen stören** déranger quelqu'un dans sa lecture; **der Lärm stört mich** le bruit me dérange; **stört es Sie, wenn ich das Fenster öffne?** est-ce que cela vous dérange si j'ouvre la fenêtre? ❷ **was stört dich an ihm/an ihr?** qu'est qui te déplait chez lui/chez elle? ❸ troubler *Veranstaltung;* perturber *Unterricht;* **die Leitung ist gestört** il y a de la friture sur la ligne
der **Störenfried** le trouble-fête
stornieren annuler *Reise, Auftrag;* rectifier *Betrag*
störrisch *Mensch, Esel* têtu(e)
die **Störung** ❶ *(Unterbrechung)* le dérangement ❷ *(Störgeräusch)* la perturbation ❸ *(technischer Defekt)* l'incident *(männlich)* ❹ **eine Störung der Nierenfunktion** un dysfonctionnement des reins
der **Stoß** ❶ *(Schubs)* la poussée ❷ *(Aufprall)* le choc ❸ *(Erschütterung)* la secousse ❹ *(Stapel)* la pile
der **Stoßdämpfer** l'amortisseur *(männlich)*
stoßen ❶ *(anstoßen, anrempeln)* **jemanden stoßen** pousser quelqu'un ❷ **gegen jemanden/gegen etwas stoßen** °heurter quel-

qu'un/quelque chose ③ (*werfen*) lancer *Kugel* ④ **sich stoßen** se cogner ⑤ **auf jemanden/auf etwas stoßen** tomber sur quelqu'un/sur quelque chose; **überall auf Ablehnung stoßen** se °heurter partout à un refus ⑥ (*übertragen*) **sich an einem Wort stoßen** s'offusquer d'un mot
die **Stoßstange** le pare-chocs
die **Stoßzeit** les heures *(weiblich)* de pointe; **zur Stoßzeit** aux heures de pointe

> **V** Der Singular *die Stoßzeit* wird mit einem Plural übersetzt: *ich warte, bis die Stoßzeit vorbei ist* – *j'attends que les heures de pointe soient passées*.

stottern ① *Person:* bégayer ② **eine Antwort stottern** bredouiller une réponse ③ *Motor:* avoir des ratés
die **Strafanzeige** la plainte
die **Strafarbeit** la punition
strafbar *Handlung* répréhensible; **sich strafbar machen** être passible d'une sanction
die **Strafe** ① la punition ② (*Haftstrafe*) la peine ③ (*Geldstrafe*) l'amende *(weiblich)*; **Strafe zahlen** payer une amende
strafen ① punir ② **jemanden mit Verachtung strafen** répondre à quelqu'un par le mépris
strafend *Blick* réprobateur/réprobatrice
straff ① *Seil* tendu(e) ② *Haut* ferme ③ *Organisation* sévère ④ **die Wäscheleine straff spannen** tendre [bien] la corde à linge ⑤ *organisieren* rigoureusement
straffen ① tendre *Seil* ② raffermir *Haut* ③ **sich straffen** se tendre
sträflich ① *Leichtsinn* inadmissible ② **jemanden/etwas sträflich vernachlässigen** délaisser quelqu'un/quelque chose de manière impardonnable
der **Sträfling** le détenu/la détenue
der **Strafprozess** le procès pénal
die **Straftat** le délit
der **Straftäter** le délinquant
die **Straftäterin** la délinquante
der **Strafzettel** (*umgs.*) le P.-V.
der **Strahl** ① (*Lichtstrahl*) le rayon ② (*Flüssigkeitsstrahl*) le jet ③ (*in der Physik*) le rayon; **die radioaktiven Strahlen** les radiations *(weiblich)*
strahlen ① (*leuchten*) briller ② **vor Freude strahlen** rayonner de joie ③ (*radioaktiv sein*) irradier
strahlend ① *Wetter* radieux/radieuse; *Sonnenschein* éclatant(e) ② *Materie* radioactif/radioactive ③ **strahlend weiß** d'un blanc

éclatant ④ *ansehen* d'un air radieux
die **Strahlung** ① *der Sonne* le rayonnement ② **die radioaktive Strahlung** les radiations *(weiblich)*

> **V** In ② wird der Singular *die Strahlung* mit einem Plural übersetzt: *bei diesem Experiment wurde radioaktive Strahlung freigesetzt* – *des radiations ont été émises lors de cette expérimentation*.

die **Strähne** la mèche
stramm ① *Waden* potelé(e) ② *Junge* robuste ③ **stramm sitzen** *Hose:* être très serré(e)
strampeln *Baby:* gigoter
der **Strand** la plage; **am Strand** sur la plage
stranden s'échouer, échouer
der **Strandkorb** le fauteuil-cabine en osier
der **Strang** ① (*Strick*) la corde ② (*Muskelstrang*) le cordon ▶ **am selben Strang ziehen** parler d'une seule voix
die **Strapaze** *etwas ist eine Strapaze* quelque chose est éreintant(e); **die Strapazen** les fatigues *(weiblich)*
strapazieren ① fatiguer *Schuhe;* malmener *Sitzmöbel* ② **die Geduld seiner Freunde strapazieren** mettre la patience de ses amis à rude épreuve
strapazierfähig *Möbel, Kleidung* robuste
strapaziös *Arbeit, Reise* épuisant(e)
der **Straps** (*Strumpfhalter*) la jarretelle
Straßburg Strasbourg
die **Straße** ① (*innerhalb eines Orts*) la rue; **auf der Straße** dans la rue; **über die Straße gehen** traverser la rue ② (*Verbindung zwischen Ortschaften*) la route ③ (*Meerenge*) le détroit

> **G** Im Französischen wird zwischen *la rue* und *la route* unterschieden. Eine Straße innerhalb einer Ortschaft ist *une rue*; eine Straße außerhalb einer Ortschaft beziehungsweise zwischen zwei Ortschaften ist *une route*.

die **Straßenbahn** le tramway, le tram
der **Straßenbau** ① la construction de routes ② (*Teil der Baubranche*) ≈ les Ponts *(männlich)* et Chaussées
die **Straßenkarte** la carte routière
die **Straßenkreuzung** le carrefour
das **Straßenschild** la plaque de rue
der **Straßenverkehr** la circulation routière
die **Strategie** la stratégie
strategisch ① *Vorgehen* stratégique ② *vorgehen* stratégiquement
sträuben ① **sich sträuben** *Person:* regimber; **sich gegen etwas sträuben** s'opposer à quelque chose ② (*aufstellen*) °hérisser; **das**

Fell sträuben °hérisser ses poils; **das Gefieder sträuben** °hérisser ses plumes; **sein Fell sträubt sich** ses poils se °hérissent
der **Strauch** l'arbuste *(männlich)*
der **Strauß**[1] *(Bund)* le bouquet; **ein Strauß Blumen** un bouquet de fleurs
der **Strauß**[2] *(Laufvogel)* l'autruche *(weiblich)* ⚠ weiblich
streben nach Anerkennung streben aspirer à être reconnu(e); **danach streben etwas zu tun** ambitionner de faire quelque chose
der **Streber** *(abwertend umgs.)* ❶ *(in der Schule)* le fayot ❷ *(im Berufsleben)* l'arriviste *(männlich)*
die **Streberin** *(abwertend umgs.)* ❶ *(in der Schule)* la fayote ❷ *(im Berufsleben)* l'arriviste *(weiblich)*
strebsam *Schüler* assidu(e)
die **Strecke** ❶ la route; **auf halber Strecke** à mi-chemin; **diese Strecke fahre ich täglich** je fais ce trajet tous les jours ❷ *(Entfernung)* la distance ❸ *(Eisenbahnstrecke)* la ligne [de chemin de fer] ▶ **auf der Strecke bleiben** *(umgs.) Person:* rester sur le carreau; *Vorhaben:* être mis(e) au rancart
strecken ❶ tendre *Arm, Bein* ❷ *(umgs.: verdünnen)* allonger *Suppe* ❸ **sich strecken** s'étirer
der **Streich** la plaisanterie; **jemandem einen Streich spielen** jouer un tour à quelqu'un
streicheln caresser
streichen ❶ *(anstreichen)* peindre ❷ **sich Butter aufs Brötchen streichen** beurrer son petit pain ❸ **sich mit der Hand übers Haar streichen** se passer la main dans les cheveux; **er streicht ihr über die Wange** il lui caresse la joue ❹ **glatt streichen** lisser *Haar;* défroisser *Zettel* ❺ *(annullieren)* rayer *Namen;* supprimer *Zuschuss* ❻ **ums Haus streichen** rôder autour de la maison
der **Streicher** le joueur d'un instrument à cordes; **die Streicher** les cordes *(weiblich)*
die **Streicherin** la joueuse d'un instrument à cordes
das **Streichholz** l'allumette *(weiblich)*
die **Streichholzschachtel** la boîte d'allumettes
das **Streichinstrument** l'instrument *(männlich)* à cordes
die **Streife** la patrouille; **auf Streife sein** être en patrouille
streifen ❶ *(flüchtig berühren)* frôler ❷ effleurer *Thema* ❸ **sich den Pulli über den Kopf streifen** enfiler son pull ❹ **durch den Wald streifen** errer dans la forêt

der **Streifen** ❶ *(schmale Linie)* la rayure; *(breite Linie)* la bande ❷ *(Striemen)* la marque ❸ *(Stoffstreifen)* la bande ❹ *(umgs.: Film)* le film
der **Streifenwagen** la voiture de police
der **Streik** la grève
der **Streikbrecher** le briseur de grève
die **Streikbrecherin** la briseuse de grève
streiken ❶ faire grève ❷ *(umgs.: nicht funktionieren)* être en rade
der **Streit** ❶ *(Konflikt)* la dispute; *(öffentlich ausgetragen)* l'altercation *(weiblich)* ❷ *(Kontroverse)* la polémique; *(Meinungsverschiedenheit)* le différend
das **Streitgespräch** le débat
streiten ❶ **mit jemandem streiten** se disputer avec quelqu'un; **sich streiten** se disputer ❷ *(diskutieren)* **mit jemandem über etwas streiten** débattre de quelque chose avec quelqu'un
streitig jemandem den Vorrang streitig machen disputer la vedette à quelqu'un
die **Streitigkeiten** les querelles *(weiblich)*
die **Streitkräfte** les forces *(weiblich)* armées
streng ❶ *Lehrer* sévère ❷ *Anweisung, Winter* rigoureux/rigoureuse; *Diät* draconien(ne); *Bettruhe* absolu(e) ❸ *Geruch* pénétrant(e) ❹ *bestrafen* sévèrement ❺ *beachten* strictement ❻ **streng genommen** à proprement parler
die **Strenge** *einer Person, Bestrafung* la sévérité
strenggläubig très croyant(e)
der **Stress** le stress; **im Stress sein** être stressé(e), être submergé(e); **unter Stress stehen** être stressé(e)
stressig *(umgs.) Arbeit* stressant(e)
die **Streu** la litière
streuen ❶ **Zucker auf die Obsttorte streuen** saupoudrer la tarte de sucre ❷ **die Straße streuen** *(mit Sand)* sabler la rue; *(mit Salz)* saler la rue
streunen *Person:* vagabonder; **ein streunender Hund** un chien errant
der **Streuselkuchen** la tarte fleurie *(avec des boules de farine et beurre)*
der **Strich** ❶ *(Linie)* le trait; *(schräg, senkrecht)* la barre ❷ *(Teilstrich einer Skala)* la division ▶ **auf den Strich gehen** *(umgs.)* faire le tapin; **jemandem gegen den Strich gehen** *(umgs.)* débecter quelqu'un; **unterm Strich** *(umgs.)* au bout du compte
der **Strichcode**, der **Strichkode** le code barres
der **Strichpunkt** le point-virgule
der **Strick** la corde
stricken tricoter

die **Strickjacke** le gilet
die **Strickleiter** l'échelle *(weiblich)* de corde
die **Stricknadel** l'aiguille *(weiblich)* [egɥij] à tricoter
striegeln étriller
strikt *Weigerung* catégorique
die **Strippe** *(umgs.)* la corde ▸ **jemanden an der Strippe haben** avoir quelqu'un au bout du fil
der/das **Striptease** ['strɪptiːs] le striptease, le strip-tease
strittig *Frage* controversé(e); *Fall* litigieux/litigieuse
das **Stroh** la paille
der **Strohhalm** ❶ le brin de paille ❷ *(Trinkhalm)* la paille
der **Strohhut** le chapeau de paille
der **Strohmann** l'homme *(männlich)* de paille
der **Strom** ❶ **der [elektrische] Strom** le courant [électrique] ❷ *(Fluss)* le fleuve ❸ *(übertragen) von Besuchern* le flot ▸ **es regnet in Strömen** il pleut à torrents
stromabwärts en aval
stromaufwärts en amont
der **Stromausfall** la panne de courant
strömen ❶ **in das Becken strömen** *Wasser:* se déverser en grande quantité dans le bassin; **aus der Leitung strömen** *Wasser, Gas:* s'échapper en grande quantité du tuyau ❷ *(gehen)* **ins Freie strömen** affluer vers la sortie
die **Stromschnelle** le rapide
die **Strömung** le courant
die **Strophe** la strophe
strubb[e]lig *Haar* ébouriffé(e); *Fell* °hérissé(e)
der **Strudel** ❶ *(Wirbel)* le tourbillon ❷ *(Gebäck)* le strudel
die **Struktur** ❶ *(Gliederung)* la structure ❷ *eines Gewebes* la texture
strukturieren structurer
der **Strumpf** ❶ *(Kniestrumpf)* la chaussette ❷ *(Damenstrumpf)* le bas
die **Strumpfhose** le collant
struppig *Haare* °hérissé(e); *Fell* dur(e)
die **Stube** la pièce commune; **die gute Stube** le salon
das **Stück** ❶ *(Teil)* le morceau; *einer Straße, eines Waldes* le bout; *eines Textes* la partie; **ein Stück Torte** une part de gâteau; **ein Stück Schnur** un bout de ficelle ❷ **ein Stück Seife** un morceau de savon ❸ *(Theaterstück)* la pièce ❹ *(Musikstück)* le morceau ▸ **aus freien Stücken** de mon/de ton/… propre chef; **das ist ein starkes Stück!** *(umgs.)* c'est le bouquet!
stückweise à la pièce

der **Student** l'étudiant *(männlich)*
der **Studentenausweis** la carte d'étudiant
das **Studentenwohnheim** le foyer d'étudiants
die **Studentin** l'étudiante *(weiblich)*
die **Studie** l'étude *(weiblich)*
die **Studien** *Plural von* **Studie; Studium**
der **Studienabschluss** le diplôme universitaire
der **Studiengang** la filière universitaire
der **Studienplatz** la place à l'université
studieren ❶ faire des études [supérieures] ❷ **Philosophie studieren** faire des études de philosophie; **was studierst du?** tu études quoi? ❸ *(genau betrachten)* étudier
das **Studio** ❶ *(Aufnahmestudio)* le studio ❷ *(Atelier)* l'atelier *(männlich)*
das **Studium** ❶ *(akademische Ausbildung)* les études *(weiblich)* [supérieures] ❷ *(genaues Betrachten)* l'étude *(weiblich)*

> ⓥ In ❶ wird der Singular *das Studium* mit einem Plural übersetzt: *dieses Studium dauert vier Jahre – ces études durent quatre ans.*

die **Stufe** ❶ *einer Treppe* la marche ❷ *einer Entwicklung* la phase ❸ *(Laufgeschwindigkeit) einer Maschine* la vitesse ❹ *(Niveau)* le niveau
der **Stuhl**¹ ❶ *(Sitzmöbel)* la chaise ❷ *(Behandlungsstuhl)* le fauteuil ▸ **der Heilige Stuhl** le Saint-Siège
der **Stuhl**² *(Stuhlgang)* les selles *(weiblich)*

> ⓥ Der Singular *der Stuhl* wird mit einem Plural übersetzt: *sein/ihr Stuhl muss untersucht werden – ses selles doivent être analysées.*

das **Stuhlbein** le pied de chaise
stumm ❶ muet(te); **von Geburt an stumm** muet(te) de naissance ❷ **stumm werden** *(nichts mehr sagen)* se taire; **stumm dasitzen** être assis(e) là sans dire un mot ❸ *Blick* taciturne; *Vorwurf, Konsonant* muet(te)
der **Stummel** ❶ *(Kerzenstummel)* le lumignon ❷ *(Zigarettenstummel)* le mégot ❸ *(Bleistiftstummel)* le bout ❹ *(Schwanzstummel)* le moignon

> ⓥ Es gibt keine gemeinsame Übersetzung für die unterschiedlichen Arten von Stummeln.

der **Stummfilm** le film muet
der **Stümper** *(abwertend)* l'incapable *(männlich)*
die **Stümperin** *(abwertend)* l'incapable *(weiblich)*
stumpf ❶ *Klinge* émoussé(e) ❷ *Bleistift* usé(e) ❸ *Haare* terne ❹ *Winkel* obtus(e)
der **Stumpfsinn** ❶ *(geistige Trägheit)* l'hébétude *(weiblich)* ❷ *(Stupidität)* la stupidité
stumpfsinnig ❶ *Mensch* hébété(e) ❷ *Arbeit* abrutissant(e)

die **Stunde** ❶ l'heure *(weiblich)*; **eine knappe Stunde** une petite heure ❷ (*Unterricht*) **Stunden geben** donner des cours ❸ (*Moment*) **schöne Stunden verleben** passer de bons moments ▸ **bis zur Stunde** à l'heure qu'il est
die **Stundenkilometer** les kilomètres-heure *(männlich)*
stundenlang ❶ *Besprechung* qui dure des heures; *Verhandlungen* qui durent des heures ❷ *warten, herumlaufen* [pendant] des heures
der **Stundenlohn** le salaire horaire
der **Stundenplan** l'emploi *(männlich)* du temps
stundenweise *arbeiten* quelques heures
der **Stundenzeiger** l'aiguille *(weiblich)* [eɡɥij] des heures, la petite aiguille
stündlich toutes les heures
die **Stuntfrau** ['stantfrau], das **Stuntgirl** ['stantɡœrl] la cascadeuse
der **Stuntman** ['stantmɛn] le cascadeur
die **Stupsnase** le nez retroussé
stur ❶ *Person* entêté(e) ❷ *Haltung* borné(e) ❸ *behaupten* obstinément
die **Sturheit** l'obstination *(weiblich)*
der **Sturm** ❶ la tempête ❷ (*im Sport*) l'attaque *(weiblich)*
stürmen ❶ **es stürmt** la tempête fait rage ❷ **zum Eingang stürmen** se précipiter vers l'entrée ❸ (*erobern*) **das Rathaus stürmen** prendre d'assaut l'hôtel de ville
der **Stürmer** (*im Fußball*) l'attaquant *(männlich)*
die **Stürmerin** (*im Fußball*) l'attaquante *(weiblich)*
die **Sturmflut** le raz-de-marée, le raz de marée
stürmisch ❶ *Tag* de tempête; *Meer* déchaîné(e) ❷ *Begrüßung* frénétique; **nicht so stürmisch!** doucement! ❸ *begrüßen* frénétiquement
der **Sturz** ❶ (*Fall*) la chute ❷ (*Umsturz*) *einer Regierung, eines Präsidenten* le renversement
stürzen ❶ tomber; **schwer stürzen** tomber lourdement; **vom Pferd stürzen** tomber de cheval ❷ **nach draußen stürzen** *Mensch:* se précipiter dehors; *Menschenmenge:* se ruer dehors ❸ renverser *Regierung, Backform* ❹ **jemanden aus dem Fenster stürzen** pousser quelqu'un par la fenêtre; **sich aus dem Fenster stürzen** se jeter par la fenêtre ❺ (*übertragen*) **sich auf jemanden/auf etwas stürzen** se précipiter sur quelqu'un/sur quelque chose
der **Sturzhelm** le casque [de moto]
die **Stute** la jument
die **Stütze** ❶ (*Halt*) l'appui ❷ (*seelischer Beistand*) le soutien ❸ (*umgs.: Sozialhilfe*) l'aide *(weiblich)* publique

stutzen ❶ (*erstaunt sein*) rester coi(te) ❷ tailler *Hecke, Bart;* couper *Flügel*
stützen ❶ soutenir *Person, Gebäude, Währung* ❷ **die Ellenbogen auf den Tisch stützen** poser ses coudes sur la table ❸ (*auch übertragen*) **sich auf jemanden/auf etwas stützen** s'appuyer sur quelqu'un/sur quelque chose
stutzig **stutzig werden** avoir des soupçons; **das hat mich stutzig gemacht** ça m'a mis la puce à l'oreille
der **Stützpunkt** la base militaire
s.u. *Abkürzung von* **siehe unten** voir ci-dessous
das **Subjekt** ❶ (*in der Grammatik*) le sujet ❷ (*abwertend: verabscheuungswürdiger Mensch*) l'individu *(männlich)*
subjektiv ❶ *Meinung* subjectif/subjective ❷ *urteilen* de manière subjective
das **Substantiv** (*in der Grammatik*) le nom, le substantif
die **Substanz** la substance ▸ **das geht an die Substanz** ça vous vide
subtrahieren soustraire
die **Subtraktion** la soustraction
die **Subtropen** la zone subtropicale
die **Subvention** la subvention
die **Suche** la recherche; **die Suche nach dem verschwundenen Kind** les recherches *(weiblich)* pour retrouver l'enfant disparu; **auf der Suche nach einer Wohnung sein** être à la recherche d'un logement; **auf die Suche gehen** commencer à chercher
suchen chercher; **nach jemandem suchen** être à la recherche de quelqu'un; **bei jemandem Schutz suchen** chercher protection auprès de quelqu'un ▸ **du hast hier nichts zu suchen!** (*umgs.*) tu n'as rien à foutre ici!; **da kannst du lange suchen!** (*umgs.*) tu peux toujours chercher!
der **Sucher** (*am Fotoapparat*) le viseur
der **Suchlauf** *eines Videogeräts* la recherche automatique
die **Suchmaschine** (*in der Informatik*) le moteur de recherche
die **Sucht** ❶ la dépendance; (*Rauschgiftsucht*) la toxicomanie ❷ (*starkes Verlangen*) la manie; **die Sucht nach Süßem** la boulimie de sucreries
süchtig ❶ dépendant(e); (*rauschgiftsüchtig*) toxicomane ❷ (*übertragen*) **geradezu süchtig nach Schokolade sein** ne pas pouvoir se passer de chocolat
der **Süchtige** le toxicomane
die **Süchtige** la toxicomane

das **Suchtmittel** la substance addictive
Südafrika l'Afrique *(weiblich)* du Sud
der **Südafrikaner** le Sud-Africain
die **Südafrikanerin** la Sud-Africaine
Südamerika l'Amérique *(weiblich)* du Sud
der **Südamerikaner** le Sud-Américain
die **Südamerikanerin** la Sud-Américaine
süddeutsch de l'Allemagne du Sud
Süddeutschland l'Allemagne *(weiblich)* du Sud
der **Süden** ❶ *(Himmelsrichtung)* le sud; **im Süden** au sud ❷ *(als politischer Begriff)* le Sud
Südeuropa l'Europe *(weiblich)* du Sud
der **Südeuropäer** l'Européen *(männlich)* du Sud
die **Südeuropäerin** l'Européenne *(weiblich)* du Sud
Südfrankreich le Midi
südfranzösisch du sud de la France
die **Südfrüchte** les fruits *(männlich)* exotiques
südlich ❶ *Land, Lage, Klima* méridional(e); *Wind* du sud; **in südlicher Richtung** en direction du sud ❷ **südlich des Polarkreises** au sud du cercle polaire
der **Südosten** le sud-est; *siehe auch* **Norden**
südöstlich ❶ *Gebiet, Landesteil* [situé(e) au] sud-est; **in südöstlicher Richtung** en direction du sud-est ❷ **südöstlich des Dorfs** au sud-est du village
der **Südpol** le pôle Sud
die **Südsee** les mers *(weiblich)* du Sud

> Der Singular *die Südsee* wird mit einem Plural übersetzt: *die Südsee ist ein Teil des Pazifiks – les mers du Sud font partie de l'océan Pacifique.*

die **Südseite** la face sud
Südtirol le Tyrol du Sud
der **Südwesten** le sud-ouest
südwestlich ❶ *Gebiet, Landesteil* [situé(e) au] sud-ouest; **in südwestlicher Richtung** en direction du sud-ouest ❷ **südwestlich von Paris** au sud-ouest de Paris
der **Südwind** le vent du sud
der **Suff** *(umgs.)* la beuverie
süffig *Wein* agréable en bouche
das **Sulfat** le sulfate
der **Sultan** le sultan
die **Sultanin** la sultane
die **Sülze** ❶ *(Aspik)* la gelée ❷ *(Speise in Aspik)* l'aspic *(männlich)* [aspik]
die **Summe** ❶ *einer Addition* le total ❷ *(Betrag)* la somme
summen ❶ *Person:* fredonner ❷ *Biene:* bourdonner; *Motor:* ronronner
summieren sich summieren s'additionner
der **Sumpf** le marais
sumpfig *Gebiet* marécageux/marécageuse
die **Sünde** le péché; **eine Sünde begehen** commettre un péché
der **Sündenbock** le bouc émissaire
der **Sünder** le pécheur
die **Sünderin** la pécheresse
sündhaft ❶ *Leben* de péchés; *Tat* infâme ❷ **das Auto ist sündhaft teuer gewesen!** *(umgs.)* la voiture a été sacrément chère!
sündigen pécher
super *(umgs.)* ❶ **ein super Film** un film super ❷ **super tanzen** danser super bien; **super schmecken** être super bon; **die Anlage klingt super** la chaîne a un super son
das **Super** le super; **Super tanken** prendre du super
der **Superlativ** ❶ *(in der Grammatik)* le superlatif ❷ **ein Fest der Superlative** une fête tout ce qu'il y a de mieux
die **Supermacht** la superpuissance
der **Supermann** *(umgs.: bewundernswerter Mann)* le superman
der **Supermarkt** le supermarché
die **Suppe** la soupe, le potage
der **Suppenlöffel** la cuillère à soupe
die **Suppenschüssel** la soupière
der **Suppenteller** l'assiette *(weiblich)* creuse
das **Surfbrett** ['sœ:ɐfbrɛt] le surf; *(Windsurfbrett)* la planche à voile
surfen ['sœ:fn] *(auch im Internet)* surfer; *(windsurfen)* faire de la planche à voile
der **Surfer** ['sœ:fɐ] le surfeur; *(Windsurfer)* le véliplanchiste, le planchiste
die **Surferin** ['sœ:fɐrɪn] la surfeuse; *(Windsurferin)* la véliplanchiste, la planchiste
surren *Insekt, Stromleitung:* bourdonner; *Ventilator:* ronronner
suspekt *(gehoben) Person, Vorschlag* suspect(e)
suspendieren jemanden vom Dienst suspendieren suspendre quelqu'un de service
süß ❶ *Gericht, Getränk* sucré(e); *Wein* doux/douce; **süß schmecken** être sucré(e) ❷ *Duft* suave ❸ *(niedlich) Kind* mignon(ne); **süß aussehen** être mignon(ne)
der **Süße** le chéri; **mein Süßer** mon chéri
die **Süße** ❶ *(zärtliche Anrede)* la chérie; **meine Süße** ma chérie ❷ *(süßer Geschmack)* le sucré
das **Süße** **etwas Süßes essen** manger quelque chose de sucré
süßen sucrer

die **Süßigkeiten** les sucreries *(weiblich)*
  süßlich *Geschmack* douceâtre
  süßsauer ① *Speise* aigre-doux/aigre-douce ② *Lächeln* mi-figue, mi-raisin ③ **süßsauer lächeln** avoir un sourire mi-figue, mi-raisin
die **Süßspeise** l'entremets *(männlich)* [sucré]
der **Süßstoff** l'aspartame *(männlich)*
das **Sweatshirt** ['svɛtʃəːt] le sweat-shirt
der **Swimmingpool** ['swɪmɪŋpuːl] la piscine
das **Symbol** le symbole
  symbolisch symbolique
die **Symmetrie** la symétrie
  symmetrisch symétrique
die **Sympathie** la sympathie
  sympathisch ① *Mensch, Stimme* sympathique; **jemandem sympathisch sein** être sympathique à quelqu'un ② *Vorstellung* réjouissant(e)
  sympathisieren mit jemandem sympathisieren sympathiser avec quelqu'un
das **Symptom** le symptôme
die **Synagoge** la synagogue
  synchron *(gehoben)* ① *Übersetzung* simultané(e); *Bewegung* synchrone ② **synchron zu etwas verlaufen** se dérouler parallèlement à quelque chose
die **Synchronisation** le doublage
  synchronisieren doubler *Film*
das **Synonym** le synonyme
die **Synthese** la synthèse
der **Synthesizer** ['zɪntəsaɪze] le synthétiseur
  synthetisch synthétique
  Syrien la Syrie
das **System** le système
  systematisch ① *Arbeit* méthodique; *Beeinflussung* systématique ② *absuchen* systématiquement
die **Szene** ① *eines Theaterstücks* la scène ② *(Bereich, Kontakte)* les milieux *(männlich)* ▸ **jemandem eine Szene machen** faire une scène à quelqu'un

> **V** In ② wird der Singular *die Szene* mit einem Plural übersetzt: *was Musik betrifft, ist die Mannheimer Szene ganz interessant – les milieux musicaux de Mannheim sont plutôt intéressants.*

T

das **t**, das **T** le t, le T [te]
  t *Abkürzung von* **Tonne** t
der **Tabak** le tabac [taba]
  tabellarisch sous forme de tableau
die **Tabelle** le tableau
das **Tabellenkalkulationsprogramm** le tableur
das **Tablett** le plateau

das Tablett

> **F** Nicht verwechseln mit *la tablette – die Ablage[fläche]; die Tafel!*

die **Tablette** le comprimé

die Tablette

> **F** Nicht verwechseln mit *la tablette – die Ablage[fläche]; die Tafel!*

das **Tabu** le tabou
der **Tabulator** le tabulateur
der **Tacho** *(umgs.)*, der/das **Tachometer** le compteur [de vitesse]
der **Tadel** la réprimande
  tadellos ① *Benehmen* irréprochable; *Aussprache* impeccable ② *sich benehmen* irréprochablement; *gekleidet* impeccablement
  tadeln réprimander *Person*; blâmer *Verhalten,*

Handlung
die **Tafel** ❶ (*Wandtafel*) le tableau ❷ (*Gedenktafel*) la plaque ❸ **eine Tafel Schokolade** une tablette de chocolat
der **Tag** ❶ le jour; **der Tag X** le jour J; **guten Tag!** bonjour!; **bei Tag** de jour; **auf den Tag** [genau] au jour près ❷ (*Tagesverlauf*) la journée; **am Tag** dans la journée; **den ganzen Tag** [lang] toute la journée ❸ (*im christlichen Glauben*) **der Jüngste Tag** le Jugement dernier ▸ **Tag für Tag** jour après jour; **eines** Tages un [beau] jour
tagaus tagaus, tagein jour après jour
das **Tagebuch** le journal [intime]
tagelang ❶ *Suche* qui dure des jours entiers ❷ *warten* [pendant] des journées entières
tagen (*konferieren*) siéger
die **Tageskarte** (*Speisekarte*) le menu du jour
das **Tageslicht** la lumière du jour
die **Tagesmutter** la nourrice
die **Tagesordnung** l'ordre (*männlich*) du jour ▸ **an der Tagesordnung sein** être monnaie courante
die **Tageszeitung** le quotidien
täglich ❶ *Arbeit* quotidien(ne) ❷ *arbeiten* tous les jours
tagsüber pendant la journée
die **Tagung** le congrès
die **Taille** ['taljə] la taille
der **Takt** ❶ (*in der Musik*) la mesure; **im Takt en** mesure ❷ (*Feingefühl*) le tact [takt]
die **Taktik** la tactique
taktisch ❶ *Überlegung* tactique ❷ *vorgehen* tactiquement; *klug* d'un point de vue tactique
taktlos ❶ *Bemerkung* dénué(e) de tact ❷ *sich benehmen* sans [le moindre] tact
der **Taktstock** la baguette [de chef d'orchestre]
taktvoll ❶ *Benehmen* plein(e) de tact ❷ *sich verhalten* avec tact
das **Tal** la vallée
das **Talent** le talent; **Talent haben** avoir du talent
talentiert *Person* talentueux/talentueuse
der **Talg** (*Tierfett*) le suif
der **Talisman** le talisman
das **Tamburin** le tambourin
der **Tampon** le tampon
der **Tang** le varech [vaʀɛk]
die **Tangente** ❶ (*in der Geometrie*) la tangente ❷ (*Straße*) la rocade
der **Tank** ❶ la citerne ❷ *eines Kraftfahrzeugs* le réservoir

F Nicht verwechseln mit *le tank – der Panzer!*

tanken ❶ prendre de l'essence; **ich muss tanken** il faut que je prenne de l'essence; **zehn Liter tanken** prendre dix litres [d'essence]; **sie tankt bleifrei** elle prend du sans plomb ❷ **den Wagen voll tanken** faire le plein de la voiture; ❸ **frische Luft tanken** (*umgs.*) faire le plein d'air frais
der **Tanker** le pétrolier
die **Tankstelle** la station-service
der **Tankwart** le pompiste
die **Tankwartin** la pompiste
die **Tanne** le sapin
der **Tannenbaum** le sapin [de Noël]
der **Tannenzapfen** la pomme de pin
die **Tante** la tante
der **Tante-Emma-Laden** (*umgs.*) la petite épicerie [du coin]
der **Tanz** ❶ la danse; **jemanden zum Tanz auffordern** inviter quelqu'un à danser ❷ (*Tanzveranstaltung*) le bal
tänzeln *Boxer:* sautiller; *Pferd:* piaffer
tanzen danser
der **Tänzer** le danseur
die **Tänzerin** la danseuse
die **Tanzfläche** la piste [de danse]
der **Tanzpartner** le cavalier
die **Tanzpartnerin** la cavalière
die **Tanzschule** l'école (*weiblich*) de danse
die **Tanzstunde** ❶ (*Kurs*) la leçon de danse; **in die Tanzstunde gehen** prendre des cours de danse ❷ (*Unterrichtsstunde*) le cours de danse
die **Tapete** le papier peint
der **Tapetenwechsel** (*umgs.*) le changement d'air
tapezieren tapisser
tapfer ❶ *Person* brave; *Verhalten* courageux/courageuse ❷ *sich verhalten* courageusement
die **Tapferkeit** la bravoure
tappen, tapsen (*umgs.*) avancer à tâtons
die **Tarantel** la tarentule ▸ **sie fuhr hoch wie von der Tarantel gestochen** elle sursauta comme si une mouche l'avait piquée
der **Tarif** ❶ (*für Löhne, Gehälter*) l'accord (*männlich*) salarial ❷ (*Gebühr*) le tarif
der **Tarifvertrag** la convention collective
tarnen camoufler; **sich als Tourist tarnen** se faire passer pour un touriste
die **Tarnfarbe** la peinture de camouflage
die **Tasche** ❶ le sac ❷ (*in einem Kleidungsstück*) la poche; **etwas in die Tasche stecken** mettre quelque chose dans sa poche ▸ **jemandem auf der Tasche liegen** (*umgs.*) vivre aux crochets de quelqu'un; **jemanden in die Tasche stecken** (*umgs.*) mettre quelqu'un dans sa poche

das **Taschenbuch** le livre de poche
der **Taschendieb** le pickpocket
die **Taschendiebin** le pickpocket

> **G** Es gibt im Französischen keine Femininform: *sie ist eine geschickte Taschendiebin – elle est un pickpocket habile.*

das **Taschengeld** l'argent *(männlich)* de poche
die **Taschenlampe** la lampe de poche
das **Taschenmesser** le couteau de poche, le canif
der **Taschenrechner** la calculette
das **Taschentuch** le mouchoir
die **Tasse** la tasse; **eine Tasse Tee** une tasse de thé ▸ **nicht alle Tassen im Schrank haben** (*umgs.*) avoir une case vide
die **Tastatur** le clavier
die **Taste** la touche; **eine Taste drücken** appuyer sur une touche
tasten ❶ **nach etwas tasten** chercher quelque chose à tâtons ❷ **sich zur Tür tasten** avancer en tâtonnant vers la porte ❸ (*spüren*) sentir en palpant *Geschwulst*
das **Tastentelefon** le téléphone à touches
die **Tat** ❶ l'acte *(männlich)* ❷ (*Straftat*) le délit ▸ **jemanden auf frischer Tat ertappen** prendre quelqu'un en flagrant délit; **in der Tat** effectivement
tatenlos tatenlos zusehen sans rien faire; **er stand tatenlos daneben** il se tenait là, inerte
der **Täter** le coupable
die **Täterin** la coupable
tätig als Dolmetscher tätig sein travailler comme interprète
die **Tätigkeit** l'activité *(weiblich)*
die **Tatkraft** le dynamisme
tatkräftig ❶ *Mensch, Mithilfe* énergique ❷ *mithelfen* activement
tätowieren tatouer
die **Tatsache** le fait
tatsächlich ❶ *Ereignis* réel(le); *Grund* véritable ❷ (*in Wirklichkeit*) en réalité ❸ **ich habe tatsächlich gewonnen!** j'ai vraiment gagné!; **tatsächlich?** vraiment?; **tatsächlich!** oui, oui!
tätscheln tapoter [affectueusement]
das/der **Tattoo** [ta'tu:] le tatouage
der **Tau** (*Morgentau*) la rosée
das **Tau** (*Seil*) le cordage
taub ❶ sourd(e); **auf einem Ohr taub sein** être sourd(e) d'une oreille ❷ *Arm, Hand, Bein* insensible
die **Taube** ❶ le pigeon ❷ (*Friedenstaube*) la colombe
die **Taubheit** ❶ la surdité ❷ *von Gliedmaßen* l'insensibilité *(weiblich)*
taubstumm sourd-muet/sourde-muette
tauchen ❶ (*als Sport*) faire de la plongée ❷ **nach Schwämmen tauchen** plonger à la recherche des éponges ❸ **die Hände ins Wasser tauchen** plonger ses mains dans l'eau
der **Taucher** le plongeur
die **Taucherbrille** les lunettes *(weiblich)* de plongée

> **V** Der Singular *die Taucherbrille* wird mit einem Plural übersetzt: *meine Taucherbrille ist kaputt – mes lunettes de plongée sont foutues.*

die **Taucherin** la plongeuse
tauen ❶ **es taut** il dégèle ❷ **das Eis ist getaut** la glace a fondu
die **Taufe** le baptême [batɛm]
taufen baptiser [batize]; **ein Kind auf den Namen Paul taufen** baptiser un enfant du nom de Paul
der **Taufstein** les fonts *(männlich)* baptismaux [fõbatismo]

> **V** Der Singular *der Taufstein* wird mit einem Plural übersetzt: *dieser Taufstein ist alt – ces fonts baptismaux sont anciens.*

taugen etwas taugen *Person:* être bon à quelque chose; *Sache:* valoir quelque chose; **er taugt nichts** il n'est bon à rien; **das taugt nichts** ça ne vaut rien
tauglich *Rekrut* apte [au service militaire]
der **Taumel** ❶ (*Schwindelgefühl*) le vertige ❷ (*Überschwang*) l'ivresse *(weiblich)*
taumeln chanceler
der **Tausch** l'échange *(männlich)*
tauschen ❶ échanger *Briefmarken, Blicke* ❷ **wollen wir tauschen?** on échange? ❸ (*übertragen*) **ich möchte nicht mit ihm tauschen** je ne voudrais pas être à sa place
täuschen ❶ tromper ❷ **das täuscht** c'est trompeur ❸ **sich täuschen** se tromper; **ich habe mich in ihm getäuscht** je me suis trompé(e) sur son compte ▸ **wenn mich nicht alles täuscht** si je ne m'abuse
täuschend jemandem täuschend ähnlich sehen ressembler à s'y méprendre à quelqu'un
die **Täuschung** ❶ la tromperie; (*beim Examen*) la fraude ❷ (*Irrtum*) l'erreur *(weiblich)*; **eine optische Täuschung** une illusion d'optique
tausend ❶ mille; **ein Kilometer entspricht tausend Metern** un kilomètre vaut mille mètres ❷ (*umgs.: viele*) [tout] un tas de ▸ **tausend und abertausend** des milliers et des milliers

die **Tausend** (*Zahl*) le mille
das **Tausend** ❶ (*tausend Stück*) le millier ❷ **Tausende von Menschen** des milliers *(männlich)* de personnes; **zu Tausenden** par milliers
der **Tausender** ❶ (*in der Mathematik*) le millier ❷ (*umgs.: Geldschein*) le billet de mille
tausendfach eine tausendfache Vergrößerung un agrandissement mille fois plus grand; **das ist die tausendfache Menge** c'est mille fois cette quantité
das **Tausendfache das Tausendfache verdienen** gagner mille fois plus; **um das Tausendfache** de mille fois; **um das Tausendfache höher** mille fois plus élevé(e)
tausendjährig ❶ (*tausend Jahre alt*) millénaire ❷ (*tausend Jahre dauernd*) de mille ans
tausendmal ❶ mille fois; **tausendmal so viel** mille fois plus [plys]; **tausendmal so viele Leute** mille fois plus [ply] de gens ❷ (*umgs.: vielmals*) des tas et des tas de fois
tausendste(r, s) millième
tausendstel millième; **ein tausendstel Gramm** le millième d'un gramme
das **Tausendstel** le millième
das **Tauwetter** (*auch übertragen*) le dégel
das **Tauziehen** le tir à la corde
das **Taxi** le taxi
das **Team** [tiːm] l'équipe *(weiblich)*
die **Technik** ❶ la technique ❷ *einer Maschine* la technologie
der **Techniker** le technicien
die **Technikerin** la technicienne
technisch ❶ technique ❷ *sich auskennen* sur le plan technique
das/der **Techno** ['tɛkno] la techno [tɛkno] ⚠ *weiblich*
die **Technologie** la technologie
der **Teddybär** l'ours *(männlich)* en peluche
der **Tee** ❶ le thé; **Tee kochen** faire du thé ❷ (*Kräutertee*) la tisane ❸ (*Teestrauch*) le théier, le thé
der **Teebeutel** le sachet de thé
die **Teekanne** la théière
der **Teelöffel** ❶ la petite cuillère ❷ **ein Teelöffel Zucker** une cuillère à café de sucre
der **Teenie** ['tiːni] (*umgs.*) l'ado *(männlich)*, l'ado *(weiblich)*
der **Teer** le goudron
teeren goudronner
die **Teetasse** la tasse à thé
der **Teich** l'étang *(männlich)*
der **Teig** la pâte
der **Teil** ❶ la partie; **zum Teil** en partie; **zum großen Teil** en grande partie ❷ (*Anteil*) la part; **zu gleichen Teilen** à parts égales ▸ **ich für meinen Teil** en ce qui me concerne
das **Teil** *eines Geräts* la pièce ▸ **ich für mein Teil** en ce qui me concerne; **sich sein Teil denken** ne pas en penser moins
teilbar durch zehn teilbar divisible par dix
das **Teilchen** (*in der Physik*) la particule
teilen ❶ partager *Apfel, Kuchen, Besitz* ❷ **er/sie muss lernen zu teilen** il faut qu'il/qu'elle apprenne à partager ❸ [sich] **die Schokolade mit jemandem teilen** se partager le chocolat avec quelqu'un ❹ **eine Zahl durch vier teilen** diviser un chiffre par quatre ❺ **jemandes Schicksal teilen** subir le même sort que quelqu'un
teilhaben prendre part
die **Teilnahme** la participation; **die Teilnahme an einem Kurs** la participation à un cours
teilnahmslos ❶ *Verhalten* indifférent(e) ❷ *zusehen* avec indifférence
teilnehmen an einer Veranstaltung teilnehmen prendre part à une manifestation
der **Teilnehmer** ❶ le participant ❷ (*im Telefonnetz*) l'abonné *(männlich)*
die **Teilnehmerin** ❶ la participante ❷ (*im Telefonnetz*) l'abonnée *(weiblich)*
teils ❶ en partie; **teils regnete es, teils schien die Sonne** tantôt il pleuvait, tantôt il y avait du soleil ❷ **teils, teils** (*umgs.*) oui et non
die **Teilung** ❶ (*das Teilen*) le partage ❷ (*das Geteiltsein*) la division
der **Teilungsartikel** (*in der Grammatik*) l'article *(männlich)* partitif
teilweise partiellement
die **Teilzeitarbeit** le travail à temps partiel
die **Telearbeit** le télétravail
das **Telefon** le téléphone
der **Telefonanruf** l'appel *(männlich)* téléphonique
das **Telefonbuch** l'annuaire *(männlich)* [téléphonique]
das **Telefongespräch** la conversation téléphonique
die **Telefonie** la téléphonie
telefonieren téléphoner; **mit jemandem telefonieren** téléphoner à quelqu'un; **er telefoniert viel** il téléphone beaucoup
das **Telefonieren** (*Technik- und Wirtschaftsbereich*) la téléphonie
telefonisch ❶ *Nachricht* téléphonique ❷ *benachrichtigen* par téléphone
die **Telefonkarte** la carte de téléphone
die **Telefonnummer** le numéro de téléphone
die **Telefonverbindung** la liaison [téléphonique]
die **Telefonzelle** la cabine téléphonique
das **Telegramm** le télégramme
die **Telekommunikation** les télécommunications

(weiblich)

> **V** Der Singular *die Telekommunikation* wird mit einem Plural übersetzt: *die Telekommunikation <u>entwickelt</u> sich schnell – les télécommunications <u>évoluent</u> rapidement.*

- das **Teleshopping** ['te:leʃɔpɪŋ] le téléachat
- das **Teleskop** le télescope
- das **Telespiel** le jeu vidéo
- der **Teller** l'assiette *(weiblich)*; **der flache Teller** l'assiette plate; **der tiefe Teller** l'assiette creuse
- der **Tempel** le temple
- das **Temperament** le tempérament
  temperamentvoll ❶ *Person* plein(e) de tempérament ❷ *antworten* avec ferveur
- die **Temperatur** la température
- das **Tempo** ❶ la vitesse; **mit hohem Tempo** à grande vitesse; **mit niedrigem Tempo** à petite vitesse ❷ (*in der Musik*) le tempo
- das **Tempolimit** la limitation de vitesse
- die **Tendenz** la tendance
  tendieren zum Perfektionismus tendieren avoir une tendance au perfectionnisme
- das **Tennis** le tennis; **Tennis spielen** jouer au tennis
- der **Tennisball** la balle de tennis
- der **Tennisplatz** le court [kuʀ] de tennis
- der **Tenor** (*Singstimme, Sänger*) le ténor
- der **Teppich** le tapis ▸ **nun bleib mal auf dem Teppich!** (*umgs.*) reste sur terre!; **etwas unter den Teppich kehren** (*umgs.*) faire passer quelque chose à l'as
- der **Teppichboden** la moquette; **einen Teppichboden verlegen** poser une moquette
- der **Termin** ❶ (*für ein Treffen*) le rendez-vous; **sich einen Termin beim Arzt geben lassen** prendre [un] rendez-vous chez le médecin ❷ (*Datum*) la date
- der/das **Terminal**¹ ['tø:eminəl] (*Flughafenanlage*) le terminal
- das **Terminal**² ['tø:eminəl] (*in der Informatik*) le terminal
- der **Terminkalender** l'agenda (*männlich*)
- der/das **Terpentin** la térébenthine
- das **Terrain** [tɛ'ʀɛ̃:] le terrain ▸ **gefährliches Terrain betreten** s'aventurer sur un terrain glissant
- die **Terrasse** la terrasse
- das **Territorium** le territoire
- der **Terror** la terreur ⚠ *weiblich*
- der **Terroranschlag** l'attentat (*männlich*) terroriste
  terrorisieren terroriser
- der **Terrorismus** le terrorisme
- der **Terrorist** le terroriste

- die **Terroristin** la terroriste
- die **Terz** (*in der Musik*) la tierce
- der **Tesafilm**® le scotch®
- der **Test** le test
- das **Testament** ❶ le testament ❷ (*im christlichen Glauben*) **das Alte Testament** l'Ancien Testament; **das Neue Testament** le Nouveau Testament
  testen tester
- der **Tetanus** le tétanos
  teuer ❶ *Produkt, Ware* cher/chère ❷ *einkaufen* cher ▸ **jemanden teuer zu stehen kommen** coûter cher à quelqu'un
- der **Teufel** ❶ le diable ❷ (*böser Mensch*) le démon ▸ **scher dich zum Teufel!** (*umgs.*) casse-toi!, fiche le camp!; **weiß der Teufel!** (*umgs.*) Dieu seul le sait!
- der **Teufelskreis** le cercle vicieux
  teuflisch *Plan* diabolique
- der **Text** ❶ le texte ❷ *eines Liedes* les paroles (*weiblich*)

> **V** In ❷ wird der Singular *der Text* mit einem Plural übersetzt: *der Text dieses Liedes <u>ist</u> sehr schön – les paroles de cette chanson <u>sont</u> très belles.*

  texten composer *Schlager*; écrire *Slogan*
- die **Textilien** les matières (*weiblich*) textiles, les textiles (*männlich*)
- der **Textmarker** le surligneur
- die **Textverarbeitung** le traitement de texte
- das **Textverarbeitungsprogramm** le programme de traitement de texte
  Thailand la Thaïlande
- das **Theater** le théâtre; **ins Theater gehen** aller au théâtre; **Theater spielen** faire du théâtre ▸ **das ist alles nur Theater** (*umgs.*) tout ça c'est du cinéma
- die **Theaterkarte** le billet [de théâtre]
- das **Theaterstück** la pièce de théâtre
- die **Theke** ❶ (*im Lokal*) le bar ❷ (*im Geschäft*) le comptoir
- das **Thema** le sujet; **beim Thema bleiben** ne pas sortir du sujet; **das Thema wechseln** changer de sujet ▸ **das ist [für mich] kein Thema** c'est °hors de question [pour moi]
- der **Theologe** le théologien
- die **Theologie** la théologie
- die **Theologin** la théologienne
  theoretisch ❶ *Kenntnisse* théorique ❷ *erklären* théoriquement
- die **Theorie** la théorie
- der **Therapeut** le thérapeute
- die **Therapeutin** la thérapeute
- die **Therapie** la thérapie
- das **Thermalbad** le bain thermal

das **Thermometer** le thermomètre
die **Thermosflasche®** la [bouteille] thermos®
der **Thermostat** le thermostat
die **These** (*gehoben*) la thèse
der **Thriller** ['θrɪlɐ] le thriller
die **Thrombose** la thrombose
der **Thron** le trône
  thronen trôner
der **Thronfolger** le prétendant au trône
die **Thronfolgerin** la prétendante au trône
der **Thunfisch** le thon [tõ]
  Thüringen la Thuringe
der **Thymian** le thym
  ticken faire tic-tac ▸ **du tickst ja nicht richtig!** (*umgs.*) tu débloques!
das **Ticket** le billet
  tief ❶ profond(e); **ein hundert Meter tiefer Schacht** un puits de cent mètres de profondeur ❷ *Schnee* épais(se); *Tal* encaissé(e) ❸ *Temperatur, Wasserstand* bas(se) ❹ *Stimme, Ton* grave ❺ *Rot, Blau* foncé(e) ❻ *tauchen* profondément; *bohren, graben* en profondeur; **tief fallen** tomber de °haut ❼ **zu tief fliegen** voler trop bas ❽ *singen* d'une voix grave ❾ *schlafen* profondément; **tief atmen** respirer à fond
das **Tief** (*Tiefdruckgebiet*) la dépression
die **Tiefe** la profondeur
  tiefgekühlt *Lebensmittel* congelé(e)
  tiefgründig *Abhandlung* profond(e)
das **Tiefkühlfach** le compartiment basse température
die **Tiefkühlkost** les produits (*männlich*) surgelés, les surgelés (*männlich*)

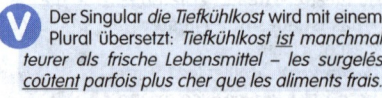 Der Singular *die Tiefkühlkost* wird mit einem Plural übersetzt: *Tiefkühlkost ist manchmal teurer als frische Lebensmittel* – *les surgelés coûtent parfois plus cher que les aliments frais.*

der **Tiefkühlschrank** le congélateur [armoire]
die **Tiefkühltruhe** le congélateur [bahut]
der **Tiefpunkt** le niveau zéro
der **Tiegel** le poêlon
das **Tier** l'animal (*männlich*), la bête ▸ **ein hohes Tier** (*umgs.*) un gros bonnet
der **Tierarzt** le vétérinaire
die **Tierärztin** la vétérinaire
das **Tierheim** le refuge [pour animaux]
  tierisch ❶ *Verhalten* animal(e) ❷ (*umgs.: sehr*) **tierisch gut** vachement bien
das **Tierkreiszeichen** le signe du zodiaque
  tierlieb sehr tierlieb sein aimer beaucoup les animaux
der **Tierpark** le parc zoologique
die **Tierquälerei** la cruauté envers les animaux

der **Tierversuch** l'expérience (*weiblich*) sur des animaux
der **Tiger** le tigre
die **Tigerin** la tigresse
  tilgen ❶ rembourser *Kredit*; éteindre *Schuld* ❷ éliminer *Spuren*
das **Timesharing** ['tajmʃɛːrɪŋ] le temps partagé
die **Tinktur** la teinture
die **Tinte** l'encre (*weiblich*) ▸ **in der Tinte sitzen** (*umgs.*) être dans le pétrin
der **Tintenfisch** la seiche
der **Tintenstrahldrucker** l'imprimante (*weiblich*) à jet d'encre
der **Tipp** ❶ (*umgs.: Hinweis*) le tuyau ❷ (*beim Wetten*) le pronostic
  tippen ❶ **an etwas tippen** effleurer quelque chose du bout des doigts ❷ (*umgs.: schreiben*) **einen Brief in den Computer tippen** taper une lettre à l'ordinateur ❸ (*Lotto spielen*) jouer [au loto] ❹ (*wetten*) **auf jemanden/auf etwas tippen** parier sur quelqu'un/sur quelque chose
  tipptopp (*umgs.*) ❶ **tipptopp sein** *Zimmer, Kleidung*: être impec ❷ **tipptopp sauber sein** être trop propre
  Tirol le Tyrol
der **Tisch** la table; **den Tisch decken** mettre la table; **sich an den Tisch setzen** se mettre à table ▸ **unter den Tisch fallen** (*umgs.*) passer à la trappe; **vom Tisch sein** (*umgs.: erledigt sein*) être classé(e)
die **Tischdecke** la nappe
der **Tischler** le menuisier
die **Tischlerei** la menuiserie
die **Tischlerin** la menuisière
das **Tischtennis** le ping-pong [pɪŋpõg]; **Tischtennis spielen** jouer au ping-pong
der **Titel** le titre
das **Titelbild** la photo de couverture
die **Titelrolle** le rôle-titre
die **Titelseite** la couverture
der **Titelverteidiger** le tenant du titre
die **Titelverteidigerin** la tenante du titre
die **Titte** (*salopp*) le nichon
der **Toast** [toːst] ❶ le pain grillé ❷ (*Trinkspruch*) le toast
das **Toastbrot** ['toːstbroːt] le pain de mie
  toasten ['toːstn̩] faire griller
der **Toaster** ['toːstɐ] le grille-pain
  toben ❶ *Kinder:* se défouler; *Sturm:* faire rage ❷ (*vor Wut*) fulminer; (*vor Begeisterung*) être déchaîné(e)
die **Tochter** la fille
die **Tochtergesellschaft** la filiale
der **Tod** la mort ▸ **sich zu Tode langweilen** s'en-

nuyer à mourir
der **Todesfall** le décès
das **Todesopfer** le mort
die **Todesstrafe** la peine de mort
das **Todesurteil** la condamnation à mort
todkrank très gravement malade; (*sterbend*) moribond(e)
tödlich ❶ *Krankheit* mortel(le); **eine tödliche Gefahr** un danger de mort ❷ **tödlich verunglücken** avoir un accident mortel ❸ (*umgs.: sehr*) **beleidigen** à mort
todmüde mort(e) de fatigue
todschick (*umgs.*) trop classe
todsicher (*umgs.*) *Tipp, Sache* totalement fiable
die **Todsünde** le péché mortel
die **Toilette** [toaˈlɛtə] les cabinets (*männlich*), les W.-C. (*männlich*), les toilettes (*weiblich*); **auf die Toilette gehen** aller aux toilettes

> Der Singular *die Toilette* wird mit einem Plural übersetzt: *wo ist die Toilette?* – *où sont les cabinets?*

das **Toilettenpapier** le papier hygiénique
tolerant *Person, Verhalten* tolérant(e)
die **Toleranz** la tolérance
tolerieren tolérer
toll (*umgs.*) ❶ extra; *Idee* super ❷ **toll angezogen sein** être habillé(e) top
tollpatschig (*umgs.*) ❶ *Person* empoté(e); *Tier* pataud(e) ❷ **sich benehmen** maladroitement
die **Tollwut** la rage
tollwütig enragé(e)
der **Tölpel** l'empoté (*männlich*)/l'empotée (*weiblich*)
die **Tomate** la tomate ▶ **Tomaten auf den Augen haben** (*umgs.*) être bigleux/bigleuse
die **Tomatensoße** la sauce tomate
die **Tombola** la tombola
der **Ton**¹ (*zum Töpfern*) l'argile (*weiblich*)
der **Ton**² ❶ (*Laut*) le son ❷ **keinen Ton herausbringen** (*umgs.*) ne pas arriver à sortir un mot ▶ **der gute Ton** la bienséance
die **Tonart** le ton
das **Tonband** la bande magnétique
tönen ❶ *Stimme:* sonner ❷ (*färben*) teindre *Haare*
der **Tonfall** le ton
die **Tonleiter** la gamme
die **Tonne** ❶ (*Fass*) le fût ❷ (*Mülltonne*) la poubelle ❸ (*Maßeinheit*) la tonne
die **Tönung** ❶ (*das Tönen*) la teinture ❷ (*Farbton*) la teinte
das **Top** le débardeur
der **Topf** ❶ (*Kochtopf*) la casserole ❷ (*Blumentopf, Nachttopf*) le pot
der **Töpfer** le potier
die **Töpferei** l'atelier (*männlich*) de poterie, la poterie
die **Töpferin** la potière
töpfern ❶ faire de la poterie ❷ (*herstellen*) faire *Krug, Vase*
der **Topflappen** la manique
die **Topfpflanze** la plante en pot
das **Tor** ❶ (*Eingang*) la porte ❷ (*Torgehäuse*) les buts (*männlich*) ❸ (*Treffer*) le but

> In ❷ wird der Singular *das Tor* mit einem Plural übersetzt: *wer ist heute im Tor?* – *qui est-ce qui est dans les buts aujourd'hui?*

der **Torf** la tourbe
die **Torfrau** la gardienne de but, le goal

> Die zweite Übersetzung hat keine Femininform: *sie ist eine gute Torfrau* – *elle est un bon goal.*

torkeln tituber
der **Tornado** la tornade ⚠ *weiblich*
der **Torpedo** la torpille
der **Torschütze** le buteur
die **Torschützin** la buteuse
die **Torte** ❶ (*Cremetorte*) le gâteau [à la crème] ❷ (*Obsttorte*) la tarte

die Torte

> Im Französischen wird zwischen *le gâteau* und *la tarte* unterschieden. Eine Torte mit Cremeschichten und Cremeüberzug – etwa eine Schwarzwälder Kirschtorte – ist *un gâteau [à la crème]*; eine mit Obst belegte und mit Torrguss überzogene Torte ist *une tarte*.

die **Tortur** (*gehoben*) la torture
der **Torwart** le gardien de but, le goal
tosen *Brandung:* mugir; *Sturm:* faire rage
tot ❶ mort(e); **tot umfallen** tomber mort(e); **sich tot stellen** faire le mort ❷ *Gleis* désaffecté(e); *Flussarm, Sprache* mort(e)
total ❶ *Chaos, Erschöpfung* complet/complète ❷ (*umgs.: völlig*) *hilflos* totalement;

das habe ich total vergessen je l'ai complètement oublié

der **Totalschaden** (*bei einem Auto*) **er hatte einen Totalschaden** sa voiture est bonne à mettre à la casse

der **Tote** le mort

die **Tote** la morte

töten tuer

der **Totenkopf** le crâne; (*Symbol*) la tête de mort

der **Totensonntag** la Fête des morts (*dans la liturgie protestante*)

totfahren écraser

totlachen (*umgs.*) **sich totlachen** se tordre de rire; **zum Totlachen sein** être à mourir de rire

totschlagen tabasser

totschweigen ne pas parler de *Person;* **die Probleme totschweigen** passer les problèmes sous silence

die **Touchscreen** ['tatʃskriːn] (*in der Informatik*) l'écran (*männlich*) tactile

das **Toupet** [tu'peː] le postiche

F Nicht verwechseln mit *le toupet* – **die Dreistigkeit!**

die **Tour** ['tuːɐ] ❶ (*Ausflug*) l'excursion (*weiblich*) ❷ (*Geschäftsreise*) la tournée ❸ (*Umdrehung*) le tour ⚠ *männlich*; **auf vollen Touren laufen** *Motor:* tourner à plein régime ❹ (*umgs.: Vorgehen*) la magouille; **auf die sanfte Tour** par la douceur

der **Tourismus** le tourisme

der **Tourist** le touriste

die **Touristin** la touriste

die **Tournee** la tournée; **auf Tournee gehen** partir en tournée

der **Tower** ['taʊɐ] ❶ (*Kontrollturm*) la tour de contrôle ❷ *eines Computers* l'unité (*weiblich*) centrale

der **Trab** le trot; **im Trab** au trot ▶ **jemanden auf Trab bringen** (*umgs.*) botter les fesses à quelqu'un

traben trotter

die **Tracht** *einer Volksgruppe* le costume; *einer Berufsgruppe* la tenue ▶ **eine Tracht Prügel** (*umgs.*) une raclée

trächtig *Tier* plein(e)

der **Trackball** ['trɛkbɔːl] (*in der Informatik*) le trackball

die **Tradition** la tradition

traditionell traditionnel(le)

die **Tragbahre** le brancard

die **Trafik** Ⓐ (*Tabakgeschäft*) ≈ le bureau de tabac [taba]

tragbar ❶ *Gerät, Kleidung* portable ❷ *Verhal-*

ten acceptable

träge ❶ (*schwerfällig*) *Mensch* mou/molle; (*antriebslos*) indolent(e) ❷ *Masse* inerte ❸ *sich bewegen* nonchalamment

tragen ❶ porter *Gegenstand, Brille, Namen;* **etwas bei sich tragen** porter quelque chose sur soi ❷ porter *Kleidung, Frisur;* **das Haar offen tragen** ne pas attacher ses cheveux; **dieser Stoff trägt sich angenehm** ce tissu est agréable à porter ❸ subir *Folgen;* supporter *Leid* ❹ supporter *Kosten;* assumer *Risiko* ❺ **Früchte tragen** *Baum:* donner des fruits ❻ (*stabil sein*) *Eis:* tenir ❼ **sich mit dem Gedanken tragen, auszuwandern** (*gehoben*) songer à émigrer ▶ **zum Tragen kommen** entrer en vigueur

der **Träger** ❶ (*Lastenträger*) le porteur ❷ *eines Titels* le détenteur; *eines Namens* le porteur ❸ *einer Einrichtung, eines Projekts* l'autorité (*weiblich*) responsable ❹ (*an Kleidungsstücken*) la bretelle ❺ (*in Bauwerken*) la poutrelle

die **Trägerin** ❶ *von Lasten* la porteuse ❷ *eines Titels* la détentrice; *eines Namens* la porteuse

die **Tragetasche** le sac

tragfähig ❶ *Konstruktion, Eis* résistant(e) ❷ *Kompromiss* acceptable

die **Tragfläche** *eines Flugzeugs* la surface portante

die **Trägheit** ❶ (*Schwerfälligkeit*) la paresse; (*Antriebslosigkeit*) l'indolence (*weiblich*) ❷ (*in der Physik*) l'inertie (*weiblich*)

die **Tragik** le tragique ⚠ *männlich*

tragisch ❶ *Unglück, Verlust* tragique ❷ *enden* tragiquement ▶ **er/sie nimmt das nicht [so] tragisch** (*umgs.*) il/elle ne prend pas cela [tellement] au tragique

die **Tragödie** la tragédie

die **Tragweite** la portée

der **Trainer** ['trɛːnɐ] ❶ (*Person*) l'entraîneur (*männlich*) ❷ Ⓒ🇭 (*Trainingsanzug*) le survêtement

die **Trainerin** ['trɛːnərɪn] l'entraîneuse (*weiblich*)

trainieren [trɛ'niːrən] ❶ (*in Kondition bringen*) entraîner *Sportler* ❷ s'entraîner à *Sportart;* exercer *Gedächtnis* ❸ **man muss regelmäßig trainieren** il faut s'entraîner régulièrement

das **Training** ['trɛːnɪŋ] l'entraînement (*männlich*)

der **Traktor** le tracteur

trällern chantonner

die/das **Tram** (*Straßenbahn*) le tram

trampeln piétiner; (*vor Wut, Begeisterung*) trépigner

das **Trampeltier** ❶ le chameau [à deux bosses] ❷ (*umgs.: ungeschickter Mensch*) le lour-

daud/la lourdaude
trampen ['trɛmpən] faire du stop; **nach Italien trampen** aller en Italie en stop
der **Tramper** ['trɛmpɐ] l'auto-stoppeur *(männlich)*
die **Tramperin** ['trɛmpərɪn] l'auto-stoppeuse *(weiblich)*
das **Trampolin** le trampoline
die **Tramway** Ⓐ *(Straßenbahn)* le tramway ⚠ *männlich*
die **Träne** la larme; **in Tränen ausbrechen** fondre en larmes; **in Tränen aufgelöst** en larmes ▸[**über jemanden/über etwas] Tränen lachen** rire aux larmes [de quelqu'un/de quelque chose]; **jemandem/einer Sache keine Träne nachweinen** ne pas verser une larme sur quelqu'un/sur quelque chose
tränen *Augen:* larmoyer; **mir tränen die Augen** j'ai les yeux qui pleurent
der **Trank** *(gehoben)* le breuvage
die **Tränke** l'abreuvoir *(männlich)*
tränken ❶ abreuver *Tiere* ❷ **etwas mit einer Flüssigkeit tränken** imbiber quelque chose d'un liquide
der **Transfer** le transfert
transferieren transférer
der **Transformator** le transformateur
die **Transfusion** la transfusion
der **Transit** le transit
transitiv *(in der Grammatik) Verb* transitif/transitive
der **Transitverkehr** le trafic de transit
transparent *Folie, Papier* transparent(e)
das **Transparent** *(Spruchband)* la banderole

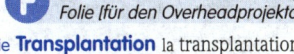
Nicht verwechseln mit *le transparent – die Folie [für den Overheadprojektor]!*

die **Transplantation** la transplantation
transplantieren transplanter
der **Transport** ❶ *(das Transportieren)* le transport ❷ *(Wagenladung)* le chargement
transportieren ❶ transporter *Waren, Personen* ❷ faire avancer *Film*
der **Transvestit** le travesti
das **Trapez** le trapèze
der **Tratsch** *(umgs.)* les racontars *(männlich)*

Ⓥ Der Singular *der Tratsch* wird mit einem Plural übersetzt: *dieser Tratsch ist aus Rachsucht entstanden – ces racontars sont faits par esprit de vengeance.*

tratschen *(umgs.)* cancaner
die **Traube** ❶ *(einzelne Beere)* le grain; *(zusammenhängende Beeren)* la grappe; **die weißen/blauen Trauben** le raisin blanc/noir; **Trauben essen** manger du raisin ❷ *(Ansammlung)* **eine Traube von Menschen** une grappe humaine

Ⓥ In ❶ wird der Plural *der Umgang* mit einem Singular übersetzt: *die blauen Trauben sind sehr süß – le raisin noir est très sucré.*

der **Traubenzucker** le glucose
trauen ❶ *(vertrauen)* faire confiance; **jemandem trauen** faire confiance à quelqu'un ❷ *(glauben)* **den Versprechungen trauen** croire aux promesses ❸ **sich trauen, etwas zu tun** oser faire quelque chose ❹ marier *Paar;* **sich kirchlich trauen lassen** se marier à l'église
die **Trauer** ❶ *(Gefühl)* la tristesse ❷ *(Trauer um einen Toten)* le deuil; **Trauer tragen** *(gehoben)* porter le deuil
der **Trauerfall** le décès
die **Trauerkleidung** les vêtements *(männlich)* de deuil
trauern um jemanden trauern être en deuil de quelqu'un; **über einen Verlust trauern** déplorer la perte de quelque chose
der **Trauerzug** le cortège funèbre
träufeln etwas Zitronensaft auf den Fisch träufeln mettre quelques gouttes de citron sur le poisson
der **Traum** ❶ le rêve; **ich hatte einen schönen Traum** j'ai fait un beau rêve ❷ **es ist mein Traum, nach Australien zu reisen** je rêve de voyager en Australie ▸ **er ist ein Traum von einem Mann** *(umgs.)* c'est un homme de rêve; **das wäre mir nicht im Traum eingefallen** cela ne me serait même pas venu à l'esprit
das **Trauma** le traumatisme
träumen ❶ *(auch übertragen)* rêver; **von jemandem/von etwas träumen** rêver de quelqu'un/de quelque chose; **etwas Schönes träumen** faire de beaux rêves ❷ *(umgs.: geistesabwesend sein)* être dans les nuages; **träum nicht!** cesse de rêver! ▸**das hätte er/sie sich nie träumen lassen** il/elle n'aurait jamais osé y songer
traumhaft fantastique
traurig ❶ *Person, Blick* triste; **jemanden traurig machen** attrister quelqu'un; **über etwas traurig sein** être attristé(e) par quelque chose ❷ *Ereignis* affligeant(e); **es ist traurig, dass er weggeht** c'est triste qu'il s'en aille
die **Traurigkeit** la tristesse
der **Trauring** l'alliance *(weiblich)*
die **Trauung** le mariage
treffen ❶ rencontrer; **sich mit jemandem**

treffen rencontrer quelqu'un; **sich treffen** se rencontrer ❷ (*erreichen, berühren*) atteindre *Ziel*; **von einer Kugel getroffen werden** être touché(e) par une balle; **ich habe ihn mit dem Ball getroffen** je l'ai touché avec le ballon; **getroffen!** touché! ❸ **aufeinander treffen** *Mannschaften*: s'affronter ❹ **das trifft mich sehr** ça me touche beaucoup ❺ **sich von einer Äußerung getroffen fühlen** se sentir atteint(e) par une remarque ❻ prendre *Maßnahmen, Entscheidung*; faire *Vorbereitungen* ▶ **jemand hat es gut/schlecht getroffen** quelqu'un est bien/mal tombé(e); **das trifft sich gut** ça tombe bien

das **Treffen** la rencontre
treffend *Bemerkung, Vergleich* pertinent(e)
der **Treffer** ❶ (*Schuss*) le coup réussi ❷ (*Tor*) le but [byt] ❸ (*beim Glücksspiel*) le billet gagnant ❹ (*bei der Internet-Suche*) le résultat ❺ (*beim Boxen*) le coup de poing ❻ (*beim Fechten*) la touche
der **Treffpunkt** le lieu de rendez-vous, le rendez-vous
treiben ❶ pousser *Menschen, Tiere*; **jemanden zur Eile treiben** presser quelqu'un de se dépêcher; **jemanden zum Äußersten treiben** pousser quelqu'un à l'extrême ❷ **auf dem Wasser treiben** dériver *dans* l'eau; **am Himmel treiben** *Wolken*: passer dans le ciel ❸ **Handel treiben** faire *du* commerce; **Sport treiben** faire *du* sport ❹ propulser *Motor, Mühlrad* ❺ **Knospen treiben** *Baum, Strauch*: bourgeonner ❻ (*harntreibend wirken*) *Bier*: être diurétique ❼ **was treibst du [denn] so?** (*umgs.*) qu'est-ce que tu fais? ▶ **sich treiben lassen** se laisser porter par les événements; **es mit jemandem treiben** (*umgs.*) se faire quelqu'un
der **Treiber** (*in der Informatik*) le pilote
das **Treibgas** le gaz propulseur
das **Treibhaus** la serre
der **Treibhauseffekt** l'effet (*männlich*) de serre
der **Treibstoff** le carburant
der **Trend** ❶ la tendance; **der Trend zum Singledasein** la tendance à rester célibataire ❷ (*Mode*) la mode ▶ **voll im Trend liegen** *Farbe, Produkt*: être très tendance
die **Trendfarbe** la couleur tendance; **die absoluten Trendfarben für den Winter** les couleurs les plus tendance de l'hiver
die **Trendwende** le revirement
trennbar séparable
trennen ❶ séparer *Personen, Dinge, Begriffe*; **jemanden von seinen Freunden trennen** séparer quelqu'un de ses amis ❷ **das Futter aus dem Mantel trennen** découdre la doublure du manteau ❸ **den Müll trennen** trier les ordures ❹ couper *Wort* ❺ **mehrere Fragen deutlich [voneinander] trennen** faire une distinction très nette entre plusieurs questions ❻ **sich trennen** *Menschen, Wege*: se séparer
die **Trennung** ❶ la séparation ❷ (*Unterscheidung*) la distinction ❸ (*Silbentrennung*) la coupe
die **Trennwand** la cloison
die **Treppe** ❶ (*Innentreppe*) l'escalier (*männlich*); **auf der Treppe** dans l'escalier; **er ist die Treppe hinaufgestiegen** il a monté l'escalier; **sie ist die Treppe hinuntergegangen** elle a descendu l'escalier ❷ **sie wohnen eine Treppe höher** ils habitent à l'étage au-dessus ❸ (*Freitreppe*) le perron
das **Treppenhaus** la cage d'escalier
der **Tresor** le coffre-fort

der **Tresor**

F Nicht verwechseln mit *le trésor – der Schatz!*

das **Tretboot** le pédalo
treten ❶ **ans Fenster treten** s'approcher de la fenêtre; **in eine Pfütze treten** marcher dans une flaque d'eau; **zur Seite treten** s'écarter; **der Fluss ist über die Ufer getreten** le fleuve est sorti de son lit ❷ **auf das Pedal treten** appuyer sur la pédale; **auf die Bremse treten** appuyer sur le frein ❸ **jemanden [oder nach jemandem] treten** donner un coup de pied à quelqu'un
treu *Freund, Hund* fidèle; **jemandem treu sein** être fidèle à quelqu'un; **jemandem treu bleiben** rester fidèle à quelqu'un
die **Treue** la fidélité
treulos *Mensch* infidèle
der **Trichter** ❶ (*zum Einfüllen*) l'entonnoir (*männlich*) ❷ (*Bombentrichter*) le cratère

Trick – Trost

der **Trick** ❶ (*Kunstgriff*) le truc; **einen Trick anwenden** employer un truc ❷ (*Betrugsmanöver*) la combine
der **Trickfilm** le dessin animé
der **Trieb** ❶ (*innerer Drang*) l'impulsion (*weiblich*) ❷ (*Sexualtrieb*) les pulsions (*weiblich*) [sexuelles] ❸ *einer Pflanze* la pousse
das **Triebwerk** le réacteur
triefen ❶ dégouliner; **triefend nass sein** être trempé(e) ❷ *Nase:* couler; *Augen:* larmoyer ❸ **der Schweiß trieft ihm/ihr von der Stirn** la sueur ruisselle de son front
triftig *Grund* pertinent(e); *Argument* solide
die **Trikolore** le drapeau tricolore
das **Trikot** [tri'ko:] le maillot

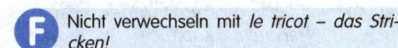 Nicht verwechseln mit *le tricot – das Stricken!*

trillern faire des trilles; *Lerche:* grisoller
die **Trillerpfeife** le sifflet à roulette
trinken ❶ boire; **Wasser trinken** boire de l'eau ❷ (*anstoßen*) **auf jemanden trinken** boire à la santé de quelqu'un; **auf etwas trinken** boire à quelque chose ❸ (*alkoholabhängig sein*) boire; **er hat aufgehört zu trinken** il a arrêté de boire
der **Trinker** l'ivrogne (*männlich*)
die **Trinkerin** l'ivrogne (*weiblich*)
das **Trinkgeld** le pourboire
das **Trinkwasser** l'eau (*weiblich*) potable
der **Trip** (*umgs.*) ❶ (*Reise, Ausflug*) la virée ❷ (*Drogenrausch*) le trip
trippeln trottiner
der **Tritt** (*Fußtritt*) le coup de pied ▶ **aus dem Tritt kommen** perdre le rythme
das **Trittbrett** le marchepied
der **Trittbrettfahrer** le profiteur
die **Trittbrettfahrerin** la profiteuse
der **Triumph** le triomphe
der **Triumphbogen** l'arc (*männlich*) de triomphe
triumphieren triompher; **über jemanden/über etwas triumphieren** triompher de quelqu'un/de quelque chose
trivial *Frage, Sache* banal(e)

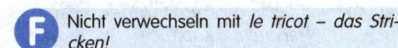 Nicht verwechseln mit *trivial(e) – ordinär!*

die **Trivialität** la banalité

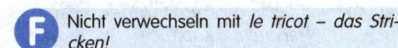 Nicht verwechseln mit *la trivialité – die Geschmacklosigkeit!*

trocken ❶ *Klima, Brot, Haut, Wein* sec/sèche ❷ *Sekt, Champagner* sec/sèche ❸ *Thema, Zahlen* aride ❹ *Bemerkung* laconique ❺ (*umgs.: abstinent*) **trocken sein** être au régime sec ❻ *lagern, aufbewahren* au sec ▶ **auf dem Trockenen sitzen** (*umgs.: kein Geld haben*) être à sec; (*nichts zu trinken haben*) n'avoir plus rien à boire
die **Trockenheit** *einer Region* l'aridité (*weiblich*); *einer Jahreszeit* la sécheresse
trockenlegen ❶ changer *Baby* ❷ assécher *Sumpf*
trockenreiben essuyer
die **Trockenzeit** la saison sèche
trocknen sécher; **sich die Haare trocknen** se sécher les cheveux; **die Wäsche ist schnell getrocknet** le linge a vite séché
der **Trockner** le sèche-linge
der **Trödel** (*umgs.*) le bric-à-brac
der **Trödelmarkt** le marché aux puces
trödeln (*umgs.*) traîner
der **Trödler** (*Altwarenhändler*) le brocanteur
die **Trödlerin** (*Altwarenhändlerin*) la brocanteuse
der **Trog** ❶ (*für Futter*) l'auge (*weiblich*) ❷ (*für Pflanzen*) la jardinière ❸ (*Backtrog*) le pétrin
die **Trommel** ❶ (*Instrument*) le tambour; **Trommel spielen** jouer du tambour ❷ (*rotierender Teil*) *einer Waschmaschine* le tambour; *eines Revolvers* le barillet
das **Trommelfell** le tympan
trommeln ❶ (*Trommel spielen*) jouer du tambour ❷ tambouriner *Marsch;* battre *Takt* ❸ **mit den Fäusten gegen die Tür trommeln** tambouriner avec les poings contre la porte; **der Regen trommelt gegen die Fenster** la pluie tambourine contre les vitres
die **Trompete** la trompette
trompeten ❶ jouer de la trompette ❷ *Elefant:* barrir
die **Tropen** les tropiques (*männlich*); **in den Tropen** sous les tropiques
der **Tropf** ❶ (*medizinisches Gerät*) le goutte-à-goutte; **am Tropf hängen** être sous perfusion ❷ (*umgs.: Mensch*) **ein armer Tropf** un pauvre bougre
tröpfeln ❶ *Wasserhahn:* goutter [un peu] ❷ (*regnen*) **es tröpfelt** il tombe des gouttes ❸ **den Sirup auf den Löffel tröpfeln** verser le sirop goutte à goutte dans la cuillère
tropfen *Wasserhahn:* goutter; **der Regen tropft vom Dach** la pluie dégoutte du toit
der **Tropfen** la goutte ▶ **ein Tropfen auf den heißen Stein** (*umgs.*) une goutte d'eau dans la mer; **ein edler Tropfen** une bonne bouteille
tropisch tropical(e)
der **Trost** la consolation; (*Zuspruch*) le réconfort; **jemandem Trost spenden** consoler quelqu'un ▶ **er/sie ist nicht ganz bei Trost** (*umgs.*) il/elle n'a plus toute sa raison

trösten consoler; **sich mit jemandem/mit etwas trösten** se consoler avec quelqu'un/avec quelque chose
tröstlich *Nachricht, Gedanke* réconfortant(e)
trostlos *Wetter* démoralisant(e); *Gegend* sinistre; *Verhältnisse* misérable
das **Trostpflaster** la consolation; **als Trostpflaster** en guise de consolation
der **Trostpreis** le lot de consolation
der **Trott der alte Trott** (*umgs.*) le train-train
der **Trottel** (*umgs.*) l'imbécile (*männlich*), la gourde

> **V** Die zweite Übersetzung ist weiblich, wird aber auch auf Männer angewandt: *der Typ ist ein Trottel! – quelle gourde, ce type!*

trotz malgré; **trotz allem** malgré tout
der **Trotz aus Trotz** par bravade; **aus Trotz schweigen** se taire par bravade ▶ **jemandem/einer Sache zum Trotz** en dépit de quelqu'un/de quelque chose
trotzdem tout de même
trotzen *Kind:* faire la mauvaise tête
trotzig ① *Kind* rétif/rétive; **eine trotzige Reaktion** une réaction de dépit ② *reagieren* avec entêtement
trübe ① *Flüssigkeit* trouble; *Fensterscheibe* terne ② *Wetter* maussade ③ *Stimmung* sombre
der **Trubel** le tumulte
trüben ① troubler *Flüssigkeit, Laune* **sich trüben** *Flüssigkeit:* se troubler; *Verhältnis:* s'altérer; *Blick:* se brouiller
die **Trübsal Trübsal blasen** (*umgs.*) broyer du noir
die **Trüffel** la truffe
trügen ① (*trügerisch sein*) être trompeur/trompeuse; **der erste Eindruck hat getrogen** la première impression a été trompeuse ② (*täuschen*) tromper; **mein Gedächtnis hat mich getrogen** ma mémoire m'a trompé(e) ▶ **wenn mich nicht alles trügt** (*umgs.*) si je ne m'abuse
trügerisch *Hoffnung* illusoire
die **Truhe** le coffre
die **Trümmer** ① *von Gebäuden* les ruines (*weiblich*); **in Trümmern liegen** être en ruines ② *eines Flugzeugs* les débris (*männlich*)
der **Trumpf** (*auch übertragen*) l'atout (*männlich*); **Trumpf spielen** jouer atout
die **Trunkenheit** l'ivresse (*weiblich*)
die **Truppe** ① (*militärische Einheit*) l'unité (*weiblich*); **Truppen stationieren** stationner des troupes (*weiblich*) ② (*Gruppe von Schauspielern*) la troupe
der **Truthahn** le dindon
die **Truthenne** la dinde
der **Tscheche** le Tchèque
Tschechien la République tchèque
die **Tschechin** la Tchèque
tschechisch *Bevölkerung, Sprache* tchèque
das **Tschechisch** le tchèque; *siehe auch* **Deutsch**

> **G** In Verbindung mit dem Verb *parler* kann der Artikel entfallen: *er spricht Tschechisch – il parle tchèque.*

tschüs, tschüss (*umgs.*) salut
das **T-Shirt** ['tiːʃəːt] le tee-shirt, le t-shirt
der **Tsunami** [tsuˈnaːmi] le tsunami [tsunami]
die **Tube** le tube ⚠ *männlich;* **eine Tube Creme** un tube de crème ▶ **auf die Tube drücken** (*umgs.: Gas geben*) appuyer sur le champignon; (*sich beeilen*) se grouiller
das **Tuch** ① (*Halstuch, Kopftuch*) le foulard ② (*Putztuch*) le chiffon ③ (*Stoff*) le tissu
tüchtig ① *Mitarbeiter* capable ② **eine tüchtige Tracht Prügel** (*umgs.*) une bonne raclée ③ (*umgs.: viel*) *helfen, arbeiten* beaucoup; *essen* copieusement; *sparen, regnen* pas mal
die **Tücke** (*Hinterhältigkeit*) la perfidie ▶ **seine Tücken haben** *Gerät:* avoir des défauts; *Gelände:* être traître/traîtresse
tückisch ① *Person, Charakter* perfide; *Plan* infâme ② *Kurve* traître
die **Tugend** la vertu
die **Tulpe** la tulipe
tummeln sich tummeln (*umherspringen*) s'ébattre
der **Tumor** la tumeur ⚠ *weiblich*
der **Tümpel** la mare
der **Tumult** l'émeute (*weiblich*)
tun ① **etwas tun** faire quelque chose; **etwas wieder tun** refaire quelque chose; **stundenlang nichts tun** passer des heures à ne rien faire ② **[viel] zu tun haben** avoir [beaucoup] à faire; **in Paris zu tun haben** avoir à faire à Paris ③ **jemandem etwas tun** faire quelque chose à quelqu'un; **jemandem etwas Böses tun** faire du mal à quelqu'un ④ **gut tun** faire du bien; **jemandem gut tun** faire du bien à quelqu'un ⑤ **es tut sich etwas** il se passe quelque chose ⑥ **verlegen tun** faire l'embarrassé(e); **sie tat, als schliefe sie** elle faisait semblant de dormir; **tu doch nicht so!** ne fais pas semblant! ⑦ **wohin hast du meine Tasche getan?** où as-tu mis mon sac? ⑧ **das tut es [auch]** (*umgs.*) cela suffit [également] ⑨ **damit ist es nicht getan** cela ne suffit pas ▶ **das hat nichts mit ihm/damit zu tun** ça n'a rien à voir avec lui/avec

cela; **du kriegst es gleich mit mir zu tun!** (*umgs.*) tu vas avoir affaire à moi!; **mit ihm/damit will ich nichts zu tun haben** je ne veux avoir rien à voir avec lui/avec cela
tünchen badigeonner
tunen ['tjuːnən] trafiquer *Motor*
der **Tuner** ['tjuːnɐ] le tuner
Tunesien la Tunisie
der **Tunesier** le Tunisien
die **Tunesierin** la Tunisienne
tunesisch tunisien(ne)
der **Tunfisch** le thon [tō]
tunken (*umgs.*) tremper
tunlichst si possible
der **Tunnel** le tunnel
tupfen ❶ **sich den Schweiß von der Stirn tupfen** essuyer la sueur de son front ❷ **sich Parfüm auf die Haut tupfen** appliquer du parfum sur la peau
der **Tupfen** le pois
die **Tür** ❶ la porte ❷ *eines Fahrzeugs* la portière ▶ **zwischen Tür und Angel** (*umgs.*) entre deux portes; **mit der Tür ins Haus fallen** (*umgs.*) mettre les pieds dans le plat; **Tür an Tür wohnen** habiter porte à porte; **hinter verschlossenen Türen** à huis clos; **jemanden vor die Tür setzen** (*umgs.*) mettre quelqu'un à la porte; **vor der Tür stehen** *Mensch:* être à la porte; *Fest, Jahreszeit:* être imminent(e)
die **Turbine** la turbine
turbulent ❶ *Szene* agité(e) ❷ *verlaufen* de façon °houleuse
der **Türke** ❶ le Turc ❷ (*umgs.: türkisches Lokal*) **zum Türken [essen] gehen** aller [manger] au resto turc
die **Türkei** la Turquie
die **Türkin** la Turque
türkis turquoise
türkisch *Bevölkerung, Sprache* turc/turque
das **Türkisch** le turc; *siehe auch* **Deutsch**

Ⓖ In Verbindung mit dem Verb *parler* kann der Artikel entfallen: *er spricht Türkisch – il parle turc.*

die **Türklinke** la poignée de porte
der **Turm** ❶ (*auch beim Schach*) la tour ❷ (*Glockenturm*) le clocher
türmen ❶ **Bücher aufeinander türmen** empiler des livres ❷ **sich türmen** s'entasser ❸ (*umgs.: fliehen*) se faire la malle
die **Turmuhr** l'horloge (*weiblich*)
turnen ❶ faire de la gymnastique ❷ (*ausführen*) exécuter *Übung*
das **Turnen** la gymnastique; (*Sportunterricht*)

l'EPS (*weiblich*) [øpeɛs]
der **Turner** le gymnaste
die **Turnerin** la gymnaste
die **Turnhalle** le gymnase
das **Turnier** le tournoi
der **Turnschuh** la chaussure de sport
das **Türschild** la plaque
turteln roucouler
die **Tusche** l'encre (*weiblich*) de Chine
tuscheln chuchoter
die **Tüte** ❶ le sachet ❷ (*Tragetasche*) le sac ▶ **[das] kommt nicht in die Tüte!** (*umgs.*) pas question!
tuten *Sirene:* corner
der **TÜV** *Abkürzung von* **Technischer Überwachungs-Verein** (*Institution*) ≈ le centre de contrôle technique; (*Fahrzeugkontrolle*) ≈ le contrôle technique
der **Typ** ❶ (*Menschentyp*) l'individu (*männlich*); **ein bestimmter Typ von Männern/von Frauen** un certain type d'homme/de femme ❷ **er ist nicht mein Typ** (*umgs.*) lui, ce n'est pas mon genre ❸ (*Modell*) le modèle ❹ (*umgs.: Kerl*) le mec
der **Typhus** le typhus
typisch ❶ *Verhalten, Beispiel* typique ❷ **[das ist] typisch männlich/weiblich!** c'est typiquement masculin/féminin!
der **Tyrann** le tyran
die **Tyrannin** le tyran

 Es gibt im Französischen keine Femininform: *diese Königin ist eine Tyrannin gewesen – cette reine fut un tyran.*

tyrannisieren tyranniser

U

das **u**, das **U** le u, le U [y]
das **ü**, das **Ü** le u tréma, le U tréma [y trema]
u. *Abkürzung von* **und** et
die **U-Bahn** le métro ⚠ *männlich*
übel ❶ *Geruch, Geschmack* mauvais(e); *Gefühl* pénible ❷ (*umgs.: schlimm*) *Viertel* mal famé(e); **ein übler Bursche** un sale type ❸ **mir wird/mir ist übel** j'ai mal au cœur ❹ **übel riechen** sentir mauvais; **übel schmecken** avoir un mauvais goût ❺ **übel gelaunt sein** être d'une humeur exécrable ▶ **nicht übel!** (*umgs.*) pas mal!

das **Übel** le mal ▸ **zu allem Übel** pour couronner le tout; **das kleinere Übel** le moindre mal
die **Übelkeit** la nausée
übelnehmen jemandem etwas übelnehmen en vouloir à quelqu'un de quelque chose
der **Übeltäter** le malfaiteur
die **Übeltäterin** le malfaiteur

> Ⓖ Es gibt im Französischen keine Femininform: die Polizei hat die Übeltäterin verhaftet – la police a arrêté le malfaiteur.

üben ❶ travailler *Lied, Schulfach, Kür;* **Klavier üben** travailler son piano; **für die Schule üben** travailler pour l'école ❷ **sich in Geduld üben** *(gehoben)* s'armer de patience

über¹ ❶ **über dem Sofa** au-dessus du canapé; **ein Bild über das Sofa hängen** accrocher un tableau au-dessus du canapé; **über dem Durchschnitt liegen** être au-dessus de la moyenne ❷ **über dem Pulli ein Jackett tragen** porter un veston par-dessus le pull ❸ **den Mantel über den Stuhl legen** poser le manteau sur la chaise ❹ **über die Straße gehen** traverser la rue; **über den Zaun schauen** regarder par-dessus la clôture; **der Blick über das Tal** la vue sur la vallée ❺ *(wegen)* **über der ganzen Aufregung** avec toute cette agitation ❻ **über jemanden sprechen** parler de quelqu'un; **über etwas sprechen** parler de quelque chose; **ein Film über Schiller** un film sur Schiller; **ein Buch über Pflanzen** un livre sur les plantes ❼ **ein Scheck über hundert Euro** un chèque de cent euros ❽ **über Satellit** par satellite; **Neuigkeiten über das Radio erfahren** apprendre des nouvelles par la radio ❾ **über Dijon nach Lyon fahren** aller à Lyon en passant par Dijon ❿ **den ganzen Tag über** toute la journée; **über Ostern verreisen** partir pour Pâques

über² ❶ **über eine Stunde** plus d'une heure; **über hundert Gäste** plus de cent invités; **bei über 40° C** au-dessus de 40° ❷ **Jugendliche über 16 Jahre** des jeunes de plus de 16 ans ❸ **das Kind ist über und über beschmutzt** l'enfant s'est sali de la tête aux pieds

überall ❶ partout ❷ **überall mitreden** avoir toujours quelque chose à dire

überanstrengen ❶ **sich überanstrengen** se surmener ❷ **seine Augen durch die Arbeit überanstrengen** se fatiguer les yeux avec son travail

die **Überanstrengung** *eines Menschen* le surme-

nage

überarbeiten ❶ remanier *Entwurf, Manuskript* ❷ **sich überarbeiten** se surmener
überaus *(gehoben)* extrêmement
die **Überbevölkerung** la surpopulation
überbewerten ❶ surévaluer *Leistung* ❷ *(zu wichtig nehmen)* surestimer
überbieten ❶ *(bei Versteigerungen)* renchérir sur *Gebot, Mitbieter* ❷ battre *Rekord* ❸ **sich [gegenseitig] an Mut überbieten** rivaliser de courage ❹ **seine Arroganz ist nicht zu überbieten** son arrogance est inégalable
der **Überblick** ❶ *(Sicht)* **einen guten Überblick über die Stadt haben** avoir une belle vue d'ensemble de la ville ❷ *(übertragen)* **ein kurzer Überblick über ein Thema** un bref aperçu d'un sujet ❸ **sich einen Überblick über etwas verschaffen** se faire une idée d'ensemble de quelque chose; **ich habe völlig den Überblick verloren** je ne sais plus où j'en suis
überblicken ❶ **das Gelände überblicken** embrasser le terrain du regard ❷ *(einschätzen)* se faire une idée globale de *Aufgabe*
überbringen remettre *Brief, Paket;* transmettre *Nachricht*
überbrücken ❶ surmonter *Zeitraum* ❷ surmonter *Schwierigkeiten* ❸ *(ausgleichen)* concilier *Differenzen*
überdachen couvrir
überdenken reconsidérer
überdimensional démesuré(e)
die **Überdosis** *von Medikamenten* la surdose; *von Drogen* l'overdose *(weiblich)*
überdreht *(umgs.)* surexcité(e)
der **Überdruck** la surpression
der **Überdruss** la saturation ▸ **bis zum Überdruss** [jusqu'] à satiété
überdrüssig *(gehoben)* **einer Sache überdrüssig sein** être saturé(e) de quelque chose
überdurchschnittlich ❶ *Leistung* supérieur(e) à la moyenne ❷ **überdurchschnittlich gut** meilleur(e) que la moyenne
übereilt ❶ *Entschluss* précipité(e) ❷ *handeln* précipitamment
übereinander **übereinander reden** *zwei Personen:* parler l'un/l'une de l'autre; *mehrere Personen:* parler les uns/unes des autres
übereinanderlegen *(stapeln)* empiler *Hemden, Bücher*
übereinanderliegen *zwei Hemden, Zeitungen, Schichten:* être posés l'un sur l'autre/être posées l'une sur l'autre; *mehrere Hemden, Zeitungen, Schichten:* être posés les uns sur les

autres/être posées les unes sur les autres; **übereinanderschlagen** croiser *Beine*
die **Übereinkunft** l'accord *(männlich)*; **eine Übereinkunft treffen** passer un accord
übereinstimmen ❶ être d'accord; **mit jemandem in einer Frage übereinstimmen** être d'accord avec quelqu'un sur une question ❷ *(sich gleichen)* être conforme
die **Übereinstimmung** ❶ *(Einverständnis)* l'accord *(männlich)*; **Übereinstimmung erzielen** parvenir à un accord ❷ *von Eigenschaften, Fakten* la conformité
überempfindlich *Person* hypersensible; **überempfindlich gegenüber Kritik sein** être hypersensible à la critique
überfahren ❶ écraser *Person, Tier* ❷ brûler *Ampel*; dépasser *Linie* ❸ *(umgs.: übertölpeln)* embobiner
die **Überfahrt** la traversée
der **Überfall** ❶ l'agression *(weiblich)*; **der Überfall auf einen Taxifahrer** l'agression d'un chauffeur de taxi ❷ l'attaque *(weiblich)*; **der Überfall auf eine Bank** l'attaque d'une banque
überfallen ❶ agresser *Person* ❷ attaquer *Bank* ❸ **jemanden mit Fragen überfallen** *(umgs.)* assaillir quelqu'un de questions
überfliegen survoler
der **Überfluss** l'abondance *(weiblich)*, la surabondance; **im Überfluss** en abondance ▶ **zu allem Überfluss** pour couronner le tout
überflüssig superflu(e); **es ist überflüssig, dass du das machst** il est superflu que tu fasses cela ▶ **ich bin hier wohl überflüssig** je crois que je suis de trop ici
überfluten inonder
überfordern jemanden überfordern en demander trop à quelqu'un; **mit etwas überfordert sein** être dépassé(e) par quelque chose
überführen ❶ confondre *Täter*; **jemanden einer Tat überführen** convaincre quelqu'un d'un acte ❷ transférer *Patienten*; convoyer *Fahrzeug*
die **Überführung** *(Brücke)* le passage supérieur
überfüllt *Schulklasse* surchargé(e); *Saal, Stadion, Bus* bondé(e)
der **Übergang** ❶ *(Wechsel, Grenzübergang)* le passage ❷ *(Überweg)* le passage clouté
übergeben ❶ remettre *Brief, Geld* ❷ livrer *Stadt, Festung* ❸ **sich übergeben** vomir; **ich muss mich übergeben** je vais vomir
übergehen[1] ❶ **zu einem neuen Thema übergehen** passer à un nouveau sujet ❷ **in jemandes Besitz übergehen** devenir propriété de quelqu'un ❸ **ineinander übergehen** *Farben:* se fondre
übergehen[2] ❶ *(nicht berücksichtigen)* omettre *Person* ❷ passer outre *Einwand* ❸ sauter *Abschnitt*
das **Übergepäck** l'excédent *(männlich)* de bagages
übergeschnappt *(umgs.)* maboul(e)
das **Übergewicht** la surcharge pondérale; **Übergewicht haben** avoir une surcharge pondérale
überglücklich *Person* comblé(e) de bonheur; *Miene* radieux/radieuse
überhandnehmen ❶ *(sich häufen)* se multiplier; ❷ *(stark anwachsen)* prendre des proportions démesurées
überhäufen jemanden mit Geschenken überhäufen combler quelqu'un de cadeaux; **jemanden mit Arbeit überhäufen** accabler quelqu'un de travail
überhaupt ❶ *(schließlich)* **das ist überhaupt das Beste** après tout, c'est le mieux ❷ *(im Allgemeinen)* **ich lese überhaupt gern** en général, j'aime lire ❸ *(eigentlich)* **was fällt dir überhaupt ein?** qu'est-ce qui te prend? ❹ *(ganz und gar)* **das geht überhaupt nicht** ça ne va pas du tout; **ich habe überhaupt nichts gesehen** je n'ai vu rien du tout
überheblich *Person, Verhalten* arrogant(e)
überhöht *Preise, Geschwindigkeit* excessif/excessive
überholen ❶ doubler *Fahrzeug;* **es ist verboten, rechts zu überholen** il est interdit de doubler à droite ❷ devancer *Konkurrenz* ❸ réviser *Gerät, Fahrzeug*
die **Überholspur** la voie de gauche
das **Überholverbot** l'interdiction *(weiblich)* de dépasser
überhören ❶ *(nicht hören)* ne pas entendre ❷ *(nicht hören wollen)* ignorer
überladen surcharger *Fahrzeug*
überlassen ❶ *(zur Verfügung stellen)* laisser ❷ *(verkaufen)* céder ❸ **ich überlasse es dir, ob du mitmachen willst [oder nicht]** je te laisse libre de choisir si tu veux participer [ou non] ❹ **sich selbst überlassen sein** être livré(e) à soi-même
überlasten ❶ surcharger *Menschen, Fahrzeug* ❷ encombrer *Telefonnetz* ❸ trop solliciter *Herz*
überlaufen[1] ❶ *Flüssigkeit:* déborder; **der Eimer ist übergelaufen** le seau a débordé ❷ *Soldat:* passer à l'ennemi
überlaufen[2] *(zu stark besucht) Gegend* trop fréquenté(e)

überleben ① survivre; **einen Unfall überleben** survivre à un accident ② **sie hat ihren Mann um zehn Jahre überlebt** elle a survécu dix ans à son mari
der **Überlebende** le survivant
die **Überlebende** la survivante
überlegen¹ ① (*nachdenken*) réfléchir; **lange überlegen** réfléchir longtemps ② **sich eine Entscheidung überlegen** réfléchir à une décision; **hast du dir schon überlegt, ob du kommst?** as-tu déjà réfléchi pour savoir si tu viens? ③ **er hat es sich anders überlegt** il a changé d'avis
überlegen² ① **jemandem an Wissen überlegen sein** avoir des connaissances supérieures à celles de quelqu'un ② **lächeln** d'un air de supériorité ③ **siegen** °haut la main
überliefern transmettre
überlisten berner *Menschen*; déjouer *System*
überm →**über**
übermäßig ① *Anstrengung* extrême ② **sich anstrengen** trop; *trinken* sans modération
übermenschlich *Anstrengung* surhumain(e)
übermorgen après-demain; **übermorgen früh** après-demain matin; **übermorgen Abend** après-demain soir
übermüdet *Mensch* épuisé(e); *Augen* extrêmement fatigué(e)
übermütig ① *Mensch, Stimmung* exubérant(e) ② *herumtollen* de manière turbulente
übern →**über**
übernächste(r, s) ① **am übernächsten Tag** le surlendemain; **übernächsten Sonntag** dimanche en quinze ② **die übernächste Bushaltestelle** le deuxième arrêt du bus
übernachten passer la nuit; **im Hotel übernachten** passer la nuit à l'hôtel; **bei Freunden übernachten** passer la nuit chez des amis
die **Übernachtung** eine Übernachtung mit Frühstück une nuit [*oder* nuitée) avec petit-déjeuner
die **Übernahme** ① *der Verantwortung, Kosten* la prise en charge ② *eines Besitzes* la prise de possession ③ *einer Firma* la reprise
übernatürlich *Kräfte* surnaturel(le)
übernehmen ① reprendre *Besitz, Firma* ② se charger de *Kosten*; assumer *Verantwortung* ③ reprendre *Leitung*; accepter *Auftrag, Aufgabe* ④ reprendre *Satz, Zitat* ⑤ garder *Mitarbeiter* ⑥ **sich übernehmen** vouloir trop en faire
überprüfen ① contrôler *Pass, Gepäck* ② vérifier *Angabe, Aussage, Rechnung* ③ examiner *Bewerber* ④ vérifier *Gerät*; réviser *Motor*

überqueren traverser *Straße, Fluss*
überragend *Leistung* excellent(e); *Künstler* °hors pair
überraschen ① (*erfreuen*) surprendre; **jemanden mit einem Geschenk überraschen** faire une surprise à quelqu'un en lui offrant un cadeau ② **jemanden bei einem Einbruch überraschen** surprendre quelqu'un en train de cambrioler ③ **vom Regen überrascht werden** être surpris(e) par la pluie
überraschend ① *Besuch* inattendu(e) ② *besuchen* à l'improviste; *sterben* subitement
die **Überraschung** ① la surprise; **jemandem eine Überraschung bereiten** faire une surprise à quelqu'un ② **zu meiner [großen] Überraschung** à ma [grande] surprise
überreden convaincre; **jemanden zu einem Ausflug überreden** convaincre quelqu'un de partir en excursion
überreichen remettre
die **Überreste** ① *einer Feier* les restes (*männlich*) ② (*Ruinen*) les vestiges (*männlich*) ▶ **die sterblichen Überreste** (*gehoben*) la dépouille [mortelle]

> ⓥ Der Plural *die sterblichen Überreste* wird mit einem Singular übersetzt: *die sterblichen Überreste dieser großen Künstlerin werden morgen beigesetzt* – *la dépouille [mortelle] de cette grande artiste sera enterrée demain.*

überrumpeln ① (*überraschen*) surprendre; **jemanden mit einer Frage überrumpeln** surprendre quelqu'un avec une question ② **den Gegner überrumpeln** prendre l'adversaire par surprise
übers →**über**
die **Überschallgeschwindigkeit** la vitesse supersonique
überschätzen surestimer; **sich überschätzen** se surestimer
überschaubar ① *Kosten, Preis* chiffrable; *Risiko* calculable ② *Firma, Projekt* dont on garde une bonne vue d'ensemble; **das Projekt ist nicht mehr überschaubar** le projet n'est plus gérable
der **Überschlag** (*Berechnung*) l'estimation (*weiblich*) approximative
überschlagen ① (*grob schätzen*) **die Kosten überschlagen** évaluer les coûts [approximativement] ② (*überspringen*) sauter *Seite* ③ **sich überschlagen** *Fahrzeug:* faire un tonneau; *Stimme:* devenir strident(e); *Ereignisse:* se précipiter
überschnappen (*umgs.*) *Mensch:* débloquer

überschneiden sich überschneiden *Termine:* se chevaucher; *Linien:* s'entrecroiser
überschreiben ❶ transférer *Besitz* ❷ *(in der Informatik)* écraser *Datei, Text* ❸ *(betiteln)* intituler
überschreiten ❶ franchir *Grenze* ❷ dépasser *Fähigkeiten* ❸ outrepasser *Befugnisse*
die **Überschrift** le titre
der **Überschuss** l'excédent *(männlich)*; **ein Überschuss an Getreide** un excédent de céréales; **ein Überschuss an Arbeitskräften** un excédent de main-d'œuvre
überschütten jemanden mit Geschenken überschütten couvrir quelqu'un de cadeaux; **jemanden mit Vorwürfen überschütten** accabler quelqu'un de reproches
überschwänglich ❶ *Begeisterung* débordant(e); *Begrüßung* très chaleureux/chaleureuse ❷ **sich überschwänglich bedanken** se confondre en remerciements
überschwemmen inonder
Übersee aus Übersee d'outre-mer; *(aus den USA)* d'outre-Atlantique; **in/nach Übersee** outre-mer; *(in die USA)* outre-Atlantique
übersehen ❶ *(nicht sehen)* ne pas voir ❷ *(nicht sehen wollen)* ignorer ❸ *(abschätzen)* mesurer l'ampleur de *Situation, Folgen* ❹ *(überblicken)* avoir une vue d'ensemble de *Stadt, Ebene*
übersetzen¹ traduire *Buch, Text;* **einen Text aus dem Französischen ins Deutsche übersetzen** traduire un texte du français en allemand
übersetzen² ❶ *(hinüberfahren)* **jemanden ans andere Ufer übersetzen** faire passer quelqu'un sur l'autre rive ❷ **mit der Fähre übersetzen** passer avec le ferry
der **Übersetzer** le traducteur
die **Übersetzerin** la traductrice
die **Übersetzung** ❶ *(allgemein)* la traduction; *(Übertragung in die Muttersprache)* la version; *(Übertragung in die Fremdsprache)* le thème ❷ *eines Getriebes* la transmission
die **Übersicht** ❶ la vue d'ensemble; **ich habe völlig die Übersicht verloren** je ne m'y retrouve plus du tout ❷ *(knappe Darstellung)* l'aperçu *(männlich)* [général]
übersichtlich ❶ *Darstellung* clair(e) ❷ *Kreuzung* dégagé(e); *Gelände* à découvert
übersiedeln nach Berlin übersiedeln aller s'établir à Berlin; **nach Italien übersiedeln** aller s'établir en Italie
übersinnlich *Wahrnehmung* surnaturel(le)
überspielen ❶ copier *Musik, Film, Datei* ❷ dissimuler *Unsicherheit*

überspringen¹ ❶ **ein Hindernis überspringen** sauter par-dessus un obstacle ❷ sauter *Lektion, Klasse*
überspringen² ❶ *(übergreifen)* **auf das Nachbarhaus überspringen** *Feuer:* gagner l'immeuble voisin ❷ **auf jemanden/auf etwas überspringen** *Begeisterung, Feuer:* gagner quelqu'un/quelque chose
überstehen¹ *(bewältigen)* surmonter *Belastung, Krankheit*
überstehen² *(hinausragen)* *Ladung:* dépasser
übersteigen ❶ passer par-dessus *Mauer, Zaun* ❷ dépasser *Fähigkeiten;* être au-dessus de *Kräfte*
überstimmen mettre en minorité; **jemanden überstimmen** mettre quelqu'un en minorité
die **Überstunde** l'heure *(weiblich)* supplémentaire
überstürzen précipiter; **sich überstürzen** se précipiter; **die überstürzte Abreise** le départ précipité
übertönen etwas übertönen couvrir [le bruit de] quelque chose; **jemanden übertönen** couvrir la voix de quelqu'un
übertragbar ❶ *Krankheit* contagieux/contagieuse ❷ *Methode* applicable ❸ *Fahrkarte* transmissible
übertragen¹ ❶ diffuser *Programm, Sendung* ❷ transmettre *Krankheit* ❸ *(übersetzen)* traduire ❹ déléguer *Verantwortung* ❺ transférer *Vermögen* ❻ **etwas auf eine neue Seite übertragen** reporter quelque chose sur une nouvelle page ❼ **sich auf jemanden übertragen** *Krankheit:* se transmettre à quelqu'un; *Nervosität:* gagner quelqu'un
übertragen² *(sinnbildlich)* figuré(e); **in übertragener Bedeutung** au sens figuré, au figuré
die **Übertragung** ❶ *von Sendungen* la diffusion ❷ *(Sendung)* la retransmission ❸ *einer Krankheit* la transmission ❹ *der Verantwortung, von Aufgaben* la délégation ❺ *eines Besitzes* le transfert ❻ *einer Methode* l'application *(weiblich)*
übertreffen ❶ surpasser *Konkurrenten* ❷ dépasser *Erwartungen* ❸ **sich selbst übertreffen** se surpasser
übertreiben exagérer
übertreten¹ ❶ **zum Islam übertreten** se convertir à l'islam ❷ *(beim Weitsprung)* mordre sur la ligne
übertreten² *(nicht einhalten)* enfreindre *Gesetz*
übertrieben ❶ *Vorsicht* exagéré(e) ❷ *vorsichtig* excessivement
überwachen ❶ surveiller *Menschen, Aktivitä-*

ten ❷ superviser *Ablauf*; contrôler *Qualität*
überwältigen ❶ maîtriser *Täter* ❷ **jemanden überwältigen** *Angst, Schlaf*: s'emparer de quelqu'un
überwältigend ❶ *Anblick* grandiose; *Gefühl* renversant(e) ❷ *Mehrheit* écrasant(e)
überweisen ❶ virer *Geld* ❷ **jemanden zu einem Facharzt überweisen** adresser quelqu'un à un spécialiste
die **Überweisung** ❶ (*Zahlung*) le virement ❷ *eines Patienten* ≈ l'ordonnance *(weiblich)*
überwiegen ❶ (*vorherrschen*) prédominer ❷ **die Neugier überwog die Angst** la curiosité l'a emporté sur la peur
überwiegend ❶ **der überwiegende Teil** la majeure partie; **die überwiegende Mehrheit** la plus grande majorité ❷ *bewölkt* dans l'ensemble; *zutreffen* dans la plupart des cas
überwinden ❶ surmonter *Bedenken*; vaincre *Widerstand*; venir à bout de *Problem* ❷ vaincre *Gegner* ❸ franchir *Mauer* ❹ **sich überwinden** faire un effort sur soi-même
überwintern ❶ *Vögel, Pflanzen:* hiverner; **er/sie will auf Mallorca überwintern** il/elle veut passer l'hiver à Majorque ❷ (*Winterschlaf halten*) hiberner
die **Überzahl in der Überzahl sein** être supérieur(e) en nombre
überzeugen ❶ convaincre; **jemanden davon überzeugen, dass man Recht hat** persuader quelqu'un qu'on a raison; **von etwas überzeugt sein** être persuadé(e) de quelque chose ❷ (*überzeugend sein*) *Person, Argument:* être convaincant(e) ❸ **sich von etwas überzeugen** s'assurer de quelque chose
die **Überzeugung** la conviction; **aus Überzeugung** par conviction; **ich bin der Überzeugung, dass das richtig ist** j'ai la conviction que c'est juste
überziehen¹ ❶ **die Torte mit einem Zuckerguss überziehen** glacer le gâteau ❷ **sein Konto überziehen** mettre son compte à découvert ❸ **[die Sendezeit] überziehen** dépasser son temps d'antenne
überziehen² (*anziehen*) enfiler; **sich einen Pulli überziehen** enfiler un pull
der **Überzug** ❶ (*Schicht*) la couche ❷ (*Hülle*) la °housse
üblich *Methode, Preis* usuel(le); **wie üblich** comme d'habitude; **das ist hier so üblich** c'est la coutume ici
das **U-Boot** le sous-marin
übrig ❶ **die übrigen Teilnehmer** les autres participants; **die übrigen Bücher** les livres restants; **alles Übrige** tout ce qui reste ❷ **es sind Kartoffeln übrig** il reste des pommes de terre; **wir haben noch Geld übrig** il nous reste encore de l'argent; **etwas vom Kuchen übrig lassen** laisser un peu de la tarte; ▶ **im Übrigen** du reste
übrigens ❶ (*außerdem*) d'ailleurs ❷ (*nebenbei bemerkt*) au fait
übrigbleiben mir bleibt nichts anderes übrig, als zuzustimmen je n'ai plus qu'à consentir
übrighaben etwas für jemanden übrighaben avoir un faible pour quelqu'un; **dafür habe ich nichts übrig** (*habe ich kein Interesse*) cela ne me dit rien, cela ne m'intéresse pas
die **Übung** ❶ (*Aufgabe*) l'exercice *(männlich)* ❷ (*Training*) **zur Übung** comme exercice; **in Übung bleiben** (*körperlich*) entretenir sa forme; (*geistig*) entretenir ses connaissances; **ich bin völlig aus der Übung** je manque complètement d'entraînement
das **Ufer** *eines Flusses, Sees* la rive; (*Meeresufer*) la côte; **am Ufer stehen** être au bord de l'eau
die **Uhr** ❶ (*öffentliche Uhr, Standuhr*) l'horloge *(weiblich)* ❷ (*Armbanduhr*) la montre ❸ (*Wanduhr*) la pendule ❹ (*bei Zeitangaben*) **um drei Uhr** à trois heures; **um zwölf Uhr mittags** à midi; **es ist fünf Uhr früh** il est cinq heures du matin; **um wie viel Uhr?** à quelle heure?; **wie viel Uhr ist es?** quelle heure est-il? ▶ **rund um die Uhr** (*umgs.*) vingt-quatre heures sur vingt-quatre

> Ⓖ Es gibt keine gemeinsame Übersetzung für die unterschiedlichen Arten von Uhren, die in ❶ bis ❸ aufgeführt werden.

der **Uhrmacher** l'horloger *(männlich)*
die **Uhrmacherin** l'horlogère *(weiblich)*
der **Uhrzeiger** l'aiguille *(weiblich)* [d'une horloge/d'une montre/d'une pendule]
der **Uhrzeigersinn im Uhrzeigersinn** dans le sens des aiguilles d'une montre
die **Uhrzeit** l'heure *(weiblich)*
der **Uhu** le grand duc
die **Ukraine** l'Ukraine *(weiblich)*
UKW *Abkürzung von* **Ultrakurzwelle** modulation *(weiblich)* de fréquence; **auf UKW** en FM
ulkig (*umgs.*) ❶ *Geschichte* rigolo(te), marrant(e) ❷ (*seltsam*) *Anblick* bizarre
die **Ulme** l'orme *(männlich* ⚠*)*
das **Ultimatum** l'ultimatum *(männlich)*; **jemandem ein Ultimatum stellen** lancer un ultimatum à quelqu'un

die **Ultrakurzwelle** la modulation de fréquence
der **Ultraschall** ❶ (*in der Physik*) l'ultrason (*männlich*) ❷ (*Untersuchung*) l'échographie (*weiblich*)
die **Ultraschalluntersuchung** l'échographie (*weiblich*)
ultraviolett *Strahlung* ultraviolet(te)
um¹ ❶ **um den Park herum** autour du parc; **um die Ecke biegen** tourner au coin de la rue; **um sich schlagen/treten** se débattre ❷ **um fünf Uhr** à cinq heures; **um Mitternacht** à minuit ❸ (*ungefähr*) environ; **um die dreißig [Jahre alt] sein** avoir la trentaine; **um die fünfzig Euro kosten** coûter dans les cinquante euros ❹ **um zehn Zentimeter größer sein** avoir dix centimètres de plus; **sich um zehn Minuten verspäten** être en retard de dix minutes
um² um zu ... pour ...; **sie schließt die Augen, um sich zu konzentrieren** elle ferme ses yeux pour se concentrer; **er hat angerufen, um sich bei uns zu bedanken** il a téléphoné pour nous remercier
um³ (*vergangen, vorbei*) **um sein** être passé(e); **die Stunde ist um** l'heure est terminée
umarmen jemanden umarmen serrer quelqu'un dans ses bras
die **Umarmung** l'accolade (*weiblich*)
umbauen ❶ transformer *Gebäude* ❷ **wir werden umbauen** nous allons faire des transformations
umbiegen (*verbiegen*) recourber, courber *Ast, Draht*
umbinden sich ein Halstuch umbinden se mettre une écharpe; **sich eine Schürze umbinden** se mettre un tablier
umblättern tourner la page; **langsam die Seiten umblättern** tourner lentement les pages
umbringen ❶ tuer *Person* ❷ **sich umbringen** se suicider ❸ **die Hitze bringt mich [noch] um!** (*umgs.*) la chaleur me crève!
umbuchen modifier la/une réservation; **eine Reise umbuchen** modifier une réservation de voyage
umdenken réviser son opinion
umdrehen ❶ retourner *Patienten, Spielkarte* ❷ tourner *Schlüssel* ❸ **sich umdrehen** se retourner; **sich nach jemandem/nach etwas umdrehen** se retourner en direction de quelqu'un/de quelque chose ❹ (*umgs.: kehrtmachen*) faire demi-tour
umeinander sich umeinander kümmern s'occuper l'un(e) de l'autre

umeinanderdrehen sich umeinanderdrehen *zwei Personen:* tourner l'un/l'une autour de l'autre; *mehrere Personen:* tourner les uns/les unes autour des autres
umfahren¹ (*umgs.: verletzen, beschädigen*) renverser *Person, Schild*; **von einem Auto umgefahren werden** se faire renverser par une voiture
umfahren² (*um auszuweichen*) contourner *Hindernis*; éviter *Stau*
umfallen ❶ *Gegenstand:* se renverser; *Baum:* se coucher ❷ *Mensch:* tomber [par terre]; **tot umfallen** tomber raide mort(e)
der **Umfang** ❶ *einer Kugel, eines Baums* la circonférence ❷ (*Ausmaß*) *eines Verlusts* l'étendue (*weiblich*) ▶ **in großem Umfang** dans une large mesure; **in vollem Umfang** complètement
umfassen ❶ **jemanden umfassen** prendre quelqu'un dans ses bras ❷ (*enthalten*) comprendre
umfassend ❶ *Bildung, Information* approfondi(e); *Vollmachten* étendu(e); *Maßnahmen* de grande envergure; **ein umfassendes Geständnis ablegen** faire des aveux complets ❷ *Bericht* détaillé(e) ❸ **umfassend berichten** faire un rapport détaillé
das **Umfeld** le milieu
die **Umfrage** ❶ le sondage ❷ (*Straßenumfrage für einen Sender*) le micro-trottoir
der **Umgang** ❶ **der Umgang mit Menschen** les rapports avec les êtres humains; **im Umgang mit Kindern** dans les rapports avec les enfants; **der Umgang mit diesen Werkzeugen** le maniement de ces outils ❷ **mit jemandem Umgang haben** fréquenter quelqu'un ❸ (*Bekanntenkreis*) les fréquentations (*weiblich*); **guten/schlechten Umgang haben** avoir de bonnes/de mauvaises fréquentations

> **V** In ❸ wird der Singular *der Umgang* mit einem Plural übersetzt: *er achtet auf den Umgang seiner Kinder* – il surveille les fréquentations de ses enfants.

die **Umgangssprache** ❶ (*Alltagssprache*) le langage courant ❷ (*nachlässige Sprache*) le langage familier
umgeben entourer; **der Park ist von hohen Bäumen umgeben** le parc est entouré de grands arbres
die **Umgebung** ❶ (*umgebendes Gebiet*) les environs (*männlich*), les alentours (*männlich*); **die unmittelbare Umgebung der Stadt** les abords (*männlich*) de la ville; **in unserer**

nächsten Umgebung à proximité de chez nous ❷ (*Menschen*) l'entourage *(männlich)*

> **V** In ❶ wird der Singular *die Umgebung* mit einem Plural übersetzt: *die Umgebung der Stadt ist sehr schön – les environs (oder: les alentours) de la ville sont magnifiques; in der Umgebung – dans les alentours.*

umgehen¹ ❶ **mit jemandem rücksichtsvoll umgehen** traiter quelqu'un avec beaucoup d'égards ❷ **mit einem Werkzeug vorsichtig umgehen** manier un outil avec précaution ❸ *Gerücht, Krankheit:* circuler
umgehen² ❶ (*um auszuweichen*) contourner ❷ **das ist nicht zu umgehen** c'est incontournable, c'est inévitable
umgehend ❶ *Information* immédiat(e) ❷ *informieren* immédiatement
die **Umgehungsstraße** la rocade
umgekehrt ❶ *Reihenfolge* inverse ❷ **[es ist] genau umgekehrt!** [c'est] exactement le contraire! ❸ *verlaufen, hinstellen* dans l'autre sens
der **Umhang** la cape [kap] ⚠ *weiblich*
umhängen sich eine Jacke umhängen se mettre une veste sur les épaules
die **Umhängetasche** le sac à bandoulière
umhauen abattre *Baum* ▸ **das haut mich um!** (*umgs.*) ça me renverse!
umhergehen faire les cent pas; **im Zimmer/im Garten umhergehen** faire les cent pas dans la pièce/dans le jardin
umherirren errer
umkehren ❶ (*kehrtmachen*) faire demi-tour ❷ renverser *Entwicklung*
umkippen ❶ (*umfallen*) *Mensch:* tomber; *Gegenstand:* se renverser ❷ (*umwerfen*) renverser ❸ (*umgs.: bewusstlos werden*) tourner de l'œil; (*seine Meinung ändern*) retourner sa veste ❹ *Gewässer:* s'asphyxier
der **Umkleideraum** le vestiaire
umkommen ❶ mourir; **bei einem Verkehrsunfall umkommen** mourir dans un accident de la route ❷ **vor Hitze umkommen** (*umgs.*) crever de chaud; **vor Langeweile umkommen** (*umgs.*) mourir d'ennui
der **Umkreis im Umkreis der Stadt** à la périphérie de la ville; **im Umkreis von zehn Kilometern** dans un rayon de dix kilomètres
der **Umlauf im Umlauf sein** *Geld, Gerücht:* circuler; **in Umlauf bringen** faire courir *Gerücht;* **Falschgeld in Umlauf bringen** mettre de la fausse monnaie en circulation
die **Umlaufbahn** l'orbite *(männlich);* **in der Umlaufbahn sein** être sur orbite

der **Umlaut** la voyelle infléchie ⚠ *weiblich*
umlegen ❶ **jemandem einen Schal umlegen** mettre une écharpe à quelqu'un ❷ actionner *Hebel, Schalter* ❸ caler *Mast;* baisser *Rücksitz* ❹ répartir *Kosten* ❺ reporter *Termin* ❻ (*umgs.: ermorden*) zigouiller
umleiten dévier *Verkehr;* détourner *Fluss*
umliegend die umliegenden Dörfer les villages *(männlich)* environnants
umräumen changer la disposition de *Zimmer;* **die Möbel umräumen** changer les meubles de place
umrechnen convertir; **Dollar in Euro umrechnen** convertir des dollars en euros
der **Umrechnungskurs** le cours de conversion
der **Umriss** *einer Person* la silhouette; *eines Gegenstands* le contour
umrühren remuer
ums →**um**
der **Umsatz** le chiffre d'affaires
umschalten ❶ *Ampel:* changer; **auf Grün umschalten** passer au vert ❷ (*beim Radiohören*) changer de station; (*beim Fernsehen*) changer de chaîne ❸ **wir schalten um nach Köln** nous passons l'antenne à Cologne ❹ **ein Gerät auf Wechselstrom umstellen** brancher un appareil sur le courant alternatif ❺ (*umgs.: sich umstellen*) se réadapter
die **Umschalttaste** (*auf einer Tastatur*) la touche "majuscule"
der **Umschlag** ❶ (*Briefumschlag*) l'enveloppe *(weiblich)* ❷ (*Wickel*) la compresse ❸ (*Schutzumschlag*) la jaquette ❹ (*das Umladen*) *von Waren* le transbordement
umschlagen ❶ rabattre *Ärmel* ❷ tourner *Seite* ❸ transborder *Güter* ❹ *Wetter:* changer; *Wind:* tourner
umschreiben¹ (*umarbeiten, ändern*) récrire, réécrire
umschreiben² (*mit anderen Worten ausdrücken*) périphraser
umschulen (*beruflich weiterbilden*) reconvertir; **jemanden zum Buchhalter umschulen** reconvertir quelqu'un en comptable; **sich umschulen lassen** se reconvertir
die **Umschweife** les circonlocutions *(weiblich);* **ohne Umschweife zur Sache kommen** ne pas y aller par quatre chemins
der **Umschwung** ❶ (*Veränderung*) le revirement ❷ (*Turnübung*) le soleil ❸ 🇨🇭 (*Gelände*) le terrain
umsehen ❶ (*umdrehen*) se retourner; **sich nach jemandem/nach etwas umsehen** se retourner pour regarder quelqu'un/quel-

que chose ❷ **sich bei jemandem umsehen** regarder chez quelqu'un; **ich wollte mich nur mal [im Laden] umsehen** je voulais juste jeter un coup d'œil [dans le magasin] ❸ **sich nach einer neuen Wohnung umsehen** chercher un nouvel appartement
umsetzen ❶ **einen Schüler umsetzen** faire changer un élève de place; **sich umsetzen** changer de place ❷ **etwas in die Praxis umsetzen** mettre quelque chose en pratique
umsichtig ❶ (*Mensch*) circonspect(e) ❷ (*handeln*) avec circonspection
umsiedeln ❶ déplacer *Personen* ❷ **nach Köln umsiedeln** aller s'installer à Cologne
umso umso mehr d'autant plus; **umso weniger** d'autant moins; **umso besser** tant mieux
umsonst ❶ (*vergeblich*) en vain ❷ (*kostenlos*) verteilen gratuitement; **dieses Muster ist umsonst** cet échantillon est gratuit
der **Umstand** ❶ (*Tatsache*) le fait ❷ (*Bedingung*) la circonstance; **unter diesen Umständen** dans ces conditions ❸ (*Schwierigkeit*) **die Umstände** les complications (*weiblich*); **jemandem Umstände machen** causer des problèmes à quelqu'un; **machen Sie sich wegen mir keine Umstände!** ne vous dérangez pas pour moi! ▸**unter allen Umständen** quoi qu'il arrive; **in anderen Umständen sein** attendre un heureux événement
das **Umstandswort** l'adverbe (*männlich*)
umsteigen ❶ *Fahrgast:* changer [de bus/de tramway/de train]; **ich steige an der nächsten Station um** je change à la prochaine station; **in den Zug nach Frankfurt umsteigen** prendre la correspondance pour Francfort ❷ **auf vegetarische Ernährung umsteigen** (*umgs.*) se mettre à manger végétarien
umstellen ❶ déplacer *Möbel, Bücher* ❷ changer *Ernährung;* modifier le réglage de *Heizung;* **die Uhren auf Sommerzeit umstellen** mettre les pendules à l'heure d'été ❸ **auf Gas umstellen** passer au gaz ❹ **sich umstellen** s'adapter; **sich auf etwas umstellen** s'adapter à quelque chose
umstimmen faire changer d'avis; **seine Eltern umstimmen** faire changer ses parents d'avis
umstritten *Person, Methode* controversé(e)
der **Umsturz** le renversement du régime/du gouvernement
umstürzen ❶ *Baum, Auto:* se renverser ❷ renverser *Gegenstand*
umtauschen ❶ échanger; **jemandem eine Ware umtauschen** échanger à quelqu'un une marchandise contre une autre ❷ **Geld umtauschen** changer de l'argent
das **UMTS** *Abkürzung von* **Universal Mobile Telecommunications System** (*in der Informatik*) l'UMTS (*männlich*) [ɛmteɛs]
umwandeln transformer
die **Umwandlung** la transformation
der **Umweg** le détour; **einen Umweg über München machen** faire un détour par Munich
die **Umwelt** ❶ (*Lebensraum*) l'environnement (*männlich*) ❷ (*Mitmenschen*) l'entourage (*männlich*)
die **Umweltbelastung** la pollution
umweltbewusst écologique; **der umweltbewusste Bürger** l'écocitoyen (*männlich*); **die umweltbewusste Einstellung** l'écocitoyenneté (*weiblich*) [ekɔsitwajɛne]
umweltfreundlich *Politik, Verhalten* écologique; *Auto, Waschmittel* qui respecte l'environnement, qui ne nuit pas à l'environnement; **die umweltfreundliche Verpackung** l'écoemballage (*weiblich*)
die **Umweltkatastrophe** la catastrophe écologique
die **Umweltkriminalität** la délinquance en matière d'environnement
das **Umweltpapier** le papier recyclé
der **Umweltschutz** la protection de l'environnement
der **Umweltschützer** l'écologiste (*männlich*)
die **Umweltschützerin** l'écologiste (*weiblich*)
die **Umweltverschmutzung** la pollution [de l'environnement]
umwerfen ❶ renverser *Glas* ❷ bouleverser *Pläne*
umziehen ❶ (*den Wohnsitz wechseln*) déménager; **nach Berlin umziehen** déménager à Berlin ❷ (*umkleiden*) **sich umziehen** se changer
umzingeln encercler
die **UN** *Abkürzung von* **United Nations** les Nations (*weiblich*) Unies
unabhängig ❶ *Mensch, Land* indépendant(e); **von jemandem/von etwas unabhängig sein** être indépendant(e) de quelqu'un/de quelque chose ❷ **unabhängig davon, ob es regnet oder nicht** indépendamment du fait qu'il pleuve ou non
die **Unabhängigkeit** l'indépendance (*weiblich*)
unabsehbar *Folgen* imprévisible
unabsichtlich ❶ *Bewegung* involontaire

unangefochten *Spitzenreiter, Meister* indétrônable
unangemessen ❶ *Benehmen* inconvenant(e) ❷ *Forderung* excessif/excessive ❸ *sich benehmen* d'une façon inconvenante
unangenehm ❶ *Person* désagréable; *Mitteilung* contrariant(e); *Situation* fâcheux/fâcheuse; **das ist mir unangenehm** ça me gêne ❷ *riechen* mauvais; **unangenehm schmecken** avoir mauvais goût
unanständig ❶ *Mensch, Benehmen* indécent(e) ❷ *sich benehmen* de façon indécente
unantastbar intangible
unappetitlich ❶ *Essen* peu appétissant(e); *Kleidung, Toiletten* répugnant(e) ❷ **unappetitlich aussehen** *Essen, Laden:* avoir l'air répugnant(e)
unartig *Kind* mal élevé(e); *Benehmen* incorrect(e)
unauffällig ❶ *Person* discret/discrète; *Narbe* à peine visible ❷ *sich benehmen, sich kleiden* avec discrétion; *verschwinden, folgen* discrètement
unaufhörlich ❶ *Lärm* incessant(e) ❷ **es regnet unaufhörlich** il n'arrête pas de pleuvoir
unaufmerksam ❶ *Schüler, Zuhörer* inattentif/inattentive ❷ *Gastgeber, Kellner* peu prévenant(e)
die **Unaufmerksamkeit** ❶ *von Schülern, Zuhörern* l'inattention *(weiblich)* ❷ *eines Gastgebers, Kellners* le manque de prévenance
unaufrichtig jemandem gegenüber unaufrichtig sein ne pas être franc/franche avec quelqu'un
unausstehlich *Mensch, Benehmen* insupportable
unbändig ❶ *Temperament* turbulent(e) ❷ *Verlangen* irrépressible ❸ *stolz, sich freuen* extrêmement
unbarmherzig ❶ *Mensch, Strafe* impitoyable ❷ *bestrafen* impitoyablement
unbedeutend ❶ *Ereignis* insignifiant(e) ❷ *Menge* négligeable ❸ *verändern* à peine
unbedingt ❶ *Gehorsam* absolu(e) ❷ *teilnehmen* absolument ❸ **nicht unbedingt** pas forcément; **unbedingt!** absolument!
unbefangen ❶ *(Mensch, Wesen)* naturel(le); *Betrachter* non averti(e); *Zeuge* impartial(e) ❷ *sich benehmen* naturellement ❸ *urteilen* impartialement
unbefriedigend ❶ *Ergebnis* insatisfaisant(e) ❷ *verlaufen* de façon peu satisfaisante
unbefristet ❶ *Vertrag* à durée indéterminée; *Aufenthaltserlaubnis* permanent(e) ❷ *gelten* pour une durée illimitée
unbegreiflich incompréhensible
unbegründet *Angst, Vorwurf* infondé(e)
unbehaglich ❶ *Wetter, Kälte* désagréable ❷ **sich unbehaglich fühlen** se sentir mal à l'aise
unbeholfen ❶ *Mensch, Versuch* gauche ❷ *sich bewegen* gauchement; *sich verhalten* maladroitement
unbekannt ❶ *Mensch, Name* inconnu(e); **er ist mir unbekannt** je ne le connais pas ❷ **„Unbekannt verzogen"** "Parti(e) sans laisser d'adresse"
der **Unbekannte** l'inconnu *(männlich)*
die **Unbekannte** (*auch in der Mathematik*) l'inconnue *(weiblich)*
unbekümmert ❶ *Kind, Lachen* insouciant(e) ❷ *lachen* avec insouciance
unbelastet *Nahrungsmittel* naturel(le); *Gewässer* non-pollué(e)
unbelehrbar incorrigible
unbeliebt *Mensch* peu apprécié(e); **sich bei jemandem unbeliebt machen** se faire mal voir de quelqu'un
unbemannt *Raumschiff* non habité(e)
unbemerkt ❶ *Vorgang* inaperçu(e); **unbemerkt bleiben** *Vorfall:* passer inaperçu(e) ❷ *entkommen* sans se faire remarquer
unbenutzt *Gegenstand* inutilisé(e); *Bett* non défait(e); **das Handtuch ist unbenutzt** la serviette n'a pas été utilisée
unbequem ❶ *Hose, Stuhl* inconfortable ❷ *Frage* gênant(e); *Mensch* dérangeant(e) ❸ *sitzen, liegen* inconfortablement
unberechenbar *Mensch, Reaktion* imprévisible
unberührt ❶ *Natur* sauvage ❷ *Bett* non défait(e) ❸ *(unbeeindruckt)* **unberührt bleiben** rester impassible
unbeschränkt *Anzahl* illimité(e)
unbeschreiblich ❶ *Schönheit* indescriptible ❷ *schnell* infiniment; *dumm* extrêmement
unbesiegbar *Spitzenreiter, Meister* indétrônable
unbesonnen ❶ *Tat, Reaktion* irréfléchi(e) ❷ *handeln* sans réfléchir
unbesorgt ❶ **unbesorgt sein** ne pas se faire de souci; **seien Sie unbesorgt!** soyez tranquille! ❷ **in diesem See kann man unbesorgt baden** on peut se baigner sans crainte dans ce lac
unbestechlich *Mensch* incorruptible; *Urteil* infaillible
unbestimmt ❶ *Termin, Zeitpunkt* indéterminé(e); **auf unbestimmte Zeit** pour une

durée indéterminée ❷ *Ahnung* vague; *Gefühl* confus(e) ❸ *Artikel, Pronomen* indéfini(e)
unbeteiligt ❶ **unbeteiligt sein** ne pas être impliqué(e) ❷ **er saß unbeteiligt da** il était assis là, l'air peu intéressé
unbetont *Silbe, Wort* atone
unbeweglich ❶ *Gelenk* immobile ❷ *Miene* impassible ❸ *Feiertag* fixe ❹ **unbeweglich stehen bleiben** rester immobile
unbewohnt inhabité(e)
unbewusst ❶ *Reaktion* inconscient(e) ❷ *wahrnehmen, kränken* inconsciemment
unbezahlbar ❶ *Preis* exorbitant(e); *Kunstschätze* inestimable ❷ (*umgs.: unbeschreiblich gut*) *Tipp* en or; **Mutti ist einfach unbezahlbar** c'est une maman en or
unbezahlt ❶ *Rechnung* impayé(e) ❷ *Überstunde* non payé(e)
unbürokratisch ❶ *Hilfe* qui ne passe pas par la bureaucratie ❷ *entscheiden* sans passer par la bureaucratie
und ❶ et; **du und ich** toi et moi ❷ **er raucht und trinkt nicht** il ne fume ni ne boit ❸ **eins und eins ist zwei** un et un font deux ❹ **es regnet und regnet** il peut sans arrêt ❺ **und sei es noch so spät** aussi tard soit-il; **und wenn du noch so schreist** même si tu cries autant ▶ **na und?** (*umgs.*) et alors?
der **Undank** (*gehoben*) l'ingratitude (*weiblich*)
undankbar *Mensch, Aufgabe* ingrat(e)
undenkbar impensable
undeutlich ❶ *Schrift* illisible; *Aussprache* indistinct(e) ❷ *Vorstellung* vague ❸ *schreiben* illisiblement; *sprechen, erkennen* indistinctement ❹ *formulieren* en termes vagues
undicht *Dach* non étanche; *Rohr, Ventil* qui fuit
undiszipliniert ❶ *Person, Verhalten* indiscipliné(e) ❷ *sich verhalten* de façon indisciplinée
undurchlässig *Stoff* imperméable
undurchsichtig ❶ *Fenster* opaque ❷ *Machenschaften, Person* louche
uneben *Boden* inégal(e); *Gelände* accidenté(e)
unecht *Schmuck, Gefühl* faux/fausse; **das ist unechtes Leder** c'est du similicuir
unehelich *Kind* naturel(le)
unehrlich ❶ malhonnête ❷ *erworben* malhonnêtement
uneinig **sich uneinig sein** être en désaccord; **sich über etwas uneinig sein** être en désaccord sur quelque chose
unempfindlich ❶ *Material* résistant(e) ❷ *Person* robuste ❸ **unempfindlich gegen Kritik sein** être insensible à la critique

unendlich ❶ *Weite, Mühe* infini(e) ❷ *glücklich* extrêmement
unentbehrlich indispensable
unentschieden ❶ *Spiel* nul(le); **unentschieden spielen** faire match nul ❷ *Frage, Angelegenheit* en suspens ❸ *Wähler* indécis(e)
unentschuldigt ❶ *Fehlen* non excusé(e) ❷ *fehlen* sans excuse; (*in der Schule*) sans mot d'excuse
unerbittlich ❶ *Mensch, Schicksal* impitoyable ❷ *durchgreifen* impitoyablement
unerfahren inexpérimenté(e)
unerfreulich ❶ *Nachricht* fâcheux/fâcheuse ❷ *enden* mal
unerhört ❶ *Benehmen* scandaleux/scandaleuse ❷ *Summe* exorbitant(e); *Anstrengung* incroyable ❸ *fleißig* incroyablement ❹ **sich unerhört benehmen** se comporter d'une façon scandaleuse
unerlässlich *Voraussetzung* indispensable; **für jemanden unerlässlich sein** être indispensable à quelqu'un; **für den Erfolg unerlässlich sein** être indispensable pour le succès
unermüdlich ❶ *Bemühungen* inlassable ❷ *arbeiten* inlassablement
unerreichbar ❶ *Ziel, Niveau* inaccessible ❷ (*telefonisch*) **unerreichbar sein** être injoignable
unerschwinglich *Preis, Ware* inabordable
unerträglich ❶ *Schmerzen, Lärm* insupportable ❷ **es ist unerträglich heiß** il fait une chaleur insupportable
unerwünscht *Nebenwirkung* indésirable; *Besuch* importun(e); **du bist hier unerwünscht** on ne veut pas de toi ici
die **UNESCO** *Abkürzung von* **United Nations Educational, Scientific and Cultural Organization** l'Unesco (*weiblich*)
unfähig *Mitarbeiter* incapable; **unfähig sein, etwas zu tun** être incapable de faire quelque chose
unfair ❶ *Kritik, Verhalten* déloyal(e); **das ist unfair!** ce n'est pas juste! ❷ *Spieler, Wettkampf* qui n'est pas fair-play ❸ *sich verhalten* de façon déloyale
der **Unfall** l'accident (*männlich*); **bei diesem Unfall** dans cet accident
unförmig *Möbelstück* informe; *Gliedmaßen* difforme
unfreiwillig ❶ *Aufenthalt, Hilfe* forcé(e) ❷ *Witz* involontaire ❸ *komisch* involontairement
unfreundlich ❶ *Person, Blick, Empfang* peu aimable; **unfreundlich zu jemandem sein** ne pas être aimable avec quelqu'un ❷ *Klima*

désagréable ③ **sich jemandem gegenüber unfreundlich benehmen** se montrer désagréable avec quelqu'un; **jemanden unfreundlich behandeln** traiter quelqu'un sans aménité

unfruchtbar *Person, Boden, Diskussion* stérile

der **Unfug** les balivernes *(weiblich)*

> Der Singular *der Unfug* wird mit einem Plural übersetzt: *was <u>soll</u> dieser Unfug?* – *qu'est-ce que ces balivernes <u>veulent</u> dire?*

der **Ungar** le °Hongrois
die **Ungarin** la °Hongroise
ungarisch *Bevölkerung, Sprache* °hongrois(e)
Ungarn la °Hongrie
ungeachtet *(gehoben)* **ungeachtet dieser Tatsache** en dépit de ce fait; **ungeachtet dessen, dass es regnet** bien qu'il pleuve
ungebeten ① *Gast, Besuch* indésirable ② *Einmischung* intempestif/intempestive ③ **kommen sans avoir été invité(e)**
ungebildet inculte
ungebräuchlich *Wort, Bezeichnung* inusité(e); *Methode* inhabituel(le)
ungedeckt ① *Tisch* qui n'est pas mis(e) ② *Scheck* sans provision ③ *Spieler* qui n'est pas marqué(e)
die **Ungeduld** l'impatience *(weiblich)*
ungeduldig ① *Person* impatient(e); **ungeduldig werden** s'impatienter ② **warten** impatiemment [ɛ̃pasjamɑ̃]
ungeeignet *Bewerber* incompétent(e); *Mittel* inadapté(e)
ungefähr ① à peu près; **ungefähr um acht Uhr** aux environs de °huit heures; **ungefähr ein Pfund Mehl** environ une livre de farine ② *Größe, Preis* approximatif/approximative
ungeheuer ① *Wert* énorme; *Schätze* immense ② *Wut* terrible; *Leistung* prodigieux/prodigieuse ③ *wichtig* extrêmement
ungeklärt ① *Ursache* inexpliqué(e) ② *Abwässer* non épuré(e)
ungekürzt ① *Fassung* intégral(e); *Film* en version intégrale ② *aufführen* intégralement
ungelegen ① *Besucher* gênant(e); *Zeitpunkt* mal choisi(e) ② **jemandem ungelegen kommen** *Besucher:* déranger quelqu'un; *Vorfall, Frage:* tomber mal pour quelqu'un
ungelernt *Arbeiter* non qualifié(e)
ungenau ① *Formulierung* imprécis(e); *Messung* inexact(e) ② *formulieren* avec imprécision
ungeniert ① *Benehmen* désinvolte ② *sich äußern* sans gêne; *zugreifen* sans se gêner
ungenießbar ① *Pilz* non comestible; *Essen* immangeable; *Getränk* imbuvable ② *(umgs.: schwierig) Mensch:* imbuvable
ungenügend ① *Leistung* insuffisant(e) ② *Schulnote* ≈ insuffisant; *(in Frankreich)* un/trois sur vingt ③ *vorbereitet* insuffisamment
ungerade *Zahl* impair(e)
ungerecht ① *Urteil, Behandlung* injuste ② *urteilen, behandeln* injustement
die **Ungerechtigkeit** l'injustice *(weiblich)*
ungern ① *arbeiten, zustimmen* à contrecœur ② **ich bügle recht ungern** je n'aime pas tellement repasser
ungeschickt ① *Person, Bewegung* maladroit(e) ② **sich beim Streichen ungeschickt anstellen** s'y prendre mal pour peindre
ungeschminkt ① *Gesicht* non maquillé(e); **sie ist ungeschminkt** elle n'est pas maquillée ② *(übertragen) Wahrheit* tout nu/toute nue ③ *auftreten* sans être maquillé(e) ④ **ungeschminkt die Wahrheit sagen** dire crûment la vérité
ungesetzlich *Handlung* illégal(e)
ungestört ① *Unterredung* tranquille ② *arbeiten, schlafen* en toute tranquillité
ungesund ① *Lebensweise, Ernährung* malsain(e); **Rauchen ist ungesund** fumer est nuisible à la santé ② *Klima* insalubre ③ *Aussehen* maladif/maladive; *Gesichtsfarbe* blême ④ **ungesund leben** mener une vie malsaine
ungewiss ① *Ausgang, Schicksal* incertain(e); **es ist noch ungewiss, ob er mitkommt** on ne sait toujours pas s'il viendra ② **jemanden im Ungewissen lassen** laisser quelqu'un dans l'incertitude; **jemanden über seine Zukunft im Ungewissen lassen** laisser quelqu'un dans l'incertitude quant à son avenir
ungewöhnlich ① *Hitze* inhabituel(le) ② *Interesse, Leistung* exceptionnel(le) ③ *Vorfall* insolite ④ *sich verhalten* d'une manière anormale ⑤ *gut, groß* exceptionnellement
ungewohnt *Umgebung, Tätigkeit* inhabituel(le)
das **Ungeziefer** la vermine
ungezogen *Kind* mal élevé(e); *Benehmen* impoli(e); *Bemerkung* impertinent(e)
ungezwungen ① *Atmosphäre, Benehmen* décontracté(e) ② *sich verhalten* de manière décontractée
ungläubig ① *Blick, Gesicht* incrédule ② *(gottlos)* **ein ungläubiger Mensch** un incroyant ③ *ansehen, fragen* d'un air incrédule

unglaublich ① *Geschichte, Frechheit* incroyable ② *schlecht* incroyablement
unglaubwürdig ① *Geschichte* invraisemblable ② *Person* peu digne de foi; **er ist unglaubwürdig** il n'est pas crédible ③ **jemanden unglaubwürdig machen** décrédibiliser quelqu'un
ungleich ① *Kampf, Gegner* inégal(e) ② *Liebespaar, Ehepaar* mal assorti(e) ③ *Socken* dépareillé(e) ④ *größer* largement
ungleichmäßig ① *Puls* irrégulier/irrégulière ② *Verteilung* inégal(e) ③ *belasten, verteilen* inégalement
das **Unglück** ① le malheur ② (*Unfall*) l'accident *(männlich)*; (*Flugzeugunglück, Zugunglück*) la catastrophe ③ (*Pech*) la malchance ▶ **zu allem Unglück** pour comble de malheur
unglücklich ① *Person, Gesicht* malheureux/malheureuse ② *Zufall, Umstand* malencontreux/malencontreuse; *Zeitpunkt* inopportun(e) ③ **unglücklich aussehen** avoir l'air malheureux ④ **unglücklich stürzen** faire une mauvaise chute
ungültig ① *Ausweis* périmé(e); *Eintrittskarte* non valable; **ungültig werden** *Ausweis, Genehmigung*: expirer ② *Stimme, Wahl* nul(le)
ungünstig ① *Zeitpunkt* mal choisi(e); *Wetter, Einfluss* défavorable ② **sich ungünstig auf etwas auswirken** avoir un effet défavorable sur quelque chose
unheilbar ① *Krankheit* incurable ② **unheilbar krank sein** avoir une maladie incurable
unheimlich ① *Geschichte* macabre; *Haus* lugubre; *Erlebnis* inquiétant(e); **unheimlich aussehen** être à faire peur; **er ist mir unheimlich** je le trouve inquiétant ② (*umgs.: unglaublich*) *Zufall, Glück* pas croyable; *Angst, Hunger* terrible; **es hat uns unheimlichen Spaß gemacht** cela nous a énormément plu ③ (*umgs.: sehr*) *groß, schnell* vachement
unhöflich ① *Person, Benehmen* impoli(e); **unhöflich zu jemandem sein** être impoli(e) envers quelqu'un ② **sich benehmen** de manière impolie
uni ['yni] uni(e)
die **Uni** (*umgs.*) *Abkürzung von* **Universität** la fac; **auf die Uni gehen** aller à la fac
die **UNICEF** *Abkürzung von* **United Nations International Children's Emergency Fund** l'UNICEF *(weiblich)*
die **Uniform** l'uniforme *(männlich* ⚠*)*
uninteressant *Thema* inintéressant(e)
die **Union** ① l'union *(weiblich)*; **die Europäische Union** l'Union européenne ② (*Parteiengemeinschaft aus CDU und CSU*) coalition politique formée par la CDU et la CSU
universell ① *Wissen* universel(le) ② **begabt** en tout; **ein universell verwendbares Gerät** un appareil universel
die **Universität** l'université *(weiblich)*; **an der Universität studieren** faire ses études à l'université
das **Universum** l'univers *(männlich)*
unklar ① *Anweisung* peu clair(e); *Formulierung* ambigu/ambiguë; *Text, Situation* confus(e); **es ist mir unklar, warum du das getan hast** je ne comprends pas très bien pourquoi tu as fait cela ② *formulieren, sich ausdrücken* de manière ambiguë ▶ **jemanden im Unklaren lassen** laisser quelqu'un dans l'incertitude
unklug ① *Person, Plan* imprudent(e) ② *sich verhalten* de manière imprudente
die **Unkosten** les frais *(männlich)*; ▶ **sich in Unkosten stürzen** (*umgs.*) se mettre en frais
unleserlich ① *Schrift, Text* illisible ② *schreiben* illisiblement
unlogisch ① *Schlussfolgerung* illogique ② **denken, handeln** d'une manière illogique
unlösbar *Frage, Problem* insoluble
die **Unmenge eine Unmenge von Fragen** une quantité énorme de questions; **eine Unmenge von Touristen** une foule de touristes
unmenschlich ① *Verbrechen, Bedingungen* inhumain(e) ② (*umgs.: unerträglich*) *Schmerzen* atroce ③ *behandeln* d'une manière inhumaine
unmerklich ① *Veränderung* imperceptible ② *sich verändern* imperceptiblement
unmittelbar ① *Folge, Zusammenhang* direct(e) ② **unmittelbar davor** immédiatement avant; **unmittelbar danach** immédiatement après; **unmittelbar bevorstehen** être imminent(e)
unmodern ① *Kleidung, Ansichten* démodé(e) ② **sich unmodern kleiden** porter des vêtements démodés
unmöglich ① impossible; **es ist mir unmöglich, das zu tun** je suis dans l'impossibilité de faire cela ② **er kann das unmöglich getan haben** il est impossible qu'il ait fait cela ③ **unmöglich aussehen** (*umgs.*) avoir un air pas possible; **sich unmöglich benehmen** (*umgs.*) avoir un comportement pas possible
unmoralisch ① *Verhalten* immoral(e) ② *sich*

verhalten d'une manière immorale
unmündig *Kind* mineur(e)
unnachgiebig ① *Person, Haltung* intransigeant(e) ② *sich verhalten* avec intransigeance
unnatürlich ① *Blässe, Lachen, Bedingungen* artificiel(le); **unnatürlich aussehen** ne pas avoir l'air naturel ② *lachen, sich benehmen* de manière contrainte
unnötig ① *Bemühung, Fehler* inutile; **es ist unnötig zu warten** ce n'est pas la peine d'attendre ② *sich aufregen* inutilement
unnütz ① *Anstrengung, Gegenstand* inutile ② *verschwenden* inutilement
die **UNO** *Abkürzung von* **United Nations Organization** l'O.N.U. *(weiblich)*
unordentlich ① *Person* désordonné(e); *Zimmer* en désordre ② *arbeiten* négligemment; *herumliegen* en désordre
die **Unordnung** le désordre
unparteiisch ① *Person, Haltung* impartial(e) ② *urteilen* en toute impartialité
unpassend ① *Bemerkung* déplacé(e) ② *Zeitpunkt* mal choisi(e)
unpersönlich *Person* froid(e); *Art, Atmosphäre* impersonnel(le)
unpraktisch ① *Methode, Gerät* pas pratique ② *Mensch* maladroit(e) [de ses mains]
unpünktlich ① **unpünktlich sein** *Mensch:* ne pas être ponctuel(le); *Bus, Zug:* avoir du retard ② *kommen* en retard
unrealistisch *Vorstellungen, Pläne* irréaliste
unrecht **das ist mir gar nicht so unrecht!** cela ne tombe pas si mal! ▶ **jemandem unrecht tun** faire du tort à quelqu'un
das **Unrecht** le tort; **im Unrecht sein** être en tort; (*vor Gericht*) être dans son tort; **Unrecht haben** avoir tort; **zu Unrecht** à tort
unregelmäßig ① *Abstände, Verb* irrégulier/irrégulière ② *erfolgen* irrégulièrement
unrein *Haut* peu sain(e); *Klang* impur(e)
die **Unruhe** ① (*Ruhelosigkeit*) l'agitation *(weiblich)* ② (*Sorge*) l'inquiétude *(weiblich)* ③ (*Tumult*) **die Unruhen** les troubles *(männlich)*
unruhig ① (*ruhelos*) *Person* agité(e); *Bewegung* nerveux/nerveuse ② (*besorgt*) inquiet/inquiète; **unruhig werden** commencer à s'inquiéter ③ *Herzschlag* irrégulier/irrégulière ④ **unruhig schlafen** avoir un sommeil agité
uns ① nous; **das gefällt uns** cela nous plaît; **er glaubt uns** il nous croit; **er wollte uns sprechen** il voulait nous parler; **es geht uns gut** nous allons bien ② **wir haben uns umgedreht** nous nous sommes retournés; **wir haben uns schon gedacht, dass ihr kommen würdet** nous savions que vous viendriez ③ **ohne uns** sans nous; **wem gehört das? – Uns!** c'est à qui ça? – À nous!
unsachlich *Person* partial(e); *Bemerkung* subjectif/subjective
unscharf ① *Foto, Umrisse* flou(e) ② *Einstellung* imprécis(e)
unschlüssig indécis(e); **sich über etwas unschlüssig sein** être indécis(e) sur quelque chose
die **Unschuld** l'innocence *(weiblich)*
unschuldig ① *Person* innocent(e); **an etwas unschuldig sein** ne pas être responsable de quelque chose ② *blicken* d'un air innocent ③ *verurteilt* à tort
unselb[st]ständig ① *Person* dépendant(e) des autres ② *Tätigkeit* salarié(e)
unser ① **unser Bruder** notre frère; **unsere Schwester** notre sœur; **unsere Eltern** nos parents; **das ist alles unseres** c'est tout à nous; **ist das dein Ball oder uns[e]rer?** est-ce ton ballon ou le nôtre? ② **der/die/das Uns[e]re** le/la nôtre; **das sind die Uns[e]ren** ce sont les nôtres
unseretwegen ① (*wegen uns*) à cause de nous ② (*uns zuliebe*) pour nous ③ (*von uns aus*) en ce qui nous concerne
unsicher ① *Gegend* peu sûr(e) ② *Person* qui manque d'assurance; **jemanden unsicher machen** ébranler quelqu'un ③ *Zukunft* incertain(e); **es ist noch unsicher, ob er kommt** ce n'est pas encore sûr qu'il vienne ④ *Schritte* mal assuré(e) ⑤ *fragen* d'une voix hésitante; *lächeln* d'un air hésitant ⑥ *sich bewegen* en chancelant
die **Unsicherheit** ① *eines Menschen* le manque d'assurance ② (*Ungewissheit*) l'incertitude *(weiblich)*
der **Unsinn** ① l'absurdité *(weiblich)*; **das ist doch Unsinn!** mais c'est absurde! ② **Unsinn machen** faire des bêtises
unsinnig *Vorschlag* insensé(e); *Gerede* inepte
die **Unsitte** la mauvaise habitude
unsrige(r, s) (*gehoben*) ① **euer Garten ist größer als der unsrige** votre jardin est plus grand que le nôtre ② (*Beitrag, Teil*) **wir werden das unsrige** [*oder* **Unsrige**] **tun** nous allons faire ce que nous avons à faire ③ (*Angehörige, Anhänger*) **die unsrigen** [*oder* **Unsrigen**] les nôtres
unsterblich ① *Seele, Musik* immortel(le) ② **sich unsterblich verlieben** (*umgs.*) tomber éperdument amoureux/amoureuse
unsympathisch *Person* antipathique; **jemandem unsympathisch sein** être antipa-

thique à quelqu'un
untätig ❶ *Person* inactif/inactive ❷ **er saß untätig daneben** il était assis à côté, les bras croisés
untauglich *Methode* inapproprié(e); *Bewerber:* inapte; **für etwas untauglich sein** *Mensch:* être inapte à quelque chose; *Methode:* être inapproprié(e) à quelque chose
unten ❶ en bas; **unten im Schrank** en bas de l'armoire; **unten im Koffer** au fond de la valise ❷ **das Auto ist unten durchgerostet** le dessous de la voiture est rouillé; **wo ist bei diesem Paket denn unten?** où est le bas de ce paquet? ❸ **unten im Keller** en bas à la cave; **nach unten gehen** descendre; **von unten kommen** venir d'en bas ❹ (*übertragen*) **sie hat ganz unten angefangen** elle a commencé tout en bas de l'échelle ❺ **siehe unten** voir ci-dessous
unter¹ ❶ **unter den/dem Tisch** sous la table; **die Lampe hängt einen Meter unter der Decke** le lustre pend à un mètre du plafond; **er wohnt unter mir** il habite au-dessous de moi ❷ **unter dem Durchschnitt** en dessous de la moyenne ❸ (*inmitten, zwischen*) parmi; **mitten unter uns** parmi nous; **wir sind unter uns** nous sommes entre nous; **unter anderem** entre autres [choses] ❹ **unter seiner/ihrer Leitung** sous sa direction; **jemanden unter sich haben** avoir quelqu'un sous ses ordres
unter² ❶ **ein Einkommen unter dreitausend Euro** un revenu inférieur à trois mille euros; **bei unter 25 °C** en dessous de 25° ❷ **etwas unter zwanzig sein** avoir un peu moins de vingt ans
der **Unterarm** l'avant-bras *(männlich)*
unterbieten ❶ baisser *Preis;* **die Konkurrenz unterbieten** vendre moins cher que la concurrence ❷ battre *Rekord;* améliorer *Zeit*
unterbinden mettre un terme à *Belästigung;* couper court à *Diskussion*
unterbrechen ❶ interrompre *Menschen, Arbeit, Fahrt* ❷ couper *Leitung, Verbindung*
unterbringen ❶ loger *Person;* installer *Büro, Mitarbeiter* ❷ caser *Möbel, Gepäck*
unterdessen pendant ce temps-là, pendant ce temps
unterdrücken opprimer *Person, Volk;* réprimer *Gefühle, Unruhen*
untere(r, s) ❶ *Schublade* inférieur(e); *Wohnung* d'en bas ❷ **die unteren Klassen des Gymnasiums** le premier cycle des études secondaires
untereinander ❶ **sie besprechen das untereinander** ils discutent de cela entre eux/elles discutent de cela entre elles ❷ (*gegenseitig*) mutuellement; **sich untereinander helfen** s'entraider
untereinanderschieben glisser l'un/l'une au-dessous de l'autre; **die Satztische untereinanderschieben** glisser les tables gigognes les unes au-dessous des autres
untereinanderschreiben écrire l'un/l'une au-dessous de l'autre; **viele Zahlen untereinanderschreiben** écrire des colonnes de chiffres
untereinanderstellen mettre l'un/l'une au-dessous de l'autre
unterentwickelt ❶ *Organ, Muskulatur* atrophié(e) ❷ *Land* sous-développé(e)
unterernährt *Mensch, Tier* sous-alimenté(e)
die **Unterführung** le passage souterrain ⚠ *männlich*
der **Untergang** ❶ *der Sonne, des Mondes* le coucher ❷ *eines Schiffs* le naufrage ❸ *eines Reiches* la chute; *einer Kultur* la disparition
untergehen ❶ *Sonne, Mond:* se coucher ❷ *Schiff:* couler ❸ *Kultur, Reich:* disparaître
das **Untergeschoss** le sous-sol
der **Untergrund** ❶ *einer Farbschicht* le fond; *eines Hauses* le sol ❷ (*Illegalität*) la clandestinité
unterhalb **unterhalb des Dorfes** au-dessous du village
der **Unterhalt** ❶ (*Lebensunterhalt*) **seinen Unterhalt mit etwas verdienen** gagner sa vie avec quelque chose ❷ **für jemanden Unterhalt zahlen** verser une pension alimentaire à quelqu'un ❸ (*Instandhaltung*) l'entretien *(männlich)*
unterhalten ❶ **sich mit jemandem über das Wetter unterhalten** s'entretenir du temps avec quelqu'un ❷ (*sich vergnügen*) **sich gut unterhalten** bien s'amuser ❸ divertir *Publikum* ❹ subvenir aux besoins de *Familie* ❺ entretenir *Kraftfahrzeug;* diriger *Firma*
die **Unterhaltung** ❶ (*Gespräch*) l'entretien *(männlich)* ❷ (*Zeitvertreib*) la distraction
der **Unterhändler** le négociateur
die **Unterhändlerin** la négociatrice
das **Unterhemd** ❶ (*für Herren*) le tricot de corps ❷ (*für Damen*) la chemise américaine
die **Unterhose** le caleçon; **die kurze Unterhose** le slip; **die lange Unterhose** le caleçon long
unterirdisch ❶ *Gang* souterrain(e) ❷ *verlaufen* sous terre
die **Unterkunft** (*für eine Nacht*) le gîte; (*für längere Zeit*) le logement
die **Unterlage** ❶ le support; (*Schreibunterlage*) le sous-main ❷ (*wichtiges Papier*) **die Unter-**

lagen les documents *(männlich)*
unterlaufen ihm ist ein Fehler unterlaufen il a fait une erreur; mir ist bei der Arbeit ein Irrtum unterlaufen une erreur s'est glissée dans mon travail
unterlegen¹ jemandem zahlenmäßig unterlegen sein être inférieur(e) en nombre à quelqu'un
unterlegen² etwas unterlegen mettre quelque chose dessous; jemandem eine Decke unterlegen mettre une couverture sous quelqu'un
der **Unterleib** le bas-ventre
unterliegen ❶ *(unterlegen sein)* perdre; jemandem unterliegen perdre face à quelqu'un ❷ einer Kontrolle unterliegen être soumis(e) à un contrôle ❸ einem Irrtum unterliegen être victime d'une erreur
die **Unterlippe** la lèvre inférieure
der **Untermieter** le sous-locataire
die **Untermieterin** la sous-locataire
unternehmen entreprendre; effectuer *Versuch;* entamer *Schritte*
das **Unternehmen** *(Firma, Vorhaben)* l'entreprise *(weiblich)*, les établissements *(männlich)*

> **V** Der Singular *das Unternehmen* kann mit einem Plural übersetzt werden: *das Unternehmen Legrand ist 1960 gegründet worden – les établissements Legrand ont été fondés en 1960.*

der **Unternehmer** l'entrepreneur *(männlich)*
die **Unternehmerin** l'entrepreneuse *(weiblich)*
die **Unternehmung** Ⓐ, ⒸⒽ l'entreprise *(weiblich)*
unternehmungslustig entreprenant(e)
die **Unterredung** l'entrevue *(weiblich)*
der **Unterricht** ❶ *(Schulwesen)* l'enseignement *(männlich)* ❷ *(Gesamtheit der Unterrichtsstunden)* les cours *(männlich)* ❸ *(einzelne Unterrichtsstunde)* le cours; *(in der Grundschule)* la classe; im Unterricht en cours; *(in der Grundschule)* en classe; Unterricht haben avoir cours

> **V** In ❷ wird der Singular *der Unterricht* mit einem Plural übersetzt: *wann ist im Sommer der Unterricht vorbei, wann fangen die großen Ferien an? – quand est-ce que les cours se terminent en été, quand est-ce que les vacances commencent?*

unterrichten ❶ *(Unterricht erteilen)* enseigner; die Schüler in Englisch unterrichten enseigner l'anglais aux élèves ❷ jemanden über einen Vorfall unterrichten instruire quelqu'un d'un incident
das **Unterrichtsfach** la matière
unterschätzen sous-estimer

unterscheiden ❶ *(auseinanderhalten)* distinguer; einen Hasen von einem Kaninchen unterscheiden distinguer un lièvre d'un lapin; man kann ihn kaum von seinem Bruder unterscheiden on ne peut guère le distinguer de son frère; sich von jemandem unterscheiden se distinguer de quelqu'un ❷ *(differenzieren)* zwei Arten unterscheiden différencier deux espèces; zwischen Gut und Böse unterscheiden faire la différence entre le bien et le mal ❸ *(einen Unterschied aufweisen)* sich unterscheiden différer; sich in etwas unterscheiden différer par quelque chose
der **Unterschenkel** la jambe
der **Unterschied** ❶ *(Unterscheidungsmerkmal)* la différence; im Unterschied zu euch à la différence de vous ❷ *(Unterscheidung)* la distinction; einen Unterschied zwischen Freunden und Bekannten machen faire la différence entre amis et connaissances
unterschiedlich ❶ *Dinge, Ansichten* différent(e) ❷ *behandeln* différemment ❸ unterschiedlich groß sein avoir une taille différente
unterschlagen détourner *Geld;* soustraire *Dokumente;* dissimuler *Informationen*
der **Unterschlupf** le refuge; jemandem Unterschlupf gewähren offrir un asile à quelqu'un
unterschreiben signer
die **Unterschrift** la signature
das **Unterseeboot** le sous-marin
unterste(r, s) die unterste Schublade le tiroir du bas; das unterste Stockwerk le rez-de-chaussée
unterstehen ❶ jemandem unterstehen dépendre de quelqu'un ❷ untersteh dich [ja nicht]! essaie un peu pour voir!
unterstellen¹ ❶ jemandem Nachlässigkeit unterstellen taxer quelqu'un de négligence ❷ unterstellen wir einmal, dass das so ist supposons que ce soit ainsi ❸ mir sind zwanzig Leute unterstellt j'ai vingt personnes sous mes ordres
unterstellen² ❶ rentrer *Fahrrad* ❷ sich unterstellen s'abriter
unterstreichen *(auch übertragen)* souligner
die **Unterstufe** eines Gymnasiums ≈ le premier cycle
unterstützen ❶ *(sich einsetzen für, ermutigen)* soutenir *Person, Plan* ❷ *(mitfinanzieren)* subventionner *Projekt*
untersuchen ❶ examiner *Patienten;* analyser *Blut, Problem* ❷ examiner *Vorfall;* die Polizei untersucht den Fall la police enquête sur

l'affaire

die **Untersuchung** ① *eines Patienten, einer Angelegenheit* l'examen *(männlich)*; **die Untersuchung eines Verbrechens** l'enquête *(weiblich)* sur un crime ② *(Studie)* l'étude *(weiblich)*

die **Untertasse** la soucoupe

untertauchen ① *(tauchen)* plonger ② *(in der Menge)* disparaître ③ *(sich verstecken)* se cacher

us/der **Unterteil** la partie inférieure

unterteilen diviser *Text*

der **Untertitel** le sous-titre; **mit Untertiteln** sous-titré(e)

Unterwalden l'Unterwald *(männlich)*

die **Unterwäsche** ① *(für Herren)* les sous-vêtements *(männlich)* ② *(für Damen)* la lingerie

V In ① wird der Singular *die Unterwäsche* mit einem Plural übersetzt: *diese Unterwäsche ist hübsch – ces sous-vêtements sont jolis.*

unterwegs ① *(während der Reise)* en cours de route ② **[nach Berlin] unterwegs sein** être en route [pour Berlin]

die **Unterwelt** ① *(Verbrechermilieu)* la pègre ② *(mythologisches Totenreich)* les enfers *(männlich)*

V In ② wird der Singular *die Unterwelt* mit einem Plural übersetzt: *der Gott der Unterwelt – le dieu des enfers.*

unterwerfen soumettre; **sich unterwerfen** se soumettre

unterzeichnen signer

unterziehen sich einer Prüfung unterziehen se soumettre à un examen; **sich einer Operation unterziehen** subir une opération

untreu infidèle

untröstlich désolé(e); **ich bin untröstlich, dass ich es vergessen habe** je suis désolé(e) de l'avoir oublié

untypisch ① *Verhalten* inhabituel(le) ② *sich verhalten* d'une façon inhabituelle

unüberlegt ① *Handlung, Entschluss* irréfléchi(e) ② *handeln* sans réfléchir

unübersichtlich ① *Kurve* sans visibilité; *Gelände* sans vue dégagée ② *Lage* confus(e)

unumstritten *Sieger* incontesté(e); **es ist unumstritten, dass sie die Bessere ist** il est incontestable qu'elle est la meilleure

ununterbrochen ① *Regen* incessant(e) ② *arbeiten, regnen* sans arrêt

unveränderlich *Merkmal* invariable

unverantwortlich ① *Verhalten* irresponsable; *Leichtsinn* inexcusable ② *handeln* en personne irresponsable

unverbindlich sans engagement

unverfroren *Äußerung* effronté(e)

unverhofft ① *Chance* inespéré(e); *Besuch* inattendu(e) ② *sich ereignen* d'une façon inattendue; *besuchen* à l'improviste ▶ **unverhofft kommt oft** il faut s'attendre à tout

unvermeidbar, unvermeidlich inévitable

unvernünftig ① *Person, Entscheidung* déraisonnable; **es ist unvernünftig, jetzt aus dem Haus zu gehen** il n'est pas raisonnable de sortir maintenant ② **unvernünftig handeln** agir déraisonnablement

unverschämt ① *Person, Antwort* impertinent(e); **was für ein unverschämtes Benehmen!** quelle impertinence! ② *(umgs.: sehr hoch, sehr groß) Preis* exorbitant(e); *Glück* incroyable ③ *grinsen* avec insolence ④ *(umgs.: äußerst) teuer* vachement

die **Unverschämtheit** ① *(dreistes Wesen)* l'impudence *(weiblich)* ② *(Bemerkung)* l'impertinence *(weiblich)*

unverständlich *Sprache, Entscheidung* incompréhensible; **es ist mir unverständlich, warum du das getan hast** je ne comprends pas pourquoi tu as fait ça

unverwechselbar *Person* unique; *Gegenstand* très caractéristique

unverwüstlich ① *Material* très résistant(e) ② *Gesundheit* de fer; *Humor* imperturbable

unvollkommen *Mensch, Kunstwerk* imparfait(e); *Arbeit* incomplet/incomplète

unvollständig ① *Liste* incomplet/incomplète ② *aufzählen* de façon incomplète

unvorbereitet ① *Vortrag, Rede* improvisé(e); *Prüfung* non préparé(e) ② *unterrichten* sans préparation; **unvorbereitet eine Rede halten** improviser un discours

unvorhergesehen ① *Ereignis* imprévu(e) ② *passieren* de façon imprévue

unvorsichtig ① *Person, Verhalten* imprudent(e); *Bemerkung* inconsidéré(e) ② *handeln, sich äußern* imprudemment

unvorstellbar ① *Glück, Menge* inimaginable; **es ist unvorstellbar, dass so etwas geschehen könnte** il est impensable qu'une chose pareille puisse arriver ② *weit, schnell* incroyablement

unwahrscheinlich ① *Ereignis* invraisemblable; **es ist unwahrscheinlich, dass ich kommen kann** il y a peu de chances que je vienne ② *(umgs.: sehr groß) Glück, Schmerzen* incroyable ③ *(umgs.: überaus) groß, stark* vachement

das **Unwetter** la tempête

unwichtig insignifiant(e); **das ist unwichtig**

ce n'est pas important
unwiderruflich ① *Entschluss* irrévocable ② *feststehen* irrévocablement
unwiderstehlich *Person, Lächeln* irrésistible
unwillkürlich ① *Bewegung* involontaire ② *lächeln* involontairement
unwirksam ① *Maßnahme* inefficace ② *Vertrag* nul(le)
unwissend ① (*ungebildet*) ignorant(e) ② (*ahnungslos*) **unwissend sein** ne pas être au courant
unwohl ich fühle mich unwohl (*schlecht*) je ne me sens pas bien; (*unbehaglich*) je suis mal à l'aise
unzählig unzählige Freunde d'innombrables amis; **unzählige Male** maintes et maintes fois
unzerbrechlich *Glas* incassable
unzertrennlich *Freunde* inséparable
unzufrieden mécontent(e); **mit jemandem/mit etwas unzufrieden sein** être mécontent(e) de quelqu'un/de quelque chose
die **Unzufriedenheit** le mécontentement
die **Unzukömmlichkeit** ⒸⒽ, die **Unzulänglichkeit** l'insuffisance (*weiblich*)
unzulässig *Maßnahme* inadmissible; *Methode* illicite
unzumutbar *Belastung* intolérable, inacceptable
unzurechnungsfähig irresponsable
unzutreffend *Bemerkung, Kritik* inexact(e)
unzuverlässig ① **ein unzuverlässiger Freund** un ami sur qui on ne peut [pas] compter; **sie ist sehr unzuverlässig** on ne peut vraiment pas compter sur elle ② *Gedächtnis* infidèle
das **Update** ['apdɛɪt] (*in der Informatik*) la dernière version
üppig ① *Mahlzeit* copieux/copieuse ② *Vegetation* luxuriant(e) ③ *Busen* opulent(e)
uralt ① *Person, Baum* très vieux/vieille ② *Brauch* très ancien(ne) ③ (*umgs.: allseits bekannt*) *Trick* archiconnu(e)
das **Uran** l'uranium (*männlich*)
Uranus (*in der Astronomie*) Uranus, la planète Uranus
die **Uraufführung** la première représentation
urchig ⒸⒽ ① *Person* folklo ② *Lokal* très couleur locale
der **Urenkel** l'arrière-petit-fils (*männlich*); **seine Urenkel** ses arrière-petits-enfants (*männlich*)
die **Urenkelin** l'arrière-petite-fille (*weiblich*)
urgieren Ⓐ faire avancer
die **Urgroßeltern** les arrière-grands-parents (*männlich*)
das **Urheberrecht** le droit d'auteur
Uri l'Uri (*männlich*)
urig (*umgs.*) ① *Person* folklo ② *Lokal* très couleur locale
der **Urin** l'urine (*weiblich* ⚠)
die **Urkunde** (*Dokument*) le document
der **Urlaub** le congé; **Urlaub haben** être en congé; **in Urlaub fahren** partir en vacances
das **Urlaubsfoto** la photo de vacances
die **Ursache** la cause; **Ursache und Wirkung** la cause et l'effet ▶ **keine Ursache!** [il n'y a] pas de quoi!
der **Ursprung** ① *eines Wortes* l'origine (*weiblich*) ② (*Anfang*) **die Ursprünge einer exotischen Kultur studieren** étudier les origines (*weiblich*) d'une civilisation exotique
ursprünglich ① initial(e) ② *Landschaft* à l'état naturel ③ (*anfangs*) au début
das **Urteil** ① (*in der Rechtsprechung*) le jugement; **ein Urteil fällen** rendre un jugement ② (*Meinung*) l'opinion (*weiblich*); **sich ein Urteil über jemanden/über etwas bilden** se faire une opinion sur quelqu'un/sur quelque chose
urteilen juger; **über jemanden/über etwas urteilen** juger quelqu'un/quelque chose
der **Urwald** la forêt vierge
die **Urzeit** l'ère (*weiblich*) primaire ▶ **vor Urzeiten** (*umgs.*) [il] y a des lustres
die **USA** Abkürzung von **United States of America** les États-Unis (*männlich*)
der **USB-Stick** [juɛsˈbiːstɪk] (*in der Informatik*) la clé USB [kle yɛsbe]
der **User** [ˈjuːzɐ] (*in der Informatik*) l'utilisateur (*männlich*)
die **Userin** [ˈjuːzərɪn] (*in der Informatik*) l'utilisatrice (*weiblich*)
usw. Abkürzung von **und so weiter** etc.
das **Utensil** l'ustensile (*männlich*)
die **Utopie** l'utopie (*weiblich*)
utopisch ① *Wunsch, Vorstellung* utopique ② *Roman* d'anticipation
u.v.a.[m.] Abkürzung von **und vieles andere [mehr]** etc.
die **UV-Strahlen** les rayons (*männlich*) ultraviolets

V

das **v**, das **V** le v, le V [ve]
der **Vagabund** le vagabond
die **Vagabundin** la vagabonde
vage ① *Vorstellung, Versprechung* vague ② *sich erinnern* vaguement
die **Vagina** le vagin ⚠ *männlich*
das **Vakuum** le vide
vakuumverpackt [conditionné(e)] sous vide
der **Vampir** le vampire
die **Vanille** la vanille
das **Vanilleeis** la glace à la vanille
der **Vanillezucker** le sucre vanillé
die **Variante** la variante
die **Variation** ① *(Abwandlung)* la variante ② *eines Musikstücks* la variation
das **Varieté**, das **Varietee** *(Aufführung)* le spectacle de variétés
variieren varier
die **Vase** le vase ⚠ *männlich*
der **Vater** le père ▶ **der Heilige Vater** le Saint-Père
das **Vaterland** la patrie
väterlich ① *Rat* paternel(le) ② *ermahnen* comme un père
die **Vaterschaft** la paternité
das **Vaterunser** le Notre Père; **das Vaterunser beten** dire le Notre Père
der **Vatikan** le Vatican
v. Chr. *Abkürzung von* **vor Christus** av. J.-C.
vegetarisch ① *Essen, Restaurant* végétarien(ne) ② *leben* en végétarien(ne); **er ernährt sich vegetarisch** il est végétarien
die **Vegetation** la végétation
vegetieren végéter
das **Veilchen** la violette
das **Velo** ⒸⒽ le vélo
die **Vene** la veine
Venezuela le Venezuela
das **Ventil** ① *(Absperrhahn)* la vanne [d'arrêt] ② *eines Reifens* la valve ③ *eines Motors* la soupape
der **Ventilator** le ventilateur
Venus *(in der Astronomie)* Vénus *(weiblich)*, la planète Vénus
verabreden ① **sich verabreden** prendre rendez-vous; **sich mit jemandem verabreden** prendre rendez-vous avec quelqu'un ② *(vereinbaren)* fixer; **mit jemandem einen Ort/einen Termin verabreden** fixer un endroit/un rendez-vous avec quelqu'un; **wie verabredet** comme convenu

die **Verabredung** ① *(Treffen)* le rendez-vous; **eine Verabredung haben** avoir un rendez-vous ② *(Vereinbarung)* l'accord *(männlich)*; **eine Verabredung treffen** se mettre d'accord
verabscheuen détester
verabschieden ① **sich von jemandem verabschieden** dire au revoir à quelqu'un ② prendre congé de *Gast* ③ voter *Gesetz;* adopter *Haushalt*
verachten mépriser ▶ **das ist nicht zu verachten** *(umgs.)* il ne faut pas cracher sur cela
verächtlich ① *Blick, Worte* méprisant(e) ② *sich äußern* avec mépris
verallgemeinern généraliser
veraltet *Ansichten* démodé(e); *Wort* désuet/désuète; *Gerät* dépassé(e)
die **Veranda** la véranda
veränderlich variable
verändern ① changer; transformer *Leben;* modifier *Ablauf* ② **sich verändern** changer; *(beruflich)* changer d'emploi
die **Veränderung** ① *(Wandel)* le changement; *(Änderung)* la modification ② *(Stellenwechsel)* le changement d'emploi
verängstigen effrayer
veranlagt künstlerisch veranlagt sein être doué(e) pour les arts; **praktisch veranlagt sein** avoir le sens pratique
veranlassen ① *(in die Wege leiten)* faire le nécessaire pour ② **jemanden dazu veranlassen, etwas zu tun** amener quelqu'un à faire quelque chose
veranschaulichen jemandem einen Plan veranschaulichen illustrer un plan à quelqu'un
veranstalten ① organiser *Fest, Kongress* ② **Lärm veranstalten** *(umgs.)* faire du tintouin
die **Veranstaltung** ① *(das Durchführen)* eines Festes, Kongresses l'organisation *(weiblich)* ② *(Ereignis)* la manifestation
verantworten ① assumer la responsabilité de *Entscheidung* ② **sich für ein Vergehen verantworten müssen** devoir se justifier d'un délit
verantwortlich *Person* responsable; **für etwas verantwortlich sein** être responsable de quelque chose; **er ist dafür verantwortlich, dass alles rechtzeitig fertig wird** il est responsable du fait que tout soit terminé à temps; **jemanden für eine Tat verantwortlich machen** rendre quelqu'un responsable d'un acte

die **Verantwortung** ❶ la responsabilité; **die Verantwortung für etwas übernehmen** assumer la responsabilité de quelque chose ❷ (*Zuständigkeit*) **Verantwortung übernehmen** prendre des responsabilités ❸ **ich tue das auf eigene Verantwortung** j'en prends l'entière responsabilité

> In ❷ wird der Singular *die Verantwortung* mit einem Plural übersetzt: *sie übernimmt gerne Verantwortung – elle aime prendre des responsabilités.*

verantwortungslos ❶ *Person, Handlungsweise* irresponsable ❷ **verantwortungslos handeln** agir d'une manière irresponsable
verarbeiten ❶ traiter *Rohstoff;* **Eisen zu Stahl verarbeiten** transformer du fer en acier ❷ (*verbrauchen*) utiliser *Farbe, Zement* ❸ traiter *Daten* ❹ assimiler *Eindrücke*
verärgern fâcher
verarzten (*umgs.*) soigner
verausgaben sich verausgaben (*körperlich*) se donner à fond; (*finanziell*) se ruiner
das **Verb** le verbe
der **Verband** ❶ (*für eine Wunde*) le bandage ⚠ *männlich;* **jemandem einen Verband anlegen** faire un bandage à quelqu'un ❷ (*Vereinigung*) l'association (weiblich) ❸ (*militärisch*) l'unité (weiblich)
der **Verband[s]kasten** la trousse de secours
das **Verband[s]material,** das **Verband[s]zeug** les pansements (*männlich*)

> Der Singular *das Verband[s]zeug* wird mit einem Plural übersetzt: *das Verbandszeug ist im Badezimmer – les pansements sont dans la salle de bains.*

verbannen (*auch übertragen*) bannir
verbergen ❶ cacher; **etwas vor jemandem verbergen** cacher quelque chose à quelqu'un ❷ **sich verbergen** se cacher; **sich vor jemandem verbergen** se cacher pour ne pas être vu(e) par quelqu'un
verbessern ❶ améliorer *Leistungen, Bedingungen;* **sich verbessern** *Schüler, Leistung:* s'améliorer ❷ (*berichtigen*) corriger *Menschen, Fehler, Text;* **sich verbessern** se corriger ❸ **sich beruflich verbessern** trouver une meilleure situation
die **Verbesserung** ❶ (*positive Veränderung*) l'amélioration (weiblich) ❷ (*Korrektur*) la correction
verbeugen sich verbeugen s'incliner
die **Verbeugung** la révérence
verbiegen tordre; **sich verbiegen** se tordre
verbieten interdire; **seine Eltern haben ihm das Rauchen verboten** ses parents lui ont interdit de fumer
verbinden ❶ bander *Wunde, Arm;* faire un bandage à *Patienten* ❷ **jemandem die Augen verbinden** bander les yeux à quelqu'un ❸ (*am Telefon*) **würden Sie mich bitte mit Frau Müller verbinden?** pourriez-vous me passer madame Müller, s'il vous plaît?; **ich verbinde [Sie]!** je vous le/la passe!; **[Sie sind] falsch verbunden!** vous avez fait un faux numéro! ❹ raccorder *Einzelteile* ❺ **die Autobahn verbindet Berlin mit Hannover** l'autoroute relie Berlin à °Hanovre ❻ **einen Namen mit etwas verbinden** associer un nom à quelque chose ❼ **uns verbinden viele gemeinsame Erinnerungen** de nombreux souvenirs communs nous unissent ❽ **mit Schmerzen verbunden sein** causer des douleurs; **mit Kosten verbunden sein** impliquer des frais ❾ **sich mit etwas verbinden** *Chemikalie:* se combiner à quelque chose
verbindlich ❶ *Zusage, Vereinbarung* définitif/définitive; *Auskunft* sûr(e) ❷ **zusagen, vereinbaren** définitivement ❸ *lächeln* avec obligeance
die **Verbindung** ❶ (*Zusammenhang*) le rapport; **in Verbindung mit dieser Nachricht** (*im Zusammenhang mit*) en relation avec cette nouvelle ❷ ([*persönliche*] *Beziehung*) la relation; **sich mit jemandem in Verbindung setzen** contacter quelqu'un; **mit jemandem in Verbindung treten/stehen** entrer/être en relation avec quelqu'un ❸ (*Telefonverbindung, Verkehrsverbindung*) **eine gute Verbindung nach Paris** une bonne liaison avec Paris ❹ (*Telefongespräch*) la communication ❺ (*in der Chemie*) le composé
verbissen ❶ *Anstrengung, Gegner* acharné(e) ❷ *Miene* crispé(e) ❸ *kämpfen* avec acharnement
verbitten sich etwas verbitten ne pas tolérer quelque chose
verbittert *Person* aigri(e)
verblassen ❶ *Farbe:* passer ❷ (*gehoben*) *Eindruck, Erinnerung:* s'estomper
verbleit *Benzin* contenant du plomb
verblödend *Sendung, Werbung* débilisant(e)
verblödet (*umgs.*) abruti(e)
verblüfft ❶ *Person, Blick* stupéfait(e) ❷ **verblüfft schauen** avoir l'air stupéfait
verblühen se faner
verbohrt (*umgs.*) borné(e)
verborgen caché(e); *Tür, Gang* dérobé(e); *Wünsche* secret/secrète

das **Verbot** l'interdiction *(weiblich)*
verboten ❶ *Handlung* interdit(e); **es ist verboten, hier ein Handy zu benutzen** il est interdit de se servir de son portable ici ❷ **verboten aussehen** *(umgs.)* avoir une allure pas possible
der **Verbrauch** la consommation; **der Verbrauch an Benzin** la consommation d'essence
verbrauchen ❶ consommer *Vorräte, Energie* ❷ dépenser *Kraft, Geld*
verbrechen *(umgs.)* **was hast du denn schon wieder verbrochen?** mais qu'est-ce que t'as encore fabriqué?
das **Verbrechen** le crime
verbreiten ❶ propager *Gerücht, Krankheit;* faire circuler *Nachricht;* **weit verbreitet** *Pflanze* commun(e); *Ansicht* [très] répandu(e) ❷ distribuer *Schriften* ❸ inspirer *Entsetzen* ❹ **sich verbreiten** *Krankheit:* se propager; *Geruch, Nachricht:* se répandre
verbrennen ❶ brûler *Holz, Kohle, Papier, Brief;* incinérer *Müll* ❷ *(umgs.)* incinérer *Toten* ❸ **der Braten ist verbrannt** le rôti est brûlé; **hier riecht es verbrannt** *(umgs.)* ça sent le brûlé ici ❹ **sich die Hand am Backofen verbrennen** se brûler la main en touchant le four
die **Verbrennung** ❶ *(Verletzung)* la brûlure ❷ *(das Verbrennen, Einäschern)* l'incinération *(weiblich)* ❸ *von Gasen, Benzin* la combustion
verbringen passer *Zeit;* **die Zeit mit Lesen verbringen** passer son temps à lire
verbrühen sich verbrühen s'ébouillanter; **sich die Hand verbrühen** s'ébouillanter la main
verbünden sich verbünden s'allier; **sich mit jemandem verbünden** s'allier avec quelqu'un
verbürgen sich verbürgen se porter garant(e); **sich für jemanden/für etwas verbürgen** se porter garant(e) de quelqu'un/de quelque chose
der **Verdacht** le soupçon; **Verdacht schöpfen** avoir des soupçons ▶ **auf Verdacht** *(umgs.: aufs Geratewohl)* à tout °hasard
verdächtig ❶ *Person, Benehmen, Aussehen* suspect(e) ❷ **sich benehmen** d'une manière suspecte; **sich verdächtig machen** se rendre suspect(e) ❸ **im Haus ist es verdächtig ruhig** il règne un silence suspect [syspɛ] dans la maison
verdächtigen soupçonner
verdammt *(umgs.)* ❶ **dieser verdammte Computer!** ce sacré ordinateur!; **diese verdammte Karre!** [quelle] putain de bagnole! ❷ **er hat verdammtes Glück gehabt!** il a eu une sacrée chance! ❸ **es ist verdammt kalt** il fait vachement froid; **er ist verdammt hübsch** il est vachement bien ▶ **verdammt! zut!; verdammt noch mal!** zut alors!
verdampfen s'évaporer
verdanken ❶ **jemandem sein Glück verdanken** devoir son bonheur à quelqu'un; **es ist ihm/ihr zu verdanken, dass ich noch lebe** si je suis encore en vie, c'est grâce à lui/à elle ❷ CH *(gehoben: Dank aussprechen)* **jemandem etwas verdanken** remercier quelqu'un pour quelque chose
verdauen *(auch übertragen)* digérer
verdaulich *Nahrung* digeste; **leicht/schwer verdaulich** facile/difficile à digérer
das **Verdeck** la capote
verderben ❶ *Lebensmittel:* s'avarier; *Sahne:* tourner ❷ corrompre *Charakter;* **jemandem den Urlaub verderben** gâcher les vacances à quelqu'un; **er hat mir die Freude verdorben** il m'a gâché mon plaisir ▶ **er/sie hat es sich mit ihnen verdorben** il/elle a perdu leur estime; **er/sie will es sich mit niemandem verderben** il/elle veut ménager la chèvre et le chou
verderblich périssable; **Fisch ist leicht verderblich** le poisson pourrit vite
verdeutlichen expliquer; **jemandem seinen Standpunkt verdeutlichen** expliquer son point de vue à quelqu'un
verdienen ❶ gagner *Lohn, Gehalt;* **was [oder wie viel] verdienst du im Monat?** combien gagnes-tu par mois? ❷ **gut verdienen** gagner bien sa vie; **schlecht verdienen** gagner mal sa vie ❸ mériter *Lob, Strafe, Glück* ❹ **sich sein Studium selbst verdienen** financer soi-même ses études ❺ **an einem Geschäft verdienen** faire des bénéfices sur une affaire
der **Verdienst** ❶ *(Einkommen)* le salaire ❷ *(Gewinn)* le profit
das **Verdienst** le mérite; **es ist sein Verdienst, dass die Kirche renoviert wurde** c'est grâce à lui que l'église a été rénovée
verdient ❶ *Lob, Strafe* mérité(e) ❷ *Mitarbeiter* émérite ▶ **sich um etwas verdient machen** rendre de grands services à quelque chose
verdoppeln ❶ doubler *Zahl, Betrag* ❷ redoubler *Anstrengungen* ❸ **sich verdoppeln** doubler
verdorben ❶ *Fleisch* avarié(e); *Käse* moisi(e) ❷ *Charakter* dépravé(e)

verdrängen ❶ **jemanden von seinem Platz verdrängen** pousser quelqu'un pour prendre sa place ❷ refouler *Erinnerungen* ❸ (*allmählich ersetzen*) supplanter
verdrehen ❶ tourner *Hals;* **die Augen verdrehen** rouler *des* yeux ❷ (*umgs.: verfälschen*) déformer *Tatsachen*
verdreifachen tripler; **sich verdreifachen** tripler
verdrücken (*umgs.*) ❶ **eine Pizza verdrücken** s'envoyer une pizza ❷ **sich verdrücken** se tirer
verduften (*umgs.: verschwinden*) se barrer
verdunkeln ❶ masquer *Fenster* ❷ **graue Wolken verdunkeln den Himmel** des nuages gris assombrissent le ciel ❸ **der Himmel verdunkelt sich** le ciel s'assombrit
verdünnen diluer *Flüssigkeit;* allonger *Suppe, Soße*
verdunsten s'évaporer
verdursten mourir de soif
verdutzt ❶ *Person, Miene* déconcerté(e) ❷ **jemanden verdutzt ansehen** regarder quelqu'un d'un air ahuri
verehren (*auch religiös*) vénérer
der **Verehrer** ❶ (*Bewunderer*) l'admirateur (*männlich*) ❷ (*Liebhaber*) le soupirant
die **Verehrerin** l'admiratrice (*weiblich*)
der **Verein** ❶ l'association (*weiblich*) ❷ (*Sportverein*) le club
vereinbaren ❶ **mit jemandem einen Termin vereinbaren** convenir d'une date avec quelqu'un ❷ **etwas mit seinem Gewissen vereinbaren können** pouvoir concilier quelque chose avec sa conscience
die **Vereinbarung** (*Abmachung*) l'accord (*männlich*); **mit jemandem eine Vereinbarung treffen** conclure un accord avec quelqu'un
vereinen regrouper *Firmen;* rassembler *Kräfte*
vereinfachen simplifier
vereinheitlichen uniformiser
vereinigen ❶ regrouper *Firmen;* réunir *Organisationen* ❷ **sich vereinigen** *Personen, Firmen:* s'associer; *Flüsse:* confluer; **sich wieder vereinigen** *Staaten:* se réunifier
verenden (*gehoben*) *Tier:* mourir
vererben ❶ léguer; **jemandem sein Vermögen vererben** léguer sa fortune à quelqu'un ❷ **seinem Kind eine Krankheit vererben** transmettre une maladie à son enfant
die **Vererbung** *einer Krankheit* la transmission héréditaire
verewigen (*umgs.*) **sich irgendwo verewigen** s'immortaliser quelque part

verfahren¹ (*ausweglos*) *Situation* sans issue
verfahren² ❶ (*vorgehen*) procéder ❷ **sich verfahren** se tromper de route ❸ **viel Benzin verfahren** rouler beaucoup et consommer beaucoup d'essence [*oder* de carburant]
das **Verfahren** ❶ le procédé ❷ (*Gerichtsverfahren*) la procédure
der **Verfall** ❶ *eines Gebäudes* le délabrement; *des Körpers* la dégradation ❷ (*das Ungültigwerden*) l'expiration (*weiblich*)
verfallen ❶ *Gebäude:* se délabrer; *Mensch:* décliner ❷ *Fahrkarte:* être périmé(e)
das **Verfallsdatum** la date de péremption
verfälschen déformer *Wahrheit, Bericht*
verfärben ❶ **sich verfärben** changer de couleur ❷ déteindre sur *Wäsche*
verfassen rédiger *Artikel;* écrire *Buch*
der **Verfasser** l'auteur (*männlich*)
die **Verfasserin** l'auteur (*männlich*)

> ⓖ Es gibt zwar die Femininformen *l'autrice* und *l'auteure*, aber sie sind nicht sehr gebräuchlich. In der Regel wird die männliche Form auch für Frauen verwendet: *die Verfasserin dieses Romans ist eine junge Pariserin – c'est une jeune Parisienne qui est l'auteur de ce roman.*

die **Verfassung** ❶ (*Befinden*) la disposition ❷ *eines Staats* la constitution
der **Verfassungsschutz** (*umgs.: Bundesamt für Verfassungsschutz*) ≈ la Direction de la sécurité du territoire
verfaulen ❶ *Gemüse, Obst:* se gâter; *Fleisch:* s'avarier ❷ (*verwesen*) pourrir
verfehlen ❶ (*nicht treffen*) manquer *Ziel* ❷ rater *Menschen, Bus* ❸ **das Thema verfehlen** ne pas traiter le sujet
verfeinden **sich verfeinden** se brouiller à mort
verfeinern améliorer *Soße;* affiner *Methode*
die **Verfilmung** l'adaptation (*weiblich*) cinématographique
verfinstern **sich verfinstern** *Himmel:* s'obscurcir; *Miene:* s'assombrir
verfliegen ❶ *Duft, Rauch:* se dissiper ❷ *Kummer:* s'envoler
verflixt (*umgs.*) ❶ **dieser verflixte Kerl!** cet enfoiré!; **diese verflixte Karre!** [cette] sacrée bagnole! ❷ **sie hat verflixtes Glück gehabt!** elle a eu une sacrée chance! ▸ **verflixt!** mince!; **verflixt noch mal!** mince alors!
der **Verflossene** (*umgs.*) l'ex (*männlich*)
die **Verflossene** (*umgs.*) l'ex (*weiblich*)
verfluchen maudire
verflucht (*umgs.*) **dieser verfluchte Kerl!** cet enfoiré!; **diese verfluchte Karre!** cette

foutue bagnole!; **so ein verfluchter Mist!** quelle putain de merde! ▶ **verflucht!** nom d'un chien!

verfolgen ❶ poursuivre *Menschen* ❷ suivre *Spur* ❸ (*drangsalieren*) persécuter

die **Verfolgung** ❶ la poursuite ❷ (*Drangsalierung*) la persécution

verformen déformer; **sich verformen** se déformer

verfrachten (*umgs.*) **sein Kind ins Bett verfrachten** expédier son enfant au lit

verfrüht prématuré(e)

verfügen über etwas verfügen disposer de quelque chose

die **Verfügung jemandem zur Verfügung stehen** être à la disposition de quelqu'un

verführen ❶ (*verleiten*) **jemanden zu etwas verführen** entraîner quelqu'un à faire quelque chose ❷ séduire *Mann, Frau*

verführerisch séduisant(e)

vergammeln (*umgs.*) ❶ (*verderben*) *Essen:* moisir ❷ (*vertrödeln*) **den Tag vergammeln** glander toute la journée

vergangen passé(e)

die **Vergangenheit** le passé

vergeben ❶ (*verzeihen*) pardonner; **jemandem alles vergeben** pardonner tout à quelqu'un ❷ attribuer *Auftrag;* „**Eintrittskarten günstig zu vergeben für …**" "Donne places pas chères pour …"

vergeblich ❶ *Wunsch, Hoffnung* vain(e) ❷ *sich bemühen, warten* en vain

die **Vergebung** le pardon

vergehen ❶ *Zeit:* passer; *Schmerz:* disparaître ❷ **jemandem vergeht die Lust** l'envie passe à quelqu'un ❸ **vor Hunger/vor Angst vergehen** mourir de faim/de peur ❹ **sich an jemandem vergehen** abuser de quelqu'un

das **Vergehen** le délit

vergessen oublier ▶ **vergiss es!** (*umgs.*) laisse tomber!; **das werde ich dir/ihr nie [oder nicht] vergessen!** (*aus Dankbarkeit*) je ne l'oublierai pas [*oder* jamais]; (*aus Groll*) je m'en souviendrai!

vergesslich étourdi(e)

vergeuden gaspiller

vergewaltigen violer

vergewissern sich vergewissern, dass alles in Ordnung ist s'assurer qu'on n'a rien oublié

vergießen verser

vergiften ❶ empoisonner *Menschen, Essen;* **sich vergiften** (*Selbstmord begehen*) s'empoisonner ❷ **sich durch verdorbenen Fisch vergiften** avoir une intoxication en mangeant du poisson avarié

der **Vergleich** ❶ la comparaison ❷ **im Vergleich zu den anderen** par rapport aux autres ▶ **der Vergleich hinkt** c'est une comparaison boiteuse

vergleichbar comparable

vergleichen ❶ comparer; **vergleich mal diese zwei Aufnahmen [miteinander]!** compare ces deux enregistrements pour voir! ❷ **sich mit jemandem vergleichen** se comparer à quelqu'un ❸ **vergleiche S. 20** voir p. 20

vergnügen ❶ **sich vergnügen** s'amuser; **sich auf einer Party vergnügen** bien s'amuser à une soirée ❷ **sich mit jemandem vergnügen** se divertir avec quelqu'un

das **Vergnügen** le plaisir; **viel Vergnügen!** (*wenn der Gesprächspartner geduzt wird*) amuse-toi bien!; (*wenn der Gesprächspartner gesiezt wird*) amusez-vous bien!; **mit Vergnügen!** avec plaisir! ▶ **hinein ins Vergnügen!** (*umgs.*) allez, on va s'éclater!

vergnügt ❶ *Gesicht* réjoui(e) ❷ *summen, pfeifen* de plaisir

die **Vergnügung** le divertissement

der **Vergnügungspark** le parc d'attractions

vergolden dorer

vergraben ❶ enterrer *Menschen, Tier;* enfouir *Schatz, Knochen* ❷ **sich in seine Bücher [oder in seinen Büchern] vergraben** se plonger dans ses livres

vergraulen (*umgs.*) faire ficher le camp

vergreifen sich an jemandem vergreifen s'en prendre à quelqu'un

vergriffen *Buch* épuisé(e)

vergrößern ❶ (*auch in der Fotografie*) agrandir ❷ augmenter *Abstand* ❸ (*wachsen*) **sich vergrößern** grossir ❹ **diese Lupe vergrößert stark** cette loupe a un fort grossissement

die **Vergrößerung** *eines Fotos* l'agrandissement (*männlich*)

die **Vergünstigung** ❶ l'avantage (*männlich*) ❷ (*Ermäßigung*) la réduction

verhaften arrêter; **verhaftet werden** être arrêté(e)

verhalten[1] ❶ *Fahrweise* modéré(e) ❷ *Ärger* retenu(e)

verhalten[2] **sich fair verhalten** être fair-play; **sie haben sich unmöglich verhalten** ils/elles ont été impossibles

das **Verhältnis** ❶ (*Vergleich, Beziehung*) le rapport; **im Verhältnis zu früher** par rapport à autrefois; **seine Popularität steht in kei-**

nem Verhältnis zu seinem Können sa popularité est disproportionnée à ses compétences ❷ (*Proportion*) la proportion ❸ (*Kontakt*) **ein gutes Verhältnis zu jemandem haben** avoir de bons rapports avec quelqu'un ❹ (*Liebesverhältnis*) la liaison ❺ (*Lebensumstand*) **die Verhältnisse** les conditions *(weiblich)* ▸ **er lebt über seine Verhältnisse** il vit au-dessus de ses moyens

verhältnismäßig relativement

verhandeln ❶ **über etwas verhandeln** négocier quelque chose ❷ juger *Fall, Prozess*

die **Verhandlung** ❶ la négociation; **Verhandlungen aufnehmen** engager des négociations ❷ (*Gerichtsverhandlung*) l'audience *(weiblich)*

verhängen ❶ (*beschließen*) infliger *Strafe;* siffler *Freistoß* ❷ masquer *Fenster, Spiegel*

verhängnisvoll fatal(e)

verhärten sich verhärten se durcir

verhauen (*umgs.*) ❶ (*verprügeln*) tabasser ❷ louper *Klassenarbeit* ❸ **sich um hundert Euro verhauen** se planter de cent euros

verheerend ❶ *Orkan* dévastateur/dévastatrice ❷ **sich verheerend auswirken** avoir des effets dévastateurs ❸ **verheerend aussehen** (*umgs.*) *Schuhe, Haare:* être en piteux état

verheilen cicatriser

verheimlichen cacher; **jemandem etwas verheimlichen** cacher quelque chose à quelqu'un

verheiratet *Frau, Mann* marié(e); **glücklich verheiratet sein** être heureux/heureuse en ménage; **unglücklich verheiratet sein** être malheureux/malheureuse en ménage; **er ist mit einer Journalistin verheiratet** il est marié à une journaliste

verherrlichen magnifier

verhexen ensorceler

verhindern ❶ éviter *Unfall;* empêcher *Heirat* ❷ **verhindern, dass etwas geschieht** empêcher que quelque chose [ne] se produise; **ich muss verhindern, dass sie das tut** je dois l'empêcher de faire cela, il faut que je l'empêche de faire cela

verhören ❶ (*vernehmen*) interroger ❷ **sich verhören** mal entendre ▸ **ich habe mich wohl verhört!** (*wenn man den Gesprächspartner duzt*) pince-moi, je rêve!; (*wenn man den Gesprächspartner siezt*) pincez-moi, je rêve!

verhüllen ❶ (*verdecken*) recouvrir; **sich mit etwas verhüllen** se couvrir de quelque chose ❷ **sie hat ihr Gesicht mit einem Schleier verhüllt** elle s'est voilé le visage

verhungern être affamé(e); **am Verhungern sein** mourir de faim

verhüten ❶ prévenir *Unfall, Katastrophe;* éviter *Schwangerschaft* ❷ (*Verhütungsmittel benutzen*) utiliser un contraceptif

das **Verhütungsmittel** le contraceptif

verirren sich verirren s'égarer

verjagen chasser

verjähren se prescrire

verkabeln câbler

verkalken ❶ *Waschmaschine, Kaffeemaschine:* s'entartrer ❷ *Arterien, Gehirn:* se scléroser ❸ (*umgs.: vergreisen*) gâtifier; **verkalkt sein** être gaga

der **Verkauf** la vente

verkaufen ❶ vendre; „Zu verkaufen" "À vendre" ❷ (*verkauft werden*) **sich gut/schlecht verkaufen** *Ware:* se vendre bien/mal ❸ (*überzeugend auftreten*) **sich gut/schlecht verkaufen** savoir/ne pas savoir se vendre ❹ **jemandem eine Geschichte verkaufen** (*umgs.*) faire gober une histoire à quelqu'un

der **Verkäufer** le vendeur

die **Verkäuferin** la vendeuse

der **Verkehr** ❶ la circulation ❷ (*Transportverkehr*) le trafic

verkehren ❶ **zwischen diesen beiden Orten verkehrt ein Zug/ein Bus** un train/un bus relie ces deux localités ❷ (*Kontakt pflegen*) **mit jemandem verkehren** fréquenter quelqu'un; **in einem Lokal verkehren** fréquenter un bar

die **Verkehrsampel** le feu

die **Verkehrskontrolle** le contrôle routier

das **Verkehrsmittel** le moyen de transport

die **Verkehrsregel** la règle du Code de la route

das **Verkehrsschild**, das **Verkehrszeichen** le panneau de signalisation

verkehrt ❶ **der verkehrte Schlüssel** la mauvaise clé; **in die verkehrte Richtung gehen** aller dans la mauvaise direction; **das ist der verkehrte Weg** ce n'est pas le bon chemin ❷ **erzählen** de travers ❸ *aufmachen* du mauvais côté; **verkehrt herum** à l'envers

verklagen porter plainte contre

verkleiden ❶ (*kostümieren*) déguiser; **sich verkleiden** se déguiser; **sich als Clown/als Prinzessin verkleiden** se déguiser en clown/en princesse

verkleinern ❶ réduire *Format* ❷ **diese Linse verkleinert [stark]** cette lentille diminue [énormément] la taille des objets ❸ **sich verkleinern** *Firma:* rapetisser; *Tumor:* diminuer de volume

verklemmen sich verklemmen *Schublade:* se coincer

verklemmt (*gehemmt*) **verklemmt sein** être coincé(e)

verknallen (*umgs.*) **sich verknallen** s'amouracher; **sich in jemanden verknallen** s'amouracher de quelqu'un, s'enticher de quelqu'un

verkneifen (*umgs.*) **sich eine Bemerkung verkneifen** se retenir de faire une remarque; **sich das Lachen verkneifen** réprimer son envie de rire

verkniffen (*abwertend*) ❶ *Miene:* pincé(e) ❷ **verkniffen grinsen** avoir un sourire pincé

verknoten ❶ nouer *Drähte, Schnüre* ❷ **sich verknoten** s'emmêler [sãmele]

verknüpfen ❶ **zwei Schnüre miteinander verknüpfen** nouer deux cordes [ensemble] ❷ **etwas mit einer Bedingung verknüpfen** lier quelque chose à une condition ❸ (*in der Informatik*) **eine Datei mit einem Programm verknüpfen** associer un fichier à un programme

verkommen (*verwahrlosen*) *Person:* mal tourner; *Gebäude:* se délabrer

verkörpern incarner

verkraften supporter

verkrampfen ❶ **sich verkrampfen** *Mensch:* se crisper; *Hand:* se contracter ❷ **er ist sehr verkrampft** il est très crispé

verkriechen ❶ **sich verkriechen** *Tier:* se terrer ❷ **sich unter die/unter der Bettdecke verkriechen** (*umgs.*) se fourrer sous les draps

verkrüppelt estropié(e)

verkünden ❶ (*gehoben: mitteilen*) annoncer ❷ prononcer *Urteil*

verkuppeln **zwei Menschen [miteinander] verkuppeln** faire que deux personnes se rencontrent; **sie hat uns [miteinander] verkuppelt** elle nous a fait nous rencontrer

verkürzen ❶ raccourcir *Schnur* ❷ réduire *Dauer* ❸ **sich verkürzen** *Abstand:* diminuer

verladen charger

der **Verlag** la maison d'édition, les éditions (*weiblich*)

verlagern ❶ déplacer *Gewicht* ❷ **etwas ins Ausland verlagern** transférer quelque chose à l'étranger

verlangen ❶ réclamer *Geld;* **ich verlange von dir, dass du die Wahrheit sagst** je veux que tu dises la vérité ❷ (*erfordern*) **das verlangt viel Mut** cela exige beaucoup de courage ▶ **das ist ein bisschen viel verlangt!** (*wenn der Gesprächspartner geduzt wird*) tu es exigeant(e)!; (*wenn der Gesprächspartner gesiezt wird*) vous êtes exigeant(e)!

verlängern ❶ (*räumlich*) [r]allonger; **etwas um zwei Meter verlängern** [r]allonger quelque chose de deux mètres ❷ (*zeitlich*) prolonger; **etwas/sich um einen Monat verlängern** prolonger quelque chose/se prolonger d'un mois

verlangsamen ❶ freiner *Entwicklung;* **die Fahrt verlangsamen** *Zug:* ralentir l'allure ❷ **sich verlangsamen** se ralentir

verlassen¹ ❶ quitter *Partner;* abandonner *Familie* ❷ quitter *Haus, Büro, Stadt*

verlassen² **sich auf jemanden/auf etwas verlassen** compter sur quelqu'un/sur quelque chose; **kann ich mich darauf verlassen?** est-ce que je peux compter dessus? ▶ **worauf du dich verlassen kannst!** là-dessus, tu peux me faire confiance!

der **Verlauf** ❶ einer Linie le tracé; eines Flusses le cours ❷ (*Entwicklung*) le déroulement

verlaufen¹ ❶ **den Kanal entlang verlaufen** *Straße:* longer le canal ❷ (*ablaufen, vonstattengehen*) se dérouler

verlaufen² **sich verlaufen** se perdre, s'égarer; **ich habe mich verlaufen** je me suis perdu(e) [*oder* égaré(e)]

verlegen¹ embarrassé(e); **verlegen werden** être gêné(e) par l'embarras

verlegen² ❶ (*verschieben*) reporter; **den Termin auf Mittwoch verlegen** reporter le rendez-vous à mercredi ❷ déplacer *Haltestelle* ❸ égarer *Schlüssel* ❹ poser *Teppichboden;* installer *Rohre* ❺ éditer *Buch*

verleihen ❶ prêter ❷ (*gegen Geld*) louer *Fahrräder, Autos* ❸ décerner *Orden, Preis* ❹ **jemandem Kraft verleihen** donner de la force à quelqu'un

verleiten inciter

verlernen oublier; **eine Sprache verlernt man schnell wieder** on oublie vite une langue

verletzbar vulnérable

verletzen ❶ blesser; **leicht verletzt** légèrement blessé(e); **schwer verletzt** gravement blessé(e); **sich verletzen** se blesser ❷ enfreindre *Vorschrift*

die **Verleumdung** la calomnie

verlieben **sich verlieben** tomber amoureux/amoureuse; **sich in jemanden verlieben** tomber amoureux/amoureuse de quelqu'un

verlieren ❶ perdre; **er hat seine Schlüssel verloren** il a perdu ses clés; **wir dürfen**

keine Zeit verlieren il ne faut pas perdre de temps ❷ **der Reifen verliert Luft** le pneu se dégonfle; **der Motor verliert Öl** le moteur perd de l'huile ❸ **an Bedeutung verlieren** être moins important(e)

der **Verlierer** ❶ le perdant ❷ *(militärisch besiegtes Land)* le vaincu
die **Verliererin** la perdante

verlobt fiancé(e); **mit jemandem verlobt sein** être fiancé(e) à quelqu'un

die **Verlobung** les fiançailles *(weiblich)*

> **V** Der Singular *die Verlobung* wird mit einem Plural übersetzt: *ihre offizielle Verlobung findet nächsten Monat statt – leurs fiançailles officielles auront lieu le mois prochain.*

verlockend attrayant(e)
verlogen *Mensch* menteur/menteuse; *Behauptung* mensonger/mensongère
verloren ❶ *Match, Spiel* perdu(e) ❷ **verloren gehen** *Brief;* se perdre
verlosen **die Gewinne verlosen** attribuer les gains par tirage au sort, tirer les gagnants au sort; **ein Auto verlosen** tirer au sort le gagnant de la voiture
der **Verlust** la perte
vermachen ❶ *(vererben)* léguer; ❷ *(umgs.: schenken)* faire cadeau de; **den Fernseher haben mir meine Eltern vermacht** mes parents m'ont fait cadeau de la télé
vermarkten commercialiser *Produkt*
vermasseln *(umgs.)* ❶ *(verderben)* foutre en l'air; **jemandem den Urlaub/das Geschäft vermasseln** foutre en l'air les vacances/l'affaire de quelqu'un ❷ *(nicht schaffen)* louper *Prüfung*
vermehren ❶ multiplier *Bakterien, Pflanzen* ❷ **sich vermehren** *(sich fortpflanzen)* se reproduire; *(zunehmen)* augmenter
vermeiden éviter
vermessen ❶ prendre les mesures de *Zimmer, Tisch* ❷ **sich vermessen** se tromper en mesurant
die **Vermessung** le mesurage
vermieten louer
der **Vermieter** le propriétaire
die **Vermieterin** la propriétaire
vermindern ❶ réduire *Geschwindigkeit* ❷ **sich vermindern** diminuer
vermissen ❶ ne plus retrouver *Schlüssel* ❷ **ich vermisse dich** tu me manques ❸ **vermisst werden** *Person;* être porté(e) disparu(e)
vermitteln ❶ fournir *Arbeitsstelle* ❷ transmettre *Lehrstoff* ❸ **in einer Sache vermitteln** servir d'intermédiaire dans quelque chose

die **Vermittlung** ❶ *(Schlichtung)* la médiation ❷ **die Vermittlung von Arbeitskräften** le recrutement et le placement du personnel ❸ *(technisch)* **die Vermittlung eines Gesprächs** l'établissement *(männlich)* d'une communication

das **Vermögen** la fortune
vermummen sich vermummen dissimuler son visage
vermuten supposer; **ich vermute, dass du schon Bescheid weißt** je suppose que tu es déjà au courant
vermutlich sie hat vermutlich gewonnen elle a probablement gagné
vernachlässigen ❶ délaisser *Kind;* négliger *Kleidung;* **sich vernachlässigen** se laisser aller ❷ **sich vernachlässigt fühlen** se sentir délaissé(e)
vernarben [se] cicatriser
vernehmen entendre *Zeugen;* interroger *Beschuldigten*
die **Vernehmung** *eines Zeugen* l'audition *(weiblich); eines Beschuldigten* l'interrogatoire *(männlich)*
verneigen sich verneigen s'incliner
verneinen ❶ **eine Frage verneinen** donner une réponse négative à une question ❷ **ein verneinter Satz** une phrase à la forme négative ❸ nier *Recht*
vernetzen *(in der Informatik)* mettre en réseau; **die Computer miteinander vernetzen** mettre les ordinateurs en réseau
die **Vernetzung** *(in der Informatik)* la mise en réseau, l'interconnexion *(weiblich)*
vernichten ❶ *(zerstören)* détruire; supprimer *Arbeitsplätze* ❷ *(ausrotten)* exterminer
vernichtend ❶ *Niederlage* écrasant(e) ❷ **jemanden vernichtend schlagen** battre quelqu'un à plates coutures [*oder* à plate couture]
die **Vernunft** la raison ▶ **jemanden zur Vernunft bringen** ramener quelqu'un à la raison
vernünftig ❶ *Person* raisonnable ❷ *Argument* sensé(e) ❸ **in diesem Restaurant kann man ganz vernünftig essen** *(umgs.)* dans ce restaurant, c'est correct
veröffentlichen publier
verordnen prescrire *Medikament*
verpachten affermer *Bauernhof;* **ein Lokal verpachten** donner un établissement à bail
verpacken emballer
die **Verpackung** l'emballage *(männlich)*
verpassen rater *Bus, Gelegenheit;* laisser pas-

ser *Chance* ▶ **jemandem eine verpassen** (*umgs.*) en mettre une à quelqu'un
verpatzen (*umgs.*) gâcher; rater *Auftritt, Sprung;* **du hast ihr den Abend verpatzt** tu lui as gâché sa soirée
verpennen (*umgs.*) avoir une panne d'oreiller
verpesten polluer *Luft*
verpetzen (*umgs.*) cafter
verpflegen nourrir; **sich verpflegen** se nourrir
die **Verpflegung** ❶ (*Nahrung*) la nourriture ❷ (*Vorrat*) les vivres *(männlich)*

> **V** In ❷ wird der Singular *die Verpflegung* mit einem Plural übersetzt: *die Verpflegung ist ausreichend – les vivres sont suffisants.*

verpflichten ❶ **jemanden verpflichten, etwas zu tun** obliger quelqu'un à faire quelque chose ❷ **sich verpflichten, etwas zu tun** s'engager à faire quelque chose
verpissen (*umgs.*) **sich verpissen** foutre le camp; **verpiss dich!** casse-toi!
verplanen ❶ prévoir *Summe;* programmer *Zeit* ❷ (*umgs.: zeitlich in Anspruch genommen*) pris(e); **sie ist total verplant** elle est complètement prise
verprassen dilapider; **Geld verprassen** dilapider *de* l'argent
verprügeln rouer de coups, tabasser; **verprügelt werden** se faire tabasser
der **Verrat** la trahison; **Verrat begehen** trahir
verraten ❶ trahir *Geheimnis, Freund* ❷ **er hat mir nicht verraten wollen, wer/wann ...** (*ironisch*) il n'a pas voulu me dire qui/quand ... ❸ **sich verraten** se trahir; **sie hat sich durch ihre Stimme verraten** sa voix l'a trahie
der **Verräter** le traître
die **Verräterin** la traîtresse
verräterisch **sie hat eine verräterische Handbewegung gemacht** elle a fait un geste par lequel elle s'est trahie
verrechnen ❶ (*sich irren*) **sich verrechnen** faire une erreur [dans ses calculs]; **sich um zehn Euro verrechnen** se tromper de dix euros en comptant ❷ **die Anzahlung mit dem Gesamtbetrag verrechnen** déduire les arrhes du total
der **Verrechnungsscheck** le chèque barré
verregnet pluvieux/pluvieuse
verreisen partir en voyage; **mit dem Zug verreisen** partir en voyage par le train
verrenken **sich den Hals verrenken** se démettre une vertèbre cervicale; **sie hat**

sich den Fuß verrenkt elle s'est fait une entorse au pied
verrichten accomplir *Arbeit*
verringern ❶ diminuer; réduire *Abstand* ❷ **sich verringern** *Kosten, Wartezeit:* diminuer
der **Verriss** la mauvaise critique
verrosten rouiller
verrotten pourrir
verrückt (*umgs.*) ❶ fou/folle; **du machst mich noch verrückt!** je vais devenir fou/folle avec toi!; **bist du verrückt?** ça va pas la tête? ❷ *Kleidung, Idee* dingue ❸ **verrückt nach jemandem sein** être fou/folle de quelqu'un; **verrückt nach etwas/auf etwas sein** raffoler de quelque chose ▶ **ich werd' verrückt!** c'est pas vrai, je rêve!; **wie verrückt** (*umgs.*) comme un fou/une folle
der **Verruf** **in Verruf kommen** compromettre sa réputation
verrufen mal famé(e)
der **Vers** le vers
versagen ❶ échouer; **in der Schule versagen** échouer à l'école; **aus Angst zu versagen** par peur de l'échec ❷ *Alarmanlage:* ne pas fonctionner ❸ **seine Stimme versagte** sa voix lui fit défaut
das **Versagen** ❶ (*Scheitern*) l'échec *(männlich)* ❷ **das menschliche Versagen** la défaillance humaine; **das technische Versagen** la défaillance technique
versalzen trop saler *Suppe, Essen*
versammeln ❶ rassembler; (*regelmäßig*) réunir ❷ **sich versammeln** se rassembler; (*regelmäßig*) se réunir
die **Versammlung** ❶ (*das Treffen*) la réunion ❷ (*die versammelten Menschen*) l'assemblée *(weiblich)*
das **Versandhaus** l'entreprise *(weiblich)* de vente par correspondance
versäumen ❶ manquer *Bus, Termin;* laisser passer *Gelegenheit;* **viel Unterricht versäumen** manquer beaucoup de cours ❷ **da hast du echt was versäumt** (*umgs.*) là, tu as vraiment raté quelque chose ❸ (*unterlassen*) [es] **versäumen, etwas zu tun** omettre de faire quelque chose
verschaffen ❶ (*beschaffen, besorgen*) procurer; **jemandem einen Job verschaffen** procurer un job à quelqu'un; **sich Geld verschaffen** se procurer de l'argent ❷ **sich Respekt verschaffen** se faire respecter
verschämt ❶ *Lächeln* gêné(e) ❷ *wegsehen* timidement
verschärfen ❶ renforcer *Bestimmung;* alour-

verschätzen – verschwinden

dir *Strafe* ❷ aggraver *Konflikt* ❸ **sich verschärfen** *Konflikt:* s'aggraver
verschätzen ❶ **sich verschätzen** se tromper dans son estimation; **sich um zehn Meter verschätzen** se tromper de dix mètres dans son estimation ❷ *(sich täuschen)* se tromper ▶ **da hast du dich aber verschätzt** *(umgs.)* [alors] là, tu te trompes
verschenken donner *Kleider, Geld;* faire don de *Besitz*
verscherzen sich etwas verscherzen perdre quelque chose par sa propre faute; **er hat sich ihre Freundschaft verscherzt** il a perdu son/leur amitié par sa propre faute
verschicken envoyer
verschieben ❶ *(aufschieben)* reporter *Treffen;* **etwas um eine Woche verschieben** repousser quelque chose d'une semaine ❷ déplacer *Kommode*
verschieden ❶ *(unterschiedlich)* différent(e) ❷ *(einige)* **verschiedene Leute dachten, dass ...** plusieurs personnes pensaient que ... ❸ **verschieden hoch sein** être de °hauteurs différentes; **verschieden breit sein** être de largeurs différentes
verschiedenartig de différentes sortes
verschimmeln moisir
verschlafen[1] *(schläfrig) Kind* encore [tout] endormi/[toute] endormie
verschlafen[2] ❶ se réveiller trop tard ❷ **einen Termin verschlafen** *(umgs.)* oublier de se réveiller pour aller à un rendez-vous
verschlagen ❶ *(verprügeln)* battre ❷ *(beim Tennis)* **den Ball verschlagen** rater la balle
verschlampen *(umgs.)* paumer *Schlüssel, Heft*
verschlechtern ❶ *(schlechter machen)* aggraver ❷ **sich verschlechtern** *Lage:* s'aggraver; *Wetter:* se dégrader
verschleiern ❶ *(auch übertragen)* voiler ❷ *(verheimlichen)* dissimuler ❸ **sich verschleiern** *Muslime, Braut:* se voiler
verschleißen ❶ *(stark abnutzen)* user ❷ *(stark abgenutzt werden) Material, Maschine:* s'user
verschleppen ❶ traîner *Krankheit* ❷ déplacer *Person*
verschleudern ❶ brader ❷ dilapider *Steuergelder*
verschließen ❶ *(zuschließen)* fermer [à clé]; **die Tür verschließen** fermer la porte [à clé] ❷ boucher *Flasche* ❸ **sich jemandem gegenüber verschließen** se renfermer face à quelqu'un
verschlimmern aggraver; **sich verschlim-**

mern s'aggraver
verschlingen dévorer
verschlissen usé(e)
verschlossen *Mensch* renfermé(e)
verschlucken ❶ avaler ❷ **sich an etwas verschlucken** avaler quelque chose de travers
der **Verschluss** ❶ *eines Glases* le couvercle; *einer Flasche* le bouchon ❷ *eines Armbands* le fermoir ❸ *eines Fotoapparats* l'obturateur *(männlich)* ▶ **etwas unter Verschluss halten** garder quelque chose sous clé
verschlüsseln ❶ coder ❷ **das Programm wird verschlüsselt gesendet** le programme est diffusé sous forme cryptée
verschmerzen surmonter *Verlust, Misserfolg*
verschmutzen ❶ salir; polluer *Umwelt* ❷ **dieser Stoff verschmutzt schnell** ce tissu se salit facilement
die **Verschnaufpause eine Verschnaufpause einlegen** souffler un peu
verschollen disparu(e), porté disparu/portée disparue
verschreiben ❶ **jemandem etwas verschreiben** *Arzt:* prescrire quelque chose à quelqu'un ❷ **sich verschreiben** faire une faute [d'orthographe]
verschreibungspflichtig délivré(e) sur ordonnance
verschrotten mettre à la casse; **sein Auto verschrotten** mettre sa voiture à la casse
verschüchtert intimidé(e)
verschulden ❶ **einen Unfall verschulden** *(verantwortlich sein)* être responsable d'un accident; *(verursachen)* provoquer un accident ❷ **sich verschulden** s'endetter; **völlig verschuldet sein** être surendetté(e)
die **Verschuldung** l'endettement *(männlich)*
verschütten ❶ *(vergießen)* renverser ❷ *(begraben)* ensevelir
verschweigen taire *Namen;* **jemandem etwas verschweigen** ne pas dire quelque chose à quelqu'un
verschwenden gaspiller; **Zeit verschwenden** gaspiller du temps; **Energie verschwenden** gaspiller de l'énergie
verschwenderisch ❶ *Mensch* gaspilleur/gaspilleuse ❷ **mit seinem Geld verschwenderisch umgehen** gaspiller son argent
verschwiegen *Mensch* discret/discrète
verschwimmen *Umrisse:* s'estomper
verschwinden ❶ disparaître; **meine Schlüssel sind verschwunden** je ne trouve plus mes clés ❷ *(sich davonmachen)* **rasch verschwinden** déguerpir; **verschwinde!**

dégage!
verschwitzen ❶ sein T-Shirt verschwitzen mouiller son tee-shirt de sueur ❷ **einen Termin verschwitzen** (*umgs.*) oublier un rendez-vous
verschwommen flou(e)
verschwören conspirer
das **Versehen** l'erreur *(weiblich)* ▶ **aus Versehen** par erreur, par mégarde
versehentlich versehentlich einen Brief öffnen ouvrir une lettre par erreur [*oder* par mégarde]
versenden expédier
versenken ❶ couler *Schiff* ❷ escamoter *Verdeck, Scheinwerfer*
die **Versenkung** aus der Versenkung auftauchen (*umgs.*) refaire surface
versetzen ❶ versetzt werden *Schüler:* passer dans la classe supérieure ❷ muter *Mitarbeiter* ❸ déplacer *Spielfigur* ❹ (*verpfänden*) **etwas versetzen** mettre quelque chose en gage ❺ (*bei einer Verabredung*) **jemanden versetzen** (*umgs.*) poser un lapin à quelqu'un ❻ **jemandem einen Stoß versetzen** donner un coup à quelqu'un ❼ **sich in die Lage seines Freundes versetzen** se mettre à la place de son ami
die **Versetzung** ❶ *eines Schülers* le passage dans la classe supérieure; **seine Versetzung ist gefährdet** son passage dans la classe supérieure est compromis ❷ *eines Mitarbeiters* la mutation
verseuchen ❶ (*auch in der Informatik*) contaminer ❷ polluer *Umwelt*
versichern ❶ **sich gegen etwas versichern** s'assurer contre quelque chose; **das Fahrrad ist gegen Diebstahl versichert** le vélo est assuré contre le vol ❷ (*beteuern*) **er hat mir versichert, dass ...** m'a assuré que ...
die **Versicherung** ❶ (*Vertrag*) l'assurance *(weiblich)* ❷ (*Unternehmen*) la compagnie d'assurances
versifft (*salopp*) cradingue
versinken ❶ im Meer versinken *Schiff*: sombrer; **ein versunkener Schatz** un trésor englouti ❷ (*im Schnee, im Schlamm*) s'enfoncer
die **Version** la version
versöhnen sich versöhnen se réconcilier
versöhnlich conciliant(e)
versorgen ❶ s'occuper de *Person, Tier* ❷ **jemanden mit Lebensmitteln versorgen** fournir de la nourriture à quelqu'un; **er/sie ist versorgt** il/elle a tout ce qu'il faut ❸ **sich mit Reiseproviant versorgen** prendre des provisions pour le voyage
verspäten sich verspäten *Person:* être en retard; *Flugzeug, Zug:* avoir du retard
verspätet en retard
die **Verspätung** le retard; **zwanzig Minuten Verspätung haben** avoir vingt minutes de retard
versperren ❶ (*blockieren*) couper, barrer *Straße, Weg* ❷ boucher *Aussicht*
verspielen ❶ **Geld verspielen** perdre de l'argent au jeu ❷ gâcher *Chance* ▶ **bei jemandem verspielt haben** être en discrédit auprès de quelqu'un
verspotten se moquer de
versprechen ❶ promettre ❷ **sich versprechen** faire un lapsus ❸ **sich von einer Reise viel versprechen** attendre beaucoup d'un voyage
das **Versprechen** la promesse; **sein Versprechen halten** tenir sa promesse
verstaatlichen nationaliser
der **Verstand** la raison ▶ **bei klarem Verstand sein** avoir toute sa raison [*oder* sa tête]; **jemanden um den Verstand bringen** rendre quelqu'un fou/folle; **den Verstand verlieren** perdre la raison
verständigen ❶ (*benachrichtigen*) jemanden von etwas/über etwas verständigen informer quelqu'un de quelque chose ❷ **sich verständigen** se faire comprendre; (*sich einigen*) s'entendre
verständlich ❶ leicht verständlich facile à comprendre ❷ (*hörbar, deutlich*) intelligible ❸ (*begreiflich*) *Freude, Sorge* compréhensible
das **Verständnis** la compréhension; **für etwas Verständnis haben** se montrer compréhensif/compréhensive à quelque chose
verständnislos ❶ **ein verständnisloser Blick** un regard où perce l'incompréhension ❷ *ansehen* sans comprendre
verstärken ❶ consolider *Mauer* ❷ **die Belegschaft verstärken** augmenter les effectifs ❸ **sich verstärken** se renforcer
verstauchen sich die Hand verstauchen se fouler le poignet
verstecken ❶ cacher; **etwas vor jemandem verstecken** cacher quelque chose à quelqu'un ❷ **sich vor jemandem verstecken** se cacher pour ne pas être vue(e) par quelqu'un
das **Verstecken** Verstecken spielen jouer à cache-cache
verstehen ❶ (*akustisch wahrnehmen*) entendre, comprendre; **er/sie war kaum**

zu verstehen on l'entendait [*oder* le/la comprenait] à peine ② (*begreifen*) comprendre; **jemanden richtig verstehen** bien comprendre quelqu'un; **jemanden falsch verstehen** mal comprendre quelqu'un; [**hast du**] **verstanden?** [tu as] compris? ③ **sich mit jemandem gut verstehen** s'entendre bien avec quelqu'un ④ **sich als Künstler verstehen** se considérer comme un artiste ▸ **das versteht sich von selbst** cela va de soi

versteigern vendre aux enchères; **ein Gemälde versteigern** vendre un tableau aux enchères

verstellen ① régler *Höhe* ② (*woandershin stellen*) déplacer ③ contrefaire *Stimme*; **sich verstellen** faire semblant ④ barrer *Weg*

versteuern payer des impôts sur *Einkommen*

verstopft *Nase, Rohr* bouché(e); *Straße* encombré(e)

die **Verstopfung** la constipation; **oft Verstopfung haben** être souvent constipé(e)

verstört bouleversé(e)

der **Verstoß** l'infraction (*weiblich*); **der Verstoß gegen eine Vorschrift** l'infraction à un règlement

verstoßen ① **gegen ein Gesetz verstoßen** enfreindre une loi; **gegen die Disziplin verstoßen** manquer à la discipline ② rejeter *Menschen*

verstrahlen irradier

verstreichen ① (*auftragen*) étaler *Farbe, Butter* ② *Frist, Ultimatum*: expirer; *Zeit*: s'écouler; **einige Tage verstreichen lassen** laisser passer quelques jours

verstreut disséminé(e)

verstricken sich in etwas verstricken s'empêtrer dans quelque chose

verstümmeln ① (*verletzen*) mutiler ② tronquer *Text*

der **Versuch** ① la tentative, l'essai (*männlich*) ② (*Experiment*) l'expérience (*weiblich*)

versuchen ① tenter, essayer; **er versucht, den Computer zu bedienen** il tente [*oder* essaie] de faire fonctionner l'ordinateur; **versuch mal, ob das Telefon wieder funktioniert** essaie voir si le téléphone remarche ② goûter *Kuchen*

das **Versuchstier** l'animal (*männlich*) de laboratoire

versunken ① *Kultur* disparu(e) ② **ganz in seine Arbeit versunken sein** être plongé(e) dans son travail

versüßen (*übertragen*) rendre moins amer/amère; **jemandem den Abschied versüßen** rendre à quelqu'un les adieux moins amers

vertagen ① **eine Besprechung auf später vertagen** reporter une réunion à une date ultérieure ② **sich vertagen** *Gericht*: ajourner sa session

vertauschen ① **mein Regenschirm ist vertauscht worden** quelqu'un s'est trompé de parapluie [et a pris le mien] ② (*austauschen*) **den Anzug gegen die** [*oder* **mit der**] **Freizeitkleidung vertauschen** troquer son costume contre une tenue décontractée

verteidigen ① défendre ② maintenir *Vorsprung*

der **Verteidiger** ① (*Anwalt*) l'avocat (*männlich*) de la défense ② (*im Sport*) le défenseur

die **Verteidigerin** ① (*Anwältin*) l'avocate (*weiblich*) de la défense ② (*im Sport*) le défenseur

Ⓖ Bei der Wortbedeutung, die in ② behandelt wird, gibt es keine Femininform: *sie ist eine gute Verteidigerin – elle est un bon défenseur*.

der **Verteidigungsminister** le ministre de la Défense

die **Verteidigungsministerin** la ministre de la Défense

das **Verteidigungsministerium** le ministère de la Défense

verteilen ① (*austeilen*) distribuer ② étaler *Butter, Creme* ③ (*verstreuen*) répandre ④ **sich verteilen** *Personen*: se répartir

verticken (*umgs.*) dealer [dile]

vertiefen ① approfondir *Graben, Wissen* ② **sich in ein Buch vertiefen** se plonger dans un livre

die **Vertiefung** ① (*tiefe Stelle*) le creux ② (*das Vertiefen*) *von Kenntnissen* l'approfondissement (*männlich*)

vertikal ① *Linie* vertical(e) ② *verlaufen* à la verticale

vertippen sich vertippen faire un faute de frappe

der **Vertrag** ① le contrat ② (*zwischen Staaten*) le traité

vertragen ① supporter; **ich vertrage keinen Kaffee** je ne supporte pas le café ② **sich mit jemandem vertragen** s'entendre avec quelqu'un; **kommt, vertragt euch wieder!** allez, faites la paix!

verträglich ① (*umgänglich*) accommodant(e) ② *Essen* digeste

der **Vertragsabschluss** la signature d'un/du contrat

vertrauen ① **jemandem vertrauen** faire confiance à quelqu'un; **vertrau mir!** fais-moi confiance! ② **auf etwas vertrauen** se fier à

quelque chose
- das **Vertrauen** la confiance; **zu jemandem Vertrauen haben** avoir confiance en quelqu'un ▶ **im Vertrauen [gesagt]** entre nous [soit dit]
- der **Vertrauensbruch** l'abus *(männlich)* de confiance
- **vertraulich** confidentiel(le)
- **vertraut** ❶ familier/familière ❷ **sich mit etwas vertraut machen** se familiariser avec quelque chose; **mit etwas vertraut sein** bien connaître quelque chose
- **vertreiben** ❶ chasser *Mücken* ❷ expulser *Menschen*
- **vertreten** ❶ remplacer *Kollegen* ❷ défendre [les intérêts de] *Angeklagten* ❸ (*repräsentieren*) représenter ❹ (*verfechten*) soutenir *Forderung*
- der **Vertreter** ❶ (*Stellvertreter*) le remplaçant ❷ (*Handelsvertreter*) le représentant
- die **Vertreterin** ❶ (*Stellvertreterin*) la remplaçante ❷ (*Handelsvertreterin*) la représentante
- die **Vertretung** ❶ (*das Vertreten*) le remplacement ❷ (*Stellvertreter*) le remplaçant/la remplaçante ❸ (*in der Politik*) **die diplomatische Vertretung** la représentation diplomatique
- der **Vertriebene** l'expatrié *(männlich)*
- die **Vertriebene** l'expatriée *(weiblich)*
- **vertrocknen** sécher; *Brot:* rassir; **die Bäume sind vertrocknet** les arbres sont secs
- **vertrösten** faire patienter; **jemanden auf den nächsten Tag vertrösten** faire patienter quelqu'un jusqu'au lendemain
- **vertun** ❶ **sich vertun** (*umgs.*) se gourer; **sich im Tag vertun** se gourer de jour ❷ **eine vertane Gelegenheit** une occasion ratée
- **vertuschen** dissimuler
- **verübeln** **jemandem eine Bemerkung verübeln** mal prendre la remarque de quelqu'un et lui en vouloir
- **verüben** commettre *Verbrechen*
- **verunfallen** (CH) avoir un accident
- **verunglücken** avoir un accident; **mit dem Auto verunglücken** avoir un accident de voiture; **tödlich verunglücken** se tuer dans un accident
- **verunsichern** déstabiliser
- **verunstalten** défigurer
- **verursachen** provoquer
- **verurteilen** ❶ condamner *Angeklagten* ❷ **zum Scheitern verurteilt sein** être voué(e) à l'échec
- **vervielfachen** multiplier; **sich vervielfachen**

se multiplier
- **vervollkommnen** perfectionner *Methode;* parfaire *Werk*
- **vervollständigen** compléter
- **verwählen** **sich verwählen** ne pas composer [*oder* ne pas faire] le bon numéro
- **verwahren** garder
- **verwahrlosen** *Person:* tomber bien bas; *Gebäude:* se délabrer
- **verwalten** ❶ administrer ❷ gérer *Betrieb, Vermögen, Datenbank*
- die **Verwaltung** ❶ *einer Stadt* l'administration *(weiblich)* ❷ (*das Verwalten*) *eines Betriebs* la gestion
- **verwandeln** ❶ transformer ❷ **sich in etwas verwandeln** se transformer [*oder* se métamorphoser] en quelque chose
- die **Verwandlung** la transformation, la métamorphose
- **verwandt** ❶ **mit jemandem verwandt sein** être parent(e) avec quelqu'un ❷ (*artverwandt*) de la même famille ❸ (*übertragen*) *Sprachen* apparenté(e)
- der **Verwandte** le parent; **das ist ein Verwandter von mir** c'est quelqu'un de ma famille
- die **Verwandte** la parente; **das ist eine Verwandte von Anne** c'est quelqu'un de la famille d'Anne
- die **Verwandtschaft** les parents *(männlich);* **die nähere Verwandtschaft** les proches parents; **meine Verwandtschaft** ma famille
- **verwarnen** avertir
- **verwechseln** confondre; **er hat sie mit ihrer Schwester verwechselt** il l'a prise pour sa sœur; **sie sehen sich zum Verwechseln ähnlich** ils/elles se ressemblent à s'y méprendre
- **verwegen** audacieux/audacieuse
- **verweigern** refuser; **jemandem die Einreise verweigern** ne pas autoriser quelqu'un à entrer dans le pays
- der **Verweis** ❶ le blâme ❷ (*in einem Text*) le renvoi
- **verweisen** ❶ renvoyer; **jemanden auf etwas verweisen** renvoyer quelqu'un à quelque chose ❷ (*im Sport*) **einen Spieler vom Platz verweisen** expulser un joueur du terrain
- **verwelken** se faner
- **verwenden** utiliser; **ein Glas als Vase verwenden** se servir d'un bocal comme vase; **einen Lappen zum Schuheputzen verwenden** utiliser un chiffon pour nettoyer ses chaussures; **einen Gegenstand wieder verwenden** réutiliser un objet

verwerfen rejeter
verwerten utiliser *Abfälle;* exploiter *Idee;* **etwas wieder verwerten** recycler quelque chose
verwesen se décomposer
verwickeln ❶ **jemanden in einen Skandal verwickeln** impliquer quelqu'un dans un scandale ❷ **sich in Widersprüche verwickeln** s'emmêler dans des contradictions
verwildern ❶ *Park:* tomber en friche ❷ *Tier:* redevenir sauvage
verwirklichen ❶ réaliser *Traum, Idee* ❷ **sich verwirklichen** se réaliser
verwirren troubler; **verwirrt sein** être troublé(e)
die **Verwirrung** le trouble
verwischen ❶ *(verschmieren)* étaler ❷ effacer *Spur* ❸ *(verschwimmen)* **sich verwischen** s'estomper
verwittern s'éroder
die **Verwitterung** l'érosion *(weiblich)*
verwöhnen ❶ gâter ❷ **sich verwöhnen** s'accorder une petite gâterie
verwöhnt *Kind* gâté(e); *Geschmack, Gaumen* exigeant(e)
verwundbar vulnérable
verwunden blesser; **leicht verwundet** légèrement blessé(e); **schwer verwundet** grièvement blessé(e)
verwunderlich es ist verwunderlich, dass sie hier ist il est surprenant qu'elle soit ici
verwundern ❶ étonner ❷ **es verwundert mich, dass es dir gefallen hat** je suis étonné(e) que cela t'ait plu ❸ **sich über etwas verwundern** s'étonner de quelque chose
verwünschen ❶ *(verfluchen)* maudire ❷ *(verzaubern)* ensorceler
verwüsten *Sturm:* dévaster; *Armee:* ravager
verzählen sich verzählen se tromper en comptant
verzaubern ❶ *(verhexen)* ensorceler ❷ *(bezaubern)* envoûter
verzehren consommer
verzeichnen répertorier
das **Verzeichnis** ❶ *(Liste)* la liste ❷ *(in der Informatik)* le répertoire
verzeigen Ⓒ porter plainte contre
verzeihen ❶ pardonner *Fehler;* **jemandem alles verzeihen** pardonner tout à quelqu'un ❷ **verzeihen Sie!** excusez-moi!
verzichten ❶ **auf etwas verzichten** renoncer à quelque chose ❷ **auf etwas verzichten können** pouvoir se passer de quelque chose
verziehen ❶ tordre *Mund;* **das Gesicht verziehen** faire une grimace ❷ mal élever *Kind* ❸ **sie sind ins Ausland verzogen** ils sont partis à l'étranger ❹ *(verformen)* **sich verziehen** *Holz, Fensterrahmen:* travailler ❺ **sich verziehen** *Gewitter:* disparaître ❻ *(umgs.: fortgehen)* **sich verziehen** se casser
verzieren décorer
verzinsen payer des intérêts sur
verzögern ❶ *(hinauszögern)* retarder ❷ **sich um eine Stunde verzögern** être retardé(e) d'une heure
verzollen ❶ dédouaner *Waren* ❷ **haben Sie etwas zu verzollen?** avez-vous quelque chose à déclarer?
der **Verzug** le retard; **in Verzug kommen** prendre du retard
verzweifeln désespérer
die **Verzweiflung** le désespoir; **vor lauter Verzweiflung** de désespoir
verzweigen sich verzweigen se ramifier
verzwickt *(umgs.)* *Lage* embrouillé(e)
die **Vesper** ❶ *(Andacht)* les vêpres *(weiblich)* ❷ Ⓐ *(Mahlzeit)* le casse-croûte

> Ⓥ In ❶ wird der Singular *die Vesper* mit einem Plural übersetzt: *die Vesper wird gleich anfangen – les vêpres vont bientôt commencer.*

das **Veto** le veto
der **Vetter** le cousin
das **Video** *(Videofilm)* le film vidéo, la vidéo; *(Videoclip)* le clip; *(Videokassette)* la cassette vidéo; **etwas auf Video aufnehmen** enregistrer quelque chose sur [cassette] vidéo
die **Videokamera** le caméscope
der **Videorekorder** le magnétoscope
das **Videospiel** le jeu vidéo
der **Videotext** le Télétex®
das **Vieh** ❶ les bestiaux *(männlich)* ❷ *(Rinder)* le bétail

> Ⓥ In ❶ wird der Singular *das Vieh* mit einem Plural übersetzt: *das Vieh ist kerngesund – les bestiaux sont en parfaite santé.*

die **Viehzucht** l'élevage *(männlich)*
viel ❶ beaucoup; **viel Zucker** beaucoup de sucre; **viel Geld** beaucoup d'argent; **so viel Salz wie nötig** autant de sel que nécessaire; **so viel Arbeit** tellement de travail; **zu viel Arbeit** trop de travail; **viel Spaß!** *(wenn der Gesprächspartner geduzt wird)* amuse-toi bien!; *(wenn der Gesprächspartner gesiezt wird)* amusez-vous bien! ❷ **vieles** beaucoup de choses; **vieles [von dem], was ...** beaucoup de ce qui/que ... ❸ **viele Leute** beaucoup de gens; **auf dem Fest waren nicht**

viele Leute il n'y <u>avait</u> pas beaucoup <u>de</u> monde à la fête ❹ (*diese große Menge*) **die viele Arbeit** tout <u>ce</u> travail ❺ **viel zu kurz sein** être beaucoup trop court(e); **viel billiger sein** être beaucoup moins cher/chère; **viel zu viel** beaucoup trop

vielerlei vielerlei Sorten Käse toutes sortes <u>de</u> fromages

vielfach ❶ **die vielfache Menge** <u>une</u> quantité bien plus grande ❷ (*häufig*) très souvent

die **Vielfalt** la diversité

vielleicht ❶ peut-être; **vielleicht hat er keine Lust** peut-être qu'il n'a pas envie ❷ (*ungefähr*) **sie war vielleicht zwanzig** elle pouvait <u>avoir</u> vingt ans ❸ **bist du vielleicht eifersüchtig!** (*umgs.*) tu ne serais pas jaloux par °hasard? ❹ **das ist vielleicht schwierig!** (*umgs.*) c'est coton!

vielmals (*gehoben*) de nombreuses fois

vielmehr ❶ (*im Gegenteil*) <u>au</u> contraire ❷ (*genauer gesagt*) plutôt

vielseitig ❶ *Person* polyvalent(e) ❷ *Interessen* varié(e) ❸ *Gerät* à fonctions multiples ❹ **vielseitig interessiert sein** avoir des intérêts variés ❺ **vielseitig verwendbar sein** servir à de multiples usages

vielversprechend ❶ **eine sehr vielversprechende Nachricht** une nouvelle très encourageante ❷ **sich sehr vielversprechend anhören** paraître très prometteur/prometteuse

die **Vielzahl** la multitude

vier ❶ quatre [katʀ]; **vier Bananen und eine Orange** quatre bananes et une orange; **es steht vier zu zwei** *geschrieben:* **4:2** le score est de quatre à deux *geschrieben:* 4 à 2 [katʀ a dø] ❷ (*bei der Altersangabe*) **er/sie ist vier [Jahre alt]** il/elle a quatre ans [katʀ ã]; **mit vier [Jahren]** <u>à</u> quatre ans ❸ (*bei Uhrzeit- und Zeitangaben*) **es ist vier [Uhr]** il est quatre heures [katʀ œʀ]; **um vier [Uhr]** à quatre heures; **gegen vier [Uhr]** vers quatre heures; **kurz vor vier** peu avant quatre heures; **es ist schon kurz nach vier** il est déjà quatre heures passées; **alle vier Stunden** toutes les quatre heures; **heute in vier Tagen** dans quatre jours [katʀ ʒuʀ] ❹ (*bei der Geschwindigkeitsangabe*) **mit vier Stundenkilometern** à quatre kilomètres à l'heure ▶ **auf allen vieren** (*umgs.*) à quatre pattes

die **Vier** ❶ (*Zahl, Spielkarte, Buslinie*) le quatre [katʀ] ⚠ *männlich;* **der Spieler mit der Vier [auf dem Rücken]** le joueur qui porte le numéro quatre [katʀ] ❷ (*mäßige Schul-*

note) ≈ °huit/dix [sur vingt] ❸ 🇨🇭 (*durchschnittliche Schulnote*) ≈ douze/quatorze [sur vingt]

vierbeinig *Tier* quadrupède; *Tisch* à quatre pieds

viereckig rectangulaire

viereinhalb quatre ... et demi(e); **viereinhalb Liter** quatre litres et demi; **viereinhalb Stunden** quatre heures et demie

viererlei quatre ... divers(es); **viererlei Formate** quatre formats divers; **viererlei Farben** quatre couleurs diverses; **viererlei Sorten Brot** quatre sortes <u>de</u> pain

vierfach ❶ **eine vierfache Vergrößerung** un agrandissement quatre fois plus grand; **in vierfacher Ausfertigung** en quatre exemplaires; **nehmen Sie die vierfache Menge!** prenez quatre fois cette quantité! ❷ **ein Blatt vierfach falten** plier une feuille en quatre

das **Vierfache** ❶ le quadruple ❷ **das Vierfache verdienen** gagner quatre fois plus [plys]; **um das Vierfache** de quatre fois; **um das Vierfache höher** quatre fois plus élevé(e)

vierhundert quatre cents

die **Vierlinge** les quadruplés (*männlich*); (*vier Mädchen*) les quadruplées (*weiblich*)

viermal quatre fois; **viermal so viel** quatre fois plus; **viermal so viele Leute** quatre fois plus de gens

die **Vierraumwohnung** le quatre-pièces ⚠ *männlich*

vierspurig à quatre voies

vierstimmig à quatre voix

vierstöckig *Gebäude* de quatre étages

vierstündig *Reise, Aufenthalt* de quatre heures

viert zu viert sein être quatre; **zu viert verreisen** partir en voyage à quatre

viertausend quatre mille

G Das Zahlwort *mille* ist unveränderlich.

der **Vierte** ❶ (*in Bezug auf die Reihenfolge, die Leistung*) le quatrième [katʀijɛm]; **als Vierter** en quatrième position; **jeder Vierte** une personne <u>sur</u> quatre ❷ (*bei der Datumsangabe*) le quatre *geschrieben:* le 4 [katʀ]; **am Vierten** *geschrieben:* **am 4.** le quatre *geschrieben:* le 4 [lə katʀ] ❸ (*umgs.: vierter Gang*) la quatrième [katʀijɛm] ⚠ *weiblich;* **in den Vierten schalten** passer en quatrième ❹ (*umgs.: vierter Stock*) le quatrième; **sie wohnt im Vierten** elle habite au quatrième ❺ (*als Namenszusatz*) **Heinrich der Vierte** *geschrieben:* **Heinrich IV.** Henri

quatre *geschrieben:* Henri IV [ãri katʀ]
die Vierte ❶ (*in Bezug auf die Reihenfolge, die Leistung*) la quatrième [katʀijɛm]; **als Vierte** en quatrième position; **jede Vierte** une personne sur quatre ❷ (*vierte Klasse*) ≈ la quatrième année; (*im französischen Schulsystem*) ≈ le cours moyen, première année, ≈ le CM 1 [seɛm ɛ̃] ❸ (*vierte Symphonie*) **Mahlers Vierte** la Quatrième Symphonie de Mahler
vierte(r, s) ❶ quatrième; **jeder vierte Franzose** un Français sur quatre [katʀ] ❷ (*bei der Datumsangabe*) **der vierte Mai** *geschrieben:* **der 4. Mai** le quatre mai *geschrieben:* le 4 mai; **am vierten März** *geschrieben:* **am 4. März** le quatre mars *geschrieben:* le 4 mars [lə katʀ maʀs]; **am Freitag, den 4. Juni** le vendredi 4 juin [lə vãdʀədi katʀ ʒɥɛ̃]; **Bonn, den 4. Oktober** Bonn, le 4 octobre [bɔn lə katʀ ɔktɔbʀ] ❸ (*bei den Klassenstufen*) **die vierte Klasse** ≈ la quatrième année; (*im französischen Schulsystem*) ≈ le cours moyen, première année, ≈ le CM 1 [seɛm ɛ̃]
viertel ein viertel Liter un quart de litre; **drei viertel Liter** trois quarts de litre
das Viertel le quart
das Viertelfinale le quart de finale
vierteljährlich trimestriel(le)
die Viertelnote (*in der Musik*) la noire
die Viertelstunde le quart d'heure
vierundzwanzig ❶ vingt-quatre [vɛ̃katʀ]; **diese Tankstelle ist vierundzwanzig Stunden täglich** [*oder* **rund um die Uhr**] **geöffnet** cette station d'essence est ouverte vingt-quatre heures sur vingt-quatre ❷ (*bei der Altersangabe*) **er/sie ist vierundzwanzig [Jahre alt]** il/elle a vingt-quatre ans [vɛ̃katʀ ã], **mit vierundzwanzig [Jahren]** à vingt-quatre ans ❸ (*bei der Uhrzeitangabe*) **es ist vierundzwanzig Uhr** [*oder* **null Uhr**] il est zéro heure [zeʀo œʀ]
die Vierundzwanzig (*Zahl, Buslinie*) le vingt-quatre [vɛ̃katʀ] ⚠ *männlich*
der Vierundzwanzigste ❶ (*in Bezug auf die Reihenfolge, die Leistung*) le vingt-quatrième [vɛ̃katʀijɛm] ❷ (*bei der Datumsangabe*) le vingt-quatre *geschrieben:* le 24 [vɛ̃katʀ]; **am Vierundzwanzigsten** *geschrieben:* **am 24.** le vingt-quatre *geschrieben:* le 24 [lə vɛ̃katʀ]
die Vierundzwanzigste (*in Bezug auf die Reihenfolge, die Leistung*) la vingt-quatrième [vɛ̃katʀijɛm]
vierundzwanzigste(r, s) ❶ vingt-quatrième [vɛ̃katʀijɛm] ❷ (*bei der Datumsangabe*) **der vierundzwanzigste Dezember** *geschrieben:* **der 24. Dezember** le vingt-quatre décembre *geschrieben:* le 24 décembre [vɛ̃katʀ desãbʀ]
der Vierviertentakt la mesure à quatre temps
der Vierwaldstätter See le lac des Quatre-Cantons
vierzehn ❶ quatorze [katɔʀz]; **es steht vierzehn zu zwölf** *geschrieben:* **14:12** le score est de quatorze à douze *geschrieben:* 14 à 12 [katɔʀz a duz] ❷ (*bei der Altersangabe*) **er/sie ist vierzehn [Jahre alt]** il/elle a quatorze ans [katɔʀz ã], **mit vierzehn [Jahren]** à quatorze ans ❸ (*bei Uhrzeit- und Zeitangaben*) **es ist vierzehn Uhr** il est quatorze heures [katɔʀz œʀ]; **um vierzehn Uhr** à quatorze heures; **gegen vierzehn Uhr** vers quatorze heures; **kurz vor vierzehn Uhr** peu avant quatorze heures; **es ist schon kurz nach vierzehn Uhr** il est déjà quatorze heures passées; **die Ferien dauern vierzehn Tage** les vacances durent quinze jours; **alle vierzehn Tage** tous les quinze jours ❹ (*bei der Geschwindigkeitsangabe*) **mit vierzehn Stundenkilometern** à quatorze kilomètres
die Vierzehn (*Zahl, Buslinie*) le quatorze [katɔʀz] ⚠ *männlich*
vierzehntägig Urlaub, Aufenthalt de quinze jours
vierzehntäglich, 14-täglich eine vierzehntäglich erscheinende Zeitschrift un quinzomadaire [kɛ̃zɔmadɛʀ]
der Vierzehnte ❶ (*in Bezug auf die Reihenfolge, die Leistung*) le quatorzième [katɔʀzjɛm]; **als Vierzehnter** en quatorzième position; **jeder Vierzehnte** une personne sur quatorze ❷ (*bei der Datumsangabe*) le quatorze *geschrieben:* le 14 [katɔʀz]; **am Vierzehnten** *geschrieben:* **am 14.** le quatorze *geschrieben:* le 14 ❸ (*umgs.: vierzehnter Stock*) le quatorzième; **er wohnt im Vierzehnten** il habite au quatorzième ❹ (*als Namenszusatz*) **Ludwig der Vierzehnte** *geschrieben:* **Ludwig XIV.** Louis quatorze *geschrieben:* Louis XIV [lwi katɔʀz]
die Vierzehnte (*in Bezug auf die Reihenfolge, die Leistung*) la quatorzième [katɔʀzjɛm]; **als Vierzehnte** en quatorzième position; **jede Vierzehnte** une personne sur quatorze
vierzehnte(r, s) ❶ quatorzième [katɔʀzjɛm]; **jeder vierzehnte Franzose** un Français sur quatorze [katɔʀz] ❷ (*bei der Datumsangabe*) **der vierzehnte Mai** *geschrieben:*

der 14. Mai le quatorze mai *geschrieben:* le 14 mai; **am vierzehnten März** *geschrieben:* **am 14. März** le quatorze mars *geschrieben:* le 14 mars [lə katɔʁz maʁs]; **am Freitag, den 14. Juni** le vendredi 14 juin [lə vãdʁədi katɔʁz ʒɥɛ̃]; **Bonn, den 14. Oktober** Bonn, le 14 octobre [bɔn lə katɔʁz ɔktɔbʁ]

vierzig ① quarante [kaʁɑ̃t] ② *(bei der Altersangabe)* **er/sie ist vierzig [Jahre alt]** il/elle a quarante ans [kaʁɑ̃t ɑ̃]; **mit vierzig [Jahren]** à quarante ans

vierziger die vierziger Jahre *eines Jahrhunderts* les années *(weiblich)* quarante; *siehe auch* **achtziger**

vierzigjährig *Person* de quarante ans; **eine vierzigjährige Frau** une femme de quarante ans

der **Vierzigjährige** l'homme *(männlich)* de quarante ans

die **Vierzigjährige** la femme de quarante ans

vierzigste(r, s) quarantième

die **Vierzimmerwohnung** le quatre-pièces △ *männlich*

Vietnam le Vietnam

der **Vietnamese** le Vietnamien

die **Vietnamesin** la Vietnamienne

vietnamesisch vietnamien(ne)

die **Villa** la villa

violett violet(te)

die **Violine** le violon △ *männlich*

der **Violinschlüssel** la clé de sol

die **Viren** *Plural von* **Virus**

das **Virensuchprogramm** *(in der Informatik)* le programme antivirus, l'antivirus *(männlich)*

virtuell virtuel(le)

das/der **Virus** le virus

die **Visa**, die **Visen** *Plural von* **Visum**

das **Visier** *einer Schusswaffe* le viseur; *eines Helms* la visière

die **Visite** la visite

die **Visitenkarte** la carte de visite

das **Visum** le visa

das **Vitamin** la vitamine △ *weiblich*

der **Vitaminmangel** la carence en vitamines

die **Vitrine** la vitrine

der **Vizepräsident** le vice-président

die **Vizepräsidentin** la vice-présidente

der **Vogel** l'oiseau *(männlich)*

das **Vogelfutter** l'aliment *(männlich)* pour oiseaux

die **Vogelgrippe** la grippe aviaire

der **Vogelkäfig** la cage

das **Vogelnest** le nid d'oiseau

die **Vogelscheuche** *(auch übertragen)* l'épouvantail *(männlich)*

der **Vogelsalat** Ⓐ la mâche

die **Vogesen** les Vosges *(weiblich)*

die **Vokabel** le mot de vocabulaire

der **Vokal** la voyelle △ *weiblich*

das **Volk** le peuple ▶ **sich unters Volk mischen** *(umgs.)* prendre un bain de foule

der **Völkermord** le génocide

die **Volksabstimmung** le référendum

das **Volksbegehren** l'initiative *(weiblich)* populaire

das **Volksfest** la fête populaire

die **Volkshochschule** l'université *(weiblich)* populaire

die **Volksinitiative** Ⓒ l'initiative *(weiblich)* populaire

das **Volkslied** la chanson du fonds culturel

das **Volksmehr** Ⓒ la majorité confédérale

die **Volksmusik** la musique folklorique

die **Volksschule** Ⓐ *(Grundschule)* ≈ l'école *(weiblich)* primaire

der **Volkstanz** la danse folklorique

volkstümlich traditionnel(le); *Fest* populaire

die **Volksvertretung** la représentation nationale

die **Volkswirtschaft** l'économie *(weiblich)* [nationale]

voll ① plein(e); **den Eimer mit Wasser voll machen** remplir le seau d'eau; **voll werden** se remplir ② *(bedeckt mit)* **voll** [*oder* **voller**] **Schnee sein** être recouvert(e) de neige; **die Fliesen [mit Schmutz] voll machen** salir le carrelage ③ *(vollständig)* Jahr, Monat entier/entière; **die volle Summe** la totalité de la somme ④ *Gewissheit* total(e) ⑤ **voll sein** *(umgs.: satt)* en avoir jusque-là; *(betrunken)* être bourré(e) ⑥ *(uneingeschränkt)* ausnutzen, unterstützen totalement ⑦ *(umgs.: sehr)* **voll gut** vachement bien; **voll doof sein** être complètement nul(le) ▶ **voll und ganz** à cent pour cent; **jemanden nicht für voll nehmen** ne pas prendre quelqu'un au sérieux

der **Vollbart** la barbe

die **Vollbremsung** le freinage brusque

vollbringen *(gehoben)* accomplir

vollends complètement

voller eine Schachtel voller Kekse une boîte pleine de petits gâteaux

der **Volleyball** le volley-ball, le volley

das **Vollgas Vollgas geben** accélérer à fond

völlig ① *Chaos* total(e) ② **übereinstimmen** parfaitement ③ **völlig durchgeknallt** *(umgs.)* complètement dingue

volljährig majeur(e); **volljährig werden** atteindre sa majorité

vollkommen ① *(perfekt)* parfait(e) ② **Übereinstimmung** total(e); *Katastrophe* complet/

complète ❸ *unmöglich* complètement; **das ist vollkommen richtig** c'est tout à fait juste

volllaufen (*sich füllen*) Badewanne, Eimer: se remplir ▸ **sich volllaufen lassen** (*salopp*) prendre une cuite

die **Vollmacht** la procuration
die **Vollmilch** le lait entier
der **Vollmond** la pleine lune
die **Vollpension** la pension complète

vollschlank rondelet(te)

vollständig ❶ *Lösung* complet/complète; Text intégral(e) ❷ *besiegen, zerstören* à plates coutures, à plate couture

die **Vollständigkeit** l'intégralité (*weiblich*); *von Angaben* la complétude

vollstrecken exécuter

der **Volltreffer** ❶ (*Treffer*) le coup dans le mille ❷ (*umgs.: Erfolg*) le coup de maître

die **Vollversammlung** l'assemblée (*weiblich*) générale

vollwertig ❶ *Ernährung* complet/complète ❷ **kein vollwertiger Ersatz für jemanden sein** ne pas remplacer totalement quelqu'un

vollzählig ❶ *Mannschaft* complet/complète ❷ **die Spieler sind vollzählig erschienen** les joueurs sont apparus au complet; **die Mitglieder sind vollzählig anwesend** les membres sont tous présents

der **Volontär** le stagiaire

> **F** Nicht verwechseln mit *le volontaire – der Freiwillige!*

das **Volontariat** le stage

> **F** Nicht verwechseln mit *le volontariat – die Freiwilligkeit; der freiwillige Dienst!*

die **Volontärin** la stagiaire
das **Volt** le volt
das **Volumen** le volume

vom →**von**

von ❶ (*räumlich*) **von der Leiter steigen** descendre de l'échelle; **das Glas vom Tisch nehmen** prendre le verre sur la table; **links von ihm** à sa gauche; **von Paris nach Brüssel** de Paris à Bruxelles ❷ (*zeitlich*) **die Zeitung von gestern** le journal d'hier; **von morgen an** à partir de demain ❸ **ein Brief von meinen Eltern** une lettre de mes parents ❹ **von etwas träumen** rêver de quelque chose; **von etwas erzählen** raconter quelque chose ❺ **von allen abgelehnt werden** être refusé(e) de tous; **dieses Kleid wurde von Gucci entworfen** cette robe a été créée par Gucci ❻ **von Beruf ist sie Ärztin** elle est médecin, elle exerce la profession de médecin ❼ **der Prinz von Wales** le Prince de Galles ▸ **etwas von sich aus tun** faire quelque chose de son plein gré; **von wegen!** (*umgs.*) des clous!

voneinander voneinander lernen *zwei Personen:* apprendre l'un/l'une de l'autre; *mehrere Personen:* apprendre les uns/les unes des autres

vonstattengehen se dérouler

vor ❶ (*räumlich*) **vor mir** devant moi; **vor dem Haus** devant la maison; **vor das Haus gehen** aller devant la maison ❷ (*zeitlich*) **vor dem Urlaub** avant les vacances; **vor zwei Tagen** il y a deux jours; **das war schon vor einer Woche** ça fait déjà une semaine ❸ **vor Angst zittern** trembler de peur ❹ **vor und zurück** d'avant en arrière ▸ **vor sich hin gehen** marcher tranquillement

voran ❶ (*vorwärts*) en avant ❷ (*vorn befindlich*) en tête

vorangehen ❶ **jemandem vorangehen** précéder quelqu'un ❷ *Arbeit:* avancer; **es geht voran** ça avance

vorankommen ❶ (*vorwärtskommen*) progresser ❷ (*Fortschritte machen*) avancer

Vorarlberg le Vorarlberg

voraus devant ▸ **jemandem voraus sein** avoir de l'avance sur quelqu'un; **im Voraus bezahlen** d'avance; *wissen* à l'avance

voraussagen prédire

voraussehen ❶ prévoir ❷ **nicht vorauszusehen sein** être imprévisible

voraussetzen ❶ **etwas als selbstverständlich voraussetzen** considérer quelque chose comme une évidence ❷ **vorausgesetzt, dass es nicht regnet** à supposer [*oder* à condition] qu'il ne pleuve pas ❸ (*erfordern*) **viel Geduld voraussetzen** *Arbeit:* supposer une grande patience

die **Voraussetzung** la condition

voraussichtlich (*vermutlich*) probablement

der **Vorbehalt** la réserve; **unter Vorbehalt** sous réserve

vorbei ❶ **wir sind weiterspaziert, vorbei an kleinen Häuschen** nous avons continué notre promenade, le long de petites maisons ❷ **vorbei!** (*kein Treffer*) raté! ❸ **vorbei sein** *Film, Konzert:* être fini(e)

vorbeigehen ❶ passer; **an jemandem/an etwas vorbeigehen** passer devant quelqu'un/devant quelque chose ❷ (*umgs.: einen Besuch machen*) passer; **[kurz] bei jemandem vorbeigehen** passer chez quelqu'un [en coup de vent]

vorbeikommen ❶ ich komme da bequem vorbei je peux passer facilement ❷ (*umgs.:* einen Besuch machen) passer; [**kurz**] **bei jemandem vorbeikommen** passer chez quelqu'un [en coup de vent]
vorbeilassen laisser passer
vorbeireden aneinander vorbeireden avoir un dialogue de sourds
vorbereiten ❶ préparer ❷ **sich auf etwas vorbereiten** se préparer pour quelque chose
vorbestellen réserver
vorbestraft vorbestraft sein avoir des antécédents judiciaires
vorbeugen¹ ❶ (*in der Medizin*) prévenir le mal; **einer Entzündung vorbeugen** prévenir une inflammation ❷ **einem Missverständnis vorbeugen** prévenir un malentendu
vorbeugen² sich vorbeugen se pencher en avant
das **Vorbild** le modèle
vorbildlich *Verhalten* exemplaire; **eine vorbildliche Schülerin** une élève modèle
vorbringen formuler *Frage;* présenter *Fakten*
vordere(r, s) der vordere Teil la partie avant; **die vorderen Reihen** les rangs de devant
der **Vordergrund** le premier plan ▶ **im Vordergrund stehen** être au premier plan
der **Vordermann** (*in der vorderen Reihe sitzende Person*) le voisin de devant
das **Vorderrad** la roue avant
vorderste(r, s) der/die vorderste ... le ... le plus avancé/la ... la plus avancée; **die vorderste Reihe** le tout premier rang
das **Vorderteil** le devant
vordrängen sich vordrängen (*auch übertragen*) jouer des coudes
vordringen ❶ *Armee:* gagner du terrain ❷ **bis zu jemandem vordringen** *Gerücht:* arriver jusqu'à quelqu'un
voreilig *Entscheidung* °hâtif/hâtive, précipité(e)
voreinander voreinander Angst haben *zwei Personen:* avoir peur l'un/l'une de l'autre; *mehrere Personen:* avoir peur les uns/les unes des autres
die **Vorentscheidung** ❶ la décision préliminaire ❷ (*im Sport*) **die Vorentscheidung ist gefallen** la partie est jouée d'avance
vorerst dans un premier temps
vorfahren ❶ *Gäste, Wagen:* se présenter ❷ **mit einem Taxi vorfahren** arriver en taxi ❸ (*nach vorne fahren*) **den Wagen etwas vorfahren** avancer un peu la voiture ❹ (*vorausfahren*) partir avant les autres

die **Vorfahrt** la priorité; **Vorfahrt haben** avoir la priorité
die **Vorfahrtsstraße** la route prioritaire
vorfinden trouver
die **Vorfreude** la joie; **seine Vorfreude auf die Ferien** sa joie à la perspective des vacances
vorführen ❶ projeter *Film;* présenter *Modell* ❷ amener *Häftling*
der **Vorgänger** le prédécesseur
die **Vorgängerin** le prédécesseur

Ⓖ Es gibt nur im kanadischen Französisch die Femininform *la prédécesseure.* Ansonsten wird die männliche Form auch für Frauen verwendet: *wie hieß doch gleich deine Vorgängerin? – elle s'appelait comment déjà,* ton prédécesseur?

vorgeben (*vorschützen*) prétexter
vorgefasst eine vorgefasste Meinung une opinion préconçue [*oder* toute faite]
vorgehen ❶ (*vorausgehen*) partir devant ❷ *Uhr:* avancer; **fünf Minuten vorgehen** avancer de cinq minutes ❸ (*geschehen*) se passer; **was geht denn hier vor?** mais qu'est-ce qui se passe ici? ❹ (*Priorität haben*) passer avant ❺ **gegen jemanden/ gegen etwas vorgehen** *Polizei:* avancer sur quelqu'un/sur quelque chose
die **Vorgeschichte** ❶ (*Prähistorie*) la préhistoire ❷ *eines Angeklagten* les antécédents (*männlich*)

Ⓥ In ❷ wird der Singular *die Vorgeschichte* mit einem Plural übersetzt: *die Vorgeschichte des Angeklagten* ist *untersucht worden – les antécédents de l'accusé* ont *été analysés.*

vorgeschichtlich préhistorique
der **Vorgesetzte** le supérieur [hiérarchique]
die **Vorgesetzte** la supérieure [hiérarchique]
vorgestern avant-hier; **vorgestern Abend** avant-hier soir; **vorgestern Nacht** dans la nuit d'avant-hier
vorhaben ❶ **vorhaben zu verreisen** avoir l'intention de partir en voyage ❷ **ich habe morgen Abend leider schon etwas vor** désolé(e), j'ai déjà prévu quelque chose pour demain soir
vorhanden ❶ (*verfügbar*) disponible ❷ (*existierend*) existant(e)
der **Vorhang** le rideau
vorher avant, auparavant; **kurz vorher** peu de temps avant
vorherbestimmen etwas vorherbestimmen déterminer quelque chose à l'avance
vorherrschen ❶ *Meinung:* prévaloir ❷ *Wetter, Vegetation:* être prédominant(e)
die **Vorhersage** ❶ (*Wettervorhersage*) les prévi-

sions *(weiblich)* [météo] ❷ (*Voraussage*) la prédiction
vorhin à l'instant; **Paul hat vorhin angerufen** Paul vient d'appeler
vorige(r, s) ❶ *Jahr, Woche* dernier/dernière; **voriges Mal** la dernière fois ❷ *Wohnsitz* précédent(e)
das **Vorjahr** l'année *(weiblich)* dernière
die **Vorkehrung** la mesure [préventive]
die **Vorkenntnis** la connaissance préalable
vorkommen ❶ *Fehler*: se produire; *Zwischenfall*: arriver; **es kommt schon mal vor, dass sie einen Fehler macht** il arrive parfois qu'elle fasse [*oder* commette] une faute ❷ **diese Pflanze kommt nur in Asien vor** on ne trouve cette plante qu'en Asie ❸ **das kommt mir komisch vor** cela me semble bizarre; **er/sie kam sich dumm vor** il/elle se sentait bête ❹ (*nach vorn kommen*) venir devant
das **Vorkommnis** l'événement *(männlich)*; (*unangenehmer Vorfall*) l'incident *(männlich)*
die **Vorkriegszeit** l'avant-guerre (*männlich oder weiblich*); **in der Vorkriegszeit** avant la guerre
vorladen citer
vorlassen jemanden vorlassen (*Vortritt lassen*) laisser passer quelqu'un devant; (*Zutritt gewähren*) laisser passer quelqu'un
vorläufig ❶ *Zustand* provisoire ❷ *ausreichen* pour l'instant
vorlaut impertinent(e)
vorlegen ❶ présenter; produire *Beweis* ❷ mettre *Kette*
vorlesen ❶ lire [à °haute voix]; **ein Gedicht vorlesen** lire un poème [à °haute voix] ❷ **jemandem vorlesen** lire à quelqu'un; **jemandem aus einem Buch/aus der Zeitung vorlesen** lire un livre/le journal à quelqu'un
die **Vorlesung** le cours [magistral]
vorletzte(r, s) avant-dernier/avant-dernière
die **Vorliebe** la prédilection; **eine Vorliebe für etwas haben** avoir une prédilection pour quelque chose
vorliegen sobald uns Ihre Bewerbung vorliegt, ... dès que votre candidature nous sera parvenue, ...
vormachen ❶ (*zeigen*) montrer ❷ (*vortäuschen*) **jemandem etwas vormachen** jouer la comédie à quelqu'un; **sich etwas vormachen** se faire des idées
der **Vormittag** la matinée; **am Vormittag** dans la matinée; **heute Vormittag** ce matin
vormittags le matin
die **Vormundschaft** la tutelle

vorn ❶ (*im vorderen Bereich*) devant; **vorn im Bus** à l'avant du bus; **nach vorn gehen** s'avancer, avancer ❷ (*auf der Vorderseite*) devant; **etwas von vorn betrachten** regarder quelque chose de face ❸ **vorn im Buch** au début du livre
der **Vorname** le prénom
vorne →**vorn**
vornehm ❶ *Dame* distingué(e) ❷ *Gegend, Villa* chic; *Limousine, Kleidung* élégant(e) ❸ (*adlig*) aristocratique
vornehmen ❶ effectuer *Überprüfung* ❷ **sich vornehmen etwas zu tun** prévoir de faire quelque chose ▶ **sich jemanden vornehmen** (*umgs.*) faire sa fête à quelqu'un
der **Vorort** le faubourg; **die Vororte von Paris** la banlieue parisienne

> **V** Der Plural *die Vororte* wird mit einem Singular übersetzt: *die Vororte sind nicht gut zu erreichen – la banlieue est mal desservie.*

der **Vorrang** la priorité; **Vorrang vor jemandem/vor etwas haben** avoir la priorité sur quelqu'un/sur quelque chose
vorrangig ❶ *Interesse* prioritaire ❷ *behandeln* en priorité
der **Vorrat** les réserves *(weiblich)*; **der Vorrat an Heizöl** les réserves de fuel ❷ (*Lebensmittel*) **die Vorräte** les provisions *(weiblich)* ❸ (*Warenbestand*) le stock; **solange der Vorrat reicht** jusqu'à épuisement des stocks

> **V** In ❶ wird der Singular *der Vorrat* mit einem Plural übersetzt: *unser Vorrat an Brennholz reicht aus – nos réserves de bois sont suffisantes.*

vorrechnen faire le compte
die **Vorrichtung** le dispositif
vorrücken ❶ (*vorschieben, vorankommen*) avancer ❷ (*im Klassement*) remonter au classement
vorsagen souffler
die **Vorsaison** l'avant-saison *(weiblich)*
vorsätzlich intentionnel(le); *Körperverletzung* volontaire
vorschieben ❶ (*nach vorn schieben*) avancer ❷ pousser *Riegel* ❸ prétexter *Krankheit*
der **Vorschlag** la proposition
vorschlagen jemandem vorschlagen etwas zu tun proposer à quelqu'un de faire quelque chose
vorschreiben ❶ (*niederschreiben*) **etwas vorschreiben** écrire le modèle de quelque chose ❷ (*vorgeben, anordnen*) prescrire
die **Vorschrift** le règlement; **nach Vorschrift** conformément au règlement; **das ist Vorschrift**

Qu'est-ce que c'est en français?

etwas vorschlagen

Was machen wir? – Ich weiß nicht.	Qu'est-ce qu'on fait? – Je ne sais pas.
Möchtest du ein Tischtennismatch machen?	Tu veux faire un match de ping-pong?
Na ja,… ich finde das öde! Ich möchte lieber eine Kanutour machen.	Bof, …je trouve ça nul! Je préfère faire une rando en canoë.
Wenn du willst, können wir Kanu fahren. Das interessiert mich auch.	Si tu veux, nous pouvons faire du canoë. Ça m'intéresse aussi.
Ich hole meine Badehose.	Je vais chercher mon maillot de bain.
Und ich (betont) kann zwei Sandwiches in der Bäckerei neben der Kirche kaufen.	Et moi, je peux acheter deux sandwichs dans la boulangerie à côté de l'église.
Ich lade dich ein.	Je t'invite.
Super! Wir machen Sport und danach [machen wir] ein Picknick am Ufer.	Super! On fait du sport et après, on fait un pique-nique au bord de l'eau.

c'est le règlement
vorschriftsmäßig ① *Verhalten* réglementaire ② *handeln* réglementairement
das **Vorschulalter** l'âge *(männlich)* préscolaire (*avant six ans*)
der **Vorschuss** l'avance *(weiblich)*
vorsehen ① **sich vorsehen** prendre garde; **sich vor jemandem/vor etwas vorsehen** prendre garde à quelqu'un/à quelque chose; **sieh dich vor!** prends garde! ② prévoir; **es ist vorgesehen, dass der Unterricht stattfindet** il est prévu que le cours ait lieu ③ **der Saft ist für die Kinder vorgesehen** le jus de fruits, c'est pour les enfants
vorsetzen ① (*anbieten*) servir ② **einen Schüler vorsetzen** faire asseoir un écolier devant; **sich vorsetzen** aller s'asseoir devant
die **Vorsicht** la prudence; **Vorsicht!** attention!
vorsichtig ① *Mensch* prudent(e) ② *fahren* prudemment [pʀydamã]; *behandeln, transportieren* avec précaution
vorsichtshalber par [mesure de] précaution
die **Vorsilbe** (*in der Grammatik*) le préfixe
vorsingen ① chanter; **jemandem ein Lied vorsingen** chanter une chanson à quelqu'un ② (*bei einer Talentprobe*) auditionner; **jemandem vorsingen** auditionner devant quelqu'un
der **Vorsitz** la présidence; **den Vorsitz bei etwas haben** présider quelque chose
vorsorgen prendre des précautions; **fürs Alter vorsorgen** préparer sa retraite
die **Vorsorgeuntersuchung** l'examen *(männlich)* de dépistage
vorsorglich ① *Maßnahme* préventif/préventive ② *entfernen* à titre préventif
die **Vorspeise** (*erster Gang*) le °hors-d'œuvre; (*Eingangsgericht*) l'entrée *(weiblich)*
vorspielen ① (*musizieren*) **jemandem etwas vorspielen** jouer quelque chose à quelqu'un ② **er hat mir Ahnungslosigkeit vorgespielt** il m'a fait croire qu'il ne savait rien
der **Vorsprung** ① (*Abstand*) l'avance *(weiblich)* ② (*Felsvorsprung*) la saillie
der **Vorstand** ① (*Gremium*) le comité directeur ② (*Vorstandsmitglied*) le membre du comité directeur
vorstellbar concevable; **das ist kaum vorstellbar** c'est à peine imaginable
vorstellen ① **sich jemandem vorstellen** se présenter à quelqu'un; **ich möchte euch meinen Freund Paul vorstellen** puis-je vous présenter mon ami Paul? ② **den Wecker vorstellen** avancer son réveil ③ (*ausdenken*) **sich etwas vorstellen** imaginer [*oder* s'imaginer] quelque chose ④ **darunter kann ich mir nichts vorstellen** ça ne me dit rien ⑤ **stell dir [das] mal vor!** tu te rends compte!
die **Vorstellung** ① *eines Bekannten, Produkts* la présentation ② (*gedankliches Bild*) l'idée *(weiblich)*; **sich falsche Vorstellungen von etwas machen** se faire une fausse idée de quelque chose ③ (*im Theater*) la représentation ④ (*im Kino*) la séance
das **Vorstellungsgespräch** l'entretien *(männlich)* [d'embauche]
vorstrecken ① avancer *Kopf* ② **jemandem etwas Geld vorstrecken** avancer un peu d'argent à quelqu'un

Qu'est-ce que c'est en français?

sich vorstellen

Ich wohne in Bonn.	J'habite à Bonn.
Und ich mag Frankreich.	Et j'aime la France.
Auf meiner Internetseite zeige ich meine Fotos.	Sur ma page Internet, je montre mes photos.
Das sind meine Schwester, meine Freunde, meine Brieffreundin … und mein Hund!	Voilà ma sœur, mes copains, ma corres … et mon chien!
Am liebsten mag ich Rapmusik.	J'adore le rap.
Ich mache nicht gerne meine Französischhausaufgaben.	Je n'aime pas faire mes devoirs de français.
Und ich hasse Klassenarbeiten!	Et je déteste les interros!

die **Vorstufe** le stade préliminaire
vortäuschen ❶ simuler *Krankheit* ❷ **Interesse vortäuschen** faire semblant d'être intéressé(e)
der **Vorteil** ❶ (*Vorzug*) l'avantage *(männlich)* ❷ (*Nutzen*) l'intérêt *(männlich)* ▶ **jemandem gegenüber im Vorteil sein** être avantagé(e) par rapport à quelqu'un
der **Vortrag** la conférence; **einen Vortrag [über etwas] halten** faire une conférence [sur quelque chose]
vortreten ❶ *Person:* s'avancer, avancer ❷ (*umgs.: hervortreten*) *Augen:* ressortir; *Ader:* saillir
der **Vortritt** ❶ **jemandem den Vortritt lassen** céder le passage à quelqu'un ❷ ⓒⒽ (*Vorfahrt*) la priorité
vorüber vorüber sein *Sommer, Ferien:* être fini(e)
vorübergehend ❶ *Erscheinung* passager/passagère; *Lösung* temporaire ❷ *geschlossen* momentanément
das **Vorurteil** le préjugé
der **Vorverkauf** la location
vorverlegen avancer *Termin*
die **Vorwahl** (*Vorwahlnummer*) l'indicatif *(männlich)*
der **Vorwand** le prétexte; **unter dem Vorwand, daheim anrufen zu müssen** sous prétexte d'avoir à téléphoner à la maison
vorwärts (*nach vorn*) en avant
vorwärtsblicken (*zuversichtlich sein*) regarder en avant
vorwärtsbringen (*fördern*) faire avancer
der **Vorwärtsgang** la marche avant
vorwärtsgehen (*Fortschritte machen*) avancer; **es geht vorwärts** ça avance
vorwärtskommen (*Fortschritte machen*) progresser

vorwegnehmen die Pointe vorwegnehmen trahir la chute de l'histoire
vorwerfen (*vorhalten*) reprocher
vorwiegend principalement
vorwitzig °hardi(e)
das **Vorwort** la préface
der **Vorwurf** le reproche
das **Vorzeichen** (*Anzeichen*) le signe avant-coureur
vorzeigen présenter
vorziehen ❶ préférer; **es vorziehen, im Bett zu bleiben** préférer rester au lit ❷ (*zeitlich verlegen*) avancer
der **Vorzug** ❶ (*Vorteil*) l'avantage *(männlich)* ❷ (*gute Eigenschaft*) la qualité
vorzüglich ❶ *Qualität* excellent(e); *Essen* délicieux/délicieuse ❷ *speisen* merveilleusement bien
vulgär ❶ *Wort* grossier/grossière; *Pose* vulgaire ❷ **vulgär aussehen** avoir l'air vulgaire
der **Vulkan** le volcan

W

das **w**, das **W** le w, le W [dublǝve]
W *Abkürzung von* **Westen** O
die **Waage** ❶ la balance ❷ (*in der Astrologie*) la Balance; **[eine] Waage sein** être Balance
waag|e|recht horizontal(e)
die **Wabe** le rayon [de miel]
wach (*nicht schlafend*) éveillé(e); **wach werden** se réveiller
die **Wache** ❶ (*Wachdienst*) le service de garde, la garde ❷ (*Polizeiwache*) le poste [de police]

wachen ❶ veiller ❷ **über etwas wachen** surveiller quelque chose
der **Wachmann** le gardien
der **Wacholder** le genévrier
das **Wachs** la cire
wachsam ❶ *Auge* vigilant(e) ❷ *beobachten* avec vigilance
wachsen¹ ❶ *Kind:* grandir; *Pflanze, Haare:* pousser ❷ *Bevölkerung:* s'accroître; *Begeisterung:* augmenter
wachsen² cirer *Boden;* farter *Ski*
das **Wachstum** ❶ la croissance ❷ *der Bevölkerung* l'accroissement *(männlich)*
der **Wächter** le gardien; (*in einer Anstalt*) le surveillant
die **Wächterin** la gardienne; (*in einer Anstalt*) la surveillante
wackelig *Stuhl, Konstruktion* branlant(e)
der **Wackelkontakt** le faux contact
wackeln ❶ *Stuhl, Tisch:* être branlant(e) ❷ (*sich bewegen*) vaciller
wacklig →**wackelig**
die **Wade** le mollet
die **Waffe** ❶ l'arme *(weiblich)* ❷ (*Rüstungsbestand*) **die Waffen** l'armement *(männlich)*

> **V** In ❷ wird der Plural *die Waffen* mit einem Singular übersetzt: *die Waffen dieses Landes* sind *denen Frankreichs überlegen* – *l'armement de ce pays* est *supérieur à celui de la France.*

die **Waffel** ❶ (*Gebäck*) la gaufre ❷ (*Eistüte*) le cornet ▶ **einen an der Waffel haben** (*umgs.*) être un peu fada
das **Waffeleisen** le gaufrier
die **Waffenruhe** le cessez-le-feu
der **Waffenschein** le permis de port d'armes
der **Waffenstillstand** l'armistice *(männlich)*
wagemutig ❶ *Tat* audacieux/audacieuse ❷ *vortreten* avec audace
wagen ❶ (*riskieren*) risquer ❷ [es] **wagen, zu widersprechen** oser contredire ▶ **wer nicht wagt, der nicht gewinnt** qui ne risque rien n'a rien
der **Wagen** ❶ la voiture; **mit dem Wagen** en voiture ❷ (*Sternbild*) **der Große Wagen** la Grande Ourse
der **Wagenheber** le cric
der **Waggon** le wagon
waghalsig ❶ *Mensch* intrépide ❷ *fahren* en prenant des risques
das **Wagnis** l'entreprise *(weiblich)* °hasardeuse
die **Wahl** ❶ le choix; **sie glaubt, sie habe keine andere Wahl** elle croit qu'elle n'a pas d'autre choix; **man hat immer die Wahl** on a toujours le choix ❷ (*Abstimmung*) l'élection *(weiblich);* **zur Wahl gehen** aller voter
die **Wahlbenachrichtigung** ≈ la carte d'électeur (*qui tient lieu de convocation pour une élection précise*)
wahlberechtigt qui a le droit de vote
die **Wahlbeteiligung** la participation [électorale]
wählen ❶ voter pour *Partei;* **jemanden zum Kanzler wählen** élire quelqu'un chancelier ❷ (*auswählen*) choisir; **unter mehreren Möglichkeiten wählen** choisir parmi plusieurs possibilités ❸ faire, composer *Telefonnummer*
der **Wähler** l'électeur *(männlich);* (*Stimmberechtigter*) le votant
das **Wahlergebnis** le résultat des élections
die **Wählerin** l'électrice *(weiblich);* (*Stimmberechtigte*) la votante
wählerisch difficile ▶ **nicht gerade wählerisch sein** ne pas être difficile
der **Wahlgang** le tour [de scrutin]
der **Wahlkampf** la campagne électorale
das **Wahllokal** le bureau de vote
wahllos au °hasard
das **Wahlrecht** ❶ (*Berechtigung*) le droit de vote ❷ (*Gesetzessammlung*) la loi électorale
der **Wahlsieg** la victoire électorale
wahlweise au choix
der **Wahn** la folie
der **Wahnsinn** (*umgs.*) la folie ▶ **das ist [ja] der helle Wahnsinn!** mais c'est de la folie pure!, mais c'est fou!; **Wahnsinn!** c'est fou ça!
wahnsinnig ❶ fou/folle; **wahnsinnig werden** devenir fou/folle ❷ (*umgs.: unvorstellbar*) *Arbeit* dingue; *Sturm* de tous les diables; **eine wahnsinnige Hitze** une chaleur à crever ❸ (*umgs.: sehr gut*) super ❹ **wahnsinnig gute Musik** (*umgs.*) de la musique vachement bonne
wahr ❶ *Geschichte* vrai(e); *Aussage* véridique ❷ **ein wahrer Freund** un véritable ami; **das wahre Glück** le vrai bonheur ▶ **nicht wahr?** n'est-ce pas?
wahren ❶ préserver *Interessen* ❷ conserver *Ruf;* garder *Geheimnis*
während ❶ **während des Essens** pendant le repas ❷ **während du weg warst, hat Paul angerufen** pendant que tu étais parti(e), Paul a téléphoné ❸ (*wogegen*) **sie liest gerne, während er lieber fernsieht** elle aime bien lire alors que lui préfère regarder la télé
währenddessen pendant ce temps
wahrhaben **etwas nicht wahrhaben wollen** ne pas vouloir admettre quelque chose

die **Wahrheit** la vérité; **in Wahrheit** en réalité
▶ **um die Wahrheit zu sagen** à vrai dire
wahrheitsgetreu *Schilderung* fidèle
wahrnehmen ① percevoir *Geräusch* ② profiter de *Gelegenheit* ③ défendre *Interessen*
wahrsagen ① **jemandem etwas wahrsagen** prédire quelque chose à quelqu'un ② **sie kann wahrsagen** elle sait prédire l'avenir
der **Wahrsager** le voyant
die **Wahrsagerin** la voyante
wahrscheinlich ① *Ursache, Grund* probable ② **wahrscheinlich hat er es vergessen** il a probablement oublié, il est probable qu'il ait oublié ③ **es ist nicht sehr wahrscheinlich, dass sie kommt** il est peu probable qu'elle vienne
die **Wahrscheinlichkeit** la probabilité; **mit hoher Wahrscheinlichkeit** très probablement
die **Währung** la monnaie
die **Währungsunion** l'union *(weiblich)* monétaire; **die Europäische Währungsunion** l'union *(weiblich)* monétaire européenne
das **Wahrzeichen** l'emblème *(männlich)*
die **Waise** l'orphelin *(männlich)*/l'orpheline *(weiblich)*
das **Waisenhaus** l'orphelinat *(männlich)*
der **Wal** la baleine
der **Wald** le bois; *(groß)* la forêt
das **Waldsterben** le dépérissement des forêts
Wales [weɪls] le pays de Galles
der **Walkman**® le baladeur, le walkman® [wɔ(l)kman]
der **Wall** le talus
der **Wallfahrt** le pèlerinage
der **Wallfahrtsort** le lieu de pèlerinage
das **Wallis** le Valais
der **Wallone** le Wallon
die **Wallonin** la Wallonne
die **Walnuss** ① la noix ② *(Baum)* le noyer
das **Walross** le morse
die **Walze** ① *(in der Technik)* le cylindre ② *(Baufahrzeug)* le rouleau compresseur
walzen ① damer *Piste* ② laminer *Stahl*
wälzen ① **jemanden auf die Seite wälzen** tourner quelqu'un sur le côté ② **sich im Bett hin und her wälzen** tourner et retourner dans son lit; **sich im Schlamm wälzen** se vautrer dans la boue ③ *(umgs.: durcharbeiten)* compulser *Katalog*; ruminer *Probleme*
der **Walzer** la valse ⚠ *weiblich*
die **Wand** le mur ▶ **Wand an Wand** porte à porte; **die spanische Wand** le paravent
der **Wandalismus** le vandalisme
der **Wandel** *(gehoben)* le changement

der **Wanderer** le randonneur
die **Wanderin** la randonneuse
die **Wanderkarte** le guide des sentiers de grande randonnée
wandern ① *(eine Wanderung machen)* faire de la randonnée ② *Gletscher, Sonne:* se déplacer ③ *Völker:* migrer ④ **in den Papierkorb wandern** *(umgs.)* atterrir dans la corbeille à papier
das **Wandern** la randonnée
die **Wanderung** ① la randonnée ② *von Völkern* la migration
der **Wanderweg** le sentier de [grande] randonnée
der **Wandschrank** le placard
die **Wange** la joue
wanken ① *Person:* chanceler; *Turm:* vaciller ② **nach Hause wanken** rentrer en titubant
wann quand; **seit wann** depuis quand; **wann [auch] immer** n'importe quand; **wann [immer] du willst** quand tu veux
die **Wanne** ① *(Badewanne)* la baignoire; **in die Wanne gehen** prendre un bain ② *(kleine Plastikwanne)* la bassine

🇫 Nicht verwechseln mit *la vanne – das [Schleusen]tor!*

die **Wanze** ① la punaise ② *(umgs.: Abhörgerät)* le micro
das **Wappen** les armoiries *(weiblich)*

🅥 Der Singular *das Wappen* wird mit einem Plural übersetzt: *das Wappen dieser Stadt ist sehr bekannt – les armoiries de cette ville sont très connues.*

die **Ware** ① la marchandise ② **die verderblichen Waren** *(Lebensmittel)* les denrées *(weiblich)* périssables
das **Warenhaus** le grand magasin
das **Warenzeichen** la marque déposée
warm ① chaud(e); **ihm/ihr ist warm** il/elle a chaud; **es ist warm hier** il fait chaud ici ② **sich warm laufen** *Sportler:* s'échauffer ③ **warm laufen** *Motor:* chauffer ④ **warm duschen** prendre une douche chaude ⑤ **dieses Buch kann ich wärmstens empfehlen** je vous recommande tout particulièrement ce livre
die **Wärme** la chaleur
die **Wärmedämmung** l'isolation *(weiblich)* [thermique]
wärmen ① réchauffer *Menschen, Hände* ② **die Decke wärmt gut** la couverture tient bien chaud ③ **sich wärmen** se réchauffer
die **Wärmflasche** la bouillotte
die **Warmhalteplatte** le chauffe-plat
warmherzig chaleureux/chaleureuse

die **Warmmiete** le loyer charges comprises
der **Warmstart** (*beim Computer*) le démarrage à chaud
die **Warmwasserversorgung** l'approvisionnement (*männlich*) en eau chaude
die **Warnblinkanlage** les feux (*männlich*) de détresse

> **V** Der Singular *die Warnblinkanlage* wird mit einem Plural übersetzt: *die Warnblinkanlage ist noch an* – *les feux de détresse sont encore allumés*.

das **Warndreieck** le triangle de signalisation
warnen ❶ prévenir *Kind, Schüler*; **ich habe dich gewarnt** je t'ai prévenu(e) ❷ **vor jemandem/vor etwas warnen** mettre en garde contre quelqu'un/contre quelque chose
das **Warnsignal** (*optisch*) le signal lumineux; (*akustisch*) le signal sonore
der **Warnstreik** la grève d'avertissement
die **Warnung** l'avertissement (*männlich*)
das **Warnzeichen** ❶ (*Warnschild*) le signal ❷ (*Anzeichen*) l'avertissement (*männlich*)
Warschau Varsovie
die **Wartefunktion** (*beim Telefonieren*) la mise en attente
die **Wartehalle** le °hall d'attente ⚠ *männlich*
warten ❶ attendre; **auf jemanden/auf etwas warten** attendre quelqu'un/quelque chose ❷ **auf sich warten lassen** se faire attendre ❸ **warte mal!** attends voir! ❹ (*pflegen*) réviser *Auto*
die **Wartezeit** l'attente (*weiblich*)
das **Wartezimmer** la salle d'attente
die **Wartung** *eines Autos* l'entretien (*männlich*); *eines Geräts* la maintenance
warum pourquoi; **warum nicht?** pourquoi pas?
die **Warze** la verrue
was ❶ **was hast du gesagt?** qu'est-ce que tu as dit?; **was ist [denn] das?** qu'est-ce que c'est [que ça]?; **was ist?** qu'est-ce qu'il y a? ❷ **was für ein Glück!** quelle chance! ❸ (*umgs.: wie viel*) **was kostet das?** c'est combien? ❹ (*umgs.: wie bitte*) **was?** quoi? ❺ (*umgs.: woran, worauf*) **an was denkst du?** à quoi tu penses?; **auf was wartest du?** tu attends quoi? ❻ **schmeckt gut, was?** (*umgs.*) c'est bon, °hein? ❼ **ich weiß nicht, was sie will** je ne sais pas ce qu'elle veut ❽ (*umgs.: etwas*) quelque chose; **hast du was von ihm gehört?** tu as de ses nouvelles?
waschbar lavable
das **Waschbecken** le lavabo

die **Wäsche** ❶ la lessive; **Wäsche waschen** faire la lessive ❷ (*Textilien*) le linge ❸ (*Herrenunterwäsche*) les sous-vêtements (*männlich*); (*Damenunterwäsche*) les dessous (*männlich*)

> **V** In ❸ wird der Singular *die Wäsche* mit einem Plural übersetzt: *diese Wäsche ist sehr schön* – *ces sous-vêtements/ces dessous sont très jolis*.

die **Wäscheklammer** la pince à linge
waschen ❶ laver; **sich die Hände waschen** se laver les mains ❷ (*Wäsche waschen*) faire une lessive ❸ (*umgs.*) blanchir *Geld*
die **Wäscherei** la blanchisserie
der **Wäscheständer** le séchoir [à linge]
der **Wäschetrockner** le sèche-linge
der **Waschlappen** ❶ le gant de toilette ❷ (*umgs.: Feigling*) la lavette
die **Waschmaschine** la machine à laver
das **Waschmittel** la lessive
der **Waschsalon** la laverie [automatique]
die **Waschstraße** le tunnel de lavage
das **Wasser** ❶ l'eau (*weiblich*); **eine Flasche Wasser** une bouteille d'eau; **Wasser trinken** boire de l'eau; **das fließende Wasser** l'eau courante ❷ (*verhüllend: Urin*) **Wasser lassen** uriner ▶ **ihm steht das Wasser bis zum Hals** (*umgs.*) il est dans la panade; **jemandem läuft das Wasser im Mund[e] zusammen** quelqu'un en a l'eau à la bouche; **sich über Wasser halten** garder la tête °hors de l'eau
der **Wasserball** ❶ (*Sportart*) le water-polo ❷ (*Ball*) le ballon
der **Wasserdampf** la vapeur d'eau
wasserdicht *Uhr* étanche; *Material* imperméable
der **Wasserfall** la cascade
die **Wasserfarbe** la peinture à l'eau
der **Wasserhahn** le robinet
wässerig →**wässrig**
der **Wasserkessel** la bouilloire
das **Wasserkraftwerk** la centrale hydroélectrique
die **Wasserleitung** la conduite d'eau
wasserlöslich soluble
der **Wassermann** (*in der Astrologie*) le Verseau; [ein] **Wassermann sein** être Verseau
die **Wassermelone** la pastèque
wässern arroser
die **Wasserpistole** le pistolet à eau
die **Wasserratte** le rat d'eau
wasserscheu qui a peur de l'eau; **wasserscheu sein** avoir peur de l'eau
der **Wasserstand** le niveau d'eau
der **Wasserstoff** l'hydrogène (*männlich*)

Nach dem Weg fragen

Pardon, monsieur/madame/mademoiselle, | *Verzeihen Sie,*
où est la station de métro Rivoli, s'il vous plaît? | *wo ist die Metrostation Rivoli, bitte?*
pour aller au Louvre, s'il vous plaît? | *wie komme ich zum Louvre, bitte?*
comment est-ce que je vais au Louvre?

die **Wasserstoffbombe** la bombe à hydrogène
wasserstoffgebleicht *Haare* peroxydé(e)
die **Wasserstraße** la voie navigable
der **Wassertropfen** la goutte d'eau
die **Wasserverschmutzung** la pollution des eaux
die **Wasserversorgung** l'approvisionnement *(männlich)* en eau
der **Wasservogel** l'oiseau *(männlich)* aquatique
der **Wasserwerfer** le canon à eau
das **Wasserwerk** le centre de distribution des eaux
das **Wasserzeichen** le filigrane
wässrig ❶ *Kaffee* clairet(te) ❷ *Farbe* glauque ❸ *(in der Chemie, Pharmazie) Lösung* aqueux/aqueuse
waten durch das Wasser waten passer l'eau à gué
die **Watschen** Ⓐ *(umgs.)* la baffe
das **Watt**[1] *(in der Physik)* le watt
das **Watt**[2] *(Wattenmeer)* le Watt *(banc de sable ou d'argile découvert à marée basse)*
die **Watte** le coton
wattiert *Jacke* molletonné(e)
das **WC** les W.-C. *(männlich)*

Ⓥ In ❸ wird der Singular *das WC* mit einem Plural übersetzt: *das WC ist im Untergeschoss – les W.-C. sont au sous-sol.*

die **Webcam** ['wɛbkɛm] la webcam [wɛbkam]
weben ❶ tisser *Teppich* ❷ **er kann weben** il sait faire du tissage
der **Weber** le tisserand
die **Weberin** la tisserande
die **Webkamera** ['wɛbkamera] la webcam [wɛbkam]
das **Weblog** ['wɛblɔg] *(in der Informatik)* le blog
die **Website** ['wɛpsajt] le site Internet ⚠ *männlich*
der **Webstuhl** le métier à tisser
der **Wechsel** *(Veränderung)* le changement
das **Wechselgeld** la monnaie
wechselhaft instable
die **Wechseljahre** la ménopause

Ⓥ Der Plural *die Wechseljahre* wird mit einem Singular übersetzt: *die Wechseljahre fangen etwa mit fünfzig an – la ménopause commence vers l'âge de cinquante ans.*

der **Wechselkurs** le taux de change
wechseln ❶ changer; **das Hemd wechseln** changer de chemise; **die Bettwäsche wechseln** changer les draps; **das Thema wechseln** changer de sujet; **die Schule wechseln** changer d'école ❷ échanger *Briefe* ❸ **jemandem hundert Euro wechseln** changer cent euros à quelqu'un ❹ *(eine neue Stelle antreten)* changer d'employeur ❺ **auf die andere Spur wechseln** changer de voie
wechselseitig *Abhängigkeit* réciproque
der **Wechselstrom** le courant alternatif
die **Wechselstube** le bureau de change
die **Wechselwirkung** l'interaction *(weiblich)*
wecken ❶ *(aufwecken)* réveiller ❷ susciter *Interesse*
der **Wecken** Ⓐ le petit pain
der **Wecker** le réveil ▶ **er/sie geht mir auf den Wecker** *(umgs.)* il/elle me tape sur le système
wedeln mit dem Schwanz wedeln remuer la queue
weder weder ... noch ... ni ... ni ...; **er mag weder Musik noch Kino** il n'aime ni la musique ni le cinéma; **möchtest du lieber ein T-Shirt oder einen Pulli? – Weder noch!** tu préfères avoir un tee-shirt ou un pull? – Ni l'un ni l'autre!; **kennst du Anne und Nathalie? – Weder noch!** tu connais Anne et Nathalie? – Ni l'une ni l'autre!
weg *(umgs.)* ❶ **sie ist weg** *(nicht da)* elle n'est pas là; *(fortgegangen, fortgefahren)* elle est partie; *(verschwunden)* elle a disparu ❷ **Hände weg!** *(wenn der Gesprächspartner geduzt wird)* ne touche pas!; *(wenn der Gesprächspartner gesiezt wird)* ne touchez pas! ❸ **nichts wie weg [hier]!** allez, on se casse!
der **Weg** ❶ le chemin; *(Route)* l'itinéraire *(männlich)*; **sich auf den Weg zu jemandem machen** partir chez quelqu'un; **auf dem Weg ins Kino sein** être en route pour le ciné; **das liegt auf dem Weg** c'est sur le chemin ❷ *(Methode, Art und Weise)* **auf diesem Wege** de cette façon; **auf illegalem Wege** par des moyens illégaux ❸ **aus dem**

Weg! (*wenn der Gesprächspartner geduzt wird*) dégage le passage!; (*wenn der Gesprächspartner gesiezt wird*) dégagez le passage! ▸ **jemandem/einer Sache aus dem Weg gehen** éviter quelqu'un/quelque chose; **jemandem über den Weg laufen** croiser quelqu'un; **jemandem/einer Sache im Weg stehen** faire obstacle à quelqu'un/à quelque chose

wegbleiben ne pas venir [*oder* revenir]; **lange wegbleiben** s'absenter longtemps

wegbringen emmener [amənə] *Person;* **Altglas wegbringen** aller mettre du verre perdu à la benne

wegen ❶ (*aufgrund, infolge*) **wegen des Regens, wegen dem Regen** (*umgs.*) à cause de la pluie ❷ (*bezüglich*) **wegen Ihres Briefs, wegen Ihrem Brief** (*umgs.*) à propos de votre lettre ❸ **der Kinder wegen** à cause des enfants; **schon allein der Kinder wegen** ne serait-ce qu'à cause des enfants ▸ **wegen nichts und wieder nichts** pour des broutilles

wegfahren ❶ (*abfahren*) partir ❷ (*verreisen*) partir [en voyage] ❸ (*wegbewegen*) déplacer *Auto*

wegfliegen *Flugzeug:* s'envoler

weggeben se débarrasser de; **wir müssen unseren Hund weggeben** nous sommes obligés de donner notre chien

weggehen ❶ (*fortgehen*) s'en aller; **geh weg!** va-t'en! ❷ (*ausgehen*) sortir ❸ (*umgs.: sich entfernen lassen*) *Fleck:* s'en aller

wegjagen chasser

wegkommen (*umgs.*) ❶ **ich bin nicht früher weggekommen** je n'ai pas pu partir plus tôt ❷ (*sich trennen können*) **von jemandem/von etwas wegkommen** se défaire de quelqu'un/de quelque chose ❸ (*abhanden kommen*) disparaître ❹ (*abschneiden*) **gut wegkommen** bien s'en sortir; **schlecht wegkommen** mal s'en sortir ▸ **mach, dass du wegkommst!** fiche-moi le camp!, fiche le camp!

weglassen ❶ (*umgs.: auslassen*) laisser tomber; (*versehentlich*) omettre ❷ (*fortgehen lassen*) laisser partir

weglaufen ❶ (*fortlaufen*) se sauver; **vor jemandem weglaufen** fuir pour échapper à quelqu'un ❷ **von zu Hause weglaufen** (*umgs.*) fuguer

weglegen poser

wegmachen (*umgs.*) enlever

wegnehmen enlever; **er hat ihm seine Jacke weggenommen** il a pris sa veste

der **Wegrand** le bord du chemin

wegräumen ranger

wegrennen partir en courant; (*Reißaus nehmen*) décamper

wegschauen détourner les yeux

wegscheren (*umgs.*) **sich wegscheren** se casser, ficher le camp; **schert euch weg!** cassez-vous!, fichez le camp!

wegschicken envoyer *Brief;* renvoyer *Person*

wegschließen mettre sous clé; **die Dokumente wegschließen** mettre les documents sous clé

wegschnappen (*umgs.*) souffler; **jemandem etwas wegschnappen** souffler quelque chose à quelqu'un

wegsehen ❶ détourner les yeux ❷ **über etwas wegsehen** (*umgs.*) fermer les yeux sur quelque chose

wegsetzen sich wegsetzen changer de place

wegstellen déplacer

wegtragen emporter

wegtun ❶ (*weglegen*) enlever ❷ (*wegwerfen*) jeter

der **Wegweiser** le poteau indicateur

wegwerfen jeter

die **Wegwerfgesellschaft** (*abwertend*) la société de gaspillage

wegziehen ❶ (*fort-, umziehen*) déménager ❷ retirer *Hand* ❸ (*fortfliegen*) *Vögel:* migrer

wehe malheureux/malheureuse!; **wehe [dir], wenn …!** gare à toi si …!

die **Wehen** (*Geburtswehen*) les contractions (*weiblich*)

wehen ❶ *Wind:* souffler ❷ **im Wind wehen** *Haare, Fahne:* flotter au vent

wehleidig douillet(te)

die **Wehr sich zur Wehr setzen** se défendre; **sich gegen jemanden/gegen etwas zur Wehr setzen** se défendre contre quelqu'un/contre quelque chose

das **Wehr** (*Stauanlage*) le barrage

der **Wehrdienst** le service militaire

der **Wehrdienstverweigerer** l'objecteur (*männlich*) de conscience

die **Wehrdienstverweigerung** l'objection (*weiblich*) de conscience

wehren sich wehren (*sich verteidigen*) se défendre; (*sich sträuben*) opposer une fin de non-recevoir; **sich dagegen wehren etwas zu tun** se refuser à faire quelque chose

wehrlos sans défense

die **Wehrpflicht** le service militaire obligatoire; **die allgemeine Wehrpflicht** le service mili-

taire obligatoire
wehrpflichtig astreint(e) au service militaire
wehtun faire mal; **jemandem wehtun** faire mal à quelqu'un; **mir tut der Rücken weh** j'ai mal au dos
das **Weib** (*auch abwertend*) la bonne femme
das **Weibchen** (*weibliches Tier*) la femelle
weiblich ❶ féminin(e) ❷ *Tier, Blüte* femelle
die **Weiblichkeit** la féminité
weich ❶ *Stoff, Haut* doux/douce; *Bett* moelleux/moelleuse; *Boden* mou/molle ❷ *Fleisch* tendre
die **Weiche** l'aiguillage (*männlich*)
das **Weichei** (*umgs.*) la couille molle; **du Weichei!** [espèce de] couille molle!
weichen ❶ **nicht von der Stelle weichen** ne pas bouger d'un pouce ❷ **dem Fortschritt weichen** céder la place au progrès
der **Weichkäse** le fromage à pâte molle
weichlich mou/molle
die **Weichsel** Ⓐ (*Sauerkirsche*) la griotte
das **Weichtier** le mollusque
die **Weide**¹ (*Weidefläche für Vieh*) le pâturage
die **Weide**² (*Baum*) le saule
weiden ❶ *Vieh:* paître ❷ **das Vieh weiden** mener le bétail au pâturage
der **Weidenkorb** le panier d'osier
weigern **sich weigern** refuser; **sich weigern, etwas zu tun** refuser de faire quelque chose
die **Weigerung** le refus
weihen ❶ consacrer *Altar* ❷ **jemanden zum Priester weihen** ordonner quelqu'un prêtre
der **Weiher** l'étang (*männlich*)
Weihnachten Noël (*männlich*); **[an] Weihnachten, [zu] Weihnachten** à Noël ▸ **fröhliche Weihnachten!** joyeux Noël!
weihnachtlich ❶ *Stimmung* de Noël ❷ geschmückt pour Noël
der **Weihnachtsbaum** l'arbre (*männlich*) de Noël
das **Weihnachtsfest** **ein gesegnetes Weihnachtsfest!** bonnes fêtes de Noël! (*weiblich*)
das **Weihnachtsgeschenk** le cadeau de Noël
das **Weihnachtslied** le chant de Noël
der **Weihnachtsmann** le père Noël
der **Weihrauch** l'encens (*männlich*) [ãsã]
das **Weihwasser** l'eau (*weiblich*) bénite
weil ❶ parce que ❷ (*da ... nun*) comme; **weil es so stark regnet, bleiben wir lieber daheim** (*umgs.*) il pleut si fort qu'on va rester à la maison
die **Weile** le moment; **eine [ganze] Weile** un [bon] moment; **vor einer Weile** il y a un moment
der **Wein** ❶ le vin; **eine Flasche Mineralwasser** une bouteille d'eau minérale; **magst du Wein? – Nein danke, ich trinke keinen Wein** tu aimes le vin? – Non merci, je ne bois pas de vin ❷ (*Weinrebe*) la vigne ❸ (*Trauben*) **der Wein wird im Oktober geerntet** les vendanges se font en octobre
der **Weinbau** la viticulture
die **Weinbeere** ❶ (*einzelne Beere*) le grain de raisin ❷ Ⓐ, CH →**Rosine**
der **Weinberg** le vignoble
der **Weinbrand** le cognac
weinen pleurer
das **Weinfass** le tonneau de vin
die **Weinkarte** la carte des vins
der **Weinkeller** la cave à vin
der **Weinkrampf** la crise de larmes
die **Weinlese** les vendanges (*weiblich*)

> Ⓥ Der Singular *die Weinlese* wird mit einem Plural übersetzt: *die Weinlese wird bald beginnen – les vendanges vont bientôt commencer.*

die **Weinprobe** la dégustation [de vins]
die **Weinrebe** la vigne
weinrot bordeaux; **eine weinrote Krawatte** une cravate bordeaux

> Ⓖ Das Farbadjektiv *bordeaux* ist unveränderlich: *ein weinrotes Kleid – une robe bordeaux; meine weinroten Handschuhe – mes gants bordeaux.*

die **Weinstube** le bar à vin[s]
die **Weintraube** la grappe de raisin; (*einzelne Beere*) le grain de raisin; **blaue Weintrauben kaufen** acheter du raisin noir
weise (*gehoben*) sage
die **Weise** (*Art*) la manière; **auf diese Weise** de cette manière
die **Weisheit** ❶ la sagesse ❷ (*Erkenntnis, kluger Rat*) **die Weisheiten** les conseils (*männlich*) de bon sens ▸ **ich bin mit meiner Weisheit am Ende** je ne sais plus quoi faire
der **Weisheitszahn** la dent de sagesse
weismachen (*umgs.*) **jemandem weismachen, dass ...** faire gober à quelqu'un que ...
weiß blanc/blanche; **weiß werden** *Haare:* blanchir; *Gesicht:* pâlir
weissagen prédire
das **Weißbier** la bière blanche, la blanche
das **Weißbrot** le pain blanc
der **Weiße** le Blanc
die **Weiße** la Blanche
die **Weißglut** l'incandescence (*weiblich*) ▸ **jemanden zur Weißglut bringen** mettre quelqu'un °hors de lui/d'elle
weißhaarig aux cheveux blancs

der **Weißkohl**, das **Weißkraut** Ⓐ le chou blanc
Weißrussland la Biélorussie
der **Weißwein** le vin blanc
die **Weißwurst** ≈ le boudin blanc
die **Weisung** la directive
weit ❶ **ein weiter Weg** un long chemin; **fünf Meter weit springen** sauter à cinq mètres; **ist es noch weit bis zum Hotel?** c'est encore loin jusqu'à l'hôtel?; **haben Sie es noch sehr weit?** vous allez encore loin? ❷ *Schuhe* large; **etwas weiter machen** élargir quelque chose ❸ **weit offen** [stehend] grand ouvert/grande ouverte ❹ **das weite Meer** le vaste océan ❺ **weit nach zehn Uhr** bien après dix heures; **das liegt weit zurück** ça remonte à loin ❻ **ich bin so weit** je suis prêt(e); **wie weit bist du** [gekommen]? tu en es où? ❼ (*um einiges*) **jemanden weit übertreffen** battre quelqu'un à plates coutures [*oder* à plate couture] ▶ **so weit, so gut** bon, jusque là, ça va; **sie hat es weit gebracht** elle est allée loin; **das geht** [entschieden] **zu weit!** c'en est trop!; **so weit kommt es** [noch]! (*umgs.*) et puis quoi encore!; *siehe auch* **reichen; verbreiten**
weitaus ❶ **weitaus schöner** bien plus beau/belle ❷ **er ist der weitaus beste Schüler** il est de loin le meilleur élève
der **Weitblick** la clairvoyance
die **Weite** ❶ l'étendue *(weiblich)* ❷ (*Breite*) la largeur
weiten élargir
weiter ❶ **weiter oben** plus °haut ❷ **das hat weiter nichts zu sagen** ça ne veut rien dire d'autre; **und weiter?** et après? ▶ **das ist nicht weiter schlimm** ce n'est pas bien grave; **und weiter** [und so fort] et cætera; **weiter!** on continue!
weiterarbeiten continuer son/le travail
weiterbilden sich weiterbilden suivre une formation continue
weiterbringen faire avancer
weitere(r, s) ein weiterer Zwischenfall un autre incident; **eine weitere Frage** une autre question ▶ **bis auf weiteres** momentanément; **ohne weiteres** sans problème
das **Weitere** les détails *(männlich)*; **alles Weitere besprechen wir morgen** on discutera des détails demain
weiterempfehlen recommander
weiterentwickeln ❶ perfectionner *Gerät;* développer *Idee* ❷ **sich weiterentwickeln** évoluer
weiterfahren nach Basel weiterfahren continuer sa route vers Bâle
weitergeben ❶ (*weiterreichen*) faire passer ❷ (*mitteilen*) transmettre
weitergehen ❶ *Person:* continuer [*oder* poursuivre] son chemin ❷ (*sich fortsetzen*) continuer; **wie soll es nun weitergehen?** qu'est-ce qu'on va faire?
weiterhin ❶ (*immer noch*) encore ❷ (*auch zukünftig*) à l'avenir ❸ (*außerdem*) en outre
weiterkommen avancer
weiterleiten faire suivre *Brief, Anfrage, Rechnung;* forwarder *E-Mail*
weitermachen (*umgs.*) continuer
weitersagen répéter; **nicht weitersagen!** faut pas le dire!
weitgehend ❶ *Unterstützung* étendu(e) ❷ *wahr machen* à quelques détails près
weitläufig ❶ **ein weitläufiges Anwesen** un vaste domaine, un domaine immense ❷ *Verwandtschaft* éloigné(e) ❸ **wir sind weitläufig** [miteinander] **verwandt** nous sommes parents éloignés/parentes éloignées
die **Weitsicht** →**Weitblick**
weitsichtig ❶ (*sehbehindert*) hypermétrope; (*aus Altersgründen*) presbyte ❷ (*übertragen*) *Politik, Entscheidung* clairvoyant(e)
der **Weitsprung** ❶ (*Disziplin*) le saut en longueur ❷ (*Sprung*) le saut
der **Weizen** le blé, le froment
das **Weizenmehl** la farine de froment
welch (*gehoben*) **welch eine Sensation!** quelle sensation!
welche(r, s) ❶ quel/quelle; **welches Glas möchtest du?** tu veux quel verre?; **welches ist deine Jacke?** ton blouson, c'est lequel?; **hier sind zwei Schals/zwei Pullover, welcher gehört dir?** il y a deux écharpes/deux pulls ici, laquelle/lequel est à toi? ❷ **das Programm, mit welchem sie arbeitet** le logiciel avec lequel elle travaille ❸ en; **möchtest du Erdnüsse? Hier sind welche!** tu veux des cacahouètes? Tiens, en voici! ❹ (*umgs.: einige Leute*) **es gibt welche, die ...** il y en a qui ...
welk flétri(e)
welken se flétrir
das **Wellblech** la tôle ondulée
die **Welle** ❶ (*auch übertragen*) la vague ❷ (*Locke*) l'ondulation *(weiblich)* ❸ (*in der Physik*) l'onde *(weiblich)*
wellen sich wellen onduler
der **Wellenbrecher** le brise-lame[s]
die **Wellenlänge** la longueur d'onde ▶ **auf der gleichen Wellenlänge sein** (*umgs.*) être sur la même longueur d'onde

die **Wellenlinie** la ligne ondulée
das **Wellenreiten** le surf
der **Wellensittich** la perruche
wellig ondulé(e)
das **Wellnesshotel** le spa
die **Wellpappe** le carton ondulé
der **Welpe** le chiot
die **Welt** ❶ (*Erde*) le monde; **in aller Welt** dans le monde entier ❷ (*politische Sphäre*) **die westliche Welt** l'Occident *(männlich)*; **die Dritte Welt** le tiers-monde ▶ alle **Welt** (*umgs.*) tout le monde; **etwas aus der Welt schaffen** mettre fin à quelque chose
das **Weltall** l'univers *(männlich)*
die **Weltanschauung** la conception du monde
weltberühmt célèbre dans le monde entier
weltfremd irréaliste
der **Weltkrieg** la guerre mondiale; **der Erste Weltkrieg** la Première Guerre mondiale; **der Zweite Weltkrieg** la Seconde Guerre mondiale
die **Weltmacht** la grande puissance
der **Weltmarkt** le marché international
der **Weltmeister** le champion du monde
die **Weltmeisterin** la championne du monde
die **Weltmeisterschaft** le championnat du monde
der **Weltraum** l'espace *(männlich)*
das **Weltreich** l'empire *(männlich)*
die **Weltreise** le tour du monde
der **Weltrekord** le record du monde
der **Weltsicherheitsrat** le Conseil de sécurité de l'O.N.U.
die **Weltstadt** la grande ville de renommée mondiale
der **Weltuntergang** la fin du monde
weltweit ❶ *Katastrophe* mondial(e) ❷ *tätig sein* dans le monde entier
die **Weltwirtschaft** l'économie *(weiblich)* mondiale
das **Weltwunder** la Merveille du monde; **die sieben Weltwunder** les Sept Merveilles du monde
wem ❶ **wem gehört ...?** à qui est ...?; **wem möchtest du es schenken?** tu veux l'offrir à qui?; **mit wem** avec qui; **von wem** de qui ❷ (*als Relativpronomen*) **wem das nicht gefällt, der ...** celui à qui cela ne plaît pas ...
wen ❶ **wen hast du gesehen?** qui est-ce que tu as vu?; **durch wen** pour qui; **für wen** pour qui ❷ (*als Relativpronomen*) **wen das nicht betrifft, der ...** celui qui n'est pas concerné ...
die **Wende** le tournant
die **Wendeltreppe** l'escalier en colimaçon *(männlich)*
wenden¹ ❶ (*sich drehen*) se tourner ❷ **sich an jemanden wenden** s'adresser à quelqu'un ❸ **sich gegen jemanden wenden** se retourner contre quelqu'un; **sich gegen etwas wenden** réfuter quelque chose
wenden² ❶ retourner *Blatt;* „**Bitte wenden!**" "Tournez, s'il vous plaît!" ❷ (*mit dem Auto*) faire demi-tour
der **Wendepunkt** (*auch übertragen*) le tournant
wendig *Person* souple d'esprit; *Auto* manœuvrable
die **Wendung** ❶ (*Veränderung*) le retournement ❷ (*Redewendung*) la tournure
wenig ❶ (*nicht viel, nicht oft*) peu; **wenig Zeit** peu de temps; **zu wenig Salz** trop peu de sel; **das ist zu wenig** c'est trop peu ❷ (*nicht viele*) **es kamen nur wenige** peu de gens sont venus ❸ (*etwas*) **ein wenig Zucker** un peu de sucre; **ein wenig verärgert** un peu irrité(e) ❹ (*nicht sehr*) **das ist wenig hilfreich** ce n'est guère utile; **nicht wenig überrascht sein** ne pas être peu surpris(e)
weniger ❶ **weniger Zeit** moins de temps; **etwas weniger** un peu moins; **weniger werden** *Vorräte:* diminuer; *Vermögen:* s'amenuiser ❷ **er verdient weniger als ich** il gagne moins que moi; **ich weiß darüber weniger als du** j'en sais moins que toi ❸ (*minus*) **11 weniger 4 ist 7** 11 moins 4 égale 7 ▶ **weniger wäre mehr gewesen** le mieux est l'ennemi du bien
wenigste(r, s) ❶ **das wenigste Geld** le moins d'argent ❷ **er hat von allen am wenigsten gewonnen** de tous, c'est lui qui a gagné le moins
wenigstens ❶ (*mindestens*) au moins ❷ (*zumindest*) du moins
wenn ❶ (*falls*) si ❷ (*sobald*) dès que; **gleich wenn er anruft** dès qu'il téléphone ❸ **wenn es morgen bloß nicht regnet!** seulement il ne pleuvait pas demain! ❹ (*obwohl*) **wenn ... auch ...** même si ...; **wenn sie auch Recht hat** même si elle a raison
wer ❶ qui; **wer kommt?** qui [est-ce qui] vient?; **wer ist da?** qui est-ce?, qui est là? ❷ **sage mir, wer das war** dis-moi qui c'était ❸ (*welche[r]*) **wer von den Freunden ...?** lequel des copains ...? ❹ **wer das sagt, [der] lügt** [celui] qui dit ça ment ❺ (*umgs.: jemand*) **wenn wer anruft** s'il y a quelqu'un qui téléphone ▶ **er/sie ist wer** (*umgs.*) il/elle n'est pas n'importe qui
die **Werbeagentur** l'agence *(weiblich)* de publicité
das **Werbefernsehen** la publicité à la télévision
werben ❶ (*Werbung machen*) faire de la pu-

blicité; **für etwas werben** faire de la publicité pour quelque chose ② **um Vertrauen werben** chercher à gagner la confiance ③ *(gewinnen)* chercher à gagner *Kunden*
der **Werbespot** le spot publicitaire
die **Werbung** ① la publicité ② *(das Anwerben)* **sich um die Werbung neuer Kunden/neuer Abonnenten bemühen** s'efforcer de gagner de nouveaux clients/nouveaux abonnés
werden¹ ① *(seinen Zustand verändern)* devenir; **groß werden** grandir; **krank werden** tomber malade; **schlimmer werden** empirer; **es wird dunkel** il commence à faire sombre ② **sie möchte Bäckerin werden** elle aimerait être boulangère plus tard ③ **er wird zehn [Jahre alt]** il va avoir dix ans ④ *(seine Befindlichkeit verändern)* **mir wird schwindlig** j'ai des vertiges; **ihm wird schlecht** il se sent mal; **mir wird besser** je me sens mieux ⑤ *(sich entwickeln)* **aus ihm/ihr wird noch etwas** lui/elle ira loin; **was soll nur aus ihm werden?** que va-t-il devenir?; **daraus wird nichts** il n'en est pas question; **was soll nun werden** que va-t-il advenir?
werden² ① *(zur Bildung des Futurs)* **ich werde kommen** je viendrai; **sie wird ihm bald schreiben** elle va lui écrire bientôt ② *(zur Bildung des Passivs)* **gesehen werden** être vu(e); **sie ist befördert worden** elle a eu de l'avancement; **die Suppe wird nicht getrunken** on ne boit pas la soupe ③ *(zur Bildung des Konjunktivs)* **was würdest du sagen?** qu'est-ce que tu dirais?; **ich würde gerne kommen** j'aimerais bien venir; **würdest du mir kurz helfen?** tu pourrais m'aider un peu? ④ *(als Ausdruck der Mutmaßung)* **das wird meine Tante sein** ça doit être ma tante
werfen ① jeter, lancer *Ball, Stein;* lancer *Diskus, Hammer, Speer;* **etwas auf einen Haufen werfen** mettre en tas quelque chose; **mit Steinen nach jemandem werfen** lancer des pierres dans la direction de quelqu'un; **wie weit kannst du werfen?** jusqu'où tu arrives à lancer? ② faire *Blasen, Falten, Schatten* ③ **sich auf den Boden werfen** se jeter par terre ④ **den Kopf nach hinten werfen** rejeter la tête en arrière ⑤ **drei Junge werfen** faire trois petits; **die Katze hat geworfen** le chat a mis bas
die **Werft** le chantier naval
das **Werk** ① *eines Künstlers* l'œuvre *(weiblich);* **Goethes/Molières gesammelte Werke** les œuvres complètes de Goethe/de Molière ② *(Buch)* l'ouvrage *(männlich)* ③ *(Fabrik)* l'usine *(weiblich)* ▶ **sich ans Werk machen** se mettre à l'œuvre
die **Werkstatt** ① *eines Handwerkers* l'atelier *(männlich)* ② *(Autowerkstatt)* le garage ⚠ *männlich*
der **Werktag** le jour ouvrable; **an Werktagen** en semaine
das **Werkzeug** l'outil *(männlich)*
der **Werkzeugkasten** la caisse à outils
wert ① **viel wert sein** valoir beaucoup; **das ist nichts wert** ça ne vaut rien; **das ist hundert Euro wert** ça vaut cent euros ② *(verehrt)* **werte Gäste!** chers amis!
der **Wert** ① *(Preis)* la valeur; **im Wert steigen** prendre de la valeur ② *(wertvolle Eigenschaft)* la qualité; **die inneren Werte** les qualités morales ③ *(Bedeutung, Wertvorstellung)* la valeur ④ *(Untersuchungsergebnis)* **die Werte** les résultats *(männlich)* ▶ **großen Wert auf etwas legen** attacher une grande importance à quelque chose; **das hat keinen Wert** *(umgs.)* c'est pas la peine
werten ① noter *Klassenarbeit, Kür;* **etwas mit acht Punkten werten** attribuer °huit points à quelque chose ② considérer *Aussage;* juger *Sachverhalt*
wertlos ① sans valeur ② **für jemanden wertlos sein** ne servir à rien à quelqu'un
das **Wertpapier** la valeur
die **Wertung** ① *einer Klassenarbeit, Kür* la notation ② *von Sachverhalten* l'appréciation *(weiblich)* ③ *(Note)* la note
wertvoll ① *Gegenstand* de grande valeur; **dieses Bild ist wertvoll** ce tableau a de la valeur ② *Hinweis* important(e)
das **Wesen** ① *(Geschöpf)* la créature; **ein menschliches Wesen** un être humain ② *eines Menschen, einer Ideologie* la nature; **ein fröhliches Wesen haben** être de nature joyeuse
der **Wesenszug** le trait de caractère
wesentlich ① *Teil, Grund* essentiel(le); *Bedeutung, Unterschied* fondamental(e); *Mangel* d'une grande importance ② **wesentlich mehr** bien plus [bjɛ̃ plys]; **wesentlich kleiner** bien plus petit(e) ③ **im Wesentlichen sind wir uns einig** nous sommes d'accord sur l'essentiel
weshalb ① **weshalb bist du nicht gekommen?** pourquoi n'es-tu pas venu(e)? ② **der Grund, weshalb sie nichts gesagt hat** la raison pour laquelle elle n'a rien dit
die **Wespe** la guêpe

das **Wespennest** le nid de guêpes ▶ **in ein Wespennest stechen** (*umgs.*) soulever [*oder* lever] un lièvre

wessen ❶ **wessen Geldbörse ist das?** à qui appartient ce porte-monnaie? ❷ **wessen klagt man ihn an?** (*gehoben*) de quoi l'accuse-t-on?

der **Wessi** (*umgs.*) surnom des habitants de l'ex-Allemagne de l'Ouest

westdeutsch de l'Allemagne de l'Ouest

das **Westdeutschland** (*geographisch*) l'Allemagne (*weiblich*) occidentale; (*politisch*) l'Allemagne (*weiblich*) de l'Ouest

die **Weste** le gilet ▶ **eine reine** [*oder* **saubere**] **Weste haben** avoir les mains propres

die Weste

Nicht verwechseln mit *la veste – die Jacke, das Jackett!*

der **Westen** ❶ (*Himmelsrichtung*) l'ouest (*männlich*); **im Westen** à l'ouest ❷ (*als politischer Begriff*) l'Occident (*männlich*) ▶ **der Wilde Westen** le Far West

die **Westentasche** la petite poche ▶ **etwas wie seine Westentasche kennen** (*umgs.*) connaître quelque chose comme sa poche

der **Western** le western

Westfalen la Westphalie

westlich ❶ *Land* [situé(e)] à l'ouest; *Wind* [venant] de l'ouest; **in westlicher Richtung** en direction de l'ouest ❷ **westlich des Rheins** à l'ouest du Rhin ❸ (*als politischer Begriff*) *Kultur, Staaten* occidental(e)

der **Westwind** le vent d'ouest

der **Wettbewerb** ❶ (*wirtschaftlich*) la concurrence ❷ (*Veranstaltung*) le concours; **ein sportlicher Wettbewerb** une compétition sportive

die **Wette** le pari; **eine Wette abschließen** faire un pari ▶ **um die Wette rennen** faire la course

wetten parier; **mit jemandem um zehn Euro wetten** parier dix euros avec quelqu'un; **wetten, dass ich das schaffe?** (*umgs.*) on parie que j'y arrive?

das **Wetter** le temps; **wie ist das Wetter?** quel temps fait-il?; **es ist schönes Wetter** il fait beau; **das Wetter ist schlecht** il fait mauvais

der **Wetterbericht** le bulletin météorologique [*oder* météo], la météo

die **Wetterkarte** la carte météorologique

die **Wettervorhersage** les prévisions (*weiblich*) météorologiques [*oder* météo]

der **Wettkampf** la compétition

der **Wettlauf** la course à pied ▶ **ein Wettlauf mit der Zeit** une course contre la montre

das **Wettrennen** la course

wetzen ❶ aiguiser *Messer* ❷ **nach Hause wetzen** (*umgs.*) filer à la maison

die **WG** *Abkürzung von* **Wohngemeinschaft** la colocation (*personnes partageant un appartement*); **sie wohnen in einer WG** ils partagent un appartement/une maison

die **WHO** *Abkürzung von* **World Health Organization** l'OMS (*weiblich*) [ɔɛmɛs]

wichtig important(e); **jemandem wichtig sein** être important(e) à quelqu'un; **etwas wichtig nehmen** prendre quelque chose au sérieux ▶ **sich zu wichtig nehmen** (*umgs.*) se prendre trop au sérieux

die **Wichtigkeit** l'importance (*weiblich*)

wichtigmachen (*umgs.*) **sich wichtigmachen** faire l'important(e)

wickeln ❶ [sich] **einen Schal um den Hals wickeln** [s']enrouler une écharpe autour du cou ❷ **ein Geschenk in Papier wickeln** envelopper un cadeau dans du papier ❸ langer *Baby*

der **Widder** ❶ le bélier ❷ (*in der Astrologie*) le Bélier; [ein] **Widder sein** être Bélier

wider (*gehoben*) contre; **wider besseres Wissen schweigen** se taire sciemment

widerlegen réfuter

widerlich ❶ *Geruch, Geschmack* répugnant(e) ❷ **widerlich riechen** avoir une odeur répugnante

die **Widerrede** **keine Widerrede!** pas de discussion!

widerrufen ❶ révoquer *Genehmigung* ❷ revenir sur *Aussage*

widersetzen **sich jemandem widersetzen** se rebeller contre quelqu'un; **sich einer Sache**

Ⓥ Der Singular *die Wettervorhersage* wird mit einem Plural übersetzt: *die Wettervorhersage ist ziemlich genau gewesen – les prévisions météorologiques ont été assez précises.*

widersetzen s'opposer à quelque chose
widerspenstig *Kind, Zugtier* rétif/rétive; *Haare, Stoff* rebelle
widerspiegeln *(gehoben)* refléter; **sich widerspiegeln** se refléter
widersprechen ❶ contredire; **jemandem widersprechen** contredire quelqu'un; **niemand hat ihr widersprochen** personne ne l'a contredite ❷ **sich widersprechen** *Person, Aussagen:* se contredire
der **Widerspruch** ❶ la contradiction ❷ *(in der Rechtsprechung)* l'opposition *(weiblich)*; **Widerspruch einlegen** faire opposition; **Widerspruch gegen etwas einlegen** faire opposition à quelque chose
der **Widerstand** la résistance; **gegen etwas Widerstand leisten** opposer de la résistance à quelque chose
widerstandsfähig *Person* robuste; *Material* résistant(e)
widerstehen résister; **jemandem/einer Sache widerstehen** résister à quelqu'un/quelque chose
widerwärtig ❶ *Geschmack, Geruch* répugnant(e) ❷ **widerwärtig schmecken** avoir un goût répugnant
der **Widerwille** ❶ *(Abscheu)* la répugnance; **einen Widerwillen gegen etwas haben** avoir de la répugnance pour quelque chose ❷ *(Unwillen)* **mit Widerwillen** à contre-cœur
widerwillig à contrecœur
widmen ❶ **jemandem ein Gedicht widmen** dédier un poème à quelqu'un ❷ **sich jemandem/einer Sache widmen** se consacrer à quelqu'un/quelque chose
die **Widmung** la dédicace
wie¹ ❶ **wie heißt du?** comment t'appelles-tu?; **wie geht es dir?** comment vas-tu?; **wie bitte?** comment?; **wie ist dein Eindruck?** quelle est ton impression?; **wie hast du das gemacht?** comment as-tu fait?; **ich weiß nicht, wie sie heißt** je ne sais pas comment elle s'appelle ❷ **wie alt bist du?** quel âge as-tu?; **wie groß bist du?** tu mesures combien?; **wie spät ist es?** quelle heure est-il?; **wie oft hat sie angerufen?** combien de fois a-t-elle téléphoné?; **wie sehr liebst du mich?** tu m'aimes comment? ❸ **wie viel wiegst du?** tu pèses combien?; **wie viel kostet ein Pfund Kaffee?** combien coûte une livre de café?; **wie viel Zucker nimmst du?** tu prends combien de sucre?; **wie viele sind wir?** nous sommes combien? ❹ *(nicht wahr)* **das stört dich, wie?** ça te gêne, non? ❺ *(in Ausrufen)* **wie schön!** que c'est beau!; **wie schade!** comme c'est dommage!; **und wie!** *(umgs.)* et comment!

wie² ❶ *(bei Vergleichen)* **so groß wie ein Fass** aussi grand(e) qu'un tonneau; **weiß wie Schnee** blanc comme neige; **er ist so alt wie ich** il a le même âge que moi ❷ **ein Tag wie dieser** un jour comme celui-ci; **wie zum Beispiel** comme par exemple ❸ **wie ich höre, geht es ihr gut** d'après ce que j'entends dire, elle va bien

wie³ ❶ *(dass)* **er sah, wie der Krug umkippte** il a vu la cruche basculer ❷ **ich mag die Art, wie er/wie sie lacht** j'aime sa façon de rire

wieder ❶ *(erneut)* de nouveau; **es regnet schon wieder** il pleut encore; **nie wieder** plus jamais ❷ **das ist auch wieder wahr** ce n'est pas faux non plus ❸ **etwas wieder hinkriegen** *(umgs.: reparieren)* rafistoler quelque chose

die **Wiederaufbereitung** le retraitement
die **Wiederaufbereitungsanlage** l'usine *(weiblich)* de traitement des déchets radioactifs
wiederbekommen récupérer
die **Wiederbelebung** la réanimation, la ranimation
wiederbringen rapporter
wiedererkennen reconnaître
wiederfinden ❶ retrouver ❷ **sich wiederfinden** *(sich begegnen)* se retrouver; *(wieder auftauchen)* refaire surface
die **Wiedergabe** ❶ *von Klängen, Bildern, Texten* la reproduction ❷ *(Schilderung)* la description
wiedergeben ❶ *(zurückgeben, reproduzieren)* rendre ❷ **etwas wörtlich wiedergeben** citer quelque chose mot pour mot
wiedergewinnen ❶ **etwas aus Abfällen wiedergewinnen** obtenir quelque chose en retraitant des déchets ❷ récupérer *Eigentum*
die **Wiedergutmachung** la réparation
wiederherstellen ❶ rétablir *Kontakt, Ordnung, Frieden* ❷ restaurer *Gemälde*; retaper *Gebäude* ❸ **wiederhergestellt sein** *Person:* être rétabli(e)
wiederholen¹ ❶ répéter *Wort, Forderung* ❷ rediffuser *Film, Sendung* ❸ redoubler *Klasse* ❹ réviser *Lektion, Vokabeln* ❺ **sich wiederholen** *Person, Musik, Ereignisse:* se répéter
wiederholen² *(zurückholen)* **sich etwas wiederholen** récupérer quelque chose
die **Wiederholung** ❶ *eines Worts, einer Forde-*

rung la répétition ❷ *eines Films, einer Sendung* la rediffusion ❸ *einer Klasse* le redoublement ❹ *einer Lektion* la révision ❺ *des Lernstoffs* les révisions *(weiblich)*

> **V** In ❺ wird der Singular *die Wiederholung* mit einem Plural übersetzt: *die Wiederholung des Stoffs hat drei Monate gedauert – les révisions ont duré trois mois.*

Wiederhören [auf] Wiederhören! au revoir!
der **Wiederkäuer** le ruminant
wiederkommen ❶ *Person:* revenir ❷ *Gelegenheit:* se représenter
das **Wiedersehen** ❶ les retrouvailles *(weiblich)* ❷ [auf] Wiedersehen! au revoir!

> **V** In ❶ wird der Singular *das Wiedersehen* mit einem Plural übersetzt: *unser Wiedersehen ist sehr schön gewesen – nos retrouvailles ont été très belles.*

die **Wiedervereinigung** la réunification
die **Wiederverwertung** le recyclage
die **Wiederwahl** la réélection
die **Wiege** le berceau
wiegen¹ (*auf einer Waage*) peser; **sich wiegen** se peser
wiegen² ❶ bercer *Kind* ❷ **sich wiegen** se balancer; **sich im Takt der Musik wiegen** se balancer au rythme de la musique
wiehern *Pferd:* °hennir
Wien Vienne
der **Wiener** le Viennois
die **Wienerin** la Viennoise
die **Wiese** le pré; **auf der Wiese** dans le pré
das **Wiesel** la belette ▶ **flink wie ein Wiesel sein** être vif/vive comme un écureuil
wieso pourquoi
wievielte(r, s) ❶ **zum wievielten Mal habe ich dir das gesagt?** je te l'ai dit combien de fois? ❷ **den Wievielten haben wir heute?** (*umgs.*) on est le combien aujourd'hui? ❸ **der Wievielte bist du beim Rennen geworden?** tu es arrivé à quelle place à la course?
wild ❶ sauvage ❷ **wild wachsen** pousser à l'état sauvage ❸ **die wilden Gerüchte/Spekulationen** les folles rumeurs/spéculations ❹ (*umgs.: wütend*) furieux/furieuse; **jemanden wild machen** foutre quelqu'un en pétard ❺ **ganz wild auf etwas sein** (*umgs.*) adorer quelque chose ▶ **wie wild** comme un enragé/une enragée; **[das ist] halb so wild!** c'est pas un drame!
das **Wild** le gibier
der **Wilderer** le braconnier
wildern ❶ *Person:* braconner ❷ *Tier:* chasser

wildfremd (*umgs.*) totalement inconnu(e)
das **Wildleder** le daim
die **Wildnis** la contrée sauvage
das **Wildschwein** le sanglier
der **Wille** ❶ (*Wunsch, Absicht*) la volonté; **seinen Willen durchsetzen** imposer sa volonté; **seinen eigenen Willen haben** savoir ce qu'on veut ❷ **der gute Wille** la bonne volonté ▶ **wo ein Wille ist, ist auch ein Weg** vouloir c'est pouvoir; **beim besten Willen nicht** même avec la meilleure volonté du monde; **sein/ihr letzter Wille** (*gehoben*) ses dernières volontés ⚠ *Plural*
willen um unserer Freundschaft willen par amitié; **um deiner Gesundheit willen** pour ta santé
willkommen ❶ *Gast* bienvenu(e); **jemandem willkommen sein** être bienvenu(e) chez quelqu'un; **jemanden willkommen heißen** souhaiter la bienvenue à quelqu'un; **[sei] herzlich willkommen!** sois le bienvenu/la bienvenue! ❷ *Abwechslung* vraiment bienvenu(e); *Gelegenheit* opportun(e)
die **Willkür** l'arbitraire (*männlich*)
willkürlich ❶ *Handlung* arbitraire ❷ *handeln* arbitrairement
wimmeln ❶ **es wimmelt von Ameisen/von Touristen** ça grouille de fourmis/de touristes ❷ **von Fehlern wimmeln** *Text:* fourmiller de fautes
das **Wimmerl** Ⓐ (*Pickel*) le bouton
wimmern geindre; *Baby:* vagir
die **Wimper** le cil [sil] ▶ **ohne mit der Wimper zu zucken** sans sourciller
die **Wimperntusche** le mascara
der **Wind** le vent; **es weht ein starker Wind** il y a beaucoup de vent ▶ **bei Wind und Wetter** par tous les temps; **Wind von etwas bekommen** (*umgs.*) avoir vent de quelque chose; **viel Wind um etwas machen** (*umgs.*) faire tout un plat de quelque chose; **daher weht der Wind!** (*umgs.*) voilà le fin mot de l'histoire!; **in alle [vier] Winde zerstreut sein** être dispersé(e)s aux quatre vents
die **Windel** la couche
winden ❶ **sich vor Schmerzen winden** se tordre de douleur ❷ **sich um etwas winden** s'enrouler autour de quelque chose ❸ (*Ausflüchte suchen*) **sich winden** chercher des faux-fuyants
der **Windhund** le lévrier
windig ❶ **es ist windig** il y a du vent ❷ (*umgs.: unseriös*) *Vertreter* fumiste; *Sache*

foireux/foireuse
die **Windjacke** le blouson
die **Windkraft** l'énergie *(weiblich)* éolienne
die **Windmühle** le moulin à vent
die **Windpocken** la varicelle

 Der Plural *die Windpocken* wird mit einem Singular übersetzt: *[die] Windpocken sind ansteckend – la varicelle est contagieuse.*

die **Windschutzscheibe** le pare-brise
die **Windstärke** la force du vent; **ein Sturm von Windstärke 10** une tempête de force 10
windstill sans vent; **es ist windstill** il n'y a pas de vent
die **Windstille** le calme plat
der **Windstoß** la bourrasque
der **Windsurfer** le véliplanchiste
die **Windsurferin** la véliplanchiste
das **Windsurfing** la planche à voile
der **Wink** (*Hinweis*) l'indication *(weiblich)*; **jemandem einen Wink geben** avertir quelqu'un ▸ **ein Wink mit dem Zaunpfahl** *(umgs.)* un appel du pied
der **Winkel** ❶ l'angle *(männlich)*; **der rechte Winkel** l'angle droit; **ein spitzer/stumpfer Winkel** un angle aigu/obtus ❷ (*Ecke, entlegenes Plätzchen*) le coin ▸ **im toten Winkel** dans l'angle mort
winken ❶ faire signe; **jemandem winken** faire signe à quelqu'un; **mit einem Taschentuch winken** (*zum Abschied*) faire au revoir en agitant un mouchoir ❷ **sie winkte ihn zu sich** elle lui fit signe de s'approcher d'elle ❸ (*übertragen*) **uns winkt das Glück** la chance va nous sourire
winseln *Hund:* gémir
der **Winter** l'hiver *(männlich)*; **im Winter** en hiver; **im tiefen Winter** en plein hiver; **es wird Winter** l'hiver arrive
der **Winteranfang** le début de l'hiver
der **Wintergarten** le jardin d'hiver
winterlich ❶ *Wetter* hivernal(e); *Ausrüstung* d'hiver ❷ **winterlich gekleidet** (*der Kälte entsprechend*) habillé(e) pour affronter l'hiver; (*als sei es Winter*) habillé(e) comme en hiver
der **Wintermantel** le manteau d'hiver
der **Winterreifen** le pneu neige
der **Winterschlaf** l'hibernation *(weiblich)*; **Winterschlaf halten** hiberner
der **Winterschlussverkauf** les soldes *(männlich)* d'hiver

 Der Singular *der Winterschlussverkauf* wird mit einem Plural übersetzt: *der Winter-*

schlussverkauf hat gestern angefangen – les soldes d'hiver ont commencé hier.

die **Winterspiele** **die Olympischen Winterspiele** les Jeux *(männlich)* olympiques d'hiver
der **Wintersport** les sports *(männlich)* d'hiver

 Der Singular *der Wintersport* wird mit einem Plural übersetzt: *der Wintersport zieht viele Touristen an – les sports d'hiver attirent un grand nombre de touristes.*

der **Winzer** le vigneron
die **Winzerin** la vigneronne
winzig ❶ *Gegenstand:* minuscule ❷ *Menge* infime
der **Wipfel** la cime
die **Wippe** le jeu de bascule
wippen ❶ (*auf einer Wippe*) se balancer ❷ **mit den Füßen wippen** bouger ses pieds
wir nous; **wir beide** nous deux; **wer ist da? – Wir!** qui est là? – C'est nous!
der **Wirbel** ❶ (*im Rückgrat*) la vertèbre ❷ (*umgs.: Trubel*) le remue-ménage; **großen Wirbel [um etwas] machen** faire des vagues [au sujet de quelque chose] ❸ (*im Wasser*) le remous; (*in der Luft*) le tourbillon ❹ (*Haarwirbel*) l'épi *(männlich)*
wirbeln **durch die Luft wirbeln** *Laub, Blätter:* tourbillonner
die **Wirbelsäule** la colonne vertébrale
der **Wirbelsturm** le cyclone
das **Wirbeltier** le vertébré
wirken ❶ *Medikament:* agir; **gut wirken** être efficace; **nicht wirken** être inefficace ❷ *Drohung:* faire effet; **ansteckend wirken** *Heiterkeit:* être contagieux/contagieuse; **etwas auf sich wirken lassen** laisser agir quelque chose sur soi ❸ **jünger wirken** avoir l'air plus jeune; **müde wirken** avoir l'air fatigué(e); **lächerlich wirken** être ridicule; **unecht wirken** *Freundlichkeit:* sonner faux ❹ (*zur Geltung kommen*) **gut wirken** rendre bien
wirklich ❶ *Begebenheit:* réel(le); **sein wirklicher Name** son vrai nom ❷ *Hilfe, Aufgabe, Freund* véritable ❸ *sich ereignen* réellement; **wirklich?** c'est vrai?; **wirklich nicht?** vraiment pas?; **das tut mir wirklich leid** je suis vraiment désolé(e)
die **Wirklichkeit** la réalité; **in Wirklichkeit** en réalité; **Wirklichkeit werden** devenir réalité
wirksam ❶ *Medikament* efficace ❷ **wirksam werden** *Gesetz, Verordnung:* entrer en vigueur
die **Wirksamkeit** l'efficacité *(weiblich)*

die **Wirkung** ❶ l'effet *(männlich)*; **seine Wirkung nicht verfehlen** ne pas rester sans effet ❷ *(Rechtskraft)* **mit Wirkung vom 15. Oktober** avec effet au 15 octobre
wirkungsvoll *Maßnahme* efficace; *Rede* impressionnant(e)
wirr ❶ *Haar* en désordre; *Geflecht* emmêlé(e) ❷ *Gedanken* embrouillé(e); *Traum, Geschichte* confus(e); **wirres Zeug reden** dire n'importe quoi
der **Wirrwarr** *(Durcheinander)* le fouillis; *von Stimmen* le mélange confus
der **Wirsing** le chou frisé
der **Wirt** le patron
die **Wirtin** la patronne
die **Wirtschaft** ❶ l'économie *(weiblich)* ❷ **die private** [*oder* **freie**] **Wirtschaft** le secteur privé ❸ *(Gastwirtschaft)* le bistro, le bistrot
wirtschaftlich ❶ économique; **seine wirtschaftlichen Verhältnisse** sa situation financière ❷ *haushalten* économiquement; *denken* en termes d'économie
das **Wirtschaftsgymnasium** le lycée à dominante économique
die **Wirtschaftskrise** la crise économique
das **Wirtschaftswachstum** la croissance économique
die **Wirtschaftswissenschaften** les sciences *(weiblich)* économiques
das **Wirtshaus** l'auberge *(weiblich)*
der **Wisch** *(umgs.)* le papelard
wischen ❶ *(putzen)* passer la serpillière; **die Treppe wischen** passer la serpillière dans les escaliers ❷ **sich den Schweiß von der Stirn wischen** essuyer la sueur sur son front; **die Krümel vom Tisch wischen** enlever les miettes sur la table ▸ **eine gewischt bekommen** *(umgs.: geschlagen werden)* se prendre une baffe
das **Wischiwaschi** *(umgs.)* le blabla
der **Wischlappen** la serpillière
wispern ❶ *(leise miteinander sprechen)* parler en chuchotant ❷ **etwas wispern** chuchoter quelque chose
die **Wissbegier[de]** le besoin de savoir
wissbegierig avide d'apprendre
wissen ❶ savoir; **viel wissen** avoir beaucoup de connaissances; **wenn ich das wüsste!** si je le savais!; **wenn ich das gewusst hätte!** si j'avais su!; **woher soll ich das wissen?** comment je le saurais?; **weißt du was?** tu sais quoi? ❷ *(kennen)* connaître *Weg, Adresse, Fakten* ❸ *(unterrichtet sein)* **davon weiß ich nichts** j'en sais rien ❹ **sich zu helfen wissen** savoir se débrouiller; **etwas zu schätzen wissen** savoir apprécier quelque chose ❺ **jemanden etwas wissen lassen** faire savoir quelque chose à quelqu'un ❻ **ich will von ihm nichts mehr wissen** je ne veux plus entendre parler de lui ❼ **weißt du/wissen Sie noch?** tu te rappelles/vous vous rappelez? ▸ **nicht mehr ein noch aus wissen** ne plus savoir quoi faire; **man kann nie wissen** on sait jamais; **nicht, dass ich wüsste** pas que je sache; **und was weiß ich noch alles** *(umgs.)* j'en passe et des meilleures
das **Wissen** *(Kenntnisse)* les connaissances *(weiblich)* ▸ **ohne mein Wissen** à mon insu; **unseres Wissens** pour autant que nous sachions

> **V** Der Singular *das Wissen* wird mit einem Plural übersetzt: *sein geografisches Wissen ist ausreichend – ses connaissances en géographie sont passables.*

die **Wissenschaft** la science
der **Wissenschaftler** le scientifique
die **Wissenschaftlerin** la scientifique
wissenschaftlich *Untersuchung* scientifique
wissenswert digne d'intérêt; **alles Wissenswerte finden Sie in diesem Lexikon** dans ce dictionnaire vous trouverez tout ce qui est digne d'intérêt
das **Wissenswerte** les choses *(weiblich)* dignes d'intérêt; **alles Wissenswerte** tout ce qui est digne d'intérêt
wissentlich ❶ *Handlung* délibéré(e) ❷ *handeln* délibérément
die **Witterung** ❶ *(Wetter)* le temps ❷ *(Geruch)* **Witterung aufnehmen** prendre le vent
die **Witwe** la veuve
der **Witwer** le veuf
der **Witz** ❶ *(lustige Geschichte)* la plaisanterie; **Witze erzählen** raconter des blagues ❷ *(Esprit)* l'esprit *(männlich)*; **Witz haben** avoir de l'esprit ❸ **der Witz an diesem Film ist, dass er jugendfrei ist** ce qui est drôle, c'est que ce film ne soit pas interdit aux moins de 18 ans ▸ **mach keine Witze!** *(umgs.)* allez, arrête tes conneries!; **das soll wohl ein Witz sein!** *(umgs.)* c'est une blague ou quoi?; **die Prüfung war ein Witz** *(umgs.)* l'examen, c'était de la rigolade
der **Witzbold** ❶ le plaisantin ❷ *(umgs.: Dummkopf)* **du Witzbold!** t'en as de bonnes, toi!
witzig ❶ *Geschichte* amusant(e) ❷ *Person* plein(e) d'esprit ❸ **sehr witzig!** *(umgs.)* très marrant!
witzlos *(umgs.: sinnlos)* **witzlos sein** ne ser-

vir à rien

die **WM** *Abkürzung von* **Weltmeisterschaft** le championnat du monde; (*Fußball-Weltmeisterschaft*) la coupe mondiale

wo ❶ où; **wo bist du?** où es-tu? ❷ **die Stelle, wo der Unfall passiert ist** l'endroit où l'accident s'est produit ❸ **jetzt, wo wir alle zusammen sind** maintenant que nous sommes tous réunis ❹ **wo wir uns schon so lange kennen!** nous nous connaissons depuis si longtemps! ❺ **sie will draußen sitzen, wo es doch so kühl ist** elle veut s'installer sur la terrasse alors qu'il fait si frais ▶ **ach wo!** (*umgs.*) penses-tu?/pensez-vous!

woanders ailleurs

woandershin ailleurs

wobei ❶ (*indem*) **sie ging hinaus, wobei sie mir zuwinkte** elle sortait en me faisant signe de la main ❷ (*bei welcher Sache, Handlung*) **wobei wurde sie beobachtet?** on l'a observée en train de faire quoi?; **ich weiß nicht, wobei man ihn erwischt hat** j'ignore en quelle circonstance il s'est fait prendre ❸ (*aber, jedoch*) **..., wobei ich zweifle, ob das sinnvoll ist** ..., je doute cependant que ce soit raisonnable

die **Woche** la semaine; **nächste Woche** la semaine prochaine; **zweimal pro Woche** deux fois par semaine; **während [***oder* **unter] der Woche** durant la semaine

das **Wochenende** le week-end; **am Wochenende** le week-end; **schönes Wochenende!** bon week-end!

das **Wochenendhaus** la résidence secondaire (*surtout pour le week-end*)

die **Wochenkarte** la carte hebdomadaire

wochenlang ❶ *Regen, Verhandlungen* de plusieurs semaines ❷ *warten* pendant plusieurs semaines

der **Wochentag** le jour de la semaine

wöchentlich ❶ *Besuch, Abrechnung* hebdomadaire ❷ *besuchen, abrechnen* chaque semaine; **zweimal wöchentlich** deux fois par semaine

wodurch ❶ **wodurch ist der Alarm ausgelöst worden?** par quoi l'alerte a-t-elle été déclenchée? ❷ **ich weiß nicht, wodurch er sich verdächtig machte** j'ignore ce par quoi il s'est rendu suspect ❸ **es war sehr heiß, wodurch die Erde rissig wurde** il faisait très chaud, si bien que le sol se fissurait

wofür ❶ **wofür interessierst du dich?** à quoi t'intéresses-tu?; **wofür halten Sie mich?** pour qui me prenez-vous? ❷ **das Match, wofür sie trainiert** le match pour lequel elle s'entraîne; **ich weiß nicht, wofür das gut sein soll** je ne sais pas à quoi ça peut bien servir

die **Woge** (*gehoben*) ❶ la vague; **die Wogen** les flots (*männlich*) ❷ (*übertragen*) **die Wogen der Begeisterung** les débordements (*männlich*) d'enthousiasme

wogegen ❶ **wogegen wehrst du dich?** contre quoi te défends-tu? ❷ **das Unrecht, wogegen wir uns wehren** l'injustice contre laquelle nous nous battons ❸ **sie macht viel Sport, wogegen er lieber liest** elle fait beaucoup de sport alors que lui, il préfère lire

woher ❶ **woher kommst du?** d'où viens-tu? ❷ **woher weißt du das?** d'où est-ce que tu sais ça? ❸ **wir wissen nicht, woher er kommt** nous ignorons d'où il vient ▶ **ach woher!** (*umgs.*) penses-tu?/pensez-vous!

wohin ❶ **wohin geht ihr?** où allez-vous? ❷ **geh, wohin du willst!** va où tu veux!; **ich weiß nicht, wohin damit** je ne sais pas où mettre tout ça

wohl ❶ **sich wohl fühlen** se sentir bien ❷ **mir ist nicht wohl bei dieser Sache** cette chose me met mal à l'aise ❸ (*wahrscheinlich*) **sie wird wohl noch kommen** elle viendra vraisemblablement ❹ (*durchaus*) **das kann man wohl sagen!** ça, tu peux/vous pouvez le dire! ❺ (*zwar*) **es regnet wohl, aber das Fest findet statt** c'est vrai qu'il pleut, mais la fête aura lieu ❻ (*überhaupt*) **ob das wohl genügt?** ça suffira vraiment? ❼ (*endlich*) **willst du wohl gehorchen!** alors, tu te décides à obéir! ▶ **wohl oder übel** bon gré mal gré

das **Wohl** ❶ (*Wohlergehen*) le bien ❷ (*Wohlbefinden*) le bien-être ▶ **auf jemandes Wohl trinken** boire à la santé de quelqu'un; **zum Wohl!** à ta/votre santé!

wohlerzogen (*gehoben*) bien élevé(e)

der **Wohlfahrtsstaat** l'État providence (*männlich*)

wohlgemerkt il faut le souligner

wohlhabend fortuné(e)

wohlschmeckend (*gehoben*) savoureux/savoureuse

der **Wohlstand** l'aisance (*weiblich*); **zu Wohlstand gelangen** atteindre une aisance financière

die **Wohlstandsgesellschaft** la société d'abondance

die **Wohltat** le délice

wohltätig *Organisation* charitable; *Zweck* caritatif/caritative

wohltuend *Ruhe* bienfaisant(e); **das ist wohltuend** ça fait du bien

wohlverdient bien mérité(e)

wohlwollend ❶ *Lächeln* bienveillant(e) ❷ *lächeln, prüfen* avec bienveillance
der **Wohnblock** le pâté de maisons
wohnen habiter; **ich wohne in Berlin** j'habite [à] Berlin; **in der Stadt/auf dem Land wohnen** habiter en ville/à la campagne
die **Wohngemeinschaft** la colocation (*personnes partageant un appartement ou une maison*); **sie leben in einer Wohngemeinschaft** ils partagent un appartement/une maison
das **Wohnhaus** l'immeuble (*männlich*)
das **Wohnheim** le foyer
das **Wohnmobil** le camping-car
der **Wohnort** le domicile
der **Wohnsitz** le domicile
die **Wohnung** l'appartement (*männlich*)
die **Wohnungsmisere** (*verdeckte oder offene Obdachlosigkeit*) le mal-logement
das **Wohnviertel** le quartier résidentiel
der **Wohnwagen** la caravane
das **Wohnzimmer** la salle de séjour, le séjour
wölben ❶ **sich wölben** bomber ❷ **sich über etwas wölben** *Dach:* former une voûte au-dessus de quelque chose; *Brücke:* former un arc au-dessus de quelque chose
der **Wolf** ❶ le loup ❷ (*Fleischwolf*) le °hachoir
die **Wölfin** la louve
die **Wolke** le nuage ▸ **aus allen Wolken fallen** (*umgs.*) tomber des nues
der **Wolkenbruch** la pluie torrentielle
der **Wolkenkratzer** le gratte-ciel
wolkenlos *Himmel* dégagé(e)
wolkig *Himmel* couvert(e)
die **Wolldecke** la couverture en laine
die **Wolle** la laine ▸ **sich in die Wolle kriegen** (*umgs.*) se voler dans les plumes
wollen[1] (*in Verbindung mit einem anderen Verb*) ❶ vouloir; **ich will Musik hören** je veux écouter de la musique; **er will nicht arbeiten** il ne veut pas travailler ❷ **willst du lieber eine Kassette oder eine CD [haben]?** tu préfères [avoir] une cassette ou un compact? ❸ (*beabsichtigen*) **ich wollte dich gerade anrufen** j'allais justement te téléphoner; **wir wollten gerade gehen/essen** nous nous apprêtions à partir/manger ❹ (*Höflichkeitsfloskel*) **ich wollte Sie fragen, ob ...** je voudrais vous demander si ... ❺ (*in Aufforderungssätzen*) **wollen Sie einen Moment Platz nehmen?** auriez-vous l'obligeance de prendre place un instant?; **willst du wohl still sein!** tu vas te taire! ❻ **er will davon nichts gewusst haben** il prétend n'avoir pas été au courant ❼ **es sieht aus, als wollte es regnen** on dirait qu'il va pleuvoir
wollen[2] (*als selbstständiges Verb*) ❶ **ich will, dass du es tust** je veux que tu le fasses; **ich wollte, ich wäre dort/wäre reich** j'aimerais être là/être riche ❷ **ich wollte das nicht** (*ich wollte das nicht haben*) je ne voulais pas ça; (*ich habe das nicht beabsichtigt*) je n'ai pas voulu ça; **sie wollen keine Kinder** ils ne veulent pas avoir d'enfants; **was hat sie von dir gewollt?** qu'est-ce qu'elle te voulait?; **was willst du mit dem Hammer?** que veux-tu faire avec ce marteau? ❸ (*gehen wollen, fahren wollen*) **zu jemandem wollen** vouloir voir quelqu'un; **zu wem wollen Sie?** qui voulez-vous voir?; **wo will er hin?** où veut-il aller? ❹ **der Motor will nicht mehr** (*umgs.*) le moteur ne veut plus rien savoir ▸ **dann wollen wir mal!** eh bien allons-y!; **wenn man so will** pour ainsi dire; **wie du willst** c'est comme tu veux; **was will man mehr!** que demande le peuple!
das **Wollknäuel** la pelote de laine
womit ❶ **womit hast du das geschrieben?** tu as écrit ça avec quoi?; **womit waren sie bewaffnet?** de quoi étaient-ils armés? ❷ **womit sollen wir anfangen?** par quoi devons-nous commencer? ❸ (*wie, mit welchem Mittel*) **womit kann man diesen Fleck entfernen?** comment peut-on enlever cette tache?; **womit habe ich das verdient?** en quoi ai-je mérité ça? ❹ **das, womit alle einverstanden sind** ce avec quoi tous sont d'accord
womöglich peut-être [même]
wonach ❶ **wonach suchst du?** qu'est-ce que tu cherches? ❷ **ich weiß nicht, wonach ich mich richten soll** je ne sais pas à quoi je dois me conformer ❸ **es gibt Vermutungen, wonach diese Krankheit vererbbar ist** on suppose que cette maladie est héréditaire
woran ❶ **woran kann ich mich festhalten?** à quoi est-ce que je peux me tenir? ❷ **woran denkst du gerade?** à quoi penses-tu en ce moment?; **woran erinnert ihr euch noch?** de quoi vous souvenez-vous encore? ❸ **das Einzige, woran ich mich erinnere** la seule chose dont je me souviens; **ich weiß nicht, woran ich bei ihr bin** je ne sais pas à quoi m'en tenir avec elle ❹ **woran ist er gestorben?** de quoi est-il mort?
worauf ❶ **worauf kann ich mich setzen?** je peux m'asseoir sur quoi? ❷ **worauf wartest du?** qu'est-ce que tu attends? ❸ **worauf**

du dich verlassen kannst! tu peux compter là-dessus! ④ ich habe nicht verstanden, worauf er hinauswollte je n'ai pas compris où il voulait en venir

woraus ① woraus besteht diese Legierung? de quoi est fait cet alliage? ② woraus schließen Sie das? d'où tirez-vous cette conclusion?

worin ① (*in welchem Raum*) où ② worin liegt das Problem? où est le problème? ③ das, worin sie sich unterscheiden ce en quoi ils/elles diffèrent

der **Workaholic** [wɵːkəˈhɔlɪk] (*umgs.: arbeitswütiger Mann*) l'accro (*männlich*) du boulot; (*arbeitswütige Frau*) l'accro (*weiblich*) du boulot

der **Workshop** [ˈwɵːkʃɔp] l'atelier (*männlich*)

das **World Wide Web** [wœrldwajdˈwɛp] le World Wide Web

das **Wort** ① le mot; Wort für Wort mot pour mot; in Worten (*ausgeschrieben*) en toutes lettres; mit anderen Worten en d'autres termes; mit diesen Worten à ces mots; mit einem Wort en un mot ② (*Begriff*) etwas in Worte fassen mettre des mots sur quelque chose ③ (*Äußerung*) la parole; sie reden kein Wort miteinander ils ne se parlent pas; er/sie hat mir kein Wort davon gesagt il/elle ne m'en a pas soufflé mot; ohne ein Wort der Entschuldigung sans un mot d'excuse ④ (*Versprechen*) jemandem sein Wort geben donner sa parole à quelqu'un; jemanden beim Wort nehmen prendre quelqu'un au mot; [sein] Wort halten tenir [sa] parole; sein Wort brechen manquer à sa parole ⑤ (*Rede*) das Wort ergreifen/haben prendre/avoir la parole; jemandem ins Wort fallen couper la parole à quelqu'un; jemanden nicht zu Wort kommen lassen ne pas laisser quelqu'un dire un seul mot; sein eigenes Wort nicht mehr verstehen ne plus s'entendre parler ▶ jemandem das Wort im Mund herumdrehen déformer les paroles de quelqu'un; ein ernstes Wort mit jemandem reden dire deux mots à quelqu'un; [bei jemandem] ein gutes Wort für jemanden einlegen dire un mot pour quelqu'un [à quelqu'un]; immer das letzte Wort haben wollen vouloir toujours avoir le dernier mot; mir fehlen die Worte! j'en reste coi(te)!; aufs Wort gehorchen obéir au doigt et à l'œil; hat man da noch Worte! (*umgs.*) qu'est-ce que vous voulez répondre à cela!

die **Wortart** (*in der Grammatik*) la catégorie grammaticale

das **Wörterbuch** le dictionnaire

wörtlich ① *Zitat* textuel(le) ② *Übersetzung* littéral(e) ③ die wörtliche Rede le discours direct ④ *wiedergeben, zitieren* mot pour mot ⑤ *übersetzen* littéralement ⑥ etwas [ganz] wörtlich nehmen prendre quelque chose au pied de la lettre

der **Wortschatz** le vocabulaire

das **Wortspiel** le jeu de mots

der **Wortwechsel** l'altercation (*weiblich*)

wortwörtlich ① *Zitat* textuel(le) ② *wiedergeben, zitieren* mot pour mot

worüber ① worüber bist du gestolpert? sur quoi as-tu trébuché? ② worüber habt ihr gesprochen? de quoi avez-vous parlé? ③ etwas, worüber wir sprechen müssen quelque chose dont nous devons parler

worum ① worum handelt es sich? de quoi s'agit-il?; worum streiten sie sich? sur quoi se disputent-ils? ② ich habe keine Ahnung, worum es geht je n'ai aucune idée de quoi il s'agit ③ alles, worum du mich bittest tout ce que tu me demandes

worunter ① worunter hast du es versteckt? sous quoi est-ce que tu l'as caché? ② worunter leidet er? de quoi souffre-t-il? ③ ein Stapel Papiere, worunter auch Dokumente waren un amas de papiers parmi lesquels il y avait des documents

wovon ① wovon sprichst du? de quoi est-ce que tu parles? ② wovon ist sie aufgewacht? qu'est-ce qui l'a réveillée? ③ vieles, wovon wir nichts verstehen beaucoup de choses auxquelles nous ne comprenons rien ④ ich weiß nicht, wovon ich die Erkältung habe je ne sais pas où j'ai attrapé ce rhume

wovor ① wovor hat er Angst? de quoi a-t-il peur? ② das Einzige, wovor er zurückweicht la seule chose devant laquelle il recule

wozu ① wozu brauchst du das Geld? tu as besoin de l'argent pour faire quoi? ② ich weiß nicht, wozu das gut ist je ne sais pas à quoi ça sert ③ die Miete, wozu noch hundert Euro Nebenkosten kommen le loyer auquel s'ajoutent cent euros de charges

das **Wrack** ① l'épave (*weiblich*) ② (*übertragen*) ein menschliches Wrack une loque humaine

der **Wucher** ① (*überhöhter Preis*) le prix exorbitant; (*überhöhte Zinsen*) l'usure (*weiblich*) ② das ist ja Wucher! (*umgs.*) mais c'est du vol!

wuchern *Pflanzen:* proliférer; *Geschwulst:* grossir

die **Wucht** *eines Aufpralls* la violence; **mit voller Wucht** de plein fouet ▸ **das ist/sie ist eine Wucht!** (*umgs.*) c'est/elle est d'enfer!

wühlen *Person, Tier:* fouiller; **in etwas wühlen** fouiller dans quelque chose

wund ❶ *Haut* écorché(e); **das Baby ist am Po wund** le bébé a les fesses irritées ❷ **sich wund liegen** attraper des escarres; **sich die Fersen wund laufen** s'écorcher les talons en marchant

die **Wunde** (*auch übertragen*) la plaie

das **Wunder** le miracle; **es ist kein Wunder, dass sie gewonnen hat** (*umgs.*) c'est pas étonnant qu'elle ait gagné ▸ **sein blaues Wunder erleben** (*umgs.*) avoir une drôle de surprise; **an ein Wunder grenzen** tenir du miracle; **Wunder wirken** (*umgs.*) faire des miracles

wunderbar ❶ *Person* fantastique; *Abend* merveilleux/merveilleuse; **das ist ja wunderbar!** c'est vraiment fantastique! ❷ **dieser Stoff ist wunderbar weich** ce tissu est tellement doux; **ich habe wunderbar geschlafen** j'ai très bien dormi

die **Wunderkerze** le cierge magique

das **Wunderkind** (*begabter Junge*) l'enfant (*männlich*) prodige; (*begabtes Mädchen*) l'enfant (*weiblich*) prodige

wundern ❶ étonner; **es wundert mich, dass sie nicht da sind** ça m'étonne qu'ils ne soient pas là ❷ **sich über etwas wundern** s'étonner de quelque chose

wunderschön *Aussicht* superbe

wundervoll *Anblick* merveilleux/merveilleuse

der **Wunsch** ❶ le souhait; **jemandem einen Wunsch erfüllen** exaucer un souhait à quelqu'un; **haben Sie sonst noch einen Wunsch?** vous désirez autre chose?; **auf Wunsch** sur demande ❷ **die besten Wünsche zum Geburtstag!** meilleurs vœux (*männlich*) pour ton/pour votre anniversaire!

wünschen ❶ **jemandem Glück wünschen** souhaiter bonne chance à quelqu'un; **wir wünschen dir alles Gute zum Geburtstag** nous t'adressons nos meilleurs vœux pour ton anniversaire ❷ **die Kleinen wünschen sich ein Mobile** les gosses voudraient un mobile; **du darfst dir etwas wünschen** tu peux avoir ce que tu veux; **sie wünscht sich zu Weihnachten einen Computer** elle voudrait avoir un ordinateur pour Noël; **sie wünschen sich Kinder** ils voudraient avoir des enfants ❸ (*beim Einkauf*) **was wünschen Sie?** que désirez--vous?; **Sie wünschen?** vous désirez? ❹ (*verlangen*) demander *Erklärung, Entschuldigung, Auskunft;* **wie gewünscht** comme souhaité; **[ganz] wie Sie wünschen** comme vous voulez ❺ **ich wünschte, ich wäre tot** je souhaiterais être mort(e)

der **Wunschzettel** la liste de cadeaux

die **Würde** la dignité ▸ **das ist unter meiner Würde** ce serait me faire injure

würdevoll ❶ *Empfang* digne ❷ *empfangen* avec dignité

würdigen ❶ rendre hommage à *Person* ❷ **etwas zu würdigen wissen** savoir apprécier quelque chose à sa juste valeur

der **Wurf** ❶ (*mit einem Ball und bei Wurfsportarten*) le lancer ❷ (*mit einem Stein*) le jet ❸ (*beim Würfeln*) le coup ❹ (*Jungtiere*) la portée ▸ **ihm/ihr ist ein großer Wurf gelungen** il/elle a réussi un coup de maître

der **Würfel** ❶ (*beim Spiel*) le dé ❷ (*geometrischer Körper*) le cube ❸ **etwas in Würfel schneiden** couper quelque chose en dés ▸ **die Würfel sind gefallen** les dés sont jetés

würfeln ❶ jouer aux dés; **um etwas würfeln** jouer quelque chose aux dés; **eine Fünf würfeln** faire un cinq ❷ **den Speck würfeln** couper le lard en dés

das **Würfelspiel** le jeu de dés

der **Würfelzucker** le sucre en morceaux

würgen ❶ (*verletzen*) étrangler ❷ (*Brechreiz haben*) être pris(e) de nausées ❸ **an einer Gräte würgen** s'étrangler avec une arête

der **Wurm** le ver ▸ **da ist der Wurm drin** (*umgs.*) c'est un sac de nœuds

wurmen (*umgs.*) enquiquiner [ākikine]

die **Wurst** ❶ la saucisse; (*Dauerwurst*) le saucisson ❷ (*Wurstwaren*) la charcuterie ▸ **jetzt geht es um die Wurst** (*umgs.*) c'est maintenant que tout se joue; **das ist mir Wurst** (*umgs.*) j'en ai rien à cirer

das **Würstchen** la saucisse; **das Frankfurter Würstchen** la saucisse de Francfort ▸ **ein armes Würstchen** (*umgs.*) un pauvre type

die **Würze** ❶ (*Aroma*) *eines Gerichts* la saveur; *eines Weins* le bouquet ❷ (*Gewürz*) le condiment

die **Wurzel** ❶ (*auch in der Mathematik*) la racine; **die Wurzel aus 16 ziehen** extraire la racine [carrée] de 16 ❷ (*Ursprung*) l'origine (*weiblich*); **die Wurzel allen Übels** la cause de tous les maux ▸ **wollt ihr hier Wurzeln schlagen?** (*umgs.*) vous n'allez tout de

même pas prendre racine ici!
würzen assaisonner *Sauce, Essen*
würzig ❶ *Duft, Geruch, Geschmack* aromatique ❷ *Essen* épicé(e) ❸ *Bier, Wein* corsé(e)
der **Wust** (*umgs.*) le tas; **ein Wust von Akten** un tas de dossiers
wüst ❶ *Gegend* désert(e) ❷ (*umgs.: schlimm*) *Unordnung* dingue; *Fluch, Beschimpfung* grossier/grossière; **ein wüstes Durcheinander** un foutou pas possible ❸ *fluchen, beschimpfen* grossièrement
die **Wüste** le désert ▸ **jemanden in die Wüste schicken** (*umgs.*) limoger quelqu'un
die **Wut** la rage; **in Wut geraten** entrer en rage; **eine Wut auf jemanden haben** être en rage contre quelqu'un; **vor Wut** de rage ▸ **vor Wut kochen** bouillir de colère
der **Wutanfall** l'accès (*männlich*) de fureur; **einen Wutanfall bekommen** avoir un accès de fureur
wütend furieux/furieuse; **auf jemanden wütend sein** être furieux/furieuse contre quelqu'un; **über etwas wütend sein** être furieux/furieuse à cause de quelque chose [*oder* de quelque chose]
das **WWW** *Abkürzung von* **World Wide Web** le WWW

das **x**, das **X** ❶ le x, le X [iks] ❷ (*umgs.: unzählige*) **x Briefe schreiben** écrire trente-six lettres ▸ **jemandem ein X für ein U vormachen** [**wollen**] faire prendre à quelqu'un des vessies pour des lanternes
die **x-Achse** (*in der Mathematik*) l'axe (*männlich*) des x
die **X-Beine** les jambes (*weiblich*) en x, les jambes en forme de x
x-beliebig (*umgs.*) ❶ **ein x-beliebiger Käse** n'importe quel fromage ❷ **jeder x-Beliebige** n'importe qui
x-fach (*umgs.*) ❶ *Handlung* multiple ❷ *erprobt, bewährt* trente-six fois
x-mal (*umgs.*) x fois
x-te(r, s) (*umgs.*) **das x-te Mal** la ixième fois
das **Xylophon** le xylophone

das **y**, das **Y** le y, le Y [iɡʁɛk]
die **y-Achse** (*in der Mathematik*) l'axe (*männlich*) des y
die **Yacht** le yacht ⚠ *männlich*
der **Yeti** le yéti
das/der **Yoga** le yoga
das **Ypsilon** le i grec
der **Yuppie** [ˈjʊpi] le yuppie/la yuppie [jupi]

Z

das **z**, das **Z** le z, le Z [zɛd]
zack (*umgs.*) **zack, zack!** et que ça saute!
Zack auf Zack sein (*umgs.*) avoir la pêche
die **Zacke** ❶ *eines Kamms, einer Briefmarke* la dent ❷ *eines Sterns, einer Krone* la pointe
zackig ❶ *Felsen* déchiqueté(e) ❷ (*umgs.: flott, forsch*) *Musik* cadencé(e); **zackig salutieren** saluer vigoureusement
zäh ❶ *Fleisch* dur(e) ❷ *Masse* visqueux/visqueuse ❸ *Mensch* résistant(e) ❹ *Verlauf* ardu(e) ❺ *Widerstand* obstiné(e) ❻ *verlaufen* péniblement ❼ *sich widersetzen* obstinément
zähflüssig ❶ *Masse* visqueux/visqueuse ❷ *Verkehr* dense
die **Zahl** ❶ le nombre ⚠ *männlich*; **eine gerade/ungerade Zahl** un nombre pair/impair; **eine zweistellige Zahl** un nombre à deux chiffres ❷ (*Ziffer*) le chiffre ⚠ *männlich* ❸ (*Anzahl*) le nombre; **in großer Zahl** en grand nombre
zahlen payer; **bitte zahlen!** l'addition, s'il vous plaît!
zählen ❶ compter *Personen, Dinge;* **bis hundert zählen** compter jusqu'à cent ❷ **zu den beliebtesten Kollegen zählen** faire partie des collègues les plus appréciés; **jemanden zu seinen Freunden zählen** compter quelqu'un au nombre de ses amis ❸ (*sich verlassen*) **auf jemanden/etwas zählen** compter sur quelqu'un/quelque chose ❹ **dieser Wurf zählt nicht** ce lancer ne compte pas; **hier zählt nur die Leistung** la seule chose qui compte, c'est les résultats [*oder* la performance]
das **Zahlenschloss** ❶ *eines Safes* la serrure à com-

binaison ❷ (*Vorhängeschloss*) le cadenas à chiffres ❸ *eines Fahrrads* l'antivol *(männlich)* à chiffres
der **Zähler** ❶ (*für Strom, Wasser*) le compteur ❷ (*bei Bruchzahlen*) le numérateur
zahllos innombrable
zahlreich ❶ nombreux/nombreuse; **zahlreiche Besucher** de nombreux visiteurs; **zahlreiche Briefe** de nombreuses lettres ❷ *erscheinen* en grand nombre
die **Zahlung** ❶ (*das Bezahlen*) le paiement ❷ (*Betrag*) le versement
die **Zählung** (*das Zählen*) le comptage
das **Zahlungsmittel** le moyen de paiement
das **Zahlwort** l'adjectif *(männlich)* numéral
zahm *Tier* apprivoisé(e)
zähmen ❶ apprivoiser *Tier* ❷ refréner *Neugier*
der **Zahn** la dent; **sich die Zähne putzen** se laver les dents; **mit den Zähnen knirschen** grincer des dents; **Zähne bekommen** *Baby:* faire ses dents ▸ **sich an jemandem/etwas die Zähne ausbeißen** se casser les dents sur quelqu'un/quelque chose; **einen ganz schönen Zahn draufhaben** *(umgs.)* rouler comme un/une dingue; **jemandem auf den Zahn fühlen** sonder quelqu'un; **die Zähne zusammenbeißen** serrer les dents
der **Zahnarzt** le dentiste; (*Zahnchirurg*) le chirurgien-dentiste
die **Zahnarzthelferin** l'assistante *(weiblich)* dentaire
die **Zahnärztin** la dentiste; (*Zahnchirurgin*) le chirurgien-dentiste

> Bei der zweiten Wortbedeutung gibt es keine Femininform: *sie ist eine gute Zahnärztin – elle est un bon chirurgien-dentiste.*

der **Zahnbelag** la plaque dentaire
die **Zahnbürste** la brosse à dents
die **Zahncreme** le dentifrice
zähneknirschend **ich habe zähneknirschend zugesagt** j'ai consenti à mon corps défendant
das **Zahnfleisch** (*an einer bestimmten Stelle*) la gencive; (*in seiner Gesamtheit*) les gencives *(weiblich)*

> Der Singular *das Zahnfleisch* kann mit einem Plural übersetzt werden: *sein Zahnfleisch ist entzündet – ses gencives sont inflammées.*

die **Zahnpasta** le dentifrice
das **Zahnrad** la roue dentée
die **Zahnschmerzen** le mal de dents; **Zahnschmerzen haben** avoir mal aux dents

> Der Plural *die Zahnschmerzen* wird mit einem Singular übersetzt: *er leidet an Zahnschmerzen, die nicht auszuhalten sind – il souffre d'un mal de dents qui est insupportable.*

die **Zahnseide** le fil dentaire
die **Zahnspange** l'appareil *(männlich)* [dentaire]
der **Zahnstocher** le cure-dent
die **Zange** la pince
zanken ❶ [**sich**] **zanken** se disputer; *Kinder:* se chamailler ❷ **sich um etwas zanken** se disputer quelque chose
das **Zäpfchen** ❶ (*Medikament*) le suppositoire ❷ (*im Gaumen*) la luette
der **Zapfen** ❶ (*Baumfrucht*) le cône; (*Kiefernzapfen*) la pomme de pin ❷ (*Eiszapfen*) la stalactite
die **Zapfsäule** la pompe à essence
zappeln gigoter; **mit den Beinen zappeln** gigoter des jambes ▸ **jemanden zappeln lassen** *(umgs.)* laisser quelqu'un mijoter
zappen ['tsɛpn] zapper
zart *Haut* doux/douce ❷ *Fleisch, Gebäck, Gemüse* tendre ❷ *berühren* tendrement ▸ **zart besaitet** délicat(e)
die **Zartbitterschokolade** le chocolat noir
zärtlich ❶ *Blick, Kuss, Worte* tendre ❷ *streicheln* tendrement
die **Zärtlichkeit** ❶ la tendresse ❷ (*Liebkosung*) **die Zärtlichkeiten** les caresses *(weiblich)*
der **Zauber** ❶ (*Faszination*) le charme ❷ (*Zauberwirkung*) le sort ❸ (*das Zaubern*) le sortilège ❹ **der ganze Zauber** *(umgs.)* tout ce bazar
die **Zauberei** la magie; **das grenzt an Zauberei** ça tient du miracle
der **Zauberer** ❶ (*Märchenfigur*) le magicien ❷ (*Zauberkünstler*) le prestidigitateur
zauberhaft ❶ *Person, Aussehen, Kleidung* merveilleux/merveilleuse ❷ *tanzen, spielen* merveilleusement bien
die **Zauberin** ❶ (*Märchenfigur*) la magicienne ❷ (*Zauberkünstlerin*) la prestidigitatrice
der **Zauberkünstler** le prestidigitateur
die **Zauberkünstlerin** la prestidigitatrice
zaubern ❶ *Fee, Zauberer:* faire de la magie ❷ *Zauberkünstler:* faire des tours de prestidigitation; **etwas aus dem Zylinder zaubern** faire sortir quelque chose du chapeau comme par enchantement ❸ (*umgs.: kochen*) **ein tolles Essen zaubern** mitonner un mets extra ▸ **ich kann doch nicht zaubern!** *(umgs.)* je ne peux pas faire de miracle!
der **Zauberspruch** la formule magique
der **Zauberstab** la baguette magique
der **Zaubertrick** le tour de prestidigitation

der **Zaum** la bride ▸ **etwas im Zaum halten** tenir en bride quelque chose

der **Zaun** la clôture ▸ **etwas vom Zaun brechen** provoquer quelque chose pour un oui pour un non

z.B. *Abkürzung von* **zum Beispiel** par ex.

das **ZDF** *Abkürzung von* **Zweites Deutsches Fernsehen** deuxième chaîne publique de la télévision allemande

das **Zebra** le zèbre

der **Zebrastreifen** le passage clouté, les clous *(männlich)*

V Der Singular *der Zebrastreifen* kann mit einem Plural übersetzt werden: *geh doch beim Zebrastreifen rüber! – traverse dans les clous!*

die **Zeche** ❶ *(Grube)* la mine [de charbon] ❷ *(Rechnung)* l'addition *(weiblich)* ▸ **die Zeche zahlen [müssen]** *(umgs.)* payer les pots cassés

die **Zecke** la tique

der **Zeh**, die **Zehe** ❶ l'orteil *(männlich)* ❷ **eine Zehe Knoblauch** une gousse d'ail

die **Zehenspitze** la pointe de/du pied; **sich auf die Zehenspitzen stellen** se mettre sur la pointe des pieds

zehn dix

die **Zehn** le dix ⚠ *männlich*

das **Zehncentstück** la pièce de dix cents

die **Zehnerkarte** le carnet de dix

zehnerlei dix ... divers(es); **zehnerlei Formate** dix formats divers; **zehnerlei Farben** dix couleurs diverses; **zehnerlei Sorten Brot** dix sortes de pain

der **Zehneuroschein** le billet de dix euros

zehnfach ❶ **eine zehnfache Vergrößerung** un agrandissement dix fois plus grand; **in zehnfacher Ausfertigung** en dix exemplaires; **nehmen Sie die zehnfache Menge!** prenez dix fois cette quantité! ❷ **ein Blatt zehnfach falten** plier une feuille en dix

das **Zehnfache** le décuple; **das Zehnfache dieser Menge** le décuple de cette quantité; *siehe auch* **Achtfache**

zehnjährig de dix ans

der **Zehnjährige** le garçon de dix ans

die **Zehnjährige** la fille de dix ans

zehnmal dix fois; *siehe auch* **achtmal**

zehnt **zu zehnt sein** être dix; **zu zehnt ausgehen** sortir à dix

zehntausend dix mille

G Das Zahlwort *mille* ist unveränderlich.

zehnte(r, s) ❶ dixième; **jeder zehnte Franzose** un Français sur dix [dis] ❷ *(bei der Datumsangabe)* **der zehnte Mai** *geschrieben:* **der 10. Mai** le dix mai *geschrieben:* le 10 mai [lə di mɛ]; **am zehnten Mai** *geschrieben:* **am 10. Mai** le dix mai *geschrieben:* le 10 mai; **am Freitag, den 10. Juni** le vendredi 10 juin [lə vɑ̃dʀədi di ʒɥɛ̃]; **Bonn, den 10. Januar** Bonn, le 10 janvier [bɔn lə di ʒɑ̃vje] ❸ *(bei den Klassenstufen)* **die zehnte Klasse** ≈ la seconde [s(ə)gɔ̃d]; *siehe auch* **achte(r, s)**

zehntel dixième; **ein zehntel Gramm** un dixième de gramme

das **Zehntel** le dixième

zehntens dixièmement

das **Zeichen** ❶ le signe; **jemandem ein Zeichen geben** faire un signe à quelqu'un; **das Zeichen zum Aufbruch geben** donner le signal de départ ❷ *(Markierung)* la marque ❸ *(in der Chemie)* le symbole ❹ *(Textzeichen)* le caractère ❺ *(Anzeichen)* l'indice *(männlich)* ▸ **das ist ein gutes/ein schlechtes Zeichen** c'est bon/mauvais signe

der **Zeichenblock** le bloc à dessin

die **Zeichensetzung** la ponctuation

die **Zeichensprache** le langage des signes

der **Zeichentrickfilm** le dessin animé

zeichnen ❶ dessiner *Bild, Skizze, Plan*; **mit Tusche zeichnen** dessiner à l'encre de Chine ❷ souscrire à *Aktien, Wertpapiere* ❸ marquer *Wäschestücke* ❹ **von der Krankheit gezeichnet** marqué(e) par la maladie

der **Zeichner** le dessinateur; **der technische Zeichner** le dessinateur industriel

die **Zeichnerin** la dessinatrice; **die technische Zeichnerin** la dessinatrice industrielle

die **Zeichnung** ❶ le dessin ❷ *(Muster)* des Fells, Gefieders le dessin ❸ *(Kauf)* von Aktien, Wertpapieren la souscription

der **Zeigefinger** l'index *(männlich)*

zeigen ❶ montrer; **jemandem den Weg zeigen** montrer le chemin à quelqu'un; **auf jemanden/auf etwas zeigen** montrer quelqu'un/quelque chose [du doigt] ❷ passer *Film, Sendung* ❸ **Interesse zeigen** montrer de l'intérêt ❹ **nach Norden zeigen** *Kompassnadel:* indiquer le nord ❺ **10 °C zeigen** indiquer 10° C ❻ **der Vorfall zeigt, dass ich Recht hatte** l'incident démontre [*oder* montre] que j'avais raison ❼ **sich zeigen** *Person:* se montrer ❽ **sich dankbar zeigen** se montrer reconnaissant(e) ❾ **es zeigt sich, dass alles gelogen war** il s'avère que tout n'était que mensonges; **nun wird sich zeigen, ob er ein Experte ist** on verra bien s'il est un spécialiste

der **Zeiger** l'aiguille *(weiblich)* [eguij]; **der große Zeiger** la grande aiguille; **der kleine Zeiger** la petite aiguille

die **Zeile** ① la ligne ② **neue Zeile!** à la ligne!

die **Zeit** ① le temps; **keine Zeit haben** ne pas avoir le temps; **sich Zeit lassen** prendre son temps; **das hat noch Zeit** ça ne presse pas ② *(Zeitraum)* **in letzter Zeit** ces derniers temps; **eine Zeit lang** un certain temps; **die ganze Zeit [über]** tout le temps ③ *(Zeitpunkt)* **zur rechten Zeit** au bon moment; **zu gegebener Zeit** en temps opportun; **es ist [an der] Zeit, etwas zu tun** le moment est venu de faire quelque chose ④ *(Uhrzeit)* l'heure *(weiblich)*; **die mitteleuropäische Zeit** l'heure *(weiblich)* de l'Europe centrale ⑤ *(Epoche)* l'époque *(weiblich)* ▶ **es ist höchste Zeit** il est grand temps; **es ist höchste Zeit, dass ich gehe, es ist höchste Zeit zu gehen** il est grand temps de partir; **von Zeit zu Zeit** de temps en temps; **zur Zeit** actuellement

das **Zeitalter** l'époque *(weiblich)*
die **Zeitarbeit** le travail temporaire
die **Zeitbombe** la bombe à retardement
der **Zeitdruck** la course contre la montre; **unter Zeitdruck stehen** mener une course contre la montre
der **Zeitgenosse** le contemporain
die **Zeitgenossin** la contemporaine
zeitgenössisch contemporain(e)
zeitig de bonne heure
zeitlich ① *Ablauf, Reihenfolge* chronologique ② **zeitlich begrenzt** limité(e) dans le temps
die **Zeitlupe** le ralenti; **in Zeitlupe** au ralenti
der **Zeitpunkt** ① *(Moment, Termin)* la date; **zu diesem Zeitpunkt** à cette date-là ② *(Stunde)* l'heure *(weiblich)*
der **Zeitraum** la période
die **Zeitrechnung** l'ère *(weiblich)*; **vor/nach unserer Zeitrechnung** avant/après notre ère
die **Zeitschrift** le magazine
die **Zeitspanne** le laps de temps
die **Zeitumstellung** le changement d'heure
die **Zeitung** le journal; **Zeitung lesen** lire le journal
die **Zeitungsannonce** la petite annonce
der **Zeitungsartikel** l'article *(männlich)* de journal
das **Zeitungspapier** le papier journal
die **Zeitverschiebung** le décalage horaire
die **Zeitverschwendung** le gaspillage de temps
der **Zeitvertreib** le passe-temps; **zum Zeitvertreib lesen** lire pour passer le temps

das **Zeitwort** *(in der Grammatik)* le verbe
die **Zelle** ① *(Gefängnis- oder Klosterzelle, in der Biologie)* la cellule ② *(Telefonzelle)* la cabine [téléphonique] ▶ **die [kleinen] grauen Zellen** *(umgs.)* la matière grise
das **Zelt** la tente ▶ **seine Zelte abbrechen** plier bagage
zelten camper
der **Zeltplatz** le terrain de camping
der **Zement** le ciment
der **Zenit** le zénith
zensieren ① *(benoten)* noter ② *(der Zensur unterwerfen)* censurer
die **Zensur** ① *(Note)* la note ② *(Kontrolle)* la censure
der/das **Zentimeter** le centimètre
der **Zentner** ① *(50 kg)* le demi-quintal; **zwei Zentner** un quintal ② Ⓐ, ⒞ *(100 kg)* le quintal
zentral ① *Lage, Frage* central(e); **von zentraler Bedeutung sein** être d'une importance primordiale ② *liegen, wohnen* au centre; *erfassen* de manière centralisée
die **Zentrale** ① *einer Firma* le siège ② *(Telefonzentrale)* le standard
die **Zentralheizung** le chauffage central
die **Zentralverriegelung** *(bei Autos)* la condamnation [kōdanasjō] automatique des portes
die **Zentrifugalkraft** la force centrifuge
das **Zentrum** le centre
zerbrechen ① *(kaputtmachen)* casser ② *(kaputtgehen)* se casser ③ *Ehe, Freundschaft:* se briser
zerbrechlich fragile
zerdrücken écraser
die **Zeremonie** la cérémonie
zerfallen ① *Gebäude:* tomber en ruine; *Reich:* s'écrouler ② *Brot, Kuchen:* s'émietter; *Kochfisch:* se défaire ③ *Atomkern:* se désintégrer
zerkleinern ① *(zerdrücken, zermahlen)* écraser ② *(zerschneiden)* couper en petits morceaux; **die Tomaten zerkleinern** couper les tomates en petits morceaux
zerknirscht contrit(e)
zerknittern chiffonner
zerknüllen froisser
zerkratzen ① rayer *Oberfläche* ② *(verletzen)* griffer
zerlegen ① démonter *Motor, Schrank* ② découper *Fleisch*
zermalmen écraser
zerplatzen éclater
zerquetschen écraser
zerreißen ① *(in Stücke reißen)* déchirer

②(*kaputtgehen*) *Hose:* se déchirer ▶**ich kann mich doch nicht zerreißen!** (*umgs.*) j'ai pas quatre bras!; (*ich kann nicht überall sein*) je peux pas être partout!

die **Zerreißprobe** l'épreuve (*weiblich*) de vérité

zerren ① (*ziehen*) tirer; **an etwas zerren** tirer sur quelque chose; **jemanden ins Zimmer zerren** tirer quelqu'un dans la pièce ② **sich einen Muskel zerren** se froisser un muscle

die **Zerrung** l'élongation (*weiblich*)

zerschellen s'écraser

zerschlagen¹ ① casser *Geschirr* ② démanteler *Spionagering, Kartell* ▶ **sich zerschlagen** *Plan, Sache:* tomber à l'eau

zerschlagen² (*erschöpft*) **[ganz] zerschlagen sein** *Person:* être [complètement] fourbu(e)

zerschmettern fracasser *Schädel;* briser *Kiefer*

zerschneiden couper *Faden;* découper *Foto, Zeitung;* **das Fleisch zerschneiden** couper la viande [en morceaux]

zersetzen décomposer; **sich zersetzen** se décomposer

zerspringen éclater

der **Zerstäuber** (*für Parfüm*) le vaporisateur

zerstören (*auch übertragen*) détruire

die **Zerstörung** ① (*das Zerstören*) la destruction ② (*Verwüstung*) la dévastation

zerstreut (*unkonzentriert*) distrait(e) ② *Gegenstände* éparpillé(e)

die **Zerstreuung** la distraction

zerstückeln dépecer

zertreten ① écraser *Käfer* ② piétiner *Gras*

zertrümmern ① défoncer *Fensterscheibe* ② fracasser *Schädel* ③ détruire *Nierenstein*

zerzaust *Haare* ébouriffé(e)

zetern fulminer

der **Zettel** ① le [bout de] papier; (*mit einer Notiz*) la note ② (*Einkaufszettel*) la liste

das **Zeug** (*umgs.*) ① (*Sachen, Dinge*) le bazar; **ist das dein Zeug?** c'est ton fourbi? ② **ich werde dieses Zeug nicht essen/nicht trinken** je ne mangerai/ne boirai pas ce truc ③ **dummes Zeug reden** raconter des conneries ▶ **das Zeug zum Künstler/zur Künstlerin haben** (*umgs.*) avoir l'étoffe d'un/d'une artiste; **sich für jemanden ins Zeug legen** (*umgs.*) se démener pour quelqu'un

der **Zeuge** le témoin

zeugen¹ (*gehoben*) engendrer *Kind*

zeugen² **von großer Erfahrung zeugen** témoigner d'une grande expérience

die **Zeugenaussage** le témoignage

die **Zeugin** le témoin

Ⓖ Es gibt im Französischen keine Femininform: *sie ist die einzige Zeugin des Unfalls – elle est le seul témoin de l'accident.*

das **Zeugnis** ① (*Schulzeugnis*) le bulletin [scolaire] ② (*Arbeitszeugnis*) le certificat de travail

der **Zickzack im Zickzack** en zigzag

die **Ziege** ① la chèvre ② (*umgs.: Schimpfwort*) **diese [blöde] Ziege!** cette conne!

der **Ziegel** (*Dachziegel*) la tuile [tɥil]

der **Ziegelstein** la brique

der **Ziegenbock** le bouc

der **Ziegenkäse** le fromage de chèvre, le chèvre

der **Ziegenpeter** (*umgs.*) les oreillons (*männlich*)

Ⓥ Der Singular *der Ziegenpeter* wird mit einem Plural übersetzt: *der Ziegenpeter ist eine Kinderkrankheit – les oreillons sont une maladie infantile.*

ziehen ① tirer *Wagen, Kutsche;* **jemanden aus dem Wasser ziehen** tirer quelqu'un de l'eau ② **an einer Schnur ziehen** tirer sur une ficelle; **jemanden an den Haaren ziehen** tirer les cheveux à quelqu'un ③ **die Rollläden nach oben ziehen** monter des volets roulants ④ arracher *Zahn* ⑤ installer *Zaun* ⑥ cultiver *Pflanzen* ⑦ tirer *Los* ⑧ **alle Blicke auf sich ziehen** attirer tous les regards sur soi ⑨ **Veränderungen nach sich ziehen** entraîner des changements ⑩ (*umziehen*) **nach Berlin ziehen** déménager à Berlin ⑪ *Vögel:* migrer ⑫ **durch die Stadt ziehen** *Demonstranten:* traverser la ville ⑬ **durchs Haus ziehen** *Duft:* se répandre dans la maison ⑭ **den Tee ziehen lassen** laisser infuser le thé ⑮ **es zieht!** il y a un courant d'air! ⑯ **diese Masche zieht bei mir nicht!** (*umgs.*) ce truc ne prend pas avec moi! ⑰ (*schmerzen*) **es zieht [mir] in den Beinen** ça [me] tire dans les jambes; **ein ziehender Schmerz** une douleur lancinante ⑱ **es zieht ihn in die Ferne** il est attiré par les contrées lointaines ⑲ **sich ziehen** *Verhandlungen:* traîner en longueur

die **Ziehharmonika** l'accordéon (*männlich*)

die **Ziehung** le tirage

das **Ziel** ① le but; **sich etwas zum Ziel setzen** se fixer quelque chose comme objectif; **sein Ziel erreichen** atteindre son but ② (*Reiseziel*) la destination ③ (*im Sport*) la ligne d'arrivée, l'arrivée (*weiblich*); **als Erster durchs Ziel gehen** franchir le premier la ligne d'arrivée ④ (*Zielscheibe*) la cible

zielen ① *Person:* viser ② **auf jemanden/auf**

etwas zielen *Person, Kritik:* viser quelqu'un/quelque chose; *Waffe:* être pointé(e) sur quelqu'un/quelque chose
die **Zielgerade** la dernière ligne droite
die **Zielgruppe** le groupe cible ⚠ *männlich*
ziellos sans but [précis]
die **Zielscheibe** la cible
zielstrebig ❶ *Person* déterminé(e) ❷ *arbeiten* avec détermination
ziemlich ❶ assez; **ziemlich heiß** assez chaud(e); **ziemlich schwierig** assez difficile; **ziemlich viel, ziemlich viele Dinge** pas mal de choses; **er musste sich beeilen** il a dû pas mal se dépêcher ❷ **eine ziemliche Entfernung** *(umgs.)* une bonne petite distance
zierlich menu(e)
die **Ziffer** le chiffre ⚠ *männlich*
das **Zifferblatt** le cadran
zig *(umgs.)* trente-six
die **Zigarette** la cigarette
der **Zigarettenautomat** le distributeur de cigarettes
die **Zigarre** le cigare ⚠ *männlich*
der **Zigeuner** ❶ le tzigane ❷ *(in Südfrankreich oder Spanien lebend)* le gitan
die **Zigeunerin** ❶ la tzigane ❷ *(in Südfrankreich oder Spanien lebend)* la gitane
zigmal *(umgs.)* trente-six fois
das **Zimmer** ❶ la pièce ❷ *(Arbeitszimmer)* le bureau ❸ *(Klassenzimmer, Wartezimmer)* la salle ❹ *(zum Schlafen)* la chambre

> **G** Es gibt im Französischen keine gemeinsame Übersetzung für die unterschiedlichen Arten von Zimmern.
> Im Allgemeinen kann man das deutsche Wort mit *la pièce* übersetzen. Ist ein Arbeitszimmer gemeint, lautet die treffende Übersetzung *le bureau*. Ein größerer Raum, der zudem von mehreren Menschen genutzt wird, ist *une salle*; zu dieser Kategorie gehören zum Beispiel die Zimmer in einer Schule *(les salles de classe)* oder das Wartezimmer in einer Arztpraxis *(la salle d'attente)*.
> Handelt es sich jedoch um einen Raum, der zum Schlafen genutzt wird, ist nur die Übersetzung *la chambre* möglich. (Dieser Unterschied ist sehr wichtig; wenn man ihn nicht beachtet, können sich unangenehme Missverständnisse ergeben.)

die **Zimmerlautstärke etwas auf Zimmerlautstärke stellen** mettre quelque chose en sourdine
das **Zimmermädchen** la femme de chambre
der **Zimmermann** le charpentier
die **Zimmerpflanze** la plante d'appartement

zimperlich douillet(te)
der **Zimt** la cannelle
das **Zink** le zinc [zɛ̃g]
die **Zinke** la dent
das **Zinn** l'étain *(männlich)*
der **Zins** ❶ l'intérêt *(männlich)* ❷ Ⓐ, ⒸⒽ *(Miete, Mietzins)* le loyer
der **Zipfel** ❶ *eines Kissens* le coin ❷ *einer Wurst* l'entame *(weiblich)*
die **Zipfelmütze** le bonnet à pointe
zirka environ
der **Zirkel** ❶ le compas ❷ *(Kreis, Gruppe)* le cercle
der **Zirkus** ❶ le cirque ❷ **hör doch mit diesem Zirkus auf!** *(umgs.)* arrête ton cirque!
zirpen *Grille:* chanter
zischen ❶ *Schlange, Person:* siffler ❷ *Fett:* grésiller ❸ **aus dem Rohr zischen** *Dampf:* chuinter [ʃɥɛ̃te] en sortant du tuyau
das **Zitat** la citation
zitieren ❶ citer *Ausspruch, Autor* ❷ **ich wurde zum Chef zitiert** le chef m'a convoqué(e)
die **Zitrone** *(Frucht)* le citron ⚠ *männlich*
die **Zitronenlimonade** la citronnade
die **Zitronenpresse** le presse-citron
die **Zitrusfrucht** l'agrume *(männlich)*
zittern ❶ trembler; **vor Angst zittern** trembler de peur ❷ **vor jemandem zittern** trembler devant quelqu'un
der **Zivi** *(umgs.)* Abkürzung von **Zivildienstleistender** objecteur de conscience qui effectue son service civil
zivil ❶ civil(e) ❷ **die zivilen Preise** *(umgs.)* les prix potables
das **Zivil** la tenue civile; **in Zivil** en civil
die **Zivilcourage** le courage de ses opinions; *(politisch)* le courage civique
der **Zivildienst** le service civil
der **Zivildienstleistende** objecteur de conscience qui effectue son service civil
die **Zivilisation** la civilisation
zivilisiert ❶ *Staat* civilisé(e) ❷ **sich zivilisiert benehmen** se comporter en personne civilisée
der/das **Znüni** ⒸⒽ le casse-croûte [de dix heures]
der **Zoff** *(umgs.)* l'engueulade *(weiblich)*
zögern hésiter; **er zögert mit der Unterschrift** il hésite à signer; **ohne zu zögern** sans hésiter
das/der **Zölibat** le célibat
der **Zoll¹** ❶ *(Gebühr)* les droits *(männlich)* de douane ❷ *(Zollverwaltung)* la Douane ❸ *(umgs.: Kontrolle)* **durch den Zoll müssen** devoir passer la douane

> In ① wird der Singular *der Zoll* mit einem Plural übersetzt: *der Zoll ist ziemlich teuer – les droits de douane sont assez chers.*

der **Zoll²** (*Längenmaß*) le pouce
der **Zollbeamte** le douanier
die **Zollbeamtin** la douanière
zollfrei en franchise
die **Zollkontrolle** le contrôle de douane
der **Zollstock** le mètre pliant
der **Zombie** le zombie
die **Zone** la zone
der **Zoo** le zoo
die **Zoologie** la zoologie
das **Zoom** [zu:m] le zoom
der **Zopf** ① (*Haarzopf*) la natte; (*klein*) la tresse ② (*Hefezopf*) la brioche tressée ▸ **das ist ein alter Zopf** (*umgs.*) c'est complètement ringard
der **Zorn** la colère; (*heftig*) la fureur; **in Zorn geraten** se mettre en colère; **im Zorn** dans un accès de colère
zornig ① *Person* en colère; *Blick* furieux/furieuse; **zornig werden** se mettre en colère ② **zornig dreinschauen** avoir l'air furieux
z.T. *Abkürzung von* **zum Teil** en partie
zu¹ ① **zum Arzt gehen** aller chez le médecin; **zur Post/zur Schule gehen** aller à la poste/à l'école ② **zu Hause sein** être chez soi; **zu beiden Seiten des Flusses** des deux côtés du fleuve ③ (*anlässlich*) **zu Beginn** au début; **zu Ostern** à Pâques; **ich gratuliere dir zum Geburtstag** je te souhaite un bon anniversaire ④ **ich habe bis zum 10. März Zeit, um das fertig zu machen** j'ai jusqu'au 10 mars pour finir ça; (*ich muss diesen Termin einhalten*) je dois finir ça pour le 10 mars ⑤ (*Angabe des Zwecks*) **etwas [nur] zum Spaß tun** faire quelque chose [juste] pour rire; **hast du etwas zum Schreiben?** tu as quelque chose pour écrire? ⑥ (*Preis- oder Mengenangabe*) **das Stück zu zehn Euro verkaufen** vendre dix euros pièce; **zu zweit spielen** jouer à deux; **zur Hälfte** à moitié ⑦ **es steht zwei zu zwei** il y a deux à deux ⑧ **jemanden zum Sprecher wählen** élire quelqu'un porte-parole; **etwas zu Pulver zermahlen** réduire quelque chose en poudre ⑨ **gut zu etwas passen** *Bluse*: aller bien avec quelque chose; **nett zu jemandem sein** être gentil(le) avec quelqu'un; **sich zu jemandem hingezogen fühlen** se sentir attiré(e) par quelqu'un ⑩ (*bezüglich*) **jemanden zu etwas befragen** questionner quelqu'un au sujet de quelque chose ⑪ (*in Eigennamen*) **das Gasthaus zur Sonne** l'Auberge (*weiblich*) du Soleil
zu² ① (*allzu*) **zu spät** trop tard; **zu teuer** trop cher/chère; **ich würde ja zu gern verreisen** j'aimerais tant partir en voyage ② **zu viel Zucker** trop de sucre; **zu viele Fehler** trop de fautes ③ (*umgs.: geschlossen*) **zu sein** *Tür, Geschäft*: être fermé(e); **Tür zu!** [ferme/fermez] la porte! ④ (*bei Richtungsangaben*) **nach Süden zu** vers le sud
zu³ (*zusammen mit einem Infinitiv*) **sie hat vor zu kommen** elle a l'intention de venir; **das ist leicht zu verstehen** c'est facile à comprendre; **ohne es zu wollen** sans le vouloir; **er ist nicht zu sprechen** il ne peut pas recevoir
zuallererst avant toute chose
zuallerletzt en tout dernier lieu
das **Zubehör** les accessoires (*männlich*)

> Der Singular *das Zubehör* wird mit einem Plural übersetzt: *das Zubehör ist nicht teuer – les accessoires ne coûtent pas cher.*

zubeißen mordre
zubereiten préparer
die **Zubereitung** la préparation
zubinden fermer *Sack;* nouer *Schürze, Schnürsenkel;* lacer *Schuh*
die **Zucchini** [tsu'ki:ni] la courgette
die **Zucht** ① *von Tieren* l'élevage (*männlich*) ② *von Pflanzen* la culture ③ (*gezüchtete Bakterien*) la souche
züchten ① faire l'élevage de *Tiere* ② cultiver *Pflanzen*
der **Züchter** ① *von Tieren* l'éleveur (*männlich*) ② *von Pflanzen* le cultivateur
die **Züchterin** ① *von Tieren* l'éleveuse (*weiblich*) ② *von Pflanzen* la cultivatrice
die **Züchtung** ① (*gezüchtete Tiere*) la race ② (*gezüchtete Pflanzen*) la variété
zucken ① *Person, Hand, Augenlid:* tressaillir; *Mundwinkel:* frémir ② **über den Himmel zucken** *Blitz:* sillonner le ciel
der **Zucker** ① le sucre ② (*umgs.: Zuckerkrankheit*) le diabète; **Zucker haben** avoir du diabète
der **Zuckerguss** le glaçage
zuckerkrank diabétique
das **Zuckerl** Ⓐ ① (*Bonbon*) le bonbon ② (*etwas Besonderes*) la gâterie
die **Zuckerrübe** la betterave à sucre
zuckersüß ① *Frucht, Dessert* extrêmement sucré(e) ② (*übertragen*) *Lächeln* mielleux/mielleuse ③ *lächeln* jaune
zudecken couvrir; **sich zudecken** se couvrir
zudrehen ① fermer *Wasserhahn, Ventil* ② je-

mandem den Rücken zudrehen tourner le dos à quelqu'un
zudringlich *Person* collant(e)
zueinander Vertrauen zueinander haben se faire confiance mutuellement; **nicht zueinander passen** ne pas aller ensemble
zuerst ❶ (*vor den anderen*) **zuerst durchs Ziel gehen** franchir le premier/la première la ligne d'arrivée ❷ (*anfangs*) d'abord ❸ (*als Erstes*) en premier
die **Zufahrt** l'accès (*männlich*)
der **Zufall** le °hasard; **durch Zufall** par °hasard; **so ein Zufall!** quel °hasard!
zufallen ❶ *Tür:* se refermer [brusquement] ❷ (*zuerkannt werden*) **jemandem zufallen** *Erbe, Rolle:* revenir à quelqu'un
zufällig ❶ *Begegnung* fortuit(e) ❷ (*umgs.: eventuell*) **hast du zufällig seine Adresse?** tu n'aurais pas par °hasard son adresse? ❸ **sich begegnen** par °hasard
zufliegen ❶ **auf jemanden/auf etwas zufliegen** *Vogel, Ball:* se diriger sur quelqu'un/sur quelque chose; *Flugzeug:* voler en direction de quelqu'un/de quelque chose ❷ **jemandem zufliegen** *Vogel:* venir s'installer chez quelqu'un; *Ideen:* venir [facilement] à quelqu'un ❸ (*umgs.: zufallen*) *Tür:* se refermer [brusquement]
zuflüstern chuchoter; **jemandem eine Bemerkung zuflüstern** chuchoter une remarque à quelqu'un
zufrieden ❶ *Person, Miene* satisfait(e) ❷ *lächeln* d'un air satisfait ▶ **jemanden zufrieden stellen** satisfaire quelqu'un
zufriedengeben sich mit etwas zufriedengeben se contenter de quelque chose
zufriedenlassen jemanden zufriedenlassen laisser quelqu'un tranquille
die **Zufriedenheit** la satisfaction; **zu unserer großen Zufriedenheit** pour notre plus grande satisfaction
zufrieren geler complètement
zufügen ❶ (*hinzufügen*) ajouter; **etwas Mehl zufügen** ajouter un peu de farine ❷ (*antun*) **jemandem Schaden zufügen** infliger des dommages à quelqu'un
der **Zug** ❶ le train; **mit dem Zug um halb acht fahren** prendre le train de sept heures trente; **der Zug aus/nach Paris** le train de Paris ❷ (*Wesenszug*) le trait de caractère ❸ (*Gesichtszug*) le trait ❹ (*Luftzug*) le courant d'air ❺ (*Schluck*) **in einem Zug** d'un trait ❻ (*beim Rauchen*) la bouffée; **einen Zug an einer Zigarre machen** tirer une bouffée d'un cigare ❼ (*Spielzug*) le coup;

wer ist am Zug? c'est à qui? ❽ (*lange Kolonne*) le cortège ▶ **in groben Zügen** dans les grandes lignes; **etwas in vollen Zügen genießen** jouir pleinement de quelque chose; **[bei jemandem] zum Zuge kommen** avoir une chance [auprès de quelqu'un]
die **Zugabe** le bis; **eine Zugabe spielen** *Pianist:* jouer un autre morceau; *Band:* jouer une autre chanson; **Zugabe!** une autre!
der **Zugang** (*Eingang, Zutritt, Zugriff*) l'accès (*männlich*); **Zugang zu etwas haben** avoir accès à quelque chose
zugänglich ❶ *Person* d'un abord facile ❷ **leicht zugänglich sein** *Ort:* être facile d'accès ❸ **die Dokumente sind allen zugänglich** tout le monde a accès aux documents
zugeben ❶ (*eingestehen*) admettre ❷ (*hinzufügen*) ajouter
zugehen ❶ **auf jemanden/auf etwas zugehen** s'avancer vers quelqu'un/vers quelque chose ❷ **auf die vierzig zugehen** approcher de la quarantaine ❸ **das Fenster geht nicht zu** (*umgs.*) la fenêtre ne ferme pas ▶ **hier geht es lustig zu** on s'amuse bien ici
die **Zugehörigkeit** ❶ l'appartenance (*weiblich*); **die Zugehörigkeit zu einer Partei** l'appartenance à un parti ❷ **die Zugehörigkeit zur islamischen Glaubensgemeinschaft** l'islamité (*weiblich*)
der **Zügel** la rêne ▶ **die Zügel schleifen lassen** lâcher la bride
zügeln ❶ refréner *Neugierde* ❷ **sich zügeln** se refréner ❸ Ⓒⓗ (*umziehen*) déménager
das **Zugeständnis** la concession
zugestehen jemandem Rechte zugestehen accorder des droits à quelqu'un
zügig ❶ *Ablauf* rapide ❷ *vorankommen* rapidement
zugleich en même temps
die **Zugluft** le courant d'air
zugreifen ❶ (*zupacken*) s'agripper, agripper ❷ (*sich bedienen*) se servir ❸ (*ein Angebot wahrnehmen*) **sofort zugreifen** saisir l'occasion ❹ (*in der Informatik*) **auf etwas zugreifen** avoir accès à quelque chose
zugrunde ❶ **zugrunde gehen** *Person:* se perdre; *Kultur:* s'éteindre; **am Alkohol zugrunde gehen** succomber à un abus d'alcool ❷ **was liegt dieser Behauptung zugrunde?** sur quoi est fondée cette affirmation? ❸ **jemanden zugrunde richten** (*gesundheitlich*) ruiner la santé de quelqu'un; (*finanziell*) causer la

perte de quelqu'un
zugunsten zugunsten seines Kindes en faveur de son enfant
zugutekommen jemandem zugutekommen *Erfahrung:* se révéler être un avantage pour quelqu'un; *Geld:* être [versé(e)] au profit de quelqu'un
der **Zugvogel** l'oiseau *(männlich)* migrateur
zuhalten ❶ maintenir fermé(e) *Tür* ❷ **sich die Ohren zuhalten** se boucher les oreilles
der **Zuhälter** le proxénète
zuhause Ⓐ, Ⓒ à la maison, chez soi; **bist du heute Abend zuhause?** tu seras à la maison [*oder* chez toi] ce soir?
das **Zuhause** la maison
zuhören écouter; **jemandem zuhören** écouter quelqu'un; **er hat ihr nicht zugehört** il ne l'a pas écoutée
der **Zuhörer** l'auditeur *(männlich)*
die **Zuhörerin** l'auditrice *(weiblich)*
zukleben cacheter
zuknallen (*umgs.*) ❶ claquer *Tür* ❷ (*ins Schloss fallen*) *Tür:* se fermer en claquant
zuknöpfen boutonner
zukommen ❶ (*sich nähern*) **auf jemanden/auf etwas zukommen** venir vers quelqu'un/vers quelque chose ❷ (*sich stellen*) **auf jemanden zukommen** *Aufgabe, Problem:* attendre quelqu'un ❸ **alles auf sich zukommen lassen** laisser faire les choses ❹ **jemandem zukommen** *Rolle:* revenir à quelqu'un ❺ **jemandem eine Nachricht zukommen lassen** faire parvenir une information à quelqu'un; **jemandem eine Spende zukommen lassen** accorder un don à quelqu'un
die **Zukunft** ❶ l'avenir *(männlich)*; **in Zukunft** à l'avenir ❷ (*in der Grammatik*) le futur
zukünftig ❶ **die zukünftigen Generationen** les générations futures ❷ **die zukünftige Ministerin** la future ministre ❸ (*in Zukunft*) à l'avenir
zulassen ❶ (*dulden*) tolérer ❷ **wenn die Situation es zulässt** si la situation le permet ❸ **jemanden zur Prüfung zulassen** autoriser quelqu'un à passer un examen ❹ faire immatriculer *Kraftfahrzeug* ❺ autoriser *Deutung* ❻ (*umgs.: geschlossen lassen*) **etwas zulassen** laisser quelque chose fermé(e); (*nicht aufknöpfen*) garder quelque chose boutonné(e)
die **Zulassung** ❶ (*Erlaubnis*) l'autorisation *(weiblich)* ❷ *eines Autos* l'immatriculation *(weiblich)* ❸ (*umgs.: Fahrzeugschein*) la carte grise
zulaufen ❶ (*sich nähern*) **auf jemanden/auf etwas zulaufen** courir vers quelqu'un/vers quelque chose ❷ **spitz zulaufen** *Messer, Schere:* se terminer en pointe ❸ **jemandem zulaufen** *Tier:* trouver refuge chez quelqu'un
zulegen (*umgs.*) ❶ **sich ein Fahrrad zulegen** se payer un vélo; **sich einen Bart zulegen** se faire pousser la barbe ❷ (*zunehmen*) **fünf Kilo zulegen** prendre cinq kilos; **er hat ganz schön zugelegt** il a pris pas mal de poids
zuleide jemandem etwas zuleide tun faire du mal à quelqu'un
zuletzt ❶ (*als Letzte(r)*) **zuletzt ins Ziel kommen** passer la ligne d'arrivée le dernier/la dernière; **sie kommt immer zuletzt** elle arrive toujours la dernière ❷ (*zum Schluss*) **etwas [ganz] zuletzt machen** faire quelque chose [tout] à la fin; **bis zuletzt bleiben** rester jusqu'à la fin ❸ (*umgs.: zum letzten Mal*) **wann habt ihr sie zuletzt gesehen?** quand est-ce que vous l'avez vue pour la dernière fois? ▶ **nicht zuletzt** notamment; **nicht zuletzt, weil wir ein Zeichen setzen wollen** d'autant plus que nous voulons donner l'exemple
zuliebe jemandem zuliebe bleiben rester pour [faire plaisir à] quelqu'un
zum →**zu**
zumachen (*umgs.*) ❶ fermer *Tür, Fenster;* refermer, fermer *Flasche, Dose;* boutonner *Mantel, Hemd;* **sich die Schuhe zumachen** lacer ses chaussures ❷ fermer *Firma, Geschäft;* **wir machen um 18 Uhr zu** nous fermons à 18 heures
zumal ❶ **, ... zumal sie krank ist** ... d'autant plus qu'elle est malade ❷ **alle, zumal die neuen Schüler** tous, surtout les nouveaux élèves
zumindest au moins
zumutbar tolérable
zumute mir ist so seltsam zumute je me sens bizarre; **mir ist zum Weinen zumute** j'ai envie de pleurer
zumuten ❶ **jemandem allerhand zumuten** exiger pas mal de choses de quelqu'un ❷ **sich zu viel zumuten** présumer de ses forces
die **Zumutung das ist eine Zumutung** c'est plus qu'on ne peut en supporter
zunächst ❶ (*anfangs*) [tout] d'abord ❷ (*vorläufig*) pour l'instant
die **Zunahme** der Arbeitslosigkeit l'augmentation *(weiblich)*
der **Zuname** le nom [de famille]

zündeln jouer avec des allumettes

zünden ❶ procéder à la mise à feu de *Triebwerk, Rakete* ❷ (*gezündet werden*) *Streichholz:* s'enflammer; *Triebwerk, Rakete:* être mis(e) à feu ▶ **bei ihr hat es gezündet** (*umgs.*) elle a fini par piger

die **Zündkerze** la bougie

das **Zündschloss** le contact

der **Zündschlüssel** la clé de contact

die **Zündung** ❶ (*beim Auto*) l'allumage (*männlich*) ❷ *eines Triebwerks, einer Rakete* la mise à feu

zunehmen ❶ *Person:* grossir; **drei Kilo zunehmen** prendre trois kilos; **wieder zehn Kilo zunehmen** reprendre dix kilos ❷ *Ärger, Spannung:* grandir; *Schmerzen, Inflation:* augmenter ❸ *Verkehr:* gagner en intensité ❹ *Mond:* croître

die **Zunge** la langue; **auf der Zunge zergehen** *Gebäck, Fleisch:* fondre dans la bouche; **jemandem die Zunge herausstrecken** tirer la langue à quelqu'un ▶ **böse Zungen** de mauvaises langues; **der Name liegt mir auf der Zunge** j'ai le nom sur le bout de la langue

die **Zungenspitze** le bout de la langue

zupacken ❶ [fest] **zupacken** serrer fort ❷ (*mithelfen*) donner un coup de main

zupfen ❶ **jemanden am Ärmel zupfen** tirer quelqu'un par la manche ❷ **Unkraut zupfen** enlever les mauvaises herbes

zur →**zu**

Zürcher de Zurich [də zyʁik]

der **Zürcher** le Zurichois [zyʁikwa]

die **Zürcherin** la Zurichoise [zyʁikwaz]

zurechnungsfähig (*juristisch*) responsable de ses actes ▶ **bist du noch ganz zurechnungsfähig?** (*umgs.*) t'es pas net(te)?

zurechtfinden sich zurechtfinden s'y retrouver

zurechtkommen ❶ **mit den Kollegen zurechtkommen** s'entendre avec ses collègues ❷ **mit dem Videorekorder nicht zurechtkommen** ne pas s'en sortir avec le magnétoscope

zurechtmachen (*umgs.*) ❶ [jemandem] **das Bett zurechtmachen** faire le lit [à quelqu'un] ❷ **sich zurechtmachen** (*sich schminken*) se faire une beauté; (*sich ankleiden*) se pomponner

zurechtweisen réprimander

zureden jemandem gut zureden essayer de raisonner quelqu'un

Zürich Zurich [zyʁik]

der **Züricher** →**Zürcher**

die **Züricherin** →**Zürcherin**

zurichten jemanden/etwas schlimm zurichten mettre quelqu'un/quelque chose dans un état pitoyable

zurück ❶ **zurück sein** être de retour ❷ **einmal Stuttgart–Straßburg und zurück, bitte!** un aller et retour Stuttgart–Strasbourg, s'il vous plaît! ❸ **zurück!** demi-tour! ❹ **drei Schritte zurück!** trois pas en arrière!

zurückbekommen ❶ récupérer ❷ (*herausbekommen*) **Moment, Sie bekommen noch einen Euro zurück!** attendez, je vous dois encore un euro!

zurückbleiben ❶ (*langsamer sein*) rester en arrière ❷ (*erhalten bleiben*) *Narbe, Schaden:* rester

zurückblicken ❶ (*sich umsehen*) jeter un regard en arrière ❷ **auf etwas zurückblicken** jeter un regard rétrospectif sur quelque chose; **er kann auf viele Erfolge zurückblicken** il a déjà bien des succès à son actif

zurückbringen ramener *Person;* rapporter *Gegenstand*

zurückdenken repenser; **an etwas zurückdenken** repenser à quelque chose

zurückfahren ❶ (*zurückkehren*) repartir; **nach Hause zurückfahren** rentrer à la maison ❷ **ich fahre dich zurück** je te ramène ❸ (*rückwärtsfahren*) reculer; **das Auto ein Stück zurückfahren** reculer la voiture un peu ❹ (*zurückweichen*) reculer brusquement

zurückführen ❶ **auf etwas zurückzuführen sein** être dû/due à quelque chose ❷ **dieser Weg führt zur Hauptstraße zurück** ce chemin revient à la route principale

zurückgeben ❶ (*wiedergeben*) rendre *Buch, Geld* ❷ **jemandem sein Selbstvertrauen zurückgeben** redonner de l'assurance à quelqu'un

zurückgeblieben *Kind* retardé(e)

zurückgehen ❶ (*zum Ausgangspunkt gehen*) retourner ❷ (*sich nach hinten bewegen*) **ein paar Schritte zurückgehen** reculer de quelques pas; **ein Stück zurückgehen** reculer un peu ❸ *Hochwasser, Umsatz:* reculer; *Fieber:* baisser ❹ *Schwellung:* se résorber ❺ **das Essen zurückgehen lassen** renvoyer le plat en cuisine

zurückgezogen retiré(e)

zurückgreifen auf etwas zurückgreifen recourir à quelque chose

zurückhalten ❶ retenir *Person* ❷ faire de la rétention de *Beweise* ❸ **jemanden davon zurückhalten, eine Dummheit zu**

machen empêcher quelqu'un de faire une connerie ④ (*sich beherrschen*) **sich zurückhalten** se contenir ⑤ **sich mit seiner Kritik zurückhalten** rester mesuré(e) dans sa critique

zurückhaltend ① *Person, Wesen* réservé(e) ② *Äußerung, Kritik* mesuré(e) ③ *sich äußern* avec circonspection

die **Zurückhaltung** la réserve; **mit großer Zurückhaltung** avec une grande réserve

zurückkehren (*gehoben*) ① (*heimkehren*) revenir; **von einer Reise zurückkehren** revenir d'un voyage ② **ins Hotel zurückkehren** rentrer à l'hôtel ③ **zu seinem Ehepartner zurückkehren** retourner vivre avec son époux

zurückkommen ① (*zurückkehren*) revenir ② **auf etwas zurückkommen** revenir sur quelque chose

zurücklassen ① (*verlassen*) **jemanden zurücklassen** abandonner quelqu'un ② laisser *Adresse, Nachricht* ③ (*hinterlassen*) **eine Frau und zwei Kinder zurücklassen** laisser une femme et deux enfants

zurücklegen ① parcourir *Strecke, Weg;* couvrir *Entfernung* ② **etwas auf den Tisch zurücklegen** remettre quelque chose sur la table ③ (*reservieren*) **jemandem ein Buch zurücklegen** mettre un livre de côté pour quelqu'un ④ [**sich**] **Geld zurücklegen** [se] mettre de l'argent de côté ⑤ (*zurücklehnen*) **sich zurücklegen** se mettre en arrière; **sich auf dem Sitz zurücklegen** se mettre en arrière sur le siège

zurückliegen ① **lange zurückliegen** dater de longtemps ② (*bei einem Wettrennen*) [**weit**] **zurückliegen** être [loin] derrière

zurücknehmen ① reprendre *Ware* ② retirer *Vorwurf;* revenir sur *Behauptung*

zurückrudern (*umgs.*) faire marche arrière

zurückrufen (*wieder anrufen*) rappeler; **ich rufe dich gleich zurück!** je te rappellerai dans un instant!

zurückschicken ① renvoyer *Brief, Waren* ② **jemanden zurückschicken** renvoyer quelqu'un; (*an der Grenze*) refouler quelqu'un

zurückschlagen ① renvoyer *Ball* ② rejeter *Bettdecke* ③ (*sich verteidigen*) *Gegner, Armee:* riposter

zurückschrecken vor nichts zurückschrecken (*keine Bedenken haben*) ne reculer devant rien

zurückspulen rembobiner

zurücktreten ① (*sich nach hinten bewegen*) reculer ② (*sein Amt niederlegen*) démissionner; **von seinem Posten zurücktreten** démissionner de son poste ③ **von einem Vertrag zurücktreten** résilier un contrat

zurückweisen ① récuser *Unterstellung;* repousser *Forderung* ② (*an der Grenze*) **jemanden zurückweisen** refouler quelqu'un

zurückzahlen rembourser

zurückziehen ① retirer *Hand* ② rouvrir *Vorhang* ③ retirer *Kandidatur;* annuler *Angebot* ④ **sich zurückziehen** se retirer

zurufen jemandem einen Gruß zurufen crier bonjour à quelqu'un

die **Zusage** la réponse positive

zusagen ① (*versprechen*) promettre; **jemandem Hilfe zusagen** promettre de l'aide à quelqu'un ② (*eine Einladung annehmen*) répondre positivement ③ (*gefallen*) **jemandem zusagen** *Angebot:* plaire à quelqu'un; *Essen:* être au goût de quelqu'un

zusammen ① ensemble; **mit jemandem zusammen sein** (*befreundet sein*) être avec quelqu'un ② (*zusammengerechnet*) au total

die **Zusammenarbeit** la collaboration; **in Zusammenarbeit mit ...** en collaboration avec ...

zusammenarbeiten collaborer; **mit jemandem zusammenarbeiten** collaborer avec quelqu'un

zusammenbinden ① **Blumen zu einem Strauß zusammenbinden** mettre des fleurs en bouquet ② **sich die Haare zusammenbinden** s'attacher les cheveux

zusammenbrechen ① *Person:* s'écrouler ② *Brücke:* s'effondrer ③ *Verkehr:* s'immobiliser; *Rechnernetz:* se planter

der **Zusammenbruch** ① *eines Systems, der Wirtschaft* l'effondrement (*männlich*) ② *einer Person* la syncope; (*Nervenzusammenbruch*) la dépression nerveuse

zusammenfahren (*erschrecken*) sursauter

zusammenfallen ① (*einstürzen*) s'effondrer ② (*sich gleichzeitig ereignen*) coïncider; **mit etwas zusammenfallen** coïncider avec quelque chose

zusammenfalten plier

zusammenfassen résumer

zusammenfassend ① *Stellungnahme* récapitulatif/récapitulative ② *feststellen* en résumé

die **Zusammenfassung** le résumé; **eine Zusammenfassung von etwas geben** faire un résumé de quelque chose

zusammengehören ① *Teile:* aller ensemble ② **die beiden fühlen, dass sie zusam-**

mengehören les deux ressent qu'ils sont faits l'un pour l'autre
zusammengesetzt *Wort* composé(e)
zusammengewürfelt *Gruppe, Mobiliar* hétéroclite
der **Zusammenhalt** la cohésion
zusammenhalten ❶ *Personen:* être solidaires ❷ (*nicht auseinanderfallen*) *Teile:* tenir ensemble ❸ ménager *Geld, Ersparnisse*
der **Zusammenhang** ❶ (*Verbindung*) le rapport; **mit etwas im Zusammenhang stehen** être en rapport avec quelque chose; **jemanden mit einem Vorfall in Zusammenhang bringen** établir un lien entre quelqu'un et un incident ❷ (*Kontext*) le contexte; **in diesem Zusammenhang** dans ce contexte
zusammenhängen ❶ **mit etwas zusammenhängen** être en rapport avec quelque chose; **das hängt damit zusammen, dass er krank ist** cela tient au fait qu'il est malade ❷ *Teile:* être collé(e)s
zusammenhängend ❶ *Bericht, Sätze* cohérent(e) ❷ *berichten* de façon cohérente
zusammenheften agrafer *Blätter*
zusammenklappen ❶ refermer, fermer *Taschenmesser;* replier, plier *Klappstuhl* ❷ (*umgs.: einen Schwächeanfall haben*) tomber dans les pommes
zusammenkleben coller
zusammenkommen ❶ *Personen:* se retrouver; **mit jemandem zusammenkommen** rencontrer quelqu'un ❷ (*sich anhäufen*) s'accumuler
zusammenleben vivre ensemble; **mit jemandem zusammenleben** vivre avec quelqu'un
zusammenlegen ❶ replier, plier *Wolldecke* ❷ regrouper *Abteilungen, Klassen* ❸ (*Geld aufbringen*) se cotiser; **wir haben zusammengelegt** nous nous sommes cotisé(e)s
zusammennehmen ❶ seinen ganzen Mut **zusammennehmen** prendre son courage à deux mains ❷ **sich zusammennehmen** se maîtriser
zusammenpacken ❶ emballer *Gegenstände* ❷ **ich muss noch zusammenpacken** il faut que je range
zusammenpassen ❶ *Personen, Farben:* aller bien ensemble; **diese Farben passen nicht zusammen** ces couleurs jurent entre elles ❷ *Einzelteile:* s'accorder
der **Zusammenprall** la collision
zusammenprallen ❶ *Fahrzeuge:* entrer en collision; **wir sind mit den Köpfen zusammengeprallt** nos têtes se sont cognées

zusammenrechnen faire le total de
zusammenreißen (*umgs.*) **sich zusammenreißen** se ressaisir; **jetzt reiß dich mal zusammen!** tâche voir de faire un effort!
zusammenrollen enrouler, rouler; **den Teppich zusammenrollen** enrouler [*oder* rouler] le tapis
zusammenschlagen ❶ rouer de coups *Person* ❷ mettre en pièces *Einrichtung*
zusammenschließen sich zusammenschließen *Personen:* s'associer; *Firmen:* fusionner
zusammenschreiben ❶ (*in einem Wort schreiben*) écrire en un seul mot ❷ (*umgs.: gedankenlos schreiben*) pondre
zusammensetzen ❶ assembler *Stücke* ❷ **sich aus einzelnen Teilen zusammensetzen** se composer de différentes pièces ❸ (*nebeneinander setzen*) mettre l'un(e) à côté de l'autre; **sich zusammensetzen** s'asseoir l'un(e) à côté de l'autre
die **Zusammensetzung** la composition
zusammenstehen ❶ (*beieinanderstehen*) se trouver ensemble ❷ (*zusammenhalten*) se serrer les coudes
zusammenstellen ❶ rassembler *Möbel* ❷ établir *Liste;* composer *Menü;* **Adressen zusammenstellen** établir une liste d'adresses
die **Zusammenstellung** ❶ *einer Liste* l'établissement *(männlich)* ❷ (*Liste*) la liste [par écrit]
der **Zusammenstoß** ❶ *von Fahrzeugen* la collision ❷ (*umgs.: Auseinandersetzung*) l'échauffourée *(weiblich)*
zusammenstoßen ❶ *Fahrzeuge:* entrer en collision ❷ *Personen:* se °heurter
zusammentreffen ❶ *Personen:* se rencontrer ❷ *Ereignisse:* coïncider
das **Zusammentreffen** ❶ *von Personen* la rencontre ❷ *von Ereignissen* la coïncidence
zusammenwachsen ❶ *Knochen:* se ressouder, se souder ❷ *Ortschaften:* s'agglomérer
zusammenwirken *Faktoren:* être concomitant(e)s
zusammenzählen additionner
zusammenziehen ❶ serrer, resserrer *Netz* ❷ (*eine gemeinsame Wohnung beziehen*) s'installer ensemble ❸ **sich zusammenziehen** *Pupillen:* [se] rétrécir; *Muskel:* se contracter; *Gewitter:* se préparer
zusammenzucken tressaillir
der **Zusatz** ❶ (*das Hinzufügen*) l'addition *(weiblich)* ❷ (*zu einem Vertrag, Gesetz*) l'ajout

(männlich) ❸ *(Zusatzstoff)* l'additif *(männlich)*
zusätzlich ❶ *Kosten, Fragen* supplémentaire; *Versicherung* complémentaire ❷ *erwähnen* en plus
zuschauen →**zusehen**
der **Zuschauer** le spectateur
die **Zuschauerin** la spectatrice
zuschicken jemandem die Unterlagen zuschicken envoyer les documents à quelqu'un
zuschieben ❶ *(schließen)* fermer *Schiebetür* ❷ **jemandem eine Tasse zuschieben** passer une tasse à quelqu'un ❸ **jemandem die Verantwortung zuschieben** faire endosser la responsabilité à quelqu'un
der **Zuschlag** ❶ *(zum Fahrpreis)* le supplément ❷ *(zum Lohn)* la majoration
zuschlagen ❶ *(laut schließen)* claquer *Tür;* refermer *Buch* ❷ **die Tür ist zugeschlagen** la porte a claqué ❸ *(Schläge austeilen)* donner un coup/des coups; **mit einem Knüppel zuschlagen** donner un coup/des coups de matraque ❹ *Schicksal:* frapper ❺ *(umgs.: ein Angebot nutzen)* sauter sur l'occasion ❻ *(umgs.: viel essen)* s'en mettre plein la panse; **sie haben beim kalten Büfett kräftig zugeschlagen** ils ont vraiment fait honneur au buffet froid
zuschließen fermer à clé; **die Tür zuschließen** fermer la porte à clé
zuschnappen ❶ *Hund:* °happer ❷ *Tür:* se refermer
zuschneiden ❶ couper *Stoff* ❷ découper *Brett* ▶ **auf jemanden zugeschnitten sein** être fait(e) [sur mesure] pour quelqu'un
zuschrauben visser; **etwas wieder zuschrauben** revisser quelque chose
die **Zuschrift** *(Leserbrief)* la lettre
zuschulden **sich etwas zuschulden kommen lassen** avoir quelque chose à se reprocher
der **Zuschuss** l'aide *(weiblich)* financière; *(aus öffentlichen Kassen)* la subvention
zusehen ❶ regarder; **[bei] einem Spiel zusehen** regarder un jeu; **jemandem beim Tanzen zusehen** regarder quelqu'un danser ❷ **einem Unrecht tatenlos zusehen** assister à une injustice sans rien faire ❸ *(dafür sorgen)* **zusehen, dass alles getan wird** veiller à ce que tout soit fait
der **Zuseher** Ⓐ le spectateur
die **Zuseherin** Ⓐ la spectatrice
zusenden →**zuschicken**
zusichern jemandem seine Unterstützung zusichern assurer quelqu'un de son aide

zusperren Ⓐ **die Tür zusperren** fermer la porte à clé
zuspielen ❶ **jemandem den Ball zuspielen** passer le ballon à quelqu'un ❷ **jemandem Informationen zuspielen** faire parvenir des informations à quelqu'un
zuspitzen sich zuspitzen *Lage:* s'aggraver
zusprechen ❶ **jemandem Mut zusprechen** prodiguer des encouragements à quelqu'un ❷ *(gerichtlich)* **das Kind wurde der Mutter zugesprochen** la garde de l'enfant a été confiée à la mère
der **Zustand** ❶ *einer Person, Ware* l'état *(männlich)* ❷ **die Zustände** *(Verhältnisse)* l'état *(männlich)* de choses; *(Lebensbedingungen)* les conditions *(weiblich)* de vie; **die Zustände in diesem Land sind katastrophal** dans ce pays, les conditions de vie sont catastrophiques ▶ **Zustände kriegen** *(umgs.)* piquer sa crise

> **V** In ❷ wird der Plural *die Zustände* mit einem Singular übersetzt: *diese Zustände konnten nicht andauern – cet état de choses ne saurait durer.*

zustande ❶ **eine Einigung zustande bringen** parvenir à un accord ❷ **nichts zustande bringen** n'arriver à rien ❸ **zustande kommen** *Vertrag:* être conclu(e); *Treffen:* avoir lieu
zuständig ❶ *Behörde, Gericht* compétent(e) ❷ **für etwas zuständig sein** *Person:* être responsable de quelque chose
die **Zuständigkeit** la compétence
zustecken glisser; **jemandem eine Nachricht zustecken** glisser une note à quelqu'un
zustehen ❶ **jemandem zustehen** *Erbschaft:* revenir [de droit] à quelqu'un ❷ **es steht mir nicht zu, dein Verhalten zu kritisieren** il ne m'appartient pas de critiquer ta conduite
zusteigen monter [en cours de voyage]
zustellen ❶ distribuer *Post* ❷ *(verstellen)* encombrer *Eingang*
zusteuern ❶ **auf jemanden/auf etwas zusteuern** se diriger vers quelqu'un/vers quelque chose ❷ *(übertragen)* **auf eine Katastrophe zusteuern** aller au-devant d'une catastrophe
zustimmen ❶ *(derselben Meinung sein)* être du même avis; **wir stimmten ihr zu** nous étions du même avis qu'elle ❷ *(einverstanden sein)* être d'accord; **einem Projekt zustimmen** être d'accord avec un projet

die **Zustimmung** l'approbation *(weiblich)*; **seine Zustimmung zu etwas geben** donner son approbation à quelque chose
zustoßen *(widerfahren)* arriver; **jemandem zustoßen** *Unglück:* arriver à quelqu'un
die **Zutat** l'ingrédient *(männlich)*
zuteilen ❶ *(verteilen)* **jemandem eine Portion zuteilen** distribuer une portion à quelqu'un ❷ *(zuweisen)* **jemandem eine Rolle zuteilen** attribuer un rôle à quelqu'un
zutexten *(umgs.)* **jemanden zutexten** gaver quelqu'un à tchatcher sans arrêt
zutrauen jemandem etwas zutrauen croire quelqu'un capable de quelque chose; **sich etwas zutrauen** se croire capable de quelque chose; **er traut sich nichts zu** il n'a aucune confiance en lui
zutraulich *Kind* confiant(e); *Hund* familier/ familière
zutreffen être juste; **auf jemanden zutreffen** *Beschreibung:* correspondre à quelqu'un; **auf etwas zutreffen** *Beschreibung:* s'appliquer à quelque chose
der **Zutritt** l'accès *(männlich)*; **Zutritt [zu etwas] haben** avoir accès [à quelque chose]; „**Zutritt verboten!**" "Accès interdit!"
zuverlässig ❶ *Freund, Kollege, Bericht* fiable ❷ *arbeiten* consciencieusement
die **Zuverlässigkeit** la fiabilité
zuversichtlich *Lächeln* confiant(e); **ich bin zuversichtlich, dass sie es schafft** j'ai bon espoir qu'elle réussisse
zuvor ❶ auparavant ❷ **am Tag zuvor** la veille; **im Jahr zuvor** l'année précédente; **kurz zuvor** peu de temps avant; **nie zuvor** jamais auparavant
zuvorkommen jemandem zuvorkommen devancer quelqu'un
zuvorkommend ❶ *Person, Behandlung* prévenant(e) ❷ *bedienen* avec prévenance
der **Zuwachs** ❶ l'accroissement *(männlich)* ❷ **Paul und Anne bekommen Zuwachs** *(umgs.)* Paul et Anne vont avoir un bébé
zuwege etwas zuwege bringen mener quelque chose à bien
zuwenden ❶ **jemandem den Rücken zuwenden** tourner le dos à quelqu'un ❷ **sich jemandem zuwenden** se tourner vers quelqu'un ❸ *(sich widmen)* **sich einer Sache zuwenden** se consacrer à quelque chose
zuwerfen ❶ lancer; **jemandem den Ball zuwerfen** lancer le ballon à quelqu'un; **jemandem einen Blick zuwerfen** lancer un regard à quelqu'un ❷ *(zuschlagen)* claquer *Tür, Deckel*
zuwider jemandem zuwider sein inspirer de la répugnance à quelqu'un
zuwinken jemandem zuwinken faire un signe [de la main] à quelqu'un
zuzeln ❶ *(saugen, lutschen)* sucer; **an etwas zuzeln** sucer quelque chose ❷ *(lispeln)* zézayer
zuziehen ❶ tirer *Vorhang, Tür* ❷ serrer *Schlinge* ❸ *(umziehen)* [venir] s'installer ❹ **sich jemandes Zorn zuziehen** s'attirer la colère de quelqu'un ❺ **sich eine Verletzung zuziehen** se faire une blessure
zuzüglich zuzüglich Porto port en sus [pɔʁ ã sys]
zuzwinkern jemandem zuzwinkern faire un clin/des clins d'œil à quelqu'un
der/das **Zvieri** (CH) *(umgs.)* le quatre-heures
der **Zwang** la contrainte; **[auf jemanden] Zwang ausüben** user de contrainte [contre quelqu'un]; **unter Zwang handeln** agir sous la contrainte ▶ **tun Sie sich keinen Zwang an!** ne vous gênez pas!
zwängen ❶ **etwas in den Koffer zwängen** bourrer quelque chose dans la valise ❷ **sich durch die Tür zwängen** se faufiler à travers la porte
zwanglos ❶ *Treffen* sans cérémonie; *Gespräch* libre ❷ **sich treffen, verlaufen** sans cérémonie; *sich unterhalten* librement
zwangsläufig ❶ *Folge* inévitable ❷ *sich ergeben* inévitablement
zwanzig vingt; *siehe auch* **achtzig**
zwanziger die zwanziger Jahre les années *(weiblich)* vingt; *siehe auch* **achtziger**
der **Zwanziger** *(umgs.)*, der **Zwanzigeuroschein** le billet de vingt euros
zwanzigste(r, s) vingtième; *siehe auch* **achtzigste(r, s)**
zwanzigtausend vingt mille
zwar ❶ *(einschränkend)* certes; **das war zwar interessant, aber anstrengend** c'était intéressant, certes, mais fatigant ❷ *(präzisierend)* **und zwar** à savoir; **komm her, und zwar schnell!** viens ici, et plus vite que ça!
der **Zweck** ❶ *(Ziel)* l'objectif *(männlich)*, le but; **für einen guten Zweck** pour une bonne cause ❷ *(Sinn)* la raison d'être; **es hat keinen Zweck zu warten** ça ne sert à rien d'attendre ❸ *(Verwendungszweck)* la fonction; **seinen Zweck erfüllen** remplir sa fonction; **zu welchem Zweck brauchst du das?** tu en as besoin pour quoi? ▶ **der Zweck heiligt die Mittel** la fin justifie les moyens

zwecklos *Bemühungen* inutile; **es ist zwecklos zu warten** ça ne sert à rien d'attendre
zwei ❶ deux; **es steht zwei zu eins** *geschrieben:* **2:1** le score est de deux à un *geschrieben:* 2 à 1 [dø a ɛ̃] ❷ *(bei der Altersangabe)* **er/sie ist zwei [Jahre alt]** il/elle a deux ans [døz ɑ̃]; **mit zwei [Jahren]** à deux ans ❸ *(bei Uhrzeit- und Zeitangaben)* **es ist zwei [Uhr]** il est deux heures [døz œʀ]; **um zwei [Uhr]** à deux heures; **gegen zwei [Uhr]** vers deux heures; **kurz vor zwei** peu avant deux heures; **es ist schon kurz nach zwei** il est déjà deux heures passées; **alle zwei Stunden** toutes les deux heures; **heute in zwei Tagen** dans deux jours [dø ʒuʀ] ▶ **er/sie isst für zwei** il/elle mange comme quatre
die **Zwei** ❶ *(Zahl, Spielkarte, Buslinie)* le deux ⚠ *männlich;* **der Spieler mit der Zwei [auf dem Rücken]** le joueur qui porte le numéro deux ❷ *(gute Schulnote)* ≈ quatorze/seize sur vingt ❸ 🇨🇭 *(schlechte Schulnote)* ≈ six [sur vingt]
das **Zweibettzimmer** la chambre double; *(im Krankenhaus)* la chambre à deux lits
zweideutig ❶ *Wort, Satz, Witz* équivoque ❷ **sich ausdrücken** de façon équivoque
zweieinhalb deux et demi(e); **zweieinhalb Kilometer** deux kilomètres et demi
zweierlei zweierlei Sorten Wein deux sortes de vin
die **Zweierreihe** la double rangée; **in Zweierreihen** en rang par deux
das **Zweieurostück** la pièce de deux euros
zweifach ❶ double; **die zweifache Summe** deux fois la somme ❷ **ein Blatt zweifach falten** plier une feuille en deux
der **Zweifel** le doute; **es besteht kein Zweifel [daran], dass er kommt** nul doute qu'il ne vienne ▶ **etwas in Zweifel ziehen** mettre quelque chose en doute; **ohne Zweifel** sans aucun doute
zweifelhaft douteux/douteuse; **es ist zweifelhaft, ob er uns gesehen hat** il est douteux qu'il nous ait vu(e)s
zweifellos incontestablement
zweifeln douter; **an jemandem/etwas zweifeln** douter de quelqu'un/quelque chose; **ich zweifle nicht [daran], dass das richtig ist** je ne doute pas que ce soit juste
der **Zweifelsfall im Zweifelsfall** dans le doute
der **Zweig** ❶ *(Ast, Geschäftszweig)* la branche ❷ *(schulischer Schwerpunkt)* l'option *(weiblich)*
zweihundert deux cents

zweijährig *Kind* de deux ans
der **Zweijährige** le garçon de deux ans
die **Zweijährige** la fille de deux ans
zweimal deux fois; *siehe auch* **achtmal** ▶ **das lässt er sich nicht zweimal sagen** il ne se fait pas dire deux fois
die **Zweiraumwohnung** le deux-pièces
zweisprachig ❶ *Person, Wörterbuch* bilingue ❷ **zweisprachig aufwachsen** avoir une éducation bilingue
zweispurig *Straße* à deux voies
zweistellig *Betrag* à deux chiffres; *Zahl* de deux chiffres
zweistimmig à deux voix
zweistöckig *Gebäude* à deux étages
zweistündig *Reise, Aufenthalt* de deux heures
zweit zu zweit sein être [à] deux; **zu zweit verreisen** partir en voyage à deux
zweitausend deux mille

 Das Zahlwort *mille* ist unveränderlich.

zweitbeste(r, s) das zweitbeste Ergebnis erzielen *Sportler:* obtenir la deuxième place
der **Zweite** ❶ *(in Bezug auf die Reihenfolge, die Leistung)* le deuxième [døzjɛm]; **als Zweiter** en deuxième position; **jeder Zweite** une personne sur deux ❷ *(bei der Datumsangabe)* le deux *geschrieben:* le 2 [dø]; **am Zweiten** *geschrieben:* **am 2.** le deux *geschrieben:* le 2 [lə dø] ❸ *(umgs.: zweiter Gang)* la deuxième [døzjɛm] ⚠ *weiblich;* **in den Zweiten schalten** passer la deuxième ❹ *(umgs.: zweiter Stock)* le deuxième; **sie wohnt im Zweiten** elle habite au deuxième ❺ *(als Namenszusatz)* **Heinrich der Zweite** *geschrieben:* **Heinrich II.** Henri deux *geschrieben:* Henri II [ɑ̃ʀi dø]
die **Zweite** ❶ *(in Bezug auf die Reihenfolge, die Leistung)* la deuxième; **als Zweite** en deuxième position; **jede Zweite** une personne sur deux ❷ *(umgs.: zweite Klasse)* ≈ la deuxième année; *(im französischen Schulsystem)* ≈ le cours élémentaire, première année, ≈ le CM 1 [seɛm ɛ̃] ❸ *(als Namenszusatz)* **Elisabeth die Zweite** *geschrieben:* **Elisabeth II.** Élisabeth deux *geschrieben:* Élisabeth II [elizabɛt dø]
zweite(r, s) ❶ deuxième, second(e); **die zweite Hälfte des Jahrhunderts** la seconde moitié du siècle ❷ *(bei der Datumsangabe)* **der zweite Mai** *geschrieben:* **der 2. Mai** le deux mai *geschrieben:* le 2 mai [lə dø mɛ]; **am zweiten November** *geschrieben:* **am 2. November** le deux novembre

geschrieben: le 2 novembre [lə dø nɔvɑ̃bʀ]; **am Freitag, den 2. Juni** le vendredi 2 juin [lə vɑ̃dʀədi dø ʒɥɛ̃]; **Bonn, den 2. Oktober** Bonn, le 2 octobre [bɔn lə dø ɔktɔbʀ] ❸ (*bei den Klassenstufen*) **die zweite Klasse** ≈ la deuxième année; (*im französischen Schulsystem*) ≈ le cours élémentaire, première année, ≈ le CM 1 [seɛm ɛ̃]

G Nach Ansicht französischer Sprachpfleger sind *deuxième* und *second(e)* nicht gleichbedeutend: *deuxième* wird verwendet, wenn es von den gezählten Dingen (oder Phänomenen) mehr als zwei gibt; *second(e)* wird gebraucht, wenn es nur zwei gibt: *in den zweiten Gang schalten* – passer la deuxième vitesse; *heute habe ich ihn zum zweiten Mal gesehen* – aujourd'hui je l'ai vu la seconde fois.

zweiteilig en deux parties
zweitens deuxièmement
zweitgrößte(r, s) *Person* deuxième en taille; *Stadt* deuxième
zweitklassig de deuxième catégorie
zweitletzte(r, s) avant-dernier/avant-dernière; **als Zweitletzter ankommen** arriver avant-dernier
der **Zweitwagen** la deuxième voiture
zweiundzwanzig ❶ vingt-deux [vɛ̃tdø] ❷ (*bei der Altersangabe*) **er/sie ist zweiundzwanzig [Jahre alt]** il/elle a vingt-deux ans [vɛ̃tdøz ɑ̃]; **mit zweiundzwanzig [Jahren]** à vingt-deux ans ❸ (*bei der Uhrzeitangabe*) **es ist zweiundzwanzig Uhr** il est vingt-deux heures [vɛ̃tdøz œʀ]
die **Zweiundzwanzig** (*Zahl, Buslinie*) le vingt-deux [vɛ̃tdø] ⚠ *männlich*
der **Zweiundzwanzigste** ❶ (*in Bezug auf die Reihenfolge, die Leistung*) le vingt-deuxième [vɛ̃tdøzjɛm] ❷ (*bei der Datumsangabe*) le vingt-deux *geschrieben:* le 22 [vɛ̃tdø]; **am Zweiundzwanzigsten geschrieben: am 22.** le vingt-deux *geschrieben:* le 22 [lə vɛ̃tdø] ❸ (*als Namenszusatz*) **Johannes der Zweiundzwanzigste** *geschrieben:* **Johannes XXII.** Jean vingt-deux *geschrieben:* Jean XXII [ʒɑ̃ vɛ̃tdø]
die **Zweiundzwanzigste** (*in Bezug auf die Reihenfolge, die Leistung*) la vingt-deuxième [vɛ̃tdøzjɛm]
zweiundzwanzigste(r, s) ❶ vingt-deuxième [vɛ̃tdøzjɛm] ❷ (*bei der Datumsangabe*) **der zweiundzwanzigste Dezember** *geschrieben:* **der 22. Dezember** le vingt-deux décembre *geschrieben:* le 22 décembre [lə vɛ̃tdø desɑ̃bʀ]
die **Zweizimmerwohnung** le deux-pièces

der **Zwerg** le nain
die **Zwergin** la naine
die **Zwetschge, die Zwetschke** Ⓐ la quetsche
der **Zwetschgenkuchen, der Zwetschkenkuchen** Ⓐ la tarte aux quetsches
zwicken ❶ (*drücken*) pincer; **jemanden in den Arm zwicken** pincer le bras de quelqu'un ❷ (*zu eng sein*) *Hose:* serrer ❸ Ⓐ (*lochen*) poinçonner *Fahrkarte*
die **Zwickmühle in der Zwickmühle sein** (*umgs.*) être coincé(e)
der **Zwieback** la biscotte
die **Zwiebel** ❶ l'oignon (*männlich*) [ɔɲɔ̃] ❷ (*Blumenzwiebel*) le bulbe
der **Zwiebelkuchen** la tarte à l'oignon [a lɔɲɔ̃]
die **Zwiebelsuppe** la soupe à l'oignon [a lɔɲɔ̃]
zwielichtig louche
zwiespältig *Gefühle* partagé(e); *Charakter* ambivalent(e)
der **Zwilling** ❶ (*männlich*) le jumeau; (*weiblich*) la jumelle; **die eineiigen Zwillinge** les vrais jumeaux/les vraies jumelles; **die zweieiigen Zwillinge** les faux jumeaux/les fausses jumelles ❷ (*in der Astrologie*) **die Zwillinge** les Gémeaux (*männlich*); **[ein] Zwilling sein** être Gémeaux
zwingen ❶ forcer; **jemanden zwingen zu arbeiten** forcer quelqu'un à travailler; **jemanden zum Stillschweigen zwingen** forcer quelqu'un à se taire ❷ **wir sehen uns gezwungen, Sie zu entlassen** nous nous voyons contraint(e)s de vous congédier ❸ **sich zu einer Arbeit zwingen** se forcer à [faire] un travail
zwinkern cligner des yeux/de l'œil
zwischen entre
zwischendurch ❶ (*gelegentlich*) de temps en temps ❷ (*inzwischen*) entre-temps ❸ (*außer der Reihe*) **nichts zwischendurch essen** ne rien manger entre les repas ❹ (*örtlich*) au milieu
der **Zwischenfall** l'incident (*männlich*)
die **Zwischenfrage** la question [incidente]
zwischenlanden faire escale
die **Zwischenlandung** l'escale (*weiblich*)
die **Zwischenmahlzeit** la collation
die **Zwischenprüfung** l'examen (*männlich*) intermédiaire
der **Zwischenraum** ❶ (*räumlich, zeitlich*) l'intervalle (*männlich*) ❷ (*Zeilenabstand*) l'interligne (*männlich*)
der **Zwischenruf** l'apostrophe (*weiblich*) ⚠; **einen Zwischenruf machen** lancer une apostrophe
die **Zwischenzeit in der Zwischenzeit** dans

l'intervalle
das **Zwischenzeugnis** ❶ (*Schulzeugnis*) le bulletin intermédiaire; (*in Frankreich*) le bulletin trimestriel ❷ (*Arbeitszeugnis*) l'attestation *(weiblich)* provisoire de travail
zwitschern *Vögel:* gazouiller
zwo (*umgs.*) deux
zwölf douze
zwölffach ❶ **die zwölffache Menge nehmen** prendre douze fois plus ❷ *falten* douze fois; *siehe auch* **achtfach**
zwölfmal douze fois
zwölft **zu zwölft sein** être <u>douze</u>
zwölfte(r, s) ❶ douzième ❷ (*Datumsangabe*) **der zwölfte Mai** *geschrieben:* **der 12. Mai** le douze mai *geschrieben:* le 12 mai [lə duz mɛ] ❸ (*Klassenstufe*) **die zwölfte Klasse** ≈ la douzième année; (*im französischen Schulsystem*) ≈ la première
zwölftel douzième; **ein zwölftel Gramm** un douzième de gramme
das **Zwölftel** le douzième
das **Zyankali** le cyanure de potassium; (*als Gift*) le cyanure
der **Zyklus** ❶ le cycle ❷ *von Gedichten* la série
der **Zylinder** ❶ le cylindre ❷ (*Hut*) le °haut-de-forme; **ein Herr mit Zylinder** un monsieur avec un °haut-de-forme
zynisch ❶ *Bemerkung* cynique ❷ *antworten* avec cynisme
Zypern Chypre; **auf Zypern** à Chypre
die **Zypresse** le cyprès [sipʀɛ] ⚠ *männlich*
z.Z[t]. *Abkürzung von* **zur Zeit** actuellement

accroître vermehren; verstärken; vergrößern

Verben auf -oître

INDIKATIV INDICATIF

Präsens présent

j'	accrois
il	accroît
nous	accroissons
ils	accroissent

Perfekt passé composé

j'	ai	accru
il	a	accru
nous	avons	accru
ils	ont	accru

Imperfekt imparfait

j'	accroissais
il	accroissait
nous	accroissions
ils	accroissaient

Plusquamperfekt plus-que-parfait

j'	avais	accru
il	avait	accru
nous	avions	accru
ils	avaient	accru

Passé simple passé simple

j'	accrus
il	accrut
nous	accrûmes
ils	accrurent

„nahes" Futur futur proche

je	vais	accroître
il	va	accroître
nous	allons	accroître
ils	vont	accroître

einfaches Futur futur simple

j'	accroîtrai
il	accroîtra
nous	accroîtrons
ils	accroîtront

Futur II futur II

j'	aurai	accru
il	aura	accru
nous	aurons	accru
ils	auront	accru

PARTIZIP PARTICIPE

Präsens présent

accroissant

Perfekt passé

accru, accrue

GERUNDIUM GÉRONDIF

en accroissant

IMPERATIV IMPÉRATIF

accrois
accroissons
accroissez

KONDITIONAL CONDITIONNEL

Präsens présent

j'	accroîtrais
il	accroîtrait
nous	accroîtrions
ils	accroîtraient

Perfekt passé

j'	aurais	accru
il	aurait	accru
nous	aurions	accru
ils	auraient	accru

SUBJONCTIF SUBJONCTIF

Präsens présent

que j'	accroisse
qu'il	accroisse
que nous	accroissions
qu'ils	accroissent

Perfekt passé composé

que j'	aie	accru
qu'il	ait	accru
que nous	ayons	accru
qu'ils	aient	accru

Imperfekt imparfait

que j'	accrusse
qu'il	accrût
que nous	accrussions
qu'ils	accrussent

Plusquamperfekt plus-que-parfait

que j'	eusse	accru
qu'il	eût	accru
que nous	eussions	accru
qu'ils	eussent	accru

acquérir erwerben; sich aneignen

Verben auf -érir

INDIKATIV INDICATIF

Präsens présent

j'	acquiers
il	acquiert
nous	acquérons
ils	acquièrent

Perfekt passé composé

j'	ai	acquis
il	a	acquis
nous	avons	acquis
ils	ont	acquis

Imperfekt imparfait

j'	acquérais
il	acquérait
nous	acquérions
ils	acquéraient

Plusquamperfekt plus-que-parfait

j'	avais	acquis
il	avait	acquis
nous	avions	acquis
ils	avaient	acquis

Passé simple passé simple

j'	acquis
il	acquit
nous	acquîmes
ils	acquirent

„nahes" Futur futur proche

je	vais	acquérir
il	va	acquérir
nous	allons	acquérir
ils	vont	acquérir

einfaches Futur futur simple

j'	acquerrai
il	acquerra
nous	acquerrons
ils	acquerront

Futur II futur II

j'	aurai	acquis
il	aura	acquis
nous	aurons	acquis
ils	auront	acquis

PARTIZIP PARTICIPE

Präsens présent

acquérant

Perfekt passé

acquis, acquise

GERUNDIUM GÉRONDIF

en acquérant

IMPERATIV IMPÉRATIF

acquiers
acquérons
acquérez

KONDITIONAL CONDITIONNEL

Präsens présent

j'	acquerrais
il	acquerrait
nous	acquerrions
ils	acquerraient

Perfekt passé

j'	aurais	acquis
il	aurait	acquis
nous	aurions	acquis
ils	auraient	acquis

SUBJONCTIF SUBJONCTIF

Präsens présent

que j'	acquière
qu'il	acquière
que nous	acquérions
qu'ils	acquièrent

Perfekt passé composé

que j'	aie	acquis
qu'il	ait	acquis
que nous	ayons	acquis
qu'ils	aient	acquis

Imperfekt imparfait

que j'	acquisse
qu'il	acquît
que nous	acquissions
qu'ils	acquissent

Plusquamperfekt plus-que-parfait

que j'	eusse	acquis
qu'il	eût	acquis
que nous	eussions	acquis
qu'ils	eussent	acquis

agir handeln — regelmäßige Verben auf -ir

INDIKATIV INDICATIF

Präsens présent

j'	agis
il	agit
nous	agissons
ils	agissent

Perfekt passé composé

j'	ai	agi
il	a	agi
nous	avons	agi
ils	ont	agi

Imperfekt imparfait

j'	agissais
il	agissait
nous	agissions
ils	agissaient

Plusquamperfekt plus-que-parfait

j'	avais	agi
il	avait	agi
nous	avions	agi
ils	avaient	agi

Passé simple passé simple

j'	agis
il	agit
nous	agîmes
ils	agirent

„nahes" Futur futur proche

je	vais	agir
il	va	agir
nous	allons	agir
ils	vont	agir

einfaches Futur futur simple

j'	agirai
il	agira
nous	agirons
ils	agiront

Futur II futur II

j'	aurai	agi
il	aura	agi
nous	aurons	agi
ils	auront	agi

PARTIZIP PARTICIPE

Präsens présent

agissant

Perfekt passé

agi, agie

GERUNDIUM GÉRONDIF

en agissant

IMPERATIV IMPÉRATIF

agis
agissons
agissez

KONDITIONAL CONDITIONNEL

Präsens présent

j'	agirais
il	agirait
nous	agirions
ils	agiraient

Perfekt passé

j'	aurais	agi
il	aurait	agi
nous	aurions	agi
ils	auraient	agi

SUBJONCTIF SUBJONCTIF

Präsens présent

que j'	agisse
qu'il	agisse
que nous	agissions
qu'ils	agissent

Perfekt passé composé

que j'	aie	agi
qu'il	ait	agi
que nous	ayons	agi
qu'ils	aient	agi

Imperfekt imparfait

que j'	agisse
qu'il	agît
que nous	agissions
qu'ils	agissent

Plusquamperfekt plus-que-parfait

que j'	eusse	agi
qu'il	eût	agi
que nous	eussions	agi
qu'ils	eussent	agi

aller gehen; fahren

INDIKATIV INDICATIF

Präsens présent

je vais
il va
nous allons
ils vont

Perfekt passé composé

je suis allé
il est allé
nous sommes allés
ils sont allés

Imperfekt imparfait

j' allais
il allait
nous allions
ils allaient

Plusquamperfekt plus-que-parfait

j' étais allé
il était allé
nous étions allés
ils étaient allés

Passé simple passé simple

j' allai
il alla
nous allâmes
ils allèrent

„nahes" Futur futur proche

je vais aller
il va aller
nous allons aller
ils vont aller

einfaches Futur futur simple

j' irai
il ira
nous irons
ils iront

Futur II futur II

je serai allé
il sera allé
nous serons allés
ils seront allés

PARTIZIP PARTICIPE

Präsens présent

allant

Perfekt passé

allé, allée

KONDITIONAL CONDITIONNEL

Präsens présent

j' irais
il irait
nous irions
ils iraient

Perfekt passé

je serais allé
il serait allé
nous serions allés
ils seraient allés

IMPERATIV IMPÉRATIF

va
allons
allez

GERUNDIUM GÉRONDIF

en allant

SUBJONCTIF SUBJONCTIF

Präsens présent

que j' aille
qu'il aille
que nous allions
qu'ils aillent

Perfekt passé composé

que je sois allé
qu'il soit allé
que nous soyons allés
qu'ils soient allés

Imperfekt imparfait

que j' allasse
qu'il allât
que nous allassions
qu'ils allassent

Plusquamperfekt plus-que-parfait

que je fusse allé
qu'il fût allé
que nous fussions allés
qu'ils fussent allés

apercevoir [(flüchtig) wahrnehmen; bemerken]

Verben auf -cevoir

INDIKATIV INDICATIF

Präsens présent

j'	aperçois
il	aperçoit
nous	apercevons
ils	aperçoivent

Perfekt passé composé

j'	ai	aperçu
il	a	aperçu
nous	avons	aperçu
ils	ont	aperçu

Imperfekt imparfait

j'	apercevais
il	apercevait
nous	apercevions
ils	apercevaient

Plusquamperfekt plus-que-parfait

j'	avais	aperçu
il	avait	aperçu
nous	avions	aperçu
ils	avaient	aperçu

Passé simple passé simple

j'	aperçus
il	aperçut
nous	aperçûmes
ils	aperçurent

„nahes" Futur futur proche

je	vais	apercevoir
il	va	apercevoir
nous	allons	apercevoir
ils	vont	apercevoir

einfaches Futur futur simple

j'	apercevrai
il	apercevra
nous	apercevrons
ils	apercevront

Futur II futur II

j'	aurai	aperçu
il	aura	aperçu
nous	aurons	aperçu
ils	auront	aperçu

PARTIZIP PARTICIPE

Präsens présent

apercevant

Perfekt passé

aperçu, aperçue

IMPERATIV IMPÉRATIF

aperçois
apercevons
apercevez

GERUNDIUM GÉRONDIF

en apercevant

KONDITIONAL CONDITIONNEL

Präsens présent

j'	apercevrais
il	apercevrait
nous	apercevrions
ils	apercevraient

Perfekt passé

j'	aurais	aperçu
il	aurait	aperçu
nous	aurions	aperçu
ils	auraient	aperçu

SUBJONCTIF SUBJONCTIF

Präsens présent

que j'	aperçoive
qu'il	aperçoive
que nous	apercevions
qu'ils	aperçoivent

Perfekt passé composé

que j'	aie	aperçu
qu'il	ait	aperçu
que nous	ayons	aperçu
qu'ils	aient	aperçu

Imperfekt imparfait

que j'	aperçusse
qu'il	aperçût
que nous	aperçussions
qu'ils	aperçussent

Plusquamperfekt plus-que-parfait

que j'	eusse	aperçu
qu'il	eût	aperçu
que nous	eussions	aperçu
qu'ils	eussent	aperçu

apprécier abschätzen; schätzen   Verben auf **-ier**

INDIKATIV INDICATIF

Präsens présent

que j'	apprécie
qu'il	apprécie
que nous	apprécions
qu'ils	apprécient

Perfekt passé composé

j'	ai	apprécié
il	a	apprécié
nous	avons	apprécié
ils	ont	apprécié

Imperfekt imparfait

j'	appréciais
il	appréciait
nous	appréciions
ils	appréciaient

Plusquamperfekt plus-que-parfait

j'	avais	apprécié
il	avait	apprécié
nous	avions	apprécié
ils	avaient	apprécié

Passé simple passé simple

j'	appréciai
il	apprécia
nous	appréciâmes
ils	apprécièrent

„nahes" Futur futur proche

je	vais	apprécier
il	va	apprécier
nous	allons	apprécier
ils	vont	apprécier

einfaches Futur futur simple

j'	apprécierai
il	appréciera
nous	apprécierons
ils	apprécieront

Futur II futur II

j'	aurai	apprécié
il	aura	apprécié
nous	aurons	apprécié
ils	auront	apprécié

PARTIZIP PARTICIPE

Präsens présent

appréciant

Perfekt passé

apprécié, appréciée

GERUNDIUM GÉRONDIF

en appréciant

IMPERATIV IMPÉRATIF

apprécie
apprécions
appréciez

KONDITIONAL CONDITIONNEL

Präsens présent

j'	apprécierais
il	apprécierait
nous	apprécierions
ils	apprécieraient

Perfekt passé

j'	aurais	apprécié
il	aurait	apprécié
nous	aurions	apprécié
ils	auraient	apprécié

SUBJONCTIF SUBJONCTIF

Präsens présent

que j'	apprécie
qu'il	apprécie
que nous	appréciions
qu'ils	apprécient

Perfekt passé composé

que j'	aie	apprécié
qu'il	ait	apprécié
que nous	ayons	apprécié
qu'ils	aient	apprécié

Imperfekt imparfait

que j'	appréciasse
qu'il	appréciât
que nous	appréciassions
qu'ils	appréciassent

Plusquamperfekt plus-que-parfait

que j'	eusse	apprécié
qu'il	eût	apprécié
que nous	eussions	apprécié
qu'ils	eussent	apprécié

appuyer drücken; [unter]stützen   Verben auf **-oyer, -uyer**

INDIKATIV INDICATIF

Präsens présent
- j' appuie
- il appuie
- nous appuyons
- ils appuient

Perfekt passé composé
- j' ai appuyé
- il a appuyé
- nous avons appuyé
- ils ont appuyé

Imperfekt imparfait
- j' appuyais
- il appuyait
- nous appuyions
- ils appuyaient

Plusquamperfekt plus-que-parfait
- j' avais appuyé
- il avait appuyé
- nous avions appuyé
- ils avaient appuyé

Passé simple passé simple
- j' appuyai
- il appuya
- nous appuyâmes
- ils appuyèrent

„nahes" Futur futur proche
- je vais appuyer
- il va appuyer
- nous allons appuyer
- ils vont appuyer

einfaches Futur futur simple
- j' appuierai
- il appuiera
- nous appuierons
- ils appuieront

Futur II futur II
- j' aurai appuyé
- il aura appuyé
- nous aurons appuyé
- ils auront appuyé

PARTIZIP PARTICIPE

Präsens présent
appuyant

Perfekt passé
appuyé, appuyée

GERUNDIUM GÉRONDIF
en appuyant

IMPERATIV IMPÉRATIF
- appuie
- appuyons
- appuyez

KONDITIONAL CONDITIONNEL

Präsens présent
- j' appuierais
- il appuierait
- nous appuierions
- ils appuieraient

Perfekt passé
- j' aurais appuyé
- il aurait appuyé
- nous aurions appuyé
- ils auraient appuyé

SUBJONCTIF SUBJONCTIF

Präsens présent
- que j' appuie
- qu'il appuie
- que nous appuyions
- qu'ils appuient

Perfekt passé composé
- que j' aie appuyé
- qu'il ait appuyé
- que nous ayons appuyé
- qu'ils aient appuyé

Imperfekt imparfait
- que j' appuyasse
- qu'il appuyât
- que nous appuyassions
- qu'ils appuyassent

Plusquamperfekt plus-que-parfait
- que j' eusse appuyé
- qu'il eût appuyé
- que nous eussions appuyé
- qu'ils eussent appuyé

asseoir setzen (s'asseoir sich setzen)

INDIKATIV INDICATIF

Präsens présent
j'   assieds/assois
il   assied/assois
nous   asseyons/assoyons
ils   asseyent/assoient

Perfekt passé composé
j'   ai   assis
il   a   assis
nous   avons assis
ils   ont   assis

Imperfekt imparfait
j'   asseyais/assoyais
il   asseyait/assoyait
nous   asseyions/assoyions
ils   asseyaient/assoyaient

Plusquamperfekt plus-que-parfait
j'   avais   assis
il   avait   assis
nous   avions   assis
ils   avaient assis

Passé simple passé simple
j'   assis
il   assit
nous   assîmes
ils   assirent

„nahes" Futur futur proche
je   vais   asseoir
il   va   asseoir
nous   allons   asseoir
ils   vont   asseoir

einfaches Futur futur simple
j'   assiérai/assoirai
il   assiéra/assoira
nous   assiérons/assoirons
ils   assiéront/assoiront

Futur II futur II
j'   aurai   assis
il   aura   assis
nous   aurons   assis
ils   auront   assis

PARTIZIP PARTICIPE

Präsens présent
asseyant/assoyant

Perfekt passé
assis, assise

GERUNDIUM GÉRONDIF

en asseyant/assoyant

IMPERATIV IMPÉRATIF

assieds/assois
asseyons/assoyons
asseyez/assoyez

KONDITIONAL CONDITIONNEL

Präsens présent
j'   assiérais/assoirais
il   assiérait/assoirait
nous   assiérions/assoirions
ils   assiéraient/assoiraient

Perfekt passé
j'   aurais   assis
il   aurait   assis
nous   aurions   assis
ils   auraient   assis

SUBJONCTIF SUBJONCTIF

Präsens présent
que j'   asseye/assoie
qu'il   asseye/assoie
que nous asseyions/assoyions
qu'ils   asseyent/assoient

Perfekt passé composé
que j'   aie   assis
qu'il   ait   assis
que nous ayons assis
qu'ils   aient   assis

Imperfekt imparfait
que j'   assisse
qu'il   assît
que nous assissions
qu'ils   assissent

Plusquamperfekt plus-que-parfait
que j'   eusse   assis
qu'il   eût   assis
que nous eussions assis
qu'ils   eussent   assis

assiéger belagern

Verben auf -éger

INDIKATIV INDICATIF

Präsens présent

j'   assiège
il   assiège
nous   assiégeons
ils   assiègent

Perfekt passé composé

j'   ai   assiégé
il   a   assiégé
nous   avons   assiégé
ils   ont   assiégé

Imperfekt imparfait

j'   assiégeais
il   assiégeait
nous   assiégions
ils   assiégeaient

Plusquamperfekt plus-que-parfait

j'   avais   assiégé
il   avait   assiégé
nous   avions   assiégé
ils   avaient   assiégé

Passé simple passé simple

j'   assiégeai
il   assiégea
nous   assiégeâmes
ils   assiégèrent

„nahes" Futur futur proche

je   vais   assiéger
il   va   assiéger
nous   allons   assiéger
ils   vont   assiéger

einfaches Futur futur simple

j'   assiégerai
il   assiégera
nous   assiégerons
ils   assiégeront

Futur II futur II

j'   aurai   assiégé
il   aura   assiégé
nous   aurons   assiégé
ils   auront   assiégé

PARTIZIP PARTICIPE

Präsens présent

assiégeant

Perfekt passé

assiégé, assiégée

KONDITIONAL CONDITIONNEL

Präsens présent

j'   assiégerais
il   assiégerait
nous   assiégerions
ils   assiégeraient

Perfekt passé

j'   aurais   assiégé
il   aurait   assiégé
nous   aurions   assiégé
ils   auraient   assiégé

IMPERATIV IMPÉRATIF

assiège
assiégeons
assiégez

GERUNDIUM GÉRONDIF

en assiégeant

SUBJONCTIF SUBJONCTIF

Präsens présent

que j'   assiège
qu'il   assiège
que nous   assiégions
qu'ils   assiègent

Perfekt passé composé

que j'   aie   assiégé
qu'il   ait   assiégé
que nous   ayons assiégé
qu'ils   aient   assiégé

Imperfekt imparfait

que j'   assiégeasse
qu'il   assiégeât
que nous   assiégeassions
qu'ils   assiégeassent

Plusquamperfekt plus-que-parfait

que j'   eusse   assiégé
qu'il   eût   assiégé
que nous   eussions   assiégé
qu'ils   eussent   assiégé

avoir haben

INDIKATIV INDICATIF

Präsens présent

j'	ai
il	a
nous	avons
ils	ont

Perfekt passé composé

j'	ai	eu
il	a	eu
nous	avons	eu
ils	ont	eu

Imperfekt imparfait

j'	avais
il	avait
nous	avions
ils	avaient

Plusquamperfekt plus-que-parfait

j'	avais	eu
il	avait	eu
nous	avions	eu
ils	avaient	eu

Passé simple passé simple

j'	eus
il	eut
nous	eûmes
ils	eurent

„nahes" Futur futur proche

je	vais	avoir
il	va	avoir
nous	allons	avoir
ils	vont	avoir

einfaches Futur futur simple

j'	aurai
il	aura
nous	aurons
ils	auront

Futur II futur II

j'	aurai	eu
il	aura	eu
nous	aurons	eu
ils	auront	eu

PARTIZIP PARTICIPE

Präsens présent

ayant

Perfekt passé

eu, eue

IMPERATIV IMPÉRATIF

aie
ayons
ayez

GERUNDIUM GÉRONDIF

en ayant

KONDITIONAL CONDITIONNEL

Präsens présent

j'	aurais
il	aurait
nous	aurions
ils	auraient

Perfekt passé

j'	aurais	eu
il	aurait	eu
nous	aurions	eu
ils	auraient	eu

SUBJONCTIF SUBJONCTIF

Präsens présent

que j'	aie
qu'il	ait
que nous	ayons
qu'ils	aient

Perfekt passé composé

que j'	aie	eu
qu'il	ait	eu
que nous	ayons	eu
qu'ils	aient	eu

Imperfekt imparfait

que j'	eusse
qu'il	eût
que nous	eussions
qu'ils	eussent

Plusquamperfekt plus-que-parfait

que j'	eusse	eu
qu'il	eût	eu
que nous	eussions	eu
qu'ils	eussent	eu

battre schlagen

INDIKATIV INDICATIF

Präsens présent

je	bats
il	bat
nous	battons
ils	battent

Perfekt passé composé

j'	ai	battu
il	a	battu
nous	avons	battu
ils	ont	battu

Imperfekt imparfait

je	battais
il	battait
nous	battions
ils	battaient

Plusquamperfekt plus-que-parfait

j'	avais	battu
il	avait	battu
nous	avions	battu
ils	avaient	battu

Passé simple passé simple

je	battis
il	battit
nous	battîmes
ils	battirent

„nahes" Futur futur proche

je	vais	battre
il	va	battre
nous	allons	battre
ils	vont	battre

einfaches Futur futur simple

je	battrai
il	battra
nous	battrons
ils	battront

Futur II futur II

j'	aurai	battu
il	aura	battu
nous	aurons	battu
ils	auront	battu

PARTIZIP PARTICIPE

Präsens présent

battant

Perfekt passé

battu, battue

GERUNDIUM GÉRONDIF

en battant

IMPERATIV IMPÉRATIF

bats
battons
battez

KONDITIONAL CONDITIONNEL

Präsens présent

je	battrais
il	battrait
nous	battrions
ils	battraient

Perfekt passé

j'	aurais	battu
il	aurait	battu
nous	aurions	battu
ils	auraient	battu

SUBJONCTIF SUBJONCTIF

Präsens présent

que je	batte
qu'il	batte
que nous	battions
qu'ils	battent

Perfekt passé composé

que j'	aie	battu
qu'il	ait	battu
que nous	ayons	battu
qu'ils	aient	battu

Imperfekt imparfait

que je	battisse
qu'il	battît
que nous	battissions
qu'ils	battissent

Plusquamperfekt plus-que-parfait

que j'	eusse	battu
qu'il	eût	battu
que nous	eussions	battu
qu'ils	eussent	battu

boire trinken

INDIKATIV INDICATIF

Präsens présent

je	bois
il	boit
nous	buvons
ils	boivent

Perfekt passé composé

j'	ai	bu
il	a	bu
nous	avons	bu
ils	ont	bu

Imperfekt imparfait

je	buvais
il	buvait
nous	buvions
ils	buvaient

Plusquamperfekt plus-que-parfait

j'	avais	bu
il	avait	bu
nous	avions	bu
ils	avaient	bu

Passé simple passé simple

je	bus
il	but
nous	bûmes
ils	burent

„nahes" Futur futur proche

je	vais	boire
il	va	boire
nous	allons	boire
ils	vont	boire

einfaches Futur futur simple

je	boirai
il	boira
nous	boirons
ils	boiront

Futur II futur II

j'	aurai	bu
il	aura	bu
nous	aurons	bu
ils	auront	bu

PARTIZIP PARTICIPE

Präsens présent

buvant

Perfekt passé

bu, bue

GERUNDIUM GÉRONDIF

en buvant

IMPERATIV IMPÉRATIF

bois
buvons
buvez

KONDITIONAL CONDITIONNEL

Präsens présent

je	boirais
il	boirait
nous	boirions
ils	boiraient

Perfekt passé

j'	aurais	bu
il	aurait	bu
nous	aurions	bu
ils	auraient	bu

SUBJONCTIF SUBJONCTIF

Präsens présent

que je	boive
qu'il	boive
que nous	buvions
qu'ils	boivent

Perfekt passé composé

que j'	aie	bu
qu'il	ait	bu
que nous	ayons	bu
qu'ils	aient	bu

Imperfekt imparfait

que je	busse
qu'il	bût
que nous	bussions
qu'ils	bussent

Plusquamperfekt plus-que-parfait

que j'	eusse	bu
qu'il	eût	bu
que nous	eussions	bu
qu'ils	eussent	bu

bouillir kochen

INDIKATIV INDICATIF

Präsens présent

je	bous
il	bout
nous	bouillons
ils	bouillent

Perfekt passé composé

j'	ai	bouilli
il	a	bouilli
nous	avons	bouilli
ils	ont	bouilli

Imperfekt imparfait

je	bouillais
il	bouillait
nous	bouillions
ils	bouillaient

Plusquamperfekt plus-que-parfait

j'	avais	bouilli
il	avait	bouilli
nous	avions	bouilli
ils	avaient	bouilli

Passé simple passé simple

je	bouillis
il	bouillit
nous	bouillîmes
ils	bouillirent

„nahes" Futur futur proche

je	vais	bouillir
il	va	bouillir
nous	allons	bouillir
ils	vont	bouillir

einfaches Futur futur simple

je	bouillirai
il	bouillira
nous	bouillirons
ils	bouilliront

Futur II futur II

j'	aurai	bouilli
il	aura	bouilli
nous	aurons	bouilli
ils	auront	bouilli

PARTIZIP PARTICIPE

Präsens présent

bouillant

Perfekt passé

bouilli, bouillie

KONDITIONAL CONDITIONNEL

Präsens présent

je	bouillirais
il	bouillirait
nous	bouillirions
ils	bouilliraient

Perfekt passé

j'	aurais	bouilli
il	aurait	bouilli
nous	aurions	bouilli
ils	auraient	bouilli

IMPERATIV IMPÉRATIF

bous
bouillons
bouillez

GERUNDIUM GÉRONDIF

en bouillant

SUBJONCTIF SUBJONCTIF

Präsens présent

que je	bouille
qu'il	bouille
que nous	bouillions
qu'ils	bouillent

Perfekt passé composé

que j'	aie	bouilli
qu'il	ait	bouilli
que nous	ayons	bouilli
qu'ils	aient	bouilli

Imperfekt imparfait

que je	bouillisse
qu'il	bouillît
que nous	bouillissions
qu'ils	bouillissent

Plusquamperfekt plus-que-parfait

que j'	eusse	bouilli
qu'il	eût	bouilli
que nous	eussions	bouilli
qu'ils	eussent	bouilli

changer [verändern; sich verändern] — Verben auf -ger

INDIKATIV INDICATIF

Präsens présent
- je change
- il change
- nous changeons
- ils changent

Perfekt passé composé
- j' ai changé
- il a changé
- nous avons changé
- ils ont changé

Imperfekt imparfait
- je changeais
- il changeait
- nous changions
- ils changeaient

Plusquamperfekt plus-que-parfait
- j' avais changé
- il avait changé
- nous avions changé
- ils avaient changé

Passé simple passé simple
- je changeai
- il changea
- nous changeâmes
- ils changèrent

„nahes" Futur futur proche
- je vais changer
- il va changer
- nous allons changer
- ils vont changer

einfaches Futur futur simple
- je changerai
- il changera
- nous changerons
- ils changeront

Futur II futur II
- j' aurai changé
- il aura changé
- nous aurons changé
- ils auront changé

PARTIZIP PARTICIPE

Präsens présent
changeant

Perfekt passé
changé, changée

GERUNDIUM GÉRONDIF
en changeant

IMPERATIV IMPÉRATIF
- change
- changeons
- changez

KONDITIONAL CONDITIONNEL

Präsens présent
- je changerais
- il changerait
- nous changerions
- ils changeraient

Perfekt passé
- j' aurais changé
- il aurait changé
- nous aurions changé
- ils auraient changé

SUBJONCTIF SUBJONCTIF

Präsens présent
- que je change
- qu'il change
- que nous changions
- qu'ils changent

Perfekt passé composé
- que j' aie changé
- qu'il ait changé
- que nous ayons changé
- qu'ils aient changé

Imperfekt imparfait
- que je changeasse
- qu'il changeât
- que nous changeassions
- qu'ils changeassent

Plusquamperfekt plus-que-parfait
- que j' eusse changé
- qu'il eût changé
- que nous eussions changé
- qu'ils eussent changé

chanter singen — regelmäßige Verben auf -er

INDIKATIV INDICATIF

Präsens présent

je	chante
il	chante
nous	chantons
ils	chantent

Perfekt passé composé

j'	ai	chanté
il	a	chanté
nous	avons	chanté
ils	ont	chanté

Imperfekt imparfait

je	chantais
il	chantait
nous	chantions
ils	chantaient

Plusquamperfekt plus-que-parfait

j'	avais	chanté
il	avait	chanté
nous	avions	chanté
ils	avaient	chanté

Passé simple passé simple

je	chantai
il	chanta
nous	chantâmes
ils	chantèrent

„nahes" Futur futur proche

je	vais	chanter
il	va	chanter
nous	allons	chanter
ils	vont	chanter

einfaches Futur futur simple

je	chanterai
il	chantera
nous	chanterons
ils	chanteront

Futur II futur II

j'	aurai	chanté
il	aura	chanté
nous	aurons	chanté
ils	auront	chanté

PARTIZIP PARTICIPE

Präsens présent

chantant

Perfekt passé

chanté, chantée

GERUNDIUM GÉRONDIF

en chantant

IMPERATIV IMPÉRATIF

chante
chantons
chantez

KONDITIONAL CONDITIONNEL

Präsens présent

je	chanterais
il	chanterait
nous	chanterions
ils	chanteraient

Perfekt passé

j'	aurais	chanté
il	aurait	chanté
nous	aurions	chanté
ils	auraient	chanté

SUBJONCTIF SUBJONCTIF

Präsens présent

que je	chante
qu'il	chante
que nous	chantions
qu'ils	chantent

Perfekt passé composé

que j'	aie	chanté
qu'il	ait	chanté
que nous	ayons	chanté
qu'ils	aient	chanté

Imperfekt imparfait

que je	chantasse
qu'il	chantât
que nous	chantassions
qu'ils	chantassent

Plusquamperfekt plus-que-parfait

que j'	eusse	chanté
qu'il	eût	chanté
que nous	eussions	chanté
qu'ils	eussent	chanté

choir fallen

INDIKATIV INDICATIF

Präsens présent

je	chois
il	choit
nous	*fehlt*
ils	choient

Perfekt passé composé

je	suis	chu
il	est	chu
nous	sommes	chu
ils	sont	chu

Imperfekt imparfait

fehlt

Plusquamperfekt plus-que-parfait

j'	étais	chu
il	était	chu
nous	étions	chu
ils	étaient	chu

Passé simple passé simple

je	chus
il	chut
nous	chûmes
ils	churent

„nahes" Futur futur proche

je	vais	choir
il	va	choir
nous	allons	choir
ils	vont	choir

einfaches Futur futur simple

je	choirai/(cherrai)
il	choira/(cherra)
nous	choirons/(cherrons)
ils	choiront/(cherront)

Futur II futur II

je	serai	chu
il	sera	chu
nous	serons	chu
ils	seront	chu

PARTIZIP PARTICIPE

Präsens présent

fehlt

Perfekt passé

chu, chue

KONDITIONAL CONDITIONNEL

Präsens présent

je	choirais/(cherrais)
il	choirait/(cherrait)
nous	choirions/(cherrions)
ils	choiraient/(cherraient)

Perfekt passé

je	serais	chu
il	serait	chu
nous	serions	chu
ils	seraient	chu

IMPERATIV IMPÉRATIF

fehlt

GERUNDIUM GÉRONDIF

fehlt

SUBJONCTIF SUBJONCTIF

Präsens présent

fehlt

Perfekt passé composé

fehlt

Imperfekt imparfait

fehlt

Plusquamperfekt plus-que-parfait

fehlt

commencer anfangen

Verben auf -cer

INDIKATIV INDICATIF

Präsens présent

je	commence
il	commence
nous	commençons
ils	commencent

Perfekt passé composé

j'	ai	commencé
il	a	commencé
nous	avons	commencé
ils	ont	commencé

Imperfekt imparfait

je	commençais
il	commençait
nous	commencions
ils	commençaient

Plusquamperfekt plus-que-parfait

j'	avais	commencé
il	avait	commencé
nous	avions	commencé
ils	avaient	commencé

Passé simple passé simple

je	commençai
il	commença
nous	commençâmes
ils	commencèrent

„nahes" Futur futur proche

je	vais	commencer
il	va	commencer
nous	allons	commencer
ils	vont	commencer

einfaches Futur futur simple

je	commencerai
il	commencera
nous	commencerons
ils	commenceront

Futur II futur II

j'	aurai	commencé
il	aura	commencé
nous	aurons	commencé
ils	auront	commencé

PARTIZIP PARTICIPE

Präsens présent

commençant

Perfekt passé

commencé, commencée

GERUNDIUM GÉRONDIF

en commençant

IMPERATIV IMPÉRATIF

commence
commençons
commencez

KONDITIONAL CONDITIONNEL

Präsens présent

je	commencerais
il	commencerait
nous	commencerions
ils	commenceraient

Perfekt passé

j'	aurais	commencé
il	aurait	commencé
nous	aurions	commencé
ils	auraient	commencé

SUBJONCTIF SUBJONCTIF

Präsens présent

que je	commence
qu'il	commence
que nous	commencions
qu'ils	commencent

Perfekt passé composé

que j'	aie	commencé
qu'il	ait	commencé
que nous ayons	commencé
qu'ils	aient	commencé

Imperfekt imparfait

que je	commençasse
qu'il	commençât
que nous	commençassions
qu'ils	commençassent

Plusquamperfekt plus-que-parfait

que j'	eusse	commencé
qu'il	eût	commencé
que nous eussions	commencé
qu'ils	eussent	commencé

comprendre verstehen

Zusammensetzungen von **prendre**

INDIKATIV INDICATIF

Präsens présent

je	comprends
il	comprend
nous	comprenons
ils	comprennent

Perfekt passé composé

j'	ai	compris
il	a	compris
nous	avons	compris
ils	ont	compris

Imperfekt imparfait

je	comprenais
il	comprenait
nous	comprenions
ils	comprenaient

Plusquamperfekt plus-que-parfait

j'	avais	compris
il	avait	compris
nous	avions	compris
ils	avaient	compris

Passé simple passé simple

je	compris
il	comprit
nous	comprîmes
ils	comprirent

„nahes" Futur futur proche

je	vais comprendre
il	va comprendre
nous	allons comprendre
ils	vont comprendre

einfaches Futur futur simple

je	comprendrai
il	comprendra
nous	comprendrons
ils	comprendront

Futur II futur II

j'	aurai	compris
il	aura	compris
nous	aurons	compris
ils	auront	compris

PARTIZIP PARTICIPE

Präsens présent

comprenant

Perfekt passé

compris, comprise

GERUNDIUM GÉRONDIF

en comprenant

IMPERATIV IMPÉRATIF

comprends
comprenons
comprenez

KONDITIONAL CONDITIONNEL

Präsens présent

je	comprendrais
il	comprendrait
nous	comprendrions
ils	comprendraient

Perfekt passé

j'	aurais	compris
il	aurait	compris
nous	aurions	compris
ils	auraient	compris

SUBJONCTIF SUBJONCTIF

Präsens présent

que je	comprenne
qu'il	comprenne
que nous	comprenions
qu'ils	comprennent

Perfekt passé composé

que j'	aie	compris
qu'il	ait	compris
que nous	ayons	compris
qu'ils	aient	compris

Imperfekt imparfait

que je	comprisse
qu'il	comprît
que nous	comprissions
qu'ils	comprissent

Plusquamperfekt plus-que-parfait

que j'	eusse	compris
qu'il	eût	compris
que nous	eussions	compris
qu'ils	eussent	compris

conduire fahren; steuern; führen

Verben auf **-uire**

INDIKATIV INDICATIF

Präsens présent	Perfekt passé composé	Imperfekt imparfait	Plusquamperfekt plus-que-parfait
je conduis	j' ai conduit	je conduisais	j' avais conduit
il conduit	il a conduit	il conduisait	il avait conduit
nous conduisons	nous avons conduit	nous conduisions	nous avions conduit
ils conduisent	ils ont conduit	ils conduisaient	ils avaient conduit

Passé simple passé simple	„nahes" Futur futur proche	einfaches Futur futur simple	Futur II futur II
je conduisis	je vais conduire	je conduirai	j' aurai conduit
il conduisit	il va conduire	il conduira	il aura conduit
nous conduisîmes	nous allons conduire	nous conduirons	nous aurons conduit
ils conduisirent	ils vont conduire	ils conduiront	ils auront conduit

PARTIZIP PARTICIPE

KONDITIONAL CONDITIONNEL

Präsens présent	Perfekt passé	Präsens présent	Perfekt passé
conduisant	conduit, conduite	je conduirais	j' aurais conduit
		il conduirait	il aurait conduit
GERUNDIUM GÉRONDIF	**IMPERATIV** IMPÉRATIF	nous conduirions	nous aurions conduit
en conduisant	conduis	ils conduiraient	ils auraient conduit
	conduisons		
	conduisez		

SUBJONCTIF SUBJONCTIF

Präsens présent	Perfekt passé composé	Imperfekt imparfait	Plusquamperfekt plus-que-parfait
que je conduise	que j' aie conduit	que je conduisisse	que j' eusse conduit
qu'il conduise	qu'il ait conduit	qu'il conduisît	qu'il eût conduit
que nous conduisions	que nous ayons conduit	que nous conduisissions	que nous eussions conduit
qu'ils conduisent	qu'ils aient conduit	qu'ils conduisissent	qu'ils eussent conduit

coudre [zusammen]nähen

INDIKATIV INDICATIF

Präsens présent

je	couds
il	coud
nous	cousons
ils	cousent

Perfekt passé composé

j'	ai	cousu
il	a	cousu
nous	avons	cousu
ils	ont	cousu

Imperfekt imparfait

je	cousais
il	cousait
nous	cousions
ils	cousaient

Plusquamperfekt plus-que-parfait

j'	avais	cousu
il	avait	cousu
nous	avions	cousu
ils	avaient	cousu

Passé simple passé simple

je	cousis
il	cousit
nous	cousîmes
ils	cousirent

„nahes" Futur futur proche

je	vais	coudre
il	va	coudre
nous	allons	coudre
ils	vont	coudre

einfaches Futur futur simple

je	coudrai
il	coudra
nous	coudrons
ils	coudront

Futur II futur II

j'	aurai	cousu
il	aura	cousu
nous	aurons	cousu
ils	auront	cousu

PARTIZIP PARTICIPE

Präsens présent

cousant

Perfekt passé

cousu, cousue

GERUNDIUM GÉRONDIF

en cousant

IMPERATIV IMPÉRATIF

couds
cousons
cousez

KONDITIONAL CONDITIONNEL

Präsens présent

je	coudrais
il	coudrait
nous	coudrions
ils	coudraient

Perfekt passé

j'	aurais	cousu
il	aurait	cousu
nous	aurions	cousu
ils	auraient	cousu

SUBJONCTIF SUBJONCTIF

Präsens présent

que je	couse
qu'il	couse
que nous	cousions
qu'ils	cousent

Perfekt passé composé

que j'	aie	cousu
qu'il	ait	cousu
que nous	ayons	cousu
qu'ils	aient	cousu

Imperfekt imparfait

que je	cousisse
qu'il	cousît
que nous	cousissions
qu'ils	cousissent

Plusquamperfekt plus-que-parfait

que j'	eusse	cousu
qu'il	eût	cousu
que nous	eussions	cousu
qu'ils	eussent	cousu

courir laufen; rennen

INDIKATIV INDICATIF

Präsens présent

je	cours
il	court
nous	courons
ils	courent

Perfekt passé composé

j'	ai	couru
il	a	couru
nous	avons	couru
ils	ont	couru

Imperfekt imparfait

je	courais
il	courait
nous	courions
ils	couraient

Plusquamperfekt plus-que-parfait

j'	avais	couru
il	avait	couru
nous	avions	couru
ils	avaient	couru

Passé simple passé simple

je	courus
il	courut
nous	courûmes
ils	coururent

„nahes" Futur futur proche

je	vais	courir
il	va	courir
nous	allons	courir
ils	vont	courir

einfaches Futur futur simple

je	courrai
il	courra
nous	courrons
ils	courront

Futur II futur II

j'	aurai	couru
il	aura	couru
nous	aurons	couru
ils	auront	couru

PARTIZIP PARTICIPE

Präsens présent

courant

Perfekt passé

couru, courue

IMPERATIV IMPÉRATIF

cours
courons
courez

GERUNDIUM GÉRONDIF

en courant

KONDITIONAL CONDITIONNEL

Präsens présent

je	courrais
il	courrait
nous	courrions
ils	courraient

Perfekt passé

j'	aurais	couru
il	aurait	couru
nous	aurions	couru
ils	auraient	couru

SUBJONCTIF SUBJONCTIF

Präsens présent

que je	coure
qu'il	coure
que nous	courions
qu'ils	courent

Perfekt passé composé

que j'	aie	couru
qu'il	ait	couru
que nous	ayons	couru
qu'ils	aient	couru

Imperfekt imparfait

que je	courusse
qu'il	courût
que nous	courussions
qu'ils	courussent

Plusquamperfekt plus-que-parfait

que j'	eusse	couru
qu'il	eût	couru
que nous	eussions	couru
qu'ils	eussent	couru

craindre fürchten; befürchten — Verben auf -aindre

INDIKATIV INDICATIF

Präsens présent

je	crains
il	craint
nous	craignons
ils	craignent

Perfekt passé composé

j'	ai	craint
il	a	craint
nous	avons	craint
ils	ont	craint

Imperfekt imparfait

je	craignais
il	craignait
nous	craignions
ils	craignaient

Plusquamperfekt plus-que-parfait

j'	avais	craint
il	avait	craint
nous	avions	craint
ils	avaient	craint

Passé simple passé simple

je	craignis
il	craignit
nous	craignîmes
ils	craignirent

„nahes" Futur futur proche

je	vais	craindre
il	va	craindre
nous	allons	craindre
ils	vont	craindre

einfaches Futur futur simple

je	craindrai
il	craindra
nous	craindrons
ils	craindront

Futur II futur II

j'	aurai	craint
il	aura	craint
nous	aurons	craint
ils	auront	craint

PARTIZIP PARTICIPE

Präsens présent

craignant

Perfekt passé

craint, crainte

GERUNDIUM GÉRONDIF

en craignant

IMPERATIV IMPÉRATIF

crains
craignons
craignez

KONDITIONAL CONDITIONNEL

Präsens présent

je	craindrais
il	craindrait
nous	craindrions
ils	craindraient

Perfekt passé

j'	aurais	craint
il	aurait	craint
nous	aurions	craint
ils	auraient	craint

SUBJONCTIF SUBJONCTIF

Präsens présent

que je	craigne
qu'il	craigne
que nous	craignions
qu'ils	craignent

Perfekt passé composé

que j'	aie	craint
qu'il	ait	craint
que nous	ayons	craint
qu'ils	aient	craint

Imperfekt imparfait

que je	craignisse
qu'il	craignît
que nous	craignissions
qu'ils	craignissent

Plusquamperfekt plus-que-parfait

que j'	eusse	craint
qu'il	eût	craint
que nous	eussions	craint
qu'ils	eussent	craint

créer [er]schaffen; kreieren

Verben auf **-éer**

INDIKATIV INDICATIF

Präsens présent

je	crée
il	crée
nous	créons
ils	créent

Perfekt passé composé

j'	ai	créé
il	a	créé
nous	avons	créé
ils	ont	créé

Imperfekt imparfait

je	créais
il	créait
nous	créions
ils	créaient

Plusquamperfekt plus-que-parfait

j'	avais	créé
il	avait	créé
nous	avions	créé
ils	avaient	créé

Passé simple passé simple

je	créai
il	créa
nous	créâmes
ils	créèrent

„nahes" Futur futur proche

je	vais	créer
il	va	créer
nous	allons	créer
ils	vont	créer

einfaches Futur futur simple

je	créerai
il	créera
nous	créerons
ils	créeront

Futur II futur II

j'	aurai	créé
il	aura	créé
nous	aurons	créé
ils	auront	créé

PARTIZIP PARTICIPE

Präsens présent

créant

Perfekt passé

créé, créée

GERUNDIUM GÉRONDIF

en créant

IMPERATIV IMPÉRATIF

crée
créons
créez

KONDITIONAL CONDITIONNEL

Präsens présent

je	créerais
il	créerait
nous	créerions
ils	créeraient

Perfekt passé

j'	aurais	créé
il	aurait	créé
nous	aurions	créé
ils	auraient	créé

SUBJONCTIF SUBJONCTIF

Präsens présent

que je	crée
qu'il	crée
que nous	créions
qu'ils	créent

Perfekt passé composé

que j'	aie	créé
qu'il	ait	créé
que nous	ayons	créé
qu'ils	aient	créé

Imperfekt imparfait

que je	créasse
qu'il	créât
que nous	créassions
qu'ils	créassent

Plusquamperfekt plus-que-parfait

que j'	eusse	créé
qu'il	eût	créé
que nous	eussions	créé
qu'ils	eussent	créé

croire glauben

INDIKATIV INDICATIF

Präsens présent

je	crois
il	croit
nous	croyons
ils	croient

Perfekt passé composé

j'	ai	cru
il	a	cru
nous	avons	cru
ils	ont	cru

Imperfekt imparfait

je	croyais
il	croyait
nous	croyions
ils	croyaient

Plusquamperfekt plus-que-parfait

j'	avais	cru
il	avait	cru
nous	avions	cru
ils	avaient	cru

Passé simple passé simple

je	crus
il	crut
nous	crûmes
ils	crurent

„nahes" Futur futur proche

je	vais	croire
il	va	croire
nous	allons	croire
ils	vont	croire

einfaches Futur futur simple

je	croirai
il	croira
nous	croirons
ils	croiront

Futur II futur II

j'	aurai	cru
il	aura	cru
nous	aurons	cru
ils	auront	cru

PARTIZIP PARTICIPE

Präsens présent

croyant

Perfekt passé

cru, crue

GERUNDIUM GÉRONDIF

en croyant

IMPERATIV IMPÉRATIF

crois
croyons
croyez

KONDITIONAL CONDITIONNEL

Präsens présent

je	croirais
il	croirait
nous	croirions
ils	croiraient

Perfekt passé

j'	aurais	cru
il	aurait	cru
nous	aurions	cru
ils	auraient	cru

SUBJONCTIF SUBJONCTIF

Präsens présent

que je	croie
qu'il	croie
que nous	croyions
qu'ils	croient

Perfekt passé composé

que j'	aie	cru
qu'il	ait	cru
que nous	ayons	cru
qu'ils	aient	cru

Imperfekt imparfait

que je	crusse
qu'il	crût
que nous	crussions
qu'ils	crussent

Plusquamperfekt plus-que-parfait

que j'	eusse	cru
qu'il	eût	cru
que nous	eussions	cru
qu'ils	eussent	cru

croître wachsen; zunehmen

INDIKATIV INDICATIF

Präsens présent

je	crois
il	croît
nous	croissons
ils	croissent

Perfekt passé composé

j'	ai	crû
il	a	crû
nous	avons	crû
ils	ont	crû

Imperfekt imparfait

je	croissais
il	croissait
nous	croissions
ils	croissaient

Plusquamperfekt plus-que-parfait

j'	avais	crû
il	avait	crû
nous	avions	crû
ils	avaient	crû

Passé simple passé simple

je	crûs
il	crût
nous	crûmes
ils	crûrent

"nahes" Futur futur proche

je	vais	croître
il	va	croître
nous	allons	croître
ils	vont	croître

einfaches Futur futur simple

je	croîtrai
il	croîtra
nous	croîtrons
ils	croîtront

Futur II futur II

j'	aurai	crû
il	aura	crû
nous	aurons	crû
ils	auront	crû

PARTIZIP PARTICIPE

Präsens présent

croissant

Perfekt passé

crû, crue

KONDITIONAL CONDITIONNEL

Präsens présent

je	croîtrais
il	croîtrait
nous	croîtrions
ils	croîtraient

Perfekt passé

j'	aurais	crû
il	aurait	crû
nous	aurions	crû
ils	auraient	crû

IMPERATIV IMPÉRATIF

crois
croissons
croissez

GERUNDIUM GÉRONDIF

en croissant

SUBJONCTIF SUBJONCTIF

Präsens présent

que je	croisse
qu'il	croisse
que nous	croissions
qu'ils	croissent

Perfekt passé composé

que j'	aie	crû
qu'il	ait	crû
que nous	ayons	crû
qu'ils	aient	crû

Imperfekt imparfait

que je	crûsse
qu'il	crût
que nous	crûssions
qu'ils	crûssent

Plusquamperfekt plus-que-parfait

que j'	eusse	crû
qu'il	eût	crû
que nous	eussions	crû
qu'ils	eussent	crû

cueillir pflücken; ernten; sammeln

INDIKATIV INDICATIF

Präsens présent
je	cueille
il	cueille
nous	cueillons
ils	cueillent

Perfekt passé composé
j'	ai	cueilli
il	a	cueilli
nous	avons	cueilli
ils	ont	cueilli

Imperfekt imparfait
je	cueillais
il	cueillait
nous	cueillions
ils	cueillaient

Plusquamperfekt plus-que-parfait
j'	avais	cueilli
il	avait	cueilli
nous	avions	cueilli
ils	avaient	cueilli

Passé simple passé simple
je	cueillis
il	cueillit
nous	cueillîmes
ils	cueillirent

„nahes" Futur futur proche
je	vais	cueillir
il	va	cueillir
nous	allons	cueillir
ils	vont	cueillir

einfaches Futur futur simple
je	cueillerai
il	cueillera
nous	cueillerons
ils	cueilleront

Futur II futur II
j'	aurai	cueilli
il	aura	cueilli
nous	aurons	cueilli
ils	auront	cueilli

PARTIZIP PARTICIPE

Präsens présent
cueillant

Perfekt passé
cueilli, cueillie

KONDITIONAL CONDITIONNEL

Präsens présent
je	cueillerais
il	cueillerait
nous	cueillerions
ils	cueilleraient

Perfekt passé
j'	aurais	cueilli
il	aurait	cueilli
nous	aurions	cueilli
ils	auraient	cueilli

IMPERATIV IMPÉRATIF
cueille
cueillons
cueillez

GERUNDIUM GÉRONDIF
en cueillant

SUBJONCTIF SUBJONCTIF

Präsens présent
que je	cueille
qu'il	cueille
que nous	cueillions
qu'ils	cueillent

Perfekt passé composé
que j'	aie	cueilli
qu'il	ait	cueilli
que nous	ayons	cueilli
qu'ils	aient	cueilli

Imperfekt imparfait
que je	cueillisse
qu'il	cueillît
que nous	cueillissions
qu'ils	cueillissent

Plusquamperfekt plus-que-parfait
que j'	eusse	cueilli
qu'il	eût	cueilli
que nous	eussions	cueilli
qu'ils	eussent	cueilli

devenir werden

INDIKATIV INDICATIF

Präsens présent

je	deviens
il	devient
nous	devenons
ils	deviennent

Perfekt passé composé

je	suis	devenu
il	est	devenu
nous	sommes	devenus
ils	sont	devenus

Imperfekt imparfait

je	devenais
il	devenait
nous	devenions
ils	devenaient

Plusquamperfekt plus-que-parfait

j'	étais	devenu
il	était	devenu
nous	étions	devenus
ils	étaient	devenus

Passé simple passé simple

je	devins
il	devint
nous	devînmes
ils	devinrent

„nahes" Futur futur proche

je	vais	devenir
il	va	devenir
nous	allons	devenir
ils	vont	devenir

einfaches Futur futur simple

je	deviendrai
il	deviendra
nous	deviendrons
ils	deviendront

Futur II futur II

je	serai	devenu
il	sera	devenu
nous	serons	devenus
ils	seront	devenus

PARTIZIP PARTICIPE

Präsens présent

devenant

Perfekt passé

devenu, devenue

GERUNDIUM GÉRONDIF

en devenant

IMPERATIV IMPÉRATIF

deviens
devenons
devenez

KONDITIONAL CONDITIONNEL

Präsens présent

je	deviendrais
il	deviendrait
nous	deviendrions
ils	deviendraient

Perfekt passé

je	serais	devenu
il	serait	devenu
nous	serions	devenus
ils	seraient	devenus

SUBJONCTIF SUBJONCTIF

Präsens présent

que je	devienne
qu'il	devienne
que nous	devenions
qu'ils	deviennent

Perfekt passé composé

que je	sois	devenu
qu'il	soit	devenu
que nous	soyons	devenus
qu'ils	soient	devenus

Imperfekt imparfait

que je	devinsse
qu'il	devînt
que nous	devinssions
qu'ils	devinssent

Plusquamperfekt plus-que-parfait

que je	fusse	devenu
qu'il	fût	devenu
que nous	fussions	devenus
qu'ils	fussent	devenus

devoir schulden; müssen

INDIKATIV INDICATIF

Präsens présent		**Perfekt** passé composé		**Imperfekt** imparfait		**Plusquamperfekt** plus-que-parfait	
je	dois	j'	ai dû	je	devais	j'	avais dû
il	doit	il	a dû	il	devait	il	avait dû
nous	devons	nous	avons dû	nous	devions	nous	avions dû
ils	doivent	ils	ont dû	ils	devaient	ils	avaient dû

Passé simple passé simple		**„nahes" Futur** futur proche		**einfaches Futur** futur simple		**Futur II** futur II	
je	dus	je	vais devoir	je	devrai	j'	aurai dû
il	dut	il	va devoir	il	devra	il	aura dû
nous	dûmes	nous	allons devoir	nous	devrons	nous	aurons dû
ils	durent	ils	vont devoir	ils	devront	ils	auront dû

PARTIZIP PARTICIPE

Präsens présent	**Perfekt** passé
devant	dû, due

GERUNDIUM GÉRONDIF

en devant

IMPERATIV IMPÉRATIF

dois
devons
devez

KONDITIONAL CONDITIONNEL

Präsens présent		**Perfekt** passé	
je	devrais	j'	aurais dû
il	devrait	il	aurait dû
nous	devrions	nous	aurions dû
ils	devraient	ils	auraient dû

SUBJONCTIF SUBJONCTIF

Präsens présent		**Perfekt** passé composé		**Imperfekt** imparfait		**Plusquamperfekt** plus-que-parfait	
que je	doive	que j'	aie dû	que je	dusse	que j'	eusse dû
qu'il	doive	qu'il	ait dû	qu'il	dût	qu'il	eût dû
que nous	devions	que nous	ayons dû	que nous	dussions	que nous	eussions dû
qu'ils	doivent	qu'ils	aient dû	qu'ils	dussent	qu'ils	eussent dû

dire sagen

INDIKATIV INDICATIF

Präsens présent

je	dis
il	dit
nous	disons
ils	disent

Perfekt passé composé

j'	ai	dit
il	a	dit
nous	avons	dit
ils	ont	dit

Imperfekt imparfait

je	disais
il	disait
nous	disions
ils	disaient

Plusquamperfekt plus-que-parfait

j'	avais	dit
il	avait	dit
nous	avions	dit
ils	avaient	dit

Passé simple passé simple

je	dis
il	dit
nous	dîmes
ils	dirent

„nahes" Futur futur proche

je	vais	dire
il	va	dire
nous	allons	dire
ils	vont	dire

einfaches Futur futur simple

je	dirai
il	dira
nous	dirons
ils	diront

Futur II futur II

j'	aurai	dit
il	aura	dit
nous	aurons	dit
ils	auront	dit

PARTIZIP PARTICIPE

Präsens présent

disant

Perfekt passé

dit, dite

GERUNDIUM GÉRONDIF

en disant

IMPERATIV IMPÉRATIF

dis
disons
dites

KONDITIONAL CONDITIONNEL

Präsens présent

je	dirais
il	dirait
nous	dirions
ils	diraient

Perfekt passé

j'	aurais	dit
il	aurait	dit
nous	aurions	dit
ils	auraient	dit

SUBJONCTIF SUBJONCTIF

Präsens présent

que je	dise
qu'il	dise
que nous	disions
qu'ils	disent

Perfekt passé composé

que j'	aie	dit
qu'il	ait	dit
que nous	ayons	dit
qu'ils	aient	dit

Imperfekt imparfait

que je	disse
qu'il	dît
que nous	dissions
qu'ils	dissent

Plusquamperfekt plus-que-parfait

que j'	eusse	dit
qu'il	eût	dit
que nous	eussions	dit
qu'ils	eussent	dit

dormir schlafen

INDIKATIV INDICATIF

Präsens présent

je	dors
il	dort
nous	dormons
ils	dorment

Perfekt passé composé

j'	ai	dormi
il	a	dormi
nous	avons	dormi
ils	ont	dormi

Imperfekt imparfait

je	dormais
il	dormait
nous	dormions
ils	dormaient

Plusquamperfekt plus-que-parfait

j'	avais	dormi
il	avait	dormi
nous	avions	dormi
ils	avaient	dormi

Passé simple passé simple

je	dormis
il	dormit
nous	dormîmes
ils	dormirent

„nahes" Futur futur proche

je	vais	dormir
il	va	dormir
nous	allons	dormir
ils	vont	dormir

einfaches Futur futur simple

je	dormirai
il	dormira
nous	dormirons
ils	dormiront

Futur II futur II

j'	aurai	dormi
il	aura	dormi
nous	aurons	dormi
ils	auront	dormi

PARTIZIP PARTICIPE

Präsens présent

dormant

Perfekt passé

dormi, dormie

IMPERATIV IMPÉRATIF

dors
dormons
dormez

GERUNDIUM GÉRONDIF

en dormant

KONDITIONAL CONDITIONNEL

Präsens présent

je	dormirais
il	dormirait
nous	dormirions
ils	dormiraient

Perfekt passé

j'	aurais	dormi
il	aurait	dormi
nous	aurions	dormi
ils	auraient	dormi

SUBJONCTIF SUBJONCTIF

Präsens présent

que je	dorme
qu'il	dorme
que nous	dormions
qu'ils	dorment

Perfekt passé composé

que j'	aie	dormi
qu'il	ait	dormi
que nous	ayons	dormi
qu'ils	aient	dormi

Imperfekt imparfait

que je	dormisse
qu'il	dormît
que nous	dormissions
qu'ils	dormissent

Plusquamperfekt plus-que-parfait

que j'	eusse	dormi
qu'il	eût	dormi
que nous	eussions	dormi
qu'ils	eussent	dormi

écrire schreiben

INDIKATIV INDICATIF

Präsens présent

j'	écris
il	écrit
nous	écrivons
ils	écrivent

Perfekt passé composé

j'	ai	écrit
il	a	écrit
nous	avons	écrit
ils	ont	écrit

Imperfekt imparfait

j'	écrivais
il	écrivait
nous	écrivions
ils	écrivaient

Plusquamperfekt plus-que-parfait

j'	avais	écrit
il	avait	écrit
nous	avions	écrit
ils	avaient	écrit

Passé simple passé simple

j'	écrivis
il	écrivit
nous	écrivîmes
ils	écrivirent

„nahes" Futur futur proche

je	vais	écrire
il	va	écrire
nous	allons	écrire
ils	vont	écrire

einfaches Futur futur simple

j'	écrirai
il	écrira
nous	écrirons
ils	écriront

Futur II futur II

j'	aurai	écrit
il	aura	écrit
nous	aurons	écrit
ils	auront	écrit

PARTIZIP PARTICIPE

Präsens présent

écrivant

Perfekt passé

écrit, écrite

IMPERATIV IMPÉRATIF

écris
écrivons
écrivez

GERUNDIUM GÉRONDIF

en écrivant

KONDITIONAL CONDITIONNEL

Präsens présent

j'	écrirais
il	écrirait
nous	écririons
ils	écriraient

Perfekt passé

j'	aurais	écrit
il	aurait	écrit
nous	aurions	écrit
ils	auraient	écrit

SUBJONCTIF SUBJONCTIF

Präsens présent

que j'	écrive
qu'il	écrive
que nous	écrivions
qu'ils	écrivent

Perfekt passé composé

que j'	aie	écrit
qu'il	ait	écrit
que nous	ayons	écrit
qu'ils	aient	écrit

Imperfekt imparfait

que j'	écrivisse
qu'il	écrivît
que nous	écrivissions
qu'ils	écrivissent

Plusquamperfekt plus-que-parfait

que j'	eusse	écrit
qu'il	eût	écrit
que nous	eussions	écrit
qu'ils	eussent	écrit

envoyer schicken

INDIKATIV INDICATIF

Präsens présent		Perfekt passé composé			Imperfekt imparfait			Plusquamperfekt plus-que-parfait		
j'	envoie	j'	ai	envoyé	j'	envoyais		j'	avais	envoyé
il	envoie	il	a	envoyé	il	envoyait		il	avait	envoyé
nous	envoyons	nous	avons	envoyé	nous	envoyions		nous	avions	envoyé
ils	envoient	ils	ont	envoyé	ils	envoyaient		ils	avaient	envoyé

Passé simple passé simple		„nahes" Futur futur proche			einfaches Futur futur simple		Futur II futur II		
j'	envoyai	je	vais	envoyer	j'	enverrai	j'	aurai	envoyé
il	envoya	il	va	envoyer	il	enverra	il	aura	envoyé
nous	envoyâmes	nous	allons	envoyer	nous	enverrons	nous	aurons	envoyé
ils	envoyèrent	ils	vont	envoyer	ils	enverront	ils	auront	envoyé

PARTIZIP PARTICIPE

Präsens présent	Perfekt passé
envoyant	envoyé, envoyée

IMPERATIV IMPÉRATIF

envoie
envoyons
envoyez

GERUNDIUM GÉRONDIF

en envoyant

KONDITIONAL CONDITIONNEL

Präsens présent		Perfekt passé		
j'	enverrais	j'	aurais	envoyé
il	enverrait	il	aurait	envoyé
nous	enverrions	nous	aurions	envoyé
ils	enverraient	ils	auraient	envoyé

SUBJONCTIF SUBJONCTIF

Präsens présent		Perfekt passé composé			Imperfekt imparfait		Plusquamperfekt plus-que-parfait		
que j'	envoie	que j'	aie	envoyé	que j'	envoyasse	que j'	eusse	envoyé
qu'il	envoie	qu'il	ait	envoyé	qu'il	envoyât	qu'il	eût	envoyé
que nous	envoyions	que nous	ayons	envoyé	que nous	envoyassions	que nous	eussions	envoyé
qu'ils	envoient	qu'ils	aient	envoyé	qu'ils	envoyassent	qu'ils	eussent	envoyé

essayer versuchen; [aus]probieren — Verben auf -ayer

INDIKATIV INDICATIF

Präsens présent
- j'   essaie/essaye
- il   essaie/essaye
- nous   essayons
- ils   essaient/essayent

Perfekt passé composé
- j'   ai   essayé
- il   a   essayé
- nous   avons   essayé
- ils   ont   essayé

Imperfekt imparfait
- j'   essayais
- il   essayait
- nous   essayions
- ils   essayaient

Plusquamperfekt plus-que-parfait
- j'   avais   essayé
- il   avait   essayé
- nous   avions   essayé
- ils   avaient   essayé

Passé simple passé simple
- j'   essayai
- il   essaya
- nous   essayâmes
- ils   essayèrent

„nahes" Futur futur proche
- je   vais   essayer
- il   va   essayer
- nous   allons essayer
- ils   vont   essayer

einfaches Futur futur simple
- j'   essaierai/essayerai
- il   essaiera/essayera
- nous   essaierons/essayerons
- ils   essaieront/essayeront

Futur II futur II
- j'   aurai   essayé
- il   aura   essayé
- nous   aurons   essayé
- ils   auront   essayé

KONDITIONAL CONDITIONNEL

Präsens présent
- j'   essaierais/essayerais
- il   essaierait/essayerait
- nous   essaierions/essayerions
- ils   essaieraient/essayeraient

Perfekt passé
- j'   aurais   essayé
- il   aurait   essayé
- nous   aurions   essayé
- ils   auraient essayé

PARTIZIP PARTICIPE

Präsens présent
- essayant

Perfekt passé
- essayé, essayée

IMPERATIV IMPÉRATIF
- essaye/essaie
- essayons
- essayez

GERUNDIUM GÉRONDIF
- en essayant

SUBJONCTIF SUBJONCTIF

Präsens présent
- que j'   essaie/essaye
- qu'il   essaie/essaye
- que nous   essayions
- qu'ils   essaient/essayent

Perfekt passé composé
- que j'   aie   essayé
- qu'il   ait   essayé
- que nous   ayons   essayé
- qu'ils   aient   essayé

Imperfekt imparfait
- que j'   essayasse
- qu'il   essayât
- que nous   essayassions
- qu'ils   essayassent

Plusquamperfekt plus-que-parfait
- que j'   eusse   essayé
- qu'il   eût   essayé
- que nous   eussions essayé
- qu'ils   eussent   essayé

être sein

INDIKATIV INDICATIF

Präsens présent

je	suis
il	est
nous	sommes
ils	sont

Perfekt passé composé

j'	ai	été
il	a	été
nous	avons	été
ils	ont	été

Imperfekt imparfait

j'	étais
il	était
nous	étions
ils	étaient

Plusquamperfekt plus-que-parfait

j'	avais	été
il	avait	été
nous	avions	été
ils	avaient	été

Passé simple passé simple

je	fus
il	fut
nous	fûmes
ils	furent

„nahes" Futur futur proche

je	vais	être
il	va	être
nous	allons	être
ils	vont	être

einfaches Futur futur simple

je	serai
il	sera
nous	serons
ils	seront

Futur II futur II

j'	aurai	été
il	aura	été
nous	aurons	été
ils	auront	été

PARTIZIP PARTICIPE

Präsens présent

étant

Perfekt passé

été

GERUNDIUM GÉRONDIF

Präsens présent

en étant

IMPERATIV IMPÉRATIF

sois
soyons
soyez

KONDITIONAL CONDITIONNEL

Präsens présent

je	serais
il	serait
nous	serions
ils	seraient

Perfekt passé

j'	aurais	été
il	aurait	été
nous	aurions	été
ils	auraient	été

SUBJONCTIF SUBJONCTIF

Präsens présent

que je	sois
qu'il	soit
que nous	soyons
qu'ils	soient

Perfekt passé composé

que j'	aie	été
qu'il	ait	été
que nous	ayons	été
qu'ils	aient	été

Imperfekt imparfait

que je	fusse
qu'il	fût
que nous	fussions
qu'ils	fussent

Plusquamperfekt plus-que-parfait

que j'	eusse	été
qu'il	eût	été
que nous	eussions	été
qu'ils	eussent	été

exclure ausschließen

Verben auf -clure

INDIKATIV INDICATIF

Präsens présent

j'	exclus
il	exclut
nous	excluons
ils	excluent

Perfekt passé composé

j'	ai	exclu
il	a	exclu
nous	avons	exclu
ils	ont	exclu

Imperfekt imparfait

j'	excluais
il	excluait
nous	excluions
ils	excluaient

Plusquamperfekt plus-que-parfait

j'	avais	exclu
il	avait	exclu
nous	avions	exclu
ils	avaient	exclu

Passé simple passé simple

j'	exclus
il	exclut
nous	exclûmes
ils	exclurent

„nahes" Futur futur proche

je	vais	exclure
il	va	exclure
nous	allons	exclure
ils	vont	exclure

einfaches Futur futur simple

j'	exclurai
il	exclura
nous	exclurons
ils	excluront

Futur II futur II

j'	aurai	exclu
il	aura	exclu
nous	aurons	exclu
ils	auront	exclu

PARTIZIP PARTICIPE

Präsens présent

excluant

Perfekt passé

exclu, exclue

GERUNDIUM GÉRONDIF

en excluant

IMPERATIV IMPÉRATIF

exclus
excluons
excluez

KONDITIONAL CONDITIONNEL

Präsens présent

j'	exclurais
il	exclurait
nous	exclurions
ils	excluraient

Perfekt passé

j'	aurais	exclu
il	aurait	exclu
nous	aurions	exclu
ils	auraient	exclu

SUBJONCTIF SUBJONCTIF

Präsens présent

que j'	exclue
qu'il	exclue
que nous	excluions
qu'ils	excluent

Perfekt passé composé

que j'	aie	exclu
qu'il	ait	exclu
que nous	ayons	exclu
qu'ils	aient	exclu

Imperfekt imparfait

que j'	exclusse
qu'il	exclût
que nous	exclussions
qu'ils	exclussent

Plusquamperfekt plus-que-parfait

que j'	eusse	exclu
qu'il	eût	exclu
que nous	eussions	exclu
qu'ils	eussent	exclu

extraire herausholen; ziehen — Zusammensetzungen von **traire**

INDIKATIV INDICATIF

Präsens présent	**Perfekt** passé composé	**Imperfekt** imparfait	**Plusquamperfekt** plus-que-parfait
j' extrais	j' ai extrait	j' extrayais	j' avais extrait
il extrait	il a extrait	il extrayait	il avait extrait
nous extrayons	nous avons extrait	nous extrayions	nous avions extrait
ils extraient	ils ont extrait	ils extrayaient	ils avaient extrait

Passé simple passé simple	**„nahes" Futur** futur proche	**einfaches Futur** futur simple	**Futur II** futur II
fehlt	je vais extraire	j' extrairai	j' aurai extrait
	il va extraire	il extraira	il aura extrait
	nous allons extraire	nous extrairons	nous aurons extrait
	ils vont extraire	ils extrairont	ils auront extrait

PARTIZIP PARTICIPE — KONDITIONAL CONDITIONNEL

Präsens présent	**Perfekt** passé	**Präsens** présent	**Perfekt** passé
extrayant	extrait, extraite	j' extrairais	j' aurais extrait
		il extrairait	il aurait extrait
GERUNDIUM GÉRONDIF	**IMPERATIV** IMPÉRATIF	nous extrairions	nous aurions extrait
en extrayant	extrais	ils extrairaient	ils auraient extrait
	extrayons		
	extrayez		

SUBJONCTIF SUBJONCTIF

Präsens présent	**Perfekt** passé composé	**Imperfekt** imparfait	**Plusquamperfekt** plus-que-parfait
que j' extraie	que j' aie extrait	*fehlt*	que j' eusse extrait
qu'il extraie	qu'il ait extrait		qu'il eût extrait
que nous extrayions	que nous ayons extrait		que nous eussions extrait
qu'ils extraient	qu'ils aient extrait		qu'ils eussent extrait

faillir (faillir faire quelque chose beinahe etwas tun)

INDIKATIV INDICATIF

Präsens présent

je	faillis/(faux)
il	faillit/(faut)
nous	faillissons/(faillons)
ils	faillissent/(faillent)

Perfekt passé composé

j'	ai	failli
il	a	failli
nous	avons	failli
ils	ont	failli

Imperfekt imparfait

je	faillissais/(faillais)
il	faillissait/(faillait)
nous	faillissions/(faillions)
ils	faillissaient/(faillaient)

Plusquamperfekt plus-que-parfait

j'	avais	failli
il	avait	failli
nous	avions	failli
ils	avaient	failli

Passé simple passé simple

je	faillis
il	faillit
nous	faillîmes
ils	faillirent

„nahes" Futur futur proche

je	vais	faillir
il	va	faillir
nous	allons	faillir
ils	vont	faillir

einfaches Futur futur simple

je	faillirai/(faudrai)
il	faillira/(faudra)
nous	faillirons/(faudrons)
ils	failliront/(faudront)

Futur II futur II

j'	aurai	failli
il	aura	failli
nous	aurons	failli
ils	auront	failli

PARTIZIP PARTICIPE

Präsens présent

faillissant/(faillant)

Perfekt passé

failli

GERUNDIUM GÉRONDIF

en faillissant/(en faillant)

IMPERATIV IMPÉRATIF

faillis/(faux)
faillissons/(faillons)
faillissez/(faillez)

KONDITIONAL CONDITIONNEL

Präsens présent

je	faillirais/(faudrais)
il	faillirait/(faudrait)
nous	faillirions/(faudrions)
ils	failliraient/(faudraient)

Perfekt passé

j'	aurais	failli
il	aurait	failli
nous	aurions	failli
ils	auraient	failli

SUBJONCTIF SUBJONCTIF

Präsens présent

que je	faillisse/(faille)
qu'il	faillisse/(faille)
que nous	faillissions/(faillions)
qu'ils	faillissent/(faillent)

Perfekt passé composé

que j'	aie	failli
qu'il	ait	failli
que nous	ayons	failli
qu'ils	aient	failli

Imperfekt imparfait

que je	faillisse
qu'il	faillît
que nous	faillissions
qu'ils	faillissent

Plusquamperfekt plus-que-parfait

que j'	eusse	failli
qu'il	eût	failli
que nous	eussions	failli
qu'ils	eussent	failli

faire machen

INDIKATIV INDICATIF

Präsens présent

je	fais
il	fait
nous	faisons
ils	font

Perfekt passé composé

j'	ai	fait
il	a	fait
nous	avons	fait
ils	ont	fait

Imperfekt imparfait

je	faisais
il	faisait
nous	faisions
ils	faisaient

Plusquamperfekt plus-que-parfait

j'	avais	fait
il	avait	fait
nous	avions	fait
ils	avaient	fait

Passé simple passé simple

je	fis
il	fit
nous	fîmes
ils	firent

„nahes" Futur futur proche

je	vais	faire
il	va	faire
nous	allons	faire
ils	vont	faire

einfaches Futur futur simple

je	ferai
il	fera
nous	ferons
ils	feront

Futur II futur II

j'	aurai	fait
il	aura	fait
nous	aurons	fait
ils	auront	fait

PARTIZIP PARTICIPE

Präsens présent

faisant

Perfekt passé

fait, faite

GERUNDIUM GÉRONDIF

en faisant

IMPERATIV IMPÉRATIF

fais
faisons
faites

KONDITIONAL CONDITIONNEL

Präsens présent

je	ferais
il	ferait
nous	ferions
ils	feraient

Perfekt passé

j'	aurais	fait
il	aurait	fait
nous	aurions	fait
ils	auraient	fait

SUBJONCTIF SUBJONCTIF

Präsens présent

que je	fasse
qu'il	fasse
que nous	fassions
qu'ils	fassent

Perfekt passé composé

que j'	aie	fait
qu'il	ait	fait
que nous	ayons	fait
qu'ils	aient	fait

Imperfekt imparfait

que je	fisse
qu'il	fît
que nous	fissions
qu'ils	fissent

Plusquamperfekt plus-que-parfait

que j'	eusse	fait
qu'il	eût	fait
que nous	eussions	fait
qu'ils	eussent	fait

falloir brauchen; müssen; sollen — unpersönliches Verb

INDIKATIV INDICATIF

Präsens présent	Perfekt passé composé	Imperfekt imparfait	Plusquamperfekt plus-que-parfait
il faut	il a fallu	il fallait	il avait fallu

Passé simple passé simple	„nahes" Futur futur proche	einfaches Futur futur simple	Futur II futur II
il fallut	il va falloir	il faudra	il aura fallu

PARTIZIP PARTICIPE

KONDITIONAL CONDITIONNEL

Präsens présent	Perfekt passé	Präsens présent	Perfekt passé
fehlt	fallu	il faudrait	il aurait fallu

IMPERATIV IMPÉRATIF

fehlt

SUBJONCTIF SUBJONCTIF

Präsens présent	Perfekt passé composé	Imperfekt imparfait	Plusquamperfekt plus-que-parfait
qu'il faille	qu'il ait fallu	qu'il fallût	qu'il eût fallu

GERUNDIUM GÉRONDIF

fehlt

frire [in heißem Fett] braten; frittieren

INDIKATIV INDICATIF

Präsens présent

je	fris
il	frit
nous	*fehlt*
ils	*fehlt*

Perfekt passé composé

j'	ai	frit
il	a	frit
nous	avons	frit
ils	ont	frit

Imperfekt imparfait

fehlt

Plusquamperfekt plus-que-parfait

j'	avais	frit
il	avait	frit
nous	avions	frit
ils	avaient	frit

Passé simple passé simple

fehlt

„nahes" Futur futur proche

je	vais	frire
il	va	frire
nous	allons	frire
ils	vont	frire

einfaches Futur futur simple

je	frirai
il	frira
nous	frirons
ils	friront

Futur II futur II

j'	aurai	frit
il	aura	frit
nous	aurons	frit
ils	auront	frit

PARTIZIP PARTICIPE

Perfekt passé

frit, frite

KONDITIONAL CONDITIONNEL

Präsens présent

je	frirais
il	frirait
nous	fririons
ils	friraient

Perfekt passé

j'	aurais	frit
il	aurait	frit
nous	aurions	frit
ils	auraient	frit

IMPERATIV IMPÉRATIF

fris
fehlt
fehlt

GERUNDIUM GÉRONDIF

fehlt

SUBJONCTIF SUBJONCTIF

Präsens présent

fehlt

Perfekt passé composé

que j'	aie	frit
qu'il	ait	frit
que nous	ayons	frit
qu'ils	aient	frit

Imperfekt imparfait

fehlt

Plusquamperfekt plus-que-parfait

que j'	eusse	frit
qu'il	eût	frit
que nous eussions	frit
qu'ils	eussent	frit

fuir fliehen; flüchten

INDIKATIV INDICATIF

Präsens présent

je	fuis
il	fuit
nous	fuyons
ils	fuient

Perfekt passé composé

j'	ai	fui
il	a	fui
nous	avons	fui
ils	ont	fui

Imperfekt imparfait

je	fuyais
il	fuyait
nous	fuyions
ils	fuyaient

Plusquamperfekt plus-que-parfait

j'	avais	fui
il	avait	fui
nous	avions	fui
ils	avaient	fui

Passé simple passé simple

je	fuis
il	fuit
nous	fuîmes
ils	fuirent

„nahes" Futur futur proche

je	vais	fuir
il	va	fuir
nous	allons	fuir
ils	vont	fuir

einfaches Futur futur simple

je	fuirai
il	fuira
nous	fuirons
ils	fuiront

Futur II futur II

j'	aurai	fui
il	aura	fui
nous	aurons	fui
ils	auront	fui

PARTIZIP PARTICIPE

Präsens présent

fuyant

Perfekt passé

fui, fuie

GERUNDIUM GÉRONDIF

en fuyant

IMPERATIV IMPÉRATIF

fuis
fuyons
fuyez

KONDITIONAL CONDITIONNEL

Präsens présent

je	fuirais
il	fuirait
nous	fuirions
ils	fuiraient

Perfekt passé

j'	aurais	fui
il	aurait	fui
nous	aurions	fui
ils	auraient	fui

SUBJONCTIF SUBJONCTIF

Präsens présent

que je	fuie
qu'il	fuie
que nous	fuyions
qu'ils	fuient

Perfekt passé composé

que j'	aie	fui
qu'il	ait	fui
que nous	ayons	fui
qu'ils	aient	fui

Imperfekt imparfait

que je	fuisse
qu'il	fuît
que nous	fuissions
qu'ils	fuissent

Plusquamperfekt plus-que-parfait

que j'	eusse	fui
qu'il	eût	fui
que nous	eussions	fui
qu'ils	eussent	fui

haïr hassen

INDIKATIV INDICATIF

Präsens présent

je	hais
il	hait
nous	haïssons
ils	haïssent

Perfekt passé composé

j'	ai	haï
il	a	haï
nous	avons	haï
ils	ont	haï

Imperfekt imparfait

je	haïssais
il	haïssait
nous	haïssions
ils	haïssaient

Plusquamperfekt plus-que-parfait

j'	avais	haï
il	avait	haï
nous	avions	haï
ils	avaient	haï

Passé simple passé simple

je	haïs
il	haït
nous	haïmes
ils	haïrent

„nahes" Futur futur proche

je	vais	haïr
il	va	haïr
nous	allons	haïr
ils	vont	haïr

einfaches Futur futur simple

je	haïrai
il	haïra
nous	haïrons
ils	haïront

Futur II futur II

j'	aurai	haï
il	aura	haï
nous	aurons	haï
ils	auront	haï

PARTIZIP PARTICIPE

Präsens présent

haïssant

Perfekt passé

haï, haïe

GERUNDIUM GÉRONDIF

en haïssant

IMPERATIV IMPÉRATIF

hais
haïssons
haïssez

KONDITIONAL CONDITIONNEL

Präsens présent

je	haïrais
il	haïrait
nous	haïrions
ils	haïraient

Perfekt passé

j'	aurais	haï
il	aurait	haï
nous	aurions	haï
ils	auraient	haï

SUBJONCTIF SUBJONCTIF

Präsens présent

que je	haïsse
qu'il	haïsse
que nous	haïssions
qu'ils	haïssent

Perfekt passé composé

que j'	aie	haï
qu'il	ait	haï
que nous	ayons	haï
qu'ils	aient	haï

Imperfekt imparfait

que je	haïsse
qu'il	haït
que nous	haïssions
qu'ils	haïssent

Plusquamperfekt plus-que-parfait

que j'	eusse	haï
qu'il	eût	haï
que nous	eussions	haï
qu'ils	eussent	haï

joindre zusammenfügen; [miteinander] verbinden; erreichen

Verben auf -oindre

INDIKATIV INDICATIF

Präsens présent

je	joins
il	joint
nous	joignons
ils	joignent

Perfekt passé composé

j'	ai	joint
il	a	joint
nous	avons	joint
ils	ont	joint

Imperfekt imparfait

je	joignais
il	joignait
nous	joignions
ils	joignaient

Plusquamperfekt plus-que-parfait

j'	avais	joint
il	avait	joint
nous	avions	joint
ils	avaient	joint

Passé simple passé simple

je	joignis
il	joignit
nous	joignîmes
ils	joignirent

„nahes" Futur futur proche

je	vais	joindre
il	va	joindre
nous	allons	joindre
ils	vont	joindre

einfaches Futur futur simple

je	joindrai
il	joindra
nous	joindrons
ils	joindront

Futur II futur II

j'	aurai	joint
il	aura	joint
nous	aurons	joint
ils	auront	joint

PARTIZIP PARTICIPE

Präsens présent

joignant

Perfekt passé

joint, jointe

KONDITIONAL CONDITIONNEL

Präsens présent

je	joindrais
il	joindrait
nous	joindrions
ils	joindraient

Perfekt passé

j'	aurais	joint
il	aurait	joint
nous	aurions	joint
ils	auraient	joint

IMPERATIV IMPÉRATIF

joins
joignons
joignez

GERUNDIUM GÉRONDIF

en joignant

SUBJONCTIF SUBJONCTIF

Präsens présent

que je	joigne
qu'il	joigne
que nous	joignions
qu'ils	joignent

Perfekt passé composé

que j'	aie	joint
qu'il	ait	joint
que nous	ayons	joint
qu'ils	aient	joint

Imperfekt imparfait

que je	joignisse
qu'il	joignît
que nous	joignissions
qu'ils	joignissent

Plusquamperfekt plus-que-parfait

que j'	eusse	joint
qu'il	eût	joint
que nous	eussions	joint
qu'ils	eussent	joint

lire lesen

INDIKATIV INDICATIF

Präsens présent

je	lis
il	lit
nous	lisons
ils	lisent

Perfekt passé composé

j'	ai	lu
il	a	lu
nous	avons	lu
ils	ont	lu

Imperfekt imparfait

je	lisais
il	lisait
nous	lisions
ils	lisaient

Plusquamperfekt plus-que-parfait

j'	avais	lu
il	avait	lu
nous	avions	lu
ils	avaient	lu

Passé simple passé simple

je	lus
il	lut
nous	lûmes
ils	lurent

„nahes" Futur futur proche

je	vais	lire
il	va	lire
nous	allons	lire
ils	vont	lire

einfaches Futur futur simple

je	lirai
il	lira
nous	lirons
ils	liront

Futur II futur II

j'	aurai	lu
il	aura	lu
nous	aurons	lu
ils	auront	lu

PARTIZIP PARTICIPE

Präsens présent

lisant

Perfekt passé

lu, lue

GERUNDIUM GÉRONDIF

en lisant

IMPERATIV IMPÉRATIF

lis
lisons
lisez

KONDITIONAL CONDITIONNEL

Präsens présent

je	lirais
il	lirait
nous	lirions
ils	liraient

Perfekt passé

j'	aurais	lu
il	aurait	lu
nous	aurions	lu
ils	auraient	lu

SUBJONCTIF SUBJONCTIF

Präsens présent

que je	lise
qu'il	lise
que nous	lisions
qu'ils	lisent

Perfekt passé composé

que j'	aie	lu
qu'il	ait	lu
que nous	ayons	lu
qu'ils	aient	lu

Imperfekt imparfait

que je	lusse
qu'il	lût
que nous	lussions
qu'ils	lussent

Plusquamperfekt plus-que-parfait

que j'	eusse	lu
qu'il	eût	lu
que nous	eussions	lu
qu'ils	eussent	lu

mettre setzen; legen; stellen; anziehen

INDIKATIV INDICATIF

Präsens présent		**Perfekt** passé composé		**Imperfekt** imparfait		**Plusquamperfekt** plus-que-parfait	
je	mets	j'	ai mis	je	mettais	j'	avais mis
il	met	il	a mis	il	mettait	il	avait mis
nous	mettons	nous	avons mis	nous	mettions	nous	avions mis
ils	mettent	ils	ont mis	ils	mettaient	ils	avaient mis

Passé simple passé simple		**„nahes" Futur** futur proche		**einfaches Futur** futur simple		**Futur II** futur II	
je	mis	je	vais mettre	je	mettrai	j'	aurai mis
il	mit	il	va mettre	il	mettra	il	aura mis
nous	mîmes	nous	allons mettre	nous	mettrons	nous	aurons mis
ils	mirent	ils	vont mettre	ils	mettront	ils	auront mis

PARTIZIP PARTICIPE

Präsens présent	**Perfekt** passé
mettant	mis, mise

GERUNDIUM GÉRONDIF

en mettant

IMPERATIV IMPÉRATIF

mets
mettons
mettez

KONDITIONAL CONDITIONNEL

Präsens présent		**Perfekt** passé	
je	mettrais	j'	aurais mis
il	mettrait	il	aurait mis
nous	mettrions	nous	aurions mis
ils	mettraient	ils	auraient mis

SUBJONCTIF SUBJONCTIF

Präsens présent		**Perfekt** passé composé		**Imperfekt** imparfait		**Plusquamperfekt** plus-que-parfait	
que je	mette	que j'	aie mis	que je	misse	que j'	eusse mis
qu'il	mette	qu'il	ait mis	qu'il	mît	qu'il	eût mis
que nous	mettions	que nous	ayons mis	que nous	missions	que nous	eussions mis
qu'ils	mettent	qu'ils	aient mis	qu'ils	missent	qu'ils	eussent mis

moudre mahlen

INDIKATIV INDICATIF

Präsens présent

je	mouds
il	moud
nous	moulons
ils	moulent

Perfekt passé composé

j'	ai	moulu
il	a	moulu
nous	avons	moulu
ils	ont	moulu

Imperfekt imparfait

je	moulais
il	moulait
nous	moulions
ils	moulaient

Plusquamperfekt plus-que-parfait

j'	avais	moulu
il	avait	moulu
nous	avions	moulu
ils	avaient	moulu

Passé simple passé simple

je	moulus
il	moulut
nous	moulûmes
ils	moulurent

„nahes" Futur futur proche

je	vais	moudre
il	va	moudre
nous	allons	moudre
ils	vont	moudre

einfaches Futur futur simple

je	moudrai
il	moudra
nous	moudrons
ils	moudront

Futur II futur II

j'	aurai	moulu
il	aura	moulu
nous	aurons	moulu
ils	auront	moulu

PARTIZIP PARTICIPE

Präsens présent

moulant

Perfekt passé

moulu, moulue

GERUNDIUM GÉRONDIF

en moulant

IMPERATIV IMPÉRATIF

mouds
moulons
moulez

KONDITIONAL CONDITIONNEL

Präsens présent

je	moudrais
il	moudrait
nous	moudrions
ils	moudraient

Perfekt passé

j'	aurais	moulu
il	aurait	moulu
nous	aurions	moulu
ils	auraient	moulu

SUBJONCTIF SUBJONCTIF

Präsens présent

que je	moule
qu'il	moule
que nous	moulions
qu'ils	moulent

Perfekt passé composé

que j'	aie	moulu
qu'il	ait	moulu
que nous	ayons	moulu
qu'ils	aient	moulu

Imperfekt imparfait

que je	moulusse
qu'il	moulût
que nous	moulussions
qu'ils	moulussent

Plusquamperfekt plus-que-parfait

que j'	eusse	moulu
qu'il	eût	moulu
que nous	eussions	moulu
qu'ils	eussent	moulu

mourir sterben

INDIKATIV INDICATIF

Präsens présent

je	meurs
il	meurt
nous	mourons
ils	meurent

Perfekt passé composé

je	suis	mort
il	est	mort
nous	sommes	morts
ils	sont	morts

Imperfekt imparfait

je	mourais
il	mourait
nous	mourions
ils	mouraient

Plusquamperfekt plus-que-parfait

j'	étais	mort
il	était	mort
nous	étions	morts
ils	étaient	morts

Passé simple passé simple

je	mourus
il	mourut
nous	mourûmes
ils	moururent

„nahes" Futur futur proche

je	vais	mourir
il	va	mourir
nous	allons	mourir
ils	vont	mourir

einfaches Futur futur simple

je	mourrai
il	mourra
nous	mourrons
ils	mourront

Futur II futur II

je	serai	mort
il	sera	mort
nous	serons	morts
ils	seront	morts

PARTIZIP PARTICIPE

Präsens présent

mourant

Perfekt passé

mort, morte

GERUNDIUM GÉRONDIF

en mourant

IMPERATIV IMPÉRATIF

meurs
mourons
mourez

KONDITIONAL CONDITIONNEL

Präsens présent

je	mourrais
il	mourrait
nous	mourrions
ils	mourraient

Perfekt passé

je	serais	mort
il	serait	mort
nous	serions	morts
ils	seraient	morts

SUBJONCTIF SUBJONCTIF

Präsens présent

que je	meure
qu'il	meure
que nous	mourions
qu'ils	meurent

Perfekt passé composé

que je	sois	mort
qu'il	soit	mort
que nous	soyons	morts
qu'ils	soient	morts

Imperfekt imparfait

que je	mourusse
qu'il	mourût
que nous	mourussions
qu'ils	mourussent

Plusquamperfekt plus-que-parfait

que je	fusse	mort
qu'il	fût	mort
que nous	fussions	morts
qu'ils	fussent	morts

mouvoir bewegen

INDIKATIV INDICATIF

Präsens présent

je	meus
il	meut
nous	mouvons
ils	meuvent

Perfekt passé composé

j'	ai	mû
il	a	mû
nous	avons	mû
ils	ont	mû

Imperfekt imparfait

je	mouvais
il	mouvait
nous	mouvions
ils	mouvaient

Plusquamperfekt plus-que-parfait

j'	avais	mû
il	avait	mû
nous	avions	mû
ils	avaient	mû

Passé simple passé simple

je	mus
il	mut
nous	mûmes
ils	murent

„nahes" Futur futur proche

je	vais	mouvoir
il	va	mouvoir
nous	allons	mouvoir
ils	vont	mouvoir

einfaches Futur futur simple

je	mouvrai
il	mouvra
nous	mouvrons
ils	mouvront

Futur II futur II

j'	aurai	mû
il	aura	mû
nous	aurons	mû
ils	auront	mû

PARTIZIP PARTICIPE

Präsens présent

mouvant

Perfekt passé

mû, mue

KONDITIONAL CONDITIONNEL

Präsens présent

je	mouvrais
il	mouvrait
nous	mouvrions
ils	mouvraient

Perfekt passé

j'	aurais	mû
il	aurait	mû
nous	aurions	mû
ils	auraient	mû

GERUNDIUM GÉRONDIF

en mouvant

IMPERATIV IMPÉRATIF

meus
mouvons
mouvez

SUBJONCTIF SUBJONCTIF

Präsens présent

que je	meuve
qu'il	meuve
que nous	mouvions
qu'ils	meuvent

Perfekt passé composé

que j'	aie	mû
qu'il	ait	mû
que nous	ayons	mû
qu'ils	aient	mû

Imperfekt imparfait

que je	musse
qu'il	mût
que nous	mussions
qu'ils	mussent

Plusquamperfekt plus-que-parfait

que j'	eusse	mû
qu'il	eût	mû
que nous	eussions	mû
qu'ils	eussent	mû

naître geboren werden; entstehen

INDIKATIV INDICATIF

Präsens présent

je	nais
il	naît
nous	naissons
ils	naissent

Perfekt passé composé

je	suis	né
il	est	né
nous	sommes	nés
ils	sont	nés

Imperfekt imparfait

je	naissais
il	naissait
nous	naissions
ils	naissaient

Plusquamperfekt plus-que-parfait

j'	étais	né
il	était	né
nous	étions	nés
ils	étaient	nés

Passé simple passé simple

je	naquis
il	naquit
nous	naquîmes
ils	naquirent

„nahes" Futur futur proche

je	vais naître
il	va naître
nous	allons naître
ils	vont naître

einfaches Futur futur simple

je	naîtrai
il	naîtra
nous	naîtrons
ils	naîtront

Futur II futur II

je	serai	né
il	sera	né
nous	serons	nés
ils	seront	nés

PARTIZIP PARTICIPE

Präsens présent

naissant

Perfekt passé

né, née

GERUNDIUM GÉRONDIF

en naissant

IMPERATIV IMPÉRATIF

nais
naissons
naissez

KONDITIONAL CONDITIONNEL

Präsens présent

je	naîtrais
il	naîtrait
nous	naîtrions
ils	naîtraient

Perfekt passé

je	serais	né
il	serait	né
nous	serions	nés
ils	seraient	nés

SUBJONCTIF SUBJONCTIF

Präsens présent

que je	naisse
qu'il	naisse
que nous	naissions
qu'ils	naissent

Perfekt passé composé

que je	sois	né
qu'il	soit	né
que nous	soyons	nés
qu'ils	soient	nés

Imperfekt imparfait

que je	naquisse
qu'il	naquît
que nous	naquissions
qu'ils	naquissent

Plusquamperfekt plus-que-parfait

que je	fusse	né
qu'il	fût	né
que nous	fussions	nés
qu'ils	fussent	nés

nuire schaden

INDIKATIV INDICATIF

Präsens présent

je	nuis
il	nuit
nous	nuisons
ils	nuisent

Perfekt passé composé

j'	ai	nui
il	a	nui
nous	avons	nui
ils	ont	nui

Imperfekt imparfait

je	nuisais
il	nuisait
nous	nuisions
ils	nuisaient

Plusquamperfekt plus-que-parfait

j'	avais	nui
il	avait	nui
nous	avions	nui
ils	avaient	nui

Passé simple passé simple

je	nuisis
il	nuisit
nous	nuisîmes
ils	nuisirent

„nahes" Futur futur proche

je	vais	nuire
il	va	nuire
nous	allons	nuire
ils	vont	nuire

einfaches Futur futur simple

je	nuirai
il	nuira
nous	nuirons
ils	nuiront

Futur II futur II

j'	aurai	nui
il	aura	nui
nous	aurons	nui
ils	auront	nui

PARTIZIP PARTICIPE

Präsens présent

nuisant

Perfekt passé

nui

GERUNDIUM GÉRONDIF

IMPERATIV IMPÉRATIF

en nuisant

nuis
nuisons
nuisez

KONDITIONAL CONDITIONNEL

Präsens présent

je	nuirais
il	nuirait
nous	nuirions
ils	nuiraient

Perfekt passé

j'	aurais	nui
il	aurait	nui
nous	aurions	nui
ils	auraient	nui

SUBJONCTIF SUBJONCTIF

Präsens présent

que je	nuise
qu'il	nuise
que nous	nuisions
qu'ils	nuisent

Perfekt passé composé

que j'	aie	nui
qu'il	ait	nui
que nous	ayons	nui
qu'ils	aient	nui

Imperfekt imparfait

que je	nuisisse
qu'il	nuisît
que nous	nuisissions
qu'ils	nuisissent

Plusquamperfekt plus-que-parfait

que j'	eusse	nui
qu'il	eût	nui
que nous	eussions	nui
qu'ils	eussent	nui

ouvrir öffnen

Verben auf -frir, -vrir

INDIKATIV INDICATIF

Präsens présent

j'	ouvre
il	ouvre
nous	ouvrons
ils	ouvrent

Perfekt passé composé

j'	ai	ouvert
il	a	ouvert
nous	avons	ouvert
ils	ont	ouvert

Imperfekt imparfait

j'	ouvrais
il	ouvrait
nous	ouvrions
ils	ouvraient

Plusquamperfekt plus-que-parfait

j'	avais	ouvert
il	avait	ouvert
nous	avions	ouvert
ils	avaient	ouvert

Passé simple passé simple

j'	ouvris
il	ouvrit
nous	ouvrîmes
ils	ouvrirent

„nahes" Futur futur proche

je	vais	ouvrir
il	va	ouvrir
nous	allons	ouvrir
ils	vont	ouvrir

einfaches Futur futur simple

j'	ouvrirai
il	ouvrira
nous	ouvrirons
ils	ouvriront

Futur II futur II

j'	aurai	ouvert
il	aura	ouvert
nous	aurons	ouvert
ils	auront	ouvert

PARTIZIP PARTICIPE

Präsens présent

ouvrant

Perfekt passé

ouvert, ouverte

GERUNDIUM GÉRONDIF

en ouvrant

IMPERATIV IMPÉRATIF

ouvre
ouvrons
ouvrez

KONDITIONAL CONDITIONNEL

Präsens présent

j'	ouvrirais
il	ouvrirait
nous	ouvririons
ils	ouvriraient

Perfekt passé

j'	aurais	ouvert
il	aurait	ouvert
nous	aurions	ouvert
ils	auraient	ouvert

SUBJONCTIF SUBJONCTIF

Präsens présent

que j'	ouvre
qu'il	ouvre
que nous	ouvrions
qu'ils	ouvrent

Perfekt passé composé

que j'	aie	ouvert
qu'il	ait	ouvert
que nous	ayons	ouvert
qu'ils	aient	ouvert

Imperfekt imparfait

que j'	ouvrisse
qu'il	ouvrît
que nous	ouvrissions
qu'ils	ouvrissent

Plusquamperfekt plus-que-parfait

que j'	eusse	ouvert
qu'il	eût	ouvert
que nous	eussions	ouvert
qu'ils	eussent	ouvert

paître weiden

INDIKATIV INDICATIF

Präsens présent

je pais
il paît
nous paissons
ils paissent

Perfekt passé composé

fehlt

Imperfekt imparfait

je paissais
il paissait
nous paissions
ils paissaient

Plusquamperfekt plus-que-parfait

fehlt

Passé simple passé simple

fehlt

„nahes" Futur futur proche

je vais paître
il va paître
nous allons paître
ils vont paître

einfaches Futur futur simple

je paîtrai
il paîtra
nous paîtrons
ils paîtront

Futur II futur II

fehlt

PARTIZIP PARTICIPE

Präsens présent

paissant

Perfekt passé

fehlt

IMPERATIV IMPÉRATIF

pais
paissez

KONDITIONAL CONDITIONNEL

Präsens présent

je paîtrais
il paîtrait
nous paîtrions
ils paîtraient

Perfekt passé

fehlt

GERUNDIUM GÉRONDIF

en paissant

SUBJONCTIF SUBJONCTIF

Präsens présent

que je paisse
qu'il paisse
que nous paissions
qu'ils paissent

Perfekt passé composé

fehlt

Imperfekt imparfait

fehlt

Plusquamperfekt plus-que-parfait

fehlt

paraître erscheinen; scheinen

Verben auf -aître, -oître

INDIKATIV INDICATIF

Präsens présent

je	parais
il	paraît
nous	paraissons
ils	paraissent

Perfekt passé composé

j'	ai	paru
il	a	paru
nous	avons	paru
ils	ont	paru

Imperfekt imparfait

je	paraissais
il	paraissait
nous	paraissions
ils	paraissaient

Plusquamperfekt plus-que-parfait

j'	avais	paru
il	avait	paru
nous	avions	paru
ils	avaient	paru

Passé simple passé simple

je	parus
il	parut
nous	parûmes
ils	parurent

„nahes" Futur futur proche

je	vais	paraître
il	va	paraître
nous	allons	paraître
ils	vont	paraître

einfaches Futur futur simple

je	paraîtrai
il	paraîtra
nous	paraîtrons
ils	paraîtront

Futur II futur II

j'	aurai	paru
il	aura	paru
nous	aurons	paru
ils	auront	paru

PARTIZIP PARTICIPE

Präsens présent

paraissant

Perfekt passé

paru, parue

GERUNDIUM GÉRONDIF

en paraissant

IMPERATIV IMPÉRATIF

parais
paraissons
paraissez

KONDITIONAL CONDITIONNEL

Präsens présent

je	paraîtrais
il	paraîtrait
nous	paraîtrions
ils	paraîtraient

Perfekt passé

j'	aurais	paru
il	aurait	paru
nous	aurions	paru
ils	auraient	paru

SUBJONCTIF SUBJONCTIF

Präsens présent

que je	paraisse
qu'il	paraisse
que nous	paraissions
qu'ils	paraissent

Perfekt passé composé

que j'	aie	paru
qu'il	ait	paru
que nous	ayons	paru
qu'ils	aient	paru

Imperfekt imparfait

que je	parusse
qu'il	parût
que nous	parussions
qu'ils	parussent

Plusquamperfekt plus-que-parfait

que j'	eusse	paru
qu'il	eût	paru
que nous	eussions	paru
qu'ils	eussent	paru

peindre malen; streichen

Verben auf **-eindre**

INDIKATIV INDICATIF

Präsens présent

je	peins
il	peint
nous	peignons
ils	peignent

Perfekt passé composé

j'	ai	peint
il	a	peint
nous	avons	peint
ils	ont	peint

Imperfekt imparfait

je	peignais
il	peignait
nous	peignions
ils	peignaient

Plusquamperfekt plus-que-parfait

j'	avais	peint
il	avait	peint
nous	avions	peint
ils	avaient	peint

Passé simple passé simple

je	peignis
il	peignit
nous	peignîmes
ils	peignirent

„nahes" Futur futur proche

je	vais	peindre
il	va	peindre
nous	allons	peindre
ils	vont	peindre

einfaches Futur futur simple

je	peindrai
il	peindra
nous	peindrons
ils	peindront

Futur II futur II

j'	aurai	peint
il	aura	peint
nous	aurons	peint
ils	auront	peint

PARTIZIP PARTICIPE

Präsens présent

peignant

Perfekt passé

peint, peinte

IMPERATIV IMPÉRATIF

peins
peignons
peignez

GERUNDIUM GÉRONDIF

en peignant

KONDITIONAL CONDITIONNEL

Präsens présent

je	peindrais
il	peindrait
nous	peindrions
ils	peindraient

Perfekt passé

j'	aurais	peint
il	aurait	peint
nous	aurions	peint
ils	auraient	peint

SUBJONCTIF SUBJONCTIF

Präsens présent

que je	peigne	
qu'il	peigne	
que nous	peignions	
qu'ils	peignent	

Perfekt passé composé

que j'	aie	peint
qu'il	ait	peint
que nous	ayons	peint
qu'ils	aient	peint

Imperfekt imparfait

que je	peignisse
qu'il	peignît
que nous	peignissions
qu'ils	peignissent

Plusquamperfekt plus-que-parfait

que j'	eusse	peint
qu'il	eût	peint
que nous	eussions	peint
qu'ils	eussent	peint

peler schälen; sich schälen

Verben auf -eler, -eter

INDIKATIV INDICATIF

Präsens présent

je pèle
il pèle
nous pelons
ils pèlent

Perfekt passé composé

j'   ai   pelé
il   a   pelé
nous avons   pelé
ils   ont   pelé

Imperfekt imparfait

je   pelais
il   pelait
nous pelions
ils pelaient

Plusquamperfekt plus-que-parfait

j'   avais   pelé
il   avait   pelé
nous avions   pelé
ils   avaient pelé

Passé simple passé simple

je   pelai
il   pela
nous pelâmes
ils pelèrent

„nahes" Futur futur proche

je   vais   peler
il   va   peler
nous allons peler
ils vont   peler

einfaches Futur futur simple

je   pèlerai
il   pèlera
nous pèlerons
ils pèleront

Futur II futur II

j'   aurai   pelé
il   aura   pelé
nous aurons pelé
ils   auront pelé

PARTIZIP PARTICIPE

Präsens présent

pelant

Perfekt passé

pelé, pelée

KONDITIONAL CONDITIONNEL

Präsens présent

je   pèlerais
il   pèlerait
nous pèlerions
ils pèleraient

Perfekt passé

j'   aurais   pelé
il   aurait   pelé
nous aurions pelé
ils   auraient pelé

GERUNDIUM GÉRONDIF

en pelant

IMPERATIV IMPÉRATIF

pèle
pelons
pelez

SUBJONCTIF SUBJONCTIF

Präsens présent

que je   pèle
qu'il   pèle
que nous pelions
qu'ils   pèlent

Perfekt passé composé

que j'   aie   pelé
qu'il   ait   pelé
que nous ayons pelé
qu'ils   aient pelé

Imperfekt imparfait

que je   pelasse
qu'il   pelât
que nous pelassions
qu'ils   pelassent

Plusquamperfekt plus-que-parfait

que j'   eusse   pelé
qu'il   eût   pelé
que nous eussions pelé
qu'ils   eussent   pelé

peser [ab]wiegen; abwägen

Verben auf **-ecer, -emer, -ener, -eper, -erer, -eser, -ever, -evrer**

INDIKATIV INDICATIF

Präsens présent

je	pèse
il	pèse
nous	pesons
ils	pèsent

Perfekt passé composé

j'	ai	pesé
il	a	pesé
nous	avons	pesé
ils	ont	pesé

Imperfekt imparfait

je	pesais
il	pesait
nous	pesions
ils	pesaient

Plusquamperfekt plus-que-parfait

j'	avais	pesé
il	avait	pesé
nous	avions	pesé
ils	avaient	pesé

Passé simple passé simple

je	pesai
il	pesa
nous	pesâmes
ils	pesèrent

„nahes" Futur futur proche

je	vais	peser
il	va	peser
nous	allons	peser
ils	vont	peser

einfaches Futur futur simple

je	pèserai
il	pèsera
nous	pèserons
ils	pèseront

Futur II futur II

j'	aurai	pesé
il	aura	pesé
nous	aurons	pesé
ils	auront	pesé

PARTIZIP PARTICIPE

Präsens présent

pesant

Perfekt passé

pesé, pesée

GERUNDIUM GÉRONDIF

en pesant

IMPERATIV IMPÉRATIF

pèse
pesons
pesez

KONDITIONAL CONDITIONNEL

Präsens présent

je	pèserais
il	pèserait
nous	pèserions
ils	pèseraient

Perfekt passé

j'	aurais	pesé
il	aurait	pesé
nous	aurions	pesé
ils	auraient	pesé

SUBJONCTIF SUBJONCTIF

Präsens présent

que je	pèse
qu'il	pèse
que nous	pesions
qu'ils	pèsent

Perfekt passé composé

que j'	aie	pesé
qu'il	ait	pesé
que nous	ayons	pesé
qu'ils	aient	pesé

Imperfekt imparfait

que je	pesasse
qu'il	pesât
que nous	pesassions
qu'ils	pesassent

Plusquamperfekt plus-que-parfait

que j'	eusse	pesé
qu'il	eût	pesé
que nous	eussions	pesé
qu'ils	eussent	pesé

plaire gefallen

INDIKATIV INDICATIF

Präsens présent

je	plais
il	plaît
nous	plaisons
ils	plaisent

Perfekt passé composé

j'	ai	plu
il	a	plu
nous	avons	plu
ils	ont	plu

Imperfekt imparfait

je	plaisais
il	plaisait
nous	plaisions
ils	plaisaient

Plusquamperfekt plus-que-parfait

j'	avais	plu
il	avait	plu
nous	avions	plu
ils	avaient	plu

Passé simple passé simple

je	plus
il	plut
nous	plûmes
ils	plurent

„nahes" Futur futur proche

je	vais	plaire
il	va	plaire
nous	allons	plaire
ils	vont	plaire

einfaches Futur futur simple

je	plairai
il	plaira
nous	plairons
ils	plairont

Futur II futur II

j'	aurai	plu
il	aura	plu
nous	aurons	plu
ils	auront	plu

PARTIZIP PARTICIPE

Präsens présent

plaisant

Perfekt passé

plu

KONDITIONAL CONDITIONNEL

Präsens présent

je	plairais
il	plairait
nous	plairions
ils	plairaient

Perfekt passé

j'	aurais	plu
il	aurait	plu
nous	aurions	plu
ils	auraient	plu

IMPERATIV IMPÉRATIF

plais
plaisons
plaisez

GERUNDIUM GÉRONDIF

en plaisant

SUBJONCTIF SUBJONCTIF

Präsens présent

que je	plaise
qu'il	plaise
que nous	plaisions
qu'ils	plaisent

Perfekt passé composé

que j'	aie	plu
qu'il	ait	plu
que nous	ayons	plu
qu'ils	aient	plu

Imperfekt imparfait

que je	plusse
qu'il	plût
que nous	plussions
qu'ils	plussent

Plusquamperfekt plus-que-parfait

que j'	eusse	plu
qu'il	eût	plu
que nous	eussions	plu
qu'ils	eussent	plu

pleuvoir regnen; übertragen hageln — unpersönliches Verb

INDIKATIV INDICATIF

Präsens présent
il pleut
ils pleuvent

Perfekt passé composé
il a plu
ils ont plu

Imperfekt imparfait
il pleuvait
ils pleuvaient

Plusquamperfekt plus-que-parfait
il avait plu
ils avaient plu

Passé simple passé simple
il plut
ils plurent

„nahes" Futur futur proche
il va pleuvoir
ils vont pleuvoir

einfaches Futur futur simple
il pleuvra
ils pleuvront

Futur II futur II
il aura plu
ils auront plu

PARTIZIP PARTICIPE

Präsens présent
pleuvant

Perfekt passé
plu

KONDITIONAL CONDITIONNEL

Präsens présent
il pleuvrait
ils pleuvraient

Perfekt passé
il aurait plu
ils auraient plu

IMPERATIV IMPÉRATIF

fehlt

GERUNDIUM GÉRONDIF

en pleuvant

SUBJONCTIF SUBJONCTIF

Präsens présent
qu'il pleuve
qu'ils pleuvent

Perfekt passé composé
qu'il ait plu
qu'ils aient plu

Imperfekt imparfait
qu'il plût
qu'ils plussent

Plusquamperfekt plus-que-parfait
qu'il eût plu
qu'ils eussent plu

pouvoir können; dürfen

INDIKATIV INDICATIF

Präsens présent

je	peux
il	peut
nous	pouvons
ils	peuvent

Perfekt passé composé

j'	ai	pu
il	a	pu
nous	avons	pu
ils	ont	pu

Imperfekt imparfait

je	pouvais
il	pouvait
nous	pouvions
ils	pouvaient

Plusquamperfekt plus-que-parfait

j'	avais	pu
il	avait	pu
nous	avions	pu
ils	avaient	pu

Passé simple passé simple

je	pus
il	put
nous	pûmes
ils	purent

„nahes" Futur futur proche

je	vais	pouvoir
il	va	pouvoir
nous	allons	pouvoir
ils	vont	pouvoir

einfaches Futur futur simple

je	pourrai
il	pourra
nous	pourrons
ils	pourront

Futur II futur II

j'	aurai	pu
il	aura	pu
nous	aurons	pu
ils	auront	pu

PARTIZIP PARTICIPE

Präsens présent

pouvant

Perfekt passé

pu

KONDITIONAL CONDITIONNEL

Präsens présent

je	pourrais
il	pourrait
nous	pourrions
ils	pourraient

Perfekt passé

j'	aurais	pu
il	aurait	pu
nous	aurions	pu
ils	auraient	pu

GERUNDIUM GÉRONDIF

en pouvant

IMPERATIV IMPÉRATIF

fehlt

SUBJONCTIF SUBJONCTIF

Präsens présent

que je	puisse
qu'il	puisse
que nous	puissions
qu'ils	puissent

Perfekt passé composé

que j'	aie	pu
qu'il	ait	pu
que nous	ayons	pu
qu'ils	aient	pu

Imperfekt imparfait

que je	pusse
qu'il	pût
que nous	pussions
qu'ils	pussent

Plusquamperfekt plus-que-parfait

que j'	eusse	pu
qu'il	eût	pu
que nous	eussions	pu
qu'ils	eussent	pu

préférer bevorzugen, vorziehen

Verben auf **-ébrer, -écer, -écher, -écrer, -éder, -égler, -égner, -égrer, -éguer, -éler, -émer, -éner, -éper, -équer, -érer, -éser, -éter, -étrer, -évrer, -éver**

INDIKATIV INDICATIF

Präsens présent		Perfekt passé composé			Imperfekt imparfait		Plusquamperfekt plus-que-parfait		
je	préfère	j'	ai	préféré	je	préférais	j'	avais	préféré
il	préfère	il	a	préféré	il	préférait	il	avait	préféré
nous	préférons	nous	avons	préféré	nous	préférions	nous	avions	préféré
ils	préfèrent	ils	ont	préféré	ils	préféraient	ils	avaient	préféré

Passé simple passé simple		„nahes" Futur futur proche			einfaches Futur futur simple		Futur II futur II		
je	préférai	je	vais	préférer	je	préférerai	j'	aurai	préféré
il	préféra	il	va	préférer	il	préférera	il	aura	préféré
nous	préférâmes	nous	allons	préférer	nous	préférerons	nous	aurons	préféré
ils	préférèrent	ils	vont	préférer	ils	préféreront	ils	auront	préféré

PARTIZIP PARTICIPE

Präsens présent	Perfekt passé
préférant	préféré, préférée

IMPERATIV IMPÉRATIF

préfère
préférons
préférez

GERUNDIUM GÉRONDIF

en préférant

KONDITIONAL CONDITIONNEL

Präsens présent		Perfekt passé		
je	préférerais	j'	aurais	préféré
il	préférerait	il	aurait	préféré
nous	préférerions	nous	aurions	préféré
ils	préféreraient	ils	auraient	préféré

SUBJONCTIF SUBJONCTIF

Präsens présent		Perfekt passé composé			Imperfekt imparfait		Plusquamperfekt plus-que-parfait		
que je	préfère	que j'	aie	préféré	que je	préférasse	que j'	eusse	préféré
qu'il	préfère	qu'il	ait	préféré	qu'il	préférât	qu'il	eût	préféré
que nous	préférions	que nous	ayons	préféré	que nous	préférassions	que nous	eussions	préféré
qu'ils	préfèrent	qu'ils	aient	préféré	qu'ils	préférassent	qu'ils	eussent	préféré

rejeter zurückwerfen; zurückweisen

Verben auf **-eler, -eter**

INDIKATIV INDICATIF

Präsens présent

je	rejette
il	rejette
nous	rejetons
ils	rejettent

Perfekt passé composé

j'	ai	rejeté
il	a	rejeté
nous	avons	rejeté
ils	ont	rejeté

Imperfekt imparfait

je	rejetais
il	rejetait
nous	rejetions
ils	rejetaient

Plusquamperfekt plus-que-parfait

j'	avais	rejeté
il	avait	rejeté
nous	avions	rejeté
ils	avaient	rejeté

Passé simple passé simple

je	rejetai
il	rejeta
nous	rejetâmes
ils	rejetèrent

„nahes" Futur futur proche

je	vais	rejeter
il	va	rejeter
nous	allons	rejeter
ils	vont	rejeter

einfaches Futur futur simple

je	rejetterai
il	rejettera
nous	rejetterons
ils	rejetteront

Futur II futur II

j'	aurai	rejeté
il	aura	rejeté
nous	aurons	rejeté
ils	auront	rejeté

PARTIZIP PARTICIPE

Präsens présent

rejetant

Perfekt passé

rejeté, rejetée

GERUNDIUM GÉRONDIF

en rejetant

IMPERATIV IMPÉRATIF

rejette
rejetons
rejetez

KONDITIONAL CONDITIONNEL

Präsens présent

je	rejetterais
il	rejetterait
nous	rejetterions
ils	rejetteraient

Perfekt passé

j'	aurais	rejeté
il	aurait	rejeté
nous	aurions	rejeté
ils	auraient	rejeté

SUBJONCTIF SUBJONCTIF

Präsens présent

que je	rejette
qu'il	rejette
que nous	rejetions
qu'ils	rejettent

Perfekt passé composé

que j'	aie	rejeté
qu'il	ait	rejeté
que nous	ayons	rejeté
qu'ils	aient	rejeté

Imperfekt imparfait

que je	rejetasse
qu'il	rejetât
que nous	rejetassions
qu'ils	rejetassent

Plusquamperfekt plus-que-parfait

que j'	eusse	rejeté
qu'il	eût	rejeté
que nous	eussions	rejeté
qu'ils	eussent	rejeté

résoudre lösen

Verben auf **-soudre**

INDIKATIV INDICATIF

Präsens présent

je	résous
il	résout
nous	résolvons
ils	résolvent

Perfekt passé composé

j'	ai	résolu
il	a	résolu
nous	avons	résolu
ils	ont	résolu

Imperfekt imparfait

je	résolvais
il	résolvait
nous	résolvions
ils	résolvaient

Plusquamperfekt plus-que-parfait

j'	avais	résolu
il	avait	résolu
nous	avions	résolu
ils	avaient	résolu

Passé simple passé simple

je	résolus
il	résolut
nous	résolûmes
ils	résolurent

„nahes" Futur futur proche

je	vais	résoudre
il	va	résoudre
nous	allons	résoudre
ils	vont	résoudre

einfaches Futur futur simple

je	résoudrai
il	résoudra
nous	résoudrons
ils	résoudront

Futur II futur II

j'	aurai	résolu
il	aura	résolu
nous	aurons	résolu
ils	auront	résolu

PARTIZIP PARTICIPE

Präsens présent

résolvant

Perfekt passé

résolu, résolue

GERUNDIUM GÉRONDIF

en résolvant

IMPERATIV IMPÉRATIF

résous
résolvons
résolvez

KONDITIONAL CONDITIONNEL

Präsens présent

je	résoudrais
il	résoudrait
nous	résoudrions
ils	résoudraient

Perfekt passé

j'	aurais	résolu
il	aurait	résolu
nous	aurions	résolu
ils	auraient	résolu

SUBJONCTIF SUBJONCTIF

Präsens présent

que je	résolve
qu'il	résolve
que nous	résolvions
qu'ils	résolvent

Perfekt passé composé

que j'	aie	résolu
qu'il	ait	résolu
que nous	ayons	résolu
qu'ils	aient	résolu

Imperfekt imparfait

que je	résolusse
qu'il	résolût
que nous	résolussions
qu'ils	résolussent

Plusquamperfekt plus-que-parfait

que j'	eusse	résolu
qu'il	eût	résolu
que nous	eussions	résolu
qu'ils	eussent	résolu

rire lachen

INDIKATIV INDICATIF

Präsens présent

je	ris
il	rit
nous	rions
ils	rient

Perfekt passé composé

j'	ai	ri
il	a	ri
nous	avons	ri
ils	ont	ri

Imperfekt imparfait

je	riais
il	riait
nous	riions
ils	riaient

Plusquamperfekt plus-que-parfait

j'	avais	ri
il	avait	ri
nous	avions	ri
ils	avaient	ri

Passé simple passé simple

je	ris
il	rit
nous	rîmes
ils	rirent

„nahes" Futur futur proche

je	vais	rire
il	va	rire
nous	allons	rire
ils	vont	rire

einfaches Futur futur simple

je	rirai
il	rira
nous	rirons
ils	riront

Futur II futur II

j'	aurai	ri
il	aura	ri
nous	aurons	ri
ils	auront	ri

PARTIZIP PARTICIPE

Präsens présent

riant

Perfekt passé

ri

GERUNDIUM GÉRONDIF

Präsens présent

en riant

IMPERATIV IMPÉRATIF

ris
rions
riez

KONDITIONAL CONDITIONNEL

Präsens présent

je	rirais
il	rirait
nous	ririons
ils	riraient

Perfekt passé

j'	aurais	ri
il	aurait	ri
nous	aurions	ri
ils	auraient	ri

SUBJONCTIF SUBJONCTIF

Präsens présent

que je	rie
qu'il	rie
que nous	riions
qu'ils	rient

Perfekt passé composé

que j'	aie	ri
qu'il	ait	ri
que nous	ayons	ri
qu'ils	aient	ri

Imperfekt imparfait

que je	risse
qu'il	rît
que nous	rissions
qu'ils	rissent

Plusquamperfekt plus-que-parfait

que j'	eusse	ri
qu'il	eût	ri
que nous	eussions	ri
qu'ils	eussent	ri

rompre lösen; [ab]brechen

INDIKATIV INDICATIF

Präsens présent

je	romps
il	rompt
nous	rompons
ils	rompent

Perfekt passé composé

j'	ai	rompu
il	a	rompu
nous	avons	rompu
ils	ont	rompu

Imperfekt imparfait

je	rompais
il	rompait
nous	rompions
ils	rompaient

Plusquamperfekt plus-que-parfait

j'	avais	rompu
il	avait	rompu
nous	avions	rompu
ils	avaient	rompu

Passé simple passé simple

je	rompis
il	rompit
nous	rompîmes
ils	rompirent

„nahes" Futur futur proche

je	vais	rompre
il	va	rompre
nous	allons	rompre
ils	vont	rompre

einfaches Futur futur simple

je	romprai
il	rompra
nous	romprons
ils	rompront

Futur II futur II

j'	aurai	rompu
il	aura	rompu
nous	aurons	rompu
ils	auront	rompu

PARTIZIP PARTICIPE

Perfekt passé

rompu, rompue

KONDITIONAL CONDITIONNEL

Präsens présent

je	romprais
il	romprait
nous	romprions
ils	rompraient

Perfekt passé

j'	aurais	rompu
il	aurait	rompu
nous	aurions	rompu
ils	auraient	rompu

IMPERATIV IMPÉRATIF

romps
rompons
rompez

GERUNDIUM GÉRONDIF

en rompant

SUBJONCTIF SUBJONCTIF

Präsens présent

que je	rompe
qu'il	rompe
que nous	rompions
qu'ils	rompent

Perfekt passé composé

que j'	aie	rompu
qu'il	ait	rompu
que nous	ayons	rompu
qu'ils	aient	rompu

Imperfekt imparfait

que je	rompisse
qu'il	rompît
que nous	rompissions
qu'ils	rompissent

Plusquamperfekt plus-que-parfait

que j'	eusse	rompu
qu'il	eût	rompu
que nous	eussions	rompu
qu'ils	eussent	rompu

savoir wissen; können

INDIKATIV INDICATIF

Präsens présent

je	sais
il	sait
nous	savons
ils	savent

Perfekt passé composé

j'	ai	su
il	a	su
nous	avons	su
ils	ont	su

Imperfekt imparfait

je	savais
il	savait
nous	savions
ils	savaient

Plusquamperfekt plus-que-parfait

j'	avais	su
il	avait	su
nous	avions	su
ils	avaient	su

Passé simple passé simple

je	sus
il	sut
nous	sûmes
ils	surent

„nahes" Futur futur proche

je	vais	savoir
il	va	savoir
nous	allons	savoir
ils	vont	savoir

einfaches Futur futur simple

je	saurai
il	saura
nous	saurons
ils	sauront

Futur II futur II

j'	aurai	su
il	aura	su
nous	aurons	su
ils	auront	su

PARTIZIP PARTICIPE

Präsens présent

sachant

Perfekt passé

su, sue

GERUNDIUM GÉRONDIF

en sachant

IMPERATIV IMPÉRATIF

sache
sachons
sachez

KONDITIONAL CONDITIONNEL

Präsens présent

je	saurais
il	saurait
nous	saurions
ils	sauraient

Perfekt passé

j'	aurais	su
il	aurait	su
nous	aurions	su
ils	auraient	su

SUBJONCTIF SUBJONCTIF

Präsens présent

que je	sache
qu'il	sache
que nous	sachions
qu'ils	sachent

Perfekt passé composé

que j'	aie	su
qu'il	ait	su
que nous	ayons	su
qu'ils	aient	su

Imperfekt imparfait

que je	susse
qu'il	sût
que nous	sussions
qu'ils	sussent

Plusquamperfekt plus-que-parfait

que j'	eusse	su
qu'il	eût	su
que nous	eussions	su
qu'ils	eussent	su

sentir riechen; spüren

Verben auf -tir

INDIKATIV INDICATIF

Präsens présent
je sens
il sent
nous sentons
ils sentent

Perfekt passé composé
j'   ai   senti
il   a   senti
nous avons senti
ils   ont   senti

Imperfekt imparfait
je   sentais
il   sentait
nous sentions
ils   sentaient

Plusquamperfekt plus-que-parfait
j'   avais   senti
il   avait   senti
nous avions senti
ils   avaient senti

Passé simple passé simple
je   sentis
il   sentit
nous sentîmes
ils   sentirent

„nahes" Futur futur proche
je   vais   sentir
il   va   sentir
nous allons sentir
ils   vont   sentir

einfaches Futur futur simple
je   sentirai
il   sentira
nous sentirons
ils   sentiront

Futur II futur II
j'   aurai   senti
il   aura   senti
nous aurons   senti
ils   auront   senti

PARTIZIP PARTICIPE

Präsens présent
sentant

Perfekt passé
senti, sentie

GERUNDIUM GÉRONDIF
en sentant

IMPERATIV IMPÉRATIF
sens
sentons
sentez

KONDITIONAL CONDITIONNEL

Präsens présent
je   sentirais
il   sentirait
nous sentirions
ils   sentiraient

Perfekt passé
j'   aurais   senti
il   aurait   senti
nous aurions   senti
ils   auraient senti

SUBJONCTIF SUBJONCTIF

Präsens présent
que je   sente
qu'il   sente
que nous sentions
qu'ils   sentent

Perfekt passé composé
que j'   aie   senti
qu'il   ait   senti
que nous ayons senti
qu'ils   aient senti

Imperfekt imparfait
que je   sentisse
qu'il   sentît
que nous sentissions
qu'ils   sentissent

Plusquamperfekt plus-que-parfait
que j'   eusse   senti
qu'il   eût   senti
que nous eussions senti
qu'ils   eussent senti

servir servieren; bedienen; von Nutzen sein

INDIKATIV INDICATIF

Präsens présent

je	sers
il	sert
nous	servons
ils	servent

Perfekt passé composé

j'	ai	servi
il	a	servi
nous	avons	servi
ils	ont	servi

Imperfekt imparfait

je	servais
il	servait
nous	servions
ils	servaient

Plusquamperfekt plus-que-parfait

j'	avais	servi
il	avait	servi
nous	avions	servi
ils	avaient	servi

Passé simple passé simple

je	servis
il	servit
nous	servîmes
ils	servirent

"nahes" Futur futur proche

je	vais	servir
il	va	servir
nous	allons	servir
ils	vont	servir

einfaches Futur futur simple

je	servirai
il	servira
nous	servirons
ils	serviront

Futur II futur II

j'	aurai	servi
il	aura	servi
nous	aurons	servi
ils	auront	servi

PARTIZIP PARTICIPE

Präsens présent

servant

Perfekt passé

servi, servie

GERUNDIUM GÉRONDIF

en servant

IMPERATIV IMPÉRATIF

sers
servons
servez

KONDITIONAL CONDITIONNEL

Präsens présent

je	servirais
il	servirait
nous	servirions
ils	serviraient

Perfekt passé

j'	aurais	servi
il	aurait	servi
nous	aurions	servi
ils	auraient	servi

SUBJONCTIF SUBJONCTIF

Präsens présent

que je	serve
qu'il	serve
que nous	servions
qu'ils	servent

Perfekt passé composé

que j'	aie	servi
qu'il	ait	servi
que nous	ayons	servi
qu'ils	aient	servi

Imperfekt imparfait

que je	servisse
qu'il	servît
que nous	servissions
qu'ils	servissent

Plusquamperfekt plus-que-parfait

que j'	eusse	servi
qu'il	eût	servi
que nous	eussions	servi
qu'ils	eussent	servi

sortir hinausgehen; weggehen; ausgehen

Verben auf -tir

INDIKATIV INDICATIF

Präsens présent

je	sors
il	sort
nous	sortons
ils	sortent

Perfekt passé composé

je	suis	sorti
il	est	sorti
nous	sommes	sortis
ils	sont	sortis

Imperfekt imparfait

je	sortais
il	sortait
nous	sortions
ils	sortaient

Plusquamperfekt plus-que-parfait

j'	étais	sorti
il	était	sorti
nous	étions	sortis
ils	étaient	sortis

Passé simple passé simple

je	sortis
il	sortit
nous	sortîmes
ils	sortirent

„nahes" Futur futur proche

je	vais	sortir
il	va	sortir
nous	allons	sortir
ils	vont	sortir

einfaches Futur futur simple

je	sortirai
il	sortira
nous	sortirons
ils	sortiront

Futur II futur II

je	serai	sorti
il	sera	sorti
nous	serons	sortis
ils	seront	sortis

PARTIZIP PARTICIPE

Präsens présent

sortant

Perfekt passé

sorti, sortie

GERUNDIUM GÉRONDIF

en sortant

IMPERATIV IMPÉRATIF

sors
sortons
sortez

KONDITIONAL CONDITIONNEL

Präsens présent

je	sortirais
il	sortirait
nous	sortirions
ils	sortiraient

Perfekt passé

je	serais	sorti
il	serait	sorti
nous	serions	sortis
ils	seraient	sortis

SUBJONCTIF SUBJONCTIF

Präsens présent

que je	sorte
qu'il	sorte
que nous	sortions
qu'ils	sortent

Perfekt passé composé

que je	sois	sorti
qu'il	soit	sorti
que nous	soyons	sortis
qu'ils	soient	sortis

Imperfekt imparfait

que je	sortisse
qu'il	sortît
que nous	sortissions
qu'ils	sortissent

Plusquamperfekt plus-que-parfait

que je	fusse	sorti
qu'il	fût	sorti
que nous	fussions	sortis
qu'ils	fussent	sortis

suffire genügen

INDIKATIV INDICATIF

Präsens présent

je suffis
il suffit
nous suffisons
ils suffisent

Perfekt passé composé

j' ai suffi
il a suffi
nous avons suffi
ils ont suffi

Imperfekt imparfait

je suffisais
il suffisait
nous suffisions
ils suffisaient

Plusquamperfekt plus-que-parfait

j' avais suffi
il avait suffi
nous avions suffi
ils avaient suffi

Passé simple passé simple

je suffis
il suffit
nous suffîmes
ils suffirent

„nahes" Futur futur proche

je vais suffire
il va suffire
nous allons suffire
ils vont suffire

einfaches Futur futur simple

je suffirai
il suffira
nous suffirons
ils suffiront

Futur II futur II

j' aurai suffi
il aura suffi
nous aurons suffi
ils auront suffi

PARTIZIP PARTICIPE

Präsens présent

suffisant

Perfekt passé

suffi

KONDITIONAL CONDITIONNEL

Präsens présent

je suffirais
il suffirait
nous suffirions
ils suffiraient

Perfekt passé

j' aurais suffi
il aurait suffi
nous aurions suffi
ils auraient suffi

GERUNDIUM GÉRONDIF

en suffisant

IMPERATIV IMPÉRATIF

suffis
suffisons
suffisez

SUBJONCTIF SUBJONCTIF

Präsens présent

que je suffise
qu'il suffise
que nous suffisions
qu'ils suffisent

Perfekt passé composé

que j' aie suffi
qu'il ait suffi
que nous ayons suffi
qu'ils aient suffi

Imperfekt imparfait

que je suffisse
qu'il suffît
que nous suffissions
qu'ils suffissent

Plusquamperfekt plus-que-parfait

que j' eusse suffi
qu'il eût suffi
que nous eussions suffi
qu'ils eussent suffi

suivre folgen

INDIKATIV INDICATIF

Präsens présent

je	suis
il	suit
nous	suivons
ils	suivent

Perfekt passé composé

j'	ai	suivi
il	a	suivi
nous	avons	suivi
ils	ont	suivi

Imperfekt imparfait

je	suivais
il	suivait
nous	suivions
ils	suivaient

Plusquamperfekt plus-que-parfait

j'	avais	suivi
il	avait	suivi
nous	avions	suivi
ils	avaient	suivi

Passé simple passé simple

je	suivis
il	suivit
nous	suivîmes
ils	suivirent

„nahes" Futur futur proche

je	vais	suivre
il	va	suivre
nous	allons	suivre
ils	vont	suivre

einfaches Futur futur simple

je	suivrai
il	suivra
nous	suivrons
ils	suivront

Futur II futur II

j'	aurai	suivi
il	aura	suivi
nous	aurons	suivi
ils	auront	suivi

PARTIZIP PARTICIPE

Präsens présent

suivant

Perfekt passé

suivi, suivie

GERUNDIUM GÉRONDIF

en suivant

IMPERATIV IMPÉRATIF

suis
suivons
suivez

KONDITIONAL CONDITIONNEL

Präsens présent

je	suivrais
il	suivrait
nous	suivrions
ils	suivraient

Perfekt passé

j'	aurais	suivi
il	aurait	suivi
nous	aurions	suivi
ils	auraient	suivi

SUBJONCTIF SUBJONCTIF

Präsens présent

que je	suive	
qu'il	suive	
que nous	suivions	
qu'ils	suivent	

Perfekt passé composé

que j'	aie	suivi
qu'il	ait	suivi
que nous	ayons	suivi
qu'ils	aient	suivi

Imperfekt imparfait

que je	suivisse	
qu'il	suivît	
que nous	suivissions	
qu'ils	suivissent	

Plusquamperfekt plus-que-parfait

que j'	eusse	suivi
qu'il	eût	suivi
que nous	eussions	suivi
qu'ils	eussent	suivi

taire verschweigen; nicht nennen **(se taire** schweigen)

INDIKATIV INDICATIF

Präsens présent	Perfekt passé composé	Imperfekt imparfait	Plusquamperfekt plus-que-parfait
je tais	j' ai tu	je taisais	j' avais tu
il tait	il a tu	il taisait	il avait tu
nous taisons	nous avons tu	nous taisions	nous avions tu
ils taisent	ils ont tu	ils taisaient	ils avaient tu

Passé simple passé simple	„nahes" Futur futur proche	einfaches Futur futur simple	Futur II futur II
je tus	je vais taire	je tairai	j' aurai tu
il tut	il va taire	il taira	il aura tu
nous tûmes	nous allons taire	nous tairons	nous aurons tu
ils turent	ils vont taire	ils tairont	ils auront tu

PARTIZIP PARTICIPE

Präsens présent	Perfekt passé
taisant	tu, tue

KONDITIONAL CONDITIONNEL

Präsens présent	Perfekt passé
je tairais	j' aurais tu
il tairait	il aurait tu
nous tairions	nous aurions tu
ils tairaient	ils auraient tu

IMPERATIV IMPÉRATIF

tais
taisons
taisez

GERUNDIUM GÉRONDIF

en taisant

SUBJONCTIF SUBJONCTIF

Präsens présent	Perfekt passé composé	Imperfekt imparfait	Plusquamperfekt plus-que-parfait
que je taise	que j' aie tu	que je tusse	que j' eusse tu
qu'il taise	qu'il ait tu	qu'il tût	qu'il eût tu
que nous taisions	que nous ayons tu	que nous tussions	que nous eussions tu
qu'ils taisent	qu'ils aient tu	qu'ils tussent	qu'ils eussent tu

tenir halten; führen

Verben auf **-enir**

INDIKATIV INDICATIF

Präsens présent

je	tiens
il	tient
nous	tenons
ils	tiennent

Perfekt passé composé

j'	ai	tenu
il	a	tenu
nous	avons	tenu
ils	ont	tenu

Imperfekt imparfait

je	tenais
il	tenait
nous	tenions
ils	tenaient

Plusquamperfekt plus-que-parfait

j'	avais	tenu
il	avait	tenu
nous	avions	tenu
ils	avaient	tenu

Passé simple passé simple

je	tins
il	tint
nous	tînmes
ils	tinrent

„nahes" Futur futur proche

je	vais	tenir
il	va	tenir
nous	allons	tenir
ils	vont	tenir

einfaches Futur futur simple

je	tiendrai
il	tiendra
nous	tiendrons
ils	tiendront

Futur II futur II

j'	aurai	tenu
il	aura	tenu
nous	aurons	tenu
ils	auront	tenu

PARTIZIP PARTICIPE

Präsens présent

tenant

Perfekt passé

tenu, tenue

GERUNDIUM GÉRONDIF

en tenant

IMPERATIV IMPÉRATIF

tiens
tenons
tenez

KONDITIONAL CONDITIONNEL

Präsens présent

je	tiendrais
il	tiendrait
nous	tiendrions
ils	tiendraient

Perfekt passé

j'	aurais	tenu
il	aurait	tenu
nous	aurions	tenu
ils	auraient	tenu

SUBJONCTIF SUBJONCTIF

Präsens présent

que je	tienne
qu'il	tienne
que nous	tenions
qu'ils	tiennent

Perfekt passé composé

que j'	aie	tenu
qu'il	ait	tenu
que nous	ayons	tenu
qu'ils	aient	tenu

Imperfekt imparfait

que je	tinsse
qu'il	tînt
que nous	tinssions
qu'ils	tinssent

Plusquamperfekt plus-que-parfait

que j'	eusse	tenu
qu'il	eût	tenu
que nous	eussions	tenu
qu'ils	eussent	tenu

tressaillir zusammenzucken

Verben auf -aillir

INDIKATIV INDICATIF

Präsens présent

je	tressaille
il	tressaille
nous	tressaillons
ils	tressaillent

Perfekt passé composé

j'	ai	tressailli
il	a	tressailli
nous	avons	tressailli
ils	ont	tressailli

Imperfekt imparfait

je	tressaillais
il	tressaillait
nous	tressaillions
ils	tressaillaient

Plusquamperfekt plus-que-parfait

j'	avais	tressailli
il	avait	tressailli
nous	avions	tressailli
ils	avaient	tressailli

Passé simple passé simple

je	tressaillis
il	tressaillit
nous	tressaillîmes
ils	tressaillirent

„nahes" Futur futur proche

je	vais	tressaillir
il	va	tressaillir
nous	allons	tressaillir
ils	vont	tressaillir

einfaches Futur futur simple

je	tressaillirai
il	tressaillira
nous	tressaillirons
ils	tressailliront

Futur II futur II

j'	aurai	tressailli
il	aura	tressailli
nous	aurons	tressailli
ils	auront	tressailli

PARTIZIP PARTICIPE

Präsens présent

tressaillant

Perfekt passé

tressailli, tressaillie

IMPERATIV IMPÉRATIF

tressaille
tressaillons
tressaillez

GERUNDIUM GÉRONDIF

en tressaillant

KONDITIONAL CONDITIONNEL

Präsens présent

je	tressaillirais
il	tressaillirait
nous	tressaillirions
ils	tressailliraient

Perfekt passé

j'	aurais	tressailli
il	aurait	tressailli
nous	aurions	tressailli
ils	auraient	tressailli

SUBJONCTIF SUBJONCTIF

Präsens présent

que je	tressaille
qu'il	tressaille
que nous	tressaillions
qu'ils	tressaillent

Perfekt passé composé

que j'	aie	tressailli
qu'il	ait	tressailli
que nous	ayons	tressailli
qu'ils	aient	tressailli

Imperfekt imparfait

que je	tressaillisse
qu'il	tressaillît
que nous	tressaillissions
qu'ils	tressaillissent

Plusquamperfekt plus-que-parfait

que j'	eusse	tressailli
qu'il	eût	tressailli
que nous	eussions	tressailli
qu'ils	eussent	tressailli

vaincre siegen; besiegen

INDIKATIV INDICATIF

Präsens présent

je	vaincs
il	vainc
nous	vainquons
ils	vainquent

Perfekt passé composé

j'	ai	vaincu
il	a	vaincu
nous	avons	vaincu
ils	ont	vaincu

Imperfekt imparfait

je	vainquais
il	vainquait
nous	vainquions
ils	vainquaient

Plusquamperfekt plus-que-parfait

j'	avais	vaincu
il	avait	vaincu
nous	avions	vaincu
ils	avaient	vaincu

Passé simple passé simple

je	vainquis
il	vainquit
nous	vainquîmes
ils	vainquirent

„nahes" Futur futur proche

je	vais	vaincre
il	va	vaincre
nous	allons	vaincre
ils	vont	vaincre

einfaches Futur futur simple

je	vaincrai
il	vaincra
nous	vaincrons
ils	vaincront

Futur II futur II

j'	aurai	vaincu
il	aura	vaincu
nous	aurons	vaincu
ils	auront	vaincu

PARTIZIP PARTICIPE

Präsens présent

vainquant

Perfekt passé

vaincu, vaincue

GERUNDIUM GÉRONDIF

en vainquant

IMPERATIV IMPÉRATIF

vaincs
vainquons
vainquez

KONDITIONAL CONDITIONNEL

Präsens présent

je	vaincrais
il	vaincrait
nous	vaincrions
ils	vaincraient

Perfekt passé

j'	aurais	vaincu
il	aurait	vaincu
nous	aurions	vaincu
ils	auraient	vaincu

SUBJONCTIF SUBJONCTIF

Präsens présent

que je	vainque
qu'il	vainque
que nous	vainquions
qu'ils	vainquent

Perfekt passé composé

que j'	aie	vaincu
qu'il	ait	vaincu
que nous	ayons	vaincu
qu'ils	aient	vaincu

Imperfekt imparfait

que je	vainquisse
qu'il	vainquît
que nous	vainquissions
qu'ils	vainquissent

Plusquamperfekt plus-que-parfait

que j'	eusse	vaincu
qu'il	eût	vaincu
que nous	eussions	vaincu
qu'ils	eussent	vaincu

valoir kosten; wert sein

INDIKATIV INDICATIF

Präsens présent

je	vaux
il	vaut
nous	valons
ils	valent

Perfekt passé composé

j'	ai	valu
il	a	valu
nous	avons	valu
ils	ont	valu

Imperfekt imparfait

je	valais
il	valait
nous	valions
ils	valaient

Plusquamperfekt plus-que-parfait

j'	avais	valu
il	avait	valu
nous	avions	valu
ils	avaient	valu

Passé simple passé simple

je	valus
il	valut
nous	valûmes
ils	valurent

„nahes" Futur futur proche

je	vais	valoir
il	va	valoir
nous	allons	valoir
ils	vont	valoir

einfaches Futur futur simple

je	vaudrai
il	vaudra
nous	vaudrons
ils	vaudront

Futur II futur II

j'	aurai	valu
il	aura	valu
nous	aurons	valu
ils	auront	valu

PARTIZIP PARTICIPE

Präsens présent

valant

Perfekt passé

valu, value

GERUNDIUM GÉRONDIF

en valant

IMPERATIV IMPÉRATIF

vaux
valons
valez

KONDITIONAL CONDITIONNEL

Präsens présent

je	vaudrais
il	vaudrait
nous	vaudrions
ils	vaudraient

Perfekt passé

j'	aurais	valu
il	aurait	valu
nous	aurions	valu
ils	auraient	valu

SUBJONCTIF SUBJONCTIF

Präsens présent

que je	vaille
qu'il	vaille
que nous	valions
qu'ils	vaillent

Perfekt passé composé

que j'	aie	valu
qu'il	ait	valu
que nous	ayons	valu
qu'ils	aient	valu

Imperfekt imparfait

que je	valusse
qu'il	valût
que nous	valussions
qu'ils	valussent

Plusquamperfekt plus-que-parfait

que j'	eusse	valu
qu'il	eût	valu
que nous	eussions	valu
qu'ils	eussent	valu

vendre verkaufen

Verben auf -andre, -endre, -ondre, -erdre, -ordre

INDIKATIV INDICATIF

Präsens présent

je	vends
il	vend
nous	vendons
ils	vendent

Perfekt passé composé

j'	ai	vendu
il	a	vendu
nous	avons	vendu
ils	ont	vendu

Imperfekt imparfait

je	vendais
il	vendait
nous	vendions
ils	vendaient

Plusquamperfekt plus-que-parfait

j'	avais	vendu
il	avait	vendu
nous	avions	vendu
ils	avaient	vendu

Passé simple passé simple

je	vendis
il	vendit
nous	vendîmes
ils	vendirent

„nahes" Futur futur proche

je	vais	vendre
il	va	vendre
nous	allons	vendre
ils	vont	vendre

einfaches Futur futur simple

je	vendrai
il	vendra
nous	vendrons
ils	vendront

Futur II futur II

j'	aurai	vendu
il	aura	vendu
nous	aurons	vendu
ils	auront	vendu

PARTIZIP PARTICIPE

Präsens présent

vendant

Perfekt passé

vendu, vendue

IMPERATIV IMPÉRATIF

vends
vendons
vendez

GERUNDIUM GÉRONDIF

en vendant

KONDITIONAL CONDITIONNEL

Präsens présent

je	vendrais
il	vendrait
nous	vendrions
ils	vendraient

Perfekt passé

j'	aurais	vendu
il	aurait	vendu
nous	aurions	vendu
ils	auraient	vendu

SUBJONCTIF SUBJONCTIF

Präsens présent

que je	vende
qu'il	vende
que nous	vendions
qu'ils	vendent

Perfekt passé composé

que j'	aie	vendu
qu'il	ait	vendu
que nous	ayons	vendu
qu'ils	aient	vendu

Imperfekt imparfait

que je	vendisse
qu'il	vendît
que nous	vendissions
qu'ils	vendissent

Plusquamperfekt plus-que-parfait

que j'	eusse	vendu
qu'il	eût	vendu
que nous	eussions	vendu
qu'ils	eussent	vendu

vêtir [an]kleiden (se vêtir sich [an]kleiden)

INDIKATIV INDICATIF

Präsens présent
- je vêts
- il vêt
- nous vêtons
- ils vêtent

Perfekt passé composé
- j' ai vêtu
- il a vêtu
- nous avons vêtu
- ils ont vêtu

Imperfekt imparfait
- je vêtais
- il vêtait
- nous vêtions
- ils vêtaient

Plusquamperfekt plus-que-parfait
- j' avais vêtu
- il avait vêtu
- nous avions vêtu
- ils avaient vêtu

Passé simple passé simple
- je vêtis
- il vêtit
- nous vêtîmes
- ils vêtirent

„nahes" Futur futur proche
- je vais vêtir
- il va vêtir
- nous allons vêtir
- ils vont vêtir

einfaches Futur futur simple
- je vêtirai
- il vêtira
- nous vêtirons
- ils vêtiront

Futur II futur II
- j' aurai vêtu
- il aura vêtu
- nous aurons vêtu
- ils auront vêtu

PARTIZIP PARTICIPE

Präsens présent
- vêtant

Perfekt passé
- vêtu, vêtue

IMPERATIV IMPÉRATIF
- vêts
- vêtons
- vêtez

GERUNDIUM GÉRONDIF
- en vêtant

KONDITIONAL CONDITIONNEL

Präsens présent
- je vêtirais
- il vêtirait
- nous vêtirions
- ils vêtiraient

Perfekt passé
- j' aurais vêtu
- il aurait vêtu
- nous aurions vêtu
- ils auraient vêtu

SUBJONCTIF SUBJONCTIF

Präsens présent
- que je vête
- qu'il vête
- que nous vêtions
- qu'ils vêtent

Perfekt passé composé
- que j' aie vêtu
- qu'il ait vêtu
- que nous ayons vêtu
- qu'ils aient vêtu

Imperfekt imparfait
- que je vêtisse
- qu'il vêtît
- que nous vêtissions
- qu'ils vêtissent

Plusquamperfekt plus-que-parfait
- que j' eusse vêtu
- qu'il eût vêtu
- que nous eussions vêtu
- qu'ils eussent vêtu

vivre leben; erleben

INDIKATIV INDICATIF

Präsens présent

je	vis
il	vit
nous	vivons
ils	vivent

Perfekt passé composé

j'	ai	vécu
il	a	vécu
nous	avons	vécu
ils	ont	vécu

Imperfekt imparfait

je	vivais	
il	vivait	
nous	vivions	
ils	vivaient	

Plusquamperfekt plus-que-parfait

j'	avais	vécu
il	avait	vécu
nous	avions	vécu
ils	avaient	vécu

Passé simple passé simple

je	vécus
il	vécut
nous	vécûmes
ils	vécurent

„nahes" Futur futur proche

je	vais	vivre
il	va	vivre
nous	allons	vivre
ils	vont	vivre

einfaches Futur futur simple

je	vivrai
il	vivra
nous	vivrons
ils	vivront

Futur II futur II

j'	aurai	vécu
il	aura	vécu
nous	aurons	vécu
ils	auront	vécu

PARTIZIP PARTICIPE

Präsens présent

vivant

Perfekt passé

vécu, vécue

GERUNDIUM GÉRONDIF

en vivant

IMPERATIV IMPÉRATIF

vis
vivons
vivez

KONDITIONAL CONDITIONNEL

Präsens présent

je	vivrais
il	vivrait
nous	vivrions
ils	vivraient

Perfekt passé

j'	aurais	vécu
il	aurait	vécu
nous	aurions	vécu
ils	auraient	vécu

SUBJONCTIF SUBJONCTIF

Präsens présent

que je	vive
qu'il	vive
que nous	vivions
qu'ils	vivent

Perfekt passé composé

que j'	aie	vécu
qu'il	ait	vécu
que nous	ayons	vécu
qu'ils	aient	vécu

Imperfekt imparfait

que je	vécusse
qu'il	vécût
que nous	vécussions
qu'ils	vécussent

Plusquamperfekt plus-que-parfait

que j'	eusse	vécu
qu'il	eût	vécu
que nous	eussions	vécu
qu'ils	eussent	vécu

voir sehen

INDIKATIV INDICATIF

Präsens présent

je	vois
il	voit
nous	voyons
ils	voient

Perfekt passé composé

j'	ai	vu
il	a	vu
nous	avons	vu
ils	ont	vu

Imperfekt imparfait

je	voyais
il	voyait
nous	voyions
ils	voyaient

Plusquamperfekt plus-que-parfait

j'	avais	vu
il	avait	vu
nous	avions	vu
ils	avaient	vu

Passé simple passé simple

je	vendis
il	vendit
nous	vendîmes
ils	vendirent

„nahes" Futur futur proche

je	vais	voir
il	va	voir
nous	allons	voir
ils	vont	voir

einfaches Futur futur simple

je	verrai
il	verra
nous	verrons
ils	verront

Futur II futur II

j'	aurai	vu
il	aura	vu
nous	aurons	vu
ils	auront	vu

PARTIZIP PARTICIPE

Präsens présent

voyant

Perfekt passé

vu, vue

KONDITIONAL CONDITIONNEL

Präsens présent

je	verrais
il	verrait
nous	verrions
ils	verraient

Perfekt passé

j'	aurais	vu
il	aurait	vu
nous	aurions	vu
ils	auraient	vu

IMPERATIV IMPÉRATIF

vois
voyons
voyez

GERUNDIUM GÉRONDIF

en voyant

SUBJONCTIF SUBJONCTIF

Präsens présent

que je	voie
qu'il	voie
que nous	voyions
qu'ils	voient

Perfekt passé composé

que j'	aie	vu
qu'il	ait	vu
que nous	ayons	vu
qu'ils	aient	vu

Imperfekt imparfait

que je	visse
qu'il	vît
que nous	vissions
qu'ils	vissent

Plusquamperfekt plus-que-parfait

que j'	eusse	vu
qu'il	eût	vu
que nous	eussions	vu
qu'ils	eussent	vu

vouloir wollen; mögen

INDIKATIV INDICATIF

Präsens présent	Perfekt passé composé	Imperfekt imparfait	Plusquamperfekt plus-que-parfait
je veux	j' ai voulu	je voulais	j' avais voulu
il veut	il a voulu	il voulait	il avait voulu
nous voulons	nous avons voulu	nous voulions	nous avions voulu
ils veulent	ils ont voulu	ils voulaient	ils avaient voulu

Passé simple passé simple	„nahes" Futur futur proche	einfaches Futur futur simple	Futur II futur II
je voulus	je vais vouloir	je voudrai	j' aurai voulu
il voulut	il va vouloir	il voudra	il aura voulu
nous voulûmes	nous allons vouloir	nous voudrons	nous aurons voulu
ils voulurent	ils vont vouloir	ils voudront	ils auront voulu

PARTIZIP PARTICIPE

Präsens présent	Perfekt passé
voulant	voulu, voulue

KONDITIONAL CONDITIONNEL

Präsens présent	Perfekt passé
je voudrais	j' aurais voulu
il voudrait	il aurait voulu
nous voudrions	nous aurions voulu
ils voudraient	ils auraient voulu

IMPERATIV IMPÉRATIF

(veux)/veuille
voulons
(voulez)/veuillez

GERUNDIUM GÉRONDIF

en voulant

SUBJONCTIF SUBJONCTIF

Präsens présent	Perfekt passé composé	Imperfekt imparfait	Plusquamperfekt plus-que-parfait
que je veuille	que j' aie voulu	que je voulusse	que j' eusse voulu
qu'il veuille	qu'il ait voulu	qu'il voulût	qu'il eût voulu
que nous voulions	que nous ayons voulu	que nous voulussions	que nous eussions voulu
qu'ils veuillent	qu'ils aient voulu	qu'ils voulussent	qu'ils eussent voulu

Bildquellen

Communication moderne – Moderne Kommunikation
Bilder 1–15: iStock International Inc.

Sur le bureau – Auf dem Schreibtisch
Bilder 1, 3, 4, 5, 6, 7, 8, 9, 10, 11, 12, 13, 14, 15, 17, 18, 19, 20: iStock International Inc.
Bilder: 2, 16: Klett Mediendatenbank

Appareils ménagers et ustensils de cuisine – Küchengeräte
Bilder 1, 5, 6, 8, 9, 13: iStock International Inc.
Bild 3: Klett Mediendatenbank
Bilder 2, 4, 7, 10, 11, 12: Otto (GmbH & Co KG)

Vaisselle, couverts et ustensils de cuisine – Geschirr, Besteck und Küchenzubehör
Bilder 1, 3, 5, 6, 7: iStock International Inc.
Bilder 2, 4, 8, 9, 10, 11, 12, 13, 14, 15, 16, 17, 18: Klett Mediendatenbank

Fruits – Obst
Bilder 7, 11, 20: iStock International Inc.
Bilder 1, 2, 3, 4, 5, 6, 8,.9, 10, 12, 13, 14, 15, 16, 17, 18, 19, 21, 22, 23: Klett Mediendatenbank

Légumes – Gemüse
Bilder 10, 14, 16, 21: iStock International Inc.
Bilder 1, 2, 3, 4, 5, 6, 7, 8, 9, 11, 12, 13, 15, 17, 18, 19, 20, 22, 23, 24, 25: Klett Mediendatenbank

Vêtements – Kleidung
Bild 2: BigStockPhoto.com
Bilder 6, 11: iStock International Inc.
Bilder 1, 3, 7, 9, 10, 12, 13: JupiterImages Corporation
Bilder 4, 5, 8: Otto (GmbH & Co KG)

Accessoires – Accessoires
Bilder 3, 5, 11, 13: Dreamstime.com
Bilder 2, 4, 9, 10, 12, 14, 15, 16: iStock International Inc.
Bilder 1, 6, 7, 8, 17: JupiterImages Corporation

Instruments d'optique – Optische Hilfsmittel und Geräte
Bilder 1, 2, 4, 6, 8, 9, 10: iStock International Inc.
Bilder 3, 5, 7, 11, 12, 13, 14: Klett Mediendatenbank

Articles de sport – Sportartikel
Bilder 5, 6, 7, 8, 15, 18, 20, 21, 25: iStock International Inc.
Bilder 1, 2, 3, 4, 9, 10, 11, 12, 13, 14, 16, 17, 19, 22, 23, 24, 26: Klett Mediendatenbank

Instruments de musique – Musikinstrumente

Tafel I
Bilder 1–16: Klett Mediendatenbank

Tafel II
Bild 24: iStock International Inc.
Bilder 17, 18, 19, 20, 21, 22, 23, 25: Klett Mediendatenbank

Animaux domestiques – Haustiere
Bild 8: Dreamstime.com
Bilder 3, 5, 7, 9, 10: iStock International Inc.
Bilder 1, 2, 4, 6: Klett Mediendatenbank

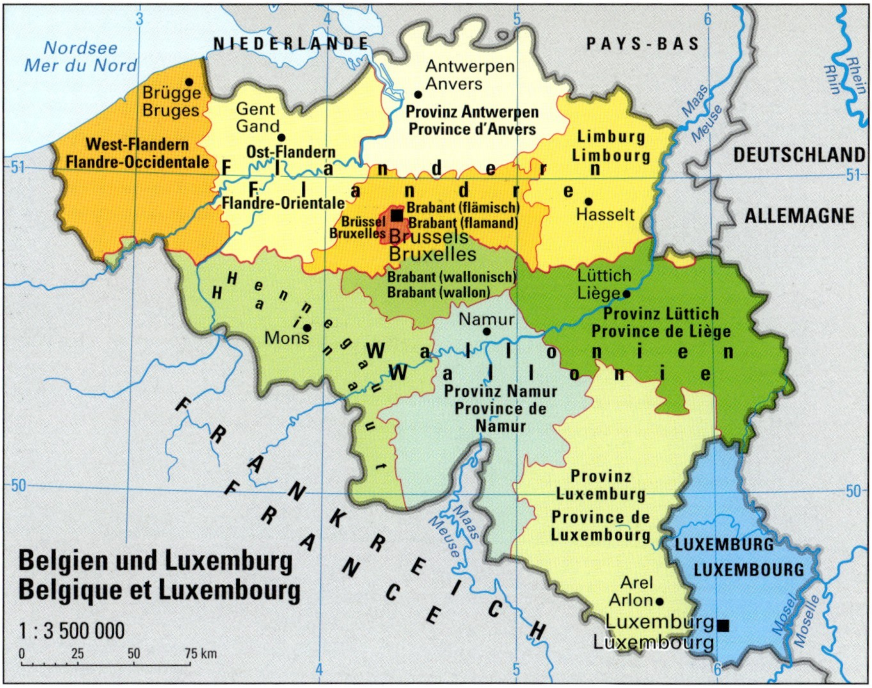
Belgien und Luxemburg
Belgique et Luxembourg
1 : 3 500 000
0 25 50 75 km
NIEDERLANDE
PAYS-BAS
Nordsee
Mer du Nord
DEUTSCHLAND
ALLEMAGNE
FRANKREICH
FRANCE
Brügge
Bruges
West-Flandern
Flandre-Occidentale
Gent
Gand
Ost-Flandern
Flandre-Orientale
Antwerpen
Anvers
Provinz Antwerpen
Province d'Anvers
Limburg
Limbourg
Hasselt
Vlaanderen
Flandre
Brüssel
Bruxelles
Brussels
Bruxelles
Brabant (flämisch)
Brabant (flamand)
Brabant (wallonisch)
Brabant (wallon)
Hennegau
Hainaut
Mons
Namur
Lüttich
Liège
Provinz Lüttich
Province de Liège
Wallonien
Wallonie
Provinz Namur
Province de Namur
Provinz Luxemburg
Province de Luxembourg
Arel
Arlon
LUXEMBURG
LUXEMBOURG
Luxemburg
Luxembourg
Maas
Meuse
Rhein
Rhin
Mosel
Moselle

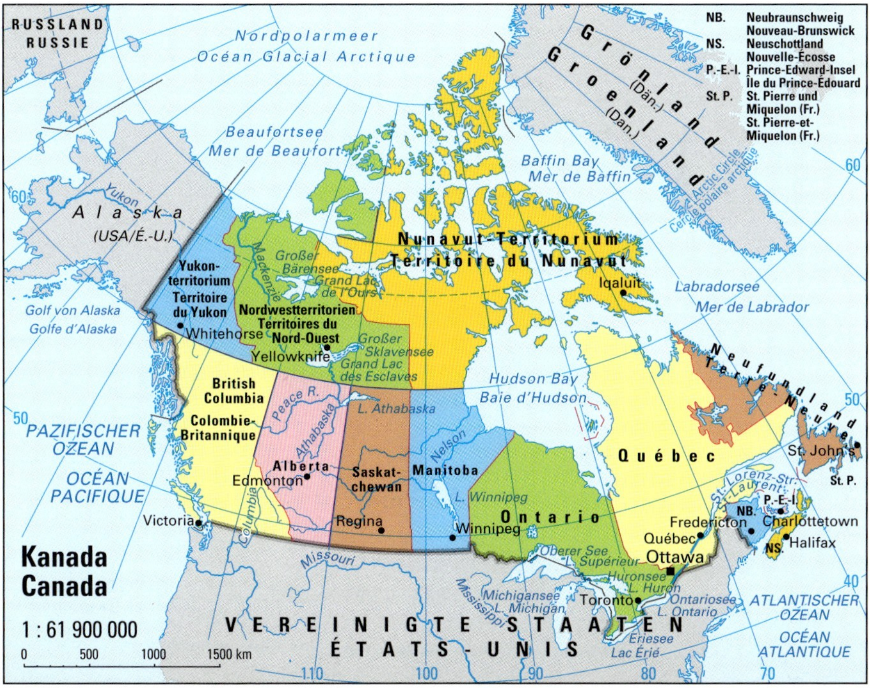
Kanada
Canada
1 : 61 900 000
0 500 1000 1500 km
NB. Neubraunschweig
Nouveau-Brunswick
NS. Neuschottland
Nouvelle-Écosse
P.-E.-I. Prince-Edward-Insel
Île du Prince-Édouard
St. P. St. Pierre und Miquelon (Fr.)
St. Pierre-et-Miquelon (Fr.)
RUSSLAND
RUSSIE
Nordpolarmeer
Océan Glacial Arctique
Grönland (Dän.)
Groenland (Dan.)
Beaufortsee
Mer de Beaufort
Baffin Bay
Mer de Baffin
Arctic Circle
Cercle polaire arctique
Alaska (USA/É.-U.)
Yukon
Nunavut-Territorium
Territoire du Nunavut
Iqaluit
Yukon-territorium
Territoire du Yukon
Whitehorse
Nordwestterritorien
Territoires du Nord-Ouest
Yellowknife
Großer Bärensee
Grand Lac de l'Ours
Großer Sklavensee
Grand Lac des Esclaves
Mackenzie
Labradorsee
Mer de Labrador
Golf von Alaska
Golfe d'Alaska
Neufundland
Terre-Neuve
Hudson Bay
Baie d'Hudson
British Columbia
Colombie-Britannique
Peace R.
Athabaska
L. Athabaska
Alberta
Edmonton
Saskat-chewan
Regina
Manitoba
Nelson
L. Winnipeg
Winnipeg
Ontario
Québec
St. John's
St. Lorenz-Str.
St-Laurent
P.-E.-I.
Charlottetown
Fredericton
Halifax
Québec
Ottawa
PAZIFISCHER OZEAN
OCÉAN PACIFIQUE
Victoria
Columbia
Missouri
Mississippi
Oberer See
L. Supérieur
Huronsee
L. Huron
Michigansee
L. Michigan
Toronto
Ontariosee
L. Ontario
Eriesee
Lac Érié
ATLANTISCHER OZEAN
OCÉAN ATLANTIQUE
VEREINIGTE STAATEN
ÉTATS-UNIS

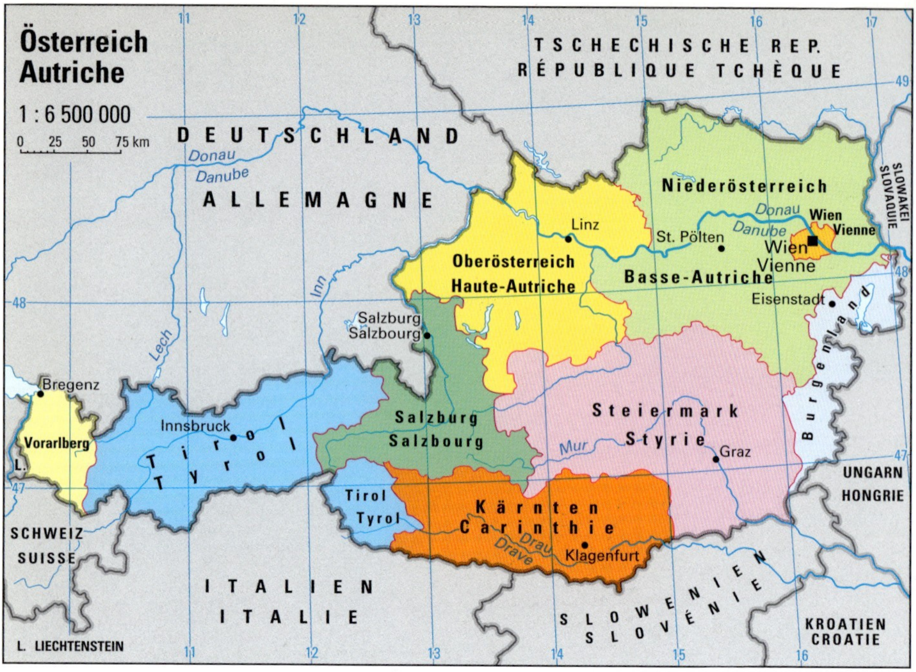
Österreich
Autriche
1 : 6 500 000
0 25 50 75 km
TSCHECHISCHE REP.
RÉPUBLIQUE TCHÈQUE
DEUTSCHLAND
ALLEMAGNE
Donau
Danube
Inn
Lech
SLOWAKEI
SLOVAQUIE
Niederösterreich
Basse-Autriche
Linz
St. Pölten
Wien
Vienne
Oberösterreich
Haute-Autriche
Eisenstadt
Burgenland
Salzburg
Salzbourg
Bregenz
Vorarlberg
L.
Innsbruck
Tirol
Tyrol
Steiermark
Styrie
Mur
Graz
UNGARN
HONGRIE
Kärnten
Carinthie
Drau
Drave
Klagenfurt
SCHWEIZ
SUISSE
ITALIEN
ITALIE
SLOWENIEN
SLOVÉNIE
KROATIEN
CROATIE
L. LIECHTENSTEIN

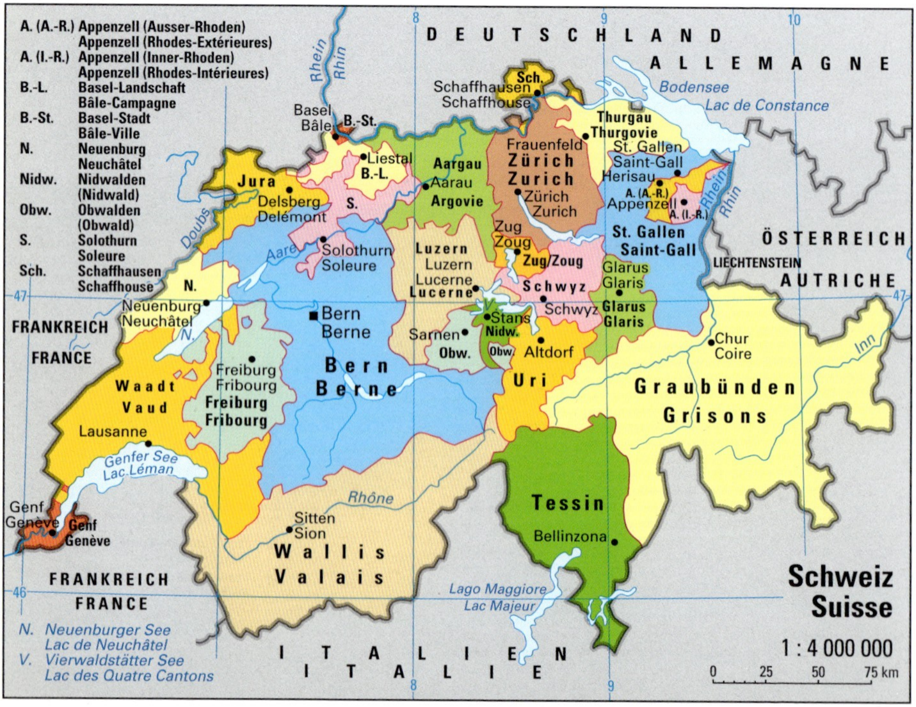
A. (A.-R.) Appenzell (Ausser-Rhoden)
Appenzell (Rhodes-Extérieures)
A. (I.-R.) Appenzell (Inner-Rhoden)
Appenzell (Rhodes-Intérieures)
B.-L. Basel-Landschaft
Bâle-Campagne
B.-St. Basel-Stadt
Bâle-Ville
N. Neuenburg
Neuchâtel
Nidw. Nidwalden
(Nidwald)
Obw. Obwalden
(Obwald)
S. Solothurn
Soleure
Sch. Schaffhausen
Schaffhouse
DEUTSCHLAND
ALLEMAGNE
Rhein
Rhin
Bodensee
Lac de Constance
Schaffhausen
Schaffhouse
Sch.
Basel
Bâle
B.-St.
Liestal
B.-L.
Thurgau
Thurgovie
Frauenfeld
Zürich
Zurich
St. Gallen
Saint-Gall
Herisau
A. (A.-R.)
Appenzell
A. (I.-R.)
Aargau
Aarau
Argovie
Jura
Delsberg
Delémont
S.
Doubs
Aare
Solothurn
Soleure
Luzern
Lucerne
Zug
Zoug
Schwyz
Glarus
Glaris
St. Gallen
Saint-Gall
LIECHTENSTEIN
ÖSTERREICH
AUTRICHE
N.
Neuenburg
Neuchâtel
FRANKREICH
FRANCE
Bern
Berne
Sarnen
Obw.
Stans
Nidw.
V.
Altdorf
Uri
Chur
Coire
Inn
Graubünden
Grisons
Freiburg
Fribourg
Waadt
Vaud
Lausanne
Genfer See
Lac Léman
Genf
Genève
Rhône
Sitten
Sion
Wallis
Valais
Tessin
Bellinzona
Lago Maggiore
Lac Majeur
ITALIEN
ITALIE
Schweiz
Suisse
1 : 4 000 000
0 25 50 75 km
N. Neuenburger See
Lac de Neuchâtel
V. Vierwaldstätter See
Lac des Quatre Cantons

Liste der Phonetikzeichen

Vokale / Voyelles

Laut	Beispiel	
[a]	bac	[bak]
[ɑ]	classe	[klɑs]
[e]	école	[ekɔl]
[ɛ]	caisse	[kɛs]
[ə]	regard	[Rəgar]
[i]	diplôme	[diplom]
[o]	aubergine	[obɛrʒin]
[ɔ]	obtenir	[ɔbtənir]
[ø]	européen	[øRɔpeɛ̃]
[œ]	profondeur	[pRɔfõdœR]
[u]	ouvert	[uvɛR]
[y]	maturité	[matyRite]

Halbvokale / Semi-voyelles

Laut	Beispiel	
[j]	pièce	[pjɛs]
[w]	boîte	[bwat]
[ɥ]	produit	[pRɔdɥi]

Nasale / Nasales

Laut	Beispiel	
[ã]	grand	[gRã]
[ɛ̃]	point	[pwɛ̃]
	parfum	[paRfɛ̃]
[õ]	monde	[mõd]

Konsonanten / Consonnes

Laut	Beispiel	
[b]	bébé	[bebe]
[d]	vide	[vid]
[dʒ]	adjectif	[adʒɛktif]
[f]	fana	[fana]
	photo	[fɔto]
[g]	gaga	[gaga]
[ʒ]	jeune	[ʒœn]
	génial	[ʒenjal]
[k]	cours	[kuR]
[l]	la	[la]
[m]	mamie	[mami]
[n]	nana	[nana]
[ɲ]	digne	[diɲ]
[ŋ]	jogging	[(d)ʒɔgiŋ]
[p]	papa	[papa]
[R]	règle	[Rɛgl]
[s]	soleil	[sɔlɛj]
[ʃ]	chat	[ʃa]
[t]	toi	[twa]
[v]	visite	[vizit]
[z]	zèbre	[zɛbR]
	rose	[Roz]
[']	la °haie	[la ´ɛ]
behauchtes H		
h aspiré		

Steht ein Laut in runden Klammern, so bedeutet das, dass er fast nicht zu hören ist.
Das Zeichen [:] hinter einem Vokal zeigt an, dass er lang gesprochen wird.

Das französische Alphabet

a	b	c	d	e	f	g	h	i	j	k	l	m	n
[ɑ]	[be]	[se]	[de]	[ø]	[ɛf]	[ʒe]	[aʃ]	[i]	[ʒi]	[ka]	[ɛl]	[ɛm]	[ɛn]

o	p	q	r	s	t	u	v	w	x	y	z
[o]	[pe]	[ky]	[ɛR]	[ɛs]	[te]	[y]	[ve]	[dubləve]	[iks]	[igRɛk]	[zɛd]